PASSE NA OAB 1ª fase

COMPLETAÇO

PASSE NA OAB 1ª fase

+ teoria unificada **e questões** comentadas

Marcelo Hugo da Rocha
coordenação

COMPLETAÇO®

2025
11ª edição

- Aloisio Pereira Neto • Ana Carolina Sampaio Pascolati • André Gualtieri de Oliveira
- Aniello Aufiero • Bruno Oliveira • Douglas Caetano • Fagner Sandes
- Felipe Soares Torres • Frederico Afonso • Gabriel Quintanilha • Hebert Vieira Durães
- Karina Jaques • Kisley Domingos • Leonardo Castro • Marcelo Hugo da Rocha
- Priscila Ferreira • Rafael Novais • Tatiana Marcello • Vanderlei Garcia Jr.

- Todas as disciplinas da OAB
- Teoria dividida por temas
- Mais de 1.000 questões comentadas
- Capítulo com dicas estratégicas e motivacionais
- TOP 10 de assuntos e artigos + cobrados
- BIZU OAB

- O coordenador deste livro e a editora empenharam seus melhores esforços para assegurar que as informações e os procedimentos apresentados no texto estejam em acordo com os padrões aceitos à época da publicação, *e todos os dados foram atualizados pelo coordenador até a data da entrega dos originais à editora.* Entretanto, tendo em conta a evolução das ciências, as atualizações legislativas, as mudanças regulamentares governamentais e o constante fluxo de novas informações sobre os temas que constam do livro, recomendamos enfaticamente que os leitores consultem sempre outras fontes fidedignas, de modo a se certificarem de que as informações contidas no texto estão corretas e de que não houve alterações nas recomendações ou na legislação regulamentadora.

- Data do fechamento do livro: 21/10/2024

- O coordenador e a editora se empenharam para citar adequadamente e dar o devido crédito a todos os detentores de direitos autorais de qualquer material utilizado neste livro, dispondo-se a possíveis acertos posteriores caso, inadvertida e involuntariamente, a identificação de algum deles tenha sido omitida.

- Direitos exclusivos para a língua portuguesa
  Copyright ©2025 by
  Saraiva Jur, um selo da SRV Editora Ltda.
  Uma editora integrante do GEN | Grupo Editorial Nacional
  Travessa do Ouvidor, 11
  Rio de Janeiro – RJ – 20040-040

  Fotografia de Aloisio Pereira Neto © Acervo pessoal | Fotografia de Ana Carolina Sampaio Pascolati © Acervo pessoal | Fotografia de André Gualtieri de Oliveira © Acervo pessoal | Fotografia de Aniello Aufiero © Acervo pessoal | Fotografia de Bruno Oliveira © Acervo pessoal | Fotografia de Douglas Caetano © Acervo pessoal | Fotografia de Fagner Sandes © Acervo pessoal | Fotografia de Felipe Soares Torres © Acervo pessoal | Fotografia de Frederico Afonso © Acervo pessoal | Fotografia de Gabriel Quintanilha © Acervo pessoal | Fotografia de Hebert Vieira Durães © Acervo pessoal | Fotografia de Karina Jaques © Giselle Paula Silva | Fotografia de Kisley Domingos © Acervo pessoal | Fotografia de Leonardo Castro © Acervo pessoal | Fotografia de Marcelo Hugo da Rocha © Acervo pessoal | Fotografia de Priscila Ferreira © Acervo pessoal | Fotografia de Rafael Novais © Acervo pessoal | Fotografia de Tatiana Marcello © Leticia Wolff Fotografia | Fotografia de Vanderlei Garcia Jr. © Acervo pessoal

- **Atendimento ao cliente: https://www.editoradodireito.com.br/contato**

- Reservados todos os direitos. É proibida a duplicação ou reprodução deste volume, no todo ou em parte, em quaisquer formas ou por quaisquer meios (eletrônico, mecânico, gravação, fotocópia, distribuição pela Internet ou outros), sem permissão, por escrito, da **SRV Editora Ltda.**

- Capa: Lais Soriano
  Diagramação: Mônica Landi

- **DADOS INTERNACIONAIS DE CATALOGAÇÃO NA PUBLICAÇÃO (CIP)
  ODILIO HILARIO MOREIRA JUNIOR – CRB-8/9949**

P287 Passe na OAB 1ª fase – Completaço* – Teoria unificada e questões comentadas / Aloisio Pereira Neto...[et al.] ; coordenado por Marcelo Hugo da Rocha. – 11. ed. – São Paulo: Saraiva Jur, 2025.

956 p.
ISBN: 978-85-5362-734-9

1. Direito. 2. Ordem dos Advogados do Brasil – OAB. 3. Exame da Ordem. I. Pereira Neto, Aloisio. II. Pascolati, Ana Carolina Sampaio. III. Oliveira, André Gualtieri de. IV. Aufiero, Aniello. V. Oliveira, Bruno. VI. Caetano, Douglas. VII. Sandes, Fagner. VIII. Torres, Felipe Soares. IX. Afonso, Frederico. X. Quintanilha, Gabriel. XI. Durães, Hebert Vieira. XII. Jaques, Karina. XIII. Domingos, Kisley. XIV. Castro, Leonardo. XV. Rocha, Marcelo Hugo da. XVI. Ferreira, Priscila. XVII. Novais, Rafael. XVIII. Marcello, Tatiana. XIX. Garcia Jr., Vanderlei. XXX. Rocha, Marcelo Hugo da. XXXI. Título.

	CDD 340
2024-3232	CDU 34

Índices para catálogo sistemático:
1. Direito   340
2. Direito   34

Indicador geral

Nota da coordenação...	VII
Direito Administrativo..	1
Tatiana Marcello	
Direito Ambiental...	46
Aloisio Pereira Neto	
Direito Civil...	85
Felipe Soares Torres e *Marcelo Hugo da Rocha*	
Direito Constitucional..	150
Karina Jaques	
Direito do Consumidor..	248
Tatiana Marcello	
Direito do Trabalho...	265
Douglas Caetano	
Direito Empresarial..	342
Hebert Vieira Durães e *Marcelo Hugo da Rocha*	
Direito Internacional..	405
Ana Carolina Sampaio Pascolati	
Direito Penal..	427
Leonardo Castro	
Direito Processual Civil..	483
Vanderlei Garcia Jr. e *Marcelo Hugo da Rocha*	
Direito Processual do Trabalho...	534
Fagner Sandes	

Direito Processual Penal 599
Aniello Aufiero

Direito Tributário 687
Marcelo Hugo da Rocha e Rafael Novais

Direitos Humanos 740
Frederico Afonso

Estatuto da Criança e do Adolescente 793
Marcelo Hugo da Rocha

Ética 813
Priscila Ferreira

Filosofia do Direito 866
André Gualtieri de Oliveira

Direito Eleitoral 893
Bruno Oliveira

Direito Financeiro 908
Gabriel Quintanilha

Direito Previdenciário 920
Kisley Domingos

Nota da coordenação

Apresento a vocês a 11ª edição do **Passe na OAB 1ª Fase – Completaço® – Teoria Unificada e Questões Comentadas.**

Esta obra, pioneira, por reunir teoria unificada e questões comentadas para o Exame da OAB, pois, até então, ou se tinha livros apenas com teoria ou livros com questões, foi um sucesso instantâneo. Ela também tem uma característica única ao trazer diversidade entre os seus autores, pois são professores de diversos cursos preparatórios do país. Portanto, não é uma obra de um único curso.

São milhares de depoimentos de novos advogados no sentido de gratidão com este gigante que lhes trouxe a aprovação! A cada edição, buscamos oferecer o melhor caminho para a aprovação. O sucesso do *BIZU OAB* foi mantido, que traz de forma direta e objetiva os principais pontos de cada disciplina para aquela leitura de véspera de prova.

Nesta edição, mais uma vez, disponibilizo um vídeo de *Mentoria para aprovação no Exame da OAB*. Nele você terá a apresentação de como uma preparação bem-sucedida precisa ser encarada: pelos lados funcional e emocional. Não basta mais "sentar e estudar", é necessário ter consciência de que é fundamental levar os estudos de forma equilibrada com as emoções. Você também encontrará *Questões Comentadas* para complementar seus estudos.

Trouxe também o *TOP 10 dos assuntos e artigos mais cobrados* de cada disciplina[1]. Além disso, disponibilizo um texto de *Como se preparar para o Exame da OAB*.

Por fim, não canso de justificar o nome da obra, **"completaço"**, que se tornou uma coleção com livros para a **2ª fase da OAB** (são sete volumes, um para cada disciplina) e para **concursos públicos**, além de ter se tornado uma *marca registrada*. É um livro que vai além de um "super" ou "mega resumão". É um livro mais que completo, pois investe na teoria unificada com o complemento dos exercícios, e por isso fazemos uso do sufixo aumentativo *-aço* para alcançar a qualidade que lhe foi proposta. Se você desejar completar os estudos com mais **questões comentadas da OAB**, sugerimos o *Passe na OAB 1ª Fase – Questões Comentadas*. Você ainda poderá treinar seus conhecimentos para o dia da prova com a obra *Passe na OAB com Simulados: Questões Inéditas & Comentadas*.

Acesse o *QR Code* e aproveite os conteúdos elaborados para você!

Ótimos estudos!

Marcelo Hugo da Rocha
www.marcelohugo.com.br

Acesse o material suplementar:
- Mentoria para aprovação no Exame da OAB
- Como se preparar para o Exame da OAB

http://uqr.to/1wcg9

---

[1] As disciplinas Direito Eleitoral, Direito Financeiro e Direito Previdenciário não possuem TOP 10, porque, devido à recente exigência no exame, ainda não há elementos suficientes para a classificação dos artigos e assuntos dessas disciplinas.

Direito Administrativo

Tatiana Marcello

Professora de Direito Administrativo e Direito do Consumidor. Professora no programa de pós-graduação da PUCRS. Professora de curso preparatório para concursos e Exame de Ordem. Especialista em Processo Civil pela UCB. Especialista em Direito Civil pela Esade. Coordenadora da pós-graduação em Gestão Pública e Direito Administrativo da Escola Mineira de Direito (EMD). Advogada. Coautora das obras *Passe na OAB 1ª Fase – Completaço® – Teoria Unificada e Questões Comentadas; Manual Passe na OAB 1ª Fase – Teoria Sistematizada; Passe na OAB 1ª Fase – Questões Comentadas; Manual de Dicas – 1ª Fase OAB; Coleção Passe em Concursos – Completaço® – TRT e TRE; Coleção Passe em Concursos Públicos – 11 Mil Questões Comentadas; Coleção Passe em Concursos Públicos – Questões Comentadas* – volumes: Advocacia Pública 1 e 2, Defensoria Pública, Analistas de Tribunais; *Manual de Dicas* – volumes: Advocacia Pública, Defensoria Pública, Delegado de Polícia, Nível Médio, todas da Editora Saraiva. Coordenadora científica da Jornada Internacional de Direito. Rede social: @tatianamarcello.

Sumário

1. PRINCÍPIOS DO DIREITO ADMINISTRATIVO – 2. ORGANIZAÇÃO DA ADMINISTRAÇÃO PÚBLICA – 3. AGENTES PÚBLICOS: 3.1 Classificação/Espécies dos Agentes Públicos; 3.2 Cargo, Emprego e Função Pública; 3.3 Formas de Provimento; 3.4 Vacância; 3.5 Sistema Remuneratório; 3.6 Férias; 3.7 Acumulação de Cargos; 3.8 Das Responsabilidades; 3.9 Aposentadoria – 4. IMPROBIDADE ADMINISTRATIVA – 5. SERVIÇOS PÚBLICOS: 5.1 Conceito; 5.2 Princípios aplicáveis aos serviços públicos; 5.3 Concessão e Permissão de Serviço Público. 5.4 Parceria Público-Privada (PPP). – 6. Poderes Administrativos: 6.1 Deveres Administrativos; 6.2 Poderes Administrativos; 6.3 Uso e Abuso de Poder – 7. ATOS ADMINISTRATIVOS: 7.1 Conceito; 7.2 Requisitos; 7.3 Atributos do Ato Administrativo; 7.4 Invalidação do Ato Administrativo – 8. PROCESSO ADMINISTRATIVO: 8.1 Disposições Gerais; 8.2 Do Início do Processo; 8.3 Da Competência; 8.4 Da Forma, Tempo e Lugar dos Atos do Processo; 8.5 Da Comunicação dos Atos; 8.6 Da Instrução; 8.7 Da Motivação; 8.8 Da Anulação, Revogação e Convalidação; 8.9 Do Recurso Administrativo e da Revisão; 8.10 Dos Prazos – 9. RESPONSABILIDADE CIVIL DO ESTADO – 10. BENS PÚBLICOS: 10.1 Afetação X Desafetação; 10.2 Classificação dos bens públicos; 10.3 Atributos dos bens públicos – 11. INTERVENÇÃO DO ESTADO NA PROPRIEDADE: 11.1 Servidão Administrativa; 11.2 Requisição Administrativa; 11.3 Ocupação Temporária; 11.4 Limitações Administrativas; 11.5 Tombamento; 11.6 Desapropriação – 12. CONTROLE DA ADMINISTRAÇÃO: 12.1 Conceito; 12.2 Classificação e Espécies; 12.3 Controle Administrativo x Judiciário x Legislativo – 13. LICITAÇÃO E CONTRATOS: 13.1 Introdução, Conceitos e Fundamentos; 13.2 Modalidades de Licitação; 13.3 Tipos de Licitação; 13.4 Processo Licitatório; 13.5 Contratação Direta (Dispensa e Inexigibilidade de Licitação); 13.6 Contratos Administrativos – REFERÊNCIAS; QUESTÕES.

A disciplina **Direito Administrativo** na 1ª fase do Exame da OAB corresponde a **cinco questões**, de um total de oitenta, sendo, portanto, uma das disciplinas mais importantes. Como não há um *código* da matéria, apenas legislação esparsa, é importante ter o domínio da lei, da doutrina e da jurisprudência.

Assim como ocorre em todas as disciplinas, a banca apresenta as **questões de Direito Administrativo** como se fosse um *cliente* chegando ao *advogado* requerendo a solução de um caso concreto, o que significa que não basta saber a matéria; é importante saber como **aplicá-la ao caso hipotético** trazido.

Neste capítulo vamos tratar dos assuntos da matéria, com o cuidado de fazer uma abordagem proporcional à extensão do conteúdo e, principalmente, ao grau de incidência de cada um nas provas.

1. PRINCÍPIOS DO DIREITO ADMINISTRATIVO

Esse é um assunto que, isoladamente, não tem grande incidência no Exame de Ordem, mas é importante para que tenhamos uma visão geral da disciplina, auxiliando na resolução de questões sobre todos os demais assuntos.

A doutrina enumera diversos princípios, mas vamos tratar dos mais prováveis de serem cobrados no Exame.

a) **Princípio da Supremacia do Interesse Público:** traz a ideia de que os interesses da coletividade são mais importantes do que os interesses individuais, ou seja, a Administração Pública está em uma posição de **superioridade** em relação aos particulares. Em decorrência desse princípio, a Administração Pública possui **poderes** e **prerrogativas** em relação aos particulares.

b) **Princípio da Indisponibilidade do Interesse Público:** os agentes públicos **não são os donos** dos interesses por eles defendidos, de forma que não podem dispor desses interesses.

c) **Princípio da Legalidade:** a Administração Pública só pode agir **quando houver lei que determine ou autorize sua atuação**. Assim, a eficácia da atividade da administração pública está condicionada ao que a lei permite ou determina. Esse princípio caracteriza o chamado **Estado de Direito**, pois o administrador público não pode agir de acordo com sua própria vontade, e sim de acordo com o **interesse do povo, titular do poder**.

d) **Princípio da Impessoalidade:** o administrador público deve ser impessoal, tendo sempre como finalidade a satisfação do *interesse público*, **não podendo ter como finalidade beneficiar nem prejudicar a si ou determinada pessoa**. Esse princípio é visto sob dois aspectos: **I) como determinante da finalidade de toda atuação administrativa**, *pois*, inevitavelmente, determinados atos podem ter por consequência benefícios ou prejuízos a alguém; porém, a atuação do administrador deve visar ao interesse público, sob pena de tal ato ser considerado nulo por desvio de finalidade; **II) como vedação a que o agente público valha-se das atividades desenvolvidas pela administração para obter benefício ou promoção pessoal**, *ou seja*, é vedada a promoção pessoal do agente público por sua atuação como administrador. A propósito, vejamos o que prevê a CF, em seu **art. 37, § 1º**: "A publicidade dos atos, programas, obras, serviços e campanhas dos órgãos públicos deverá ter caráter educativo, informativo ou de orientação social, dela não podendo constar nomes, símbolos ou imagens que caracterizem promoção pessoal de autoridades ou servidores públicos".

e) **Princípio da Moralidade:** a moral administrativa está ligada à ideia de **ética**, **honestidade**, **probidade** e **boa-fé**. Não basta que a atuação do administrador público seja legal, precisa ser moral também, já que nem tudo que é legal é honesto. **Ato contrário a moral** não é apenas inoportuno ou inconveniente, é considerado **nulo**. Exemplo de aplicação dos princípios da moralidade e impessoalidade é a vedação do nepotismo: **Súmula Vinculante 13** ("A nomeação de cônjuge, companheiro ou parente em linha reta, colateral ou por afinidade, até o terceiro grau, inclusive, da autoridade nomeante ou de servidor da mesma pessoa jurídica investido em cargo de direção, chefia ou assessoramento, para o exercício de cargo em comissão ou de confiança ou, ainda, de função gratificada na administração pública direta e indireta em qualquer dos poderes da União, dos Estados, do Distrito Federal e dos Municípios, compreendido o ajuste mediante designações recíprocas, viola a Constituição Federal").

f) **Princípio da Publicidade:** esse princípio é tratado sob dois prismas: **I) exigência de publicação em órgão oficial** como requisito de **eficácia** dos atos administrativos gerais que devam produzir efeitos externos ou onerem o patrimônio público, ou seja, enquanto não for publicado, o ato não pode produzir efeitos; **II) exigência de transparência da atuação administrativa** com a finalidade de possibilitar, de forma mais ampla possível, controle da administração pública pelo povo (controle social – remédios constitucionais). Lembrando que esse princípio **não é absoluto**, pois é preciso preservar direitos como à privacidade, à intimidade e à segurança nacional.

g) **Princípio da Eficiência**: o princípio da eficiência foi inserido no *caput* do art. 37 da CF pela Emenda Constitucional n. 19/98 e traz a ideia de **boa prestação dos serviços**, de modo mais **simples, rápido e econômico**, melhorando a relação **custo/benefício** da atividade da administração pública. O administrador deve ter **planejamento**, procurando a melhor solução para atingir a finalidade e o interesse público do ato.

2. ORGANIZAÇÃO DA ADMINISTRAÇÃO PÚBLICA

O Decreto-lei n. 200/67 dispõe sobre a organização da Administração Pública Federal, promovendo a **descentralização** e a **flexibilização** administrativa. Porém, é extensível aos demais entes como **norma geral**.

A Administração Pública compreende:

ADMINISTRAÇÃO DIRETA	União, Estados, Municípios e Distrito Federal
ADMINISTRAÇÃO INDIRETA	Autarquias, Fundações Públicas, Empresas Públicas e Sociedades de Economia Mista

Composição da Administração Pública (critério **subjetivo** ou **formal**):

ÓRGÃOS + AGENTES PÚBLICOS + ENTIDADES

ÓRGÃO: unidade de atuação integrante da estrutura da Administração direta e da estrutura da Administração indireta (art. 1º, § 2º, I, da Lei n. 9.784/94).	ENTIDADE: unidade de atuação dotada de personalidade jurídica (art. 1º, § 2º, II, da Lei n. 9.784/94).
Integram a estrutura de uma entidade.	São entidades, pessoas jurídicas.
Não possuem personalidade jurídica (alguns têm capacidade processual).	Têm personalidade jurídica.
Não possuem patrimônio próprio.	Possuem patrimônio próprio.

ÓRGÃO:	ENTIDADE:
NÃO tem personalidade jurídica!	TEM personalidade jurídica!

- **Concentração Administrativa**: desempenho das atribuições administrativas por meio de órgão público sem divisão interna, ou seja, ausência de distribuição de tarefas entre as repartições internas (raríssimo);
- **Desconcentração Administrativa**: as atribuições são distribuídas entre órgãos públicos, mas dentro da mesma pessoa jurídica;
- **Centralização Administrativa**: Estado desempenhando suas atribuições através de seus próprios órgãos e agentes da Administração Direta (U, E, M e DF);
- **Descentralização Administrativa**: as competências são atribuídas a **outra pessoa** física ou jurídica (**administração indireta ou *iniciativa privada***).

DICAS

DESCONCENTRAÇÃO	DESCENTRALIZAÇÃO
- Distribuição de competências entre **órgãos** de uma **mesma pessoa jurídica**.	- Distribuição de competências para uma **nova pessoa jurídica**.
- **Há hierarquia** entre esses órgãos.	- **Não há hierarquia** entre o ente que descentralizou e o descentralizado (há **vinculação**, não **subordinação**).
- Os órgãos **não** têm personalidade jurídica, não podendo responder judicialmente, mas as respectivas pessoas jurídicas (União, Estados, Distrito Federal e Municípios) respondem.	- As **entidades descentralizadas respondem** juridicamente pelos prejuízos causados a terceiros.
Ex.: transferência de uma competência de um Ministério para uma Secretaria; ou prefeitura transfere competências para uma subprefeitura.	Ex.: transferência dos serviços previdenciários para uma Autarquia (INSS); ou transferência da manutenção de uma rodovia para uma Concessionária (Pessoa Privada).

2.1 Administração Direta

É o conjunto de **órgãos** que integram as pessoas políticas (União, Estados, Distrito Federal e Municípios), os quais realizam as atividades administrativas de forma centralizada.

Algumas características:
- Composta por **órgãos** dos entes políticos **União, Estados, Distrito Federal e Municípios**;
- Esses entes são pessoas jurídicas de direito **público**;
- Possui competência **legislativa** e **administrativa**;
- Exigência de **concurso público** para ingresso de seus agentes;
- Quadro de pessoal composto por **servidores estatutários**;
- Obrigatoriedade de **licitação** para a aquisição de bens e serviços.

2.2 Administração Indireta

É o conjunto de pessoas jurídicas (entidades), as quais exercem as atividades administrativas de forma descentralizada, estando vinculadas (não subordinadas) à administração direta. **Obs.**: nem toda entidade da AI é criada para exercer funções administrativas ou serviço público, pois existem Empresas Públicas e sociedades de Economia Mista que são criadas para a **exploração de atividades econômicas**, conforme previsto na CF (art. 173).

Algumas características:

- Composta pelos entes administrativos **Autarquias, Fundações Públicas, Empresas Públicas e Sociedades de Economia Mista**;
- Possuem apenas competência **administrativa**;
- Possuem **personalidade jurídica + capacidade judiciária**;
- **Criação e extinção dependem de lei**;
- **Em regra**, sujeitam-se a **licitação e concurso público**;
- Relação de **vinculação** à Administração Direta (não há hierarquia ou subordinação), sofrendo **controle administrativo** (*tutela* ou *supervisão*);
- **Criação das entidades da Administração Indireta** – CF, art. 37, XIX – "somente por lei específica poderá ser criada autarquia e autorizada a instituição de empresa pública, de sociedade de economia mista e de fundação, cabendo à lei complementar, neste último caso, definir as áreas de sua atuação". Assim, conclui-se que, para a criação de qualquer uma delas, é preciso lei específica; entretanto, no caso da **autarquia**, a lei **diretamente a cria**, enquanto as demais entidades, a lei **autoriza** sua criação, sendo necessário, posteriormente, criar seus atos constitutivos e levar ao registro competente para que passe a existir. Lembrando que é possível que uma Fundação Pública seja criada diretamente por lei, com personalidade jurídica de direito público (a chamada Fundação Autárquica).

Algumas características das Autarquias:

- **Criadas** e **extintas** diretamente por **lei** (CF, art. 37, XIX), não precisando de registro;
- Possuem **personalidade jurídica de direito público** (sujeitam-se ao regime jurídico de direito público – têm as mesmas prerrogativas de Estado);
- Exercem **atividades típicas de Estado**;
- **Em regra**, sujeitam-se a **licitação e concurso público**;
- Trata-se de um **serviço público personificado**;
- Seus agentes são **servidores públicos estatutários**.

Algumas características das Fundações Públicas:

- **Lei específica autoriza a criação e extinção**, mas precisam de registro (CF, art. 37, XIX);
- Se for Fundação Pública com personalidade jurídica de direito público, a lei cria;
- Possuem **personalidade jurídica** de **direito privado** (regra) ou de **direito público** (dependendo da sua criação);
- Exercem **funções sem fins lucrativos**;
- Trata-se de um **patrimônio público personificado**;
- Seus agentes são **servidores públicos estatutários** (se a Fundação tiver personalidade jurídica de direito público) ou **empregados públicos celetistas** (se a Fundação tiver personalidade jurídica de direito privado).

Algumas características comuns das Empresas Públicas e Sociedades de Economia Mista:

- **Lei específica autoriza a criação e extinção**, mas é preciso levar a registro (CF, art. 37, XIX);
- Possuem **personalidade jurídica de direito privado** (mas o regime jurídico é híbrido, segue regras de direito público e de direito privado);
- Exercem **exploração de atividade econômica e/ou serviços públicos**;
- Em regra, sujeitam-se a **licitação** (porém, as regras são mais flexíveis quando for exploradora de atividade econômica) e **concurso público**;
- Em regra, seus agentes são **empregados públicos regidos pela CLT**.

Diferenças entre Empresas Públicas e Sociedades de Economia Mista:

- **Formação do capital social:** na EP, o capital é exclusivamente público; na SEM, o capital é misto, sendo parte pública (maioria votante) e parte privada.
- **Forma societária:** a EP pode ser revestida de qualquer forma societária; a SEM somente pode ser Sociedade Anônima (S.A.).

3. AGENTES PÚBLICOS

Agente público é seguramente o assunto mais abordado pela Banca no Exame de Ordem, correspondendo a aproximadamente 30% das questões de Direito Administrativo nas últimas provas. Portanto, merece uma atenção especial. As questões abrangendo esse assunto encontram-se, basicamente, na Constituição Federal (arts. 37 a 41) e na Lei n. 8.112/90 (Estatuto do Servidor Público Federal).

Agente Público é toda pessoa que desempenha atividade administrativa, temporária ou não, com ou sem remuneração. É a expressão mais ampla para designar de forma genérica os sujeitos que exercem funções públicas. Quem quer que desempenhe funções estatais é um agente público enquanto as exercita.

DIREITO ADMINISTRATIVO

3.1 Classificação/Espécies dos Agentes Públicos

Os agentes públicos podem ser classificados em:

a) **Agentes Políticos**: exercem função pública de alta direção do Estado. Em regra, ingressam por meio de eleição, com mandato fixo, ao término do qual a relação com o Estado desaparece automaticamente. Exemplos: Chefes do Poder Executivo (presidente da República, governadores dos Estados e prefeitos municipais, com seus respectivos vices), parlamentares (senadores, deputados federais e estaduais, vereadores), ministros de Estado, dentre outros.

b) **Agentes Administrativos (ou Servidores Estatais ou Servidores Públicos em sentido amplo)**: são as pessoas que prestam serviço público para a Administração, com natureza profissional e remunerada. Dividem-se em:
- **Servidores Públicos Estatutários** (são os ocupantes de **cargos públicos** e submetidos a regime **estatutário**);
- **Empregados Públicos** (são os ocupantes de **emprego público** e submetidos a regime **celetista – CLT**);
- **Servidores Temporários** (os contratados por tempo determinado para atender a necessidade temporária de excepcional interesse público, exercendo **função pública** remunerada e temporária).

c) **Particulares em colaboração com o Estado**: são os que desempenham função pública sem vínculo com o Estado, também chamados de "agentes honoríficos". Segundo Celso Antônio Bandeira de Mello, essa categoria é composta por:
- **Requisitados de serviço** (ex.: mesários, jurados do Tribunal do Júri, convocados para o serviço militar);
- **Gestores de negócios públicos** (pessoas que atuam em situações emergenciais quando o Estado não está presente, como, por exemplo, alguém que chega antes dos bombeiros a um incêndio e presta socorro);
- **Contratados por locação civil de serviços** (a exemplo de um jurista famoso que é contratado para fazer um parecer para a Administração);
- **Concessionários e permissionários** (os que trabalham nas concessionárias e permissionárias de serviço público, exercendo função pública por delegação estatal);
- **Delegados de função ou ofício público** (é o caso dos que exercem, por exemplo, serviços notariais).

d) **Agentes Militares** (Forças Armadas, Policiais Militares e Corpos de Bombeiros Militares): quem compõe os quadros permanentes das forças militares possui vínculo estatutário especial, ou seja, seu regime jurídico é regido por lei específica, não se confundindo com os estatutos aplicáveis aos servidores públicos civis.

3.2 Cargo, Emprego e Função Pública

Cargo Público: os **cargos públicos** são ocupados por **servidores públicos**, efetivos e comissionados, submetidos ao regime **estatutário**. A Lei n. 8.112/90 define: "Art. 3º Cargo público é o conjunto de atribuições e responsabilidades previstas na estrutura organizacional que devem ser cometidas a um servidor". Cargos públicos são próprios das **pessoas jurídicas de direito público**.

Emprego público: os **empregos públicos** são ocupados por **empregados públicos**, os quais se submetem ao regime **celetista** (Consolidação das Leis Trabalhistas – CLT). Os empregados públicos ingressam por meio de **concurso público** para ocupar empregos públicos, de natureza essencialmente contratual. Empregos públicos são próprios das **pessoas jurídicas de direito privado** da Administração Indireta. São exemplos, os empregados da Caixa Econômica Federal (empresa pública) e do Banco do Brasil (sociedade de economia mista).

Função pública: são as funções de confiança e as exercidas por agentes públicos contratados por tempo determinado para atender a necessidade temporária de excepcional interesse público (CF, art. 37, IX). **Não há concurso público** para preenchimento de função pública.

Em relação aos agentes públicos, a Constituição Federal traz as disposições gerais, enquanto a Lei n. 8.112/90 estabelece as regras para os servidores públicos federais (lembrando que o Exame de Ordem não cobra estatutos de Estados e Municípios).

A Lei n. 8.112/90 é chamada de Estatuto do Servidor Público Federal e regula o regime jurídico dos servidores públicos civis da **União, Autarquias e Fundações Públicas Federais**, sendo que cada ente federativo (estados, municípios e Distrito Federal) terá um estatuto próprio.

De acordo com a Lei n. 8.112/90, **servidor** é a pessoa legalmente investida em cargo público; enquanto **cargo público** é o conjunto de atribuições e responsabilidades previstas na estrutura organizacional que devem ser cometidas a um servidor.

Os **cargos públicos**, acessíveis a todos os brasileiros (e também aos estrangeiros, na forma da lei), são **criados por lei**, com **denominação própria** e vencimento pago pelos cofres públicos, para provimento em caráter **efetivo** ou em **comissão**.

Cargo em comissão e função de confiança: de acordo com a Constituição Federal (art. 37, V), as **funções de confiança**, exercidas **exclusivamente** por servidores ocupantes de cargo **efetivo**, e os **cargos em comissão**, a serem preenchidos por servidores de carreira nos casos, condições e percentuais mínimos previstos em lei, destinam-se apenas às atribuições de direção, chefia e assessoramento. Isso significa que para exercer uma **função de confiança** é necessário ser servidor ocupante de cargo efetivo, enquanto para exercer um **cargo em comissão** pode ser um servidor de carreira ou uma pessoa que não tenha qualquer vínculo com a Administração.

Reserva de vagas para pessoas portadoras de deficiência: às pessoas portadoras de deficiência é assegurado o direito de se inscrever em concurso público para provimento de cargo cujas atribuições sejam compatíveis com a deficiência de que são portadoras; para essas pessoas serão **reservadas até 20%** das vagas oferecidas no concurso. **Obs.:** segundo o STF, mesmo em concursos como de Polícia, é **obrigatória a reserva** de vagas para portadores de deficiência, e "cabe à Administração Pública examinar, com critérios objetivos, se a deficiência apresentada é ou não compatível com o exercício do cargo, assegurando a ampla defesa e o contraditório ao candidato, sem restringir a participação no certame de todos e de quaisquer candidatos portadores de deficiência, como pretende a União".

3.3 Formas de Provimento

Dentre as disposições mais cobradas da Lei n. 8.112/90, está o **Provimento** de cargo público, ou seja, o ato administrativo pelo qual a pessoa física vincula-se à Administração Pública ou a um novo cargo, para prestação de um serviço. Formas de provimento de cargo público:

Nomeação é a forma originária de provimento de cargo público por pessoa física e pode ser: *a)* **em caráter efetivo**: quando se tratar de isolado cargo de provimento efetivo ou de carreira (**depende de prévia aprovação em concurso público**); *b)* **em comissão**: quando se tratar de cargo de confiança, inclusive na condição de interino, para cargos de confiança vagos (**de livre nomeação e exoneração**).

A nomeação em caráter efetivo seguirá a seguinte **ordem:**

DIREITO ADMINISTRATIVO

- **Concurso público**: será de **provas** ou de **provas e títulos**, com validade de **até 2 anos, prorrogáveis** uma única vez, por igual período. A nomeação obedecerá à **ordem de classificação** e ao **prazo de validade**. **Súmula Vinculante 43 do STF**: "É inconstitucional toda modalidade de provimento que propicie ao servidor investir-se, sem prévia aprovação em concurso público destinada ao seu provimento, em cargo que não integra a carreira na qual anteriormente investido". **Súmula 16 do STF**: "Funcionário nomeado por concurso tem direito à posse".

- **Posse**: é o momento em que se dá a investidura no cargo, ou seja, quando pessoa se torna servidora; ocorre com a assinatura do respectivo termo, no qual deverão constar as atribuições, os direitos, os deveres e as responsabilidades do cargo. A posse deve ocorrer no prazo de **30 dias** contados do da publicação do ato de provimento (nomeação), sob pena de esta tornar-se **sem efeito**. A posse poderá dar-se mediante **procuração específica** e dependerá de prévia inspeção médica oficial, pois só poderá ser empossado aquele que for julgado física e mentalmente apto para o exercício do cargo

- **Exercício**: é o efetivo desempenho das atribuições do cargo público ou da função de confiança. O servidor deverá entrar em exercício em **15 dias** contados da posse, sob pena de ser **exonerado do cargo** (de ofício) ou tornado **sem efeito** o ato de sua designação para função de confiança.

- **Estágio probatório**: segundo expresso no Estatuto, ao entrar em exercício, o servidor nomeado para cargo de provimento efetivo ficará sujeito a estágio probatório por período de 24 meses, durante o qual a sua aptidão e capacidade serão objeto de avaliação para o desempenho do cargo, observados os seguintes fatores:

> **DICAS**
>
> **RAPID**
> Responsabilidade
> Assiduidade
> Produtividade
> Iniciativa
> Disciplina

No entanto, **atenção**, esse prazo é considerado **inconstitucional**, já que após a Emenda Constitucional n. 19/98, o prazo de estágio probatório deve ser equivalente aos **3 anos** necessários para a aquisição da estabilidade, prevista na CF (CF, Art. 41. São estáveis após três anos de efetivo exercício os servidores nomeados para cargo de provimento efetivo em virtude de concurso público). Ademais, o "Plenário do STF firmou entendimento no sentido de que os institutos da estabilidade e do estágio probatório são necessariamente vinculados, aplicando-se a eles o prazo comum de três anos". Portanto, muito embora a redação da Lei não tenha sido alterada (ainda constam os 24 meses), as bancas têm entendido que o prazo de estágio probatório é de **3 anos**. O servidor **não aprovado no estágio probatório** será **exonerado** ou, se estável, reconduzido ao cargo anteriormente ocupado. O servidor em estágio probatório poderá exercer quaisquer **cargos de provimento em comissão** ou **funções** de direção, chefia ou assessoramento no órgão ou entidade de lotação.

Quando aprovado no estágio probatório, o servidor adquirirá **estabilidade** e só perderá o cargo em virtude de: *a) sentença judicial transitada em julgado* ou *b) processo administrativo disciplinar no qual lhe seja assegurada ampla defesa*. **Lembrando** que, muito embora o art. 21 do Estatuto mencione que o servidor adquirirá estabilidade após 2 anos de efetivo exercício, a EC n. 19/98 alterou esse prazo para **3 anos**, revogando-se o prazo do Estatuto.

Como a nomeação envolve todos esses detalhes, é a forma de provimento mais cobrada nas questões. Portanto, criamos um **macete** que vai ajudar na memorização dos prazos. A "musiquinha" deve ser cantada na melodia de *Bella Ciao* (tema da série *La Casa de Papel*).

> **DICAS**
>
> **Banca Tchau** (*Tatiana Marcello*)
> Em 30 dias, eu tomo posse
> E vou dizer banca tchau
> Banca tchau, tchau, tchau
> Em **15 dias**, é o **exercício**
> E em **3 anos** sou o tal.

Readaptação: é a investidura do servidor em cargo de atribuições e responsabilidades compatíveis com a **limitação** que tenha sofrido em sua **capacidade física ou mental,** verificada em inspeção médica, ou seja, o servidor que tenha sofrido alguma limitação física ou mental, mas que não seja caso de aposentá-lo por invalidez, deve ser readaptado em cargo de atribuições afins, respeitados a habilitação exigida, o nível de escolaridade e a equivalência de vencimentos.

Reversão: é o retorno à atividade do servidor **aposentado**:

I – **De ofício – por invalidez**, quando junta médica oficial declarar insubsistentes os motivos da aposentadoria (será **de ofício**, independentemente de requerimento do servidor, havendo ou não cargo vago – **ato vinculado**);

II – **A pedido – no interesse da administração**, desde que: a) tenha solicitado a reversão; b) a aposentadoria tenha sido voluntária; c) seja estável quando na atividade; d) a aposentadoria tenha ocorrido nos 5 anos anteriores à solicitação; e) haja cargo vago. A Administração pode ou não aceitar o pedido de reversão (**ato discricionário**). Em qualquer dos casos, não poderá reverter o aposentado que já tiver completado **70 anos** de idade.

Reintegração: é a **reinvestidura** do servidor estável no cargo anteriormente ocupado, ou no cargo resultante de sua transformação, quando **invalidada a sua demissão** por decisão administrativa ou judicial, **com ressarcimento de todas as vantagens**. Ex.: servidor foi demitido, mas ingressa com ação judicial alegando ilegalidade na aplicação da pena de demissão; sendo reconhecida a alegada ilegalidade, anula-se o ato de demissão e determina-se retorno do servidor (reintegração), com o recebimento de tudo o que deixou de receber após a demissão. Se o cargo tiver sido extinto, o servidor ficará em disponibilidade. Encontrando-se provido o cargo, o seu eventual ocupante será: **a)** reconduzido ao cargo de origem, sem direito à indenização; ou **b)** aproveitado em outro cargo; ou, ainda, **c)** posto em disponibilidade.

Recondução: é o retorno do servidor estável ao cargo anteriormente ocupado. Ocorrerá em duas hipóteses:

I – **Inabilitação em estágio probatório relativo a outro cargo** (ex.: era técnico de um Tribunal Regional Eleitoral (TRE), já estável; posteriormente foi nomeado e tomou posse no cargo de técnico de um Tribunal Regional do Trabalho (TRT), mas não foi aprovado no estágio probatório deste; então, será "reconduzido" ao cargo de técnico do TRE que ocupava anteriormente).

II – **Reintegração do anterior ocupante** (ex.: "A" ocupava determinado cargo, foi demitido e, por determinação judicial ou administrativa, acabou sendo reintegrado; "B", que estava ocupando seu cargo, poderá ser "reconduzido" ao cargo que ocupava anteriormente).

Aproveitamento: é o **retorno** à atividade de servidor em **disponibilidade**. Será efetivado obrigatoriamente em cargo de atribuições e vencimentos compatíveis com o anteriormente ocupado. O servidor ficará em **disponibilidade** quando seu **cargo for declarado desnecessário ou for extinto**, com **remuneração proporcional ao tempo de serviço**, até seu adequado aproveitamento em outro cargo (art. 41, § 3º, da CF). Ex.: a pessoa ocupava o cargo de datilógrafo, o qual foi extinto; nesse caso, o servidor ficará em disponibilidade, recebendo remuneração proporcional ao tempo de serviço, e poderá ser "aproveitado" em outro cargo.

Promoção: é o **progresso** do servidor, adquirindo maior responsabilidade e complexidade nas atribuições, porém, **dentro da mesma carreira**. Os critérios para a promoção são *merecimento* e *antiguidade*. Ocorre apenas nos cargos que possuem **planos de carreira**.

As formas de provimento são assuntos recorrentes. Algumas questões abordam os detalhes da *nomeação*, enquanto outras questões exigem que o candidato saiba diferenciar as demais formas de provimento (principalmente os quatro "R"). Por entender que é essencial a memorização das diferenças entre as formas de provimento, além da conhecida dica do PANR4, criamos o "Funk do Provimento", que já virou *hit* em sala de aula e busca fazer *links* das formas de provimento com as respectivas palavras-chave.

DICAS

Funk do Provimento (*Tatiana Marcello*)

P de **Promoção**
A de **Aproveitamento**
N de **Nomeação**, é por aí que eu *tô* dentro
R de **Reversão**, retornou o **aposentado**
Fez **Readaptação**, porque ficou bem **limitado**
Na **Reintegração**, foi **demitido ilegalmente**
E na **Recondução**, rodou no **estágio**, minha gente?!

3.4 Vacância

Vacância é o ato administrativo que desfaz o vínculo da pessoa física com a Administração Pública ou com o cargo anteriormente ocupado pelo servidor. A vacância do cargo público decorrerá:

DICAS

PADRE da PF

Promoção
Aposentadoria
Demissão
Readaptação
Exoneração
Posse em outro cargo inacumulável
Falecimento

Exoneração: ato que gera o desligamento do servidor **sem** caráter de *penalidade*.

- **Exoneração de cargo efetivo**: poderá ser **a pedido do servidor;** ou **de ofício** quando *a)* não satisfeitas as condições do estágio probatório; ou quando *b)* tendo tomado posse, o servidor não entrar em exercício no prazo estabelecido.

- **Exoneração de cargo em comissão e dispensa de função de confiança**: poderá ser **a pedido do servidor** ou a **juízo da autoridade competente**.

Demissão: ato que gera o desligamento do servidor com caráter de *penalidade*, ou seja, motivado pela prática de infração administrativa grave.

3.5 Sistema Remuneratório

VENCIMENTO	É a retribuição pecuniária pelo exercício de cargo público, com valor fixado em lei (básico).
REMUNERAÇÃO	É o vencimento básico + vantagens pecuniárias permanentes estabelecidas em lei (ex.: parcela indenizatória não é permanente, não integrando a remuneração).
SUBSÍDIO	É a parcela única recebida pelo servidor, sem o acréscimo de qualquer outra verba remuneratória. Art. 39, § 4º, CF: Membros de Poder (ex.: Juízes de Direito), detentores de mandato eletivo (ex.: Deputado Federal), Ministros de Estado, Secretários Estaduais e Municipais, e servidores públicos policiais são remunerados obrigatoriamente por subsídios.
PROVENTOS	É a "remuneração" do servidor inativo (aposentado ou em disponibilidade).

Teto constitucional: de acordo com a CF, art. 37, XI, a **remuneração** e o **subsídio** dos ocupantes de cargos, funções e empregos públicos da administração direta, autárquica e fundacional, dos membros de qualquer dos Poderes da União, dos Estados, do Distrito Federal e dos Municípios, dos detentores de mandato eletivo e dos demais agentes políticos e os proventos, pensões ou outra espécie remuneratória, percebidos cumulativamente ou não, incluídas as vantagens pessoais ou de qualquer outra natureza, **não poderão exceder o subsídio mensal, em espécie, dos Ministros do Supremo Tribunal Federal**, aplicando-se como limite, nos Municípios, o subsídio do Prefeito, e nos Estados e no Distrito Federal, o subsídio mensal do Governador no âmbito do Poder Executivo, o subsídio dos Deputados Estaduais e Distritais no âmbito do Poder Legislativo e o subsídio dos Desembargadores do Tribunal de Justiça, limitado a noventa inteiros e vinte e cinco centésimos por cento do subsídio mensal, em espécie, dos Ministros do Supremo Tribunal Federal, no âmbito do Poder Judiciário, aplicável este limite aos membros do Ministério Público, aos Procuradores e aos Defensores Públicos.

Obs.: não serão computadas, para efeito desses limites remuneratórios, as parcelas de caráter indenizatório previstas em lei.

STF – tese de repercussão geral (RE) 663.696: "A expressão 'procuradores' contida na parte final do inciso XI do artigo 37 da Constituição da República compreende os procuradores municipais, uma vez que estes se inserem nas funções essenciais à Justiça, estando, portanto, submetidos ao teto de 90,75% do subsídio mensal em espécie dos ministros do Supremo Tribunal Federal".

3.6 Férias

O servidor fará jus a **30 dias de férias por ano trabalhado**, que podem ser acumuladas, até o máximo de 2 períodos, no caso de necessidade do serviço, ressalvadas as hipóteses em que haja legislação específica.

Regra: 30 dias por ano

Operadores de Raio X: 20 dias por semestre (o servidor que opera direta e permanentemente com Raios X ou substâncias radioativas gozará 20 dias consecutivos de férias, por semestre de atividade profissional, **proibida** em qualquer hipótese a acumulação).

Para o *primeiro* período aquisitivo de férias são exigidos **12 meses** de exercício, mas para os demais, não será necessário completar os 12 meses.

As férias podem ser **parceladas** em 3 etapas, desde que requeridas pelo servidor e que seja interesse da Administração Pública.

Acumulação — até o máximo de **2 períodos**

Parcelamento — em **3 etapas**

Obs.: é vedada a conversão em pecúnia, ou seja, o servidor público não pode "vender férias". Também, não podem ser descontadas das férias as faltas do servidor.

As férias somente poderão ser **interrompidas** por:
a) motivo de calamidade pública;
b) comoção interna;
c) convocação para júri;
d) serviço militar ou eleitoral; ou
e) por necessidade do serviço declarada pela autoridade máxima do órgão ou entidade.

3.7 Acumulação de Cargos

É vedada a acumulação remunerada de **cargos públicos**, bem como de **empregos** e **funções**; porém é permitida a acumulação, excepcionalmente, quando houver **compatibilidade de horários**, observado em qualquer caso o disposto no inciso XI **(teto)**:
a) a de 2 cargos de professor;
b) a de 1 cargo de professor com 1 técnico ou científico;
c) a de 2 cargos ou empregos privativos de profissionais de saúde, com profissões regulamentadas.

A proibição de acumular estende-se a **empregos** e **funções** e abrange **autarquias, fundações, empresas públicas, sociedades de economia mista,** suas **subsidiárias**, e **sociedades controladas**, direta ou indiretamente, pelo poder público. **Tese de repercussão geral RE 602043:** – "Nos casos autorizados, constitucionalmente, de acumulação de cargos, empregos e funções, a incidência do artigo 37, inciso XI, da Constituição Federal, pressupõe consideração de cada um dos vínculos formalizados, afastada a observância do teto remuneratório quanto ao somatório dos ganhos do agente público".

3.8 Das Responsabilidades

Pelo exercício irregular de suas atribuições, o servidor responde **civil, penal** e **administrativamente**.

Responsabilidade Civil	Prejuízo (por *culpa* ou *dolo*)
Responsabilidade Penal	Crime ou Contravenção
Responsabilidade Administrativa	Deveres e Proibições

Responsabilidade civil: decorre de ato omissivo ou comissivo, doloso ou culposo, que resulte em prejuízo ao erário ou a terceiro. Se o servidor causar danos a terceiros, responderá perante a Fazenda Pública mediante **ação regressiva** (ex.: se o servidor que exerce função de motorista, por imprudência, bate o veículo em um muro de um terceiro, este vai entrar contra o Poder Público, que terá o dever de indenizar; porém, a Fazenda Pública poderá buscar ressarcimento do servidor que causou o dano, seja por culpa ou dolo). A responsabilidade civil **estende-se aos sucessores**, até o limite do valor da herança recebida.

Responsabilidade penal (criminal): abrange os **crimes e contravenções** imputadas ao servidor, nessa qualidade.

Responsabilidade administrativa: a responsabilidade civil-administrativa resulta de ato omissivo ou comissivo praticado no desempenho do cargo ou função.

Independência das instâncias: em regra, as sanções **civis, penais e administrativas poderão cumular-se**, sendo independentes entre si. Porém, a responsabilidade administrativa do servidor será **afastada** no caso de absolvição criminal que *negue a existência do fato ou sua autoria* (ex.: se o servidor é acusado na esfera penal, mas resta absolvido por provar que não foi o autor do crime, ou que o fato não existiu, não poderá ser responsabilizado na esfera administrativa).

Nenhum servidor poderá ser responsabilizado civil, penal ou administrativamente por **dar ciência** à autoridade superior ou, quando houver suspeita de envolvimento desta, a outra autoridade competente para apuração de informação concernente à prática de crimes ou improbidade de que tenha conhecimento, ainda que em decorrência do exercício de cargo, emprego ou função pública.

3.9 Aposentadoria

O **regime próprio** de previdência social dos servidores **titulares de cargos efetivos** (*RPPS*) terá caráter **contributivo e solidário**, mediante contribuição do respectivo ente federativo, de servidores ativos, de aposentados e de pensionistas, observados critérios que preservem o equilíbrio financeiro e atuarial.

Aplica-se ao agente público ocupante, exclusivamente, de **cargo em comissão** declarado em lei de livre nomeação e exoneração, de outro **cargo temporário**, inclusive **mandato eletivo**, ou de **emprego público**, o Regime Geral de Previdência Social *(RGPS)*.

O **tempo de contribuição** federal, estadual ou municipal será contado para efeito de aposentadoria e o **tempo de serviço** correspondente para efeito de disponibilidade.

O servidor abrangido pelo regime de previdência próprio será aposentado:

I – por incapacidade permanente para o trabalho, no cargo em que estiver investido, quando insuscetível de readaptação, hipótese em que será obrigatória a realização de avaliações periódicas para verificação da continuidade das condições que ensejaram a concessão da aposentadoria, na forma de lei do respectivo ente federativo;

II – compulsoriamente, com proventos proporcionais ao tempo de contribuição, aos 70 (setenta) anos de idade, ou aos **75 (setenta e cinco)** anos de idade, na forma de lei complementar;

III – no âmbito da União, aos 62 (sessenta e dois) anos de idade, se mulher, e aos 65 **(sessenta e cinco)** anos de idade, se **homem**, e, no âmbito dos Estados, do Distrito Federal e dos Municípios, na idade mínima estabelecida mediante emenda às respectivas Constituições e Leis Orgânicas, observados o tempo de contribuição e os demais requisitos estabelecidos em lei complementar do respectivo ente federativo.

4. IMPROBIDADE ADMINISTRATIVA

As disposições mais genéricas sobre improbidade administrativa encontram-se na Constituição Federal:

"**Art. 15.** É vedada a cassação de direitos políticos, cuja perda ou **suspensão** só se dará nos casos de: (...)

V – improbidade administrativa, nos termos do art. 37, § 4º.

Art. 85. São **crimes de responsabilidade** os atos do Presidente da República que atentem contra a Constituição Federal e, especialmente, contra:

V – a probidade na administração.

Art. 37. (...)

§ 4º Os atos de improbidade administrativa importarão":

DIREITO ADMINISTRATIVO

> **DICAS**
> **PARIS**
> Perda da função pública
> Ação penal cabível
> Ressarcimento ao erário
> Indisponibilidade dos bens
> Suspensão dos direitos políticos

A **Lei n. 8.429/92** é a chamada **Lei de Improbidade Administrativa** e dispõe sobre as sanções aplicáveis em virtude da prática de atos de improbidade administrativa, de que trata o § 4º do art. 37 da Constituição Federal; e dá outras providências. A referida lei sofreu **alterações tão grandes**, feitas pela **Lei n. 14.230/2021**, que passou a ser chamada de **"Nova Lei de Improbidade"**, muito embora tenha mantido sua numeração de origem. Considerando essas alterações, as questões anteriores restaram desatualizadas.

Dentre as novas disposições, vamos destacar alguns pontos mais relevantes e com grande probabilidade de serem cobrados na prova.

I – **Exigência de dolo específico**: a lei previa hipóteses em que a ação ou omissão meramente culposa do agente configuraria ato de improbidade administrativa. As novas disposições exigem a configuração de dolo específico para que seja considerada ato de improbidade administrativa.

II – **Categorias de atos de improbidade**: originalmente, a LIA previa três categorias de atos de improbidade, a saber: a) *ato de improbidade administrativa importando em enriquecimento ilícito*; b) *ato de improbidade administrativa que causa lesão ao erário*; e c) *ato de improbidade administrativa que atenta contra os princípios da administração pública*. A Lei Complementar n. 157/2016 incluiu uma nova categoria chamada de *atos de improbidade administrativa decorrentes da concessão ou aplicação indevida de benefício financeiro ou tributário*. Agora, esta última hipótese deixou de ser uma categoria à parte e foi inserida no rol dos *atos de improbidade administrativa que causam lesão ao erário*.

III – **Novas hipóteses de atos de improbidade**: no rol dos atos de improbidade administrativa que atentam contra os princípios da administração pública foram inseridos a prática do nepotismo, bem como praticar, no âmbito da administração pública e com recursos do erário, ato de publicidade que contrarie o disposto no § 1º do art. 37 da CF, de forma a promover inequívoco enaltecimento do agente público e personalização de atos, de programas, de obras, de serviços ou de campanhas dos órgãos públicos.

IV – **Penas**: as sanções variáveis, como suspensão dos direitos políticos, multa e proibição de contratar com o poder público e receber benefícios ou incentivos fiscais ou creditícios, passaram a ser fixas, a depender apenas de cada categoria de ato de improbidade.

V – **Prescrição**: enquanto a redação anterior previa prazos diferenciados, conforme o tipo de vínculo e função exercida pelo agente público, a nova redação prevê um prazo único. Sendo assim, a ação para a aplicação das sanções prescreve em **8 anos**, contados a partir da ocorrência do fato ou, no caso de infrações permanentes, do dia em que cessou a permanência.

Em se tratando de uma lei que sofreu significativas alterações, importante ficar inteirado das teses e julgados do STF a respeito:

1) é necessária a comprovação de responsabilidade subjetiva para a tipificação dos atos de improbidade administrativa, exigindo-se nos arts. 9º, 10 e 11 da LIA a presença do elemento subjetivo dolo;

2) a norma benéfica da Lei n. 14.230/2021, revogação da modalidade culposa do ato de improbidade administrativa, é irretroativa, em virtude do art. 5º, XXXVI, da CF, não tendo incidência em relação à eficácia da coisa julgada; nem tampouco durante o processo de execução das penas e seus incidentes;

3) a nova Lei n. 14.230/2021 aplica-se aos atos de improbidade administrativa culposos praticados na vigência do texto anterior, porém sem condenação transitada em julgado, em virtude da revogação expressa do tipo culposo, devendo o juízo competente analisar eventual dolo por parte do agente;

4) o novo regime prescricional previsto na Lei n. 14.230/2021 é irretroativo, aplicando-se os novos marcos temporais a partir da publicação da lei;

5) inobstante as alterações da LIA tenham previsto a legitimidade exclusiva do MP para propositura da ação de improbidade, o STF decidiu que

entes públicos que tenham sofrido prejuízos em razão de atos de improbidade também estão autorizados a propor ação e celebrar acordos de não persecução civil em relação a esses atos.

6) agentes políticos que respondem por "crimes de responsabilidade" (Lei n. 1.079/50) estão sujeitos a duplo regime sancionatório: respondem civilmente pelos atos de improbidade (*multa, reparação de danos, proibição de contratar*) e de forma político-administrativa por crimes de responsabilidade (*perda do cargo e suspensão dos direitos políticos*), exceto o Presidente da República, que somente responde por crime de responsabilidade.

Independentemente do ressarcimento integral do dano patrimonial, se efetivo, e das sanções penais comuns e de responsabilidade, civis e administrativas previstas na legislação específica, **está o responsável pelo ato de improbidade sujeito às seguintes cominações, que podem ser aplicadas isolada ou cumulativamente**, de acordo com a gravidade do fato:

- perda dos bens ou valores acrescidos ilicitamente ao patrimônio;
- ressarcimento integral do dano, quando houver dano efetivo;
- perda da função pública;
- suspensão dos direitos políticos;
- pagamento de multa civil;
- proibição de contratar com o Poder Público ou receber benefícios ou incentivos fiscais ou creditícios, direta ou indiretamente, ainda que por intermédio de pessoa jurídica da qual seja sócio majoritário.

ENRIQUECIMENTO ILÍCITO	PREJUÍZO AO ERÁRIO	VIOLAÇÃO A PRINCÍPIOS
Ressarcimento integral do dano (quando houver dano efetivo)		
Perda dos bens ou valores acrescidos ilicitamente ao patrimônio	Perda dos bens ou valores acrescidos ilicitamente ao patrimônio	-
Perda da função pública	Perda da função pública	-
Suspensão direitos políticos de até 14 anos	Suspensão direitos políticos de até 12 anos	-
Multa igual ao acréscimo patrimonial	Multa igual ao prejuízo ao erário	Multa de até 24x a remuneração
Proibição de contratar ou receber benefício do Poder Público por até 14 anos	Proibição de contratar ou receber benefício do Poder Público por até 12 anos	Proibição de contratar ou receber benefício do Poder Público por até 4 anos

Segundo o art. 13 da LIA, a posse e o exercício de agente público **ficam condicionados** à apresentação de **declaração de imposto de renda e proventos** de qualquer natureza, que tenha sido apresentada à Secretaria Especial da Receita Federal do Brasil, a fim de ser arquivada no serviço de pessoal competente. A declaração de bens a que se refere o *caput* deste artigo será **atualizada anualmente** e na **data em que o agente público deixar** o exercício do mandato, do cargo, do emprego ou da função. Será apenado com a pena de **demissão**, sem prejuízo de outras sanções cabíveis, o agente público que se recusar a prestar a declaração dos bens a que se refere o *caput* deste artigo dentro do prazo determinado ou que prestar declaração falsa.

5. SERVIÇOS PÚBLICOS

5.1 Conceito

Para **Hely Lopes Meirelles**, serviço público é todo aquele prestado pela administração ou por seus delegados, sob normas e controle estatais, para satisfazer necessidades essenciais ou secundárias da coletividade ou simples conveniências do Estado.

Já **Maria Sylvia Di Pietro** diz que serviço público é toda atividade material que a lei atribui ao Estado para que a exerça diretamente ou por meio de seus delegados, com o objetivo de satisfazer concretamente as necessidades coletivas, sob regime jurídico total ou parcialmente público.

A CF traz a disposição mais geral acerca dos serviços públicos: "**Art. 175**. Incumbe ao **Poder Público**, na forma da **lei**, **diretamente** ou sob regime de **concessão** ou **permissão**, sempre através de **licitação**, a prestação de **serviços públicos**".

Assim, podemos concluir que os serviços públicos são sempre de **titularidade** do Poder Público, podendo ser **exercidos** diretamente pelos órgãos e entidades da Administração Pública (Administração direta e indireta), ou por particulares, através de delegação (concessão ou permissão).

5.2 Princípios aplicáveis aos serviços públicos:

A Lei n. 8.987/95 (Lei de Concessões e Permissões de serviços públicos) traz um rol de princípios aplicáveis aos serviços públicos.

DICAS

RE GE MO CON CORTESIA e EFICIÊNCIA ATUA SEGURANÇA
REgularidade: frequência na prestação; respeito a intervalos de tempo.
GEneralidade: prestado indistintamente, alcançando o máximo possível de pessoas.
MOdicidade das tarifas: taxas e tarifas acessíveis.
CONtinuidade/Permanência: não pode sofrer interrupção (Não se caracteriza como descontinuidade a interrupção em situação de emergência ou após prévio aviso, quando: I – motivada por razões de ordem técnica ou de segurança das instalações; e, II – por inadimplemento do usuário, considerado o interesse da coletividade).
CORTESIA na sua prestação: urbanidade; respeito.
EFICIÊNCIA: qualidade; perfeição; rendimento.
ATUALIDADE: modernidade; conservação; melhorias.
SEGURANÇA: prevenção de riscos.

DIREITO ADMINISTRATIVO

5.3 Concessão e Permissão de Serviço Público

A **Lei n. 8.987/95**, de caráter **nacional**, aplicável a todos os entes federativos (União, Estados, Distrito Federal e Municípios), traz normas gerais sobre os regimes de **concessão e permissão** de serviços públicos. A lei não faz distinção entre **concessão e permissão**, limitando-se a tratar das concessões; apenas referindo no parágrafo único do art. 40 que "Aplica-se às **permissões** o disposto nesta Lei". Aliás, o próprio **STF** já afirmou que a CF **"afastou qualquer distinção conceitual entre permissão e concessão, ao conferir àquela o caráter contratual desta"**.

Entretanto, para fins de prova, é possível elencar algumas diferenças entre os dois institutos:

O art. 2º da Lei n. **8.987/95 define**:

> "I – **poder concedente:** a União, o Estado, o Distrito Federal ou o Município, em cuja competência se encontre o serviço público, precedido ou não da execução de obra pública, objeto de concessão ou permissão;
>
> II – **concessão de serviço público:** a delegação de sua prestação, feita pelo poder concedente, mediante licitação, na modalidade **concorrência** ou **diálogo competitivo**, a **pessoa jurídica** ou **consórcio de empresas** que demonstre capacidade para seu desempenho, por sua conta e risco e por prazo determinado;
>
> IV – **permissão de serviço público:** a delegação, a título precário, mediante licitação, da prestação de serviços públicos, feita pelo poder concedente à pessoa física ou jurídica que demonstre capacidade para seu desempenho, por sua conta e risco".

Segue um quadro comparativo sobre ambos os institutos:

CONCESSÃO	PERMISSÃO
Delegação de serviço público. Poder Público transfere a **execução** do serviço.	**Delegação** de serviço público. Poder Público transfere a **execução** do serviço.
Prestação por conta e risco da concessionária, sob fiscalização do poder concedente.	Prestação por conta e risco da permissionária, sob fiscalização do poder concedente.
Sempre precedida de **licitação**, na modalidade **concorrência** ou **diálogo competitivo**.	Sempre precedida de **licitação**, mas a lei não define a modalidade.
Natureza **contratual**.	Natureza **contratual**, mas a lei define que será **contrato de adesão**.
Prazo determinado, podendo haver prorrogação.	**Prazo determinado**, podendo haver prorrogação, mas a lei não diz expressamente.
Celebração com **pessoa jurídica** ou **consórcios de empresas**.	Celebração com **pessoa física** ou **pessoa jurídica**.
Não há precariedade. Não é cabível revogação.	Delegação a título precário. Revogável unilateralmente pelo poder concedente.

5.4 Parceria Público-Privada (PPP)

Prevê a Lei n. 11.079/2004 que "**não** constitui parceria público-privada a **concessão comum**, assim entendida a concessão de serviços públicos ou de obras públicas de que trata a Lei n. 8.987, de 13 de fevereiro de 1995, quando não envolver contraprestação pecuniária do parceiro público ao parceiro privado.

Portanto, a **parceria público-privada** difere da **concessão comum** pela diferença básica: a remuneração do parceiro privado. Nas **concessões comuns** a remuneração do concessionário advém exclusivamente das tarifas cobradas aos usuários, enquanto nas parcerias público-privadas há pagamento de contraprestação pela Administração Pública, com ou sem cobrança de tarifa dos usuários.

> "Art. 2º **Parceria público-privada** é o contrato administrativo de **concessão**, na modalidade patrocinada ou administrativa.
>
> § 1º **Concessão patrocinada** é a concessão de serviços públicos ou de obras públicas de que trata a Lei n. 8.987, de 13 de fevereiro de 1995, quando envolver, adicionalmente à tarifa cobrada dos usuários contraprestação pecuniária do parceiro público ao parceiro privado.
>
> § 2º **Concessão administrativa** é o contrato de prestação de serviços de que a Administração Pública seja a usuária direta ou indireta, ainda que envolva execução de obra ou fornecimento e instalação de bens.
>
> § 4º É vedada a celebração de contrato de parceria público-privada:
>
> I – cujo valor do contrato seja inferior a R$ 10.000.000,00 (dez milhões de reais);
>
> II – cujo período de prestação do serviço seja inferior a 5 (cinco) anos; ou
>
> III – que tenha como objeto único o fornecimento de mão-de-obra, o fornecimento e instalação de equipamentos ou a execução de obra pública.

6. PODERES ADMINISTRATIVOS

O Estado age por meio de seus **agentes públicos**, aos quais são conferidas prerrogativas diferenciadas, a serem utilizadas para alcançar os seus fins: **a satisfação dos interesses públicos**. Esse conjunto de prerrogativas denomina-se **poderes administrativos**, ou seja, instrumentos conferidos à Administração para o atendimento do interesse público.

Por outro lado, por tutelarem interesses coletivos, são impostos aos agentes públicos alguns **deveres administrativos**.

Há hipóteses em que os **poderes** se convertem em verdadeiros **deveres**, pois enquanto na esfera privada o *poder* é mera faculdade daquele que o detém, na esfera pública representa um *dever* do administrador para com os administrados. Segundo a doutrina, trata-se do chamado **poder-dever** de agir, de forma que, se o agente não agir, poderá responder por **omissão**.

6.1 Deveres Administrativos

Dever de Probidade

O dever de probidade é considerado um dos mais importantes. Significa que a conduta do agente, além de estar pautada na lei, deve ser honesta, respeitando a noção de **moral** administrativa e também da própria sociedade.

A própria Constituição faz referência à probidade no § 4º do art. 37:

"Os atos de improbidade importarão a suspensão dos direitos políticos, a perda da função pública, a indisponibilidade dos bens e o ressarcimento ao erário, na forma e gradação previstas em lei, sem prejuízo da ação penal cabível".

Lei n. 8.429/92 (chamada Lei de Improbidade Administrativa) dispõe sobre atos de improbidade administrativa.

Dever de Prestar Contas

O administrador faz a **gestão de bens e interesses alheios** (bens e interesses públicos), tendo, portanto, o **dever de prestar contas** do que realizou a toda coletividade. Esse dever abrange não apenas os agentes públicos, mas a todos que tenham sob sua responsabilidade dinheiros, bens, ou interesses públicos, independentemente de serem ou não administradores públicos.

Segundo Hely Lopes Meirelles, a regra é universal; quem gere dinheiro público ou administra bens ou interesses da comunidade deve contas ao órgão competente para a fiscalização.

Dever de Eficiência

A **eficiência** foi elevada à categoria de **princípio constitucional** de Administração Pública com a Emenda Constitucional n. 19/98, impondo que cabe ao agente público realizar suas atribuições com **presteza, celeridade, perfeição e rendimento funcional.**

O administrador deve buscar, além da quantidade, a qualidade.

6.2 Poderes Administrativos

6.2.1 Poder Vinculado

Também chamado de *regrado*, é o poder conferido pela lei à Administração para a prática de ato de sua competência, mas com **predeterminação** dos elementos e requisitos necessários à sua formalização, ou seja, é aquele no qual a **liberdade de atuação do agente é mínima ou inexiste.**

Portanto, o poder *vinculado* difere do poder *discricionário*, pois neste há maior liberdade de atuação da Administração.

Para alguns autores, a ideia de *poder* é contraditória nesse caso, já que o administrador está limitado a respeito dos elementos que compõem o ato (competência, finalidade, forma, motivo e objeto), não gozando de liberdade.

6.2.2 Poder Discricionário

É o poder conferido à Administração que, embora deva estar de acordo com a lei, **confere uma maior liberdade** ao administrador, que poderá adotar uma ou outra conduta de acordo com a *conveniência e oportunidade*, ou seja, a lei faculta ao administrador a possibilidade de *escolher* as entre as condutas possíveis, as quais devem estar de acordo com o melhor atendimento do interesse público.

Não se pode confundir *discricionariedade* com *arbitrariedade* ou *livre-arbítrio*, pois a Administração Pública, ao revés dos particulares de modo geral, só pode fazer aquilo que a lei lhe determina ou autoriza. Arbitrariedade é, para a Administração Pública, sinônimo de ilegalidade, enquanto o livre-arbítrio é a possibilidade de fazer o que bem entender – conduta que também não é permitida, por estar o administrador restrito à legalidade.

Segundo José dos Santos Carvalho Filho, **conveniência** e **oportunidade** são os elementos nucleares do poder discricionário. A primeira indica em que condições vai se conduzir o agente; a segunda diz respeito ao momento em que a atividade deve ser produzida. Registre-se que essa liberdade de escolha tem que se conformar com o fim colimado na lei.

6.2.3 Poder Regulamentar

É o poder conferido aos **chefes do Executivo** para editar **decretos** e **regulamentos** com a finalidade de permitir a efetiva implementação da lei.

Enquanto as leis são criadas no âmbito do Poder Legislativo, a **Administração Pública poderá criar esses decretos e regulamentos** para **complementá-las**, os quais não podem contrariar, restringir ou ampliar as disposições da lei. Incumbe à Administração, então, complementar as leis, criando os mecanismos para sua efetiva implementação (ex.: Lei n. 8.112/90 x Decreto n. 5.707/2006).

De acordo com a Constituição Federal: "Art. 84. Compete privativamente ao Presidente da República: IV – sancionar, promulgar e fazer publicar as leis, bem como expedir decretos e regulamentos para sua fiel execução". Em decorrência do princípio da simetria constitucional, os chefes de Executivos dos estados possuem a mesma prerrogativa. Outras autoridades, como os ministros, podem editar atos normativos (art. 87, II, parágrafo único, da CF), bem como entidades (ex.: agências reguladoras).

6.2.4 Poder Hierárquico

A **hierarquia** é inerente ao **Poder Executivo**.

No âmbito do Poder *Legislativo* ou *Judiciário*, onde ocorra o desempenho de função administrativa (atividade atípica desses poderes), poderá haver hierarquia; porém, em relação às funções típicas exercidas pelos membros desses dois poderes (legislativa e jurisdicional) não há hierarquia entre seus membros (parlamentares e membros da magistratura).

O poder hierárquico tem íntima relação com o poder disciplinar e objetiva **ordenar, coordenar, controlar e corrigir** as atividades administrativas no âmbito **interno** da Administração. É através do poder hierárquico que a Administração escalona a função de seus órgãos, revê a atuação de seus agentes e estabelece a relação de subordinação entre seus servidores. Nas relações hierárquicas há vínculo de subordinação entre órgãos e agentes.

Obs.: não há hierarquia entre **administração direta** e entidades da **administração indireta**!

6.2.5 Poder Disciplinar

O poder disciplinar é o exercido pela Administração para:

- **APURAR INFRAÇÕES**
- **APLICAR PENALIDADES**

Aos **servidores** e às **demais pessoas** que ficarem sujeitas à disciplina administrativa (*ex.: empresas privadas contratadas para prestação serviços públicos; detentos de unidade prisional; alunos de escola pública*).

Pode decorrer do escalonamento hierárquico visto anteriormente, ou seja, se ao superior é dado poder de fiscalizar os atos dos seus subordinados, por óbvio que, verificando o descumprimento de ordens ou normas, tenha a possibilidade de **apurar a infração** e **impor as devidas sanções** previstas para aquela conduta.

Importante salientar que a **apuração** da infração não é uma decisão discricionária da autoridade, já que diante de uma irregularidade o agente tem o **poder-dever de agir**, ou seja, é obrigado a apurar a conduta. Já em relação à **penalidade** a ser aplicada, em razão de adotarmos a chamada tipicidade aberta, há uma margem discricionária para que a Administração decida, de acordo com as circunstâncias, natureza ou gravidade de cada infração, a pena que irá aplicar, desde que observando o princípio da adequação punitiva (que seja aplicada uma pena adequada para a infração). Exemplificando, estabelece o art. 143 da Lei n. 8.112/90: "A autoridade que tiver ciência de irregularidade no serviço público é **obrigada** a promover sua apuração imediata (...)".

6.2.6 Poder de Polícia

O Código Tributário Nacional (CTN), conceitua poder de polícia, dispondo em seu art. 78 que:

"Considera-se poder de polícia a atividade da administração pública que, limitando ou disciplinando direito, interesse ou liberdade, regula a prática de ato ou abstenção de fato, em razão de interesse público concernente à segurança, à higiene, à ordem, aos costumes, à disciplina da produção e do mercado, ao exercício de atividades econômicas dependentes de concessão ou autorização do Poder Público, à tranquilidade pública ou ao respeito à propriedade e aos direitos individuais ou coletivos".

Poder de polícia, portanto, é a atividade do Estado que **limita os direitos individuais** em benefício do interesse público, ou seja, é o mecanismo de frenagem para conter os abusos do direito individual.

O interesse público está relacionado a **segurança, moral, saúde, meio ambiente, consumidor, propriedade, patrimônio cultural**.

Polícia Administrativa e Judiciária

O Poder de polícia do Estado pode ocorrer em duas áreas:

- na **administrativa**, feita pelos órgãos administrativos, atuando sobre as atividades dos indiví-

duos (ex.: fiscalização da atividade de comércio);
- na **judiciária**, executada pelos órgãos de segurança, atuando sobre o indivíduo que poderia cometer algum ilícito penal (ex.: polícia civil de um Estado).

Competência para Exercício

O critério para determinação de competência para o exercício do Poder de polícia é o que diz respeito ao poder de **regular a matéria**.

Segundo Hely Lopes Meirelles, os assuntos de interesse nacional ficam sujeitos à regulamentação e ao policiamento da União (**CF, arts. 22 e 24**); as matérias de interesse regional sujeitam-se às normas e à polícia estadual (**CF, art. 25, § 1º**); os assuntos de interesse local subordinam-se aos regulamentos edilícios e ao policiamento administrativo municipal (**CF, art. 32, § 1º**).

- **Exemplos:**
- Regulação de mercados de título e valores imobiliários (compete à União, então ela exerce o poder de polícia);
- Normas pertinentes a prevenção de incêndio (compete à esfera estadual, então ela inspeciona, vistoria, expede alvará etc.);
- Planejamento e controle de uso de solo urbano (compete ao Município, então ele concede licença, regula o funcionamento, aplica sanções etc.)

Atributos ou Características

Os atributos costumeiramente apontados pela doutrina no que se refere aos atos resultantes do exercício regular do Poder de polícia são três:
- **discricionariedade** (livre escolha de oportunidade e conveniência do que vai aplicar);
- **autoexecutoriedade** (decidir e executar diretamente sua decisão sem a intervenção do Judiciário);
- **coercibilidade** (imposição coativa das medidas adotadas pela Administração).

Sanções decorrentes do Poder de polícia

As sansões são **impostas pela própria Administração** em procedimentos administrativos compatíveis com as exigências do interesse público, respeitando a **legalidade** da sanção e a sua proporcionalidade à infração.

Exemplificando, podemos citar as seguintes **sanções administrativas**, em decorrência do exercício do Poder de polícia: **multas, interdição de atividades, demolição de construções irregulares, inutilização de gêneros, apreensão de objetos**.

O Poder de polícia é delegável à pessoa jurídica de direito privado?

Regra: **NÃO**

Exceção: Atos materiais
- Ciclos do Poder de Polícia

> **DICAS**
>
> **NO CO FI SA**
> **NO**rmatizar/Ordem (preceito legal): não cabe delegação
> **CO**nsentir (alvará, licença, autorização): cabe delegação
> **FI**scalizar: cabe delegação
> **SA**ncionar: não cabe delegação

STF – Tese de Repercussão Geral (outubro/2020):
"É constitucional a delegação do poder de polícia, por meio de lei, a pessoas jurídicas de direito privado integrantes da Administração Pública indireta de capital social majoritariamente público que prestem exclusivamente serviço público de atuação própria do Estado e em regime não concorrencial".

Prazo prescricional das sanções decorrentes do Poder de Polícia

- **Lei n. 9.873/99**: estabelece prazo de prescrição para o exercício de ação punitiva pela Administração Pública Federal, direta e indireta, e dá outras providências.
- **Art. 1º: prescreve** em **5 anos** a ação punitiva da Administração Pública Federal, direta e indireta, no exercício do poder de polícia, objetivando apurar infração à legislação em vigor, contados da data da prática do ato ou, no caso de infração permanente ou continuada, do dia em que tiver cessado.
- **Prescrição intercorrente: § 1º** Incide a prescrição no procedimento administrativo paralisado por mais de **3 anos**, pendente de julgamento ou despacho, cujos autos serão arquivados de ofício ou mediante requerimento da parte interessada, sem prejuízo da apuração da responsabilidade funcional decorrente da paralisação, se for o caso.
- **Quando constituir também ilícito penal: § 2º** Quando o fato objeto da ação punitiva da Administração também constituir crime, a prescrição reger-se-á pelo prazo previsto na lei penal.

6.3 Uso e Abuso de Poder

No Estado Democrático de Direito, a Administração Pública deve agir sempre dentro dos **limites de suas atribuições**, em consonância com o **direito e a moral**, com respeito aos direitos dos administrados.

No entanto, se o administrador **extrapolar os limites** de suas competências ou se utilizar das suas atribuições para **fins diversos** do interesse público, teremos o chamado **abuso de poder**.

O abuso de poder pode se manifestar de duas formas:
- **Excesso de poder**: quando o gestor atua fora dos limites de suas competências, exercendo atribuições que não são de sua competência;
- **Desvio de poder**: quando o gestor exerce suas competências, mas para alcançar finalidade diversa da definida em lei (vício de finalidade).

7. ATOS ADMINISTRATIVOS

7.1 Conceito

Segundo Hely Lopes Meirelles, ato administrativo é toda manifestação unilateral de vontade da Administração Pública que, agindo nessa qualidade, tenha por fim imediato adquirir, resguardar, transferir, modificar, extinguir e declarar direitos, ou impor obrigações aos administrados ou a si própria.

Para Maria Sylvia Zanella Di Pietro, é a declaração do Estado ou de quem o represente, que produz efeitos jurídicos imediatos, com observância da lei, sob regime jurídico de direito público e sujeito a controle pelo Poder Judiciário.

7.2 Requisitos

Segundo a corrente clássica, os "requisitos" (também chamados de "elementos") são trazidos pela **Lei n. 4.717/65 (Lei de Ação Popular), art. 2º**, segundo o qual, são **nulos** os atos lesivos ao patrimônio das entidades mencionadas no artigo anterior, nos casos de:
a) incompetência;
b) vício de forma;
c) ilegalidade do objeto;
d) inexistência dos motivos;
e) desvio de finalidade.

Portanto, os **requisitos** do ato administrativo são:

DICAS
COM FIN FOR MOB
COMpetência (quem?)
FINalidade (para quê)
FORma (como?)
Motivo (por quê?)
OBjeto (o quê?)

Faltando um desses **requisitos de validade**, o ato **não é válido**, pois terá um **vício/defeito**.

- **Competência (quem?)**
"Lei n. 4.717/65, art. 2º, parágrafo único, *a*: a incompetência fica caracterizada quando o ato não se incluir nas atribuições legais do agente que o praticou.

O agente que pratica o ato deve ter **poder legal** para tal.

Lei n. 9.784/99, "Art. 11. A competência é irrenunciável e se exerce pelos órgãos administrativos a que foi atribuída como própria, salvo os casos de delegação e avocação legalmente admitidos". (Mesmo quando se **delega** ou **avoca**, se trata de transferência de exercício daquela atribuição, mas não da competência).

Delegação: a regra é que **é possível a delegação**. Exceção: não podem ser objeto de **delegação (Lei n. 9.784/99, art. 13)**:

"I – a edição de atos de caráter normativo;
II – a decisão de recursos administrativos;
III – as matérias de competência exclusiva do órgão ou autoridade".

A delegação é subdelegável, se a autoridade competente não proibir.

Obs.: o vício de **competência** pode ser **convalidado**, não sendo necessária anulação.

- **Finalidade (para quê)**
"Lei n. 4.717/65, art. 2º, parágrafo único, *e*: o desvio de finalidade se verifica quando o agente pratica o ato visando a fim diverso daquele previsto, explícita ou implicitamente, na regra de competência".

É o objetivo do ato, que deve buscar o **interesse público**.

Se não atender a finalidade, haverá **"desvio de finalidade ou desvio de poder"** (espécie de **abuso de poder**) tornando o ato inválido (ex.: remoção de ofício como forma de punição).

Obs.: desvio de finalidade é vício **insanável**; obriga a **anulação**.

- **Forma (como?)**
"Lei n. 4.717/65, art. 2º, parágrafo único, *b*: o vício de forma consiste na omissão ou na observância incompleta ou irregular de formalidades indispensáveis à existência ou seriedade do ato".

É o revestimento do ato, que tem que obedecer à forma prescrita em lei.

Em regra, a forma é a **escrita**, mas excepcionalmente existem outras formas, como por exemplo, forma verbal, sinalização de trânsito etc.

Ex.: auto de infração sem assinatura; aplicação de penalidade ao servidor sem PAD.

Obs.: o vício de **forma** pode ser **convalidado**, exceto se a lei estabelecer que determinada forma é essencial à validade do ato, caso este em que será nulo o ato (não podendo ser convalidado).

- **Motivo (por quê?)**

"**Lei n. 4.717/65, art. 2º, parágrafo único, d**: a inexistência dos motivos se verifica quando a matéria de fato ou de direito, em que se fundamenta o ato, é materialmente inexistente ou juridicamente inadequada ao resultado obtido".

Situação de fato ou de direito que determina ou autoriza a realização do ato administrativo.

Importante não confundir *Motivo*, que é um requisito do ato administrativo e deve estar presente em todo ato para que este tenha validade, com *Motivação*, que é a exposição dos fatos e fundamentos que levaram a realizar aquele ato, sendo que nem todo ato precisa ser motivado. Ou seja, motivação seria a exposição do motivo. Assim, pode-se afirmar que todo ato precisa ter um *motivo*, mas nem todo ato precisa ser *motivado*.

Obs.: o vício quanto ao motivo é **insanável**; obriga a **anulação**.

Eis um momento oportuno para tratar da chamada **Teoria dos Motivos Determinantes**: significa que ao motivar um ato (seja ele vinculado ou discricionário), a Administração fica vinculada à *existência* e *adequação* daqueles motivos declarados como causa determinante do ato, podendo sofrer controle de legalidade/legitimidade pela própria Administração Pública ou pelo Poder Judiciário caso esses motivos não existam ou sejam inadequados. Isso ocorre mesmo em atos discricionários que não precisariam de motivação, mas que se forem motivados vinculam a Administração. **Ex.:** para exonerar o servidor ocupante de cargo em comissão **não é necessário motivação; entretanto, se a autoridade motivar, terá que haver existência e adequação daquele motivo;** assim, digamos que a exoneração foi *motivada* na falta de assiduidade do servidor; este poderá requerer a anulação do ato caso prove que era assíduo, ou seja, que os motivos ali expostos não eram verdadeiros ou adequados; algo que não seria possível ser contestado caso a autoridade não tivesse motivado (já que a lei não obriga a motivar nesse caso).

- **Objeto (o quê?)**

"**Lei n. 4.717/65, art. 2º, parágrafo único, c**: a ilegalidade do objeto ocorre quando o resultado do ato importa em violação de lei, regulamento ou outro ato normativo".

É o **conteúdo** do ato, que tem por objeto a criação, modificação ou comprovação de situações concernentes a pessoas, coisas ou atividades sujeitas à ação do Poder Público. É aquilo que quero alcançar quando pratico o ato administrativo. **Ex.:** servidor praticou um ato que levou à aplicação de pena de suspensão; o motivo do ato é a infração; o **objeto** do ato é a **pena de suspensão**. Assim, essa penalidade tem que ser aplicada conforme a previsão legal. Vamos imaginar que seja aplicada uma suspensão de 100 dias ao servidor, enquanto a lei previa a suspensão poderia ser de no máximo 90 dias, estaremos diante de um vício no objeto do ato, obrigando a sua anulação.

Obs.: o vício do objeto (objeto ilegal) é **insanável**; obriga a **anulação**.

Vistos todos os requisitos do ato administrativo, vamos tentar identificar cada um deles em um ato administrativo? **Ex.:** ato de **demissão** do servidor

COMPETÊNCIA (quem pode aplicar a pena de demissão?)

FINALIDADE (para quê? Interesse público corrigir)

FORMA (como? Através de um processo administrativo)

MOTIVO (por quê? Praticou tal infração)

OBJETO (o quê? Demissão)

7.3 Atributos do Ato Administrativo

Os atributos do ato decorrem do direito, sendo necessários para o bom desempenho da atividade administrativa.

> **DICAS**
>
> **PATI**
>
> **Presunção de Legitimidade/Legalidade/Veracidade**: o ato é válido até que se prove o contrário; trata-se de uma presunção relativa, que admite prova em contrário.
>
> **Autoexecutoriedade**: a administração executa seus atos sem precisar de uma manifestação prévia do Judiciário; sendo que posteriormente o Judiciário pode analisar a legalidade do ato.
>
> **Tipicidade**: o ato deve respeitar as figuras previstas em lei.
>
> **Imperatividade**: o ato cria unilateralmente obrigação ao particular, que poderá ser imposta coercitivamente (coercibilidade), tendo que ser respeitado, independentemente da concordância do administrado.

7.4 Invalidação do Ato Administrativo

"**Lei n. 9.784/99, art. 53**: a Administração deve **anular** seus próprios atos, quando eivados de vício de legalidade, e pode **revogá-los** por motivo de conveniência ou oportunidade, respeitados os direitos adquiridos".

Súmula 473 do STF: a Administração pode **anular** seus próprios atos quando eivados de vícios que os tornem **ilegais**, porque deles não se originam direitos; ou **revogá-los**, por motivo de **conveniência ou oportunidade**, respeitados os direitos adquiridos, e ressalvada, em todos os casos, a apreciação judicial.

Súmula 346 do STF: a Administração Pública pode declarar a nulidade dos seus próprios atos.

DIREITO ADMINISTRATIVO

Anulação e revogação: decorrem do "Princípio da Autotutela".

Revogação: é a invalidação de ato legal e eficaz, que pode ser realizado apenas pela Administração, quando entender que o mesmo é *inconveniente* ou *inoportuno* (mérito do ato), com efeitos não retroativos (*ex nunc*).

Anulação é a invalidação de um ato *ilegítimo*, que poderá se dar pela própria Administração ou pelo Poder Judiciário, com efeitos retroativos (*ex tunc*).

Desses dispositivos conclui-se que, em relação aos atos, a **Administração** pode ANULAR ou REVOGAR seus próprios atos, porém, o **Poder Judiciário**, em sua atividade jurisdicional, pode apenas ANULAR.

Em decisão na qual se evidencie **não acarretarem lesão ao interesse público nem prejuízo a terceiros**, os atos que apresentarem **defeitos sanáveis** (vício de competência ou vício de forma) poderão ser **convalidados** pela própria Administração.

Outras formas de extinção de atos administrativos:

- **Caducidade**: quando uma nova legislação passa a não permitir o que antes era permitido (ex.: havia lei permitindo fiscal da receita a portar arma; vem outra lei proibindo; então ocorre a extinção por caducidade);
- **Cassação**: quando deixa de preencher condição necessária ou descumpre condição imposta (ex.: condenado por delito de trânsito terá cassada sua licença para dirigir).

8. PROCESSO ADMINISTRATIVO

8.1 Disposições Gerais

A **Lei n. 9.784/99** estabelece normas básicas sobre o **processo administrativo no âmbito da Administração Federal direta e indireta**, visando, em especial, à proteção dos direitos dos administrados e ao melhor cumprimento dos fins da Administração.

Os preceitos da Lei n. 9.784/99 também se aplicam aos órgãos dos **Poderes Legislativo e Judiciário**, quando no desempenho de **função administrativa**.

Os processos administrativos específicos (ex.: processo administrativo disciplinar – PAD na Lei n. 8.112/90) continuarão a reger-se por lei própria, sendo-lhes aplicada a Lei n. 9.784/99 apenas *subsidiariamente*.

Para efeitos da Lei n. 9.784/99, considera-se:

- **órgão**: a unidade de atuação integrante da estrutura da Administração direta e da estrutura da Administração indireta;
- **entidade**: a unidade de atuação dotada de personalidade jurídica;
- **autoridade**: o servidor ou agente público dotado de poder de decisão.

8.2 Do Início do Processo

O processo administrativo pode iniciar-se **de ofício ou a pedido de interessado. Obs.**: tanto o **início** quanto o **prosseguimento** e a **instrução** do processo podem se dar a pedido ou impulsão da parte interessada ou pela própria Administração Pública (de ofício).

> **Súmula 611 do STJ**: Desde que devidamente motivada e com amparo em investigação ou sindicância, é permitida a instauração de processo administrativo disciplinar com base em **denúncia anônima**, em face do poder-dever de autotutela imposto à Administração.

8.3 Da Competência

Em regra, a **competência é irrenunciável** e se exerce pelos órgãos administrativos a que foi atribuída como própria, **salvo** nos casos de **delegação** e **avocação** legalmente admitidos.

O ato de **delegação** e sua revogação deverão ser publicados no meio oficial, sendo o ato **revogável** a qualquer tempo pela autoridade delegante.

Um **órgão administrativo** e seu titular poderão, se não houver impedimento legal, **delegar parte da sua competência** a outros órgãos ou titulares, ainda que estes não lhes sejam hierarquicamente subordinados, quando for conveniente, em razão de circunstâncias de índole técnica, social, econômica, jurídica ou territorial.

- Não podem ser objeto de **delegação**:

DICAS
CE NO RA
as matérias de Competência Exclusiva do órgão ou autoridade
a edição de atos de caráter NOrmativo
a decisão de Recursos Administrativos

Será permitida, em caráter excepcional e por motivos relevantes devidamente justificados, a **avocação temporária** de competência atribuída a órgão hierarquicamente inferior.

8.4 Da Forma, Tempo e Lugar dos Atos do Processo

Os atos do processo administrativo **não dependem**

de forma determinada, senão quando a lei expressamente a exigir.

Os atos devem ser produzidos por escrito, em vernáculo, com a data e o local de sua realização e a assinatura da autoridade responsável, bem como devem realizar-se em **dias úteis**, no horário normal de funcionamento da repartição na qual tramitar o processo.

O reconhecimento de firma somente será exigido quando houver dúvida de autenticidade.

Inexistindo disposição específica, os atos do órgão ou autoridade responsável pelo processo e dos administrados que dele participem devem ser praticados no **prazo de 5 dias**, salvo motivo de força maior (pode ser **dilatado até o dobro**, mediante comprovada justificação).

8.5 Da Comunicação dos Atos

O interessado será **intimado** pelo órgão competente perante o qual tramita o processo administrativo para ciência de decisão ou a efetivação de diligências.

A intimação deve obedecer à **antecedência** mínima de **3 dias úteis** quanto à data de comparecimento.

A intimação poderá ser feita **por ciência no processo, por via postal com aviso de recebimento, por telegrama** ou outro meio que assegure a certeza da ciência do interessado.

Serão **nulas** as **intimações** feitas sem observância das prescrições legais, mas o **comparecimento do administrado** supre sua falta ou irregularidade. Ex.: se a pessoa não recebeu correspondência, ou esta não continha as determinações legais, mas **comparece espontaneamente** no processo, não haverá nulidade, sendo considerada **intimada**.

Importante: o **desatendimento da intimação não** importa o reconhecimento da verdade dos fatos, nem a renúncia a direito pelo administrado. Ou seja, se a pessoa intimada **não se manifesta** no prazo legal, não serão considerados verdadeiros os fatos a ela imputados (não significa confissão), nem significa que renunciou a direitos, podendo, inclusive, ingressar no prosseguimento do processo, tendo seu direito a ampla defesa assegurado.

Devem ser objeto de intimação os atos do processo que resultem para o interessado em imposição de deveres, ônus, sanções ou restrição ao exercício de direitos e atividades e os atos de outra natureza, de seu interesse.

8.6 Da Instrução

A instrução destina-se a averiguar e comprovar os dados necessários à tomada de decisão e realiza-se **de ofício** ou mediante **impulsão do órgão responsável** pelo processo, sem prejuízo do direito dos **interessados** de propor atuações probatórias.

Proibição de provas ilícitas: são inadmissíveis no processo administrativo as provas obtidas por meios ilícitos.

Na fase instrutória e antes da tomada da decisão o **interessado poderá** juntar documentos e pareceres, requerer diligências e perícias, bem como aduzir alegações referentes à matéria objeto do processo.

Após o final da instrução, o interessado terá o direito de manifestar-se no prazo **máximo de 10 dias**, salvo se outro prazo for legalmente fixado. Logo após, a Administração tem o prazo de **até 30 dias** para decidir, salvo prorrogação por igual período expressamente motivada.

8.7 Da Decisão Coordenada

No âmbito da Administração Pública federal, as decisões administrativas que exijam a participação de **3 (três) ou mais setores, órgãos ou entidades** poderão ser tomadas mediante **decisão coordenada**, sempre que:

I – for justificável pela **relevância da matéria**; e

II – houver **discordância** que prejudique a celeridade do processo administrativo decisório.

Considera-se **decisão coordenada**: a instância de natureza interinstitucional ou intersetorial que atua de forma **compartilhada** com a finalidade de **simplificar o processo administrativo** mediante participação concomitante de **todas as autoridades e agentes decisórios** e dos responsáveis pela instrução técnico-jurídica, observada a natureza do objeto e a compatibilidade do procedimento e de sua formalização com a legislação pertinente.

Poderão habilitar-se a participar da decisão coordenada, na qualidade de ouvintes, os interessados de que trata o art. 9º da lei. A participação na reunião, que poderá incluir direito a voz, será deferida por decisão **irrecorrível** da autoridade responsável pela convocação da decisão coordenada.

8.8 Da Motivação

Princípio da Motivação: os atos administrativos deverão ser motivados, com indicação dos fatos e dos fundamentos jurídicos, quando:

I – neguem, limitem ou afetem direitos ou interesses;

II – imponham ou agravem deveres, encargos ou sanções;

III – decidam processos administrativos de concurso ou seleção pública;

IV – dispensem ou declarem a inexigibilidade de processo licitatório;

V – decidam recursos administrativos;

VI – decorram de reexame de ofício;

VII – deixem de aplicar jurisprudência firmada sobre a questão ou discrepem de pareceres, laudos, propostas e relatórios oficiais;

VIII – importem anulação, revogação, suspensão ou convalidação de ato administrativo.

A **motivação** deve ser **explícita, clara** e **congruente**, podendo consistir em declaração de concordância com fundamentos de anteriores pareceres, informações, decisões ou propostas, que, neste caso, serão parte integrante do ato.

8.9 Da Anulação, Revogação e Convalidação

A Administração **deve anular seus próprios atos**, quando eivados de vício de legalidade, e **pode revogá-los** por motivo de conveniência ou oportunidade, respeitados os direitos adquiridos.

ANULAÇÃO	Vício de Legalidade
REVOGAÇÃO	Inconveniência ou Inoportunidade

O direito da Administração de **anular** os atos administrativos de que decorram efeitos favoráveis para os destinatários **decai em 5 anos**, contados da data em que foram praticados, salvo comprovada má-fé.

É possível que a própria Administração faça a **convalidação** dos atos que apresentarem **defeitos sanáveis**, desde que em decisão na qual se evidencie **não acarretarem lesão ao interesse público nem prejuízo a terceiros**.

Lembrando que, sempre que importar em **anulação**, **revogação** ou **convalidação**, o ato administrativo deverá ser **motivado**, indicando os fatos e fundamentos que jurídicos que justifiquem sua edição.

8.10 Do Recurso Administrativo e da Revisão

Das decisões administrativas **cabe recurso**, em face de razões de legalidade e de mérito.

Juízo de Retratação: o recurso será **dirigido** à autoridade que proferiu a decisão, a qual, se não a **reconsiderar** no prazo de **5 dias**, o encaminhará à autoridade superior.

Em regra, a interposição de recurso **não depende de caução**, salvo exigência legal.

O recurso administrativo tramitará no **máximo por 3 instâncias administrativas**, salvo disposição legal diversa.

Salvo disposição legal, é de **10 dias** o prazo para **interposição de recurso** administrativo, e de no máximo **30 dias o prazo para ser decidido** (este prazo poderá ser prorrogado por igual período, mediante justificativa).

Interposto o recurso, o órgão competente para dele conhecer deverá intimar os demais interessados para que, no prazo de **5 dias úteis**, apresentem alegações.

Em regra, o recurso **não** tem **efeito suspensivo**, salvo disposição legal em contrário.

Revisão do Processo: os processos administrativos de que resultem **sanções** poderão ser **revistos**, a qualquer tempo, **a pedido ou de ofício**, quando surgirem **fatos novos** ou **circunstâncias relevantes** suscetíveis de justificar a inadequação da sanção aplicada.

Da revisão do processo **não** poderá resultar **agravamento da sanção** (proibição da *reformatio in pejus* na revisão do processo).

8.11 Dos Prazos

A contagem dos prazos começa **a partir da data da cientificação oficial**, **excluindo-se** da contagem o dia do começo e **incluindo-se** o do vencimento.

Os prazos processuais **não se suspendem**, salvo motivo de força maior devidamente comprovado.

9. RESPONSABILIDADE CIVIL DO ESTADO

A responsabilidade civil tem origem no **Direito Civil**.

É a obrigação de indenizar um dano (material ou moral) decorrente de um fato humano. É uma modalidade de responsabilidade extracontratual.

No ramo do Direito Público, a responsabilidade civil da Administração Pública se consubstancia na obrigação que o Estado tem de indenizar os danos causados por conduta (lícita ou ilícita) de seus agentes, que estão atuando em seu nome.

A responsabilidade civil do Estado está regulada, basicamente, no **art. 37, § 6º, da CF**, segundo o qual, *as pessoas jurídicas de direito público e as de direito privado prestadoras de serviços públicos responderão pelos danos que seus agentes, nessa qualidade, causarem a terceiros, assegurado o direito de regresso contra o responsável nos casos de dolo ou culpa*.

Portanto, caso um agente público, no exercício das suas atribuições, cause danos a terceiros, quem responderá perante este é a pessoa jurídica, e o agente somente responderá por meio de ação de regresso, caso tenha agido com dolo ou culpa. Enquanto a responsabilidade do Estado ou da pessoa jurídica de direito privado prestadora de serviço público é **objetiva**, ou seja, independe da verificação de culpa, a responsabilidade do agente é **subjetiva**, pois este somente responderá se tiver agido com culpa ou dolo.

Essa disposição é baseada na chamada **Teoria do Risco Administrativo**, adotada pelo nosso sistema jurídico, segundo a qual, a responsabilidade civil do Estado por danos causados pela conduta/ação dos seus agentes é **objetiva**, ou seja, decorre da existência do *dano* e do *nexo causal*, independentemente da comprovação de culpa ou dolo. Decorre da ideia de que se todos (povo) são beneficiados pelos fins da Administração, todos devem suportar os riscos decorrentes dessa atividade. Se há desigualdade jurídica entre Estado e particulares, a desnecessidade de provar culpa tenta trazer *isonomia*.

Como presume-se que a culpa é da Administração, esta poderá **eximir-se** da responsabilidade se provar que houve *culpa exclusiva* **do particular**, ou **amenizar** sua responsabilidade se provar *culpa concorrente*.

Não confundir: Teoria do Risco Administrativo (em que o Estado tem a chance de eximir ou atenuar sua responsabilidade, provando que a culpa foi exclusiva ou concorrente do particular) com a **Teoria do Risco Integral**, segundo a qual, o Estado responde em qualquer hipótese, não havendo a possibilidade de eximir-se ou atenuar sua responsabilidade, mesmo que haja culpa exclusiva ou concorrente do particular (alguns autores consideram injusta, absurda e inadmissível, mas há doutrina que defende ser aplicável em algumas hipóteses, como *dano ambiental, dano nuclear* e *ataques terroristas* – DI PIETRO).

Temos, ainda, a chamada **Teoria da Culpa Administrativa (ou Culpa Anônima)**, aplicável nos casos em que o dano é gerado não pela conduta/ação do agente, mas pela **omissão** (falta de serviço). Para que haja a responsabilização, cabe ao particular comprovar que o dano ocorreu pela omissão (falta do serviço), ou seja, trata-se de responsabilidade **subjetiva**. Porém, quando o Estado assume o papel de **"garante"**, responderá **objetivamente**, mesmo que por **"omissão"**. Ou seja, quando coisas ou pessoas estão **sob custódia do Estado**, este tem o dever de assegurar a integridade, senão responderá objetivamente, mesmo que o dano não ocorra diretamente da "ação" de algum agente (ex.: morte de detentos em rebelião nos presídios, aluno de escola pública causa lesão em outro durante a aula).

Detalhando o art. 37, § 6º: as pessoas jurídicas de direito público e as de direito privado prestadoras de serviços públicos responderão pelos danos que seus agentes, nessa qualidade, causarem a terceiros, assegurado o direito de regresso contra o responsável nos casos de dolo ou culpa.

1) O dispositivo trata dos danos causados por "ação" de agentes públicos, não se referindo à "omissão" da Administração (falta de serviço).

2) A expressão "nessa qualidade" significa que o Estado responde pelos danos causados pelo agente enquanto estiver se valendo da condição de agente para praticar a conduta (ex.: se um policial, mesmo de folga, depara com um assalto, troca tiros com os assaltantes e acaba atingindo um particular – está agindo na qualidade de agente público).

3) A expressão "agente" não se refere apenas aos servidores públicos, mas também aos empregados das empresas privadas prestadoras de serviços públicos, integrantes ou não da Administração Pública.

4) A regra se aplica às **pessoas jurídicas de direito público** (Administração Direta, autarquias e fundações públicas de direito público), bem como às **pessoas jurídicas de direito privado prestadoras de serviços públicos** (empresas públicas e sociedades de economia mista prestadoras de serviços públicos, fundações públicas de direito privado que prestem serviços públicos e pessoas privadas delegatárias de serviços públicos – concessionárias, permissionárias e autorizadas). **Não se aplica**, portanto, às **empresas públicas** e **sociedades de economia mista exploradoras de atividade econômica** (nestas, a responsabilidade é igual às pessoas privadas, regidas pelo Direito Privado).

5) O agente público responde apenas por meio de ação de regresso, não podendo o particular entrar com ação diretamente contra o agente - **STF (tese de repercussão geral de 14-8-2019)**: "A teor do disposto no art. 37, § 6º, da Constituição Federal, a ação por danos causados por agente público deve ser ajuizada contra o Estado ou a pessoa jurídica de direito privado prestadora de serviço público, sendo parte ilegítima para a ação o autor do ato, assegurado o direito de regresso contra o responsável nos casos de dolo ou culpa". Trata-se da aplicação da *Teoria da Dupla Garantia*, em que o particular terá a garantia da responsabilidade objetiva (não precisará comprovar culpa) e o agente terá a garantia de que somente será demandado pelo ente estatal.

Responsabilidade do Estado por ATOS LEGISLATIVOS

Em regra, os atos do Legislativo não geram responsabilidade do Estado, pois este atua com soberania, estando apenas sujeito aos limites trazidos pela Constituição.

Entretanto, a doutrina reconhece 2 hipóteses de responsabilização do Estado por atos legislativos:

a) **edição de leis inconstitucionais**: caso a lei venha a ser considerada inconstitucional pelo STF, restando comprovado o dano, o lesado poderá ingressar com ação pleiteando indenização.

b) **edição de leis de efeito concreto**: são aquelas direcionadas a destinatários certos (não são genéricas, abstratas e impessoais); portanto, se causarem danos aos destinatários, podem gerar responsabilização, que deverá ser buscada judicialmente pelos lesados.

Responsabilidade do Estado por ATOS JURISDICIONAIS

A regra é de inexistência de responsabilização do Estado em face dos atos jurisdicionais praticados por magistrados.

Mas há exceção na **área criminal**, em que a própria CF prevê em seu art. 5º, LXXV: *o Estado indenizará o condenado por erro judiciário, assim como o que ficar preso além do tempo fixado na sentença*; tratando-se de responsabilidade objetiva também (**Obs.**: não se aplica para o cível).

Em relação às prisões preventivas, caso o réu seja julgado inocente, a jurisprudência majoritária entende que não há responsabilização do Estado por dano moral.

Entendimentos do STF acerca da responsabilidade civil do Estado:

- O agente responde apenas por meio de ação regressiva, não cabendo acioná-lo diretamente, nem em litisconsórcio passivo.
- Não cabe denunciação da lide em responsabilidade objetiva do Estado (pois o agente responde subjetivamente).
- Há responsabilidade civil objetiva (dever de indenizar danos causados independentemente de culpa) das empresas que prestam serviço público mesmo em relação a terceiros, ou seja, aos não usuários.
- Ocorre **relação causal** entre a omissão, consubstanciada no dever de vigilância do patrimônio público ao se permitir a saída de policial em dia de folga portando o revólver da corporação, e o ato ilícito praticado por este servidor.
- Nos termos do art. 37, § 6º, da CF, não se caracteriza a responsabilidade civil objetiva do Estado por danos decorrentes de crime praticado por pessoa foragida do sistema prisional, quando não demonstrado o nexo causal direto entre o momento da fuga e a conduta praticada.

10. BENS PÚBLICOS

O art. 98 do CC traz o conceito de bens públicos: *são públicos os bens do domínio nacional pertencentes às pessoas jurídicas de direito público interno; todos os outros são particulares, seja qual for a pessoa a que pertencerem.*

Para compreender o art. 98, é preciso lembrar do art. 41 do CC, que vem definir quem são pessoas jurídicas de direito público interno:

I – a **União**;

II – os **Estados**, o **Distrito Federal** e os **Territórios**;

III – os **Municípios**;

IV – as **autarquias**, inclusive as **associações públicas**;

V – as demais entidades de **caráter público** criadas por lei.

Portanto, **bens públicos** são **apenas** aqueles pertencentes a pessoas jurídicas de direito público (a União, os Estados, o Distrito Federal e os Territórios, os Municípios, as Autarquias e Fundações públicas com personalidade jurídica de direito público).

Entretanto, bens das **pessoas jurídicas de direito privado** integrantes da Administração Pública são **privados** (ou particulares), mas podem estar sujeitos a regras próprias do regime jurídico de bens públicos (*inalienabilidade, impenhorabilidade, imprescritibilidade e não onerabilidade*), quando estiverem sendo **efetivamente utilizados** na prestação de um serviço público.

10.1 Afetação x Desafetação

Afetação: quando um bem **está vinculado** a uma finalidade pública (está *afetado*). Em regra, os bens *de uso comum do povo* e os bens *de uso especial* são afetados. Ex.: prédio público onde funciona uma escola pública está afetado à prestação desse serviço.

Desafetação: quando um bem **não está vinculado** a nenhuma finalidade pública (está *desafetado*). Os bens *dominicais* são desafetados. Ex.: terreno baldio do município.

Entende-se por desafetação, também, o **ato de desvincular** um bem de determinada finalidade, a fim de facilitar sua alienação. Portanto, um bem *de uso comum do povo* ou *de uso especial* é transformado em *bem dominical*. O ato de desafetação depende de lei específica.

10.2 Classificação dos bens públicos

a) **Quanto à forma de utilização/destinação:**

Código Civil, art. 99. São bens públicos: **I** – os de **uso comum do povo**, tais como rios, mares, estradas, ruas e praças; **II** – os de **uso especial**, tais como edifícios ou terrenos destinados a serviço ou estabelecimento da administração federal, estadual, territorial ou municipal, inclusive os de suas autarquias; **III** – os **dominicais**, que constituem o patrimônio das pessoas jurídicas de direito **público, como objeto de direito pessoal, ou real, de cada uma dessas entidades.**

Portanto, teremos:

- **Bens de uso comum do povo**: apesar de pertencerem a uma a pessoa jurídica de direito públi-

co interno (poder de gestão e não propriedade), podem ser utilizados sem restrição por **todos**, gratuita ou onerosamente (rios, mares, estradas, ruas e praças, meio ambiente);
- **Bens de uso especial**: destinam-se (afetados) especialmente à execução dos serviços públicos; são exemplos os veículos da Administração ou os imóveis onde estão instalados os serviços públicos e órgãos da Administração (secretarias, escolas, tribunais, parlamentos);
- **Bens dominicais**: constituem patrimônio das pessoas jurídicas de direito público (propriedade), semelhantes aos bens dos particulares, mas que não estão afetados a uma finalidade pública específica, servindo apenas de **reserva patrimonial** ou **fonte de renda**, ou seja, não tem uma destinação especial (ex.: terras devolutas, terrenos baldios, viaturas sucateadas).

b) Quanto à titularidade:

Os bens públicos se dividem em: **Federais (CF, art. 20), Estaduais (CF, art. 26), Distritais, Territoriais** ou **Municipais**, conforme o nível federativo da pessoa jurídica a quem pertençam.

c) Quanto à disponibilidade:
- **Bens indisponíveis por natureza**: são aqueles que, devido à sua condição não patrimonial, não podem ser alienados ou onerados; são **bens de uso comum do povo** destinados à utilização universal e difusa (ex.: ar, meio ambiente, mares);
- **Bens patrimoniais indisponíveis**: são os que tem condição patrimonial, mas que por pertencerem à categoria dos **bens de uso comum do povo** ou **de uso especial**, a **lei** lhes confere o caráter de inalienabilidade enquanto mantiverem tal condição, ou seja, naturalmente poderiam ser alienados, mas legalmente, não (ex.: ruas, praças, imóvel onde está instalada a prefeitura);
- **Bens patrimoniais disponíveis**: são os legalmente passíveis de alienação, por não estarem afetados a certa finalidade pública, como é o caso dos **bens dominicais** (ex.: terras devolutas).

10.3 Atributos dos bens públicos

a) Inalienabilidade (relativa):

CC, art. 100. Os bens públicos de **uso comum do povo** e os de **uso especial** são **inalienáveis**, enquanto conservarem a sua qualificação, na forma que a lei determinar.

CC, art. 101. Os bens públicos **dominicais podem ser alienados**, observadas as exigências da lei.

Em regra, os bens públicos não podem ser alienados (nem usucapidos, nem desapropriados). Em relação aos **bens afetados** (*de uso comum do povo* e *de uso especial*), *não há possibilidade de alienação enquanto mantiverem essa condição*. Em relação aos bens **desafetados** (*dominicais*), até podem ser alienados, porém há exigências legais a serem cumpridas (chamada *alienabilidade condicionada*), trazidas pela **Lei n. 8.666/93, arts. 17 e 19** (demonstração de interesse público; prévia avaliação; e quanto a imóveis, autorização legislativa e licitação na modalidade concorrência).

b) Impenhorabilidade:

Os bens públicos **não** podem ser objeto de **constrição judicial**. Portanto, a lei estabelece uma forma especial de **execução contra a Fazenda Pública**, bem como as ordens de **precatórios** previstas no **art. 100 da CF**.

c) Imprescritibilidade:

CC, art. 102. Os bens públicos não estão sujeitos a usucapião. Os bens públicos **não** se sujeitam à chamada **prescrição aquisitiva**, ou seja, não podem ser usucapidos.

d) Não onerabilidade:

Significa que nenhum *ônus real* (ex.: hipoteca, penhora, usufruto...) pode recair sobre os bens públicos. Bens públicos não podem ser dados como garantia em favor de terceiros (penhor, anticrese ou hipoteca).

Quadro sobre o uso privativo de bens públicos:

AUTORIZAÇÃO	PERMISSÃO	CONCESSÃO
ATO Administrativo (unilateral e discricionário).	ATO Administrativo (unilateral e discricionário).	CONTRATO Administrativo (bilateral).
Sempre sem licitação.	Em regra, sem licitação.	Sempre com licitação (salvo casos de dispensa e inexigibilidade).
Interesse do particular.	Interesse público e do particular.	Interesse público e do particular.
Uso facultativo pelo particular.	Uso obrigatório pelo particular.	Uso obrigatório pelo particular.
Ato Precário (revogação qualquer tempo, em regra, sem indenização).	Ato Precário (revogação qualquer tempo, em regra, sem indenização).	Não há precariedade (cabe rescisão nas hipóteses legais, com indenização se o concessionário não deu causa).
Prazo indeterminado (eventos curtos ou transitórios).	Prazo determinado ou indeterminado (situações permanentes ou curtas).	Prazo determinado (situações permanentes ou de longa duração).
Remunerada ou não.	Remunerada ou não.	Remunerada ou não.
Ex.: fechar rua para festa popular; casamento na praia.	Ex.: quiosque na praia; feira permanente em uma praça; banca de jornal em uma rua, *trailer* (ver Lei n. 13.311/2016).	Ex.: exploração de uma mina de água em área pública; restaurante dentro de um órgão público; estacionamento anexo a um aeroporto.

11. INTERVENÇÃO DO ESTADO NA PROPRIEDADE

As modalidades de **Intervenção do Estado na Propriedade** são:
- **Servidão Administrativa** (ex.: passagem de redes elétricas por propriedades privadas; placas com nomes de rua fixadas em casas);
- **Requisição** (ex.: em um perigo iminente, a polícia requisita meu veículo para um salvamento);
- **Ocupação Temporária** (ex.: utilização de espaços privados para maquinários de obras *públicas*);

- **Limitações Administrativas** (ex.: obrigação ao proprietário em manter seu terreno limpo; limite ao desmatamento em uma propriedade rural);
- **Tombamento** (ex.: para proteger o patrimônio cultural);
- **Desapropriação** (o Estado retira coercitivamente a propriedade de terceiro e a transfere para si).

11.1 Servidão Administrativa

Para *Hely Lopes Meirelles,* servidão administrativa ou pública é ônus real de uso imposto pela Administração à propriedade particular, para assegurar a realização e conservação de obras e serviços públicos ou de utilidade pública, mediante indenização dos prejuízos efetivamente suportados pelo proprietário.

- **Instituição**: mediante **acordo administrativo** feito por escritura pública ou mediante **sentença judicial** (quando não há acordo), não havendo, portanto, autoexecutoriedade na servidão administrativa.
- **Indenização condicionada**: por se tratar apenas de um direito de uso pelo Poder Público (não há transferência de propriedade), a regra é de que **não haja indenização**, exceto por danos ou prejuízos comprovadamente causados.

Portanto, a servidão administrativa incide sobre **bens imóveis**, com natureza de **direito real**, com caráter **definitivo**, **sem autoexecutoriedade** e **indenização condicionada** (somente no caso de danos ou prejuízos efetivos).

Ex.: a) Instalações de redes elétricas e redes telefônicas; b) Colocação de ganchos em prédios privados para sustentar redes elétricas; c) implantação de gasodutos e oleodutos; d) Colocação de placas em prédios privados com nomes de ruas.

11.2 Requisição Administrativa

Segundo **Hely Lopes Meirelles**, requisição é a utilização coativa de bens ou serviços particulares, pelo Poder Público, por ato de execução imediata e direta da autoridade requisitante e indenização ulterior, para atendimento de necessidades coletivas urgentes transitórias.

Determina o **art. 5º, XXV, da CF** que "no caso de iminente perigo público, a autoridade competente poderá usar de propriedade particular, assegurada ao proprietário indenização ulterior, se houver dano".

A requisição administrativa poderá ser **civil** ou **militar**:

- **Requisição civil**: visa a evitar danos, à vida, à saúde e aos bens da coletividade diante de uma inundação, incêndios, epidemias, catástrofes;
- **Requisição militar**: objetiva o resguardo da segurança interna e a manutenção da Soberania Nacional durante um conflito armado ou uma comoção interna.
- **Indenização ulterior condicionada**: haverá indenização apenas se houver danos, a qual será posteriormente paga ao particular.

Ex.: a) em uma emergência, situação de perigo público iminente, a polícia pode requisitar meu veículo para fazer um salvamento; b) em uma calamidade pública, o Poder público pode requisitar o uso das instalações e dos serviços de um imóvel particular, bem como de equipamentos e serviços médicos de um hospital privado.

11.3 Ocupação Temporária

Para *Hely Lopes Meirelles*, ocupação temporária ou provisória é a utilização transitória, remunerada ou gratuita, de bens particulares pelo Poder Público, para a execução de obras, serviços ou atividades *públicas ou de interesse público*.

Ex.: a) Utilização de um terreno privado para guardar maquinários ou para pequenas barracas de operários durante a realização de uma obra; b) utilização de escolas para realização de eleições ou de campanhas de vacinação.

11.4 Limitações Administrativas

Segundo **Hely Lopes Meirelles**, limitação administrativa é toda imposição geral, gratuita, unilateral e de ordem pública condicionadora do exercício de direitos ou de atividades particulares às exigências do bem-estar social.

Ex.: a) Obrigação de observar o recuo da calçada ao construir; b) Proibição de desmatamentos em propriedades rurais; c) Obrigação do particular efetuar limpezas de seus terrenos; d) Proibição de construir determinados números de pavimentos.

11.5 Tombamento

Segundo **Marcelo Alexandrino e Vicente Paulo**, tombamento é a modalidade de intervenção na propriedade por meio da qual o Poder Público procura proteger o patrimônio cultural brasileiro.

De acordo com o art. 216, § 1º, da CF: *O Poder Público, com a colaboração da comunidade, promoverá e protegerá o patrimônio cultural brasileiro, por meio de inventários, registros, vigilância,* **tombamento** *e desapropriação, e de outras formas de acautelamento e preservação.*

O **tombamento** pode ser:

- **Voluntário**: quando o proprietário concorda com o tombamento, seja ele mesmo solicitando ou concordando com a proposta feita pelo Poder Público;

- **Compulsório**: quando o Poder Público realiza a inscrição do bem como tombado, mesmo que o proprietário não concorde;
- **Provisório**: enquanto não concluído o processo administrativo de tombamento;
- **Definitivo**: após a conclusão do processo, quando o Poder *Público realiza a inscrição do bem como tombado e leva a registro.*

No tombamento **não há** obrigatoriedade de **indenização**.

11.6 Desapropriação

- É garantido o direito de **propriedade (art. 5º, XXII, da CF);**
- A propriedade atenderá a sua **função social (art. 5º, XXIII, da CF);**
- A lei estabelecerá o procedimento para **desapropriação** por necessidade ou utilidade pública, ou por interesse social, mediante justa e prévia indenização em dinheiro, ressalvados os casos previstos nesta Constituição (**art. 5º, XXIV, da CF**).

Conceito: desapropriação é o procedimento de direito público mediante o qual o Estado, ou quem a lei autorize, retira coercitivamente a propriedade de terceiro e transfere para si – ou, excepcionalmente, para outras entidades – fundado em razões de *utilidade pública*, de *necessidade pública*, ou de *interesse social*, em regra, com o pagamento de justa indenização (Marcelo Alexandrino e Vicente Paulo).

É a mais gravosa modalidade de intervenção do Estado na propriedade.

Em regra, as modalidades de intervenção do Estado na propriedade **limitam** ou **condicionam** o exercício dos poderes ao domínio **(intervenção restritiva)**; entretanto, a desapropriação enseja, também, a **perda da propriedade (intervenção supressiva).**

Pressupostos para a desapropriação:

a) **utilidade pública**: por mera conveniência do poder público (ex.: desapropriar um imóvel para construir uma escola; desapropriar imóveis para alargar vias);

b) **necessidade pública**: por situações de urgência ou emergência (ex.: desapropriação de um imóvel em face de uma calamidade ou salvaguardar a segurança nacional);

c) **interesse social**: quando o bem não está cumprindo sua *função social* – para promover a justa distribuição da propriedade ou condicionar o seu uso ao bem-estar social (ex.: desapropriar *área* para construção de casas populares, ou para reforma agrária).

Tipos de desapropriação:

- **Desapropriação urbanística (art. 182, § 4º, III, da CF)**: possui caráter **sancionatório**, aplicável ao proprietário de solo urbano que não atende as exigências de promover o adequado aproveitamento da propriedade, conforme o plano diretor do município. **Indenização**: mediante títulos da **dívida pública**, com prazo de resgate de até 10 anos, em parcelas anuais, iguais e sucessivas.

- **Desapropriação rural (art. 184 da CF)**: incide sobre imóveis rurais, em regra, destinados à reforma agrária; é uma desapropriação por **interesse social**, que sujeita os imóveis rurais que não estejam atendendo à sua **função social**. **Indenização**: títulos da **dívida agrária**, resgatáveis em até 20 anos, a partir do segundo ano de sua emissão. **Expropriante**: a desapropriação de imóvel rural por interesse social para fins de reforma agrária, por descumprimento da função social da propriedade rural, é de competência exclusiva da União. Por **utilidade ou necessidade públicas ou por interesse social genérico, qualquer ente federado** pode desapropriar imóvel rural. **Não pode ser desapropriada:** a) propriedade produtiva; b) a pequena e média propriedade, desde que seu proprietário não possua outra.

- **Desapropriação confiscatória (art. 243 da CF)**: incide sobre propriedades rurais e urbanas de qualquer região do País, onde forem localizadas culturas ilegais de plantas psicotrópicas ou a exploração de trabalho escravo; serão desapropriadas para fins de habitação popular ou reforma agrária. **Indenização**: não há indenização! Sem prejuízo de outras sanções previstas em lei.

- **Desapropriação indireta (art. 35 do DL n. 3.365/41)**: quando o Estado se apropria do bem do particular sem a observância dos requisitos ou do devido processo legal; ou seja, não declara o bem como de interesse público e não paga a indenização que deveria. Nesse caso, não há a anulação da desapropriação! O expropriado apenas terá direito à indenização por perdas e danos. **Indenização**: será indenizado pelas perdas e danos, caso reclame.

Bens desapropriáveis

Em regra, qualquer bem suscetível de valor patrimonial pode ser desapropriado: *móvel ou imóvel, corpóreo ou incorpóreo.*

- **Exceções**: são insuscetíveis de desapropriação: a) **moeda corrente do País;** b) **direito personalíssimos** (honra, liberdade, cidadania etc.); c) **desapropriar pessoas jurídicas** (seus *bens* podem ser desapropriados).

- A desapropriação de bens **imóveis** *só pode se dar por ente federado em cujo território esteja situado.*

O procedimento de desapropriação é composto de duas fases:

a) **fase declaratória:** o Poder Público manifesta a intenção de desapropriar, em regra, por meio de decreto do presidente, governador ou prefeito.

b) **fase executória:** onde são adotadas as providências para consumar a transferência do bem para o patrimônio do expropriante.

A fase executória pode se dar por **via administrativa**, quando houver acordo entre o Poder Público e o expropriado, caso em que terá natureza de compra e venda e recebe o nome de **"desapropriação amigável"**.

Não havendo acordo, será proposta **ação judicial** para solucionar o conflito, no qual somente podem ser discutidos *vícios do processo* ou *impugnação ao preço da indenização* (demais alegações dependem de ação autônoma).

O **Ministério Público** intervirá, obrigatoriamente, no processo de desapropriação.

12. CONTROLE DA ADMINISTRAÇÃO

12.1 Conceito

Segundo *Maria Sylvia Di Pietro*, é o poder de fiscalização e correção que sobre ela exercem os órgãos dos Poderes Judiciário, Legislativo e Executivo, com o objetivo de garantir a conformidade de sua atuação com os princípios que lhe são impostos pelo ordenamento jurídico.

12.2 Classificação e Espécies

Quanto ao **ÓRGÃO controlador**:

- **Controle Administrativo ou Executivo:** a própria administração controlando a atuação dos seus órgãos e agentes.
- **Controle Legislativo ou Parlamentar:** o Legislativo controlando os atos e agentes do Poder Executivo.
- **Controle Judiciário ou Judicial:** realizado pelo Poder Judiciário quando se tratar de atos ilegais.

Quanto à **ORIGEM**:

- **Controle Interno:** realizado dentro de um **mesmo Poder** em relação aos seus próprios atos, seja por meio de órgãos específicos de controle ou mesmo o controle que a administração direta exerce sobre a administração indireta do mesmo Poder (ex.: o controle exercido pelas chefias sobre seus subordinados dentro de um órgão).
- **Controle Externo:** *é o controle exercido por* **um dos Poderes** sobre os atos administrativos praticados por **outro Poder** (ex.: quando o Judiciário anula um ato ilegal do Executivo).
- **Controle Popular:** é o controle realizado pelo povo, diretamente ou através de órgãos com essa função. Pelo princípio da indisponibilidade do interesse público, a Constituição Federal prevê diversos mecanismos para que o administrado possa verificar a regularidade da atuação da administração (ex.: art. 74, § 2º, da CF – qualquer cidadão, partido político, associação ou sindicato é parte legítima para, na forma da lei, denunciar irregularidades ou ilegalidades perante o Tribunal de Contas da União).

Quanto ao **MOMENTO** em que o controle é realizado:

- **Controle Prévio (ou Preventivo):** praticado antes da prática do ato (ex.: a aprovação, pelo Senado Federal, da escolha dos Ministros de tribunais superiores).
- **Controle Concomitante:** praticado durante a realização do ato (ex.: fiscalização, pelos agentes públicos, de obras públicas em execução).
- **Controle Posterior (ou Subsequente):** *é o controle após a prática do ato, com o objetivo de confirmá-lo ou corrigi-lo* (ex.: aprovação, revogação, anulação ou convalidação de uma ato).

Quanto ao **ASPECTO controlado**:

- **Controle de Legalidade ou Legitimidade:** verifica-se se o ato foi praticado em conformidade com o ordenamento jurídico. Tal controle pode ser feito pelo Poder Judiciário ou pela própria Administração, em razão do **princípio da autotutela** (ex.: quando o Judiciário anula um ato administrativo por meio de um mandado de segurança);
- **Controle de Mérito:** praticado apenas pela própria Administração em relação aos seus próprios atos. Trata-se de caso de **revogação** por *inconveniência ou inoportunidade* (ex.: desativação de um equipamento obsoleto).

12.3 Controle Administrativo x Judiciário x Legislativo

Muito embora os Poderes Legislativo, Executivo e Judiciário sejam **independentes** entre si (art. 2º da CF), existe o chamado sistema de **freios e contrapesos**, no qual um pode exercer controle sobre a atividade do outro, nas hipóteses permitidas constitucionalmente.

Em relação ao controle exercido sobre as entidades da administração **indireta**, fala-se em *supervisão* ou *tutela*, pois é um controle é de caráter essencialmente finalístico (verificação do atendimento dos fins), já que elas não estão sujeitas à subordinação hierárquica, embora tenham de se enquadrar nas políticas governamentais.

Controle Administrativo

- Trata-se do controle que a própria Administração faz em relação aos seus atos, derivado do seu **poder de autotutela**. Lembrando que esse controle ocorre também dentro dos Poderes Judiciário e Legislativo, em relação aos seus próprios atos administrativos. Pode ocorrer de ofício. Segundo Marcelo Alexandrino e Vicente Paulo, **controle administrativo** é o **controle interno**, fundado no poder de **autotutela**, exercido pelo Poder Executivo e pelos órgãos administrativos dos Poderes Legislativo e Judiciário sobre suas próprias condutas, tendo em vista aspectos de **legalidade** e de **mérito** administrativo.

Vejamos alguns dos instrumentos de **controle administrativo**:

Direito de Petição; Fiscalização Hierárquica; Controle Ministerial; Controle Social; Instrumentos Legais de Controle; Recursos Administrativos; Representação Administrativa; Reclamação Administrativa; Pedido de Reconsideração; Revisão do Processo; Recurso Hierárquico.

Controle Legislativo (= Político = Parlamentar)

- Trata-se do controle que o **Poder Legislativo** exerce sobre todos os demais Poderes. Entretanto, se o Poder Legislativo exerce o controle sobre seus próprios atos administrativos, trata-se de **controle interno** (neste caso há o **controle administrativo**); se exercer controle em face dos atos dos Poderes Executivo ou Judiciário, trata-se de **controle externo**. Portanto, por **Controle Legislativo**, entende-se aquele **externo**, que o poder Legislativo exerce sobre os Poderes Executivo e Judiciário (em relação às funções administrativas).

- **Controle Legislativo:** *é limitado às hipóteses expressamente autorizadas pela Constituição Federal e está pautado em dois critérios:*

- **Controle político:** que é exercido pessoalmente pelos parlamentares, nas hipóteses expressamente previstas na CF (ex.: quando um ato do Executivo depende da aprovação do Senado; ou quando o Congresso susta um ato normativo do Executivo por exorbitar o poder Regulamentar);

- **Controle financeiro:** fiscalização contábil, financeira e orçamentária exercida com o **auxílio** dos Tribunais de Contas: Tribunal de Contas da União (TCU), Tribunal de Contas dos Estados (TCEs), Tribunal de Contas do Distrito Federal (TCDF) e Tribunais de Contas dos Municípios (TCMs). Art. 71 da CF.

Controle Judicial

É o controle realizado pelos órgãos do **Poder Judiciário,** no desempenho de sua atividade jurisdicional, sobre os atos administrativos do **Poder Executivo**, bem como sobre os atos administrativos do **Poder Legislativo** e do próprio **Poder Judiciário**. Trata-se de um controle judicial sobre atos administrativos de quaisquer dos Poderes. O Controle Judicial precisa ser **provocado**. O controle judicial analisa exclusivamente **legalidade**, **não** sendo permitido que faça juízo de **mérito** sobre atos administrativos.

Vejamos as **ações judiciais** mais importantes no controle judicial: *Habeas Corpus* (art. 5º, LXVIII, da CF); **Mandado de Segurança** (individual ou coletivo – art. 5º, LXIX e LXX, da CF, e Lei n. 12.019/2009); *Habeas Data* (art. 5º, LXXII, da CF); **Mandado de Injunção** (art. 5º, LXXI, da CF); **Ação Popular** (art. 5º, LXXIII, da CF); **Ação Civil Pública** (art. 129, III, da CF e Lei n. 7.347/85); **Ação Direta de Inconstitucionalidade** (arts. 102, I, *a*, e 103 da CF, e Lei n. 9.868/99).

13. LICITAÇÃO E CONTRATOS

13.1 Introdução, Conceitos e Fundamentos

O **art. 37, XXI, da CF** prevê o preceito mais **genérico** existente em nosso ordenamento jurídico sobre a obrigatoriedade de a Administração Pública realizar licitações para suas contratações:

"XXI – ressalvados os casos especificados na legislação, as obras, serviços, compras e alienações serão contratados mediante processo de licitação pública que assegure igualdade de condições a todos os concorrentes, com cláusulas que estabeleçam obrigações de pagamento, mantidas as condições efetivas da proposta, nos termos da lei, o qual somente permitirá as exigências de qualificação técnica e econômica indispensáveis à garantia do cumprimento das obrigações".

Desse dispositivo, constata-se que a própria CF admite a possibilidade de a lei estabelecer hipóteses **excepcionais** de contratações de obras, serviços, compras e alienações **sem licitações** – chamada **contratação direta**.

Entretanto, ao prever os contratos de **concessão** e **permissão** de serviços públicos, a CF não deixou margem para exceções, sendo necessária sempre a realização de licitação:

"Art. 175. Incumbe ao Poder Público, na forma da lei, diretamente ou sob regime de concessão ou permissão, sempre através de licitação, a prestação de serviços públicos".

Segundo Maria Sylvia Zanella Di Pietro, licitação é o procedimento administrativo pelo qual um ente público, no exercício da função administrativa, abre a todos os interessados, que se sujeitem às condições fixadas no instrumento convocatório, a possibilidade de formularem propostas dentre as quais selecionará e aceitará a mais conveniente para a celebração de contrato.

Atualmente está em vigor a Lei n. 14.133/2021, chamada de Nova Lei de Licitações e Contratos, vindo disciplinar o que antes era tratado pela Lei n. 8.666/93 (Lei Geral de Licitações e Contratos), a Lei n. 10.520/2002 (Pregão) e a Lei n. 12.462/2011 (RDC).

13.2 Modalidades de Licitação

A nova **Lei de Licitações e Contratos (Lei n. 14.133/2021)** manteve a **concorrência**, o **concurso** e o **leilão**, previstas na lei anterior; incorporou o **pregão**; e criou uma nova modalidade, o **diálogo competitivo**. Tomada de preços e convite eram modalidades de licitação previstas na legislação anterior e que não foram consideradas pela nova lei (chamamos a atenção porque as questões podem referir essas modalidades para confundir). Assim, segundo o novo diploma:

"Art. 28. São modalidades de licitação:

I – pregão;

II – concorrência;

III – concurso;

IV – leilão;

V – diálogo competitivo".

É vedada a criação de outras modalidades de licitação ou, ainda, a combinação daquelas acima referidas.

Diálogo competitivo

Modalidade de licitação para contratação de obras, serviços e compras em que a Administração Pública realiza diálogos com licitantes previamente selecionados mediante critérios objetivos, com o intuito de desenvolver uma ou mais alternativas capazes de atender às suas necessidades, **devendo os licitantes apresentar proposta final após o encerramento dos diálogos (art. 7º, XLII, da Lei n. 14.133/2021)**.

O art. 32 prevê que o **diálogo competitivo** é restrito a contratações em que a Administração:

"I – vise a contratar objeto que envolva as seguintes condições:

a) inovação tecnológica ou técnica;

b) impossibilidade de o órgão ou entidade ter sua necessidade satisfeita sem a adaptação de soluções disponíveis no mercado; e

c) impossibilidade de as especificações técnicas serem definidas com precisão suficiente pela Administração;

II – verifique a necessidade de definir e identificar os meios e as alternativas que possam satisfazer suas necessidades, com destaque para os seguintes aspectos:

a) a solução técnica mais adequada;

b) os requisitos técnicos aptos a concretizar a solução já definida;

c) a estrutura jurídica ou financeira do contrato";

Concorrência

Modalidade mais ampla, utilizada para contratação de bens e serviços especiais e de obras e serviços comuns e especiais de engenharia, cujo critério de julgamento poderá ser:

a) menor preço;

b) melhor técnica ou conteúdo artístico;

c) técnica e preço;

d) maior retorno econômico;

e) maior desconto;

Pregão

Modalidade de licitação obrigatória para aquisição de bens e serviços comuns, cujo critério de julgamento poderá ser o de menor preço ou o de maior desconto.

Concurso

Modalidade de licitação para escolha de trabalho técnico, científico ou artístico, cujo critério de julgamento será o de melhor técnica ou conteúdo artístico, e para concessão de prêmio ou remuneração ao vencedor. O concurso observará as regras e condições previstas em edital, que indicará:

"I – a qualificação exigida dos participantes;

II – as diretrizes e formas de apresentação do trabalho;

III – as condições de realização e o prêmio ou remuneração a ser concedida ao vencedor".

Leilão

Modalidade de licitação para alienação de bens imóveis ou de bens móveis inservíveis ou legalmente apreendidos a quem oferecer o maior lance. O leilão será precedido da divulgação do edital em sítio eletrônico oficial, que conterá:

"I – a descrição do bem, com suas características, e, no caso de imóvel, sua situação e suas divisas, com remissão à matrícula e aos registros;

II – o valor pelo qual o bem foi avaliado, o preço mínimo pelo qual poderá ser alienado, as condições de pagamento e, se for o caso, a comissão do leiloeiro designado;

III – a indicação do lugar onde estiverem os móveis, os veículos e os semoventes;

IV – o sítio da internet e o período em que ocorrerá o leilão, salvo se excepcionalmente for realizado sob a forma presencial por comprovada inviabilidade técnica ou desvantagem para a Administração, hipótese em que serão indicados o local, o dia e a hora de sua realização;

V – a especificação de eventuais ônus, gravames ou pendências existentes sobre os bens a serem leiloados".

13.3 Tipos de Licitação

Segundo **o art. 33** da Lei de Licitações e Contratos (Lei n. 14.133/2021), o julgamento das propostas será realizado de acordo com os seguintes critérios:

I – menor preço;
II – maior desconto;
III – melhor técnica ou conteúdo artístico;
IV – técnica e preço;
V – maior lance, no caso de leilão;
VI – maior retorno econômico.

13.4 Processo Licitatório

O processo licitatório tem por **objetivos**:

I – assegurar a seleção da proposta apta a gerar o resultado de contratação mais vantajoso para a Administração Pública, inclusive no que se refere ao ciclo de vida do objeto;

II – assegurar tratamento isonômico entre os licitantes, bem como a justa competição;

III – evitar contratações com sobrepreço ou com preços manifestamente inexequíveis e superfaturamento na execução dos contratos;

IV – incentivar a inovação e o desenvolvimento nacional sustentável.

O processo de licitação observará as seguintes fases, em sequência:

I – preparatória;
II – de divulgação do edital de licitação;
III – de apresentação de propostas e lances, quando for o caso;
IV – de julgamento;
V – de habilitação;
VI – recursal;
VII – de homologação.

13.5 Contratação Direta (Dispensa e Inexigibilidade de Licitação)

A regra geral é de que a Administração Pública deve realizar licitação previamente à celebração dos contratos administrativos.

No entanto, a própria CF prevê a possibilidade de a lei estabelecer hipóteses em que a licitação *não ocorrerá* ou que *poderá não ocorrer*: art. 37, XXI – "ressalvados os casos especificados na legislação, as obras, serviços, compras e alienações serão contratados mediante processo de licitação pública (...)".

Ressalte-se que em caso de **concessão** ou **permissão** de serviços públicos **não** é possível a contratação sem prévia licitação.

As situações de contratações diretas dividem-se em 2 grupos: situações de **inexigibilidade** e situações de **dispensa**.

Para facilitar a memorização, sugerimos que você memorize quais são as hipóteses de **inexigibilidade** (porque são poucas); depois memorize as hipóteses de licitação **dispensada** (pois são casos em que se está alienando algum bem da Administração); e o que restar, será caso de licitação **dispensável**.

- **Inexigibilidade**: quando a licitação é juridicamente **impossível**, por não haver possibilidade de competição, devido à inexistência de pluralidade de proponentes.
- **Dispensa**: quando a licitação *é possível*, mas a lei **dispensa** ou **permite que seja dispensada** a licitação. Quando a lei expressamente dispensa a licitação, temos a **licitação dispensada**. Quando a lei autoriza a Administração a deixar de licitar, temos a **licitação dispensável**.

Inexigibilidade

"Art. 74. É **inexigível** a licitação quando **inviável a competição**, em especial nos casos de:

I – aquisição de materiais, de equipamentos ou de gêneros ou contratação de serviços que só possam ser fornecidos por produtor, empresa ou representante comercial **exclusivos**;

II – contratação de profissional do setor **artístico**, diretamente ou por meio de empresário exclusivo, desde que consagrado pela crítica especializada ou pela opinião pública;

III – contratação dos seguintes **serviços técnicos especializados de natureza predominantemente intelectual** com profissionais ou empresas de notória especialização, vedada a inexigibilidade para serviços de publicidade e divulgação:

a) estudos técnicos, planejamentos, projetos básicos ou projetos executivos;

b) pareceres, perícias e avaliações em geral;

c) assessorias ou consultorias técnicas e auditorias financeiras ou tributárias;

d) fiscalização, supervisão ou gerenciamento de obras ou serviços;

e) patrocínio ou defesa de causas judiciais ou administrativas;

f) treinamento e aperfeiçoamento de pessoal;

g) restauração de obras de arte e de bens de valor histórico;

h) controles de qualidade e tecnológico, análises, testes e ensaios de campo e laboratoriais, instrumentação e monitoramento de parâmetros específicos de obras e do meio ambiente e demais serviços de engenharia que se enquadrem no disposto neste inciso;

IV – objetos que devam ou possam ser contratados por meio de credenciamento;

V – aquisição ou locação de imóvel cujas características de instalações e de localização tornem necessária sua escolha".

Em relação às **empresas públicas, sociedades de economia mista** e suas **subsidiárias**, as regras para a Inexigibilidade de licitação constam na **Lei n. 13.303/2016 (Estatuto Jurídico das Empresas *Públicas* e Sociedades de Economia Mista)**, não se aplicando as regras da Lei Geral de Licitações.

Dispensa

Na **dispensa**, embora haja possibilidade jurídica de competição:

a) a lei diretamente dispensa a licitação (**licitação dispensada**); ou

b) autoriza que a Administração a dispense, por critérios de conveniência ou oportunidade (**licitação dispensável**).

Licitação Dispensada (a lei não deixa licitar)

"Art. 76. A **alienação** de bens da Administração Pública, subordinada à existência de interesse público devidamente justificado, será precedida de avaliação e obedecerá às seguintes normas:

I – tratando-se de bens imóveis, inclusive os pertencentes às autarquias e às fundações, exigirá autorização legislativa e dependerá de licitação na modalidade leilão, **dispensada** a realização de licitação nos casos de:

a) dação em pagamento;

b) doação, permitida exclusivamente para outro órgão ou entidade da Administração Pública, de qualquer esfera de governo, ressalvado o disposto nas alíneas 'f', 'g' e 'h' deste inciso;

c) permuta por outros imóveis que atendam aos requisitos relacionados às finalidades precípuas da Administração, desde que a diferença apurada não ultrapasse a metade do valor do imóvel que será ofertado pela União, segundo avaliação prévia, e ocorra a torna de valores, sempre que for o caso;

d) investidura;

e) venda a outro órgão ou entidade da Administração Pública de qualquer esfera de governo;

f) alienação gratuita ou onerosa, aforamento, concessão de direito real de uso, locação e permissão de uso de bens imóveis residenciais construídos, destinados ou efetivamente usados em programas de habitação ou de regularização fundiária de interesse social desenvolvidos por órgão ou entidade da Administração Pública;

g) alienação gratuita ou onerosa, aforamento, concessão de direito real de uso, locação e permissão de uso de bens imóveis comerciais de âmbito local, com área de até 250 m² (duzentos e cinquenta metros quadrados) e destinados a programas de regularização fundiária de interesse social desenvolvidos por órgão ou entidade da Administração Pública;

h) alienação e concessão de direito real de uso, gratuita ou onerosa, de terras públicas rurais da União e do Instituto Nacional de Colonização e Reforma Agrária (Incra) onde incidam ocupações até o limite de que trata o § 1º do art. 6º da Lei n. 11.952, de 25 de junho de 2009, para fins de regularização fundiária, atendidos os requisitos legais;

i) legitimação de posse de que trata o art. 29 da Lei n. 6.383, de 7 de dezembro de 1976, mediante iniciativa e deliberação dos órgãos da Administração Pública competentes;

j) legitimação fundiária e legitimação de posse de que trata a Lei n. 13.465, de 11 de julho de 2017;

II – tratando-se de bens móveis, dependerá de licitação na modalidade leilão, **dispensada** a realização de licitação nos casos de:

a) doação, permitida exclusivamente para fins e uso de interesse social, após avaliação de oportunidade e conveniência socioeconômica em relação à escolha de outra forma de alienação;

b) permuta, permitida exclusivamente entre órgãos ou entidades da Administração Pública;

c) venda de ações, que poderão ser negociadas em bolsa, observada a legislação específica;

d) venda de títulos, observada a legislação pertinente;

e) venda de bens produzidos ou comercializados por entidades da Administração Pública, em virtude de suas finalidades;

f) venda de materiais e equipamentos sem utilização previsível por quem deles dispõe para outros órgãos ou entidades da Administração Pública".

Licitação Dispensável (pode ou não haver licitação)

"Art. 75. É dispensável a licitação: [vamos trazer algumas hipóteses]

I – para contratação que envolva **valores inferiores a R$ 100.000,00 (cem mil reais)**, no caso de obras e serviços de **engenharia** ou de serviços de **manutenção de veículos automotores**;

II – para contratação que envolva valores **inferiores a R$ 50.000,00 (cinquenta mil reais)**, no caso de outros serviços e compras;

III – para contratação que mantenha todas as condições definidas em edital de licitação realizada há menos de 1 (um) ano, quando se verificar que naquela licitação:

a) não surgiram licitantes interessados ou não foram apresentadas propostas válidas;

b) as propostas apresentadas consignaram preços manifestamente superiores aos praticados no mercado ou incompatíveis com os fixados pelos órgãos oficiais competentes;

VI – para contratação que possa acarretar **comprometimento da segurança nacional**, nos casos estabelecidos pelo Ministro de Estado da Defesa, mediante demanda dos comandos das Forças Armadas ou dos demais ministérios;

VII – nos casos de **guerra, estado de defesa, estado de sítio, intervenção federal** ou de **grave perturbação da ordem**;

VIII – nos casos de **emergência ou de calamidade pública**, quando caracterizada urgência de atendimento de situação que possa ocasionar prejuízo ou comprometer a continuidade dos serviços públicos ou a segurança de pessoas, obras, serviços, equipamentos e outros bens, públicos ou particulares, e somente para aquisição dos bens necessários ao atendimento da situação emergencial ou calamitosa e para as parcelas de obras e serviços que possam ser concluídas no prazo máximo de 1 (um) ano, contado da data de ocorrência da emergência ou da calamidade, vedadas a prorrogação dos respectivos contratos e a recontratação de empresa já contratada com base no disposto neste inciso;

X – quando a União tiver que **intervir no domínio econômico** para regular preços ou normalizar o abastecimento".

13.6 Contratos Administrativos

Contrato administrativo *é o ajuste entre a* **administração pública**, atuando na qualidade de poder público, e **particulares**, firmado nos termos estipulados pela própria administração contratante, em conformidade com o **interesse público**, e sob regência predominante do **direito público** (Marcelo Alexandrino e Vicente Paulo).

Contratos administrativos são espécies do gênero "contrato", entretanto, com a diferença de termos em um dos polos o **poder público** e se sujeitarem *predominantemente* ao regime jurídico de **direito público**.

O **objeto** dos contratos administrativos consiste em uma relação jurídica concernente a qualquer bem, direito ou serviço que seja do interesse da Administração *Pública, ou* necessário ao desempenho de suas atividades – obras, compras, fornecimentos, locações, alienações, serviços, concessões.

Formação do Contrato

Considerando que um contrato deve ser **bilateral** em sua formação, é necessário que haja **livre manifestação de vontade** do particular em contratar com a Administração (formação); no entanto, após a assinatura, o contrato se sujeita às suas cláusulas e às disposições legais a ele vinculadas.

Além da livre manifestação de vontade, são **elementos** de qualquer contrato:

a) não contrariar disposição legal;
b) objeto lícito e possível;
c) capacidade das partes;
d) forma prescrita ou não defesa em lei.

Características do Contrato

- **Cláusulas Exorbitantes:** são **prerrogativas de direito público** que decorrem diretamente de lei, conferidas exclusivamente à Administração Pública. Extrapolam aquilo que seria admitido no direito comum (contrato privado), por isso são chamadas de exorbitantes. As cláusulas exorbitantes podem ser **explícitas** ou **implícitas** (não precisam constar expressamente no instrumento do contrato), sendo a característica que mais diferencia os contratos administrativos dos ajustes de direito privado.

- **Formalismo:** quase em todos os casos, os contratos administrativos devem ser **formais** e **escritos**.

- **Contrato de Adesão:** os contratos administrativos são da categoria de **"adesão"**, o que significa que uma das partes (Administração) propõe suas cláusulas e a outra (particular) não pode propor alterações, supressões ou acréscimos. O particular tem autonomia de vontade ao contratar com a administração, mas essa liberdade se limita a dizer "sim" ou "não", ou seja, se aceita ou não os termos do contrato. Ao participar da

licitação, as partes já **tomam conhecimento** dos termos do contrato.

- **Personalidade** (*intuitu personae*): em regra, os contratos administrativos são **pessoais**, celebrados *intuitu personae*. Isso significa que os contratos devem ser executados **pela pessoa** (física ou jurídica) que se obrigou perante a Administração. Como os contratos administrativos são realizados após um processo **licitatório** (salvo dispensa ou inexigibilidade), que visa selecionar não apenas a **proposta mais vantajosa**, mas também que a pessoa contratada ofereça **condições** de assegurar o que foi contratado, os contratos têm natureza pessoal. Portanto, em regra, não é possível a **subcontratação** do que foi celebrado (sendo, inclusive, motivo para rescisão do contrato pela Administração).

A Lei n. 14.133/2021 trata da possibilidade de **alteração dos contratos e dos preços**, prevendo que os contratos regidos pela Lei poderão ser alterados, com as devidas justificativas, nos seguintes casos:

I – unilateralmente pela Administração: a) quando houver modificação do projeto ou das especificações, para melhor adequação técnica a seus objetivos; b) quando for necessária a modificação do valor contratual em decorrência de acréscimo ou diminuição quantitativa de seu objeto, nos limites permitidos por esta Lei;

II – por acordo entre as partes: a) quando conveniente a substituição da garantia de execução; b) quando necessária a modificação do regime de execução da obra ou do serviço, bem como do modo de fornecimento, em face de verificação técnica da inaplicabilidade dos termos contratuais originários; c) quando necessária a modificação da forma de pagamento por imposição de circunstâncias supervenientes, mantido o valor inicial atualizado e vedada a antecipação do pagamento em relação ao cronograma financeiro fixado sem a correspondente contraprestação de fornecimento de bens ou execução de obra ou serviço; d) para restabelecer o equilíbrio econômico-financeiro inicial do contrato em caso de força maior, caso fortuito ou fato do príncipe ou em decorrência de fatos imprevisíveis ou previsíveis de consequências incalculáveis, que inviabilizem a execução do contrato tal como pactuado, respeitada, em qualquer caso, a repartição objetiva de risco estabelecida no contrato.

REFERÊNCIAS

ALEXANDRINO, Marcelo; PAULO, Vicente. *Direito Administrativo Descomplicado*. 25. ed. rev. e atual. Rio de Janeiro: Forense; São Paulo: Método, 2017.

DI PIETRO, Maria Sylvia Zanella. *Direito Administrativo*. 32. ed. São Paulo: Forense, 2019.

MAZZA, Alexandre. *Manual de Direito Administrativo*. 6. ed. São Paulo: Saraiva, 2016.

MEIRELLES, Helly Lopes. *Direito Administrativo Brasileiro*. 42. ed. São Paulo: Malheiros, 2016.

MELLO, Celso Antônio Bandeira de. *Curso de Direito Administrativo*. 33. ed. São Paulo: Malheiros, 2016.

ROSSI, Licínia. *Manual de Direito Administrativo*. 2. ed. São Paulo: Saraiva, 2016.

Questões
Direito Administrativo

Acesse o *QR Code* e consulte as questões comentadas dos exames anteriores.
http://uqr.to/1wcg7

ORGANIZAÇÃO DA ADMINISTRAÇÃO PÚBLICA

1. **(40º Exame)** A sociedade empresária Sabiá tomou conhecimento de um edital de licitação elaborado pelo Município Alfa para promover a permissão de determinado serviço público de competência local, razão pela qual procura sua assessoria jurídica, a fim de dirimir algumas dúvidas acerca da mencionada modalidade de delegação. Acerca das peculiaridades da permissão de serviços públicos, à luz do disposto na CRFB/88 e na Lei n. 8.987/95, assinale a afirmativa correta.

(A) A modalidade licitatória deverá ser necessariamente aquela designada como diálogo competitivo.
(B) Não é necessária a realização de licitação para a formalização da delegação pretendida pelo Município Alfa.
(C) É necessária a constituição de uma sociedade de propósito específico para a formalização do respectivo contrato.
(D) A delegação pretendida poderá ser realizada para pessoa física ou jurídica que demonstre capacidade para a prestação do serviço por sua conta e risco.

RESPOSTA De acordo com art. 2º, IV, da Lei n. 8.987/95, para os fins do disposto nesta Lei, considera-se permissão de serviço público: a delegação, a título precário, mediante licitação, da prestação de serviços públicos, feita pelo poder concedente à pessoa física ou jurídica que demonstre capacidade para seu desempenho, por sua conta e risco. *Alternativa D.*

2. **(39º Exame)** Diante da necessidade de vultosos investimentos em infraestrutura e para atrair a iniciativa privada, a União divulgou, pelos meios de comunicação, que pretende realizar uma parceria público-privada, na modalidade concessão patrocinada, salientando que já ficou caracterizado que cerca de 75% (setenta e cinco por cento) da remuneração do parceiro privado deverá ser paga pela Administração. Tal notícia despertou o interesse da sociedade Considera, que procurou a sua assessoria jurídica acerca da contratação pretendida. Diante dessa situação hipotética, assinale a alternativa correta, à luz da Lei n. 11.079/2004.

(A) A concessão patrocinada pretendida depende de autorização legislativa específica.
(B) Acaso vença a licitação, a própria sociedade Considera poderá formalizar o respectivo contrato administrativo para implantar e gerir o objeto da parceria.
(C) A contraprestação da União no contrato em questão deverá ser realizada exclusivamente por ordem bancária.
(D) Não é possível que a União preste garantia das obrigações pecuniárias contraídas pela Administração Pública.

RESPOSTA De acordo com art. 10, § 3º, da Lei n. 11.079/2004, as concessões patrocinadas em que mais de 70% (setenta por cento) da remuneração do parceiro privado for paga pela Administração Pública dependerão de autorização legislativa específica. *Alternativa A.*

3. **(35º Exame)** A Associação Gama é uma instituição religiosa que se dedica à promoção da assistência social e almeja obter recursos financeiros junto ao governo federal a fim de fomentar suas atividades. Para tanto, seus representantes acreditam que a melhor alternativa é a qualificação como Organização da Sociedade Civil de Interesse Público – Oscip, razão pela qual procuram você, como advogado(a), a fim de esclarecer as peculiaridades relacionadas à legislação de regência (Lei n. 9.790/99). Acerca da situação hipotética apresentada, assinale a afirmativa correta.

(A) A qualificação da Associação Gama como Oscip é ato discricionário, que deve ser pleiteado junto ao Ministério da Justiça.
(B) Após a sua qualificação como Oscip, a Associação Gama deverá formalizar contrato de gestão com a Administração Pública para a transferência de recursos financeiros.
(C) A Associação Gama não poderá ser qualificada como Oscip, pois as instituições religiosas não são passíveis de tal qualificação.
(D) O estatuto social da Associação Gama precisa vedar a participação de servidores públicos na composição de conselho ou diretoria, a fim de que ela possa ser qualificada como Oscip.

RESPOSTA Conforme o art. 2º da Lei n. 9.790/99, as instituições religiosas ou voltadas para a disseminação de credos, cultos, práticas e visões devocionais e confessionais não são passíveis de qualificação como Organizações da Sociedade Civil de Interesse Público, ainda que se dediquem de qualquer forma às atividades descritas no art. 3º da lei (ex.: promoção de assistência social). *Alternativa C*.

4. (35º Exame) Em decorrência das queimadas que têm assolado certo bioma, os municípios vizinhos Alfa, Beta e Gama, nacionalmente conhecidos pelo turismo ambiental promovido na localidade e drasticamente afetados pelo fogo, decidiram formalizar um consórcio público com vistas a promover a proteção ao meio ambiente. No respectivo protocolo de intenções, os entes federativos estabeleceram a denominação – Protetivus –, a finalidade, o prazo de duração, a sede do consórcio e a previsão de que o consórcio é associação pública, dentre outras cláusulas necessárias. Diante dessa situação hipotética, em consonância com a legislação de regência, assinale a afirmativa correta.

(A) A associação pública Protetivus não poderá integrar a Administração Indireta dos municípios Alfa, Beta e Gama.

(B) Os Municípios Alfa, Beta e Gama somente entregarão recursos financeiros ao consórcio público mediante contrato de rateio.

(C) Os Municípios Alfa, Beta e Gama não poderiam formalizar o consórcio público em questão sem a participação da União.

(D) A edição de Decreto por cada um dos municípios envolvidos é suficiente para que a associação pública Protetivus adquira personalidade jurídica.

RESPOSTA De acordo com o art. 8º da Lei n. 11.107/2005 os entes consorciados somente entregarão recursos ao consórcio público mediante contrato de rateio. *Alternativa B*.

AGENTES PÚBLICOS

5. (41º Exame) Diante do grande déficit de servidores, o Estado Alfa realizou concurso público para o cargo da polícia penal, com previsão de cinquenta vagas. O respectivo edital previu o prazo de um ano para o certame, prorrogável por igual período, bem como a realização de exame psicotécnico, de caráter eliminatório, com base em previsão constante da lei e do edital. Após a homologação do certame, ficou constando que Eulália fora aprovada em quadragésimo lugar. Durante o prazo de validade do concurso anterior, o Estado Alfa abriu novo concurso para o preenchimento de mais cinquenta vagas para o mesmo cargo, com as mesmas previsões editalícias mencionadas, no qual Carlos foi o primeiro colocado. Recentemente, Carlos foi convocado para nomeação para o cargo em questão, enquanto, até a presente data, Eulália ainda não havia sido chamada, apesar de o seu certame ainda estar no prazo de validade. Nesse contexto, Eulália buscou a sua assessoria jurídica para fins de esclarecer as suas dúvidas acerca da situação vivenciada, hipótese em que você informou corretamente o que se segue.

(A) Eulália não tem direito subjetivo de ser nomeada, considerando que a aprovação em concurso gera mera expectativa de direito.

(B) Os concursos em questão estão viciados, na medida em que é nula a previsão editalícia que exija exame psicotécnico de caráter eliminatório.

(C) A convocação de Carlos caracteriza a preterição do direito de Eulália, já que ela tem prioridade de ser chamada sobre novos concursados.

(D) O prazo de validade estabelecido para os mencionados concursos é inválido, pois a Constituição exige o período razoável de no mínimo dois anos, prorrogável por mais um ano.

RESPOSTA Dentro do Tema 784 do STF, "Direito à nomeação de candidatos aprovados fora do número de vagas previstas no edital de concurso público no caso de surgimento de novas vagas durante o prazo de validade do certame", a decisão no RE 83.7311 ajuda a solucionar o respectivo caso. "Assim, o direito subjetivo à nomeação do candidato aprovado em concurso público exsurge nas seguintes hipóteses: 1 – Quando a aprovação ocorrer dentro do número de vagas dentro do edital; 2 – Quando houver preterição na nomeação por não observância da ordem de classificação; 3 – Quando surgirem novas vagas, ou for aberto novo concurso durante a validade do certame anterior, e ocorrer a preterição de candidatos de forma arbitrária e imotivada por parte da administração nos termos acima". *Alternativa C*.

6. (40º Exame) Jamile, após aprovação em concurso público, foi investida em cargo efetivo na Secretaria de Administração do Estado Alfa, no qual alcançou a estabilidade. No entanto, o mencionado ente federativo decidiu reformular o seu quadro de pessoal, de modo que, após o devido processo legislativo, fez publicar a Lei XYX que extinguiu a carreira e, consequentemente, o cargo efetivo ocupado por Jamile, e, em razão disso, ato contínuo, promoveu sua exoneração. Diante dessa situação hipotética, à luz das disposições constitucionais acerca dos servidores públicos, assinale a afirmativa correta.

(A) Jamile não pode ser afetada pela alteração legislativa em comento, pois possui o direito adquirido de permanecer no cargo para o qual foi aprovada em concurso.

(B) O Estado Alfa deve promover o aproveitamento de Jamile em outro cargo, ainda que com atribuições e remuneração distintas daquele para o qual ela fora aprovada em concurso.

(C) A exoneração de Jamile revela-se adequada e pertinente, diante da extinção da carreira e do cargo efetivo que ocupava pela Lei XYZ.

(D) Jamile, em razão da extinção do cargo, deve ficar em disponibilidade, com remuneração proporcional ao tempo de serviço, até o seu adequado aproveitamento em outro cargo.

RESPOSTA De acordo com a Constituição Federal, extinto o cargo ou declarada a sua desnecessidade, o servidor estável ficará em disponibilidade, com remuneração proporcional ao tempo de serviço, até seu adequado aproveitamento em outro cargo (art. 41, § 3º). *Alternativa D*.

7. (40º Exame) Marcelo, servidor público federal estável, aposentou-se por invalidez. Meses depois, uma junta médica oficial declarou insubsistentes os motivos de sua aposentadoria. Consoante a Lei n. 8.112/90, que dispõe sobre o regime jurídico dos servidores públicos civis da União, o retorno de Marcelo à atividade, por meio de provimento de cargo público derivado por reingresso, se dará pela

(A) reintegração, que se dará no cargo anteriormente ocupado ou no cargo resultante de sua transformação. Na hipótese de o cargo ter sido extinto, Marcelo ficará em disponibilidade.
(B) recondução, que ocorrerá no mesmo cargo de origem e, encontrando-se provido o cargo, Marcelo será aproveitado em outro.
(C) reversão, que se fará no mesmo cargo ou no cargo resultante de sua transformação e, encontrando-se provido o cargo, Marcelo exercerá suas atribuições como excedente, até a ocorrência de vaga.
(D) readaptação, que se realizará em cargo de atribuições afins ao cargo originário de Marcelo, respeitada a habilitação exigida, o nível de escolaridade e a equivalência de vencimento.

RESPOSTA De acordo com art. 25, I, da Lei n. 8.112/90, a reversão é o retorno à atividade de servidor aposentado: por invalidez, quando junta médica oficial declarar insubsistentes os motivos da aposentadoria. *Alternativa C.*

8. (35º Exame) João é servidor público federal, ocupando o cargo efetivo de Analista Judiciário em determinado Tribunal. A autoridade competente do Tribunal recebeu uma denúncia anônima, devidamente circunstanciada, narrando que João revelou segredo, do qual se apropriou em razão do cargo, consistente no conteúdo de uma interceptação telefônica determinada judicialmente e ainda mantida em sigilo, a terceiro. O Tribunal instaurou preliminarmente sindicância, a qual, após a obtenção de elementos suficientes, resultou na instauração de processo administrativo disciplinar (PAD), iniciado por portaria devidamente motivada. O PAD, atualmente, está em fase de inquérito administrativo. No caso em tela, em razão de ter o PAD se iniciado por meio de notícia apócrifa, eventual alegação de sua nulidade pela defesa técnica de João

(A) não merece prosperar, pois é permitida a instauração de processo administrativo disciplinar com base em denúncia anônima, face ao poder-dever de autotutela imposto à Administração.
(B) merece prosperar, por violação ao princípio administrativo da publicidade, e a alegação deve ser feita até a apresentação de relatório pela comissão do PAD, que é composta por três servidores estáveis.
(C) não merece prosperar, pois já houve preclusão, eis que tal argumento deveria ter sido apresentado na fase de instauração do PAD, até cento e vinte dias após a publicação do ato que constituiu a comissão.
(D) merece prosperar, por violação aos princípios constitucionais do contraditório e de ampla defesa, pois o servidor público representado tem o direito subjetivo de conhecer e contraditar o autor da representação.

RESPOSTA Trata-se do entendimento da Súmula 611 do STJ: Desde que devidamente motivada e com amparo em investigação ou sindicância, é permitida a instauração de processo administrativo disciplinar com base em denúncia anônima, em face do poder-dever de autotutela imposto à administração. *Alternativa A.*

IMPROBIDADE ADMINISTRATIVA, LEI ANTICORRUPÇÃO E LEI DE ACESSO À INFORMAÇÃO

9. (40º Exame) O Ministério Público Federal ajuizou ação buscando responsabilização judicial da Sociedade Empresária Delta pela prática de atos lesivos à Administração Pública que atentaram contra o patrimônio público nacional. Na inicial, imputa-se à citada pessoa jurídica a prática de atos que dificultaram atividade de fiscalização de órgãos públicos federais e intervieram na atuação desses órgãos, inclusive no âmbito de órgãos de fiscalização do sistema financeiro nacional. A diretoria da Sociedade Empresária Delta, preocupada com eventual possibilidade de sanção judicial de dissolução compulsória da pessoa jurídica, contratou você como a advogado(a) especializado na matéria. Diante das circunstâncias do caso concreto e com base na Lei Anticorrupção (Lei n. 12.846/2013), sobre a dissolução compulsória da pessoa jurídica assinale a afirmativa correta.

(A) Não é sanção prevista pela prática de atos lesivos à Administração Pública, mas pode ser aplicada em eventual ação de improbidade administrativa.
(B) É medida extrema que somente pode ser decretada pelo Supremo Tribunal Federal, quando houver risco concreto de comprometimento do sistema financeiro nacional ou da soberania nacional.
(C) Não existe no ordenamento jurídico brasileiro, em razão da função social da sociedade empresária e da livre concorrência, e a sanção máxima aplicável seria a suspensão ou interdição parcial de suas atividades.
(D) É determinada quando for comprovado que a personalidade jurídica foi utilizada de forma habitual para facilitar ou promover a prática de atos ilícitos, ou foi constituída para ocultar ou dissimular interesses ilícitos ou a identidade dos beneficiários dos atos praticados.

RESPOSTA De acordo com o § 1º do art. 19 da Lei Anticorrupção, a dissolução compulsória da pessoa jurídica será determinada quando comprovado: I – ter sido a personalidade jurídica utilizada de forma habitual para facilitar ou promover a prática de atos ilícitos; ou II – ter sido constituída para ocultar ou dissimular interesses ilícitos ou a identidade dos beneficiários dos atos praticados. *Alternativa D.*

10. (38º Exame) No ano corrente, o Ministério Público ajuizou duas ações por improbidade administrativa distintas, uma em desfavor de Carlos, prefeito do Município Alfa, e, outra, em desfavor de Bruno, servidor do Município Beta. Ambas as ações buscavam a aplicação de penalidade pela prática de atos de improbidade que violam princípios da Administração Pública, com a descrição objetiva dos fatos exigida em lei e apontando a lesividade relevante ao bem jurídico tutelado. A primeira tem fundamento na negativa, pelo próprio prefeito, de publicidade aos atos oficiais, que não estavam protegidos por sigilo. A segunda ação foi proposta porque Bruno nomeou sua esposa para cargo administrativo em comissão a ele subordinado, no qual ela vinha laborando com afinco. Diante dessa situação hipotética, considerando a atual redação da Lei n. 8.429/92, assinale a afirmativa correta.

(A) Revela-se pertinente o ajuizamento de ambas as ações, sendo imprescindível, em cada caso, a demonstração de dolo, bem como de que a conduta funcional de cada agente público tinha o fim de obter proveito ou benefício indevido para si ou para outra pessoa ou entidade.
(B) A ação ajuizada em desfavor de Carlos é pertinente, mas aquela em desfavor de Bruno não, considerando que, apesar

DIREITO ADMINISTRATIVO

de o nepotismo ser vedado pelo ordenamento, não há previsão no sentido de que sua prática caracteriza ato de improbidade administrativa.

(C) Apenas é pertinente a ação ajuizada em desfavor de Bruno, na medida em que a negativa de publicidade aos atos oficiais por Carlos não constitui uma ilegalidade passível de caracterizar ato de improbidade administrativa.

(D) Ambas as ações são despropositadas, pois, além da lesividade relevante ao bem jurídico tutelado, é imprescindível o reconhecimento de danos ao erário para a caracterização da improbidade administrativa, o que não ocorreu em nenhum dos casos.

RESPOSTA Carlos praticou ato de improbidade administrativa previsto no art. 11, IV, da LIA (negar publicidade aos atos oficiais, exceto em razão de sua imprescindibilidade para a segurança da sociedade e do Estado ou de outras hipóteses instituídas em lei); já Bruno praticou ato de improbidade previsto no art. 11, XI, da LIA (nomear cônjuge, companheiro ou parente em linha reta, colateral ou por afinidade, até o terceiro grau, inclusive, da autoridade nomeante ou de servidor da mesma pessoa jurídica investido em cargo de direção, chefia ou assessoramento, para o exercício de cargo em comissão ou de confiança ou, ainda, de função gratificada na administração pública direta e indireta em qualquer dos Poderes da União, dos Estados, do Distrito Federal e dos Municípios, compreendido o ajuste mediante designações recíprocas). Para que seja configurado ato de improbidade administrativa é imprescindível a comprovação do dolo (art. 1º, §§ 1º e 2º, da LIA), sendo que por se tratarem de *atos de improbidade que atentam contra os princípios da administração*, é necessária a comprovação da conduta funcional do agente público o fim de obter proveito ou benefício indevido para si ou para outra pessoa ou entidade. *Alternativa A.*

11. (38º Exame) Ariquemes é servidor público federal e vem cumprindo diligentemente com as obrigações estabelecidas em lei para obter sua progressão funcional e assim aumentar sua remuneração. Os critérios para tanto estão estabelecidos em lei, são de caráter objetivo, mediante pontuação a ser adquirida pelo servidor, sendo certo que o provimento derivado em questão é ato vinculado. O mencionado servidor acredita ter cumprido todos os requisitos estabelecidos na aludida lei, mas foi surpreendido com o indeferimento de sua progressão, sob o fundamento de que não alcançou a pontuação necessária. Em razão disso, com fulcro na Lei n. 12.527/2011, Ariquemes pleiteou acesso às informações que levaram a tal conclusão da Administração, que considera flagrantemente equivocada. Contudo, o fornecimento dos dados foi negado sob o fundamento de que não há interesse público na respectiva divulgação. Diante dessa situação hipotética, assinale a afirmativa correta.

(A) O preenchimento dos requisitos previstos em lei não confere a Ariquemes o direito subjetivo à progressão almejada.
(B) As informações pleiteadas constituem atos internos da Administração e, portanto, são informação reservada, protegida por sigilo.
(C) O fornecimento dos dados pessoais pretendido por Ariquemes submete-se à discricionariedade da Administração, que atuou nos limites da lei.
(D) Ariquemes tem direito ao acesso a tais dados, considerando que este direito compreende as atividades exercidas pelos órgãos, inclusive as relativas a sua organização e serviços.

RESPOSTA Prevê o art. 6º da Lei n. 12.527/2011 que cabe aos órgãos e entidades do poder público, observadas as normas e procedimentos específicos aplicáveis, assegurar a gestão transparente da informação, propiciando amplo acesso a ela e sua divulgação. Já o art. 7º dispõe que o acesso à informação de que trata a lei compreende, entre outros, os direitos de obter informação sobre atividades exercidas pelos órgãos e entidades, inclusive as relativas à sua política, organização e serviços. *Alternativa D.*

12. (37º Exame) Após inúmeras tentativas de obter transparência e sanar constantes problemas na prestação de determinado serviço público federal junto à concessionária, Felipe decidiu apresentar manifestação perante a Ouvidoria da Administração Pública, para informar e buscar solução para recorrentes vícios que comprometem a realização adequada da atividade, o que considera violar os princípios da regularidade, continuidade e efetividade. Sobre a hipótese narrada, considerando os direitos dos usuários de serviços públicos, assinale a afirmativa correta.

(A) A Administração não pode exigir a apresentação de motivos determinantes da manifestação de Felipe perante a Ouvidoria.
(B) Felipe não pode provocar a via administrativa por meio de manifestação, considerando que o serviço público é atividade econômica submetida à livre iniciativa.
(C) A manifestação de Felipe é inócua, na medida em que a Administração não pode exigir da concessionária o respeito aos princípios que ele considera violados.
(D) A Administração deve recusar o recebimento da manifestação de Felipe, caso sua identificação não atenda às exigências determinadas pelo órgão, mesmo que estas possam vir a inviabilizar a sua manifestação.

RESPOSTA De acordo com a Lei n. 12.527/2011, "qualquer interessado poderá apresentar pedido de acesso a informações aos órgãos e entidades referidos no art. 1º desta Lei, por qualquer meio legítimo, devendo o pedido conter a identificação do requerente e a especificação da informação requerida" (art. 10). Já o § 3º do art. 10 prevê que São *vedadas* quaisquer exigências relativas aos motivos determinantes da solicitação de informações de interesse público. *Alternativa A.*

13. (37º Exame) Fernanda foi aprovada em primeiro lugar em concurso público para o cargo de Auditor Fiscal da Secretaria de Fazenda do Estado Alfa. Ao ser convocada para investidura no cargo público, o departamento de recursos humanos da secretaria solicitou a Fernanda, entre outros documentos, cópia da sua última declaração de imposto sobre a renda e proventos de qualquer natureza apresentada à Secretaria Especial da Receita Federal do Brasil. Com receio de ver violada sua privacidade e informações resguardadas pelo sigilo fiscal, Fernanda procurou você, como advogado(a), indagando sobre a obrigatoriedade da entrega da mencionada declaração. Com base na atual redação da Lei de Improbidade Administrativa, assinale a opção que apresenta seu esclarecimento.

(A) A posse e o exercício do cargo ficam condicionados à apresentação da citada declaração de imposto sobre a renda, a fim de ser arquivada no serviço de pessoal competente.

(B) A nomeação e a posse não ficam condicionadas à apresentação da citada declaração de imposto sobre a renda, mas seus vencimentos apenas serão pagos com a entrega do documento.
(C) A nomeação, a posse e o exercício do cargo ficam condicionados à apresentação da citada declaração de imposto sobre a renda, mediante prévia quebra de sigilo fiscal por ordem judicial.
(D) A nomeação, a posse e o exercício do cargo não ficam condicionados à apresentação da citada declaração de imposto sobre a renda, mas Fernanda responderá por ato de improbidade administrativa se não entregar o documento em 30 (trinta) dias após a posse.

RESPOSTA Prevê o art. 13, *caput*, da Lei n. 8.429/92 que a posse e o exercício de agente público *ficam condicionados à apresentação de declaração de imposto de renda* e proventos de qualquer natureza, que tenha sido apresentada à Secretaria Especial da Receita Federal do Brasil, *a fim de ser arquivada no serviço de pessoal competente*. Alternativa A.

14. (36º Exame) Na semana passada, o Ministério Público ajuizou ação em desfavor de Odorico, prefeito do Município Delta, em decorrência da prática de ato doloso de improbidade que causou enriquecimento ilícito. Após os devidos trâmites processuais, o Juízo de primeiro grau verificou a configuração dos elementos caracterizadores da improbidade, incluindo o dolo específico, razão pela qual aplicou as penalidades cominadas na legislação. Sobre as penalidades aplicadas ao prefeito Odorico, assinale a afirmativa correta.

(A) É cabível a execução provisória da penalidade de perda da função pública, com seu imediato afastamento do cargo.
(B) Poderia ser aplicada a penalidade de suspensão de direitos políticos por prazo superior a quinze anos, em razão da presença de dolo específico.
(C) O Juízo de primeiro grau não poderia cumular as penalidades de suspensão dos direitos políticos e de proibição de contratar com a Administração, sob pena de *bis in idem*.
(D) O Juízo de primeiro grau poderia cumular a determinação de ressarcimento integral ao erário com a aplicação da penalidade de multa equivalente ao valor do acréscimo patrimonial.

RESPOSTA Tratando-se de ato de improbidade que importa em enriquecimento ilícito, prevê o art. 12, I, da Lei n. 8.429/92 (Lei de Improbidade Administrativa), que independentemente do ressarcimento integral do dano patrimonial, se efetivo, e das sanções penais comuns e de responsabilidade, civis e administrativas previstas na legislação específica, está o responsável pelo ato de improbidade sujeito às seguintes cominações, que podem ser aplicadas isolada ou cumulativamente, de acordo com a gravidade do fato: perda dos bens ou valores acrescidos ilicitamente ao patrimônio, perda da função pública, suspensão dos direitos políticos até 14 (catorze) anos, pagamento de multa civil equivalente ao valor do acréscimo patrimonial e proibição de contratar com o poder público ou de receber benefícios ou incentivos fiscais ou creditícios, direta ou indiretamente, ainda que por intermédio de pessoa jurídica da qual seja sócio majoritário, pelo prazo não superior a 14 (catorze) anos. Lembrando que o § 9º prevê que as sanções somente poderão ser executadas após o trânsito em julgado da sentença condenatória. *Alternativa D.*

15. (36º Exame) A sociedade empresária Alfa praticou um ato lesivo à Administração Pública de um país estrangeiro, atentando contra os compromissos internacionais assumidos pelo Brasil no âmbito do combate à corrupção. Em razão disso, as autoridades brasileiras querem tomar as providências cabíveis a fim de promover a responsabilização administrativa e/ou judicial da pessoa jurídica por tais atos lesivos, em território nacional. Considerando os fatos narrados, à luz da Lei n. 12.846/2013 (Lei Anticorrupção), assinale a afirmativa correta.

(A) Não é possível a responsabilização administrativa no caso, considerando que o ilícito foi cometido contra Administração Pública estrangeira.
(B) Não é possível a responsabilização administrativa e/ou judicial da sociedade empresária Alfa, mas apenas a de seus sócios administradores.
(C) Na esfera administrativa, após o devido processo administrativo, é cabível a dissolução compulsória da sociedade empresária Alfa.
(D) A responsabilização administrativa da sociedade empresária Alfa não afasta a possibilidade de sancioná-la na esfera judicial, com base na legislação específica.

RESPOSTA Conforme previsto no art. 18 da Lei Anticorrupção, na esfera administrativa, a responsabilidade da pessoa jurídica *não* afasta a possibilidade de sua responsabilização na esfera judicial. Alternativa D.

SERVIÇOS PÚBLICOS

16. (37º Exame) O Estado Delta, com o fim de combater grave crise no sistema carcerário, realizou os estudos pertinentes para contratar uma concessão administrativa, de modo a delegar os serviços de determinado presídio, abarcando as atividades de limpeza e manutenção predial (incluindo reformas), bem como o fornecimento de alimentação e de vestuário para os detentos, sem que haja, portanto, a possibilidade de cobrança de tarifas dos usuários. Acerca da situação descrita, assinale a afirmativa correta.

(A) O Estado Delta, para a finalidade almejada, deveria fazer uso da concessão patrocinada.
(B) O contrato poderá ter, no máximo, prazo de validade de dois anos.
(C) O objeto do contrato poderia abarcar, também, as principais atividades atinentes aos serviços de segurança pública.
(D) O objeto do contrato é possível, pois não abarca apenas o fornecimento de mão de obra.

RESPOSTA Trata-se de parceria público-privada na modalidade "concessão administrativa". O art. 2º, § 4º, II, prevê que é vedada a celebração de contrato de parceria público-privada que tenha como objeto único o fornecimento de mão de obra, o fornecimento e instalação de equipamentos ou a execução de obra pública. Portanto, como o contrato não abarca somente o fornecimento de mão de obra, ele é possível. *Alternativa D.*

17. (36º Exame) A Agência Reguladora federal Alfa, criada no ano corrente, tem a intenção de formalizar um acordo de cooperação com a Agência Reguladora estadual Beta. O acordo visa

DIREITO ADMINISTRATIVO

à descentralização das atividades normativas, fiscalizatórias, sancionatórias e arbitrais, com o intuito de conferir maior eficiência à atuação das duas entidades. Nesse contexto, à luz do disposto na CRFB/88 e na Lei n. 13.848/2018, assinale a afirmativa correta.

(A) O acordo de cooperação poderia ter por objeto a delegação de competência normativa da Agência Alfa.

(B) A execução da fiscalização do objeto da delegação pela Agência Beta, por ser estadual, não precisa observar as normas federais pertinentes.

(C) A execução de competência delegada pelo acordo de cooperação à Agência Beta independe do acompanhamento e da avaliação pela Agência Alfa.

(D) A Agência Alfa, havendo delegação de competência, permanecerá como instância superior e recursal das decisões tomadas no exercício da competência delegada à Agência Beta.

RESPOSTA Todas as alternativas se resolvem com o art. 34, §§ 1º, 3º, 4º e 7º, da Lei n. 13.848/2018. O § 7º prevê que "havendo delegação de competência, a agência reguladora delegante permanecerá como instância superior e recursal das decisões tomadas no exercício da competência delegada". *Alternativa D.*

18. (35º Exame) O Estado Alfa pretende firmar com sociedade empresária ou consórcio privado contrato de concessão patrocinada de serviços públicos para manutenção de uma rodovia estadual, precedida de obra pública, sob o regime jurídico da chamada parceria público-privada. O Estado Alfa iniciou os trâmites legais para a contratação, e a sociedade empresária Delta está interessada em ser contratada. Visando calcular os riscos, em especial tirar dúvidas sobre o pedágio que será cobrado dos usuários e as providências administrativas que deve adotar previamente para ser contratada, a sociedade empresária Delta buscou orientação em escritório de advocacia especializado na matéria. Na qualidade de advogado(a) que compareceu à reunião para prestar esclarecimentos à sociedade empresária Delta, você informou ao sócio-administrador, com base na Lei n. 11.079/2004, que a concessionária prestará o serviço cobrando:

(A) dos usuários determinado valor pela tarifa e percebendo uma remuneração adicional paga pelo poder público concedente, e, antes da celebração do contrato, deverá ser constituída sociedade de propósito específico, incumbida de implantar e gerir o objeto da parceria.

(B) do Estado Alfa, na qualidade de usuário direto ou indireto dos serviços, o valor total da tarifa, e, antes da celebração do contrato, deverá ser constituída sociedade empresária subsidiária, incumbida de planejar o objeto da parceria.

(C) dos usuários valor como tarifa que seja suficiente para, de forma integral, arcar com e manter o equilíbrio econômico e financeiro do contrato, sem contribuição do poder público concedente, e a contratação será precedida de licitação na modalidade concorrência.

(D) do Estado Alfa, na qualidade de usuário indireto dos serviços, o valor da metade da tarifa, e a contratação será precedida de licitação na modalidade concorrência ou pregão, de acordo com o valor estimado do contrato.

RESPOSTA De acordo com o art. 2º da Lei n. 11.079/2004, parceria público-privada é o contrato administrativo de concessão, na modalidade patrocinada ou administrativa. Concessão patrocinada é a concessão de serviços públicos ou de obras públicas de que trata a Lei n. 8.987/95, quando envolver, adicionalmente à tarifa cobrada dos usuários, contraprestação pecuniária do parceiro público ao parceiro privado (§ 1º). Ademais, prevê o art. 9º que *antes da celebração do contrato, deverá ser constituída sociedade de propósito específico, incumbida de implantar e gerir o objeto da parceria*. *Alternativa A.*

PROCESSO ADMINISTRATIVO

19. (40º Exame) Vicente, servidor público federal estável, praticou conduta que corresponde a crime, na forma da legislação penal, e se enquadra como falta funcional grave, passível de demissão. Ao tomar conhecimento de tal situação, a Administração determinou a instauração de processo administrativo disciplinar, com a designação da Comissão processante, composta por três servidores ocupantes de cargos efetivos, sendo certo que um deles, Alípio, ainda não alcançou a estabilidade. Paralelamente, o Juízo criminal competente recebeu denúncia em desfavor de Vicente em razão dos mesmos fatos. Considerando os dados apresentados, Vicente procurou você, como advogado(a), para esclarecer dúvidas acerca da mencionada situação. Assinale a opção que apresenta a orientação jurídica que, corretamente, você prestou.

(A) O processo administrativo disciplinar em face de Vicente não poderia ser instaurado, na medida em que a sua responsabilização deve se restringir à esfera criminal.

(B) A nomeação de Alípio para compor a comissão processante do processo administrativo disciplinar não é válida.

(C) O recebimento da denúncia em desfavor de Vicente suspende a apuração levada a efeito em sede de processo administrativo disciplinar.

(D) Eventual sentença absolutória na ação penal deverá repercutir em demissão de Vicente, ainda que fundada na ausência de provas.

RESPOSTA De acordo com o art. 149 da Lei n. 8.112/90, o processo disciplinar será conduzido por comissão composta de três servidores estáveis designados pela autoridade competente, observado o disposto no § 3º do art. 143, que indicará, dentre eles, o seu presidente, que deverá ser ocupante de cargo efetivo superior ou de mesmo nível, ou ter nível de escolaridade igual ou superior ao do indiciado. Assim, a nomeação de Alípio para compor a comissão mostrou-se inválida. *Alternativa B.*

20. (39º Exame) No ano de 2020, o Município Alfa, por meio da Secretaria Municipal de Saúde, realizou concurso público para o cargo de médico. Não obstante a inexistência de previsão legal, no curso do certame, a Secretaria de Saúde incluiu como fase do concurso exame psicotécnico e eliminou diversos candidatos. O candidato Antônio apresentou os requerimentos administrativos cabíveis para tentar reverter a decisão, mas não obteve êxito. Assim sendo, Antônio ajuizou reclamação constitucional junto ao Supremo Tribunal Federal, julgada procedente com base na Súmula Vinculante n. 44, do STF, que dispõe "Só por lei se pode sujeitar a exame psicotécnico a habilitação de candidato a cargo público", tendo a Suprema Corte dado ciência à autoridade prolatora do ato ilegal e ao órgão competente para o julgamento do recurso. No ano de 2022, a Secretaria Municipal de Saúde publicou edital de novo concurso público, agora para o cargo de enfermeiro. Mantida a inexistência de lei prevendo o exame psicotécnico, mais uma vez, o Município Alfa incluiu o mencionado exame em fase do concurso e o mesmo Secretário Municipal eliminou do certame a candidata Maria. Na qualidade de advogado(a) de Maria, com base na Lei n. 9.784/99, integralmente aplicável ao Município Alfa por força de lei local, você deve

(A) impetrar mandado de segurança, observado o prazo decadencial de 180 (cento e oitenta dias), pleiteando a anulação de todo concurso, em razão de descumprimento de súmula vinculante do STF.

(B) ajuizar ação popular, requerendo a nomeação de Maria e a condenação do Secretário Municipal de Saúde por crime de responsabilidade, pela inobservância reiterada de súmula vinculante do STF.

(C) propor ação anulatória do ato de eliminação de Maria e de afastamento cautelar do Secretário Municipal de Saúde, pelo prazo de um ano, como medida punitiva pelas ilegalidades praticadas que afrontaram o interesse público.

(D) manejar pedido de reconsideração ao Secretário de Saúde, lhe alertando de que, em razão do julgamento de anterior reclamação pelo STF em caso semelhante, deve adequar sua decisão ao julgado da Suprema Corte, sob pena de responsabilização pessoal nas esferas cível, administrativa e penal.

RESPOSTA De acordo com art. 56, § 3º, da Lei n. 9.784/99, das decisões administrativas cabe recurso, em face de razões de legalidade e de mérito. Se o recorrente alegar que a decisão administrativa contraria enunciado da súmula vinculante, caberá à autoridade prolatora da decisão impugnada, se não a reconsiderar, explicitar, antes de encaminhar o recurso à autoridade superior, as razões da aplicabilidade ou inaplicabilidade da súmula, conforme o caso. *Alternativa D.*

21. (38º Exame) Josias e Januário são servidores públicos federais de alta hierarquia e estavam conversando sobre os problemas inerentes ao exercício de suas atribuições. Enquanto Josias está extremamente exacerbado de trabalho e precisa delegar algumas de suas atribuições, para não comprometer o funcionamento da atividade administrativa, Januário entende ser necessário avocar competência atribuída a órgão hierarquicamente inferior, por questões excepcionais que são de extrema relevância para o interesse público. Considerando as circunstâncias narradas, em consonância com a Lei n. 9.784/99, assinale a afirmativa correta.

(A) Josias poderá delegar verbalmente parcela de sua competência, considerando que esta é renunciável por servidor de alta hierarquia.

(B) Eventual delegação de competência por parte de Josias não poderá ser revogada após a sua formalização.

(C) A delegação de competência por Josias só pode ser realizada para órgão que lhe seja hierarquicamente inferior.

(D) A avocação temporária de competência por Januário será permitida em caráter excepcional e por motivos relevantes devidamente justificados.

RESPOSTA A Lei n. 9.784/99 trata de delegação e avocação de competências. Em regra, a *competência é irrenunciável* e se exerce pelos órgãos administrativos a que foi atribuída como própria, *salvo* nos casos de *delegação* e *avocação* legalmente admitidos (art. 11). O ato de delegação é revogável a qualquer tempo pela autoridade delegante (art. 14, § 2º). Será permitida, em caráter excepcional e por motivos relevantes devidamente justificados, a avocação temporária de competência atribuída a órgão hierarquicamente inferior (art. 15). *Alternativa D.*

22. (37º Exame) Com o intuito de tomar providências em relação à determinada política pública, no âmbito da Administração Pública Federal, foi determinado que os Ministérios Alfa, Beta e Gama, promovessem uma decisão coordenada, diante da justificável relevância da matéria. A Associação Dabliu, que atua na área de interesse coletivo, almeja habilitar-se como ouvinte do processo decisório, bem como ter direito de voz durante a reunião concernente aos respectivos trabalhos, designada para a próxima quarta-feira. Diante dessa situação hipotética e das normas relativas à decisão coordenada na Lei n. 9.784/99, assinale a afirmativa correta.

(A) A Associação Dabliu não poderá habilitar-se a participar da decisão coordenada, ainda que na qualidade de ouvinte.

(B) A participação dos Ministérios Alfa, Beta e Gama na decisão coordenada em questão independe de intimação.

(C) O eventual dissenso do Ministério Alfa quanto à solução do objeto da decisão coordenada não precisa ser manifestado durante a reunião.

(D) A decisão prolatada por autoridade competente, que defira a participação da Associação Dabliu na reunião, com direito a voz, é irrecorrível.

RESPOSTA "Decisão Coordenada", prevista no art. 49-A da Lei n. 9.784/99 é a instância de natureza interinstitucional ou intersetorial que atua de forma *compartilhada* com a finalidade de *simplificar o processo administrativo* mediante participação concomitante de *todas as autoridades e agentes decisórios* e dos responsáveis pela instrução técnico-jurídica, observada a natureza do objeto e a compatibilidade do procedimento e de sua formalização com a legislação pertinente. Poderão habilitar-se a participar da decisão coordenada, na qualidade de ouvintes, os interessados de que trata o art. 9º da Lei, sendo que a participação na reunião, que poderá incluir direito a voz, será deferida por decisão *irrecorrível* da autoridade responsável pela convocação da decisão coordenada (art. 49-B). *Alternativa D.*

23. (36º Exame) Túlio era servidor público federal e falsificou documentos para, de má fé, obter a sua aposentadoria por tempo de contribuição junto ao Regime Próprio de Previdência Social – RPPS. Por não ter sido verificado o problema dos documentos, o pedido foi deferido pelo órgão competente de origem e, pouco depois, registrado perante o Tribunal de Contas da União –

DIREITO ADMINISTRATIVO

TCU, que não verificou o embuste e não conferiu oportunidade de manifestação para Túlio. Ocorre que, seis anos após o aludido registro, a Corte de Contas tomou conhecimento do ardil de Túlio e da nulidade dos documentos apresentados, razão pela qual instaurou processo administrativo para fins de anular o registro promovido em dissonância com o ordenamento jurídico. Diante dessa situação hipotética, aponte a assertiva correta.

(A) A conduta do TCU foi irregular, na medida em que a aposentadoria de Túlio é ato administrativo simples, que não deveria ter sido submetido a registro perante a Corte de Contas.
(B) O exercício da autotutela, para fins de anular a aposentadoria de Túlio, não está fulminado pela decadência, diante de sua má-fé.
(C) O registro da aposentadoria de Túlio foi irregular, pois dependia da garantia da ampla defesa e contraditório perante o TCU.
(D) A anulação da aposentadoria não é mais viável, considerando que transcorrido o prazo prescricional de cinco anos para o exercício da pretensão.

RESPOSTA Prevê o art. 54 da Lei n. 9.784/99 que o direito da Administração de anular os atos administrativos de que decorram efeitos favoráveis para os destinatários decai em cinco anos, contados da data em que foram praticados, salvo comprovada má-fé. Considerando a má-fé do beneficiário, não haverá a referida decadência. *Alternativa B.*

RESPONSABILIDADE DO ESTADO

24. (37º Exame) Mateus e Geraldo foram presos em decorrência de sentença penal com trânsito em julgado, pelo crime de latrocínio. Ambos ficaram, inicialmente, na mesma cela prisional, em condições absolutamente precárias e insalubres, sendo certo que Geraldo evadiu-se da cadeia. Seis meses após a fuga, Geraldo praticou novo latrocínio, que levou Tânia a óbito. Mateus, que ficou muito deprimido pelas condições degradantes do cárcere, cometeu suicídio, cortando seus pulsos com faca adquirida irregularmente de Rodrigo, agente penitenciário, fato que poderia ter sido evitado, portanto, se o Estado tivesse adotado precauções mínimas. Diante das circunstâncias narradas, assinale a afirmativa correta.

(A) O Estado poderia ser civilmente responsabilizado pela morte de Tânia, pois tinha o dever de evitar a fuga de Geraldo, mas não pelo óbito de Mateus, em razão de fato exclusivo da vítima, tendo em conta a adoção da teoria do risco administrativo.
(B) Ambas as mortes acima descritas seriam passíveis de configurar a responsabilização civil do Estado, nos termos da Constituição, que adota expressamente a teoria do risco integral, nas situações relacionadas à segurança pública.
(C) Nenhum dos óbitos narrados pode caracterizar a responsabilização civil do Estado, na medida em que nas hipóteses de omissão do Estado deve ficar caracterizado o elemento culpa, imprescindível no âmbito da teoria do risco administrativo.
(D) O Estado poderia ser civilmente responsabilizado pela morte de Mateus, pois tinha o dever de proteger a incolumidade física de pessoa sob sua custódia, mas não pelo óbito de Tânia, na medida em que não há nexo de causalidade entre a fuga de Geraldo e o evento danoso.

RESPOSTA Quando coisas ou pessoas estão *sob custódia do Estado*, este tem o dever de assegurar a integridade, senão, responderá objetivamente, mesmo que o dano não ocorra diretamente de uma "ação" de algum agente, entendendo-se que houve a inobservância do dever específico de proteção (CF, art. 5º, XLIX); sendo assim, haveria reponsabilidade do estado pela morte de Mateus. Já em relação a morte de Tania, o STF entende que nos termos do art. 37, § 6º, da CF, *não* se caracteriza a responsabilidade civil objetiva do Estado por danos decorrentes de crime praticado por pessoa foragida do sistema prisional, quando não demonstrado o nexo causal direto entre o momento da fuga e a conduta praticada. *Alternativa D.*

INTERVENÇÃO DO ESTADO NA PROPRIEDADE

25. (41º Exame) O Município Alfa fez editar um decreto expropriatório por utilidade pública do bem de propriedade de Constância, sob o fundamento de que o imóvel é necessário para a construção de uma escola. Constância recusou-se a formalizar acordo na via administrativa, na medida em que tem robustas provas de que, na realidade, o objetivo da desapropriação é uma vingança pessoal de seu ex-cônjuge, Rosalvo, que é o atual prefeito do município, que subscreve o mencionado decreto. Diante da ausência de acordo, o Município ajuizou a respectiva ação de desapropriação. Em razão disso, Constância procurou você, como advogado(a), a fim de elucidar questões atinentes ao problema por ela enfrentado. Considerando estritamente os fatos narrados, assinale a afirmativa que apresenta, corretamente, sua orientação.

(A) A desapropriação não apresenta qualquer vício, considerando que o motivo invocado no decreto é válido, independentemente de Rosalvo ter dela se utilizado para fins de vingança.
(B) Em sede de contestação na ação de desapropriação, Constância pode invocar qualquer matéria de fato ou de direito, mediante a produção de provas que viabilizem ao Poder Judiciário a verificação da existência ou não da situação de utilidade pública invocada no decreto.
(C) A utilização da desapropriação por Rosalvo para se vingar da ex-cônjuge constitui desvio de finalidade, vício insanável que deverá ser alegado em ação própria, na medida em que a contestação na ação de desapropriação só pode versar sobre vício processual ou impugnação do preço.
(D) O município não poderia ter ajuizado a ação de desapropriação, na medida em que esta depende da realização de acordo na via administrativa para a consumação da perda da propriedade.

RESPOSTA De acordo com o art. 2º da Lei n. 4.717/65, são nulos os atos lesivos ao patrimônio das entidades mencionadas no artigo anterior, nos casos de: a) incompetência; b) vício de forma; c) ilegalidade do objeto; d) inexistência dos motivos; e) desvio de finalidade. Segundo o parágrafo único, para a conceituação dos casos de nulidade observar-se-ão as seguintes normas, entre outras: e) o desvio de finalidade se verifica quando o agente pratica o ato visando a fim diverso daquele previsto, explícita ou implicitamente, na regra de competência. *Alternativa C.*

26. (38º Exame) O Município Alfa, observadas as cautelas legais, instituiu servidão administrativa sobre o imóvel de propriedade de Gabriel, com a finalidade de instalar postes e fios de energia elétrica, com escopo de regularizar o serviço de iluminação pública na localidade. Diante das circunstâncias do caso concreto, em especial pelo grande espaço cuja utilização é necessária para manutenção dos equipamentos instalados, verifica-se, de forma incontroversa, que Gabriel sofreu efetivo dano no direito de propriedade. Para melhor compreender o regime jurídico próprio dessa modalidade de intervenção do Estado na propriedade e ficar ciente de seus direitos e obrigações, em especial em matéria de indenização, Gabriel contratou você, como advogado(a). No caso em tela, atento às normas de regência, você orientou seu cliente no sentido de que a servidão administrativa instituída pelo Município Alfa,

(A) enseja o pagamento de indenização, se houver dano comprovado.
(B) ocorre com prazo determinado, podendo ser prorrogado mediante prévia indenização.
(C) ostenta natureza de direito pessoal da Administração Pública, que prescinde de registro no Cartório de Registro de Imóveis, e ocorre mediante indenização em títulos da dívida pública.
(D) tem por pressuposto a necessidade ou utilidade pública, ou por interesse social, e deve ocorrer mediante justa e prévia indenização em dinheiro.

RESPOSTA Para Hely Lopes Meirelles, servidão administrativa ou pública é ônus real de uso imposto pela Administração à propriedade particular, para assegurar a realização e conservação de obras e serviços públicos ou de utilidade pública, mediante indenização dos prejuízos efetivamente suportados pelo proprietário. *Alternativa A.*

27. (36º Exame) A administração do Município Alfa está construindo uma ponte para facilitar o acesso dos produtores rurais ao seu centro urbano. Para a realização da construção, o ente necessita utilizar a propriedade privada de Fernando, um terreno não edificado, vizinho à obra, enquanto perdurar a atividade de interesse público, para a qual não há perigo iminente. Considerando as modalidades de intervenção do Estado na propriedade, a administração do Município Alfa deve:

(A) realizar o tombamento do bem de Fernando, mediante prévia e justa indenização em dinheiro, diante da relevância da obra a ser realizada;
(B) determinar a requisição administrativa do bem de Fernando, mediante indenização ulterior, em caso de dano;
(C) efetuar a ocupação temporária do bem de Fernando, passível de indenização pela utilização do terreno em ação própria;
(D) implementar uma servidão administrativa no bem de Fernando, mediante prévia e justa indenização em dinheiro, pelo sacrifício da propriedade.

RESPOSTA Trata-se de ocupação temporária, prevista no art. 36 do Decreto n. 3.365/41: "É permitida a ocupação temporária, que será indenizada, afinal, por ação própria, de terrenos não edificados, vizinhos às obras e necessários à sua realização". *Alternativa C.*

28. (36º Exame) José é proprietário de imóvel rural de enorme dimensão, mas totalmente improdutivo, que vem sendo objeto de constantes desmatamentos à revelia da legislação ambiental. O imóvel está localizado no Município Alfa do Estado Gama, sendo certo que os órgãos ambientais de ambos os entes federativos já vêm atuando em razão da supressão vegetal ilegal. Em seu imóvel, José não promove a utilização adequada dos recursos naturais disponíveis e a preservação do meio ambiente, nem mesmo realiza seu aproveitamento racional e adequado. Por estar descumprindo sua função social, nos termos da CRFB/88, o imóvel de José pode ser objeto de desapropriação:

(A) por interesse social, para fins de reforma agrária, mediante prévia e justa indenização em títulos da dívida agrária, cuja competência é da União;
(B) sanção, que consiste em punição ao particular por sua conduta imobiliária inconstitucional, mediante justa e prévia indenização, cuja competência é do Estado Gama;
(C) confisco, que consiste na retirada do bem do patrimônio do particular com sua incorporação ao patrimônio público, mediante justa e ulterior indenização, cuja competência é da União;
(D) por utilidade social e com caráter sancionador, mediante ulterior e justa indenização a ser paga por meio de precatório, cuja competência é do Município Alfa.

RESPOSTA Trata-se da hipótese de desapropriação prevista no art. 184 da CF: "Compete à União desapropriar por interesse social, para fins de reforma agrária, o imóvel rural que não esteja cumprindo sua função social, mediante prévia e justa indenização em títulos da dívida agrária, com cláusula de preservação do valor real, resgatáveis no prazo de até vinte anos, a partir do segundo ano de sua emissão, e cuja utilização será definida em lei". *Alternativa A.*

CONTROLE DA ADMINISTRAÇÃO PÚBLICA

29. (41º Exame) Evandro Santos, prefeito do município Gama, tem dúvidas acerca da operacionalização do controle externo do julgamento das contas que deve anualmente prestar ao Legislativo. Em razão disso, questionou sua assessoria jurídica acerca dos trâmites necessários para tanto. Sobre a situação hipotética apresentada, assinale a opção que apresenta a resposta correta a ser dada pela assessoria jurídica.

(A) O julgamento das contas será realizado exclusivamente pela Corte de Contas competente.
(B) As contas anuais serão prestadas e julgadas exclusivamente pela Câmara Municipal, independentemente da atuação da Corte de Contas.
(C) O julgamento das contas anuais caberá à Assembleia Legislativa do Estado a que pertence o município Gama.
(D) O julgamento das contas dependerá da elaboração de parecer prévio da Corte de Contas competente, cuja conclusão só deixará de prevalecer por decisão de dois terços dos membros da Câmara Municipal.

RESPOSTA De acordo com os §§ 1º e 2º do art. 31 da CF, o controle externo da Câmara Municipal será exercido com o auxílio dos Tribunais de Contas dos Estados ou do Município ou dos Conselhos ou Tribunais de Contas dos Municípios, onde houver. O

DIREITO ADMINISTRATIVO

parecer prévio, emitido pelo órgão competente sobre as contas que o Prefeito deve anualmente prestar, só deixará de prevalecer por decisão de dois terços dos membros da Câmara Municipal. *Alternativa D.*

30. (39º Exame) A sociedade empresária Alfa praticou ato lesivo à administração pública do Estado Beta, pois, em matéria de licitações e contratos, obteve vantagem indevida, de modo fraudulento, em sucessivas prorrogações de contrato administrativo, sem autorização legal, no ato convocatório da licitação pública ou no respectivo instrumento contratual. Com a devida orientação de seu advogado, visando obter isenção de sanções que provavelmente lhe seriam aplicadas, a sociedade empresária firmou com o Estado Beta acordo de leniência. No caso em tela, nos termos da chamada Lei Anticorrupção (Lei n. 12.846/13), a celebração do citado acordo isentará a sociedade empresária Alfa da proibição de receber incentivos, subsídios, subvenções, doações ou empréstimos na forma prevista na lei, bem como da sanção de

(A) multa civil, e reduzirá à metade a obrigação de ressarcimento dos danos ao erário.

(B) obrigação de ressarcimento ao erário e da medida de suspensão ou interdição parcial de suas atividades.

(C) publicação extraordinária da decisão condenatória e reduzirá, em até 2/3 (dois terços), o valor da multa aplicável.

(D) multa administrativa, e condicionará a manutenção das atividades da pessoa jurídica à adoção de programa de integridade, no prazo de 90 (noventa) dias da assinatura do acordo.

RESPOSTA De acordo com § 2º do art. 16 da Lei n. 12.846/2013, a celebração do acordo de leniência isentará a pessoa jurídica das sanções previstas no inciso II do art. 6º e no inciso IV do art. 19 e reduzirá em até 2/3 (dois terços) o valor da multa aplicável. *Alternativa C.*

LICITAÇÕES E CONTRATOS

31. (41º Exame) O Município Delta procurou o Escritório Alfa com a intenção de contratá-lo para prestar serviços especializados de consultoria e auditoria financeira, de natureza predominantemente técnica, diante de sua notória especialização na área. Na reunião realizada entre os representantes do escritório e do município, o Procurador do Município Delta consignou que, para formalizar o mencionado negócio jurídico, pretende formalizar uma contratação direta, ou seja, sem a necessidade de realizar uma licitação sob o regime jurídico da nova lei de licitações. Sobre a hipótese, na qualidade de advogado(a) do Escritório Alfa, consoante dispõe a Lei n. 14.133/21, assinale a afirmativa correta.

(A) A licitação não é exigível, devendo ser considerada de notória especialização a sociedade empresária cujo conceito, decorrente de estudos, desempenho anterior, publicações, organização, equipe técnica ou outros requisitos relacionados às suas atividades, permita inferir que seu trabalho é essencial e reconhecidamente adequado à plena satisfação do objeto do contrato.

(B) A licitação na modalidade concurso é necessária, devendo ser considerada de notória especialização a sociedade empresária que possa prestar o serviço em situação emergencial para manter a continuidade do serviço público, observados os valores praticados pelo mercado.

(C) A licitação pode ser dispensada, devendo ser considerada de notória especialização a sociedade empresária apta a prestar serviços contratados pela Administração Pública para a manutenção da atividade administrativa, decorrentes de necessidades permanentes ou prolongadas.

(D) A licitação na modalidade diálogo competitivo é necessária, devendo ser considerada de notória especialização a sociedade empresária que tenha sido contratada anteriormente pelo poder público, com prestação de contas aprovada pelo Tribunal de Contas, permitindo inferir que seu trabalho é essencial e reconhecidamente adequado à plena satisfação do objeto do contrato.

RESPOSTA O art. 74 traz os casos de inexigibilidade e o art. 75, de dispensa. De acordo com o caso em pauta, é uma situação de inexigibilidade conforme art. 74, III, c, e seu § 3º. *Alternativa A.*

32. (39º Exame) A Secretaria de Fazenda do Estado Alfa acabou de adquirir novos computadores, que substituíram os antigos equipamentos que serviam aos agentes públicos lotados no órgão. Sendo assim, os antigos equipamentos, que ainda funcionam, estão sem qualquer utilidade na pasta, razão pela qual o Secretário de Fazenda instaurou processo administrativo, visando à sua alienação. No bojo do citado processo, ficou consignada a existência de interesse público devidamente justificado para a alienação dos equipamentos, assim como já foi realizada sua avaliação. A sociedade empresária Sigma possui interesse em adquirir os computadores e, em consulta a seu advogado, foi informada de que, consoante dispõe a Lei n. 14.133/21, a alienação desses bens da Secretaria de Fazenda do Estado Alfa, em regra,

(A) dependerá de licitação na modalidade leilão.

(B) exigirá autorização legislativa e dependerá de licitação na modalidade concorrência.

(C) será promovida mediante inexigibilidade de licitação, observados o interesse social e os critérios de oportunidade e conveniência.

(D) deverá ocorrer mediante prévia licitação, em modalidade compatível com o valor da avaliação dos equipamentos.

RESPOSTA De acordo com art. 76, II, da Lei n. 14.133/2021, a alienação de bens da Administração Pública, subordinada à existência de interesse público devidamente justificado, será precedida de avaliação e obedecerá às seguintes normas, dentre elas, tratando-se de bens móveis, dependerá de licitação na modalidade leilão. *Alternativa A.*

33. (39º Exame) O Município Ômega pretende alugar o imóvel de propriedade de João, pois suas características de instalações e de localização tornam necessária sua escolha, uma vez que se trata de um prédio de três andares situado ao lado do principal hospital municipal, que, após as necessárias adaptações e investimentos, poderá sediar a Secretaria Municipal de Saúde, cuja sede atual não mais comporta todos seus setores. Desta forma, o Município Ômega instaurou processo administrativo, no bojo do qual já houve a certificação da inexistência de imóveis públicos vagos e disponíveis que atendam ao objeto pretendido, bem como foram juntadas informações com as justificativas que demonstram a singularidade do imóvel a ser locado pela Administração e que evidenciam vantagem para ela. João, que tem interesse em alugar seu imóvel, foi procurado por agentes públicos da Secretaria Municipal de Saúde para assinar o contrato administrativo, que será firmado expressamente sob o regime jurídico da nova Lei de Licitações, mediante dispensa de licitação e com valor compatível com o preço de mercado. Na qualidade de advogado(a) contratado por João, você lhe informou que, de acordo com a Lei n. 14.133/21, o contrato administrativo de locação:

(A) pode ser assinado com fundamento na dispensa de licitação, desde que haja prévias avaliação do bem e autorização do Prefeito Municipal.
(B) deve ser assinado com fundamento na inexigibilidade de licitação, desde que haja prévias avaliação do bem e autorização legal da Câmara Municipal.
(C) pode ser assinado com fundamento na dispensa de licitação, com avaliação prévia do bem, do seu estado de conservação e estimativa dos custos de adaptações para atender às necessidades de utilização da Secretaria Municipal de Saúde.
(D) deve ser assinado com fundamento na inexigibilidade de licitação, com avaliação prévia do bem, do seu estado de conservação, dos custos de adaptações, quando imprescindíveis às necessidades de utilização, e do prazo de amortização dos investimentos.

RESPOSTA De acordo com art. 74, § 5º, I, da Lei n. 14.133/2021, é inexigível a licitação quando inviável a competição, em especial nos casos de aquisição ou locação de imóvel cujas características de instalações e de localização tornem necessária sua escolha. Nas contratações com fundamento no inciso V do *caput* deste artigo, devem ser observados os seguintes requisitos, entre outros, a avaliação prévia do bem, do seu estado de conservação, dos custos de adaptações, quando imprescindíveis às necessidades de utilização, e do prazo de amortização dos investimentos. *Alternativa D.*

34. (38º Exame) O pequeno Município Alfa, situado no interior do Estado Beta, enfrenta grave problema de abastecimento de água potável, pois não há fornecimento de água encanada para determinada região da cidade, por dificuldades técnicas. Visando à resolução para a questão juntamente com a iniciativa privada, o Município Alfa pretende, mediante licitação, contratar objeto que envolva inovação tecnológica ou técnica, sendo imprescindível a adaptação de soluções disponíveis no mercado. Atualmente, verifica-se a impossibilidade de as especificações técnicas serem definidas com precisão suficiente pela Administração, razão pela qual é preciso o prévio debate com o setor privado, para se definirem e se identificarem os meios e as alternativas que possam satisfazer as necessidades da administração municipal. Ao tomar conhecimento de que o Município Alfa pretende realizar licitação nas condições narradas, com o intuito de desenvolver uma ou mais alternativas capazes de atender às suas necessidades da forma mais adequada, dada a complexidade da questão local de abastecimento de água, a sociedade empresária Delta se interessou em participar do certame. Como advogado(a) da sociedade empresária, você informou à diretoria que, de acordo com a nova Lei de Licitações (Lei n. 14.133/2021), a modalidade de licitação mais adequada diante da realidade fática descrita, é o(a)

(A) concorrência, que é mais abrangente, seja do ponto de vista do valor do contrato, seja por contemplar variados objetos.
(B) leilão, em que serão admitidos como licitantes todos os interessados que preencherem os requisitos objetivos estabelecidos.
(C) concurso, no qual o poder público municipal não poderá revelar a outros licitantes as soluções técnicas propostas por um concorrente.
(D) diálogo competitivo, em que os licitantes devem apresentar proposta final após o encerramento dos diálogos.

RESPOSTA *Diálogo competitivo* é modalidade de licitação para contratação de obras, serviços e compras em que a Administração Pública realiza diálogos com licitantes previamente selecionados mediante critérios objetivos, com o intuito de desenvolver uma ou mais alternativas capazes de atender às suas necessidades, *devendo os licitantes apresentar proposta final após o encerramento dos diálogos* (art. 7º, XLII, Lei n. 14.133/2021). Prevê o art. 32 da Lei n. 14.133/2021 que a modalidade *diálogo competitivo* é restrita a contratações em que a Administração: I – vise a contratar objeto que envolva as seguintes condições: a) inovação tecnológica ou técnica; b) impossibilidade de o órgão ou entidade ter sua necessidade satisfeita sem a adaptação de soluções disponíveis no mercado; e c) impossibilidade de as especificações técnicas serem definidas com precisão suficiente pela Administração. *Alternativa D.*

35. (37º Exame) A União pretende realizar uma obra de grande vulto, com serviços de engenharia, mediante licitação na modalidade concorrência e no regime de contratação semi-integrada, na forma da Lei n. 14.133/2021, em relação à qual será necessária a realização de desapropriação. Para tanto, fez publicar um edital que previu a responsabilidade do contratado pela realização da desapropriação, estabelecendo o responsável por cada fase do procedimento expropriatório e a estimativa do valor da respectiva indenização, a ser paga pelo contratado. Além disso, o instrumento convocatório previu a distribuição objetiva dos riscos entre as partes, incluído o risco pela diferença entre o custo da desapropriação e a estimativa do valor a ser pago e pelos eventuais danos e prejuízos ocasionados por atraso na disponibilização dos bens expropriados. A sociedade XPTO está muito interessada em participar da licitação, mas tem fundadas dúvidas acerca da validade das cláusulas editalícias relacionadas à desapropriação, razão pela qual consulta sua assessoria jurídica a respeito do tema. Acerca dessa situação hipotética, assinale a afirmativa correta.

(A) O edital em questão não poderia prever que o contratado promovesse nenhuma das fases de procedimento de desapropriação autorizada pelo Poder Público.
(B) Quanto às fases do procedimento expropriatório, poderia ser conferida ao contratado, até mesmo, a possibilidade de editar o Decreto expropriatório.

DIREITO ADMINISTRATIVO

(C) A cláusula que estabelece que o contratado será responsável pelo pagamento da indenização é nula, na medida em que tal montante deve ser necessariamente arcado pelo contratante.

(D) A repartição objetiva dos riscos deve ser respeitada, ainda que ocorra o atraso na conclusão da desapropriação por fato imprevisível.

RESPOSTA Conforme previsto no art. 124, II, *d*, da Lei n. 14.133/2021, os contratos regidos pela Lei poderão ser alterados, com as devidas justificativas, por acordo entre as partes, para restabelecer o equilíbrio econômico-financeiro inicial do contrato em caso de força maior, caso fortuito ou fato do príncipe ou em decorrência de fatos imprevisíveis ou previsíveis de consequências incalculáveis, que inviabilizem a execução do contrato tal como pactuado, *respeitada, em qualquer caso, a repartição objetiva de risco estabelecida no contrato*. Alternativa D.

36. (35º Exame) O município Gama almeja realizar licitação para a escolha de um projeto urbanístico, de cunho técnico especializado, de natureza preponderantemente cultural, para a revitalização de seu centro histórico. Para tanto, fez publicar o respectivo edital com as especificações determinadas por lei. Sobre a hipótese, segundo a nova de Lei de Licitações (Lei n. 14.133/2021), assinale a afirmativa correta.

(A) O vencedor da licitação deverá ceder ao município Gama os direitos patrimoniais relativos ao projeto e autorizar sua execução conforme juízo de conveniência e oportunidade das autoridades competentes.

(B) A elaboração do projeto técnico mencionado corresponde a serviço comum, de modo que a modalidade de licitação aplicável pelo município Gama é o pregão.

(C) A modalidade de licitação a ser utilizada pelo município Gama é o diálogo competitivo, porque a Nova Lei de Licitações não prevê o concurso.

(D) A licitação deverá ser realizada como concurso público de provas e títulos, tal como ocorre com a admissão de pessoal, para fins de remunerar o projeto vencedor.

RESPOSTA A modalidade de licitação, nesse caso, é o concurso, previsto no art. 30 da Lei n. 14.133/2021, sendo que o respectivo parágrafo único prevê que nos concursos destinados à elaboração de projeto, o vencedor deverá ceder à Administração Pública, nos termos do art. 93 desta Lei, todos os direitos patrimoniais relativos ao projeto e autorizar sua execução conforme juízo de conveniência e oportunidade das autoridades competentes. Alternativa A.

Direito Ambiental

Aloisio Pereira Neto

Professor de Direito Ambiental, de Direito de Energia e Direito Urbanístico. Especialista em Direito Ambiental. Mestre em Direito Ambiental. Advogado, atuante na área do Direito Ambiental e de Energia há 25 anos, graduado na Universidade Federal do Ceará (UFC). Professor na graduação, pós-graduação e cursos preparatórios para concursos e Exame de Ordem. Participou da coordenação da Especialização em Direitos Difusos e Coletivos da Escola Superior do Ministério Público do Estado do Ceará e lecionou na Escola Superior da Ordem dos Advogados do Estado do Rio de Janeiro, na Escola Superior de Advocacia do Ceará (ESA/CE), na Universidade de Fortaleza (UNIFOR) e no Centro Universitário de Sete Lagoas, UNI-FEMM, em Minas Gerais. Atualmente, leciona nos Centros Universitários da UNIFAMETRO, em Fortaleza (CE), e na Pós- Graduação de Direito em Energia da Verbo Jurídico.

Sumário

1. APRESENTAÇÃO – 2. CONCEITO DE DIREITO AMBIENTAL: 2.1 Características; 2.2 Classificação; 2.3 Espécies de Meio Ambiente – 3. PRINCÍPIOS DO DIREITO AMBIENTAL – 4. TUTELA CONSTITUCIONAL DO MEIO AMBIENTE NO BRASIL: 4.1 Competência Legislativa; 4.2 Competência Material ou Administrativa – 5. O CAPÍTULO DO MEIO AMBIENTE NA CONSTITUIÇÃO FEDERAL: 5.1 Art. 225 – *Caput*; 5.2 Comentários acerca dos incisos I a VII do § 1º do art. 225 da CF; 5.3 Comentários sobre os parágrafos do art. 225; 5.4 O Patrimônio Nacional; 5.5 A Peculiaridade das Usinas Nucleares no Brasil; 5.6 A Inclusão do § 7º do art. 225 – 6. A POLÍTICA NACIONAL DE MEIO AMBIENTE (PNMA): 6.1 Fundamento Legal; 6.2 Conceitos da Lei n. 6.938/81; 6.3 Princípios da PNMA; 6.4 Objetivos da PNMA; 6.5 Instrumentos da PNMA – 7. LICENCIAMENTO AMBIENTAL: 7.1 Conceito; 7.2 Natureza Jurídica; 7.3 Espécies de Licenças – Desdobramento; 7.4 Prazos das Licenças; 7.5 Competência para Outorga; 7.6 Estudo Prévio e o Relatório de Impacto Ambiental – Resolução n. 1/86 do CONAMA; 7.7 A Audiência Pública; 7.8 Estudo de Impacto de Vizinhança – EIV – 8. SISTEMA NACIONAL DE MEIO AMBIENTE – SISNAMA: 8.1 Objetivos do SISNAMA; 8.2 Estrutura do SISNAMA; 8.3 Competência do Conselho Nacional de Meio Ambiente – CONAMA – 9. SISTEMA NACIONAL DE UNIDADES DE CONSERVAÇÃO – SNUC – Lei n. 9.985/2000: 9.1 Conceito do SNUC; 9.2 Definição de Unidade de Conservação; 9.3 Objetivos do SNUC; 9.4 Categorias das Unidades de Conservação – 10. RESPONSABILIDADE CIVIL × PENAL – 11. A LEI DE CRIMES AMBIENTAIS – Lei n. 9.605/98: 11.1 Objetivos da Lei; 11.2 Sujeitos do Crime; 11.3 Peculiaridade da Transação Penal nos Crimes Ambientais; 11.4 Atenuantes e Agravantes das Penas nos Crimes Ambientais; 11.5. Aplicação da Pena – 12. AÇÃO CIVIL PÚBLICA AMBIENTAL – ACP: 12.1 Conceito; 12.2 Objetivo; 12.3 Legitimidade; 12.4 Competência; 12.5 O Inquérito Civil e o Termo de Ajustamento de Conduta – TAC – 13. LEI N. 12.651/2012 – O "CÓDIGO" FLORESTAL: 13.1 Por esta lei, poderá haver supressão de vegetação em APP, nos seguintes casos; 13.2 São consideradas Áreas de Preservação Permanente no Brasil, em zonas rurais ou urbanas, para os efeitos desta Lei; 13.3 Acerca da Reserva Legal; 13.4 Cadastro Ambiental Rural – 14. OUTROS ASSUNTOS JÁ COBRADOS EM EXAMES ANTERIORES: 14.1 Supressão de Vegetação em Mata Atlântica; 14.2 Terras Indígenas; 14.3 Plano Diretor; 14.4 Política Nacional Sobre Mudança do Clima – Lei n. 12.187/2009; 14.5 Política Nacional de Resíduos Sólidos – Lei n. 12.305/2010; 14.6 Outorga do Uso da Água; 14.7 Mercado de Créditos de Carbono. – REFERÊNCIAS; QUESTÕES.

DIREITO AMBIENTAL

1. APRESENTAÇÃO

Desde a nacionalização do Exame de Ordem até a 41ª edição, foram cobradas diversas questões sobre os mais variados assuntos de Direito Ambiental e esse número tende a aumentar, devido à importância do tema nas discussões sociais, bem como a alguns acidentes ambientais de grande repercussão que aconteceram em nosso país. As polêmicas envolvendo a legislação ambiental, atualmente, também contribuem para a importância do estudo dessa legislação.

Algumas questões englobam mais de um tema, mas, nas resoluções das questões ao final, mantemos essa divisão por assuntos para ajudar você a ter mais foco naquilo que é mais cobrado. Ao final, todas as questões estão resolvidas e devidamente comentadas, objetivando deixar o candidato mais seguro na resolução das questões que irão ser apresentadas pela organização do certame.

Observamos que, pelo conteúdo apresentado até a edição anterior, as questões incluídas nesta edição tiveram seus conteúdos comentados, confirmando que estamos certos na forma de trabalho que adotamos.

2. CONCEITO DE DIREITO AMBIENTAL

Direito Ambiental é um ramo autônomo de direito público que disciplina, ordena e tutela as questões e os problemas dos seres humanos com o meio ambiente (natural e artificial).

Há inúmeras definições de Direito Ambiental, contudo você não pode esquecer que:

- trata-se de um ramo autônomo porque possui princípios próprios (que serão estudados mais adiante e são muito cobrados em provas);
- é ramo do direito público porque *sempre* há a participação do Estado (União, Estados, DF ou Municípios) nas questões ambientais;
- nunca pense que quando tratamos de Direito Ambiental estamos protegendo somente fauna e flora, pois há ainda o meio ambiente cultural e o artificial, inclusive com farta legislação acerca desses assuntos. Assim, Direito Ambiental trata também das lides que envolvem patrimônio cultural, energia, patrimônio genético, espécies de construções, licenças edilícias etc.

2.1 Características

Direito Ambiental é um direito DIFUSO, de 3ª geração ou dimensão, definido no parágrafo único, I, do art. 81 da Lei n. 8.078/90, ou seja, "interesses ou direitos difusos assim entendidos para efeitos desse Código, os transindividuais, de natureza indivisível, de que sejam titulares pessoas indeterminadas e ligadas por circunstâncias de fato".

Você não pode esquecer:

- **Transindividuais:** são aqueles direitos que transcendem a figura do indivíduo e ultrapassam o limite da esfera de direitos e obrigações de cunho individual.
- **De Natureza Indivisível:** seu objeto pertence a todos, ao mesmo tempo que não há um titular definido. Não há, por exemplo, também, como dividir a boa qualidade do ar, defender um meio ambiente parcialmente limpo etc.
- **Os Titulares são Pessoas Indeterminadas:** os indivíduos tutelados e afetados não podem ser divididos em classes, por exemplo. A proteção do meio ambiente é para todos, indistintamente. Supera a ideia de coletividade e individualidade.
- **As Pessoas são Ligadas por Circunstâncias Fáticas:** não pressupõe uma relação jurídica base, por exemplo, não necessita haver um contrato, mas somente circunstâncias de fato que geram essa proteção e/ou responsabilização por um dano ambiental.

2.2 Classificação

Direito Ambiental é direito de 3ª geração ou dimensão. Pode se chamar dessas duas maneiras.

Apesar de parecer simples, essa característica é cobrada em diversas provas. Portanto, lembre-se:

Os direitos de 1ª geração ou dimensão são relacionados ao campo da propriedade privada, com abstenção do Estado. São os direitos de proteção às liberdades públicas. Sendo exemplos: o direito à liberdade, os direitos civis e políticos, à propriedade, ao voto, à vida, à livre manifestação etc.

Os direitos de 2ª geração ou dimensão são chamados direitos sociais, culturais e econômicos. O Estado deixa de ser um simples espectador e passa a intervir para melhorar as condições do ser humano. Afinal essa é sua principal razão de ser. São eles: o direito ao trabalho, à educação, à greve, à saúde etc.

Os direitos de 3ª geração ou dimensão são conhecidos como direitos da solidariedade ou fraternidade, sempre voltados à proteção da coletividade. Juntamente com o Direito Ambiental, temos o direito à comunicação, ao crescimento econômico e ao desenvolvimento sustentável.

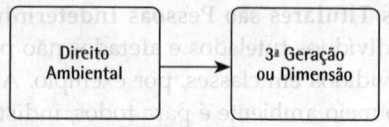

2.3 Espécies de Meio Ambiente

Conforme definido pela legislação brasileira, especificamente na Lei n. 6.938/81, Lei da Política Nacional de Meio Ambiente, Meio Ambiente é o conjunto de condições, leis, influências e interações de ordem física, química e biológica, que permite, abriga e rege a vida em todas as suas formas.

Contudo, não podemos pensar que somente existem fauna e flora a serem tratados pelo Direito Ambiental, senão vejamos:

a) **Meio Ambiente Natural:** é formado pelas águas, solo, subsolo, fauna e flora. Há proteção dessa espécie de meio ambiente em diversas leis brasileiras, resoluções do Conselho Nacional de Meio Ambiente – CONAMA – e na própria Constituição Federal, em seu art. 225, especialmente.

b) **Meio Ambiente Cultural:** sua definição está prevista no art. 216 da Carta Magna.

Conforme a Lei Brasileira, constitui patrimônio cultural brasileiro os bens de natureza material e imaterial, tomados individualmente ou em conjunto, portadores de referência à identidade, à ação, à memória dos diferentes grupos formadores da sociedade brasileira. Por exemplo: as formas de expressão; os modos de criar, fazer e viver; as criações científicas, artísticas e tecnológicas; as obras, objetos, documentos, edificações e demais espaços destinados às manifestações artístico-culturais; e os conjuntos urbanos e sítios de valor histórico, paisagístico, artístico, arqueológico, paleontológico, ecológico e científico.

c) **Meio Ambiente Artificial:** é o espaço urbano formado pelas construções, ou seja, é o espaço natural que foi alterado pelo homem, objetivando melhorar suas condições de vida nesse planeta. Está muito relacionado à ideia das cidades e urbanização. Tratado na graduação mais especificamente na disciplina de Direito Urbanístico, como um viés de Direito Administrativo. É tratado na Constituição Federal nos arts. 182 e 183, por exemplo.

d) **Meio Ambiente do Trabalho:** considerando que o local de trabalho é o espaço onde as pessoas mais passam seu tempo durante o dia, o Direito não poderia deixar de tutelá-lo. É o local onde as pessoas exercem suas atividades profissionais, independentemente de serem remuneradas ou não. A principal preocupação do Estado relaciona-se à salubridade do local e à tentativa de se evitar acidentes e doenças consequentes do exercício laboral, incluindo sua proteção no art. 200, VIII, da CF. Existem autores que defendem que essa espécie de meio ambiente deve ser tutelada nas normas de Direito do Trabalho e não Direito Ambiental.

3. PRINCÍPIOS DO DIREITO AMBIENTAL

Esses princípios estão dispostos na Constituição Federal Brasileira, bem como em Tratados Internacionais. Como o Direito Ambiental é uma disciplina relativamente nova e sua cobrança em concursos é mais recente ainda, esses princípios são muito cobrados. Vale ressaltar que eles (os princípios) é que dão autonomia a essa disciplina.

Também se deve observar que há um tratamento diferenciado dos doutrinadores em relação aos princípios. Alguns autores elencam um número maior, outros nem tanto. Há autores que mudam os nomes de princípios, contudo a definição para alcançar seus objetivos você vai ter agora:

a) **Princípio do Desenvolvimento Sustentável**

É o mais cobrado nas provas porque é intrinsecamente ligado ao Direito Ambiental. Desde 1972, em Estocolmo, na Conferência Mundial de Meio Ambiente, foi utilizada essa nomenclatura.

Esse princípio está previsto no *caput* do art. 225 da CF, veja:

> "Art. 225. Todos têm direito ao meio ambiente ecologicamente equilibrado, bem de uso comum do povo e essencial à sadia qualidade de vida, impondo-se ao Poder Público e à coletividade o dever de defendê-lo e preservá-lo para as presentes e futuras gerações".

Provavelmente, todas as vezes que existir essa expressão: "presentes e futuras gerações" o enunciado estará relacionando-se a este princípio.

O Princípio do Desenvolvimento Sustentável afirma que o desenvolvimento da sociedade, no que se refere ao crescimento econômico, populacional, entre outros, deve permitir que as gerações vindouras (nossos filhos e netos) também possam ter acesso aos recursos naturais que são imprescindíveis a este crescimento.

Expressando-se de forma mais simples, por esse princípio a humanidade, através de seus representantes, deve crescer e desenvolver-se de modo que as gerações futuras também possam ter atendidas suas necessidades vitais básicas e possam, também, crescer e desenvolver-se.

Quando um item se relaciona a esse princípio, geralmente ele trata da ideia de "gerações futuras".

b) Princípio do Poluidor Pagador

A Comunidade Econômica Europeia assim o conceituou:

> "As pessoas naturais ou jurídicas, sejam regidas pelo direito público ou pelo direito privado, devem pagar os custos das medidas que sejam necessárias para eliminar a contaminação ou para reduzi-la ao limite fixado pelos padrões ou medidas equivalentes que assegurem a qualidade de vida, inclusive os fixados pelo Poder Público competente".

O § 3º do art. 225 da CF também prevê esse princípio:

> § 3º As condutas consideradas lesivas ao meio ambiente sujeitarão aos infratores, pessoas físicas ou jurídicas, a sanções penais e administrativas, independentemente da obrigação de reparar os danos causados.

Assim, por este princípio, quem polui tem que arcar com todas as despesas de prevenção da poluição ou gastos com diminuição da poluição causada por suas atividades. Nunca pense que por esse princípio quem tem condições de pagar tem o direito de poluir sem nenhum controle! Esse princípio não legitima a poluição a qualquer preço.

c) Princípios da Precaução

A Declaração do Rio de Janeiro sobre o Meio Ambiente dispõe em seu Princípio 15:

> "Para proteger o meio ambiente medidas de prevenção devem ser largamente aplicadas pelos Estados segundo suas capacidades. Em caso de risco de danos graves ou irreversíveis, a ausência de certeza científica absoluta não deve servir de pretexto para procrastinar a adoção de medidas efetivas visando a prevenir a degradação do meio ambiente".

O Princípio da Precaução visa a dar proteção ao meio ambiente para as presentes e futuras gerações. Por este princípio, não se deve licenciar uma atividade toda vez que não se tenha certeza de que ela não vai causar danos irreversíveis ao ambiente.

Toda vez que houver incerteza científica em relação aos danos ambientais que aquela atividade ou produto possa causar ao meio ambiente, o Poder Público não deve liberar seu funcionamento ou produção.

d) Princípio da Prevenção

Pelo Princípio da Prevenção, ocorrendo uma análise prévia dos impactos que uma atividade ou empreendimento possam causar aos bens ambientais, é possível modificar o projeto, concretizar sua realização, não causando danos ao meio ambiente ou mitigando-os. **Ele está relacionado à produção dos estudos ambientais exigidos pelo órgão licenciador.**

DIFERENÇA ENTRE OS PRINCÍPIOS	
PRINCÍPIO DA PREVENÇÃO	PRINCÍPIO DA PRECAUÇÃO
Já se sabem quais os impactos positivos e negativos daquela atividade, pois os Estudos Ambientais servem para isso.	Há uma incerteza científica quanto aos danos que aquela atividade possa vir a causar. Dessa forma, o Poder Público não deve liberar a atividade.

e) Princípio da Participação

Por esse princípio temos que TODOS devem agir em prol do meio ambiente ecologicamente equilibrado.

Quando o art. 225 da CF dispõe que se impõe ao Poder Público e à coletividade o dever de defender o meio ambiente nossa Lei Maior afirma que todos devem agir, obrigatoriamente e em conjunto, em prol da tutela dos bens ambientais. Tutelar a qualidade do meio ambiente brasileiro não é faculdade do Poder Público, mas obrigação.

f) Princípio da Obrigatoriedade da Intervenção Estatal

O Estado, em todas as suas esferas, deve participar de todos os processos de licenciamento ambiental, intervindo em todas as fases do processo. Seja na atuação preventiva ou repressiva, o Poder Público, obrigatoriamente, deve agir para prevenir danos e punir quem degrada o meio ambiente. Sua atuação não é uma faculdade, mas uma obrigação.

g) Princípio da Informação e da Notificação

Por esse princípio todos têm o direito a ser informados acerca de seus processos e procedimentos que tramitam relacionados ao meio ambiente.

A Política Nacional de Meio Ambiente dispõe:

> "Art. 6º Os órgãos e entidades da União, dos Estados, do Distrito Federal, dos Territórios e dos

Municípios, bem como as fundações instituídas pelo Poder Público, responsáveis pela proteção e melhoria da qualidade ambiental, constituirão o Sistema Nacional do Meio Ambiente – SISNAMA, assim estruturado: (...)

§ 3º Os órgãos central, setoriais, seccionais e locais mencionados neste artigo deverão fornecer os resultados das análises efetuadas e sua fundamentação, quando solicitados por pessoa legitimamente interessada. (...)

Art. 10. A construção, instalação, ampliação e funcionamento de estabelecimentos e atividades utilizadores de recursos ambientais, efetiva ou potencialmente poluidores ou capazes, sob qualquer forma, de causar degradação ambiental dependerão de prévio licenciamento ambiental.

§ 1º Os pedidos de licenciamento, sua renovação e a respectiva concessão serão publicados no jornal oficial, bem como em periódico regional ou local de grande circulação, ou em meio eletrônico de comunicação mantido pelo órgão ambiental competente".

Ressalta-se que o art. 220 da CF preserva a liberdade de informar e o direito de ser informado.

h) Princípio da Educação Ambiental

A educação ambiental ainda é a grande esperança por uma mudança de atitude.

"Art. 225. Todos têm direito ao meio ambiente ecologicamente equilibrado, bem de uso comum do povo e essencial à sadia qualidade de vida, impondo-se ao Poder Público e à coletividade o dever de defendê-lo e preservá-lo para as presentes e futuras gerações.

§ 1º Para assegurar a efetividade desse direito, incumbe ao Poder Público: (...)

VI – promover a educação ambiental em todos os níveis de ensino e a conscientização pública para a preservação do meio ambiente".

Ainda existe a Lei n. 9.795/99 que é a Política Nacional de Educação Ambiental.

Deve-se ter em mente que não se estuda meio ambiente dissociado de outras disciplinas, pelo contrário. Ao estudar outras matérias, o aluno deve ser estimulado a discutir e tratar a temática ambiental dentro de sua vida diária.

i) Princípio da Vedação ao Retrocesso

Significa que a proteção ambiental não pode retroagir, só podendo avançar ou, no mínimo, manter-se como está. Esse princípio foi muito discutido na Rio + 20, juntamente com as discussões sobre o "Novo Código Florestal".

Por esse princípio, uma lei posterior não pode extinguir um direito ou garantia, especialmente os de cunho social, como no caso da proteção ambiental, sob pena de acontecer um retrocesso, extinguindo um direito amparado na CF/88.

Assim, seria inconstitucional qualquer medida tendente a diminuir a proteção ambiental já existente em nosso país. Apesar de os governantes brasileiros afirmarem que respeitam esse princípio, na prática isso não ocorre, pois temos diversas normas que surgem e são mais permissivas.

4. TUTELA CONSTITUCIONAL DO MEIO AMBIENTE NO BRASIL

O assunto de competência legislativa e material das normas ambientais é um dos mais cobrados em concursos. Vamos tentar facilitar e objetivar esse entendimento.

4.1 Competência Legislativa

A competência para criar leis ambientais, no Brasil, é concorrente. Vale ressaltar que essa competência não se refere somente à lei em sentido estrito, mas a qualquer espécie de norma jurídica.

Essa "concorrência" significa *complementariedade*. À União caberá criar as normas de interesse geral e aos Estados e ao Distrito Federal suplementar (complementar) essas normas. Aos municípios cabe criar as normas de interesse local, com aplicação dentro de seu território.

A Constituição Federal assim dispõe:

"Art. 24. Compete à União, aos Estados e ao Distrito Federal legislar concorrentemente sobre:

I – direito tributário, financeiro, penitenciário, econômico e urbanístico; (...)

VI – florestas, caça, pesca, fauna, conservação da natureza, defesa do solo e dos recursos naturais, proteção do meio ambiente e controle da poluição;

VII – proteção ao patrimônio histórico, cultural, artístico, turístico e paisagístico;

VIII – responsabilidade por dano ao meio ambiente, ao consumidor, a bens e direitos de valor artístico, estético, histórico, turístico e paisagístico";

Portanto, resta claro que existem normas Federais, Estaduais e até Municipais de tutela do Meio Ambiente, como iremos ver adiante, pois:

"Art. 30. Compete aos Municípios:

I – legislar sobre assuntos de interesse local;

II – suplementar a legislação federal e a estadual no que couber";

Observe que, caso a pessoa leia somente o art. 24 da CF, ela pensará que os municípios não possuem essa

DIREITO AMBIENTAL

"competência concorrente". Contudo, os municípios podem legislar acerca da proteção ambiental, com fundamento no art. 30 da CF, em assuntos de interesse local.

4.2 Competência Material ou Administrativa

A competência para a defesa administrativa do meio ambiente é, por sua vez, comum.

Assim, todos os entes podem e devem exercer a fiscalização das atividades e obras que podem causar danos ao meio ambiente. Essa competência administrativa é aquela relacionada, por exemplo, ao licenciamento ambiental, à fiscalização e à aplicação de sanções (multas, embargos e demolições).

Nossa Carta Magna dispõe:

"Art. 23. É competência comum da União, dos Estados, do Distrito Federal e dos Municípios: (...)

VI – proteger o meio ambiente e combater a poluição em qualquer de suas formas;

VII – preservar as florestas, a fauna e a flora";

A Lei Complementar n. 140/2011 veio regulamentar o parágrafo único do art. 23 da CF e trata da forma de cooperação dos Entes para exercer essa competência material.

Resumindo:

OBJETIVO	ESPÉCIE	FUNDAMENTO CONSTITUCIONAL
Competência para legislar sobre Meio Ambiente	Concorrente União, Estados e Distrito Federal Municípios*	Arts. 24, I, VI, e 30*, I e II
Competência para proteger o Meio Ambiente	Comum União, Estados, Distrito Federal e Municípios	Art. 23, VI e VII

* Apesar de os municípios não estarem no rol dos entes previstos no art. 24, eles podem legislar em assuntos de interesse local, com fundamento no art. 30 da CF.

Uma observação que deve ser feita é que, apesar de a competência para *legislar* sobre direito urbanístico ser concorrente, com fundamento no art. 24, I, da CF, a competência para a execução da política urbana é do município, com fundamento no art. 182 da CF, onde se encontra disposto:

"Art. 182. A política de desenvolvimento urbano, executada pelo Poder Público municipal, conforme diretrizes gerais fixadas em lei, tem por objetivo ordenar o pleno desenvolvimento das funções sociais da cidade e garantir o bem-estar de seus habitantes".

Assim, temos:

LEGISLAR sobre Direito Urbanístico	EXECUTAR Política Urbana
União, Estados e Distrito Federal – Art. 24, I, da CF Municípios – Art. 30, I, da CF	Município – Art. 182 da CF

5. O CAPÍTULO DO MEIO AMBIENTE NA CONSTITUIÇÃO FEDERAL

5.1 Art. 225 – *Caput*

Nosso capítulo do Meio Ambiente na Constituição Federal dispõe:

"Art. 225. Todos têm direito ao meio ambiente ecologicamente equilibrado, bem de uso comum do povo e essencial à sadia qualidade de vida, impondo-se ao Poder Público e à coletividade e dever de defendê-lo e preservá-lo para as presentes e futuras gerações".

A expressão "todos têm direito" relaciona-se ao caráter difuso do Direito Ambiental, ou seja, os destinatários dessa norma são todas as pessoas, não somente uma coletividade, uma parcela da população ou um indivíduo.

"Meio Ambiente" refere-se a todas as formas já tratadas, ou seja, Meio Ambiente Natural, Artificial, Cultural e do Trabalho.

O termo "Ecologicamente Equilibrado" nos remete ao Princípio do Desenvolvimento Sustentável, que é a busca de todos que desejam ter uma qualidade de vida, sempre lembrando das futuras gerações a fim de que estas também tenham acesso aos bem ambientais.

Lembre-se que os bens ambientais são de uso comum do povo e não da União ou do Poder Público como muitas vezes somos levados a crer.

Pelo Princípio da Participação, impõe-se ao Poder Público e à coletividade o dever de preservar esses bens. Observe que essa atuação do Poder Público, em todas as suas esferas, não é facultativa, mas obrigatória.

5.2 Comentários acerca dos incisos I a VIII do § 1º do art. 225 da CF

§ 1º Para assegurar a efetividade desse direito, incumbe ao Poder Público:

I – preservar e restaurar os processos ecológicos essenciais e prover o manejo ecológico das espécies e ecossistemas;

Preservar e restaurar são processos diferentes. O primeiro relaciona-se a um "agir antecipado", precaver-se a fim de evitar algum dano. O segundo significa restabelecer ao estado anterior algo que foi degradado, buscando-se, ao máximo, aproximar de sua originalidade. Significa recuperar aquilo que foi atingido, degradado.

II – preservar a diversidade e a integridade do patrimônio genético do País e fiscalizar as entidades dedicadas à pesquisa e manipulação de material genético;

A Lei que trata dessa matéria é a n. 11.105/2005. Apesar de ter sido proposta uma ação no Supremo Tribunal Federal contra essa Lei, a Corte Maior de nosso país julgou pela sua validade e ela está em vigor.

III – definir, em todas as unidades da Federação, espaços territoriais e seus componentes a serem especialmente protegidos, sendo a alteração e a supressão permitidas somente através de lei, vedada qualquer utilização que comprometa a integridade dos atributos que justifiquem sua proteção;

Cuidado com este inciso, pois ele é tratado em diversas questões de concursos. Esse texto refere-se às Unidades de Conservação do Sistema Nacional de Unidades de Conservação – SNUC – Lei n. 9.985/2000, que trataremos mais adiante.

O que se deve observar, atentamente, é que a criação das Unidades de Conservação pode ser feita por Lei, Decreto ou qualquer outra norma legal. Essa criação pode, inclusive, partir do proprietário do imóvel, como no caso da Reservas Particulares. **Contudo, depois de criada, uma unidade de conservação somente pode ser ALTERADA ou SUPRIMIDA mediante lei.**

Assim:

UNIDADE DE CONSERVAÇÃO	MEIO DE CONCRETIZAÇÃO DO ATO
Criação	Por qualquer instrumento legal
Alteração	Somente por meio de Lei
Supressão	Somente por meio de Lei
Ampliação	Pelo mesmo instrumento legal que criou a Unidade de Conservação ou um hierarquicamente superior

IV – exigir, na forma da lei, para instalação de obra ou atividade potencialmente causadora de significativa degradação do meio ambiente, estudo prévio de impacto ambiental, a que se dará publicidade;

A exigência do Estudo Prévio de Impacto Ambiental e seus respectivos relatórios (EIA/RIMA) depende de Lei. Interessante observar que esses estudos são públicos, ou seja, qualquer pessoa pode ter acesso aos mesmos, independentemente de uma justificação prévia.

Pode ser cobrado numa prova com o nome EIA/RIMA ou EPIA/RIMA. Trata-se da mesma coisa.

A nível federal, a Resolução do Conselho Nacional de Meio Ambiente – CONAMA – que ainda trata disso é a Resolução n. 1/86 que dispõe quais as atividades que necessitam de EIA/RIMA. Essa relação de atividades não é taxativa, pois um Estado ou município podem ampliar esse rol de atividades.

V – controlar a produção, a comercialização e o emprego de técnicas, métodos e substâncias que comportem risco para a vida, a qualidade de vida e o meio ambiente;

Cabe ao Poder Público exercer essa fiscalização e a sociedade apoiá-lo nesse mister.

VI – promover a educação ambiental em todos os níveis de ensino e a conscientização pública para a preservação do meio ambiente;

A educação ambiental é a maior esperança para a solução dessa problemática que o Planeta Terra sofre. Portanto, questões relacionadas a esses conceitos e a essa temática podem ser cobradas em concursos de qualquer área em nosso país. Importante lembrar que a educação ambiental deve ser promovida em TODOS os níveis de ensino e não somente para as crianças.

VII – proteger a fauna e a flora, vedadas, na forma da lei, as práticas que coloquem em risco sua função ecológica, provoquem a extinção de espécies ou submetam os animais a crueldade;

Inciso destinado ao meio ambiente natural e disciplinado pela Lei de Crimes Ambientais n. 9.605/98 que será tratada adiante. O que não pode ser esquecido é que a Lei tutela qualquer espécie de animal, e não somente as espécies que estão ameaçadas de extinção. Tanto os animais silvestres como os domesticados são protegidos de maus-tratos por nossas leis.

VIII – manter regime fiscal favorecido para os biocombustíveis e para o hidrogênio de baixa emissão de carbono, na forma de lei complementar, a fim de assegurar-lhes tributação inferior à incidente sobre os combustíveis fósseis, capaz de garantir diferencial competitivo em relação a estes, especialmente em relação às contribuições de que tratam o art. 195, I, "b", IV e V, e o art. 239 e aos impostos a que se referem os arts. 155, II, e 156-A. (Redação dada pela Emenda Constitucional n. 132, de 2023)

Inciso incluído em 2022, posteriormente alterado em 2023. De qualquer forma, devemos entender que a ideia de trazer esse texto para um nível constitucional objetivou incentivar a produção de biocombustíveis e para o hidrogênio de baixa emissão de carbono, em detrimento dos combustíveis fósseis. É uma política de governo que atende aos anseios nacionais e internacionais para o incremento de produção de energia através de matriz renovável.

5.3 Comentários sobre os parágrafos do art. 225

O § 1º, VII, do art. 225 dispõe que todos têm direito ao meio ambiente ecologicamente equilibrado, bem de uso comum do povo e essencial à sadia qualidade de vida, impondo-se ao Poder Público e à coletividade o dever de defendê-lo e preservá-lo para as presentes e futuras gerações. Incumbe ao Poder Público proteger a fauna e a flora, vedadas, na forma da lei, as práticas que coloquem em risco sua função ecológica, provoquem a extinção de espécies ou submetam os animais a crueldade.

Observamos que TODOS os animais no Brasil são protegidos contra quaisquer práticas que coloquem em risco sua função ecológica, submetam-nos a crueldade ou causem sua extinção. Às vezes as pessoas pensam que somente são protegidos os animais ameaçados de extinção ou silvestres, mas, na verdade, TODOS OS ANIMAIS SÃO PROTEGIDOS EM NOSSO PAÍS.

Nem toda a caça é proibida. Se ela for autorizada pelo órgão competente ela poderá ocorrer.

"§ 2º Aquele que explorar recursos minerais fica obrigado a recuperar o meio ambiente degradado, de acordo com solução técnica exigida pelo órgão público competente, na forma da lei".

Este parágrafo relaciona-se ao Princípio do Poluidor Pagador já analisado.

Importante observar que, muitas vezes, os gestores públicos que lidam com a matéria ambiental somente realizam os termos de ajustamento de conduta com os empreendedores (o conhecido TAC) quando os poluidores ou supostos degradadores, previamente, recuperam o bem ambiental.

Inclusive, a transação penal nos crimes ambientais, quando esta pode ser feita nos moldes de Lei dos Juizados Especiais, somente pode ser feita pelo Ministério Público quando o bem degradado for prévia e devidamente recuperado. A única exceção de se realizar uma transação penal sem essa recuperação prévia é quando a recuperação é impossível de ser feita. Assim dispõe o art. 27 da Lei n. 9.605/98:

"§ 3º As condutas e atividades consideradas lesivas ao meio ambiente sujeitarão os infratores, pessoas físicas ou jurídicas, a sanções penais e administrativas, independentemente da obrigação de reparar os danos causados".

Esse é um dos assuntos mais cobrados em provas. Trata-se da **responsabilidade civil objetiva** em matéria ambiental.

A obrigação de indenizar INDEPENDE DE CULPA, ou seja, há a responsabilidade objetiva e a aplicação da Teoria do Risco Integral. Esse assunto será tratado mais adiante, mas já podemos adiantar e alertar que essa espécie de responsabilidade (objetiva) somente existe na esfera cível, mas nunca na penal. Além disso, nunca esqueça que todos os outros critérios de análise da responsabilidade como autoria, nexo de causalidade e dano efetivo continuam presentes.

O Direito Ambiental brasileiro prevê que, por um único ato, a pessoa física ou jurídica poderá ser responsabilizada em até três esferas: civil, administrativa e penal.

5.4 O Patrimônio Nacional

"§ 4º A Floresta Amazônica brasileira, a Mata Atlântica, a Serra do Mar, o Pantanal Mato-Grossense e a Zona Costeira são patrimônio nacional, e sua utilização far-se-á, na forma da lei, dentro de condições que assegurem a preservação do meio ambiente, inclusive quanto ao uso dos recursos naturais".

Esse parágrafo é taxativo, por isso é muito cobrado nas questões objetivas dos concursos.

Contudo, devemos observar, basicamente, o seguinte: a **caatinga** (característica da região Nordeste do Brasil) pode ser um ecossistema mais facilmente cobrado em questões de provas; o **pampa** (havendo o mesmo raciocínio para a Região Sul de nosso país) e o **cerrado NÃO FAZEM PARTE** do rol dos patrimônios nacionais. Há um projeto de Emenda Constitucional para incluir esses ecossistemas no rol daqueles que fazem parte do patrimônio nacional, porém, até julho de 2023, este não foi votado e o § 4º continua com o texto acima transcrito.

"**§ 5º** São indisponíveis as terras devolutas ou arrecadadas pelos Estados, por ações discriminatórias, necessárias à proteção dos ecossistemas naturais".

As terras devolutas são impossíveis de serem usucapidas e podem ser tratadas nas questões de Direito Constitucional, Administrativo ou Civil (Direitos Reais). Não confunda terras devolutas com áreas de preservação permanentes (tratadas no Código Florestal – Lei n. 12.651/2012) ou com as unidades de conservação (tratadas na Lei do SNUC – Lei n. 9.985/2000).

5.5 A Peculiaridade das Usinas Nucleares no Brasil

"§ 6º As usinas que operem com reator nuclear deverão ter sua localização definida em lei federal, sem o que não poderão ser instaladas".

Todas as vezes que a questão tratar de matéria nuclear ou radioativa relacione esse empreendimento à tutela da UNIÃO. Seja no aspecto do licenciamento ambiental, na análise dos Estudos de Impacto Ambiental ou na definição de sua localização, essa matéria é de competência da União.

Esse parágrafo relaciona-se com o disposto no art. 21 da Carta Magna, XXIII, *a* que dispõe:

"**Art. 21.** Compete à União:

XXIII – explorar os serviços e instalações nucleares de qualquer natureza e exercer monopólio estatal sobre a pesquisa, a lavra, o enriquecimento e reprocessamento, a industrialização e o comércio de minérios nucleares e seus derivados, atendidos os seguintes princípios e condições:

a) toda atividade nuclear em território nacional somente será admitida para fins pacíficos e mediante aprovação do Congresso Nacional".

5.6 A Inclusão do § 7º do art. 225

"§ 7º Para fins do disposto na parte final do inciso VII do § 1º deste artigo, não se consideram cruéis as práticas desportivas que utilizem animais, desde que sejam manifestações culturais, conforme o § 1º do art. 215 desta Constituição Federal, registradas como bem de natureza imaterial integrante do patrimônio cultural brasileiro, devendo ser regulamentadas por lei específica que assegure o bem-estar dos animais envolvidos".

Esse texto foi incluído pela Emenda Constitucional n. 96, de 2017. O texto indica que, se a utilização de animais for por conta de manifestações culturais, devidamente registradas como bens de natureza imaterial, não será considerada cruel e não haverá descumprimento do previsto no art. 225, § 1º, VII, da CF. Trata-se de uma exceção ao que está previsto nesse inciso. Devemos lembrar que a Constituição Federal pode criar exceções dentro do seu próprio texto.

6. A POLÍTICA NACIONAL DE MEIO AMBIENTE (PNMA)

Acerca dessa Lei, os assuntos mais cobrados são os conceitos, os objetivos, os instrumentos, os princípios e o disposto no art. 14.

6.1 Fundamento Legal

Realmente essa Lei (n. 6.938/81) foi um marco no Direito Ambiental Brasileiro, contudo não é a primeira lei que trata de meio ambiente.

Observamos isso porque constatamos em algumas provas de concursos e exame de Ordem questões que levam o candidato a marcar o item como se esse diploma legal fosse o início da discussão ambiental brasileira. Realmente, após essa lei as discussões em nosso país aumentaram significativamente. Podemos afirmar, por exemplo, que houve um "incremento" das discussões ambientais por consequência dessa lei, mas não se pode afirmar que ela foi a primeira a tutelar o meio ambiente no Brasil.

Existem normas da época do império que já tratavam, por exemplo, das matas que existiam ao redor da Cidade do Rio de Janeiro, em pleno século XIX.

Essa lei é uma consequência do foi discutido em Estocolmo, especificamente no Princípio 21 daquela Conferência, realizada no ano de 1972, que afirmou que os Estados têm o direito soberano de explorar seus recursos, de acordo com sua política ambiental.

Em 31 de agosto de 1981 foi editada a Lei n. 6.938, originando a Política Nacional do Meio Ambiente. Trouxe consigo conceitos, princípios, objetivos, instrumentos da política ambiental brasileira e criando o SISNAMA – Sistema Nacional de Meio Ambiente e o CONAMA – Conselho Nacional do Meio Ambiente.

6.2 Conceitos da Lei n. 6.938/81

Esses conceitos estão definidos no art. 3º da Lei, vejamos:

- **Meio ambiente** é o conjunto de condições, leis, influências e interações de ordem física, química e biológica, que permite, abriga e rege a vida em todas as suas formas.

Percebe-se que meio ambiente não compreende somente fauna e flora, mas qualquer manifestação ocorrida no meio ambiente natural ou artificial. Não se esqueça do meio ambiente urbano e do trabalho! Apesar de que desse último há bastante divergência doutrinária.

- **Degradação da qualidade ambiental**, por sua vez, é a alteração adversa das características do meio ambiente. Observe que será degradação ambiental qualquer alteração PARA PIOR na qualidade ambiental. Se a alteração for para melhorar as condições naturais do meio ambiente, logicamente não será considerada degradação.

- **Poluição** é a degradação da qualidade ambiental (conforme afirmado acima), resultante de atividades que direta ou indiretamente:

  a) prejudiquem a saúde, a segurança e o bem-estar da população (visão antropocêntrica do Direito Ambiental Brasileiro);

  b) criem condições adversas às atividades sociais e econômicas;

  c) afetem desfavoravelmente a biota;

  d) afetem as condições estéticas ou sanitárias do meio ambiente; e

  e) lancem matérias ou energia em desacordo com os padrões ambientais estabelecidos.

- **Poluidor** é a pessoa física ou jurídica, de direito público ou privado, responsável direta ou indiretamente por atividade causadora de degradação ambiental.

O que se deve observar é que grande parte das ações civis públicas que tutelam o meio ambiente é movida contra o próprio poder público, ou seja, o principal responsável pela tutela do meio ambiente brasileiro acaba por ser um dos maiores degradadores desse patrimônio.

- **Recursos ambientais** são a atmosfera, as águas interiores, superficiais ou subterrâneas, os estuários, o mar territorial, o solo, o subsolo, os elementos da biosfera, a fauna e a flora.

6.3 Princípios da PNMA

Esses princípios estão previstos no art. 2º da Lei.

O art. 2º da Lei dispõe que a Política Nacional de Meio Ambiente tem por objetivo a preservação, melhoria e recuperação da qualidade ambiental propícia à vida, visando assegurar no País condições ao desenvolvimento socioeconômico, aos interesses da segurança nacional e à proteção da dignidade da vida humana, atendidos os seguintes princípios:

- ação governamental na manutenção do equilíbrio ecológico, considerando o meio ambiente como um patrimônio público a ser necessariamente assegurado e protegido, tendo em vista o uso coletivo;
- racionalização do uso do solo, do subsolo, da água e do ar;
- planejamento e fiscalização do uso dos recursos ambientais;
- proteção dos ecossistemas, com a preservação de áreas representativas;
- controle e zoneamento das atividades potencial ou efetivamente poluidoras;
- incentivos ao estudo e à pesquisa de tecnologias orientadas para o uso racional e a proteção dos recursos ambientais;
- acompanhamento do estado da qualidade ambiental;
- recuperação de áreas degradadas;
- proteção de áreas ameaçadas de degradação;
- educação ambiental a todos os níveis de ensino, inclusive a educação da comunidade, objetivando capacitá-la para participação ativa na defesa do meio ambiente.

6.4 Objetivos da PNMA

Os objetivos da Política Nacional de Meio Ambiente estão dispostos no art. 4º da Lei, vejamos:

- à compatibilização do desenvolvimento econômico-social com a preservação da qualidade do meio ambiente e do equilíbrio ecológico;
- à definição de áreas prioritárias de ação governamental relativa à qualidade e ao equilíbrio ecológico, atendendo aos interesses da União, dos Estados, do Distrito Federal, dos Territórios e dos Municípios;
- ao estabelecimento de critérios e padrões de qualidade ambiental e de normas relativas ao uso e manejo de recursos ambientais;
- ao desenvolvimento de pesquisas e de tecnologias nacionais orientadas para o uso racional de recursos ambientais;
- à difusão de tecnologias de manejo do meio ambiente, à divulgação de dados e informações ambientais e à formação de uma consciência pública sobre a necessidade de preservação da qualidade ambiental e do equilíbrio ecológico;
- à preservação e restauração dos recursos ambientais com vistas à sua utilização racional e disponibilidade permanente, concorrendo para a manutenção do equilíbrio ecológico propício à vida;
- à imposição, ao poluidor e ao predador, da obrigação de recuperar e/ou indenizar os danos causados e, ao usuário, da contribuição pela utilização de recursos ambientais com fins econômicos.

6.5 Instrumentos da PNMA

Os instrumentos dessa política estão previstos no art. 9º da Lei, vejamos:

- o estabelecimento de padrões de qualidade ambiental;
- o zoneamento ambiental;
- a avaliação de impactos ambientais;
- o licenciamento e a revisão de atividades efetiva ou potencialmente poluidoras;
- os incentivos à produção e instalação de equipamentos e a criação ou absorção de tecnologia, voltados para a melhoria da qualidade ambiental;
- a criação de espaços territoriais especialmente protegidos pelo Poder Público federal, estadual e municipal, tais como áreas de proteção ambiental, de relevante interesse ecológico e reservas extrativistas;
- o sistema nacional de informações sobre o meio ambiente;
- o Cadastro Técnico Federal de Atividades e Instrumentos de Defesa Ambiental;
- as penalidades disciplinares ou compensatórias ao não cumprimento das medidas necessárias à preservação ou correção da degradação ambiental;
- a instituição do Relatório de Qualidade do Meio Ambiente, a ser divulgado anualmente pelo Instituto Brasileiro do Meio Ambiente e dos Recursos Naturais Renováveis – IBAMA;
- a garantia da prestação de informações relativas ao Meio Ambiente, obrigando-se o Poder Público a produzi-las, quando inexistentes;
- o Cadastro Técnico Federal de atividades potencialmente poluidoras e/ou utilizadoras dos recursos ambientais;
- instrumentos econômicos, como concessão florestal, servidão ambiental, seguro ambiental e outros.

6.6 Sistema Nacional de Meio Ambiente – SISNAMA

É o conjunto de órgãos e entidades da União, dos Estados, do Distrito Federal, dos Territórios e dos Municípios, bem como as fundações instituídas pelo Poder Público, responsáveis pela proteção e melhoria da qualidade ambiental.

6.7 Estrutura do SISNAMA

O SISNAMA é formado pelos órgãos e entidades da União, dos Estados, do Distrito Federal e dos Municípios, afinal a competência constitucional dessa matéria é comum, com previsão nos arts. 23, 24 e 30 da CF.

A formação do SISNAMA ocorre da seguinte maneira:

- **órgão superior**: o Conselho de Governo, com a função de assessorar o Presidente da República na formulação da política nacional e nas diretrizes governamentais para o meio ambiente e os recursos ambientais;
- **órgão consultivo e deliberativo**: o Conselho Nacional do Meio Ambiente (CONAMA), com a finalidade de assessorar, estudar e propor ao Conselho de Governo, diretrizes de políticas governamentais para o meio ambiente e os recursos naturais e deliberar, no âmbito de sua competência, sobre normas e padrões compatíveis com o meio ambiente ecologicamente equilibrado e essencial à sadia qualidade de vida;
- **órgão central**: a Secretaria do Meio Ambiente da Presidência da República, com a finalidade de planejar, coordenar, supervisionar e controlar, como órgão federal, a política nacional e as diretrizes governamentais fixadas para o meio ambiente;
- **órgãos executores**: o Instituto Brasileiro do Meio Ambiente e dos Recursos Naturais Renováveis – IBAMA e o Instituto Chico Mendes de Conservação da Biodiversidade – Instituto Chico Mendes, com a finalidade de executar e fazer executar a política e as diretrizes governamentais fixadas para o meio ambiente, de acordo com as respectivas competências;
- **órgãos seccionais**: os órgãos ou entidades estaduais responsáveis pela execução de programas, projetos e pelo controle e fiscalização de atividades capazes de provocar a degradação ambiental;
- **órgãos locais**: os órgãos ou entidades municipais, responsáveis pelo controle e fiscalização dessas atividades, nas suas respectivas jurisdições.

Não esqueça que os Estados, na esfera de suas competências e nas áreas de sua jurisdição, elaborarão normas supletivas e complementares e padrões relacionados com o meio ambiente, observados os que forem estabelecidos pelo CONAMA.

Os Municípios, observadas as normas e os padrões federais e estaduais, também poderão elaborar as normas mencionadas no parágrafo acima.

Os órgãos central, setoriais, seccionais e locais mencionados neste artigo deverão fornecer os resultados das análises efetuadas e sua fundamentação, quando solicitados por pessoa legitimamente interessada.

6.8 Competência do Conselho Nacional do Meio Ambiente – CONAMA

Este Conselho é o responsável pelo acompanhamento de toda a execução da PNMA.

Em conformidade com o art. 8º da Lei n. 6.938/81, são competências do CONAMA:

- estabelecer, mediante proposta do IBAMA, normas e critérios para o licenciamento de atividades efetiva ou potencialmente poluidoras, a ser concedido pelos Estados e supervisionado pelo IBAMA;
- determinar, quando julgar necessário, a realização de estudos das alternativas e das possíveis consequências ambientais de projetos públicos ou privados, requisitando aos órgãos federais, estaduais e municipais, bem assim a entidades privadas, as informações indispensáveis para apreciação dos estudos de impacto ambiental, e respectivos relatórios, no caso de obras ou atividades de significativa degradação ambiental, especialmente nas áreas consideradas patrimônio nacional;
- homologar acordos visando à transformação de penalidades pecuniárias na obrigação de executar medidas de interesse para a proteção ambiental (VETADO) Obs.: Apesar de vetado, o item aparece como vigente no site oficial do Governo Federal;
- determinar, mediante representação do IBAMA, a perda ou restrição de benefícios fiscais concedidos pelo Poder Público, em caráter geral ou condicional, e a perda ou suspensão de participação em linhas de financiamento em estabelecimentos oficiais de crédito;
- estabelecer, privativamente, normas e padrões nacionais de controle da poluição por veículos automotores, aeronaves e embarcações, mediante audiência dos Ministérios competentes;
- estabelecer normas, critérios e padrões relativos ao controle e à manutenção da qualidade do meio ambiente com vistas ao uso racional dos recursos ambientais, principalmente os hídricos.

7. LICENCIAMENTO AMBIENTAL

Atualmente, o Licenciamento Ambiental é disciplinado pela Lei Complementar n. 140/2011. Esse diploma legal não revogou a Resolução n. 237/97 do Conselho Nacional de Meio Ambiente.

A Lei Complementar n. 140/2011 disciplina as formas de cooperação entre os Entes federados na consecução do licenciamento ambiental. São elas:

- **atuação supletiva**: ação do ente da Federação que se **substitui** ao ente federativo originariamente detentor das atribuições, nas hipóteses definidas na Lei Complementar n. 140/2011;

- **atuação subsidiária**: ação do ente da Federação que **visa a auxiliar** no desempenho das atribuições decorrentes das competências comuns, quando solicitado pelo ente federativo originariamente detentor das atribuições definidas na Lei Complementar n. 140/2011.

7.1 Conceito

Licenciamento Ambiental é o procedimento administrativo pelo qual a administração pública, por intermédio do órgão ambiental competente, analisa a proposta apresentada para o empreendimento e o legitima, considerando as disposições legais e regulamentares aplicáveis e sua interdependência com o meio ambiente, emitindo a respectiva LICENÇA.

Conforme texto legal, ele é o procedimento administrativo destinado a licenciar atividades ou empreendimentos utilizadores de recursos ambientais, efetiva ou potencialmente poluidores ou capazes, sob qualquer forma, de causar degradação ambiental.

7.2 Natureza Jurídica

Existe divergência doutrinária quanto à natureza jurídica do documento a ser expedido pelo órgão público por ocasião do procedimento de licenciamento ambiental. Uns entendem ser uma autorização, contudo a maioria da doutrina defende que se trata de uma licença com características de autorização, devido à complexidade que possui a matéria ambiental.

Vejamos a diferenciação:

LICENÇA	AUTORIZAÇÃO
• Vinculada e definitiva, não há que se falar em conveniência e oportunidade • Envolve "direito" • É ato declaratório de direito preexistente	• Discricionária, precária, critérios de conveniência e oportunidade • Envolve "interesse" • É ato constitutivo

7.3 Espécies de Licenças – Desdobramento

- **Licença Prévia (LP)** é concedida pelo órgão na fase preliminar do planejamento do empreendimento ou atividade, aprovando sua localização e concepção, atestando a viabilidade ambiental e estabelecendo os requisitos básicos e condicionantes a serem atendidos nas próximas fases de sua implementação;

- **Licença de Instalação (LI)** é concedida pelo órgão competente para a instalação do empreendimento ou atividade de acordo com as especificações constantes dos planos, programas e projetos aprovados, incluindo as medidas de controle ambiental e demais condicionantes;

- **Licença de Operação (LO)** concedida pelo órgão para a operação da atividade ou empreendimento, após a verificação do cumprimento das exigências constantes das licenças anteriores e estabelecimento das medidas de controle ambiental e condicionantes a serem observadas para essa operação.

LP
- Concedida quando há viabilidade locacional do empreendimento
- Estabelece condicionantes para as próximas fases

LI
- Quando concedida permite o início da instalação do empreendimento
- Inclui medidas de controle ambiental e outras condicionantes

LO
- Quando concedida permite o início da operação da atividade

Não esqueça que essa classificação é referente ao disposto em lei federal que disciplina a matéria, ou seja, com maior probabilidade de ser cobrado no Exame de Ordem. Observamos isso porque alguns Estados e Municípios têm criado leis dando outros nomes e prazos para as suas respectivas licenças ambientais.

7.4 Prazos das Licenças

O órgão ambiental competente estabelecerá os prazos de validade de cada tipo de licença, especificando-os no respectivo documento.

O prazo de validade da Licença Prévia (LP) deverá ser, no mínimo, o estabelecido pelo cronograma de elaboração dos planos, programas e projetos relativos ao empreendimento ou atividade, não podendo ser superior a 5 (cinco) anos.

O da validade da Licença de Instalação (LI) deverá ser, no mínimo, o estabelecido pelo cronograma de instalação do empreendimento ou atividade, não podendo ser superior a 6 (seis) anos.

O prazo de validade da Licença de Operação (LO), por sua vez, deverá considerar os planos de controle ambiental e será de, no mínimo, 4 (quatro) anos e, no máximo, 10 (dez) anos.

Resumindo (de acordo com a legislação federal vigente):

LICENÇA	PRAZO MÁXIMO
Prévia	5 anos
Instalação	6 anos
Operação	de 4 a 10 anos

Conforme o art. 14, § 4º, da LC n. 140/2011, a renovação de licenças ambientais deve ser requerida com antecedência mínima de 120 (cento e vinte) dias da expiração de seu prazo de validade, fixado na respectiva licença, ficando este automaticamente prorrogado até a manifestação definitiva do órgão ambiental competente.

7.5 Competência para Outorga

A Lei Complementar n. 140/2011 dividiu a competência entre a União, os Estados, o Distrito Federal e os Municípios da seguinte forma.

São ações administrativas da União:

- formular, executar e fazer cumprir, em âmbito nacional, a Política Nacional do Meio Ambiente;
- exercer a gestão dos recursos ambientais no âmbito de suas atribuições;
- promover ações relacionadas à Política Nacional do Meio Ambiente nos âmbitos nacional e internacional;
- promover a integração de programas e ações de órgãos e entidades da administração pública da União, dos Estados, do Distrito Federal e dos Municípios, relacionados à proteção e à gestão ambiental;
- articular a cooperação técnica, científica e financeira, em apoio à Política Nacional do Meio Ambiente;
- promover o desenvolvimento de estudos e pesquisas direcionados à proteção e à gestão ambiental, divulgando os resultados obtidos;
- promover a articulação da Política Nacional do Meio Ambiente com as de Recursos Hídricos, Desenvolvimento Regional, Ordenamento Territorial e outras;
- organizar e manter, com a colaboração dos órgãos e entidades da administração pública dos Estados, do Distrito Federal e dos Municípios, o Sistema Nacional de Informação sobre Meio Ambiente (Sinima);
- elaborar o zoneamento ambiental de âmbito nacional e regional;
- definir espaços territoriais e seus componentes a serem especialmente protegidos;
- promover e orientar a educação ambiental em todos os níveis de ensino e a conscientização pública para a proteção do meio ambiente;
- controlar a produção, a comercialização e o emprego de técnicas, métodos e substâncias que comportem risco para a vida, a qualidade de vida e o meio ambiente, na forma da lei;
- exercer o controle e fiscalizar as atividades e empreendimentos cuja atribuição para licenciar ou autorizar, ambientalmente, for cometida à União;
- promover o licenciamento ambiental de empreendimentos e atividades: a) localizados ou desenvolvidos conjuntamente no Brasil e em país limítrofe; b) localizados ou desenvolvidos no mar territorial, na plataforma continental ou na zona econômica exclusiva; c) localizados ou desenvolvidos em terras indígenas; d) localizados ou desenvolvidos em unidades de conservação instituídas pela União, exceto em Áreas de Proteção Ambiental (APAs); e) localizados ou desenvolvidos em 2 (dois) ou mais Estados; f) de caráter militar, excetuando-se do licenciamento ambiental, nos termos de ato do Poder Executivo, aqueles previstos no preparo e emprego das Forças Armadas, conforme disposto na Lei Complementar n. 97, de 9 de junho de 1999; g) destinados a pesquisar, lavrar, produzir, beneficiar, transportar, armazenar e dispor material radioativo, em qualquer estágio, ou que utilizem energia nuclear em qualquer de suas formas e aplicações, mediante parecer da Comissão Nacional de Energia Nuclear (Cnen); ou h) que atendam tipologia estabelecida por ato do Poder Executivo, a partir de proposição da Comissão Tripartite Nacional, assegurada a participação de um membro do Conselho Nacional do Meio Ambiente (Conama), e considerados os critérios de porte, potencial poluidor e natureza da atividade ou empreendimento;
- aprovar o manejo e a supressão de vegetação, de florestas e formações sucessoras em florestas públicas federais, terras devolutas federais ou unidades de conservação instituídas pela União, exceto em APAs; e atividades ou empreendimentos licenciados ou autorizados, ambientalmente, pela União;
- elaborar a relação de espécies da fauna e da flora ameaçadas de extinção e de espécies sobre-explotadas no território nacional, mediante laudos e estudos técnico-científicos, fomentando as atividades que conservem essas espécies *in situ*;
- controlar a introdução no País de espécies exóticas potencialmente invasoras que possam ameaçar os ecossistemas, *habitats* e espécies nativas;

- aprovar a liberação de exemplares de espécie exótica da fauna e da flora em ecossistemas naturais frágeis ou protegidos;
- controlar a exportação de componentes da biodiversidade brasileira na forma de espécimes silvestres da flora, micro-organismos e da fauna, partes ou produtos deles derivados;
- controlar a apanha de espécimes da fauna silvestre, ovos e larvas;
- proteger a fauna migratória e as espécies inseridas na relação prevista no inciso XVI;
- exercer o controle ambiental da pesca em âmbito nacional ou regional;
- gerir o patrimônio genético e o acesso ao conhecimento tradicional associado, respeitadas as atribuições setoriais;
- exercer o controle ambiental sobre o transporte marítimo de produtos perigosos; e
- exercer o controle ambiental sobre o transporte interestadual, fluvial ou terrestre, de produtos perigosos.

São ações administrativas dos Estados:
- executar e fazer cumprir, em âmbito estadual, a Política Nacional do Meio Ambiente e demais políticas nacionais relacionadas à proteção ambiental;
- exercer a gestão dos recursos ambientais no âmbito de suas atribuições;
- formular, executar e fazer cumprir, em âmbito estadual, a Política Estadual de Meio Ambiente;
- promover, no âmbito estadual, a integração de programas e ações de órgãos e entidades da administração pública da União, dos Estados, do Distrito Federal e dos Municípios, relacionados à proteção e à gestão ambiental;
- articular a cooperação técnica, científica e financeira, em apoio às Políticas Nacional e Estadual de Meio Ambiente;
- promover o desenvolvimento de estudos e pesquisas direcionados à proteção e à gestão ambiental, divulgando os resultados obtidos;
- organizar e manter, com a colaboração dos órgãos municipais competentes, o Sistema Estadual de Informações sobre Meio Ambiente;
- prestar informações à União para a formação e atualização do Sinima;
- elaborar o zoneamento ambiental de âmbito estadual, em conformidade com os zoneamentos de âmbito nacional e regional;
- definir espaços territoriais e seus componentes a serem especialmente protegidos;
- promover e orientar a educação ambiental em todos os níveis de ensino e a conscientização pública para a proteção do meio ambiente;
- controlar a produção, a comercialização e o emprego de técnicas, métodos e substâncias que comportem risco para a vida, a qualidade de vida e o meio ambiente, na forma da lei;
- exercer o controle e fiscalizar as atividades e empreendimentos cuja atribuição para licenciar ou autorizar, ambientalmente, for cometida aos Estados;
- promover o licenciamento ambiental de atividades ou empreendimentos utilizadores de recursos ambientais, efetiva ou potencialmente poluidores ou capazes, sob qualquer forma, de causar degradação ambiental, ressalvado o disposto nos arts. 7º e 9º;
- promover o licenciamento ambiental de atividades ou empreendimentos localizados ou desenvolvidos em unidades de conservação instituídas pelo Estado, exceto em Áreas de Proteção Ambiental (APAs);
- aprovar o manejo e a supressão de vegetação, de florestas e formações sucessoras em florestas públicas estaduais ou unidades de conservação do Estado, exceto em Áreas de Proteção Ambiental (APAs); imóveis rurais, observadas as atribuições previstas no inciso XV do art. 7º; e atividades ou empreendimentos licenciados ou autorizados, ambientalmente, pelo Estado;
- elaborar a relação de espécies da fauna e da flora ameaçadas de extinção no respectivo território, mediante laudos e estudos técnico-científicos, fomentando as atividades que conservem essas espécies *in situ*;
- controlar a apanha de espécimes da fauna silvestre, ovos e larvas destinadas à implantação de criadouros e à pesquisa científica, ressalvado o disposto no inciso XX do art. 7º;
- aprovar o funcionamento de criadouros da fauna silvestre;
- exercer o controle ambiental da pesca em âmbito estadual; e
- exercer o controle ambiental do transporte fluvial e terrestre de produtos perigosos, ressalvado o disposto no inciso XXV do art. 7º.

São ações administrativas dos Municípios:
- executar e fazer cumprir, em âmbito municipal, as Políticas Nacional e Estadual de Meio Ambiente e demais políticas nacionais e estaduais relacionadas à proteção do meio ambiente;
- exercer a gestão dos recursos ambientais no âmbito de suas atribuições;
- formular, executar e fazer cumprir a Política Municipal de Meio Ambiente;
- promover, no Município, a integração de programas e ações de órgãos e entidades da admi-

nistração pública federal, estadual e municipal, relacionados à proteção e à gestão ambiental;
- articular a cooperação técnica, científica e financeira, em apoio às Políticas Nacional, Estadual e Municipal de Meio Ambiente;
- promover o desenvolvimento de estudos e pesquisas direcionados à proteção e à gestão ambiental, divulgando os resultados obtidos;
- organizar e manter o Sistema Municipal de Informações sobre Meio Ambiente;
- prestar informações aos Estados e à União para a formação e atualização dos Sistemas Estadual e Nacional de Informações sobre Meio Ambiente;
- elaborar o Plano Diretor, observando os zoneamentos ambientais;
- definir espaços territoriais e seus componentes a serem especialmente protegidos;
- promover e orientar a educação ambiental em todos os níveis de ensino e a conscientização pública para a proteção do meio ambiente;
- controlar a produção, a comercialização e o emprego de técnicas, métodos e substâncias que comportem risco para a vida, a qualidade de vida e o meio ambiente, na forma da lei;
- exercer o controle e fiscalizar as atividades e empreendimentos cuja atribuição para licenciar ou autorizar, ambientalmente, for cometida ao Município;
- observadas as atribuições dos demais entes federativos previstas na Lei Complementar, promover o licenciamento ambiental das atividades ou empreendimentos que causem ou possam causar impacto ambiental de âmbito local, conforme tipologia definida pelos respectivos Conselhos Estaduais de Meio Ambiente, considerados os critérios de porte, potencial poluidor e natureza da atividade; ou localizados em unidades de conservação instituídas pelo Município, exceto em Áreas de Proteção Ambiental (APAs);
- observadas as atribuições dos demais entes federativos previstas na Lei Complementar, aprovar a supressão e o manejo de vegetação, de florestas e formações sucessoras em florestas públicas municipais e unidades de conservação instituídas pelo Município, exceto em Áreas de Proteção Ambiental (APAs); e a supressão e o manejo de vegetação, de florestas e formações sucessoras em empreendimentos licenciados ou autorizados, ambientalmente, pelo Município.

Vale observar que os empreendimentos e atividades são licenciados ou autorizados, ambientalmente, por um único ente federativo, em conformidade com as atribuições estabelecidas nos termos desta Lei Complementar.

Compete ao órgão responsável pelo licenciamento ou autorização, conforme o caso, de um empreendimento ou atividade, lavrar auto de infração ambiental e instaurar processo administrativo para a apuração de infrações à legislação ambiental cometidas pelo empreendimento ou atividade licenciada ou autorizada. Porém, não há impedimento do exercício pelos entes federativos da atribuição comum de fiscalização da conformidade de empreendimentos e atividades efetiva ou potencialmente poluidores ou utilizadores de recursos naturais com a legislação ambiental em vigor, prevalecendo o auto de infração ambiental lavrado por órgão que detenha a atribuição de licenciamento ou autorização.

Qualquer pessoa legalmente identificada, ao constatar infração ambiental decorrente de empreendimento ou atividade utilizadores de recursos ambientais, efetiva ou potencialmente poluidores, pode dirigir representação ao órgão, para efeito do exercício de seu poder de polícia.

Nos casos de iminência ou ocorrência de degradação da qualidade ambiental, o ente federativo que tiver conhecimento do fato deverá determinar medidas para evitá-la, fazer cessá-la ou mitigá-la, comunicando imediatamente ao órgão competente para as providências cabíveis.

7.6 Estudo Prévio e o Relatório de Impacto Ambiental – Resolução n. 1/86 do CONAMA

O estudo prévio de impacto ambiental (**EIA**) e o relatório de impacto ambiental (**RIMA**) não são a mesma coisa como muitos pensam e estão previstos no art. 225, § 1º, IV, da CF, bem como nas Resoluções n. 1/86 e 237/97 do CONAMA.

O **EIA** é uma avaliação preliminar, indispensável para a realização de qualquer obra ou o exercício de quaisquer atividades que possam causar degradação ao meio ambiente, e que tem por fim diagnosticar a viabilidade de sua realização, objetivando evitar danos ambientais ou, pelo menos, mitigar e compensar os problemas ambientais que possam decorrer da obra ou atividade. É, dentre os estudos ambientais previstos, o mais complexo.

Ele é obrigatoriamente realizado por uma equipe multidisciplinar e é composto por estudos técnicos, científicos, sociais, econômicos e outros que possam avaliar o impacto ambiental. Trata-se de um documento estritamente técnico e que a composição dessa equipe pode variar dependendo do tipo de empreendimento e, especialmente, do impacto da atividade. É um instrumento preventivo de proteção.

Como já explicado, a competência para exigir o Estudo é da autoridade administrativa responsável pelo licenciamento ambiental. Quando a administração pública for omissa e não exigir o EIA (quando for necessário, logicamente), o Ministério Público ou qualquer outro colegitimado pode ajuizar ação civil pública. Não há necessidade de autorização prévia do Poder Legislativo, pois é ato vinculado à atividade do Poder Executivo.

O **RIMA** é confeccionado depois do EIA. O objetivo do RIMA é detalhar e completar o EIA, que será apresentado ao órgão responsável pelo licenciamento. É o instrumento de comunicação do EIA à administração pública e ao cidadão, por esse motivo, deve ter uma linguagem mais acessível, atendendo ao Princípio da Publicidade dos atos administrativos. Observe que esses estudos deverão ser custeados pelo empreendedor, atendendo ao Princípio do Poluidor Pagador.

A não realização do EIA/RIMA, quando for necessário, pode acarretar a responsabilidade, do empreendedor ou do órgão licenciador, por eventuais danos ao meio ambiente. Responsabilidade objetiva e por omissão!

O órgão competente para a expedição da licença ambiental, com base no EIA/RIMA pode solicitar audiência pública, de ofício ou a requerimento de entidade civil, do Ministério Público ou de 50 ou mais cidadãos. Se houver necessidade de haver essa audiência e ela não for instalada, pode ocasionar a invalidade da licença ambiental.

O EIA/RIMA é anterior ao processo de licenciamento ambiental (da expedição da Licença de Operação) e sujeita-se a três formas de controle:

a) controle da sociedade;

b) controle administrativo;

c) controle judicial.

Em obras de grande magnitude, a elaboração do EIA/RIMA é obrigatória, de acordo com a Resolução n. 1/86 do CONAMA e com o que dispõe o art. 225, § 1º, IV, da Constituição Federal.

O art. 2º da referida Resolução assim dispõe:

"**Art. 2º** Dependerá de elaboração de estudo de impacto ambiental e respectivo relatório de impacto ambiental – EIA/RIMA, a serem submetidos à aprovação do órgão estadual competente, e do IBAMA em caráter supletivo, o licenciamento de atividades modificadoras do meio ambiente, tais como:

I – Estradas de rodagem com duas ou mais faixas de rolamento;

II – Ferrovias;

III – Portos e terminais de minério, petróleo e produtos químicos;

IV – Aeroportos, conforme definidos pelo inciso I, art. 48, do Decreto-lei n. 32, de 18-11-1966;

V – Oleodutos, gasodutos, minerodutos, troncos coletores e emissários de esgotos sanitários;

VI – Linhas de transmissão de energia elétrica, acima de 230KV;

VII – Obras hidráulicas para exploração de recursos hídricos, tais como: barragem para fins hidrelétricos, acima de 10MW, de saneamento ou de irrigação, abertura de canais para navegação, drenagem e irrigação, retificação de cursos d'água, abertura de barras e embocaduras, transposição de bacias, diques;

VIII – Extração de combustível fóssil (petróleo, xisto, carvão);

IX – Extração de minério, inclusive os da classe II, definidas no Código de Mineração;

X – Aterros sanitários, processamento e destino final de resíduos tóxicos ou perigosos;

XI – Usinas de geração de eletricidade, qualquer que seja a fonte de energia primária, acima de 10MW;

XII – Complexo e unidades industriais e agroindustriais (petroquímicos, siderúrgicos, cloroquímicos, destilarias de álcool, hulha, extração e cultivo de recursos hídricos);

XIII – Distritos industriais e zonas estritamente industriais – ZEI;

XIV – Exploração econômica de madeira ou de lenha, em áreas acima de 100 hectares ou menores, quando atingir áreas significativas em termos percentuais ou de importância do ponto de vista ambiental;

XV – Projetos urbanísticos, acima de 100ha. ou em áreas consideradas de relevante interesse ambiental a critério da SEMA e dos órgãos municipais e estaduais competentes;

XVI – Qualquer atividade que utilizar carvão vegetal, derivados ou produtos similares, em quantidade superior a dez toneladas por dia;

XVII – Projetos Agropecuários que contemplem áreas acima de 1.000 ha. ou menores, neste caso, quando se tratar de áreas significativas em termos percentuais ou de importância do ponto de vista ambiental, inclusive nas áreas de proteção ambiental;

XVIII – nos casos de empreendimento potencialmente lesivos ao Patrimônio Espeleológico Nacional".

Enquanto o EIA é um documento técnico, o RIMA não deve ser apresentado com rigor científico, mas com uma linguagem mais clara, acessível à população.

Segundo o que dispõe a Resolução n. 1/86 do CONAMA, em seu art. 9º, parágrafo único, o RIMA deve ser apresentado de forma objetiva e adequada a sua compreensão. As informações devem ser traduzidas em linguagem acessível, ilustradas por mapas, cartas, quadros, gráficos e demais técnicas de comunicação visual, de modo que se possam entender as vantagens e desvantagens do projeto, bem como todas as consequências ambientais de sua implementação.

Vejamos:

"**Art. 9º** O relatório de impacto ambiental – RIMA refletirá as conclusões do estudo de impacto ambiental e conterá, no mínimo:

I – Os objetivos e justificativas do projeto, sua relação e compatibilidade com as políticas setoriais, planos e programas governamentais;

II – A descrição do projeto e suas alternativas tecnológicas e locacionais, especificando para cada um deles, nas fases de construção e operação a área de influência, as matérias primas, e mão de obra, as fontes de energia, os processos e técnica operacionais, os prováveis efluentes, emissões, resíduos de energia, os empregos diretos e indiretos a serem gerados;

III – A síntese dos resultados dos estudos de diagnósticos ambiental da área de influência do projeto;

IV – A descrição dos prováveis impactos ambientais da implantação e operação da atividade, considerando o projeto, suas alternativas, os horizontes de tempo de incidência dos impactos e indicando os métodos, técnicas e critérios adotados para sua identificação, quantificação e interpretação;

V – A caracterização da qualidade ambiental futura da área de influência, comparando as diferentes situações da adoção do projeto e suas alternativas, bem como com a hipótese de sua não realização;

VI – A descrição do efeito esperado das medidas mitigadoras previstas em relação aos impactos negativos, mencionando aqueles que não puderam ser evitados, e o grau de alteração esperado;

VII – O programa de acompanhamento e monitoramento dos impactos;

VIII – Recomendação quanto à alternativa mais favorável (conclusões e comentários de ordem geral).

Parágrafo único. O RIMA deve ser apresentado de forma objetiva e adequada a sua compreensão. As informações devem ser traduzidas em linguagem acessível, ilustradas por mapas, cartas, quadros, gráficos e demais técnicas de comunicação visual, de modo que se possam entender as vantagens e desvantagens do projeto, bem como todas as consequências ambientais de sua implementação".

Vale observar que somente as atividades consideradas de significativo impacto ambiental é que necessitam elaborar o EIA/RIMA. Se a atividade ou empreendimento não forem considerados de significativo impacto ambiental, podem ser exigidos outros estudos, diferentes do EIA/RIMA. A relação exemplificativa dessas atividades está no art. 2º da Resolução n. 1/86 do CONAMA.

Os custos de produção desses estudos ficam sempre sob a responsabilidade do empreendedor. Observe que o ÓRGÃO AMBIENTAL LICENCIADOR NÃO ELABORA EIA/RIMA, mas analisa o estudo elaborado por uma consultoria ambiental contratada e paga pelo empreendedor que deseja obter a licença ambiental.

Observe o que dispõe o art. 8º da Resolução n. 1/86 do Conselho Nacional de Meio Ambiente – CONAMA:

"**Art. 8º** Correrão por conta do proponente do projeto todas as despesas e custos referentes à realização do estudo de impacto ambiental, tais como: coleta e aquisição dos dados e informações, trabalhos e inspeções de campo, análises de laboratório, estudos técnicos e científicos e acompanhamento e monitoramento dos impactos, elaboração do RIMA e fornecimento de pelo menos 5 (cinco) cópias".

Assim, o órgão ambiental analisa o estudo ambiental apresentado pelo empreendedor, feito por uma equipe técnica, multidisciplinar, contratada pelo interessado na licença ambiental; não produz o estudo em si. Essa equipe precisa, necessariamente, ser cadastrada previamente no órgão licenciador como apta a produzir esse estudo.

7.7 A Audiência Pública

Sempre que o empreendimento for considerado de significativo impacto ambiental, é obrigatória a elaboração do EIA/RIMA. E sempre que houver EIA/RIMA a audiência pública também é obrigatória.

Segundo a Resolução CONAMA n. 009/87, a audiência pública será sempre obrigatória quando o órgão de meio ambiente a julgar necessária ou quando for solicitada por entidade civil, pelo Ministério Público ou por 50 ou mais cidadãos, devendo ocorrer em local de fácil acesso aos interessados. Vale observar que essa resolução está vigente, mas em processo de revisão.

No caso de haver essa solicitação e a audiência não acontecer, eventual licença concedida não terá validade (art. 2º). A Audiência Pública tem por finalidade expor aos interessados o conteúdo do produto em análise, no caso o Estudo de Impacto Ambiental e do seu referido RIMA, dirimindo dúvidas e recolhendo dos presentes as críticas e sugestões a respeito.

O Órgão de Meio Ambiente, a partir da data do recebimento do RIMA, fixará em edital e anunciará pela imprensa local a abertura do prazo que será no mínimo de 45 dias para solicitação de audiência pública.

No caso de haver solicitação de audiência pública e na hipótese de ela não ser realizada, a licença concedida não terá validade. Ao final de cada audiência pública será lavrada uma ata sucinta.

7.8 Estudo de Impacto de Vizinhança – EIV

Vale lembrar que o EIA/RIMA é uma espécie de estudo ambiental e não gênero, ou seja, existem outros estudos ambientais previstos na legislação brasileira.

Outro estudo que já foi cobrado em exames anteriores é o Estudo de Impacto de Vizinhança. Ele está previsto nos arts. 36 a 38 da Lei n. 10.257/2001 – Estatuto da Cidade.

O Estudo de Impacto de Vizinhança (EIV) é, sem dúvida, uma grande contribuição do Estatuto da Cidade no que se refere à gestão ambiental urbana. É um instrumento que visa atenuar os conflitos de uso e ocupação do solo, criando uma nova possibilidade de intermediação entre os interesses dos empreendedores urbanos e a população diretamente impactada, de modo a resguardar padrões mínimos de qualidade de vida.

Os impactos de vizinhança mais comuns referem-se às alterações nas condições de trânsito e ao sossego público. No entanto, o Estatuto amplia o conceito para abranger aspectos como as alterações na paisagem urbana e o patrimônio natural e cultural, embora esses extrapolem o simples direito de vizinhança.

Vale lembrar que a aplicação desse instrumento não é automática, é necessário que haja uma lei municipal determinando os critérios para a sua aplicação e quais os empreendimentos passíveis de sua aplicação. Há que ressaltar que o EIV deve ser utilizado em prol do interesse de toda a Cidade e não apenas no interesse de determinado bairro em detrimento da coletividade. Outro risco é o de empreendimentos incômodos serem "empurrados" para bairros com menor poder de mobilização e pressão, geralmente os de população de menor poder aquisitivo, tornando-se o EIV um instrumento de segregação socioespacial. Portanto, é necessário um amplo debate com a comunidade antes que se definam as regras para a sua aplicação.

De acordo com o Estatuto da Cidade, Lei municipal definirá os empreendimentos e atividades privados ou públicos em área urbana que dependerão de elaboração de estudo prévio de impacto de vizinhança (EIV) para obter as licenças ou autorizações de construção, ampliação ou funcionamento a cargo do Poder Público municipal.

O EIV será executado de forma a contemplar os efeitos positivos e negativos do empreendimento ou atividade quanto à qualidade de vida da população residente na área e suas proximidades, incluindo a análise, no mínimo, das seguintes questões:

- adensamento populacional;
- equipamentos urbanos e comunitários;
- uso e ocupação do solo;
- valorização imobiliária;
- geração de tráfego e demanda por transporte público;
- ventilação e iluminação;
- paisagem urbana e patrimônio natural e cultural.

A lei ainda dispõe que serão públicos os documentos integrantes do EIV, e que estes ficarão disponíveis para consulta, no órgão competente do Poder Público municipal, por qualquer interessado.

A elaboração do EIV não substitui a elaboração e a aprovação de estudo prévio de impacto ambiental (EIA), requeridas nos termos da legislação ambiental.

8. SISTEMA NACIONAL DE UNIDADES DE CONSERVAÇÃO – SNUC – LEI N. 9.985/2000

8.1 Conceito do SNUC

"Incumbe ao Poder Público... definir, em todas as unidades da Federação, espaços territoriais e seus componentes a serem especialmente protegidos, sendo a alteração e supressão permitidas somente através de leis, vedada qualquer utilização que comprometa a integridade dos atributos que justificam sua proteção".

8.2 Definição de Unidade de Conservação

"Espaço territorial e seus recursos ambientais, incluindo as águas jurisdicionais, com características natu-rais relevantes, legalmente instituído pelo Poder Público com objetivos de conservação e limites definidos, sob regime especial de administração ao qual se aplicam garantias adequadas de proteção".

8.3 Objetivos do SNUC

- contribuir para a manutenção da diversidade biológica e dos recursos genéticos;
- proteger as espécies ameaçadas de extinção;
- contribuir para a preservação e a restauração da diversidade de ecossistemas naturais;
- promover o desenvolvimento sustentável a partir dos recursos naturais;
- promover a utilização dos princípios e práticas de conservação da natureza no processo desenvolvimento;
- proteger paisagens naturais e pouco alteradas de notável beleza cênica;
- proteger as características relevantes de natureza geológica, geomorfológica, espeleológica, arqueológica, paleontológica e cultural;
- proteger e recuperar os recursos hídricos;
- recuperar ou restaurar ecossistemas degradados;
- proporcionar meios e incentivos para atividades de pesquisa científica, estudos e monitoramento ambien-tal;
- valorizar econômica e socialmente a diversidade biológica;

- favorecer condições e promover a educação e interpretação ambiental, a recreação em contato com a natureza e o turismo ecológico;
- proteger os recursos naturais necessários à subsistência de populações tradicionais, respeitando e valorizando seu conhecimento e sua cultura e promovendo-as social e economicamente.

8.4 Categorias das Unidades de Conservação

a) **Unidades de Proteção Integral**: somente pode haver o uso indireto de seus bens.
- estação ecológica: tem como objetivo a preservação da natureza e a realização de pesquisas científicas. É proibida a visitação pública, exceto quando com objetivo educacional.
- reserva biológica: tem como objetivo a preservação integral da biota e demais atributos naturais existentes em seus limites, sem interferência humana direta ou modificações ambientais. É proibida a visitação pública, exceto aquela com objetivo educacional.
- parque nacional: tem como objetivo básico a preservação de ecossistemas naturais de grande relevância ecológica e beleza cênica, possibilitando a realização de pesquisas científicas e o desenvolvimento de atividades de educação e interpretação ambiental, de recreação em contato com a natureza e de turismo ecológico. A visitação pública está sujeita às normas e restrições estabelecidas no Plano de Manejo da unidade. As unidades dessa categoria, quando criadas pelo Estado ou Município, serão denominadas, respectivamente, Parque Estadual e Parque Natural Municipal. O parque é de posse e domínio públicos, ou seja, as áreas particulares incluídas em seus limites serão desapropriadas.
- monumento natural: pode ser de particulares com eventual desapropriação. Tem como objetivo básico preservar sítios naturais raros, singulares ou de grande beleza cênica. A visitação pública está sujeita às condições e restrições estabelecidas no Plano de Manejo da unidade.
- refúgio de vida silvestre: tem como objetivo proteger ambientes naturais onde se asseguram condições para a existência ou reprodução de espécies ou comunidades da flora local e da fauna residente ou migratória. Pode ser constituído por áreas particulares, com eventual desapropriação. A visitação pública está sujeita às normas e restrições estabelecidas no Plano de Manejo da unidade. A pesquisa científica depende de autorização prévia do órgão responsável.

b) **Unidades de Uso Sustentável**: pode haver a exploração de seus bens, porém de forma sustentável.

Área de Proteção Ambiental: é uma área em geral extensa, com um certo grau de ocupação humana e tem como objetivos básicos proteger a diversidade biológica, disciplinar o processo de ocupação e assegurar a sustentabilidade do uso dos recursos naturais. **É constituída por terras públicas ou privadas.** Nas áreas sob propriedade privada, cabe ao proprietário estabelecer as condições para pesquisa e visitação pelo público, observadas as exigências e restrições legais. Essa UC disporá de um Conselho presidido pelo órgão responsável por sua administração e constituído por representantes dos órgãos públicos, de organizações da sociedade civil e da população residente.

Área de Relevante Interesse Ecológico: é uma área em geral de pequena extensão, com pouca ou nenhuma ocupação humana, com características naturais extraordinárias ou que abriga exemplares raros da biota regional, e tem como objetivo manter os ecossistemas naturais de importância regional ou local e regular o uso admissível dessas áreas, de modo a compatibilizá-lo com os objetivos de conservação da natureza. É constituída por terras públicas ou privadas. Podem ser estabelecidas normas e restrições para a utilização de uma propriedade privada localizada em uma UC desse tipo.

Floresta Nacional: trata-se de uma área com cobertura florestal de espécies predominantemente nativas e tem como objetivo básico o uso múltiplo sustentável dos recursos florestais e a pesquisa científica, com ênfase em métodos para exploração sustentável de florestas nativas. É admitida a permanência de populações tradicionais que a habitam quando de sua criação. A visitação pública é permitida e a pesquisa, incentivada. A unidade desta categoria, quando criada pelo Estado ou Município, será denominada, respectivamente, Floresta Estadual e Floresta Municipal.

Reserva Extrativista: é uma área utilizada por populações extrativistas tradicionais, cuja subsistência baseia-se no extrativismo e, complementarmente, na agricultura de subsistência e na criação de animais de pequeno porte. É de domínio público, com uso concedido às populações extrativistas tradicionais. A visitação pública é permitida. A pesquisa científica é permitida e incentivada. São proibidas a exploração de recursos minerais e a caça amadorística ou profissional. A exploração comercial de recursos madeireiros só será admitida em bases sustentáveis e em situações especiais e complementares às demais atividades desenvolvidas na Reserva Extrativista.

Reserva de Fauna: é uma área natural com populações animais de espécies nativas, terrestres ou aquáticas, residentes ou migratórias, adequadas para estudos técnico-científicos sobre o manejo econômico sustentável de recursos faunísticos. A visitação pública pode ser permitida. É proibido o exercício da caça amadorística ou profissional. A comercialização dos produtos e subprodutos resultantes das pesquisas obedecerá ao disposto nas leis sobre fauna e regulamentos.

Reserva de Desenvolvimento Sustentável: é uma área natural que abriga populações tradicionais, cuja existência baseia-se em sistemas sustentáveis de exploração dos recursos naturais, desenvolvidos ao longo de gerações e adaptados às condições ecológicas locais e que desempenham um papel fundamental na proteção da natureza e na manutenção da diversidade biológica. Pode ser desapropriada. Objetiva preservar a natureza e assegurar as condições e os meios necessários para a reprodução e a melhoria dos modos e da qualidade de vida e exploração dos recursos naturais das populações tradicionais.

Reserva Particular de Patrimônio Natural: é uma área privada, gravada com perpetuidade, com o objetivo de conservar a diversidade biológica. Só poderá ser permitida, conforme se dispuser em regulamento, a pesquisa científica e a visitação com objetivos turísticos, recreativos e educacionais.

GRUPO DE UC	CATEGORIA DE UC	REGIME JURÍDICO
Proteção Integral (Admitido somente o Uso Indireto)	Estação Ecológica	Público (titularidade e ocupação)
	Reserva Biológica	Público (titularidade e ocupação)
	Parque Nacional	Público (titularidade e ocupação)
	Monumento Natural	Público ou Privado
	Refúgio da Vida Silvestre	Público ou Privado
Uso Sustentável (Admitido o Uso Direto)	Área de Proteção Ambiental – APA	Público ou Privado
	Área de Relevante Interesse Ecológico – ARIE	Público ou Privado
	Floresta Nacional – FLONA	Público (titularidade e ocupação)
	Reserva Extrativista – RESEX	Público – titularidade, com a concessão do uso
	Reserva da Fauna	Público (titularidade e ocupação)
	Reserva de Desenvolvimento Sustentável	Público – titularidade, com a concessão da ocupação
	Reserva Particular do Patrimônio Natural – RPPN	Privado

9. RESPONSABILIDADE CIVIL × PENAL

A responsabilidade civil consiste na obrigação do agente causador do dano em reparar o prejuízo causado a outrem, por ato próprio ou de alguém que dele dependa. Ela pode ser conceituada pela obrigação de fazer ou não fazer ou ainda pelo pagamento de condenação em dinheiro.

No ilícito penal, a pena é cominada em proporção à gravidade do crime, tomando-se em linha de conta a personalidade do delinquente, seus antecedentes.

No ilícito civil o elemento "culpa" não exerce qualquer influência no montante da indenização a ser paga, cuja realização se efetua na proporção do dano causado.

Nesse sentido, o poluidor não tem apenas o dever de reparar o dano ambiental causado, mas também de arcar com as despesas de prevenção dos possíveis danos.

Vale observar que as condutas e atividades consideradas lesivas ao meio ambiente sujeitarão os infratores, pessoas físicas ou jurídicas, a sanções penais e administrativas, independentemente da obrigação de reparar os danos causados, conforme o § 3º do art. 225 da CF.

Por uma única atitude, aquele que causa um dano ambiental poderá ser responsabilizado na esfera civil, penal e administrativa.

O princípio do Poluidor-Pagador, já tratado em momento anterior, impõe a responsabilidade civil aos danos ambientais nos seguintes aspectos:

a) a responsabilidade civil objetiva, disposta no art. 14, § 1º, da Lei n. 6.938/81;

b) prioridade da reparação específica do dano ambiental;

c) solidariedade para suportar os danos causados ao meio ambiente.

Portanto, a adoção da responsabilidade objetiva pelo legislador ambiental tem como consequências:

a) prescindibilidade da culpa para o dever de indenizar;

b) irrelevância da licitude da atividade;

c) irrelevância do caso fortuito e da força maior.

Em decorrência do tipo de responsabilidade em tela, apenas dois são os requisitos necessários para gerar obrigação de indenizar: o dano e o nexo causal.

Observe que essa responsabilidade civil objetiva relacionada ao Direito Ambiental é extremamente cobrada em provas de todas as áreas. Há a prescindibilidade do elemento "culpa", mas não do nexo causal ou do efetivo dano!

Para ajudar na fixação vamos comparar os gráficos abaixo:

Obs.: deve haver um nexo de causalidade entre a conduta e o dano.

No caso da obrigação *propter rem*, até o nexo causal foi dispensado, conforme comentários das questões ao final. Assim, o novo proprietário de um imóvel que tenha sofrido um dano ambiental anterior à aquisição do bem poderá ser responsabilizado pelo dano ambiental.

Exemplificando:

Um imóvel sofre um dano ambiental no dia 15 de janeiro de 2019 pelo proprietário daquela data. Em março do mesmo ano o imóvel foi vendido para um novo proprietário. Em abril de 2019, o imóvel sofreu uma fiscalização e percebeu-se que houve um dano ambiental. Na esfera civil, mesmo que o dano tenha ocorrido antes da aquisição pelo novo proprietário, este responderá por esse dano. Já na esfera penal e administrativa, esse novo proprietário não poderá ser responsabilizado por um dano que não tenha dado causa e, além disso, que ocorreu antes mesmo de ele adquirir o imóvel.

10. A LEI DE CRIMES AMBIENTAIS – LEI N. 9.605/98

10.1 Objetivos da Lei

Apesar de a lei ser criminal, o principal objetivo dela não é levar ninguém à prisão. Na verdade, o objetivo é evitar, prevenir qualquer dano ao meio ambiente, depois, caso o dano tenha ocorrido, é de obrigar o responsável ou responsáveis pelo evento a recuperar o que fora degradado e, em último caso, aplicar as sanções previstas na norma legal.

Não estamos falando que não exista a pena de prisão, apenas afirmamos que ela é uma exceção na aplicação das penas pelo cometimento de crimes ambientais.

Todas as ações penais são públicas incondicionadas, conforme prevê o art. 26 da Lei de Crimes Ambientais, que dispõe: *"Nas infrações penais previstas nesta Lei, a ação penal é pública incondicionada"*.

Além disso, vale observar que o causador do dano poderá responder nas três esferas: civil, penal e administrativa, conforme dispõe o art. 3º da Lei de Crimes Ambientais: *"As pessoas jurídicas serão responsabilizadas administrativa, civil e penalmente conforme o disposto nesta Lei, nos casos em que a infração seja cometida por decisão de seu representante legal ou contratual, ou de seu órgão colegiado, no interesse ou benefício da sua entidade"*.

10.2 Sujeitos do Crime

Conforme o disposto nos arts. 2º a 4º da Lei, qualquer pessoa física ou jurídica, inclusive as de direito público ou privado, podem ser autoras de crimes ambientais.

Quem, de qualquer forma, concorre para a prática dos crimes ambientais pode ser penalizado. Assim, o diretor, o administrador, o membro de conselho e de órgão técnico, o auditor, o gerente, o preposto ou mandatário de pessoa jurídica, que, sabendo da conduta criminosa de outrem, deixar de impedir a sua prática, quando podia agir para evitá-la será responsabilizado.

Um dos itens mais cobrados em provas é a possibilidade de as pessoas jurídicas serem responsabilizadas administrativa, civil e penalmente, conforme o disposto no art. 3º, nos casos em que a infração seja cometida por decisão de seu representante legal ou contratual, ou de seu órgão colegiado, no interesse ou benefício da sua entidade. A responsabilidade das pessoas jurídicas não exclui a das pessoas físicas, autoras, coautoras ou partícipes do mesmo fato.

Além disso, poderá ser desconsiderada a pessoa jurídica sempre que sua personalidade for obstáculo ao ressarcimento de prejuízos causados à qualidade do meio ambiente.

> **ATENÇÃO!**
> **A RESPONSABILIDADE POR CRIMES AMBIENTAIS NÃO É OBJETIVA, OU SEJA, DEPENDE DE CULPA OU DOLO!** Muitas questões levam o candidato a erro, porém somente é objetiva a responsabilidade civil por danos ambientais, nunca a criminal.

Espécies de Crime (crime de perigo e crime de dano)

Na Lei de Crimes Ambientais pode haver duas espécies de crime: os de perigo e os de dano.

Os primeiros são aqueles em que não precisa haver o dano efetivo, mas apenas a possibilidade do dano para ser caracterizado crime. Já os crimes de dano necessariamente precisam da ocorrência dele (do dano) para haver o indiciamento, denúncia e a consequente condenação criminal.

10.3 Peculiaridade da Transação Penal nos Crimes Ambientais

Conforme o disposto no art. 27, nos crimes ambientais de menor potencial ofensivo, a proposta de aplicação imediata de pena restritiva de direitos ou multa, prevista no art. 76 da Lei n. 9.099/95 (Lei dos Juizados Especiais), somente poderá ser formulada desde que tenha havido a prévia composição do dano ambiental, de que trata o art. 74 da mesma lei, salvo em caso de comprovada impossibilidade.

Assim, a transação penal somente poderá ser feita se o acusado comprovar que recuperou o bem degradado, ficando isento dessa exigência se for impossível a recuperação do bem ambiental.

Poderá ser desconsiderada a pessoa jurídica sempre que sua personalidade for obstáculo ao ressarcimento de prejuízos causados à qualidade do meio ambiente.

10.4 Atenuantes e Agravantes das Penas nos Crimes Ambientais

Dois assuntos que estão sendo bem cobrados em provas são as atenuantes e agravantes das penas no caso de cometimento dos crimes ambientais. A Lei n. 9.605/98 dispõe:

"**Art. 14.** São circunstâncias que atenuam a pena:

I – baixo grau de instrução ou escolaridade do agente;

II – arrependimento do infrator, manifestado pela espontânea reparação do dano, ou limitação significativa da degradação ambiental causada;

III – comunicação prévia pelo agente do perigo iminente de degradação ambiental;

IV – colaboração com os agentes encarregados da vigilância e do controle ambiental.

Art. 15. São circunstâncias que agravam a pena, quando não constituem ou qualificam o crime:

I – reincidência nos crimes de natureza ambiental;

II – ter o agente cometido a infração:

a) para obter vantagem pecuniária;

b) coagindo outrem para a execução material da infração;

c) afetando ou expondo a perigo, de maneira grave, a saúde pública ou o meio ambiente;

d) concorrendo para danos à propriedade alheia;

e) atingindo áreas de unidades de conservação ou áreas sujeitas, por ato do Poder Público, a regime especial de uso;

f) atingindo áreas urbanas ou quaisquer assentamentos humanos;

g) em período de defeso à fauna;

h) em domingos ou feriados;

i) à noite;

j) em épocas de seca ou inundações;

l) no interior do espaço territorial especialmente protegido;

m) com o emprego de métodos cruéis para abate ou captura de animais;

n) mediante fraude ou abuso de confiança;

o) mediante abuso do direito de licença, permissão ou autorização ambiental;

p) no interesse de pessoa jurídica mantida, total ou parcialmente, por verbas públicas ou beneficiada por incentivos fiscais;

q) atingindo espécies ameaçadas, listadas em relatórios oficiais das autoridades competentes;

r) facilitada por funcionário público no exercício de suas funções".

10.5 Aplicação das Penas

Conforme o disposto na lei, no que se refere à aplicação da pena pelo cometimento dos crimes ambientais, temos:

As penas restritivas de direitos a que se refere este artigo terão a mesma duração da pena privativa de liberdade substituída.

As penas restritivas de direito são: prestação de serviços à comunidade; interdição temporária de direitos; suspensão parcial ou total de atividades; prestação pecuniária e recolhimento domiciliar.

A prestação de serviços à comunidade consiste na atribuição ao condenado de tarefas gratuitas junto a parques e jardins públicos e unidades de conservação, e, no caso de dano da coisa particular, pública ou tombada, na restauração desta, se possível.

As penas de interdição temporária de direito são a proibição de o condenado contratar com o Poder Público, de receber incentivos fiscais ou quaisquer outros benefícios, bem como de participar de licitações, pelo prazo de cinco anos, no caso de crimes dolosos, e de três anos, no de crimes culposos.

Já a suspensão de atividades será aplicada quando estas não estiverem obedecendo às prescrições legais.

A prestação pecuniária consiste no pagamento em dinheiro à vítima ou à entidade pública ou privada com fim social, de importância, fixada pelo juiz, não inferior a um salário mínimo nem superior a trezentos e sessenta salários mínimos. O valor pago será deduzido do montante de eventual reparação civil a que for condenado o infrator.

O recolhimento domiciliar baseia-se na autodisciplina e senso de responsabilidade do condenado, que deverá, sem vigilância, trabalhar, frequentar curso ou exercer atividade autorizada, permanecendo recolhido nos dias e horários de folga em residência ou em qualquer local destinado a sua moradia habitual, conforme estabelecido na sentença condenatória.

11. AÇÃO CIVIL PÚBLICA AMBIENTAL – ACP

11.1 Conceito

A Ação Civil Pública está prevista na Lei n. 7.347/85 e foi recepcionada pela Constituição Federal em seu art. 129, III.

Ela é o instrumento para defesa dos direitos difusos e coletivos, bem como dos interesses individuais homogêneos. Muitos pensam que essa ação serve somente para os direitos difusos e coletivos, contudo com a entrada em vigor do Código de Defesa do Consumidor os direitos individuais homogêneos também passaram a ser tutelados por esta ação.

11.2 Objetivo

Conforme dispõe o art. 1º da Lei, o objetivo dessa ação é responsabilizar o causador de danos morais e patrimoniais causados ao meio ambiente, ao consumidor, à ordem urbanística, a bens e direitos de valor artístico, estético, histórico, turístico e paisagístico, bem como por infração da ordem econômica e da economia popular.

Essa responsabilização será reconhecida numa sentença declaratória que pode ser executada pelas vítimas, a fim de efetivarem suas reparações. Poderá haver, também, uma execução coletiva.

No caso de haver execução individual, cada favorecido pela sentença deverá provar seus danos efetivamente sofridos, ou seja, a extensão de seus prejuízos, inclusive morais, se houver.

11.3 Legitimidade

Segundo defende o art. 5º, têm legitimidade para propor essa ação:

- o Ministério Público;
- a Defensoria Pública;
- a União, os Estados, o Distrito Federal e os Municípios;
- a autarquia, empresa pública, fundação ou sociedade de economia mista;
- a associação que, **concomitantemente**, esteja constituída há pelo menos 1 (um) ano nos termos da lei civil e inclua, entre suas finalidades institucionais, a proteção ao patrimônio público e social, ao meio ambiente, ao consumidor, à ordem econômica, à livre concorrência, aos direitos de grupos raciais, étnicos ou religiosos ou ao patrimônio artístico, estético, histórico, turístico e paisagístico.

Caso uma associação abandone a ação, o Ministério Público ou outro legitimado assumirá a titularidade ativa, com fundamento no art. 5º, § 3º, da Lei n. 7.347/85, Lei da Ação Civil Pública.

Percebe-se, pelo art. 5º da Lei, que essa ação pode ser movida por outros entes além do Ministério Público. Contudo, o inquérito civil somente pode ser presidido pelo Ministério Público.

11.4 Competência

Será competente o foro da ACP do local onde ocorrer o dano a ser reparado, conforme dispõe o art. 2º. A propositura da ação prevenirá a jurisdição do juízo para todas as ações posteriormente intentadas que possuam a mesma causa de pedir ou o mesmo objeto.

11.5 O Inquérito Civil e o Termo de Ajustamento de Conduta – TAC

O Inquérito Civil é uma medida preparatória de uma ação civil pública (ACP) e é de competência exclusiva do Ministério Público.

O objetivo do inquérito civil é colher provas para subsidiarem uma provável ACP, e, assim como é o inquérito penal, possui natureza inquisitória, ou seja, não cabe a aplicação do princípio do contraditório.

Observe que o fato de haver um inquérito civil não há o descarte de também ocorrer uma ação penal específica. Logicamente, o Ministério Público deverá ter indícios de cometimento de um ilícito penal.

O Promotor de Justiça, apesar de ter legitimidade para instaurar um inquérito civil, não tem poderes para arquivá-lo. O arquivamento desse procedimento deve ser suscitado por ele (quando não tiver entendimento para propor uma ACP). Nesse caso, o Conselho Superior do Ministério Público deverá ratificar o arquivamento. Em caso de ratificação o inquérito vai ao arquivo. Caso contrário, os autos do inquérito serão remetidos a outro membro do *Parquet* para que seja dado prosseguimento.

Já o § 6º do art. 5º da Lei da ACP dispõe:

> "Os órgãos públicos legitimados poderão tomar dos interessados compromisso de ajustamento de sua conduta às exigências legais, mediante cominações, que terá eficácia de título executivo extrajudicial".

Esse é o famoso Termo de Ajustamento de Conduta (TAC) tão tratado nas lides ambientais em nosso país. Ele dispõe, geralmente, acerca da forma de cumprimento da norma anteriormente violada.

Observe que ao firmar um TAC o empreendedor não está isento de sofrer outras ações promovidas pelo próprio Ministério Público ou por outras vítimas diretas ou indiretas do evento danoso. Nem muito menos que TAC significa alguma espécie de transação, mas sim, um termo de ajustamento de conduta.

O membro do Ministério Público não pode oferecer a assinatura de um TAC em quaisquer circunstâncias, mas devem-se observar alguns requisitos:

- obrigatoriedade de se estipular multas para a hipótese de descumprimento do acordado;
- considerando que o direito violado é indisponível deverá haver uma reparação integral do dano;
- esclarecimento real dos fatos, pois o TAC é um título executivo extrajudicial.

Vale observar, ainda, que caso o pedido de uma ACP seja julgado improcedente por insuficiência de provas, será possível a propositura de nova demanda com o mesmo pedido, com fundamento no art. 16 da Lei n. 7.347/85.

12. LEI N. 12.651/2012 – O "CÓDIGO" FLORESTAL

Dentre os pontos mais importantes dessa Lei, temos os conceitos:

- Amazônia Legal: os Estados do Acre, Pará, Amazonas, Roraima, Rondônia, Amapá e Mato Grosso e as regiões situadas ao norte do paralelo 13º S, dos Estados de Tocantins e Goiás, e ao oeste do meridiano de 44º W, do Estado do Maranhão;
- Área de Preservação Permanente – APP: área protegida, coberta ou não por vegetação nativa,

- com a função ambiental de preservar os recursos hídricos, a paisagem, a estabilidade geológica e a biodiversidade, facilitar o fluxo gênico de fauna e flora, proteger o solo e assegurar o bem-estar das populações humanas;
- Reserva Legal: área localizada no interior de uma propriedade ou posse rural, delimitada nos termos do art. 12, com a função de assegurar o uso econômico de modo sustentável dos recursos naturais do imóvel rural, auxiliar a conservação e a reabilitação dos processos ecológicos e promover a conservação da biodiversidade, bem como o abrigo e a proteção de fauna silvestre e da flora nativa;

Observe que somente há reserva legal para os imóveis localizados em área rural.

- área rural consolidada: área de imóvel rural com ocupação antrópica preexistente a 22 de julho de 2008, com edificações, benfeitorias ou atividades agrossilvipastoris, admitida, neste último caso, a adoção do regime de pousio;
- pequena propriedade ou posse rural familiar: aquela explorada mediante o trabalho pessoal do agricultor familiar e empreendedor familiar rural, incluindo os assentamentos e projetos de reforma agrária, e que atenda ao disposto no art. 3º da Lei n. 11.326, de 24 de julho de 2006;
- uso alternativo do solo: substituição de vegetação nativa e formações sucessoras por outras coberturas do solo, como atividades agropecuárias, industriais, de geração e transmissão de energia, de mineração e de transporte, assentamentos urbanos ou outras formas de ocupação humana;
- manejo sustentável: administração da vegetação natural para a obtenção de benefícios econômicos, sociais e ambientais, respeitando-se os mecanismos de sustentação do ecossistema objeto do manejo e considerando-se, cumulativa ou alternativamente, a utilização de múltiplas espécies madeireiras ou não, de múltiplos produtos e subprodutos da flora, bem como XII vereda: fitofisionomia de savana, encontrada em solos hidromórficos, usualmente com a palmeira arbórea *Mauritia flexuosa* buriti emergente, sem formar dossel, em meio a agrupamentos de espécies arbustivo-herbáceas;
- manguezal: ecossistema litorâneo que ocorre em terrenos baixos, sujeitos à ação das marés, formado por vasas lodosas recentes ou arenosas, às quais se associa, predominantemente, a vegetação natural conhecida como mangue, com influência fluviomarinha, típica de solos limosos de regiões estuarinas e com dispersão descontínua ao longo da costa brasileira, entre os Estados do Amapá e de Santa Catarina;
- salgado ou marismas tropicais hipersalinos: áreas situadas em regiões com frequências de inundações intermediárias entre marés de sizígias e de quadratura, com solos cuja salinidade varia entre 100 (cem) e 150 (cento e cinquenta) partes por 1.000 (mil), onde pode ocorrer a presença de vegetação herbácea específica;
- apicum: áreas de solos hipersalinos situadas nas regiões entremarés superiores, inundadas apenas pelas marés de sizígias, que apresentam salinidade superior a 150 (cento e cinquenta) partes por 1.000 (mil), desprovidas de vegetação vascular;
- restinga: depósito arenoso paralelo à linha da costa, de forma geralmente alongada, produzido por processos de sedimentação, onde se encontram diferentes comunidades que recebem influência marinha, com cobertura vegetal em mosaico, encontrada em praias, cordões arenosos, dunas e depressões, apresentando, de acordo com o estágio sucessional, estrato herbáceo, arbustivo e arbóreo, este último mais interiorizado;
- nascente: afloramento natural do lençol freático que apresenta perenidade e dá início a um curso d'água;
- olho d'água: afloramento natural do lençol freático, mesmo que intermitente;
- leito regular: a calha por onde correm regularmente as águas do curso d'água durante o ano;
- área verde urbana: espaços, públicos ou privados, com predomínio de vegetação, preferencialmente nativa, natural ou recuperada, previstos no Plano Diretor, nas Leis de Zoneamento Urbano e Uso do Solo do Município, indisponíveis para construção de moradias, destinados aos propósitos de recreação, lazer, melhoria da qualidade ambiental urbana, proteção dos recursos hídricos, manutenção ou melhoria paisagística, proteção de bens e manifestações culturais;
- várzea de inundação ou planície de inundação: áreas marginais a cursos d'água sujeitas a enchentes e inundações periódicas;
- faixa de passagem de inundação: área de várzea ou planície de inundação adjacente a cursos d'água que permite o escoamento da enchente;
- relevo ondulado: expressão geomorfológica usada para designar área caracterizada por movimentações do terreno que geram depressões, cuja intensidade permite sua classificação como relevo suave ondulado, ondulado, fortemente ondulado e montanhoso;

- pousio: prática de interrupção temporária de atividades ou usos agrícolas, pecuários ou silviculturais, por no máximo 5 (cinco) anos, para possibilitar a recuperação da capacidade de uso ou da estrutura física do solo;
- áreas úmidas: pantanais e superfícies terrestres cobertas de forma periódica por águas, cobertas originalmente por florestas ou outras formas de vegetação adaptadas à inundação;
- área urbana consolidada: aquela que atende os seguintes critérios:
  a) estar incluída no perímetro urbano ou em zona urbana pelo plano diretor ou por lei municipal específica;
  b) dispor de sistema viário implantado;
  c) estar organizada em quadras e lotes predominantemente edificados;
  d) apresentar uso predominantemente urbano, caracterizado pela existência de edificações residenciais, comerciais, industriais, institucionais, mistas ou direcionadas à prestação de serviços;
  e) dispor de, no mínimo, 2 (dois) dos seguintes equipamentos de infraestrutura urbana implantados:
     - drenagem de águas pluviais;
     - esgotamento sanitário;
     - abastecimento de água potável;
     - distribuição de energia elétrica e iluminação pública; e
     - limpeza urbana, coleta e manejo de resíduos sólidos.
- crédito de carbono: título de direito sobre bem intangível e incorpóreo transacionável.

12.1 Supressão de vegetação em APP

Por esta lei, poderá haver supressão de vegetação em APP, nos seguintes casos:

- **utilidade pública:**
  a) as atividades de segurança nacional e proteção sanitária;
  b) as obras de infraestrutura destinadas às concessões e aos serviços públicos de transporte, sistema viário, inclusive aquele necessário aos parcelamentos de solo urbano aprovados pelos Municípios, saneamento, energia, telecomunicações, radiodifusão, bem como mineração, exceto, neste último caso, a extração de areia, argila, saibro e cascalho;
  c) atividades e obras de defesa civil;
  d) atividades que comprovadamente proporcionem melhorias na proteção das funções ambientais;
  e) outras atividades similares devidamente caracterizadas e motivadas em procedimento administrativo próprio, quando inexistir alternativa técnica e locacional ao empreendimento proposto, definidas em ato do Chefe do Poder Executivo federal.

- **interesse social:**
  a) as atividades imprescindíveis à proteção da integridade da vegetação nativa, tais como prevenção, combate e controle do fogo, controle da erosão, erradicação de invasoras e proteção de plantios com espécies nativas;
  b) a exploração agroflorestal sustentável praticada na pequena propriedade ou posse rural familiar ou por povos e comunidades tradicionais, desde que não descaracterize a cobertura vegetal existente e não prejudique a função ambiental da área;
  c) a implantação de infraestrutura pública destinada a esportes, lazer e atividades educacionais e culturais ao ar livre em áreas urbanas e rurais consolidadas, observadas as condições estabelecidas nesta Lei;
  d) a regularização fundiária de assentamentos humanos ocupados predominantemente por população de baixa renda em áreas urbanas consolidadas, observadas as condições estabelecidas na Lei n. 11.977, de 7 de julho de 2009;
  e) implantação de instalações necessárias à captação e condução de água e de efluentes tratados para projetos cujos recursos hídricos são partes integrantes e essenciais da atividade;
  f) as atividades de pesquisa e extração de areia, argila, saibro e cascalho, outorgadas pela autoridade competente;
  g) outras atividades similares devidamente caracterizadas e motivadas em procedimento administrativo próprio, quando inexistir alternativa técnica e locacional à atividade proposta, definidas em ato do Chefe do Poder Executivo federal.

- **atividades eventuais ou de baixo impacto ambiental:**
  a) abertura de pequenas vias de acesso interno e suas pontes e pontilhões, quando necessárias à travessia de um curso d'água, ao acesso de pessoas e animais para a obtenção de água ou à retirada de produtos oriundos das atividades de manejo agroflorestal sustentável;
  b) implantação de instalações necessárias à captação e condução de água e efluentes tratados, desde que comprovada a outorga do direito de uso da água, quando couber;
  c) implantação de trilhas para o desenvolvimento do ecoturismo;

d) construção de rampa de lançamento de barcos e pequeno ancoradouro;
e) construção de moradia de agricultores familiares, remanescentes de comunidades quilombolas e outras populações extrativistas e tradicionais em áreas rurais, onde o abastecimento de água se dê pelo esforço próprio dos moradores;
f) construção e manutenção de cercas na propriedade;
g) pesquisa científica relativa a recursos ambientais, respeitados outros requisitos previstos na legislação aplicável;
h) coleta de produtos não madeireiros para fins de subsistência e produção de mudas, como sementes, castanhas e frutos, respeitada a legislação específica de acesso a recursos genéticos;
i) plantio de espécies nativas produtoras de frutos, sementes, castanhas e outros produtos vegetais, desde que não implique supressão da vegetação existente nem prejudique a função ambiental da área;
j) exploração agroflorestal e manejo florestal sustentável, comunitário e familiar, incluindo a extração de produtos florestais não madeireiros, desde que não descaracterizem a cobertura vegetal nativa existente nem prejudiquem a função ambiental da área;
j-A) atividades com o objetivo de recompor a vegetação nativa no entorno de nascentes ou outras áreas degradadas, conforme norma expedida pelo órgão competente do Sistema Nacional do Meio Ambiente (Sisnama);
k) outras ações ou atividades similares, reconhecidas como eventuais e de baixo impacto ambiental em ato do Conselho Nacional do Meio Ambiente – CONAMA ou dos Conselhos Estaduais de Meio Ambiente.

12.2 Áreas de Preservação Permanente no Brasil

São consideradas Áreas de Preservação Permanente no Brasil, em zonas rurais ou urbanas, para os efeitos desta Lei:

"I – as faixas marginais de qualquer curso d'água natural perene e intermitente, excluídos os efêmeros, desde a borda da calha do leito regular, em largura mínima de:

a) 30 (trinta) metros, para os cursos d'água de menos de 10 (dez) metros de largura;

b) 50 (cinquenta) metros, para os cursos d'água que tenham de 10 (dez) a 50 (cinquenta) metros de largura;

c) 100 (cem) metros, para os cursos d'água que tenham de 50 (cinquenta) a 200 (duzentos) metros de largura;

d) 200 (duzentos) metros, para os cursos d'água que tenham de 200 (duzentos) a 600 (seiscentos) metros de largura;

e) 500 (quinhentos) metros, para os cursos d'água que tenham largura superior a 600 (seiscentos) metros;

II – as áreas no entorno dos lagos e lagoas naturais, em faixa com largura mínima de:

a) 100 (cem) metros, em zonas rurais, exceto para o corpo d'água com até 20 (vinte) hectares de superfície, cuja faixa marginal será de 50 (cinquenta) metros;

b) 30 (trinta) metros, em zonas urbanas;

III – as áreas no entorno dos reservatórios d'água artificiais, decorrentes de barramento ou represamento de cursos d'água naturais, na faixa definida na licença ambiental do empreendimento;

IV – as áreas no entorno das nascentes e dos olhos d'água perenes, qualquer que seja sua situação topográfica, no raio mínimo de 50 (cinquenta) metros;

V – as encostas ou partes destas com declividade superior a 45°, equivalente a 100% (cem por cento) na linha de maior declive;

VI – as restingas, como fixadoras de dunas ou estabilizadoras de mangues;

VII – os manguezais, em toda a sua extensão;

VIII – as bordas dos tabuleiros ou chapadas, até a linha de ruptura do relevo, em faixa nunca inferior a 100 (cem) metros em projeções horizontais;

IX – no topo de morros, montes, montanhas e serras, com altura mínima de 100 (cem) metros e inclinação média maior que 25°, as áreas delimitadas a partir da curva de nível correspondente a 2/3 (dois terços) da altura mínima da elevação sempre em relação à base, sendo esta definida pelo plano horizontal determinado por planície ou espelho d'água adjacente ou, nos relevos ondulados, pela cota do ponto de sela mais próximo da elevação;

X – as áreas em altitude superior a 1.800 (mil e oitocentos) metros, qualquer que seja a vegetação;

XI – em veredas, a faixa marginal, em projeção horizontal, com largura mínima de 50 (cinquenta) metros, a partir do espaço permanentemente brejoso e encharcado".

Observe-se que não será exigida Área de Preservação Permanente no entorno de reservatórios artificiais de água que não decorram de barramento ou represamento de cursos d'água naturais.

12.3 Reserva Legal

Todo imóvel rural deve manter área com cobertura de vegetação nativa, a título de Reserva Legal, sem prejuízo da aplicação das normas sobre as Áreas de Preservação Permanente, observados os seguintes percentuais mínimos em relação à área do imóvel.

I – localizado na Amazônia Legal:

a) 80% (oitenta por cento), no imóvel situado em área de florestas;

b) 35% (trinta e cinco por cento), no imóvel situado em área de cerrado;

c) 20% (vinte por cento), no imóvel situado em área de campos gerais;

II – localizado nas demais regiões do País: 20% (vinte por cento).

12.4 Cadastro Ambiental Rural

Foi criado o Cadastro Ambiental Rural (CAR), no âmbito do Sistema Nacional de Informação sobre Meio Ambiente – SINIMA, registro público eletrônico de âmbito nacional, *obrigatório para todos os imóveis rurais*, com a finalidade de integrar as informações ambientais das propriedades e posses rurais, compondo base de dados para controle, monitoramento, planejamento ambiental e econômico e combate ao desmatamento.

O cadastro no CAR é obrigatório para todas as propriedades e posses rurais, conforme Lei n. 13.887/2019, não tendo mais prazo estipulado para esse fim, como ocorria anteriormente. O registro não será considerado título para fins de reconhecimento do direito de propriedade ou posse.

13. OUTROS ASSUNTOS JÁ COBRADOS EM EXAMES ANTERIORES

13.1 Supressão de Vegetação em Mata Atlântica

A Lei n. 11.428/2006 dispõe sobre a utilização e proteção da vegetação nativa do Bioma Mata Atlântica.

Não há espaço intocável no Brasil, pois sempre pode haver algum tipo de intervenção, desde que autorizado pelos órgãos públicos competentes.

No caso da Mata Atlântica, a supressão de vegetação primária e secundária no estágio avançado de regeneração somente poderá ser autorizada em caso de utilidade pública, na qual a vegetação secundária em estágio médio de regeneração poderá ser suprimida nos casos de utilidade pública e interesse social, em todos os casos devidamente caracterizados e motivados em procedimento administrativo próprio, quando inexistir alternativa técnica e locacional ao empreendimento proposto.

13.2 Terras Indígenas

As terras indígenas são as tradicionalmente ocupadas por eles e habitadas em caráter permanente, as utilizadas para suas atividades produtivas, as imprescindíveis à preservação dos recursos ambientais necessários a seu bem-estar e as necessárias a sua reprodução física e cultural, segundo seus usos, costumes e tradições.

Os índios são possuidores desses espaços, cabendo-lhes o usufruto exclusivo das riquezas do solo, dos rios e dos lagos nelas existentes. O aproveitamento dos recursos hídricos, incluídos os potenciais energéticos, a pesquisa e a lavra das riquezas minerais em terras indígenas, só pode ser efetivado com autorização do Congresso Nacional, ouvidas as comunidades afetadas, ficando-lhes assegurada participação nos resultados da lavra, na forma da lei.

Por fim, as terras indígenas são inalienáveis e indisponíveis, e os direitos sobre elas, imprescritíveis. É vedada a remoção dos grupos indígenas de suas terras, salvo, *ad referendum* do Congresso Nacional, em caso de catástrofe ou epidemia que ponha em risco sua população, ou no interesse da soberania do País, após deliberação do Congresso Nacional.

Os índios, suas comunidades e organizações são partes legítimas para ingressar em juízo em defesa de seus direitos e interesses, intervindo o Ministério Público em todos os atos do processo.

13.3 Plano Diretor

Plano diretor é uma lei municipal que disciplina como será o zoneamento urbano de um município. Apesar de já ter sua previsão na Constituição Federal, ele é uma LEI MUNICIPAL. Trata-se da norma de zona urbana mais importante que um município pode dispor.

Conforme dispõe o art. 182, § 1º, da CF, o plano diretor é obrigatório para os municípios com mais de 20 mil habitantes.

O plano diretor deve contemplar toda a área do município e não somente a urbana, conforme dispõe a Lei n. 10.257/2001, § 2º, em seu art. 40. Ele é o instrumento básico da política de desenvolvimento e expansão urbana. Faz parte integrante do processo de planejamento municipal, devendo o plano plurianual, as diretrizes orçamentárias e o orçamento anual incorporarem as diretrizes e as prioridades nele contidas.

A lei que instituir o plano diretor deverá ser revista, pelo menos, a cada dez anos, e no processo de elaboração do plano diretor e na fiscalização de sua implementação, os Poderes Legislativo e Executivo municipais garantirão: a promoção de audiências públicas e debates com a participação da população e de associações representativas dos vários segmentos da comunidade; a publicidade quanto aos documentos e informações produzidos; o acesso de qualquer interessado aos documentos e informações produzidos.

Conforme o texto da Lei n. 10.257/2001, o plano diretor é obrigatório para cidades:

- com mais de vinte mil habitantes;

- integrantes de regiões metropolitanas e aglomerações urbanas;
- onde o Poder Público municipal pretenda utilizar os instrumentos previstos no § 4º do art. 182 da Constituição Federal;
- integrantes de áreas de especial interesse turístico;
- inseridas na área de influência de empreendimentos ou atividades com significativo impacto ambiental de âmbito regional ou nacional;
- incluídas no cadastro nacional de Municípios com áreas suscetíveis à ocorrência de deslizamentos de grande impacto, inundações bruscas ou processos geológicos ou hidrológicos correlatos.

Ainda conforme a mesma lei, o plano diretor deverá conter no mínimo:

- a delimitação das áreas urbanas onde poderão ser aplicados o parcelamento, a edificação ou a utilização compulsórios, considerando a existência de infraestrutura e de demanda para utilização;
- sistema de acompanhamento e controle.

13.4 Política Nacional Sobre Mudança do Clima – Lei n. 12.187/2009

A Lei n. 12.187/2009 institui a Política Nacional sobre Mudança do Clima (PNMC) e estabeleceu seus princípios, objetivos, diretrizes e instrumentos.

Como a maioria das leis ambientais, essa também trouxe alguns conceitos, vejamos:

- "adaptação": iniciativas e medidas para reduzir a vulnerabilidade dos sistemas naturais e humanos frente aos efeitos atuais e esperados da mudança do clima;
- "efeitos adversos da mudança do clima": mudanças no meio físico ou biota resultantes da mudança do clima que tenham efeitos deletérios significativos sobre a composição, resiliência ou produtividade de ecossistemas naturais e manejados, sobre o funcionamento de sistemas socioeconômicos ou sobre a saúde e o bem-estar humanos;
- "emissões": liberação de gases de efeito estufa ou seus precursores na atmosfera numa área específica e num período determinado;
- "fonte": processo ou atividade que libere na atmosfera gás de efeito estufa, aerossol ou precursor de gás de efeito estufa;
- "gases de efeito estufa": constituintes gasosos, naturais ou antrópicos, que, na atmosfera, absorvem e reemitem radiação infravermelha;
- "impacto": os efeitos da mudança do clima nos sistemas humanos e naturais;
- "mitigação": mudanças e substituições tecnológicas que reduzam o uso de recursos e as emissões por unidade de produção, bem como a implementação de medidas que reduzam as emissões de gases de efeito estufa e aumentem os sumidouros;
- "mudança do clima": mudança de clima que possa ser direta ou indiretamente atribuída à atividade humana que altere a composição da atmosfera mundial e que se some àquela provocada pela variabilidade climática natural observada ao longo de períodos comparáveis;
- "sumidouro" processo, atividade ou mecanismo que remova da atmosfera gás de efeito estufa, aerossol ou precursor de gás de efeito estufa; e
- "vulnerabilidade": grau de suscetibilidade e incapacidade de um sistema, em função de sua sensibilidade, capacidade de adaptação, e do caráter, magnitude e taxa de mudança e variação do clima a que está exposto, de lidar com os efeitos adversos da mudança do clima, entre os quais a variabilidade climática e os eventos extremos.

Segundo essa lei, todos têm o dever de atuar, em benefício das presentes e futuras gerações, para a redução dos impactos decorrentes das interferências antrópicas sobre o sistema climático.

Serão tomadas medidas para prever, evitar ou minimizar as causas identificadas da mudança climática com origem antrópica no território nacional, sobre as quais haja razoável consenso por parte dos meios científicos e técnicos ocupados no estudo dos fenômenos envolvidos.

As medidas tomadas devem levar em consideração os diferentes contextos socioeconômicos de sua aplicação, distribuir os ônus e encargos decorrentes entre os setores econômicos e as populações e comunidades interessadas de modo equitativo e equilibrado e sopesar as responsabilidades individuais quanto à origem das fontes emissoras e dos efeitos ocasionados sobre o clima.

O desenvolvimento sustentável é a condição para enfrentar as alterações climáticas e conciliar o atendimento às necessidades comuns e particulares das populações e comunidades que vivem no território nacional.

As ações de âmbito nacional para o enfrentamento das alterações climáticas, atuais, presentes e futuras, devem considerar e integrar as ações promovidas no âmbito estadual e municipal por entidades públicas e privadas.

A Política Nacional sobre Mudança do Clima – PNMC visará:

- à compatibilização do desenvolvimento econômico-social com a proteção do sistema climático;
- à redução das emissões antrópicas de gases de efeito estufa em relação às suas diferentes fontes;
- ao fortalecimento das remoções antrópicas por sumidouros de gases de efeito estufa no território nacional;

- à implementação de medidas para promover a adaptação à mudança do clima pelas três esferas da Federação, com a participação e a colaboração dos agentes econômicos e sociais interessados ou beneficiários, em particular aqueles especialmente vulneráveis aos seus efeitos adversos;
- à preservação, à conservação e à recuperação dos recursos ambientais, com particular atenção aos grandes biomas naturais tidos como Patrimônio Nacional;
- à consolidação e à expansão das áreas legalmente protegidas e ao incentivo aos reflorestamentos e à recomposição da cobertura vegetal em áreas degradadas;
- ao estímulo ao desenvolvimento do Mercado Brasileiro de Redução de Emissões MBRE.

Os objetivos da Política Nacional sobre Mudança do Clima deverão estar em consonância com o desenvolvimento sustentável a fim de buscar o crescimento econômico, a erradicação da pobreza e a redução das desigualdades sociais.

Ainda conforme o texto legal, são diretrizes da Política Nacional sobre Mudança do Clima:

- os compromissos assumidos pelo Brasil na Convenção-Quadro das Nações Unidas sobre Mudança do Clima, no Protocolo de Quioto e nos demais documentos sobre mudança do clima dos quais vier a ser signatário;
- as ações de mitigação da mudança do clima em consonância com o desenvolvimento sustentável, que sejam, sempre que possível, mensuráveis para sua adequada quantificação e verificação *a posteriori*;
- as medidas de adaptação para reduzir os efeitos adversos da mudança do clima e a vulnerabilidade dos sistemas ambiental, social e econômico;
- as estratégias integradas de mitigação e adaptação à mudança do clima nos âmbitos local, regional e nacional;
- o estímulo e o apoio à participação dos governos federal, estadual, distrital e municipal, assim como do setor produtivo, do meio acadêmico e da sociedade civil organizada, no desenvolvimento e na execução de políticas, planos, programas e ações relacionados à mudança do clima;
- a promoção e o desenvolvimento de pesquisas científico-tecnológicas, e a difusão de tecnologias, processos e práticas orientados a mitigar a mudança do clima por meio da redução de emissões antrópicas por fontes e do fortalecimento das remoções antrópicas por sumidouros de gases de efeito estufa; reduzir as incertezas nas projeções nacionais e regionais futuras da mudança do clima; identificar vulnerabilidades e adotar medidas de adaptação adequadas; a utilização de instrumentos financeiros e econômicos para promover ações de mitigação e adaptação à mudança do clima;
- a identificação, e sua articulação com a política prevista nesta lei, de instrumentos de ação governamental já estabelecidos aptos a contribuir para proteger o sistema climático; o apoio e o fomento às atividades que efetivamente reduzam as emissões ou promovam as remoções por sumidouros de gases de efeito estufa; a promoção da cooperação internacional no âmbito bilateral, regional e multilateral para o financiamento, a capacitação, o desenvolvimento, a transferência e a difusão de tecnologias e processos para a implementação de ações de mitigação e adaptação, incluindo a pesquisa científica, a observação sistemática e o intercâmbio de informações; o aperfeiçoamento da observação sistemática e precisa do clima e suas manifestações no território nacional e nas áreas oceânicas contíguas; a promoção da disseminação de informações, a educação, a capacitação e a conscientização pública sobre mudança do clima.

São instrumentos da Política Nacional sobre Mudança do Clima: o Plano Nacional sobre Mudança do Clima; o Fundo Nacional sobre Mudança do Clima; os Planos de Ação para a Prevenção e Controle do Desmatamento nos biomas; a Comunicação Nacional do Brasil à Convenção-Quadro das Nações Unidas sobre Mudança do Clima, de acordo com os critérios estabelecidos por essa Convenção e por suas Conferências das Partes; as resoluções da Comissão Interministerial de Mudança Global do Clima; as medidas fiscais e tributárias destinadas a estimular a redução das emissões e remoção de gases de efeito estufa, incluindo alíquotas diferenciadas, isenções, compensações e incentivos, a serem estabelecidos em lei específica; as linhas de crédito e financiamento específicas de agentes financeiros públicos e privados; o desenvolvimento de linhas de pesquisa por agências de fomento; as dotações específicas para ações em mudança do clima no orçamento da União; os mecanismos financeiros e econômicos referentes à mitigação da mudança do clima e à adaptação aos efeitos da mudança do clima que existam no âmbito da Convenção-Quadro das Nações Unidas sobre Mudança do Clima e do Protocolo de Quioto; os mecanismos financeiros e econômicos, no âmbito nacional, referentes à mitigação e à adaptação à mudança do clima; as medidas existentes, ou a serem criadas, que estimulem o desenvolvimento de processos e tecnologias, que contribuam para a redução de emissões e remoções de gases de efeito estufa, bem como para a adaptação, dentre as quais o estabelecimento de critérios de preferência nas licitações e concorrências públicas, compreendidas aí as parcerias público-privadas e a autorização, permissão, outorga e concessão para exploração de serviços públicos e recursos naturais, para as propostas que propiciem maior economia de energia, água e outros recursos naturais e redução da emissão de gases de efeito estufa e de resíduos; os registros, inventários, estimativas, avaliações e quaisquer outros estudos de emissões de gases de efeito estufa e de suas fontes, elaborados com base em informações e dados fornecidos por entidades públicas e privadas; as medidas de divulgação, educação e conscientização; o monitoramento climático nacional; os indicadores de sustentabilidade; o estabelecimento de padrões ambientais e de metas, quantificáveis e verificáveis, para a redução de emissões antrópicas por fontes e para as remoções antrópicas por sumidouros de gases de efeito estufa; a avaliação de impactos ambientais sobre o microclima e o macroclima.

13.5 Política Nacional de Resíduos Sólidos – Lei n. 12.305/2010

Essa Lei institui a Política Nacional de Resíduos Sólidos, dispondo sobre seus princípios, objetivos e instrumentos, bem como sobre as diretrizes relativas à gestão integrada e ao gerenciamento de resíduos sólidos, incluídos os perigosos, às responsabilidades dos geradores e do Poder Público e aos instrumentos econômicos aplicáveis.

Estão sujeitas à observância dessa Lei as pessoas físicas ou jurídicas, de direito público ou privado, responsáveis, direta ou indiretamente, pela geração de resíduos sólidos e as que desenvolvam ações relacionadas à gestão integrada ou ao gerenciamento de resíduos sólidos.

Contudo, vale observar que a Lei não se aplica aos rejeitos radioativos, que são regulados por legislação específica.

A Lei n. 12.305/2010 trouxe alguns conceitos importantes que devemos observar:

- acordo setorial: ato de natureza contratual firmado entre o Poder Público e fabricantes, importadores, distribuidores ou comerciantes, tendo em vista a implantação da responsabilidade compartilhada pelo ciclo de vida do produto;
- área contaminada: local onde há contaminação causada pela disposição, regular ou irregular, de quaisquer substâncias ou resíduos;
- área órfã contaminada: área contaminada cujos responsáveis pela disposição não sejam identificáveis ou individualizáveis;
- ciclo de vida do produto: série de etapas que envolvem o desenvolvimento do produto, a obtenção de matérias-primas e insumos, o processo produtivo, o consumo e a disposição final;
- coleta seletiva: coleta de resíduos sólidos previamente segregados conforme sua constituição ou composição;
- controle social: conjunto de mecanismos e procedimentos que garantam à sociedade informações e participação nos processos de formulação, implementação e avaliação das políticas públicas relacionadas aos resíduos sólidos;
- destinação final ambientalmente adequada: destinação de resíduos que inclui a reutilização, a reciclagem, a compostagem, a recuperação e o aproveitamento energético ou outras destinações admitidas pelos órgãos competentes do Sisnama, do SNVS e do Suasa, entre elas a disposição final, observando normas operacionais específicas de modo a evitar danos ou riscos à saúde pública e à segurança e a minimizar os impactos ambientais adversos;
- disposição final ambientalmente adequada: distribuição ordenada de rejeitos em aterros, observando normas operacionais específicas de modo a evitar danos ou riscos à saúde pública e à segurança e a minimizar os impactos ambientais adversos;
- geradores de resíduos sólidos: pessoas físicas ou jurídicas, de direito público ou privado, que geram resíduos sólidos por meio de suas atividades, nelas incluído o consumo;
- gerenciamento de resíduos sólidos: conjunto de ações exercidas, direta ou indiretamente, nas etapas de coleta, transporte, transbordo, tratamento e destinação final ambientalmente adequada dos resíduos sólidos e disposição final ambientalmente adequada dos rejeitos, de acordo com plano municipal de gestão integrada de resíduos sólidos ou com plano de gerenciamento de resíduos sólidos, exigidos na forma desta Lei;
- gestão integrada de resíduos sólidos: conjunto de ações voltadas para a busca de soluções para os resíduos sólidos, de forma a considerar as dimensões política, econômica, ambiental, cultural e social, com controle social e sob a premissa do desenvolvimento sustentável;
- logística reversa: instrumento de desenvolvimento econômico e social caracterizado por um conjunto de ações, procedimentos e meios destinados a viabilizar a coleta e a restituição dos resíduos sólidos ao setor empresarial, para reaproveitamento, em seu ciclo ou em outros ciclos produtivos, ou outra destinação final ambientalmente adequada;
- padrões sustentáveis de produção e consumo: produção e consumo de bens e serviços de forma a atender as necessidades das atuais gerações e permitir melhores condições de vida, sem comprometer a qualidade ambiental e o atendimento das necessidades das gerações futuras;

- reciclagem: processo de transformação dos resíduos sólidos que envolve a alteração de suas propriedades físicas, físico-químicas ou biológicas, com vistas à transformação em insumos ou novos produtos, observadas as condições e os padrões estabelecidos pelos órgãos competentes do Sisnama e, se couber, do SNVS e do Suasa;
- rejeitos: resíduos sólidos que, depois de esgotadas todas as possibilidades de tratamento e recuperação por processos tecnológicos disponíveis e economicamente viáveis, não apresentem outra possibilidade que não a disposição final ambientalmente adequada;
- resíduos sólidos: material, substância, objeto ou bem descartado resultante de atividades humanas em sociedade, a cuja destinação final se procede, se propõe proceder ou se está obrigado a proceder, nos estados sólido ou semissólido, bem como gases contidos em recipientes e líquidos cujas particularidades tornem inviável o seu lançamento na rede pública de esgotos ou em corpos d'água, ou exijam para isso soluções técnica ou economicamente inviáveis em face da melhor tecnologia disponível;
- responsabilidade compartilhada pelo ciclo de vida dos produtos: conjunto de atribuições individualizadas e encadeadas dos fabricantes, importadores, distribuidores e comerciantes, dos consumidores e dos titulares dos serviços públicos de limpeza urbana e de manejo dos resíduos sólidos, para minimizar o volume de resíduos sólidos e rejeitos gerados, bem como para reduzir os impactos causados à saúde humana e à qualidade ambiental decorrentes do ciclo de vida dos produtos, nos termos desta Lei;
- reutilização: processo de aproveitamento dos resíduos sólidos sem sua transformação biológica, física ou físico-química, observadas as condições e os padrões estabelecidos pelos órgãos competentes do Sisnama e, se couber, do SNVS e do Suasa;
- serviço público de limpeza urbana e de manejo de resíduos sólidos: conjunto de atividades previstas no art. 7º da Lei n. 11.445, de 2007.

São princípios da Política Nacional de Resíduos Sólidos: a prevenção e a precaução; o poluidor-pagador e o protetor-recebedor; a visão sistêmica, na gestão dos resíduos sólidos, que considere as variáveis ambiental, social, cultural, econômica, tecnológica e de saúde pública; o desenvolvimento sustentável; a ecoeficiência, mediante a compatibilização entre o fornecimento, a preços competitivos, de bens e serviços qualificados que satisfaçam as necessidades humanas e tragam qualidade de vida e a redução do impacto ambiental e do consumo de recursos naturais a um nível, no mínimo, equivalente à capacidade de sustentação estimada do planeta; a cooperação entre as diferentes esferas do poder público, o setor empresarial e demais segmentos da sociedade; a responsabilidade compartilhada pelo ciclo de vida dos produtos; o reconhecimento do resíduo sólido reutilizável e reciclável como um bem econômico e de valor social, gerador de trabalho e renda e promotor de cidadania; o respeito às diversidades locais e regionais; o direito da sociedade à informação e ao controle social; a razoabilidade e a proporcionalidade.

São objetivos da Política Nacional de Resíduos Sólidos: proteção da saúde pública e da qualidade ambiental; não geração, redução, reutilização, reciclagem e tratamento dos resíduos sólidos, bem como disposição final ambientalmente adequada dos rejeitos; estímulo à adoção de padrões sustentáveis de produção e consumo de bens e serviços; adoção, desenvolvimento e aprimoramento de tecnologias limpas como forma de minimizar impactos ambientais; redução do volume e da periculosidade dos resíduos perigosos; incentivo à indústria da reciclagem, tendo em vista fomentar o uso de matérias-primas e insumos derivados de materiais recicláveis e reciclados; gestão integrada de resíduos sólidos; articulação entre as diferentes esferas do Poder Público, e destas com o setor empresarial, com vistas à cooperação técnica e financeira para a gestão integrada de resíduos sólidos; capacitação técnica continuada na área de resíduos sólidos; regularidade, continuidade, funcionalidade e universalização da prestação dos serviços públicos de limpeza urbana e de manejo de resíduos sólidos, com adoção de mecanismos gerenciais e econômicos que assegurem a recuperação dos custos dos serviços prestados, como forma de garantir sua sustentabilidade operacional e financeira, observada a Lei n. 11.445, de 2007; prioridade, nas aquisições e contratações governamentais, para produtos reciclados e recicláveis e bens, serviços e obras que considerem critérios compatíveis com padrões de consumo social e ambientalmente sustentáveis; integração dos catadores de materiais reutilizáveis e recicláveis nas ações que envolvam a responsabilidade compartilhada pelo ciclo de vida dos produtos; estímulo à implementação da avaliação do ciclo de vida do produto; incentivo ao desenvolvimento de sistemas de gestão ambiental e empresarial voltados para a melhoria dos processos produtivos e ao reaproveitamento dos resíduos sólidos, incluídos a recuperação e o aproveitamento energético; estímulo à rotulagem ambiental e ao consumo sustentável.

A elaboração de plano municipal de gestão integrada de resíduos sólidos é condição para o Distrito Federal e os Municípios terem acesso a recursos da União, ou por ela controlados, destinados a empreendimentos e serviços relacionados à limpeza urbana e ao manejo de resíduos sólidos, ou para serem beneficiados por incentivos ou financiamentos de entidades federais de crédito ou fomento para tal finalidade.

Existe a possibilidade de formação de consórcios intermunicipais. Com fundamento no art. 45 da Lei, os consórcios públicos constituídos, nos termos da Lei n. 11.107, de 2005, com o objetivo de viabilizar a descentralização e a prestação de serviços públicos que envolvam resíduos sólidos, têm prioridade na obtenção dos incentivos instituídos pelo Governo Federal.

13.6 Outorga do Uso da Água

A Outorga do Uso da Água é um dos instrumentos previstos na Política Nacional de Recursos Hídricos, Lei n. 9.433/97. Como, na maioria das vezes, a outorga é paga, ela relaciona-se ao Princípio do Usuário Pagador.

A outorga de direito de uso tem como objetivo assegurar o controle quantitativo e qualitativo desses usos da água, bem como o efetivo exercício dos direitos de acesso aos recursos hídricos.

Estão sujeitos a outorga pelo Poder Público os direitos dos seguintes usos de recursos hídricos:

I – derivação ou captação de parcela da água existente em um corpo de água para consumo final, inclusive abastecimento público, ou insumo de processo produtivo;
II – extração de água de aquífero subterrâneo para consumo final ou insumo de processo produtivo;
III – lançamento em corpo de água de esgotos e demais resíduos líquidos ou gasosos, tratados ou não, com o fim de sua diluição, transporte ou disposição final;
IV – aproveitamento dos potenciais hidrelétricos;
V – outros usos que alterem o regime, a quantidade ou a qualidade da água existente em um corpo de água.

Estão **dispensados da outorga** pelo Poder Público:
I – o uso de recursos hídricos para a satisfação das necessidades de pequenos núcleos populacionais, distribuídos no meio rural;
II – as derivações, captações e lançamentos considerados insignificantes;
III – as acumulações de volumes de água consideradas insignificantes.

Vale observar que a outorga e a utilização de recursos hídricos para fins de geração de energia elétrica estão subordinadas ao Plano Nacional de Recursos Hídricos.

Toda outorga estará condicionada às prioridades de uso estabelecidas nos Planos de Recursos Hídricos e deverá respeitar a classe em que o corpo de água estiver enquadrado e a manutenção de condições adequadas ao transporte aquaviário. A outorga de uso dos recursos hídricos deverá preservar o uso múltiplo destes.

Conforme a Lei n. 9.433/97, a Agência Nacional de Águas (ANA) é a instituição responsável pela análise técnica para a emissão da outorga de direito de uso da água em corpos hídricos de domínio da União.

Segundo a Carta Magna, corpos de água de domínio da União são lagos, rios e quaisquer correntes d'água que passam por mais de um estado, ou que sirvam de limite com outros países ou unidades da Federação.

Quando o corpo hídrico for de domínio dos Estados ou do Distrito Federal, a solicitação de outorga deve ser feita junto ao órgão estadual de recursos hídricos.

O Poder Executivo Federal poderá delegar aos Estados e ao Distrito Federal competência para conceder outorga de direito de uso de recurso hídrico de domínio da União.

13.7 Mercado de Créditos de Carbono

O Congresso Nacional aprovou o texto do Protocolo de Quioto, por meio do Decreto Legislativo n. 144, de 20 de junho de 2002. O Governo brasileiro ratificou o citado Protocolo em 23 de agosto de 2002.

O Brasil se comprometeu a tentar cumprir os compromissos criados pelo Protocolo, porém não há obrigatoriedade quanto a isso. Como compromissos, temos que implementar e/ou aprimorar políticas e medidas de acordo com suas circunstâncias nacionais, tais como:

i. O aumento da eficiência energética em setores relevantes da economia nacional;
ii. A proteção e o aumento de sumidouros e reservatórios de gases de efeito estufa não controlados pelo Protocolo de Montreal, levando em conta seus compromissos assumidos em acordos internacionais relevantes sobre o meio ambiente, a promoção de práticas sustentáveis de manejo florestal, florestamento e reflorestamento;
iii. A promoção de formas sustentáveis de agricultura à luz das considerações sobre a mudança do clima;
iv. A pesquisa, a promoção, o desenvolvimento e o aumento do uso de formas novas e renováveis de energia, de tecnologias de sequestro de dióxido de carbono e de tecnologias ambientalmente seguras, que sejam avançadas e inovadoras;
v. A redução gradual ou eliminação de imperfeições de mercado, de incentivos fiscais, de isenções tributárias e tarifárias e de subsídios para todos os setores emissores de gases de efeito estufa que sejam contrários ao objetivo da Convenção e aplicação de instrumentos de mercado;
vi. O estímulo a reformas adequadas em setores relevantes, visando à promoção de políticas e medidas que limitem ou reduzam emissões de gases de efeito estufa não controlados pelo Protocolo de Montreal;
vii. Medidas para limitar e/ou reduzir as emissões de gases de efeito estufa não controlados pelo Protocolo de Montreal no setor de transportes;
viii. A limitação e/ou redução de emissões de metano por meio de sua recuperação e utilização no tratamento de resíduos, bem como na produção, no transporte e na distribuição de energia.

Além disso, as partes devem procurar limitar ou reduzir as emissões de gases de efeito estufa não controlados pelo Protocolo de Montreal originárias de combustíveis do transporte aéreo e marítimo internacional, conduzindo o trabalho pela Organização de Aviação Civil Internacional e pela Organização Marítima Internacional, respectivamente.

As partes devem, individual ou conjuntamente, assegurar que suas emissões antrópicas agregadas, expressas em dióxido de carbono equivalente, com vistas a reduzir suas emissões totais desses gases em pelo menos 5% abaixo dos níveis de 1990 no período de compromisso de 2008 a 2012. Para isso, os países poderão comprar créditos de outras nações que possuam projetos de Mecanismo de Desenvolvimento Limpo (MDL), o conhecido Crédito de Carbono.

Como o protocolo já foi inserido no ordenamento jurídico brasileiro, foi possível a criação de mercado de carbono, podendo haver a participação do setor privado e de outros atores, tais como: a União, os Estados, os Municípios e o Distrito Federal. A criação de mercado de carbono é válida, inclusive sendo operacionalizado em bolsa de valores aberta a atores privados.

REFERÊNCIAS

BELTRÃO, Antônio Figueiredo Guerra. *Curso de Direito Ambiental*. 2. ed. Rio de Janeiro: Método, 2014.

FIORILLO, Celso Antônio Pacheco. *Curso de Direito Ambiental Brasileiro*. 17. ed. São Paulo: Saraiva, 2017.

MACHADO, Paulo Affonso Leme. *Direito Ambiental Brasileiro*. 25. ed. São Paulo: Malheiros, 2017.

SIRVINSKAS, Luís Paulo. *Manual de Direito Ambiental*. 15. ed. São Paulo: Saraiva, 2017.

Acesse o *QR Code* e aproveite os conteúdos elaborados para você!
■ BIZU OAB
■ TOP 10
http://uqr.to/1wcg6

Questões
Direito Ambiental

Acesse o *QR Code* e consulte as questões comentadas dos exames anteriores.
http://uqr.to/1wcg5

SISTEMA NACIONAL DE UNIDADES DE CONSERVAÇÃO

1. (40º Exame) Município Alfa criou regularmente uma Unidade de Conservação (UC), por meio de decreto do Prefeito. Três anos depois, mediante a realização de novos estudos técnicos e de consulta pública, o chefe do Executivo municipal se convenceu de que deveria reduzir os limites geográficos da Unidade de Conservação. Sabendo que o Prefeito está prestes a assinar novo decreto promovendo a supressão e a desafetação de uma parte dessa Unidade de Conservação, um grupo de ambientalistas procurou você como advogado(a). Nesse contexto, assinale a opção que apresenta, corretamente, sua orientação acerca do novo decreto.

(A) O decreto em questão não pode ser considerado válido, pois quaisquer alterações na UC devem ser precedidas de autorização dos órgãos ambientais estadual e federal.
(B) Não há qualquer mácula no aludido decreto, uma vez que foram realizados novos estudos técnicos e consulta pública, que são imprescindíveis para quaisquer alterações na UC.
(C) É inviável a alteração pretendida por decreto, haja vista que a desafetação ou redução dos limites de uma Unidade de Conservação só pode ser feita mediante lei específica.
(D) O decreto em análise está em consonância com o ordenamento jurídico, na medida em que, se a criação da UC se deu por tal via, sua redução pode ser realizada pelo mesmo instrumento normativo.

RESPOSTA A resposta dessa questão está no art. 225, § 1º, III, da Constituição Federal que dispõe: "Todos têm direito ao meio ambiente ecologicamente equilibrado, bem de uso comum do povo e essencial à sadia qualidade de vida, impondo-se ao Poder Público e à coletividade o dever de defendê-lo e preservá-lo para as presentes e futuras gerações. § 1º Para assegurar a efetividade desse direito, incumbe ao Poder Público: (...) III – definir, em todas as unidades da Federação, espaços territoriais e seus componentes a serem especialmente protegidos, sendo a alteração e a supressão permitidas somente através de lei, vedada qualquer utilização que comprometa a integridade dos atributos que justifiquem sua proteção". (A) O decreto não é válido, mas não pelos motivos indicados. (B) O decreto não tem validade, afinal, qualquer redução de limites numa unidade de conservação somente pode ser feita através de Lei. (C) Resposta correta, conforme art. 225, § 1º, III, da Constituição Federal. (D) O decreto não está em consonância com o ordenamento jurídico, afinal, mesmo tendo sido criada por decreto, a redução dos limites de uma unidade de conservação somente pode ser feita através de Lei. *Alternativa C*.

2. (36º Exame) A sociedade empresária Gama requereu licença ambiental para empreendimento da área de petróleo e gás natural, com significativo impacto ambiental, assim considerado pelo órgão ambiental competente, com fundamento no estudo de impacto ambiental e respectivo relatório – EIA/RIMA, apresentados pelo próprio empreendedor no curso do processo de licenciamento. Preenchidos os requisitos legais, o órgão ambiental concedeu a licença ambiental com uma série de condicionantes, entre elas, a obrigação do empreendedor de apoiar a implantação e a manutenção de determinada unidade de conservação do grupo de proteção integral. Para tanto, observado o grau de impacto ambiental causado pelo empreendimento licenciado e, de acordo com critérios técnicos, legais e jurisprudenciais, foi regularmente arbitrado pelo órgão licenciador o montante de dez milhões de reais a ser destinado pelo empreendedor para tal finalidade. No caso em tela, de acordo com a Lei n. 9.985/2000, a condicionante descrita é uma obrigação que visa à

(A) mitigação ambiental.
(B) compensação ambiental.
(C) punição por dano ambiental.
(D) inibição por dano ambiental.

RESPOSTA A Lei n. 9.985/2000 dispõe em seu art. 36: "Nos casos de licenciamento ambiental de empreendimentos de significativo impacto ambiental, assim considerado pelo órgão ambiental competente, com fundamento em estudo de impacto ambiental e respectivo relatório – EIA/RIMA, **o empreendedor é obrigado a apoiar a implantação e manutenção de unidade de conservação do Grupo de Proteção Integral**, de acordo com o disposto neste artigo e no regulamento desta Lei". Já o regulamento dela, que é o Decreto n. 4.340/2002 dispõe em seu art. 31: "Para os fins de fixação da **compensação ambiental** de que trata o art. 36 da Lei n. 9.985, de 2000, o Instituto Brasileiro do Meio Ambiente e dos Recursos Naturais Renováveis – IBAMA estabelecerá o grau de impacto a partir de estudo prévio de impacto ambiental e respectivo relatório – EIA/RIMA, ocasião em que considerará, exclusivamente, os impactos ambientais negativos sobre o meio ambiente". *Alternativa B.*

LICENCIAMENTO AMBIENTAL

3. (40º Exame) A sociedade empresária Gama requereu licença ambiental para empreender um aterro sanitário. O processo de licenciamento ambiental tramita no órgão licenciador competente. No curso do procedimento, observadas as cautelas legais necessárias, o licenciador deferiu licença na fase inicial do planejamento do empreendimento, aprovando sua localização e concepção, atestando a viabilidade ambiental e estabelecendo os requisitos básicos e condicionantes a serem atendidos nas próximas fases de sua implementação. Registre-se que tal licença foi deferida isoladamente, diante da natureza, das características e da fase do empreendimento. O caso em tela, de acordo com a Resolução CONAMA n. 237/1997, trata de licença

(A) prévia, que será sucedida, na próxima etapa do licenciamento, pela licença de instalação, que autorizará a instalação do empreendimento de acordo com as especificações constantes dos planos, programas e projetos aprovados.

(B) de instalação, que será sucedida, na próxima etapa do licenciamento, pela licença de operação, que autorizará a operação da atividade ou do empreendimento, após a verificação do efetivo cumprimento do que consta das licenças anteriores, com as medidas de controle ambiental e os condicionantes determinados para a operação.

(C) de funcionamento, que foi precedida pela licença ambiental simplificada, que autorizará o início dos estudos ambientais, em especial, a elaboração do estudo prévio de impacto ambiental e seu correlato relatório de impacto ambiental.

(D) de operação, que foi precedida pela licença de instalação, que autorizará a execução das medidas mitigatórias previstas no estudo de impacto ambiental e a instalação do empreendimento de acordo com as especificações constantes dos planos, programas e projetos aprovados.

RESPOSTA A resposta dessa questão está no art. 8º da Resolução n. 237/97 do CONAMA. Como o órgão licenciador deferiu licença na fase inicial do planejamento do empreendimento, aprovando sua localização e concepção, atestando a viabilidade ambiental e estabelecendo os requisitos básicos e condicionantes a serem atendidos nas próximas fases de sua implementação, isso são características de uma Licença Prévia, conforme texto: "Art. 8º O Poder Público, no exercício de sua competência de controle, expedirá as seguintes licenças: I – Licença Prévia (LP) – concedida na fase preliminar do planejamento do empreendimento ou atividade aprovando sua localização e concepção, atestando a viabilidade ambiental e estabelecendo os requisitos básicos e condicionantes a serem atendidos nas próximas fases de sua implementação; II – Licença de Instalação (LI) – autoriza a instalação do empreendimento ou atividade de acordo com as especificações constantes dos planos, programas e projetos aprovados, incluindo as medidas de controle ambiental e demais condicionantes, da qual constituem motivo determinante; III – Licença de Operação (LO) – autoriza a operação da atividade ou empreendimento, após a verificação do efetivo cumprimento do que consta das licenças anteriores, com as medidas de controle ambiental e condicionantes determinados para a operação". (A) Resposta correta, de acordo com o artigo acima indicado. (B) Não se trata da licença de instalação, conforme texto acima indicado. (C) Não se trata da licença de funcionamento, conforme texto acima indicado. Nem existe essa licença (com esse nome) prevista na Resolução n. 237/97 do CONAMA. (D) Não se trata da licença de instalação, conforme texto acima indicado. *Alternativa A.*

4. (37º Exame) Diante do crescimento desordenado de determinado bairro da zona sul da cidade Alfa, a associação de moradores local vem realizando reuniões periódicas para traçar o diagnóstico urbanístico atual e verificar as medidas que podem ser adotadas. Durante as reuniões, a citada associação verificou que tal expansão urbana causou adensamento populacional, geração de tráfego e demanda por transporte público, desvalorização imobiliária e insuficiência dos equipamentos urbanos e comunitários, sem qualquer planejamento do Município, sobretudo em matéria de meio ambiente artificial. Contratado como advogado(a) da associação de moradores, você informou que, em tema de instrumentos da política urbana, o Estatuto da Cidade (Lei n. 10.257/2001) prevê que lei municipal definirá os empreendimentos e atividades

(A) privados em área urbana, que dependerão de elaboração de estudo prévio de impacto ambiental (EIA) para obter quaisquer licenças ou autorizações de construção, ampliação ou funcionamento, a cargo do Poder Público municipal, excluída a exigência de EIA quando o empreendedor for ente público.

(B) licitamente instalados no âmbito municipal, desde que compatíveis com o plano diretor, que é parte integrante do processo de planejamento municipal, não podendo o plano plurianual, as diretrizes orçamentárias e o orçamento anual incorporar as diretrizes e as prioridades nele contidas.

(C) legalmente licenciados no âmbito municipal, desde que compatíveis com o plano diretor, cuja elaboração prescindirá de promoção de audiências públicas e debates com a participação da população e de associações representativas dos vários segmentos da comunidade.

(D) privados ou públicos em área urbana, que dependerão de elaboração de estudo prévio de impacto de vizinhança (EIV) para obter as licenças ou autorizações de construção, ampliação ou funcionamento, a cargo do Poder Público municipal.

RESPOSTA A resposta dessa questão está no art. 36 da Lei n. 10.257/2001 que dispõe: Art. 36. Lei municipal definirá os empreendimentos e atividades privados ou públicos em área urbana que dependerão de elaboração de estudo prévio de impacto de vizinhança (EIV) para obter as licenças ou autorizações de construção, ampliação ou funcionamento a cargo do Poder Público municipal. (A) não há diferença se a obra é particular ou pública, ou seja, não há isenção da exigência do EIA por conta de a obra ser pública; (B) o plano plurianual pode incorporar as diretrizes nele contidas; (C) a audiência pública, quando obrigatória, não pode ser dispensada. *Alternativa D.*

DIREITO AMBIENTAL NA CONSTITUIÇÃO FEDERAL

5. (38º Exame) Tramita na Câmara do Município Alfa projeto de lei que dispõe sobre proteção ao meio ambiente no âmbito de seu território, observado o interesse local. Sabe-se que o projeto de lei está harmônico com a disciplina legislativa estadual e federal atualmente vigente. No caso em tela, em matéria de competência legislativa ambiental, de acordo com a CRFB/88, é correto afirmar que o projeto de lei, em tese

(A) ofende a Carta Magna, porque compete à União legislar privativamente sobre proteção ao meio ambiente, observadas as premissas constitucionais.
(B) é incompatível com a Carta Magna, porque compete à União, aos Estados e ao Distrito Federal legislar privativamente sobre proteção ao meio ambiente.
(C) não viola a Carta Magna, porque o Município possui competência suplementar à da União e à dos Estados para legislar sobre proteção ao meio ambiente, no limite do seu interesse local e desde que tal regramento seja harmônico com a disciplina estabelecida pelos demais entes federados.
(D) não afronta a Carta Magna, porque o Município possui competência concorrente e não suplementar com a União e os Estados para legislar sobre proteção ao meio ambiente, de maneira que pode dispor de forma diversa e menos protetiva ao ambiente do que a disciplina estadual.

RESPOSTA Os municípios podem legislar sobre proteção do meio ambiente, com fundamento no art. 30, I, da CF, tornando os itens A e B falsos. Conforme o art. 24 da CF, a União, os Estados e o Distrito Federal podem legislar concorrentemente acerca da proteção ambiental. Os municípios possuem previsão no art. 30, I, podendo legislar em assuntos de interesse local, mas sem contrariar o determinado nas legislações federais e estaduais, caso existam. Os municípios não podem contrariar a legislação federal ou estadual no que concerne à proteção do meio ambiente. Por isso a questão afirma que o projeto de lei está harmônico com a disciplina legislativa estadual e federal atualmente vigente. *Alternativa C.*

RESPONSABILIDADE POR DANOS AO MEIO AMBIENTE

6. (35º Exame) A sociedade empresária *Beta* atua no ramo de produção de produtos agrotóxicos, com regular licença ambiental, e vem cumprindo satisfatoriamente todas as condicionantes da licença. Ocorre que, por um acidente causado pela queda de um raio em uma das caldeiras de produção, houve vazamento de material tóxico, que causou grave contaminação do solo, subsolo e lençol freático. Não obstante, a sociedade empresária tenha adotado, de plano, algumas medidas iniciais para mitigar e remediar parte dos impactos, fato é que ainda subsiste considerável passivo ambiental a ser remediado. Tendo em vista que a sociedade empresária *Beta* parou de atender às determinações administrativas do órgão ambiental competente, o Ministério Público ajuizou ação civil pública visando à remediação ambiental da área. Na qualidade de advogado(a) da sociedade empresária *Beta*, para que seu cliente decida se irá ou não celebrar acordo judicial com o MP, você lhe informou que, no caso em tela, a responsabilidade civil por danos ambiental é:

(A) afastada, haja vista que a atividade desenvolvida pelo empreendedor era lícita e estava devidamente licenciada.
(B) afastada, pois se rompeu o nexo de causalidade, diante da ocorrência de força maior.
(C) subjetiva e, por isso, diante da ausência de dolo ou culpa por prepostos da sociedade empresária, não há que se falar em obrigação de reparar o dano.
(D) objetiva e está fundada na teoria do risco integral, de maneira que não se aplicam as excludentes do dever de reparar o dano do caso fortuito e força maior.

RESPOSTA (A) e (B) A responsabilidade por danos ao meio ambiente não é afastada, seja pela licitude da atividade, seja por ocorrência de força maior. (C) A responsabilidade por danos ao meio ambiente não é subjetiva (D) Conforme o art. 14, § 1º, da Lei n. 6.938/81, que dispõe: "Sem obstar a aplicação das penalidades previstas neste artigo, é o poluidor obrigado, **independentemente da existência de culpa, a indenizar ou reparar os danos causados ao meio ambiente e a terceiros, afetados por sua atividade**". O Ministério Público da União e dos Estados terá legitimidade para propor ação de responsabilidade civil e criminal, por danos causados ao meio ambiente. Além disso, devemos lembrar que é aplicada a Teoria do Risco Integral, ou seja, não há exclusão de responsabilidade pelos casos fortuitos ou de força maior. *Alternativa D*

LICENCIAMENTO AMBIENTAL

7. (41º Exame) A Sociedade Divergente, após os procedimentos pertinentes, obteve a licença de operação para as atividades lesivas ao meio ambiente que exerce pelo prazo de dez anos. Para tanto, vem cumprindo todas as condicionantes da licença ambiental, inclusive medidas mitigadoras e compensatórias, então determinadas pelo órgão competente.

Dois anos depois da concessão da mencionada licença de operação, houve um grande avanço tecnológico, que viabiliza a drástica redução das externalidades negativas do empreendimento em questão. Por isso, foi editada uma lei que passou a exigir o emprego da nova técnica, inclusive, para as atividades já licenciadas.

Em razão disso, os representantes da mencionada pessoa jurídica consultaram a sua assessoria jurídica para dirimir as dúvidas relacionadas aos efeitos do mencionado Diploma Legal superveniente na licença regularmente obtida em momento anterior, situação em que você esclareceu, corretamente, que a exigência da nova técnica

(A) poderá condicionar apenas os empreendimentos que não tenham obtido a licença de instalação ou a de operação, não podendo, em nenhuma hipótese, afetar aquelas que tenham sido validamente concedidas.
(B) importará na anulação automática da licença de operação anteriormente concedida, independentemente de motivação do respectivo órgão competente, por se tratar de medida mais protetiva ao meio ambiente.
(C) não poderá ser aplicada em nenhuma situação em que a licença ambiental tenha sido deferida de forma válida, seja ela prévia, de instalação ou de operação, de modo que somente pode condicionar os empreendimentos que ainda não iniciaram o licenciamento ambiental.
(D) é passível de ser exigida mesmo para as situações em que há licença de operação válida, pois o órgão ambiental compe-

tente, mediante decisão motivada poderá modificar as condicionantes, suspender ou cancelar licença expedida, quando ocorrer inadequação às normas legais.

RESPOSTA (A) Mesmo licenças validamente concedidas podem ser afetadas pela nova lei. (B) Não importa em anulação automática da licença, pois somente ocorre anulação quando há vício na origem, o que não foi o caso da questão. (C) A mudança na lei poderá afetar empreendimentos com licença comedida ou em fase de licenciamento. (D) Havendo decisão motivada, poderá haver mudança de condicionantes. A Resolução n. 237/97 do CONAMA dispõe: "Art. 19. O órgão ambiental competente, mediante decisão motivada, poderá modificar os condicionantes e as medidas de controle e adequação, suspender ou cancelar uma licença expedida, quando ocorrer: I – violação ou inadequação de quaisquer condicionantes ou normas legais; II – omissão ou falsa descrição de informações relevantes que subsidiaram a expedição da licença; III – superveniência de graves riscos ambientais e de saúde". *Alternativa D.*

8. (35º Exame) Após regular processo administrativo de licenciamento ambiental, o Estado Alfa, por meio de seu órgão ambiental competente, deferiu licença de operação para a sociedade empresária Gama realizar atividade de frigorífico e abatedouro de bovinos.

Durante o prazo de validade da licença, no entanto, a sociedade empresária Gama descumpriu algumas condicionantes da licença relacionadas ao tratamento dos efluentes industriais, praticando infração ambiental. Diante da inércia fiscalizatória do órgão licenciador, o município onde o empreendimento está instalado, por meio de seu órgão ambiental competente, exerceu o poder de polícia e lavrou auto de infração em desfavor da sociedade empresária Gama.

No caso em tela, a conduta do município é

(A) lícita, pois, apesar de competir, em regra, ao órgão estadual lavrar auto de infração ambiental, o município pode lavrar o auto e, caso o órgão estadual também o lavre, prevalecerá o que foi lavrado primeiro.
(B) lícita, pois, apesar de competir, em regra, ao órgão estadual licenciador lavrar auto de infração ambiental, o município atuou legitimamente, diante da inércia do órgão estadual.
(C) ilícita, pois compete privativamente ao órgão estadual responsável pelo licenciamento da atividade lavrar auto de infração ambiental, vedada a atuação do município.
(D) ilícita, pois, apesar de competir, em regra, ao órgão estadual licenciador lavrar auto de infração ambiental, em caso de sua inércia, apenas a União poderia suplementar a atividade de fiscalização ambiental.

RESPOSTA A resposta está na LC n. 140, em seu art. 17, que dispõe que compete ao órgão responsável pelo licenciamento ou autorização, conforme o caso, de um empreendimento ou atividade, lavrar auto de infração ambiental e instaurar processo administrativo para a apuração de infrações à legislação ambiental cometidas pelo empreendimento ou atividade licenciada ou autorizada. Já o § 3º afirma que o disposto no *caput* deste artigo não impede o exercício pelos entes federativos da atribuição comum de fiscalização da conformidade de empreendimentos e atividades efetiva ou potencialmente poluidores ou utilizadores de recursos naturais com a legislação ambiental em vigor, prevalecendo o auto de infração ambiental lavrado por órgão que detenha a atribuição de licenciamento ou autorização a que se refere o *caput*. *Alternativa B.*

CRIMES AMBIENTAIS

9. (39º Exame) O engenheiro ambiental João foi contratado pelo empreendedor Alfa para coordenar uma equipe multidisciplinar durante a elaboração de estudo de impacto ambiental (EIA), referente a empreendimento que causará relevantes impactos ambientais. João também foi contratado para representar o empreendedor junto ao órgão ambiental licenciador, inclusive recebendo procuração para impulsionar o processo administrativo de requerimento de licença. Com intuito de esconder os reais impactos ambientais do empreendimento, e sem que os demais profissionais que participaram dos estudos do EIA tivessem ciência, João, de forma dolosa, elaborou e apresentou, no licenciamento ambiental, estudo de impacto ambiental parcialmente enganoso, por omissão. Diante da conduta de João, foi emitida licença ambiental sem as devidas condicionantes, de maneira que houve dano significativo ao meio ambiente, em decorrência do uso da informação incompleta e enganosa por ele apresentada ao órgão ambiental. De acordo com a Lei n. 9.605/98, em matéria de responsabilidade penal, assinale a afirmativa correta.

A) João não praticou crime ambiental, pois não existe crime ambiental omissivo, mas deve ser responsabilizado na esfera ambiental, em âmbito cível e administrativo.
B) João não realizou conduta que configure crime ambiental, pois não é o empreendedor, que deve responder, como pessoa jurídica, nas esfera criminal, cível e administrativa.
C) João cometeu crime ambiental, e a pena deve ser aumentada, porque houve dano significativo ao meio ambiente, em decorrência do uso da informação incompleta e enganosa por ele apresentada ao órgão ambiental.
D) João incorreu em crime ambiental, e a pena deve ser diminuída, porque o responsável pela elaboração e apresentação do EIA não é o empreendedor e sim, o profissional técnico.

RESPOSTA De acordo com o art. 69 da Lei n. 9.605/98 – Lei de Crimes Ambientais: "Elaborar ou apresentar, no licenciamento, concessão florestal ou qualquer outro procedimento administrativo, estudo, laudo ou relatório ambiental total ou parcialmente falso ou enganoso, inclusive por omissão: Pena – reclusão, de 3 (três) a 6 (seis) anos, e multa. § 2º A pena é aumentada de 1/3 (um terço) a 2/3 (dois terços), se há dano significativo ao meio ambiente, em decorrência do uso da informação falsa, incompleta ou enganosa". *Alternativa C.*

PRINCÍPIOS DE DIREITO AMBIENTAL

10. (39º Exame) A sociedade empresária Alfa requereu licença ambiental para empreendimento consistente em indústria de cimento que gera materiais particulados, que se instalaria em determinada zona industrial já saturada. Durante o processo de licenciamento ambiental, restou comprovado que o projeto apresentado comprometeria a capacidade de suporte da área, causando grave poluição atmosférica. Diante dos riscos e impactos já de antemão conhecidos, o órgão ambiental licenciador indeferiu o pedido de licença. Assinale a opção que indica o princípio específico que embasou a decisão de negar a licença ambiental.

(A) Precaução, que requer certeza científica conclusiva e segura sobre os impactos ambientais.
(B) Prevenção, em que o risco é previamente conhecido e existe certeza a respeito da sua ocorrência.
(C) Desenvolvimento sustentável, que se relaciona à informação científica inconclusiva quanto aos danos ambientais a serem causados.
(D) Poluidor-pagador, que evidenciou que o perigo de dano ambiental era certo com elementos seguros para concluir que a atividade é efetivamente perigosa.

RESPOSTA (A) Quando se aplica o Princípio da Precaução há incerteza científica acerca das consequências que aquela atividade possa causar ao meio ambiente e à saúde humana. (B) Considerando que os riscos foram conhecidos, aplica-se esse Princípio, sendo esse item a resposta da questão. (C) O Princípio do Desenvolvimento Sustentável não se relaciona à informação inconclusiva quanto aos danos ambientais. (D) O Princípio do Poluidor Pagador não tem qualquer relação com o indicado no item. *Alternativa B.*

OUTROS ASSUNTOS

11. (41º Exame) Gentil realiza atividade de agricultura familiar, tem um aviário e cria alguns animais, notadamente para a produção de leite. A pequena propriedade rural de Gentil vem sendo drasticamente afetada pelas alterações do entorno, de modo que o acesso à água, que já foi abundante, resta cada vez mais comprometido, configurando o contexto chamado de escassez hídrica.

Em razão disso, Gentil consultou você, como advogado(a) especializado(a) em Direito Ambiental, acerca da existência e do delineamento de uma Política Nacional de Recursos Hídricos, até mesmo para viabilizar o acesso à água fora dos limites de sua propriedade.

Com relação aos fundamentos da mencionada Política, na forma prevista na Lei n. 9.433/1997, você informou a Gentil que a legislação em vigor lhe confere o direito de continuar com suas atividades, com base na seguinte afirmativa:

(A) A água é um bem privado, de modo que pertence aos proprietários das terras em que se situam, que podem explorá-las economicamente sem autorização do Poder Público.
(B) A água, por ser um recurso ilimitado, não possui valor econômico, de modo que deve ser utilizada por todos os interessados de comum acordo.
(C) O uso prioritário dos recursos hídricos, em situações de escassez, é para o consumo humano e a dessedentação de animais.
(D) A gestão de recursos hídricos é centralizada em âmbito federal, de modo que não pode contar com a participação dos usuários e das comunidades, que, entretanto, têm o direito de exercer atividades econômicas com a utilização da água.

RESPOSTA (A) Conforme art. 1º da Lei n. 9.433/97, a água é um bem de domínio público. (B) Conforme art. 1º da Lei n. 9.433/97, a água é um recurso natural limitado, dotado de valor econômico. (C) Conforme art. 1º, III, da Lei n. 9.433/97, em casos de escassez, o uso prioritário dos recursos hídricos é o consumo humano e a dessedentação de animais. (D) Também, no mesmo artigo temos que a gestão dos recursos hídricos deve ser descentralizada e contar com a participação do Poder Público, dos usuários e das comunidades. *Alternativa C.*

12. (38º Exame) O condomínio residencial Alfa Orquídeas é constituído por diversos blocos, com médio núcleo populacional, e está localizado em zona urbana do Município Beta, situado no Estado Gama. Diante da inexistência de rede canalizada para distribuição e abastecimento de água potável na localidade, desde a recente construção do condomínio, os condôminos fazem uso de caminhões pipas. Seja pelo alto custo, seja pela escassez dos caminhões pipas, os condôminos aprovaram, por unanimidade em assembleia, que o condomínio iria proceder à construção de um poço semiartesiano, para extração de água de um aquífero subterrâneo existente no local, para fins de consumo final. Sabe-se que o citado aquífero não é de domínio da União, que não tem qualquer tipo de interesse na questão. Para agir dentro da legalidade, antes da construção do poço, o síndico do condomínio residencial Alfa Orquídeas deve requerer

(A) licença ambiental ao Instituto Brasileiro do Meio Ambiente e dos Recursos Naturais Renováveis (Ibama).
(B) licença ambiental ao órgão ambiental do Município Beta.
(C) licença de uso de recursos hídricos ao Município Beta.
(D) outorga de uso de recursos hídricos ao Estado Gama.

RESPOSTA O item A é falso porque não há necessidade de licença ambiental a ser expedida pelo IBAMA; Não havendo interesse da União, a concessão da outorga é delegada ao Estado. De acordo com a Lei Federal n. 9.433/97 o documento correto a ser obtido pelo condomínio interessado é a Outorga do Uso da Água. A mesma lei afirma, em seu art. 12, § 1º, I, que independem de outorga pelo Poder Público o uso de recursos hídricos para a satisfação das necessidades de pequenos núcleos populacionais, distribuídos no meio rural. Por isso o enunciado da questão traz que se trata de um médio núcleo populacional em área urbana, ou seja, é obrigatória a expedição de uma outorga do uso da água a ser feita pelo órgão estadual competente. *Alternativa D.*

13. (37º Exame) A sociedade empresária Alfa é fabricante e comerciante de pilhas e baterias. Em matéria de responsabilidade compartilhada pelo ciclo de vida dos produtos, com base na Política Nacional de Resíduos Sólidos, a autoridade competente vem cobrando da sociedade empresária que promova o retorno dos produtos após o uso pelo consumidor, de forma independente do serviço público de limpeza urbana e de manejo dos resíduos sólidos. O sócio administrador da sociedade empresária Alfa entendeu que a responsabilidade pela destinação final das pilhas e baterias deve ser exclusivamente do consumidor final, razão pela qual contratou você, como advogado(a), para prestar consultoria jurídica. Levando em conta o que dispõe a Lei n. 12.305/2010, você informou a seu cliente que, no caso em tela, de fato, ele está obrigado a

(A) estruturar e implementar sistema de logística reversa.

(B) instituir o sistema de coleta seletiva no âmbito do Município onde está instalada a sede social da sociedade empresária.
(C) contratar cooperativas de catadores de materiais reutilizáveis e recicláveis para recolher os produtos.
(D) recomprar os produtos usados, não podendo disponibilizar postos de entrega de resíduos reutilizáveis e recicláveis

RESPOSTA A resposta desta questão está no art. 33, II, da Lei n. 12.305/2010 que dispõe: "São obrigados a estruturar e implementar sistemas de logística reversa, mediante retorno dos produtos após o uso pelo consumidor, de forma independente do serviço público de limpeza urbana e de manejo dos resíduos sólidos, os fabricantes, importadores, distribuidores e comerciantes de: II – pilhas e baterias". *Alternativa A.*

14. (36º Exame) Pedro, proprietário de imóvel localizado em área rural, com vontade livre e consciente, executou extração de recursos minerais, consistentes em saibro, sem a competente autorização, permissão, concessão ou licença e vendeu o material para uma fábrica de cerâmica. O Ministério Público, por meio de seu órgão de execução com atribuição em tutela coletiva, visando à reparação dos danos ambientais causados, ajuizou ação civil pública em face de Pedro, no bojo da qual foi realizada perícia ambiental. Posteriormente, em razão da mesma extração mineral ilegal, o Ministério Público ofereceu denúncia criminal, deflagrando novo processo, agora em ação penal, e pretende aproveitar, como prova emprestada no processo penal, a perícia produzida no âmbito da ação civil pública. No caso em tela, de acordo com a Lei n. 9.605/98, a perícia produzida no juízo cível

(A) poderá ser aproveitada no processo penal, instaurando-se o contraditório.
(B) não poderá ser utilizada, em razão da independência das instâncias criminal, cível e administrativa.
(C) não poderá ser aproveitada no processo criminal, eis que é imprescindível um laudo pericial produzido pela Polícia Federal, para fins de configuração da existência material do delito.
(D) poderá ser aproveitada na ação penal, mas apenas pode subsistir uma condenação judicial final, para evitar o *bis in idem.*

RESPOSTA A Lei de Crimes Ambientais, Lei n. 9.605/98, dispõe em seu art. 19: "A perícia de constatação do dano ambiental, sempre que possível, fixará o montante do prejuízo causado para efeitos de prestação de fiança e cálculo de multa. Parágrafo único. A perícia produzida no inquérito civil ou no juízo cível poderá ser aproveitada no processo penal, instaurando-se o contraditório". *Alternativa A.*

Direito Civil

Felipe Soares Torres

Mestre em Ciências Jurídico-Civilísticas pela Faculdade de Direito da Universidade de Coimbra – Portugal. Pós-Graduado (Especialização *Lato Sensu*) em Direito da Família e das Pessoas pela Faculdade de Direito da Universidade de Coimbra-Portugal. Pós-Graduado (Especialização *Lato Sensu*) em Proteção dos Menores pela Faculdade de Direito da Universidade de Coimbra-Portugal. Pós-Graduado (Especialização *Lato Sensu*) em Direito Público pela Escola Superior da Magistratura de Pernambuco. Pós-Graduado (Especialização *Lato Sensu*) em Direito Civil pela Universidade Anhanguera-SP. Professor de Direito Civil em graduação e em diversos cursos preparatórios para OAB e para concursos públicos no Brasil. Milita na advocacia voltada ao Direito Civil. Palestrante e editor do *blog Curso Direito Civil OAB*. Siga no Instagram: @_felipeetorres.

Marcelo Hugo da Rocha

Graduado em Psicologia (Atitus Educação). Graduado em Direito (PUCRS). Especialista em Direito Empresarial (PUCRS). Mestre em Direito (PUCRS). Especialista em Psicologia Positiva e *Coaching* (Faculdade UNYLEYA). Psicólogo. Professor. Advogado. Coordenador, autor e coautor de mais de cem obras. Destaque para as coleções: Completaço® Passe na OAB e Completaço® Passe em Concursos Públicos, ambas publicadas pelo Selo Saraiva Jur. Instagram: @profmarcelohugo; *site*: www.marcelohugo.com.br

Sumário

1. TEORIA GERAL DO DIREITO CIVIL: 1.1 Personalidade e capacidade; 1.2 Direitos da personalidade; 1.3 Fim da personalidade; 1.4 Dos bens; 1.5 Dos fatos e atos jurídicos; 1.6 Dos defeitos dos negócios jurídicos; 1.7 Da invalidade dos negócios jurídicos; 1.8 Da prescrição e da decadência – 2. OBRIGAÇÕES: 2.1 Linhas gerais; 2.2 Modalidades das obrigações; 2.3 Teoria do adimplemento; 2.4 Transmissão das obrigações; 2.5 Inadimplemento obrigacional – 3. DIREITO CONTRATUAL: 3.1 Linhas gerais; 3.2 Classificação dos contratos; 3.3 Princípios do direito contratual; 3.4 Vício redibitório; 3.5 Evicção; 3.6 Extinção dos contratos; 3.7 Contratos em espécie; 3.8 Dos atos unilaterais – 4. RESPONSABILIDADE CIVIL: 4.1 Linhas gerais; 4.2 Elementos da responsabilidade civil; 4.3 Excludente de responsabilidade civil – 5. DIREITO DAS COISAS: 5.1 Linhas gerais; 5.2 Posse; 5.3 Direitos reais – 6. DIREITO DAS FAMÍLIAS: 6.1 Espécies de família; 6.2 Parentesco; 6.3 Casamento; 6.4 União estável; 6.5 Filiação; 6.6 Poder familiar; 6.7 Alimentos; 6.8 Tutela, curatela e tomada de decisão apoiada – 7. DIREITOS DAS SUCESSÕES: 7.1 Linhas gerais; 7.2 Sucessão testamentária e legítima; 7.3 Aceitação e renúncia da herança; 7.4 Excluídos da sucessão: indignidade e deserdação; 7.5 Herança jacente e herança vacante; 7.6 Da petição de herança; 7.7 Da sucessão legítima; 7.8 Da sucessão testamentária; 7.9 Inventário e partilha – REFERÊNCIAS; QUESTÕES.

1. TEORIA GERAL DO DIREITO CIVIL

O Código Civil brasileiro (CC) é dividido em parte geral e parte especial. Essas são subdivididas em livros. A parte geral possui três livros: Das Pessoas; Dos Bens e Dos Fatos Jurídicos. A parte especial possui seis livros: Do Direito das Obrigações; Do Direito de Empresa; Do Direito das Coisas; Do Direito de Família; Do Direito das Sucessões e o Livro Complementar das Disposições Finais e Transitórias.

1.1 Personalidade e capacidade

Personalidade é a aptidão genérica para adquirir direitos e contrair obrigações. Nesse sentido, o art. 1º do CC estabelece que toda pessoa é capaz de direitos e deveres na ordem civil. As pessoas são divididas em pessoas naturais e pessoas jurídicas. A personalidade civil da pessoa natural começa do nascimento com vida; mas a lei põe a salvo, desde a concepção, os direitos do nascituro (art. 2º do CC). Cumpre destacar que o ordenamento jurídico brasileiro não exige que a vida seja viável para a aquisição da personalidade.

No ordenamento jurídico pátrio existe uma verdadeira simbiose entre a personalidade e a capacidade. Com efeito, capacidade é a maior ou menor extensão dos direitos de uma pessoa, ou seja, é a medida da personalidade. Existem duas espécies de capacidade:

a) De direito ou de gozo: confunde-se com personalidade. Todos possuem.
b) De fato ou de exercício: é a aptidão de exercer pessoalmente os atos da vida civil.

Como contraponto ao instituto da capacidade, temos as incapacidades. Incapacidade é a restrição legal ao exercício de certos atos da vida civil. No direito brasileiro, existe somente a incapacidade de fato (ou de exercício). Dentro dessa perspectiva, a incapacidade divide-se em:

- **Incapacidade absoluta**

Traz como consequência a proibição total do exercício, por si só, do direito. Após a elaboração do Estatuto da Pessoa com Deficiência (Lei n. 13.146/2015), só são absolutamente incapazes de exercer pessoalmente os atos da vida civil os menores de 16 anos (art. 3º do CC).

Obs.: o indivíduo absolutamente incapaz deverá praticar o ato por meio do seu representante, sob pena de nulidade (arts. 166, I, e 1.634, VII, do CC).

- **Incapacidade relativa**

Os relativamente incapazes estão em uma zona intermediária entre a incapacidade total e a capacidade plena. De acordo com o art. 4º do CC, são incapazes relativamente a certos atos, ou à maneira de os exercer:

1) os maiores de 16 e menores de 18 anos;
2) os ébrios habituais e os viciados em tóxico;
3) aqueles que, por causa transitória ou permanente, não puderem exprimir sua vontade;
4) os pródigos.

Obs.: o indivíduo relativamente incapaz deverá praticar o ato assistido por seu representante, sob pena de anulabilidade (arts. 171, I, e 1.634, VII, do CC).

A incapacidade cessa quando deixar de existir a sua causa (completar 18 anos ou se curar da enfermidade, por exemplo). Outra causa que põe fim a incapacidade é a emancipação. Emancipar é obter a capacidade civil antes da idade legal. É um ato irrevogável e definitivo, apresentando-se sob três formas:

1.2 Direitos da personalidade

O Código Civil passou a tratar dos direitos da personalidade nos arts. 11 a 21. Destaca-se que a tutela de direitos dessa natureza não é uma total novidade no sistema jurídico nacional, visto que a Constituição Federal (CF) enumerou os direitos fundamentais postos à disposição das pessoas.

Com efeito, direitos da personalidade são direitos subjetivos que possuem por objeto os bens e valores essenciais da pessoa, no seu aspecto físico, moral e intelectual. Nesse sentido, na IV Jornada de Direito Civil, foi aprovado o Enunciado 274 do Conselho da Justiça Federal (CJF)/STJ, o qual consagra que: "Os direitos da personalidade, regulados de maneira não exaustiva pelo Código Civil, são expressões da cláusula geral de tutela da pessoa humana, contida no art. 1º, III, da Constituição (princípio da dignidade da pessoa humana). Em caso de colisão entre eles, como nenhum pode sobrelevar os demais, deve-se aplicar a técnica da ponderação". Mister acrescentar que o rol do Código Civil é meramente exemplificativo.

Como principais características podemos afirmar que os direitos da personalidade, salvo disposição legal, são intransmissíveis e irrenunciáveis, não podendo o seu exercício sofrer limitação voluntária (art. 11 do CC).

Obs.: aplica-se às pessoas jurídicas, no que couber, a proteção dos direitos da personalidade.

Dentre os direitos da personalidade, está o direito da individualização. Ou seja, a pessoa natural tem o direito de ser indivíduo, pessoa única. Os elementos jurídicos que individualizam a pessoa são o nome, o estado de pessoa e o domicílio.

I – **Nome:** dividido em prenome, patronímico, agnome e alcunha. O nome da pessoa não pode ser empregado por outrem em publicações ou representações que a exponham ao desprezo público, ainda quando não haja intenção difamatória (art. 17 do CC). Ademais, o pseudônimo adotado para atividades lícitas goza da proteção que se dá ao nome (art. 19 do CC).

O prenome, que comumente chamamos de nome, é definitivo, salvo algumas exceções:

a) acréscimo de apelidos notórios;
b) serviço de proteção à testemunha/vítima;
c) em caso de evidente erro gráfico;
d) em caso de prenome que exponha a pessoa ao ridículo;
e) adoção.

O patronímico, também chamado de sobrenome, é aquele que vincula a pessoa dentro da família.

O agnome é a partícula acrescida ao nome de homônimos da mesma família. Ex.: Júnior, Neto, Filho.

A alcunha é o apelido notório.

II – **Estado civil:** consiste na qualificação destinada a caracterizar a posição jurídica da pessoa no meio social e se caracteriza por ser indivisível, indisponível, imprescritível, irrenunciável e se apresenta sob três aspectos:
- Político: nacional ou estrangeiro;
- Familiar: conjugal e parentesco;
- Individual: capaz ou incapaz.

III – **Domicílio:** é o lugar onde a pessoa estabelece a sua residência (elemento objetivo) com ânimo definitivo (elemento subjetivo). O Código Civil permite a pluralidade de domicílios. Para tanto, basta que a pessoa tenha diversas residências onde alternadamente viva (art. 71 do CC). Além do que, nosso sistema consagra a existência de duas espécies de domicílio:

a) Voluntário: é aquele estabelecido pelo indivíduo, podendo ser geral, se fixado livremente, e especial, se fixado com base no contrato (foro de eleição).

b) Necessário: é aquele imposto pela lei a determinadas pessoas em razão de sua condição ou situação.

1.3 Fim da personalidade

A personalidade civil da pessoa natural se inicia com o nascimento com vida. No entanto, a existência da pessoa natural termina com a morte. A doutrina consagra a existência de quatro espécies de morte:

I – **Morte real:** ocorre com o diagnóstico de paralisação da atividade encefálica (art. 3º da Lei n. 9.434/97), sendo comprovada pela certidão de óbito.

II – **Morte simultânea (comoriência):** dois ou mais indivíduos falecem na mesma ocasião (não precisa ser no mesmo local), não se podendo averiguar qual deles morreu primeiro, nesse caso, presumir-se-ão simultaneamente mortos (art. 8º do CC). A consequência prática da comoriência é que um comoriente não herda do outro.

III – Morte civil: tipo de morte existente na Idade Média e na Idade Moderna especialmente para os condenados a penas perpétuas. As mencionadas pessoas, embora estivessem vivas, eram privadas de direitos civis e consideradas mortas para o mundo. Afirma-se que há um resquício de morte civil na indignidade, quando o indigno é tratado como se morto fosse antes da abertura da sucessão.

IV – Morte presumida: não há corpo, mas existem circunstâncias em que se presume que a pessoa não esteja mais viva. A morte presumida pode ser:

a) Sem a declaração de ausência: o art. 7º do CC permite a declaração de morte presumida sem declaração de ausência em duas hipóteses:

- se for extremamente provável a morte de quem estava em perigo de vida;
- se alguém, desaparecido em campanha ou feito prisioneiro, não for encontrado até dois anos após o término da guerra.

Obs.: a declaração da morte presumida, nesses casos, somente poderá ser requerida depois de esgotadas as buscas e averiguações, devendo a sentença fixar a data provável do falecimento.

b) Com a declaração de ausência: encontra-se expresso no art. 22 do CC que desaparecendo uma pessoa do seu domicílio sem dela haver notícia, se não houver deixado representante ou procurador a quem caiba administrar-lhe os bens, o juiz, a requerimento de qualquer interessado ou do Ministério Público, declarará a ausência, e nomear-lhe-á curador.

Também se declarará a ausência, e se nomeará curador, segundo o art. 23, quando o ausente deixar mandatário que não queira ou não possa exercer ou continuar o mandato, ou se os seus poderes forem insuficientes.

Logo, verifica-se que a ausência é outra hipótese de morte presumida, decorrente do desaparecimento da pessoa natural, sem deixar corpo presente. O Código Civil simplificou as regras no que se refere à ausência, caso em que há uma presunção relativa (*iuris tantum*) quanto à existência da morte da pessoa natural. Lembre-se de que o procedimento de ausência, para o direito civil, busca tão somente resguardar o patrimônio do ausente, declarar a morte presumida e transferir o patrimônio para os herdeiros. Quem se preocupa em "procurar" o ausente são os outros ramos do direito.

Três são as fases relativas à declaração de ausência, que se dá por meio de ação judicial.

Efeitos do fim da personalidade: dissolução do vínculo conjugal; extinção do poder familiar; extinção da obrigação de prestar alimentos; extinção dos contratos personalíssimos; extinção do usufruto etc.

1.4 Dos bens

Bens são coisas materiais ou imateriais, úteis ao homem e de expressão econômica, suscetíveis de apropriação. O Código Civil divide a classificação dos bens em três grandes grupos:

I – Dos bens considerados em si mesmos:

a) Bens imóveis e móveis: são bens imóveis o solo e tudo quanto se lhe incorporar natural ou artificialmente (art. 79 do CC). Os bens imóveis podem ser divididos em:

Imóveis por natureza: solo com a sua superfície, o espaço aéreo e o subsolo.

Imóveis por acessão natural: é tudo o que se adere naturalmente ao solo. Estão nessa categoria as árvores e os frutos pendentes.

Obs.: as árvores plantadas em vasos são bens móveis, porque são removíveis.

Imóveis por acessão artificial: acessão artificial (ou industrial) é tudo quanto o homem incorporar permanentemente ao solo, como as edificações e construções.

Obs.: não perdem o caráter de imóveis as edificações que, separadas do solo, mas conservando a sua unidade, forem removidas para outro local e os materiais provisoriamente separados de um prédio, para nele se reempregarem (art. 81 do CC).

Imóveis por determinação legal: são os direitos reais sobre imóveis e as ações que o asseguram e o direito à sucessão aberta (art. 80 do CC).

De outro modo, bens móveis são aqueles suscetíveis de movimento próprio, ou de remoção por força alheia, sem alteração da substância ou da destinação econômico-social (art. 82 do CC). Os bens móveis podem ser divididos em:

Móveis por natureza: subdividem-se em bens móveis propriamente ditos (os que admitem remoção por força alheia, sem dano, como os objetos inanimados) e os semoventes (os que se movem por força própria, como os animais).

Móveis por determinação legal: as energias que tenham valor econômico; os direitos reais sobre objetos móveis e as ações correspondentes; os direitos pessoais de caráter patrimonial e respectivas ações (art. 83 do CC).

Obs.: incluem-se nesse rol o fundo de comércio, as quotas e as ações de sociedades empresárias, os direitos do autor e os créditos em geral.

Móveis por antecipação: são bens incorporados ao solo, mas com a intenção de separá-los oportunamente e convertê-los em móveis. Ex.: as árvores destinadas ao corte.

b) Bens fungíveis ou infungíveis

Fungíveis: são os bens MÓVEIS que podem ser substituídos por outros da mesma espécie, qualidade e quantidade.

Infungíveis: são bens que NÃO podem ser substituídos por outros da mesma espécie, qualidade e quantidade.

c) Bens consumíveis ou inconsumíveis

Consumíveis: bens móveis cujo uso importa em destruição imediata da coisa.

Obs.: também são considerados consumíveis os bens destinados à alienação.

Inconsumíveis: são aqueles que admitem o uso reiterado, sem destruição da sua substância.

d) Bens divisíveis e indivisíveis

Divisíveis: são os que se podem fracionar sem alteração na sua substância, diminuição considerável de valor, ou prejuízo do uso a que se destinam (art. 87 do CC).

Indivisíveis: são os bens que NÃO se pode fracionar em porções reais e distintas. A indivisibilidade pode resultar da lei ou da natureza do bem.

Bem indivisível por natureza: a indivisibilidade é física ou material. É aquele que, se for dividido, perde a característica do todo, a exemplo de um animal.

Bem indivisível por determinação legal: existem alguns bens que por natureza talvez fossem considerados divisíveis, entretanto, a lei os torna indivisíveis, a exemplo das servidões ou hipotecas.

Bem indivisível por vontade das partes (convencional): nesse caso, o acordo firmado entre as partes tornará a coisa comum indivisa, a exemplo do condomínio que pode ficar indiviso por prazo não superior a cinco anos, suscetível de prorrogação ulterior (art. 1.320, § 1º, do CC).

e) Bens singulares ou coletivos

Bens singulares: são os bens que, embora reunidos, consideram-se de *per si*, independentemente dos demais (art. 89 do CC).

Bens coletivos ou universais: são constituídos pela união de várias coisas singulares. As UNIVERSALIDADES podem ser de FATO (pluralidade de bens singulares que tenham uma destinação unitária, ex.: alcateia, biblioteca) ou de DIREITO (complexo de relações jurídicas de uma pessoa dotadas de valor econômico, ex.: herança, patrimônio).

II – Dos bens reciprocamente considerados:

Bem principal: é o bem que existe sobre si, abstrata ou concretamente. Não depende de outro para existir.

Bem acessório: aquele cuja existência supõe a do principal. Como exemplo, pode-se afirmar que o solo é um bem principal (existe por si só) e a árvore plantada é um bem acessório, pois a sua existência supõe a do solo.

Na **classe dos bens acessórios** estão incluídos:

a) Frutos: são bens acessórios renováveis que quando utilizados ou separados da coisa não acarretam a extinção parcial do bem principal.

b) Produtos: são bens acessórios não renováveis. Exaurem-se com o uso, pois extinguem, ainda que parcialmente, a própria fonte.

Obs.: apesar de ainda não separados do bem principal, os frutos e produtos podem ser objeto de negócio jurídico (art. 95 do CC).

c) Benfeitorias: são obras ou despesas feitas em uma coisa já existente. As benfeitorias podem ser de três tipos:

Necessárias: são aquelas benfeitorias destinadas a conservar a coisa ou evitar a sua deterioração. Ex.: um reparo no telhado.

Úteis: são as benfeitorias que aumentam ou facilitam o uso da coisa. Ex.: a construção de uma rampa.

Voluptuárias: são as benfeitorias de mero deleite ou recreio. Ex.: a construção de um mirante ou de uma piscina.

d) Pertenças: são os bens que, não constituindo partes integrantes, se destinam, de modo duradouro, ao uso, ao serviço ou ao aformoseamento de outro (art. 93 do CC).

Os negócios jurídicos que dizem respeito ao bem principal não abrangem as pertenças, salvo se o contrário resultar da lei, da manifestação de vontade, ou das circunstâncias do caso (art. 94 do CC).

Obs.: de modo geral, os bens acessórios seguem o princípio da gravitação jurídica, o qual estabelece que os bens acessórios possuem a mesma sorte dos bens principais.

III – Dos bens públicos:

Bens públicos: são públicos os bens do domínio nacional pertencentes às pessoas jurídicas de direito público interno.

Bens particulares: os bens particulares são definidos por exclusão como todos os demais, seja qual for a pessoa a que pertencerem (art. 98 do CC).

Os bens públicos dividem-se em:

a) Bens públicos de uso comum do povo: são os que podem ser utilizados por qualquer um do povo, sem formalidades. Ex.: rios, mares, estradas, ruas e praças. Os bens públicos de uso comum do povo são inalienáveis, enquanto conservarem a sua qualificação, na forma que a lei determinar.

b) Bens públicos de uso especial: são os que se destinam especialmente à execução de serviços públicos. Ex.: edifícios ou terrenos destinados a serviço ou estabelecimento da administração federal, estadual, territorial ou municipal, inclusive os de suas autarquias. Os bens públicos de uso especial são inalienáveis, enquanto conservarem a sua qualificação, na forma que a lei determinar.

c) Bens públicos dominicais: são os que constituem o patrimônio das pessoas jurídicas de direito público, como objeto de direito pessoal, ou real, de cada uma dessas entidades. Os bens dominicais não estão afetados a finalidade pública específica e podem ser alienados observadas as exigências legais (art. 101 do CC).

Obs.: nenhum bem público pode ser adquirido por usucapião.

1.5 Dos fatos e atos jurídicos

Para uma boa compreensão do direito privado, os conceitos de fato jurídico, ato jurídico e negócio jurídico são fundamentais. Nesse sentido, veja o quadro explicativo a seguir:

De todos os conceitos sinteticamente mencionados na tabela acima, entendemos por bem enfatizar o dos negócios jurídicos. **Negócio jurídico** é o ato jurídico em que existe por parte do homem a intenção específica de gerar efeitos jurídicos, ou seja, visa modificar, adquirir, resguardar, transmitir ou extinguir direitos. A expressão tem origem na construção da negação do ócio (*neg + otium*). O exemplo típico de negócio jurídico é o contrato.

O art. 104 do CC estabelece os requisitos de validade do negócio jurídico. Estes elementos são indispensáveis, na qual a ausência de qualquer um deles torna o negócio jurídico inválido.

- **Elementos subjetivos:** capacidade e manifestação da vontade.
- **Elementos objetivos:** licitude, possibilidade e determinação.
- **Elementos formais:** forma prescrita em lei ou não defesa em lei.

Obs.: de modo geral, no âmbito do direito privado prepondera o princípio da liberdade das formas, ou seja, a validade da declaração de vontade não dependerá de forma especial, senão quando a lei expressamente a exigir (art. 107 do CC). Porém, tratando-se de aquisição imobiliária, em virtude da relevância social, o legislador definiu no art. 108 do CC, que não dispondo a lei em contrário, a escritura pública é essencial à validade dos negócios jurídicos que visem à constituição, transferência, modificação ou renúncia de direitos reais sobre imóveis de valor superior a trinta vezes o maior salário mínimo vigente no País.

O legislador pátrio também se preocupou com os elementos que norteiam a eficácia dos negócios jurídicos. Esses elementos são acidentais, ou seja, podem ou não estar presentes no negócio jurídico, materializando declarações acessórias de vontade. Os três principais elementos que norteiam a eficácia de um negócio jurídico são: condição, termo e encargo (ou modo). As principais características destes institutos estão sintetizadas no quadro comparativo abaixo:

CONDIÇÃO	TERMO	ENCARGO OU MODO
Considera-se condição a cláusula que, derivando exclusivamente da vontade das partes, subordina o efeito do negócio jurídico a evento futuro e incerto.	Evento futuro e certo.	Ônus que norteia uma liberalidade.
Suspende (condição suspensiva) ou resolve (condição resolutiva) os efeitos do negócio jurídico.	Suspende (termo inicial) ou resolve (termo final) os efeitos do negócio jurídico.	O encargo não suspende a aquisição nem o exercício do direito, salvo quando expressamente imposto no negócio jurídico, pelo disponente, como condição suspensiva.

Obs.: ao titular do direito eventual, nos casos de condição suspensiva ou resolutiva, é permitido praticar os atos destinados a conservá-lo (art. 130 do CC).

1.6 Dos defeitos dos negócios jurídicos

Os defeitos dos negócios atingem a vontade do celebrante e tornam o negócio anulável. O Código Civil brasileiro consagra seis defeitos do negócio jurídico: erro ou ignorância, dolo, coação, estado de perigo, lesão e fraude contra credores. O prazo para o prejudicado pleitear a anulabilidade do negócio é de quatro anos, contado do dia em que se realizou o negócio, com exceção da coação que é do dia em que ela cessar.

Os referidos defeitos se dividem em dois grupos: vícios de consentimento e vícios sociais.

Obs.: a simulação é também um vício social, porém no atual Código Civil ela foi redirecionada para o capítulo que trata da invalidade do negócio jurídico. Hoje, é considerado nulo o negócio jurídico simulado, mas subsistirá o que se dissimulou, se válido for na substância e na forma (art. 167 do CC).

Vício de consentimento: é a divergência entre a vontade real e a declarada. Apresenta-se sob a forma de:

a) **Erro:** é uma falsa percepção da realidade. Para que o negócio seja anulável, o erro deve ser substancial (ou essencial), escusável e real.

Erro substancial: é o erro sobre circunstâncias e aspectos relevantes do negócio. Haverá erro substancial quando:

1) interessar à natureza do ato negocial (*error in negotio*): ex.: é contrato de compra e venda e o adquirente imagina tratar-se de doação;
2) atingir o objeto principal da declaração (*error in corpore*): ex.: aquisição de um terreno que supõe valorizado porque situado em rua importante, mas que na verdade tem pouco valor, pois se situa em rua de mesmo nome, porém de outra localidade;
3) incidir sobre as qualidades essenciais do objeto (*error in corpore*): ex.: compra de um brinco dourado, acreditando se tratar de ouro;
4) recair sobre a identidade ou a qualidade essencial da pessoa a quem se refere a declaração de vontade (*error in persona*): ex.: doação à pessoa que o doador imagina, equivocadamente, ser o seu filho natural;
5) sendo de direito e não implicando recusa à aplicação da lei, for o motivo único ou principal do negócio jurídico (*error juris*): ex.: pessoa que contrata a importação de determinada mercadoria ignorando existir lei que proíbe tal importação.

Obs.: o erro de cálculo apenas autoriza a retificação da declaração de vontade (art. 143 do CC).

b) Dolo: é o artifício ou expediente astucioso empregado para induzir alguém à prática de um ato que lhe é prejudicial, mas proveitoso ao autor do dolo ou ao terceiro.
- Dolo de terceiro: é aquele proveniente do outro contratante ou de terceiro, estranho ao negócio.
- *Dolus bonus*: dolo tolerável no comércio em geral, uma vez que já se espera que o comerciante exagere na atribuição de qualidades à mercadoria a ser vendida.
- Dolo por omissão ou dolo negativo: é o silêncio intencional de uma das partes a respeito de fato ou qualidade que a outra parte haja ignorado e sem a qual não se teria celebrado o negócio.
- Dolo recíproco: é o dolo de ambas as partes. De acordo com o Código Civil, se ambas as partes procederem com dolo, nenhuma pode alegá-lo para anular o negócio, ou reclamar indenização (art. 150 do CC).

c) Coação: é o vício da vontade em que a declaração é obtida por ameaça grave, injusta e iminente feita pela outra parte ou por terceiro. A coação, para viciar a declaração da vontade, há de ser tal que incuta ao paciente fundado temor de dano iminente e considerável à sua pessoa, à sua família, ou aos seus bens (art. 151 do CC). Se disser respeito a pessoa não pertencente à família do paciente, o juiz, com base nas circunstâncias, decidirá se houve coação (art. 151, parágrafo único, do CC).
- Coação física (*vis absoluta*): é o constrangimento corporal que retira toda a capacidade de querer, implicando total ausência de consentimento.
- Coação moral (*vis compulsiva*): atua sobre a vontade, sem aniquilar-lhe o consentimento.

Obs.: não se considera coação a ameaça do exercício normal de um direito, nem o simples temor reverencial (art. 153, parágrafo único, do CC).

d) Estado de perigo: configura-se estado de perigo quando alguém, sabendo da necessidade de salvar-se ou a pessoa de sua família, de grave dano conhecido pela outra parte, assume obrigação excessivamente onerosa.

Obs.: tratando-se de pessoa não pertencente à família do declarante, o juiz decidirá segundo as circunstâncias (art. 156, parágrafo único, do CC).

e) Lesão: ocorre a lesão quando uma pessoa, sob premente necessidade, ou por inexperiência, se obriga a prestação manifestamente desproporcional ao valor da prestação oposta (art. 157 do CC). Por esse conceito, o vício da lesão é composto de elementos subjetivos (premente necessidade ou inexperiência) e elemento objetivo (desproporção entre as prestações, gerando lucro excessivo).

Obs.: aprecia-se a desproporção das prestações segundo os valores vigentes ao tempo em que foi celebrado o negócio jurídico. Além do mais, não se decretará a anulação do negócio, se for oferecido suplemento suficiente, ou se a parte favorecida concordar com a redução do proveito.

Vício social: a vontade manifestada corresponde ao desejo do agente, entretanto, é exteriorizada com a intenção de prejudicar terceiros ou de fraudar a lei. Apresenta-se sob a forma de:

f) fraude contra credores: ocorre quando o devedor desfalca maliciosamente o seu patrimônio, a ponto de ficar insolvente e prejudicar os credores. A regulamentação jurídica encontra-se alicerçada no princípio do direito das obrigações segundo o qual o patrimônio do devedor responde por suas obrigações.

O Código Civil optou por proteger o adquirente de boa-fé. Assim, se o adquirente ignorava a insolvência do alienante, conservará o bem, não se anulando o negócio. Neste sentido, o credor somente conseguirá anular o negócio se provar a má-fé do terceiro adquirente. Este é o elemento subjetivo da fraude contra credores (*consilium fraudis*). O art. 159 do CC presume a má-fé quando a insolvência for notória ou quando houver motivo para ser conhecida.

O elemento objetivo da fraude é *eventus damni*, ou seja, prejuízo causado ao credor pela insolvência. Deste modo, aquele que busca uma ação anulatória tem o ônus de provar, nas transmissões onerosas, o *eventus damni* e *consilium fraudis*.

A ação anulatória do negócio jurídico celebrado em fraude contra credores é denominada ação pauliana.

1.7 Invalidade dos negócios jurídicos

A invalidade é um gênero que possui duas espécies: nulidade e anulabilidade. O quadro abaixo consagra as principais diferenças entre nulidade e anulabilidade:

NULIDADE (NULIDADE ABSOLUTA)	ANULABILIDADE (NULIDADE RELATIVA)
Ato nasce juridicamente nulo.	É invalidado por decisão judicial.
Agride a ordem pública.	Agride a ordem pública.
Pode ser arguida pelas partes, pelo MP e deve ser declarada de ofício pelo juiz.	Somente pode ser arguida pelos interessados.
Opera efeitos *erga omnes*.	Opera efeitos apenas a quem alegar.
Exemplo: Ato simulado, agente absolutamente incapaz, objeto ilícito etc.	Exemplo: Agente relativamente incapaz, vício de consentimento etc.

Obs.: Se, porém, o negócio jurídico nulo contiver os requisitos de outro, subsistirá este quando o fim a que visavam as partes permitir supor que o teriam querido, se houvessem previsto a nulidade. Essa técnica de aproveitamento de negócios jurídicos nulos denomina-se conversão.

Em nosso ordenamento jurídico a simulação é uma causa autônoma de nulidade. O Código Civil estabelece que é nulo o negócio jurídico simulado, mas subsistirá o que se dissimulou, se válido for na substância e na forma (art. 167 do CC). Haverá simulação nos negócios jurídicos quando:

I – aparentarem conferir ou transmitir direitos a pessoas diversas daquelas às quais realmente se conferem, ou transmitem;

II – contiverem declaração, confissão, condição ou cláusula não verdadeira;

III – os instrumentos particulares forem antedatados, ou pós-datados.

1.8 Da prescrição e da decadência

Prescrição é a perda da pretensão em virtude do decurso de um determinado lapso temporal previsto em lei.

Já a decadência materializa a perda de um direito potestativo em virtude do decurso de um determinado lapso temporal previsto em lei (decadência legal) ou por convenção das partes (decadência convencional).

Obs.: direito potestativo é o direito pelo qual o seu titular pode influir na esfera jurídica de um terceiro, quer ele queira, quer não. Ex.: direito de anular um negócio jurídico.

Para uma melhor compreensão entre os dois institutos, veja o quadro comparativo a seguir:

PRESCRIÇÃO	DECADÊNCIA
Extingue a pretensão.	Extingue o direito potestativo.
Prazo exclusivamente estabelecido pela lei.	Prazo estabelecido pela lei (decadência legal) ou por convenção das partes (decadência convencional).
Deve ser conhecido de ofício pelo juiz.	Decadência legal deve ser reconhecida de ofício pelo magistrado, o que não ocorre com a decadência convencional.
A parte pode não alegá-la. Pode ser renunciada pelo devedor após a consumação.	A decadência legal não pode ser renunciada, em qualquer hipótese. A decadência convencional pode ser renunciada após a consumação, também pelo devedor.
Não corre contra determinadas pessoas.	Corre contra todas as pessoas, com exceção dos absolutamente incapazes.
Previsão de casos de impedimento, suspensão ou interrupção.	Não pode ser impedida, suspensa ou interrompida, regra geral, com exceção de regras específicas.
Relacionada com o direito subjetivo, atinge ações condenatórias.	Relacionada com o direito potestativo, atinge ações constitutivas positivas ou negativas (principalmente ações anulatórias).

Prazo geral de 10 anos (art. 205 do CC).	Não há para maioria da doutrina prazo geral de decadência. Há um prazo geral para anular negócio jurídico de 2 anos (art. 179 do CC).
Prazos especial de 1, 2, 3, 4 e 5 anos, previsto no art. 206 do CC.	Prazos especiais em dias, meses, anos e dias e anos, todos previstos em outros dispositivos, fora os arts. 205 e 206 do CC.

Obs.: a pretensão de reparação civil extracontratual (responsabilidade civil) prescreve em 3 (três) anos, de acordo com o art. 206, § 3º, V, do CC. Esse prazo é um dos mais importantes e já foi cobrado em prova!

2. OBRIGAÇÕES

2.1 Linhas gerais

Obrigação, em sentido amplo, pode ser conceituada como o vínculo jurídico transitório (nenhuma obrigação é permanente) que se estabelece entre sujeitos situados em polos distintos, por meio do qual o sujeito (ou sujeitos) integrante do polo passivo da relação (denominado de devedor), obrigam-se a uma prestação economicamente mensurável em benefício do sujeito (ou sujeitos) do polo ativo da relação (denominado de credor). Essa prestação pode ser um fato positivo (dar ou fazer) ou um fato negativo (não fazer).

A partir do conceito acima mencionado, podem-se extrair os elementos essenciais das obrigações – sujeitos, objeto e vínculo jurídico. Sem qualquer um desses elementos a obrigação não existirá.

a) **Sujeitos:** para que se possa pensar em obrigação, é necessário que haja, de um lado, quem tenha o direito de crédito e de outro que tenha o dever economicamente apreciável (débito). O titular do direito de crédito encontra-se no polo ativo da relação obrigacional, sendo denominado de credor. De outro modo, quem tem o dever economicamente apreciável encontra-se no polo passivo da relação obrigacional e é denominado de devedor. O polo ativo e o polo passivo das relações obrigacionais podem ser ocupados por mais de um sujeito (multiplicidade de credor e/ou devedor).

b) **Objeto:** este será sempre uma prestação, a qual pode consubstanciar-se em um dar, um fazer ou um não fazer.

c) **Vínculo jurídico:** é o liame que une o credor ao devedor e que confere ao primeiro o direito de exigir do segundo o cumprimento da prestação. O vínculo jurídico nasce das diversas fontes das obrigações. As obrigações são originadas de quatro fontes principais:

1. **Lei:** fonte primária ou imediata de todas as obrigações;

2. **Contratos:** são tidos como a fonte principal das obrigações. É um negócio jurídico bilateral que visa à criação, modificação e extinção de direitos e deveres patrimoniais. Ex.: compra e venda, doação, permuta, entre outros;
3. **Ato ilícito:** surge a obrigação de indenizar, seja nos casos de inadimplemento, como na ocorrência de dano;
4. **Atos unilaterais:** são declarações unilaterais de vontade previstas no Código Civil. Ex.: promessa de recompensa.

A partir dos conceitos acima mencionados, podemos extrair as características básicas das obrigações, quais sejam: patrimonialidade, transitoriedade, pessoalidade e prestacionalidade.

CARACTERÍSTICAS BÁSICAS DAS OBRIGAÇÕES	
Patrimonialidade	Sempre envolve patrimônio.
Transitoriedade	A obrigação nasce com a finalidade de extinguir-se. Sempre, em algum momento, toda a obrigação se extinguirá.
Pessoalidade	Trata-se de uma relação jurídica, um vínculo que se estabelece sempre entre duas ou mais pessoas: credor e devedor.
Prestacionalidade	O objeto é sempre uma atividade, uma prestação que pode ser de dar, fazer ou não fazer alguma coisa.

2.2 Modalidades das obrigações

Quando o assunto é modalidade das obrigações, a doutrina pátria consagra diversos critérios de classificação:

1. **Quanto ao vínculo:**
- *Obrigação civil*: é aquela em que há um vínculo jurídico no qual uma das partes, denominada devedor, sujeita-se à realização de uma prestação no interesse de outra parte, denominada credor, possibilitando que o devedor seja constrangido ao adimplemento.
- *Obrigação moral*: é aquela em que o devedor se sente moralmente obrigado a realizar determinado ato, mas não sofrerá nenhuma sanção se não o realizar. Nesta espécie de obrigação não há um vínculo jurídico.
- *Obrigação natural*: é aquela em que o credor não pode exigir do devedor certa prestação. No entanto, se o devedor cumprir a obrigação espontaneamente, o credor poderá retê-la a título de pagamento e não de liberalidade.

2. **Quanto ao conteúdo:**
- *Obrigação de meio*: é aquela em que o devedor se obriga a empregar apenas o cuidado na execução do serviço para atingir um resultado, não se obrigando, contudo, a obtê-lo.
- *Obrigação de resultado*: já nas obrigações de resultado, o devedor se obriga a garantir o resultado final, sem o qual não se terá cumprido a obrigação.
- *Obrigação de garantia*: é aquela em que o devedor se obriga a eliminar um risco que pesa sobre o credor.

3. **Quanto ao tempo do adimplemento:**
- *Execução instantânea*: é aquela que se executa num único momento, ou seja, no mesmo momento em que se pactua se cumpre a obrigação.
- *Execução diferida*: é aquela que tem o cumprimento postergado, ou seja, se estabelece a obrigação hoje, mas ela só será cumprida posteriormente.
- *Execução continuada*: é aquela que se prolonga no tempo, onde a execução é fragmentada em parcelas e cada parcela cumprida corresponde a parte da obrigação cumprida.

4. **Quanto aos elementos constitutivos:**
- *Obrigação simples*: é aquela que se apresenta com um sujeito ativo, um sujeito passivo e um único objeto. Todos os elementos no singular.
- *Obrigação composta*: é aquela em que um desses elementos se encontra no plural. A obrigação pode ser composta de uma **multiplicidade de objeto** ou por uma **multiplicidade de sujeito**.

a) **Multiplicidade de objeto:**
- *Obrigação cumulativa*: é aquela que tem por objeto diversas prestações, ligadas pela conjunção "e" (obrigação de entregar um carro e um cavalo). Libera-se o devedor do vínculo obrigacional, se satisfizer todas elas, sem exclusão de nenhuma.
- *Obrigação alternativa*: é aquela que tem por objeto diversas prestações, mas o devedor se libera do vínculo obrigacional satisfazendo apenas uma delas. Ligadas pela conjunção "**ou**" (obrigação de entregar um carro **ou** um cavalo). Libera-se o devedor com a simples prestação de um dos objetos que a compõem. Nas obrigações alternativas em que não for estipulado a quem cabe a escolha da obrigação, ficará a critério do **devedor** a escolha. No entanto, não pode o devedor obrigar o credor a receber parte em uma prestação e parte em outra (art. 252 do CC).
- *Obrigação facultativa*: é uma espécie peculiar de obrigação alternativa criada pela doutrina. É uma obrigação simples, em que é devida uma única prestação, ficando, porém, facultado ao devedor exonerar-se mediante o cumprimento de prestação diversa e predeterminada. É uma obrigação com faculdade de substituição.

b) **Multiplicidade de sujeito:**
- *Obrigação divisível*: é aquela em que o objeto da prestação pode ser dividido entre os sujeitos. É a natureza divisível do objeto que a define.
- Obs.: havendo mais de um devedor ou mais de um credor em obrigação divisível, esta se presume dividida em tantas obrigações, iguais e distintas, quantos os credores ou devedores (art. 257 do CC).
- *Obrigação indivisível*: é aquela cujo objeto deve ser prestado por inteiro, não comportando divisão. Havendo pluralidade de devedores, cada um deles se responsabiliza pela dívida toda, sub-rogando-se aquele que pagar a dívida toda nos direitos do credor. Neste caso, o devedor que paga a dívida sub-roga-se no direito do credor em relação aos outros coobrigados, mas se a pluralidade for dos credores, poderá cada um desses exigir a dívida inteira.

Ainda na pluralidade de credores, o devedor ou devedores somente se desobrigarão pagando a todos os credores conjuntamente ou a um, dando este caução de ratificação dos outros credores. Se um só dos credores receber a prestação por inteiro, a cada um dos outros assistirá o direito de exigir dele em dinheiro a parte que lhe caiba no total (art. 261 do CC). Agora, se um dos credores remitir a dívida, a obrigação não ficará extinta para com os outros; mas estes só a poderão exigir, descontada a quota do credor remitente (art. 262 do CC). Este critério irá se aplicar também em caso de transação, novação, compensação ou confusão.

Por fim, é importante observar que perderá a qualidade de indivisível a obrigação que se resolver em perdas e danos. Se houver culpa de todos os devedores, responderão todos por partes iguais, mas se for de um só a culpa, ficarão exonerados os outros, respondendo só esse pelas perdas e danos (art. 263 do CC).

- *Obrigação solidária*: é aquela em que havendo pluralidade de credores e/ou devedores cada credor terá direito à totalidade da prestação como se fosse um único credor ou cada devedor estará obrigado a prestar todo o objeto como se fosse um único devedor. A solidariedade independe da divisibilidade ou da indivisibilidade do objeto da prestação, pois esta não se presume. Ela decorre de vontade expressa das partes ou da lei.

Características da obrigação solidária:
a) pluralidade de sujeitos ativos ou passivos;
b) multiplicidade de vínculos;
c) unidade da prestação;
d) corresponsabilidade dos interessados.

SOLIDARIEDADE ATIVA	SOLIDARIEDADE PASSIVA
OCORRE QUANDO HÁ MULTIPLICIDADE DE CREDORES	OCORRE QUANDO HÁ PLURALIDADE DE DEVEDORES
Cada um dos credores solidários tem direito a exigir do devedor o cumprimento da prestação por inteiro.	O credor tem direito a exigir e receber de um ou de alguns dos devedores, parcial ou totalmente, a dívida comum.
Enquanto alguns dos credores solidários não demandarem o devedor comum, a qualquer daqueles poderá este pagar. E o pagamento feito a um dos credores solidários extingue a dívida até o montante do que foi pago.	No caso em que o pagamento tiver sido parcial, todos os demais devedores continuam obrigados solidariamente pelo resto. Se for proposta ação em face de apenas um ou alguns dos devedores, não significa que ocorreu renúncia da solidariedade.
No caso de falecimento de um dos credores solidários, deixando herdeiros, cada um destes só terá direito a exigir e receber a quota do crédito que corresponder ao seu quinhão hereditário, salvo se a obrigação for indivisível.	Em caso de falecimento de um dos devedores solidários, deixando herdeiros, nenhum destes será obrigado a pagar senão a quota que corresponder ao seu quinhão hereditário, salvo se a obrigação for indivisível, mas todos reunidos serão considerados como um devedor solidário em relação aos demais devedores.
Se a obrigação se converter em perdas e danos, subsistirá, para todos os efeitos, a solidariedade.	Se ocorrer impossibilidade de cumprimento da obrigação por culpa de um dos devedores solidários, subsiste para todos o encargo de pagar o equivalente, mas só quem for culpado responderá por perdas e danos. Haverá solidariedade passiva também no tocante aos juros da mora, ainda que a ação tenha sido proposta somente contra um, mas somente o culpado responde aos outros pela obrigação acrescida.
Se houver remissão por um dos credores ou o credor que tiver recebido o pagamento responderá aos outros pela parte que lhes caiba.	Na hipótese de pagamento parcial feito por um dos devedores a de remissão por ele obtida não aproveita aos outros devedores, senão até a concorrência da quantia paga ou relevada.
A um dos credores solidários não pode o devedor opor as exceções pessoais oponíveis aos outros.	O devedor demandado pode opor ao credor as exceções que lhe forem pessoais e as comuns a todos; não lhe aproveitando as exceções pessoais a outro codevedor. Qualquer cláusula, condição ou obrigação adicional, estipulada entre um dos devedores solidários e o credor, não poderá agravar a posição dos outros sem consentimento destes.
O julgamento contrário a um dos credores solidários não atinge os demais, mas o julgamento favorável aproveita-lhes, sem prejuízo de exceção pessoal que o devedor tenha direito de invocar em relação a qualquer deles.	Poderá ocorrer a renúncia à solidariedade do credor em favor de um, de alguns ou de todos os devedores, mas se o credor exonerar da solidariedade um ou mais devedores, subsistirá a dos demais.

5. Quanto ao objeto da prestação

Desde o direito romano, as obrigações distinguem-se quanto ao objeto da prestação em obrigação de dar, fazer e não fazer.

- *Obrigação de dar*: é aquela em que o devedor se compromete a transferir uma coisa ao credor, seja ela certa ou incerta. Essa obrigação pode assumir a forma de entregar ou de restituir. Existem peculiaridades no tocante aos efeitos dessa modalidade de obrigação, inerentes à natureza do objeto. Vejamos:

a) Obrigação de dar coisa certa

A coisa certa, seja móvel ou imóvel, se distingui das demais por características próprias. Assim, a coisa certa a que se refere o Código Civil é determinada de modo a poder ser distinguida de qualquer outra coisa. Nesse caso, o devedor se compromete a entregar ou restituir ao credor um objeto perfeitamente determinado.

OBRIGAÇÃO DE ENTREGAR COISA CERTA
• Nos casos de perda da coisa certa, antes da entrega ao credor pelo devedor, há necessidade de ser verificada a culpa deste, para que se possam ser apurados os efeitos. Haverá perda da coisa certa, nas hipóteses em que o objeto não exista mais ou tenha perdido sua utilidade.
• Conforme preceitua o art. 234 do CC, se a coisa se perder, sem culpa do devedor, antes da tradição, ou pendente a condição suspensiva, fica resolvida a obrigação para ambas as partes, mas se a perda resultar de culpa do devedor, responderá este pelo equivalente e mais perdas e danos.
• No caso de deterioração da coisa certa, também deverá ser verificada a culpa do devedor. Se deteriorada a coisa, não sendo o devedor culpado, poderá o credor resolver a obrigação, ou aceitar a coisa, abatido de seu preço o valor que perdeu (art. 235 do CC).
• Havendo culpa do devedor, poderá o credor exigir o equivalente, ou aceitar a coisa no estado em que se acha, com direito a reclamar, em um ou em outro caso, indenização das perdas e danos (art. 236 do CC).

A obrigação de restituir caracteriza-se pela existência de coisa alheia em poder do devedor, a quem cumpre devolvê-la ao dono. Ex.: contratos de comodato.

OBRIGAÇÃO DE RESTITUIR COISA CERTA
• Se a obrigação for de restituir coisa certa, e esta, sem culpa do devedor, se perder antes da tradição, sofrerá o credor a perda, e a obrigação se resolverá, ressalvados os seus direitos até o dia da perda (art. 238 do CC).
• Já se a coisa se perder por culpa do devedor, responderá este pelo equivalente, mais perdas e danos (art. 239 do CC).

b) Obrigação de dar coisa incerta

- *Coisa incerta:* é aquela que possui um objeto indeterminado, mas não totalmente, porque deve ser individualizado ao menos quanto a seu gênero e quantidade. É indeterminada, mas determinável.

OBRIGAÇÃO DE DAR COISA INCERTA
• Na obrigação de dar coisa incerta, a escolha pertence ao devedor, se o contrário não resultar do título da obrigação. No entanto, o devedor não poderá dar a coisa pior, nem será obrigado a prestar a melhor (art. 244 do CC). O ato unilateral de escolha denomina-se de concentração.
• Após escolhida a coisa pelo devedor e dada a ciência da escolha para o credor, a obrigação será regida pelas mesmas normas da coisa certa.
• Antes da escolha, não poderá o devedor alegar perda ou deterioração da coisa, ainda que por força maior ou caso fortuito (art. 246 do CC).

- *Obrigação de fazer:* a obrigação de fazer abrange o serviço humano em geral, seja material ou imaterial, a realização de obras e artefatos ou a prestação de fatos que tenham utilidade para o credor. São consideradas obrigações positivas.

De forma geral, as obrigações de fazer se dividem em duas subespécies: personalíssima (ou infungível – fica convencionado que o devedor deve cumprir pessoalmente a prestação) ou impessoal (ou fungível – não importa para o credor quem vai cumprir a prestação, importa que ela seja cumprida).

OBRIGAÇÃO DE FAZER
• Em se tratando de obrigação personalíssima, e o devedor se recusar a cumprir, responderá por perdas e danos (art. 247 do CC).
• Assim como nas obrigações de dar, no caso de descumprimento da obrigação de fazer, deverá ser verificada a culpa do devedor.
• Se a prestação do fato tornar-se impossível sem culpa do devedor, resolver-se-á a obrigação; se por culpa dele, responderá por perdas e danos (art. 248 do CC).
• Se o fato puder ser executado por terceiro, será livre ao credor mandá-lo executar à custa do devedor, havendo recusa ou mora deste, sem prejuízo da indenização cabível (art. 249 do CC). Ainda, em caso de urgência, pode o credor, independentemente de autorização judicial, executar ou mandar executar o fato, sendo depois ressarcido.

- *Obrigação de não fazer:* é aquela cuja prestação se consubstancia em um fato omissivo do devedor, uma abstenção. São consideradas obrigações negativas.

OBRIGAÇÃO DE NÃO FAZER
• A obrigação de não fazer será extinta, sem culpa do devedor, se lhe torne impossível abster-se do ato, que se obrigou a não praticar (art. 250 do CC).
• Se o devedor praticar ato que se obrigou a não cometer, o credor pode exigir dele que o desfaça, sob pena de se desfazer à sua custa, ressarcindo o culpado perdas e danos (art. 251 do CC).
• Assim como na obrigação de fazer, em caso de urgência, poderá o credor desfazer ou mandar desfazer, independentemente de autorização judicial, sem prejuízo do ressarcimento devido.

2.3 Teoria do adimplemento

Em toda relação obrigacional, o credor sempre almeja a execução da prestação, enquanto o devedor busca a liberação do vínculo. Nas obrigações de dar, o credor deseja a entrega ou restituição da coisa. Nas obrigações de fazer, o credor deseja a realização da atividade do devedor. Já nas obrigações de não fazer, deseja uma abstenção do devedor. Por meio do pagamento, cumprimento ou adimplemento obrigacional tem-se a liberação total do devedor em relação ao vínculo obrigacional. Deste modo, entendesse o pagamento como o cumprimento da obrigação na exatidão de sua constituição.

2.3.1 Pagamento direto

De acordo com o Código Civil, pode-se afirmar que são elementos subjetivos do pagamento o *solvens* (quem deve pagar) e o *accipiens* (a quem se deve pagar). Como regra geral, o *solvens* será o devedor. Porém outras pessoas podem pagar além do próprio sujeito passivo da relação.

Conforme prevê o art. 304 do CC, qualquer interessado na extinção da dívida pode pagá-la, usando, se o credor se opuser, dos meios conducentes à exoneração do devedor. Também poderá efetuar o pagamento o terceiro não interessado, se o fizer em nome e à conta do devedor, salvo oposição deste.

Se o terceiro não interessado pagar a dívida em seu próprio nome, ele terá direito a reembolsar-se do que pagar, porém não se sub-roga nos direitos do credor. E, se ele pagar antes de vencida a dívida, só terá direito ao reembolso no vencimento.

O pagamento feito por terceiro, com desconhecimento ou oposição do devedor, não obriga a reembolsar aquele que pagou, se o devedor tinha meios para ilidir a ação (art. 306 do CC).

O pagamento que importar transmissão da propriedade só terá validade se for feito por quem possa alienar o objeto em que ele consistiu.

Se se der em pagamento coisa fungível, não se poderá mais reclamar do credor que, de boa-fé, a recebeu e consumiu, ainda que o solvente não tivesse o direito de aliená-la (art. 307, parágrafo único, do CC).

Obs.: "terceiro interessado" – essa expressão corresponde a interesse patrimonial na extinção da dívida. Ex.: fiador, avalista, herdeiro. Deve-se lembrar que interesse patrimonial não significa interesse afetivo.

Como regra geral o *accipiens* será o credor, mas o pagamento também pode ser feito ao seu representante, que tem poderes para receber o seu pagamento, sob pena de valer só depois de ratificação do credor, ou havendo prova de reversão em seu proveito (art. 308 do CC).

Segundo enuncia o art. 309 do CC, se o pagamento for feito de boa-fé a um credor putativo (aquele que aparentemente tem poderes para receber) será considerado válido, ainda provado depois que não era credor – teoria da aparência. No entanto, se o pagamento for feito ao credor incapaz de quitar e o devedor não provar que em benefício dele efetivamente reverteu, não será considerado válido (art. 310 do CC). Considera-se autorizado a receber o pagamento o portador da quitação, salvo se as circunstâncias contrariarem a presunção daí resultante (art. 311 do CC).

LOCAL DO PAGAMENTO	TEMPO DO PAGAMENTO	PROVA DO PAGAMENTO
• A regra geral é de que o local indicado no título constitutivo do negócio jurídico é o local do pagamento. Caso não haja local indicado, o local do pagamento será o domicílio do devedor.	• O pagamento deverá ser efetuado no prazo ajustado entre as partes. Na hipótese de ausência de especificação quanto ao tempo do pagamento, poderá o credor exigi-lo imediatamente.	• A prova do pagamento é a quitação, que consiste num documento em que o credor ou seu representante, reconhecendo ter recebido o pagamento de seu crédito, exonera o devedor da obrigação. Trata-se de um direito do devedor que paga e um dever do credor que recebe.
• Dívida portável – domicílio do credor	• As obrigações condicionais cumprem-se na data do implemento da condição, cabendo ao credor a prova de que deste teve ciência o devedor (art. 332 do CC).	• Para que a quitação seja válida, sempre poderá ser dada por instrumento particular, deverá designar o valor e a espécie da dívida quitada, o nome do devedor, ou quem por este pagou, o tempo e o lugar do pagamento, com a assinatura do credor ou do seu representante.
• Dívida quesível – domicílio do devedor		
• Se forem designados dois ou mais lugares, caberá ao credor escolher entre eles.	• Existem hipóteses em que o credor poderá cobrar a dívida mesmo antes de vencido o prazo estipulado no contrato ou previsto pela lei, conforme determina o art. 333 do Código Civil: I – no caso de falência do devedor, ou de concurso de credores; II – se os bens, hipotecados ou empenhados, forem penhorados em execução por outro credor; III – se cessarem, ou se se tornarem insuficientes, as garantias do débito, fidejussórias, ou reais, e o devedor, intimado, se negar a reforçá-las.	
• Se o pagamento consistir na tradição de um imóvel, ou em prestações relativas a imóvel, far-se-á no lugar onde situado o bem (art. 328 do CC).		• Nos débitos, cuja quitação consista na devolução do título, perdido este, poderá o devedor exigir, retendo o pagamento, declaração do credor que inutilize o título desaparecido (art. 321 do CC).
• Se por motivo grave não for efetuado o pagamento no lugar determinado, poderá o devedor fazê-lo em outro, sem prejuízo para o credor.		• Nas obrigações de execução continuada, ou seja, de prestações periódicas, a quitação da última estabelece, até prova em contrário, a presunção de estarem solvidas as anteriores.
• Se o pagamento for efetuado, por várias vezes, em outro local que não o que foi determinado, presumir-se-á que houve renúncia do credor relativamente ao previsto no contrato.		• As despesas com o pagamento e quitação são, em regra, de responsabilidade do devedor. No entanto, se ocorrer aumento por fato do credor, suportará este a despesa acrescida.
		• Se o pagamento se houver de fazer por medida, ou peso, entender-se-á, no silêncio das partes, que aceitaram os do lugar da execução (art. 326 do CC).

2.3.2 Pagamento indireto

Fala-se em pagamento indireto nas hipóteses em que há a satisfação do credor e liberação do devedor sem que, no entanto, o adimplemento obedeça a todas as circunstâncias referidas pela teoria do pagamento direto. Existem várias modalidades de pagamento indireto, quais sejam:

a) Consignação em pagamento: pode ser conceituado como o depósito feito pelo devedor, da coisa devida, para liberar-se de uma obrigação assumida em face de um credor determinado. A consignação pode ser feita, tanto judicial, por meio de ação, ou extrajudicialmente, em instituições bancárias oficiais.

As hipóteses de consignação estão previstas no art. 335 do CC e caberá:

"I – se o credor não puder, ou, sem justa causa, recusar receber o pagamento, ou dar quitação na devida forma;

II – se o credor não for, nem mandar receber a coisa no lugar, tempo e condição devidos;

III – se o credor for incapaz de receber, for desconhecido, declarado ausente, ou residir em lugar incerto ou de acesso perigoso ou difícil;

IV – se ocorrer dúvida sobre quem deva legitimamente receber o objeto do pagamento;

V – se pender litígio sobre o objeto do pagamento".

Obs.: todo o procedimento de consignação em pagamento encontra-se disciplinado nos arts. 539 e seguintes do CPC.

b) **Sub-rogação:** é a substituição de uma coisa por outra, com os mesmos ônus e atributos, caso em que se tem a sub-rogação real. É possível, também, que a substituição seja de uma pessoa por outra, que terá os mesmos direitos e ações daquela. Neste caso, a sub-rogação é pessoal.

As hipóteses de sub-rogação legal estão previstas no art. 346 do CC e que se opera, de pleno direito, em favor:

"I – do credor que paga a dívida do devedor comum;

II – do adquirente do imóvel hipotecado, que paga a credor hipotecário, bem como do terceiro que efetiva o pagamento para não ser privado de direito sobre imóvel;

III – do terceiro interessado, que paga a dívida pela qual era ou podia ser obrigado, no todo ou em parte".

Já a sub-rogação convencional, prevista no art. 347 do CC, diz que ocorrerá quando o credor receber o pagamento de terceiro e expressamente lhe transferir todos os seus direitos ou quando terceira pessoa emprestar ao devedor a quantia precisa para solver a dívida, sob a condição expressa de ficar o mutuante sub-rogado nos direitos do credor satisfeito.

c) **Imputação ao pagamento:** juridicamente, imputar significa indicar, apontar. De acordo com art. 352 do CC, a pessoa obrigada por dois ou mais débitos da mesma natureza, a um só credor, tem o direito de indicar a qual deles oferece pagamento, se todos forem líquidos e vencidos.

Se o devedor não disser em qual das dívidas líquidas e vencidas quer imputar o pagamento, a escolha será feita pelo credor. E se o devedor aceitar a quitação de uma delas não terá direito a reclamar contra a imputação feita pelo credor, salvo provando haver ele cometido violência ou dolo (art. 353 do CC).

Se a dívida tiver o valor principal e juros, o pagamento será imputado primeiro nos juros vencidos, e depois no capital, salvo estipulação em contrário, ou se o credor passar a quitação por conta do capital (art. 354 do CC).

Se o devedor não fizer a indicação e se a quitação também não disser qual das dívidas foram pagas, será feito o pagamento nas dívidas que se venceram em primeiro lugar. Se as dívidas forem todas líquidas e vencidas ao mesmo tempo, a imputação far-se-á na mais onerosa (art. 355 do CC).

d) **Dação em pagamento:** o credor pode consentir em receber prestação diversa da que lhe é devida (art. 356 do CC). Modalidade de pagamento especial em que o credor se satisfaz não por meio do cumprimento da prestação devida, mas pelo recebimento de um outro bem.

e) **Novação:** é a conversão de uma dívida por outra para extinguir a primeira. Para que haja a novação é indispensável o *animus novandi*, com a extinção da dívida primitiva. Caso contrário, a segunda dívida apenas confirmará a primeira.

Existem três espécies de novação trazidas pela doutrina:

- *Novação objetiva*: ocorre quando as partes de uma relação obrigacional convencionam a criação de uma nova obrigação para substituir a anterior. A novação ocorre com a alteração do objeto da obrigação.

Obs.: se há mera substituição do objeto da obrigação, então há novação. Contudo, se o devedor oferece prestação diversa da devida ao credor, antes do vencimento, ocorre a dação em pagamento.

- *Novação subjetiva*: ocorre quando há substituição dos sujeitos da relação jurídica.
- *Novação mista*: é expressão da doutrina, onde ocorre a alteração tanto das partes como do objeto.

f) **Compensação:** ocorre quando duas pessoas forem ao mesmo tempo credor e devedor uma da outra. Nesse casso, as duas obrigações extinguem-se, até onde se compensarem. A compensação efetua-se entre dívidas líquidas, vencidas e de coisas fungíveis (art. 369 do CC).

g) **Confusão:** é uma causa de extinção da obrigação caracterizada pela aglutinação, na mesma pessoa, das qualidades de credor e devedor, por ato *inter vivos* ou *causa mortis*, operando a extinção do crédito.

A confusão pode verificar-se a respeito de toda a dívida, ou só de parte dela. Ademais, cessando a confusão, para logo se restabelece, com todos os seus acessórios, a obrigação anterior.

h) **Remissão de dívida:** é o perdão gracioso do devedor pelo credor, que voluntariamente abre mão de seus direitos creditórios, com o escopo de extinguir a obrigação, mediante o consentimento expresso ou tácito do devedor.

A remissão concedida a um dos codevedores extingue a dívida na parte a ela correspondente; de modo que, ainda reservando o credor a solidariedade contra os outros, já lhes não pode cobrar o débito sem dedução da parte remitida (art. 388 do CC).

2.4 Transmissão das obrigações

As obrigações têm caráter dinâmico de circulação, sendo possível a transmissão das condições de sujeito ativo e passivo da estrutura obrigacional. Nesse sentido, a transmissão das obrigações pode ocorrer pela cessão de crédito e pela assunção de dívida.

a) **Cessão de crédito:** pode ser conceituada como um negócio jurídico bilateral, gratuito ou oneroso, pelo qual o credor (sujeito ativo de uma obrigação) transfere a outrem, no todo ou em parte, a sua posição na relação obrigacional. Aquele que realiza a cessão é denominado cedente. A pessoa que recebe o direito do credor é o cessionário.

Quais créditos podem ser objeto de cessão? Todos, salvo os créditos alimentícios (ex.: pensão, salário), afinal tais créditos são inalienáveis e personalíssimos, estando ligados à sobrevivência das pessoas. A lei proíbe também a cessão de alguns créditos como o crédito penhorado (art. 298 do CC) e o crédito do órfão pelo tutor (art. 1.749, III, do CC). O devedor pode também impedir a cessão desde que esteja expresso no contrato celebrado com o credor primitivo (art. 286 do CC).

A cessão de crédito pode ser classificada em:

- *Cessão legal*: imposta pela lei, como previsto no art. 287 do CC, no qual determina que os acessórios também devem ser cedidos juntamente com o valor principal.

- *Cessão convencional*: é a mais comum, decorre do acordo de vontades como se fosse uma venda (onerosa) ou doação (gratuita) de alguma coisa, só que esta coisa é um crédito.

- *Cessão judicial*: determinada pelo juiz no caso concreto, explicando os motivos na sentença para resolver litígio entre as partes.

A cessão pode também ser *pro soluto* ou *pro solvendo*. Na cessão *pro soluto*, o cedente responde pela existência e legalidade do crédito, mas não responde pela solvência do devedor. Já na cessão *pro solvendo*, o cedente responde também pela solvência do devedor, então se C não pagar a dívida (ex.: o cheque não tinha fundos), o cessionário poderá executar o cedente. Mas primeiro deve o cessionário cobrar do cedido para depois cobrar do cedente.

Obs.: não há na cessão a extinção do vínculo obrigacional, razão pela qual ele deve ser diferenciado do pagamento indireto (sub-rogação e novação).

b) **Assunção de dívida:** é um negócio jurídico bilateral, pelo qual o devedor transfere a um terceiro a posição de sujeito passivo da relação obrigacional. Na prática, a assunção de dívida é rara e só ocorre se o credor expressamente concordar, afinal, para o devedor faz pouca diferença trocar o credor (cessão de crédito), mas para o credor faz muita diferença trocar o devedor, pois o novo devedor pode ser insolvente, irresponsável etc.

Mesmo que o novo devedor apresente melhores condições financeiras, por exemplo, o credor pode também se opor, afinal, muitos devedores usam os infindáveis recursos da lei processual para não pagar suas dívidas. Ressalta-se que o silêncio do credor na troca do devedor implica recusa (parágrafo único do art. 299 do CC).

Obs.: na assunção de dívida, o novo devedor assume a dívida como se fosse própria, ao contrário da fiança onde o fiador responde por dívida alheia.

2.5 Inadimplemento obrigacional

O descumprimento ou inexecução de uma obrigação também é denominado inadimplemento. Pelo inadimplemento das obrigações respondem todos os bens do devedor. Com a inexecução da obrigação surgem duas hipóteses, sendo estas o inadimplemento absoluto e a mora.

INADIMPLEMENTO OBRIGACIONAL	
Inadimplemento total ou absoluto	É a hipótese em que a obrigação não pode ser mais cumprida, tornando-se inútil ao credor.
Inadimplemento parcial ou mora	É a hipótese em que há apenas um descumprimento parcial da obrigação, que ainda pode ser cumprida.

A mora é o atraso, o retardamento ou a imperfeita satisfação obrigacional, havendo um inadimplemento relativo. Este conceito pode ser extraído pela leitura do art. 394 do CC: considera-se em mora o devedor que não efetuar o pagamento e o credor que não quiser recebê-lo no tempo, lugar e forma que a lei ou a convenção estabelecer.

A mora pode ser de dois tipos:

a) *Solvendi*: quando o devedor não cumpre com a obrigação no tempo determinado.

b) *Accipiendi*: quando o credor deixa de cumprir com sua parte na obrigação na data determinada.

EFEITOS JURÍDICOS DA MORA
• A responsabilidade do devedor pelos danos causados pela mora.
• A possibilidade de o credor exigir a satisfação das perdas e danos, rejeitando a prestação, se por causa da mora ele se tornou inútil.
• Responsabilidade do devedor moroso pela impossibilidade da prestação, mesmo decorrente de caso fortuito e força maior, se estes ocorrerem durante o atraso, salvo se provar isenção de culpa ou que o dano fosse oportunamente desempenhado.
• A mora pode ser purgada, o mesmo não sucedendo com o inadimplemento absoluto.

2.5.1 Cláusula penal

A cláusula penal pode ser conceituada como penalidade, de natureza civil, imposta pela inexecução parcial ou total de um dever patrimonial assumido. Trata-se de uma obrigação acessória que visa garantir o cumprimento da obrigação principal, bem como fixar antecipadamente o valor das perdas e danos em caso de descumprimento. Nesse sentido, incorre de pleno direito o devedor na cláusula penal, desde que, culposamente, deixe de cumprir a obrigação ou se constitua em mora (art. 408 do CC).

Por ser acessória, aplica-se o princípio pelo qual o acessório segue o principal (princípio da gravitação jurídica). Nesse sentido, a nulidade da obrigação principal acarreta a nulidade da cláusula penal.

2.5.2 Das arras ou sinal

As arras podem ser definidas como o sinal, o valor dado em dinheiro ou o bem móvel entregue por uma parte à outra, quando do contrato preliminar, visando trazer a presunção de celebração do contrato definitivo. Geralmente as arras são previstas em compromisso de compra e venda de imóveis.

As arras possuem basicamente três funções: antecipação de pagamento; tornar definitivo o contrato preliminar; e funcionar como uma antecipação das perdas e danos. Nosso Código Civil consagra dois tipos de arras ou sinal:

Arras confirmatórias	Arras penitenciais
Presente nas hipóteses em que NÃO CONSTAR possibilidade de arrependimento	Presente nas hipóteses em que CONSTAR possibilidade de arrependimento
Art. 418 do CC. Na hipótese de inexecução do contrato, se esta se der: I – por parte de quem deu as arras, poderá a outra parte ter o contrato por desfeito, retendo-as; II – por parte de quem recebeu as arras, poderá quem as deu haver o contrato por desfeito e exigir a sua devolução mais o equivalente, com atualização monetária, juros e honorários de advogado.	Art. 420. Se no contrato for estipulado o direito de arrependimento para qualquer das partes, as arras ou sinal terão função unicamente indenizatória. Neste caso, quem as deu perdê-las-á em benefício da outra parte; e quem as recebeu devolvê-la-á, mais o equivalente. Em ambos os casos não haverá direito a indenização suplementar.
Dupla função: tornar o contrato definitivo + antecipar as perdas e danos.	Função unicamente indenizatória.

> **ATENÇÃO!**
> A parte inocente pode pedir indenização suplementar, se provar maior prejuízo, valendo as arras como taxa mínima. Pode, também, a parte inocente exigir a execução do contrato, com as perdas e danos, valendo as arras como o mínimo da indenização.

3. DIREITO CONTRATUAL

3.1 Linhas gerais

A principal fonte das obrigações são os contratos. A doutrina civilista costuma conceituar os contratos como "negócio jurídico de direito privado, por meio do qual dois ou mais sujeitos se vinculam para regular interesses concernentes a objetos economicamente apreciáveis, buscando a satisfação de necessidade, em que criam, resguardam, transferem, conservam, modificam ou extinguem direitos e deveres".

Como espécie do gênero negócio jurídico, os contratos necessitam para terem validade de agentes capazes, objeto lícito, possível, determinado ou determinável e forma prescrita e não defesa em lei. Além disso, o contrato por materializar uma junção de vontade requer a existência de duas ou mais pessoas que consentem com um determinado fim. Esse consentimento pode ser expresso ou tácito. O tácito ocorre quando se pratica ato incompatível com o desejo de recusa. Há contratos em que a lei exige o consentimento expresso, não valendo o silêncio como aceitação.

3.2 Classificações dos contratos

Unilateral: é aquele em que apenas um dos contratantes assume deveres em face do outro. Ex.: doação pura, comodato, mandato e depósito.

Bilateral: é aquele em que os contratantes são simultânea e reciprocamente credores e devedores uns dos outros, produzindo o negócio direito e deveres para ambos os envolvidos. É também denominado de sinalagmático. Ex.: compra e venda e a locação.

Plurilateral: é aquele que envolve várias pessoas, trazendo direitos e deveres para todos os envolvidos. Ex.: consórcio.

Oneroso: é aquele que traz vantagens recíprocas para cada um dos contratantes. Há uma prestação e uma contraprestação. Ex.: compra e venda e a locação.

Gratuito ou benéfico: é aquele que onera somente uma das partes, proporcionando a outra uma vantagem sem qualquer contraprestação. Ex.: doação pura.

Comutativo: é aquele no qual se pode verificar desde logo a equivalência entre a sua prestação e a contraprestação do outro contratante. Ex.: compra e venda.

Aleatório: é aquele em que a prestação de uma das partes não é conhecida com exatidão no momento da celebração do negócio jurídico pelo fato de depender da sorte (álea), que é um fator desconhecido. Não se confunda com a condição suspensiva ou resolutiva. Ex.: seguro.

Obs.: existem algumas situações em que o contrato é tido como aleatório em virtude da existência de um elemento acidental. Nosso Código Civil consagra três formas básicas de contratos acidentalmente aleatórios:

a) Coisas futuras cujo risco de não virem a existir uma das partes assuma (*emptio spei* – venda da esperança): um dos contratantes toma para si o risco relativo à própria existência da coisa, sendo ajustado um preço determinado, o qual será devido integralmente, mesmo que a coisa não exista no futuro, desde que não haja dolo ou culpa da outra parte (art. 458 do CC).

b) Coisas futuras cujo risco de virem a existir em qualquer quantidade uma das partes assuma (*emptio rei speratae* – venda da coisa esperada): um dos contratantes toma para si o risco somente com relação à quantidade da coisa comprada, pois foi fixado pelas partes um mínimo como objeto negocial. Em tais casos, a parte terá direito a todo o preço, desde que da sua parte não tenha concorrido com culpa, ainda que a coisa venha a existir em quantidade inferior à esperada (art. 459 do CC).

c) Coisa existente, mas exposta a risco: o objeto é certo e determinado; porém nem o comprador nem o vendedor conhecem sua qualidade no momento do cumprimento da prestação. Nesse caso, a prestação que se obrigou o contratante será devida ainda que posteriormente descubra que a coisa já não existia, no todo ou em parte, quando o contrato foi celebrado.

Típico: é aquele com uma previsão legal mínima. Ex.: compra e venda.

Atípico: é aquele em que não há previsão legal mínima. O art. 425 do CC consagra a licitude dos contratos atípicos em nosso ordenamento jurídico.

Paritário: é aquele em que os contratantes estão em pé de igualdade e podem discutir cada uma das cláusulas que compõem o ajuste negocial.

Por adesão: é aquele em que uma das partes, o estipulante, impõe o conteúdo negocial, restando à outra parte, o aderente, aceitar ou não o negócio. Ex.: contrato de fornecimento de energia elétrica.

Obs.: quando houver no contrato de adesão cláusulas que gerem dúvida quanto à sua interpretação, será adotada a mais favorável ao aderente. Já nos contratos paritários, exceto se houver disposição específica em lei, a dúvida na interpretação beneficia a parte que não redigiu a cláusula controvertida.

Consensual: é aquele em que para a conclusão basta o acordo de vontade, sendo desnecessário qualquer outro ato, como se dá com a locação.

Real: é aquele em que para a conclusão, além do acordo de vontade houver a necessidade da entrega da coisa contratada. Ex.: depósito.

Solene: é aquele que a lei, para a sua conclusão, impõe uma forma especial. Ex.: compra e venda de bem imóvel.

3.3 Princípios do direito contratual

1. **Autonomia da vontade:** a vontade, ainda que direcionada por uma necessidade, é o que leva o sujeito a realizar um contrato. De acordo com o princípio da autonomia da vontade, os sujeitos são livres para contratar ou não, para escolher com quem contratar, para dispor sobre o conteúdo do contrato, e ainda para exigir o seu cumprimento.

2. **Consensualismo:** o simples acordo de vontades basta para gerar o contrato válido.

3. **Obrigatoriedade dos contratos:** o contrato é ato de vontade, logo, vincula os sujeitos de forma obrigatória. As estipulações feitas no contrato deverão ser fielmente cumpridas, sob pena de execução patrimonial contra o inadimplente – *pacta sunt servanda*.

4. **Revisão dos contratos:** como exceção ao princípio da obrigatoriedade dos contratos, temos que nos contratos de execução sucessiva, havendo onerosidade excessiva das prestações, oriunda de acontecimento extraordinário e alheio aos contratantes à época da celebração contratual, o lesado poderá pedir a revisão contratual – *rebus sic stantibus*.

5. **Supremacia da ordem pública:** no Estado constituído pela Carta Magna de 1988, entende-se que o interesse coletivo se sobrepõe ao interesse individual. Nesse sentido, faz-se necessário que a ordem pública intervenha nos negócios privados para promover equilíbrio nas situações de desigualdade fática. Assim, supremacia da ordem pública funciona como um limite a estipulação livre das partes contratarem.

6. **Relatividade dos efeitos do contrato:** o contrato vincula apenas as partes que nele intervierem, não aproveitando nem prejudicando terceiros. Nosso Código Civil consagra expressamente três exceções ao princípio da relatividade dos efeitos dos contratos.

    a) **Estipulação em favor de terceiro:** consiste na hipótese que um terceiro que não é parte no contrato é beneficiado por seus efeitos, podendo exigir o seu adimplemento.

    b) **Promessa de fato de terceiro:** figura negocial pela qual determinada pessoa promete que uma determinada conduta seja praticada por outrem, sob pena de responsabilização civil.

c) **Contrato com pessoa a declarar:** no momento da conclusão do contrato, pode uma das partes reservar-se à faculdade de indicar a pessoa que deve adquirir os direitos e assumir as obrigações dele decorrente.

7. **Boa-fé objetiva**: exigência de conduta leal, honesta e íntegra dos contratantes, evitando surpreender e lesar a outra parte. A boa-fé deve ser observada em todas as fases do contrato (pré-contratual, contratual e pós-contratual). Para além desta função de integração, a boa-fé objetiva apresenta a função de interpretação (os negócios jurídicos devem ser interpretados conforme a boa-fé e os usos do lugar da sua celebração (art. 113 do CC) e de controle, vedando o abuso de direito (art. 187 do CC).

8. **Função social do contrato**: a expressão função social deve ser compreendida com o sentido de finalidade coletiva. Nesse trilhar, o contrato não pode ser mais observado como uma "bolha" que isola as partes do meio social. O contrato não deve ser mais interpretado somente de acordo com aquilo que foi assinado pelas partes, mas sim levando-se em conta a realidade social que o circunda. Desse modo, constata-se que o princípio da função social do contrato funciona, entre outras coisas, como um limite a autonomia da vontade.

Obs.: a Lei n. 13.874/2019 estabeleceu que nas relações contratuais privadas prevalecerá o princípio da intervenção mínima do Estado, por qualquer dos seus poderes, e a revisão contratual determinada de forma externa às partes será excepcional (art. 421, parágrafo único, do CC).

3.4 Vício redibitório

Constata-se o vício redibitório quando em um contrato há a presença dos seguintes requisitos:

a) coisa recebida em virtude de contrato comutativo ou de doação com encargo;
b) defeitos prejudiciais à sua utilização ou diminuição de valor;
c) que esses defeitos sejam ocultos;
d) que sejam graves;
e) que já existam no momento da celebração do contrato.

No caso do vício redibitório, o contrato é cumprido de maneira imperfeita, pois a coisa tem defeito oculto que a torna imprópria ao uso a que se destina ou que em razão dele tenha seu valor patrimonial sensivelmente diminuído. O adquirente de coisa com vício oculto pode valer-se dos seguintes institutos jurídicos:

- rejeitar a coisa, redibindo o contrato (ação redibitória) e recobrando o preço;
- pleitear a redução do preço da coisa que apresentou vício redibitório (ação *quanti minoris* ou estimatória), na proporção da desvalia da coisa entregue;
- buscar por meio de ação indenizatória recompor-se dos prejuízos que o defeito lhe causou. Nesse caso, é importante saber se o alienante conhecia o vício (restitui o valor recebido acrescido das perdas e danos) ou se o alienante não conhecia o vício (restitui somente o valor recebido).

Tanto para receber o valor da coisa como para o abatimento do preço, de acordo com o art. 445 do CC, o prazo é de 30 dias se a coisa for móvel, e de um ano se for imóvel, contado da entrega efetiva; se já estava na posse, o prazo conta-se da alienação, reduzido à metade.

Obs.: quando o vício, por sua natureza, só puder ser conhecido mais tarde, o prazo contar-se-á do momento em que dele tiver ciência, até o prazo máximo de 180 dias, em se tratando de bens móveis; e de um ano, para os imóveis.

Veja a tabela ilustrativa com os prazos dos vícios redibitórios:

VÍCIO REDIBITÓRIO		
HIPÓTESE	PRAZO	TERMO INICIAL
Coisa móvel entregue ao adquirente	30 dias	Data da tradição
Coisa móvel que já estava na posse do adquirente	15 dias	Data da alienação
Coisa imóvel entregue ao adquirente	1 ano	Data da tradição
Coisa imóvel que já estava na posse do adquirente	6 meses	Data da alienação
Defeito da coisa móvel que mesmo após a alienação permaneceu oculto, sendo descoberto em um momento posterior	30 dias, desde que descoberto em até 180 dias contados da tradição	Data da ciência do defeito
Defeito da coisa imóvel que mesmo após a alienação permaneceu oculto, sendo descoberto em um momento posterior	1 ano, desde que descoberto em até 1 ano contado da tradição	Data da ciência do defeito
Animais	Prazo estabelecido em lei especial, ou, na falta deste prazo previsto para coisa móvel cujo defeito foi percebido tardiamente	–

3.5 Evicção

Consiste na perda da coisa por decisão judicial ou administrativa fundada em motivo jurídico anterior e por meio da qual a coisa é conferida a outrem, que é o verdadeiro dono. Por essa garantia, o alienante se põe obrigado a garantir a posse da coisa transmitida ao adquirente, resguardando-o de possíveis pretensões decorrentes de terceiro.

As partes na evicção são: alienante (quem responde pelos riscos da evicção); evicto (adquirente do bem objeto da evicção); evictor (terceiro que reivindica a coisa). Seguem abaixo os requisitos da evicção:

a) contrato oneroso;
b) perda da propriedade, posse ou uso do bem;
c) a causa da evicção deve ser anterior ao contrato;
d) sentença ou decisão administrativa que atribua o bem a terceira pessoa;
e) denunciação da lide (art. 125 do CPC).

Obs.: a evicção pode ser parcial ou total. Na evicção parcial, o prejudicado pode resolver o contrato, desfazendo-o, ou postular abatimento do preço. Na evicção total, o evicto pode pedir a resolução do contrato, a restituição integral do preço e a indenização em perdas e danos.

3.6 Extinção dos contratos

A forma natural de extinção dos contratos é o cumprimento da obrigação pactuada. Obviamente, nem sempre o contrato será extinto pela execução. Passaremos a analisar neste momento algumas outras hipóteses de extinção dos contratos.

a) **Resolução:** é a modalidade de extinção dos contratos onde há inexecução. Nessa hipótese, estamos diante do inadimplemento, o qual pode consistir em mora (atraso) ou inadimplemento absoluto.

Obs.: exceção do contrato não cumprido (*exceptio non adimpleti contractus*): nos contratos bilaterais, nenhum dos contratantes, antes de cumprida a sua obrigação, pode exigir o implemento da do outro (art. 476 do CC). A parte contrária defende-se alegando a exceção do contrato não cumprido. De acordo com tal exceção, se, depois de concluído o contrato, sobrevier a uma das partes contratantes diminuição em seu patrimônio capaz de comprometer ou tornar duvidosa a prestação pela qual se obrigou, pode a outra recusar-se à prestação que lhe incumbe, até que aquela satisfaça a que lhe compete ou dê garantia bastante de satisfazê-la (art. 477 do CC).

Obs. 2: ainda dentro da resolução dos contratos, devemos mencionar a figura do adimplemento substancial ou inadimplemento mínimo. Tal construção jurisprudencial consagra que o adimplemento parcial (aquele em que o devedor cumpriu a quase totalidade das prestações) reduz as faculdades do credor que não poderá optar pela resolução do contrato, mas apenas exigir seu cumprimento (por exemplo as prestações faltantes), mais perdas e danos. A questão dessa quantificação da substancialidade do inadimplemento depende do caso concreto. Não há fórmula aritmética, o que é normal em sistemas abertos, cujos princípios têm papel de relevo. A boa-fé objetiva, a função social do contrato e o princípio da conservação do negócio jurídico são alguns princípios que dão base jurídica à figura do adimplemento substancial.

b) **Resilição:** é a extinção do contrato que tem como fundamento a vontade. Esta vontade pode ser das duas partes ou apenas de uma, razão pela qual a resilição pode ser bilateral ou unilateral. A resilição bilateral, também chamada de distrato, faz-se pela mesma forma exigida para o contrato.

c) **Rescisão:** modalidade de dissolução dos contratos anuláveis.

3.7 Contratos em espécie

3.7.1 Compra e venda

Contrato de compra e venda, um dos contratantes se obriga a transferir o domínio de certa coisa, e o outro, a pagar-lhe certo preço em dinheiro. A compra e venda, quando pura, considerar-se-á obrigatória e perfeita, desde que as partes acordarem no objeto e no preço (arts. 481 e 482 do CC).

As principais características da compra e venda são: bilateral, oneroso, consensual, informal, salvo se o bem for imóvel.

Obs.: é anulável a venda de ascendente a descendente, salvo se os outros descendentes e o cônjuge do alienante expressamente houverem consentido.

É necessário distinguir as hipóteses de venda de imóveis conhecidas pela doutrina como venda *ad corpus* e venda *ad mensuram*.

- *Ad corpus*: é a venda de bem individualizado por suas características e confrontações. Pode ou não haver determinação da área, mas, mesmo se houver, será considerada meramente enunciativa. Para que se repute a venda *ad corpus*, não é necessária declaração expressa, basta que a coisa tenha sido vendida como certa e discriminada. Sendo a venda *ad corpus*, não haverá complemento de área, nem devolução do excesso, sendo considerada apenas enunciativa a referência às suas dimensões.

- *Ad mensuram*: é a venda que leva em conta a área do imóvel que servirá de parâmetro para a individualização. Na compra e venda *ad mensuram*, o preço é correspondente ao tamanho do lote, e não há outros fatores. Logo, se o preço for estipulado por medida de extensão, ou se determinar a respectiva área, e esta não corresponder, em qualquer dos casos, às dimensões dadas, o comprador terá o direito de exigir o complemento da área, e, não sendo isso possível, o de reclamar a resolução do contrato ou abatimento proporcional ao preço (art. 500 do CC).

Cláusulas especiais da compra e venda:
1. **Retrovenda:** cláusula acessória pela qual o vendedor se reserva o direito de reaver, em certo prazo, o imóvel alienado, restituindo ao comprador o preço, mais as despesas por ele realizadas, inclusive as empregadas em melhoramentos do imóvel. O prazo máximo para exercício do direito da retrovenda são três anos.
2. **Venda a contento:** cláusula especial dentro de um contrato de compra e venda em que os efeitos do contrato dependem de o comprador se satisfazer com a coisa.
3. **Venda sujeita a prova:** cláusula especial dentro de um contrato de compra e venda em que os efeitos do contrato dependem do teste para se verificar se a coisa tem as qualidades anunciadas e se é idônea para o fim a que se destina.
4. **Preempção:** direito de preferência: cláusula especial dentro de um contrato de compra e venda por meio da qual se estabelece o direito de preferência do devedor de recomprar a coisa vendida, caso o comprador queira aliená-la.
5. **Venda com reserva de domínio:** modalidade especial de compra e venda pela qual o vendedor manter a propriedade com ele até que o comprador tenha pagado todo o preço.

> **ATENÇÃO!**
> Sob pena de nulidade, não podem ser comprados, ainda que em hasta pública:
> I – pelos tutores, curadores, testamenteiros e administradores, os bens confiados à sua guarda ou administração;
> II – pelos servidores públicos, em geral, os bens ou direitos da pessoa jurídica a que servirem, ou que estejam sob sua administração direta ou indireta;
> III – pelos juízes, secretários de tribunais, arbitradores, peritos e outros serventuários ou auxiliares da justiça, os bens ou direitos sobre que se litigar em tribunal, juízo ou conselho, no lugar onde servirem, ou a que se estender a sua autoridade;
> IV – pelos leiloeiros e seus prepostos, os bens de cuja venda estejam encarregados.
> Lembrem-se que essas proibições estendem-se à cessão de crédito.

3.7.2 Troca ou permuta

Contrato pelo qual as partes se obrigam reciprocamente a transferir a propriedade de uma coisa, diversa de dinheiro.

As principais características da permuta são: bilateral, oneroso, comutativo, consensual e informal.

3.7.3 Contrato estimatório

Contrato por meio do qual uma das partes entrega à outra uma coisa, mantendo-se proprietária, para que a outra parte venda a terceiro. A parte que entrega exige um preço que receberá se a coisa for vendida. A outra parte se obriga a tentar vender a coisa, por preço superior ao exigido pelo proprietário, reservando-se ao direito de, após certo prazo, restituir a coisa, caso não consiga vendê-la.

A parte que entrega o bem é denominada consignante e a parte que recebe o bem consignatário.

As principais características do contrato estimatório são: bilateral, oneroso, comutativo e não solene.

Importa destacar que a coisa consignada não pode ser objeto de penhora ou sequestro pelos credores do consignatário, enquanto não pago integralmente o preço, bem como o consignante não pode dispor da coisa antes de lhe ser restituída ou de lhe ser comunicada a restituição.

3.7.4 Doação

Contrato por meio do qual uma das partes se obriga a transferir a propriedade de uma coisa à outra parte, por simples liberalidade.

As principais características do contrato de doação são: unilateral, formal (doação verbal só é válida para bens móveis de pequeno valor, desde que a tradição seja imediata) e gratuito.

Espécies de doação
1. **Doação pura (simples):** feita por liberalidade, sem nenhuma espécie de condição, termo, encargo, prazo ou limitação.
2. **Doação com encargo (modal):** é aquela em que o doador impõe ao donatário uma incumbência, um encargo, que pode reverter em seu benefício, de terceiro ou geral.
3. **Doação remuneratória:** aquela em que o doador deseja pagar por serviços prestados pelo donatário ou por outra vantagem que haja recebido dele.
4. **Doação condicional:** é a que depende de um acontecimento futuro e incerto.
5. **Doação conjuntiva:** feita em comum a mais de uma pessoa, sendo distribuída por igual entre os diversos donatários.
6. **Doação cláusula de reversão:** é aquela pela qual o doador pode estipular que os bens doados voltem ao seu patrimônio, se sobreviver ao donatário. Esta cláusula não prevalece em favor de terceiro.
7. **Doação de ascendente para descendente:** a doação de ascendentes a descendentes, ou de um cônjuge a outro, importa adiantamento do que lhes cabe por herança (art. 544 do CC).
8. **Doação universal:** é nula a doação de todos os bens sem reserva de parte, ou renda suficiente para a subsistência do doador (art. 548 do CC).

9. **Doação inoficiosa:** é nula a doação quanto à parte que exceder à de que o doador, no momento da liberalidade, poderia dispor em testamento (art. 549 do CC).

10. **Doação do cônjuge adúltero ao seu cumplice:** a doação do cônjuge adúltero ao seu cúmplice pode ser anulada pelo outro cônjuge, ou por seus herdeiros necessários, até dois anos depois de dissolvida a sociedade conjugal (art. 550 do CC).

11. **Doação em benefício de absolutamente incapaz:** se o donatário for absolutamente incapaz, dispensa-se a aceitação, desde que se trate de doação pura (art. 543 do CC).

Revogação da doação

A doação pode ser revogada por inexecução do encargo ou por ingratidão do donatário. Nesses casos, o bem é revertido ao patrimônio do doador, ou, se for o caso, dos seus herdeiros.

Para que surja o direito à revogação por descumprimento do encargo, é necessário que o donatário seja constituído em mora. Se não houver no contrato prazo estipulado para cumprimento do encargo, deve o doador fixar prazo razoável e dele notificar o donatário.

Já a revogação por ingratidão é verificada nas seguintes situações:

I – se o donatário atentou contra a vida do doador ou cometeu crime de homicídio doloso contra ele;

II – se cometeu contra ele ofensa física;

III – se o injuriou gravemente ou o caluniou;

IV – se, podendo ministrá-los, recusou ao doador os alimentos de que este necessitava.

A revogação também pode ocorrer quando o ofendido, nos casos do artigo anterior, for o cônjuge, ascendente, descendente, ainda que adotivo, ou irmão do doador e deverá ser pleiteada dentro de um ano, a contar de quando chegue ao conhecimento do doador o fato que a autorizar, e de ter sido o donatário o seu autor.

Por fim, deve-se pontuar que as seguintes doações não se revogam por ingratidão:

I – as doações puramente remuneratórias;

II – as oneradas com encargo já cumprido;

III – as que se fizerem em cumprimento de obrigação natural;

IV – as feitas para determinado casamento.

3.7.5 Locação de coisas

Contrato pelo qual uma das partes (locador) se obriga a ceder à outra (locatário), por prazo determinado ou não, o uso e o gozo de um bem infungível mediante o recebimento de uma retribuição denominada de aluguel.

As principais características do contrato de locação são: bilateral, oneroso, comutativo, consensual, de execução continuada e não solene.

Obrigações do locador

I – a entregar ao locatário a coisa alugada, com suas pertenças, em estado de servir ao uso a que se destina, e a mantê-la nesse estado, pelo tempo do contrato, salvo cláusula expressa em contrário;

II – a garantir-lhe, durante o tempo do contrato, o uso pacífico da coisa.

Obrigações do locatário

I – a servir-se da coisa alugada para os usos convencionados ou presumidos, conforme a natureza dela e as circunstâncias, bem como tratá-la com o mesmo cuidado como se sua fosse;

II – a pagar pontualmente o aluguel nos prazos ajustados, e, em falta de ajuste, segundo o costume do lugar;

III – a levar ao conhecimento do locador as turbações de terceiros, que se pretendam fundadas em direito;

IV – a restituir a coisa, finda a locação, no estado em que a recebeu, salvas as deteriorações naturais ao uso regular.

Garantias da locação

Os contratos de locação são comumente garantidos por um contrato de fiança, garantia fidejussória, ou seja, baseada na confiança. Cumpre dizer que, morrendo o locador ou o locatário, transfere-se aos seus herdeiros a locação por tempo determinado (art. 577 do CC).

3.7.6 Do empréstimo – comodato e mútuo

Comodato é um contrato pelo qual uma das partes entrega à outra coisa infungível, para ser usada temporariamente e depois restituída.

As principais características do contrato de comodato são: unilateral, gratuito, real personalíssimo, infungível e temporário. As partes no contrato de comodato são chamadas de comodante (quem empresta) e comodatário (quem toma a coisa emprestada).

Se o comodato não tiver prazo convencional, presumir-se-á o necessário para o uso concedido não podendo o comodante, salvo necessidade imprevista e urgente, reconhecida pelo juiz, suspender o uso e gozo da coisa emprestada, antes de findo o prazo convencional, ou o que se determine pelo uso outorgado (art. 581 do CC).

O comodatário é obrigado a conservar a coisa emprestada como se sua própria fora, não podendo usá-la senão de acordo com o contrato ou a natureza dela, sob pena de responder por perdas e danos. O comodatário constituído em mora, além de por ela responder, pagará, até restituí-la, o aluguel da coisa que for arbitrado pelo comodante (art. 582 do CC).

O comodatário não poderá jamais recobrar do comodante as despesas feitas com o uso e gozo da coisa emprestada, além do que, se duas ou mais pessoas forem simultaneamente comodatárias de uma coisa, ficarão solidariamente responsáveis para com o comodante (arts. 584 e 585 do CC).

Mútuo é o contrato pelo qual uma das partes transfere a propriedade de um bem fungível à outra, que se obriga a lhe restituir coisa do mesmo gênero, quantidade e qualidade.

As principais características do contrato de mútuo são: real, gratuito e unilateral (com exceção do mútuo feneratício que é o destinado a fins econômicos e os juros são devidos), temporal e incide sobre bens fungíveis. As partes no contrato de mútuo são chamadas de mutuante (quem empresta) e mutuário (quem toma a coisa emprestada).

Diz o texto legal que o mútuo feito a pessoa menor, sem prévia autorização daquele sob cuja guarda estiver, não pode ser reavido nem do mutuário, nem de seus fiadores (art. 588 do CC). No entanto, cessará tal disposição:

I – se a pessoa, de cuja autorização necessitava o mutuário para contrair o empréstimo, o ratificar posteriormente;

II – se o menor, estando ausente essa pessoa, se viu obrigado a contrair o empréstimo para os seus alimentos habituais;

III – se o menor tiver bens ganhos com o seu trabalho. Mas, em tal caso, a execução do credor não lhes poderá ultrapassar as forças;

IV – se o empréstimo reverteu em benefício do menor;

V – se o menor obteve o empréstimo maliciosamente.

3.7.7 Prestação de serviços

Contrato pelo qual uma parte contrata a outra para que esta execute uma determinada atividade, por certo prazo e mediante remuneração. Não existem nesta relação contratual os requisitos previstos na legislação trabalhista.

As principais características do contrato de prestação de serviço são: bilateral, oneroso e consensual. As partes contratantes são denominadas de prestador de serviço e tomador de serviço.

Diz o Código Civil que não se poderá convencionar por mais de quatro anos, embora o contrato tenha por causa o pagamento de dívida de quem o presta, ou se destine à execução de certa e determinada obra. Neste caso, decorridos quatro anos, dar-se-á por findo o contrato, ainda que não concluída a obra (art. 598 do CC).

Apesar de ser admitida a prestação de serviço gratuita, sem que se cobre remuneração, o contrato é presumidamente oneroso. Não se tendo estipulado, nem chegado a um acordo, fixar-se-á por arbitramento a retribuição, segundo o costume do lugar, o tempo de serviço e sua qualidade (art. 596 do CC).

3.7.8 Empreitada

Contrato mediante o qual uma das partes contrata uma obra, obrigando-se a outra pelo resultado final, e não apenas pela atividade de execução. Este contrato gera uma obrigação de resultado.

As principais características do contrato de empreitada são: bilateral, comutativo, oneroso consensual. As partes contratantes são denominadas empreitante ou dono da obra (quem a encomenda) e empreiteiro (quem se obriga a realizá-la). O empreiteiro se obriga a realizar a obra pessoalmente ou por intermédio de terceiros, cobrando uma remuneração a ser paga pela outra parte que é proprietário da obra, sem vínculo de subordinação.

Existem duas espécies de empreitada:

a) Empreitada de lavor: quando o empreiteiro contribui para a obra apenas com o seu trabalho. Nesse caso, todos os riscos em que o empreiteiro não tiver culpa, correm por conta do dono da obra.

b) Empreitada de material: quando o empreiteiro se obriga a fornecer os materiais necessários. Para que tenhamos a empreitada de material, é necessário que a obrigação seja imposta pela lei ou pela vontade das partes.

Nos contratos de empreitado, se houve o pagamento integral da obra, presume-se que tudo foi verificado. Ademais, o empreiteiro de materiais e execução responderá, durante o prazo irredutível de cinco anos, pela solidez e segurança do trabalho, assim em razão dos materiais, como do solo (art. 618 do CC).

3.7.9 Depósito

Contrato por meio do qual um dos contratantes recebe do outro uma coisa móvel para guardar, até que seja solicitada a sua restituição.

As principais características do contrato de empreitada são: personalíssimo, real, temporal e presumidamente gratuito. As partes no contrato de depósito são denominadas depositante (quem deposita) e depositário (quem recebe o depósito).

As principais obrigações do depositário são as que se consubstanciam no chamado dever de guarda e de restituição. Salienta-se que a responsabilidade do depositário pela coisa não se estende aos casos de força maior, cabendo a ele a prova desse fato.

O contrato de depósito pode ser de duas espécies:

a) **Voluntário:** é o depósito por ato de mera vontade das partes. Ex.: o depósito de um carro no estacionamento. Em regra, o depósito se extingue no momento em que o depositante exige a restituição da coisa depositada. Não é lícito ao depositário recusar-se a restituir, nem alegando não ser o depositante proprietário da coisa, nem opondo compensação, a não ser se for fundada em outro contrato de depósito.

b) **Necessário:** o depósito necessário pode ser legal, miserável, essencial e judicial.

I – Legal é aquele instituído por lei ou em razão de alguma necessidade pública.

II – Miserável é aquele motivado por calamidades. Ex.: enchente, incêndio, inundação etc.

III – Essencial é depósito de bagagem do hóspede no hotel em que se hospeda ou do passageiro do ônibus ou avião em que viaja.

IV – Judicial é o depósito realizado por ordem do juiz.

É importante destacar que o depositante é obrigado a pagar ao depositário as despesas feitas com a coisa, e os prejuízos que do depósito provierem e o depositário poderá reter o depósito até que se lhe pague a retribuição devida, o líquido valor das despesas, ou dos prejuízos a que se refere o art. 643 do CC, provando imediatamente esses prejuízos ou essas despesas.

A respeito da prisão do depositário infiel, tal problemática encontra-se pacificada desde 2009, quando o STF editou a Súmula Vinculante 25, com o seguinte teor: "É ilícita a prisão civil de depositário infiel, qualquer que seja a modalidade de depósito".

3.7.10 Mandato

Contrato pelo qual uma pessoa nomeia outra para praticar atos em seu nome. O instrumento do mandato é a procuração.

As principais características do contrato de mandato são: unilateral, gratuito ou oneroso, consensual, personalíssimo. As partes no contrato de mandato são denominadas de mandante (quem se faz representar) e o mandatário (quem se obriga a representar). A ideia por trás do contrato de mandato é a de representação. Assim, o mandatário não pratica atos em nome próprio, senão em nome do mandante.

A outorga de poderes pode ser realizada por uma forma verbal ou escrita. Neste caso, o documento pode ser particular ou público. O ideal é se atentar para a natureza do ato que será praticado, vez que a lei exige que o ato e a outorga tenham a mesma forma.

As principais obrigações do mandante são:

I – cumprir as obrigações assumidas pelo mandatário em relação a terceiros;

II – reembolsar o mandatário nas despesas e nos prejuízos experimentados;

III – sendo o mandato remunerado, efetuar sempre os pagamentos.

As principais obrigações do mandatário são:

I – exercer a representação com diligência;

II – prestar contas ao mandante;

III – transferir ao mandante todas as vantagens dos atos praticados.

O mandatário tem direito de reter do objeto do negócio praticado os valores que forem necessários para o pagamento de tudo o que lhe for devido em consequência do mandato. Admite-se, inclusive, a retenção das coisas diversas de dinheiro que estejam em sua posse em virtude do mandato.

Obs.: o mandato em termos gerais só confere poderes de administração. Para alienar, hipotecar, transigir, ou praticar outros quaisquer atos que exorbitem da administração ordinária, depende a procuração de poderes especiais e expressos.

3.7.11 Comissão

Contrato pelo meio do qual uma pessoa se obriga a vender bens ou realizar mútuo ou outro negócio jurídico de crédito, não em seu próprio nome, mas à conta de outrem. Contrato de comissão tem por objeto a compra ou venda de bens ou a realização de mútuo ou outro negócio jurídico de crédito pelo comissário, em seu próprio nome, à conta do comitente.

As principais características do contrato de comissão são: unilateral, gratuito ou oneroso e consensual. As partes no contrato de comissão são chamadas de comitente (a pessoa por quem se celebra o negócio) e comissário (quem celebra o negócio).

A comissão é essencialmente aleatória, pois o resultado das negociações do comissário não pode ser determinado de antemão. Dentro de um contrato de comissão, é possível a existência de uma cláusula denominada *del credere*. Por esta cláusula, o comissário é solidariamente responsável, juntamente com o comitente, no caso de inadimplementos contratuais.

> **ATENÇÃO!**
> A cláusula *del credere* poderá ser parcial.

Obs.: não estipulada a remuneração devida ao comissário, será ela arbitrada segundo os usos correntes no lugar (art. 701 do CC).

3.7.12 Corretagem

Contrato pelo qual uma pessoa, não ligada a outra em virtude de mandato, de prestação de serviços ou por qualquer relação de dependência, obriga-se a obter para a segunda um ou mais negócios, conforme as instruções recebidas.

As principais características do contrato de corretagem são: bilateral, consensual, oneroso e não solene. As partes no contrato de corretagem são chamadas de corretor e comitente (ou cliente). O corretor é obrigado a executar a mediação com diligência e prudência, e a prestar ao cliente, espontaneamente, todas as informações sobre o andamento do negócio.

A remuneração do corretor, se não estiver fixada em lei, nem ajustada entre as partes, será arbitrada segundo a natureza do negócio e os usos locais. Ademais, a remuneração é devida ao corretor uma vez que tenha conseguido o resultado previsto no contrato de mediação, ou ainda que este não se efetive em virtude de arrependimento das partes. Ou seja, a obrigação do corretor é de resultado.

Nesse sentido, aponta o art. 727 do CC, o qual estabelece que: "Se, por não haver prazo determinado, o dono do negócio dispensar o corretor, e o negócio se realizar posteriormente, como fruto da sua mediação, a corretagem lhe será devida; igual solução se adotará se o negócio se realizar após a decorrência do prazo contratual, mas por efeito dos trabalhos do corretor".

3.7.13 Transporte

Contrato por meio do qual uma das partes se obriga a transportar pessoas ou coisas de um lugar para outro mediante retribuição.

As principais características do contrato de transporte são: bilateral, oneroso, consensual, temporário, comutativo. As partes no contrato de transporte são denominadas transportador e passageiro (ou usuário). O contrato de transporte é provado pelo bilhete de passagem, a nota de bagagem e o conhecimento de carga. Trata-se de obrigações do transportador emiti-los e de direito do passageiro.

O contrato de transporte pode ser pessoas, coisas ou cumulativo.

a) Transporte de pessoas: ocorre quando estas são o objeto do contrato. A responsabilidade do transportador de pessoas abrange os danos causados a elas e as suas bagagens, a não ser em caso de força maior, sendo considerada nula qualquer cláusula excludente de responsabilidade (art. 734 do CC). O transportador também se encontra vinculado aos horários e itinerantes anunciados, respondendo por eventuais prejuízos, salvo caso fortuito e força maior.

b) Transporte de coisas: ocorre quando o expedidor ou remetente envia coisas de um lugar a outro por meio do transporte contratado. Por uma questão de segurança, exige-se que a coisa entregue ao transportador esteja devidamente discriminada e que contenha o endereço e, no mínimo, o nome e endereço do destinatário. O expedidor que declarar informações falsas ou inexatas e causar danos ao transportador deverá indenizá-lo. Esse direito de indenização terá que ser exercido no prazo de 120 dias contados da declaração falsa (art. 745 do CC).

c) Transporte cumulativo: ocorre quando a pessoa ou a coisa, para chegar de um local para outro, precisa de diversos transportadores, um para cada trecho, mas contrata todos de uma só vez, por meio do mesmo contrato. Nesse caso, o dano resultante do atraso ou da interrupção da viagem, será determinado em razão da totalidade do percurso. Se houver substituição de algum dos transportadores no decorrer do percurso, a responsabilidade solidária estender-se-á ao substituto.

3.7.14 Seguro

Contrato pelo qual uma das partes se obriga a proteger o interesse da outra, referente a pessoas ou coisas, contra riscos predefinidos, e mediante o pagamento de uma quantia chamada de prêmio.

As principais características do contrato de transporte são: bilateral, oneroso, aleatório, formal, execução continuada, adesão e de boa-fé. As partes no contrato de seguro são chamadas de segurado (aquele cujo interesse é protegido) e segurador (quem protege o interesse).

No contrato de seguro, o prêmio é o valor que o segurado paga à seguradora para obter o direito a uma indenização, se ocorrer o sinistro oriundo do risco garantido e previsto no contrato. É denominado por alguns como ágio de seguro.

A lei exige uma capacidade especial para ser segurador. De acordo com o parágrafo único do art. 757, pode ser segurador entidade para tal fim legalmente autorizada. Esta é uma atividade exercida por companhias especializadas, por sociedades anônimas mediante prévia autorização do Governo Federal (arts. 192, II, da CF, e 29 da Lei n. 8.177/91) ou cooperativas devidamente autorizadas (art. 24 do Dec.-lei n. 73/66); porém tais cooperativas só poderão operar nos seguros agrícolas e seguros de saúde.

Os **direitos** do **segurador** são:

I – Receber o prêmio a que o segurado se obrigou, durante a vigência do contrato;

II – Isentar-se do pagamento da indenização se:

a) o segurado agiu com dolo;

b) o segurado deu à coisa segurada valor superior ao real;

c) existir vício, no contrato, que possa tirar sua eficácia;

d) ocorrer caducidade da apólice, pelo não pagamento do prêmio.

Os **deveres** do **segurador** são:

I – Indenizar o segurado;

II – Pagar a indenização a terceiro quando assim estipulado;

III – Constituir reservas para garantir as obrigações assumidas: são os fundos especiais;

IV – Restituir o prêmio, em dobro, se expediu apólice sabendo ter passado o risco;

V – Tomar medidas para eliminar ou diminuir os riscos que podem afetar a coisa segurada;

VI – Tomar as providências necessárias assim que souber do sinistro.

Destaca-se que a mora do segurador em pagar o sinistro obriga à atualização monetária da indenização devida, sem prejuízo dos juros moratórios.

O contrato de seguro pode ser estipulado em benefício do próprio contratante ou de um terceiro, o qual passará a ser denominado de beneficiário. Contra o beneficiário o segurador pode opor as mesmas exceções que possuía contra o estipulante.

Os **direitos** do **segurado** são:

I – Receber a indenização: nos limites descritos pela apólice;

II – Reter os prêmios: na hipótese de o segurador falir antes de passado o risco;

III – Não ver aumentado o prêmio, sem justa causa;

IV – Denunciar a lide à seguradora;

V – Optar pela não utilização do seguro, nos casos em que o pequeno valor do dano não compensa acionar o seguro.

Os **deveres** do **segurado** são:

I – Pagar o prêmio convencionado;

II – Responder por juros moratórios, independentemente de interpelação do segurador;

III – Abster-se de tudo que possa aumentar os riscos;

IV – Comunicar ao segurador todo incidente;

V – Levar, imediatamente, ao conhecimento do segurador a ocorrência do sinistro.

O contrato de seguro pode ser extinto pelas seguintes causas:

I – pelo decurso do prazo estipulado;

II – pelo distrato: quando as partes concordam em dissolver os vínculos contratuais;

III – pela rescisão: decorrente do inadimplemento da obrigação legal ou de cláusula contratual;

IV – pela superveniência do risco que faça perecer o bem segurado: pago o valor pela seguradora, o contrato perde seu objeto;

V – pela nulidade: imperfeição antecedente que torna o contrato ineficaz.

3.7.15 Constituição de renda

Contrato pelo qual uma pessoa se obriga a dar a outra, por prazo determinado ou não, uma renda periódica, a título gratuito ou oneroso.

As principais características do contrato de constituição de renda são: bilateral ou unilateral, oneroso ou gratuito, comutativo, aleatório, temporário, de execução diferida e continuada, formal. As partes no contrato de constituição de renda são chamadas de instituidor de renda (quem deve a prestação periódica) e rendeiro (quem a recebe). Na modalidade onerosa, o rendeiro se obriga a entregar ao instituidor bens móveis ou imóveis.

Sendo instituída sem prazo determinado, se extinguirá pela morte do rendeiro, mas não do instituidor. É nula a constituição de renda em favor de pessoa já falecida, ou que, nos 30 dias seguintes, vier a falecer de moléstia que já sofria, quando foi celebrado o contrato (art. 808 do CC).

Quando a renda for constituída em benefício de duas ou mais pessoas, sem determinação da parte de cada uma, entende-se que os seus direitos são iguais; e, salvo estipulação diversa, não adquirirão os sobrevivos direito à parte dos que morrerem (art. 812 do CC).

3.7.16 Fiança

Contrato pelo qual uma das partes se obriga a garantir uma obrigação da qual a outra é credora, caso o devedor deixa de cumpri-la.

As principais características do contrato de fiança são: unilateral, acessório, solene, gratuito. As partes no contrato de fiança são chamadas de fiador e devedor. Deve-se ter em mente que a fiança não é celebrada com o devedor. Na verdade, admite-se até a contratação da fiança sem o consentimento do devedor e até mesmo contra a sua vontade.

Pelo lado do credor, este não é obrigado a aceitar a fiança se o fiador não for domiciliado no município em que se dará a fiança, ou se este não possuir bens suficientes para adimplir a obrigação principal. O objeto da fiança podem ser as dívidas presentes ou futuras. Neste caso, só poderão ser cobradas quando se revestirem de certeza e liquidez, ou seja, no vencimento. Ademais, não sendo limitada, a fiança compreenderá todos os acessórios da dívida principal, inclusive as despesas judiciais, desde a citação do fiador.

O contrato de fiança pode ser convencional, legal e judicial:

I – Convencional: quando decorrente de ajuste entre o credor e o fiador. Trata-se de uma relação jurídica secundária, isto é, um contrato acessório com regras autônomas.

II – Legal: quando a própria lei determina que uma pessoa garanta o pagamento da dívida em relação a outra pessoa em virtude de uma relação jurídica; a lei pode, também, exigir a fiança para o exercício de determinados atos da vida civil.

III – Judicial: quando decorrente de sentença judicial. Pode ser por iniciativa do próprio juiz (de ofício) ou mediante manifestação das partes.

Se no contrato de fiança não houver estipulação de prazo, o fiador pode, a qualquer tempo, exonerar-se; mas continuará obrigado por 60 dias, a contar da data em que o credor receber notificação (art. 835 do CC).

Existem dois grandes benefícios que o fiador pode arguir em seu favor na hipótese de cobrança:

a) Benefício de ordem: ocorre quando o fiador demandado pelo pagamento da dívida tem direito a exigir, até a contestação da lide, que sejam primeiro executados os bens do devedor (art. 827 do CC). Caso o fiador alegar o benefício de ordem, deverá nomear bens do devedor, sitos no mesmo município, livres e desembargados, quantos bastem para solver o débito. No entanto, não aproveita este benefício ao fiador se ele o renunciou expressamente, se se obrigou como principal pagador, ou devedor solidário ou se o devedor for insolvente, ou falido.

b) **Benefício de divisão**: a fiança conjuntamente prestada a um só débito por mais de uma pessoa importa o compromisso de solidariedade entre elas, se declaradamente não se reservarem o benefício de divisão. Assim, sendo expressamente estabelecido o benefício de divisão, cada fiador responde unicamente pela parte que, em proporção, lhe couber no pagamento, ficando afastada a solidariedade, tornando divisível a obrigação (art. 829 do CC).

As hipóteses de extinção da fiança estão previstas de forma exemplificativa no Código Civil. Seguem as principais situações:

I – Satisfação da prestação. Cumprida a obrigação principal assumida contratualmente, ocorrerá a extinção desta e, consequentemente, a extinção do contrato acessório (da fiança);

II – Moratória concedida pelo credor ao devedor, sem consentimento do fiador, isto é, o credor concede novo prazo ao devedor para que cumpra a obrigação, após o vencimento desta;

III – Frustração do fiador na sub-rogação nos direitos do credor em relação ao devedor. O fiador, ao afiançar, sabe que poderá ser compelido a pagar a dívida, no entanto, prevê a possibilidade de reaver o que pagou ao credor, junto ao devedor. Se o credor frustra essa garantia, extingue-se a garantia;

IV – Dação em pagamento (*datio in solutum*) que constitui forma de pagamento, ainda que indireta, extinguindo a fiança que não se revigora se a coisa dada em pagamento vier a sofrer evicção;

V – Retardamento do credor na execução em que se alegou benefício de ordem (art. 839). Se do retardamento da execução resultar que o devedor venha a ficar em estado de insolvência, o devedor fica exonerado de pagar a dívida, se provar que os bens indicados quando apontado o benefício de ordem, na época eram suficientes para quitação da dívida.

3.7.17 Jogo e aposta

Jogo é o contrato pelo qual duas pessoas ou mais se obrigam a dar uma determinada coisa a quem ganhar um determinado jogo, seguindo as suas regras.

Aposta é o contrato pelo qual duas ou mais pessoas se obrigam a dar uma determinada coisa a quem acertar o resultado de um determinado evento futuro e incerto.

As principais características do contrato de jogo e aposta são: unilateral, típicos, gratuito, aleatório, de execução diferida. Existem os jogos e apostas permitidos, tolerados e proibidos.

a) **Permitidos ou lícitos**: autorizados, como acontece com as loterias.

b) **Tolerados**: todos os que não são expressamente proibidos por lei, nem expressamente permitidos. O resultado não depende exclusivamente da sorte, mas da habilidade dos jogadores, como se dá com o pôquer. No caso dos jogos tolerados, proíbe-se não a sua prática, mas sim a sua exploração.

c) **Proibidos ou ilícitos**: quando o ganho depende exclusivamente da sorte, como se dá com a roleta e o jogo do bicho.

As dívidas de jogo ou de aposta não obrigam a pagamento; mas não se pode recobrar a quantia, que voluntariamente se pagou, salvo se foi ganha por dolo, ou se o perdente é menor ou interdito (art. 814 do CC).

Não se pode exigir reembolso do que se emprestou para jogo ou aposta, no ato de apostar ou jogar (art. 815 do CC).

O sorteio para dirimir questões ou dividir coisas comuns considera-se sistema de partilha ou processo de transação, conforme o caso (art. 817 do CC).

3.8 Dos atos unilaterais

As três principais fontes de obrigações são os contratos, os atos unilaterais e os atos ilícitos. Os atos unilaterais são obrigações assumidas por alguém independentemente da certeza do credor. Os contratos podem ser atípicos, mas os atos unilaterais só podem ser criados pela lei.

Segundo nosso Código Civil, são quatro os atos unilaterais: a promessa de recompensa, a gestão de negócios, enriquecimento sem causa e o pagamento indevido.

3.8.1 Promessa de recompensa

Cuida de uma fixação de recompensa para realização de ato certo, ação ou conduta, com obtenção de resultado certo, de acordo com anuncio feito em divulgação. Ex.: recompensa para quem encontrar um cachorro perdido. O negócio jurídico unilateral caracteriza-se pela tão somente manifestação do promitente, independentemente do consentimento da outra parte.

De acordo com o Código Civil, pode o promitente – antes de prestado o serviço ou preenchida a condição – revogar a promessa, contanto que o faça com a mesma publicidade (art. 856 do CC). No entanto, o candidato de boa-fé, que houver feito despesas, terá direito a reembolso.

Destaca-se que se o ato contemplado na promessa for praticado por mais de um indivíduo, terá direito à recompensa o que primeiro o executou. Agora, sendo simultânea a execução, a cada um tocará quinhão igual na recompensa; se esta não for divisível, conferir-se-á por sorteio, e o que obtiver a coisa dará ao outro o valor de seu quinhão.

O concurso civil é uma espécie de promessa de recompensa onde várias pessoas se dispõem a realizar uma tarefa em busca de uma gratificação que será oferecida ao melhor (ex.: escrever o melhor livro). O concurso não pode ser revogado, pois o prazo é obrigatório. O concurso é aleatório para o concorrente que pode não ganhar nada, a depender da decisão do árbitro do certame, cuja decisão subjetiva não pode ser questionada. As obras/tarefas apresentadas podem passar a pertencer ao organizador do concurso (art. 860 do CC).

3.8.2 Gestão de negócios

É a atuação de uma pessoa que, espontaneamente e sem mandato, administra negócio alheio, presumindo o interesse do próximo (ex.: vizinho que passa a zelar e manter a casa de quem se ausentou, alimentando os animais e pagando-lhe as contas ou o condomínio que age em proveito da comunhão, podendo exigir compensação financeira dos demais beneficiários). O gestor não tem autorização nem obrigação de agir, mas deve fazê-lo por solidariedade, garantindo a lei o reembolso das despesas feitas.

Responderá o gestor até pelos casos fortuitos, não provando que teriam sobrevindo, ainda quando se houvesse abatido, se a gestão foi iniciada contra a vontade manifesta ou presumível do interessado.

Poderá o dono do negócio exigir que o gestor restitua as coisas ao estado anterior, ou o indenize da diferença se os prejuízos da gestão excederem o seu proveito. O gestor responde pelo caso fortuito quando fizer operações arriscadas, ainda que o dono costumasse fazê-las, ou quando preterir interesse deste em proveito de interesses seus.

Cumprirão ao dono as obrigações contraídas em seu nome, reembolsando ao gestor as despesas necessárias ou úteis que houver feito, com os juros legais, desde o desembolso, respondendo ainda pelos prejuízos que este houver sofrido por causa da gestão se o negócio for utilmente administrado.

Da mesma forma quando a gestão se proponha a acudir a prejuízos iminentes, ou redunde em proveito do dono do negócio ou da coisa; mas a indenização ao gestor não excederá, em importância, as vantagens obtidas com a gestão.

3.8.3 Enriquecimento sem causa

Enriquecer sem causa é enriquecer repentinamente sem motivo justo, sem trabalhar, sem herdar. Uma das hipóteses de enriquecimento sem causa é por meio do pagamento indevido. Se o enriquecimento tiver por objeto coisa determinada, quem a recebeu é obrigado a restituí-la, e, se a coisa não mais subsistir, a restituição far-se-á pelo valor do bem na época em que foi exigido.

Não caberá a restituição por enriquecimento, se a lei conferir ao lesado outros meios para se ressarcir do prejuízo sofrido (art. 886 do CC).

3.8.4 Pagamento indevido

Ocorre pagamento indevido quando o devedor paga a alguém que não é o credor, ou seja, o *accipiens* não é o credor, e o devedor agiu por engano.

Dois efeitos do pagamento indevido:

a) Aquele que enriqueceu sem causa fica obrigado a devolver o indevidamente auferido, não só por uma questão moral (= direito natural), mas também por uma questão de ordem civil (arts. 876 e 884 do CC). O objetivo dessa devolução é reequilibrar os patrimônios do devedor e do falso credor, alterados sem fundamento jurídico, sem causa justa.

b) Se o falso credor não quiser voluntariamente devolver o pagamento, surge o segundo efeito que é o direito do devedor de propor ação de repetição do indébito (*repetitivo in debiti*) contra tal *accipiens*. Esta ação tem este nome, pois, em linguagem jurídica, "repetir" significa "devolver" e "indébito" é aquilo que não é devido. Então a ação é para o falso credor devolver aquilo que não lhe era devido.

Caso o objeto do pagamento indevido já tenha sido alienado pelo falso credor a um terceiro, se tal objeto era coisa móvel, tal alienação vale por uma questão de segurança das relações jurídicas e porque em geral os móveis são menos valiosos do que os imóveis. De qualquer modo, o falso credor vai responder pelo equivalente em dinheiro. No entanto, se o objeto do pagamento indevido for um imóvel que o falso credor já tenha alienado a um terceiro, tal alienação só valerá se feita onerosamente (venda sim, doação não) e o terceiro estiver de boa-fé. Caso contrário o *solvens* poderá perseguir o imóvel e recuperá-lo do terceiro (art. 879 do CC).

4. RESPONSABILIDADE CIVIL

4.1 Linhas gerais

A palavra "responsabilidade" tem sua origem no verbo latino *respondere*, que significa a obrigação que alguém tem de assumir com as consequências jurídicas de sua atividade. O respaldo de tal obrigação, no campo jurídico, está no princípio fundamental da "proibição de ofender", ou seja, a ideia de que a ninguém deve causar prejuízo a outrem. Tal preceito regulamenta toda a vida em sociedade.

A responsabilidade civil pressupõe a atividade danosa de alguém que, atuando *a priori* ilicitamente, viola uma norma jurídica preexistente (legal ou contratual), subordinando-se, dessa forma, às consequências do seu ato (obrigação de reparar – indenizar).

Nesse trilhar, a responsabilidade civil pode ser contratual ou extracontratual.

Responsabilidade civil contratual: resulta de um contrato entre as partes, onde aquele que não cumprir o pactuado, violando cláusula do contrato, deverá indenizar a vítima pelo dano ou prejuízo. É o caso do inadimplemento absoluto.

Responsabilidade extracontratual: também denominada aquiliana, a responsabilidade civil extracontratual é a que não deriva de contrato e sim da inobservância direta de uma regra legal. O princípio *neminem laedere* ("a ninguém ofender") rege a responsabilidade aquiliana e tem como fundamento os arts. 186 e 927 do CC.

4.2 Elementos da responsabilidade civil

Para que haja a responsabilidade civil, ou seja, para que uma pessoa seja compelida a indenizar outra, necessário se faz o preenchimento de alguns requisitos. Da leitura do art. 186 do CC extraímos a existência de quatro pressupostos orientadores da responsabilidade civil, quais sejam:

a) **Conduta humana:** a conduta humana se caracteriza pela ação ou pela omissão do agente. Ou, melhor, é o ato da pessoa que causa dano ou prejuízo a outrem. Quando não há conduta humana causadora de dano, mas, por exemplo, um evento da natureza, não há o que se falar de responsabilidade civil, nem tampouco de obrigação de indenizar.

O núcleo fundamental da noção de conduta é a voluntariedade que resulta exatamente da liberdade de escolha do agente imputável, com discernimento necessário para ter consciência daquilo que faz.

Obs.: o ato ilícito também pode ser verificado pelo abuso de direito. Nesse sentido, afiança o art. 187 do CC que também comete ato ilícito o titular de um direito que, ao exercê-lo, excede manifestamente os limites impostos pelo seu fim econômico ou social, pela boa-fé ou pelos bons costumes.

b) **Nexo de causalidade:** nexo de causalidade é o liame entre o ato lesivo do agente e o dano ou prejuízo sofrido pela vítima. Ou seja, é o elo entre o ato lesivo e o dano sofrido. Se não for comprovado o nexo de causalidade, por mais que haja conduta humana, não há que se falar em obrigação de indenizar.

c) **Culpa:** como vimos, a responsabilidade objetiva independe da comprovação da culpa. Dessa forma, a culpa pode ser um dos pressupostos da responsabilidade civil, mas não é um elemento essencial assim como a conduta humana, o nexo de causalidade e o dano.

A culpa pode ser representada por negligência, imprudência ou imperícia.

A **negligência** caracteriza-se pela desatenção ou falta de cuidado ao exercer certo ato, consistindo na omissão ou inobservância de dever de atenção. A **imprudência**, diferentemente da negligência, está revestida de má-fé, ou seja, possui dolo, mesmo que não seja a intenção direta do autor do ato lesivo. É o caso de alguém embriagado assumir a direção de um automóvel e atropelar uma pessoa. Por mais que não tenha a intenção de lesar, assumiu o risco, sabendo do seu estado de embriaguez. Já, para que haja **imperícia**, necessário se faz uma falta de técnica ou de conhecimento de que o agente deveria ter.

Tendo como foco o elemento acidental culpa, a responsabilidade civil pode ser subjetiva ou objetiva.

Responsabilidade subjetiva é aquela que tem por base a culpa do agente, que deve ser comprovada pela vítima para que surja o dever de indenizar. Na responsabilidade subjetiva, não se pode responsabilizar alguém pelo dano ocorrido se não houver culpa. Não basta apenas que haja o comportamento humano causador de dano ou prejuízo.

No entanto, na responsabilidade objetiva, o dever de indenizar independe da presença do elemento culpa. De acordo com o parágrafo único do art. 927 do CC, haverá obrigação de reparar o dano, independentemente de culpa (responsabilidade objetiva), nos casos especificados em lei, ou quando a atividade normalmente desenvolvida pelo autor do dano implicar, por sua natureza, risco para os direitos de outrem. Conclui-se que responsabilidade civil será objetiva ou por previsão legal ou por risco da atividade.

Seguem alguns casos de responsabilidade objetiva por previsão legal:

I – os empresários individuais e as empresas respondem independentemente de culpa pelos danos causados pelos produtos postos em circulação (art. 931 do CC);

II – os pais respondem pelos filhos menores que estiverem sob sua autoridade e em sua companhia (art. 932, I, do CC);

III – o tutor e o curador respondem pelos pupilos e curatelados, que se acharem nas mesmas condições (art. 932, II, do CC);

Obs.: sobre a situação dos incapazes (absolutamente ou relativamente), devemos citar o art. 928 do CC, o qual consagra a responsabilidade civil **subsidiária** e **mitigada** dos incapazes, senão vejamos:

"**Art. 928.** O incapaz responde pelos prejuízos que causar, se as pessoas por ele responsáveis não tiverem obrigação de fazê-lo ou não dispuserem de meios suficientes.

Parágrafo único. A indenização prevista neste artigo, que deverá ser equitativa, não terá lugar se privar do necessário o incapaz ou as pessoas que dele dependem".

IV – o empregador ou comitente respondem por seus empregados, serviçais e prepostos, no exercício do trabalho que lhes competir, ou em razão dele (art. 932, III, do CC);

V – os donos de hotéis, hospedarias, casas ou estabelecimentos onde se albergue por dinheiro, mesmo para fins de educação, respondem pelos seus hóspedes, moradores e educandos (art. 932, IV, do CC);

VI – respondem os que gratuitamente houverem participado nos produtos do crime, até a concorrente quantia (art. 932, V, do CC).

Já com relação à responsabilidade civil objetiva em virtude do risco da atividade, esta se configura quando a atividade normalmente desenvolvida pelo autor do dano causar à pessoa determinada um ônus maior do que aos demais membros da coletividade (Enunciado 38 da I Jornada de Direito Civil). Com efeito, atividade de risco é mais um dos diversos conceitos jurídicos indeterminados existentes em nosso Código Civil.

d) **Dano:** é a lesão, podendo ser destruição ou diminuição, que devido a certo evento, sofre uma pessoa, contra sua vontade, em qualquer bem ou interesse jurídico, patrimonial ou moral.

Assim, como a conduta humana e o nexo causal, é indispensável a presença do dano para a configuração da responsabilidade civil. Como a indenização mede-se pela extensão do dano (art. 944 do CC), sem a ocorrência desse elemento não haveria o que indenizar, e, consequentemente, responsabilidade.

Se a ofensa tiver mais de um autor, pela obrigação de indenizar ficam solidariamente responsáveis todos os coautores (art. 942 do CC).

O dano pode se apresentar em algumas espécies, como, por exemplo, dano material, dano moral, dano estético e dano reflexo.

O dano material é aquele que atinge diretamente o patrimônio da vítima, ou seja, causa a destruição ou diminuição de um bem de valor econômico. O dano material pode se apresentar de duas formas: dano emergente (aquilo que efetivamente se perdeu com o ato lesivo) e lucros cessantes (aquilo que se deixou de ganhar em virtude do ato lesivo).

O dano moral causa lesão em um bem que não pode retornar ao estado anterior por não ter caráter simplesmente pecuniário, diz respeito a direitos da personalidade, como direito a vida, integridade moral, integridade física e integridade psíquica.

O dano estético, considerado pela jurisprudência, é acumulável com o dano moral segundo a Súmula 387 do STJ. O *leading case* que originou a referida súmula traz a situação da amputação de uma das pernas do autor da ação e que pleiteava ambas indenizações. O dano moral diz respeito ao sofrimento, à dor, já o dano estético, quanto à deformidade em si.

Já o dano reflexo consiste no prejuízo que atinge reflexamente pessoa próxima, ligada à vítima direta da atuação ilícita. É o caso, por exemplo, do pai de família que vem a perecer por descuido de um segurança de banco inábil, em uma troca de tiros. Note-se que, a despeito de o dano haver sido sofrido diretamente pelo sujeito que pereceu, os seus filhos, alimentandos, sofreram os seus reflexos, por conta da ausência do sustento paterno. Desde que este dano reflexo seja certo, de existência comprovada, nada impede a sua reparação civil.

4.3 Excludente de responsabilidade civil

As excludentes da responsabilidade civil devem ser entendidas como circunstâncias que, por atacar um dos elementos ou pressupostos gerais da responsabilidade civil, terminam por fulminar qualquer pretensão indenizatória. Nesse sentido, existem ocasiões em que, mesmo havendo os requisitos para caracterização de responsabilidade civil, o agente não será obrigado a indenizar ou terá a indenização compartilhada com a própria vítima.

Seguem as principais causas excludentes da responsabilidade civil:

a) **Estado de necessidade:** consiste na situação de agressão a um direito alheio, de valor jurídico igual ou inferior àquele que se pretende proteger, para remover perigo iminente, quando as circunstâncias do fato não autorizarem outra forma de atuação.

b) **Legítima defesa:** o indivíduo encontra-se diante de uma situação atual ou iminente de injusta agressão, dirigida a si ou a terceiro, que não é obrigado a suportar. Vale lembrar que, se o agente, exercendo a sua lídima prerrogativa de defesa, atinge terceiro inocente, terá de indenizá-lo, cabendo-lhe, outrossim, ação regressiva contra o verdadeiro agressor.

c) **Exercício regular de um direito:** não poderá haver responsabilidade civil se o agente atuar no exercício regular de um direito reconhecido. Se alguém atua escudado pelo Direito, não poderá estar atuando contra esse mesmo Direito. No entanto, se o sujeito extrapola os limites racionais do legítimo exercício do seu direito, fala-se em abuso de direito, situação desautorizada pela ordem jurídica. O abuso de direito é o contraponto do seu exercício regular e, como visto, materializa um ato ilícito.

d) **Caso fortuito e força maior:** até hoje perdura uma grande divergência doutrinária a respeito da distinção entre caso fortuito e força maior. O pacífico é que estaremos diante dessa excludente quando existe uma determinada ação e esta gera consequências, efeitos imprevisíveis, impossíveis de evitar ou impedir, afastando a responsabilidade civil (parágrafo único do art. 393 do CC).

e) **Culpa exclusiva da vítima:** consiste na exclusiva atuação culposa da vítima que tem o condão de quebrar o nexo de causalidade, eximindo o agente da responsabilidade civil. Imagine a hipótese do sujeito que, guiando o seu veículo segundo as regras de trânsito, depara com alguém que, visando suicidar-se, arremessa-se sob as suas rodas. Nesse caso, o evento fatídico, obviamente, não poderá ser atribuído ao motorista (agente), mas sim, e tão somente, ao suicida (vítima).

Um bom exemplo positivado de excludente da responsabilidade é a situação do dono, ou detentor, do animal, o qual ressarcirá o dano por este causado, se não provar culpa da vítima ou força maior (art. 936 do CC).

Obs.: a culpa exclusiva da vítima distingue-se da culpa concorrente, pois nesta a vítima concorre culposamente para o evento danoso que sofreu. Diante de uma hipótese de culpa concorrente, a indenização da vítima será fixada tendo-se em conta a gravidade de sua culpa em confronto com a do autor do dano (art. 945 do CC).

Por fim, seguindo a orientação positivada na Lei do Marco Civil da Internet (art. 19 da Lei n. 12.965/2014), o provedor de aplicações de internet somente poderá ser responsabilizado civilmente por danos decorrentes de conteúdo gerado por terceiros se, após ordem judicial específica, não tomar as providências para, no âmbito e nos limites técnicos do seu serviço e dentro do prazo assinalado, tornar indisponível o conteúdo apontado como infringente, ressalvadas as disposições legais em contrário.

5. DIREITO DAS COISAS

5.1 Linhas gerais

O Direito das Coisas reúne as normas legais que norteiam a resolução dos conflitos relacionados ao aproveitamento pelos seres humanos dos bens. O estudo do direito das coisas pode ser fragmentado de acordo com o quadro abaixo:

Obs.: a Lei n. 14.620/2023 acrescentou os direitos oriundos da imissão provisória na posse, quando concedida à União, aos Estados, ao Distrito Federal, aos Municípios ou às suas entidades delegadas e a respectiva cessão e promessa de cessão, como sendo um novo direito real.

As principais características dos direitos reais são:

a) **Eficácia *erga omnes*:** ou seja, contra todos, que devem abster-se de molestar o titular.

b) **Princípio da taxatividade (*numerus clausus*):** a lei define de forma taxativa os direitos reais, não ensejando aplicação analógica.

c) **Princípio da perpetuidade:** diferente dos direitos pessoais que são transitórios, a propriedade é um direito perpétuo, não se extinguindo pelo não uso, mas somente pelos meios e formas legais: usucapião, renúncia, abandono, desapropriação etc.

d) **Direito de sequela:** é o direito de perseguir a coisa e reivindicá-la em poder de quem quer que esteja.

e) **Princípio da aderência (princípio positivo):** existe um vínculo, uma relação de senhoria entre o sujeito e a coisa, não dependendo da colaboração de nenhum sujeito passivo para existir.

f) **Exclusividade:** não pode haver direito, de igual conteúdo, sobre a mesma coisa. Duas pessoas não ocupam o mesmo espaço jurídico. Até no condomínio, cada consorte tem direito a porções ideais, distintas e exclusivas.

g) **Publicidade:** os direitos reais sobre bens imóveis só se adquirem com o registro no Cartório de Registro de Imóveis do respectivo título (art. 1.227 do CC). Os que recaem sobre bens móveis só se adquirem depois da tradição (art. 1.226 do CC).

h) **Prescrição aquisitiva:** uma forma de aquisição de alguns direitos reais é a usucapião (prescrição aquisitiva).

Obs.: obrigação *propter rem* é a que recai sobre uma pessoa, por força de determinado direito real.

5.2 Posse

Pela teoria objetiva da posse, desenvolvida por Ihering e adotada por nosso Código Civil, posse é a exteriorização do direito de propriedade. Considera-se possuidor todo aquele que tem de fato o exercício, pleno ou não, de algum dos poderes inerentes à propriedade (art. 1.196 do CC).

Há situações em que o indivíduo não é considerado possuidor, mesmo exercendo poderes de fato sobre a coisa. Isso ocorre quando a lei desqualifica a relação para uma mera detenção. Confere o art. 1.198 do CC que detentor é aquele que, achando-se em relação de dependência para com outro, conserva a posse em nome deste e em cumprimento de ordens ou instruções suas.

Classificação da posse:

a) **Posse direta e posse indireta:** posses direta e indireta surgem do desdobramento da posse plena. De acordo com o art. 1.197 do Código Civil, a posse direta, de pessoa que tem a coisa em seu poder, temporariamente, em virtude de direito pessoal, ou real, não anula a indireta, de quem aquela foi havida, podendo o possuidor direto defender a sua posse contra o indireto. O desdobramento da posse em direta e indireta pode ocorrer em várias espécies de contrato, como no de aluguel, comodato, alienação fiduciária, compromisso de compra e venda etc.

b) **Posse exclusiva e composse:** exclusiva é a posse de um único possuidor. Já na composse, duas ou mais pessoas exercem, simultaneamente, poderes possessórios sobre a mesma coisa.

c) **Posse justa e posse injusta:** de acordo com o art. 1.200 do CC, é justa a posse que não for violenta, clandestina ou precária. Posse injusta, por oposição, é aquela que foi adquirida por violência, clandestinidade ou precariedade. A violência pode ser tanto física quanto material. Clandestina é aquela posse que foi adquirida as escondidas. Já a precariedade constata-se quando o agente se nega a devolver a coisa findo o contrato.

d) **Posse de boa-fé e posse de má-fé:** seguindo o que resta estabelecido no art. 1.201 do CC, é de boa-fé a posse, se o possuidor ignora o vício, ou o obstáculo que impede a aquisição da coisa. Observa-se que essa é uma boa-fé subjetiva, alicerçada na crença do possuidor que se encontra em uma situação legítima. No entanto, se o vício é do seu conhecimento, a posse é de má-fé.

Obs.: a classificação da posse em boa-fé e má-fé é de suma importância para compreensão dos efeitos da posse que adiante serão abordados.

e) **Posse com justo título:** em suma, seria qualquer documento hábil para transmitir o domínio e a posse. Ex.: uma escritura de compra e venda, devidamente registrada. Segundo o parágrafo único do art. 1.201 do CC, o possuidor com justo título tem por si a presunção de boa-fé, salvo prova em contrário, ou quando a lei expressamente não admite esta presunção.

f) **Posse nova e posse velha:** nova é a posse de menos de ano e dia. Não se confunde com ação de força nova, que leva em conta o tempo decorrido desde a ocorrência da turbação e do esbulho. Já a posse velha é a de ano e dia ou mais. Também não se confunde com a ação de força velha, proposta depois de ano e dia da turbação ou esbulho.

g) **Posse natural e posse civil:** posse natural decorre da relação material entre a pessoa e a coisa. Constitui-se pelo exercício de poderes de fato sobre a coisa. Já a posse civil decorre de lei, sem a necessidade de atos físicos ou materiais.

Modos de aquisição da posse: os modos de aquisição da posse frequentemente são classificados em:

I – Originários: quando não há relação de causalidade entre a posse atual e a anterior. Se a aquisição é originária, a posse apresenta-se livre dos vícios que anteriormente a contaminava. Ex.: usucapião, apreensão de coisa sem dono (coisa abandonada – *res derelicta* ou coisa sem dono – *res nullius*) etc.

II – Derivada: quando há uma anuência do anterior possuidor, como na tradição precedida de negócio jurídico. O adquirente a recebe com todos os vícios que existiam na mão do alienante. Essa transmissão pode decorrer da tradição ou da sucessão *inter vivos* e *mortis causa*. A sucessão será objeto de estudo no último capítulo. Agora, seguem algumas referências a respeito da tradição.

A tradição se manifesta por um ato material de entrega da coisa, ou a sua transferência de mão a mão, passando do antigo ao novo possuidor. Nem sempre a tradição se completa de modo simples. Daí a existência de três espécies de tradição.

a) **Tradição real:** envolve a entrega efetiva e material da coisa.

b) Tradição simbólica: é representada por um ato que traduz a alienação, como, por exemplo, a entrega das chaves de um apartamento. O objeto não é materialmente entregue, mas o simbolismo do ato é indicativo do propósito de transmitir a posse.

c) Tradição ficta: ocorre no caso do constituto possessório e da *traditio brevimanu*.

I – Constituto possessório: verifica-se quando um alienante transfere a outrem o domínio de um determinado bem, mas conserva a posse em seu poder, por exemplo, na qualidade de inquilino. A cláusula constituto não se presume, devendo constar expressamente do ato ou resultar estipulação que a pressuponha. O primitivo possuidor que tinha a posse plena passa a ter a posse direta, enquanto o novo proprietário se investe na posse indireta, em virtude do acordo celebrado.

II – *Traditio brevi manus*: é exatamente o inverso do constituto possessório, ocorrendo quando o possuidor de uma coisa alheia passa a possuí-la como própria. Assim, quem tem a posse direta do bem em razão de contrato celebrado com o possuidor indireto, e adquire o seu domínio, não precisa devolvê-lo ao dono, para que este novamente lhe faça a entrega real da coisa.

Obs.: o objetivo das tradições fictícias é evitar complicações decorrentes de duas convenções, com duas entregas sucessivas.

Perda da posse

a) **pelo abandono:** quando o possuidor, intencionalmente, se afasta do bem com o escopo de se privar de sua disponibilidade física e de não mais exercer sobre ela quaisquer atos possessórios;

b) **pela tradição:** além de meio aquisitivo de posse pode ser também de perda da posse;

c) **pela perda da própria coisa:** quando for absolutamente impossível encontrá-la, de modo que não mais se possa utilizá-la economicamente;

d) **pela destruição da coisa:** decorrente de um evento natural e fortuito, de ato do possuidor ou de terceiro;

e) **pela sua inalienabilidade:** quando a coisa é posta fora do comércio por motivo de ordem pública, de moralidade, de higiene ou de segurança coletiva;

f) **pela posse de outrem:** ainda que contra a vontade do possuidor se este não foi manutenido ou reintegrado em tempo competente.

Efeitos da posse

EFEITOS DA POSSE	BOA-FÉ	MÁ-FÉ	OBSERVAÇÕES
FRUTOS	Tem direito aos frutos percebidos; tem direito as despesas com produção e custeio dos frutos pendentes. Deve restituir os frutos colhidos com antecipação (art. 1.214 do CC).	Responde por todos os frutos colhidos e percebidos, bem como pelos que por sua culpa deixou de perceber. Tem direito as despesas de produção e custeio (evitar enriquecimento ilícito - art. 1.216 do CC).	Art. 1.215. Os frutos naturais e industriais reputam-se colhidos e percebidos, logo que são separados; os civis reputam-se percebidos dia por dia.
DETERIORAÇÃO	Não responde pela perda ou deterioração da coisa a que não der causa (art. 1.217 do CC).	Estando de má-fé responde pela perda ou deterioração, ainda que acidentais.	Única opção de defesa conferida ao possuidor de má-fé é provar que mesmo que a coisa estivesse na posse do reivindicante, ela teria perecido ou deteriorado. Art. 1.218. O possuidor de má-fé responde pela perda, ou deterioração da coisa, ainda que acidentais, salvo se provar que de igual modo se teriam dado, estando ela na posse do reivindicante.
BENFEITORIAS	Tem direito a indenização pelas benfeitorias necessárias e úteis; levantar as voluptuárias (quando puder); exercer direito de retenção pelo valor das benfeitorias necessárias e úteis (art. 1.219 do CC).	Ressarcido pelas benfeitorias necessárias. Não tem direito de retenção nem pode levantar as voluptuárias (art. 1.220 do CC).	Art. 96. As benfeitorias podem ser voluptuárias, úteis ou necessárias. § 1ª São voluptuárias as de mero deleite ou recreio, que não aumentam o uso habitual do bem, ainda que o tornem mais agradável ou sejam de elevado valor. § 2ª São úteis as que aumentam ou facilitam o uso do bem. § 3ª São necessárias as que têm por fim conservar o bem ou evitar que se deteriore. Art. 1.221. As benfeitorias compensam-se com os danos, e só obrigam ao ressarcimento se ao tempo da evicção ainda existirem.

5.3 Direitos reais

O Código Civil, em seu art. 1.225, dispõe que:

São direitos reais:

I – a propriedade;

II – a superfície;

III – as servidões;

IV – o usufruto;

V – o uso;

VI – a habitação;

VII – o direito do promitente comprador do imóvel;

VIII – o penhor;

IX – a hipoteca;

X – a anticrese;

XI – a concessão de uso especial para fins de moradia;

XII – a concessão de direito real de uso;

XIII – a laje;

XIV – os direitos oriundos da imissão provisória na posse, quando concedida à União, aos Estados, ao Distrito Federal, aos Municípios ou às suas entidades delegadas e a respectiva cessão e promessa de cessão.

Cumpre deixar claro que o princípio da taxatividade dos direitos reais afiança que não há direito real senão quando a lei o declarar. Isso, definitivamente, não significa que só são direitos reais os apontados no dispositivo mencionado. Existem outros direitos reais disciplinados de modo esparso ao longo do Código Civil e de outros diplomas.

Obs.: os direitos reais sobre coisas móveis, quando constituídos, ou transmitidos por atos entre vivos, só se adquirem com a tradição. Já os direitos reais sobre imóveis constituídos, ou transmitidos por atos entre vivos, só se adquirem com o registro no Cartório de Registro de Imóveis dos referidos títulos.

5.3.1 Propriedade

A propriedade é o principal dos direitos reais. Os poderes atribuídos ao proprietário são: usar, gozar e dispor de um bem, bem como de reivindicá-lo de quem injustamente o detenha (art. 1.228 do CC). É a partir dos desdobramentos desses poderes, que surgem os direitos reais limitados.

O direito de propriedade é direito fundamental previsto constitucionalmente no art. 5º, XXII. Mas não é um direito absoluto, pois admite restrições visando tanto interesse social como o privado.

A propriedade pode ser adquirida por formas originárias (usucapião e acessão) e por formas derivadas (direito hereditário e negócio jurídico seguido pelo registro do título).

a) Usucapião: é também chamada de prescrição aquisitiva, sendo modo de aquisição originária de propriedade, pela posse prolongada e preenchidos os requisitos legais.

USUCAPIÃO				
TIPO	EXTRAORDINÁRIA	ORDINÁRIA (COMUM)	ORDINÁRIA ESPECIAL (POSSE-TRABALHO)	ORDINÁRIA ESPECIAL RURAL
TEMPO	Posse exercida por 15 anos, sem interrupção, nem oposição	Posse por 10 anos	Posse por 5 anos	Posse por 5 anos
BOA-FÉ	Não precisa estar presente	Justo título e boa-fé	Justo título e boa-fé	Não precisa estar presente
ÁREA	Não possui área máxima	Não possui área máxima	Não possui área máxima	Área não pode exceder a 50 hectares
CARACTERÍSTICAS ESPECÍFICAS	X	X	Haver registrado o imóvel em seu nome, com posterior cancelamento do registro; Deve ser utilizado como moradia; Devem ter sido realizadas obras e serviços de interesse social e econômico.	Não ser proprietário de outro imóvel; Tornar a área produtiva e nela morar.

USUCAPIÃO			
TIPO	ESPECIAL URBANA	COLETIVA	FAMILIAR
TEMPO	Prazo de 5 anos	Prazo de 5 anos	Prazo de 2 anos
BOA-FÉ	Não precisa estar presente	Não precisa estar presente	Não precisa estar presente
ÁREA	Área não pode exceder a 250 metros quadrados	Posse coletiva de área de mais de 250 metros quadrados	Área não pode exceder a 250 metros quadrados
CARACTERÍSTICAS ESPECÍFICAS	Utilização para moradia	Ocupação por população de baixa renda para moradia; Não possuir outro imóvel.	Posse direta, com exclusividade, sobre imóvel urbano; Propriedade dividida com ex-cônjuge ou ex-companheiro que abandonou o lar, utilizando-o para sua moradia ou de sua família; Não possui outro imóvel.

Obs.: a hipoteca de imóvel não inviabiliza pedido de usucapião extraordinária feito por terceiro. Com efeito, a usucapião é modo originário de aquisição da propriedade, não sendo a hipoteca capaz de impedir a sua consumação.

b) Por acessão: modo originário de aquisição da propriedade, criado por lei, em virtude do qual tudo o que se une ou incorpora a um bem fica pertencendo ao seu proprietário. As acessões podem ser naturais ou industriais.

I – acessão natural: quando advém de acontecimento natural, sem intervenção humana. São acessões de imóvel para imóvel.

- Formação de ilhas: pelos movimentos sísmicos, de depósito paulatino de areia, cascalho ou fragmentos de terra;
- Aluvião: é o aumento vagaroso, paulatino, de terrenos às margens de um rio não navegável, sem indenização;
- Avulsão: ocorre quando, por força natural violenta, uma porção de terra se destacar de um prédio e se juntar a outro, adquirindo o dono deste a propriedade do acréscimo, se indenizar o dono do primeiro ou, sem indenização, se, em um ano, ninguém houver reclamado;
- Álveo abandonado: um rio que seca ou que se desvia em razão de fenômeno da natureza.

II – acessão industrial ou artificial: quando resultar de trabalho do homem. São acessões de móvel para imóvel e materializam-se por plantações e construções.

Obs.: se a construção ou a plantação exceder consideravelmente o valor do terreno, aquele que, de boa-fé, plantou ou edificou, adquirirá a propriedade do solo, mediante pagamento da indenização fixada judicialmente, se não houver acordo.

5.3.1.1 Direitos de vizinhança

Direito de vizinhança é o conjunto de regras que ordenam não apenas a abstenção da prática de certos atos (uso nocivo da propriedade) como também de outras que implicam a sujeição do dono de um prédio ao outro. Com efeito, as regras de direito de vizinhança destinam-se a evitar conflitos de interesse entre prédios contíguos, limitando a utilização das propriedades.

1. Do uso anormal da propriedade

O proprietário ou o possuidor de um prédio tem o direito de fazer cessar as interferências prejudiciais à segurança, ao sossego e à saúde dos que o habitam, provocadas pela utilização de propriedade vizinha. Com efeito, qualquer conduta que traga prejuízo a um desses três "S" (saúde, sossego, segurança) deve ser coibida.

Proíbem-se as interferências considerando-se a natureza da utilização, a localização do prédio, atendidas as normas que distribuem as edificações em zonas, e os limites ordinários de tolerância dos moradores da vizinhança (art. 1.277, parágrafo único, do CC).

2. Das árvores limítrofes

A árvore, cujo tronco estiver na linha divisória, presume-se pertencer em comum aos donos dos prédios confinantes (art. 1.282 do CC).

As raízes e os ramos de árvore, que ultrapassarem a estrema do prédio, poderão ser cortados, até o plano vertical divisório, pelo proprietário do terreno invadido (art. 1.283 do CC).

Os frutos caídos de árvore do terreno vizinho pertencem ao dono do solo onde caíram, se este for de propriedade particular (art. 1.284 do CC).

3. Da passagem forçada

A passagem forçada pressupõe a existência de um imóvel encravado. Encravada é a edificação que não tem acesso a via pública, nascente ou porto. Nesse sentido, o Código Civil estabelece em seu art. 1.285 que o dono do prédio que não tiver acesso a via pública, nascente ou porto, pode, mediante pagamento de indenização cabal, constranger o vizinho a lhe dar passagem, cujo rumo será judicialmente fixado, se necessário. E considera como "constrangimento" o vizinho cujo imóvel mais natural e facilmente se prestar à passagem.

4. Da passagem de cabos ou tubulações

O proprietário é obrigado a tolerar, mediante recebimento de indenização que atenda, também, à desvalorização da área remanescente, a passagem, pelo seu imóvel, de cabos, tubulações e outros condutos subterrâneos de serviços de utilidade pública, em proveito de proprietários vizinhos, quando de outro modo for impossível ou excessivamente onerosa.

O proprietário prejudicado pode exigir que a instalação seja feita de modo menos gravoso ao prédio onerado, bem como, depois, seja removida, à sua custa, para outro local do imóvel (art. 1.286 do CC).

5. Das águas

Socorra-se ao texto legal para afirmar que o dono ou o possuidor do prédio inferior é obrigado a receber as águas que correm naturalmente do superior, não podendo realizar obras que embaracem o seu fluxo; porém a condição natural e anterior do prédio inferior não pode ser agravada por obras feitas pelo dono ou possuidor do prédio superior (art. 1.288 do CC).

Já o art. 1.289 prevê que quando as águas, artificialmente levadas ao prédio superior, ou aí colhidas, correrem dele para o inferior, poderá o dono deste reclamar que se desviem, ou se lhe indenize o prejuízo que sofrer. Desta indenização será deduzido o valor do benefício obtido.

Por fim, o proprietário de nascente, ou do solo onde caem águas pluviais, satisfeitas as necessidades de seu consumo, não pode impedir ou desviar o curso natural das águas remanescentes pelos prédios inferiores (art. 1.290 do CC).

6. Dos limites entre prédios e do direito de tapagem

Diz respeito à demarcação do espaço dos prédios de propriedade particular, visando evitar invasões recíprocas, solucionar conflitos de vizinhança, para o exercício de poder de polícia do Estado e para a tributação. Assim, de acordo com o art. 1.297 do CC, o proprietário tem direito a cercar, murar, valar ou tapar de qualquer modo o seu prédio, urbano ou rural, e pode constranger o seu confinante a proceder com ele à demarcação entre os dois prédios, a aviventar rumos apagados e a renovar marcos destruídos ou arruinados, repartindo-se proporcionalmente entre os interessados as respectivas despesas.

7. Direito de construir

O proprietário pode levantar em seu terreno as construções que lhe aprouver, salvo o direito dos vizinhos e os regulamentos administrativos (art. 1.299 do CC).

No entanto, é defeso abrir janelas, ou fazer eirado, terraço ou varanda, a menos de metro e meio do terreno vizinho. Na zona rural, não será permitido levantar edificações a menos de três metros do terreno vizinho (arts. 1.301 e 1.303 do CC).

5.3.1.2 Condomínio

O condomínio existirá quando os direitos elementares do proprietário pertencerem a mais de um titular. O Código Civil consagra a existência de um condomínio geral e um condomínio edilício ou em edificações.

1. Condomínio geral:

a) **Quanto à origem:**
- voluntário ou convencional: surgem pela vontade dos condôminos;
- eventual: surgem pela vontade de terceiros (ex.: testador ou doador);
- necessário ou legal: imposto pela lei, como no caso das paredes, cercas, muros e valas (*vide* arts. 1.287, 1.298, 1.304 e 1.307 do CC);

b) **Quanto à forma:**
- *pro diviso* ou *pro indiviso*: no condomínio *pro diviso* cada condômino utiliza parte certa e determinada da coisa. Já no condomínio *pro indiviso*, não há a localização em partes certas e determinadas;
- transitório ou permanente: o condomínio transitório pode ser extinto a todo tempo pela vontade de qualquer condômino. Já o condomínio permanente perdura enquanto persistir a situação que o determinou;

c) **Quanto ao objeto:**
- universal: quando abrange todos os bens, como, por exemplo, na comunhão hereditária;
- singular: é o que incide sobre coisa determinada.

2. Condomínio edilício:

O condomínio edilício caracteriza-se pela apresentação de uma propriedade comum ao lado de uma propriedade privativa. Cada condômino é titular com, exclusividade, da unidade autônoma e titular de partes ideias das áreas comuns.

Cria-se o condomínio edilício por ato entre vivos ou por testamento, registrado no Cartório de Registro de Imóveis. A administração do condomínio edilício é exercida por um síndico, cujo mandato não pode exceder dois anos, permitindo a reeleição.

São direitos do condômino:

I – usar, fruir e livremente dispor das suas unidades;

II – usar das partes comuns, conforme a sua destinação, e contanto que não exclua a utilização dos demais compossuidores;

III – votar nas deliberações da assembleia e delas participar, estando quite.

São deveres do condômino:

I – contribuir para as despesas do condomínio na proporção das suas frações ideais, salvo disposição em contrário na convenção;

II – não realizar obras que comprometam a segurança da edificação;

III – não alterar a forma e a cor da fachada, das partes e esquadrias externas;

IV – dar às suas partes a mesma destinação que tem a edificação, e não as utilizar de maneira prejudicial ao sossego, salubridade e segurança dos possuidores, ou aos bons costumes.

O condômino que não adimplir a sua contribuição ficará sujeito à correção monetária e aos juros moratórios convencionados ou, não sendo previstos, aos juros estabelecidos no art. 406 deste Código, bem como à multa de até 2% (dois por cento) sobre o débito.

O condômino, ou possuidor, que não cumpre reiteradamente com os seus deveres perante o condomínio poderá, por deliberação de três quartos dos condôminos restantes, ser constrangido a pagar multa correspondente até ao quíntuplo do valor atribuído à contribuição para as despesas condominiais, conforme a gravidade das faltas e a reiteração, independentemente das perdas e danos que se apurem.

Ademais, o condômino ou possuidor que, por seu reiterado comportamento antissocial, gerar incompatibilidade de convivência com os demais condôminos ou possuidores, poderá ser constrangido a pagar multa correspondente ao décuplo do valor atribuído à contribuição para as despesas condominiais, até ulterior deliberação da assembleia.

5.3.1.3 Multipropriedade

É o regime de condomínio em que cada um dos proprietários de um mesmo imóvel é titular de uma **fração de tempo**, à qual corresponde a faculdade de uso e gozo, com exclusividade, da totalidade do imóvel, a ser exercida pelos proprietários de forma alternada. Tal instituto constitui-se por ato entre vivos ou testamento, registrado no competente cartório de registro de imóveis, devendo constar daquele ato a duração dos períodos correspondentes a cada fração de tempo.

O imóvel objeto da multipropriedade é indivisível, não se sujeitando a ação de divisão ou de extinção de condomínio. Ademais, a multipropriedade inclui as instalações, os equipamentos e o mobiliário destinados a seu uso e gozo. Cada fração de tempo é indivisível, sendo o período correspondente a cada fração de tempo de no mínimo 7 (sete) dias, seguidos ou intercalados.

O condomínio edilício poderá adotar o regime de multipropriedade em parte ou na totalidade de suas unidades autônomas, mediante previsão no instrumento de instituição ou deliberação da maioria absoluta dos condôminos. A multipropriedade não se extinguirá automaticamente se todas as frações de tempo forem do mesmo multiproprietário.

De acordo com o art. 1.358-I do CC, são direitos do multiproprietário, além dos previstos no instrumento de instituição e na convenção de condomínio em multipropriedade:

I – usar e gozar, durante o período correspondente à sua fração de tempo, do imóvel e de suas instalações, equipamentos e mobiliário;

II – ceder a fração de tempo em locação ou comodato;

III – alienar a fração de tempo, por ato entre vivos ou por causa de morte, a título oneroso ou gratuito, ou onerá-la, devendo a alienação e a qualificação do sucessor, ou a oneração, ser informadas ao administrador;

IV – participar e votar, pessoalmente ou por intermédio de representante ou procurador, desde que esteja quite com as obrigações condominiais, em:

a) assembleia geral do condomínio em multipropriedade, e o voto do multiproprietário corresponderá à quota de sua fração de tempo no imóvel;

b) assembleia geral do condomínio edilício, quando for o caso, e o voto do multiproprietário corresponderá à quota de sua fração de tempo em relação à quota de poder político atribuído à unidade autônoma na respectiva convenção de condomínio edilício.

5.3.1.4 Propriedade resolúvel

A propriedade é resolúvel quando o título de aquisição está subordinado a uma condição resolutiva ou ao advento do termo. É uma exceção ao princípio da perpetuidade do direito de propriedade. A propriedade deixa de ser plena, passando a ser limitada.

Hipótese de causa antecedente: previstas na celebração no negócio. Possui eficácia *ex tunc*, retroage. Ex.: retrovenda.

Hipótese de causa superveniente: não há qualquer previsão contratual, mas por previsão legal, ocorrendo independentemente da vontade das partes. Possui efeito *ex nunc*, não retroage. Ex.: revogação de doação ou exclusão da sucessão.

5.3.1.5 Propriedade fiduciária

É a propriedade resolúvel de coisa móvel infungível que o devedor, com o objetivo de garantia, transfere ao credor (art. 1.361 do CC). Na alienação fiduciária em garantia, dá-se a transferência do domínio do bem móvel ao credor (fiduciário), em garantia de pagamento, permanecendo o devedor (fiduciante) com a posse direta da coisa. Pagando a dívida, resolve-se a propriedade. O devedor fiduciante passa a propriedade para o credor, sob condição, mas mantém a posse direta.

Constitui-se a propriedade fiduciária com o registro do contrato, celebrado por instrumento público ou particular, que lhe serve de título, no Registro de Títulos e Documentos do domicílio do devedor, ou, em se tratando de veículos, na repartição competente para o licenciamento, fazendo-se a anotação no certificado de registro.

Com a constituição da propriedade fiduciária, dá-se o desdobramento da posse, tornando-se o devedor possuidor direto da coisa.

Antes de vencida a dívida, o devedor, a suas expensas e risco, pode usar a coisa segundo sua destinação, sendo obrigado, como depositário a empregar na guarda da coisa a diligência exigida por sua natureza e a entregá-la ao credor, se a dívida não for paga no vencimento.

Vencida a dívida, e não paga, fica o credor obrigado a vender, judicial ou extrajudicialmente, a coisa a terceiros, a aplicar o preço no pagamento de seu crédito e das despesas de cobrança, e a entregar o saldo, se houver, ao devedor.

Por fim, é nula a cláusula que autoriza o proprietário fiduciário a ficar com a coisa alienada em garantia, se a dívida não for paga no vencimento.

5.3.2 Direitos reais sobre coisa alheia

A partir do desmembramento dos poderes que compõem o direito real sobre coisa própria (propriedade), surgem os direitos reais sobre coisas alheias.

5.3.2.1 Superfície

A superfície é um direito de fruição ou de gozo sobre coisa alheia pela qual o proprietário (concedente) transfere ao superficiário o direito de plantar e construir em seu terreno, temporariamente, de forma onerosa ou gratuita, celebrado por escritura pública e registrado no Cartório de Registro de Imóveis. O direito de superfície não autoriza obra no subsolo, salvo se for inerente ao objeto da concessão (art. 1.369 do CC).

A concessão da superfície será gratuita ou onerosa; se onerosa, estipularão as partes se o pagamento será feito de uma só vez, ou parceladamente (art. 1.370 do CC).

O superficiário responderá pelos encargos e tributos que incidirem sobre o imóvel (art. 1.371 do CC).

Em caso de alienação do imóvel ou do direito de superfície, o superficiário ou o proprietário tem direito de preferência, em igualdade de condições (art. 1.373 do CC).

Extinta a concessão, o proprietário passará a ter a propriedade plena sobre o terreno, construção ou plantação, independentemente de indenização, se as partes não houverem estipulado o contrário (art. 1.375 do CC).

5.3.2.2 Servidões prediais

É um direito real sobre coisa alheia instituído em favor de um prédio (dominante) sobre outro (serviente), pertencente a um dono diverso, constituindo-se mediante declaração expressa dos proprietários, ou por testamento, e subsequente registro no Cartório de Registro de Imóveis. As servidões não se presumem. O ônus da prova é do dono do prédio dominante.

O objeto das servidões é a necessidade e a criatividade das partes (ex.: servidão de vista, de ventilação, de passagem (ou de trânsito), de passar aqueduto, de retirar água, de retirar areia, de retirar pedra, de pastagem, de passar esgoto etc.)

O dono de uma servidão pode fazer todas as obras necessárias à sua conservação e uso, e, se a servidão pertencer a mais de um prédio, serão as despesas rateadas entre os respectivos donos. Estas obras devem ser feitas pelo dono do prédio dominante, se o contrário não dispuser expressamente o título (arts. 1.380 e 1.381 do CC).

O dono do prédio serviente não poderá embaraçar de modo algum o exercício legítimo da servidão (art. 1.383 do CC).

A servidão pode ser removida, de um local para outro, pelo dono do prédio serviente e à sua custa, se em nada diminuir as vantagens do prédio dominante, ou pelo dono deste e à sua custa, se houver considerável incremento da utilidade e não prejudicar o prédio serviente (art. 1.384 do CC).

As servidões prediais são indivisíveis, e subsistem, no caso de divisão dos imóveis, em benefício de cada uma das porções do prédio dominante, e continuam a gravar cada uma das do prédio serviente, salvo se, por natureza, ou destino, só se aplicarem a certa parte de um ou de outro (art. 1.386 do CC). Abaixo esquema com a classificação das servidões:

Salvo nas desapropriações, a servidão, uma vez registrada, só se extingue, com respeito a terceiros, quando cancelada (art. 1.387 do CC).

5.3.2.3 Usufruto

É o direito real sobre coisa alheia pelo qual o proprietário (denominado de nu proprietário) confere a alguém (denominado de usufrutuário), durante determinado tempo, a possibilidade de usar e colher frutos, sem alterar a substância.

O usufruto pode recair em um ou mais bens, móveis ou imóveis, em um patrimônio inteiro, ou parte deste, abrangendo-lhe, no todo ou em parte, os frutos e utilidades (art. 1.390 do CC). Salvo disposição em contrário, o usufruto estende-se aos acessórios da coisa e seus acrescidos (art. 1.392 do CC).

Não se pode transferir o usufruto por alienação; mas o seu exercício pode ceder-se por título gratuito ou oneroso (art. 1.393 do CC).

O usufrutuário tem direito à posse, uso, administração e percepção dos frutos (art. 1.394 do CC). Além disso, o usufrutuário é obrigado a dar ciência ao dono de qualquer lesão produzida contra a posse da coisa, ou os direitos deste (art. 1.406 do CC).

De acordo com o art. 1.410 do CC, o usufruto extingue-se, cancelando-se o registro no Cartório de Registro de Imóveis:

"I – pela renúncia ou morte do usufrutuário;

II – pelo termo de sua duração;

III – pela extinção da pessoa jurídica, em favor de quem o usufruto foi constituído, ou, se ela perdurar, pelo decurso de trinta anos da data em que se começou a exercer;

IV – pela cessação do motivo de que se origina;

V – pela destruição da coisa;

VI – pela consolidação;

VII – por culpa do usufrutuário, quando aliena, deteriora, ou deixa arruinar os bens, não lhes acudindo com os reparos de conservação, ou quando, no usufruto de títulos de crédito, não dá às importâncias recebidas a aplicação legalmente prevista;

VIII – Pelo não uso, ou não fruição, da coisa em que o usufruto recai".

Obs.: constituído o usufruto em favor de duas ou mais pessoas, extinguir-se-á a parte em relação a cada uma das que falecerem, salvo se, por estipulação expressa, o quinhão desses couber ao sobrevivente.

5.3.2.4 Uso

Direito real sobre coisa alheia que a título gratuito ou oneroso autoriza uma pessoa a retirar, temporariamente, de coisa alheia todas as utilidades para atender às suas próprias necessidades e às de sua família. No caso concreto, avaliar-se-ão as necessidades pessoais do usuário conforme a sua condição social e o lugar onde viver. As necessidades da família do usuário compreendem as de seu cônjuge, dos filhos solteiros e das pessoas de seu serviço doméstico (art. 1.412 do CC).

O uso é um direito real temporário (dura pelo prazo do contrato ou enquanto houver necessidade pessoal ou familiar) e personalíssimo. Além disso, é inalienável não podendo ser transferido para terceiro, a qualquer título.

5.3.2.5 Habitação

Direito real temporário de usar gratuitamente casa alheia, para moradia própria e da família. É o mais restrito dos direitos de fruição. A destinação é exclusiva para a residência, sendo gratuito – o contrato não pode estabelecer qualquer pagamento de aluguel ou outra contraprestação. Também se aplicam as regras do usufruto.

Apesar de mais restrito que o uso, a habitação possui uma maior aplicabilidade prática. Este direito é garantido ao cônjuge sobrevivente, qualquer que seja o regime de bens, sem prejuízo da participação que lhe caiba na herança, relativamente ao imóvel destinado à residência da família, desde que seja o único daquela natureza a inventariar (art. 1.831 do CC).

5.3.2.6 Penhor

Direito real de garantia que se constitui pela transferência efetiva da posse que, em garantia do débito ao credor ou a quem o represente, faz o devedor, ou alguém por ele, de uma coisa móvel, suscetível de alienação. O penhor é direito real acessório e solene.

Para além do penhor convencional, existem outras espécies de penhor. No penhor rural, industrial, mercantil e de veículos, as coisas empenhadas continuam em poder do devedor, que as deve guardar e conservar.

Já o penhor legal não deriva da vontade das partes, mas da lei, com o propósito de garantir certas dívidas de que determinadas pessoas são credoras. De acordo com o art. 1.467 do CC, são credores pignoratícios, independentemente de convenção:

"I – os hospedeiros, ou fornecedores de pousada ou alimento, sobre as bagagens, móveis, joias ou dinheiro que os seus consumidores ou fregueses tiverem consigo nas respectivas casas ou estabelecimentos, pelas despesas ou consumo que aí tiverem feito;

II – o dono do prédio rústico ou urbano, sobre os bens móveis que o rendeiro ou inquilino tiver guarnecendo o mesmo prédio, pelos aluguéis ou rendas".

Tomado o penhor, requererá o credor, ato contínuo, a sua homologação judicial (art. 1.471 do CC).

"Extingue-se o penhor:

I – extinguindo-se a obrigação;

II – perecendo a coisa;

III – renunciando o credor;

IV – confundindo-se na mesma pessoa as qualidades de credor e de dono da coisa;

V – dando-se a adjudicação judicial, a remissão ou a venda da coisa empenhada, feita pelo credor ou por ele autorizada".

5.3.2.7 Hipoteca

Direito real sobre coisa alheia de garantia que grava bem imóvel ou aquele que a lei entende hipotecável, pertencente a devedor ou terceiro, que mantém a posse, conferindo ao credor o direito de excutir a coisa para pagamento da dívida.

A hipoteca é um direito real temporário (dura enquanto durar a obrigação principal), solene, indivisível e que incide sobre bem imóvel. A hipoteca abrange todas as acessões, melhoramentos ou construções do imóvel.

É nula a cláusula que proíbe ao proprietário alienar imóvel hipotecado (art. 1.475 do CC). Porém, as partes podem convencionar que vencerá antecipadamente o crédito hipotecário se o imóvel for alienado.

O dono do imóvel hipotecado pode constituir outra hipoteca sobre ele, mediante novo título, em favor deste ou de outro credor (art. 1.476 do CC). Salvo o caso de insolvência do devedor, o credor da segunda hipoteca, embora vencida, não poderá executar o imóvel antes de vencida a primeira.

"A hipoteca extingue-se:
I – pela extinção da obrigação principal;
II – pelo perecimento da coisa;
III – pela resolução da propriedade;
IV – pela renúncia do credor;
V – pela remição;
VI – pela arrematação ou adjudicação".

Extingue-se ainda a hipoteca com a averbação, no Registro de Imóveis, do cancelamento do registro, à vista da respectiva prova (art. 1.500 do CC).

5.3.2.8 Anticrese

Direito real de garantia no qual o credor, mediante posse e fruição do imóvel do devedor, compensa o seu crédito por meio dos frutos percebidos da coisa, imputando na dívida, até o resgate, as importâncias que for recebendo.

O credor anticrético pode administrar os bens dados em anticrese e fruir seus frutos e utilidades, mas deverá apresentar anualmente balanço, exato e fiel, de sua administração. Ademais, o credor anticrético responde pelas deteriorações que, por culpa sua, o imóvel vier a sofrer, e pelos frutos e rendimentos que, por sua negligência, deixar de perceber.

5.3.2.9 Laje

Direito real de laje consagra a possibilidade de coexistência de unidades imobiliárias autônomas de titularidades distintas situadas em uma mesma área, de maneira a permitir que o proprietário ceda a superfície de sua construção a fim de que terceiro edifique unidade distinta daquela originalmente construída sobre o solo (art. 1.510 do CC).

Para todos os efeitos, consideram-se unidades imobiliárias autônomas aquelas que possuam isolamento funcional e acesso independente, qualquer que seja o seu uso, devendo ser aberta matrícula própria para cada uma das referidas unidades.

Estas unidades autônomas poderão ser alienadas e gravadas livremente por seus titulares, não podendo o adquirente instituir sobrelevações sucessivas, observadas as posturas previstas em legislação local.

De acordo com o art. 1.510-A, § 6º, do CC, o titular da laje poderá ceder a superfície de sua construção para a instituição de um sucessivo direito real de laje, desde que haja autorização expressa dos titulares da construção-base e das demais lajes, respeitadas as posturas edilícias e urbanísticas vigentes.

Ademais, de acordo com o Enunciado n. 627 da VIII Jornada de Direito Civil, o direito real de laje em terreno privado é passível de usucapião.

6. DIREITO DAS FAMÍLIAS

6.1 Espécies de família

A família sofreu profundas mudanças de função, natureza, composição e, consequentemente, de concepção, principalmente após o advento do Estado social, ao longo do século XX. Hoje, a CF de 1988 estabelece em seu art. 226 que a família é a base da sociedade. A multiplicidade de arranjos familiares é uma marca do direito das famílias moderno.

ESPÉCIES DE FAMÍLIA	
Convencional	Também chamada de família tradicional é aquela decorrente do casamento e do parentesco.
Monoparental	É a família formada por um dos pais e seus filhos.
Homoafetiva	É a família formada pela união de pessoas do mesmo sexo.
Socioafetiva	É a família formada pela união entre pessoas que já possuem prole, decorrentes do parentesco por afinidade.

6.2 Parentesco

É relação jurídica estabelecida pela lei ou por decisão judicial entre uma pessoa e as demais que integram o grupo familiar, nos limites da lei. O parentesco pode ser consanguíneo, por afinidade ou civil.

PARENTESCO	
Parentesco consanguíneo	É aquele em que as pessoas descendem umas das outras.
Parentesco por afinidade	É o vínculo que decorre do casamento e da união estável, vinculando-se com os parentes do cônjuge ou companheiro (cunhado, sogros, genros, nora, enteados).
Parentesco civil	É aquele decorrente da adoção.

O parentesco também pode ser analisado na linha reta ou na linha colateral.

a) **Linha reta**: pessoas que descendem umas das outras, que pode ser ascendente ou descendente. O parentesco na linha reta é infinito.

b) **Linha colateral ou transversal**: pessoas que descendem de um tronco comum, sem descenderem umas das outras. Na colateral só se estende o parentesco até o quarto grau (art. 1.592 do CC).

A contagem de grau de parentesco sempre se faz levando em conta as gerações que medeiam um parente e outro. É a distância em gerações, que vai de um a outro parente.

Obs.: os afins na linha reta não se extinguem com a dissolução do casamento que os originou. Portanto, mesmo que alguém se divorcie, ou fique viúvo, continuará existindo o vínculo de afinidade com a sogra ou sogro.

6.3 Casamento

É um ato jurídico negocial, solene, público e complexo, mediante o qual duas pessoas constituem família, pela livre manifestação de vontade e pelo reconhecimento do Estado. A liberdade matrimonial é um direito fundamental, apenas limitado nas hipóteses de impedimento, como incesto e bigamia.

Além da imediata vigência do regime de bens, o casamento traz como efeitos e imposição de deveres entre os cônjuges quais sejam: fidelidade recíproca (adultério), vida em comum no domicílio conjugal (abandono de lar), mútua assistência material e imaterial e obrigação de sustento, guarda e educação dos filhos menores.

O consentimento e a celebração são essenciais ao ato. Na ausência de algum deles, o casamento será inexistente.

O nosso ordenamento jurídico estabelece que algumas pessoas não podem casar. São os denominados impedimentos matrimoniais. Caso a pessoa impedida venha a casar, este ato será nulo. O rol dos impedimentos encontra-se no art. 1.521 do CC:

"I – os ascendentes com os descendentes, seja o parentesco natural ou civil;

II – os afins em linha reta;

III – o adotante com quem foi cônjuge do adotado e o adotado com quem o foi do adotante;

IV – os irmãos, unilaterais ou bilaterais, e demais colaterais, até o terceiro grau inclusive;

V – o adotado com o filho do adotante;

VI – as pessoas casadas;

VII – o cônjuge sobrevivente com o condenado por homicídio ou tentativa de homicídio contra o seu consorte".

Tais impedimentos podem ser opostos, até o momento da celebração do casamento, por qualquer pessoa capaz. Ademais, se o juiz, ou o oficial de registro, tiver conhecimento da existência de algum impedimento, será obrigado a declará-lo (art. 1.522 do CC).

Além das mencionadas hipóteses de impedimento, existem causas suspensivas do casamento. Essas causas suspensivas não impedem a celebração do casamento, mas acarretam a imposição de regime matrimonial de separação total de bens. Não há qualquer sanção de invalidade por sua não observância. O casamento registrado é plenamente válido e eficaz, com as restrições que a lei impõe. Segundo o art. 1.523 do CC, não devem casar:

I – o viúvo ou a viúva que tiver filho do cônjuge falecido, enquanto não fizer inventário dos bens do casal e der partilha aos herdeiros;

II – a viúva, ou a mulher cujo casamento se desfez por ser nulo ou ter sido anulado, até dez meses depois do começo da viuvez, ou da dissolução da sociedade conjugal;

III – o divorciado, enquanto não houver sido homologada ou decidida a partilha dos bens do casal;

IV – o tutor ou o curador e os seus descendentes, ascendentes, irmãos, cunhados ou sobrinhos, com a pessoa tutelada ou curatelada, enquanto não cessar a tutela ou curatela, e não estiverem saldadas as respectivas contas.

Destaca-se o parágrafo único do art. 1.523 que permite aos nubentes solicitar ao juiz que não lhes sejam aplicadas as causas suspensivas previstas nos casos I, III e IV, desde que se prove a inexistência de prejuízo, respectivamente, para o herdeiro, para o ex-cônjuge e para a pessoa tutelada ou curatelada; no caso II, a nubente deverá provar nascimento de filho, ou inexistência de gravidez, na fluência do prazo.

Importa em indicar que as causas suspensivas da celebração do casamento podem ser arguidas pelos parentes em linha reta de um dos nubentes, sejam consanguíneos ou afins, e pelos colaterais em segundo grau, sejam também consanguíneos ou afins (art. 1.524 do CC).

6.3.1 Espécies de casamento

ESPÉCIES DE CASAMENTOS	
Por procuração	A regra é que os nubentes devam estar presentes na celebração do casamento. Contudo, a lei admite que o consentimento de um, ou de ambos, seja manifestado por um procurador, desde que haja mandato com poderes especiais. Só por instrumento público se poderá revogar o mandato. A eficácia desse mandato não ultrapassará noventa dias (art. 1.542 do CC).
Putativo	Considera-se casamento putativo o que foi constituído com infringência dos impedimentos matrimoniais, portanto, nulo, ou das causas suspensivas, portanto, anulável, quando um ou ambos os cônjuges desconheciam o fato obstativo. O cônjuge está de boa-fé pelo simples fato de crer na plena validade do casamento. Esse casamento gera os mesmos efeitos de um casamento válido, até a data da sentença que declara o vício, para o cônjuge que estava de boa-fé e para os filhos.
Nuncupativo e em caso de moléstia grave	O art. 1.540 do CC e a Lei n. 6.015/73 (Lei de Registros Públicos) abrem duas exceções quanto às formalidades preliminares do casamento. A primeira em caso de moléstia grave de um dos nubentes (arts. 198 e 76 da Lei n. 6.015/73); a segunda, na hipótese de estar um deles em iminente risco de vida (arts. 199, 200 e 76 da Lei n. 6.015/73). Neste caso, mesmo que não tenha havido habilitação, o casamento será realizado até mesmo sem a presença do juiz de casamento, mas na presença de seis testemunhas, que deverão comparecer em juízo nos cinco dias seguintes para confirmar que houve mesmo o casamento.
Religioso com efeitos civis	Especificamente previsto no art. 1.515 e regulamentado pela Lei n. 6.015/73 (arts. 71 a 75), poderá ser prévio ou posterior à realização da cerimônia religiosa. Os nubentes que requererem prévia habilitação deverão requerer a inscrição do registro do casamento religioso no registro civil no prazo de 30 dias, sob pena de ultrapassado o período acima indicado, requerer o casamento religioso sem prévia habilitação, nos termos do art. 74 do mencionado diploma legal.

6.3.2 Regime de bens

É lícito aos nubentes, antes de celebrado o casamento, estipular, quanto aos seus bens, o que lhes aprouver. O regime de bens entre os cônjuges começa a vigorar desde a data do casamento. É admissível alteração do regime de bens, mediante autorização judicial em pedido motivado de ambos os cônjuges, apurada a procedência das razões invocadas e ressalvados os direitos de terceiros (art. 1.639 do CC).

6.3.2.1 Pacto antenupcial

Antes do casamento, durante o processo de habilitação, podem os nubentes, livremente, por meio de um pacto antenupcial, estipular o que quiserem sobre o regime de bens (art. 1.640, parágrafo único, do CC). Assim, o pacto antenupcial é o documento público, hábil para consubstanciar o regime de bens adotado, quando diverso do legal. É um acordo de vontades, em que os cônjuges estabelecem as regras sobre os direitos patrimoniais decorrentes do casamento. Observe que este ato será nulo se não for feito por escritura pública e ineficaz se não lhe seguir o casamento (art. 1.653 do CC). Quando realizado por menor, a eficácia do pacto antenupcial fica condicionada à aprovação de seu representante legal, salvo as hipóteses de regime obrigatório de separação de bens (art. 1.654 do CC).

6.3.2.2 Comunhão parcial

Não tendo os nubentes celebrado pacto antenupcial dispondo sobre questões patrimoniais, prevalece o regime da comunhão parcial (art. 1.640 do CC). É o regime oficial ou supletivo. Os bens adquiridos na constância do casamento comunicam-se. Trata-se de um regime de separação quanto ao passado e de comunhão quanto ao futuro.

São *bens comuns*, além das benfeitorias em bens particulares de cada cônjuge, aqueles (art. 1.660 do CC):

"I – adquiridos na constância do casamento por título oneroso, ainda que só em nome de um dos cônjuges;

II – adquiridos por fato eventual, com ou sem o concurso de trabalho ou despesa anterior;

III – adquiridos por doação, herança ou legado, em favor de ambos os cônjuges;

IV – os frutos dos bens comuns, ou dos particulares de cada cônjuge, percebidos na constância do casamento, ou pendentes ao tempo de cessar a comunhão".

No entanto, são exceções, porque se excluem da comunhão (art. 1.659 do CC):

"I – os bens que cada cônjuge possuir ao casar, e os que lhe sobrevierem, na constância do casamento, por doação ou sucessão, e os sub-rogados em seu lugar;

II – os adquiridos com valores exclusivamente pertencentes a um dos cônjuges em sub-rogação dos bens particulares e os de uso pessoal, os livros e instrumentos de profissão;

III – as obrigações anteriores ao casamento;

IV – as obrigações provenientes de atos ilícitos, salvo reversão em proveito do casal;

V – os bens de uso pessoal, os livros e os instrumentos de profissão;

VI – os proventos do trabalho pessoal de cada cônjuge;

VII – as pensões, meios-soldos, montepios e outras rendas semelhantes".

São incomunicáveis, também, os bens cuja aquisição tiver por título uma causa anterior ao casamento (art. 1.661 do CC).

6.3.2.3 Comunhão universal

Comunicam-se todos os bens, atuais e futuros, dos cônjuges, ainda que adquiridos em nome de um só deles, bem como as dívidas posteriores ao casamento. Assim, ocorre uma fusão entre os acervos trazidos para o matrimônio por qualquer dos nubentes, formando uma única universalidade. A comunhão universal deve ser estipulada em pacto antenupcial.

Mesmo se tratando de comunhão universal, existem umas algumas exceções a comunicabilidade plena (art. 1.668 do CC).

"I – os bens doados ou herdados com a cláusula de incomunicabilidade e os sub-rogados em seu lugar;

II – os bens gravados de fideicomisso e o direito do herdeiro fideicomissário, antes de realizada a condição suspensiva;

III – as dívidas anteriores ao casamento, salvo se provierem de despesas com seus aprestos, ou reverterem em proveito comum;

IV – as doações antenupciais feitas por um dos cônjuges ao outro com a cláusula de incomunicabilidade;

V – os bens de uso pessoal, os livros e instrumentos de profissão;

VI – os proventos do trabalho pessoal de cada cônjuge;

VII – as pensões, meios-soldos, montepios e outras rendas semelhantes".

A incomunicabilidade dos bens enumerados no artigo antecedente não se estende aos frutos, quando se percebam ou vençam durante o casamento (art. 1.669 do CC). Extinta a comunhão, e efetuada a divisão do ativo e do passivo, cessará a responsabilidade de cada um dos cônjuges para com os credores do outro (art. 1.671 do CC).

6.3.2.4 Participação final dos aquestos

No regime de participação final nos aquestos, cada cônjuge possui patrimônio próprio, e lhe cabe, à época da dissolução da sociedade conjugal, direito à metade dos bens adquiridos pelo casal, a título oneroso, na constância do casamento (art. 1.672 do CC).

Durante o casamento há a formação de massa de bens particulares incomunicáveis, mas que se tornam comuns no momento da dissolução do matrimônio. É um sistema híbrido entre a separação de bens e a comunhão de bens.

A administração desses bens é exclusiva de cada cônjuge, que os poderá livremente alienar, se forem móveis. Quando da dissolução do casal, irá se apurar o montante dos aquestos, presumindo-se adquiridos durante o casamento os bens móveis (salvo prova em contrário), excluindo-se da soma:

I – os bens anteriores ao casamento e os que em seu lugar se sub-rogaram;

II – os que sobrevieram a cada cônjuge por sucessão ou liberalidade;

III – as dívidas relativas a esses bens.

As dívidas de um dos cônjuges, quando superiores à sua meação, não obrigam ao outro, ou a seus herdeiros (art. 1.672 do CC).

6.3.2.5 Separação convencional

Apenas dois artigos cuidam do regime da separação convencional dos bens (arts. 1.687 e 1.688 do CC). Mediante a elaboração de um pacto antenupcial, podem os nubentes optar pela incomunicabilidade total dos bens.

Nesse caso, o casamento não irá repercutir na esfera patrimonial dos cônjuges, podendo cada um livremente alienar e gravar de ônus reais os seus bens. Ambos os cônjuges são obrigados a contribuir para as despesas do casal na proporção dos rendimentos de seu trabalho e de seus bens, salvo estipulação em contrário no pacto antenupcial.

6.3.2.6 Separação legal ou obrigatória

A escolha do regime de bens, feita em virtude do casamento, rege a situação patrimonial do casal durante sua vigência, mas tem maior significado quando da sua dissolução. Vimos que no silêncio, ausência do pacto antenupcial, vigora o regime da comunhão parcial.

Contudo, há hipóteses em que a vontade dos nubentes não é respeitada. Nesse caso, impõe o legislador, é o regime da separação obrigatória de bens.

São casos que exigem a separação legal de bens (art. 1.641 do CC):

"I – das pessoas que o contraírem com inobservância das causas suspensivas da celebração do casamento;

II – da pessoa maior de 70 anos;

III – de todos os que dependerem, para casar, de suprimento judicial".

6.3.2.7 Dissolução do casamento

A dissolução da sociedade conjugal pode se dar por algumas causas, quais sejam:

a) Morte: ocorre com a morte real e com a declaração judicial de ausência.
b) Casamento nulo: são as hipóteses de casamento contraído por infringência de impedimento.

c) **Casamento anulável:** é anulável o casamento de quem não completou a idade mínima para casar; do menor em idade núbil, quando não autorizado por seu representante legal; por vício da vontade; do incapaz de consentir ou manifestar, de modo inequívoco, o consentimento; realizado pelo mandatário, sem que ele ou o outro contraente soubesse da revogação do mandato, e não sobrevindo coabitação entre os cônjuges; por incompetência da autoridade celebrante.

Obs.: a pessoa com deficiência mental ou intelectual em idade núbia poderá contrair matrimônio, expressando sua vontade diretamente ou por meio de seu responsável ou curador.

d) **Divórcio:** divórcio-conversão (indireto) é aquele que ocorre quando houve uma prévia separação judicial (consensual ou litigiosa). Pode ser requerida a conversão da separação em divórcio após um ano do trânsito em julgado da prévia separação ou da decisão que tiver concedido separação cautelar (art. 1.580 do CC). A conversão poderá ser litigiosa ou consensual. Divórcio direto é aquele que se requer após o lapso de dois anos ininterruptos de separação de fato (art. 1.580, § 2º). Não há necessidade de outro fundamento, portanto, a defesa, caso seja litigioso o pedido, só pode se fundar na falta do prazo. O divórcio pode ser concedido sem que haja prévia partilha de bens (art. 1.581).

Obs.: o divórcio não modificará os direitos e deveres dos pais em relação aos filhos.

6.4 União estável

É reconhecida como entidade familiar a união estável entre o homem e a mulher, configurada na convivência pública, contínua e duradoura e estabelecida com o objetivo de constituição de família (art. 1.723 do CC). Estabelece que a união estável não se constituirá se ocorrerem os impedimentos para o casamento, não se aplicando o caso de a pessoa casada se achar separada de fato ou judicialmente. Entretanto, as causas suspensivas do art. 1.523 não impedirão a caracterização da união estável.

As relações pessoais entre os companheiros obedecerão aos deveres de lealdade, respeito e assistência, e de guarda, sustento e educação dos filhos (art. 1.724 do CC). Na união estável, salvo contrato escrito entre os companheiros, aplica-se às relações patrimoniais, no que couber, o regime da comunhão parcial de bens (art. 1.725 do CC).

A união estável poderá converter-se em casamento, mediante pedido dos companheiros ao juiz e assento no Registro Civil (art. 1.726 do CC). Ademais, as relações não eventuais entre o homem e a mulher, impedidos de casar, constituem concubinato (art. 1.727 do CC).

6.5 Filiação

É a relação de parentesco que se estabelece entre duas ou mais pessoas, uma das quais nascida da outra, ou adotada, ou vinculada mediante posse de estado de filiação ou por concepção derivada de inseminação artificial heteróloga. O Código Civil estabelece que os filhos, havidos ou não da relação de casamento, ou por adoção, terão os mesmos direitos e qualificações, proibidas quaisquer designações discriminatórias relativas à filiação.

PRESUNÇÃO DE CONCEPÇÃO DE FILIAÇÃO NA CONSTÂNCIA DO CASAMENTO
• Nascidos 180 dias, pelo menos, depois de estabelecida a convivência conjugal.
• Nascidos nos 300 dias subsequentes à dissolução da sociedade conjugal, por morte, separação judicial, nulidade e anulação do casamento.
• Havidos por fecundação artificial homóloga, mesmo que falecido o marido.
• Havidos, a qualquer tempo, quando se tratar de embriões excedentários, decorrentes de concepção artificial homóloga.
• Havidos por inseminação artificial heteróloga, desde que tenha prévia autorização do marido.

Trata-se de presunção relativa, que pode ser elidida pelo marido pela ação negatória de paternidade (art. 1.601 do CC), sendo tal ação imprescritível. Devemos lembrar que o adultério da mulher, ainda que confessado, não é suficiente para ilidir a presunção legal da paternidade.

Por outro lado, a prova da impotência do cônjuge para gerar, à época da concepção, ilide a presunção da paternidade.

A filiação prova-se pela certidão do termo de nascimento registrada no Registro Civil (art. 1.603 do CC). Porém, na falta, ou defeito, do termo de nascimento, poderá provar-se a filiação por qualquer modo admissível em direito:

"I – quando houver começo de prova por escrito, proveniente dos pais, conjunta ou separadamente;

II – quando existirem veementes presunções resultantes de fatos já certos".

A ação de prova de filiação compete ao filho, enquanto viver, passando aos herdeiros, se ele morrer menor ou incapaz. Por fim, se iniciada a ação pelo filho para discutir a filiação, os herdeiros poderão continuá-la, salvo se julgado extinto o processo.

6.5.1 Reconhecimento de filhos

O reconhecimento, voluntário ou forçado, tem por fito assegurar ao filho o direito ao pai e à mãe. Este reconhecimento, que é um ato irrevogável, pode se dar pelos pais, conjunta ou separadamente, nas seguintes hipóteses:

RECONHECIMENTO DOS FILHOS
• No registro do nascimento.
• Por escritura pública ou escrito particular, a ser arquivado em cartório.
• Por testamento, ainda que incidentalmente manifestado.
• Por manifestação direta e expressa perante o juiz, ainda que o reconhecimento não haja sido o objeto único e principal do ato que o contém.

São ineficazes a condição e o termo apostos ao ato de reconhecimento do filho. O filho maior não pode ser reconhecido sem o seu consentimento, e o menor pode impugnar o reconhecimento, nos quatro anos que se seguirem à maioridade, ou à emancipação (arts. 1.613 e 1.614 do CC).

Obs.: o reconhecimento pode preceder o nascimento do filho ou ser posterior ao seu falecimento, se ele deixar descendentes. Este reconhecimento não pode ser revogado, nem mesmo quando feito em testamento.

6.6 Poder familiar

O poder familiar é o exercício da autoridade dos pais sobre os filhos, no interesse destes. Configura uma autoridade temporária, exercida até a maioridade ou emancipação dos filhos. Durante o casamento e a união estável, compete o poder familiar aos pais; na falta ou impedimento de um deles, o outro o exercerá com exclusividade.

Divergindo os pais quanto ao exercício do poder familiar, é assegurado a qualquer deles recorrer ao juiz para solução do desacordo (art. 1.631 do CC).

A separação judicial, o divórcio e a dissolução da união estável não alteram as relações entre pais e filhos senão quanto ao direito, que aos primeiros cabe, de terem em sua companhia os segundos (arts. 1.632 do CC).

Ademais, o filho, não reconhecido pelo pai, fica sob poder familiar exclusivo da mãe; se a mãe não for conhecida ou capaz de exercê-lo, dar-se-á tutor ao menor (art. 1.633 do CC). Como o poder familiar é um *múnus* que deve ser exercido no interesse do filho menor, o Estado pode interferir nessa relação. Nesse sentido, o Código Civil, nos arts. 1.635 e 1.638, consagra hipóteses de extinção e perda do poder familiar. Veja tabela ilustrativa:

EXTINÇÃO DE PODER FAMILIAR	PERDA DO PODER FAMILIAR
Pela morte dos pais ou do filho;	Castigar imoderadamente o filho;
Pela emancipação, nos termos do art. 5º, parágrafo único;	Deixar o filho em abandono;
Pela maioridade;	Praticar atos contrários à moral e aos bons costumes;
Pela adoção;	Incidir, reiteradamente, nas faltas previstas no artigo antecedente;

Por decisão judicial, na forma do art. 1.638;	Entregar de forma irregular o filho a terceiros para fins de adoção; Praticar contra outrem igualmente titular do mesmo poder familiar: a) homicídio, feminicídio ou lesão corporal de natureza grave ou seguida de morte, quando se tratar de crime doloso envolvendo violência doméstica e familiar ou menosprezo ou discriminação à condição de mulher; b) estupro ou outro crime contra a dignidade sexual sujeito à pena de reclusão;
	Praticar contra filho, filha ou outro descendente: a) homicídio, feminicídio ou lesão corporal de natureza grave ou seguida de morte, quando se tratar de crime doloso envolvendo violência doméstica e familiar ou menosprezo ou discriminação à condição de mulher; b) estupro, estupro de vulnerável ou outro crime contra a dignidade sexual sujeito à pena de reclusão.

6.7 Alimentos

Alimentos são valores, bens ou serviços destinados às necessidades existenciais da pessoa, em virtude de relação de parentesco, quando ela própria não consegue, com seu trabalho ou rendimentos, a sua própria manutenção. De acordo com o art. 1.700 do CC, a obrigação de prestar alimentos transmite-se aos herdeiros do devedor.

O direito à prestação de alimentos é recíproco entre pais e filhos, e extensivo a todos os ascendentes, recaindo a obrigação nos mais próximos em grau, uns em falta de outros. Na falta dos ascendentes, cabe a obrigação aos descendentes, guardada a ordem de sucessão e, faltando estes, aos irmãos, assim germanos como unilaterais (arts. 1.696 e 1.697 do CC).

Se o parente, que deve alimentos em primeiro lugar, não estiver em condições de suportar totalmente o encargo, serão chamados a concorrer os de grau imediato; sendo várias as pessoas obrigadas a prestar alimentos, todas devem concorrer na proporção dos respectivos recursos, e, intentada ação contra uma delas, poderão as demais ser chamadas a integrar a lide (art. 1.698 do CC).

Os alimentos devem ser fixados na proporção das necessidades do reclamante e dos recursos da pessoa obrigada. No entanto, os alimentos serão apenas os indispensáveis à subsistência, quando a situação de necessidade resultar de culpa de quem os pleiteia (art. 1.694 do CC).

O direito aos alimentos é irrenunciável. Pode o credor não exercer, porém lhe é vedado renunciar, sendo o respectivo crédito insuscetível de cessão, compensação ou penhora (art. 1.707 do CC).

Na fixação dos alimentos não há coisa julgada. Prevalece o princípio *rebus sic stantibus*. Sobrevindo mudança na situação financeira de quem os supre, ou na de quem os recebe, poderá o interessado reclamar ao juiz, conforme as circunstâncias, exoneração, redução ou majoração do encargo.

Provisórios são os alimentos fixados liminarmente na ação de alimentos movida pelo rito especial (Lei n. 5.478/68 – requer-se a prova pré-constituída do dever de alimentar). Provisionais são os determinados em medida cautelar, preparatória ou incidental, de ação de separação judicial, divórcio, nulidade ou anulação de casamento, ou investigação de paternidade.

Com o casamento, a união estável ou o concubinato do credor, cessa o dever de prestar alimentos. Com relação ao credor cessa, também, o direito a alimentos, se tiver procedimento indigno em relação ao devedor (art. 1.708 do CC). O novo casamento do cônjuge devedor não extingue a obrigação constante da sentença de divórcio (art. 1.709 do CC).

Obs.: sobre alimentos, cumpre destacar que o STJ já se posicionou no sentido de que o recolhimento à prisão pela prática de crime não afasta a obrigação do alimentante, dada a possibilidade de o preso desempenhar atividade laboral dentro ou fora da prisão.

6.8 Tutela, curatela e tomada de decisão apoiada

A tutela, curatela e a tomada de decisão apoiada são institutos que têm por finalidade a representação legal e a administração dos bens de uma pessoa por outra, em decorrência da incapacidade da primeira de gerir a sua vida e os seus interesses.

a) **Tutela:** encargo conferido por lei a uma pessoa capaz, para cuidar da pessoa do menor e administrar seus bens. Os filhos menores são postos em tutela com o falecimento/ausência dos pais ou em caso de os pais decaírem do poder familiar

Representa um instituto assistencial, que objetiva substituir o pátrio poder, quando os pais forem declarados ausentes ou destituídos dele, ou falecerem. A tutela é um *múnus* público, ou seja, um encargo imposto pelo Estado, não sendo permitida a recusa da nomeação, salvo nas hipóteses preestabelecidas em lei. O direito de nomear tutor compete aos pais, em conjunto, e tal nomeação deve constar de testamento ou de qualquer outro documento autêntico (art. 1.729 do CC).

Para fiscalização dos atos do tutor, pode o juiz nomear um protutor. Os bens do menor serão entregues ao tutor mediante termo especificado deles e seus valores, ainda que os pais o tenham dispensado.

Pode haver tutela testamentária (nomeado o tutor pelo pai ou mãe em testamento); legítima (é a estabelecida por lei); dativa (resulta de decisão judicial, na falta das anteriores) e irregular (aquela na qual não há nomeação, na forma legal, mas o suposto tutor zela pelo menor e seus bens, como se estivesse legitimamente investido).

Cessa a condição de tutelado com a maioridade/emancipação do menor ou ao cair o menor sob o poder familiar, no caso de reconhecimento ou adoção (art. 1.763 do CC).

b) **Curatela:** é o encargo público atribuído a alguém para proteção dos maiores incapazes, isto é, sem condições de zelar por seus interesses, reger a sua vida ou administrar seu patrimônio. Estão sujeitos à curatela (art. 1.767 do CC):

"I – aqueles que, por causa transitória ou permanente, não puderem exprimir sua vontade;

II – revogado;

III – os ébrios habituais e os viciados em tóxico;

IV – revogado;

V – os pródigos".

Na nomeação de curador para a pessoa com deficiência, o juiz poderá estabelecer curatela compartilhada a mais de uma pessoa (art. 1.775-A do CC).

A interdição do pródigo só o privará de, sem curador, emprestar, transigir, dar quitação, alienar, hipotecar, demandar ou ser demandado, e praticar, em geral, os atos que não sejam de mera administração (art. 1.782 do CC).

c) **Tomada de decisão apoiada:** de acordo com o art. 1.783-A do CC, a tomada de decisão apoiada é o processo pelo qual a pessoa com deficiência elege pelo menos duas pessoas idôneas, com as quais mantenha vínculos e que gozem de sua confiança, para prestar-lhe apoio na tomada de decisão sobre atos da vida civil, fornecendo-lhes os elementos e informações necessários para que possa exercer sua capacidade.

Nesse mesmo trilhar, o § 1º do art. 1.783-A do CC estabelece que para formular pedido de tomada de decisão apoiada a pessoa com deficiência e os apoiadores devem apresentar termo em que constem os limites do apoio a ser oferecido e os compromissos dos apoiadores, inclusive o prazo de vigência do acordo e o respeito à vontade, aos direitos e aos interesses da pessoa que devem apoiar.

Cumpre dizer que a tomada de decisão apoiada não visa a suprir incapacidade; os apoiadores irão auxiliá-lo na prática dos atos da vida civil. Em caso de celebração de contrato, o contratante poderá exigir que os apoiadores contra-assinem o contrato. O art. 1.783-A, § 5º, estabelece que o terceiro com quem a pessoa apoiada mantenha relação negocial pode solicitar que os apoiadores contra-assinem o contrato ou acordo, especificando, por escrito, sua função em relação ao apoiado.

Antes de se pronunciar sobre o pedido de tomada de decisão apoiada, o juiz, assistido por equipe multidisciplinar, após oitiva do Ministério Público, ouvirá pessoalmente o requerente e as pessoas que lhe prestarão apoio.

7. DIREITOS DAS SUCESSÕES

7.1 Linhas gerais

O direito das sucessões cuida da transmissão de bens realizada com o advento da morte de uma determinada pessoa. A palavra sucessão significa substituir uma pessoa por outra, que vai assumir suas obrigações e adquirir seus direitos.

O direito de herança é garantido constitucionalmente no art. 5º, XXX, bem como o direito de propriedade no art. 5º, XXII. Estes dois direitos estão intimamente ligados, pois se a propriedade de bens nos fosse negada, não teríamos o que deixar de herança a nossos sucessores.

A transmissão da herança é o ato por meio do qual o patrimônio se destaca da esfera jurídica do sucedendo e se incorpora à esfera jurídica dos sucessores. Por uma ficção jurídica, no exato momento em que um indivíduo falece, transmite-se desde logo o domínio e a posse de sua herança a seus herdeiros legítimos e testamentários (art. 1.784 do CC), é a chamada *Saisine*.

Para que haja essa transmissão, temos de ter a morte do sucedendo e a sobrevivência do sucessor. Com efeito, tem legitimidade para suceder aquele já nascido ou concebido no momento da abertura da sucessão (art. 1.798 do CC).

7.2 Sucessão testamentária e legítima

Conforme a sucessão se dê pela vontade do sucedendo ou pela lei, fala-se respectivamente em sucessão testamentária e sucessão legítima.

a) Sucessão testamentária: se houver testamento, a sucessão testamentária predomina sobre a sucessão legítima (art. 1.788 do CC), dentro dos limites da lei (art. 1.789 do CC). Caso o indivíduo possua herdeiros necessários (cônjuge, ascendente e descendente – art. 1.845 do CC), a liberdade de testar não é assim absoluta, pois metade pertence aos herdeiros necessários. Só a outra metade é que pode ser deixada para quem o testador desejar. Quem não possui herdeiros necessários pode testar em favor de qualquer pessoa. Não importam quantos sejam os herdeiros necessários, a eles cabe metade da herança. A essa metade da herança é dado o nome de **legítima**.

Obs.: cuidado para não confundir a legítima (metade da herança resguardada aos herdeiros necessários) com a sucessão legítima que em breve analisaremos.

A sucessão testamentária pode ainda ser a título universal ou a título singular.

Na sucessão singular, transmite-se um ou mais bens individualizados. Nesta teremos a figura do legatário que recebe legado e não herança. O legado é de coisas certas (ex.: a casa da praia, um colar de brilhantes etc.). Quem sucede a título singular não responde por eventuais dívidas, porém só recebe seu legado após verificada a solvência da herança.

Na sucessão universal, transmite-se todo o patrimônio, ou uma parte dele. Efetivamente, transmite-se uma universalidade de bens. Por essa razão, nesses casos, diz-se que houve uma sucessão a título universal. Quem sucede a título universal é herdeiro e responde também por eventuais dívidas do morto, dentro dos limites da herança (art. 1.997 do CC). O herdeiro adquire o ativo e responde pelo passivo. Assim, pode-se afirmar que herança é o total ou uma fração indeterminada do patrimônio do extinto (ex.: 1/3, 20% da herança etc.).

b) Sucessão legítima: aquela que decorre da lei. É também denominada de sucessão *ab intestato*, justamente por inexistir testamento. Prevalece a disposição da lei se alguém morre sem testamento, ou se o testamento for invalidado (art. 1.829 do CC). O legislador presume a vontade do autor da herança. A sucessão legítima sempre é a título universal, não havendo legado se não há testamento. No entanto, como foi visto, a sucessão testamentária pode ser a título universal ou a singular.

Cumpre dizer, que são nulos os pactos sucessórios, pois é vedado qualquer contrato que envolva a herança de uma pessoa viva – *pacto corvina* (art. 426 do CC).

7.3 Aceitação e renúncia da herança

Todo herdeiro tem a faculdade de aceitar ou renunciar a herança.

A aceitação é um ato voluntário, unilateral puro e irrevogável. Esta aceitação pode ser expressa ou tácita. Quando expressa, a aceitação da herança faz-se por declaração escrita. Quando tácita, há de resultar tão somente de atos próprios da qualidade de herdeiro (art. 1.805 do CC).

Falecendo o herdeiro antes de declarar se aceita a herança, o poder de aceitar passa-lhe aos herdeiros, a menos que se trate de vocação adstrita a uma condição suspensiva, ainda não verificada (art. 1.809 do CC).

Assim como a aceitação, a renúncia também tem natureza de ato jurídico voluntário, puro, simples e irrevogável. Diferente da aceitação, a renúncia é um ato solene que só pode ser expressa, por meio de escritura pública ou termo judicial (art. 1.806 do CC).

Não se pode aceitar ou renunciar a herança em parte, sob condição ou a termo (art. 1.808 do CC).

Como principal efeito da renúncia à herança, estabelece o art. 1.810 que na sucessão legítima a parte do renunciante acresce à dos outros herdeiros da mesma classe e, sendo ele o único desta, devolve-se aos da subsequente.

Ex.: A, falecido, tem três filhos, B, C e D, que em regra recebem 1/3 da herança cada um. Se B renuncia a herança, a sua parte é acrescida aos herdeiros C e D, que são da mesma classe, recebendo cada um deles a metade da herança.

Ademais, ninguém pode suceder representando herdeiro renunciante. Porém se ele for o único de sua classe, ou se todos os demais da mesma classe renunciarem, poderão os filhos ser chamados à sucessão, recebendo por cabeça e por direito próprio (art. 1.811 do CC). Com efeito, o herdeiro que renuncia é considerado como se não tivesse chamado, como se nunca tivesse sido herdeiro. Importante pontuar que quando o herdeiro prejudicar os seus credores, renunciando à herança, poderão eles, com autorização do juiz, aceitá-la em nome do renunciante (art. 1.813 do CC).

7.4 Excluídos da sucessão: indignidade e deserdação

Existem situações previstas em lei em que é excluído o direito sucessório do herdeiro ou legatário. Nesse contexto, surgem os conceitos de indignidade sucessória e deserdação. A diferença fundamental entre a indignidade e a deserdação é que na indignidade o isolamento sucessório se dá por simples incidência da norma e por decisão judicial, o que pode atingir qualquer herdeiro. A indignidade é a exclusão da sucessão de herdeiro ou legatário por ter praticado um ato repugnante contra a vida ou a moral do falecido, ou tê-lo impedido de dispor por meio de testamento. A ação de indignidade pode ser proposta pelo interessado ou pelo Ministério Público (art. 1.815, § 2º, do CC).

O direito de demandar a exclusão de herdeiros ou legatários extingue-se no prazo decadencial de quatro anos a contar da abertura da sucessão. Somente poderá ocorrer em razão dos motivos expressamente indicados no mencionado art. 1.814 do CC:

> "I – que houverem sido autores, coautores ou partícipes de homicídio doloso, ou tentativa deste, contra a pessoa de cuja sucessão se tratar, seu cônjuge, companheiro, ascendente ou descendente;
>
> II – que houverem acusado caluniosamente em juízo o autor da herança ou incorrerem em crime contra a sua honra, ou de seu cônjuge ou companheiro;
>
> III – que, por violência ou meios fraudulentos, inibirem ou obstarem o autor da herança de dispor livremente de seus bens por ato de última vontade".

O perdão da indignidade só poderá acontecer se expressamente o ofendido manifestar-se neste sentido por meio de ato autêntico ou por testamento (art. 1.818 do CC). Na indignidade, os efeitos da exclusão são pessoais, cabendo aos descendentes do herdeiro excluído, declarado indigno através de sentença, sucederem-no como se ele morto fosse (art. 1.816 do CC).

Já a deserdação somente atinge os herdeiros necessários, sendo estes privados de sua legítima, pelos motivos, que devem ser expressos pelo suposto ofendido em sua escritura de testamento, expressos no art. 1.962 do CC.

Para que haja a declaração jurídica da deserdação, também se faz necessário que àquele a quem aproveite a deserdação, ou herdeiro instituído promova a ação de declaração de deserdação, pelo rito ordinário.

Não há deserdação se não houver testamento (na indignidade, basta morrer o *de cujus*), indicando expressamente qual é o motivo da eventual exclusão, bem como a manifestação da vontade em vê-lo deserdado. Mas o fato de haver testamento não significa que o herdeiro já está excluído pela deserdação. Há a necessidade da declaração jurídica da deserdação. A mesma só ocorre com a promoção da ação pelo rito ordinário.

INDIGNIDADE SUCESSÓRIA	DESERDAÇÃO
Matéria de sucessão legítima e testamentária.	Matéria de sucessão testamentária.
Alcança qualquer classe de herdeiro.	Somente atinge os herdeiros necessários (ascendente, descendente e cônjuge).
As hipóteses de indignidade servem para deserdação.	Existem hipóteses de deserdação que não alcançam a indignidade, por exemplo: arts. 1.962 e 1.963.
Há pedido de terceiros interessados ou do MP, com confirmação em sentença transitada em julgado.	Realizada por testamento, com declaração de causa e posterior confirmação por sentença.

Obs.: em qualquer dos casos de indignidade mencionados, o trânsito em julgado da sentença penal condenatória acarretará a imediata exclusão do herdeiro ou legatário indigno, independentemente da decisão no âmbito cível.

7.5 Herança jacente e herança vacante

Após a abertura da sucessão, o destino natural da herança é a sua entrega aos herdeiros que pelo princípio da *saisine* recebem de imediato a propriedade dos bens. Contudo, pode ocorrer de o falecido não ter deixado nem herdeiros legítimos (cônjuge, ascendentes, descendentes, e colaterais até quarto grau) nem herdeiros testamentários (nomeados por ato de última vontade seja por testamento ou por codicilo). Caso esta hipótese venha ocorrer, a herança será dita jacente – "jaz sem dono".

Praticadas as diligências de arrecadação e ultimado o inventário, serão expedidos editais na forma da lei processual, e, decorrido um ano de sua primeira publicação, sem que haja herdeiro habilitado, ou penda habilitação, será a herança declarada vacante (art. 1.820 do CC). É assegurado aos credores o direito de pedir o pagamento das dívidas reconhecidas, nos limites das forças da herança (art. 1.821 do CC).

A declaração de vacância da herança não prejudicará os herdeiros que legalmente se habilitarem; mas, decorridos cinco anos da abertura da sucessão, os bens arrecadados passarão ao domínio do município ou do Distrito Federal, se localizados nas respectivas circunscrições, incorporando-se ao domínio da União quando situados em território federal (art. 1.822 do

CC). Não se habilitando até a declaração de vacância, os colaterais ficarão excluídos da sucessão.

A herança também será vacante quando todos os chamados a suceder renunciarem (art. 1.823 do CC).

7.6 Da petição de herança

A abertura da sucessão implica a transferência da propriedade e da posse da herança aos herdeiros do falecido. Contudo, é possível que por uma razão de esquecimento ou de desconhecimento, outro sucessor assuma a posse direta da herança, acreditando ter também a posse indireta e a propriedade.

Nessa situação, o herdeiro pode, em ação de petição de herança, demandar o reconhecimento de seu direito sucessório, para obter a restituição da herança, ou de parte dela, contra quem, na qualidade de herdeiro, ou mesmo sem título, a possua (art. 1.824 do CC).

O herdeiro pode demandar os bens da herança, mesmo em poder de terceiros, sem prejuízo da responsabilidade do possuidor originário pelo valor dos bens alienados. Porém são eficazes as alienações feitas, a título oneroso, pelo herdeiro aparente a terceiro de boa-fé (art. 1.827 do CC).

Cumpre acrescentar que a ação de petição de herança, ainda que exercida por um só dos herdeiros, poderá compreender todos os bens hereditários (art. 1.825 do CC).

7.7 Da sucessão legítima

Ocorre a sucessão legítima quando a própria lei define quem são os sucessores. Na sucessão legítima, os herdeiros são divididos em classes, que correspondem ao vínculo de parentesco com o autor da herança. Assim, fala-se em classe dos descendentes (filhos, netos etc.), classe dos ascendentes (pais, avós etc.) e classe dos colaterais (irmãos, primos, tios, sobrinhos etc.).

Dentro de cada classe, deve-se ainda observar o grau de parentesco. Na classe dos descendentes, por exemplo, os filhos ocupam o primeiro grau, os netos ocupam o segundo grau, os bisnetos ocupam o terceiro grau, e assim sucessivamente. Dentro do sistema sucessório vigente, o grau mais próximo exclui o mais remoto.

Levando em consideração que a lei atribui direito sucessório a diversas classes de herdeiros, faz-se necessário atribuir uma ordem de preferência que possa indicar a quem se transmitirá a herança. Essa ordem de preferência é denominada de **ordem de vocação hereditária**.

De acordo com o art. 1.829 do CC, a sucessão legítima defere-se na seguinte ordem:

"I – aos descendentes, em concorrência com o cônjuge sobrevivente, salvo se casado este com o falecido no regime da comunhão universal, ou no da separação obrigatória de bens (art. 1.640, parágrafo único); ou se, no regime da comunhão parcial, o autor da herança não houver deixado bens particulares;

II – aos ascendentes, em concorrência com o cônjuge;

III – ao cônjuge sobrevivente;

IV – aos colaterais".

a) 1ª ordem de vocação hereditária – descendentes e cônjuge:

Os primeiros chamados a suceder são os descendentes. Nessa classe, o parente de grau mais próximo exclui o de grau mais remoto, salvo o direito de representação. Isso significa que se, por exemplo, houver filhos e netos, herdam os filhos. Todavia, se um descendente for pré-morto (tiver morrido antes da abertura da sucessão) ou tiver sido excluído, seus descendentes serão chamados a suceder em seu lugar, representando-o. É o chamado direito de representação. Os sucessores chamados a sucessão herdam por estirpe, vez que recebem o quinhão que cabia a seu descendente.

Também é chamado a suceder em concorrência com os descendentes o cônjuge viúvo do autor da herança se o regime de bens do casamento era o da comunhão parcial e o morto deixou bens particulares, ou o da participação final nos aquestos, ou o da separação voluntária de bens. Nota-se que os descendentes e o cônjuge são herdeiros de primeira classe, em um sistema de concorrência, presente ou não de acordo com o regime de bens adotado no casamento, conforme tabela abaixo.

REGIME EM QUE O CÔNJUGE HERDA EM CONCORRÊNCIA	REGIME EM QUE O CÔNJUGE NÃO HERDA EM CONCORRÊNCIA
Regime da comunhão parcial de bens, em havendo bens particulares do falecido.	Regime da comunhão parcial de bens, não havendo bens particulares do falecido.
Regime da participação final nos aquestos.	Regime da comunhão universal de bens.
Regime da separação convencional de bens.	Regime da separação legal ou obrigatória de bens.

A ideia é que, nos regimes de comunhão universal e comunhão parcial de bens, o cônjuge sobrevivente já receberá a metade dos bens do casal pela chamada meação, não ficando desamparado.

Cumpre ainda destacar que somente se atribui legitimidade para suceder ao cônjuge se ao tempo da morte do casal não se encontrava nem separado judicialmente, nem separado de fato por mais de dois anos (art. 1.830 do CC).

Na hipótese de o cônjuge concorrer com seus próprios descendentes, a lei determina que o seu quinhão não seja inferior à quarta parte da herança (art. 1.832 do CC). Ou seja, concorrendo o cônjuge com mais de três descendentes seus que herdam por cabeça, caberá a ele um quarto da herança e os outros três quartos serão divididos igualmente entre os descendentes.

Obs.: O Supremo Tribunal Federal, através do julgamento dos Recursos Extraordinários (REs) 646721 e 878694, ambos com repercussão geral reconhecida, declarou inconstitucional o art. 1.790 do CC, que estabelece diferenças entre a participação do companheiro e do cônjuge na sucessão dos bens, inclusive em uniões homoafetivas. Assim, ficou estabelecido que no sistema constitucional vigente é inconstitucional a diferenciação de regime sucessório entre cônjuges e companheiros, devendo ser aplicado em ambos os casos o regime estabelecido no art. 1.829 do CC.

b) 2ª ordem de vocação hereditária – ascendentes e cônjuge:

Na falta de descendentes, são chamados à sucessão os ascendentes, em concorrência com o cônjuge sobrevivente. Na classe dos ascendentes, o grau mais próximo exclui o mais remoto, sem distinção de linhas – materna ou paterna (art. 1.836 do CC). Cumpre frisar que na classe dos ascendentes não há direito de representação. Isso significa que se o morto, por exemplo, deixar o pai e o avô materno, apenas o pai herdará, pois o avô não tem direito de representar a mãe do *de cujus* na sucessão.

Se o autor da herança não deixar descendentes, mas ascendente cônjuge, este será chamado a concorrer na sucessão com aquele, independentemente do regime de bens do casamento. Assim, destaca-se que na concorrência com os ascendentes, é irrelevante o regime de bens para que haja a sucessão do cônjuge.

c) 3ª ordem de vocação hereditária – cônjuge:

Na falta de descendente e ascendente, caberá ao cônjuge a totalidade da herança, independentemente do regime de bens (art. 1.838 do CC).

d) 4ª ordem de vocação hereditária – colaterais até quarto grau:

Na ausência de descendentes, ascendentes e cônjuge do autor da herança, são chamados à sucessão os colaterais até o quarto grau. Também na classe dos colaterais, os de grau mais próximo excluem os de grau mais remoto. A sucessão se dá por cabeça, salvo o direito de representação dos filhos dos irmãos (art. 1.840 do CC).

Os colaterais de segundo grau são os irmãos. Em sua sucessão, deve-se apurar se o vínculo é bilateral (quando o autor da herança e o irmão são filhos do mesmo pai e da mesma mãe) ou unilateral (quando são filhos apenas do mesmo pai e da mesma mãe). Assim determina o art. 1.843 do CC que concorrendo à herança do falecido irmãos bilaterais com irmãos unilaterais, cada um destes herdará metade do que cada um daqueles herdar. Desta forma, os irmãos bilaterais do *de cujus* deverão receber o dobro do que vierem a receber os irmãos unilaterais.

Caso o autor da herança queira excluir de sua sucessão os colaterais, que não são herdeiros necessários, basta que disponha de seu patrimônio em testamento sem os contemplar (art. 1.850 do CC).

7.8 Da sucessão testamentária

Para o direito das sucessões, o testamento representa a principal forma de expressão e exercício da autonomia privada. Pode-se conceituar o testamento como o ato personalíssimo e revogável pelo qual alguém, em conformidade com a lei, faz declarações com eficácia pós-morte de questões de natureza patrimonial e natureza pessoal.

O testamento pode nomear tutor, curador, excluir alguém da sucessão (deserdação – só para herdeiros necessários), reconhecer filho adulterino, indicar inventariante, e, portanto, não dispor somente sobre valores econômicos como muitos acreditam. Com efeito, afiança o § 2º do art. 1.857 do CC que são válidas as disposições testamentárias de caráter não patrimonial, ainda que o testador somente a elas se tenha limitado.

Toda pessoa capaz pode dispor, por testamento, da totalidade dos seus bens, ou de parte deles, para depois de sua morte. A partir dos 16 anos de idade o menor já possui capacidade para testar. A incapacidade superveniente do testador não invalida o testamento, nem o testamento do incapaz se valida com a superveniência da capacidade (art. 1.861 do CC).

Ademais, na sucessão testamentária podem ser chamados a suceder (art. 1.799 do CC):

"I – os filhos, ainda não concebidos, de pessoas indicadas pelo testador, desde que vivas estas ao abrir-se a sucessão;

II – as pessoas jurídicas;

III – as pessoas jurídicas, cuja organização for determinada pelo testador sob a forma de fundação".

Segue tabela com as formas ordinárias e especiais de testamento e as suas principais características:

Importante lembrar que nosso Código Civil não admite outros tipos de testamento especiais, que não os contemplados por ele, sendo, portanto, impossível a existência de outros na forma especial.

Obs.: sobrevindo descendente sucessível ao testador, que não o tinha ou não o conhecia quando testou, rompe-se o testamento em todas as suas disposições, se esse descendente sobreviver ao testador. Rompe-se, também, o testamento feito na ignorância de existirem outros herdeiros necessários (arts. 1.973 e 1.974). Assim, o surgimento de um herdeiro sucessível ao testador que este não o tinha ou não o conhecia quando testou, gera o chamado rompimento do testamento, acarretando a inteira ineficácia do ato de última vontade. Cabe dizer que não se rompe o testamento se o testador dispuser da sua metade, não contemplando os herdeiros necessários de cuja existência saiba, ou quando os exclua dessa parte.

7.8.1 Codicilos

Toda pessoa capaz de testar poderá, mediante escrito particular seu, datado e assinado, fazer disposições especiais sobre o seu enterro, sobre esmolas de pouca monta a certas e determinadas pessoas, ou, indeterminadamente, aos pobres de certo lugar, assim como legar móveis, roupas ou joias, de pouco valor, de seu uso pessoal (art. 1.881 do CC).

Como se observa, o codicilo é também um ato de disposição de última vontade, só que não são necessários todos os requisitos dos testamentos. É possível por meio de codicilo nomear ou substituir testamenteiro e dispor sobre sufrágios da alma, como a celebração de uma missa ou culto em nome do falecido (art. 1.998 do CC).

Os atos praticados por meio de codicilo revogam-se por atos iguais. Também se consideram revogados se, havendo testamento posterior de qualquer natureza, este não confirmá-lo ou modificá-lo.

7.8.2 Direito de acrescer e as substituições testamentárias

O direito de acrescer é conferido aos herdeiros e legatários beneficiados por disposição conjunta de receber o que caberia aos sucessores testamentários cujo direito sucessório não chegou a se aperfeiçoar. Prescreve o art. 1.941 do CC que quando vários herdeiros, pela mesma disposição testamentária, forem conjuntamente chamados à herança em quinhões não determinados, e qualquer deles não puder ou não quiser aceitá-la, a sua parte acrescerá à dos coerdeiros, salvo o direito do substituto.

Assim, se um dos herdeiros nomeados morrer antes do testador, renunciar à herança, ou dela for excluído, ou caso a condição sob a qual foi instituído não se verificar, acrescerá o seu quinhão à parte dos herdeiros conjuntos, salvaguardado o direito do substituto.

A substituição é a disposição testamentária na qual o testador chama uma pessoa para receber, no todo ou em parte, herança ou legado no caso de o beneficiado originário não querer ou não poder aceitar a herança ou o legado.

São três os tipos de substituições existentes em nosso ordenamento jurídico:

MODALIDADES DE SUBSTITUIÇÃO TESTAMENTÁRIA	
Substituição vulgar ou ordinária	O testador substitui diretamente outra pessoa ao herdeiro ou ao legatário nomeado, para o caso de um ou outro não querer ou não poder aceitar a herança ou o legado. Em tais casos, enuncia o art. 1.947 do CC. Presume-se que a substituição foi determinada para as duas alternativas, ainda que o testador só a uma se refira.

Substituição recíproca	Um herdeiro substitui o outro e vice-versa (art. 1.948 do CC).
Substituição fideicomissária	Pode o testador instituir herdeiros ou legatários, estabelecendo que, por ocasião de sua morte, a herança ou o legado se transmita ao fiduciário, resolvendo-se o direito deste, por sua morte, a certo tempo ou sob certa condição, em favor de outrem, que se qualifica de fideicomissário (art. 1.951 do CC).

7.8.3 Revogação dos testamentos

O testamento poderá ser revogado pela mesma forma e modo, por que pode ser feito (art. 1.969 do CC). A revogação do testamento poderá ser total ou parcial (art. 1.970 do CC).

A revogação produzirá seus efeitos, ainda quando o testamento, que a encerra, vier a caducar por exclusão, incapacidade ou renúncia do herdeiro nele nomeado; não valerá, se o testamento revogatório for anulado por omissão ou infração de solenidades essenciais ou por vícios intrínsecos (art. 1.971 do CC).

O testamento cerrado que o testador abrir ou dilacerar, ou for aberto ou dilacerado com seu consentimento, haver-se-á como revogado (art. 1.972 do CC).

8. INVENTÁRIO E PARTILHA

O inventário e a partilha são procedimentos subsequentes à abertura da sucessão, por meio dos quais se identificam os bens do acervo e os sucessores, liquida-se a herança e, em seguida, distribuem-se os bens entre os herdeiros e pagam-se os legados.

8.1 Sonegados

O herdeiro que sonegar bens da herança, não os descrevendo no inventário, quando estejam em seu poder, ou, com ciência sua, no de outrem, o que os omitir na colação, a que os deva levar, ou que deixar de restituí-los, perderá o direito que sobre eles lhe cabia (art. 1.992 do CC).

Com efeito, a sonegação constitui matéria de alta indagação, que não pode ser resolvida no procedimento do inventário. Requer uma ação própria (ação de sonegação), que pode ser ajuizada tanto pelos herdeiros quanto pelos credores da herança (art. 1.994 do CC).

Se não se restituírem os bens sonegados, por já não os ter o sonegador em seu poder, pagará ele a importância dos valores que ocultou, mais as perdas e danos (art. 1.995 do CC).

8.2 Colação

As doações de um ascendente a um descendente, ou de um cônjuge a outro, importam adiantamento da legítima (art. 544 do CC). Por essa razão, o descendente ou cônjuge donatário deve, quando da abertura da sucessão do doador, se concorrendo com outros descendentes, declarar o valor que recebeu, para conferência, a fim de que sejam mantidas iguais as legítimas, sob pena de sonegação (art. 2.002 do CC). A essa declaração denomina-se de colação.

8.3 Partilha e sobrepartilha

A partilha é o procedimento em que os bens do acervo, após a liquidação, são divididos entre os herdeiros, até então condôminos da herança. A herança até a partilha é uma universalidade, legalmente indivisível. A partilha é a divisão oficial do apurado durante o inventário entre os sucessores e o *de cujus*. Tem natureza meramente declaratória, sendo que a sentença que a homologa retroage ao momento da abertura da sucessão (efeito *ex tunc*).

Inventário e partilha constituem um único procedimento, cindido em duas fases. Finalizado o inventário, os bens são partilhados entre os herdeiros, separando-se a meação do cônjuge sobrevivente (se houver). Havendo somente um herdeiro, é feita a adjudicação dos bens.

Tem lugar a sobrepartilha quando, após a conclusão da partilha, descobrem-se bens sonegados ou quaisquer outros que compunham o acervo. Na realidade, a sobrepartilha é uma nova partilha, a qual ocorrerá nos mesmos autos do inventário (art. 670 do CPC).

REFERÊNCIAS

AMARAL, Francisco. *Direito civil*: Introdução. 10. ed. Rio de Janeiro: Renovar, 2018.

DIAS, Maria Berenice. *Manual de direito das famílias*. 12. ed. São Paulo: Revista dos Tribunais, 2017.

DONIZETTI, Elpídio; QUINTELLA, Felipe. *Curso didático de direito civil*. 7. ed. São Paulo: Atlas, 2018.

GONÇALVES, Carlos Roberto. *Direito civil 1, Esquematizado*: Parte geral, Obrigações e Contratos. 8. ed. São Paulo: Saraiva, 2018.

_____. *Direito Civil 2, Esquematizado*: Contrato em espécie, Direito das Coisas. 6. ed. São Paulo: Saraiva, 2018.

_____. *Direito Civil 3, Esquematizado*: Responsabilidade Civil, Direito de Família e Direito das Sucessões. 5. ed. São Paulo: Saraiva, 2018.

LÔBO, Paulo. *Direito civil*: Famílias. 8. ed. São Paulo: Saraiva, 2018. v. 6.

STOLZE, Pablo. *Novo Curso de Direito Civil*: Responsabilidade civil. 16. ed. São Paulo: Saraiva, 2018. v. 3.

TARTUCE, Flávio. *Manual de direito civil*. 9. ed. São Paulo: Método, 2019.

_____. *Direito civil*: Direito das sucessões. 11. ed. São Paulo: Método, 2018. v. 6.

Questões
Direito Civil

Acesse o *QR Code* e consulte as questões comentadas dos exames anteriores.
http://uqr.to/1wcg3

PARTE GERAL

1. **(41º Exame)** Lúcia, após negociações, concordou em vender para Cristina um imóvel pelo valor de R$ 500.000,00. Diante disso, as partes celebraram contrato definitivo de compra e venda, prevendo o objeto do contrato (o imóvel), o preço (R$ 500.000,00), a forma de pagamento e outras estipulações de caráter acessório. O contrato foi firmado por meio de instrumento particular. Considerando essas informações, sobre o contrato celebrado assinale a afirmativa correta.

(A) É anulável, pois a escritura pública é essencial à sua validade.
(B) É nulo, pois contém vício de consentimento consistente em erro.
(C) É plenamente válido, produzindo integralmente os seus efeitos, uma vez que a compra e venda definitiva tem como elementos essenciais a coisa, o preço e o consenso das partes.
(D) É nulo, porque a compra e venda definitiva deveria ter sido celebrada mediante escritura pública, mas é possível sua conversão em contrato preliminar de compra e venda, o que pode ser feito mediante instrumento particular.

RESPOSTA Não dispondo a lei em contrário, a escritura pública é essencial à validade dos negócios jurídicos que visem a constituição, transferência, modificação ou renúncia de direitos reais sobre imóveis de valor superior a trinta vezes o maior salário mínimo vigente no País (art. 108, CC). Como regra geral, é nulo o negócio jurídico quando não revestir a forma prescrita em lei (art. 166, IV, CC). Se, porém, o negócio jurídico nulo contiver os requisitos de outro, subsistirá este quando o fim a que visavam as partes permitir supor que o teriam querido, se houvessem previsto a nulidade (art. 170, CC). *Alternativa D.*

2. **(40º Exame)** Joaquim estava jantando com sua família em um restaurante, quando percebeu que sua filha tinha iniciado um quadro alérgico, apresentando dificuldades respiratórias, que a colocavam em grave risco de morte. Em frente ao restaurante, havia uma clínica médica, onde buscaram atendimento. O médico de plantão, aproveitando-se da situação de urgência, exigiu pagamento antecipado de valor exorbitante – muito acima do cobrado regularmente por ele ou pelo mercado para esse tipo de atendimento. Joaquim, em desespero, anuiu com o pagamento desproporcional. Entretanto, depois do susto, consultou você, como advogado(a). Após inteirar-se do caso, você afirmou ao seu cliente que o negócio jurídico celebrado entre ele e o médico padecia de um defeito. Assinale a opção que o indica.

(A) Dolo, com prazo decadencial de seis meses.
(B) Lesão, com prazo decadencial de dois anos.
(C) Estado de perigo, com prazo decadencial de quatro anos.
(D) Estado de necessidade, sem prazo decadencial.

RESPOSTA Configura-se o estado de perigo quando alguém, premido da necessidade de salvar-se, ou a pessoa de sua família, de grave dano conhecido pela outra parte, assume obrigação excessivamente onerosa. Tratando-se de pessoa não pertencente à família do declarante, o juiz decidirá segundo as circunstâncias (art. 156, CC). Ademais, é de quatro anos o prazo de decadência para pleitear-se a anulação do negócio jurídico (art. 178, II, CC). *Alternativa C.*

3. **(40º Exame)** Antônio, locatário de um imóvel residencial, verificou uma enorme infiltração atrás dos armários da cozinha. Com a finalidade de evitar maior deterioração do imóvel, Antônio realizou a obra a fim de reparar o dano e conservar o bem. Aproveitando a presença do empreiteiro em sua casa, reformou todos os armários dos quartos, para incluir portas de espelho e puxadores em cobre com o único objetivo de deixá-los mais sofisticados, pois os anteriores estavam em perfeito estado. Aproveitou também a oportunidade para incluir um grande aquário embutido na parede da sala. Diante da situação narrada, assinale a afirmativa correta.

(A) Por não ser proprietário do bem, as obras realizadas por Antônio não podem ser consideradas como benfeitorias.
(B) As obras realizadas por Antônio são classificadas como benfeitorias úteis, pois facilitam o uso do bem.
(C) O reparo na cozinha é uma benfeitoria necessária, porque conserva e evita que a coisa se deteriore, e a reforma dos

DIREITO CIVIL

armários e do aquário são benfeitorias voluptuárias, pois trata se de mero deleite.

(D) A reforma dos armários dos quartos e o aquário da sala valorizam o bem, sendo consideradas como benfeitorias úteis, diferente do reparo na cozinha que, por força da gravidade, classifica-se como benfeitoria necessária.

RESPOSTA De acordo com o art. 96 do Código Civil, as benfeitorias podem ser voluptuárias, úteis ou necessárias. São voluptuárias as de mero deleite ou recreio, que não aumentam o uso habitual do bem, ainda que o tornem mais agradável ou sejam de elevado valor. São úteis as que aumentam ou facilitam o uso do bem. São necessárias as que têm por fim conservar o bem ou evitar que se deteriore. *Alternativa C.*

4. (39º Exame) Ana comprou de Miguel um carro usado, por R$ 60.000,00, e combinou de fazer o pagamento à vista, por PIX. Ocorre que, na hora de digitar a chave PIX de Miguel – seu número de celular –, Ana errou um dígito, e acabou enviando o pagamento, por coincidência, para uma pessoa chamada José Miguel. Ao receber o comprovante, Miguel alertou a compradora para o equívoco. Ana, então, entrou imediatamente em contato com José Miguel por telefone, pedindo a restituição do valor transferido. Em seguida, encaminhou notificação extrajudicial, requerendo a restituição do valor. José Miguel, todavia, esquivou-se de fazê-lo, o que levou Ana a procurar você, como advogado, para orientá-la sobre o problema. Sobre a orientação dada, assinale a afirmativa correta.

(A) O fato narrado configura doação de Ana a José Miguel, que ela somente poderia discutir por meio de ação anulatória, provando algum dos defeitos dos negócios jurídicos.

(B) Em eventual ação de Ana contra José Miguel, provando a autora o erro no pagamento, deve o réu ser condenado a restituir à autora apenas a quantia nominal indevidamente recebida.

(C) Em eventual ação de Ana contra José Miguel, provando a autora o erro no pagamento, deve o réu ser condenado a restituir à autora a quantia indevidamente recebida, com os acréscimos da mora, desde a data do fato, cabendo a ele, todavia, eventuais rendimentos que tenha auferido por ter investido o montante.

(D) Em eventual ação de Ana contra José Miguel, provando a autora o erro no pagamento, deve o réu ser condenado a restituir a quantia indevidamente recebida, com os acréscimos da mora, desde a data do fato, bem como eventuais rendimentos que José Miguel tenha auferido por ter investido o montante, vez que se considera possuidor de má-fé.

RESPOSTA Em nosso ordenamento jurídico são anuláveis os negócios jurídicos quando as declarações de vontade emanarem de erro substancial que poderia ser percebido por pessoa de diligência normal, em face das circunstâncias do negócio. Uma das hipóteses de erro substancial relaciona-se à identidade ou à qualidade essencial da pessoa a quem se refira a declaração de vontade. Nesse sentido, o envio do PIX para pessoa errada configura um negócio anulável. Ademais, todo aquele que recebeu o que não lhe era devido fica obrigado a restituir a quantia indevidamente recebida, bem como eventuais rendimentos (arts. 876 e 878, CC). *Alternativa D.*

5. (38º Exame) Joana, conhecida durante toda a sua vida em sua cidade natal pelo prenome Giovanna, começa a enfrentar uma série de embaraços e constrangimentos ao ser chamada em órgãos públicos por seu prenome registral, constante de seus documentos de identificação civil. Diante disso, Joana, de 19 anos de idade, consulta você, como advogado(a), buscando descobrir a viabilidade jurídica de alterar o seu prenome e os eventuais requisitos jurídicos que deveriam ser observados caso seja possível a mudança. Sobre a pretensão de Joana, assinale a afirmativa correta.

(A) Poderá alterar seu prenome para Giovanna, bastando realizar solicitação, por escrito e fundamentada, diante do oficial do Registro Civil, dependendo, no entanto, de sentença judicial.

(B) Não poderá alterar seu prenome para Giovanna, pois vigora no Direito Brasileiro o princípio da imutabilidade do nome.

(C) Poderá alterar seu prenome para Giovanna, mediante requerimento pessoal e imotivadamente, independentemente de decisão judicial.

(D) Não poderá alterar seu prenome registral, mas poderá incluir o nome Giovanna, por ser este apelido público e notório.

RESPOSTA A questão cobra do candidato conhecimento acerca da Lei de Registros Públicos. Vejamos o que estabelece o art. 56 da Lei n. 6.015/73: "A pessoa registrada poderá, após ter atingido a maioridade civil, requerer pessoalmente e imotivadamente a alteração de seu prenome, independentemente de decisão judicial, e a alteração será averbada e publicada em meio eletrônico". Ou seja, não há necessidade de motivação na primeira alteração, bem como também não é necessário submeter o pedido a análise judicial. *Alternativa C.*

6. (37º Exame) Waldo é titular de vultoso patrimônio e amigo de infância de Tadeu, que passa por sérias dificuldades econômicas. Frente às adversidades vividas pelo amigo, Waldo entrega as chaves de um imóvel de sua propriedade para Tadeu e diz a ele: "a partir de agora essa casa é de sua propriedade". Sobre a hipótese apresentada, assinale a afirmativa correta.

(A) A declaração verbal de Waldo, junto da tradição do imóvel, é suficiente para considerar-se celebrado e realizado um contrato de doação válido e eficaz.

(B) Para que a doação de imóvel de Waldo a Tadeu se aperfeiçoe será imprescindível celebrar o contrato por meio de escritura pública, seja qual for o valor do imóvel.

(C) Para que Waldo realize a pretendida doação de imóvel a Tadeu de modo válido, será imprescindível celebrar o contrato de forma escrita, seja por meio de escritura pública ou de instrumento particular, a depender do valor do imóvel.

(D) Caso Waldo optasse por doar dinheiro para Tadeu adquirir um imóvel, a doação seria válida sem que se fizesse por escritura pública ou instrumento particular, independentemente do valor transferido ao donatário.

RESPOSTA De modo geral, no âmbito do direito privado prepondera o princípio da liberdade das formas, ou seja, a validade da declaração de vontade não dependerá de forma especial, senão quando a lei expressamente a exigir (art. 107 do CC). Tratando-se de aquisição imobiliária, em virtude da relevância social, o legislador definiu no art. 108 do CC, que não dispondo a lei em contrário, a escritura pública é essencial à validade dos negócios jurídicos que visem à constituição, transferência, modificação ou renúncia de direitos reais sobre imóveis de valor superior a trinta vezes o maior salário mínimo vigente no País. *Alternativa C*.

7. (37º Exame) A Associação Atlética de uma renomada instituição de ensino jurídico brasileira, que possui mais de seiscentos associados, publica edital em seu site e, também, nas redes sociais, de convocação para uma Assembleia Geral, a ser realizada por meio eletrônico, trinta dias após a publicação, tendo como pauta a aprovação das contas dos diretores relativas ao exercício financeiro anterior e a alteração do estatuto. Diante da situação narrada, assinale a afirmativa correta.

(A) A convocação de Assembleia Geral feita pela Associação Atlética apresenta um vício formal que conduz à nulidade absoluta, haja vista a impossibilidade da realização de Assembleia Geral por meio eletrônico.

(B) A realização de Assembleia Geral por meio eletrônico é possível juridicamente, desde que respeitada a participação e a manifestação dos associados, salvo para alteração estatutária, que deverá ser feita por reunião presencial, de modo que o edital da Associação Atlética é nulo, admitindo-se a conversão.

(C) A realização de Assembleia Geral por meio eletrônico é válida, desde que garantida a participação e a manifestação dos associados, além do respeito às normas estatutárias, inclusive, para a finalidade de alteração dos estatutos.

(D) A realização de Assembleia Geral por meio eletrônico é anulável, por falta de previsão legal, admitindo-se, por conseguinte, a convalidação.

RESPOSTA A questão versa sobre pessoas jurídicas. As pessoas jurídicas de direito privado, sem prejuízo do previsto em legislação especial e em seus atos constitutivos, poderão realizar suas assembleias gerais por meio eletrônico, respeitados os direitos previstos de participação e de manifestação (art. 48-A). *Alternativa C*.

8. (36º Exame) João Paulo, Thiago, Ana e Tereza, amigos de infância, consultam um advogado sobre a melhor forma de, conjuntamente, desenvolverem atividade com o propósito de auxiliar na educação formal de jovens de uma comunidade da cidade ABC. Os amigos questionam se deveriam constituir uma pessoa jurídica para tal fim e informam ao advogado que gostariam de participar ativamente da administração e do desenvolvimento das atividades de educação. Além disso, os amigos concordam que a referida pessoa jurídica a ser constituída não deve ter finalidade lucrativa. Diante do cenário hipotético narrado, o advogado(a) deverá indicar

(A) a necessidade de constituição de uma associação e alertar aos amigos que o custeio da referida associação deverá ser arcado por eles, tendo em vista a ausência de finalidade lucrativa.

(B) a necessidade de constituição de uma associação que poderá desenvolver atividade econômica, desde que a totalidade dos valores auferidos seja revertida para a própria associação.

(C) a constituição de uma fundação, porque é a modalidade mais adequada para que os amigos possam participar ativamente da administração e das atividades de educação.

(D) a constituição de uma fundação e alertar aos amigos que o custeio da referida fundação deverá ser arcado por eles, tendo em vista a ausência de finalidade lucrativa e a impossibilidade de aportes financeiros por outras pessoas que não pertencem à fundação.

RESPOSTA As associações são sociedades civis sem finalidade lucrativa. O próprio art. 53 do CC consagra que "constituem-se as associações pela união de pessoas que se organizem para fins não econômicos". Apesar disso, podem realizar atividades que produzam rendimentos, desde que estes sejam empregados na própria associação, ou seja, que não sejam revertidos lucros para seus associados ou diretores. Nesse trilhar, o Enunciado n. 534 da VI Jornada de Direito Civil: "As associações podem desenvolver atividade econômica, desde que não haja finalidade lucrativa". Por outro lado, não podemos confundir com as fundações, pois estas se constituem por escritura pública ou testamento através de uma "dotação especial de bens livres". *Alternativa B*.

9. (35º Exame) Raquel resolve sair para comemorar sua efetivação como advogada no escritório em que estagiava e se encontra com seus amigos em um bar. Logo ao entrar no local, o garçom a convida para realizar um breve cadastro a fim de lhe fornecer um cartão que a habilitaria a consumir no local. Ao realizar o cadastro, Raquel se surpreende com as inúmeras informações requeridas pelo garçom, a saber: nome completo, data de nascimento, CPF, identidade, nome dos pais, endereço, e-mail e estado civil. Inconformada, Raquel se recusa a fornecer os dados, alegando haver clara violação à Lei Geral de Proteção de Dados Pessoais, ao que o garçom responde que, sem o fornecimento de todas as informações, o cartão não seria gerado e, por consequência, ela não poderia consumir no local. Com base nessas informações, assinale a afirmativa correta.

(A) É válida a coleta de tais dados pelo bar, haja vista que foi requerido o consentimento expresso e destacado da consumidora.

(B) A coleta de tais dados pelo bar é regular, uma vez que não constituem dados pessoais sensíveis, o que inviabilizaria o seu tratamento.

(C) É válida a exigência de tais dados, pois trata-se de política da empresa, no caso do bar, não cabendo à consumidora questionar a forma de utilização dos mesmos.

(D) A exigência de tais dados viola o princípio da necessidade, pois os dados requeridos não são proporcionais às finalidades do tratamento de dados relativos ao funcionamento de um bar.

RESPOSTA A coleta de dados, da forma como foi posta na questão, não é válida e viola o previsto no art. 6º, III, da LGPD: "Art. 6º As atividades de tratamento de dados pessoais deverão observar a boa-fé e os seguintes princípios: (...) III – necessidade: limitação do tratamento ao mínimo necessário para a realização de suas finalidades, com abrangência dos dados pertinentes, proporcionais e não excessivos em relação às finalidades do tratamento de dados". *Alternativa D*.

10. (35º Exame) Paulo é pai de Olívia, que tem três anos. Paulo é separado de Letícia, mãe de Olívia, e não detém a

DIREITO CIVIL

guarda da criança. Por sentença judicial, ficou fixado o valor de R$3.000,00 a título de pensão alimentícia em favor de Olívia. Paulo deixou de pagar a pensão alimentícia nos últimos cinco meses e, ajuizada uma ação de execução contra ele, não foi possível encontrar patrimônio suficiente para fazer frente às obrigações inadimplidas. Entretanto, Paulo é também sócio da sociedade Paulo Compra e Venda de Joias Ltda., sociedade que tem patrimônio considerável. Diante desse cenário, assinale a afirmativa correta.

(A) Tendo em vista a absoluta autonomia da pessoa jurídica em relação aos seus sócios, não é possível, em nenhuma hipótese, que, na ação de execução, Olívia atinja o patrimônio da pessoa jurídica Paulo Compra e Venda de Joias Ltda.

(B) É possível a desconsideração inversa da personalidade jurídica, a fim de se atingir o patrimônio da sociedade Paulo Compra e Venda de Joias Ltda., independentemente de restar configurada a situação de abuso da personalidade jurídica.

(C) Ainda que se comprove o abuso da personalidade jurídica, a legislação apenas reconhece a hipótese de desconsideração direta da personalidade jurídica, não se admitindo a desconsideração inversa, razão pela qual não é possível que Olívia atinja o patrimônio da sociedade Paulo Compra e Venda de Joias Ltda.

(D) É possível a desconsideração inversa da personalidade jurídica, a fim de que Olívia atinja o patrimônio da sociedade Paulo Compra e Venda de Joias Ltda., caso se considere que Paulo praticou desvio de finalidade ou confusão patrimonial.

RESPOSTA A regra geral é que a pessoa jurídica NÃO se confunde com os seus sócios, associados, instituidores ou administradores (art. 49-A). Contudo, de forma excepcional, a desconsideração inversa da personalidade jurídica torna possível responsabilizar a empresa pelas dívidas contraídas por seus sócios, sendo viável somente em algumas hipóteses: abuso da personalidade jurídica, caracterizado pelo desvio de finalidade ou confusão patrimonial a requerimento da parte (ou MP). Logo, é possível a desconsideração inversa da personalidade jurídica, a fim de que Olívia atinja o patrimônio da sociedade Paulo Compra e Venda de Joias Ltda., caso se considere que Paulo praticou desvio de finalidade ou confusão patrimonial. *Alternativa D.*

DIREITO DAS OBRIGAÇÕES

11. (41º Exame) Adriana é fisioterapeuta e prestou serviços a Vitória (sessões de fisioterapia). Como contraprestação ao serviço prestado, Vitória se comprometeu a pagar a quantia de R$1.000,00 a Adriana. A obrigação foi registrada em instrumento contratual escrito. Posteriormente, Adriana cedeu seu crédito contra Vitória para Paulo. Sobre a cessão do crédito de Adriana para Paulo, assinale a afirmativa correta.

(A) É inválida, pois a natureza do crédito resultante de contrato de prestação de serviços não é compatível com a cessão.

(B) É ineficaz perante Vitória, salvo se ela tiver sido devidamente notificada do referido negócio ou se ela tiver se declarado ciente da cessão feita.

(C) Antes de ter tido conhecimento dela, Vitória não poderá opor a Paulo o eventual pagamento da dívida que já tenha efetuado a Adriana.

(D) Não havendo estipulação em contrário, caso Vitória se torne insolvente, Adriana responderá a Paulo pela dívida cedida.

RESPOSTA Como regra geral, o credor pode ceder o seu crédito, se a isso não se opuser a natureza da obrigação, a lei, ou a convenção com o devedor (art. 286, CC). Por outro lado, a cessão do crédito não tem eficácia em relação ao devedor, senão quando a este notificada; mas por notificado se tem o devedor que, em escrito público ou particular, se declarou ciente da cessão feita (art. 290, CC). *Alternativa B.*

12. (39º Exame) Marcelo alugou um cavalo do haras Galopante para, com ele, disputar uma corrida no dia 15, comprometendo-se a devolvê-lo no dia seguinte à corrida (dia 16). Entretanto, Marcelo se afeiçoou pelo animal e não o devolveu no prazo estipulado, usando-o para passeios em sua fazenda. O haras, com isso, deixou de alugar o animal para outro jóquei que pretendia correr com ele no dia 18 e já o havia reservado. Para completar, no dia 20, em um dos passeios com Marcelo, o cavalo se assustou com uma cobra e sofreu uma queda. No acidente, fraturou a perna e teve que ser sacrificado. Diante disso, assinale a opção que indica os prejuízos que o haras Galopante pode exigir de Marcelo devido à falta do cavalo.

(A) Deve ser incluído o aluguel que deixou de receber do outro jóquei, mas não o equivalente do animal, porque Marcelo ficou liberado da responsabilidade pela impossibilidade da prestação a partir do dia 20, eis que decorrente de caso fortuito.

(B) Devem ser excluídos tanto o aluguel que receberia do outro jóquei, por se tratar de dano hipotético, como o equivalente do animal, pois Marcelo ficou liberado da responsabilidade pela impossibilidade da prestação a partir do dia 20, eis que decorrente de caso fortuito.

(C) Deve ser incluído o equivalente pecuniário do cavalo, tendo em vista a responsabilidade de Marcelo pela impossibilidade da prestação enquanto estava em mora, mas excluído o aluguel que receberia do outro jóquei, por se tratar de dano hipotético.

(D) Devem ser incluídos tanto o aluguel que deixou de receber do outro jóquei como o equivalente pecuniário do cavalo, tendo em vista a responsabilidade de Marcelo pela impossibilidade da prestação, enquanto estava em mora.

RESPOSTA Quando o devedor deixou de cumprir a sua prestação no prazo acordado esse entrou em mora. É fundamental lembrarmos que o devedor em mora responde pela impossibilidade da prestação, embora essa impossibilidade resulte de caso fortuito ou de força maior, se estes ocorrerem durante o atraso. Portanto, devem ser incluídos tanto o aluguel que deixou de receber do outro jóquei como o equivalente pecuniário do cavalo, tendo em vista a responsabilidade de Marcelo pela impossibilidade da prestação, enquanto estava em mora. *Alternativa D.*

13. (38º Exame) Os irmãos Eduardo e Letícia herdaram um apartamento de sua mãe. Concluído o inventário, decidiram vender o apartamento ao casal Pedro e Mariana. Para tanto, as partes celebraram contrato de compra e venda. Pedro e Mariana se obrigaram, solidariamente, a pagar o preço pactuado (R$ 600.000,00) no prazo de trinta dias. Não foi avençada cláusula de solidariedade ativa. Alcançado o prazo contratual, Pedro e Mariana não pagaram o preço. Tendo em vista a situação hipotética apresentada, assinale a afirmativa correta.

(A) Eduardo, sozinho, tem direito de cobrar a integralidade do preço pactuado, R$ 600.000,00, de Mariana, sozinha.
(B) Letícia, sozinha, tem direito de cobrar apenas a metade do preço pactuado, R$ 300.000,00, de Pedro, sozinho.
(C) Letícia, sozinha, tem direito de cobrar apenas um quarto do preço pactuado, R$ 150.000,00, de Mariana, sozinha.
(D) Eduardo e Letícia não podem pleitear sozinhos o pagamento do preço, ainda que parcial.

RESPOSTA A questão cobra do aluno conhecimento acerca da solidariedade passiva. Nesse sentido, importante observarmos o que estabelece o art. 275 do CC. "O credor tem direito a exigir e receber de um ou de alguns dos devedores, parcial ou totalmente, a dívida comum; se o pagamento tiver sido parcial, todos os demais devedores continuam obrigados solidariamente pelo resto". Na questão proposta, os compradores (Pedro e Mariana) são devedores solidários do preço, solidariedade passiva, que pode ser exigido na integralidade. Por outro lado, no papel de devedora solidária, Mariana poderá ser obrigada a pagar a qualquer dos credores a integralidade. Nesse trilhar, o art. 275 do CC afirma que: "O credor tem direito a exigir e receber de um ou de alguns dos devedores, parcial ou totalmente, a dívida comum; se o pagamento tiver sido parcial, todos os demais devedores continuam obrigados solidariamente pelo resto". *Alternativa A.*

14. (37º Exame) Joana contratou Maria para fotografar a festa infantil de sua filha, Laura. No momento do contrato, Maria exigiu um sinal equivalente a 20% do preço pactuado para o serviço. O restante do preço seria pago após a festa, quando entregues as fotografias do evento. Acontece que Maria não compareceu à festa de Laura, deixando de tirar as fotografias contratadas. Joana contratou, às pressas, outro fotógrafo e conseguiu registrar o evento a seu gosto. Entretanto, teve de pagar valores mais altos ao novo fotógrafo, o que lhe gerou prejuízos de ordem material. Diante desse cenário, considerando-se que os danos de Joana se limitaram aos prejuízos materiais, assinale a afirmativa correta.

(A) Joana pode pedir a devolução dos 20% adiantados mais o equivalente, com atualização monetária, juros e honorários de advogado, mas não pode pedir indenização suplementar em nenhuma hipótese.
(B) Joana pode pedir apenas a devolução dos 20% adiantados e indenização suplementar, independentemente da prova do prejuízo.
(C) Joana pode pedir a devolução dos 20% adiantados mais o equivalente, com atualização monetária, juros e honorários de advogado, e, se provar maior prejuízo, pode pedir indenização suplementar.
(D) Joana pode pedir a devolução dos 20%, acrescidos de atualização monetária, juros e honorários de advogado, sendo esse o máximo de indenização possível.

RESPOSTA A presente questão trabalha com o instituto das arras ou sinal. Esse instituto refere-se a um bem ou valor em dinheiro que é dado para confirmar um determinado negócio ou servir de garantia de que o contrato será cumprido. De acordo com o nosso ordenamento jurídico, parte inocente pode pedir indenização suplementar, se provar maior prejuízo, valendo as arras como taxa mínima. Pode, também, a parte inocente exigir a execução do contrato, com as perdas e danos, valendo as arras como o mínimo da indenização (art. 419 do CC). *Alternativa C.*

15. (37º Exame) Rodrigo e Juliana celebraram contrato de compra e venda com Márcia, visando à aquisição de 20 (vinte) cavalos da raça mangalarga, de propriedade desta última. O contrato possui cláusula prevendo a solidariedade ativa de Rodrigo e Juliana, e que a entrega será feita de uma única vez. Dez dias antes da data pactuada para entrega dos animais, Márcia, culposamente, esqueceu aberta a porta do curral os animais estavam, o que ocasionou a fuga dos equinos. No dia combinado, Márcia dispunha de apenas cinco cavalos, os quais foram oferecidos a Rodrigo e Juliana como parte do pagamento. Acerca do caso apresentado, assinale a afirmativa correta.

(A) Por se tratar de obrigação de entrega de coisa a dois credores, a previsão de solidariedade ativa contratual é desnecessária, eis que decorrente de disposição expressa do Código Civil.
(B) Rodrigo e Juliana poderão optar por receber os cinco cavalos, com abatimento do preço, ou considerar resolvida a obrigação e, tanto num como noutro caso, exigir indenização das perdas e danos.
(C) Caso Rodrigo e Juliana optem pela conversão da obrigação em perdas e danos, a solidariedade não subsistirá.
(D) Márcia poderá compelir Rodrigo e Juliana a receberem cinco cavalos, posto se tratar de obrigação divisível.

RESPOSTA A presente questão versa sobre uma obrigação de dar coisa certa (20 cavalos da raça mangalarga). Uma parte dos animais foi perdida por culpa da devedora. O fundamento da presente questão passa pela análise do art. 236 do CC. Tal dispositivo consagra que sendo culpado o devedor, poderá o credor exigir o equivalente, ou aceitar a coisa no estado em que se acha, com direito a reclamar, em um ou em outro caso, indenização das perdas e danos. *Alternativa B.*

16. (36º Exame) João, Cláudia e Maria celebraram contrato de compra e venda de um carro com Carlos e Paula. Pelo respectivo contrato, Carlos e Paula se comprometeram, como devedores solidários, ao pagamento de R$ 50.000,00. Ficou estabelecido, ainda, solidariedade entre os credores João, Cláudia e Maria. Diante do enunciado, assinale a afirmativa correta.

(A) O pagamento feito por Carlos ou por Paula não extingue a dívida, ainda que parcialmente.
(B) Qualquer dos credores tem direito a exigir e a receber de Carlos ou de Paula, parcial ou totalmente, a dívida comum.
(C) Impossibilitando-se a prestação por culpa de Carlos, extingue-se a solidariedade, e apenas este responde pelo equivalente.
(D) Carlos e Paula só se desonerarão pagando a todos os credores conjuntamente.

RESPOSTA A questão versa sobre direito das obrigações, abordando mais especificamente o instituto da solidariedade. A letra "a" está equivocada, pois o credor tem direito a exigir e receber de um ou de alguns dos devedores, parcial ou totalmente, a dívida comum. Se o pagamento tiver sido parcial, todos os demais devedores continuam obrigados solidariamente pelo resto. Ou seja, o pagamento realizado por Carlos ou por Paula extingue a dívida de forma parcial, ficando o devedor que não pagou, responsável por pagar o restante (art. 275 do CC). A letra "b" é o gabarito oficial e o fundamento também está no art. 275 combinado com o art. 267, o qual prevê que cada um dos credores solidários tem direito a exigir do devedor o cumprimento da prestação por inteiro. A letra "c" está errada, pois mesmo que a prestação tenha se impossibilitado por culpa de Carlos, todos os demais (no caso da questão, Paula) ainda serão responsáveis pela dívida. Entretanto, apenas Carlos responderá por perdas e danos (art. 279 do CC). Por fim, a letra "d" está errada, pois, Carlos e Paula poderão se desonerar da obrigação pagando a todos os credores conjuntamente ou pagando a um deles caso este apresente caução de ratificação dos demais credores (art. 269 do CC). *Alternativa B.*

CONTRATOS

17. (41º Exame) Aluísio concedeu um empréstimo a Fábio e, como garantia do empréstimo, Letícia concedeu a Aluísio fiança, renunciando ao benefício de ordem. Considerando essa hipótese, assinale a afirmativa correta.

(A) Letícia só pode conceder a Aluísio a fiança se houver o consentimento de Fábio.
(B) Se houver convenção expressa das partes, a fiança concedida por Letícia pode ser de valor superior à dívida de Fábio.
(C) Caso o empréstimo tenha sido verbal, a fiança também poderá sê-lo, pois, sendo contrato acessório, sua forma segue a do principal.
(D) Ao renunciar ao benefício de ordem, Letícia não poderá alegar que primeiro sejam executados os bens de Fábio.

RESPOSTA Pelo contrato de fiança, uma pessoa garante satisfazer ao credor uma obrigação assumida pelo devedor, caso este não a cumpra. A fiança dar-se-á por escrito, e não admite interpretação extensiva. O fiador demandado pelo pagamento da dívida tem direito a exigir, até a contestação da lide, que sejam primeiro executados os bens do devedor (art. 827, CC). Essa alegação chamamos de benefício de ordem. O fiador que arguir o benefício de ordem deve nomear bens do devedor, sitos no mesmo município, livres e desembargados, quantos bastem para solver o débito. No direito brasileiro é possível que as partes expressamente renunciem ao benefício de ordem. *Alternativa D.*

18. (40º Exame) André, mediante contrato escrito, comprou o carro de passeio de seu vizinho, Bernardo. Duas semanas depois, enquanto André o conduzia por uma das principais avenidas da cidade, o veículo quebrou, por causa de um defeito não aparente na mangueira do radiador. Para pretender indenização por perdas e danos em desfavor de Bernardo pelo ocorrido, André deve provar

(A) a existência de cláusula expressa no contrato de garantia contra vícios ocultos.
(B) a preexistência do defeito, mesmo que desconhecido por Bernardo.
(C) a preexistência do defeito e que Bernardo tinha conhecimento dele.
(D) a preexistência do defeito, que Bernardo tinha conhecimento dele e a existência de cláusula no contrato de garantia contra vícios ocultos.

RESPOSTA A presente questão avalia conhecimento a respeito dos vícios redibitórios. A coisa recebida em virtude de contrato comutativo pode ser enjeitada por vícios ou defeitos ocultos, que a tornem imprópria ao uso a que é destinada, ou lhe diminuam o valor (art. 441, CC). Se o alienante conhecia o vício ou defeito da coisa, restituirá o que recebeu com perdas e danos; se o não conhecia, tão somente restituirá o valor recebido, mais as despesas do contrato (art. 443, CC). *Alternativa C.*

19. (38º Exame) Renata alugou um imóvel a Tadeu. Como garantia das obrigações de Tadeu, Luzia e Humberto prestaram fiança a Renata. Tadeu descumpriu suas obrigações contratuais, deixando de pagar as contraprestações ajustadas. Diante desse quadro hipotético, assinale a afirmativa correta.

(A) Não havendo limitação contratual, Renata poderá cobrar de Luzia, sozinha, todos os acessórios da dívida principal, inclusive as despesas judiciais, desde a citação dos fiadores.
(B) Caso sejam demandados, Luzia e Humberto não têm direito de exigir que sejam primeiro executados os bens de Tadeu, pois, salvo disposição expressa em sentido contrário, não há benefício de ordem na fiança.
(C) Luzia e Humberto não respondem solidariamente pelas obrigações decorrentes do contrato de fiança, a não ser que haja disposição expressa.
(D) A fiança constitui contrato informal, entre Renata e os fiadores (Luzia e Humberto), e poderia ter sido celebrada ainda que contrariamente à vontade de Tadeu. Ademais, não admite interpretação extensiva.

RESPOSTA A questão aborda o instituto da fiança. Sobre esse contrato, o art. 822 do CC define que: "Não sendo limitada, a fiança compreenderá todos os acessórios da dívida principal, inclusive as despesas judiciais, desde a citação do fiador". Para além disso, o art. 829 do CC define que: "A fiança conjuntamente prestada a um só débito por mais de uma pessoa importa o compromisso de solidariedade entre elas, se declaradamente não se reservarem o benefício de divisão. Parágrafo único. Estipulado este benefício, cada fiador responde unicamente pela parte que, em proporção, lhe couber no pagamento". Desta forma, não havendo limitação contratual, Renata poderá cobrar de Luzia, sozinha, todos os acessórios da dívida principal, inclusive as despesas judiciais, desde a citação dos fiadores. *Alternativa A.*

20. (37º Exame) Nicolas, servidor do Tribunal de Justiça do Estado de São Paulo, lotado na 3ª Vara Cível da Comarca da Capital, toma conhecimento de hasta pública a ser realizada sobre valioso bem na vara em que labora. No intuito de colaborar com a rápida solução do processo, visando ao bom andamento da justiça e para saldar a dívida do devedor, decide comprar o bem objeto do litígio, pagando preço compatível com o mercado no âmbito da hasta pública realizada em sua vara. A referida compra e venda, se efetivada, será:

(A) nula, considerando que Nicolas é servidor na mesma vara em que foi realizada a hasta pública.
(B) válida, considerando ter sido realizada por hasta pública, procedimento que, dada a publicidade, convalida eventuais vícios porventura existentes.
(C) anulável, podendo ser realizada mas sujeita à anulação posterior se os interessados se manifestarem.
(D) nula, considerando que a hasta pública não poderá recair sobre bem litigioso.

RESPOSTA A questão trabalha com o contrato de compra e venda. Em nosso ordenamento jurídico, alguns bens não podem ser comprados por determinadas pessoas, sob pena de nulidade.

Nesse sentido, o art. 497, II, do CC, estabelece que não podem ser comprados, ainda que em hasta pública, pelos servidores públicos, em geral, os bens ou direitos da pessoa jurídica a que servirem, ou que estejam sob sua administração direta ou indireta. *Alternativa A*.

21. (35º Exame) Carlos alugou um imóvel de sua propriedade a Amanda para fins residenciais pelo prazo de 30 meses. Dez meses após a celebração do contrato de locação, Carlos vendeu o imóvel locado para Patrícia, que denunciou o contrato, concedendo a Amanda o prazo de 90 dias para a desocupação do imóvel. Diante desse cenário, assinale a afirmativa correta.

(A) Carlos não poderia alienar o imóvel a Patrícia, pois ainda estava vigente o prazo de locação.

(B) A alienação é possível, mas, se o contrato contiver cláusula de vigência em caso de alienação e estiver averbado junto à matrícula do imóvel, Patrícia deve respeitar o prazo da locação.

(C) Não há nenhum óbice à alienação do imóvel por Carlos a Patrícia e, uma vez realizada, o contrato de locação com Amanda é automaticamente desfeito.

(D) Carlos tem o direito de vender o imóvel durante o prazo de locação, mas, nessa hipótese, a compradora Patrícia estará necessariamente vinculada ao contrato de locação celebrado anteriormente, devendo cumprir o prazo inicialmente pactuado por Carlos com Amanda.

RESPOSTA De acordo com o art. 8º da Lei n. 8.245/91, se o imóvel for alienado durante a locação, o adquirente poderá denunciar o contrato, com o prazo de noventa dias para a desocupação, salvo se a locação for por tempo determinado e o contrato contiver cláusula de vigência em caso de alienação e estiver averbado junto à matrícula do imóvel. *Alternativa B*.

RESPONSABILIDADE CIVIL

22. (39º Exame) Luan, conduzindo seu automóvel em velocidade acima da permitida, colidiu violentamente contra o veículo em que estavam Felipe, com 10 anos de idade, e seus pais, Paulo, com 45 anos de idade, e Juliana, com 38 anos. Em razão do acidente, Felipe sofreu ferimentos graves, só recebendo alta hospitalar após seis meses. Paulo e Juliana faleceram no acidente. Pedro, tio de Felipe, foi nomeado seu tutor, função que exerceu até a maioridade de Felipe. Ao completar 18 anos de idade, Felipe ajuizou ação indenizatória em face de Luan, buscando reparação pelos danos morais sofridos em razão do acidente, bem como o ressarcimento de despesas médicas. A respeito do caso acima narrado, assinale a afirmativa correta.

(A) A pretensão ressarcitória de Felipe não está prescrita, eis que exercida no prazo quinquenal, cujo termo inicial é a data em que Felipe alcançou a maioridade civil.

(B) A pretensão de Felipe não está prescrita, pois o termo inicial do prazo trienal é a data em que Felipe completou 16 anos.

(C) Luan e Felipe poderão convencionar que o prazo prescricional aplicável à pretensão de Luan é de dez anos.

(D) É vedado a Luan renunciar à eventual prescrição que lhe beneficie.

RESPOSTA A pretensão de reparação civil prescreve em 3 (três) anos. Porém, os prazos podem ser suspensos ou interrompidos em se tratando de absolutamente incapaz, em que não corre nem prazo prescricional nem prazo decadencial. Na época do acidente, o menor tinha 10 anos de idade, ou seja, absolutamente incapaz. Dessa forma, a pretensão de Felipe não está prescrita, pois o termo inicial do prazo trienal é a data em que Felipe completou 16 anos. *Alternativa B*.

23. (37º Exame) Henrique, 50 anos, médico dermatologista, recebe em seu consultório Nicola, 70 anos, dentista, para a realização de um procedimento ambulatorial em sua mão. Durante o procedimento, Henrique ministra erroneamente ácido na mão de Nicola, que era alérgico, fato conhecido por Henrique antes do início do procedimento. Henrique imediatamente adota as medidas preventivas necessárias à mitigação do dano, mas Nicola fica com sequelas permanentes na mão, inabilitando-o parcialmente para o exercício da profissão, porque impede que ele realize procedimentos ortodônticos que necessitam do uso de ambas as mãos. A respeito da indenização a que Nicola faz jus, assinale a afirmativa correta.

(A) Deve abranger os danos emergentes correspondentes às despesas do tratamento e não abrangerá indenização por lucros cessantes considerando que Nicola ainda pode auferir renda, excluindo o nexo de causalidade entre possíveis danos decorrentes de lucros cessantes e a conduta ilícita de Henrique.

(B) Deve abranger as despesas do tratamento, os lucros cessantes até o fim da convalescença e a pensão correspondente à importância do trabalho para que se inabilitou, ou da depreciação que ele sofreu.

(C) Caso a hipótese enseje a reparação por danos estéticos, não se poderá cumular a indenização por danos morais, à luz do princípio da reparação integral, considerando que o dano estético já indeniza a violação da integridade física, tutelada pela cláusula geral de tutela da dignidade da pessoa humana.

(D) Henrique não pode ser condenado ao pagamento da indenização de lucros cessantes e danos materiais diretos de uma só vez, devendo o pensionamento ser fixado em pagamentos periódicos, tais quais seriam os lucros decorrentes do trabalho de Nicola, sob pena de enriquecimento ilícito.

RESPOSTA A questão versa sobre responsabilidade civil. De modo geral, a regra no ordenamento jurídico brasileiro é que a indenização mede-se pela extensão do dano. Devemos lembrar, também, que é plenamente lícita a cumulação das indenizações de dano estético e dano moral (Súmula 387 do STJ). Por fim, se da ofensa resultar defeito pelo qual o ofendido não possa exercer o seu ofício ou profissão, ou se lhe diminua a capacidade de trabalho, a indenização, além das despesas do tratamento e lucros cessantes até ao fim da convalescença, incluirá pensão correspondente à importância do trabalho para que se inabilitou, ou da depreciação que ele sofreu (art. 950 do CC). *Alternativa B*.

24. (36º Exame) João dirigia seu carro, respeitando todas as regras de trânsito, quando foi surpreendido por uma criança que atravessava a pista. Sendo a única forma de evitar o atropelamento da criança, João desviou seu veículo e acabou por abalroar um outro carro, que estava regularmente estacionado. Passado o susto e com a criança em segurança, João tomou conhecimento de que o carro com o qual ele havia colidido era dos pais daquela mesma criança. Diante das circunstâncias,

DIREITO CIVIL

João acreditou que não seria responsabilizado pelo dano material causado ao veículo dos pais. No entanto, para sua surpresa, os pais ingressaram com uma ação indenizatória, requerendo o ressarcimento pelos danos materiais. Diante da situação hipotética narrada, nos termos da legislação civil vigente, assinale a opção correta.

(A) João cometeu um ato ilícito e, como consequência, deverá indenizar pelos danos materiais causados, visto inexistir causa excludente de ilicitude da sua conduta.
(B) A ação de João é lícita, pois agiu em estado de necessidade, evitando um mal maior e, sendo assim, não deverá indenizar os pais da criança.
(C) A ação de João é lícita, pois agiu em estado de necessidade, evitando um mal maior, porém subsiste o seu dever de indenizar os pais da criança.
(D) João cometeu um ato ilícito, porém o prejuízo deverá ser suportado pelos pais da criança.

RESPOSTA No caso em estudo, João agiu em estado de necessidade. Assim, com base no art. 188, não cometeu ato ilícito, vejamos: Art. 188. Não constituem atos ilícitos: II – a deterioração ou destruição da coisa alheia, ou a lesão a pessoa, a fim de remover perigo iminente. O parágrafo único do mesmo artigo estabelece que: No caso do inciso II, o ato será legítimo somente quando as circunstâncias o tornarem absolutamente necessário, não excedendo os limites do indispensável para a remoção do perigo. Como na situação hipotética apreciada os donos do carro danificado são também os pais da criança (culpados pelo perigo), estes não deverão ser indenizados. *Alternativa B.*

25. (36º Exame) Henrique, mecânico da oficina Carro Bom, durante a manutenção do veículo de Sofia, deixado aos seus cuidados, arranhou o veículo acidentalmente, causando danos materiais à mesma. Ciente de que Henrique não tinha muitos bens materiais e que a execução em face de Henrique poderia ser frustrada, Sofia pretende ajuizar ação indenizatória em face da oficina Carro Bom. A esse respeito, é correto afirmar que Carro Bom responderá

(A) pelos danos causados a Sofia, devendo-se perquirir se houve culpa em eligendo pela oficina de um preposto desqualificado.
(B) subsidiariamente pelos danos causados por Henrique, caso este não tenha bens suficientes para saldar a execução.
(C) objetivamente pelos danos, sendo vedado o regresso em face do mecânico que atuou culposamente, pois a oficina não poderá repassar o risco de seu negócio a terceiros.
(D) objetivamente pelos danos, sendo permitido o regresso em face do mecânico que atuou culposamente.

RESPOSTA O fundamento da presente questão passa pela análise dos arts. 932, III, e 933 do CC. O art. 932 consagra que: São também responsáveis pela reparação civil: III – o empregador ou comitente, por seus empregados, serviçais e prepostos, no exercício do trabalho que lhes competir, ou em razão dele. Por outro lado, o art. 933 afirma que: As pessoas indicadas nos incisos I a V do artigo antecedente, ainda que não haja culpa de sua parte, responderão pelos atos praticados pelos terceiros ali referidos. *Alternativa D.*

DIREITO DAS COISAS

26. (41º Exame) João é proprietário de um terreno e, por meio de escritura pública devidamente registrada no registro de imóveis, concedeu a Paula o direito real de superfície sobre esse imóvel, podendo Paula nele plantar pelo período de cinco anos. Decorridos dois anos da celebração do contrato, João decidiu vender o terreno a Fábio. Antes de ultimada a venda, Paula foi informada da intenção de venda e ofereceu a João as mesmas condições para que ela própria adquirisse o terreno. Diante dessa situação, considerando a disciplina prevista no Código Civil, assinale a afirmativa correta.

(A) João não pode vender o imóvel a terceiros durante o prazo de vigência do direito real de superfície, de modo que, apenas após o decurso do prazo de cinco anos, João pode vender o imóvel a Fábio.
(B) João pode vender o imóvel a Fábio, ainda que Paula tenha oferecido as mesmas condições para adquirir o terreno, mas, uma vez adquirido o terreno, Fábio estará obrigado a respeitar o direito real de superfície de Paula.
(C) João apenas restará obrigado a vender o imóvel a Paula se as condições oferecidas por ela forem melhores do que as oferecidas por Fábio, o que não é o caso.
(D) João é obrigado a respeitar o direito de preferência de Paula, em igualdade de condições, na aquisição do imóvel, caso decida vender o terreno.

RESPOSTA O direito real de superfície ocorre quando o proprietário concede a outrem o direito de construir ou de plantar em seu terreno (superficiário), por tempo determinado, mediante escritura pública devidamente registrada no Cartório de Registro de Imóveis. No direito brasileiro a superfície pode transferir-se a terceiros e, por morte do superficiário, aos seus herdeiros. Acontecendo a alienação do imóvel ou do direito de superfície, o superficiário ou o proprietário tem direito de preferência, em igualdade de condições (art. 1.373, CC). *Alternativa D.*

27. (39º Exame) Vítor contraiu empréstimo perante uma instituição bancária e ofereceu, como garantia da dívida, a hipoteca sobre um bem imóvel dele. Considerando essa situação hipotética, assinale a afirmativa correta.

(A) Vítor poderá alienar o imóvel hipotecado, salvo se o contrato de empréstimo vedar a alienação, cláusula que é considerada válida.
(B) Vítor poderá alienar o imóvel hipotecado, mas a alienação implicará o vencimento automático do empréstimo, independentemente de previsão no contrato.
(C) Vítor não poderá alienar o imóvel hipotecado, porque isso resultaria em conduta contrária à boa-fé objetiva.
(D) Caso Vítor realize melhoramentos no imóvel após a constituição da hipoteca, eles integrarão a garantia real em prol da instituição bancária.

RESPOSTA A hipoteca é uma garantia real que abrange todas as acessões, melhoramentos ou construções do imóvel (art. 1.474, CC). É nula a cláusula que proíbe ao proprietário alienar imóvel hipotecado (art. 1.475, CC). Ademais, pode convencionar-se que vencerá o crédito hipotecário, se o imóvel for alienado. *Alternativa D.*

28. (38º Exame) Antônio é proprietário de um prédio que não tem acesso à via pública. De um lado, Antônio tem Ricardo como vizinho, cuja propriedade alcança a via pública. Do outro lado, Antônio tem Luíza como vizinha, cuja propriedade também alcança a via pública. Todavia, no caso do imóvel de Luíza, o caminho até a via pública é menos natural e mais difícil. Ricardo e Luíza recusaram-se a oferecer voluntariamente a passagem. Diante disso, Antônio pode exigir

(A) tanto a passagem de Ricardo quanto a de Luiza, a seu critério, mas só precisará pagar indenização cabal se escolher Luiza.

(B) tanto a passagem de Ricardo quanto a de Luiza, a seu critério, e deverá pagar indenização cabal a quem escolher.

(C) que Ricardo lhe dê a passagem, sem que seja obrigado a pagar qualquer indenização a ele.

(D) que Ricardo lhe dê a passagem, mediante pagamento de indenização cabal.

RESPOSTA A questão exige do aluno conhecimento acerca do instituto da Passagem Forçada. Nesse trilhar, o art. 1.285 do CC consagra que: O dono do prédio que não tiver acesso a via pública, nascente ou porto, pode, mediante pagamento de indenização cabal, constranger o vizinho a lhe dar passagem, cujo rumo será judicialmente fixado, se necessário. "§ 1º Sofrerá o constrangimento o vizinho cujo imóvel mais natural e facilmente se prestar à passagem". Como, no caso expresso, o imóvel de Ricardo é o que apresenta a forma mais fácil de acesso à via pública. *Alternativa D.*

29. (36º Exame) Otávio é proprietário e residente do apartamento 706, unidade imobiliária do condomínio edilício denominado União II, e é conhecido pelos vizinhos pelas festas realizadas durante a semana, que varam a madrugada. Na última comemoração, Otávio e seus convivas fizeram uso de entorpecentes e, em trajes incompatíveis com as áreas comuns do prédio, ficaram na escada do edifício cantando até a intervenção do síndico, que acionou a polícia para conter o grupo, que voltou para o apartamento de Otávio. No dia seguinte, o síndico convocou uma assembleia para avaliar as sanções a serem aplicadas ao condômino antissocial. Ficou decidido, pelo quórum de ¾, a aplicação de multa de cinco vezes o valor da contribuição mensal. Sobre a hipótese apresentada, assinale a afirmativa correta.

(A) A multa aplicada é indevida, pois apesar do comportamento de Otávio, ele é proprietário de unidade imobiliária autônoma, assim como os demais condôminos que deliberaram a multa em seu desfavor.

(B) O síndico poderia ter aplicado a multa de até cinco contribuições mensais, sem a convocação da assembleia.

(C) A aplicação da multa em face de Otávio é ilegal, pois a sanção deveria ser precedida por ação judicial para sua aplicação.

(D) O síndico aplicou corretamente a multa. Caso o comportamento antissocial de Otávio persista, a multa poderá ser majorada para até dez vezes o valor da contribuição mensal do condomínio.

RESPOSTA De acordo com o *caput* do art. 1.337 do CC, o condômino, ou possuidor, que não cumpre reiteradamente com os seus deveres perante o condomínio poderá, por deliberação de três quartos dos condôminos restantes, ser constrangido a pagar multa correspondente até ao quíntuplo do valor atribuído à contribuição para as despesas condominiais, conforme a gravidade das faltas e a reiteração, independentemente das perdas e danos que se apurem. Observem que tal multa necessita de um quórum de ¾ dos condôminos restantes para que seja válida, porém prescinde de uma ação judicial. Ademais, o parágrafo único do referido artigo consagra que o condômino ou possuidor que, por seu reiterado comportamento antissocial, gerar incompatibilidade de convivência com os demais condôminos ou possuidores, poderá ser constrangido a pagar multa correspondente ao décuplo do valor atribuído à contribuição para as despesas condominiais, até ulterior deliberação da assembleia. *Alternativa D.*

30. (36º Exame) Márcio vendeu um imóvel residencial, do qual era proprietário, para Sebastião. Animado com esse negócio, o comprador, músico, mencionou ao vendedor sua felicidade, pois passaria a residir em uma casa onde haveria espaço suficiente para colocar um piano. Porém, queixou-se de ainda não ter encontrado o instrumento ideal para comprar. Neste momento, Márcio comentou que sua filha, Fabiana, trabalhava com instrumentos musicais e estava buscando alguém interessado em adquirir um de seus pianos. Após breve contato com Fabiana, Sebastião foi até a casa dela, analisou o instrumento e gostou muito. Por tais razões, manifestou vontade de comprá-lo. Após as tratativas mencionadas, Márcio e Sebastião celebraram contrato de compra e venda de imóvel sob a forma de escritura pública lavrada em Cartório de Notas, com posterior pagamento integral do preço, devido ao vendedor, pelo comprador. De outro lado, Sebastião e Fabiana também celebraram contrato particular de compra e venda do piano, com posterior pagamento integral do valor pelo comprador e entrega por Fabiana do bem vendido. A respeito da situação apresentada, segundo o Código Civil, Sebastião adquiriu a propriedade

(A) tanto do imóvel quanto a do piano, pela tradição dos referidos bens.

(B) do piano a partir da tradição desse bem, mas a do imóvel foi adquirida no momento em que se lavrou a escritura pública de compra e venda no Cartório de Notas.

(C) do piano a partir da tradição desse bem, mas a do imóvel será adquirida mediante registro do título translativo no Registro de Imóveis.

(D) tanto do imóvel quanto a do piano, a partir do momento em que assumiu a posse dos referidos bens.

RESPOSTA A questão versa sobre a aquisição de propriedade de bens móveis e imóveis. De acordo com o art. 1.226 do CC, os direitos reais sobre coisas móveis, quando constituídos, ou transmitidos por atos entre vivos, só se adquirem com a tradição. Por outro lado, o art. 1.227 do CC assevera que os direitos reais sobre imóveis constituídos, ou transmitidos por atos entre vivos, só se adquirem com o registro no Cartório de Registro de Imóveis dos referidos títulos (arts. 1.245 a 1.247), salvo os casos expressos neste Código. Assim, como o piano é bem móvel, transmite-se pela tradição. Já o apartamento, por se tratar de um bem imóvel, a aquisição, como regra, dá-se pelo registro no Cartório de Registro de Imóveis do respectivo título. *Alternativa C.*

31. (35º Exame) João da Silva, buscando acomodar os quatro filhos, conforme cada um ia se casando, construiu casas sucessivas em cima de seu imóvel, localizado no Morro Santa Mar-

DIREITO CIVIL

ta, na cidade do Rio de Janeiro. Cada uma das casas é uma unidade distinta da original, construídas como unidades autônomas. Com o casamento de Carlos, seu filho mais novo, ele já havia erguido quatro unidades imobiliárias autônomas, constituídas em matrícula própria, além do pavimento original, onde João reside com sua esposa, Sirlene. No entanto, pouco tempo depois, João assume que tivera uma filha fora do casamento e resolve construir mais uma casa, em cima do pavimento de Carlos, a fim de que sua filha possa residir com seu marido. Sobre a hipótese apresentada, assinale a afirmativa correta.

(A) João poderá construir nova laje, desde que tal construção não seja feita no subsolo, pois o direito real de laje só abrange a cessão de superfícies superiores em relação à construção-base.

(B) João poderá construir a casa para sua filha, tendo em vista se tratar de direito real de superfície e por ser ele o proprietário da construção-base.

(C) João não poderá construir a casa para sua filha, uma vez que o direito real de laje se limita a apenas quatro pavimentos adicionais à construção-base.

(D) João só poderá construir a casa para sua filha mediante autorização expressa dos titulares das demais lajes, respeitadas as posturas edilícias e urbanísticas vigentes.

RESPOSTA De acordo com o art. 1.510-A, § 6º, o titular da laje poderá ceder a superfície de sua construção para a instituição de um sucessivo direito real de laje, desde que haja autorização expressa dos titulares da construção-base e das demais lajes, respeitadas as posturas edilícias e urbanísticas vigentes. *Alternativa D.*

DIREITO DAS FAMÍLIAS

32. (41º Exame) Um ano antes da morte de Otávio, Natália, 19 anos, ajuizou ação declaratória de filiação, alegando ter nascido antes de trezentos dias da dissolução da sociedade conjugal de Otávio com Antônia, mãe dela. Otávio ainda teve tempo de contestar, alegando que, à época em que Antônia engravidou, ele sofria de impotência, e que ela o traía com Bernardo, irmão gêmeo univitelino dele – fato que foi devidamente comprovado, que o levou a se separar e a pedir o divórcio. Otávio faleceu pouco depois da contestação. Sobre o caso, assinale a afirmativa correta.

(A) Os herdeiros de Otávio podem, após a sua morte, prosseguir na ação.

(B) Opera presunção absoluta de que Otávio é pai de Natália.

(C) O adultério de Antônia é suficiente para afastar a presunção de paternidade de Otávio.

(D) A alegação de impotência, ainda que provada, é irrelevante para a discussão da filiação.

RESPOSTA A questão versa sobre filiação. No direito brasileiro a prova da impotência do cônjuge para gerar, à época da concepção, ilide a presunção da paternidade (art. 1.599, CC). Ademais, não basta o adultério da mulher, ainda que confessado, para ilidir a presunção legal da paternidade (art. 1.600, CC). Importante lembrarmos que ação de prova de filiação compete ao filho, enquanto viver, passando aos herdeiros, se ele morrer menor ou incapaz. Por fim, se iniciada a ação pelo filho para discutir a filiação, os herdeiros poderão continuá-la, salvo se julgado extinto o processo (art. 1.606, CC). *Alternativa A.*

33. (40º Exame) Mariana e Lucas estão casados há mais de 10 anos em regime da comunhão parcial de bens. Recentemente, Mariana descobriu que Lucas vem mantendo uma relação extraconjugal com uma vizinha. A descoberta abalou profundamente o casamento, e Mariana pediu o divórcio. Considerando a quebra do dever de fidelidade, Mariana alega que Lucas perdeu o direito sobre todos os bens do casal, ou seja, ela entende que, apesar do regime de comunhão parcial de bens, o patrimônio construído ao longo do casamento não deverá ser partilhado. Sobre a hipótese apresentada, assinale a afirmativa correta.

(A) O adultério traduz-se em violação do dever de recíproca fidelidade no casamento. Assim, em razão da traição de Lucas, Mariana tem direito à indenização correspondente a parte dos bens do casal.

(B) A discussão de culpa e culpados para o divórcio não é mais necessária e, por isso, a divisão de bens deve seguir as regras do regime escolhido no casamento.

(C) O adultério é uma das mais graves infrações dos deveres conjugais e tem, como consequência, a perda do direito à meação.

(D) O adultério não interfere na partilha de bens do casal, mas tão somente no convívio do pai adúltero com os filhos menores de idade.

RESPOSTA Desde a Emenda Constitucional n. 66/2010, não é mais necessário discutir a culpa para obter o divórcio. Assim, a infidelidade de um dos cônjuges não interfere na partilha de bens, a qual deve seguir as regras do regime de bens escolhido pelo casal. *Alternativa B.*

34. (40º Exame) Joana trabalhou por 15 anos como empregada doméstica na residência de Alzira, um imóvel de 60 metros quadrados, herdado de seu falecido pai. Durante todo esse período, Joana percebeu salários mensais, tal como acordado, porém nunca recebeu as verbas referentes às férias e ao décimo terceiro salário, bem como nunca teve as contribuições previdenciárias devidamente recolhidas. Depois da rescisão contratual, Joana promoveu a ação trabalhista, visando receber as verbas devidas e não pagas, tendo seus direitos reconhecidos por sentença transitada em julgado. Não obstante, o pagamento das verbas não foi realizado e, fato seguinte, foi promovida a execução, momento em que Joana, representada por seu advogado, diante do não pagamento e da inexistência de outros bens, requereu a penhora do imóvel residencial de Alzira. Ante a hipótese narrada, considerando que o imóvel residencial de Alzira é o único que ela possui, assinale a afirmativa correta.

(A) O imóvel é impenhorável, mas os bens móveis que o guarnecem são penhoráveis, independentemente do valor dos mesmos.

(B) O imóvel é impenhorável, bem como são impenhoráveis os móveis que guarnecem a casa, exceto as obras de arte e os adornos suntuosos.

(C) O imóvel na execução promovida por Joana é, em qualquer hipótese, penhorável.

(D) O imóvel, na execução promovida por Joana, é penhorável, desde que comprovada a má-fé da devedora.

RESPOSTA De acordo com o art. 1º da Lei n. 8.009/90 (Lei do bem de família), o imóvel residencial próprio do casal, ou da entidade familiar, é impenhorável e não responderá por qualquer tipo de dívida civil, comercial, fiscal, previdenciária ou de outra natureza, contraída pelos cônjuges ou pelos pais ou filhos que sejam seus proprietários e nele residam, salvo nas hipóteses previstas na lei. A impenhorabilidade compreende o imóvel sobre o qual se assentam a construção, as plantações, as benfeitorias de qualquer natureza e todos os equipamentos, inclusive os de uso profissional, ou móveis que guarnecem a casa, desde que quitados. Por outro lado, adornos suntuosos são os bens considerados de ostentação, desnecessários para sobrevivência da pessoa, não estando protegidos pela impenhorabilidade. *Alternativa B.*

35. (40º Exame) Vitória e Rodrigo foram casados, em regime de comunhão parcial de bens, e são pais de Mariana. Quando Mariana atingiu 16 (dezesseis) anos, os pais divorciaram-se, passando a residir em lares distintos e a compartilhar a guarda de Mariana. Mariana passou a residir com o pai. A respeito do dever de educação de Mariana, assinale a afirmativa correta.

(A) Caberá a Vitória e a Rodrigo, já que o dever de educação inserido nos deveres e direitos dos pais com relação aos filhos, no exercício do poder familiar, independe da situação conjugal de ambos.
(B) Com o divórcio, o dever de educação passa a ser somente do pai, com quem Mariana reside, sendo impossível fisicamente Vitória colaborar nesse sentido, dada a distância física de Mariana.
(C) Com o divórcio, caberá este dever somente ao pai, Rodrigo, pois, em que pese a guarda compartilhada, Mariana reside com ele.
(D) A guarda e a convivência determinam a quem caberá o dever de educar o filho, de modo que, nesse caso, o dever de educação passa a ser somente do pai.

RESPOSTA De acordo com o Código Civil, o dever de educação dos filhos é atribuído a ambos os pais, independentemente de sua situação conjugal. Isso significa que mesmo após o divórcio, Vitória e Rodrigo continuam responsáveis pelo dever de educar Mariana, conforme estabelecido nos arts. 1.566, IV, e 1.634, I, do Código Civil brasileiro. *Alternativa A.*

36. (39º Exame) Júlio Cesar e Thayane foram casados por 8 anos e tiveram 2 filhos. Como a separação foi amigável, o casal achou melhor não realizar qualquer medida judicial, acordando verbalmente o valor da pensão alimentícia que seria paga em benefício dos menores, bem como o esquema de convivência parental. Entretanto, 3 anos após a separação, Thayane resolveu reajustar o valor da pensão alimentícia. O que não foi aceito por Júlio Cesar. Como não conseguiram alcançar um acordo, já que Júlio Cesar não pagou os valores solicitados, Thayane decidiu suspender o contato do pai com os filhos. Sem poder ter contato com os filhos, Júlio Cesar procura você, como advogado(a), a fim de receber sua orientação. Assinale a opção que indica, corretamente, sua orientação.

(A) A medida adotada por Thayane está correta, pois a mãe tem autonomia para suspender o contato do pai que não cumpre com seus deveres de prestar alimentos, resguardando, dessa forma, a proteção necessária ao desenvolvimento biopsíquico dos menores.
(B) Thayane pode impedir o contato de Júlio Cesar com o filho, já que, após a separação, o exercício da autoridade familiar é exclusivo da mãe, que tem o dever de garantir os direitos das crianças e dos adolescentes.
(C) Thayane não pode impedir a convivência de Júlio Cesar com os filhos em razão do não pagamento da pensão alimentícia nos valores que foram pleiteados, pois independentemente das questões pendentes com relação aos alimentos, a convivência dos filhos com os pais é um direito fundamental.
(D) Thayane não pode impedir o contato de Júlio Cesar com os filhos, já que, tanto os alimentos, quando a guarda e convivência parental jamais foram regularizadas judicialmente, limitando-se o casal a um acordo verbal.

RESPOSTA O direito de visita/convivência tem o objetivo de manutenção dos laços afetivos familiares. Deixar de pagar pensão alimentícia não impede o pai e/ou a mãe de visitar o filho. O convívio familiar é direito não apenas dos pais e deve ser mantido com o intuito de preservar o desenvolvimento físico e psíquico da criança e do adolescente. *Alternativa C.*

37. (39º Exame) Devido às consequências da pandemia, Gabriel Cervantes teve graves problemas financeiros e profissionais, levando ao consumo de álcool de forma excessiva diariamente, sendo considerado pelos médicos como ébrio habitual. Rosa Torres, sua esposa, desesperada com a condição do marido e pela situação financeira da família, procura você, como advogado(a), desejando saber a respeito da possibilidade de curatela. Informa a esposa que o casal tem dois filhos absolutamente incapazes e os pais do marido encontram-se vivos. Comunica ainda que o casal não se encontra separado de fato. Sobre a hipótese, segundo o sistema jurídico brasileiro, assinale a afirmativa correta.

(A) O alcoolismo por si só não conduz à curatela, devendo a esposa demonstrar a prodigalidade do marido.
(B) Em eventual curatela, os pais terão prioridade no exercício em relação à esposa, que só poderá ser designada curadora na desistência dos pais.
(C) A autoridade do curador estende-se à pessoa e aos bens dos filhos do curatelado, enquanto não houver a maioridade ou a emancipação.
(D) A interdição do ébrio habitual só o privará de, sem curador, emprestar, transigir, dar quitação, alienar ou hipotecar seu patrimônio, podendo praticar livremente os demais atos da vida civil.

RESPOSTA A questão é clara ao afirmar que Gabriel foi diagnosticado como ébrio habitual, sendo assim considerado relativamente incapaz (art. 4º, CC). Nesse sentido, surge a figura do curador para assistir o curatelado na prática dos atos civis. O art. 1.778 do CC afirma que a autoridade do curador estende-se à pessoa e aos bens dos filhos do curatelado. Por fim, art. 1.775 dispõe: "O cônjuge ou companheiro, não separado judicialmente ou de fato, é, de direito, curador do outro, quando interdito". *Alternativa C.*

38. (38º Exame) Robson, advogado de sucesso e bem-sucedido profissionalmente, foi preso e condenado, com sentença transitada em julgado, pelo crime de homicídio, iniciando o cumprimento de sua pena no regime fechado. Ele é pai de

DIREITO CIVIL

Raquel, 17 anos, fruto de sua união com Rose e ambos compartilham a guarda da filha. Rose e Robson divorciaram-se e, em ação própria, foi fixado o dever de Robson prover alimentos para Raquel. A respeito dos efeitos da prisão de Robson sobre o dever de alimentos, assinale a afirmativa correta.

(A) Afasta-se a obrigação de prestar alimentos de Robson considerando que a mãe de Raquel, Rose, ainda está viva.
(B) A prisão de Robson suspende o dever de prestar alimentos, que volta a produzir seus efeitos imediatamente após o cumprimento integral da pena.
(C) Robson poderá cessar a prestação de alimentos, independentemente de interpelação judicial, assim que Raquel alcançar a maioridade, o que acontecerá muito em breve.
(D) O fato de Robson estar preso não afasta sua obrigação alimentar.

RESPOSTA A questão cobra do candidato conhecimento acerca da prestação de alimentos. A prisão de Robson não tem o efeito de afastar sua obrigação de prestar alimentos a Raquel. A obrigação alimentar decorre do vínculo de parentesco entre pai e filha, independentemente da situação de prisão. A privação da liberdade não extingue o dever de sustento dos filhos. Portanto, mesmo estando preso, Robson continua responsável pelo pagamento dos alimentos em favor de Raquel. Ademais, segundo o Superior Tribunal de Justiça, uma vez que é possível exercer atividade remunerada no presídio, a prisão não afasta a obrigação de alimentos. *Alternativa D.*

39. (37º Exame) Pedro e Joana casaram-se pelo regime da comunhão parcial de bens. Na constância do casamento, Pedro herdou ações e comprou um carro, enquanto Joana recebeu de doação um apartamento e ganhou um prêmio de loteria. Com base nessas informações, assinale a opção que indica, em caso de divórcio, os bens que devem ser partilhados.

(A) As ações e o apartamento.
(B) O carro e o prêmio de loteria.
(C) O carro e o apartamento.
(D) As ações e o prêmio de loteria.

RESPOSTA Pelo regime de bens da comunhão parcial de bens, entram na partilha os bens adquiridos na constância do casamento por título oneroso, ainda que só em nome de um dos cônjuges, bem como devem ser partilhados os bens adquiridos por fato eventual, com ou sem o concurso de trabalho ou despesa anterior (art. 1.660, I e II, do CC). *Alternativa B.*

40. (36º Exame) Rodolfo e Marília estão casados desde 2005. Em 2010, nasceu Lorenzo, único filho do casal. No ano de 2020, eles resolveram se divorciar, após um período turbulento de discussões e mútuas relações extraconjugais. A única divergência entre o casal envolvia a guarda do filho, Lorenzo. Neste sentido, sublinhando-se que o pai e a mãe apresentam condições de exercício de tal função, relacionando-se bem com o filho e conseguindo separar seus problemas conjugais de seus deveres paternos e maternos – à luz do Código Civil, assinale a afirmativa correta.

(A) Segundo a lei, o juiz, diante do conflito, deverá aplicar a guarda alternada entre Rodolfo e Marília.
(B) Como os pais desejam a guarda do menor e estão aptos a exercer o poder familiar, a lei determina a aplicação da guarda compartilhada, mesmo que não haja acordo entre eles.
(C) A lei determina a fixação da guarda compartilhada, mas, tendo em vista cuidar-se de divergência sobre a guarda, ela deve ser atribuída a Rodolfo ou a Marília, mas, diante do conflito, a guarda não deve ser atribuída a eles, em nenhuma hipótese.
(D) Caso Rodolfo e Marília não consigam decidir de modo consensual a quem caberá a guarda de Lorenzo, o juiz será obrigado a atribuí-la ou a um genitor ou ao outro, uma vez que inexiste hipótese de guarda compartilhada na lei brasileira.

RESPOSTA A respeito do instituto da guarda, o art. 1.584, § 2º, do CC, consagra que quando não houver acordo entre a mãe e o pai quanto à guarda do filho, encontrando-se ambos os genitores aptos a exercer o poder familiar, será aplicada a guarda compartilhada, salvo se um dos genitores declarar ao magistrado que não deseja a guarda do menor. *Alternativa B.*

41. (35º Exame) Maurício, ator, 23 anos, e Fernanda, atriz, 25 anos, diagnosticados com Síndrome de Down, não curatelados, namoram há 3 anos. Em 2019, enquanto procuravam uma atividade laborativa em sua área, tanto Maurício quanto Fernanda buscaram, em processos diferentes, a fixação de tomada de decisão apoiada para o auxílio nas decisões relativas à celebração de diversas espécies de contratos, a qual se processou seguindo todos os trâmites adequados deferidos pelo Poder Judiciário. Assim, os pais de Maurício tornaram-se seus apoiadores e os pais de Fernanda, os apoiadores dela. Em 2021, Fernanda e Maurício assinaram contratos com uma emissora de TV, também assinados por seus respectivos apoiadores. Como precisarão morar próximo à emissora, o casal terá de mudar-se de sua cidade e, por isso, está buscando alugar um apartamento. Nesta conjuntura, Maurício e Fernanda conheceram Miguel, proprietário do imóvel que o casal pretende locar. Sobre a situação apresentada, conforme a legislação brasileira, assinale a afirmativa correta.

(A) Maurício e Fernanda são incapazes em razão do diagnóstico de Síndrome de Down.
(B) Maurício e Fernanda são capazes por serem pessoas com deficiência apoiadas, ou seja, caso não fossem apoiados, seriam incapazes.
(C) Maurício e Fernanda são capazes, independentemente do apoio, mas Miguel poderá exigir que os apoiadores contra-assinem o contrato de locação, caso ele seja realmente celebrado.
(D) Miguel, em razão da capacidade civil de Maurício e de Fernanda, fica proibido de exigir que os apoiadores de ambos contra-assinem o contrato de locação, caso ele seja realmente celebrado.

RESPOSTA A tomada de decisão apoiada não visa a suprir incapacidade. É um instrumento utilizado por uma pessoa com alguma deficiência; os apoiadores vão auxiliá-lo na prática dos atos da vida civil. Em caso de celebração de contrato, o contratante poderá exigir que os apoiadores contra-assinem o contrato. O art. 1.783-A, § 5º, estabelece que o terceiro com quem a pessoa apoiada mantenha relação negocial pode solicitar que os apoiadores contra-assinem o contrato ou acordo, especificando, por escrito, sua função em relação ao apoiado. Cumpre acrescentarmos que a pessoa com deficiência é considerada CAPAZ, inclusive para contrair casamento e para assinar contratos. *Alternativa C.*

DIREITO DAS SUCESSÕES

42. **(41º Exame)** João, viúvo, é pai da Marcela e Tatiana, capazes, que não possuem filhos. Por ocasião da morte de João, ambas as filhas são chamadas a aceitar a herança, no valor de R$ 200.000,00. Por ser devedora do Banco XYZ, no valor de R$ 50.000,00, Marcela, com receio da instituição financeira a privar da herança, decide renunciar seu quinhão, o que faz por meio de escritura pública. Tatiana, por sua vez, manifesta sua aceitação. Acerca desta situação, assinale a afirmativa correta.

(A) Ante a existência de credor, a renúncia de Marcela é inválida.
(B) O Banco XYZ poderá aceitar a totalidade do quinhão deixado para Marcela.
(C) Diante da aceitação da herança, Tatiana poderá ser responsabilizada pelo débito de Marcela.
(D) O quinhão de Marcela poderá ser aceito pelo Banco XYZ até o valor de seu crédito.

RESPOSTA Em nosso ordenamento jurídico, quando o herdeiro prejudicar os seus credores, renunciando à herança, poderão eles, com autorização do juiz, aceitá-la em nome do renunciante. Devemos lembrar que a habilitação dos credores se fará no prazo de trinta dias seguintes ao conhecimento do fato e que pagas as dívidas do renunciante, prevalece a renúncia quanto ao remanescente, que será devolvido aos demais herdeiros (art. 1.813). *Alternativa D.*

43. **(38º Exame)** Maria Cristina era casada com Roberto, falecido no início de 2022, sem deixar testamento, sob o regime de separação convencional de bens. O casal sempre viveu em um imóvel de propriedade de Roberto com seus dois filhos, Alcino e Valério, que não moram mais com os pais. Roberto deixou, além do referido imóvel residencial, alguns investimentos e outro imóvel, de natureza comercial. Sobre o direito real de habitação do cônjuge sobrevivente, assinale a afirmativa correta.

(A) Maria Cristina é titular do direito real de habitação, sem prejuízo de sua participação na herança de Roberto.
(B) Maria Cristina não é titular do direito real de habitação, uma vez que existe mais de um imóvel a inventariar dentre os bens que compõem a herança de Roberto.
(C) Maria Cristina receberá seu quinhão da herança, mas só tem o direito de permanecer morando no imóvel em que vivia com Roberto, caso Alcino e Valério autorizem.
(D) Maria não é titular do direito real de habitação, pois esse não se aplica aos casamentos sob a vigência do regime de separação convencional de bens.

RESPOSTA A questão versa sobre Direito Real de Habitação. De acordo com o art. 1.831 do CC: "Ao cônjuge sobrevivente, qualquer que seja o regime de bens, será assegurado, sem prejuízo da participação que lhe caiba na herança, o direito real de habitação relativamente ao imóvel destinado à residência da família, desde que seja o único daquela natureza a inventariar". Assim, no caso em análise, trata-se do único bem desta natureza a ser inventariado. Além do que, há o direito à herança o que não interfere no direito real de habitação, uma vez que o regime da separação convencional autoriza a concorrência com os descendentes do falecido. *Alternativa A.*

44. **(35º Exame)** Renatinho, conhecido influencer digital, conquistou, ao longo dos anos, muitos seguidores e amealhou vultoso patrimônio. Renatinho é o único filho de Carla e Júlio, que se divorciaram quando Renatinho tinha três anos de idade. Carla nunca concordou com as atividades de influencer digital desenvolvidas pelo filho, pois achava que ele deveria se dedicar aos estudos. Júlio, por outro lado, sempre incentivou bastante o filho e, inclusive, sempre atuou como gestor da carreira e do patrimônio de Renatinho. Aos 15 de março de 2022, Renatinho completou 16 anos e, na semana seguinte, realizou seu testamento sob a forma pública, sem mencionar tal fato para nenhum dos seus pais. Em maio de 2022, Carla e Júlio, em comum acordo e atendendo ao pedido de Renatinho, emancipam seu único filho. E, para tristeza de todos, em julho de 2022, Renatinho vem a óbito em acidente de carro, que também levou o motorista à morte. Com a abertura da sucessão, seus pais foram surpreendidos com a existência do testamento e, mais ainda, com o fato de Renatinho ter destinado toda a parte disponível para a constituição de uma fundação. Diante da situação hipoteticamente narrada, assinale a afirmativa correta.

(A) O testamento de Renatinho é válido, pois em que pese a incapacidade civil relativa no momento da sua feitura, a emancipação concedida por seus pais retroage e tem o efeito de convalidar o ato.
(B) O testamento de Renatinho é válido em razão dos efeitos da emancipação concedida por seus pais, no entanto, a destinação patrimonial é ineficaz, visto que só podem ser chamadas a suceder na sucessão testamentária pessoas jurídicas já previamente constituídas.
(C) O testamento de Renatinho é válido, pois a lei civil assegura aos maiores de 16 anos a possibilidade de testar, bem como a possibilidade de serem chamados a suceder, na sucessão testamentária, as pessoas jurídicas cuja organização for determinada pelo testador sob a forma de fundação.
(D) A deixa testamentária para a constituição de uma fundação seria válida, no entanto, em razão de o testamento ter sido realizado quando Renatinho tinha apenas 16 anos e não emancipado, o testamento todo será invalidado.

RESPOSTA Quando analisamos as disposições legais para a realização do testamento, observamos que o testador deve ter a idade mínima de 16 anos e deve ter a capacidade plena para a realização dos atos da vida civil. Preenchendo esses requisitos, ele se encontra apto a fazer o testamento. Ademais, na sucessão testamentária, podem ser chamados a suceder as pessoas jurídicas, cuja organização for determinada pelo testador sob a forma de fundação (art. 1.799, III). *Alternativa C.*

45. **(35º Exame)** Sônia e Theodoro estavam casados há 7 anos, sobre o regime da comunhão parcial de bens, quando o último veio a óbito. Desde o casamento, o casal residia em uma belíssima cobertura na praia de Copacabana, que Theodoro havia comprado há mais de 20 anos, ou seja, muito

DIREITO CIVIL

antes do casamento. Após o falecimento de Theodoro, seus filhos do primeiro casamento procuraram Sônia e pediram a ela que entregasse o imóvel, alegando que, como ele não foi adquirido na constância do casamento, a viúva não teria direito sucessório sobre o bem. Diante do caso narrado, assinale a afirmativa correta.

(A) Como Sônia era casada com Theodoro pelo regime da comunhão parcial de bens, ela herda apenas os bens adquiridos na constância do casamento.

(B) Como Sônia era casada com Theodoro, ela possui o direito de preferência para alugar o imóvel, em valor de mercado, que será apurado pela média de 3 avaliações diferentes.

(C) Os filhos do Theodoro não têm razão, pois, ao cônjuge sobrevivente, é assegurado o direito real de habitação, desde que casado sobre o regime da comunhão parcial de bens, ou comunhão universal de bens, e inexistindo descendentes.

(D) Os filhos do Theodoro não têm razão, pois, ao cônjuge sobrevivente, qualquer que seja o regime de bens, será assegurado, sem prejuízo da participação que lhe caiba na herança, o direito real de habitação do imóvel destinado à residência da família, desde que seja o único daquela natureza a inventariar.

RESPOSTA O art. 1.831 do CC é claro ao afirmar que ao cônjuge sobrevivente, qualquer que seja o regime de bens, será assegurado, sem prejuízo da participação que lhe caiba na herança, o direito real de habitação relativamente ao imóvel destinado à residência da família, desde que seja o único daquela natureza a inventariar. *Alternativa D.*

Direito
Constitucional

Karina Jaques

Advogada, bacharel em Direito pela Universidade Federal do Pará (UFPA), especialista em Direito do Estado, com formação em Docência do Ensino Superior. Iniciou sua carreira em 2000, atuando em vários cursos preparatórios para concursos públicos e instituições de ensino superior. Atualmente ministra Direito Constitucional nos melhores cursos preparatórios para concursos do Brasil, tanto em aulas presenciais quanto *online*, além de fazer parte do corpo docente da Universidade Cândido Mendes. É autora da Editora Saraiva e colaboradora de diversos periódicos e colunas especializadas na área, como *Folha Dirigida, JC Concursos, Gazeta do Espírito Santo, O Globo, O Dia*, Revista *Exame, Jornal de Brasília*, G1, Questões de Concursos. Em 2012, apresentou o Programa "Saber Direito", exibido pela TV Justiça (Supremo Tribunal Federal), no qual abordou o tema "Direitos Fundamentais da Pessoa com Deficiência".

Sumário

APRESENTAÇÃO – 1. PRINCÍPIOS FUNDAMENTAIS – 2. DIREITOS E GARANTIAS FUNDAMENTAIS: 2.1 Direitos e Deveres Individuais e Coletivos; 2.1.1 Destinatários do art 5º; 2.1.2 Direito à vida; 2.1.3 Direito à liberdade; 2.1.4 Direito à igualdade; 2.1.5 Direito à segurança; 2.1.6 Direito à propriedade; 2.1.7 Remédios Constitucionais; 2.2 Direitos Sociais; 2.2.1 Direitos sociais dos trabalhadores; 2.2.2 Liberdade sindical; 2.2.3 Greve; 2.3 Nacionalidade; 2.3.1 Nacionalidade primária ou originária; 2.3.2 Nacionalidade secundária ou derivada; 2.3.3 Português equiparado; 2.3.4 Proibição de distinção entre brasileiros; 2.3.5 Perda de nacionalidade; 2.4 Direitos Políticos; 2.4.1 Direitos políticos negativos; 2.4.1.1 Casos de Suspensão e Perda dos Direitos Políticos; 2.4.1.2 Casos de Inelegibilidade – Absoluta e Relativa; 2.4.2 Princípio da anterioridade (ou anualidade) eleitoral; 2.4.3 Partidos Políticos – 3. ORGANIZAÇÃO DO ESTADO BRASILEIRO: 3.1 O que é o Estado?; 3.2 Nascimento da federação brasileira; 3.3 Elementos da federação; 3.4 Brasília – a capital federal; 3.5 A indissolubilidade e as modalidades de desmembramento, fusão, incorporação e subdivisão de estados-membros e municípios; 3.6 Vedações aos entes federativos; 3.7 Teoria da prevalência dos interesses e a distribuição de competências na federação; 3.8 Bens da União e dos estados-membros; 3.9 Repartição de competências entre a União, estados-membros, municípios e Distrito Federal; 3.10 Estados-membros; 3.11 Os Estados-membros e a exploração dos serviços locais de gás canalizado; 3.12 Estados-membros e as regiões metropolitanas, aglomerações urbanas e microrregiões; 3.13 Composição das Assembleias Legislativas dos Estados-membros; 3.14 Poder Executivo Estadual; 3.15 Municípios; 3.16 Distrito Federal; 3.17 Territórios federais; 3.18 Intervenção federal e estadual – 4. ADMINISTRAÇÃO PÚBLICA: 4.1 Servidores Públicos – 5. PODER LEGISLATIVO: 5.1 Congresso Nacional; 5.2 Câmara dos Deputados; 5.3 Senado Federal; 5.4 Estatuto dos Congressistas; 5.5 Comissões Parlamentares; 5.6 Comissão Parlamentar de Inquérito; 5.7 Fiscalização contábil, financeira e orçamentária; 5.8 Composição do Tribunal de Contas da União – 6. PROCESSO LEGISLATIVO: 6.1 Emenda à Constituição; 6.2 Lei complementar e lei ordinária; 6.3 Lei delegada; 6.4 Medida provisória; 6.5 Decreto legislativo; 6.6 Resolução – 7. PODER EXECUTIVO: 7.1 Eleição e forma de investidura do Presidente e Vice-presidente da República; 7.2 Vacância da Presidência da República; 7.3 Competências do Presidente da República e do Vice-presidente da República; 7.4 Crimes de responsabilidade; 7.5 Prerrogativa de foro e imunidades formais do Presidente da República; 7.6 Ministros de Estado; 7.7 Conselho da República; 7.8 Conselho de Defesa Nacional – 8. PODER JUDICIÁRIO: 8.1 Garantias do Poder Judiciário; 8.1.1 Garantias Institucionais; 8.1.2 Garantias dos Membros; 8.2 Ingresso na Carreira da Magistratura; 8.3 Estatuto da Magistratura; 8.4 Cláusula de reserva de plenário; 8.5 Criação dos Juizados Especiais e Justiça de Paz; 8.6 Supremo Tribunal Federal – composição e competências; 8.7 Súmulas Vinculantes; 8.8 Superior Tribunal de Justiça – composição e competências; 8.9 Conselho Nacional de Justiça; 8.10 Justiça do Trabalho; 8.11 Juiz do Trabalho; 8.12 Justiça Eleitoral; 8.13 Justiça Militar; 8.14 Justiça Federal; 8.15 Incidente de deslocamento de competência; 8.16 A União como parte na ação judicial; 8.17 Competência residual da Justiça Estadual; 8.18 Justiça Estadual; 8.19 Justiça Militar Estadual – 9. CONTROLE DE CONSTITUCIONALIDADE: 9.1 Vícios de inconstitucionalidade; 9.2 Momentos do controle de constitucionalidade; 9.3 Controle preventivo de constitucionalidade; 9.4 Controle repressi-

DIREITO CONSTITUCIONAL

vo de constitucionalidade; 9.5 Controle difuso de constitucionalidade; 9.6 Controle concentrado de constitucionalidade; 9.7 ADI (Ação Direta de Inconstitucionalidade) genérica; 9.8 ADPF (Arguição de Descumprimento de Preceito Fundamental); 9.9 ADI por omissão; 9.10 ADI Interventiva; 9.11 ADC (Ação Declaratória de Constitucionalidade); 9.12 Controle repressivo realizado pelo Poder Legislativo; 9.13 Controle repressivo realizado pelo Poder Executivo; 9.14 Controle repressivo realizado pelo Tribunal de Contas da União – 10. FUNÇÕES ESSENCIAIS À JUSTIÇA: 10.1 Ministério Público; 10.1.1 Garantias Institucionais; 10.1.2 Garantias dos membros do Ministério Público; 10.1.3 Funções institucionais dos membros do MP; 10.1.4 Membros do MP junto ao Tribunal de Contas; 10.1.5 Conselho Nacional do Ministério Público; 10.2 Advocacia Pública; 10.3 Advocacia Privada; 10.4 Defensoria Pública – 11. DEFESA DO ESTADO E DAS INSTITUIÇÕES DEMOCRÁTICAS: 11.1 Estado de Defesa; 11.2 Estado de Sítio; 11.3 Forças Armadas; 11.4 Segurança Pública – 12. ORDEM ECONÔMICA: 12.1 Princípios Gerais da Atividade Econômica; 12.2 Política Urbana; 12.3 Política Agrícola e Fundiária e Reforma Agrária; 12.4 Sistema Financeiro Nacional – 13. ORDEM SOCIAL: 13.1 Seguridade Social (Saúde, Previdência e Assistência Social); 13.1.1 Saúde; 13.1.2 Previdência Social; 13.1.3 Assistência Social; 13.2 Educação, Cultura e Desporto; 13.3 Ciência, Tecnologia e Inovação; 13.4 Comunicação Social; 13.5 Meio Ambiente; 13.6 Família, Criança, Adolescente, Jovem e Idoso; 13.7 Índios – 14. DISPOSIÇÕES CONSTITUCIONAIS GERAIS; REFERÊNCIAS; QUESTÕES.

APRESENTAÇÃO

Antes de iniciar a apresentação da disciplina Direito Constitucional, quero registrar minha imensa satisfação em poder acompanhar você nesta jornada. Já estamos na 11ª edição do Completaço 1ª Fase e a cada nova jornada é como se eu também estivesse me preparando de novo para o Exame de Ordem. Há mais de 10 anos eu acompanho vocês na caminhada rumo à OAB. Vamos juntos vencer esta etapa, que a segunda fase nos espera!

Agora vamos falar da nossa disciplina: estudar Direito Constitucional funciona muito mais como uma revisão dos pontos principais que efetivamente uma introdução à disciplina. Afinal, o Direito Constitucional e você já foram apresentados antes e já andaram alguns semestres juntos por aí, passando noites em claro talvez.

Não sei como foi o relacionamento de vocês, se apaixonante ou conturbado, mas sei que a história de vocês já não é de hoje, e com certeza manterão esse relacionamento amizade por muitos anos profissionais.

Selecionamos todos os assuntos cobrados nos últimos Exames de Ordem, aplicados pela banca, desenvolvendo melhor aqueles que apresentaram maior frequência nas provas e resumindo aqueles de menor incidência, para otimizar seu tempo de estudo. Nesta obra, evitamos ao máximo a transcrição de artigos, mas destacamos a importância da leitura da Constituição Federal de 1988, das leis relacionadas e da jurisprudência pertinente, e, por fim, apresentamos comentários de todas as questões de Direito Constitucional, desde o XXI até o 41º Exame de Ordem, retirando as versões mais antigas e dasatualizadas do Exame. Na versão impressa temos as questões dos Exames 35º ao 41º, e os demais Exames estão na versão digital do nosso livro.

Direito Constitucional é atualmente a matéria que mais aprova na 2ª fase do Exame de Ordem, com 31,3% no ranking das disciplinas, segundo o "Exame de Ordem em Números", estudo realizado e publicado pela própria FGV[1]. Por isso, aconselho fortemente que você escolha Constitucional e o(a) convido para continuar comigo na preparação para a 2ª Fase.

Tudo isso para que você **Passe na OAB!**

1. PRINCÍPIOS FUNDAMENTAIS

A Constituição Federal apresenta uma diversidade de princípios constitucionais pulverizados em seus artigos, contudo existe um título – o Título I – que reúne os seus Princípios Fundamentais. Nele temos organizados os fundamentos, os objetivos e os princípios internacionais da República Federativa do Brasil, além das características do Estado Brasileiro.

Inaugurando os artigos da CF/88, o *caput* do art. 1º determina que a República Federativa do Brasil é formada pela união indissolúvel dos Estados, Municípios e Distrito Federal e constitui-se em Estado Democrático de Direito. A forma federativa de Estado é a forma expressamente adotada pela nossa Constituição, sendo considerada inclusive cláusula pétrea, conforme o art. 60, § 4º, I.

Vários dispositivos constitucionais reforçam a forma federativa de Estado, como a existência e a composição do Senado Federal, a organização político-administrativa brasileira e distribuição de competências entre os entes federativos.

A união indissolúvel que a CF/88 prescreve está relacionada com o princípio da indissolubilidade da Federação, ou seja, nenhum estado-membro ou município ou até mesmo o Distrito Federal pode se separar da República Federativa do Brasil e não pode haver uma emenda constitucional que pretenda modificar este dispositivo, sendo cláusula pétrea expressa (art. 60, § 4º, I). Entretanto, os estados-membros e os municípios podem se submeter a subdivisão, desmembramento (formação e anexação), fusão e incorporação, desde que preencham os requisitos constitucionais (art. 18, §§ 3º e 4º).

---

[1] Disponível em: https://fgvprojetos.fgv.br/sites/fgvprojetos.fgv.br/files/exame_de_ordem_em_numeros.pdf. Acesso em: 3 ago. 2024.

O *caput* do art. 1º também se refere ao Estado Democrático de Direito. Quando deparamos com esta expressão, devemos decompor em duas: **Estado de Direito** e **Estado Democrático**. O conceito de Estado de Direito está atrelado ao liberalismo, ideário da Constituição Liberal que nos movimentos constitucionais da primeira geração dos direitos fundamentais buscava limitar o poder do Estado Absolutista, que seria posteriormente superado.

O Estado de Direito (ou Estado Liberal de Direito) possui três características básicas: submissão ao império da lei, separação dos poderes do Estado e declaração e garantia dos direitos fundamentais. Os governantes no Estado de Direito, devem sujeitar-se à lei, ao devido processo legal, aos princípios gerais do Direito e devem respeito aos direitos e garantias fundamentais dos indivíduos.

Por Estado Democrático nos referimos ao modelo democrático adotado no Brasil, tendo a própria Constituição Federal como seu maior símbolo. A palavra democracia tem origem no grego *demokratía*, que é composta por *demos* (que significa "povo") e *kratos* (que significa "poder"). Democracia é o regime político em que a soberania é **exercida pelo povo**. O **povo é detentor do poder**, podendo ou não confiar parte desse poder ao Estado para que possa organizar a sociedade.

No Brasil vigora a **democracia semidireta ou participativa**, na qual é reconhecida a titularidade do poder ao povo, condicionado o seu exercício aos seus representantes (sistema representativo). A participação popular direta só existe se prevista no texto constitucional. É o que afirma o parágrafo único do art. 1º da CF.

Também conseguimos identificar com facilidade no Título I da CF a forma de governo adotada no Estado brasileiro. A República é a nossa Forma de Governo, instituída em 15 de novembro de 1889, mantida pelas constituições posteriores, inclusive a atual, e confirmada através de plebiscito. Apesar de a forma republicana não ser considerada cláusula pétrea, foi definida como princípio constitucional sensível (art. 34, VII, *a*, da CF).

Outro aspecto relevante verificado é quanto ao Sistema de Governo, ou seja, o modo como se relacionam os poderes, especialmente o Legislativo e o Executivo. O Sistema de Governo Brasileiro é o presidencialismo, entretanto não adquiriu a característica de imutabilidade. Em 1993, por plebiscito, o Brasil decidiu mantê-lo como sistema de governo vigente. O art. 2º da CF faz uma referência expressa aos Poderes da União que são independes e harmônicos.

Os incisos do art. 1º da CF apresentam os fundamentos da República Federativa do Brasil, vejamos: a soberania, como fundamento, representa o poder político supremo e independente, dando a República Federativa do Brasil a liberdade política e jurídica para relacionar-se em "pé de igualdade" com qualquer Estado estrangeiro ou organismo internacional; a cidadania é "o *status* do nacional", que concede poderes políticos (voto, plebiscito, iniciativa popular, ação popular) para que o nacional possa participar efetivamente da decisões da República Federativa do Brasil; a dignidade da pessoa humana, terceiro fundamento apresentado, resume em uma só expressão todas as garantias e direitos fundamentais dos indivíduos, e, inclusive é princípio fundamental muito adotado nas decisões do STF; os valores sociais do trabalho e da livre-iniciativa representam a relação do trabalho como subsistência do homem, que deve ser compatível com crescimento econômico, político e social do país, não havendo divórcio entre os dois fundamentos; enquanto o fundamento do pluralismo político simboliza a ampla e livre participação do povo nos destinos políticos do Estado, garantindo a multiplicidade de ideias e convicções políticas.

O art. 2º cita a manutenção dos três poderes: "**São Poderes da União, independentes e harmônicos entre si, o Legislativo, o Executivo e o Judiciário**". A existência de uma nítida separação entre os três poderes do Estado constitui cláusula pétrea (art. 60, § 4º, III). Além de definir a separação dos três poderes, este artigo apresenta uma das características do Sistema de Governo Presidencialista (harmonia e independência entre os poderes) que consente na existência de funções típicas e atípicas para cada um deles, juntamente com um sistema de garantias e imunidades aos membros de cada Poder. O modelo de independência e harmonia entre os Poderes é adotado também no âmbito de estados-membros, municípios e Distrito Federal.

Os **objetivos fundamentais** da República Federativa do Brasil são apresentados no art. 3º, vejamos: construir uma sociedade livre, justa e solidária: apesar da adoção do modo de produção capitalista cabe ao Estado trabalhar para concretizar um ambiente social mais justo, mais livre e mais solidário envolvendo todos os entes federativos e a sociedade; garantir o desenvolvimento nacional, que significa não somente o desenvolvimento econômico, mas também o desenvolvimento social, com distribuição de renda, geração de emprego, acesso à educação, cultura, saúde, saneamento e todos os aspectos que garantem o pleno desenvolvimento de toda a população; erradicar a pobreza e a marginalização e reduzir as desigualdades sociais e regionais, porque não há sociedade justa, livre e solidária e muito menos desenvolvimento nacional onde há pobreza, miséria, marginalização e extrema desigualdade social, todos os elementos que ainda estão presentes na realidade brasileira, e que se potencializaram com a crise sanitária, econômica e social provocada pela pandemia ocorrida entre os anos de 2020 e 2023; promover o bem de todos, sem preconceitos de origem, raça, sexo, cor, idade e quaisquer outras formas de discriminação – neste dispositivo a Constituição preferiu apresentar um rol exemplificativo, demonstrando que "quaisquer outras formas de discriminação", mesmo as não citadas expressamente em seu texto, devem ser reprimidas, afinal, um Estado que se declara "Democrático" tem o dever de promover a igualdade e o bem de todos e não pode tolerar qualquer discriminação, preconceito ou racismo.

No âmbito das relações internacionais da República Federativa do Brasil, são destacados os seguintes princípios: independência nacional, autodeterminação dos povos, não intervenção, igualdade entre os Estados, pois se o Estado brasileiro defende a sua soberania deve coerentemente defender a independência e autonomia dos demais Estados soberanos e de seus povos.

Contudo, apesar de defender a soberania e a independência dos Estados soberanos, o Brasil reconhece a importância da cooperação entre os povos para o progresso da humanidade, nas mais diversas áreas: científica, econômica, política, energética, humanitária, ecológica. Por isso, está presente nos mais diversos grupos de países para discussões e acordos internacionais que atendam às necessidades múltiplas das nações. Corroborando este comportamento, o parágrafo único do art. 4º da CF prescreve que "A República Federativa do Brasil buscará a integração econômica, política, social e cultural dos povos da América Latina, visando à formação de uma comunidade latino-americana de nações".

Outros princípios internacionais destacados pela Constituição Federal são a prevalência dos direitos humanos, a defesa da paz; a solução pacífica dos conflitos, o repúdio ao terrorismo e ao racismo, afinal, a República Federativa do Brasil é uma democracia defensora dos Direitos Humanos no âmbito interno e no âmbito internacional, buscando sempre uma boa relação diplomática entre as nações soberanas e defendendo os direitos da pessoa humana.

Finalizando o elenco dos princípios internacionais temos a concessão de asilo político. Asilo político, de modo simplificado, é a proteção de estrangeiro por parte de um Estado, que não é o seu, em virtude de perseguição política por ele sofrida e praticada por seu país de origem ou outro país. O estrangeiro que cometer atos de natureza política, que não constituam crime para o Direito Penal brasileiro, poderá solicitar asilo político, desde que tenha ingressado no território do Estado brasileiro. No Direito Internacional Público estudam-se com mais detalhes o asilo político e o asilo diplomático – sugerimos o estudo, caso haja interesse no tema.

A concessão de asilo político a estrangeiro é ato de soberania estatal, de competência do presidente da República, e uma vez concedido, o Ministério da Justiça lavrará o termo, no qual serão fixados os prazos de permanência do asilado no Brasil, assim como as condições e deveres a ele impostos. Conceder asilo político não é obrigatório para o Estado. As contingências da política internacional ou interna determinam, em cada caso, as decisões do presidente da República.

2. DIREITOS E GARANTIAS FUNDAMENTAIS

A CF dedica o seu Título II aos **Direitos e Garantias Fundamentais** e o organiza em cinco capítulos: Dos Direitos e Deveres Individuais e Coletivos; Dos Direitos Sociais; Da Nacionalidade; Dos Direitos Políticos; e Dos Partidos Políticos.

Observa-se que, dentro da sistemática adotada pela Constituição brasileira, o termo **"direitos fundamentais"** é gênero, abrangendo as **seguintes espécies: direitos individuais, coletivos, difusos, sociais, nacionais e políticos.** As Constituições escritas estão vinculadas às declarações de direitos fundamentais. A própria Declaração dos Direitos do Homem e do Cidadão, proclamada após a Revolução Francesa, em 1789, estabelecia que o Estado que não possuísse separação de poderes e um enunciado de direitos individuais não teria uma verdadeira Constituição.

A Constituição da República Federativa do Brasil de 1988 merece alguns destaques: **a)** foi a primeira a fixar os direitos fundamentais antes da organização do próprio Estado, realçando a importância deles na nova ordem democrática estabelecida no País após longos anos de autoritarismo; **b)** tutelou novas formas de interesses, os denominados coletivos e difusos; **c)** estabeleceu deveres ao lado de direitos individuais e coletivos; **d)** assegurou as garantias fundamentais; **e)** declarou expressamente que o rol de direitos e garantias fundamentais não se restringe ao art. 5º, ou ao Título II da CF, mas está pulverizado em todo o texto constitucional e além dele, conforme prescreve o próprio art. 5º, § 2º, da CF.

Os direitos fundamentais são aqueles considerados indispensáveis à pessoa humana, necessários para assegurar a todos uma existência digna, livre e igualitária e previstos na lei maior do Estado – a Constituição. Não basta ao Estado reconhecê-los formalmente; deve buscar concretizá-los, incorporá-los no dia a dia dos cidadãos e de seus agentes.

Os direitos fundamentais apresentam em geral as seguintes características:

a) **Historicidade:** os direitos fundamentais são produtos da evolução histórica, surgem das contradições existentes no seio de determinada sociedade.

b) **Inalienabilidade:** esses direitos, em regra, são intransferíveis e inegociáveis.

c) **Imprescritibilidade:** em regra, não deixam de ser exigíveis em razão da falta de uso.

d) **Irrenunciabilidade:** nenhum ser humano pode abrir mão de possuir direitos fundamentais. O indivíduo pode deixar de usufruir de seus direitos, mas não pode renunciar à possibilidade de exercê-los.

e) **Limitabilidade:** os direitos fundamentais não são absolutos. Podem ser limitados, sempre que houver uma hipótese de colisão de direitos fundamentais, aplicando-se o **princípio da harmonização dos direitos fundamentais**.

A doutrina majoritária atual aponta a existência de cinco gerações (ou dimensões) de direitos fundamentais. Utiliza-se o termo "gerações" porque, em momentos históricos distintos, novos direitos fundamentais surgiram, sem que os anteriores deixassem de existir.

Interessa ao indivíduo e à sociedade a proteção de todos os interesses considerados indispensáveis à pessoa humana. As cinco gerações (ou dimensões) de direitos fundamentais são as seguintes:

a) **Primeira Geração (Dimensão):** reconhecimento das liberdades individuais que correspondem às liberdades públicas e políticas, direitos de resistência perante o Estado, que chegaram ao seu ápice no século XVIII no contexto do Estado Liberal que declara os **direitos do homem como indivíduo**.

b) **Segunda Geração (Dimensão):** reconhecimento dos direitos sociais, econômicos e culturais, surgidos nos séculos XIX e XX, no contexto da Revolução Industrial europeia e dos movimentos sociais reivindicatórios que surgiram na época. Resultado da necessidade do Estado Social reconhecer os **direitos do homem como grupo social**.

c) **Terceira Geração (Dimensão):** são os direitos de fraternidade resultantes da sociedade de massa, ocorrida no século XX e início do século XXI. O desenvolvimento tecnológico e científico e o crescimento vertiginoso da população desencadearam a necessidade de proteção de direitos ligados ao Meio Ambiente e ao Consumidor. O Estado passou a reconhecer os direitos do homem não mais apenas como indivíduo ou grupo social e sim **direitos do homem como gênero humano**.

d) **Quarta Geração (Dimensão):** surgimento de direitos ligados a Engenharia Genética (manipulação de material genético, transgênicos, mudança de sexo) e a Globalização Política e Jurídica (reconhecimento de direitos fundamentais no âmbito internacional). Acrescenta-se o direito à informação, que na realidade do século XXI ganha novas e eficazes ferramentas de disseminação em escala mundial.

e) **Quinta Geração (Dimensão):** surgimento do direito à Paz como uma dimensão autônoma. A paz já havia sido reconhecida como direito antes, mas agora é reconhecida como o supremo direito da humanidade.

Já há na doutrina discussões incipientes sobre a existência de uma sexta e uma sétima gerações de direitos fundamentais, o que confirma a natureza de historicidade destes direitos. A sociedade é dinâmica e emergência de novos direitos fundamentais ou a releitura de conhecidos direitos fundamentais são uma constante no Direito Constitucional. Como exemplos, podemos citar a discussão que ainda persiste sobre o direito ao esquecimento e as novas formas de acesso à informação, a inteligência artificial frente ao direito de intimidade, privacidade e a liberdade de escolha, a influência das *big techs* (Facebook, Google) no comportamento e direitos das pessoas, as consequências jurídicas da crise sanitária da pandemia do COVID-19 que afetaram e afetam os direitos fundamentais. Temas que, se consolidados e aprofundados, poderão constar em novas gerações dos direitos fundamentais e ser objeto de estudo em nossas edições futuras.

Muitas expressões são utilizadas frequentemente como sinônimas de direitos fundamentais, mas possuem conteúdo próprio ou refletem diversas concepções jurídicas. Como aponta Canotilho, os termos direitos fundamentais e direitos do homem distinguem-se quanto à origem e ao significado.

Direitos do homem seriam os inerentes à própria condição humana, válidos para todos os povos, em todos os tempos. **A Constituição não criaria esses direitos, apenas os reconheceria, preexistentes à própria organização do Estado**. Esse conceito reflete uma concepção jusnaturalista do direito. A expressão **"direitos humanos"** é a utilizada com igual significado em tratados internacionais.

Direitos fundamentais são os considerados indispensáveis à pessoa humana, **reconhecidos e garantidos por uma determinada ordem jurídica**. De acordo com a sistemática adotada pela Constituição brasileira de 1988, a expressão "direitos fundamentais" é gênero de diversas modalidades de direitos: os denominados direitos individuais, coletivos, difusos, sociais, nacionais e políticos. A expressão "direitos do cidadão", consagrada na Declaração dos Direitos do Homem e do Cidadão, promulgada após a Revolução Francesa de 1789, reflete a dicotomia estabelecida entre os direitos que pertencem ao homem enquanto ser humano e os que pertencem a ele enquanto participante de certa sociedade – o cidadão.

Direitos naturais seriam os inerentes à condição humana e civil, os pertencentes ao ser humano enquanto participante de uma determinada sociedade.

Direitos políticos são os exercidos pelos que possuem a denominada cidadania ativa, ou seja, pelos que podem participar da formação da vontade política do Estado, exercendo os direitos de votar e ser votado.

No ordenamento jurídico pode ser feita uma distinção entre **normas declaratórias,** que estabelecem **direitos** e **normas assecuratórias, as garantias**, que instrumentalizam o exercício desses direitos.

2.1 Direitos e Deveres Individuais e Coletivos

A Constituição de 1988 foi a primeira a estabelecer direitos não só de indivíduos, mas também de grupos sociais, os denominados direitos coletivos. As pessoas passaram a ser coletivamente consideradas. Por outro lado, pela primeira vez, junto com direitos foram estabelecidos expressamente deveres fundamentais. Tanto os agentes públicos como os indivíduos têm obrigações específicas, inclusive a de respeitar os direitos das demais pessoas que vivem na sociedade.

Os **direitos individuais** são considerados **explícitos** quando expressamente previstos no texto constitucional, por exemplo, todos os assegurados no art. 5º e seus incisos. Há também direitos individuais explícitos em outros dispositivos constitucionais, como, por exemplo, os contidos nos princípios tributários da legalidade e da anterioridade (art. 150).

A CF admite a existência também de **direitos individuais implícitos**, cujo reconhecimento decorre de interpretação do texto constitucional. Essa abrangência evidencia-se pela leitura do **art. 5º, § 2º**, que reconhece a existência de outros direitos individuais **"decorrentes do regime e dos princípios por ela adotados, ou dos tratados internacionais em que a República Federativa do Brasil seja parte". Podemos afirmar que o rol dos direitos e garantias fundamentais previsto na CF é exemplificativo.**

São assim considerados os expressamente previstos no *caput* do art. 5º da CF, o direito à vida, liberdade, igualdade, segurança e propriedade. Há quem sustente que todos os demais direitos individuais são decorrências desses direitos individuais básicos.

Os direitos individuais, conforme dispõe o art. 5º, § 1º, da Constituição Federal, possuem **aplicabilidade imediata**, o que significa dizer que não dependem da edição de norma regulamentadora para que possam ser exercidos. Somente quando a CF expressamente exigir uma regulamentação e o direito individual não puder ser efetivado sem a existência de uma legislação infraconstitucional, é que a norma pode ser interpretada como não autoexecutável, sendo sanável através do mandado de injunção.

2.1.1 Destinatários do art. 5º

A leitura superficial do art. 5º, *caput*, da CF evidencia que os destinatários dos direitos individuais e coletivos, inicialmente, são os **brasileiros e estrangeiros residentes no País**. Entretanto, apesar de não estarem expressas no texto do *caput*, as **Pessoas Jurídicas estão inseridas no corpo do referido artigo**, sendo também destinatárias do art. 5º.

Ao serem tutelados os direitos das pessoas jurídicas, de forma mediata são protegidos os das pessoas físicas, sócios, associados ou beneficiários dessas empresas. Desprotegendo-se a pessoa jurídica, de forma indireta estar-se-iam expondo os direitos das pessoas físicas. Além disso, uma pessoa jurídica, por exemplo, pode, perfeitamente, por exemplo, ajuizar um mandado de segurança, mandado de injunção e até mesmo um *habeas corpus*. Observa-se, ainda, que alguns dos direitos previstos nesse dispositivo somente podem ser exercidos por pessoas jurídicas, como o mandado de segurança coletivo (CF, art. 5º, LXX).

Outro destaque é quanto ao tratamento dado ao estrangeiro. Pelo próprio princípio da igualdade previsto no dispositivo constitucional, os estrangeiros residentes no País têm assegurados os demais direitos previstos na CF, desde que compatíveis com a situação de estrangeiro. Dessa forma é assegurado aos estrangeiros o respeito aos direitos sociais previstos nos arts. 6º e 7º da CF, como salário mínimo, repouso semanal, férias e aposentadoria, caso ele esteja na condição de trabalhador. Entretanto, não é assegurado, por exemplo, o direito de voto, de ocupar cargos privativos de brasileiros. Por fim, deve-se alertar que a Constituição só pode garantir direitos fundamentais aos estrangeiros e também aos brasileiros e às pessoas jurídicas submetidos à soberania do Estado brasileiro. Dessa forma, por exemplo, um estrangeiro, mesmo que de passagem ou clandestino no País, teria direitos individuais e coletivos, como a impetração de um mandado de segurança ou de um *habeas corpus*. Há precedente do Supremo Tribunal Federal nesse sentido.

2.1.2 Direito à vida

O direito à vida é o principal direito individual, o bem jurídico de maior relevância tutelado pela ordem constitucional, **pois o exercício dos demais direitos depende de sua existência**. Seria absolutamente inútil tutelar a liberdade, a igualdade e o patrimônio de uma pessoa sem que fosse assegurada a proteção da sua vida. O direito à vida consiste simplesmente no direito à existência do ser humano. Como ensina José Afonso da Silva, o direito à vida deve ser compreendido de forma extremamente abrangente, incluindo o direito de nascer, de permanecer vivo, de defender a própria vida, enfim, de não ter o processo vital interrompido senão pela morte espontânea e inevitável. Inseridos na noção de direito à vida estariam o direito a saúde física e mental, saneamento básico, moradia, educação e cultura, enfim, uma vida com dignidade. Destacamos que a importância do direito à vida não significa condição de direito absoluto.

A Constituição tutela o direito à vida sem estabelecer o momento inicial e final da proteção jurídica. Esses termos, por opção do poder constituinte originário, devem ser fixados pela legislação infraconstitucional, obedecidos os preceitos da Constituição.

O conceito de vida é uma questão filosófica de alta indagação, envolvendo aspectos morais, religiosos, éticos. Há muita discussão acerca do momento inicial da vida, interferindo nesta definição o conhecimento médico, o entendimento jurídico, os dogmas religiosos e o senso comum, o que produz grande repercussão nos julgados que envolvem a matéria.

Como exemplo, podemos citar a ADPF 54, na qual o STF julgou procedente o pedido para permitir a interrupção da gravidez nos casos de fetos anencéfalos. Já a ADPF 442 que pleiteou a não recepção parcial dos arts. 124 e 126 do Código Penal, com o objetivo de descriminalizar a interrupção da gestação induzida e voluntária realizada nas primeiras 12 semanas, ainda não foi julgada definitivamente pelo STF. Portanto, até o fechamento desta edição, a ADPF 442 permanece com o julgamento pendente.

Seguindo a mesma linha de raciocínio do que pleiteia a ADPF 442, citamos o HC 124.306. Nele a 1ª Turma do STF julgou os arts. 124 a 126 do Código Penal à luz da interpretação constitucional, excluindo dos seus âmbitos de incidência a interrupção voluntária da gestação quando efetivada no primeiro trimestre, pois criminalizar esta hipótese, segundo os ministros, violaria direitos fundamentais da mulher.

"A criminalização é incompatível com os seguintes direitos fundamentais: os direitos sexuais e reprodutivos da mulher, que não pode ser obrigada pelo Estado a manter uma gestação indesejada; a autonomia da mulher, que deve conservar o direito de fazer suas escolhas existenciais; a integridade física e psíquica da gestante, que é quem sofre, no seu corpo e no seu psiquismo, os efeitos da gravidez; e a igualdade da mulher, já que homens não engravidam e, portanto, a equiparação plena de gênero depende de se respeitar a vontade da mulher nessa matéria... A tudo isto se acrescenta o impacto da criminalização sobre as mulheres pobres". (STF, 1ª T, HC 124.306).

A morte, ao contrário, é a cessação da vida, sendo diagnosticada pelo fim das funções vitais do organismo: respiração, circulação e atividade cerebral. O diagnóstico da morte deve ser feito de acordo com os conhecimentos médicos existentes. Em regra, constata-se de forma clínica pela paralisação da respiração e da circulação, bem como por outros sinais evidenciadores do término das funções vitais do organismo humano. O momento da morte também foi objeto de discussão jurisprudencial, contudo nosso legislador ordinário cumpriu o seu papel e teceu algumas definições. Para efeitos de transplantes, por exemplo, em razão da possibilidade da manutenção artificial das funções respiratórias e de circulação, a legislação exige a verificação de morte encefálica (Lei n. 9.434/97).

Para efeitos de manipulação de material genético humano, a Lei n. 11.105/2005 (Lei de Biossegurança) permite a manipulação e pesquisa de células-tronco embrionárias. A referida lei foi impugnada pela ADI 3.510 sob o questionamento de que a Lei de Biossegurança violaria o direito à vida e a dignidade da pessoa humana, já que a vida humana começaria com a fecundação.

Neste ponto, lembremos que o legislador ordinário, ao tratar dos direitos de personalidade, refere-se ao momento da concepção, vejamos: "a personalidade civil do homem começa do nascimento com vida; mas a lei põe a salvo desde a concepção os direitos do nascituro" (Lei n. 10.406/2002, art. 2º), contudo este dispositivo legal limita-se ao âmbito civil: direitos de personalidade, direitos das obrigações, direitos sucessórios.

O STF, julgando o mérito da ADI 3.510 (Lei de Biossegurança), considerou o início da vida humana a partir da existência do cérebro, e reconheceu que a célula embrionária em estágio inicial é destituída deste órgão. Esse entendimento coincide com a definição estabelecida pela Lei dos Transplantes, na qual a morte encefálica é o termo final da vida, a partir do qual poderão ocorrer as doações *post mortem* dos órgãos da pessoa. Em resumo, na ausência de uma definição constitucional, a existência de cérebro e da atividade cerebral são os elementos considerados pela jurisprudência do STF para definir a existência de vida.

Outros temas expressos no art. 5º da CF estão estritamente relacionados com o direito à vida, vejamos:

a) **Pena de Morte**: a pena de morte é expressamente vedada pela Constituição Federal, salvo em caso de guerra declarada (art. 5º, XLVII). Diversas razões justificam a não adoção da pena capital, além do risco da aplicação indiscriminada para qualquer tipo de crime, conforme as circunstâncias políticas de cada momento. As hipóteses de aplicação da pena de morte em crimes cometidos em tempo de guerra estão previstas no Código Penal Militar (arts. 55, *a*, 56 e 57 do Decreto-lei n. 1.001/69). Os princípios constitucionais da legalidade e da anterioridade da lei penal continuam indispensáveis em tempo de guerra.

b) **Integridade Física**: a pessoa humana deve ser protegida em seus múltiplos aspectos: vida, integridade física, honra e liberdade individual. Não basta garantir o direito à vida, mas assegurá-lo com o máximo de dignidade na existência do ser humano. A integridade física deve ser entendida como o absoluto respeito à integridade corporal e psíquica de todo e qualquer ser humano. Em diversos dispositivos do art. 5º a CF reflete essa preocupação. Estabelece, por exemplo, que "ninguém será submetido à tortura nem ao tratamento desumano ou degradante" e "é assegurado aos presos o respeito à integridade física e moral". Não é demais ressaltar que todos os seres humanos merecem ser tratados com dignidade e respeito, inclusive os que atentaram contra as próprias leis.

O preso só deve cumprir as penas que lhe foram impostas na sentença, não admitindo a Constituição Federal a imposição de penas cruéis (art. 5º, XLVII, *e*). Para assegurar o respeito à integridade do preso e à legalidade da prisão, o texto constitucional estabelece uma série de outros direitos: comunicação imediata de qualquer prisão ao juiz competente, à família do preso ou à pessoa por ele indicada; dever de informar o preso de seus direitos, inclusive o de permanecer calado, assegurando-lhe assistência da família e de advogado; direito do preso à identificação dos responsáveis pela sua prisão, ou pelo interrogatório policial; relaxamento imediato pelo juiz da prisão feita de forma ilegal.

Sobre o tema, em 2015, o STF, em julgamento da ADPF 347, considerou pela primeira vez na história do Judiciário brasileiro o "Estado de Coisas Inconstitucionais", considerando a situação prisional do país como **"violação massiva dos direitos fundamentais"** sobre a população carcerária brasileira por omissão do poder público. Este reconhecimento do STF em relação ao sistema carcerário brasileiro é um dos fundamentos das decisões favoráveis da Corte em relação aos pedidos de *habeas corpus* coletivo, a exemplo do HC 143.641.

c) Integridade Moral: a vida não deve ser protegida somente em seus aspectos materiais. Existem atributos morais a serem preservados e respeitados por todos. A Constituição assegura expressamente "a indenização por dano material, moral ou à imagem" (art. 5º, V). A honra é um bem jurídico que encontra sua tutela no próprio texto constitucional. Deve ser entendida como o atributo moral do ser humano, abrangendo a autoestima e a reputação de uma pessoa, ou seja, a consideração que tem de si mesma, assim como aquela de que goza no meio social (CF, art. 5º, V e X).

d) Doação de Órgãos: considerando o princípio do absoluto respeito à integridade física, bem jurídico considerado indisponível, a Constituição veda qualquer tipo de comercialização de órgãos, tecidos e substâncias humanas para fins de transplante, pesquisa e tratamento (art. 199, § 4º). O absoluto respeito ao corpo humano, além de bem jurídico tutelado de forma individual, é um imperativo de ordem estatal. Trata-se de bem fora de comércio por expressa previsão constitucional. Contudo, a doação de sangue ou de órgãos em vida ou *post mortem*, para fins de transplante ou tratamentos, é válida. A Lei n. 9.434/97 (com as alterações introduzidas pelas Leis n. 10.211/2001, 11.521/2007 e 11.633/2007) regulamenta a remoção de órgãos, tecidos e partes do corpo humano com essas finalidades terapêuticas.

e) Tortura: a preocupação com a integridade física transcende em diversos dispositivos constitucionais. Considerando a prática corriqueira da tortura em presos comuns e políticos durante os anos do regime militar, a Constituição Federal, em diversos incisos do art. 5º, deixou patente seu repúdio a essa forma de investigação. Dispôs o texto constitucional: "ninguém será submetido a tortura"; "aos presos o respeito à integridade física e moral"; "inafiançável e insuscetível de graça ou anistia a prática da tortura".

A criminalização da tortura foi regulamentada pela Lei n. 9.455/97 (atualizada pela Lei n. 10.741/2003). A tortura, nos termos de nossa legislação penal, deve ser entendida como a imposição de qualquer sofrimento físico ou mental, mediante violência ou grave ameaça, com a finalidade de obter informações ou confissão, para provocar qualquer ação ou omissão de natureza criminosa, em razão de discriminação racial ou religiosa, bem como forma de aplicação de castigo pessoal ou medida de caráter preventivo a indivíduos submetidos à guarda do Estado ou de outra pessoa.

2.1.3 Direito à liberdade

Liberdade é a faculdade que uma pessoa possui de fazer ou não fazer alguma coisa. Envolve sempre um direito de escolher entre duas ou mais alternativas, de acordo com sua própria vontade. O direito de liberdade não é absoluto, pois a ninguém é dada a faculdade de fazer tudo o que bem entender. Essa concepção de liberdade levaria à sujeição dos mais fracos pelos mais fortes. Para que uma pessoa seja livre é indispensável que os demais respeitem a sua liberdade. Em termos jurídicos, é o direito de fazer ou não fazer alguma coisa, de forma livre, só havendo obrigatoriedade em virtude da lei. Um indivíduo é livre para fazer tudo o que a lei não proíbe. Considerando o princípio da legalidade (art. 5º, II), apenas as leis podem limitar a liberdade individual. Tal liberdade apresenta desdobramentos em diversas áreas, vejamos:

a) Liberdade de Expressão de Pensamento: o pensamento, em si, é absolutamente livre, ninguém possui condições de controlá-lo, de conhecer o que, de certo ou errado, passa pela mente de um ser humano. Está absolutamente fora do poder social. O pensamento pertence ao próprio indivíduo, é uma questão de foro íntimo. A tutela constitucional surge no momento em que ele é exteriorizado. Se o pensamento, em si, é absolutamente livre, a sua manifestação já não pode ser feita de forma descontrolada, pois o abuso desse direito é passível de punição. Essa é a razão pela qual a Constituição estabelece que "é livre a manifestação do pensamento, vedado o anonimato". Se a Constituição assegura a liberdade de manifestação de pensamento, as pessoas são obrigadas a assumir a responsabilidade daquilo que exteriorizam. Ninguém pode fugir da responsabilidade do pensamento exteriorizado, escondendo-se sob a forma do anonimato. O direito de manifestação de pensamento deve ser exercido de maneira responsável. Não se tolera o exercício abusivo desse direito em detrimento da honra das demais pessoas. No caso da imprensa, responde pela informação abusiva do direito de manifestação de pensamento o autor da notícia. A Constituição assegura "o direito de resposta, proporcional ao agravo, além da indenização por dano material, moral ou à imagem". Trata-se do exercício de um direito de defesa da pessoa que foi ofendida pela imprensa em razão da publicação de uma notícia inverídica ou errônea. A Constituição inovou ao assegurar expressamente a indenização por danos morais. As indenizações por danos materiais e morais são acumuláveis, conforme entendimento já consagrado nas Súmulas 37 e 387, ambas do Superior Tribunal de Justiça.

Acerca dos temas "Liberdade de Expressão de Pensamento" e "Liberdade de Expressão Intelectual, Artística, Científica e de Comunicação", assegurados expressamente pelo art. 5º, IV e IX, da CF, é interessante apontar a decisão do STF na ADPF 548, que afirma da seguinte forma:

"Afronta aos princípios da liberdade de manifestação de pensamento e da autonomia universitária. (...) Inconstitucionalidade de interpretação dos arts. 24 e 37 da Lei n. 9.504/97 que conduza a atos judiciais ou administrativos que possibilitem, determinem ou promovam ingresso de agentes públicos em universidades públicas e privadas, recolhimento de documentos, interrupção de aulas, debates ou manifestações de docentes e discentes universitários, a atividade disciplinar docente e discente e coleta irregular de depoimentos pela prática de manifestação livre de ideias e divulgação de pensamento nos ambientes universitários ou equipamentos sob administração de universidades públicas e privadas e serventes a seus fins e desempenhos" (**ADPF 548**, rel. Min. Cármen Lúcia, julgamento em 15-5-2020).

Ainda sobre o assunto, em maio de 2020, o STF decidiu Tema de Repercussão Geral com o seguinte verbete: "Ante conflito entre a liberdade de expressão de agente político, na defesa da coisa pública, e honra de terceiro, há de prevalecer o interesse coletivo, da sociedade, não cabendo potencializar o individual" (**RE 685.493**, Tema 562).

b) Liberdade de Expressão Artística: a Constituição assegura ampla liberdade na produção da arte, nas suas mais variadas formas: literatura, música, teatro, cinema, televisão, fotografia, artes plásticas. Determinadas expressões artísticas, como artes plásticas, literária e musical, gozam de ampla liberdade, não estando sujeitas a qualquer censura por parte do Estado. Contudo, quando as expressões artísticas são feitas pelos veículos de comunicação social (rádio e televisão) ou de forma pública (cinemas, teatros, casas de espetáculos), que atingem pessoas indeterminadas, a Constituição admite certas formas de controle, nunca com o objetivo de censura moral, ideológica ou política, mas com o objetivo de resguardar a criança e o adolescente de conteúdos inadequados ao seu desenvolvimento cronológico e psicológico. Tratando-se de diversões e espetáculos públicos, o Poder Público poderá estabelecer faixas etárias recomendadas, locais e horários para a apresentação. Ao mesmo tempo, lei federal deverá estabelecer meios para que qualquer pessoa ou família possa defender-se de programações de rádio e televisão que atentem contra os valores éticos vigentes (CF, art. 220, § 3º, I e II).

Ainda sobre o tema, a EC n. 115/2022 acrescentou o inciso LXXIX ao art. 5º, assegurando o direito à proteção dos dados pessoais, inclusive no meio digital, elevando tal proteção ao status de direito fundamental. A União passa a ter competência para legislar sobre o tema, bem como fiscalizar a proteção e o tratamento dos dados pessoais.

c) Liberdade de Informação: o direito de informação inclui o direito de informar, e de ser informado. A Constituição Federal de 1988, em diversos incisos do art. 5º, tutela o direito de informação, estabelece que "é assegurado a todos o acesso à informação" e "todos têm direito a receber dos órgãos públicos informações de seu interesse particular". Em caso de violação desse direito, a Constituição assegurou o *habeas data*, uma ação constitucional para proteger o direito de informação pessoal dos indivíduos em face de banco de dados públicos ou abertos ao público, com dupla finalidade: conhecimento do conteúdo das informações pessoais e concessão da possibilidade de retificação dessas informações pessoais (art. 5º, LXXII).

d) Liberdade de Informação Jornalística: a Constituição assegura a "plena liberdade de informação jornalística em qualquer veículo de comunicação social". Trata-se de um direito de conteúdo mais abrangente que o tradicional conceito de liberdade de imprensa, que assegura o direito de veiculação de impressos sem qualquer restrição por parte do Estado. A liberdade de informação jornalística compreende o direito de informar, bem como o do cidadão de ser devidamente informado. Qualquer legislação infraconstitucional que constitua entrave à atividade jornalística, por expressa disposição constitucional, deve ser declarada inconstitucional (art. 220, § 1º). A liberdade de informação jornalística deve ser exercida de forma compatível com a tutela constitucional da intimidade e da honra das pessoas, evitando situações de abuso ao direito de informação previsto na Constituição. Em caso de excesso, em notícias divulgadas pelos veículos de comunicação social, a jurisprudência tem considerado indenizáveis os danos materiais e morais decorrentes desse abuso. Como observa Vidal Serrano Nunes Jr., o direito à liberdade de informação possui dupla face: uma de defesa da imprensa contra o Estado e outra de defesa do cidadão contra os veículos de comunicação.

Sobre o tema Liberdade de Informação Jornalística, cabe destacar o emblemático RE 1.010.606, no qual o STF negou provimento em ação indenizatória que objetivava a compensação pecuniária e a reparação material em razão do uso não autorizado da imagem da falecida irmã dos autores, Aída Curi, no programa *Linha Direta: Justiça*, da TV Globo. O caso em questão discutia o chamado Direito ao Esquecimento na esfera cível e o STF entendeu pelo não amparo constitucional, no caso em questão.

É incompatível com a Constituição a ideia de um direito ao esquecimento, assim entendido como o poder de obstar, em razão da passagem do tempo, a divulgação de fatos ou dados verídicos e licitamente obtidos e publicados em meios de comunicação social analógicos ou digitais. Eventuais excessos ou abusos no exercício da liberdade de expressão e de informação devem ser analisados caso a caso, a partir dos parâmetros constitucionais – especialmente os relativos à proteção da honra, da imagem, da privacidade e da personalidade em geral – e das expressas e específicas previsões legais nos âmbitos penal e cível (RE 1.010.606, Tema 786).

e) **Sigilo da Fonte:** além de assegurar o direito de informação, a Constituição resguarda o sigilo da fonte quando necessário ao exercício profissional da atividade jornalística (art. 5º, XIV). O sigilo da fonte é indispensável para o êxito de certas investigações jornalísticas. A finalidade é permitir a ampla apuração de fatos comprometedores.

f) **Liberdade de Crença:** a liberdade de crença é de foro íntimo, em questões de ordem religiosa. É importante salientar que inclui o direito de professar ou não uma religião, de acreditar ou não na existência de um ou diversos deuses. O próprio ateísmo e o agnosticismo devem ser assegurados dentro da liberdade de crença. Se a Constituição assegura ampla liberdade de crença, a de culto deve ser exteriorizada "na forma da lei", como estabelece o art. 5º, VI. A liberdade de culto inclui o direito de honrar as divindades preferidas, celebrar as cerimônias exigidas pelos rituais, construir templos e o direito de recolher contribuições dos fiéis. A Constituição de 1824 estabelecia a Católica Apostólica Romana como religião do Império, permitindo apenas o culto doméstico para as outras crenças. Essa discriminação foi abolida com a proclamação da República, 1889, e, atualmente existe, no Brasil, um regime de absoluta distinção entre o Estado e todas as Igrejas, pois a CF/88, em seu art. 19, veda "à União, aos Estados, ao Distrito Federal e aos Municípios: I – estabelecer cultos religiosos ou igrejas, subvencioná-los, embaraçar-lhes o funcionamento ou manter com eles ou seus representantes relações de dependência ou aliança, ressalvada, na forma da lei, a colaboração de interesse público".

Existem diversas decorrências da ampla liberdade religiosa assegurada no texto constitucional: direito de assistência religiosa, objeção de consciência, ensino religioso facultativo nas escolas públicas de ensino fundamental (art. 210, § 1º) e reconhecimento da validade do casamento religioso para efeitos civis (art. 226, § 2º). O direito de assistência religiosa é assegurado, nos termos da lei, em entidades civis e militares de internação coletiva, como quartéis, internatos, estabelecimentos penais e manicômios (art. 5º, VII) e a objeção de consciência garante que ninguém será privado de direitos por motivos religiosos, filosóficos ou políticos, salvo se utilizá-los para se eximir de obrigação a todos imposta ou prestação alternativa (art. 5º, VIII).

g) **Liberdade de Locomoção:** a liberdade de locomoção consiste no direito de ir e vir. Obviamente o direito de permanecer no local em que se encontra está incluído no de ir e vir. A CF, no art. 5º, XV, estabelece que "é livre a locomoção no território nacional em tempo de paz, podendo qualquer pessoa, nos termos da lei, nele entrar, permanecer ou dele sair com seus bens". Apenas em tempo de guerra podem ser feitas restrições à liberdade de locomoção. Destaca-se que o direito de sair do país ou de circular dentro dele, com seus bens, não abrange a concessão de qualquer imunidade fiscal, ou seja, a liberdade de ir e vir não isenta o indivíduo do pagamento de pedágios e outros valores legalmente cabíveis. A Constituição prevê como garantia da liberdade de locomoção a ação de *habeas corpus* (art. 5º, LXVIII). Quanto à liberdade de locomoção, merece destaque a **Súmula Vinculante 25 do STF**, cujo inteiro teor prescreve que: "É ilícita a prisão civil de depositário infiel, qualquer que seja a modalidade do depósito", alterando sensivelmente o art. 5º, LXVII, da CF, em evidente mutação constitucional.

h) **Uso de Algemas:** destaca-se também a Súmula Vinculante 11, que prescreve que: "Só é lícito o uso de algemas em casos de resistência e de fundado receio de fuga ou de perigo à integridade física própria ou alheia, por parte do preso ou de terceiros, justificada a excepcionalidade por escrito, sob pena de responsabilidade disciplinar, civil e penal do agente ou da autoridade e de nulidade da prisão ou do ato processual a que se refere, sem prejuízo da responsabilidade civil do Estado". O STF estabelece que o uso de algemas deve ser medida excepcional buscando a segurança de todos, e apenas no caso de fundado receio de fuga ou perigo à integridade física ou até mesmo de resistência. Após a Súmula Vinculante 11, destacamos as seguintes normas que foram acrescentadas ao ordenamento jurídico relacionadas ao uso de algemas: o Decreto n. 8.858/2016, que regulamenta a Lei de Execuções Penais (Lei n. 7.210/84), e a Lei n. 13.434/2017, que acrescentou o parágrafo único ao art. 292 do CPP.

i) **Liberdade de Reunião:** a liberdade de reunião deve ser entendida como o agrupamento de pessoas, organizado, de caráter transitório, com uma determinada finalidade. Em locais abertos ao público, é assegurada expressamente no art. 5º, XVI, desde que observados determinados requisitos: **a)** reunião pacífica, sem armas; **b)** fins lícitos; **c)** aviso-prévio à autoridade competente; e **d)** realização em locais abertos ao público. A liberdade de reunião em locais fechados é garantida pela Constituição de forma implícita, podendo ser exercida sem a exigência de prévio aviso à autoridade competente. O aviso-prévio não se confunde com a exigência de autorização do Poder Público. Sua finalidade é evitar a frustração de outra reunião previamente convocada para o mesmo local. Não é qualquer agrupamento de pessoas que se considera como reunião; é preciso que essas pessoas tenham se organizado para tal. O direito de passeata também é assegurado pela Constituição, pois uma passeata nada mais é do que o exercício do direito de reunião em movimento, desde que previamente avisado, para que haja um planejamento e evite-se ao máximo o transtorno aos demais indivíduos que pretendem utilizar as vias públicas para atender as suas necessidades.

j) **Liberdade de Associação:** deve ser entendida como o agrupamento de pessoas, organizado e permanente, para fins lícitos. Distingue-se do direito de reunião por seu caráter de permanência. A liberdade de associação abrange o direito de associar-se a outras pessoas para a formação de uma entidade, o de aderir a uma associação já formada, o de desligar-se da associação, bem como o de dissolução das associações. A atual Constituição, no art. 5º, XVII a XXI, assegura ampla liberdade de associação para fins lícitos. Associações podem ser criadas, independente de autorização, proibida qualquer interferência do Estado em seu funcionamento interno. Somente podem ser dissolvidas compulsoriamente por decisão judicial transitada em julgado. Foi conferida pela Constituição legitimidade para as associações na defesa judicial e extrajudicial de seus filiados. Elas atuam como substituto processual, postulando, em nome próprio, direitos de seus filiados. Para tanto, basta que as entidades estejam regularmente funcionando e possuam cláusula específica em seu estatuto. Observa-se que a Lei n. 1.134/50 conferiu legitimidade *ad causam* para determinadas associações de classe postularem em juízo direitos de seus filiados, independente de autorização em assembleia geral, bastando cláusula específica no respectivo estatuto. Essa lei foi recepcionada pela nova ordem constitucional.

A Constituição veda expressamente associações de caráter paramilitar. Organizações paramilitares são entidades particulares que se estruturam de forma análoga às Forças Armadas. O uso do poder de coerção deve ser restrito ao Estado, não se facultando a organismos particulares a estruturação em forma bélica, em razão dos evidentes riscos à ordem social e democrática. A Constituição proíbe também a "utilização pelos partidos políticos de organização paramilitar" (art. 17, § 4º).

k) **Liberdade Profissional:** a liberdade de ação profissional consiste na faculdade de escolha de trabalho que se pretende exercer (CF, art. 5º, XIII). É o direito de cada indivíduo exercer qualquer atividade profissional, de acordo com as suas preferências e possibilidades. Para o exercício de determinados trabalhos, ofícios ou profissões, a Constituição estabelece que sejam feitas certas exigências pela legislação ordinária. Para o exercício da profissão de advogado, por exemplo, o indivíduo precisa ser formado em uma Faculdade de Direito e ter sido aprovado no Exame da Ordem dos Advogados do Brasil.

2.1.4 Direito à igualdade

O direito de igualdade, no art. 5º, *caput*, da CF, afirma que: "Todos são iguais perante a lei, sem distinção de qualquer natureza". Não se admite discriminação de qualquer natureza em relação aos seres humanos. Esse princípio vem repetido em diversos dispositivos constitucionais, realçando a preocupação do constituinte com a questão da busca da igualdade em nosso país. O preâmbulo da Constituição já traz a igualdade como um dos valores supremos do Estado brasileiro. O art. 3º estabelece entre as metas do Brasil a erradicação da pobreza e da marginalização, a redução das desigualdades sociais e regionais e a promoção do "bem de todos, sem preconceitos de origem, raça, sexo, cor, idade e quaisquer outras formas de discriminação".

No capítulo dos direitos individuais, a igualdade é salientada, logo no *caput* do art. 5º, como um dos direitos individuais básicos, e vem reiterada, em seguida, no inciso I, com a consagração da igualdade entre homens e mulheres em direitos e obrigações. No capítulo dos direitos sociais, a Constituição veda a diferença de salários, de exercício de funções ou de critérios de admissão por motivos de sexo, idade, cor, estado civil ou deficiência física (art. 7º, XXX e XXXI).

O fundamento do direito de igualdade encontra-se no princípio de que todos devem ser tratados de forma igual perante a lei. Todos nascem e vivem com os mesmos direitos e obrigações perante o Estado. A igualdade foi um dos ideários da Revolução Francesa atingidos com a abolição dos antigos privilégios da nobreza e do clero. Todos passaram a ter o mesmo tratamento perante a lei.

Na verdade, igualdade consiste em tratar igualmente os iguais, com os mesmos direitos e obrigações, e desigualmente os desiguais. Tratar igualmente os desiguais seria aumentar a desigualdade existente. Nem todo tratamento desigual é inconstitucional, somente aquele tratamento desigual que aumenta a desigualdade naturalmente já existente. Não teria sentido conceder benefícios de forma igual para os que necessitam e para os que não necessitam da assistência do Poder Público.

Há duas hipóteses em que o tratamento diferenciado é válido, por não ofender o princípio constitucional da igualdade:

a) Quando a própria Constituição estabelece um tratamento desigual.

Exemplos: licença-gestante com prazo maior que a licença-paternidade; exclusão de mulheres do serviço militar obrigatório em tempo de paz; exclusividade de determinados cargos aos brasileiros natos;

b) Quando a existência de um pressuposto lógico e racional que justifique a desequiparação efetuada, em consonância com os valores tutelados pela Constituição. Exemplos: assentos reservados para gestantes, idosos e pessoas com deficiência nos transportes coletivos; preferência para pessoas nas mesmas condições em filas de banco; exigência de candidatos do sexo masculino para concurso de ingresso na carreira de carcereiro de penitenciária masculina ou de candidatas mulheres para o mesmo cargo em penitenciárias femininas.

Há duas espécies de **igualdade: formal e material**. A formal, dentro da concepção clássica do Estado Liberal, é aquela em que todos são iguais perante a lei. **Existe também a igualdade material, denominada efetiva, real, concreta ou situada**. Trata-se daquela que busca a igualdade de fato na vida econômica e social. Em diversos dispositivos o constituinte revela sua preocupação com a profunda desigualdade em nosso país, com a criação de mecanismos que assegurem uma igualdade real entre os indivíduos. Não basta a igualdade formal. O Estado deve buscar que todos efetivamente possam gozar dos mesmos direitos e obrigações. Exemplo: não basta a Constituição assegurar a todos formalmente a igualdade no acesso ao Poder Judiciário (art. 5º, XXXV). Para o exercício universal e concreto desse direito, é indispensável que o Estado forneça assistência judiciária gratuita para que as pessoas carentes, impossibilitadas de arcar com as despesas do processo (custas, honorários e verbas de sucumbência), possam postular ou defender seus direitos em juízo (art. 5º, LXXIV).

São destinatários do princípio da igualdade tanto o legislador como os aplicadores da lei. A igualdade da lei é voltada para o legislador, vedando-se a elaboração de dispositivos que estabeleçam desigualdades entre as pessoas, privilegiando ou perseguindo algumas. A igualdade perante a lei é voltada para os operadores do direito, que não poderão utilizar critérios discriminatórios na aplicação da lei, estabelecendo tratamento desigual para pessoas que se encontrem nas mesmas condições.

Enfim **a Constituição veda expressamente distinções discriminatórias com fundamento na origem, raça, sexo, cor, idade, estado civil e deficiência física**. Todavia, essas cláusulas não são taxativas, mas meramente exemplificativas, pois o próprio art. 3º, IV, adota uma fórmula genérica de ampla abrangência: "quaisquer outras formas de discriminação". Entre estas, podemos apontar, por exemplo, distinções em razão de religião, convicção política, características físicas e orientação sexual.

"Não se pode permitir que a lei faça uso de expressões pejorativas e discriminatórias, ante o reconhecimento do direito à liberdade de orientação sexual como liberdade existencial do indivíduo. Manifestação inadmissível de intolerância que atinge grupos tradicionalmente marginalizados". (**ADPF 291**, rel. Min. Roberto Barroso)

2.1.5 Direito à segurança

Segurança é a confiança, a salvaguarda do exercício dos direitos fundamentais. Não basta ao Estado criar e reconhecer direitos ao indivíduo: tem o dever de zelar por eles, assegurando a todos o exercício, com a devida tranquilidade, do direito à vida, integridade física, liberdade, propriedade etc.

Segundo Manoel Gonçalves Ferreira Filho, os direitos relativos à segurança do indivíduo abrangem os direitos subjetivos em geral e os relativos à segurança pessoal. Dentre os subjetivos em geral, encontramos o direito à legalidade e à segurança das relações jurídicas. Os direitos relativos à segurança pessoal incluem o respeito à liberdade pessoal, a inviolabilidade da intimidade, do domicílio e das comunicações pessoais e a segurança em matéria jurídica.

Segurança das relações jurídicas é o conjunto das condições que permitem às pessoas físicas e jurídicas o conhecimento antecipado das consequências jurídicas de seus atos. Uma ordem jurídica pressupõe a existência de relações estáveis. Para assegurar a segurança das relações jurídicas, o princípio fundamental é o da irretroatividade das leis. Uma pessoa não pode ser surpreendida por consequências jurídicas desfavoráveis de leis elaboradas após a prática de sua conduta. Contudo, o ordenamento jurídico admite leis retroativas, desde que, em regra, não violem o direito adquirido, o ato jurídico perfeito e a coisa julgada (CF, art. 5º, XXXVI), tema que FOI COBRADO NO 38º EXAME. De forma específica, a admissão de leis retroativas abrange a matéria penal desde que em benefício do réu. As leis são elaboradas para reger situações futuras, mas, atendendo ao interesse social, uma lei nova pode retroagir desde que não prejudique situações jurídicas já consolidadas. Esses três institutos jurídicos são definidos pela Lei de Introdução às Normas do Direito Brasileiro (atualizada pela Lei n. 12.376/2010) com a finalidade de assegurar a segurança das relações jurídicas.

A segurança em matéria pessoal abrange diversos direitos e garantias em relação ao ser humano isoladamente considerado: inviolabilidade da intimidade, do domicílio e das comunicações pessoais, dos dados, incluindo os dados digitais, bem como diversas garantias em matéria penal e processual.

A segurança em matéria processual também é prevista no texto constitucional, não é por mero acaso ou capricho do poder constituinte que os princípios fundamentais do direito penal e do direito processual estão todos previstos no art. 5º da Constituição Federal. Quando se regulamenta a atividade jurisdicional do Estado, principalmente na área punitiva, devem-se preservar direitos fundamentais do ser humano como a vida, a liberdade e a propriedade. Diversas garantias jurisdicionais, processuais e de direito material são asseguradas pelo texto constitucional com essa finalidade. Restrições a direitos fundamentais só são admitidas com a observância de todas as garantias constitucionais. Entre as garantias de segurança em matéria processual estão o princípio da inafastabilidade ou do controle do Poder Judiciário; a proibição dos tribunais de exceção; julgamento pelo Tribunal do Júri para os crimes dolosos contra a vida; princípio do juiz natural ou do juiz competente; princípio do promotor natural; princípios da anterioridade e da reserva da lei penal; princípio da irretroatividade da lei penal mais gravosa; princípio da personalização da pena; proibição de determinadas penas; princípios relativos à execução da pena privativa de liberdade; restrições à extradição de nacionais e estrangeiros; proibição da prisão civil por dívidas; princípio do devido processo legal; princípios do contraditório e da ampla defesa; proibição de prova ilícita; princípio da presunção de inocência; proibição da identificação criminal da pessoa já civilmente identificada; garantias da legalidade e da comunicabilidade das prisões, entre outros.

2.1.6 Direito à propriedade

O direito de propriedade, de acordo com a legislação civil, consiste no "direito de usar, gozar e dispor de seus bens, e de reavê-los do poder de quem quer que injustamente os possua". Consiste no direito de utilizar a coisa de acordo com a sua vontade, com a exclusão de terceiros, de colher os frutos da coisa e de explorá-la economicamente e no direito de vender ou doar a coisa (*jus utendi, fruendi* e *abutendi*). Em termos de direito constitucional, o direito de propriedade também é reconhecido, abrangendo qualquer direito de conteúdo patrimonial, econômico, tudo que possa ser convertido em dinheiro, alcançando créditos e direitos pessoais. Sem a extensão dessa tutela, direitos pessoais de natureza econômica poderiam ser desapropriados sem o pagamento de qualquer indenização, o que seria um absurdo.

A CF, no art. 5º, XXII, assegura "o direito de propriedade". No inciso seguinte estabelece que "a propriedade atenderá a sua função social". A concepção do direito de propriedade como um direito absoluto do titular, de poder utilizar a coisa e desfrutá-la da forma que melhor entender, mesmo que em detrimento dos demais, não mais prevalece. A utilização e o desfrute de um bem devem ser feitos de acordo com a conveniência social da utilização da coisa. O direito de propriedade, dentro de uma evolução histórica, é visto cada vez menos como um direito subjetivo de caráter absoluto, para se transformar em uma função social do proprietário. O direito do dono deve ajustar-se aos interesses da sociedade.

Em caso de conflito, o interesse social pode prevalecer sobre o individual. Exemplo: em razão da função social da propriedade é prevista pela Constituição a desapropriação, para fins de reforma agrária, de uma propriedade rural improdutiva, com o pagamento de indenização em títulos da dívida agrária. A desapropriação, a requisição e a proteção à pequena propriedade rural são proteções expressas nos dispositivos constitucionais.

A Constituição assegura também direitos aos que contribuem para uma maior difusão de obras intelectuais, culturais: artistas, intérpretes e produtores, pessoas que participam da elaboração de obras individuais e coletivas, incluindo novelas, filmes, teatro, música e obras literárias. Também assegura aos autores de inventos industriais o privilégio de sua exploração econômica, em caráter de exclusividade. A propriedade das marcas também recebe tutela constitucional.

Uma decorrência do direito de propriedade, elevada à condição de direito constitucional, é a possibilidade da transferência dos bens de uma pessoa falecida aos seus herdeiros e legatários, tema já regulamentado na legislação civil. Na sucessão de bens de estrangeiros situados no País, aplicar-se-á sempre a lei que for mais favorável ao cônjuge ou filhos brasileiros da pessoa falecida, entre a legislação brasileira ou a do país do *de cujus*.

2.1.7 Remédios Constitucionais
a) *Habeas Corpus* (art. 5º, LXVIII)

O *habeas corpus* é a ação cabível para assegurar o direito de locomoção, quando violado por ilegalidade ou abuso de poder. O autor da ação constitucional de *habeas corpus* é chamado de **impetrante**, o indivíduo em favor do qual se impetra é o **paciente**, e a autoridade que pratica a ilegalidade ou abuso de poder é a **autoridade coatora ou impetrado**.

O impetrante pode ser o próprio paciente, ou seja, qualquer pessoa física (brasileiro ou estrangeiro) em sua própria defesa, em favor de terceiro, podendo o ser o Ministério Público (órgão com capacidade processual), ou mesmo pessoa jurídica, desde que em favor de pessoa física.

O *habeas corpus* pode ser impetrado sem a presença de advogado, contra pessoa pública ou particular, não exige formalidades processuais e é gratuito (art. 5º, LXXVII).

O *habeas corpus* será **preventivo** quando alguém se achar **ameaçado de sofrer violência ou coação em sua liberdade de locomoção**, por ilegalidade ou abuso de poder, obtendo o **salvo-conduto**, para assegurar o direito de ir e vir. Quando a **violação do direito de liberdade já se consumou**, impetra-se o *habeas corpus* **liberatório ou repressivo**, para cessar a violência e quando do deferimento do pedido, será expedido um **alvará de soltura**.

É importante frisar que não **cabe *habeas corpus* nas punições disciplinares militares**, conforme os dispositivos do art. 142, §§ 1º e 2º, da CF. Os militares podem ser presos por determinação de seus superiores hierárquicos (sem depender de ordem judicial) e por indisciplina militar (que nem sempre é tipificada como crime). Todavia o *habeas corpus* **é remédio hábil para questionar prisões militares ilegais, por exemplo, por ilegalidade da aplicação da penalidade ou incompetência da autoridade que determinou a prisão.**

O *habeas corpus* é instrumento processual utilizado também para trancamento de ação penal ou de inquérito policial.

O *habeas corpus* não é remédio jurídico cabível para trancamento de processo de *impeachment*, já que este não atinge a liberdade de locomoção.

A competência para julgar *Habeas Corpus* contra decisão de Turma Recursal é do Tribunal de Justiça respectivo, tendo havido superação da Súmula 690 do STF.

O STF, no HC 143.641, reconheceu o cabimento da impetração do *Habeas Corpus* Coletivo para substituir a prisão preventiva pela prisão domiciliar – sem prejuízo da ação concomitante de medidas alternativa previstas no art. 309 do CPP – de todas as mulheres encarceradas gestantes, puérperas ou mães de crianças e pessoas com deficiência sob sua guarda, nos termos do art. 2º do ECA e do Decreto Legislativo n. 186/2008 e Lei n. 13.146/2015 (Convenção dos Direitos da Pessoa com Deficiências), enquanto perdurar tal condição. Excetua-se da concessão do habeas corpus coletivo os casos de crimes praticados por elas mediante violência ou grave ameaça, contra seus descendentes, ou ainda, em situações excepcionalíssimas, as quais deverão ser devidamente fundamentadas pelos juízes que denegarem o benefício. Nesta mesma linha, o Congresso Nacional aprovou a Lei n. 13.769/2018 para substituir a prisão preventiva pela prisão domiciliar da mulher gestante ou mães de crianças e pessoas com deficiência, alterando o art. 318 do CPP.

Outro *Habeas Corpus* Coletivo que discutiu a superlotação das unidades de execução de medida socioeducativa de internação de adolescentes foi o HC 143.988/ES, que pleiteou a liberdade coletiva por violação dos direitos fundamentais dos adolescentes internados e questionou a desobediência ao princípio constitucional de brevidade e excepcionalidade da medida privativa de liberdade para menores. O STF deferiu o pedido do HC Coletivo e determinou que as unidades de medidas socioeducativas para adolescentes infratores não ultrapassem a capacidade projetada de internação prevista para cada unidade, nos termos da impetração e extensões.

Sobre o tema *Habeas Corpus* Coletivo, destacamos o seguinte entendimento do STF: "A jurisprudência da Segunda Turma do Supremo Tribunal Federal consolidou-se no sentido de possibilitar a impetração de *habeas corpus* coletivo, notadamente nos casos em que se busca a tutela jurisdicional coletiva de direitos individuais homogêneos, sendo irrelevante, para esse efeito, a circunstância de inexistir previsão constitucional a respeito". **(HC 172.136, rel. Min. Nunes Marques, j. 10-10-2020, 2ª T, *DJE* de 1º-12-2020.)**

Para concluir, acrescentamos um caso emblemático de concessão de prisão domiciliar humanitária para uma pessoa portadora de HIV, diabética e hipertensa, de 66 anos de idade. Na decisão do HC 187.368, foi fundamentada que a prisão domiciliar humanitária está contemplada na jurisprudência do STF, e tendo a paciente não praticado crime de violência ou grave ameaça e sendo grupo de risco, sujeita a contágio do novo coronavírus, faz-se necessário o deferimento da prisão domiciliar, conforme recomendação do CNJ.

b) Mandado de Segurança (art. 5º, LXIX)

O mandado de segurança é uma **ação constitucional de natureza civil**, qualquer que seja a natureza do ato impugnado.

Excluindo-se a proteção de direitos inerentes à liberdade de locomoção (protegido pelo *habeas corpus*) e ao acesso ou retificação de informações relativas à pessoa do impetrante, constantes de registros ou de banco de dados de entidades governamentais ou de caráter público (protegidos pelo *habeas data*), é por meio do mandado de segurança que se busca a invalidação de atos de autoridade e seus efeitos, geradores de lesão a direito líquido e certo, pela ilegalidade ou pelo abuso de poder. Tanto atos vinculados quanto atos discricionários são atacáveis pelo mandado de segurança.

Quanto ao direito líquido e certo, podemos defini-lo da seguinte forma: **líquido** é aquele direito cujo exercício está **disponível**, **certo** é aquele direito **cuja prática já está definida, determinada**. Assim, nem todo direito é líquido (disponível) e certo (determinado).

O **sujeito ativo é chamado impetrante**: pessoas físicas (brasileiros e estrangeiros), órgãos públicos (com capacidade processual), agentes políticos, Ministério Público; pessoas jurídicas em geral.

O **impetrado é a autoridade coatora** (autoridade pública ou agente de pessoa jurídica no exercício das atribuições do Poder Público).

O mandado de segurança é atualmente regulamentado pela Lei n. 12.016/2009, podendo ter caráter repressivo ou preventivo conforme o momento de ocorrência da atividade coatora, tem prazo de 120 dias e está sujeito ao pagamento de custas e à representação do advogado.

c) Mandado de Segurança Coletivo (art. 5º, LXX)

Observa-se que a Constituição também prevê o **mandado de segurança coletivo** que, a exemplo do mandado de segurança individual, **protege direito líquido e certo, não amparado por *habeas corpus* ou *habeas data*, contra abuso de poder ou ilegalidade**. Os direitos individuais homogêneos e os direitos coletivos são especialmente protegidos pelo mandado de segurança coletivo, que pode ser impetrado, de acordo com o art. 5º, LXX, por **partido político com representação no Congresso Nacional (podendo ser apenas um parlamentar no Senado ou na Câmara); organização sindical; entidade de classe; associação, desde que esteja legalmente constituída e em funcionamento há pelo menos um ano**.

Vale destacar que a exigência de funcionamento há pelo menos um ano é direcionada apenas às associações. As outras pessoas jurídicas legitimadas para a propositura do mandado de segurança coletivo não precisam estar funcionando há pelo menos um ano.

Ainda sobre a associação, em regra, ela precisa estar expressamente autorizada pelos membros ou associados para representá-los judicial e extrajudicialmente. Todavia, segundo o entendimento pacífico do STF, não há necessidade de autorização específica dos membros ou associados, se tal dispensa for prevista no estatuto social. Acrescentando tal argumentação, indicamos a leitura das Súmulas 629 e 630, ambas do STF.

Por fim tratemos da **"pertinência temática"** que determina aos legitimados, para propositura do mandado de segurança, que o façam sempre em defesa dos seus membros ou associados. É neste sentido, por exemplo, que o STJ entende como limite de atuação dos partidos políticos a defesa dos direitos políticos e partidários dos seus filiados.

d) Mandado de Injunção (art. 5º, LXXI)

O texto constitucional estabelece que sempre que a falta de norma regulamentadora torne inviável o exercício dos direitos e liberdades constitucionais e das prerrogativas inerentes à nacionalidade, à soberania e à cidadania, conceder-se-á mandado de injunção.

Os requisitos para a concessão do referido mandado de injunção são: **norma constitucional de eficácia limitada, prescrevendo direitos, liberdades constitucionais e prerrogativas inerentes à nacionalidade, à soberania e à cidadania e ausência de norma regulamentadora, tornando inviável o exercício dos direitos, garantias e liberdades constitucionais**.

Em junho de 2016, foi publicada a **Lei n. 13.300** que disciplina o **mandado de injunção individual e coletivo**. A nova lei estabelece quem são os legitimados à propositura da ação, quem pode figurar no polo passivo, quando ocorre a mora legislativa, bem como estabelece quanto à eficácia da decisão judicial, se subjetiva e limitada às partes ou *ultra partes* ou *erga omnes*, conforme o caso.

O mandado de injunção coletivo ganhou destaque na nova lei, com enumeração dos legitimados ativos no seu art. 12 (Lei n. 13.300/2016), da qual recomendamos a leitura atenta, e que inclusive foi objeto de questão na 1ª fase do XXXII Exame.

Destaca-se que o mandado de injunção se insere como instrumento do **controle difuso de constitucionalidade por omissão**, introduzido pela Constituição como remédio constitucional destinado a sanar a **síndrome da inefetividade das normas constitucionais**.

e) *Habeas Data* **(art. 5º, LXXII)**

Regulamentado pela Lei n. 9.507/97, o *habeas data* é remédio constitucional que assegura o conhecimento de informações relativas à pessoa do impetrante, constantes de registros ou bancos de dados de entidades governamentais ou de caráter público e também a retificação de dados, quando não se prefira fazê-lo por processo sigiloso, judicial ou administrativo. Abrange tanto informações erradas quanto imprecisas, discriminadoras, desatualizadas.

Esta garantia não se confunde com o direito de obter certidões (art. 5º, XXXIV), nem de informações de interesse particular, coletivo ou geral (art. 5º, XXXIII). Havendo **recusa no fornecimento de certidões** (para a defesa de direitos ou esclarecimentos de situações de interesse pessoal, próprio ou de terceiros), ou informações de terceiros, caso seja direito líquido e certo, o **remédio próprio é o mandado de segurança e não o *habeas data*.** Se o pedido for para assegurar o conhecimento de **informações relativas à pessoa do impetrante**, como visto, será o *habeas data*.

DIREITO CONSTITUCIONAL

Qualquer **pessoa física ou jurídica** poderá **ajuizar** a ação constitucional de *habeas data* para ter acesso às informações a seu respeito. **O sujeito passivo** tanto pode ser **entidade pública quanto privada, desde que tenha um banco de dados de caráter público.**

f) Ação Popular (art. 5º, LXXIII)

A **ação popular**, regulamentada pela Lei n. 4.717/65, **é componente do poder de soberania popular**, exercício da capacidade ativa, podendo ser **impetrada apenas por cidadãos**, na defesa dos interesses públicos, coletivos e difusos, quando houver lesividade ao patrimônio público, à moralidade administrativa, ao patrimônio histórico e ao meio ambiente.

Excluem-se do polo ativo os estrangeiros, os apátridas e os brasileiros que não têm alistamento eleitoral ou estão com os direitos políticos suspensos ou perdidos. As pessoas jurídicas também estão excluídas do polo ativo da ação popular, conforme prescreve a Súmula 365 do STF. Devemos lembrar que, na ação popular, o autor é isento de custas judiciais e do ônus da sucumbência, salvo comprovada má-fé.

No **polo passivo** podem figurar as **pessoas físicas**, as **pessoas jurídicas de direito privado** e as **pessoas jurídicas de direito público**, cujos atos sejam objeto de impugnação, previstos no art. 5º, LXXIII.

2.2 Direitos Sociais

Apesar de a banca historicamente não se dedicar às questões sobre os direitos sociais, preferimos incluir o estudo sobre o tema, para deixar a obra cada vez mais completa.

Os direitos sociais são enumerados de forma não exaustiva no art. 6º da CF: educação, saúde, trabalho, lazer, moradia, segurança, previdência social, proteção à maternidade e à infância e assistência aos desamparados. Mesmo sendo um rol apenas exemplificativo, o art. 6º já sofreu vários acréscimos pelas Emendas Constitucionais n. 26/2000, 64/2010, 90/2015, que respectivamente incluíram os direitos à moradia, alimentação e transporte como direitos sociais. Em 2021, a Emenda Constitucional n. 114 incluiu o parágrafo único do art. 6º para assegurar uma renda básica familiar aos brasileiros em situação de vulnerabilidade social, garantida pelo poder público em programa permanente de transferência de renda, cujas normas e requisitos deverão ser disciplinados em lei, observada a legislação fiscal e orçamentária.

Os direitos sociais inseridos no Capítulo II do Título II da CF são considerados direitos fundamentais. Segundo Kildare Gonçalves Carvalho, eles visam a uma melhoria das condições de existência, por meio de prestações positivas do Estado, que deverá assegurar a criação de serviços de educação, saúde, habitação, dentre outros, para a sua realização. Enquanto os direitos individuais impõem uma abstenção por parte do Estado, preservando a autonomia dos indivíduos, os direitos sociais, como se mostrou, reclamam "atividades positivas do Estado, do próximo e da própria sociedade para subministrar ao homem certos bens e condições. Em contraste com os chamados direitos individuais, cujo conteúdo é um 'não fazer', 'um não violar', um 'não prejudicar', por parte das demais pessoas e, sobretudo das autoridades públicas, resulta que, pelo contrário, o conteúdo dos direitos sociais, finaliza o autor, consiste em 'um fazer', 'um contribuir', 'um ajudar', principalmente por parte dos órgãos estatais".

Se os direitos individuais estão entrelaçados com o liberalismo, o Estado das declarações de direitos, tendo em sua base a liberdade humana, os direitos sociais vinculam-se ao Estado Social, elaborado pelas revoltas populares e descontentamento das massas proletárias, protagonizando-se pela tentativa de estabelecimento de igualdade jurídica, política e social, por meio de mudança gradual ou estrutural.

Concluindo, é importante destacar que os direitos sociais não se concentram apenas nos arts. 6º a 11 da CF, mas estão também dispostos abundantemente no Título VIII – Da Ordem Social e em alguns dispositivos do Título VII – Da Ordem Econômica, especialmente quando a Constituição prescreve regras sobre as políticas urbana e fundiária. Trataremos dos assuntos em capítulo próprio do nosso livro.

2.2.1 Direitos sociais dos trabalhadores

Examinaremos neste tópico os direitos dos trabalhadores, sem invadirmos a seara do Direito do Trabalho. A relação constitucional dos direitos sociais dos trabalhadores é meramente exemplificativa, pois à enumeração dos direitos constantes do art. 7º, por força da própria norma constitucional, poderão ser acrescidos outros que visem à melhoria da sua condição social. Observe-se ainda que a Constituição equiparou o trabalhador urbano ao rural, eliminando a diferença de tratamento entre uma e outra categoria. Vejamos um breve exame dos direitos dos trabalhadores no texto constitucional:

a) **Proteção da relação de emprego:** a relação de emprego é protegida contra despedida arbitrária ou sem justa causa, nos termos da lei complementar, que preverá indenização compensatória, dentre outros direitos. É vedada também a dispensa do empregado sindicalizado a partir do registro da candidatura a cargo de direção ou representação sindical e, se eleito, ainda que suplente, até um ano após o final do mandato, salvo se cometer falta grave nos termos da lei (art. 8º, VIII). Relacionam-se ainda com a garantia do emprego a previsão do seguro-desemprego, em caso de desemprego involuntário (art. 7º, II), e a extensão do fundo de garantia do tempo de serviço para o empregado rural (art. 7º, III) e para o trabalhador doméstico (art. 7º, parágrafo único, atualizado pela EC n. 72/2013). Considere-se finalmente que o aviso prévio (notificação dada por uma parte à outra – empregado ou empregador – da rescisão do contrato de trabalho, sem justa causa) é, no mínimo, de trinta dias, podendo a lei determinar critérios proporcionais ao tempo de serviço, observado, contudo, o prazo mínimo de trinta dias acima referido.

b) **Salário e remuneração:** o salário mínimo, fixado em lei, extensivo a todo trabalhador, inclusive ao que percebe remuneração variável, e nacionalmente unificado, visando atender às necessidades vitais básicas do trabalhador e às da sua família, como moradia, alimentação, educação, saúde, lazer, vestuário, higiene, transporte e previdência social, com reajustes periódicos que lhe preservem o poder aquisitivo. Importante notar que a Constituição veda a vinculação do salário mínimo para qualquer fim, não podendo, pois, servir de referência para o aumento de qualquer prestação, como preços, aluguéis, dentre outras.

Os incisos V a XII do art. 7º tratam de outras normas referentes ao salário ou remuneração. Assim o piso salarial proporcional à extensão e à complexidade do trabalho, consistindo no salário mínimo de determinadas categorias profissionais ou de certas atividades; a irredutibilidade do salário, salvo o disposto em convenção ou acordo coletivo, o que constituiu novidade no campo constitucional dos direitos sociais dos trabalhadores; garantia do salário, nunca inferior ao mínimo, para os que percebem remuneração variável, décimo terceiro salário com base na remuneração integral ou no valor da aposentadoria; remuneração do trabalho noturno superior à do diurno; remuneração do serviço extraordinário superior, no mínimo, em 50% à do normal (art. 7º, XVI); proteção do salário na forma da lei, constituindo crime sua retenção dolosa, notando-se que à lei penal caberá a tipificação dessa figura delituosa; e salário-família para os dependentes do trabalhador de baixa renda.

c) **Limite na jornada de trabalho, repouso, férias, licenças, proteção dos trabalhadores e aviso prévio:** dispõe a Constituição (art. 7º, XIII) sobre a duração do trabalho, não superior a oito horas diárias e quarenta e quatro semanais, facultada a compensação de horários e a redução da jornada, mediante acordo ou convenção coletiva de trabalho. Há hipóteses constitucionais de o trabalhador ter direito à jornada de seis horas de trabalho, quando for realizado em turnos ininterruptos de revezamento, salvo negociação coletiva. O repouso semanal, preferencialmente aos domingos, é remunerado. Nos feriados, haverá ainda o repouso do trabalhador, ensejando-se assim sua participação nas comemorações cívicas. As férias anuais serão remuneradas com, pelo menos, um terço a mais do que o salário normal. A teoria que defende tal acréscimo argumenta o direito de o trabalhador gozar, no seu período de férias, de um lazer, o que só seria possível com um acréscimo em sua remuneração, já que seu ganho normalmente está comprometido com os gastos relacionados ao seu sustento e de sua família.

A gestante tem direito especial, consistente numa licença com estabilidade provisória, com a duração de cento e vinte dias corridos, sem prejuízo do emprego e do salário. Haverá ainda licença-paternidade, a ser gozada nos termos fixados em lei, observando-se, contudo, que, enquanto não editada a lei, o art. 10, § 1º, do Ato das Disposições Constitucionais Transitórias, fixa em cinco dias a duração da licença-paternidade.

d) **Normas ligadas à segurança no trabalho:** as normas protetoras dos trabalhadores foram ampliadas pela Constituição. Consistem elas na forma de segurança do trabalho, através da redução dos riscos inerentes ao trabalho, por meio de normas de saúde, higiene e segurança; proteção, em face da automação, na forma da lei, o que possibilitará o estabelecimento de condições de defesa do trabalhador, diante dos avanços da tecnologia, pela substituição da mão de obra humana por equipamentos sofisticados. Também constitui norma de proteção do trabalho o seguro contra acidentes do trabalho, a cargo do empregador, sem excluir a indenização a que este está obrigado, quando incorrer em dolo ou culpa.

e) **Normas ligadas ao direito de igualdade material dos trabalhadores:** protegem ainda o trabalhador as normas constitucionais que tratam da isonomia material, proibindo: diferença de salários, de exercício de funções e de critérios de admissão por motivo de sexo, idade, cor ou estado civil (art. 7º, XXX); discriminação no tocante a salário e critério de admissão do trabalhador portador de deficiência (art. 7º, XXXI), bem como a norma que garante a igualdade de direitos entre o trabalhador com vínculo empregatício permanente e o trabalhador avulso (art. 7º, XXXIV). Proíbe ainda a Constituição o trabalho noturno, perigoso ou insalubre a menores de dezoito anos e qualquer trabalho a menores de dezesseis anos, salvo na condição de aprendiz, a partir de quatorze anos (redação dada ao inciso XXXIII do art. 7º da CF, pela Emenda Constitucional n. 20/98). Fala ainda a Constituição em proteção do mercado de trabalho da mulher, mediante incentivos específicos, nos termos da lei (art. 7º, XX).

f) **Direitos dos dependentes:** além do salário-família, mencionado acima, a Constituição prevê, como direito dos dependentes do trabalhador, a assistência gratuita aos filhos e dependentes, desde o nascimento até cinco anos de idade, em creches e pré-escolas (art. 7º, XXV).

g) **Direitos das empregadas domésticas:** a Emenda Constitucional n. 72/2013 acrescentou uma série de direitos às empregadas e aos empregados domésticos, alterando o parágrafo único do art. 7º da CF. No texto anterior à Emenda Constitucional n. 72/2013, as empregadas domésticas tinham assegurados os seguintes direitos: salário mínimo, irredutibilidade de salário, décimo terceiro salário, repouso semanal remunerado, férias, licença-gestante, licença-paternidade, aviso prévio e aposentadoria. Com a emenda, nenhum desses direitos foi eliminado, mas outros foram acrescentados, destacando que alguns deverão atender às regras de lei e observar a simplificação das obrigações tributárias.

2.2.2 Liberdade sindical

A Constituição institui a liberdade de associação profissional ou sindical, além da previsão genérica, da liberdade de associação (art. 5º, XVI a XXI). A fundação de sindicatos independe de autorização governamental, ressalvado, contudo, o registro em órgão competente (Ministério do Trabalho), conforme prescreve a Súmula 677 do STF, que exige tal registro, para efeito de obediência ao princípio da unicidade sindical. No mesmo sentido, o STF decidiu na ADI 3890/DF.

Ao Poder Público é vedada igualmente interferência ou intervenção em sindicato. A Constituição consagrou a unicidade sindical, ao vedar a criação de mais de uma organização sindical, em qualquer grau, representativa de categoria profissional ou econômica, na mesma base territorial, que será definida pelos trabalhadores ou empregadores interessados, não podendo ser inferior à área de um Município. Aos sindicatos é assegurada a participação, em caráter obrigatório, nas negociações coletivas de trabalho. Os trabalhadores aposentados podem votar e ser eleitos nas organizações sindicais, há também a garantia da estabilidade sindical, que protege o trabalhador ativo que é eleito dirigente sindical, proteção iniciada com o registro da candidatura e estendida, com a sua eleição, até um ano após o término do mandato, salvo se cometer falta grave.

O art. 8º, IV, estabelece as contribuições do trabalhador em relação ao sindicato. Em seu texto, a Constituição estabelece que a assembleia geral fixará a contribuição confederativa, assegurando expressamente a liberdade de decisão da categoria, independentemente da contribuição prevista em lei. Esta última, conhecida como contribuição sindical, era disciplinada como contribuição obrigatória pela lei e foi atingida pela Reforma Trabalhista de 2107. Questionada a constitucionalidade da alteração, o STF manifestou entendimento favorável ao dispositivo da Lei n. 13.467/2017 que trata de tal matéria, argumentando justamente a liberdade de decisão da categoria, vejamos:

"São compatíveis com a Constituição Federal os dispositivos da Lei 13.467/2017 (Reforma Trabalhista) que extinguiram a obrigatoriedade da contribuição sindical e condicionaram o seu pagamento à prévia e expressa autorização dos filiados. (...) Sob o ângulo material, o Tribunal asseverou que a Constituição assegura a livre associação profissional ou sindical, de modo que ninguém é obrigado a filiar-se ou a manter-se filiado a sindicato [CF, art. 8º, V]. O princípio constitucional da liberdade sindical garante tanto ao trabalhador quanto ao empregador a liberdade de se associar a uma organização sindical, passando a contribuir voluntariamente com essa representação. Ressaltou que a contribuição sindical não foi constitucionalizada no texto magno. Ao contrário, não há qualquer comando ao legislador infraconstitucional que determine a sua compulsoriedade. A Constituição não criou, vetou ou obrigou a sua instituição legal. Compete à União, por meio de lei ordinária, instituir, extinguir ou modificar a natureza de contribuições [CF, art. 149]. Por sua vez, a CF previu que a assembleia geral fixará a contribuição que, em se tratando de categoria profissional, será descontada em folha, para custeio do sistema confederativo da representação sindical respectiva, independentemente da contribuição prevista em lei [CF, art. 8º, IV]. A parte final do dispositivo deixa claro que a contribuição sindical, na forma da lei, é subsidiária como fonte de custeio em relação à contribuição confederativa, instituída em assembleia geral. Não se pode admitir que o texto constitucional, de um lado, consagre a liberdade de associação, sindicalização e expressão [CF, arts. 5º, IV e XVII, e 8º, *caput*] e, de outro, imponha uma contribuição compulsória a todos os integrantes das categorias econômicas e profissionais" (**ADI 5.794/2019**).

Destacamos também a Súmula Vinculante 40 do STF, vejamos: "A contribuição confederativa de que trata o art. 8º, IV, da Constituição Federal, só é exigível dos filiados ao sindicato respectivo".

2.2.3 Greve

O direito de greve foi consideravelmente ampliado pela Constituição, pois passou a ser competência dos trabalhadores decidir sobre a oportunidade de exercê-lo e sobre os interesses que devam por meio dele defender. Entenda-se que tais interesses deverão ser os relacionados com os direitos sociais dos trabalhadores, e não de qualquer outra natureza, como reivindicações político-partidárias.

A Constituição dispõe que "a lei definirá os serviços ou atividades essenciais e disporá sobre o atendimento das necessidades inadiáveis da comunidade", e os "os abusos cometidos sujeitam os responsáveis às penas da lei". Verifica-se, portanto, que poderá haver greve nas atividades essenciais ou no serviço público (art. 37, VII), cabendo, todavia, à lei dispor sobre o atendimento das necessidades inadiáveis da comunidade.

Sobre o direito de greve assegurado para os servidores públicos civis, tratados em capítulo separado na Constituição, merece destaque o entendimento do STF em sede de repercussão geral – Tema 541 – lembrando que para os servidores públicos militares já há expressa proibição constitucional.

"A atividade policial é carreira de Estado imprescindível a manutenção da normalidade democrática, sendo impossível sua complementação ou substituição pela atividade privada. A carreira policial é o braço armado do Estado, responsável pela garantia da segurança interna, ordem pública e paz social. E o Estado não faz greve. O Estado em greve é anárquico. A Constituição Federal não permite. Aparente colisão de direitos. Prevalência do interesse público e social na manutenção da segurança interna, da ordem pública e da paz social sobre o interesse individual de determinada categoria de servidores públicos. Impossibilidade absoluta do exercício do direito de greve às carreiras policiais. Interpretação teleológica do texto constitucional, em especial dos arts. 9º, § 1º, 37, VII, e 144. (...) tese de repercussão geral: 1 – O exercício do direito de greve, sob qualquer forma ou modalidade, é vedado aos policiais civis e a todos os servidores públicos que atuem diretamente na área de segurança pública. 2 – É obrigatória a participação do Poder Público em mediação instaurada pelos órgãos classistas das carreiras de segurança pública, nos termos do art. 165 do Código de Processo Civil, para vocalização dos interesses da categoria" (**ARE 654.432/2017**).

Observe-se, finalmente, que a Constituição acolheu a teoria do abuso do direito no tocante à greve (art. 9º, § 2º). Abuso do direito no âmbito da greve seria, por exemplo, a greve com a finalidade de prejudicar a empresa, a greve desligada de caráter trabalhista, a greve política, a greve que não preserve os serviços ou atividades sociais.

2.3 Nacionalidade

A nacionalidade é reconhecida como um direito fundamental, e o nacional representa o elemento humano do Estado Soberano, essencial à sua existência. Nacionalidade é o **vínculo jurídico-político** que liga o indivíduo a um determinado Estado, o nacional tem um vínculo jurídico-político com o seu Estado, independentemente de onde ele esteja. O estrangeiro tem apenas uma relação jurídica com o Estado onde está residindo, não tendo o vínculo jurídico-político.

Para o melhor entendimento do tema nacionalidade, é essencial lembrarmos alguns conceitos básicos, vejamos:

- **País:** refere-se aos aspectos físicos, ao *habitat*, à paisagem territorial. Manifesta a unidade geográfica, histórica, econômica e cultural das terras ocupadas pelos brasileiros. O nome do país pode ou não coincidir com o nome do Estado. Representa o elemento físico do Estado – o território.
- **Nação:** conjunto de pessoas, em geral nascidas no mesmo território (país), que mantêm entre si laços históricos, linguísticos, culturais, de crenças, origens e costumes, ou seja, apresentam a mesma identidade sociocultural. São geralmente denominados de nacionais, no Brasil – brasileiros natos e naturalizados. Representa o elemento humano do Estado quando, além do aspecto sociocultural, encontra-se o aspecto jurídico-político, passando a ser chamado de povo.
- **Pátria:** é o termo que exprime sentimento cívico.
- **Território:** é o limite espacial dentro do qual o Estado exerce de modo efetivo e exclusivo o poder de império sobre as pessoas e bens. Elemento geográfico do Estado.
- **Povo:** conjunto de pessoas que fazem parte do Estado – o seu elemento humano – unido ao Estado pelo vínculo jurídico da nacionalidade.
- **População:** conjunto de pessoas residentes no território sejam elas nacionais, estrangeiras ou apátridas.
- **Cidadania:** tem como requisito a nacionalidade (vínculo jurídico-político), caracterizando-se pela capacidade política ativa (direito a voto, plebiscito, referendo, iniciativa popular, ação popular) e capacidade política passiva (elegibilidade). O cidadão é o nacional (brasileiro nato ou naturalizado) que goza de direitos políticos.

Com o conhecimento destes conceitos partimos para as espécies de nacionalidade e as maneiras de adquiri-la.

2.3.1 Nacionalidade primária ou originária

É a nacionalidade adquirida ao nascer. Ela é involuntária, pois não depende da vontade do indivíduo, nasce-se brasileiro nato, caso preencha-se os requisitos constitucionais impostos pelo Estado. Há dois critérios amplamente utilizados para a aquisição de nacionalidade: o critério do solo, ou *ius solis*, ou também chamado critério da territorialidade, que se preocupa com o local onde o indivíduo nasce, ou seja, no território de que Estado, pouco importando se ele é filho de nacional ou estrangeiro. O critério da territorialidade normalmente é utilizado por países de imigração, para atender ao interesse de nacionalizar os descendentes dos imigrantes que nascem no solo do país que os recebe. O outro critério adotado para a aquisição da nacionalidade originária é o critério do sangue, ou *ius sanguinis*, que se interessa pela ascendência, pela filiação, pouco importando o local onde o indivíduo nasceu, e sim de quem ele é filho. O critério do sangue é utilizado pelos países de emigração, a fim de que os descendentes dos emigrantes, nascidos em solo estrangeiro, mantenham o vínculo com o Estado, através do sangue de seus pais. No Brasil, para a aquisição da nacionalidade originária, podemos afirmar que adotamos o critério do *ius solis* (**nascido no solo brasileiro**), temperado com o critério do *ius sanguinis* (**nascido de pai ou mãe brasileiros natos ou naturalizados**). Vejamos o que determina o art. 12, I, *a*, *b* e *c*, da CF:

a) *Ius Solis* – **Serviço Oficial Estrangeiro:** segundo o art. 12, I, *a*, da CF, aquele que nasce no solo brasileiro, ainda que de pais estrangeiros será considerado brasileiro nato, mesmo que o único critério adotado seja o solo. A ressalva ocorre se o pai estrangeiro ou mãe estrangeira estiver no solo brasileiro a serviço do seu país de origem. Neste caso a criança nascida não será brasileira nata. Destacamos que nesta alínea o único critério verificado é o solo!

b) *Ius Sanguinis* + **Serviço Oficial Brasileiro:** segundo o art. 12, I, *b*, aquele que nasce no estrangeiro (não tendo vínculo de solo com o Brasil), mas é filho de pai brasileiro ou mãe brasileira, será considerado brasileiro nato, desde que pelo menos um dos pais brasileiros esteja a serviço da República Federativa do Brasil. Considera-se serviço oficial brasileiro o vínculo com a administração pública direta ou indireta quando em exercício no exterior, ou qualquer função associada às atividades da União, Estados, DF, Municípios, ou ainda serviço prestado a organização internacional que o Estado brasileiro faça parte.

c.1) *Ius Sanguinis* + **Registro:** o art. 12, I, *c* (primeira parte), trata daquele que nasce no estrangeiro (não tendo o vínculo de solo), mas filho de pai brasileiro ou mãe brasileira, e que nenhum dos pais esteja a serviço da República Federativa do Brasil. Nesta situação há o risco de surgir a figura do apátrida, por este motivo a Constituição disciplina a possibilidade de registro na repartição brasileira competente para a aquisição da nacionalidade brasileira.

c.2) *Ius Sanguinis* + **Opção:** o art. 12, I, *c* (segunda parte), trata daquele que nasce no estrangeiro (não tendo vínculo de solo), mas filho de pai brasileiro ou mãe brasileira, e que não foi registrado em repartição competente, mas adquirida a maioridade vem residir no Brasil e opta, em qualquer tempo, pela nacionalidade brasileira. Trata-se da **nacionalidade potestativa**, que depende da confirmação exclusiva do filho nascido de brasileiro. A aquisição da nacionalidade depende da fixação de residência e da opção confirmativa. Compete aos juízes federais processar e julgar as causas referentes à nacionalidade, inclusive a opção, conforme prescreve o art. 109, X (parte final).

2.3.2 Nacionalidade secundária ou derivada

É aquela que se adquire por vontade própria, normalmente pela naturalização que deverá ser expressamente requerida pelo estrangeiro ou pelo apátrida. A naturalização, segundo a Constituição, depende da manifestação de vontade do interessado e da concordância do Estado. Doutrinariamente, a nacionalidade secundária também chamada de naturalização apresenta duas espécies, a saber:

- **Naturalização Tácita (Grande Naturalização):** atualmente não é adotada no Direito Constitucional brasileiro, entretanto na vigência da primeira Constituição Republicana, em 1891, foi aplicada, impondo a todos os estrangeiros residentes na República Federativa do Brasil, a nacionalidade brasileira se, em seis meses, não declarassem expressamente a vontade de permanecer nacionais de seus países. Hoje se o estrangeiro não quiser adquirir a nacionalidade brasileira, ele não pode ser obrigado.

- **Naturalização Expressa:** é a espécie de naturalização adotada pela CF, sendo ato volitivo, no qual o indivíduo, ainda estrangeiro, manifesta a sua vontade de adquirir a nacionalidade brasileira (secundária é claro). A CF/88 classifica a naturalização expressa em **Naturalização Ordinária** (art. 12, II, *a*) e **Naturalização Extraordinária ou Quinzenária** (art. 12, II, *b*). Antes de analisarmos a naturalização ordinária e extraordinária, vejamos como funciona a naturalização:

O processo de naturalização é disciplinado pela Lei n. 13.445/2017, a **Lei de Migração**, que acrescenta às modalidades de naturalização ordinária e extraordinária mais duas formas: a naturalização especial e a provisória. Sugerimos a leitura da Lei de Migração.

- **Naturalização Ordinária:** o art. 12, II, *a*, da CF determina que são brasileiros naturalizados os que, na forma da lei, adquiram a nacionalidade brasileira. Perceba que o dispositivo deu à uma lei – lei ordinária – o poder de estabelecer os requisitos para a aquisição da nacionalidade secundária ordinária. A referida lei é atualmente a Lei de Migração – Lei n. 13.445/2017 – que revogou o antigo Estatuto do Estrangeiro (Lei n. 6.815/80). Nela verificamos como requisitos para solicitar a naturalização ordinária, os seguintes: ter capacidade civil; ter residência em território brasileiro por no mínimo 4 anos; falar a língua portuguesa; não ter condenação penal. Preenchidos os requisitos conforme exigências da lei, e seguindo os trâmites procedimentais, o naturalizando poderá ter deferido ou não o seu pedido de naturalização. A Lei de Migração disciplina também de forma específica a naturalização especial e a naturalização provisória, listando exigências para tais modalidades.

Contudo, o mesmo art. 12, II, *a*, da CF prescreve que aos originários de países de língua portuguesa serão exigidos apenas um ano ininterrupto e idoneidade moral, não estando sujeitos à exigência dos requisitos da Lei de Migração.

Conclui-se, então, que os originários de países que falam a Língua Portuguesa (Açores, Angola, Cabo Verde, Damão, Diu, Goa, Guiné-Bissau, Macau, Moçambique, Portugal, São Tomé e Príncipe e Timor Leste) são sujeitos ao cumprimento dos requisitos previstos na CRFB/88 (um ano ininterrupto de residência e idoneidade moral), enquanto os demais estrangeiros de países que não falam a Língua Portuguesa (China, Alemanha, Peru, Noruega, Austrália etc.) são sujeitos aos critérios exigidos na lei – atualmente a Lei de Migração (Lei n. 13.445/2017).

- **Naturalização Extraordinária ou Quinzenária:** o art. 12, II, *b*, da CF prevê expressamente que os estrangeiros de qualquer nacionalidade que residam no Brasil há mais de 15 anos ininterruptos (Naturalização Quinzenária) e não tenham condenação penal podem se naturalizar, desde que requeiram a naturalização. Destaca-se que a naturalização extraordinária, uma vez preenchidos os requisitos constitucionais, gera direito subjetivo à naturalização.

A **decisão deferindo ou indeferindo o pedido de naturalização extraordinária constitui ato vinculado** do Poder Público, atrelado ao preenchimento ou não dos requisitos. Ressalta-se que no caso do art. 12, I, *a* – naturalização ordinária – a **decisão de deferir ou indeferir o pedido de naturalização ordinária é ato discricionário do Poder Público**, mesmo que preenchidos os requisitos.

2.3.3 Português equiparado

O texto do art. 12 da CF, em seu § 1º, ainda prevê a figura do português equiparado, que vindo residir no Brasil poderá solicitar a equiparação e ser tratado como um brasileiro naturalizado (sem necessitar se naturalizar), sendo também chamado de **quase brasileiro**, pois tem uma quase nacionalidade, entretanto o português equiparado dependerá da reciprocidade conferida em Portugal aos brasileiros. A reciprocidade é cláusula prevista pelo Tratado de Amizade, Cooperação e Consulta, celebrado entre a República Federativa do Brasil e a República Portuguesa (Decreto n. 3.927/2001). Vejamos o que diz o STF:

"A norma inscrita no art. 12, § 1º, da CR – que contempla, em seu texto, **hipótese excepcional de quase nacionalidade** – não opera de modo imediato, seja quanto ao seu conteúdo eficacial, seja no que se refere a todas as consequências jurídicas que dela derivam, pois, para incidir, além de supor o **pronunciamento aquiescente do Estado brasileiro**, fundado em sua própria soberania, depende, ainda, **de requerimento do súdito português interessado**, a quem se impõe, para tal efeito, a obrigação de preencher os requisitos estipulados pela Convenção sobre Igualdade de Direitos e Deveres entre brasileiros e portugueses". **(Ext. 890,** rel. Min. **Celso de Mello,** *DJ* de 28-10-2004.)

2.3.4 Proibição de distinção entre brasileiros

A Constituição afirma que nenhuma lei poderá estabelecer distinções entre brasileiros natos e naturalizados, só cabendo à própria Constituição fazê-lo. Identificamos regras distintivas entre brasileiros nos seguintes dispositivos constitucionais: arts. 5º, LI; 12, §§ 3º e 4º, I; 89, VII; e 222, *caput* e §§ 1º, 2º e 5º. Vejamos:

"Art. 5º, LI (proibição de extradição): nenhum brasileiro será extraditado, salvo o naturalizado, em caso de crime comum, praticado antes da naturalização, ou de comprovado envolvimento em tráfico ilícito de entorpecentes e drogas afins, na forma da lei. (...)

Art. 12, § 3º (cargos privativos de brasileiro nato): Presidente e Vice-Presidente da República; Presidente da Câmara dos Deputados; Presidente do Senado Federal; Ministros do Supremo Tribunal Federal; carreira diplomática; oficial das Forças Armadas; de Ministro de Estado da Defesa. Quanto aos cargos privativos de brasileiro nato, adotam-se dois critérios elementares: **a linha sucessória do Presidente da República e a segurança nacional**. Os cargos referentes ao primeiro critério são os de Presidente e Vice-Presidente da República; Presidente da Câmara e do Senado e Ministros do Supremo Tribunal Federal e os cargos referentes à segurança nacional são os de Oficiais das Forças Armadas, as carreiras diplomáticas e o cargo de Ministro da Defesa.

Art. 12, § 4º (perda-punição – brasileiro naturalizado): será declarada a perda da nacionalidade do brasileiro (naturalizado), em virtude de fraude relacionada ao processo de naturalização ou de atentado contra a ordem constitucional e o Estado Democrático. Retornaremos a este assunto logo a seguir.

Art. 89, VII (membros do Conselho da República): seis cidadãos brasileiros natos, com mais de trinta e cinco anos de idade, sendo dois nomeados pelo Presidente da República, dois eleitos pelo Senado Federal e dois eleitos pela Câmara dos Deputados, todos com mandato de três anos, vedada a recondução.

Art. 222, §§ 1º, 2º e 5º (propriedade de empresas de comunicação social): a propriedade de empresa jornalística e de radiodifusão sonora e de sons e imagens é privativa de brasileiros natos ou naturalizados há mais de dez anos, ou de pessoas jurídicas constituídas sob as leis brasileiras e que tenham sede no País. Em qualquer caso, pelo menos 70% do capital social e do capital votante das empresas jornalísticas e de radiodifusão sonora e de sons e imagens deverá pertencer, direta ou indiretamente, a brasileiros natos ou naturalizados há mais de dez anos. No caso de alteração do controle societário das referidas Sociedades Anônimas, as regras permanecerão, e deverá ser comunicada a alteração ao Congresso Nacional. Os brasileiros natos ou naturalizados há mais de dez anos exercerão obrigatoriamente a gestão das atividades, estabelecerão o conteúdo da programação e também serão responsáveis editoriais e pelas atividades de seleção e direção da programação veiculada, independentemente do meio de comunicação social utilizado".

2.3.5 Perda de nacionalidade

No art. 12, § 4º, a Constituição cita taxativamente os casos de perda de nacionalidade: **perda-punição (somente para brasileiros naturalizados)** e a **perda-mudança (brasileiros natos e naturalizados)**. Vejamos um julgado importante do STF sobre o tema, para em seguida analisarmos os casos de perda de nacionalidade brasileira:

"A **perda da nacionalidade brasileira, por sua vez, somente pode ocorrer nas hipóteses taxativamente definidas na CR**, não se revelando lícito, ao Estado brasileiro, seja mediante simples regramento legislativo, seja mediante tratados ou convenções internacionais, inovar nesse tema, quer para ampliar, quer para restringir, quer, ainda, para modificar os casos autorizadores da privação – sempre excepcional – da condição político-jurídica de nacional do Brasil". (**HC 83.113-QO**, rel. Min. **Celso de Mello**, *DJ* de 29-8-2003.) Destacamos que o art. 12, § 4º, foi profundamente alterado pela EC n. 131/2023, criando novas regras para a perda-punição e perda-mudança. Vejamos:

- **Perda-punição**: ocorre quando o **brasileiro naturalizado** comete fraude relacionada ao processo de naturalização ou atentado contra a ordem constitucional e o Estado Democrático. Haverá a instauração de um inquérito para apurar e, confirmada a ocorrência, o Ministério Público Federal oferecerá a denúncia, instalando-se o processo judicial de cancelamento de naturalização. Condenado à perda da nacionalidade, e a decisão transitada em julgado, ocorrerá a perda-punição. Lembrando que o cancelamento de naturalização só se dará por sentença judicial.
- **Perda-mudança**: ocorre quando o **brasileiro (nato ou naturalizado)** fizer pedido expresso de perda da nacionalidade brasileira perante autoridade brasileira competente, ressalvadas situações que acarretem apatridia.
- **Reaquisição da Nacionalidade brasileira após a perda**: quando o brasileiro nato ou naturalizado perde a nacionalidade brasileira, ainda há a possibilidade de reavê-las, desde que preenchidos os seguintes requisitos: Caso tenha ocorrido a **perda-punição**, ou seja, **cancelamento de naturalização**, apenas mediante **ação rescisória** é possível voltar à condição de brasileiro, não havendo a possibilidade de uma segunda naturalização; no caso de **perda-mudança**, havia divergência doutrinária quanto à solução: Pedro Lenza, por exemplo, entendia pela possibilidade de reaquisição do ex-brasileiro domiciliado no Brasil, através de decreto presidencial; Alexandre de Moraes e Sylvio Motta discordavam e entendiam que a requisição neste caso seria pelos procedimentos de naturalização. Contudo, a nova Lei n. 13.445/2017 traz um esclarecimento neste ponto, ao disciplinar em seu art. 76 a reaquisição de nacionalidade, não havendo mais motivos para a divergência doutrinária, vejamos:

"Art. 76. O brasileiro que, em razão do previsto no inciso II do § 4º do art. 12 da CF, houver perdido a nacionalidade, uma vez cessada a causa, poderá readquiri-la ou ter o ato que declarou a perda revogado, na forma definida pelo órgão competente do Poder Executivo. (Lei n. 13.445/2017)".

Sobre o tema, a EC n. 131/2023 inovou, acrescentando o § 5º ao art. 12, que prescreve da seguinte forma: a renúncia da nacionalidade, nos termos do inciso II do § 4º deste artigo, não impede o interessado de readquirir sua nacionalidade brasileira originária, nos termos da lei. Destacamos que a lei citada é a Lei n. 13.445/2017 e que já disciplina a reaquisição da nacionalidade após perda-mudança, no seu art. 76 supracitado.

Sobre a reaquisição da nacionalidade do ex-brasileiro nato, vale destacar um julgado do STF, em exemplar decisão sobre do pedido de Extradição feito pelos Estados Unidos da América, em 1986 (antes da promulgação da CF/88 e antes da EC n. 131/2023), reforçando a posição de que a reaquisição da nacionalidade do ex-brasileiro nato implica o retorno ao *status* de nacionalidade primária. Vejamos:

"Havendo o extraditando **comprovado a reaquisição da nacionalidade brasileira**, indefere-se o pedido de extradição. Constituição Federal de 1967, art. 153, parágrafo 19, parte final. Não cabe invocar, na espécie, o art. 77, i, da Lei n. 6.815/80. Essa regra dirige-se, imediatamente, a forma de aquisição da nacionalidade brasileira, por via de naturalização. Na espécie, o extraditando e brasileiro nato (Constituição Federal de 1967, art. 145, i, letra *a*). **A reaquisição da nacionalidade, por brasileiro nato, implica manter esse *status* e não o de naturalizado.** Indeferido o pedido de extradição, desde logo, diante da prova da nacionalidade brasileira, determina-se seja o extraditando posto em liberdade" **(Ext. 441, rel. Min. Néri da Silveira, julgamento em 18-6-1986).**

INFORMAÇÕES COMPLEMENTARES

Apátrida: também chamado heimatlos, é aquele que não tem pátria, não apresenta vínculo jurídico-político com nenhum Estado, devendo adquirir o mais breve possível uma pátria, através da naturalização ou da opção. Trata-se do **conflito de nacionalidade negativo**.

Polipátrida: é aquele que possui mais de uma nacionalidade, mais de uma pátria. O brasileiro, filho de italiano, neto de português, que se naturaliza holandês, por imposição da lei estrangeira, por exemplo. Trata-se de **conflito de nacionalidade positivo**.

Extradição: ocorre quando o indivíduo pratica um crime no estrangeiro, ingressando no Brasil, e o Estado onde ele praticou o crime solicita ao Brasil a sua extradição ou envio compulsório, para que o infrator seja processado ou cumpra a pena. **O brasileiro nato nunca será extraditado**, já o brasileiro naturalizado poderá ser extraditado nas hipóteses previstas no art. 5ª, LI da CRFB/88. O estrangeiro poderá ser extraditado, salvo se cometer crime político. **A Súmula 421 do STF explicita que "não impede extradição a circunstância de ser o extraditando casado com brasileira ou ter filho brasileiro".**

Expulsão: a Lei de Migração prescreve que o estrangeiro que, de qualquer forma, dentro do território brasileiro, cometer os crimes previstos no art. 54 da Lei n. 13.455/2017, poderá ser expulso da República Federativa do Brasil. A referida lei prevê também hipóteses nas quais não haverá a expulsão. **A Súmula 1 do STF consagra ser "vedada a expulsão de estrangeiro casado com brasileira, ou que tenha filho brasileiro, dependente de economia paterna".** "A expulsão consiste em medida administrativa de retirada compulsória de migrante ou visitante do território nacional, conjugada com o impedimento de reingresso por prazo determinado" (*vide* art. 50 da Lei n. 13.445/2017).

Deportação: ocorre quando um estrangeiro entra ou permanece irregular no território brasileiro, e é convidado a sair imediatamente do país. "A deportação é medida decorrente de procedimento administrativo que consiste na retirada compulsória de pessoa que se encontre em situação migratória irregular em território nacional" (*vide* art. 50 da Lei n. 13.445/2017).

Repatriação: "consiste em medida administrativa de devolução de pessoa em situação de impedimento ao país de procedência ou de nacionalidade" (*vide* art. 49 da Lei n. 13.445/2017).

2.4 Direitos Políticos

Os direitos políticos são direitos fundamentais que se concretizam como instrumentos disponíveis constitucionalmente para o pleno exercício da soberania popular. Para a política, a soberania é o exercício da autoridade que reside num povo e que se exerce por intermédio dos seus órgãos constitucionais representativos. **O povo é soberano**, segundo Rousseau.

A Constituição Federal de 1988 refere-se expressamente ao sufrágio que, no sentido amplo da palavra, consiste em todo direito subjetivo de natureza política e engloba todas as modalidades de poder político previstas no texto constitucional. O sufrágio é universal, o que significa que ao voto e aos demais direitos políticos de cada cidadão são atribuídos o mesmo valor, não importando a condição financeira ou intelectual do indivíduo e não havendo nenhuma discriminação de votos. No exercício do sufrágio classificamos a capacidade ativa (votar) e a capacidade passiva (ser votado).

Contudo, aos estudarmos os direitos políticos devemos nos remeter primeiramente ao parágrafo único do art. 1º da CF, que prescreve: **"Todo poder emana do povo, que o exerce por meio de representantes eleitos ou diretamente, nos termos desta Constituição"**. Trata-se da chamada democracia semidireta ou participativa, um sistema misto com características de democracia representativa, mas com a participação direta do povo, desde que prevista no texto constitucional.

Normalmente quem exerce o poder político no Brasil é o representante que, com a eleição, recebeu um "mandato" dos eleitores, que são os verdadeiros donos do poder. **O povo, dono do poder, tem a titularidade do poder político**, mas o **exercício cabe ao representante eleito**. Na nossa Constituição Federal de 1988, cujo regime democrático é semidireto, criou-se um sistema misto, pois há a determinação taxativa das formas com as quais o povo exerce diretamente seu poder. Tais formas de exercício direto do poder estão contidas no conceito amplo de sufrágio: **Voto, Plebiscito, Referendo, Iniciativa Popular, Iniciativa Popular de Lei, Ação Popular e Elegibilidade.**

Sufrágio: no sentido amplo da palavra, é o direito público subjetivo de natureza política no qual o cidadão pode eleger, ser eleito e participar do governo. Pode ser quanto à extensão – universal ou restrito e quanto à igualdade – igual ou desigual. O sufrágio no Brasil contemporâneo é universal. **Sufrágio** no sentido restrito da palavra pode ser usado no **sentido de voto**.

Vejamos os modos de exercício dos direitos políticos, previstos no texto constitucional:

a) **Voto:** é a manifestação do sufrágio no plano prático, é o ato político que materializa o direito de votar, caracteriza-se como **secreto, igual, livre, pessoal, universal, obrigatório, periódico e direto**. Seu resultado reflete a vontade real do povo e deve ser acatado na sua totalidade. A obrigatoriedade de voto limita-se aos alfabetizados entre 18 e 70 anos.

b) **Plebiscito: consulta prévia que a Casa Legislativa faz ao povo**. Antes do ato político o povo é consultado pelos representantes, ou seja, por aqueles que haviam sido eleitos. Quanto à Casa Legislativa que faz a consulta pode ser Congresso Nacional, Assembleia Legislativa e Câmara de Vereadores, dependendo da esfera da consulta. O termo "povo" deve ser entendido com eleitor.

A Constituição determina, em seu art. 18, §§ 3º e 4º, por exemplo, a consulta através de plebiscito para a criação de novos estados e municípios. E o art. 49, XV, determina que é competência exclusiva do Congresso Nacional (por Decreto Legislativo) autorizar referendo e convocar plebiscito. Sobre o tema, em 2011, o Decreto Legislativo n. 136 dispôs sobre a consulta plebiscitária para a criação do estado de Carajás; e o Decreto Legislativo n. 137 dispôs sobre a consulta plebiscitária para a criação do estado de Tapajós, ambos provocariam o desmembramento-formação em relação ao estado do Pará. A resposta dos eleitores foi pela manutenção territorial do estado do Pará e a decisão popular foi acatada.

c) **Referendo: consulta posterior que a Casa Legislativa faz ao povo.** Casa Legislativa será aquela competente para a consulta, dependendo qual será a esfera da mudança; povo será o eleitor. Em 2005, o Decreto Legislativo n. 780 do Congresso Nacional autorizou a convocação do referendo sobre o comércio de armas no Brasil. O referendo decidiu sobre o art. 35 da Lei n. 10.826/2003 – "Estatuto do Desarmamento", e o resultado foi que o povo não quis a proibição do comércio de armas de fogo e munição no Brasil.

Sobre as consultas populares que as Casas Legislativas fazem ao povo – Plebiscito e Referendo – destacamos alterações trazidas pela Emenda Constitucional n. 111/2021, acrescentando os §§ 12 e 13 ao art. 14 da CF. Segundo a regra constitucional, serão realizadas concomitantemente às eleições municipais as consultas populares sobre questões locais aprovadas pelas Câmaras Municipais e encaminhadas à Justiça Eleitoral até 90 (noventa) dias antes da data das eleições, observados os limites operacionais relativos ao número de quesitos, e as manifestações favoráveis e contrárias às questões submetidas às consultas populares, nos termos do § 12, ocorrerão durante as campanhas eleitorais, sem a utilização de propaganda gratuita no rádio e na televisão.

d) **Iniciativa Popular**: apesar de o texto constitucional não citar expressamente que esta é a **Iniciativa Popular de Lei**, segundo a posição da doutrina majoritária. Então faremos referência, primeiramente, ao art. 61, § 2º, da CF, que determina que o **1% do eleitorado brasileiro, distribuído em pelo menos 5 estados-membros brasileiros, com não menos de 0,3% de cada estado**, poderá subscrever um projeto de lei federal (ordinária ou complementar, desde que a iniciativa não seja privativa de outra autoridade ou órgão). O projeto de lei de iniciativa popular deverá ser apresentado à Câmara dos Deputados que encaminhará para a tramitação legislativa. Em seguida temos a iniciativa de lei municipal prevista no art. 29, XIII, da CF, que prevê a possibilidade de **5% do eleitorado municipal** protocolar projeto de lei de interesse do município, distrito ou bairro. No caso de iniciativa popular de lei estadual a Constituição é lacônica, destacando em seu art. 27, § 4º, que cabe a cada Estado-membro determinar a iniciativa popular de lei estadual.

Defendemos a possibilidade de outro aspecto acerca da Iniciativa Popular, além daquele que argumenta a Iniciativa Popular de Lei. Seria uma Iniciativa Popular propriamente dita, definida como qualquer manifestação lícita e espontânea do povo acerca de assuntos políticos como uma passeata, um abaixo-assinado, um manifesto de protesto. O movimento "Caras Pintadas" (que pediu o *impeachment* do ex-presidente Collor), o movimento "Diretas Já" (que pediu a redemocratização, a nova Constituição e o voto direto), o movimento "Contra a Injustiça: em defesa do Rio" (que protestou contra a divisão dos *royalties* do petróleo), e os diversos movimentos de rua e nas redes sociais que "brotaram" nos últimos tempos poderiam, desde que lícitos e espontâneos, corresponder a esse novo aspecto que defendemos existir, mas como todo movimento novo ainda carece de construção jurídica.

e) **Ação Popular**: a ação popular é um remédio constitucional, prevista no art. 5º, LXXIII, da CF e disciplinada pela Lei n. 4.717/65. É meio constitucional útil para anular atos lesivos ao patrimônio público, patrimônio histórico e cultural, meio ambiente e moralidade administrativa. A ação popular é **Remédio Constitucional**, mas é importante ressaltar aqui que se exige que o impetrante seja eleitor, caracterizando um **exercício dos direitos políticos.**

f) **Elegibilidade:** é o exercício da **capacidade eleitoral passiva**, ou seja, de ser votado, concorrendo a cargo público eletivo. A Constituição elenca as condições de elegibilidade, no art. 14, § 3º, exigindo a nacionalidade brasileira, inscrição eleitoral, plenitude do exercício dos direitos políticos, domicílio eleitoral na circunscrição que deseja concorrer, filiação partidária e idade mínima para cada cargo eletivo, quais sejam: 18 anos para Vereador; 21 anos para Deputado Federal, Deputado Estadual ou Distrital, Prefeito, Vice-Prefeito e juiz de paz; 30 anos para Governador e Vice-Governador de Estado e do Distrito Federal; 35 para Presidente e Vice-Presidente da República e Senador.

2.4.1 Direitos políticos negativos

Os direitos políticos negativos compreendem os dispositivos restritivos e impeditivos dos direitos políticos, alcançando as modalidades de exercício da capacidade eleitoral ativa (voto, plebiscito, referendo, iniciativa popular de lei, ação popular) e passiva (elegibilidade). Os dispositivos impeditivos ou restritivos podem ser constitucionais ou infraconstitucionais, mas os últimos, somente por lei complementar. **São direitos políticos negativos os casos de suspensão e perda dos direitos políticos e os casos de inelegibilidade.**

2.4.1.1 Casos de Suspensão e Perda dos Direitos Políticos

O art. 15 da CF lista os casos de perda ou suspensão dos direitos políticos, são eles:

- **Cancelamento de Naturalização por sentença transitada em julgado:** se o brasileiro naturalizado cometer um ato nocivo ao interesse nacional, estará sujeito a **Ação de Cancelamento de Naturalização**, e após a sentença transitar em julgado, voltará à condição de estrangeiro. E voltando a ser estrangeiro, logicamente ocorrerá a **perda dos direitos políticos**, pois é condição, para ser eleitor, ter a nacionalidade brasileira.

- **Incapacidade Civil Absoluta:** caso um cidadão seja declarado absolutamente incapaz em uma Ação de Interdição, por exemplo, seus direitos políticos serão afetados, mas apenas enquanto durar a condição incapacitante. Nos casos de incapacidade civil absoluta ocorrerá a **suspensão dos direitos políticos.**

- **Condenação Criminal transitada em julgado, enquanto durarem seus efeitos:** no caso de condenação criminal de cidadão, ela importará em **suspensão dos direitos políticos** apenas enquanto durarem os efeitos da condenação. Sobre o tema é importante destacar alguns julgados do STF, vejamos:

STF – AP 396-QO – Mandato Parlamentar e condenação criminal transitada em julgado gerando suspensão dos direitos políticos e perda do cargo: "A perda do mandato parlamentar, no caso em pauta, deriva do preceito constitucional que impõe a suspensão ou a cassação dos direitos políticos. Questão de ordem resolvida no sentido de que, determinada a suspensão dos direitos políticos, a suspensão ou a perda do cargo são medidas decorrentes do julgado e imediatamente exequíveis após o trânsito em julgado da condenação criminal, sendo desimportante para a conclusão o exercício ou não de cargo eletivo no momento do julgamento". (AP 396-QO, rel. Min. Cármen Lúcia, *DJe* de 4-10-2013.)

STF – RE 601.182-MG – Substituição da pena privativa de liberdade em pena restritiva de direito e a suspensão dos direitos políticos: Em 2009, o STF recebeu com repercussão geral o RE 601.182, interposto pelo Ministério Público do Estado de Minas Gerais, questionando o entendimento sobre a suspensão dos direitos políticos quando ocorre a substituição da pena privativa de liberdade por restritiva de direitos. "Em análise de uma apelação, o Tribunal de Justiça do Estado de Minas Gerais (TJ-MG) entendeu não ser aplicável a suspensão de direitos políticos, prevista no art. 15, III, da CF, tendo em vista a substituição da pena privativa de liberdade pela restritiva de direitos. Considerou que não há qualquer incompatibilidade em relação ao pleno exercício dos seus direitos políticos, 'cuja relevante importância só permite o tolhimento em situações que materialmente os inviabilizem'. Por isso, com base nos princípios da isonomia, da dignidade da pessoa e da individualização da pena, concluiu pela manutenção dos direitos políticos do apenado".

STF – AP 565 – No caso específico dos parlamentares, essa relação natural entre suspensão dos direitos políticos e perda do cargo público (...) não se estabelece como consequência natural. E a Constituição, no art. 55, § 2º, diz claramente que, nesses casos, a perda do mandato será decidida pela Câmara dos Deputados ou pelo Senado Federal por (...) maioria absoluta, mediante provocação da respectiva Mesa ou de partido político representado no Congresso Nacional, assegurada ampla defesa.

STF – ADC 29, ADC 30 e ADI 4.578 – A inelegibilidade tem as suas causas previstas nos §§ 4º a 9º do art. 14 da Carta Magna de 1988, que se traduzem em condições objetivas cuja verificação impede o indivíduo de concorrer a cargos eletivos ou, acaso eleito, de os exercer, e não se confunde com a suspensão ou perda dos direitos políticos, cujas hipóteses são previstas no art. 15 da CF, e que importa restrição não apenas ao direito de concorrer a cargos eletivos (*ius honorum*), mas também ao direito de voto (*ius sufragii*). Por essa razão, não há inconstitucionalidade na cumulação entre a inelegibilidade e a suspensão de direitos políticos.

Acrescentamos também o inteiro teor da Súmula Persuasiva 9 do Tribunal Superior Eleitoral, vejamos: **"A suspensão de direitos políticos decorrente de condenação criminal transitada em julgado cessa com o cumprimento ou a extinção da pena, independendo de reabilitação ou de prova de reparação dos danos".**

- **Recusa de cumprir obrigação a todos imposta ou prestação alternativa:** a CF, em seu art. 5º, VIII, determina que ninguém será privado de direitos por motivo de crença religiosa, convicção política ou filosófica, salvo se invocá-las para se eximir de obrigação legal a todos imposta ou de obrigação alternativa, fixada em lei. E o art. 15, IV, da CF determina esta suspensão. Contudo, sobre este assunto há **divergências doutrinárias**: a **doutrina constitucionalista**, através de seus nomes mais expressivos, defende ser caso de **perda de direitos políticos**; entretanto os maiores estudiosos do **Direito Eleitoral** defendem ser caso de **suspensão de**

DIREITO CONSTITUCIONAL

direitos políticos, alegando obediência aos termos da Lei n. 8.239/91, em seu art. 4º, § 2º.

- **Improbidade Administrativa:** o art. 37, § 4º, da CF é claro ao determinar que a condenação por atos de improbidade gera, além de outros efeitos, **a suspensão dos direitos políticos**.
- **Outros casos de perda ou suspensão dos direitos políticos:** embora não estejam expressos no art. 15 da CF, há outros casos de perda ou suspensão dos direitos políticos no texto constitucional, vejamos:
- **Perda-mudança:** se o brasileiro perde a nacionalidade em virtude de ter adquirido voluntariamente outra nacionalidade, terá como consequência a **perda dos direitos políticos,** pois a nacionalidade brasileira é condição para o exercício dos direitos políticos.
- **Exercício de direitos políticos em Portugal:** na interpretação do art. 12, § 1º, da CF c/c o art. 17.3 do Decreto n. 3.927/2001, o português e o brasileiro, se exercerem direitos políticos no Estado de residência terão direitos políticos suspensos no Estado de nacionalidade. Assim se o português equiparado exercer direitos políticos no Brasil, terá seus direitos políticos suspensos em Portugal; o mesmo acontecendo com o brasileiro que exercer direitos políticos em terras lusitanas, sofrerá aqui a **suspensão dos direitos políticos**.

2.4.1.2 Casos de Inelegibilidade – Absoluta e Relativa

- **Inelegibilidades são impedimentos atribuídos ao cidadão e relacionados à sua capacidade eleitoral passiva.** Os casos de inelegibilidade estão previstos na Constituição e em leis complementares e também podem ser chamados de **direitos políticos negativos** (juntamente com os casos de perda ou suspensão dos direitos políticos). As inelegibilidades podem ser classificadas como **inelegibilidade absoluta (art. 14, § 4º) e inelegibilidade relativa (art. 14, §§ 5º ao 9º, e leis complementares)**.
- **Inelegibilidade Absoluta** ocorre quando o indivíduo não pode concorrer a nenhum cargo eletivo, devido apresentar pelo menos um impedimento. Caso se livre do impedimento poderá concorrer a cargos públicos eletivos. **Somente a Constituição Federal, no art. 14, § 4º, apresenta inelegibilidade absoluta,** vejamos: são inelegíveis os inalistáveis (estrangeiros e conscritos) e os analfabetos. **São três "sujeitos" absolutamente inelegíveis: estrangeiros, conscritos e analfabetos.**

Os **estrangeiros** não têm vínculo jurídico-político com o Estado brasileiro, portanto não podem exercer nem a capacidade eleitoral ativa, nem a capacidade eleitoral passiva, a não ser que adquiram a nacionalidade brasileira, através da naturalização, cessando o impedimento. Já os **conscritos** são aqueles que estão cumprindo o serviço militar obrigatório, após serem alistados e convocados pelas Forças Armadas, e somente após o cumprimento do período obrigatório poderão exercer sua capacidade eleitoral ativa e passiva. Por último, os **analfabetos** podem se alistar como eleitores e votar facultativamente, ou seja, podem exercer a capacidade eleitoral ativa, mas estão impedidos de exercer a capacidade passiva, salvo se forem alfabetizados, quando cessa o impedimento.

- **Inelegibilidade Relativa** ocorre quando o cidadão está impedido de se eleger para um determinado cargo, ou para cargos de uma determinada circunscrição, ou precisa atender a certos requisitos para livrar-se da inelegibilidade. Os casos de inelegibilidade relativa, previstos na Constituição, estão relacionados com chefes do Poder Executivo e com os militares, mas ainda existem as inelegibilidades relativas previstas em leis complementares (LC n. 64/90, LC n. 81/94, LC n. 135/2010). Enquanto o **rol das inelegibilidades absolutas é taxativo** na Constituição Federal de 1988; o **rol das inelegibilidades relativas previsto na Constituição é exemplificativo, pois leis complementares podem incluir novos casos**.
- **Inelegibilidade do Chefe do Poder Executivo para reeleição:** Segundo determinação constitucional, os chefes do Poder Executivo só podem ser reeleitos para um único período subsequente, ou seja, no fim do segundo mandato, o chefe do Executivo estará inelegível para o mesmo cargo, mas poderá concorrer, no futuro, para um terceiro mandato não consecutivo. Segundo o TSE, a regra não é extensível da mesma forma para os vices, conforme determina a Res. n. 20.889/01/TSE. Vejamos também alguns julgados:

STF – AI 782.434 AgR (j. 8-2-2011, 1ª T, *DJE* de 24-3-2011) – Vice-governador eleito duas vezes para o cargo de vice-governador. No segundo mandato de vice, sucedeu o titular. Certo que, no seu primeiro mandato de vice, teria substituído o governador. Possibilidade de reeleger-se ao cargo de governador, porque o exercício da titularidade do cargo dá-se mediante eleição ou por sucessão. Somente quando sucedeu o titular é que passou a exercer o seu primeiro mandato como titular do cargo. Inteligência do disposto no § 5º do art. 14 da CF. (**RE 366.488**, rel. Min. **Carlos Velloso**, j. 4-10-2005, 2ª T, *DJ* de 28-10-2005.)

TSE – Decisão Monocrática no RESPE 31.668 (22-11-2008) – a simples circunstância de competir ao Vice-Governador ou ao Vice-Prefeito outras atribuições, além daquela de substituir ou suceder ao Governador ou ao Prefeito, não conduz, necessariamente, a conclusão de que estejam submetidos a prazo de desincompatibilização para concorrerem a outro cargo público.

- **Inelegibilidade do Chefe do Poder Executivo para concorrer a outro cargo:** Se o chefe do Poder Executivo quiser concorrer a outro cargo deverá **renunciar seis meses antes do pleito**, não importando se está no primeiro ou segundo mandato. Em relação aos vices, só haverá incidência da regra se eles tiverem, nos seis meses anteriores ao pleito, sucedido ou substituído os titulares.

- **Inelegibilidade Reflexa incidente sobre os parentes do Chefe do Poder Executivo:** ainda sobre os chefes do Poder Executivo, a Constituição Federal de 1988 também estabelece a **inelegibilidade reflexa**, que impede que os parentes destas autoridades (parentes até o segundo grau) possam concorrer a cargos eletivos, dentro da circunscrição dos seus titulares. Também refletem inelegibilidades nos parentes aqueles que ocupem a chefia do Poder Executivo nos seis meses anteriores ao pleito. A exceção ocorre se o parente já for titular de mandato eletivo e candidato a reeleição. A inelegibilidade reflexa impede a hereditariedade no mando do Poder Executivo, e está intimamente ligada aos princípios republicanos.

  No âmbito jurisprudencial, há vários julgados dos TREs e do TSE em relação à inelegibilidade reflexa, todavia, vale ressaltar aqui a **Súmula Vinculante do STF 18/2009** que estabelece o seguinte: "A dissolução da sociedade ou do vínculo conjugal, no curso do mandato, não afasta a inelegibilidade prevista no § 7º do art. 14 da CF".

  Ainda sobre o tema, é importante destacar que a dissolução da sociedade ou do vínculo conjugal com a morte do cônjuge político não está submetida à inelegibilidade reflexa do art. 14, § 7º, c/c a Súmula Vinculante 18, vejamos destacada manifestação do STF, com repercussão geral – Tema 678:

  "O que orientou a edição da Súmula Vinculante 18 e os recentes precedentes do STF foi a preocupação de inibir que a dissolução fraudulenta ou simulada de sociedade conjugal seja utilizada como mecanismo de burla à norma da inelegibilidade reflexa prevista no § 7º do art. 14 da Constituição. Portanto, não atrai a aplicação do entendimento constante da referida súmula a extinção do vínculo conjugal pela morte de um dos cônjuges". **(RE 758.461)**

- **Inelegibilidade do Militar:** a CF, no art. 14, § 8º, disciplina sobre a **inelegibilidade do militar alistável**, excluindo o conscrito que é o militar inalistável. Ocorre que a Constituição proíbe ao militar ativo o exercício da atividade político-partidária (art. 142, § 1º), mas prevê capacidade eleitoral passiva para o militar (não conscrito) no art. 14, § 8º. O dispositivo intenta impedir a concomitância da atividade política com a atividade militar, prática tão comum na época do regime militar anterior à atual Constituição.

  Para esta categoria teremos a seguinte regra: se o militar contar com menos de 10 anos de serviço, deverá afastar-se definitivamente da atividade para concorrer às eleições; se o militar tenha mais de 10 anos de serviço, será afastado temporariamente da atividade (agregado) e caso ganhe a eleição, será posto na inatividade com a diplomação (antes da posse).

- **Inelegibilidades relativas previstas em lei complementar:** por previsão constitucional, **somente leis complementares** poderão estabelecer outros **casos de inelegibilidade relativa**, observando os seguintes critérios: proteção da probidade administrativa, moralidade para o exercício do mandato, observância da vida pregressa do candidato, normalidade e legitimidades das eleições, proibição de influência econômica ou do abuso do exercício de função, cargo ou emprego na administração pública direta ou indireta. São exemplos de leis complementares que atendem este dispositivo constitucional as seguintes: LC n. 64/90, LC n. 81/94 e LC n. 135/2010.

Os §§ 10 e 11 do art. 14 estabelecem que o mandato eletivo poderá ser impugnado ante à Justiça Eleitoral no prazo de quinze dias contados do diploma, não precisando esperar a posse para o ajuizamento da Ação de Impugnação de Mandato Eletivo. A referida ação deverá ser instruída com as provas de corrupção, fraude ou abuso de poder econômico, tramitará em segredo de justiça, respondendo o autor, na forma da lei, se a ação ajuizada for temerária ou de manifesta má-fé.

Os §§ 12 e 13 do art. 14 da CF foram incluídos pela Emenda Constitucional n. 111/2021 e disciplinam as seguintes regras: serão realizadas concomitantemente às eleições municipais as consultas populares sobre questões locais aprovadas pelas Câmaras Municipais e encaminhadas à Justiça Eleitoral até 90 (noventa) dias antes da data das eleições, observados os limites operacionais relativos ao número de quesitos e manifestações favoráveis e contrárias às questões submetidas às consultas populares nos termos do § 12 ocorrerão durante as campanhas eleitorais, sem a utilização de propaganda gratuita no rádio e na televisão.

2.4.2 Princípio da anterioridade (ou anualidade) eleitoral

O art. 16 da CF trata do princípio da anterioridade eleitoral e determina claramente que a lei (ou qualquer norma) que alterar o processo eleitoral entrará em vigor na data da publicação (vigência é existência da norma) não se aplicando (não gerando efeitos) à eleição que ocorra dentro de um ano do início de sua vigência. **Coaduna-se ao princípio da anterioridade o princípio da**

segurança jurídica, determinando que as regras do processo eleitoral não possam mudar às vésperas da eleição começar. Cabe a aplicação de um lapso temporal para que eleitores, partidos políticos, Justiça Eleitoral se adaptem às novas regras.

Com base neste dispositivo, o STF entendeu que a alteração trazida pela **Emenda Constitucional n. 52/2006** ao art. 17, § 1º, da CF não deveria ser aplicada nas eleições de 2006, assim como as regras da **Lei Complementar n. 135/ 2010 (Lei da Ficha Limpa)** não puderam ser aplicadas nas eleições deste mesmo ano. Contudo, na mesma corrente de pensamento, o STF entendeu que para as eleições municipais de 2012 aplica-se a Lei da Ficha Limpa, já que cumprido o lapso temporal de um ano do início da vigência.

2.4.3 Partidos Políticos

Apesar de estar disposto em capítulo apartado no Título II da Constituição, consideramos nesta obra o tema "partidos políticos" como um desenrolar dos chamados direitos políticos, e, portanto, o organizamos nesta seção.

Os partidos políticos são pessoas jurídicas de direito privado, sendo conceituados por Celso Ribeiro Bastos como **"organização de pessoas reunidas em torno de um mesmo programa político com a finalidade de assumir o poder e de mantê-lo ou, ao menos, de influenciar na gestão da coisa pública através de críticas e oposições".**

Os partidos políticos gozam de relativa liberdade de organização partidária, não havendo intervenção estatal. O art. 17 da CF disciplina, de forma superficial, os partidos políticos, cabendo à Lei n. 9.096/95, e suas atualizações, o regramento mais aprofundado do assunto.

Todavia, é relevante listar as determinações constitucionais acerca dos partidos políticos: devem respeitar a soberania nacional, o regime democrático, o pluripartidarismo e os direitos da pessoa humana; devem ter caráter nacional; devem respeitar o funcionamento parlamentar; estão proibidos de receber verba de organismo estrangeiro ou internacional ou de se subordinar a eles; recebem verba do fundo partidário e têm direito ao horário eleitoral gratuito na rádio e televisão (conforme as regras da EC n. 97/2017); devem prestar contas à Justiça Eleitoral; só adquirem personalidade jurídica, na forma da lei civil, após registros no TSE; têm liberdade para estabelecer sua estrutura interna, organização, funcionamento, normas de disciplina e fidelidade partidária; têm liberdade para estabelecer suas coligações partidárias nas eleições majoritárias, sendo vedadas as coligações partidárias nas eleições proporcionais (EC n. 52/2006, com restrições aplicadas pela EC n. 97/2017).

A EC n. 91/2016, de 18 de fevereiro, abriu uma janela para troca de partido, facultando ao detentor de mandato eletivo desligar-se do partido pelo qual foi eleito nos trinta dias seguintes à promulgação da referida EC, sem prejuízo do mandato, não sendo essa desfiliação considerada para fins de distribuição dos recursos do Fundo Partidário e de acesso gratuito ao tempo de rádio e televisão; a EC n. 97/2017 trouxe mudanças relacionadas às chamadas cláusulas de desempenho eleitoral, restringindo o acesso dos partidos ao Fundo Partidário e a vedação às coligações em eleições proporcionais para deputados federais, deputados estaduais e vereadores.

A EC n. 111/2021 acrescentou o § 6º ao art. 17 estabelecendo que os deputados federais, estaduais, distritais e vereadores que se desligarem do partido pelo qual tenham sido eleitos perderão o mandato, salvo se houver anuência do partido ou em outras hipóteses de justa causa estabelecidas em lei, não computada, em qualquer caso, a migração de partido para fins de distribuição de recursos do fundo partidário ou de outros fundos públicos e de acesso gratuito ao rádio e à televisão.

A EC n. 117/2022 acrescentou os §§ 7º e 8º ao art. 17, disciplinando a obrigação de aplicação de no mínimo 5% (cinco por cento) dos recursos do fundo partidário na criação e na manutenção de programas de promoção e difusão da participação política das mulheres, de acordo com os interesses intrapartidários e também que o montante do Fundo Especial de Financiamento de Campanha e da parcela do fundo partidário destinada a campanhas eleitorais, bem como o tempo de propaganda gratuita no rádio e na televisão a ser distribuído pelos partidos às respectivas candidatas, devam ser de no mínimo 30% (trinta por cento), proporcional ao número de candidatas, e a distribuição deverá ser realizada conforme critérios definidos pelos respectivos órgãos de direção e pelas normas estatutárias, considerados a autonomia e o interesse partidário.

A EC n. 133/2024 acrescentou o § 9º ao art. 17, determinando que, dos recursos oriundos do Fundo Especial de Financiamento de Campanha e do fundo partidário destinados às campanhas eleitorais, os partidos políticos devem, obrigatoriamente, aplicar 30% (trinta por cento) em candidaturas de pessoas pretas e pardas, nas circunscrições que melhor atendam aos interesses e às estratégias partidárias.

3. ORGANIZAÇÃO DO ESTADO BRASILEIRO

A organização e estruturação do Estado brasileiro podem ser estudadas primeiramente sob três aspectos: **Forma de Estado, Forma de Governo e Sistema de Governo**. No Brasil, a **Forma do Estado é Federada**, a **Forma de Governo é Republicana** e o **Sistema de Governo é Presidencialista**. Cada um desses aspectos introduz no contexto constitucional uma série de características, que identificamos com certa facilidade, entretanto, para estudarmos a **Organização do Estado Brasileiro**, que é o objeto deste capítulo, devemos estruturar algumas ideias.

3.1 O que é o Estado?

Estado é uma ficção do Direito, e uma organização criada com a finalidade de atender as necessidades dos membros de um grupo, regulando as relações sociais entre esses membros, que estão fixos em um determinado território. Tal grupo, denominado **POVO**, situado em um espaço geográfico, chamado **TERRITÓRIO**, necessita de uma figura jurídica – o **ESTADO** – que exerça o controle, denominado **PODER**, sobre grupo.

Eis os elementos essenciais para a constituição do Estado: **PODER SOBERANO** (elemento político) de um **POVO** (elemento humano) situado em um **TERRITÓRIO** (elemento geográfico).

Desde os primórdios, o homem, ser gregário, buscou viver em grupo. O grupo, por sua vez, naturalmente instituía suas regras de convivência, e as respectivas sanções para os casos de descumprimento de tais regras. Os grupos humanos, formados desde os tempos mais remotos, reconheciam nas mãos de um líder, ou de uma junta de líderes, o controle de determinadas atribuições, como: gerenciar seus integrantes, desde a distribuição dos utensílios domésticos e instrumentos de caça, até as tarefas de cada membro do grupo – **a função executiva**; estabelecer regras de conduta, prevendo sanções aos desobedientes – **função legislativa**; exercer o poder de julgar conflitos entre integrantes do grupo, e arbitrar a sua solução – **função jurisdicional**.

Todavia, alguns fatores ocasionaram a melhoria das condições de vida do homem na face da Terra, e destacamos a descoberta do fogo e o surgimento da agricultura, que contribuíram de forma determinante para a fixação dos grupos em determinadas regiões. Sedentárias, as civilizações passaram a se desenvolver, e os grupos humanos passaram a crescer em número de membros, gerando, como consequência, a fragilidade do poder nas mãos de tais líderes. Chegava a hora de se criar uma figura fictícia, legitimada pelo grupo, com poder de agregar as funções que antes eram exercidas pelos seus líderes. **Nascia assim a figura do ESTADO!**

Ratificando, podemos citar a definição de Estado por Ranelletti: "O Estado é um **povo** fixado em um **território** e organizado sob um **poder** de império, supremo e originário, para realizar, com ação unitária, os seus próprios fins coletivos" (RANELLETI, Oreste. *Istituzioni di diritto pubblico il nuovo diritto pubblico dela repubblica italiana*; parte generale; p. 64).

A Constituição de um Estado é o conjunto de normas que organizam seus elementos constitutivos: povo, território e poder. Desse modo a Constituição figura como a lei suprema de um Estado.

Uma coletividade territorial só adquire a qualificação de Estado quando conquista sua capacidade de autodeterminação, com independência em relação a outros Estados.

No Estado brasileiro tal independência ocorreu em 7 de setembro de 1822, ganhando a forma de Governo Imperial. Naquela época o grande problema foi a implementação da unidade nacional, o Estado Unitário Imperial encontrou grandes barreiras nos poderes regionais e locais que dominavam o Brasil, pois desde o início da colonização, com a divisão territorial e a organização das doze capitanias hereditárias, o poder encontrava-se nas mãos de donatários, e posteriormente com a maior fragmentação do território brasileiro, por volta de 1572, distribuiu-se o poder nas mãos de capitães-generais; ouvidores; juízes de fora; capitães-mores; chefes de presídios, entre outras autoridades da época.

Segundo Oliveira Vianna "Governículos locais, representados pela autoridade todo-poderosa dos capitães-mores das aldeias, os próprios caudilhos locais, insulados nos seus latifúndios, nas solidões dos altos sertões, eximem-se, pela sua mesma inacessibilidade, à pressão disciplinar da autoridade pública; e se fazem centro de autoridade efetiva, monopolizando a autoridade política, a autoridade judiciária e a autoridade militar dos poderes constituídos" (OLIVEIRA VIANNA, Francisco José, *Evolução do Povo Brasileiro*, 4. ed., Rio de Janeiro: Livraria José Olympio, 1956, p. 217).

Portanto, a ideia de descentralização de poder no Brasil já se mostra bem antiga, com suas raízes no início da colonização. Os chamados Forais de Capitania já previam a possibilidade de se adquirir "direitos, foros, tributos e coisas que na dita terra se hão de pagar". Para alguns, tivemos até uma monarquia com ares de federação, com o Ato Adicional de 1837. A divisão territorial em capitanias não teve importância apenas sob o aspecto histórico, mas jurídico-político. Capitanias, províncias, estados-membros: a divisão geográfica e política da época da Colônia deixou marcas profundas na formação do Estado brasileiro.

3.2 Nascimento da Federação brasileira

Formalmente, **a Federação no Brasil surge com a aprovação do Decreto n. 1, de 15 de novembro de 1889**, que proclamou para o Estado brasileiro, conjuntamente com a Forma de Governo Republicana, a Forma de Estado Federada, sob a forte influência do federalismo norte-americano já institucionalizado.

Todavia, há autores que defendem a existência da Federação no Brasil desde a época do Império: **um verdadeiro "Império Federado"**. Segundo essa corrente de juristas, em 1831, pressionado pelos movimentos das elites agrárias regionais contra o excessivo centralismo do monarca, D. Pedro I abdicou do trono. Havia uma grande movimentação pela maior descentralização do poder central e pela criação de um regime provincial, o que ocorreu em 1834, através do Ato Adicional, que emendou a Constituição de 1824. Foi aprovada a Lei n. 16, de 12 de agosto 1834, que criou a Monarquia representativa e transformou os Conselhos Gerais das Províncias em Assembleias Legislativas, as Províncias tiveram asseguradas as funções executivas e legislativas, com evidentes princípios federalistas.

DIREITO CONSTITUCIONAL

Com a Proclamação da República em 1889, os movimentos favoráveis à descentralização foram definitivamente vitoriosos. O Governo Provisório expediu o Decreto n. 1, de 15 de novembro de 1889, instituiu definitivamente a federação, transformando as antigas Províncias em Estados-membros e criando os "Estados Unidos do Brazil". O art. 1º do Dec. n. 1/1889 dispunha: "A nação Brazileira adopta como fórma de governo, sob regimen representativo, a República Federativa proclamada a 15 de novembro de 1889, e **constitui-se, por união perpétua e indissolúvel das suas antigas províncias, em Estados Unidos do Brazil".**

Posteriormente, a Constituição de 1891 institucionalizou a República Federativa como forma de governo e a **regra federativa da união perpétua e indissolúvel dos Estados-membros**; estabeleceu os bens de cada unidade federativa; aplicou a repartição constitucional de competências; destacou a competência residual dos Estados-membros; e determinou a intervenção da União nos entes federados para garantir a integridade da Federação.

No período Vargas, houve a imposição do centralismo, com restrições à autonomia dos Estados-membros; dissolução do Congresso Nacional, das Assembleias Legislativas Estaduais e das Câmaras Municipais; cassação dos mandatos de todos os Governadores e Prefeitos; e nomeação de interventores em cada Estado-membro e municípios; tudo baseado no Decreto n. 19.398, de 11 de novembro de 1930. Paradoxalmente, o governo Vargas manteve as Constituições e Leis estaduais e a competência residual dos Estados-membros.

Da Constituição de 1946 até o golpe militar, a autonomia federativa voltou a ser praticada, mas a partir de 1964, o federalismo foi apenas "textual", mantido na Constituição de 1967/1969, mas como um federalismo meramente formal, pois a competência da União foi de tal forma agigantada que sufocou a pseudoautonomia dos Estados federados.

Com a Constituição Federal de 1988, o princípio federalista foi restituído ao nosso Estado brasileiro, e o sistema de repartição de competências voltou a ser matéria de importância constitucional, com a Forma Federativa de Estado sendo elevada ao *status* de cláusula pétrea.

Como sabemos, a Constituição recebeu o federalismo da evolução histórica, não sendo a instituidora do federalismo. Manteve-o mediante a declaração constante do art. 1º, que configura o Brasil como uma República Federativa. Então **a forma do Estado Brasileiro é a de Estado Federal ou Estado Composto.** Na vigência da Constituição de 1988, República Federativa do Brasil é o nome do Estado Brasileiro; Brasil é o nome do país, a forma de Estado é denominada Federativa, que indica tratar-se de um Estado Federal, e a forma de governo é a República.

3.3 Elementos da Federação

a) **Reunião de unidades regionais autônomas:** que a doutrina chama de Estados Federados, Estados-membros ou simplesmente Estados. Há dois tipos de entidades: a União e as unidades regionais autônomas. Entre as últimas destacamos os Estados-membros, todavia, na Federação brasileira existem também as figuras do Distrito Federal e dos Municípios, a quem a Constituição atribui distinção na estrutura político-administrativa.

b) **República Federativa do Brasil:** é o Estado Federal, dotado de personalidade jurídica de Direito Público Internacional. O Estado Federal é o titular da soberania, considerada poder supremo consistente na capacidade de autodeterminação. Diferente do Estado Federal, os estados federados (estados-membros) são titulares de autonomia (o que se estende também ao Distrito Federal e aos Municípios), compreendida pelo governo próprio, dentro dos limites de competência traçados pela própria Constituição Federal.

c) **União Federal:** entidade federal formada pela reunião das partes componentes, constituindo pessoa jurídica de Direito Público interno, autônoma em relação aos Estados, Distrito Federal e Municípios, sendo representada, internamente, pelo(a) Presidente da República, como chefe de governo, no âmbito do Poder Executivo.

d) **Estados-membros:** entidades federativas componentes, dotadas de autonomia e também de personalidade jurídica de Direito Público Interno. A autonomia federativa assenta-se em dois elementos básicos: a existência de órgãos governamentais próprios que não dependem dos órgãos federais quanto à forma de seleção e investidura; e competências previstas na Constituição Federal (por exemplo, competência concorrente para tributar, competência exclusiva para criar as Constituições Estaduais).

e) **Repartição de Competência entre a União e os Estados-membros prevista no texto constitucional:** o Estado Federal brasileiro apresenta-se como um estado que, embora aparecendo único nas relações internacionais, é constituído por unidades federadas dotadas de autonomia, notadamente quanto ao exercício da capacidade normativa sobre matérias reservadas à sua competência.

f) **União Indissolúvel:** a indissolubilidade é um princípio que integra o conceito de federação, sendo considerada pela vigente Constituição como cláusula pétrea. Os membros da Federação são os Estados-membros, que formam a federação, juntamente com municípios e o Distrito Federal. A indissolubilidade impede que a Federação brasileira seja "quebrada", "esfacelada", mas não impede a criação de novos entes federativos, integrantes da união indissolúvel.

g) **Município:** por certo tempo, houve uma resistência dos doutrinadores em reconhecer nos municípios a característica de ente federativo, obstáculo totalmente superado, frente aos dispositivos constitucionais que enfatizam a natureza de ente federativo, dotado de autonomia política, legislativa e governamental.

h) **Constituição Rígida como base jurídica:** a rigidez da Constituição garante a correta distribuição de competências entre os entes federativos autônomos, promovendo uma estabilidade institucional.

i) **Órgão representativo dos Estados-membros e do Distrito Federal:** o Senado Federal representa os estados-membros e o Distrito Federal, e, pelo princípio da isonomia, os senadores eleitos deverão ser sempre em número equivalente. Segundo o art. 46, §§ 1º e 3º, da CF, serão em número de três, com mandato de oito anos, representativos dos estados-membros e do Distrito Federal. Os municípios, apesar de serem considerados entes federativos, não possuem representantes diretos no Senado Federal.

j) **Auto-organização dos Estados-membros:** através das constituições estaduais, fruto do Poder Constituinte Derivado Decorrente. Os municípios e o DF, por sua vez, elaboram suas leis orgânicas.

k) **Repartição das receitas:** para que haja autonomia entre os entes federativos, deverá ocorrer a repartição de receita.

3.4 Brasília – a capital federal

Uma novidade do texto constitucional é a atribuição do *status* de capital federal a Brasília, inaugurada em 21 de abril de 1960, pelo então Presidente Juscelino Kubitschek. Brasília não está enquadrada, segundo José Afonso da Silva, no conceito de cidade, pois não é sede de Município. É, por definição constitucional, a Capital Federal, a sede do Governo Federal, sede da República Federativa do Brasil.

Uma curiosidade da Lei Orgânica do Distrito Federal é que Brasília também é a sede do governo do Distrito Federal, como dispõe o seu art. 6º. O art. 8º da mesma Lei Orgânica disciplina que território do Distrito Federal compreende o espaço físico-geográfico que se encontra sob seu domínio e jurisdição.

3.5 A indissolubilidade e as modalidades de desmembramento, fusão, incorporação e subdivisão de estados-membros e municípios

O princípio da indissolubilidade, também conhecido como princípio da vedação ao direito de secessão, determina que, uma vez criado o pacto federativo, nenhum membro da federação se separe da Federação. Encontramos exemplos da aplicação da indissolubilidade na Constituição Federal no art. 20, XI, da CF, no qual a União tem o domínio das terras ocupadas pelos índios, retirando do **povo indígena**, que tem **poder**, a possibilidade de ter **território (POVO + PODER – TERRITÓRIO)**; no art. 85, I, da CF que dispõe ser crime de responsabilidade o ato do Presidente que atente contra **"a existência da União"**; e no art. 34, I, que determina ser motivo de intervenção federal **"manter a integridade nacional"**.

Todavia é importante saber que o princípio da indissolubilidade não impede que os estados-membros e os municípios se submetam aos procedimentos de desmembramento, fusão, incorporação e subdivisão. Tal possibilidade inclusive é prevista no art. 18, §§ 3º e 4º, da CF.

FUSÃO	Dois ou mais entes federativos* se unem e o resultado da junção gera o surgimento de um novo ente federativo, extinguindo os anteriores.
INCORPORAÇÃO	Dois ou mais entes federativos* se unem e o resultado da junção gera o englobamento de um ente sobre os outros, permanecendo apenas a pessoa jurídica do ente incorporador.
SUBDIVISÃO OU CISÃO	Um ente federativo* é dividido e o resultado da divisão gera a extinção da pessoa jurídica anterior e o surgimento de novas pessoas jurídicas.
DESMEMBRAMENTO-FORMAÇÃO	Um ente federativo* perde parte de seu território, mantendo sua personalidade jurídica. A parte desmembrada forma um novo ente.
DESMEMBRAMENTO-ANEXAÇÃO	Um ente federativo* perde parte de seu território, mantendo sua personalidade jurídica. A parte desmembrada é anexada a outro ente federativo já existente.

* Ente federativo: Estado-membro ou Município.

O **art. 18, § 3º, da CF**, regulamentado pela Lei n. 9.709/98, disciplina a alteração geopolítica dos estados-membros, definindo claramente as seguintes etapas: 1ª – Plebiscito; 2ª – Propositura de projeto de lei complementar ao Congresso Nacional; 3ª – Audiências das Assembleias Legislativas; 4ª – Aprovação de lei complementar pelo Congresso Nacional.

A modificação geopolítica dos municípios está disciplinada no **art. 18, § 4º, da CF**, alterado pela Emenda Constitucional n. 15/96, e regulamentado pela Lei 9.709/98. A **EC n. 15/96** determinou que uma **Lei Complementar Federal estabelecesse o período para a criação de novos municípios**, seja por incorporação, fusão, desmembramento ou subdivisão. Assim a mudança geopolítica de um Município obedeceria às seguintes etapas: 1ª – Estudo de Viabilidade Municipal; 2ª – Plebiscito; 3ª – Aprovação por Lei Estadual (ordinária); **Importante: conforme procedimentos e dentro do período previsto por Lei Complementar Federal.**

Ocorre que esta Lei Complementar ainda não existe, e a despeito da omissão legislativa federal, vários municípios foram criados, o que gerou o ajuizamento de diversas ações de controle de constitucionalidade, sustentando a necessidade da referida LC. Assim o **STF** entendeu que o art. 18, § 4º, da CF, atualizado pela EC n.

15/96, é **norma constitucional de eficácia limitada**, dependendo da edição de lei complementar federal para estabelecer o período de criação de municípios. Por esta razão, o STF entendeu inicialmente que seria inconstitucional toda lei estadual que criasse Município, após a EC n. 15/96, por vício formal devido à violação dos pressupostos objetivos exigidos para o processo de criação de municípios.

Na **ADI por omissão 3.682**, o STF reconheceu a inércia do Congresso Nacional e fixou prazo para que o art. 18, § 4º, da CF fosse regulamentado. As diversas ADI's que estavam tramitando na Corte Constitucional tiveram provimento nas quais o STF declarou a inconstitucionalidade das leis estaduais que criaram Municípios, sem a existência da referida LC, mas a Corte não declarou a nulidade dos atos de criação dos Municípios, mantendo a vigência por 24 meses. Vejamos:

"Ação direta de inconstitucionalidade por omissão. Inatividade do legislador quanto ao dever de elaborar a lei complementar a que se refere o § 4º do art. 18 da CF, na redação dada pela EC 15/1996. Ação julgada procedente. A EC 15, que alterou a redação do § 4º do art. 18 da Constituição, foi publicada no dia 13-9-1996. Passados mais de dez anos, não foi editada a lei complementar federal definidora do período dentro do qual poderão tramitar os procedimentos tendentes à criação, incorporação, desmembramento e fusão de Municípios. Existência de notório lapso temporal a demonstrar a inatividade do legislador em relação ao cumprimento de inequívoco dever constitucional de legislar, decorrente do comando do art. 18, § 4º, da Constituição. Apesar de existirem no Congresso Nacional diversos projetos de lei apresentados visando à regulamentação do art. 18, § 4º, da Constituição, é possível constatar a omissão inconstitucional quanto à efetiva deliberação e aprovação da lei complementar em referência. As peculiaridades da atividade parlamentar que afetam, inexoravelmente, o processo legislativo, não justificam uma conduta manifestamente negligente ou desidiosa das Casas Legislativas, conduta esta que pode pôr em risco a própria ordem constitucional. A *inertia deliberandi* das Casas Legislativas pode ser objeto da ação direta de inconstitucionalidade por omissão. A omissão legislativa em relação à regulamentação do art. 18, § 4º, da Constituição acabou dando ensejo à conformação e à consolidação de estados de inconstitucionalidade que não podem ser ignorados pelo legislador na elaboração da lei complementar federal. Ação julgada procedente para declarar o estado de mora em que se encontra o Congresso Nacional, a fim de que, em prazo razoável de dezoito meses, adote ele todas as providências legislativas necessárias ao cumprimento do dever constitucional imposto pelo art. 18, § 4º, da Constituição, devendo ser contempladas as situações imperfeitas decorrentes do estado de inconstitucionalidade gerado pela omissão. Não se trata de impor um prazo para a atuação legislativa do Congresso Nacional, mas apenas da fixação de um parâmetro temporal razoável, tendo em vista o prazo de 24 meses determinado pelo Tribunal nas ADI 2.240, 3.316, 3.489 e 3.689 para que as leis estaduais que criam Municípios ou alteram seus limites territoriais continuem vigendo, até que a lei complementar federal seja promulgada contemplando as realidades desses Municípios" (**ADI 3.682**, rel. Min. **Gilmar Mendes**, julgamento em 9-5-2007, Plenário, *DJ* de 6-9-2007).

Simplificando: o STF estabeleceu prazo de 18 meses para o Congresso Nacional sanar sua omissão legislativa e de 24 meses para que as leis estaduais inconstitucionais (mas não nulas) atendessem às exigências da nova lei complementar federal. Ou seja, uma folga de 6 meses para que, após a nova lei complementar, os estados-membros corrigissem a falha inconstitucional.

O Congresso Nacional, tentando regularizar a situação pendente, editou a EC n. 57/2008, acrescentando o art. 96 ao ADCT e convalidando a criação de municípios, cujas leis estaduais tenham sido publicadas até 31-12-2006, e atendidos os demais requisitos legais e constitucionais. Assim a situação ficou temporariamente resolvida, mas ainda permanece a omissão legislativa, sendo considerada inconstitucional a criação de qualquer município após 31-12-2006, sem a edição da Lei Complementar.

A EC n. 57/2008 criou uma nova conformação jurídica, afetando inevitavelmente as decisões pendentes do STF sobre o tema. Vejamos:

"Criação do Município de Pinto Bandeira/RS. **Ação julgada prejudicada pela edição superveniente da EC n. 57/2008**. Alegação de contrariedade à EC n. 15/1996 (...). Com o advento da EC n. 57/2008, **foram convalidados os atos de criação de Municípios cuja lei tenha sido publicada até 31-12-2006**, atendidos os requisitos na legislação do respectivo Estado à época de sua criação. A Lei n. 11.375/1999 foi publicada nos termos do art. 9º da Constituição do Estado do Rio Grande do Sul, alterado pela EC n. 20/1997, pelo que a criação do Município de Pinto Bandeira foi convalidada" (**ADI 2.381-AgR**, rel. Min. **Cármen Lúcia**, julgamento em 24-3-2011, Plenário, *DJe* de 11-4-2011) **(grifo nosso)**.

A Emenda Constitucional n. 57/2008, de constitucionalidade duvidosa, não eliminou a necessidade da existência da Lei Complementar Federal para estabelecer o período de criação do município, mas apenas convalidou as criações de municípios que desobedeceram ao comando constitucional da Emenda n. 15/96. Nos anos de 2013 e 2014, dois projetos de Lei Complementar foram aprovados, mas obtiveram veto presidencial, com posterior acatamento pelo Congresso Nacional, e até a presente edição a matéria continua pendente de regulamentação. Fiquemos atentos!

> **Qual o significado das expressões "população diretamente interessada" e "população dos Municípios envolvidos", citadas respectivamente nos §§ 3º e 4º do art. 18 da CF?**
>
> A resposta é encontrada no art. 7º da Lei n. 9.709/98, vejamos:
>
> Art. 7º Nas consultas plebiscitárias previstas nos arts. 4º e 5º **entende-se por população diretamente interessada** tanto a do território que se pretende desmembrar, quanto a do que sofrerá desmembramento; em caso de fusão ou anexação, tanto a população da área que se quer anexar quanto a da que receberá o acréscimo; e a vontade popular se aferirá pelo percentual que se manifestar em relação ao total da população consultada.
>
> Sobre o tema já se manifestou o STF: "Após a alteração promovida pela EC n. 15/96, a Constituição explicitou o alcance do âmbito de consulta para o caso de reformulação territorial de Municípios e, portanto, o significado da expressão 'populações diretamente interessadas', contida na redação originária do § 4º do art. 18 da Constituição, no sentido de ser necessária a consulta a toda a população afetada pela modificação territorial, o que, no caso de desmembramento, deve envolver tanto a população do território a ser desmembrado, quanto a do território remanescente. Esse sempre foi o real sentido da exigência constitucional – a nova redação conferida pela emenda, do mesmo modo que o art. 7º da Lei n. 9.709/98, apenas tornou explícito um conteúdo já presente na norma originária. A utilização de termos distintos para as hipóteses de desmembramento de Estados-membros e de Municípios não pode resultar na conclusão de que cada um teria um significado diverso, sob pena de se admitir maior facilidade para o desmembramento de um Estado do que para o desmembramento de um Município. Esse problema hermenêutico deve ser evitado por intermédio de interpretação que dê a mesma solução para ambos os casos, sob pena de, caso contrário, se ferir, inclusive, a isonomia entre os entes da federação. O presente caso exige, para além de uma interpretação gramatical, uma interpretação sistemática da Constituição, tal que se leve em conta a sua integralidade e a sua harmonia, sempre em busca da máxima da unidade constitucional, de modo que a interpretação das normas constitucionais seja realizada de maneira a evitar contradições entre elas. Esse objetivo será alcançado mediante interpretação que extraia do termo 'população diretamente interessada' o significado de que, para a hipótese de desmembramento, deve ser consultada, mediante plebiscito, toda a população do Estado-membro ou do município, e não apenas a população da área a ser desmembrada. A realização de plebiscito abrangendo toda a população do ente a ser desmembrado não fere os princípios da soberania popular e da cidadania. O que parece afrontá-los é a própria vedação à realização do plebiscito na área como um todo. Negar à população do território remanescente o direito de participar da decisão de desmembramento de seu Estado restringe esse direito a apenas alguns cidadãos, em detrimento do princípio da isonomia, pilar de um Estado Democrático de Direito. Sendo o desmembramento uma divisão territorial, uma separação, um desfalque de parte do território e de parte da sua população, não há como excluir da consulta plebiscitária os interesses da população da área remanescente, população essa que também será inevitavelmente afetada. O desmembramento dos entes federativos, além de reduzir seu espaço territorial e sua população, pode resultar, ainda, na cisão da unidade sociocultural, econômica e financeira do Estado, razão pela qual a vontade da população do Território remanescente não deve ser desconsiderada, nem deve ser essa população rotulada como indiretamente interessada. Indiretamente interessada – e, por isso, consultada apenas indiretamente, via seus representantes eleitos no Congresso Nacional – é a população dos demais Estados da Federação, uma vez que a redefinição territorial de determinado Estado-membro interessa não apenas ao respectivo ente federativo, mas a todo o Estado Federal. O art. 7º da Lei n. 9.709, de 18-11-1998, conferiu adequada interpretação ao art. 18, § 3º, da Constituição, sendo, portanto, plenamente compatível com os postulados da Carta Republicana. A previsão normativa concorre para concretizar, com plenitude, o princípio da soberania popular, da cidadania e da autonomia dos Estados-membros. Dessa forma, contribui para que o povo exerça suas prerrogativas de cidadania e de autogoverno de maneira bem mais enfática" (**ADI 2.650**, rel. Min. **Dias Toffoli**, julgamento em 24-8-2011, Plenário, DJe de 17-11-2011).

3.6 Vedações aos entes federativos

O art. 19 da CF determina as vedações aos entes federativos, não podendo tais entes:

Estabelecerem cultos religiosos ou igrejas, subvencioná-los, embaraçar-lhes o funcionamento ou manter com eles ou seus representantes, relações de dependência ou aliança, ressalvada, na forma da lei, a colaboração de interesse público. Vivemos em um Estado laico, que não tem igreja oficial, mas reconhece a religiosidade e diversidade religiosa do seu povo, como resultado da formação histórica da sociedade brasileira, portanto, não serão aceitas perseguições ou preferências em relação a igrejas ou representações religiosas, mas poderão ocorrer atos de colaboração de interesse público, como, por exemplo, o uso de espaço físico de igreja para alojar famílias desabrigadas pelas enchentes; uso de espaço físico de igreja ocasionalmente como posto de vacinação.

Recusar fé aos documentos públicos, ou seja, os documentos públicos emitidos regularmente têm validade em todo território nacional, independente de qual unidade federativa emitiu o documento. Por exemplo: o RG de uma pessoa, emitido no Acre, tem validade em todo território nacional e deverá ser aceito como identificação em qualquer unidade federativa; o cartão da OAB de um advogado, emitido pela OAB/RS, tem validade em todo território nacional.

Criar distinções entre brasileiros ou preferências entre si, pois a regra é a isonomia entre os brasileiros e entre os entes federativos, e apenas a Constituição Federal poderá estabelecer, excepcionalmente, distinções entre os brasileiros natos e naturalizados. Em momento algum os entes federativos poderão estabelecer tratamento diferenciado entre brasileiros (exceto os casos já previstos na Constituição Federal), como, por exemplo, vantagens em um concurso público se o candidato for natural de determinado estado-membro, o que afronta o princípio da isonomia entre os brasileiros. Também é vedado, por exemplo, a um estado-membro dar preferência a determinado estado-membro vizinho, em detrimento a outros estados-membros.

Sobre os temas acima, vejamos o entendimento do STF:

"É inconstitucional, por ofensa aos princípios da isonomia, da liberdade religiosa e da laicidade do Estado, norma que obrigue a manutenção de exemplar de determinado livro de cunho religioso em unidades escolares e bibliotecas públicas estaduais". (**ADI 5.258**, julgamento em 13-4-2021)

"O Brasil é uma república laica, surgindo absolutamente neutro quanto às religiões" (**ADPF 54**, rel. Min. **Marco Aurélio**, julgamento em 12-4-2012) (vide também ADI 4.439, julgamento em 27-9-2017).

"A norma do Estado de Rondônia que oficializa a Bíblia Sagrada como livro-base de fonte doutrinária para fundamentar princípios de comunidades, igrejas e grupos, com pleno reconhecimento pelo Estado, viola preceitos constitucionais. (...) A oficialização da Bíblia como livro-base de fonte doutrinária para fundamentar princípios, usos e costumes de comunidades, igrejas e grupos no Estado de Rondônia implica inconstitucional discrímen entre crenças, além de caracterizar violação da neutralidade exigida do Estado pela Constituição Federal. Inconstitucionalidade do art. 1º da Lei n. 1.864/2008 do Estado de Rondônia. A previsão legal de utilização da Bíblia como base de decisões e atividades afins dos grupos religiosos, tornando-as cogentes a 'seus membros e a quem requerer usar os seus serviços ou vincular-se de alguma forma às referidas Instituições', implica indevida interferência do Estado no funcionamento de estabelecimentos religiosos, uma vez que torna o que seria uma obrigação moral do fiel diante de seu grupo religioso uma obrigação legal a ele dirigida. Inconstitucionalidade do art. 2º da Lei n. 1.864/2008 do Estado de Rondônia" (**ADI 5.257**, rel. Min. Dias Toffoli, j. 20-9-2018, P, *DJe* de 3-12-2018).

"Lei do Município de São Paulo 13.959/2005, a qual exige que 'os veículos utilizados para atender contratos estabelecidos com a Administração Municipal, Direta e Indireta, devem, obrigatoriamente, ter seus respectivos Certificados de Registro de Veículos expedidos no Município de São Paulo'. Exigência que não se coaduna com os arts. 19, III, e 37, XXI, da CF. (...) Consoante a jurisprudência firmada na Corte no exame de situações similares, o diploma em epígrafe ofende, ainda, a vedação a que sejam criadas distinções entre brasileiros ou preferências entre os entes da Federação constante do art. 19, III, da CF/1988" (**RE 668.810** AgR, rel. Min. **Dias Toffoli**, julgamento em 30-6-2017, 2ª T).

"Lei Estadual 6.677/94 do Estado da Bahia. Concurso público. Empate entre candidatos. Preferência em ordem de classificação a candidato que contar mais tempo de serviço prestado ao ente. (...) Como corolário do princípio da isonomia posto em seu art. 5º, *caput*, a Constituição Federal enuncia expressamente, no inciso III do art. 19, que é vedado à União, aos Estados, ao Distrito Federal e aos Municípios criar distinções entre brasileiros ou preferências entre si. O dispositivo legal impugnado tem o claro propósito de conferir tratamento mais favorável a servidores do Estado da Bahia, em detrimento dos demais Estados da Federação, estando em frontal desacordo com o art. 19, III, da CF, que veda o estabelecimento de distinções entre brasileiros com base na origem ou procedência"(**ADI 5.776**, rel. Min. Alexandre de Moraes, j. 19-12-2018, P, *DJe* de 3-4-2019).

3.7 Teoria da prevalência dos interesses e a distribuição de competências na Federação

O princípio da predominância de interesses rege a repartição de competências no plano federativo. Onde prevalecer o **interesse geral**, a competência e os bens serão da **União**; onde prevalecer o **interesse regional**, a competência e os bens serão do **Estado-membro**; onde prevalecer o **interesse local**, teremos a distribuição para o **Município**. O **Distrito Federal** como ente que reúne características de Estado-membro e Município poderá reunir também os **interesses regional e local**. Destaca-se que a CRFB/88 determinou expressamente a competência residual aos Estados-membros, além do interesse regional reconhecido doutrinariamente.

3.8 Bens da União e dos Estados-membros

Os bens da União e dos Estados-membros, aplicada pelo constituinte a Teoria da Predominância dos Interesses, estão dispostos nos arts. 20 e 26, portanto, a leitura detalhada dos artigos é imprescindível. É interesse geral da União "cuidar" dos limites territoriais do "espaço brasileiro", portanto, ela deverá monitorar "quem" e "o que" entra, sai e circula pelos limites territoriais do Estado brasileiro, por isso são bens da União a plataforma continental, o mar territorial e todos aqueles ligados a essa finalidade; também é interesse geral da União controlar o uso dos recursos minerários e energéticos; preservar os sítios arqueológicos e manter a indissolubilidade da União. Portanto a leitura otimizada dos arts. 20 e 26 não deve ser apenas para memorização, mas primeiramente para aplicação da teoria dos interesses. Vale destacar que a EC n. 46/2005 alterou o inciso IV do art. 20 da CF, excluindo do domínio federal as ilhas oceânicas e costeiras que contenham sede de Municípios. Alguns municípios brasileiros sediados em ilhas oceânicas e costeiras eram prejudicados pelo texto anterior do inciso IV, pois: os moradores (exceto os residentes em terras oriundas de sesmarias) não eram proprietários das áreas que moravam, sendo obrigados a pagar IPTU e taxa de foro à União; os trabalhadores do setor primário eram impedidos de obter empréstimos, pois seus proprietários não tinham o título da terra, além dos conflitos fundiários devido à existência de escrituras lavradas em cartório conferindo a terceiros a propriedade dos bens da União; os setores industrial e comercial eram onerados pela duplicidade de obrigações tributárias; as transações imobiliárias estavam sujeitas ao pagamento do ITBI e do laudêmio. A aprovação da Emenda Constitucional n. 46/2005 veio beneficiar diversos Municípios, dentre eles São Luís (MA), Florianópolis (SC), Vitória (ES) que são capitais de seus respectivos estados-membros.

Quanto aos recursos minerários e energéticos, faz-se necessário citar a EC n. 102/2019 que assegurou, nos termos da lei, à União, aos Estados, ao Distrito Federal e aos Municípios a participação no resultado da exploração de petróleo ou gás natural, de recursos hídricos para fins de geração de energia elétrica e de outros recursos minerais no respectivo território, plataforma continental, mar territorial ou zona econômica exclusiva, ou compensação financeira por essa exploração. No estudo do art. 26 da CF o destaque é para a natureza residual do alcance dos bens dos Estados, excluindo primeiramente os bens da União, Municípios e terceiros. Portanto, convém estudar os bens dos entes federativos de maneira integrada para compreender o tema, antes de meramente memorizar.

3.9 Repartição de competências entre a União, Estados-membros, Municípios e Distrito Federal

A Constituição Federal dispõe sobre a repartição de competências entre a União, Estados-membros, Municípios e Distrito Federal, distribuição da titularidade dos bens públicos e também sobre a intervenção, que configura exceção ao princípio da autonomia, que rege o Estado Federado.

A distribuição de competências, como dito antes, rege-se pelo princípio da prevalência de interesses, no qual o interesse da União é geral, o interesse dos estados-membros é regional e o interesse dos municípios é local. A União tem competência administrativa, que regulamenta o campo de exercício das funções governamentais, podendo ser exclusiva da União (indelegável), previstas no art. 21; ou comum entre estados-membros, municípios e o Distrito Federal, também chamada competência cumulativa ou paralela, previstas no art. 23.

A União também dispõe de competência legislativa privativa, prevista no art. 22 da CF, entretanto pode delegá-la aos estados-membros e ao Distrito Federal, desde que seja por lei complementar, de maneira isonômica para todos e somente as matérias previstas no referido artigo (art. 22, parágrafo único, c/c o art. 32, § 1º).

O art. 24 da CF ainda define as matérias de competência legislativa concorrente entre a União, estados-membros e Distrito Federal, onde a União limita-se, pelo princípio da predominância de interesses, a legislar sobre normas gerais. Nestes dispositivos funcionam as competências legislativas complementares e suplementares dos estados-membros e do Distrito Federal. A competência legislativa complementar dos estados-membros e do Distrito Federal funciona no sentido de completar, de acordo com suas peculiaridades, a legislação federal sobre normas gerais. Já a competência legislativa suplementar é exercida pelos estados-membros e o Distrito Federal quando a União não estabelece nenhuma lei geral sobre determinado assunto de competência concorrente, deixando, deste modo, os entes autônomos com a competência plena para suplementar, isto é, suprir a ausência de norma geral, já que, não se pode complementar lei federal que não existe. Todavia, se supervenientemente houver a publicação de lei federal dispondo sobre normas gerais acerca de determinado assunto previsto como de competência legislativa concorrente, suspende-se a eficácia da lei estadual, no que lhe for contrário. Observe-se que na competência legislativa concorrente não há a necessidade de delegação.

3.10 Estados-membros

A competência dos estados-membros como citamos é direcionada para o interesse regional, e segundo o § 1º do art. 25 da CF, é uma competência residual, pois os poderes remanescentes dos Estados são todos aqueles que não lhes são vedados pela Constituição, ou seja, as competências que não sejam da União (arts. 21 e 22), do Distrito Federal (art. 32, § 1º) e dos Municípios (art. 30) e que atendam aos interesses regionais.

3.11 Os Estados-membros e a exploração dos serviços locais de gás canalizado

O art. 25, § 2º, estabelece uma competência específica dos estados-membros, qual seja: explorar diretamente, ou mediante concessão, os serviços locais de gás canalizado, na forma da lei, vedada a edição de medida provisória para a sua regulamentação. Tal competência é prevista na **Lei n. 9.478/97 – Política Energética Nacional.**

3.12 Estados-membros e as regiões metropolitanas, aglomerações urbanas e microrregiões

O art. 25, § 3º, disciplina que os Estados-membros terão a faculdade de criar regiões metropolitanas, aglomerações urbanas e microrregiões, com a finalidade de integrar a organização, o planejamento e a execução de funções públicas de interesse comum. Segundo Michel Temer, regiões metropolitanas, aglomerações urbanas e microrregiões não são dotadas de personalidades jurídicas próprias, não têm administração própria ou governo próprio. É uma entidade regional, não é entidade política ou administrativa, é criada para implementação de funções públicas de interesse comum, tendo natureza mais próxima de um órgão.

- **Região Metropolitana:** conjunto de municípios limítrofes, com características de urbanidade e com um município-mãe (capital).
- **Microrregião:** conjunto de municípios limítrofes, sem característica de urbanidade e sem município-mãe.
- **Aglomeração Urbana:** conjunto de municípios limítrofes com característica de urbanidade e sem município-mãe.

Sobre o tema, vejamos o entendimento do STF:

> "Regiões metropolitanas, aglomerações urbanas, microrregiões. CF, art. 25, § 3º. Constituição do Estado do Rio de Janeiro, art. 357, parágrafo único. A instituição de regiões metropolitanas, aglomerações urbanas e microrregiões, constituídas por agrupamentos de Municípios limítrofes, depende, apenas, de lei complementar estadual". (**ADI 1.841**, rel. Min. **Carlos Velloso**, 2002.) No mesmo sentido, *vide* **ADI 1.842**, rel. Min. Gilmar Mendes, julgamento em 6-3-2013.

3.13 Composição das Assembleias Legislativas dos Estados-membros

O art. 27 da CF disciplina a composição das Assembleias Legislativas nos Estados-membros, e a regra também deve ser aplicada para a composição da Câmara Legislativa do Distrito Federal. Primeiramente devemos destacar que a composição destas casas legislativas segue o princípio republicano, que determina a proporcionalidade à população. Portanto o número de Deputados Estaduais (e também de Deputados Distritais) está relacionado com o número de Deputados Federais. A Constituição Federal diz que a composição da Câmara dos Deputados Federais é proporcional à população (e não aos eleitores) e disciplina um número mínimo (8 Deputados Federais) e máximo (70 Deputados Federais), e a partir do número de Deputados Federais atuando em Brasília, será determinado o número de Deputados Estaduais (e Deputados Distritais) nas Assembleias Legislativas dos Estados (e Câmara Legislativa do Distrito Federal). Vejamos:

1ª Regra: o número de Deputados Estaduais é igual a três vezes o número de Deputados Federais.

Ex.: se o Estado do Tocantins tem 8 Deputados Federais, terá 24 (3 x 8) Deputados Estaduais na Assembleia Legislativa do estado.

2ª Regra: quando o número de Deputados Federais atingir 12, e, consequentemente, o número de Deputados Estaduais atingir 36 (3 x 12), será acrescido de tantos quantos forem os Deputados Federais acima de 12.

Ex.: o Estado do Pará tem 17 Deputados Federais, ou seja, 5 acima de 12, então a Assembleia Legislativa do respectivo estado terá 41 deputados estaduais (5 acima de 36).

Ex.: o Estado do Rio de Janeiro tem 46 Deputados Federais, ou seja, 34 acima de 12, então a Assembleia Legislativa do respectivo estado-membro terá 70 deputados estaduais (34 acima de 36).

3.14. Poder Executivo Estadual

O Poder Executivo estadual é exercido pelo Governador e pelo Vice-Governador de Estado, eleitos para mandato de 4 anos, cuja eleição realizar-se-á no primeiro domingo de outubro, em primeiro turno, e no último domingo de outubro, em segundo turno, se houver, do ano anterior ao do término do mandato de seus antecessores, e a posse ocorrerá em 6 de janeiro do ano subsequente, conforme nova regra da EC n. 111/2021, que será aplicada a partir da posse ocorrida no ano de 2027, dos eleitos nas eleições gerais de 2026.

A regras aplicadas ao Chefe do Poder Executivo estadual, conforme o princípio da simetria constitucional, assemelham-se às aplicadas ao Presidente da República, impondo a própria Constituição a observância ao art. 77. Além disso, o art. 28 da CF determina expressamente que os subsídios do Governador, do Vice-Governador e dos Secretários de Estado serão fixados por lei de iniciativa da Assembleia Legislativa, observados os limites orçamentários e os tetos remuneratórios e que o Governador perderá o mandato se assumir outro cargo ou função na administração pública direta ou indireta, ressalvada a posse em virtude de concurso público, conforme dispositivos do art. 38 da CF.

3.15 Municípios

Municípios são entes federativos, pessoas jurídicas de direito público interno, regidos por Lei Orgânica, com Poderes Legislativo e Executivo eleitos pelo povo. Têm competências legislativas e executivas previstas na Constituição Federal de 1988: competências comuns com a União, Estados-membros e Distrito Federal (art. 23); competências suplementares (art. 30, II), competências privativas (art. 30, III a IX); competências genéricas (art. 30, I).

Sobre a competência do município é importante destacar a **Súmula Vinculante 38**, que, atentando à teoria da predominância dos interesses, apresenta o seguinte texto: **"É competente o Município para fixar o horário de funcionamento de estabelecimento comercial".**

Veja também os julgados do STF:

"O Município é competente para legislar sobre meio ambiente com União e Estado, no limite de seu interesse local e desde que tal regramento seja e harmônico com a disciplina estabelecida pelos demais entes federados (arts. 24, VI, c/c o 30, I e II, da CF)" (**RE 586.224**, rel. Min. **Luiz Fux**, julgamento em 5-3-2015).

A Constituição disciplina sobre eleição de prefeito, vice-prefeito e vereador, iniciativa popular de lei; orçamento participativo; criação de distritos; imunidades dos vereadores quanto a palavras, votos e opiniões; julgamento do Prefeito pelo Tribunal de Justiça. Estabelece de forma rigorosa o limite orçamentário para os gastos do Município, especialmente com despesas com pessoal, e principalmente com subsídios dos Vereadores, vedando a criação de Conselhos ou Tribunais de Contas Municipais. Disciplina número máximo de Vereadores por habitantes, e estabelece percentual máximo de subsídio de vereador conforme o subsídio de Deputado Estadual, assim como estabeleceu o percentual máximo do subsídio do Deputado Estadual, conforme o subsídio do Deputado Federal, tudo dentro dos limites orçamentários de cada ente federativo.

Vejamos alguns julgados do STF sobre o tema:

"Fixação, pela Constituição estadual, do número máximo de vereadores proporcionalmente à população dos Municípios do Estado do Paraná. Previsão de limite diverso do determinado na Constituição Federal. Violação ao art. 29, IV, da CF". (**ADI 3.042**, rel. Min. **Gilmar Mendes**, 2020)

"Em virtude do disposto no art. 29, IX, da Constituição, a lei orgânica municipal deve guardar, no que couber, correspondência com o modelo federal acerca das proibições e incompatibilidades dos vereadores. Impossibilidade de acumulação dos cargos e da remuneração de vereador e de secretário municipal. Interpretação sistemática dos arts. 36, 54 e 56 da CF" (**RE 497.554**, rel. Min. **Ricardo Lewandowski**, 2010).

"A fixação dos subsídios de vereadores é de competência exclusiva da Câmara Municipal, a qual deve respeitar as prescrições estabelecidas na Lei Orgânica Municipal, na Constituição do respectivo Estado, bem como na CF" (**RE 494.253-AgR**, rel. Min. **Ellen Gracie**, 2011).

Destaque para os julgados abaixo:

"A CF não proíbe a extinção de tribunais de contas dos Municípios. Esse é o entendimento do Plenário, que, por maioria, julgou improcedente pedido formulado em ação direta de inconstitucionalidade ajuizada contra emenda à Constituição do Estado do Ceará, que extinguiu o Tribunal de Contas dos Municípios desse ente federado. (...) O Colegiado entendeu que a fraude na edição de lei com o objetivo de alcançar finalidade diversa do interesse público deve ser explicitada e comprovada. A mera menção à existência de parlamentares com contas desaprovadas não conduz à conclusão de estarem viciadas as deliberações cujo tema é a atividade de controle externo. (...) Afastado o desvio de poder de legislar arguido na petição inicial, cumpre analisar o argumento segundo o qual o art. 31, § 1º e § 4º, da CF impede a extinção de tribunais de contas dos Municípios mediante norma de Constituição estadual. Os Estados, considerada a existência de tribunal de contas estadual e de tribunais de contas municipais, podem optar por concentrar o exame de todas as despesas em apenas um órgão, sem prejuízo do efetivo controle externo. O meio adequado para fazê-lo é a promulgação de norma constitucional local. O legislador constituinte permitiu a experimentação institucional dos entes federados, desde que não fossem criados conselhos ou tribunais municipais, devendo ser observado o modelo federal, com ao menos um órgão de controle externo. É possível, portanto, a extinção de tribunal de contas responsável pela fiscalização dos Municípios por meio da promulgação de Emenda à Constituição estadual, pois a CF não proibiu a supressão desses órgãos" (**ADI 5.763**, rel. Min. **Marco Aurélio**, julgamento em 26-10-2017).

"(...) Tribunal de Contas do Município (de São Paulo e do Rio de Janeiro) é órgão independente e autônomo, pertencente à estrutura da esfera municipal, com a função de auxiliar a Câmara Municipal no controle externo da fiscalização financeira e orçamentária do respectivo município. Importante destacar que o art. 31, § 4º, da CF/88 veda que os municípios criem seus próprios Tribunais, Conselhos ou órgãos de contas municipais, mas isso não implicou a extinção do TCM/SP e do TCM/RJ, criados sob a égide de regime constitucional anterior (Lei Municipal n. 7.213/1968 e Lei Municipal n. 183/1980, respectivamente)". (**ADI 346 e ADI 4.776**, rel. Min. **Gilmar Mendes**, julgamento em 3-6-2020)

Sobre as eleições municipais, merece destaque a EC n. 107, de 2 de julho de 2020, que alterou as datas do pleito eleitoral municipal e os prazos eleitorais respectivo do ano de 2020, devido à pandemia COVID-19. Excepcionalmente, as eleições municipais foram adiadas para os dias 15 e 29 de novembro de 2020, primeiro e segundo turnos, respectivamente.

3.16 Distrito Federal

O Distrito Federal está previsto no art. 32, e tem competência híbrida, reunindo a competência legislativa estadual e municipal (interesse regional e local). O Distrito Federal é uma figura distinta na organização estatal, com peculiaridades, como, por exemplo, aprovação de Lei Orgânica; proibição de repartição em municípios; eleição de Governador, e Vice-Governador; eleição de 3 Senadores e de Deputados Federais proporcionais à população; na atribuição privativa da União em criar e manter o Poder Judiciário, o Ministério Público, a polícia civil, polícia penal, militar e corpo de bombeiros do Distrito Federal (lembrando que o art. 32, § 4º, foi alterado pela EC n. 104/2019). Cumpre-nos destacar que a EC n. 69/2012 (uma das Emendas paralelas à Emenda n. 45/2004 – Reforma do Judiciário) retirou da União a competência para manter, organizar e legislar sobre a Defensoria Pública do Distrito Federal, dando maior autonomia para o próprio Distrito Federal na atuação da sua Defensoria Pública.

3.17 Territórios federais

Os Territórios Federais, apesar de terem sido abolidos, continuam previstos na Constituição Federal (arts. 18, § 2º, e 33). Podem ser criados por lei complementar, e, se criados, não compõem a descentralização política do Estado Federal Brasileiro, mas compõem a descentralização administrativa da União, na modalidade **autarquia territorial da União**, têm Governador escolhido pelo Presidente da República, aprovada a escolha pelo Senado; não elegem Senadores; elegem 4 Deputados Federais; têm as contas apreciadas pelo Congresso Nacional, com o auxílio do Tribunal de Contas da União; e vários serviços mantidos pela União.

3.18 Intervenção federal e estadual

Uma das características principais da Federação brasileira é a autonomia, defendida e sustentada por diversos dispositivos da CRFB/88. Entretanto a mesma Constituição prevê uma exceção ao princípio da autonomia nos seus arts. 34, 35 e 36. Para Ernesto Leme, a intervenção, na verdade, é da essência do sistema federativo, pois visa manter a integridade nacional (art. 34, I), repelir agressão estrangeira ou de um estado-membro em outro (art. 34, II).

Outros também são os objetivos da intervenção: manter a ordem pública, garantir o livre exercício de qualquer dos Poderes nas unidades da Federação, reorganizar as finanças da unidade da Federação que suspender o pagamento da dívida fundada por mais de dois anos consecutivos ou deixar de entregar aos Municípios as devidas receitas tributárias, manter a aplicação do mínimo exigido da receita resultante de impostos estaduais, inclusive aquelas relacionadas à educação e saúde, prover a execução de lei federal ou ordem ou decisão judicial, além de assegurar a observância dos princípios constitucionais republicanos, do sistema representativo e regime democrático, dos direitos da pessoa humana, da autonomia municipal e do controle das contas da administração pública, direta e indireta.

A intervenção federal é competência do Presidente da República (art. 84, X), com oitiva do Conselho da República (art. 90, I) e do Conselho de Defesa Nacional (art. 91, § 1º, II), sendo que os órgãos de consulta do Presidente da República, não vinculam a decisão do Chefe do Poder Executivo. No âmbito estadual, aplica-se no que couber o princípio da simetria constitucional.

Doutrinariamente, classificamos a intervenção como: **Espontânea**, na qual o Presidente da República age de ofício (art. 34, I, II, III e V); **Provocada por Solicitação**, na qual o Presidente da República **recebe solicitação** do Poder Legislativo ou Poder Executivo impedido ou coagido (arts. 34, IV, c/c o 36, I, primeira parte); **Provocada por Requisição,** na qual o Poder Judiciário coagido solicita ao STF que **requisita** ao Presidente da República (arts. 34, IV, c/c o 36, I, segunda parte), ou no caso de desobediência à ordem ou decisão judicial, dependerá que **requisição** do STF, do STJ ou do TSE diretamente ao Presidente da República (arts. 34, IV, c/c o 36, II).

O art. 35 da CF prevê a intervenção nos Municípios, também exceção à regra da autonomia, cabendo aos Estados intervir nos seus Municípios e a União intervir nos Municípios localizados no Território Federal (FOI COBRADO NO 38º EXAME), pelos seguintes motivos: quando a dívida fundada deixar de ser paga, sem motivo de força maior, por dois anos consecutivos, quando não houver a prestação de contas, quando não tiver sido aplicado o mínimo exigido da receita municipal na manutenção e desenvolvimento do ensino e nas ações e serviços públicos de saúde e quando o Tribunal de Justiça der provimento à representação para assegurar a observância de princípios indicados na Constituição Estadual, ou para prover a execução de lei, de ordem ou de decisão judicial.

O decreto de intervenção especificará a amplitude, o prazo e as condições de execução e, se couber, nomeará o interventor, **sendo submetido à apreciação do Congresso Nacional ou da Assembleia Legislativa do Estado**, no prazo de vinte e quatro horas, convocando-se sessão extraordinária, no caso de recesso parlamentar. Entretanto, em alguns casos, a Constituição Federal dispensa a apreciação do Congresso Nacional ou da Assembleia Legislativa, mas o decreto limitar-se-á a suspender a execução do ato impugnado, se essa medida bastar ao restabelecimento da normalidade (art. 36, § 3º, c/c os arts. 34, VI e VII, e 35, IV).

Por fim, vale citar a Súmula 637 do STF, que diz que: "Não cabe recurso extraordinário contra acórdão de tribunal de justiça que defere pedido de intervenção estadual em município".

4. ADMINISTRAÇÃO PÚBLICA

A Constituição Federal destacou um capítulo específico para a organização da administração pública, determinando no art. 37 da CF que a Administração Pública direta e indireta de qualquer dos Poderes da União, dos Estados, do Distrito Federal e dos Municípios obedeça, além de diversos preceitos expressos, aos princípios da legalidade, impessoalidade, moralidade, publicidade e eficiência.

A administração pública pode ser definida, objetivamente, como a atividade concreta e imediata que o Estado desenvolve para a consecução dos interesses coletivos, e, subjetivamente como o conjunto de órgãos e de pessoas jurídicas, aos quais é atribuído pela lei o exercício da função administrativa do Estado.

A Administração Pública Federal, no âmbito do Poder Executivo da União, compreende a administração direta, que se constitui dos serviços integrados na estrutura administrativa da Presidência da República e dos Ministérios, e a administração indireta, que compreende as seguintes categorias de entidades dotadas de personalidade jurídica própria: autarquias, fundações públicas, empresas públicas, sociedades de economia mista e suas subsidiárias. No âmbito do Poder Executivo dos Estados-membros, Distrito Federal e Municípios, prevalece estrutura semelhante, e no âmbito do Poder Legislativo, Poder Judiciário, Ministério Público e Tribunal de Contas, em cada esfera federativa também opera a Administração Pública, mesmo que como função atípica.

Como dito antes, toda essa estrutura obedece a princípios norteadores expressos na Constituição Federal e também a outros princípios que, apesar de não estarem expressos na CRFB/88, conduzem os trabalhos realizados pela Administração Pública. O *caput* do art. 37 elenca os cinco princípios constitucionais explícitos da Administração Pública, vejamos:

a) **Legalidade**: o administrador público só pode agir ou deixar de agir de acordo com a lei, na forma por ela determinada. Note-se que o princípio da legalidade para o administrador público adquire uma forma muito mais rigorosa e especial, pois indica que ele só poderá fazer o que é expressamente previsto ou autorizado em lei e nas demais espécies normativas. O princípio da legalidade rege tanto atos vinculados, quanto atos discricionários.

b) **Impessoalidade**: indica que a Administração Pública deve servir a todos, sem preferências ou aversões pessoais ou partidárias. O mérito dos atos administrativos pertence à Administração, e não às autoridades que os executam. A publicidade das obras, por exemplo, deve ser impessoal, não podendo ter nomes, símbolos ou imagens que caracterizem a promoção pessoal. O art. 37, § 2º, da CF determina que a publicidade dos atos, programas, obras, serviços e campanhas dos órgãos públicos deverá ter caráter educativo, informativo ou de orientação social. O princípio da impessoalidade também é chamado de princípio da **finalidade administrativa**, pois é finalidade da administração prestar o serviço público sem beneficiar indivíduos em particular.

c) **Moralidade:** a moralidade protegida aqui não é moralidade particular do administrador público, mas a moral jurídica. Celso Antônio Bandeira de Mello diz com plena excelência que "violar a moral é violar o próprio direito".

Como dito, trata-se da moral administrativa, da ética profissional, que consiste no conjunto de princípios morais que se devem observar no exercício da administração pública. Para obedecer ao princípio da legalidade, não bastará ao administrador o estrito cumprimento da legalidade, devendo ele, no exercício da função pública, respeitar os princípios éticos de razoabilidade e justiça, pois a **moralidade** constitui, a partir da CF/88, pressuposto de validade de todo o ato da administração pública.

d) **Publicidade:** é basicamente a inserção do ato no Diário Oficial ou por edital afixado no lugar próprio para a divulgação de atos públicos, para conhecimento do público em geral e, consequentemente, início da produção de seus efeitos, pois somente a publicidade evita as fraudes dos processos arbitrariamente sigilosos, permitindo-se os competentes recursos administrativos e as ações judiciais próprias. Todos os usuários do serviço público têm acesso às informações sobre os atos de governo, previsto explicitamente no art. 37, § 3º, II, da CF.

e) **Eficiência:** introduzida pela Emenda Constitucional n. 19/98, indica que não basta, para a CF/88, que o serviço público seja oferecido, é necessário que seja prestado sempre da melhor forma possível, seja eficaz e atenda realmente as necessidades para as quais foi criado. O princípio da eficiência tem em si alguns princípios inerentes, quais sejam: direcionamento da atividade e dos serviços públicos à efetividade do bem comum; imparcialidade; neutralidade; transparência; participação e aproximação dos serviços públicos da população; eficácia; desburocratização; busca da qualidade.

Pelo princípio da eficiência o administrador público pode ser fiscalizado, avaliado periodicamente, cabendo ao Poder Público manter escolas de formação e aperfeiçoamento dos servidores públicos.

Além dos princípios explícitos e implícitos, o constituinte enumerou uma série de regras sobre a Administração Pública, garantindo-as no *status* constitucional e protegendo-as de possíveis alterações legislativas oportunistas, já que com *status* constitucional só poderão ser alteradas pelo processo legislativo mais rigoroso. Vejamos alguns destes direitos:

A CF/88 afirma que o acesso a cargos, empregos e funções públicas é permitido a brasileiros e estrangeiros que atendam às exigências da lei, e disciplina sobre a investidura no cargo ou emprego público, ela se dará mediante concursos públicos de provas e de provas e títulos, conforme a natureza e complexidade do cargo ou emprego, ressalvados os cargos em comissão que não se sujeitam a concursos públicos por serem de livre nomeação e exoneração. Além dos cargos de provimento efetivo, do emprego público e do cargo comissionado, citados no art. 37, I, da CF ainda temos o cargo temporário e o cargo público eletivo; no primeiro, o ingresso ocorrerá por contratação temporária para atender à necessidade de excepcional interesse público (art. 37, IX, da CF), e no segundo, o ingresso é via pleito eletivo para mandatos fixos tanto no Poder Legislativo, quanto no Poder Judiciário (art. 14, § 3º, da CF). O direito administrativo disciplina outros casos, como o cargo honorífico, por isso sugerimos o estudo direcionado da disciplina, já que neste capítulo iremos apenas discorrer sobre os dispositivos constitucionais.

Sobre o concurso público, a CF/88 disciplinou os prazos máximos de validade – dois anos prorrogáveis por igual período – e determinou regras quanto à convocação durante o prazo improrrogável de validade, tudo conforme o art. 37, III e IV, da CF.

Disciplinou várias regras relacionadas à remuneração do servidor público e principalmente limitou o teto remuneratório do serviço público, estabelecendo-o para cada Poder e em cada esfera, alcançando toda a Administração Pública direta e indireta, sendo o teto máximo remuneratório o subsídio de Ministro do Supremo Tribunal Federal, conforme o art. 37, X, XI, XII, XIII, XIV, XV, §§ 9º, 10, 11 e 12. Sugerimos a leitura atenta destes dispositivos.

A acumulação de cargos foi estudada no art. 37, XVI, da CF, na qual a regra é a não acumulação de cargos, salvo nos seguintes casos: dois cargos de professor; um cargo de professor e um cargo de natureza técnica ou científica; e dois cargos ou empregos privativos de profissionais da saúde, com profissões regulamentadas, sendo que todas exceções só são viáveis respeitando a compatibilidade de horário e o teto remuneratório. O art. 38 da CF ainda prevê outra modalidade de acumulação que ocorre quando o servidor ou empregado público é eleito vereador e há compatibilidade de horário entre os cargos, trabalhando e sendo remunerado pelos dois. Para os demais cargos eletivos prevalece o afastamento do cargo ou emprego público.

DIREITO CONSTITUCIONAL

Licitação, publicidade dos atos administrativos, improbidade administrativa, criação de autarquias, empresas públicas, sociedades de economia mista e subsidiárias e diversos outros temas são tratados no art. 37, portanto, sugerimos a leitura atenta, além do estudo da disciplina Direito Administrativo para aprofundar os assuntos.

4.1 Servidores Públicos

Aos servidores públicos cabe a tarefa de realizar as funções públicas, no sentido genérico da palavra. No sentido restrito, a função pública é uma tarefa. Todos os cargos têm uma função pública, mas nem todas as funções decorrem de um cargo. Cargo é o posto, o lugar reservado a uma pessoa, para o desempenho de determinadas funções. Os cargos efetivos podem ser isolados ou escalonados em carreira. Os cargos em comissão, ou cargos de confiança, são ocupados em caráter precário, por pessoas que podem ser mantidas ou não no lugar pelo seu superior hierárquico. Nos cargos em comissão o servidor pode ser exonerado *ad nutum*, ou seja, sem necessidade de fundamentação.

O quadro de servidores de cada entidade é formado pelas respectivas carreiras, cargos isolados e funções. A carreira é composta pelas classes existentes dentro de um serviço, sendo cada classe, ou conjunto de cargos da mesma denominação, como que um degrau na evolução da carreira.

A lotação refere-se ao número de servidores previstos para a repartição. Vacância significa cargo sem ocupante, vago. Provimento é o ato de preenchimento do cargo. Emprego Público é o posto no qual a relação empregatícia estabelecida com o poder público é regida pela Consolidação das Leis do Trabalho.

Os cargos, empregos e funções públicas podem ser exercidos por brasileiros natos ou naturalizados, e também por estrangeiros, de acordo com o regulamento estabelecido em lei, como é o caso das Universidades. É permitida ao servidor a associação sindical, entretanto o direito de greve deverá ser exercido nos termos e limites de lei específica (art. 37, VI e VII, da CF).

O servidor concursado, ocupante de cargo público efetivo, adquire estabilidade após três anos de exercício efetivo do cargo e aprovação em avaliação de desempenho. Em princípio, o servidor estável só perde o cargo em virtude de sentença judicial transitada em julgado ou mediante processo administrativo em que seja assegurada a ampla defesa, ou, ainda, mediante procedimento de avaliação periódica, com direito a ampla defesa. Entretanto, pode ocorrer, de forma excepcional, de o servidor estável perder o cargo por excesso de despesa com pessoal. Neste caso, se mesmo com as medidas adotadas não for obedecido o limite estabelecido em lei complementar, o servidor estável poderá perder o cargo, tendo direito à indenização e sendo proibida, durante quatro anos, a criação de cargo, emprego ou função com atribuições iguais ou assemelhadas ao cargo objeto da redução, tudo conforme o art. 41 c/c o art. 169, §§ 4º, 5º, 6º e 7º, da CF, lembrando que neste caso a etapa anterior, entre outras medidas, é exonerar os servidores não estáveis, conforme manda o art. 169, § 3º, II, da CF. A regulamentação específica dos direitos e deveres dos servidores públicos está disposta em legislação infraconstitucional, federal, estadual e municipal.

Sugerimos também a leitura dos arts. 39 e 40 da CF, que sofreram diversas alterações com a promulgação da EC n. 103/2019 com a finalidade de reformar a Previdência dos Servidores Públicos. O tema é mais bem estudado na disciplina Direito Administrativo, mas já destacamos a necessidade da leitura atenta dos artigos. Além deles, leia também os arts. 42 e 43 que finalizam o capítulo da Administração Pública, disciplinando os Militares dos Estados, Distrito Federal e Territórios (com destaque ao art. 42, § 3º, que foi incluído pela EC n. 101/2019) e as Regiões da federação brasileira que são divisões importantes para o desenvolvimento geoeconômico e social do país.

5. PODER LEGISLATIVO

O **Poder Legislativo Federal é bicameral**, devido o Estado brasileiro ser uma **República Federativa**, a Câmara dos Deputados representa o povo, atendendo a exigência da **Forma Republicana de Governo** e o Senado Federal representa os Estados-membros e o DF, atendendo a exigência da **Forma Federativa de Estado**. Já no âmbito estadual e municipal prevalece a **unicameralidade**, pois só há casas legislativas que representam o povo.

Feitas as apresentações iniciais, passemos ao estudo mais detalhado do Poder Legislativo no Brasil. Ele é estruturado nas três esferas da Federação: no âmbito federal é formado pelo **Congresso Nacional** que se compõe de **Câmara dos Deputados Federais e Senado Federal**, no âmbito estadual existe a **Assembleia Legislativa**, no Distrito Federal é chamada **Câmara Legislativa**, e no âmbito municipal será a **Câmara de Vereadores**.

O Poder Legislativo tem como funções típicas legislar e fiscalizar, e como funções atípicas julgar e administrar. A partir de tais funções, a Constituição dispõe sobre as regras do processo legislativo, e a competência para realizar a fiscalização contábil, financeira, orçamentária, operacional e patrimonial. É justamente no exercício de suas funções que o Poder Legislativo preserva as prerrogativas e imunidades.

5.1 Congresso Nacional

O **Congresso Nacional** é composto pela **Câmara dos Deputados e pelo Senado Federal** (art. 44 da CF). Suas atribuições podem ser exercidas conjuntamente ou pelas Casas Legislativas isoladamente.

A **Mesa do Congresso Nacional** é o seu órgão administrativo, e **será presidida pelo Presidente do Senado Federal**, sendo que os demais cargos da Mesa deverão ser exercidos alternadamente, pelos ocupantes de cargos equivalentes na Câmara dos Deputados e no Senado Federal. Haverá **reuniões em sessões conjuntas** para inaugurar a sessão legislativa; elaborar o regimento comum e regular a criação de serviços comuns às Casas; receber o compromisso do Presidente da República e do Vice-Presidente da República; conhecer do veto e sobre ele deliberar, entre outros (art. 57, § 3º, I, II, III, IV).

O Congresso Nacional deverá se **reunir anualmente**, em Brasília, **de 2 de fevereiro a 17 de julho e de 1º de agosto a 22 de dezembro**, esse período é denominado **sessão legislativa**. Cada **legislatura terá duração de quatro anos**, que se compõe de quatro sessões legislativas (de 2 de fevereiro a 22 de dezembro) ou oito períodos legislativos (considerando-se os intervalos do recesso parlamentar). Devemos salientar que a sessão legislativa não deverá ser interrompida sem a aprovação do projeto de lei orçamentária (art. 57, § 2º).

No **primeiro ano da legislatura**, haverá uma **sessão preparatória, ocorrida no dia 1º de fevereiro (ou no próximo dia útil subsequente)**, na qual cada Casa Legislativa se reunirá para a posse dos seus membros (pois a eleição e diplomação ocorreu no ano anterior), e eleição das respectivas Mesas, para mandato de 2 anos, vedada a reeleição para o mesmo cargo, no período imediatamente subsequente.

Além das sessões ordinárias que ocorrem durante a sessão legislativa, poderão ser **convocadas sessões extraordinárias** pelo Presidente do Senado nos casos de decretação de estado de defesa ou de intervenção federal, de pedido de autorização para a decretação de estado de sítio e para o compromisso e a posse do Presidente e do Vice-Presidente da República. A convocação extraordinária também poderá ser feita pelos Presidentes da República, da Câmara dos Deputados e do Senado Federal ou a requerimento da maioria dos membros de ambas as Casas, em caso de urgência ou interesse público relevante, e sempre com a aprovação da maioria absoluta de cada uma das Casas do Congresso Nacional. Na sessão extraordinária, o Congresso Nacional somente deliberará sobre a matéria para a qual foi convocado, ressalvadas as medidas provisórias em vigor, que serão automaticamente incluídas na pauta.

O Congresso Nacional tem atribuições previstas expressamente nos arts. 48 e 49 da CF (sugerimos leitura atenta deles, com destaque ao acréscimo estabelecido pela EC n. 109/2021). O art. 49 dispõe sobre atribuições exclusivas, sendo discutidas e votadas apenas na esfera do Congresso Nacional e o resultado de suas deliberações, em geral, encontrará a forma de **Decreto Legislativo**. As atribuições do art. 49 são indelegáveis e não admitem sanção ou veto do Presidente da República por tratarem de atos de fiscalização do Congresso Nacional, especialmente sobre o próprio Poder Executivo, como, por exemplo, resolver sobre os tratados internacionais assinados pelo Presidente da República, julgar as contas prestadas pelo Presidente da República, aprovar o estado de defesa e autorizar o estado de sítio.

Já as atribuições previstas no art. 48 formam um rol exemplificativo, já que o próprio *caput* do artigo estabelece que **todas as matérias de competência legislativa da União (privativa e concorrente) são competência do Congresso Nacional, com sanção do Presidente da República.** Lembre-se que em vários momentos a Constituição Federal estabelece competências legislativas da União (arts. 22, 24, 93, *caput*) e todas elas passam pelo processo legislativo do Congresso Nacional. Podemos afirmar que as matérias que se sujeitam ao processo legislativo do Congresso Nacional com a sanção do Presidente da República apresentam a forma ou de **lei ordinária** ou de **lei complementar**, pois são as duas únicas espécies normativas que necessariamente se sujeitam ao crivo do Poder Executivo (*vide* capítulo Processo Legislativo).

5.2 Câmara dos Deputados

A Câmara dos Deputados compõe-se de representantes do povo, eleitos pelo sistema proporcional, em cada Estado, em cada Território e no Distrito Federal, sendo que o número total de Deputados Federais e a representação por Estado e pelo Distrito Federal serão estabelecidos por lei complementar, com a exigência constitucional que nenhuma unidade da Federação terá menos de oito ou mais de setenta deputados federais (art. 45). Atualmente a Câmara dos Deputados é composta por 513 membros (LC n. 78/93). Excetua-se a regra o número de deputados federais representando o povo do Território Federal que será um número fixo de 4 deputados federais.

A Câmara dos Deputados tem suas competências privativas previstas no art. 51 (sugerimos leitura dele). Tais competências são indelegáveis (art. 68, § 1º) e não admitem sanção ou veto do Presidente da República (art. 48, *caput*), por tratarem de atos *interna corporis* (art. 51, III e IV), e de atos de fiscalização sobre o Poder Executivo (art. 51, I, II e V).

5.3 Senado Federal

O Senado Federal compõe-se de representantes dos Estados e do Distrito Federal, atualmente em número de 81, eleitos pelo sistema majoritário relativo, ou seja, não é necessária a maioria absoluta de votos válidos para eleger o senador, bastando, para vitória, o voto de maioria relativa (simples), sendo que cada Estado e o Distrito Federal terão três senadores, com mandato de oito anos. Caso haja a criação de um Território Federal, ele não terá representantes no Senado Federal, visto que **Território Federal** não configura um ente federativo e sim um ente administrativo da União, na modalidade **autarquia territorial da União**. O **Senado Federal** é uma Casa Legislativa que **representa entes federativos, no caso, Estados e Distrito Federal**.

DIREITO CONSTITUCIONAL

A representação dos Estados e do Distrito Federal será renovada de quatro em quatro anos, alternadamente, por um terço ou dois terços do Senado Federal (art. 46, § 2º). Sendo bicameral o Poder Legislativo Federal, é conferida ao Senado Federal a mesma importância dada à Câmara dos Deputados Federais.

O Senado Federal tem suas competências privativas previstas no art. 52 (sugerimos leitura dele). Tais competências são indelegáveis (art. 68, § 1º) e não admitem sanção ou veto do Presidente da República (art. 48, *caput*), por tratarem de atos *interna corporis* (art. 52, XII e XIII), e de atos de fiscalização, especialmente sobre o Poder Executivo (todos os demais incisos do art. 52).

| COMPOSIÇÃO DO CONGRESSO NACIONAL ||
CÂMARA DOS DEPUTADOS	SENADO FEDERAL
Total de **513 Deputados Federais** (LC n. 78/93)	Total de **81 Senadores**
Composição proporcional à população	Composição isonômica – 3 Senadores para cada unidade federativa
Mínimo de 8 e máximo de 70 deputados federais. Território Federal: 4 deputados federais	26 Estados-membros + DF = 27 unidades federativas **Território Federal não tem senadores.**
Ajustes do número total um ano antes das eleições (art. 45, § 1ª)	27 x 3 Senadores = 81

5.4 Estatuto dos Congressistas

É o **conjunto de dispositivos constitucionais** que estabelece **prerrogativas, imunidades e garantias de independência**, para que o Poder Legislativo como um todo, e seus membros, individualmente, atuem com ampla autonomia e liberdade, no exercício das funções constitucionais. Na independência e harmonia entre os "Poderes", **as imunidades são institutos jurídicos de grande importância**, pois **visam assegurar a proteção dos congressistas no exercício de suas funções, contra os abusos e pressões dos demais "poderes"**.

Os Congressistas são os Deputados Federais e os Senadores. Eles são eleitos pelo povo para compor a Câmara dos Deputados e o Senado Federal, casas legislativas formadoras do Congresso Nacional.

Deputados Federais
Eleição: os deputados federais são eleitos pelo povo segundo o princípio proporcional, para um mandato de 4 anos (correspondente a uma legislatura), sendo permitida a reeleição.
Requisitos para elegibilidade: brasileiro nato ou naturalizado, idade mínima de 21 anos, pleno exercício dos direitos políticos, alistamento eleitoral, domicílio eleitoral na circunscrição e filiação partidária.

Senadores
Eleição: os senadores são eleitos pelo povo segundo o princípio majoritário relativo, para um mandato de 8 anos (correspondente a duas legislaturas), sendo permitida a reeleição. Cada senador é eleito com 2 suplentes. A renovação do Senado não ocorre de 8 em 8 anos, e sim a cada legislatura. Entretanto a renovação é parcial, ou seja, de 4 em 4 anos ocorre eleição dos senadores na proporção de 1/3 e 2/3 do Senado.
Requisitos para elegibilidade: brasileiro nato ou naturalizado, idade mínima de 35 anos, pleno exercício dos direitos políticos, alistamento eleitoral, domicílio eleitoral na circunscrição e filiação partidária.

O art. 53, *caput*, da CF estabelece a **imunidade material (também chamada imunidade real, substantiva ou inviolabilidade)** quanto às palavras, votos e opiniões, desde que proferidos em razão de suas funções parlamentares, no exercício e relacionados ao mandato, **não se restringindo ao âmbito do Congresso Nacional**. Assim, mesmo que o parlamentar esteja fora do Congresso Nacional, mas exercendo sua função parlamentar federal, em qualquer lugar do território nacional será irresponsável civil e criminalmente. Vejamos o que diz o STF sobre o tema:

> Não incidência da imunidade parlamentar prevista no *caput* do art. 53 da CF. A jurisprudência da CORTE é pacífica no sentido de que a garantia constitucional da imunidade parlamentar material somente incide no caso de as manifestações guardarem conexão com o desempenho da função legislativa ou que sejam proferidas em razão desta; não sendo possível utilizá-la como verdadeiro escudo protetivo para a prática de atividades ilícitas. As condutas praticadas pelo parlamentar foram perpetradas em âmbito virtual, por meio da publicação e divulgação de vídeos em mídia digital ("YouTube") durante todo o dia, com constante interação do mesmo, situação que configura crime permanente enquanto disponível ao acesso de todos, ainda que por curto espaço de tempo, permitindo a prisão em flagrante do agente. (INQ 4.781, rel. Min. Alexandre de Moraes, julgamento em 17-2-2021)

> A imunidade parlamentar pressupõe nexo de causalidade com o exercício do mandato. Declarações proferidas em contexto desvinculado das funções parlamentares não se encontram cobertas pela imunidade material. (PET 7.174, red. do ac. Min. Marco Aurélio, julgamento em 10-3-2020)

> "A cláusula de inviolabilidade constitucional, que impede a responsabilização penal e/ou civil do membro do Congresso Nacional, por suas palavras, opiniões e votos, também abrange, sob seu manto protetor, as entrevistas jornalísticas, a transmissão, para a imprensa, do conteúdo de pronunciamentos ou de relatórios produzidos nas Casas Legislativas e as declarações feitas aos meios de comunicação social, eis que tais manifestações – **desde que vinculadas ao desempenho do mandato – qualificam-se como natural projeção do exercício das atividades parlamentares**" (Inq 2.332-AgR, rel. Min. **Celso de Mello**, julgamento em 10-2-2011) (grifo nosso).

Contudo o uso das palavras, votos e opiniões desvinculado ao desempenho do mandato, pode acarretar o afastamento da imunidade material, vejamos:

> "*In casu*, o querelado é acusado de ter publicado, através do Facebook, trecho cortado de um discurso

do querelante, conferindo-lhe conotação racista. É que, no trecho publicado, reproduz-se unicamente a frase 'uma pessoa negra e pobre é potencialmente perigosa'. Ocorre que, ao conferir-se a íntegra do discurso no *site* do Congresso Nacional, verifica-se que o sentido da fala do querelante era absolutamente oposto ao veiculado pelo querelado, conforme se extrai do seguinte trecho: 'há um imaginário impregnado, sobretudo nos agentes das forças de segurança, de que uma pessoa negra e pobre é potencialmente perigosa'. O ato de edição, corte ou montagem, segundo a lição especializada, 'tem por objetivo guiar o espectador', razão pela qual o seu emprego, quando voltado a difamar a honra de terceiros, configura o dolo da prática, em tese, criminosa. Consectariamente, conclui-se que a publicação do vídeo, mediante corte da fala original, constituiu emprego de expediente fraudulento, voltado a atribuir ao querelante fato ofensivo à sua honra, qual seja, a prática de preconceito racial e social. O *animus difamandi* conduz, nesta fase, ao recebimento da queixa-crime. (a) **A imunidade parlamentar material cobra, para sua incidência no momento do recebimento da denúncia, a constatação, *primo ictu occuli*, do liame direto entre o fato apontado como crime contra a honra e o exercício do mandato parlamentar, pelo ofensor**. A liberdade de opinião e manifestação do parlamentar, *ratione muneris*, impõe contornos à imunidade material, nos limites estritamente necessários à defesa do mandato contra o arbítrio, à luz do princípio republicano que norteia a CF. A imunidade parlamentar material, estabelecida para fins de proteção republicana ao livre exercício do mandato, não confere aos parlamentares o direito de empregar expediente fraudulento, artificioso ou ardiloso, voltado a alterar a verdade da informação, com o fim de desqualificar ou imputar fato desonroso à reputação de terceiros. Consectariamente, cuidando-se de manifestação veiculada por meio de ampla divulgação (rede social), destituída, ao menos numa análise prelibatória, de relação intrínseca com o livre exercício da função parlamentar, deve ser afastada a incidência da imunidade prevista no art. 53 da CF" (Pet 5.705, rel. Min. **Luiz Fux**, julgamento em 5-9-2017) (grifo nosso).

"Deputado federal. Crime contra a honra. Nexo de implicação entre as declarações e o exercício do mandato. Imunidade parlamentar material. Alcance. Art. 53, *caput*, da CF. (...) A verbalização da representação parlamentar não contempla ofensas pessoais, via achincalhamentos ou licenciosidade da fala. Placita, contudo, modelo de expressão não protocolar, ou mesmo desabrido, em manifestações muitas vezes ácidas, jocosas, mordazes, ou até impiedosas, em que o vernáculo contundente, ainda que acaso deplorável no patamar de respeito mútuo a que se aspira em uma sociedade civilizada, embala a exposição do ponto de vista do orador" (**Pet 5.714 AgR**, rel. Min. **Rosa Weber**, julgamento em 28-11-2017).

Diplomado o parlamentar, passa a ter **foro privilegiado**, só podendo ser julgado pelo STF. Esta prerrogativa tem relação com o exercício da função, logo se o parlamentar deixa de exercer o cargo, perde a prerrogativa de foro por exercício da função (art. 53, § 1º).

"A diplomação do réu como deputado federal opera o deslocamento, para o STF, da competência penal para a *persecutio criminis*, não tendo o condão de afetar a integridade jurídica dos atos processuais, inclusive os de caráter decisório, já praticados, com base no ordenamento positivo vigente à época de sua efetivação, por órgão judiciário até então competente". (HC 70.620, rel. Min. Celso de Mello)

Vale lembrar que o STF afirma, através da Súmula 245, que "a imunidade parlamentar não se estende ao corréu sem essa prerrogativa".

O art. 53, § 2º, trata da imunidade formal para prisão, na qual **a regra é a proibição de prisão** (incluindo a temporária, preventiva, por pronúncia, flagrante de crime afiançável ou prisão civil do alimentante), e a **exceção é a possibilidade de prisão**. A exceção na qual ocorre a prisão do parlamentar é **na hipótese de flagrante de crime inafiançável**. Devendo ser encaminhados os autos do inquérito, dentro de 24 horas, para a Casa respectiva, que deliberará sobre a prisão, pelo voto de maioria absoluta.

Destaca-se que esteve em discussão no STF a hipótese de prisão, em decorrência de decisão judicial transitada em julgado, mesmo que a Casa Legislativa não tenha determinado a perda do mandato. No âmbito do STF, as decisões foram divergentes, como se vê nas AP 470 e AP 565 (sugerimos leitura). O tema provavelmente ainda será objeto de novas discussões que devemos acompanhar com atenção.

Ainda sobre o art. 53, § 2º, o STF julgou a ADI 5.526, vejamos:

"O Plenário, por maioria, julgou parcialmente procedente ação direta de inconstitucionalidade na qual se pedia interpretação conforme à Constituição para que a aplicação das medidas cautelares, quando impostas a parlamentares, fossem submetidas à deliberação da respectiva casa legislativa em 24 horas. Primeiramente, a Corte assentou que o Poder Judiciário dispõe de competência para impor, por autoridade própria, as medidas cautelares a que se refere o art. 319 do CPP. (...) seja em substituição de prisão em flagrante delito por crime inafiançável, por constituírem medidas individuais e específicas menos gravosas; seja autonomamente, em circunstâncias de excepcional gravidade. Os autos da prisão em flagrante delito por crime inafiançável ou a decisão judicial de imposição de medidas cautelares que impossibilitem, direta ou indiretamen-

DIREITO CONSTITUCIONAL

te, o pleno e regular exercício do mandato parlamentar e de suas funções legislativas, serão remetidos dentro de 24 horas a Casa respectiva, nos termos do § 2º do art. 53 da CF para que, pelo voto nominal e aberto da maioria de seus membros, resolva sobre a prisão ou a medida cautelar. (...) Prosseguindo no julgamento, o Tribunal, também por votação majoritária, deliberou encaminhar, para os fins a que se refere art. 53, § 2º, da CF, a decisão que houver aplicado medida cautelar sempre que a execução desta impossibilitar direta ou indiretamente o exercício regular do mandato legislativo" (**ADI 5.526**, rel. Min. **Alexandre de Moraes**, julgamento em 11-10-2017).

Os §§ 3º, 4º e 5º do art. 53 tratam da **imunidade formal processual** e receberam profundas mudanças após a EC n. 35/2001, com o intuito de limitar as garantias dos parlamentares e evitar abusos no uso delas. Antes da EC n. 35/2001 os parlamentares só seriam processados se a Casa respectiva autorizasse o início do processo, situação que muitas vezes não ocorria, causando uma "onda de impunidade". Agora não há mais necessidade de autorização, e sim **um aviso à Casa respectiva**, se o crime acontecer após a diplomação. No caso de crime ocorrido antes da diplomação não haverá a necessidade nem de autorização e nem de aviso. A Casa que recebe o comunicado poderá, até o fim da ação penal, sustar o seu andamento (**foi cobrado no 38º exame**). Mas para isso deverá ser protocolizado o pedido de sustação feito por um partido político nela representado (e não pelo parlamentar processado). O quórum de aprovação para sustar o andamento da ação é de maioria absoluta e o prazo para apreciação é de 45 dias do recebimento do pedido pela Mesa Diretora.

O art. 53, § 6º, trata da proteção quanto à fonte de informação recebida em função do exercício do mandato, numa espécie de **sigilo profissional parlamentar**.

Já o art. 53, § 7º, determina que mesmo que o parlamentar seja militar inativo (e indiretamente ligado às Forças Armadas, cujo comandante supremo é o Presidente da República) e ainda em tempo de guerra é necessária a licença da Casa respectiva para que ele seja convocado para qualquer atividade militar.

E por fim, a imunidade do art. 53, § 8º, busca manter a integridade das Casas Legislativas mesmo em períodos de instabilidades políticas, como no estado de sítio, mantendo a imunidade dos seus integrantes, salvo se cometerem atos fora do recinto do Congresso Nacional, incompatíveis com a medida, e mesmo assim somente após o voto de 2/3 dos membros seriam suspensas tais imunidades.

Destaca-se que as imunidades são irrenunciáveis, pois decorrem da função exercida e não são características personalíssimas do parlamentar. Vejamos o que diz o STF:

"O instituto da imunidade parlamentar atua no contexto normativo delineado por nossa Constituição, como condição e garantia de independência do Poder Legislativo, seu real destinatário, em face dos outros poderes do Estado. Estende-se ao congressista, embora não constitua uma prerrogativa de ordem subjetiva deste. E por essa razão que não se reconhece ao congressista, em tema de imunidade parlamentar, a faculdade de a ela renunciar. Trata-se de garantia institucional deferida a Congresso Nacional. O congressista, isoladamente considerado, não tem, sobre ela, qualquer poder de disposição". (Inq 510/DF, rel. Min. Celso de Mello)

A Constituição Federal também trata das vedações aos Congressistas, pontuando tais vedações a partir da **diplomação (momento anterior)** e a partir da **posse (momento posterior)**. A partir da diplomação os Congressistas não podem firmar ou manter contrato, aceitar ou exercer cargo, função ou emprego remunerado, inclusive os de que sejam demissíveis *ad nutum*, com pessoa jurídica de direito público, autarquia, empresa pública, sociedade de economia mista ou empresa concessionária de serviço público, salvo quando o contrato obedecer a cláusulas uniformes. A partir da posse, permanecem as primeiras proibições aplicadas à diplomação, acrescentadas das seguintes: não podem ser proprietários, controladores ou diretores de empresa que goze de favor decorrente de contrato com pessoa jurídica de direito público, ou nela exercer função remunerada; patrocinar causa em que seja interessada pessoa jurídica de direito público, autarquia, empresa pública, sociedade de economia mista ou empresa concessionária de serviço público, ser titulares de mais de um cargo ou mandato público eletivo.

Considerando as vedações, a Constituição Federal determina que a infringência a elas acarretará a perda do mandato do Congressista, assim como o procedimento declarado incompatível com o decoro parlamentar ou quando sofrer condenação criminal em sentença transitada em julgado. Nestes casos, segundo o texto constitucional, **a perda do mandato será decidida pela Câmara dos Deputados ou pelo Senado Federal, por maioria absoluta**, mediante provocação da respectiva Mesa ou de partido político representado no Congresso Nacional, assegurada ampla defesa.

Dois pontos merecem destaque: a **definição de ato incompatível com o decoro parlamentar**, que a Constituição faz uma breve menção estabelecendo, que, além dos casos definidos no regimento interno, serão os atos de abuso das prerrogativas asseguradas a membro do Congresso Nacional ou a percepção de vantagens indevidas. E o segundo ponto é quanto à **condenação criminal transitada em julgado depender ou não da deliberação da Casa Legislativa respectiva,** tema no qual o STF atualmente tece discussões e divergências, que são exemplificadas nas famosas **Ação Penal 470** (decisão de 2012, entendendo que a **perda do mandato deveria ser automática**, dependendo apenas do trânsito em julgado da sentença penal condenatória) e **Ação Penal 565** (decisão de 2013, mudando o entendimento para aplicar a regra do art. 55, § 2º, na qual a **perda do mandato depende de deliberação da Casa respectiva**).

Além das duas ações citadas, o STF julgou posteriormente outros casos, contudo, apesar de a matéria ainda não ter sido totalmente pacificada, o STF já teceu novos parâmetros para seu entendimento, vejamos:

> "Perda do mandato parlamentar. É da competência das Casas Legislativas decidir sobre a perda do mandato do congressista condenado criminalmente (art. 55, VI e § 2º, da CF). Regra excepcionada – adoção, no ponto, da tese proposta pelo eminente revisor, ministro Luís Roberto Barroso – quando a condenação impõe o cumprimento de pena em regime fechado, e não viável o trabalho externo diante da impossibilidade de cumprimento da fração mínima de 1/6 da pena para a obtenção do benefício durante o mandato e antes de consumada a ausência do congressista a 1/3 das sessões ordinárias da Casa Legislativa da qual faça parte. Hipótese de perda automática do mandato, cumprindo à Mesa da Câmara dos Deputados declará-la, em conformidade com o art. 55, III, § 3º, da CF". Precedente: MC no MS 32.326/DF, rel. Min. Roberto Barroso, 2-9-2013 (**AP 694**, rel. Min. **Rosa Weber**, julgamento em 2-5-2017, 1ª T).

Ainda sobre a perda do cargo, **ela será declarada pela Mesa da Casa respectiva, de ofício ou mediante provocação** de qualquer de seus membros, ou de partido político representado no Congresso Nacional, assegurada ampla defesa, nos seguintes casos: quando o congressista tenha faltado, durante a sessão legislativa, à terça parte das sessões ordinárias da Casa a que pertencer, salvo licença ou missão por esta autorizada; quando o congressista tenha os direitos políticos perdidos ou suspensos ou quando a perda do cargo for decretada pela Justiça Eleitoral.

Caso o parlamentar esteja sendo processado em qualquer das situações acima descritas, o seu **pedido de renúncia terá seus efeitos suspensos** até as deliberações finais de cada processo.

Destaca-se que o art. 55, § 2º, da CF, alterado pela EC n. 76/2013, não mais prevê o voto secreto da Casa Legislativa na decisão sobre a perda do cargo do parlamentar.

A Constituição também trata dos casos nos quais não há a perda do mandato de Deputado Federal ou Senador, são eles: investidura no cargo de Ministro de Estado, Governador de Território, Secretário de Estado, do Distrito Federal, de Território, de Prefeitura de Capital ou chefe de missão diplomática temporária, podendo o parlamentar optar pela remuneração.

Também não perde o cargo se estiver licenciado pela respectiva Casa por motivo de doença, com direito à remuneração e sem prazo estabelecido na Constituição ou licenciado para tratar de interesses particulares, sem remuneração, e desde que o afastamento não ultrapasse cento e vinte dias por sessão legislativa.

A convocação do suplente ocorrerá nos casos de vaga, de investidura nas funções previstas acima ou no caso de licença superior a cento e vinte dias. Ocorrendo vaga e não havendo suplente, far-se-á eleição para preenchê-la se faltarem mais de quinze meses para o término do mandato.

5.5 Comissões Parlamentares

Segundo José Afonso da Silva, **"as comissões são organismos constituídos em cada Câmara, composto de número geralmente restrito de membros, encarregados de estudar e examinar as proposições legislativas e apresentar pareceres"**. A CRFB/88 prevê que o Congresso Nacional e suas Casas terão **comissões permanentes e temporárias**.

As **Comissões Permanentes são as comissões temáticas do Senado Federal e da Câmara de Deputados, que se estabelecem em razão da matéria**, como, por exemplo, Comissão de Constituição, Justiça e Cidadania; Comissão de Assuntos Econômicos; Comissão de Assuntos Sociais; Comissão de Direitos Humanos e Legislação Participativa (Comissões Permanentes do Senado, art. 72 do RISF); Comissão de Constituição e Justiça e Cidadania; Comissão da Amazônia, Integração Nacional e de Desenvolvimento Regional; Comissão de Direitos Humanos e Minorias; Comissão de Desenvolvimento Urbano (Comissões Permanentes da Câmara, art. 32 do RICD).

Já as **Comissões Temporárias são as comissões especiais**, criadas em razão de matéria específica, **extinguindo-se com o fim da legislatura ou quando cumprida sua finalidade**.

A CF, no art. 58, § 2º, estabelece as **competências das comissões em razão da matéria de sua competência**: discutir e votar projeto de lei que dispensar, na forma do regimento, a competência do Plenário, salvo se houver recurso de um décimo dos membros da Casa; realizar audiências públicas com entidades da sociedade civil; convocar Ministros de Estado para prestar informações sobre assuntos inerentes a suas atribuições; receber petições, reclamações, representações ou queixas de qualquer pessoa contra atos ou omissões das autoridades ou entidades públicas; solicitar depoimento de qualquer autoridade ou cidadão; apreciar programas de obras, planos nacionais, regionais e setoriais de desenvolvimento e sobre eles emitir parecer.

Quanto à **convocação de Ministros de Estado** para prestar informações sobre assuntos inerentes às suas atribuições, a Câmara dos Deputados e o Senado Federal, ou qualquer de suas Comissões, poderão convocá-los ou quaisquer titulares de órgãos diretamente subordinados à Presidência da República para prestar, pessoalmente, informações sobre assunto previamente determinado, importando **crime de responsabilidade a ausência sem justificação adequada**. Também poderão encaminhar **pedidos escritos de informações**, importando em **crime de responsabilidade a recusa, ou o não atendimento, no prazo de trinta dias, bem como a prestação de informações falsas**. Os Ministros de Estado **poderão comparecer por sua iniciativa** e mediante entendimentos com a Mesa respectiva, para expor assunto de relevância de seu Ministério.

Durante o recesso, haverá uma Comissão representativa do Congresso Nacional, **eleita por suas Casas na última sessão ordinária do período legislativo**, com atribuições definidas no regimento comum. Na constituição das Comissões deverá ser assegurada, sempre que possível, a representação proporcional dos partidos ou dos blocos parlamentares que participam da respectiva Casa.

5.6 Comissão Parlamentar de Inquérito

As **Comissões Parlamentares de Inquérito** são disciplinadas no art. 58, § 3º, que determina para sua criação três requisitos indispensáveis: **requerimento subscrito por, no mínimo, 1/3 de parlamentares; indicação de fato determinado a ser apurado na investigação parlamentar; indicação de prazo certo para a conclusão dos trabalhos**. Em decisão no Mandado de Segurança 33.521, julgado em maio de 2020, o STF confirmou que cabe ao Presidente da Casa Legislativa a atribuição de aferir o preenchimento dos requisitos atinentes à instauração da CPI.

Quanto aos poderes da CPI, a Lei n. 1.579/52 (atualizada pela Lei n. 13.367/2016) disciplina que, na sua função investigativa, a CPI pode determinar diligência que entender necessárias, convocar Ministros de Estado, inquirir testemunhas, ouvir os indiciados, requisitar informações e documentos da Administração Pública, transportar-se para outro local onde se faça necessária, inclusive utilizando de equipamentos públicos para as suas sessões ou diligências.

O STF já manifestou que, por autoridade própria, ou seja, sem a necessidade de qualquer intervenção judicial, sempre por decisão fundamentada, pode determinar: quebra do sigilo fiscal, bancário, de dados, inclusive eletrônicos e telefônicos. Entretanto, a CPI não tem competência para intercepção telefônica, pois esta última é protegida pela reserva constitucional de jurisdição.

Sobre as atribuições da CPI vejamos o seguinte julgado do STF:

"As CPIs possuem permissão legal para encaminhar relatório circunstanciado não só ao Ministério Público e à AGU, mas, também, a outros órgãos públicos, podendo veicular, inclusive, documentação que possibilite a instauração de inquérito policial em face de pessoas envolvidas nos fatos apurados (art. 58, § 3º, CF/1988, c/c art. 6º-A da Lei 1.579/1952, incluído pela Lei 13.367/2016)"(**MS 35.216 AgR**, rel. Min. Luiz Fux).

5.7 Fiscalização contábil, financeira e orçamentária

O Poder Legislativo, **além da função legiferante**, também tem como **função típica a função fiscalizadora**. No âmbito federal o controle externo é realizado pelo **Congresso Nacional com o auxílio do Tribunal de Contas da União**. Assim, além dos sistemas de controle interno de cada Poder, o Poder Legislativo realiza a fiscalização contábil, financeira e orçamentária, patrimonial e operacional da União, incluindo a Administração Direta e Indireta dos Poderes Judiciário, Legislativo e Executivo. Qualquer pessoa física ou jurídica, pública ou privada, que utilize, arrecade, guarde, gerencie ou administre dinheiros, bens e valores públicos ou pelos quais a União responda, ou que, em nome desta, assuma obrigações de natureza pecuniária, é obrigada a prestar contas dos gastos públicos que executou.

Cabe ao Tribunal de Contas da União **apreciar as contas prestadas anualmente pelo Presidente da República**, mediante parecer prévio que deverá ser elaborado em sessenta dias a contar de seu recebimento (art. 71, I), **mas não caberá o julgamento**, pois **quem julga as contas do Presidente da República é o Congresso Nacional** (art. 49, IX). Quanto aos administradores e demais responsáveis por dinheiros, bens e valores públicos da administração direta e indireta, e também aqueles que derem causa a perda, extravio ou outra irregularidade de que resulte prejuízo ao erário público, o TCU tem competência para julgar.

Também é competência do TCU apreciar, para fins de registro, a legalidade dos atos de admissão de pessoal, a qualquer título, na administração direta e indireta, incluídas as fundações instituídas e mantidas pelo Poder Público, excetuadas as nomeações para cargo de provimento em comissão, bem como a das concessões de aposentadorias, reformas e pensões, ressalvadas as melhorias posteriores que não alterem o fundamento legal do ato concessório; realizar, por iniciativa própria, da Câmara dos Deputados, do Senado Federal, de Comissão técnica ou de inquérito, inspeções e auditorias de natureza contábil, financeira, orçamentária, operacional e patrimonial, nas unidades administrativas dos Poderes Legislativo, Executivo e Judiciário, bem como as demais entidades referidas no inciso II do art. 71; fiscalizar as contas nacionais das empresas supranacionais de cujo capital social a União participe, de forma direta ou indireta, nos termos do tratado constitutivo; fiscalizar a aplicação de quaisquer recursos repassados pela União mediante convênio, acordo, ajuste ou outros instrumentos congêneres, a Estado, ao Distrito Federal ou a Município; prestar as informações solicitadas pelo Congresso Nacional, por qualquer de suas Casas, ou por qualquer das respectivas Comissões, sobre a fiscalização contábil, financeira, orçamentária, operacional e patrimonial e sobre resultados de auditorias e inspeções realizadas; aplicar aos responsáveis, em caso de ilegalidade de despesa ou irregularidade de contas, as sanções previstas em lei, que estabelecerá, entre outras cominações, multa proporcional ao dano causado ao erário; assinar prazo para que o órgão ou entidade adote as providências necessárias ao exato cumprimento da lei, se verificada ilegalidade; sustar, se não atendido, a execução do ato impugnado, comunicando a decisão à Câmara dos Deputados e ao Senado Federal; representar ao Poder competente sobre irregularidades ou abusos apurados.

Destaca-se, entre as competências acima citadas, que se o **TCU verificar ilegalidades** determinará **prazo para que o órgão ou a entidade adote as providências necessárias**, e se não cumpridas, **o próprio TCU,** no exercício de sua própria competência, **irá sustar o ato administrativo impugnado**, comunicando a decisão à Câmara de Deputados e ao Senado Federal.

Entretanto, tratando-se de **contrato administrativo ilegal**, a **sustação será adotada diretamente pelo Congresso Nacional**, solicitando imediatamente as providências cabíveis ao Poder Executivo. Mas se passados 90 dias sem que o Congresso Nacional ou o Poder Executivo tome medidas de sustação e demais providências necessárias, o TCU decidirá a respeito, exercendo sua competência suplementar **(atuação supletiva).**

Importante destacar que o STF sumulou a atuação do TCU, através da **Súmula Vinculante 3**, vejamos: "Nos processos perante o Tribunal de Contas da União asseguram-se o contraditório e a ampla defesa quando da decisão puder resultar anulação ou revogação de ato administrativo que beneficie o interessado, excetuada a apreciação da legalidade do ato de concessão inicial de aposentadoria, reforma e pensão".

Segundo a Constituição Federal, a **comissão mista permanente, diante de indícios de despesas não autorizadas**, solicitará esclarecimentos a autoridade governamental, no prazo de 5 dias. Caso não prestados os esclarecimentos, ou sendo insuficientes, a **Comissão solicitará ao TCU pronunciamento conclusivo sobre o assunto**, no prazo de 30 dias. Se o TCU entender irregular a despesa, e a Comissão mista julgar que o gasto cause dano irreparável ou grave lesão à economia pública, poderá propor ao Congresso Nacional a sustação da despesa.

A **comissão mista permanente a que nos referimos acima é disposta no art. 72 e no art. 166, § 1º** (sugerimos leitura dos artigos citados) e tem a atribuição de examinar e emitir parecer sobre os projetos de lei relativos ao plano plurianual, às diretrizes orçamentárias, ao orçamento anual e aos créditos adicionais; sobre as contas apresentadas anualmente pelo Presidente da República e sobre os planos e programas nacionais, regionais e setoriais e exercer o acompanhamento e a fiscalização orçamentária.

5.8 Composição do Tribunal de Contas da União

O **Tribunal de Contas da União é composto por 9 membros** e tem sede no Distrito Federal. É órgão técnico, com atribuições fiscalizadoras auxiliares ao Congresso Nacional na função de fiscalização financeira, contábil e orçamentária. O Tribunal de Contas da União não tem jurisdição, apesar de exercer uma função "judicante" administrativa. Pode exercer, entre outras, as atribuições de eleger seus órgãos diretivos, organizar suas secretarias e serviços auxiliares, prover seus cargos (art. 96 da CF), e não está sujeito ao Congresso Nacional. Vejamos o que diz o STF:

"Os Tribunais de Contas ostentam posição eminente na estrutura constitucional brasileira, não se achando subordinado, por qualquer vínculo de ordem hierárquica, ao Poder Legislativo, de que não são órgãos delegatórios nem organismos de mero assessoramento técnico. A competência institucional dos Tribunais de Contas não deriva, por isso mesmo, de delegação dos órgãos do Poder Legislativo, mas traduz emanação que resulta, primariamente, da própria Constituição da República" (Min. Celso de Mello, ADI 4.190).

Os Ministros do TCU serão **escolhidos dentre brasileiros que satisfaçam os seguintes requisitos:** idade entre 35 e 70 anos; idoneidade moral e reputação ilibada; notórios conhecimentos jurídicos, contábeis, econômicos e financeiros ou de administração pública; mais de dez anos de exercício de função ou de efetiva atividade profissional. Um terço será escolhido pelo Presidente da República, com aprovação do Senado Federal, sendo dois alternadamente dentre auditores e membros do Ministério Público junto ao Tribunal, indicados em lista tríplice pelo Tribunal, segundo os critérios de antiguidade e merecimento e dois terços pelo Congresso Nacional.

Terão as mesmas garantias, prerrogativas, impedimentos, vencimentos e vantagens dos Ministros do Superior Tribunal de Justiça, aplicando-se-lhes, quanto à aposentadoria e pensão, as normas constantes do art. 40 da CF (alterado pela EC n. 88/2015). O auditor, quando em substituição a Ministro, terá as mesmas garantias e impedimentos do titular e, quando no exercício das demais atribuições da judicatura, as de juiz de Tribunal Regional Federal.

Por fim, a Constituição Federal prescreve que os Poderes Legislativo, Executivo e Judiciário manterão, de forma integrada, **sistema de controle interno** com a finalidade de avaliar o cumprimento das metas previstas no plano plurianual, a execução dos programas de governo e dos orçamentos da União, comprovar a legalidade e avaliar os resultados, quanto à eficácia e eficiência, da gestão orçamentária, financeira e patrimonial nos órgãos e entidades da administração federal, bem como da aplicação de recursos públicos por entidades de direito privado, exercer o controle das operações de crédito, avais e garantias, bem como dos direitos e haveres da

União, apoiar o controle externo no exercício de sua missão institucional.

Os responsáveis pelo controle interno, ao tomarem conhecimento de qualquer irregularidade ou ilegalidade, dela darão ciência ao Tribunal de Contas da União, sob pena de responsabilidade solidária e qualquer cidadão, partido político, associação ou sindicato é parte legítima para, na forma da lei, denunciar irregularidades ou ilegalidades perante o Tribunal de Contas da União, cabendo a aplicação das mesmas normas, no que couber, à organização, composição e fiscalização dos Tribunais de Contas dos Estados (cuja composição será em número de 7 Conselheiros) e do Distrito Federal, bem como dos Tribunais e Conselhos de Contas dos Municípios.

> **Notas Explicativas**
> **Legislatura:** período de 4 anos no qual as Casas Legislativas exercem suas funções.
> **Sessão Legislativa:** período compreendido entre 2 de fevereiro e 22 de dezembro, no qual as Casas Legislativas exercem suas funções.
> **Período Legislativo:** compreende os lapsos temporais de 2 de fevereiro a 17 de julho e 1ª de agosto a 22 de dezembro, considerando os recessos parlamentares.
> **Sessão Preparatória:** reunião ocorrida no início de cada legislatura, para posse dos membros e eleição das Mesas. Cada Casa irá reunir-se a partir de 1ª de fevereiro.
> **Sessão Ordinária:** reunião marcada e ocorrida dentro dos períodos legislativos.
> **Sessão Extraordinária:** reunião convocada e ocorrida no recesso parlamentar.
> **Sessão Conjunta:** reunião na qual participam as duas Casas Legislativas.

6. PROCESSO LEGISLATIVO

O **processo legislativo contemporâneo**, cuja atribuição é **concentrada nas mãos do Estado**, especialmente do Poder Legislativo, é resultado de um longo processo de desenvolvimento das sociedades, através dos tempos históricos.

O movimento evolutivo do processo legislativo presenciou, no início, a influência do mítico, do divino, do costume e da força no estabelecimento das normas de conduta da sociedade. Assistiu ao nascimento da Democracia, conviveu com o processo de laicização da produção legislativa, com o fortalecimento do Parlamento Inglês, com o nascimento da Teoria de Montesquieu, com a concentração da atividade normativa nas mãos do Estado e sua submissão à ordem jurídica, com a especialização da atividade legislativa.

No Brasil, a atividade legiferante foi importada das terras lusitanas quando ainda éramos colônia, sob a influência dos movimentos jurídico-políticos da época. O primeiro movimento objetivando a formação de um órgão nacional representativo ocorreu em 1823, com a formação da Assembleia Geral Constituinte e Legislativa. Ela tinha a intenção de elaborar leis ordinárias, mas foi dissolvida logo em seguida, vindo a se formar novamente três anos mais tarde. Desde então o processo legislativo brasileiro cada vez se aprimorou, criando figuras legislativas peculiares, para atender aos interesses legiferantes de cada época.

Por definição podemos afirmar que o **processo legislativo consiste em um conjunto de regras procedimentais obrigatórias para a elaboração das espécies normativas vigentes.** A CF, no art. 59, lista as seguintes espécies normativas, também chamadas atos normativos primários: Emendas à Constituição, Leis Complementares, Leis Ordinárias, Leis Delegadas, Medidas Provisórias, Decretos Legislativos e Resoluções. Além disso, determina que Lei Complementar disporá sobre a elaboração, redação, alteração e consolidação das leis, o que é atendido pela LC n. 95/98, atualizada pela LC n. 107/2001.

O **processo legislativo constitucional** trata apenas dos **atos normativos primários**, não se importando com os atos normativos secundários. Entretanto, é importante frisarmos que faltaram à lista do art. 59 duas espécies normativas primárias, pois também emanadas da própria Constituição: **o decreto autônomo**, de competência do Presidente da República, e o **regimento** de competência dos Tribunais.

A descrição minuciosa do processo legislativo prevista na Constituição representa a possibilidade de execução do controle preventivo de constitucionalidade, evitando a inserção no ordenamento jurídico de normas inconstitucionais. Concomitantemente, podemos afirmar que a **desobediência aos trâmites processuais legislativos** representa a formação de **vícios de inconstitucionalidade formais**, sanáveis por **controle repressivo de constitucionalidade.**

Outro aspecto relevante no estudo do processo legislativo é quanto à **hierarquia das normas**, que, com exceção das emendas constitucionais que recebem da própria Constituição o *status* de alterá-la e, portanto, alcançar um *status* normativo maior, as demais espécies normativas têm o mesmo *status*, **não havendo entre elas hierarquia.**

Diante da variedade de espécies normativas primárias trazidas pelo art. 59, e das diferentes regras procedimentais, devemos estudá-las individualmente, mas, antes de tudo, vamos fazer uma breve esquematização das fases do processo legislativo.

- **Fase de Iniciativa:** também chamada deflagradora ou iniciadora ou instauradora, ocorre quando os legitimados fazem a proposta de lei ou de emenda constitucional. De acordo com a espécie normativa a iniciativa pode ser geral, privativa, exclusiva, popular, conjunta, concorrente.
- **Fase Constitutiva:** nesta segunda fase do processo legislativo, teremos a conjugação de vontades, tanto do Legislativo pela discussão e votação como do Executivo, através da sanção ou veto, quando houver. É a fase mais longa do processo de construção de uma espécie normativa, e apresenta peculiaridades conforme a espécie normativa.

Na discussão e votação, o Senado, a Câmara e o Congresso Nacional deliberarão sobre o assunto, e em grande parte dos casos, a votação inicia na Câmara de Deputados (casa iniciadora) e posteriormente no Senado Federal (casa revisora). Se houver aprovação enviarão o projeto de lei para o Presidente da República (o que não ocorre, por exemplo, com a emenda constitucional), que, recebendo-o, poderá concordar, sancionando, ou discordar, vetando o referido projeto.

- **Fase Complementar:** a fase final do processo legislativo é composta pela promulgação e publicação. A promulgação é um atestado da existência válida da lei e de sua executoriedade, consistindo numa certidão de que o ordenamento jurídico será inovado. Promulgada a lei, ela será publicada, já a publicação é ato através do qual se levará ao conhecimento de todos, pela imprensa oficial, o conteúdo da inovação legislativa. Na publicação, em geral, tem-se estabelecido o momento de sua vigência e obrigatoriedade efetiva, se nada disser, adota-se a regra da Lei de Introdução às Normas do Direito Brasileiro – Decreto-lei n. 4.657/42.

Vejamos alguns detalhes do processo legislativo das espécies normativas primárias.

6.1 Emenda à Constituição

A Constituição Federal de 1988 é classificada como uma Constituição rígida, pelo fato de qualquer modificação formal do seu texto exigir um processo mais dificultoso, sob a forma de aprovação de espécie normativa específica: a Emenda à Constituição.

A Emenda à Constituição não está sujeita à sanção presidencial e tem a mesma natureza e a mesma eficácia normativa dos dispositivos constitucionais. Entretanto é importante frisar que a Emenda Constitucional é fruto do Congresso Nacional e não da Assembleia Nacional Constituinte, ou seja, é resultado do Poder Constituinte Derivado Reformador, e não do Poder Constituinte Originário. Como resultado, a elaboração da Emenda Constitucional está limitada ao texto constitucional, condicionada à Constituição, subordinada e não autônoma (características de Poder Constituinte Derivado) e sujeita ao Controle de Constitucionalidade Preventivo e Repressivo. A Emenda Constitucional, quando passa a integrar o texto da Constituição, é hierarquicamente superior às demais espécies normativas.

Têm a iniciativa do projeto de Emenda à Constituição: o Presidente da República (art. 60, II); pelo menos 1/3 dos membros da Câmara dos Deputados ou do Senado Federal (art. 60, I) ou mais da metade das Assembleias Legislativas das unidades da Federação, cada uma manifestando-se pela maioria relativa de seus membros (art. 60, II).

A proposta de Emenda é discutida e votada em cada Casa do Congresso Nacional, em dois turnos. Considera-se aprovada se obtiver, em ambos, 3/5 dos votos dos membros de cada uma das Casas (art. 60, § 2º).

A decisão é soberanamente emanada do Congresso Nacional, que exerce a representação popular e dos entes federativos, sem interferência decisória do Presidente da República. Votada e aprovada a proposta de Emenda, passa-se à promulgação, efetivada pelas Mesas da Câmara dos Deputados e do Senado Federal, com a numeração sequencial às outras emendas. Sobre a publicação, o texto constitucional silencia, entretanto, há de se entender que é uma competência também do Congresso Nacional.

Vejamos um entendimento do STF sobre as emendas à Constituição:

> "A eficácia das regras jurídicas produzidas pelo poder constituinte (redundantemente chamado de 'originário') não está sujeita a nenhuma limitação normativa, seja de ordem material, seja formal, porque provém do exercício de um poder de fato ou suprapositivo. Já as normas produzidas pelo poder reformador, essas têm sua validez e eficácia condicionadas à legitimação que recebam da ordem constitucional. Daí a necessária obediência das emendas constitucionais às chamadas cláusulas pétreas" (**ADI 2.356 MC** e **ADI 2.362 MC**, rel. Min. **Ayres Britto**, julgamento em 25-11-2010).

6.2 Lei complementar e lei ordinária

A segunda espécie normativa listada no art. 59 da CF é a Lei Complementar, que é disciplinada pelo texto constitucional paralelamente à Lei Ordinária, portanto analisaremos as duas de forma conjunta, apontando primeiramente as diferenças entre elas, para em seguida cuidar do seu trâmite legislativo.

Lei Complementar e Lei Ordinária diferenciam-se em dois pontos: **a matéria tratada e o quórum de aprovação.**

Quanto à matéria tratada, teremos a seguinte diferenciação: a **Lei Complementar trata de matéria específica** na Constituição; enquanto a **Lei Ordinária trata de matéria residual.**

Quanto ao quórum de aprovação, a **Lei Complementar é aprovada por voto de maioria absoluta**, conforme disciplina o art. 69 da CF; enquanto a **Lei Ordinária é aprovada por voto de maioria simples**, também chamada maioria relativa, conforme disciplina a regra geral do art. 47 da CF.

Analisados os pontos diferentes entre a lei complementar e a lei ordinária, vejamos os pontos semelhantes:

Têm iniciativa dos projetos de lei complementar e de lei ordinária: o Deputado, o Senador, a Comissão da Câmara dos Deputados, a Comissão do Senado Federal, a Comissão do Congresso Nacional, o Presidente da República, o Supremo Tribunal Federal, Tribunais Superiores, o Procurador-Geral da República e os cidadãos.

DIREITO CONSTITUCIONAL

A discussão ocorre na Câmara dos Deputados e no Senado Federal (arts. 64 e 65). A votação, com o objetivo de aprovação, no caso de lei ordinária, se dá por maioria simples (art. 47); no caso de lei complementar se dá por maioria absoluta (art. 69). **O quórum de instalação para ambas é de maioria absoluta (art. 47).**

Após a aprovação do projeto de lei, este será encaminhado ao Presidente da República para sancioná-lo, caso concorde; ou vetá-lo, caso discorde, no prazo de 15 dias úteis. A **sanção poderá ser expressa ou tácita**, caso o Presidente da República não se manifeste sobre o projeto no prazo. O **veto só poderá ser expresso e fundamentado**, podendo ser fundado no interesse público – **veto político** – ou na contrariedade à Constituição – **veto jurídico**. Há o veto total, que alcançará toda a lei; ou veto parcial, que alcançará texto integral de artigo, alínea, parágrafo, inciso, não havendo, portanto, veto parcial que alcance apenas letras, palavras ou sinais gráficos, pois seria uma verdadeira afronta ao processo legislativo.

Vetado o projeto de lei, será encaminhado ao Congresso Nacional, que, dentro do prazo de 30 dias do seu recebimento, deverá apreciá-lo em sessão conjunta, e só poderá rejeitá-lo pelo voto de maioria absoluta dos Deputados e Senadores.

A promulgação cabe ao Presidente da República, que terá 48 horas para fazê-la. Caso o Presidente da República não promulgue no prazo estabelecido, o Presidente do Senado Federal a promulgará e, se este não o fizer dentro de 48 horas (contados a partir do escoamento do prazo de 48 horas conferido ao Presidente da República), a promulgação competirá ao Vice-Presidente do Senado (art. 66, § 7º). A publicação, tanto da lei complementar quanto da lei ordinária, caberá a quem a tenha promulgado.

6.3 Lei delegada

A lei delegada é elaborada pelo Presidente da República, após a autorização do Congresso Nacional. Prevista no art. 68 da CF, é exceção ao princípio da indelegabilidade de atribuições típicas de um Poder para outro.

Segundo Temer, **delegar competência significa retirar parcela de atribuições de um Poder (Poder Legislativo) e entregá-la a outro Poder (Poder Executivo)**. Lembremos que a regra é o princípio da indelegabilidade, e a exceção é a delegação, prevista aqui na Lei Delegada.

Para que o Presidente da República possa editar uma lei delegada, necessita de autorização do Congresso Nacional, e esta autorização é dada por meio de **Resolução do Congresso Nacional** (art. 68, § 2º), chamada, neste caso por Lenza, de **delegação** *externa corporis*. Por outro lado, o Congresso Nacional só pode delegar ao Presidente da República se este a solicitar.

Existem matérias que são atribuições exclusivas, sendo, portanto, **indelegáveis**, são elas: os atos de competência exclusiva do Congresso Nacional (art. 49); os de competência privativa da Câmara dos Deputados (art. 51); os de competência privativa do Senado Federal (art. 52) e as leis sobre organização do Poder Judiciário e do Ministério Público, a legislação sobre nacionalidade, cidadania, direito individuais, políticos, planos plurianuais, diretrizes orçamentárias e orçamento. São indelegáveis também matérias reservadas à lei complementar.

O processo de criação da lei delegada começa somente por iniciativa solicitadora do Presidente da República. Diante da solicitação, o Congresso Nacional pode expedir uma resolução autorizadora. A resolução autorizadora especificará seu conteúdo e os termos do exercício, e, dependendo do caso, haverá ou não apreciação do projeto pelo Congresso Nacional. A **delegação típica** ocorre quando o Congresso expede a Resolução autorizadora, sem exigir apreciação. Neste caso, o Presidente, recebendo a autorização, elabora, promulga e publica a Lei Delegada. A **delegação atípica** ocorre quando o Congresso Nacional exige a apreciação, que ocorrerá em votação única, vedada qualquer emenda ao seu texto. Então, neste caso, o Presidente, recebendo a autorização, elabora, envia para o Congresso Nacional que poderá aprovar na íntegra ou suspender a resolução autorizadora. Caso aprove na íntegra, o Presidente irá promulgar e publicar, não havendo necessidade, em nenhum dos casos, da sanção ou veto presidencial.

Caso o Presidente da República promulgue e publique Lei Delegada exorbitando dos limites da delegação legislativa, possibilidade que só verificamos na delegação típica, cabe ao Congresso Nacional sustá-la, para manter a sua competência legislativa em face da função normativa de outros poderes (art. 49, V e XI).

6.4 Medida provisória

A medida provisória, prevista no art. 62 da CF, substituiu o antigo decreto-lei, apresentando-se como função atípica do Poder Executivo. A medida provisória não é lei, mas tem **"força de lei"**. Lei é ato nascido no Poder Legislativo que se submete a um processo legislativo estabelecido na Constituição, criando deveres e direitos. A medida provisória cria direitos e deveres, mas não nasce no Poder Legislativo, não é lei, é provisória, **emana de uma pessoa, o Presidente da República, sendo produção legislativa unipessoal.**

Adotada em situações de **relevância e urgência**, a Medida Provisória versa sobre todos os temas que possam ser objeto de lei ordinária, com exceção das seguintes matérias: aquelas entregues à lei complementar, aquelas que tratam da organização do Poder Judiciário e do Ministério Público (que também são disciplinadas por lei complementar), que visem à detenção ou sequestro de bens ou de qualquer outro ativo financeiro, as matérias indelegáveis, a legislação em matéria penal, processual penal e processual civil, nacionalidade, cidadania, direitos políticos e direito eleitoral, planos plurianuais, diretrizes orçamentárias, orçamento e créditos adicionais e suplementares, exceto a aprovação de crédito extraordinário nos casos de calamidade pública, comoção interna e guerra, que são situações de relevância e urgência.

A Medida Provisória que implicar instituição ou majoração de imposto deve respeitar o **princípio da anterioridade tributária**, e só produzirá efeitos no exercício financeiro seguinte, se até o final do ano vigente, for convertida em lei. Por exceção, não se sujeita ao princípio da anterioridade tributária a Medida Provisória que institua ou majore os seguintes impostos: Imposto sobre Importação, Imposto sobre Exportação, Imposto sobre Operações Financeiras, Imposto sobre Produtos Industrializados, Imposto de Guerra.

O processo legislativo da Medida Provisória começa com a iniciativa do Presidente da República que, no caso de relevância e urgência, a publica. Uma vez publicada, a Medida Provisória, exceto aquela que deve respeitar o princípio da anterioridade tributária, inicia sua vigência e eficácia de 60 dias, devendo ser apreciada de imediato pelo Congresso Nacional, portanto, a discussão será posterior ao início da sua vigência. Se em **45 dias** a Medida Provisória não for apreciada, entrará em **regime de urgência**, suspendendo as deliberações na Casa em que estiver tramitando.

Antes da apreciação e da discussão e votação em um turno no plenário de cada Casa Legislativa do Congresso Nacional, a Medida Provisória será apreciada por uma **comissão mista de Deputados e Senadores** que emitirá parecer.

Inicialmente, na discussão e votação, a Medida Provisória pode ser **rejeitada expressamente ou aprovada.** Rejeitada expressamente sairá do ordenamento jurídico, devendo o Congresso Nacional expedir um decreto legislativo tratando das relações jurídicas dela decorrentes. Aprovada a Medida Provisória, seguirá os seguintes trâmites: caso seja aprovada sem alteração do texto, a Medida Provisória será promulgada e publicada pelo Presidente do Congresso Nacional (art. 12 da Res. n. 1/2002-CN); aprovada com alteração do texto seguirá o trâmite da lei ordinária, ou seja, sanção ou veto do Presidente da República, promulgação e publicação.

Estranhamente, o art. 62, § 12, da CF determina que aprovada a Medida Provisória, alterando o seu texto original, ela manter-se-á integralmente em vigor até que seja sancionado ou vetado o projeto. É no mínimo curioso que um texto legal que já teve parte dele rejeitado pelo Poder Legislativo, ainda tenha um período de vigência, com força de lei, até que ocorra o momento da sanção ou veto do texto que foi aceito e alterado.

Além das hipóteses de aprovação ou rejeição expressa, é possível que a medida provisória não tenha sua apreciação concluída, nem no primeiro prazo prorrogável de 60 dias e nem no segundo prazo improrrogável de 60 dias. Ocorrendo tal situação a **medida provisória perde sua eficácia por decurso do prazo**, o que Lenza chama de **rejeição tácita**. Perdendo a eficácia por decurso do prazo, a Medida Provisória sai do ordenamento jurídico, e desta data inicia a contagem do prazo de 60 dias para que o Congresso Nacional expeça um decreto legislativo para tratar das relações jurídicas dela decorrentes.

Se em 60 dias o Congresso Nacional não expedir o decreto legislativo para tratar das relações jurídicas decorrentes de medida provisória rejeitada ou que perdeu a eficácia por decurso do prazo, ela voltará gerar efeitos, apenas para as relações jurídicas efetivamente ocorridas na época de sua vigência.

6.5 Decreto legislativo

O Decreto Legislativo é espécie normativa que tem como conteúdo, basicamente, as matérias de competência exclusiva do Congresso Nacional. Seu trâmite legislativo não foi objeto de preocupação do legislador constituinte, estando traçado nos regimentos internos das Casas Legislativas. Contudo, podemos alinhavar algumas considerações sobre o Decreto Legislativo: ele disciplina, basicamente, as matérias do art. 49 da CF, além de disciplinar, no prazo de 60 dias, as relações jurídicas amparadas por Medida Provisória rejeitada ou que perdeu a eficácia por decurso do prazo. Os quóruns de instalação e de aprovação seguem a regra geral constitucional, prevista no art. 47 da CF, não há sanção ou veto presidencial e a promulgação cabe ao Presidente do Congresso Nacional, que é o Presidente do Senado Federal.

Quando **o Congresso Nacional apreciar tratado internacional sobre Direitos Humanos**, assinado pelo Presidente da República, e tiver a intenção de dar *status* de emenda constitucional, conforme prevê o art. 5º, § 3º, da CF, **aprovará o decreto legislativo em votação nas casas separadas e em dois turnos em cada casa, pelo voto de 3/5 dos seus membros.** Exemplos de Decretos Legislativos com *status* de Emenda são o Decreto Legislativo n. 186/2008 que ratificou a Convenção sobre os Direitos das Pessoas com Deficiência e seu Protocolo Facultativo, assinados em Nova Iorque, em 30 de março de 2007, e o Decreto Legislativo n. 261/2015 que ratificou o Tratado de Marraqueche para Facilitar o Acesso a Obras Publicadas às Pessoas Cegas, com Deficiência Visual ou com outras Dificuldades para Ter Acesso ao Texto Impresso, celebrado em Marraqueche, em 28 de junho de 2013.

6.6 Resolução

A **Resolução**, assim como o Decreto Legislativo, é prevista, mas não disciplinada no texto constitucional, cabendo aos regimentos internos das Casas Legislativas a sua regulamentação. Sua competência alcança as **matérias privativas** da **Câmara dos Deputados** e do **Senado Federal** (arts. 51 e 52), e **algumas competências do Congresso Nacional.**

Os aspectos mais relevantes sobre a Resolução são: sua iniciativa é disciplinada basicamente nos regimentos internos, **a discussão e votação seguem as regras do art. 47 da CF**, ou seja, quórum de instalação de maioria absoluta e quórum de aprovação de maioria simples, **não há sanção ou veto presidencial**, a promulgação é efetivada pela Mesa da Casa Legislativa que a expediu ou, quando se tratar de resolução do Congresso Nacional, pelo Presidente do Senado Federal, a publicação é feita pela Casa Legislativa que a promulgou.

É através de Resolução que o **Senado Federal** retira a eficácia de **lei declarada inconstitucional pelo STF** e que o **Congresso Nacional delega ao Presidente da República** a competência para elaborar Lei Delegada.

7. PODER EXECUTIVO

O **Presidencialismo**, como sistema de governo, surge com a Constituição americana, de 1787, e apresenta as seguintes características básicas: **é um sistema de governo atrelado ao modelo montesquiano de separação dos Poderes**, com **unipessoalidade da Chefia de Estado e Chefia de Governo**, independência e harmonia entre os Poderes, especialmente a independência política do Executivo em relação ao Legislativo, apresenta **eleições diretas para Presidente e Vice-Presidente da República**, aplicando as eleições indiretas como exceção, prevê a **responsabilidade política e criminal do Presidente da República.**

O Sistema de Governo Presidencialista é tradição no Estado brasileiro desde a primeira Constituição republicana, de 1891, e o Poder Executivo consiste em um órgão constitucional cuja função precípua é a prática dos atos de chefia de Estado, chefia de Governo e de administração pública.

A Constituição Federal de 1988 atribuiu a Chefia do Poder Executivo ao Presidente da República, que é eleito diretamente pelo povo, junto com o Vice-Presidente da República, e tem como auxiliares os Ministros de Estados, nomeados livremente pelo titular do Poder Executivo. Ele é o **Chefe da Administração Pública Federal e o Comandante Supremo das Forças Armadas**. Exerce simultaneamente a **Chefia de Estado**, representando soberanamente a República Federativa do Brasil no âmbito internacional; e a **Chefia de Governo**, representando com autonomia a União nas suas relações internas com os outros entes federativos, entes administrativos, e administrados. **Montesquieu assim concebeu o Poder Executivo, como definidor e realizador da política de ordem interna e das relações exteriores.**

No contexto constitucional, o Poder Executivo apresenta como função típica administrar as atribuições de Chefia de Estado e de Chefia de Governo, e como funções atípicas as atribuições de legislar, julgar e fiscalizar, pois não é permitida na Constituição Federal nenhuma exclusividade nas funções estatais. Vale ressaltar que o sistema presidencialista foi adotado pela Constituição, e mantido, em 1993, por plebiscito, previsto no art. 2º do ADCT.

7.1 Eleição e forma de investidura do Presidente e Vice-presidente da República

São **condições de elegibilidade** para os cargos de Presidente e Vice-Presidente da República: ser brasileiro nato, ter alistamento eleitoral, estar em pleno gozo dos direitos políticos, ter domicílio eleitoral em qualquer município brasileiro, pois a circunscrição do Presidente da República é todo o território nacional, ter filiação partidária e ter idade mínima de 35 anos.

O mandato do Presidente da República e do Vice-Presidente da República terá duração de 4 anos, iniciando no dia 5 de janeiro do ano seguinte ao da eleição, nova regra determinada pela EC n. 111/2021, a ser aplicada aos eleitos em 2026, **cuja posse será em 5 de janeiro de 2027**. A eleição realizar-se-á, simultaneamente, no primeiro domingo de outubro, em primeiro turno, e no último domingo de outubro, em segundo turno, se houver, sendo considerado eleito Presidente o candidato que, registrado por partido político, obtiver a maioria absoluta de votos válidos, não computados os em branco e os nulos.

Caso não haja vitória em primeiro turno, haverá nova votação em segundo turno, no último domingo de outubro, e os dois candidatos mais votados concorrerão, considerando-se eleito aquele que obtiver a maioria dos votos válidos. Se remanescer, em segundo lugar, mais de um candidato com a mesma votação, qualificar-se-á o mais idoso, para concorrer ao segundo turno das eleições junto com o mais votado. Se entre o primeiro e o segundo turno, um dos candidatos desistir, falecer ou tiver algum impedimento legal, chamar-se-á o terceiro colocado para concorrer ao cargo no segundo turno.

A posse do Presidente e do Vice-Presidente da República ocorre no dia 5 de janeiro do ano seguinte ao da eleição, **data em que inicia o mandato**. A partir da posse, **titular e vice terão 10 dias de prazo para entrar em exercício**, e se não o fizerem no prazo, salvo motivo de força maior, terão seus respectivos cargos declarados vagos pelo Congresso Nacional.

7.2 Vacância da Presidência da República

O Vice-Presidente deve substituir o Presidente, nos casos de impedimento e suceder-lhe no caso de vacância. Não sendo possível também ao Vice-Presidente ocupar a Presidência, cabe sucessivamente aos Presidentes da Câmara dos Deputados, do Senado Federal e do Supremo Tribunal Federal.

O **impedimento** do Presidente e Vice-Presidente da República tem **caráter temporário**, como, por exemplo, os casos de **licença, doença, férias e viagens**. A **vacância** tem caráter **definitivo**, como, por exemplo, **a morte, a renúncia, a cassação do mandato (Senado Federal), a condenação criminal transitada em julgado (STF), o não "entrar em exercício" nos 10 dias seguidos da posse, salvo motivo de força maior, a ausência do país por mais de 15 dias sem autorização do Congresso Nacional (art. 83).**

Nos **impedimentos** adota-se a linha sucessória para ocupar a Presidência da República, **nos casos de vacância**, podemos ter inicialmente duas situações: ou ocorrer **vacância de um dos cargos** (titular ou vice), neste caso o outro eleito terminará o mandato sozinho; ou ocorrer **vacância dos dois cargos** (titular e vice), neste caso haverá uma nova eleição, pois os demais integrantes da linha sucessória presidencial não poderão suceder definitivamente o Presidente e Vice-Presidente da República.

Entretanto, **dependendo do período em que ocorreu a última vacância** dos cargos de Presidente e Vice-Presidente da República, a Constituição estabelece procedimentos diferentes de eleição. Ressalte-se que importa saber a data da última vacância, já que na vacância de apenas um dos cargos (titular ou vice) não haverá nova eleição, apenas o cumprimento do mandato sozinho pelo eleito remanescente.

Quando ocorrer a última vaga dos cargos de Presidente e Vice nos **dois primeiros anos de mandato**, convocar-se-ão **eleições diretas**, no prazo de **90 dias** depois de aberta a última vaga; no caso da última vacância ocorrer nos **dois últimos anos de mandato**, far-se-ão **eleições indiretas** pelo Congresso Nacional **30 dias** depois de aberta a última vaga. Observa-se que a Constituição prevê uma possibilidade de eleição indireta para a Presidência da República (art. 81, § 1º) apenas em hipótese excepcional, pois a regra é a eleição direta. Por fim, é importante alertar que em qualquer caso de eleição para cobrir a vacância dos cargos de Presidente e Vice-Presidente da República, **os eleitos apenas completarão o período dos seus antecessores,** exercendo o **mandato-tampão**.

Sobre o assunto, o STF proferiu decisão, vejamos:

> "O Plenário, por maioria, julgou parcialmente procedente ação direta para declarar a inconstitucionalidade da locução 'após o trânsito em julgado', prevista no § 3º do art. 224 do Código Eleitoral, e para conferir interpretação conforme a Constituição ao § 4º do mesmo artigo, de modo a afastar do seu âmbito de incidência as situações de vacância nos cargos de Presidente e Vice-Presidente da República, bem como no de Senador da República. De início, a Corte afirmou que o fato de a Constituição Federal não listar exaustivamente as hipóteses de vacância não impede que o legislador federal, no exercício de sua competência legislativa eleitoral (...), preveja outras hipóteses, como as dispostas no § 3º do art. 224 do Código Eleitoral. Assim, é permitido ao legislador federal estabelecer causas eleitorais, ou seja, relacionadas a ilícitos associados ao processo eleitoral, que possam levar à vacância do cargo. Por outro lado, é certo que § 4º do citado art. 224 disciplina o modo pelo qual serão providos todos os cargos majoritários na hipótese de vacância. Entretanto, em relação aos cargos de Presidente, Vice-Presidente e Senador, a própria Constituição Federal já estabelece o procedimento a ser observado para o seu preenchimento (CF, arts. 56, § 2º, e 81, § 1º). Verifica-se, portanto, clara contradição entre o que preveem o texto constitucional e a legislação ordinária. De todo modo, é compatível com a Constituição Federal a aplicação do citado § 4º em relação aos cargos de Governador e de Prefeito, porquanto, diferentemente do que faz com o Presidente da República e com o Senador, o texto constitucional não prevê modo específico de eleição no caso de vacância daqueles cargos. Contudo, há que ser preservada a competência dos Estados-Membros e dos Municípios para disciplinar a vacância em razão de causas não eleitorais, por se tratar de matéria político-administrativa, resguardada sua autonomia federativa" (**ADI 5.525**, rel. Min. **Roberto Barroso**, julgamento em 8-3-2018).

7.3 Competências do Presidente da República e do Vice-presidente da República

Exercendo **dupla função** de Chefe de Estado e Chefe de Governo, o Presidente da República é incumbido pela Constituição Federal de 1988 de várias atribuições. Como chefe de Estado, ele deve manter relações com Estados estrangeiros e acreditar seus representantes diplomáticos; celebrar tratados, convenções e atos internacionais, sujeitos a referendo do Congresso Nacional; declarar guerra, no caso de agressão estrangeira, autorizado pelo Congresso Nacional ou referendado por ele, quando a agressão estrangeira ocorrer no intervalo das sessões legislativas, e, nas mesmas condições, decretar, total ou parcialmente, a mobilização nacional; celebrar a paz, autorizado ou com o referendo do Congresso Nacional e permitir, nos casos previstos em lei complementar, que forças estrangeiras transitem pelo território nacional ou nele permaneçam temporariamente (atribuições previstas nos incisos VI, VII, XIX, XX e XXII do art. 84).

Como funções de Chefia de Governo estão todas as atribuições previstas nos demais incisos do art. 84, desde nomear livremente Ministros de Estado e o Advogado-Geral da União; nomear, com a aprovação do Senado Federal, os Ministros do STF, os de outros Tribunais Superiores e o Presidente do Banco Central; participar do processo legislativo, com a iniciativa de leis e emendas constitucionais, a sanção ou veto, a promulgação e publicação das leis; prestar contas ao Congresso Nacional; exercer o comando supremo das Forças Armadas, até a nova atribuição inserida pela EC n. 109/2021 de propositura ao Congresso Nacional para a decretação de calamidade pública de âmbito nacional, conforme disciplina o inciso XXVIII do referido art. 84 da CF.

Entretanto, os incisos VI, XII e XXV, primeira parte, do art. 84 da CF merecem destaque por tratarem de competências do Presidente da República, **delegáveis** aos Ministros de Estado, Advogado-Geral da União e Procurador-Geral da República.

São competências delegáveis: dispor mediante decreto sobre a organização da Administração Pública, desde que não aumente despesa, nem crie ou extinga órgãos; extinguir cargo público quando vago; conceder indulto e comutar penas, com audiência, se necessário, dos órgãos instituídos em lei, prover os cargos públicos federais, na forma da lei. Os Ministros de Estado, o Advogado-Geral da União e o Procurador-Geral da República que receberem a delegação de competência deverão observar seus limites.

Importante destacar que o art. 84, VI, da CF, alterado pela EC n. 32/2001, passou a admitir o chamado **Decreto Autônomo**, espécie normativa primária, pois emanada da própria Constituição Federal, e atribuída ao Presidente da República com a **finalidade de organizar a Administração Pública Federal**, sempre respeitando o **princípio da reserva legal**.

O Presidente da República concretiza muitas de suas atribuições por Decretos Executivos que são os instrumentos através dos quais tais atribuições se manifestam. Em regra, **os decretos são expedidos para regulamentar as leis que não são autoexecutáveis, e para que seja dado fiel cumprimento a elas** (Decreto Executivo), entretanto, com o **Decreto Autônomo**, trazido pela EC n. 32/2001, o Presidente **ampliou seu campo de atuação**, não se limitando mais ao fiel cumprimento e regulamentação das leis, desde que observados os limites constitucionais.

Duas observações devem ser feitas sobre as competências delegáveis: a primeira refere-se à **extinção de cargos públicos**, prevista nos incisos VI, *b*, e XXV, segunda parte do art. 84. Veja que a **extinção de cargo público só é competência delegável se o cargo estiver vago** (art. 84, VI, *b*). A segunda observação diz respeito ao Procurador-Geral da República ser autoridade que recebe delegação de competência do Presidente da República, quando na verdade não há mais, desde a Constituição Federal de 1988, subordinação do Ministério Público da União ao Poder Executivo Federal. Na prática, por exemplo, organizar o MPU é função do próprio MPU, sem haver necessidade de delegação, e prover os cargos de membros e servidores do MPU não é atribuição do Presidente da República, que pode ser delegada ao Procurador-Geral da República, chefe do MPU. Este **dispositivo é um resquício do ordenamento jurídico-constitucional anterior**, e, portanto, passou pela Assembleia Nacional Constituinte sem que fosse percebido o equívoco.

O Vice-Presidente da República também tem atribuições previstas no documento constitucional, que são classificadas como funções próprias (típicas) e funções impróprias (atípicas). São **funções próprias** a substituição e a sucessão do Presidente, a participação nos Conselhos da República e de Defesa Nacional, entre outras atribuições previstas em lei complementar. As **funções impróprias** são exercidas nas missões especiais, quando assim convocado pelo Presidente da República (art. 79 da CF).

7.4 Crimes de responsabilidade

Crimes de responsabilidade são **infrações político-administrativas** definidas na legislação federal, cometidas no desempenho da função. O art. 85 da CF lista um **rol exemplificativo deles**, evidenciando que todo ato atentatório contra a Constituição Federal é crime de responsabilidade do Presidente da República. Contudo, o mesmo dispositivo constitucional determina que haverá uma lei especial disciplinando as normas de processo e julgamento, cabendo ao Congresso Nacional a sua elaboração, através de uma lei ordinária federal.

Merece destaque a exigência constitucional para que o Congresso Nacional aprove lei ordinária especial para tratar do processo e julgamento por crime de responsabilidade, e que o caso se sujeita ao princípio da anterioridade da lei penal e da tipicidade das condutas criminais. O próprio STF já manifestou o entendimento mais de uma vez, tanto na Súmula Vinculante 46 – "A definição dos crimes de responsabilidade e o estabelecimento das respectivas normas de processo e julgamento são da competência legislativa privativa da União" –, quanto em sede de julgados, vejamos:

> "A definição das condutas típicas configuradoras do crime de responsabilidade e o estabelecimento de regras que disciplinem o processo e julgamento dos agentes políticos federais, estaduais ou municipais envolvidos são da competência legislativa privativa da União e devem ser tratados em lei nacional especial (art. 85 da Constituição da República)" (**ADI 2.220**, rel. Min. **Cármen Lúcia**, julgamento em 16-11-2011).

Sobre o tema, vale ressaltar que a Lei n. 1.079/50, recepcionada pela Constituição Federal e alterada pela Lei n. 10.028/2000, disciplina normas sobre processo e julgamento, com ampliação do rol das infrações político-administrativas. Além da ampliação das infrações previstas, está o emprego da expressão "ação penal" e a possibilidade de oferecimento de denúncia por qualquer cidadão.

Devido a lacunas na legislação vigente sobre o tema e aos casos de *impeachment* contemporâneos à Constituição, especialmente o ocorrido com Dilma Rousseff, em 2016, o Congresso Nacional utilizou-se de regras regimentais para o processo e julgamento, o que gerou o ajuizamento de uma série de ações no âmbito do STF, provocando sua manifestação, vejamos:

> "A aplicação subsidiária do Regimento Interno da Câmara dos Deputados e do Senado ao processamento e julgamento do *impeachment* não viola a reserva de lei especial imposta pelo art. 85, parágrafo

único, da Constituição, desde que as normas regimentais sejam compatíveis com os preceitos legais e constitucionais pertinentes, limitando-se a disciplinar questões *interna corporis*" (**ADPF 378 MC**, rel. Min. **Roberto Barroso**).

7.5 Prerrogativa de foro e imunidades formais do Presidente da República

Segundo o art. 86 da CF, o Presidente da República, após o **juízo de admissibilidade da Câmara de Deputados**, pelo voto de 2/3 de seus membros, poderá ser processado e julgado por crimes de responsabilidade e por crimes comuns.

O Senado Federal é o órgão competente para exercer o juízo de mérito nos crimes de responsabilidade. Na sessão de julgamento, estará presente o Presidente do Supremo Tribunal Federal que a presidirá, garantindo o respeito aos princípios constitucionais processuais, como, por exemplo, ampla defesa, contraditório, presunção de inocência, devido processo legal. A condenação do Presidente da República por crime de responsabilidade dependerá de voto de 2/3 dos senadores, e a pena consistirá em cassação do mandato e inabilitação para as funções públicas por 8 anos (art. 52, I, e parágrafo único).

No julgamento do *impeachment* da ex-presidente Dilma Rousseff, foi decidido pelo "fatiamento" da penalidade, não se aplicando naquele momento a inelegibilidade. Tal entendimento inovou a interpretação constitucional adotada até aquele momento, e foi objeto de questionamentos diante do Supremo Tribunal Federal. Os Mandados de Segurança 34.378, 34.379, 34.384 e 34394 foram julgados e rejeitados em setembro de 2023. Em resumo, o STF entendeu que não foi demonstrado o direito líquido e certo para ajuizar o MS questionando uma decisão política do Senado Federal.

O **Supremo Tribunal Federal exercerá o juízo de mérito nos crimes comuns**, recebendo a denúncia do Procurador-Geral da República, processará e julgará o Presidente da República, que só estará sujeito à prisão, depois de proferida a sentença penal condenatória pelo próprio STF.

Instaurado o processo pelo Senado ou recebida a denúncia pelo STF, o **Presidente da República será afastado das suas funções por, no máximo, 180 dias**, passado esse prazo sem a conclusão do processo, o Presidente retornará às suas funções, sem prejuízo do regular prosseguimento do processo.

Destaca-se que o Presidente da República não será responsabilizado, na vigência do seu mandato por atos estranhos ao exercício das suas funções (tema cobrado em questão da 1ª Fase do Exame XXXII). Trata-se de verdadeira **imunidade temporária à persecução penal**, na qual o Presidente, na vigência do mandato, não responderá por crimes alheios a sua função presidencial.

Sobre o tema, vejamos o que diz o STF:

"O que o art. 86, § 4º, confere ao presidente da República **não é imunidade penal, mas imunidade temporária à persecução penal**: nele não se prescreve que o presidente é irresponsável por crimes não funcionais praticados no curso do mandato, mas apenas que, por tais crimes, **não poderá ser responsabilizado, enquanto não cesse a investidura na presidência.** Da impossibilidade, segundo o art. 86, § 4º, de que, enquanto dure o mandato, tenha curso ou se instaure processo penal contra o presidente da República por crimes não funcionais, decorre que, **se o fato é anterior à sua investidura**, o Supremo Tribunal não será originariamente competente para a ação penal, nem consequentemente para o *habeas corpus* por falta de justa causa para o curso futuro do processo" (**HC 83.154**, rel. Min. **Sepúlveda Pertence**, *DJ* de 21-11-2003) (grifo nosso).

"A previsão constitucional do art. 86, § 4º, da Constituição da República se destina expressamente ao chefe do Poder Executivo da União, não autorizando, por sua natureza restritiva, qualquer interpretação que amplie sua incidência a outras autoridades, nomeadamente do Poder Legislativo" (**Inq 3.983**, rel. Min. **Teori Zavascki**, julgamento em 3-3-2016).

Vejamos que o STF não processará o Presidente da República por infrações penais não funcionais, **ocorridas antes e durante a vigência do seu mandato**, representando uma irresponsabilidade penal temporária relativa, pois só abrange ilícitos penais praticados antes ou durante o mandato, **sem relação funcional**, e nesses casos, é claro, **não ocorre prescrição**.

Vale ressaltar que a imunidade temporária à persecução penal não alcança as infrações de natureza civil, administrativa, fiscal, os crimes comuns relacionados com a função presidencial, muito menos os crimes de responsabilidade. Nesses casos, o Presidente será processado e julgado na vigência do mandato.

Por fim, destacam-se dois pontos importantes: o primeiro é a definição de **"crime comum"**, que, segundo o entendimento do STF, é qualquer crime previsto na legislação penal comum, **inclusive os crimes eleitorais e contravenções penais**, e, caso sejam praticados na função presidencial, o juízo competente será o STF, devido à prerrogativa de foro por exercício da função. Outro ponto de destaque é quanto ao **juízo competente nos remédios constitucionais ajuizados contra o Presidente da República**, no caso de *habeas corpus*, *habeas data*, mandado de segurança e mandado de injunção ajuizados contra este Chefe do Poder Executivo, o juízo competente é o Supremo Tribunal Federal (art. 102, I, *d*, *i*, *q*), todavia ajuizada a **ação popular** contra o Presidente da República, o juízo competente é o **juízo cível comum de 1º grau**.

Alerta-se que a competência do Supremo Tribunal Federal está sujeita ao princípio da **reserva constitucional de competência originária**, e desse modo, toda a atribuição do STF está explícita de forma taxativa no art. 102, I, da CF. Portanto, se não está expressamente prevista a competência do STF para julgar determinada ação contra o Presidente ou Vice-Presidente da República, ou qualquer outra autoridade é porque não é competência do STF.

7.6 Ministros de Estado

Os **Ministros de Estado são auxiliares do Presidente da República** no exercício do Poder Executivo e na direção superior da administração federal. São nomeados e exonerados livremente pelo Presidente da República para gerenciar os Ministérios, órgãos que integram a Administração Pública Direta da União. São requisitos para investidura no cargo de Ministro de Estado: ser brasileiro (nato ou naturalizado); ter idade mínima de 21 anos e estar em pleno gozo dos direitos políticos.

Entre as competências constitucionais do Ministro de Estado estão: exercer a orientação, coordenação e supervisão dos órgãos e entidades da administração federal na área de sua competência e referendar os atos e decretos assinados pelo Presidente da República; expedir instruções para a execução das leis, decretos e regulamentos; apresentar ao Presidente da República relatório anual de sua gestão no Ministério; praticar os atos pertinentes às atribuições que lhe forem outorgadas ou delegadas pelo Presidente da República.

7.7 Conselho da República

O **Conselho da República é órgão superior de consulta do Presidente da República**, devendo pronunciar-se sobre a intervenção federal, estado de defesa e estado de sítio e sobre as questões relevantes para a estabilidade das instituições democráticas. Seus integrantes, além do próprio Presidente da República, membro nato que o preside, são: o Vice-Presidente da República; o Presidente da Câmara dos Deputados; o Presidente do Senado Federal; os líderes da maioria e da minoria na Câmara dos Deputados; os líderes da maioria e da minoria no Senado Federal; o Ministro da Justiça e seis cidadãos brasileiros natos, com mais de trinta e cinco anos de idade, sendo dois nomeados pelo Presidente da República, dois eleitos pelo Senado Federal e dois eleitos pela Câmara dos Deputados, todos com mandato de três anos, vedada a recondução.

7.8 Conselho de Defesa Nacional

O **Conselho de Defesa Nacional é órgão de consulta do Presidente da República** nos assuntos relacionados com a soberania nacional e a defesa do Estado democrático. Seus integrantes, além do próprio Presidente da República, membro nato que o preside, são: o Vice-Presidente da República; o Presidente da Câmara dos Deputados; o Presidente do Senado Federal; o Ministro da Justiça; o Ministro de Estado da Defesa; o Ministro das Relações Exteriores; o Ministro do Planejamento; os Comandantes da Marinha, do Exército e da Aeronáutica.

Entre as competências constitucionais do Conselho de Defesa estão: opinar nas hipóteses de declaração de guerra e de celebração da paz, sobre a decretação do estado de defesa, do estado de sítio e da intervenção federal; propor os critérios e condições de utilização de áreas indispensáveis à segurança do território nacional e opinar sobre seu efetivo uso, especialmente na faixa de fronteira e nas relacionadas com a preservação e a exploração dos recursos naturais de qualquer tipo; estudar, propor e acompanhar o desenvolvimento de iniciativas necessárias a garantir a independência nacional e a defesa do Estado democrático.

8. PODER JUDICIÁRIO

O **Poder Judiciário** é um dos três poderes clássicos, **consagrado como poder autônomo e independente** pela Constituição (art. 2º). Sua função típica é a **composição dos conflitos de interesses em cada caso concreto**, chamada função jurisdicional ou simplesmente jurisdição, que se realiza por meio de processo judicial. Também ganha destaque nas mãos do Poder Judiciário o Controle Repressivo de Constitucionalidade, nas modalidades Concentrado e Difuso. Pois a função do Poder Judiciário não consiste apenas em administrar a Justiça, **mas também de se posicionar como guardião da Constituição e das leis**, com a finalidade de preservar, basicamente, os princípios da legalidade e da igualdade, sem os quais os demais princípios tornar-se-iam inúteis. Ademais, o Poder Judiciário, independente, autônomo e guardião da legalidade, é pressuposto para a verdadeira existência do **Estado Democrático de Direito**.

O Poder Judiciário possui, assim como os outros poderes, funções atípicas, de natureza administrativa, legislativa e fiscalizadora. São de natureza administrativa, por exemplo, a organização interna das secretarias e a concessão de licenças aos servidores, são de natureza fiscalizadora, por exemplo, a atividade correicional de cada órgão e são exemplos de atividade legiferante a aprovação do respectivo regimento interno por cada Tribunal.

A estrutura do Poder Judiciário brasileiro tem destaque na Constituição, que inicia seu estudo com a enumeração de alguns órgãos do Poder Judiciário: Supremo Tribunal Federal, Superior Tribunal de Justiça, Tribunal Superior do Trabalho, Tribunal Superior Eleitoral, Superior Tribunal Militar, Conselho Nacional de

Justiça, Tribunais Regionais Federais e Juízes Federais, Tribunais Regionais do Trabalho e Juízes do Trabalho, Tribunais Regionais Eleitorais e Juízes Eleitorais, Tribunais e Juízes Militares e Tribunais e Juízes dos Estados e do Distrito Federal e Território. É importante ressaltar que o art. 92 da CF não apresenta todos os órgãos do Poder Judiciário, deixando de citar, por exemplo, os Juizados Especiais Cíveis e Criminais e suas Turmas Recursais, o Tribunal do Júri, a Justiça de Paz, as Juntas Eleitorais.

Destaca-se que o **Conselho Nacional de Justiça**, inserido pela EC n. 45/2004 como órgão do Poder Judiciário, não tem jurisdição, reunindo funções administrativas, fiscalizadoras e correicionais.

8.1 Garantias do Poder Judiciário

Para o exercício independente da sua função jurisdicional, o Poder Judiciário é protegido por certas garantias, que o preservam das pressões exercidas pelo Poder Legislativo e pelo Poder Executivo. Não devemos considerar as garantias do Poder Judiciário como privilégios e sim como meios de assegurar o seu livre desempenho, tornando a função jurisdicional independente e autônoma, característica indispensável ao exercício da Democracia. É essencial exaltar que, no Estado Democrático de Direito, os atos políticos do governo estão dentro da esfera de fiscalização do Poder Judiciário, e por isso este não pode sofrer intimidações. As garantias do Poder Judiciário podem ser classificadas em **garantias institucionais** e **garantias dos membros**:

8.1.1 Garantias Institucionais

Dizem respeito à instituição como um todo, ou seja, garantem a independência do Poder Judiciário em relação aos demais Poderes, inclusive sendo considerados crime de responsabilidade do Presidente da República os atos que atentem contra o livre exercício dos Poderes (art. 85, II, da CF).

A **autonomia funcional, administrativa e financeira do Poder Judiciário** garante aos Tribunais as seguintes atribuições: elaboração de suas próprias propostas orçamentárias, dentro dos limites estipulados pela lei de diretrizes orçamentárias (art. 99, §§ 1º ao 5º); organização de suas próprias secretarias, seus serviços auxiliares, seus cargos auxiliares, dando provimento aos cargos de juízes e aos outros cargos necessários à administração da Justiça, assim como concessão de licença, férias, afastamento aos juízes e demais servidores (art. 96, I, *b, c, e, f*); proposta de criação de novas varas judiciárias (art. 96, I, *d*); eleição de órgãos diretivos e elaboração de seus regimentos internos (art. 96, I, *a*); proposta de alteração do número de membros dos tribunais inferiores, criação e extinção de cargos e remuneração dos seus serviços auxiliares e dos juízes que lhes forem vinculados, e seus subsídios; criação e extinção de tribunais inferiores e a alteração da organização e da divisão judiciárias (art. 96, II).

8.1.2 Garantias dos Membros

Da mesma forma que os Congressistas, **os membros do Poder Judiciário também gozam de garantias** que lhes asseguram a total independência e liberdade na função de dizer o Direito. A vitaliciedade, a inamovibilidade, a irredutibilidade de vencimentos e as vedações de imparcialidade são prerrogativas essenciais para que o Estado-Juiz cumpra seu papel de guardião da Justiça.

Agridem o princípio da separação e independência dos Poderes leis, atos e expedientes administrativos tendentes a intimidar os juízes, impedindo a prestação jurisdicional, que deve ser necessariamente livre. Também no âmbito legislativo, a utilização da legislação direcionada para atingir e limitar as garantias da magistratura afeta a independência do Poder Judiciário. Para imobilizar possíveis tentativas de anular as garantias do Poder Judiciário e quebrar a harmonia entre os poderes, ele faz o controle judicial de tais atos, de onde emana o controle de constitucionalidade das leis e atos normativos que desrespeitam o livre exercício dos Poderes.

DIREITO CONSTITUCIONAL

As garantias dos magistrados são prerrogativas conferidas aos membros visando desempenho satisfatório e isento da função judicante, impedindo que influências externas prejudiquem a atividade dos julgadores. Elas são direcionadas aos membros e não à instituição Poder Judiciário, para que possam julgar com imparcialidade, dignidade e independência, entretanto elas estão relacionadas à função jurisdicional e não à pessoa do magistrado.

Vitaliciedade: de origem inglesa, é a **garantia do juiz ser mantido no cargo**, só podendo perdê-lo por decisão judicial transitada em julgado. A vitaliciedade garante que o magistrado não sofra manipulações que objetivem a perda do cargo, podendo exercer sua ação judicante até a sua aposentadoria, se assim o desejar.

O momento da aquisição da vitaliciedade está relacionado com a forma de ingresso na magistratura. O juiz que **ingressa mediante concurso** de provas e títulos **irá adquiri-la após dois anos de exercício efetivo na carreira** e a conclusão de curso obrigatório. Aqueles que **ingressam no Poder Judiciário pelos Tribunais Superiores ou pelo quinto constitucional** (advogados e membros do Ministério Público), **adquirem vitaliciedade no ato da posse**, não necessitando aguardar os dois anos. Com a EC n. 45/2004 passou a ser obrigatório àqueles que ingressam por concurso público o aproveitamento em curso promovido pelas Escolas de Magistratura, como requisito à aquisição da vitaliciedade, além dos dois anos já exigidos.

"A vitaliciedade dos magistrados brasileiros não se confunde, por exemplo, com a garantida a certos juízes norte-americanos, que continuam no cargo enquanto bem servirem ou tiverem saúde para tal", afirmou o relator, ministro Lewandowski. "Para nós, no entanto, os juízes podem ser afastados do cargo por vontade própria, sentença judiciária, disponibilidade e aposentadoria voluntária ou compulsória" (STF, RE 546.609, 2012). A aposentadoria compulsória, prevista no art. 40 da CF foi ampliada para 75 anos, conforme alteração da EC n. 88/2015, sendo o tema regulamentado pela LC n. 152/2015.

Inamovibilidade: de origem francesa, é a **garantia de que o juiz não possa ser afastado ou removido de sua lotação, comarca ou jurisdição**, salvo por vontade própria (promoção ou remoção) ou por interesse público (garantindo a ampla defesa). A inamovibilidade não é absoluta, mas **garante ao juiz a fixação na comarca**. Tradicionalmente, a doutrina dominante atribuía a inamovibilidade ao juiz titular, já que o juiz substituto não fica fixo na comarca. Entretanto, em maio de 2012, em decisão proferida no MS 27.958, **o STF decidiu aplicar a inamovibilidade também aos juízes substitutos**. Vejamos um trecho da decisão:

"Asseverou-se que a Constituição, ao tratar de juízes, faria referência às garantias da magistratura, condicionando apenas a vitaliciedade, no primeiro grau, a dois anos de exercício. Dessa forma, a irredutibilidade de subsídio e a inamovibilidade estariam estabelecidas desde o ingresso do magistrado na carreira, ou seja, aplicar-se-iam imediatamente" (**MS 27.958**, rel. Min. **Ricardo Lewandowski**, julgamento em 17-5-2012).

Ressalte-se que a inamovibilidade não é absoluta, pois haverá a possibilidade de remoção, disponibilidade e aposentadoria do magistrado, por interesse público, fundamentando-se a decisão por voto da maioria absoluta do respectivo tribunal ou do Conselho Nacional de Justiça, assegurada ampla defesa (art. 93, VIII).

Irredutibilidade de Subsídios: de origem norte-americana, **garante aos juízes que não terão seus vencimentos reduzidos, salvo nas exceções previstas em lei.** Tal garantia assegura que a remuneração dos juízes não poderá ser objeto de manipulação ilegal. O vencimento do magistrado não pode ser reduzido como forma de pressão ou represália, garantindo-lhe assim o livre exercício de suas funções. Entretanto, a garantia não é absoluta, não isentando o magistrado de cumprir seus compromissos de natureza financeira, previdenciária, tributária, e devendo sempre respeitar o teto remuneratório máximo que será o de Ministro do Supremo Tribunal Federal.

Imparcialidade: são **garantias de que os magistrados possam exercer suas funções típicas** sem sofrer influências externas, **sem envolver interesses políticos, financeiros, empresariais ou particulares.** São caracterizadas na Constituição como as **vedações aplicadas aos juízes.** Entre as vedações aos juízes temos: exercer, ainda que em disponibilidade, outro cargo ou função, salvo uma de magistério; receber a qualquer título ou pretexto custas e participação em processos; dedicar-se à atividade político-partidária; receber, a qualquer título ou pretexto, auxílios ou contribuições de pessoas físicas, entidades públicas ou privadas, ressalvadas as exceções previstas em lei; exercer a advocacia no juízo ou tribunal do qual se afastou, antes de decorridos três anos do afastamento do cargo por aposentadoria ou exoneração.

A **prerrogativa de foro por exercício da função** também assegura ao magistrado a independência no exercício das suas funções. Elas garantem aos juízes serem processados por órgãos acima de suas áreas de atuação. Assim, caberão aos Tribunais de Justiça julgar os juízes estaduais e do Distrito Federal e Territórios nos crimes comuns e de responsabilidade, ressalvada a competência da Justiça Eleitoral (art. 96, III); caberá ao Superior Tribunal de Justiça processar e julgar nos crimes comuns e de responsabilidade os desembargadores dos Tribunais de Justiça dos Estados e do Distrito Federal, dos Tribunais Regionais Federais, Tribunais Regionais Eleitorais e do Trabalho (art. 105, I, *a*), caberá ao Supremo Tribunal Federal processar e julgar nas infrações penais comuns, seus próprios Ministros e nas infrações penais comuns e nos crimes de responsabilidade os membros dos Tribunais Superiores (art. 102, I, *b* e *c*).

Vejamos o que o STF diz sobre a prerrogativa de foro por exercício da função para os magistrados:

"O foro por prerrogativa de função do magistrado existe para assegurar o exercício da jurisdição com independência e imparcialidade" (...) Trata-se, antes, de uma garantia dos cidadãos e, só de forma reflexa, de uma proteção daqueles que, temporariamente, ocupam certos cargos no Judiciário ou no Legislativo" (...) "É uma prerrogativa da instituição judiciária, e não da pessoa do juiz". (STF, RE 549.560, 2012)

8.2 Ingresso na Carreira da Magistratura

Há três formas de ingressar na carreira da magistratura: **por concurso público, pelo quinto constitucional e por indicação e aprovação à vaga no STF**. Vejamos cada uma delas:

A Constituição Federal disciplina o ingresso na carreira via concurso público, cujo cargo inicial será o de **juiz substituto**, mediante concurso público de provas e títulos, com a participação da Ordem dos Advogados do Brasil em todas as fases, exigindo-se do bacharel em direito, no mínimo, três anos de atividade jurídica e obedecendo-se, nas nomeações, à ordem de classificação (art. 93, I).

Outra forma de ingresso na carreira da magistratura é para integrar o **quinto constitucional de determinados tribunais**. Segundo o art. 94 da CF, um quinto dos lugares dos Tribunais Regionais Federais, dos Tribunais dos Estados, e do Distrito Federal e Territórios será composto de membros do Ministério Público, com mais de dez anos de carreira, e de advogados de notório saber jurídico e de reputação ilibada, com mais de dez anos de efetiva atividade profissional, indicados em lista sêxtupla pelos órgãos de representação das respectivas classes. Recebidas as indicações, o tribunal formará lista tríplice, enviando-a ao Poder Executivo, que, nos vinte dias subsequentes, escolherá um de seus integrantes para nomeação.

É importante frisarmos que o quinto constitucional também é aplicado ao Tribunal Superior do Trabalho e aos Tribunais Regionais do Trabalho. No caso do Superior Tribunal de Justiça a composição é na proporção de um terço constitucional de representante do Ministério Público e da Ordem dos Advogados do Brasil.

A terceira forma de ingresso na carreira da magistratura é para **compor o Supremo Tribunal Federal**. Seus membros são escolhidos e indicados pelo Presidente da República, e aprovada a indicação por maioria absoluta do Senado Federal, após aprovação serão nomeados pelo Presidente da República. Ser brasileiro nato, cidadão, ter idade entre 35 e 65 anos, notável saber jurídico e reputação ilibada são requisitos exigidos para o candidato a Ministro do STF. É imprescindível destacar que todo Ministro do STF deverá necessariamente ser jurista, ou seja, ter cursado o bacharelado em Direito, tal entendimento foi firmado pelo Senado Federal em 1894.

8.3 Estatuto da Magistratura

Segundo a Constituição Federal, Lei Complementar, de iniciativa do Supremo Tribunal Federal, disporá sobre o **Estatuto da Magistratura**. Considerando pequena probabilidade do STF provocar uma atualização na **LC n. 35/79** e a necessidade de atualizar rapidamente alguns dos seus artigos, a Constituição disciplinou a obediência a várias regras, que sugerimos leitura atenta, entre elas: formas de ingresso na carreira magistratura, promoção e remoção, teto remuneratório, funções atípicas do Poder Judiciário, cláusula de reserva de plenário, quinto constitucional.

No momento, vejamos as regras sobre promoção e remoção:

Primeiramente, devemos definir alguns termos: **promoção** é o "deslocamento" de um juiz de uma comarca de uma categoria para outra imediatamente superior, causando aumento de remuneração; **remoção** é o "deslocamento" do juiz entre comarcas de mesma categoria, sem causar aumento de remuneração. Na promoção e na remoção do juiz serão adotados os critérios alternados de **antiguidade e merecimento**.

A promoção (ou remoção) por **antiguidade** dá preferência ao **juiz mais antigo na carreira**, observando as regras do regimento interno de cada tribunal. Em regra, o tribunal publica edital para preenchimento da vaga por antiguidade, os juízes interessados se habilitam e o tribunal seleciona o juiz mais antigo na carreira, observada a sua lista de antiguidade, publicada conforme regimento interno. Na apuração de antiguidade, o tribunal somente poderá recusar o juiz mais antigo pelo voto fundamentado de dois terços de seus membros, conforme procedimento próprio, e assegurada ampla defesa, repetindo-se a votação até fixar-se a indicação (art. 93, II, *d*).

A promoção (ou remoção) por **merecimento**, regulada pela Resolução CNJ n. 106/2010 e LC n. 35/79, pressupõe **critérios de produtividade, assiduidade, presteza no desempenho da ação judicante**. Primeiramente, o tribunal lança edital para preenchimento da vaga por merecimento; em seguida os juízes interessados se habilitam, só podendo concorrer à vaga aqueles que tenham pelo menos dois anos de exercício na respectiva entrância; após as inscrições, o tribunal selecionará entre os candidatos apenas a primeira quinta parte dos mais antigos (art. 93, II, *b*); selecionados os mais antigos, o tribunal formará uma lista tríplice com os mais merecedores, observando os critérios objetivos de produtividade e presteza no exercício da jurisdição e pela frequência e aproveitamento em cursos oficiais ou reconhecidos de aperfeiçoamento. (art. 93, II, *c*); em seguida a lista tríplice de merecedores é encaminhada ao Tribunal para a escolha. Ressalte-se que a Constituição Federal determina ser obrigatória a promoção do juiz que figure por três vezes consecutivas ou cinco alternadas em lista de merecimento (art. 93, II, *a*).

A EC n. 45/2004 estabelece que **não será promovido o juiz que, injustificadamente, retiver autos em seu poder além do prazo legal**, não podendo devolvê-los ao cartório sem o devido despacho ou decisão (art. 93, II, *e*). Os **critérios de antiguidade e merecimento**, além de serem aplicados aos juízes para "deslocamento" entre comarcas por promoção ou remoção, **também serão adotados para os juízes terem acesso aos tribunais**. Lembrando que os tribunais serão compostos por um quinto de membros oriundos da OAB e do Ministério Público, e as demais vagas ocupadas pelos magistrados de carreira, cujo ingresso foi via concurso público, e o acesso ao tribunal por antiguidade e merecimento.

O art. 93 ainda apresenta uma lista extensa de regras que são impostas à LOMAN, e ao Poder Judiciário como um todo, entre elas: a aposentadoria dos magistrados e a pensão de seus dependentes devem observar o disposto no art. 40; obrigação do juiz titular residir na respectiva comarca, salvo autorização do tribunal; publicidade de todos os julgamentos dos órgãos do Poder Judiciário, e fundamentação de todas as decisões, sob pena de nulidade, salvo exceções; constituição de órgão especial nos tribunais com número superior a vinte e cinco julgadores; ininterrupção da atividade jurisdicional, sendo vedadas férias coletivas; proporcionalidade do número de juízes na unidade jurisdicional com a efetiva demanda judicial e população (sugerimos leitura atenta do artigo citado).

A EC n. 130/2023, que introduziu ao art. 93 o inciso VIII-B, estabelece a possibilidade de permuta de magistrados de comarca de igual entrância, quando for o caso, e dentro do mesmo segmento de justiça, inclusive entre os juízes de segundo grau, vinculados a diferentes tribunais, na esfera da justiça estadual, federal ou do trabalho, sendo que a referida permuta atenderá, no que couber, ao disposto nas alíneas *a*, *b*, *c* e *e* do inciso II do art. 93 (que estudamos acima) e também ao art. 94 da CRFB/88.

8.4 Cláusula de reserva de plenário

A cláusula de reserva de plenário é prevista no art. 97 e determina que somente pelo **voto da maioria absoluta** de seus membros ou dos membros do respectivo órgão especial poderão os tribunais **declarar a inconstitucionalidade de lei ou ato normativo do Poder Público**. Corroborando com o dispositivo constitucional, o STF expediu a **Súmula Vinculante 10** que estabelece o seguinte: "**Viola a cláusula de reserva de plenário (CF, art. 97) a decisão de órgão fracionário de tribunal que, embora não declare expressamente a inconstitucionalidade de lei ou ato normativo do poder público, afasta sua incidência, no todo ou em parte**".

8.5 Criação dos Juizados Especiais e Justiça de Paz

O art. 98, I, da CF determina que a União, no Distrito Federal e nos Territórios, e os Estados **criarão juizados especiais**, providos por juízes togados, ou togados e leigos, competentes para a conciliação, o julgamento e a execução de causas cíveis de menor complexidade e infrações penais de menor potencial ofensivo, mediante os procedimentos oral e sumariíssimo, permitidos, nas hipóteses previstas em lei, a transação e o julgamento de recursos por turmas de juízes de primeiro grau.

Sobre as turmas recursais dos Juizados Especiais, vale a leitura do que diz o STF:

> "As turmas recursais são órgãos recursais ordinários de última instância relativamente às decisões dos juizados especiais, de forma que os juízes dos juizados especiais estão a elas vinculados no que concerne ao reexame de seus julgados. Competente a turma recursal para processar e julgar recursos contra decisões de primeiro grau, também o é para processar e julgar o mandado de segurança substitutivo de recurso. Primazia da simplificação do processo judicial e do princípio da razoável duração do processo" (**RE 586.789**, rel. Min. **Ricardo Lewandowski**, 2012).

O art. 98, II, da CF também determina a criação da **justiça de paz**, remunerada, composta de cidadãos eleitos pelo voto direto, universal e secreto, com mandato de quatro anos e competência para, na forma da lei, celebrar casamentos, verificar, de ofício ou em face de impugnação apresentada, o processo de habilitação e exercer atribuições conciliatórias, **sem caráter jurisdicional**, além de outras previstas na legislação (Sugerimos a leitura dos artigos indicados).

8.6 Supremo Tribunal Federal – composição e competências

O STF é órgão de cúpula do Poder Judiciário, guardião da Constituição Federal, e julgador das altas autoridades da República. É composto por 11 membros, escolhidos pelo Presidente e aprovados pelo Senado Federal, dentre brasileiros natos, cidadãos, com idade entre 35 e 70 anos, de notável saber jurídico e reputação ilibada.

O Supremo Tribunal Federal tem competências originárias e competências recursais (recurso ordinário e recurso extraordinário). Quanto às competências originárias (art. 102, I), o STF reconheceu o **princípio da reserva constitucional de competência originária**, ou seja, as competências originárias do STF são previstas taxativamente na Constituição. Caso ele não conheça da ação, por não estar no rol taxativo das suas competências originárias, cabe a ele indicar o órgão que entenda competente para o julgamento do feito, cabendo a indicação até mesmo ao Relator, por decisão monocrática.

Vejamos o que diz o próprio STF:

"A competência do STF – cujos fundamentos repousam na CR – submete-se a regime de direito estrito. A competência originária do STF, por qualificar-se como um complexo de atribuições jurisdicionais de extração essencialmente constitucional – e ante o regime de direito estrito a que se acha submetida –, não comporta a possibilidade de ser estendida a situações que extravasem os limites fixados, em *numerus clausus*, pelo rol exaustivo inscrito no art. 102, I, da CR. O regime de direito estrito, a que se submete a definição dessa competência institucional, tem levado o STF, por efeito da taxatividade do rol constante da Carta Política, a afastar, do âmbito de suas atribuições jurisdicionais originárias, o processo e o julgamento de causas de natureza civil que não se acham inscritas no texto constitucional (ações populares, ações civis públicas, ações cautelares, ações ordinárias, ações declaratórias e medidas cautelares), mesmo que instauradas contra o presidente da República ou contra qualquer das autoridades, que, em matéria penal (CF, art. 102, I, *b* e *c*), dispõem de prerrogativa de foro perante a Corte Suprema ou que, em sede de mandado de segurança, estão sujeitas à jurisdição imediata do Tribunal (CF, art. 102, I, *d*). Precedentes" (Pet. 1.738-AgR, rel. Min. **Celso de Mello**, julgamento em 1º-9-1999).

8.7 Súmulas Vinculantes

A **Súmula Vinculante é instrumento exclusivo do STF**, que uma vez editado produz efeitos de vinculação para os demais órgãos do Poder Judiciário e para a Administração Pública direta e indireta em todas esferas. O Poder Judiciário brasileiro há tempos utiliza súmulas como meio de desafogar os trabalhos dos órgãos judiciais e orientar as decisões dos tribunais inferiores e juízos monocráticos, mas eram somente as súmulas persuasivas: enunciados sem vinculação, indicando de forma simples o entendimento de um tribunal superior sobre determinada matéria.

A EC n. 45/2004 trouxe a inovação da Súmula Vinculante de competência exclusiva do Supremo Tribunal Federal, mantendo-se a edição de súmulas persuasivas para todos os tribunais superiores, inclusive o próprio Supremo Tribunal Federal.

A Súmula Vinculante tem por **objetivo a validade, a interpretação e eficácia de normas constitucionais** e como requisito a existência de reiteradas decisões sobre matéria constitucional em relação a normas acerca das quais haja, entre os órgãos judiciários ou entre estes e a Administração Pública, controvérsia atual que acarrete grave insegurança jurídica e relevante multiplicação de processos sobre questão idêntica.

O STF, pelo voto de 2/3 dos seus membros, pode editar, revisar e cancelar Súmula Vinculante de ofício ou por provocação, não se aplicando no caso o princípio da inércia do Poder Judiciário. São legitimados a provocar o STF a editar Súmulas Vinculantes os mesmos que podem propor ADI, mais aqueles que a lei venha a estabelecer. A **Lei n. 11.417/2006** disciplina, **além dos legitimados do art. 103 da CF**, os seguintes: Defensor Público-Geral da União; Tribunais Superiores, os Tribunais de Justiça de Estados ou do Distrito Federal e Territórios, os Tribunais Regionais Federais, os Tribunais Regionais do Trabalho, os Tribunais Regionais Eleitorais e os Tribunais Militares e o Município (incidentalmente e quando for parte interessada). As mesmas autoridades ou entidades que podem propor edição, revisão ou cancelamento de Súmula Vinculante podem se insurgir contra a Súmula, pedindo o cancelamento ou sua revisão.

A Súmula Vinculante quando publicada vincula todos os demais órgãos do Poder Judiciário e a administração pública direta e indireta, nas esferas federal, estadual e municipal. O **Supremo Tribunal Federal não se vincula a Súmula que ele mesmo edita e não há controle de constitucionalidade sobre as Súmulas Vinculantes.**

Quando um ato administrativo ou decisão judicial contrariar a súmula aplicável ou indevidamente aplicá-la, caberá reclamação ao Supremo Tribunal Federal. O Supremo Tribunal Federal, julgando a reclamação procedente, anulará o ato administrativo ou cassará a decisão judicial reclamada, e determinará que outra seja proferida com ou sem a aplicação da súmula, conforme o caso.

8.8 Superior Tribunal de Justiça – composição e competências

O **Superior Tribunal de Justiça** representa o tribunal superior da justiça comum, composto de no mínimo 33 membros; sendo 1/3 de juízes dos Tribunais Regionais Federais, 1/3 de desembargadores dos Tribunais de Justiça; 1/3, em partes iguais, dentre advogados e membros do Ministério Público Federal, Estadual, do Distrito Federal e Territórios, alternadamente. Na composição do STJ, os advogados representam 1/6 dos membros, enquanto os membros do Ministério Público (Federal, Estadual e do Distrito Federal e Território) têm juntos a representação de 1/6, indicados na forma do art. 94 da CF. Os Ministros serão escolhidos e nomeados pelo Presidente da República, após aprovação por maioria absoluta do Senado Federal. No caso de juízes dos TRFs e TJs, o STJ elaborará lista tríplice para a escolha do Presidente da República; no caso de advogados e membros do Ministério Público serão indicados conforme as regras do "quinto constitucional". A EC n. 122/2022 alterou para 70 anos a idade máxima para ingresso na composição do STJ, mantendo os demais requisitos como a idade mínima de 35 anos, notável saber jurídico e reputação ilibada.

O Superior Tribunal de Justiça tem competências originárias taxativas, adotando o **princípio da reserva constitucional de competência originária,** e recursais (recurso ordinário e especial), não cabendo a interpretação extensiva de sua competência, portanto sugerimos a leitura atenta do art. 105 da CF.

8.9 Conselho Nacional de Justiça

O Conselho Nacional de Justiça é órgão do Poder Judiciário criado pela EC n. 45/2004. Tem funções administrativas, fiscalizadoras e correicionais, funcionando como uma grande corregedoria do Poder Judiciário, com algumas atribuições estabelecidas no art. 103-B da CF. É importante frisar que o CNJ não tem jurisdição, entretanto não é o único órgão do Poder Judiciário sem jurisdição (lembre-se que já estudamos a Justiça de Paz que também não tem jurisdição).

É composto por 15 membros, sendo 9 pertencentes à magistratura, 2 à OAB, 2 ao MP e 2 à sociedade, vejamos: Presidente do STF, Ministro do Superior Tribunal de Justiça; Juiz de Tribunal Regional Federal; Juiz Federal; Desembargador de Tribunal de Justiça; Juiz Estadual; Ministro do Tribunal Superior do Trabalho; Juiz de Tribunal Regional do Trabalho; Juiz do Trabalho; Membro do Ministério Público da União; Membro de Ministério Público do Estado; 2 Membros da Ordem dos Advogados do Brasil; 2 Cidadãos, com notável saber jurídico e reputação ilibada.

Além de verificar quem são os membros do CNJ, é importante saber quem os indica. O membro do STJ, do TRF e juiz federal são indicados pelo STJ; o membro do TJ e o juiz estadual são indicados pelo STF; o membro do TST, do TRT e juiz do trabalho são indicados pelo TST e o Presidente do STF é membro nato. O membro do MPU é indicado pelo Procurador-Geral da República, o membro do MPE é escolhido pelo Procurador-Geral da República dentre os indicados pelos MPEs. Os membros da OAB são indicados pelo Conselho Federal da OAB e os cidadãos são indicados pela Câmara dos Deputados e pelo Senado Federal.

8.10 Justiça do Trabalho

A Justiça do Trabalho é uma justiça federal especializada em matéria trabalhista e é composta pelo Tribunal Superior do Trabalho, Tribunais Regionais do Trabalho e Juízes do Trabalho. A EC 92/2016 fez uma pequena alteração na Constituição Federal de 1988, destacando o Tribunal Superior do Trabalho (e também os Tribunais Regionais do Trabalho) onde antes apenas constava Tribunais e Juízes do Trabalho.

O TST é composto de 27 membros, escolhidos dentre brasileiros entre 35 e 70 anos, nomeados pelo Presidente da República após aprovação pela maioria absoluta do Senado Federal, sendo: um quinto dentre advogados com mais de 10 anos de efetiva atividade profissional e membros do MPT com mais de 10 anos de efetivo exercício, e os demais dentre juízes dos TRTs, oriundos da magistratura da carreira, indicados pelo próprio Tribunal Superior. Funcionam junto ao TST a Escola Nacional de Formação e Aperfeiçoamento de Magistrados do Trabalho e o Conselho Superior da Justiça do Trabalho.

Os TRTs compõem-se de, no mínimo, 7 juízes, recrutados, quando possível, na respectiva região, e nomeados pelo Presidente da República dentre brasileiros entre 30 e 70 anos, sendo um quinto dentre advogados com mais de 10 anos de efetiva atividade profissional e membros do Ministério Público do Trabalho com mais de 10 anos de efetivo exercício e os demais, mediante promoção de juízes do trabalho por antiguidade e merecimento, alternadamente.

Os Tribunais Regionais do Trabalho instalarão a justiça itinerante, com a realização de audiências e demais funções de atividade jurisdicional, nos limites territoriais da respectiva jurisdição, servindo-se de equipamentos públicos e comunitários. Os Tribunais Regionais do Trabalho poderão funcionar descentralizadamente, constituindo Câmaras regionais, a fim de assegurar o pleno acesso do jurisdicionado à justiça em todas as fases do processo.

8.11 Juiz do Trabalho

A lei criará varas da Justiça do Trabalho, nas quais a jurisdição será exercida por um juiz singular, podendo, nas comarcas não abrangidas por sua jurisdição, atribuí-la aos juízes de direito, com recurso para o respectivo Tribunal Regional do Trabalho. A lei disporá sobre a constituição, investidura, jurisdição, competência, garantias e condições de exercício dos órgãos da Justiça do Trabalho.

8.12 Justiça Eleitoral

A Justiça Eleitoral é uma Justiça Federal especializada em matéria eleitoral e é composta pelos seguintes órgãos: Tribunal Superior Eleitoral; Tribunais Regionais Eleitorais; Juízes Eleitorais e as Juntas Eleitorais. O TSE compor-se-á, no mínimo, de 7 membros, escolhidos, mediante eleição, pelo voto secreto: 3 juízes dentre os Ministros do Supremo Tribunal Federal; 2 juízes dentre os Ministros do Superior Tribunal de Justiça; por nomeação do Presidente da República, 2 juízes dentre 6 advogados de notável saber jurídico e idoneidade moral, indicados pelo Supremo Tribunal Federal.

Cada Tribunal Regional Eleitoral será composto por: 2 juízes dentre os desembargadores do Tribunal de Justiça; 2 juízes, dentre juízes de direito, escolhidos pelo Tribunal de Justiça; 1 juiz do Tribunal Regional Federal com sede na Capital do Estado ou no Distrito Federal, ou, não havendo, de 1 juiz federal, escolhido, em qualquer caso, pelo Tribunal Regional Federal respectivo (todos eleitos por voto secreto); por nomeação, pelo Presidente da República, de 2 juízes dentre 6 advogados de notável saber jurídico e idoneidade moral, indicados pelo Tribunal de Justiça. Das decisões dos TREs somente caberá recurso quando: forem proferidas contra disposição expressa desta Constituição ou de lei; ocorrer divergência na interpretação de lei entre dois ou mais tribunais eleitorais; versarem sobre inelegibilidade ou expedição de diplomas nas eleições federais ou estaduais; anularem diplomas ou decretarem a perda de mandatos eletivos federais ou estaduais; denegarem *habeas corpus*, mandado de segurança, *habeas data* ou mandado de injunção. São irrecorríveis as decisões do Tribunal Superior Eleitoral, salvo as que contrariarem esta Constituição e as denegatórias de *habeas corpus* ou mandado de segurança.

8.13 Justiça Militar

A Justiça Militar, regulada pela Lei n. 8.457/92, é uma Justiça Federal especializada em matéria militar e é composta pelo Superior Tribunal Militar, Auditorias de Correição, Conselhos de Justiças Militares e Juízes-Auditores (incluindo os substitutos) Militares. O STM compor-se-á de 15 Ministros vitalícios, nomeados pelo Presidente da República, depois de aprovada a indicação pelo Senado Federal, sendo 3 dentre oficiais-generais da Marinha, 4 dentre oficiais-generais do Exército, 3 dentre oficiais-generais da Aeronáutica, todos da ativa e do posto mais elevado da carreira, e cinco dentre civis. Os Ministros civis serão escolhidos pelo Presidente da República dentre brasileiros com mais de 35 e menos de 70 anos, sendo 3 dentre advogados de notório saber jurídico e conduta ilibada, com mais de 10 anos de efetiva atividade profissional, e 2, por escolha paritária, dentre juízes auditores e membros do Ministério Público Militar.

8.14 Justiça Federal

A Justiça Federal compreende os **Tribunais Regionais Federais e juízes federais.** Os TRFs compõem-se de, no mínimo, 7 juízes, recrutados, quando possível, na respectiva região e nomeados pelo Presidente da República dentre brasileiros entre 30 e 70 anos, sendo: um quinto dentre advogados com mais de dez anos de efetiva atividade profissional e membros do Ministério Público Federal com mais de dez anos de carreira e os demais, mediante promoção de juízes federais com mais de cinco anos de exercício, por antiguidade e merecimento, alternadamente. Os Tribunais Regionais Federais instalarão a justiça itinerante, com a realização de audiências e demais funções da atividade jurisdicional, nos limites territoriais da respectiva jurisdição, servindo-se de equipamentos públicos e comunitários. Os Tribunais Regionais Federais poderão funcionar descentralizadamente, constituindo Câmaras regionais, a fim de assegurar o pleno acesso do jurisdicionado à justiça em todas as fases do processo.

Os TRFs terão competências originárias e recusais, e os juízes federais, obviamente, apenas competências originárias que deverão ser estudadas nos arts. 108 e 109 da CF.

8.15 Incidente de deslocamento de competência

Nas hipóteses de grave violação de direitos humanos, o Procurador-Geral da República, com a finalidade de assegurar o cumprimento de obrigações decorrentes de tratados internacionais de direitos humanos dos quais o Brasil seja parte, poderá suscitar, perante o Superior Tribunal de Justiça, em qualquer fase do inquérito ou processo, incidente de deslocamento de competência para a Justiça Federal. Nestes casos, por exemplo, o processo sairia da esfera estadual ou distrital (na fase de inquérito ou ação penal) para a esfera federal, respeitados os trâmites processuais.

8.16 A União como parte na ação judicial

As causas em que a União for autora serão aforadas na seção judiciária onde tiver domicílio a outra parte. As causas intentadas contra a União poderão ser aforadas na seção judiciária em que for domiciliado o autor, naquela onde houver ocorrido o ato ou fato que deu origem à demanda ou onde esteja situada a coisa, ou, ainda, no Distrito Federal.

8.17 Competência residual da Justiça Estadual

Serão processadas e julgadas na justiça estadual, no foro do domicílio dos segurados ou beneficiários, as causas em que forem parte instituição de previdência social e segurado, sempre que a comarca não seja sede de vara do juízo federal, e, se verificada essa condição, a lei poderá permitir que outras causas sejam também processadas e julgadas pela justiça estadual, sendo que, nestes casos, o recurso cabível será sempre para o Tribunal Regional Federal na área de jurisdição do juiz de primeiro grau.

8.18 Justiça Estadual

A competência dos Tribunais Estaduais será definida na Constituição de cada Estado, sendo a lei de organização judiciária de iniciativa do Tribunal de Justiça. Cabe aos Estados a instituição de representação de inconstitucionalidade de leis ou atos normativos estaduais ou municipais em face da Constituição Estadual, vedada a atribuição da legitimação para agir a um único órgão.

O Tribunal de Justiça poderá funcionar **descentralizadamente**, constituindo Câmaras regionais, a fim de assegurar o pleno acesso do jurisdicionado à justiça em todas as fases do processo. Também instalará a **justiça itinerante,** com a realização de audiências e demais funções da atividade jurisdicional, nos limites territoriais da respectiva jurisdição, servindo-se de equipamentos públicos e comunitários. Para dirimir conflitos fundiários, o Tribunal de Justiça proporá a criação de **varas especializadas**, com competência exclusiva para **questões agrárias**, e sempre que necessário à eficiente prestação jurisdicional, o juiz far-se-á presente no local do litígio.

8.19 Justiça Militar Estadual

A lei estadual poderá criar, mediante proposta do Tribunal de Justiça, a Justiça Militar estadual, constituída, em primeiro grau, pelos juízes de direito e pelos Conselhos de Justiça e, em segundo grau, pelo próprio Tribunal de Justiça, ou por Tribunal de Justiça Militar nos Estados em que o **efetivo militar seja superior a vinte mil integrantes**.

9. CONTROLE DE CONSTITUCIONALIDADE

O controle de constitucionalidade está relacionado com a **supremacia da Constituição**, princípio identificado na Constituição dos Estados Unidos da América, de 1787. Inspirada nos pensamentos de John Locke, Jean-Jacques Rousseau e Montesquieu, ela foi considerada desde o seu nascimento, a lei máxima do país, acima de todas as leis e tratados, de todas as constituições e leis dos estados. Concomitantemente, em 1789, a França promulgou a sua Constituição, fortalecendo o movimento constitucional.

A Constituição de um Estado não é uma simples lei, é a **lei máxima**, a **Lei Fundamental do Estado**, fonte de validade de todo o ordenamento jurídico, e é a partir dela que se pode afirmar se a norma infraconstitucional é constitucional ou inconstitucional.

Paralelamente, a **ideia de rigidez constitucional visa concretizar a supremacia formal da Constituição**, pois sendo rígida nenhuma norma ordinária poderá alterá-la.

É importante destacar que a supremacia constitucional também é aplicada às Constituições flexíveis, entretanto é uma supremacia material, já que a supremacia formal é característica apenas das Constituições rígidas.

Para a manutenção da supremacia material e formal e a rigidez constitucional faz-se necessária a criação de um **sistema de controle de constitucionalidade**, que se **materializa pela verificação da conformidade de um ato jurídico, especialmente a lei, à Constituição vigente**. Todos os atos jurídicos do ordenamento jurídico do Estado devem estar de acordo com a Constituição, sem exceções.

Além dos princípios da supremacia e rigidez constitucional, apontam-se como institutos formadores da teoria do controle de constitucionalidade a **hierarquia das normas** e a **atribuição de competência sobre o Controle de Constitucionalidade a um só órgão**.

9.1 Vícios de inconstitucionalidade

Marcello Caetano nos indica três vícios de inconstitucionalidade: em decorrência da incompetência do órgão – **inconstitucionalidade orgânica**; em decorrência da desobediência ao processo de elaboração – **inconstitucionalidade formal**; e em decorrência da ofensa ao próprio conteúdo da Constituição – **inconstitucionalidade material**.

Todavia, entendimento doutrinário majoritário classifica os vícios de inconstitucionalidade em dois: **vício formal (nomodinâmica)** e **vício material (nomoestática)**. O vício formal apresenta-se como contrariedade à formalidade prevista na Constituição, e dentro dessa classificação estaria a inconstitucionalidade orgânica, já o **vício material** diz respeito à contrariedade em relação à matéria tratada pela espécie normativa em desobediência à Constituição.

9.2 Momentos do controle de constitucionalidade

Para assegurar a supremacia formal e material da Constituição em relação ao restante do ordenamento jurídico faz-se necessário, como já citamos anteriormente, manter um rígido controle de constitucionalidade, e ele ocorre em dois momentos: o **momento prévio**, chamado de **controle preventivo**, ocorrendo antes que a espécie normativa ingresse no ordenamento jurídico, evitando a contrariedade à Constituição, e o **momento posterior**, chamado de **controle repressivo**, ocorrendo sobre espécies normativas ou atos normativos vigentes, para retirá-los do ordenamento jurídico, quando contrários à Constituição.

9.3 Controle preventivo de constitucionalidade

O Controle Preventivo de Constitucionalidade pode ser exercido pelo Poder Legislativo, pelo Poder Executivo e pelo Poder Judiciário.

No processo legislativo, as **comissões permanentes de constituição e justiça** do Senado Federal e da Câmara dos Deputados são as primeiras, em regra, a realizarem o **controle preventivo de constitucionalidade**. Entretanto, essa tarefa pode ser dividida com outras comissões temáticas, além da possibilidade do próprio plenário de cada Casa Legislativa realizar o controle preventivo quando, na discussão e votação, rejeitar o projeto de lei por inconstitucionalidade.

Passadas essas fases, sem que o projeto de lei tenha sido rejeitado por vício de inconstitucionalidade, e caso seja projeto de lei complementar ou ordinária (apenas nestes dois casos), o projeto de lei passará para a sanção ou veto presidencial, e neste momento o Presidente da República poderá realizar o controle preventivo de constitucionalidade, através do chamado **veto jurídico**, quando o Presidente **fundamenta seu veto na inconstitucionalidade do projeto de lei** (art. 66, § 1º).

O Controle Preventivo de Constitucionalidade exercido pelo Poder Judiciário é, obviamente, pela via judicial, aplicando-se o princípio da inércia do Judiciário, e sempre pela via incidental.

O objetivo do Controle Preventivo exercido pelo Judiciário é garantir ao parlamentar o **devido processo legislativo**, conforme os ditames constitucionais. Portanto, apenas os parlamentares em exercício de mandato têm legitimidade para ajuizar Mandado de Segurança com o intuito de garantir o direito líquido e certo ao devido processo legislativo, e incidentalmente provocar o STF a dizer sobre a constitucionalidade do trâmite legislativo. Vale destacar que **cabe ao STF manifestar-se apenas sobre a desobediência aos dispositivos constitucionais**, não lhe sendo cabível a manifestação sobre atos *interna corporis*, ou decisões e procedimentos de cunho político e discricionário de cada Casa Legislativa.

Vale ressaltar que há **normas não sujeitas ao Controle Preventivo de Constitucionalidade**, como, por exemplo, as **Medidas Provisórias, as Resoluções dos Tribunais e os Decretos do Poder Executivo**, sendo o Decreto Regulamentar para fiel cumprimento de lei, e Decreto Autônomo (art. 84, VI) para organizar a Administração Pública Federal. Tais normas estarão sujeitas ao Controle Repressivo de Constitucionalidade.

9.4 Controle repressivo de constitucionalidade

Como sabemos, o Controle Repressivo de Constitucionalidade é realizado depois que a norma ingressou no ordenamento jurídico. Em tese, todas as normas vigentes no ordenamento jurídico são constitucionais, porque, em regra, passaram pelo processo legislativo e por alguma forma de controle preventivo de constitucionalidade. Mas essa **presunção de constitucionalidade é relativa**, pois a norma ainda pode passar pelo controle repressivo de constitucionalidade. No controle repressivo serão verificados os vícios formais (produzidos durante o processo legislativo) e os vícios materiais (defeitos no conteúdo da norma), tudo em relação aos comandos constitucionais vigentes.

O controle repressivo de constitucionalidade, em regra, é realizado pelo Poder Judiciário, nas modalidades: **Controle Concentrado**, exercido pelo Supremo Tribunal Federal em face da Constituição Federal, e pelo Tribunal de Justiça em face da Constituição do seu respectivo Estado; e **Controle Difuso**, exercido por qualquer juízo ou tribunal. Desta forma, percebemos com clareza que **o Brasil adotou o sistema jurisdicional misto**, pois o controle repressivo é realizado pelo Poder Judiciário, portanto, jurisdicional, tanto na forma concentrada quanto na forma difusa, portanto, misto.

As duas modalidades de controle repressivo são realizadas de forma autônoma, **não havendo cláusula condicionante de admissibilidade entre elas**, apenas cabendo a prevalência e repercussão da decisão no controle concentrado sobre o controle difuso, pelo simples fato dos efeitos da decisão no controle concentrado serem *erga omnes* e vinculante.

9.5 Controle difuso de constitucionalidade

O **Controle Difuso de Constitucionalidade**, também chamado controle aberto, pela via incidental, pela via de exceção ou de defesa, é realizado em qualquer juízo ou tribunal, quando verificada no caso judicial concreto uma contrariedade à Constituição, que deverá ser declarada pelo Poder Judiciário. No Controle Difuso, ajuíza-se uma ação qualquer, e na fundamentação o tema interfere na Constituição vigente, ou seja, a causa de pedir está ligada ao controle de constitucionalidade.

Observadas as regras processuais de cada tipo de ação, e caso a matéria sujeita ao controle difuso chegue ao Tribunal, deverá ser aplicada a Cláusula de Reserva de Plenário (art. 97), pois, segundo Lúcio Bittencourt, ela se destaca como verdadeira condição de eficácia jurídica da própria declaração de inconstitucionalidade dos atos do Poder Público. Complementando o dispositivo constitucional, o STF editou a **Súmula Vinculante 10** determinando que "viola a cláusula de reserva de plenário (CF, art. 97) a decisão de órgão fracionário de tribunal que, embora não declare expressamente a inconstitucionalidade de lei ou ato normativo do Poder Público, afasta sua incidência, no todo ou em parte".

A Cláusula de Reserva de Plenário, porém, vem **admitindo hipóteses mitigatórias**, fundadas nos princípios da economia processual e segurança jurídica. Portanto, caso o STF ou o Tribunal de Justiça respectivo já tiver se manifestado definitivamente sobre determinada matéria, não atende aos princípios da economicidade processual submeter repetidas vezes a mesma matéria a um plenário que já se manifestou sobre ela, cabendo ao juízo de primeiro grau, ou ao relator, ou órgão fracionário, neste caso, receber, apreciar e julgar a matéria, conforme o entendimento dominante.

Os efeitos da decisão no controle difuso de constitucionalidade, em regra, são *inter partes* e *ex tunc*, podendo excepcionalmente serem dados efeitos *ex nunc*.

Para a decisão no controle difuso de constitucionalidade ter efeitos *erga omnes* deverão ser adotados os seguintes procedimentos processuais: a decisão ser levada através da interposição de recurso extraordinário ao Supremo Tribunal Federal, este, pela via indireta, declarar a inconstitucionalidade da lei ou ato normativo. A decisão então será comunicada ao **Senado Federal** que poderá **suspender a eficácia da lei ou ato normativo declarado inconstitucional por decisão** definitiva do Supremo Tribunal Federal, pela via indireta (art. 52, X). O Senado Federal tem discricionariedade para suspender no todo ou em parte a lei declarada inconstitucional pelo Supremo Tribunal Federal. A partir da publicação da resolução do Senado Federal na Impressa Oficial, os efeitos serão *erga omnes*, porém *ex nunc*.

9.6 Controle concentrado de constitucionalidade

O Controle Concentrado de Constitucionalidade em face da CRFB/88 concentra-se unicamente no STF, que deverá julgar diretamente a lei ou ato normativo inconstitucional para retirá-lo do ordenamento jurídico. Há cinco modalidades de ações do **Controle Concentrado de Constitucionalidade:** ADI (ação direta de inconstitucionalidade) genérica; ADPF (arguição de descumprimento de preceito fundamental); ADI por omissão; ADI interventiva; ADC (ação declaratória de constitucionalidade). Estão previstas nos arts. 36, III, 102, I, *a* e §§ 1º ao 3º e 103 da CRFB/88, além das Leis n. 9.868/99, 9.882/99, 12.063/2009 e 12.562/2011.

9.7 ADI (Ação Direta de Inconstitucionalidade) genérica

É ação constitucional específica para fazer o controle concentrado de constitucionalidade sobre leis ou atos normativos federais ou estaduais, cuja previsão legal está no art. 102, I, *a*, da CF e Lei n. 9.868/99. Os legitimados para a propositura da ação estão no art. 103 da CF, e ajuizada a ADI e recebida a inicial, o relator solicitará informações no prazo de 30 dias. Haverá a defesa do Advogado-Geral da União, no prazo de 15 dias e manifestação do Procurador-Geral da República também no prazo de 15 dias. A decisão será por voto de maioria absoluta do STF, com efeitos *erga omnes, ex tunc* e vinculante, com exceção da aplicação do art. 27 da Lei n. 9.868/99 (aplicação dos efeitos modulatórios à decisão – *ex nunc* – princípios da segurança jurídica e excepcional interesse público). Sugerimos a leitura da Lei n. 9.868/99.

9.8 ADPF (Arguição de Descumprimento de Preceito Fundamental)

É ação constitucional, prevista no art. 102, § 1º, e regulamentada pela Lei n. 9.882/99, que visa evitar ou reparar lesão a preceito constitucional, resultante de ato do Poder Público.

É **ação de caráter subsidiário**, determinada pela própria Lei n. 9.882/99 que diz que não se admitirá ADPF quando houver qualquer outro meio eficaz para sanar a lesividade. É possível ajuizamento de ADPF, preenchidos os requisitos processuais, quando for relevante o fundamento de controvérsia constitucional sobre **leis ou atos normativos federais, estaduais ou municipais**. Os legitimados para a propositura da ação estão no art. 103 da CF, ajuizada a ADPF e recebida a inicial, o relator solicitará informações no prazo de 10 dias. Haverá a defesa do Advogado-Geral da União, no prazo de 5 dias e manifestação do Procurador-Geral da República também no prazo de 5 dias. A decisão será por voto de maioria absoluta do STF, com efeitos *erga omnes, ex tunc* e vinculante, com exceção da aplicação do art. 11 da Lei n. 9.882/99 (aplicação dos efeitos modulatórios à decisão – *ex nunc* – princípios da segurança jurídica e excepcional interesse público). Sugerimos a leitura da Lei n. 9.882/99.

9.9 ADI por omissão

É ação introduzida pela Constituição Federal de 1988, prevista no art. 103, § 2º, da CF e regulamentada pela Lei n. 9.868/99, com atualização da Lei n. 12.063/2009. Tem por objetivo sanar a chamada **Síndrome da Inefetividade nas normas constitucionais**, realizando a vontade do constituinte, qual seja, que a inação do legislador pós-constituinte não venha impedir o auferimento dos direitos por aqueles a quem a norma constitucional se destina.

Os legitimados para a propositura da ação estão no art. 103 da CF, ajuizada a ADI por omissão, e recebida a inicial, o relator solicitará informações no prazo de 30 dias, e também poderá solicitar a manifestação do Advogado-Geral da União, que deverá ser encaminhada no prazo de 15 dias, assim como a manifestação do Procurador-Geral da República também no prazo de 15 dias. A decisão será por voto de maioria absoluta do STF, com efeitos *erga omnes, ex tunc* e vinculante. Para o Poder Competente, será dada ciência de que foi declarada pelo STF sua inércia, sem prazo para a expedição da norma; para órgão administrativo, será assinalado o prazo de 30 dias, ou outro prazo razoável (art. 12-H, § 1º, da Lei n. 9.868/99) para expedição da norma faltante. Sugerimos a leitura da Lei n. 9.868/99.

9.10 ADI Interventiva

É ação constitucional prevista no art. 36, III, primeira parte, da CF, regulamentada atualmente pela Lei n. 12.562/2011, que estabelece que a decretação de intervenção dependerá de provimento, pelo STF, de representação do PGR na hipótese do art. 34, VII, ou seja, para assegurar a observância dos **princípios constitucionais sensíveis** da forma republicana, do sistema representativo, do regime democrático, dos direitos da pessoa humana, da autonomia municipal, além da prestação de contas da administração pública, direta e indireta e aplicação do mínimo exigido da receita resultante de impostos estaduais, compreendida a proveniente de transferências, na manutenção e desenvolvimento do ensino e nas ações e serviços públicos de saúde.

Só haverá um legitimado à propositura da ADI interventiva: o Procurador-Geral da República, e recebida a inicial, o relator tentará dirimir administrativamente o conflito, e, não sendo possível, solicitará informações no prazo de 10 dias. Haverá a defesa do Advogado-Geral da União, no prazo de 10 dias e manifestação do Procurador-Geral da República também no prazo de 10 dias. A decisão será por voto de maioria absoluta do STF, **sendo irrecorrível e insuscetível de ação rescisória.** Julgado procedente o pedido, as autoridades interessadas serão comunicadas, sendo o acórdão levado ao conhecimento do Presidente da República no prazo de 15 dias para dar cumprimento aos dispositivos do art. 36, §§ 1º e 3º, não sendo cabível recusa do Presidente da República, por se tratar de requisição.

9.11 ADC (Ação Declaratória de Constitucionalidade)

A **ação declaratória de constitucionalidade** foi introduzida no ordenamento jurídico brasileiro em 1993, pela Emenda de Revisão n. 3, e está prevista no art. 102, I, *a*, regulamentada pela Lei n. 9.868/99. Seu objeto é a **lei ou ato normativo federal**, que necessita ter sua validade atestada, conforme a Constituição Federal de 1988. Lembre-se que as leis têm presunção relativa de constitucionalidade, portanto a ADC dará, se procedente o pedido, **presunção absoluta de constitucionalidade.** O cenário para a propositura de ADC é justamente divergência de interpretação de lei ou ato normativo federal em face da Constituição Federal que necessite, com base na segurança jurídica, de uma declaração de validade constitucional da norma, ou seja, **o que se quer da ADC é declarar a constitucionalidade.**

Os legitimados para a propositura da ação estão no art. 103 da CF, ajuizada a ADC, e recebida a inicial, o relator, caso necessário, solicitará informações no prazo de 30 dias, e também poderá solicitar manifestação do Procurador-Geral da República também no prazo de 15 dias. Não há a previsão expressa na Constituição Federal ou na Lei sobre a manifestação do AGU, entretanto vozes importantes da doutrina brasileira entendem ser necessária a manifestação dele, para atender ao **princípio da duplicidade em relação à ADI.** A decisão será por voto de maioria absoluta do STF, com efeitos *erga omnes*, *ex tunc* e vinculante.

9.12 Controle repressivo realizado pelo Poder Legislativo

Excepcionalmente, o Poder Legislativo exerce o Controle Repressivo de Constitucionalidade sobre os Decretos do Executivo, as Leis Delegadas e as Medidas Provisórias.

Segundo o art. 49, V, da CF, cabe ao Congresso Nacional, exclusivamente, **sustar os atos normativos do Poder Executivo que exorbitem do poder regulamentar ou dos limites de delegação legislativa.**

O primeiro caso trata de **Decretos Presidenciais** vigentes que por serem atos regulamentares, sujeitam-se aos limites das respectivas leis, todavia caso extrapolem tais limites, sofrerão sustação do Congresso Nacional.

O segundo caso dispõe sobre as **Leis Delegadas**, nos casos em que o Congresso Nacional expede as Resoluções Autorizadoras sem ressalvas – **Delegação Típica**, e, portanto, não exerce o poder de analisar os projetos de Lei Delegada, só se deparando com eles, já na forma de Leis Delegadas vigentes, que, no caso de extrapolarem os limites da delegação legislativa, sofrerão sustação por Decreto Legislativo do Congresso Nacional.

O terceiro caso é disciplinado no art. 62 da CF, pois as **Medidas Provisórias** são expedidas pelo Presidente da República sem controle preventivo de constitucionalidade, e somente depois de inseridas no ordenamento jurídico sujeitar-se-ão ao controle repressivo de constitucionalidade do Poder Legislativo.

9.13 Controle repressivo realizado pelo Poder Executivo

Parte da doutrina discute sobre a atuação do Poder Executivo frente a uma lei flagrantemente inconstitucional, se deverá cumpri-la, ou deverá descumpri-la por ofender frontalmente a Constituição Federal vigente. O tema ainda carece de melhores esclarecimentos, mas nos posicionamos ao lado daqueles, entre eles Pedro Lenza, que defendem que o **Executivo deve negar-se a cumprir lei francamente inconstitucional**.

Destaca-se aqui um julgado do STF referente ao Conselho Nacional de Justiça realizar controle de constitucionalidade repressivo no exercício de sua função correicional (lembrando que o CNJ não tem jurisdição), confirmando que é cabível ao CNJ (em nítida função predominantemente administrativo-executiva) **negar-se a cumprir lei francamente inconstitucional**, vejamos:

> "Nesses termos, concluída pelo Conselho Nacional de Justiça a apreciação da inconstitucionalidade de lei aproveitada como fundamento de ato submetido ao seu exame, poderá esse órgão constitucional de controle do Poder Judiciário valer-se da expedição de ato administrativo formal e expresso, de caráter normativo, para impor aos órgãos submetidos constitucionalmente à sua atuação fiscalizadora a invalidade de ato administrativo pela inaplicabilidade do texto legal no qual se baseia por contrariar a Constituição da República. (...) 16. O exercício dessa competência implícita do Conselho Nacional de Justiça revela-se na análise de caso concreto por seu Plenário, ficando os efeitos da inconstitucionalidade incidentalmente constatada limitados à causa posta sob sua apreciação, salvo se houver expressa determinação para os órgãos constitucionalmente submetidos à

sua esfera de influência afastarem a aplicação da lei reputada inconstitucional" (**Pet 4.656**, rel. Min. **Cármen Lúcia**, julgamento em 19-12-2016).

9.14 Controle repressivo realizado pelo Tribunal de Contas da União

O Tribunal de Contas da União auxilia o Congresso Nacional no exercício do controle externo e para o seu mister foi dada em 1963 a atribuição do controle de constitucionalidade, expressamente pela **Súmula 347 do STF**, vejamos: "O Tribunal de Contas, no exercício de suas atribuições, pode apreciar a constitucionalidade das leis e dos atos do poder público".

Ao enunciado da Súmula 347, podemos acrescentar que o controle de constitucionalidade que seria exercido pelo TCU limitar-se-ia sempre ao caso concreto e de modo incidental, nos limites de sua atuação. Podendo analisar no caso concreto a constitucionalidade de uma lei, **e se for o caso de inconstitucionalidade, deixar de aplicá-la**.

A Súmula 347 é datada de 1963, época em que só existia o controle difuso de constitucionalidade. Após a inclusão do controle concentrado no ordenamento jurídico brasileiro, por muito tempo questionou-se a recepção da referida súmula pela CRFB/88, inclusive com várias decisões do STF afastando a incidência da Súmula 347.

Contudo, em agosto de 2023, o STF firmou entendimento, no MS 25.888/DF de que "o afastamento incidental da aplicação de leis e atos normativos, em julgamento no âmbito de um Tribunal de Contas, condiciona-se à existência de jurisprudência do Supremo Tribunal Federal sobre a matéria".

Assim, o STF confirmou a recepção da Súmula 347 pela CF/88, aplicando sua interpretação, conforme a Constituição.

RESUMO ESQUEMÁTICO

10. FUNÇÕES ESSENCIAIS À JUSTIÇA

O legislador constituinte de 1988, com a intenção de otimizar a atividade jurisdicional, institucionalizou as chamadas Funções Essenciais à Justiça: o Ministério Público, a Advocacia Pública, a Advocacia Privada e a Defensoria Pública, disciplinadas nos arts. 127 ao 135 da CF.

10.1 Ministério Público

O Ministério Público é uma instituição constitucionalmente prevista, de caráter permanente, essencial à função jurisdicional do Estado, incumbindo-lhe a defesa da ordem jurídica, do regime democrático e dos interesses sociais e individuais indisponíveis. Com o advento da nova Constituição de 1988, o Ministério Público passou a ocupar lugar de destaque, dada a amplitude de suas funções de proteção aos interesses difusos, coletivos e indisponíveis.

"O legislador constituinte, ao proceder ao fortalecimento institucional do Ministério Público, buscou alcançar duplo objetivo: instituir, em favor de qualquer pessoa, a garantia de não sofrer arbitrária persecução penal instaurada por membro do Ministério Público designado *ad hoc*; e tornar mais intensas as prerrogativas de independência funcional e de inamovibilidade dos integrantes do *Parquet*" (**HC 102.147**, rel. Min. **Celso de Mello**, decisão monocrática, julgamento em 16-12-2010).

O legislador constituinte separou definitivamente o Ministério Público dos "poderes" do Estado, inclusive vedando ao membro do Ministério Público o exercício da representação judicial e a consultoria jurídica de entidades públicas, atribuição dada à Advocacia Pública. Porém, o art. 29 do ADCT determinou que até que as respectivas leis complementares da Advocacia Geral da União e do Ministério Público da União fossem aprovadas, a representação judicial da União afeta até então ao MPU seria mantida. O que ocorreu até o advento da LC n. 73/93 (Lei Orgânica da AGU).

O Ministério Público da União tem por chefe o Procurador-Geral da República, nomeado pelo Presidente da República dentre integrantes da carreira, maiores de 35 anos, após a aprovação por maioria absoluta do Senado Federal. O mandato de 2 anos pode sofrer recondução, sem limites. A destituição do PGR pode ocorrer por iniciativa do Presidente da República e aprovação do Senado Federal por maioria absoluta.

Importante destacar que a PEC n. 358/2005 (PEC paralela à PEC do Judiciário) está em tramitação e pretende fazer as seguintes mudanças: o PGR deverá ser oriundo do MPF; será limitado a uma recondução o mandato do PGR.

Os Ministérios Públicos em cada Estado-membro formarão lista tríplice dentre integrantes da carreira, na forma da lei respectiva, para escolha de seus Procuradores-Gerais, que serão nomeados pelo Chefe do Poder Executivo para mandato de 2 anos, permitida uma recondução. A destituição do Procurador-Geral de Justiça cabe ao Poder Legislativo estadual, pelo voto de sua maioria absoluta. O Ministério Público do Distrito Federal e Território, ramo do Ministério Público da União, é chefiado pelo seu Procurador-Geral de Justiça, nomeado pelo Presidente da República dentre aqueles indicados em lista tríplice. A destituição cabe ao Senado Federal por deliberação de maioria absoluta.

Os princípios institucionais do Ministério Público, previstos na Constituição Federal são: a unidade, a indivisibilidade, a independência funcional. A doutrina acrescenta também outros princípios, como promotor natural a irrecusabilidade e o exercício da ação penal.

O princípio da unidade significa que os membros do Ministério Público integram um só órgão **sob a direção única do Procurador-Geral**. Só existe unidade dentro de cada Ministério Público, inexistindo entre o Ministério Público da União e o Ministério Público dos Estados, nem entre o Ministério Público de um Estado e o de outro. O Ministério Público é uno, o que significa que seus membros não se vinculam aos processos nos quais atuam, podendo ser substituídos uns pelos outros conforme previsão legal.

Assim a **indivisibilidade do Ministério Público dá maior força a sua unidade**, não permitindo que seus membros atuem de forma desvinculada à instituição. O fundamento da indivisibilidade e da possibilidade de substituição de um membro do Ministério Público por outro está alicerçado na ideia de que quem exerce os atos no processo é a instituição "Ministério Público" e não a pessoa do Promotor ou do Procurador. É importante frisar que, **o princípio da indivisibilidade não contraria o princípio do promotor natural,** pois a substituição só ocorrerá se houver previsão legal.

O Ministério Público é **independente no exercício das suas funções**, não ficando sujeito às ordens de quem quer que seja, ou de nenhum dos três Poderes do Estado, somente, segundo Pedro Roberto Decomain, devendo prestar contas de seus atos à Constituição, às leis e a sua consciência jurídica. Os membros do Ministério Público não estão subordinados tecnicamente a nenhuma autoridade, nem aos seus superiores hierárquicos, pois têm autonomia técnica para agir nos processos conforme as normas e sua interpretação jurídica. Entenda-se que o princípio da **independência funcional** está relacionado não só com os membros do Ministério Público, mas também com a própria instituição que não está subordinada a nenhum dos Poderes do Estado (Legislativo, Executivo e Judiciário), apresentando também autonomia financeira, sendo denominado por muitos doutrinadores de *"órgão extrapoder"*.

Como decorrência da independência funcional e da garantia da inamovibilidade surge o princípio do **"promotor natural"**, no sentido de não se admitir a retirada de competência de um membro do Ministério Público para a designação de outro, de forma unilateral, pelo Procurador-Geral de Justiça e fora dos limites estabelecidos pela norma. O princípio do promotor natural está logicamente ligado ao princípio constitucional do devido processo legal, onde o acusado tem direito, além de ser julgado por órgão independente e pré-constituído, também tem o direito constitucional de ser acusado por um órgão (ou membro) independente do Estado, vedando-se por consequência, a designação, inclusive de promotores *ad hoc* (art. 129, I e § 2º, da CRFB/88).

Ad hoc (locução latina): usada para indicar substituição eventual ou nomeação para determinado ato. O juiz pode nomear um advogado *ad hoc* para o réu sem defensor público. Para promotor público a nomeação *ad hoc* é inconstitucional. Somente o próprio Ministério Público pode designar o promotor de justiça.

10.1.1 Garantias Institucionais
- **Autonomia Funcional:** a autonomia funcional é inerente à instituição como um todo e

abrange todos os órgãos do Ministério Público. A garantia da autonomia funcional significa que os membros do Ministério Público, ao cumprir seus deveres institucionais, não serão submetidos a nenhum outro poder, órgão ou autoridade pública.

- **Autonomia Administrativa:** capacidade de autonomia na direção, gestão e administração, um governo em si. O Ministério Público poderá propor ao Poder Legislativo a criação e extinção de seus cargos e serviços auxiliares, provendo-os por concurso público de provas ou de provas e títulos, a política remuneratória e os planos de carreira, enfim, sua organização e funcionamento.
- **Autonomia Financeira:** prevista no art. 127, § 3º, da CF, a autonomia financeira assegura ao Ministério Público a capacidade de elaborar sua proposta orçamentária dentro dos limites estabelecidos na lei de diretrizes orçamentárias, podendo de forma autônoma administrar os recursos que lhe forem destinados.

10.1.2 Garantias dos membros do Ministério Público

- **Vitaliciedade:** os membros do Ministério Público adquirem a vitaliciedade após dois anos de exercício efetivo (art. 128, § 5º, I, *a*, da CF). O ingresso na carreira ocorre mediante a aprovação em concurso de provas e títulos e a perda do cargo, após adquirida a vitaliciedade, só ocorre mediante sentença judicial transitada em julgado.
- **Inamovibilidade:** o membro do Ministério Público não poderá ser removido ou promovido, unilateralmente, sem a sua autorização ou solicitação expressa. Excepcionalmente, por motivo de interesse público, mediante decisão do órgão colegiado competente do Ministério Público, desde que lhe seja assegurada a ampla defesa, poderá vir a ser removido do cargo ou função.
- **Irredutibilidade de Subsídios:** o membro do Ministério Público tem constitucionalmente garantida a irredutibilidade de subsídios, assim como os magistrados.
- **Vedações – Garantias de Imparcialidade:** conforme o art. 128 da CF, os membros do Ministério Público não poderão: receber a qualquer título e sob qualquer pretexto, honorários, percentagens ou custas processuais; exercer a advocacia; participar de sociedade comercial, na forma da lei; exercer, ainda que em disponibilidade, qualquer outra função pública, salvo uma de magistério; exercer atividade político-partidária; exercer a representação judicial e a consultoria jurídica de entidades públicas.

10.1.3 Funções institucionais dos membros do MP

As funções institucionais do Ministério Público estão previstas no art. 129 da CF. Trata-se de rol meramente exemplificativo, pois a Constituição Federal permite aos membros do Ministério Público exercer outras funções que lhes forem conferidas, desde que sejam compatíveis com a sua finalidade. Assim, a Lei n. 8.625/93 e a LC n. 75/93 estabelecem outras funções aos Ministérios Públicos dos Estados e ao Ministério Público da União, respectivamente, que são importantíssimas e complementam suas competências de defesa dos interesses difusos e indisponíveis (sugerimos a leitura do art. 129 da CF).

10.1.4 Membros do MP junto ao Tribunal de Contas

A Constituição Federal determina que aos membros do Ministério Público junto aos Tribunais de Contas aplicam-se as mesmas disposições pertinentes as garantias, vedações e forma de investidura. Importante destacar que o Ministério Público junto ao Tribunal de Contas é órgão do Tribunal de Contas, não tendo nenhum vínculo com o Ministério Público comum, sendo assegurados apenas as mesmas regras quanto às garantias, vedações e forma de investidura.

10.1.5 Conselho Nacional do Ministério Público

O Conselho Nacional do Ministério Público compõe-se de quatorze membros nomeados pelo Presidente da República, depois de aprovada a escolha pela maioria absoluta do Senado Federal, para um mandato de dois anos, admitida uma recondução. São eles: Procurador-Geral da República; 4 membros do MPU, assegurada a representação de cada uma de suas carreiras; 3 membros dos MPEs; 2 juízes, indicados um pelo STF e outro pelo STJ; 2 advogados, indicados pelo Conselho Federal da OAB; 2 cidadãos de notável saber jurídico e reputação ilibada, indicados um pela Câmara dos Deputados e outro pelo Senado Federal.

Compete ao Conselho Nacional do Ministério Público o controle da atuação administrativa e financeira do Ministério Público e do cumprimento dos deveres funcionais de seus membros, sendo-lhe atribuídas algumas competências na própria Constituição Federal (sugerimos a leitura do art. 130-A).

10.2 Advocacia Pública

A Advocacia Pública é uma instituição que tem por função a representação judicial e a consultoria jurídica do ente federativo ao qual está vinculada. A Advocacia Pública da União representa, obviamente, a União, judicial e extrajudicialmente, cabendo, conforme a Constituição Federal; e nos termos de lei complementar, exercer todas as competências indispensáveis à defesa dos interesses da União. Nos estados, no Distrito Federal e nos municípios serão instituídas as Procuradorias, compostas por Procuradores que exercerão a representação judicial e a consultoria jurídica das respectivas unidades federadas e serão organizados em carreira, na qual o ingresso dependerá de concurso público, conforme determinação constitucional.

Os Procuradores dos Estados e do Distrito Federal são previstos expressamente no art. 132 da CF, quanto aos Procuradores dos Municípios o texto constitucional foi silente.

10.3 Advocacia Privada

A Constituição de 1988 estabeleceu o princípio da indispensabilidade do advogado nas ações judiciais, sendo, juntamente com o Ministério Público, função essencial à justiça. Ao advogado serão concedidas inviolabilidades necessárias ao exercício de suas funções, nos limites da lei (Lei n. 8.906/94).

> **Súmula Vinculante 14**
> "É direito do defensor, no interesse do representado, ter acesso amplo aos elementos de prova que, já documentados em procedimento investigatório realizado por órgão com competência de polícia judiciária, digam respeito ao exercício do direito de defesa".

10.4 Defensoria Pública

A Constituição prevê, ainda, a criação da Defensoria Pública, constituída por servidores públicos, que têm a função institucional de prestar orientação jurídica, representação e consultoria jurisdicional, em todos os graus, aos necessitados. A existência da Defensoria Pública atende ao princípio constitucional do "acesso à justiça", disponibilizando, àqueles que não têm condições financeiras, meios de representação judicial, não podendo em hipótese alguma o defensor público cobrar honorários do seu cliente. Para isso o defensor público ingressa na carreira por meio de concurso público e recebe sua remuneração por meio dos cofres públicos.

Resumo Esquemático

	LEI ORGÂNICA	REMUNERAÇÃO	INAMOVIBILIDADE	VITALICIEDADE	AUTONOMIA FUNCIONAL, ADMINISTRATIVA E FINANCEIRA
Ministério Público	Lei complementar	Subsídios	Sim	Sim	Sim
Advocacia Pública	Lei complementar	Subsídios	Não	Não estabilidade	Não
Defensoria Pública	Lei complementar	Subsídios	Sim	Não estabilidade	Sim
Advocacia Privada	Lei ordinária	Honorários	–	–	–

11. DEFESA DO ESTADO E DAS INSTITUIÇÕES DEMOCRÁTICAS

O Título V da Constituição Federal, Defesa do Estado e das Instituições Democráticas, é tema muito pouco cobrado em provas de concursos em geral, incluindo o Exame de Ordem. Contudo, algumas questões já foram aplicadas pela banca, portanto, merece uma breve menção.

O Título Da Defesa do Estado e das Instituições Democráticas é subdividido nos seguintes capítulos: Estado de Defesa e Estado de Sítio; Forças Armadas e Segurança Pública, tratando do sistema constitucional das crises, da segurança nacional e da segurança pública, respectivamente.

O Sistema Constitucional das Crises é definido pela doutrina e consiste no conjunto de medidas coercitivas objetivando a manutenção e a recomposição da ordem constitucional. A ordem constitucional depende do equilíbrio e funcionamento das instituições democráticas representado principalmente pela harmonia entre os Poderes e estrita obediência às regras constitucionais.

Diante das crises das instituições democráticas e da ordem constitucional, a própria Constituição prevê expressamente e taxativamente as medidas coercitivas de recomposição da ordem, a saber: o Estado de Defesa e o Estado de Sítio, investidos dos princípios da necessidade e temporariedade com o objetivo de recomposição da ordem. Parte da doutrina atribui também à Intervenção Federal (e Estadual) a natureza de medida coercitiva objetivando a recomposição da ordem constitucional.

Tais medidas coercitivas excepcionais devem obedecer taxativamente às regras previstas e cessados a desordem e o desequilíbrio devem ser imediatamente abandonadas, sob pena de se configurar uso arbitrário de poder, pois a regra é o respeito às liberdades públicas e a harmonia e independência entre os Poderes previstas na Constituição.

11.1 Estado de Defesa

O Estado de Defesa, segundo o texto expresso do art. 136 da CF, é decretado para preservar ou prontamente reestabelecer, em locais restritos e determinados, a ordem pública e a paz social ameaçadas por grave e iminente instabilidade institucional ou atingidas por calamidades de grandes proporções na natureza. A medida coercitiva poderá ser preventiva – quando preten-

DIREITO CONSTITUCIONAL

de preservar a ordem e a paz – ou repressiva – quando pretende reestabelecer a ordem. Destaque para a preocupação do constituinte em taxar os requisitos e alcance do Estado de Defesa, evitando exceder o poder nas mãos de quem decreta e executa a medida.

O Estado de Defesa é decretado pelo Presidente da República, ouvidos os dois conselhos – Conselho da República e Conselho de Defesa Nacional. Tal decreto deverá determinar expressamente o tempo de duração (que será de no máximo 30 dias, prorrogável por mais 30 dias); a área abrangida e quais medidas coercitivas serão aplicadas. Expedido o decreto, ele será enviado ao Congresso Nacional em 24 horas para apreciação e aprovação posterior (ISSO FOI COBRADO NO 38º EXAME), se estiver em recesso, será convocado extraordinariamente, no prazo de 5 dias. O decreto será apreciado pelo Congresso Nacional no prazo de 10 dias do seu recebimento, decidindo sobre ele pelo voto de maioria absoluta. Rejeitado o decreto de Estado de Defesa, cessam imediatamente suas medidas, acatado o decreto, o Congresso Nacional continua funcionando enquanto durar o Estado de Defesa.

Quanto às medidas coercitivas passíveis de serem aplicadas pelo decreto de Estado de Defesa, a própria Constituição prescreve: restrições ao direito de reunião, ao sigilo de correspondência e ao sigilo de comunicação telegráfica e telefônica, além do uso e ocupação temporários de bens e serviços públicos, nas situações de calamidade pública.

Durante o Estado de Defesa prevalecem as garantias individuais quanto à prisão: prisão em flagrante ou por ordem judicial; comunicação da prisão ao juiz competente; vedação de incomunicabilidade do preso. No caso específico de crime contra o Estado, a prisão poderá ser decretada por autoridade não judicial, contudo será comunicada imediatamente ao juiz competente, facultado ao preso requerer exame de corpo de delito.

11.2 Estado de Sítio

O Estado de Sítio, conforme disposição expressa no art. 137 da CF, será decretado pelo Presidente da República nos casos de comoção grave de repercussão nacional; ocorrência de fatos de comprovem a ineficácia do Estado de Defesa; estado de guerra ou resposta à agressão estrangeira armada.

Assim como no Estado de Defesa, no Estado de Sítio o Presidente também ouve o Conselho da República o Conselho de Defesa Nacional, contudo, neste caso haverá solicitação de autorização ao Congresso Nacional, devendo o Presidente da República justificar os motivos que determinaram a solicitação do Estado de Sítio. Ao Congresso Nacional cabe analisar o pedido e decidir pelo voto de maioria absoluta. Caso seja autorizado o Estado de Sítio, seu decreto deverá indicar a duração (que não poderá ser superior a 30 dias); as normas necessárias à sua execução e quais garantias constitucionais serão suspensas. O Congresso Nacional continuará funcionando durante a vigência do Estado de Sítio.

No caso de comoção grave de repercussão nacional ou ineficácia do Estado de Defesa, as medidas coercitivas do decreto do Estado de Sítio, segundo o art. 139 da CF, são restritas a: obrigatoriedade de permanência em determinados locais; detenção em edifício não prisional; restrições relativas à inviolabilidade de correspondências, comunicações, informações, liberdade de imprensa; suspensão da liberdade de reunião; busca e apreensão em domicílio; intervenção em empresas que prestam serviços públicos e requisição de bens.

11.3 Forças Armadas

As Forças Armadas, constituídas pela Marinha, pelo Exército e pela Aeronáutica, são órgãos permanentes e regulares integrantes da Administração Pública Direta, organizados com base na hierarquia e disciplina, sob a autoridade suprema do Presidente da República, e destinam-se à defesa da Pátria, à garantia dos poderes constitucionais e, por iniciativa de qualquer destes, da lei e da ordem.

Hierarquia é a ordenação da autoridade, em diferentes níveis, dentro da estrutura das Forças Armadas, tal ordenação se faz através dos postos e graduações, e dentro deles a hierarquia é dada por antiguidade. Posto é o grau hierárquico do oficial e graduação é o grau hierárquico dos praças.

O art. 84, XIII, da CF determina que cabe ao Presidente da República nomear os Comandantes da Marinha, Exército e Aeronáutica, promover seus oficiais-generais, nomeando-os para os cargos que lhes são privativos.

Disciplina, segundo os estatutos militares, é a rigorosa observância e acatamento das leis, regulamentos, normas e disposições, traduzindo-se pelo perfeito cumprimento do dever por parte de todos e de cada um dos componentes do organismo militar.

O art. 142 da CF faz referência à LC n. 97/99, que estabelece as normas gerais de organização e funcionamento das Forças Armadas, dispõe que seus membros são denominados militares, assegurando-lhes as respectivas patentes, com todos os direitos, deveres e prerrogativas a elas inerentes, além de dispor sobre uma série de direitos e situações relacionados aos cargos. Merece destaque a vedação à sindicalização, à greve e à filiação partidária.

A vedação de concessão do *habeas corpus* em relação às punições disciplinares militares é expressa no art. 142, § 2º, contudo já tratamos do assunto quando abordamos o *Habeas Corpus*. Sugerimos a leitura dos arts. 142 e 143 da CF.

11.4 Segurança Pública

O art. 144 da CF elenca um rol taxativo dos órgãos da Segurança Pública, são eles: Polícia Federal, Polícia Rodoviária Federal, Polícia Ferroviária Federal, Polícia Civil, Polícia Militar, Polícia Penal (incluída pela EC n. 104/2019) e Corpo de Bombeiros Militar. É possível classificar a polícia em Polícia Administrativa e Polícia Judiciária. Polícia Administrativa ou Ostensiva é aquela que tem como função principal administrar a ordem pública e a Polícia Judiciária é aquela que tem como função principal a promoção do inquérito policial.

Feita tal classificação podemos afirmar que a Polícia Federal e a Polícia Civil são polícias judiciárias, enquanto as demais polícias – Polícia Rodoviária Federal, Polícia Ferroviária Federal, Polícia Militar e Corpo de Bombeiros Militar – são polícias administrativas.

O art. 144 da CF é bem lacônico, apenas declara que a segurança pública é dever do Estado, direito e responsabilidade de todos, e que é exercida para a preservação da ordem pública e da incolumidade das pessoas e do patrimônio, seja público ou privado.

Também foi sucinta ao dispor sobre as atribuições dos órgãos da segurança pública, discorrendo um pouco mais, mas ainda de forma apenas exemplificativa, sobre as competências da Polícia Federal, já que existem outras atribuições na legislação infraconstitucional. Sugerimos a leitura do art. 144 da CF.

Merecem destaque alguns pontos: a remuneração dos servidores públicos policiais que será sob a forma de subsídios; os Municípios têm a faculdade de criar guardas municipais destinadas a proteção dos bens, instalações e serviços da municipalidade, além das alterações trazidas pela EC n. 82/2014.

Tal medida incluiu o § 10 ao art. 144 da CF, com o objetivo de dar maior destaque à Segurança Viária, expressão utilizada para designar o conjunto de ações adotadas com o objetivo de proteger a integridade física e patrimonial das pessoas que se utilizam das vias públicas, como por exemplo: educação, orientação, fiscalização, engenharia de trânsito. Todavia, o texto acrescentado serviu muito mais para enfatizar o compromisso constitucional com a segurança viária e a mobilidade urbana, e também a preocupação com a carreira de agentes de trânsito, do que para inovar em atribuições, já que a segurança viária já é exercida pelos agentes de trânsito.

O Congresso Nacional aprovou a EC n. 104/2019 que incluiu as Polícias Penais em todas as esferas da Federação, afetando alguns dispositivos do art. 144 da CF, portanto, sugerimos a leitura atenta do texto constitucional atualizado.

Veremos alguns julgados do STF acerca de temas relacionados com o art. 144 da CF:

"Os Estados-membros, assim como o Distrito Federal, devem seguir o modelo federal. O art. 144 da Constituição aponta os órgãos incumbidos do exercício da segurança pública. Entre eles não está o Departamento de Trânsito. Resta pois vedada aos Estados-membros a possibilidade de estender o rol, que esta Corte já firmou ser *numerus clausus*, para alcançar o Departamento de Trânsito" (**ADI 1.182**, voto do rel. Min. Eros Grau, j. 24-11-2005, P, *DJ* de 10-3-2006).

"Polícia militar: atribuição de "radiopatrulha aérea": constitucionalidade. O âmbito material da polícia aeroportuária, privativa da União, não se confunde com o do policiamento ostensivo do espaço aéreo, que – respeitados os limites das áreas constitucionais das polícias federal e aeronáutica militar – se inclui no poder residual da polícia dos Estados"(**ADI 132**, rel. Min. Sepúlveda Pertence, j. 30-4-2003, P, *DJ* de 30-5-2003).

"Cabe salientar que a mútua cooperação entre organismos policiais, o intercâmbio de informações, o fornecimento recíproco de dados investigatórios e a assistência técnica entre a polícia federal e as polícias estaduais, com o propósito comum de viabilizar a mais completa apuração de fatos delituosos gravíssimos, notadamente naqueles casos em que se alega o envolvimento de policiais militares na formação de grupos de extermínio, encontram fundamento, segundo penso, no próprio modelo constitucional de federalismo cooperativo (**RHC 116.000**/GO, rel. Min. Celso de Mello), cuja institucionalização surge, em caráter inovador, no plano de nosso ordenamento constitucional positivo, na CF de 1934, que se afastou da fórmula do federalismo dualista inaugurada pela Constituição republicana de 1891, que impunha, por efeito da outorga de competências estanques, rígida separação entre as atribuições federais e estaduais" (**RHC 116.002**, rel. Min. Celso de Mello, j. 12-3-2014, dec. monocrática, *DJe* de 17-3-2014).

12. ORDEM ECONÔMICA

Fundada na valorização do trabalho humano e na livre-iniciativa e em conformidade com os ditames de justiça social, o Título VII da Constituição Federal apresenta a **Ordem Econômica e Financeira, em uma evidente tentativa de constitucionalizar a economia ou alguns aspectos dos processos econômicos. O constituinte reconhece o modelo capitalista dentro da estrutura de um Estado Social.**

A Ordem Econômica e Financeira foi subdividida nos seguintes capítulos: Princípios Gerais da Atividade Econômica; Política Urbana; Política Agrícola e Fundiária e Reforma Agrária e Sistema Financeiro Nacional.

12.1 Princípios Gerais da Atividade Econômica

Os **Princípios Gerais da Atividade Econômica** são listados nos incisos do art. 170 da CF, a saber: a soberania nacional, propriedade privada e sua função social, livre concorrência, defesa do consumidor, defesa do meio ambiente, redução das desigualdades regionais e sociais, busca do pleno emprego e tratamento favorecido para as empresas de pequeno porte constituídas sob as leis brasileiras e que tenham sua sede e administração no País.

Muitos destes princípios já foram explorados em outros dispositivos constitucionais como, por exemplo, o art. 3º, que fala dos **objetivos da República Federativa do Brasil**, entre eles, a valorização do trabalho e da livre-iniciativa e a redução das desigualdades regionais e sociais, e os Direitos e Garantias Fundamentais que engloba o art. 5º que disciplina sobre os direitos e deveres individuais e coletivos como a defesa do consumidor e o art. 6º, que destaca a função social do trabalho.

O art. 173 da CF determina, ressalvados os casos previstos no texto constitucional, que a exploração da atividade econômica diretamente pelo Estado só se dará quando os imperativos de segurança nacional ou relevante interesse coletivo determinarem, estabelecendo como regra o acesso à exploração atividade econômica pela iniciativa privada. Uma exceção expressa no texto constitucional, por exemplo, é a referente aos serviços postais – atividade econômica de competência privativa da União, conforme o art. 21, X. Cabe ao Estado, como agente normativo e regulador da atividade econômica, as funções de incentivo, planejamento e fiscalização, determinantes para o setor público e indicativas para o setor privado, conforme prescreve o art. 174 da CF.

O art. 173 ainda dispõe sobre as empresas públicas, sociedades de economia mista e suas subsidiárias que exploram atividade econômica, devendo a legislação infraconstitucional dispor sobre seu funcionamento, direitos, deveres, tratamento tributário, fiscalização, administração e relações com o Estado e a sociedade. Também trata da repressão ao abuso do poder econômico que vise a dominação de mercado, a eliminação da concorrência e aumento arbitrário dos lucros, além dos atos praticados contra a ordem econômica e financeira e contra a economia popular.

Em vários dispositivos a Constituição Federal prescreve que os serviços públicos são incumbidos genericamente ao Poder Público, este os prestará diretamente ou sob regime de concessão ou permissão, através de licitação. O art. 175, *caput*, reforça tal prescrição, sem discordar do já citado art. 173, que prioriza a atividade econômica para o setor privado, ou seja, serviços públicos de natureza privada serão prestados, salvo exceções, por particulares, cabendo ao Estado a fiscalização.

Inclusive a exploração mineral e o potencial energético – bens constitucionalmente atribuídos à União – são exploráveis por empresas privadas, tendo-lhes assegurada pelo art. 176 da CF a propriedade do produto da lavra. Quanto à pesquisa e lavra de petróleo, gás natural e outros hidrocarbonetos fluidos; refinação do petróleo, importação, exportação e transporte marítimo de seus derivados, assim como atividades de pesquisa e exploração de minério nuclear, a Constituição Federal os mantém sob monopólio da União, conforme o art. 177.

Por fim, a Constituição Federal dispõe sobre a exploração do transporte aéreo, aquático e terrestre, inclusive o internacional, e também sobre a exploração do turismo, como fator de desenvolvimento social e econômico. Sugerimos a leitura dos arts. 170 a 181 pela diversidade de assuntos e detalhes passíveis de serem cobrados em prova.

12.2 Política Urbana

O capítulo da **Política Urbana** destaca o objetivo do pleno desenvolvimento das funções sociais da cidade e da garantia do bem-estar de seus habitantes. Discorre sobre a função social da propriedade urbana, sobre o plano diretor do Município e sobre as modalidades de desapropriação de imóveis urbanos, com destaque para aquelas aplicadas aos imóveis urbanos não edificados, subutilizados ou não utilizados, com objetivo de promover seu adequado aproveitamento, além da previsão da usucapião urbana.

A função social da propriedade já havia sido prevista no art. 5º, XXII a XXXI, da CF, contudo neste capítulo podemos verificar a responsabilidade do Município no desenvolvimento urbano, sendo que o plano diretor é obrigatório para as cidades com mais de 20 mil habitantes, devendo ser aprovado pela Câmara de Vereadores e servirá como instrumento básico de desenvolvimento e expansão urbana.

Dois pontos ganharam evidência no texto constitucional: a intervenção do Município sobre a propriedade urbana que não cumpre a função social e o direito de usucapião urbana, vejamos:

O Município poderá, mediante lei específica adequada ao plano diretor, e em conformidade com o Estatuto das Cidades, impor ao proprietário de solo urbano não edificado, subutilizado ou não utilizado, que promova o adequado aproveitamento do solo, atendendo a função social daquela propriedade. Caso não seja cumprida a imposição, o ente municipal promoverá as seguintes penalidades, de forma sucessiva: parcelamento ou edificação compulsória do imóvel; cobrança de IPTU progressivo no tempo; desapropriação-sanção, com pagamento em títulos da dívida pública, resgatáveis em 10 anos, em parcelas anuais, iguais e sucessivas, assegurada o valor real da indenização e os juros legais.

Sobre a modalidade de usucapião urbana, o art. 183 da CF prescreve que o indivíduo que, durante cinco anos, tiver a posse ininterrupta e sem oposição de imóvel urbano de até 250 m², utilizando-o para sua moradia ou de sua família, poderá adquirir o domínio daquele bem, desde que não seja proprietário de outro imóvel. Os imóveis públicos não serão adquiridos por usucapião, obviamente.

12.3 Política Agrícola e Fundiária e Reforma Agrária

A propriedade rural atende (ou deveria atender) a funções sociais importantíssimas: preservação do meio ambiente; produção agrícola para o mercado consumidor interno e externo; controle do êxodo rural através de políticas públicas voltadas para a população do campo; proteção da população indígena, quilombola, povos da floresta e do cerrado, população ribeirinha e demais grupos inseridos naturalmente do meio rural; preservar o extrativismo vegetal; regulação, incentivo e fiscalização do ecoturismo; promoção da pesquisa científica e preservação do patrimônio genético brasileiro, além, é claro, dos limites territoriais e soberania nacional.

Portanto, o alcance da função social da propriedade rural vai além deste capítulo, atingindo temas ligados à Ordem Social também como Meio Ambiente e Ciência e Tecnologia, que veremos adiante.

Tratando dos artigos da **Política Agrícola e Fundiária** e Reforma Agrária, primeiramente, o art. 184 se ocupa da desapropriação para fins de reforma agrária prescrevendo que a União deverá desapropriar por interesse social e para fins de reforma agrária o imóvel rural que não esteja cumprindo a sua função social (das diversas funções sociais que o imóvel rural pode ter). A desapropriação-sanção terá indenização paga com títulos da dívida agrária, resgatáveis em vinte anos, a partir do segundo ano de sua emissão. As benfeitorias úteis e necessárias são indenizadas em dinheiro.

São insuscetíveis de desapropriação para fins de reforma agrária, segundo o art. 185 da CF, a pequena e média propriedade rural sendo a única propriedade e a também propriedade produtiva, dispondo a lei sobre o tratamento especial dado à propriedade produtiva.

Outro tema de destaque é a política agrícola que deverá ser planejada e executada com a participação efetiva do setor de produção, comercialização, armazenamento e transporte, levando em consideração alguns fatores listados no art. 187 da CF, como o incentivo à pesquisa e tecnologia, os instrumentos creditícios e fiscais, os preços compatíveis com os custos de produção e a garantia de comercialização, assistência técnica e extensão rural, seguro agrícola, cooperativismo, irrigação e eletrificação rurais, habitação para o trabalho rural. Incluem no planejamento agrícola as atividades agroindustriais, agropecuárias, pesqueiras e florestais.

A usucapião rural também é prevista e ocorre quando o indivíduo tem a posse mansa e pacífica de um imóvel rural de até cinquenta hectares, por no mínimo cinco anos, usando-a para moradia própria e da sua família e tornando-a produtiva por seu trabalho. Os imóveis públicos não serão adquiridos por usucapião.

12.4 Sistema Financeiro Nacional

Por fim, o capítulo do **Sistema Financeiro Nacional**, que sofreu um grande corte, em 2003, com vários dispositivos revogados pela EC n. 40, resume-se hoje no seguinte texto: "O sistema financeiro nacional, estruturado de forma a promover o desenvolvimento equilibrado do País e a servir aos interesses da coletividade, em todas as partes que o compõem, abrangendo as cooperativas de crédito, será regulado por leis complementares que disporão, inclusive, sobre a participação do capital estrangeiro nas instituições que o integram".

Obviamente o Sistema Financeiro Nacional é bastante disciplinado no ordenamento jurídico brasileiro. É subdivido em Subsistema Normativo e Subsistema Operativo e dentro deste universo estão os órgãos reguladores; autarquias em regime especial; leis; resoluções; instruções normativas; política monetária, creditícia e cambial; mercado monetário, mercado de crédito, mercado de capitais; mercado de câmbio; mercado de seguros e toda a diversidade de instituições financeiras atuantes. Pela importância do tema, temos diversos trabalhos publicados dentro das disciplinas Direito Econômico, Direito Bancário e Educação Financeira e que atendem àqueles que desejam aprofundar o estudo sobre o tema.

Contudo, o legislador constituinte preferiu afastar do texto constitucional o detalhamento sobre o tema, dando liberdade à legislação infraconstitucional para disciplinar o assunto.

Ainda sobre o tema, destacamos que o Banco Central é autarquia em regime especial com função executiva, fiscalizadora e supervisora, pertencente ao Subsistema Normativo. Cabe ao Bacen fiscalizar as instituições financeiras bancárias, e atuar como o executor da política monetária e cambial do país, tendo também o monopólio das divisas internacionais. Neste contexto, o art. 164 da CF, que pertence ao Capítulo das Finanças Públicas (integrante do Título VI da Constituição Federal – Tributação e Orçamento) disciplina algumas atribuições do Bacen, entre elas: competência exclusiva para emissão de moeda (potencializada pela autonomia dada pela LC n. 179/2021); competência para comprar e vender Títulos do Tesouro Nacional, objetivando regular a taxa de juros e o valor da moeda (utilizando instrumentos de política monetária); competência para custodiar as disponibilidades de caixa da União e conceder empréstimos aos bancos, sendo vedada a concessão de empréstimos ao Tesouro Nacional ou a qualquer ente ou órgão não integrante do Mercado Interbancário. Sobre esta última atribuição do Bacen, a banca cobrou uma questão na 1ª Fase do XXXII Exame (*vide* questão no tema "Finanças Públicas").

13. ORDEM SOCIAL

Os direitos sociais, já tratados em capítulo anterior, são direitos fundamentais nos quais o Estado interfere nas relações sociais, econômicas e culturais para proteger os grupos menos favorecidos. Dentro deste conceito podemos incluir todos os direitos elencados no Título da Ordem Social, além dos direitos do trabalhador e até as políticas urbanas e fundiárias, já estudadas na Ordem Econômica.

O título da Constituição Federal dedicado à Ordem Social, foi objeto de pouquíssimas questões nos Exames de Ordem aplicados pela banca, mas tem um grande número de matérias disciplinadas com a finalidade de atender a vários segmentos da vida social.

Todos esses preceitos reguladores ou fixadores das bases de nossa sociedade estão fundamentados no **primado do trabalho**, princípio que unifica toda a ordem social e que tem por objetivo o bem-estar e a justiça social.

Inicialmente, a ordem social, na Constituição Federal, trata da seguridade social, que engloba tudo o que se refere à saúde, à previdência e à assistência social. A ordem social abrange outros temas que não dizem respeito tão somente ao caráter securitário do Estado, ou do Estado prestador de auxílio aos necessitados. Neste sentido, a ordem social também assegura direitos mínimos no campo da educação, cultura, desporto, ciência e tecnologia, comunicação social, meio ambiente, família, criança, adolescente, jovem, idoso e índio. Vejamos um pouco sobre cada um destes temas.

13.1 Seguridade Social (Saúde, Previdência e Assistência Social)

O Estado Social moderno não se mostra alheio às questões sociais. A primeira demonstração disso é sua preocupação com a criação de empregos – primado do trabalho – para permitir que cada um atenda a suas necessidades materiais. Ocorre, porém, que o emprego, em si mesmo, não garante o trabalhador contra os infortúnios e outros eventos da vida humana que levam à incapacidade. Então, para atender a essas situações de incapacitação, ou situações momentâneas de especial dificuldade com o sustento próprio e o da família, há um conjunto de benefícios que o Estado disponibiliza englobados no sistema da seguridade social.

Por seguridade social deve-se entender o conjunto das ações dos poderes públicos e da sociedade no sentido de **prover a saúde, a previdência social e a assistência social**. Essa atuação do Estado dirige-se a três frentes diversas. A primeira é a de prover a **saúde**, isto é, fornecer gratuitamente serviços de prevenção e assistência médica, **visando sempre evitar os riscos de doença**. A segunda é a **previdência social** que visa, por exemplo, o atendimento daquele que, mesmo com saúde, já atingiu idade imprópria para a atividade laboral, tendo contribuído para a sociedade com o seu trabalho, fazendo jus, portanto, à percepção de uma remuneração como se trabalhando estivesse. Em terceiro lugar, é preciso, ainda, atender àqueles, por exemplo, que nem possuem a condição de trabalhadores ou inativos, isto é, são as pessoas marginalizadas do mercado de trabalho, sem vínculo empregatício, mas que precisam de amparo por parte do Estado, através da assistência social, devido a sua condição socioeconômica.

Quem financiará o sistema? A resposta é dada pelo art. 195 da CF: recursos proveniente dos orçamentos da União, dos Estados, do Distrito Federal, dos Municípios e das contribuições sociais dos trabalhadores e demais segurados da previdência social; dos empregadores, empresa ou entidade a ela equiparada sobre a folha de pagamento, lucro, receita ou faturamento; do importador de bens ou serviços do exterior e dos concursos de prognósticos (loterias oficiais), podendo ser criadas outras fontes de financiamento, ou seja, será financiada por toda a sociedade, de forma direta e indireta. Os parágrafos do art. 195 da CF estabelecem diversas regras sobre as contribuições à Seguridade Social, sem prejuízo da regulamentação via legislação infraconstitucional. De qualquer sorte, nenhum benefício poderá ser criado ou aumentado sem a correspondente fonte de custeio.

Cabe ao Poder Público organizar a Seguridade Social, objetivando a universalidade da cobertura e do atendimento; a uniformidade e equivalência dos benefícios e serviços às populações urbanas e rurais; a seletividade e distributividade na prestação dos benefícios e serviços; a irredutibilidade do valor dos benefícios; a equidade na forma de participação no custeio; a diversidade da base de financiamento e o caráter democrático e descentralizado da administração, mediante gestão quadripartite, com participação dos trabalhadores, empregadores, aposentados e do Governo nos órgãos colegiados. Orientamos a leitura atenta aos dispositivos da Constituição Federal sobre o tema.

13.1.1 Saúde

A saúde é um direito de todos e um dever do Estado, segundo prescreve expressamente o art. 196 da CF, será prestada mediante políticas sociais e econômicas que visam à redução dos riscos de doença e ao acesso igualitário à ações e serviços de saúde.

Prestados especialmente pelo Sistema Único de Saúde, as ações e os serviços públicos devem compor, segundo a Constituição Federal, uma rede regionalizada e hierarquizada, tendo por diretrizes o princípio da descentralização, com direção única no nível de cada esfera de governo; o atendimento integral, priorizando as atividades preventivas, sem prejuízo do serviço assistencial e a participação da comunidade.

À iniciativa privada é dada a atuação complementar ao Sistema Único de Saúde, através de contrato de direito público ou convênio, sendo certo, no entanto, que a preferência deve ser dada a entidades filantrópicas e sem fins lucrativos. A Constituição proíbe a destinação de fundos públicos para auxílios ou subvenções às instituições privadas com fins lucrativos e veda a participação do capital estrangeiro na assistência à saúde no País.

Quanto ao Sistema Único de Saúde, goza ele de inúmeras competências elencadas no art. 200 da CF, que vão desde o controle e a fiscalização de procedimentos até a colaboração na proteção do meio ambiente.

13.1.2 Previdência Social

O Direito Previdenciário assegura a existência de regimes básicos e regimes complementares de Previdência Social. Os regimes básicos são divididos em Regime Próprio de Previdência Social, que ampara os servidores públicos ocupantes de cargos de provimento efetivo, em cada esfera federativa (devendo haver um RPPS em cada ente federativo), e o Regime Geral de Previdência Social, que ampara todos os demais segurados que exercem atividade remunerada e também os segurados facultativos, havendo um único RGPS.

Feita a introdução ao assunto, podemos afirmar que a Previdência Social, conforme o art. 201 da CF, será organizada sob a forma de Regime Geral, de caráter contributivo e de filiação obrigatória, observando critérios que preservem o equilíbrio financeiro e atuarial.

Cabe à Previdência Social atender aos nela inscritos, quando atingidos por eventos tais como a doença, a invalidez, a morte, a maternidade (art. 201). Em regra, qualquer pessoa pode participar da Previdência Social, **desde que efetue a sua contribuição financeira**, na forma dos planos previdenciários, mas aqueles que exercem atividade remunerada são obrigados a participar, vedando-se a filiação ao Regime Geral de Previdência Social, na qualidade de segurado facultativo, de pessoa participante de Regime Próprio de Previdência Social.

O art. 201 vedou a adoção de requisitos e critérios diferenciados para a concessão de aposentadoria aos beneficiários do Regime Geral de Previdência Social, ressalvados os casos previstos no § 1º do referido artigo e em lei complementar, conforme alteração trazida pela EC n. 103/2019.

O art. 201 da CF lista uma série de direitos relacionados ao regime geral previdenciário, desde regras relacionadas ao tempo mínimo de contribuição e idade para fazer jus à aposentadoria até a inclusão de trabalhadores de baixa renda e sem renda própria no RGPS. Tais dispositivos do art. 201 foram profundamente alterados pela Emenda n. 103/2019 que operou a Reforma da Previdência e deverão ser objeto de leitura atenta. O aprofundamento do tema é disciplinado pelo Direito Previdenciário.

O art. 202 da CF traça alguns aspectos do regime complementar de previdência social, de caráter não obrigatório e autônomo. O regime complementar de previdência social pode ser oferecido por Entidades Fechadas de Previdência Complementar, sujeitas a regras semelhantes às aplicadas no RGPS, ou seja, regidas pelo Direito Previdenciário e por Entidades Abertas de Previdência Complementar, sujeitas a regras do Sistema Financeiro Nacional. A Reforma da Previdência – EC n. 103/2019 – fez alterações nos §§ 4º, 5º e 6º indicando que o regime de previdência complementar deverá ser regulamentado por lei complementar.

13.1.3 Assistência Social

A Assistência Social é o ponto mais recente do tripé da Seguridade Social, e será prestada a quem dela necessitar, independentemente de contribuição à Seguridade Social. Tem por objetivo a proteção à família, à maternidade, à infância, à adolescência, à velhice; amparo às crianças e aos adolescentes carentes; a promoção da integração ao mercado de trabalho; habilitação e reabilitação das pessoas com deficiência e promoção de sua integração à vida comunitária; garantia de um salário mínimo de benefício mensal ao idoso e à pessoa com deficiência que comprovem não possuir meios de prover a sua subsistência ou de tê-la provida pela sua família e redução da vulnerabilidade socioeconômica de famílias em situação de pobreza ou de extrema pobreza, tudo conforme o art. 203 da CF (inovado pela EC n. 114/2021), sendo que a ação governamental na área de Assistência Social será realizada com os recursos do orçamento da seguridade social.

13.2 Educação, Cultura e Desporto

A educação consiste num processo de desenvolvimento do indivíduo que implica a boa formação moral, física, espiritual e intelectual, visando ao seu crescimento integral para um melhor exercício da cidadania e aptidão para o trabalho. Assim como os demais direitos sociais, a educação é direito de todos e dever do Estado e da família, devendo ter a colaboração da sociedade.

Ela será ministrada com base nos princípios fixados no art. 206, dentre os quais se destaca a gratuidade do ensino público em estabelecimentos oficiais; igualdade de condições para acesso e permanência na escola; liberdade de aprender, ensinar, pesquisar e divulgar o pensamento a arte e o saber; pluralismo de ideias e de concepções pedagógicas, e coexistência de instituições públicas e privadas de ensino; valorização dos profissionais da educação escolar, com previsão de plano de carreira e ingresso exclusivamente por concurso público; gestão democrática do ensino público; garantia de padrão de qualidade; piso salarial profissional nacional para profissionais da educação pública, garantia do direito à educação e à aprendizagem ao longo da vida.

O art. 207 da CF dispõe sobre a autonomia das universidades em seus aspectos didático-científicos, administrativos e de gestão financeira e patrimonial. Estabelece também sobre a indissociabilidade entre ensino, pesquisa e extensão, estendo as regras às instituições de pesquisa científica e tecnológica.

O art. 209 da CF assegura à iniciativa privada o direito a promover o ensino. Daí surgirem dois sistemas fundamentais de ensino: o público, sustentado pelo Estado, e o privado, aberto à iniciativa particular e sujeito ao cumprimento das normas gerais de educação nacional e à avaliação de qualidade pelo Poder Público. Os conteúdos mínimos para o ensino fundamental, por exemplo, devem ser atendidos por todas as entidades educacionais públicas e privadas, pois visam a assegurar uma formação básica comum de forma a integrar valores culturais, artísticos, nacionais e regionais.

Com o texto constitucional, o ensino fundamental torna-se obrigatório e gratuito (FOI COBRADO NO 38º EXAME), inclusive para os que não tiveram acesso a ele na idade adequada, devendo haver o ensino aos adultos; para o ensino médio, são previstas a obrigatoriedade e sua gratuidade progressiva como programa de desenvolvimento; atendimento educacional especializado às pessoas com deficiência, preferencialmente na rede regular de ensino; ensino religioso apenas de forma facultativa; garantia de que a educação aos povos indígenas utilizará suas línguas maternas e processos próprios de aprendizagem (inclusive educação às comunidades indígenas foi tema de uma questão da 1ª Fase do XXXII Exame) – estas são apenas algumas das garantias trazidas nos artigos relacionados com a educação, portanto, sugerimos a leitura, com destaque para as diversas alterações trazidas pela EC n. 108/2020).

A cultura compreende tudo o que o homem tem realizado e transmitido através dos tempos na sua passagem pela terra, envolvendo comportamento, desenvolvimento intelectual, crenças, enfim, aprimoramento tanto dos valores espirituais como materiais do indivíduo.

A proteção fornecida pela Constituição Federal à cultura alcança duas modalidades fundamentais: a primeira é a ampla liberdade conferida a todos do pleno exercício dos direitos culturais e acesso às fontes desta cultura. A segunda é a proteção que o Poder Público deve exercer sobre o chamado Patrimônio Cultural Brasileiro, que é o conjunto dos bens de natureza material e imaterial que mantenham alguma referência com a identidade, a ação, ou a **memória dos diferentes grupos formadores da sociedade brasileira.**

Em relação **aos grupos indígenas**, a Constituição Federal assegurou o uso da sua língua materna no processo educacional, inclusive com métodos próprios de aprendizagem (art. 210, § 2º), mas excluiu deles o direito à propriedade das terras ocupadas (art. 20, XI), por conta do princípio federativo da indissolubilidade. Já as **comunidades quilombolas** não tiveram assegurado nenhum dispositivo quanto a métodos próprios de educação, mas tiveram reconhecido o direito à propriedade definitiva das terras ocupadas, sobre as quais o Estado deve emitir títulos de propriedade em benefício dos remanescentes das comunidades dos quilombos (art. 68 do ADCT).

Todo este conjunto de bens materiais e imateriais que compõem o nosso Patrimônio Cultural influencia diretamente nas nossas formas de expressar, agir, falar, criar, fazer e viver e, portanto, deve ser protegido e valorizado, desde a sua origem – encontrada na memória dos nossos povos formadores da nossa sociedade – até os dias de hoje – resultados dos processos de mudanças, evolução e integração de bens culturais. Estão incluídos também as criações artísticas, científica e tecnológicas, os objetos, espaços, documentos, edificações destinados às manifestações artístico-culturais e os conjuntos arquitetônicos urbanos e sítios de valor histórico, artístico, paisagístico, arqueológico, paleontológico, ecológico e científico.

O art. 215 da CF garante a todos o pleno exercício dos direitos culturais e acesso às fontes da cultura nacional, devendo apoiar e incentivar a valorização e a difusão das manifestações culturais. É dever estatal proteger as manifestações culturais populares, indígenas e afro-brasileiras, e demais grupos integrantes do nosso processo civilizatório.

Neste contexto, a Constituição Federal determina que a lei deverá estabelecer o Plano Nacional de Cultura visando ao desenvolvimento cultural do País. As ações do PNC devem valorizar o patrimônio cultural brasileiro; promover, produzir, difundir e democratizar o acesso a bens culturais; formar pessoal qualificado na área da cultura; valorizar e promover a valorização da diversidade étnica e regional.

A EC n. 71/2012 incluiu o art. 216-A que trata do Sistema Nacional de Cultura, fundado nas diretrizes do Plano Nacional de Cultura, organizado em regime de colaboração, de forma descentralizada e participativa, pactuada entre a União, Estados, Distrito Federal e Municípios e a sociedade, como o objetivo de promover o desenvolvimento humano, social e econômico com pleno exercício dos direitos culturais. Sugerimos a leitura minuciosa dos artigos relacionados à Cultura, incluindo o art. 216-A da CF.

Juntamente da Educação e Cultura, a Constituição Federal trata do Desporto, impondo ao Estado o dever de incentivar as práticas desportivas formais e não formais, observando alguns dispositivos. O primeiro deles é a autonomia das entidades desportivas dirigentes e associações, quanto a sua organização e funcionamento, tratando-se de verdadeira garantia constitucional dada às entidades desportivas, que têm capacidade para gerir os seus próprios negócios, dentro dos limites da lei. Essa autonomia das entidades dirigentes estende-se também às associações que tenham por fim o desporto.

Ainda referente ao dever de fomento da prática desportiva pelo Estado, deverá ser observada a destinação de recursos públicos para a promoção prioritária do desporto educacional e, em casos específicos, para o desporto de alto rendimento; o tratamento diferenciado para o desporto profissional e não profissional e a proteção e incentivo às manifestações desportivas de criação nacional, além do incentivo estatal ao lazer, como forma de promoção social.

Quanto à Justiça Desportiva que não integra a estrutura do Poder Judiciário, a CRFB/88 disciplina que só serão admitidas ações judiciais relativas à disciplina e às competições desportivas depois de esgotadas as instâncias da justiça desportiva, que terá o prazo máximo de sessenta dias, contados da instauração do processo, para concluir sua tramitação e proferir a decisão final.

13.3 Ciência, Tecnologia e Inovação

Ciência, tecnologia e inovação são produtos do saber humano, resultado de pesquisas, estudos e experiências. A ciência volta-se mais para as formulações teóricas e a tecnologia procura extrair rendimento prático desses mesmos princípios. O Estado deve incentivar o desenvolvimento científico, a pesquisa, a capacitação científica e tecnológica e a inovação e colocar-se à disposição daqueles que se proponham a exercer tais atividades, proporcionando condições especiais de trabalho, tais como a formação de recursos humanos; o estímulo às empresas que invistam em pesquisa; articulação entre entes públicos e privados, nas diversas esferas de governo; incentivo para que instituições públicas de ciência, tecnologia e inovação atuem no exterior e a permissão para que os Estados e Distrito Federal vinculem parcela de sua receita orçamentária a estas atividades. O art. 218, § 1º, da CF, alterado pela EC n. 85/2015, prescreve que a pesquisa científica básica e tecnológica receberá tratamento prioritário do Estado, visando o bem público e o progresso da ciência, tecnologia e inovação.

Por determinação constitucional, a lei deverá apoiar e estimular empresas que invistam em pesquisa e criação de tecnologia adequada para o país, já que o desenvolvimento do sistema produtivo nacional e regional e a solução dos problemas brasileiros serão o foco principal da pesquisa tecnológica. Também determina o aperfeiçoamento dos recursos humanos com incentivos remuneratórios desvinculados do salário e participação nos ganhos econômicos por produtividade de seu trabalho.

O art. 219 da CF declara que o mercado interno brasileiro constitui patrimônio nacional e será incentivado com o objetivo de viabilizar a autonomia tecnológica do Brasil e o bem-estar da população com desenvolvimento cultural, social e econômico. Para isso são necessários o fortalecimento da ciência e tecnologia brasileira, a criação e manutenção de polos tecnológicos, a valorização de inventores independentes, tudo para que haja um ambiente propício à ciência, tecnologia e inovação.

Para finalizar, citamos a criação, através da EC n. 85/2015, do Sistema Nacional de Ciência, Tecnologia e Inovação que, a exemplo do Sistema Nacional de Cultural, também será organizado em regime de colaboração, com o objetivo de promover o desenvolvimento nesta área. Todos estes sistemas criados e introduzidos por emendas visam aperfeiçoar a atuação do Poder Público nas políticas públicas relacionadas com cada um desses temas da Ordem Social. O regime de colaboração para constituir e operacionalizar tais sistemas decorre da competência concorrente entre os entes federativos para tratar destas matérias, e muitas vezes da necessidade de participação da sociedade, através de entidades privadas como é o caso do Sistema Nacional de Ciência, Tecnologia e Inovação.

Atente para as alterações trazidas pela EC n. 85/2015, que merecem uma leitura detalhada, devido às inovações nas seções da saúde, educação e ciência, tecnologia e inovação.

13.4 Comunicação Social

A liberdade de comunicação foi assegurada expressamente como Direito e Garantia Fundamental. Contudo, um capítulo especialmente dedicado à comunicação social representa um grande avanço, principalmente para um Estado que acabara de sair de uma ditadura com um rigoroso regime repressivo da liberdade de comunicação. Com o advento da nova Constituição, a liberdade de manifestação de pensamento e comunicação passou a ser assegurada em diversos dispositivos, como uma espécie de retratação do novo Estado pelos abusos cometidos pelo Estado anterior.

A liberdade de comunicação, a liberdade de imprensa, a liberdade de informação e manifestação de pensamento podem ser externadas por diversos veículos: TV, rádio, jornal impresso, internet e as modalidades entendidas como Comunicação Social têm seu respaldo constitucional depositados especialmente nos arts. 220 a 224 da CF.

O capítulo da Comunicação Social inicia vedando a censura de natureza política, ideológica e artística (art. 220). A liberdade de expressão do pensamento intelectual, artístico, científico e de comunicação, como destacamos, é direito já assegurado no art. 5º, IX, da CF.

Contemplando a garantia de não censura, o art. 220, § 1º, destaca que nenhuma lei deverá constituir embaraço à plena liberdade de informação jornalística em qualquer veículo de comunicação social e cita alguns incisos do art. 5º relacionados com o tema. É vedada toda e qualquer censura de natureza política, ideológica e artística, encerra categoricamente o § 2º do art. 220.

Em seguida, a Constituição Federal passa a fazer ponderações sobre o tema, determinando que lei federal deverá regular os espetáculos públicos com o objetivo de preservar crianças e adolescentes de conteúdo inadequados à sua idade cronológica e psicológica, e estabelecer meios legais de proteção quando a propaganda de produtos ou serviços forem nocivos à saúde e ao meio ambiente ou quando programas de rádio e televisão violem os princípios que deveriam visar. Afinal, as emissoras de rádio e televisão tem o dever de visar temas educativos, culturais, informativos, artísticos; devem promover a cultura nacional e regional, estimulando a diversidade cultural e respeitar os valores éticos e sociais da pessoa e da família. Nenhuma das ponderações previstas nos arts. 220, § 3º, e 221 da CF caracterizam censura ideológica ou política, mas uma responsabilização daqueles que promovem e divulgam programas e espetáculos ao público indeterminado, devendo respeitar as peculiaridades de cada grupo.

O art. 222 determina regras quanto à propriedade de empresas jornalísticas e de radiodifusão de sons e imagens, impondo o domínio a brasileiros natos ou naturalizados há mais de dez anos, ou pessoas jurídicas constituídas sob as leis brasileiras e que tenham sede no País. A imposição constitucional fixa um percentual mínimo de 70% do capital total e o votante de tais empresas nas mãos de brasileiros natos ou naturalizados há mais de dez anos, que deverão exercer obrigatoriamente a gestão da empresa e dos conteúdos da programação, além das atividades de seleção e direção da programação veiculada e a responsabilidade editorial.

Concluindo o capítulo da Comunicação Social, o constituinte estabeleceu as regras sobre a concessão, permissão e autorização dos serviços de radiodifusão sonora e de sons e imagens, sujeitando-as (inclusive a renovação) à aprovação de dois quintos do Congresso Nacional, em votação nominal. O prazo de concessão ou permissão será de dez anos para rádio e de quinze anos para televisão, só podendo ser cancelado antecipadamente por decisão judicial. O Congresso Nacional terá como órgão auxiliar neste assunto o Conselho de Comunicação Social instituído pelo próprio Poder Legislativo.

13.5 Meio Ambiente

O meio ambiente corresponde a todo ambiente que circunda o homem, alcançando a meio natural, urbano, cultural e incluindo o ambiente de trabalho. Segundo Édis Milaré, o meio ambiente não é mero espaço, é realidade complexa, constituído por seres bióticos e abióticos e suas relações e interações.

José Afonso da Silva afirma que o meio ambiente é a interação do conjunto de elementos naturais, artificiais e culturais que propiciem o desenvolvimento equilibrado da vida em todas as formas.

A proteção ao meio ambiente em um capítulo destacado foi novidade trazida pela Constituição e atende a uma preocupação mundial. Atende a necessidade urgente de atitude por parte dos Poderes Públicos em escala mundial e das sociedades em todos o planeta para conter o avanço da destruição dos ecossistemas, produção de lixo, poluição dos mares, eliminação de espécimes animais e vegetais, só para citar alguns exemplos.

Sendo a primeira norma constitucional a reconhecer a proteção ambiental como um direito fundamental, fez o seu papel ao declarar que todos têm direito ao meio ambiente ecologicamente equilibrado, demonstrando o caráter difuso do direito ambiental. Declarou também que o meio ambiente ecologicamente equilibrado é bem de uso comum do povo e essencial à sadia qualidade de vida humana, direito das presentes e futuras gerações (novamente o caráter difuso). É dever do Estado a proteção ao meio ambiente, mas ele compartilha tal tarefa com a coletividade – sociedade e entidades privadas.

O art. 225 da CF consagra uma série de princípios do Direito Ambiental: princípio da participação ambiental; princípio da educação ambiental; princípio do poluidor-pagador; princípio da prevenção; princípio da precaução; princípio do desenvolvimento sustentável; princípio da responsabilidade.

Baseados nestes princípios, a Constituição Federal determina ao Poder Público preservar e restaurar os processos ecológicos essenciais e prover o manejo ecológico das espécies e ecossistemas; preservar a diversidade e a integridade genética brasileira e fiscalizar entidades que manipulem material genético; exigir o licenciamento ambiental mediante o estudo prévio de impacto ambiental para toda instalação de obra ou atividade potencialmente causadora de significativa degradação ambiental; controlar a produção e comercialização de qualquer substância que cause risco ao meio ambiente e à vida; promover a educação ambiental com intuito de uma efetiva e consciente participação na proteção ambiental.

Outro comando constitucional importantíssimo determina a identificação, em todas as unidades da Federação, de espaços territoriais e seus componentes a serem protegidos. Foi a partir dele que foi criado o Sistema Nacional de Unidades de Conservação da Natureza, através da Lei n. 9.985/2000. São doze categorias de unidades de conservação da natureza com características, funções, limites, tudo com o intuito de identificar estes ecossistemas em todo o Brasil e aplicar controle sobre o uso e a exploração de tais ambiente.

Merecem destaque a imposição constitucional de proteção do meio ambiente degradado pela atividade de mineração; a responsabilização criminal de que comete infrações contra o meio ambiente, inclusive pessoas jurídicas; do controle sobre a atividade e localização das usinas nucleares e da proteção de ecossistemas especiais como o Pantanal, a Amazônia, a Serra do Mar, a Mata Atlântica e a Zona Costeira.

Concluímos o capítulo do meio ambiente citando a EC n. 96/2017, conhecida como Emenda da Vaquejada, que introduziu o § 7º ao art. 225 da CF, declarando não considerar cruéis as práticas desportivas que utilizem animais, desde que sejam manifestações culturais registradas com bem de natureza imaterial integrante do patrimônio cultural brasileiro, devendo ser regulamentadas por lei que assegure o bem-estar dos animais envolvidos.

Tal emenda foi aprovada na contramão de toda construção doutrinária e jurisprudencial acerca do meio ambiente e maus-tratos de animais construída até os dias de hoje. Trata-se de uma medida política do Congresso Nacional na tentativa, segundo Lenza, de superação legislativa da jurisprudência da Corte, já que há diversos julgados nos quais o STF se manifesta contrário ao tratamento cruel de animais em eventos culturais. O Congresso Nacional forçosamente busca uma mutação constitucional pela via legislativa, contudo a última palavra sobre a validade ou não de uma mutação constitucional é sempre do Supremo Tribunal Federal. Aguardaremos o desenrolar deste tema.

13.6 Família, Criança, Adolescente, Jovem e Idoso

A família é o conjunto de pessoas unidas por laços de parentesco, sendo considerada a base e a célula fundamental da sociedade, merecendo proteção especial do Estado. O conceito de família foi ampliado pela Constituição Federal, reconhecendo como entidade familiar a união estável entre homem e mulher, devendo a lei facilitar sua conversão em casamento. O legislador constituinte de 1988 velou pela integridade da família na pessoa de cada um de seus integrantes, criando mecanismos para coibir a violência no âmbito de suas relações.

A união estável entre pessoas do mesmo sexo só veio a ser reconhecida posteriormente pelo STF, não havendo mais tratamento jurídico desigual entre a união estável hétero e homoafetiva. Vejamos as palavras do Ministro Barroso, no voto em sede de julgado com repercussão geral:

> "Não há razão para aplicar ao caso de uniões estáveis homoafetivas solução diversa da que apliquei em meu voto no RE 878.694. Como afirmei naquele julgamento, inexiste fundamento constitucional para estabelecer-se diferenciação entre os múltiplos modelos de família, que, embora não constituídos pelo casamento, sejam caracterizados pelo vínculo afetivo e pelo projeto de vida em comum, incluindo-se aí as uniões entre pessoas do mesmo sexo. (...) Ante o exposto, divirjo do voto do ministro relator, para dar provimento ao recurso, reconhecendo de forma incidental a inconstitucionalidade do art. 1.790 do CC/2002, por violar a igualdade entre as famílias, consagrada no art. 226 da CF/1988, bem como os princípios da dignidade da pessoa humana, da vedação ao retrocesso e da proteção deficiente. Como resultado, **declaro o direito do recorrente de participar da herança de seu companheiro em conformidade com o regime jurídico estabelecido no art. 1.829 do CC/2002, que deve ser aplicado nos casos de uniões hétero e homoafetivas**. Assento, para fins de repercussão geral, a seguinte tese: "É inconstitucional a distinção de regimes sucessórios entre cônjuges e companheiros prevista no art. 1.790 do CC/2002, devendo ser aplicado, tanto nas hipóteses de casamento quanto nas de união estável, o regime do art. 1.829 do CC/2002" (**RE 646.721**, voto do rel. p/ o ac. Min. Roberto Barroso, Tema 498) (*Vide* **RE 878.694**, rel. Min. Roberto Barroso e **ADI 4.277 e ADPF 132**, rel. Min. Ayres Britto).

O art. 227 da CF determina que é dever constitucional da família, da sociedade e do Estado assegurar à criança, ao adolescente e ao jovem, com absoluta prioridade, o direito à vida, à saúde, à alimentação, à educação, ao lazer, à profissionalização, à cultura, à dignidade, ao respeito, à liberdade e à convivência familiar e comunitária, além de colocá-los a salvo de toda forma de negligência, discriminação, exploração, violência, crueldade e opressão.

O Estado, no cumprimento de sua obrigação constitucional, promoverá programas de assistência integral à saúde da criança, do adolescente e do jovem, admitida a participação de entidades não governamentais e obedecendo aos preceitos constitucionais. Destaque para a atenção especial dada pelo art. 227, § 1º, II, da CF às pessoas com deficiência física, sensorial ou mental, com o fim de integração social do adolescente portador de deficiências. Tal dispositivo foi resultado da EC n. 65/2010. Oportunamente, vale lembrar que o Brasil assinou em 2007, em Nova York, a Convenção Internacional sobre os Pessoas com Deficiência e seu Protocolo Facultativo, e este tratado internacional sobre Direitos Humanos foi ratificado no Congresso Nacional com o *status* de emenda (o único com este *status*, até o momento), através do Decreto Legislativo n. 186/2008 e regulamentado pelo Decreto n. 6.949/2009.

À criança, ao adolescente e ao jovem, o legislador constituinte concedeu prerrogativas visando ao seu pleno desenvolvimento dentro de um contexto apropriado e que, sem dúvida, os orienta a uma vida melhor e para uma perfeita convivência social. As prerrogativas não se deram unicamente no nível constitucional, sendo também encontradas no nível infraconstitucional, através do Estatuto da Criança e do Adolescente (Lei n. 8.069/90).

A EC n. 65/2010 incluiu expressamente a figura do jovem, demonstrando a intenção do Estado de assegurar direitos de forma direcionada à juventude. Em 2013, com a publicação da Lei n. 12.852 foi instituído o Estatuto da Juventude, dispondo sobre políticas públicas e criando o Sistema Nacional da Juventude – SINAJUVE.

O idoso também foi contemplado pelo constituinte de 1988, pois envelhecer é uma consequência natural do direito à vida, assegurada pelo Direito Constitucional. Contemplar o envelhecimento é reconhecê-lo não só como uma consequência natural da ordem da vida, mas também como um direito fundamental, humano e social. Impõe-se ao Estado assegurar políticas públicas à população idosa, com a efetivação do direito à saúde física e mental, à aposentadoria e demais direitos previdenciários; à assistência aos idosos necessitados; à integração na vida social e comunitária; à acessibilidade no meio urbano e nos transportes; ao lazer, cultura e turismo, enfim, a um envelhecimento saudável e digno.

O art. 229 da CF assegura o dever e o direito recíprocos de amparo entre pais e filhos na infância, velhice, carência e enfermidade, enquanto o art. 230 estabelece que a família, a sociedade e o Estado têm o dever de amparar as pessoas idosas, assegurando sua participação na comunidade e defendendo sua dignidade e bem-estar. Sabemos que o convívio familiar é importante para a saúde da pessoa idosa, principalmente a saúde mental, por isso os programas de amparo aos idosos serão executados de preferência em seus lares.

O art. 230, § 2º, da CF assegura a gratuidade aos idosos a partir de 65 anos em transportes coletivos urbanos.

Apesar de lacônicos, os arts. 229 e 230 da CF representam um avanço na proteção dos direitos fundamentais da pessoa idosa, abrindo portas para a aprovação de normas infraconstitucionais que ampliam tais direitos, a exemplo da Lei n. 8.842/94 – Política Nacional do Idoso; Lei n. 10.741/2003 – Estatuto do Idoso; Lei n. 13.228/2015 – Crime de Estelionato contra o Idoso.

13.7 Índios (Povos Indígenas)

A Constituição Federal de 1988 demonstrou um grande esforço em contemplar os direitos das populações indígenas. Reconheceu a organização social, língua, costumes, crenças e tradições indígenas, o direito à educação na sua língua materna e processos próprios de aprendizagem, assim como os direitos originários sobre as terras que tradicionalmente ocupam.

As terras ocupadas pelos índios são bens da União, segundo determina o art. 20, XI, da CF, contudo aos povos indígenas são assegurados a posse e o uso tradicional da terra, incluindo o usufruto exclusivo das riquezas do solo, dos rios e dos lagos nelas existentes.

Sendo terras de domínio da União, a exploração dos recursos hídricos, energéticos e minerais nas terras indígenas dependem de autorização do Congresso Nacional. Também depende de decisão do Congresso Nacional a remoção temporária de grupos indígenas de suas terras nos casos taxativos de catástrofe ou epidemia que ponha em risco a população indígena, ou no interesse da soberania nacional.

A temática indígena é objeto de várias discussões judiciais, por isso reunimos alguns julgados sobre o tema, vejamos:

"É de natureza civil, e não criminal (...), a tutela que a CF, no *caput* do art. 231, cometeu à União, ao reconhecer "aos índios sua organização social, costumes, línguas, crenças e tradições, e os direitos originários sobre as terras que tradicionalmente ocupam", não podendo ser ela confundida com o dever que tem o Estado de proteger a vida e a integridade física dos índios, dever não restrito a estes, estendendo-se, ao revés, a todas as demais pessoas. Descabimento, portanto, da assistência pela Funai [Fundação Nacional do Índio], no caso" (**HC 79.530**, rel. Min. Ilmar Galvão).

"Comprovada a histórica presença indígena na área, descabe qualquer indenização em favor do Estado" (**ACO 362**, rel. Min. Marco Aurélio, 2017).

Sobre a nulidade, extinção e não produção de efeitos jurídicos dos atos que tenham por objeto a ocupação, o domínio e a posse das terras indígenas, previstos no art. 231, § 6º, da CF:

"A eventual existência de registro imobiliário em nome de particular, a despeito do que dispunha o art. 859 do CC/1916 ou do que prescreve o art. 1.245 e parágrafos do vigente Código Civil, não torna oponível à União Federal esse título de domínio privado, pois a Constituição da República pré-excluiu do comércio jurídico as terras indígenas *res extra commercium*, proclamando a nulidade e declarando a extinção de atos que tenham por objeto a ocupação, o domínio e a posse de tais áreas, considerando ineficazes, ainda, as pactuações negociais que sobre elas incidam, sem possibilidade de quaisquer consequências de ordem jurídica, inclusive aquelas que provocam, por efeito de expressa recusa constitucional, a própria denegação do direito à indenização ou do acesso a ações judiciais contra a União Federal, ressalvadas, unicamente, as benfeitorias derivadas da ocupação de boa-fé (CF, art. 231, § 6º)" (**RMS 29.193 AgR-ED**, rel. Min Celso de Mello, j. 16-12-2014, 2ª T., *DJe* de 19-2-20).

Para atualizar a discussão, é importante destacar que o STF julgou o RE 1.017.365, cuja decisão terá repercussão geral (Tema 1.031) e atingirá cerca de 226 processos que discutem a disputa por terras indígenas.

A ação originária é uma reintegração de posse ajuizada pelo Instituto de Meio Ambiente de Santa Catarina contra a Funai e os Povos Indígenas Xokleng, e o que estava sendo discutido era o reconhecimento ou negação dos direitos fundamentais dos povos indígenas à terra. Em síntese, havia duas teorias contrárias para fundamentar a questão indígena: a Teoria do Indigenato e a Teoria do Marco Temporal. A Teoria do Indigenato reconhece o direito dos povos indígenas sobre suas terras como um direito originário, anterior ao Estado, tese adotada pela Constituição Federal quando garante aos indígenas "os direitos originários sobre as terras que tradicionalmente ocupam", conforme o art. 231, *caput*, da CF/88. A Teoria do Marco Temporal é mais restritiva e defende que os povos indígenas só teriam direito à demarcação das terras que estivessem sob sua posse no dia 5 de outubro de 1988 (data de promulgação da Constituição Federal), ou que, naquela data, estivessem sob disputa física ou judicial comprovada. Lembrando que, segundo o art. 20, XI, da CF, são bens da União as terras tradicionalmente ocupadas pelos índios, o que significa que os direitos indígenas sobre as terras não têm status de senhorio, mas de posse tradicional da terra.

No dia 21 de setembro de 2023, o STF julgou o mérito do Recurso Extraordinário 1.017.365, reconhecendo, por 9x2 votos, o direito dos povos indígenas às terras tradicionalmente ocupadas por eles. O relator Min. Edson Fachin adotou uma terceira teoria – a Teoria da Tradicionalidade – reconhecendo que a terra pode ser tida como "tradicionalmente ocupada" mesmo que em 5-10-1988 não o fosse de fato. O tradicionalmente refere-se às tradições indígenas e não às terras imemorialmente ocupadas. A Teoria da Tradicionalidade se aproxima muito da Teoria do Indigenato e atende às demandas das causas indígenas.

O relator, citando José Afonso da Silva, destacou que: "O 'tradicionalmente' refere-se não a uma circunstância temporal, mas ao modo tradicional de os índios ocuparem e utilizarem as terras e ao modo tradicional de produção – enfim, ao modo tradicional de como eles se relacionam com a terra, já que há comunidades mais estáveis, outras menos estáveis, e as que têm espaços mais amplos pelos quais se deslocam etc. Daí dizer-se que tudo se realize segundo seus usos, costumes e tradições". (SILVA, José Afonso da. Comentário Contextual à Constituição. 8. ed. São Paulo: Malheiros, 2012, p. 889-890) (RE 1.017.365)

Após a decisão de mérito do Recurso extraordinário, o julgamento foi suspenso para fixação da tese (Tema 1.031) em assentada posterior.

Paralelamente, no dia 27 de setembro de 2023, a Comissão de Constituição e Justiça do Senado aprovou o Projeto de Lei n. 2.903/2023 que estabelece o marco temporal de terras indígenas, contrariando o entendimento do STF sobre o tema. O movimento do Poder Legislativo é definido no Direito Constitucional com "Efeito Blacklash" e representa uma reação adversa não-desejada à atuação judicial ou um contra-ataque político ao resultado de uma deliberação judicial. O tema Efeito Blacklash já foi cobrado pela FGV em 2021 na prova para Residência Jurídica da DPE-RJ.

O projeto de lei foi aprovado com vetos presidenciais, e a Lei n. 14.701/2023 foi promulgada em outubro de 2013, disciplinando o art. 231 da CRFB/88.

Quanto à tese de Repercussão Geral resultante da decisão do STF, no Recurso Extraordinário 1.017.365, o seu inteiro teor determina o seguinte:

Tema 1.031 do STF: I – A demarcação consiste em procedimento declaratório do direito originário territorial à posse das terras ocupadas tradicionalmente por comunidade indígena; II – A posse tradicional indígena é distinta da posse civil, consistindo na ocupação das terras habitadas em caráter permanente pelos indígenas, nas utilizadas para suas atividades produtivas, nas imprescindíveis à preservação dos recursos ambientais necessários a seu bem-estar e nas necessárias a sua reprodução física e cultural, segundo seus usos, costumes e tradições, nos termos do § 1º do art. 231 do texto constitucional; III – A proteção constitucional aos direitos originários sobre as terras que tradicionalmente ocupam independe da existência de um marco temporal em 05 de outubro de 1988 ou da configuração do renitente esbulho, como conflito físico ou controvérsia judicial persistente à data da promulgação da Constituição; IV – Existindo ocupação tradicional indígena ou renitente esbulho contemporâneo à promulgação da Constituição Federal, aplica-se o regime indenizatório relativo às benfeitorias úteis e necessárias, previsto no § 6º do art. 231 da CF/88; V – Ausente ocupação tradicional indígena ao tempo da promulgação da Constituição Federal ou renitente esbulho na data da promulgação da Constituição, são válidos e eficazes, produzindo todos os seus efeitos, os atos e negócios jurídicos perfeitos e a coisa julgada relativos a justo título ou posse de boa-fé das terras de ocupação tradicional indígena, assistindo ao particular direito à justa e prévia indenização das benfeitorias necessárias e úteis, pela União; e, quando inviável o reassentamento dos particulares, caberá a eles indenização pela União (com direito de regresso em face do ente federativo que titulou a área) correspondente ao valor da terra nua, paga em dinheiro ou em títulos da dívida agrária, se for do interesse do beneficiário, e processada em autos apartados do procedimento de demarcação, com pagamento imediato da parte incontroversa, garantido o direito de retenção até o pagamento do valor incontroverso, permitidos a autocomposição e o regime do § 6º do art. 37 da CF; VI – Descabe indenização em casos já pacificados, decorrentes de terras indígenas já reconhecidas e declaradas em procedimento demarcatório, ressalvados os casos judicializados e em andamento; VII – É dever da União efetivar o procedimento demarcatório das terras indígenas, sendo admitida a formação de áreas reservadas somente diante da absoluta impossibilidade de concretização da ordem constitucional de demarcação, devendo ser ouvida, em todo caso, a comunidade indígena, buscando-se, se necessário, a autocomposição entre os respectivos entes federativos para a identificação das terras necessárias à formação das áreas reservadas, tendo sempre em vista a busca do interesse público e a paz social, bem como a proporcional compensação às comunidades indígenas (art. 16.4 da Convenção 169 OIT); VIII – A instauração de procedimento de redimensionamento de terra indígena não é vedada em caso de descumprimento dos elementos contidos no art. 231 da Constituição da República, por meio de pedido de revisão do procedimento demarcatório apresentado até o prazo de cinco anos da demarcação anterior, sendo necessário comprovar grave e insanável erro na condução do procedimento administrativo ou na definição dos limites da terra indígena, ressalvadas as ações judiciais em curso e os pedidos de revisão já instaurados até a data de conclusão deste julgamento; IX – O laudo antropológico realizado nos termos do Decreto n. 1.775/1996 é um dos elementos fundamentais para a demonstração da tradicionalidade da ocupação de comunidade indígena determinada, de acordo com seus usos, costumes e tradições, na forma do instrumento normativo citado; X – As terras de ocupação tradicional indígena são de posse permanente da comunidade, cabendo aos indígenas o usufruto exclusivo das riquezas do solo, dos rios e lagos nelas existentes; XI – As terras de ocupação tradicional indígena, na qualidade de terras públicas, são inalienáveis, indisponíveis e os direitos sobre elas imprescritíveis; XII – A ocupação tradicional das terras indígenas é compatível com a tutela constitucional do meio ambiente, sendo assegurado o exercício das atividades tradicionais dos povos indígenas; XIII – Os povos indígenas possuem capacidade civil e postulatória, sendo partes legítimas nos processos em que discutidos seus interesses, sem prejuízo, nos termos da lei, da legitimidade concorrente da FUNAI e da intervenção do Ministério Público como fiscal da lei.

14. DISPOSIÇÕES CONSTITUCIONAIS GERAIS

O último título da Constituição Federal – Título IX – reúne disposições constitucionais gerais, apesar de também existirem dispositivos de natureza geral do Ato das Disposições Constitucionais Transitórias.

As disposições constitucionais gerais constituem um elenco de dispositivos constitucionais atribuídos pelo legislador constituinte, mas sem muita relação entre eles. Muitos artigos poderiam ter sido distribuídos em Títulos anteriores, assim estariam mais coerentemente organizados. Por este motivo, poucos doutrinadores se dedicam a tratar deste Título específico. Vejamos os temas abordados:

Os arts. 234 e 235 da CF poderiam perfeitamente ser inseridos no Título da Organização do Estado, pois tratam de regras aplicadas na criação de um novo estado-membro. O art. 234 determina que no caso de criação de novo estado-membro não cabe à União assumir as despesas com pessoal inativo e com encargos de amortização da dívida interna ou externa da Administração Pública; já o art. 235 estabelece uma lista de regras a serem cumpridas nos primeiros dez anos de criação de novo estado-membro, desde composição da Assembleia Legislativa; número de Secretarias do Poder Executivo Estadual; número de Desembargadores do novo Tribunal de Justiça e membros do Tribunal de Contas até o limite máximo de gastos orçamentários com despesas do pessoal do serviço público do novo estado-membro.

O art. 240 faz uma ressalva ao disposto no art. 195 da Constituição Federal, retirando da sua incidência as contribuições compulsórias dos empregados sobre a folha de pagamentos, destinadas às entidades privadas de serviço social e de formação profissional vinculadas ao sistema sindical, dispositivo que poderia perfeitamente compor às disposições gerais da Seguridade Social, facilitando inclusive a análise dos dispositivos em questão.

O art. 242, *caput*, da CF prescreve que o princípio constitucional da gratuidade do ensino público em estabelecimentos oficiais, previsto no art. 206, IV, não se aplica às instituições educacionais oficial criadas por lei estadual ou municipal à época da promulgação da atual Constituição, e que não sejam total ou preponderantemente mantidas com recursos públicos.

Os §§ 1º e 2º do mesmo art. 242 da CF impõem, respectivamente, que se levem em consideração as contribuições das diferentes culturas e etnias formadoras do povo brasileiro na elaboração e divulgação do ensino de História do Brasil e que se mantenha o Colégio Pedro II, localizado na cidade do Rio de Janeiro, na esfera federal. Temas que poderiam satisfatoriamente compor a Ordem Social nos tópicos da educação e cultural.

O art. 243, *caput* e parágrafo único da CF, com alteração da EC n. 81/2014, prescreve que em qualquer região do País, onde forem localizadas culturas ilegais de plantas psicotrópicas ou exploração de mão de obra escrava, em propriedade urbanas ou rurais, tais propriedades serão expropriadas e destinadas à reforma agrária e a programas de habitação popular, sem qualquer indenização ao proprietário e sem prejuízo de outras sanções previstas em lei. Além disso, todo e qualquer bem de valor econômico apreendido em decorrência do tráfico de drogas, entorpecentes ou afins e da exploração do trabalho escravo será confiscado e revertido a fundo especial, conforme a lei. Dispositivos que poderiam de forma coerente estar localizados no capítulo da Política Agrícola, Fundiária e Reforma Agrária.

O art. 244 da CF prescreve a adaptação de logradouros, edifícios de uso público e transportes coletivos de forma a atender aos direitos das pessoas com deficiência, conforme já dispõe o art. 227, § 2º, da CF.

Os arts. 248 e 250 estabelecem algumas regras relacionadas ao Regime Geral de Previdência Social, impondo limites para pagamento de benefícios e possibilitando a criação de fundo para obtenção de recursos para pagamento de benefícios. O art. 249 também prevê a criação de fundos integrados por recursos de contribuições, bens e ativos para garantir recursos para pagamento de benefícios de servidores (e seus dependentes) dos estados-membros, Distrito Federal e Municípios, lembrando que os servidores ocupantes de cargo público efetivo integrarão o Regime Próprio de Previdência Social de cada ente federativo.

Alguns artigos estabelecem regras isoladas, como é o caso do art. 236, que dispõe sobre os serviços notariais, exercidos em caráter privado, por delegação do Poder Público; o art. 237, que atribui ao Ministério da Fazenda a fiscalização sobre o comércio exterior, em função dos interesses fazendários; o art. 238, que atribui a lei específica ordenar a venda e revenda de combustível de petróleo, álcool carburante e outros combustíveis; art. 239, que disciplina regras sobe o PIS/PASEP; o art. 241, que estabelece a possibilidade convênio ou consórcio entre os entes federados para a gestão de serviços públicos; o art. 245, que prescreve assistência aos dependentes de vítimas de crimes dolosos, quando carentes; o art. 246, que estabelece vedações à Medida Provisória para regulamentação de determinados artigos da Constituição Federal, e art. 247, que disciplina sobre regras relacionadas aos servidor público – avaliação periódica de desempenho e perda do cargo do servidor estável – arts. 41, § 1º, III, e 169, § 7º, todos da CF. Apesar de parecerem estar isolados, tais artigos também poderiam compor o conteúdo de Títulos que tratam dos mesmos temas.

Apesar da crítica respeitosa quanto à distribuição dos artigos por assunto, enfatizando principalmente a necessidade de coerência na Constituição Federal para que o estudo dos assuntos não apresente lacunas, reconhecemos a importância dos temas reunidos no Título IX e sugerimos a leitura atenta deles para que a banca não surpreenda com nenhuma questão.

Boa prova!

REFERÊNCIAS

ARAÚJO, Luiz Alberto David. NUNES JÚNIOR, Vidal Serrano. *Curso de Direito Constitucional*. 22. ed. São Paulo. Verbatim, 2018.

BARROSO, Luiz Roberto. *Curso de Direito Constitucional Contemporâneo*. 7. ed. São Paulo: Saraiva, 2018.

BASTOS, Celso Ribeiro. *Curso de Direito Constitucional*. 22. ed. São Paulo: Malheiros, 2010.

BITTENCOURT, Carlos Alberto Lúcio. *O Controle Jurisdicional de Constitucionalidade das Leis*. 1. ed. Rio de Janeiro: Forense, 1949.

CAETANO, Marcello. *Manual de Direito Constitucional*. Rio de Janeiro: Forense, 1963.

CARVALHO, Kildare Gonçalves. *Direito Constitucional Positivo*. 21. ed. Belo Horizonte: Del Rey, 2016. v. 2

CANOTILHO, José Joaquim Gomes. *Direito Constitucional e Teoria Constitucional*. 7. ed. São Paulo: Almedina, 2003.

DECOMAIN, Pedro Roberto. *Comentários à Lei Orgânica Nacional do Ministério Público*. 2. ed. Rio de Janeiro: Ferreira, 2011.

FERREIRA FILHO, Manoel Gonçalves. *Manual de Direito Constitucional*. 40. ed. São Paulo: Saraiva, 2015.

FIUZA, Ricardo Arnaldo Malheiros. COSTA, Mônica Aragão Martiniano Ferreira e. *Aulas de Teoria do Estado*. Belo Horizonte: Del Rey, 2005.

LENZA, Pedro. *Direito Constitucional Esquematizado*. 26. ed. São Paulo: Saraiva, 2022.

MARTINS, Ives Gandra da Silva. MENDES, Gilmar Ferreira. *Controle Concentrado de Constitucionalidade*. 3. ed. São Paulo: Saraiva, 2009.

MENDES, Gilmar Ferreira. *Direitos Fundamentais e Controle de Constitucionalidade*. 4. ed. São Paulo: Saraiva, 2012.

MELLO, Celso Antônio Bandeira de. *Curso de Direito Administrativo*. 33. ed. São Paulo: Saraiva, 2018.

MILARÉ, Édis. *Direito do ambiente*: teoria, prática, jurisprudência, glossário. São Paulo: Revista dos Tribunais, 2000.

MORAES, Alexandre de. *Direito Constitucional*. 39. ed. São Paulo: Atlas, 2023.

MOTTA FILHO, Sylvio Clemente da. *Direito Constitucional*. 25. ed. Rio de Janeiro: Elsevier, 2015.

SILVA, José Afonso da. *Curso de Direito Constitucional Positivo*. 41. ed. São Paulo: Malheiros, 2018.

TEMER, Michel. *Elementos de Direito Constitucional*. 24. ed. São Paulo: Malheiros, 2014.

Questões
Direito Constitucional

DIREITOS E DEVERES INDIVIDUAIS E COLETIVOS

1. (41º Exame) Durante uma operação policial, conhecido traficante de substâncias entorpecentes de alta periculosidade, que operava no Município Alfa, foi preso em flagrante. Sua prisão, no entanto, por alegadas razões de segurança, não foi comunicada a ninguém, acrescendo-se que o local onde se encontra detido é desconhecido. A família do preso procura você, na qualidade de advogado(a), para saber se ocorreu a violação de algum direito fundamental do preso. Com base na situação descrita e no sistema jurídico-constitucional brasileiro, assinale a afirmativa correta.

(A) Não houve desrespeito a qualquer direito fundamental do preso, visto que a ordem constitucional estatui que, para os casos de prisão em flagrante, os agentes policiais têm até 72 horas para comunicar à família a prisão.

(B) A prisão e o local onde o preso se encontra detido deveriam ter sido comunicados imediatamente à família ou a outra pessoa por ele indicada, bem como ao juiz competente para apreciar a legalidade da prisão.

(C) Por se tratar de criminoso de alta periculosidade, ele deixa de ser considerado, pela ordem constitucional, titular de direitos fundamentais, de modo que há mera liberalidade estatal em comunicar a sua prisão em flagrante.

(D) A falta de comunicação da prisão e do local em que o preso se encontra são justificáveis, o que decorre da necessidade de se preservar a segurança da sociedade, considerando a periculosidade do agente.

RESPOSTA Segundo o art. 5º, LXII, da CRFB/88, a prisão de qualquer pessoa e o local onde ela se encontra devem ser comunicadas imediatamente ao juiz e à família do preso ou à pessoa por ele indicada. Portanto, a alternativa CORRETA é a B, e pelos mesmos motivos e fundamentos as demais alternativas estão ERRADAS. *Alternativa B.*

2. (41º Exame) Ao exercer o direito de petição, determinada pessoa jurídica estabelecida no território brasileiro precisou realizar o pagamento de taxa, para que o órgão administrativo competente analisasse a tese de que o agente público praticara uma ilegalidade em seu desfavor, o que lhe acarretou um ônus financeiro indevido. Tal pagamento foi cobrado com base no que dispõe a Lei Federal n. Y, recentemente publicada, que dispõe sobre essa exigência. Diante de tal contexto, assinale a opção que se harmoniza com o sistema constitucional brasileiro.

(A) O referido pagamento é devido pela pessoa jurídica estabelecida no Brasil, na medida em que somente pessoas naturais, nacionais ou estrangeiras, podem exercer o direito de petição independentemente do pagamento de taxas.

(B) Ao exigir o referido pagamento como requisito para a apreciação da ilegalidade noticiada, a Lei Federal n. Y é inconstitucional por afrontar o exercício do direito de petição.

(C) Por ser um remédio constitucional direcionado ao âmbito jurisdicional, o direito de petição, sem pagamento de taxas, não é operativo na via administrativa, logo, a Lei Federal n. Y é constitucional.

(D) A Lei Federal n. Y é válida, desde que, por meio de interpretação conforme a Constituição, seja entendido que o referido pagamento tem a sua exigibilidade restrita aos casos em que o direito de petição descreva abuso de poder.

RESPOSTA A Lei Federal n. Y e a exigência do órgão administrativo afrontam o disposto no art. 5º, XXXIV, *a*, da CRFB/88, e, portanto, são inconstitucionais, sendo CERTA a alternativa B. As demais alternativas são ERRADAS por justificar a constitucionalidade ou validade da referida Lei n. Y. *Alternativa B.*

3. (38º Exame) A Lei n. YYY do Município Alfa revogou o adicional por tempo de serviços (ATS), abolindo-o por inteiro com efeitos retroativos absolutos. Além disso, estabeleceu as regras para que os servidores não só deixassem de receber o referido adicional, como também para que devolvessem todas as quantias por eles recebidas a título de ATS. A medida foi justificada sob o argumento de que haveria significativa economia das despesas públicas e, por isso, seria possível o aumento nos investimentos em saúde e em educação. Os servidores, por sua vez, alegaram clara violação ao direito adquirido e ao ato jurídico perfeito em relação à determinação de devolução dos valores já recebidos. Sobre a questão em discussão, segundo o sistema jurídico-constitucional, assinale a afirmativa correta.

(A) A Lei n. YYY apresenta indiscutível interesse público, portanto, a retroatividade absoluta é válida, encontrando-se de acordo com o que determina o sistema jurídico-constitucional.

(B) A garantia ao direito adquirido não se aplica às normas municipais, que podem, por razões econômicas, produzir efeitos retroativos.

(C) A retroatividade absoluta da Lei n. YYY fere o texto constitucional, pois afeta situações já constituídas e exauridas em momento pretérito.

(D) O direito adquirido, por determinação constitucional expressa, pode ser desconsiderado nas situações em que o seu reconhecimento inviabilize políticas públicas nas áreas de educação e saúde.

RESPOSTA A questão é muito simples e trata da regra trazida pelo art. 5º, XXXVI, da CF: "a lei não prejudicará o direito adquirido, o ato jurídico perfeito e a coisa julgada". Portanto, a Lei municipal n. YYY não pode retroagir para afetar situações jurídicas já constituídas e exauridas sob a vigência de lei ao tempo da sua ocorrência. Não cabe alegar interesse público para justificar, portanto a alternativa A está ERRADA; o direito adquirido é protegido contra retroatividade de leis municipais, portanto a alternativa B está ERRADA; não se pode desconsiderar o direito adquirido no reconhecimento e implantação de qualquer política pública, por isso a alternativa D está ERRADA, só restando a alternativa C que está CERTA porque coincide com o comando constitucional. Destaque para o art. 6º, §§ 1º, 2º e 3º do Decreto-lei n. 4.657/1942 (Lei de Introdução às normas do Direito Brasileiro) que disciplina sobre o direito adquirido, o ato jurídico perfeito e a coisa julgada e irretroatividade das leis que atinjam tais institutos jurídicos. *Alternativa C.*

4. (37º Exame) Carlos, praticante de religião politeísta, é internado em hospital de orientação cristã e solicita assistência espiritual a ser conduzida por um líder religioso de sua crença. Os parentes de Carlos, mesmo cientes de que a assistência solicitada se resumiria a uma discreta conversa, estão temerosos de que a presença do referido líder coloque em risco a permanência de Carlos no hospital, em virtude de representar uma vertente religiosa não aderente à fé adotada pela instituição hospitalar. Os parentes de Carlos o procuram, como advogado(a), para conhecer os procedimentos adequados à situação narrada. Você os informou que, segundo o sistema jurídico-constitucional brasileiro, o hospital

(A) pode negar a autorização para a assistência espiritual em religião diversa daquela preconizada pela instituição, embora não fosse o caso de Carlos perder a vaga.

(B) não pode negar o apoio espiritual solicitado, mesmo que a assistência seja prestada em bases religiosas diversas daquela oficialmente preconizada pelo hospital.

(C) somente está obrigado a autorizar a assistência religiosa caso já tivesse permitido que sacerdote de outra religião exercesse atividades religiosas em suas instalações.

(D) tem, como instituição privada, total autonomia para estabelecer regras para situações como esta, podendo permitir ou negar o pedido, de acordo com seu regulamento interno.

RESPOSTA O art. 5º, VII, da CF assegura a todos, nos termos da lei, a prestação de assistência religiosa nas entidades civis e militares de internação coletiva, isso inclui estabelecimentos hospitalares, tanto públicos, como privados. Portanto, Carlos tem direito à assistência espiritual a ser conduzida por um líder religioso de sua crença, não podendo o hospital negar tal assistência, mesmo que seja vertente religiosa não aderente à fé adotada pela instituição hospitalar. A única alternativa que atende ao dispositivo constitucional é a ALTERNATIVA B que está CERTA. As demais alternativas estão ERRADAS justamente por contrariarem o dispositivo constitucional. *Alternativa B.*

5. (36º Exame) Antônio foi condenado em definitivo pela prática de diversos crimes em concurso material. Além da privação da liberdade, também foi condenado, cumulativamente, à pena de multa e à obrigação de ressarcir os danos causados às vítimas das práticas criminosas. Em caso de falecimento de Antônio, com base no texto constitucional, é correto afirmar que,

(A) à exceção das penas privativas de liberdade, todas as demais podem ser estendidas aos sucessores de Antônio até o limite do valor do patrimônio transferido.

(B) pelo princípio da intransmissibilidade da pena, nenhuma das obrigações ou penas decorrentes da prática criminosa pode ser transferida aos sucessores de Antônio.

(C) apenas a pena de multa e obrigações de cunho patrimonial podem ser estendidas aos sucessores de Antônio até o limite do valor do patrimônio transferido.

(D) a obrigação de reparar os danos causados às vítimas pode ser estendida aos sucessores de Antônio e contra eles executada até o limite do valor do patrimônio transferido.

RESPOSTA O fundamento da questão é o art. 5º, XLV, da CF e a alternativa CORRETA é a D que corresponde à literalidade do texto constitucional. As demais alternativas estão ERRADAS: a alternativa A está ERRADA porque não são todas as demais penas estendidas aos sucessores, como, por exemplo, uma pena restritiva de direitos que não é transmissível ao herdeiro; a alternativa B está ERRADA porque nega a possibilidade de transmissão de alguma pena aos sucessores; a alternativa C está ERRADA porque restringe a transmissibilidade da pena à multa e a obrigações de cunho patrimonial. *Alternativa D.*

6. (35º Exame) O Juízo da 10ª Vara Criminal do Estado Alfa, com base nos elementos probatórios dos autos, defere medida de busca e apreensão a ser realizada na residência de João. Devido à intensa movimentação de pessoas durante o período diurno, bem como para evitar a destruição deliberada de provas, o delegado de polícia determina que as diligências necessárias ao cumprimento da ordem sejam realizadas à noite, quando João estaria dormindo, aumentando as chances de sucesso da incursão. Sobre o caso hipotético narrado, com base no texto constitucional, assinale a afirmativa correta.

(A) A inviolabilidade de domicílio, embora possa ser relativizada em casos pontuais, não autoriza que as diligências necessárias ao cumprimento do mandado de busca e apreensão na residência de João sejam efetivadas durante o período noturno.

(B) A incursão policial na residência de João se justificaria apenas em caso de flagrante delito, mas, inexistindo a situação de flagrância, o mandado de busca e apreensão expedido pelo Juízo da 10a Vara Criminal do Estado Alfa é nulo.

DIREITO CONSTITUCIONAL

(C) O cumprimento da medida de busca e apreensão durante o período noturno é justificado pelas razões invocadas pelo Delegado, de modo que a inviolabilidade de domicílio cede espaço à efetividade e à imperatividade dos atos estatais.

(D) A inviolabilidade de domicílio não é uma garantia absoluta e, estando a ordem expedida pelo Juízo da 10ª Vara Criminal devidamente fundamentada, o seu cumprimento pode ser realizado a qualquer hora do dia ou da noite.

RESPOSTA A questão trata do tema Direitos e Deveres Individuais e Coletivos, especificamente da Inviolabilidade da Casa, prevista no art. 5º, XI, que determina que a casa é asilo inviolável do indivíduo, não podendo ninguém nela entrar sem consentimento do morador, salvo em caso de flagrante delito ou desastre, ou para prestar socorro, ou, durante o dia, por determinação judicial. Vê-se que a inviolabilidade da casa é assegurada pela Constituição Federal, mas não é absoluta, sendo relativizada nos estritos casos já expressos no art. 5º, XI, que limita o cumprimento da ordem judicial ao horário do dia. Com base neste conhecimento você certamente marcaria a alternativa A já que é a única correta. As demais alternativas estão erradas porque divergem do comando constitucional. *Alternativa A.*

REMÉDIOS CONSTITUCIONAIS

7. (37º Exame) O poder constituinte derivado reformador promulgou emenda à Constituição, inserindo um novo direito fundamental na Constituição Federal. No caso, trata-se de norma de eficácia limitada, necessitando, portanto, de lei regulamentadora a ser produzida pelo Congresso Nacional. Em razão da total inércia do Poder Legislativo, tendo decorrido quatro anos desde a referida emenda, uma associação de classe legalmente constituída e em funcionamento há mais de 10 anos, cujo estatuto prevê a possibilidade de atuar judicial e extrajudicialmente no interesse de seus associados, que não estariam sendo contemplados em razão da referida inércia, procura você, como advogado(a). Com base no sistema jurídico-constitucional brasileiro, você, como advogado(a), informa, corretamente, que a fruição dos direitos pelos associados

(A) somente poderá ser alcançada com a impetração de Mandado de Injunção por iniciativa individual de cada um dos associados, em seus próprios nomes, junto ao Supremo Tribunal Federal.

(B) poderá ser alcançada com a impetração de Mandado de Injunção Coletivo pela referida Associação, em seu próprio nome, junto ao Supremo Tribunal Federal.

(C) somente será alcançada após o Congresso Nacional produzir a lei regulamentadora referente à norma constitucional de eficácia limitada.

(D) será possível com o ajuizamento de uma Ação Civil Pública, que tenha como pedido a exigência de que o Congresso Nacional produza, imediatamente, a lei regulamentadora.

RESPOSTA O Mandado de Injunção é remédio constitucional cabível para garantir o exercício de direitos declarados na Constituição Federal por norma constitucional de eficácia limitada, mas ainda não regulamentada, e que a ausência da norma regulamentadora inviabilize o exercício do direito, conforme prevê o art. 5º, LXXI, e, neste caso, ajuizado perante o Supremo Tribunal Federal, por ser o Congresso Nacional o impetrado, conforme prevê o art. 102, I, *q*, da CF. Já o art. 12, III, da Lei n. 13.300/2016 prevê que a Associação, legalmente constituída e em funcionamento há pelo menos 1 (um) ano, possa ajuizar Mandado de Segurança Coletivo para assegurar o exercício de direitos, liberdades e prerrogativas em favor da totalidade ou de parte de seus membros ou associados, na forma de seus estatutos e desde que pertinentes a suas finalidades, e, dispensada, para tanto, autorização especial. *Alternativa B.*

8. (36º Exame) Um órgão público, detentor de banco de dados com informações passíveis de serem transmitidas a terceiros, possuía informações inexatas a respeito de João. Em razão disso, ele dirige petição ao referido órgão solicitando que providenciasse a devida retificação. A petição seguiu acompanhada dos documentos que informavam os dados corretos sobre a pessoa de João. Como o órgão público indeferiu tanto o pedido inicial quanto o recurso administrativo interposto, João contratou você, como advogado(a), para ajuizar a medida judicial cabível. Agindo em conformidade com o sistema jurídico-constitucional brasileiro, você

(A) ajuizou um *Habeas Data*, esclarecendo que o Mandado de Segurança, por ser um remédio de caráter residual, não seria o instrumento adequado para aquela situação específica, em que se almejava retificar informações pessoais.

(B) ajuizou uma Ação Ordinária, informando a João ser esta a única solução processual passível de atingir os objetivos pretendidos, já que a comprovação do direito líquido e certo pressupõe a dilação probatória.

(C) impetrou Mandado de Segurança, tendo o cuidado de observar que a impetração se desse dentro do prazo decadencial de 120 dias do conhecimento, por João, do improvimento do recurso.

(D) informou a João que a situação em tela é uma exceção à possibilidade de resolução no âmbito da esfera judicial, sendo que sua solução obrigatoriamente se esgota na esfera administrativa.

RESPOSTA A questão trata da retificação de dados pessoais em banco de dados de órgão público, sanável pela via do *Habeas Data*, previsto no art. 5º, LXXII, da CF. A alternativa CERTA é a A, com base justamente no mesmo art. 5º, LXXII, *b*, da CF, sendo que o Mandado de Segurança só caberia em caráter residual ao *Habeas Corpus* e *Habeas Data*. As demais alternativas estão ERRADAS: a alternativa B porque afirma erroneamente que uma Ação Ordinária seria a única solução processual possível; a alternativa C porque deu como solução o Mandado de Segurança que não é a via adequada neste caso; a alternativa D porque condicionou a solução da retificação de dados à via administrativa. *Alternativa A.*

9. (36º Exame) Roberto, cidadão brasileiro, toma conhecimento que um órgão público federal está contratando uma conhecida empreiteira do Estado Delta para a realização de obras sem promover o regular procedimento licitatório. A fim de proteger o interesse público, busca obter maiores informações junto aos setores competentes do próprio órgão. Sem sucesso, passa a considerar a hipótese de ajuizar uma Ação Popular a fim de anular os atos de contratação, bem como buscar o ressarcimento dos cofres públicos por eventuais danos patrimoniais. Antes de fazê-

-lo, no entanto, quer saber as consequências referentes ao pagamento de custas judiciais e do ônus de sucumbência, caso não obtenha sucesso na causa. Você, como advogado(a), então, explica-lhe que, segundo o sistema jurídico-constitucional brasileiro, caso não obtenha sucesso na causa,

(A) não terá que arcar com as custas judiciais e com o ônus de sucumbência, posto que o interesse que o move na causa é revestido de inequívoca boa-fé, em defesa do interesse público.

(B) somente terá que arcar com as custas judiciais, mas não com os ônus sucumbenciais, posto se tratar de um processo de natureza constitucional que visa a salvaguardar o interesse social.

(C) terá que arcar com as custas judiciais e com o ônus de sucumbência, como ocorre ordinariamente no âmbito do sistema processual brasileiro.

(D) não terá que arcar com qualquer custo, considerando que a Constituição Federal de 1988 concede aos brasileiros isenção de custas em todos os chamados remédios constitucionais.

RESPOSTA A questão trata da Ação Popular, remédio constitucional previsto no art. 5º, LXXIII, da CF e a pergunta é sobre o pagamento de custas judiciais e honorários de sucumbência, que, no caso, se aplica o não pagamento pelo autor popular, salvo comprovada a má-fé. A alternativa CERTA é a A que afirma que o autor popular de boa-fé não pagará custas judiciais e ônus da sucumbência. As demais alternativas estão ERRADAS porque divergem do art. 5º, LXXIII, da CF: a alternativa B porque afirma que o autor pagará somente as custas judiciais; a alternativa C porque afirma que o autor arcará com o pagamento tanto das custas judiciais quanto do ônus da sucumbência e a alternativa D porque afirma que a Constituição concede isenção de custas judiciais para todos os remédios constitucionais. *Alternativa A*.

NACIONALIDADE

10. (35º Exame) Doralice, brasileira, funcionária de uma empresa italiana situada em Roma (Itália), conheceu Rocco, italiano, e com ele se casa. Em Milão, em 1998, nasceu Giuseppe, filho do casal, sendo registrado unicamente em repartição pública italiana. Porém, recentemente, Giuseppe, que sempre demonstrou grande afinidade com a cultura brasileira, externou a seus pais e amigos duas ambições: adquirir a nacionalidade brasileira e integrar os quadros do Itamarati, na condição de diplomata brasileiro. Ele procura, então, um escritório de advocacia no Brasil para conhecer as condições necessárias para atingir seus objetivos. De acordo com o sistema jurídico-constitucional brasileiro, Giuseppe:

(A) poderá exercer qualquer cargo público no âmbito da República Federativa do Brasil, uma vez que, por ser filho de pessoa detentora da nacionalidade brasileira, já possui a condição de brasileiro nato.

(B) poderá atingir o seu objetivo de ser um diplomata brasileiro caso lhe seja reconhecida a condição de brasileiro nato, status que somente será alcançado se vier a residir no Brasil e optar pela nacionalidade brasileira.

(C) poderá adquirir a nacionalidade brasileira na condição de brasileiro naturalizado e, assim, seguir a carreira diplomática, pois a Constituição veda qualquer distinção entre brasileiros natos e naturalizados.

(D) não poderá seguir a carreira diplomática pela República Federativa do Brasil, já que sua situação concreta apenas lhe oferece a possibilidade de adquirir a nacionalidade brasileira pela via da naturalização.

RESPOSTA A questão trata do tema Nacionalidade, especificamente do art. 12, III, da CF, que disciplina sobre o brasileiro nato nascido no estrangeiro de pai brasileiro ou mãe brasileira, desde que seja registrado em repartição brasileira competente ou venha a residir na República Federativa do Brasil e opte, em qualquer tempo, depois de atingida a maioridade, pela nacionalidade brasileira. Na questão foi informado que Giuseppe, filho de brasileira com italiano e nascido na Itália, fora registrado apenas na repartição pública italiana, portanto, se ele pretende exercer os direitos de brasileiro nato e considerando que já atingiu a maioridade, terá que vir residir no Brasil e ajuizar a Ação de Opção junto à Justiça Federal, cuja competência está prevista no art. 109, X, da CF. Após a Opção ele poderá exercer todos os direitos de brasileiro nato, inclusive ingressar na carreira diplomática. *Alternativa B*.

ORGANIZAÇÃO DO ESTADO

11. (38º Exame) Com grande adesão da população, o prefeito do Município Delta, situado no Estado-membro Alfa, declarou a independência do território municipal, criando um novo país. Assustado com a rapidez do processo, o Presidente da República, após ouvir o Conselho de Defesa Nacional, sem perda de tempo, decidiu decretar a intervenção federal no Município. Ato contínuo, submeteu o decreto ao Congresso Nacional, que o aprovou, também de forma célere, por unanimidade. Sobre o decreto interventivo federal, segundo o sistema jurídico-constitucional brasileiro, assinale a afirmativa correta.

(A) A Constituição da República de 1988 veda, de forma cabal, o direito de secessão, sendo o decreto constitucional.

(B) O ato de insurreição traz consigo grave comprometimento à ordem pública, o que aponta para a constitucionalidade do decreto.

(C) Como Delta está situado em um Estado-membro, não há previsão constitucional para a decretação de intervenção federal.

(D) O fato de a decisão presidencial não ter sido antecedida de requisição pelo Supremo Tribunal Federal indica a invalidade do decreto.

RESPOSTA O tema da questão é Intervenção, previsto nos arts. 34, 35 e 36 da CF e o grande erro do comando é a situação do Presidente da República decretar intervenção no município Delta, localizado no Estado-membro Alfa. Segundo a Constituição, arts. 34, *caput*, e 35, *caput*, o Presidente só decreta intervenção nos estados-membros, Distrito Federal e nos municípios localizados no Território Federal. A partir desta informação você encontra a alternativa correta. A alternativa A está ERRADA, porque apesar da Constituição vedar de forma cabal o direito de secessão, isso não valida o decreto presidencial analisado; a B está ERRADA porque apesar do ato de insurreição do prefeito de Delta representar grave comprometimento à ordem pública, isso não justifica uma constitucionalidade do decreto presidencial; a alternativa C está CERTA porque como o município Delta está situado em um Estado-membro, não há previsão constitucional para a decretação de intervenção federal, somente intervenção estadual; a al-

DIREITO CONSTITUCIONAL

ternativa D está ERRADA porque a não requisição pelo Supremo Tribunal Federal não indica a invalidade do decreto, inclusive o caso descrito não demanda a requisição do STF. *Alternativa C.*

12. (37º Exame) Em projeto de lei apresentado pelos próprios Vereadores, a Câmara de Vereadores do Município Alfa votou e aprovou a fixação dos subsídios dos referidos agentes, daí resultando a Lei municipal n. XX. O padrão remuneratório assim fixado gerou muitos debates em relação à higidez do processo legislativo e à necessidade de serem observados certos parâmetros em sua fixação, sendo sustentada uma necessária correspondência percentual em relação ao subsídio dos Deputados Estaduais. Sobre o caso narrado, com base no texto constitucional, assinale a afirmativa correta.

(A) A fixação dos subsídios dos Vereadores é de competência da Câmara Municipal, não podendo ultrapassar determinado percentual do subsídio dos Deputados Estaduais, percentual este que varia conforme a população do Município;
(B) A referida lei padece de vício de iniciativa, eis que compete privativamente ao Prefeito do Município Alfa dispor sobre os subsídios dos membros dos Poderes Executivo e Legislativo.
(C) Diante do princípio da separação dos poderes, inexiste vedação para que os subsídios dos integrantes do Poder Legislativo local superem aqueles recebidos pelo Deputados Estaduais, desde que respeitado o teto constitucional.
(D) É de competência comum da Câmara Municipal e do Prefeito Municipal a fixação dos subsídios dos Vereadores, os quais não podem ultrapassar o subsídio mensal, em espécie, dos Ministros do Supremo Tribunal Federal, excetuadas vantagens pessoais, não tendo vinculação com os Deputados Estaduais.

RESPOSTA A questão trata de subsídios de vereadores, previsto no art. 29, VI, e suas alíneas, da CF, disciplinando que as Câmaras Municipais irão legislar sobre o subsídio dos Vereadores, aprovando em uma legislatura para a subsequente, e que o valor do subsídio deve obedecer um escalonamento atrelado ao número de habitantes do referido Município e limitado a percentuais referentes aos subsídios dos Deputados Estaduais do Estado-membro correspondente (faça a leitura detalhada do art. 29, VI, alíneas da CF). A alternativa A está CORRETA porque atende ao dispositivo constitucional citado. A alternativa B está errada porque afirma erroneamente que a referida lei de subsídios de vereadores é competência do Prefeito Municipal; a alternativa C está errada porque declara que inexiste vedação aos subsídios dos vereadores superarem os subsídios dos Deputados Estaduais, contrariando o que determina o art. 29, VI, alíneas da CF; alternativa D está ERRADA quando determina competência conjunta entre Prefeito Municipal e Câmara Municipal para legislarem sobre os subsídios dos vereadores e atrela o limite remuneratório ao teto do serviço público, que é o subsídio dos Ministros do Supremo Tribunal Federal, e, ainda desvincula dos Deputados Estaduais. *Alternativa A.*

13. (35º Exame) Diante do desafio de promover maior proteção às florestas, à fauna e à flora, reiteradamente atingidas por incêndios e desmatamentos, organizações não governamentais resolvem provocar o Poder Público, a fim de que sejam adotadas providências concretas para manutenção do equilíbrio climático. Porém, sem saber quais os entes federativos que seriam constitucionalmente competentes para agir na direção almejada, buscam maiores esclarecimentos com competente advogado(a). No âmbito da competência comum estabelecida pela Constituição Federal de 1988, assinale a opção que apresenta a orientação recebida.

(A) A União deve atuar legislando privativamente a respeito da referida proteção, sendo que, aos demais entes federativos, restará tão somente cumprir as normas editadas pela União, sem que possam suplementá-la.
(B) A União, os Estados, o Distrito Federal e os Municípios são todos competentes para promover a referida proteção, sendo os termos dessa cooperação fixados em legislação primária produzida pelo Congresso Nacional, com quórum de aprovação de maioria absoluta.
(C) A União e os Estados dividirão, com exclusividade, as responsabilidades inerentes à produção das normas e à atuação administrativa, tendo por pressuposto o fato de ter o constituinte originário brasileiro, na Constituição de 1988, adotado uma típica federação de 2º grau.
(D) A referida proteção é uma tarefa precípua da União, podendo o Presidente da República, no uso de suas atribuições constitucionais, se considerar conveniente, delegar tarefas específicas aos Estados, ao Distrito Federal e aos Municípios.

RESPOSTA A questão trata da Organização do Estado, especificamente da competência administrativa comum entre União, Estado, Distrito Federal e Municípios, presente no art. 23 da CF. O tema da questão era proteção às florestas, à fauna e à flora, assunto que identificamos nos incisos VI e VII do mesmo art. 23 – "proteger o meio ambiente e combater a poluição em qualquer de suas formas e preservar as florestas, a fauna e a flora". Acrescentamos que o parágrafo único do mesmo artigo disciplina a fixação, através de lei complementar, de normas para a cooperação entre os entes federativos nas competências comuns, tendo em vista o equilíbrio do desenvolvimento e do bem-estar em âmbito nacional. Para acertar a questão você deveria escolher a alternativa B, que é a única correta, atendendo aos dispositivos do art. 23, VI e VII e seu parágrafo único. As demais alternativas estão erradas com base nos mesmos fundamentos. *Alternativa B.*

14. (35º Exame) Um agente público federal, em entrevista a jornal de grande circulação, expressou sua insatisfação com o baixo índice de desenvolvimento econômico e social de aproximadamente 25 por cento do amplo território ocupado pelo Estado Alfa, mais precisamente da parte sul do Estado. Por entender que a autoridade estadual não possui os recursos necessários para implementar políticas que desenvolvam essa região, afirma que faz parte da agenda do governo federal transformar a referida área em território federal. O Governador de Alfa, preocupado com o teor do pronunciamento, solicita que os procuradores do Estado informem se tal medida é possível, segundos os parâmetros estabelecidos na Constituição Federal de 1988. O corpo jurídico, então, responde que:

(A) embora na atual configuração da República Federativa do Brasil não conste nenhum território federal, caso venha a ser criado, constituirá um ente dotado de autonomia política plena.
(B) embora não exista território federal na atual configuração da República Federativa do Brasil, a Constituição Federal de 1988 prevê, expressamente, a possibilidade de sua criação.

(C) em respeito ao princípio da autonomia estadual, somente seria possível a criação de território pelo Governador de Alfa, a quem caberia a responsabilidade pela gestão.
(D) ainda que o Brasil já tenha tido territórios federais, a Constituição Federal não prevê tal modalidade, o que afasta a possibilidade de sua criação.

RESPOSTA A questão versa sobre Organização do Estado, especificamente sobre a criação de território federal prevista expressamente no art. 18, § 2º, da CF. Não existe atualmente nenhum território federal mas ele poderá ser criado através de lei complementar do Congresso Nacional, constituindo uma autarquia territorial, integrante da Administração Pública Indireta da União. Sua criação obviamente seria resultante de desmembramento de algum Estado-membro, conforme disciplina o art. 18, § 3º, com a necessidade de plebiscito antes da aprovação por lei complementar federal. Com este conhecimento você marcaria como certa a alternativa B que é a única que corresponde ao comando constitucional. As demais alternativas estão erradas. *Alternativa B.*

PODER LEGISLATIVO

15. (38º Exame) José foi eleito deputado estadual por determinado Estado da Federação. Uma semana após a sua posse e fora do recinto da Assembleia Legislativa do seu respectivo Estado, o deputado encontra João, candidato não eleito e seu principal opositor durante a campanha eleitoral, vindo a agredi-lo, causando-lhe lesões corporais gravíssimas, cuja persecução em juízo é iniciada mediante denúncia oferecida pelo Ministério Público. Diante de tal contexto, levando em consideração as imunidades do parlamentar estadual, de acordo com o Direito Constitucional brasileiro, assinale a opção correta.

(A) Em relação à imunidade formal de processo, recebida a denúncia oferecida contra o deputado estadual José, por crime cometido após a posse, a Casa legislativa a que pertence o parlamentar denunciado poderá apenas sustar a tramitação da ação penal.
(B) Por gozar da mesma imunidade material (inviolabilidade parlamentar) de deputados federais e senadores, o deputado estadual José não poderá ser responsabilizado por qualquer tipo de crime praticado durante o seu mandato eletivo.
(C) Em relação à imunidade formal de processo, o deputado estadual José está sujeito a julgamento judicial pelo crime comum cometido, desde que a análise da denúncia oferecida contra ele seja autorizada pela respectiva casa legislativa.
(D) Por não possuir as mesmas imunidades formais de deputados federais e senadores, mas apenas a imunidade material relativa aos atos praticados em razão do seu mandato, o deputado estadual José será julgado pelo crime comum cometido, não sendo possível que seja sustada a tramitação da ação penal.

RESPOSTA O tema da questão é Estatuto dos Congressistas aplicado aos deputados estaduais. O art. 27, § 1º, determina que serão aplicados aos Deputados Estaduais as regras da Constituição acerca de sistema eleitoral, inviolabilidade, imunidades, remuneração, perda de mandato, licença, impedimentos e incorporação às Forças Armadas. E essas regras, conhecidas como Estatuto dos Congressistas, estão previstas nos arts. 53, 54, 55 e 56, dispondo sobre os Deputados Federais e Senadores. Ciente do tema, vamos à questão: um deputado estadual eleito, diplomado e empossado comete um crime não relacionado com palavras, votos e opiniões e não amparado pela imunidade material. Oferecida a denúncia e iniciada a persecução penal, a Casa Legislativa pode, a qualquer momento, sustar o andamento da ação, conforme prevê o art. 53, § 3º, da CF. A alternativa que corresponde ao comando constitucional é a A que está CERTA, as demais estão ERRADAS pelos seguintes motivos respectivamente: na alternativa B, a imunidade material (art. 53, *caput*) é quanto a palavras, votos e opiniões relacionada sempre com a função parlamentar; na alternativa C, o processo contra o parlamentar não depende de autorização da Casa Legislativa respectiva (art. 53, §§ 3º, 4º e 5º, atualizado pela EC n. 35/2001) e na alternativa D, o deputado estadual José goza das mesmas imunidades aplicadas aos deputados e senadores, o que permite que sua Casa Legislativa suste o andamento da ação (art. 53, § 3º). Lembrando que aos vereadores a imunidade é apenas a material e no limite da circunscrição do município, como prevê o art. 29, VIII, todos os artigos da CF. *Alternativa A.*

PROCESSO LEGISLATIVO

16. (37º Exame) Márcio, deputado estadual do Estado-membro Alfa e líder do governo na Assembleia, vem demonstrando grande preocupação com o excessivo número de projetos de lei que chegam à Casa Legislativa do Estado e que, segundo ele, se aprovados, trarão muitas inovações e, em consequência, elevado grau de insegurança jurídica aos cidadãos. Por isso, ele sugere que o governador proponha uma emenda à Constituição do Estado (PEC estadual), no sentido de tornar mais dificultoso o processo legislativo para aprovação de lei ordinária. Sua ideia é a de que, ao invés de maioria relativa, a aprovação de lei ordinária apenas se configure caso atingido o quórum de maioria absoluta dos membros da Assembleia legislativa de Alfa. Avaliada pelos Procuradores do Estado Alfa, estes informam, acertadamente, que, segundo o sistema jurídico constitucional brasileiro, a sugestão de Márcio, acerca da alteração no processo legislativo de Alfa,

(A) pode ser levada adiante, já que, no caso, com base no princípio federativo, há total autonomia do Estado-membro para a elaboração de suas próprias regras quanto ao processo legislativo.
(B) pode ser levada adiante, já que apenas não seria possível a proposta de emenda que viesse a facilitar o processo legislativo para a alteração de leis ordinárias.
(C) é inconstitucional, pois, com base no princípio da simetria, o tema objeto da suposta emenda tem de ser disciplinado com observância das regras estabelecidas pela Constituição Federal de 1988.
(D) é inválida, pois a Constituição Federal de 1988 veda aos detentores do cargo de Chefe do Poder Executivo o poder de iniciativa para propor a alteração no texto constitucional estadual.

RESPOSTA O tema da questão é Processo Legislativo e a regra geral sobre o quórum de instalação e aprovação está prevista no art. 47 da CF, com a seguinte prescrição: "Salvo disposição consti-

DIREITO CONSTITUCIONAL

tucional em contrário, as deliberações de cada Casa e de suas Comissões serão tomadas por maioria dos votos, presente a maioria absoluta de seus membros", sendo que a lei ordinária está sujeita a imposição das regras gerais do referido artigo da Constituição. Acresce-se que a regra constitucional do art. 47 da CF é de reprodução obrigatória pelos Estados-membros, não podendo o Estado Alfa disciplinar em sentido contrário, tornando mais difícil o processo legislativo de aprovação da lei ordinária. Além disso, o princípio da simetria constitucional indica que o modelo do processo legislativo previsto no âmbito federal deve ser seguido no âmbito dos Estados, Municípios e Distrito Federal. *Alternativa C.*

17. (37º Exame) O Presidente da República, ao finalizar projeto de lei de sua iniciativa privativa, é aconselhado por um assessor que encaminhe o texto ao Senado Federal, de forma a ali dar início à discussão e à votação do referido projeto. A justificativa para que o Senado Federal fosse definido como a casa iniciadora do projeto de lei era a de que a matéria teria recebido grande apoio no âmbito do Senado Federal. O Presidente da República, então, solicita que sua assessoria analise a possibilidade ventilada. Estes, após cuidadosa avaliação, informam ao Presidente da República que, segundo a ordem jurídico-constitucional brasileira, a discussão e a votação dos projetos de lei de iniciativa do Presidente da República terão início

(A) na Câmara dos Deputados ou no Senado Federal, conforme escolha discricionária de sua parte.

(B) na Câmara dos Deputados, necessariamente, sendo que ao Senado Federal restará o papel de casa revisora.

(C) por vezes na Câmara dos Deputados, por vezes no Senado Federal, devendo apenas ser respeitada a regra de alternância entre elas.

(D) por regra, no Senado Federal, salvo exceções estabelecidas na Constituição Federal de 1988.

RESPOSTA O tema da questão é Processo Legislativo e o art. 64 da CF determina que "A discussão e votação dos projetos de lei de iniciativa do Presidente da República, do Supremo Tribunal Federal e dos Tribunais Superiores terão início na Câmara dos Deputados", portanto, o aconselhamento inicial do assessor do Presidente da República diverge do dispositivo constitucional e em análise detalhada o Presidente será informado que neste caso a Casa iniciadora será necessariamente a Câmara de Deputados Federais, sendo o Senado Federal a casa revisora. *Alternativa B.*

18. (37º Exame) Um terço dos membros do Senado Federal apresentou proposta de emenda à Constituição da República (PEC), propondo o acréscimo de um inciso ao art. 5º. Segundo a PEC, o novo inciso teria a seguinte redação: "LXXX – é garantida a inclusão digital e o acesso amplo e irrestrito à Internet, nos termos da lei". A proposta foi aprovada pelo plenário da Câmara dos Deputados e do Senado Federal por mais de três quintos dos membros em um único turno de votação. Ato contínuo, a PEC foi promulgada pelas Mesas da Câmara dos Deputados e do Senado Federal. Sobre a PEC descrita na narrativa, segundo o sistema jurídico-constitucional brasileiro, assinale a afirmativa correta.

(A) Apresenta uma inconstitucionalidade material, que vem a ser a violação de cláusula pétrea, haja vista a impossibilidade de qualquer alteração no art. 5º da Constituição da República.

(B) É formalmente inconstitucional, pois o procedimento a ser seguido pelas casas do Congresso Nacional, que funcionam como poder constituinte derivado reformador, não foi corretamente observado.

(C) Ostenta um vício de iniciativa, visto que é da competência exclusiva do chefe do Poder Executivo a apresentação do projeto de emenda à Constituição.

(D) Apresenta vício formal, pois, em qualquer ato de produção normativa, especialmente no caso de emenda à Constituição, a competência para o ato de promulgação é do Presidente da República.

RESPOSTA A alternativa B está CERTA porque a PEC é formalmente inconstitucional, pois a votação e aprovação por três quintos dos membros deve ser feita em dois turnos em cada Casa Legislativa, conforme prevê o art. 60, § 2º, da CF, e, portanto, o procedimento a ser seguido pelas casas do Congresso Nacional não foi corretamente observado, já que ela foi votada em um turno. A alternativa A está ERRADA porque não há qualquer impedimento em acrescentar direitos ao art. 5º, mesmo que os direitos e garantias individuais sejam considerados cláusulas pétreas, como prevê o art. 60, § 4º, IV, da CF; a alternativa C está ERRADA porque não há inconstitucionalidade na iniciativa, conforme determina o art. 60, I, da CF; a alternativa D está ERRADA porque não há promulgação das emendas pelo Presidente da República e sim pelas Mesas da Câmara e do Senado, tudo conforme o art. 60, § 3º, da CF. *Alternativa B.*

PODER JUDICIÁRIO

19. (41º Exame) Tendo em vista a existência de inúmeras controvérsias entre órgãos judiciários, que geravam grave insegurança jurídica, o Supremo Tribunal Federal editou, há quase uma década, a súmula vinculante n. X, que tratava da incidência de determinado tributo em situações e condições específicas. O Procurador-Geral da República, apontando as mudanças legislativas e as emendas constitucionais promulgadas em tempos mais recentes, manifestou-se na mídia sobre a ausência de compatibilidade da referida súmula com a ordem jurídica brasileira. Sobre a hipótese, segundo o sistema jurídico-constitucional brasileiro, assinale a afirmativa correta.

(A) Por não se encontrar na esfera da Justiça Federal, um Tribunal de Justiça de Estado-membro não está obrigado a seguir as diretrizes estabelecidas na súmula vinculante em questão.

(B) Para o cancelamento da súmula vinculante em referência, será necessário que o pleno do Supremo Tribunal Federal se manifeste pelo quórum qualificado de dois terços de seus membros.

(C) Ainda que o Supremo Tribunal Federal entenda que o teor da súmula vinculante não mais se coaduna com a ordem constitucional, somente poderá apreciar seu cancelamento se provocado por algum agente legitimado.

(D) A fim de obter o cancelamento da mencionada súmula vinculante, deverá o Procurador-Geral da República provocar o Supremo Tribunal Federal por meio de uma ação direta de inconstitucionalidade.

RESPOSTA O art. 103-A da CRFB/88 disciplina sobre a Súmula Vinculante e determina em seu *caput* que a edição, a revisão e o cancelamento de Súmula Vinculante dar-se-ão por voto de 2/3 dos membros do STF, portanto, a alternativa CORRETA é a B. As demais estão ERRADAS porque o Tribunal de Justiça está vinculado à Súmula Vinculante; o STF pode cancelar de ofício a Súmula Vinculante e para cancelar a Súmula Vinculante existe procedimento próprio, previsto no art. 103-A, que não é a Ação Direta de Inconstitucionalidade. *Alternativa B.*

20. (40º Exame) O Supremo Tribunal Federal (STF), por dois terços de seus membros, aprovou de ofício, no último mês, a Súmula Vinculante XXX, que versa sobre matéria tributária. O deputado federal João da Silva mostrou-se preocupado com a referida Súmula, pois tramita no Congresso Nacional projeto de lei complementar cujo teor conflita fortemente com o da Súmula Vinculante XXX. Por desconhecer as consequências que a referida Súmula acarretará ao processo legislativo em andamento, João busca auxílio de sua assessoria jurídica. Sobre as consequências da Súmula Vinculante aprovada pelo STF, assinale a opção que apresenta, corretamente, a orientação recebida.

(A) Ela vincula unicamente os órgãos do Poder Judiciário, não atingindo os demais poderes, em respeito à separação de poderes.

(B) Ela não alcança o poder legiferante do Congresso Nacional, que segue mantendo intacta sua função originária de criação do Direito.

(C) Ela tem mera função diretiva e de orientação aos demais poderes, sem, no entanto, ter caráter impositivo para qualquer deles, incluindo o Poder Legislativo.

(D) Ela terá efeito vinculante em relação a todos os poderes, em todas as esferas, inclusive no que se refere ao poder de legislar dos entes federativos.

RESPOSTA A Súmula Vinculante vincula toda a Administração Pública Direta e Indireta, mas não vincula o STF e o Poder Legislativo na sua função legiferante (inclusive o Presidente da República quando exerce poder legiferante expedindo Medida Provisória). Portanto, a alternativa CERTA é a B, que afirma que a SV não alcança o poder legiferante do Congresso Nacional, que segue mantendo intacta sua função originária de criação do Direito. Pelos mesmos argumentos as demais alternativas estão ERRADAS. *Alternativa B.*

21. (39º Exame) À luz de um caso concreto, que envolvia um cliente do escritório, dois advogados iniciaram um debate sobre a relevância do instituto da Súmula Vinculante como instrumento de interpretação. O primeiro advogado ressaltou que a importância destas súmulas é justificada por vincularem todas as estruturas estatais de poder, com exceção do Supremo Tribunal Federal (STF), criando, assim, uma estabilidade jurídica dos significados da Constituição. O segundo advogado disse que achava que o colega estava equivocado, pois o STF também estaria vinculado ao seu entendimento. Sobre o impasse surgido, de acordo com o sistema jurídico-constitucional brasileiro, assinale a afirmativa correta.

(A) Os dois advogados estão equivocados, pois as súmulas vinculantes não vinculam o STF, que as edita e revê, nem tampouco o Poder Legislativo, que possui plena autonomia para legislar, mesmo em sentido contrário ao das súmulas vinculantes.

(B) Os dois advogados estão equivocados, pois as súmulas vinculantes não vinculam o STF, que as edita e revê, nem tampouco o Superior Tribunal de Justiça, por ser o intérprete da legislação federal.

(C) O primeiro advogado está certo e o segundo errado, pois as súmulas vinculantes, de acordo com a Constituição, vinculam todas as estruturas estatais de poder, com exceção apenas do STF, que zela pela adaptabilidade da Constituição à realidade.

(D) O segundo advogado está certo e o primeiro equivocado, pois as súmulas vinculantes, de acordo com a Constituição, vinculam todas as estruturas estatais de poder, sem exceção, em razão da rigidez constitucional.

RESPOSTA A alternativa A está CERTA ao afirmar que os dois advogados estão errados, pois as súmulas vinculantes não vinculam o próprio STF e o Poder Legislativo na sua função de legislar. Por esse mesmo argumento as demais alternativas estão ERRADAS. *Alternativa A.*

22. (38º Exame) O Procurador-Geral da República, preocupado com o grande número de decisões judiciais divergentes, em âmbito nacional, referentes à possível inconstitucionalidade da Lei Federal n. XX/2021, ajuizou, perante o Supremo Tribunal Federal (STF), uma Ação Declaratória de Constitucionalidade (ADC) visando a elidir a controvérsia judicial. Em março de 2022, no julgamento do mérito, o STF decidiu pela improcedência da ADC referente à Lei Federal n. XX/2021. No entanto, você, na qualidade de advogado(a) de uma determinada causa, deparou-se com a seguinte situação: em desfavor do seu cliente, o Tribunal Regional Federal (TRF) competente, mantendo decisão proferida pelo Juiz Federal responsável pelo caso, deu aplicação à Lei Federal n. XX/2021 que já fora objeto de ADC, apreciada pelo STF em março de 2022. Diante de tal contexto, assinale a opção que apresenta a medida judicial a ser utilizada para preservar, de forma eficiente e célere, o interesse do seu cliente na causa.

(A) Formular representação ao Procurador-Geral da República, para que seja deflagrado um novo processo objetivo perante o STF para retirar a Lei Federal n. XX/2021 do mundo jurídico.

(B) Interpor recurso especial perante o STF, com fundamento em violação de dispositivo constitucional.

(C) Ajuizar reclamação perante o STF em relação à decisão proferida pelo TRF.

(D) Formular representação ao Conselho Nacional de Justiça (CNJ), para que seja deflagrado um processo administrativo disciplinar contra os magistrados do TRF.

RESPOSTA O tema da questão é Reclamação Constitucional, cabe Reclamação Constitucional junto ao STF nas seguintes hipóteses: art. 102, I, alínea l (preservação de sua competência e garantia da autoridade de suas decisões) e art. 103-A, § 3º (ato administrativo ou decisão judicial que contrariar a súmula aplicável ou que indevidamente a aplicar) todos da CF. No caso em questão, o STF julgou improcedente a ADC em relação à Lei Federal n. XX/2021, julgando-a inconstitucional, com efeitos os naturais da decisão no controle concentrado de constitucionalidade. Ocorre que determinado TRF publicou decisão adotando a referida Lei n. XX/2021 julgada inconstitucional pelo STF. É o caso da aplicação do art. 102, I, alínea l (última parte): garantia da autoridade de suas decisões, cabendo, portanto, ajuizamento de Reclamação Constitucional como competência originária do

DIREITO CONSTITUCIONAL

STF. A única opção que corresponde a este raciocínio jurídico e obedece a Constituição Federal é a alternativa C que está CERTA. As demais estão ERRADAS, vejamos: não há fundamento para o ajuizamento de uma nova ação para discutir a constitucionalidade de uma lei que já foi declarada inconstitucional pelo STF, e já foi expurgada do ordenamento jurídico; não é hipótese de recurso especial e não é o caso de representação no CNJ, se há a via processual perfeita e adequada para solucionar o caso, motivos pelos quais fundamentam-se os erros das alternativas A, B e D respectivamente. *Alternativa C*.

CONTROLE DE CONSTITUCIONALIDADE

23. (41º Exame) Uma Proposta de Emenda à Constituição (PEC) foi apresentada pelo Presidente da República à Câmara dos Deputados. Tal PEC, para alguns parlamentares, versa sobre matéria que é manifestamente ofensiva ao núcleo essencial do pacto federativo. Apesar disso, é aprovada pelas comissões competentes e colocada em pauta, pela Mesa, para a votação pelo Plenário. Diversos deputados federais do bloco de oposição, inconformados com essa situação, consultam você, como advogado(a), sobre possível medida judicial para que seja reconhecida a incompatibilidade da PEC com a Constituição da República, de modo a impedir a votação pelo Plenário. Diante de tal contexto, assinale, como advogado(a), a opção que se harmoniza com o sistema brasileiro de controle de constitucionalidade.

(A) A PEC, enquanto não for aprovada e convertida em um ato normativo, vigente e eficaz, não pode ser objeto de nenhum tipo de controle de constitucionalidade.
(B) É possível que a PEC seja considerada inconstitucional em sede de mandado de segurança impetrado no Supremo Tribunal Federal por qualquer deputado federal.
(C) É cabível uma ação direta de inconstitucionalidade perante o Supremo Tribunal Federal, ajuizada por qualquer partido político com representação no Congresso Nacional.
(D) Como a PEC viola preceito fundamental, pode ser deflagrado o controle abstrato de constitucionalidade, via arguição de descumprimento de preceito fundamental, perante o Supremo Tribunal Federal.

RESPOSTA No caso de processo legislativo viciado, que afronta materialmente ou formalmente a Constituição, o parlamentar pode ajuizar Mandado de Segurança, alegando seu direito líquido e certo ao devido processo legislativo. O STF, ao julgar, limita-se à análise da violação aos dispositivos constitucionais, não interferindo em questões *interna corporis* das Casas Legislativas. Trata-se de Controle de Constitucionalidade Preventivo exercido pelo Poder Judiciário, que deverá ser sempre provocado, não agindo de ofício. Com base nesta argumentação, é evidente que a alternativa B está CERTA, estando ERRADAS as demais alternativas. *Alternativa B*.

24. (41º Exame) No Estado Ômega, um deputado estadual ajuizou representação de inconstitucionalidade perante o Tribunal de Justiça local, visando questionar a constitucionalidade de uma lei estadual. O Tribunal, porém, se negou a conhecer da representação, argumentando que o deputado não possuía legitimidade ativa conforme estabelecido na Constituição Estadual. Inconformado, o deputado considera interpor recurso extraordinário, a ser julgado pelo Supremo Tribunal Federal (STF) contra a decisão do Tribunal de Justiça. Como base no sistema jurídico-constitucional brasileiro, o(a) advogado(a) do deputado estadual informou, corretamente, que

(A) não cabe recurso extraordinário, pois o Tribunal de Justiça é o guardião da Constituição Estadual e a questão não envolve norma de reprodução obrigatória.
(B) é cabível o recurso extraordinário, pois a decisão do Tribunal de Justiça envolve interpretação da Constituição Estadual, que deve ser revista pelo STF.
(C) não é possível interpor o recurso extraordinário, mas, sim, recurso ordinário, pois trata-se de matéria de direito infraconstitucional.
(D) deve ser interposto recurso extraordinário, pois qualquer decisão do Tribunal de Justiça pode ser revisada pelo STF, independentemente da matéria.

RESPOSTA O art. 125, § 2º, da CRFB/88 determina que cabe aos Estados a instituição de representação de inconstitucionalidade de leis ou atos normativos estaduais ou municipais em face da Constituição Estadual, vedada a atribuição da legitimação para agir a um único órgão. O que significa que o Deputado Estadual não tem legitimidade (vedado a um único órgão). A CRFB/88 não previu os legitimados ao controle de constitucionalidade em face da Constituição Estadual, só deixando esta vedação. Cabe a cada Constituição Estadual disciplinar quem serão os legitimados ao ajuizamento perante o Tribunal de Justiça Estadual, não cabendo Recurso Extraordinário, pois é o Tribunal de Justiça do Estado o guardião da Constituição Estadual. Com base nesta fundamentação, a alternativa A está CERTA e as demais alternativas estão INCORRETAS. *Alternativa A*.

25. (37º Exame) Determinada lei federal de 2020 gerou intensa controvérsia em vários órgãos do Poder Judiciário, bem como suscitou severas críticas de importantes juristas que questionaram a constitucionalidade de diversos dos seus dispositivos. Afinal, cerca de metade dos juízes e tribunais do País inclinou-se por sua inconstitucionalidade. A existência de pronunciamentos judiciais antagônicos vem gerando grande insegurança jurídica no País, daí a preocupação de um legitimado à deflagração do controle concentrado de constitucionalidade em estabelecer uma orientação homogênea na matéria regulada pela lei federal em tela, sem, entretanto, retirá-la do mundo jurídico. Sem saber como proceder para afastar a incerteza jurídica a partir da mitigação de decisões judiciais conflitantes, esse legitimado solicitou que você, como advogado(a), se manifestasse. Assinale a opção que indica a ação cabível para atingir esse objetivo.

(A) Ação Direta de Inconstitucionalidade (ADI).
(B) Representação de Inconstitucionalidade (RI).
(C) Arguição de Descumprimento de Preceito Fundamental (ADPF).
(D) Ação Declaratória de Constitucionalidade (ADC).

RESPOSTA O cenário jurídico indicado na questão apresenta uma lei federal aparentemente inconstitucional, mas como toda norma tem presunção de constitucionalidade. Tal lei gerou grande controvérsia e provocou insegurança jurídica, devendo ser apreciada pelo STF para ser interpretada em face da Constituição Federal. O cenário é indicador do ajuizamento da Ação Declaratória de Constitucionalidade, conforme determina o art. 102, I, *a* (segunda parte) da CF. *Alternativa D*.

26. **(36º Exame)** O governador do Estado Alfa pretendia criar um novo município no âmbito do seu estado. No entanto, tinha conhecimento de que o art. 18, § 4º, da CF, que trata dessa temática, é classificado como norma de eficácia limitada, que ainda está pendente de regulamentação por lei complementar a ser editada pela União. Em razão dessa constatação, resolve ajuizar Ação Direta de Inconstitucionalidade por Omissão (ADO), perante o Supremo Tribunal Federal (STF), com o intuito de sanar a omissão legislativa. Ao analisar a referida ADO, o STF, por maioria absoluta de seus membros, reconhece a omissão legislativa. Diante dessa narrativa, assinale a opção que está de acordo com o sistema brasileiro de controle de constitucionalidade.

(A) O STF, com o objetivo de combater a síndrome da ineficácia das normas constitucionais, deverá dar ciência ao Poder Legislativo para a adoção das providências necessárias à concretização do texto constitucional, obrigando-o a editar a norma faltante em trinta dias.

(B) O STF, em atenção ao princípio da separação de poderes, deverá dar ciência ao Poder Legislativo para a adoção das providências necessárias à concretização da norma constitucional.

(C) O STF, a exemplo do que se verifica no mandado de injunção, atuando como legislador positivo, deverá suprir a omissão inconstitucional do legislador democrático, criando a norma inexistente que regula a constituição de novos municípios, o que obsta a atuação legislativa superveniente.

(D) A referida ação deveria ter sido julgada inepta, na medida em que somente as normas constitucionais de eficácia contida podem ser objeto de Ação Direta de Inconstitucionalidade por Omissão.

RESPOSTA A questão trata da Ação Direta de Inconstitucionalidade por Omissão, prevista no art. 103, § 2º, da CF. A alternativa A está ERRADA porque o STF ao declarar a inconstitucionalidade por omissão, dará ciência ao Poder competente para a adoção das providências necessárias, estabelecendo prazo de trinta dias, apenas quando for órgão administrativo; a alternativa B está CERTA porque corresponde ao comando o art. 103, § 2º, da CF, o Poder competente tomará ciência para adoção das medidas necessárias; a alternativa C está ERRADA porque o MI é controle difuso de constitucionalidade por omissão, enquanto que a ADO é medida do controle concentrado de constitucionalidade, ambos visando o combate a síndrome da inefetividade das normas constitucionais, mas a ADO não autoriza o STF funcionar como legislador positivo, muito menos obsta a atuação legislativa superveniente; a alternativa D está ERRADA porque as normas constitucionais que sofrem a Síndrome da Inefetividade das normas constitucionais são justamente as normas de eficácia limitada, a exemplo do art. 18, § 4º, da CF. *Alternativa B.*

27. **(36º Exame)** O atual governador do Estado Delta entende que, de acordo com a CRFB/88, a matéria enfrentada pela Lei n. X, de 15 de agosto de 2017, aprovada pela Assembleia Legislativa de Delta, seria de iniciativa privativa do Chefe do Poder Executivo estadual. Porém, na oportunidade, o projeto de lei foi proposto por um deputado estadual. Sem saber como proceder, o atual Chefe do Poder Executivo buscou auxílio junto ao Procurador-geral do Estado Delta, que, com base no sistema jurídico-constitucional brasileiro, afirmou que o Governador

(A) poderá tão somente ajuizar uma ação pela via difusa de controle de constitucionalidade, pois, no caso em tela, não possui legitimidade para propor ação pela via concentrada.

(B) poderá, pela via política, requisitar ao Poder Legislativo do Estado Delta que suspenda a eficácia da referida Lei n. X, porque, no âmbito jurídico, nada pode ser feito.

(C) poderá propor uma ação direta de inconstitucionalidade perante o Supremo Tribunal Federal, alegando vício de iniciativa, já que possui legitimidade para tanto.

(D) não poderá ajuizar qualquer ação pela via concentrada, já que apenas a Mesa da Assembleia Legislativa de Delta possuiria legitimidade constitucional para tanto.

RESPOSTA A questão trata de controle de constitucionalidade, a Lei n. X/2017 tem vício na iniciativa e o Governador pretende tomar atitude no controle de constitucionalidade repressivo, já que ele teve sua competência violada. A alternativa A está ERRADA porque diz que o erro só pode ser sanado via controle difuso de constitucionalidade já que o Governador não é legitimado a propor ação pela via concentrada, divergindo do art. 102, I, *a*, c/c o art. 103, V, da CF; alternativa B está ERRADA porque não há a previsão de requisição de suspensão da eficácia pelo Poder Legislativo; alternativa C está CERTA pois atende ao comando dos arts. 102, I, *a*, e 103, V, ambos da CF e alternativa D está ERRADA porque nega a legitimidade ativa do Governador para ajuizar Ação Direta de Inconstitucionalidade. *Alternativa C.*

28. **(35º Exame)** Em decisão de mérito proferida em sede de ação direta de inconstitucionalidade (ADI), os Ministros do Supremo Tribunal Federal declararam inconstitucional o Art. 3o da Lei X. Na oportunidade, não houve discussão acerca da possibilidade de modulação dos efeitos temporais da referida decisão. Sobre a hipótese, segundo o sistema jurídico-constitucional brasileiro, assinale a afirmativa correta.

(A) A decisão está eivada de vício, pois é obrigatória a discussão acerca da extensão dos efeitos temporais concedidos à decisão que declara a inconstitucionalidade.

(B) A decisão possui eficácia temporal *ex tunc*, já que, no caso apresentado, esse é o natural efeito a ela concedido.

(C) Nesta específica ação de controle concentrado, é terminantemente proibida a modulação dos efeitos temporais da decisão.

(D) A decisão em tela possui eficácia temporal *ex nunc*, já que, no caso acima apresentado, esse é o efeito obrigatório.

RESPOSTA Questão sobre Controle de Constitucionalidade, especificamente sobre os efeitos da decisão no controle concentrado de constitucionalidade. Na Ação Direta de Inconstitucionalidade (assim como em outras do Controle Concentrado), a decisão será por voto de maioria absoluta do STF, com efeitos *erga omnes*, *ex tunc* e vinculante (esta é a regra), com exceção da aplicação do art. 27 da Lei n. 9.868/99 (aplicação dos efeitos modulatórios à decisão – *ex nunc* – pelos princípios da segurança jurídica e excepcional interesse público). Ou seja, a regra é o efeito *ex tunc*, consequência da própria decisão, não carecendo de nova votação, o que só ocorre para dar efeitos *ex nunc*. Portanto, apenas a alternativa B está correta por atender ao entendimento constitucional, as demais alternativas estão erradas. Sugerimos a releitura do item 9.7 em que tratamos da ADI – Ação Direta de Inconstitucionalidade. *Alternativa B.*

DIREITO CONSTITUCIONAL

DEFESA DO ESTADO E DAS INSTITUIÇÕES DEMOCRÁTICAS

29. (38º Exame) O Presidente da República Federativa do Brasil, após ouvir os Conselhos da República e de Defesa Nacional, decretou estado de defesa em parte da Região Centro-Oeste do país, que fora atingida por calamidade natural de grandes proporções. O Congresso Nacional, 12 horas após a veiculação do decreto presidencial, tomou ciência da justificativa que levou o Presidente a decretar o estado de defesa. Sobre a hipótese, segundo o sistema jurídico-constitucional brasileiro, assinale a afirmativa correta.

(A) O procedimento apresenta uma inconstitucionalidade formal, pois a decretação do estado de defesa exige aprovação prévia das razões do ato pelo Congresso Nacional.

(B) O decreto presidencial encontra-se formalmente correto, pois, diferentemente do estado de sítio, o estado de defesa dispensa qualquer manifestação, prévia ou a posteriori, do Congresso Nacional.

(C) O ato de decretação somente poderia passar a vigorar na região apontada após prévia normatização por meio de decreto legislativo elaborado exclusivamente pelo Congresso Nacional.

(D) O procedimento utilizado pelo Presidente da República converge com aquele que é constitucionalmente exigido, já que a decretação do estado de defesa não exige aprovação prévia do Congresso Nacional.

RESPOSTA O tema da questão é Estado de Defesa, que exige aprovação (posterior) do Congresso Nacional, diferente do Estado de Sítio que exige autorização (prévia) do Congresso Nacional. Com o domínio desta informação, você acerta a questão. Vejamos: a alternativa A está ERRADA porque estado de defesa não exige aprovação prévia do Congresso Nacional; a alternativa B está ERRADA porque o estado de defesa não dispensa manifestação do Congresso Nacional; a alternativa C está ERRADA porque no estado de defesa o Presidente decreta e submete a aprovação (posterior) do Congresso, não condicionando o início das medidas à manifestação do Congresso Nacional. A alternativa D está CERTA porque ao decretar estado de defesa, o Congresso Nacional irá analisar e aprovar ou não posteriormente, como prescrevem os art. 136, §§ 4º, 5º, 6º e 7º c/c o art. 49, IV, todos da CF. *Alternativa D.*

30. (36º Exame) Dois Estados de determinada região do Brasil foram atingidos por chuvas de tal magnitude que o fenômeno foi identificado como calamidade de grandes proporções na natureza. A ocorrência gerou graves ameaças à ordem pública, e o Presidente da República, após ouvir o Conselho da República e o de Defesa Nacional, decretou o estado de defesa, a fim de reestabelecer a paz social. No decreto instituidor, indicou, como medida coercitiva, a ocupação e o uso temporário de bens e serviços públicos dos Estados atingidos, sem direito a qualquer ressarcimento ou indenização por danos e custos decorrentes. Segundo o sistema jurídico-constitucional brasileiro, no caso em análise,

(A) houve violação ao princípio federativo, já que o uso e a ocupação em tela importam em violação à autonomia dos Estados atingidos pela calamidade natural de grandes proporções.

(B) a medida coercitiva é constitucional, pois a decretação de estado de defesa confere à União poderes amplos para combater, durante um prazo máximo de noventa dias, as causas geradoras da crise.

(C) a medida coercitiva em tela viola a ordem constitucional, pois a União deve ser responsabilizada pelos danos e custos decorrentes da ocupação e uso temporário de bens e serviços de outros entes.

(D) a medida coercitiva, nos termos acima apresentados, somente será constitucional se houver prévia e expressa autorização de ambas as casas do Congresso Nacional.

RESPOSTA A questão trata do Estado de Defesa, previsto no art. 136 da CF e o caso de calamidade de grandes proporções na natureza é uma das motivações para a decretação do Estado de Defesa pelo Presidente da República. Ele decreta, ouvidos os Conselhos da República e o Conselho de Defesa Nacional e submete à aprovação do Congresso Nacional. Vamos à análise das alternativas: A alternativa A está ERRADA porque apesar da autonomia ser um princípio federativo, o Estado de Defesa faz parte do que a doutrina chama de Sistema Constitucional das Crises, onde medidas excepcionais coercitivas são tomadas para recompor a ordem constitucional; alternativa B está ERRADA porque a decretação do Estado de Defesa não confere poderes amplos e o prazo máximo é não superior a trinta dias, prorrogável por igual período, conforme o art. 136, § 2º, da CF; a alternativa C está CORRETA porque a medida coercitiva viola a Constituição quando determina a não responsabilização da União no caso de danos e custos decorrentes da ocupação e uso temporário de bens e serviços de outros entes federativos, discordando do art. 136, § 1º, II, do texto constitucional; alternativa D está ERRADA quando prevê a exigência de autorização do Congresso Nacional, divergindo do art. 49, IV, da CF, que determina aprovação do Congresso Nacional para o Decreto de Estado de Defesa do Presidente da República. *Alternativa C.*

ORDEM SOCIAL

31. (41º Exame) Ubirajara é membro de uma comunidade indígena situada em terras regularmente demarcadas, ali vivendo conforme as tradições dos seus ancestrais. Em determinado momento, ele resolveu tentar nova vida em uma cidade brasileira. Sem recursos para dar início a esse projeto, decidiu vender a terra em que habitava desde seu nascimento para um grupo de agricultores, que pretende ali se instalar definitivamente. Sobre a hipótese narrada, segundo a ordem jurídico-constitucional brasileira, assinale a afirmativa correta.

(A) Ubirajara somente poderá dispor das terras se a alienação, comprovadamente, atender aos imperativos da ordem econômica brasileira.

(B) Ubirajara, caso figure como proprietário das terras no registro de imóveis da localidade, poderá aliená-las, assegurado o direito de participação da comunidade no valor da venda.

(C) Ubirajara não pode efetivar a venda almejada, pois as terras em questão não são passíveis de alienação e nem mesmo de disposição.

(D) Ubirajara somente poderia alienar as terras após a devida autorização por parte da comunidade indígena, que é a proprietária das terras.

RESPOSTA Segundo o art. 20, XI, da CRFB/88, são bens da União as terras tradicionalmente ocupadas pelos indígenas. Já o art. 231

da Constituição disciplina sobre costumes, língua, terras e demais aspectos relacionados às populações indígenas, e especialmente o § 4º do art. 231 determina que tais terras são inalienáveis e indisponíveis, portanto, a alternativa CORRETA é a C, e pelos mesmos motivos e fundamentos as demais alternativas estão ERRADAS. *Alternativa C.*

32. (38º Exame) Preocupado com a qualidade da educação básica ofertada pela rede de ensino municipal do Município Teta, o prefeito da cidade pretende apresentar projeto de lei à Câmara Municipal, no qual uma série de melhorias está prevista. No entanto, ciente da ausência de recursos orçamentários e financeiros para efetivar o que está previsto no projeto, o Prefeito levantou a hipótese de criar uma taxa de serviço, que seria paga por aqueles que viessem a se utilizar dos serviços municipais de educação básica (ensinos fundamental e médio) em seus estabelecimentos oficiais. Antes de enviar o projeto de lei, o Prefeito consultou sua assessoria sobre a conformidade constitucional do projeto, sendo-lhe corretamente informado que a cobrança da referida taxa

(A) caracterizaria efetiva violação à ordem constitucional, posto ser o acesso gratuito à educação básica um direito subjetivo de todos.

(B) poderia ser exigida, contanto que o valor cobrado como contraprestação pelo serviço de educação não afrontasse o princípio da proporcionalidade.

(C) apenas poderia ser exigida daqueles que não conseguissem comprovar, nos termos legalmente estabelecidos, a hipossuficiência econômica.

(D) poderia ser exigida dos estudantes do ensino médio, mas não dos estudantes do ensino fundamental, aos quais a ordem constitucional assegura a gratuidade.

RESPOSTA O art. 208, § 1º, da CF determina que o dever do Estado com a educação será efetivado mediante a garantia de acesso ao ensino obrigatório e gratuito como direito público subjetivo, entre outras garantias. Portanto o Prefeito viola norma constitucional ao criar taxa sobre os serviços municipais de educação básica (ensinos fundamental e médio). Vejamos as alternativas: a alternativa A está CERTA pois atende perfeitamente ao comando constitucional; a alternativa B está ERRADA porque a cobrança é inconstitucional, independentemente de proporcionalidade; alternativa C está ERRADA porque a Constituição Federal não admite a cobrança do ensino público a ninguém, não cabendo análise da hipossuficiência econômica; a alternativa D está ERRADA porque a gratuidade é assegura para todos os níveis do ensino público. *Alternativa A.*

33. (36º Exame) Martinez, cidadão espanhol, foi convidado por XYZ, universidade privada de Direito, situada no Brasil, para ministrar a disciplina Direito Constitucional. Para tanto, ele estabeleceu residência em solo brasileiro. Após 2 (dois) anos lecionando na referida instituição de ensino, apesar de possuir qualificação adequada para o exercício do magistério, Martinez é surpreendido em suas redes sociais com graves alegações de exercício ilegal da profissão. Sobre a questão em comento, com base no texto constitucional, assinale a afirmativa correta.

(A) Martinez, na condição de estrangeiro residente no Brasil, goza de todos os direitos fundamentais e políticos assegurados pela Constituição de 1988 aos brasileiros natos e naturalizados, podendo, em consequência, lecionar na universidade de Direito XYZ.

(B) Apesar de restringir o exercício de determinados direitos por parte dos estrangeiros, a Constituição de 1988 assegura a Martinez o livre exercício de sua profissão, desde que preencha os requisitos legais exigidos.

(C) A Constituição de 1988, ainda que assegure a autonomia didático-científica das universidades, exige prévia naturalização do estrangeiro Martinez para que possa atuar no ensino superior de ensino.

(D) A ordem constitucional permite que Martinez, na condição de estrangeiro residente no Brasil, desempenhe livremente sua profissão, mas condiciona tal direito à prova de residência em solo brasileiro por, no mínimo, 4 (quatro) anos.

RESPOSTA A alternativa A está ERRADA porque Martinez, na condição de estrangeiro não goza de todos os direitos fundamentais e políticos, assegurados aos brasileiros, ele é destinatário do art. 5º, pode lecionar na universidade XYZ, mas não tem igualdade de direitos em relação aos brasileiros, nem natos e nem naturalizados; alternativa B está CERTA porque, apesar de restringir alguns direitos aos estrangeiros, a Constituição Federal assegura a Martinez o livre exercício de sua profissão, inclusive sobre o tema, o art. 207, § 1º, da CF, faculta às universidades admitir professores, técnicos e cientistas estrangeiros, na forma da lei; alternativa C está ERRADA porque a Constituição não exige naturalização de Martinez para que ele possa atuar na docência de ensino superior; a alternativa D está ERRADA porque a Constituição Federal não condiciona ao livre exercício da profissão que o estrangeiro resida por nenhum tempo mínimo. *Alternativa B.*

34. (35º Exame) Lei ordinária do Município Alfa dispôs que os benefícios de assistência social voltados à reabilitação das pessoas com deficiência passariam a ser condicionados ao pagamento de contribuição à seguridade social pelos beneficiários. Sobre a questão em comento, com base no texto constitucional, assinale a afirmativa correta.

(A) Embora a lei seja materialmente compatível com o texto da Constituição de 1988, a competência legislativa para dispor sobre a defesa e reabilitação de pessoas com deficiência é privativa do Estado.

(B) A lei ordinária do município Alfa apresenta vício material, já que a reabilitação das pessoas com deficiência é matéria estranha à assistência social.

(C) A lei em comento, embora materialmente adequada ao texto constitucional, apresenta vício de forma, já que apenas lei complementar pode dispor sobre matérias afetas à assistência social.

(D) Trata-se de lei inconstitucional, uma vez que a Constituição de 1988 estabelece que os benefícios da assistência social serão prestados a quem deles necessitar, independentemente de contribuição à seguridade social.

RESPOSTA A questão trata do tema Ordem Social, especificamente da Assistência Social e o caso proposto indica uma lei municipal disciplinando benefícios da assistência social para as pessoas com deficiência, condicionando tal benefício à contribuição à seguridade social. Ocorre que o art. 203 da CF determina que a assistência social será prestada a quem dela necessitar, independentemente de contribuição à seguridade social. Portanto, a lei ordinária municipal é inconstitucional por afronta ao art. 203, *caput*, da CF. Com este conhecimento, você deveria marcar a alternativa D como correta, pois é a única que corresponde ao comando constitucional. As demais estão erradas. *Alternativa D*.

PODER CONSTITUINTE

35. (35º Exame) No Preâmbulo da Constituição do Estado Alfa consta: "Nós, Deputados Estaduais Constituintes, no pleno exercício dos poderes outorgados pelo art. 11 do Ato das Disposições Transitórias da Constituição da República Federativa do Brasil, promulgada em 5 de outubro de 1988, reunidos em Assembleia, no pleno exercício do mandato, de acordo com a vontade política dos cidadãos deste Estado, dentro dos limites autorizados pelos princípios constitucionais que disciplinam a Federação Brasileira, promulgamos, sob a proteção de Deus, a presente Constituição do Estado Alfa". Diante de tal fragmento e de acordo com a teoria do poder constituinte, o ato em tela deve ser corretamente enquadrado como forma de expressão legítima do poder constituinte:

(A) originário.
(B) derivado difuso.
(C) derivado decorrente.
(D) derivado reformador.

RESPOSTA Questão facílima versando sobre Poder Constituinte e a alternativa correta é a C, por indicar o Poder Constituinte Derivado Decorrente que é o poder dos Estados-membros elaborarem suas próprias Constituições Estaduais. Lembrando que na elaboração das Constituições dos Estados, o poder constituinte exercido por eles é derivado, ou seja, não originário, não primário, dependente do texto constitucional, subordinado à Constituição Federal e sujeito ao controle de constitucionalidade. *Alternativa C*.

Direito do Consumidor

Tatiana Marcello

Professora de Direito Administrativo e Direito do Consumidor. Professora no programa de pós-graduação da PUCRS. Professora de curso preparatório para concursos e Exame de Ordem. Especialista em Processo Civil pela UCB. Especialista em Direito Civil pela Esade. Coordenadora da pós-graduação em Gestão Pública e Direito Administrativo da Escola Mineira de Direito (EMD). Advogada. Coautora das obras *Passe na OAB 1ª Fase – Completaço® – Teoria Unificada e Questões Comentadas; Manual Passe na OAB 1ª Fase – Teoria Sistematizada; Passe na OAB 1ª Fase – Questões Comentadas; Manual de Dicas – 1ª Fase OAB; Coleção Passe em Concursos – Completaço® – TRT e TRE; Coleção Passe em Concursos Públicos – 11 Mil Questões Comentadas; Coleção Passe em Concursos Públicos – Questões Comentadas* – volumes: Advocacia Pública 1 e 2, Defensoria Pública, Analistas de Tribunais; *Manual de Dicas* – volumes: Advocacia Pública, Defensoria Pública, Delegado de Polícia, Nível Médio, todas da Editora Saraiva. Coordenadora científica da Jornada Internacional de Direito. Rede social: @tatianamarcello.

Sumário

1. ASPECTOS GERAIS – 2. PRINCÍPIOS – 3. RELAÇÃO DE CONSUMO – 4. DIREITOS BÁSICOS DO CONSUMIDOR – 5. RESPONSABILIDADE DO FORNECEDOR – 6. PRAZOS E GARANTIAS – 7. DESCONSIDERAÇÃO DA PERSONALIDADE JURÍDICA – 8. PRÁTICAS COMERCIAIS – 9. PROTEÇÃO CONTRATUAL – 10. PREVENÇÃO E TRATAMENTO DO SUPERENDIVIDAMENTO – 11. SANÇÕES ADMINISTRATIVAS – 12. INFRAÇÕES PENAIS – 13. DEFESA DO CONSUMIDOR EM JUÍZO E A COISA JULGADA – 14. CONVENÇÃO COLETIVA DE CONSUMO – REFERÊNCIAS; QUESTÕES.

DIREITO DO CONSUMIDOR

1. ASPECTOS GERAIS

Ao começar o estudo do Direito do Consumidor, na preparação para o Exame de Ordem, é indispensável que seja feita uma **leitura atenta do Código de Defesa do Consumidor (CDC – Lei n. 8.078/90)**. Em regra, as questões cobradas em Exame de Ordem são resolvidas com os dispositivos do CDC, os quais são redigidos de forma clara e linguagem simplificada, pois a intenção é de que o próprio consumidor consiga entendê-los. Além do CDC, é preciso estar por dentro dos entendimentos jurisprudenciais, principalmente aqueles sumulados ou teses de repercussão geral sobre os direitos do consumidor.

Em relação ao Direito do Consumidor, há assuntos que quase **sempre são cobrados** (ex.: relação de consumo, responsabilidade pelo **vício** e pelo **fato** dos produtos e serviços, práticas comerciais, proteção contratual) e outros que, praticamente, **não aparecem** (ex.: sanções administrativas e infrações penais) em Exame de Ordem (ex.: sanções administrativas e infrações penais). A maioria das questões aborda assuntos tratadas até o art. 54 do CDC, sendo rara a presença de assuntos a partir desse artigo. Mas, esses são apenas dados estatísticos, importantes para saber o que deve ser estudado com maior dedicação, pois qualquer assunto do CDC pode ser abordado na prova. Ademais, as provas para o Exame da OAB têm por característica trazer as questões em forma de casos, fazendo com que o candidato tenha que raciocinar e aplicar as regras às situações hipotéticas, posicionando-se como se fosse um advogado diante do problema relatado por um cliente.

O Direito do Consumidor está regulado, basicamente, pelo **Código de Defesa do Consumidor**, cujas normas são de **interesse social** e de **ordem pública**, criado em conformidade com as disposições Constitucionais do art. 5º, XXXII (*o Estado promoverá, na forma da lei, a defesa do consumidor*), art. 170, V, e art. 48 do ADCT. Por se tratar de normas de **ordem pública**, têm aplicação obrigatória, não podendo ser derrogadas pelas partes. É uma legislação especial, contendo regras de direito material e processual, cujo regime jurídico é aplicável sempre que se tratar de relação de consumo.

2. PRINCÍPIOS

O art. 4º do CDC prevê que a Política Nacional das Relações de Consumo deve, dentre seus objetivos, atender a alguns princípios, sendo os principais:

- **Princípio da Vulnerabilidade**: ao estudar o Direito do Consumidor, deve-se ter como premissa que o consumidor é a parte **vulnerável** na relação de consumo. A vulnerabilidade é uma **presunção legal** conferida a **todo** consumidor. A intenção do legislador foi de criar uma situação jurídica mais favorável à parte mais fraca na relação (consumidor), a fim de equilibrar as desigualdades.

- **Princípio do Dever Governamental**: é visto sob dois aspectos, o primeiro diz respeito ao dever do Estado em promover mecanismos suficientes à efetiva proteção do consumidor e o segundo diz respeito ao dever do Estado em promover a racionalização e melhoria do serviço público enquanto Estado-fornecedor.

- **Princípio da Harmonização das Relações**: a Política Nacional das Relações de Consumo deve propiciar a harmonia entre a necessidade de desenvolvimento econômico e tecnológico do mercado de consumo e a proteção do consumidor, evitando-se que um desses interesses prejudique ou inviabilize o outro.

- **Princípio da Garantia de Adequação**: emana da necessidade de garantir ao consumidor produtos e serviços adequados, atendendo-se sempre ao binômio qualidade/segurança.

- **Princípio da Boa-fé Objetiva**: norma de conduta norteadora das relações de consumo, consubstanciada no dever de honestidade, lealdade e confiança entre fornecedor e consumidor.

- **Princípio da Transparência e Informação**: quanto mais bem informado estiver o consumidor sobre os produtos e serviços, mais consciente estará em suas escolhas. Para tanto, é preciso que haja a educação para o consumo, ao mesmo tempo que os produtos e serviços ofertados devem trazer de forma correta e clara todas as informações ao consumidor.

- **Princípio do Acesso à Justiça**: de natureza constitucional, esse princípio é direcionado ao legislador, para que forneça mecanismos de acesso à justiça ao consumidor, como, por exemplo, os Juizados Especiais Cíveis e a justiça gratuita para necessitados.

3. RELAÇÃO DE CONSUMO

Para que haja uma **relação de consumo**, necessário que de um lado esteja alguém que se enquadre no conceito de **consumidor** e de outro, alguém que se enquadre no conceito de **fornecedor**, os quais serão os **sujeitos** da relação. Já os **produtos** e **serviços** serão os **objetos** da relação de consumo.

O art. 2º do CDC traz um conceito padrão de **Consumidor**, sendo *toda pessoa física ou jurídica que adquire ou utiliza produto ou serviço como destinatário final*. No entanto, a lei prevê categorias que, mesmo não se enquadrando nesse conceito geral, também receberão a proteção como se consumidores fossem. São os chamados **consumidores por equiparação**:

I – a coletividade de pessoas que haja intervindo nas relações de consumo (art. 2º, parágrafo único, do CDC);

II – todas as vítimas de acidente de consumo (art. 17 do CDC);

III – todas as pessoas expostas às práticas comerciais e contratuais (art. 29 do CDC).

- **Destinatário final:** como o CDC não explica "quem" é destinatário final, algumas dúvidas surgem a respeito desse tema, as quais doutrina e a jurisprudência encarregam-se de dirimi-las: se a pessoa adquire um produto ou serviço como *intermediário do ciclo de produção* (ex.: matéria-prima), **não** é considerada consumidora. Mas há casos em que a pessoa adquire produtos ou serviços como *bem de produção*, que vão incrementar, mas que não são objeto da sua atividade (ex.: máquinas de costura para uma confecção). Para esse último caso, a doutrina chegou a criar correntes (Finalista e Maximalista) a respeito das possibilidades e hipóteses em que a pessoa poderia ou não ser considerada consumidora. Atualmente essas correntes já estão superadas pela jurisprudência que entende o seguinte: a regra é de que a pessoa que adquire bens de produção **não** será considerada consumidora. Mas, se verificado, no caso concreto, que há **vulnerabilidade** dessa pessoa que adquiriu ou utilizou o produto ou serviço diante da que forneceu, excepcionalmente poderá ter a aplicação do CDC. Esse entendimento é chamado de **Teoria Finalista Mitigada**. O fundamento é de que, se a lei consumerista foi feita para proteger a parte mais vulnerável na relação, a pessoa que adquire bens de produção somente poderá se beneficiar dessa prerrogativa se efetivamente estiver em situação de vulnerabilidade; caso contrário (em havendo igualdade na relação), não será relação de consumo, devendo se valer de outras normas, como o Código Civil, por exemplo. Essa discussão é mais recorrente quando se trata de pessoas **jurídicas** como consumidoras, mas o mesmo entendimento é feito quando se trata de pessoas **físicas**, como, por exemplo, na decisão do STJ em que foi aplicado o CDC no caso de uma aquisição de veículo por um taxista para utilização em sua atividade, diante de sua vulnerabilidade.

Já o conceito de fornecedor é trazido pelo art. 3º, *caput*, do CDC: **Fornecedor** é toda pessoa: física ou jurídica, pública ou privada, nacional ou estrangeira, incluindo entes despersonalizados (ex.: massa falida, sociedade de fato), **que desenvolvam atividade de** produção, montagem, criação, construção, transformação, importação, exportação, distribuição ou comercialização de produtos ou prestação de serviços.

Produto é conceituado pelo art. 3º, § 1º, do CDC, sendo **qualquer bem móvel, imóvel, material ou imaterial** (também chamados de **corpóreos e incorpóreos**). O legislador deixou o conceito bem amplo, abrangendo todo e qualquer bem oferecido no mercado de consumo.

Serviço é tratado no art. 3º, § 2º, do CDC, sendo **qualquer atividade fornecida no mercado, mediante remuneração, salvo as decorrentes de relação de trabalho**. De forma exemplificativa, o CDC enfatiza que estão incluídas no conceito de serviço as atividades de natureza **bancária, financeira,** de **crédito** e **securitária**.

Quando o assunto "serviço" é abordado em prova, geralmente exige-se o conhecimento dos entendimentos trazidos pelas seguintes **Súmulas do STJ**:

- **Súmula 297**: *O Código de Defesa do Consumidor é aplicável às instituições financeiras.*
- **Súmula 563**: *O Código de Defesa do Consumidor é aplicável às entidades abertas de previdência complementar, não incidindo nos contratos previdenciários celebrados com entidades fechadas.* (Esta súmula veio substituir a anterior **Súmula 321**, que previa que o CDC era *aplicável à relação jurídica entre a entidade de previdência privada e seus participantes*, sem fazer distinção entre entidade aberta – empresas privadas que comercializam planos ao público em geral – e entidade fechada – fundações ou sociedades civis criadas por grandes empresas para prestar planos de previdências complementares aos seus funcionários).
- **Súmula 608**: Aplica-se o *Código de Defesa do Consumidor aos contratos de plano de saúde, salvo os administrados por entidades de autogestão.*

Quanto à **remuneração** do serviço, deve-se compreender não apenas a **direta** como também a **indireta** (serviço aparentemente gratuito), ou seja, quando o custo do serviço vem embutido na própria atividade do fornecedor (ex.: estacionamentos *gratuitos* de supermercado, ou frete *gratuito* na compra de determinado produto, cujos custos estão diluídos nos produtos vendidos). Assim, esses serviços são considerados "remunerados", mesmo que indiretamente, sendo, portanto, objeto da relação de consumo.

Em relação à aplicação do CDC aos **serviços públicos** (prestados pela administração direta ou indireta), é necessário fazer a distinção entre serviços públicos *uti singuli* e *uti universi*. Aos primeiros, cuja remuneração é mensurada e feita individualmente pelo consumidor, aplica-se o CDC (ex.: serviço de energia elétrica, telefonia, transporte público etc.), enquanto os segundos, custeados por tributos, não são considerados relação de consumo, não se aplicando, portanto, o CDC (ex.: atendimento em postos de saúde, ensino da rede pública etc.).

4. DIREITOS BÁSICOS DO CONSUMIDOR

O art. 6º do CDC traz um rol exemplificativo dos **direitos básicos do consumidor**:

- a proteção à vida, saúde e segurança contra os riscos provocados por práticas no fornecimento

- de produtos e serviços considerados perigosos ou nocivos;
- a educação e divulgação sobre o consumo, asseguradas a liberdade de escolha e a igualdade nas contratações;
- informação clara e adequada sobre diferentes produtos e serviços (a informação deve ser acessível à pessoa com deficiência, observado o disposto em regulamento);
- proteção contra publicidade enganosa, abusiva e demais práticas comerciais e contratuais;
- a modificação das cláusulas contratuais que estabeleçam prestações desproporcionais ou sua revisão em razão de fatos supervenientes que as tornem excessivamente onerosas;
- a efetiva reparação por danos patrimoniais e morais, individuais, coletivos e difusos;
- o acesso aos órgãos judiciários e administrativos, assegurada a proteção jurídica, técnica e administrativa aos necessitados;
- a facilitação da defesa de seus direitos, inclusive com a inversão do ônus da prova, a seu favor, no processo civil, quando, a critério do juiz, for verossímil a alegação ou quando for ele hipossuficiente, segundo as regras ordinárias de experiências;
- a adequada e eficaz prestação dos serviços públicos;
- a garantia de práticas de crédito responsável, de educação financeira e de prevenção e tratamento de situações de superendividamento, preservado o mínimo existencial, nos termos da regulamentação, por meio da revisão e da repactuação da dívida, entre outras medidas;
- a preservação do mínimo existencial, nos termos da regulamentação, na repactuação de dívidas e na concessão de crédito;
- a informação acerca dos preços dos produtos por unidade de medida, tal como por quilo, por litro, por metro ou por outra unidade, conforme o caso.

Dos direitos básicos referidos no art. 6º, alguns merecem ser mais esclarecidos, como é o caso do direito à **modificação ou revisão de cláusulas contratuais (inciso V)**. Conforme entendimento doutrinário e do STJ, em se tratando de **relação de consumo**, para que ocorra a revisão ou modificação, não há necessidade de o fato superveniente ser *imprevisível* (Teoria da Imprevisão), bastando que, após a celebração do contrato, surja fato que torne suas cláusulas excessivamente onerosas ao consumidor.

Outro direito básico que merece maior atenção é a **inversão do ônus da prova (inciso VIII)**. Para sua concessão, que pode ser **de ofício** e somente **em favor do consumidor**, é necessário que o juiz verifique a presença de **verossimilhança ou hipossuficiência** (não necessariamente ambos).

> **ATENÇÃO!**
> É comum, em provas da OAB, questionarem se a *inversão do ônus da prova* se dá de forma automática e se é regra no direito do consumidor. A resposta é não. A inversão do ônus da prova é um direito básico do consumidor, mas é considerada uma exceção, pois somente poderá ser deferida, a critério do juiz, mediante a presença dos **requisitos** *verossimilhança* ou *hipossuficiência*. Além disso, deve-se atentar para não confundir: **hipossuficiência** é requisito para a inversão do ônus da prova e sua presença deve ser analisada no caso concreto, enquanto a **vulnerabilidade** é uma presunção legal conferida a todos os consumidores. Assim, é possível afirmar que todo consumidor é vulnerável, mas nem todo é hipossuficiente.

Acerca dos incisos XII e XIII, o CDC passou a prever expressamente a possibilidade de o consumidor superendividado requerer ao juiz a instauração de processo de repactuação de dívidas, com vistas à realização de audiência conciliatória, com a presença de todos os credores, na qual o consumidor apresentará proposta de plano de pagamento com prazo máximo de 5 (cinco) anos, preservados o mínimo existencial, nos termos da regulamentação. Ademais, busca-se maior transparência em relação ao preço, de forma que ele saiba exatamente quanto está pagando conforme a unidade de medida, facilitando, inclusive, a comparação em relação aos demais produtos.

5. RESPONSABILIDADE DO FORNECEDOR

Responsabilidade é um dos assuntos mais abordado no Exame de Ordem, quando se trata de Direito do Consumidor. Geralmente, as questões trazem hipóteses de responsabilidade pelo **fato** ou pelo **vício** do produto ou serviço, exigindo que o candidato saiba precisamente a diferença entre esses dois institutos que, apesar de parecidos, têm consequências diversas que não podem ser confundidas.

A regra é que a responsabilidade do fornecedor é **objetiva**, ou seja, responderá independentemente da existência de culpa (em sentido amplo), bastando que se verifique a existência do dano e do nexo de causalidade com o defeito ou vício do produto ou serviço, já que a responsabilidade advém do "risco da atividade". No entanto, o próprio CDC traz uma **exceção** a essa regra, ao dispor que o **profissional liberal** responderá mediante a verificação de culpa, ou seja, responderá de forma **subjetiva**. Mesmo assim, há de se tomar **cuidado, pois** essa prerrogativa do profissional liberal se deve à natureza da obrigação assumida na sua atividade, que geralmente é de **meio** e não de **resultado**; por essa lógica, havia entendimentos (doutrinários e jurisprudenciais – STJ) de que, se o profissional liberal realizasse atividade cuja obrigação fosse de **resultado**, poderia responder de forma **objetiva** (*ex.: cirurgia plástica meramente embeleza-*

dora). Atualmente, o **entendimento do STJ** é no sentido de que, mesmo que o profissional liberal assuma obrigação de *resultado*, continuará respondendo de forma **subjetiva**, porém, sua culpa será presumida, tendo *ele* o ônus de comprovar que o dano ou resultado insatisfatório ocorreram por fatores externos e alheios a sua atuação. Esses detalhes deverão ser observados e analisados conforme as informações trazidas na questão da prova.

O CDC trata primeiramente do **fato** (arts. 12 e seguintes) e depois do **vício** (arts. 18 e seguintes), mas, para fins didáticos, vamos inverter essa ordem.

Vício: afeta a qualidade/quantidade/disparidade dos produtos ou serviços, os quais se tornarão impróprios ou inadequados para o fim que se destinavam ou lhe diminuirão o valor (ex.: liquidificador que, após ser ligado, em razão de um vício de qualidade, para de funcionar).

O consumidor terá os seguintes **prazos** decadenciais para reclamar junto ao fornecedor (art. 26 do CDC):

- **30 dias**, tratando-se de produtos e serviços não duráveis;
- **90 dias**, tratando-se de produtos e serviços duráveis.

Em se tratando de **vício de qualidade de produto**, o fornecedor terá o **prazo de 30 dias** para saná-lo (efetuar a substituição das partes viciadas). Esse prazo pode ser reduzido ou ampliado por convenção das partes, desde que não fique inferior a 7 nem superior a 180 dias.

Não sendo resolvido o problema no prazo acima, caberá **ao consumidor escolher** umas dessas opções:

a) a **substituição** do produto por outro da mesma espécie, em perfeitas condições de uso;
b) a **restituição** imediata da quantia paga, monetariamente atualizada, sem prejuízo de eventuais perdas e danos;
c) o **abatimento** proporcional do preço.

O consumidor poderá fazer uso **imediato** das opções acima (ou seja, sem precisar aguardar o prazo dos 30 dias para o fornecedor sanar o vício) sempre que em razão da extensão do vício, a substituição das partes viciadas puder **comprometer a qualidade ou características do produto, diminuir-lhe o valor** ou se tratar de **produto essencial**. *Ex.: vício em um medicamento adquirido pelo consumidor para uso contínuo, onde não seria adequado aguardar 30 dias pela solução.*

Em se tratando de **vício de quantidade de produto**, não há que se falar em prazo para o fornecedor sanar o vício, podendo o consumidor exigir, **imediatamente**, à sua escolha, dentre as opções abaixo:

a) a **substituição** do produto por outro da mesma espécie, marca ou modelo, sem os aludidos vícios;
b) a **restituição** imediata da quantia paga, monetariamente atualizada, sem prejuízo de eventuais perdas e danos;
c) o **abatimento** proporcional do preço;
d) a **complementação** do peso ou medida.

Produtos vendidos *in natura* são de responsabilidade do fornecedor imediato (comerciante), exceto quando claramente identificado o seu produtor.

O CDC traz um rol exemplificativo de **vícios de produtos**, que os tornam impróprios ao uso e consumo:

- os produtos cujos prazos de validade estejam vencidos;
- os produtos deteriorados, alterados, adulterados, avariados, falsificados, corrompidos, fraudados, nocivos à vida ou à saúde, perigosos ou, ainda, aqueles em desacordo com as normas regulamentares de fabricação, distribuição ou apresentação;
- os produtos que, por qualquer motivo, se revelem inadequados ao fim a que se destinam.

Quando se trata de **vício do serviço**, também não há prazo para o fornecedor sanar o vício, podendo o consumidor exigir, imediatamente, à sua escolha, dentre as opções abaixo:

a) a **reexecução** dos serviços, sem custo adicional e quando cabível (que poderá ser realizada por terceiros, mas por conta e risco do fornecedor);
b) a **restituição** imediata da quantia paga, monetariamente atualizada, sem prejuízo de eventuais perdas e danos;
c) o **abatimento** proporcional do preço.

Em se tratando de **serviço** para **reparação** de produto, está implícita a obrigação do fornecedor em usar componentes de reposição originais adequados e novos, ou que mantenham as especificações técnicas do fabricante, salvo autorização em contrário do consumidor (desde que não traga risco à sua saúde e segurança).

Ressaltamos que os **serviços públicos** também estão sujeitos a essas regras de responsabilidade, devendo ser **adequados, eficientes, seguros** e, quanto aos essenciais, **contínuos**, sob pena de serem as pessoas jurídicas obrigadas a cumprir essas obrigações e reparar os danos causados.

Posicionamento do STJ quanto ao corte de *energia elétrica* ou de *água* por *inadimplemento*: o *princípio da continuidade* dos serviços essenciais previsto no CDC deve ser ponderado com a previsão do art. 6º, § 3º, II, da Lei n. 8.987/95, segundo a qual, não se caracteriza *descontinuidade* a interrupção, após aviso-prévio, por *inadimplemento* do usuário, considerado o interesse da coletividade. Portanto, para o STJ, é possível o corte desses serviços quando, após aviso-prévio, permanecer inadimplente o usuário, em razão do interesse da coletividade. Porém, o corte não pode ocorrer indiscriminadamente, preservando-se as *unidades públicas essenciais* (ex.: quando o usuário inadimplente é um hospital ou escola não pode haver a interrupção do serviço).

DIREITO DO CONSUMIDOR

Como a responsabilidade do fornecedor é objetiva, sua **ignorância** sobre os vícios dos produtos ou serviços não o exime da responsabilidade, ou seja, mesmo que o fornecedor não tenha ciência de possíveis vícios, continuará respondendo por eles.

Quem responde pelo vício? A regra é a da **solidariedade**, ou seja, o consumidor poderá se dirigir a **qualquer um** dos fornecedores. Todos (qualquer um deles) têm o dever de solucionar o problema perante o consumidor, e depois, entre eles, que apurem e façam seus ressarcimentos. Ex.: é comum o consumidor se dirigir ao comerciante para reclamar um vício do produto e esse fornecedor alegar que o problema deve ser reclamado diretamente com o fabricante; entretanto, independentemente de ser "problema de fábrica" ou qualquer outro tipo de vício, por disposição legal, todos são solidariamente responsáveis perante do consumidor.

Fato (também chamado de **acidente de consumo**): caracteriza-se por um dano decorrente de defeito do produto ou serviço. Ex.: liquidificador que, após ser ligado, em razão de defeito técnico, explode, causando lesões físicas ou psíquicas ao consumidor ou estragando outros objetos que estejam próximos.

O produto ou serviço **defeituoso** é aquele que não apresenta a segurança que dele se espera, levando-se em consideração, obviamente, o modo de fornecimento ou sua apresentação, o resultado e os riscos que razoavelmente dele se esperam e a época em que foi fornecido ou colocado no mercado. Entretanto, o produto não será considerado defeituoso em razão de outro de melhor qualidade ter sido colocado no mercado, da mesma forma que o serviço não será considerado defeituoso pela adoção de novas técnicas.

Não apenas o *defeito* no produto ou serviço em si como também as **informações insuficientes ou inadequadas** sobre a utilização, fruição ou riscos dos produtos ou serviços podem gerar danos ao consumidor, caracterizando o **fato**. Ex.: um produto que, por suas características, é inflamável, mas que não traz de forma suficiente ou adequada essa informação ao consumidor e este acaba sofrendo algum dano em razão da utilização equivocada.

Como o **fato** gera um dano (que vai além do prejuízo do produto ou serviço em si), a responsabilidade do fornecedor será de **indenizar**, o que, em regra, será buscado por meio de uma ação judicial. O **prazo** para a propositura da ação será **prescricional de 5 anos**. Observa-se que o prazo para o consumidor reclamar indenização pelo **fato** é mais favorável do que a regra geral do Código Civil, que prevê o prazo prescricional de 3 anos para pretensão de reparação civil.

Apesar da responsabilidade do fornecedor ser objetiva, o próprio CDC elenca hipóteses de **exclusão da responsabilidade, quais sejam,** a prova de que:

- o fornecedor não colocou o produto no mercado;
- embora tenha colocado o produto no mercado ou prestado o serviço, o defeito inexiste;
- a culpa foi exclusiva do consumidor ou de terceiro.

Apesar da maior parte da doutrina entender que essas três hipóteses excludentes da responsabilidade elencadas no CDC são **taxativas**, há entendimentos controvertidos sobre a possibilidade de considerar-se o **caso fortuito** ou **força maior** também como excludentes. Parte da doutrina e a jurisprudência (do **STJ**) classificam o caso fortuito em **interno** e **externo**, sendo o primeiro aquele fato imprevisível, inevitável e *ligado à atividade desenvolvida* pelo fornecedor, enquanto o segundo é aquele fato imprevisível, inevitável, mas *estranho à atividade*, sendo que neste último caso, mesmo não estando contemplado expressamente no CDC, pode haver a exclusão da responsabilidade do fornecedor (REsp 726371/RJ). Portanto, é necessário verificar se a banca quer a resposta à luz do CDC (o que é mais comum) ou do entendimento do STJ.

Quem responde pelo fato? O **fabricante**, o **produtor**, o **construtor**, nacional ou estrangeiro e o **importador**. Entretanto, o **comerciante** somente responderá em 3 hipóteses:

I – quando o fabricante, o construtor, o produtor ou o importador não puderem ser identificados;

II – quando o produto for fornecido sem identificação clara do seu fabricante, produtor, construtor ou importador;

III – quando não conservar adequadamente os produtos perecíveis.

Isso significa dizer que o comerciante responde de forma **subsidiária**, pois somente será responsável nas três hipóteses acima. Porém, presente uma dessas hipóteses, responderá **solidariamente** com os demais.

Essa regra da **solidariedade**, considerando-se a peculiaridade quanto ao comerciante (que somente responderá nas três hipóteses mencionadas), irá definir o **polo passivo** da ação de reparação do dano. Como a responsabilidade solidária faculta ao consumidor ingressar com a ação contra todos ou contra qualquer um dos fornecedores, não se permitindo **denunciação à lide**, aquele que efetivar o pagamento ao autor poderá exercer o **direito de regresso** contra os demais responsáveis, na medida de sua participação na causação do dano. O direito de regresso pode ser exercido nos mesmos autos ou em ação autônoma. A *ratio legis* é a mesma do **vício**, ou seja, que reparem os danos causados ao consumidor, depois, os fornecedores que apurem quem deles efetivamente foi responsável pelo dano e busquem o ressarcimento entre si.

Quando se tratou da *relação de consumo*, no início deste estudo, foi mencionada a figura do **consumidor por equiparação** quando **vítima de acidente de consumo (fato)**. Agora fica mais fácil entender esse conceito, pois se trata de terceiro que, mesmo não tendo adquirido o produto ou serviço como destinatário final, acabou sendo atingido pelo **acidente de consumo**. Ex.: um veículo que, por um defeito no sistema de freios, não consegue frear, se chocando-se com outro e causando danos a ambos os condutores. O primeiro condutor, por ter adquirido o produto como destinatário final, já é considerado consumidor e o segundo, que simplesmente sofreu danos oriundos do fato, também será considerado consumidor (por equiparação), utilizando-se das mesmas regras que o primeiro ao buscar a reparação dos danos.

O instituto da responsabilidade pelo **fato** (acidente de consumo) busca, principalmente, proteger a incolumidade físico/psíquica do consumidor. Entretanto, danos materiais também devem ser reparados.

Para fixar:

RESPONSABILIDADE PELO VÍCIO	RESPONSABILIDADE PELO FATO
surge o dever de sanar o vício	surge o dever de reparar danos
em regra, será exercido perante o próprio fornecedor	em regra, será exercido por meio de uma ação judicial
prazo **decadencial** para reclamar é de **30 dias** (produtos ou serviços não duráveis) e **90 dias** (produtos ou serviços duráveis)	prazo **prescricional** para a propositura da ação é de **5 anos**

Exemplos para diferenciar:

VÍCIO	FATO
o liquidificador para de funcionar	o liquidificador explode e causa danos ao consumidor ou a terceiro
o salto do sapato descola	o salto do sapato descola e causa uma lesão no tornozelo do consumidor
o alimento é vendido com o prazo de validade vencido	esse alimento é ingerido e causa algum dano ao consumidor ou a terceiro

- *Recall*: ainda sobre a responsabilidade, o fornecedor não poderá colocar no mercado produto ou serviço que sabe ou deveria saber apresentar **alto grau de nocividade ou periculosidade** à saúde ou segurança do consumidor. Caso, após a colocação no mercado desse produto ou serviço, tome conhecimento desses riscos, deverá o fornecedor comunicar o fato às autoridades competentes e ao consumidor, através de anúncios publicitários, veiculados na imprensa, rádio e televisão. Muito embora o CDC não utilize esse termo, trata-se do chamado *recall*, pelo qual se faz o chamamento do consumidor para a reparação do problema, a fim de evitar possíveis danos.
- **Foro competente**: nas ações de responsabilidade civil do fornecedor de produtos ou serviços, o consumidor poderá **optar** pelo ajuizamento no **foro do seu domicílio** a fim de facilitar sua defesa e acesso ao judiciário. Em **contrato de adesão**, caso haja cláusula de **eleição de foro**, impedindo o consumidor de ajuizar ação no seu domicílio, esta será considerada nula de pleno direito.

6. PRAZOS E GARANTIAS

Esse assunto é bastante cobrado em Exame de Ordem e geralmente é tratado juntamente com a *responsabilidade*, mas, para frisar, seguem mais detalhes.

Prazo prescricional (para entrar com ação de reparação de danos oriundos do **fato** do produto ou serviço): **5 anos**, a contar do conhecimento do dano e sua autoria.

Prazo decadencial (para reclamar por **vício** do produto ou serviço):

- **30 dias** para produtos e serviços não duráveis (ex.: alimento);
- **90 dias** para produtos e serviços duráveis (ex.: eletrodoméstico).

Se for **vício aparente ou de fácil constatação**, o prazo começa a contar da entrega efetiva do produto ou do final da execução do serviço. Se for **vício oculto**, o prazo começa a contar do momento em que ficar evidenciado o vício.

Nesses prazos decadenciais (30 ou 90 dias) reclama-se a chamada **garantia legal**, ou seja, um prazo que o consumidor tem para reclamar por um *vício* do produto ou serviço.

A **garantia legal é obrigatória**, imposta por lei, não precisando de termo escrito, sendo vedada e exoneração do fornecedor. (Ex.: é comum que um fornecedor venda determinado produto e "avise" que não há garantia alguma; entretanto, essa informação é nula, já que a garantia legal não é dada pelo fornecedor, e sim imposta pela lei, sendo obrigatória em qualquer produto ou serviço no mercado de consumo).

Há também a chamada **garantia contratual**, a qual é uma faculdade do fornecedor (mas quando oferecida deve ser obrigatoriamente cumprida), a fim de conquistar o cliente. Essa garantia, que pode ser total ou parcial (desde que clara e previamente especificada), deve obrigatoriamente constar em termo **escrito** (o chamado **termo de garantia**) com todas as informações ao consumidor.

É comum no mercado a chamada **garantia estendida**, espécie de garantia contratual, pela qual o consumidor paga um valor extra para ter uma cobertura por mais tempo; essa prática é aceita, desde que não seja *imposta* ao consumidor (deve ser opcional) e este esteja *ciente* de que lhe será cobrado um valor extra (para evitar que seja embutida no preço do produto ou serviço no momento da contratação).

O CDC menciona que a garantia *contratual* é complementar à *legal*. A respeito do tema, a jurisprudência do STJ já firmou posicionamento de que, em havendo, além da garantia legal, também a contratual, estas devem ser somadas na seguinte ordem: **contratual + legal**. Ex.: se uma televisão tem 1 ano de garantia (contratual), após transcorrido esse prazo, o consumidor terá mais 90 dias (bem durável) de garantia (legal) para reclamar por eventuais vícios.

> **ATENÇÃO!**
> 30 ou 90 dias não são necessariamente 1 ou 3 meses. Portanto, as questões devem ser lidas com bastante atenção.

Direito de arrependimento é um prazo conferido ao consumidor para desistir do negócio, sempre que a contratação de fornecimento de produtos ou serviços ocorrer **fora do estabelecimento comercial: sete dias** a contar da assinatura do contrato ou do recebimento do produto ou serviço.

Sete dias a contar da assinatura do contrato ou do recebimento do produto ou serviço.

O CDC traz exemplos, como vendas *por telefone* ou *em domicílio*, mas o exemplo mais comum atualmente são as compras ou contratações de serviços pela *internet*. Exercido esse direito de arrependimento (que não precisa ser motivado), os valores pagos serão imediatamente devolvidos e monetariamente atualizados.

Decreto n. 7.962/2013, art. 5º, § 3º: o exercício do direito de arrependimento será comunicado imediatamen-te pelo fornecedor à instituição financeira ou à administradora do cartão de crédito ou similar, para que:

I – a transação não seja lançada na fatura do consumidor; ou

II – seja efetivado o estorno do valor, caso o lançamento na fatura já tenha sido realizado.

Frisando, somente há direito de *arrependimento* (desistência do negócio) quando a contratação foi **fora do estabelecimento comercial** e somente há direito à *troca* nos casos já vistos em que o produto apresenta **vícios**. Ex.: é comum, após as datas festivas (Natal, Dia das Mães etc.), os consumidores (que compraram em lojas físicas) retornarem às lojas por não terem gostado da cor ou modelo do produto, ou por terem ganhado de presente e não ter servido o tamanho, e os comerciantes efetuarem as trocas; no entanto, isso é uma **faculdade** do fornecedor, que não quer desapontar o cliente, mas **não** há qualquer obrigação legal em efetuar tal troca. Obviamente que quando o próprio fornecedor se compromete a trocar, no momento da oferta ou contratação, deverá cumprir o ofertado ou pactuado, mas foi por sua liberalidade e não por obrigação.

7. DESCONSIDERAÇÃO DA PERSONALIDADE JURÍDICA

O juiz poderá **desconsiderar a personalidade jurídica** nas seguintes hipóteses:

- abuso de direito;
- excesso de poder;
- infração da lei;
- fato ou ato ilícito;
- violação dos estatutos ou contrato social;
- falência; estado de insolvência; encerramento ou inatividade da pessoa jurídica, provocados por má administração;
- sempre que sua personalidade for, de alguma forma, obstáculo ao ressarcimento de prejuízos causados aos consumidores.

As sociedades **integrantes dos grupos societários** e as sociedades **controladas** são *subsidiariamente* responsáveis, enquanto as **sociedades consorciadas** são *solidariamente* responsáveis pelas obrigações decorrentes do CDC. Já as **sociedades coligadas** só responderão por *culpa*.

8. PRÁTICAS COMERCIAIS

Oferta: toda informação, suficientemente precisa, veiculada por qualquer forma ou meio de comunicação, **obriga** o fornecedor e **integra o contrato** que eventualmente vier a ser celebrado. A oferta e apresentação de produtos ou serviços devem trazer de forma correta, clara, precisa e ostensiva todas as **informações** ao consumidor.

Em caso de **recusa** do fornecedor em cumprir a **oferta**, o consumidor poderá, alternativamente e **à sua livre escolha**:

I – exigir o cumprimento forçado da obrigação, nos termos da oferta, apresentação ou publicidade;

II – aceitar outro produto ou prestação de serviço equivalente;

III – rescindir o contrato, com direito à restituição de quantia eventualmente antecipada, monetariamente atualizada, e a perdas e danos.

Publicidade: deve ser veiculada de forma que o consumidor fácil e imediatamente a identifique como tal, ou seja, que o destinatário tenha **consciência** de que está sendo estimulado a adquirir ou utilizar determinado produto ou serviço, evitando-se a chamada publicidade **subliminar ou clandestina**.

É **proibida** qualquer publicidade:

a) **Enganosa:** aquela parcial ou inteiramente **falsa**, que **induz em erro** o consumidor (quanto a natureza, características, qualidade, quantidade, propriedades, origem, preço e quaisquer outros dados sobre produtos e serviços). Poderá ser *enganosa por omissão*, quando deixa de informar sobre algo essencial.

b) **Abusiva:** aquela que **desrespeita valores** (discriminatória, que incita violência, explore medo ou superstição, se aproveita da deficiência de julgamento da criança, desrespeita valores ambientais, induz o consumidor a se comportar de forma prejudicial ou perigosa à sua saúde ou segurança).

As **práticas abusivas**, cujo rol exemplificativo segue abaixo, são **vedadas** (art. 39 do CDC):

- condicionar o fornecimento de produto ou de serviço ao fornecimento de outro produto ou serviço (trata-se da chamada **venda casada**), bem como, sem justa causa, a limites quantitativos;
- recusar atendimento às demandas dos consumidores, na exata medida de suas disponibilidades de estoque, e, ainda, de conformidade com os usos e costumes;
- enviar ou entregar ao consumidor, sem solicitação prévia, qualquer produto, ou fornecer qualquer serviço (caso ocorra essa prática, os produtos ou serviços remetidos ao consumidor equiparam-se a **amostras grátis**, inexistindo obrigação de pagamento); Obs.: Súmula 532 do STJ "constitui prática comercial abusiva o envio de cartão de crédito sem prévia e expressa solicitação do consumidor, configurando-se ato ilícito indenizável e sujeito à aplicação de multa administrativa".
- prevalecer-se da fraqueza ou ignorância do consumidor, tendo em vista sua idade, saúde, conhecimento ou condição social, para impingir-lhe seus produtos ou serviços;
- exigir do consumidor vantagem manifestamente excessiva;
- executar serviços sem a prévia elaboração de orçamento e autorização expressa do consumidor, ressalvadas as decorrentes de práticas anteriores entre as partes;
- repassar informação depreciativa, referente a ato praticado pelo consumidor no exercício de seus direitos;
- colocar, no mercado de consumo, qualquer produto ou serviço em desacordo com as normas expedidas pelos órgãos oficiais competentes ou, se normas específicas não existirem, pela ABNT ou outra entidade credenciada pelo Conselho Nacional de Metrologia, Normalização e Qualidade Industrial (Conmetro);
- recusar a venda de bens ou a prestação de serviços, diretamente a quem se disponha a adquiri-los mediante pronto pagamento, ressalvados os casos de intermediação regulados em leis especiais;
- elevar sem justa causa o preço de produtos ou serviços;
- deixar de estipular prazo para o cumprimento de sua obrigação ou deixar a fixação de seu termo inicial a seu exclusivo critério;
- aplicar fórmula ou índice de reajuste diverso do legal ou contratualmente estabelecido;
- permitir o ingresso em estabelecimentos comerciais ou de serviços de um número maior de consumidores que o fixado pela autoridade administrativa como máximo.

Orçamento: o fornecedor de serviço deve entregar previamente orçamento, discriminando valor da mão de obra, dos materiais e equipamentos, as condições de pagamento, bem como datas de início e término do serviço. Aprovado pelo consumidor, o orçamento **obriga** as partes e somente poderá ser modificado mediante livre negociação. Salvo estipulação em contrário, o orçamento tem **validade de 10 dias**, a contar do recebimento pelo consumidor, sendo que o consumidor não responde por quaisquer ônus ou acréscimos decorrentes da contratação de serviços de terceiros não previstos no orçamento prévio.

Na **cobrança de dívidas**, o consumidor inadimplente não poderá ser exposto a ridículo ou submetido a qualquer tipo de constrangimento ou ameaça. Caso seja cobrado indevidamente, terá direito à **repetição em dobro**, acrescido de juros e correção monetária, salvo engano justificável (nessa hipótese, a repetição será simples). Os documentos cobrando as dívidas deverão trazer o nome, endereço, CPF ou CNPJ do fornecedor do produto ou serviço correspondente.

Os **bancos de dados e cadastros de consumidores** (como SPC, SERASA etc.) são considerados entidades de caráter *público* e devem permitir ao consumidor o acesso às informações existentes. O consumidor terá acesso às informações (que devem ser disponibilizadas em formatos acessíveis, inclusive para a pessoa com deficiência, mediante solicitação do consumidor) existentes em cadastros, fichas, registros e dados pessoais e de consumo arquivados sobre ele, bem como sobre as suas respectivas fontes. As informações negativas sobre o consumidor não podem permanecer registradas por período superior a **5 anos**. Da mesma forma, não poderão ser fornecidas por esses órgãos informações sobre débitos cuja cobrança já esteja **prescrita**.

Sobre os bancos de dados e cadastros de consumidores, atentar para os seguintes entendimentos do **STJ**:

- **Súmula 323**: *A inscrição do nome do devedor pode ser mantida nos serviços de proteção ao crédito até o prazo máximo de cinco anos, independentemente da prescrição da execução.*
- **Súmula 359**: *Cabe ao órgão mantenedor do Cadastro de Proteção ao Crédito a notificação do devedor antes de proceder à inscrição.*
- **Súmula 404**: *É dispensável o aviso de recebimento (AR) na carta de comunicação ao consumidor sobre a negativação de seu nome em bancos de dados e cadastros.*
- **Súmula 385**: *Da anotação irregular em cadastro de proteção ao crédito, não cabe indenização por dano moral, quando preexistente legítima inscrição, ressalvado o direito ao cancelamento.*
- **Súmula 548**: *Incumbe ao credor a exclusão do registro da dívida em nome do devedor no cadastro de inadimplentes no prazo de cinco dias úteis, a partir do integral e efetivo pagamento do débito.*

9. PROTEÇÃO CONTRATUAL

As **cláusulas contratuais** serão interpretadas de maneira **mais favorável** ao consumidor, da mesma forma, os contratos que regulam as relações de consumo **não obrigarão os consumidores**, se não lhes for dada a oportunidade de tomar conhecimento prévio de seu conteúdo, ou se os respectivos instrumentos forem redigidos de modo a dificultar a compreensão de seu sentido e alcance.

São **cláusulas abusivas, nulas** de pleno direito, as que:
- impossibilitem, exonerem ou atenuem a responsabilidade do fornecedor por vícios de qualquer natureza dos produtos e serviços ou impliquem renúncia ou disposição de direitos (nas relações de consumo entre o fornecedor e o consumidor pessoa jurídica, a indenização poderá ser limitada, em situações justificáveis);
- subtraiam ao consumidor a opção de reembolso da quantia já paga, nos casos previstos no CDC;
- transfiram responsabilidades a terceiros;
- estabeleçam obrigações consideradas iníquas, abusivas, que coloquem o consumidor em

- desvantagem exagerada, ou sejam incompatíveis com a boa-fé ou a equidade;
- estabeleçam inversão do ônus da prova em prejuízo do consumidor;
- determinem a utilização compulsória de arbitragem;
- imponham representante para concluir ou realizar outro negócio jurídico pelo consumidor;
- deixem ao fornecedor a opção de concluir ou não o contrato, embora obrigando o consumidor;
- permitam ao fornecedor, direta ou indiretamente, variação do preço de maneira unilateral;
- autorizem o fornecedor a cancelar o contrato unilateralmente, sem que igual direito seja conferido ao consumidor;
- obriguem o consumidor a ressarcir os custos de cobrança de sua obrigação, sem que igual direito lhe seja conferido contra o fornecedor;
- autorizem o fornecedor a modificar unilateralmente o conteúdo ou a qualidade do contrato, após sua celebração;
- infrinjam ou possibilitem a violação de normas ambientais;
- estejam em desacordo com o sistema de proteção ao consumidor;
- possibilitem a renúncia do direito de indenização por benfeitorias necessárias;
- condicionem ou limitem de qualquer forma o acesso aos órgãos do Poder Judiciário;
- estabeleçam prazos de carência em caso de impontualidade das prestações mensais ou impeçam o restabelecimento integral dos direitos do consumidor e de seus meios de pagamento a partir da purgação da mora ou do acordo com os credores.

As cláusulas abusivas são **nulas** de pleno direito, contudo, a nulidade de uma das cláusulas não invalida o contrato, salvo se, apesar dos esforços de integração, ocorrer ônus excessivo a qualquer das partes.

> **ATENÇÃO!**
> Muito embora a doutrina sustente que a abusividade das cláusulas pode ser declarada **de ofício** pelo julgador, o **STJ** entende não ser possível esse reconhecimento de ofício, mesmo em se tratando de contrato regulado pelo CDC (REsp 1044499/RS), o que ensejou, inclusive, a previsão da **Súmula 381 do STJ**: "*nos contratos bancários, é vedado ao julgador conhecer, de ofício, da abusividade das cláusulas*". Assim, pela lógica das disposições do CDC, cujas normas são de ordem pública e interesse social, é de se entender pela possibilidade do reconhecimento de ofício da abusividade das cláusulas; porém, se a questão solicitar uma resposta à luz do posicionamento do STJ, entende-se que é vedado esse reconhecimento de ofício.

As **multas** de mora decorrentes de inadimplemento de obrigações não poderão ser superiores a **2%** do valor da prestação. Caso o consumidor opte por **liquidar antecipadamente** seu débito, parcial ou totalmente, deverão ser reduzidos proporcionalmente os juros e demais acréscimos. **Súmula 285 do STJ**: Nos contratos bancários posteriores ao Código de Defesa do Consumidor incide a multa moratória nele prevista.

Em relação aos planos de saúde, assuntos recorrentes nas provas da OAB, atenção para o enunciado da Súmula 302 do STJ: *É abusiva a cláusula contratual de plano de saúde que limita no tempo a internação hospitalar do segurado*. Ademais, recomenda-se uma leitura atenta da Lei n. 9.656/98, que dispõe sobre os planos e seguros privados de assistência à saúde.

Os **contratos de adesão** trazem cláusulas rígidas, uniformes e preestabelecidas unilateralmente pelo fornecedor; pode até haver inserção de cláusulas, o que não retirará a natureza de adesão do contrato. Por esses motivos, esse tipo de contrato deve ser redigido em termos claros, com caracteres ostensivos e legíveis, cuja fonte não pode ser inferior a 12. Ademais, as cláusulas que impliquem limitação de Direito do Consumidor deverão ser redigidas em destaque.

Quando se tratou do conceito de consumidor, no início deste estudo, foi vista a figura do **consumidor por equiparação** por estar **exposto às práticas comerciais e contratuais**. Pois tais práticas são as vistas acima, ou seja, mesmo que a pessoa (ou coletividade) não adquira ou utilize os produtos ou serviços aludidos, poderá ser considerada consumidora (por equiparação) por estar exposta às tais práticas, podendo se valer de todas as prerrogativas das normas consumeristas.

10. DA PREVENÇÃO E DO TRATAMENTO DO SUPERENDIVIDAMENTO

A Lei n. 14.181/2021 acrescentou ao CDC um capítulo dispondo sobre a **prevenção do superendividamento** da pessoa natural, sobre o crédito responsável e sobre a educação financeira do consumidor.

Considera-se **superendividamento** a impossibilidade manifesta de o consumidor pessoa natural, de boa-fé, pagar a totalidade de suas dívidas de consumo, exigíveis e vincendas, sem comprometer seu mínimo existencial, nos termos da regulamentação.

No fornecimento de crédito e na venda a prazo, além das informações obrigatórias previstas no art. 52 deste Código e na legislação aplicável à matéria, o fornecedor ou o intermediário **deverá informar** o consumidor, prévia e adequadamente, no momento da oferta, sobre:

I – o custo efetivo total e a descrição dos elementos que o compõem;

II – a taxa efetiva mensal de juros, bem como a taxa dos juros de mora e o total de encargos, de qualquer natureza, previstos para o atraso no pagamento;

III – o montante das prestações e o prazo de validade da oferta, que deve ser, no mínimo, de 2 (dois) dias;

IV – o nome e o endereço, inclusive o eletrônico, do fornecedor;

V – o direito do consumidor à liquidação antecipada e não onerosa do débito, nos termos do § 2º do art. 52 deste Código e da regulamentação em vigor.

É vedado, expressa ou implicitamente, na oferta de crédito ao consumidor, publicitária ou não:

- indicar que a operação de crédito poderá ser concluída sem consulta a serviços de proteção ao crédito ou sem avaliação da situação financeira do consumidor;
- ocultar ou dificultar a compreensão sobre os ônus e os riscos da contratação do crédito ou da venda a prazo;
- assediar ou pressionar o consumidor para contratar o fornecimento de produto, serviço ou crédito, principalmente se se tratar de consumidor idoso, analfabeto, doente ou em estado de vulnerabilidade agravada ou se a contratação envolver prêmio;
- condicionar o atendimento de pretensões do consumidor ou o início de tratativas à renúncia ou à desistência de demandas judiciais, ao pagamento de honorários advocatícios ou a depósitos judiciais.

11. SANÇÕES ADMINISTRATIVAS

Segundo o CDC, as infrações às normas de defesa do consumidor ficam sujeitas às seguintes **sanções administrativas**:

SANÇÃO	PARTICULARIDADES
- multa	- Será graduada conforme a gravidade da infração, a vantagem auferida e a condição econômica do fornecedor
- apreensão do produto - inutilização do produto - cassação do registro do produto junto ao órgão competente - proibição de fabricação do produto - suspensão de fornecimento de produtos ou serviço - revogação de concessão ou permissão de uso	- Aplicadas quando forem constatados vícios de quantidade ou de qualidade por inadequação ou insegurança do produto ou serviço
- suspensão temporária da atividade - cassação de licença do estabelecimento ou de atividade - interdição, total ou parcial, de estabelecimento, de obra ou de atividade - intervenção administrativa	- Aplicadas quando o fornecedor reincidir na prática das infrações de maior gravidade previstas no CDC e na legislação de consumo
- imposição de contrapropaganda	- Aplicada quando o fornecedor incorrer na prática de publicidade enganosa ou abusiva; - Será divulgada da mesma forma, frequência e dimensão e, *preferencialmente*, no mesmo veículo, local, espaço e horário da publicidade veiculada, a fim de desfazer o malefício causado

As **sanções administrativas** serão aplicadas pela autoridade administrativa, no âmbito das suas atribuições, podendo ser **cumuladas**. Essas penalidades são aplicadas mediante a instauração de procedimento administrativo, com garantia de ampla defesa e contraditório ao fornecedor. No entanto, em caráter de urgência, poderão ser aplicadas por medida cautelar, antecedente ou como incidente do procedimento administrativo, sem prejuízo das sanções de natureza civil, penal e das definidas em normas específicas.

12. INFRAÇÕES PENAIS

O CDC tipifica algumas condutas que constituem **crimes** contra as relações de consumo, sem prejuízo das previstas no Código Penal e leis especiais:

CRIMES	PENAS
Omitir dizeres ou sinais ostensivos sobre a nocividade ou periculosidade de produtos, nas embalagens, nos invólucros, recipientes ou publicidade	- Detenção de 6 meses a 2 anos + multa - Se culposo: Detenção de 1 a 6 meses ou multa
Deixar de comunicar à autoridade competente e aos consumidores a nocividade ou periculosidade de produtos cujo conhecimento seja posterior à sua colocação no mercado	- Detenção de 6 meses a 2 anos + multa
Executar serviço de alto grau de periculosidade, contrariando determinação de autoridade competente (permitir o ingresso em estabelecimentos comerciais ou de serviços de um número maior de consumidores que o fixado pela autoridade administrativa como máximo também caracteriza o crime ora previsto)	- Detenção de 6 meses a 2 anos + multa (sem prejuízo das penas por lesão corporal e morte)
Fazer afirmação falsa ou enganosa, ou omitir informação relevante sobre a natureza, característica, qualidade, quantidade, segurança, desempenho, durabilidade, preço ou garantia de produtos ou serviços	- Detenção de 3 meses a 1 ano + multa - Se culposo: Detenção de 1 a 6 meses ou multa
Fazer ou promover publicidade que sabe ou deveria saber ser enganosa ou abusiva	- Detenção de 3 meses a 1 ano + multa
Fazer ou promover publicidade que sabe ou deveria saber ser capaz de induzir o consumidor a se comportar de forma prejudicial ou perigosa a sua saúde ou segurança	- Detenção de 6 meses a 2 anos + multa
Deixar de organizar dados fáticos, técnicos e científicos que dão base à publicidade	- Detenção de 1 a 6 meses + multa
Empregar na reparação de produtos peça ou componentes de reposição usados, sem autorização do consumidor	- Detenção de 3 meses a 1 ano + multa
Utilizar, na cobrança de dívidas, de ameaça, coação, constrangimento físico ou moral, afirmações falsas, incorretas ou enganosas ou de qualquer outro procedimento que exponha o consumidor, injustificadamente, a ridículo ou interfira com seu trabalho, descanso ou lazer	- Detenção de 3 meses a 1 ano + multa
Impedir ou dificultar o acesso do consumidor às informações que sobre ele constem em cadastros, banco de dados, fichas e registros	- Detenção de 6 meses a 1 ano ou multa

DIREITO DO CONSUMIDOR

Deixar de corrigir imediatamente informação sobre consumidor constante de cadastro, banco de dados, fichas ou registros que sabe ou deveria saber ser inexata	– Detenção de 1 a 6 meses ou multa
Deixar de entregar ao consumidor o termo de garantia adequadamente preenchido e com especificação clara de seu conteúdo	– Detenção de 1 a 6 meses ou multa

São **agravantes** dos crimes acima tipificados:

- serem cometidos em época de grave crise econômica ou por ocasião de calamidade;
- ocasionarem grave dano individual ou coletivo;
- dissimular-se a natureza ilícita do procedimento;
- quando cometidos: a) por servidor público, ou por pessoa cuja condição econômico-social seja manifestamente superior à da vítima; b) em detrimento de operário ou rurícola; de menor de dezoito ou maior de sessenta anos ou de pessoas portadoras de deficiência mental interditadas ou não;
- serem praticados em operações que envolvam alimentos, medicamentos ou quaisquer outros produtos ou serviços essenciais.

13. DEFESA DO CONSUMIDOR EM JUÍZO E A COISA JULGADA

A defesa em juízo dos consumidores e das vítimas poderá ser exercida **individual** ou **coletivamente**.

A defesa será **coletiva** quando se tratar de:

- **interesses ou direitos difusos** (transindividuais, de natureza indivisível, de que sejam titulares pessoas indeterminadas e ligadas por circunstâncias de fato); nesse caso, a sentença fará **coisa julgada** *erga omnes*, exceto se o pedido for julgado improcedente por insuficiência de provas (hipótese em que qualquer legitimado poderá intentar outra ação, com idêntico fundamento valendo-se de nova prova);
- **interesses ou direitos coletivos** (transindividuais, de natureza indivisível de que seja titular grupo, categoria ou classe de pessoas ligadas entre si ou com a parte contrária por uma relação jurídica base); nesse caso, a sentença fará **coisa julgada** *ultra partes*, mas limitadamente ao grupo, categoria ou classe, salvo improcedência por insuficiência de provas;
- **interesses ou direitos individuais homogêneos** (decorrentes de origem comum); nesse caso, a sentença fará **coisa julgada** *erga omnes*, apenas no caso de procedência do pedido, para beneficiar todas as vítimas e seus sucessores.

Abaixo, um quadro explicativo dos **interesses/direitos** (são tratados como sinônimos) **coletivos**:

DIREITOS	DIFUSOS	COLETIVOS (*STRICTO SENSU*)	INDIVIDUAIS HOMOGÊNEOS
TITULARES	indetermináveis	determináveis	determináveis
ORIGEM	relação de fato	relação jurídica	origem comum
OBJETO	indivisível	indivisível	divisível
EFEITO DA PROCEDÊNCIA	*erga omnes*	*ultra partes*	*erga omnes*

O CDC (art. 82) traz um rol dos **legitimados** concorrentemente para a defesa **coletiva** dos consumidores, os quais, autorizados por lei, buscarão em nome próprio direito alheio (*legitimação extraordinária* ou *substituição processual*). São eles:

- Ministério Público; (Obs.: o **MP**, quando não ajuizar a ação, atuará sempre como **fiscal da lei**.)
- a União, os Estados, os Municípios e o Distrito Federal;
- entidades e órgãos da Administração Pública, direta ou indireta, ainda que sem personalidade jurídica, especificamente destinados à defesa dos interesses e direitos protegidos pelo CDC;
- associações legalmente constituídas há pelo menos um ano e que incluam entre seus fins institucionais a defesa dos interesses e direitos protegidos pelo CDC, dispensada a autorização assemblear. O requisito da pré-constituição pode ser dispensado pelo juiz quando haja manifesto interesse social evidenciado pela dimensão ou característica do dano, ou pela relevância do bem jurídico a ser protegido.

A **Defensoria Pública** também é **legítima** para propor Ação Civil Pública em defesa coletiva dos consumidores. Porém, **não consta** no rol dos legitimados do CDC e sim no art. 5º, II, da Lei n. 7.347/85 (Lei da ACP, cujo artigo foi alterado pela Lei n. 11.448/2007).

Nas ações coletivas tratadas no CDC, **não haverá** adiantamento de custas, emolumentos, honorários periciais e quaisquer outras despesas, nem condenação da associação autora, salvo comprovada **má-fé**, em honorários de advogados, custas e despesas processuais.

Para a defesa dos direitos e interesses protegidos pelo CDC, são admitidas **todas as espécies de ações** capazes de propiciar a adequada e efetiva tutela dos consumidores.

Nas ações que tenham por objeto o cumprimento de **obrigação de fazer** ou **não fazer**, o juiz concederá a **tutela específica** (para que o fornecedor cumpra exatamente a sua obrigação), ou determinará outras medidas que assegurem o resultado prático equivalente.

A obrigação de fazer poderá ser convertida em **perdas e danos** (sem prejuízo de multa), se for opção do autor ou se impossível a tutela específica ou o resultado equivalente. Ainda, em sendo relevante o fundamento da demanda e havendo justificado receio de ineficácia do provimento final, o juiz poderá conceder a

antecipação de tutela liminarmente ou após justificação prévia (com citação do réu), com a imposição de **multa diária** (de ofício) e fixação de prazo para o cumprimento.

REFERÊNCIAS

ALMEIDA, Fabrício Bolzan. *Direito do Consumidor esquematizado*. São Paulo: Saraiva, 2013.

ALMEIDA, João Batista. *Manual de direito do consumidor*. 5. ed. São Paulo: Saraiva, 2011.

BENJAMIN, Antônio Herman V. *Manual de direito do consumidor*. 2. ed. São Paulo: Revista dos Tribunais, 2009.

MIRAGEM, Bruno. *Curso de direito do consumidor*. 2. ed. São Paulo: Revista dos Tribunais, 2010.

NUNES, Rizzatto. *Curso de direito do consumidor*. 4. ed. São Paulo: Saraiva, 2009.

_____. *Comentários ao Código de Defesa do Consumidor*. 7. ed. São Paulo: Saraiva, 2013.

THEODORO JÚNIOR, Humberto. *Direitos do consumidor*. 6. ed. Rio de Janeiro: Forense, 2009.

Acesse o *QR Code* e aproveite os conteúdos elaborados para você!
■ BIZU OAB
■ TOP 10
http://uqr.to/1wcg0

Questões
Direito do Consumidor

Acesse o QR Code e consulte as questões comentadas dos exames anteriores.
http://uqr.to/1wcfz

DISPOSIÇÕES GERAIS, PRINCÍPIOS, RELAÇÃO DE CONSUMO E DIREITOS BÁSICOS

1. (41º Exame) Jordana, aposentada, 89 anos, o(a) procurou como advogado(a) porque fora atraída por ligação telefônica da instituição financeira *Banco Mútuo S.A.*, que anunciava oferta de crédito sem análise da situação financeira do consumidor. Jordana, que à época da oferta do crédito estava em situação financeira muito difícil, contratou a abertura de crédito. Diante do valor reduzido de sua aposentadoria e dos compromissos indispensáveis ao lar e à saúde, celebrados ao longo do ano, não tem mais como pagar todas as dívidas, que a cada mês ficam maiores. Diante da situação hipotética apresentada, assinale a afirmativa correta.

(A) É direito básico do consumidor a garantia de práticas de crédito responsável, bem como a proteção contra a publicidade enganosa.
(B) Para responsabilizar o *Banco Mútuo S.A.*, impondo-lhe a obrigação de indenizar, é necessário comprovar o ato de negligência do preposto do banco.
(C) Tendo em vista que a contratação se deu fora do estabelecimento empresarial, Jordana tinha o prazo de dez dias para exercer o seu direito de arrependimento.
(D) As instituições financeiras não são obrigadas a analisar a situação financeira do consumidor, apenas consultar os serviços de proteção ao crédito antes de concedê-lo.

RESPOSTA De acordo com o art. 6º do CDC, são direitos básicos do consumidor, entre outros: "IV – a proteção contra a publicidade enganosa e abusiva, métodos comerciais coercitivos ou desleais, bem como contra práticas e cláusulas abusivas ou impostas no fornecimento de produtos e serviços; (...) XI – a garantia de práticas de crédito responsável, de educação financeira e de prevenção e tratamento de situações de superendividamento, preservado o mínimo existencial, nos termos da regulamentação, por meio da revisão e da repactuação da dívida, entre outras medidas". *Alternativa A*.

2. (39º Exame) Em viagem realizada do Rio de Janeiro para os Estados Unidos, em Janeiro de 2023, Luan e Vanessa tiveram uma de suas malas extraviada, tendo sofrido um prejuízo quantificado em cerca de R$ 15.000,00 (quinze mil reais). Acionada, a empresa aérea alegou que sua responsabilidade estava limitada ao teto previsto na Convenção de Varsóvia e que o Código de Defesa do Consumidor (CDC) não era aplicável à hipótese, por se tratar de transporte internacional. Considerando a jurisprudência predominante no Supremo Tribunal Federal, no que toca ao tema das indenizações por danos materiais decorrentes de extravio de bagagens de viajantes no transporte aéreo, assinale a afirmativa correta.

(A) O CDC é sempre aplicável, independentemente de se tratar de um voo internacional ou doméstico, não sendo possível que qualquer tratado ou convenção internacional limite o valor das indenizações cabíveis, pois tal fato configuraria violação à soberania nacional.
(B) Nos voos internacionais prevalecem integralmente as limitações contidas em normativas internacionais, como a Convenção de Varsóvia e a Convenção de Montreal, enquanto nos voos domésticos aplica-se unicamente o CDC, não sendo aplicáveis as limitações contidas naquelas convenções.
(C) Em se tratando de contrato de transporte aéreo, aplicam-se as limitações contidas nas convenções internacionais tanto aos voos domésticos quanto aos voos internacionais.
(D) As limitações contidas na Convenção de Varsóvia e na Convenção de Montreal somente são aplicáveis quando explicitadas no contrato assinado pelo consumidor, em obediência ao dever de informação exigido pelo CDC.

RESPOSTA Diz o art. 178 da CF que a lei disporá sobre a ordenação dos transportes aéreo, aquático e terrestre, devendo, quanto à ordenação do transporte internacional, observar os acordos firmados pela União, atendido o princípio da reciprocidade. O STF já decidiu que: "Nos termos do art. 178 da Constituição da República, as normas e os tratados internacionais limitadores da responsabilidade das transportadoras aéreas de passageiros, especialmente as Convenções de Varsóvia e Montreal, têm prevalência em relação ao Código de Defesa do Consumidor" (RE 636331/RJ). Entende-se, por fim, que restará o CDC ser aplicado em relação aos voos domésticos. *Alternativa B.*

RESPONSABILIDADE DO FORNECEDOR, PRAZOS E GARANTIAS

3. (36º Exame) A sociedade empresária Cimento Montanha Ltda. integra, com outras cinco sociedades empresárias, um consórcio que atua na realização de obras de construção civil. Estruturas e Fundações Pinheiro Ltda., uma das sociedades consorciadas, foi responsabilizada em ação de responsabilidade civil por danos causados aos consumidores em razão de falhas estruturais em imóveis construídos no âmbito das atividades do consórcio, que apresentaram rachaduras, um dos quais desabou. Considerando as normas sobre a responsabilidade de sociedades integrantes de grupo econômico perante o consumidor, segundo o Código de Defesa do Consumidor, assinale a afirmativa correta.

(A) Apenas a sociedade Estruturas e Fundações Pinheiro Ltda. poderá ser responsabilizada pelos danos aos consumidores, pois as demais consorciadas somente se obrigam nas condições previstas no respectivo contrato, respondendo cada uma por suas obrigações, sem solidariedade entre si.

(B) As sociedades integrantes do consórcio são solidariamente responsáveis pelas obrigações da sociedade Estruturas e Fundações Pinheiro Ltda., porém a responsabilidade delas perante o consumidor é sempre em caráter subsidiário.

(C) As sociedades integrantes do consórcio são solidariamente responsáveis, sem benefício de ordem entre elas, pelas obrigações da sociedade Estruturas e Fundações Pinheiro Ltda. perante os consumidores prejudicados, haja ou não previsão diversa no contrato respectivo.

(D) Apenas a sociedade Estruturas e Fundações Pinheiro Ltda. Poderá ser responsabilizada pelos danos aos consumidores, pois as demais consorciadas só responderão solidariamente com a primeira se ficar comprovado a culpa de cada uma delas.

RESPOSTA O art. 28 do CDC, que trata da desconsideração da personalidade jurídica em seu *caput*, em seus parágrafos relaciona o tipo de responsabilidade. Assim, diz que as sociedades integrantes dos grupos societários e as sociedades controladas são subsidiariamente responsáveis (§ 2º); as sociedades consorciadas são solidariamente responsáveis (§ 3º); as sociedades coligadas só responderão por culpa (§ 4º). *Alternativa C.*

4. (35º Exame) Pratice Ltda. configura-se como um clube de pontos que se realiza mediante a aquisição de título. Os pontos são convertidos em bônus para uso nas redes de restaurantes, hotéis e diversos outros segmentos de consumo regularmente conveniados. Nas redes sociais, a empresa destaca que os convênios são precedidos de rigoroso controle e aferição do padrão de atendimento e de qualidade dos serviços prestados. Tomás havia aderido à Pratice Ltda. e, nas férias, viajou com sua família para uma pousada da rede conveniada. Ao chegar ao local, ele verificou que as acomodações cheiravam a mofo e a limpeza era precária. Sem poder sair do local em razão do horário avançado, viu-se obrigado a pernoitar naquele ambiente insalubre e sair somente no dia seguinte. Aborrecido com a desagradável situação vivenciada e com o prejuízo financeiro por ter que arcar com outro serviço de hotelaria na cidade, Tomás procurou você, como advogado(a), para ingressar com a medida judicial cabível. Diante disso, assinale a única opção correta.

(A) Pratice Ltda. funciona como mera intermediadora entre os hotéis e os adquirentes do título do clube de pontos, não respondendo pelo evento danoso.

(B) Há legitimidade passiva da Pratice Ltda. para responder pela inadequada prestação de serviço do hotel conveniado que gerou dano ao consumidor, por integrar a cadeia de consumo referente ao serviço que introduziu no mercado.

(C) Trata-se de culpa exclusiva de terceiro, não podendo a intermediária Pratice Ltda. responder pelos danos suportados pelo portador título do clube de pontos.

(D) Cuida-se de hipótese de responsabilidade subjetiva e subsidiária da Pratice Ltda. em relação ao hotel conveniado.

RESPOSTA Trata-se de questão inspirada em julgado do STJ (REsp 1.378.284/PB) no qual entende-se que há a responsabilidade objetiva e solidária do clube de turismo, por integrar a cadeia de consumo do serviço, que inclusive foi introduzido no mercado por ele. Ademais, havendo mais de um responsável pela causação do dano, todos responderão solidariamente pela reparação prevista nesta e nas seções anteriores (art. 25, § 1º, e art. 7º, parágrafo único, do CDC). *Alternativa B.*

5. (35º Exame) José havia comprado um notebook para sua filha, mas ficou desempregado, não tendo como arcar com o pagamento das parcelas do financiamento. Foi então que vendeu para a amiga Margarida o notebook ainda na caixa lacrada, acompanhado de nota fiscal e contrato de venda, que indicavam a compra realizada cinco dias antes. Cerca de dez meses depois, o produto apresentou problemas de funcionamento. Ao receber o bem da assistência técnica que havia sido procurada imediatamente, Margarida foi informada do conserto referente à "placa-mãe". Na semana seguinte, houve recorrência de mau funcionamento da máquina. Indignada, Margarida ajuizou ação em face da fabricante, buscando a devolução do produto e a restituição do valor desembolsado para a compra, além de reparação por danos extrapatrimoniais. A então ré, por sua vez, alegou, em juízo, a ilegitimidade passiva, a prescrição e, subsidiariamente, a decadência. A respeito disso, assinale a afirmativa correta.

(A) O fabricante é parte ilegítima, uma vez que o defeito relativo ao vício do produto afasta a responsabilidade do fabricante, sendo do comerciante a responsabilidade para melhor garantir os direitos dos consumidores adquirentes.

(B) Ocorreu a prescrição, uma vez que o produto havia sido adquirido há mais de noventa dias e a contagem do prazo se iniciou partir da entrega efetiva do produto, não sendo possível reclamar a devolução do produto e a restituição do valor.

(C) Somente José possui relação de consumo com a fornecedora, por ter sido o adquirente do produto, conforme consta na nota fiscal e no contrato de venda, implicando ilegitimidade ativa de Margarida para invocar a proteção da norma consumerista.

(D) A decadência alegada deve ser afastada, uma vez que o prazo correspondente se iniciou quando se evidenciou o defeito e, posteriormente, a partir do prazo decadencial de garantia pelo serviço da assistência técnica, e não na data da compra do produto.

DIREITO DO CONSUMIDOR

RESPOSTA Considera-se consumidor a pessoa física ou jurídica que adquire ou *utiliza* o produto ou serviço como destinatário final (art. 2º, CDC). A responsabilidade dos fornecedores por vícios é solidária (art. 18 do CDC), sendo que em se tratando de vício oculto, o prazo decadencial de 90 dias (no caso de produto durável) começa a correr a partir do momento em que o vício é evidenciado (art. 26, § 3º, do CDC). *Alternativa D.*

PRÁTICAS COMERCIAIS E PROTEÇÃO CONTRATUAL

6. (38º Exame) Carlos foi internado para tratamento de saúde. Apresentava estado grave, sendo seus familiares informados sobre a limitação do tempo de internação. Junto à assinatura dos documentos de internação, o hospital exigiu dos familiares um depósito caução para assegurar a internação do paciente, caso extrapolado o dia-limite custeado pelo plano de saúde, o que fizeram prontamente. Os familiares de Carlos procuraram você, como advogado(a), informando o ocorrido e que, de fato, o contrato do seguro-saúde apresentava essa cláusula limitadora. Assinale a opção que apresenta a orientação correta dada para o caso.

(A) A cláusula contratual que limita, no tempo, a internação hospitalar do segurado, é abusiva.
(B) O fato de o hospital ter exigido a prestação da caução não configura conduta abusiva, apesar da evidente vulnerabilidade, por força do princípio do equilíbrio contratual.
(C) A cláusula contratual que limita o tempo de internação não se mostra abusiva, por ter sido redigida de forma clara e compreensível.
(D) A cláusula contratual que limita o tempo de internação, embora abusiva, não é nula e, sim, anulável, por se tratar de contrato de adesão celebrado em situação de lesão ao consumidor.

RESPOSTA Trata-se de entendimento jurisprudencial trazido pela *Súmula 302 do STJ*: "É abusiva a cláusula contratual de plano de saúde que limita no tempo a internação hospitalar do segurado". *Alternativa A.*

7. (37º Exame) Mota solicitou orçamento para a instalação de persianas na sua casa e, ao receber o documento, leu que a compra das persianas escolhidas somente poderia ser realizada com a compra dos tapetes da mesma coleção. Além disso, juntamente com o orçamento, Mota recebeu proposta para aquisição de seguro residencial. O consumidor ficou em dúvida a respeito da conduta da loja de decoração e procurou você, como advogado(a), para receber orientação jurídica. A esse respeito, você informou, corretamente, ao cliente que se trata de

(A) prática abusiva em relação às persianas e ao tapete, por condicionar o fornecimento de um produto à aquisição do outro; igualmente abusiva a prática de enviar oferta de serviço mediante proposta do seguro residencial ao consumidor, sem prévia solicitação.
(B) prática lícita em relação às persianas e ao tapete, uma vez que se trata de produtos da mesma coleção; o seguro residencial foi meramente sugerido, não importando em venda casada.
(C) prática abusiva em relação às persianas e ao tapete, por condicionar o fornecimento de um produto à aquisição do outro; o seguro residencial foi oferecido sem condicionamento, sendo lícita a prática.
(D) prática lícita em relação às persianas e ao tapete, uma vez que são produtos da mesma coleção; a proposta do seguro residencial foi enviada ao consumidor sem solicitação prévia, o que torna a prática abusiva.

RESPOSTA Trata-se da prática de venda casada, prevista no art. 39, I, do CDC. Entretanto, o inciso deixa bem claro que a configuração de tal prática se dá ao "condicionar o fornecimento de produto ou de serviço ao fornecimento de outro produto ou serviço". Assim, no caso das persianas e do tapete, houve prática abusiva; já em relação ao seguro, não. *Alternativa C.*

8. (37º Exame) No instrumento de oferta de crédito pessoal em favor do microempreendedor individual Eugênio Barros, dentre outras informações, constou o montante dos juros de mora e a taxa efetiva anual dos juros. Ao indagar o intermediário sobre a omissão da taxa efetiva mensal de juros, do Custo Efetivo Total da operação (CET) e do prazo de validade da oferta, o microempreendedor recebeu as seguintes explicações: i) a taxa efetiva mensal de juros estava indicada em documento apartado, apresentado ao interessado no ato; ii) o CET deveria ser consultado no aplicativo da instituição financeira ofertante, através do uso da fórmula fornecida no próprio aplicativo; iii) a oferta era válida apenas no dia de hoje, sem qualquer documento comprobatório que amparasse a informação. Considerando as explicações do intermediário em cotejo com as normas do Código de Defesa do Consumidor (CDC) quanto às informações prévias no fornecimento de serviços que envolva outorga de crédito, assinale a afirmativa correta.

(A) Todas as explicações prestadas estão corretas e em conformidade com as prescrições do CDC, não havendo necessidade de comprovação do prazo de oferta caso o beneficiário seja pessoa jurídica, como o microempreendedor individual.
(B) A única explicação equivocada prestada é em relação à taxa efetiva mensal de juros, que deve ser necessariamente indicada no instrumento da oferta, e não em documento apartado.
(C) Todas as explicações prestadas são equivocadas e violam as prescrições do CDC, eis que a taxa efetiva mensal de juros e o CET devem ser indicados no instrumento da oferta e essa deve ser de, no mínimo, 7 (sete) dias.
(D) São equivocados os esclarecimentos prestados quanto ao CET, pois ele deve constar do instrumento da oferta ou em documento apartado e ser de fácil acesso ao consumidor; quanto ao prazo de validade da oferta, ele deve ser de, no mínimo, 2 (dois) dias.

RESPOSTA O art. 54-B do CDC, que trata da prevenção e tratamento do superendividamento, prevê que no fornecimento de crédito e na venda a prazo o fornecedor ou o intermediário deverá informar o consumidor, prévia e adequadamente, no momento da oferta, sobre: I – o custo efetivo total e a descrição dos elementos que o compõem; II – a taxa efetiva mensal de juros, bem como a taxa dos juros de mora e o total de encargos, de qualquer natureza, previstos para o atraso no pagamento; III – o montante das prestações e o prazo de validade da oferta, que deve ser, no mínimo, de 2 (dois) dias; IV – o nome e o endereço, inclusive o eletrônico, do fornecedor; V – o direito do consumidor à liquidação antecipada e não onerosa do débito, nos termos do § 2º do art. 52 do CDC e da regulamentação em vigor. *Alternativa D.*

9. (36º Exame) Bernardo adquiriu, mediante uso de cartão de crédito, equipamento de som conhecido como *home theater*. A compra, por meio do aplicativo do Magazin Novas Colinas S/A, conhecido como "loja virtual do Colinas", foi realizada na sexta-feira e o produto entregue na terça-feira da semana seguinte. Na quarta-feira, dia seguinte ao do recebimento, Bernardo entrou em contato com o serviço de atendimento ao cliente para exercer seu direito de arrependimento. A atendente lhe comunicou que deveria ser apresentada uma justificativa para o arrependimento dentre aquelas elaboradas pelo fornecedor. Essa foi a condição imposta ao consumidor para a devolução do valor referente à 1ª parcela do preço, já lançado na fatura do seu cartão de crédito. Com base nesta narrativa, em conformidade com a legislação consumerista, assinale a afirmativa correta.

(A) O direito de arrependimento precisa ser motivado diante da comunicação de cancelamento da compra feita pelo consumidor ao fornecedor após o decurso de 48 (quarenta e oito) horas da realização da transação pelo aplicativo.
(B) Embora o direito de arrependimento não precise de motivação por ser potestativo, o fornecedor pode exigir do consumidor que lhe apresente uma justificativa, como condição para a realização da devolução do valor faturado.
(C) Em observância ao princípio da boa-fé objetiva, aplicável tanto ao fornecedor quanto ao consumidor, aquele não pode se opor ao direito de arrependimento, mas, em contrapartida, pode exigir do consumidor a motivação para tal ato.
(D) O direito de arrependimento não precisa ser motivado e foi exercido tempestivamente, devendo o fornecedor providenciar o cancelamento da compra e comunicar à administradora do cartão de crédito para que seja efetivado o estorno do valor.

RESPOSTA De acordo com o CDC, o consumidor pode desistir do contrato no prazo de 7 dias a contar de sua assinatura ou do ato de recebimento do produto ou serviço, sempre que a contratação de fornecimento de produtos e serviços ocorrer fora do estabelecimento comercial, especialmente por telefone ou a domicílio (art. 49). A lei não exige motivação para exercer o direito de arrependimento. Os valores eventualmente pagos, a qualquer título, durante o prazo de reflexão, serão devolvidos, de imediato, monetariamente atualizados. Nas compras feitas no cartão de crédito, o Decreto n. 7.962/2013 prevê que o exercício do direito de arrependimento será comunicado imediatamente pelo fornecedor à instituição financeira ou à administradora do cartão de crédito ou similar, para que: I – a transação não seja lançada na fatura do consumidor; ou II – seja efetivado o estorno do valor, caso o lançamento na fatura já tenha sido realizado (art. 5º, § 3º). *Alternativa D.*

PRÁTICAS COMERCIAIS E PROTEÇÃO CONTRATUAL

10. (40º Exame) Carlos, um consumidor, celebrou um contrato de adesão para aquisição de um pacote turístico. Ao ler atentamente o contrato, Carlos identificou uma cláusula que determinava que ele não poderia requerer indenização à empresa em caso de eventuais prejuízos decorrentes de cancelamentos por causas naturais. Preocupado, Carlos procura você, como advogado(a), para buscar amparo legal e entender a validade da cláusula em questão. Diante disso, assinale a afirmativa que apresenta, corretamente, sua orientação.

(A) A cláusula é válida, porque o Art. 51 do CDC possui um rol exemplificativo de cláusulas abusivas, e essa cláusula específica não está listada entre as proibidas.
(B) A cláusula é inválida, porque o Art. 51 do CDC possui um rol taxativo de cláusulas abusivas, e essa cláusula não está listada entre as permitidas.
(C) A cláusula é válida, porque o Art. 51 do CDC, que possui um rol de cláusulas abusivas, não se aplica aos contratos de adesão.
(D) A cláusula é inválida, porque o Art. 51 do CDC apresenta um rol exemplificativo de cláusulas abusivas, permitindo a anulação das cláusulas que se mostrem abusivas, mesmo que não listadas.

RESPOSTA O *caput* do art. 51 do CDC deixa claro que traz uma lista de cláusulas contratuais, entre outras, relativas ao fornecimento de produtos e serviços, portanto, de forma exemplificativa. *Alternativa D.*

ASSUNTOS DIVERSOS

11. (40º Exame) Você, como advogado(a), foi procurado(a) pela senhora Magda para orientá-la quanto às dificuldades de atendimento de suas demandas no Serviço de Atendimento ao Consumidor (SAC) da operadora do plano de saúde a que ela aderiu a partir do mês de novembro de 2022. A consulente narrou a você que não consegue contato telefônico com o SAC nos finais de semana, pois o atendimento se encerra às 22h de sexta-feira e só é retomado a partir de 6h de segunda-feira e não há outro canal de atendimento no período indicado para o registro de demandas. Por fim, durante o tempo de espera para atendimento, a operadora veicula várias mensagens de caráter informativo sobre os procedimentos para fruição de direitos dos clientes e acesso à rede referenciada e mensagens publicitárias de seus patrocinadores. Com base na narrativa e nas determinações legais para atendimento de demandas no SAC, assinale a afirmativa correta.

(A) Os fatos narrados pela consulente não constituem infração, podendo ser interrompido o atendimento em certos horários; é possível veicular mensagens informativas antes do atendimento, vedadas as mensagens publicitárias de seus patrocinadores.
(B) A operadora do plano de saúde pode interromper o atendimento ao consumidor em horários previamente determinados e divulgados, bem como apenas pode veicular mensagens de caráter informativo e publicitárias de seus próprios produtos e serviços.
(C) É defeso à operadora do plano de saúde interromper o atendimento ao consumidor, mas está autorizada a veicular mensagens informativas desde que tratem dos direitos e deveres dos consumidores.
(D) Os fatos narrados pela consulente revelam que a operadora do plano de saúde não cometeu infração administrativa, pois não é obrigatório disponibilizar outros canais de acesso ao SAC além do atendimento telefônico, sendo possível veicular mensagens antes do atendimento.

RESPOSTA Esta questão é uma surpresa dentro da prova de Consumidor, por fugir do CDC. De acordo com o Decreto n. 11.034/2022, o acesso ao SAC estará disponível, ininterruptamente, durante vinte e quatro horas por dia, sete dias por semana (art. 4º). De acordo com o § 5º, "É vedada a veiculação de mensagens publicitárias durante o tempo de espera para o atendimento, exceto se houver consentimento prévio do consumidor", e o § 6º dispõe que, "Sem prejuízo do disposto no § 5º, é admitida a veiculação de mensagens de caráter informativo durante o tempo de espera, desde que tratem dos direitos e deveres dos consumidores ou dos outros canais de atendimento disponíveis". *Alternativa C.*

Direito do Trabalho

Douglas Caetano

Advogado. Pós-Graduado em Direito e Processo do Trabalho. Professor de Direito e Processo do Trabalho para OAB e Concursos Públicos. Professor do Curso de Pós-Graduação em Direito e Processo do Trabalho da Escola do Legislativo Prof. Wilson Brandão (Teresina). Professor do Curso de Pós-Graduação em Direito e Processo do Trabalho da Faculdade Evolutivo (Fortaleza). Autor de livros jurídicos e para concursos.

Sumário

1. TEORIA DE DIREITO DO TRABALHO: 1.1 Definição; 1.2 Divisão do direito do trabalho; 1.3 Fontes do direito do trabalho; 1.4 Princípios; 1.5 Relação de emprego; 1.6 Sucessão trabalhista; 1.7 Contrato de Trabalho; 1.8 Jornada de trabalho; 1.9 Jornada especial de 12x36; 1.10 Prescrição; 1.11 Salário e remuneração; 1.12 Aviso prévio; 1.13 Estabilidade; 1.14 FGTS – Lei n. 8.036/90; 1.15 Proteção do trabalho do menor; 1.16 Proteção do trabalho da mulher; 1.17 Extinção do contrato de trabalho; 1.18 Do dano extrapatrimonial; 1.19 Direito de greve – Lei n. 7.783/89; 1.20 Direito coletivo – REFERÊNCIAS; QUESTÕES.

1. TEORIA DE DIREITO DO TRABALHO

1.1 Definição

Direito do trabalho é um conjunto de normas e princípios que regulamentam as relações individuais e coletivas de trabalho e emprego, buscando em sua essência equiparar os interesses das partes envolvidas nas referidas relações.

A doutrina majoritária considera o direito do trabalho como um ramo do direito privado.

1.2 Divisão do direito do trabalho

O Direito do Trabalho se divide em individual, que estuda os contratos individuais de trabalho, e coletivo, que cuida da organização dos sindicatos, solução de conflitos, normas coletivas e direito de greve.

1.3 Fontes do direito do trabalho

Fonte significa a origem do direito, de onde vem. No Direito do Trabalho elas são classificadas em:

Materiais: são fatores sociais, políticos, econômicos e culturais que ocasionam o surgimento da norma, não geram direitos ou obrigações. Exemplo: no ano de 2020, o mundo sofreu com a pandemia do coronavírus, que causou o fechamento temporário de algumas empresas, e obrigou o legislador a criar novas normas de Direito do Trabalho para regulamentar tal situação.

Formais: é, propriamente, a exteriorização do direito, por meio de leis, normas coletivas, regulamentos das empresas etc. Geram direitos e obrigações. Elas são classificadas em:

Autônomas: derivam da vontade das partes, sem a intervenção do Estado, como, por exemplo, as normas coletivas.

Heterônomas: derivam da vontade do Estado, não têm a intervenção das partes (CF, CLT, leis esparsas).

Hierarquia das fontes formais

No Direito do Trabalho irá prevalecer a fonte formal que for mais benéfica ao empregado, independentemente se o conflito ocorrer entre a CF e um acordo coletivo. Nesse caso, o acordo irá prevalecer sobre a CF, desde que seja mais favorável ao empregado. Com efeito, há uma mitigação na hierarquia das fontes.

Dessa maneira, em um conflito entre a Constituição Federal e um acordo coletivo, e o referido acordo prevê o valor do adicional de horas extras de 60%, enquanto que a CF prevê um adicional de 50%, prevalecerá o acordo, conforme princípio da norma mais favorável para o empregado.

Ainda nesse sentido, vale destacar que o princípio da norma mais favorável comporta uma exceção, que ocorre quando o conflito é entre um acordo coletivo de trabalho e uma convenção coletiva de trabalho, prevalecendo, sempre, a disposição prevista no acordo coletivo, mesmo que prejudicial para o empregado, conforme o art. 620 da CLT.

1.4 Princípios

Os princípios são a base estrutural do ordenamento jurídico, que dão suporte aos operadores do direito, como, por exemplo, juízes, advogados, membros do ministério público, bem como servem como inspiração para o legislador. O Direito do Trabalho, por ser um ramo autônomo do direito, possui seus próprios princípios, que passaremos a estudar a partir de agora.

1.4.1 Princípio da irrenunciabilidade de direito

Este princípio também é chamado de "princípio da indisponibilidade de direitos". Ele informa que devido à natureza de ordem pública das normas que instituem o Direito do Trabalho (normas cogentes), que não admitem livre estipulação entre as partes, o empregado não pode renunciar seus direitos. Exemplo, o empregado não pode renunciar ao seu salário, não pode renunciar às férias, mesmo mediante uma eventual coação do empregador.

O referido princípio visa proteger o empregado de uma possível coação do empregador para aceitar, por exemplo, gozar das férias sem receber a respectiva remuneração.

Entretanto, em determinadas situações específicas, o referido princípio comporta exceção, como, por exemplo, no caso da criação de um novo regulamento sobre a complementação de aposentadoria privada na empresa, em que o empregado escolhe aderir ao novo regulamento dispensando os direitos previstos no regulamento anterior, levando em consideração que os dois regulamentos continuarão existindo ao mesmo tempo, conforme dispõe o item II da Súmula 288 do TST.

> **Súmula 288 do TST**
> COMPLEMENTAÇÃO DOS PROVENTOS DA APOSENTADORIA (nova redação para o item I e acrescidos os itens III e IV em decorrência do julgamento do processo TST-E-ED-RR-235-20.2010.5.20.0006 pelo Tribunal Pleno em 12-4-2016) – Res. 207/2016, *DEJT* divulgado em 18, 19 e 20-4-2016
> I – A complementação dos proventos de aposentadoria, instituída, regulamentada e paga diretamente pelo empregador, sem vínculo com as entidades de previdência privada fechada, é regida pelas normas em vigor na data de admissão do empregado, ressalvadas as alterações que forem mais benéficas (art. 468 da CLT).
> II – *Na hipótese de coexistência de dois regulamentos de planos de previdência complementar, instituídos pelo empregador ou por entidade de previdência privada, a opção do beneficiário por um deles tem efeito jurídico de renúncia às regras do outro.* (Grifo nosso).

Outro exemplo de exceção ao princípio da irrenunciabilidade encontra-se na Súmula 276 do TST, que autoriza o empregado a renunciar o tempo que resta de aviso prévio durante o cumprimento do aviso concedido pelo empregador e de forma trabalhada, no caso de comprovar a obtenção de um novo emprego, dispensando o empregador do pagamento do tempo restante.

Súmula 276 do TST
AVISO PRÉVIO. RENÚNCIA PELO EMPREGADO (mantida) – Res. 121/2003, DJ 19, 20 e 21-11-2003
O direito ao aviso prévio é irrenunciável pelo empregado. O pedido de dispensa de cumprimento não exime o empregador de pagar o respectivo valor, salvo comprovação de haver o prestador dos serviços obtido novo emprego.

1.4.2 Princípio da continuidade da relação de emprego

A relação de emprego, formada entre empregado e empregador, presumidamente é contínua, uma vez que, em tese, o empregado precisa do emprego para subsistência, de forma que em regra não irá abandonar o emprego sem um motivo aparente. Nesse sentido, a regra é que a relação de emprego não tenha um dia estipulado para terminar.

Com base no princípio da continuidade, o empregado, de forma presumida, não põe fim a relação de emprego, de forma que, se houver dúvida sobre a forma de extinção do contrato de trabalho, a obrigação de provar qual foi a modalidade de extinção é do empregador. Na verdade, o contrato de trabalho é de trato sucessivo, o que gera presunção em favor do empregado.

Súmula 212 do TST
DESPEDIMENTO. ÔNUS DA PROVA (mantida) – Res. 121/2003, DJ 19, 20 e 21-11-2003
O ônus de provar o término do contrato de trabalho, quando negados a prestação de serviço e o despedimento, é do empregador, pois o princípio da continuidade da relação de emprego constitui presunção favorável ao empregado.

Outrossim, sempre que o contrato for celebrado por prazo determinado, tal situação deverá ser provada, a fim de afastar a presunção em favor do empregado. Desta forma, doutrina e jurisprudência majoritária entendem, por exemplo, que o contrato de experiência deve ser escrito, pois é exceção ao contrato por prazo indeterminado.

Este princípio também se aplica no caso da sucessão de empregadores, situação em que a alteração do empregador ou estrutura jurídica da empresa não extingue ou gera qualquer efeito no contrato de trabalho em vigor, em razão da ideia de continuidade, conforme os arts. 10, 448 e 448-A, todos da CLT.

"**Art. 10.** Qualquer alteração na estrutura jurídica da empresa não afetará os direitos adquiridos por seus empregados".

"**Art. 448.** A mudança na propriedade ou na estrutura jurídica da empresa não afetará os contratos de trabalho dos respectivos empregados".

"**Art. 448-A.** Caracterizada a sucessão empresarial ou de empregadores prevista nos arts. 10 e 448 desta Consolidação, as obrigações trabalhistas, inclusive as contraídas à época em que os empregados trabalhavam para a empresa sucedida, são de responsabilidade do sucessor".

1.4.3 Princípio da primazia da realidade

O Direito do Trabalho vai sempre dar preferência para o que efetivamente aconteceu no mundo dos fatos em detrimento daquilo que foi formalizado no mundo do direito. Não importa a existência de um documento que vai contrariamente aos fatos, prevalecem os fatos, desde que o conjunto probatório seja adequado. Exemplo clássico desse princípio, é o fato da "pejotização", na qual, o empregador exige que o empregado constitua uma pessoa jurídica para celebrarem um contrato escrito de prestação de serviços, quando em verdade, existe uma relação de emprego, de forma que, se aquele empregado buscar a justiça do trabalho para ver reconhecido seu direito ao vínculo empregatício e demais direitos decorrentes do vínculo, pode, o juiz, através da análise das provas, como, por exemplo, depoimento de uma testemunha, declarar nulo o contrato de prestação de serviço e reconhecer o vínculo empregatício, dando prioridade para os fatos provados em detrimento da existência do contrato escrito, nos termos do art. 9º da CLT.

"**Art. 9º** Serão nulos de pleno direito os atos praticados com o objetivo de desvirtuar, impedir ou fraudar a aplicação dos preceitos contidos na presente Consolidação".

Para o Direito do Trabalho, os fatos têm mais relevância que ajustes formais (ex.: Contrato de estágio irregular, contrato de prestação de serviço autônomo).

Outro bom exemplo é extraído da Súmula 12 do TST, que assenta: As anotações apostas pelo empregador na carteira profissional do empregado não geram presunção *juris et de jure*, mas apenas *juris tantum*.

1.4.4 Princípio da proteção

Tal princípio tem por finalidade proteger a parte hipossuficiente na relação de emprego, qual seja: o empregado. Visa, em verdade, deixar o empregado em igualdade de condições com o empregador, concedendo-lhe alguns benefícios.

Este princípio pode ser dividido em outros três: a) *In dubio pro operario*; b) Norma mais favorável; e c) Condição mais benéfica.

a) *In dubio pro operario*

Todas as vezes que existir uma dúvida na interpretação de uma norma, deve esta ser interpretada em favor do empregado. Exemplo, é a Lei n. 12.506/2011 (Lei do aviso prévio proporcional), que não informa se a proporcionalidade do aviso prévio deverá ser aplicada no aviso concedido tanto pelo empregado quanto pelo empregador, de forma que com base no princípio do *in dubio pro operario*, a interpretação é de que deve ser aplicada apenas quando favorecer o empregado.

b) Norma mais favorável

Sempre que existirem duas ou mais normas para o mesmo caso, aplica-se a mais favorável ao empregado, como, por exemplo, no conflito entre a Lei n. 12.506/2011, que prevê que para cada ano trabalhado na empresa, o empregado adquire mais três dias de aviso prévio proporcional e uma Convenção Coletiva de Trabalho (CCT), que prevê para o mesmo caso cinco dias a mais de aviso prévio, irá prevalecer a CCT.

Entretanto, o referido princípio comporta exceção, pois, no caso do conflito entre um acordo coletivo e uma convenção coletiva de trabalho, sempre vai prevalecer o acordo, conforme dispõe o art. 620 da CLT. Exemplo, uma convenção coletiva prevê o adicional de horas extras de 70%, enquanto o acordo coletivo prevê um adicional de horas extras de 60%, para mesma categoria. Irá prevalecer o acordo coletivo, mesmo prevendo um adicional menor.

"**Art. 620.** As condições estabelecidas em acordo coletivo de trabalho sempre prevalecerão sobre as estipuladas em convenção coletiva de trabalho".

c) Condição mais benéfica

Sempre que o empregado estiver diante de duas ou mais condições previstas no regulamento da empresa ou contrato de trabalho, aplica-se aquela que for mais benéfica a ele. Exemplo, o regulamento da empresa prevê o benefício de contagem de tempo de serviço para promoção, com limite de 5 anos, de forma que se o empregador alterar o regulamento e aumentar tal período para 10 anos, mencionada alteração não se aplica aos empregados que estavam na empresa à época da regra anterior, consoante entendimento do TST consagrado na Súmula 51.

Esse princípio visa assegurar o direito adquirido.

Súmula 51 do TST
NORMA REGULAMENTAR. VANTAGENS E OPÇÃO PELO NOVO REGULAMENTO. ART. 468 DA CLT (incorporada a Orientação Jurisprudencial n. 163 da SBDI-1) – Res. 129/2005, *DJ* 20, 22 e 25-4-2005

I – As cláusulas regulamentares, que revoguem ou alterem vantagens deferidas anteriormente, só atingirão os trabalhadores admitidos após a revogação ou alteração do regulamento. (ex-Súmula 51 – RA 41/1973, *DJ* 14-6-1973)

II – Havendo a coexistência de dois regulamentos da empresa, a opção do empregado por um deles tem efeito jurídico de renúncia às regras do sistema do outro. (ex-OJ n. 163 da SBDI-1 – inserida em 26-3-1999)

1.4.5 Princípio da inalterabilidade contratual lesiva

Esse princípio, em regra, veda as alterações do contrato de trabalho que tragam prejuízo ao empregado, por outro lado, as alterações favoráveis são permitidas e incentivadas.

Conforme podemos observar nos seguintes dispositivos da CLT:

"**Art. 444.** As relações contratuais de trabalho podem ser objeto de livre estipulação das partes interessadas em tudo quanto não contravenha às disposições de proteção ao trabalho, aos contratos coletivos que lhes sejam aplicáveis e às decisões das autoridades competentes".

"**Art. 468.** Nos contratos individuais de trabalho só é lícita a alteração das respectivas condições por mútuo consentimento, e ainda assim desde que não resultem, direta ou indiretamente, prejuízos ao empregado, sob pena de nulidade da cláusula infringente desta garantia".

Trataremos mais a fundo do referido princípio quando estudarmos alteração do contrato de trabalho.

1.4.6 Princípio da aplicação subsidiária do direito civil

A Reforma Trabalhista deu nova redação ao antigo parágrafo único do art. 8º da CLT, agora § 1º, e autorizou a aplicação subsidiária do direito comum ao direito do trabalho, sem a necessidade de ser verificada a compatibilidade da norma de direito comum a ser aplicada e os princípios do direito do trabalho. Em nosso sentir, nada foi alterado, uma vez que a obrigação da compatibilidade da norma a ser aplicada ao direito do trabalho decorre de uma conclusão lógica.

"**Art. 8º** (...)

§ 1º O direito comum será fonte subsidiária do direito do trabalho".

1.5 Relação de emprego

A relação de emprego é a relação formada entre empregado e empregador, valendo lembrar que todo empregado é trabalhador, mas nem todo trabalhador é empregado.

Trabalhador é toda pessoa que exerce um esforço físico ou intelectual destinado a produção.

Nesse ponto da matéria vamos fazer um acordo. Primeiro estudaremos a figura do empregado e suas características, e logo em seguida passaremos para o estudo do empregador.

1.5.1 Empregado

É toda pessoa física que trabalha de forma pessoal, não podendo se fazer substituir, de forma habitual e subordinada, mediante pagamento de contraprestação, nos termos dos arts. 2º e 3º da CLT.

> "Art. 2º Considera-se empregador a empresa, individual ou coletiva, que, assumindo os riscos da atividade econômica, admite, assalaria e dirige a prestação pessoal de serviço".

> "Art. 3º Considera-se empregado toda pessoa física que prestar serviços de natureza não eventual a empregador, sob a dependência deste e mediante salário".

Requisitos

a) Pessoa física

Pessoa física (natural) é aquela que não é jurídica. Na relação de emprego deve haver exploração da energia do trabalho humano.

b) Pessoalidade

O empregado não pode se fazer substituir, deve prestar o serviço de forma pessoal, exceto em algumas situações excepcionais, como, por exemplo, durante as férias ou afastamento do trabalho e em casos autorizados pelo empregador. A obrigação que decorre do contrato de trabalho é personalíssima, de maneira que somente poderá ser desenvolvida pelo empregado contratado.

c) Habitualidade ou não eventualidade

Significa criar no empregador uma expectativa de retorno ao trabalho em determinado dia e horário. Não se exige a continuidade (de segunda a sexta-feira), mas sim que não seja eventual ou esporádico.

Ainda nesse sentido, deve-se analisar dois requisitos, quais sejam: a) trabalho de forma repetida, ou seja, a atividade desenvolvida pelo empregado deve ser repetida no tempo com previsibilidade de ocorrer futuramente e b) atividade permanente da empresa, que trata do desenvolvimento de atividades que estejam inseridas na atividade-fim ou meio da empresa.

d) Subordinação

Significa estar sob ordens de alguém, obedecer às ordens do empregador, de modo que o empregado está no universo de direção por parte do empregador. Daí decorre os poderes do empregador na relação empregatícia, como, por exemplo, determinar a jornada de trabalho, o valor do salário, época das férias.

e) Onerosidade

Consiste na contraprestação acordada pelo empregado pelo serviço prestado ao empregador, como, por exemplo, o salário.

Os requisitos para configuração do vínculo empregatício são cumulativos, de modo que a ausência de qualquer um deles afasta a relação de emprego.

Qual a importância do preenchimento dos requisitos citados acima? O preenchimento dos supracitados requisitos configura o vínculo empregatício, que gera a relação de emprego entre o empregado e seu empregador, de maneira a aplicar as disposições previstas na CLT e no art. 7º da CF.

Ainda nesse aspecto, vale ressaltar que a exclusividade na prestação dos serviços ou o local da prestação dos serviços não são requisitos para configuração do vínculo empregatício, muito embora, possam se tratar de cláusulas do contrato de trabalho.

1.5.2 Carteira de Trabalho e Previdência Social

A CTPS, como é normalmente denominada, é um documento de propriedade do empregado, que contém as informações sobre a relação de trabalho, como, por exemplo, dados do empregador, salário, data da admissão, período do gozo das férias, reajustes salariais etc.

No momento em que o empregado inicia sua prestação de serviço, é obrigatório o preenchimento da CTPS (anotação do contrato de trabalho), sendo que as anotações são inseridas pelo empregador, que tem o prazo de 5 (cinco) dias para anotar o documento e devolvê-lo para o empregador, conforme dispõe o *caput* do art. 29 da CLT, alterada pela Lei n. 13.874/2019.

> "Art. 29. O empregador terá o prazo de 5 (cinco) dias úteis para anotar na CTPS, em relação aos trabalhadores que admitir, a data de admissão, a remuneração e as condições especiais, se houver, facultada a adoção de sistema manual, mecânico ou eletrônico, conforme instruções a serem expedidas pelo Ministério da Economia".

As anotações na CTPS do empregado geram presunção relativa, admitindo prova em contrário, nos termos da Súmula 12 do TST, que assenta: As anotações apostas pelo empregador na carteira profissional do empregado não geram presunção *juris et de jure*, mas apenas *juris tantum*. Exemplo. O empregado doméstico tem anotado em sua CTPS que exerce a função de operador de máquinas na empresa do seu empregador doméstico. Nesse caso, poderá o empregado doméstico ajuizar reclamação trabalhista pleiteando a retificação de sua CTPS.

Ainda nesse sentido, vale ressaltar que o empregador não pode inserir anotações desabonadoras na CTPS do empregado, como, por exemplo, que o contrato foi rescindido por justa causa, sob pena de ser condenado ao pagamento de indenização por danos morais, caso o ofendido venha a reclamar na justiça.

A Reforma Trabalhista alterou a redação do art. 47 da CLT, no sentido de aumentar a multa pela não realização do registro do empregado de um salário mínimo regional para R$ 3.000,00 (três mil reais) por empregado não registrado, sendo que na reincidência o valor será dobrado.

O valor da multa para as microempresas e empresas de pequeno porte é de R$ 800,00 (oitocentos reais) por empregado não registrado.

Ainda é importante destacar que no caso da ausência de registro não se aplica o critério da dupla visita. O critério da dupla visita estabelece que, sempre que entrar em vigor uma lei com uma nova obrigação para o empregador, na primeira fiscalização sofrida após a vigência da referida lei, o mesmo não poderá ser autuado, entretanto, como dito anteriormente, tal critério não se aplica no caso em tela, autorizando a autuação logo na primeira fiscalização após a vigência da lei.

"**Art. 47.** O empregador que mantiver empregado não registrado nos termos do art. 41 desta Consolidação ficará sujeito a multa no valor de R$ 3.000,00 (três mil reais) por empregado não registrado, acrescido de igual valor em cada reincidência.

§ 1º Especificamente quanto à infração a que se refere o *caput* deste artigo, o valor final da multa aplicada será de R$ 800,00 (oitocentos reais) por empregado não registrado, quando se tratar de microempresa ou empresa de pequeno porte.

§ 2º A infração de que trata o *caput* deste artigo constitui exceção ao critério da dupla visita".

Na hipótese de o empregador registrar o empregado, mas deixar de anotar todas as informações contidas no parágrafo único do art. 41 da CLT, a multa aplicada será de R$ 600,00 (seiscentos reais) por empregado prejudicado, conforme dispõe o art. 47-A da CLT, introduzido pela Reforma Trabalhista.

"**Art. 47-A.** Na hipótese de não serem informados os dados a que se refere o parágrafo único do art. 41 desta Consolidação, o empregador ficará sujeito à uma multa de R$ 600,00 (seiscentos reais) por empregado prejudicado".

1.5.3 Outros tipos de empregados

Além do empregado urbano (denominado típico), a legislação trabalhista ainda nos apresenta outros tipos de empregados, que por alguma condição excepcional recebe tratamento diferenciado do urbano. Em regra, esses tipos de empregados são regulamentados por legislação especial, como, por exemplo, o rural e o doméstico.

1.5.3.1 Teletrabalhador

A figura do empregado que trabalha em seu domicílio já era regulamentada pela CLT em seu art. 6º, entretanto, a Reforma Trabalhista tratou de regulamentar a figura do teletrabalhador nos arts. 75-A a 75-E.

A Lei n. 14.442/2022, que alterou os arts. 75-B, 75-C, 62, III, e incluiu o art. 75-F, todos da CLT, modificou consideravelmente o tema. Assim, nosso estudo terá como base os arts. 75-A a 75-F da CLT, alterados ou incluídos pela Lei n. 14.442/2022.

Nos termos do art. 75-B da CLT, alterado pela Lei n. 14.442/2022, teletrabalho ou trabalho remoto é aquele que o empregado desenvolve preponderantemente ou não fora das dependências da empresa, realizado através de meios tecnológicos de informática e comunicação. O legislador se preocupou em enfatizar a importância da utilização de meios tecnológicos para diferenciar o teletrabalho do trabalho externo.

O § 1º do art. 75-B, incluído pela Lei n. 14.442/2022, autoriza a presença habitual do empregado em regime de teletrabalho na empresa, sem que com isso reste descaracterizado o teletrabalho.

A Lei n. 14.442/2022, trouxe outra novidade para o tema, uma vez que autorizou a contratação do empregado em regime de teletrabalho para prestar serviços por produção, tarefa ou jornada, conforme o § 2º do art. 75-B da CLT.

Nessa mesma linha, o § 3º do referido artigo, também incluído pela lei, dispõe que apenas estará excluído do controle de jornada o teletrabalho ou trabalho remoto contratado por produção ou tarefa.

A lei fez questão de indicar que o teletrabalho ou trabalho remoto não se confunde ou se equipara a telemarketing ou teleatendimento.

O art. 75-B também ganhou o § 5º, que prevê que o tempo de uso de equipamentos tecnológicos, ferramentas digitais ou aplicativos de internet, fora da jornada de trabalho, não configura tempo à disposição do empregador, prontidão ou sobreaviso, salvo acordo individual ou norma coletiva em sentido contrário.

Com a lei, o art. 75-B passou a prever no § 6º a possibilidade da aplicação do teletrabalho ou trabalho remoto a estagiários e aprendizes.

No campo do direito coletivo, a lei incluiu o § 7º ao art. 75-B da CLT, que prevê a aplicação da norma coletiva do local da base territorial do estabelecimento.

De forma semelhante, no § 8º do mencionado artigo, a lei passou a prever que ao empregado contratado no Brasil que escolha trabalhar em teletrabalho ou trabalho remoto fora do país, será aplicada a legislação brasileira, salvo as disposições da Lei n. 7.064/82 ou acordo individual estabelecido pelas partes.

Por fim, o art. 75-B ganhou o § 9º, o qual autoriza que os horários de trabalho e meio de comunicação entre as partes poderão ser estipulados por meio de acordo individual, desde que observados os repousos previstos em lei.

A Lei n. 14.442/2022 também alterou a redação do *caput* do art. 75-C, e passou a prever que o teletrabalho ou trabalho remoto deverá constar de contrato escrito, mas o empregador não precisa descrever quais serão as tarefas desenvolvidas durante o contrato de trabalho.

O empregador poderá alterar o regime do contrato de trabalho de presencial para teletrabalho somente com anuência do empregado por meio de aditivo contratual, e poderá alterar de regime de teletrabalho para presencial sem anuência do empregado, também por meio de aditivo contratual, mas deverá conceder um prazo de 15 dias de adaptação, conforme o art. 75-C e seus parágrafos.

A lei incluiu o § 3º ao art. 75-C, prevendo que o empregador não será responsável pelas despesas do retorno ao trabalho, caso o empregado tenha optado pelo teletrabalho ou trabalho remoto fora da localidade prevista no contrato, salvo acordo entre as partes em sentido contrário.

A responsabilidade pela aquisição, manutenção e fornecimento dos equipamentos para que o trabalho remoto seja desenvolvido, bem como os custos com a infraestrutura deverão ser acordados em contrato. É possível que, por questão de facilidade, o empregado adiante o pagamento de tais despesas e o empregador fique responsável por reembolsar ao empregado o valor adiantado.

Os bens econômicos disponibilizados pelo empregador para a realização do trabalho não serão considerados salário utilidade, conforme art. 75-D da CLT.

É de responsabilidade do empregador instruir os empregados sobre a prevenção de acidentes ou doenças do trabalho, e o empregado deverá assinar termo de responsabilidade escrito confirmando que recebeu as instruções, porém tal documento não tem o condão de elidir a responsabilidade do empregador no caso de eventual acidente ou doença do trabalho, conforme o art. 75-E e seu parágrafo único.

A Lei n. 14.442/2022 incluiu o art. 75-F na CLT, que passou a dispor que o empregador deverá dar preferência, em relação a vagas de teletrabalho ou trabalho remoto, aos empregados com deficiência ou empregado e empregada com filho ou criança sob guarda judicial de até quatro anos de idade.

1.5.3.2 Empregado rural – Lei n. 5.889/73 e Decreto n. 73.626/74

Empregado rural é a pessoa física que, em propriedade rural ou prédio rústico (aquele destinado à exploração agroeconômica), presta serviços com habitualidade a empregador rural, mediante subordinação e salário. A CF/88 igualou os direitos dos trabalhadores rurais e urbanos.

Em verdade, não é o local da prestação do serviço que definirá se o empregado deverá ser considerado rural, mas, sim, a atividade exercida pelo empregador, de forma que, se o empregador exercer atividade agroeconômica com finalidade de lucro, o empregado será rural, mesmo que trabalhe no perímetro urbano. Assim, será rural o empregado de uma horta em pleno centro da cidade de Fortaleza, e será urbano o empregado de um centro de informações meteorológicas estabelecido no agreste nordestino.

A Constituição Federal equiparou os direitos do empregado rural com os direitos do urbano. Todavia, a Lei n. 5.889/73 ainda garante alguns direitos diferenciados ao rural, que passaremos a analisar a partir de agora.

Características

a) Intervalo Intrajornada

É de no mínimo uma hora, e o máximo vai variar conforme os usos e costumes da região, conforme art. 5º da Lei n. 5.889/73:

> "Art. 5º Em qualquer trabalho contínuo de duração superior a seis horas, será obrigatória a concessão de um intervalo para repouso ou alimentação observados os usos e costumes da região, não se computando este intervalo na duração do trabalho. Entre duas jornadas de trabalho haverá um período mínimo de onze horas consecutivas para descanso".

b) Serviço Intermitente

Não é computado o tempo transcorrido entre uma e outra parte da tarefa diária, quando esta tem sua execução dividida, desde que a circunstância tenha sido anotada na CTPS. Exemplo, a ordenha do gado, que ocorre ao amanhecer e ao entardecer, se, entre a primeira e segunda ordenha do dia, o empregado rural não exercer outra atividade, o tempo entre uma parte e outra da tarefa não será computado como jornada de trabalho. De acordo com o art. 6º da Lei n. 5.889/73:

> "Art. 6º Nos serviços, caracteristicamente intermitentes, não serão computados, como de efeito exercício, os intervalos entre uma e outra parte da execução da tarefa diária, desde que tal hipótese seja expressamente ressalvada na Carteira de Trabalho e Previdência Social".

c) Salário Utilidade

A base de cálculo do salário utilidade do empregado rural é o salário mínimo, independentemente do salário recebido pelo empregado, sendo que poderá ser conferido a título de utilidade apenas 20% com habitação/moradia e até 25% para alimentação. O desconto deverá ser previamente autorizado pelo empregado. Conforme alíneas *a* e *b* do art. 9º da Lei n. 5.889/73:

"**Art. 9º** Salvo as hipóteses de autorização legal ou decisão judiciária, só poderão ser descontadas do empregado rural as seguintes parcelas, calculadas sobre o salário mínimo:

a) até o limite de 20% (vinte por cento) pela ocupação da morada;

b) até o limite de 25% (vinte por cento) pelo fornecimento de alimentação sadia e farta, atendidos os preços vigentes na região; "

d) Redução da jornada durante aviso prévio

No caso do aviso prévio concedido pelo empregador rural, o empregado rural terá direito de se ausentar do trabalho por um dia por semana (art. 15 da Lei n. 5.889/73), diferentemente do que ocorre com o empregado urbano, que pode escolher entre reduzir a jornada normal de trabalho em duas horas diárias ou faltar sete dias seguidos, sem prejuízo da remuneração.

"**Art. 15.** Durante o prazo do aviso prévio, se a rescisão tiver sido promovida pelo empregador, o empregado rural terá direito a um dia por semana, sem prejuízo do salário integral, para procurar outro trabalho".

e) Hora Noturna

A hora noturna do empregado rural vai variar de acordo com a sua atividade, se <u>na agricultura o período noturno é das 21 horas de um dia até às 5 horas da manhã</u> do dia seguinte, se na pecuária o período noturno é das 20 horas de um dia até as 4 horas da manhã do dia seguinte, sendo que, em ambos os casos, o adicional noturno será de 25% sobre o valor da hora diurna. Ademais, vale ressaltar que não se aplica a hora reduzida ou ficta no caso do rural (art. 7º da Lei n. 5.889/73).

"**Art. 7º** Para os efeitos desta Lei, considera-se trabalho noturno o executado entre as vinte e uma horas de um dia e as cinco horas do dia seguinte, na lavoura, e entre as vinte horas de um dia e as quatro horas do dia seguinte, na atividade pecuária.

Parágrafo único. Todo trabalho noturno será acrescido de 25% (vinte e cinco por cento) sobre a remuneração normal".

f) Contrato Temporário Rural

O art. 14-A da Lei n. 5.889/73 disciplina a possibilidade de o empregado rural ser contratado por meio de um contrato de trabalho temporário, desde que o empregador rural seja pessoa física e o contrato tenha duração de no máximo dois meses dentro do período de um ano (art. 14-A, § 1º, da Lei n. 5.889/73).

"**Art. 14-A.** O produtor rural pessoa física poderá realizar contratação de trabalhador rural por pequeno prazo para o exercício de atividades de natureza temporária.

§ 1º A contratação de trabalhador rural por pequeno prazo que, dentro do período de 1 (um) ano, superar 2 (dois) meses fica convertida em contrato de trabalho por prazo indeterminado, observando-se os termos da legislação aplicável".

1.5.3.3 Empregado público

É o empregado aprovado em concurso público que presta serviços à Administração Pública por meio de um contrato regido pela CLT, tendo todos os direitos igualados aos do empregado urbano.

O empregado público que ingressou nos quadros da Administração Pública sem ser aprovado em concurso público, caso tenha o contrato de trabalho rescindido, somente terá direito ao valor da contraprestação e depósito de FGTS, conforme dispõe a Súmula 363 do TST. Exemplo, imagine que o prefeito de um determinado município resolveu contratar seu cunhado, sem concurso público, para o cargo de coveiro do cemitério municipal. A população local toma ciência do fato, de forma que o prefeito é obrigado a rescindir o contrato entre a prefeitura e seu cunhado. Nesse caso, em razão do teor da Súmula 363 do TST, o ex-coveiro irá receber apenas o saldo de salário e poderá sacar o FGTS.

Súmula 363 do TST

"CONTRATO NULO. EFEITOS (nova redação) – Res. 121/2003, *DJ* 19, 20 e 21-11-2003

A contratação de servidor público, após a CF/1988, sem prévia aprovação em concurso público, encontra óbice no respectivo art. 37, II e § 2º, somente lhe conferindo direito ao pagamento da contraprestação pactuada, em relação ao número de horas trabalhadas, respeitado o valor da hora do salário mínimo, e dos valores referentes aos depósitos do FGTS".

1.5.3.4 Empregado doméstico

A Constituição Federal estabelece que:

"**Art. 7º** São direitos dos trabalhadores urbanos e rurais, além de outros que visem à melhoria de sua condição social: (...)

Parágrafo único. São assegurados à categoria dos trabalhadores domésticos os direitos previstos nos incisos IV, VI, VII, VIII, X, XIII, XV, XVI, XVII, XVIII, XIX, XXI, XXII, XXIV, XXVI, XXX, XXXI e XXIII e, atendidas as condições estabelecidas em lei e observada a simplificação do cumprimento das obrigações tributárias, principais e acessórias, decorrentes da relação de trabalho e suas peculiaridades, os

DIREITO DO TRABALHO

previstos nos incisos I, II, III, IX, XII, XXV e XXVIII, bem como a sua integração à previdência social".

Como se pode notar, a CF praticamente igualou os direitos do empregado urbano com os do doméstico. Os direitos dos domésticos foram devidamente regulamentados pela LC n. 150/2015, que passaremos a estudar a partir de agora.

a) Conceito (art. 1º)

O art. 1º define que empregado doméstico é toda pessoa física que presta serviço de forma pessoal, onerosa, subordinada, contínua, de forma não lucrativa, para pessoa ou família, no âmbito residencial desta, por mais de duas vezes por semana.

O menor de 18 anos NÃO pode trabalhar como doméstico.

b) Duração do trabalho (art. 2º)

Em regra, a jornada de trabalho do doméstico não pode ultrapassar 8 horas diárias e 44 horas semanais, nos termos do art. 2º da lei complementar.

b.1) Horas extras (art. 2º, § 1º)

As horas extras são aquelas trabalhadas além do permitido em lei (8 horas diárias e 44 horas semanais) ou do acordado em contrato, e conforme dispõe o art. 2º, § 1º, da LC n. 150/2015, devem ser remuneradas com, no mínimo, um acréscimo de 50% sobre a hora normal.

b.2) Banco de horas (art. 2º, § 4º)

Empregado e empregador podem celebrar acordo de banco de horas para compensação das horas extras, desde que o façam por escrito, sendo que somente poderão ser compensadas as horas extras a partir da 41ª hora (art. 2º, § 4º). Exemplo, imagine que existe banco de horas celebrado entre empregado e empregador doméstico, e, no mês de outubro, o empregado realizou 52 horas extras. As primeiras 40 horas extras deverão ser pagas, independente da existência do banco de horas, enquanto o saldo de 12 horas poderá ser compensado através do banco de horas. Agora imagine que o empregado fez apenas 38 horas extras no mês, na mesma condição de banco de horas da situação anterior. Nesse caso, mesmo com banco de horas celebrado entre as partes, as 38 horas extras deverão ser pagas, uma vez que não extrapolou 40 horas extras no mês.

b.3) Trabalho aos domingos e feriados (art. 2º, § 8º)

Os trabalhos, aos domingos e feriados trabalhados e não compensados, deverão ser pagos em dobro, conforme art. 2º, § 8º, da lei.

b.4) Regime de tempo parcial (art. 3º)

Nos termos do art. 3º da LC n. 150/2015, trabalha, em regime de tempo parcial, o doméstico que tem sua jornada de trabalho semanal máxima de 25 horas, com salário proporcional àquele que trabalha sob a jornada normal.

Um detalhe importante, é que mesmo trabalhando em uma jornada reduzida, se for preciso, o empregado doméstico em regime de tempo parcial poderá fazer horas extras, por meio de acordo escrito, respeitando no máximo 1 hora por dia até o limite de 6 horas diárias.

As férias desse empregado serão proporcionais. Cuidado, pois o art. 130 da CLT não se aplica para o doméstico em regime de tempo parcial, haja vista que a lei complementar regulamenta o tema.

c) Contrato por prazo determinado (art. 4º)

Em regra, o contrato de trabalho do empregado doméstico deve ser celebrado por prazo indeterminado, entretanto, conforme dispõe o art. 4º da LC n. 150/2015, o empregador doméstico poderá celebrar contrato de trabalho por prazo determinado em situações excepcionais:

Experiência (90 dias, admitindo-se uma prorrogação);

Necessidade transitória da família (2 anos, admitindo-se uma prorrogação);

Substituição temporária (2 anos, admitindo-se uma prorrogação).

O contrato de experiência tem por finalidade testar o empregado, verificar se o empregado realmente tem aptidão para o exercício da atividade laboral. Já o fato da necessidade transitória pode ser explicado através de um exemplo. Imagine que seu primo, que mora fora do país, resolve passar uma temporada de dois meses com você. Ocorre que você não sabe nem fritar um ovo, e pretende dar comodidade para seu visitante, de forma que poderá contratar um empregado doméstico por prazo determinado, pois que comprovada a necessidade transitória. A substituição temporária ocorre quando o empregador doméstico precisa substituir seu atual empregado doméstico de forma temporária, como, por exemplo, no caso da licença maternidade da empregada doméstica.

Na rescisão antecipada dos contratos por prazo determinado, independentemente da espécie, aplicam-se as indenizações previstas nos arts. 6º e 7º da lei complementar. No caso de o empregador romper o contrato antecipadamente, deverá indenizar o empregado no valor da metade daquilo que o mesmo ainda teria para receber. Se o empregado romper o contrato antecipadamente, ficará obrigado a pagar ao empregador a mesma indenização do caso anterior, desde que comprovado que este sofreu algum prejuízo.

Não se aplica o aviso prévio nas rescisões dos contratos por prazo determinado, conforme previsão expressa do art. 8º da LC n. 150/2015.

d) Jornada especial (art. 10)

Por meio de acordo individual escrito, as partes podem estabelecer jornada especial de trabalho de 12 horas de trabalho por 36 horas de descanso, conforme o art. 10 da lei complementar.

Os trabalhos aos domingos e feriados, bem como a prorrogação do trabalho noturno, já estão devidamente compensados no descanso de 36 horas, de forma que não serão remunerados.

O intervalo intrajornada poderá ser observado pelo empregador, ou trabalhados. Se trabalhados, deverão ser quitados nos termos do art. 71, § 4º, da CLT.

e) Trabalho doméstico durante viagem (art. 11)

Somente será computada como hora de trabalho durante acompanhamento do empregador doméstico em viagem a hora efetivamente trabalhada, que deverá ser acrescida de um adicional de 25%, conforme inteligência do art. 11 da lei complementar.

f) Controle de jornada (art. 12)

O empregador doméstico é obrigado a controlar a jornada de trabalho do empregado doméstico, por qualquer meio permitido em lei, mesmo que possua apenas um empregado, conforme art. 12 da lei complementar.

g) Intervalo intrajornada (art. 13)

Conforme dispõe o art. 13 da LC n. 150/2015, é obrigatória a concessão de intervalo intrajornada de no mínimo 1 hora e no máximo 2 horas.

O intervalo poderá ser reduzido para 30 minutos, por acordo escrito entre as partes.

Para os empregados que residem no local da prestação do serviço, o intervalo poderá ser concedido de forma fracionada, em até dois períodos, desde que cada um deles tenha no mínimo 1 hora e no máximo 4 horas por dia.

h) Adicional noturno (art. 14)

Considera-se noturno o trabalho realizado entre as 22 horas de um dia às 5 horas da manhã do outro. Aplica-se a hora reduzida de 52 minutos e 30 segundos, bem como adicional de 20% sobre o valor da hora diurna, nos termos do art. 14 da lei complementar.

i) Jornada mista (art. 14, § 4º)

Considera-se jornada mista aquela que abrange tanto o período diurno quanto o noturno, sendo que se aplicam as regras do noturno para toda jornada, conforme art. 14, § 4º, da LC n. 150/2015. Exemplo, o empregado inicia a jornada às 19 horas (período diurno até as 22 horas) e termina às 3 horas da manhã (período noturno a partir das 22 horas). Nesse caso, as regras do trabalho noturno serão aplicadas inclusive no período considerado diurno (19 às 22 horas).

j) Intervalo interjornada (art. 15)

Entre duas jornadas de trabalho deve haver um intervalo de no mínimo 11 horas, conforme art. 15 da lei complementar.

k) Férias (art. 17)

As férias serão concedidas em regra por meio de um intervalo de 30 dias, podendo ser fracionadas, a critério do empregador, em até dois períodos, sendo que um deles não poderá ser menor do que 14 dias, conforme art. 17 da LC n. 150/2015.

O empregado doméstico poderá abonar até 1/3 das suas férias, desde que requerido com antecedência de 30 dias do término do período aquisitivo.

l) Descontos (art. 18)

Conforme dispõe o art. 18 da LC n. 150/2015, em regra, são vedados os descontos no salário do empregado referentes a alimentação, vestuário, higiene ou moradia, bem como por despesas com transporte, hospedagem e alimentação em caso de acompanhamento em viagem.

Entretanto, por exceção, é possível o desconto de adiantamentos, e, desde que por meio de acordo por escrito entre as partes, também é possível o desconto com plano de saúde, odontológico, seguro de vida e moradia, desde que o empregado resida em local diverso do da prestação do serviço.

m) FGTS (art. 21)

Conforme dispõe o art. 21 da LC n. 150/2015, é obrigatória a inclusão do empregado doméstico junto aos depósitos do FGTS.

O empregador doméstico é obrigado a recolher mensalmente o valor referente ao FGTS mensal e periódico, bem como o valor referente à Indenização Compensatória do FGTS pela rescisão sem justa causa do contrato de trabalho. Aqui ocorre a antecipação do recolhimento do valor da indenização compensatória do FGTS (multa de 40%).

Na hipótese de o contrato de trabalho ser extinto por justa causa, termo final, falecimento do empregado e aposentadoria, o valor referente à indenização compensatória deverá ser devolvido ao empregador.

Se a rescisão ocorrer por culpa recíproca, o empregado terá direito apenas a metade do valor referente à indenização compensatória, sendo a outra metade devolvida para o empregador.

n) Justa causa (art. 27)

A LC n. 150/2015 praticamente copiou as faltas graves previstas no art. 482 da CLT, com uma novidade, submeter a maus-tratos criança, idoso, enfermo ou deficiente que esteja sob seus cuidados direta ou indiretamente (art. 27, I).

o) Rescisão indireta (art. 27, parágrafo único)

No que tange às hipóteses da rescisão indireta do contrato de trabalho, a lei complementar também admitiu as possibilidades previstas no art. 483 da CLT, com uma novidade, qual seja, no caso de o empregador praticar qualquer das formas de violência doméstica ou familiar contra mulheres, na presença do empregado.

A falta grave do empregador se configura pela violência doméstica ou familiar contra mulheres e não necessariamente em face da empregada doméstica.

1.5.3.5 Empregado aprendiz

Aprendizagem é um contrato que tem por finalidade a união do trabalho com ensino, conforme preconiza o art. 7º, XXXIII, da CF, e arts. 428 e seguintes da CLT.

> "Art. 428. Contrato de aprendizagem é o contrato de trabalho especial, ajustado por escrito e por prazo determinado, em que o empregador se compromete a assegurar ao maior de 14 (quatorze) e menor de 24 (vinte e quatro) anos inscrito em programa de aprendizagem, formação técnico-profissional metódica, compatível com o seu desenvolvimento físico, moral e psicológico, e o aprendiz, a executar com zelo e diligência as tarefas necessárias a essa formação".

a) Características

O contrato de aprendizagem possui as seguintes características especiais:

- forma solene, ou seja, deve ser escrito;
- prazo determinado, em regra, dois anos, exceto para portador de necessidades especiais (prazo indeterminado);
- idade do aprendiz, em regra, é limitada entre 14 e 24 anos; para o portador de necessidades especiais não há limite de idade;
- inscrição em programa de aprendizagem, com anotação na CTPS;
- comprovação de matrícula e frequência à escola;
- salário mínimo hora;
- FGTS, com alíquota diferenciada (2%).

b) Jornada de trabalho do aprendiz

A jornada de trabalho do aprendiz é especial, limitada no art. 432 da CLT, e, em regra, não poderá exceder a seis horas diárias, podendo ser de até oito horas diárias, para os aprendizes que já completaram o ensino fundamental, com redação dada pela Lei n. 14.457/2022 (Programa Emprega + Mulheres).

c) Extinção do contrato de aprendizagem

Em regra, o contrato termina com o decurso do prazo (2 anos), ou quando o aprendiz completar 24 anos.

O contrato ainda poderá ser rescindido antecipadamente nos termos do art. 433 da CLT, nas seguintes hipóteses:

a) desempenho insuficiente ou inadaptação do aprendiz;
b) falta disciplinar grave;
c) ausência à escola que cause a perda do ano letivo;
d) a pedido do aprendiz.

Não se aplicam ao contrato de aprendizagem as indenizações previstas na rescisão antecipada dos contratos por prazo determinado.

d) Férias

As férias do aprendiz menor de 18 anos deverão coincidir com o período de férias escolares, e com relação aos maiores de 18, preferencialmente, deverão coincidir com as férias escolares.

e) Descumprimentos das condições especiais para contratação do aprendiz

Verificado o descumprimento das condições especiais, a contratação seguirá a regra geral, qual seja, contrato por prazo indeterminado.

f) Empregado aprendiz e deficiente

As empresas, dependendo do número de empregados, devem manter em seus quadros um número mínimo de empregados aprendizes e deficientes. A dúvida fica por conta de saber qual cota o empregado irá preencher quando, ao mesmo tempo, for aprendiz e deficiente. A resposta fica respondida pela análise do art. 93, § 3º, da Lei n. 8.213/91, que dispõe que nesse caso o empregado será considerado para o preenchimento da cota de deficiente.

g) Contagem em dobro para cumprimento de cota

Para tentar integrar à sociedade jovens que cumpriram ou estão cumprindo medida socioeducativa, pena em estabelecimento prisional, baixa renda familiar, ameaçados de morte, egressos do trabalho infantil e pessoas com deficiência, o legislador, por meio da Lei n. 14.457/2022, garantiu, para fins de cumprimento da cota de aprendizes, a contabilização em dobro no caso da contratação de aprendizes nas referidas circunstâncias.

1.5.4 Trabalhador

Quando iniciamos o estudo da relação de emprego, combinamos que iríamos estudar primeiro a figura do empregado e depois a do empregador. Ocorre que, antes de adentrarmos ao estudo do empregador, vamos tratar do trabalhador, para traçarmos um paralelo com o empregado, e acabar de uma vez por todas com a confusão entre essas duas figuras do direito do trabalho.

Trabalhador é toda pessoa que desenvolve um esforço físico ou intelectual destinado a uma produção, e que não preenche os requisitos do vínculo empregatício.

Como regra geral falta algum dos requisitos configuradores do vínculo empregatício para o trabalhador, daí por que não é, em regra, protegido pela CLT.

Temos como modalidade de trabalhador:

1.5.4.1 Trabalhador autônomo

É a pessoa física que presta serviços habitualmente por conta própria a uma ou mais de uma pessoa, assumindo os riscos de sua atividade econômica.

Não tem subordinação.

Não se aplica a CLT, pois os contratos travados com os contratantes dos serviços são regidos pelo Código Civil ou legislação especial.

Como exemplo de trabalhador autônomo, não gostaria que fixasse uma profissão em especial, pois que esse não é o requisito para sua configuração. Em verdade, podemos citar como exemplos de trabalhadores autônomos, o pintor, que foi contratado para pintar seu escritório, ou até mesmo o técnico de informática, que foi contratado para instalar a rede de informática do seu escritório. Tanto o pintor quanto o técnico de informática irão decidir por quanto tempo vão trabalhar por dia, qual o valor que irão cobrar pelo serviço, utilizarão suas próprias ferramentas. Perceba que em ambos os casos, os trabalhadores são contratados sem subordinação, bem como assumem o risco do negócio.

A Reforma Trabalhista acrescentou o art. 442-B na CLT, informando que, caso restem devidamente preenchidas as formalidades para contratação do trabalhador autônomo, a Justiça do Trabalho não poderá reconhecer o vínculo empregatício. Em nosso sentir, salvo melhor juízo, as formalidades exigidas pela CLT tratam do contrato escrito e ausência de subordinação.

"Art. 442-B. A contratação do autônomo, cumpridas por este todas as formalidades legais, com ou sem exclusividade, de forma contínua ou não, afasta a qualidade de empregado prevista no art. 3º desta Consolidação".

1.5.4.2 Trabalhador eventual

É a pessoa física que presta serviço em caráter eventual, a uma ou mais empresas, sem relação de emprego. Ex.: O eletricista contratado apenas para fazer um reparo nas instalações elétricas de uma empresa.

Não tem habitualidade, pois o serviço é prestado de forma esporádica.

Não estão previstos os requisitos da configuração da "NÃO EVENTUALIDADE": atividade repetida e permanente da empresa tomadora.

Aqui a dica é analisar a atividade ou as atividades desenvolvidas pela empresa contratante. Se a atividade a ser desenvolvida pelo trabalhador for uma atividade que se repete na empresa contratante e ocorre de forma permanente, não há como falar em ausência de habitualidade. Exemplo, imagine um frigorífico que de forma mensal precisa fazer a manutenção de um determinado maquinário, e acaba contratando um trabalhador para desenvolver tal atividade. Nesse caso não há como denominar tal trabalhador de eventual, uma vez que este está exercendo uma atividade repetida e permanente da empresa contratante. Por outro lado, imagine que o mesmo frigorífico teve um problema no seu sistema elétrico e contratou um trabalhador para solucionar o problema. O trabalhador compareceu na sede da empresa e resolveu o problema em dois dias de trabalho. O frigorífico não precisa desse trabalhador de forma repetida, pois sabe lá quando terá novo problema na sua parte elétrica, razão pela qual resta configurada a figura do trabalhador eventual.

Não se aplica à CLT, pois os contratos travados com os contratantes dos serviços são regidos pelo Código Civil ou legislação especial.

1.5.4.3 Trabalhador avulso

É a pessoa física que presta serviço a uma pessoa ou mais, por intermédio do sindicato da categoria profissional ou órgão gestor de mão de obra. Ex.: Movimentador de mercadorias que faz carga e descarga de mercadorias, intermediado pelo Sindicato ou estivador que faz carga e descarga de navios nos portos, intermediado pelo Órgão Gestor de Mão de Obra (OGMO).

Não tem habitualidade, pois que só trabalham quando são chamados pelo sindicato ou pelo órgão gestor de mão de obra.

A relação é trilateral, composta pelo Sindicato ou Órgão Gestor de Mão de Obra, trabalhador avulso e tomador dos serviços.

Muito embora o avulso não seja empregado, a CF, em seu art. 7º, XXXIV, lhe assegura os direitos trabalhistas como se empregado fosse (CUIDADO).

"Art. 7º (...)
XXXIV – igualdade de direitos entre o trabalhador com vínculo empregatício permanente e o trabalhador avulso".

O trabalhador avulso portuário é regulamentado pela Lei n. 12.815/2013.

1.5.4.4 Trabalhador voluntário – Lei n. 9.608/98

É a pessoa física que presta serviço de forma NÃO remunerada a entidade pública de qualquer natureza ou a instituição privada sem fins lucrativos.

Não tem onerosidade.

Não se aplica à CLT, os contratos travados com os contratantes dos serviços são regidos por legislação especial.

1.5.4.5 Estagiário – Lei n. 11.788/2008

É uma espécie de relação de trabalho, sem previsão na CLT. Tem lei específica e finalidade de colocar em prática o que foi aprendido em aulas teóricas.

O estágio pode ser obrigatório ou não.

1.5.4.6 Relação trilateral

A relação de trabalho é formada de modo trilateral, ou seja, entre a Instituição de ensino, o estagiário e a instituição concedente do estágio.

a) Requisitos (art. 3º)

matrícula em curso específico;

termo de compromisso;

compatibilidade de atividades.

b) Estagiário estrangeiro (art. 4º)

O estudante estrangeiro poderá fazer estágio, desde que observado o prazo do visto temporário de estudante.

c) Estágio na Administração Pública (art. 9º)

É possível a realização de estágio em órgãos da administração pública.

d) Jornada de trabalho (art. 10)

Quatro horas diárias e vinte horas semanais, nos casos de alunos do ensino especial e últimos anos do ensino fundamental;

Seis horas diárias e trinta semanais, nos casos de alunos do ensino superior, da educação profissional de nível médio e do ensino médio regular;

Cursos que alternem teoria e prática com aulas presenciais poderão ter jornada de até quarenta horas semanais.

e) Prazo (art. 11)

O contrato de estágio poderá ser de até dois anos, com exceção do portador de deficiência.

f) Bolsa remuneratória (art. 12)

A bolsa remuneratória é obrigatória nos casos de estágio não obrigatório.

g) Recesso (art. 13)

O estagiário terá direito a 30 dias de recesso nos contratos com prazo de vigência igual ou superior a 1 ano, ou proporcionais nos contratos com prazo menor do que 1 ano, coincidindo com as férias escolares. Por se tratar de recesso, não existe o pagamento de 1/3 de férias.

1.5.4.7 Trabalhador temporário – Lei n. 6.019/74, alterada pela Lei n. 13.429/2017

No dia 31 de março de 2017, a Lei n. 6.019/74 foi alterada pela Lei n. 13.429/2017 (Lei da Terceirização), que estabeleceu nova regulamentação para o trabalho temporário.

Trata-se de uma relação trilateral formada pela Empresa de Trabalho Temporário, pelo trabalhador temporário e pela empresa tomadora, que tem por finalidade a intermediação de mão de obra.

Na ocasião, a empresa tomadora contrata a empresa de trabalho temporário para que esta lhe forneça os trabalhadores temporários.

A relação trilateral é como se fosse uma pirâmide, em uma ponta temos a empresa tomadora, na outra a empresa de trabalho temporário, e no cume da pirâmide o trabalhador temporário em relação à empresa tomadora e empregado em relação à empresa de trabalho temporário.

a) Atividade-fim ou atividade-meio

Nos termos do art. 9º, § 3º, da Lei n. 6.019/74 (acrescido pela Lei n. 13.429/2017), o trabalhador temporário pode ser contratado para atuar tanto na atividade-fim quanto na atividade-meio da empresa tomadora.

"Art. 9º O contrato celebrado pela empresa de trabalho temporário e a tomadora de serviços será por escrito, ficará à disposição da autoridade fiscalizadora no estabelecimento da tomadora de serviços e conterá: (...)

§ 3º O contrato de trabalho temporário pode versar sobre o desenvolvimento de atividades-meio e atividades-fim a serem executadas na empresa tomadora de serviços".

b) Hipóteses de cabimento

Por se tratar de um contrato por prazo determinado, o trabalho temporário é considerado uma exceção à regra, de maneira que só pode ser utilizado em situações específicas, indicadas no art. 2º da Lei n. 6.019/74 (alterado pela Lei n. 13.429/2017), quais sejam: a) necessidade de substituição transitória de pessoal permanente e b) demanda complementar de serviços. Como exemplo de substituição transitória, podemos citar a empresa que deu férias para seu único empregado do Departamento Pessoal, e não pode ficar com o setor vazio. Com relação à demanda complementar, o exemplo clássico é o aumento das vendas nas lojas do comércio no fim de ano.

"Art. 2º Trabalho temporário é aquele prestado por pessoa física contratada por uma empresa de trabalho temporário que a coloca à disposição de uma empresa tomadora de serviços, para atender à necessidade de substituição transitória de pessoal permanente ou à demanda complementar de serviços".

c) Vínculo empregatício

O vínculo empregatício do trabalhador temporário é com a empresa de trabalho temporário, muito embora preste seus serviços na sede da empresa tomadora, conforme dispõe o art. 10 da Lei n. 6.019/74.

"Art. 10. Qualquer que seja o ramo da empresa tomadora de serviços, não existe vínculo de emprego entre ela e os trabalhadores contratados pelas empresas de trabalho temporário".

d) Responsabilidade

Na hipótese de a empresa de trabalho temporário não pagar as verbas trabalhistas ou rescisórias do trabalhador temporário, a empresa tomadora responde de forma subsidiária pelo pagamento das mesmas, nos termos do art. 10, § 7º, da Lei n. 6.019/74, salvo no caso de falência da empresa de trabalho temporário, situação em que a responsabilidade da empresa tomadora passa a ser solidária, conforme dispõe o art. 16 da mesma lei.

"Art. 10. Qualquer que seja o ramo da empresa tomadora de serviços, não existe vínculo de emprego entre ela e os trabalhadores contratados pelas empresas de trabalho temporário. (...)

§ 7º A contratante é subsidiariamente responsável pelas obrigações trabalhistas referentes ao período em que ocorrer o trabalho temporário, e o recolhimento das contribuições previdenciárias observará o disposto no art. 31 da Lei n. 8.212, de 24 de julho de 1991".

e) Contrato de trabalho

O contrato de trabalho entre o trabalhador temporário e a empresa de trabalho temporário deverá ser escrito e conter os direitos conferidos ao trabalhador, bem como deverá ser de no máximo 180 dias, podendo ser prorrogado por mais 90 dias, mesmo que de forma descontínua, conforme art. 10, §§ 1º e 2º, da Lei n. 6.019/74.

"Art. 10. Qualquer que seja o ramo da empresa tomadora de serviços, não existe vínculo de emprego entre ela e os trabalhadores contratados pelas empresas de trabalho temporário.

§ 1º O contrato de trabalho temporário, com relação ao mesmo empregador, não poderá exceder ao prazo de cento e oitenta dias, consecutivos ou não.

§ 2º O contrato poderá ser prorrogado por até noventa dias, consecutivos ou não, além do prazo estabelecido no parágrafo 1º deste artigo, quando comprovada a manutenção das condições que o ensejaram".

f) Contratação de trabalhador temporário durante a greve

A Lei n. 6.019/74, em seu art. 2º, § 1º, proíbe expressamente a contratação de trabalhador temporário pela empresa tomadora durante a greve de seus empregados, salvo nos casos autorizados na Lei n. 7.783/89.

"Art. 2º Trabalho temporário é aquele prestado por pessoa física contratada por uma empresa de trabalho temporário que a coloca à disposição de uma empresa tomadora de serviços, para atender à necessidade de substituição transitória de pessoal permanente ou à demanda complementar de serviços.

§ 1º É proibida a contratação de trabalho temporário para a substituição de trabalhadores em greve, salvo nos casos previstos em lei".

g) Atendimento médico, ambulatorial e de refeição

Os trabalhadores temporários terão o mesmo atendimento médico, ambulatorial e de refeição que os empregados da empresa tomadora dos serviços, conforme inteligência do art. 9º, § 2º, da Lei n. 6.019/74.

"Art. 9º O contrato celebrado pela empresa de trabalho temporário e a tomadora de serviços será por escrito, ficará à disposição da autoridade fiscalizadora no estabelecimento da tomadora de serviços e conterá: (...)

§ 2º A contratante estenderá ao trabalhador da empresa de trabalho temporário o mesmo atendimento médico, ambulatorial e de refeição destinado aos seus empregados, existente nas dependências da contratante, ou local por ela designado".

1.5.4.8 Trabalhador terceirizado – Lei n. 6.019/74, alterada pela Lei n. 13.429/2017, e Súmula 331 do TST

A terceirização passou vários anos sendo regulamentada apenas pela Súmula 331 do TST. Porém, em março de 2017, foi promulgada a Lei n. 13.429/2017, que alterou a Lei n. 6.019/74, que passou a regulamentar o tema.

Trata-se de uma relação trilateral composta pela empresa prestadora de serviços a terceiros, trabalhador terceirizado e empresa contratante, que visa à contratação de uma empresa especializada para prestação de serviços por meio de intermediação de mão de obra.

A dica aqui é que a grande diferença entre a relação jurídica que ocorre no trabalho temporário e na terceirização é que nessa o objeto é a contratação da prestação de serviços, enquanto naquela o objeto é a contratação da intermediação da mão de obra, propriamente dita. Em resumo, na terceirização, a empresa contratante contrata serviços, no trabalho temporário, a empresa contratante contrata pessoas, mesmo que de forma indireta.

a) Abrangência

A Lei n. 13.467/2017 alterou a Lei n. 6.019/74, e de forma expressa passou a autorizar a terceirização da atividade principal da empresa contratante, nos termos do art. 4ª-A. A referida alteração aumentou muito o leque de possibilidades de contratação de empresas terceirizadas. Atualmente é possível que uma determinada empresa contrate empresas terceirizadas para lhe prestar todos os serviços especializados que sua atividade empresarial necessitar. Por exemplo, é possível que um hospital, empresa contratante, contrate uma clínica especializada em serviços médicos de imagem (raio-x) para lhe prestar serviços como empresa terceirizada. Outro exemplo, uma oficina de funilaria e pintura contratando uma empresa especializada em serviços de pinturas de automóveis para lhe prestar serviços de pintura de autos. Percebam que tanto o serviço médico de imagem quanto a pintura de autos são atividades-fim do hospital e da oficina, respectivamente.

"Art. 4º-A. Considera-se prestação de serviços a terceiros a transferência feita pela contratante da execução de quaisquer de suas atividades, inclusive sua atividade principal, à pessoa jurídica de direito privado prestadora de serviços que possua capacidade econômica compatível com a sua execução".

DIREITO DO TRABALHO

b) Quarteirização

A empresa prestadora de serviços a terceiros está expressamente autorizada pelo art. 4º-A, § 1º, da Lei n. 6.019/74 a subcontratar outras empresas para prestação de serviços, sendo que a responsabilidade entre elas será subsidiária.

"Art. 4º-A. Considera-se prestação de serviços a terceiros a transferência feita pela contratante da execução de quaisquer de suas atividades, inclusive sua atividade principal, à pessoa jurídica de direito privado prestadora de serviços que possua capacidade econômica compatível com a sua execução.

§ 1º A empresa prestadora de serviços contrata, remunera e dirige o trabalho realizado por seus trabalhadores, ou subcontrata outras empresas para realização desses serviços".

c) Autorização para funcionamento

A empresa de prestação de serviços a terceiros deverá preencher os requisitos previstos no art. 4º-B da Lei n. 6.019/74 para seu funcionamento.

"Art. 4º-B. São requisitos para o funcionamento da empresa de prestação de serviços a terceiros:

I – prova de inscrição no Cadastro Nacional da Pessoa Jurídica (CNPJ);

II – registro na Junta Comercial;

III – capital social compatível com o número de empregados, observando-se os seguintes parâmetros:

a) empresas com até dez empregados – capital mínimo de R$ 10.000,00 (dez mil reais);

b) empresas com mais de dez e até vinte empregados – capital mínimo de R$ 25.000,00 (vinte e cinco mil reais);

c) empresas com mais de vinte e até cinquenta empregados – capital mínimo de R$ 45.000,00 (quarenta e cinco mil reais);

d) empresas com mais de cinquenta e até cem empregados – capital mínimo de R$ 100.000,00 (cem mil reais); e

e) empresas com mais de cem empregados – capital mínimo de R$ 250.000,00 (duzentos e cinquenta mil reais)".

d) Contrato de trabalho terceirizado

O contrato de trabalho terceirizado deverá seguir os requisitos previstos no art. 5º-B da Lei n. 6.019/74, como, por exemplo, ser escrito, qualificar as partes, especificar o serviço a ser prestado, apontar o prazo, se houver sido estipulado e apontar o valor.

"Art. 5º-B. O contrato de prestação de serviços conterá:

I – qualificação das partes;

II – especificação do serviço a ser prestado;

III – prazo para realização do serviço, quando for o caso;

IV – valor".

e) Responsabilidade

A responsabilidade da empresa de prestação de serviços a terceiros para com as verbas rescisórias do trabalhador terceirizado é subsidiária, conforme dispõe o art. 5º-A, § 5º, da Lei n. 6.019/74.

"Art. 5º-A. Contratante é a pessoa física ou jurídica que celebra contrato com empresa de prestação de serviços relacionados a quaisquer de suas atividades, inclusive sua atividade principal. (...)

§ 5º A empresa contratante é subsidiariamente responsável pelas obrigações trabalhistas referentes ao período em que ocorrer a prestação de serviços, e o recolhimento das contribuições previdenciárias observará o disposto no art. 31 da Lei n. 8.212, de 24 de julho de 1991".

f) Quarentena

Os arts. 5º-C e 5º-D proíbem a empresa de prestação de serviços terceirizados de possuir em seu quadro societário pessoas que tenham prestado serviços como empregado ou trabalhador sem vínculo para a empresa contratante, nos últimos dezoito meses, bem como o empregado demitido da empresa contratante de lhe prestar serviço como empregado da empresa terceirizada, antes do prazo de dezoito meses, contados da extinção do contrato de trabalho.

"Art. 5º-C. Não pode figurar como contratada, nos termos do art. 4º-A desta Lei, a pessoa jurídica cujos titulares ou sócios tenham, nos últimos dezoito meses, prestado serviços à contratante na qualidade de empregado ou trabalhador sem vínculo empregatício, exceto se os referidos titulares ou sócios forem aposentados.

Art. 5º-D. O empregado que for demitido não poderá prestar serviços para esta mesma empresa na qualidade de empregado de empresa prestadora de serviços antes do decurso de prazo de dezoito meses, contados a partir da demissão do empregado".

1.5.4.9 Terceirização na Administração Pública e a Súmula 331 do TST

A Lei n. 13.429/2017 foi criada para regular a terceirização entre particulares, razão pela qual no que se refere a terceirização na Administração Pública, esta continua sendo regulada apenas pela Súmula 331 do TST.

Súmula 331 do TST

Mesmo com a entrada em vigor da Lei n. 13.429/2017, até o fechamento desta obra, a Súmula 331 do TST ainda não foi alterada ou cancelada, razão pela qual devemos fazer o estudo de seus efeitos.

"CONTRATO DE PRESTAÇÃO DE SERVIÇOS. LEGALIDADE (nova redação do item IV e inseridos os itens V e VI à redação) – Res. 174/2011, *DEJT* divulgado em 27, 30 e 31-05-2011

I – A contratação de trabalhadores por empresa interposta é ilegal, formando-se o vínculo diretamente com o tomador dos serviços, salvo no caso de trabalho temporário (Lei n. 6.019, de 3-1-1974)".

A intermediação de mão de obra (contratação mediante empresa interposta) é ilegal, salvo nos casos de trabalho temporário.

O caso em comento, no que tange à formação do vínculo de emprego diretamente com o tomador do serviço, diz respeito à terceirização na atividade privada, quando faltar a impessoalidade ou a insubordinação.

Se a terceirização é irregular, o vínculo de emprego se forma diretamente com o tomador dos serviços.

"II – A contratação irregular de trabalhador, mediante empresa interposta, não gera vínculo de emprego com os órgãos da Administração Pública direta, indireta ou fundacional (art. 37, II, da CF/1988)".

Mesmo a terceirização ilícita NÃO gera vínculo de emprego com o Estado, ante a indispensabilidade do concurso público.

"III – Não forma vínculo de emprego com o tomador a contratação de serviços de vigilância (Lei n. 7.102, de 20-06-1983) e de conservação e limpeza, bem como a de serviços especializados ligados à atividade-meio do tomador, desde que inexistente a pessoalidade e a subordinação direta".

São admitidas pela jurisprudência as seguintes hipóteses de terceirização:

a) serviços de vigilância, regulados pela Lei n. 7.102/83;
b) serviços de conservação e limpeza;
c) serviços especializados ligados a atividade-meio do tomador.

Nas três hipóteses, não pode existir pessoalidade e subordinação em relação ao tomador dos serviços, sob pena de desconsideração da terceirização e consequente vínculo direto com o tomador dos serviços.

No que tange à possibilidade da terceirização na atividade-fim, inclusive, junto à administração pública, pelos julgamentos do STF, dos quais destacamos o Recurso Extraordinário n. 958.252, que deu origem ao tema 725 da repercussão geral, bem como do Recurso Extraordinário n. 635.546, ao nosso sentir, tudo indica ser possível, que pese ter corrente em sentido contrário.

"IV – O inadimplemento das obrigações trabalhistas, por parte do empregador, implica a responsabilidade subsidiária do tomador dos serviços quanto àquelas obrigações, desde que haja participado da relação processual e conste também do título executivo judicial".

O tomador do serviço que terceiriza licitamente determinada atividade fica sujeito à responsabilização subsidiária nos casos de inadimplemento do empregador (prestador de serviço). Exige-se, contudo, que o tomador dos serviços tenha participado do processo desde a fase cognitiva e conste do título executivo judicial.

"V – Os entes integrantes da Administração Pública direta e indireta respondem subsidiariamente, nas mesmas condições do item IV, caso evidenciada a sua conduta culposa no cumprimento das obrigações da Lei n. 8.666, de 21-6-1993, especialmente na fiscalização do cumprimento das obrigações contratuais e legais da prestadora de serviço como empregadora. A aludida responsabilidade não decorre de mero inadimplemento das obrigações trabalhistas assumidas pela empresa regularmente contratada".

A Administração Pública responde subsidiariamente, desde que comprovada sua conduta culposa, não bastando o mero inadimplemento das obrigações trabalhistas pelo prestador dos serviços.

A conduta culposa da Administração, no caso da terceirização, é a ausência de fiscalização do contrato público, celebrado com a empresa terceirizada.

"VI – A responsabilidade subsidiária do tomador de serviços abrange todas as verbas decorrentes da condenação referentes ao período da prestação laboral".

A responsabilidade subsidiária do tomador de serviços abrange parcelas indenizatórias e condenatórias decorrentes da condenação imposta ao prestador de serviços.

1.5.4.10. Cooperativa

A cooperativa de trabalho foi regulamentada pela Lei n. 12.690/2012, e trata de uma sociedade de pessoas que se reúnem para prestação de serviços em proveito de um bem comum, sem, contudo, existir subordinação entre elas.

A relação entre a cooperativa e seus sócios é uma relação de trabalho, uma vez que não há subordinação entre eles, ou, ainda, entre os sócios. Ademais, para que a cooperativa seja lícita, é necessário o preenchimento de dois requisitos, quais sejam: a) ausência de subordinação entre os membros da cooperativa e a cooperativa, e entre os demais cooperados; b) ausência de pessoalidade, de forma que quando a cooperativa tem seus serviços contratados, o contratante não pode escolher um dos cooperados para prestar o serviço, uma vez que não ocorreu a intermediação de mão de obra, mas, sim, a contratação de serviço.

Os cooperados não são empregados da cooperativa, razão pela qual aos mesmos não se aplica a CLT, entretanto, a Lei n. 2.690/2012 regulamentou, nos incisos do seu art. 7º, os direitos trabalhistas mínimos do cooperado:

- retiradas de valores não inferiores ao piso da categoria, ou, na falta deste, ao salário mínimo;
- repouso anual remunerado;
- retirada referente ao trabalho noturno superior ao diurno;
- adicional de insalubridade e periculosidade;
- seguro acidente de trabalho.

1.5.4.11 Entidades Religiosas e seus membros

A Lei n. 14.647/2023 alterou o art. 442 da CLT, incluindo o § 2º que, em regra, dispõe sobre a inexistência do vínculo empregatício entre as entidades religiosas e seus membros, que exerçam atividade, integral ou parcialmente, ou que estejam em formação ou treinamento.

Entretanto, o § 3º do referido dispositivo, também incluído na CLT por meio da Lei n. 14.647/2023, informa que a impossibilidade do reconhecimento do vínculo não se aplica quando há o desvirtuamento da finalidade religiosa ou voluntária.

1.5.5 Empregador

Empregador é a pessoa física ou jurídica que assumindo o risco do negócio: a) admite; b) assalarie; e c) dirige a prestação do serviço, conforme podemos observar no *caput* do art. 2º da CLT:

> "Art. 2º Considera-se empregador a empresa, individual ou coletiva, que, assumindo os riscos da atividade econômica, admite, assalaria e dirige a prestação pessoal de serviço".

1.5.5.1 Poderes do empregador

a) Poder diretivo

O poder diretivo está inserido no dia a dia de trabalho das empresas, sendo exteriorizado através das ordens emanadas do empregador para dirigir a relação de emprego. É uma prerrogativa que o empregador tem de criar normas, de "mandar", de dirigir **a relação de emprego.** Exemplo: Criar regimento interno, determinar o uso de uniforme, proibir o uso de boné etc.

A Reforma Trabalhista introduziu o art. 456-A à CLT, prevendo que o empregador está autorizado a definir o padrão de uniforme, bem como a incluir logomarcas de terceiros, sem ferir direito a imagem do empregado, desde que os uniformes e as logomarcas não causem situações constrangedoras.

A Reforma também definiu que é de responsabilidade do empregado a higiene do uniforme, salvo quando necessitar de cuidados especiais.

> "Art. 456-A. Cabe ao empregador definir o padrão de vestimenta no meio ambiente laboral, sendo lícita a inclusão no uniforme de logomarcas da própria empresa ou de empresas parceiras e de outros itens de identificação relacionados à atividade desempenhada.
>
> **Parágrafo único.** A higienização do uniforme é de responsabilidade do trabalhador, salvo nas hipóteses em que forem necessários procedimentos ou produtos diferentes dos utilizados para a higienização das vestimentas de uso comum".

b) Poder disciplinar

É a prerrogativa que o empregador tem de punir o empregado, no caso do cometimento de alguma irregularidade.

b.1) Penalidades

Advertência

Não tem previsão legal, sendo uma construção doutrinária, que pode ser verbal ou escrita, aplicada em casos do cometimento de faltas leves.

Suspensão

Tem previsão legal no art. 474 da CLT, e consiste num período em que o contrato de trabalho fica suspenso e o empregado não goza de seus direitos no mencionado prazo. A suspensão do contrato de trabalho como penalidade tem prazo máximo de 30 dias, aplicada em casos de faltas de natureza média ou reincidência.

> "Art. 474. A suspensão do empregado por mais de 30 (trinta) dias consecutivos importa na rescisão injusta do contrato de trabalho".

Justa causa

Tem previsão legal no art. 482 da CLT, e consiste na rescisão do contrato de trabalho de forma a retirar do empregado alguns direitos trabalhistas que normalmente teria na rescisão SEM justa causa, sendo aplicada em casos de cometimento de falta grave (casos previstos em lei).

c) Poder fiscalizador

É a prerrogativa que o empregador tem de fiscalizar o trabalho e a conduta do empregado na relação de emprego. Ex.: Uso correto dos EPIs; revista pessoal.

1.5.5.2 Grupo econômico – Art. 2º, § 2º, da CLT

Ocorre quando duas ou mais empresas que, apesar de possuírem personalidade jurídica própria, atuam em conjunto. A doutrina separa o grupo econômico em duas espécies, quais sejam, vertical e horizontal. Vertical quando uma empresa está sob a subordinação de outra, e horizontal quando ambas as empresas estão em pé de igualdade, porém, atuam em conjunto.

A Reforma Trabalhista introduziu nova redação ao § 2º do art. 2º da CLT, ampliando o conceito de grupo econômico e prevendo expressamente a figura do grupo econômico horizontal, no qual as empresas não precisam estar sob o controle uma da outra, bastando que atuem em conjunto.

"**Art. 2º** (...)

§ 2º Sempre que uma ou mais empresas, tendo, embora, cada uma delas, personalidade jurídica própria, estiverem sob a direção, controle ou administração de outra, ou ainda quando, mesmo guardando cada uma sua autonomia, integrem grupo econômico, serão responsáveis solidariamente pelas obrigações decorrentes da relação de emprego".

Outra alteração trazida pela Reforma no que tange à figura do grupo econômico foi a introdução do parágrafo 3º ao art. 2º, o qual expressamente dispõe que a mera identidade de sócios não é suficiente para configuração do grupo econômico, sendo necessário comprovar a atuação em conjunto.

"§ 3º Não caracteriza grupo econômico a mera identidade de sócios, sendo necessárias, para a configuração do grupo, a demonstração do interesse integrado, a efetiva comunhão de interesses e a atuação conjunta das empresas dele integrantes".

É indiferente, para caracterização do grupo econômico, que as empresas integrantes explorem a mesma atividade econômica.

Para configuração do grupo econômico, é imprescindível que as empresas (pessoas jurídicas) visem a lucro, de forma que entidades beneficentes ou filantrópicas não formam grupo econômico, bem como é impossível reconhecimento de grupo econômico no âmbito do trabalho doméstico.

1.5.5.3 Responsabilidade solidária passiva

Todas as empresas do grupo podem ser chamadas a responder pelos créditos trabalhistas dos empregados do grupo, independentemente da empresa que tenha contratado ou anotado a CTPS (art. 2º, § 2º, da CLT).

Imaginem que existe um grupo econômico formado pelas empresas "A", "B" e "C". A empresa "A", contrata José, anota sua CTPS. José presta serviço somente para a empresa "A". Ao término do contrato, a empresa "A" não paga as verbas rescisórias de José. O questionamento é: será que as empresas "B" e "C", que não contrataram José, bem como não utilizaram da sua mão de obra, terão responsabilidade sobre as verbas rescisórias que a empresa "A" deixou de pagar? A resposta é sim, uma vez que, por fazerem parte de um grupo econômico, aplica-se a teoria do empregador único, que de forma simples significa dizer que é como se as três empresas ("A", "B" e "C") fossem uma única empresa, de maneira que uma responde pelas dívidas trabalhistas da outra, como se para ela o empregado tivesse prestado o serviço.

"§ 2º Sempre que uma ou mais empresas, tendo, embora, cada uma delas, personalidade jurídica própria, estiverem sob a direção, controle ou administração de outra, ou ainda quando, mesmo guardando cada uma sua autonomia, integrem grupo econômico, serão responsáveis solidariamente pelas obrigações decorrentes da relação de emprego".

1.5.5.4 Responsabilidade solidária ativa

A prestação de serviços simultaneamente para mais de uma empresa do grupo, em regra, não gera mais de um contrato de trabalho. Aqui, também, deve ser aplicada a teoria do empregador único. Em razão de as empresas do grupo econômico serem tidas como uma única empresa, o fato de o empregado contratado por uma delas vir a prestar serviço para empresa que o contratou e a outra do mesmo grupo, desde que dentro da sua jornada de trabalho e na atividade para qual foi contratado, não garante mais um vínculo empregatício, salvo se houver ajuste escrito em contrário firmado entre empregado e empregador.

Súmula 129 do TST
"CONTRATO DE TRABALHO. GRUPO ECONÔMICO (mantida) – Res. 121/2003, *DJ* 19, 20 e 21-11-2003
A prestação de serviços a mais de uma empresa do mesmo grupo econômico, durante a mesma jornada de trabalho, não caracteriza a coexistência de mais de um contrato de trabalho, salvo ajuste em contrário".

O empregado pode acionar, na fase de execução do processo trabalhista, qualquer empresa do grupo econômico, ainda que ela não tenha participado da fase cognitiva do processo e não conste do título executivo.

1.6 Sucessão trabalhista

Ocorre a sucessão trabalhista sempre que houver alteração do polo subjetivo da relação de emprego, seja pela alteração da propriedade da empresa, seja pela mudança de sua estrutura jurídica etc.

1.6.1 Efeitos

A sucessão trabalhista não tem o condão de alterar os contratos de trabalho em vigor, razão pela qual o sucessor assume a responsabilidade pelos direitos trabalhistas do sucedido.

Muito embora o TST, por intermédio de sua jurisprudência, como, por exemplo, a OJ n. 261 da SDI-1, já entendesse que na ocorrência da sucessão trabalhista a responsabilidade pelos débitos trabalhistas, mesmo com relação àqueles contratos de trabalho firmados anteriormente à sucessão, fosse da empresa sucessora, a Reforma Trabalhista positivou tal entendimento por meio da inclusão do art. 448-A na CLT.

"**Art. 448-A.** Caracterizada a sucessão empresarial ou de empregadores prevista nos arts. 10 e 448 desta Consolidação, as obrigações trabalhistas, inclusive as contraídas à época em que os empregados trabalhavam para a empresa sucedida, são de responsabilidade do sucessor.

Parágrafo único. A empresa sucedida responderá solidariamente com a sucessora quando ficar comprovada fraude na transferência".

Na sucessão em relação ao trabalhador: nada muda em relação ao contrato ou aos direitos adquiridos do empregado.

Na sucessão em relação ao sucedido: em princípio deixa de ter qualquer responsabilidade, entretanto, responde solidariamente caso tenha ocorrido fraude, sendo que tal responsabilidade se estende também aos sócios retirantes, no caso de fraude.

"Art. 448-A. (...)

Parágrafo único. A empresa sucedida responderá solidariamente com a sucessora quando ficar comprovada fraude na transferência".

Na sucessão em relação ao sucessor: responde por todos os débitos trabalhistas, presentes e pretéritos.

1.6.2 Requisitos

Para que configure a sucessão trabalhista, devem estar presentes os seguintes requisitos:

a) alteração da estrutura jurídica ou na propriedade da empresa;

b) continuidade da atividade empresarial.

Lembrem-se de que a cláusula de não responsabilização não gera efeitos no Direito do Trabalho, valendo apenas para exercício do direito de regresso do sucessor, sendo, portanto, nula se for oponível ao trabalhador, nos termos do art. 9º da CLT.

1.6.3 Sucessão nos casos concretos

1.6.3.1 Sucessão de empresa integrante de grupo econômico

O sucessor que adquire apenas uma das empresas integrantes do grupo econômico não tem responsabilidade solidária com as demais empresas do grupo, salvo se comprovada má-fé ou fraude na sucessão, conforme entendimento da OJ n. 411 da SDI-1 do TST.

"411. SUCESSÃO TRABALHISTA. AQUISIÇÃO DE EMPRESA PERTENCENTE A GRUPO ECONÔMICO. RESPONSABILIDADE SOLIDÁRIA DO SUCESSOR POR DÉBITOS TRABALHISTAS DE EMPRESA NÃO ADQUIRIDA. INEXISTÊNCIA. (*DEJT* divulgado em 22, 25 e 26-10-2010)

O sucessor não responde solidariamente por débitos trabalhistas de empresa não adquirida, integrante do mesmo grupo econômico da empresa sucedida, quando, à época, a empresa devedora direta era solvente ou idônea economicamente, ressalvada a hipótese de má-fé ou fraude na sucessão".

1.6.3.2 Sucessão na falência ou recuperação judicial

O sucessor, por meio de aquisição de estabelecimento em leilão ou hasta pública na falência ou recuperação judicial, não responderá pelos débitos trabalhistas da empresa adquirida, conforme dispõem os arts. 60, parágrafo único, e 141, II, da Lei n. 11.101/2005.

1.6.3.3 Sucessão entre entes de direito público

Na ocorrência do desmembramento de município, o novo município não será responsável pelos débitos trabalhistas dos empregados que prestavam serviços para o antigo município, respondendo cada município pelo período da prestação do serviço.

1.6.3.4 Sucessão na privatização

Ocorrendo a privatização de empresa pública, o sucessor (empresa do setor privado) é responsável pelos débitos trabalhistas do sucedido (Estado), haja vista a convalidação das contratações sem o devido concurso público, conforme inteligência já da Súmula 430 do TST.

Súmula 430 do TST

"ADMINISTRAÇÃO PÚBLICA INDIRETA. CONTRATAÇÃO. AUSÊNCIA DE CONCURSO PÚBLICO. NULIDADE. ULTERIOR PRIVATIZAÇÃO. CONVALIDAÇÃO. INSUBSISTÊNCIA DO VÍCIO – Res. 177/2012, *DEJT* divulgado em 13, 14 e 15-2-2012

Convalidam-se os efeitos do contrato de trabalho que, considerado nulo por ausência de concurso público, quando celebrado originalmente com ente da Administração Pública Indireta, continua a existir após a sua privatização".

1.7 Contrato de Trabalho

É o acordo de vontades, tácito ou expresso, verbal ou escrito, pelo qual uma pessoa física (empregado) coloca seus serviços à disposição de uma pessoa física, jurídica ou ente despersonalizado ou equiparado (empregador), que corresponde à relação de emprego.

De forma simples, o contrato de trabalho trata da exteriorização da relação de emprego.

1.7.1 Elementos essenciais

a) agente capaz;

b) forma prescrita ou não proibida em lei;

c) objeto lícito.

1.7.2 Trabalho ilícito x trabalho proibido

No que se refere ao objeto do contrato de trabalho, não se pode confundir trabalho ilícito com trabalho proibido. O trabalho ilícito é caracterizado pela tipificação de crime ou contravenção penal na realização da atividade laboral, como, por exemplo, quando o empregado trabalha como apontador do jogo do bicho (OJ n. 199 da SBDI – 1 do TST); já o trabalho proibido ocorre quando a atividade laboral é desenvolvida sem observância das normas legais, como, por exemplo, o trabalho noturno do menor de 18 anos.

> "199. JOGO DO BICHO. CONTRATO DE TRABALHO. NULIDADE. OBJETO ILÍCITO (título alterado e inserido dispositivo) – *DEJT* divulgado em 16, 17 e 18-11-2010
>
> É nulo o contrato de trabalho celebrado para o desempenho de atividade inerente à prática do jogo do bicho, ante a ilicitude de seu objeto, o que subtrai o requisito de validade para a formação do ato jurídico".

O trabalho ilícito gera nulidade absoluta do ato jurídico (*ex tunc*), enquanto que o trabalho proibido gera anulabilidade do ato jurídico (*ex nunc*). O trabalho ilícito não gera efeitos, já o trabalho proibido gera efeitos. Nessa linha de raciocínio, o apontador do jogo do bicho não tem direito aos direitos trabalhistas oriundos do seu contrato, por outro lado, o menor de 18 anos que trabalha numa atividade insalubre tem direito ao adicional de insalubridade.

1.7.3 Classificação quanto ao prazo

a) Regra: prazo indeterminado, ou seja, é aquele que não tem previsão de término (PRINCÍPIO DA CONTINUIDADE).

> "**Art. 443.** O contrato individual de trabalho poderá ser acordado tácita ou expressamente, verbalmente ou por escrito, por prazo determinado ou indeterminado, ou para prestação de trabalho intermitente".

b) Exceção: prazo determinado, ou seja, aquele que tem uma data predeterminada para terminar, estabelecida desde o seu início. Somente é permitido em algumas situações (art. 443, §§ 1º e 2º, da CLT).

> **§ 1º** Considera-se como de prazo determinado o contrato de trabalho cuja vigência dependa de termo prefixado ou da execução de serviços especificados ou ainda da realização de certo acontecimento suscetível de previsão aproximada.
>
> **§ 2º** O contrato por prazo determinado só será válido em se tratando:
>
> a) de serviço cuja natureza ou transitoriedade justifique a predeterminação do prazo;
>
> b) de atividades empresariais de caráter transitório;
>
> c) de contrato de experiência".

b.1) Hipóteses:

Serviço cuja natureza seja transitória, ocorre quando a natureza do serviço prestado é passageira ou transitória, como, por exemplo, no caso de uma empresa que adquire um equipamento importado da Alemanha, em que apenas o técnico alemão tem condições de ensinar os empregados brasileiros a lidar com o referido equipamento. Nesse caso, a empresa está autorizada a contratar o técnico alemão por prazo determinado, uma vez que seu trabalho não será contínuo, pelo contrário, será desenvolvido de forma passageira, no caso em comento, apenas até os empregados brasileiros aprenderem a lidar com o equipamento. O prazo é de no máximo 2 anos, admitindo-se uma prorrogação dentro do período (art. 445 da CLT);

Serviço cuja atividade empresarial seja transitória, ocorre quando a atividade empresarial é passageira ou transitória, por exemplo, a empresa que foi contratada para organizar uma feira agropecuária. É possível que a empresa contrate seus empregados por prazo determinado, já que sua atividade se restringe à organização daquele evento, sendo que, após o término do evento, a empresa deixará de prestar seus serviços. O prazo é de no máximo 2 anos, admitindo-se uma prorrogação no período (art. 445 da CLT);

Contrato de experiência. É aquele contrato que tem por finalidade verificar se empregado e empregador irão se adaptar às condições da relação de emprego. O prazo é de no máximo 90 dias, admitindo-se uma prorrogação no período (art. 445, parágrafo único, da CLT).

b.2) Características do contrato por prazo determinado:

Indenização pelo término antes do prazo (arts. 479 e 480 da CLT).

> "**Art. 479.** Nos contratos que tenham termo estipulado, o empregador que, sem justa causa, despedir o empregado será obrigado a pagar-lhe, a título de indenização, e por metade, a remuneração a que teria direito até o termo do contrato.
>
> **Parágrafo único.** Para a execução do que dispõe o presente artigo, o cálculo da parte variável ou incerta dos salários será feito de acordo com o prescrito para o cálculo da indenização referente à rescisão dos contratos por prazo indeterminado".
>
> "**Art. 480.** Havendo termo estipulado, o empregado não se poderá desligar do contrato, sem justa causa, sob pena de ser obrigado a indenizar o empregador dos prejuízos que desse fato lhe resultarem".

Aviso Prévio (Súmula 163 do TST, art. 481 da CLT), em regra, nos contratos por prazo determinado, não há falar em concessão do aviso prévio, uma vez que, ao chegar ao seu termo, não ocorre surpresa por parte dos seus signatários. Entretanto, em se tratando de rescisão antecipada do contrato com cláusula assecuratória do direito recíproco de rescisão antecipada, aplicam-se as regras da rescisão do contrato por prazo indeterminado, inclusive o aviso prévio.

Referida situação também se aplica ao contrato de experiência.

Súmula 163 do TST
"AVISO PRÉVIO. CONTRATO DE EXPERIÊNCIA (mantida) – Res. 121/2003, *DJ* 19, 20 e 21-11-2003
Cabe aviso prévio nas rescisões antecipadas dos contratos de experiência, na forma do art. 481 da CLT (ex-Prejulgado n. 42)".

"Art. 481. Aos contratos por prazo determinado, que contiverem cláusula asseguratória do direito recíproco de rescisão antes de expirado o termo ajustado, aplicam-se, caso seja exercido tal direito por qualquer das partes, os princípios que regem a rescisão dos contratos por prazo indeterminado".

Garantia de emprego (Súmulas 244 e 378 do TST), muito embora contrato por prazo determinado e estabilidade no emprego sejam institutos antagônicos, haja vista que um impede e outro prorroga o contrato, no que tange às estabilidades gestante e acidentária, por exceção, e entendimento do TST, aplicam-se ao contrato por prazo determinado. Com relação à estabilidade gestante, atentar-se para o contrato temporário (Lei n. 6.019/74), no qual o TST entendeu que por se tratar de um contrato por prazo determinado, não se aplica a estabilidade.

Súmula 244 do TST
"GESTANTE. ESTABILIDADE PROVISÓRIA (redação do item III alterada na sessão do Tribunal Pleno realizada em 14-09-2012) – Res. 185/2012, *DEJT* divulgado em 25, 26 e 27-9-2012

III – A empregada gestante tem direito à estabilidade provisória prevista no art. 10, inciso II, *b*, do Ato das Disposições Constitucionais Transitórias, mesmo na hipótese de admissão mediante contrato por tempo determinado".

Súmula 378 do TST
"ESTABILIDADE PROVISÓRIA. ACIDENTE DO TRABALHO. ART. 118 DA LEI N. 8.213/1991. (inserido item III) – Res. 185/2012, *DEJT* divulgado em 25, 26 e 27-9-2012

III – O empregado submetido a contrato de trabalho por tempo determinado goza da garantia provisória de emprego decorrente de acidente de trabalho prevista no art. 118 da Lei n. 8.213/91".

Para sucessão de contratos a termo entre as mesmas partes, faz-se necessário observar um prazo mínimo de seis meses, caso contrário, o contrato será considerado um contrato por prazo indeterminado (art. 452 da CLT).

"Art. 452. Considera-se por prazo indeterminado todo contrato que suceder, dentro de 6 (seis) meses, a outro contrato por prazo determinado, salvo se a expiração deste dependeu da execução de serviços especializados ou da realização de certos acontecimentos".

O empregador não poderá exigir do futuro empregado experiência maior do que seis meses na função, como requisito para contratação.

"Art. 442-A. Para fins de contratação, o empregador não exigirá do candidato a emprego comprovação de experiência prévia por tempo superior a 6 (seis) meses no mesmo tipo de atividade".

1.7.3.1 Da Cláusula Compromissória de Arbitragem

A Reforma Trabalhista (Lei n. 13.467/2017) alterou a sistemática em relação à convenção de arbitragem. Antes da reforma, era possível celebrar cláusula de convenção de arbitragem apenas no direito coletivo do trabalho, entretanto, após a reforma, desde que preenchidos dois requisitos, passou a ser possível a celebração cláusula de convenção de arbitragem no direito individual do trabalho. No que tange aos requisitos, o art. 507-A da CLT, exige, para celebração da referida cláusula, que o empregado perceba salário superior a duas vezes o valor máximo do benefício da previdência social, bem como, que a inserção da cláusula no contrato seja por iniciativa do emprego, ou, ainda, que se por iniciativa do empregador tenha a concordância expressa do empregado.

1.7.4 Do Contrato de Trabalho Intermitente

A Reforma Trabalhista alterou a redação do art. 443 da CLT para incluir mais uma modalidade de contrato de trabalho, qual seja, o contrato de trabalho intermitente (§ 3º), marcado pela alternância de períodos de atividade e inatividade.

"Art. 443. O contrato individual de trabalho poderá ser acordado tácita ou expressamente, verbalmente ou por escrito, por prazo determinado ou indeterminado, ou para prestação de trabalho intermitente. (...)

§ 3º Considera-se como intermitente o contrato de trabalho no qual a prestação de serviços, com subordinação, não é contínua, ocorrendo com alternância de períodos de prestação de serviços e de inatividade, determinados em horas, dias ou meses, independentemente do tipo de atividade do empregado e do empregador, exceto para os aeronautas, regidos por legislação própria".

O trabalho intermitente foi regulamentado pelo art. 452-A e seus parágrafos e incisos da CLT, pela Reforma Trabalhista, com as seguintes características:

a) Contrato escrito e anotado na CTPS;
b) Valor hora ou dia igual ao valor do salário mínimo por hora ou equivalente aos salários dos demais empregados da empresa;
c) Convocação por meio idôneo com antecedência mínima de três dias;
d) O empregado tem um dia útil para responder;
e) A recusa não descaracteriza a subordinação;
f) É devida multa de 50% da prestação do serviço, pelo descumprimento, sem justo motivo;

g) Durante o período de inatividade, o empregado poderá prestar serviços a outros contratantes;

h) Com exceção ao saque do FGTS, todas as demais parcelas remuneratórias deverão ser quitadas no término da prestação do serviço;

i) O empregador deverá efetuar o pagamento do FGTS e do INSS com base no valor pago de salário durante o mês;

j) A cada doze meses, o empregado terá direito a um mês de férias, em que não poderá ser acionado.

"**Art. 452-A.** O contrato de trabalho intermitente deve ser celebrado por escrito e deve conter especificamente o valor da hora de trabalho, que não pode ser inferior ao valor horário do salário mínimo ou àquele devido aos demais empregados do estabelecimento que exerçam a mesma função em contrato intermitente ou não.

§ 1º O empregador convocará, por qualquer meio de comunicação eficaz, para a prestação de serviços, informando qual será a jornada, com, pelo menos, três dias corridos de antecedência.

§ 2º Recebida a convocação, o empregado terá o prazo de um dia útil para responder ao chamado, presumida, no silêncio, a recusa.

§ 3º A recusa da oferta não descaracteriza a subordinação para fins do contrato de trabalho intermitente.

§ 4º Aceita a oferta para o comparecimento ao trabalho, a parte que descumprir, sem justo motivo, pagará à outra parte, no prazo de trinta dias, multa de 50% (cinquenta por cento) da remuneração que seria devida, permitida a compensação em igual prazo.

§ 5º O período de inatividade não será considerado tempo à disposição do empregador, podendo o trabalhador prestar serviços a outros contratantes.

§ 6º Ao final de cada período de prestação de serviço, o empregado receberá o pagamento imediato das seguintes parcelas:

I – remuneração;

II – férias proporcionais com acréscimo de um terço;

III – décimo terceiro salário proporcional;

IV – repouso semanal remunerado; e

V – adicionais legais.

§ 7º O recibo de pagamento deverá conter a discriminação dos valores pagos relativos a cada uma das parcelas referidas no § 6º deste artigo.

§ 8º O empregador efetuará o recolhimento da contribuição previdenciária e o depósito do Fundo de Garantia do Tempo de Serviço, na forma da lei,

com base nos valores pagos no período mensal e fornecerá ao empregado comprovante do cumprimento dessas obrigações.

§ 9º A cada doze meses, o empregado adquire direito a usufruir, nos doze meses subsequentes, um mês de férias, período no qual não poderá ser convocado para prestar serviços pelo mesmo empregador".

1.7.5 Suspensão e interrupção do contrato de trabalho

1.7.5.1 Suspensão

Suspensão é a paralisação temporária dos serviços, sendo que o empregado não recebe salários e não há contagem de tempo de serviço para nenhum fim, exceto nos casos de acidente de trabalho e prestação de serviço militar, como se extrai do art. 4º, § 1º, da CLT.

Exemplo: período de greve.

1.7.5.2 Interrupção

Interrupção ocorre quando a empresa continua pagando salário ao empregado durante a paralisação temporária do serviço, bem como o referido tempo inativo conta como tempo de serviço.

Exemplo: férias.

1.7.6 Alteração do contrato de trabalho

1.7.6.1 Regra geral – art. 468 da CLT

É vedada a alteração unilateral do contrato de trabalho.

"**Art. 468.** Nos contratos individuais de trabalho só é lícita a alteração das respectivas condições por mútuo consentimento, e ainda assim desde que não resultem, direta ou indiretamente, prejuízos ao empregado, sob pena de nulidade da cláusula infringente desta garantia".

1.7.6.2 Requisitos para alteração válida

a) consentimento do empregado;

b) ausência de prejuízo ao empregado.

Faltando um dos requisitos, a alteração será nula, devendo a cláusula ser substituída pela norma geral.

1.7.6.3 *Jus variandi*

Em decorrência do poder diretivo, o empregador pode promover algumas alterações unilaterais no contrato de trabalho, visando à melhor organização do espaço físico ou do modo da prestação do serviço.

- **Ordinário:** permite pequenas modificações, sem causar prejuízo ao empregado. Ex.: exigência do uso de uniforme.
- **Extraordinário:** limitado pela lei, possibilita alterações mais expressivas, capazes de causar efetivo prejuízo ao empregado. Ex.: reversão.

1.7.6.4 Alteração de função

a) **Rebaixamento:** é a alteração da função do empregado, para outra de menor importância. É vedada.

b) **Reversão:** a Reforma Trabalhista incluiu o parágrafo 2º ao art. 468 da CLT, alterando entendimento sedimentado pelo TST por meio da Súmula 372, no que se refere à retirada do valor da gratificação de função.

Reversão é o retorno do empregado que exerce função de confiança ao cargo efetivo anteriormente ocupado. É permitida por expressa disposição de lei (art. 468, § 1º, da CLT).

De acordo com o novo § 2º do art. 468, independente do tempo que o empregado permanecer na função de gerente, o empregador poderá revertê-lo à função anterior, inclusive poderá deixar de pagar a gratificação que o empregado recebia pela função.

"Art. 468. (...)

§ 1º Não se considera alteração unilateral a determinação do empregador para que o respectivo empregado reverta ao cargo efetivo, anteriormente ocupado, deixando o exercício de função de confiança.

§ 2º A alteração de que trata o § 1º deste artigo, com ou sem justo motivo, não assegura ao empregado o direito à manutenção do pagamento da gratificação correspondente, que não será incorporada, independentemente do tempo de exercício da respectiva função".

c) **Aproveitamento:** ocorre quando o empregado tem a função alterada em razão da extinção do cargo por ele ocupado. É permitida, tendo em vista ser preferível mudar a função a perder o emprego.

d) **Readaptação:** é a alteração de função por recomendação do INSS, aplicável ao empregado que permaneceu afastado e perdeu a capacidade laboral. É permitida, vedada a redução salarial.

e) **Mudança imposta por lei:** obviamente, é lícita. Ex.: mudança de função do menor que se ativa em local prejudicial a sua saúde.

1.7.6.5 Alteração da duração do trabalho

a) **Horário de trabalho:** pequenas alterações no horário de trabalho se inserem no âmbito do *jus variandi* ordinário, por exemplo, o empregado tem a seguinte jornada, entrada às 8 h com saída às 18 h, sendo possível o empregador alterar para entrada às 7 h e saída às 17 h.

b) **Turno de trabalho:** é lícita a alteração do turno de trabalho, salvo do diurno para o noturno, ou ainda quando a alteração provocar inequívoco prejuízo ao empregado. Ex.: quando o empregado tiver outro emprego que cause a incompatibilidade de horário.

c) **Jornada de trabalho:** a redução da jornada é sempre lícita, visto que mais benéfica ao empregado. A dilação da duração normal do trabalho, por sua vez, é ilícita, visto que prejudicial.

1.7.6.6 Alteração do salário

A redução de salário somente é possível com a correspondente redução da jornada de trabalho, e ainda assim apenas nas seguintes hipóteses:

a) Mediante previsão em norma coletiva;
b) Mediante solicitação expressa do empregado, decorrente de inequívoco interesse extracontratual;
c) Para adoção do regime de tempo parcial.

1.7.6.7 Transferência do empregado

Transferência do emprego é a alteração do local de trabalho que implique a mudança de domicílio do empregado – Art. 469 da CLT.

"Art. 469. Ao empregador é vedado transferir o empregado, sem a sua anuência, para localidade diversa da que resultar do contrato, não se considerando transferência a que não acarretar necessariamente a mudança do seu domicílio".

1.7.6.7.1 *Regra geral*

A transferência unilateral é vedada, exigindo o consentimento do empregado.

1.7.6.7.2 *Exceções – §§ 1º, 2º e 3º do art. 469*

a) empregados que exercem cargo de confiança, desde que haja necessidade de serviço;
b) contrato que tenha a condição implícita ou explícita, desde que haja necessidade do serviço;
c) extinção do estabelecimento;
d) sempre que, existindo a real necessidade do serviço, a transferência for provisória.

"Art. 469. (...)

§ 1º Não estão compreendidos na proibição deste artigo: os empregados que exerçam cargo de confiança e aqueles cujos contratos tenham como condição, implícita ou explícita, a transferência, quando esta decorra de real necessidade de serviço.

§ 2º É lícita a transferência quando ocorrer extinção do estabelecimento em que trabalhar o empregado.

§ 3º Em caso de necessidade de serviço o empregador poderá transferir o empregado para localidade diversa da que resultar do contrato, não obstante as restrições do artigo anterior, mas, nesse caso, ficará obrigado a um pagamento suplementar, nunca inferior a 25% (vinte e cinco por cento) dos salários que o empregado percebia naquela localidade, enquanto durar essa situação".

Nos casos apontados nas letras a e b, é necessário comprovar a real necessidade do serviço em outra localidade, nos termos da Súmula 43 do TST, *in verbis*:

"TRANSFERÊNCIA (mantida) – Res. 121/2003, *DJ* 19, 20 e 21-11-2003
Presume-se abusiva a transferência de que trata o § 1º do art. 469 da CLT, sem comprovação da necessidade do serviço".

1.7.6.7.3 Adicional de transferência

Sempre que a transferência for provisória, será devido adicional, no valor de 25% do salário, independentemente da situação que ocorrer, conforme dispõe a OJ n. 113 da SDI 1 do TST.

"OJ N. 113. ADICIONAL DE TRANSFERÊNCIA. CARGO DE CONFIANÇA OU PREVISÃO CONTRATUAL DE TRANSFERÊNCIA. DEVIDO. DESDE QUE A TRANSFERÊNCIA SEJA PROVISÓRIA (inserida em 20-11-1997)
O fato de o empregado exercer cargo de confiança ou a existência de previsão de transferência no contrato de trabalho não exclui o direito ao adicional. O pressuposto legal apto a legitimar a percepção do mencionado adicional é a transferência provisória".

1.7.6.7.4 Despesas decorrentes da transferência

As despesas decorrentes da transferência correm por conta do empregador (art. 470 da CLT).

1.7.6.7.5 Transferência vedada por lei

Empregado detentor de garantia no emprego, conforme *caput* do art. 543 da CLT, desde que a alteração implique a impossibilidade do exercício do cargo sindical.

"**Art. 543.** O empregado eleito para cargo de administração sindical ou representação profissional, inclusive junto a órgão de deliberação coletiva, não poderá ser impedido do exercício de suas funções, nem transferido para lugar ou mister que lhe dificulte ou torne impossível o desempenho das suas atribuições sindicais".

1.8 Jornada de trabalho

É o tempo em que o empregado permanece à disposição do empregador, aguardando ou executando ordens, de acordo com o *caput* do art. 4º da CLT, *in verbis*:

"**Art. 4º** Considera-se como de serviço efetivo o período em que o empregado esteja à disposição do empregador, aguardando ou executando ordens, salvo disposição especial expressamente consignada".

Assim, a jornada de trabalho se divide em: a) trabalho efetivo; b) tempo à disposição do empregador; c) sobreaviso e prontidão.

1.8.1 Sobreaviso e prontidão

Aplicando a analogia, ocorre quando o empregado permanece aguardando chamado para o serviço, sendo submetido a controle do empregador, por meio telemático, mantendo-se a sua disposição, sendo que no sobreaviso o empregado permanece fora da sede da empresa, na sua casa ou noutro lugar combinado com o empregador, enquanto que na prontidão o empregado permanece na sede da empresa (art. 244, §§ 2º e 3º, da CLT).

"**Art. 244.** As estradas de ferro poderão ter empregados extranumerários, de sobreaviso e de prontidão, para executarem serviços imprevistos ou para substituições de outros empregados que faltem à escala organizada. (...)

§ 2º Considera-se de "sobreaviso" o empregado efetivo, que permanecer em sua própria casa, aguardando a qualquer momento o chamado para o serviço. Cada escala de "sobreaviso" será, no máximo, de vinte e quatro horas. As horas de "sobreaviso", para todos os efeitos, serão contadas à razão de 1/3 (um terço) do salário normal.

§ 3º Considera-se de "prontidão" o empregado que ficar nas dependências da estrada, aguardando ordens. A escala de prontidão será, no máximo, de doze horas. As horas de prontidão serão, para todos os efeitos, contadas à razão de 2/3 (dois terços) do salário-hora normal".

Súmula 428 do TST
"SOBREAVISO APLICAÇÃO ANALÓGICA DO ART. 244, § 2º, DA CLT
I – O uso de instrumentos telemáticos ou informatizados fornecidos pela empresa ao empregado, por si só, não caracteriza o regime de sobreaviso. (...)
II – Considera-se em sobreaviso o empregado que, à distância e submetido a controle patronal por instrumentos telemáticos ou informatizados, permanecer em regime de plantão ou equivalente, aguardando a qualquer momento o chamado para o serviço durante o período de descanso".

Dessa forma, resta claro que o uso dos elementos telemáticos e eletrônicos, por si só, não caracteriza o sobreaviso, pois é indispensável que o empregado demonstre estar à disposição do empregador, e ter o direito de ir e vir restringido pelo empregador.

Sobreaviso: aguardando ordem em casa ou outro lugar indicado pelo empregador – **Adicional de 1/3 do valor da hora normal – 24 horas**.

Prontidão: aguardando ordem na sede da empresa – **Adicional de 2/3 do valor da hora normal – 12 horas**.

Em ambas as situações, tão logo o empregado seja acionado e inicie o trabalho, passa a receber a remuneração da hora na sua integralidade.

1.8.2 Tempo residual à disposição do empregador

Trata-se de uma tolerância de tempo que o empregado tem no início e no término da jornada, que, se respeitados seus limites legais, não será computado como tempo à disposição do empregador (art. 58, § 1º, da CLT).

"**Art. 58.** A duração normal do trabalho, para os empregados em qualquer atividade privada, não excederá de 8 (oito) horas diárias, desde que não seja fixado expressamente outro limite.

§ 1º Não serão descontadas nem computadas como jornada extraordinária as variações de horário no registro de ponto não excedentes de cinco minutos, observado o limite máximo de dez minutos diários".

Essa tolerância foi limitada em cinco minutos na entrada e cinco na saída (limite global de 10 minutos).

Se o limite residual for excedido, todo o tempo será considerado como hora extraordinária.

Se a variação do horário for inferior a dez minutos no dia, mas superior a cinco minutos, na entrada ou na saída, será computada como tempo extraordinário.

A Reforma Trabalhista incluiu o § 2º ao art. 4º da CLT, dispondo que se o empregado, por vontade própria, decidir permanecer na sede da empresa além da sua jornada de trabalho, para proteção pessoal ou atividades particulares, esse tempo não será considerado como tempo à disposição do empregador, mesmo que seja maior do que os limites de tolerância impostos pelo § 1º do art. 58 da CLT.

"**Art. 4º** (...)

§ 2º Por não se considerar tempo à disposição do empregador, não será computado como período extraordinário o que exceder a jornada normal, ainda que ultrapasse o limite de cinco minutos previsto no § 1º do art. 58 desta Consolidação, quando o empregado, por escolha própria, buscar proteção pessoal, em caso de insegurança nas vias públicas ou más condições climáticas, bem como adentrar ou permanecer nas dependências da empresa para exercer atividades particulares, entre outras:

I – práticas religiosas;

II – descanso;

III – lazer;

IV – estudo;

V – alimentação;

VI – atividades de relacionamento social;

VII – higiene pessoal;

VIII – troca de roupa ou uniforme, quando não houver obrigatoriedade de realizar a troca na empresa".

A Súmula 449 conservou seus efeitos depois da Reforma e considera inválida a cláusula de norma coletiva que flexibiliza o tempo residual previsto na CLT.

Súmula 449 do TST
"MINUTOS QUE ANTECEDEM E SUCEDEM A JORNADA DE TRABALHO. LEI N. 10.243, DE 19 DE JUNHO DE 2001. NORMA COLETIVA. FLEXIBILIZAÇÃO. IMPOSSIBILIDADE (conversão da Orientação Jurisprudencial n. 372 da SBDI-1) – Res. 194/2014, *DEJT* divulgado em 21, 22 e 23-5-2014.

A partir da vigência da Lei n. 10.243, de 19 de junho de 2001, que acrescentou o § 1º ao art. 58 da CLT, não mais prevalece cláusula prevista em convenção ou acordo coletivo que elastece o limite de 5 minutos que antecedem e sucedem a jornada de trabalho para fins de apuração das horas extras".

1.8.3 Hora *in itinere*

Uma das maiores alterações trazidas pela Reforma Trabalhista, em se tratando de direito material do trabalho, foi a questão da jornada *in itinere*.

Antes da Reforma, nos termos do art. 58, § 2º, da CLT e Súmulas 90 e 320 do TST, o tempo que o empregado gastava com o deslocamento da sua casa para o trabalho e vice-versa, desde que o trajeto fosse realizado com transporte fornecido pelo empregador, bem como a empresa ficasse localizada em local de difícil acesso ou não servido por transporte público, seria tempo à disposição do empregador, e deveria ser computado na jornada de trabalho do empregado.

Ocorre que a nova redação do art. 58, § 2º, da CLT deixa claro que o tempo gasto pelo empregado de casa para o trabalho e vice-versa, independentemente da forma utilizada para deslocamento, não é tempo à disposição do empregador.

"**Art. 58.** (...)

§ 2º O tempo despendido pelo empregado desde a sua residência até a efetiva ocupação do posto de trabalho e para o seu retorno, caminhando ou por qualquer meio de transporte, inclusive o fornecido pelo empregador, não será computado na jornada de trabalho, por não ser tempo à disposição do empregador".

Nessa esteira, a Reforma também revogou o § 3º do art. 58, que previa a possibilidade da fixação do tempo médio de horas *in itinere*, bem como a Súmula 429 do TST, que tratava do tempo gasto entre a portaria da empresa e o local de efetivo trabalho, também perdeu seu efeito, uma vez que o novo § 2º do art. 58 é no sentido de que independe a forma do deslocamento para não configuração da hora *in itinere*.

1.8.4 Controle da jornada de trabalho

A jornada de trabalho, em regra, possui uma limitação legal que, por via de consequência, precisa ser controlada pelo empregador.

Entretanto, alguns empregados não estão obrigados a ter sua jornada controlada. Assim, dividimos a jornada de trabalho em Controlada e Não Controlada.

1.8.4.1 Controlada

Em regra, os estabelecimentos com mais de 20 empregados estão obrigados a controlar a jornada, nos termos do art. 74, § 2º, da CLT, alterada pela Lei n. 13.874/2019:

"**Art. 74.** O horário do trabalho constará de quadro, organizado conforme modelo expedido pelo Ministro do Trabalho, Indústria e Comércio, e afixado em lugar bem visível. Esse quadro será discriminativo no caso de não ser o horário único para todos os empregados de uma mesma seção ou turma. (...)

§ 2º Para os estabelecimentos com mais de 20 (vinte) trabalhadores será obrigatória a anotação da hora de entrada e de saída, em registro manual, mecânico ou eletrônico, conforme instruções expedidas pela Secretaria Especial de Previdência e Trabalho do Ministério da Economia, permitida a pré-assinalação do período de repouso".

Ainda nesse sentido, o novo § 4º do art. 74 permite o registro de ponto da jornada de trabalho por exceção, desde que mediante acordo individual escrito ou norma coletiva, no qual somente serão anotadas as horas extraordinárias, quando houver, deixando de ser obrigatória a anotação da hora de entrada e saída, se ocorrerem dentro do horário contratado.

"**Art. 74.** O horário do trabalho constará de quadro, organizado conforme modelo expedido pelo Ministro do Trabalho, Indústria e Comércio, e afixado em lugar bem visível. Esse quadro será discriminativo no caso de não ser o horário único para todos os empregados de uma mesma seção ou turma. (...)

§ 4º Fica permitida a utilização de registro de ponto por exceção à jornada regular de trabalho, mediante acordo individual escrito, convenção coletiva ou acordo coletivo de trabalho".

1.8.4.2 Não controlada

Como dito anteriormente, alguns empregados não têm a jornada controlada, em razão da atividade exercida ou por conta do cargo ocupado.

Os casos em que não se controla a jornada estão dispostos no art. 62 da CLT.

"**Art. 62.** Não são abrangidos pelo regime previsto neste capítulo:

I – os empregados que exercem atividade externa incompatível com a fixação de horário de trabalho, devendo tal condição ser anotada na Carteira de Trabalho e Previdência Social e no registro de empregados;

II – os gerentes, assim considerados os exercentes de cargos de gestão, aos quais se equiparam, para efeito do disposto neste artigo, os diretores e chefes de departamento ou filial.

Parágrafo único. O regime previsto neste capítulo será aplicável aos empregados mencionados no inciso II deste artigo, quando o salário do cargo de confiança, compreendendo a gratificação de função, se houver, for inferior ao valor do respectivo salário efetivo acrescido de 40% (quarenta por cento)".

a) Atividades externas "incompatíveis" com controle de jornada.

b) Cargos de gerência (gestão), desde que recebam salário no mínimo 40% superior ao cargo efetivo.

Cuidado com o caso específico do bancário, que, para não ter a jornada controlada, deve desempenhar a função de gerente geral de agência bancária, nos termos da Súmula 287 do TST.

Súmula 287 do TST
"JORNADA DE TRABALHO. GERENTE BANCÁRIO (nova redação) – Res. 121/2003, *DJ* 19, 20 e 21-11-2003
A jornada de trabalho do empregado de banco gerente de agência é regida pelo art. 224, § 2º, da CLT. Quanto ao gerente-geral de agência bancária, presume-se o exercício de encargo de gestão, aplicando-se-lhe o art. 62 da CLT".

A Reforma Trabalhista incluiu o inciso III ao art. 62 da CLT dispondo que o empregado em regime de teletrabalho também não precisa ter o horário de trabalho controlado.

"**Art. 62.** (...)

III – os empregados em regime de teletrabalho"

Efeitos

Os empregados cuja jornada não é controlada não fazem jus aos direitos previstos no capítulo da duração do trabalho, como, por exemplo, horas extras, adicional noturno, hora reduzida noturna e descansos, salvo DSR.

1.8.5 Limitação da jornada de trabalho

A jornada normal de trabalho está regulada no art. 7º, XIII, da CF, e no art. 58 da CLT.

"Art. 7º (...)

XIII – duração do trabalho normal não superior a oito horas diárias e quarenta e quatro semanais, facultada a compensação de horários e a redução da jornada, mediante acordo ou convenção coletiva de trabalho".

"Art. 58. A duração normal do trabalho, para os empregados em qualquer atividade privada, não excederá de 8 (oito) horas diárias, desde que não seja fixado expressamente outro limite".

Em regra, a jornada de trabalho não pode ultrapassar 8 horas diárias e 44 horas semanais.

Porém, não são todos os empregados que gozam dessa jornada (8h diárias e 44h semanais), existem os empregados que, por conta das especificidades da função, determinada por lei ou norma coletiva, acabam tendo jornada diferenciada.

1.8.5.1 Jornada reduzida de trabalho

Não são todos os empregados que gozam da jornada de 8 horas diárias e 44 horas semanais, pois existem empregados com jornada diferenciada, por lei ou norma coletiva.

a) Bancários: 6 horas diárias e 30 horas semanais (art. 224, *caput*, da CLT).

"Art. 224. A duração normal do trabalho dos empregados em bancos, casas bancárias e Caixa Econômica Federal será de 6 (seis) horas contínuas nos dias úteis, com exceção dos sábados, perfazendo um total de 30 (trinta) horas de trabalho por semana".

b) Telefonistas: 6 horas diárias e 36 horas semanais (art. 227 da CLT).

"Art. 227. Nas empresas que explorem o serviço de telefonia, telegrafia submarina ou subfluvial, de radiotelegrafia ou de radiotelefonia, fica estabelecida para os respectivos operadores a duração máxima de seis horas contínuas de trabalho por dia ou 36 (trinta e seis) horas semanais".

c) Turno ininterrupto de revezamento: 6 horas diárias e 36 horas semanais (art. 7º, XIV, da CF).

"Art. 7º (...)

XIV – jornada de seis horas para o trabalho realizado em turnos ininterruptos de revezamento, salvo negociação coletiva; "

d) Advogado: 4 horas diárias e 20 horas semanais.

"Art. 20. A jornada de trabalho do advogado empregado, no exercício da profissão, não poderá exceder a duração diária de quatro horas contínuas e a de vinte horas semanais, salvo acordo ou convenção coletiva ou em caso de dedicação exclusiva".

1.8.6 Trabalho sob o regime de tempo parcial

Conforme alteração trazida pela Reforma Trabalhista, trata-se de uma modalidade de contratação em que o empregado tem uma jornada de trabalho de até 30 horas semanais sem direito à realização de horas extras ou até 26 horas semanais podendo realizar até seis horas extras na semana (art. 58-A, *caput*, da CLT).

"Art. 58-A. Considera-se trabalho em regime de tempo parcial aquele cuja duração não exceda a trinta horas semanais, sem a possibilidade de horas suplementares semanais, ou, ainda, aquele cuja duração não exceda a vinte e seis horas semanais, com a possibilidade de acréscimo de até seis horas suplementares semanais".

Na hipótese da realização de horas extras, elas deverão ser remuneradas com um adicional de 50% sobre o valor da hora normal, conforme o parágrafo 3º, inserido no art. 58-A da CLT pela Reforma Trabalhista.

"§ 3º As horas suplementares à duração normal do trabalho semanal normal serão pagas com o acréscimo de 50% (cinquenta por cento) sobre o salário-hora normal".

No caso de o empregado ser contratado sob uma jornada de trabalho menor do que vinte e seis horas semanais, como, por exemplo, vinte horas semanais, na hipótese de ele vir a trabalhar vinte e duas horas semanais, terá o direito de receber duas horas como extra, conforme o § 4º do art. 58-A. O referido parágrafo ainda limitou a quantidade de horas extras em até seis horas semanais, mesmo que a jornada seja menor do que vinte e seis horas semanais.

"§ 4º Na hipótese de o contrato de trabalho em regime de tempo parcial ser estabelecido em número inferior a vinte e seis horas semanais, as horas suplementares a este quantitativo serão consideradas horas extras para fins do pagamento estipulado no parágrafo 3º, estando também limitadas a seis horas suplementares semanais".

O § 5º do art. 58-A da CLT autorizou a compensação das horas extraordinárias realizadas, desde que ocorra na próxima semana após a sua realização. Caso não ocorra a compensação, as horas extras deverão ser pagas no pagamento do salário do mês subsequente a sua realização.

> "§ 5º As horas suplementares da jornada de trabalho normal poderão ser compensadas diretamente até a semana imediatamente posterior à da sua execução, devendo ser feita a sua quitação na folha de pagamento do mês subsequente, caso não sejam compensadas".

A Reforma Trabalhista ainda realizou duas grandes alterações nas características do antigo regime de tempo parcial. A primeira relacionada à possibilidade de o empregado contratado sob tal regime abonar um terço de suas férias (conversão de 1/3 dos dias de férias a que tiver direito em abono pecuniário). A segunda, também referente às férias, confere ao empregado o gozo de férias de no mínimo trinta dias (art. 58-A, §§ 6º e 7º, da CLT).

> "§ 6º É facultado ao empregado contratado sob regime de tempo parcial converter um terço do período de férias a que tiver direito em abono pecuniário.
> § 7º As férias do regime de tempo parcial são regidas pelo disposto no art. 130 desta Consolidação".

1.8.7 Horas extras

Horas extras são as horas trabalhadas pelo empregado além da sua jornada normal de trabalho.

A Reforma Trabalhista melhorou a redação do art. 59 da CLT, no sentido de que passou a utilizar a expressão "horas extras" e não mais "horas suplementares", bem como ao deixar claro que o acordo de prorrogação de jornada poderá ser celebrado por acordo individual e norma coletiva, excluindo a expressão "contrato coletivo de trabalho".

> "Art. 59. A duração diária do trabalho poderá ser acrescida de horas extras, em número não excedente de duas, por acordo individual, convenção coletiva ou acordo coletivo de trabalho".

A Reforma também equalizou a CLT à Constituição Federal quanto ao valor do adicional de horas extras ao alterar a redação do § 1º do art. 59, e disciplinar que o adicional mínimo pela realização das horas extras é de 50% (cinquenta por cento) sobre o valor da hora normal.

> "Art. 59. (...)
> § 1º A remuneração da hora extra será, pelo menos, 50% (cinquenta por cento) superior à da hora normal".

A Reforma ainda revogou o parágrafo 4º do art. 59 da CLT, que vedava a compensação de jornada pelo empregado contratado sob o regime de tempo parcial.

1.8.7.1 Horas extras nas atividades insalubres

Nas atividades insalubres, a realização de horas extras depende de autorização do órgão competente em matéria de higiene e saúde do empregado, conforme art. 60 da CLT. Ocorre que a Reforma Trabalhista incluiu o parágrafo único ao referido artigo, excluindo da obrigatoriedade relatada acima o trabalho desenvolvido em jornada especial de trabalho de 12x36.

> "Art. 60. Nas atividades insalubres, assim consideradas as constantes dos quadros mencionados no capítulo 'Da Segurança e da Medicina do Trabalho', ou que neles venham a ser incluídas por ato do Ministro do Trabalho, Indústria e Comércio, quaisquer prorrogações só poderão ser acordadas mediante licença prévia das autoridades competentes em matéria de higiene do trabalho, as quais, para esse efeito, procederão aos necessários exames locais e à verificação dos métodos e processos de trabalho, quer diretamente, quer por intermédio de autoridades sanitárias federais, estaduais e municipais, com quem entrarão em entendimento para tal fim.
> **Parágrafo único.** Excetuam-se da exigência de licença prévia as jornadas de doze horas de trabalho por trinta e seis horas ininterruptas de descanso".

1.8.7.2 Horas extras por necessidade imperiosa

A Reforma Trabalhista alterou o § 1º do art. 61 da CLT, para autorizar a realização de horas extras por necessidade imperiosa do empregador, sem a obrigação de informar, posteriormente, o Ministério do Trabalho e Emprego.

> "Art. 61. Ocorrendo necessidade imperiosa, poderá a duração do trabalho exceder do limite legal ou convencionado, seja para fazer face a motivo de força maior, seja para atender à realização ou conclusão de serviços inadiáveis ou cuja inexecução possa acarretar prejuízo manifesto.
> § 1º O excesso, nos casos deste artigo, pode ser exigido independentemente de convenção coletiva ou acordo coletivo de trabalho".

Efeitos

a) O empregador deverá remunerar o empregado com o valor da hora normal mais o adicional de, no mínimo, 50%, nos termos do art. 59, § 1º, da CLT, ou do art. 7º, XVI, da CF.

b) Compensação do tempo trabalhado a mais em um dia, de forma que o empregado trabalhe menos em outro.

1.8.7.3 Supressão das horas extras habituais

Na hipótese da supressão das horas extras realizadas de forma habitual (horas extras realizadas por mais de um ano), o empregador fica obrigado a pagar uma indenização ao empregado, proporcional à quantidade de horas extras realizadas no mês em relação à quantidade de tempo que ficou realizando o trabalho em sobrejornada, nos termos da Súmula 291 do TST.

Súmula 291 do TST
"HORAS EXTRAS. HABITUALIDADE. SUPRESSÃO. INDENIZAÇÃO. (nova redação em decorrência do julgamento do processo TST-IUJERR 10700-45.2007.5.22.0101) – Res. 174/2011, *DEJT* divulgado em 27, 30 e 31-5-2011. A supressão total ou parcial, pelo empregador, de serviço suplementar prestado com habitualidade, durante pelo menos 1 (um) ano, assegura ao empregado o direito à indenização correspondente ao valor de 1 (um) mês das horas suprimidas, total ou parcialmente, para cada ano ou fração igual ou superior a seis meses de prestação de serviço acima da jornada normal. O cálculo observará a média das horas suplementares nos últimos 12 (doze) meses anteriores à mudança, multiplicada pelo valor da hora extra do dia da supressão".

1.8.7.4 Acordo de compensação individual

Acordo de compensação individual ocorre quando o empregado trabalha um período maior do que sua jornada normal de trabalho durante a semana para compensar esse tempo de trabalho a maior com folga aos sábados. Exemplo: O empregado trabalha, de segunda a sexta-feira, 8 horas e 48 minutos, para folgar aos sábados.

Características
a) individual;
b) escrito ou tácito;
c) certeza da compensação.

A Reforma Trabalhista claramente dialogou com a Súmula 85 do TST, de forma que a positivou em alguns aspectos e a contrariou em outros.

A primeira menção à Reforma que merece destaque é a inclusão do § 6º ao art. 59 da CLT, que passou a admitir a validade do acordo de compensação de forma tácita, desde que a compensação de jornada ocorra dentro do mês da realização das horas extras.

"Art. 59. (...)
§ 6º É lícito o regime de compensação de jornada estabelecido por acordo individual, tácito ou escrito, para a compensação no mesmo mês".

Outro ponto importante foi o fato de ter positivado a ideia de que a ausência do preenchimento dos requisitos legais para celebração do acordo de compensação da jornada implica somente o pagamento do adicional de horas extras, uma vez que a hora já foi compensada pela folga, conforme o novo art. 59-B, incluído pela Reforma Trabalhista na CLT.

"Art. 59-B. O não atendimento das exigências legais para compensação de jornada, inclusive quando estabelecida mediante acordo tácito, não implica a repetição do pagamento das horas excedentes à jornada normal diária se não ultrapassada a duração máxima semanal, sendo devido apenas o respectivo adicional".

Ainda, com relação à Reforma e à Súmula 85, o parágrafo único do art. 59-B dispõe que a realização de horas extras habituais não descaracteriza o acordo de compensação.

"Art. 59-B. (...)
Parágrafo único. A prestação de horas extras habituais não descaracteriza o acordo de compensação de jornada e o banco de horas".

1.8.7.5 Banco de horas

Ocorre quando empregado e empregador celebram acordo para que o empregado trabalhe em regime de horas extras em determinados dias para diminuir a jornada em outros, sem uma definição prévia dos dias em que irá fazer horas extras ou dos dias em que irá folgar, nos termos do art. 59, § 2º, da CLT, *abaixo transcrito*. Entretanto, o empregador é obrigado a compensar a jornada extraordinária no prazo máximo de um ano, contado da realização da hora extra, sob pena de ser compelido a realizar o pagamento.

"§ 2º Poderá ser dispensado o acréscimo de salário se, por força de acordo ou convenção coletiva de trabalho, o excesso de horas em um dia for compensado pela correspondente diminuição em outro dia, de maneira que não exceda, no período máximo de um ano, à soma das jornadas semanais de trabalho previstas, nem seja ultrapassado o limite máximo de dez horas diárias".

A Reforma Trabalhista inclui o § 5º ao art. 59 da CLT, *in verbis*, dispondo sobre a possibilidade da celebração do Banco de horas por meio de acordo individual escrito, desde que a compensação da jornada ocorra dentro do período máximo de seis meses, contados a partir da realização da jornada extraordinária.

"§ 5º O banco de horas de que trata o § 2º deste artigo poderá ser pactuado por acordo individual escrito, desde que a compensação ocorra no período máximo de seis meses".

A Reforma ainda alterou o parágrafo 3º do art. 59 da CLT, incluindo em sua redação a previsão de que seus efeitos também se aplicam ao banco de horas celebrado por acordo escrito.

"§ 3º Na hipótese de rescisão do contrato de trabalho sem que tenha havido a compensação integral da jornada extraordinária, na forma dos

§§ 2º e 5º deste artigo, o trabalhador terá direito ao pagamento das horas extras não compensadas, calculadas sobre o valor da remuneração na data da rescisão".

1.8.7.6 Semana espanhola

A semana espanhola é uma forma de compensação de jornada de trabalho em que o empregado que perfaz jornada semanal de 44 horas labora 40 horas numa semana e 48 horas em outra, sempre de modo alternado. Dessa forma, o empregado, em uma semana, trabalha 8 horas por dia de segunda a sexta e 4 horas no sábado, e na outra semana, trabalha 8 horas por dia de segunda a sexta e não trabalha aos sábados. Para ter validade é necessário a celebração de acordo coletivo ou convenção coletiva de trabalho.

ORIENTAÇÃO JURISPRUDENCIAL 323/TST SDI I. JORNADA DE TRABALHO. "ACORDO DE COMPENSAÇÃO DE JORNADA. «SEMANA ESPANHOLA». VALIDADE. CLT, ART. 59, § 2º. CF/88, ART. 7º, XIII.

É válido o sistema de compensação de horário quando a jornada adotada é a denominada semana espanhola, que alterna a prestação de 48 horas em uma semana e 40 horas em outra, não violando a CLT, arts. 59, § 2º, e CF/88, 7º, XIII, o seu ajuste mediante acordo ou convenção coletiva de trabalho".

1.8.8 Trabalho noturno

Trata-se do trabalho realizado no período noturno, que garante ao empregado o recebimento do adicional noturno, para compensar o desgaste físico.

"Art. 73. Salvo nos casos de revezamento semanal ou quinzenal, o trabalho noturno terá remuneração superior à do diurno e, para esse efeito, sua remuneração terá um acréscimo de 20 % (vinte por cento), pelo menos, sobre a hora diurna.

§ 1º A hora do trabalho noturno será computada como de 52 minutos e 30 segundos.

§ 2º Considera-se noturno, para os efeitos deste artigo, o trabalho executado entre as 22 horas de um dia e as 5 horas do dia seguinte.

§ 3º O acréscimo, a que se refere o presente artigo, em se tratando de empresas que não mantêm, pela natureza de suas atividades, trabalho noturno habitual, será feito, tendo em vista os quantitativos pagos por trabalhos diurnos de natureza semelhante. Em relação às empresas cujo trabalho noturno decorra da natureza de suas atividades, o aumento será calculado sobre o salário mínimo geral vigente na região, não sendo devido quando exceder desse limite, já acrescido da percentagem".

1.8.8.1 Características

a) período noturno:

a.1) Urbano: 22h às 5h;

a.2) Rural: Agricultura = 21h às 5h/Pecuária = 20h às 4h;

b) Hora reduzida: 1 hora equivale a 52 minutos e 30 segundos; não se aplica para o Rural;

c) Adicional: de 20%/Urbano e 25%/Rural sobre a remuneração.

1.8.8.2 Jornada mista ou prorrogada

Entendem-se como jornadas mistas ou prorrogadas aquelas em que o empregado ingressa no trabalho em um período e termina no outro. Ex.: Iniciou a jornada no período diurno (18h) e terminou no período noturno (24h) ou iniciou no período noturno (24h) e terminou no período diurno (6h). Nesse sentido, também temos a jornada prorrogada, que ocorre quando a jornada de trabalho do empregado alcança todo período noturno (22h/5h) e ainda se estende além desse horário, por exemplo, até as 7 h, nesse caso o adicional noturno é estendido a toda jornada de trabalho, inclusive quanto ao período de prorrogação.

"**Art. 73.** (...)

§ 4º Nos horários mistos, assim entendidos os que abrangem períodos diurnos e noturnos, aplica-se às horas de trabalho noturno o disposto neste artigo e seus parágrafos.

§ 5º Às prorrogações do trabalho noturno aplica-se o disposto neste capítulo".

Súmula 60 do TST

"ADICIONAL NOTURNO. INTEGRAÇÃO NO SALÁRIO E PRORROGAÇÃO EM HORÁRIO DIURNO (incorporada a Orientação Jurisprudencial n. 6 da SBDI-1) – Res. 129/2005, *DJ* 20, 22 e 25-04-2005

I – O adicional noturno, pago com habitualidade, integra o salário do empregado para todos os efeitos. (ex-Súmula 60 – RA 105/1974, *DJ* 24-10-1974)

II – Cumprida integralmente a jornada no período noturno e prorrogada esta, devido é também o adicional quanto às horas prorrogadas. Exegese do art. 73, § 5º, da CLT. (ex-OJ n. 6 da SBDI-1 – inserida em 25-11-1996)"

Aplicam-se as regras do trabalho noturno para o empregado que trabalha em turno ininterrupto de revezamento, nos termos da Súmula 213 do STF.

Súmula 213

"É devido o adicional de serviço noturno, ainda que sujeito o empregado ao regime de revezamento".

1.8.9 Intervalos

É o período que o empregado tem para descansar e se alimentar, sendo que, durante o intervalo, em regra, o empregado não permanece à disposição do empregador.

1.8.9.1 Intervalo intrajornada

É o intervalo realizado dentro da jornada de trabalho. (INTRA = DENTRO)

a) Jornada de 4 a 6 horas: 15 minutos de intervalo (art. 71, § 1º, da CLT).

"§ 1º Não excedendo de seis horas o trabalho, será, entretanto, obrigatório um intervalo de quinze minutos quando a duração ultrapassar quatro horas".

b) Jornada acima de 6 horas: mínimo 1 hora e no máximo 2 horas para intervalo (art. 71, caput, da CLT).

"Art. 71. Em qualquer trabalho contínuo cuja duração exceda de seis horas, é obrigatória a concessão de um intervalo para repouso ou alimentação, o qual será, no mínimo, de uma hora e, salvo acordo ou contrato coletivo em contrário, não poderá exceder de duas horas".

Intervalos superiores podem ser estabelecidos por normas coletivas.

A Reforma Trabalhista autorizou a redução do intervalo intrajornada mínimo para trinta minutos, desde que por meio de convenção coletiva ou acordo coletivo de trabalho, conforme art. 611-A, III, da CLT.

"Art. 611-A. A convenção coletiva e o acordo coletivo de trabalho têm prevalência sobre a lei quando, entre outros, dispuserem sobre: (...)

III – intervalo intrajornada, respeitado o limite mínimo de trinta minutos para jornadas superiores a seis horas";

Na hipótese de o empregado não gozar ou gozar de forma parcial do intervalo, o tempo suprimido deverá ser pago com o adicional de 50% sobre o valor da hora normal. Referido *pagamento tem natureza indenizatória* (art. 71, § 4º, da CLT).

"Art. 71. (...)

§ 4º A não concessão ou a concessão parcial do intervalo intrajornada mínimo, para repouso e alimentação, a empregados urbanos e rurais, implica o pagamento, de natureza indenizatória, apenas do período suprimido, com acréscimo de 50% (cinquenta por cento) sobre o valor da remuneração da hora normal de trabalho".

1.8.9.2 Intervalo interjornada

Trata-se do intervalo de uma jornada para outra de trabalho, que deve ser de pelo menos 11 horas consecutivas (art. 66 da CLT).

"Art. 66. Entre 2 (duas) jornadas de trabalho haverá um período mínimo de 11 (onze) horas consecutivas para descanso".

1.8.9.3 Descanso semanal remunerado (DSR)

Consiste na folga de 24 horas consecutivas concedida ao empregado semanalmente, preferencialmente, no domingo, de acordo com o previsto no art. 67 da CLT.

"Art. 67. Será assegurado a todo empregado um descanso semanal de 24 (vinte e quatro) horas consecutivas, o qual, salvo motivo de conveniência pública ou necessidade imperiosa do serviço, deverá coincidir com o domingo, no todo ou em parte.

Parágrafo único. Nos serviços que exijam trabalho aos domingos, com exceção quanto aos elencos teatrais, será estabelecida escala de revezamento, mensalmente organizada e constando de quadro sujeito à fiscalização".

1.8.9.3.1 *Características*

a) compensação em outro dia;
b) adicional de 100% (quem trabalha deve receber em dobro);
c) descontado na falta injustificada.

O adicional somente é devido ao empregado que trabalhar no domingo ou feriado, desde que não seja seu dia de trabalho. Ex.: empregado que trabalha por escala, e seu dia de trabalho cai no domingo, não tem direito ao adicional.

OJ-SDI1 n. 410. REPOUSO SEMANAL REMUNERADO. CONCESSÃO APÓS O SÉTIMO DIA CONSECUTIVO DE TRABALHO. ART. 7º, XV, DA CF. VIOLAÇÃO. (*DEJT* divulgado em 22, 25 e 26-10-2010)

Viola o art. 7º, XV, da CF, a concessão de repouso semanal remunerado após o sétimo dia consecutivo de trabalho, importando no seu pagamento em dobro.

Da análise da referida OJ chegamos às seguintes conclusões: a) a periodicidade do DSR não pode ser superior a sete dias e b) caso ultrapasse o referido período, deverá ser remunerado em dobro.

1.8.10 Férias

Férias é o período de descanso anual, que deve ser concedido ao empregado após o exercício de atividades por um ano, ou seja, por um período de 12 meses (art. 129 da CLT).

"**Art. 129.** Todo empregado terá direito anualmente ao gozo de um período de férias, sem prejuízo da remuneração".

1.8.10.1 Período aquisitivo

São os 12 meses em que o empregado trabalha para adquirir o direito a férias.

1.8.10.2 Período concessivo

São os 12 meses subsequentes ao período aquisitivo, em que o empregado deverá gozar as suas férias.

1.8.10.3 Aviso das férias

O empregado deve ser avisado, por escrito, da concessão das férias 30 dias antes do seu início, nos termos do art. 135 da CLT.

"**Art. 135.** A concessão das férias será participada, por escrito, ao empregado, com antecedência de, no mínimo, 30 (trinta) dias. Dessa participação o interessado dará recibo".

1.8.10.4 Férias dos membros de uma mesma família

Membros de uma mesma família que trabalhem em um mesmo estabelecimento ou empresa podem, se quiserem, gozar férias no mesmo período, desde que não resulte prejuízo ao empregador (art. 136, § 1º). Por exemplo, imagine uma construtora que possui apenas dois engenheiros em seus quadros, que são casados. No caso de ambos gozarem de férias no mesmo período, o empregador irá sofrer prejuízo, pois ficará sem nenhum engenheiro para desenvolver suas atividades.

"**Art. 136.** A época da concessão das férias será a que melhor consulte os interesses do empregador.

§ 1º Os membros de uma família, que trabalharem no mesmo estabelecimento ou empresa, terão direito a gozar férias no mesmo período, se assim o desejarem e se disto não resultar prejuízo para o serviço".

1.8.10.5 Férias dos estudantes

Estudantes menores de 18 anos têm direito de fazer coincidir as férias do trabalho com as escolares, nos termos do § 2º do art. 136 da CLT. Esse direito é potestativo, ou seja, não pode ser contestado pelo empregador.

"§ 2º O empregado estudante, menor de 18 (dezoito) anos, terá direito a fazer coincidir suas férias com as férias escolares".

1.8.10.6 Prazo das férias

Todos os empregados têm direito a 30 dias corridos de férias, com exceção dos empregados domésticos contratados em regime de tempo parcial, e aqueles que faltam de forma injustificada durante o período aquisitivo, conforme tabela abaixo (art. 130 da CLT).

"**Art. 130.** Após cada período de 12 (doze) meses de vigência do contrato de trabalho, o empregado terá direito a férias, na seguinte proporção:"

FALTAS INJUSTIFICADAS	DIAS DE FÉRIAS
Até 5	30
De 6 a 14	24
De 15 a 23	18
De 24 a 32	12
DICA: NOVE DIAS	DICA: SEIS DIAS

1.8.10.7 Perda do direito às férias (art. 133 da CLT)

a) empregado que pede demissão e não retorna em 60 dias;
b) empregado que permanece em gozo de licença remunerada por mais de 30 dias;
c) empregado que deixa de trabalhar, recebendo salário, em virtude de paralisação total ou parcial de serviços da empresa, por mais de 30 dias;
d) empregado que tenha recebido prestações previdenciárias (auxílio-doença ou acidente) por mais de 6 meses, ainda que descontínuos.

"**Art. 133.** Não terá direito a férias o empregado que, no curso do período aquisitivo:

I – deixar o emprego e não for readmitido dentro de 60 (sessenta) dias subsequentes à sua saída;

II – permanecer em gozo de licença, com percepção de salários, por mais de 30 (trinta) dias;

III – deixar de trabalhar, com percepção do salário, por mais de 30 (trinta) dias, em virtude de paralisação parcial ou total dos serviços da empresa; e

IV – tiver percebido da Previdência Social prestações de acidente de trabalho ou de auxílio-doença por mais de 6 (seis) meses, embora descontínuos".

1.8.10.8 Remuneração das férias

a) o empregado perceberá a remuneração que lhe for devida, com acréscimo de 1/3 (constitucional) (art. 142, *caput*, da CLT e art. 7º, XVII, da CF);

"**Art. 142.** O empregado perceberá, durante as férias, a remuneração que lhe for devida na data da sua concessão".

"**Art. 7º** (...)

XVII – gozo de férias anuais remuneradas com, pelo menos, um terço a mais do que o salário normal";

b) se concedidas fora do prazo, as férias devem ser remuneradas em dobro, inclusive o 1/3 constitucional (art. 137 da CLT);

"Art. 137. Sempre que as férias forem concedidas após o prazo de que trata o art. 134, o empregador pagará em dobro a respectiva remuneração."

Súmula 328 do TST
"FÉRIAS. TERÇO CONSTITUCIONAL (mantida) – Res. 121/2003, DJ 19, 20 e 21-11-2003 O pagamento das férias, integrais ou proporcionais, gozadas ou não, na vigência da CF/1988, sujeita-se ao acréscimo do terço previsto no respectivo art. 7º, XVII".

c) se parte for concedida fora do prazo, esses dias deverão ser remunerados em dobro;

Súmula 81 do TST
"FÉRIAS (mantida) – Res. 121/2003, DJ 19, 20 e 21-11-2003
Os dias de férias gozados após o período legal de concessão deverão ser remunerados em dobro".

1.8.10.9 Férias coletivas

Podem ser concedidas férias coletivas a todos os empregados da empresa, ou a todos os empregados de um dos estabelecimentos, ou ainda aos empregados de um ou mais setores, conforme dispõe o art. 139 da CLT.

"Art. 139. Poderão ser concedidas férias coletivas a todos os empregados de uma empresa ou de determinados estabelecimentos ou setores da empresa".

O fracionamento é permitido, desde que em dois períodos e se nenhum deles for inferior a 10 dias.

O empregador deverá: a) comunicar o MTE com 15 dias de antecedência; b) enviar cópia do comunicado ao Sindicato de Classe e c) afixar o aviso no local de trabalho.

Na concessão das férias coletivas, aqueles empregados que ainda não completaram o período aquisitivo gozarão de férias proporcionais, iniciando-se então novo período aquisitivo, conforme art. 140 da CLT.

"Art. 140. Os empregados contratados há menos de 12 (doze) meses gozarão, na oportunidade, férias proporcionais, iniciando-se, então, novo período aquisitivo".

O abono pecuniário somente é cabível se previsto em acordo coletivo (art. 143, § 2º, da CLT).

"Art. 143. (...)
§ 2º Tratando-se de férias coletivas, a conversão a que se refere este artigo deverá ser objeto de acordo coletivo entre o empregador e o sindicato representativo da respectiva categoria profissional, independendo de requerimento individual a concessão do abono".

1.8.10.10 Abono pecuniário

O empregado pode abonar no MÁXIMO 1/3 do período das férias, desde que requeira com antecedência de 15 dias do término do período aquisitivo (art. 143 da CLT).

"Art. 143. É facultado ao empregado converter 1/3 (um terço) do período de férias a que tiver direito em abono pecuniário, no valor da remuneração que lhe seria devida nos dias correspondentes".

1.8.10.11 Fracionamento das férias

Em regra, pelo Princípio da Continuidade, as férias devem ser gozadas de uma só vez.

A Reforma Trabalhista trouxe sensível alteração à regulamentação das férias ao autorizar, desde que mediante acordo entre empregado e empregador, o fracionamento das férias em até três períodos, sendo que um deles não seja inferior a 14 dias, e os demais não sejam inferiores a 5 dias.

A Reforma ainda prevê a possibilidade do fracionamento das férias dos menores de 18 anos e dos maiores de 50 anos, pois revogou o § 2º do art. 134 da CLT.

Nesse mesmo passo, a Reforma ainda incluiu o § 3º ao art. 134 da CLT, que dispõe que as férias não podem começar no período de dois dias que antecedem feriado ou descanso semanal remunerado.

"Art. 134. As férias serão concedidas por ato do empregador, em um só período, nos 12 (doze) meses subsequentes à data em que o empregado tiver adquirido o direito.
§ 1º Desde que haja concordância do empregado, as férias poderão ser usufruídas em até três períodos, sendo que um deles não poderá ser inferior a quatorze dias corridos e os demais não poderão ser inferiores a cinco dias corridos, cada um.
§ 2º (Revogado)
§ 3º É vedado o início das férias no período de dois dias que antecede feriado ou dia de repouso semanal remunerado".

1.9 Jornada especial de 12x36

A Reforma Trabalhista inovou ao positivar na CLT, através do art. 59-A, a possibilidade de o empregado trabalhar em jornada especial de trabalho de 12 horas de trabalho por 36 horas de descanso.

Nesse sentido, a Reforma foi além do disposto na Súmula 444 do TST, que até então regulamentava a jornada de 12x36, e autorizou sua validade por meio de acordo individual escrito entre empregado e empregador.

O art. 59-A da CLT ainda autorizou a indenização do intervalo intrajornada.

> "**Art. 59-A.** Em exceção ao disposto no art. 59 e em leis específicas, é facultado às partes, mediante acordo individual escrito, convenção coletiva ou acordo coletivo de trabalho, estabelecer horário de trabalho de doze horas seguidas por trinta e seis horas ininterruptas de descanso, observados ou indenizados os intervalos para repouso e alimentação".

O parágrafo único do art. 59-A da CLT, também inserido pela reforma, ainda prevê que, no caso do empregado laborar em jornada especial de 12x36, a remuneração mensal já engloba o DSR e o trabalho em feriados. No mesmo sentido, o referido parágrafo também preconiza que o trabalho em feriados e em prorrogação do período noturno já estão compensados no tempo de 36 horas de descanso, de forma que não devem ser pagos pelo empregador.

> "**Parágrafo único.** A remuneração mensal pactuada pelo horário previsto no *caput* deste artigo abrange os pagamentos devidos pelo descanso semanal remunerado e pelo descanso em feriados, e serão considerados compensados os feriados e as prorrogações de trabalho noturno, quando houver, de que tratam o art. 70 e o § 5º do art. 73 desta Consolidação".

1.10 Prescrição

É a perda da pretensão (exigibilidade) de reparação de determinado direito violado, devido à inércia do titular, em determinado período de tempo fixado em lei.

A Reforma Trabalhista alterou a redação do art. 11 da CLT e trouxe um melhor entendimento do que realmente é a prescrição, deixando claro que o que se perde por ocasião da prescrição é a pretensão do exercício do direito e não o direito em si.

> "**Art. 11.** A pretensão quanto a créditos resultantes das relações de trabalho prescreve em cinco anos para os trabalhadores urbanos e rurais, até o limite de dois anos após a extinção do contrato de trabalho".

Nesse mesmo sentido, a Reforma revogou os incisos I e II do referido artigo, que faziam distinção entre os prazos prescricionais para o empregado urbano e rural.

A prescrição trabalhista é tanto bienal quanto quinquenal, nos termos do art. 11 da CLT e art. 7º, XXIX, da CF.

A prescrição bienal, trata-se do prazo de dois anos, contados do término do contrato de trabalho, para o empregado ajuizar a reclamação trabalhista.

A prescrição quinquenal, é o prazo de cinco anos, contados de forma retroativa, do ajuizamento da ação, para o empregado reclamar seus direitos trabalhistas. Exemplo, imagine um empregado que trabalhou 30 anos numa determinada empresa, sempre realizando horas extras, mas nunca recebeu pelas mesmas. Uma semana após o término do contrato, ajuíza reclamação trabalhista, sendo que somente terá direito de reclamar na referida ação os últimos cinco anos de horas extras, contados de forma retroativa do ajuizamento da ação. Assim, se ajuizou a ação em 11-10-2020, somente terá direito às horas extras realizadas entre a data do ajuizamento da ação até 11-11-2015.

> "**Art. 7º** (...)
>
> XXIX – ação, quanto aos créditos resultantes das relações de trabalho, com prazo prescricional de cinco anos para os trabalhadores urbanos e rurais, até o limite de dois anos após a extinção do contrato de trabalho".

Não obstante, a Constituição também trata do assunto, de modo que é fácil afirmar que a prescrição trabalhista é matéria de índole constitucional, já que o inciso XXIX do art. 7º dispõe que são direitos dos trabalhadores urbanos e rurais, além de outros que visem a melhoria de sua condição social, *"ação, quanto aos créditos resultantes das relações de trabalho, com prazo prescricional de cinco anos para os trabalhadores urbanos e rurais, até o limite de dois anos após a extinção do contrato de trabalho"*.

1.10.1 Contagem do prazo

A contagem do prazo se dá nos termos do art. 132 do CC, c.c. o art. 1º da Lei n. 810/49, repete-se o dia e o mês, alterando-se apenas o ano.

> "**Art. 132.** Salvo disposição legal ou convencional em contrário, computam-se os prazos, excluído o dia do começo, e incluído o do vencimento".

1.10.2 Início e término da contagem do prazo

O prazo prescricional começa a fluir a partir da lesão do direito ou do conhecimento desta, isto é, a partir do nascimento da ação em sentido material.

O prazo prescricional termina no mesmo dia e mês do começo, sendo que, se for não útil, prorroga-se para o dia útil subsequente, conforme art. 132 e seus parágrafos do CC, o que é reconhecido e aplicado pela jurisprudência.

> "**Art. 132.** (...)
>
> § 1º Se o dia do vencimento cair em feriado, considerar-se-á prorrogado o prazo até o seguinte dia útil. (...)
>
> § 3º Os prazos de meses e anos expiram no dia de igual número do de início, ou no imediato, se faltar exata correspondência".

1.10.3 Causas impeditivas da prescrição

Ocorrem algumas situações que impedem que o prazo prescricional comece a fluir, são as chamadas causas impeditivas.

- **Hipótese**
a) empregado menor de 18 anos (art. 440 da CLT).

1.10.4 Causas suspensivas da prescrição

São situações que paralisam o curso do prazo prescricional já iniciado, o qual será retomado, do ponto onde parou com o fim da causa suspensiva.

- **Hipótese**
a) submissão de demanda a Comissão de Conciliação Prévia (art. 625-G da CLT);

Auxílio-doença ou aposentadoria por invalidez NÃO suspende o curso da prescrição, salvo se o trabalhador ficar totalmente incapacitado de recorrer ao judiciário (OJ 375, SBDI 1 do TST)

> OJ n. 375. "AUXÍLIO-DOENÇA. APOSENTADORIA POR INVALIDEZ. SUSPENSÃO DO CONTRATO DE TRABALHO. PRESCRIÇÃO. CONTAGEM. (*DEJT* divulgado em 19, 20 e 22-4-2010)
> A suspensão do contrato de trabalho, em virtude da percepção do auxílio-doença ou da aposentadoria por invalidez, não impede a fluência da prescrição quinquenal, ressalvada a hipótese de absoluta impossibilidade de acesso ao Judiciário".

b) petição de homologação de acordo extrajudicial, no que diz respeito aos direitos especificados no acordo, conforme o art. 855-E da CLT, *in verbis*:

> "**Art. 855-E.** A petição de homologação de acordo extrajudicial suspende o prazo prescricional da ação quanto aos direitos nela especificados.
> **Parágrafo único.** O prazo prescricional voltará a fluir no dia útil seguinte ao do trânsito em julgado da decisão que negar a homologação do acordo".

1.10.5 Causa de interrupção da prescrição

São situações que demonstram uma providência inequívoca do interessado em defender seus direitos, de forma que paralisam o andamento do prazo prescricional.

Cessada a causa de interrupção, o prazo prescricional começa a contar do início, desprezando-se o prazo decorrido até então. Essa é a grande diferença entre ela e a suspensão do prazo prescricional.

> **ATENÇÃO!**
> A prescrição só pode ser interrompida uma única vez (art. 202 do CC).

Conforme dispõe a Reforma Trabalhista que inseriu o § 3º ao art. 11 da CLT, a prescrição somente é interrompida pelo ajuizamento da reclamação trabalhista, mesmo que arquivada e perante juiz incompetente. Se arquivada, a interrupção somente se aplica aos pedidos idênticos deduzidos na ação arquivada, o que também está descrito na Súmula 268 do TST.

> "Art. 11. (...)
> § 3º A interrupção da prescrição somente ocorrerá pelo ajuizamento de reclamação trabalhista, mesmo que em juízo incompetente, ainda que venha a ser extinta sem resolução do mérito, produzindo efeitos apenas em relação aos pedidos idênticos".

No entanto, como ainda não houve cancelamento e nem sabemos se o TST irá cancelar, é de bom tom registrar a previsão da OJ 392 da SDI-1 do TST: "O protesto judicial é medida aplicável no processo do trabalho, por força do art. 769 da CLT e do art. 15 do CPC de 2015. O ajuizamento da ação, por si só, interrompe o prazo prescricional, em razão da inaplicabilidade do § 2º do art. 240 do CPC de 2015 (§ 2º do art. 219 do CPC de 1973), incompatível com o disposto no art. 841 da CLT".

Em nosso entendimento, ainda que com a inserção do § 3º no art. 11 da CLT, não fica prejudicado o uso do protesto, já que a reclamação trabalhista citada deve ser entendida como ação trabalhista, *lato sensu*.

1.10.6 Prescrição total e parcial

Na prescrição total, decorrido o prazo legal, perde-se a possibilidade de pleitear tudo, todas as parcelas são alcançadas pela prescrição. Na prescrição parcial, é fulminada apenas a pretensão de parte dos direitos.

A prescrição bienal é sempre total. A não observância da prescrição quinquenal pode levar à prescrição total (quando o direito lesado não está assegurado por preceito de lei) e também pode dar ensejo ao seu reconhecimento de modo parcial (quando o trabalhador ajuíza uma ação ainda com contrato de trabalho ativo, conseguindo apenas os últimos 5 anos).

Note que a Súmula 308, I, do TST determina que a prescrição quinquenal (contada para contratos extintos) dar-se-á da data do ajuizamento da ação e não da extinção do contrato, pois nesse último caso temos que contar a bienal.

> **ATENÇÃO!**
> O TST já entendia que, sobre a alteração do pactuado em contrato de trabalho ou regulamento da empresa, no que não estivesse assegurado em preceito de lei, aplicava-se a prescrição quinquenal total, conforme entendimento da Súmula 294. Ocorre que, com a Reforma Trabalhista que inseriu o § 2º ao art. 11 da CLT, tal entendimento passou a ser positivado em nossa legislação, bem como deixou claro que tal prescrição se aplica não só quanto à alteração, mas também quanto ao descumprimento do contrato ou regulamento.

Assim, caso ocorra o descumprimento ou alteração de um direito pactuado em contrato de trabalho ou regulamento da empresa, não previsto em lei, o empregado deverá ajuizar a ação no prazo de cinco anos da lesão ao direito, sob pena de ser aplicada a prescrição total, conforme teoria do ato único, por exemplo, o empregado recebe vale alimentação previsto apenas no regulamento da empresa, a qual por sua vez resolve no dia 2 de outubro de 2017 cessar o pagamento do referido benefício, de forma que o empregado tem até o dia 2 de outubro de 2022 para ajuizar a reclamação trabalhista pleiteando o vale alimentação devido, independentemente do contrato de trabalho estar ou não em vigor, sob pena de prescrição quinquenal total.

"**Art. 11.** (...)

§ 2º Tratando-se de pretensão que envolva pedido de prestações sucessivas decorrente de alteração ou descumprimento do pactuado, a prescrição é total, exceto quando o direito à parcela esteja também assegurado por preceito de lei".

O prazo prescricional da prescrição total quinquenal é contado da data da lesão em diante, enquanto o prazo prescricional da prescrição parcial (contratos em vigor) ou quinquenal (contratos extintos) é contado de forma retroativa do ajuizamento da reclamação trabalhista.

1.10.7 Prescrição do FGTS

Para os casos cujo termo inicial da prescrição, ou seja, a lesão ao direito, que no caso em tela é a ausência de depósito do FGTS, ocorreu após a data do julgamento proferido pelo STF (13-11-2014), aplica-se, desde logo, o prazo de cinco anos. Para aqueles em que o prazo prescricional já estava em curso antes do julgamento, aplica-se o que ocorrer primeiro: trinta anos, contados do termo inicial, ou cinco anos, a partir do julgamento.

Súmula 362 do TST

"FGTS. PRESCRIÇÃO (nova redação) – Res. 198/2015, republicada em razão de erro material – *DEJT* divulgado em 12, 15 e 16-06-2015

I – Para os casos em que a ciência da lesão ocorreu a partir de 13 de novembro de 2014, é quinquenal a prescrição do direito de reclamar contra o não recolhimento de contribuição para o FGTS, observado o prazo de dois anos após o término do contrato;

II – Para os casos em que o prazo prescricional já estava em curso em 13 de novembro de 2014, aplica-se o prazo prescricional que se consumar primeiro: trinta anos, contados do termo inicial, ou cinco anos, a partir de 13 de novembro de 2014 (STF-ARE-709212/DF)".

No que toca a aplicação da Súmula 362 do TST, as ações ajuizadas antes da data da decisão proferida pelo STF no ARE 709.212 (13-11-2014) em nada serão atingidas pelos efeitos *ex nunc* da referida decisão, aplicando-se a elas a regra antiga da prescrição trintenária. Porém, em razão do acórdão emanado do STF, a Súmula 362 do TST teve que ser alterada (como transcrita acima) e, com isso, a regra de modulação tem sido aplicada da seguinte maneira (exemplificação), para as ações ajuizadas após 13-11-2014, mas cujos contratos, antes da decisão do STF, seriam atingidos pela trintenária: Ajuizamento da ação em 16-5-2018, aplica-se a prescrição quinquenal, cujo prazo vence primeiro (considere data da admissão do autor em: 1º-11-1991 + 30 anos = **1º-11-2021** ou 13-11-2014 + 5 anos = **13-11-2019**). Ou seja, a quinquenal ocorrerá primeiro e, portanto, é ela que será aplicada. Esse raciocínio se aplica para ações ajuizadas após 13-11-2014!

Embora não concordemos, pois este modo de aplicação viola todos os princípios de regência do direito do trabalho (e os princípios têm natureza normogenética, segundo Canotilho), é o que vem sendo aplicado, com raras exceções, pela Justiça do Trabalho.

No nosso modo de ver, o marco deve ser a lesão (não recolhimento) e não o ajuizamento da ação (onde se buscará a pretensão creditícia pelo não recolhimento), já que o contrato de trabalho é de trato sucessivo e, ademais, por deixar o trabalhador à margem de melhor aplicação do art. 7º, *caput*, da CF, já que não melhora sua condição social. Ou seja, no caso acima exemplificado, como o contrato fora firmado em 1º-11-91 e nunca teve recolhimento para o FGTS, o certo seria aplicar, em nosso entendimento, a prescrição trintenária, observando-se, obviamente, o prazo de 2 anos para deduzir a pretensão em juízo (prescrição bienal).

Com relação às ações declaratórias, que tenham como fim as anotações para fins de Previdência Social, estas são imprescritíveis, nos termos do art. 11, § 1º, da CLT.

"**Art. 11.** O direito de ação quanto a créditos resultantes das relações de trabalho prescreve: (...)

§ 1º O disposto neste artigo não se aplica às ações que tenham por objeto anotações para fins de prova junto à Previdência Social".

1.11 Salário e remuneração

1.11.1 Salário

É a contraprestação devida ao empregado pela prestação de serviços, em decorrência do contrato de trabalho, pago diretamente pelo empregador de forma habitual, conforme art. 457 da CLT.

"**Art. 457.** Compreendem-se na remuneração do empregado, para todos os efeitos legais, além do salário devido e pago diretamente pelo empregador, como contraprestação do serviço, as gorjetas que receber".

1.11.2 Remuneração

É a soma de todas as parcelas recebidas pelo empregado, pagas diretamente pelo empregador (salário mensal, por hora, por tarefa etc.) e indiretamente (ex.: gorjetas) por terceiros, em virtude do contrato de trabalho.

Assim, remuneração é gênero, do qual salário é uma das espécies (art. 457 da CLT).

1.11.3 Gorjetas

Gorjeta é o valor pago pelo cliente, ou, ainda, cobrado pela empresa em razão da prestação do serviço. A figura da gorjeta é mais comum em restaurante, bares, hotéis e motéis. A gorjeta foi disciplinada pelo § 3º do art. 457 da CLT, que dispõe que:

> "Art. 457. (...)
>
> § 3º Considera-se gorjeta não só a importância espontaneamente dada pelo cliente ao empregado, como também o valor cobrado pela empresa, como serviço ou adicional, a qualquer título, e destinado à distribuição aos empregados".

As gorjetas não integram a base de cálculo para composição do: a) aviso prévio; b) adicional noturno; c) horas extras e d) DSR, conforme dispõe a Súmula 354 do TST:

Súmula 354 do TST
"GORJETAS. NATUREZA JURÍDICA. REPERCUSSÕES (mantida) – Res. 121/2003, *DJ* 19, 20 e 21-11-2003
As gorjetas, cobradas pelo empregador na nota de serviço ou oferecidas espontaneamente pelos clientes, integram a remuneração do empregado, não servindo de base de cálculo para as parcelas de aviso-prévio, adicional noturno, horas extras e repouso semanal remunerado".

Na hipótese de inexistir norma coletiva prevendo a respeito dos critérios de rateio das gorjetas, este será feito com base em decisão tomada por uma comissão de empregados, constituída para tal finalidade.

> "§ 5º Inexistindo previsão em convenção coletiva ou acordo coletivo de trabalho, os critérios de rateio e distribuição da gorjeta e os percentuais de retenção previstos nos §§ 6º e 7º serão definidos em assembleia geral dos trabalhadores, na forma estabelecida no art. 612".

As empresas que cobrarem a gorjeta na nota de serviço poderão reter do valor arrecadado o valor dos encargos sociais, desde que previsto em norma coletiva até o percentual de 20% quando inscrita no regime de tributação federal diferenciado e até 33% quando não for inscrita.

> "§ 6º As empresas que cobrarem a gorjeta de que trata o § 3º deverão:
>
> I – quando inscritas em regime de tributação federal diferenciado, lançá-la na respectiva nota de consumo, facultada a retenção de até vinte por cento da arrecadação correspondente, mediante previsão em convenção coletiva ou acordo coletivo de trabalho, para custear os encargos sociais, previdenciários e trabalhistas derivados da sua integração à remuneração dos empregados, hipótese em que o valor remanescente deverá ser revertido integralmente em favor do trabalhador;
>
> II – quando não inscritas em regime de tributação federal diferenciado, lançá-la na respectiva nota de consumo, facultada a retenção de até trinta e três por cento da arrecadação correspondente, mediante previsão em convenção coletiva ou acordo coletivo de trabalho, para custear os encargos sociais, previdenciários e trabalhistas derivados da sua integração à remuneração dos empregados, hipótese em que o valor remanescente deverá ser revertido integralmente em favor do trabalhador";

No caso da gorjeta paga por terceiros, os critérios de retenção serão definidos em norma coletiva, facultando os mesmos critérios do parágrafo 14.

> "§ 7º A gorjeta, quando entregue pelo consumidor diretamente ao empregado, terá seus critérios definidos em convenção coletiva ou acordo coletivo de trabalho, facultada a retenção nos parâmetros estabelecidos no § 14".

Os valores das gorjetas recebidas deverão ser anotadas na CTPS dos empregados.

> "§ 8º As empresas anotarão na CTPS de seus empregados o salário fixo e a média dos valores das gorjetas referente aos últimos doze meses".

As gorjetas cobradas por mais de doze meses incorporam-se ao salário do empregado.

> "§ 9º Cessada pela empresa a cobrança da gorjeta de que trata o § 3º, desde que cobrada por mais de doze meses, essa se incorporará ao salário do empregado, a qual terá como base a média dos últimos doze meses, sem prejuízo do estabelecido em convenção coletiva ou acordo coletivo de trabalho".

As empresas com mais de 60 empregados deverão constituir uma comissão para fiscalizar a arrecadação e distribuição da gorjeta, sendo que seus membros representantes dos empregados terão estabilidade provisória no emprego nos termos da norma coletiva que a regulamentar.

> "§ 10 Para empresas com mais de sessenta empregados, será constituída comissão de empregados, mediante previsão em convenção coletiva ou acordo coletivo de trabalho, para acompanhamento

e fiscalização da regularidade da cobrança e distribuição da gorjeta de que trata o § 3º, cujos representantes serão eleitos em assembleia geral convocada para esse fim pelo sindicato laboral e gozarão de garantia de emprego vinculada ao desempenho das funções para que foram eleitos, e, para as demais empresas, será constituída comissão intersindical para o referido fim".

1.11.4 Parcelas salariais

Parcelas salariais são aquelas pagas em razão da contraprestação do trabalho, diretamente pelo empregador, ou seja, são pagas pelo trabalho realizado e de forma habitual, conforme dispõe o art. 457, § 1º, da CLT.

A Reforma Trabalhista alterou a redação do parágrafo 1º, deixando claro que somente têm natureza salarial, além da importância fixa pega pelo empregador, as gratificações legais, como, por exemplo, o adicional de horas extras, insalubridade, periculosidade e as comissões.

> "Art. 457. Compreendem-se na remuneração do empregado, para todos os efeitos legais, além do salário devido e pago diretamente pelo empregador, como contraprestação do serviço, as gorjetas que receber.
>
> § 1º Integram o salário a importância fixa estipulada, as gratificações legais e as comissões pagas pelo empregador."

As referidas parcelas não podem ser pagas de forma englobada, sem a devida discriminação, sendo que tal prática denomina-se salário complessivo, previsto na Súmula 91 do TST.

> **Súmula 91 do TST**
> SALÁRIO COMPLESSIVO (mantida) – Res. 121/2003, DJ 19, 20 e 21-11-2003
> Nula é a cláusula contratual que fixa determinada importância ou percentagem para atender englobadamente vários direitos legais ou contratuais do trabalhador.

1.11.5 Parcelas não salariais

Existem algumas parcelas que não têm caráter salarial, em razão de lei ou pelo seu caráter indenizatório.

A reforma trabalhista também trouxe alterações com relação às parcelas que não possuem natureza salarial, dispondo como novidade os prêmios e abonos, bem como retirou o limite de percentual das diárias de viagem.

a) Ajuda de custo

Ajuda de custo corresponde a um único pagamento, efetuado em situações excepcionais, em geral para fazer frente às despesas de transferência do empregado ocorridas no interesse do empregador, conforme preconiza o art. 457, § 2º, da CLT.

b) Diárias para viagem

Diárias são valores pagos aos empregados a título de ressarcimento de despesas provenientes de viagens e serviços.

A CLT dispõe que as diárias para viagem não integram o salário (art. 457, § 2º).

c) Auxílio-alimentação

O auxílio-alimentação, desde que não concedido em dinheiro, não integra o salário, conforme art. 457, § 2º, da CLT.

d) Prêmios e abonos

São liberalidades concedidas pelo empregador aos empregados, por meio de bens ou dinheiro, para incentivar a produção, conforme art. 457, § 2º, da CLT.

> "Art. 457. (...)
>
> § 2º As importâncias, ainda que habituais, pagas a título de ajuda de custo, auxílio-alimentação, vedado seu pagamento em dinheiro, diárias para viagem, prêmios e abonos não integram a remuneração do empregado, não se incorporam ao contrato de trabalho e não constituem base de incidência de qualquer encargo trabalhista e previdenciário".

e) Participação nos lucros e resultados

É parcela espontânea, prevista na Lei n. 10.101/2000, que dispõe sobre a participação dos trabalhadores nos lucros ou resultados da empresa, que não é compulsória, pois depende de negociação entre empregado e empregador, sendo que normalmente é instituída por meio de norma coletiva.

O art. 3º da Lei n. 10.101/2000 dispõe que:

> "Art. 3º A participação de que trata o art. 2º não substitui ou complementa a remuneração devida a qualquer empregado, nem constitui base de incidência de qualquer encargo trabalhista, não se lhe aplicando o princípio da habitualidade".

1.11.6 Meios de pagamento de salário

Regra:
- pagamento feito em dinheiro.

Exceções:
- pagamento em cheque ou depósito bancário;
- salário utilidade/salário *in natura*.

1.11.6.1 Pagamento feito em dinheiro

OBS.: se fizer o pagamento em moeda estrangeira, é como se o pagamento não tivesse sido feito, de forma que deverá pagar novamente (art. 463 da CLT).

> "Art. 463. A prestação em espécie do salário será paga em moeda corrente do País.

Parágrafo único. O pagamento do salário realizado com inobservância deste artigo considera-se como não feito".

1.11.6.2 Pagamento em cheque ou depósito bancário

As empresas situadas em perímetro urbano podem fazer pagamento de salários por meio de conta bancária aberta para este fim, ou em cheque emitido diretamente pelo empregador em favor do empregado, salvo se este for analfabeto, sempre com consentimento do empregado.

Obs.: no pagamento em cheque, o empregador é obrigado a liberar o empregado, dentro do expediente bancário, para ir ao banco, sem prejuízo de salário, para descontar o cheque.

1.11.6.3 Salário utilidade/salário *in natura*

É o salário pago por meio de bens econômicos, uma vez que salário é: $ ou $ + utilidade.

O salário utilidade deve ser pago **PELO** trabalho e não **PARA** o trabalho, nos termos do art. 458, *caput*, da CLT.

"**Art. 458.** Além do pagamento em dinheiro, compreende-se no salário, para todos os efeitos legais, a alimentação, habitação, vestuário ou outras prestações *in natura* que a empresa, por força do contrato ou do costume, fornecer habitualmente ao empregado. Em caso algum será permitido o pagamento com bebidas alcoólicas ou drogas nocivas".

Ocorre que em certas situações a utilidade é concedida PELO e PARA o trabalho ao mesmo tempo, sendo que nesse sentido o TST já pacificou seu entendimento de que não integra o salário.

Súmula 367 do TST
UTILIDADES *IN NATURA*. HABITAÇÃO. ENERGIA ELÉTRICA. VEÍCULO. CIGARRO. NÃO INTEGRAÇÃO AO SALÁRIO.
I – A habitação, a energia elétrica e veículo fornecidos pelo empregador ao empregado, quando indispensáveis para a realização do trabalho, não têm natureza salarial, ainda que, no caso de veículo, seja ele utilizado pelo empregado também em atividades particulares.
II – O cigarro não se considera salário utilidade em face de sua nocividade à saúde.

O valor das utilidades não podem ultrapassar 25% do salário contratual para habitação e 20% do salário contratual para alimentação (art. 458, § 3º, da CLT).

"**Art. 458.** (...)
§ 3º A habitação e a alimentação fornecidas como salário-utilidade deverão atender aos fins a que se destinam e não poderão exceder, respectivamente, a 25% (vinte e cinco por cento) e 20% (vinte por cento) do salário-contratual".

O art. 458, § 2º, da CLT, enumera os bens econômicos que não poderão ser considerados como salário:
a) vestuário;
b) educação;
c) transporte;
d) assistência médica e odontológica;
e) seguro de vida e contra acidentes;
f) previdência privada;
g) vale-cultura.

Não se pode pagar a totalidade do salário *in natura*, pelo menos 30% do salário mínimo tem de ser pago em dinheiro (obrigatoriamente) (art. 82 da CLT).

"**Art. 82.** Quando o empregador fornecer, *in natura*, uma ou mais das parcelas do salário mínimo, o salário em dinheiro será determinado pela fórmula Sd = Sm – P, em que Sd representa o salário em dinheiro, Sm o salário mínimo e P a soma dos valores daquelas parcelas na região, zona ou subzona.

Parágrafo único. O salário mínimo pago em dinheiro não será inferior a 30% (trinta por cento) do salário mínimo fixado para a região, zona ou subzona".

A Reforma Trabalhista inseriu o § 5º ao art. 458 da CLT, que explicitou que os valores gastos com medicamentos, óculos, aparelhos ortopédicos, próteses, órteses, despesas médico-hospitalares e outras similares, que o empregador reembolsa ao empregado, são sem natureza salarial.

"**Art. 458.** (...)
§ 5º O valor relativo à assistência prestada por serviço médico ou odontológico, próprio ou não, inclusive o reembolso de despesas com medicamentos, óculos, aparelhos ortopédicos, próteses, órteses, despesas médico-hospitalares e outras similares, mesmo quando concedido em diferentes modalidades de planos e coberturas, não integram o salário do empregado para qualquer efeito nem o salário de contribuição, para efeitos do previsto na alínea q do § 9º do art. 28 da Lei n. 8.212, de 24 de julho de 1991".

1.11.7 Regras de proteção ao salário

a) **Irredutibilidade salarial – Art. 7º, VI, da CF:** salário não pode ser reduzido, salvo por acordo ou convenção coletiva ou salário condição (adicionais), ou seja, é imperiosa a participação da entidade sindical.

b) **Impenhorabilidade salarial – Art. 833, IV, do CPC:** o referido artigo trata de tudo o que é impenhorável. Salário é absolutamente impenhorável, salvo, para obrigações alimentícias.

c) **Intangibilidade salarial – Art. 462, CLT:** intangibilidade é o princípio que veda os descontos no salário do empregado.

Exceção:

"Art. 462. Ao empregador é vetado efetuar qualquer desconto nos salários do empregado, salvo quando este resultar de adiantamentos, de dispositivos de Lei ou de contrato coletivo.

§ 1º Em caso de dano causado pelo empregado, o desconto será lícito, desde que esta possibilidade tenha sido acordada ou na ocorrência de dolo do empregado".

Se o empregado gerou dano ao empregador e este decorreu de ato doloso, poderá descontar, mesmo sem previsão contratual. Mas se esse dano decorreu de ato culposo, só poderá descontar se tiver previsão contratual.

Também é proibido o desconto em razão do *truck system*, nos termos do § 2º do art. 462 da CLT.

"§ 2º É vedado à empresa que mantiver armazém para venda de mercadorias aos empregados ou serviços estimados a proporcionar-lhes prestações *in natura* exercer qualquer coação ou induzimento no sentido de que os empregados se utilizem do armazém ou dos serviços".

A proteção ao salário também não permite que os descontos previstos em norma coletiva ultrapassem a 70% do salário base, em razão do princípio da dignidade humana, garantindo-se, portanto, um mínimo em dinheiro.

OJ – SDC – n. 18. DESCONTOS AUTORIZADOS NO SALÁRIO PELO TRABALHADOR. LIMITAÇÃO MÁXIMA DE 70% DO SALÁRIO BASE. (inserida em 25-5-1998) Os descontos efetuados com base em cláusula de acordo firmado entre as partes não podem ser superiores a 70% do salário base percebido pelo empregado, pois deve-se assegurar um mínimo de salário em espécie ao trabalhador.

1.11.8 Equiparação salarial

O princípio da isonomia salarial é constitucional e com base nesse princípio o art. 461 da CLT regula quem deve se igualar a termos de salário. Em outras palavras, se dois ou mais empregados exercem a mesma função, para o mesmo empregador, em regra devem receber o mesmo salário.

O paradigma, ou seja, aquele empregado espelho é condição indispensável na equiparação salarial. Ainda nesse sentido, vale destacar que o paradigma não pode se tratar de empregado readaptado, uma vez que seu salário quando da readaptação de função não pode ser reduzido, o que não demonstra na realidade a margem salarial de uma determinada função na empresa.

A Reforma Trabalhista alterou praticamente todo o art. 461 da CLT, que trata dos requisitos para configuração do direito à equiparação salarial.

Os atuais requisitos sãos os seguintes:
a) continua sendo necessária a figura do paradigma;
b) o empregado e o seu paradigma devem desenvolver a mesma função;
c) o empregado e seu paradigma devem trabalhar para o mesmo empregador, de forma que restou vedada a equiparação entre empregados de empregadores distintos, mesmo que as empresas façam parte do mesmo grupo econômico e, ademais, deve ser no mesmo estabelecimento empresarial;
d) o trabalho desenvolvido entre o empregado e o paradigma devem ter o mesmo valor, sendo características do mesmo valor a mesma produtividade, a mesma perfeição técnica;
e) para configurar o trabalho de igual valor ainda é necessário que entre o empregado e seu paradigma não exista um tempo superior a dois anos na função e quatro trabalhando para o mesmo empregador;
f) é obrigatório que o empregado e seu paradigma tenham trabalhado de forma simultânea.

Outra sensível alteração foi a de que não será mais necessário que o quadro de carreira ou plano de cargos e salários seja homologado junto ao Ministério do Trabalho e Emprego para afastar a equiparação, bastando ser disciplinado por meio de regulamento da empresa ou norma coletiva.

"Art. 461. Sendo idêntica a função, a todo trabalho de igual valor, prestado ao mesmo empregador, no mesmo estabelecimento empresarial, corresponderá igual salário, sem distinção de sexo, etnia, nacionalidade ou idade.

§ 1º Trabalho de igual valor, para os fins deste Capítulo, será o que for feito com igual produtividade e com a mesma perfeição técnica, entre pessoas cuja diferença de tempo de serviço para o mesmo empregador não seja superior a quatro anos e a diferença de tempo na função não seja superior a dois anos.

§ 2º Os dispositivos deste artigo não prevalecerão quando o empregador tiver pessoal organizado em quadro de carreira ou adotar, por meio de norma interna da empresa ou de negociação coletiva, plano de cargos e salários, dispensada qualquer forma de homologação ou registro em órgão público.

§ 3º No caso do § 2º deste artigo, as promoções poderão ser feitas por merecimento e por antiguidade, ou por apenas um destes critérios, dentro de cada categoria profissional.

§ 4º O trabalhador readaptado em nova função por motivo de deficiência física ou mental atestada pelo órgão competente da Previdência Social não servirá de paradigma para fins de equiparação salarial.

§ 5º A equiparação salarial só será possível entre empregados contemporâneos no cargo ou na função, ficando vedada a indicação de paradigmas remotos, ainda que o paradigma contemporâneo tenha obtido a vantagem em ação judicial própria.

§ 6º No caso de comprovada discriminação por motivo de sexo ou etnia, o juízo determinará, além do pagamento das diferenças salariais devidas, multa, em favor do empregado discriminado, no valor de 50% (cinquenta por cento) do limite máximo dos benefícios do Regime Geral de Previdência Social".

A Lei n. 14.611/2023, que institui a igualdade salarial entre homens e mulheres, alterou a redação do § 6º do art. 461, e passou a prever que no caso de discriminação, o recebimento, na justiça do trabalho, das diferenças salariais por parte do empregado discriminado, não afasta o direito a reparação por dano extrapatrimonial.

No mesmo sentido, o § 7º do mesmo artigo, incluído na CLT pelo Lei n. 14.611/2023, passou a tratar a discriminação como infração administrativa com previsão de multa, bem como elevação do valor da multa ao dobro, no caso de reincidência.

1.11.9 Salário substituição

Ocorre quando um empregado substitui o outro, de forma não eventual, tendo, nesse caso, direito ao salário do empregado substituído, durante o período de substituição.

Na hipótese do cargo vago, o empregado que vier a preencher o cargo não faz jus ao salário do seu ocupante anterior. Por exemplo. Imagine que João, que tinha salário de R$ 10.000,00, falece, e a empresa precisa contratar outra pessoa para ocupar seu cargo. A empresa resolve contratar Vitor, e pagará ao mesmo um salário de R$ 5.000,00. Pergunta. Se Vitor posteriormente ajuizar reclamação trabalhista pleiteando equiparação de salário com José, terá direito a diferença salarial? A resposta é não, uma vez que Vitor é ocupante de cargo vago.

Súmula 159 do TST – SUBSTITUIÇÃO DE CARÁTER NÃO EVENTUAL E VACÂNCIA DO CARGO

I – Enquanto perdurar a substituição que não tenha caráter meramente eventual, inclusive nas férias, o empregado substituto fará jus ao salário contratual do substituído.

II – Vago o cargo em definitivo, o empregado que passa a ocupá-lo não tem direito a salário igual ao do antecessor.

1.11.10 Atividades insalubres

O conceito de atividade insalubre é dado pelo art. 189 da CLT. Atividade insalubre é aquela que expõe o empregado a contato com agentes nocivos a sua saúde, como, por exemplo, agentes químicos, físicos ou biológicos. Para ilustrar, podemos citar como exemplo de agente químico o uso de fertilizante, de agente físico, a exposição a calor excessivo, e, como agente biológico, o contato com pacientes de um hospital.

"**Art. 189.** Serão consideradas atividades ou operações insalubres aquelas que, por sua natureza, condições ou métodos de trabalho, exponham os empregados a agentes nocivos à saúde, acima dos limites de tolerância fixados em razão da natureza e da intensidade do agente e do tempo de exposição aos seus efeitos".

1.11.10.1 Perícia

A caracterização ou não da insalubridade no caso concreto depende de laudo técnico emitido por um médico ou engenheiro do trabalho, nos termos do art. 195, § 2º, da CLT.

"**Art. 195.** A caracterização e a classificação da insalubridade e da periculosidade, segundo as normas do Ministério do Trabalho, far-se-ão através de perícia a cargo de Médico do Trabalho ou Engenheiro do Trabalho, registrados no Ministério do Trabalho. (...)

§ 2º Arguida em juízo insalubridade ou periculosidade, seja por empregado, seja por Sindicato em favor de grupo de associado, o juiz designará perito habilitado na forma deste artigo, e, onde não houver, requisitará perícia ao órgão competente do Ministério do Trabalho".

Entretanto, o TST mitigou tal regra ao admitir, no caso de extinção da empresa, outros meios de prova, consoante dispõe a OJ 278 da SDI 1. Por exemplo, o empregado trabalhou para uma empresa fazendo uso diário de um maquinário que o colocava em contato com barulho excessivo (risco físico). Após o término do contrato, a empresa encerrou suas atividades, e o empregado ajuizou reclamação trabalhista pleiteando o reconhecimento da atividade insalubre, e por consequência a condenação da empresa ao pagamento do adicional de insalubridade. O juiz determinou a realização da perícia, entretanto, em razão do fechamento da empresa não possível sua realização. Assim, no caso concreto, é possível a utilização de outras provas, como, por exemplo, oral ou documental, para comprovar a condição insalubre.

OJ n. 278. ADICIONAL DE INSALUBRIDADE. PERÍCIA. LOCAL DE TRABALHO DESATIVADO (*DJ* 11-8-2003)

A realização de perícia é obrigatória para a verificação de insalubridade. Quando não for possível sua realização, como em caso de fechamento da empresa, poderá o julgador utilizar-se de outros meios de prova.

1.11.10.2 Graduação do adicional

Nos termos do art. 192 da CLT, o adicional é devido conforme o grau da insalubridade, mínimo (10%), médio (20%) e máximo (40%). O que irá definir o grau da insalubridade é perícia realizada antes ou durante o processo.

"**Art. 192.** O exercício de trabalho em condições insalubres, acima dos limites de tolerância estabelecidos pelo Ministério do Trabalho, assegura a percepção de adicional respectivamente de 40% (quarenta por cento), 20% (vinte por cento) e 10% (dez por cento) do salário-mínimo da região, segundo se classifiquem nos graus máximo, médio e mínimo".

1.11.10.3 Base de cálculo

Atualmente, a base de cálculo do percentual do adicional ainda gera controvérsia, uma vez que a Súmula Vinculante 4 do STF proibiu a utilização do salário mínimo como indexador de base de cálculo.

O TST, por sua vez, adota atualmente a seguinte linha de raciocínio, enquanto não tiver lei, bem como não tenha sido celebrada norma coletiva fixando base de cálculo distinta, aplica-se o salário mínimo.

1.11.10.4 Parcela condicional

Por se tratar de uma parcela condicional, ou seja, que é paga em razão de uma condição especial do contrato de trabalho, assim que constatado que a condição não mais existe, como regra de consequência, seu pagamento deve ser cessado, sem prejuízo ao princípio da irredutibilidade salarial, conforme inteligência do art. 194 da CLT e das Súmulas 80 e 248 do TST.

"**Art. 194.** O direito do empregado ao adicional de insalubridade ou de periculosidade cessará com a eliminação do risco à sua saúde ou integridade física, nos termos desta Seção e das normas expedidas pelo Ministério do Trabalho".

Súmula 80 do TST
INSALUBRIDADE (mantida) – Res. 121/2003, *DJ* 19, 20 e 21-11-2003
A eliminação da insalubridade mediante fornecimento de aparelhos protetores aprovados pelo órgão competente do Poder Executivo exclui a percepção do respectivo adicional.

Súmula 248 do TST
ADICIONAL DE INSALUBRIDADE. DIREITO ADQUIRIDO (mantida) – Res. 121/2003, *DJ* 19, 20 e 21-11-2003
A reclassificação ou a descaracterização da insalubridade, por ato da autoridade competente, repercute na satisfação do respectivo adicional, sem ofensa a direito adquirido ou ao princípio da irredutibilidade salarial.

1.11.11 Atividades perigosas

A definição de atividade perigosa é dada pela CLT, nos termos do art. 193. Trata daquela atividade que coloca o empregado em risco de morte.

"**Art. 193.** São consideradas atividades ou operações perigosas, na forma da regulamentação aprovada pelo Ministério do Trabalho e Emprego, aquelas que, por sua natureza ou métodos de trabalho, impliquem risco acentuado em virtude de exposição permanente do trabalhador a:

I – inflamáveis, explosivos ou energia elétrica;

II – roubos ou outras espécies de violência física nas atividades profissionais de segurança pessoal ou patrimonial.

III – colisões, atropelamentos ou outras espécies de acidentes ou violências nas atividades profissionais dos agentes das autoridades de trânsito.

(...)

§ 4º São também consideradas perigosas as atividades de trabalhador em motocicleta.

§ 5º O disposto no inciso I do *caput* deste artigo não se aplica às quantidades de inflamáveis contidas nos tanques de combustíveis originais de fábrica e suplementares, para consumo próprio de veículos de carga e de transporte coletivo de passageiros, de máquinas e de equipamentos, certificados pelo órgão competente, e nos equipamentos de refrigeração de carga".

Da mesma forma que ocorre com as atividades insalubres, as perigosas também dependem de perícia, com algumas ressalvas, como é o caso previsto na Súmula 453 do TST:

ADICIONAL DE PERICULOSIDADE. PAGAMENTO ESPONTÂNEO. CARACTERIZAÇÃO DE FATO INCONTROVERSO. DESNECESSÁRIA A PERÍCIA DE QUE TRATA O ART. 195 DA CLT. (conversão da Orientação Jurisprudencial n. 406 da SBDI-1) – Res. 194/2014, *DEJT* divulgado em 21, 22 e 23-05-2014

O pagamento de adicional de periculosidade efetuado por mera liberalidade da empresa, ainda que de forma proporcional ao tempo de exposição ao risco ou em percentual inferior ao máximo legalmente previsto, dispensa a realização da prova técnica exigida pelo art. 195 da CLT, pois torna incontroversa a existência do trabalho em condições perigosas.

1.11.11.1 Adicional e base de cálculo

A prestação de serviços em atividades perigosas dá ao empregado o direito ao recebimento do adicional de periculosidade, no percentual de 30% sobre seu salário sem os acréscimos resultantes de gratificações, prêmios ou participação nos lucros, conforme preconiza o art. 193, § 1º, da CLT:

"Art. 193. (...)

§ 1º O trabalho em condições de periculosidade assegura ao empregado um adicional de 30% (trinta por cento) sobre o salário sem os acréscimos resultantes de gratificações, prêmios ou participações nos lucros da empresa".

1.11.11.2 Exposição intermitente e eventual

A jurisprudência do TST pacificou a questão na Súmula 364, de forma que apenas aquele empregado exposto de forma eventual, ou habitual em tempo muito reduzido, não faz jus ao recebimento do adicional.

Súmula 364 do TST
ADICIONAL DE PERICULOSIDADE. EXPOSIÇÃO EVENTUAL, PERMANENTE E INTERMITENTE (inserido o item II) – Res. 209/2016, *DEJT* divulgado em 1, 2 e 3-6-2016
I – Tem direito ao adicional de periculosidade o empregado exposto permanentemente ou que, de forma intermitente, sujeita-se a condições de risco. Indevido, apenas, quando o contato dá-se de forma eventual, assim considerado o fortuito, ou o que, sendo habitual, dá-se por tempo extremamente reduzido. (ex-Ojs da SBDI-1 n. 05 – inserida em 14-3-1994 – e 280 – DJ 11-8-2003)
II – Não é válida a cláusula de acordo ou convenção coletiva de trabalho fixando o adicional de periculosidade em percentual inferior ao estabelecido em lei e proporcional ao tempo de exposição ao risco, pois tal parcela constitui medida de higiene, saúde e segurança do trabalho, garantida por norma de ordem pública (arts. 7º, XXII e XXIII, da CF, e 193, § 1º, da CLT).

O art. 193, § 2º, da CLT, não permite a acumulação dos adicionais, sendo que, na hipótese da presença dos dois na relação de trabalho, o empregado terá de optar por um deles.

"Art. 193. São consideradas atividades ou operações perigosas, na forma da regulamentação aprovada pelo Ministério do Trabalho e Emprego, aquelas que, por sua natureza ou métodos de trabalho, impliquem risco acentuado em virtude de exposição permanente do trabalhador a: (...)

§ 2º O empregado poderá optar pelo adicional de insalubridade que porventura lhe seja devido".

1.11.12 Comissões

As comissões constituem parte variável do salário, sendo que seu pagamento, em regra, é realizado através de percentual sobre o valor do resultado do trabalho realizado. Por exemplo, um vendedor que recebe 2% (dois por cento) sobre o valor das vendas que realizou no mês. O empregado remunerado através das comissões pode ser contratado sob duas modalidades, o comissionista puro, que recebe apenas a comissão, e o comissionista misto, que recebe salário fixo e a comissão. Ao comissionista puro, ou seja, aquele que recebe o salário exclusivamente por comissão, será garantido o recebimento mensal de pelo menos o valor do salário mínimo, de forma que, se em determinado mês, o valor das comissões não alcançar o valor do salário mínimo, o empregador fica obrigado a complementar o valor para garantir o recebimento do salário mínimo.

O art. 466 da CLT dispõe que o valor referente à comissão somente será devido depois de ultimar a transação a qual se refere. Ainda nesse sentido, nas transações por prestações sucessivas, o pagamento das comissões ocorrerá proporcionalmente ao recebimento do valor da venda. Exemplificando, imagine que o empregado comissionista efetuou uma venda para ser paga em três parcelas mensais, de maneira que nesse caso, o empregador deverá pagar a comissão referente a tal venda de forma proporcional ao valor de cada parcela, sempre após a sua liquidação.

Nesse sentido, ainda em relação a inteligência do art. 466 da CLT, a extinção do contrato de trabalho não prejudica o direito ao recebimento das comissões sobre as transações por prestações sucessivas. Exemplo: o empregado comissionista realizou uma venda parcelada em 4 vezes. No segundo mês posterior a venda teve seu contrato de trabalho rescindido. Mesmo após a rescisão o empregador deverá pagar ao ex-empregado o valor das comissões em relação às parcelas de n. 3 e 4, sempre após sua liquidação.

"Art. 466. O pagamento de comissões e percentagens só é exigível depois de ultimada a transação a que se referem.

§ 1º Nas transações realizadas por prestações sucessivas, é exigível o pagamento das percentagens e comissões que lhes disserem respeito proporcionalmente à respectiva liquidação.

§ 2º A cessação das relações de trabalho não prejudica a percepção das comissões e percentagens devidas na forma estabelecida por este artigo".

Em regra, o empregador somente poderá deixar de pagar as comissões ao empregado no caso de insolvência do comprador ou de recusa manifesta da proposta de venda apresentada pelo empregado, de forma que nos demais casos, aceita a proposta pela empregador, o empregado terá direito às comissões, ainda que o comprador venha posteriormente a desistir do negócio ou deixar de efetuar o pagamento.

A cláusula *"del credere"*, no entendimento majoritário da doutrina, não se aplica aos contratos de trabalho.

Destarte, o empregado não pode ser responsabilizado solidariamente ao comprador para ressarcimento do empregador no caso de inadimplência. O mencionado entendimento tem por base o fato de que os riscos da atividade devem ser suportados pelo empregador (art. 2º da CLT).

1.12 Aviso prévio

É a comunicação da rescisão do contrato de trabalho por uma das partes, empregador ou empregado, que decide extingui-lo, com a antecedência que estiver obrigada por força de lei (art. 487 da CLT).

"Art. 487. Não havendo prazo estipulado, a parte que, sem justo motivo, quiser rescindir o contrato deverá avisar a outra da sua resolução com a antecedência mínima de:

I – oito dias, se o pagamento for efetuado por semana ou tempo inferior;

II – 30 (trinta) dias aos que perceberem por quinzena ou mês, ou que tenham mais de 12 (doze) meses de serviço na empresa".

Um dos quesitos preponderantes no aviso prévio é a SURPRESA CONTRATUAL; por isso, nos contratos de prazo DETERMINADO NÃO HÁ AVISO PRÉVIO, salvo se constar expressamente no contrato, através da Cláusula Assecuratória de Direito Recíproco de Rescisão.

É praticamente pacífico o entendimento de que o inciso I acima citado não fora recepcionado pela Constituição, já que o art. 7º, XXI, determina "aviso prévio proporcional ao tempo de serviço, sendo no mínimo de trinta dias, nos termos da lei".

Aviso prévio não cabe nas rescisões por justa causa.

1.12.1 Lei n. 12.506/2011

Esta lei dá 3 dias a mais de aviso prévio ao empregado por cada ano completo de serviço trabalhado por ele.

- Se o empregado trabalhar até 11 meses e 29 dias – terá direito ao mínimo – 30 dias;
- Se trabalhou UM ANO – terá direito a 33 dias;
- Se trabalhou 1 ano, 11 meses e 29 dias – terá direito a 33 dias;
- Se trabalhou 2 anos – 36 dias;
- Se trabalhou 3 anos – 39 dias;
- Até o limite máximo de 90 dias – tendo trabalhado 20 anos na empresa.

Os empregados que foram demitidos antes da publicação da lei NÃO têm direito ao referido acréscimo.

Súmula 441 do TST
AVISO PRÉVIO. PROPORCIONALIDADE
O direito ao aviso prévio proporcional ao tempo de serviço somente é assegurado nas rescisões de contrato de trabalho ocorridas a partir da publicação da Lei n. 12.506, em 13 de outubro de 2011.

1.12.2 Aviso prévio concedido pelo empregador

Como dito anteriormente, o aviso prévio é um direito que se aplica tanto ao empregado quanto ao empregador. O empregador deverá conceder o aviso prévio quando colocar fim à relação de emprego. Nessa hipótese, o empregador poderá escolher a forma de cumprimento do aviso, se trabalhada ou indenizada.

a) Aviso prévio trabalhado: ocorre quando o empregado trabalha no curso do aviso prévio. O art. 488 da CLT possibilita ao empregado optar por trabalhar duas horas a menos por dia ou trabalhar sem redução da jornada e faltar 7 dias corridos.

"Art. 488. O horário normal de trabalho do empregado, durante o prazo do aviso, e se a rescisão tiver sido promovida pelo empregador, será reduzido de duas horas diárias, sem prejuízo do salário integral.

Parágrafo único. É facultado ao empregado trabalhar sem redução das 2 (duas) horas diárias previstas neste artigo, caso em que poderá faltar ao serviço sem prejuízo do salário integral, por (um) dia, na hipótese do inciso I, e por 7 (sete) dias corridos, na hipótese do inciso II do art. 487 desta Consolidação".

É vedado substituir a jornada reduzida do aviso prévio por horas extras. Se isso ocorrer, caracteriza a nulidade do aviso, gerando um novo aviso a ser indenizado pelo empregador.

Súmula 230 do TST
AVISO PRÉVIO. SUBSTITUIÇÃO PELO PAGAMENTO DAS HORAS REDUZIDAS DA JORNADA DE TRABALHO
É ilegal substituir o período que se reduz da jornada de trabalho, no aviso prévio, pelo pagamento das horas correspondentes.

Pode o empregado renunciar ao restante do aviso prévio, desde que comprovada a obtenção de um novo emprego.

Súmula 276 do TST
AVISO PRÉVIO. RENÚNCIA PELO EMPREGADO
O direito ao aviso prévio é irrenunciável pelo empregado. O pedido de dispensa de cumprimento não exime o empregador de pagar o respectivo valor, salvo comprovação de haver o prestador dos serviços obtido novo emprego.

b) Aviso prévio indenizado: Ocorre quando o desligamento do empregado é IMEDIATO, de forma que o empregado NÃO trabalha durante o curso do aviso, mas recebe o valor referente ao tempo que teria de cumpri-lo.

1.12.3 Aviso prévio concedido pelo empregado

O aviso prévio é concedido pelo empregado quando este comunica o fim do contrato de trabalho, em outras palavras, pede a demissão.

O aviso prévio concedido pelo empregado também poderá ser indenizado ou trabalhado.

Se o aviso prévio for concedido pelo empregado, este **NÃO TERÁ A REDUÇÃO DA JORNADA DE TRABALHO**, pois a intenção do aviso prévio é de que o empregado encontre novo emprego, de forma que, se este pede a dispensa, presume-se já tê-lo adquirido.

O pagamento indenizado pelo empregado é feito por meio de um DESCONTO NAS VERBAS RESCISÓRIAS deste.

O § 5º do art. 477 da CLT estabelece que:

> "**Art. 477.** Na extinção do contrato de trabalho, o empregador deverá proceder à anotação na Carteira de Trabalho e Previdência Social, comunicar a dispensa aos órgãos competentes e realizar o pagamento das verbas rescisórias no prazo e na forma estabelecidos neste artigo. (...)
>
> § 5º Qualquer compensação no pagamento de que trata o parágrafo anterior não poderá exceder o equivalente a um mês de remuneração do empregado".

O aviso prévio proporcional só vale se for a favor do empregado.

O aviso prévio sempre conta como tempo de serviço, sendo que a baixa da carteira de trabalho contará do último dia do aviso prévio.

A base de cálculo do aviso prévio é o salário.

1.12.4 Reconsideração do aviso prévio

O aviso prévio nada mais é do que a notificação de uma parte a outra do contrato de trabalho, informando sobre sua intenção de colocar fim ao contrato. O exercício do aviso prévio é ato unilateral, pois que decorre da vontade de "uma" das partes contratantes. É possível reconsiderar o aviso prévio concedido, desde que preenchidos dois requisitos, quais sejam: a) que a reconsideração ocorra ainda no prazo do aviso prévio, trabalhado ou indenizado; e b) que a outra parte concorde com a reconsideração, conforme dispõe o art. 489 da CLT.

> "**Art. 489.** Dado o aviso prévio, a rescisão torna-se efetiva depois de expirado o respectivo prazo, mas, se a parte notificante reconsiderar o ato, antes de seu termo, à outra parte é facultado aceitar ou não a reconsideração.
>
> Parágrafo único. Caso seja aceita a reconsideração ou continuando a prestação depois de expirado o prazo, o contrato continuará a vigorar, como se o aviso prévio não tivesse sido dado".

1.12.5 Aviso prévio x garantias de emprego

Em princípio, há incompatibilidade entre o aviso prévio e as garantias de emprego, como se depreende da Súmula 348 do TST, que averba: "É inválida a concessão do aviso prévio na fluência da garantia de emprego, ante a incompatibilidade dos dois institutos".

Entretanto, o TST tem admitido a garantia de emprego para gestante que engravida no curso do aviso prévio, mesmo indenizado, e para o empregado que sofre acidente de trabalho durante o prazo do aviso prévio.

1.13 Estabilidade

É a garantia de permanecer no emprego, mesmo contra a vontade do empregador.

Não é permitida a concessão do aviso prévio na fluência do prazo de garantia no emprego. Ex.: Imagine que a estabilidade do empregado termina dia 21/05. No dia 30/04 o empregador pode mandar o empregado embora com aviso prévio indenizado? NÃO PODE, pois não é possível conceder o aviso prévio em conjunto com o prazo da estabilidade, não se misturam os institutos, pois estes são incompatíveis – SÚMULA 348, TST.

> "AVISO PRÉVIO. CONCESSÃO NA FLUÊNCIA DA GARANTIA DE EMPREGO. INVALIDADE
>
> É inválida a concessão do aviso prévio na fluência da garantia de emprego, ante a incompatibilidade dos dois institutos".

1.13.1 Tipos de estabilidade

A primeira modalidade de estabilidade que iremos estudar é a concedida ao dirigente sindical. A primeira dúvida que paira sobre o assunto é a de quem tem direito à referida estabilidade, e a resposta é: apenas aqueles eleitos ao cargo de administração do sindicato, limitado ao número de sete membros, em ordem de hierarquia.

a) Dirigente sindical – art. 543, § 3º, CLT

> "Art. 543. O empregado eleito para cargo de administração sindical ou representação profissional, inclusive junto a órgão de deliberação coletiva, não poderá ser impedido do exercício de suas funções, nem transferido para lugar impossível ao desempenho das suas atribuições sindicais. (...)
>
> § 3º Fica vedada a dispensa do empregado sindicalizado ou associado, a partir do momento do registro de sua candidatura a cargo de direção ou representação de entidade sindical ou de associação profissional, até 1 (um) ano após o final do seu mandato, caso seja eleito, inclusive como suplente, salvo se cometer falta grave devidamente apurada nos termos desta Consolidação".

a.1) Prazo

O prazo da estabilidade inicia-se com o registro da candidatura até a eleição, e se eleito até um ano após o final do mandato; **titulares** e **suplentes**.

Dirigentes Titulares (7) e suplentes (7) têm direito a estabilidade.

Após o registro da candidatura, o sindicato tem o prazo de 24 horas para comunicar o empregador do empregado, sendo que, ainda que a comunicação do sindicato não ocorra em 24 horas, o empregado terá direito à estabilidade, desde que o sindicato comunique ao empregador no decorrer do contrato de trabalho.

O registro da candidatura durante o prazo do aviso prévio, mesmo que indenizado, não garante ao empregado a estabilidade.

Súmula 369 do TST
"DIRIGENTE SINDICAL. ESTABILIDADE PROVISÓRIA

I – É assegurada a estabilidade provisória ao empregado dirigente sindical, ainda que a comunicação do registro da candidatura ou da eleição e da posse seja realizada fora do prazo previsto no art. 543, § 5º, da CLT, desde que a ciência ao empregador, por qualquer meio, ocorra na vigência do contrato de trabalho.

II – O art. 522 da CLT foi recepcionado pela Constituição Federal de 1988. Fica limitada, assim, a estabilidade a que alude o art. 543, § 3º, da CLT a sete dirigentes sindicais e igual número de suplentes.

III – O empregado de categoria diferenciada eleito dirigente sindical só goza de estabilidade se exercer na empresa atividade pertinente à categoria profissional do sindicato para o qual foi eleito dirigente.

IV – Havendo extinção da atividade empresarial no âmbito da base territorial do sindicato, não há razão para subsistir a estabilidade.

V – O registro da candidatura do empregado a cargo de dirigente sindical durante o período de aviso prévio, ainda que indenizado, não lhe assegura a estabilidade, visto que inaplicável a regra do § 3º do art. 543 da Consolidação das Leis do Trabalho".

b) Membro da CIPA – Comissão Interna de Prevenção de Acidentes: Art. 10, II, *a*, ADCT – Art. 165 da CLT

A Comissão Interna de Prevenção de Acidentes, também chamada de C.I.P.A, é constituída no âmbito da própria empresa, composta por seus próprios empregados, e tem por finalidade atuar na prevenção de acidentes. Tal finalidade acaba por causar uma situação onerosa para o empregador, que precisa, em regra, atender as sugestões da CIPA, de forma que para o empregado, membro da CIPA, atuar com total autonomia, o legislador criou a estabilidade para o empregado eleito membro da CIPA.

"**Art. 10.** Até que seja promulgada a lei complementar a que se refere o art. 7º, I, da Constituição: (...)

II – fica vedada a dispensa arbitrária ou sem justa causa:

a) do empregado eleito para cargo de direção de comissões internas de prevenção de acidentes, desde o registro de sua candidatura até um ano após o final de seu mandato; (...)"

"**Art. 165.** Os titulares da representação dos empregados nas CIPA (s) não poderão sofrer despedida arbitrária, entendendo-se como tal a que não se fundar em motivo disciplinar, técnico, econômico ou financeiro.

Parágrafo único. Ocorrendo a despedida, caberá ao empregador, em caso de reclamação à Justiça do Trabalho, comprovar a existência de qualquer dos motivos mencionados neste artigo, sob pena de ser condenado a reintegrar o empregado".

b.1) Prazo

O prazo de estabilidade do membro da CIPA é idêntico ao do Dirigente Sindical.

Quando a CIPA é constituída, sua composição dentro da empresa tem de ser paritária, obrigatoriamente tem de ter representantes dos empregados e representantes dos empregadores.

O representante do empregador sempre será o PRESIDENTE DA CIPA.

A estabilidade somente é garantida para os empregados representantes dos empregados, titulares e suplentes.

c) Acidente de trabalho: art. 118 da Lei n. 8.213/91

Acidente de trabalho é o que ocorre com o empregado pelo exercício do trabalho a serviço da empresa, provocando lesão corporal ou perturbação funcional que cause a morte, a perda ou a redução, temporária ou permanente, da capacidade para o trabalho.

"**Art. 118.** O segurado que sofreu acidente do trabalho tem garantida, pelo prazo mínimo de doze meses, a manutenção do seu contrato de trabalho na empresa, após a cessação do auxílio-doença acidentário, independentemente de percepção de auxílio-acidente".

Para ter direito à estabilidade é preciso preencher dois requisitos: primeiro, sofrer o acidente ou ter adquirido a doença ocupacional; segundo, passar a perceber o auxílio-doença acidentário.

Equipara-se ao acidente de trabalho a doença ocupacional ou profissional, que é aquela adquirida em razão da atividade exercida.

Por exceção, a estabilidade acidentária se aplica durante o contrato por prazo determinado, nos termos da Súmula 378 do TST.

Súmula 378 do TST
"ESTABILIDADE PROVISÓRIA. ACIDENTE DO TRABALHO. ART. 118 DA LEI N. 8.213/91. (inserido item III) – Res. 185/2012, *DEJT* divulgado em 25, 26 e 27-9-2012

I – É constitucional o art. 118 da Lei n. 8.213/91 que assegura o direito à estabilidade provisória por período de 12 meses após a cessação do auxílio-doença ao empregado acidentado. (ex-OJ n. 105 da SBDI-1 – inserida em 1º-10-1997)

II – São pressupostos para a concessão da estabilidade o afastamento superior a 15 dias e a consequente percepção do auxílio-doença acidentário, salvo se constatada, após a despedida, doença profissional que guarde relação de causalidade com a execução do contrato de emprego (primeira parte – ex-OJ 230 da SBDI-1 – inserida em 20-06-2001)

III – O empregado submetido a contrato de trabalho por tempo determinado goza da garantia provisória de emprego decorrente de acidente de trabalho prevista no art. 118 da Lei n. 8.213/91".

c.1) Prazo

O prazo da estabilidade é de 12 meses, contados da cessação do auxílio previdenciário.

d) Gestante – Art. 391-A da CLT/Art. 10, II, *b*, ADCT

É a estabilidade conferida a empregada gestante, desde a confirmação da gravidez até cinco meses após o parto.

"Art. 10. Até que seja promulgada a lei complementar a que se refere o art. 7º, I, da Constituição:

II – fica vedada a dispensa arbitrária ou sem justa causa:

b) da empregada gestante, desde a confirmação da gravidez até cinco meses após o parto".

A estabilidade gestante é garantida para as empregadas que engravidam durante o prazo do aviso prévio indenizado, nos termos do art. 391-A da CLT.

"Art. 391-A. A confirmação do estado de gravidez advindo no curso do contrato de trabalho, ainda que durante o prazo do aviso prévio trabalhado ou indenizado, garante à empregada gestante a estabilidade provisória prevista na alínea b do inciso II do art. 10 do Ato das Disposições Constitucionais Transitórias".

A Lei n. 13.509/2017 alterou o art. 391-A da CLT, incluindo o parágrafo único, que garante a estabilidade gestante também ao empregado adotante ao qual tenha sido concedida a guarda provisória para fins de adoção.

"Art. 391-A. (...)
Parágrafo único. O disposto no *caput* desde artigo aplica-se ao empregado adotante ao qual tenha sido concedida guarda provisória para fins de adoção".

Por exceção, a estabilidade gestante também se aplica durante o prazo do contrato de trabalho por prazo determinado, nos termos do item III da Súmula 244 do TST.

Súmula 244 do TST
"GESTANTE. ESTABILIDADE PROVISÓRIA (redação do item III alterada na sessão do Tribunal Pleno realizada em 14-09-2012) – Res. 185/2012, *DEJT* divulgado em 25, 26 e 27-9-2012

I – O desconhecimento do estado gravídico pelo empregador não afasta o direito ao pagamento da indenização decorrente da estabilidade (art. 10, II, *b*, do ADCT).

II – A garantia de emprego à gestante só autoriza a reintegração se esta se der durante o período de estabilidade. Do contrário, a garantia restringe-se aos salários e demais direitos correspondentes ao período de estabilidade.

III – A empregada gestante tem direito à estabilidade provisória prevista no art. 10, II, *b*, do Ato das Disposições Constitucionais Transitórias, mesmo na hipótese de admissão mediante contrato por tempo determinado".

e) Membros do Conselho Curador do FGTS

Nos termos do art. 3º, § 9º, da Lei n. 8.036/90, os representantes dos trabalhadores, efetivos e suplentes, no Conselho Curador do FGTS, têm direito à estabilidade provisória.

e.1) Prazo: desde a nomeação até um ano após o término do mandato.

OBS.: para comprovação da falta grave, exige-se processo sindical.

f) Diretor de Cooperativa de Consumo

O empregado eleito diretor de sociedade cooperativa criada pelos próprios empregados (cooperativa de consumo) tem estabilidade no emprego, nos mesmos moldes da garantia conferida ao dirigente sindical.

A estabilidade é conferida apenas aos diretores titulares, nos termos da OJ 253 SDI-1 do TST.

OJ N. 253. ESTABILIDADE PROVISÓRIA. COOPERATIVA. LEI N. 5.764/71. CONSELHO FISCAL. SUPLENTE. NÃO ASSEGURADA (inserida em 13-3-2002)

O art. 55 da Lei n. 5.764/71 assegura a garantia de emprego apenas aos empregados eleitos diretores de Cooperativas, não abrangendo os membros suplentes.

f.1) Prazo: desde o registro da candidatura até um ano após o término do mandato.

A falta grave deve ser apurada por meio de inquérito judicial.

O empregado deve comunicar sua candidatura ao empregador.

g) Membro da Comissão de Conciliação Prévia (Art. 625-B, § 5º, da CLT)

Estabilidade conferida ao representante dos empregados, titulares e suplentes, na comissão instituída no âmbito da empresa.

"**Art. 625-B.** auxílio-doença

§ 1º. É vedada a dispensa dos representantes dos empregados membros da Comissão de Conciliação Prévia, titulares e suplentes, até um ano após o final do mandato, salvo se cometerem falta grave, nos termos da lei".

g.1) Prazo: desde o registro da candidatura até um ano após o término do mandato, ou ainda, conforme outra corrente, desde a posse até um ano após o término do contrato de trabalho. Nesse aspecto o candidato deverá ficar a atento e interpretar a questão de acordo com a corrente exigida pela banca.

h) Comissão de Fiscalização das Gorjetas

O art. 457, § 10, da CLT, alterado pela Lei n. 13.419/2017, criou uma nova modalidade de estabilidade para os empregados eleitos para comissão criada na empresa com mais de 60 empregados para fiscalizar o recolhimento e a distribuição da gorjeta.

O prazo da estabilidade e demais características serão definidas em eventual norma coletiva, de forma que a lei não dispõe a esse respeito.

"**Art. 457.** (...)

§ 10. Para empresas com mais de sessenta empregados, será constituída comissão de empregados, mediante previsão em convenção coletiva ou acordo coletivo de trabalho, para acompanhamento e fiscalização da regularidade da cobrança e distribuição da gorjeta de que trata o § 3º, cujos representantes serão eleitos em assembleia geral convocada para esse fim pelo sindicato laboral e gozarão de garantia de emprego vinculada ao desempenho das funções para que foram eleitos, e, para as demais empresas, será constituída comissão intersindical para o referido fim".

i) Empregados com salário ou jornada reduzidos por Norma Coletiva

O art. 611-A, § 3º, da CLT, criou mais uma estabilidade ao prever que aqueles empregados que sofressem redução do salário ou jornada, por força de Norma Coletiva, não poderiam ter o contrato rompido, sem justa causa, enquanto perdurasse a referida redução.

O prazo da estabilidade é enquanto perdurar a redução.

"**Art. 611-A.** (...)

§ 3º Se for pactuada cláusula que reduza o salário ou a jornada, a convenção coletiva ou o acordo coletivo de trabalho deverão prever a proteção dos empregados contra dispensa imotivada durante o prazo de vigência do instrumento coletivo".

j) Portador do vírus HIV ou de outra doença grave que suscite estigma ou preconceito

Embora não seja, propriamente dito, uma estabilidade ou garantia provisória no emprego, considerando o rigor técnico, é imperioso ter ciência de que a Súmula 443 assevera que *"Presume-se discriminatória a despedida de empregado portador do vírus HIV ou de outra doença grave que suscite estigma ou preconceito. Inválido o ato, o empregado tem direito à reintegração no emprego".*

1.14 FGTS – Lei n. 8.036/90

O FGTS é um fundo formado por recolhimentos mensais incidentes sobre a remuneração do empregado, efetuados em conta vinculada na Caixa Econômica Federal, que visa à subsistência do empregado durante o desemprego, em substituição à antiga indenização decenal, sendo, na verdade, um direito garantido pela Constituição no art. 7º, III.

O empregado poderá sacar o saldo do FGTS na rescisão do contrato de forma imotivada ou em outras situações excepcionais, como, por exemplo, para comprar uma prótese para sanar alguma deficiência em razão de ter sofrido acidente do trabalho, ou, ainda, para aquisição da casa própria, conforme dispõe os incisos do art. 20 da Lei n. 8.036/90.

1.14.1 Obrigação do recolhimento

Com o advento da CF/88, o recolhimento do FGTS passou a ser obrigatório para o empregado urbano e rural, bem como, atualmente também o é para o empregado doméstico, nos termos da Lei Complementar n. 150/2015.

O recolhimento do FGTS para o servidor público (estatutário) não é obrigatório, já que ele possui estabilidade.

O recolhimento do FGTS também é obrigatório para o empregado público, muito embora ele possua estabilidade, nos termos da Súmula 390, I, do TST.

Súmula 390 do TST

"ESTABILIDADE. ART. 41 DA CF/1988. CELETISTA. ADMINISTRAÇÃO DIRETA, AUTÁRQUICA OU FUNDACIONAL. APLICABILIDADE. EMPREGADO DE EMPRESA PÚBLICA E SOCIEDADE DE ECONOMIA MISTA. INAPLICÁVEL (conversão das Orientações Jurisprudenciais 229 e 265 da SBDI-1 e da Orientação Jurisprudencial n. 22 da SBDI-2) – Res. 129/2005, *DJ* 20, 22 e 25-04-2005

I – O servidor público celetista da administração direta, autárquica ou fundacional é beneficiário da estabilidade prevista no art. 41 da CF/88 (ex-OJs 265 da SBDI-1 – inserida em 27-9-2002 – e 22 da SBDI-2 – inserida em 20-9-2000)

II – Ao empregado de empresa pública ou de sociedade de economia mista, ainda que admitido mediante aprovação em concurso público, não é garantida a estabilidade prevista no art. 41 da CF/1988. (ex-OJ 229 da SBDI-1 – inserida em 20-6-2001)"

1.14.2 Alíquotas

O FGTS mensal é devido, em regra, à razão de 8% da remuneração mensal do empregado (art. 15 da Lei n. 8.036/90).

"Art. 15. Para os fins previstos nesta lei, todos os empregadores ficam obrigados a depositar, até o dia 7 (sete) de cada mês, em conta bancária vinculada, a importância correspondente a 8 (oito) por cento da remuneração paga ou devida, no mês anterior, a cada trabalhador, incluídas na remuneração as parcelas de que tratam os arts. 457 e 458 da CLT e a gratificação de Natal a que se refere a Lei n. 4.090, de 13 de julho de 1962, com as modificações da Lei n. 4.749, de 12 de agosto de 1965".

> **ATENÇÃO!**
> Para os aprendizes, a alíquota é de 2% sobre a remuneração, salvo condição mais benéfica prevista em contrato, regulamento ou norma coletiva.

Na rescisão do contrato de trabalho sem justa causa, é devida multa compensatória do FGTS no percentual de 40% sobre o montante dos depósitos mensais devidos.

> **ATENÇÃO!**
> Se a rescisão ocorrer por culpa recíproca ou força maior, o valor da multa é diminuído pela metade.

1.14.3 Prazo para recolhimento

O FGTS deve ser recolhido até o dia 07 (sete) de cada mês, referente à remuneração do mês anterior.

O FGTS rescisório, compreendido aquele referente ao último mês do contrato (verbas rescisórias), e multa compensatória devem ser recolhidos no prazo do pagamento das verbas rescisórias.

OBS.: o FGTS não poderá ser pago diretamente para o empregado.

1.14.4 Afastamentos

O FGTS é devido sempre que o salário também for, assim, na suspensão do contrato de trabalho, em regra, o FGTS não é devido, salvo duas exceções, afastamento por acidente de trabalho e serviço militar.

No caso do acidente de trabalho convertido em aposentadoria por invalidez, a partir da conversão o FGTS não é mais devido.

1.14.5 Aposentadoria espontânea

Atualmente o STF entende que a aposentadoria espontânea não tem o condão de rescindir automaticamente o contrato de trabalho, razão pela qual a multa compensatória é devida com base no recolhimento de todo o contrato de trabalho, mesmo que, ao se aposentar, o empregado tenha realizado o saque do FGTS, conforme dispõe a OJ 361 da SDI 1 do TST.

OJ n. 361. APOSENTADORIA ESPONTÂNEA. UNICIDADE DO CONTRATO DE TRABALHO. MULTA DE 40% DO FGTS SOBRE TODO O PERÍODO (DJ 20, 21 e 23-5-2008)

A aposentadoria espontânea não é causa de extinção do contrato de trabalho se o empregado permanece prestando serviços ao empregador após a jubilação. Assim, por ocasião da sua dispensa imotivada, o empregado tem direito à multa de 40% do FGTS sobre a totalidade dos depósitos efetuados no curso do pacto laboral.

1.15 Proteção do trabalho do menor

Menor, para fins da relação de emprego, é o empregado com idade entre 14 anos e 18 anos incompletos, nos termos do art. 402, *caput*, da CLT.

"Art. 402. Considera-se menor para os efeitos desta Consolidação o trabalhador de quatorze até dezoito anos".

Não importa se ocorreu qualquer das formas de emancipação do Direito Civil.

1.15.1 Trabalho proibido ao menor

O art. 7º, XXXIII, da CF, proíbe o trabalho do menor no período noturno, em atividade insalubre ou perigosa.

"**Art. 7º** (...)

XXXIII – proibição de trabalho noturno, perigoso ou insalubre a menores de dezoito e de qualquer trabalho a menores de dezesseis anos, salvo na condição de aprendiz, a partir de quatorze anos";

1.15.2 Limites à duração do trabalho do menor

Em regra, o menor não pode realizar horas extras, salvo para compensação ou força maior, desde que seu trabalho seja indispensável, conforme dispõe o art. 413 da CLT.

"Art. 413. É vedado prorrogar a duração normal diária do trabalho do menor, salvo:

I – até mais 2 (duas) horas, independentemente de acréscimo salarial, mediante convenção ou acordo coletivo nos termos do Título VI desta Consolidação, desde que o excesso de horas em um dia seja compensado pela diminuição em outro, de modo a ser observado o limite máximo de 48 (quarenta e oito) horas semanais ou outro inferior legalmente fixada;

II – excepcionalmente, por motivo de força maior, até o máximo de 12 (doze) horas, com acréscimo salarial de, pelo menos, 25% (vinte e cinco por cento) sobre a hora normal e desde que o trabalho do menor seja imprescindível ao funcionamento do estabelecimento.

Parágrafo único. Aplica-se à prorrogação do trabalho do menor o disposto no art. 375, no parágrafo único do art. 376, no art. 378 e no art. 384 desta Consolidação".

Na hipótese de prorrogação da jornada por força maior, a CLT limitou a jornada máxima em 12 horas (8 horas + 4 horas).

1.15.3 Prescrição

Nos termos do art. 440 da CLT, contra o menor não corre nenhum prazo prescricional.

"**Art. 440.** Contra os menores de 18 (dezoito) anos não corre nenhum prazo de prescrição".

1.16 Proteção do trabalho da mulher

1.16.1 Limites ao carregamento de peso

É vedado à mulher trabalhar em emprego que demande carregamento de peso superior a 20 quilos para serviços contínuos e 25 quilos para serviços ocasionais, nos moldes do art. 390 da CLT.

"**Art. 390.** Ao empregador é vedado empregar a mulher em serviço que demande o emprego de força muscular superior a 20 (vinte) quilos para o trabalho contínuo, ou 25 (vinte e cinco) quilos para o trabalho ocasional.

Parágrafo único. Não está compreendida na determinação deste artigo a remoção de material feita por impulsão ou tração de vagonetes sobre trilhos, de carros de mão ou quaisquer aparelhos mecânicos".

1.16.2 Proteção à maternidade

Vedação à discriminação em razão do casamento ou gravidez

O art. 391 da CLT veda qualquer tipo de discriminação em face da mulher em razão do matrimônio ou gestação, bem como proíbe que qualquer regulamento, contrato ou norma coletiva contenha cláusula nesse sentido.

"**Art. 391.** Não constitui justo motivo para a rescisão do contrato de trabalho da mulher o fato de haver contraído matrimônio ou de encontrar-se em estado de gravidez.

Parágrafo único. Não serão permitidos em regulamentos de qualquer natureza contratos coletivos ou individuais de trabalho, restrições ao direito da mulher ao seu emprego, por motivo de casamento ou de gravidez".

1.16.3 Licença-maternidade

É garantida à empregada licença-maternidade de 120 dias, sem prejuízo do emprego e do salário (no período da licença-maternidade o salário-maternidade equivale ao salário efetivamente percebido pela empregada, é pago pelo empregador e compensado integralmente com as contribuições devidas ao INSS), conforme dispõe o art. 392 da CLT.

"**Art. 392.** A empregada gestante tem direito à licença-maternidade de 120 (cento e vinte) dias, sem prejuízo do emprego e do salário.

§ 1º A empregada deve, mediante atestado médico, notificar o seu empregador da data do início do afastamento do emprego, que poderá ocorrer entre o 28º (vigésimo oitavo) dia antes do parto e ocorrência deste.

§ 2º Os períodos de repouso, antes e depois do parto, poderão ser aumentados de 2 (duas) semanas cada um, mediante atestado médico.

§ 3º Em caso de parto antecipado, a mulher terá direito aos 120 (cento e vinte) dias previstos neste artigo.

§ 4º É garantido à empregada, durante a gravidez, sem prejuízo do salário e demais direitos:

I – transferência de função, quando as condições de saúde o exigirem, assegurada a retomada da função anteriormente exercida, logo após o retorno ao trabalho;

II – dispensa do horário de trabalho pelo tempo necessário para a realização de, no mínimo, seis consultas médicas e demais exames complementares".

Nos termos da Lei n. 11.770/2008, é possível ampliar por 60 dias o período da licença-maternidade na hipótese de seu empregador ter aderido ao programa de empresa cidadã. No caso, o salário desses 60 dias é pago pelo empregador, e não pelo INSS. Para ter direito à prorrogação, a empregada deve requerer ao empregador até o final do primeiro mês após o parto.

O benefício também é cabível para empregada que adotar ou obtiver guarda provisória para fins de adoção, nos termos do art. 392-A da CLT.

Para afastamento por licença-maternidade, a empregada deve notificar o empregador, mediante atestado médico, a partir de 28 dias antes da data prevista para o parto, contando-se os 120 dias a partir do efetivo afastamento.

Caso necessários os períodos de repouso, antes e depois do parto, poderão ser aumentados de duas semanas cada um, mediante atestado médico.

Desde que ocorrido o parto, independentemente de o fato do bebê ter nascido com vida, a gestante tem direito à licença-maternidade e ao salário-maternidade.

Em caso de falecimento da mãe, é assegurado ao cônjuge ou companheiro empregado o gozo de licença por todo o período da licença-maternidade ou pelo restante do tempo a que teria direito a mãe, exceto no caso de falecimento do filho ou seu abandono, conforme preconiza o art. 392-B da CLT.

"**Art. 392-B.** Em caso de morte da genitora, é assegurado ao cônjuge ou companheiro empregado o gozo de licença por todo o período da licença-maternidade ou pelo tempo restante a que teria direito a mãe, exceto no caso de falecimento do filho ou de seu abandono".

Durante a gravidez fica assegurada à gestante a transferência de função, sempre recomendada pelo médico, garantido o retorno à função anteriormente ocupada (§ 4º, I, art. 392 da CLT).

É garantida à gestante a dispensa do horário de trabalho pelo tempo necessário para realização de, no mínimo, seis consultas médicas e demais exames complementares (§ 4º, II, art. 392 da CLT).

1.16.4 Direitos assegurados ao adotante

A empregada adotante tem direito à licença-maternidade e salário-maternidade nos mesmos moldes da gestante, independentemente da idade da criança adotada, conforme art. 392-A da CLT.

"**Art. 392-A.** À empregada que adotar ou obtiver guarda judicial para fins de adoção de criança ou adolescente será concedida licença-maternidade nos termos do art. 392 desta Lei".

A guarda provisória não concede o direito à licença e ao salário-maternidade.

O empregado adotante também tem direito à licença e benefício previstos nos arts. 392-A e 392-B da CLT (art. 392-C da CLT).

"**Art. 392-C.** Aplica-se, no que couber, o disposto no art. 392-A e 392-B ao empregado que adotar ou obtiver guarda judicial para fins de adoção".

A Lei n. 13.301/2016 prevê que a licença-maternidade da empregada mãe de criança acometida por sequelas neurológicas causadas decorrentes do mosquito *Aedes aegypti* será de 180 dias.

1.16.5 Rompimento contratual por recomendação médica

O art. 394 da CLT assegura à gestante o direito de romper o contrato de trabalho, se da sua execução decorrer riscos à sua saúde ou à própria gestação. Nesse caso, não é devido aviso prévio, e os demais efeitos são o da demissão.

"**Art. 394.** Mediante atestado médico, à mulher grávida é facultado romper o compromisso resultante de qualquer contrato de trabalho, desde que este seja prejudicial à gestação".

1.16.6 Trabalho insalubre

Reforma Trabalhista alterou a redação do art. 394-A, I e II, da CLT, de maneira que proibia que a empregada gestante trabalhasse na atividade insalubre em grau máximo, independentemente de atestado médico, com relação a atividade em grau médio e mínimo, também proibia, desde que apresentasse atestado de médico particular que recomendasse o afastamento durante a gestação, sem prejuízo da remuneração, incluindo o adicional de insalubridade.

No que tange à lactação, a empregada somente seria afastada da atividade insalubre em qualquer grau, se apresentasse atestado de médico particular, conforme art. 394-A, III, da CLT.

A ADIN 5.938, que teve como relator o Ministro Alexandre de Moraes, tratou de declarar inconstitucional a exigência da apresentação do atestado médico, determinando, por via de consequência, que a empregada gestante ou lactante seja afastada da atividade insalubre, durante a gestação ou lactação, independente do grau da insalubridade.

O valor do adicional de insalubridade pago durante o afastamento pelo empregador poderá ser compensado nas contribuições previdenciárias, nos termos do § 2º do art. 394-A da CLT.

Na hipótese de ser impossível o afastamento, a empregada será afastada pelo órgão previdenciário, conforme art. 394-A, § 3º, da CLT.

"**Art. 394-A.** Sem prejuízo de sua remuneração, nesta incluído o valor do adicional de insalubridade, a empregada deverá ser afastada de:

I – atividades consideradas insalubres em grau máximo, enquanto durar a gestação;

II – atividades consideradas insalubres em grau médio ou mínimo;

III – atividades consideradas insalubres em qualquer grau.

§ 1º (Vetado).

§ 2º Cabe à empresa pagar o adicional de insalubridade à gestante ou à lactante, efetivando-se a compensação, observado o disposto no art. 248 da Constituição Federal, por ocasião do recolhimento das contribuições incidentes sobre a folha de salários e demais rendimentos pagos ou creditados, a qualquer título, à pessoa física que lhe preste serviço.

§ 3º Quando não for possível que a gestante ou a lactante afastada nos termos do *caput* deste artigo exerça suas atividades em local salubre na empresa, a hipótese será considerada como gravidez de risco e ensejará a percepção de salário-maternidade, nos termos da Lei n. 8.213, de 24 de julho de 1991, durante todo o período de afastamento".

1.16.7 Intervalos para amamentação

Antes de adentrar as alterações trazidas pela Reforma, faz-se necessário ressaltar a alteração realizada pela Lei n. 13.509/2017, que estendeu o direito aos intervalos para amamentação às mães adotantes.

O período previsto no *caput* poderá ser dilatado, caso seja necessário para preservar a saúde do filho, conforme redação do § 1º do art. 396 da CLT.

Os intervalos previstos no art. 396 da CLT deverão ser definidos mediante comum acordo entre empregada e empregador, conforme parágrafo 2º do mencionado artigo.

"**Art. 396.** Para amamentar seu filho, inclusive se advindo de adoção, até que este complete 6 (seis) meses de idade, a mulher terá direito, durante a jornada de trabalho, a 2 (dois) descansos especiais de meia hora cada um.

§ 1º Quando o exigir a saúde do filho, o período de 6 (seis) meses poderá ser dilatado, a critério da autoridade competente.

§ 2º Os horários dos descansos previstos no *caput* deste artigo deverão ser definidos em acordo individual entre a mulher e o empregador".

1.16.8 Creches

Os estabelecimentos que contêm mais de 29 mulheres com idade acima de 16 anos devem manter creches para guarda dos filhos durante o período de amamentação.

Para tanto, o empregador tem três opções:

a) manter creche no próprio estabelecimento;
b) utilizar creches externas, por meio de convênio;
c) para auxílio ou reembolso creche (indeniza a mãe pelo valor da creche particular contratada), somente mediante norma coletiva.

1.17. Extinção do contrato de trabalho

O contrato de trabalho por prazo indeterminado pode ser extinto por quaisquer das partes, a qualquer tempo, bastando a notificação da parte interessada na extinção.

O contrato de trabalho pode ser extinto de várias formas, que irão depender de qual parte colocou fim ao contrato, bem como se a forma foi motivada ou não.

Aqui, vale ressaltar que quando falamos em "forma motivada", estamos nos referindo a prática de falta grave. Assim, se o empregado ou empregador cometeram falta grave, a extinção será motivada, caso contrário, mesmo que exista justo motivo, como, por exemplo, redução do quadro de empregados, a extinção será imotivada.

1.17.1 Justa causa

Trata-se de uma das formas de extinção do contrato de trabalho, que se caracteriza quando o empregado comete uma das faltas graves, previstas no art. 482 da CLT.

Justa Causa não é a mesma coisa que Falta Grave:

- **Justa causa** é a forma de extinção;
- **Falta grave** *é a conduta irregular do empregado que, por uma ou várias vezes, leva à demissão por justa causa.* Ou seja, é a conduta que leva a ocasionar a justa causa.

1.17.1.1 Princípios da justa causa

a) Princípio da taxatividade

O empregador não pode inventar um motivo para configurar a justa causa, ou combinar com o empregado que determinada conduta caracteriza justa causa. A falta tem de estar taxativamente prevista em lei.

b) Princípio da imediatividade ou mediatidade

A falta grave deve ser punida de imediato, ou ocorrerá o perdão tácito. É um dos princípios mais importantes. Não adianta flagrar um empregado furtando o caixa do estabelecimento e somente demiti-lo uma semana depois.

A imediatividade nem sempre se conta da falta cometida, mas sim da ciência do empregador com relação a ela.

c) *Bis in idem*

Ninguém pode ter duas punições sobre a mesma falta. Ex.: Empregado contratado por um supermercado, e consta no contrato de trabalho que se deve trabalhar de uniforme; porém, depois de 10 dias sem trabalhar de uniforme, foi suspenso por 3 dias e, retornando, foi despedido por justa causa. A demissão está correta? Não, pois retornou da suspensão sem ter realizado nenhuma conduta grave, logo, sendo punido duas vezes pela mesma atitude.

d) Princípio da isonomia de tratamento

Se houver vários empregados envolvidos na falta, todos devem receber punição idêntica.

e) Razoabilidade/Proporcionalidade

A penalidade aplicada deve guardar relação com a prática. Assim, não seria razoável e, portanto, nula, uma justa causa aplicada a quem faltou ao serviço de forma injustificada por um dia.

1.17.1.2 Faltas graves

As faltas graves que autorizam a extinção do contrato por justa causa estão dispostas, em regra, no art. 482 da CLT.

"Art. 482. Constituem justa causa para rescisão do contrato de trabalho pelo empregador:

a) ato de improbidade;

b) incontinência de conduta ou mau procedimento;

c) negociação habitual por conta própria ou alheia sem permissão do empregador, e quando construir ato de concorrência à empresa para a qual trabalha o empregado, ou for prejudicial ao serviço;

d) condenação criminal do empregado, passada em julgado, caso não tenha havido suspensão da execução da pena;

e) desídia no desempenho das respectivas funções;

f) embriaguez habitual ou em serviço;

g) violação de segredo da empresa;

h) ato e indisciplina ou de insubordinação;

i) abandono de emprego;

j) ato lesivo à honra ou à boa fama praticado no serviço contra qualquer pessoa, ou ofensas físicas, nas mesmas condições, salvo em caso de legítima defesa, própria ou de outrem;

k) ato lesivo à honra e à boa fama ou ofensas físicas praticadas contra o empregador e superiores hierárquicos, salvo em caso de legítima defesa, própria ou de outrem;

l) prática constante de jogos de azar;

m) perda da habilitação ou dos requisitos estabelecidos em lei para o exercício da profissão, em decorrência de conduta dolosa do empregado.

Parágrafo único. Constitui igualmente justa causa para dispensa de empregado a prática, devidamente comprovada em inquérito administrativo, de atos atentatórios à segurança nacional".

a) Ato de improbidade

Qualquer ato que atente ao patrimônio do empregador é ato de improbidade, já que estamos diante de pessoa desonesta. Exemplo: entrega de atestado médico falso; prestar informação falsa para obter benefício; dar nota promissória com valor maior ao devido; roubo; furto etc.

Não há necessidade de pré-questionamento policial, ou seja, dispensa formalização via registro de ocorrência em sede de delegacia policial.

b) Incontinência de conduta ou mau procedimento

São dois atos dentro do mesmo inciso.

- **Incontinência de conduta:** atos sexuais, obscenidades ou práticas libidinosas caracterizam a incontinência de conduta.
- **Mau procedimento:** é o procedimento em desacordo com as regras naturais, com as regras de convívio. Qualquer falta é mau procedimento. O que acontece que essa falta grave é uma exceção ao princípio da taxatividade, de modo que tudo que não se enquadrar nas demais, inclui-se nesta hipótese.

c) Negociação habitual

Para caracterizar a justa causa por falta grave, tem de constar mais de uma conduta por falta grave, ou seja, necessita ser habitual. A negociação para caracterizar a justa causa tem de ser habitual.

d) Condenação criminal

O empregado condenado criminalmente pode ser demitido por justa causa, mas precisa de dois requisitos CUMULATIVOS para configurar essa justa causa, sendo:

- trânsito em julgado da decisão penal;
- reclusão do empregado.

Aqui, quando se fala em reclusão, não está se referindo ao regime de pena, mas, sim, de que, ainda que tenha trânsito em julgado, o empregado esteja impossibilitado de comparecer ao emprego.

e) Desídia

Desídia é o desleixo, corpo mole, falta de interesse etc. Empregado, por exemplo, que não cumpre suas funções de maneira correta. EXEMPLO: Empregado é encontrado dormindo no meio do expediente.

f) Embriaguez habitual ou em serviço

A palavra "ou" caracteriza duas faltas nessa alínea. EMBRIAGUEZ HABITUAL NÃO É JUSTA CAUSA – É DOENÇA. E, como doença, o empregado deve ser afastado, encaminhado ao INSS, mantendo vínculo de emprego, recebendo o trabalhador auxílio-doença.

EMBRIAGUEZ EM SERVIÇO DÁ JUSTA CAUSA – a diferença é que esta tem de ser em horário de serviço.

g) Violação de segredo de empresa

Ocorre quando o empregado divulga segredo da empresa. Exemplos: fórmulas de um produto; vender cadastros da OAB para uma empresa de crédito.

h) Indisciplina ou insubordinação

Nesse inciso também constam duas faltas graves.

Ambas as faltas caracterizam descumprimento de ordem, diferenciando:

- **Indisciplina:** descumprimento de ordens gerais do serviço.
- **Insubordinação:** descumprimento de ordem pessoal, específica.

Exemplo: está previsto no estatuto que todos os empregados devem usar uniforme; e um não utiliza – caracteriza indisciplina.

Exemplo: Se o empregado deixar de fazer um relatório determinado por seu superior – caracteriza insubordinação.

i) Abandono de emprego

Caracteriza a quebra de habitualidade (expectativa de retorno do empregado ao emprego), ou seja, ocorrendo a quebra da expectativa de retorno do empregado ao emprego, ocorre o abandono de emprego. Com efeito, a sua caracterização exige o elemento subjetivo (intenção de não mais retornar ao trabalho) e objetivo (ausência contumaz).

Para o TST, há prazo de 30 dias para caracterizar abandono de emprego (Súmula 32 do TST).

Súmula 32 do TST
"ABANDONO DE EMPREGO
Presume-se o abandono de emprego se o trabalhador não retornar ao serviço no prazo de 30 (trinta) dias após a cessação do benefício previdenciário nem justificar o motivo de não o fazer".

j) Ato lesivo à honra e à boa fama e ofensa física praticada contra empregado

Ato lesivo à honra e à boa fama, como, por exemplo, agressões verbais.

k) Ato lesivo à honra e à boa fama e ofensa física praticada contra empregador

Mesma conduta da alínea *j*, mas, neste caso, contra empregador ou superior hierárquico.

Por que o legislador não colocou tudo na alínea *j*? Na alínea *j* tem de ser no horário de serviço ou no âmbito da empresa.

Na alínea *k* caracterizará a justa causa em qualquer local e qualquer horário. O legislador procurou preservar a respeitabilidade.

Não ocorre a falta grave quando o empregado está exercendo o direito à legítima defesa própria ou de terceiros.

l) Prática constante de jogos de azar

A prática constante de jogos de azar possui requisitos indispensáveis e cumulativos, quais sejam:

Requisitos cumulativos
1. o jogo tem de estar ligado a **dinheiro**;
2. tem de ser em horário de serviço ou no âmbito da empresa;
3. o jogo tem de ser **ilegal**.

m) Perda da habilitação por dolo

O empregado, que, por dolo, perder a habilitação exigida para o exercício da profissão, pode ter o contrato de trabalho rescindido por justa causa. Para ilustrar, imagine o motorista profissional que perde a habilitação de motorista em razão de estar dirigindo embriagado de modo proposital.

n) Atos atentatórios a segurança nacional (art. 482, parágrafo único, da CLT)

"Art. 482. (...)
Parágrafo único. Constitui igualmente justa causa para dispensa de empregado a prática, devidamente comprovada em inquérito administrativo, de atos atentatórios à segurança nacional".

Está em absoluto desuso, devido à questão da democracia, ou seja, há quem entenda que não fora recepcionado pela Constituição de 1988.

Porém, para quem entende por sua aplicação, hoje haveria sua configuração por atos de terrorismo, vandalismos, as manifestações abusivas; podendo gerar justa causa.

1.17.1.3 Faltas graves fora do art. 482 da CLT

A maioria das faltas graves que justificam a rescisão do contrato de trabalho por justa causa estão no rol do art. 482 da CLT, porém algumas delas estão fora do referido artigo.

- **Lei n. 7.783/89 – Lei de greve**

Poderá caracterizar demissão por justa causa, pois a greve tem limite.

Greve não caracteriza justa causa. O que caracteriza a demissão por justa causa são as greves ABUSIVAS.

Greves abusivas são aquelas realizadas sem observância dos preceitos legais.

- **Art. 7º, § 3º, do Decreto-lei n. 95.247/87**

Decreto que regulamenta o vale-transporte.

A declaração fraudulenta de itinerário configura falta grave.

- **Art. 158, parágrafo único, *b*, CLT**

A recusa injustificada do uso do EPI (equipamento de proteção individual) caracteriza a demissão por justa causa.

- **Art. 235-B, VII e parágrafo único, da CLT**

Motorista profissional que não se submeter a teste e programa de controle de drogas e de bebida alcoólica.

1.17.1.4 Verbas rescisórias

Na extinção do contrato de trabalho por justa causa, o empregado faz jus ao recebimento das seguintes verbas rescisórias:

- saldo salário;
- férias vencidas e não gozadas;
- 13º integral não recebido.

1.17.2 Rescisão indireta

Rescisão Indireta é a forma de extinção do contrato de trabalho que ocorre quando o empregador comete uma das faltas graves, que estão prevista no art. 483 da CLT. Dificilmente o empregador irá assumir, de forma extrajudicial, que cometeu uma falta grave. Assim, na

DIREITO DO TRABALHO

maioria das vezes, quando o empregado percebe que o empregador cometeu uma falta grave, como, por exemplo, está exigindo a realização de uma tarefa que coloque sua vida em risco, o empregado ajuíza reclamação trabalhista pleiteando o reconhecimento da rescisão indireta do contrato pelo juiz do trabalho.

"Art. 483. O empregado poderá considerar rescindido o contrato e pleitear a devida indenização quando:

a) forem exigidos serviços superiores às suas forças, defesos por Lei, contrários aos bons costumes ou alheios ao contrato;

b) for tratado pelo empregador ou por seus superiores hierárquicos com rigor excessivo;

c) correr perigo manifesto de mal considerável;

d) não cumprir o empregador as obrigações do contrato;

e) praticar o empregador ou seus prepostos, contra ele ou pessoas de sua família ato lesivo da honra e boa fama;

f) o empregador ou seus prepostos ofenderem-no fisicamente, salvo em caso de legítima defesa, própria ou de outrem;

g) O empregador reduzir o seu trabalho, sendo este por peça ou tarefa, de forma a afetar sensivelmente a importância dos salários.

§ 1º O empregado poderá suspender a prestação dos serviços ou rescindir o contrato, quando tiver de desempenhar obrigações legais, incompatíveis com continuação do serviço.

§ 2º No caso de morte do empregador constituído em empresa individual, é facultado ao empregador rescindir o contrato de trabalho.

§ 3º Nas hipóteses das letras d e g, poderá o empregado pleitear a rescisão de seu contrato de trabalho e o pagamento das respectivas indenizações, permanecendo ou não no serviço até final decisão do processo".

Alínea *a* – possui vários atos que a caracterizam, entre eles:

1. Exigência de serviços superiores às forças do empregado

Não diz respeito às forças físicas apenas, mas também às intelectuais.

2. Exigência de serviço defeso por lei

Defeso é proibido. Com efeito, a lei proíbe, por exemplo, menor de 18 anos trabalhar em condição insalubre ou perigosa, bem como em horário noturno.

3. Exigência de serviços alheios ao contrato de trabalho

É exigir que um empregado faça algo para o qual não foi contratado.

Alínea *b* – rigor excessivo

Ocorre quando o empregador tem um rigor com um determinado empregado, mas com outro não tem a mesma conduta.

Alínea *c* – correr perigo manifesto de mal considerável

Ocorre quando se obriga o empregado a trabalhar em um local que irá agravar um mal que este já possui, por exemplo, uma doença.

Alínea *d* – descumprimento contratual

Ocorre quando o empregador descumpre alguma cláusula contratual, o maior exemplo é o atraso de salário. A jurisprudência também vem reconhecendo como tal o não recolhimento de fgts de modo contumaz.

O empregado pode ajuizar a ação e permanecer ou não trabalhando para o empregador.

Alíneas *e* e *f* – agressões verbais e ofensas físicas

As alíneas *e* e *f* trazem os casos de agressões verbais e ofensas físicas, tanto contra o empregado, quanto contra seus familiares.

Alínea *g* – redução do trabalho

Redução do trabalho (peça ou tarefa), com a consequente redução do salário, a ponto de o mesmo restar num valor insuficiente para sua sobrevivência.

1.17.2.1 Verbas rescisórias e demais direitos

Na extinção do contrato por meio da rescisão indireta, o empregado terá direito de receber as seguintes verbas e direitos decorrentes da rescisão:

- saldo de salário;
- 13º proporcional;
- férias vencidas + 1/3;
- férias proporcionais + 1/3;
- aviso prévio;
- FGTS;
- indenização de 40% do FGTS;
- recebimento seguro-desemprego.

1.17.3 Pedido de demissão

Ocorre quando o empregado decide colocar fim ao contrato de trabalho. O empregador não poderá se opor, já que se trata de direito potestativo do empregado.

1.17.3.1 Verbas rescisórias

Na extinção do contrato por meio do pedido de demissão, o empregado terá direito de receber as seguintes verbas rescisórias:

- saldo de salário;
- 13º proporcional;
- férias vencidas + 1/3;
- férias proporcionais + 1/3.

Empregado fica obrigado a conceder o aviso prévio trabalhado ou indenizado, sendo que o indenizado é descontado das verbas rescisórias.

Não há que se falar em seguro-desemprego, já que não está, por óbvio, em uma situação de desemprego involuntário.

1.17.4 Dispensa sem justa causa

Ocorre quando o empregador decide colocar fim ao contrato de trabalho sem que o empregado tenha cometido uma falta grave, o empregado não poderá se opor.

1.17.4.1 Verbas rescisórias

Na extinção do contrato por meio da rescisão sem justa causa, o empregado terá direito de receber as seguintes verbas rescisórias e direitos:

- saldo de salário;
- 13º proporcional;
- férias vencidas + 1/3;
- férias proporcionais + 1/3;
- aviso prévio;
- FGTS;
- indenização de 40% do FGTS;
- recebimento do seguro-desemprego.

1.17.5 Culpa recíproca

Ocorre a extinção do contrato de trabalho por culpa recíproca quando, ao mesmo tempo, empregado e empregador cometem falta grave, nos termos do art. 484 da CLT. Exemplo. Imagine que o empregado ajuizou reclamação trabalhista alegando que o empregador não vem pagando seu salário em dia, o que configura falta grave do empregador. O empregador, por sua vez, ao contestar a ação, argumenta que não vem pagando o salário porque o empregado furtou o caixa da empresa, o que configura falta grave do empregado. Ao final da ação, o juiz entende que tanto empregado, quanto empregador, cometeram, simultaneamente, faltas graves, o que configura a culpa recíproca.

"**Art. 484.** Havendo culpa recíproca no ato que determinou a rescisão do contrato de trabalho, o tribunal de trabalho reduzirá a indenização à que seria devida em caso de culpa exclusiva do empregador, por metade".

O empregado recebe todas as verbas rescisórias, mas **tudo pela metade**.

1.17.6 Distrato

A Reforma Trabalhista inseriu uma nova forma de extinção do contrato de trabalho, qual seja o Distrato, que autoriza o rompimento do contrato de comum acordo entre as partes, conforme dispõe o art. 484-A, *caput*, da CLT.

"**Art. 484-A.** O contrato de trabalho poderá ser extinto por acordo entre empregado e empregador, caso em que serão devidas as seguintes verbas trabalhistas: (...)"

1.17.6.1 Verbas rescisórias

Na extinção do contrato por meio do distrato, as verbas indenizatórias são devidas pela metade, as demais integrais, somente 80% do saldo do FGTS é liberado e o empregado não tem direito à habilitação no programa do Seguro Desemprego (art. 484-A da CLT), vez que não estará em situação de desemprego involuntário.

"**Art. 484-A.** (...)

I – por metade:

a) o aviso prévio, se indenizado; e

b) a indenização sobre o saldo do Fundo de Garantia do Tempo de Serviço, prevista no § 1º do art. 18 da Lei n. 8.036, de 11 de maio de 1990;

II – na integralidade, as demais verbas trabalhistas.

§ 1º A extinção do contrato prevista no *caput* deste artigo permite a movimentação da conta vinculada do trabalhador no Fundo de Garantia do Tempo de Serviço na forma do inciso I-A do art. 20 da Lei n. 8.036, de 11 de maio de 1990, limitada até 80% (oitenta por cento) do valor dos depósitos.

§ 2º A extinção do contrato por acordo prevista no *caput* deste artigo não autoriza o ingresso no Programa de Seguro-Desemprego".

1.17.7 Fato do Príncipe

Ocorre a rescisão do contrato de trabalho através do fato do príncipe, quando a empresa for obrigada a paralisar de forma total ou parcial suas atividades, por ato de autoridade municipal, estadual ou federal, ou, ainda, por lei ou resolução que impossibilite a continuidade das atividades empresariais, conforme preceitua o art. 486 da CLT. Como exemplo, podemos citar o fato do Estado do Rio de Janeiro desapropriar parte da margem da rodovia onde fica localizada a sede da empresa, entretanto, o valor da indenização pela desapropriação foi muito baixo, o que aliado ao fato da ausência de fluxo de caixa da empresa, gerou o encerramento de suas atividades. Nesse caso, restou configurada a rescisão do contrato por fato do príncipe. Vale destacar, que a rescisão deve ocorrer por fator alheio a vontade do empregador.

1.17.7.1 Verbas rescisórias

Nessa hipótese de extinção do contrato de trabalho, são devidas as mesmas verbas rescisórias da extinção sem justa causa, entretanto, as verbas de natureza indenizatórias são de responsabilidade do Estado. Ainda nesse sentido, sobre a obrigatoriedade do pagamento do aviso prévio indenizado temos duas correntes, uma que entende ser devido o seu pagamento, outra que entende de forma contrária. Ao nosso sentir, o aviso prévio indenizado é devido, haja vista que ficou configurada a surpresa no rompimento da relação de emprego.

1.17.8 Da rescisão do contrato por força maior

A rescisão do contrato de trabalho por força maior poderá ocorrer quando o contrato for rompido por conta de um acontecimento inevitável à vontade do empregador, e para o qual o mesmo não concorreu direta ou indiretamente, conforme art. 501 da CLT. Como exemplo, podemos citar um tornado que acabou destruindo a sede da empresa.

1.17.8.1 Das verbas rescisórias

No caso do empregado estável, além das verbas rescisórias devidas pela espécie de extinção do contrato, também faz jus ao recebimento das indenizações dos arts. 477 e 478 da CLT. Na hipótese do empregado que não era estável, o mesmo faz jus a todas as verbas como se a rescisão fosse sem justa causa, salvo, aviso prévio, e a indenização compensatória do FGTS é devida pela metade.

1.17.9 Prazo para quitação das verbas rescisórias

A Reforma Trabalhista trouxe inúmeras modificações ao art. 477 da CLT, no que tange à rescisão do contrato de trabalho.

Entre elas, uma das mais importantes para o dia a dia do empregado e do empregador é a alteração do prazo para pagamento das verbas rescisórias.

Antes da Reforma, o prazo e sua contagem dependiam da forma da concessão do aviso prévio, se indenizado ou trabalhado, o que não ocorre mais. Com a Reforma Trabalhista, o art. 477, § 6º, foi alterado, de forma que, independentemente da forma da concessão do aviso prévio, o prazo para pagamento das verbas rescisórias é de 10 dias, contados a partir da extinção do contrato.

"Art. 477. (...)

§ 6º A entrega ao empregado de documentos que comprovem a comunicação da extinção contratual aos órgãos competentes bem como o pagamento dos valores constantes do instrumento de rescisão ou recibo de quitação deverão ser efetuados até dez dias contados a partir do término do contrato".

A contagem do referido prazo deverá ser realizada nos moldes do art. 132 do CC.

Na hipótese do não pagamento das verbas rescisórias no prazo estipulado pela lei, fica o empregador obrigado a pagar ao empregado uma multa equivalente a um mês de remuneração, nos termos do art. 477, § 8º, da CLT.

"Art. 477. (...)

§ 8º A inobservância do disposto no § 6º deste artigo sujeitará o infrator à multa de 160 BTN, por trabalhador, bem assim ao pagamento da multa a favor do empregado, em valor equivalente ao seu salário, devidamente corrigido pelo índice de variação do BTN, salvo quando, comprovadamente, o trabalhador der causa à mora".

1.17.10 Da homologação da extinção do contrato

A Reforma Trabalhista revogou o § 1º, bem como alterou a redação do *caput* do art. 477 da CLT, deixando de exigir a homologação do sindicato de classe ou órgão competente para validade da extinção do contrato de trabalho, bastando para tanto que:

a) empregador anotar a baixa na CTPS;
b) empregador comunicar a extinção aos órgãos competentes;
c) realizar o pagamento das verbas rescisórias no prazo.

"Art. 477. Na extinção do contrato de trabalho, o empregador deverá proceder à anotação na Carteira de Trabalho e Previdência Social, comunicar a dispensa aos órgãos competentes e realizar o pagamento das verbas rescisórias no prazo e na forma estabelecidos neste artigo.

§ 1º (Revogado)".

1.17.11 Da forma de pagamento das verbas rescisórias

A Reforma Trabalhista alterou a redação do parágrafo 4º do art. 477, para expressamente autorizar o pagamento das verbas rescisórias por meio de depósito bancário, além do pagamento em dinheiro ou cheque visado.

"Art. 477. (...)

§ 4º O pagamento a que fizer jus o empregado será efetuado:

I – em dinheiro, depósito bancário ou cheque visado, conforme acordem as partes; ou

II – em dinheiro ou depósito bancário quando o empregado for analfabeto".

1.17.11.1 Procedimento para requerimento do seguro-desemprego e movimentação do FGTS

A Reforma Trabalhista incluiu o § 10 ao art. 477, o que desburocratizou o requerimento do Seguro-Desemprego e a movimentação da conta do FGTS, sendo que a partir de agora basta o empregado apresentar sua CTPS devidamente anotada, bem como o empregado ter realizado as comunicações previstas no *caput* do art. 477 para ter acesso aos supracitados direitos. Com efeito, antes da Reforma, em regra, o empregado precisava buscar à Justiça via pedido de Tutela Provisória.

"**Art. 477.** (...)

§ 10 A anotação da extinção do contrato na Carteira de Trabalho e Previdência Social é documento hábil para requerer o benefício do seguro-desemprego e a movimentação da conta vinculada no Fundo de Garantia do Tempo de Serviço, nas hipóteses legais, desde que a comunicação prevista no *caput* deste artigo tenha sido realizada".

1.17.12 Da assistência na rescisão do contrato de trabalho

O § 7º do art. 477 da CLT foi revogado, de forma que, a partir da vigência da Reforma Trabalhista, os sindicatos poderão exigir algum ônus do trabalhador ou empregador para assistirem as partes na rescisão do contrato de trabalho.

1.17.13 Da Compensação nas Verbas Rescisórias

A compensação, em regra, ocorrerá quando ao mesmo tempo empregado e empregador forem credor e devedor um do outro, de verbas de natureza trabalhista (art. 767 da CLT).

Como regra, a compensação, é utilizada como tese de defesa no processo do trabalho, mas também pode ocorrer na rescisão do contrato de trabalho.

O art. 477, § 5º, da CLT, autoriza que o empregador efetue o desconto nas verbas rescisórias do empregado até o limite do valor de um mês de remuneração.

1.17.14 Da dispensa coletiva

A Reforma Trabalhista inovou ao inserir o art. 477-A na CLT, prevendo a equiparação entre a dispensa individual e coletiva, possibilidade da realização de dispensa coletiva ou em massa, sem a necessidade do preenchimento de qualquer requisito prévio, inclusive autorização do sindicato de classe ou celebração de Convenção Coletiva de Trabalho.

"**Art. 477-A.** As dispensas imotivadas individuais, plúrimas ou coletivas equiparam-se para todos os fins, não havendo necessidade de autorização prévia de entidade sindical ou de celebração de convenção coletiva ou acordo coletivo de trabalho para sua efetivação".

1.17.15 Efeitos da quitação por meio do PDV

A Reforma Trabalhista colocou fim sobre a discussão que existia sobre os efeitos da quitação do contrato de trabalho por meio do PDV, enquanto o STF entendia que era possível que o PDV contivesse cláusula de eficácia liberatória geral, desde que prevista em norma coletiva, o TST, por meio da OJ 270 da SDI-1, entendia que a adesão ao PDV importava apenas na quitação das parcelas constantes do recibo.

Agora, o art. 477-B dispõe claramente que a adesão ao PDV, previsto em norma coletiva, confere quitação com eficácia liberatória geral, salvo estipulação em contrário das partes.

"**Art. 477-B.** Plano de Demissão Voluntária ou Incentivada, para dispensa individual, plúrima ou coletiva, previsto em convenção coletiva ou acordo coletivo de trabalho, enseja quitação plena e irrevogável dos direitos decorrentes da relação empregatícia, salvo disposição em contrário estipulada entre as partes".

1.18 Do dano extrapatrimonial

A CLT passou a regulamentar o dano extrapatrimonial por meio dos arts. 223-A ao 223-G.

Dentro desse aspecto, o primeiro ponto que merece destaque é o fato de o art. 223-B conceituar o que é o dano extrapatrimonial, informando que o mesmo restará configurado quando por ação ou omissão ocorrer ofensa à esfera moral ou existencial da pessoa física ou jurídica.

O referido artigo ainda deixa claro que o empregador, pessoa jurídica, também poderá sofrer dano extrapatrimonial.

O mencionado artigo também limita o direito à reparação aos titulares do direito.

"**Art. 223-B.** Causa dano de natureza extrapatrimonial a ação ou omissão que ofenda a esfera moral ou existencial da pessoa física ou jurídica, as quais são as titulares exclusivas do direito à reparação".

O art. 223-C trouxe um rol exemplificativo dos bens jurídicos que poderão configurar o dano extrapatrimonial.

"**Art. 223-C.** A honra, a imagem, a intimidade, a liberdade de ação, a autoestima, a sexualidade, a saúde, o lazer e a integridade física são os bens juridicamente tutelados inerentes à pessoa física".

Outrossim, o art. 223-D trouxe o rol exemplificativo dos bens jurídicos que poderão configurar o dano extrapatrimonial com relação à pessoa jurídica.

"**Art. 223-D.** A imagem, a marca, o nome, o segredo empresarial e o sigilo da correspondência são bens juridicamente tutelados inerentes à pessoa jurídica".

O art. 223-E dispõe sobre a quem compete a responsabilidade pelo dano extrapatrimonial, informando que a referida responsabilidade cabe a qualquer um que contribuir para a ofensa ao bem jurídico tutelado, observada a proporção da sua participação.

"Art. 223-E. São responsáveis pelo dano extrapatrimonial todos os que tenham colaborado para a ofensa ao bem jurídico tutelado, na proporção da ação ou da omissão".

O art. 223-F e seus parágrafos autorizam a cumulação entre os pedidos de dano extrapatrimonial e patrimonial decorrentes do mesmo ato ilícito, bem como de que, ao deferir o pedido, o juiz deverá discriminar individualmente cada condenação.

O § 2º do art. 223-F dispõe que o deferimento dos danos patrimoniais não deve interferir na quantificação do dano extrapatrimonial.

"Art. 223-F. A reparação por danos extrapatrimoniais pode ser pedida cumulativamente com a indenização por danos materiais decorrentes do mesmo ato lesivo.

§ 1º Se houver cumulação de pedidos, o juízo, ao proferir a decisão, discriminará os valores das indenizações a título de danos patrimoniais e das reparações por danos de natureza extrapatrimonial.

§ 2º A composição das perdas e danos, assim compreendidos os lucros cessantes e os danos emergentes, não interfere na avaliação dos danos extrapatrimoniais".

O art. 223-G, trazido pela Reforma Trabalhista, dispõe sobre as características ou requisitos que o juiz deverá observar ao julgar o dano extrapatrimonial.

Nesse mesmo sentido, o § 1º do referido artigo trouxe ao ordenamento jurídico trabalhista uma gradação para o deferimento do dano extrapatrimonial, separando a condenação pelo grau da ofensa em leve, média, grave e gravíssima, bem como limita o valor da condenação de acordo com o grau de ofensa.

Nesse passo, o dispositivo legal também indicou a base de cálculo para valorar a indenização pelo dano extrapatrimonial, qual seja, o valor do salário contratual do ofendido.

Para evitar abuso por parte do empregador, a Reforma também estipulou o pagamento em dobro da indenização no caso de reincidência.

No caso de morte não se aplicam os parâmetros citados acima.

"Art. 223-G. Ao apreciar o pedido, o juízo considerará:

I – a natureza do bem jurídico tutelado;

II – a intensidade do sofrimento ou da humilhação;

III – a possibilidade de superação física ou psicológica;

IV – os reflexos pessoais e sociais da ação ou da omissão;

V – a extensão e a duração dos efeitos da ofensa;

VI – as condições em que ocorreu a ofensa ou o prejuízo moral;

VII – o grau de dolo ou culpa;

VIII – a ocorrência de retratação espontânea;

IX – o esforço efetivo para minimizar a ofensa;

X – o perdão, tácito ou expresso;

XI – a situação social e econômica das partes envolvidas;

XII – o grau de publicidade da ofensa.

§ 1º Se julgar procedente o pedido, o juízo fixará a indenização a ser paga, a cada um dos ofendidos, em um dos seguintes parâmetros, vedada a acumulação:

I – ofensa de natureza leve, até três vezes o último salário contratual do ofendido;

II – ofensa de natureza média, até cinco vezes o último salário contratual do ofendido;

III – ofensa de natureza grave, até vinte vezes o último salário contratual do ofendido;

IV – ofensa de natureza gravíssima, até cinquenta vezes o último salário contratual do ofendido.

§ 2º Se o ofendido for pessoa jurídica, a indenização será fixada com observância dos mesmos parâmetros estabelecidos no § 1º deste artigo, mas em relação ao salário contratual do ofensor.

§ 3º Na reincidência entre partes idênticas, o juízo poderá elevar ao dobro o valor da indenização".

1.19 Direito de greve – Lei n. 7.783/89

É a suspensão coletiva, temporária e pacífica, total ou parcial, de prestação pessoal de serviços a empregador.

"Art. 2º Para os fins desta Lei, considera-se legítimo exercício do direito de greve a suspensão coletiva, temporária e pacífica, total ou parcial, de prestação pessoal de serviços a empregador".

O direito de greve é individual, mas seu exercício é sempre coletivo.

1.19.1 Efeitos sobre o contrato de trabalho

Regra: suspensão do contrato de trabalho (sem trabalho/sem salário), nos termos do art. 7º da Lei de Greve.

"**Art. 7º** Observadas as condições previstas nesta Lei, a participação em greve suspende o contrato de trabalho, devendo as relações obrigacionais, durante o período, serem regidas pelo acordo, convenção, laudo arbitral ou decisão da Justiça do Trabalho.

Parágrafo único. É vedada a rescisão de contrato de trabalho durante a greve, bem como a contratação de trabalhadores substitutos, exceto na ocorrência das hipóteses previstas nos arts. 9º e 14".

Durante a greve, o empregado não pode ser demitido, bem como substituído, salvo se a greve for abusiva.

Exceção:

A suspensão pode se transformar em interrupção, por meio de ajuste entre empregado e empregador, por negociação coletiva ou decisão da Justiça do Trabalho.

1.19.2 Greve abusiva

Considera-se abusiva a greve que não observa os preceitos legais, bem como aquela mantida após celebração de Norma Coletiva ou proferida Sentença Normativa.

Avisos:
- serviços não essenciais: 48 horas, apenas empregador;
- serviços essenciais: 72 horas, empregador e coletividade.

"**Art. 3º** Frustrada a negociação ou verificada a impossibilidade de recursos via arbitral, é facultada a cessação coletiva do trabalho.

Parágrafo único. A entidade patronal correspondente ou os empregadores diretamente interessados serão notificados, com antecedência mínima de 48 (quarenta e oito) horas, da paralisação".

"**Art. 13.** Na greve, em serviços ou atividades essenciais, ficam as entidades sindicais ou os trabalhadores, conforme o caso, obrigados a comunicar a decisão aos empregadores e aos usuários com antecedência mínima de 72 (setenta e duas) horas da paralisação".

> **ATENÇÃO!**
> A greve abusiva não gera efeitos, conforme preconiza a OJ 10 da SDC do TST.

OJ n. 10. GREVE ABUSIVA NÃO GERA EFEITOS (inserida em 27-3-1998)

É incompatível com a declaração de abusividade de movimento grevista o estabelecimento de quaisquer vantagens ou garantias a seus partícipes, que assumiram os riscos inerentes à utilização do instrumento de pressão máximo.

1.19.3 Greve em atividades essenciais

É possível a greve em atividades essenciais, desde que preenchidos os requisitos legais, bem como os grevistas garantam, durante a greve, a prestação de parte dos serviços.

"**Art. 10.** São considerados serviços ou atividades essenciais:

I – tratamento e abastecimento de água; produção e distribuição de energia elétrica, gás e combustíveis;

II – assistência médica e hospitalar;

III – distribuição e comercialização de medicamentos e alimentos;

IV – funerários;

V – transporte coletivo;

VI – captação e tratamento de esgoto e lixo;

VII – telecomunicações;

VIII – guarda, uso e controle de substâncias radioativas, equipamentos e materiais nucleares;

IX – processamento de dados ligados a serviços essenciais;

X – controle de tráfego aéreo;

XI – compensação bancária".

Restrições ao direito de greve

a) Militares

Os militares não têm direito de greve, nos termos do art. 142, § 3º, IV, da CF.

"**Art. 142.** As Forças Armadas, constituídas pela Marinha, pelo Exército e pela Aeronáutica, são instituições nacionais permanentes e regulares, organizadas com base na hierarquia e na disciplina, sob a autoridade suprema do Presidente da República, e destinam-se à defesa da Pátria, à garantia dos poderes constitucionais e, por iniciativa de qualquer destes, da lei e da ordem. (...)

§ 3º (...)

IV – ao militar são proibidas a sindicalização e a greve";

b) *Lockout* (art. 17 da Lei n. 7.783/89)

É a greve realizada pelo empregador, sendo que sua consequência é o pagamento dos salários dos empregados durante a paralisação.

"**Art. 17.** Fica vedada a paralisação das atividades, por iniciativa do empregador, com o objetivo de frustrar negociação ou dificultar o atendimento de reivindicações dos respectivos empregados (*lockout*).

Parágrafo único. A prática referida no *caput* assegura aos trabalhadores o direito à percepção dos salários durante o período de paralisação".

1.20 Direito coletivo

O direito coletivo do trabalho visa a estabelecer os direitos inerentes a toda uma coletividade de trabalhadores, como, por exemplo, uma categoria profissional.

O estudo do direito coletivo do trabalho se divide em três pilares básicos, quais sejam: organização sindical, negociação coletiva e greve, que já vimos no capítulo anterior.

Nesse momento não há mais que falar em parte mais fraca, como nos referíamos ao empregado na relação de emprego, uma vez que aqui as partes são representadas por seus sindicatos, de forma que existe igualdade entre eles, independentemente se representam o empregado ou o empregador.

1.20.1 Liberdade sindical ou livre associação

Nenhum trabalhador no Brasil é obrigado a participar de um sindicato, nos termos do art. 8º, V, da CF/88.

"Art. 8º É livre a associação profissional ou sindical, observado o seguinte: (...)

V – ninguém será obrigado a filiar-se ou a manter-se filiado a sindicato";

1.20.2 Sindicato

É uma associação, pessoa jurídica de direito privado que representa trabalhadores e empregadores e visa à defesa de seus respectivos interesses coletivos (art. 511 da CLT).

"Art. 511. É lícita a associação para fins de estudo, defesa e coordenação dos seus interesses econômicos ou profissionais de todos os que, como empregadores, empregados, agentes ou trabalhadores autônomos ou profissionais liberais exerçam, respectivamente, a mesma atividade ou profissão ou atividades ou profissões similares ou conexas".

1.20.3 Unicidade sindical

No Brasil, admite-se apenas um único sindicato para um dado grupo de trabalhadores em dada base territorial (art. 8º, II, da CF).

"Art. 8º (...)

II – é vedada a criação de mais de uma organização sindical, em qualquer grau, representativa de categoria profissional ou econômica, na mesma base territorial, que será definida pelos trabalhadores ou empregadores interessados, não podendo ser inferior à área de um Município";

1.20.4 Registro do sindicato perante órgão competente

É obrigatório, nos termos do art. 8º, I, da CF, o registro do sindicato junto ao órgão competente, a fim de que possa iniciar suas atividades de representação da categoria.

"Art. 8º (...)

I – a lei não poderá exigir autorização do Estado para a fundação de sindicato, ressalvado o registro no órgão competente, vedadas ao Poder Público a interferência e a intervenção na organização sindical";

1.20.5 Categoria profissional, econômica e diferenciada

Conforme nosso ordenamento jurídico, a organização dos trabalhadores se dá por categorias, de forma que é importante saber sobre o conceito de categoria profissional, econômica e diferenciada.

a) Profissional (art. 511, § 2º, da CLT)

Categoria profissional diz respeito à associação dos empregados em sindicato que represente trabalhadores com condições semelhantes em face da atividade desenvolvida pelo empregador. Se há várias atividades desenvolvidas simultaneamente, aplica-se a regra da atividade preponderante, qual seja, a considerada principal na empresa.

"Art. 511. (...)

§ 2º A similitude de condições de vida oriunda da profissão ou trabalho em comum, em situação de emprego na mesma atividade econômica ou em atividades econômicas similares ou conexas, compõe a expressão social elementar compreendida como categoria profissional".

b) Econômica (art. 511, § 1º, da CLT)

Em paridade com o conceito de categoria profissional, temos que a categoria profissional é a reunião de empregadores que exercem atividades idênticas, similares ou conexas, e por consequência formará um sindicato patronal.

"Art. 511. (...)

§ 1º A solidariedade de interesses econômicos dos que empreendem atividades idênticas, similares ou conexas, constituem o vínculo social básico que se denomina categoria econômica".

c) Diferenciada

Em regra, a união dos trabalhadores ocorre em razão da atividade preponderante do empregador, todavia tal regra comporta exceção, que é o enquadramento do empregado em uma categoria diferenciada.

A categoria diferenciada é aquela que se forma por meio da união de empregados com a profissão regulamentada por lei específica ou que conste no quadro do art. 511, § 3º, da CLT.

"Art. 511. (...)

§ 3º Categoria profissional diferenciada é a que se forma dos empregados que exercem profissões ou funções diferenciadas por força de estatuto profissional especial ou em consequência de condições de vida singulares".

Vale, no particular, citar a Súmula 374 do TST, que assim averba: *"Empregado integrante de categoria profissional diferenciada não tem o direito de haver de seu empregador vantagens previstas em instrumento coletivo no qual a empresa não foi representada por órgão de classe de sua categoria".*

1.20.6 Base territorial mínima de atuação sindical

A base territorial mínima para criação e atuação de sindicato da mesma categoria é a área de um município, conforme dispõe o art. 8º, II, da CF.

"Art. 8º (...)

II – é vedada a criação de mais de uma organização sindical, em qualquer grau, representativa de categoria profissional ou econômica, na mesma base territorial, que será definida pelos trabalhadores ou empregadores interessados, não podendo ser inferior à área de um Município";

1.20.7 Atribuições e prerrogativas dos sindicatos

Ao sindicato são atribuídas várias funções, entre as quais merece destaque:

a) Representação da categoria no âmbito judicial e administrativo (art. 8º, III, da CF, e art. 513, *a*, da CLT).

"Art. 8º (...)

III – ao sindicato cabe a defesa dos direitos e interesses coletivos ou individuais da categoria, inclusive em questões judiciais ou administrativas";

"Art. 513. São prerrogativas dos sindicatos: (...)

a) representar, perante as autoridades administrativas e judiciárias os interesses gerais da respectiva categoria ou profissão liberal ou interesses individuais dos associados relativos a atividade ou profissão exercida";

b) Negociação coletiva (art. 8º, VI, da CF, e art. 513, b, CLT)

"Art. 8º (...)

VI – é obrigatória a participação dos sindicatos nas negociações coletivas de trabalho";

"Art. 513. (...)

b) celebrar contratos coletivos de trabalho";

Custeio da Atividade Sindical
a) Contribuição Sindical

Uma das maiores alterações trazidas pela Reforma Trabalhista foi acabar com a obrigatoriedade do pagamento da Contribuição Sindical, que a partir de agora passa a ser devida apenas pelos representantes das categorias profissional, econômica e diferenciada quando expressamente autorizada, conforme preceituam os arts. 578 e 579 da CLT.

"Art. 578. As contribuições devidas aos sindicatos pelos participantes das categorias econômicas ou profissionais ou das profissões liberais representadas pelas referidas entidades serão, sob a denominação de contribuição sindical, pagas, recolhidas e aplicadas na forma estabelecida neste Capítulo, desde que prévia e expressamente autorizadas.

Art. 579. O desconto da contribuição sindical está condicionado à autorização prévia e expressa dos que participarem de uma determinada categoria econômica ou profissional, ou de uma profissão liberal, em favor do sindicato representativo da mesma categoria ou profissão ou, inexistindo este, na conformidade do disposto no art. 591 desta Consolidação".

b) Contribuição Confederativa (art. 8º, IV, da CF, e Súmula Vinculante 40)

Tem como objetivo financiar o sistema confederativo, e só é devida pelos trabalhadores sindicalizados.

"Art. 8º (...)

IV – a assembleia geral fixará a contribuição que, em se tratando de categoria profissional, será descontada em folha, para custeio do sistema confederativo da representação sindical respectiva, independentemente da contribuição prevista em lei";

Súmula Vinculante 40 do STF

"A contribuição confederativa de que trata o art. 8º, IV, da CF, só é exigível dos filiados ao sindicato respectivo".

c) Contribuição Assistencial

É utilizada para o custeio das atividades assistenciais do sindicato, e somente é devida dos empregados sindicalizados, aplicando-se os mesmos preceitos da contribuição confederativa, conforme art. 513, *e*, da CLT.

"Art. 513. São prerrogativas dos sindicatos: (...)

e) impor contribuições a todos aqueles que participam das categorias econômicas ou profissionais ou das profissões liberais representadas".

1.20.8 Convenção coletiva x acordo coletivo

a) Convenção Coletiva de Trabalho

É o resultado da negociação entre o sindicato patronal e o sindicato dos empregados, conforme art. 611 da CLT.

"Art. 611. Convenção Coletiva de Trabalho é o acordo de caráter normativo, pelo qual dois ou

DIREITO DO TRABALHO

mais Sindicatos representativos de categorias econômicas e profissionais estipulam condições de trabalho aplicáveis, no âmbito das respectivas representações, às relações individuais de trabalho".

b) Acordo Coletivo de Trabalho

É o resultado da negociação entre um ou mais empregadores e o sindicato dos trabalhadores, conforme art. 611, § 1º, da CLT.

"Art. 611. (...)

§ 1º É facultado aos Sindicatos representativos de categorias profissionais celebrar Acordos Coletivos com uma ou mais empresas da correspondente categoria econômica, que estipulem condições de trabalho, aplicáveis no âmbito da empresa ou das acordantes respectivas relações de trabalho".

A Reforma Trabalhista criou um princípio para o direito coletivo do trabalho, qual seja, da *intervenção mínima na autonomia da vontade*, de forma que, a partir do referido princípio trazido pela redação do novo § 3º do art. 8º da CLT, a Justiça do Trabalho, na análise das normas coletivas, somente poderá verificar os requisitos para validade do negócio jurídico (art. 104 do CC), quais sejam: a) agente capaz; b) objeto lícito, possível, determinado ou determinável.

"Art. 8º (...)

§ 3º No exame de convenção coletiva ou acordo coletivo de trabalho, a Justiça do Trabalho analisará exclusivamente a conformidade dos elementos essenciais do negócio jurídico, respeitado o disposto no art. 104 da Lei n. 10.406, de 10 de janeiro de 2002 (Código Civil), e balizará sua atuação pelo princípio da intervenção mínima na autonomia da vontade coletiva".

1.20.9 Duração dos efeitos da norma coletiva

O prazo máximo de vigência da norma coletiva, independentemente de convenção ou acordo, é de 2 anos, sendo vedada a ultratividade, ou seja, é proibido que a norma coletiva continue gerando efeitos após o seu termo, conforme art. 614, § 3º, da CLT.

"Art. 614. Os Sindicatos convenentes ou as empresas acordantes promoverão, conjunta ou separadamente, dentro de 8 (oito) dias da assinatura da Convenção ou Acordo, o depósito de uma via do mesmo, para fins de registro e arquivo, no Departamento Nacional do Trabalho, em se tratando de instrumento de caráter nacional ou interestadual, ou nos órgãos regionais do Ministério do Trabalho e Previdência Social, nos demais casos.(...)

§ 3º Não será permitido estipular duração de convenção coletiva ou acordo coletivo de trabalho superior a dois anos, sendo vedada a ultratividade".

1.20.10 Limites da norma coletiva

O estudo desse tópico deve começar com a seguinte pergunta: Existem limites impostos à negociação coletiva? E a resposta é sim. O art. 611-B da CLT, alterado pela Reforma Trabalhista, impôs restrição à supressão ou redução de alguns direitos trabalhistas através das normas coletivas. Para facilitar a lembrança de que se tratam de direitos "engessados", denominam tais direitos como "cláusulas pétreas" do direito do trabalho. Nesse aspecto, independente da vontade das partes, não será possível que a norma coletiva flexibilize, para prejudicar o empregado, os direitos previstos no mencionado artigo. Em nossa opinião, o rol do art. 611-B da CLT, trata de um rol taxativo, e não meramente exemplificativo.

"Art. 611-B. Constituem objeto ilícito de convenção coletiva ou de acordo coletivo de trabalho, exclusivamente, a supressão ou a redução dos seguintes direitos:

I – normas de identificação profissional, inclusive as anotações na Carteira de Trabalho e Previdência Social;

II – seguro-desemprego, em caso de desemprego involuntário;

III – valor dos depósitos mensais e da indenização rescisória do Fundo de Garantia do Tempo de Serviço (FGTS);

IV – salário mínimo;

V – valor nominal do décimo terceiro salário;

VI – remuneração do trabalho noturno superior à do diurno;

VII – proteção do salário na forma da lei, constituindo crime sua retenção dolosa;

VIII – salário-família;

IX – repouso semanal remunerado;

X – remuneração do serviço extraordinário superior, no mínimo, em 50% (cinquenta por cento) à do normal;

XI – número de dias de férias devidas ao empregado;

XII – gozo de férias anuais remuneradas com, pelo menos, um terço a mais do que o salário normal;

XIII – licença-maternidade com a duração mínima de cento e vinte dias;

XIV – licença-paternidade nos termos fixados em lei;

XV – proteção do mercado de trabalho da mulher, mediante incentivos específicos, nos termos da lei;

XVI – aviso prévio proporcional ao tempo de serviço, sendo no mínimo de trinta dias, nos termos da lei;

XVII – normas de saúde, higiene e segurança do trabalho previstas em lei ou em normas regulamentadoras do Ministério do Trabalho;

XVIII – adicional de remuneração para as atividades penosas, insalubres ou perigosas;

XIX – aposentadoria;

XX – seguro contra acidentes de trabalho, a cargo do empregador;

XXI – ação, quanto aos créditos resultantes das relações de trabalho, com prazo prescricional de cinco anos para os trabalhadores urbanos e rurais, até o limite de dois anos após a extinção do contrato de trabalho;

XXII – proibição de qualquer discriminação no tocante a salário e critérios de admissão do trabalhador com deficiência;

XXIII – proibição de trabalho noturno, perigoso ou insalubre a menores de dezoito anos e de qualquer trabalho a menores de dezesseis anos, salvo na condição de aprendiz, a partir de quatorze anos;

XXIV – medidas de proteção legal de crianças e adolescentes;

XXV – igualdade de direitos entre o trabalhador com vínculo empregatício permanente e o trabalhador avulso;

XXVI – liberdade de associação profissional ou sindical do trabalhador, inclusive o direito de não sofrer, sem sua expressa e prévia anuência, qualquer cobrança ou desconto salarial estabelecidos em convenção coletiva ou acordo coletivo de trabalho;

XXVII – direito de greve, competindo aos trabalhadores decidir sobre a oportunidade de exercê-lo e sobre os interesses que devam por meio dele defender;

XXVIII – definição legal sobre os serviços ou atividades essenciais e disposições legais sobre o atendimento das necessidades inadiáveis da comunidade em caso de greve;

XXIX – tributos e outros créditos de terceiros;

XXX – as disposições previstas nos arts. 373-A, 390, 392, 392-A, 394, 394-A, 395, 396 e 400 desta Consolidação.

Parágrafo único. Regras sobre duração do trabalho e intervalos não são consideradas como normas de saúde, higiene e segurança do trabalho para os fins do disposto neste artigo".

1.20.11 Acordado (negociado) x legislado

A Reforma Trabalhista trouxe uma grande inovação para direito coletivo do trabalho, uma vez que expressamente autorizou que, em determinados casos, o acordado entre as partes, por meio da norma coletiva, se sobreponha à legislação, conforme dispõe o art. 611-A da CLT. Nesse diapasão, é possível que a norma coletiva traga flexibilização maléfica ao empregado, no que tange à questão financeira, de direção do trabalho, do exercício da atividade, ou, ainda, com relação a jornada de trabalho.

"**Art. 611-A.** A convenção coletiva e o acordo coletivo de trabalho têm prevalência sobre a lei quando, entre outros, dispuserem sobre:

I – pacto quanto à jornada de trabalho, observados os limites constitucionais;

II – banco de horas anual;

III – intervalo intrajornada, respeitado o limite mínimo de trinta minutos para jornadas superiores a seis horas;

IV – adesão ao Programa Seguro-Emprego (PSE), de que trata a Lei n. 13.189, de 19 de novembro de 2015;

V – plano de cargos, salários e funções compatíveis com a condição pessoal do empregado, bem como identificação dos cargos que se enquadram como funções de confiança;

VI – regulamento empresarial;

VII – representante dos trabalhadores no local de trabalho;

VIII – teletrabalho, regime de sobreaviso, e trabalho intermitente;

IX – remuneração por produtividade, incluídas as gorjetas percebidas pelo empregado, e remuneração por desempenho individual;

X – modalidade de registro de jornada de trabalho;

XI – troca do dia de feriado;

XII – enquadramento do grau de insalubridade;

XIII – prorrogação de jornada em ambientes insalubres, sem licença prévia das autoridades competentes do Ministério do Trabalho;

XIV – prêmios de incentivo em bens ou serviços, eventualmente concedidos em programas de incentivo;

XV – participação nos lucros ou resultados da empresa".

REFERÊNCIAS

CASSAR, Vólia Bomfim. *Direito do trabalho*. 14. ed. rev., atual. e ampl. São Paulo: Método, 2017.

DELGADO, Maurício Godinho. *Curso de direito do trabalho*. 15. ed. São Paulo: LTr, 2016.

GARCIA, Gustavo Filipe Barbosa. *Curso de direito do trabalho*. 7. ed. Rio de Janeiro: Forense, 2013.

LEITE, Carlos Henrique Bezerra. *Curso de direito do trabalho*. 7. ed. São Paulo: Saraiva, 2016.

Acesse o *QR Code* e aproveite os conteúdos elaborados para você!
- BIZU OAB
- TOP 10

http://uqr.to/1wcfy

Questões
Direito do Trabalho

PRINCÍPIOS. RELAÇÃO DE TRABALHO E RELAÇÃO DE EMPREGO. ESTRUTURA DA RELAÇÃO EMPREGATÍCIA: ELEMENTOS COMPONENTES. NATUREZA JURÍDICA. TRABALHO DOMÉSTICO

1. (35º Exame) A sociedade empresária Transportes Canela Ltda., que realiza transporte rodoviário de passageiros, abriu processo seletivo para a contratação de motoristas profissionais e despachantes. Interessados nos cargos ofertados, Sérgio se apresentou como candidato ao cargo de motorista e Bárbara, ao cargo de despachante. A sociedade exigiu de ambos a realização de exame toxicológico para detecção de drogas ilícitas como condição para a admissão. Considerando a situação de fato e a previsão legal, assinale a afirmativa correta.

(A) Em hipótese alguma, o exame poderia ser feito, uma vez que viola a intimidade dos trabalhadores.
(B) O exame pode ser feito em ambos os empregados, desde que haja prévia autorização judicial.
(C) O exame seria válido para Sérgio por expressa previsão legal, mas seria ilegal para Bárbara.
(D) É possível o exame em Bárbara se houver fundada desconfiança da empresa, mas, para Sérgio, não pode ser realizado.

RESPOSTA A profissão de motorista profissional tem sua regulamentação própria nos arts. 235-A a 235-H da CLT. A referida profissão, por possuir características especiais, acaba recebendo uma regulamentação diferenciada das demais em alguns aspectos, como, por exemplo, o controle do uso de drogas. Assim, o art. 235-B, VII, da CLT, determina como dever do motorista profissional a realização de exame toxicológico periódico. Tal determinação não se aplica para o despachante. *Alternativa C.*

EMPREGADO: CONCEITO, CARACTERIZAÇÃO. ANOTAÇÃO DA CTPS. EMPREGADO EM DOMICÍLIO E TELETRABALHADOR. EMPREGADO DOMÉSTICO. ATLETA PROFISSIONAL

2. (41º Exame) Antônio Valente é seu cliente por conta de uma reclamação trabalhista ajuizada anteriormente, na qual vocês se sagraram vitoriosos. Agora, trabalhando para outro empregador, Antônio Valente viu a possibilidade de passar a exercer suas atividades em teletrabalho, mas sem saber exatamente o que configuraria essa modalidade. Antes de se candidatar à vaga, Antônio resolveu consultar você a respeito do tema. Assinale a opção que apresenta, corretamente, sua orientação.

(A) O teletrabalho pode ser pactuado, tácita ou expressamente, entre empregado e empregador, não necessitando constar do instrumento individual de contrato de trabalho.
(B) O trabalho em regime de teletrabalho não pressupõe a prestação dos serviços por jornada, por produção ou por tarefa.
(C) O teletrabalho será descaracterizado, caso o empregado, habitualmente, tenha que comparecer às dependências do empregador e o empregado retornará ao sistema de trabalho presencial.
(D) O teletrabalho se dá, total ou parcialmente, fora das dependências do empregador, não se configurando como trabalho externo, pressupondo a utilização de tecnologias de comunicação e informação.

RESPOSTA Conforme art. 75-B da CLT, o teletrabalho é aquele realizado, preponderantemente, fora da sede da empresa, através do uso de tecnologia da informação ou comunicação, sendo que o comparecimento do empregado ao ambiente de trabalho, mesmo que habitualmente, não descaracteriza sua natureza, devendo ser celebrado por escrito, admitindo a opção de contratar o empregado por jornada, produção ou tarefa. *Alternativa D.*

3. (40º Exame) Em 2024, uma companhia imobiliária contratou Olívia como estagiária. Olívia foi designada para trabalhar em regime de teletrabalho (trabalho em domicílio, home office) na confecção de planilhas de locatários inadimplentes, que, em seguida, são enviadas ao setor jurídico da sociedade empresária. Considerando os fatos e o que dispõe a CLT, assinale a afirmativa correta.

DIREITO DO TRABALHO

(A) O regime de teletrabalho é incompatível com o estágio, por frustrar o seu objetivo principal que é a vivência prática das rotinas.
(B) Havendo autorização prévia do Juiz do Trabalho, é possível, em caráter excepcional, o regime de teletrabalho no estágio.
(C) Somente se estivesse na cota de estagiário com deficiência, ela poderia trabalhar em regime de teletrabalho.
(D) Se for conveniente para as partes, o regime de teletrabalho pode ser adotado nos contratos de estágio.

RESPOSTA Em 2022, a Lei n. 14.422 alterou o art. 75-B da CLT e incluiu o § 6º, autorizando a adoção do estágio no regime de teletrabalho, sem a necessidade de autorização judicial ou em acúmulo com cota de deficiente. *Alternativa D.*

4. (38º Exame) Francisco é caseiro desde 2019 em uma chácara localizada em área urbana, cujo proprietário aluga o imóvel por temporada por meio de um site especializado neste tipo de negociação. Francisco tem a incumbência de manter limpa a casa, receber os locatários e atender às eventuais necessidades deles no tocante ao conforto e à segurança. Além disso, de 2ª feira a sábado, Francisco faz a manutenção geral do local, independentemente de estar locado, para que a aparência esteja sempre impecável e, assim, os hóspedes recomendem a estadia na chácara a outros candidatos. Diante desta situação e das normas de regência, assinale a opção que indica a categoria profissional de Francisco.

(A) Trabalhador intermitente.
(B) Empregado doméstico.
(C) Empregado rural.
(D) Empregado comum.

RESPOSTA A questão versa sobre o conceito e a diferenciação das várias modalidades de empregados. Em regra, poderia se imaginar que Francisco é um empregado doméstico, entretanto, a redação do art. 1º da Lei Complementar n. 150/2015, ao conceituar o empregado doméstico, proibiu que o empregador doméstico auferisse lucro com o trabalho do empregado, e nas situações que ocorressem referida lucratividade, o trabalhador deixaria de ser doméstico e passaria a ser considerado empregado urbano (arts. 2º e 3º da CLT). A banca erroneamente utilizou a nomenclatura "empregado comum" ao invés de urbano. Assim, como a questão não foi anulada, para o bom entendimento, temos que compreender o termo "empregado comum" como urbano. *Alternativa D.*

5. (35º Exame) Pedro Paulo joga futebol em um clube de sua cidade, que é classificado como formador, e possui com o referido clube um contrato de formação. Recentemente, recebeu uma proposta para assinar seu primeiro contrato profissional. Sabedor de que não há nenhum outro clube interessado em assinar um primeiro contrato especial de trabalho desportivo como profissional, Pedro Paulo consultou você, como advogado(a), para saber acerca da duração do referido contrato. Diante disso, observada a Lei Geral do Desporto, assinale a afirmativa correta.

(A) O contrato poderá ter prazo indeterminado.
(B) O contrato poderá ter duração máxima de cinco anos.
(C) O contrato poderá ter duração máxima de três anos.
(D) Não há prazo máximo estipulado, desde que seja por prazo determinado.

RESPOSTA A questão versa sobre o contrato de trabalho do atleta profissional. No caso, a entidade de prática desportiva formadora possui alguns benefícios, em razão do suporte fornecido aos atletas no início de carreira, dentre eles a possibilidade de firmar contrato especial de trabalho desportivo, pelo prazo de até cinco, com o atleta, a partir dos 16 anos de idade, art. 29 da Lei n. 9.615/98. *Alternativa B.*

EMPREGADOR: CONCEITO, CARACTERIZAÇÃO. PODERES DO EMPREGADOR. CARTÓRIOS. EMPRESA E ESTABELECIMENTO. GRUPO ECONÔMICO. SUCESSÃO DE EMPREGADORES. CONSÓRCIO DE EMPREGADORES. SITUAÇÕES DE RESPONSABILIZAÇÃO EMPRESARIAL.

6. (40º Exame) A empresa de trabalho temporário Sempre Alerta Ltda. terceirizará o serviço de limpeza da sociedade empresária Extintores Infalíveis Ltda., nela alocando 10 (dez) auxiliares de limpeza que se revezarão em turnos de 12 x 36 horas. No contrato apresentado, que vigora a partir de janeiro de 2024, por 180 dias, e é regido pela Lei n. 6.019/74, existe cláusula de reserva que proíbe a contratação de qualquer auxiliar pela empresa tomadora ao fim do prazo em que ele tenha sido colocado à sua disposição. Considerando os fatos e a norma de regência, assinale a afirmativa correta.

(A) A cláusula de reserva é válida, se ambas as partes a aceitarem.
(B) Para a validade da cláusula de reserva, é necessária a chancela do sindicato de classe dos empregadores.
(C) A inserção da cláusula de reserva é possível, desde que prevista em acordo coletivo de trabalho.
(D) A cláusula de reserva é nula de pleno direito.

RESPOSTA A questão trata do contrato de trabalho temporário, regulamentado pela Lei n. 6.019/74. A mencionada lei, em seu art. 11, parágrafo único, proíbe a inserção de cláusula de reserva nos contratos de trabalho, autorizando a contratação do trabalhador pela empresa tomadora. *Alternativa D.*

7. (36º Exame) Lúcio Lima foi contratado para trabalhar em uma empresa no ramo da construção civil. Seu empregador descumpriu inúmeros direitos trabalhistas, e, notadamente, deixou de pagar as verbas rescisórias. No período, Lúcio Lima prestou serviços em um contrato de subempreitada, já que seu empregador fora contratado pelo empreiteiro principal para realizar determinada obra de reforma. Diante desse cenário, Lúcio Lima contratou você, como advogado(a), para ajuizar uma reclamação trabalhista. Sobre a hipótese, segundo o texto legal da CLT em vigor, assinale a afirmativa correta.

(A) Cabe ação em face de ambas as sociedades empresárias, que figurarão no polo passivo da demanda.
(B) Trata-se de grupo econômico, o que induz obrigatoriamente à responsabilidade solidária de ambas as sociedades empresárias.
(C) Cabe apenas ação em face do efetivo empregador, já que não se trata de terceirização de mão de obra.
(D) A subempreitada é atividade ilícita por terceirizar atividade fim, razão pela qual se opera a sucessão de empregadores, configurando-se fraude.

RESPOSTA A questão envolve a figura jurídica do "Dono da Obra", ideia esculpida na OJ 191 da SDI-1 do TST. A referida situação não se trata de terceirização ou grupo econômico, o que deixa as alternativas "B" e "D" erradas. Em regra, o dono da obra não responde solidária ou subsidiariamente, salvo se for empresa construtora ou incorporadora. No caso, a empresa que contratou os serviços da empreiteira é uma construtora, de forma que ambas respondem pela verba trabalhista. *Alternativa A.*

8. (36º Exame) A sociedade empresária Mangiare Bene, do ramo de serviços de alimentação, tem um plano de expansão em que pretende assumir as atividades de outros restaurantes, passando a deter a maioria do capital social destes. Preocupada com os contratos de trabalho dos futuros empregados, ela consulta você, na condição de advogado(a). Em relação à consulta feita, considerando a CLT em vigor, assinale a afirmativa correta.

(A) A mudança na propriedade ou na estrutura jurídica da sociedade não afetará os contratos de trabalho dos respectivos empregados, mas, em caso de sucessão de empregadores, as obrigações trabalhistas, inclusive as contraídas à época em que os empregados trabalhavam para a empresa sucedida, são de responsabilidade do sucessor.

(B) A mudança na propriedade ou na estrutura jurídica da empresa não afetará os contratos de trabalho dos respectivos empregados, mas, operando-se a sucessão de empregadores, as obrigações trabalhistas contraídas à época em que os empregados trabalhavam para a empresa sucedida serão de responsabilidade desta; já as obrigações trabalhistas posteriores à sucessão são de responsabilidade do sucessor.

(C) Em caso de comprovação de fraude na sucessão de empregadores, a empresa sucessora responde como devedora principal, e a sucedida responderá subsidiariamente.

(D) Em caso de sucessão trabalhista, esta implicará novação dos contratos de trabalho dos empregados admitidos antes da sucessão, de modo que poderão ocorrer alterações contratuais pelo atual empregador por se entender como novo contrato, respeitado apenas o tempo de serviço.

RESPOSTA A questão trata da sucessão trabalhista e suas consequências. O art. 448-A da CLT, inserido na legislação trabalhista através da Reforma Trabalhista, dispõe que na ocorrência da sucessão trabalhista, a empresa sucessora passa a ser responsável direta pelas dívidas trabalhistas passadas e futuras, salvo se ocorrer fraude, nesse caso, a responsabilidade entre a sucessora e a sucedida será solidária (parágrafo único do art. 448-A). *Alternativa A.*

INVALIDADE DO CONTRATO DE EMPREGO. TEORIA DAS NULIDADES TRABALHISTAS. TRABALHO ILÍCITO E TRABALHO PROIBIDO E OS EFEITOS DA DECLARAÇÃO DE NULIDADE. CONTRATO DE TRABALHO INTERMITENTE

9. (35º Exame) A churrascaria Boi Gordo tem movimento variado ao longo dos diversos meses do ano. A variação também ocorre em algumas semanas, razão pela qual decidiu contratar alguns empregados por meio do chamado contrato intermitente. Diante disso, esses pretensos empregados ficaram com dúvidas e consultaram você, como advogado(a), para esclarecer algumas questões. Assinale a opção que indica, corretamente, o esclarecimento prestado.

(A) O tempo de resposta do empregado em relação à convocação para algum trabalho é de um dia útil para responder ao chamado, e o silêncio gera presunção de recusa.

(B) O empregador poderá convocar o empregado de um dia para o outro, sendo a antecedência de um dia útil, portanto.

(C) Para o empregado existe um limite de recusas por mês. Extrapolado o número de três recusas no mês, considerar-se-á rompido o contrato.

(D) O contrato intermitente pode ser tácito ou expresso, verbal ou escrito.

RESPOSTA O contrato de trabalho intermitente deve ser celebrado por escrito, o que foge à regra, uma vez que os contratos, em geral, podem ser celebrados de forma verbal, escrita ou até mesmo tácita. O empregador poderá convocar o empregado para o trabalho respeitando o prazo de três dias corridos de antecedência, e o empregado, por sua vez, tem até um dia útil para responder, sendo que, no silêncio, presume-se a recusa. Não há um número mínimo ou máximo de recusas previsto em lei. O contrato de trabalho intermitente foi regulamentado pelo art. 452-A da CLT. *Alternativa A.*

DURAÇÃO DO TRABALHO. COMPOSIÇÃO DA JORNADA. TEMPO À DISPOSIÇÃO. HORAS IN ITINERE. SOBREAVISO E PRONTIDÃO. CONTROLE DE JORNADA. TRABALHADORES EXCLUÍDOS DA DURAÇÃO DO TRABALHO. FÉRIAS

10. (37º Exame) Rachel foi contratada como empregada em 2019 por uma sociedade empresária fabricante de automóveis. Ocorre que a fábrica fica em um lugar longínquo, não servido por transporte público regular, e por isso a sociedade empresária disponibiliza um ônibus para buscar os empregados pela manhã e deixá-los em casa, ao final da jornada. Raquel gasta diariamente, em média, 50 minutos para chegar ao emprego e outros 50 minutos para retorno. Considerando esses fatos e o que dispõe a CLT, assinale a afirmativa correta.

(A) Os 50 minutos gastos na ida e os 50 minutos gastos na volta devem ser pagos como horas extras, na condição de hora *in itinere*.

(B) O tempo despendido pelo empregado desde sua residência até o posto de trabalho e para seu retorno não será computado na jornada de trabalho.

(C) O tempo gasto no transporte deverá ser pago porque será computado na jornada de trabalho, mas sem adicional.

(D) O juiz, no caso concreto, após a análise da geografia do local, deverá decidir se o tempo gasto no transporte deverá, ou não, ser quitado como hora extra.

RESPOSTA A Reforma Trabalhista alterou a redação do art. 58, § 2º, da CLT, que passou a dispor que o tempo gasto com deslocamento de casa para o efetivo local de trabalho e vice-versa, independentemente de qualquer outra situação relacionada a forma de transporte ou localidade da sede da empresa, não será considerado tempo à disposição do empregador, logo não há falar em horas extras. *Alternativa B.*

DIREITO DO TRABALHO

11. (35º Exame) Rogéria trabalha como eletricista na companhia de energia elétrica da sua cidade, cumprindo jornada diária de 6 horas, de 2ª a 6ª feira, com intervalo de 1 hora para refeição. Em um sábado por mês, Rogéria precisa permanecer na sede da companhia por 12 horas para atender imediatamente a eventuais emergências (queda de energia, estouro de transformador ou outras urgências). Para isso, a empresa mantém um local reservado com cama, armário e espaço de lazer, até porque não se sabe se haverá, de fato, algum chamado. De acordo com a CLT, assinale a opção que indica a denominação desse período no qual Rogéria permanecerá na empresa aguardando eventual convocação para o trabalho e como esse tempo será remunerado.

(A) Sobreaviso; será pago na razão de 1/3 do salário normal.
(B) Prontidão; será pago na razão de 2/3 do salário-hora normal.
(C) Hora extra; será pago com adicional de 50%.
(D) Etapa; será pago com adicional de 100%.

RESPOSTA A jornada de trabalho consiste no tempo em que o empregado permanece à disposição do empregador, cumprindo ordens ou aguardando para cumpri-las. O período em que o empregado fica à disposição do empregador aguardando o chamado para passar a executar suas atividades é considerado sobreaviso ou prontidão. A diferença entre sobreaviso e prontidão é que naquele o empregado aguarda o chamado em sua residência, enquanto neste o empregado fica na sede da empresa. Durante a prontidão, o empregado, por estar à disposição do empregador, mas sem prestar efetivamente o serviço, faz jus ao recebimento do valor de 2/3 do salário-hora normal, conforme art. 244, § 3º, da CLT. *Alternativa B.*

LIMITAÇÃO DE JORNADA. REGIME DE TEMPO PARCIAL. JORNADAS ESPECIAIS. TEMPO À DISPOSIÇÃO

12. (38º Exame) Você advoga para uma rede de farmácias e recebeu uma petição inicial de reclamação trabalhista para elaborar defesa acerca de pedido de tempo despendido com troca de uniforme. No caso, alega o autor que levava cerca de 20 minutos para vestir o uniforme, composto por calça social comum, camisa social simples e sapato comum, só podendo registrar o ponto já uniformizado. Afirma, ainda, que levava o uniforme diariamente para casa para higienizá-lo, podendo chegar às dependências do empregador já uniformizado. Sobre a hipótese apresentada, observadas as normas da CLT, assinale a opção que você apresentaria em defesa de sua cliente.

(A) O tempo despendido para a troca de uniforme sempre será computado na duração do trabalho, pois o empregado já se encontra nas dependências do empregador. Já o tempo despendido na higienização não deve ser computado.
(B) Inexistindo obrigatoriedade de troca de uniforme nas dependências do empregador, o tempo despendido não é computado na jornada de trabalho. Tampouco deve ser computado o tempo de higienização.
(C) O tempo despendido na troca de uniforme, assim como o gasto na higienização do mesmo, são computados na jornada de trabalho, pois estão relacionados diretamente com a função desempenhada e a obrigatoriedade de trabalhar com o uniforme.
(D) O tempo despendido na higienização do uniforme deverá ser computado na duração do trabalho, pois reduz o intervalo mínimo entre duas jornadas. Já a troca de uniforme comum não deve ser computado, porque não há obrigatoriedade de troca na empresa.

RESPOSTA A questão trata do tempo a disposição do empregador por mera liberalidade. A Reforma Trabalhista inclui na CLT o § 2º do art. 4º, no qual tratou, através de um rol meramente exemplificativo, dos casos em que o empregado permanece a disposição do empregador, na sede da empresa, por mera liberalidade, sendo que em tais casos, o tempo não é computado na jornada de trabalho. No caso específico da troca de uniforme, somente será considerado tempo a disposição do empregador e, computado na jornada de trabalho, na hipótese da obrigatoriedade da troca da vestimenta no ambiente de trabalho, o que não é o caso da questão. Em relação ao tempo gasto para higienização do uniforme, como é de responsabilidade do empregado, não é computado na jornada, art. 456-A da CLT. *Alternativa B.*

13. (37º Exame) Sabrina era empregada de um grande escritório de contabilidade desde 2021, e sempre chegava ao local de trabalho com 5 minutos de antecedência em relação ao horário contratual para trocar a roupa e colocar o uniforme da sociedade empresária. O empregador permitia que o empregado chegasse uniformizado, mas Sabrina achava melhor trocar a roupa na empresa por questão de segurança. Da mesma forma, após terminar o horário contratual, Sabrina permanecia mais 5 minutos no emprego para tirar o uniforme e colocar a sua roupa pessoal. Sabrina foi dispensada em fevereiro de 2023 e ajuizou reclamação trabalhista postulando 10 minutos diários de horas extras relativas às trocas de roupa. Sobre a hipótese apresentada, diante do que dispõe a CLT, assinale a afirmativa correta.

(A) Sabrina está correta na postulação e, caso comprovada, ensejará o pagamento de horas extras.
(B) A sociedade empresária deverá pagar metade do período como hora extra, uma vez que o excesso era de 10 minutos diários e o objetivo era a troca de uniforme.
(C) Sabrina terá direito ao pagamento dos 10 minutos diários, mas não do adicional de 50%.
(D) Sabrina está errada, pois esse período não será descontado nem computado como jornada extraordinária.

RESPOSTA A Reforma Trabalhista acrescentou o § 2º e seus incisos ao art. 4º da CLT, que versa sobre a jornada de trabalho. Jornada de trabalho é o tempo que o empregado fica à disposição do empregador, cumprindo ordens ou aguardando chamado para cumpri-las. No caso da troca de uniforme, o inciso VIII do referido artigo dispõe que caso seja obrigatória a troca de uniforme, o tempo gasto será considerado à disposição do empregador e computado na jornada, o que não é o caso retratado na questão, uma vez que a troca de uniforme era facultativa. Assim, a empregada não faz jus ao recebimento do tempo como hora extra. *Alternativa D.*

COMPENSAÇÃO DE JORNADA. COMPENSAÇÃO ORDINÁRIA. ESCALA DE COMPENSAÇÃO 12X36. BANCO DE HORAS. TURNOS ININTERRUPTOS DE REVEZAMENTO

14. (39º Exame) Em determinada sociedade empresária trabalham, entre outras, as seguintes pessoas: José, que é teletrabalhador e recebe salário por produção; Vanilda, que trabalha externamente sem que o empregador consiga controlar o seu horário, situação que foi anotada em sua CTPS e na ficha de registro de empregados; Regina, que exerce a função de gerente, comanda um grupo de 45 pessoas, é dispensada da marcação de ponto e recebe salário de R$ 8.000,00 acrescido de gratificação de função de R$ 4.000,00. De acordo com a CLT, em relação ao direito a horas extras, assinale a afirmativa correta.

(A) Somente José terá direito a horas extras, caso ultrapasse a jornada constitucional.
(B) Nenhum dos empregados indicados no enunciado terá direito a horas extras.
(C) Vanilda e Regina terão direito a horas extras, caso ultrapassem a jornada constitucional.
(D) José e Regina terão direito a horas extras, caso ultrapassem a jornada constitucional.

RESPOSTA Alguns empregados estão excluídos do controle de jornada, logo não têm direito às horas extras, entre eles, destacam-se o teletrabalhador, que é contratado por produção ou tarefa, o empregado que desenvolve trabalho externo, incompatível com o controle de jornada e aquele que exerce cargo de gestão, com gratificação igual ou superior a 40% do valor do salário do empregado efetivo (art. 61, I, II e III, da CLT). *Alternativa B.*

15. (37º Exame) A sociedade empresária Soluções Perfeitas Ltda. pretende implantar banco de horas com compensação das eventuais horas extras cumpridas em até 2 meses e, caso não compensadas, com pagamento ao empregado com adicional legal. Considerando esses fatos e o que dispõe a CLT, assinale a afirmativa correta.

(A) A instituição do banco de horas depende de norma coletiva para sua validade, porque a compensação será superior a 30 dias.
(B) O banco de horas poderá ser pactuado por acordo individual escrito, porque a compensação será feita em menos de 6 meses.
(C) O banco de horas é proibido por Lei, independentemente do tempo previsto para compensação das horas.
(D) O banco de horas pode ser feito por acordo individual ou coletivo independentemente do tempo para compensação, desde que seja pago o adicional legal para as horas não compensadas.

RESPOSTA O banco de horas é permitido por lei e tem por finalidade regulamentar a compensação de jornada de trabalho, que nada mais é do que o empregado trabalhar a mais em um dia para folgar em outro. O banco de horas pode ser estabelecido para compensação da hora extra em até um ano ou seis meses, sempre contados da realização da jornada extraordinária. Nos termos do art. 59, § 5º, da CLT, no caso da compensação ocorrer em até seis meses da realização da hora extra, o banco de horas pode ser feito através de acordo individual escrito entre empregado e empregador. Por outro lado, se a compensação for ocorrer em até um ano, o banco de horas para ter validade, obrigatoriamente deverá ser feito por norma coletiva (art. 59, § 2º, da CLT). *Alternativa B.*

16. (36º Exame) Gael foi contratado pela Sociedade Empresária Aldeia da Pipoca Ltda. em fevereiro de 2022 como cozinheiro. No contrato de trabalho de Gael, há uma cláusula prevendo que a jornada de trabalho será de 8 horas diárias de 2ª a 6ª feira, com intervalo de 1 hora, e de 4 horas aos sábados, sem intervalo. Na mesma cláusula, há previsão de que, havendo realização de horas extras, elas irão automaticamente para um banco de horas e deverão ser compensadas em até 5 meses. Em conversas informais com os colegas, Gael ficou sabendo que não existe nenhuma previsão de banco de horas em norma coletiva da sua categoria profissional. Considerando a situação retratada e os termos da CLT, assinale a afirmativa correta.

(A) Trata-se de cláusula nula, porque a instituição do banco de horas precisa ser feita em convenção coletiva de trabalho.
(B) É possível a pactuação individual do banco de horas desde que a compensação seja feita em até 12 meses.
(C) A cláusula é válida, porque a compensação ocorrerá em menos de 6 meses, cabendo acerto individual com o empregado para a instituição do banco de horas.
(D) Trata-se de cláusula nula, porque a instituição do banco de horas precisa ser feita em acordo coletivo de trabalho.

RESPOSTA A questão versa sobre a validade do banco de horas, uma das formas de compensação de jornada. O art. 59 da CLT e seus parágrafos tratam do tema. O banco de horas anual, qual seja aquele em que o empregador terá até um ano contado da realização da hora extra para compensá-la em folga, deverá ser estabelecido através de norma coletiva (CCT ou ACT), de forma que as alternativas (A), (B) e (D) estão erradas. O banco de horas semestral, em que o empregador tem até seis meses contados da realização da hora extra para compensação, poderá ser instituído através de norma coletiva ou acordo individual escrito (art. 59, § 5º). *Alternativa C.*

FÉRIAS INDIVIDUAIS. PERÍODOS AQUISITIVO E CONCESSIVO. ASSIDUIDADE E TEMPO DE FÉRIAS. FÉRIAS EM REGIME DE TEMPO PARCIAL. FATOS OBSTATIVOS DO DIREITO ÀS FÉRIAS. REMUNERAÇÃO DE FÉRIAS. CONCESSÃO DE FÉRIAS. CONSEQUÊNCIA DA NÃO CONCESSÃO. ABONO PECUNIÁRIO DE FÉRIAS. FÉRIAS COLETIVAS

17. (39º Exame) Uma família, composta de pai, mãe e uma filha, respectivamente Jorge, Paula e Rita, trabalha na mesma sociedade empresária como funcionários do departamento de produção. Rita tem 16 anos de idade, estuda na parte da manhã em uma escola vizinha ao local de trabalho, e está cursando o primeiro ano do ensino médio. Os pais são responsáveis pelo setor de qualidade, que não conta com nenhum outro funcionário. Os três procuraram você, como advogado(a), porque desejam fazer coincidir as férias escolares de Rita, no mês de julho, com as férias de Jorge e Paula, a fim de viabilizar uma viagem familiar. Entretanto, o empregador indeferiu o requerimento das férias de Jorge e Paula, tendo deferido apenas o de Rita. Sobre o direito às férias, assinale a afirmativa correta.

(A) Cabe o ajuizamento de reclamação trabalhista requerendo que o juiz marque as férias dos 3 membros da mesma família, pois Rita tem direito às férias no período escolar e deverá ser acompanhada pelos pais.

(B) Cabe aos empregados a designação do período de férias, inexistindo direito ao empregador de indeferi-las.
(C) Os três poderão gozar férias juntos, mas Rita não tem direito de requerer férias concomitantemente com o período de férias escolares.
(D) Rita tem direito a fazer coincidir suas férias no emprego com as férias escolares e seus pais terão direito a gozar férias no mesmo período, desde que isso não resulte prejuízo para o serviço, causa do indeferimento pelo empregador.

RESPOSTA O direito às férias é adquirido pelo empregado após o término do período aquisitivo, momento em que se inicia o período concessivo, que se trata de um período de 12 meses que o empregador é obrigado a conceder às férias. Dentro do período concessivo, o empregador tem o poder de escolher o melhor momento para concessão das férias dos seus empregados (art. 136 CLT). Os empregados de uma mesma família poderão de gozar de férias ao mesmo tempo, desde que a saída em conjunto não cause prejuízo ao empregador. No caso da questão, como a empresa possui apenas dois empregados responsáveis no setor de qualidade, não é possível que eles gozem de férias ao mesmo tempo (art. 136, § 1º, da CLT). Por outro lado, o empregado estudante e menor de idade tem o direito potestativo de fazer coincidir suas férias no trabalho com as escolares (art. 136, § 2º, da CLT). *Alternativa D.*

REMUNERAÇÃO E SALÁRIO: CONCEITO E DISTINÇÕES. GORJETAS. CARACTERES DO SALÁRIO. PARCELAS SALARIAIS E INDENIZATÓRIAS. COMISSÕES . SALÁRIO UTILIDADE. SALÁRIO SUBSTITUIÇÃO

18. (38º Exame) Sílvio Luiz foi convidado pelo seu empregador para ocupar interinamente o cargo de supervisor administrativo; sendo certo que, em caso de vacância do cargo, este seria preenchido por Sílvio Luiz. Diante desta situação, você foi consultado, como advogado(a) do empregado, para saber acerca dos seus direitos na hipótese. Sobre o caso apresentado, de acordo com o texto em vigor da CLT e a jurisprudência consolidada do TST, assinale a afirmativa correta.

(A) Caso não haja a vacância e cessada a interinidade do cargo, Sílvio Luiz terá que ser desligado da empresa por motivo econômico, o que afasta o pagamento da multa de 40%, pois a alteração contratual de reversão será ilícita e autorizada a dispensa na hipótese por justo motivo.
(B) Sílvio Luiz, no caso de vacância definitiva do cargo, passará a ocupá-lo e terá necessariamente direito ao salário do seu antecessor.
(C) Sendo a hipótese de férias do efetivo supervisor administrativo que enseja o trabalho interino de Sílvio Luiz no cargo, este último não faz jus ao mesmo salário do substituído no período.
(D) Considerando que o exercício do cargo será interino, não havendo a vacância posterior, Sílvio Luiz terá garantido o retorno ao seu cargo anterior e a contagem de tempo de serviço no cargo ocupado temporariamente.

RESPOSTA A alternativa A está incorreta, pois é possível a reversão ao cargo anterior, conforme o art. 468, § 1º, da CLT. A alternativa B está incorreta, conforme a Súmula 159, II, do TST, pois no preenchimento de cargo vago em definitivo, o empregado que passa a ocupá-lo não tem direito a salário igual ao do antecessor. A alternativa C está incorreta, conforme a Súmula 159, I, do TST, que dispõe que enquanto perdurar a substituição que não tenha caráter meramente eventual, inclusive nas férias, o empregado substituto fará jus ao salário contratual do substituído. A alternativa D está correta, conforme o art. 450 da CLT, pois o empregado chamado a ocupar, em comissão, interinamente, ou em substituição eventual ou temporária, cargo diverso do que exercer na empresa, serão garantidas a contagem do tempo naquele serviço, bem como volta ao cargo anterior. *Alternativa D.*

19. (36º Exame) A partir de 2021, uma determinada sociedade empresária passou a oferecer aos seus empregados, gratuitamente, plano de saúde em grupo como forma de fidelizar a sua mão de obra e para que o empregado se sinta valorizado. O plano oferece uma boa rede credenciada e internação, se necessária, em enfermaria. Tanto o empregado quanto os seus dependentes são beneficiários. Todos os empregados se interessaram pelo plano e assinaram o documento respectivo de adesão. Em relação a essa vantagem, de acordo com a CLT, assinale a afirmativa correta.

(A) O benefício não é considerado salário utilidade e, assim, não haverá qualquer reflexo.
(B) O plano, por se tratar de salário *in natura*, vai integrar o salário dos empregados pelo seu valor real.
(C) O valor do plano deverá ser integrado ao salário dos empregados pela metade do seu valor de mercado.
(D) O valor relativo ao empregado não será integrado ao salário, mas o valor referente aos dependentes refletirá nos demais direitos do trabalhador.

RESPOSTA A questão trata do salário utilidade ou *in natura*. Em regra, o salário deve ser pago em dinheiro, moeda corrente do país da prestação do serviço, entretanto, por exceção, parte do salário poderá ser pago através de bens econômicos, nos termos do art. 458 da CLT. Qualquer bem econômico poderá servir como pagamento de parte do salário, salvo aqueles nocivos à saúde do empregado. Entretanto, em sentido contrário, o legislador elencou um rol de bens econômicos que jamais terão natureza salarial, que se encontra nos incisos do § 2º do art. 458 da CLT, dentre eles o plano de saúde ou plano odontológico (inciso IV). *Alternativa A.*

ALTERAÇÃO DO CONTRATO DE TRABALHO. JUS VARIANDI ORDINÁRIO E EXTRAORDINÁRIO. PRINCÍPIO DA INALTERABILIDADE CONTRATUAL LESIVA. REVERSÃO. TRANSFERÊNCIA. DIREITOS INTELECTUAIS

20. (36º Exame) Sua cliente é uma empresa do setor calçadista com sede em Sapiranga, no Rio Grande do Sul, e lhe procurou indagando acerca da possibilidade de transferir alguns empregados para outras localidades. Diante disso, considerando o texto da CLT em vigor e o entendimento jurisprudencial consolidado do TST, assinale a afirmativa correta.

(A) O empregado com contrato de trabalho no qual consta cláusula expressa de transferência decorrente de comprovada real necessidade de serviço obrigatoriamente deve aquiescer

com a transferência, sendo tal concordância é requisito indispensável para a validade da transferência.
(B) Apenas serão consideradas transferências aquelas que acarretarem, necessariamente, a mudança de domicílio do empregado.
(C) Em caso de necessidade de serviço, o empregador será livre para transferir o empregado provisoriamente, desde que com a aquiescência deste, sendo desnecessário o pagamento de qualquer outra vantagem ou benefício ao empregado, exceto a ajuda de custo para a mudança.
(D) Havendo transferência provisória com o pagamento do respectivo adicional, as despesas resultantes da transferência serão do empregado, uma vez que já indenizada a transferência pelo adicional respectivo.

RESPOSTA A questão trata da transferência do empregado, que se caracteriza pela alteração do local de trabalho e do domicílio do empregado. O art. 469 da CLT e a OJ 113 da SDI-1 do TST tratam sobre o tema. Em regra, a transferência para ter validade exige a anuência do empregado (art. 496, *caput*), salvo as exceções previstas nos §§ 1º e 2º do mesmo dispositivo. Entre as exceções, que permitem a transferência sem a anuência do empregado está aquela realizada por real necessidade do serviço em outra localidade, de forma que a letra "A" está errada. A transferência provisória, em qualquer de suas modalidades, exige o pagamento do adicional de transferência (OJ 113), de forma que a letra "C" está errada. As despesas com a transferência do empregado, denominada ajuda de custo, sempre será de responsabilidade do empregador (art. 470), de maneira que a letra "D" está errada. *Alternativa B.*

21. (35º Exame) Paulo Sampaio foi chamado para uma entrevista de emprego em uma empresa de tecnologia. Sabendo que, se contratado, desenvolverá projetos de aplicativos para smartphones, dentre outras invenções, resolveu consultar você, como advogado(a), para saber sobre a propriedade intelectual sobre tais invenções, sendo certo que não foi tratada nenhuma condição contratual até agora. Diante disso, de acordo com a redação da CLT em vigor, assinale a afirmativa correta.
(A) Na qualidade de empregado, toda a propriedade sobre as invenções será do empregador.
(B) No curso do contrato de trabalho, as invenções realizadas pessoalmente pelo empregado, mas com utilização de equipamentos fornecidos pelo empregador, serão de propriedade comum, em partes iguais, salvo se o contrato de trabalho tiver por objeto pesquisa científica.
(C) O empregador poderá explorar a invenção a qualquer tempo sem limitação de prazo após a concessão da patente, uma vez que se trata de contrato de trabalho.
(D) A propriedade do invento deverá ser dividida proporcionalmente após a apuração da contribuição do empregado e o investimento em equipamentos feito pelo empregador.

RESPOSTA A questão trata de direitos intelectuais relacionados ao contrato de trabalho. No caso, o empregado foi contratado para desenvolver projetos de aplicativos com sua contribuição pessoal, sua experiência profissional, utilizando meios de trabalho ofertados pelo empregador, de forma que nos termos do art. 91 da Lei n. 9.279/96, a propriedade das invenções será comum as partes. *Alternativa B.*

SUSPENSÃO E INTERRUPÇÃO DO CONTRATO DE TRABALHO: CONCEITO, CARACTERIZAÇÃO E DISTINÇÕES. SITUAÇÕES TIPIFICADAS E CONTROVERTIDAS. PRESCRIÇÃO E DECADÊNCIA

22. (41º Exame) Pedro e Vitor trabalham na mesma sociedade empresária. Em 2023, Pedro foi convocado para prestar serviço militar obrigatório e Vitor sofreu um grave acidente de trabalho, que exigiu seu afastamento do emprego por um ano. Sobre o tempo de serviço dos dois empregados, considerando os fatos narrados e o que dispõe a CLT, assinale a afirmativa correta.
(A) Ambos os empregados terão computado o tempo de afastamento na contagem de tempo de serviço para efeito de indenização.
(B) Somente Pedro terá computado o tempo de serviço militar na contagem de tempo de serviço para efeito de indenização.
(C) Nenhum dos empregados terá computado o tempo de afastamento na contagem de tempo de serviço para efeito de indenização.
(D) Apenas Vitor terá computado o tempo de serviço militar na contagem de tempo de serviço para efeito de indenização.

RESPOSTA O art. 4º da CLT, que trata sobre o conceito de jornada de trabalho, indicando que jornada de trabalho é tempo que o empregado está à disposição do empregador, cumprindo ordens ou aguardando para cumpri-las, também dispõe em seu parágrafo primeiro que o afastamento para prestação de serviço militar obrigatório ou acidente de trabalho conta como tempo de serviço para recebimento de indenização. *Alternativa A.*

23. (40º Exame) Reinaldo, trabalhador rural, atua na Fazenda Boa Esperança como tratorista desde 1990. Em janeiro de 2021, o empregador de Reinaldo o dispensou sem justa causa, sendo que o ex-empregado ajuizou reclamação trabalhista em novembro de 2023. Sobre a situação apresentada, nos termos da Constituição Federal, assinale a afirmativa correta.
(A) A prescrição para o trabalhador rural só tem início após uma prestação de contas, que não foi feita, razão pela qual não existe prescrição total.
(B) Como forma de proteção especial ao empregado rural, a lei garante que a ação possa ser proposta em até 5 (cinco) anos da extinção do contrato.
(C) Caso o reclamado suscite em defesa a prescrição extintiva, o juiz deverá acolhê-la.
(D) Somente se as verbas da extinção forem quitadas no sindicato de classe rural é que a prescrição bimestral terá início.

RESPOSTA O instituto da prescrição trabalhista se opera de forma idêntica entre empregados urbanos e rurais, de forma que o empregado, tanto urbano, quanto rural, tem o prazo de dois anos, contados da extinção do contrato de trabalho, para ajuizar a reclamação trabalhista (art. 11 da CLT). *Alternativa C.*

24. (39º Exame) Você, como advogado, trabalha no setor de recursos humanos de uma grande empresa multinacional. Como o gerente do setor está de férias, e é ele, na condição de gerente, que defere ou indefere as licenças reivindicadas pelos funcionários, a secretária do setor, agora, lhe indagou sobre

DIREITO DO TRABALHO

as solicitações de quatro funcionários: o primeiro está com o contrato suspenso por doença, em gozo de benefício previdenciário de auxílio doença comum e requer pagamento de salário; o segundo requereu o abono de um dia de trabalho, em razão de doação de sangue; o terceiro formulou requerimento de dispensa para ser ouvido como testemunha na Justiça do Trabalho em audiência presencial e, o quarto e último aduziu que o primo faleceu e requereu a dispensa do dia de trabalho. Sobre as solicitações, considerando o teor da legislação trabalhista em vigor, assinale a afirmativa correta.

(A) Na hipótese de falecimento do primo, sendo parente do funcionário, a dispensa ao trabalho é devida por um dia.
(B) Em caso de doação de sangue voluntária, devidamente comprovada, o empregado tem direito a um dia de licença remunerada a cada 12 meses.
(C) O empregado em gozo de auxílio-doença tem direito a receber a complementação salarial da diferença entre o benefício previdenciário e o salário.
(D) A ausência ao trabalho para comparecimento em juízo refere-se tão somente aos casos de o empregado ser parte na demanda, mas não para servir como testemunha.

RESPOSTA A questão trata de suspensão e interrupção do contrato de trabalho. Em ambos os casos o contrato de trabalho está paralisado, entretanto, na suspensão, não tem trabalho, não tem pagamento de salário e o tempo não é computado para aposentadoria, enquanto na interrupção, não tem trabalho, ocorre o pagamento de salário e o tempo é computado para aposentadoria. O afastamento para recebimento do auxílio-doença (atual auxílio-incapacidade) é causa de suspensão do contrato de trabalho, logo, não gera a obrigação de o empregador pagar salário. A ausência ao trabalho em razão do falecimento de parentes somente é justificada nos casos de morte do cônjuge, ascendente, descendente, irmão ou pessoa que esteja sob sua dependência na previdência social. O empregado poderá faltar ao trabalho de forma justificada para ser parte ou testemunha. A doação de sangue garante ao empregado um dia de folga dentro do período de 12 meses (art. 473, I, IV e VIII, da CLT). *Alternativa B.*

25. (39º Exame) Plínio Salgado ficou afastado do trabalho por 8 meses em benefício previdenciário decorrente de doença ocupacional relacionada ao trabalho. Ao retornar após a alta médica, foi informado que não teria direito ao gozo de férias, pois necessitaria cumprir mais um ano de trabalho, bem como seu FGTS deixou de ser depositado, já que não houve trabalho. Além disso, seu salário permaneceu congelado, por não haver trabalho, não lhe sendo devidas as diferenças salariais decorrentes do aumento espontâneo concedido pelo empregador aos empregados que estavam ativos. Na qualidade de advogado(a) de Plínio, assinale a opção que, corretamente, contempla os efetivos direitos de seu cliente.

(A) Plínio apenas faz jus aos depósitos do FGTS do período de afastamento, bem como ao reajuste salarial concedido pelo empregador.
(B) Plínio faz jus aos depósitos do FGTS do período de afastamento, bem como ao reajuste salarial concedido pelo empregador e ao cômputo do período de afastamento no período aquisitivo de férias.
(C) Plínio não tem direito ao reajuste salarial, pois não houve contraprestação no período do aumento espontâneo, não se tratando de norma coletiva.
(D) Plínio não tem direito aos valores do FGTS do período, pois em gozo do benefício previdenciário não há cômputo do tempo de serviço.

RESPOSTA A doença ocupacional equipara-se ao acidente de trabalho para fins previdenciários. Assim, Plínio permaneceu afastado do emprego em razão do gozo de auxílio-doença acidentário. O período de afastamento pelo INSS é considerado suspensão do contrato de trabalho, de forma que se o empregado permanecer afastado por mais de seis meses, mesmo que de forma descontinuada, perde o direito às férias (art. 133, IV, da CLT). Por exceção, o FGTS deverá ser depositado durante o afastamento pelo INSS em razão de acidente do trabalho ou doença ocupacional (art. 15, § 5º, da Lei n. 8.036/90). Ao empregado afastado que retorna ao emprego são asseguradas todas as vantagens que ocorram durante o período de afastamento, inclusive o reajuste salarial (art. 471 da CLT). *Alternativa A.*

26. (37º Exame) João Luiz trabalha desde os 18 anos no Banco Dinheiro Futuro S/A. Começou como caixa em 1990. Devido ao seu desempenho brilhante, agora, no dia 30-5-2022, foi eleito diretor. Em razão dessa nova condição, consultou você, na qualidade de advogado(a), acerca dos desdobramentos jurídicos relacionados ao seu contrato de trabalho. Sobre a hipótese, considerando o teor das normas trabalhistas em vigor e o entendimento jurisprudencial consolidado do TST, assinale a afirmativa correta.

(A) O empregado eleito para ocupar cargo de diretor tem o respectivo contrato de trabalho suspenso, não se computando o tempo de serviço deste período, salvo se permanecer a subordinação jurídica inerente à relação de emprego.
(B) Com a eleição do empregado para o cargo de diretor, o respectivo contrato de trabalho será extinto com o pagamento dos direitos rescisórios pertinentes.
(C) A eleição de empregado para o cargo de diretor não induz suspensão ou interrupção do contrato de trabalho, uma vez que se considera promoção, podendo haver a reversão ao cargo efetivo após o término do mandato.
(D) O contrato de trabalho ficará interrompido, já que permanecem as obrigações de pagamento de remuneração, contagem do tempo de serviço e de recolhimento do FGTS.

RESPOSTA O TST tem entendimento pacificado através da Súmula 269 que o empregado eleito diretor tem o contrato de trabalho suspenso, o que torna as alternativas (B), (C) e (D) erradas, pois tratam de extinção e interrupção do contrato, respectivamente. *Alternativa A.*

27. (37º Exame) Pedro é empregado em uma indústria farmacêutica, atuando como propagandista. Desejoso de lutar por melhores condições para os brasileiros, Pedro se filiou a um partido político e lançou sua candidatura a deputado federal. Em razão disso, Pedro requereu ao empregador uma licença remunerada por 30 dias para poder se dedicar à campanha eleitoral e aumentar suas chances de ser eleito, já informando que, no caso de indeferimento, irá judicializar a questão. Sobre o caso apresentado, sabendo-se que a norma coletiva da categoria de Pedro nada diz a respeito dessa situação, assinale a afirmativa correta.

(A) Pedro não poderá exigir a interrupção do seu contrato porque não há tal previsão na CLT.
(B) A pretensão de Pedro somente teria cabimento se a campanha fosse para cargo político estadual ou municipal, não prevalecendo se for federal.
(C) O contrato de trabalho de Pedro ficará automaticamente suspenso a partir do lançamento da candidatura.
(D) Pedro poderá ser dispensado por justa causa, pelo fato de concorrer às eleições sem comunicar previamente o empregador.

RESPOSTA A legislação trabalhista prevê algumas hipóteses de suspensão ou interrupção do contrato de trabalho, por exemplo, greve e férias, respectivamente. A diferença entre suspensão e interrupção do contrato de trabalho está no fato de que naquela não ocorre a prestação do serviço nem o recebimento de salário, enquanto nesta, muito embora não ocorra a prestação do serviço, o empregado recebe salário. No caso concreto da questão não há previsão legal que obrigue o empregador a suspender ou interromper o contrato de trabalho para que este possa se dedicar a eleição de qualquer cargo político, de forma que a resposta correta é a alternativa (A), pois que ninguém está obrigado a fazer algo que não previsto em lei, conforme o art. 5º, II, da CF. *Alternativa A.*

DISPENSA POR JUSTA CAUSA. RESCISÃO INDIRETA. CULPA RECÍPROCA. EXTINÇÃO POR ACORDO. FUNDO DE GARANTIA POR TEMPO DE SERVIÇO

28. (41º Exame) Constantino é empregado em uma indústria de fabricação de móveis. O empregador ficou ciente de que o Ministério Público Estadual apresentou denúncia contra Constantino pela prática de fato típico, antijurídico e culpável, praticado durante uma assembleia de condomínio contra um morador do mesmo prédio. A denúncia foi recebida pelo juiz criminal e o processo penal teve início. A sociedade empresária consulta você, como advogado(a), para saber que efeito jurídico essa situação terá no contrato de trabalho. De acordo com a legislação em vigor, assinale a afirmativa que, corretamente, apresenta sua resposta.

(A) O contrato de trabalho de Constantino ficará suspenso pelo recebimento da denúncia.
(B) O recebimento da denúncia é falta grave que automaticamente ensejará a extinção do contrato por justa causa.
(C) Nenhuma consequência haverá no contrato de trabalho, porque a presunção é de inocência.
(D) O contrato de trabalho ficará interrompido e Constantino será considerado licenciado até o término da ação penal.

RESPOSTA Apenas no caso de condenação criminal transitada em julgado, com pena de reclusão, caberia ao empregador rescindir o contrato de trabalho por justa causa (art. 482, *d*, da CLT). *Alternativa C.*

FORMALIDADES RESCISÓRIAS. TERMO DE RESCISÃO DO CONTRATO DE TRABALHO. HOMOLOGAÇÃO. REPASSE RESCISÓRIO. QUITAÇÃO. FGTS

29. (38º Exame) Vladimir, formado em Educação Física, 28 anos de idade, era instrutor em uma academia de ginástica há 1 ano, com a CTPS devidamente assinada. Ao ser comunicado pelo empregador de sua dispensa sem justa causa, com aviso prévio que deveria ser trabalhado, Vladimir foi tomado de intensa emoção e teve um ataque cardíaco fulminante, vindo a óbito. De acordo com a situação retratada e a norma de regência, assinale a afirmativa correta.

(A) A sociedade empresária será condenada pelo acidente do trabalho sofrido, mas não haverá indenização pela extinção do contrato porque o aviso prévio não foi cumprido.
(B) As verbas devidas serão pagas, em quotas iguais, aos dependentes de Vladimir habilitados perante a Previdência Social e, na falta, aos sucessores previstos na lei civil.
(C) Não haverá responsabilidade civil do empregador por se tratar de caso fortuito e a Lei determina, no caso de morte suspeita, a consignação em pagamento dos valores devidos.
(D) A morte do empregado extingue o contrato de trabalho e a indenização a ser paga será a metade do que é devido pela dispensa sem justa causa.

RESPOSTA A questão versa sobre a forma de pagamento das verbas rescisórias no caso de morte do empregado. Nos termos do art. 1º da Lei n. 6.858/80, os valores devidos serão pagos, em quotas iguais, aos dependentes habilitados perante a Previdência Social ou na forma da legislação específica dos servidores civis e militares, e, na sua falta, aos sucessores previstos na lei civil. *Alternativa B.*

ESTABILIDADES PROVISÓRIAS OU GARANTIAS DE EMPREGO. MODALIDADES ESTABILITÁRIAS. EFEITOS

30. (41º Exame) Paulo trabalha desde 2022 na sociedade empresária Auditorias Fidedignas Ltda. como auditor. A empresa possui plano permanente de capacitação e, por isso, Paulo viaja com frequência para realizar cursos de auditoria em todo o país e se manter sempre atualizado. Em uma dessas viagens, Paulo estava no hotel tomando banho e abruptamente, sem motivo aparente, o vidro temperado do banheiro estourou, quebrando-se em vários pedaços, sendo que alguns deles atingiram e cortaram Paulo. Em virtude disso, o empregado precisou se afastar do serviço por 12 dias, findos os quais retornou ao trabalho e reassumiu suas atividades normais. Diante da situação apresentada e da legislação em vigor, assinale a afirmativa correta.

(A) Uma vez que Paulo não estava trabalhando, o evento não é acidente do trabalho, daí porque ele não terá a garantia no emprego por 12 meses.
(B) O evento pode ser considerado acidente do trabalho e, por isso, o empregado terá estabilidade no emprego por 12 meses a partir do retorno.
(C) Trata-se de acidente do trabalho por equiparação, mas Paulo não terá estabilidade quando retornar.
(D) Não se trata de acidente do trabalho, mas, tendo ocorrido o sinistro, Paulo terá a garantia no emprego por um ano.

DIREITO DO TRABALHO

RESPOSTA Muito embora tenha ocorrido o acidente de trabalho por equiparação, o empregado não tem direito a estabilidade em razão de que não preencheu os requisitos previstos no art. 118 da Lei n. 8.213/91 ou na Súmula 378, item II, do TST. *Alternativa C.*

31. (41º Exame) Roberta é estagiária numa fábrica de tecelagem, mesmo lugar onde Rogéria atua como aprendiz e que Fabiane trabalha como subgerente. No ano de 2024, as três trabalhadoras engravidaram. O empregador consultou você, como advogado(a), sobre a possibilidade de dispensar essas trabalhadoras sem justa causa, porque os sócios decidiram investir em máquinas modernas, automatizadas, e dispensar 50% da mão de obra. Considerando os fatos narrados e a norma de regência, assinale a opção que apresenta a orientação correta que você prestou.

(A) Apenas Fabiane possui garantia no emprego.
(B) Somente Rogéria e Fabiane possuem garantia no emprego.
(C) Roberta, Rogéria e Fabiane não poderão ser dispensadas em razão da garantia no emprego oriunda da gravidez.
(D) Todas as trabalhadoras citadas poderão ser dispensadas sem justa causa em razão da força maior apresentada pela empresa.

RESPOSTA A garantia no empregado para gestante aplica-se apenas as empregadas (art. 10, II, *b*, do ADCT). A Lei n. 11.788/2008, no seu art. 3º, disciplinou que o estágio não forma vínculo de emprego, logo Roberta não tem estabilidade gestante. *Alternativa B.*

32. (39º Exame) Determinada sociedade empresária possui cerca de 100 funcionários e, em razão de mudança na direção, decidiu realizar algumas dispensas. Ocorre que alguns dos funcionários indicados para a dispensa são detentores de garantias no emprego, sendo uma em decorrência de gestação; outra por ser dirigente sindical; outro por ser membro da Comissão Interna de Prevenção de Acidentes (CIPA) eleito pelos empregados. Além desses casos existe um quarto funcionário, que informou não poder ser dispensado por também ser membro da CIPA, indicado pelo próprio empregador. Diante disso, a sociedade empresária consultou você, como advogado(a), para saber os períodos e as possibilidades de dispensa. A esse respeito, assinale a afirmativa correta.

(A) Todas as modalidades de estabilidade ou garantia de emprego possuem a mesma duração.
(B) A estabilidade gestante dá-se da confirmação da gravidez até cinco meses após o parto; a do membro da CIPA eleito pelos empregados, dá-se do registro da candidatura até um ano após o término do mandato, assim como a do dirigente sindical.
(C) Os empregados representantes da CIPA, seja o eleito pelos empregados, seja o indicado como representante do empregador, têm garantia no emprego até um ano após o término do mandato.
(D) O conhecimento por parte do empregador do estado gravídico da empregada gestante é requisito para o reconhecimento da estabilidade.

RESPOSTA A estabilidade no emprego é um período que garante o empregado no trabalho mesmo contra vontade do empregador. Também é chamada de garantia provisória no emprego.

No caso da gestante, a estabilidade tem início na ciência da gravidez e se estende até cinco meses após o parto, sendo que o conhecimento por parte do empregador do estado gravídico é indispensável. A estabilidade do membro da CIPA somente se aplica aqueles empregados que foram eleitos para o cargo, excluindo-se da estabilidade os empregados indicados (art. 10, II, *a*, do ADCT). *Alternativa B.*

33. (35º Exame) Sheila e Irene foram admitidas em uma empresa de material de construção, sendo Sheila mediante contrato de experiência por 90 dias e Irene, contratada por prazo indeterminado. Ocorre que, 60 dias após o início do trabalho, o empregador resolveu dispensar ambas as empregadas porque elas não mostraram o perfil esperado, dispondo-se a pagar todas as indenizações e multas previstas em Lei para extinguir os contratos. No momento da comunicação do desligamento, ambas as empregadas informaram que estavam grávidas com 1 mês de gestação, mostrando os respectivos laudos de ultrassonografia. Considerando a situação de fato, a previsão legal e o entendimento consolidado do TST, assinale a afirmativa correta.

(A) As duas empregadas poderão ser dispensadas.
(B) Somente Sheila poderá ser desligada porque o seu contrato é a termo.
(C) Sheila e Irene não poderão ser desligadas em virtude da gravidez.
(D) Apenas Irene poderá ser desligada, desde que haja autorização judicial.

RESPOSTA A estabilidade provisória no emprego trata-se de um período em que o empregador não pode romper o contrato de trabalho, salvo por justa causa. A gestação garante a empregada o direito à estabilidade provisória, desde a ciência da gravidez até cinco meses após o parto, conforme art. 10, II, *b*, do ADCT. Na mesma linha de raciocínio, a Súmula 244 do TST, no seu item III, confirma o direito à estabilidade, inclusive para as empregadas que estejam trabalhando através de contrato por prazo determinado. *Alternativa C.*

FUNDO DE GARANTIA DO TEMPO DE SERVIÇO (FGTS). ORIGEM. ABRANGÊNCIA. COMPATIBILIDADE COM ESTABILIDADES. VALOR E BASE DE CÁLCULO DA CONTRIBUIÇÃO. HIPÓTESES DE MOVIMENTAÇÃO DA CONTA. ACRÉSCIMO INDENIZATÓRIO

34. (40º Exame) Alexandre, Reginaldo e Maurício eram empregados da mesma sociedade empresária, mas em períodos distintos. Alexandre pediu demissão após 2 (dois) anos de trabalho, pois já estava cansado de trabalhar para o mesmo empregador e já era idoso contando com 71 (setenta e um) anos de idade. Reginaldo se aposentou após 3 (três) anos, pois já contava com idade e tempo de serviço anterior, apesar de ter 62 (sessenta e dois) anos. Maurício foi dispensado sem justa causa, após quatro meses, mesmo sendo jovem e contando com 25 (vinte e cinco) anos de idade. Os três consultaram você, como advogado(a), acerca da possibilidade de levantamento imediato dos valores depositados a título de FGTS dos contratos terminados. Observando a legislação em vigor e adstrito aos dados do enunciado, assinale a afirmativa que apresenta, corretamente, sua orientação.

(A) Os três poderão receber, imediatamente, os valores do FGTS.
(B) Alexandre e Maurício não poderão receber os valores imediatamente, pois um pediu demissão e o outro teve contrato inferior a seis meses.
(C) Apenas Alexandre não poderá movimentar sua conta vinculada e receber os valores imediatamente.
(D) Apenas Maurício, por haver sido dispensado sem justa causa, tem direito ao recebimento imediato do FGTS.

RESPOSTA O FGTS, pela regra, é liberado ao empregado na rescisão do contrato de trabalho sem justa causa, entretanto, a lei de regência ainda autoriza a liberação do valor em outras situações, por exemplo, na aposentadoria (art. 20, I e III, da Lei n. 8.036/90). *Alternativa C.*

35. (38º Exame) Anne é diretora não-empregada de uma grande multinacional. Ela tem contraprestação pecuniária elevada e algumas vantagens pelo cargo que ocupa como, por exemplo, veículo com motorista e o aluguel de uma espaçosa residência. Na última assembleia, no entanto, Anne levou a debate sua pretensão de receber mensalmente FGTS em conta vinculada. Sobre a pretensão de Anne, de acordo com a lei de regência, assinale a afirmativa correta.

(A) A pretensão é inviável, porque Anne não tem o contrato regido pela CLT e, assim, não pode ter FGTS.
(B) Se a sociedade empresária desejar, poderá equiparar, para fins de FGTS, o diretor não-empregado aos demais trabalhadores.
(C) A Lei permite atender ao pedido, mas Anne terá creditada metade do percentual do FGTS de um empregado regular.
(D) Para ter direito ao FGTS, Anne terá que renunciar ao cargo que ocupa e passar a ser diretora empregada.

RESPOSTA A questão trata da possibilidade do pagamento do FGTS para pessoas não empregados da empresa. O art. 16 da Lei n. 8.036/90, dispõe que as empresas sujeitas ao regime da legislação trabalhista poderão equiparar seus diretores não empregados aos demais trabalhadores sujeitos ao regime do FGTS. *Alternativa B.*

NEGOCIAÇÃO COLETIVA. INSTRUMENTOS DE NEGOCIAÇÃO. DIFERENÇAS. CONTEÚDO E ASPECTOS FORMAIS. VIGÊNCIA. DIREITO COLETIVO DO TRABALHO. DEFINIÇÃO DE CATEGORIAS. ARBITRAGEM

36. (40º Exame) Os sindicatos de classe de uma determinada categoria elaboraram uma convenção coletiva normatizando o pagamento do adicional de penosidade. A norma previa vigência de 2 (dois) anos, com término em outubro de 2023. Considerando esses fatos e o que dispõe a CLT, assinale a afirmativa correta.

(A) Mesmo com a vigência encerrada, os trabalhadores que recebiam o adicional possuem direito adquirido, e o pagamento deve prosseguir.
(B) Ao término da vigência da norma coletiva, caso ela não seja renovada, os trabalhadores perderão o direito ao adicional.
(C) Os trabalhadores que já recebiam o adicional continuarão com o direito se isso for homologado pelo Ministério do Trabalho.
(D) A vantagem se incorpora ao contrato de trabalho dos empregados ativos, e os admitidos posteriormente ao *dies ad quem* da norma coletiva não a receberão.

RESPOSTA A Reforma Trabalhista fulminou do ordenamento jurídico trabalhista o princípio da ultratividade da norma coletiva, fixando o prazo de vigência de convenções e acordos coletivos em até dois anos, sendo que após tal período as cláusulas das referidas normas deixam de gerar efeitos (art. 614, § 3º, da CLT). *Alternativa B.*

37. (37º Exame OAB) Um sindicato de categoria profissional, após ser procurado por uma sociedade empresária e seguir os trâmites legais, pretende assinar com ela um acordo coletivo que, entre outras cláusulas, fixa redução em 20% da jornada e 20% do salário durante 1 ano para todos os empregados. Em relação a esse acordo coletivo, considerando a previsão da CLT, assinale a afirmativa correta.

(A) O acordo coletivo deverá prever a proteção dos empregados contra dispensa imotivada durante o prazo de vigência do instrumento coletivo.
(B) O acordo coletivo será nulo porque deveria ser pactuado por, no mínimo, 2 anos.
(C) O acordo coletivo será inconstitucional, porque não pode haver redução do salário, haja vista o prejuízo direto que isso causa ao trabalhador.
(D) A redução da jornada e do salário somente seria válida se fosse prevista em convenção coletiva, pois essa previsão é vedada pela CLT no acordo coletivo.

RESPOSTA A questão versa dobre direito coletivo do trabalho. A alternativa "A" está correta, uma vez que o art. 611-A, § 3º, da CLT autoriza a redução de salário ou jornada, por norma coletiva, desde que seja observada a estabilidade provisória no emprego dos empregados atingidos com a redução, enquanto a mesma perdurar. A letra "B", uma vez que a vigência do acordo coletivo é de no máximo dois anos, e não no mínimo, conforme o art. 614, § 3º, da CLT. A alternativa "C" está errada, pois há previsão constitucional autorizando a redução do salário, desde que através de norma coletiva, art. 7º, VI, da CF. O art. 611-A, § 3º, da CLT dispõe que tanto a convenção, quanto o acordo coletivo de trabalho podem reduzir jornada ou salário. *Alternativa A.*

DANO EXTRAPATRIMONIAL. RELAÇÃO PRÉ-CONTRATUAL

38. (36º Exame) João da Silva se submeteu, em novembro de 2021, a um processo seletivo para ingresso em um banco privado. Meses depois, recebeu um e-mail do banco informando que ele havia sido selecionado para a vaga. O e-mail solicitava a apresentação na sede do banco em 5 dias, com a carteira de trabalho e demais documentos pessoais, e, por causa disso, João da Silva recusou a participação em outros dois processos seletivos para os quais foi chamado, resolvendo focar as energias no futuro emprego no banco. Ocorre que, no dia em que se apresentou no banco, o gerente do setor de Recursos Humanos pediu desculpas e alegou ter havido um engano: segundo ele, o selecionado foi realmente João da Silva, mas um homônimo, e, por descuido do setor, enviaram a informação da aprovação

DIREITO DO TRABALHO

para o e-mail errado. Nenhum documento foi exibido a João da Silva, sendo que o gerente renovou o pedido de desculpas e desejou boa sorte a João da Silva. Diante dos fatos narrados e das normas de regência, assinale a afirmativa correta.

(A) Nada há a fazer, pois a empresa se justificou, pediu desculpas e não houve prejuízo a João da Silva.
(B) O banco deverá ser obrigado a contratar João da Silva, em razão da promessa constante do e-mail.
(C) A situação envolve dano pré-contratual, de competência da Justiça do Trabalho.
(D) Uma vez que não houve contrato formalizado, a eventual responsabilidade civil deverá ser analisada pela Justiça Comum.

RESPOSTA A questão trata sobre dano extrapatrimonial pré-contratual, ou seja, antes da celebração do contrato de trabalho. A doutrina e jurisprudência é pacífica no sentido de que cabe reparação por dano extrapatrimonial na fase pré-contratual, de maneira que a letra "A" está errada. Nesse mesmo sentido, também é clarividente na jurisprudência, que o dano pré-contratual é de competência da Justiça do Trabalho (art. 114, I, da CF), de forma que a letra "D" está errada. A promessa de contratação não obriga o empregador. *Alternativa C.*

Direito
Empresarial

Hebert Vieira Durães

Doutorando em Difusão do Conhecimento (UFBA/UNEB/IFBA), com pesquisa em Direito e Inteligência Artificial. Mestre em Direito Econômico (UFPB). MBA em Direito e Agronegócio. Especialista em Ensino Remoto, Ensino à Distância e Metodologias Ativas. Graduado em História (licenciatura) e pós-graduando em Gestão do Ensino Superior Público e Privado. Docente fundador do Curso de Direito da Faculdade Irecê (FAI). Professor efetivo da Universidade do Estado da Bahia (Uneb). Leciona Direito Empresarial, Direito Civil, Direito do Consumidor, Teoria do Direito. Árbitro da Câmara de Arbitragem e Mediação Especializada (Cames). Membro da Academia de Letras de Irecê (ALI). Advogado, consultor jurídico, palestrante e autor de obras jurídicas. Instagram: @hebertvduraes.

Marcelo Hugo da Rocha

Graduado em Psicologia (Atitus Educação). Graduado em Direito (PUCRS). Especialista em Direito Empresarial (PUCRS). Mestre em Direito (PUCRS). Especialista em Psicologia Positiva e Coaching (Faculdade UNYLEYA). Psicólogo. Professor. Advogado. Coordenador, autor e coautor de mais de cem obras. Destaque para as coleções: Completaço® Passe na OAB e Completaço® Passe em Concursos Públicos, ambas publicadas pelo Selo Saraiva Jur. Instagram: @profmarcelohugo; *site*: www.marcelohugo.com.br.

Sumário

1. EMPRESA, EMPRESÁRIO E ELEMENTOS DE EMPRESA – 2. REGISTRO E AVERBAÇÃO: 2.1 Registro da empresa; 2.2 Registro da atividade econômica não empresarial; 2.3 Averbação; 2.4 Órgãos de registro e averbação empresariais – 3. ESTABELECIMENTO: 3.1 Conceito e características; 3.2 Trespasse: a alienação do estabelecimento empresarial – 4. PONTO COMERCIAL: 4.1 Definição; 4.2 Renovação compulsória da locação do ponto comercial; 4.3 Ação renovatória; 4.4 Exceção de retomada do imóvel pelo locador; 4.5. Indenização do locatário; 4.6. Locação por shopping center; 4.7. Estabelecimento virtual de "lojas on-line" – 5. NOME EMPRESARIAL: 5.1 Conceito e princípios norteadores; 5.2 Firma ou firma individual; 5.3 Firma social ou razão social; 5.4 Denominação empresarial – 6. PREPOSTOS DO EMPRESÁRIO – 7. ESCRITURAÇÃO E LIVROS EMPRESARIAIS – 8. EMPRESÁRIO INDIVIDUAL: 8.1 Conceito e características; 8.2 Capacidade para ser empresário individual; 8.3 Exercício excepcional da empresa por pessoa incapaz; 8.4 Impedimento para ser empresário; 8.5 Empresário casado – 9. DIREITO SOCIETÁRIO: TEORIA GERAL: 9.1 Definições iniciais; 9.2 Constituição, personificação e extinção da sociedade; 9.3 Desconsideração da personalidade jurídica – nova lei; 9.4 Características gerais das sociedades empresárias; 9.5 Classificação das sociedades – 10. SOCIEDADE EM COMUM (IRREGULAR OU DE FATO): 10.1 Conceito e características; 10.2 Responsabilidade dos sócios; 10.3 Patrimônio especial de afetação; 10.4 Prova de existência da sociedade em comum – 11. SOCIEDADE EM CONTA DE PARTICIPAÇÃO: 11.1 Conceito e características; 11.2 Tipos de sócios (ostensivo e participante); 11.3 Liquidação da sociedade – 12. SOCIEDADE SIMPLES: 12.1 Conceito e características; 12.2 Contrato social; 12.3 Direitos e obrigações dos sócios entre si; 12.4 Cessão de quotas e direitos e obrigações dos sócios perante terceiros; 12.5 Responsabilidade dos sócios com terceiros; 12.6 Administração da sociedade simples; 12.7 Responsabilidade dos sócios; 12.8 Dissolução da sociedade simples – 13. SOCIEDADE EM NOME COLETIVO: 13.1 Conceito e características; 13.2 Responsabilidade dos sócios – 14. SOCIEDADE EM COMANDITA SIMPLES: 14.1 Conceito e características; 14.2 Tipos de sócios (comanditados e comanditários); 14.3 Dissolução da sociedade – 15. SOCIEDADE LIMITADA (LTDA.): 15.1 Conceito e características; 15.2 Capital social da Ltda.; 15.3 Cessão de quotas na sociedade Ltda.; 15.4 Sócio remisso (em mora) e suas quotas; 15.5 Responsabilidade na sociedade Ltda.; 15.6 Administração da sociedade Ltda.; 15.7 Assembleia, reunião e deliberação dos sócios; 15.8 Conselho fiscal na sociedade Ltda.; 15.9 Dissolução da sociedade Ltda.; 15.10 Dissolução total (ou extinção) – 16. SOCIEDADE ANÔNIMA (S.A.): 16.1 Conceito e características; 16.2 Formas de constituição; 16.3 Capital social da S.A.; 16.4 Ações; 16.5. Outros valores mobiliários; 16.6 Administração da Sociedade Anônima;

DIREITO EMPRESARIAL

16.7 Dissolução da Sociedade Anônima – 17 SOCIEDADE EM COMANDITA POR AÇÕES: 17.1 Conceito e características; 17.2 Capital social; 17.3 Tipos de sócios e administração da sociedade – 18. SOCIEDADE COOPERATIVA: 18.1 Conceito e características; 18.2 Responsabilidade dos cooperados; 18.3 Tipos de sociedades cooperativas – 19. OPERAÇÕES SOCIETÁRIAS: 19.1 Transformação societária; 19.2 Incorporação societária; 19.3 Fusão; 19.4 Cisão; 19.5 Outras formas de organização societária – 20. PROPRIEDADE INDUSTRIAL: 20.1 A Lei de Propriedade Industrial – LPI; 20.2 Patentes; 20.3 Registro – 21. TÍTULOS DE CRÉDITO – TEORIA GERAL: 21.1 Conceito e características; 21.2 Princípios norteadores; 21.3 Classificação; 21.4 Institutos do Direito Cambiário (títulos de crédito) – 22. LETRA DE CÂMBIO: 22.1. Conceito e características; 22.2 Requisitos legais; 22.3 Prescrição – 23. NOTA PROMISSÓRIA: 23.1 Conceito e características; 23.2 Requisitos legais; 23.3 Prescrição – 24. DUPLICATA: 24.1 Conceito e características; 24.2 Requisitos legais; 24.3 Prescrição – 25. CHEQUE: 25.1 Conceito e características; 25.2 Requisitos legais; 25.3 Modalidades de cheque; 25.4 Sustação do cheque; 25.5 Apresentação do cheque; 25.6 Prescrição – 26. CONTRATOS MERCANTIS: 26.1 Conceito e características gerais; 26.2 Compra e venda mercantil; 26.3 Mandato mercantil; 26.4 Comissão mercantil; 26.5 Franquia; 26.6 Arrendamento mercantil ou *leasing*; 26.7 Faturização ou *factoring*; 26.8 Seguro 26.9 *Hedge*; 26.10 Alienação fiduciária em garantia; 26.11 Representação comercial; 26.12 Depósito mercantil; 26.13 Contratos bancários; 26.14 Concessão mercantil; 26.15 Locação comercial – 27. FALÊNCIA EMPRESARIAL: 27.1 Conceito e características; 27.2 Pressupostos legais; 27.3 Juízo falimentar; 27.4 Etapas do processo de falência; 27.5 Pedido de falência e resposta do réu; 27.6 Procedimento da autofalência; 27.7 Sentença declaratória da falência; 27.8 Efeitos da sentença declaratória de falência; 27.9 Recursos cabíveis; 27.10 A massa falida objetiva e a subjetiva; 27.11 Administração da falência; 27.12 Classificação dos créditos concursais; 27.13 Classificação dos créditos extraconcursais; 27.14 Reabilitação do falido – 28. RECUPERAÇÃO JUDICIAL: 28.1 Conceito e caraterísticas; 28.2 Condições gerais para requerer a recuperação judicial; 28.3 Processo da recuperação judicial; 28.4 Administração dos bens; 28.5 Convolação da recuperação judicial em falência – 29. RECUPERAÇÃO EXTRAJUDICIAL – REFERÊNCIAS; QUESTÕES.

1. EMPRESA, EMPRESÁRIO E ELEMENTOS DE EMPRESA

A **empresa** é uma atividade econômica organizada para a produção ou a circulação de bens ou de serviços (art. 966 do CC). Leia bem: "atividade"! Dessa forma, é incorreto confundir o conceito de empresa com a pessoa que a exerce (empresário). De igual modo, não se pode confundir "empresa" com o local onde ela é exercida.

Enquanto empresa é a "atividade econômica", **empresário** é a pessoa (física ou jurídica) que exerce a empresa. A atividade empresarial pode ser exercida pelo empresário individual, pela sociedade empresarial ou pela Sociedade Limitada Unipessoal (SLU).

Atualmente, existem três categorias de empresário:

a) *empresário individual:* pessoa física que exerce a empresa;

b) *sociedade empresarial:* pessoa jurídica constituída a partir da união de esforços de duas ou mais pessoas (art. 44, II, do CC) para fins de exercício da empresa;

c) *sociedade limitada unipessoal: pessoa jurídica constituída por apenas uma pessoa, vide* o art. 1.052, §§ 1º e 2º, do CC (incluídos pela Lei n. 13.874/2019)

É possível também esquematizar as categorias de empresário da seguinte maneira:

Saber distinguir empresa de empresário e identificar os tipos empresariais é vital para interpretar os enunciados da primeira fase do Exame da OAB.

O art. 966 consagra os chamados "**elementos de empresa**" (introduzidos no ordenamento jurídico brasileiro a partir do Código Civil). Esses elementos são o que caracteriza a atividade econômica, de tal modo que possamos chamá-la de "empresa". São eles:

- **profissionalismo:** significa que o empresário atua com habitualidade de informação e com o domínio dela sobre o produto ou o serviço que está colocando no mercado;
- **atividade econômica:** pressupõe a circulação de riquezas e a busca de lucro;
- **produção/circulação de bens/serviços:** toda atividade empresarial produzirá bens ou prestará serviços que propiciará a circulação de riquezas;
- **organização:** reúne os fatores como o capital, a matéria-prima, a mão de obra e a tecnologia empregada.

Reunidos, pois, esses elementos, haverá configuração de uma atividade econômica empresarial, salvo nos casos em que a lei expressamente excetuar (conforme será visto adiante).

> **ATENÇÃO!**
> Nem toda atividade econômica é empresa! Algumas atividades, ainda que circulem bens ou serviços, não serão consideradas empresárias. E não serão por duas possíveis razões: 1) porque não reúne os elementos de empresa (estudados anteriormente); ou 2) porque a lei expressamente as exclui do conceito de empresa. A lei também chama de "simples" a atividade "não empresária". As atividades econômicas consideradas não empresariais (ou simples), por definição legal, são:
> a) **profissionais liberais** (art. 966, parágrafo único, do CC – que são as profissões intelectuais, de natureza científica, artística ou literária, a exemplo de médicos, advogados, arquitetos, dentistas, escritores, jornalista, intérpretes, fotógrafos, artistas plásticos etc.);
> b) **cooperativas** (art. 982, parágrafo único);
> c) **produtor rural** que não pedir o registro de empresário (art. 971 do CC);
> d) **sociedades simples**, chamadas também de não empresárias (sociedade de advogados, por exemplo).

2. REGISTRO E AVERBAÇÃO

2.1 Registro da empresa

O registro é ato solene pelo qual se confere regularidade à empresa. O art. 967 do CC é claro: é obrigatória a inscrição do empresário no Registro Público de Empresas Mercantis – RPEM da respectiva sede [e com as indicações do art. 968] antes do início de sua atividade. E a inscrição no registro próprio e na forma da lei dos atos constitutivos da sociedade lhe dá personalidade jurídica (art. 982).

Sob essas condições (de irregularidade), o empresário estará legalmente impossibilitado de usufruir dos benefícios conferidos ao empresário regular, quais sejam:

a) não terá legitimidade ativa para requerer a falência de seu devedor (art. 97, IV, da Lei n. 11.101/2005);
b) poderá ter sua falência requerida e decretada, que será necessariamente fraudulenta, porque seus livros não podem ser usados como meio de prova (art. 178 da Lei n. 11.101/2005);
c) não poderá requerer a recuperação judicial (art. 48 da Lei n. 11.101/2005);
d) não poderá participar de licitações por falta da inscrição no CNPJ e da ausência de matrícula no INSS (arts. 28 e 29 da Lei n. 8.666/93).

2.2 Registro da atividade econômica não empresarial

Já falamos que para as sociedades simples, as fundações e as associações, o local correto para a efetivação do registro é o Cartório de Registro Civil de Pessoas jurídicas (art. 998 do CC). Em geral, apenas as atividades econômicas empresariais devem ser registradas na Junta Comercial, ou seja, a atividade empresária (empresário individual, sociedade empresária e SLU) se registra na Junta Comercial; a atividade não empresária se registra no Cartório de Registro Civil de Pessoas Jurídicas. Eis a regra.

Contudo, a cooperativa (que não é empresa) também deve ser registrada na Junta. Por ser uma sociedade simples, o local adequado para seu registro, seguindo a regra, seria o Cartório de Registro Civil de Pessoas Jurídicas, porém, de acordo com o art. 32 da Lei n. 8.934/94, o registro da cooperativa deve ocorrer na Junta Comercial.

Destaque-se também que a sociedade de advogados (não empresária) deve ser registrada na Ordem dos Advogados do Brasil (OAB).

Já aquela pessoa cuja principal profissão é a atividade rural pode requerer seu registro na Junta Comercial do Estado no qual se encontra (art. 971 do CC). O empresário rural tem, portanto, a faculdade, e não a obrigatoriedade, de registrar sua atividade. Caso não se registre, sua atividade será considerada simples ou não empresária.

Para não confundir, confira a tabela a seguir:

TIPO DE ATIVIDADE	LOCAL DE REGISTRO
Sociedade empresária Sociedade não empresária	Junta Comercial
Produtor rural (opcional)	Junta comercial / Cartório de Registro Civil de Pessoas Jurídicas
Associações Fundações Cooperativas	Cartório de Registro Civil de Pessoas Jurídicas
Sociedade de Advogados	Ordem dos Advogados do Brasil (OAB)

2.3 Averbação

É o ato solene praticado perante a Junta Comercial pelo empresário registrado a fim de fazer constar alguma alteração, modificação ou adicionar informações ao seu registro.

Uma empresa que tem sua sede em um determinado Estado da Federação e pretende abrir uma filial, agência ou sucursal em outro, precisará ser averbada no registro de origem. Além disso, deverá ser registrada na Junta Comercial do Estado no qual se encontra (art. 969 do CC).

Para não confundir

REGISTRO	AVERBAÇÃO
É ato originário, por meio do qual passa a se conferir regularidade e formalidade à empresa.	É ato incidental, pelo qual faz constar no registro alguma alteração ou informação relevante no cadastro da entidade empresária.
Ambos são atos solenes envolvendo o cadastro formal da empresa e de entidades não empresárias, mas têm finalidades distintas.	

2.4 Órgãos de registro e averbação empresariais

Os órgãos responsáveis pelo registro público das empresas mercantis são regulados pela Lei n. 8.934/94. São eles:

a) o Departamento Nacional de Registro de Comércio (DNRC), que cuida das orientações e da supervisão das Juntas Comerciais em todo o território nacional;

b) as Juntas Comerciais, que são órgãos subordinados administrativamente ao governo da unidade federativa de sua jurisdição e, tecnicamente, ao DNRC. São responsáveis pelo registro e arquivamento dos atos constitutivos das sociedades empresárias e das cooperativas, bem como pela autenticação da escrituração das empresas (art. 32 da Lei n. 8.934/94).

Compete também à Junta Comercial fazer matrícula dos leiloeiros, tradutores públicos, intérpretes, trapicheiros (pessoa responsável por depósito – trapiche, em que se recebem e se guardam as mercadorias) e administradores de armazéns gerais.

3. ESTABELECIMENTO

3.1 Conceito e características

Não confunda estabelecimento com "ponto comercial". Estabelecimento é o complexo de bens corpóreos (instalações, máquinas, mercadorias etc.) e incorpóreos (marcas e patentes) reunidos pelo empresário ou pela sociedade empresarial para o desenvolvimento de sua atividade empresarial (art. 1.142 do CC). A propósito, a nova redação dada ao art. 1.142 do Código Civil, pela Lei n. 14.195/2021, define como "considera-se estabelecimento todo complexo de bens organizado, para exercício da empresa, por empresário, ou por sociedade empresária". Trata-se do elemento essencial da atividade empresarial, de modo que não há como constituir uma empresa sem antes organizar o estabelecimento comercial. Em alguns diplomas legais, como a Lei n. 8.245/91, o estabelecimento comercial é chamado de fundo de comércio.

Podemos dividir esse complexo de bens em duas grandes categorias:

- **bens materiais corpóreos:** mercadorias, máquinas, veículos, matéria-prima etc.
- **bens imateriais incorpóreos:** marca, patente, privilégios, ponto comercial, créditos etc.

Sobre o estabelecimento ainda é importante destacar três pontos essenciais:

- o estabelecimento empresarial **não é sujeito de direito**;
- o estabelecimento empresarial é um bem **complexo**;
- o estabelecimento empresarial **integra o patrimônio** da sociedade empresária.

Importante também não confundir estabelecimento com ponto comercial. O § 1º do art. 1.142 do CC (incluído pela Lei n. 14.382/2022), dispõe que "o estabelecimento não se confunde com o local onde se exerce a atividade empresarial, que poderá ser físico ou virtual".

> **ATENÇÃO!**
> Além dos bens que constituem o estabelecimento comercial, o **aviamento** e a **clientela** podem ser considerados atributos do estabelecimento. O aviamento é a aptidão de um estabelecimento em produzir resultados. A clientela é o grupo de pessoas que realizam negócios com o estabelecimento de forma continuada. É importante ressaltar que freguesia não é sinônimo de clientela, uma vez que, ao passo que a clientela mantém relações continuadas, a freguesia apenas se relaciona com o estabelecimento em virtude do local onde ele se encontra.

3.2 Trespasse: a alienação do estabelecimento empresarial

Comumente conhecido na prática comercial pela expressão "passa-se o ponto", o trespasse é a expressão adotada pela doutrina (e não pelo CC) que designa a transferência do estabelecimento em qualquer das suas formas. Se não houver nenhuma disposição em contrário, importa na sub-rogação do adquirente nos contratos estipulados para exploração do estabelecimento, se não tiverem caráter pessoal, podendo os terceiros rescindir o contrato em 90 (noventa) dias a contar da publicação da transferência, se ocorrer justa causa, ressalvada, nesse caso, a responsabilidade do alienante (art. 1.148).

Em outras palavras, trespasse é o contrato de alienação do estabelecimento comercial, o qual deve observar as **seguintes regras** (art. 1.145 do CC):

1) deixar bens suficientes para saldar todas as dívidas; ou
2) pagar todos os credores; ou
3) concordância expressa ou tácita dos credores, mediante notificação.

Importa ressaltar que, se o alienante pagou todas as dívidas ou possui bens suficientes para saldar as obrigações, não é necessária a notificação e muito menos a concordância dos credores. Ocorrendo o trespasse nos termos ditos anteriormente, a operação acarretará os seguintes efeitos:

- sub-rogação (via de regra) nos contratos estipulados para a exploração do estabelecimento se não tiverem caráter pessoal, e não houver a impugnação dos contratantes em 90 (noventa) dias, contados da publicação do trespasse (art. 1.148 do CC);
- o adquirente do estabelecimento responderá pelo pagamento dos **débitos anteriores à transferência**, desde que regularmente contabilizados;
- continua o devedor primitivo **solidariamente obrigado** pelo prazo de um ano, a partir, quan-

to aos créditos vencidos, da publicação, e, quanto aos outros, da data do vencimento (art. 1.146 do CC);

- não havendo autorização expressa, o alienante do estabelecimento **não pode fazer concorrência** ao adquirente, nos cinco anos subsequentes à transferência (art. 1.147 do CC).

4. PONTO COMERCIAL

4.1 Definição

Já dissemos anteriormente que o "estabelecimento" não é o "ponto comercial". O ponto comercial não é apenas o lugar no qual o empresário se estabelece, mas o espaço físico que decorre da atividade empresarial. E a própria atividade empresarial que acrescenta um valor econômico ao ponto comercial, e é exatamente por isso que precisa de uma proteção legal, ainda mais quando o imóvel é alugado. Nesse caso, é a Lei n. 8.245/91 que dá proteção ao ponto comercial, obtido a partir de um contrato de locação.

> **ATENÇÃO!**
> Não confundir estabelecimento com ponto comercial. Importante lembrar que "o estabelecimento não se confunde com o local onde se exerce a atividade empresarial, que poderá ser físico ou virtual" (§ 1º do art. 1.142 do CC, incluído pela Lei n. 14.382/2022). Quando o local onde se exerce a atividade empresarial for virtual, o endereço informado para fins de registro poderá ser, conforme o caso, o endereço do empresário individual ou o de um dos sócios da sociedade empresária (§ 2º do art. 1.142 do CC).

4.2 Renovação compulsória da locação do ponto comercial

Assim, alcançamos a proteção ao direito de inerência ou permanência ao ponto por meio da Lei de Locações e seus institutos consagrados pela doutrina e jurisprudência.

Refere-se o art. 51 da Lei de Locações que, nas locações de imóveis destinados ao comércio, o locatário terá direito à renovação do contrato, por igual prazo, se preenchidos os requisitos da tabela a seguir.

REQUISITO	REGRA
REQUISITO FORMAL	O contrato a renovar tenha sido celebrado por escrito e com prazo determinado.
REQUISITO TEMPORAL	O prazo mínimo do contrato a renovar ou a soma dos prazos ininterruptos dos contratos escritos seja de cinco anos [Ex.: contrato de três anos, vencido, novo contrato de dois anos, esse último poderá ser renovado].
REQUISITO MATERIAL	O locatário esteja explorando seu comércio, no mesmo ramo, pelo prazo mínimo e ininterrupto de três anos.

4.3 Ação renovatória

A ação renovatória tem a finalidade de proteger não só o ponto comercial, mas o estabelecimento como um todo. Ela concede ao empresário o direito de obter a renovação compulsória do contrato de locação, desde que o empresário demonstre os requisitos definidos em lei.

Quem pode propor a ação renovatória? Tem legitimidade ativa para ingressar com a ação renovatória o locatário, seu cessionário ou sucessor (art. 51, §§ 1º e 2º, da Lei de Locações). No caso de sublocação total, permitida contratualmente, tem legitimidade ativa para ingressar com a ação renovatória o sublocatário (art. 51, § 1º, da Lei de Locações).

O momento para pleitear a renovação, sob pena de decadência, são os primeiros 6 (seis) meses do último ano do contrato (art. 51, § 5º, da Lei de Locações). Se não for proposta no prazo legal, pode o locador, findo o contrato, retomar o imóvel, independentemente de motivo especial.

O locador pode promover a revisão do valor estipulado para o aluguel decorridos três anos da data do contrato, da data do último reajuste ou da data do início da renovação do contrato.

4.4 Exceção de retomada do imóvel pelo locador

Em face da proteção ao direito de propriedade, algumas vezes a renovação compulsória não será concedida, mesmo que todos os requisitos tenham sido cumpridos pelo inquilino. Nos casos a seguir, o juiz concederá a retomada ao locador (arts. 52 e 71 da Lei de Locações):

1) se, por determinação do Poder Público, tiver que realizar no imóvel obras que importarem na sua radical transformação;
2) para fazer modificações de tal natureza que aumente o valor do negócio ou da propriedade;
3) se o imóvel vier a ser utilizado por ele próprio; ou
4) para transferência de fundo de comércio existente há mais de um ano, sendo detentor da maioria do capital o locador, seu cônjuge, ascendente ou descendente (Obs.: shopping – art. 52, § 2º).

4.5 Indenização do locatário

Ao locatário, caso perca a renovação, poderá garantir a indenização do "ponto" com o preenchimento de alguns requisitos (de acordo com art. 52, § 3º):

- se a exceção de retomada foi a existência de proposta melhor de terceiros;
- se o locador demorou mais de 3 (três) meses da entrega para dar-lhe destino alegado na exceção de retomada (p. ex.: realização de obras);
- exploração, no imóvel, da mesma atividade do locatário;
- insinceridade da exceção de retomada.

4.6 Locação por shopping center

No caso de shopping center, o locador de espaço não pode oferecer exceção de retomada com fundamento no uso próprio ou na transferência de fundo de comércio (art. 52, § 2º, da Lei de Locações). Nas relações entre lojistas e empreendedores, prevalecerão as condições livremente pactuadas nos contratos de locação respectivos e também o disposto sobre as locações não residenciais da citada lei, principalmente quando da renovação do contrato. O empreendedor não poderá cobrar do locatário do espaço em shoppings centers (art. 54):

- obras de reforma ou acréscimos que interessem à estrutura integral do imóvel (art. 22, parágrafo único, *a*, da Lei de Locações);
- pintura das fachadas, empenas, poços de aeração e iluminação, bem como das esquadrias externas (art. 22, parágrafo único, *b*, da Lei de Locações);
- indenizações trabalhistas e previdenciárias pela dispensa de empregados, ocorridas em data anterior ao início da locação (art. 22, parágrafo único, *d*, da Lei de Locações);
- despesas com obras ou substituições de equipamentos que impliquem modificar o projeto ou o memorial descritivo da data do habite-se (art. 54, § 1º, *b*, 1ª parte, da Lei de Locações);
- obras de paisagismo nas partes de uso comum (art. 54, § 1º, *b*, 2ª parte, da Lei de Locações).

4.7 Estabelecimento virtual de "lojas *on-line*"

O acesso ao estabelecimento virtual se dá por meio de um endereço eletrônico, ou seja, um domínio (p. ex., www.passenaoab.com.br). Esse endereço é considerado um ponto virtual. Assim, é possível estabelecer as mesmas proteções jurídicas referidas anteriormente, desde que compatíveis com a atividade *on-line*. O Enunciado 7 das Jornadas de Direito Comercial do Conselho da Justiça Federal (CJF) refere o seguinte: "O nome de domínio integra o estabelecimento empresarial como bem incorpóreo para todos os fins de direito".

5. NOME EMPRESARIAL

5.1 Conceito e princípios norteadores

De acordo com o Código Civil, considera-se nome empresarial a firma ou a denominação adotada para o exercício de empresa (art. 1.155). Trata-se de direito pessoal e protegido pela lei contra atos de concorrência desleal.

O nome empresarial é a identidade do empresário, seja empresário individual, seja sociedade empresária, como o nome civil é para a pessoa natural.

O registro do nome empresarial deve obedecer aos princípios:

- **da novidade:** orienta que não pode haver nomes idênticos na mesma circunscrição (Estado); e
- **da veracidade:** leciona que os elementos do nome empresarial devem corresponder, verdadeiramente, com a atividade exercida e seus respectivos titulares.

Por essa razão, o nome de empresário deve distinguir-se de qualquer outro já inscrito no mesmo registro (princípio da novidade). Contudo, se o empresário tiver nome idêntico ao de outros já inscritos, deverá acrescentar designação que o distinga.

5.2 Firma ou firma individual

A firma individual é o nome empresarial utilizado exclusivamente pela pessoa natural que exerce a empresa na forma de empresário individual. Por se tratar de empresário individual, o nome da empresa será, necessariamente, o nome do indivíduo que a explora, podendo ser o nome completo ou abreviado e, ainda, se preferir, com designação mais precisa da sua atividade.

5.3 Firma social ou razão social

A firma social é o nome empresarial utilizado exclusivamente por sociedades, composto pelos nomes dos seus titulares. O art. 1.158, § 1º, do CC dispõe que a firma será composta com o nome de um ou mais sócios, desde que pessoas físicas. Os nomes dos demais sócios podem ser "ocultados" pela expressão "companhia" ou a sua abreviatura "Cia.".

5.4 Denominação empresarial

É o tipo de nome empresarial utilizado por sociedades empresárias, jamais por empresário individual. A denominação é um tipo de nome que se forma segundo a conveniência dos sócios, podendo utilizar-se de qualquer palavra ou expressão. Para entender, basta lembrar que a firma é constituída pelo nome do empreendedor (firma individual) ou dos sócios (firma social). O nome empresarial que for diferente disso será denominação.

A denominação não pode conter expressões que contrariem os bons costumes, a moral pública ou que utilizem nomes de terceiros sem expressa autorização.

Para efeito didático, segue quadro esquemático com panorama geral sobre os tipos empresariais e seus respectivos formatos de nome empresarial:

ATIVIDADE	TIPO DE NOME
Empresário individual	Firma Individual
Sociedade Limitada e Sociedade em Comandita por Ações	Firma Social ou Denominação
Cooperativa e Sociedade Anônima	Denominação (somente)
Sociedade em Comandita Simples	Firma Social
Sociedade em Conta de Participação	[Não pode ter Firma nem Denominação]

6. PREPOSTOS DO EMPRESÁRIO

O Código Civil trata como prepostos o gerente, o contabilista e outros auxiliares, que não podem, sem autorização escrita, fazer-se substituir no desempenho da preposição, sob pena de responder pessoalmente pelos atos do substituto e pelas obrigações por ele contraídas (art. 1.169).

O empresário que nomeia o preposto é chamado de preponente. E a preposição (atividade jurídico-empresarial exercida pelo preposto) pode surgir da relação de emprego (regido pela CLT) ou de um contrato de prestação de serviços (regido pelo Código Civil).

A atividade do preposto se equipara à do mandatário, ou seja, o preposto recebe poderes de representação que só podem ser delegados com a expressa concordância do empresário, observando-se as seguintes regras gerais:

- os prepostos não podem fazer concorrência, mesmo que indireta, aos preponentes, a não ser que exista autorização expressa;
- se exercerem concorrência, os prepostos responderão pelas perdas e pelos danos causados (art. 1.169 do CC);
- os prepostos são responsáveis pelos atos de quaisquer prepostos praticados em seus estabelecimentos e relativos à atividade da empresa, ainda que não autorizados por escrito;
- se tais atos forem praticados fora do estabelecimento, somente obrigarão o preponente nos limites dos poderes conferidos por escrito, cujo instrumento pode ser suprido pela certidão ou cópia autêntica de seu teor (art. 1.178 do CC).

7. ESCRITURAÇÃO E LIVROS EMPRESARIAIS

Escrituração é o ato ou efeito de registrar sistemática e metodicamente todos os fatos ocorridos em uma organização, com o objetivo de fornecer eventuais dados que se tornem necessários para qualquer posterior verificação a respeito deles.

O Código Civil determina que o empresário e a sociedade empresária são obrigados a seguir um sistema de contabilidade, mecanizado ou não, com base na escrituração uniforme de seus livros, em correspondência com a documentação respectiva, e a levantar anualmente o balanço patrimonial e o de resultado econômico (art. 1.179), orientado pelos seguintes princípios:

a) **princípio da fidelidade:** consiste na exigência legal de exprimir, com fidelidade e clareza, a real situação da empresa (arts. 1.183 e 1.184 do CC); em relação ao balanço patrimonial, ele deverá exprimir, com fidelidade e clareza, a situação real da empresa; atendidas as peculiaridades desta, bem como as disposições das leis especiais, indicará, distintamente, o ativo e o passivo (art. 1.188 do CC);

b) **princípio do sigilo:** como regra, os livros ficam sob a guarda do empresário, e são sigilosos, salvo em relação ao Fisco. Para que terceiros tenham acesso aos livros, precisarão requerer a exibição judicial (arts. 1.191 a 1.193 do CC);

c) **princípio da liberdade:** alguns ordenamentos jurídicos impõem não apenas a obrigação de manter os livros, mas, também, enumera-os como obrigatórios. No Brasil, vige a liberdade de escolha, caracterizada pelas expressões hoje utilizadas pelo § 1º do art. 1.179 do CC.

A escrituração é realizada em instrumentos chamados de livros. São eles:

- livro Diário;
- livro de Registro de Duplicatas;
- livro de Registro de Compras;
- livro de Registro de Inventário;
- livro de Registro de Empregados.

Alguns são obrigatórios, outros, não. O livro Diário é obrigatório e comum para qualquer atividade empresarial (art. 1.180 do CC), mas pode ser substituído pelo livro de Balancetes Diários e Balanços, de acordo com o art. 1.185 do CC

O Código Civil determina que, além dos demais livros exigidos por lei, é indispensável o livro Diário, que pode ser substituído por fichas no caso de escrituração mecanizada ou eletrônica, mas estas não dispensam o uso de livro apropriado para o lançamento do balanço patrimonial e do de resultado econômico (art. 1.180).

8. EMPRESÁRIO INDIVIDUAL

8.1 Conceito e características

Empresário individual é pessoa natural que exerce profissionalmente a atividade econômica organizada para produção ou circulação de bens ou de serviços, em seu próprio nome e risco, garantindo as obrigações do empreendimento com seus bens pessoais. Não se deve confundir com os sócios de uma sociedade empresarial, que podem ser chamados de empreendedores ou investidores. Também não se pode confundir o empresário individual com pessoa jurídica. A esse respeito, o STJ, no acórdão do REsp n. 927393, explicita que: "Tratando-se de firma individual há identificação entre a empresa e pessoa física, *posto não constituir pessoa jurídica*, não existindo distinção para efeito de responsabilidade (...)".

8.2 Capacidade para ser empresário individual

Para exercer a atividade de empresário individual, é necessária a plena capacidade civil, que ocorre aos 18 (dezoito) anos de idade. É importante lembrar que os critérios de definição da incapacidade foram alterados pelo Estatuto da Pessoa com Deficiência, modificando os citados dispositivos legais, tanto no que diz respeito à incapacidade absoluta quanto à relativa.

Com o advento do Estatuto da Pessoa com Deficiência, o art. 3º passou a ter a seguinte redação: "São absolutamente incapazes de exercer pessoalmente os atos da vida civil os menores de 16 (dezesseis) anos". No âmbito cível, essas pessoas são representadas em seus atos, pois não podem praticá-los por si. No âmbito empresarial, os absolutamente incapazes não emancipados não podem ser empresários, salvo na excepcional (com licença da redundância) hipótese de continuação da empresa.

8.3 Exercício excepcional da empresa por pessoa incapaz

Exercício da empresa por pessoa incapaz? Pode isso? Sim! Em caráter de exceção, por meio de alvará judicial, o incapaz pode continuar uma atividade empresarial, desde que assistido ou representado pelos responsáveis legais (art. 974 do CC). Contudo, o incapaz poderá exercer a empresa incidentalmente, em duas situações:

1) sucessão hereditária (o empresário falecido deixou apenas um herdeiro, sendo este incapaz). Como visto, o art. 974 do CC disciplina que o incapaz pode continuar uma atividade empresarial, desde que assistido ou representado pelos responsáveis legais. Se o incapaz sucedeu ou recebeu a empresa por meio de herança, poderá continuar a empresa;

2) incapacidade superveniente (o empresário tornou-se incapaz depois da abertura da empresa). O incapaz também poderá continuar a empresa se a incapacidade foi superveniente (posterior) ao início da atividade empresarial.

Em qualquer caso, para tanto, destaquem-se algumas regras comuns:

ATO	DESCRIÇÃO
Autorização do juiz	O juiz avaliará se a atividade deve ou não ser continuada. Se decidir pela continuidade, designará um representante ou assistente que ficará à frente dos negócios e prestará contas dessa atribuição.
Revogação da autorização	Cumpre ressaltar que a autorização judicial pode ser revogada a qualquer tempo (art. 974, § 1º).
Resguardar bens do incapaz	Do alvará judicial, constarão os bens que o incapaz já possuía ao tempo da sucessão ou da interdição, desde que estranhos ao acervo da empresa, uma vez que tais bens não serão atingidos pelas dívidas da empresa (art. 974, § 2º).
Averbação na Junta Comercial	A autorização judicial e o alvará (bem como a emancipação), com a relação dos bens do menor, devem ser averbados na Junta Comercial (art. 976 do CC).

Para fins de Exame da OAB, ainda é relevante trazer o Enunciado n. 197 da Jornada de Direito Civil do CJF, que conclui que a pessoa natural, maior de 16 (dezesseis) e menor de 18 (dezoito) anos, é reputada empresário regular se satisfizer os requisitos dos arts. 966 e 967; todavia, não tem direito a concordata preventiva [leia-se, "recuperação judicial", CF/1988, art. 48 da Lei n. 11.101/2005], por não exercer regularmente a atividade por mais de 2 (dois) anos.

> **ATENÇÃO!**
> E, no que diz respeito ao sócio (investidor em sociedade empresária), poderá ele ser incapaz desde o momento de constituição do empreendimento? De acordo com o CC (art. 974), o incapaz pode participar de sociedade, desde que estejam presentes os seguintes requisitos:
> 1) precisa ser representado ou assistido;
> 2) não pode ser administrador;
> 3) só pode participar de sociedade cujo capital social esteja totalmente integralizado (art. 974, § 3º, do CC).

O objetivo do legislador foi o de proteger o patrimônio do incapaz, e é exatamente por isso que o incapaz não poderá ser sócio de sociedades que comprometam seu patrimônio, como é o caso da sociedade em nome coletivo, da sociedade em comandita simples e da sociedade limitada com o capital não integralizado.

8.4 Impedimento para ser empresário

Impedimento é uma restrição imposta pelo ordenamento jurídico que veda a certos indivíduos explorarem a empresa como empresários. Além da plena capacidade, é necessária a inexistência de impedimento legal para o exercício da atividade empresarial, a fim de que seja preservado o interesse de terceiros ou o interesse público em geral. Ricardo Negrão apresenta cinco tipos de agentes impedidos de serem empresários individuais (2010, p. 73):

a) agentes políticos: membros do Ministério Público (MP), magistrados (em ambos os casos, é possível ser cotista ou acionista); deputados e senadores estão impedidos no caso de empresa que goze de favor decorrente de contrato com pessoa jurídica de direito público, ou de nela exercer função remunerada (art. 54, II, a, da CF);

b) servidores públicos: art. 117, X, da Lei n. 8.112/90;

c) falidos e condenados por crime falimentar: os falidos ficam inabilitados, desde a decretação da falência até a extinção de suas obrigações (art. 102 da LRF), e aqueles condenados por crime falimentar (art. 181, I, da LRF), o que perdurará por 5 (cinco) anos após a extinção da punibilidade (art. 181, § 1º, da LRF);

d) penalmente proibidos: a condenação por crime por si só não impede, somente o fará se a sentença criminal assim dispuser de forma transitória;

e) estrangeiros: não estão proibidos, mas em algumas hipóteses, sim, como aproveitar o potencial de energia elétrica (art. 176, § 1º, da CF); o não naturalizado ou naturalizado há menos de 10 (dez) anos não pode ser proprietário de empresa jornalística (art. 222 da CF); estrangeiro turista, de forma individual (porque não se permite nenhuma atividade remunerada), mas pode participar de sociedade empresária.

8.5 Empresário casado

O art. 978 do CC permite que empresários casados possam exercer a empresa de modo livre de questões particulares de seu casamento, pois, caso fossem necessárias autorizações do outro cônjuge para cada ato empresarial, a sociedade empresária seria engessada perigosamente por intenções alheias ao seu objetivo.

Contudo, não se trata de uma liberdade plena.

Embora a lei autorize o empresário casado a alienar os imóveis que integrem o patrimônio da empresa ou gravá-los de ônus real, sem necessidade de outorga conjugal, qualquer que seja o regime de bens (art. 978 do CC), o CJF deu interpretação cuidadosa ao referido dispositivo.

O Enunciado 58 da II Jornada de Direito Comercial do CJF leciona que: o empresário individual casado é o destinatário da norma do art. 978 do CC e não depende da outorga conjugal para alienar ou gravar de ônus real o imóvel utilizado no exercício da empresa, desde que exista prévia averbação de autorização conjugal à conferência do imóvel ao patrimônio empresarial no cartório de registro de imóveis, com a consequente averbação do ato à margem de sua inscrição no registro público de empresas mercantis.

> **ATENÇÃO!**
> Como regra geral, os cônjuges podem ser sócios entre si ou com terceiros. No entanto, há de se observar o regime de casamento, porque, se for comunhão universal, em razão da defesa do patrimônio total familiar, ou separação obrigatória, nos casos do art. 1.641, em razão da possível fraude entre eles em esconder patrimônio mediante uma sociedade, estão proibidos de contratar sociedade.

9. DIREITO SOCIETÁRIO: TEORIA GERAL

9.1 Definições iniciais

Antes da Lei n. 13.874/2019, a sociedade era compreendida como o ente constituído por duas ou mais pessoas. Atualmente, com inserção dos §§ 1º e 2º ao art. 1.052 do CC (incluídos pela Lei n. 13.874), a sociedade também pode ser constituída por único titular, sendo chamada "sociedade unipessoal" e que tem por objetivo social a exploração de atividade econômica. Se organizada, poderá ser empresária e, em geral, se registrada, será configurada como pessoa jurídica de direito privado (art. 44, II, do CC).

Neste tópico, trataremos da sociedade como uma das formas de explorar a empresa (diferentemente do empresário individual), observando seu conceito, forma de constituição, características gerais, classificação etc. Os tipos societários (ou sociedades em espécie) serão tratados em tópicos individuais, logo depois deste capítulo.

9.2 Constituição, personificação e extinção da sociedade

A sociedade se constitui por meio de um ato constitutivo entre duas ou mais pessoas, que se obrigam a combinar esforços e recursos para atingir fins comuns (art. 981 do CC). Portanto, é obrigação de qualquer sócio de sociedade empresária contribuir para a formação do patrimônio social, não se admitindo a entrada de sócio que apenas preste serviço à empresa (art. 1.055, § 2º, do CC), com exceção da Sociedade Simples (pura) e a Cooperativa, que admitem a participação dos sócios apenas com "mão de obra".

A personalidade jurídica da sociedade empresária nasce com a inscrição, no registro próprio e na forma da lei, dos seus atos constitutivos (art. 985 do CC). A partir desse momento, é possível considerar as sociedades como pessoas jurídicas, conforme o inciso II do art. 44 do CC. Mas quais seriam os efeitos dessa personalização? São três efeitos, a saber:

EFEITO	DESCRIÇÃO
Titularidade negocial	A sociedade é parte em negócios jurídicos realizados por ela. É a pessoa jurídica da sociedade que assume um dos polos da relação, muito embora o faça por intermédio de seu representante.
Titularidade processual	A pessoa jurídica possui capacidade processual (capacidade de ser parte), ou seja, pode demandar e ser demandada em juízo, ou melhor, tem capacidade para ser parte processual. É ela quem recebe citação, peticiona etc.
Titularidade patrimonial	A sociedade tem patrimônio próprio, incomunicável com o patrimônio individual de cada um de seus sócios. Somente em casos excepcionais, e subsidiariamente, os sócios responderão pelas obrigações contraídas pela sociedade.

Por fim, a personalização se encerra por meio de um processo de extinção conhecido como dissolução (em sentido amplo) e que compreende três fases:

1) **dissolução**: em sentido estrito, que é o ato ab-rogatório da constituição da sociedade;
2) **liquidação**: que visa à realização do ativo e ao pagamento do passivo; e
3) **partilha**: momento em que os sócios participam do acervo da sociedade.

9.3 Desconsideração da personalidade jurídica

Com a nova redação dada ao Código Civil, à luz da Lei n. 13.874, de 20-9-2019, conhecida como Lei da Liberdade Econômica ou Declaração de Direitos de Liberdade Econômica, o art. 50 agora define "desvio de finalidade" e "confusão patrimonial", a saber:

- **desvio de finalidade:** "a utilização da pessoa jurídica com o propósito de lesar credores e para a prática de atos ilícitos de qualquer natureza";
- **confusão patrimonial:** "a ausência de separação de fato entre os patrimônios".

Igualmente, a nova lei tratou de delimitar as hipóteses que caracterizam a *confusão patrimonial*. São elas:

- cumprimento repetitivo pela sociedade de obrigações do sócio ou do administrador ou vice-versa;
- transferência de ativos ou de passivos sem efetivas contraprestações, exceto os de valor proporcionalmente insignificante;
- outros atos de descumprimento da autonomia patrimonial.

Além dessas hipóteses previstas no Código Civil, o Código de Processo Civil (CPC) se refere à desconsideração inversa da personalidade jurídica (art. 133, § 2º). E o que é isso? É quando o sócio desloca bens pessoais para a sociedade para fugir de credores particulares. Nesse caso, busca-se a responsabilidade da sociedade pelas dívidas efetuadas pelo seu sócio. Exatamente o contrário da lógica do CC.

9.4 Características gerais das sociedades empresárias

São características gerais que se aplicam a todas as sociedades empresariais:

a) origem, por manifestação de vontade (contrato ou estatuto), entre duas ou mais pessoas;

b) regularização com o registro do contrato social ou do estatuto social, o que diferencia as sociedades em contratuais e institucionais, respectivamente;

c) extinção da sociedade, que pode ser por dissolução, expiração do prazo de duração, iniciativa dos sócios, ato de autoridade etc.;

d) pessoa jurídica com personalidade distinta da dos sócios, com titularidade negocial e processual e responsabilidade dos sócios, quando existir, sempre subsidiária em relação à sociedade (art. 1.024 do CC);

e) representação por pessoa designada no contrato social ou estatuto;

f) natureza da sociedade que pode ser de pessoas (rígida entrada e saída de sócios) ou sociedade de capital (livre entrada e saída de sócios);

g) proibição de se constituir sociedade entre cônjuges casados sob o regime de comunhão universal ou separação obrigatória de bens (art. 977 do CC);

h) pode ser estrangeira ou brasileira, dependendo de onde está a sede, no exterior ou no Brasil, respectivamente;

i) nome empresarial: regido pelos princípios da veracidade, da novidade e da exclusividade (art. 1.155 do CC).

Cumpre observar, no que diz respeito ao item "h", que a sociedade estrangeira, para se estabelecer no Brasil, depende de autorização do representante do Poder Executivo federal, cujo ato autorizante tem validade por 12 (doze) meses, prazo esse em que deverá haver a constituição da empresa autorizada (arts. 1.124 e 1.134 do CC). O mesmo vale para as sociedades dependentes de autorização, de uma forma geral, como as instituições financeiras, as mineradoras, as seguradoras etc.

9.5 Classificação das sociedades

I – Classificação em razão da pessoa dos sócios

- **Sociedade de pessoas:** são aquelas em que a pessoa dos sócios possui importância fundamental para constituição e funcionamento. Nessas sociedades, cada sócio conhece e escolhe seus companheiros. Toma-se em consideração a influência da pessoa dos sócios dentro das sociedades empresárias e do nível de importância da *affectio societatis*.

- **Sociedade de capitais:** as sociedades de capitais, por sua vez, são aquelas em que a contribuição financeira do sócio tem importância maior do que sua pessoa (*affectio societatis* menor), podendo a administração ser confiada por terceiros. São aquelas em que a participação pessoal dos sócios ocupa posição secundária. O mais importante, nesse tipo de sociedade, é o capital, e não a pessoa do investidor, ocorrendo a livre circulação dos sócios.

SÃO SOCIEDADES DE PESSOAS	SÃO SOCIEDADES DE CAPITAIS
a) sociedade simples; b) sociedade em nome coletivo; c) sociedade em comandita simples; d) sociedade Ltda.; e) sociedade em comum; f) sociedade em conta de participação.	a) sociedade anônima; b) sociedade em comandita por ações.

II – Classificação em razão da responsabilidade dos sócios

- **Sociedade de responsabilidade ilimitada:** embora o título da classificação refira-se à "sociedade de responsabilidade limitada", tal ilimitação não se aplica à organização (sociedade), mas aos sócios. Isto é, nessa classificação, estudamos a responsabilidade dos sócios. Nessa modalidade, o patrimônio particular dos sócios responde pelas dívidas sociais, tornando-se garantidores das obrigações da sociedade.

- **Sociedade de responsabilidade limitada:** trata-se de modalidade societária em que os sócios têm responsabilidade restrita ou limitada ao valor do seu empreendimento. Ou seja, os sócios respondem até a importância do capital com que entraram para a sociedade (no caso das sociedades anônimas) ou até o valor das suas quotas (no caso das sociedades limitadas, quando integralizadas). Os acionistas de uma sociedade anônima têm suas responsabilidades limitadas ao montante das ações subscritas ou integralizadas.
- **Sociedade de responsabilidade mista:** e, por fim, vistos os dois modelos de sociedade anteriores, há sociedades mistas, em que há sócios com responsabilidade ilimitada e sócios que limitam a sua responsabilidade. São aquelas que apresentam responsabilidade limitada por parte de alguns sócios, ao passo que outros respondem ilimitadamente pelas obrigações assumidas em nome e por conta da sociedade, caso os bens sociais não sejam suficientes para satisfazerem as obrigações perante os credores da sociedade.

RESPONSABILIDADE ILIMITADA	RESPONSABILIDADE LIMITADA	RESPONSABILIDADE MISTA
a) sociedade em nome coletivo (art. 1.039 do CC); b) sociedade em comum (art. 990 do CC); c) sociedade em conta de participação (art. 991 do CC).	a) sociedade anônima (art. 1ª da Lei n. 6.404/76); b) sociedade Ltda. (art. 1.052 do CC); c) sociedade simples (art. 1.023 do CC).	a) em comandita simples (art. 1.045 do CC); b) em comandita por ações (art. 1.090 do CC); c) sociedade em conta de participação (art. 991 do CC).

III – Classificação em razão do regime de constituição e dissolução

- **Sociedades contratuais:** de acordo com o regime de constituição, as sociedades podem ser regidas pelo Código Civil ou pela Lei n. 6.404/76. Assim, levando em consideração a pessoa dos sócios e a dependência da sociedade empresária a eles, as sociedades de pessoas seriam, necessariamente, sociedades contratuais, cujo regime de constituição e dissolução está regulamentado por um contrato social.
- **Sociedades institucionais:** as sociedades institucionais são todas aquelas sociedades de capital que se baseiam em um ato estatutário, como é o caso das sociedades anônimas e em comandita por ações. No caso da Lei n. 6.404/76, todas as sociedades regidas por ela são sociedades institucionais, que são as sociedades anônimas e as sociedades em comandita por ações. Todas as demais são sociedades contratuais. Não se pode esquecer, porém, que as cooperativas que são regidas pelo Código Civil e pela Lei n. 5.764/71 são sociedades institucionais.

SOCIEDADES CONTRATUAIS	SOCIEDADES INSTITUCIONAIS
a) sociedades em nome coletivo; b) sociedades em comandita simples; c) sociedade limitada.	a) sociedades anônimas; b) comandita por ações; c) cooperativas.

IV – Classificação em razão da personificação das sociedades

- **Sociedades personificadas:** uma sociedade deve ter os seus atos constitutivos levados ao órgão competente de registro. No caso das sociedades empresárias, é o registro público de empresas mercantis, a cargo das juntas comerciais. Esse registro deve ser promovido dentro do prazo legal de 30 (trinta) dias (arts. 1.150 a 1.154 do CC). As sociedades não empresárias (ou simples) se registram no Registro Civil das Pessoas Jurídicas. Daí, a sociedade se torna personificada (tem personalidade jurídica, por causa do registro).
- **Sociedades não personificadas:** o agrupamento de pessoas com a intenção de constituir sociedade, por si só, já tem potencial de originar uma sociedade. Ainda que não tenha procedido ao registro, será considerada uma sociedade de fato. Nesse caso, essa sociedade será denominada não personificada ou despersonalizada (não tem personalidade jurídica).

SOCIEDADE PERSONIFICADA	SOCIEDADE NÃO PERSONIFICADA
Com exceção da *sociedade em comum* e da *sociedade em conta de participação*, todas as demais que fizerem o registro serão consideradas personificadas.	a) sociedade em comum; b) sociedade em conta de participação.

V – Classificação em razão da atividade desenvolvida

- **Sociedades simples (ou não empresárias):** antes do Código Civil, esse tipo societário era conhecido como sociedade civil. São as que exercem atividade intelectual de natureza científica, artística e literária, nos termos do parágrafo único do art. 966 do CC, desde que não presentes os elementos de empresa, e são consideradas não empresárias. Por isso, tanto faz referir-se a elas como sociedades simples quanto não empresárias. Embora tenham feição de empresa, as cooperativas também são consideradas atividades simples (não empresárias) por expressa disposição legal (art. 982, parágrafo único, do CC).
- **Sociedades empresárias:** de acordo com o art. 983 do CC, a sociedade empresária deve constituir-se segundo um dos tipos regulados nos arts. 1.039 a 1.092, e a sociedade simples pode constituir-se em conformidade com um desses tipos, e, não o fazendo, subordina-se às normas que lhe são próprias.

SOCIEDADES SIMPLES (OU NÃO EMPRESÁRIAS)	SOCIEDADES EMPRESÁRIAS
a) sociedade simples (antiga sociedade civil); b) cooperativa (é tratada como sociedade pelo CC).	a) sociedade em nome coletivo; b) sociedade em comandita simples; c) sociedade anônima; d) sociedade Ltda.; e) sociedade em comum; f) sociedade em conta de participação; g) sociedade em comandita por ações.

10. SOCIEDADE EM COMUM (IRREGULAR OU DE FATO)

10.1 Conceito e características

Conforme foi visto, é aquela sociedade que não tem personalidade jurídica, seja por não ter sido registrada devidamente (sociedade em comum e sociedade em conta de participação), seja por eventual inscrição de seu instrumento em qualquer registro não conferir à sociedade em conta de participação personalidade jurídica (art. 993).

Recorda-se que uma sociedade, mesmo sem personalidade jurídica, tem os mesmos deveres do que uma sociedade com personalidade jurídica, mas não usufrui dos direitos desta.

Assim, exemplificadamente:

- tem ilegitimidade ativa para o pedido de falência de seu devedor (art. 97, § 1º, da Lei n. 11.101/2005);
- tem ilegitimidade ativa para o pedido de recuperação judicial e extrajudicial (art. 48, *caput*, da Lei n. 11.101/2005);
- é impossibilitada de participar de licitações, nas modalidades concorrência pública e tomada de preços (art. 28, II e III, da Lei n. 8.666/93); e
- não pode ter os seus livros autenticados no RPEM, em virtude da falta de inscrição (art. 1.181 do CC), e, consequentemente, não poderá valer-se da eficácia probatória prevista na legislação processual (art. 418 do CPC).

10.2 Responsabilidade dos sócios

A responsabilidade dos sócios é solidária (todos os sócios respondem concomitantemente) e ilimitada (independentemente do valor do investimento inicial) pelas dívidas sociais, mas só poderão ser atingidos depois de esgotados os bens do patrimônio especial. Trata-se do benefício de ordem.

Esse benefício de ordem, assim, não retira a responsabilidade solidária (entre os sócios) e ilimitadamente pelas obrigações sociais dos sócios, prevista no art. 990 do CC, mas permite que respondam de forma subsidiária ou indiretamente. No entanto, aquele sócio que contratou pela sociedade responderá de forma direta e solidária com a sociedade, permitindo o credor a escolha entre cobrar desse sócio ou da sociedade.

Apesar de não existir personalidade jurídica e, portanto, não haver a proteção patrimonial dos sócios, o legislador afirmou que os bens dos sócios colocados à disposição da sociedade, bem como as respectivas dívidas, constituem um patrimônio especial (art. 988 do CC). Isso significa que, apesar da ausência da personalidade jurídica, o patrimônio dos sócios não pode ser atingido diretamente, e sim depois de esgotados os bens do patrimônio especial.

10.3 Patrimônio especial de afetação

Constituem patrimônio especial os bens e as dívidas sociais do qual os sócios são titulares em comum, respondendo estes pelos atos de gestão praticados por qualquer dos sócios, salvo pacto expresso limitativo de poderes, que somente terá eficácia contra o terceiro que o conheça ou deva conhecer (arts. 988 e 989 do CC).

Nesse sentido, o Enunciado 210 do CJF: "O patrimônio especial a que se refere o art. 988 é aquele afetado ao exercício da atividade, garantidor de terceiro, e de titularidade dos sócios em comum, em face da ausência de personalidade jurídica".

10.4 Prova de existência da sociedade em comum

Se a sociedade não tem personalidade jurídica e, por consequência lógica, não tem registro em nenhum órgão público que empregue publicidade da sua existência, logo, como poderão os sócios provar que a sociedade existe? Como poderão os terceiros (credores, p. ex.), igualmente, provar a existência da sociedade?

Os sócios, somente por prova escrita, podem provar a existência da sociedade, nas relações entre si ou com terceiros. Porém, os terceiros podem prová-la de qualquer modo (prova testemunhal, p. ex.) como garantia de mantê-los ilesos a qualquer prejuízo que venham a sofrer em relação a uma sociedade irregular ou de fato (*vide* art. 987 do CC). Observe o esquema a seguir:

Sócio em relação a sócio Sócio em relação a terceiro	Só prova por escrito
Terceiro em relação a sócio	Prova por qualquer modo

Nesse caso, se um sócio buscar na justiça um crédito perante outro sócio ou perante um devedor da sociedade, terá que provar a existência da união social mediante documento formal (escrito), que pode ser um contrato social ou uma ata. Mas, se for um credor da sociedade que pretender buscar um crédito perante os sócios, poderá, com testemunha, p. ex., provar que o devedor pertence à sociedade devedora. Isso facilitará a satisfação do crédito.

11. SOCIEDADE EM CONTA DE PARTICIPAÇÃO

11.1 Conceito e características

Como vimos anteriormente, trata-se de sociedade não personificada em virtude de não possuir registro nem na Junta Comercial nem no Cartório de Registro Civil de Pessoas Jurídicas, mas que existe por meio de um contrato de uso interno entre os sócios. Sua regulamentação se encontra entre os arts. 991 e 996 do CC.

A constituição da sociedade em conta de participação independe de qualquer formalidade e pode provar-se por todos os meios de direito (art. 992). O seu contrato social produz efeito somente entre os sócios, e a eventual inscrição de seu instrumento em qualquer registro não confere personalidade jurídica à sociedade (art. 993).

Em outras palavras, mesmo realizando o registro em qualquer que seja o órgão, não haverá eficácia para fins empresariais previstos em lei. Isto é, esse contrato pode até ter sido registrado no Cartório de Títulos e Documentos, e mesmo assim não haverá personalidade jurídica para a sociedade (art. 991 do CC). E, em virtude dessa ausência de registro, não se pode falar em nome empresarial da sociedade.

11.2 Tipos de sócios (ostensivo e participante)

A sociedade em conta de participação cria duas figuras de sócios. Trata-se do sócio ostensivo (aparente) e do sócio participante (oculto). O primeiro é o sócio que aparece nas negociações. O segundo não aparece nas negociações, mas figura apenas como uma espécie de investidor que não aparece nas negociações. O sócio ostensivo é aparente (aparece) e o sócio participante é oculto.

Determina o art. 991, parágrafo único, do CC que, na sociedade em conta de participação, a atividade constitutiva do objeto social é exercida unicamente pelo sócio ostensivo, em seu nome individual e sob sua própria e exclusiva responsabilidade, "participando" os demais (sócios participantes) dos resultados correspondentes. Decorre dessa regra a distinção dos dois tipos de sócios que a compõem:

SÓCIO OSTENSIVO
• aparece nas negociações; • negocia em seu nome individual; • obriga-se perante terceiros; • é o administrador legal; • se falir, a sociedade se dissolve.
SÓCIO PARTICIPANTE
• é oculto – não aparece nas negociações; • não se obriga perante terceiros; • responde perante o sócio ostensivo; • não pode praticar atos de gestão; • se falir, a sociedade não se dissolve.

11.3 Liquidação da sociedade

A liquidação da sociedade é regida pelas regras da prestação de contas (art. 996 do CC). No caso de falência do sócio ostensivo, o participante será tratado como credor quirografário, e, se ocorrer a falência do sócio participante, a relação dele com o sócio ostensivo será tratada como um contrato bilateral (art. 994 do CC).

12. SOCIEDADE SIMPLES

12.1 Conceito e características

As sociedades simples são a forma societária adotada para as atividades não empresariais, como nas sociedades entre profissionais liberais ou intelectuais e nas cooperativas. Sua regulamentação se encontra entre os arts. 997 e 1.038 do CC.

Se a sociedade empresária tem existência legal a partir do registro no Registro Público de Empresas Mercantis – RPEM, a cargo da Junta Comercial da respectiva sede (arts. 8º, I, e 32, II, *a*, da Lei n. 8.934/94 e arts. 45 e 971 do CC), as sociedades simples, de acordo com o art. 1.150 do CC, vinculam-se ao Registro Civil das Pessoas Jurídicas – RCPJ (tem suas regras previstas na Lei n. 6.015/73, a partir do art. 114). Caso a sociedade simples adotar um dos tipos de sociedade empresária, deverá obedecer às normas fixadas pelo RPEM.

12.2 Contrato social

As sociedades simples são regidas pelo contrato social celebrado entre os sócios. Segundo o art. 997 do CC, a sociedade constitui-se mediante contrato escrito, particular ou público, que, além de cláusulas estipuladas pelas partes, mencionará:

- nome, nacionalidade, estado civil, profissão e residência dos sócios, se pessoas naturais, e a firma ou a denominação, nacionalidade e sede dos sócios, se jurídicas;
- denominação, objeto, sede e prazo da sociedade;
- capital da sociedade, expresso em moeda corrente, podendo compreender qualquer espécie de bens, suscetíveis de avaliação pecuniária;
- a quota de cada sócio no capital social, e o modo de realizá-la;
- as prestações a que se obriga o sócio, cuja contribuição consista em serviços;
- as pessoas naturais incumbidas da administração da sociedade, e seus poderes e atribuições;
- a participação de cada sócio nos lucros e nas perdas;
- se os sócios respondem, ou não, subsidiariamente, pelas obrigações sociais.

Por fim, caso a sociedade simples institua sucursal, filial ou agência na circunscrição de outro Registro Civil das Pessoas Jurídicas, neste deverá também inscrevê-la, com a prova da inscrição originária, e depois averbar no cartório da respectiva sede (art. 1.000 do CC).

12.3 Direitos e obrigações dos sócios entre si

Após a criação do contrato social, iniciam-se as obrigações dos sócios imediatamente, se o ato constitutivo não fixar outra data, e terminam quando liquidada a sociedade.

Sobre os direitos e as obrigações dos sócios:

- o sócio é obrigado às contribuições estabelecidas no contrato social, e aquele que deixar de fazê-lo, nos 30 (trinta) dias seguintes ao da notificação pela sociedade, responderá perante esta pelo dano emergente da mora;
- nenhum sócio pode ser substituído no exercício das suas funções, sem o consentimento dos demais, expresso em modificação do contrato social;
- o sócio pode participar com bens e com serviços ou apenas com serviços, mas, mesmo assim, não participará da formação do capital social, não terá uma quota determinada, participando dos lucros da empresa pela proporção média das quotas, mas sem previsão de participação nas perdas societárias (arts. 1.007 e 1.023 do CC);
- o sócio admitido em sociedade já constituída não se eximirá das dívidas sociais anteriores à admissão (art. 1.025);
- as dívidas particulares do sócio podem, na insuficiência de outros bens dele, fundamentar – se assim desejar o credor – a execução sobre o que cabe ao sócio nos lucros da sociedade, ou na parte que lhe tocar em liquidação (art. 1.026).

De igual modo, a fim de evitar a sociedade leonina dos contratantes, é nula a estipulação contratual que exclua qualquer sócio de participar dos lucros, mas também das perdas.

12.4 Cessão de quotas e direitos e obrigações dos sócios perante terceiros

Um sócio pode ceder parte ou o todo de suas cotas para terceiros? Desde que consentido com os demais, sim (pois se trata de uma sociedade de pessoas). Contudo, se a cessão de quota ocorrer sem a correspondente modificação do contrato social com o consentimento dos demais sócios, não terá eficácia quanto a estes e à sociedade.

12.5 Responsabilidade dos sócios com terceiros

Por fim, quanto à responsabilidade dos sócios perante terceiros, determina o art. 1.023 do CC que, caso os bens da sociedade não lhe cobrirem as dívidas, respondem os sócios pelo saldo, na proporção em que participem das perdas sociais, salvo cláusula de responsabilidade solidária (onde todos responderiam de forma concomitante, sem observar a proporcionalidade). De fato, a regra na sociedade simples é que seus sócios respondem de forma ilimitada, mas subsidiariamente. Nas palavras da lei: "os bens particulares dos sócios não podem ser executados por dívidas da sociedade, senão depois de executados os bens sociais" (art. 1.024).

12.6 Administração da sociedade simples

Além das deliberações dos sócios, que são vitais para os negócios da sociedade, existe ainda a figura do administrador que dá impulso às tomadas de decisão rotineiras da organização. Neste tópico, trataremos dessas duas figuras de gestão (deliberação dos sócios e atos do administrador).

I – Deliberação dos sócios

Algumas decisões envolvendo a sociedade simples devem ser tomadas pela maioria absoluta dos sócios ou, às vezes, por unanimidade. Quando, por lei ou pelo contrato social, competir aos sócios decidir sobre os negócios da sociedade, o art. 1.010 do CC dispõe que as deliberações serão tomadas por maioria de votos, contados segundo o valor das quotas de cada um.

Quando se considera maioria absoluta, para fins de deliberação na sociedade simples? Para formação da maioria absoluta, são necessários votos correspondentes a mais de metade do capital (art. 1.010, § 1º, do CC). Em caso de empate (o que raramente acontece), caberá ao juiz desempatar, conforme § 2º do mesmo artigo.

II – Administrador na sociedade simples

Como foi dito, além das deliberações dos sócios (visto anteriormente), que são vitais para os negócios da sociedade, existe ainda a figura do administrador, que dá impulso às tomadas de decisão rotineiras da organização.

Em geral, qualquer pessoa plenamente capaz pode ser administradora, inclusive um terceiro (não sócio). Por outro lado, a administração da sociedade, nada dispondo o contrato social, compete separadamente à cada um dos sócios (art. 1.013 do CC). Porém, não podem ser administradores, além das pessoas impedidas por lei especial, aquelas que tenham sido condenadas nos crimes elencados no § 1º do art. 1.011 do CC (enquanto perdurarem os efeitos da condenação). Especificam-se, ainda, quem não pode ser administrador, além das pessoas impedidas por lei especial, os condenados:

- que a pena vede, ainda que temporariamente, o acesso a cargos públicos;
- por crime falimentar, de prevaricação, peita (tipo um suborno, mas mediante a entrega de bens) ou suborno (entrega de dinheiro), concussão, peculato;
- de crimes contra a economia popular, contra o sistema financeiro nacional, contra as normas de defesa da concorrência, contra as relações de

consumo, a fé pública ou a propriedade, enquanto perdurarem os efeitos da condenação.

E quem pode ser administrador? Somente pessoa natural (art. 997, VI, do CC), que pode ser sócio ou não, tanto da sociedade simples quanto da sociedade empresária. Como não há vedação expressa na lei, somente será vedado administrador estranho à sociedade caso o contrato preveja cláusula nesse sentido. Também nada dispondo o contrato social, a administração da sociedade compete separadamente à cada um dos sócios (art. 1.013).

O administrador pode ser indicado no próprio contrato social ou em instrumento apartado. Nesse caso, segundo o art. 1.019 do CC, são irrevogáveis os poderes do sócio investido na administração por cláusula expressa do contrato social, salvo justa causa, reconhecida judicialmente, a pedido de qualquer dos sócios.

Se a administração da sociedade simples competir separadamente a vários administradores (competência conjunta), cada um pode impugnar operação pretendida por outro, cabendo a decisão aos sócios, por maioria de votos. Nesse mesmo contexto, vale destacar que o administrador que realizar operações, sabendo ou devendo saber que estava agindo em desacordo com a maioria, responde por perdas e danos perante a sociedade.

Os administradores podem praticar todos os atos pertinentes à gestão da sociedade? O Código Civil responde que, no silêncio do contrato e não constituindo objeto social da sociedade, a oneração ou a venda de bens imóveis depende do que a maioria dos sócios decidir (art. 1.015), ou seja, na ausência de cláusula expressa, os administradores podem praticar todos os atos pertinentes à gestão da sociedade. Contudo, não constituindo objeto social, a oneração ou a venda de bens imóveis depende do que a maioria dos sócios decidir (art. 1.015 do CC).

E, caso o administrador se exceda, seja sócio, seja contratado, os demais sócios responderão? Sobre esse assunto, o art. 1.014, parágrafo único, disciplina que o excesso por parte dos administradores (denominados "atos *ultra vires*") somente pode ser oposto a terceiros, livrando os sócios, se ocorrer pelo menos uma das seguintes hipóteses:

- se a limitação de poderes estiver inscrita ou averbada no registro próprio da sociedade;
- provando-se que era conhecida do terceiro;
- tratando-se de operação evidentemente estranha aos negócios da sociedade.

Assim, fora dessas hipóteses, os sócios respondem pelos atos do administrador. E, se for mais de um administrador, respondem estes de forma solidária perante a sociedade e os terceiros prejudicados, por culpa no desempenho de suas funções (art. 1.016 do CC).

Ao final, os administradores são obrigados a prestar contas justificadas de sua administração aos sócios, e apresentar-lhes o inventário anualmente, bem como o balanço patrimonial e o de resultado econômico (art. 1.020 do CC). Observe que os sócios não estão impedidos de solicitarem, em qualquer tempo, os livros e documentos da sociedade, pois o art. 1.021 autoriza expressamente, salvo se houver estipulação que determine época própria.

12.7 Responsabilidade dos sócios

Conforme dito há pouco, os bens particulares dos sócios não podem ser executados por dívidas da sociedade, senão depois de executados os bens sociais. Mas o contrário é válido? Pode a sociedade responder por dívidas do sócio? Sim, em hipótese de desconsideração inversa da personalidade jurídica prevista no art. 133, § 2º, do CPC.

Por outro lado, em caso de dívida particular de um sócio, se os seus bens pessoais não forem suficientes para pagar a execução, o art. 1.026 do CC autoriza o credor a fazer recair a execução sobre a parte que couber ao sócio devedor nos lucros da sociedade, ou na parte que lhe tocar em liquidação.

E, se a sociedade não estiver dissolvida, pode o credor requerer a liquidação da quota do devedor. Por falar em liquidação, a propósito, cumpre finalizar esse assunto lecionando que os herdeiros do cônjuge de sócio, ou o cônjuge do que se separou judicialmente, não podem exigir desde logo a parte que lhes couber na quota social, nos moldes do art. 1.027 do CC, mas concorrer à divisão periódica dos lucros, até que se liquide a sociedade. Isto é, não pode ocorrer a liquidação antecipada da sociedade apenas em função da sucessão hereditária ou divórcio.

12.8 Dissolução da sociedade simples

I – Dissolução (resolução ou rescisão) em relação a um sócio

A resolução da sociedade em relação a um sócio pode ocorrer de três maneiras:

1) por morte (*causa mortis*); ou
2) direito de retirada; ou
3) exclusão (por falta grave, incapacidade superveniente ou por execução de sócio devedor).

Antes, é importante lembrar que, em Direito, "resolução" tem a ver com extinção de determinada relação. No caso em tela, repita-se, trata-se da extinção da figura de sócio em relação à sociedade.

Qualquer que seja a resolução, seja retirada, seja exclusão ou morte do sócio, não o exime, ou a seus herdeiros, da responsabilidade pelas obrigações sociais anteriores, até 2 (dois) anos depois de averbada a resolução da sociedade; nem nos dois primeiros casos, pelas posteriores e em igual prazo, enquanto não se requerer a averbação (art. 1.032).

II – Dissolução total

Neste título, trataremos da extinção (dissolução) da sociedade simples como um todo. A sociedade pode ser dissolvida (extinta) de duas maneiras: 1) extrajudicial; 2) judicial.

Quanto à dissolução total, na forma extrajudicial, o art. 1.033 do CC disciplina que se dissolve a sociedade quando ocorrer:

- o vencimento do prazo de duração, salvo se, vencido este e sem oposição de sócio, não entrar a sociedade em liquidação, caso em que se prorrogará por tempo indeterminado;
- o consenso unânime dos sócios;
- a deliberação dos sócios, por maioria absoluta, na sociedade de prazo indeterminado;
- a falta de pluralidade de sócios, não reconstituída no prazo de

> **ATENÇÃO!**
> A unipessoalidade já foi motivo para dissolução da sociedade se a pluralidade não fosse recomposta no prazo de 180 dias. Porém, essa hipótese foi derrogada pela Lei n. 14.195/2021.

Já o art. 1.034 do CC dispõe sobre duas hipóteses de extinção da sociedade pela forma judicial. Pode ser dissolvida judicialmente, a requerimento de qualquer dos sócios, quando:

- anulada a sua constituição;
- exaurido o fim social, ou verificada a sua inexequibilidade. Além disso, o contrato poder prever outras causas de dissolução e que podem ser verificadas judicialmente quando contestadas, na forma do art. 1.035 do CC.

Ocorrida a dissolução, consigna o art. 1.036, cumpre aos administradores providenciar imediatamente a investidura do liquidante (pessoa que passará a representar a sociedade no processo de liquidação – *vide* art. 1.038) e restringir a gestão própria aos negócios inadiáveis, vedadas novas operações, pelas quais responderão solidária e ilimitadamente.

> **ATENÇÃO!**
> Nessa fase, estarão proibidas novas operações pela sociedade, sob pena de responderem solidária e ilimitadamente (vide art. 1.036 do CC).

Cabe, por fim, destacar que o liquidante pode ser destituído, a qualquer tempo, nas hipóteses do § 1º do art. 1.036 do CC, as quais:

I – se eleito pela forma prevista neste artigo, mediante deliberação dos sócios; e

II – em qualquer caso, por via judicial, a requerimento de um ou mais sócios, ocorrendo justa causa.

13. SOCIEDADE EM NOME COLETIVO

13.1 Conceito e características

A sociedade em nome coletivo é um ente personificado, pois é registrada ou na Junta Comercial (se sociedade empresária) ou no Cartório de Registro Civil de Pessoas jurídicas (se sociedade simples). É regida pelos arts. 1.039 a 1.044 do CC e, subsidiariamente, pelas regras das sociedades simples.

O nome empresarial deve ser a firma composta pelos nomes dos sócios ou, bastando para formá-la, aditar ao nome de um deles a expressão "e companhia" ou sua abreviatura (art. 1.157). Trata-se de uma sociedade de pessoas na qual todos os sócios, que só podem ser pessoas físicas, respondem ilimitada e solidariamente pelas dívidas da sociedade (art. 1.039 do CC). Entretanto, sem prejuízo da responsabilidade perante terceiros, podem os sócios, no ato constitutivo, ou por unânime convenção posterior, limitar entre si a responsabilidade de cada um.

Podemos considerar como características distintivas as seguintes:

- somente pessoas físicas podem se tornar sócias;
- todos os sócios respondem de forma solidária e ilimitadamente;
- nome empresarial: firma social (ou razão social) – art. 1.041;
- a administração da sociedade compete exclusivamente a sócios (art. 1.042);
- rege-se pelas normas próprias e, no que seja omisso, pelas normas das sociedades simples (art. 1.040);
- dissolve-se também pelas razões do art. 1.033 do CC e, caso forem empresárias, também pela falência (art. 1.044).

13.2 Responsabilidade dos sócios

Por ser uma sociedade registrada (personificada), o patrimônio dos sócios somente pode ser atingido depois de esgotados os bens da empresa (art. 1.024 do CC). Em virtude da responsabilização patrimonial dos sócios, incapaz não pode ser sócio, já que o legislador quis proteger o seu patrimônio, quando recebesse a autorização judicial para continuar a atividade empresarial (art. 974 do CC).

Em relação à responsabilidade solidária dos sócios, destaca-se que eles têm responsabilidade subsidiária (arts. 1.024 do CC e 795 do CPC), ou seja, primeiro quem responde é a sociedade em nome coletivo. Assim, o credor é obrigado a cobrar primeiro da sociedade. Se não houver bens sociais suficientes para cobrir a dívida, restará a cobrança dos bens pessoais dos sócios. Somente nesse caso o credor poderá escolher entre cobrar um ou mais sócios em razão da responsabilidade solidária. Caso apenas um dos sócios pague toda a dívida, terá o direito de regresso contra os demais dentro da proporção acertada internamente no contrato.

Na estrutura do Código Civil, surge como a primeira sociedade personificada empresária regulamentada em capítulo próprio, entre os arts. 1.039 e 1.044. Assim, dispõe o art. 1.039 que somente pessoas físicas podem tomar parte na sociedade em nome coletivo, respondendo todos os sócios, solidária e ilimitadamente, pelas obrigações sociais.

14. SOCIEDADE EM COMANDITA SIMPLES

14.1 Conceito e características

Trata-se de uma sociedade personificada, pois é registrada ou na Junta Comercial (sociedade empresária) ou no Cartório de Registro Civil de Pessoas Jurídicas (sociedade simples), e regida pelos arts. 1.045 a 1.051 do CC, e, subsidiariamente, pelas regras da sociedade em nome coletivo e, portanto, as regras da sociedade simples, no que for compatível a esse tipo societário (art. 1.046 do CC).

Por ter duas categorias de sócios, e cada uma delas com grau de responsabilidade diferente, é importante observar que o nome empresarial segue norma peculiar ao tipo societário. Sobre as modalidades de nome empresarial, veja tópico específico nesta obra.

De acordo com o art. 1.046 do CC, o nome será registrado por firma social, composto apenas pelos nomes de sócios comanditados. Não pode o comanditário praticar nenhum ato de gestão, nem ter o nome na firma social, sob pena de ficar sujeito às responsabilidades de sócio comanditado (art. 1.047 do CC).

É possível, enfim, destacar as seguintes características da sociedade em comandita simples:

- pessoas físicas e jurídicas podem se tornar sócias, exceto sócio comanditado (somente física);
- somente o sócio comanditado responde de forma solidária e ilimitadamente;
- nome empresarial: firma social (ou razão social);
- a administração da sociedade compete exclusivamente ao sócio comanditado;
- rege-se pelas normas próprias e, no que seja omisso, pelas normas das sociedades em nome coletivo (art. 1.046);
- dissolve-se também pelas razões do art. 1.033 do CC e, caso forem empresárias, também pela falência (art. 1.051, I) e quando, por mais de 180 (cento e oitenta) dias, perdurar a falta de uma das categorias de sócio (art. 1.051, II).

14.2 Tipos de sócios (comanditados e comanditários)

Para que exista a sociedade em comandita simples, é necessária sempre a existência das duas categorias de sócios (comanditados e comanditários), já que a ausência por mais de 180 (cento e oitenta) dias de uma delas resultará em dissolução da sociedade (art. 1.051, II, do CC).

No caso de morte de sócio comanditário, se não houver regra específica sobre a situação no contrato, a sociedade continuará com os seus sucessores, que designarão quem os represente (art. 1.050 do CC). Além dessas hipóteses, o inciso I do art. 1.051 do CC dispõe como causa da extinção (dissolução) da sociedade qualquer das causas previstas no art. 1.044, que, inclusive, se aplica a quase todas as sociedades. O que pode ser notado é que o Código Civil faz uma "pegadinha" com o leitor. O inciso I do art. 1.051 remete à leitura do art. 1.044, e este, mais uma vez, remete à leitura do art. 1.033 do CC. Vamos facilitar:

> Na falta de sócio comanditado, os comanditários nomearão administrador provisório para praticar os atos da administração, durante o prazo de 180 (cento e oitenta) dias (referido no inciso II do art. 1.051 do CC) e sem assumir a condição de sócio.

14.3 Dissolução da sociedade

O Código Civil deixa claro que se dissolve de pleno direito a sociedade em comandita simples pelas mesmas causas da sociedade em nome coletivo ou quando, por mais de 180 (cento e oitenta) dias, perdurar a falta de uma das categorias de sócio (art. 1.051). Na falta de sócio comanditado, os comanditários nomearão administrador provisório para praticar, durante o período de 180 (cento e oitenta) dias e sem assumir a condição de sócio, os atos de administração.

15. SOCIEDADE LIMITADA

15.1 Conceito e características

A sociedade limitada (Ltda.) é tipo societário por intermédio do qual os seus sócios instituem uma pessoa jurídica (art. 42, II, do CC) para exploração da atividade econômica empresarial, assumindo, em geral, responsabilidade apenas no limite do valor investido (ver mais detalhes sobre o tema adiante).

Vale relembrar que, antes da Lei n. 13.874/2019, a sociedade era compreendida como o ente constituído "por duas ou mais pessoas". Atualmente, com a inserção dos §§ 1º e 2º ao art. 1.052 do CC (incluídos pela Lei n. 13.874), a sociedade limitada também pode ser constituída por único titular, sendo chamada "sociedade unipessoal (SLU).

Trata-se de uma sociedade contratual regida de forma complementar pelo CC, nos arts. 1.052 a 1.087. Entretanto, nas omissões do texto próprio para a sociedade limitada, aplicam-se subsidiariamente as regras das sociedades simples e, se o contrato expressamente prever a Lei das Sociedades Anônimas, supletivamente (art. 1.053 do CC).

De acordo com o art. 1.158 do CC, pode a sociedade limitada adotar firma ou denominação, integradas pela palavra final "limitada" ou a sua abreviatura (Ltda.). O código ainda apresenta três outras regras sobre o nome empresarial para esse tipo societário (os sócios que escolhem):

- a firma será composta com o nome de um ou mais sócios, desde que pessoas físicas, de modo indicativo da relação social (§ 1º);
- a denominação deve designar o objeto da sociedade, sendo permitido nela figurar o nome de um ou mais sócios (§ 2º);
- a omissão da palavra "limitada" determina a responsabilidade solidária e ilimitada dos administradores que assim empregarem a firma ou a denominação da sociedade (§ 3º).

O art. 997 estabelece que a sociedade se constitui mediante contrato escrito, particular ou público, que, além de cláusulas estipuladas pelas partes, mencionará:

I – nome, nacionalidade, estado civil, profissão e residência dos sócios, se pessoas naturais, e a firma ou a denominação, nacionalidade e sede dos sócios, se jurídicas;

II – denominação, objeto, sede e prazo da sociedade;

III – capital da sociedade, expresso em moeda corrente, podendo compreender qualquer espécie de bens, suscetíveis de avaliação pecuniária;

IV – a quota de cada sócio no capital social, e o modo de realizá-la;

V – as prestações a que se obriga o sócio, cuja contribuição consista em serviços;

VI – as pessoas naturais incumbidas da administração da sociedade, e seus poderes e atribuições;

VII – a participação de cada sócio nos lucros e nas perdas;

VIII – se os sócios respondem, ou não, subsidiariamente, pelas obrigações sociais.

Já o art. 1.054 do CC estabelece duas disposições: 1) que o contrato social seguirá as regras do art. 997; e 2) que mencionará a firma, quando optado pelos sócios.

Vale destacar também que qualquer pacto separado, contrário ao disposto no instrumento do contrato, é ineficaz em relação a terceiros, valendo apenas o que está escrito no pacto principal.

Quando os artigos reguladores da Sociedade Ltda. (arts. 1.052 a 1.087 do CC) não forem suficientes para disciplinar esse tipo societário, aplicam-se as regras da sociedade simples (arts. 997 a 1.051 do CC). Além disso, o contrato social da Sociedade Ltda. poderá prever a regência supletiva das normas da sociedade anônima (arts. 1.088 e 1.089 e Lei n. 6.404/76 – Lei das Sociedades Anônimas).

15.2 Capital social da Ltda.

O capital social **é um bem intangível** composto pela somatória dos recursos trazidos pelos sócios à empresa, expressos em moeda nacional. A participação dos sócios no capital se dá mediante quotas (tema discutido adiante), que representam "fragmentos" de todo o capital social, por meio de recursos aplicados por cada um deles.

Lembrando que, pelo Código Civil, é proibido o ingresso de sócio que contribua apenas com trabalho ou serviço (art. 1.055, § 2º, do CC). O capital social precisa ser quantificado materialmente.

Assim, segundo o art. 1.055 do CC, **o capital social divide-se em quotas, iguais ou desiguais**, cabendo uma ou diversas a cada sócio. Representa, assim, a parcela de um sócio na sociedade. Esse capital social pode ser modificado com o passar do tempo, alterando-se o contrato social (*vide* arts. 1.081 a 1.084 do CC). Na prática, impõe-se um valor de capital social, p. ex., R$ 10.000,00, e divide-se esse valor em número de quotas por um valor único, p. ex., R$ 1,00. Assim, temos uma sociedade com 10.000 quotas. Se um sócio tiver 6.000 quotas, terá, respectivamente, 60% da sociedade.

Destacamos os seguintes aspectos para as quotas societárias:

- são partes ou porções do capital social;
- podem compreender qualquer espécie de bens suscetíveis de avaliação pecuniária (art. 997, III);
- é vedada contribuição que consista em prestação de serviços (art. 1.055, § 2º);
- são indivisíveis – não fracionáveis (art. 1.056);
- é possível a constituição de condomínios de quotas (art. 1.056, § 1º), ou seja, de copropriedade entre sócios condôminos;
- conferem dois tipos de direitos ao seu titular, a saber: um de natureza patrimonial (receber lucros e ter direito à partilha da liquidação da sociedade) e outro de natureza pessoal (deliberar, administrar ou fiscalizar);
- podem ser cedidas por dois modos: *causa mortis* (morte do sócio) e *inter vivos* (art. 1.057), seja cessão para quem já é sócio, seja cessão para quem é estranho à sociedade;
- admite-se a penhorada quota social em aplicação subsidiária à regra do sócio em sociedade simples (art. 1.026).

> **ATENÇÃO!**
> Capital subscrito e capital integralizado são coisas distintas! **Capital subscrito** é aquele prometido pelos sócios para formação da sociedade. Já o **capital integralizado** é aquele que já foi entregue ou pago pelos sócios, podendo ser integralizado à vista (quando da constituição da sociedade) ou a prazo (de forma parcelada).

Nesse sentido, vale destacar o Enunciado 18 da I Jornada de Direito Comercial do CFJ: "O capital social da sociedade limitada poderá ser integralizado, no todo ou em parte, com quotas ou ações de outra sociedade, cabendo aos sócios a escolha do critério de avaliação das respectivas participações societárias, diante da responsabilidade solidária pela exata estimação dos bens conferidos ao capital social, nos termos do art. 1.055, § 1º, do Código Civil".

Depois de constituída a sociedade limitada, poderão os sócios reduzir ou aumentar o capital societário? Sim, desde que observados os arts. 1.081 (para aumento do capital) e 1.082 (para redução do capital) do CC.

Para o aumento do capital, o art. 1.081 do CC disciplina que, ressalvado o disposto em lei especial, integralizadas as quotas, pode ser o capital aumentado, com a correspondente modificação do contrato. Até 30 (trinta) dias após a deliberação, terão os sócios preferência para participar do aumento, na proporção das quotas de que sejam titulares, podendo ocorrer cessão ao direito de preferência.

Para a redução do capital, o art. 1.082 do CC estabelece que a sociedade pode reduzir o capital, mediante a correspondente modificação do contrato, em duas hipóteses:

I – depois de integralizado, se houver perdas irreparáveis. Nesse caso, a redução do capital será realizada com a diminuição proporcional do valor nominal das quotas, tornando-se efetiva a partir da averbação, no Registro Público de Empresas Mercantis, da ata da assembleia que a tenha aprovado;

II – se excessivo em relação ao objeto da sociedade. Nesse caso, a redução do capital será feita restituindo-se parte do valor das quotas aos sócios, ou dispensando-se as prestações ainda devidas, com diminuição proporcional, em ambos os casos, do valor nominal das quotas.

Feito isso, no prazo de 90 (noventa) dias, contado da data da publicação da ata da assembleia que aprovar a redução, o credor quirografário, por título líquido anterior a essa data, poderá opor-se ao deliberado. Satisfeitas tais condições, proceder-se-á à averbação, no Registro Público de Empresas Mercantis, da ata que tenha aprovado a redução.

15.3 Cessão de quotas na sociedade Ltda.

A cessão (transferência) de quotas pode ocorrer para outro sócio ou a um estranho. Se for em favor de sócio já integrante, ocorrerá o aumento de sua participação e poder na organização. Se a cessão for a estranho (terceiro não integrante), essa operação implicará a entrada de um novo sócio da sociedade. Para que isso ocorra, há duas formas regulamentares:

1) contratual (na hipótese de o contrato disciplinar a forma);
2) legal (na ausência de disposição contratual).

A cessão de quotas, seja qual for a hipótese discorrida anteriormente, só terá efeito perante terceiros a partir da averbação do respectivo instrumento perante a Junta Comercial, subscrito pelos sócios.

15.4 Sócio remisso (em mora) e suas quotas

Se o sócio subscrever quotas e não realizá-las, será considerado sócio remisso, que é aquele tardio ou demorado em realizar suas quotas, negligente ou indolente com as obrigações societárias.

Assim, persistindo a inadimplência do prazo de 30 (trinta) dias para integralizar as suas quotas, a sociedade, em relação ao sócio remisso, poderá alternativamente:

- exigir-lhe o valor faltante, acrescida indenização pela mora;
- reduzir-lhe a quota ao montante já realizado, com a redução do capital social, ou reduzir-lhe a quota ao valor já integralizado, com a aquisição da diferença pelos demais sócios, mantendo o capital social;
- excluir o sócio, transferindo sua quota a outros sócios, ou excluir o sócio, com cessão de sua quota a terceiros não sócios.

15.5 Responsabilidade na sociedade Ltda.

I – No caso do capital integralizado

A regra geral da responsabilidade na sociedade limitada diz que cada sócio responde pela integralização do capital subscrito e, solidariamente, pelo capital não integralizado (art. 1.052 do CC).

Se todos os sócios realizarem as suas quotas e integralizarem o capital social, a responsabilidade de cada um estará restrita ao valor do investimento. O credor, portanto, não terá como cobrar o saldo devedor residual. Daí a responsabilidade limitada.

II – No caso da não integralização do capital

A responsabilidade dos sócios passa a ser solidária em relação ao montante não realizado. Ou seja, em uma execução, não havendo mais bens da sociedade, o credor poderá buscar o valor remanescente no patrimônio dos sócios, inclusive daqueles que já cumpriram com a sua obrigação. Por isso é tão importante tomar providências contra o sócio remisso.

III – No caso de situações excepcionais

Em síntese, a responsabilidade dos sócios de sociedade Ltda. é, em geral, limitada (quando o capital estiver integralizado) e solidária (quando o capital não tiver sido totalmente integralizado). Contudo, **pode ocorrer a responsabilidade subsidiária ilimitada** dos sócios de três formas:

1) se os sócios **deliberarem de forma contrária à lei ou ao contrato social** (art. 1.080 do CC). Nesse sentido, o Enunciado n. 229 do CJF leciona que: a responsabilidade ilimitada dos sócios pelas deliberações infringentes da lei ou do contrato torna desnecessária a desconsideração da personalidade jurídica, por não constituir a autonomia patrimonial da pessoa jurídica escudo para a responsabilizarão pessoal e direta;

2) se os sócios **fraudarem os credores**;

3) **desconsideração da personalidade jurídica**, autorizada pelo art. 50 do CC.

15.6 Administração da sociedade Ltda.

De acordo com o art. 1.060 do CC, a sociedade limitada é administrada por uma ou mais pessoas designadas no contrato social ou em ato separado, caso a administração atribuída no contrato a todos os sócios não se estenda de pleno direito aos que posteriormente adquiram essa qualidade. Assim, caso novos sócios sejam incluídos na sociedade e o contrato social original confira a administração a todos, não necessariamente terão os novos esse benefício.

A sociedade **pode ser administrada por um administrador sócio ou não sócio**, desde que ocorra expressa autorização no contrato social ou em ato separado (art. 1.060 do CC).

Mas a designação de administradores não sócios dependerá de como se encontra o capital social, se integralizado ou não, nas seguintes proporções (art. 1.061 do CC):

1) se o capital não estiver integralizado, é necessária aprovação de, no mínimo, 2/3 dos sócios;

2) se o capital estiver integralizado, basta aprovação de mais da metade dos sócios.

Em síntese, a escolha de **não sócios** como administradores ou administrador deve seguir estas regras, a saber:

- aprovação da unanimidade dos sócios, enquanto o capital não estiver integralizado;
- aprovação de dois terços, no mínimo, após a integralização. Depois de nomeado em ato separado, o administrador deverá ser investido no cargo mediante termo de posse no livro de atas da administração, no prazo de 30 (trinta) dias;
- contudo, se o termo não for assinado nos 30 (trinta) dias seguintes à designação, esta se tornará sem efeito;
- em seguida, nos 10 (dez) dias seguintes ao da investidura, deve o administrador requerer que seja averbada sua nomeação na Junta Comercial, mencionando seu nome, nacionalidade, estado civil, residência, com exibição de documento de identidade, ato e data da nomeação e prazo de gestão (art. 1.062 do CC).

Frise-se que o art. 1.060 se refere a ato separado. Nesse caso, o administrador deverá ser investido no cargo mediante termo de posse no livro de atas da administração (art. 1.062), o qual deverá ser assinado dentro de 30 (trinta) dias da designação sob pena de se tornar sem efeito (art. 1.062, § 1º). Seja por um tipo, seja por outro, a designação deve ser averbada no registro competente (§ 2º).

Vale destacar que a Lei n. 13.792/2019 alterou a redação do § 1º do art. 1.063 do CC dispondo que "tratando-se de sócio nomeado administrador no contrato, sua destituição somente se opera pela aprovação de titulares de quotas correspondentes a mais da metade do capital social, salvo disposição contratual diversa".

O excesso de poderes praticado pelo administrador pode ser oposto a terceiro, se este tinha como saber do excesso praticado. Tal conhecimento pode ocorrer quando a operação realizada pelo administrador era estranha ao ramo de atividade da sociedade, ou ainda quando a limitação foi averbada na Junta Comercial (art. 1.015, parágrafo único, do CC).

O excesso praticado pelo administrador é chamado de **atos *ultra vires***. De acordo com o Enunciado n. 219 da III Jornada de Direito Civil do CJF: Está positivada a teoria *ultra vires* no Direito brasileiro, com as seguintes ressalvas:

a) o ato *ultra vires* não produz efeito apenas em relação à sociedade;

b) sem embargo, a sociedade poderá, por meio de seu órgão deliberativo, ratificá-lo;

c) o Código Civil amenizou o rigor da teoria *ultra vires*, admitindo os poderes implícitos dos administradores para realizar negócios acessórios ou conexos ao objeto social, os quais não constituem operações evidentemente estranhas aos negócios da sociedade;

d) não se aplica o art. 1.015 às sociedades por ações, em virtude da existência de regra especial de responsabilidade dos administradores (art. 158, II, da Lei n. 6.404/76).

É vedado ao administrador:

- sem consentimento escrito dos sócios, aplicar créditos ou bens sociais em proveito próprio ou de terceiros; terá de restituí-los à sociedade, ou pagar o equivalente, com todos os lucros resultantes, e, se houver prejuízo, por ele também responderá (art. 1.017);

- tomar parte de deliberação em qualquer operação de interesse contrário ao da sociedade; ficará sujeito a sanções (art. 1.017, parágrafo único);
- fazer-se substituir no exercício de suas funções, sendo-lhe facultado, nos limites de seus poderes, constituir mandatários da sociedade, especificados no instrumento os atos e as operações que poderão praticar (art. 1.018).

Diz o art. 1.063 que o exercício do cargo de administrador cessa:

a) pela destituição, em qualquer tempo, do titular;
b) pelo término do prazo se, fixado no contrato ou em ato separado, não houver recondução;
c) pela renúncia do administrador (§ 3º).

No caso de destituição do administrador, depende de deliberação dos sócios (art. 1.071, III) pelos votos correspondentes.

15.7 Assembleia, reunião e deliberação dos sócios

A assembleia (ou reunião) dos sócios deve realizar-se ao menos uma vez por ano (assembleia anual obrigatória), nos 4 (quatro) meses seguintes ao término do exercício social, com o objetivo de tomar as contas dos administradores e deliberar sobre o balanço patrimonial e o de resultado econômico; designar administradores, quando for o caso; e tratar de qualquer outro assunto constante da ordem do dia (art. 1.078 do CC).

As matérias previstas em lei para deliberação societária por meio de reunião ou assembleia estão no rol do art. 1.071, a saber:

- a aprovação das contas da administração (I);
- a designação dos administradores, quando feita em ato separado (II);
- a destituição dos administradores (III);
- o modo de sua remuneração, quando não estabelecido no contrato (IV);
- a modificação do contrato social (V);
- a incorporação, a fusão e a dissolução da sociedade, ou a cessação do estado de liquidação (VI);
- a nomeação e destituição dos liquidantes e o julgamento das suas contas (VII);
- o pedido de recuperação (VIII) [no Código Civil, diz "concordata", mas superada pela LRF/2005].

A reunião ou assembleia pode ser convocada:

a) pelos administradores, nos casos previstos em lei ou contrato (art. 1.072, *caput*, do CC);

b) por sócio, quando os administradores retardarem a convocação, por mais de 60 (sessenta) dias, nos casos previstos em lei ou contrato, ou por titulares de mais de um quinto do capital, quando não atendido, no prazo de 8 (oito) dias, pedido de convocação fundamentado, com indicação das matérias a serem tratadas (art. 1.073, I); e

c) pelo conselho fiscal, se houver, se a diretoria retardar por mais de 30 (trinta) dias a sua convocação anual, ou sempre que ocorram motivos graves e urgentes (art. 1.073, II, c/c o art. 1.069, V).

Para que a convocação ocorra, é necessário que sejam respeitadas as seguintes solenidades:

1) três publicações em jornal de grande circulação e no *Diário Oficial*;
2) a primeira publicação deve respeitar a antecedência mínima de 8 (oito) dias da data da assembleia (art. 1.152, § 3º, do CC);
3) é necessário o quórum de instalação da assembleia de, no mínimo, três quartos do capital social (art. 1.074 do CC).

Conforme já dito, as decisões da sociedade limitada devem ser tomadas mediante assembleias por maioria de votos. Entretanto, algumas decisões só podem ser tomadas de **forma unânime**, a exemplo da dissolução da sociedade com prazo determinado.

Outras decisões da sociedade limitada devem ser tomadas mediante assembleias por votação de **mais da metade** do capital social para:

1) modificação do contrato social;
2) aprovação de incorporação, fusão e dissolução;
3) designação de sócio administrador realizada em ato separado;
4) remuneração de administradores;
5) exclusão de sócio por justa causa.
6) aprovação da prestação de contas dos administradores; e
7) outras disposições previstas no contrato social.

Para facilitar:

QUÓRUM PARA APROVAÇÃO	DECISÃO
Unânime	1) dissolução de sociedade com prazo determinado.
mais da metade	1) modificação do contrato social; 2) aprovação de incorporação, fusão e dissolução; 3) designação de sócio administrador realizada em ato separado; 4) remuneração de administradores; 5) exclusão de sócio por justa causa; 6) aprovação da prestação de contas dos administradores; e 7) outras disposições previstas no contrato social.

A Lei n. 14.030/2020 incluiu o art. 1.080-A no CC dispondo no *caput* que "o sócio poderá participar e votar a distância em reunião ou em assembleia, nos termos do regulamento do órgão competente do Poder Executivo federal" e no seu parágrafo único que "a reunião ou a assembleia poderá ser realizada de forma digital, respeitados os direitos legalmente previstos de participação e de manifestação dos sócios e os demais requisitos regulamentares".

15.8 Conselho fiscal na sociedade Ltda.

É um órgão facultativo (art. 1.066 do CC) que depende de previsão no contrato social e, se instalado, deve ser composto por três ou mais membros e respectivos suplentes, sócios ou não, residentes no país, eleitos na assembleia anual.

Não podem fazer parte do conselho fiscal, além das pessoas impedidas por lei especial (alguns funcionários públicos e magistrados, p. ex.), os condenados à pena que vede, ainda que temporariamente, o acesso a cargos públicos; ou por crime falimentar, de prevaricação, peita ou suborno, concussão, peculato; ou contra a economia popular, contra o sistema financeiro nacional, contra as normas de defesa da concorrência, contra as relações de consumo, a fé pública ou a propriedade, enquanto perdurarem os efeitos da condenação (art. 1.011, § 1º, do CC).

Em razão das funções do órgão fiscalizador, além do rol daqueles que não podem ser administradores (art. 1.011, § 1º), também não podem fazer parte do conselho fiscal:

- membros dos demais órgãos da sociedade ou de outra por ela controlada;
- os empregados de quaisquer delas ou dos respectivos administradores;
- o cônjuge ou parente destes até o terceiro grau.

Além de outras atribuições determinadas na lei ou no contrato social, confere o art. 1.069 do CC aos membros do conselho fiscal a incumbência, individual ou conjuntamente, dos seguintes deveres, e que não podem ser outorgados a outro órgão da sociedade:

- examinar, pelo menos trimestralmente, os livros e papéis da sociedade e o estado da caixa e da carteira, devendo os administradores ou liquidantes prestar-lhes as informações solicitadas;
- lavrar no livro de atas e pareceres do conselho fiscal o resultado dos exames referidos no inc. I deste artigo;
- exarar no mesmo livro e apresentar à assembleia anual dos sócios parecer sobre os negócios e as operações sociais do exercício em que servirem, tomando por base o balanço patrimonial e o de resultado econômico;
- denunciar os erros, as fraudes ou os crimes que descobrirem, sugerindo providências úteis à sociedade;
- convocar a assembleia dos sócios se a diretoria retardar por mais de 30 (trinta) dias a sua convocação anual, ou sempre que ocorram motivos graves e urgentes;
- praticar, durante o período da liquidação da sociedade, os atos a que se refere este artigo, tendo em vista as disposições especiais reguladoras da liquidação.

Além do mais, pode o conselho fiscal praticar outras atribuições determinadas na lei ou no contrato social.

15.9 Dissolução da sociedade Ltda.

I – Dissolução parcial (ou resolução da sociedade em relação a um sócio)

Ocorre dissolução parcial ou resolução da sociedade em relação a um dos sócios por:

- morte de sócio;
- direito de retirada;
- cometimento de falta grave;
- exclusão do sócio remisso;
- exclusão de sócio minoritário.

Os arts. 1.085 e 1.086 do CC tratam da matéria sobre a resolução da sociedade em relação a sócios minoritários; em outras palavras, da exclusão de sócio. Objetivamente, o sócio pode ser excluído judicial ou extrajudicialmente.

- **Judicialmente:** ocorre mediante iniciativa da maioria dos demais sócios, por falta grave no cumprimento de suas obrigações, ou, ainda, por incapacidade superveniente, e será de pleno direito excluído da sociedade o sócio declarado falido, ou aquele cuja quota tenha sido liquidada (art. 1.030).
- **Extrajudicialmente:** ocorre mediante a maioria dos sócios, representativa de mais da metade do capital social, entender que um ou mais sócios estão pondo em risco a continuidade da empresa, em virtude de atos de inegável gravidade (p. ex., sócio remisso), podendo excluí-los da sociedade, mediante alteração do contrato social, desde que prevista neste a exclusão por justa causa.

Tomadas as diligências mencionadas anteriormente, o art. 1.086 do CC determina que os sócios remanescentes deverão proceder à averbação da alteração contratual, além da liquidação das quotas do sócio excluído (na forma do art. 1.031 do CC) e do pagamento do seu investimento, em dinheiro, no prazo de 90 (noventa) dias, a partir da liquidação, salvo acordo ou estipulação contratual em contrário.

15.10 Dissolução total (ou extinção)

As hipóteses de extinção da sociedade Ltda. estão distribuídas em três dispositivos diferentes no Código Civil. Quanto à dissolução total, prevê o art. 1.087 do CC que as mesmas causas da dissolução de sociedade simples serão aplicadas à sociedade limitada, previstas no art. 1.044 (c/c o art. 1.033):

- o vencimento do prazo de duração, salvo se, vencido este e sem oposição de sócio, não entrar a sociedade em liquidação, caso em que se prorrogará por tempo indeterminado;
- o consenso unânime dos sócios;
- a deliberação dos sócios, por maioria absoluta, na sociedade de prazo indeterminado;
- a extinção, na forma da lei, de autorização para funcionar;
- falência.

Além disso, a sociedade pode ser dissolvida judicialmente, a requerimento de qualquer sócio, quando a constituição da sociedade for anulada ou diante da inexequibilidade da empresa (art. 1.034 do CC).

16. SOCIEDADE ANÔNIMA

16.1 Conceito e características

É possível compreender como conceito legal a disposição do art. 1º da LSA, quando afirma que a companhia ou sociedade anônima (S.A.) terá o capital dividido em ações, e a responsabilidade dos sócios ou acionistas será limitada ao preço de emissão das ações subscritas ou adquiridas. Assim, dois elementos característicos se destacam no conceito legal:

- capital social dividido em ações;
- responsabilidade limitada dos acionistas ao preço de emissão das ações.

Podemos acrescentar que a sociedade anônima é uma sociedade de capital, em que o caráter pessoal (qualidades pessoais) dos acionistas é secundário e, portanto, o ingresso de novos acionistas na sociedade é livre como regra geral, prevalecendo a captação do capital (dinheiro e bens). Adota como nome empresarial (sempre) a denominação seguida por S.A. (Sociedade Anônima) ou Cia. (Companhia) – art. 3º da LSA.

Assim, sinteticamente:

- **aberta** é a companhia que tiver valores mobiliários (p. ex.: ações) negociados no mercado de valores mobiliários, desde que registrada na Comissão de Valores Mobiliários – CVM (art. 4º, § 1º). A negociação pode ser tanto na bolsa de valores quanto no mercado de balcão;
- **fechada** será a companhia que não negocia suas ações nesses mercados, com características mais próximas das sociedades de pessoas, com grande apreço ao *affectio societatis*, geralmente, sociedades anônimas familiares.

16.2 Formas de constituição

A S.A. pode se constituir por meio de subscrição pública ou subscrição particular.

A **subscrição particular** ou constituição simultânea ocorrerá quando todo o capital necessário já tiver sido obtido pelos próprios fundadores; nesse caso, será necessário reunir os fundadores numa assembleia de fundadores, e a ata dessa assembleia deverá ser devidamente registrada na Junta Comercial ou ainda em escritura pública (art. 88 da LSA).

A **subscrição pública** ou constituição sucessiva ocorrerá quando, para completar o montante do capital social, for necessária a captação de investimentos externos. Nessa situação, em primeiro lugar, é necessário um prévio registro de emissão na CVM, que fará um estudo de viabilidade financeira do futuro empreendimento.

Uma vez que a CVM tenha aprovado o projeto, a S.A. em formação deverá buscar a intermediação de uma instituição financeira para que suas ações sejam negociadas na bolsa de valores (atualmente chamada de B³).

São requisitos para a constituição da companhia, seja aberta, seja fechada, segundo o art. 80, parágrafo único, da LSA:

- subscrição, pelo menos por duas pessoas, de todas as ações em que se divide o capital social fixado no estatuto;
- realização, como entrada, de 10%, no mínimo, do preço de emissão das ações subscritas em dinheiro, mas que a lei pode exigir realização inicial maior do capital social (p. ex.: bancos, superior a 50%);
- depósito, em estabelecimento bancário autorizado pela CVM, da parte do capital realizado em dinheiro.

16.3 Capital social da S.A.

Na sociedade anônima, o capital é dividido em ações livremente negociáveis, podendo até mesmo ser penhoradas (diferentemente do que acontece com a sociedade Ltda.). De acordo com o art. 5º da LSA, o estatuto da companhia fixará o valor do capital social, expresso em moeda nacional.

O capital social poderá ser formado com contribuições em dinheiro ou em qualquer espécie de bens (cuja avaliação dos bens será feita por três peritos ou por empresa especializada, nomeados em assembleia geral dos subscritores), devendo ser suscetíveis de avaliação em dinheiro (art. 7º c/c o art. 8º da LSA). Esses bens podem ser móveis, imóveis, corpóreos ou incorpóreos (p. ex., marcas e patentes), bem como pela cessão de créditos (p. ex., nota promissória, duplicatas etc.: observado o art. 10, parágrafo único).

16.4 Ações

São valores mobiliários que correspondem a parcelas do capital social da S.A., conferindo ao seu titular a categoria de "acionista". Segundo o art. 11 da LSA, é o estatuto social que fixa o número de ações (sem os nomes de seus proprietários, diferentemente da Ltda.).

Com relação à natureza, à espécie ou aos direitos que conferem a seus titulares, as ações podem ser ordinárias, preferenciais e de fruição. Três tipos (espécies) de ações que se identificam (art. 15 da LSA):

- **ordinárias**: conferem não só direito a voto (art. 16), como também garante os direitos sociais comuns do art. 109. Na bolsa de valores, ela recebe a sigla ON, e as ações dessa natureza são identificadas no mercado com o número 3 após o código de ação. Ex.: VALE3 é o código de ação na bolsa de valores para identificar as ações ordinárias da empresa Vale S.A.;
- **preferenciais**: conferem privilégios econômicos (prioridade na distribuição de dividendos e no reembolso do capital investido) ou políticos (possibilidade de eleger um ou mais membros dos órgãos de administração – art. 18 da LSA, ou, ainda, na atribuição do direito de veto, em matérias especificadas pela Assembleia Geral a seus titulares). Em virtude da concessão desses privilégios, as ações preferenciais podem ou não conferir o direito de voto (art. 111 da LSA). Das ações emitidas, no máximo 50% podem ser preferenciais sem direito a voto. Na bolsa de valores, ela recebe a sigla PN, e as ações dessa natureza são identificadas no mercado com os números 4, 5 e 6 após o código de ação. Ex.: PETR4 é o código de ação na bolsa de valores para identificar as ações preferenciais da empresa Petrobras S.A.;
- **fruição** (ou de gozo): resultam da amortização (operação que objetiva recompensar a demora na restituição do capital aos acionistas) integral das ações ordinárias e preferenciais. Servem para substituí-las, como um adiantamento na distribuição de lucros (art. 44, §§ 2º e 5º).

> **ATENÇÃO!**
> Quanto às modalidades de ações emitidas pelas companhias abertas, é importante mencionar que, desde os anos 2000, criou-se o chamado **Novo Mercado**, que estabeleceu, desde sua criação, um padrão corporativo altamente diferenciado, criando uma listagem de empresas comprometidas com a transparência e a governança exigidas pelos investidores para as novas aberturas de capital. **As empresas listadas nesse segmento podem emitir apenas ações com direito de voto, as chamadas ações ordinárias (ON).**

Com relação à forma de circulação, as ações podem ser nominativas ou escriturais. As **ações nominativas** são aquelas que declaram o nome do proprietário. São transferidas por termo lavrado no Livro de Registro de Ações Nominativas (arts. 20 e 31 da LSA). Já as **ações escriturais** são as mantidas em contas de depósito em nome do seu titular. Uma ação escritural é aquela que não é representada por uma cautela ou um certificado, de forma que não há movimentação física de documentos na sua negociação, sendo os valores creditados ou debitados da conta do acionista.

As ações **podem ter valores diferentes**, de acordo com o contexto em que se encontrem. Sobre o valor das ações, pode ser atribuído da seguinte forma:

a) **valor nominal:** é o resultado da divisão do valor do capital social pelo número de ações. Esse valor pode estar ou não expresso na ação, de tal modo que podem existir ações com ou sem valor nominal. O valor nominal é lançado no Estatuto Social da empresa. Não há relações entre esse valor e o valor de mercado, quando é negociada a ação;

b) **valor de negociação (ou de mercado):** é o preço pago pela ação no mercado, quando de sua alienação, definido por uma série de fatores políticos e econômicos;

c) **valor patrimonial:** é o valor representativo da participação do acionista no patrimônio líquido da companhia, calculado com a divisão do patrimônio líquido pelo número de ações. Tal valor é devido ao acionista em caso de liquidação ou reembolso, tendo-se acesso a esse valor por meio de um balancete especialmente realizado para tal finalidade;

d) **valor intrínseco:** é o valor avaliado na Análise Fundamentalista, isto é, a projeção do comportamento das ações, tendo-se como base o estudo das características particulares de cada empresa e de características macroeconômicas;

e) **valor de liquidação:** é o valor das ações adotado em caso de encerramento das atividades da empresa;

f) **valor de subscrição:** é o preço fixado pela Sociedade Anônima para venda das ações, com o objetivo de aumentar o capital. Não pode ser inferior ao Valor Nominal;

g) **valor venal:** é o valor da cotação da ação nos mercados organizados, como a Bolsa de Valores.

16.5 Outros valores mobiliários

O mais importante valor mobiliário é a ação (fração do capital social). Além das ações, que abastecem o capital social, a Sociedade Anônima (sobretudo a de capital aberto) também pode emitir valores mobiliários, que são títulos de investimento emitidos pela S.A. para obtenção de recursos no mercado de capitais.

Em geral, trata-se de uma forma de investimento. A Lei n. 6.385/76 – LCVM dispõe sobre mercado de valores mobiliários, e criou a CVM. No seu art. 2º, há uma considerável lista de valores mobiliários.

Além das ações, são exemplos mais comuns de valores mobiliários:

- **debêntures:** além das ações, que abastecem o capital social, a Sociedade Anônima (sobretudo a de capital aberto), também pode emitir valores mobiliários, que, diferentemente das ações, são títulos de investimento emitidos pela S.A. A debênture constitui título executivo extrajudicial, a teor do art. 784, I, do CPC. Ocorrendo o inadimplemento do resgate do valor investido, poderá o debenturista executar a Sociedade Anônima, sem passar pela fase de conhecimento processual;
- **bônus de subscrição:** são valores mobiliários que atribuem ao seu titular o direito de preferência para subscrever novas ações da companhia. Como pode se compreender, é usado para captação de recursos para aumento de capital. De acordo com o art. 75 da LSA, a companhia poderá emitir, dentro do limite de aumento de capital autorizado no estatuto (art. 168), títulos negociáveis denominados bônus de subscrição;
- **partes beneficiárias:** são títulos negociáveis, sem valor nominal e estranhos ao capital social (arts. 46 e 47 da LSA), consistindo na participação dos lucros anuais em até 10%. O direito de crédito, nesse sentido, é eventual, na medida em que só é pago nos exercícios em que houver lucros. Não conferem direitos privativos de acionistas, salvo o de fiscalização. É importante ressaltar que é proibida a emissão onerosa das partes beneficiárias pela companhia aberta.
- *commercial papers:* também chamadas de notas promissórias de emissão pública, as *commercial papers* são promessas de pagamento vencíveis no prazo de 30 (trinta) a 360 (trezentos e sessenta) dias, emitidas com exclusividade pelas sociedades por ações. São valores mobiliários com destinação à captação de recursos, conferindo aos seus titulares direito de crédito contra a companhia. *Commercial paper* não é um título previsto na Lei das S.A., mas regulado por norma infralegal. A matéria está atualizada com a Instrução n. 566 da CVM/2015, trazendo algumas características distintas das notas promissórias comuns, além do prazo, como exigência.

A negociação de valores mobiliários das sociedades anônimas abertas acontece em:

- **Bolsa de valores:** instituição gerada por corretoras de valores autorizadas, como intermediadoras das negociações dos títulos. No Brasil, a principal bolsa de valores é a B3 (Brasil, Bolsa, Balcão), uma sociedade empresária, resultante da fusão da Bolsa de Valores, Mercadorias e Futuros de São Paulo (BM&FBOVESPA) com a Central de Custódia e de Liquidação Financeira de Títulos (CETIP), aprovada pela CVM e pelo Conselho Administrativo de Defesa Econômica (CADE) em 22 de março de 2017.
- **Mercado de balcão:** formada não só por corretoras de valores, mas por instituições financeiras que também oferecem os títulos mobiliários. Ou seja, são negociações fora da bolsa, p. ex., venda das ações da Petrobras e da Vale com recursos do FGTS.

Já a **Comissão de Valores Mobiliários (CVM)** é entidade autárquica em regime especial, vinculada ao Ministério da Fazenda (art. 5º da LCVM), que regulamenta e fiscaliza o mercado de valores mobiliários.

16.6 Administração da Sociedade Anônima

A Sociedade Anônima é gerida por um complexo de órgãos com funções deliberativas, consultivas, diretivas e fiscais. São órgãos da S.A. a Assembleia Geral, o Conselho de Administração, a Diretoria e o Conselho de Fiscalização. **Atenção:** a Lei n. 14.195/2021 alterou a redação do art. 146, dispondo que "apenas pessoas naturais poderão ser eleitas para membros dos órgãos de administração".

- **Assembleia Geral:** constitui o poder supremo da companhia, consistente na reunião dos acionistas, com ou sem direito a voto. Para as sociedades anônimas de capital fechado, a convocação deve ser publicada no *Diário Oficial* e em jornal de grande circulação até 8 (oito) dias antes de sua realização. Se for sociedade de capital aberto, a convocação, por meio do *Diário Oficial* e de jornal de grande circulação, deve ocorrer com 15 (quinze) dias de antecedência. Sobre a Assembleia Geral vale destacar que a Lei n. 14.030/2020 incluiu o parágrafo único ao art. 121 da LSA, dispondo que "nas companhias, abertas e fechadas, o acionista poderá participar e votar a distância em assembleia geral, nos termos do regulamento da Comissão de Valores Mobiliários e do órgão competente do Poder Executivo federal, respectivamente". Trata-se da "remotização" dos atos impulsionada pela pandemia (Covid-19).

- **Conselho de Administração:** é o órgão facultativo de deliberação colegiado que fixa a orientação geral dos negócios, ou seja, quem define a pauta da assembleia, quem "filtra" as decisões que serão votadas na assembleia. É composto por, no mínimo, três conselheiros, com mandato nunca superior a 3 (três) anos, eleitos pela Assembleia Geral. É também a essa Assembleia Geral que ele deve prestar contas. É responsável pela eleição e destituição de diretores, fixando-lhes atribuições, sendo obrigatório nas companhias abertas, nas de capital autorizado e nas sociedades de economia mista (arts. 138 a 142 da LSA). **Atenção**: a Lei n. 14.195/2021 incluiu o § 3º no art. 138 LSA, dispondo que "é vedada, nas companhias abertas, a acumulação do cargo de presidente do conselho de administração e do cargo de diretor-presidente ou de principal executivo da companhia".
- **Diretoria:** é o órgão de representação legal da S.A. e de execução das deliberações da Assembleia Geral e do Conselho de Administração. A Diretoria será composta por 1 (um) ou mais membros eleitos e destituíveis a qualquer tempo pelo conselho de administração ou, se inexistente, pela assembleia geral, e o estatuto estabelecerá: I – o número de diretores, ou o máximo e o mínimo permitidos; II – o modo de sua substituição; III – o prazo de gestão, que não será superior a 3 (três) anos, permitida a reeleição; IV – as atribuições e poderes de cada diretor (nova redação dada pela Lei Complementar n. 182/2021).
- **Conselho Fiscal:** o conselho fiscal, por sua vez, é o órgão colegiado (mínimo de três e máximo de cinco membros) destinado ao controle dos órgãos de administração, com a finalidade de proteger os interesses da companhia e de todos os acionistas. É obrigatório, ainda, que seu funcionamento seja facultativo (arts. 161 a 163 da LSA). Se seu funcionamento for facultativo, a convocação do conselho fiscal dependerá da Assembleia Geral.

16.7 Dissolução da Sociedade Anônima

A dissolução da S.A. pode ser parcial ou total. A **dissolução parcial** ocorre, unicamente, na hipótese de reembolso de acionista dissidente. A morte de acionista não gera nenhuma consequência quanto à existência da S.A., sendo a exclusão de sócio impossível.

Já a **dissolução total**, por sua vez, pode ocorrer nas seguintes situações (art. 206 da LSA):

I – de pleno direito:
- pelo término do prazo de duração;
- nos casos previstos no estatuto;
- por deliberação da Assembleia Geral (art. 136, X);
- pela existência de 1 (um) único acionista, verificada em Assembleia Geral ordinária, se o mínimo de 2 (dois) não for reconstituído até a do ano seguinte, ressalvado o disposto no art. 251;
- pela extinção, na forma da lei, da autorização para funcionar.

II – por decisão judicial:
- quando anulada a sua constituição, em ação proposta por qualquer acionista;
- quando provado que não pode preencher o seu fim, em ação proposta por acionistas que representem 5% (cinco por cento) ou mais do capital social;
- em caso de falência, na forma prevista na respectiva lei.

III – por decisão de autoridade administrativa competente:
- nos casos e na forma previstos em lei especial.

A compreensão do processo de extinção da companhia passa pelo seguinte caminho: 1) Dissolução (art. 206); 2) Liquidação (art. 208); 3) Extinção (art. 219). A dissolução é o início do processo; portanto, nessa fase, a companhia ainda não está extinta. Somente depois da liquidação é que deixa de existir a companhia.

Por fim, extingue-se a companhia, segundo o art. 219:
- pelo encerramento da liquidação;
- pela incorporação ou fusão e pela cisão com versão de todo o patrimônio em outras sociedades.

17. SOCIEDADE EM COMANDITA POR AÇÕES

17.1 Conceito e características

Trata-se de sociedade na qual se aplicam todas as normas relativas às Sociedades Anônimas (seria uma mini S.A.), com as exceções previstas nos arts. 280 a 284 da LSA, respondendo o acionista diretor ilimitadamente pelas obrigações da sociedade. A comandita por ações pode ser distinguida da S.A. por ter como nome empresarial a firma com o nome do acionista diretor ou denominação, ambas seguidas da expressão "comandita por ações", o que não acontece com a S.A., por não poder usar firma no nome empresarial.

17.2 Capital social

A sociedade em comandita por ações tem o capital social dividido em ações e rege-se pelas normas da LSA (arts. 280 a 284), com as ressalvas constantes nos arts. 1.091 e 1.092 do CC. Diferentemente da sociedade por ações, opera sob firma ou denominação.

17.3 Tipos de sócios e administração da sociedade

Como tal ocorre na sociedade em comandita simples, tem dois tipos de sócios:

- **sócios diretores:** aqueles de responsabilidade solidária;
- **sócios acionistas:** aqueles de responsabilidade limitada.

Somente o sócio poderá administrar a sociedade em comandita por ações e, como diretor, respondendo de forma ilimitada e subsidiariamente pelas obrigações sociais. Havendo mais de um diretor, todos responderão solidária e ilimitadamente pelas obrigações sociais depois de esgotados os bens da sociedade (art. 1.091, § 1º).

Além disso, a nomeação dos diretores será feita no ato constitutivo da sociedade, e será por tempo ilimitado, podendo ser destituídos somente por deliberação de, no mínimo, dois terços do capital social (art. 1.091, § 2º). Ainda que destituído ou exonerado, o diretor continuará respondendo por até 2 anos pelas obrigações contraídas durante a sua administração (art. 1.091, § 3º).

18. SOCIEDADE COOPERATIVA

18.1 Conceito e características

A sociedade cooperativa **não é uma sociedade empresária, e sim uma sociedade simples**, independentemente de seu objeto, por força do art. 982, parágrafo único, do CC, e justamente por isso não está sujeita à falência e não tem legitimidade ativa para requerer a recuperação judicial ou extrajudicial. É uma sociedade institucional *sui generis*. O art. 1.093 do CC informa que a sociedade cooperativa reger-se-á pela lei substantiva civil, ressalvada a legislação especial, que seria a Lei n. 5.764/1971 – LCOOP.

São características das sociedades cooperativas (art. 1.094 do CC):

- variabilidade ou dispensa do capital social;
- concurso de sócios em número mínimo necessário a compor a administração da sociedade, sem limitação de número máximo;
- limitação do valor da soma de quotas do capital social que cada sócio poderá tomar;
- intransferibilidade das quotas do capital a terceiros estranhos à sociedade, ainda que por herança;
- quórum para a Assembleia Geral funcionar e deliberar, fundado no mínimo de sócios presentes à reunião, e não no capital representado;
- direito de cada sócio a um só voto nas deliberações, tenha ou não capital a sociedade, e qualquer que seja o valor de sua participação;
- distribuição dos resultados, proporcionalmente ao valor das operações efetuadas pelo sócio com a sociedade, podendo ser atribuído juro fixo ao capital realizado;
- indivisibilidade do fundo de reserva entre os sócios, ainda que em caso de dissolução da sociedade.

O art. 4º da LCOOP também apresenta um rol de características das cooperativas (p. ex., a adesão voluntária do associado), deixando claro que se trata de "sociedade de pessoas, com forma e natureza jurídica próprias, de natureza civil", bem como não há "objetivo de lucro" (art. 3º), mas que não lhe veda.

18.2 Responsabilidade dos cooperados

Nessa espécie de sociedade, a responsabilidade do sócio poderá ser limitada ou ilimitada, dependendo da disposição "contratual" (art. 1.095), mas, observada a LCOOP, as sociedades cooperativas serão:

- de responsabilidade limitada, quando a responsabilidade do associado pelos compromissos da sociedade se limitar ao valor do capital por ele subscrito (art. 11);
- de responsabilidade ilimitada, quando a responsabilidade do associado pelos compromissos da sociedade for pessoal, solidária e não tiver limite (art. 12).

18.3 Tipos de sociedades cooperativas

Segundo o art. 6º da LCOOP, há três tipos de sociedades cooperativas, a saber:

- **singulares:** são aquelas constituídas pelo número mínimo de 20 pessoas físicas, sendo excepcionalmente permitida a admissão de pessoas jurídicas, caracterizando-se pela prestação direta de serviços aos associados;
- **centrais ou federações de cooperativas:** quando constituídas de, no mínimo, três cooperativas singulares, podendo, excepcionalmente, admitir associados individuais, e objetivam organizar, em comum e em maior escala, os serviços econômicos e assistenciais de interesse das filiadas, integrando e orientando suas atividades, bem como facilitando a utilização recíproca dos serviços;
- **confederações de cooperativas:** aquelas constituídas, pelo menos, de três federações de cooperativas ou cooperativas centrais, da mesma ou de diferentes modalidades, e têm por objetivo orientar e coordenar as atividades das filiadas, nos casos em que o vulto dos empreendimentos transcender o âmbito de capacidade ou conveniência de atuação das centrais e federações.

As cooperativas classificam-se também de acordo com o objeto ou pela natureza das atividades desenvolvidas por elas ou por seus associados. Exemplificando: as cooperativas rurais, as cooperativas de seguros, as cooperativas de crédito etc.

> **ATENÇÃO!**
> A Lei n. 14.030/2020 incluiu o art. 43-A na Lei das Cooperativas (Lei n. 5.764/71), dispondo em seu *caput* que "o associado poderá participar e votar a distância em reunião ou em assembleia, que poderão ser realizadas em meio digital, nos termos do regulamento do órgão competente do Poder Executivo federal" e em seu parágrafo único que "a assembleia geral poderá ser realizada de forma digital, respeitados os direitos legalmente previstos de participação e de manifestação dos associados e os demais requisitos regulamentares".

19. OPERAÇÕES SOCIETÁRIAS

19.1 Transformação societária

De acordo com o art. 220 da LSA, a transformação é a operação pela qual a sociedade passa, independentemente de dissolução e liquidação, de um tipo para outro. Já o art. 1.113 do CC dispõe que o ato de transformação independe de dissolução ou liquidação da sociedade, e obedecerá aos preceitos reguladores da constituição e inscrição próprios do tipo em que vai converter-se.

É possível a transformação de um empresário individual em uma sociedade empresária (art. 968, § 3º, do CC). Da mesma forma, é possível que uma sociedade empresária se transforme em empresário individual ou em empresa individual de responsabilidade limitada (art. 1.033, parágrafo único, do CC). Também ocorre a transformação quando uma companhia (sociedade anônima) passa de capital fechado para capital aberto.

19.2 Incorporação societária

É a operação pela qual uma ou mais sociedades são absorvidas por outra, que as sucede em todos os direitos e em todas as obrigações, ou seja, uma empresa adquire a outra, assumindo seu passivo e seu ativo (art. 227 da LSA e arts. 1.116 a 1.118 do CC).

O credor constituído antes da incorporação tem 60 (sessenta) dias para requerer judicialmente a anulação da negociação, se as empresas envolvidas forem sociedades anônimas (art. 232 da LSA), e 90 (noventa) dias, se as empresas envolvidas forem as reguladas pelo Código Civil (art. 1.122 do CC).

19.3 Fusão

É a operação pela qual se unem duas ou mais sociedades para formar uma nova, que as sucederá nas obrigações e nos direitos (arts. 228 da LSA e 1.119 a 1.121 do CC).

De acordo com o art. 1.119 do CC, a fusão determina a extinção das sociedades que se unem, para formar sociedade nova, que a elas sucederá nos direitos e nas obrigações. É o que também prevê o art. 228 da LSA. Do mesmo modo que a incorporação, a fusão é um ato de concentração empresarial, mas que se distinguem, porque a fusão está voltada para a união de duas ou mais sociedades, ao passo que, na incorporação, uma sociedade absorve a outra.

O credor constituído antes da fusão tem 60 (sessenta) dias para requerer judicialmente a anulação da negociação se as empresas envolvidas forem a anônimas (art. 232 da LSA), e 90 (noventa) dias se as empresas envolvidas forem reguladas pelo Código Civil (art. 1.122).

19.4 Cisão

É a operação pela qual a companhia transfere parcela de seu patrimônio para uma ou mais sociedades, constituídas para esse fim ou já existentes, extinguindo-se, assim, a companhia cindida se a cisão for total, ou dividindo-se o seu capital se a cisão for parcial.

De acordo com o art. 229 da LSA, a cisão é a operação pela qual a companhia transfere parcelas do seu patrimônio para uma ou mais sociedades, constituídas para esse fim ou já existentes, extinguindo-se a companhia cindida se houver versão de todo o seu patrimônio, ou dividindo-se o seu capital se parcial a versão. Segundo o conceito legal, é possível distinguir dois tipos de cisões:

- **total:** como todo o patrimônio da sociedade cindida é transferido para outras sociedades (novas ou existentes), ocorre a sua extinção;
- **parcial:** como apenas parte do patrimônio da sociedade cindida é transferida, a outra parte continua existindo.

O credor constituído antes da cisão tem 90 (noventa) dias para requerer judicialmente a anulação da negociação se as empresas envolvidas forem sociedades anônimas ou reguladas pelo Código Civil (arts. 1.122 do CC e 233 da LSA).

19.5 Outras formas de organização societária

- *Joint venture*: em português significa empreendimento ou risco conjunto. Trata-se da combinação de recursos e/ou técnicas de duas ou mais empresas, podendo fazer surgir uma sociedade, com personalidade jurídica ou não, para realizar um determinado negócio empresarial. Em outras palavras, o instituto da *joint venture* é resultado da criatividade empresarial, e não encontra tipificação na legislação brasileira.
- **Sociedade de Propósito Específico (SPE):** trata-se de uma sociedade empresária cuja atividade é específica para atingir um determinado fim. Foi regulada pela LC n. 147/2014, que alte-

rou o art. 56 da LC n. 123/2006, no que diz respeito às microempresas e às empresas de pequeno porte, ao autorizá-las a realizar negócios de compra e venda de bens e serviços para os mercados nacional e internacional por meio de sociedade de propósito específico, cuja exigência, entre outras, seja uma sociedade limitada (art. 56, § 2º, VII). Também é uma das formas que o legislador oferece como meio de recuperação judicial, segundo a Lei de Falências, para adjudicar, em pagamento dos créditos, os ativos do devedor (art. 50, XVI).

- **Sociedade dependente de autorização:** há determinadas espécies de sociedades que dependerão de autorização do Poder Executivo federal para funcionar (art. 1.123, parágrafo único, do CC). Nesses casos, concedida a autorização e não entrando em funcionamento até 12 meses após a autorização, esta perderá o efeito e "caducará" nos moldes do art. 1.124 do CC. Por outro lado, o Poder Público que concedeu a autorização poderá cassá-la, desde que a sociedade infrinja disposições de ordem pública ou pratique atos contrários aos fins estatutários (art. 1.125).
- **Sociedades coligadas:** trata-se da relação entre as sociedades. De acordo com o art. 1.097 do CC, consideram-se coligadas as sociedades que, em suas relações de capital, são controladas, filiadas, ou de simples participação.
- **Sociedade controladora:** espécie de *sociedade coligada*, trata-se de uma sociedade que tem participação em outra sociedade com maioria de votos nas deliberações. Também é chamada de *holding*, ou seja, uma sociedade que detém participação societária em uma ou mais empresas ou constituída para administrar empresas.
- **Sociedade controlada:** espécie de *sociedade coligada*, trata-se daquela sociedade na qual a controladora, diretamente ou por meio de outras controladas, é titular de direitos de sócio que lhe assegurem, de modo permanente, preponderância nas deliberações sociais e o poder de eleger a maioria dos administradores, podendo ser uma *filiada* (participa com 10% ou mais do capital da outra, sem controlá-la) ou simples participação (possua menos de 10% do capital com direito de voto).
- *Offshore*: literalmente, significa "fora da costa", expressão mais lembrada como sinônimo de "paraíso fiscal". São sociedades empresárias criadas no exterior com o fim de controlar uma ou mais empresas no território nacional.
- **Consórcio:** de acordo com o art. 278 da LSA, as companhias e quaisquer outras sociedades, sob o mesmo controle ou não, podem constituir consórcio para executar determinado empreendimento. Atente-se que o consórcio não tem personalidade jurídica, e as consorciadas somente se obrigam nas condições previstas no respectivo contrato, respondendo cada uma por suas obrigações, sem presunção de solidariedade (art. 278, § 1º). Entretanto, é possível a responsabilização solidária das empresas consorciadas, nas seguintes situações: a) obrigações com consumidores, de acordo com o art. 28, § 3º; e b) licitações, de acordo com o art. 33, V, da Lei n. 8.666/93.
- **Grupo de sociedades:** estabelecido no art. 265 da LSA, grupo de sociedades é o conjunto de sociedades cujo controle é exercido por uma sociedade brasileira (art. 265, § 1º, da LSA) e que, mediante convenção, se obriga a combinar recursos ou esforços para a realização dos respectivos objetos ou a participar de atividades ou empreendimentos comuns.

20. PROPRIEDADE INDUSTRIAL

20.1 A Lei de Propriedade Industrial – LPI

A proteção à propriedade industrial tem seu fundamento no art. 5º, XXIX, da CF, e a lei que regulamenta essa proteção no Brasil é a Lei n. 9.279/96, que substituiu a Lei n. 5.772/71.

Todos esses direitos ou bens industriais (invenção, modelo de utilidade, desenho industrial e marca), advindos da propriedade industrial, são concedidos pelo INPI, autarquia federal instituída pela Lei n. 5.648/70, vinculada ao Ministério do Desenvolvimento, Indústria e Comércio Exterior, devendo ser demandados na Justiça Federal, na Seção Judiciária do Rio de Janeiro. Mas, se houver outras pessoas no passivo, a ação pode ser demandada no domicílio do outro réu, de acordo com orientação jurisprudencial do STJ.

20.2 Patentes

Trata-se de um título de propriedade temporária sobre uma invenção ou modelo de utilidade, outorgado pelo Estado aos inventores ou autores ou a outras pessoas físicas ou jurídicas detentoras de direitos sobre a criação. Os bens que podem ser objeto de patente são a **invenção** e o **modelo de utilidade**.

Com esse direito, o inventor ou o detentor da patente tem o direito de impedir terceiros, sem o seu consentimento, de produzir, usar, colocar à venda, vender ou importar produto objeto de sua patente e/ou processo ou produto obtido diretamente por processo por ele patenteado.

De acordo com o INPI (2018), a **invenção (PI) consiste em produtos ou processos que atendam aos re-**

quisitos de **atividade inventiva, novidade e aplicação industrial**. Sua validade é de 20 (vinte) anos a partir da data do depósito. Invenção é algo novo (antes inexistente), fruto da atividade inventiva do homem, e que tenha aplicação industrial. É um bem incorpóreo. A invenção, embora possa aludir a um produto, aparelho ou processo, entre outros, não é a representação corpórea desses objetos.

Já o **modelo de utilidade** é definido como **objeto de uso prático, ou parte deste, suscetível de aplicação industrial, que apresente nova forma ou disposição, envolvendo ato inventivo, que resulte em melhoria funcional no seu uso ou em sua fabricação**. Sua validade é de 15 (quinze) anos a partir da data do depósito.

Por exclusão, pois, o legislador não conceituou estes bens industriais, diz o art. 10, o que **não é** invenção ou modelo de utilidade, e, portanto, não patenteável, a saber:

- descobertas, teorias científicas e métodos matemáticos;
- concepções puramente abstratas;
- esquemas, planos, princípios ou métodos comerciais, contábeis, financeiros, educativos, publicitários, de sorteio e de fiscalização;
- as obras literárias, arquitetônicas, artísticas e científicas ou qualquer criação estética;
- programas de computador em si;
- apresentação de informações;
- regras de jogo;
- técnicas e métodos operatórios ou cirúrgicos, bem como métodos terapêuticos ou de diagnóstico, para aplicação no corpo humano ou animal; e
- o todo ou parte de seres vivos naturais e materiais biológicos encontrados na natureza, ou ainda que dela isolados, inclusive o genoma ou germoplasma de qualquer ser vivo natural e os processos biológicos naturais.

A invenção e o modelo de utilidade, para que possam ser patenteados, estão sujeitos aos seguintes requisitos:

- **novidade**: a invenção ou o modelo de utilidade devem ser novos (quando não compreendidos no estado da técnica), desconhecidos, não bastando apenas ser originais, pois a originalidade não é requisito (art. 11 da LPI);
- **atividade inventiva**: ou ato inventivo, deve despertar nos técnicos do assunto o sentido de real progresso, não decorrendo de maneira evidente ou óbvia, comum ou vulgar do estado da técnica (arts. 13 e 14 da LPI);
- **industriabilidade**: só pode ser patenteada a invenção ou o modelo de utilidade que apresentem aproveitamento industrial, podendo ser utilizados ou produzidos em qualquer tipo de indústria (art. 15 da LPI);
- **desimpedimento**: as invenções ou os modelos de utilidade não podem afrontar a moral, os bons costumes, a segurança, a ordem, e a saúde pública, estando impedidos de serem patenteados (art. 18, I, da LPI). Também não são patenteáveis as substâncias, matérias, misturas, elementos ou produtos de qualquer espécie, inclusive a modificação de suas propriedades físico-químicas e os respectivos processos de obtenção ou modificação, quando resultantes de transformação do núcleo atômico (art. 18, II, da LPI), bem como não é patenteável o todo ou parte de seres vivos, exceto os micro-organismos transgênicos que atendam aos três requisitos de patenteabilidade previstos no art. 8º e que não sejam mera descoberta (art. 18, III, da LPI).

Somente após o preenchimento desses requisitos e o devido procedimento administrativo (p. ex.: o pedido de patente fica 18 (dezoito) meses em sigilo contados da data de depósito), será concedida pelo INPI a respectiva patente (ato administrativo constitutivo), que é a garantia da exploração exclusiva da invenção ou do modelo de utilidade.

De acordo com o art. 30 da LPI, o pedido de patente será mantido em sigilo durante 18 (dezoito) meses contados da data de depósito ou da prioridade mais antiga, quando houver, após o que será publicado, à exceção do caso de patente que tenha interesse à defesa nacional, o qual será processado em total caráter sigiloso (art. 75).

Após o exame técnico, a patente, enfim, será ou não concedida, com a expedição da **carta-patente (art. 38 da LPI)**. O depósito do pedido de patente serve para dar início à contagem do prazo de proteção da patente, bem como para marcar a anterioridade do pedido de patente.

O titular da patente tem o **prazo de 3 (três) anos**, contados da expedição do ato, para dar início à exploração da invenção, **sob pena de ver explorada por outro empresário em virtude da licença compulsória**. O licenciado compulsório, por sua vez, tem o prazo de 2 (dois) anos para dar início à exploração da invenção. Se esse último também não explorar a patente de forma satisfatória, opera-se a caducidade da patente, caindo a invenção em domínio público. De acordo com o art. 72 da LPI, as licenças compulsórias serão sempre concedidas sem exclusividade, não se admitindo o sublicenciamento.

São hipóteses de extinção da patente, o que resulta em cair em "domínio público", as seguintes (art. 78 da LPI):

- expiração do prazo de vigência;
- renúncia de seu titular, ressalvado o direito de terceiros;
- caducidade;

- falta do pagamento da taxa denominada "retribuição anual" devida ao INPI;
- falta de representante no Brasil, quando o titular é domiciliado no exterior.

> **ATENÇÃO!**
> Impulsionada pela pandemia provocada pelo novo coronavírus, a Lei n. 14.200/2021 alterou a redação do art. 71 da LPI, disciplinando que "nos casos de emergência nacional ou internacional ou de interesse público declarados em lei ou em ato do Poder Executivo federal, ou de reconhecimento de estado de calamidade pública de âmbito nacional pelo Congresso Nacional, poderá ser concedida licença compulsória, de ofício, temporária e não exclusiva, para a exploração da patente ou do pedido de patente, sem prejuízo dos direitos do respectivo titular, desde que seu titular ou seu licenciado não atenda a essa necessidade" e incluiu 18 parágrafos. Além destas alterações, a mesma norma incluiu o art. 71-A na LPI disciplinando que "poderá ser concedida, por razões humanitárias e nos termos de tratado internacional do qual a República Federativa do Brasil seja parte, licença compulsória de patentes de produtos destinados à exportação a países com insuficiente ou nenhuma capacidade de fabricação no setor farmacêutico para atendimento de sua população".

20.3 Registro

O registro está ligado ao **desenho industrial** e às **marcas**, e, da mesma forma que a patente, deve ser realizado no INPI, tendo caráter de ato administrativo constitutivo, pois o art. 94 da LPI deixa claro: a obtenção do registro confere propriedade ao titular do direito industrial.

O registro do **desenho industrial** está sujeito ao atendimento de certos requisitos estabelecidos na LPI, como:

- novidade: o desenho industrial, bem como a invenção e o modelo de utilidade, deve ser novo, ou seja, ainda não compreendido no estado da técnica (art. 96 da LPI);
- originalidade: tem que apresentar, esteticamente, características e contornos próprios, não encontrados em outros objetos, quando dele resulte uma configuração visual distintiva (art. 97 da LPI);
- desimpedimento: a lei também impede o registro de desenhos industriais que atentem contra a moral e os bons costumes, que ofenda a honra ou imagem de pessoas, à liberdade de consciência, crença, culto religioso etc. (art. 100 da LPI).

Concedido o registro de desenho industrial, o prazo de vigência será de 10 (dez) anos, contados a partir do depósito, prorrogável por mais três períodos sucessivos de 5 (cinco) anos cada.

O registro extingue-se pelos motivos apontados pelo art. 119 da LPI, e que são praticamente idênticos às razões de extinção da patente, com apenas um diferencial: a falta de pagamento da taxa de retribuição do registro tem incidência quinquenal, e da patente, anual.

Já a **marca** é um sinal visualmente distintivo de produtos e serviços, a fim de diferenciá-los de outros iguais ou semelhantes de origem diferente. O art. 122 da LPI dispõe que são suscetíveis de registro como marca os sinais distintivos visualmente perceptíveis, não compreendidos nas proibições legais.

De acordo com o art. 123 da LPI, têm-se os seguintes tipos de marca:

TIPO	DESCRIÇÃO	EXEMPLOS
Marca de SERVIÇO	É aquela usada para distinguir serviço de outro idêntico, semelhante ou afim, de origem diversa.	Correios FedEx
Marca de PRODUTO	É aquela usada para distinguir produto de outro idêntico, semelhante ou afim, de origem diversa.	Coca-Cola Pepsi
Marca de CERTIFICAÇÃO	É aquela usada para atestar a conformidade de um produto ou serviço com determinadas normas ou especificações técnicas, notadamente quanto à qualidade, à natureza, ao material utilizado e à metodologia empregada.	INMETRO ISO
Marca COLETIVA	É aquela usada para identificar produtos ou serviços provindos de membros de uma determinada entidade.	APAE Unimed

Para que a marca possa ser registrada, também é necessário o atendimento aos requisitos empregados ao desenho industrial:

- novidade: que não precisa ser absoluta, mas tão somente relativa. A novidade não precisa ser, necessariamente, criada pelo empresário;
- não impedimento ou licitude: não são registráveis como marca as diversas hipóteses do art. 124 da LPI;
- não colidência com marca notória, ou originalidade: as marcas notórias, mesmo não estando registradas no INPI, gozam da tutela do direito industrial, conforme o art. 126 da LPI, pois o Brasil é signatário à Convenção da União de Paris para Proteção da Propriedade Industrial.

O registro da marca vigorará pelo **prazo de 10 (dez) anos**, contado da data da concessão do registro e prorrogável por períodos iguais e sucessivos. A prorrogação deve ser requerida sempre no último ano de vigência do registro.

O registro da marca também se extingue pelas hipóteses do desenho industrial, exceto pela falta de pagamento da retribuição, que é uma taxa que deve ser paga na concessão e a cada prorrogação do registro (de 10 (dez) em 10 (dez) anos) e pela caducidade (que só ocorre com as marcas).

O registro de marca caduca (art. 143 da LPI):

- se sua exploração não tiver início no Brasil em 5 (cinco) anos, a contar da data de concessão do registro de marca;

- na hipótese de interrupção dessa exploração por período de 5 (cinco) anos consecutivos;
- se houver alteração substancial da marca.

De acordo com o art. 225 da LPI, **prescreve em 5 (cinco) anos a ação para reparação de dano** causado ao direito de propriedade industrial.

De acordo com o INPI, a marca também pode ser nominativa, figurativa, mista e tridimensional. Veja a modalidade, a descrição e os exemplos na tabela a seguir.

MODALIDADE	DESCRIÇÃO	EXEMPLOS
Nominativa	Aquela formada por palavras, neologismos e combinações de letras e números.	Adidas Apple Nike
Figurativa	Constituída por desenho, imagem, ideograma, forma fantasiosa ou figurativa de letra ou algarismo, e palavras compostas por letras de alfabetos, como hebraico, cirílico, árabe etc.	Apple (a maçã mordida) Nike (o sinal de *checked*)
Mista	Combina imagem e palavra.	O desenho da palavra "coca-cola".
Tridimensional	Pode ser considerada marca tridimensional a forma de um produto, quando é capaz de distingui-lo de outros semelhantes.	As formas do *Kit Kat* e do *Toblerone*.

A nulidade da marca pode ser pedida no INPI no prazo de 180 (cento e oitenta) dias contados da data da expedição do certificado de registro da marca (art. 169 da LPI). Judicialmente, a ação de nulidade deve ser proposta na Justiça Federal, e o INPI deve necessariamente participar do processo. O interessado tem 5 (cinco) anos para interpor a ação de nulidade, e o réu, 60 (sessenta) dias para contestar a ação (arts. 174 e 175 da LPI).

21. TÍTULOS DE CRÉDITO – TEORIA GERAL

21.1 Conceito e características

O Código Civil, reiterando o conceito de Vivante, define título de crédito como o documento necessário para o exercício do direito literal e autônomo nele contido (art. 887 do CC). Do citado conceito, podemos verificar três características (e princípios que serão explanados a seguir) essenciais dos títulos de crédito: a) cartularidade ou incorporação; b) literalidade; e c) autonomia.

Segue assim que o crédito se tornou líquido, seguro e executável mediante sua inscrição em um documento que chamamos de cártula. O art. 784, I, do CPC confere o *status* de título executivo extrajudicial à letra de câmbio, à nota promissória, à duplicata, à debênture e ao cheque.

São títulos executivos EXTRAJUDICIAIS:
- cheque;
- debênture;
- duplicata;
- letra de câmbio;
- nota promissória.

21.2 Princípios norteadores

A partir do conceito legal do art. 887 do CC, encontramos os três princípios aplicáveis a todos os títulos de crédito, sem exceção:

Cartularidade: significa que, para os títulos de crédito em geral, é indispensável a posse do documento original para o exercício do direito ao crédito. Outra ideia relacionada a esse princípio é que o direito de crédito só existe com a apresentação do respectivo documento. É consequência desse princípio que a posse do título de crédito pelo devedor presume a quitação da obrigação consignada no título. A força desse princípio é tão grande que o art. 223, parágrafo único, do CC não aceita cópia do título de crédito para o exercício do direito à sua exibição.

Autonomia: significa que a obrigação representada por um título de crédito é um direito novo, totalmente desvinculado do negócio que o gerou. São decorrentes da autonomia a abstração e a independência das relações jurídicas. A importância desse princípio está relacionada, principalmente, ao impedir que um "problema" de determinada relação cambiária registrada no título prejudique outra, seja anterior, seja posterior. Em razão do princípio da autonomia, decorrem outros dois: da abstração e da inoponibilidade das exceções pessoais ao terceiro de boa-fé. A doutrina tem considerado como "subprincípios" da autonomia, porque nada acrescentariam do que é consignado no princípio maior.

Literalidade: significa que, em um título de crédito, só pode ser cobrado o que se encontra expressamente nele consignado, ressaltando-se que o título pode ser completado por terceiro de boa-fé (Súmula 387 do STF). Assim, por gozarem os títulos de crédito de literalidade, a eventual quitação destes, no caso, da nota promissória, deve necessariamente constar no próprio contexto da cártula ou eventualmente em documento que inequivocamente possa retirar-lhe a exigibilidade, a liquidez e a certeza.

Os princípios não se confundem com os atributos dos títulos de crédito, a saber:

- **circulabilidade**: título nasce para circular;
- **negociabilidade**: exercício dos direitos decorrentes do título antes mesmo do seu vencimento;
- **exigibilidade**: exigência do valor do título quando do seu vencimento;
- **executoriedade**: título executivo extrajudicial.

21.3 Classificação

A doutrina traz diversas classificações dos títulos de crédito, porém entendemos que apenas dois critérios são os mais relevantes em razão de exames e concursos. Destes, o critério mais visado pelas bancas de concursos e OAB é, sem dúvida, aquele em relação à natureza dos direitos incorporados nos títulos.

I – quanto à hipótese de emissão

- **abstratos (ou não causais):** são aqueles que não dependem do negócio que deu origem para serem criados. Eles necessariamente não precisam transcrever a causa no documento. São os títulos que podem ser criados a partir de qualquer causa. São exemplos a letra de câmbio, a nota promissória e o cheque;
- **causais:** ao contrário do anterior, são os títulos que só podem ser emitidos mediante a existência de uma origem específica, definida por lei, para criação do título. A duplicata é exemplo clássico.

II – quanto à circulabilidade

- **título ao portador:** é aquele em que não é informado expressamente quem é o beneficiário do crédito. Assim, a pessoa que se apresentar com o documento em mão será considerada a detentora dos direitos inerentes do título. A Lei n. 8.021/90 proibiu a emissão de títulos ao portador, bem como o Código Civil, que, no seu art. 907, determinou que o título ao portador emitido sem autorização de lei especial é nulo. A exceção é a permissão de cheque ao portador, com valor igual ou inferior a R$ 100,00 (art. 69 da Lei n. 9.069/95);
- **título nominativo:** nesse título existe a identificação do credor, e é exatamente por isso que a transmissão ocorre, pela tradição e pela presença de outro ato solene que permita a transferência. Esses atos solenes de transmissão podem ser o endosso ou a cessão civil de crédito. Para que ocorra a transmissão por endosso, é necessária a assinatura do endossante no verso do título, sem nenhuma inscrição, ou, ainda, a assinatura do endossante seguida da cláusula à ordem. A cessão civil de crédito, por outro lado, se dá pela assinatura do cedente no verso do título, seguida da cláusula não à ordem;
- **títulos à ordem:** assim, são aqueles emitidos a determinada pessoa e transferidos simplesmente por endosso, sem precisar constar no registro do emitente, ao contrário dos títulos nominativos. Segundo o art. 910, § 1º, do CC, é suficiente a simples assinatura do endossante, e a transferência por endosso completa-se com a tradição do título (art. 910, § 2º). Como se identifica um título à ordem? Quando há expressamente cláusula à ordem no documento ("paga-se à ordem") ou sem ela, pois a regra é clara: todo título de crédito é endossável, salvo cláusula em contrário;
- **títulos não à ordem:** mais bem definidos pela própria lei como toda letra de câmbio, mesmo que não envolva expressamente a cláusula à ordem, são transmissíveis por endosso. Quando o sacador tiver inserido na letra as palavras não à ordem, ou uma expressão equivalente, a letra só é transmissível pela forma e com os efeitos de uma cessão ordinária de créditos (art. 11 do Decreto n. 57.663/96). Apesar de se referir à letra de câmbio, a regra é válida para os demais títulos, admitindo-se a "cláusula não à ordem" somente em casos permitidos em lei (a nota promissória não aceita – art. 75, item 5, da Lei Uniforme de Genebra – LUG).

21.4 Institutos do Direito Cambiário (títulos de crédito)

I – Saque

De início, é importante desconstruir a falsa ideia de que o saque é o ato pelo qual se recebe o valor do título. Isso é denominado "apresentação" para pagamento. O saque é a emissão do próprio título de crédito.

O saque dá origem a duas figuras base, a conhecer: **o sacador** (quem emite o título) e **o sacado** (aquele que recebe o título). Em caso de ordem de pagamento, uma terceira figura surgirá: a pessoa a quem ou a ordem de quem deve ser paga (art. 1º, item 6, da LUG/1930), a qual se denomina **tomador**, ou seja, o beneficiário.

Sintetizando:
- saque: emissão do título;
- sacador: aquele que dá a ordem de pagamento;
- sacado: a quem a ordem é dirigida;
- tomador: beneficiário da ordem de pagamento.

II – Aceite

É o ato pelo qual o devedor principal, que não assinou o título, no ato da emissão, reconhece que deve, mediante a assinatura no título, passando a ser considerado aceitante. O sacado, literalmente, "aceita" a ordem e a incorpora na letra de câmbio. No entanto, como já fora informado, o sacado da letra de câmbio não tem nenhuma obrigação cambial pelo fato de o sacador ter-lhe dado a "ordem" de pagamento. O sacado somente se vinculará ao pagamento se aceitar tal ordem, sendo a recusa totalmente lícita e prevista em lei.

O aceite pode ser **total ou parcial.** Sua falta ou recusa é provada pelo protesto. O devedor principal não é obrigado a aceitar o título, mas, se a recusa do aceite ocorrer na letra de câmbio, haverá o vencimento antecipado da obrigação. Na duplicata, tal efeito não é produzido, e apenas será indispensável o protesto para supri-lo.

A recusa do aceite acarreta uma consequência importante, que é o vencimento antecipado do título, de acordo com o art. 43 da LUG/1930. Nesse sentido, se o sacado não aceitar a ordem de pagamento que lhe foi dirigida, o tomador poderá cobrar o título de imediato do sacador.

III – Endosso

Endosso é a forma de transmissão dos títulos de crédito. O proprietário do título faz o endosso lançando sua assinatura no dorso ou no verso do documento. Trata-se de negócio jurídico unilateral, cuja eficácia se verifica com a saída do título das mãos do endossante e a posse pelo adquirente. Existem algumas modalidades de endosso:

- **endosso em branco** (quando não identifica o endossatário), também chamado de "endosso incompleto", verifica-se a assinatura do endossante, mas não há a identificação do beneficiário, que seria chamado de endossatário;
- **endosso em preto** (quando o identifica), também chamado de "pleno" ou "endosso completo", verifica-se a assinatura do endossante, seguida da identificação do beneficiário ou endossatário;
- **endosso-mandato:** previsto no art. 917 do CC, também chamado de "impróprio", confere ao possuidor apenas o direito de receber o crédito, com efeitos de uma procuração e, portanto, não transfere a propriedade. Nesse sentido, a Súmula 476 do STJ estabelece que "o endossatário de título de crédito por endosso-mandato só responde por danos decorrentes de protesto indevido se extrapolar os poderes de mandatário";
- **endosso "sem garantia":** aquele endosso que não vincula o endossante ao pagamento do título em relação aos futuros endossos, se houver. Parece estranho, em primeiro momento, mas o art. 914 do CC dispõe que: "Ressalvada cláusula expressa em contrário, constante do endosso, não responde o endossante pelo cumprimento da prestação constante do título";
- **endosso com cláusula "não à ordem":** a cláusula não à ordem gera o efeito de cessão de crédito ao endosso. Vale lembrar que os títulos à ordem são aqueles emitidos a determinada pessoa e transferidos simplesmente por endosso, e a transferência completa-se com a tradição do título (art. 910, § 2º). Já com relação aos títulos não à ordem ou uma expressão equivalente, só são transmissíveis pela forma e com os efeitos de uma cessão ordinária de créditos (art. 11 do Decreto n. 57.663/96);
- **endosso póstumo:** quando o endosso é realizado depois do vencimento do título, terá os mesmos efeitos do endosso realizado antes de vencer. Quando realizado depois do protesto por falta de pagamento (art. 20 da LUG/1930), produzirá efeitos de cessão de crédito. Em outras palavras, o endosso realizado após o protesto do título ou após o prazo do protesto é chamado de endosso tardio, ou póstumo, e produz efeitos de cessão civil de crédito, ou seja, serve apenas para transmitir o título de crédito (art. 20 do Decreto n. 57.663/66);
- **endosso-caução:** também conhecido por endosso-garantia ou endosso-pignoratício, é quando o título é dado como garantia (como o penhor), situação que não transfere a titularidade até o pagamento. Nessa modalidade, o título é utilizado como uma garantia de uma obrigação assumida pelo endossante. Para que se configure o endosso-caução, é necessária a inserção, no verso do título, da cláusula "valor em garantia", ou qualquer outra que traga o mesmo sentido.

> **ATENÇÃO!**
> Não se deve confundir "endosso incompleto" com "endosso parcial". O endosso incompleto é aquele realizado sem a identificação do endossatário (endosso em branco). Já o endosso parcial seria a transmissão de apenas uma parte do título de crédito. É importante ressaltar que o endosso não pode ser parcial, mas apenas total.

Em regra, o endosso gera dois efeitos, a saber:
- vincula o endossante ao pagamento do título, na qualidade de coobrigado e devedor solidário (art. 15 da LUG/1930); e
- transfere a titularidade do crédito representado no título (art. 14 da LUG/1930).

IV – Aval

É uma garantia de pagamento do título dada por terceiro, típica do direito cambiário (arts. 897 e 898 do CC). O avalista gera para si a obrigação pelo avalizado, comprometendo-se a satisfazê-la de forma solidária com o devedor principal. De acordo com o art. 897 do CC, o pagamento de título de crédito, que contenha obrigação de pagar soma determinada, pode ser garantido por aval.

O avalista responde pelo pagamento do título perante todos os credores do avalizado. Uma vez efetuado o pagamento, poderá voltar-se contra todos os devedores do avalizado e até mesmo contra o próprio avalizado. Nesse sentido, o § 1º do art. 899 do CC prevê que, pagando o título, tem o avalista ação de regresso contra o seu avalizado e demais coobrigados anteriores.

Vejamos algumas modalidades de aval:
- **aval em branco:** quando não identifica a pessoa do avalizado (na falta da indicação, entender-se-á pelo sacador [art. 31 da LUG/1930]);

- **aval em preto:** quando identifica o avalizado, lançando seu nome no título de crédito;
- **aval total:** garante toda a dívida;
- **aval parcial:** garante apenas uma parte da dívida. Para saber se o aval pode ser total ou parcial, precisamos verificar se existe menção na legislação especial ou se, diante da omissão, usaremos o Código Civil. No caso do cheque, temos o art. 29 da Lei n. 7.357/85, que prescreve: "O pagamento do cheque pode ser garantido, no todo ou em parte, por aval prestado por terceiro (...)".

V – Pagamento

É a realização do título de crédito, a quitação do débito como forma mais comum e habitual de extinção das obrigações. Diz o art. 901 do CC que fica validamente desonerado o devedor que paga título de crédito ao legítimo portador, no vencimento, sem oposição, salvo se agiu de má-fé. E, pagando, pode o devedor exigir do credor, além da entrega do título, quitação regular.

VI – Protesto

É a apresentação pública do título ao devedor para aceite ou pagamento. É tirado apenas contra o devedor principal ou originário, devendo por ele ser avisados os outros coobrigados.

O art. 1º da Lei n. 9.492/97, que cuida do protesto de títulos, define protesto como o ato formal e solene pelo qual se prova a inadimplência e o descumprimento de obrigação originada em títulos e outros documentos de dívida.

Compete ao Tabelião de Protesto de Títulos, na tutela dos interesses públicos e privados, a protocolização, a intimação, o acolhimento da devolução ou do aceite, o recebimento do pagamento, do título e de outros documentos de dívida, bem como lavrar e registrar o protesto ou acatar a desistência do credor em relação a ele, proceder às averbações, prestar informações e fornecer certidões relativas a todos os atos praticados (art. 3º).

Assim, o protesto pode ser:
- **facultativo:** se efetuado contra o devedor principal e seu avalista (que se tornam obrigados no momento do saque e da assinatura do aval); e
- **necessário:** quando tiver que ser efetuado contra os coobrigados e os endossantes (sob pena de o credor perder o direito de crédito em relação a eles).

De acordo com o art. 21 da Lei n. 9.492/97, o protesto será realizado em três situações:
- **protesto por falta de pagamento:** *vide* art. 21, § 2º (p. ex.: contra o aceitante, na letra de câmbio);
- **protesto por falta de aceite:** *vide* art. 21, § 1º (p. ex.: contra o sacador na letra de câmbio);
- **protesto por falta de devolução:** *vide* art. 21, § 3º.

VII – Vencimento

O vencimento do título de crédito ocorre de duas formas:
- **ordinária:** pelo decurso do tempo ou pela apresentação ao sacado do título à vista;
- **extraordinária:** com a recusa do aceite (ou pelo aceite parcial) ou pela falência do aceitante.

É importante observar os **reflexos que a falência pode trazer** em relação a cada situação gerada pelo saque de uma letra de câmbio. Assim, a falência:
- do aceitante de uma letra de câmbio produz o vencimento antecipado da obrigação;
- de um coobrigado da letra de câmbio produz somente o vencimento antecipado de sua própria obrigação;
- do avalista do aceitante não antecipa o vencimento.

VIII – Ação cambial

É a execução de um título de crédito, por meio da qual o credor tentará receber seu crédito de qualquer devedor cambial. De acordo com o art. 43 da LUG/1930, o portador de uma letra pode exercer seus direitos de ação contra os endossantes, o sacador e outros coobrigados:
- no vencimento do título, se o pagamento não foi efetuado; ou
- mesmo antes do vencimento, se houver recusa total ou parcial do aceite, nos casos de falência do sacado e também nos casos de falência do sacador de uma letra não aceitável.

Nesse sentido, pode-se afirmar que a ação cambial, também conhecida como execução cambiária ou cambial, é uma ação de natureza executória que objetiva a cobrança de título de crédito em razão da sua qualidade de título executivo extrajudicial (art. 784, I, do CPC). O autor da ação é o credor, denominado tomador (ou, ainda, beneficiário).

Como já estudado, o protesto não é obrigatório para exercer o direito de ação, somente no caso de protesto obrigatório e na ação de regresso. A ação de regresso será cabível quando um dos coobrigados fizer o pagamento e dos demais poderá cobrá-los, além do devedor principal.

22. LETRA DE CÂMBIO

22.1 Conceito e características

Trata-se de uma ordem de pagamento, à vista ou a prazo. Sendo uma ordem de pagamento que alguém dirige a outrem para pagar a terceiro, importa numa relação entre pessoas que ocupam três posições no título: a de sacador, a de sacado e a de beneficiário da ordem.

Quanto ao aceite, recorda-se que o sacado é livre em aceitar ou não a letra de câmbio. Os prazos de apresentação da letra de câmbio para aceite variam de acordo com sua espécie (art. 33 da LUG/1930):

- letra de câmbio à vista: até um ano após o saque;
- letra de câmbio a certo termo de vista: até um ano após o saque (essa letra de câmbio não admite a cláusula "não aceitável");
- letra de câmbio a termo certo da data: até o vencimento fixado para o título; e
- letra de câmbio em data certa: também até o vencimento fixado para o título.

De acordo com a própria LUG/1930 (art. 24), na apresentação do título, o sacado poderá pedir que a letra de câmbio lhe seja apresentada uma segunda vez no dia seguinte ao da primeira apresentação. Esse prazo foi denominado pela doutrina "prazo de respiro".

22.2 Requisitos legais

Os requisitos essenciais da letra de câmbio são:

1) a expressão letra de câmbio inserida no texto do título (art. 1º, n. 1, da LUG);
2) o mandato puro e simples (art. 1º, n. 2, da LUG);
3) o nome do sacado e sua identificação civil (art. 1º, n. 3, da LUG), pois, segundo a jurisprudência, "não se considera cambial a letra da qual não consta o nome do sacado, da pessoa que deverá pagá-la" (RT 232/344);
4) o lugar do pagamento (já não é mais considerado indispensável, pois o art. 889, § 1º, do CC/2002 considera o lugar de emissão e de pagamento, quando não indicado no título o domicílio do emitente);
5) o nome do tomador, pois não se admite letra de câmbio sacada ao portador (art. 1º, n. 6, da LUG);
6) o local e a data do saque (art. 1º, n. 7, da LUG);
7) a assinatura do sacador, pois, emitindo a letra de câmbio, estará vinculado, já que é garante tanto do aceite quanto do pagamento.

22.3 Prescrição

De acordo com o art. 70 da LUG, as ações **contra o aceitante** relativas a letra de câmbio prescrevem em **3 (três) anos** a contar do seu vencimento. As ações do portador contra os endossantes e **contra o sacador** prescrevem em **um ano**, a contar da data do protesto feito em tempo útil, ou da data do vencimento, se trata de letra que contenha cláusula "sem despesas".

As ações **dos endossantes uns contra os outros** e contra o sacador prescrevem em **6 (seis) meses** a contar do dia em que o endossante pagou a letra ou em que ele próprio foi acionado.

Por fim, vale lembrar que o art. 71 da Lei Uniforme de Genebra – LUG dispõe que a interrupção da prescrição só produz efeito em relação à pessoa para quem a interrupção foi feita.

23. NOTA PROMISSÓRIA

23.1 Conceito e características

A nota promissória pode ser definida como um compromisso de pagar a outrem certa importância em dinheiro. Ou, simplesmente, é uma promessa escrita de pagar que uma pessoa faz em favor de outra. Há, de um lado, o sacador, ou emitente, ou subscritor, que é quem promete pagar; e, do outro, um favorecido, ou beneficiário, ou sacado. Quanto ao emitente, a posição equivale à do aceitante.

Distingue-se da letra de câmbio, porque esta é uma ordem de pagamento que figura três posições distintas: o sacador, o sacado e o tomador, ao passo que na nota promissória temos duas posições, porque o sacado está ao mesmo tempo como beneficiário e é uma promessa de pagamento.

23.2 Requisitos legais

Os requisitos legais da nota promissória são os seguintes (art. 75 da LUG/1930):

1) a expressão "nota promissória" inserta no próprio texto do título;
2) a promessa pura e simples de pagar a quantia determinada;
3) época do pagamento;
4) indicação do lugar em que se deve fazer o pagamento;
5) o nome do beneficiário, a quem deve ser pago (não se admite nota promissória ao portador);
6) indicação da data e do lugar onde a nota promissória é passada;
7) a assinatura do subscritor, ou seja, de quem passa a nota (sacador ou emitente).

No entanto, são requisitos essenciais apenas a expressão "nota promissória", a promessa pura e simples de pagamento, o nome do beneficiário (credor) e a assinatura do subscritor (emitente), ciência do art. 76 da LUG.

23.3 Prescrição

De acordo com o art. 70 da LUG, as ações **contra o emitente** relativas a promissória prescrevem em **3 (três) anos** a contar do seu vencimento. As ações do portador contra os endossantes e **contra o sacador** prescrevem em **um ano**, a contar da data do protesto feito em tempo útil, ou da data do vencimento, se se trata de letra que contenha cláusula "sem despesas".

As ações **dos endossantes uns contra os outros** e contra o sacador prescrevem em **6 (seis) meses** a contar do dia em que o endossante pagou promissória ou em que ele próprio foi acionado.

Por fim, vale lembrar que o art. 71 da Lei Uniforme de Genebra – LUG dispõe que a interrupção da prescrição só produz efeito em relação à pessoa para quem a interrupção foi feita.

24. DUPLICATA

24.1 Conceito e características

A duplicata é título de crédito formal, impróprio, causal, à ordem, extraído por vendedor, ou prestador de serviços, que visa documentar o saque fundado sobre crédito decorrente de compra e venda mercantil ou prestação de serviços, assimilada aos títulos cambiários por lei, e que tem como seu pressuposto a extração de fatura.

De acordo com o art. 1º da citada Lei, em todo o contrato de compra e venda mercantil entre partes domiciliadas no território brasileiro, com prazo não inferior a 30 (trinta) dias, contado da data de entrega ou despacho das mercadorias, o vendedor extrairá a respectiva fatura para apresentação ao comprador.

A emissão da fatura é obrigatória para esse tipo de operação comercial; no entanto, a duplicata não é. Mas, se o comerciante deseja emitir um título de crédito a partir dessa fatura, somente a duplicata é cabível, ciência do art. 2º, *caput*, da LDL.

Ao contrário do que ocorre com outros títulos de crédito que são emitidos pelo comprador, a duplicata é emitida pelo vendedor nas transações em que o pagamento é parcelado em período não inferior a 30 (trinta) dias (vendas a prazo). Nesse sentido, **são dois os tipos de duplicatas**: mercantil e de prestação de serviços.

24.2 Requisitos legais

Os requisitos legais previstos para a duplicata são os seguintes (art. 2º, § 1º, da Lei n. 5.474/68):

I – a denominação "duplicata", a data de sua emissão e o número de ordem;

II – o número da fatura;

III – a data certa do vencimento ou a declaração de ser a duplicata à vista;

IV – o nome e o domicílio do vendedor e do comprador;

V – a importância a pagar, em algarismos e por extenso;

VI – a praça de pagamento;

VII – a cláusula à ordem;

VIII – a declaração do reconhecimento de sua exatidão e da obrigação de pagá-la, a ser assinada pelo comprador, como aceite, cambial;

IX – a assinatura do emitente.

O vendedor deverá enviar a duplicata ao comprador dentro do prazo de 30 (trinta) dias após a sua emissão (art. 6º, § 1º, da LDL). Uma vez recebida, o comprador pode proceder da seguinte maneira:

- assinar o título e devolvê-lo ao vendedor dentro do prazo de 10 (dez) dias;
- devolver o título ao vendedor sem assinatura (sem aceite);
- devolver ao vendedor acompanhado de declaração que motive sua recusa em aceitá-la;
- não devolver o título, mas, desde que autorizado por eventual instituição financeira cobradora, comunicar por escrito ao vendedor seu aceite; e
- não devolver o título (para essa hipótese, o comprador pode emitir uma triplicata, que, na verdade, é uma duplicata da verdadeira duplicata).

A recusa do aceite só é permitida nos casos previstos no art. 8º da LDL, e que são três, a saber:

- avaria ou não recebimento das mercadorias, quando não expedidas ou não entregues por sua conta e risco;
- vícios, defeitos e diferenças na qualidade ou quantidade das mercadorias, devidamente comprovados;
- divergência nos prazos ou nos preços ajustados.

24.3 Prescrição

A pretensão à ação de execução da duplicata prescreve:

- **em três anos** para o sacado e os avalistas, contados a partir do vencimento do título;
- **em um ano** contra o endossante e seus avalistas, contado da data do protesto; e
- **em um ano** em relação a qualquer dos coobrigados contra os demais, contado da data em que haja sido efetuado o pagamento do título (na letra de câmbio e nota promissória, o prazo é de seis meses).

25. CHEQUE

25.1 Conceito e características

O cheque é uma ordem de pagamento emanada de uma pessoa (emitente ou sacador) que mantém contrato com uma instituição bancária (sacado) para que esta pague, imediatamente (à vista), determinada importância ao beneficiário nomeado, à sua ordem ou, não havendo nomeação de beneficiário ou nomeando-se genericamente o portador, àquele que o apresentar. O cheque é regido pela Lei n. 7.357/85.

25.2 Requisitos legais

Os requisitos legais estabelecidos para o cheque são (art. 1º da LCH):

I – a denominação cheque inscrita no contexto do título e expressa na língua em que este é redigido;
II – a ordem incondicional de pagar quantia determinada;
III – o nome do banco ou da instituição financeira que deve pagar (sacado);
IV – a indicação do lugar de pagamento;
V – a indicação da data e do lugar de emissão;
VI – a assinatura do emitente (sacador), ou de seu mandatário com poderes especiais.

25.3 Modalidades de cheque

Cheque pós-datado: também conhecido como "cheque pré-datado", o cheque pós-datado é o cheque emitido com data posterior à da emissão, de modo a aguardar numerário do emitente em poder do sacado. Embora seja constantemente utilizado e aceito por todo o comércio, o cheque pós-datado é vedado, explicitamente, pela própria lei do cheque (*caput* do art. 32). No entanto, apresentar o cheque pré-datado antes do dia ajustado pelas partes gera dano moral. Essa questão foi sumulada pelo STJ, caracterizando dano moral a apresentação antecipada de cheque pré-datado (Súm. 370).

Cheque cruzado: de acordo com o art. 44 da LCH, o emitente ou o portador pode cruzar o cheque, mediante a aposição de dois traços paralelos no anverso do cheque. A LUG/1931 também estabeleceu, em seus arts. 37 e 38, a possibilidade de se cruzar o cheque. Há duas espécies de cruzamento: o geral (ou em branco) e o especial (ou em preto). O cheque com **cruzamento geral** deverá ser pago no banco no qual o beneficiário tem conta de depósito, mesmo se for ao portador. O cruzamento do cheque impede que ele seja descontado na agência do emitente na "boca do caixa". Caso seja emitido com **cruzamento especial**, em que o banco é identificado entre os dois traços, o cheque só poderá ser pago pelo sacado mencionado no cruzamento. Se o beneficiário não tiver conta nesse banco, não poderá receber, o que poderá ser contornado se abrir conta nessa instituição.

Cheque visado: a pedido do emitente ou do portador legitimado, o sacado pode lançar e assinar, no verso do cheque, visto ou declaração de suficiência de fundos, obrigando-se (o banco) a reservar a quantia indicada em benefício do portador legitimado (art. 7º da LCH). Somente o cheque nominativo ainda não endossado comporta esse tipo de certificação pelo banco.

Cheque administrativo: também conhecido como "cheque bancário", é o cheque emitido contra o próprio banco sacador, desde que não ao portador (art. 9º, III, da LCH), ou seja, é emitido pelo banco contra uma de suas filiais ou matriz. Também constitui espécie de cheque administrativo o chamado *traveller check*, muito utilizado em viagens internacionais com o intuito de trazer mais segurança ao seu portador em virtude da existência de seguro contra eventual extravio de suas cártulas (deve ser assinado no momento da aquisição e no da liquidação, isto é, no momento da compra).

Cheque para ser creditado em conta: essa espécie tem a mesma utilidade que o cheque cruzado, pois evita que o cheque seja pago em dinheiro ao seu portador (que deve ser identificado no momento em que se apresenta para receber o valor), devendo o sacado lançar o valor correspondente na conta do beneficiário. A cláusula "para ser creditado em conta" deve estar expressamente escrita no anverso do cheque, mas também pode ser inserida no cruzamento.

25.4 Sustação do cheque

Previsto nos arts. 35 e 36 da LCH, o pagamento do cheque pode ser sustado, com o objetivo de impedir a liquidação do título pelo sacado, prevendo a lei duas modalidades de sustação:

- **revogação:** tratando-se de ato exclusivo do emitente do cheque desde que exponha as razões motivadoras (art. 35); e
- **oposição:** ato que pode ser praticado pelo emitente ou pelo portador legitimado do cheque, mediante aviso escrito, fundamentando as relevantes razões de direito (extravio ou roubo do título, falência do credor), produzindo efeitos a partir da ciência do banco sacado (art. 36).

Essas duas modalidades de sustação podem configurar crime de estelionato qualificado pela fraude no pagamento por cheque, nos termos do art. 171, § 2º, VI, do CP, se constatado o dolo. Importa observar que o banco não tem prerrogativa de avaliar as razões do pedido de sustação, pois lhe compete apenas aceitar e cumprir o pedido do emitente. A validade da sustação caberá ao juiz, caso o prejudicado proponha ação nesse sentido.

25.5 Apresentação do cheque

Essa matéria está disciplinada entre os arts. 32 e 43 da LCH. Como se sabe, o cheque é sempre pagável à vista e, portanto, deve ser pago na apresentação. No entanto, o portador tem o prazo de 30 (trinta) dias de sua emissão para apresentá-lo se for da mesma praça (o local de emissão é o mesmo onde se encontra a agência pagadora), e em 60 (sessenta) dias se em praças diferentes (o local da emissão é diferente do local da agência pagadora).

> **ATENÇÃO!**
> A apresentação tardia acarreta a perda da ação regressiva do portador contra os endossantes, os avalistas e também contra o emitente. Quanto a esse último, somente haverá a perda do direito de regresso se, ao tempo da emissão do título, havia suficiente provisão de fundos e estes deixarem de existir no momento do pagamento, sem que tal fato lhe seja atribuído.

25.6 Prescrição

O cheque **prescreve em 6 (seis) meses** contados da expiração do prazo de apresentação (30 (trinta) ou 60 (sessenta) dias da emissão, dependendo se é da mesma praça ou diversa), expresso no art. 47 da LCH. A ação de regresso de um obrigado ao pagamento do cheque contra outro também prescreve em 6 (seis) meses, porém contados do dia em que o obrigado pagou o cheque ou do dia em que foi demandado.

Já a ação de enriquecimento contra o emitente ou outros obrigados (art. 61 da LCH), que se locupletarem com o não pagamento do cheque, **prescreve em 2 (dois) anos**, contados do dia em que se consumar a prescrição prevista no art. 59 da LCH.

A ação de execução do cheque pode ser promovida pelo portador contra o emitente e seu avalista contra endossantes e seus avalistas (se o cheque for apresentado em tempo hábil e a recusa do pagamento for comprovada pelo protesto ou por declaração do sacado).

26. CONTRATOS MERCANTIS

26.1 Conceito e características gerais

São contratos mercantis porque firmados entre empresários, com característica de profissionalidade. Os contratos têm, basicamente, três regimes jurídicos distintos, excluindo o do trabalho, mesmo com a promulgação do Código Civil, a saber:

- contrato civil: quando os contratantes não são empresários;
- contrato comercial: quando os contratantes são empresários;
- contrato consumerista: quando, de um lado, há empresário (fornecedor) e, do outro, não empresário (consumidor).

Para regulamentar os contratos mercantis, utilizam-se as regras gerais dos contratos dispostas pelo direito civil, conforme o princípio da unificação. Nesse sentido, aplicam-se as cláusulas *pacta sunt servanda* e *rebus sic stantibus*. Com a combinação de ambas, temos que o contrato faz lei entre as partes, mas existe uma limitação na sua aplicação, ou seja, desde que o contrato não traga desequilíbrio à situação econômica das partes.

26.2 Compra e venda mercantil

O contrato de compra e venda mercantil é um contrato **bilateral** (envolve prestações recíprocas), **sinalagmático** (gera obrigações para ambas as partes), **consensual** (em razão do consentimento das partes), **oneroso** (opera com valores e preço) e **comutativo** (as partes conhecem a situação em que se obrigam).

O contrato torna-se obrigatório a partir do momento em que o comprador e o vendedor se ajustam sobre a coisa, o preço e as condições (ou consentimento de tais condições). Esses seriam os três elementos essenciais de acordo com a doutrina. Mas se tem entendido que a falta de consentimento ou suas condições ao contrato de compra e venda não prejudicam o pacto, e que essencial mesmo seria apenas o ajuste em relação ao preço e à coisa.

Quanto à coisa, ela pode se tratar de bem imóvel, móvel ou semovente, corpóreo ou incorpóreo (exceto os bens fora do comércio, os insuscetíveis de apropriação e os legalmente inalienáveis), que sirva ao empresário e ao exercício de sua atividade. Em razão do preço, esse tem que ser pago em dinheiro (moeda corrente), pois não se trata do contrato de troca ou permuta (art. 533 do CC. Não precisa ser determinado, mas deverá – ao menos – ser determinável.

Nesse sentido, uma vez pactuado o contrato, **o comprador assume a responsabilidade de pagar o preço avençado, e o vendedor, a de entregar a coisa (tradição)**. Caso o vendedor não entregue a coisa, o comprador poderá pleitear a execução específica ou optar pela conversão da obrigação em perdas e danos.

Em relação ao transporte, ao comprador caberá providenciar a retirada da mercadoria no estabelecimento do vendedor. Esse é o conteúdo da cláusula FOB (*Free On Board*), presente nos contratos de compra e venda mercantil (entre muitas outras passíveis de serem estipuladas), pela qual caberá ao vendedor a entrega da mercadoria ao transportador, ficando a cargo do comprador o frete e o seguro.

Pode ocorrer em determinado contrato de compra e venda mercantil o parcelamento do preço. O comprador emite a favor do devedor notas promissórias *pro soluto*, ou seja, títulos autônomos.

26.3 Mandato mercantil

Pelo Código Civil, opera-se o mandato quando alguém recebe de outrem poderes para, em seu nome, praticar atos ou administrar interesses. Do ponto de vista empresarial, é o **contrato consensual** pelo qual uma pessoa (mandatário) pratica atos comerciais (por ordem expressa) em nome e por conta de outra pessoa (mandante) a título **oneroso** (art. 653 do CC). Em geral, será oneroso, haja vista o objetivo lucrativo da transação. O instrumento do mandato é a procuração.

Segundo o art. 656, o mandato poderá ser **expresso ou tácito, verbal ou escrito**, mas não se admitirá mandato verbal quando o ato deva ser celebrado por escrito (art. 657). O mandato presume-se gratuito, mas, **no caso da atividade empresarial, sempre se presume oneroso pelo fato de esta se enquadrar no que o legislador chama de ofício ou profissão lucrativa** (art. 658, parágrafo único). É **bilateral** porque gera obrigações para ambas as partes contratantes, e *intuitu personae*, pois estabelecido na confiança do mandante no mandatário.

O mandato abrange todos os atos de gerência, porém o mandatário não possui poderes para alienar, hipotecar, transigir ou praticar quaisquer atos que exorbitem da administração ordinária, o que dependerá de procuração com poderes especiais e expressos (art. 661, § 1º).

O mandante é responsável por todos os atos praticados pelo mandatário dentro dos limites do mandato. Porém, sempre que o mandatário contratar expressamente em nome do mandante, este será o único responsável. Mas ficará o mandatário pessoalmente responsável se agir no seu próprio nome, ainda que o negócio seja de conta do mandante.

Regularmente, os contratos têm requisitos subjetivos, que dizem respeito às partes, objetivos, que tratam da noção de objeto lícito, possível, determinado (ou determinável), e formais, em razão da forma da composição das obrigações e dos direitos.

Quanto à capacidade das partes, atente-se que somente as pessoas capazes são aptas para dar procuração mediante instrumento particular, que valerá desde que tenha a assinatura do outorgante. Mesmo quando outorgado mandato por instrumento público, pode substabelecer-se por instrumento particular. Pode ser mandatário o maior de 16 (dezesseis) e menor de 18 (dezoito) anos não emancipado, observado o art. 666 do CC.

O mandato mercantil cessará nas seguintes hipóteses (art. 682 do CC):

- pela revogação ou pela renúncia;
- pela morte ou interdição de uma das partes;
- pela mudança de estado que inabilite o mandante a conferir os poderes ou o mandatário para os exercer;
- pelo decurso do prazo determinado de duração ou conclusão do negócio específico mencionado no instrumento.

Para não restar dúvidas sobre as primeiras modalidades elencadas, cumpre diferenciá-las: revogação é ato do outorgante (que irá remover os poderes conferidos); já a renúncia é ato do outorgado ou procurador (que irá abrir mão dos poderes conferidos).

26.4 Comissão mercantil

Comissão mercantil é o contrato que tem por objeto a aquisição ou a venda de bens pelo comissário, em seu próprio nome, à conta do comitente (art. 693 do CC). A comissão é um contrato muito parecido com o do mandato, mas não se confundem: no mandato, o colaborador age em nome do fornecedor, representando-o na compra e venda, ao passo que, na comissão, ele age em nome próprio. O terceiro que negocia por meio do mandatário contrata com o mandante, mas o que negocia por meio do comissário contrata com este mesmo e, muitas vezes, nem sequer sabe da existência do comitente.

É o contrato **consensual** pelo qual um empresário (comissário) realiza negócios mercantis em nome próprio, mas por conta de outra pessoa (comitente). Por agir em nome próprio, o comissário assume a responsabilidade perante terceiros, arcando com sua insolvência (o que o diferencia do mandato mercantil), e, para tanto, recebe uma comissão com as seguintes características próprias:

- natureza contratual, com a forma bilateral, onerosa, *intuitu personae* e consensual;
- intermediação, aliada à prestação de serviços;
- comissário age em nome próprio;
- comissário deverá ser, em regra, empresário, ainda que o comitente não o seja;
- aplicação subsidiária das disposições atinentes ao mandato (art. 709 do CC).

O comissário fica diretamente obrigado para com as pessoas com quem contratar, sem que estas tenham ação contra o comitente, nem este contra elas, salvo se o comissário ceder seus direitos a qualquer das partes (art. 694).

Em relação à sua atuação, o comissário é obrigado a agir com cuidado e diligência, não só para evitar qualquer prejuízo ao comitente, mas ainda para lhe proporcionar o lucro que razoavelmente se podia esperar do negócio (art. 696). Caso a sua conduta (omissiva ou comissiva) acarrete prejuízo ao comitente, o comissário será responsabilizado (salvo motivo de força maior).

O comissário não responde, porém, pela insolvência das pessoas com quem tratar, exceto em caso de culpa e na previsão da cláusula *del credere* em seu contrato, caso em que a responsabilidade será solidária (arts. 697 e 698). A cláusula *del credere* determina que o risco relativo à insolvência de terceiro será dividido entre o comissário e o contratado, trazendo para ambos a solidariedade na solvência do contratado (arts. 695 a 704 do CC/2002).

Perante terceiros, o comissário atua sempre em seu próprio nome, assumindo a responsabilidade pessoal pelos atos praticados. No entanto, pelo fato de as negociações atenderem ao interesse do comitente, os riscos inerentes aos negócios realizados correrão, em regra, por conta deste, devendo, por isso, suportar, p. ex., uma eventual inadimplência dos terceiros que contrataram com o comissário. Excepcionalmente, o comitente e o comissário poderão estipular a já mencionada cláusula *del credere*, solidarizando entre si os riscos do negócio.

Repartindo os riscos do negócio, o comissário terá direito a uma remuneração (chamada de comissão) mais elevada, para compensar o ônus assumido.

Na hipótese em que o comissário for despedido por justa causa, terá direito a ser remunerado pelos serviços úteis prestados ao comitente, ressalvado a este o direito de exigir daquele os prejuízos sofridos. Sendo despedido sem justa causa, terá direito a ser remunerado pelos trabalhos prestados, bem como a ser ressarcido pelas perdas e pelos danos resultantes de sua dispensa.

O crédito do comissário relativo a comissões e despesas feitas goza de privilégio geral, no caso de falência ou insolvência do comitente. Em relação ao reembolso dessas despesas, bem como para o recebimento das comissões devidas, tem o comissário direito de retenção sobre os bens e valores em seu poder em virtude da comissão.

26.5 Franquia

O conceito de contrato de franquia empresarial (ou *franchising*) está estabelecido no art. 1º da Lei n. 13.966, de 26-12-2019, como sistema no qual o franqueador autoriza por meio de contrato um franqueado a usar marcas e outros objetos de propriedade intelectual, sempre associados ao direito de produção ou distribuição exclusiva ou não exclusiva de produtos ou serviços e também ao direito de uso de métodos e sistemas de implantação e administração de negócio ou sistema operacional desenvolvido ou detido pelo franqueador, mediante remuneração direta ou indireta, sem caracterizar relação de consumo ou vínculo empregatício em relação ao franqueado ou a seus empregados, ainda que durante o período de treinamento.

Na franquia prevalece a regra da transparência das negociações, e por isso o franqueador é obrigado a fornecer aos interessados a Circular de Oferta de Franquia, que deve ser entregue em, no máximo, 10 (dez) dias antes da assinatura do contrato principal ou pré-contrato ou, ainda, do pagamento de qualquer taxa e que contenha todas as informações essenciais do contrato de franquia.

A franquia é um contrato **sempre escrito (porém, não se exige mais a assinatura de duas testemunhas como na lei anterior)** e que não precisa ser levado a registro perante cartório ou órgão público pelo qual um empresário denominado franqueador, ou *franchisor*, licencia o uso de sua marca a outro denominado franqueado, ou *franchisee*, e presta-lhe serviços de organização empresarial, com ou sem venda de produtos.

Pela nova regra, o contrato de franquia não caracterizará:

- relação de consumo: entre franqueado e franqueador (logo, não se aplicará o Código de Defesa do Consumidor em litígio envolvendo as partes);
- relação de emprego: entre empregados do franqueado e franqueador (os empregados do franqueado não poderão propor reclamação trabalhista contra o franqueador).

A franquia consiste, geralmente, na conjugação de dois contratos, sendo um de licenciamento de uso de marca e outro de organização empresarial. O contrato somente estará completo quando fornecer *know-how* (tecnologia industrial) do franqueador e a licença para exploração de patente, caso exista.

Os serviços de organização empresarial que o franqueador presta ao franqueado são geralmente oriundos de três contratos autônomos: em primeiro lugar, o contrato de *engineering*, pelo qual o franqueador define, projeta ou executa o *layout* do estabelecimento franqueado; em segundo lugar, o *management*, relativo ao treinamento dos funcionários do franqueado e à estruturação da administração do negócio; e, em terceiro e último lugar, o marketing pertinente às técnicas de colocação dos produtos ou serviços junto aos seus consumidores, o que envolve estudo de mercado, publicidade, vendas promocionais, lançamento de novos produtos ou serviços etc.

Esse tipo de contrato atribui aos seus franqueados os seguintes encargos:

- pagamento de uma taxa de adesão, podendo haver percentual do seu faturamento;
- pagamento pelos serviços de organização empresarial fornecidos pelo franqueador;
- obrigação de oferecer aos consumidores apenas os produtos ou serviços da marca do franqueador; e
- observar, estritamente, as instruções e o preço de venda ao consumidor estabelecidos pelo franqueador.

O art. 2º da nova Lei de Franquia apresenta uma série de informações obrigatórias que o franqueador deverá transmitir por meio de uma circular de oferta de franquia ao franqueado (até 10 (dez) dias antes da assinatura do contrato ou do pagamento de qualquer taxa) e que serve para:

- permitir ao franqueado o uso de sua marca; e
- prestar os serviços de organização empresarial.

Com a ausência dessa circular, o franqueado poderá arguir anulabilidade ou nulidade, conforme o caso, e exigir a devolução de todas e quaisquer quantias já pagas ao franqueador, ou a terceiros por estes indicados, a título de filiação ou de *royalties*, corrigidas monetariamente (art. 2º, § 2º, da Lei n. 13.966/2019).

26.6 Arrendamento mercantil ou *leasing*

É o contrato pelo qual uma pessoa jurídica (arrendadora) arrenda a uma pessoa física ou jurídica (arrendatária), por tempo determinado, um bem comprado pela primeira, de acordo com as indicações da segunda, cabendo à arrendatária a opção de adquirir o bem arrendado ao final do contrato, mediante valor residual garantido (VRG) e previamente fixado.

O contrato de *leasing* consiste numa "locação" de bens móveis duráveis ou imóveis, adquiridos pela empresa de *leasing* (arrendadora) para esse fim, sendo dado ao arrendatário, no término do contrato, o exercício da tríplice opção de:

- prorrogar o aluguel;
- devolver o bem; ou
- comprá-lo pelo seu valor residual.

Vale observar que o bem, objeto do contrato de arrendamento mercantil, não passa a integrar o ativo fixo da pessoa que recebe em arrendamento esse bem, nem mesmo se destina ao consumo, ou seja, a propriedade do bem arrendado continua sendo da empresa arrendadora.

O arrendamento mercantil é a locação caracterizada pela faculdade conferida ao locatário (arrendatário) de, ao seu término, optar pela compra do bem locado. A Lei n. 6.099/74, que dispôs sobre o tratamento tributário das operações de *leasing*, conceituou como sendo o negócio jurídico realizado entre pessoa jurídica, na qualidade de arrendadora, e pessoa física ou jurídica, na qualidade de arrendatária, e que tenha por objeto o arrendamento de bens adquiridos pela arrendadora, segundo especificações da arrendatária e para uso próprio desta (art. 1º, parágrafo único).

O contrato de *leasing* pressupõe três participantes:

- fornecedor do bem;
- arrendante ou arrendador (empresa de *leasing*, também chamada *leasing broker*, necessariamente, pessoa jurídica); e
- arrendatário (pessoa física ou jurídica).

Tal operação desdobra-se em cinco etapas:

1) a preparatória, que se inicia com a proposta do arrendatário à empresa *leasing* ou vice-versa;
2) a essencial, constituída pela efetiva celebração do acordo de vontade entre as partes;
3) a complementar, em que a empresa de *leasing* compra o bem ou equipamento ajustado com o arrendatário;
4) a outra também essencial, que é o arrendamento propriamente dito, na qual a empresa de *leasing* entrega ao arrendatário o bem ou equipamento;
5) a tríplice opção dada ao arrendatário ao final do termo do contrato de arrendamento.

Os contratos de arrendamento mercantil deverão conter, conforme o art. 5º da lei:

- prazo;
- valor de cada contraprestação por períodos determinados, não superiores a um semestre;
- opção de compra ou renovação de contrato;
- preço para opção de compra ou critério para sua fixação, quando for estipulada esta cláusula.

Ressalte-se a Súmula 369 do STJ: "No contrato de arrendamento mercantil (*leasing*), ainda que haja cláusula resolutiva expressa, é necessária a notificação prévia do arrendatário para constituí-lo em mora".

26.7 Faturização ou *factoring*

É o contrato pelo qual o faturizador adquire direitos decorrentes do faturamento (compra e venda de mercadorias ou prestações de serviços) do faturizado por meio da cessão de créditos. Ou seja, o faturizador adquire o faturamento do faturizado, respondendo, em ambos os casos, o faturizado pela existência da dívida e não pela garantia da obrigação.

A faturização ou *factoring* está diretamente ligada à necessidade de reposição do capital de giro nas pequenas e médias empresas. A operação de *factoring* repousa na sua substância, numa mobilização dos créditos de uma empresa; necessitando de recursos, a empresa negocia os seus créditos, cedendo-os à outra, que se incumbe de cobrá-los, adiantando-lhe o valor desses créditos (*conventional factoring*) ou pagando-os no vencimento (*maturity factoring*); obriga-se, contudo, a pagá-los, mesmo em caso de inadimplemento por parte do devedor da empresa.

Esse contrato ainda não foi regulamentado em nossa legislação; no entanto, a Lei n. 9.249/95 (que trata do imposto de renda das pessoas jurídicas) acabou conceituando a faturização ou fomento mercantil como a prestação cumulativa e contínua de serviços de assessoria creditícia, mercadológica, gestão de crédito, seleção de riscos, administração de contas a pagar e a receber, compra de direitos creditórios resultantes de vendas mercantis a prazo ou de prestação de serviços [art. 15, § 1º, III, *d*].

O contrato de faturização tem a finalidade de poupar o empresário das preocupações empresariais decorrentes da outorga de prazos e facilidades para pagamento aos seus clientes. Por esse negócio, o banco ou a empresa de *factoring* (que não precisa ser instituição financeira) presta o serviço de administração dos créditos, garantindo, assim, o pagamento das faturas emitidas pelo empresário.

São sujeitos do contrato de faturização:

- **devedor:** para o comprador ou utilizador de serviços objeto da relação subjacente que dá origem ao saque ou à emissão do crédito cedido no contrato de faturização;
- **faturizado:** para o vendedor ou prestador de serviços na relação subjacente;
- **faturizador** ou *factor* ou empresa de fomento: quem adquire os créditos do faturizado e lhe presta os serviços administrativos especializados.

São cláusulas essenciais nos contratos de faturização:

- exclusividade ou totalidade das contas do faturizado;
- duração do contrato;

- faculdade de o faturizador escolher as contas;
- liquidação dos créditos;
- cessão dos créditos;
- assunção de riscos pelo faturizador;
- remuneração do contrato.

Uma *factoring* pode se apresentar sob duas modalidades distintas: *conventional factoring* e *maturity factoring*. Na primeira, o faturizador paga à vista a cessão dos créditos do faturizado, descontando do valor pago os juros de antecipação de recursos proporcionalmente ao tempo que faltar para o seu vencimento (deságio). Esse desconto se justifica, pois o faturizador está assumindo o risco do negócio.

Na segunda modalidade, o faturizador apenas pagará o preço da cessão de créditos ao faturizado após ter recebido o pagamento dos créditos pelos devedores. Nesse caso, a remuneração do faturizador é a comissão, uma vez que não há juros pelo adiantamento dos pagamentos, não assumindo, portanto, o risco de inadimplência (Res. Bacen n. 2.144/95).

26.8 Seguro

O seguro pode ser conceituado como o contrato no qual uma parte se obriga, mediante o recebimento de um prêmio, a pagar à outra parte, ou a terceiros beneficiários, determinado valor contido na apólice de seguro, caso ocorra um dano eventual e futuro chamado de sinistro. Esse contrato tem como diferencial o intervencionismo estatal, manifestado por meio do Sistema Nacional de Seguros Privados, instituído e regulamentado pelo Decreto-lei n. 73/66 (Lei dos Seguros ou das Seguradoras).

Os contratos de seguro possuem uma interessante particularidade denominada **resseguro**, que é o trespasse do risco de uma seguradora para outra ou outras, seja total, seja parcialmente, quando uma seguradora não tenha condições financeiras de vir a arcar sozinha com o pagamento do valor do seguro. E chama-se retrocessão a cessão de um ressegurador a outro também ressegurador de parcela (ou totalidade) do risco assumido. De acordo com essas normas, ficou estabelecido que o pagamento dos prêmios será feito exclusivamente pela rede bancária.

O seguro é um contrato de adesão, comutativo e consensual. Trata-se de contrato em que uma das partes (a sociedade seguradora) assume, mediante o recebimento do prêmio, a obrigação de garantir interesse legítimo da outra (o segurado), ou a terceiro (beneficiário), contra riscos predeterminados.

O art. 757 do CC prevê que, pelo contrato de seguro, o segurador (somente entidade legalmente autorizada para tal fim) se obriga, mediante o pagamento do prêmio, a garantir interesse legítimo do segurado, relativo à pessoa ou à coisa, contra riscos predeterminados.

A principal característica desse tipo de contrato é a mutualidade, uma vez que os segurados podem ser vistos como contribuintes para a constituição de um fundo destinado a cobrir, ainda que parcialmente, os prejuízos que alguns deles provavelmente irão ter. Pela atividade securitária, esses prejuízos previsíveis não são suportáveis individualmente, apenas pelo titular do interesse, mas sim distribuídos entre os diversos segurados.

Uma vez celebrado o contrato de seguro, **a seguradora assume a obrigação de pagar ao segurado a importância determinada (art. 757 do CC) se ocorrer o fato**, cujas consequências danosas foram tentadas a atenuar ou eliminar. É a única obrigação acarretada à seguradora em razão do contrato.

Já **o segurado tem a obrigação de pagar o prêmio** (art. 763), prestar informações verídicas (arts. 765 e 766), abster-se de aumentar o risco em torno do interesse segurado (art. 768) e comunicar à seguradora tanto a verificação de incidente que aumente o risco quanto a do próprio sinistro (art. 769). Além disso, o contrato deve fixar a data para o pagamento do prêmio, pois, em caso de omissão, será considerada a data do recebimento da apólice.

Duas são as espécies de contrato de seguro: o de ramos elementares (ou de dano) e o de vida (ou de pessoa).

- **Seguro de dano:** aqui o objeto está nos interesses relacionados com o patrimônio (por isso, seguro de dano), além da saúde e integridade física de quem é assegurado pelo contrato. Engloba todos os tipos de seguro, menos os de vida. O exemplo mais comum desse tipo de seguro é o de cobertura de danos pessoais causados por veículos automotores. Tem como característica fundamental seu caráter indenizatório, visto que a seguradora paga ao segurado uma indenização quando da ocorrência do sinistro. O seguro não deve representar meio de enriquecimento do segurado, mas tão somente a reparação de perdas eventuais.

- **Seguro de vida:** diferentemente do seguro de ramos elementares, o pagamento do valor devido ao segurado não tem caráter indenizatório, visto que a vida não pode ser tida como um objeto passível de avaliação. Trata-se, pois, do adimplemento de uma obrigação pecuniária decorrente de contrato e denominada capital. Nesse caso, então, não é proibido o sobresseguro, ou seja, é lícito ao segurado contratar tantos seguros de vida quantos lhe interessarem (art. 789 do CC). Com o evento morte, será devido ao segurado o pagamento de todos os seguros realizados.

Ao contratar um seguro de vida, o estipulador, que não é necessariamente o segurado, nomeia o beneficiário da prestação contratada com a seguradora. Se este não for estipulado expressamente, a lei entende que serão beneficiários os sucessores legais do segurado. Contudo, não podem ser beneficiários do seguro os que se encontram proibidos de receber doação. Não incide no seguro recebido pelo beneficiário o imposto *causa mortis*, visto que o próprio beneficiário é o titular do direito de crédito e sua morte não tem natureza de sucessão (art. 794 do CC/2002).

Alguns seguros, assim, são necessariamente empresariais, como de responsabilidade civil por acidente de trabalho, de crédito, os rurais ou o de transporte. O segurado é invariavelmente empresário, e a garantia pretendida com o contrato representa um insumo da empresa.

26.9 Hedge

Consideram-se contrato de cobertura (*hedge*) as operações destinadas, exclusivamente, à proteção contra riscos inerentes às oscilações de preço ou de taxas, quando o objeto do contrato negociado estiver relacionado com as atividades operacionais da pessoa jurídica ou destinar-se à proteção de direitos ou obrigações da pessoa jurídica. Esse é o conceito legal dado pela Lei n. 8.981/95 (art. 77, § 1º, *b*). O *hedging* consiste numa modalidade de operação aleatória de bolsa, tendo por escopo a comercialização de mercadorias a termo nas bolsas de mercadorias (*commodities future market*), com liquidação pela diferença.

Esse contrato socorre a muitos empresários que temem riscos derivados de variações nos preços de *commodities*, taxas de juros e moedas estrangeiras, principalmente destas últimas. O *hedge* não busca, como objetivo principal, ganhar com a relação contratual, mas de não perder nas flutuações cambiais, p. ex., para quem está obrigado a pagar em moeda estrangeira, sejam compras no exterior, sejam empréstimos solicitados.

Nos contratos dessa natureza, envolvendo riscos consideráveis, o investidor é orientado a realizar, no mercado futuro, operações que lhe permitam minimizar as perdas no mercado à vista.

26.10 Alienação fiduciária em garantia

Trata-se de negócio jurídico pelo qual o devedor, para garantir o pagamento da dívida, transmite ao credor a propriedade de um bem, retendo-lhe a posse direta, sob a condição resolutiva de saldá-la.

Pode ser entendido também como contrato acessório, normalmente atrelado ao contrato de mútuo, no qual o mutuário-fiduciante aliena a propriedade de um bem ao mutuante-fiduciário. O fiduciário terá apenas a propriedade resolúvel e a posse indireta do bem em questão, ao passo que o fiduciante terá a posse direta do bem (Dec.-lei n. 911/69).

Serve como "negócio-meio", pois tem a aptidão de criar condições para alcançar o negócio-fim almejado pelas partes contratantes. O contrato é disciplinado pela Lei n. 4.728/65 (art. 66-B), no âmbito do mercado financeiro, pela Lei n. 9.514/97 (arts. 22 a 33), quando tratar de bem imóvel, e pelo Código Civil (arts. 1.361 a 1.368, 1.368-A e 1.368-B), no caso de bens móveis. O contrato de alienação fiduciária em garantia tem natureza bancária, segundo a doutrina e a jurisprudência majoritária.

Por fim, **são elementos comuns do contrato de alienação fiduciária em garantia**:

- forma escrita, mediante instrumento público ou privado;
- no conteúdo, deve constar o valor total da dívida ou estimativa, prazo ou época do pagamento, taxa de juros (se contratada), descrição do objeto do contrato;
- para ter eficácia em relação a terceiros, deve ser arquivada a transferência da propriedade no local de domicílio do devedor (*vide* Súm. 94 do STJ).

Quando o fiduciante não pagar as parcelas correspondentes ao mútuo, o fiduciário poderá ingressar com ação de busca e apreensão, podendo inclusive pleitear a concessão de liminar sem a oitiva do fiduciante. É importante ressaltar que, após a concessão da liminar, o fiduciário pode vender de pronto o bem alienado, uma vez que a futura sentença lhe dará a plena propriedade do bem.

Se a venda do bem não for suficiente para saldar a dívida, o credor pode ingressar com ação monitória, para compor o saldo devedor. Ressalte-se a Súmula 384 do STJ: "Cabe ação monitória para haver saldo remanescente oriundo de venda extrajudicial do bem alienado fiduciariamente em garantia".

26.11 Representação comercial

O contrato de representação comercial autônoma é aquele em que uma das partes (representante) se obriga a obter pedidos de compra dos produtos fabricados ou comercializados pela outra parte (representado). É contrato típico e está disciplinado na Lei n. 4.886/65.

Segundo o art. 1º da Lei n. 4.886/65: exerce a representação comercial autônoma a pessoa jurídica ou a pessoa física, sem relação de emprego, que desempenha, em caráter não eventual por conta de uma ou mais pessoas, a mediação para a realização de negócios mercantis, agenciando propostas ou pedidos, para transmiti-los aos representados, praticando ou não atos relacionados com a execução dos negócios.

O art. 1º da Lei n. 4.886/65 dispõe que o objeto do presente contrato é mediação para a realização de negócios mercantis, por parte do representante, agenciando propostas ou pedidos para transmiti-los aos representados, praticando ou não atos relacionados com a execução dos negócios.

Assim sendo, o contrato de representação é o contrato pelo qual uma pessoa (representante) obtém pedidos de compra e venda de mercadorias fabricadas ou comercializadas por outra pessoa (representado) dentro de uma região delimitada.

Nesse sentido, o representante obriga-se, mediante remuneração, a realizar negócios mercantis, agenciar negócios, em caráter não eventual, em favor de outra parte (o representado). Esse contrato também é conhecido pela denominação "agência". O representante é um profissional autônomo, empresário (pessoa física ou jurídica) que comercializa as mercadorias do representado. O representante deve estar registrado no órgão profissional correspondente, o Conselho Regional dos Representantes Comerciais (art. 2º).

A atividade do representante é autônoma, não havendo, de tal modo, vínculo empregatício entre representado e representante. O representante atua em região delimitada, que deve ser identificada no contrato. No caso de omissão do contrato de representação, presume-se a exclusividade territorial, de tal modo que o representado só pode negociar seus produtos naquela região se o fizer por intermédio do representante (art. 31 da Lei n. 4.886/65).

Os requisitos do contrato de representação comercial estão estabelecidos no art. 27 da lei que regula as atividades dos representantes comerciais, observando-se que a exclusividade da representação não se presume, portanto, deve ser expressa, e que é vedada a inclusão no contrato de cláusulas *del credere*, ou seja, aquelas que impõem ao representante responsabilidade pela solvência daqueles com quem tratou. Observa-se que, se o contrato com prazo determinado tiver prorrogado o seu prazo inicial, tácita ou expressamente, tornar-se-á a prazo indeterminado. E considera-se por prazo indeterminado todo contrato que suceder, dentro de 6 (seis) meses, a outro contrato, independentemente se era com ou sem determinação de prazo.

São obrigações do representado:
- pagar a retribuição devida ao representante; e
- respeitar a cláusula de exclusividade de zona (área geográfica delimitada pelo contrato).

O representado poderá rescindir o contrato de representação comercial por motivo justo (art. 35), entre outras situações, quando o representante incorrer em desídia, atos que importem descrédito comercial, for condenado de forma definitiva por crime infamante ou, ainda, em casos de força maior, quando não caberá indenização alguma ao representante.

A exclusividade na zona de atuação ou territorial é cláusula implícita do contrato, mas o contrato pode limitar ou expressamente retirar a exclusividade territorial. Diante da omissão contratual, presume-se a exclusividade territorial (art. 31 da Lei n. 4.886/65). Uma das partes pode rescindir o contrato quando a outra der causa a isso.

Fora esses casos, o representante terá direito pela rescisão do contrato de indenização, cujo montante não poderá ser inferior a um doze avos (1/12) do total da retribuição auferida durante o tempo em que exerceu a representação (art. 27, *j*). Na hipótese de contrato a prazo certo, a indenização corresponderá à importância equivalente à média mensal da retribuição auferida até a data da rescisão, multiplicada pela metade dos meses resultantes do prazo contratual (art. 27, § 1º).

Os motivos justos de rescisão por parte do representante estão no art. 36: casos de força maior, falta de pagamento de sua retribuição em época devida, quebra da exclusividade, se prevista no contrato, redução de sua esfera de atividade em desacordo com o contrato e fixação abusiva de preços com o exclusivo escopo de impossibilitar-lhe ação regular.

Quanto à exclusividade de representação, ou seja, aquela em que o representante só pode representar determinada empresa, deve estar expressa no contrato para que produza efeitos. Se não houver cláusula contratual determinando a exclusividade de representação, pode o representante exercer outras representações em ramos de atividade diferentes (arts. 31, parágrafo único, e 41 da Lei n. 4.886/65).

Prescreve em **5 (cinco) anos** a ação do representante comercial para pleitear a retribuição que lhe é devida e os demais direitos que lhe são garantidos (art. 44, parágrafo único).

26.12 Depósito mercantil

Por meio do depósito mercantil, uma pessoa (depositante) recebe de outra (depositário) um bem móvel para ser guardado e depois solicitado de volta. A partir do art. 627, o CC trata do depósito voluntário. O art. 280 do CCom de 1850, revogado pelo Código Civil, distinguia o depósito mercantil como aquele que era feito por "causa proveniente do comércio, em poder de comerciante ou por conta de comerciante".

Conforme examinado quando tratamos sobre o contrato de mandato mercantil, se o depósito for feito no exercício da profissão, ele será mercantil, conforme dispõe o art. 628 do CC. O depósito mercantil efetiva-se com a tradição real ou simbólica da coisa depositada. O depositário pode exigir, pela guarda da coisa depositada, uma comissão estipulada no contrato; caso esta não tenha sido ajustada, será determinada pelos usos do lugar, e, na falta destes, por arbitramento (art. 628, parágrafo único).

Duas são as espécies de depósito:
- **voluntário**: proveniente da vontade das partes (arts. 627 a 646);

- **necessário**: oriundo de disposição legal ou de alguma calamidade, como incêndio, inundação, naufrágio ou saque (arts. 647 a 652).

As obrigações das partes contratantes são as seguintes:
- guarda e conservação da coisa depositada;
- restituição da coisa com todos os frutos e acrescidos;
- pagar a comissão ou qualquer outra retribuição;
- pagar as despesas feitas com a coisa e os prejuízos que provierem.

26.13 Contratos bancários

São contratos nos quais uma das partes é banco ou uma instituição financeira. As principais modalidades de contratos bancários típicos são:

a) **mútuo bancário**: contrato pelo qual a instituição financeira empresta determinada quantia em dinheiro ao mutuário, que se obriga a restituir o valor emprestado com os juros e os demais encargos contratados;

b) **desconto bancário**: contrato pelo qual a instituição financeira antecipa o valor de um crédito contra terceiro ao cliente e, em virtude disso, desconta determinada taxa de juros;

c) **abertura de crédito**: contrato pelo qual a instituição financeira disponibiliza ao correntista determinada quantia em dinheiro para que ele possa, se quiser, utilizá-la;

d) **depósito bancário**: contrato pelo qual o depositante entrega certa quantia em dinheiro para, em momento posterior, retirar conforme a sua conveniência.

Das operações passivas, a mais importante é o depósito bancário (que não pode ser confundido com depósito mercantil – visto no tópico anterior). Nele, o cliente entrega determinada quantia em dinheiro à instituição financeira, para que esta a guarde e a restitua quando for pleiteado.

26.14 Concessão mercantil

É o contrato pelo qual o concessionário se obriga a comercializar, com ou sem exclusividade, os produtos fabricados pelo concedente. Apenas foi regulamentada a concessão mercantil de veículos automotores terrestres (Lei n. 6.729/79). Para outras mercadorias que não os veículos automotores terrestres, será utilizado o contrato de distribuição.

O objeto do contrato de concessão mercantil é composto pela comercialização de veículos automotores, prestação de assistência técnica, além do uso da marca do concedente como identificação (art. 3º da Lei n. 6.729/79).

26.15 Locação comercial

É o contrato consensual pelo qual o locador se obriga a dar ao locatário o uso de uma coisa por determinado tempo e preço. Em se tratando de locação não residencial (para empresas), é possível obter a renovação compulsória da locação, desde que o inquilino exerça tal direito, por meio da ação renovatória (arts. 51 e 52 da Lei n. 8.245/91). O direito assegurado nesses artigos poderá ser exercido pelos cessionários ou sucessores da locação; no caso de sublocação total do imóvel, o direito à renovação somente poderá ser exercido pelo sublocatário (art. 51, § 1º).

No caso de ação renovatória, promovida pelo sublocatário, e estando presentes os demais requisitos legais para a renovação compulsória, a ação deverá ser julgada procedente, pois o autor sucede a antiga locatária, nos contratos relativos à exploração do estabelecimento.

Sobre locação do ponto e ação renovatória, ver item sobre ponto comercial, abordado no início desta obra.

27. FALÊNCIA EMPRESARIAL

27.1 Conceito e características

O art. 1º da LRF (n. 11.101/2005) estabelece os limites de sua aplicação, qual seja, o de disciplinar a recuperação judicial, a recuperação extrajudicial e a falência do empresário individual e da sociedade empresária "devedora".

De acordo com o art. 75 da LRF, a falência, ao promover o afastamento do devedor de suas atividades, visa:

- preservar e otimizar a utilização produtiva dos bens, dos ativos e dos recursos produtivos, inclusive os intangíveis, da empresa;
- permitir a liquidação célere das empresas inviáveis, com vistas à realocação eficiente de recursos na economia; e
- fomentar o empreendedorismo, inclusive por meio da viabilização do retorno célere do empreendedor falido à atividade econômica.

Falência pode ser definida como um processo de execução coletiva, no qual todo o patrimônio de um empresário declarado falido (pessoa física ou jurídica) é arrecadado, visando ao pagamento da universalidade de seus credores, de forma completa ou proporcional. É um processo judicial complexo que compreende a arrecadação dos bens, sua administração e conservação, bem como a verificação e o acertamento dos créditos, para posterior liquidação dos bens e rateio entre os credores.

27.2 Pressupostos legais

Os pressupostos do estado de falência constituem elementos de direito positivo e variam conforme o sistema legislativo adotado. No Brasil, os pressupostos do estado de falência são:

- que o devedor seja empresário ou sociedade empresária;
- a insolvência do devedor;
- a declaração judicial da falência.

O primeiro pressuposto do estado de falência é que o **devedor seja empresário individual ou sociedade empresária**. Já deixamos claro que, segundo o art. 966 do CC, o empresário é a pessoa que exerce profissionalmente atividade econômica organizada para a produção ou a circulação de bens ou de serviços e, para que tal atividade seja exercida regularmente, todo empresário está sujeito a um conjunto de regras específicas, denominadas regime jurídico-empresarial. Esse regime é o responsável por regulamentar a prática da atividade mercantil e torná-la legal, permitindo sua inserção, caso o empresário atue de acordo com seus preceitos, em um tratamento diferenciado quanto à responsabilidade pelas obrigações assumidas. Dessa forma, somente os empresários regularmente inscritos podem se submeter ao regime jurídico-falimentar, previsto pela LRF. Nenhum devedor civil está sujeito ao regime falimentar.

A **insolvência**, segundo pressuposto do estado de falência, é aquela entendida na sua acepção jurídica, ou seja, é indiferente a prova da inferioridade do ativo quanto ao passivo (acepção econômica) ou do estado patrimonial em si, mas pela ocorrência de um dos fatos do art. 94 da LRF, comportamentos esses geralmente praticados por quem se encontra em insolvência econômica.

A insolvência é, assim, não só um estado econômico caracterizado pelo fato de o ativo do empresário não ser suficiente para o pagamento do seu passivo, mas também pelas razões que dispõe o artigo supracitado. Assim, a demonstração patrimonial de inferioridade do ativo em relação ao passivo pelo credor é absolutamente desnecessária, pois, diante da nossa legislação, a insolvência do devedor empresário será presumida nestas três situações (art. 94):

- **impontualidade injustificada:** não paga, no vencimento, obrigação líquida materializada em título ou títulos executivos protestados cuja soma ultrapasse o equivalente a 40 (quarenta) salários mínimos na data do pedido de falência;
- **execução frustrada:** executado por qualquer quantia líquida; não paga, não deposita e não nomeia à penhora bens suficientes dentro do prazo legal;
- **atos de falência:** pratica qualquer dos seguintes atos, exceto se fizer parte de plano de recuperação judicial: liquidação precipitada, negócio simulado, alienação irregular do estabelecimento, simulação de transferência de estabelecimento, concessão ou reforço de garantia a credor por dívidas anteriormente contraídas, sem ficar com bens para saldar seu passivo, abandono do estabelecimento comercial e descumprimento de obrigação assumida no plano de recuperação judicial (art. 94, III, da LRF).

27.3 Juízo falimentar

A competência para apreciação do processo de falência, bem como de seus incidentes, é a do juízo do principal estabelecimento empresarial do devedor, de acordo com o art. 3º da LRF, entendido como aquele que envolve o maior volume de negócios sob o ponto de vista econômico, como também da filial de empresa que tenha sede fora do Brasil.

O juízo da falência é universal, ou seja, todas as ações referentes a bens, interesses e negócios da massa falida serão processadas e julgadas pelo juízo em que tramita o processo falimentar pela força atrativa (*vis attractiva*) que detém (art. 76). Porém, à regra da universalidade, existem algumas exceções, quais sejam:

- ações não reguladas pela lei falimentar em que a massa falida seja autora ou litisconsorte;
- reclamações trabalhistas, que são de competência da Justiça do Trabalho (art. 114 da CF);
- execuções tributárias, que, de acordo com os arts. 187 do CTN e 29, *caput*, da Lei n. 6.830/80 (Lei de Execução Fiscal), não se sujeitam ao juízo falimentar;
- ações de conhecimento nas quais é parte interessada a União, em que a competência é da Justiça Federal (art. 109, I, da CF);
- ações que demandarem quantia ilíquida, caso em que prosseguirão no juízo em que estão sendo processadas (art. 6º, § 1º, da LRF).

É importante salientar que todas as ações, inclusive as hipóteses excepcionais mencionadas, terão prosseguimento com o administrador judicial, que deverá ser intimado para representar a massa falida, sob pena de nulidade do processo.

Em suma, podemos sintetizar as principais características do processo falimentar da seguinte forma:

- sistema recursal fechado (só admite os recursos previstos na LRF, não se aplicando, em caso de omissão, o regime recursal do CPC);
- aplicação supletiva do CPC (para os demais institutos do processo, exceto para os recursos);
- o processo desenvolve-se por impulso oficial;
- a competência para o processamento do pedido de falência é do juízo do principal estabelecimento do devedor (juízo universal);
- a publicação de editais, avisos, anúncios e do quadro geral de credores será feita por duas vezes no órgão oficial, mas o prazo começará, sempre, a fluir da data da primeira publicação.

27.4 Etapas do processo de falência

Segundo a doutrina (a lei não descreve essas etapas nominalmente), o processo falimentar pode ser dividido em três etapas:

- **fase pré-falimentar:** inicia-se com a petição inicial e conclui-se com a sentença declaratória da falência;
- **fase falencial:** inicia-se depois da sentença declaratória e conclui-se com o encerramento da falência. Nessa fase, realiza-se o levantamento do ativo (por meio do procedimento de arrecadação de bens e pedidos de restituição) e do passivo (por meio das habilitações e impugnações de crédito) do devedor, bem como a sua liquidação, em que os bens serão vendidos e os credores, pagos;
- **fase de reabilitação:** na qual há a declaração da extinção da responsabilidade civil do devedor falido.

27.5 Pedido de falência e resposta do réu

I – Petição inicial

A lei obriga o próprio devedor – em crise econômico-financeira que julgue não atender aos requisitos para pleitear sua recuperação judicial – a requerer a autofalência (art. 105).

São também legitimados para o requerimento da falência: o cônjuge sobrevivente do devedor, qualquer de seus herdeiros e o inventariante (art. 97, II, da LRF), o cotista ou acionista do devedor na forma da lei ou do ato constitutivo da sociedade (art. 97, III, da LRF) e qualquer de seus credores (art. 97, IV, da LRF).

Porém, o mais comum é que o pedido de falência seja feito pelo credor, uma vez que o processo falimentar é um instrumento eficaz de execução coletiva.

O credor, contudo, tem seu direito de ação condicionado ao atendimento de certos requisitos a serem atendidos de acordo com sua condição, como: o credor empresário deve provar sua regularidade no exercício do comércio, exibindo a inscrição individual ou o registro dos atos constitutivos da sociedade (art. 97, § 1º); o credor não domiciliado no país deve prestar caução destinada a cobrir as custas do processo e eventual indenização ao requerido, caso venha a ser denegada a falência (art. 97, § 2º).

Conclui-se então que, se o credor não for empresário e estiver domiciliado no Brasil, não se aplicam quaisquer requisitos específicos. P. ex., o credor civil não necessita demonstrar a regularidade no exercício de sua atividade econômica.

A Lei de Falências não exige que o credor com garantia real renuncie a ela ou demonstre sua insuficiência. Em suma, podemos afirmar que a falência do devedor pode ser requerida:

- pelo credor munido de título de crédito, desde que: 1) se comerciante, prove a regularidade de sua atividade; 2) se estrangeiro, preste caução para garantir o pagamento das despesas processuais, caso seja derrotado na sua pretensão;
- por qualquer outro credor;
- pelo próprio devedor empresário (autofalência);
- pelo sócio, ainda que comanditário, exibindo o contrato social, e pelo acionista, exibindo suas ações;
- pelo cônjuge sobrevivente, pelos herdeiros do devedor ou pelo inventariante.

O pedido de falência segue rito diferente, de acordo com seu autor: se requerido pelo credor ou pelo sócio minoritário, segue os preceitos dos arts. 94 a 96 e 98; em caso de autofalência, por sua vez, seguirá o procedimento dos arts. 105 a 107 da Lei.

Existem ainda alguns requisitos diferenciados para a petição inicial, conforme o fundamento do pedido. Se fundamentado na impontualidade injustificada, deve ser instruída com o título acompanhado do instrumento de protesto; sendo, porém, o fundamento na tríplice omissão, a lei exige a certidão expedida pelo juízo em que se processa a execução frustrada; finalmente, sendo fundado em ato de falência, o pedido deverá conter a descrição dos fatos que o caracterizam, juntando-se as provas que houver e especificando-se aquelas que serão produzidas no decorrer do processo.

II – Resposta do réu

Segundo o art. 98 da LRF, o prazo para a defesa do réu é de 10 (dez) dias. Esclarece o mesmo dispositivo, em seu parágrafo único, que, nos pedidos que se baseiam em impontualidade ou execução frustrada, o devedor poderá, no prazo da contestação, depositar o valor correspondente ao total do crédito, mais correção monetária, juros e honorários advocatícios, hipótese em que a falência não será decretada. É o chamado depósito elisivo, que tem justamente a finalidade de impedir a decretação da falência. Se o pedido de falência for julgado procedente, o juiz ordenará o levantamento do valor pelo autor.

Embora a lei não o preveja expressamente, deve ser admitido o depósito elisivo também nos pedidos de credor fundados em ato de falência, já que ele afasta a legitimidade do requerente. Assegurado, pelo depósito, o pagamento do crédito por ele titularizado, não tem interesse legítimo na instauração do concurso falimentar. Em seguida, o juiz decidirá, decretando ou não a falência.

É importante destacar que, no pedido de falência fundamentado na impontualidade injustificada, a dilação probatória será inexistente para o requerente (já que todas as provas necessárias para a propositura da ação, como o protesto do título, p. ex., foram juntadas na inicial) e limitada para o requerido (que poderá demonstrar a ocorrência de justa causa para o não pagamento da obrigação líquida).

O recurso cabível contra a decisão do juiz que decretou a falência será o agravo de instrumento, e da sentença que julga a improcedência do pedido cabe apelação (art. 100 da LRF).

Sintetizando, no prazo de defesa de 10 (dez) dias, o devedor poderá:
- contestar o pedido de falência;
- contestar o pedido de falência e depositar o valor total do crédito + correção monetária + juros + honorários advocatícios;
- depositar apenas, reconhecendo a procedência do pedido; ou
- não contestar nem depositar, em que o juiz proferirá a procedência do pedido.

27.6 Procedimento da autofalência

Na autofalência, ou falência requerida pelo próprio empresário, o pedido deve vir instruído com uma longa lista de documentos, previstos no art. 105. São eles:
- demonstrações contábeis dos últimos três exercícios, especialmente levantadas para o pedido;
- relação dos credores;
- inventário dos bens e direitos do ativo acompanhados dos documentos comprobatórios de propriedade;
- registro na Junta Comercial (sendo irregular o exercício da atividade empresarial pela sociedade requerente, por falta de hábil registro, a indicação e a qualificação de todos os sócios, acompanhadas da relação de seus bens);
- livros obrigatórios e documentos contábeis legalmente exigidos;
- relação dos administradores, diretores e representantes legais dos últimos cinco anos.

Se apresentado o pedido devidamente instruído, o juiz decretará a quebra do requerente. Se não estiver devidamente instruído o pedido, determinará sua emenda (art. 106 da LRF). Não emendado o pedido no prazo, o juiz decretará a quebra assim mesmo. Quando o próprio devedor requer a quebra, o juiz somente não irá decretá-la em caso de desistência apresentada antes da sentença. Depois de decretada a falência, aplicam-se as mesmas regras da falência requeridas pelos credores.

27.7 Sentença declaratória da falência

Tem caráter constitutivo (apesar de constar na lei como "declaratória"). Após ter sido proferida, a pessoa, os bens, os atos jurídicos e os credores do empresário falido ficam sujeitos a um regime jurídico específico, que é o falimentar.

Assim, uma vez declarado procedente o pedido de falência, o juiz deverá atentar-se tanto ao disposto no art. 489 do CPC (que contém os elementos da sentença) quanto ao art. 99 da LRF (que se refere às medidas a serem tomadas imediatamente após o proferimento da sentença declaratória da falência).

De acordo com o art. 99 da LRF, a sentença que decretar a falência, entre outras determinações:
- conterá a síntese do pedido, a identificação do falido e os nomes dos que forem a esse tempo seus administradores;
- fixará o termo legal da falência (que não poderá retroagir mais do que 90 (noventa) dias contados do pedido de falência, do pedido de recuperação judicial ou da data do primeiro protesto por falta de pagamento, excluindo-se os protestos que tenham sido cancelados);
- ordenará ao falido que apresente, no prazo máximo de 5 (cinco) dias, relação nominal dos credores, se esta já não se encontrar nos autos;
- explicitará prazo para a habilitação dos créditos;
- ordenará a suspensão de todas as ações ou execuções contra o falido (ressalvadas as hipóteses dos §§ 1º e 2º do art. 6º da LRF);
- proibirá a prática de qualquer ato de disposição ou oneração de bens do falido;
- determinará as diligências necessárias para salvaguardar os interesses das partes envolvidas, podendo ordenar a prisão preventiva do falido;
- ordenará ao Registro Público de Empresas e à Secretaria Especial da Receita Federal do Brasil que procedam à anotação da falência no registro do devedor, para que dele constem a expressão "falido", a data da decretação da falência e a inabilitação para exercer qualquer atividade empresarial até a sentença que extingue suas obrigações;
- nomeará o administrador judicial;
- determinará a expedição de ofícios a órgãos e repartições públicas ou entidades que, de acordo com o perfil do falido, possam oferecer informações sobre os seus bens e direitos;
- pronunciar-se-á a respeito da continuação provisória das atividades do falido com o administrador judicial ou da lacração dos estabelecimentos do falido, se houver risco à execução da arrecadação ou preservação dos bens da massa ou interesse dos credores;
- se for o caso, convocará a Assembleia Geral de credores para a constituição do Comitê;
- ordenará a intimação eletrônica, nos termos da legislação vigente e respeitadas as prerrogativas funcionais, respectivamente, do Ministério Público e das Fazendas Públicas federal e de to-

dos os Estados, Distrito Federal e Municípios em que o devedor tiver estabelecimento, para que tomem conhecimento da falência.

Atente-se que o juiz pode determinar medidas cautelares de interesse à massa, como o sequestro de bens, assim como ordenar a prisão preventiva do falido ou de seus administradores, quando houver provas da prática de crimes falimentares.

Em relação ao termo legal da falência, importante observar que o objetivo da sua fixação é servir de referência temporal para investigar os atos do falido às vésperas da declaração falimentar. Assim:

- se a falência for decretada por impontualidade injustificada ou execução frustrada, o termo legal não pode retroagir por mais de 90 (noventa) dias do primeiro protesto por falta de pagamento;
- se a falência for decretada por ato de falência (ou de autofalência), o termo legal não pode retrotrair por mais de 90 (noventa) dias da petição inicial.

A sentença declaratória deverá ser publicada via edital eletrônico com a íntegra da decisão que decreta a falência e a relação de credores apresentada pelo falido. A intimação eletrônica das pessoas jurídicas de direito público integrantes da administração pública indireta dos entes federativos referidos no inciso XIII do *caput* deste artigo será direcionada:

- no âmbito federal, à Procuradoria-Geral Federal e à Procuradoria-Geral do Banco Central do Brasil;
- no âmbito dos Estados e do Distrito Federal, à respectiva Procuradoria-Geral, à qual competirá dar ciência a eventual órgão de representação judicial específico das entidades interessadas; e
- no âmbito dos Municípios, à respectiva Procuradoria-Geral, ou, se inexistir, ao gabinete do Prefeito, à qual competirá dar ciência a eventual órgão de representação judicial específico das entidades interessadas.

Cumpre observar, ainda, que após decretada a quebra (ou convertida a recuperação judicial em falência), o administrador deverá, no prazo de até 60 (sessenta) dias, contado do termo de nomeação, apresentar, para apreciação do juiz, plano detalhado de realização dos ativos, inclusive com a estimativa de tempo não superior a 180 (cento e oitenta) dias a partir da juntada de cada auto de arrecadação, de acordo com o inciso III e do *caput* do art. 22 da LRF.

27.8 Efeitos da sentença declaratória de falência

A sentença declaratória de falência produz efeitos em relação à pessoa do falido, seus bens, obrigações e credores. Assim, são efeitos da sentença declaratória de falência em relação à pessoa do falido:

- o falido fica inabilitado para exercer qualquer atividade empresarial a partir da decretação da falência e até a sentença que extingue suas obrigações (a inabilitação deverá ser declarada expressamente pelo juiz na sentença e perdurará até 5 (cinco) anos após a extinção da punibilidade em relação aos crimes falimentares);
- o falido perde a administração e a disponibilidade de seu patrimônio (mas poderá fiscalizar a administração da falência, requerer as providências necessárias para a conservação de seus direitos ou dos bens arrecadados e intervir nos processos em que a massa falida seja parte ou interessada, requerendo o que for de direito e interpondo os recursos cabíveis);
- suspende-se a proteção do sigilo à correspondência em relação à atividade empresarial;
- o falido só pode praticar, sem a autorização do juiz, os atos não patrimoniais da vida civil;
- o falido não pode se ausentar do lugar da falência sem a autorização do juiz; e
- o falido submete-se a uma série de restrições, previstas no art. 104 da LRF, colaborando com a administração da falência.

Os efeitos da decretação de falência sobre os bens do falido são profundos. Nesse sentido, decretada a falência, todos os seus bens existentes na época de sua decretação ou adquiridos no curso do processo ficam sujeitos à massa falida. Se o falido for o espólio, fica suspenso o processo de inventário.

Assim, todos os bens de que o falido for proprietário (mesmo que estejam em poder de terceiros) ou possuidor serão arrecadados e depositados judicialmente por pessoa indicada pelo administrador judicial. Se a arrecadação atingir bens de terceiros, estes poderão formular pedido de restituição (art. 85 da LRF).

Também se admite pedido de restituição em relação às mercadorias vendidas a prazo para o falido e entregues até 15 (quinze) dias antes do requerimento da falência, se ainda não alienadas pela massa. Cabem embargos de terceiros (art. 93 da LRF) quando não for possível liberar os bens indevidamente arrecadados pelo administrador judicial por meio de pedido de restituição.

Em relação às obrigações do falido, a sentença declaratória produzirá os seguintes efeitos:

- sujeita todos os credores aos efeitos da sentença, que somente poderão exercer os seus direitos sobre os bens do falido e do sócio ilimitadamente responsável na forma prevista pela LRF;
- suspensão do exercício do direito de retenção sobre os bens sujeitos à arrecadação, os quais deverão ser entregues ao administrador judi-

cial; e do exercício do direito de retirada ou de recebimento do valor de suas quotas ou ações, por parte dos sócios da sociedade falida;

- continuidade dos contratos bilaterais, que não se resolvem pela falência e podem ser cumpridos pelo administrador judicial se o cumprimento reduzir ou evitar o aumento do passivo da massa falida ou for necessário à manutenção e preservação de seus ativos, mediante autorização do Comitê;
- possibilidade de o administrador judicial, mediante autorização do Comitê, dar cumprimento a contrato unilateral se esse fato reduzir ou evitar o aumento do passivo da massa falida ou for necessário à manutenção e à preservação de seus ativos, realizando o pagamento da prestação pela qual está obrigada;
- o mandato conferido pelo devedor, antes da falência, para a realização de negócios, cessará seus efeitos com a decretação da falência, cabendo ao mandatário prestar contas de sua gestão;
- as contas-correntes com o devedor consideram-se encerradas no momento de decretação da falência, verificando-se o respectivo saldo.

Em relação aos credores, a falência acarreta os seguintes efeitos:

- suspensão da fluência dos juros;
- vencimento antecipado dos créditos;
- suspensão das ações individuais contra o falido; e
- formação da massa falida subjetiva.

27.9 Recursos cabíveis

Contra a sentença que decreta a falência, cabe agravo de instrumento, com base no art. 100 da LRF; e contra a sentença que julga pela improcedência do pedido, cabe apelação. Essa sentença (que não decreta a falência) não faz coisa julgada material (só faz coisa julgada formal ou preclusão) e, consequentemente, autoriza a propositura de nova ação.

De acordo com a LRF, os prazos de apelação e de agravo são os mesmos do CPC (prazo unificado de 15 (quinze) dias). Assim:

- **agravo de instrumento**: sentença que decreta a falência;
- **apelação:** sentença que julga pela improcedência do pedido de falência.

27.10 A massa falida objetiva e a subjetiva

Acentuando ainda mais o caráter constitutivo da sentença declaratória da falência, a doutrina demonstra que essa decisão cria a massa falida objetiva e a massa falida subjetiva. A massa falida objetiva é constituída pelo patrimônio do falido (conjunto de bens). A massa falida subjetiva é constituída pelos credores.

A massa falida objetiva, uma vez formada, passa a ser administrada pelo administrador judicial. Tem ela a capacidade de estar em juízo, como autora ou como ré, mas sempre representada pelo administrador. Sua formação ocorre no momento em que é decretada a falência.

27.11 Administração da falência

A falência é administrada de uma maneira geral pelo juiz, pelo representante do Ministério Público, pelo administrador judicial (antes denominado síndico), pela Assembleia Geral de Credores e pelo Comitê de Credores, cada qual possuindo uma função específica. São os seguintes:

- **Juiz:** presidirá a administração da falência, cabendo analisar e autorizar diversos atos a serem praticados pelo administrador judicial, como a autorização para a venda antecipada dos bens, o pagamento da remuneração dos auxiliares e do administrador, a rubrica de cheques de pagamento dos credores, a aprovação da prestação de contas do administrador, além de outros atos definidos em lei.
- **Ministério Público:** a sua participação se refere às hipóteses expressamente previstas na lei, a saber: a) tem legitimidade para impugnar a relação de credores (art. 8º), a venda de bens do falido (art. 143), pedir a substituição do administrador judicial ou de membro do Comitê (art. 30) e propor a ação de rescisão de crédito (art. 9º) e a revocatória (art. 132); b) deve ser intimado da sentença que decretar a falência (art. 99, XIII), do relatório do administrador judicial que apontar a responsabilidade penal de qualquer dos envolvidos no processo (art. 22, § 4º) e da designação da hasta para a venda ordinária dos bens do falido (art. 142), bem como ser informado pelo juiz de qualquer indício da prática de crime falimentar (art. 187, § 2º); c) pode pedir explicações ao falido (art. 104, VI) e deve manifestar-se na prestação de contas do administrador judicial (art. 154); d) ao ser intimado da sentença declaratória da falência, deve propor a ação penal ou requisitar a instauração do inquérito policial, sempre que houver indícios de crime falimentar (art. 187).
- **Administrador judicial:** é o profissional de confiança do juiz que representa a massa falida (ente despersonalizado, mas que apresenta ca-

pacidade judiciária), auxilia e executa certos atos na administração da falência. Deverá ser preferencialmente advogado, economista, administrador de empresas ou contador, ou ainda pessoa jurídica especializada (art. 21 da LRF). Trata-se de um auxiliar do juízo, que fica sujeito à sua supervisão, bem como à fiscalização pelo Comitê de Credores (art. 27, I, *a*, da LRF). Os deveres do administrador judicial estão elencados no art. 22 da LRF.

- **Assembleia Geral de Credores:** órgão colegiado e deliberativo que representa todos os credores admitidos na falência. É composta por diversas classes de credores e presidida pelo administrador judicial, salvo na hipótese em que as deliberações versarem sobre o afastamento ou as incompatibilidades do administrador judicial, caso em que será presidida pelo credor presente que seja titular do maior crédito. Será instalada, em primeira convocação (feita por edital a ser publicado com antecedência mínima de 15 (quinze) dias), com a presença de credores titulares de mais da metade dos créditos de cada classe, computados pelo valor, e, em segunda convocação (feita por edital a ser publicado com antecedência mínima de 5 (cinco) dias), com qualquer número.

- **Comitê de Credores:** órgão colegiado, de caráter facultativo, que representa os interesses dos credores em algumas situações específicas, conferindo à lei, para tanto, algumas atribuições específicas. Sua constituição dependerá da aprovação dos credores, que levarão em conta a complexidade do processo falimentar em relação ao porte da empresa, observado o art. 26 da LRF. Caberá aos próprios membros do Comitê indicar, entre eles, quem irá presidi-lo. A falta de indicação de representante por quaisquer das classes não prejudicará a constituição do Comitê, que poderá funcionar com número inferior a quatro membros. As atribuições estão no art. 27 da LRF.

27.12 Classificação dos créditos concursais

O art. 83 da LRF (com as alterações promovidas pela Lei n. 14.112/2020) relaciona a classificação dos créditos e sua ordem de preferência:

- os créditos derivados da legislação trabalhista, limitados a 150 (cento e cinquenta) salários mínimos por credor, e aqueles decorrentes de acidentes de trabalho;
- os créditos gravados com direito real de garantia até o limite do valor do bem gravado;
- os créditos tributários, independentemente da sua natureza e do tempo de constituição, exceto os créditos extraconcursais e as multas tributárias;
- os créditos quirografários, a saber: a) aqueles não previstos nos demais incisos deste artigo; b) os saldos dos créditos não cobertos pelo produto da alienação dos bens vinculados ao seu pagamento; c) os saldos dos créditos derivados da legislação trabalhista que excederem o limite estabelecido no inciso I do *caput* deste artigo;
- as multas contratuais e as penas pecuniárias por infração das leis penais ou administrativas, incluídas as multas tributárias;
- os créditos subordinados, a saber: a) os previstos em lei ou em contrato; b) os créditos dos sócios e dos administradores sem vínculo empregatício cuja contratação não tenha observado as condições estritamente comutativas e as práticas de mercado;
- os juros vencidos após a decretação da falência, conforme previsto no art. 124 da LRF.

Destaca-se que os créditos derivados da legislação trabalhista não se confundem com os decorrentes de acidente do trabalho da Previdência Social. Aqui o réu é o INSS – Varas do Trabalho. O acidente do trabalho na falência se refere ao art. 7º, XXVIII, da CF, que dispõe sobre o acidente do trabalho fundado na culpa ou dolo do empregador.

27.13 Classificação dos créditos extraconcursais

De acordo com o art. 84 da LRF, serão considerados créditos extraconcursais e serão antes dos créditos concursais (art. 83), na ordem a seguir:

1º) as despesas cujo pagamento antecipado seja indispensável à administração da falência, e os créditos trabalhistas de natureza estritamente salarial vencidos nos 3 (três) meses anteriores à decretação da falência, até o limite de 5 (cinco) salários mínimos por trabalhador;

2º) valor efetivamente entregue ao devedor em recuperação judicial pelo financiador;

3º) créditos em dinheiro objeto de restituição (conforme previsto no art. 86 da LRF);

4º) remunerações devidas ao administrador judicial e aos seus auxiliares, aos reembolsos devidos a membros do Comitê de Credores, e aos créditos derivados da legislação trabalhista ou decorrentes de acidentes de trabalho relativos a serviços prestados após a decretação da falência;

5º) obrigações resultantes de atos jurídicos válidos praticados durante a recuperação judicial, nos termos do art. 67 da LRF, ou após a decretação da falência;

6º) quantias fornecidas à massa falida pelos credores;

7º) despesas com arrecadação, administração, realização do ativo, distribuição do seu produto e custas do processo de falência;

8º) custas judiciais relativas às ações e às execuções em que a massa falida tenha sido vencida;

9º) tributos relativos a fatos geradores ocorridos após a decretação da falência, respeitada a ordem estabelecida no art. 83 da LRF.

> **ATENÇÃO!**
> Os créditos extraconcursais são pagos antes dos créditos concursais. É preciso chamar atenção para esse detalhe porque os dispositivos estão na sequência inversa do pagamento: créditos extraconcursais no art. 84 e créditos concursais no art. 83.

27.14 Reabilitação do falido

De acordo com o art. 158 da LRF, as hipóteses em que o falido poderá requerer a extinção das suas obrigações são as seguintes:

- pagamento de todos os créditos;
- pagamento, após realizado todo o ativo, de mais de 25% (vinte e cinco por cento) dos créditos quirografários, facultado ao falido o depósito da quantia necessária para atingir a referida porcentagem se para isso não tiver sido suficiente a integral liquidação do ativo;
- decurso do prazo de 3 (três) anos, contado da decretação da falência, ressalvada a utilização dos bens arrecadados anteriormente, que serão destinados à liquidação para a satisfação dos credores habilitados ou com pedido de reserva realizado;
- encerramento da falência nos termos dos arts. 114-A ou 156 da LRF.

28. RECUPERAÇÃO JUDICIAL

28.1 Conceito e caraterísticas

Recuperação, seja judicial ou extrajudicial, é um conjunto de medidas jurídicas, administrativas, contábeis e econômicas, tendentes a recuperar e reorganizar a empresa, visando a manutenção da fonte produtiva.

O objetivo da recuperação é sempre o de sanear a empresa em situação de crise econômico-financeira, a fim de permitir a manutenção da fonte produtora, do emprego dos trabalhadores e dos interesses dos credores, promovendo, assim, a preservação da empresa, sua função social e o estímulo à atividade econômica (art. 47 da LRF).

São duas as espécies de recuperação:

- recuperação judicial (arts. 47 e s. da LRF);
- recuperação extrajudicial (arts. 161 e s. da LRF).

28.2 Condições gerais para requerer a recuperação judicial

De acordo com o art. 48 da LRF, poderá requerer a recuperação judicial o devedor que, no momento do pedido, exercer regularmente suas atividades há mais de 2 (dois) anos e que atenda aos seguintes requisitos cumulativamente:

- não ser falido e, se o foi, estejam declaradas extintas, por sentença transitada em julgado, as responsabilidades daí decorrentes;
- não ter, há menos de 5 (cinco) anos, obtido concessão de recuperação judicial;
- não ter, há menos de 5 (cinco) anos, obtido concessão de recuperação judicial, com base no plano especial destinado às Microempresas (ME) e Empresas de Pequeno Porte (EPP);
- não ter sido condenado ou não ter, como administrador ou sócio controlador, pessoa condenada por qualquer dos crimes previstos nesta Lei.

São **legitimados** para o pedido de recuperação judicial a sociedade empresária e o empresário individual. A lei permite, ainda, que a recuperação judicial seja requerida por cônjuge sobrevivente, herdeiros do devedor, inventariante ou sócio remanescente.

Estão sujeitos à recuperação judicial todos os créditos do devedor existentes na data do pedido, mesmo aqueles ainda não vencidos (art. 49 da LRF). Aqueles créditos não existentes à época do pedido ou constituídos depois de o devedor ter ingressado em juízo com o pedido de recuperação judicial estão absolutamente excluídos dos efeitos deste.

Também estão excluídos dos efeitos da recuperação judicial o fiduciário, o arrendador mercantil, o negociante de imóvel (como vendedor, comprometente comprador ou titular de reserva de domínio), se houver cláusula de irrevogabilidade ou irretratabilidade no contrato (art. 49, § 3º, da LRF).

28.3 Processo de recuperação judicial

Estabelece a LRF que o processo de recuperação judicial se divide em três fases:

FASE POSTULATÓRIA	O empresário apresenta o seu requerimento de concessão do benefício, estendendo-se até o despacho que determina o processamento do pedido.
FASE DELIBERATIVA	Fase em que é discutido e aprovado um plano de recuperação.
FASE DE EXECUÇÃO	Fase em que efetivamente passa-se à aplicação do plano aprovado.

Ao apresentar seu pedido de recuperação, o devedor deve cumprir alguns requisitos, p. ex.: tornar acessíveis aos credores certas demonstrações contábeis, além de ter um plano viável de recuperação.

Assim sendo, deverá o empresário, ao apresentar seu pedido de recuperação, apresentar uma extensa lista de requisitos, previstos no art. 51 da LRF, os quais não poderão, em hipótese alguma, ser dispensados pelo juiz. Tais documentos permitirão ao juiz e aos demais órgãos da administração da falência verificar a real situação patrimonial e financeira do devedor.

É importante salientar, conforme dispõe o art. 51, § 2º, da LRF, que as microempresas e empresas de pequeno porte poderão apresentar livros e escrituração contábil simplificados nos termos da LC n. 123/2006, e que o seu plano de recuperação, denominado plano especial, abrangerá somente os créditos quirografários, com possibilidade de parcelamento em até 36 parcelas mensais, iguais e sucessivas, corrigidas monetariamente e acrescidas de juros de 12% a.a. (art. 71 da LRF).

Se considerar que estão em ordem os documentos apresentados, o juiz deferirá o processamento da recuperação judicial, nomeando-se imediatamente o administrador judicial. Também determinará a dispensa de apresentação de certidões negativas para que o devedor exerça suas atividades (exceto para contratação com o Poder Público ou para recebimento de benefícios ou incentivos fiscais ou creditícios), ordenará a suspensão de todas as ações ou execuções contra o devedor, determinará ao devedor a apresentação de contas demonstrativas mensais, sob pena de destituição de seus administradores, ordenará a intimação do Ministério Público e a comunicação por carta à Fazenda Pública Federal e da Fazenda Pública de todos os Estados e Municípios em que o devedor tiver estabelecimento.

Em seguida, determinará a apresentação em juízo do plano de recuperação pelo devedor no prazo improrrogável de 60 (sessenta) dias contados da publicação da decisão que deferir o processamento da recuperação judicial, sob pena de convolação em falência. Esse plano deverá conter (art. 53 da LRF):

- a discriminação detalhada dos meios de recuperação a serem empregados (conforme o art. 50 da LRF);
- a demonstração da viabilidade econômica; e
- um laudo econômico-financeiro e de avaliação dos bens e ativos do devedor.

O plano de recuperação não poderá prever prazo maior do que um ano para o pagamento dos créditos derivados da legislação trabalhista ou de acidentes de trabalho, vencidos até a data do pedido de recuperação.

O novo § 2º do art. 54, aditado pela Lei n. 14.112/2020, possibilita que esse prazo seja estendido em até 2 (dois) anos, se o plano de recuperação judicial atender aos seguintes requisitos, cumulativamente:

- apresentação de garantias julgadas suficientes pelo juiz;
- aprovação pelos credores titulares de créditos derivados da legislação trabalhista ou decorrentes de acidentes de trabalho, na forma do § 2º do art. 45 da LRF;
- garantia da integralidade do pagamento dos créditos trabalhistas.

Não poderá, ainda, prever prazo superior a 30 (trinta) dias para o pagamento dos créditos de natureza estritamente salarial vencidos nos 3 (três) meses anteriores ao pedido, até o limite de cinco salários mínimos por trabalhador (art. 54, parágrafo único).

Havendo objeção de qualquer credor ao plano apresentado, este poderá manifestá-la ao juiz no prazo de 30 (trinta) dias a contar da publicação da relação de credores (realizada na mesma forma da falência, conforme previsão do art. 7º). Se for manifestada objeção, o juiz convocará a Assembleia Geral de Credores para deliberar sobre o plano de recuperação, a ser realizada em, no máximo, 150 (cento e cinquenta) dias, contados do deferimento do processamento da recuperação judicial.

Aprovado o plano pelos credores reunidos em assembleia, o juiz será informado, concedendo então a recuperação judicial. Rejeitado o plano de recuperação judicial, o administrador judicial submeterá, no ato, à votação da assembleia geral de credores a concessão de prazo de 30 (trinta) dias para que seja apresentado plano de recuperação judicial pelos credores (nova redação dada ao § 4º do art. 56 da LRF). O plano de recuperação judicial tem como consequência a novação dos créditos anteriores ao pedido, e obriga o devedor e todos os credores a ele sujeitos, inclusive aqueles que se manifestaram contra o plano em assembleia.

Proferida a decisão que concede a recuperação judicial (prevista no art. 58), o juiz poderá determinar a manutenção do devedor em recuperação judicial até que sejam cumpridas todas as obrigações previstas no plano que vencerem até, no máximo, 2 (dois) anos depois da concessão da recuperação judicial, independentemente do eventual período de carência (art. 61 da LRF). Durante esse período, o descumprimento de qualquer obrigação prevista no plano acarretará a convolação da recuperação em falência. Após esse prazo, se houver descumprimento, qualquer credor pode requerer a execução específica ou a falência (art. 62).

Se cumpridas as obrigações previstas, segundo o art. 63, o juiz decretará o encerramento da recuperação judicial, determinando o pagamento do saldo de honorários ao administrador judicial, a apuração do saldo das custas judiciais a ser recolhidas, a apresentação de relatório circunstanciado do administrador judicial sobre a execução do plano de recuperação, a dissolução do Comitê de credores, a exoneração do administrador judicial e, ainda, a comunicação ao Registro Público de Empresas para as devidas providências.

De acordo com o art. 69 da LRF, em todos os atos, contratos e documentos firmados pelo devedor sujeito ao procedimento de recuperação judicial, deverá ser acrescida, após o nome empresarial, a expressão "em Recuperação Judicial". O juiz determinará ao Registro Público de Empresas a anotação da recuperação judicial no registro correspondente.

É importante destacar que as Fazendas Públicas e o Instituto Nacional do Seguro Social (INSS) poderão deferir, nos termos da legislação específica, parcelamento de seus créditos, em sede de recuperação judicial, de acordo com os parâmetros estabelecidos no CTN. As microempresas e empresas de pequeno porte farão jus a prazos 20% superiores àqueles regularmente concedidos às demais empresas (art. 68, parágrafo único, da LRF).

28.4 Administração dos bens

Durante o processo de recuperação judicial, o devedor ou seus administradores serão mantidos na condução da atividade empresarial (salvo nas hipóteses do art. 64 da LRF), sob a fiscalização do Comitê, se houver, e do administrador judicial. Não poderá, contudo, o devedor, alienar ou onerar bens ou direitos de seu ativo permanente, salvo evidente utilidade reconhecida pelo juiz, depois de ouvido o Comitê, com exceção daqueles previamente relacionados no plano de recuperação judicial.

28.5 Convolação da recuperação judicial em falência

Durante o processo de recuperação judicial, o juiz poderá decretar a falência diante das seguintes situações (art. 73 da LRF):

- por deliberação da Assembleia Geral de Credores (art. 42 da LRF);
- pela não apresentação, pelo devedor, do plano de recuperação no prazo do art. 53 da LRF;
- quando não aplicado o disposto nos §§ 4º, 5º e 6º do art. 56 da LRF, ou rejeitado o plano de recuperação judicial proposto pelos credores, nos termos do § 7º do art. 56 e do art. 58-A;
- por descumprimento dos parcelamentos referidos no art. 68 da LRF ou da transação prevista no art. 10-C da Lei n. 10.522/2002;
- quando identificado o esvaziamento patrimonial da devedora que implique liquidação substancial da empresa, em prejuízo de credores não sujeitos à recuperação judicial, inclusive as Fazendas Públicas.

Permite-se, ainda, a decretação da falência nas hipóteses de impontualidade injustificada e execução frustrada ou na de prática de atos de falência (previstos no art. 94, III, da LRF). Na convolação (mudança de estado jurídico) da recuperação em falência, os atos de administração, endividamento, oneração ou alienação, praticados durante a recuperação judicial presumem-se válidos, desde que realizados na forma da lei (art. 74).

29. RECUPERAÇÃO EXTRAJUDICIAL

Trata-se de solução de mercado para a recuperação das empresas, sem recorrer ao extenso processo recuperacional. A partir de 2005 o procedimento da recuperação extrajudicial passa a ser disciplinado pela LRF (art. 161), que nada mais é do que a convocação dos credores pelo devedor para tentar encontrar uma saída negociada para a crise.

No entanto, para que possa propor essa solução aos credores, e se pretender oportunamente o devedor levar o eventual acordo a homologação judicial, é necessário que ele atenda a certos requisitos, quais sejam (são os mesmos para a recuperação judicial):

- não ser falido e, se o foi, estejam declaradas extintas, por sentença transitada em julgado, as responsabilidades daí decorrentes;
- não ter, há menos de 5 (cinco) anos, obtido concessão de recuperação judicial;
- não ter, há menos de 5 (cinco) anos, obtido concessão de recuperação judicial;
- não ter sido condenado ou não ter, como administrador ou sócio controlador, pessoa condenada por qualquer dos crimes previstos nesta Lei.

Se desejar, o credor poderá requerer a homologação judicial do plano de recuperação extrajudicial, juntando a sua justificativa e o documento que contenha seus termos e suas condições com as assinaturas dos credores que a ele aderiram. Importante observar ainda que o credor que aderiu ao plano de recuperação não poderá dele desistir após a distribuição do pedido de homologação, a menos que os demais signatários concordem.

Além disso, poderá ainda o credor requerer a homologação do plano, ainda que uma parcela dos credores resista a com ele concordar. Nesse caso, não seria justo impedir a oportunidade de recuperação da empresa apenas em razão da recusa de adesão de uma pequena parcela dos credores. Visando essa situação, a Lei n. 14.112/2020 modificou o art. 163 da LRF possibilitando ao devedor requerer a homologação de plano de recuperação extrajudicial que obriga todos os credores por ele abrangidos, desde que assinado por credores que representem mais da metade dos créditos de cada espécie abrangidos pelo plano de recuperação extrajudicial.

Recebido o pedido de homologação, o juiz ordenará a publicação de edital convocando todos os credores para apresentação de suas impugnações ao plano de recuperação, no prazo de 30 (trinta) dias. Apresentada a impugnação, o devedor será chamado a se manifestar em 5 (cinco) dias, sendo, em seguida, os autos conclusos ao juiz para homologar o plano ou indeferir a recuperação. Na hipótese de indeferimento da homologação, não há impedimento para que se reapresente o pedido, desde que sanado o vício que levou ao indeferimento. Importante mencionar que não é proibida a busca de outras modalidades de acordo privado entre o devedor e os seus credores (art. 167 da LRF).

REFERÊNCIAS

COELHO, Fábio Ulhoa. *Curso de direito comercial*: direito de empresa. 20. ed. São Paulo: RT, 2016. vol. 1.

MAMEDE, Gladstone. *Títulos de crédito*. São Paulo: Atlas, 2006.

MARTINS, Fran. *Curso de direito comercial*. 32. ed. Rio de Janeiro: Forense, 2009.

NEGRÃO, Ricardo. *Manual de direito comercial & de empresa*. 7. ed. São Paulo: Saraiva, 2010. vol. 1.

REQUIÃO, Rubens. *Curso de direito comercial*. 29. ed. São Paulo: Saraiva, 2010. vol. 1.

DURÃES, Hebert Vieira. *Nova Lei de Recuperação e Falência Empresarial*. São Paulo: Rideel, 2021.

Acesse o *QR Code* e aproveite os conteúdos elaborados para você!
- BIZU OAB
- TOP 10

http://uqr.to/1wcfw

Questões
Direito Empresarial

TEORIA GERAL DO DIREITO EMPRESARIAL E SOCIETÁRIO

1. (41º Exame) O empresário individual Valério Sampaio, devidamente inscrito na Junta Comercial do Estado do Espírito Santo, teve sua falência requerida em 3 de maio de 2023 com fundamento na falta de pagamento, sem relevante razão de direito, de nota promissória no valor de R$ 91.000,00, submetida previamente ao protesto especial. Após ser citado, apresentou contestação alegando que cessou suas atividades empresariais em 31 de março de 2020 e, como tal, não teria legitimidade passiva no processo. Sobre a hipótese, sabendo que o empresário não apresentou prova de cancelamento do registro na Junta Comercial, assinale a afirmativa correta.

(A) Trata-se de empresário irregular diante da cessação do exercício da empresa.
(B) É possível a decretação da falência diante da falta de comprovação da cessação da empresa.
(C) Deve ser acatada a contestação apresentada em razão da cessação há mais de dois anos.
(D) Somente com o cancelamento do registro será possível a decretação da falência.

RESPOSTA É necessário comprovar a interrupção das atividades por mais de dois anos para evitar a decretação da falência, conforme estabelece o art. 96 da Lei n. 11.101/2005: "A falência solicitada com base no art. 94, inciso I do *caput*, desta Lei, não será decretada se o requerido demonstrar: (...) VIII – cessação das atividades empresariais por mais de dois anos antes do pedido de falência, comprovada por documento válido do Registro Público de Empresas, o qual não prevalecerá contra prova de exercício posterior ao ato registrado". Alternativa B.

2. (40º Exame) Quatro pessoas naturais constituíram uma sociedade para exploração de prestação de serviços de entrega domiciliar, mas não se preocuparam em arquivar o documento particular de constituição em qualquer registro. Considerando a situação dessa sociedade e as disposições aplicáveis, assinale a afirmativa correta.

(A) Ela se rege pelas normas da sociedade em comum e, subsidiariamente, no que forem compatíveis, pelas normas da sociedade simples.
(B) Ela se rege pelas normas da sociedade em conta de participação e, subsidiariamente e no que forem compatíveis, pelas normas das sociedades por ações.
(C) Ela se rege pelas normas da sociedade simples e, subsidiariamente e no que forem compatíveis, pelas normas da sociedade cooperativa.
(D) Ela se rege pelas normas da companhia e, subsidiariamente e no que forem compatíveis, pelas normas da sociedade limitada.

RESPOSTA De acordo com o art. 986 do CC, "Enquanto não inscritos os atos constitutivos, reger-se-á a sociedade, exceto por ações em organização, pelo disposto neste Capítulo, observadas, subsidiariamente e no que com ele forem compatíveis, as normas da sociedade simples". Alternativa A.

3. (40º Exame) A partir de 2022, a possibilidade de o local de exercício da atividade empresarial ser virtual passou a ser reconhecido no Código Civil. A respeito desse tema, assinale a afirmativa correta.

(A) Se o empresário ou a sociedade empresária exercer a empresa em local virtual, tal local é denominado pelo Código Civil de "estabelecimento virtual", com o mesmo significado jurídico de estabelecimento.
(B) Ao contrário do local físico de exercício da empresa, se ele for virtual, a fixação do horário de funcionamento competirá ao Município, observada a regra geral de qualquer horário ou dia da semana, inclusive feriados.
(C) Quando o local em que se exerce a atividade empresarial for virtual, o endereço informado para fins de registro poderá ser, conforme o caso, o endereço do empresário individual ou o de um dos sócios da sociedade empresária.
(D) A escolha do local virtual de exercício da empresa impõe ao empresário ou ao administrador da sociedade empresária o dever de comunicar sua alteração à Junta Comercial nos 15 (quinze) dias seguintes.

DIREITO EMPRESARIAL

RESPOSTA De acordo com o art. 1.142, § 2º, do Código Civil: "Quando o local onde se exerce a atividade empresarial for virtual, o endereço informado para fins de registro poderá ser, conforme o caso, o endereço do empresário individual ou o de um dos sócios da sociedade empresária". *Alternativa C.*

4. (39º Exame) O empresário individual Valério Pavão deseja alterar a forma de exercício da sociedade empresária, passando a admitir como sócios Jerônimo e Atílio, e mantendo a mesma atividade e localização de seu estabelecimento. Sobre a mudança pretendida, assinale a opção que apresenta as ações que Valério Pavão deverá executar.

(A) Dissolver sua empresa individual e, após o encerramento da liquidação, constituir uma sociedade com os sócios Jerônimo e Atílio.
(B) Solicitar ao Registro Público de Empresas Mercantis a transformação de seu registro de empresário para registro de sociedade empresária.
(C) Solicitar ao Registro Público de Empresas Mercantis o enquadramento de sua empresa como microempresa para, em seguida, requerer a transformação do registro para sociedade empresária.
(D) Dissolver sua empresa individual e, no curso da liquidação e após o levantamento do balanço patrimonial, constituir uma sociedade com os sócios Jerônimo e Atílio.

RESPOSTA Diz o art. 1.113 do CC que "O ato de transformação independe de dissolução ou liquidação da sociedade, e obedecerá aos preceitos reguladores da constituição e inscrição próprios do tipo em que vai converter-se". *Alternativa B*

5. (38º Exame) Marco Araripe pretende iniciar uma empresa em nome próprio e mediante responsabilidade ilimitada pelas obrigações. Antes de realizar sua inscrição na Junta Comercial, Marco Araripe precisa indicar o nome que adotará para o exercício de empresa. Consoante a determinação contida no Código Civil quanto à formação de firma individual, ela deve ser constituída

(A) pelo nome do empresário, completo ou abreviado, aditando-lhe, se quiser, designação mais precisa da sua pessoa ou do gênero de atividade.
(B) pelo nome de fantasia livremente escolhido, aditando-lhe, se quiser, designação do gênero de atividade.
(C) pelo nome abreviado do empresário ou pelo nome de fantasia, aditando-lhe, se quiser, designação mais precisa da sua pessoa.
(D) em duas partes: a primeira, o nome completo do empresário e, a segunda, o nome de fantasia, sendo vedada a indicação do gênero de atividade.

RESPOSTA De acordo com o art. 1.156 do CC: "A firma individual deve ser constituída pelo nome do empresário, completo ou abreviado, podendo ser adicionada uma designação mais precisa da pessoa ou do gênero de atividade, se assim desejar". *Alternativa A.*

6. (38º Exame) Ainda que o Registro Público de Empresas Mercantis, a cargo das Juntas Comerciais, não possa examinar o mérito dos atos dos empresários, sociedades empresárias e cooperativas, limitando-se sua análise aos requisitos formais, existe proibição de arquivamento de documentos em razão de expressa disposição legal. Assinale a opção que indica o documento que incorre na proibição legal de arquivamento.

(A) Os atos de empresas mercantis com nome idêntico a outro já existente.
(B) A prorrogação do contrato social depois de findo o prazo nele fixado.
(C) A alteração contratual, por deliberação majoritária do capital social, quando não houver cláusula restritiva.
(D) Os atos constitutivos de empresas mercantis que não designarem o nome do liquidante e a forma de liquidação.

RESPOSTA Dentre aqueles documentos que não podem ser arquivados, segundo o art. 35 da Lei de Registro Público de Empresas Mercantis (Lei n. 8.934), estão os atos de empresas mercantis com nome idêntico a outro já existente (inciso V). *Alternativa A.*

7. (37º Exame) Lauro e Moysés constituem, por contrato escrito, uma sociedade para prestação de serviços de informática, mas não levam o contrato a arquivamento na Junta Comercial e iniciam a atividade econômica em comum. Lauro, em seu nome, mas agindo no interesse dele e de Moysés, celebra contrato com Agnes para instalação e manutenção de rede sem fio. Agnes desconhecia a existência da sociedade. Inadimplido o contrato, Agnes tomou conhecimento da existência de sociedade por confissão de Lauro na ação de cobrança que ela intentou em face dele. Com base nessas informações, Agnes poderá ter seu crédito satisfeito com o produto da alienação judicial dos

(A) bens sociais de titularidade comum dos sócios Lauro e Moysés e de seus bens particulares, devendo exaurir primeiro os bens sociais para, posteriormente e se necessário, atingir os bens dos sócios, sendo que Lauro está excluído do benefício de ordem por ter contratado no interesse da sociedade.
(B) bens particulares de Lauro, por desconhecer a existência da sociedade, sem possibilidade de excussão dos bens sociais ou os de Moysés, por esse não ter contratado no interesse da sociedade.
(C) bens sociais de titularidade comum dos sócios Lauro e Moysés e dos bens particulares de Lauro, mas não há possibilidade de atingir os bens particulares de Moysés, já que este não contratou no interesse da sociedade.
(D) bens sociais de titularidade comum dos sócios Lauro e Moysés, considerando a existência de autonomia patrimonial da sociedade, sem possibilidade de excussão dos bens particulares dos sócios Lauro e Moysés.

RESPOSTA Diz o art. 990 do CC que todos os sócios respondem solidária e ilimitadamente pelas obrigações sociais, excluído do benefício de ordem, previsto no art. 1.024, aquele que contratou pela sociedade. Aplica-se este artigo em razão da sociedade existir "de fato" ou pelo o que o CC assim chamou de "sociedade em comum". *Alternativa A.*

8. (37º Exame) A empresária individual Marília da Rocha, inscrita há mais de dez anos na Junta Comercial do Estado de São Paulo, sempre exerceu empresa sem designação de prepostos. Todavia, em razão do aumento de trabalho e necessidades de múltiplas viagens, tornou-se necessário nomear Jandira Franco como gerente na sede de sua empresa. Antes de efetuar a nomeação, Marília da Rocha consulta seu advogado para que este lhe esclareça sobre as prerrogativas do gerente e sua atuação como preposto. Assinale a opção que está de acordo com a disposição legal e pode ser dada como orientação a Marília da Rocha.

(A) O gerente não está autorizado a praticar os atos necessários ao exercício dos poderes que lhe foram outorgados, pois tais atos sempre exigem poderes especiais.
(B) Se o empresário nomear dois ou mais gerentes, na falta de estipulação diversa, os poderes conferidos a eles presumem-se para atuação individual, sem solidariedade.
(C) O gerente nunca poderá estar em juízo em nome do preponente pelas obrigações resultantes do exercício da sua função porque tal prerrogativa é exclusiva do administrador.
(D) A alteração ou revogação do mandato conferido pelo empresário ao gerente, para ser oposta a terceiros, deve ser arquivada e averbada no Registro Público de Empresas Mercantis.

RESPOSTA Diz o art. 1.174 do CC que as limitações contidas na outorga de poderes, para serem opostas a terceiros, dependem do arquivamento e averbação do instrumento no Registro Público de Empresas Mercantis, salvo se provado serem conhecidas da pessoa que tratou com o gerente. *Alternativa D.*

9. (35º Exame) A fisioterapeuta Alhandra Mogeiro tem um consultório em que realiza seus atendimentos mas atende, também, em domicílio. Doutora Alhandra não conta com auxiliares ou colaboradores, mas tem uma página na Internet exclusivamente para marcação de consultas e comunicação com seus clientes. Com base nessas informações, assinale a afirmativa correta.

(A) Não se trata de empresária individual em razão do exercício de profissão intelectual de natureza científica, haja ou não a atuação de colaboradores.
(B) Trata-se de empresária individual em razão do exercício de profissão liberal e prestação de serviços com finalidade lucrativa.
(C) Não se trata de empresária individual em razão de o exercício de profissão intelectual só configurar empresa com o concurso de colaboradores.
(D) Trata-se de empresária individual em razão do exercício de profissão intelectual com emprego de elemento de empresa pela manutenção da página na Internet.

RESPOSTA O parágrafo único do art. 966 do CC diz que "não se considera empresário quem exerce profissão intelectual, de natureza científica, literária ou artística, ainda com o concurso de auxiliares ou colaboradores(...)". *Alternativa A.*

DIREITO SOCIETÁRIO

10. (41º Exame) Em 2019, a constituição da sociedade limitada unipessoal, de modo permanente, passou a ser possível. Nas opções a seguir, são apresentadas normas aplicáveis às sociedades limitadas em geral, mas apenas uma delas apresenta norma aplicável tanto às sociedades limitadas pluripessoais quanto às unipessoais. Assinale-a.

(A) A possibilidade de realização de deliberações em reunião ou assembleia.
(B) A ocorrência de dissolução de pleno direito mediante distrato.
(C) A possibilidade de designação de administrador em ato separado.
(D) A solidariedade pela exata estimação dos bens conferidos ao capital social.

RESPOSTA Conforme o art. 1.052 do CC, "Na sociedade limitada, a responsabilidade de cada sócio é limitada ao valor de suas quotas, porém todos são solidariamente responsáveis pela integralização do capital social. § 1º A sociedade limitada pode ser constituída por uma ou mais pessoas". Além disso, a possibilidade de designação em ato separado está prevista no art. 1.060 do Código Civil: "A sociedade limitada é administrada por uma ou mais pessoas designadas no contrato social ou em ato separado". *Alternativa C.*

11. (41º Exame) O contrato de constituição de uma sociedade empresária foi assinado pelos sócios no dia 17 de abril de 2023, iniciando-se nessa data a atividade social. O sócio Ubajara Horizonte, administrador nomeado no contrato, somente apresentou o documento para arquivamento na Junta Comercial no dia 22 de maio de 2023, sendo deferido dois dias depois. Considerados esses dados, assinale a afirmativa correta.

(A) Em razão de a representação extrajudicial da sociedade empresária caber, por lei, a seu administrador, nenhum dos sócios poderia requerer o arquivamento do contrato antes de 22 de maio de 2023.
(B) A sociedade, em nenhum momento, funcionou irregularmente, pois o prazo para o requerimento do arquivamento só expiraria em 16 de junho de 2023; logo, foi tempestivo na data em que foi feito.
(C) A sociedade funcionou irregularmente até a data do requerimento de arquivamento, mas tal fato foi sanado com o efeito *ex tunc* do deferimento pela Junta Comercial.
(D) O sócio administrador pode ser responsabilizado pela demora no requerimento de arquivamento do contrato social, eis que não foi respeitado o prazo legal de trinta dias.

RESPOSTA De acordo com o art. 985 do CC, a sociedade adquire personalidade jurídica com a inscrição, no registro próprio e na forma da lei, dos seus atos constitutivos (arts. 45 e 1.150). Observe ainda o que dispõe o art. 1.016: "Os administradores respondem solidariamente perante a sociedade e os terceiros prejudicados, por culpa no desempenho de suas funções". *Alternativa D.*

12. (38º Exame) Cambira e Mallet adquiriram 1 (uma) quota da sociedade limitada Imbaú Ensino Superior Ltda. no valor de R$ 250.000,00 (duzentos e cinquenta mil reais), sendo, portanto, condôminos desta quota. Considerando a situação de copropriedade da quota, assinale a afirmativa correta.

(A) Cambira não poderá ceder sua parte ideal no condomínio a outro sócio ou a terceiro em razão da indivisibilidade da quota em relação à sociedade.
(B) Cambira e Mallet respondem solidariamente perante a sociedade pelas prestações necessárias à integralização da quota.
(C) Os direitos inerentes à quota poderão ser exercidos separadamente por cada condômino, não se aplicando a indivisibilidade da quota neste caso.
(D) Cambira poderá ceder sua parte ideal tanto para outro sócio quanto para terceiro independente de audiência dos demais sócios, ainda que omisso o contrato.

RESPOSTA Conforme o art. 1.056 do Código Civil: "A quota é indivisível em relação à sociedade, salvo para efeito de transferência, caso em que se observará o disposto no artigo seguinte. § 1º No caso de condomínio de quota, os direitos a ela inerentes somente podem ser exercidos pelo condômino representante, ou pelo inventariante do espólio de sócio falecido. § 2º Sem prejuízo do disposto no art. 1.052, os condôminos de quota indivisa respondem solidariamente pelas prestações necessárias à sua integralização". *Alternativa B.*

13. (38º Exame) Marco Araripe pretende iniciar uma empresa em nome próprio e mediante responsabilidade ilimitada pelas obrigações. Antes de realizar sua inscrição na Junta Comercial, Marco Araripe precisa indicar o nome que adotará para o exercício de empresa. Consoante a determinação contida no Código Civil quanto à formação de firma individual, ela deve ser constituída.

(A) pelo nome do empresário, completo ou abreviado, aditando-lhe, se quiser, designação mais precisa da sua pessoa ou do gênero de atividade.
(B) pelo nome de fantasia livremente escolhido, aditando-lhe, se quiser, designação do gênero de atividade.
(C) pelo nome abreviado do empresário ou pelo nome de fantasia, aditando-lhe, se quiser, designação mais precisa da sua pessoa.
(D) em duas partes: a primeira, o nome completo do empresário e, a segunda, o nome de fantasia, sendo vedada a indicação do gênero de atividade.

RESPOSTA Diz o art. 1.156 do CC que o empresário opera sob firma constituída por seu nome, completo ou abreviado, aditando-lhe, se quiser, designação mais precisa da sua pessoa ou do gênero de atividade. *Alternativa A.*

14. (37º Exame) Três médicos decidiram constituir uma sociedade do tipo limitada cujo objeto é simples, consoante a classificação das sociedades no Código Civil. Acerca da designação a ser adotada pela sociedade e sua qualificação jurídica, assinale a afirmativa correta.

(A) Por não ter a futura sociedade natureza empresária, não poderá adotar nome empresarial, sendo livre a formação de sua designação, sem incidência das regras de formação do nome da sociedade limitada.
(B) A futura sociedade terá nome empresarial, pois tanto as regras de formação quanto de proteção ao nome empresarial se aplicam indistintamente às sociedades simples e empresárias.
(C) Embora a futura sociedade não tenha nome empresarial, por não exercer empresa, a formação de sua designação obedecerá às regras para a formação do nome empresarial do tipo limitada.
(D) Independentemente da natureza da futura sociedade, ela terá nome empresarial, pois exercerá atividade econômica, devendo adotar denominação, mas é facultativo a palavra "limitada" ou sua abreviatura ao final.

RESPOSTA Diz o parágrafo único do art. 1.155 do CC que se equipara ao nome empresarial, para os efeitos da proteção da lei, a denominação das sociedades simples, associações e fundações. Esta equiparação está indicada na *alternativa C*.

15. (36º Exame) Pedro Laurentino deseja constituir uma sociedade limitada unipessoal cuja denominação será Padaria São Félix do Piauí Ltda., sediada em Teresina. A inscrição dos atos constitutivos da pessoa jurídica, ou as respectivas averbações de atos posteriores no registro empresarial, assegura o uso exclusivo do nome empresarial:

(A) nos limites do estado do Piauí;
(B) nos limites do município de Teresina;
(C) em todo o território nacional;
(D) em toda a Região Nordeste.

RESPOSTA O candidato não pode confundir nome empresarial com "marca" do empresário (foi uma pegadinha). No primeiro caso, o art. 1.166 do CC disciplina que "a inscrição do empresário, ou dos atos constitutivos das pessoas jurídicas, ou as respectivas averbações, no registro próprio, asseguram o uso exclusivo do nome nos limites do respectivo Estado". Já a marca teria proteção em todo o território nacional. *Alternativa A.*

16. (36º Exame) A sociedade Corinto & Curvelo Ltda. é composta apenas por dois sócios, sendo o sócio Corinto titular de 40% do capital e o sócio Curvelo titular do restante. Nesta situação, a exclusão extrajudicial motivada do sócio minoritário de sociedade limitada poderá ser realizada pelo sócio Curvelo, independentemente de ter havido:

(A) justa causa, ou seja, de modo discricionário;
(B) previsão no contrato de exclusão por justa causa;
(C) alteração do contrato social;
(D) reunião ou assembleia especial para esse fim.

RESPOSTA Via de regra, a exclusão do sócio deve ser precedida de reunião ou assembleia. Porém, o parágrafo único incluído no art. 1.085 pela Lei n. 13.792/2019 disciplina que "ressalvado o caso em que haja apenas dois sócios na sociedade [situação do enunciado], a exclusão de um sócio somente poderá ser determinada em reunião ou assembleia especialmente convocada para esse fim, ciente o acusado em tempo hábil para permitir seu comparecimento e o exercício do direito de defesa", ou seja, como no caso do enunciado só tem dois sócios, dispensa-se a assembleia ou reunião. *Alternativa D.*

TÍTULOS DE CRÉDITO

17. (38º Exame) Para honrar um empréstimo que lhe foi concedido, o empresário Ruy Barbosa subscreveu nota promissória em favor de Medeiros Neto, com vencimento para o dia 30 de março de 2023. O primeiro endossante transferiu o título em preto para Wagner Desidério e proibiu novo endosso. Considerando o efeito legal da cláusula de proibição de novo endosso, assinale a afirmativa correta.

(A) Para o endossante Medeiros Neto, a cláusula de proibição de novo endosso tem efeito de cessão de crédito perante o endossatário direto e de endosso perante os endossatários posteriores.
(B) Wagner Desidério não poderá realizar novo endosso no título sob pena de desoneração de responsabilidade cambial dos coobrigados.
(C) A cláusula de proibição de novo endosso é nula, tal qual a de endosso parcial, por restringir a responsabilidade cambiária do endossante a seu endossatário imediato.

(D) Medeiros Neto, embora coobrigado, não responde pelo pagamento da nota promissória perante os endossatários posteriores a Wagner Desidério.

RESPOSTA De acordo com o art. 18 da Lei Uniforme de Genebra (Decreto n. 57.663/66): "O endossante pode proibir novo endosso; nesse caso, não responde para com as pessoas a quem a letra for posteriormente endossada". *Alternativa D.*

18. (36º Exame) Tamandaré emitiu nota promissória no valor de R$ 7.300,00 (sete mil e trezentos reais) em favor de Altamira. Esta endossou o título em branco para Ângulo Comércio de Tecidos Ltda. Sendo inequívoco que a nota promissória em branco circula ao portador, em caso de desapossamento é correto afirmar que:

(A) Tamandaré ficará desonerado da responsabilidade cambial se provar que o desapossamento do título por parte de Ângulo Comércio de Tecidos Ltda. não pode lhe ser imputado;
(B) Ângulo Comércio de Tecidos Ltda. poderá obter novo título em Juízo bem como impedir que seu valor seja pago a outrem;
(C) Altamira não poderá opor ao novo portador exceção fundada em direito pessoal ou em nulidade de sua obrigação;
(D) A pessoa que se apoderar da nota promissória poderá exigir o pagamento de todos os obrigados, à exceção de Altamira.

RESPOSTA De acordo com o art. 909 do CC (regras gerais dos títulos de crédito), "o proprietário, que perder ou extraviar título, ou for injustamente desapossado dele, poderá obter novo título em juízo, bem como impedir sejam pagos a outrem capital e rendimentos". *Alternativa B.*

19. (35º Exame) Riqueza Comércio de Artigos Eletrônicos Ltda. sacou duplicata na modalidade cartular em face de Papelaria Sul Brasil Ltda., que foi devidamente aceita, com vencimento no dia 25 de março de 2022. Antes do vencimento, a duplicata foi endossada para Saudades Fomento Mercantil S/A. No dia do vencimento, a duplicata não foi paga, porém, no dia seguinte, foi prestado aval em branco datado pelo avalista Antônio Carlos. Acerca da validade e do cabimento do aval dado na duplicata após o vencimento, assinale a afirmativa correta.

(A) É nulo o aval após o vencimento na duplicata, por vedação expressa no Código Civil, diante da omissão da Lei n. 5.474/68 (Lei de Duplicatas).
(B) É válido o aval na duplicata após o vencimento, desde que o título ainda não tenha sido endossado na data da prestação do aval.
(C) É nulo o aval na duplicata cartular, sendo permitido apenas na duplicata escritural e mediante registro do título perante o agente escriturador.
(D) É válido o aval dado na duplicata antes ou após o vencimento, por previsão expressa na Lei de Duplicatas (Lei n. 5.474/68).

RESPOSTA De acordo com o art. 12 da Lei de Duplicatas, "o aval dado posteriormente ao vencimento do título produzirá os mesmos efeitos que o prestado anteriormente àquela ocorrência", deixando claro a possibilidade de haver aval antes ou após o vencimento. *Alternativa D.*

CONTRATOS MERCANTIS

20. (39º Exame) Pastifício Ponte Serrada S/A celebrou contrato de comissão com Eloi Mendes para aquisição de cereais. O negócio foi efetuado pelo comissário conforme as instruções recebidas, mas a vendedora, Cerealista Campos Novos Ltda., ficou inadimplente na entrega do produto. Considerando-se que o contrato de comissão celebrado entre Pastifício Ponte Serrada S/A e Eloi Mendes não contém cláusula del credere, assinale a afirmativa correta.

(A) O comissário não responde perante o comitente pelo inadimplemento do vendedor Cerealista Campos Novos Ltda., devendo o segundo suportar os prejuízos advindos.
(B) Tanto o comissário quanto o vendedor Cerealista Campos Novos Ltda. respondem solidariamente perante o comitente pelos prejuízos advindos.
(C) Apenas o comissário responde perante o comitente pelos prejuízos advindos do inadimplemento do vendedor Cerealista Campos Novos Ltda.
(D) O comissário e o vendedor Cerealista Campos Novos Ltda. respondem solidariamente perante o comitente pelos prejuízos advindos, mas o primeiro apenas em caráter subsidiário.

RESPOSTA De acordo com o Código Civil, *vide* art. 697, "O comissário não responde pela insolvência das pessoas com quem tratar, exceto em caso de culpa e no do artigo seguinte". Assim, "Se do contrato de comissão constar a cláusula *del credere*, responderá o comissário solidariamente com as pessoas com que houver tratado em nome do comitente, caso em que, salvo estipulação em contrário, o comissário tem direito a remuneração mais elevada, para compensar o ônus assumido" (art. 698 do CC). *Alternativa A.*

DIREITO FALIMENTAR

21. (39º Exame) Pedreira Anitápolis Ltda. está passando por sérias dificuldades de fluxo de caixa a curto e médio prazo e não está conseguindo crédito no mercado financeiro para honrar seus compromissos urgentes, em especial com credores trabalhistas e por acidentes de trabalho. A sociedade empresária pretende elaborar um plano de recuperação extrajudicial para apresentar a seus credores e negociar com eles sua aprovação. Sobre a pretensão de submeter créditos trabalhistas e por acidentes de trabalho aos efeitos da recuperação extrajudicial, assinale a afirmativa correta.

(A) Os créditos de natureza trabalhista e por acidentes de trabalho podem ser incluídos no plano de recuperação extrajudicial, mas, para a homologação, é necessária prévia negociação coletiva com o sindicato da respectiva categoria funcional.
(B) Os créditos de natureza trabalhista e por acidentes de trabalho, à semelhança do que ocorre com os créditos de natureza tributária, não podem ser incluídos no plano de recuperação extrajudicial, por não se sujeitarem aos efeitos da recuperação extrajudicial.
(C) Os créditos decorrentes de acidentes de trabalho, no limite máximo de 150 (cento e cinquenta) salários mínimos por empregado, podem ser incluídos no plano de recuperação extra-

judicial, mas os créditos de natureza trabalhista não se sujeitam aos efeitos da recuperação extrajudicial.

(D) Os créditos de natureza trabalhista podem ser incluídos no plano de recuperação extrajudicial, mediante negociação coletiva prévia com o sindicato da respectiva categoria funcional, mas os créditos decorrentes de acidentes de trabalho não se sujeitam aos efeitos da recuperação extrajudicial.

RESPOSTA Conforme o art. 161, § 1º, da Lei n. 11.101/2005: "Estão sujeitos à recuperação extrajudicial todos os créditos existentes na data do pedido, exceto os créditos de natureza tributária e aqueles previstos no § 3º do art. 49 e no inciso II do *caput* do art. 86 desta Lei, e a sujeição dos créditos de natureza trabalhista e por acidentes de trabalho exige negociação coletiva com o sindicato da respectiva categoria profissional". *Alternativa A.*

22. (37º Exame) Aral adquiriu bens de consumo de uma sociedade empresária, ficando esta de lhe entregar as mercadorias em até 10 (dez) dias úteis. Entretanto, a entrega não se realizou em razão da decretação de falência da vendedora e o consequente encerramento das atividades com o lacre dos estabelecimentos. O administrador judicial recebeu interpelação de Aral sobre a posição da massa falida quanto a entrega das mercadorias que comprou ou a devolução das parcelas já pagas. O administrador judicial se manifestou no sentido de não entregar a mercadoria ao comprador justificando a ausência de redução do passivo da massa falida e a extinção do contrato. Não há comitê de credores em funcionamento no processo falimentar. Considerando os fatos narrados e as disposições da Lei n. 11.101/2005, assinale a afirmativa que indica a atitude a ser tomada por Aral.

(A) Pedir ao juiz da falência a indisponibilidade de bens da massa até o valor de seu crédito para fins de futuro pagamento.
(B) Pedir a restituição em dinheiro das parcelas pagas pela aquisição dos bens.
(C) Habilitar o crédito relativo ao valor pago na classe dos credores quirografários.
(D) Ajuizar ação de execução por quantia certa em face da massa falida para recebimento das parcelas pagas.

RESPOSTA Na classificação dos créditos, os quirografários estão como os saldos dos créditos não cobertos pelo produto da alienação dos bens vinculados ao seu pagamento, os saldos dos créditos derivados da legislação trabalhista que excederem o limite estabelecido no inciso I do *caput* do art. 83 e todos aqueles não previstos no art. 83 da LRF. *Alternativa C.*

23. (36º Exame) Cerâmica Água Doce do Norte teve sua falência requerida pelo Banco Boa Esperança S/A, em razão do não pagamento de cinco duplicatas que lhe foram endossadas por Castelo, Vivacqua & Cia. Os títulos estão protestados para fins falimentares e não se verificou pagamento até a data da citação. Ao ser citada, a sociedade devedora apresentou tempestivamente a contestação e, no mesmo prazo, em peça processual própria, requereu recuperação judicial, sem, contudo, se manifestar sobre a efetivação de depósito elisivo. Com base nas informações acima, a sociedade empresária:

(A) tinha a faculdade de pleitear sua recuperação judicial no prazo de contestação, ainda que não tivesse se manifestado pela efetivação de depósito elisivo;

(B) não deveria ter requerido sua recuperação judicial e sim ter efetuado o depósito elisivo, eliminando a presunção de insolvência para, somente após esse ato, pleitear recuperação judicial;
(C) deveria ter pleiteado sua recuperação judicial, pois o devedor pode se utilizar do benefício até o trânsito em julgado da sentença de falência, portanto, o pedido foi tempestivo e correto;
(D) estava impedida de requerer recuperação judicial, pois já havia, na data do pedido de recuperação, requerimento de falência contra si, ajuizado pelo credor das duplicatas.

RESPOSTA O art. 98, parágrafo único, da Lei n. 11.101/2005 dispõe que "o devedor poderá [faculdade], no prazo da contestação, depositar o valor correspondente ao total do crédito [depósito elisivo], acrescido de correção monetária, juros e honorários advocatícios, hipótese em que a falência não será decretada e, caso julgado procedente o pedido de falência, o juiz ordenará o levantamento do valor pelo autor". *Alternativa A.*

24. (35º Exame) A empresa de viagens Balneário Gaivota Ltda. teve sua falência decretada com fundamento na impontualidade no pagamento de crédito no valor de R$ 610.000,00 (seiscentos e dez mil reais). Na relação de credores apresentada pela falida para efeito de publicação consta o crédito em favor do Banco Princesa S/A. no valor, atualizado até a data da falência, de R$ 90.002,50 (noventa mil e dois reais e cinquenta centavos), garantido por constituição de propriedade fiduciária. Ao ler a relação de credores e constatar tal crédito, é correto afirmar que:

(A) o crédito do Banco Princesa S/A. não se submeterá aos efeitos da falência, e prevalecerão as condições contratuais originais assumidas pela devedora antes da falência perante o fiduciário.
(B) o crédito do Banco Princesa S/A. submeter-se-á aos efeitos da falência, porém o bem garantido pela propriedade fiduciária será alienado de imediato para pagamento aos credores extraconcursais.
(C) o crédito do Banco Princesa S/A. não se submeterá aos efeitos da falência, permitindo ao falido permanecer na posse do imóvel até o encerramento da falência.
(D) o crédito do Banco Princesa S/A. submeter-se-á aos efeitos da falência e será pago na ordem dos créditos concursais, ressalvado o direito de o credor pleitear a restituição do bem.

RESPOSTA Trata-se de crédito concursal da falência (art. 83, II, LRF) e, por outro lado, o proprietário de bem arrecadado no processo de falência ou que se encontre em poder do devedor na data da decretação da falência poderá pedir sua restituição (art. 85 da LRF). *Alternativa D.*

25. (35º Exame) Júlio de Castilhos, credor com garantia real da Companhia Cruz Alta, em recuperação judicial, após instalada a assembleia de credores em segunda convocação, propôs a suspensão da deliberação sobre a votação do plano para que três cláusulas do documento fossem ajustadas. A proposta obteve aceitação dos credores presentes e o apoio da recuperanda. Considerando os fatos narrados, deve-se considerar a deliberação sobre a suspensão da assembleia

(A) válida, eis que é permitido aos credores decidir pela suspensão da assembleia-geral, que deverá ser encerrada no prazo de até 15 (quinze) dias, contados da data da deliberação.
(B) inválida, eis que a assembleia não pode ser suspensa diante de ter sido instalada em segunda convocação e deverá o juiz convocar nova assembleia no prazo de até 5 (cinco) dias.
(C) válida, eis que é permitido aos credores decidir pela suspensão da assembleia-geral, que deverá ser encerrada no prazo de até 90 (noventa) dias, contados da data de sua instalação.
(D) inválida, eis que a suspensão de assembleia é uma característica do procedimento de aprovação do plano especial para micro e pequenas empresas, e a recuperanda não pode utilizá-lo por ser companhia.

RESPOSTA De acordo com o § 9º do art. 56 da LRF, "na hipótese de suspensão da assembleia geral de credores convocada para fins de votação do plano de recuperação judicial, a assembleia deverá ser encerrada no prazo de até 90 (noventa) dias, contado da data de sua instalação". *Alternativa C.*

PROPRIEDADE INDUSTRIAL

26. (40º Exame) Os cientistas Pio Alves e Cardoso Moreira desenvolveram dois produtos que reúnem os requisitos de patenteabilidade e reivindicaram a autoria perante o Instituto Nacional da Propriedade Industrial (INPI). O primeiro recebeu registro de patente na categoria de invenção e, o segundo, a patente na categoria de modelo de utilidade. Assinale a opção que indica o privilégio de exploração que as patentes assegurarão aos autores.

(A) Temporário, para ambos.
(B) Vitalício, para ambos.
(C) Perpétuo, até a terceira geração de descendentes dos autores.
(D) Temporário, para Pio Alves, autor da invenção, e vitalício para Cardoso Moreira, autor do modelo de utilidade.

RESPOSTA De acordo com a Lei n. 9.279/96, a patente de invenção vigorará pelo prazo de 20 (vinte) anos e a de modelo de utilidade pelo prazo 15 (quinze) anos contados da data de depósito (art. 40). *Alternativa A.*

27. (37º Exame) A proteção dos direitos relativos à propriedade industrial, por meio da concessão do direito de exclusividade para exploração da criação pelo seu titular, considerado seu interesse social e o desenvolvimento tecnológico e econômico do país, efetua-se mediante concessão de registro

(A) de marca.
(B) para o nome empresarial.
(C) para o título de estabelecimento.
(D) de obras literárias, arquitetônicas, artísticas.

RESPOSTA Diz o art. 2º da Lei n. 9.279/96 que a proteção dos direitos relativos à propriedade industrial, considerado o seu interesse social e o desenvolvimento tecnológico e econômico do País, efetua-se mediante, dentre outros, a concessão de registro de marca. *Alternativa A.*

28. (37º Exame) A proteção dos direitos relativos à propriedade industrial, por meio da concessão do direito de exclusividade para exploração da criação pelo seu titular, considerado seu interesse social e o desenvolvimento tecnológico e econômico do país, efetua-se mediante concessão de registro

(A) de marca.
(B) para o nome empresarial.
(C) para o título de estabelecimento.
(D) de obras literárias, arquitetônicas, artísticas.

RESPOSTA Diz o art. 2º da Lei n. 9.279/96 que a proteção dos direitos relativos à propriedade industrial, considerado o seu interesse social e o desenvolvimento tecnológico e econômico do País, efetua-se mediante, dentre outros, a concessão de registro arca. *Alternativa A.*

Direito Internacional

Ana Carolina Sampaio Pascolati

Advogada. Professora de Direito Internacional e Direitos Humanos do Damásio Educacional. Doutoranda e Mestre pela Pontifícia Universidade Católica de São Paulo – PUC-SP. Especialista em Direito Constitucional Internacional pela Universidade de Salamanca – Espanha. Especialista em Direito Público pela Uniderp. Coordenadora da Escola Superior da Advocacia – ESA de Santo Amaro/SP. Autora de diversos artigos jurídicos publicados em revistas jurídicas e *sites* especializados, bem como experiência na coordenação de cursos preparatórios para a OAB, Carreiras Jurídicas e Públicas do Damásio Educacional/IBMEC – Unidade Santo Amaro. Sócia-advogada do escritório Pascolati & Peterli Advocacia e Coordenadora da Comissão de Direito Internacional da subseção de Santo Amaro/SP. Foi professora na Faculdade Damásio de Jesus e na Universidade Anhanguera.

Sumário

1. DIREITO INTERNACIONAL: RAMOS E CONCEITOS DO DIREITO INTERNACIONAL – 2. APLICAÇÃO DO DIPR: ELEMENTOS DE CONEXÃO – 3. PROCESSO CIVIL INTERNACIONAL – 4. DIPR E DIP: CONVENÇÃO APOSTILA – 5. ESTRANGEIRO – LEI N. 13.445/2017 – LEI DE MIGRAÇÃO – 6. MECANISMOS UTILIZADOS PELOS ESTADOS PARA INGRESSO E PERMANÊNCIA DO ESTRANGEIRO EM SEU TERRITÓRIO NACIONAL – 7. NACIONALIDADE: 7.1 Modos de aquisição da nacionalidade brasileira – 8. DIREITO INTERNACIONAL PÚBLICO – NAÇÕES UNIDAS – 9. CORTES INTERNACIONAIS – 10. DIREITO INTERNACIONAL PÚBLICO – SUJEITOS DO DIP – 11 DIREITO DOS TRATADOS: 11.1 Introdução e conceito; 11.2 Princípios que regem os tratados; 11.3 Formação do tratado internacional no Brasil; 11.4 Fases para a formação de tratados internacionais pelo Estado brasileiro; 11.5 Convenção sobre os aspectos civis do sequestro internacional de crianças – 12 DIREITO DIPLOMÁTICO: RELAÇÕES DIPLOMÁTICAS E ÓRGÃOS DAS RELAÇÕES INTERNACIONAIS – 13. DIREITO COMUNITÁRIO: SOLUÇÃO PACÍFICA DE CONTROVÉRSIAS: 13.1 Método de solução alternativa de controvérsia: arbitragem; 13.2 Mecanismos de soluções de controvérsias da Organização Mundial do Comércio (OMC) – 14. REFUGIADOS – REFERÊNCIAS; QUESTÕES.

Na prova do Exame de Ordem, a disciplina de Direito Internacional aparece em duas questões e, por isso, é considerada matéria pequena, se comparada com as matérias grandes e as essenciais.

Ainda que considerada matéria pequena, se unida às outras matérias com o mesmo perfil, o acerto acaba sendo decisório para a aprovação do candidato.

Normalmente, a Banca Examinadora divide a prova em uma questão de Internacional Privado (DIPR) e outra questão de Internacional Público (DIP). É possível perceber alguns temas de maior relevância nas provas, como questões sobre a Lei de Introdução às Normas do Direito Brasileiro (LINDB), e, também, as questões sobre Processo Civil Internacional, especificamente a fixação de competência da Justiça brasileira em relação à Justiça Internacional. Nada impede que, vez ou outra, a Banca seja extremamente específica em determinado assunto, fugindo dessas questões mais costumeiras e dando espaço às que aparecem em concursos de carreiras internacionais. Todas as matérias passam por surpresas e com a matéria de Internacional não seria diferente, mas o candidato bem treinado em fazer testes sairá na frente se comparado a outros candidatos.

As questões mais corriqueiras são as que envolvem a propositura da ação (no Brasil ou no Exterior) e aplicação do direito estrangeiro (lei estrangeira), ou seja, análise dos elementos de conexão.

Outros temas sobre DIP que podem ser cobrados são: sujeitos do Direito Internacional, Tratados Internacionais e Política Migratória brasileira, exigindo a Lei n. 13.445/2017.

Por fim, é muito comum a interdisciplinaridade de temas com direitos humanos e constitucional, exemplo disso é a matéria sobre nacionalidade, prevista no art. 12, da Constituição Federal.

1. DIREITO INTERNACIONAL: RAMOS E CONCEITOS DO DIREITO INTERNACIONAL

Divide-se o Direito Internacional em três ramos: Direito Internacional Público, Direito Internacional Privado e o Direito Comunitário.

A maior incidência no Exame de Ordem são questões que envolvem o chamado elemento de conexão e o examinador pode optar por cobrar nas duas questões este tema dentro do ramo de DIPR.

Conceitua-se **Direito Internacional Privado** como o ramo que estuda o conflito de leis no espaço, são os chamados elementos de estraneidade, permitindo que no caso concreto o juiz brasileiro possa aplicar a lei brasileira ou a lei estrangeira. As regras estão disciplinadas na Lei de Introdução as Normas do Direito Brasileiro (LINDB) e no Código de Processo Civil (CPC); **Direito Internacional Público** é o ramo que trata das relações entre os sujeitos do **Direito Internacional Público** (disciplina, por exemplo, as relações entre os Estados Soberanos e as Organizações Internacionais), estuda os instrumentos de exclusão do indivíduo dentro do Território Brasileiro, nacionalidade, tratados internacionais etc.; já o **Direito Comunitário** estuda os blocos regionais, que possuem normas de direito internacional público e privado, e são as chamadas regras de integração nacional. Na prova, podem aparecer questões envolvendo o Tratado de Assunção, que criou o Mercosul e alguns de seus protocolos.

2. APLICAÇÃO DO DIPR: ELEMENTOS DE CONEXÃO

Conceito: os elementos de conexão são temas que indicam a lei aplicável, englobando o conjunto de normas e princípios que o juiz deverá aplicar para solucionar casos que envolvam lei brasileira ou lei estrangeira. A Lei de Introdução às Normas do Direito Brasileiro e o Código de Processo Civil são as principais fontes do Direito Internacional Privado, porém é a LINDB que estabelece o direito material, ou seja, as normas que devem ser aplicadas quando houver elemento de conexão e a legislação observada pelo juiz brasileiro.

Importante: a LINDB é uma espécie de sistema geral de aplicação da lei estrangeira ou do direito estrangeiro.

Quadro de fixação dos principais elementos de conexão:

ELEMENTOS DE CONEXÃO	LEI APLICÁVEL
Capacidade, Personalidade, Nome e Direitos de família	Lei do domicílio da pessoa, titular de direito, conforme art. 7º, *caput*, da LINDB.

Cuidado: em se tratando de noivos com domicílios diferentes, o casamento será regido pela lei do 1º domicílio conjugal (art. 7º, § 3º, da LINDB).

Observação: os casamentos celebrados em consulados ou embaixadas são regidos pela lei do país do consulado ou da embaixada, sendo irrelevante o domicílio dos noivos (art. 7º, § 2º, da LINDB).

ELEMENTOS DE CONEXÃO	LEI APLICÁVEL
Obrigações, contratos, testamentos e negócio jurídico	Lei do local da celebração, ou seja, local da sua assinatura. Art. 9º, *caput*, da LINDB.

Importante: esse elemento de conexão é o que possui maior incidência na prova e, por isso, deve ser analisado com cautela.

O art. 9º, *caput*, da LINDB estabelece que para qualificar e reger as obrigações, aplicar-se-á a lei do país em que se constituírem.

Observação: para esse elemento de conexão, o que importa é o local onde o contrato foi celebrado ou assinado; local em que a obrigação foi constituída e não onde será executada.

ELEMENTOS DE CONEXÃO	LEI APLICÁVEL
Bens	Lei aplicável é do local da sua situação.

ATENÇÃO!
Para os bens imóveis, considera-se a lei do local onde se encontre (art. 8º, *caput*, da LINDB); já para bens móveis, considera-se a lei do domicílio do proprietário do bem (art. 8º, § 2º, da LINDB).

ELEMENTOS DE CONEXÃO	LEI APLICÁVEL
Sucessões	Regra geral: lei do domicílio do *de cujus* (art. 10, *caput*, da LINDB).

Exceção: o art. 10, § 1º, da LINDB dispõe sobre a hipótese em que será aplicada a lei brasileira, ou seja, a sucessão será obrigatoriamente regida pela lei brasileira quando verificar três requisitos cumulativos: filho ou cônjuge brasileiro, bens situados no Brasil e a lei brasileira mais favorável aos herdeiros (filho ou cônjuge).

Assim, o juiz brasileiro deixará de aplicar a regra geral e aplicará a exceção se verificar que existem os três requisitos cumulativos.

Nas questões sobre sucessão, o candidato necessita tomar cuidado com os enunciados e/ou alternativas em que é citada a celebração de testamento. Em outras palavras, a resposta será com base nas regras da sucessão, quando não houver testamento celebrado. Portanto, atenção especial nesses dois elementos de conexão, sucessão e testamento.

Em se tratando das regras para suceder à herança, o art. 10, § 2º, da LINDB, traz a aplicação da lei de domicílio do herdeiro ou legatário.

No XXIV Exame de Ordem, a Banca Examinadora exigiu do candidato a aplicação do elemento de conexão capacidade, sucessão e testamento. Sendo assim, a sugestão é a análise da questão juntamente com os comentários acima.

Os assuntos que envolvem elemento de conexão são os mais exigidos na prova, sendo assim, importante anotar que no 36º e 38º Exames, a pergunta se referia a lei estrangeira aplicável, ainda que o bem estivesse no Brasil. Assim, as perguntas se referiam a sucessão por morte. A ação deverá ser proposta no Brasil, porque o bem está situado no Brasil, mas poderá ser aplicada a lei estrangeira, conforme art. 10 da LINDB, lei de domicílio do *de cujus*.

Na prova aplicada no 40º Exame, a banca exigiu o conhecimento do art. 11 da LINDB. Este artigo não está entre os mais cobrados, portanto, vale a pena a leitura do art. 7º ao art. 11 da LINDB.

3. PROCESSO CIVIL INTERNACIONAL

Tema muito corriqueiro numa das duas questões de Direito Internacional refere-se ao direito processual internacional, no que tange à fixação da competência da Justiça brasileira em relação à Justiça estrangeira, ou seja, o examinador exigirá do candidato o conhecimento de onde a ação poderá ou deverá ser proposta.

Além disso, o candidato deverá saber qual é o direito material aplicável ao caso. Para tanto, estuda-se a LINDB e o CPC. A LINDB é a principal fonte do Direito Internacional, especificamente sobre os elementos de conexão, conforme acima mencionado, os principais que a prova exige do candidato.

Na aplicação do Direito Internacional Privado, ou a ação é proposta no Brasil e o juiz brasileiro poderá aplicar a lei estrangeira ou a ação é proposta no exterior e a sentença estrangeira deverá ser homologada pelo Superior Tribunal de Justiça para ser executada no território brasileiro.

No tema fixação de competência da justiça brasileira, o CPC determina:

Regra geral: a competência do juiz brasileiro é concorrente ou relativa em relação ao juiz estrangeiro, ou seja, a ação **poderá** ser proposta no Brasil, desde que as partes assim escolham, nos termos dos arts. 21 e 22 do CPC.

Exceção: o art. 23 do CPC traz hipóteses em que a competência do juiz brasileiro será absoluta ou exclusiva, ou seja, a ação **deverá** ser proposta no Brasil:

a) conhecer de ações eletivas de *bens imóveis situados no Brasil*;

b) inventário ou partilha de *bens situados no Brasil*; (bens móveis e imóveis) e ainda confirmar testamento particular, ainda que o autor da herança seja estrangeiro ou tenha domicílio fora do Brasil;

c) divórcio, separação judicial ou dissolução de união estável, proceder à partilha de *bens situados no Brasil*, ainda que o titular seja de nacionalidade estrangeira ou tenha domicílio fora do Brasil.

CUIDADO!
Nas hipóteses acima, as partes no caso concreto não podem escolher o local da propositura da ação e o STJ não poderá homologar sentença estrangeira que trate de algumas das hipóteses do art. 23 do CPC.

No exame XXXIII, a OAB exigiu exatamente o conhecimento do art. 23 do CPC, onde a dica é: se a questão tratar de bens no Brasil, a competência será absoluta ou exclusiva da Justiça brasileira, ou seja, a parte não pode escolher onde vai propor a Ação e, portanto, o Código de Processo Civil não admite o foro de eleição.

Cooperação jurídica internacional: com o fenômeno da globalização, o mundo vivencia a crescente circulação de pessoas, bens e serviços. Em razão disso, os Estados passaram a manter relações entre si, nas quais necessitam de auxílio entre eles para o exercício da prestação jurisdicional mais célere e efetiva. Isso porque esses contatos fronteiriços ajudaram a fomentar a cooperação jurídica internacional que vem se desenvolvendo atualmente.

O intercâmbio de pessoas, bens e serviços teve reflexos nos ordenamentos jurídicos, forçando-os a se adequarem às novas realidades, como ocorreu recentemente com o CPC.

A cooperação jurídica depende de mecanismos para se efetivar, sendo eles: **carta rogatória**, **homologação** e o mais novo deles o **auxílio direto**.

Na prova, já se exigiu do candidato o conhecimento sobre **sentença estrangeira** que depende de homologação e **carta rogatória** que depende de *Exequatur* sobre a luz das alterações do Código de Processo Civil Brasileiro. Ambas decididas pelo Superior Tribunal de Justiça, nos termos do art. 105, I, *i*, da CF.

> "Art. 105, Constituição Federal. Compete ao Superior Tribunal de Justiça:
> I – processar e julgar, originariamente:
> i) a **homologação** de **sentenças estrangeiras** e a concessão de **exequatur** às **cartas rogatórias**.

O *exequatur* não alcança sentença estrangeira. É exigido para as cartas rogatórias, isto é, a decisão interlocutória de juiz estrangeiro que precisa ser cumprida no Brasil (exemplo: intimação, penhora, perícia, oitiva de testemunhas etc.). O *exequatur* de carta rogatória é de competência do STJ. No *exequatur*, o STJ é provocado pelas autoridades centrais estrangeiras, ou seja, não se exige que as partes levem até ao STJ o pedido de *exequatur*. Por fim, autoridade central é o órgão que cada país define como sendo competente para cuidar da cooperação judiciária internacional. No Brasil, a autoridade central é o Ministério da Justiça. É relevante registrar que a carta rogatória, depois que recebe o *exequatur* do STJ, é executada pelo juiz federal competente.

Os arts. 26, 27 e 36 do CPC disciplinam que:

> "Art. 26. A cooperação jurídica internacional será regida por tratado de que o Brasil faz parte e observará: IV – a existência de autoridade central para recepção e transmissão dos pedidos de cooperação; (...)
> § 4º O Ministério da Justiça exercerá as funções de autoridade central na ausência de designação específica.
> "Art. 27. A cooperação jurídica internacional terá por objeto:
> I – citação, intimação e notificação judicial e extrajudicial;
> II – colheita de provas e obtenção de informações;
> III – homologação e cumprimento de decisão;
> IV – concessão de medida judicial de urgência;
> V – assistência jurídica internacional;
> VI – qualquer outra medida judicial ou extrajudicial não proibida pela lei brasileira".
> Art. 36. O procedimento da carta rogatória perante o Superior Tribunal de Justiça é de jurisdição contenciosa e deve assegurar às partes as garantias do devido processo legal.
> § 1º A defesa restringir-se-á à discussão quanto ao atendimento dos requisitos para que o pronunciamento judicial estrangeiro produza efeitos no Brasil.
> § 2º Em qualquer hipótese, é vedada a revisão do mérito do pronunciamento judicial estrangeiro pela autoridade judiciária brasileira".

Sentença estrangeira depende de homologação pelo STJ	carta rogatória depende de *Exequatur* pelo STJ

A carta rogatória e a homologação de sentença estrangeira dependem do juízo de delibação do Estado requerido. A carta rogatória carrega em seu bojo uma decisão interlocutória, de caráter não definitivo, ao passo que a sentença estrangeira traz em si um ato jurisdicional não sujeito a recurso que encerra definitivamente o litígio, dependendo apenas de sua homologação para ser executada.

> **CUIDADO!**
> O art. 961, § 5º, do CPC dispõe que, em se tratando de sentença estrangeira de divórcio consensual para produção de efeitos no Brasil, independe de homologação pelo Superior Tribunal de Justiça.

> **ATENÇÃO!**
> A execução de sentença estrangeira e *exequatur* de carta rogatória deverão ser cumpridas pela Justiça Federal, nos termos do art. 109, X, da CF. Caso na comarca não tenha juiz federal, será executada pelo juiz estadual, competência residual.

Por fim, para a homologação de sentença estrangeira deverão ser analisados alguns requisitos:

a) **Formais:** previstos no art. 15 da LINDB e no art. 963 do CPC, por exemplo, sentença expedida por autoridade estrangeira competente, ou seja, se a competência não deveria ser da Justiça Brasileira;

b) **Materiais:** trata-se do conteúdo da sentença (estrangeira), conforme o art. 17 da LINDB e o art. 963, VI, do CPC, ou seja, não pode ofender a soberania, ordem pública e bons costumes.

> **ATENÇÃO!**
> O art. 964 do CPC dispõe que: "Não será homologada a decisão estrangeira na hipótese de competência exclusiva da autoridade judiciária brasileira. Parágrafo único. O dispositivo também se aplica à concessão do *exequatur* à carta rogatória".

No Exame XXXII, a Banca Examinadora exigiu do candidato a homologação de sentença estrangeira, analisando o princípio da efetividade, exigindo o liame entre o exercício da jurisdição pelo Estado brasileiro e o caso concreto a ele submetido. Isso significa que alguns temas são mais cobrados que outros. Pois veja, no Exame XXXV, a Banca Examinadora cobrou novamente a questão da sentença estrangeira de divórcio consensual que não precisa de homologação perante o STJ. Por isso, a indicação para o candidato é se preparar através de muitos treinos, simulados e realização de questões. Dessa forma, o candidato, além de estudar a teoria, começa a conhecer a forma que a Banca costuma cobrar as questões testes.

No 37º Exame, a banca exigiu do candidato conhecimento sobre fixação de competência da justiça brasileira no Direito Internacional Privado. O candidato necessita entender sobre a competência relativa ou concorrente prevista no Código de Processo Civil. A dica é o art. 23 do CPC, ou seja, se o bem estiver situado no Brasil, a ação deverá ser no Brasil. Essa é a exceção à regra que está prevista nos arts. 21 e 22, ambos do CPC.

Importante anotar que a Banca, no que tange ao Direito Internacional Privado, costuma exigir do candidato, o conhecimento da aplicação da lei brasileira ou estrangeira, bem como sobre o assunto fixação de competência. Nos Exames 39º e 40º, foi exatamente o que a banca exigiu, portanto, a dica é estudar e ler os arts. 21, 22 e 23, todos do CPC.

4. DIPR E DIP: CONVENÇÃO APOSTILA

A Apostila de Haia é um acordo internacional assinado por mais de 100 países que determina as modalidades nas quais um documento pode ser aceito em outro país, sem a necessidade das legalizações consulares. A finalidade da Apostila de Haia é permitir que um documento público brasileiro, por exemplo, certidão de nascimento e casamento, seja reconhecido e válido em um país estrangeiro. O Conselho Nacional de Justiça é responsável pelo funcionamento da Apostila de Haia.

A Apostila de Haia (ou Apostila de Convenção de Haia) nada mais é do que um selo ou carimbo emitido pelas autoridades competentes, que é colocado no documento como forma de certificar sua autenticidade pelo órgão do qual foi expedido para que assim seja válido no país requerido. O objetivo do certificado é agilizar e simplificar a legalização de documentos entre os países signatários, de modo que os documentos estrangeiros no Brasil e os documentos brasileiros no exterior tenham reconhecimento mútuo, eliminando, assim, todo o procedimento burocrático existente antes. A Convenção Apostila entrou em vigor no Brasil a partir de 14-8-2016. A Banca Examinadora no XXV Exame cobrou esse assunto em uma das questões. Trata-se de assunto novo que merece atenção.

5. ESTRANGEIRO – LEI N. 13.445/2017 – LEI DE MIGRAÇÃO

A Lei de Migração, Lei n. 13.445, de 24 de maio de 2017, revogou o Estatuto do Estrangeiro, Lei n. 6.815/80. O Decreto n. 9.199, de 21 de novembro de 2017, regulamenta a Lei de Migração.

Esta lei substitui o Estatuto do Estrangeiro, apresentando novos conceitos e atualizando garantias e princípios constitucionais antes só concedidos a brasileiros. Dessa forma, referida lei, finalmente, se ajusta à Constituição Federal que dispõe da igualdade perante a lei entre brasileiros e estrangeiros.

A essência da lei é a proteção de direitos humanos na temática das migrações. O Brasil é um dos países que mais se preocupa com os direitos humanos (art. 4º, II, da CF) e, portanto, reconhece a universalidade, indivisibilidade e interdependência dos direitos humanos como princípio de regência da política migratória brasileira, decorrência da proteção da dignidade da pessoa humana, valor predominante da Constituição Federal e dos tratados internacionais de direitos humanos celebrados pelo Brasil.

Ao contrário do revogado Estatuto do Estrangeiro (adotado na ditadura militar), esta lei é fruto da preocupação com os direitos humanos, devendo ser entendida como uma lei que garante melhores condições de vida ao migrante, com mais coerência se comparada com os dispositivos Constitucionais.

Importante citar os primeiros artigos da Lei de Migração que dispõem sobre os princípios e as garantias da política migratória brasileira.

Dos Princípios e das Garantias:
Art. 3º A política migratória brasileira rege-se pelos seguintes princípios e diretrizes:

I – universalidade, indivisibilidade e interdependência dos direitos humanos;
II – repúdio e prevenção à xenofobia, ao racismo e a quaisquer formas de discriminação;
III – não criminalização da migração;
IV – não discriminação em razão dos critérios ou dos procedimentos pelos quais a pessoa foi admitida em território nacional;
V – promoção de entrada regular e de regularização documental;
VI – acolhida humanitária;
VII – desenvolvimento econômico, turístico, social, cultural, esportivo, científico e tecnológico do Brasil;
VIII – garantia do direito à reunião familiar;
IX – igualdade de tratamento e de oportunidade ao migrante e a seus familiares;
X – inclusão social, laboral e produtiva do migrante por meio de políticas públicas;

XI – acesso igualitário e livre do migrante a serviços, programas e benefícios sociais, bens públicos, educação, assistência jurídica integral pública, trabalho, moradia, serviço bancário e seguridade social;

XII – promoção e difusão de direitos, liberdades, garantias e obrigações do migrante;

XIII – diálogo social na formulação, na execução e na avaliação de políticas migratórias e promoção da participação cidadã do migrante;

XIV – fortalecimento da integração econômica, política, social e cultural dos povos da América Latina, mediante constituição de espaços de cidadania e de livre circulação de pessoas;

XV – cooperação internacional com Estados de origem, de trânsito e de destino de movimentos migratórios, a fim de garantir efetiva proteção aos direitos humanos do migrante;

XVI – integração e desenvolvimento das regiões de fronteira e articulação de políticas públicas regionais capazes de garantir efetividade aos direitos do residente fronteiriço; **XVII – proteção integral e atenção ao superior interesse da criança e do adolescente migrante;**

XVIII – observância ao disposto em tratado;

XIX – proteção ao brasileiro no exterior;

XX – migração e desenvolvimento humano no local de origem, como direitos inalienáveis de todas as pessoas;

XXI – promoção do reconhecimento acadêmico e do exercício profissional no Brasil, nos termos da lei; e

XXII – repúdio a práticas de expulsão ou de deportação coletivas.

Art. 4º Ao migrante é garantida no território nacional, em condição de igualdade com os nacionais, a inviolabilidade do direito à vida, à liberdade, à igualdade, à segurança e à propriedade, bem como são assegurados:

I – direitos e liberdades civis, sociais, culturais e econômicos;

II – direito à liberdade de circulação em território nacional;

III – direito à reunião familiar do migrante com seu cônjuge ou companheiro e seus filhos, familiares e dependentes;

IV – medidas de proteção a vítimas e testemunhas de crimes e de violações de direitos;

V – direito de transferir recursos decorrentes de sua renda e economias pessoais a outro país, observada a legislação aplicável;

VI – direito de reunião para fins pacíficos;

VII – direito de associação, inclusive sindical, para fins lícitos;

VIII – acesso a serviços públicos de saúde e de assistência social e à previdência social, nos termos da lei, sem discriminação em razão da nacionalidade e da condição migratória;

IX – amplo acesso à justiça e à assistência jurídica integral gratuita aos que comprovarem insuficiência de recursos;

X – direito à educação pública, vedada a discriminação em razão da nacionalidade e da condição migratória;

XI – garantia de cumprimento de obrigações legais e contratuais trabalhistas e de aplicação das normas de proteção ao trabalhador, sem discriminação em razão da nacionalidade e da condição migratória;

XII – isenção das taxas de que trata esta Lei, mediante declaração de hipossuficiência econômica, na forma de regulamento;

XIII – direito de acesso à informação e garantia de confidencialidade quanto aos dados pessoais do migrante, nos termos da Lei n. 12.527, de 18 de novembro de 2011;

XIV – direito a abertura de conta bancária;

XV – direito de sair, de permanecer e de reingressar em território nacional, mesmo enquanto pendente pedido de autorização de residência, de prorrogação de estada ou de transformação de visto em autorização de residência; e

XVI – direito do imigrante de ser informado sobre as garantias que lhe são asseguradas para fins de regularização migratória.

As formas de retirada compulsória, sobretudo a regulamentação do instituto da repatriação, deportação e expulsão, apresenta a previsão para atuação da Defensoria Pública da União nos procedimentos, garantindo o direito ao devido processo legal, inibindo, portanto, atos arbitrários ou discriminatórios.

Sobre essa matéria, a maior incidência em prova se refere a deportação, expulsão e extradição, cujos conceito e essência de cada instituto não apresentaram grandes mudanças. Não serão vislumbradas preocupações a esse respeito. A novidade que poderá ser fruto de questões futuras é quanto ao instituto da repatriação, o qual será conceituado a seguir.

- **Conceito:** estrangeiro é considerado o indivíduo que não é nacional de um Estado (sinônimo de forasteiro ou alienígena, relativo de quem é alheio, de fora). Para o Estado, ou os indivíduos são considerados nacionais ou estrangeiros.

ATENÇÃO!
As regras sobre admissão do estrangeiro e sua permanência no país são questões do direito interno.

Art. 5º da CF: em relação aos direitos fundamentais no Brasil, a Constituição estabelece que brasileiros e estrangeiros são iguais perante a lei.

Observação: em situações específicas, o estrangeiro poderá ser compelido a sair do território nacional. São medidas compulsórias que impõem a retirada compulsória do indivíduo.

A Banca Examinadora da OAB exigiu questões sobre esse assunto, cobrando o conhecimento quanto a deportação, expulsão e extradição como mecanismo de exclusão do indivíduo do território nacional.

É comum perguntar a diferença entre eles, bem como misturar questões de estrangeiro com nacionalidade brasileira, nos termos do art. 12 da CF.

DIREITO INTERNACIONAL

REPATRIAÇÃO	DEPORTAÇÃO	EXPULSÃO
Previsão no art. 49 da Lei de Migração, Lei n. 13.445/2017. Medida administrativa de devolução de pessoa em situação de impedimento ao país de procedência ou ao país de nacionalidade. A repatriação impede a entrada da pessoa ao Brasil, porém, caso regularize sua situação, poderá retornar ao território nacional.	Previsão nos arts. 50 a 53 da Lei de Migração (Lei n. 13.445/2017). Conceitua-se deportação a retirada da pessoa que se encontre em situação irregular no território nacional. Considera-se a deportação medida de poder de polícia administrativa, não sendo, portanto, pena ou punição. Compete à polícia federal o ato de deportar quando o estrangeiro não o faz voluntariamente. O estrangeiro terá prazo para regularizar sua situação dentro do território nacional e, caso assim não o faça, será deportado.	Previsão nos arts. 54 a 60 da nova Lei de Migração. Expulsão é medida punitiva que alcança apenas estrangeiro. O art. 54, § 1º, dispõe que: "Poderá dar causa à expulsão a condenação com sentença transitada em julgado relativa à prática de: I – crime de genocídio, crime contra a humanidade, crime de guerra ou crime de agressão, nos termos definidos pelo Estatuto de Roma do Tribunal Penal Internacional, de 1998, promulgado pelo Decreto n. 4.388, de 25 de setembro de 2002; ou II – crime comum doloso passível de pena privativa de liberdade, consideradas a gravidade e as possibilidades de ressocialização em território nacional". É competência do Ministro da Justiça o regresso de estrangeiro expulso, que configura crime do art. 338 do CP, salvo se existir revogação do decreto de expulsão.

> **ATENÇÃO!**
> As causas impeditivas da expulsão estão previstas no art. 55, vejamos:

"Art. 55. Não se procederá à expulsão quando:

I – a medida configurar extradição inadmitida pela legislação brasileira;

II – o expulsando:

a) tiver filho brasileiro que esteja sob sua guarda ou dependência econômica ou socioafetiva ou tiver pessoa brasileira sob sua tutela;

b) tiver cônjuge ou companheiro residente no Brasil, sem discriminação alguma, reconhecido judicial ou legalmente;

c) tiver ingressado no Brasil até os 12 (doze) anos de idade, residindo desde então no País;

d) for pessoa com mais de 70 (setenta) anos que resida no País há mais de 10 (dez) anos, considerados a gravidade e o fundamento da expulsão;

e) (Vetado)".

No XXXII Exame, a OAB exigiu exatamente o art. 55, pedindo que o candidato assinalasse a alternativa em que apresentasse as causas impeditivas da expulsão.

> Essas causas impedem apenas a expulsão, não podendo ser alegadas na repatriação, deportação, extradição e entrega.

Cooperação Jurídica Internacional:

- **Extradição:** previsão no art. 5º, LI e LII, da CF, e arts. 81 a 99 da Lei de Migração. Embora estudada na temática de retirada compulsória do indivíduo do território nacional, a extradição é medida de cooperação penal internacional entre Estados soberanos que permite ao Brasil disponibilizar a outro Estado soberano indivíduo que cometeu crime no exterior e se encontra no Brasil foragido. Porém, quando mais de um Estado requerer a extradição da mesma pessoa pelo mesmo fato, terá preferência o pedido daquele em cujo território a infração foi cometida, conforme o art. 85 da Lei de Migração.

Assim, dispõe o art. 85 da Lei de Migração:

"**Art. 85.** Quando mais de um Estado requerer a extradição da mesma pessoa, pelo mesmo fato, terá preferência o pedido daquele em cujo território a infração foi cometida:

§ 1º Em caso de crimes diversos, terá preferência, sucessivamente:

I – o Estado requerente em cujo território tenha sido cometido o crime mais grave, segundo a lei brasileira;

II – o Estado que em primeiro lugar tenha pedido a entrega do extraditando, se a gravidade dos crimes for idêntica;

III – o Estado de origem, ou, em sua falta, o domiciliar do extraditando, se os pedidos forem simultâneos.

§ 2º Nos casos não previstos nesta Lei, o órgão competente do Poder Executivo decidirá sobre a preferência do pedido, priorizando o Estado requerente que mantiver tratado de extradição com o Brasil.

§ 3º Havendo tratado com algum dos Estados requerentes, prevalecerão suas normas no que diz respeito à preferência de que trata este artigo".

Modalidades de extradição:

1. Ativa: Brasil é o Estado requerente da medida. Formulada ao Ministério da Justiça que, por meio do Ministério das Relações Exteriores, remete o pedido ao País em que se encontra o indivíduo.

2. Passiva: situação em que o Brasil é Estado requerido, pelo fato de o indivíduo estar no território nacional. A extradição passiva é recebida no Brasil por meios diplomáticos e encaminhada para a decisão do STF (art. 102, I, g, da CF).

Observações importantes: o tratado de extradição é dispensável, ou seja, a medida pode ser operada com base no Princípio da Reciprocidade; deve haver a similitude de crime e dupla punibilidade (o fato que fundamenta a extradição tem que ser crime punível no Brasil e no Estado requerente); o fato não pode constituir crime político ou de opinião e não ocorrerá a extradição se o indivíduo tiver que responder no país requerente perante Tribunal de Exceção.

> **ATENÇÃO!**
> Autorizada a extradição pelo STF, competirá ao Presidente da República e da Polícia Federal a execução da medida.

> **CUIDADO!**
> Brasileiro nato nunca poderá ser extraditado; já o brasileiro naturalizado poderá em dois casos: (i) quando praticar crime comum antes da naturalização; (ii) quando praticar tráfico de drogas a qualquer tempo, nos termos do art. 5º, LI, da CF.

Importante: o art. 5º, LII, da CF, dispõe que não será concedida extradição de estrangeiro por crime político ou de opinião.

Dentro do tema retirada compulsória, importante a diferença de asilo e refúgio.

Asilo e Refúgio

- **Asilo:** a garantia do direito à vida e à integridade física e mental de uma pessoa pode ser ameaçada por problemas políticos, por perseguições religiosas, ideológicas etc. Na busca de abrigo em outros países, o Direito Internacional passou a distinguir o instituto do refúgio e asilo.

O art. XIV da Declaração Universal dos Direitos Humanos dispõe que:

"1. Toda a pessoa sujeita a perseguição tem o direito de procurar e de beneficiar de asilo em outros países. 2. Este direito não pode, porém, ser invocado no caso de processo realmente existente por crime de direito comum ou por actividades contrárias aos fins e aos princípios das Nações Unidas".

O art. 22, §§ 7º e 8º, do Pacto de São José da Costa Rica também disciplina o assunto:

"Artigo 22. Direito de circulação e de residência. (...)
7. Toda pessoa tem o direito de buscar e receber asilo em território estrangeiro, em caso de perseguição por delitos políticos ou comuns conexos com delitos políticos e de acordo com a legislação de cada Estado e com os convênios internacionais.
8. Em nenhum caso o estrangeiro pode ser expulso ou entregue a outro país, seja ou não de origem, onde seu direito à vida ou à liberdade pessoal esteja em risco de violação por causa da sua raça, nacionalidade, religião, condição social ou de suas opiniões políticas".

Especificamente, o asilo consiste na proteção dada por um Estado a indivíduo que esteja sendo ameaçado, normalmente por perseguição política. A Resolução 3.212 da ONU dispõe que o Estado soberano tem o direito de conceder o asilo e não o dever, se tratando, portanto, de um ato discricionário do Estado. Há dois tipos de asilo: territorial e o diplomático. O asilo territorial concede ao indivíduo a proteção no território do Estado, ou seja, significa que o asilado foi acolhido em território estrangeiro. O asilo diplomático (extraterritorial, interno), configura o acolhimento do indivíduo em missões diplomáticas, navios de guerra, aeronaves e acampamentos militares. Ver Convenção de Caracas sobre asilo diplomático de 1954. É instituto reconhecido no Direito Internacional apenas perante os países latino-americanos. O asilo diplomático é garantido a indivíduo que esteja sofrendo perseguição política e cujo estado seja de urgência.

> **ATENÇÃO!**
> Não é reconhecido o direito ao asilo diplomático em consulados.

O art. 4º da CF trata dos princípios que regem o Brasil nas relações diplomáticas. O inciso X trata do asilo político. A Lei de Migração também dispõe sobre o instituto em seus arts. 27 e 28.

- **Refúgio:** embora o refúgio guarde alguma semelhança com o asilo, o Direto Internacional tratou de diferenciá-los. Sendo assim, o refúgio é o ato pelo qual o Estado concede proteção ao indivíduo que esteja correndo risco em outro país por motivo de guerra ou perseguição racial, religiosa, por nacionalidade ou por participação em grupo social.

No Direito Internacional, o refúgio é regulado pela Convenção relativa ao Estatuto dos Refugiados de 1951 (Decreto n. 50.215/61, atualizado pelo Decreto n. 99.757/51). A nova Lei de Migração também dispõe sobre o assunto, nos arts. 2, 111, 121 e 122.

> **DICA**
> É importante o candidato ler a Lei de Migração no que se refere à parte da transferência de execução. Vejamos o que está previsto no art. 101, da LM:
>
> **Da Transferência de Execução da Pena**
> **Art. 100.** Nas hipóteses em que couber solicitação de extradição executória, a autoridade competente poderá solicitar ou autorizar a transferência de execução da pena, desde que observado o princípio do *non bis in idem*.
> **Parágrafo único.** Sem prejuízo do disposto no Decreto-Lei n. 2.848, de 7 de dezembro de 1940 (Código Penal), a transferência de execução da pena será possível quando preenchidos os seguintes requisitos:
> I – o condenado em território estrangeiro for nacional ou tiver residência habitual ou vínculo pessoal no Brasil;
> II – a sentença tiver transitado em julgado;
> III – a duração da condenação a cumprir ou que restar para cumprir for de, pelo menos, 1 (um) ano, na data de apresentação do pedido ao Estado da condenação;
> IV – o fato que originou a condenação constituir infração penal perante a lei de ambas as partes; e
> V – houver tratado ou promessa de reciprocidade.

Art. 101. O pedido de transferência de execução da pena de Estado estrangeiro será requerido por via diplomática ou por via de autoridades centrais.

§ 1º O pedido será recebido pelo órgão competente do Poder Executivo e, após exame da presença dos pressupostos formais de admissibilidade exigidos nesta Lei ou em tratado, encaminhado ao Superior Tribunal de Justiça para decisão quanto à homologação.

§ 2º Não preenchidos os pressupostos referidos no § 1º, o pedido será arquivado mediante decisão fundamentada, sem prejuízo da possibilidade de renovação do pedido, devidamente instruído, uma vez superado o óbice apontado.

Visto diplomático: designado especificamente a autoridades diplomáticas estrangeiras, acreditadas junto ao Governo Brasileiro.

Visto oficial: concedido aos estrangeiros e aos funcionários de órgãos internacionais que venham em missão oficial. Concedido pelo Ministério das Relações Exteriores.

Visto de cortesia: destinado a pessoas amigas e de reconhecido valor. É concedido pelo Ministério das Relações Exteriores, mediante convite feito pelas autoridades brasileiras.

6. MECANISMOS UTILIZADOS PELOS ESTADOS PARA INGRESSO E PERMANÊNCIA DO ESTRANGEIRO EM SEU TERRITÓRIO NACIONAL

A prova já abordou o tema de "visto" e suas modalidades, entretanto, sua abordagem não é muito comum, ou seja, geralmente, quando a OAB exige do candidato este assunto, a matéria está interligada com o tema estrangeiro. É provável que se questione sobre os mecanismos de exclusão, como, por exemplo, quando o estrangeiro está irregular no País e sua situação não está adequada em razão do visto no passaporte. De qualquer forma, necessário se faz aprender sobre esse assunto.

Importante anotar que passaporte é o documento oficial de identidade destinado a quem necessita sair do País, porém nem sempre a apresentação do passaporte é suficiente. Há a necessidade de visto em determinados países. Segundo a nova Lei de Migração, Lei n. 13.445/2017, os tipos de visto estão previstos no art. 12: "Ao solicitante que pretenda ingressar ou permanecer em território nacional poderá ser concedido visto: I – de visita; II – temporário; III – diplomático; IV – oficial; V – de cortesia".

Visto de visita está previsto no art. 13 da Lei de Migração e corresponde ao visto de turismo, negócios, trânsito, atividades artísticas ou desportivas e outras hipóteses previstas em Regulamento.

Visto temporário está previsto no art. 14 da Lei de Migração e poderá ser concedido ao imigrante que venha ao Brasil com o intuito de estabelecer residência por tempo determinado e que se enquadre nas seguintes hipóteses: I – o visto temporário tenha como finalidade: a) pesquisa, ensino ou extensão acadêmica; b) tratamento de saúde; c) acolhida humanitária; d) estudo; e) trabalho; f) férias-trabalho; g) prática de atividade religiosa ou serviço voluntário; h) realização de investimento ou de atividade com relevância econômica, social, científica, tecnológica ou cultural; i) reunião familiar; j) atividades artísticas ou desportivas com contrato por prazo determinado; II – o imigrante seja beneficiário de tratado em matéria de vistos; III – outras hipóteses definidas em regulamento.

Vistos diplomáticos, oficial e de cortesia estão previstos nos arts. 15 a 22 da Lei de Migração.

7. NACIONALIDADE

O tema nacionalidade tem bastante incidência nas provas do Exame de Ordem, não somente na matéria de Direito Internacional, como também na matéria de Direito Constitucional. Esse assunto é abordado em questões e, normalmente, o Examinador exige do candidato o entendimento e a compreensão do art. 12 da CF.

Especificamente, a Banca pergunta sobre a alínea *c* do inciso I do art. 12 da CF, em questões sobre filho de pai ou mãe brasileira que esteja no exterior, a serviço de empresa privada ou mesmo a passeio, e a pergunta que segue é: qual a solução?

Essa alínea *c* do inciso I do art. 12 da CF veio justamente para evitar que filho de brasileiro pudesse ser considerado apátrida quando o país que ele nascesse adotasse apenas o *jus sanguinis*, ou seja, ele não teria a pátria do território que ele nasceu, bem como não poderia adquirir na nacionalidade pelo *jus sanguinis*, porque os pais não estavam a serviço do Brasil.

Assim, a OAB sempre questiona sobre o registro em repartição competente e, portanto, o filho já será considerado brasileiro nato ou questiona a opção pela nacionalidade brasileira, após a maioridade, vindo o filho a residir no Brasil. Lembrem-se de que é uma ou outra e não a soma das duas hipóteses.

No estudo do Direito Constitucional, nacionalidade é o vínculo que existe em o indivíduo e o Estado. O art. XV da Declaração Universal dos Direitos Humanos consagra a universalidade do direito à nacionalidade, reproduzido no art. 20 da Convenção Americana de Direitos Humanos[1], bem como presente no Pacto Internacional dos Direitos Civis e Políticos.

Embora as condições para a concessão da nacionalidade sejam prerrogativas de cada Estado, o Direito Internacional contempla que ninguém deve ser arbitrariamente privado da nacionalidade, menos ainda quando a pessoa afetada transforma-se em apátrida, tendo direito a uma nacionalidade.

A nacionalidade é questão de Direito Público Interno. No Brasil, o direito à nacionalidade está bem definido no art. 12 da Constituição Federal com suas especificações no Estatuto do Estrangeiro, Lei n. 6.815/80.

---

[1] Declaração Americana de Direitos Humanos, art. 20, direito à nacionalidade: "1. Toda pessoa tem direito a uma nacionalidade. 2. Toda pessoa tem direito à nacionalidade do Estado em cujo território houver nascido, se não tiver direito a outra. 3. A ninguém se deve privar arbitrariamente de sua nacionalidade, nem do direito de mudá-la".

7.1 Modos de aquisição da nacionalidade brasileira

7.1.1 Brasileiros natos

art. 12, I, *a*, da CF – os nascidos no Brasil, salvo filhos de pai e mãe estrangeiros a serviço de seu País;

art. 12, I, *b*, da CF – nascidos no estrangeiro, filho de pai brasileiro ou mãe brasileira a serviço do Brasil;

art. 12, I, *c*, da CF – os nascidos no estrangeiro, filho de pai brasileiro ou mãe brasileira, desde que:
i) faça registro em repartição brasileira competente; ou
ii) faça a opção pela nacionalidade brasileira, quando vier residir no Brasil, a qualquer tempo, depois de atingida a maioridade (na forma da lei brasileira).

7.1.2 Brasileiros naturalizados

art. 12, II, *a*, da CF: oriundos de países de língua portuguesa após 1 ano residentes no Brasil, poderão requerer sua naturalização brasileira, desde que preencha o requisito e tenha idoneidade moral;

art. 12, II, *b*, da CF: outros estrangeiros que desejem se naturalizar tem de ter residência por mais de 15 anos, ininterruptos, e não ter condenação penal.

Observação: o art. 12, § 1º, da CF estabelece o princípio da reciprocidade entre brasileiros e portugueses. Há portugueses com residência permanente no Brasil que queiram continuar com a nacionalidade portuguesa (estrangeiros) e não façam a opção pela naturalização brasileira. Havendo reciprocidade em favor deles, serão atribuídos aos portugueses com residência permanente no Brasil os mesmos direitos inerentes aos brasileiros, salvo os casos em que a CF vedar.

A Constituição Federal estabelece que não poderá haver diferenças entre brasileiros natos e naturalizados, exceto nos casos previstos na própria Constituição, quais sejam:

a) art. 12, § 3º, da CF/88: apresenta os Cargos privativos de brasileiros natos:

I – de Presidente e Vice-Presidente da República;
II – de Presidente da Câmara dos Deputados;
III – de Presidente do Senado Federal;
IV – de Ministro do Supremo Tribunal Federal;
V – da carreira diplomática;
VI – de oficial das Forças Armadas;
VII – de Ministro de Estado da Defesa;

b) art. 222 da CF: propriedade de empresa jornalística e de radiodifusão sonora e de sons e imagens são cargos privativos de brasileiros natos. O brasileiro naturalizado, somente após o prazo de 10 anos de naturalização.

art. 5º, LI, da CF: o brasileiro nato não poderá ser extraditado. O brasileiro naturalizado poderá ser extraditado se praticar crime antes da naturalização ou por envolvimento em tráfico de drogas a qualquer tempo.

Quanto à perda da nacionalidade (art. 12, § 4º, I e II, da CF), o constituinte apresentou que o brasileiro poderá perder a nacionalidade sob duas formas: (i) tiver cancelada sua naturalização, por sentença judicial, em virtude de atividade nociva ao interesse nacional; e (ii) adquirir outra nacionalidade (dupla nacionalidade).

> **ATENÇÃO!**
> A dupla nacionalidade não é permitida, salvo: (i) quando a nacionalidade que deseja adquirir for originária (decorrente do *ius soli* ou *ius sanguinis*); ou (ii) quando a nacionalidade que se deseja adquirir seja requisito de permanência ou exercício de direito civil no estrangeiro.

> **DICA**
> O candidato deve se atentar para a EC n. 131/2023, sobre o tema perda da nacionalidade. Vejamos:
> Art. 12, § 4º, da CF – Será declarada a perda da nacionalidade do brasileiro que:
> II – fizer pedido expresso de perda da nacionalidade brasileira perante autoridade brasileira competente, ressalvadas situações que acarretem apatridia.
> § 5º A renúncia da nacionalidade, nos termos do inciso II do § 4º deste artigo, não impede o interessado de readquirir sua nacionalidade brasileira originária, nos termos da lei.

8. DIREITO INTERNACIONAL PÚBLICO – NAÇÕES UNIDAS

No estudo do Direito Internacional Público, o candidato deve se atentar para questões relacionadas ao seu conceito, lembrando-se dos sujeitos do DIP, dentre eles as organizações interestatais ou também chamadas de intergovernamentais. Uma das mais importantes organizações intergovernamentais de âmbito global que costuma ser cobrada em prova é a Organização das Nações Unidas (ONU).

A ONU foi fundada em 1945 em São Francisco (EUA), logo após o término da 2ª Guerra Mundial. Foi criada pela Carta da ONU ou Carta de São Francisco. Na fundação, 51 Estados assinaram e ratificaram a Carta da ONU, dentre eles o Brasil.

A criação das Nações Unidas, com suas agências especializadas, demarca o surgimento de uma Nova Ordem Internacional, que instaura um novo modelo de conduta nas relações internacionais, com preocupações que incluem a manutenção da paz e segurança internacional, o desenvolvimento de relações amistosas entre os Estados, a adoção da cooperação internacional no plano econômico, social e cultural e principalmente a proteção internacional dos direitos humanos. Em que pese a clareza da Carta em determinar a importância de defender os direitos e as liberdades fundamentais, tal documento não definiu especificamente o conteúdo das expressões, o que seria então os direitos humanos, o que só ocorreu três anos depois, com o advento da Declaração Universal dos Direitos Humanos que veio, então, a definir com exatidão o alcance da expressão direitos e liberdades fundamentais.

A ONU tem sede em Nova York e possui algumas características:

a) **membros originários:** participaram da assinatura e ratificação da criação da Carta da ONU;

b) **membros admitidos ou eleitos:** ingressaram após a criação da organização;

c) **finalidade:** manter a paz e a segurança no mundo, baseada no respeito da igualdade e autodeterminação dos povos, principalmente, na busca da defesa dos direitos humanos;

d) **princípios que fundamentam:** igualdade soberana de todos os seus membros, princípio da boa-fé no cumprimento das obrigações assumidas, solução pacífica dos conflitos, os membros têm o dever de cooperar e dar assistência à Organização e a não intervenção da ONU nas questões internas dos Estados.

Os órgãos que compõe o sistema da ONU são:

a) **Assembleia Geral:** principal órgão e composto de todos os membros da ONU. Cada membro poderá ter 5 representantes, mas apenas 1 voto por Estado-membro.

b) **Conselho de Segurança:** sua função é garantir a pronta e eficaz ação para a manutenção da paz e da segurança internacionais, sua composição é de 15 membros, sendo 5 permanentes (EUA, Reino Unido, França, China e Rússia) e 10 membros rotativos, escolhidos pela Assembleia Geral para um período de 2 anos.

c) **Conselho Econômico e Social:** sua composição é de 54 membros, eleitos pela Assembleia Geral, para o período de 3 anos. Sua finalidade é a promoção e cooperação dos Estados para o desenvolvimento social, econômico, cultural e educacional, inclusive promover o respeito aos direitos humanos.

d) **Conselho de Tutela:** exerce a soberania de povos não autônomos, ou seja, Estados sem administração.

e) **Corte Internacional de Justiça (CIJ):** principal órgão judiciário da ONU.

f) **Secretariado Geral:** responsável pela própria administração da ONU.

A Carta das Nações Unidas prevê os seguintes propósitos:

Artigo 1. Os propósitos das Nações Unidas são:

1. Manter a paz e a segurança internacionais e, para esse fim: tomar, coletivamente, medidas efetivas para evitar ameaças à paz e reprimir os atos de agressão ou outra qualquer ruptura da paz e chegar, por meios pacíficos e de conformidade com os princípios da justiça e do direito internacional, a um ajuste ou solução das controvérsias ou situações que possam levar a uma perturbação da paz;

2. Desenvolver relações amistosas entre as nações, baseadas no respeito ao princípio de igualdade de direitos e de autodeterminação dos povos, e tomar outras medidas apropriadas ao fortalecimento da paz universal;

3. Conseguir uma cooperação internacional para resolver os problemas internacionais de caráter econômico, social, cultural ou humanitário, e para promover e estimular o respeito aos direitos humanos e às liberdades fundamentais para todos, sem distinção de raça, sexo, língua ou religião; e

4. Ser um centro destinado a harmonizar a ação das nações para a consecução desses objetivos comuns.

Artigo 2. A Organização e seus Membros, para a realização dos propósitos mencionados no Artigo 1, agirão de acordo com os seguintes Princípios:

1. A Organização é baseada no princípio da igualdade de todos os seus Membros.

2. Todos os Membros, a fim de assegurarem para todos em geral os direitos e vantagens resultantes de sua qualidade de Membros, deverão cumprir de boa-fé as obrigações por eles assumidas de acordo com a presente Carta.

3. Todos os Membros deverão resolver suas controvérsias internacionais por meios pacíficos, de modo que não sejam ameaçadas a paz, a segurança e a justiça internacionais.

4. Todos os Membros deverão evitar em suas relações internacionais a ameaça ou o uso da força contra a integridade territorial ou a dependência política de qualquer Estado, ou qualquer outra ação incompatível com os Propósitos das Nações Unidas.

5. Todos os Membros darão às Nações toda assistência em qualquer ação a que elas recorrerem de acordo com a presente Carta e se absterão de dar auxílio a qual Estado contra o qual as Nações Unidas agirem de modo preventivo ou coercitivo.

6. A Organização fará com que os Estados que não são Membros das Nações Unidas ajam de acordo com esses Princípios em tudo quanto for necessário à manutenção da paz e da segurança internacionais.

7. Nenhum dispositivo da presente Carta autorizará as Nações Unidas a intervirem em assuntos que dependam essencialmente da jurisdição de qualquer Estado ou obrigará os Membros a submeterem tais assuntos a uma solução, nos termos da presente Carta; este princípio, porém, não prejudicará a aplicação das medidas coercitivas constantes do Capítulo VII.

9. CORTES INTERNACIONAIS

Os Tribunais internacionais normalmente são criados por tratados internacionais, que regulam seu funcionamento e suas hipóteses de atuação. A complexidade da vida internacional vem demonstrando a importância de que existam órgãos jurisdicionais capazes de efetivamente influenciar as relações internacionais. A maioria dos Tribunais internacionais somente pode atuar com o consentimento do Estado Soberano e a atuação será sempre subsidiária. Cite-se, abaixo, alguns dos principais tribunais cobrados nas provas.

1. **Tribunal Penal Internacional (TPI):** o Tribunal Penal Internacional julga pessoas, indivíduos. É um Tribunal autônomo e independente. Foi criado em 1998 pelo Estatuto de Roma, porém sua vigência é a partir de 2002, quando esse tratado adquiriu o número mínimo de 60 ratificações. Vigora o princípio da subsidiariedade do Tribunal.

   O TPI somente pode julgar crimes de repercussão internacional e conforme disposto no art. 5º do Estatuto de Roma, os crimes são:
   a) crime de genocídio;
   b) crime contra a humanidade;
   c) crime de guerra; e
   d) crime de agressão.

   As penas aplicadas pelo TPI são:
   a) pena de prisão por, no máximo, 30 anos;
   b) prisão perpétua, excepcionalmente, dependendo da gravidade do crime;
   c) pena de multa e perda de bens.

2. **Corte Interamericana de Direitos Humanos:** além do sistema global de proteção aos direitos humanos, por meio da Organização das Nações Unidas, existem também os sistemas regionais de proteção, dentre os quais se destaca o Sistema Interamericano, cujo principal instrumento é a Convenção Americana sobre Direitos Humanos, conhecido como Pacto de San José da Costa Rica. A Convenção Americana de Direitos Humanos foi aprovada em São José da Costa Rica, em 1969, e reproduz em seu conteúdo os direitos previstos em outras declarações, como o Pacto Internacional de Direitos Civis e Políticos de 1966. Para o monitoramento dos direitos que estabelece a Convenção Americana, criaram-se dois órgãos de proteção:
   a) **Comissão Interamericana de Direitos Humanos:** competência para examinar as comunicações de indivíduos ou grupos de indivíduos atinentes a violações de direitos constantes na Convenção;
   b) **Corte Interamericana de Direitos Humanos:** é um órgão jurisdicional do sistema Interamericano. Tem competência contenciosa, além de consultiva. Somente a Comissão e os Estados-partes na Convenção podem submeter casos à apreciação da Corte, não sendo facultado ao indivíduo o ingresso direto à Corte. Importante notar que as petições a serem enviadas à Comissão devem cumprir alguns requisitos de admissibilidade, tais como **prévio esgotamento dos recursos internos e a inexistência de litispendência internacional**, a mesma questão não pode ser tratada em outra Corte Internacional. O Estado brasileiro tem sido demandado perante o Sistema Interamericano de proteção de direitos humanos. Sobre as sentenças da Corte, importante lembrar dos arts. 67 e 68.

3. **Corte Internacional de Justiça:** criada em 1945, com sede em Haia (Holanda). É o principal órgão jurisdicional da ONU e é competente para conhecer de conflitos entre Estados relativos a qualquer tema de Direito Internacional. A CIJ é regida pelo Estatuto da CIJ e do qual devem fazer parte todos os Estados membros da CIJ.

4. **Tribunal Permanente de Revisão:** Tribunal Permanente de Revisão – TPR do Mercosul com sede em Assunção no Paraguai, foi criado pelo Protocolo de Olivos em 2002. Esse tribunal tem como objetivo sanar a lacuna da insegurança jurídica que era a falta de um tribunal permanente para solucionar conflitos de maneira rápida e objetiva. Trata-se de um tribunal de revisão, com competência para modificar os laudos arbitrais adotados por árbitros *ad hoc* de primeira instância.

5. **Tribunal do Mar:** a Convenção de Montego Bay criou o Tribunal Internacional do Direito do Mar, com sede em Hamburgo (Alemanha), competente para examinar todas as controvérsias e os pedidos relativos às normas da Convenção ou qualquer outro ato internacional que se refira a matéria de Direito do Mar (arts. 21 e 22 do Anexo VI da Convenção de Montego Bay). O funcionamento do Tribunal é regulado pelo Anexo VI da Convenção de Montego Bay. No Brasil a legislação que disciplina o assunto é a Lei n. 8.617/93.

10. DIREITO INTERNACIONAL PÚBLICO – SUJEITOS DO DIP

Sujeitos do DIP: Os sujeitos do Direito Internacional Público são aqueles que têm aptidão para adquirir direitos e obrigações jurídicas no âmbito das relações internacionais.

a) Estados soberanos: são os países. As relações jurídicas internacionais são fundadas no princípio da igualdade soberana, isto é, independentemente da dimensão territorial, força política e características econômicas, devem receber o mesmo tratamento pelo Direito Internacional.

b) **Organizações Internacionais (OIs):** as organizações internacionais são sujeitos de Direito Internacional que podem ser formados por Estados soberanos (exemplo: ONU, MERCOSUL, União Europeia) e também por outras organizações internacionais (ex.: OMC). São constituídas mediante celebração de tratado internacional, chamado de acordo constitutivo.

> **ATENÇÃO!**
> As organizações não governamentais (ONGs) são formadas pela união de particulares e constituídas mediante contrato. Não são consideradas sujeitos do Direito Internacional (exemplo: FIA, FIFA, Greenpeace, Comitê Olímpico Internacional)

Observações: o art. 109, II, da CF determina que compete aos Juízes Federais processar e julgar as causas entre Estado estrangeiro ou organismo internacional e Município ou pessoa domiciliada ou residente no País;

c) **Indivíduos:** são sujeitos do DIP, ou seja, são sujeitos de direitos e obrigações em âmbito internacional. Têm direito aos chamados direitos humanos e, dessa forma, podem peticionar perante a Comissão Interamericana de Direitos Humanos, mas são também sujeitos de obrigações, porque se praticarem algum dos crimes previstos no art. 5º do Estatuto de Roma (que criou o TPI), poderão ser julgados por este Tribunal.

11. DIREITO DOS TRATADOS

11.1 Introdução e conceito

A Convenção de Viena sobre Direito dos Tratados (CVDT), também chamada de Lei dos Tratados e Código dos Tratados, é um dos documentos mais importantes na história do Direito Internacional, o qual especificou regras referentes aos tratados concluídos entre os Estados e as Organizações Internacionais.

De acordo com o art. 2º da Convenção de Viena, tratado internacional é:

a) acordo internacional;
b) celebrado por escrito;
c) entre sujeitos do direito internacional (entre Estados soberanos e Organizações Intergovernamentais);
d) regido pelo Direito Internacional Público;
e) previsto em único ou vários instrumentos;
f) sob qualquer denominação.

O princípio fundamental que orienta a celebração de tratados é o *pacta sunt servanda* ("o tratado se torna lei para as partes"), o que obriga os Estados soberanos a cumprir de boa-fé o disposto nas cláusulas de qualquer tratado de que seja parte (arts. 26 e 27 da CVDT).

11.2 Princípios que regem os tratados internacionais

PRINCÍPIO	FUNDAMENTO
Pacta sunt servanda – os Estados Partes devem cumprir de boa-fé o disposto nas cláusulas do tratado.	Art. 26 da CVDT
Os Estados não podem alegar seu direito interno para justificar o inadimplemento do tratado internacional.	Art. 27 da CVDT

11.3 Formação do tratado internacional no Brasil

No Brasil, para o tratado entrar em vigor, é necessário passar pelo *iter de formação*, ou seja, por 4 fases: 1) negociação e assinatura (art. 84, VIII, da CF); 2) aprovação do texto por Referendo Congressual (art. 49, I, da CF); 3) Ratificação pelo Presidente da República e, por fim, 4) promulgação e publicação no *DOU*.

O depósito será perante a ONU, se tratado internacional de âmbito global, ou, perante a OEA, se tratado internacional de âmbito regional.

Importante: os tratados internacionais devem respeitar o *jus cogens* que, além de ser considerado como fonte do Direito Internacional Público, significa norma imperativa de Direito Internacional geral reconhecida pela Comunidade Internacional como aplicável a todos os Estados da qual nenhuma derrogação é permitida.

A teoria voluntarista que fundamenta o Direito Internacional Público disciplina que o Estado Soberano é livre para assinar e ratificar tratado internacional, entretanto, quando resolver assinar e ratificar, não poderá ser contrário e, tampouco, infringir essas normas imperativas. Como exemplo, cita-se a Declaração Universal dos Direitos Humanos a cooperação pacífica dos conflitos, a liberdade dos mares, entre outras.

O art. 53 da Convenção de Viena sobre Direito dos Tratados assim disciplina:

> "Art. 53. É nulo um tratado que, no momento de sua conclusão, conflite com uma norma imperativa de Direito Internacional geral. Para os fins da presente Convenção, uma norma imperativa de Direito Internacional geral é uma norma aceita e reconhecida pela comunidade internacional dos Estados como um todo, como norma da qual nenhuma derrogação é permitida e que só pode ser modificada por norma ulterior de Direito Internacional geral da mesma natureza".

11.4 Fases para a formação de tratados internacionais pelo estado brasileiro

No Brasil, para que um tratado internacional seja cumprido internamente, deverão ser observadas 4 etapas, a saber:

1ª FASE NEGOCIAÇÃO + ASSINATURA	2ª FASE REFERENDO/APROVAÇÃO/DECISÃO DEFINITIVA DO CONGRESSO NACIONAL	3ª FASE RATIFICAÇÃO DO TRATADO	4ª FASE PROMULGAÇÃO + PUBLICAÇÃO
Trata-se da fase em que serão discutidos os termos do tratado pelos Estados. Nos termos do art. 84, VIII, da CF a competência para atuar nesta fase é do Presidente da República, todavia, esta autoridade pode ser representada internacionalmente pelos chamados plenipotenciários (autoridades que ocupam cargos típicos das relações exteriores ou que recebem carta de plenos poderes para atuar internacionalmente).	O Congresso Nacional tem a competência para decidir definitivamente sobre os tratados ou acordos internacionais onerosos ao patrimônio nacional. Conforme dispõe o art. 49, I, da CF, o Congresso Nacional, expedirá um **decreto legislativo**, cuja a finalidade é autorizar o Presidente da República a ratificar futuramente o tratado internacional. O Congresso Nacional não pode alterar o texto do tratado, deve apenas aprová-lo total ou parcialmente.	É a fase que atribui <u>vigência internacional</u> ao tratado. Ao ratificar um tratado, o Estado deixa de ser considerado Estado-signatário e torna-se Estado-parte, o que significa que terá de cumprir as disposições previstas no texto do tratado. A competência é do Presidente da República, por força do art. 84, VIII, da CF.	A promulgação interna do tratado é realizada mediante expedição de decreto presidencial pelo Presidente da República. Isso significa que, se o Presidente da República não expedir o decreto de promulgação interna do tratado ratificado, o mesmo não poderá ser aplicado internamente pelas autoridades brasileiras. O STF entende que o decreto presidencial tem 3 finalidades em relação aos tratados internacionais, quais sejam, de promulgação do tratado, inclusão no Ordenamento Jurídico brasileiro com objetivo de tornar seu texto conhecido em âmbito doméstico e permitir que as autoridades brasileiras o apliquem.

ATENÇÃO!
Os tratados devem ser registrados perante a Secretaria Geral da ONU para adquirir eficácia (aptidão para produzir efeitos) no âmbito das Nações Unidas. Caso seja do âmbito da América, deverão ser registrados na Secretaria da OEA.

11.5 Convenção sobre os aspectos civis do sequestro internacional de crianças

Ainda sobre o tema tratados internacionais, aprendemos que são elaborados **sob qualquer denominação**, ou seja, podem levar o nome de tratado, acordo, ata, protocolo, convenção, constituição, pacto etc.

Assim, a Banca Examinadora perguntou sobre assunto extremamente específico quanto à Convenção sobre os Aspectos Civis do Sequestro Internacional de Crianças e o candidato deveria ter conhecimento das regras estabelecidas pela Convenção, principalmente em relação ao art. 4º, o qual, disciplina que: "A Convenção aplica-se a qualquer criança que tenha residência habitual num Estado Contratante, imediatamente antes da violação do direito de guarda ou de visita. *A aplicação da Convenção cessa quando a criança atingir a idade de dezesseis anos*".

Logo, o enunciado apresentava que a "criança" possuía 17 anos de idade e que, portanto, essa Convenção não poderia mais ser aplicada.

De qualquer forma, a sugestão é que o candidato possa ler e conhecer a existência desta Convenção e se preparar o máximo possível para a prova, mas, repito, tratou de assunto não convencional, tema muito comum para Concurso da Diplomacia.

Por fim, cabe ao candidato a leitura desta Convenção – Decreto n. 3.413, de 14 de abril de 2000.

12. DIREITO DIPLOMÁTICO: RELAÇÕES DIPLOMÁTICAS E ÓRGÃOS DAS RELAÇÕES INTERNACIONAIS

Os Estados, quer em âmbito interno, quer em âmbito externo, necessitam de pessoas para representá-lo. Duas importantes Convenções Internacionais tratam do tema: (i) Convenção de Viena sobre Relações Diplomáticas e Convenção de Viena sobre Relações Consulares.

A Banca Examinadora da OAB já exigiu do candidato o conhecimento da Convenção de Viena sobre Relações Diplomáticas.

1) Chefes de Estado: no Brasil, o art. 84, VIII, da CF dispõe que "compete, privativamente, ao Presidente da República manter relações diplomáticas com Estados estrangeiros e acreditar seus representantes diplomáticos". Trata-se de competência privativa, podendo ser delegada a outros agentes, como ao Ministro das Relações Exteriores ou chefe de missão diplomática.

Observação: importante definir Estado Acreditante e Estado Acreditado. Estado Acreditante é aquele que envia a missão diplomática e Estado Acreditado é aquele que recebe a missão diplomática;

Assunto abordado em recente questão da OAB foi exatamente exigir o conhecimento do candidato quanto ao consentimento mútuo entre Estado Acreditante e Estado Acreditado, conforme o art. 2º da Convenção de Viena sobre Relações Diplomáticas.

O chefe de Estado representa a mais alta direção dos negócios públicos nacionais, como internacionais. É a autoridade suprema do Estado. As atribuições do chefe de Estado brasileiro (Presidente da República) estão disciplinadas no art. 84 da CF/88, principalmente nos incisos VII, VIII, XIX, XX e XXII.

São privilégios dos chefes de Estado:

a) Privilégios pessoais: isenção de medidas coercitivas, extensiva à sua família e aos seus bens.

b) Imunidade em matéria penal: não podem ser demandados criminalmente em território estrangeiro, salvo em relação à jurisdição do Tribunal Penal Internacional (TPI) quanto à sua competência no julgamento dos crimes previstos em seu Estatuto.

c) Imunidade em matéria civil: é preciso distinguir se atua na condição pessoa privada ou pessoa pública, cabendo a imunidade apenas neste último caso.

d) **Imunidade de polícia e tributos:** impedimento em cobrar multas administrativas ou tributos pessoais.

2) Ministro das Relações Exteriores: é um auxiliar do chefe de Estado e sua função é dirigir os negócios do seu Estado nas relações internacionais, principalmente, participar nos atos relativos à elaboração de tratados internacionais, os quais estão dispensados de apresentar qualquer carta de plenos poderes para assinar acordos internacionais, conforme o art. 7º, § 2º, a, da Convenção de Viena sobre Tratados Internacionais.

3) Agentes Diplomáticos: são representantes do Estado que agem e negociam em nome deste.
- Missão diplomática: é o conjunto de pessoas oficiais e não oficiais.
- Pessoal oficial: composto de funcionários designados para a missão.
- Pessoal não oficial: pessoas sem função pública, por exemplo, familiares.
- Corpo diplomático: é o conjunto de representantes credenciados (embaixadores, ministros, núncios, pessoal oficial).

Observação: núncio apostólico é representante da Santa Sé, corresponde à função de embaixador.

4) Cônsules e Funcionários Consulares:
- Agentes diplomáticos: representam o Estado em outro País.
- Cônsules: são funcionários administrativos ou agentes oficiais nomeados que trabalham em cidades de outros países, com a função de proteger os interesses dos particulares e de seus nacionais.

Conforme acima apontado, a missão diplomática se estabelece pelo mútuo consentimento entre o Estado Acreditante e o Estado Acreditado, que deverá aceitar indicação do chefe da missão diplomática (*Agrément*). (art. 2º da CVRD).

O Estado Acreditado não está obrigado a dar ao Estado Acreditante as razões da negação do *agrément* (art. 4º, 2, da CVRD).
- *Agrément:* é a autorização para que o chefe da missão goze das imunidades e inviolabilidades próprias da função.
- *Persona non grata:* o Estado Acreditado poderá a qualquer momento, e sem ser obrigado a justificar a sua decisão, notificar ao Estado Acreditante que o Chefe da Missão ou qualquer membro do pessoal diplomático da Missão é *persona non grata* ou que outro membro do pessoal da missão não é aceitável. O Estado Acreditante, conforme o caso, retirará a pessoa em questão ou dará por terminadas as suas funções na missão. Uma pessoa poderá ser declarada *non grata* ou não aceitável mesmo antes de chegar ao território do Estado Acreditado (art. 9º da CVRD).

Importante: a residência particular do agente diplomático goza da mesma inviolabilidade e proteção que os locais da missão (art. 30 da CVRD).

Tema bastante importante em prova são as Imunidades: Imunidade funcional, Imunidade de Jurisdição e Imunidade de Execução de Estado estrangeiro.

A imunidade diplomática alcança os atos oficiais e a vida privada (o agente diplomático e seus familiares dependentes). Já a imunidade consular alcança apenas a função do agente e não atinge a vida privada.

O tema imunidade soberana, de maneira simples, significa a impossibilidade de submeter os Estados estrangeiros à jurisdição brasileira, ou seja, não podem figurar no polo da ação.

A imunidade soberana se desdobra em duas espécies: imunidade de jurisdição e imunidade de execução.

> A **Imunidade de Jurisdição** significa a impossibilidade de Estado estrangeiro figurar no polo passivo de ação no Brasil, porém essa imunidade é relativa, a depender de o ato praticado ser "ato de gestão" (em que pratica como particular na contratação de funcionários) ou "ato de império" (em que pratica exercendo a soberania, através de suas prerrogativas como Estado soberano).
>
> Já a **Imunidade de Execução** não sofre essa divisão de atos de império ou atos de gestão e corresponde à impossibilidade de ter seus bens penhorados pela Justiça brasileira, como regra geral.

> **ATENÇÃO!**
> Como já caiu na prova, quando o Estado estrangeiro é demandado na Justiça Brasileira, o processo de execução pode seguir dois caminhos: (i) o Estado estrangeiro cumpre a execução voluntariamente ou (ii) a sentença do processo de conhecimento é encaminhada ao Estado estrangeiro por carta rogatória para cumprimento da obrigação. Além disso, o Estado estrangeiro poderá sofrer o processo de execução se renunciar à imunidade ou se o bem passível de ser penhorado não estiver ligado às funções diplomáticas ou consulares (estiver desafetado).

No 38º Exame, que aconteceu em julho de 2023, com a inclusão de mais três disciplinas (eleitoral, financeira e previdenciária), as perguntas de Direito Internacional estão nas questões de números 21 e 22 da prova objetiva.

Numa das duas questões, a Banca exigiu o conhecimento sobre "Imunidade de Jurisdição estrangeira". Em qualquer hipótese, quando o consulado de qualquer País negar o visto, a pessoa que teve o visto negado, não pode entrar com Ação exigindo que o Consulado conceda o visto, porque se trata de uma prática soberana do Estado estrangeiro (chamados de atos de império). Existe imunidade e o Estado não pode sofrer processo.

Este tema, normalmente, não é cobrado em prova. Trata-se do Direito Diplomático que foge da rotina em exigir sobre Direito Internacional Privado e o Direito Internacional Público.

13. DIREITO COMUNITÁRIO: SOLUÇÃO PACÍFICA DE CONTROVÉRSIAS

O tema solução pacífica de controvérsias, normalmente, quando exigido nas provas, refere-se ao Mercosul, lembrando que esse bloco regional foi criado pelo tratado de Assunção de 1991, sendo subscrito por Brasil, Argentina, Paraguai e Uruguai.

Alguns protocolos referentes ao Tratado de Assunção são importantes para a Prova da OAB:

> **Protocolo de Brasília** (1991/92): trata da organização e dos procedimentos para um sistema de resolução de controvérsias objetivando o fortalecimento das relações entre os Países (1994) e reafirmando os objetivos e princípios do Tratado de Assunção.
>
> **Protocolo de Ouro Preto**: atribui personalidade jurídica de Direito Internacional ao Mercosul, possibilitando sua relação como bloco com outros países, blocos econômicos e organismos internacionais.
>
> **Protocolo de Olivos**: revoga o Protocolo de Brasília, pois devido a uma maior diversificação dos problemas, é assinado com vistas a aperfeiçoar o sistema de solução de controvérsias, modificando alguns pontos para assim garantir a segurança jurídica do Mercosul; de 2002, cria o Tribunal Permanente de Revisão – TPR do Mercosul com sede em Assunção no Paraguai. Esse tribunal tem como objetivo sanar a lacuna da insegurança jurídica que era a falta de um tribunal permanente para solucionar conflitos de maneira rápida e objetiva. Trata-se de um tribunal de revisão, com competência para modificar os laudos arbitrais adotados por árbitros *ad hoc* de primeira instância.
>
> **Protocolo de Las Leñas**: dispõe sobre o Acordo de Cooperação e Assistência Jurisdicional em matéria Civil, Comercial, Trabalhista e Administrativa entre os Estados-Partes do Mercosul e foi promulgado no Brasil por meio do Decreto n. 6.891/2009. Dentre suas regras dispõe que uma sentença ou um laudo arbitral proveniente de um determinado Estado, cujo reconhecimento e execução seja solicitado a outro Estado-membro, pode ter sua eficácia admitida pela autoridade jurisdicional do Estado requerido apenas parcialmente, conforme o art. 23 do Protocolo.

Para o direito internacional, a controvérsia é uma mera discussão acerca da aplicação de normas jurídicas em um caso concreto. A solução pacífica de controvérsias é uma obrigação jurídica imposta aos Estados pela Carta da ONU (art. 33).

Classificação dos meios pacíficos de solução de controvérsias: Meios jurisdicionais, políticos e diplomáticos. A prova do Exame de Ordem exige do candidato conhecimento dos meios diplomáticos, quais sejam: Negociação, Mediação, Bons Ofícios e Conciliação.

1. **Negociação**: é a etapa preliminar para a celebração de acordos que colocam fim à controvérsia. A negociação permite transações de direitos entre as partes
2. **Mediação**: o mediador é um terceiro imparcial que participa, juntamente com os litigantes, dos entendimentos para solucionar as controvérsias. Ele sugere várias possibilidades de solução, que não são vinculantes para os litigantes. Não pode ser pessoa natural, somente Estado Soberano, OIs ou autoridades que sejam consideradas como sujeitos do direito internacional.
3. **Bons Ofícios**: é um terceiro imparcial que apenas aproxima os litigantes, ou seja, colabora com a solução. Pode ser um Estado, Organismo internacional ou uma autoridade. Não pode sugerir (cidade neutra para as negociações de paz)
4. **Conciliação**: a conciliação deve ser realizada por uma comissão composta por vários conciliadores imparciais que estudam a controvérsia e, ao final, emitem um parecer. Esse parecer não é vinculante.

13.1 Método de solução alternativa de controvérsia: arbitragem

As partes de um acordo internacional ainda podem se valer da chamada arbitragem internacional como forma alternativa de solução de conflitos. Quanto à sua especialização, os árbitros são escolhidos pelas partes para analisar determinadas matérias, como comercial, por exemplo. A escolha é que seja feito em local neutro, podendo ser a Câmara de Comercio Internacional e normalmente se verifica o menor custo em relação ao Poder Judiciário.

a) Princípios da arbitragem: autonomia da vontade, boa-fé, imparcialidade do árbitro e motivação das decisões arbitrais, confidencialidade etc.
b) Regras da arbitragem: as partes devem firmar o contrato mediante compromisso arbitral.
c) Procedimento da arbitragem: o laudo arbitral deve ser homologado pelo Superior Tribunal de Justiça para que seja executado no Brasil. Por fim, o Judiciário brasileiro não pode julgar nenhum litígio, do qual foi acordado pelas partes a solução por meio da arbitragem (art. 485, VII, do CPC).

13.2 Mecanismos de soluções de controvérsias da Organização Mundial do Comércio (OMC)

No Exame de Ordem XXIII, a Banca Examinadora exigiu do candidato matéria sobre soluções de controvérsias, sobretudo no âmbito da OMC, sendo considerada questão altamente difícil e cobrada em concurso de carreira da diplomacia. O problema não seria grave se a OAB, em que pese ter cometido um erro na resposta, tivesse procedido a sua anulação, entretanto, isso não ocorreu. A questão envolvia o sistema de funcionamento de soluções de controvérsias da Organização Mundial do Comércio (OMC), e a resposta adequada, atualmente, seria que é exigido o consenso entre os participantes para rejeitar relatórios e não para adotá-los. Em outras palavras, se apenas um membro do órgão de solução de controvérsias da OMC concordar com o teor do relatório, este será obrigatório. Todo o procedimento e o funcionamento do sistema de solução de controvérsia da OMC estão dispostos no *site* do

Ministério das Relações Exteriores. *Vide* questão. Dentro da normalidade das provas do Exame de Ordem, não é comum esse tipo de questionamento tão complexo. Algumas vezes, o candidato poderá se deparar com questões difíceis que deverão ser respondidas com cautela e equilíbrio.

14. REFUGIADOS

O Exame da Ordem XXIII exigiu do candidato questão sobre refugiado na matéria de Direito Internacional. Conforme exposto na introdução desta obra, é bastante comum a intersecção das matérias de Direitos Humanos, Internacional e Constitucional. Cada vez mais, vislumbra a interdisciplinaridade dessas matérias nas recentes provas da OAB. Em que pese ter sido cobrado em Direito Internacional, o assunto foi tratado pelo professor e coautor desta obra, professor Frederico Afonso, na parte de Direitos Humanos. Importante que o candidato remeta-se a leitura e reflexão sobre refugiado, em que o professor faz abordagem sobre o tema importante para ambas as matérias. Apenas deve ser reforçada a importância em conhecer as legislações sobre o tema, em âmbito internacional, a Convenção Relativa ao Estatuto dos Refugiados de 1951 e o protocolo relativo aos Refugiados de 1967. Em âmbito interno, a Lei n. 9.474/97, a qual definiu os mecanismos para a eficácia da Convenção de 1951 e a legislação que o Brasil adota para os refugiados.

A questão da prova exigia conceito de refugiado, competência para autorizar o *status* de refugiado, bem como recursos em caso de negativa do pedido.

O refugiado é definido pela Convenção das Nações Unidas relativa ao Estatuto dos Refugiados como a pessoa que, em razão de fundados temores de perseguição, foi obrigada a sair de seu país, necessitando abandonar suas casas, famílias e bens em busca de local para sobreviver. Dentro da sistemática internacional, a regra básica é não devolver a pessoa refugiada, sendo considerada norma do *jus cogens*, ou seja, direito fundamental do refugiado a não devolução. O instituto jurídico do refúgio no Brasil é regulado pela Lei n. 9.474/97, que define os mecanismos para implementação do Estatuto dos Refugiados no Brasil.

"**Art. 1º** Será reconhecido como refugiado todo indivíduo que:

I – devido a fundados temores de perseguição por motivos de raça, religião, nacionalidade, grupo social ou opiniões políticas encontre-se fora de seu país de nacionalidade e não possa ou não queira acolher-se à proteção de tal país;

II – não tendo nacionalidade e estando fora do país onde antes teve sua residência habitual, não possa ou não queira regressar a ele, em função das circunstâncias descritas no inciso anterior;

III – devido a grave e generalizada violação de direitos humanos, é obrigado a deixar seu país de nacionalidade para buscar refúgio em outro país".

O art. 8º da lei prevê que: "O ingresso irregular no território nacional não constitui impedimento para o estrangeiro solicitar refúgio às autoridades competentes".

O pedido de refúgio deverá ser elaborado ao CONARE e, caso sua decisão seja negativa, caberá recurso. Da decisão que nega o reconhecimento como refugiado caberá recurso, no prazo de 15 dias, ao Ministro do Estado da Justiça.

O Ministro da Justiça tem competência para julgar, em última instância, o pedido de refúgio, portanto, da decisão do Ministro não caberá mais recurso e o prazo para o recurso começa a ser contado da data do recebimento da notificação.

"**Art. 26.** A decisão pelo reconhecimento da condição de refugiado será considerada ato declaratório e deverá estar devidamente fundamentada.

Art. 27. Proferida a decisão, o Conare notificará o solicitante e o Departamento de Polícia Federal, para as medidas administrativas cabíveis.

Art. 28. No caso de decisão positiva, o refugiado será registrado junto ao Departamento de Polícia Federal, devendo assinar termo de responsabilidade e solicitar cédula de identidade pertinente.

Do Recurso

Art. 29. No caso de decisão negativa, esta deverá ser fundamentada na notificação ao solicitante, cabendo direito de recurso ao Ministro de Estado da Justiça, no prazo de quinze dias, contados do recebimento da notificação.

(...)

Art. 31. A decisão do Ministro de Estado da Justiça não será passível de recurso, devendo ser notificada ao Conare, para ciência do solicitante, e ao Departamento de Polícia Federal, para as providências devidas".

REFERÊNCIAS

BALERA, Wagner (Coord.). *Comentários à Declaração Universal dos Direitos Humanos*. São Paulo: Conceito Editorial, 2011.

PIOVESAN, Flávia. *Direitos humanos e o direito constitucional internacional*. 14. ed. rev. atual. São Paulo: Saraiva, 2013.

RAMOS, André de Carvalho; GRAMSTRUP, Eric Frederico. *Comentários à Lei de Introdução às Normas do Direito Brasileiro*. São Paulo: Saraiva, 2016.

REZEK, Francisco. *Direito internacional público*: curso elementar. 12. ed. rev. e atual. São Paulo: Saraiva, 2010.

PORTELA, Paulo Henrique Gonçalves. *Direito Internacional Público e Privado*. 10. ed. ver. atual. e ampl. Salvador: JusPodivm, 2018.

Questões
Direito Internacional

Acesse o *QR Code* e consulte as questões comentadas dos exames anteriores.
http://uqr.to/1wcft

DIREITO INTERNACIONAL PRIVADO (DIPR): ELEMENTO DE CONEXÃO

1. (40º Exame) A Fundação de Juristas Moçambique–Brasil, associação privada de fim de interesse coletivo, constituiu-se na década de 1990, na cidade de Maputo, capital de Moçambique, e pretende abrir filial no Brasil. Você, advogado(a) especializado em Direito Internacional, é procurado pela Fundação para avaliar a pretensão do caso em tela. Sobre a hipótese apresentada, assinale a afirmativa correta.

(A) A Fundação não poderá ter filial no Brasil, salvo se houver prévia decisão da justiça brasileira autorizativa.
(B) A Fundação não poderá ter filial no Brasil, antes da aprovação dos atos constitutivos pelo governo brasileiro, ficando a filial sujeita à lei brasileira.
(C) A Fundação não poderá ter filial no Brasil, salvo se houver prévia autorização legislativa do Congresso Nacional.
(D) A Fundação não poderá ter filial no Brasil, antes da aprovação dos atos constitutivos pelo governo moçambicano, ficando a filial sujeita à lei moçambicana.

RESPOSTA Nesta questão, a OAB saiu um pouco do usual, exigindo o art. 11, § 1º, da LINDB, mas, também, está dentro do esperado. Conforme mencionado, o artigo disciplina que "As organizações destinadas a fins de interesse coletivo, como as sociedades e as fundações, obedecem à lei do Estado em que se constituírem. § 1º Não poderão, entretanto ter no Brasil filiais, agências ou estabelecimentos antes de serem os atos constitutivos aprovados pelo Governo brasileiro, ficando sujeitas à lei brasileira". *Alternativa B.*

2. (39º Exame) Em uma disputa judicial estabelecida no Brasil referente a um contrato de compra e venda internacional de mercadorias, regido por lei estrangeira, uma sociedade empresária a invocou para fundamentar a sua pretensão perante a outra parte. Você, como advogado(a) especializado(a) em Direito Internacional, foi procurado(a) pela sociedade para avaliar a validade de invocar a lei estrangeira no caso em tela. Sobre a hipótese apresentada, assinale a afirmativa correta.

(A) A alegação de lei estrangeira pelos litigantes viola a ordem pública.
(B) A parte que invocar a lei estrangeira provar-lhe-á o texto e a vigência, se assim o juiz determinar diante do seu desconhecimento daquela.
(C) A alegação de lei estrangeira pelos litigantes depende da concordância da parte contrária.
(D) Ao juiz é vedado transferir o encargo de comprovar o teor e a vigência da lei estrangeira à parte.

RESPOSTA A questão trata do Direito Internacional Privado, no que tange à alegação do direito estrangeiro. A parte que alegar a lei estrangeira tem o dever de provar o texto da sua vigência, traduzir e juramentar, conforme art. 14 da LINDB. Compete ao juiz brasileiro conhecer da lei brasileira; quando alegada a lei estrangeira, cabe a parte seguir trâmites processuais importantes. *Alternativa B.*

3. (38º Exame) O cidadão francês Pierre Renoir, residente e domiciliado em Portugal, foi casado com uma espanhola, com quem teve dois filhos nascidos na Alemanha. Pierre faleceu em 2022 e deixou como herança um apartamento no Brasil, onde viveu durante a fase universitária. Nesta hipótese, à sucessão do bem será aplicada a lei

(A) francesa.
(B) portuguesa.
(C) brasileira.
(D) alemã.

RESPOSTA Trata-se de questão que envolve o Direito Internacional Privado (DIPr), especialmente o chamado elemento de conexão, o qual, tem grande incidência das provas de primeira fase da OAB. No que tange à pergunta, necessário se faz tomar cuidado com o final do enunciado "...a sucessão do bem será aplicada a lei". A pergunta se refere qual será o direito material aplicado (qual a lei) e não quer saber onde a Ação eventualmente poderia ser proposta, o que estaria diante do direito processual civil. Então, o art. 10, da Lei de Introdução às normas do Direito Brasileiro (LINDB): "A sucessão por morte ou por ausência obedece à lei do país em que domiciliado o defunto ou o desaparecido, qualquer que seja a natureza e a situação dos bem", ou seja, será aplicada a lei do último domicílio do "de cujus". Nesta hipótese o cidadão francês estava residente e domiciliado em Portugal, portanto será a lei portuguesa. *Alternativa B.*

4. (36º Exame) Um brasileiro, casado com uma espanhola, faleceu durante uma viagem de negócios a Paris. O casal tinha dois filhos nascidos na Espanha e era domiciliado em Portugal. Ele deixou bens no Brasil. Assinale a opção que indica a lei que regulará a sucessão por morte.

(A) A brasileira.
(B) A espanhola.
(C) A francesa.
(D) A portuguesa.

RESPOSTA Trata-se de questão que envolve o Direito Internacional Privado (DIPr), em que exigiu do candidato o conhecimento dos elementos de conexão, previsto na Lei de Introdução as Normas do Direito Brasileiro (LINDB).

A pergunta se refere a questão sobre sucessão, conforme art. 10 da LINDB: "A sucessão por morte ou por ausência obedece à lei do país em que domiciliado o defunto ou o desaparecido, qualquer que seja a natureza e a situação dos bens. § 1º A sucessão de bens de estrangeiros, situados no País, será regulada pela lei brasileira em benefício do cônjuge ou dos filhos brasileiros, ou de quem os represente, sempre que não lhes seja mais favorável a lei pessoal do *de cujus*". O candidato precisa ficar atento na questão, quanto as perguntas forem "qual é a lei aplicável", a resposta deverá ser com base na LINDD; quando a pergunta for referente ao "local da propositura da ação", a resposta deverá ser com base no código de processo civil. Existe a pegadinha na questão que diz ter bens no Brasil e isso pode levar o candidato a erro. Portanto, a resposta correta é a lei portuguesa, que corresponde ao domicílio do *de cujus*. *Alternativa D.*

PROCESSO CIVIL INTERNACIONAL: FIXAÇÃO DE COMPETÊNCIA

5. (40º Exame) Uma sociedade empresária colombiana celebrou, na Inglaterra, com uma sociedade alemã, um contrato para a entrega de 500 (quinhentas) sacas de café tipo arábica no Porto de Santos, Brasil, sem cláusula de eleição de foro exclusivo. Durante o transporte, houve um acidente com a embarcação, que acarretou o perecimento da mercadoria. Você, como advogado(a), é procurado(a) para ajuizar a presente ação. De acordo com o direito internacional privado brasileiro, assinale a opção que indica a autoridade judiciária competente para processar e julgar eventual demanda entre as contratantes.

(A) A autoridade judiciária inglesa, única e exclusivamente.
(B) A autoridade judiciária colombiana, concorrentemente.
(C) A autoridade judiciária alemã, única e exclusivamente.
(D) A autoridade judiciária brasileira, concorrentemente

RESPOSTA A OAB costuma perguntar sobre o Direito Internacional Privado, no que se refere a aplicação da lei brasileira ou estrangeira, bem como competência, onde a ação poderá ou deverá ser proposta. O candidato deve estar atento aos arts. 21, 22 e 23 do CPC. Nesta questão, a banca exigia a competência concorrente ou relativa da Justiça Brasileira, art. 21, II, do CPC. Para o DIPR, admite-se as respostas B e D. Se é concorrente a competência, as partes escolhem o foro competente. Por fim, a banca exigiu a resposta D e não aceitou qualquer argumento de recurso. *Alternativa D.*

6. (39º Exame) Um jato privado, de propriedade de empresa inglesa, causou um acidente ao colidir com uma aeronave comercial brasileira em território nacional, provocando várias mortes, entre passageiros e tripulantes. A família de uma das vítimas brasileiras propõe uma ação contra a empresa inglesa no Brasil, formulando pedido de reparação por danos materiais e morais. A empresa ré alega que a competência para julgar o caso é da justiça inglesa. Sobre a hipótese apresentada, segundo o direito brasileiro, assinale a afirmativa correta.

(A) O acidente ocorreu no Brasil e, assim, a justiça brasileira é competente para julgá-lo.
(B) A ré é uma empresa estrangeira que não opera no Brasil, o que impede a justiça brasileira de julgar o caso.
(C) A justiça brasileira é competente para julgar o caso, porque a vítima é brasileira.
(D) O caso deve ser remetido por carta rogatória à justiça inglesa, a quem cabe julgá-lo.

RESPOSTA Normalmente, a Banca Examinadora exige do candidato nas provas de Direito Internacional, quando o assunto é Direito Internacional Privado, ora a aplicação da lei brasileira ou estrangeira; ora sobre competência. Nesta questão, se tratava da competência para propositura da ação, portanto, a resposta correta será justiça brasileira, porque o dano ocorreu no Brasil, conforme art. 21, III, CPC. A dica é que o aluno deve seguir por exclusão, se não for competência exclusiva ou absoluta da Justiça brasileira (art. 23 do CPC), será competência relativa ou concorrente (arts. 21 ou 22 do CPC). Neste caso, o art. é o 21, III, do CPC. *Alternativa A.*

7. (37º Exame) Em Londres, uma sociedade empresária chinesa contratou, com uma sociedade empresária alemã, a entrega de 20.000 toneladas de minério de ferro no Porto de Santos, São Paulo. Por problemas relacionados ao desembarque da mercadoria, a sociedade empresária chinesa resolveu demandar em face da alemã. De acordo com as normas de Direito Internacional Privado brasileiro, assinale a afirmativa correta.

(A) A competência para processar e julgar a demanda é exclusivamente da autoridade judiciária inglesa.
(B) A competência para processar e julgar a demanda é concorrentemente das autoridades judiciárias alemã e chinesa.
(C) A Justiça brasileira é concorrentemente competente para processar e julgar a demanda.
(D) A Justiça alemã é exclusivamente competente para processar e julgar a demanda.

RESPOSTA Trata-se de questão que envolve competência concorrente entre a Justiça brasileira e a Justiça estrangeira. Conforme dicas no material teórico, importante lembrar que a competência será absoluta ou exclusiva brasileira quando a ação se referir a bem situado no Brasil (*vide* art. 23 do CPC). Se a questão não apresentar essas hipóteses, a competência será relativa ou,

DIREITO INTERNACIONAL

também, chamada concorrente. A resposta correta é a alternativa que dispõe que a competência será brasileira quando aqui tiver que ser cumprida a obrigação, conforme o art. 22, II, do CPC. *Alternativa C.*

8. **(35º Exame)** Thomas, inglês, e Marta, brasileira, que se conheceram na Inglaterra, são grandes admiradores das praias brasileiras, motivo pelo qual resolvem se casar em Natal, cidade de domicílio de Marta. Em seguida, constituem como seu primeiro domicílio conjugal a capital inglesa. O casal, que havia se mudado para Portugal passados cinco anos do início do vínculo conjugal, resolve lá se divorciar. Os consortes não tiveram filhos e, durante o matrimônio, adquiriram bens em Portugal, bem como um imóvel em Natal, onde passavam férias. Acerca do caso narrado, e com base no que dispõem o Código de Processo Civil e a Lei de Introdução às Normas do Direito Brasileiro, assinale a afirmativa correta.

(A) O casal poderia buscar as autoridades consulares brasileiras em Portugal para a realização do divórcio, sendo consensual.
(B) Se consensual o divórcio, a sentença estrangeira que o decreta produz efeitos no Brasil, independentemente de homologação pelo Superior Tribunal de Justiça.
(C) Se o casal não fez opção expressa pelo regime de comunhão parcial de bens, deverá ser observado o regime legal previsto no Código Civil brasileiro, haja vista que o casamento fora celebrado no país.
(D) Inexistindo acordo entre os cônjuges a respeito da partilha do imóvel situado no Brasil, é possível a homologação da sentença proferida pelo Poder Judiciário português que decretou o divórcio, inclusive no ponto em que determina a partilha do referido bem.

RESPOSTA Uma vez mais, a Banca Examinadora exigiu do candidato o conhecimento da sentença estrangeira de divórcio consensual, sendo totalmente legalista. Sendo assim, a sentença estrangeira depende de homologação pelo STJ. A carta rogatória e a homologação de sentença estrangeira dependem do juízo de delibação do Estado requerido. A carta rogatória carrega em seu bojo uma decisão interlocutória, de caráter não definitivo, ao passo que a sentença estrangeira traz em si um ato jurisdicional não sujeito a recurso que encerra definitivamente o litígio, dependendo apenas de sua homologação para ser executada, mas CUIDADO, o art. 961, § 5º, do CPC dispõe que, em se tratando de sentença estrangeira de divórcio consensual para produção de efeitos no Brasil, independe de homologação pelo Superior Tribunal de Justiça. *Alternativa B.*

ESTRANGEIROS E LEI DE MIGRAÇÃO

9. **(41º Exame)** Estado estrangeiro solicita, por via diplomática, ao Ministério da Justiça e Segurança Pública brasileiro (MJSP), com base em tratado, com promessa de reciprocidade, a transferência da execução da pena de Olof, estrangeiro com residência habitual no Brasil, pelo cometimento de crime perante a lei de ambos os países, punido com pena superior a dois anos. Você, como advogado(a) especializado(a) em Direito Internacional, foi procurado(a) por Olof para avaliar a viabilidade do pedido do Estado estrangeiro, depois que ele soube que o MJSP já havia se manifestado pela presença dos pressupostos formais de admissibilidade exigidos pelo tratado de que são signatários o Brasil e o Estado estrangeiro solicitante. Sobre a hipótese apresentada, assinale a afirmativa correta.

(A) O pedido terá êxito após a homologação pelo Supremo Tribunal Federal da sentença criminal estrangeira, ainda que não tenha transitado em julgado, para fins de transferência de execução da pena.
(B) O pedido terá êxito após a homologação pelo Superior Tribunal de Justiça da sentença criminal estrangeira, transitada em julgado, para fins de transferência de execução da pena.
(C) O pedido terá êxito independentemente da homologação por órgão judicial da sentença criminal estrangeira, transitada em julgado, para fins de transferência de execução da pena.
(D) O pedido terá êxito independentemente da homologação por órgão judicial da sentença criminal estrangeira, ainda que não tenha transitado em julgado, para fins de transferência de execução da pena

RESPOSTA O tema exigido nesta questão é o art. 101 da Lei de Migração (Lei n. 13.445/2017), vejamos: "O pedido de transferência de execução da pena de Estado estrangeiro será requerido por via diplomática ou por via de autoridades centrais. § 1º O pedido será recebido pelo órgão competente do Poder Executivo e, após exame da presença dos pressupostos formais de admissibilidade exigidos nesta Lei ou em tratado, encaminhado ao Superior Tribunal de Justiça para decisão quanto à homologação. *Alternativa B.*

10. **(35º Exame)** Pablo acaba de chegar do Uruguai e pretende se fixar em Uruguaiana (RS) como residente fronteiriço. Desconhecendo seus direitos como residente fronteiriço, ele procura você, como advogado(a), para receber a orientação jurídica adequada. Em relação aos direitos de Pablo, como residente fronteiriço, assinale a opção que apresenta, corretamente, a orientação recebida.

(A) A abrangência do espaço geográfico, autorizada pelo documento de residente fronteiriço de Pablo, será o território nacional.
(B) A obtenção de outra condição migratória implica a renovação automática, por prazo indeterminado, do documento de Pablo, como residente fronteiriço.
(C) A autorização para a realização de atos da vida civil poderá ser concedida a Pablo, mediante requerimento, a fim de facilitar sua livre circulação.
(D) A fim de facilitar a sua livre circulação, poderá ser concedido a Pablo, mediante requerimento, visto temporário em seu passaporte para a realização de atos da vida civil.

RESPOSTA A Lei n. 13.445/2017 trata da Migração. A essência dessa lei é a proteção de direitos humanos na temática das migrações. O Brasil é um dos países que mais se preocupa com os direitos humanos (art. 4º, II, da CF) e, portanto, reconhece a universalidade, indivisibilidade e interdependência dos direitos humanos como princípio de regência da política migratória brasileira, decorrência da proteção da dignidade da pessoa humana, valor predominante da Constituição Federal e dos tratados internacionais de direitos humanos celebrados pelo Brasil. O art. 23 da citada lei dispõe sobre o residente fronteiriço, ou seja: "A fim de facilitar a sua livre circulação, poderá ser concedida ao residente fronteiriço, mediante requerimento, autorização para a realização de atos da vida civil". *Alternativa C*.

MECANISMOS UTILIZADOS PELOS ESTADOS PARA INGRESSO E PERMANÊNCIA DO ESTRANGEIRO EM SEU TERRITÓRIO NACIONAL: VISTO

11. (36º Exame) A medida de retirada compulsória de pessoa nacional de outro país, que ingressou em território nacional com visto de visita e está exercendo atividade remunerada, será

(A) a repatriação, que é a medida administrativa de devolução de pessoa em situação de impedimento ao país de procedência ou de nacionalidade.
(B) a deportação, que é a medida decorrente de procedimento administrativo que consiste na retirada compulsória de pessoa que se encontra em situação migratória irregular em território nacional.
(C) a expulsão, que é medida administrativa de retirada compulsória de migrante ou visitante do território nacional, conjugada com o impedimento de reingresso por prazo determinado.
(D) a extradição, que é a medida de cooperação internacional entre o Estado brasileiro e outro Estado pela qual se concede ou solicita a entrega de pessoa sobre quem recaia condenação criminal definitiva ou para fins de instrução de processo penal em curso.

RESPOSTA Trata-se de questão que envolve o Direito Internacional Público (DIP) em que exigiu do candidato o conhecimento quanto a Lei de Migração (Lei n. 13.445/2017), especialmente o que tange as medidas de retirada compulsória do indivíduo do Território Nacional. Sendo assim, a resposta correta e a deportação, isso porque o indivíduo está no País de forma irregular, conforme art. 53 da Lei de Migração. Importante observar a diferença de cada Instituto fazendo a leitura de artigos correspondentes: repatriação (art. 49); deportação (arts. 50 a 53); expulsão (arts. 54 a 60); extradição (arts. 81 a 99 e art. 5º, LI e LII, da CF). *Alternativa B*.

NACIONALIDADE

12. (41º Exame) Sofia, brasileira nata, com dupla nacionalidade, portuguesa e brasileira, decidiu renunciar à nacionalidade brasileira e procurou você, como advogado(a), para receber a orientação jurídica adequada sobre os efeitos de tal decisão. Depois da avaliação do caso, você afirmou, corretamente, à sua cliente que

(A) a renúncia sendo feita de forma expressa, perante autoridade brasileira competente, dará causa à declaração da perda da nacionalidade brasileira.
(B) a renúncia, sendo feita de forma tácita, dará causa à declaração da perda da nacionalidade brasileira.
(C) após a efetivação da perda da nacionalidade, ela não poderá readquirir a nacionalidade brasileira originária.
(D) a renúncia não será aceita pela autoridade brasileira competente, em razão do risco de geração de situação de apatridia

RESPOSTA O assunto nacionalidade é uma matéria que pode ser exigida nas provas de Constitucional, Direitos Humanos e Internacional. Portanto, mister se faz estudar o tema, sobretudo ler o art. 12 da Constituição Federal. O assunto tratado nesta questão é conteúdo abordado na EC n. 131/2023, conforme art. 12, §§ 4º, II, e 5º, ambos da Constituição Federal. Vejamos: "II – fizer pedido expresso de perda da nacionalidade brasileira perante autoridade brasileira competente, ressalvadas situações que acarretem apatridia; § 5º A renúncia da nacionalidade, nos termos do inciso II do § 4º deste artigo, não impede o interessado de readquirir sua nacionalidade brasileira originária, nos termos da lei". *Alternativa A*.

DIREITO INTERNACIONAL PÚBLICO: SUJEITOS DO DIP

13. (38º Exame) Um brasileiro teve seu pedido de visto de trabalho negado por uma representação consular de um Estado estrangeiro. Inconformado, consultou você, como advogado (a), para a adoção das providências cabíveis no Brasil. Após a avaliação do caso, você concluiu que

(A) nenhuma medida judicial é cabível.
(B) deve ser proposto mandado de segurança perante a Justiça Federal.
(C) cabe reclamação trabalhista perante a Justiça do Trabalho.
(D) deve ser proposta ação condenatória por obrigação de fazer, perante o Tribunal de Justiça competente.

RESPOSTA A questão se refere ao assunto "Imunidade de Jurisdição estrangeira". Ela pode ser dividida em i) Atos de gestão: atos em que o Estado estrangeiro não pratica soberania, age como particular. (exemplo: contratação de empregados). Não tem imunidade e, por isso, pode sofrer processo; ii) Atos de império: atos praticados pelo Estado estrangeiro no exercício de suas prerrogativas soberanas (ex.: negativa de visto). Tem imunidade e não pode sofrer processo. Nesta hipótese, significa dizer que o Estado Estrangeiro pode negar o visto e a pessoa não tem direito de propor Ação e obrigar o consulado a conceder o visto. *Alternativa A*.

Direito Penal

Leonardo Castro

Professor do GRAN. Escritor com mais de uma dezena de livros publicados. Instagram: @leocastrodireito penal.

Sumário

1. PRINCÍPIOS DE DIREITO PENAL: 1.1 Princípio da insignificância; 1.2 Princípio da especialidade; 1.3 Princípio da consunção; 1.4 Princípio da individualização da pena; 1.5 Princípio da fragmentariedade; 1.6 Princípio da presunção de inocência; 1.7 Princípio da reserva legal – 2. APLICAÇÃO DA LEI PENAL (CP, ARTS. 1º A 12): 2.1 Quando?; 2.2 Onde? – 3. CRIME (CP, ARTS. 13 A 25): 3.1 Relação de causalidade (CP, art. 13); 3.2 Consumação, tentativa, desistência voluntária, arrependimento eficaz e arrependimento posterior (CP, arts. 14, 15 e 16); 3.3 Crime impossível (CP, art.17); 3.4 Dolo e culpa (CP, art. 18); 3.5 Erro de tipo e erro de proibição (CP, arts. 20 e 21); 3.6 Coação moral irresistível (CP, art. 22); 3.7 Exclusão da ilicitude (CP, arts. 23 a 25) – 4. IMPUTABILIDADE PENAL (CP, ARTS. 26 A 28): 4.1 Menoridade (CP, art. 27); 4.2 Doença mental (CP, art. 26, *caput*); 4.3 Desenvolvimento mental incompleto ou retardado (CP, art. 26, *caput*); 4.4 Embriaguez completa proveniente de caso fortuito ou força maior (CP, art. 28, II) – 5. CONCURSO DE PESSOAS: 5.1 Teoria monista e teoria pluralista; 5.2 Autor e partícipe; 5.3 Participação de menor importância (CP, art. 29, § 1º); 5.4 Cooperação dolosamente distinta (CP, art. 29, § 2º); 5.5 Circunstâncias incomunicáveis (CP, art. 30) – 6. PENAS (CP, ARTS. 32 A 95): 6.1 Como a pena é calculada; 6.2 Reincidência (CP, arts. 63 e 64); 6.3 Concurso de crimes (CP, arts. 69 a 72) – 7. EXTINÇÃO DA PUNIBILIDADE: 7.1 Morte do agente; 7.2 Nova lei que torna a conduta atípica; 7.3 Anistia, graça e indulto; 7.4 Renúncia ao direito de queixa e o perdão aceito, nos crimes de ação privada; 7.5 Retratação do agente, nos casos em que a lei a admite; 7.6 Perdão judicial; 7.7 Prescrição, decadência e perempção; 7.8 Decadência; 7.9 Prescrição – 8. CRIMES CONTRA A PESSOA (CP, ARTS. 121 A 154-B): 8.1 Homicídio (CP, art. 121); 8.2 Feminicídio; 8.3 Participação em suicídio (CP, art. 122); 8.4 Infanticídio (CP, art. 123); 8.5 Aborto (CP, arts. 124 a 128); 8.6 Lesão corporal (CP, art. 129); 8.7 Calúnia (CP, art. 138); 8.8 Difamação (CP, art. 139); 8.9 Exceção da verdade; 8.10 Injúria (CP, art. 140); 8.11 Perdão judicial (CP, art. 140, § 1º); 8.12 Injúria real (CP, art. 140, § 2º); 8.13 Injúria qualificada pelo preconceito (CP, art. 140, § 2º); 8.14 Causas de aumento de pena; 8.15 Exclusão do crime (CP, art. 142); 8.16 Retratação (CP, art. 143) – 9. OUTROS CRIMES CONTRA A PESSOA: 9.1 Intimidação sistemática (*bullying*); 9.2 Ameaça; 9.3 Perseguição (CP, art. 147-A); 9.4 Violação psicológica contra a mulher (CP, art. 147-B); 9.5 Invasão de dispositivo informático (CP, art. 154-A) – 10. CRIMES CONTRA O PATRIMÔNIO (CP, ARTS. 155 A 183): 10.1 Furto (CP, art. 155); 10.2 Roubo (CP, art. 157); 10.3 Extorsão (CP, art. 158); 10.4 Estelionato (CP, art. 171); 10.5 Receptação (CP, art. 180); 10.6 Escusas absolutórias (CP, arts. 181 a 183) – 11. CRIMES CONTRA A DIGNIDADE SEXUAL (CP, ARTS. 213 A 234-B): 11.1 Estupro (CP, art. 213); 11.2 Violação sexual mediante fraude (CP, art. 215); 11.3 Assédio sexual (CP, art. 216-A); 11.4 Estupro de vulnerável (CP, art. 217-A) – 12. CRIMES CONTRA A FÉ PÚBLICA (CP, ARTS. 289 A 311-A): 12.1 Moeda falsa (CP, art. 289); 12.2 Falsidade material de documento público (CP, art. 297); 12.3 Falsidade material de documento particular (CP, art. 298); 12.4 Falsidade ideológica (CP, art. 299); 12.5 Falsidade de atestado médico (CP, art. 302); 12.6 Uso de documento falso (CP, art. 304); 12.7 Falsa identidade (CP, art. 307) – 13. CRIMES CONTRA A ADMINISTRAÇÃO PÚBLICA: 13.1 Peculato (CP, art. 312); 13.2 Concussão (CP, art. 316) e corrupção passiva (CP, art. 317); 13.3 Prevaricação (CP, art. 319) e corrupção passiva privilegiada (CP, art. 317, § 2º); 13.4 Resistência (CP, art. 329); 13.5 Desobediência (CP, art. 330); 13.6 Desacato (CP, art. 331); 13.7 Corrupção ativa (CP, art. 337); 13.8 Descaminho (CP, art. 334); 13.9 Contrabando (CP, art. 334-A); 13.10 Contratação direta ilegal (CP, art. 337-E); 13.11 Frustração do caráter competitivo de licitação (CP, art. 337-F); 13.12 Patrocínio de contratação indevida (CP, art. 337-G); 13.13 Modificação ou pagamento irregular em contrato administrativo (CP, art. 337-H); 13.14 Perturbação de processo licitatório (CP, art. 337-I); 13.15 Violação de sigilo em licitação (CP, art. 337-J); 13.16 Afastamento de licitante (CP, art. 337-K); 13.17 Fraude em licitação ou contrato (CP, art. 337-L); 13.18 Contratação inidônea (CP, art. 337-M); 13.19 Impedimento indevido (CP, art. 337-N); 13.20 Omissão grave de dado ou de informação por projetista; 13.21 Denunciação caluniosa (CP, art. 339); 13.22 Comunicação falsa de crime ou de contravenção (CP, ART. 340); 13.23 Autoacusação falsa (CP, art. 341); 13.24 Falso testemunho ou falsa perícia (CP, art. 342); 13.25 Coação no curso do processo (CP, art. 344); 13.26 Exercício arbitrário das próprias razões (CP, art. 345); 13.27 Favorecimento pessoal (CP, art. 346); 13.28 Favorecimento real (CP, art. 347); 13.29 Exploração de prestígio (CP, art. 357). – 14. CRIMES CONTRA O ESTADO DEMOCRÁTICO DE DIREITO: 14.1 Atentado à soberania (CP, art. 359-I); 14.2 Atentado à integridade nacional (CP, art. 359-J); 14.3 Espionagem (CP, art. 359-K); 14.4 Abolição violenta do Estado Democrático de Direito (CP, art. 359-L); 14.5 Golpe de estado (CP, art. 359-M); 14.6 Interrupção do processo eleitoral (CP, art. 359-N); 14.7 Violência política (CP, art. 359-P); 14.8 Sabotagem (CP, art. 359-R); 14.9 Exclusão do crimes (CP, art. 359-T); – REFERÊNCIAS; QUESTÕES.

1. PRINCÍPIOS DE DIREITO PENAL

1.1 Princípio da insignificância

Em algumas situações, a lesão ao bem jurídico tutelado é tão irrelevante, tão sem importância, que a conduta deve ser considerada atípica – não há tipicidade material. Geralmente, o princípio é lembrado em casos de furto, embora seja possível o reconhecimento da insignificância em alguns outros delitos. O descaminho (art. 334 do CP) é um bom exemplo. Atenção ao que diz o STJ sobre o tema, nas Súmulas 589, 599 e 606.

> **CUIDADO!**
> No furto, se a coisa subtraída for de pequeno valor, deve ser aplicada a causa de diminuição de pena intitulada "furto privilegiado", do art. 155, § 2º, do CP. Para a atipicidade material pela insignificância, o valor da coisa deve ser ínfimo.

1.2 Princípio da especialidade

Há momentos em que duas leis parecem estar em conflito. Veja o exemplo do homicídio culposo. O art. 302 do Código de Trânsito Brasileiro (CTB) tipifica a conduta. Entretanto, o art. 121, § 3º, do Código Penal (CP) também a tipifica. Como decidir qual dos dois artigos deve ser aplicado? É aí que entra o princípio da especialidade. O homicídio culposo do CP é "genérico", enquanto o do CTB é específico para mortes culposas em acidentes de trânsito. Por sua especialidade, o CTB prevalece em relação ao CP.

1.3 Princípio da consunção

Algumas vezes, para a prática de uma infração penal, o agente deve praticar uma outra conduta típica. Em um homicídio, por exemplo, o agente também pratica lesão corporal, mas isso não significa que ele será punido pelos dois crimes. O crime-fim (homicídio) absorve o crime-meio (lesão corporal). A consunção também ocorre na hipótese de progressão criminosa, quando o agente inicia a prática de um delito menos grave (novamente, o exemplo da lesão corporal), mas acaba praticando delito mais gravoso (por exemplo, um homicídio). Inicialmente, ele responderia pela lesão corporal, mas, por ter havido a mudança no dolo – de *animus laedendi* para *animus necandi* –, deve ser imposta a pena do homicídio.

1.4 Princípio da individualização da pena

A sanção penal imposta deve ser proporcional ao mal causado pelo criminoso. Mesmo na hipótese de concurso de pessoas, é possível avaliar a gravidade da participação de cada um dos envolvidos. Para que a punição seja justa, o juiz, ao fixar a pena do criminoso, deve individualizá-la, com base no caso concreto. A individualização tem amparo constitucional, no art. 5º, XLVI.

1.5 Princípio da fragmentariedade

Em uma lesão na mão, acredito que a amputação do membro seja a última opção em um tratamento médico. Assim deveria ser o Direito Penal. A criminalização de uma conduta deveria ser a última medida a ser adotada para resolver um problema, apenas quando nada mais fosse eficiente. Por isso, é dito que o Direito Penal é fragmentário e subsidiário. Veja o que diz o STJ a respeito: "(...) em atenção aos princípios da fragmentariedade e da subsidiariedade, o Direito Penal apenas deve ser utilizado contra ofensas intoleráveis a determinados bens jurídicos e nos casos em que os demais ramos do Direito não se mostrem suficientes para protegê-los. Dessa forma, entende-se que o Direito Penal não deve ocupar-se de bagatelas". (HC 208.569-RJ, julgado em 22-4-2014).

1.6 Princípio da presunção de inocência

Todos sabem que ninguém será considerado culpado até o trânsito em julgado da sentença penal condenatória. Todavia, é importante ter atenção ao princípio em relação à Súmula 444 do STJ, frequentemente cobrada pela banca no Exame de Ordem.

1.7 Princípio da reserva legal

Só é possível a criação de novos tipos penais e a imposição de pena por meio de lei em sentido estrito. No passado, foi questionado se seria possível a tipificação de condutas por medida provisória. Para dar fim à discussão, a Emenda Constitucional (EC) n. 32/2001 adicionou à Constituição Federal (CF) o art. 62, § 1º, I, *b*, que veda, expressamente, a edição de Medida Próvisória (MP) em matéria penal. Curiosamente, apesar de a EC ter sido editada há mais de 20 anos, as bancas ainda perguntam a respeito do tema em provas.

2. APLICAÇÃO DA LEI PENAL

Os primeiros 12 artigos do Código Penal estabelecem regras de aplicação (ou não) da lei penal brasileira. Se estudados separadamente, talvez você tenha alguma dificuldade em compreender o teor desses dispositivos. Por isso, prefira a leitura em conjunto dos arts. 1º a 12 do CP, em um passo a passo para decidir se a lei penal brasileira deve incidir em um caso concreto.

2.1 Quando ocorre a conduta?

A primeira pergunta a ser respondida é: quando ocorreu a conduta? Se, no dia 15 de agosto, agindo com vontade de matar, disparo tiros contra uma pessoa, e a vítima morre no mês seguinte, no dia 16 de setembro, a conduta ocorreu no dia 15 e o resultado no dia 16. A data da conduta é a que deve ser considerada para decidir pela aplicação da lei penal brasileira (teoria da atividade,

DIREITO PENAL

nos termos do art. 4º do CP). Ciente do "quando", as próximas perguntas são as seguintes:

a) Na época, a conduta era formalmente típica em nossa legislação? Ou seja, quando ocorreu a conduta, havia previsão em lei para que a conduta fosse considerada criminosa? Se sim, já sabemos que a lei penal brasileira será, a princípio, aplicada. Isso se dá em razão do princípio da anterioridade.

- **Princípio da anterioridade:** previsto no art. 1º do CP, estabelece que uma conduta só será considerada crime se, na época em que foi praticada, já existir lei que a criminalize. Um bom exemplo é o crime de invasão de dispositivo informático (CP, art. 154-A do CP), que não existia até 2012. Quem invadiu um computador em 2011 não praticou o delito do art. 154-A do CP, afinal, ele ainda não existia. A criminalização deve ser sempre anterior à conduta.

b) Se a resposta anterior foi afirmativa – havia, sim, na época da conduta, lei que a criminalizava –, surge uma outra pergunta: após a conduta, houve alguma alteração na lei? Se sim, temos de fazer algumas análises para concluir a respeito de qual lei será aplicada (a nova ou a antiga). Para que fique mais fácil de estudar o tema, veja o quadro a seguir:

EXPRESSÃO	O QUE É?
Extra-atividade da lei	A lei é aplicada em momento diverso de sua vigência. Divide-se em duas espécies: retroatividade e ultratividade.
Retroatividade da lei	A lei é aplicada a condutas ocorridas antes de sua vigência. É o equivalente a voltar ao passado com uma máquina do tempo.
Ultra-atividade da lei	Uma lei que já não está mais vigente permanece sendo aplicada. É o fantasma de alguém que já morreu.
Novatio legis in mellius	É a nova lei, posterior à conduta, mais benéfica.
Novatio legis in pejus	É a nova lei, posterior à conduta, mais gravosa.
Lex mitior	É a lei mais benéfica em relação à outra.
Lex gravior	É a lei mais gravosa quando comparada à outra.
Abolitio criminis	É o que ocorre quando uma lei posterior à conduta a descriminaliza.

- **Retroatividade da lei penal:** a lei penal posterior alcançará condutas do passado quando mais benéfica. É a exceção ao princípio da irretroatividade da lei penal (art. 5º, XL, da CF).

> **DICAS**
> A lei penal posterior mais benéfica sempre retroagirá, ainda que exista sentença condenatória transitada em julgado (art. 2º do CP).

- **Ultratividade da lei penal:** a lei da época da conduta, não mais vigente por existir lei posterior, continua sendo aplicada. O fenômeno é observado nas seguintes hipóteses:

a) A lei da época da conduta é mais benéfica. Ou seja, a nova lei é mais gravosa (*novatio legis in pejus*), não podendo retroagir.

b) A conduta foi praticada na vigência de lei penal temporária ou excepcional (art. 3º do CP).

> **REFLEXÃO!**
> Imagine que um *tsunami* destruiu dezenas de cidades brasileiras. Em razão da tragédia, criminosos passam a subtrair alimentos com o intuito de revenda por valores elevados, tirando vantagem da desgraça sofrida por milhões de pessoas. Imediatamente, é editada a Lei n. 1.234/2019, que estabelece que, entre os dias 15 de agosto de 2019 e 15 de agosto de 2020, tempo previsto para o restabelecimento da normalidade, será qualificado o furto de alimentos. No dia 10 de agosto de 2020, Joaquim furta 20 quilos de arroz, com o intuído de vendê-los. Se não existisse o art. 3º do CP, o Estado teria uns poucos dias para o oferecimento da denúncia, o julgamento de Joaquim, o trânsito em julgado da sentença condenatória e a execução da pena. Ou seja, impossível.

- **Abolitio criminis:** é causa de extinção da punibilidade (art. 107, III, do CP). Sempre retroagirá.

2.1.1 Tempo do crime

É importante ressaltar que, para a análise do "quando", devemos considerar, sempre, o tempo da conduta, e não o do resultado. Isso porque o Código Penal adota a teoria da atividade (art. 4º). Vez ou outra, a banca faz alguma pegadinha com a hipótese do adolescente infrator. Entenda: no dia 10 de julho de 2019, João, de 17 anos, agindo com vontade de matar, desfere facadas em Maria. No dia 15 do mesmo mês, João completa 18 anos. No dia 21 de julho, Maria morre em razão das facadas. João deve ser punido como adolescente ou como adulto? Como adolescente, pois, como já dito, em razão da teoria da atividade, a escolha da lei a ser aplicada é feita com base no tempo da conduta, e não do resultado.

2.1.2 Combinando leis

Até 2006, o tráfico de drogas esteve tipificado no art. 12 da Lei n. 6.368/76. A pena era de 3 a 15 anos. Com a entrada em vigor da Lei n. 11.343/2006, a nova Lei de Drogas, o tráfico passou a ser punido com penas mais altas, de 5 a 15 anos. Portanto, a princípio, lei mais gravosa (*novatio legis in pejus*), não podendo retroagir. Ocorre que, na lei mais recente, existe uma causa de diminuição de pena intitulada *tráfico privilegiado* (art. 33, § 4º), que possibilita a diminuição de pena em até 2/3, fazendo com que a pena mínima atual, de 5 anos, possa ficar inferior à pena mínima antiga, que era de 3 anos. Achou confuso? Entenda:

a) No ano de 2005, Carlos Alberto praticou o crime de tráfico de drogas. Na época, estava vigente a Lei n. 6.368/76, com pena mínima de 3 anos.

b) Em 2006, entrou em vigor a Lei n. 11.343, com pena mínima de 5 anos para o tráfico.

c) Em 2007, quando foi condenado, deveria ser imposta a Carlos Alberto, necessariamente, a Lei n. 6.368/76? Não! Embora a pena mínima fosse menor (3 anos), se ele fizer jus à nova causa de diminuição (Lei n. 11.343/2006, art. 33, § 4º), a pena pode ficar inferior aos 3 anos da antiga lei. Ou seja, a Lei n. 11.343/2006, a princípio, é mais gravosa (*novatio legis in pejus*). Entretanto, se aplicada a causa de diminuição de pena nela prevista, pode ser mais benéfica do que a Lei n. 6.368/76.

Surgiu, então, a seguinte teoria: o mais justo, no caso de Carlos Alberto, seria a união da pena mínima da lei antiga (3 anos) com a causa de diminuição da lei nova. O STJ não gostou da ideia e editou a Súmula 501, vedando a combinação de leis.

2.1.3 Súmula 711 do STF

A Súmula 711 do STF é tema certo em concursos. A banca FGV já a cobrou várias vezes na primeira fase. A obsessão das bancas pelo enunciado tem um motivo: ele parece violar o princípio da irretroatividade da lei penal. Veja o seguinte exemplo:

a) No dia 20 de agosto de 2019, Ronaldo sequestra Eduarda. Atualmente, a pena é de 1 a 3 anos (art. 148 do CP).

b) Em outubro de 2019, entra em vigor a Lei n. 1.234, aumentando a pena do delito, que passa a ser de 2 a 6 anos.

c) No mês de dezembro de 2019, Ronaldo liberta Eduarda.

Qual é a pena que deve ser aplicada a Ronaldo? A da Lei n. 1.234, ainda que mais gravosa. Isso porque, segundo a Súmula 711-STF, nas hipóteses de crime permanente (o caso do exemplo) e de crime continuado, deve ser aplicada a lei da época em que cessou a permanência ou a continuidade, ainda que mais grave.

2.2 Onde?

Além do tempo, para decidir pela aplicação da lei, é preciso saber onde a infração penal ocorreu. Se digo que um roubo ocorreu nas ruas de Manaus, Amazonas, é fácil dizer que a lei a ser aplicada será a brasileira. Por outro lado, se o exemplo trouxer situação em que um brasileiro foi vítima de estupro em um país europeu, já não é tão simples. Para chegar à resposta, temos de conhecer os princípios da territorialidade e da extraterritorialidade.

2.2.1 Territorialidade

Para condutas típicas praticadas dentro do território nacional, deve ser aplicada a lei brasileira. Por isso, se praticado um homicídio na cidade de Vila Bela da Santíssima Trindade, no Mato Grosso, a princípio, o criminoso deve ser responsabilizado pela lei do Brasil, por força do princípio da territorialidade.

- **Princípio da territorialidade temperada:** em algumas hipóteses, é possível a aplicação de convenções, tratados e regras de direito internacional ao crime cometido em território brasileiro. Por essa razão, é dito que o art. 5º, *caput*, do CP estabelece o princípio da territorialidade temperada.

- **Território brasileiro por extensão:** o território brasileiro se estende além das nossas fronteiras. As hipóteses estão no art. 5º, §§ 1º e 2º, do CP. Para facilitar o aprendizado, veja o esquema a seguir:

a) Embarcações e aeronaves brasileiras públicas ou a serviço do governo brasileiro, em qualquer lugar do planeta: território brasileiro.

b) Embarcações e aeronaves brasileiras mercantes ou de propriedade privada em alto-mar (é lógico, sendo aeronave, no espaço aéreo sobre o alto-mar): território brasileiro.

c) Embarcações e aeronaves privadas estrangeiras em nosso território (incluído o mar territorial): território brasileiro.

d) Embarcações e aeronaves privadas brasileiras em território estrangeiro: território estrangeiro, mas a lei penal brasileira pode ser aplicada em razão da extraterritorialidade (art. 7º, II, *c*, do CP).

- **Embaixadas:** não são mencionadas no art. 5º do CP. Logo, embora seja assegurada a inviolabilidade dos locais onde estão instaladas embaixadas e consulados, não significa que sejam território estrangeiro por extensão. Por isso, por exemplo, a embaixada do Brasil em Roma não é considerada território brasileiro. Da mesma forma, a embaixada italiana no Brasil não é considerada território italiano.

2.2.2 Extraterritorialidade

Em algumas situações, a lei penal brasileira alcançará fatos ocorridos em território estrangeiro. Não é como na territorialidade, em que a infração penal foi praticada em território nacional. Em respeito à soberania de Estados estrangeiros, a extraterritorialidade é excepcional.

- **Hipóteses:** estão dispostas no art. 7º do CP. São elas:

a) crimes contra a vida ou a liberdade do Presidente da República;

b) crimes contra o patrimônio ou a fé pública da União, do Distrito Federal, de Estado, de Território, de Município, de empresa pública, sociedade de economia mista, autarquia ou fundação instituída pelo Poder Público;

c) crimes contra a administração pública, por quem está a seu serviço;
d) crimes de genocídio, quando o agente for brasileiro ou domiciliado no Brasil;
e) crimes que, por tratado ou convenção, o Brasil se obrigou a reprimir;
f) crimes praticados por brasileiro;
g) crimes praticados contra brasileiro;
h) crimes praticados em aeronaves ou embarcações brasileiras, mercantes ou de propriedade privada, quando em território estrangeiro e aí não sejam julgados.

- **Extraterritorialidade condicionada e incondicionada:** nas hipóteses do inciso I do art. 7º, a lei penal brasileira será aplicada ainda que o agente tenha sido condenado ou absolvido pela Justiça estrangeira (extraterritorialidade incondicionada). Por outro lado, naquelas do inciso II, a aplicação da lei brasileira depende das condições previstas no art. 7º, § 2º (extraterritorialidade condicionada).
- **Lei de tortura:** o art. 2º da Lei n. 9.455/97 prevê hipótese de extraterritorialidade quando praticada tortura contra brasileiro em território estrangeiro.

2.2.3 Teoria mista

Para definir onde um crime foi praticado, devemos considerar tanto o lugar da conduta (atividade) quanto o do resultado (art. 6º do CP). Em relação ao lugar do crime, a teoria adotada pelo CP é a mista ou da ubiquidade, e não a da atividade, como ocorre em relação ao tempo (art. 4º do CP).

3. CRIME

3.1 Relação de causalidade

O nexo de causalidade é o *link* entre a conduta e o resultado. Se atiro contra uma pessoa e, simultaneamente, alguém a atropela, causando a sua morte, não responderei pelo homicídio consumado, afinal, não há nexo de causalidade entre a minha conduta (matar) e o resultado (a morte da vítima). Portanto, o nexo de causalidade é essencial para a existência de um delito. As principais teorias a respeito do tema:

Teoria da equivalência dos antecedentes: é a adotada como regra pelo CP (art. 13, *caput*). Para a teoria, causa é todo fato humano que, se extraído da linha do tempo, evitaria a produção do resultado. Entenda:

Pela teoria da equivalência dos antecedentes, a mineradora, o fabricante de armas, quem roubou a arma, quem vendeu a arma e João, o pai da vítima, deveriam ser responsabilizados pelo homicídio culposo de Pedro. Entretanto, lembre-se: na estrutura do crime, deve haver conduta, dolosa ou culposa. De todos os envolvidos na cadeia de eventos que produziu o resultado morte, apenas João seria responsabilizado, caso constatada a sua negligência em evitar o acesso de Pedro ao armamento. Portanto, embora a teoria possa fazer com que a punição retroceda ao infinito, só será responsabilizado pelo resultado delituoso quem agiu com dolo ou culpa.

Teoria da causalidade adequada: para esta teoria, não basta a imprescindibilidade da causa na linha do tempo, como ocorre na teoria da equivalência dos antecedentes. Para que um evento seja considerado causa, além de necessário, deve ser adequado à produção do resultado. É a teoria adotada no art. 13, § 1º, do CP ao tratar de causa superveniente. Quando aplicada, faz com que a teoria da equivalência dos antecedentes não retroceda ao infinito.

3.1.1 A superveniência de causa independente

A causa superveniente que produz o resultado pode, ou não, decorrer da conduta. É o clássico exemplo da ambulância: "A" espanca "B" e, a caminho do hospital para ser socorrido, "B" morre em acidente de trânsito enquanto estava na ambulância. Pergunto: "A" deve ser punido pela morte de "B"? Se o espancamento não tivesse ocorrido, "B" não estaria na ambulância e não teria morrido no acidente. Pela teoria da equivalência dos antecedentes, "A" deveria ser punido pelo resultado morte, pois há relação de dependência entre a conduta de "A" e a morte de "B". Todavia, com base no art. 13 do CP, devemos fazer da seguinte forma:

a) Causa superveniente absolutamente independente: o resultado não deve ser atribuído ao autor de determinada conduta, pois esta em nada influenciou para a ocorrência do resultado.

b) Causa superveniente relativamente independente (art. 13, § 1º, do CP): embora exista vínculo entre a conduta e o resultado, é preciso avaliar se a causa posterior produziu, por si só, o resultado. Exemplo: agindo com vontade de matar, Samuel dispara um tiro em Manoel. A vítima é internada em um hospital. Certa noite, o hospital é queimado por um incêndio, e Manoel morre queimado. Análise: se Samuel não disparasse o tiro em Manoel, este não estaria no hospital e não teria morrido queimado. No entanto, o incêndio, por si só, produziu o resultado morte. Por isso, não deve Samuel ser responsabilizado pela morte (homicídio consumado). A ele deve ser atribuída somente a prática da conduta anterior – tentativa de homicídio. O motivo da conclusão: a causa relativamente independente produziu, por si só, o resultado.

3.1.2 Omissão imprópria (CP, art. 13, § 2º)

Em regra, ninguém pode ser punido por deixar de fazer algo, salvo se a lei disser *expressamente* que a omissão é típica (omissão própria – art. 13, § 2º, do CP). Ocorre que, para algumas pessoas (*garantidoras*), o Código Penal impõe o dever de evitar o resultado em condutas praticadas por ação (crimes comissivos). Sei que é confuso, mas veja o seguinte exemplo, extraído de uma questão do XIV Exame de Ordem:

Isadora, mãe da adolescente Larissa, de 12 anos de idade, saiu um pouco mais cedo do trabalho e, ao chegar à sua casa, da janela da sala, vê seu companheiro, Frederico, mantendo relações sexuais com sua filha no sofá. Chocada com a cena, não teve qualquer reação. Não tendo sido vista por ambos, Isadora decidiu, a partir de então, chegar à sua residência naquele mesmo horário e verificou que o fato se repetia por semanas. Isadora tinha efetiva ciência dos abusos perpetrados por Frederico, porém, muito apaixonada por ele, nada fez. Assim, Isadora, sabendo dos abusos cometidos por seu companheiro contra sua filha, deixa de agir para impedi-los.

O estupro de vulnerável (art. 217-A do CP) é crime comissivo, que se dá por ação – *ter* conjunção carnal ou *praticar* outro ato libidinoso. O dispositivo mencionado não fala em *deixar de ter* ou *deixar de praticar*. Logo, não se trata de crime omissivo próprio. Todavia, Isadora, a mãe da adolescente, será responsabilizada pelo estupro de vulnerável, crime comissivo, mesmo sem ter praticado os verbos *ter* ou *praticar*. Isso porque deveria ter evitado o resultado, mas nada fez – é dever dos pais o cuidado com os filhos menores. É o que a doutrina chama de omissão imprópria.

Evidentemente, no exemplo da mãe que não evita o estupro da filha, o estuprador, Frederico, também deverá ser responsabilizado pelo mesmo delito. Ele, pela prática de crime comissivo, o estupro de vulnerável. Ela, também pelo estupro de vulnerável, crime comissivo, mas por omissão – por isso a omissão imprópria também é chamada de *crime comissivo por omissão*. O agente pratica um delito comissivo ao deixar de fazer algo.

De acordo com o art. 13, § 2º, do CP, o dever de agir é imposto a quem:

a) por lei, tem o dever de cuidado, proteção, vigilância;
b) assumiu a responsabilidade de evitar o resultado;
c) com seu comportamento anterior, criou o risco da ocorrência do resultado.

As pessoas não abrangidas pelas hipóteses descritas não podem ser punidas pela omissão, salvo se a lei punir expressamente a omissão (omissão própria).

> **ATENÇÃO!**
> Só se pune pela omissão se o omisso podia fazer algo, mas nada fez. Ex.: utilizando arma de fogo, Frederico estupra Larissa na frente de Isadora, e afirma que matará ambas se a mãe da menina tentar reagir. Neste exemplo, Isadora não poderia evitar a prática delituosa, não podendo ser responsabilizada pelo estupro de vulnerável.

3.2 Consumação, tentativa, desistência voluntária, arrependimento eficaz e arrependimento posterior

3.2.1 *Iter criminis*

A banca sempre cobra os arts. 14, 15 e 16 do CP em conjunto. Para saber distinguir um do outro, é essencial a compreensão do *iter criminis* (caminho do crime). Veja o esquema a seguir:

a) Cogitação: o crime está na cabeça do agente; jamais será punida. Ex.: em uma discussão no trânsito, Gustavo imagina como seria matar o outro motorista.

DIREITO PENAL

b) **Preparação:** o agente se prepara para a execução de uma infração penal. Pode, por si só, configurar algum fato típico. Todavia, não faz com que o agente seja punido pelo crime desejado. Ex.: Carolina quer matar Mariana e para a prática do homicídio ela adquire uma faca.

c) **Execução:** o agente passa a praticar a conduta tipificada. Ex.: Carolina está desferindo facadas em Mariana.

d) **Consumação:** segundo o Código Penal, o crime é consumado quando nele se reúnem todos os elementos de sua definição legal. Ex.: Mariana morre em razão das facadas desferidas por Carolina.

3.2.2 Punição

A forma como o criminoso será punido depende das circunstâncias fáticas. Entenda:

a) **Crime consumado:** o criminoso responderá pela pena "cheia", descrita no tipo penal. No homicídio simples (art. 121, *caput*, do CP), por exemplo, a pena é de 6 a 20 anos. É a pena a ser aplicada ao homicida.

b) **Crime tentado:** o criminoso responderá pela pena "cheia", mas diminuída de 1 a 2/3.

3.2.3 Tentativa

Na tentativa, o agente inicia ou, até mesmo, encerra a execução, mas não consegue consumar o delito, apesar do seu esforço. Ex.:

a) Agindo com vontade de matar, Paulo dispara um tiro contra Ricardo. No momento em que pretendia dar o segundo tiro, a arma trava, impedindo novos disparos. Portanto, Paulo não conseguiu concluir a execução, pois a arma parou de funcionar, e não consumou o delito (a morte de Ricardo) contra a sua vontade. Como já explicado, deve ser punido pela pena "cheia", diminuída de 1 a 2/3.

b) Agindo com vontade de matar, Paulo descarrega toda a munição da arma em Ricardo, concluindo a execução do crime. No entanto, populares socorrem Ricardo, que sobrevive graças ao rápido atendimento médico. Paulo será punido pela pena "cheia" do homicídio, reduzida de 1 a 2/3.

3.2.4 Desistência voluntária

Iniciada a execução, mas antes de concluí-la, o agente, voluntariamente, desiste da consumação. Exemplo: Paulo quer matar Rodrigo. Após o primeiro tiro, podendo efetuar novos disparos, Paulo percebe o erro de sua conduta e não mais deseja matar Rodrigo. Se quisesse, poderia concluir a execução, mas desiste. No exemplo, Paulo será responsabilizado apenas pelo que efetivamente fez (ex.: lesão corporal), e não mais pelo homicídio, delito inicialmente pretendido.

3.2.5 Arrependimento eficaz

O criminoso conclui a execução e, antes da consumação, age e consegue evitá-la. Exemplo: agindo com vontade de matar, Paulo gasta toda a sua munição em Rodrigo, ou seja, concluiu a execução. Todavia, ao ver a vítima agonizando no chão, Paulo se arrepende do que fez, presta socorro e Rodrigo sobrevive. No exemplo, Paulo deve ser responsabilizado pelo que efetivamente fez (ex.: lesão corporal), e não mais pelo homicídio, crime inicialmente pretendido.

TENTATIVA	DESISTÊNCIA VOLUNTÁRIA	ARREPENDIMENTO EFICAZ
O agente quer, até o fim, a consumação, que não é alcançada contra a sua vontade.	O agente queria, inicialmente, a consumação de um determinado delito. No entanto, iniciada a execução, mas antes de concluí-la, desiste da consumação.	O agente queria, inicialmente, a consumação de um determinado delito. Todavia, concluída a execução, ele age e evita a consumação do crime.
A execução pode ou não ser concluída.	A execução não é concluída.	A execução é concluída.
O agente responde pela pena do delito desejado, mas diminuída de 1 a 2/3.	O agente responde apenas pelo que efetivamente fez. Não é imposta a pena do crime inicialmente pretendido.	O agente responde apenas pelo que efetivamente fez. Não é imposta a pena do crime inicialmente pretendido.

Dica (1)
Para indicar que a resposta é a desistência voluntária, a banca diz que houve "um único tiro" ou afirma que a desistência ocorreu após a "primeira facada". Ou seja, utiliza expressões que indicam que a execução não foi até o fim.

Dica (2)
Só se fala em arrependimento eficaz se o agente conseguir evitar a consumação. Caso a consumação ocorra, ele será responsabilizado pelo delito inicialmente, afinal, o arrependimento foi ineficaz.

3.2.6 Arrependimento posterior

O crime já se consumou. Não tem mais volta. Por isso, a pena do delito pretendido será aplicada ao agente, com a diminuição de 1 a 2/3. Atenção aos requisitos exigidos pelo art. 16 do CP:

a) Só é possível o arrependimento posterior em crimes sem violência ou grave ameaça à pessoa. Se a violência for contra coisa (ex.: um automóvel), o arrependimento posterior é possível. Por causa deste requisito, a banca costuma utilizar o furto quando quer tratar a respeito do tema.

b) O arrependimento consiste em reparação do dano ou restituição da coisa. É condição para a incidência da causa de diminuição de pena.

c) O arrependimento só é possível até o recebimento da denúncia ou queixa.

3.3 Crime impossível

O crime impossível (*tentativa inidônea*), previsto no art. 17 do CP, ocorre quando, por mais que o agente tente, a consumação jamais será alcançada. Quando presente, torna o fato atípico, não podendo o autor da conduta ser punido pela tentativa. Exemplo extraído do XVII Exame de Ordem:

> Cristiane, revoltada com a traição de seu marido, Pedro, decide matá-lo. Para tanto, resolve esperar que ele adormeça para, durante a madrugada, acabar com sua vida. Por volta das 22h, Pedro deita para ver futebol na sala da residência do casal. Quando chega à sala, Cristiane percebe que Pedro estava deitado sem se mexer no sofá. Acreditando estar dormindo, desfere 10 facadas em seu peito. Nervosa e arrependida, liga para o hospital e, com a chegada dos médicos, é informada que o marido faleceu. O laudo de exame cadavérico, porém, constatou que Pedro havia falecido momentos antes das facadas em razão de um infarto fulminante.

Por mais que Cristiane tente, jamais consumará o delito de homicídio, afinal, a vítima já estava morta. E a intenção dela, não conta? Não. Pouco importa o desejo de matar de Cristiane. O bem jurídico tutelado – a vida humana de Pedro – está fora do seu alcance. Por isso, não poderá ser responsabilizada por tentativa de homicídio. Todavia, cuidado: só se fala em crime impossível se houver absoluta ineficácia do meio de execução (ex.: tentar matar com manga e leite) ou absoluta impropriedade do objeto (ex.: matar vítima já falecida). Se a ineficácia ou a impropriedade for relativa, o agente deverá ser punido pela tentativa. Ex.:

> Cristiane quer matar Pedro. Para isso, coloca veneno de rato em seu café. Pedro, ao ingerir o veneno, passa muito mal, mas sobrevive em virtude de a quantidade de veneno usada por Cristiane ter sido insuficiente para matá-lo. É inegável, veneno de rato é meio eficaz para matar um ser humano, mas Cristiane usou quantidade insuficiente. Portanto, houve ineficácia relativa do meio de execução, devendo Cristiane ser punida por tentativa de homicídio.

3.4 Dolo e culpa

3.4.1 Dolo

O tema é tratado no art. 18, I, do CP. De acordo com o dispositivo, há dolo quando o agente quer o resultado (dolo direto) ou quando assume o risco de produzi-lo (dolo indireto). Na primeira hipótese, o Código Penal adota a teoria da vontade; na segunda, a teoria do assentimento. Embora haja uma porção de teorias sobre o assunto, o leitor deve se preocupar, em especial, com a distinção entre o dolo direto, o dolo eventual e a culpa, pois a banca sempre pede esses assuntos em conjunto.

a) Teoria da vontade: o agente quer o resultado e pratica conduta para alcançá-lo (quero matar e, para isso, disparo tiros contra alguém). É o dolo direto.

b) Teoria do assentimento: o agente prevê o resultado e não o quer, mas assume o risco de produzi-lo, prefere praticar a conduta em vez de abster-se, embora saiba que pode causar o resultado. É o que ocorre no dolo eventual, espécie de dolo indireto.

A doutrina também fala em dolo de primeiro grau e dolo de segundo grau. No dolo de primeiro grau, o agente busca um determinado resultado e, para conquistá-lo, executa a conduta de forma que somente ele é alcançado. Ex.: "A" quer matar "B" e, para tanto, dispara tiros em sua direção. No dolo de segundo grau, o agente também busca determinado resultado, mas para alcançá-lo deve, necessariamente, atentar contra outros bens jurídicos além do desejado, produzindo outros resultados. Ex.: "A" quer matar "B" e, para isso, joga uma granada em sua direção, causando a morte de outras pessoas que estavam ao redor. Embora o desejo fosse o de matar "B", a morte dos demais foi efeito colateral necessário para que o resultado fosse alcançado.

3.4.2 Culpa

Quando se fala em culpa, logo vem à mente a ideia de resultado não desejado. Não está incorreto, mas vale lembrar que, no dolo eventual, o agente também não quer o resultado, embora assuma o risco de produzi-lo. Portanto, não é o melhor conceito para crime culposo. Segundo o art. 18, II, do CP, é culposo o delito quando o agente deu causa ao resultado por imprudência, negligência ou imperícia.

A imprudência consiste em conduta positiva. É um *fazer* sem a observância às cautelas necessárias. Quem dirige acima do limite de velocidade em uma via age de forma imprudente, por não observar o dever de cuidado a todos imposto. Na negligência, há um *não fazer*, uma inação. O agente deveria ter feito algo, mas não fez. É o caso do funcionário público que deveria ter trancado a porta do setor ao sair, mas não o fez, e, em virtude disso, possibilitou que ladrões subtraíssem bens da repartição. Por fim, na imperícia, temos a culpa profissional, quando por inobservância de regras concernentes ao exercício da profissão o agente acaba por produzir o resultado. Ex.: o médico que deixa de observar o procedimento adequado a determinado caso e, em consequência, causa a morte do paciente.

DIREITO PENAL

É importante observar que, para fins penais, só importa a análise da culpa quando prevista expressamente a modalidade culposa de prática de determinado delito. Ou seja, só se fala em crime culposo se houver previsão legal. É possível, por exemplo, o homicídio culposo (art. 121, § 3º, do CP). Por outro lado, não se fala em furto culposo em razão de o art. 155 do CP não o punir. Entretanto, cuidado: nem sempre a lei penal informa expressamente que o crime é culposo, como acontece no homicídio e na lesão corporal (art. 129, § 6º, do CP). Na receptação culposa (art. 180, § 3º, do CP), por exemplo, o Código Penal não fala *receptação culposa*, mas é possível perceber que se trata de hipótese de crime culposo pela leitura do dispositivo.

Só se fala em prática de crime culposo quando o resultado produzido era previsível. Darei um exemplo questionável, mas que serve para ilustrar a explicação. Imagine que João vive em uma fazenda, em meio a lugar nenhum. Não há vizinhos nem outros seres humanos próximos. Certo dia, ele resolve praticar *tiro ao alvo* com seu revólver, tendo em sua mira algumas árvores em sua propriedade. Após alguns disparos, João houve um grito de dor. Ao se aproximar, percebe um homem caído no chão, em seus últimos segundos de vida em razão de ter sido atingido pelos disparos. Como João poderia imaginar que, em meio às árvores, havia um homem? Como culpá-lo por um resultado (no caso, a morte) que nem mesmo o mais prudente dos homens poderia ter previsto?

É claro, João nem deveria ter disparado a sua arma. Ademais, poderia ter checado o alvo antes dos disparos. Alguém mais cuidadoso poderia ter evitado o resultado. Todavia, para aferir a previsibilidade do resultado, devemos nos perguntar o que o homem médio faria naquela situação. O homem médio é aquela pessoa normal, de inteligência mediana e comportamento-padrão. Não é um gênio nem é um tolo. Não se apega tanto ao zelo, mas não é desleixado. Enfim, é o ser humano *standard*. Na análise de um caso concreto, só haverá punição por culpa se previsível o resultado produzido, levando-se em consideração, como já dito, a previsibilidade tendo como parâmetro o homem médio.

Da previsibilidade da conduta surgem duas importantes classificações, sempre presentes em provas: a culpa consciente e a culpa inconsciente. Na prática, não há muita diferença entre as duas culpas, visto que o agente será responsabilizado por crime culposo, tendo ele previsto ou não o resultado. Todavia, não se trata de uma classificação sem fundamento, especialmente quando há conflito entre a culpa consciente e o dolo eventual, assunto estudado mais para frente. Na culpa inconsciente, o resultado era previsível (lembre-se do homem médio), mas o agente não o previu. Na culpa consciente, ele prevê o resultado, mas acredita sinceramente que ele não ocorrerá.

A culpa inconsciente não exige muita reflexão. A sua ocorrência se dá quando o agente produz um resultado por não passar em sua cabeça que ele poderia acontecer. Contudo, analisada a conduta pelos olhos do homem médio, conclui-se que, com zelo, ele poderia ter previsto o resultado. Na culpa consciente, o agente prevê o resultado, mas imagina estar apto a evitá-lo. Veja o exemplo a seguir, extraído do XII Exame de Ordem:

> Wilson, competente professor de uma autoescola, guia seu carro por uma avenida à beira-mar. No banco do carona está sua noiva, Ivana. No meio do percurso, Wilson e Ivana começam a discutir: a moça reclama da alta velocidade empreendida. Assustada, Ivana grita com Wilson, dizendo que, se ele continuasse naquela velocidade, poderia facilmente perder o controle do carro e atropelar alguém. Wilson, por sua vez, responde que Ivana deveria deixar de ser medrosa e que nada aconteceria, pois se sua profissão era ensinar os outros a dirigir, ninguém poderia ser mais competente do que ele na condução de um veículo. Todavia, ao fazer uma curva, o automóvel derrapa na areia trazida para o asfalto por conta dos ventos do litoral, o carro fica desgovernado e acaba ocorrendo o atropelamento de uma pessoa que passava pelo local. A vítima do atropelamento falece instantaneamente. Wilson e Ivana sofrem pequenas escoriações. Cumpre destacar que a perícia feita no local constatou excesso de velocidade.

Veja que, no caso hipotético, Wilson previu o resultado. Ele sabia que poderia causar um acidente. Entretanto, por ser professor de autoescola, acreditou sinceramente que poderia evitar o resultado. Ou seja, culpa consciente. Se o enunciado dissesse que Wilson não previu o resultado, embora previsível, a hipótese seria de culpa inconsciente.

3.4.3 Culpa consciente e dolo eventual

Em teoria, o estudo da culpa consciente não impõe grandes desafios. O agente prevê o resultado, mas acredita sinceramente que este não ocorrerá. Entretanto, quando culpa consciente e dolo eventual entram em rota de colisão, o assunto se torna espinhoso. Isso porque, como definir o momento em que o agente deixa de acreditar que o resultado não ocorrerá (culpa consciente) e passa a assumir o risco de o produzir (dolo eventual)? Infelizmente, não há uma fórmula exata para a resposta.

Em exemplos extremos, é fácil optar por um ou outro. Se digo que o motorista causador do acidente ingeriu um litro de cachaça e dirigia a 150 km/h, está evidente o dolo eventual. Ele assumiu o risco de produzir o resultado, devendo ser punido dolosamente por eventual mal causado, por exemplo, o homicídio, por exemplo. Por outro lado, no exemplo do professor da autoescola, está claro que ele previu o resultado, mas acreditou que não aconteceria. Entretanto, se digo que o motorista estava a 70 km/h em uma via de limite de 40 km/h, ou que bebeu duas latas de cerveja, já não é tão fácil dizer se houve dolo eventual ou culpa consciente.

Em prova, a banca não poderá pedir exemplos questionáveis, sob pena de anulação da questão. Por isso, se for cobrada uma questão a respeito do tema, leia com muita atenção e veja se o enunciado descreve alguma habilidade especial do agente, fazendo com que se conclua pela culpa consciente. Caso não diga nada nesse sentido, é provável que a resposta seja o dolo eventual.

Dolo direto: o agente quer o resultado.	Dolo eventual (dolo indireto): o agente não quer o resultado, mas assume o risco de produzi-lo.
Culpa inconsciente: o agente não quer o resultado e não o prevê, embora fosse previsível.	Culpa consciente: o agente não quer o resultado e o prevê, mas acredita sinceramente que ele não ocorrerá.

3.5 Erro de tipo e erro de proibição

3.5.1 Erro de tipo

No erro sobre elementos do tipo ou erro de tipo essencial (art. 20, *caput*, do CP), o agente tem uma visão distorcida da realidade. Sempre que o enunciado de uma questão disser que a realidade era "X" mas o agente enxergava "Y", pode ter certeza de que a resposta será erro de tipo. No erro sobre elementos do tipo, a pessoa vive uma fantasia. O que os seus sentidos captam não condiz com a realidade. É como olhar para uma maçã e enxergar um morango.

Por óbvio, a confusão das frutas é apenas um exemplo ilustrativo, irrelevante. Para o Direito Penal, importa a hipótese em que o agente pratica fato considerado típico em razão de falsa percepção da realidade. Ex.: um caminhoneiro é contratado para transportar um carregamento de aquecedores de piscina. No entanto, quando a encomenda é conferida em barreira policial, descobre-se que no interior dos aquecedores havia vasto arsenal de fuzis, transportado sem autorização legal. Ou seja:

I. O que o caminhoneiro viu: um carregamento de aquecedores, cujo transporte é lícito.

II. A realidade: um carregamento de armas de fogo transportado ilicitamente.

Entrementes, não é qualquer erro que faz com que o art. 20 do CP seja aplicável. Só se fala em erro de tipo essencial quando o erro recai sobre elemento constitutivo do tipo penal, ou seja, tudo aquilo o que, se extraído do tipo penal, descaracteriza o delito. Dois exemplos:

"Estupro de vulnerável
Art. 217-A. Ter conjunção carnal ou praticar outro ato libidinoso com menor de 14 (catorze) anos:
Pena – reclusão, de 8 (oito) a 15 (quinze) anos".

Configura o crime de estupro de vulnerável ter conjunção carnal ou praticar ato libidinoso diverso com quem tem menos de 14 anos. Se riscada a expressão *menor de 14 anos*, restaria *ter conjunção carnal ou praticar ato libidinoso*, conduta lícita. Fazer sexo não é errado. O problema é quando se faz com quem tem menos de 14 anos. Portanto, *menor de 14 anos* é elemento constitutivo do tipo.

"Art. 33. Importar, exportar, remeter, preparar, produzir, fabricar, adquirir, vender, expor à venda, oferecer, ter em depósito, transportar, trazer consigo, guardar, prescrever, ministrar, entregar a consumo ou fornecer drogas, ainda que gratuitamente, sem autorização ou em desacordo com determinação legal ou regulamentar:
Pena – reclusão de 5 (cinco) a 15 (quinze) anos e pagamento de 500 (quinhentos) a 1.500 (mil e quinhentos) dias-multa".

Pratica tráfico de drogas quem importa, exporta, remete etc. *drogas*. Se riscarmos a expressão *drogas* do art. 33 da Lei n. 11.343/2006, restam os verbos importar, trazer consigo, guardar etc., condutas lícitas, desde que não envolvam drogas, no caso do tráfico, ou mercadorias proibidas, no contrabando (art. 334-A do CP). Logo, a expressão *drogas* é elemento constitutivo do tipo. Um último exemplo:

"Contrabando
Art. 334-A. Importar ou exportar mercadoria proibida:
Pena – reclusão, de 2 (dois) a 5 (cinco) anos".

É contrabando importar ou exportar *mercadoria proibida*. Se importo mercadoria permitida, posso até responder por descaminho (art. 334 do CP), mas jamais por contrabando. Portanto, *mercadoria proibida* é elemento constitutivo do tipo.

No erro de tipo essencial, o agente tem uma falsa percepção da realidade. Ele enxerga o mundo de forma distorcida. Em resumo, ele não sabe o que faz, e esse erro recai sobre elemento constitutivo do tipo. Em nossos exemplos, age em erro de tipo a pessoa que: a) faz sexo com alguém de 13 anos, mas imagina estar se relacionando com alguém de 15; b) transporta cocaína, mas pensa estar levando farinha de trigo; c) importa mercadoria, mas desconhece o fato de estar trazendo coisa proibida.

O erro de tipo essencial ou erro sobre elementos do tipo tem duas consequências: a) se o erro é inevitável ou escusável (lembre-se do homem médio!), o dolo e a culpa são afastados e, em consequência, o próprio crime; b) se o erro é evitável ou inescusável, o dolo é afastado e o agente é punido a título de culpa, desde que, é claro, a conduta culposa seja típica. Jamais alguém será punido por estupro culposo por ter agido em erro de tipo, pois o Código Penal não tipifica a modalidade culposa. Neste caso, o agente simplesmente não será punido.

Erro de tipo essencial inevitável	Se qualquer pessoa erraria no lugar da pessoa que cometeu o equívoco, não há motivo para puni-la. É a mesma regra aplicável no crime culposo, quando da análise da previsibilidade do resultado. Por isso, dolo e culpa são afastados, e o agente não é punido.
Erro de tipo evitável	Se o erro é evitável, o agente deve ser punido a título de culpa, e não por dolo, afinal, se tivesse agido com zelo, poderia ter evitado o resultado. Evidentemente, só será punido por crime culposo se típica a conduta (ex.: homicídio culposo). Para crimes punidos somente na modalidade dolosa (ex.: estupro), pouco importa se o erro é evitável ou inevitável.

3.5.2 Culpa imprópria

Na culpa própria, o agente não quer o resultado e nem assume o risco de produzi-lo. É a hipótese do art. 18, II, do CP, já tratada anteriormente. Na culpa imprópria, é preciso um pouco mais de atenção para a compreensão do tema, pois se trata de hipótese decorrente de erro de tipo evitável, prevista no art. 20, § 1º, do CP, que trata das descriminantes putativas. Imagine a seguinte situação (extraído do V Exame de Ordem):

Apolo foi ameaçado de morte por Hades, conhecido matador de aluguel. Tendo tido ciência, por fontes seguras, que Hades o mataria naquela noite e, com o intuito de defender-se, Apolo saiu de casa com uma faca no bolso de seu casaco. Naquela noite, ao encontrar Hades em uma rua vazia e escura e, vendo que este colocava a mão no bolso, Apolo precipita-se e, objetivando impedir o ataque que imaginava iminente, esfaqueia Hades, provocando-lhe as lesões corporais que desejava. Todavia, após o ocorrido, o próprio Hades contou a Apolo que não ia matá-lo, pois havia desistido de seu intento e, naquela noite, foi ao seu encontro justamente para dar-lhe a notícia.

No exemplo, temos evidente situação de erro de tipo, visto que Apolo tinha uma falsa percepção da realidade, como já disse, sempre que o agente fizer uma confusão em relação à realidade, estaremos diante de erro de tipo. Entenda:

a) a falsa realidade de Apolo: Hades estava prestes a matá-lo e, em legítima defesa, atacou seu ofensor;
b) a realidade: Hades foi ao encontro de Apolo para comunicar que não desejava mais matá-lo.

De acordo com a regra imposta pelo Código Penal ao erro de tipo, se o erro for inevitável, dolo e culpa são afastados; todavia, se evitável o erro, o agente responde apenas a título de culpa, se típica a conduta culposa. No caso de Apolo, o erro foi aparentemente inevitável. Se fosse evitável, a ele seria imposta a pena da lesão corporal culposa – ou culpa imprópria. Ou seja, Apolo agiu com dolo ao atentar contra a integridade física de Hades. Ele buscou causas lesões corporais na vítima (lesões corporais dolosas). Não houve culpa própria, quando o agente não busca o resultado. Todavia, Apolo buscou lesionar Hades em suposta legítima defesa. Se a legítima defesa fosse real, Apolo não seria responsabilizado por estar presente causa de exclusão da ilicitude (CP, art. 25). No entanto, a situação de legítima defesa era uma fantasia na cabeça de Apolo (erro de tipo). Por isso, a sua punição deve se dar com base na regra aplicada ao erro de tipo essencial: (a) se o erro é inevitável, dolo e culpa são afastados; (b) se o erro é evitável, o dolo é afastado e o agente é punido a título de culpa. Se o erro de Apolo fosse evitável, a ele seria imposta a pena da lesão corporal culposa (art. 129, § 6º, do CP), embora tenha agido com dolo, por isso a doutrina fala em *culpa imprópria*.

A grande confusão na culpa imprópria se dá pelo fato de o agente ter agido com dolo em sua conduta. Tendo o caso de Hades e Apolo como referência, podemos traçar as situações possíveis:

a) Hades atira contra Apolo para causar a sua morte. Houve dolo direto e Hades deve ser responsabilizado por homicídio doloso consumado ou tentado;

b) Hades atira contra Apolo para causar a sua morte. Diante da injusta agressão, Apolo reage e mata Hades. Embora o homicídio praticado por Apolo seja doloso – há intenção de matar –, não há crime em virtude de legítima defesa (CP, art. 25).

c) Hades e Apolo são inimigos declarados, e Hades tem dito por aí que matará Apolo no momento em que o encontrar. Certo dia, os dois se encontram acidentalmente pela rua. Hades leva a mão imediatamente à cintura e Apolo imagina que o seu inimigo sacará uma arma para atentar contra a sua vida. Para defender-se, Apolo crava uma faca no peito de Hades, causando a sua morte. Posteriormente, descobre-se que Hades levou a mão à cintura para pegar um telefone celular, e não uma arma. Ou seja: Apolo não estava em situação de legítima defesa. Tudo não passou de uma fantasia em sua cabeça (erro de tipo). Apolo deve ser punido? Depende. Se o erro de Apolo era inevitável, dolo e culpa são afastados e ele não deve ser punido. Todavia, se evitável o erro, o dolo deve ser afastado e Apolo deve ser punido a título de culpa – no exemplo, homicídio culposo.

Como o agente age com dolo na culpa imprópria, é possível a tentativa. No exemplo anterior, em que Apolo matou Hades, a ele deve ser atribuída a pena do homicídio culposo (art. 121, § 3º, do CP). Todavia, se Hades sobrevivesse à agressão, o crime de Apolo seria o homicídio culposo com diminuição de pena pela tentativa (art. 14, II, do CP). Na culpa própria, não é possível a tentativa, afinal, não há como tentar fazer algo que não se quer. Na culpa imprópria, a história é outra: o agente quer o resultado. Há dolo. Por isso, pode-se falar em *conatus*.

3.5.3 Erro sobre a pessoa

Erro sobre a pessoa (art. 20, § 3º, do CP) é a hipótese em que o agente faz confusão entre a vítima pretendida e quem foi efetivamente atingido. Não se trata de um erro na execução (ex.: erro de pontaria), hipótese do art. 73 do CP, mas de confusão em relação à identidade da vítima. Ex.: João mata Francisco, mas imaginava estar matando José. Em consequência, o criminoso responde como se tivesse atingido a vítima desejada. Ou seja, se agiu motivado pela torpeza, responderá por homicídio qualificado (art. 121, § 2º, I, do CP), ainda que tenha atingido alguém que não tem nada a ver com a história.

3.5.3.1 Erro na execução

Como têm a mesma consequência, as duas hipóteses sempre são cobradas em conjunto em provas. No erro sobre a pessoa, o agente confunde a vítima pretendida com outra pessoa. Por outro lado, no erro na execução ou *aberratio ictus* (art. 73, do CP), o agente, por erro ou acidente na execução, atinge pessoa diversa da pretendida. Não há uma confusão quanto à identidade da vítima, como no erro sobre a pessoa. Ex.: agindo com vontade de matar, Fernando atira contra Gustavo, mas, por erro de pontaria, acerta Vinícius, causando a sua morte. De acordo com o art. 73 do CP, Fernando deve ser punido como se tivesse matado Gustavo. As características pessoais de Vinícius devem ser ignoradas. O erro sobre a pessoa e o erro na execução são considerados espécies de erro de tipo acidental.

3.5.4 Erro de proibição

No erro de tipo essencial, há falsa percepção da realidade. O agente não sabe o que faz. Ele está em um mundo de fantasia. No erro de proibição (art. 21 do CP) ou erro sobre a ilicitude do fato, é diferente: ele sabe o que faz. Não há falsa percepção da realidade. O que ele não sabe é que a sua conduta é ilícita. Veja a seguinte situação (extraído do XIV Exame de Ordem):

> Eslow, holandês e usuário de maconha, que nunca antes havia feito uma viagem internacional, veio ao Brasil para a Copa do Mundo. Assistindo ao jogo Holanda x Brasil decidiu, diante da tensão, fumar um cigarro de maconha nas arquibancadas do estádio. Imediatamente, os policiais militares de plantão o prenderam e o conduziram à Delegacia de Polícia. Diante do Delegado de Polícia, Eslow, completamente assustado, afirma que não sabia que no Brasil a utilização de pequena quantidade de maconha era proibida, pois, no seu país, é um hábito assistir a jogos de futebol fumando maconha.

Eslow sabia que estava fumando maconha. Não houve falsa percepção da realidade, como acontece no erro de tipo essencial – seria erro de tipo se ele fumasse maconha e imaginasse estar consumindo *fumo*. O erro de Eslow se deu quanto à ilicitude da conduta. Como em seu país o uso de maconha é permitido, ele imaginou que no Brasil também o seria.

O erro de proibição tem duas consequências:

a) se inevitável ou escusável: a culpabilidade – e o próprio crime – é afastada por ausência de potencial consciência da ilicitude. O CP fala em *isenção de pena*;

b) se evitável ou inescusável: o agente é punido pelo crime, mas a sua pena é diminuída de 1/6 a 1/3.

3.6 Coação moral irresistível

Em seu art. 22, o CP trata a respeito da coação irresistível e da obediência hierárquica:

a) coação irresistível: é a coação moral, consistente em constranger alguém, por qualquer meio, à prática de infração penal. A vontade no *agir* do coagido é viciada.

b) obediência hierárquica: o agente obedece à determinação, não manifestamente ilegal, de superior hierárquico. Portanto, funciona como mero instrumento na prática delituosa, devendo a punição pelo crime ser atribuída ao superior, de onde foi emitida a ordem.

Como consequência, é punido apenas o autor da coação ou da ordem.

3.7 Exclusão da ilicitude

3.7.1 Estado de necessidade

No estado de necessidade (art. 24 do CP), dois bens jurídicos tutelados pela lei penal estão em rota de colisão. Não é possível que os dois *sobrevivam*. Um deverá ser sacrificado para que o outro continue a existir. A tragédia é inevitável. Haverá prejuízo a um bem jurídico tutelado, mas o resultado pode ser minimizado pelo sacrifício de um para a subsistência de outro. Quem elimina bem jurídico de outrem para que o seu resista não pratica infração penal em razão da licitude da conduta. Todavia, os seguintes requisitos devem ser atendidos: (a) Perigo atual: o perigo deve estar atual, presente. O perigo futuro não justifica o sacrifício de bem jurídico alheio. O perigo pode ter sido produzido por outro ser humano, por força da natureza (ex.: enchente) ou por ataque de animais (ex.: o ataque de um cachorro); (b) ameaça a direito próprio ou alheio: todos os bens jurídicos podem ser defendidos pelo estado de necessidade, sejam próprios ou alheios; (c) situação não causada voluntariamente pelo agente: se a situação de perigo foi produzida dolosamente, não pode alegar estado de necessidade quem a criou; (d) inexistência de dever legal de enfrentar o perigo: quem tem o dever legal de enfrentar o perigo não pode, em tese, sustentar estado de necessidade (ex.: bombeiros); (e) inevitabilidade da prática da conduta lesiva: o agente não pode ter ao seu alcance meio menos gravoso de proteger o bem jurídico protegido; (f) proporcionalidade: é possível o estado de necessidade quando o bem jurídico sacrificado é de igual ou menor valor em relação ao salvaguardado. Se o sacrifício do bem resguardado era razoável, o agente é punido pelo delito, mas com pena reduzida de 1 a 2/3.

3.7.2 Legítima defesa

LEI N. 13.964/2019 (PACOTE ANTICRIME)

A Lei n. 13.964/2019 adicionou o parágrafo único ao art. 25 do CP, que descreve hipótese em que deve ser reconhecida a legítima defesa.
"Art. 25. Entende-se em legítima defesa quem, usando moderadamente dos meios necessários, repele injusta agressão, atual ou iminente, a direito seu ou de outrem.
Parágrafo único. Observados os requisitos previstos no *caput* deste artigo, considera-se também em legítima defesa o agente de segurança pública que repele agressão ou risco de agressão a vítima mantida refém durante a prática de crimes".

Na legítima defesa, um bem jurídico é ameaçado por injusta agressão. Alguém, sem motivo legítimo, tenta sacrificar bem jurídico alheio. Quem usa os meios adequados em defesa deste bem jurídico, que pode ser próprio ou alheio, age em legítima defesa. Para o reconhecimento da exclusão da ilicitude, devem estar presentes as seguintes condições:

(a) Agressão injusta atual ou iminente: a agressão pode ser atual ou futura. Como futura, entenda como prestes a acontecer. Não é preciso, por exemplo, que o agente aguarde o disparo de um primeiro tiro para só após agir; (b) defesa de direito próprio ou alheio: a legítima defesa pode ser própria ou de terceiros; (c) meios necessários: a força empregada contra a agressão deve ser a suficiente para a anulá-la. Em relação à legítima defesa com emprego de arma de fogo, há a lenda de que só é possível se o agente disparar um único tiro. É claro, isso não é verdade. A depender do caso concreto, pode ser que a vítima tenha de disparar dois, três tiros ou mais para que o agressor não consiga mais atacar. Se demonstrado excesso na defesa, o agente deve ser responsabilizado pelo resultado culposo ou doloso produzido.

- **Pacote Anticrime**: a partir da Lei n. 13.964/2019, o art. 25, em seu parágrafo único, passou a trazer mais uma hipótese de legítima defesa: considera-se também em legítima defesa o agente de segurança pública que repele agressão ou risco de agressão a vítima mantida refém durante a prática de crimes.

3.7.3 Estrito cumprimento do dever legal e exercício regular de direito

Previsto no art. 23, III, do CP: (a) estrito cumprimento do dever legal: em certas situações, os agentes públicos têm de sacrificar bens jurídicos alheios no exercício de suas funções. Ex.: o oficial de justiça que arromba e invade um imóvel para a apreensão de uma criança, em obediência à ordem constante em mandado judicial; (b) exercício regular de direito: acontece quando, embora a conduta seja típica, a lei permite a sua prática. Ex.: um lutador de *UFC* pratica lesão corporal durante luta esportiva, mas a sua conduta é lícita por estar amparada em lei.

4. IMPUTABILIDADE PENAL

A imputabilidade (arts. 26 a 28 do CP) é a capacidade mental de compreender o caráter ilícito do fato no momento em que a conduta é praticada. Se após a prática do delito o agente passa a sofrer de doença mental que lhe retire todo o discernimento para os atos da vida, não haverá afastamento da culpabilidade por inimputabilidade. O Código Penal descreve quatro hipóteses de inimputabilidade: (a) a menoridade; (b) a doença mental; (c) o desenvolvimento mental incompleto; (d) a embriaguez completa proveniente de caso fortuito ou força maior.

4.1 Menoridade

Os menores de 18 anos são absolutamente inimputáveis (art. 27 do CP). É irrelevante a emancipação civil. A idade deve ser aquela do momento da prática da conduta. Ex.: Fred, 17 anos, atira contra Vanessa. A conduta ocorre no dia 3 de abril, às 22h. No dia 4 de abril, ele completará 18 anos. No dia 5, Vanessa morre em razão do ferimento causado pelo tiro. Fred deve responder como inimputável? Sim, afinal, no momento da conduta ele era menor de idade. Por isso, a ele deve ser aplicado o ECA, e não o CP. Entretanto, imagine a seguinte situação: no dia 3 de abril, Fred, de 17 anos, dá início à prática de extorsão mediante sequestro contra Vanessa. Até então, ato infracional. Ocorre que Fred decide privar a vítima de sua liberdade por mais tempo, e Vanessa é solta meses depois, quando Fred já alcançara a maioridade. Neste caso, Fred deve ser considerado inimputável? Não. Nos crimes permanentes, aqueles em que a consumação se prolonga no tempo, se iniciada a permanência quando inimputável o agente, mas cessada quando já imputável, a ele será atribuída a prática do crime.

4.2 Doença mental

Para que o agente seja considerado inimputável, ele deve ser, na época da conduta, inteiramente incapaz de entender o caráter ilícito do fato ou de determinar-se de acordo com esse entendimento. Ou seja, não tinha o menor discernimento do que estava fazendo. A doença mental (art. 26, *caput*, do CP) pode ser permanente ou transitória, desde que presente no momento da ação ou omissão típica e que, no momento da conduta, o agente esteja privado de entender o caráter ilícito da conduta – dessa forma, a simples presença da doença, por si só, não é suficiente para afastar a imputabilidade.

4.3 Desenvolvimento mental incompleto ou retardado

No desenvolvimento *retardado* (art. 26, *caput*, do CP), a idade mental do indivíduo não condiz com a idade cronológica. Isso pode se dar em virtude de uma série de oligofrenias. De qualquer forma, só será inimputável o agente que, ao tempo da conduta, em razão do desenvolvimento mental incompleto ou *retardado* era inteiramente incapaz de entender o caráter ilícito do fato ou de determinar-se de acordo com esse entendimento. Cuidado: só se fala em inimputabilidade na hipótese de doença mental e de desenvolvimento incompleto ou retardado se o agente é *inteiramente incapaz*. Se não for inteiramente incapaz – há discernimento, mas reduzido –, ele será punido pela infração penal, mas com redução de pena de 1/3 a 2/3.

4.4 Embriaguez completa proveniente de caso fortuito ou força maior

É preciso muito cuidado ao tratar da embriaguez como causa de inimputabilidade (art. 28, II, do CP). Considerando que as bancas costumam fazer *pegadinhas* com o tema em provas, fiz o esquema a seguir para a melhor compreensão do tema:

Embriaguez culposa	O agente consome o produto capaz de causar embriaguez (ex.: cerveja), mas não quer ficar embriagado, o que vem a acontecer contra a sua vontade – por exemplo, bebe além do que imagina suportar. A imputabilidade não é afastada.
Embriaguez preordenada	O agente se embriaga para cometer uma infração penal. É claro, não afasta a imputabilidade. Em verdade, trata-se, inclusive, de circunstância agravante (art. 61, II, *l*, do CP).
Embriaguez proveniente de caso fortuito ou força maior	No caso fortuito, o indivíduo não percebe estar sendo atingido por álcool ou substância análoga. Na força maior, ele é forçado a embriagar-se. Duas são as consequências: a) Se, ao tempo da ação ou omissão, em razão da embriaguez, é inteiramente incapaz de entender o caráter ilícito do fato ou de determinar-se de acordo com esse entendimento, a imputabilidade é afastada; b) No entanto, se, ao tempo da ação ou omissão, não possui a plena capacidade de entender o caráter ilícito do fato ou de determinar-se de acordo com esse entendimento (discernimento reduzido), ele deve responder pelo crime, mas com pena reduzida de 1 a 2/3.

5. CONCURSO DE PESSOAS

Por força do princípio da individualização da pena, o estudo do concurso de pessoas é fundamental para a correta dosimetria de pena quando duas ou mais pessoas estiverem envolvidos em uma conduta típica. Quem, de qualquer modo, concorre para o crime, deve responder pelas penas a este cominadas. Se Bruno e Samuel praticam um furto, a eles deve ser atribuída a pena pela prática do delito – se simples, de 1 a 4 anos. No entanto, isso não significa que os dois devam receber exatamente a mesma punição, pois é possível que a atuação de um tenha sido mais gravosa que a do outro, ou que um faça jus a algum benefício não extensível ao outro.

5.1 Teoria monista e teoria pluralista

Em regra, coautores e partícipes devem responder pelo mesmo crime. Se "A", "B" e "C" matam "D", os três responderão por homicídio. Excepcionalmente, poderá haver pluralidade de agentes e de crimes. Exemplo: quem oferece vantagem indevida a funcionário público pratica o crime de corrupção ativa (art. 333 do CP); o funcionário público que a recebe, o de corrupção passiva (art. 317 do CP).

5.2 Autor e partícipe

Autor é a pessoa que pratica o verbo nuclear do tipo (ex.: matar); partícipe é o sujeito que não realiza diretamente o núcleo do tipo penal (ex.: matar), mas de qualquer forma concorre para o crime (ex.: fornece a arma). Em crimes culposos, é possível a coautoria, mas não a participação.

5.3 Participação de menor importância

O art. 29, § 1º, do CP traz causa de diminuição de pena, a ser aplicada na terceira fase da dosimetria de pena. É diminuída de 1/6 a 1/3 a pena de quem teve participação de menor importância na prática do crime.

5.4 Cooperação dolosamente distinta

Embora atuando em concurso, um agente quis praticar menos gravoso que o outro. Exemplo extraído de questão do XXIII Exame de Ordem:

Rafael e Francisca combinam praticar um crime de furto em uma residência onde ela exerce a função de passadeira. Decidem, então, subtrair bens do imóvel em data sobre a qual Francisca tinha conhecimento de que os proprietários estariam viajando, pois assim ela tinha certeza de que os patrões, de quem gostava, não sofreriam qualquer ameaça ou violência. No dia do crime, enquanto Francisca aguarda do lado de fora, Rafael entra no imóvel para subtrair bens. Ela, porém, percebe que o carro dos patrões está na garagem e tenta avisar o fato ao comparsa para que este saísse rápido da casa. Todavia, Rafael, ao perceber que a casa estava ocupada, decide empregar violência contra os proprietários para continuar subtraindo mais bens. Descobertos os fatos, Francisca e Rafael são denunciados pela prática do crime de roubo majorado.

No exemplo, Francisca queria praticar um furto, mas Rafael decidiu cometer um roubo. De acordo com o que dispõe o art. 29, § 2º, do CP, Francisca deve ser responsabilizada pelo furto e Rafael pelo roubo. Entretanto, cuidado: se era previsível o resultado mais grave, a pena do agente que não o desejava deve ser aumentada até metade. No caso da Francisca, ela continua respondendo pelo furto, mas com a pena aumentada, se previsível fosse o resultado mais grave.

5.5 Circunstâncias incomunicáveis

Em regra, as circunstâncias e condições de natureza pessoal não se comunicam entre os envolvidos em um crime. Ex.: valendo-se da confiança depositada pelo patrão, Francisca subtrai bens a ele pertencentes. Para a prática da conduta, ela é ajudada por Raimundo, seu marido, que não goza da mesma confiança. Como as circunstâncias pessoais não se comunicam, Francisca deve responder por furto qualificado com abuso de confiança (art. 155, § 4º, II, do CP) e pelo concurso de pessoas (art. 155, § 4º, IV, do CP) e Raimundo apenas pelo furto qualificado pelo concurso de pessoas, pois a qualificadora do abuso de confiança é incomunicável.

Entretanto, há exceção. Segundo o art. 30 do CP, se a circunstância ou condição de natureza pessoal for elementar do crime, ela se comunicará entre os envolvidos. Elementar é tudo aquilo o que, se retirado, causa a descaracterização do delito. Exemplo: no peculato (art. 312 do CP), a condição de *funcionário público* é pessoal, mas é elementar do delito – se um particular, sozinho, subtrai coisa pública ou particular sob custódia do Estado, o delito será o de furto, e não o de peculato. Todavia, por ser a condição *funcionário público* elementar do delito, se um particular concorrer para a prática do crime, em concurso com funcionário público, a ele será atribuído o crime de peculato.

6. PENAS

6.1 Como a pena é calculada

A pena, prevista nos arts. 32 a 95 do CP, é calculada em um sistema trifásico (três fases). Na primeira fase, o juiz deve trabalhar com as penas mínima e máxima atribuídas ao delito. No furto simples (art. 155, *caput*, do CP), a pena é de 1 a 4 anos. Portanto, na primeira fase do cálculo, ele pode condenar a 1 ano, 2 anos, 3 anos e meio, enfim, em qualquer *quantum* entre 1 e 4 anos, não podendo ir além de 4 ou abaixo do mínimo de 1 ano. É claro, o cálculo da pena a ser aplicada na primeira fase não é arbitrário. O juiz deve fundamentar o porquê da escolha da quantidade de pena escolhida. Os parâmetros (circunstâncias judiciais) para o cálculo da primeira fase estão no art. 59 do CP: (a) culpabilidade; (b) antecedentes; (c) conduta social; (d) personalidade do agente; (e) motivos do crime; (f) circunstâncias do crime; (g) consequências do crime; (h) comportamento da vítima.

Ex.: João praticou um furto. Na primeira fase, o juiz decidiu fixar a sua pena em 2 anos porque as circunstâncias judiciais são desfavoráveis. Ou seja, a pena do réu ficou acima do mínimo já na primeira fase.

Na segunda fase do cálculo, o juiz ainda está *preso* às penas mínima e máxima do delito. No exemplo do furto simples, ele continua tendo que manter a punição entre 1 e 4 anos. Entretanto, na segunda fase, o julgador deve trabalhar com o número obtido na primeira fase. Se, avaliadas as circunstâncias judiciais (art. 59), ele concluiu que o acusado não faz jus à pena mínima e *fecha* a primeira fase em 2 anos (no exemplo do furto), na segunda fase o cálculo não será mais feito com base na pena mínima, de 1 ano, mas da pena resultante da primeira fase – 2 anos. Se assim não fosse, estaríamos ignorando a primeira fase do cálculo, o que não faz sentido. Na segunda fase, o juiz levará em consideração as agravantes e as atenuantes. As agravantes e as atenuantes genéricas estão nos arts. 61, 62, 65 e 66 do CP.

Ex.: na primeira fase, o juiz manteve a pena de João, por furto, no mínimo legal – 1 ano. Ocorre que João é reincidente e, por isso, o magistrado teve de agravar a sua pena (art. 61, I). O juiz decidiu que agravaria a pena em 1/6, fazendo com que a pena de João ficasse, ao fim da segunda fase, em 1 ano e 2 meses.

Na terceira fase, o juiz aplica as causas de aumento e de diminuição de pena. Diversamente das duas primeiras fases, o juiz pode, na terceira, ultrapassar os limites mínimo e máximo da pena do delito. Ex.: no roubo (art. 157 do CP), a pena máxima é de 10 anos. Todavia, se presentes as majorantes do art. 157 (ex.: § 2º, VII), a pena pode ir além do máximo. Da mesma forma, na tentativa (art. 14, II, do CP), causa de diminuição de pena, a pena é fixada abaixo do mínimo.

6.1.1 Qualificadora, privilégio, agravante, atenuante, causa de aumento e causa de diminuição

Para o correto cálculo da pena, é importante conhecer a diferença entre qualificadora, privilégio, agravante, atenuante, causa de aumento e de diminuição, afinal, cada uma das hipóteses tem seu momento de incidência. Para a melhor compreensão, veja o esquema a seguir:

Qualificadora (1ª fase)	Nas qualificadoras, a lei penal determina limites mínimo e máximo de pena para a forma mais gravosa da conduta. Exemplo: Homicídio simples (art. 121, *caput*, do CP): pena de 6 a 20 anos. Homicídio qualificado (art. 121, § 2ª, do CP): pena de 12 a 30 anos. Como as qualificadoras têm penas próprias, o cálculo, na primeira fase da dosimetria, deve iniciar do *quantum* de pena fixado para a forma qualificada.

Privilégio (1ª fase)	No privilégio, a lei penal impõe limites mínimo e máximo para a forma menos gravosa de uma conduta. Exemplo: Corrupção passiva (art. 317, *caput*, do CP): pena de 2 a 12 anos. Corrupção passiva privilegiada (art. 317, § 2º, do CP): pena de 3 meses a 1 ano. Como o privilégio tem penas próprias, o cálculo, na primeira fase da dosimetria, deve iniciar do *quantum* de pena fixado para a forma privilegiada. Cuidado: a jurisprudência faz uma tremenda confusão ao tratar do tema. O homicídio privilegiado (art. 121, § 1º, do CP) e o furto privilegiado (art. 155, § 2º, do CP) são, em verdade, causa de diminuição de pena, aplicável na terceira fase do cálculo. Há outras hipóteses em que uma causa de diminuição é chamada de *privilégio* pela jurisprudência. Na dúvida, veja o que diz a lei: se houver penas próprias, é privilégio; se houver diminuição em fração (ex.: um terço), será causa de diminuição.
Agravante (2ª fase)	Previstas nos arts. 61 e 62 do CP – mas há outras em legislação especial –, quando aplicadas, fazem com que a pena do réu seja aumentada. A lei não prevê quanto o juiz (fração) agravará a pena do réu, como acontece nas causas de aumento, em que a lei determina o *quantum* mínimo e máximo de aumento (ex.: de 1/6 a 1/3).
Atenuante (2ª fase)	Previstas nos arts. 65 e 66 do CP, incidem na segunda fase de cálculo da pena. Tanto as agravantes quanto as atenuantes não podem fazer com que a pena fique abaixo do mínimo ou acima do máximo previsto em lei. A lei não diz quanto a pena deverá ser atenuada, cabendo ao juiz determinar o *quantum* (1/4, 1/6 etc.).
Causa de aumento de pena (3ª fase)	A lei prevê expressamente que a pena será aumentada em certa fração – 1/6, 1/3, 2/3 etc. Embora, em algumas hipóteses, a legislação garanta ao juiz uma margem de cálculo – ex.: de um terço até metade –, o julgador está *preso* às frações de aumento estabelecidas em lei. As causas de aumento podem fazer com que a pena fique acima do máximo. Ex.: art. 157, § 2º, do CP.
Causa de diminuição de pena (3ª fase)	Nas causas de diminuição de pena, a lei determina que a pena seja diminuída em determinada fração – 1/3, 2/3 etc. Em algumas hipóteses, a lei assegura certa margem ao juiz – na tentativa, por exemplo, o juiz pode diminuir a pena de 1 a 2/3. No entanto, o juiz está *preso* aos limites legais. Ex.: se a lei diz que a pena será diminuída de 1/3 a 2/3, não pode o juiz reduzi-la de metade. A causa de diminuição pode fazer com que a pena fique abaixo do mínimo legal.

6.2 Reincidência

O reconhecimento da reincidência (arts. 63 e 64 do CP) causa impacto em diversos aspectos da vida do condenado. Alguns exemplos:

a) Torna mais gravoso o regime prisional inicial (art. 33, § 2º, do CP);

b) É circunstância agravante (art. 61, I, do CP);

c) Pode impedir a substituição da pena (art. 44, II, do CP);

d) Pode impedir o *sursis* (art. 77, I, do CP);

e) Dificulta a concessão do livramento condicional (art. 83, II, do CP);

f) Impede a concessão da transação penal e da suspensão condicional do processo (arts. 76, § 2º, I, e 89, *caput*, da Lei n. 9.099/95);

g) Aumenta o prazo prescricional (art. 110, *caput*, do CP);

h) É causa de interrupção da prescrição executória (art. 117, VI, do CP).

Por ser um instituto que gravita ao redor de diversos outros, é natural que as bancas cobrem questões a respeito da reincidência. Segundo o art. 63 do CP, é reincidente quem comete novo crime quando já existente sentença condenatória anterior transitada em julgado, no Brasil ou no estrangeiro. Veja os exemplos a seguir.

1ª Hipótese:

1) Em 2015, Gustavo praticou um furto.

2) Em 2016, o Ministério Público (MP) o denunciou pelo furto.

3) Em 2017, quando a ação penal pelo furto estava em trâmite, Gustavo praticou um roubo.

4) Ao ser julgado por um ou outro crime, Gustavo pode ser considerado reincidente? Não. Afinal, na época das condutas, não havia sentença condenatória transitada em julgado contra ele.

2ª Hipótese:

a) Em 2015, Gustavo foi condenado por furto. A sentença transitou em julgado no mesmo ano.

b) Em 2017, Gustavo praticou um roubo.

c) No segundo exemplo, Gustavo é reincidente, pois a nova conduta foi praticada quando já havia sentença condenatória transitada em julgado.

A lógica da reincidência é a seguinte: o indivíduo foi condenado por um crime e a pena a ele imposta, aparentemente, de nada serviu, afinal, voltou a delinquir. Por isso, nessa segunda (terceira, quarta...) condenação, a punição deve ser mais rigorosa, para evitar o seu retorno à vida criminosa. Essa é a ideia.

- Contravenções: o art. 7º da Lei de Contravenções Penais estabelece a reincidência, em caso de contravenção, quando houver condenação anterior transitada em julgado por crime ou contravenção. Sabendo disso, podemos traçar o seguinte esquema:

EXISTE UMA SENTENÇA CONDENATÓRIA POR	E O INDIVÍDUO PRATICA UM(A) NOVO(A)	NESSE CASO, O INDIVÍDUO É
Crime, praticado no Brasil ou no exterior;	Crime.	Reincidente.
Crime, praticado no Brasil ou no exterior;	Contravenção, no Brasil.	Reincidente.
Contravenção, praticada no Brasil.	Contravenção, no Brasil.	Reincidente.
Contravenção, praticada no Brasil;	Crime.	Não é reincidente.
Contravenção, praticada no exterior;	Crime ou contravenção.	Não é reincidente.

- Tempo de duração: a reincidência não dura para sempre. De acordo com o art. 64, I, do CP, a reincidência está configurada quando praticada nova infração penal nos 5 anos seguintes ao cumprimento ou extinção da pena. Ou seja, se a nova infração for praticada, por exemplo, 7 anos depois, não haverá reincidência.

- Maus antecedentes: sabendo que existe um lapso temporal de 5 anos para o reconhecimento da reincidência, é possível estudar os polêmicos maus antecedentes. Digo polêmicos porque, ao fim do tempo da reincidência, a primariedade é restabelecida. No entanto, caso venha a praticar nova infração penal, embora impossível o reconhecimento da reincidência, o réu terá a exasperação da pena em virtude dos maus antecedentes. Surge, então, um problema: até quando os maus antecedentes serão considerados? Por toda a vida? O assunto é objeto de diversos julgados do STF. Veja alguns excertos:

"2. A legislação penal é muito clara em diferenciar os maus antecedentes da reincidência. O art. 64, do CP, ao afastar os efeitos da reincidência, o faz para fins da circunstância agravante do art. 61, I; não para a fixação da pena-base do art. 59, que trata dos antecedentes. 3. Não se pretende induzir ao raciocínio de que a pessoa que já sofreu condenação penal terá registros criminais valorados pelo resto da vida, mas que, havendo reiteração delitiva, a depender do caso concreto, o juiz poderá avaliar essa sentença condenatória anterior". (ARE 1206100 ED/DF, de 24-6-2019)

"Conforme a jurisprudência desta Turma, as condenações passadas não podem gerar valoração desfavorável dos antecedentes fora do período depurador. Precedentes". (RHC 166533 AgR/MS, de 28-6-2019)

- Veja as Súmulas 220, 241, 269, 444 e 636 do STJ.

6.3 Concurso de crimes
Breves considerações

Uma pessoa pratica dois ou mais crimes. Como deve se dar a punição? Pela soma das penas de todos os delitos praticados? A resposta está em apenas quatro artigos do Código Penal (arts. 69 a 72). Embora seja um assunto de fácil compreensão, não raramente é tido como vilão por quem estuda a Parte Geral do código – talvez por isso as bancas cobrem muito em provas. Entenda os principais pontos:

1º O estudo do concurso de crimes tem relevância, é óbvio, a partir do momento em que alguém pratica dois ou mais crimes. Os arts. 69 a 72 do CP estabelecem como deve ser punido o responsável pela pluralidade de delitos.

2º Se perguntar a um leigo como deve ser punido quem pratica dois ou mais crimes, é certo que a resposta será: pela soma das penas. Se o criminoso praticou três furtos, com pena de 1 ano para cada, qualquer um diria que a pena a ser cumprida é de 3 anos. Parece ser o ideal a se fazer. O sistema de soma é aplicado em algumas situações, tratadas a seguir, e a ele damos o nome de *sistema do cúmulo material*.

3º Ocorre que o legislador inventou um sistema intitulado *da exasperação*, em benefício daqueles que praticam dois ou mais delitos. A ideia é a seguinte: o criminoso responderá pela pena de apenas um dos delitos com aumento de fração (1/6, 1/5 etc.).

4º Portanto, temos duas formas de punir quem pratica dois ou mais crimes: pela soma das penas dos delitos (sistema do cúmulo material) ou pela aplicação da pena de apenas um dos crimes aumentada em determinada fração (sistema da exasperação). Se até aqui foi compreendido o que foi dito, considere-se na metade do caminho.

5º O CP traz três hipóteses de concurso de crimes: o concurso material (art. 69 do CP), o concurso formal (art. 70), dividido em próprio e em impróprio, e o crime continuado (art. 71). Alguns adotam o sistema do cúmulo enquanto outros adotam o da exasperação. Já chegaremos lá!

6º Para distinguir um concurso do outro, é essencial a análise do número de condutas praticadas. A conduta é a ação ou omissão humana, consciente e voluntária, dirigida a um objetivo determinado, consistente em produzir um resultado tipificado em lei como infração penal. Pode se dar por ação ou omissão.

7º No concurso material (CP, art. 69), temos pluralidade de condutas e pluralidades de resultados.

Exemplo de concurso material: João pratica um homicídio, um furto e um latrocínio, em condutas diversas, sem qualquer vínculo entre elas. A ele devem ser impostas as penas dos três delitos, somadas (sistema do cúmulo material). Se consideradas as penas mínimas, João teria de cumprir pena por 27 anos – 6 anos pelo homicídio; 1 ano pelo furto; 20 anos pelo latrocínio.

8º No concurso formal (CP, art. 70), há uma única conduta e pluralidade de resultados – no material, há pluralidade de condutas e de resultados. Para o reconhecimento do concurso formal, não é necessário que os delitos sejam idênticos – uma única conduta pode produzir, por exemplo, um homicídio culposo e um doloso, ou um homicídio culposo e um delito de dano. Todavia, atenção: só se fala em unidade de conduta quando os atos são realizados em um mesmo contexto fático, temporal e espacial.

Exemplo de concurso formal: João quer matar Francisco. Para alcançar o resultado pretendido, dispara tiros contra seu desafeto. Ocorre que, por erro na execução (CP, art. 73), além de Francisco, por erro de pontaria, João também mata Carlos. Ou seja, João, em uma única conduta comissiva (matar alguém), produziu dois resultados.

Para a punição do agente em hipótese de concurso formal, é preciso saber se a pluralidade de resultados era, ou não, buscada. Se a pluralidade de resultados é desejada, ou seja, há dolo em produzir todos os resultados alcançados, o criminoso deverá receber a soma das penas (sistema do cúmulo material), como ocorre no concurso material (art. 69). No entanto, se não havia a intenção de produzir os resultados, a ele será imposta a pena de um único crime com aumento em determinada fração – de 1/6 até metade. A doutrina classifica essas duas hipóteses em concurso formal próprio e concurso formal impróprio:

a) Concurso formal próprio: o agente produz, com uma única conduta, pluralidade de resultados. Ele não queria os resultados (culpa em todos eles) ou desejava apenas um resultado dos produzidos (dolo em um e culpa no outro). Ex.: Silvio dirigia em alta velocidade o seu automóvel e, por imprudência, perdeu o controle e atingiu uma parada de ônibus, causando a morte de quatro pessoas. Embora tenha havido uma única conduta culposa, Silvio produziu quatro resultados – quatro homicídios culposos. A ele deve ser imposta a pena de apenas um dos crimes, se idênticos, ou a pena do crime mais grave, se diversos, aumentada de 1/6 até metade.

b) Concurso formal impróprio: o agente também produz pluralidade de resultados com uma única conduta. A diferença em relação ao concurso formal próprio: ele quer os resultados alcançados. Ex.: João derruba um avião com explosivos, causando a morte de todos os passageiros. Embora tenha havido uma única conduta comissiva, João gerou diversos resultados – vários homicídios dolosos. Neste caso, não seria justo aplicar o sistema da exasperação, mais benéfico. Em vez disso, devem ser somadas as penas de todos os resultados produzidos (sistema do cúmulo material).

9º O concurso formal próprio foi inventado para beneficiar o criminoso. Em vez de ser punido pela soma dos crimes praticados, a ele é imposta a pena de somente um deles, mas aumentada. Na hipótese de o agente praticar dois homicídios culposos (CP, art. 121, § 3º) em concurso formal próprio, o juiz deverá aplicar a pena de apenas um homicídio culposo (detenção, de 1 a 3 anos) com aumento de 1/6 (sistema da exasperação). Ainda que seja aplicada a pena máxima, de 3 anos, o agente será punido em 3 anos e 6 meses (3 anos + 1/6). Pelo sistema do cúmulo material, a pena máxima seria de 6 anos (3 + 3). Ocorre que, em certas situações, o sistema da exasperação pode fazer com que a pena fique mais alta do que se somadas as penas dos delitos praticados (sistema do cúmulo material). Exemplo: José pratica, em concurso formal próprio, um homicídio doloso (pena de 6 a 20 anos) e uma lesão corporal culposa (pena de 2 meses a 1 ano). Se José for condenado às penas mínimas, se somadas (cúmulo material), o total seria de 6 anos e 2 meses. Pelo sistema da exasperação (pena do crime mais grave + 1/6), a sua pena ficaria em 7 anos (6 anos pelo homicídio + 1/6). Portanto, no caso de José, é melhor somar as penas (cúmulo material), pois a exasperação faz com que a punição seja mais gravosa. A doutrina denomina essa situação como *concurso material benéfico*, previsto no art. 70, parágrafo único, do CP.

10º No crime continuado ou continuidade delitiva (CP, art. 71), há pluralidade de condutas e de resultados. A diferença em relação ao concurso material, que também tem pluralidade de condutas e de resultados: os crimes praticados são de mesma espécie e, pelas condições de tempo, lugar, maneira de execução e outras semelhantes, devem os subsequentes ser havidos como continuação do primeiro. O agente pratica vários crimes, mas a lei considera que ele praticou apenas um.

Exemplo de continuidade delitiva: no dia 10 de março, Jimmy arromba um automóvel na Rua do Limoeiro e subtrai bens em seu interior. No dia 12, na mesma vida, Jimmy novamente arromba um veículo e leva os pertences do proprietário. No dia 20, ele repete a conduta, obtendo o mesmo resultado. Pela regra do crime continuado, Jimmy praticou um único furto, e não três.

11º Na continuidade delitiva, o criminoso deve ser punido pelo sistema da exasperação. Ou seja, aplica-se a pena de um só dos crimes, se idênticas, ou a mais grave, se diversas, aumentada, em qualquer caso, de 1/6 a 2/3. É a mesma forma de punição do concurso formal próprio.

7. EXTINÇÃO DA PUNIBILIDADE

Embora existam outras hipóteses especiais de extinção da punibilidade espalhadas pela legislação (ex.: art. 312, § 3º, do CP), o art. 107 do CP traz um rol de situações genéricas em que a punibilidade é extinta. São elas:

a) a morte do agente;
b) a anistia, a graça e o indulto;
c) a nova lei que torna atípica a conduta;
d) a prescrição, a decadência e a peremção;
e) a renúncia ao direito de queixa e o perdão aceito, nos crimes de ação privada;
f) a retratação do agente, nos casos em que a lei a admite;
g) o perdão judicial.

7.1 Morte do agente

Pouco importa se está sendo investigado, processado ou se já cumpre pena. A morte do infrator penal faz com que a punibilidade seja extinta. Se a morte ocorrer quando já condenado definitivamente, alguns efeitos extrapenais subsistem, como a obrigação de reparar o dano.

7.2 Nova lei que torna a conduta atípica

Na hipótese de *abolitio criminis*, quando a conduta deixa de ser típica por força de lei posterior revogadora, a punibilidade deve ser extinta, ainda que o agente esteja cumprindo pena. Foi o que ocorreu com o delito de adultério, em 2005, que, até então, era típico (antigo art. 240 do CP). Sobre o tema, cuidado: se uma conduta é tratada em um dispositivo e, por lei posterior, passa a ser tratada em outro, não há *abolitio criminis*. Ex.: até a entrada em vigor da Lei n. 12.015/2009, o atentado violento ao pudor era tratado como crime autônomo ao estupro, no art. 214 do CP. Após a nova lei, a conduta do delito foi transferida para o art. 213 do CP, que trata do estupro. Portanto, o atentado violento ao pudor, desde 2009, passou a ser tratado como estupro. Logo, não houve *abolitio criminis* do delito. A conduta permanece típica.

7.3 Anistia, graça e indulto

A anistia se dá por lei que, quando editada, promove o esquecimento de uma infração penal praticada no passado. É diferente da *abolitio criminis*, em que a conduta passa a ser atípica para todos. Na anistia, a conduta permanece típica, mas a punibilidade é extinta em relação ao beneficiado pela lei. Portanto, a anistia tem a ver com fatos específicos. Ex.: Lei n. 13.293/2016, que anistiou policiais e bombeiros grevistas. Já a graça e o indulto são formas de perdão, de indulgência. Na graça, o perdão é individual. Beneficia apenas o agraciado. O indulto é medida coletiva, que alcança um grupo de condenados. Tanto a graça quanto o indulto são concedidos por decreto do presidente da República – a anistia ocorre por lei, emanada do Congresso Nacional.

7.4 Renúncia ao direito de queixa e o perdão aceito, nos crimes de ação privada

Nas ações penais privadas, prevalece o princípio da disponibilidade. A vítima pode ajuizar queixa-crime em busca de punição do ofensor, mas, se preferir, pode permanecer inerte. É escolha dela. Se nada fizer no prazo legal, haverá a decadência, outra causa de extinção da punibilidade. No entanto, pode o ofendido renunciar ao direito de queixa, fazendo com que a punibilidade seja extinta imediatamente, ainda que o prazo decadencial não esteja esgotado. A renúncia deve acontecer antes do oferecimento da queixa-crime. Se já houver ação em trâmite, a hipótese será de perdão, que depende de aceitação do acusado. A renúncia e o perdão podem ser expressos ou tácitos. Exemplo de renúncia ou perdão tácito: a vítima aceita ser padrinho de casamento do ofensor.

7.5 Retratação do agente, nos casos em que a lei a admite

Em situações pontuais, é possível que o agente deixe de ser punido por voltar atrás do que fez. É o que ocorre na calúnia e na difamação, quando o ofensor, antes da sentença, se retrata cabalmente (CP, art. 143). Também é possível a retratação no falso testemunho ou falsa perícia quando, antes da sentença no processo em que ocorreu o ilícito, o agente se retrata ou declara a verdade (CP, art. 342, § 2º).

7.6 Perdão judicial

Não se confunde com o perdão do ofendido, também causa de extinção da punibilidade, na ação penal privada. No perdão judicial, o juiz deixa de aplicar a pena, nas hipóteses previstas em lei, quando a punição for desnecessária. Ex.: o pai que imprudentemente atropela e mata o próprio filho ao manobrar o veículo. Neste caso, o resultado causou tanto sofrimento ao autor do homicídio culposo que não há motivo para puni-lo penalmente, devendo o juiz aplicar o perdão judicial (CP, art. 121, § 5º). Outros exemplos de perdão judicial: art. 129, § 8º, do CP; art. 180, § 5º, do CP; art. 140, § 1º, do CP.

7.7 Prescrição, decadência e perempção

(a) perempção: é a punição imposta ao querelante que deixa de promover o andamento da ação penal. Só ocorre a extinção da punibilidade se acontecer em ação penal privada. Ex.: o querelante deixa de comparecer a ato processual ao qual deveria estar presente; (b) decadência: ocorre quando, no prazo legal, o ofendido ou seu representante legal não oferece a queixa-crime (ação penal privada) ou a representação (ação penal pública condicionada); (c) prescrição: o Estado perde o direito de punir por não agir no prazo legalmente previsto.

7.8 Decadência

Só se fala em decadência na ação penal privada e na ação penal pública condicionada à representação. Na primeira hipótese, ação privada, o agente tem, em regra, o prazo de seis meses, contados do conhecimento da autoria da infração penal, para oferecer a queixa-crime, dando início à ação penal, sob pena de perda desse direito. Na ação pública condicionada, a vítima ou o representante legal tem, em regra, seis meses de prazo, contados do dia em que é descoberta a autoria, para provocar a autoridade pública competente para a investigação do delito ou para a propositura da ação penal. Ex.: no crime de lesão corporal leve, a vítima tem o prazo de seis meses, do dia em que descobre a autoria do delito, para oferecer a representação. Feita a representação dentro do prazo, o Ministério Público pode oferecer denúncia contra o ofensor. Entretanto, caso a vítima permaneça inerte durante o prazo, quando esgotado, o MP não poderá oferecer a denúncia em virtude da decadência.

7.9 Prescrição

O Estado tem o poder-dever de punir quem pratica uma infração penal. Todavia, exceto quando houver imprescritibilidade, o Poder Público tem um prazo para essa punição, sob pena de prescrição. A prescrição pode se dar em relação à pretensão punitiva, que é o interesse em aplicar uma sanção penal ao autor de crime ou contravenção, ou quanto à pretensão executória, que é o interesse em exigir o cumprimento de sanção penal já imposta. Exemplos:

a) pretensão punitiva: o MP não oferece denúncia dentro do prazo prescricional, e, em razão disso, o criminoso não chega sequer a ser condenado;

b) **pretensão executória:** o criminoso é condenado em sentença transitada em julgado, mas foge. Se o Estado não o recapturar dentro do prazo legal para a imposição da pena, haverá a prescrição executória.

7.9.1 Crimes imprescritíveis

A CF descreve duas hipóteses (art. 5º, XLII e XLIV) de crimes imprescritíveis: (a) o racismo; (b) a ação de grupos armados, civis ou militares, contra a ordem constitucional e o Estado Democrático. Há julgado do STF em que a Corte afirmou que o rol constitucional é exemplificativo, e não taxativo. De qualquer forma, cuidado: os crimes hediondos não são imprescritíveis.

7.9.2 Prazos prescricionais

Os prazos estão previstos no art. 109 do CP.

PENA	PRAZO PRESCRICIONAL
Pena máxima superior a 12 anos.	Prescreve em 20 anos.
Pena máxima superior a 8 anos, mas que não ultrapassa 12 anos.	Prescreve em 16 anos.
Pena máxima superior a 4 anos, mas que não ultrapassa 8 anos.	Prescreve em 12 anos.
Pena máxima superior a 2 anos, mas que não ultrapassa 4 anos.	Prescreve em 8 anos.
Pena máxima igual ou superior a 1 ano, mas que não ultrapassa 2 anos.	Prescreve em 4 anos.
Pena máxima inferior a 1 ano.	Prescreve em 3 anos.

7.9.3 Termo inicial da prescrição da pretensão punitiva

O termo inicial da prescrição **antes de transitar em julgado a sentença final** está previsto no art. 111 do CP. Para o cálculo da prescrição, devemos adotar a teoria do resultado. Ou seja, o prazo deve ser contado do dia da consumação do delito, e não da data da conduta, embora possam coincidir. Ex.: no dia 4 de fevereiro, Vanessa dispara um tiro contra Carolina. A vítima morre no dia 7 de fevereiro, em consequência do disparo. O prazo prescricional deve ser contado desde o dia 7. Se o delito for tentado, a prescrição é contada desde o último ato executório.

> **CUIDADO!**
> Nos crimes permanentes, aqueles em que a consumação é prolongada no tempo, a prescrição deve ser contada a partir do fim da permanência. Ex.: em 2010, deu-se início à prática de extorsão mediante sequestro, e a vítima só foi solta em 2016. O prazo prescricional passa a correr em 2016. Ademais, atenção: nos crimes de bigamia e de falsificação ou alteração de assentamento do registro civil, a prescrição corre do dia em que o fato se tornar conhecido. Já nos crimes contra a dignidade sexual praticados contra crianças e adolescentes, a prescrição corre desde a data em que a vítima completar 18 anos, salvo se a esse tempo já houver sido proposta a ação penal.

7.9.4 Termo inicial da prescrição da pretensão executória

O termo inicial da prescrição após a sentença condenatória irrecorrível está previsto no art. 112 do CP. Transitada em julgado a sentença condenatória, o prazo prescricional para a execução da sanção começa: (a) do dia em que a sentença condenatória transitou em julgado para a acusação; (b) do dia da revogação da suspensão condicional da pena ou do livramento condicional; (c) do dia em que se interrompe a execução, salvo quando o tempo da interrupção deva computar-se na pena (ex.: no dia em que o condenado foge, começa a correr o prazo prescricional para a execução da sanção).

7.9.5 Causas suspensivas

Em virtude de certas ocorrências, pode o prazo prescricional ser suspenso (art. 116 do CP). Enquanto presente a causa suspensiva, a prescrição não corre. Todavia, cessada a causa, o prazo deve voltar a correr pelo o que resta de tempo. Ex.: de um prazo prescricional de 8 anos, surge causa suspensiva no terceiro ano – portanto, restam 5 anos. Quando a causa suspensiva deixar de existir, o prazo voltará a correr do terceiro ano, pelos 5 anos restantes. Ou seja, a suspensão não zera o prazo, como ocorre na interrupção.

7.9.6 Causas interruptivas

Alguns acontecimentos fazem com que o prazo prescricional seja zerado, devendo ser reiniciado. Pouco importa se já havia decorrido, por exemplo, um ano. Presente a causa interruptiva, o prazo volta a correr do zero. As hipóteses estão no art. 117 do CP:

a) Recebimento da denúncia ou queixa: é importante não confundir o oferecimento da peça inicial com o seu recebimento. O oferecimento consiste na propositura da denúncia ou queixa ao juiz por quem tem legitimidade para tanto. Ex.: o MP oferece denúncia pela prática de um roubo. Nos crimes de ação privada, o oferecimento da queixa dá fim ao prazo decadencial. O recebimento é o ato judicial pelo qual o juiz aceita a petição inicial, com fundamento no art. 395 do CPP, dando início à ação penal. A prescrição é zerada por essa decisão do juiz, e não pelo oferecimento da petição inicial.

b) A pronúncia: no procedimento do júri, adotado para o julgamento pela prática de crime doloso contra a vida (ex.: homicídio), há duas fases. Na primeira fase, o rito muito se assemelha ao procedimento comum. O último ato é uma audiência de instrução, em que um juiz togado, o membro do MP e o advogado inquirem testemunhas, ouvem a vítima e interrogam o réu, produzem provas e, ao final, o magistrado profere sentença. Na segunda fase, o procedimento se dá em um plenário, perante o Tribunal do Júri, na presença de jurados que formam um Conselho de Sentença, juízes da causa, com votação secreta ao final para decidir a vida do acusado. No entanto, só é possível a segunda fase se o juiz pronunciar o réu na primeira. Ou seja, a sentença de pronúncia, proferida pelo magistrado, faz com que o acusado seja submetido perante julgamento em Tribunal do Júri. A publicação dessa sentença faz com que o prazo prescricional seja zerado.

c) Decisão confirmatória de pronúncia: em regra, a pronúncia não é interessante ao acusado. Melhor seria a absolvição sumária ou a impronúncia, dando fim ao processo. Por isso, na hipótese de denúncia, pode o réu prejudicado recorrer da decisão. Esse recurso é decidido pela instância superior (TJ, por exemplo). Se o tribunal confirmar a pronúncia, decidindo pelo julgamento perante o Tribunal do Júri, o prazo prescricional será zerado.

d) Pela publicação da sentença ou acórdão condenatórios recorríveis: a sentença é a decisão proferida pelo juiz togado, em primeira instância; o acórdão é o equivalente à sentença, mas decorre de julgamento realizado por tribunal. Da leitura do art. 117, IV, extraímos as seguintes conclusões: (i) a sentença condenatória recorrível interrompe a prescrição, desde que válida; (ii) o acórdão condenatório recorrível, que reforma sentença absolutória, interrompe a prescrição, desde que válido; (iii) a sentença absolutória não interrompe a prescrição; (iv) o acórdão que modifica a sentença condenatória alterando a pena, com repercussão no cálculo do prazo prescricional, interrompe a prescrição.

e) Pelo início ou continuação do cumprimento da pena: com a condenação, se houver efetivo início do cumprimento da pena, a prescrição é zerada. Se interrompido o cumprimento de pena em execução (ex.: fuga), o prazo prescricional é zerado com a continuação do cumprimento (ex.: condenado recapturado). Na hipótese de interrupção de prescrição já em execução, cuidado: o cálculo prescricional deve ser recalculado quando do reinício pelo restante da pena. Ex.: Mário foi condenado à pena de 8 anos. Após cumprido um ano, ele foge, mas é recapturado tempos depois. A prescrição deve ser zerada, mas o cálculo do prazo prescricional deve ser recalculado pelo tempo restante – no caso, 7 anos.

f) Pela reincidência: é preciso tomar cuidado para não fazer confusão. Se o réu é reincidente ao tempo da sentença condenatória, o prazo da prescrição executória é aumentado em 1/3 (CP, art. 110, *caput*). O aumento incide ao crime em que o réu é considerado reincidente, e não aos demais. Se iniciada a execução e o agente volta a praticar crime, não haverá aumento em fração do prazo prescricional, mas interrupção.

7.9.7 Causas de redução do prazo prescricional

De acordo com o art. 115 do CP, são reduzidos da metade o prazo prescricional se: (a) o criminoso era, ao tempo dos fatos, menor de 21 anos (mas maior de 18); (b) o criminoso é maior de 70 anos na data da sentença. A redução ocorre tanto na prescrição punitiva quanto na executória. Ex.: se a prescrição normalmente ocorre em 8 anos, sendo o criminoso menor de 21 anos, ela se dará em 4 anos.

7.9.8 Prescrição da pena de multa

A prescrição da pena de multa está prevista no art. 114 do CP. Se a multa for a única pena cominada ou aplicada ao delito, a prescrição ocorre em 2 anos; se a multa for alternativa ou cumulativamente aplicada à pena privativa de liberdade, a prescrição da multa ocorrerá no mesmo prazo da pena segregatícia da liberdade. Cuidado: o dispositivo só é aplicado à prescrição da pretensão punitiva. Após o trânsito em julgado da sentença condenatória, a prescrição da multa passa a ser regulada pela Lei n. 6.830/90, pois se trata de dívida ativa da Fazenda Pública.

7.9.9 Prescrição e concurso de crimes

Seja qual for a hipótese de concurso de delitos – material, formal ou crime continuado –, para fins de prescrição, leva-se em consideração a pena aplicada a cada um dos crimes, isoladamente. Portanto, o concurso de crimes é irrelevante para o cálculo prescricional (art. 119 do CP).

7.9.10 Prescrição em abstrato

Enquanto não houver pena fixada em sentença condenatória transitada em julgado para a acusação, o cálculo da prescrição é feito com base na pena máxima em abstrato cominada à infração penal. Ex.: o furto simples (art. 155, *caput*, do CP) tem pena máxima de 4 anos. Enquanto não houver sentença condenatória transitada em julgado para a acusação, o cálculo deve ser feito com base nesses 4 anos – prescreve em 8 anos a pena não superior a 4 anos (art. 109, IV, do CP). A respeito do cálculo em abstrato, cuidado: qualificadoras, privilégios, causas de aumento e de diminuição devem ser levados em consideração. Ex.: se o crime praticado foi o de furto qualificado (art. 155, § 4º, do CP), o cálculo em abstrato deve ser feito sobre 8 anos, pena máxima da figura qualificada, e não sobre 4 anos, pena máxima da figura simples (art. 155, *caput*). Quanto às causas de aumento e de diminuição, para o cálculo em abstrato, deve ser considerada a pior hipótese possível ao réu. Ex.: se o aumento for de 1/6 a 2/3, devem ser considerados os 2/3 no cálculo; se a diminuição for de 1/6 a 1/3, deve ser considerado 1/6.

7.9.11 Prescrição retroativa

Se houver sentença condenatória transitada em julgado para a acusação, é possível fazer o cálculo retroativo com base na pena em concreto. O porquê de se exigir o trânsito em julgado para a acusação: se a acusação não recorrer da sentença condenatória, ainda que haja recurso da defesa, a situação do condenado não poderá piorar. Na pior das hipóteses, se o recurso do réu não for provido, a sua pena ficará da forma como foi fixada pelo juiz de primeira instância. No entanto, se houver recurso do MP ou do querelante, a situação do sentenciado pode piorar com o aumento da pena fixada na sentença. Voltando ao assunto: fixada a pena em concreto, e não havendo recurso da acusação, é possível o cálculo da prescrição com base na pena efetivamente fixada. Ex.: no furto simples, a pena é de 1 a 4 anos. Em sentença condenatória, o juiz condena o criminoso à pena de 2 anos. O MP não recorre. A partir do trânsito em julgado para a acusação, a pena em abstrato não mais importa para a prescrição, que deve ser feita com base na pena em concreto – no exemplo, 2 anos. Fixada a pena em concreto, e ocorrido o trânsito para a acusação, deve ser verificado se, entre o recebimento da denúncia ou queixa e a publicação da sentença condenatória, não ocorreu a prescrição (prescrição retroativa). Exemplo:

(i) No mês de março de 2006, Adriana pratica um furto simples. A pena máxima é de 4 anos – portanto, prescreve em 8 anos (art. 109, IV, do CP).

(ii) O MP oferece denúncia em maio de 2007. O juiz recebe a inicial em junho do mesmo ano. O recebimento da denúncia zera o prazo prescricional. Até aqui, portanto, não houve prescrição.

(iii) Em agosto de 2012, o juiz da vara criminal condena Adriana à pena mínima do furto, que é de 1 ano. O MP não recorre.

(iv) Com o trânsito em julgado para a acusação, a prescrição da pretensão punitiva deve ser feita com base na pena em concreto: um ano. De acordo com o art. 109, VI, do CP, a pena de 1 ano prescreve em 4 anos.

(v) Entre o recebimento da denúncia (maio de 2007) e a publicação da sentença condenatória (agosto de 2012), passaram-se mais de 5 anos.

(vi) Destarte, houve a prescrição retroativa quanto ao delito praticado por Adriana. A pena fixada em sentença fez com que fosse reconhecida a prescrição ocorrida antes de sua prolação – por isso, retroativa.

A respeito do tema, atenção: não é possível a prescrição retroativa em relação ao período anterior ao recebimento da denúncia ou queixa (art. 110, § 1º, do CP). Exemplo:

(i) No mês de março de 2006, Adriana pratica um furto simples. A pena máxima é de 4 anos – portanto, prescreve em 8 anos (CP, art. 109, IV).

(ii) O MP oferece denúncia e o juiz a recebe em maio de 2011. Como ainda não existe sentença condenatória transitada em julgado para a acusação, deve ser considerada a prescrição em abstrato – como já dito acima, o prazo de 8 anos. Passaram-se 5 anos entre o delito e o oferecimento da denúncia. Logo, não houve prescrição.

(iii) Em setembro de 2011, o juiz condena Adriana à pena de 1 ano. O MP não recorre. A prescrição passa a ser considerada pela pena em concreto – prescreve em 4 anos.

(iv) Ou seja, entre a consumação do crime e o recebimento da denúncia, passaram-se mais de cinco anos; entre o recebimento da denúncia e a publicação da sentença, 4 meses. Houve a prescrição retroativa? Não. O motivo: a prescrição retroativa não alcança o lapso temporal decorrido entre a consumação do delito e a denúncia ou queixa.

7.9.12 Prescrição superveniente ou intercorrente

Na prescrição retroativa, o cálculo da prescrição com base na pena em concreto volta no tempo e atinge lapsos temporais entre o recebimento da denúncia ou queixa e a publicação de sentença condenatória. Na prescrição superveniente, a prescrição também é feita com base na pena em concreto, mas ocorre entre a publicação da sentença condenatória e o trânsito em julgado para ambas as partes (defesa e acusação). Exemplo: Adriana é condenada à pena de 1 ano e 3 meses por furto (prescreve em quatro anos). Ela recorre; o MP, não. O tribunal leva cinco anos para julgar o seu recurso. Ocorreu a prescrição? Sim, em razão da prescrição superveniente.

7.9.13 Exemplo de cálculo prescricional

Pode ocorrer de a banca pedir em sua prova o cálculo da prescrição em um caso concreto. Pensando nisso, selecionei uma questão do XX Exame de Ordem a respeito do tema, para resolvê-la passo a passo, com base em tudo o que foi dito a respeito da prescrição.

No dia 29-4-2011, Júlia, jovem de apenas 20 anos de idade, praticou um crime de lesão corporal leve (pena: de 3 meses a 1 ano) em face de sua rival na disputa pelo amor de Thiago. A representação foi devidamente ofertada pela vítima dentro do prazo de 6 meses, contudo a denúncia somente foi oferecida em 25-4-2014. Em 29-4-2014 foi recebida a denúncia em face de Júlia, pois não houve composição civil, transação penal ou suspensão condicional do processo. Nesta hipótese,

(A) poderá ser requerido pelo advogado de Júlia o reconhecimento da prescrição pela pena ideal, pois entre a data dos fatos e o recebimento da denúncia foram ultrapassados mais de 3 anos.

(B) deverá, caso aplicada ao final do processo a pena mínima prevista em lei, ser reconhecida a prescrição da pretensão punitiva retroativa, pois entre a data dos fatos e o recebimento da denúncia foram ultrapassados mais de 3 anos.

(C) não foram ultrapassados 3 anos entre a data dos fatos e do recebimento da denúncia, pois o prazo prescricional tem natureza essencialmente processual e não material.

(D) deverá ser reconhecida, de imediato, a prescrição da pretensão punitiva pela pena em abstrato.

RESPOSTA Júlia praticou crime com pena máxima de 1 ano. Como o problema não fala em sentença condenatória transitada para a acusação, devemos trabalhar com a pena em abstrato. De acordo com o art. 109, V, do CP, a pena de um ano prescreve em 4 anos. No entanto, na época dos fatos, Júlia tinha 20 anos. Por isso, o prazo prescricional cai pela metade, e passa a ser de 2 anos (art. 115 do CP). O crime se consumou no dia 29 de abril de 2011. A denúncia foi recebida no dia 29 de abril de 2014, 3 anos depois. Portanto, prescrita a pretensão punitiva pela pena em abstrato. *Alternativa D.*

8. CRIMES CONTRA A PESSOA

8.1 Homicídio

8.1.1 Conduta

O homicídio consiste em matar alguém, ou seja, outro ser humano, considerado como tal desde o início do trabalho de parto. Portanto, se uma criança é morta ainda no canal vaginal, já iniciado o trabalho de parto, o delito será o de homicídio ou infanticídio, e não de aborto.

8.1.2 Homicídio privilegiado

Trata-se de uma causa de diminuição de pena, prevista no art. 121, § 1º, do CP. Não se comunica entre coautores (art. 30 do CP). O homicídio pode ser privilegiado nas seguintes situações:
a) o agente mata impelido por motivo de relevante valor social (ex.: interesse coletivo na morte da vítima);
b) o agente mata por motivo de relevante valor moral (ex.: eutanásia, interesse particular do autor);
c) o agente age sob o domínio de violenta emoção, logo após injusta provocação da vítima. A reação deve ser imediata para que se reconheça a causa de diminuição. A pena pode ser reduzida de 1/6 a 1/3.

8.1.3 Homicídio privilegiado-qualificado

É possível combinar a causa de diminuição do § 1º com qualificadoras de natureza objetiva do § 2º (meio ou modo de execução), como o uso de veneno. Não é compatível com qualificadoras de natureza subjetiva (ex.: motivo torpe), já que o homicídio privilegiado pressupõe menor reprovabilidade da conduta. O homicídio privilegiado-qualificado não é hediondo, seja consumado ou tentado.

8.1.4 Homicídio qualificado

O homicídio qualificado possui pena de reclusão de 12 a 30 anos (art. 121, § 2º, do CP). Qualificadoras de natureza subjetiva incluem:
a) motivo torpe;
b) motivo fútil;
c) assegurar a execução, ocultação, impunidade ou vantagem de outro crime;
d) traição.

Qualificadoras de natureza objetiva são compatíveis com o homicídio privilegiado:
a) emprego de veneno, fogo, explosivos, asfixia, tortura ou outros meios insidiosos ou cruéis;
b) emboscada ou dissimulação.

8.1.5 Homicídio culposo

Ocorre quando o agente mata por imprudência, negligência ou imperícia. A pena é de detenção de 1 a 3 anos (art. 121, § 3º, do CP). Se praticado na direção de veículo automotor, o crime será do art. 302 do CTB.

8.1.6 Perdão judicial

No homicídio culposo, o perdão judicial é possível quando as consequências do crime atingem o próprio agente de maneira tão grave que a sanção penal se torna desnecessária (art. 121, § 5º, do CP). Extingue a punibilidade, eliminando todos os efeitos penais.

8.1.7 Causas de aumento de pena do homicídio culposo

A pena é aumentada de 1/3 se:
a) houver inobservância de regra técnica de profissão;
b) o agente deixar de prestar imediato socorro à vítima;
c) o autor não procurar diminuir as consequências;
d) o agente fugir para evitar o flagrante (art. 121, § 4º, do CP).

8.1.8 Causas de aumento do homicídio doloso

A pena é aumentada de 1/3 se a vítima for menor de 14 anos ou maior de 60 anos (art. 121, § 4º, do CP).

8.1.9 Causas de aumento da milícia privada e do grupo de extermínio

A pena é aumentada de 1/3 até a metade se o homicídio for praticado por milícia privada ou grupo de extermínio (art. 121, § 6º, do CP).

8.1.10 O homicídio e o erro de tipo essencial

O erro de tipo essencial afasta o dolo se inevitável (fato atípico) e reduz para culposo se evitável (art. 20 do CP). Ex.: o caçador que, por engano, mata um humano pensando ser um animal.

8.1.11 O homicídio, o erro sobre a pessoa e o *aberratio ictus*

No erro sobre a pessoa (art. 20, § 3º, do CP), o agente confunde a vítima pretendida. No *aberratio ictus* (art. 73 do CP), a execução falha e atinge vítima diversa. Em ambos os casos, considera-se a vítima pretendida para qualificação do crime.

8.1.12 O homicídio e a desistência voluntária e o arrependimento eficaz

Na desistência voluntária, o agente interrompe a execução do homicídio. No arrependimento eficaz, o agente evita a consumação após a execução completa. Em ambas as situações, o agente não responde pelo homicídio.

8.2 Feminicídio

8.2.1 Conduta

O feminicídio é crime autônomo, previsto no art. 121-A do CP, e consiste em matar uma mulher por razões da condição de sexo feminino. A pena é de reclusão de 20 a 40 anos.

8.2.2 Caracterização

Considera-se que há razões da condição de sexo feminino quando o crime envolve:

a) violência doméstica e familiar;

b) menosprezo ou discriminação à condição de mulher (art. 121-A, § 1º, do CP).

8.2.3 Causas de aumento de pena no feminicídio

A pena é aumentada de 1/3 até a metade se:

a) o crime for cometido durante a gestação, nos 3 meses após o parto, ou se a vítima for responsável por criança, adolescente ou pessoa com deficiência;

b) a vítima for menor de 14 anos, maior de 60 anos, com deficiência ou portadora de doenças degenerativas;

c) o crime ocorrer na presença física ou virtual de descendente ou ascendente da vítima;

d) houver descumprimento de medidas protetivas de urgência previstas na Lei Maria da Penha (art. 22);

e) o crime envolver qualificadoras dos incisos III, IV e VIII do § 2º do art. 121 (meio cruel, emboscada, arma de fogo de uso restrito ou proibido).

8.2.4 Coautoria e partícipes no feminicídio

Circunstâncias pessoais e elementares do feminicídio comunicam-se ao coautor ou partícipe, conforme o § 3º do art. 121-A do CP.

8.3 Participação em suicídio

De acordo com a Lei n. 13.968/2019 (Pacote Anticrime), a participação em suicídio não é mais crime condicionado, que só se consuma com um determinado resultado, como ocorria na antiga redação do art. 122 do CP. Agora, basta induzir, instigar ou prestar auxílio material a alguém para a prática do suicídio ou da automutilação para a consumação do crime, não se exigindo qualquer resultado como condição para a tipicidade.

8.3.1 Conduta

Se dá pelo auxílio material, induzimento ou instigação para que alguém pratique o suicídio ou automutilação. Portanto, pode o agente praticar o delito ao fornecer meios (ex.: um revólver) para a prática do ato ou por apoio moral, por exemplo, incentivar o suicídio. Cuidado: para a configuração do crime do art. 122 do CP, não pode o agente praticar qualquer ato executório capaz de matar a vítima, senão o crime será o de homicídio. Ex.: Romeu e Julieta decidiram morrer. Para tanto, trancaram-se em um automóvel e Romeu instalou uma mangueira que levava o gás emitido pelo escapamento até o interior do veículo. Enquanto inalavam os gases no interior do veículo, um policial percebeu o ocorrido e quebrou o vidro, salvando a vida de ambos. Julieta, por induzido ou instigado o suicídio de Romeu, pode responder pelo crime do art. 122 do CP. Romeu, no entanto, por ter praticado ato executório para matar Julieta, deve responder por tentativa de homicídio. Outro exemplo de prática do delito: a roleta-russa, devendo o(s) sobrevivente(s) responder(em) caso alguém venha a morrer ou a sofrer lesão corporal de natureza grave.

8.3.2 Consumação e tentativa

Pela antiga redação do art. 122, anterior à Lei n. 13.968/2019, a participação em suicídio era crime condicionado, que só se consumava se a vítima sofresse lesão corporal grave ou morte. Ou seja, não havia meio-termo: se ocorresse um dos dois resultados, o crime estava consumado; caso contrário, o fato era atípico. No entanto, a partir da mudança promovida pela Lei n. 13.968/2019, para a consumação do delito, basta o induzimento, a instigação ou o auxílio material ao suicídio ou à automutilação, sem qualquer condição. A tentativa passou a ser possível.

> "Art. 122. Induzir ou instigar alguém a suicidar-se ou a praticar automutilação ou prestar-lhe auxílio material para que o faça:
> Pena – reclusão, de 6 (seis) meses a 2 (dois) anos.

8.3.3 Qualificadoras

Pela antiga redação, a lesão corporal grave e a morte eram condição para a tipicidade do delito de participação em suicídio. Agora, essas duas consequências são qualificadoras do delito, nos §§ 1º e 2º.

> Art. 122. (...).
> § 1º Se da automutilação ou da tentativa de suicídio resulta lesão corporal de natureza grave ou gravíssima, nos termos dos §§ 1º e 2º do art. 129 deste Código:
> Pena – reclusão, de 1 (um) a 3 (três) anos.
> § 2º Se o suicídio se consuma ou se da automutilação resulta morte:
> Pena – reclusão, de 2 (dois) a 6 (seis) anos.

8.3.4 Causas de aumento de pena

A pena do delito é duplicada se: (a) o crime for praticado por motivo egoístico, torpe ou fútil; (b) a vítima é menor ou tem diminuída, por qualquer causa, a capacidade de resistência.

> Art. 122. (...).
> § 3º A pena é duplicada:
> I – se o crime é praticado por motivo egoístico, torpe ou fútil;
> II – se a vítima é menor ou tem diminuída, por qualquer causa, a capacidade de resistência.

8.3.5 Internet

A pena do delito é aumentada até o dobro se a conduta é realizada por meio da rede de computadores, de rede social ou transmitida em tempo real. Aplica-se a pena em dobro se o autor é líder, coordenador ou administrador de grupo, de comunidade ou de rede virtual, ou por estes é responsável (art. 122, §§ 4º e 5º, do CP).

8.3.6 Subsidiariedade

Segundo o § 6º, se da conduta resulta lesão corporal de natureza gravíssima e o delito é cometido contra menor de 14 (quatorze) anos ou contra quem, por enfermidade ou deficiência mental, não tem o necessário discernimento para a prática do ato, ou que, por qualquer outra causa, não pode oferecer resistência, responde o agente pelo crime descrito no § 2º do art. 129 do CP, e não pela participação em suicídio. Cuidado: o dispositivo faz menção apenas à lesão corporal gravíssima, não podendo ser aplicado se a vítima sofrer lesão corporal leve (CP, art. 129, *caput*) ou grave (CP, art. 129, § 1º). O mesmo raciocínio vale para o resultado morte, no § 7º do art. 122.

> Art. 122. (...).
> § 6º Se o crime de que trata o § 1º deste artigo resulta em lesão corporal de natureza gravíssima e é cometido contra menor de 14 (quatorze) anos ou contra quem, por enfermidade ou deficiência mental, não tem o necessário discernimento para a prática do ato, ou que, por qualquer outra causa, não pode oferecer resistência, responde o agente pelo crime descrito no § 2º do art. 129 deste Código.
> § 7º Se o crime de que trata o § 2º deste artigo é cometido contra menor de 14 (quatorze) anos ou contra quem não tem o necessário discernimento para a prática do ato, ou que, por qualquer outra causa, não pode oferecer resistência, responde o agente pelo crime de homicídio, nos termos do art. 121 deste Código.

8.4 Infanticídio

8.4.1 Conduta

Conduta prevista no art. 123 do CP, se dá pelo verbo matar, o mesmo do homicídio (art. 121 do CP).

8.4.2 Sujeito ativo

O infanticídio é crime próprio, pois a lei prevê que será praticado pela mãe da vítima. A condição de mãe é pessoal, mas elementar do delito. Por esse motivo, é possível a coautoria e a participação na prática do crime, por força do que dispõe o art. 30 do CP: "não se comunicam as circunstâncias e as condições de caráter pessoal, salvo quando elementares do crime". Por isso, é possível que o pai, por exemplo, ao auxiliar a mãe à prática do delito, também seja responsabilizado por infanticídio.

8.4.3 Sujeito passivo

O nascente (durante o parto) ou o recém-nascido ou neonato (logo após o parto), filho da mulher que pratica a conduta de matar.

8.4.4 Erro sobre a pessoa

A banca solicita nas provas com frequência a situação em que a mãe, por acreditar que está matando o próprio filho, mata o filho de outrem. Basta imaginar que a mãe confundiu as crianças no berçário da maternidade. Na hipótese, ela deve ser responsabilizada por homicídio ou por infanticídio? Segundo o art. 20, § 3º, do CP, que trata do erro sobre a pessoa ou *error in persona*, o agente deve ser punido pela vítima pretendida, e não pela efetivamente atingida. Logo, deve ser punido por infanticídio a mãe que, pretendendo matar o próprio filho, sob a influência do estado puerperal, confunde as crianças e mata o filho de outra pessoa.

8.5 Aborto

8.5.1 Conduta

A complexidade no estudo do aborto se dá em virtude de o CP tipificar várias condutas diversas. No art. 124, é punida a gestante que pratica o autoaborto ou que permite que terceiro o faça. No art. 125, a lei penal pune quem pratica o aborto sem consentimento da mulher grávida. Por fim, no art. 126, é punido o terceiro que pratica o aborto com o consentimento da gestante. Em regra, existindo concurso de pessoas, todos os envolvidos devem ser responsabilizados pelo mesmo delito (teoria monista ou unitária). O aborto é exceção (teoria pluralística). Ex.: Joana consente com aborto a ser praticado por Marcos. Ela deve ser punida pelo crime do art. 124; ele, pelo crime do art. 126.

8.5.2 Consentimento da gestante

Se a gestante consentir com a prática do aborto por terceiro, ela será punida nos termos do art. 124, enquanto o terceiro receberá as penas do art. 126 do CP. No entanto, atenção: é inexistente o consentimento se a gestante *não é maior de 14 anos, ou é alienada ou débil mental, ou se o consentimento é obtido mediante fraude, grave ameaça ou violência* (parágrafo único do art. 126).

8.5.3 Causas de aumento de pena (CP, art. 127)

Embora o CP diga *forma qualificada* (art. 127 do CP), configuram causas de aumento de pena. Por isso, caso perguntem em sua prova, responda *aborto qualificado*, ainda que esteja errado. O aborto praticado por terceiro tem pena aumentada quando, em consequência do aborto ou dos meios empregados, a gestante sofre lesão corporal grave (aumento de 1/3) ou morre (penas duplicadas).

8.5.4 Exclusão da ilicitude

De acordo com o art. 128 do CP, não há crime quando o aborto é praticado, por médico, em duas situações: (a) quando não há outro meio de salvar a vida da gestante (aborto necessário ou terapêutico). Não depende de consentimento da gestante; (b) quando a gravidez resulta de estupro e o aborto é consentido pela gestante ou, quando incapaz, por seu representante legal (aborto sentimental ou humanitário). O CP só permite o aborto se praticado por *médico*. Se outro profissional (ex.: enfermeiro) praticar o aborto necessário para salvar a vida da gestante, a ilicitude será excluída pelo estado de necessidade (CP, art. 24).

8.6 Lesão corporal

8.6.1 Conduta

Prevista no art. 129 do CP, consiste em ofender a integridade ou a saúde física de outrem. O dolo não pode ser o de causar a morte da vítima, caso contrário, o agente será responsabilizado por homicídio.

8.6.2 Ação penal

Na lesão corporal leve (art. 129, *caput*) e na lesão corporal culposa, a ação penal é pública condicionada à representação (art. 88 da Lei n. 9.099/95). Todas as demais espécies de lesões corporais dolosas são de ação penal pública incondicionada.

> **ATENÇÃO!**
> A ação penal relativa ao crime de lesão corporal resultante de violência doméstica contra a mulher é pública incondicionada, mesmo que leve ou culposa.

8.6.3 Lesão corporal grave

A lesão corporal é considerada grave quando resulta em:
a) incapacidade para as ocupações habituais por mais de 30 dias;
b) perigo de vida;
c) debilidade permanente de membro, sentido ou função;
d) aceleração do parto (art. 129, § 1º, do CP).

8.6.4 Lesões corporais gravíssimas

A lesão corporal é qualificada como gravíssima quando resulta em:
a) incapacidade permanente para o trabalho;
b) enfermidade incurável;
c) perda ou inutilização de membro, sentido ou função;
d) deformidade permanente;
e) aborto (art. 129, § 2º, do CP).

8.6.5 Lesão corporal seguida de morte

É um crime preterdoloso, em que há dolo na conduta antecedente (lesionar) e culpa no resultado (morte). O agente deseja lesionar, mas causa a morte sem intenção (art. 129, § 3º, do CP).

8.6.6 Lesão corporal dolosa privilegiada

Embora chamada de "lesão corporal privilegiada", trata-se de uma causa de diminuição de pena. A pena é reduzida de 1/6 a 1/3 quando o agente é motivado por relevante valor social ou moral, ou age sob violenta emoção logo após injusta provocação da vítima (art. 129, § 4º, do CP).

8.6.7 Substituição de pena

O juiz pode substituir a pena de detenção por multa quando:

a) as lesões são recíprocas;
b) as hipóteses do § 4º do art. 129 estão presentes (art. 129, § 5º, do CP).

8.6.8 Lesão corporal culposa

Ocorre quando o agente age sem intenção de lesionar, mas por imprudência, negligência ou imperícia (art. 129, § 6º, do CP).

8.6.9 Causas de aumento de pena na lesão corporal culposa

A pena é aumentada de 1/3 se houver:

a) inobservância de regra técnica de profissão, arte ou ofício;
b) omissão de socorro imediato;
c) não redução das consequências;
d) fuga para evitar o flagrante (art. 129, § 7º, do CP).

8.6.10 Causas de aumento da lesão corporal dolosa

A pena é aumentada de 1/3 se a vítima for menor de 14 anos ou maior de 60 anos; se o crime for praticado por milícia privada ou grupo de extermínio (art. 129, § 7º, do CP).

8.6.11 Perdão judicial

O perdão judicial é aplicável quando as consequências da lesão atingem o agente de forma tão grave que a sanção penal se torna desnecessária (art. 129, § 8º, do CP).

8.6.12 Violência doméstica

A lesão corporal qualificada por violência doméstica tem pena de reclusão de 2 a 5 anos (art. 129, § 9º, do CP). Se a lesão for grave, gravíssima ou resultar em morte, a violência doméstica será considerada causa de aumento de pena.

8.6.13 Lesão corporal contra pessoa deficiente

Na hipótese de lesão corporal qualificada por violência doméstica, a pena é aumentada de 1/3 se a vítima for pessoa com deficiência (art. 129, § 11, do CP).

8.6.14 Lesão corporal contra agente ou autoridade de segurança pública

A lesão corporal dolosa tem pena aumentada de 1/3 a 2/3 quando praticada contra autoridades de segurança pública ou seus familiares, em razão da função (art. 129, § 12, do CP).

8.6.15 Lesão corporal qualificada contra a mulher

Se a lesão é cometida contra a mulher por razões da condição de sexo feminino, a pena é de 2 a 5 anos de reclusão (art. 129, § 13, do CP).

8.7 Calúnia

Consiste em atribuir, a alguém, fato definido como crime, sabendo que a acusação é falsa. Portanto, quem calunia sabe que está mentindo. Se digo que fulano praticou um furto, e sei que é mentira, pratico o delito do art. 138 do CP.

- Denunciação caluniosa: o crime do art. 339 do CP poderia, muito bem, ser qualificadora da calúnia. Na denunciação caluniosa, também há a imputação falsa de uma infração penal, mas de forma mais gravosa: o agente dá causa à instauração de inquérito policial, de procedimento investigatório criminal, de processo judicial, de processo administrativo disciplinar, de inquérito civil ou de ação de improbidade administrativa contra alguém. Com certa relutância, pois não tive acesso à investigação, posso dar como exemplo o caso do jogador Neymar, acusado de estupro. Ao registrar a ocorrência policial, a moça teria, em tese, praticado o crime de denunciação caluniosa, pois sabia que a acusação era falsa.
- Calúnia contra os mortos: é punível, segundo o art. 138, § 2º, do CP.
- Contravenção penal: só se fala em calúnia se a falsa acusação for por fato definido como crime. Se a acusação for por contravenção penal, o delito será o de difamação (art. 140 do CP).

8.8 Difamação

Consiste em atribuir a alguém fato ofensivo à reputação (art. 139 do CP). A pegadinha: em regra, é irrelevante se o fato é ou não verdadeiro. Se digo que meu vizinho mantém relação extraconjugal, o crime de difamação estará caracterizado. De nada adianta provar que o fato é verdadeiro.

8.9 Exceção da verdade

Na calúnia, quem imputou o fato pode evitar a punição se demonstrar que não mentiu, por meio de exceção da verdade. Na difamação, em regra, a veracidade do fato é irrelevante. No entanto, em se tratando de funcionário público e se a ofensa disser respeito ao exercício de suas funções, a exceção da verdade será admitida. Dois exemplos:

a) Digo às pessoas que vi Jéssica, funcionária pública, casada, fazendo sexo com o amante. É irrelevante a veracidade do fato. Serei responsabilizado por difamação. A ninguém é dado o direito de falar da vida alheia.

b) Digo por aí que vi Jéssica, funcionária pública, fazendo sexo nas dependências da repartição pública onde exerce suas funções. Nesse caso, por ter havido violação ao dever funcional, é possível a exceção da verdade, para demonstrar que o fato realmente aconteceu.

8.10 Injúria

Não há atribuição de fato, como na calúnia e na difamação. Na injúria, ocorre uma ofensa, um xingamento, que até pode estar vinculado a um fato (ex.: dizer que alguém é ladrão em razão de um fato ocorrido no passado). No entanto, o que "sai da boca" do ofensor não é um fato, mas apenas a ofensa (art. 140 do CP).

8.11 Perdão judicial

Em duas hipóteses, é possível que o juiz deixe de aplicar pena ao ofensor (art. 140, § 1º, do CP):

a) Quando o ofendido, de forma reprovável, provocou diretamente a injúria;

b) No caso de retorsão imediata, que consiste em outra injúria.

8.12 Injúria real

Ocorre quando a injúria é executada por meio de violência ou vias de fato (art. 140, § 2º, do CP). Um tapa no rosto, por exemplo, pode ser o meio utilizado para ridicularizar a vítima. Outro exemplo é o cuspe.

8.13 Injúria qualificada pelo preconceito

Ocorre quando o criminoso, ao praticar o delito, utiliza elementos referentes à religião ou à condição de pessoa idosa ou com deficiência (art. 140, § 3º, do CP).

> Por razão que desconheço, a orientação sexual foi deixada de fora. Por isso, se digo que alguém é "bicha", devo ser punido pela injúria simples, do *caput* do art. 140 do CP, e não pela qualificada. O STF entendeu por estender a Lei n. 7.716/89 (crime de racismo) à homofobia (ADO 26/DF).

8.14 Causas de aumento de pena

Estão no art. 141 do CP. São as seguintes:

a) crime contra o Presidente da República ou chefe de governo estrangeiro;

b) crime contra funcionário público, em razão de suas funções, ou contra os Presidentes do Senado Federal, da Câmara dos Deputados ou do Supremo Tribunal Federal;

c) crime praticado na presença de várias pessoas ou por meio que facilite a divulgação da calúnia, da difamação ou da injúria;

d) crimes contra criança, adolescente, pessoa maior de 60 (sessenta) anos ou pessoa com deficiência, exceto na injúria, em que há qualificadora específica, no art. 140, § 3º;

e) crime cometido mediante paga ou promessa de recompensa, que resulta na aplicação da pena em dobro;

f) crime cometido ou divulgado em quaisquer modalidades das redes sociais da rede mundial de computadores, que resulta na aplicação da pena em triplo;

g) crime cometido contra a mulher por razões da condição do sexo feminino, conforme disposto no § 1º do art. 121-A do CP, resultando na aplicação da pena em dobro.

8.15 Exclusão do crime

Não constituem injúria ou difamação (art. 142 do CP):

a) a ofensa irrogada em juízo, na discussão da causa, pela parte ou por seu procurador;

b) a opinião desfavorável da crítica literária, artística ou científica, salvo quando inequívoca a intenção de injuriar ou difamar;

c) o conceito desfavorável emitido por funcionário público, em apreciação ou informação que preste no cumprimento de dever do ofício.

8.16 Retratação

É possível a retratação nos crimes de calúnia e de difamação (art. 143 do CP). Na injúria, como não houve a atribuição de fato, não há como o agente voltar atrás do que disse. Não se trata de um pedido de desculpa, mas de desdizer o que foi dito. Deve ocorrer antes da sentença e faz com que o ofensor fique isento de pena.

9. OUTROS CRIMES CONTRA A PESSOA

9.1 Intimidação sistemática (*bullying*)

O crime de intimidação sistemática está previsto no art. 146-A do CP. Consiste em intimidar uma ou mais pessoas, de maneira intencional e repetitiva, sem motivo evidente, por meio de violência física ou psicológica. As ações podem incluir intimidação, humilhação, discriminação e podem ser de natureza verbal, moral, sexual, social, psicológica, física, material ou virtual. O *bullying* virtual, também chamado de *cyberbullying*, é especificado no parágrafo único do art. 146-A, sendo caracterizado pelo uso de meios digitais, como redes sociais, aplicativos, jogos *on-line* ou qualquer ambiente virtual. Nesse caso, a pena é de reclusão de 2 a 4 anos, além de multa, se a conduta não constituir crime mais grave. A natureza do crime exige habitualidade, portanto não admite tentativa, pois requer reiteração das condutas para sua configuração.

9.2 Ameaça

O crime de ameaça está previsto no art. 147 do CP e consiste em ameaçar alguém de causar-lhe um mal injusto e grave, seja por palavra, escrito, gesto ou qualquer outro meio simbólico. A ameaça pode ser verbal ou não verbal, sendo necessária a capacidade de a vítima perceber a seriedade da ameaça. A pena é de detenção de 1 a 6 meses ou multa. A ação penal é pública condicionada à representação, exceto quando a ameaça é cometida contra a mulher por razões da condição do sexo feminino, hipótese em que a pena é aplicada em dobro e a ação penal é pública incondicionada (art. 147, §§ 1º e 2º, do CP). Trata-se de crime formal, consumando-se com a intimidação da vítima, não sendo necessário o efetivo mal prometido.

9.3 Perseguição

O crime do art. 147-A do CP consiste em perseguir alguém, de forma habitual (reiteradamente). Pode ser praticado por qualquer meio (forma livre), até mesmo pela internet. A perseguição deve se dar no contexto de, pelo menos, uma das seguintes condutas: (a) ameaçando a integridade física ou psicológica da vítima; (b) restringindo a capacidade de locomoção da vítima; ou (c) invadindo ou perturbando, de qualquer forma, a esfera de liberdade ou privacidade da vítima. Por se tratar de crime habitual, cuja existência depende da reiteração da conduta, não admite tentativa. A pena do crime de perseguição é aumentada de metade quando: (a) praticado contra criança, adolescente ou idoso; (b) praticado contra mulher por razões da condição de sexo feminino, nos termos do art. 121, § 2º-A, do CP, que trata do feminicídio; (c) mediante o concurso de duas ou mais pessoas; ou (d) com o emprego de arma (própria, imprópria, de fogo ou branca).

9.4 Violação psicológica contra a mulher

A conduta consiste em causar dano emocional à mulher que a prejudique e perturbe seu pleno desenvolvimento ou que vise a degradar ou a controlar suas ações, comportamentos, crenças e decisões, mediante ameaça, constrangimento, humilhação, manipulação, isolamento, chantagem, ridicularização, limitação do direito de ir e vir ou qualquer outro meio que cause prejuízo à sua saúde psicológica e autodeterminação. Crime material, consuma-se com a provocação do dano emocional à vítima, que não consiste, necessariamente, em efetiva lesão à saúde. Por isso, a comprovação da materialidade do crime do art. 147-A prescinde de exame pericial. Por se tratar de crime plurissubsistente, a tentativa é, em tese, possível (art. 147-B do CP).

9.5 Invasão de dispositivo informático

A conduta consiste em invadir dispositivo informático de uso alheio, conectado ou não à rede de computadores, com o fim de obter, adulterar ou destruir dados ou informações sem autorização expressa ou tácita do usuário do dispositivo ou instalar vulnerabilidades para obter vantagem ilícita (art. 154-A do CP). Crime de médio potencial ofensivo, é punido com pena de reclusão, de um a quatro anos, e multa. Portanto, compatível com a suspensão condicional do processo (Lei n. 9.099/95, art. 89). Consuma-se no momento em que o dispositivo informático é invadido, ainda que nenhum resultado seja objetivo. A tentativa é possível.

> **ATENÇÃO!**
> A partir da entrada em vigor da Lei n. 14.155/2021, o art. 154-A do CP sofreu diversas modificações. Dentre outras, não há mais a necessidade de violação de mecanismo de segurança para que o delito fique caracterizado.

10. CRIMES CONTRA O PATRIMÔNIO

10.1 Furto

10.1.1 Conduta

Consiste em subtrair coisa alheia móvel, tomando-a de quem pertence (art. 155 do CP). É diferente da apropriação indébita (CP, art. 168), em que a coisa móvel chega às mãos do agente de forma lícita. Cuidado: a subtração pode ser para si, o próprio autor da conduta, ou para outrem.

10.1.2 Consumação e tentativa

O furto se consuma com a posse de fato da coisa, pouco importando se é mansa ou pacífica. Se a coisa for destruída, inutilizada ou danificada pelo agente, ainda que não tenha a posse efetiva da coisa, o delito estará consumado. A tentativa é perfeitamente possível, pois se trata de crime plurissubsistente.

10.1.3 Causa de aumento do repouso noturno

O CP pune com mais rigor o agente que pratica o furto durante o repouso noturno. A razão é simples: quem pratica o crime enquanto, em geral, as pessoas descansam, assim age em virtude da menor vigilância empreendida sobre a coisa a ser subtraída (art. 155, § 1º, do CP).

10.1.4 Furto privilegiado

Em verdade, não se trata de privilégio, mas de causa de diminuição de pena. Requisitos: (a) a primariedade do agente; (b) o pequeno valor da coisa subtraída. Consequências: (i) a substituição da pena de reclusão pela de detenção; (ii) a diminuição de pena, de 1/3 a 2/3; ou (iii) a aplicação somente da pena de multa (art. 155, § 2º, do CP). É possível que o furto seja privilegiado-qualificado, desde que a qualificadora seja de natureza objetiva (Súmula 511 do STJ).

10.1.5 Qualificadoras

a) Qualificadoras do § 4º: a pena do furto é de 2 a 8 anos quando o crime é cometido:

1) com destruição ou rompimento de obstáculo à subtração da coisa: a qualificadora só é aplicável se a destruição ou rompimento de obstáculo acontecer antes ou durante a subtração, e deve ser essencial à prática do furto (ex.: destruir um cadeado para ter acesso ao interior de um imóvel). Se ocorrer após, ou desvinculado do contexto do furto, deve o criminoso ser punido por furto simples (art. 155, *caput*, do CP) em concurso material com o crime de dano (art. 163 do CP);

2) com abuso de confiança, ou mediante fraude, escalada ou destreza: (a) abuso de confiança: qualificadora de natureza subjetiva – portanto, não compatível com o § 2º do art. 155 –, consiste em tirar proveito de confiança depositada pela vítima para a prática da subtração. Não se exige vínculo empregatício entre o agente e a vítima, embora a confiança possa decorrer dessa relação patrão-empregado; (b) fraude: é preciso cuidado para não confundir o furto qualificado pela fraude com o estelionato (art. 171 do CP). No estelionato, o agente ludibria a vítima para que a coisa chegue ao seu poder. No furto qualificado, o criminoso emprega a fraude para que a vítima deixe de vigiar a coisa, viabilizando, assim, a subtração. Ex.: um dos criminosos puxa papo com a vítima para distraí-la enquanto seu comparsa aproveita e subtrai a sua carteira;

3) escalada: é a utilização de via anormal para entrar ou sair de recinto fechado onde o furto será praticado. Embora escalada nos remeta ao ato de subir em algo (ex.: muro), a qualificadora também é aplicável se o crime se der por escavação subterrânea; (d) destreza: ocorre quando o criminoso tira proveito de habilidade especial física ou manual para a prática da subtração;

4) com emprego de chave falsa: chave falsa é qualquer instrumento que tenha ou não forma de chave, e seja utilizado para abrir fechadura ou dispositivo semelhante, permitindo ou facilitando a subtração;

5) mediante concurso de duas ou mais pessoas: é qualificado o furto quando praticado em concurso de duas ou mais pessoas, pouco importando que um dos envolvidos seja inimputável ou desconhecido. Ex.: Francisco, de 18 anos, pratica furto em concurso com Joaquim, de 15 anos. Neste caso, Francisco deve responder por furto qualificado pelo concurso de pessoas, sem prejuízo de punição pelo delito de corrupção de menores (ECA, art. 244-B);

b) Qualificadora do § 4º-A: a pena é de reclusão, de 4 a 10 anos, e multa, se houver emprego de explosivo ou artefato análogo que cause perigo comum. A qualificadora tem um evidente objetivo: punir com mais rigor os frequentes furtos a caixas eletrônicos com o emprego de explosivo. Antes da modificação promovida pela Lei n. 13.654/2018, entendia o STJ que, na hipótese de furto praticado com o uso de explosivos, o agente deveria ser punido pelo crime de furto qualificado (art. 155, § 4º, I, do CP) em concurso com o delito de explosão majorado (art. 251, § 2º, do CP) – nesse sentido, REsp 1.647.539/SP. Somadas as penas dos dois delitos, o agente era punido com pena mínima de 6 anos. No entanto, não se fala mais em concurso de furto qualificado com o crime de explosão majorado, mas apenas em furto qualificado (CP, art. 155, § 4º-A), com pena mínima de 4 anos. Portanto, neste ponto, temos hipótese de *novatio legis in mellius* ou *lex mitior*, que deve retroagir (art. 2º, parágrafo único, do CP). Cuidado: a partir do Pacote Anticrime, passou a ser crime hediondo.

c) Qualificadora do § 4º-B: A pena é de reclusão, de 4 a 8 anos, e multa, se o furto mediante fraude é cometido por meio de dispositivo eletrônico ou informático, conectado ou não à rede de computadores, com ou sem a violação de mecanismo de segurança ou a utilização de programa malicioso, ou por qualquer outro meio fraudulento análogo.

c.1) Causas de aumento aplicáveis ao § 4º-B: I – aumenta-se de 1/3 a 2/3, se o crime é praticado mediante a utilização de servidor mantido fora do território nacional; II – aumenta-se de 1/3 ao dobro, se o crime é praticado contra idoso ou vulnerável.

d) Qualificadora do § 5º: furto de veículo automotor que venha a ser transportado para outro Estado ou para o exterior. A qualificadora só será aplicada quando o veículo automotor efetivamente for transportado para outro Estado ou país. Caso não consiga a transposição da fronteira, o criminoso será responsabilizado pelo furto simples, se ausentes outras qualificadoras. A pena é de 3 a 8 anos.

e) Qualificadora do § 6º: furto de semovente domesticável de produção, ainda que abatido ou dividido em partes no local da subtração. É qualificada a subtração de semoventes – abigeato –, mas a qualificadora só se aplica se o animal for domesticável de produção. Com isso, não se aplica a qualificadora se a subtração for de animal selvagem mantido em cativeiro. A qualificadora é aplicável no furto de animal vivo, abatido ou dividido em partes no local da subtração. Por isso, quem subtrai carne de um açougue não pratica a forma qualificada do furto prevista no § 6º.

f) Qualificadora do § 7º: alteração promovida pela Lei n. 13.654/2018, com pena de 4 a 10 anos, e multa. É qualificado o furto quando a subtração for de substâncias explosivas ou de acessórios que, conjunta ou isoladamente, possibilitem sua fabricação, montagem ou emprego.

10.2 Roubo

Com a publicação da Lei n. 13.964/2019 (Pacote Anticrime), a arma branca voltou a majorar o crime. Além disso, foi criada uma nova causa de aumento para o caso de emprego de arma de fogo de uso proibido ou restrito.

Art. 157. (...).

§ 2º a pena aumenta-se de 1/3 (um terço) até metade:

VII – se a violência ou grave ameaça é exercida com emprego de arma branca;

§ 2º-b. se a violência ou grave ameaça é exercida com emprego de arma de fogo de uso restrito ou proibido, aplica-se em dobro a pena prevista no *caput* deste artigo.

10.2.1 Conduta

Consiste em subtrair coisa alheia móvel, para si ou para outrem, mediante violência ou grave ameaça ou por meio que impossibilite a resistência da vítima à conduta. É crime complexo, resultado da fusão do furto (art. 155 do CP) com o crime de ameaça (art. 147 do CP) ou do furto com a lesão corporal (art. 129, *caput*, do CP).

10.2.2 Violência própria e violência imprópria

O roubo pode ser praticado mediante violência própria ou violência imprópria. Na violência própria, o agente emprega força física contra a vítima (ex.: dá uma gravata para que ela entregue a carteira) no contexto da prática do roubo. Se a violência for contra coisa (ex.: contra uma porta), não haverá crime de roubo, mas de furto, desde que a violência empregada contra a coisa não consista em meio de ameaça contra a pessoa (ex.: dar pauladas no carro da vítima até que ela o entregue). Por outro lado, na violência imprópria, não há emprego de violência física contra a vítima. Em vez disso, o criminoso faz com que a vítima não possa oferecer resistência (ex.: dá "Boa Noite, Cinderela" à vítima para, em seguida, subtrair seus bens).

10.2.3 Consumação e tentativa

De acordo com a Súmula 582 do STJ, "consuma-se o crime de roubo com a inversão da posse do bem mediante emprego de violência ou grave ameaça, ainda que por breve tempo e em seguida à perseguição imediata ao agente e recuperação da coisa roubada, sendo prescindível a posse mansa e pacífica ou desvigiada". A tentativa é possível.

10.2.4 Roubo próprio e roubo impróprio

No roubo próprio (art. 157, *caput*, do CP), a subtração da coisa é contemporânea ou posterior à violência ou grave ameaça. Ex.: aponto a arma e, em seguida, subtraio os bens. No roubo impróprio (art. 157, § 1º, do CP), a violência contra a pessoa ou a grave ameaça ocorre quando já subtraída a coisa, a fim de assegurar a impunidade do crime ou a detenção da coisa para si ou para terceiro. Ex.: pratico um furto e, ao ter a coisa em meu poder, sou surpreendido por seu dono. Imediatamente, o ameaço: afasta-se ou morrerá! A pena é a mesma para as duas hipóteses – de 4 a 10 anos de reclusão.

10.2.5 Roubo circunstanciado

a) Causas de aumento do § 2º do art. 157: a pena do roubo é aumentada de 1/3 até 1/2 se:

1) praticado em concurso de duas ou mais pessoas: considerando o maior risco produzido pela conduta praticada em concurso de agentes, o crime deve ser punido com mais rigor. Se um adulto pratica o roubo em concurso com um adolescente (inimputável), o roubo será majorado pelo concurso de pessoas em concurso com o delito de corrupção de menores (ECA, art. 244-B).

2) praticado contra pessoa que está em serviço de transporte de valores e o agente conhece tal circunstância: a majorante só é aplicável quando a vítima estiver transportando valores pertencentes a terceiros, e não quando transportar valores seus, de sua propriedade. Portanto, há necessariamente duas vítimas: o titular dos valores subtraídos e a pessoa que presta o serviço de transporte de valores. Para a incidência da majorante, é essencial que o assaltante saiba que a vítima está em serviço de transporte de valores.

3) a subtração for de veículo automotor que venha a ser transportado para outro Estado ou para o exterior: para que seja aplicada, a majorante reclama a efetiva transposição de fronteiras.

4) o agente mantém a vítima em seu poder, restringindo sua liberdade: a intenção do agente é a subtração de coisa alheia móvel. No entanto, para ter êxito na empreitada criminosa, o agente restringe a liberdade da vítima, impedindo-a de ir e vir, no contexto da prática do roubo. Cuidado: a partir do Pacote Anticrime, passou a ser crime hediondo;

5) a subtração for de substâncias explosivas ou de acessórios que, conjunta ou isoladamente, possibilitem sua fabricação, montagem ou emprego.

6) a violência ou grave ameaça é exercida com emprego de arma branca – majorante reincluída pelo Pacote Anticrime.

b) Causas de aumento do § 2º-A: a pena do roubo é aumentada de 2/3 quando:

1) a violência ou ameaça é exercida com emprego de arma de fogo. Cuidado: trata-se de crime hediondo, por força do Pacote Anticrime.

2) há destruição ou rompimento de obstáculo mediante o emprego de explosivo ou de artefato análogo que cause perigo comum. Para a incidência desta hipótese causa de aumento, devem estar presentes dois requisitos: (a) o roubo resultou em destruição ou rompimento de obstáculo; (b) essa destruição ou rompimento foi causado pelo fato de o agente ter utilizado explosivo ou artefato análogo que cause perigo comum.

c) Causa de aumento do § 2º-B: a pena é aplicada em dobro se a violência ou grave ameaça é exercida com emprego de arma de fogo de uso restrito ou proibido. É crime hediondo.

10.2.6 Roubo qualificado pela lesão corporal grave

A Lei n. 13.654/2018 aumentou a pena prevista no § 3º, I, do art. 157 para a hipótese: antes, era de 7 a 15 anos, e, atualmente, é de 7 a 18 anos. De resto, nada mudou em relação à antiga redação: é qualificado o roubo quando, em razão da violência empregada, a vítima sofre lesão corporal de natureza grave ou gravíssima.

10.2.7 Latrocínio

No latrocínio (art. 157, § 3º, II, do CP), o agente, no contexto fático do roubo, emprega violência – jamais grave ameaça – e, em razão disso, a vítima é morta. Como a morte pode se dar a título de culpa ou de dolo, sobrevivendo a vítima, o delito será o de latrocínio tentado. Não existe um momento certo para a morte – não precisa ser necessariamente após à subtração, como muitos imaginam ao falar em "roubo seguido de morte". O que importa é que aconteça no mesmo contexto do crime contra o patrimônio. Por isso, se hoje pratico um roubo e, amanhã, mato a vítima para assegurar o produto do crime, responderei por roubo simples (art. 157, *caput*, do CP) em concurso material com o homicídio qualificado (art. 121, § 2º, V, do CP). Para a consumação do latrocínio, o que importa é o fato de a vítima ter ou não ficado viva. Se sobreviver, latrocínio tentado; se morrer, consumado. A subtração da coisa é irrelevante. De qualquer forma, seja tentado ou consumado, o latrocínio sempre será crime hediondo.

10.3 Extorsão

10.3.1 Conduta

Prevista no art. 158, constranger alguém, mediante violência ou grave ameaça, a fazer, tolerar que se faça ou deixar fazer alguma coisa. Ou seja, é o crime de constrangimento legal (art. 146 do CP), mas com uma diferença: o agente constrange a vítima com o objetivo de obter para si ou para outrem vantagem econômica indevida.

10.3.2 Consumação

Por ser crime formal, a consumação ocorre no momento em que a vítima é constrangida. É irrelevante a efetiva obtenção da vantagem (Súmula 96 do STJ). A tentativa é possível.

10.3.3 Causas de aumento de pena

A pena é aumentada de 1/3 até 1/2 quando o crime é cometido (art. 158, § 1º, do CP): (a) em concurso de duas ou mais pessoas; (b) com emprego de arma. O que foi dito a respeito do roubo majorado pelo emprego de arma é aplicável à causa de aumento da extorsão.

10.3.4 Qualificadoras

Se em razão da violência empregada – e não da grave ameaça – a vítima sofrer lesões corporais de natureza grave ou morrer, a extorsão será qualificada, nos mesmos da qualificadora do roubo (CP, art. 157, § 3º). É hedionda a extorsão qualificada pela morte, tentada ou consumada (art. 158, § 2º, do CP).

10.3.5 Qualificadora da restrição de liberdade da vítima

Na hipótese qualificada do § 3º, para o sucesso da extorsão, o agente tem de restringir a liberdade da vítima. Em verdade, a qualificadora foi criada para punir o *sequestro-relâmpago* – situação em que a vítima é mantida por um curto espaço de tempo – frequentemente por poucas horas – sob controle de criminosos. O tempo que a vítima permanece com os criminosos é apenas o necessário para que os agentes façam compras com seus cartões de crédito e saques bancários com cheques assinados pela vítima. Se a vítima falecer ou sofrer lesão corporal grave, devem ser aplicadas as penas dos art. 159, §§ 2º e 3º, do CP, que tratam da extorsão mediante sequestro (art. 158, § 3º, do CP).

10.4 Estelionato

10.4.1 Conduta

No estelionato (art. 171 do CP), o criminoso obtém vantagem econômica indevida ao induzir a vítima a erro. Da mesma forma como ocorre no erro de tipo essencial em relação ao autor da conduta, no estelionato, o enganado tem falsa percepção da realidade. Ele não sabe o que, de fato, acontece, e o criminoso tira proveito disso em busca de ganhos patrimoniais.

10.4.2 Consumação

Por se tratar de crime material, a consumação depende da obtenção da vantagem ilícita. A tentativa é possível em três hipóteses: o agente emprega o meio fraudulento, mas não consegue enganar a vítima; (b) o agente emprega o meio fraudulento, engana a vítima, mas não consegue obter a vantagem; (c) o agente emprega o meio fraudulento, engana a vítima, obtém a vantagem, mas não causa prejuízo patrimonial ao ofendido.

10.4.3 Estelionato privilegiado

Em verdade, causa de diminuição de pena (art. 171, § 1º). Para que seja reconhecida, devem estar presentes os seguintes requisitos: (a) o criminoso deve ser primário; (b) o prejuízo da vítima deve ser de pequeno valor. As consequências são as mesmas do *furto privilegiado*, tratado anteriormente.

10.4.4 Figuras equiparadas ao estelionato

Também pratica o delito do art. 171 do CP quem: (a) dispõe de coisa alheia como própria: o agente vende, permuta, dá em pagamento, em locação ou em garantia coisa alheia como própria; (b) alienação ou oneração fraudulenta de coisa própria: o agente vende, permuta, dá em pagamento ou em garantia coisa própria inalienável, gravada de ônus ou litigiosa, ou imóvel que prometeu vender a terceiro, mediante pagamento em prestações, silenciando sobre qualquer dessas circunstâncias; (c) defraudação de penhor: é o que ocorre quando o devedor que tem a posse da coisa móvel a aliena quando existente contrato de penhor em relação ao bem; (d) fraude na entrega de coisa: não basta o mero inadimplemento na entrega. É imprescindível o emprego de fraude na conduta; (e) fraude para o recebimento de indenização no valor do seguro: é o caso da pessoa que causa autolesão para o recebimento de indenização por seguro, ou que destrói o próprio veículo com o mesmo objetivo; (f) fraude no pagamento por meio de cheque: o agente dolosamente emite cheque sem suficiente provisão de fundos ou lhe frustra o pagamento.

10.4.5 Fraude eletrônica

A pena é de reclusão, de 4 a 8 anos, e multa, se a fraude é cometida com a utilização de informações fornecidas pela vítima ou por terceiro induzido a erro por meio de redes sociais, contatos telefônicos ou envio de correio eletrônico fraudulento, ou por qualquer outro meio fraudulento análogo. A pena deve ser aumentada de 1/3 a 2/3, se o crime for praticado mediante a utilização de servidor mantido fora do território nacional (art. 171, § 2º-A, do CP).

10.4.6 Causa de aumento de pena

A pena é aumentada em 1/3 se o crime for cometido em detrimento de entidade de direito público ou de instituto de economia popular, assistência social ou beneficência. A causa de aumento é aplicável para todas as hipóteses de estelionato (art. 171, § 3º, do CP).

10.4.7 Causa de aumento

A pena aumenta-se de 1/3 ao dobro, se o crime for cometido contra idoso ou vulnerável, considerada a relevância do resultado gravoso (art. 171, § 4º, do CP).

10.4.8 Ação penal

O Pacote Anticrime tornou o estelionato crime de ação penal pública condicionada à representação, salvo se a vítima for: (a) a Administração Pública, direta ou indireta; (b) criança ou adolescente; (c) pessoa com deficiência mental; ou (d) maior de 70 (setenta) anos de idade ou incapaz (art. 171, § 5º, do CP).

10.5 Receptação

10.5.1 Conduta

Na receptação dolosa simples (*caput* do art. 180 do CP), o agente adquire, recebe, transporta, conduz ou oculta, em proveito próprio ou alheio, coisa que sabe ser produto de crime (receptação própria), ou influi para que terceiro, de boa-fé, a adquira, receba ou a oculte (receptação imprópria). Por se tratar de tipo penal misto alternativo, se praticada mais de uma conduta no mesmo contexto fático, apenas uma receptação é praticada. Ex.: o agente recebe e oculta produto de crime. A receptação é punível ainda que desconhecido ou isento de pena o autor do crime de que proveio a coisa.

10.5.2 Receptação qualificada

Ocorre quando o agente adquire, recebe, transporta, conduz, oculta, tem em depósito, desmonta, monta, remonta, vende, expõe à venda ou de qualquer forma utiliza, em proveito próprio ou alheio, *no exercício de atividade comercial ou industrial*, coisa que deve saber ser produto de crime. Atenção: o § 1º do art. 180 do CP fala em *deve saber*, enquanto a receptação simples fala em *sabe*. Portanto, o CP prevê, expressamente, na figura qualificada, a possibilidade de dolo eventual. Equipara-se à atividade comercial, para qualificar a receptação, qualquer forma de comércio irregular ou clandestino, inclusive o exercício em residência.

10.5.3 Receptação culposa

A receptação é o único crime contra o patrimônio punido na modalidade culposa. É culposa a receptação quando o agente adquire ou recebe coisa que, por sua natureza ou pela desproporção entre o valor e o preço, ou pela condição de quem a oferece, deve presumir-se obtida por meio criminoso (art. 180, § 3º, do CP). Das hipóteses de receptação, acredito ser a de maior ocorrência, especialmente após a proliferação de *sites* de vendas.

10.5.4 Perdão judicial na receptação culposa

Na receptação culposa, se o criminoso é primário e as circunstâncias do caso concreto indicam reduzida gravidade da conduta, pode o juiz deixar de aplicar pena (art. 180, § 5º, do CP).

10.5.5 Receptação privilegiada

É causa de diminuição de pena, mas a doutrina intitula *receptação privilegiada* (art. 180, § 5º, do CP). É possível quando primário o agente e quando pequeno o valor da coisa receptada. As consequências são as mesmas do denominado *furto privilegiado* (CP, art. 155, § 2º).

10.5.6 Causa de aumento de pena

É aplicada em dobro a pena da receptação simples quando o crime é praticado contra bens do patrimônio da União, de Estado, do Distrito Federal, de Município ou de autarquia, fundação pública, empresa pública, sociedade de economia mista ou empresa concessionária de serviços públicos (art. 180, § 6º, do CP).

10.6 Escusas absolutórias

Tema frequente no Exame de Ordem, as escusas absolutórias não podem ficar de fora de sua preparação (arts. 181 a 183 do CP). A ideia é a seguinte: em crimes contra o patrimônio, se o delito for praticado entre cônjuges, na constância da sociedade conjugal, ou entre ascendentes e descendentes, haverá isenção de pena. No entanto, os dispositivos impõem alguns requisitos para a incidência da causa de isenção. Para facilitar a memorização, elaborei o esquema a seguir:

HIPÓTESE	CONSEQUÊNCIA
(a) Descendente pratica crime contra o patrimônio, tendo como vítima ascendente.	Só haverá isenção de pena se o crime não envolver violência ou grave ameaça ou se a vítima não tiver idade igual ou superior a 60 anos. Na hipótese de concurso de pessoas entre o descendente e pessoa sem vínculo familiar com a vítima, o descendente será isento de pena e o estranho receberá a punição pela conduta delituosa.
(b) Ascendente pratica crime contra o patrimônio, tendo como vítima descendente.	As considerações são as mesmas da hipótese tratada anteriormente.
(c) Cônjuge pratica crime contra o patrimônio, tendo como vítima o outro cônjuge, na constância da sociedade conjugal.	Só haverá isenção de pena se o crime não envolver violência ou grave ameaça ou se a vítima não tiver idade igual ou superior a 60 anos. A causa de isenção não se comunica com eventuais coautores. Exige-se o casamento civil, provado mediante certidão. O casamento religioso é insuficiente. Para incidência da escusa absolutória, deve ser considerada a situação do casal na época dos fatos, pouco importando se, posteriormente, se separaram. A doutrina diverge a respeito da incidência do art. 181, I, do CP à união estável.
(d) Cônjuge pratica crime contra o patrimônio de outro cônjuge após dissolução da sociedade conjugal, pela separação judicial, mas antes do divórcio.	Não há isenção de pena, mas o crime passa a ser de ação penal pública condicionada à representação. O crime permanecerá de ação pública incondicionada se: (a) o crime suceder o rompimento do vínculo patrimonial pelo divórcio; (b) o crime for praticado mediante violência ou grave ameaça; (c) a vítima contar com idade igual ou superior a sessenta anos na época dos fatos; (d) em caso de coautoria, ao estranho não cônjuge.
(e) Crime contra o patrimônio praticado por um irmão em prejuízo do outro.	Não há isenção de pena, mas o crime passa a ser de ação pública condicionada à representação. O crime permanecerá de ação pública incondicionada se: (a) o crime for praticado mediante violência ou grave ameaça; (b) a vítima contar com idade igual ou superior a 60 anos na época dos fatos; (c) em caso de coautoria, ao estranho que não é irmão.
(f) Crime contra o patrimônio praticado em detrimento de sobrinho, pelo tio, ou vice-versa.	Não há isenção de pena, mas o crime passa a ser de ação penal pública condicionada à representação. O crime permanecerá de ação pública incondicionada se: (a) não houver coabitação entre eles. Ou seja, devem morar juntos para a incidência do art. 182, III, do CP; (b) o crime for praticado mediante violência ou grave ameaça; (c) a vítima contar com idade igual ou superior a 60 anos na época dos fatos; (d) em caso de coautoria, ao estranho que não é tio e nem sobrinho da vítima.

- **Pacote Anticrime:** a partir da Lei n. 13.964/2019, o estelionato passou a ser crime de ação penal pública condicionada à representação (art. 171, § 5º, do CP). Por isso, cuidado ao aplicar o art. 182 do CP aos delitos do art. 171 do CP.

11. CRIMES CONTRA A DIGNIDADE SEXUAL

LEI N. 12.718/2018	
Atualmente	Antes
É típica a importunação sexual (CP, art. 215-A).	Não existia a figura típica.
É típica a divulgação de cena de estupro ou de estupro de vulnerável (CP, art. 218-C).	Não existia a figura típica.
É irrelevante o consentimento da vítima para a caracterização do estupro de vulnerável (CP, art. 217-A, § 5º).	A lei não dizia expressamente que o consentimento era irrelevante, mas o STJ já tinha esse entendimento há muito tempo. A mudança apenas botou um ponto final na discussão.
A pena do crime contra a dignidade sexual é aumentada nas hipóteses de estupro coletivo e estupro corretivo (CP, art. 226).	Não existia previsão em lei.
A pena do crime contra a dignidade sexual é aumentada de metade a 2/3 caso a vítima engravide (CP, art. 234-A, III).	O aumento era de metade. Portanto, *novatio legis in pejus*.

DIREITO PENAL

A pena do crime contra a dignidade sexual é aumentada de 1/3 a 2/3 se o agente transmite à vítima doença sexualmente transmissível de que sabe ou deveria saber ser portador, ou se a vítima é idosa ou pessoa com deficiência (CP, art. 234-A, IV).	O antigo texto aumentava a pena de 1/6 a 1/2. Ademais, foram incluídas as vítimas idosas ou deficientes.
Todos os crimes contra a dignidade sexual são de ação penal pública incondicionada (CP, art. 225).	Em regra, os crimes contra a dignidade sexual eram de ação penal pública condicionada à representação.

LEI N. 13.772/2018	
Atualmente	Antes
É crime a exposição não autorizada da intimidade sexual.	Não existia previsão legal.

11.1 Estupro

11.1.1 Conduta

Consiste em constranger a vítima, mediante violência ou grave ameaça, a: (a) ter conjunção carnal (cópula vagínica); (b) praticar ato libidinoso diverso; (c) permitir que com ela se pratique ato libidinoso diverso (art. 213 do CP).

11.1.2 Sujeito passivo

Na hipótese de conjunção carnal, é essencial que o ato sexual ocorra entre um homem e uma mulher, afinal, a conjunção carnal consiste em cópula vagínica. Isso não impede, todavia, que uma mulher seja punida pelo estupro de outra mulher por conjunção carnal forçada. Ex.: uma mulher segura outra para que um homem a penetre. Neste caso, a mulher deve ser punida em coautoria com o homem pela prática de estupro consistente em conjunção carnal. No estupro praticado por ato libidinoso diverso, é irrelevante o sexo dos envolvidos – o crime pode ocorrer entre um homem e outro, ou entre uma mulher e outra, ou entre um homem e uma mulher.

11.1.3 Ação penal

Pública incondicionada.

11.1.4 Estupro qualificado

É qualificado o estupro quando, em virtude da violência empregada, a vítima sofre lesão corporal grave (§ 1º, primeira parte). A lesão corporal que qualifica o estupro pode ser a grave (art. 129, § 1º) ou a gravíssima (art. 129, § 2º).

11.1.5 Estupro qualificado

É preciso ter cuidado para não fazer confusão! Não é crime ter relação sexual com alguém entre 14 e 18 anos. É atípica a conduta de fazer sexo, por exemplo, com pessoa de 15 anos. O que não pode é manter relação com alguém dessa idade mediante violência ou grave ameaça. É qualificado o estupro quando praticado contra pessoa com 14, 15, 16 ou 17 anos (§ 1º, segunda parte).

11.1.6 Estupro qualificado

Se a vítima falecer em virtude da violência empreendida para a prática do estupro, o estupro será qualificado (art. 213, § 2º, do CP). Todavia, atenção: se a morte for descontextualizada do estupro, o agente responderá por estupro simples (CP, art. 213, *caput*) em concurso com homicídio (CP, art. 121). Ex.: após a prática do estupro, o agente mata a vítima para evitar que a polícia seja procurada. Neste caso, a ele devem ser impostas a pena do estupro (CP, art. 213, *caput*) em concurso material com o homicídio qualificado (CP, art. 121, § 2º, V).

11.2 Violação sexual mediante fraude

Utiliza-se a expressão "estelionato sexual" como referência ao delito. Trata-se de hipótese em que o agente tem conjunção carnal ou pratica outro ato libidinoso com a vítima, homem ou mulher, mediante fraude ou outro meio que impeça ou dificulte a livre manifestação de vontade da vítima (art. 215 do CP). A ideia é a mesma do estelionato (art. 171 do CP): a vítima tem uma falsa percepção da realidade e, por isso, o seu consentimento para a prática do ato sexual é viciado. Um exemplo extraído – infelizmente – de um caso real ilustra uma das formas de prática do delito: em uma cidade do interior, um líder religioso convenceu os seus seguidores de que, para curá-los de doenças, teria de fazer um procedimento de limpeza em seus corpos. Para tanto, as vítimas deveriam ficar nuas, para que o agente pudesse limpar as impurezas espirituais.

11.3 Assédio sexual

Embora, no cotidiano – especialmente em programas policiais de televisão –, a expressão "assédio sexual" seja utilizada de forma equivocada, o crime consiste em situação em que o superior hierárquico ou pessoa dotada de ascendência inerente ao exercício de emprego, cargo, ou função, constrange o subalterno a satisfazer seus desejos sexuais, valendo-se da posição de superioridade em relação à vítima (art. 216-A do CP). Não há emprego de violência ou grave ameaça – senão, seria estupro. A vítima cede às vontades do superior hierárquico ou à pessoa em posição de ascendência em virtude de temor de eventuais consequências em caso de negativa (por exemplo, demissão).

11.4 Estupro de vulnerável

11.4.1 Conduta

Há estupro de vulnerável quando o agente tem conjunção carnal ou pratica outro ato libidinoso com menor de 14 anos (art. 217-A do CP). O tipo penal não exige violência ou grave ameaça. Portanto, ao manter relação sexual com alguém de, por exemplo, 13 anos, o delito está consumado, pouco importando eventual consentimento da vítima.

11.4.2 Estupro de vulnerável e erro de tipo

O erro de tipo essencial (CP, art. 20, *caput*) é compatível com os demais delitos do Código Penal. No entanto, em provas, quase sempre o assunto é cobrado tendo como exemplo o estupro de vulnerável. A ideia é a seguinte: no erro de tipo essencial, há falsa percepção da realidade. O agente não enxerga a realidade como ela de fato é. Ele pratica um delito sem saber. Ex.: Bráulio, maior de idade, vai à *balada* e conhece Roberta, que diz ter 18 anos. Após alguns drinques, o casal decide ir a um motel, onde mantém relação sexual. Posteriormente, Bráulio descobre que Roberta tinha, em verdade, 13 anos. Ou seja, há duas realidades: a falsa, em que Roberta tem 18 anos, e a verdadeira, em que ela tem 13 anos. Neste caso, dizemos que Bráulio agiu em erro de tipo essencial. Duas são as consequências: (a) se o erro for inevitável, dolo e culpa são afastados, e nenhum é delito é atribuído ao agente; (b) se o erro for evitável, o dolo é afastado e o agente é punido a título de culpa. Entrementes, não existe estupro de vulnerável culposo. Portanto, seja o erro evitável ou inevitável, Bráulio não responderia por crime algum.

12. CRIMES CONTRA A FÉ PÚBLICA

12.1 Moeda falsa

A conduta consiste em falsificar *moeda metálica* ou *papel-moeda* de curso legal no país ou no estrangeiro. O delito pode se dar de duas formas: pela *contrafação*, quando o agente fabrica a moeda falsa (ex.: imprime, em papel em branco, a arte de uma cédula verdadeira), e pela *falsificação-alteração*, quando uma moeda metálica ou papel-moeda verdadeiro é modificado – por exemplo, para que passe a ter valor mais alto do que o verdadeiro. Dentre outros possíveis motivos, essa é a razão da diferença de tamanho entre as cédulas e moedas: em regra, quanto maior o valor, maiores as dimensões, para dificultar a conversão de uma moeda ou cédula de menor valor em outra de valor mais alto (art. 289 do CP).

Crime doloso, não se exige qualquer finalidade específica a ser buscada pelo agente – o tipo penal não exige como condição o objetivo de lucro. A modalidade culposa é atípica. Ademais, a moeda falsa é crime formal.

Por isso, a consumação ocorre no momento em que ocorre a fabricação ou alteração de moeda metálica ou papel-moeda, pouco importando o fato de que a falsificação jamais esteve em circulação. A tentativa é possível. Basta imaginar o indivíduo que, ao tentar fabricar a moeda falsa, não tem êxito por razões alheias à vontade dele.

- Arrependimento posterior

O STJ entende pela incompatibilidade entre o crime de moeda falsa e a causa de diminuição de pena do art. 16 do CP, o arrependimento posterior. Isso porque, no crime do art. 289 do CP, o valor falsificado, em si, é irrelevante. O que se busca combater é o risco oferecido ao sistema financeiro quando alguém atenta contra a fé pública, o que não acontece, por exemplo, no crime de furto (CP, art. 155).

12.2 Falsidade material de documento público

O crime é praticado quando o agente falsifica (cria), no todo ou em parte, documento público, ou altera (modifica) documento público verdadeiro (art. 297 do CP). Por se tratar de falsificação que recai sobre o corpo do documento (falsidade material), difere do crime de falsidade ideológica (art. 299 do CP), em que o documento é verdadeiro e se mantém íntegro, mas a informação nele contida (ou omitida) é falsa ou diversa da que devia ser escrita.

- Documento público

Documento público é um conceito eminentemente normativo – não há definição legal –, que depende, obrigatoriamente, de um juízo de valor para que possa ser compreendido. Não existe uma norma que liste os documentos públicos em rol taxativo. Quanto ao tema, cuidado com o disposto no § 2º, que descreve situação em que documento particular deve ser considerado, por equiparação e para fins penais, público. Por ser crime formal, consuma-se com a falsificação, total ou parcial, de documento público, ou com a alteração de documento público verdadeiro. A consumação não depende do efetivo uso do documento ou de obtenção de qualquer vantagem. A tentativa é possível.

12.3 Falsidade material de documento particular

O crime de falsificação de documento particular é *irmão* da falsidade material de documento público, do art. 297 do CP, mas ambos não se confundem, obviamente, em virtude do objeto material de cada um deles no delito do art. 298, o *documento particular*. A conduta do delito em estudo se dá pela falsificação (criar), no todo ou em parte, de documento particular, ou alteração (modificar) de documento particular verdadeiro.

- Documento particular

Por documento particular, considere todo aquele que não é público. O conceito decorre, portanto, de exclusão. Em provas, as bancas não costumam fazer *pega-*

dinhas sobre o tema, mas você deve ficar atento(a) às seguintes situações:

a) No § 2º do art. 297, a lei estabelece que, para os efeitos penais, equiparam-se a documento público o emanado de entidade paraestatal, o título ao portador ou transmissível por endosso, as ações de sociedade comercial, os livros mercantis e o testamento particular.

b) No parágrafo único do art. 298, norma penal explicativa, é dito que se equipara a documento particular o cartão de crédito ou débito.

Crime doloso, que não reclama qualquer finalidade específica. Não é admitida a modalidade culposa. Crime formal, consuma-se com a falsificação, total ou parcial, de documento particular, ou com a alteração de documento particular verdadeiro, pouco importando o efetivo uso da falsificação ou a obtenção de qualquer vantagem. A tentativa é possível.

12.4 Falsidade ideológica

Normalmente, a imprensa sempre confunde o crime de falsidade ideológica com o de falsa identidade (CP, arts. 307 e 308), embora se trate de delitos sem relação direta. Na falsidade ideológica, a conduta consiste em omitir, em documento público ou particular, declaração que dele devia constar, ou nele inserir ou fazer inserir declaração falsa ou diversa da que devia ser escrita, com o fim de prejudicar direito, criar obrigação ou alterar a verdade sobre fato juridicamente relevante (art. 299 do CP).

Crime doloso, demanda um especial fim de agir (com o fim de prejudicar direito). A modalidade culposa é atípica. Crime formal, consuma-se com a omissão, em documento público ou particular, de declaração que nele devia constar, ou a partir da inserção de declaração falsa ou diversa da que devia ser escrita, com o fim de prejudicar direito, criar obrigação ou alterar a verdade sobre fato juridicamente relevante. Quanto à tentativa, na hipótese de omissão, não é possível, como acontece em qualquer crime omissivo próprio. Por outro lado, nas condutas de inserir ou fazer inserir declaração falsa ou diversa da que devia ser escrita, modalidades comissivas (exigem um *fazer*), a tentativa é possível. Basta que o indivíduo tenha fracassado na prática delituosa por razões alheias à sua vontade.

12.5 Falsidade de atestado médico

Trata-se de modalidade especial e privilegiada de falsidade ideológica (art. 299) que, ademais, seria também especial quanto ao art. 301, *caput*, do CP (imagine-se um médico de uma Prefeitura, por exemplo, que, ao menos em tese, poderia consumar tanto o art. 302 quanto o art. 301). Tem-se, ademais, crime próprio (especial ou com círculo de autoria limitada), pois apenas um médico, sobre assunto de sua competência profissional, pode violar a norma de conduta do art. 302.

12.6 Uso de documento falso

A conduta consiste em usar documento falso (art. 304 do CP). A configuração deste delito exige, todavia, que o documento saia da esfera do sujeito e inicie circulação no tráfego jurídico, servindo assim de meio probatório de fato com relevo jurídico. Ou seja, a mera posse ou o simples depósito de um documento falsificado por terceiro, por exemplo, é conduta atípica para os fins do art. 304, que delimita a norma de conduta a um único verbo: usar. Crime doloso, não admite a modalidade culposa.

12.7 Falsa identidade

A conduta consiste em atribuir-se ou atribuir a terceiro falsa identidade para obter vantagem, em proveito próprio ou alheio, ou para causar dano a outrem (art. 307 do CP). Crime doloso, não admite a modalidade culposa. Atenção ao disposto na Súmula 522 do STJ: "A conduta de atribuir-se falsa identidade perante autoridade policial é típica, ainda que em situação de alegada autodefesa".

13. CRIMES CONTRA A ADMINISTRAÇÃO PÚBLICA

13.1 Peculato

13.1.1 Condutas

O art. 312 do CP traz uma porção de formas de prática do delito de peculato. Por essa razão, para sistematizar o estudo do tema, é interessante adotar a seguinte classificação doutrinária: (a) peculato-apropriação (*caput*, primeira parte): o funcionário público se apropria de dinheiro, valor ou qualquer outro bem móvel, público ou particular, de que tem a posse em razão do cargo, em proveito próprio ou alheio. Ex.: Tício, chefe de almoxarifado, se apropria de grampeadores que estavam em seu setor, sob a sua responsabilidade; (b) peculato-desvio (*caput*, segunda parte): o funcionário não se apropria, mas dá destinação diversa da que deveria à coisa móvel, pública ou particular, em proveito próprio ou alheio; (c) peculato-furto (§ 1º): o funcionário não detém a coisa móvel, não tendo como dela se apropriar ou desviá-la, mas consegue subtraí-la em razão da facilidade proporcionada pelo cargo. Ex.: Tício, funcionário público, valendo-se de sua função pública, adentra em repartição pública fora do horário de expediente para a subtração de um *notebook* que está em seu interior; (d) peculato-culposo (§ 2º): o funcionário público deixa de observar o dever de zelo inerente ao cargo e, em virtude disso, possibilita a prática de delito por terceiro.

13.1.2 Sujeito ativo e envolvimento de particulares

O peculato é crime próprio, que somente pode ser praticado por funcionário público – o conceito está no art. 327 do CP. No entanto, e se for auxiliado por particular, como deve ocorrer a punição? Ex.: Mário, funcionário público, valendo-se do seu cargo, adentra em repartição pública fora do horário de expediente para a subtração de computadores. Todavia, como os equipamentos são pesados, Mário é auxiliado por Joaquim, seu irmão, que conhece a condição daquele de funcionário público. Mário e Joaquim devem ser responsabilizados por peculato-furto. O fundamento está no art. 30 do CP. Se não existisse esta previsão legal, Mário responderia por peculato furto (art. 312, § 1º) e Joaquim por furto (art. 155).

13.1.3 Peculato culposo

Na hipótese do § 2º do art. 312, o funcionário público, ao não observar o dever de cuidado com a coisa móvel da Administração Pública ou sob sua vigilância, viabiliza a prática de delito doloso por terceiro, que tira proveito da facilidade proporcionada pelo funcionário. Ex.: Sérgio é responsável pelo setor de TI de determinada repartição pública. Em sua sala, há uma porção de equipamentos de relevante valor econômico – *notebooks*, *HDs* portáteis, peças de manutenção etc. Por isso, sempre que deixa o setor, deve trancar a porta. No entanto, em certa oportunidade, por estar atrasado para um compromisso, ele esquece de chavear a porta. Carlos, funcionário de outro setor, ao perceber a porta destrancada, subtrai alguns bens do interior da sala de Sérgio. Carlos deve ser responsabilizado por peculato-furto e Sérgio por peculato culposo. No entanto, atenção: a atitude descuidada do funcionário tem de influenciar na prática do delito por terceiro. Em nosso exemplo, se um ladrão entrasse na sala por arrombamento de uma janela, sem que a porta destrancada facilitasse a prática do delito, Sérgio não responderia por peculato culposo.

13.1.4 Peculato culposo e erro de tipo

Recordo-me que, da primeira vez em que ouvi falar de peculato culposo, imaginei a conduta do funcionário público que, pouco atencioso, se apropria, desvia ou subtrai, acidentalmente, coisa móvel da Administração Pública ou sob a sua custódia. No entanto, neste caso, há erro de tipo essencial, e não peculato culposo (art. 20 do CP).

13.1.5 Reparação do dano

No peculato culposo – jamais no doloso –, se o agente reparar o dano antes da sentença irrecorrível, a punibilidade é extinta e nenhum efeito penal subsiste (§ 3º). Caso a reparação seja posterior, ao funcionário público será aplicada a pena do delito, mas reduzida da metade. Em questões, vi algumas *pegadinhas* em relação ao momento limite da reparação – uma falava em *até o recebimento da denúncia* enquanto outra falava em *até julgamento de recurso*.

13.2 Concussão e corrupção passiva

13.2.1 Características comuns da concussão e da corrupção passiva

As características são: (a) vantagem indevida: é o objeto material. A vantagem não precisa ser, necessariamente, econômica. Pode ser sexual, sentimental etc.; (b) crime formal: pouco importa o efetivo recebimento da vantagem para a consumação. Os crimes se consumam no momento em que o funcionário exige (concussão), solicita, recebe ou aceita promessa (corrupção passiva) de vantagem indevida; (c) tentativa: é possível, desde que viável o fracionamento da execução dos delitos. Ex.: funcionário público faz a exigência (concussão) por carta, que não chega ao destinatário por ter sido interceptada no caminho; (d) podem ser praticados fora da função ou antes de assumi-la. Ex.: ao ser nomeado para determinado cargo, o agente solicita (corrupção passiva) vantagem indevida da vítima para a prática de ato futuro, quando em exercício da função.

13.2.2 Concussão

A conduta consiste em *exigir*, o funcionário público, vantagem indevida a particular (art. 316 do CP). A vítima da concussão se vê sem saída, visto que, se não atender à exigência, o funcionário público, valendo-se do seu cargo, causar-lhe-á algum prejuízo. A intimidação pode ser explícita ou implícita. Ademais, atenção: se a vítima ceder à exigência e entregar a vantagem indevida, ela não será responsabilizada por corrupção ativa (CP, art. 333), pois assim agiu em razão de ter sido constrangida pelo funcionário público. Em verdade, os crimes de concussão e de corrupção ativa são incompatíveis entre si.

Pacote Anticrime: a Lei n. 13.964/2019 elevou a pena do delito. Agora, a pena é de 2 a 12 anos, a mesma da corrupção passiva.

13.2.3 Corrupção passiva

Previsto no art. 317 do CP, o crime pode ser praticado de três maneiras: (a) o funcionário público solicita vantagem indevida; (b) o funcionário público recebe vantagem indevida. Neste caso, se recebeu, é porque alguém ofereceu. Quem oferece a vantagem a funcionário público pratica o delito de corrupção ativa (CP, art. 333); (c) o funcionário aceita promessa de vantagem. Da mesma maneira como ocorre na hipótese anterior, se aceitou promessa, alguém a prometeu, devendo o promitente responder por corrupção ativa. Se o funcionário público, em consequência da vantagem ou promessa, retarda ou deixa de praticar qualquer ato de ofício ou o pratica infringindo dever funcional, a pena deve ser aumentada em 1/3. Ex.: Renato, funcionário público, solicita R$ 10 mil de Mariana para deixar de instaurar determinado procedimento em seu desfavor. No momento da solicitação, a corrupção foi consumada. Mariana aceita a proposta e paga a quantia. Em contraprestação, Renato faz o combinado e não dá início ao procedimento. Como Renato efetivamente deixou de praticar ato de ofício, a sua pena deve ser aumentada – a jurisprudência fala em *corrupção passiva exaurida* (art. 317, § 1º).

13.3 Prevaricação e corrupção passiva privilegiada

13.3.1 Prevaricação

É comum imaginar a prevaricação como um *deixar de fazer* por funcionário público preguiçoso. No entanto, não é bem assim. A conduta pode se dar de três maneiras (art. 319 do CP): (a) retardar ato de ofício: atrasar, adiar; (b) deixar de praticar ato de ofício; (c) praticar: é claro, de forma contrária ao que dispõe a lei. De qualquer maneira, seja qual for a conduta adotada pelo agente, só haverá prevaricação se presente o especial fim de agir – a conduta deve ocorrer para satisfazer interesse ou sentimento pessoal. Por isso, quando o funcionário, em violação a dever funcional, deixa de fazer o seu serviço, mas assim age sem qualquer motivo, não há prevaricação.

13.3.2 Corrupção passiva privilegiada

A forma privilegiada da corrupção passiva é muito semelhante à prevaricação (art. 317, § 2º, do CP). Não por outro motivo, a distinção entre os dois delitos é cobrada com frequência em provas. Na hipótese do art. 317, § 2º, o funcionário retarda ou deixa de praticar ato de ofício ou o pratica em violação de dever funcional. Ou seja, as mesmas condutas da prevaricação. Entretanto, na corrupção privilegiada, o crime é praticado por ceder o funcionário público a pedido ou influência de outrem – na prevaricação, o delito é motivado por satisfação de interesse ou sentimento pessoal.

13.4 Resistência

A conduta consiste em opor-se à execução de ato legal, mediante violência ou ameaça a funcionário competente para executá-lo ou a quem lhe esteja prestando auxílio (art. 329 do CP). Portanto, o crime é composto dos seguintes elementos: (a) oposição ativa, mediante violência ou ameaça (não é falado em *grave ameaça*); (b) a qualidade ou condição de funcionário competente do sujeito passivo ou seu assistente; (c) legalidade do ato a ser executado; (d) elemento subjetivo informador da conduta. Crime doloso, demanda um especial fim de agir (*dolo específico*, expressão em desuso), consistente em impedir a realização do ato de ofício. Não é típica a modalidade culposa.

13.5 Desobediência

O crime consiste em *desobedecer*, não aderir (art. 330 do CP). O agente, de forma passiva, sem violência ou ameaça – em oposição à resistência –, não atende a ordem legal de funcionário público. A conduta pode se dar tanto por ação quanto por omissão. A legalidade da ordem é condição para a configuração da desobediência. Não pratica o delito quem se opõe a ordem ilegal. Crime doloso, não demanda qualquer finalidade especial. O tipo penal não se aperfeiçoa na sua forma culposa. Crime formal, consuma-se com a prática do ato proibido pela ordem, quando esta consiste em uma abstenção, ou com a omissão, quando a ordem é para que seja feito algo. A tentativa somente é possível quando a ordem consiste em não fazer algo. Entenda: (a) o funcionário público ordena ao particular para que faça algo. O crime se consuma no instante em que o particular, sujeito da ordem, se omite. Como não há meio-termo (crime unissubsistente), ao deixar de fazer algo, o delito se consuma; (b) o funcionário público ordena ao particular para que não faça algo. Duas são as possibilidades: (b.1) o particular tenta fazer o que não pode, e o crime fica na esfera da tentativa; (b.2) o particular faz o que não pode, consumando o crime.

13.6 Desacato

O desacato consiste em humilhar o funcionário público, no exercício de sua função ou em razão dela (art. 331 do CP). A ofensa deve se dar na presença do agente público, pois somente assim estará evidenciada a finalidade de inferiorizar a função pública. É prescindível aferir se, de fato, ele se sentiu ofendido pela conduta. O elemento subjetivo do tipo é o dolo, consistente na vontade livre e consciente de ofender, tendo como objetivo o menosprezo da função pública exercida pelo funcionário público. O tipo penal não compreende modalidade culposa. Crime formal, consuma-se com a prática do ultraje. É irrelevante saber se o funcionário se sentiu ou não ofendido. A tentativa é possível quando a conduta não se der verbalmente – não há meio-termo entre falar ou não falar algo (crime unissubsistente).

13.7 Corrupção ativa

Pratica o crime quem *oferece* ou *promete* vantagem indevida a funcionário público em troca de contraprestação consistente em *omitir ou retardar ato de ofício* (art. 337 do CP). A diferença entre um verbo e outro reside no momento de entrega da vantagem indevida: a oferta é anterior ao ato do funcionário público. Ou seja, o pagamento é antecipado. Na promessa, o pagamento é futuro, realizado quando o funcionário público cumprir sua parte no acordo. Crime doloso, reclama especial fim de agir, consistente em determinar o funcionário público a praticar, omitir ou retardar ato de ofício. O crime de corrupção ativa não admite modalidade culposa. Crime formal, consuma-se com a oferta ou a promessa, independentemente da produção do resultado naturalístico, que, se vier a ocorrer, terá por consequência o aumento da pena (parágrafo único). A tentativa é, em tese, viável, mas pressupõe que o crime seja plurissubsistente (ex.: na forma escrita). Quando a conduta se dá verbalmente, a tentativa não é possível.

13.8 Descaminho

O verbo nuclear é *iludir*, no sentido de burlar, empregar fraude (art. 334 do CP). Portanto, o descaminho não consiste no simples fato de o sujeito não pagar o tributo devido. Tem de existir o comportamento fraudulento – por exemplo, esconder aparelhos eletrônicos em um fundo falso da mala para não ter de pagar imposto de importação. Se o crime se concretizar via controle alfandegário (aduana), a consumação ocorrerá com a liberação da mercadoria sem o pagamento do imposto. No entanto, se a entrada ou a saída da mercadoria se der por quaisquer outros locais (sem controle aduaneiro), o crime se consumará com a entrada (importação) ou a saída (exportação) de mercadoria do território nacional. É possível a tentativa.

13.9 Contrabando

O contrabando consiste em *importar*, introduzir, ou *exportar*, fazer com que saia, do território nacional, mercadoria proibida. Mercadoria é qualquer bem móvel apropriável e comercializável (art. 334-A do CP). A proibição é estabelecida em normas complementares (norma penal em branco). Em alguns casos, o contrabando deve ser afastado em razão do princípio da especialidade, a exemplo do que ocorre no tráfico internacional de drogas ou armas de fogo (respectivamente, Lei n. 11.343/2006, art. 33, *caput*, c/c o art. 40, I, e Lei n. 10.826/2003, art. 18). Crime formal, consuma-se, na hipótese de importação, com a entrada da mercadoria no país e, na exportação, quando a mercadoria ultrapassa os limites fronteiriços. Se a mercadoria for submetida a controle aduaneiro, a importação ou a exportação ocorre com a liberação. A tentativa é possível.

13.10 Contratação direta ilegal

O tipo penal possui três núcleos: *admitir* (aceitar), *possibilitar* (tornar possível, viabilizar) e *dar causa* (provocar). As condutas são praticadas com o objetivo de promover a *contratação direta* fora das hipóteses previstas em lei (*norma penal em branco homogênea heterovitelina*) (art. 337-E do CP). O complemento deve ser extraído dos arts. 74 e 75 da Lei n. 14.133/2021, que dispõe a respeito das hipóteses de inexigibilidade e dispensa de licitação. Ademais, por se tratar de *tipo penal misto alternativo*, se praticado, em um mesmo contexto fático, mais de um verbo nuclear (ex.: admitir e possibilitar), não ficará configurado concurso de crimes, mas crime único. A consumação depende da efetiva contratação direta (crime material). É prescindível o prejuízo econômico ao erário. Crime instantâneo, o momento consumativo é a celebração do contrato. A tentativa é possível em razão de se tratar de delito plurissubsistente, cuja execução pode ser fracionada em mais de um ato (ex.: o contrato deixa de ser celebrado por ter se descoberto esquema de contratação direta ilegal).

13.11 Frustração do caráter competitivo de licitação

O dispositivo possui dois verbos nucleares: *frustrar*, prejudicar, ou *fraudar*, ludibriar, mediante ajuste, combinação ou qualquer outro expediente, o caráter competitivo do procedimento licitatório (art. 337-F do CP). O sujeito ativo age motivado pela possibilidade de obter, para si ou para outrem, vantagem decorrente da *adjudicação* do objeto da licitação. A adjudicação consiste no conseguimento do objeto da licitação por seu vencedor. Crime doloso, reclama um especial fim de agir: o agente busca obter, para si ou para outrem, vantagem decorrente do objeto da adjudicação. A modalidade culposa é atípica. Crime formal, consuma-se com a prática de ato direcionado a frustrar ou fraudar a licitação. É prescindível a efetiva obtenção da vantagem desejada – todavia, se alcançada, poderá ser considerada no cálculo da pena-base (art. 59 do CP). A tentativa é possível.

13.12 Patrocínio de contratação indevida

Pratica o crime quem *patrocina* (favorece, ajuda, *advoga*) interesse privado perante a Administração Pública, dando causa à instauração de licitação ou à celebração de contrato cuja invalidação vier a ser decretada pelo Poder Judiciário (art. 337-G do CP). Trata-se de modalidade especial do crime de advocacia administrativa (art. 321 do CP). Crime doloso, reclama um especial fim de agir (*dar causa à instauração de licitação ou à celebração de contrato administrativo*). A modalidade culposa é atípica. Crime material, consuma-se com a instauração de licitação ou com a celebração de contrato. Em razão da condição objetiva de punibilidade trazida no tipo penal, não é possível a tentativa.

13.13 Modificação ou pagamento irregular em contrato administrativo

O dispositivo descreve duas maneiras de se praticar o crime (art. 337-H do CP):

a) *Admitir, possibilitar ou dar causa a qualquer modificação ou vantagem, inclusive prorrogação contratual, em favor do contratado, durante a execução dos contratos celebrados com a Administração Pública, sem autorização em lei, no edital da licitação ou nos respectivos instrumentos contratuais*: a primeira parte descreve o crime de modificação irregular em contrato administrativo. Ocorre quando o agente admite, aceita, possibilita, viabiliza, ou dá causa a qualquer modificação ou vantagem, inclusive a prorrogação do contrato, em favor do contrato, mas em detrimento do interesse público (desvio de finalidade), durante o prazo de vigência do contrato administrativo, sem autorização em lei, no edital da licitação ou no respectivo instrumento contratual.

b) *Pagar fatura com preterição da ordem cronológica de sua exigibilidade*: pagar, quitar, antecipadamente. O crédito é devido ao contratado, mas o adimplemento ocorre sem que seja observada a ordem cronológica estabelecida no art. 141 da Lei n. 14.133/2021.

Crime doloso, não reclama especial fim de agir. A modalidade culposa é atípica. Crime formal, consuma-se com a assinatura do aditamento ou da prorrogação contratual (primeira parte) ou com o pagamento antecipado da fatura. A reparação do dano causado não impede a persecução penal, mas pode ensejar a diminuição da pena em razão do arrependimento posterior, desde que anterior ao recebimento da denúncia (CP, art. 16). A tentativa é possível.

13.14 Perturbação de processo licitatório

O tipo penal descreve três verbos nucleares: *impedir*, obstar, *perturbar*, tumultuar, e *fraudar*, iludir – como no estelionato (art. 171 do CP) –, a realização de qualquer ato do processo licitatório (art. 337-I do CP). A conduta pode ser praticada em qualquer fase do procedimento licitatório. É o dolo, consistente na vontade de impedir, perturbar ou fraudar a realização de qualquer ato do processo licitatório. Crime formal, consuma-se com a prática da conduta. É prescindível efetivo prejuízo ao procedimento licitatório. A tentativa é possível.

13.15 Violação de sigilo em licitação

O dispositivo traz dois núcleos: *devassar*, corromper, o sigilo de proposta apresentada (ex.: pela abertura do envelope que contém a proposta), ou proporcionar, viabilizar, a terceiro o ensejo de devassá-lo (art. 337-J do CP). Crime de forma livre, admite qualquer meio de execução. Crime doloso, não reclama m especial fim de agir. A modalidade culposa é atípica. Crime material, consuma-se com a devassa do sigilo da proposta, seja diretamente, por qualquer pessoa, ou por terceiro, cujo acesso ao conteúdo da proposta se deu por facilitação proporcionada por funcionário público, que deveria assegurar o sigilo. A tentativa é possível.

13.16 Afastamento de licitante

Crime de empreendimento ou de atentado, a conduta consiste em afastar ou tentar afastar o licitante – ou seja, retirá-lo – do processo licitatório (art. 337-K do CP). A conduta se dá por violência (*vis corporalis*, a exemplo da lesão corporal), grave ameaça (*vis compulsiva*), fraude (emprego de artifício ou ardil) ou oferecimento de vantagem de qualquer tipo (conduta semelhante à corrupção ativa). Crime doloso, não demanda qualquer finalidade específica. É irrelevante o motivo. A modalidade culposa é atípica. Crime formal (salvo no parágrafo único), consuma-se com a prática da conduta de afastar ou tentar afastar o licitante. Prescinde de qualquer resultado naturalístico. Por se tratar de crime de atentado ou de empreendimento (*afastar ou tentar afastar*), a tentativa não é possível.

13.17 Fraude em licitação ou contrato

A conduta prevista no art. 337-L do CP consiste em fraudar (enganar, em semelhança ao estelionato), em prejuízo da Administração Pública, licitação ou contrato dela decorrente, mediante:

I – entrega de mercadoria ou prestação de serviços com qualidade ou em quantidade diversas das previstas no edital ou nos instrumentos contratuais;

Ex.: o contrato obriga a entrega de cem quilos de leite em pó por mês, mas o contratado fornece apenas noventa quilos.

II – fornecimento, como verdadeira ou perfeita, de mercadoria falsificada, deteriorada, inservível para consumo ou com prazo de validade vencido;

Ex.: o contratado fornece os cem quilos de leite em pó acordados, mas vencidos.

III – entrega de uma mercadoria por outra;

Ex.: o contratado fornece substância semelhante ao leite em pó, em substituição.

IV – alteração da substância, qualidade ou quantidade da mercadoria ou do serviço fornecido;

Ex.: o contratado mistura ao leite em pó, adulterando-o, outra substância, de menor preço.

V – qualquer meio fraudulento que torne injustamente mais onerosa para a Administração Pública a proposta ou a execução do contrato: (...).

O legislador adotou interpretação analógica, em fórmula genérica, para estender a punição pelo crime a condutas semelhantes, quando, por qualquer meio fraudulento, o acordo se torna injustamente mais oneroso para a Administração Pública.

Crime doloso, acrescido de um especial fim de agir: causar prejuízo à Administração Pública. Não é admitida a modalidade culposa. Crime material, consuma-se com a produção do resultado naturalístico, consistente no prejuízo à Administração Pública. Pode ser instantâneo ou permanente, a depender da forma como se dá a consumação do delito. A tentativa é possível.

13.18 Contratação inidônea

Pratica o delito aquele que *admite*, aceita ou permite, à licitação, a participação de empresa ou profissional declarado inidôneo (art. 337-M do CP). A declaração de inidoneidade para licitar ou contratar é uma das sanções previstas no art. 156 da Lei n. 14.133/2021. Crime doloso, não reclama qualquer finalidade específica. Não é admitida a modalidade culposa. Crime formal, consuma-se com a prática das condutas descritas no dispositivo em estudo. É prescindível a ocorrência do resultado naturalístico – a adjudicação do objeto do contrato ou o recebimento de pagamento pelo contratado. A tentativa é possível.

13.19 Impedimento indevido

Há duas maneiras de se praticar o crime do tipo penal em estudo (art. 337-N do CP): (a) *obstar*, criar empecilho, *impedir*, inviabilizar, e *dificultar*, tornar árdua, sem justo motivo, a inscrição de qualquer interessado nos registros cadastrais; (b) *promover*, realizar, indevidamente, a alteração, a suspensão ou o cancelamento de registro do inscrito. Crime doloso, ausente qualquer finalidade especial. A modalidade culposa é atípica. Crime formal, consuma-se com a prática das condutas descritas no tipo penal, pouco importando a produção de resultado naturalístico. A tentativa é possível.

13.20 Omissão grave de dado ou de informação por projetista

Pratica o delito o sujeito que: *omite*, silencia, *modifica*, altera, ou *entrega*, fornece, à Administração Pública, levantamento cadastral ou condição de contorno em relevante dissonância com a realidade, em frustração ao caráter competitivo da licitação ou em detrimento da seleção da proposta mais vantajosa para a Administração Pública, em contratação para a elaboração de projeto básico, projeto executivo ou anteprojeto, em diálogo competitivo ou em procedimento de manifestação de interesse. Crime material, consuma-se com a omissão, modificação ou entrega, à Administração Pública, do levantamento cadastral ou da condição de contorno em relevante dissonância com a realidade, tendo por consequência a frustração do caráter competitivo da licitação ou o prejuízo à seleção da proposta mais vantajosa para a Administração Pública, em contratação para a elaboração de projeto básico, projeto executivo ou anteprojeto. A tentativa é possível nos núcleos *modificar* e *entregar*. No verbo *omitir*, por se tratar de crime omissivo próprio, não é viável o *conatus*.

13.21 Denunciação caluniosa

A conduta consiste em dar causa à instauração de inquérito policial, de procedimento investigatório criminal, de processo judicial, de processo administrativo disciplinar, de inquérito civil ou de ação de improbidade administrativa contra alguém, imputando-lhe crime, infração ético-disciplinar ou ato ímprobo de que o sabe inocente. O crime de denunciação caluniosa se consuma com a efetiva instauração de investigação policial, processo judicial, investigação administrativa, inquérito civil ou de ação de improbidade administrativa, lastreada em imputação falsa de crime ou contravenção contra quem se sabia inocente (crime material ou causal). A tentativa é admissível, em face do caráter plurissubsistente do delito, como no exemplo da rejeição da denúncia ou queixa, por parte do juízo, contra o inocente (art. 339 do CP).

13.22 Comunicação falsa de crime ou de contravenção

A conduta consiste em provocar a ação de autoridade, comunicando-lhe a ocorrência de crime ou de contravenção que sabe não se ter verificado. O crime se consuma quando a autoridade realiza qualquer ato em razão da comunicação falsa levada ao seu conhecimento (crime material). A tentativa é admissível, em face do caráter plurissubsistente da figura (art. 340 do CP).

13.23 Autoacusação falsa

A conduta consiste em acusar-se, perante a autoridade, de crime inexistente ou praticado por outrem (art. 341 do CP). O elemento subjetivo do tipo é o dolo direto, independentemente de qualquer especial fim de agir. O crime não demanda espontaneidade, ou seja, o agente não necessita procurar por sua iniciativa a autoridade para proceder à declaração falsa, podendo isso se dar, por exemplo, em meio a uma oitiva como testemunha. O crime se consuma no momento em que a autoacusação falsa chega ao conhecimento da autoridade. Trata-se de crime formal ou de consumação antecipada. A retratação implica apenas o reconhecimento de atenuante genérica (art. 65, III, *d*, do CP). A tentativa é admissível exclusivamente quando o delito se mostrar plurissubsistente (e.g., uma declaração escrita encaminhada à polícia que se extravia).

13.24 Falso testemunho ou falsa perícia

O delito consiste em fazer afirmação falsa, ou negar ou calar a verdade como testemunha, perito, contador, tradutor ou intérprete em processo judicial, ou administrativo, inquérito policial, ou em juízo arbitral (art. 342 do CP). O elemento subjetivo do tipo é o dolo, independentemente de qualquer finalidade específica. Inexiste modalidade culposa. A majoritária doutrina entende que o delito de falso testemunho ou falsa perícia se consuma ao término do depoimento falso ou, se escrito (como laudo pericial), com a sua efetiva entrega à autoridade (judicial, policial, processual administrativa ou arbitral). Efetivamente, cuida-se do posicionamento acertado, eis que até estes momentos finais, pode haver retificação das informações dadas. Desta feita, somente findo o depoimento ou entregue o documento, há vulneração do bem jurídico protegido na espécie, eis que somente a partir desse momento podem ser utilizados pela autoridade como meio de prova.

13.25 Coação no curso do processo

É o crime praticado por quem usa de violência ou grave ameaça, com o fim de favorecer interesse próprio ou alheio, contra autoridade, parte, ou qualquer outra pessoa que funciona ou é chamada a intervir em processo judicial, policial ou administrativo, ou em juízo arbitral (art. 344 do CP). A pena mínima de um ano faz com que o crime seja compatível com a suspensão condicional do processo (Lei n. 9.099/95, art. 89). Em novembro de 2021, foi adicionada majorante ao art. 344, no parágrafo único do dispositivo, com a seguinte redação: *a pena aumenta-se de 1/3 (um terço) até a metade se o processo envolver crime contra a dignidade sexual.*

13.26 Exercício arbitrário das próprias razões

O crime consiste na conduta de fazer justiça pelas próprias mãos, para satisfazer pretensão, embora legítima, salvo quando a lei o permite (art. 345 do CP). O elemento subjetivo do tipo é o dolo, acrescido de especial fim de agir (elemento subjetivo especial do tipo), consistente no intuito de satisfação de pretensão que o agente crê legítima. A legitimidade, reitere-se, está na mente do sujeito, não na objetividade dos fatos. Inexiste modalidade culposa. Crime formal, consuma-se com a prática do verbo descrito no tipo penal.

13.27 Favorecimento pessoal

A conduta consiste em auxiliar a subtrair-se à ação de autoridade pública autor de crime a que é cominada pena de reclusão (art. 346 do CP). O elemento subjetivo do tipo é o dolo, vontade livre e consciente de auxiliar alguém a escapar da ação da autoridade pela anterior prática de um crime, independentemente de qualquer especial fim de agir. Inexiste modalidade culposa. O crime se consuma com a efetiva subtração à ação da autoridade, posteriormente ao auxílio prestado (crime material).

13.28 Favorecimento real

A conduta consiste em prestar a criminoso, fora dos casos de coautoria ou de receptação, auxílio destinado a tornar seguro o proveito do crime (art. 347 do CP). O elemento subjetivo do tipo é o dolo, acrescido de especial fim de agir (elemento subjetivo especial do tipo) consistente no propósito de tornar seguro o proveito do crime anterior, praticado por terceiro. Caso o agente atue com intenção de lucro, o crime será de receptação, na modalidade "ocultar" (art. 180, *caput*), restando afastada a figura de favorecimento real. Não existe previsão de forma culposa. Consuma-se o delito de favorecimento real com a efetiva prestação de auxílio destinado a tornar seguro o proveito de crime anteriormente praticado por terceiro, ainda que esse objetivo não seja alcançado. Cuida-se de crime formal, de consumação antecipada ou resultado cortado.

13.29 Exploração de prestígio

A conduta consiste em solicitar ou receber dinheiro ou qualquer outra utilidade, a pretexto de influir em juiz, jurado, órgão do Ministério Público, funcionário de justiça, perito, tradutor, intérprete ou testemunha (art. 357 do CP). O elemento subjetivo do tipo é o dolo, sem qualquer especial fim de agir. A expressão "a pretexto de influir em juiz, jurado, órgão do Ministério Público, funcionário de justiça, perito, tradutor, intérprete ou testemunha" não caracteriza elemento subjetivo especial do tipo, mas modo de execução da fraude. O agente não tem intenção alguma de influir em quem quer que seja, razão pela qual o citado está fora da tipicidade subjetiva. Com relação ao núcleo do tipo de "solicitar", o crime se consuma com a simples realização do comportamento proibido, independentemente da obtenção da vantagem visada (crime formal, de consumação antecipada, ou de resultado cortado). Quanto à modalidade de "receber", por sua vez, a consumação ocorre com a obtenção da vantagem pelo agente (crime material, ou causal). A tentativa, quanto à conduta de "solicitar", é possível apenas quando a incriminação se revelar faticamente plurissubsistente, como na forma escrita. Caso seja realizada verbalmente, dado o cunho unissubsistente desse comportamento, não. O núcleo "receber", a seu turno, é plurissubsistente, admitindo o *conatus*.

14. CRIMES CONTRA O ESTADO DEMOCRÁTICO DE DIREITO

14.1 Atentado à soberania

A redação do art. 359-I do CP se assemelha ao teor dos arts. 8º e 9º da revogada LSN. Por isso, não houve, necessariamente *abolitio criminis* (art. 2º, *caput*, e art. 107, III, do CP). As condutas permanecem típicas, mas no Código Penal (princípio da continuidade normativo-típica), com penas mais baixas quando comparadas às da LSN. Por ser uma *novatio legis in mellius*, nova lei mais benéfica, o art. 359-I deve retroagir para alcançar fatos anteriores à vigência da LCEDD. O dispositivo tem por núcleo o verbo *negociar* (acordar). Pratica o crime quem negocia com governo ou grupo estrangeiro, ou seus agentes, com o fim de provocar atos típicos de guerra contra o Brasil ou invadi-lo. Por grupo estrangeiro, ausente um conceito legal, podemos adotar a definição de associação criminosa (art. 288 do CP). Ou seja, a associação, estável e permanente, de três ou mais pessoas (ex.: *Talibã*).

14.2 Atentado à integridade nacional

A redação do art. 359-J do CP é semelhante à do art. 11 da revogada LSN. Portanto, é possível falar em incidência do princípio da continuidade normativo-típica, e não, necessariamente, em *abolitio criminis* (CP, art. 107, III). Por ser uma *novatio legis in mellius*, nova lei mais benéfica, o art. 359-J deve retroagir para alcançar fatos anteriores à vigência da LCEDD. A conduta consiste em *praticar* (perpetrar) violência ou grave ameaça com a finalidade de desmembrar parte do território nacional para constituir país independente (elemento subjetivo específico). Na antiga redação da LSN, o que se punia era a efetiva tentativa de desmembrar o território nacional para constituir país independente.

14.3 Espionagem

São semelhantes as redações dos arts. 13 e 14 da revogada LSN e do art. 359-K do CP. Portanto, pode ser reconhecida a incidência do princípio da continuidade normativo-típica, exceto em relação ao art. 14, pois não existe mais a modalidade culposa do delito (*abolitio criminis*). Pratica o crime quem *entrega* (fornece, transmite) a governo estrangeiro, a seus agentes ou a organização criminosa estrangeira, documento e informação que, por lei, sejam classificados como secretos ou ultrassecretos. A conduta deve ser praticada em desacordo com determinação legal ou regulamentar (elemento normativo do tipo, que deve ser apreciado no caso concreto).

14.4 Abolição violenta do Estado Democrático de Direito

A conduta do art. 359-L do CP se assemelha àquelas dos arts. 17 e 18 do CP. Portanto, não é possível apontar, peremptoriamente, a *abolitio criminis*, podendo ser reconhecida a continuidade normativo-típica. A conduta consiste em *tentar abolir* – ou seja, atentar com o objetivo de extinguir –, com emprego de violência ou grave ameaça, o Estado Democrático de Direito, impedindo ou restringindo o exercício dos poderes constitucionais. Embora encontre semelhança, a abolição violenta do Estado Democrático de Direito não se confunde com o golpe de Estado, crime do art. 359-M do CP.

14.5 Golpe de Estado

A conduta do art. 359-M do CP se assemelha àquela do art. 17 do CP. Portanto, não é possível apontar, peremptoriamente, a *abolitio criminis*, podendo ser reconhecida a continuidade normativo-típica. A conduta consiste em *tentar depor* (destituir) governo legitimamente constituído. É importante ter cuidado ao analisar o dispositivo, pois a expressão *golpe de Estado* é utilizada, no linguajar popular, de forma diversa. Veja a explicação a seguir.

No ano de 2016, após regular tramitação, em obediência ao que dispõe a Constituição Federal, houve o impeachment da Presidente da República.

Na época, muito se questionou sobre a verdade dos fatos imputados à Presidente da República. Houve quem sustentasse ter ocorrido um golpe em decorrência de uma suposta falsa acusação.

Com essas informações em mente, questiono: Se demonstrada a falsidade da imputação, estaria caracterizado o delito de golpe de Estado? A resposta é não.

O crime em estudo tem por conduta tentar depor, por meio de violência ou grave ameaça, o governo legitimamente constituído. Não é o caso, portanto, do impeachment, seja ou não verdadeira a imputação.

14.6 Interrupção do processo eleitoral

O dispositivo (art. 359-N do CP) possui dois verbos nucleares, *impedir* (obstar) e *perturbar* (causar embaraço). Deve ser punido quem impede ou perturba a eleição ou a aferição da eleição, por meio de violação indevida de mecanismos de segurança do sistema eletrônico de votação (atualmente, a *urna eletrônica*). A respeito do delito, atenção às seguintes observações:

- o crime pode ser praticado *in loco*, na própria *urna eletrônica*, ou remotamente;
- tem de haver, necessariamente, a violação indevida de mecanismo de segurança. Caso, por qualquer razão, o dispositivo não esteja protegido no momento da prática da conduta, o fato será atípico;
- por se tratar de tipo penal misto alternativo, se, em um mesmo contexto fático, o agente perturbar e impedir a eleição ou sua aferição, ficará caracterizado um único crime, e não dois, em concurso.

14.7 Violência política

O dispositivo (art. 359-P do CP) possui três verbos nucleares, *restringir* (limitar), *impedir* (obstar) e *dificultar* (embaraçar). Pratica o crime quem restringe, impede ou dificulta, com emprego de violência física, sexual ou psicológica, o exercício de direitos políticos a qualquer pessoa em razão de seu sexo, raça, cor, etnia, religião ou procedência nacional. Por se tratar de tipo penal misto alternativo, se praticada mais de uma das condutas típicas em um mesmo contexto fático, estará caracterizado crime único.

14.8 Sabotagem

O crime do art. 359-R do CP encontra identidade com o do art. 15 da revogada LSN. Portanto, não houve, a princípio, *abolitio criminis* do delito, mas continuidade normativo-típica. A pena atual, por ser mais branda, deve retroagir para alcançar fatos anteriores à vigência da LCEDD. O dispositivo possui dois verbos nucleares, *destruir* (eliminar) e *inutilizar* (tornar imprestável). Pratica o delito quem destrói ou inutiliza meio de comunicação ao público (ex.: internet) ou estabelecimento, instalação ou serviço destinado à defesa nacional (ex.: instalação militar). Por se tratar de tipo penal misto alternativo, se praticadas as condutas em um mesmo contexto fático, ficará caracterizado crime único, e não concurso de delitos.

14.9 Exclusão do crimes

O art. 359-T do CP descreve causa de exclusão da tipicidade aplicável a todos os delitos contra o Estado Democrático de Direito. O dispositivo em nada acrescenta, afinal, apenas reforça garantias previstas na Constituição Federal. Ademais, como todos os crimes do Título XII são dolosos – e, em mais de um, é imprescindível finalidade específica –, não tem como confundir uma passeata pacífica ou matéria jornalística com alguma das condutas tipificadas pela LCEDD.

Questões
Direito Penal

Acesse o *QR Code* e consulte as questões comentadas dos exames anteriores.
http://uqr.to/1wcfr

CRIME

1. (41º Exame) Gabriel flagrou Júlia, sua namorada, em um momento íntimo com Pedro. Alucinado, Gabriel efetuou disparos de arma de fogo contra ambos, com a intenção de matá-los, mas errou a pontaria. Pedro, assustado com os tiros, saiu correndo do local e, na fuga, tropeçou em uma reentrância do piso, desequilibrou-se e bateu com a cabeça no solo, fato relativamente independente que, por si só, causou o resultado morte. Gabriel aproximou-se de Júlia ainda com munição em sua arma, porém, ao vê-la assustada, desistiu de prosseguir com seu intento original. Gabriel abraçou Júlia, que, na sequência, sofreu um fulminante ataque cardíaco, vindo a falecer. Gabriel foi denunciado pelo homicídio doloso de Pedro e Júlia. Na condição de advogado(a) de defesa de Gabriel, você deve alegar que:

(A) Houve desistência voluntária em relação a ambas as vítimas, cabendo a responsabilização apenas pelos disparos de arma de fogo.
(B) Houve fato superveniente que, por si só, ocasionou o resultado, de forma que a ação de Gabriel configurou apenas duas tentativas de homicídio.
(C) Houve ruptura do nexo causal em razão de fato superveniente que, por si só, causou o resultado, de forma a excluir a tipicidade de todos os atos praticados por Gabriel.
(D) Houve ruptura do nexo causal em relação à morte de Pedro, subsistindo a tentativa de homicídio; em relação à Júlia, houve desistência voluntária, configurando apenas disparo de arma de fogo.

RESPOSTA Gabriel teve a intenção de matar, mas os resultados fatais não foram diretamente causados por suas ações. No caso de Pedro, houve um fato superveniente que causou a morte (a queda durante a fuga), quebrando o nexo causal. Para Júlia, Gabriel desistiu voluntariamente de prosseguir com o intento homicida, configurando apenas o disparo de arma de fogo. *Alternativa D.*

2. (41º Exame) Amanda, maior e capaz, e Fernando, menor púbere, ingressaram em um supermercado com a intenção de furtar mercadorias. Assim, percorreram os corredores do supermercado, logrando coletar cerca de R$2.000,00 em mercadorias. A ação delituosa levantou a suspeita dos seguranças, que perceberam a ação de ambos pelas câmeras de vigilância do supermercado. Por isso, quando Amanda e Fernando se dirigiam à saída do estabelecimento, foram abordados pelos vigilantes, ainda dentro do supermercado, momento em que lograram realizar a prisão em flagrante de Amanda, que foi, então, denunciada por furto qualificado pelo concurso de agentes em concurso formal com o delito de corrupção de menores. Na qualidade de advogado(a) de Amanda, assinale a opção que apresenta a tese de Direito Penal que, corretamente, deve ser sustentada em seu favor.

(A) A incidência da causa de diminuição de pena da tentativa.
(B) A incidência do princípio da insignificância, excluindo a tipicidade material do fato.
(C) A absorção do delito de corrupção de menores pela qualificadora do concurso de pessoas.
(D) A tese de atipicidade da conduta, ante a impossibilidade material de consumação do crime.

RESPOSTA Como o crime não foi consumado e a abordagem ocorreu antes de Amanda e Fernando deixarem o supermercado, aplica-se a causa de diminuição de pena da tentativa, conforme o art. 14, parágrafo único, do CP. *Alternativa A.*

3. (40º Exame) Arthur resolveu furtar os cabos de eletricidade da linha férrea de sua cidade, a fim de revender o cobre, clandestinamente. Contudo, após iniciar o corte para retirar os fios de cobre, foi surpreendido pelo trem, que o atropelou, vindo a sofrer a amputação dos membros inferiores. Arthur foi denunciado como incurso nas penas do delito de furto. Sobre o caso, assinale a afirmativa que apresenta a linha de defesa correta.

(A) Deve ser reconhecida a tentativa, com a correspondente diminuição da pena, já que o delito não chegou a se consumar.
(B) Pode ser reduzida a pena diante do arrependimento posterior, uma vez que, em razão do fato, Arthur perdeu os dois membros inferiores.

(C) Arthur deve ser absolvido, pois está-se diante de crime impossível, por absoluta ineficácia do meio.
(D) Arthur pode ser beneficiado com o perdão judicial, diante do sofrimento que lhe foi imposto pelas consequências do delito.

RESPOSTA O crime de furto não se consumou devido a circunstâncias alheias à vontade de Arthur, sendo caracterizado como tentativa de furto, o que permite a redução da pena conforme o art. 14, parágrafo único, do CP. *Alternativa A.*

4. (40º Exame) Júlio desferiu um tapa no rosto de Jacinto, que foi projetado contra um poste em que havia um fio de alta tensão exposto, algo que não foi visto nem poderia ser imaginado por Júlio, pois já era noite e havia pouca iluminação. Jacinto recebeu uma forte descarga elétrica, que foi causa suficiente de sua morte. Sobre a responsabilidade de Júlio pelo resultado morte, assinale a afirmativa correta.

(A) Júlio deve responder pelo homicídio doloso de Jacinto, tendo em vista que o resultado morte não teria ocorrido se não fosse a agressão dolosa.
(B) A descarga elétrica é uma concausa superveniente relativamente independente que, por si só, produziu o resultado morte, devendo Júlio responder por lesão corporal.
(C) Júlio agiu com dolo no delito antecedente e culpa no consequente, devendo responder por delito preterdoloso de lesão corporal seguida de morte.
(D) A descarga elétrica pode ser imputada a Júlio, ante a violação objetiva de um dever de cuidado, devendo Júlio ser responsabilizado por homicídio culposo.

RESPOSTA A descarga elétrica é considerada uma concausa superveniente relativamente independente, ou seja, um fator que, embora decorrente de uma ação inicial (o tapa), produziu o resultado morte por si só. Júlio, portanto, deve ser responsabilizado apenas pelo resultado lesão corporal, não pelo homicídio, pois o resultado fatal ocorreu devido a circunstâncias alheias e imprevisíveis relacionadas à descarga elétrica. *Alternativa B.*

5. (39º Exame) Paulo estava desempregado, precisando de dinheiro, quando, dentro do metrô, avistou uma mulher com a bolsa entreaberta e a carteira à mostra. Paulo decidiu pegar a carteira, sem que ninguém visse. Durante a empreitada criminosa, Paulo inseriu a mão na bolsa da mulher e segurou a carteira. Porém, com crise de consciência, Paulo decidiu por livre e espontânea vontade não prosseguir na empreitada criminosa. Diante dos fatos narrados, é correto afirmar que Paulo deve ser beneficiado pelo instituto do(a):

(A) arrependimento posterior.
(B) desistência voluntária.
(C) tentativa.
(D) arrependimento eficaz.

RESPOSTA Paulo deve ser beneficiado pelo instituto da desistência voluntária, previsto no art. 15 do CP. Ele desistiu de prosseguir com a prática criminosa por decisão própria e espontânea, antes de consumar o crime, o que exclui a tentativa ou o arrependimento posterior. *Alternativa B.*

6. (39º Exame) Caio, lutador de MMA, estava na praia quando viu uma senhora ser agredida por um terceiro. Caio foi em direção ao agressor e tentou persuadi-lo a parar com as agressões, mas o agressor não deu ouvidos e continuou a agredir a senhora. Dessa forma, Caio não viu outra alternativa a não ser desferir um soco no agressor para afastá-lo da senhora e imobilizá-lo em seguida, até a chegada da polícia. Diante do exposto, a conduta de Caio pode ser beneficiada pela exclusão da:

(A) tipicidade em razão da coação física irresistível.
(B) culpabilidade em razão da coação moral irresistível.
(C) ilicitude em razão do exercício regular de um direito.
(D) ilicitude por legítima defesa.

RESPOSTA A conduta de Caio pode ser justificada pela exclusão da ilicitude por legítima defesa, conforme o art. 25 do CP. Caio agiu para proteger a senhora que estava sendo agredida, utilizando os meios necessários para repelir a agressão injusta. *Alternativa D.*

7. (38º Exame) Alan é bombeiro civil e, atendendo a uma ocorrência, foi retirar um suposto animal selvagem de um condomínio residencial. Lá chegando, deparou-se com um aparente filhote de onça, o qual foi recolhido por Alan, que deveria levar o animal ao Centro de Triagem, distante do local onde encontrado (e que seria o procedimento adequado). Porém, Alan teve a iniciativa de deixar o felino em uma área de mata próxima ao condomínio, onde imaginava ser o habitat natural do animal, e, assim, poupar seu tempo.

Carmen, residente no referido condomínio, ao chegar em casa, percebeu que seu gato Bengal (raça caracterizada por ser muito similar a uma onça) está desaparecido. Ao saber do ocorrido, percebeu que seu gato foi confundido com um filhote de onça e, por isso, foi levado por Alan e deixado na área de mata. Assim, Carmen procurou a Delegacia de Polícia e relatou o ocorrido.

Neste caso, como advogado de Alan, é correto afirmar, sobre a conduta de seu assistido, que houve erro

(A) de tipo permissivo, uma vez que Alan pensava agir sob estrito cumprimento de dever legal, e por isso, sua conduta é lícita, abarcada por excludente de ilicitude.
(B) de tipo inescusável, pois Alan efetivamente se confundiu sobre a espécie do animal, mas deixou de adotar as cautelas devidas, excluindo-se apenas o dolo.
(C) de tipo escusável, pois Alan efetivamente não conhecia a espécie do animal apreendido, tendo adotado todas as cautelas que lhe eram exigidas na situação, de forma a excluir o dolo e a culpa.
(D) de proibição, tendo em vista que Alan não conhecia a espécie de animal doméstico, afastando-se a culpabilidade da sua conduta.

RESPOSTA Esse é um exemplo de erro sobre o elemento constitutivo do tipo, também conhecido como erro de tipo, conforme descrito no art. 20, *caput*, do CP. Esse erro de tipo aconteceu porque Alan se confundiu sobre a espécie do animal, um elemento fundamental para a configuração do crime. No entanto, ao decidir levar o animal à área de mata próxima em vez de ao Centro de Triagem (o procedimento correto), Alan não adotou as cautelas necessárias que a situação demandava. Por isso, ele incorreu em um erro de tipo inescusável ou evitável. Esse tipo de erro exclui o dolo, ou seja, a intenção de cometer um crime, mas não a culpa, já que o erro poderia ter sido evitado se Alan tivesse tomado as precauções adequadas. *Alternativa B.*

8. (37º Exame) Fernanda trabalha como cuidadora de idosos e foi contratada para assistir ao idoso Luís Fernando, de 89 anos, que, não obstante a idade, seguia ativo, caminhando com algum apoio e realizando suas atividades de forma habitual, com relativa independência. Certo dia, Luís Fernando descia as escadas rolantes de um shopping center, quando a barra de sua calça se prendeu nos degraus, o que levou Luís Fernando a se desequilibrar, e o suporte dado por Fernanda não foi suficiente para impedir a sua queda. O idoso fraturou o fêmur. Preocupada com eventual responsabilização criminal, Fernanda procura aconselhamento. Como advogado(a) de Fernanda, assinale a opção que apresenta sua orientação sobre os fatos e as possíveis consequências.

(A) Fernanda ocupa a posição de garantidora, devendo ser responsabilizada por delito comissivo por omissão por ter se operado o resultado danoso.
(B) A responsabilização de Fernanda dependeria de comprovação de efetiva negligência, imprudência ou imperícia, sem o que, não será responsabilizada pelo resultado danoso.
(C) Fernanda pode ser responsabilizada por crime omissivo próprio, diante do resultado danoso.
(D) Fernanda incidiu em conduta tipificada no Estatuto do Idoso.

RESPOSTA A) Está incorreta. A posição de garantidor é atribuída a quem, nos termos do art. 13, § 2º, do CP, possui o dever de evitar o resultado lesivo, e, no caso apresentado, não há indicação de que Fernanda possuía tal dever. C) Está incorreta. Fernanda não praticou uma omissão, mas agiu para evitar a queda de Luís Fernando, ainda que não tenha conseguido impedir o resultado danoso. D) Está incorreta. Não há indicação de que a conduta de Fernanda se enquadre nas hipóteses previstas no Estatuto do Idoso (Lei n. 10.741/2003). B) Está correta. Para que Fernanda possa ser responsabilizada pelo resultado danoso, é necessário comprovar que ela agiu com negligência, imprudência ou imperícia, isto é, que deixou de adotar as medidas necessárias para evitar o acidente (CP, art. 13, § 2º). *Alternativa B.*

9. (37º Exame) Antônio, de 49 anos, manteve numerosas relações sexuais consensuais com Miriam, à época com 13 anos, que tinha experiência sexual anterior, durante o namoro entre eles. Antônio tinha conhecimento da idade de Miriam.

Sobre o caso, assinale a afirmativa correta.

(A) Antônio cometeu conduta típica, ilícita e culpável.
(B) Antônio cometeu conduta ilícita e culpável, mas não típica.
(C) Antônio cometeu conduta típica e culpável, mas não ilícita.
(D) Antônio cometeu conduta típica e ilícita, mas não culpável.

RESPOSTA B) Incorreta. Antônio cometeu uma conduta típica, prevista no Código Penal, que é o estupro de vulnerável. C) Incorreta. A conduta de Antônio é ilícita, pois viola um bem jurídico protegido pelo ordenamento jurídico. D) Incorreta. A conduta de Antônio é culpável, pois tinha ciência da idade da vítima e, portanto, assumiu o risco de cometer o crime de estupro de vulnerável. A) Correta. Antônio praticou o crime de estupro de vulnerável, previsto no art. 217-A do CP, ao manter relações sexuais com Miriam, que à época tinha apenas 13 anos. A vulnerabilidade da vítima é presumida em razão da idade, independentemente da existência de experiência sexual anterior. *Alternativa A.*

10. (36º Exame) Tainá, legalmente autorizada a pilotar barcos, foi realizar um passeio de veleiro com sua amiga Raquel. Devido a uma mudança climática repentina, o veleiro virou e começou a afundar. Tainá e Raquel nadaram, desesperadamente, em direção a um tronco de árvore que flutuava no mar. Apesar de grande, o tronco não era grande o suficiente para suportar as duas amigas ao mesmo tempo. Percebendo isso, Raquel subiu no tronco e deixou Tainá afundar, como único meio de salvar a própria vida. A perícia concluiu que a morte de Tainá se deu por afogamento. A partir do caso relatado, assinale a opção que indica a natureza da conduta praticada por Raquel.

(A) Raquel deverá responder pelo crime de omissão de socorro.
(B) Raquel agiu em legítima defesa, causa excludente de ilicitude.
(C) Raquel deverá responder pelo crime de homicídio consumado.
(D) Raquel agiu em estado de necessidade, causa excludente de ilicitude.

RESPOSTA (A) ERRADA. Raquel agiu amparada por causa excludente da ilicitude; (B) ERRADA. Não houve injusta agressão a ser repelida, como previsto no art. 25 do CP; (C) ERRADA. Raquel não praticou a conduta de *matar*. Além disso, sua conduta se deu com amparo em excludente da ilicitude; (D) CORRETA. Raquel agiu na forma do art. 24 do CP, que descreve em que consiste o estado de necessidade, causa excludente da ilicitude. *Alternativa D.*

CONCURSO DE PESSOAS

11. (36º Exame) Túlio e Alfredo combinaram de praticar um roubo contra uma joalheria. Os dois ingressam na loja, e Alfredo, com o emprego de arma de fogo, exige que Fernanda, a vendedora, abra a vitrine e entregue os objetos expostos. Enquanto Alfredo vasculha as gavetas da frente da loja, Túlio ingressa nos fundos do estabelecimento com Fernanda, em busca de joias mais valiosas, momento em que decide levá-la ao banheiro e, então, mantém com Fernanda conjunção carnal. Após, Túlio e Alfredo fogem com as mercadorias. Em relação às condutas praticadas por Túlio e Alfredo, assinale a afirmativa correta.

(A) Túlio e Alfredo responderão por roubo duplamente circunstanciado, pelo concurso de pessoas e emprego de arma de fogo, e pelo delito de estupro, em concurso material.
(B) Túlio responderá por roubo circunstanciado pelo concurso de pessoas e estupro; Alfredo responderá por roubo duplamente circunstanciado, pelo concurso de pessoas e emprego de arma de fogo.
(C) Alfredo e Túlio responderão por roubo circunstanciado pelo concurso de pessoas e emprego de arma de fogo; Túlio também responderá por estupro, em concurso material.
(D) Túlio e Alfredo responderão por roubo circunstanciado pelo concurso de pessoas e emprego de arma de fogo; Túlio responderá por estupro, ao passo que Alfredo responderá por participação de menor importância no delito de estupro.

RESPOSTA As alternativas A, B e D estão erradas. Percebe-se, na cooperação dolosamente distinta, o desvio subjetivo de condutas entre os agentes, em que um dos concorrentes do crime pretendia integrar ação criminosa menos grave do que aquela efetivamente praticada. Em consequência, apenas túlio deve responder pelo crime de estupro, nos termos do art. 29, § 2º, do CP. *Alternativa C.*

DIREITO PENAL

PENAS

12. (39º Exame) Douglas, reincidente, pois condenado anteriormente por lesão corporal no âmbito da lei de violência doméstica e familiar contra a mulher, pena já extinta pelo cumprimento, foi condenado a uma pena de 3 (três) anos de reclusão em regime inicial fechado pela prática de furto qualificado, bem como ao pagamento de 15 dias-multa. Na defesa de Douglas, você, na qualidade de advogado(a), deve alegar, corretamente, o cabimento de regime inicial

(A) aberto e a concessão de suspensão condicional da pena.
(B) semiaberto e substituição das penas por multa substitutiva.
(C) aberto e a substituição das penas por pena restritiva de direitos.
(D) semiaberto e a substituição da pena por duas penas restritivas de direitos.

RESPOSTA Douglas, sendo reincidente e condenado a uma pena de três anos de reclusão, pode ter a pena privativa de liberdade substituída por duas penas restritivas de direitos, conforme o art. 44 do CP. O regime inicial deve ser o semiaberto devido à reincidência e à pena superior a quatro anos. *Alternativa D.*

13. (39º Exame) João completou 20 anos e foi colocado em liberdade, após cumprir 3 anos de internação por medida socioeducativa em razão da prática de atos infracionais análogos a estupro e furto, conforme sentença proferida pelo Juizado da Infância e da Juventude de sua Comarca. Ao ser solto da unidade de internação, foi preso em flagrante pela prática do crime de roubo, sendo que João nunca respondeu por outros crimes. Para os fins deste novo processo, assinale a afirmativa correta.

(A) João é primário e com bons antecedentes, ante a inaptidão de atos infracionais serem utilizados como circunstâncias judiciais ou induzir reincidência.
(B) João é reincidente e com maus antecedentes, ante a pluralidade de infrações pretéritas, anteriores aos delitos de roubo.
(C) João é tecnicamente primário, porém, com maus antecedentes, sendo este único efeito possível gerado pela aplicação de medidas socioeducativas.
(D) João é reincidente ou com maus antecedentes, pois não é possível que a reincidência seja também considerada circunstância judicial, ainda que se tratem de condenações distintas.

RESPOSTA Com base no entendimento de que atos infracionais cometidos por menores de idade não geram reincidência nem podem ser considerados para agravar antecedentes criminais em processos posteriores na fase adulta, a jurisprudência brasileira, conforme o art. 64, I, do CP, não permite a utilização de atos infracionais como circunstâncias judiciais na dosimetria da pena, tampouco para considerar alguém como reincidente. *Alternativa A.*

14. (38º Exame) Luís Alberto, primário, foi condenado a uma pena de oito meses de detenção, em regime inicial aberto, por ter agredido sua companheira, causando-lhe lesões corporais.

Na qualidade de advogado(a) de Luís Alberto, assinale a opção que apresenta o benefício de natureza penal que pode, neste momento processual, ser pleiteado em favor do seu assistido.

(A) Aplicação de pena restritiva de direito, consistente em prestação de serviços à comunidade.
(B) Suspensão condicional da pena, pelo período de dois anos.
(C) Suspensão condicional do processo, pelo período de dois anos.
(D) Substituição da pena privativa de liberdade por multa.

RESPOSTA Na situação descrita, Luís Alberto, que é primário, foi condenado a oito meses de detenção em regime inicial aberto por agressão a sua companheira, causando-lhe lesões corporais. Segundo o art. 77 do CP, a execução da pena privativa de liberdade, que não seja superior a dois anos, pode ser suspensa de dois a quatro anos, desde que o condenado não seja reincidente em crime doloso, e os aspectos de culpabilidade, antecedentes, conduta social e personalidade do agente, bem como os motivos e as circunstâncias autorizem a concessão do benefício. No caso de Luís Alberto, como é um réu primário condenado a menos de dois anos, ele cumpre os requisitos para a suspensão condicional da pena. Portanto, correta a alternativa na qual afirma que pode ser pleiteada a suspensão condicional da pena, pelo período de dois anos, em favor de Luís Alberto. *Alternativa B.*

15. (35º Exame) Paulo foi condenado, com trânsito em julgado pela prática do crime de lesão corporal grave, à pena de 1 ano e oito meses de reclusão, tendo o trânsito ocorrido em 14 de abril de 2016. Uma vez que preenchia os requisitos legais, o magistrado houve, por bem, conceder a ele o benefício da suspensão condicional da pena pelo período de 2 anos. Por ter cumprido todas as condições impostas, teve sua pena extinta em 18 de abril de 2018. No dia 15 de maio de 2021, Paulo foi preso pela prática do crime de roubo. Diante do caso narrado, caso Paulo venha a ser condenado pela prática do crime de roubo, deverá ser considerado:

(A) reincidente, na medida em que, uma vez condenado com trânsito em julgado, o agente não recupera a primariedade.
(B) reincidente, em razão de não ter passado o prazo desde a extinção da pena pelo crime anterior.
(C) primário, em razão de ter cumprido o prazo para a recuperação de primariedade.
(D) primário, em razão de a reincidência exigir a prática do mesmo tipo penal, o que não ocorreu no caso de Paulo.

RESPOSTA O tempo do período de prova da suspensão da pena deve ser computado para a extinção da pena. Por isso, a contagem da reincidência teve início a partir de abril de 2016, mais de cinco anos antes da prática do novo delito. Portanto, Paulo é primário, nos termos do art. 64, I, do CP. Correta a alternativa "C" e, pelo mesmo motivo, erradas as demais. *Alternativa C.*

EXTINÇÃO DA PUNIBILIDADE

16. (39º Exame) Enzo completou neste mês 18 anos de idade, sendo certo que, na sua infância, foi vítima de estupro de vulnerável (pena: de 8 a 15 anos de reclusão). Considerando que já se passaram 11 anos desde a data do fato, ocorrido em 2013, sem que tenha sido instaurado qualquer inquérito ou investigação, e que o autor do fato já completou 70 anos de idade, Enzo indagou a você, como advogado(a), se ainda seria possível iniciar a persecução penal. Nesse caso, como advogado(a) de Enzo, assinale a alternativa que, corretamente, orienta a vítima.

(A) O crime de estupro de vulnerável é imprescritível.
(B) O delito está prescrito, ante a redução do prazo prescricional em função da idade do autor do fato.
(C) O prazo de prescrição do delito começou a correr quando Enzo completou 18 anos, não se tendo ultimado até o momento.
(D) O prazo de prescrição aplicável ao caso é de 20 anos, contado da data do fato, não tendo ocorrido a prescrição.

RESPOSTA De acordo com o art. 111 do CP, o prazo de prescrição para crimes contra a dignidade sexual de crianças e adolescentes, como o estupro de vulnerável, começa a contar a partir do momento em que a vítima completa 18 anos, e não da data do crime. Portanto, o prazo prescricional ainda está em curso, uma vez que Enzo completou 18 anos recentemente. *Alternativa C*.

17. (39º Exame) Paulo nasceu em outubro de 1990. Em julho de 2011, Paulo cometeu o delito de homicídio simples contra um vizinho. O Ministério Público ofereceu denúncia no ano de 2022. Sobre a hipótese apresentada, assinale a afirmativa correta.

(A) Ocorreu a prescrição da pretensão punitiva no ano de 2021, pois, no caso de Paulo, a prescrição é reduzida pela metade.
(B) A prescrição da pretensão punitiva só ocorrerá em 20 anos da data dos fatos, ou seja, no ano de 2031.
(C) Por se tratar de crime hediondo, o prazo prescricional da prescrição da pretensão punitiva é acrescido de 1/3, de forma que a prescrição ocorrerá somente no ano de 2024.
(D) Por se tratar de crime hediondo, o crime cometido por Paulo é imprescritível.

RESPOSTA De acordo com o art. 115 do CP, o prazo de prescrição é reduzido pela metade quando o agente era menor de 21 anos ao tempo do crime. No caso de Paulo, que cometeu o delito de homicídio simples em julho de 2011, sendo menor de 21 anos na época, o prazo de prescrição é de 10 anos, contados a partir da data do crime. Assim, a prescrição da pretensão punitiva ocorreu em 2021. *Alternativa A*.

18. (35º Exame) Natan, com 21 anos de idade, praticou, no dia 3 de fevereiro de 2020, crime de apropriação indébita simples. Considerando a pena do delito e a primariedade técnica, já que apenas respondia outra ação penal pela suposta prática de injúria racial, foi oferecida pelo Ministério Público proposta de acordo de não persecução penal, que foi aceita pelo agente e por sua defesa técnica. Natan, 15 dias após o acordo, procura seu(sua) advogado(a) e demonstra intenção de não cumprir as condições acordadas, indagando sobre aspectos relacionados ao prazo prescricional aplicável ao Ministério Público para oferecimento da denúncia. O(A) advogado(a) de Natan deverá esclarecer, sobre o tema, que:

(A) enquanto não cumprido o acordo de não persecução penal, não correrá o prazo da prescrição da pretensão punitiva.
(B) será o prazo prescricional da pretensão punitiva pela pena em abstrato reduzido pela metade, em razão da idade de Natan.
(C) poderá, ultrapassado o prazo de 03 anos, haver reconhecimento da prescrição da pretensão punitiva com base na pena ideal ou hipotética.
(D) poderá, ultrapassado o prazo legal, haver reconhecimento da prescrição da pretensão punitiva entre a data dos fatos e do recebimento da denúncia, considerando pena em concreto aplicada em eventual sentença.

RESPOSTA Alternativa "B": ele já havia completado 21 anos de idade (CP, art. 115). Alternativa "C": o crime prescreveria em oito anos (CP, art. 109, IV). Alternativa "D": contraria o disposto no art. 110, § 1º, do CP. Alternativa "A": o acordo de não persecução penal é um instituto de não aplicação da pena, adicionado ao art. 28-A do CPP pelo Pacote Anticrime, a Lei n. 13.964/2019. Naturalmente, para que o beneficiado pelo ANPP não frustre o cumprimento da parte que lhe cabe no acordo, a prescrição não correrá enquanto não cumprido ou não rescindido o acordo de não persecução penal (CP, art. 116, IV). *Alternativa A*.

CRIMES CONTRA A PESSOA

19. (39º Exame) Pablo (13 anos) e Luís (19 anos), amigos de longa data, decidiram cometer suicídio. Durante todo o período em que conversaram sobre o tema, sempre condicionaram a realização do ato à presença de ambos, sendo certo que diariamente um instigava o outro a praticar o ato. No dia combinado, os dois se dirigiram à principal ponte da cidade e se posicionaram no vão central. Afastados um do outro, apenas se olharam para iniciar a contagem até se jogarem. Os dois pularam ao mesmo tempo. Apesar de a altura ser a mesma, Pablo ficou em coma por 90 dias no hospital e ao retornar teve diagnosticada a sua tetraplegia, perdendo completamente os movimentos dos braços e das pernas. Luís, por sua vez, sofreu apenas algumas escoriações. Sobre a participação de Luís no caso narrado, assinale a afirmativa correta, conforme expressa previsão legal.

(A) Deverá responder pelo crime de instigação ao suicídio qualificado pelo resultado morte.
(B) Será responsabilizado nas penas do crime de lesão corporal gravíssima.
(C) Incidiu na conduta de tentativa de instigação ao suicídio.
(D) Não será responsabilizado, porque será beneficiado pelo instituto do perdão judicial, independentemente de as consequências da infração o terem atingido de forma grave.

RESPOSTA Luís será responsabilizado pelo crime de lesão corporal gravíssima, conforme o art. 129, § 2º, do CP. A qualificadora se aplica devido à tetraplegia de Pablo, que representa uma perda permanente de função, configurando uma lesão corporal de natureza gravíssima. Além disso, a ação de Luís enquadra-se no art. 122, § 6º, do CP, que estipula que o agente responderá por lesão corporal gravíssima quando o crime de instigação ao suicídio for cometido contra menor de 14 anos. *Alternativa B*.

CRIMES CONTRA O PATRIMÔNIO

20. (40º Exame) Joaquim dirigia-se a uma agência bancária para sacar o valor de sua aposentadoria. Todavia, às 10h, ao se aproximar do estabelecimento, foi abordado por Gilson que, com emprego de arma de fogo, ordenou que Joaquim entrasse em seu carro. Em seguida, Gilson conduziu o veículo até um motel e, mediante ameaça de morte, exigiu que a vítima transferisse valores para a conta bancária de Gilson, por meio de operações via PIX e TED, sendo certo que houve restrição da liberdade da vítima por tempo relevante, condição necessária para obtenção

DIREITO PENAL

da vantagem de R$ 12.000,00 (doze mil reais) efetivamente auferida em desfavor de Joaquim, após o que Gilson liberou a vítima. Diante do cenário descrito, assinale a opção que indica o(s) crime(s) praticados por Gilson.

(A) Roubo circunstanciado pelo emprego de arma de fogo.
(B) Extorsão mediante sequestro.
(C) Sequestro ou cárcere privado.
(D) Extorsão mediante restrição da liberdade da vítima.

RESPOSTA Gilson cometeu o crime de extorsão mediante restrição da liberdade da vítima, conforme descrito no art. 158, § 3º, do CP. A conduta envolve a obtenção de vantagem econômica mediante grave ameaça e restrição da liberdade da vítima. *Alternativa D.*

21. (37º Exame) Eduardo trabalha como porteiro do condomínio, e possui um primo, de nome Ygor, envolvido em vários crimes. A semelhança entre ambos sempre foi notória. Certa noite, após Eduardo se ausentar da portaria para colocar as lixeiras do prédio na rua, Ygor, aproveitando-se dos traços físicos muito parecidos com os do seu primo, também vestido com um uniforme idêntico, ingressa no edifício e subtrai vários pacotes endereçados aos moradores. Alguns moradores viram a movimentação, mas pensaram que se tratava de Eduardo arrumando e conferindo os pacotes.

Baseando-se no caso hipotético, Ygor cometeu

(A) furto qualificado mediante fraude.
(B) estelionato.
(C) falsa identidade.
(D) furto qualificado por abuso de confiança.

RESPOSTA B) Incorreta. Não se configura o estelionato, já que não houve a intenção de Ygor de obter vantagem ilícita enganando as vítimas. C) Incorreta. Não é falsa identidade (art. 307 do CP), pois Ygor não atribuiu a si a identidade de Eduardo perante terceiro, apenas se aproveitou da semelhança física. Ainda que verificado o crime do art. 307 do CP, haveria a absorção, deste pelo furto; D) Incorreta. Vide explicação anterior. A) Correta. Nesse caso, a fraude foi utilizada como meio para a prática do furto, enganando as pessoas que viram Ygor agindo e pensaram se tratar de Eduardo (CP, art. 155, § 4º, II). *Alternativa A.*

22. (37º Exame) Silvio, mediante emprego da ameaça de "esquartejá-la com sua espada", arrancou o cordão de ouro do pescoço de Ana. Após tal subtração, Silvio foi perseguido por policiais militares, que lograram prendê-lo em flagrante delito e recuperar o bem subtraído da vítima. É correto afirmar que Silvio cometeu crime de

(A) extorsão tentada.
(B) roubo tentado.
(C) roubo impróprio.
(D) roubo consumado.

RESPOSTA A) Incorreta. Não houve exigência de vantagem indevida por parte de Silvio, requisito fundamental do crime de extorsão (CP, art. 158). B) Incorreta. Não se trata de roubo tentado, pois houve a inversão da posse. C) Incorreta. Não se trata de roubo impróprio, que ocorre quando, logo depois de subtraída a coisa, o agente emprega violência contra pessoa ou grave ameaça, a fim de assegurar a impunidade do crime ou a detenção da coisa para si ou para terceiro (CP, art. 157, § 1º). D) Correta. Silvio cometeu o crime de roubo consumado, pois subtraiu o bem mediante grave ameaça e houve a inversão da posse do objeto. Além disso, a recuperação da coisa roubada e a breve duração da posse pelo agente não afastam a consumação do crime, como reconhece a Súmula 582 do STJ. *Alternativa D.*

CRIMES CONTRA A DIGNIDADE SEXUAL

23. (36º Exame) Robson, diretor-presidente da Sociedade Empresária RX Empreendimentos, telefona para sua secretária Camila e solicita que ela compareça à sua sala. Ao ingressar no recinto, Camila é convidada para sentar ao lado de Robson no sofá, pois ele estaria precisando conversar com ela. Apesar de achar estranho o procedimento, Camila se senta ao lado de seu chefe. Durante a conversa, Robson afirma que estaria interessado nela e a convida para ir a um motel. Camila recusa o convite e, ato contínuo, Robson afirma que se ela não aceitar, nem precisa retornar ao trabalho no dia seguinte, pois estaria demitida. Camila, desesperada, sai da sala de seu chefe, pega sua bolsa e vai até a Delegacia Policial do bairro para registrar o fato. Diante das informações apresentadas, é correto afirmar que a conduta praticada por Robson se amolda ao crime de

(A) tentativa de assédio sexual (art. 216-A), não chegando o crime a ser consumado na medida em que se trata de crime material, exigindo a produção do resultado, o que não ocorreu na hipótese;
(B) assédio sexual consumado, uma vez que o delito é formal, ocorrendo a sua consumação independentemente da obtenção da vantagem sexual pretendida;
(C) fato atípico, uma vez que a conduta praticada por Robson configura mero ato preparatório do crime de assédio sexual, sendo certo que os atos preparatórios não são puníveis;
(D) importunação sexual (art. 215-A), uma vez que Robson praticou, contra a vontade de Camila, ato visando à satisfação de sua lascívia.

RESPOSTA (A) ERRADA. O assédio sexual é crime formal, cuja consumação independe da efetiva produção de resultado naturalístico (a ocorrência do ato libidinoso); (C) ERRADA. A conduta corresponde ao crime de assédio sexual; (D) ERRADA. A conduta corresponde ao crime de assédio sexual; (B) CORRETA. Por se tratar de crime formal, houve a consumação do assédio sexual, nos termos do art. 216-A do CP. *Alternativa B.*

24. (35º Exame) No dia 31-12-2020, na casa da genitora da vítima, Fausto, com 39 anos, enquanto conversava com Ana Vitória, de 12 anos de idade, sem violência ou grave ameaça à pessoa, passava as mãos nos seios e nádegas da adolescente, conduta flagrada pela mãe da menor, que imediatamente acionou a polícia, sendo Fausto preso em flagrante. Preocupada com eventual represália e tendo interesse em ver o autor do fato punido, em especial porque sabe que Fausto cumpre pena em livramento condicional por condenação com trânsito em julgado pelo crime de latrocínio, a família de Ana Vitória procura você, na condição de advogado(a), para esclarecimento sobre a conduta praticada. Por ocasião da consulta jurídica, deverá ser esclarecido que o crime em tese praticado por Fausto é o de:

(A) estupro de vulnerável (art. 217-A do CP), não fazendo jus Fausto, em caso de eventual condenação, a novo livramento condicional.
(B) importunação sexual (art. 215-A do CP), não fazendo jus Fausto, em caso de eventual condenação, a novo livramento condicional.
(C) estupro de vulnerável (art. 217-A do CP), podendo Fausto, em caso de condenação, após cumprimento de determinado tempo de pena e observados os requisitos subjetivos, obter novo livramento condicional.
(D) importunação sexual (art. 215-A do CP), podendo Fausto, em caso de condenação, após cumprimento de determinado tempo de pena e observados os requisitos subjetivos, obter novo livramento condicional.

RESPOSTA A violência é presumida, de forma absoluta, no crime de estupro de vulnerável (CP, art. 217-A). Por isso, não ficou caracterizado, no exemplo trazido, o delito de importunação sexual (CP, art. 215-A). Ademais, a reincidência específica em crime hediondo impede o livramento condicional (CP, art. 83, IV). *Alternativa A.*

CRIMES CONTRA A ADMINISTRAÇÃO PÚBLICA

25. (40º Exame) Antônio, funcionário público, foi designado como servidor responsável por conduzir a licitação de um Hospital Público que desejava adquirir 100.000 (cem mil) doses de um determinado medicamento. Patrícia, funcionária da sociedade empresária Medicante Ltda., descobre o contato de Antônio e, de seu celular pessoal, manda um áudio no qual se oferece para dividir sua comissão com o funcionário público caso a sua empresa fosse a vencedora. O valor da comissão de Patrícia era de R $50.000,00 (cinquenta mil reais), em caso de vitória na licitação. Antônio, indignado com a proposta de Patrícia, encaminha os fatos aos seus superiores que enviam Notícia de Crime à autoridade policial com atribuição para investigar os fatos. Tomando por base o fato de não ter havido o pagamento do valor oferecido, assinale a opção que indica o crime pelo qual Patrícia poderá ser responsabilizada.

(A) Corrupção passiva tentada, na medida em que o crime é material, sendo necessário o efetivo pagamento da vantagem indevida para o crime ser consumado.
(B) Corrupção passiva consumada, na medida em que o crime é formal, bastando o oferecimento da vantagem ilícita ao servidor público para a sua consumação.
(C) Corrupção ativa tentada, na medida em que o crime é material, sendo necessário o efetivo pagamento da vantagem indevida para o crime ser consumado.
(D) Corrupção ativa consumada, na medida em que o crime é formal, bastando o oferecimento da vantagem ilícita ao servidor público para a sua consumação.

RESPOSTA Patrícia poderá ser responsabilizada por corrupção ativa consumada, pois, conforme o art. 333 do CP, o crime se consuma com o oferecimento de vantagem ilícita ao funcionário público, independentemente do efetivo pagamento. *Alternativa D.*

26. (38º Exame) Francisco, funcionário público concursado de uma autarquia federal, recebeu de seu órgão de atuação um notebook funcional, tendo assinado o livro de carga referente ao objeto e assumido o compromisso de zelar pelo bem da administração. Durante suas férias, Francisco viaja para uma pousada no interior do estado de São Paulo e leva o computador na mochila, uma vez que tinha o costume de assistir séries através do aparelho. Durante sua estadia na pousada, Francisco leva o notebook para a piscina e o coloca na mesa onde deixara seus demais pertences. Após se ausentar por cerca de 40 minutos para jogar uma partida de futebol, retorna para a piscina e constata que o notebook fora furtado.

Desesperado, procura a administração do local que após analisar as câmeras de segurança não consegue identificar quem teria subtraído o computador.

Diante dos fatos, o órgão funcional ao qual Francisco era vinculado instaura procedimento administrativo e, ato contínuo, encaminha pedido de instauração de Inquérito na Polícia Federal que culmina no oferecimento de denúncia por parte do Ministério Público Federal pela prática do crime de peculato culposo. Francisco procura a repartição pública e se oferece para pagar o valor referente ao notebook, o que é aceito, sendo certo que o ressarcimento ao erário se deu antes do julgamento da ação penal.

Diante dos fatos narrados, é correto afirmar que Francisco

(A) terá direito à redução de metade da pena pelo fato de o ressarcimento ter sido feito após o recebimento da denúncia.
(B) terá direito à extinção da punibilidade pelo fato de o ressarcimento ter sido feito antes da sentença irrecorrível.
(C) não terá direito à atenuante referente à reparação do dano, prevista no art. 65, III, *b*, do CP, na medida em que esta exige a reparação do dano antes do recebimento da denúncia.
(D) poderá ser beneficiado pelo arrependimento posterior, previsto no art. 16 do CP em razão de ter reparado o dano antes da sentença.

RESPOSTA De acordo com o art. 312, § 3º, do CP, se a reparação do dano ocorrer antes da sentença irrecorrível, isso resulta na extinção da punibilidade. Isso significa que, embora Francisco tenha cometido o crime de peculato culposo, sua ação de pagar pelo notebook antes da sentença final resultou na extinção de sua punibilidade. As alternativas "A", "C" e "D" são incorretas com base na interpretação da lei e dos fatos apresentados. Portanto, a alternativa correta é a "B", que afirma que Francisco terá direito à extinção da punibilidade pelo fato de o ressarcimento ter sido feito antes da sentença irrecorrível. *Alternativa B.*

27. (35º Exame) Para satisfazer sentimento pessoal, já que tinha grande relação de amizade com Joana, Alan, na condição de funcionário público, deixou de praticar ato de ofício em benefício da amiga. O supervisor de Alan, todavia, identificou o ocorrido e praticou o ato que Alan havia omitido, informando os fatos em procedimento administrativo próprio. Após a conclusão do procedimento administrativo, o Ministério Público denunciou Alan pelo crime de corrupção passiva consumado, destacando que a vantagem obtida poderia ser de qualquer natureza para tipificação do delito. Confirmados os fatos durante a instrução, caberá à defesa técnica de Alan pleitear sob o ponto de vista técnico, no momento das alegações finais:

(A) o reconhecimento da tentativa em relação ao crime de corrupção passiva.
(B) a desclassificação para o crime de prevaricação, na forma tentada.
(C) a desclassificação para o crime de prevaricação, na forma consumada.

(D) o reconhecimento da prática do crime de condescendência criminosa, na forma consumada.

RESPOSTA Os crimes de corrupção passiva privilegiada e prevaricação são muito parecidos. O principal ponto distintivo reside no seguinte aspecto: no delito do art. 317, § 2º, do CP, o sujeito ativo age "cedendo a pedido ou influência de outrem". Na prevaricação, a motivação se dá para satisfazer "interesse ou sentimento pessoal" (CP, art. 319). Ademais, a prevaricação é crime formal, que se consuma independentemente da produção do resultado naturalístico. *Alternativa C.*

LEGISLAÇÃO PENAL ESPECIAL

28. (41º Exame) Denis cumpria pena em regime fechado após ser definitivamente condenado quando ocorreu um movimento de subversão da ordem e disciplina dentro do ambiente carcerário. No inquérito disciplinar, consta que cerca de cem presos rebelados incendiaram colchões e tentaram fugir, permanecendo a situação de rebelião por cerca de cinco dias, até que uma eficaz ação da polícia penal cessou o movimento. Todos os cem presos da ala em que Denis cumpre pena foram indiciados no âmbito disciplinar, indistintamente e sem individualização de condutas. Considerando o caso narrado, assinale o princípio de Direito Penal a ser utilizado pela defesa a fim de evitar a condenação de Denis.

(A) O princípio da isonomia, pelo qual deve ser garantida idêntica sanção penal a todos os presos envolvidos na rebelião.
(B) O princípio da lesividade, que impede a punição pela falta grave quando esta não foi efetivamente consumada.
(C) O princípio da culpabilidade, que demanda que haja identificação individualizada da responsabilidade penal de cada um dos envolvidos.
(D) O princípio da legalidade, pelo qual se exige que haja prévia disposição legal, de forma estrita e escrita, da falta disciplinar de natureza grave.

RESPOSTA O princípio da culpabilidade exige a individualização da responsabilidade penal de cada envolvido. Sem a prova específica da participação de Denis nos atos de rebelião, não é possível atribuir-lhe uma falta grave disciplinar. *Alternativa C.*

29. (41º Exame) Célio, inconformado com o término de seu casamento de 10 anos com sua esposa Natália, passou a persegui-la em seus locais habituais de lazer e trabalho, além de mandar e-mails por meio de contas em nome de terceiros. Inconformada com esses fatos, Natália procurou a Delegacia da Mulher e relatou os fatos, tendo o policial civil enquadrado a conduta no crime de perseguição, previsto no art. 147-A do Código Penal. Ao tomar conhecimento da acusação, Célio autorizou seu advogado a entrar em contato com a advogada de Natália para tentar algum acordo com a vítima. Depois da negociação dos profissionais, Natália decidiu não prosseguir com a acusação. Acerca dos fatos narrados, assinale a afirmativa correta.

(A) Natália não poderá se retratar da representação, em razão de o crime imputado ser de ação penal pública incondicionada.
(B) Natália poderá se retratar da representação a qualquer momento, desde que antes do trânsito em julgado.
(C) Natália poderá se retratar da representação, desde que o faça antes do oferecimento da denúncia, em audiência especialmente designada para este fim, com a presença do Ministério Público.
(D) Natália poderá renunciar à representação, desde que o faça antes do recebimento da denúncia e em audiência perante o Juiz e o membro do Ministério Público.

RESPOSTA A retratação da representação pelo crime de perseguição (*stalking*) deve ocorrer antes do recebimento da denúncia e deve ser feita em audiência perante o juiz e o membro do Ministério Público, conforme o art. 16 da Lei Maria da Penha. *Alternativa D.*

30. (40º Exame) Paulo é investigado em um Inquérito Policial pelos crimes de ameaça e lesão corporal em face de sua esposa, Maria. Ao longo da investigação, foi decretada medida protetiva de afastamento de 1.000m em relação à vítima. Posteriormente, movido por ciúmes em razão de uma mensagem de Maria a um amigo, Paulo foi ao encontro dela com o intuito de questioná-la sobre o fato, violando a medida protetiva da qual já havia sido regularmente intimado. Tendo em vista o que preconiza a Lei n. 11.340/2006, está correto afirmar que Paulo

(A) praticou um crime de ação penal pública incondicionada.
(B) está incurso nas penas de um crime inafiançável.
(C) cometeu uma contravenção penal que comporta o oferecimento de proposta de suspensão condicional do processo.
(D) pode ser submetido a um decreto de prisão preventiva em seu desfavor, mas não cometeu crime.

RESPOSTA A violação de medida protetiva de urgência é considerada um crime de ação penal pública incondicionada, conforme o art. 24-A da Lei n. 11.340/2006 (Lei Maria da Penha). *Alternativa A.*

31. (40º Exame) O médico João dos Santos, durante a realização de uma cirurgia na perna de um paciente, cometeu um erro que acabou provocando a necessária amputação do membro do paciente. A pena cominada à lesão corporal culposa é de dois meses a um ano, à lesão corporal grave é de um a cinco anos e à lesão corporal gravíssima, de dois a oito anos. Sobre a atuação do médico João Santos, assinale a afirmativa correta.

(A) Ele cometeu o crime de lesão corporal culposa, devendo sua conduta ser julgada perante o Juizado Especial Criminal, o que, pela pena abstratamente cominada, torna aplicáveis, em tese, as medidas despenalizadoras da Lei n. 9.099/95.
(B) Ele, apesar de não ter atuado com dolo, cometeu o crime de lesão corporal gravíssima em razão da perda de membro do paciente, não fazendo jus a nenhuma das medidas despenalizadoras da Lei n. 9.099/95, devendo o caso ser julgado perante a Vara Criminal.
(C) Ele, apesar de não ter atuado com dolo, cometeu o crime de lesão corporal grave em razão da inutilização do membro e, apesar de ser julgado perante a Vara Criminal, fará jus à suspensão condicional do processo, medida despenalizadora prevista na Lei n. 9.099/95.
(D) Ele cometeu o crime de lesão corporal gravíssima em razão da perda de membro do paciente, apesar de não ter atuado com dolo, e, em função da pena cominada ao delito, fará jus à suspensão condicional do processo, medida despenalizadora prevista na Lei n. 9.099/95.

RESPOSTA O médico cometeu o crime de lesão corporal culposa, que é julgado pelo Juizado Especial Criminal devido à pena cominada ser de dois meses a um ano. Nesse caso, são aplicáveis as medidas despenalizadoras previstas na Lei n. 9.099/95, como a suspensão condicional do processo. *Alternativa A.*

32. (39º Exame) Maciel teve sua prisão temporária prolongada sem motivo justo e excepcionalíssimo, por decisão de Xavier, diretor da unidade prisional em que Maciel estava custodiado. Esgotado o prazo legal para que ele fosse posto em liberdade, Xavier ignorou dolosamente o alvará de soltura por 5 (cinco) dias, com o objetivo de prejudicar Maciel, seu inimigo declarado.

Sobre o procedimento de Xavier, assinale a afirmativa correta.

(A) Ele praticou o crime de corrupção passiva privilegiada.
(B) Ele praticou o crime de abuso de autoridade.
(C) Ele praticou o crime de desobediência.
(D) Não praticou crime algum, tendo em vista que o alvará de soltura foi cumprido.

RESPOSTA Xavier praticou o crime de abuso de autoridade, conforme previsto no art. 12, parágrafo único, IV, da Lei n. 13.869/2019. Essa lei estabelece que é crime prolongar indevidamente a execução de prisão temporária ou não cumprir o alvará de soltura sem justificativa legal. *Alternativa B.*

33. (38º Exame) Bruno, 20 anos, residente no Rio de Janeiro/RJ, conduzia seu veículo de madrugada com destino à cidade de São Paulo/SP. Bruno dirigia dentro da velocidade permitida, portando sua carteira de habilitação e seu veículo apresentava condições adequadas de tráfego.

Em determinado momento, André, 21 anos, que conduzia uma motocicleta alcoolizado, na outra mão, entrou na faixa na qual trafegava Bruno, violando a regra legal de mudança de faixa de rolamento. Bruno não conseguiu frear o veículo e evitar o contato. O veículo e a motocicleta chocaram-se lateralmente.

Na sequência, André caiu da moto e esbarrou num fio de alta tensão que estava rompido de um poste na estrada. Bruno, assustado com o ocorrido, acelerou seu veículo, em retirada. Após 1 km, avistou um posto policial, mas acometido por forte emoção, optou por não parar para comunicar o fato.

André permaneceu em coma por uma semana e depois veio a óbito. O laudo de necropsia constatou que a causa mortis fora determinada por eletrocussão, em razão do contato com o fio de alta tensão.

Pelas razões expostas, analise penalmente as condutas praticadas por Bruno e assinale a afirmativa correta.

(A) Deverá ser penalmente responsabilizado por omissão de socorro (art. 304 do CTB), tendo em vista que o resultado morte foi determinado por culpa exclusiva da vítima.
(B) Ele não praticou crime algum, porque a presença de concausa independente afasta a imputação de homicídio culposo, assim como a violenta emoção afasta a tipicidade do crime de omissão de socorro.
(C) Deverá ser penalmente responsabilizado por homicídio culposo na condução de veículo, com a incidência da causa de aumento de omissão de socorro.
(D) Bruno deverá ser penalmente responsabilizado por homicídio culposo na condução de veículo e omissão de socorro, em concurso material.

RESPOSTA Conforme o art. 13 do Código Penal, o resultado do crime é imputável apenas a quem o causou, considerando como causa a ação ou omissão sem a qual o resultado não teria ocorrido. No caso, Bruno estava conduzindo seu veículo de forma adequada e dentro da velocidade permitida quando André, alcoolizado e pilotando uma motocicleta, entrou na sua faixa, causando o acidente. Posteriormente, André entrou em contato com um fio de alta tensão rompido e morreu por eletrocussão. Mesmo que Bruno tenha se retirado do local sem prestar socorro, a morte de André foi consequência direta de sua própria ação imprudente, fatores independentes da conduta de Bruno. Portanto, de acordo com o enunciado, a alternativa "A" é a correta, pois Bruno deverá ser penalmente responsabilizado apenas por omissão de socorro, conforme o art. 304 do Código de Trânsito Brasileiro (CTB), uma vez que o resultado morte foi determinado por culpa exclusiva da vítima. *Alternativa A.*

34. (37º Exame) Bernardo é servidor público e foi condenado porque, durante procedimento administrativo, prestou informações falsas ao interessado, com o intuito de prejudicá-lo. Recebeu condenação de um ano e dois meses pela prática de tal conduta, tipificada no art. 29 da Lei de Abuso de Autoridade Lei n. 13.869/2019). Sobre o caso narrado, assinale a afirmativa correta.

(A) Em razão da quantidade de pena aplicada, é efeito automático da condenação a perda do cargo público ocupado por Bernardo.
(B) A pena de Bernardo pode ser substituída por restritivas de direitos, consistente na inaptidão para o exercício de cargo ou emprego público pelo prazo de 1 a 5 anos.
(C) A imposição do dever de indenizar a vítima depende de reincidência específica em crimes de abuso de autoridade.
(D) Bernardo pode sofrer suspensão do exercício do cargo, por 1 a 6 meses, com a perda de vencimentos e vantagens, como medida alternativa à pena de prisão.

RESPOSTA A) Incorreta. A perda do cargo público não é automática (Lei n. 13.869/2019, art. 4º, parágrafo único). B) Incorreta. A pena restritiva de direitos mencionada pode ser imposta pelo prazo de um a 6 seis meses (art. 5º, II). C) Incorreta. A imposição do dever de indenizar a vítima independe de reincidência específica em crimes de abuso de autoridade (art. 4º). D) Correta. A suspensão do exercício do cargo, com a perda de vencimentos e vantagens, é uma das penas restritivas de direitos previstas no art. 5º da Lei n. 13.869/2019. *Alternativa D.*

35. (37º Exame) Quinho foi preso em flagrante delito portando 1 quilo de cocaína, ao tentar embarcar em ônibus na rodoviária Novo Rio (no Rio de Janeiro/RJ) que seguiria em direção a São Paulo/SP, onde Quinho pretendia vender tal substância para um comprador local. Ao ser denunciado por tráfico de drogas interestadual (art. 33 c/c o art. 40, V, ambos da Lei n. 11.343/2006), a defesa técnica de Quinho alegou que a hipótese seria de tráfico de drogas simples, pois, em razão da prisão em flagrante delito, o acusado jamais conse-

DIREITO PENAL

guiu efetivamente transpor a fronteira entre os Estados do Rio de Janeiro/RJ e São Paulo/SP. Sobre a incidência da majorante prevista no art. 40, V, da Lei n. 11.343/2006, assinale a afirmativa correta.

(A) São imprescindíveis a inequívoca intenção de realizar o tráfico interestadual e a efetiva transposição de fronteiras.

(B) São desnecessárias a inequívoca intenção de realizar o tráfico interestadual e a efetiva transposição de fronteiras.

(C) Basta a inequívoca intenção de realizar o tráfico interestadual, sendo desnecessária a efetiva transposição de fronteiras.

(D) Basta a efetiva transposição de fronteiras, sendo desnecessária a inequívoca intenção de realizar o tráfico interestadual.

RESPOSTA A) Errada. Segundo a Súmula 587 do STJ, para a incidência da majorante prevista no art. 40, V, da Lei 11.343/2006 é desnecessária a efetiva transposição de fronteiras entre Estados da Federação, sendo suficiente a demonstração inequívoca da intenção de realizar o tráfico interestadual. B) Errada. Como mencionado na alternativa A, a intenção de realizar o tráfico interestadual é imprescindível, mas não a efetiva transposição de fronteiras. D) Errada. A efetiva transposição de fronteiras não é necessária para a incidência da majorante, como mencionado nas alternativas A e B. C) Correta. A intenção de realizar o tráfico interestadual é suficiente para a incidência da majorante prevista no art. 40, V, da Lei n. 11.343/2006. *Alternativa C.*

36. (36º Exame) Policiais militares em patrulhamento de rotina, ao passarem próximos a um conhecido ponto de venda de drogas, flagraram Elias, reincidente específico no crime de tráfico ilícito de entorpecentes, vendendo um "pino" contendo cocaína a um usuário local. Ao perceber que os policiais dirigiam-se para a abordagem, o aludido usuário, de modo perspicaz, jogou ao chão o entorpecente adquirido e conseguiu se evadir mas Elias acabou sendo preso em flagrante. Ato contínuo, em revista pessoal, nos bolsos de Elias foram encontrados mais 119 (cento e dezenove) pinos de material branco pulverulento, que se comprovou, *a posteriori*, tratar-se de um total de 600g de substância entorpecente capaz de causar dependência, conhecida como cocaína. Diante de tal situação e após cumpridos todos os trâmites legais, o Ministério Público denunciou Elias pela prática do crime de tráfico ilícito de entorpecentes, duas vezes, nas modalidades "vender" e "trazer consigo", em concurso material de crimes. A capitulação feita pelo parquet está

(A) incorreta, tendo em vista que a norma do art. 33 da Lei n. 11.343/2006 é de ação múltipla, devendo Elias responder pela prática de um único crime de tráfico ilícito de entorpecentes.

(B) incorreta, porque, embora os verbos – vender e trazer consigo – integrem o tipo penal do art. 33 da Lei n. 11.343/2006, a hipótese é de concurso formal de crimes, pois Elias, mediante uma só ação, praticou dois crimes.

(C) correta, uma vez que ambos os verbos – vender e trazer consigo – constam no tipo penal do art. 33 da Lei n. 11343/2006, indicando-se a pluralidade de condutas.

(D) incorreta, pois Elias faz jus à causa de redução prevista no art. 33, § 4º, da Lei n. 11.343/2006, por não se comprovar ser dedicado a atividades criminosas.

RESPOSTA As alternativas B, C e D estão erradas. O art. 33 da Lei n. 11.343/2006 é exemplo de tipo penal misto alternativo ou de ação múltipla. Portanto, se praticado mais de um verbo nuclear, o agente responde por um único crime, desde que as condutas estejam em um mesmo contexto fático. Se diversos os contextos, aí, sim, falar-se-ia em concurso de crimes. *Alternativa A.*

37. (36º Exame) André, primário, e Fábio, reincidente, foram condenados por crime de latrocínio em concurso de pessoas. Durante a execução penal, ambos requereram a progressão de regime, visto que já haviam cumprido parte da pena. André fundamentou seu pedido em "bom comportamento", comprovado pelo diretor do estabelecimento prisional. Fábio, por sua vez, fundamentou seu pedido em razão de ter sido condenado na mesma época de seu comparsa, André. Dessa forma, segundo os princípios que regem a Execução Penal e o Direito Penal, é correto afirmar que

(A) de acordo com o princípio da isonomia, que garante igualdade de tratamento entre os presos, é vedada aplicação de frações de progressão de regime diferenciadas a cada um dos acusados.

(B) de acordo com o princípio da individualização da pena, o Juiz da execução penal deverá alterar as penas dos acusados, conforme o comportamento prisional de cada um.

(C) é assegurada a progressão de regime aos crimes hediondos, mas a fração de progressão varia para cada indivíduo, ainda que ambos condenados pelo mesmo fato.

(D) o princípio do livre convencimento motivado autoriza o Juiz a aplicar a progressão de regime no momento processual que entender adequado, pois não há prazo para o Juiz.

RESPOSTA (A) Errada. A reincidência específica é critério de natureza subjetiva, a ser observado em relação a cada um dos condenados, de forma individualizada, na forma do art. 112 da LEP; (B) Errada. Não existe previsão legal nesse sentido; (D) Errada. Em desacordo com o art. 112 da LEP; (C) Correta. Embora seja o gabarito apontado pela banca, uma ressalva tem de ser feita: apenas a reincidência específica justificaria as frações distintas entre André e Fábio, o que não aconteceu. Portanto, a questão deveria ter sido anulada. *Alternativa C.*

38. (35º Exame) Breno, policial civil, estressado em razão do trabalho, resolveu acampar em local deserto, no meio de uma trilha cercada apenas por vegetação. Após dois dias, já sentindo o tédio do local deserto, longe de qualquer residência, para distrair a mente, pegou sua arma de fogo, calibre permitido, devidamente registrada e cujo porte era autorizado, e efetuou um disparo para o alto para testar a capacidade da sua mão esquerda, já que, a princípio, seria destro. Ocorre que, em razão do disparo, policiais militares realizaram diligência e localizaram o imputado, sendo apreendida sua arma de fogo e verificado que um dos números do registro havia naturalmente se apagado em razão do desgaste do tempo. Confirmados os fatos, Breno foi denunciado pelos crimes de porte de arma de fogo com numeração suprimida e disparo de arma de fogo (art. 15 e art. 16, § 1º, IV, ambos da Lei n. 10.826/2003, em concurso material). Após a instrução, provados todos os fatos acima narrados, você, como advogado(a) de Breno, deverá requerer, sob o ponto de vista técnico, em sede de alegações finais:

(A) a absolvição em relação ao crime de porte de arma com numeração suprimida, restando apenas o crime de disparo de arma de fogo, menos grave, que é expressamente subsidiário.

(B) a absorção do crime de disparo de arma de fogo pelo de porte de arma de fogo com numeração suprimida, considerando que é expressamente subsidiário.
(C) o reconhecimento do concurso formal de delitos, afastando-se o concurso material.
(D) a absolvição em relação a ambos os delitos.

RESPOSTA Em relação ao crime de disparo de arma de fogo (Lei n. 10.826/2003, art. 15), a conduta não se deu em lugar habitado ou em suas adjacências, em via pública ou em direção a ela. Quanto ao delito do art. 16, § 1º, IV, da mesma lei, a supressão da marca não se deu de forma dolosa por Breno. *Alternativa D.*

Direito Processual Civil

Vanderlei Garcia Jr.

Doutorando em Direito Civil pela Universidade de São Paulo – USP. Mestre em Função Social do Direito pela Faculdade Autônoma de Direito de São Paulo – FADISP e pela Università degli Studi di Roma II – Tor Vergata. Especialista em Direito Processual Civil pela Escola Paulista da Magistratura – EPM/SP e em Direito Privado pela Faculdade de Direito Damásio de Jesus – FDDJ/SP. Bacharel em Direito pela Universidade de Ribeirão Preto – UNAERP/SP. Professor da graduação e pós-graduação em Direito da Universidade São Judas Tadeu – USJT. Professor da pós-graduação da Universidade Presbiteriana Mackenzie. Professor convidado do programa de pós-graduação da Escola Paulista de Direito – EPD. Professor de cursos preparatórios para concursos públicos e Exame de Ordem. Advogado, Consultor jurídico, palestrante e autor de livros e artigos jurídicos.

Marcelo Hugo da Rocha

Graduado em Psicologia (Atitus Educação). Graduado em Direito (PUCRS). Especialista em Direito Empresarial (PUCRS). Mestre em Direito (PUCRS). Especialista em Psicologia Positiva e *Coaching* (Faculdade UNYLEYA). Psicólogo. Professor. Advogado. Coordenador, autor e coautor de mais de cem obras. Destaque para as coleções: Completaço® Passe na OAB e Completaço® Passe em Concursos Públicos, ambas publicadas pelo Selo Saraiva Jur. Instagram: @profmarcelohugo; *site*: www.marcelohugo.com.br

Sumário

1. PROCESSO CIVIL E SUAS BASES ESTRUTURAIS – 2. PRINCÍPIOS GERAIS DO PROCESSO CIVIL – 3. NORMAS FUNDAMENTAIS DO CPC – 4. JURISDIÇÃO – 5. MÉTODOS ALTERNATIVOS DE RESOLUÇÃO DOS CONFLITOS – 6. JURISDIÇÃO CONSTITUCIONAL – 7. COMPETÊNCIA – 8. AÇÃO – 9. PROCESSO – 10. SUJEITOS PROCESSUAIS – 11. LITISCONSÓRCIO – 12. INTERVENÇÃO DE TERCEIROS – 13. MINISTÉRIO PÚBLICO, JUIZ E AUXILIARES DA JUSTIÇA – 14. ATOS, PRAZOS E COMUNICAÇÃO DOS ATOS PROCESSUAIS – 15. TUTELAS PROVISÓRIAS – 16. FORMAÇÃO, SUSPENSÃO E EXTINÇÃO DO PROCESSO. – 17. PROCESSO DE CONHECIMENTO – 18. LIQUIDAÇÃO E CUMPRIMENTO DE SENTENÇA – 19. EXECUÇÃO DE TÍTULO EXTRAJUDICIAL – 20. PROCESSOS NOS TRIBUNAIS E OS MEIOS DE IMPUGNAÇÃO DAS DECISÕES JUDICIAIS – 21. AÇÃO RESCISÓRIA – 22. RECURSOS: 22.1 Teoria Geral dos Recursos; 22.2 Apelação; 22.3. Agravo de Instrumento; 22.4 Agravo Interno; 22.5 Embargos de Declaração; 22.6 Recurso Ordinário; 22.7 Recurso Especial; 22.8 Recurso Extraordinário; 22.9 Agravo em Recurso Especial e Extraordinário; 22.10 Embargos de Divergência – REFERÊNCIAS; QUESTÕES.

TEORIA GERAL DO PROCESSO

1. PROCESSO CIVIL E SUAS BASES ESTRUTURAIS

O CPC/2015 buscou uma **sistematização do processo**, de forma a facilitar a compreensão das regras procedimentais, juntando estruturas fundamentais, como a prevista em seu art. 1º, em que se evidencia a **constitucionalização do processo civil**, bem como alguns outros, como a boa-fé, a cooperação, a razoável duração do processo e o processo sincrético, incorporando o cumprimento de sentença como uma fase do procedimento. Portanto, para se ter uma ideia panorâmica de como os artigos estão agrupados e divididos no CPC, veja o quadro abaixo:

ESTRUTURA DO CÓDIGO DE PROCESSO CIVIL
PARTE GERAL
Livro I – Das Normas Processuais Civis (arts. 1ª a 15);
Livro II – Da Função Jurisdicional (arts. 16 a 69);
Livro III – Dos Sujeitos do Processo (arts. 70 a 187);
Livro IV – Dos Atos Processuais (arts. 188 a 293);
Livro V – Da Tutela Provisória (arts. 294 a 311);
Livro VI – Da Formação, da Suspensão e da Extinção do Processo (arts. 312 a 317).
PARTE ESPECIAL
Livro I – Do Processo de Conhecimento e do Cumprimento de Sentença (arts. 318 a 770);
Livro II – Do Processo de Execução (arts. 771 a 925);
Livro III – Do Processo nos Tribunais e dos Meios de Impugnação das Decisões Judiciais (arts. 926 a 1.044).
LIVRO COMPLEMENTAR
Disposições Finais e Transitórias (arts. 1.045 a 1.072).

Portanto, percebe-se que o atual CPC, do ponto de vista estrutural, dividiu o código em dois grandes grupos ou blocos, sendo uma primeira nomeada de "Parte Geral", em contraposição a uma "Parte Especial". Por fim, apresenta também um chamado "Livro Complementar".

A primeira parte, chamada de Parte Geral, é subdividida em outros seis livros, denominados, respectivamente: *"Das normas processuais civis"*; *"Da função jurisdicional"*; *"Dos sujeitos do processo"*; *"Dos atos processuais"*; *"Da tutela provisória"* e *"Da formação, da suspensão e da extinção do processo"*. Nota-se que nesta primeira fase do código são tratadas as **normas fundamentais**, ou as bases principiológicas e estruturais do CPC/2015, bem como outros temas de teoria geral do processo e da parte geral do processo civil, tais como a aplicação das normas processuais, a jurisdição, as funções essenciais à administração da Justiça, a intervenção de terceiros e, em uma inovação disciplinada pelo CPC/2015, o título específico a respeito das "tutelas provisórias".

A segunda parte, nomeada de Parte Especial, é subdividida em três Livros, pela ordem: *"Do processo de conhecimento e do cumprimento de sentença"*; *"Do processo de execução"* e *"Dos processos nos Tribunais e dos meios de impugnação das decisões judiciais"*. É neste bloco do código que contém a parte estrutural do **processo de conhecimento**, ou seja, o momento em que será efetivada a prestação jurisdicional. Assim, a parte autora instruirá sua pretensão, buscando o reconhecimento judicial mediante sua exposição perante um juiz. Esta ocorrência garante ao cidadão e a todo e qualquer partícipe da jurisdição a *tutela jurisdicional* que é prestada pelo Poder Judiciário, por ser esta um dever constitucional, impendido ao juiz "lavar as mãos", já que não pode abster-se de prestar a tutela jurisdicional, ou seja, a decidir.

A referida tutela a ser prestada pelo Poder Judiciário se confirma por meio do ato processual do juiz intitulado de *sentença*, que poderá ser com ou sem resolução de mérito como se verá futuramente.

Pelo CPC/2015, houve a adoção legítima do chamado *"processo sincrético"* ou *"do processo por fases ou etapas"*, já adotado anteriormente pelas reformas efetivadas no CPC/73. Portanto, reconhecida a pretensão e formado o *título executivo judicial*, segue-se para a satisfação do direito concedido por intermédio do procedimento de cumprimento de sentença, tornando a execução em mais uma fase procedimental.

O **Processo de Execução** na sua concepção original, ao lado do **Processo de Conhecimento** ainda existe na nova sistemática, mas para execução dos *títulos executivos extrajudiciais*, entre outras situações específicas.

Já o **Processo Cautelar**, previsto autonomamente pelo CPC/1973, foi extinto pelo Novo CPC, realocando a chamada tutela cautelar como uma das modalidades de tutela de urgência, ao lado da tutela antecipada, disciplinadas pela Parte Geral, Livro V – "Das tutelas provisórias". Segundo a nova sistemática, houve a nítida preocupação em *"desformalizar"* a tutela cautelar, no entanto buscando a preservação de sua finalidade e readequando os meios necessários para tornar a referida tutela mais efetiva.

Os **Procedimentos Especiais**, que antes tinham destaque em Livro próprio, foram disciplinados pelo Título III, do Livro I, da Parte Especial, dentro do Processo de Conhecimento, no entanto, em contraposição lógica ao chamado *"procedimento comum"*. Foram mantidas as divisões entre os procedimentos de jurisdição contenciosa e os de jurisdição voluntária. Estes procedimentos mantêm características diferenciadas, como a *"natureza dúplice"* de algumas das ações previstas a partir do art. 539 (por exemplo, a ação de consignação em pagamento e as ações possessórias) e a ausência de litígio como é o caso do testamento e da interdição (a partir do art. 719).

Por fim, houve a criação de um Livro Complementar, disciplinado nos arts. 1.045 a 1.072, que trata, dentre outras ideias, das regras de direito intertemporal, como no caso do art. 1.046 que regulamenta a aplicação imediata do código aos processos em curso e pendentes, com a revogação expressa da Lei n. 5.869, de 11 de janeiro de 1.973.

Processo Civil e Constituição Federal 1988: Importante rememorar a ligação íntima entre o Direito Processual Civil e o Direito Constitucional, ou seja, entre o CPC e a CF, já que esta é norma hierarquicamente superior àquela, devendo todas as normas infraconstitucionais obedecer aos limites e regras consubstanciadas na CF. Assim, existe aquilo que alguns chamam de *diálogo das fontes* em relação a estas duas normas que se relacionam de forma necessária, sustentando a existência de uma *constitucionalização do direito processual civil* que realmente se dá em moldes parecidos à constitucionalização do direito civil, em face da ligação entre ambas temáticas, devendo o CPC ser interpretado conforme a CF (art. 1º do CPC).

2. PRINCÍPIOS GERAIS DO PROCESSO CIVIL

Princípio do acesso à justiça: O acesso que se refere no art. 5º, XXXV, da CF é o acesso a todo cidadão ao Poder Judiciário e a uma decisão justa, já que existem casos nos quais o cidadão não tem condições econômicas de acessar ao Judiciário. Para estes casos fora estabelecida a figura da **gratuidade da justiça** (Lei n. 1.060/50) e a própria atuação da Defensoria Pública. O artigo acima noticiado refere que *"A lei não excluirá da apreciação do Poder Judiciário lesão ou ameaça a direito"*.

a) O art. 3º do CPC/2015 repetiu a redação constante da Constituição Federal, determinando que *"Não se excluirá da apreciação jurisdicional ameaça ou lesão a direito"*.

b) Verifica-se que o próprio art. 3º do CPC, em seu § 1º, permitiu expressamente a utilização da **arbitragem** pelas partes, na forma da lei, bem como determinou como dever do Estado a promoção, sempre que possível, da solução consensual dos conflitos, mediante a conciliação, a mediação ou outros métodos, devendo ser sempre estimulados por juízes, advogados, defensores públicos e membros do Ministério Público, inclusive no curso do processo judicial (art. 3º, §§ 2º e 3º).

Princípio da inafastabilidade da jurisdição: Ainda, o próprio art. 5º, XXXV, da CF, consagra o princípio da inafastabilidade da jurisdição, determinando que *"a lei não excluirá da apreciação do Poder Judiciário lesão ou ameaça a direito"*.

Princípio do devido processo legal: O princípio do devido processo legal (art. 5º, LIV, da CF) é considerado como **gênero principiológico** (ou *superprincípio*), do qual são consectários os demais princípios como o contraditório e a ampla defesa, por exemplo. Conhecido como *due process of law*, este princípio tem origem no direito inglês (Magna Carta do Rei João Sem Terra, de 1215) e apresenta tanto um caráter instrumental quanto uma dimensão substancial, hipótese na qual tem correspondência com o principio da proporcionalidade.

Princípio da *perpetuatio jurisdictionis*: Quanto ao princípio da *perpetuatio jurisdictionis*, é correto dizer que em geral visa proteger o autor da demanda, quando é fixada pela regra geral, mas pode também proteger o réu em determinadas situações. Ademais, havendo extinção do órgão jurisdicional, é possível a sua não aplicação, devendo a causa ser julgada pelo órgão que o substituiu.

Princípio do contraditório e da ampla defesa: O contraditório (art. 5º, LV, da CF) é, pela definição clássica, a ciência bilateral dos atos e termos processuais e a possibilidade de assim contrariá-los. A ampla defesa (art. 5º, LV, da CF), por sua vez, é a mais ampla e lícita possibilidade de defesa das partes em detrimento da pretensão da parte adversária, utilizando os meios processuais e probatórios lícitos. Os princípios do contraditório e da ampla defesa têm como um de seus consectários lógicos de exteriorização a prerrogativa da produção probatória.

Princípio do juiz natural: É garantia constitucional prevista no art. 5º, XXXVII e LIII, da CF, o princípio do juiz natural determina a utilização de regras objetivas de competência jurisdicional para garantir independência e a imparcialidade do órgão julgador.

Observe que são requisitos para a caracterização do princípio do juiz natural que o julgamento deve ser: (i) proferido por alguém investido de jurisdição e que seja imparcial; que (ii) o órgão julgador deve ser preexistente, vedada, portanto, a criação de juízos ou tribunais de exceção, assim entendidos como aqueles instituídos após o fato, com o intuito específico de julgá-lo; e que (iii) a causa deve ser submetida a julgamento pelo juiz competente, de acordo com as regras postas pela Constituição Federal e pela própria Lei processual.

Razoável duração do processo: O art. 4º do CPC incorporou ao sistema processual civil infraconstitucional a garantia da razoável duração do processo, especificando que as partes têm o direito de obter a solução integral do mérito, incluindo a fase de execução e de cumprimento da sentença (atividade satisfativa), em prazo razoável.

Princípio da instrumentalidade das formas: Os atos e termos processuais não dependem de forma determinada senão quando a lei expressamente a exigir, reputando-se válidos os que, realizados de outro modo, lhe preencham a finalidade essencial. Desta forma, ato processual que seja realizado de forma distinta da prevista no CPC/2015, assim como informa o art. 188, desde que não venha a ser contrário ao que determina a norma poderá ser realizado, visando aproveitamento dos atos processuais e a celeridade no curso do processo.

Princípio da persuasão racional do juiz: o juiz apreciará a prova, atendendo aos fatos e circunstâncias constantes dos autos, ainda que não alegados pelas partes, formando a sua convecção para indicar, na sentença, os motivos que lhe formaram o convencimento.

Destarte, assim como noticia o art. 371 do CPC/2015, a persuasão racional do juiz está comprometida com a apreciação das provas produzidas no feito, gerando-se o convencimento motivado da decisão emanada.

3. NORMAS FUNDAMENTAIS DO CPC

Seguindo a estrutura do CPC/2015, necessário observar as chamadas Normas Fundamentais, assim entendidas como as regras estruturais básicas sobre as quais a prestação da tutela jurisdicional pelo Estado será aplicada e interpretada. Desta forma, temos:

- **Princípio da Boa-fé Processual:** Assim como estudado em Direito Civil, o CPC incluiu em nossa sistemática processual civil o **princípio da boa-fé objetiva**, com todos os consectários daí decorrentes, com os deveres anexos de lealdade processual, de informação e de cooperação. Pelo CPC, em seu art. 5º, aquele que de qualquer forma participa do processo deve comportar-se de acordo com a boa-fé.

- **Princípio da Cooperação Processual:** Mais uma inovação do CPC/2015, o princípio da cooperação determina, em seu art. 6º, que *"todos os sujeitos do processo devem cooperar entre si para que se obtenha, em tempo razoável, a justa e efetiva decisão de mérito"*. Referida cooperação somente poderá ser obtida pelos litigantes desde que atuem com a boa-fé (deveres anexos), não só no sentido de evitarem a prática de comportamentos processuais reprováveis, mas, sobretudo, mediante a adoção de comportamentos positivos que contribuam para a rápida e efetiva solução do litígio.

- **Princípio da Igualdade de Tratamento e da Paridade de Armas:** Importante observar que o art. 7º do CPC traz em seu texto a determinação expressa do princípio processual da igualdade e da paridade das armas, ou seja, a igualdade de tratamento entre as partes do processo, tanto em relação ao exercício de direitos e faculdades processuais, quanto aos meios de defesa, aos ônus, aos deveres e, inclusive, quando da aplicação das sanções processuais.

- **Princípio do Contraditório e da Proibição da Decisão Surpresa:** O CPC garantiu às partes o conhecimento de todos os atos processuais, devendo o juiz franquear às partes todos os meios necessários para a efetiva participação da demanda, com a oportunidade de oferecimento das alegações e provas que entenderem suficientes para o esclarecimento da lide, em respeito ao princípio do contraditório. Além disso, em seus arts. 9º e 10, o CPC/2015 vetou ao magistrado, em qualquer grau de jurisdição, a prolação de qualquer decisão, sem a prévia manifestação das partes, ainda que se trate de matérias de ordem pública.

Segundo o referido art. 9º, o juiz não proferirá decisão contra uma das partes sem que ela seja previamente ouvida. No entanto, tal disposição não se aplica nos casos de tutela provisória de urgência e nas hipóteses da tutela de evidência nos termos do art. 311, II e III (as alegações de fato puderem ser comprovadas apenas documentalmente e houver tese firmada em julgamento de casos repetitivos ou em súmula vinculante; e se tratar de pedido reipersecutório fundado em prova documental adequada do contrato de depósito, caso em que será decretada a ordem de entrega do bem custodiado, sob cominação de multa).

- **Princípio da Publicidade e da Motivação das Decisões Judiciais:** Princípio de matiz constitucional, a motivação das decisões judiciais está prevista no art. 93, IX, da CF, determinando que todas as decisões proferidas pelo Poder Judiciário deverão ser motivadas, sob pena de nulidade. No CPC/2015, o art. 11 determinou de forma semelhante à Constituição Federal de que todos os julgamentos proferidos pelo Poder Judiciário serão públicos (princípio da publicidade), e fundamentadas todas as decisões sob pena de nulidade.

Observem, finalmente, que o **art. 489, § 1º, do CPC/2015** estabeleceu quando uma decisão judicial não será considerada como devidamente fundamentada:

> Não se considera fundamentada qualquer decisão judicial, seja ela interlocutória, sentença ou acórdão, que:
> I – se limitar à indicação, à reprodução ou à paráfrase de ato normativo, sem explicar sua relação com a causa ou a questão decidida;
> II – empregar conceitos jurídicos indeterminados, sem explicar o motivo concreto de sua incidência no caso;
> III – invocar motivos que se prestariam a justificar qualquer outra decisão;
> IV – não enfrentar todos os argumentos deduzidos no processo capazes de, em tese, infirmar a conclusão adotada pelo julgador;
> V – se limitar a invocar precedente ou enunciado de súmula, sem identificar seus fundamentos determinantes nem demonstrar que o caso sob julgamento se ajusta àqueles fundamentos;
> VI – deixar de seguir enunciado de súmula, jurisprudência ou precedente invocado pela parte, sem demonstrar a existência de distinção no caso em julgamento ou a superação do entendimento.

- **Ordem Cronológica de Julgamento:** Finalmente, encerrando as chamadas normas fundamentais do CPC, temos a chamada ordem cronológica de julgamento, cuja observação deverá ser *preferencial*, conforme determinada pela Lei n. 13.256/2016, e não mais obrigatória como constava na redação original do CPC/2015.

A lista de processos aptos a julgamento deverá estar permanentemente à disposição para consulta pública em cartório e na rede mundial de computadores.

Entretanto, estão excluídos da regra:

I – as sentenças proferidas em audiência, homologatórias de acordo ou de improcedência liminar do pedido;
II – o julgamento de processos em bloco para aplicação de tese jurídica firmada em julgamento de casos repetitivos;
III – o julgamento de recursos repetitivos ou de incidente de resolução de demandas repetitivas;
IV – as decisões proferidas com base nos arts. 485 e 932;
V – o julgamento de embargos de declaração;
VI – o julgamento de agravo interno;
VII – as preferências legais e as metas estabelecidas pelo Conselho Nacional de Justiça;
VIII – os processos criminais, nos órgãos jurisdicionais que tenham competência penal;
IX – a causa que exija urgência no julgamento, assim reconhecida por decisão fundamentada.

Após elaboração de lista própria, respeitar-se-á a ordem cronológica das conclusões entre as preferências legais, sendo que, em sendo realizada a inclusão do processo na lista de processos aptos a julgamento, o requerimento formulado pela parte não altera a ordem cronológica para a decisão, exceto quando implicar a reabertura da instrução ou a conversão do julgamento em diligência. E decidido o requerimento, o processo retornará à mesma posição em que anteriormente se encontrava na lista.

Por fim, observe que ocupará o primeiro lugar na lista, o processo que:

I – tiver sua sentença ou acórdão anulado, salvo quando houver necessidade de realização de diligência ou de complementação da instrução;
II – se enquadrar na hipótese do art. 1.040, inciso II.

Resumindo os Princípios e as Normas Fundamentais do CPC/2015:

ARTIGO	PRINCÍPIO
1º	Princípio da interpretação e aplicação das normas processuais conforme a Constituição.
2º	Princípio da demanda, da iniciativa das partes e do impulso oficial.
3º	Princípio do acesso à Justiça e da inafastabilidade da jurisdição.
4º	Princípio da razoável duração do processo.
4º	Princípio da primazia de julgamento do mérito.
4º	Princípio da eficiência.
5º	Princípio da boa-fé processual.
6º	Princípio da cooperação.
6º	Princípio da efetividade.
7º	Princípio da igualdade e da paridade de armas.
7º	Princípio do contraditório.
8º	Princípio da exigência do bem comum e dos fins sociais.
9º	Princípio do contraditório.
10	Princípio da proibição da decisão surpresa e do contraditório.
11	Princípio da publicidade.
11	Princípio da motivação das decisões judiciais.
12	Regra da preferência da ordem cronológica de julgamento.
188	Princípio da instrumentalidade das formas.
371	Princípio da persuasão racional do juiz.

4. JURISDIÇÃO

1. Conceito de Jurisdição: A jurisdição (proveniente do latim *juris dictio – dizer o direito*) é caracterizada por ser o *poder* (que decorre da soberania do Estado que monopolizou a solução dos conflitos), a *função* (já que é função do Estado, por meio do Judiciário, prestar a tutela jurisdicional efetiva) e *atividade* (visto que a jurisdição se dará por uma série sequencial de atos processuais) exercidos pelo órgão estatal intitulado Poder Judiciário, visando tutelar interesses individuais ou coletivos.

A jurisdição somente será implementada se a parte interessada der o passo inicial, pois somente atuará o Estado-juiz depois de provocado por meio da ação, já que vige o *princípio da inércia inicial da jurisdição* (art. 2º do CPC).

2. Princípios da Jurisdição: São princípios decorrentes da jurisdição:

a) **juiz natural:** somente exerce a jurisdição aquele que estiver investido no cargo conforme determina a Constituição Federal.
b) **princípio da indeclinabilidade:** o juiz é proibido de não julgar (*non liquet*).
c) **princípio da improrrogabilidade:** visto que os limites do poder jurisdicional estão previstos na Constituição Federal e, portanto, não podem ser reduzidos ou ampliados pelo legislador infraconstitucional.
d) **princípio da inafastabilidade:** visto que a lei não excluirá da apreciação do Poder Judiciário lesão ou ameaça a direito (art. 5º, XXXV, da CF, e art. 3º do CPC) e
e) **princípio da indelegabilidade:** pois o Poder Judiciário não pode delegar a função jurisdicional a outro Poder ou órgão que não lhe pertence ou órgãos jurisdicionais entre si.

3. A jurisdição e suas características: A jurisdição civil, contenciosa e voluntária, é exercida pelos juízes, em todo o território nacional, assim como refere o art. 16 do CPC.

São características da jurisdição:

a) a *unidade:* função exclusiva do Poder Judiciário;
b) a *secundariedade: ultima rattio*, última forma de obtenção da solução dos conflitos;
c) a *substitutividade:* com sua atuação o Judiciário substitui a vontade das partes que deverão respeitar a decisão;
d) a *imparcialidade:* atuação com imparcialidade em relação as partes, ou seja, o juiz jamais poderá ter qualquer interesse no litígio;
e) a *criatividade:* por meio da decisão o Judiciário cria norma individual referente ao caso concreto;
f) a *inércia:* Judiciário só age mediante provocação das partes; e
g) a *definitividade:* qualidade de ser definitiva ou imutável decorrente da coisa julgada.

4. Jurisdição especial e comum: Mesmo que por definição se tenha a jurisdição como *una* e *indivisível*, por critérios didáticos apresentam-se algumas espécies de jurisdição e sob o ponto de vista da fixação **constitucional** de competência *material*, temos:

JUSTIÇA COMUM	Justiça Federal (arts. 106 a 110, da CF)
	Justiça Estadual (arts. 125 a 126, da CF)
JUSTIÇA ESPECIAL	Justiça do Trabalho (arts. 111 a 116, da CF)
	Justiça Eleitoral (arts. 118 a 121, da CF)
	Justiça Militar (arts. 122 a 124, da CF)

5. Cooperação internacional: Pelo CPC/2015, a cooperação jurídica internacional consistirá no auxílio direto e na expedição de carta rogatória, que será regida por tratado de que o Brasil faz parte e observará:

COOPERAÇÃO INTERNACIONAL
I – o respeito às garantias do devido processo legal no Estado requerente;
II – a igualdade de tratamento entre nacionais e estrangeiros, residentes ou não no Brasil, em relação ao acesso à justiça e à tramitação dos processos, assegurando-se assistência judiciária aos necessitados;
III – a publicidade processual, exceto nas hipóteses de sigilo previstas na legislação brasileira ou na do Estado requerente;
IV – a existência de autoridade central para recepção e transmissão dos pedidos de cooperação;
V – a espontaneidade na transmissão de informações a autoridades estrangeiras.

A **cooperação jurídica internacional** terá por objeto: I) citação, intimação e notificação judicial e extrajudicial; II) colheita de provas e obtenção de informações; III) homologação e cumprimento de decisão; IV) concessão de medida judicial de urgência; V) assistência jurídica internacional; e VI) qualquer outra medida judicial ou extrajudicial não proibida pela lei brasileira.

6. Dos limites da jurisdição nacional e internacional: Compete à **autoridade judiciária brasileira processar e julgar as ações** em que: I – o réu, qualquer que seja a sua nacionalidade, estiver domiciliado no Brasil; II – no Brasil tiver de ser cumprida a obrigação; III – o fundamento seja fato ocorrido ou ato praticado no Brasil. Para o fim do inciso I, considera-se domiciliada no Brasil a pessoa jurídica estrangeira que nele tiver agência, filial ou sucursal (art. 21 do CPC).

Compete, ainda, à **autoridade judiciária brasileira processar e julgar as ações**: I – de alimentos, quando: a) o credor tiver domicílio ou residência no Brasil; b) o réu mantiver vínculos no Brasil, tais como posse ou propriedade de bens, recebimento de renda ou obtenção de benefícios econômicos; II – decorrentes de relações de consumo, quando o consumidor tiver domicílio ou residência no Brasil; III – em que as partes, expressa ou tacitamente, se submeterem à jurisdição nacional (art. 22 do CPC).

Compete à **autoridade judiciária brasileira**, com *exclusão de qualquer outra*: a) conhecer de ações relativas a imóveis situados no Brasil; b) em matéria de sucessão hereditária, proceder à confirmação de testamento particular e ao inventário e à partilha de bens situados no Brasil, ainda que o autor da herança seja de nacionalidade estrangeira ou tenha domicílio fora do território nacional; c) em divórcio, separação judicial ou dissolução de união estável, proceder à partilha de bens situados no Brasil, ainda que o titular seja de nacionalidade estrangeira ou tenha domicílio fora do território nacional (art. 23, I, II e III, do CPC).

5. MÉTODOS ALTERNATIVOS DE RESOLUÇÃO DOS CONFLITOS

Segundo o art. 3º do CPC, refletindo o princípio da inafastabilidade da jurisdição, determina que não se excluirá da apreciação jurisdicional ameaça ou lesão a direito. No entanto, o próprio CPC permitiu a arbitragem, na forma da lei (§ 1º). A Lei n. 9.307/96 é a lei que tutela a arbitragem e regulamente toda a forma de solução de conflitos relativos a direito patrimoniais disponíveis.

O próprio CPC determina que caberá ao Estado promover, sempre que possível, a solução consensual dos conflitos, por meio da conciliação, da mediação e de quaisquer outros métodos de solução consensual de conflitos, inclusive sendo estimulados por juízes, advogados, defensores públicos e membros do Ministério Público, inclusive no curso do processo judicial.

Observemos, agora, alguns desses métodos de solução dos conflitos:

1. Autotutela: é a forma mais antiga de solução de conflitos, também chamada de autopreservação, constituindo essencialmente pelo sacrifício integral do interesse por uma das partes envolvida no conflito em razão do emprego da força pela parte contrária e vencedora. Verifique que a autotutela é a única forma de solução alternativa de conflitos que pode ser reanalisada pelo Poder Judiciário, inclusive modificando-a por completo, de modo que o prejudicado sempre poderá judicialmente reverter eventuais prejuízos advindos da solução do conflito pelo exercício da força de seu adversário.

No Direito Civil temos alguns exemplos da utilização da autotutela, como verificamos no caso do art. 1.210, que trata dos efeitos da posse, ao aduzir que: *"O possuidor tem direito a ser mantido na posse em caso de turbação, restituído no de esbulho, e segurado de violência iminente, se tiver justo receio de ser molestado. § 1º O possuidor turbado, ou esbulhado, poderá manter-se ou restituir-se por sua própria força, contanto que o faça logo; os atos de defesa, ou de desforço, não podem ir além do indispensável à manutenção, ou restituição da posse. § 2º Não obsta à manutenção ou reintegração na posse a alegação de propriedade, ou de outro direito sobre a coisa".* Observe que, neste caso, a norma afirma que a pessoa pode usar de meios não excessivos para proteger sua posse, inclusive força física.

No entanto, deve haver um imediatismo nas atitudes, não se permitindo, portanto, que o possuidor venha a desrespeitar direitos de pessoa que ele acredita que poderá, um dia, turbar a sua posse.

Ainda, há um segundo caso de autotutela demonstrado pelo Código Civil quando estrutura o penhor legal, previsto no art. 1.467, afirmando que "São credores pignoratícios, independentemente de convenção: I – os hospedeiros, ou fornecedores de pousada ou alimento, sobre as bagagens, móveis, joias ou dinheiro que os seus consumidores ou fregueses tiverem consigo nas respectivas casas ou estabelecimentos, pelas despesas ou consumo que aí tiverem feito; II – o dono do prédio rústico ou urbano, sobre os bens móveis que o rendeiro ou inquilino tiver guarnecendo o mesmo prédio, pelos aluguéis ou rendas".

Os artigos seguintes continuam legitimando a autotutela do art. 1.467, conforme demonstramos: *"Art. 1.468. A conta das dívidas enumeradas no inciso I do artigo antecedente será extraída conforme a tabela impressa, prévia e ostensivamente exposta na casa, dos preços de hospedagem, da pensão ou dos gêneros fornecidos, sob pena de nulidade do penhor". "Art. 1.469. Em cada um dos casos do art. 1.467, o credor poderá tomar em garantia um ou mais objetos até o valor da dívida". "Art. 1.470. Os credores, compreendidos no art. 1.467, podem fazer efetivo o penhor, antes de recorrerem à autoridade judiciária, sempre que haja perigo na demora, dando aos devedores comprovante dos bens de que se apossarem". "Art. 1.471. Tomado o penhor, requererá o credor, ato contínuo, a sua homologação judicial". "Art. 1.472. Pode o locatário impedir a constituição do penhor mediante caução idônea".*

Fica demonstrado nos artigos acima que aqueles que fornecem serviços de hospedaria e locação têm o direito de exercer a autotutela sobre os bens dos devedores, evitando-se assim que se sofra prejuízo decorrente de não pagamento. No entanto, o exercício dessa autotutela é extremamente raro, pois os arts. 1.468 a 1.472 trazem vários requisitos necessários para se possa exercer, ficando confirmado o exercício excepcional da deste método no direito brasileiro.

Finalmente, uma terceira hipótese de autotutela no Código Civil é o direito de retenção, previsto em diversos artigos da legislação civilista. Há direito de retenção segundo nossa legislação: no adimplemento das obrigações (art. 319); na compra e venda com reserva de domínio (art. 527); na locação de coisas (arts. 571 e 578); no depósito voluntário (arts. 633 e 644); no mandato (arts. 664 e 681); na comissão (art. 708); no transporte de pessoas (arts. 740, § 3º, e 742); como um dos efeitos da posse com relação às benfeitorias (arts. 1.219 e 1.220); no penhor (arts. 1.433, II, e 1.455, parágrafo único); e na anticrese (arts. 1.423, 1.507, § 2º, e 1.509, § 1º).

2. Autocomposição: é a forma de solucionar o conflito pelo consentimento espontâneo de ambos ou de apenas um dos conflitantes, em sacrificar o interesse próprio, no todo ou em parte, em favor do interesse alheio.

Trata-se, atualmente, de legítimo meio alternativo de pacificação social, podendo ocorrer fora ou dentro do processo jurisdicional. Desta forma, a autocomposição é o gênero, do qual são espécies:

a) a **transação**: método por meio do qual os conflitantes fazem concessões mútuas e solucionam o conflito;

b) a **submissão**: método por meio do qual um dos conflitantes se submete à pretensão do outro voluntariamente, abdicando dos seus interesses.

3. Mediação: é uma forma de solução de conflitos na qual uma terceira pessoa, neutra e imparcial, facilita o diálogo entre as partes, para que elas construam, com autonomia e solidariedade, a melhor solução para o conflito. Em regra, é utilizada em conflitos multidimensionais ou complexos. A Mediação é um procedimento estruturado, não tem um prazo definido e pode terminar ou não em acordo, pois as partes têm autonomia para buscar soluções que compatibilizem seus interesses e necessidades.

4. Conciliação: por seu turno, a conciliação é um método utilizado em conflitos mais simples, ou restritos, no qual o terceiro facilitador pode adotar uma posição mais ativa, porém neutra com relação ao conflito e imparcial.

É um processo consensual breve, que busca uma efetiva harmonização social e a restauração, dentro dos limites possíveis, da relação social das partes.

5. Arbitragem: é a forma alternativa de resolução dos conflitos, no qual as partes definem e elegem uma terceira pessoa ou entidade privada, estranhas à relação jurídica, para solucionar a controvérsia decorrente de relação contratual apresentada pelas partes, no entanto, sem a participação do Poder Judiciário. As partes interessadas podem submeter a solução de seus litígios ao juízo arbitral mediante convenção de arbitragem, também chamada de cláusula compromissória e compromisso arbitral.

Desta forma, temos a **cláusula compromissória** como a convenção por intermédio da qual as partes, de maneira prévia e abstratamente, em um contrato, comprometem-se a submeter à arbitragem os litígios que possam vir a surgir, relativamente a tal contrato. A cláusula compromissória deve ser estipulada por escrito, podendo estar inserta no próprio contrato ou em documento apartado que a ele se refira.

Por seu turno, o **compromisso arbitral** é a convenção de vontades através da qual as partes submetem um litígio à arbitragem de uma ou mais pessoas, podendo ser judicial ou extrajudicial. O compromisso arbitral judicial deverá ser celebrado por termo nos autos, perante o juízo ou tribunal, onde tem curso a demanda.

> **OBSERVAÇÃO!**
> Não se esqueça de que **qualquer pessoa capaz** e que tenha a **confiança das partes** poderá ser árbitro. Da mesma forma, as partes **nomearão um ou mais árbitros**, sempre em **número ímpar**, podendo nomear, também, os respectivos suplentes (art. 13 da Lei n. 9.307/96).

6. Heterocomposição: pressupõe a solução de um conflito através de um terceiro, sem a iniciativa de resolução por uma ou ambas as partes envolvidas no conflito, podendo ocorrer pela via arbitral, utilizando o procedimento da arbitragem, elegendo um terceiro de confiança das partes, o árbitro, para apresentar uma decisão que represente uma solução para o conflito, ou pela via judicial, utilizando o Poder Judiciário, onde o magistrado profere uma sentença com o intuito de solucionar o conflito das partes litigantes, conhecida como solução jurisdicional.

6. JURISDIÇÃO CONSTITUCIONAL

1. Habeas Corpus no processo civil:

CONCEITO	*Habeas corpus* é **remédio constitucional** destinado a proteção da liberdade de locomoção do indivíduo, ameaçado por qualquer ilegalidade ou abuso de poder.
NATUREZA	Tem natureza de **ação constitucional** independente ou *sui generis*.
HIPÓTESES DE CABIMENTO	Utiliza-se o *habeas corpus* conforme a **natureza da prisão decretada**: a) caso de **prisão criminal**, decorrente de prática de delito; b) decorrente de **prisão administrativa**, prevista em lei especial visando forçar as pessoas à prática de um ato devido; c) pela **prisão disciplinar**, para manter a disciplina em corporações com gradação hierárquica; d) no caso **prisão civil**. Verifique que, via de regra, a prisão civil é expressamente proibida pelo texto constitucional, **exceto pelas próprias exceções** previstas no art. 5º, LXVII, da CF: *"não haverá prisão civil por dívida, salvo a do responsável pelo inadimplemento voluntário e inescusável de obrigação alimentícia e a do depositário infiel"*. Verifique que a única hipótese cabível de prisão civil é a da **prisão por dívida alimentícia**, não mais subsistindo em nosso ordenamento jurídico a figura da prisão do depositário infiel. Observe o entendimento do STF apresentado no julgamento do HC 87134, reconhecendo a impossibilidade de rediscussão do binômio necessidade do alimentando e a possibilidade econômica do alimentante: I. *Habeas corpus* contra prisão civil por inadimplemento de obrigação alimentar: inadequação para rediscutir a necessidade do alimentado ou a possibilidade econômico-financeira do alimentante. II. Prisão civil por inadimplemento de obrigação alimentar: cabimento, dado que o acúmulo de parcelas não se deu por inércia do credor e não se comprovou o pagamento das prestações que venceram ao longo da ação de execução, que não podem ser consideradas pretéritas, de modo a perder o seu caráter alimentar. III. *Habeas corpus* indeferido. **(HC 87134, Relator(a): Min. Sepúlveda Pertence, Primeira Turma, julgado em 8-8-2006, *DJ* 29-9-2006)**
PROCEDIMENTO	**Competência:** A competência para o julgamento de *habeas corpus*, via de regra, será sempre a **autoridade judiciária hierarquicamente superior** àquela que determinou o ato impugnado. Assim temos: a) contra o **ato do Delegado de Polícia** (autoridade coatora): o *habeas corpus* é impetrado junto ao **Juiz de primeira instância**. b) contra o ato do **Juiz de primeira instância**: o *habeas corpus* é impetrado junto ao **Tribunal** ao qual se encontra subordinado o juiz (autoridade coatora). c) contra o ato do **Tribunal de segunda instância**: o *habeas corpus* é impetrado junto ao **Tribunal Superior respectivo** (STJ, STM ou TSE). d) contra atos dos **Tribunais Superiores** (STJ, STM ou TSE): o *habeas corpus* será impetrado junto ao **Supremo Tribunal Federal**. **Com relação ao STF**, compete o julgamento de *habeas corpus*: (i) o *habeas corpus*, sendo paciente qualquer das pessoas referidas nas alíneas anteriores; o mandado de segurança e o habeas data contra atos do Presidente da República, das Mesas da Câmara dos Deputados e do Senado Federal, do Tribunal de Contas da União, do Procurador-Geral da República e do próprio Supremo Tribunal Federal; (ii) o *habeas corpus*, quando o coator for Tribunal Superior ou quando o coator ou o paciente for autoridade ou funcionário cujos atos estejam sujeitos diretamente à jurisdição do Supremo Tribunal Federal, ou se trate de crime sujeito à mesma jurisdição em uma única instância; e (iii) julgar, em recurso ordinário: a) o *habeas corpus*, o mandado de segurança, o *habeas data* e o mandado de injunção decididos em única instância pelos Tribunais Superiores, se denegatória a decisão; **No tocante ao STJ**, compete processar e julgar:(i) os *habeas corpus*, quando o coator ou paciente for qualquer das pessoas mencionadas na alínea "a", ou quando o coator for tribunal sujeito à sua jurisdição, Ministro de Estado ou Comandante da Marinha, do Exército ou da Aeronáutica, ressalvada a competência da Justiça Eleitoral; (ii) julgar, em recurso ordinário: a) os *habeas corpus* decididos em única ou última instância pelos Tribunais Regionais Federais ou pelos tribunais dos Estados, do Distrito Federal e Territórios, quando a decisão for denegatória.

2. Mandado de Segurança individual e coletivo:

CONCEITO	Mandado de segurança é **ação constitucional** utilizada para o controle dos atos administrativos vinculados, praticados com ilegalidade, bem como aos atos discricionários, praticados com abuso de poder. Desta forma, podemos identificar o mandado de segurança como sendo o meio constitucional de controle dos atos administrativos.
NATUREZA	É ação constitucional, de **natureza civil**, processada sob o rito sumário especial previsto na Lei n. 12.016/2009. **Observação:** importante ressaltar que a natureza civil do mandado de segurança, não obsta sua propositura, quando a ilegalidade ou abuso provier de matéria criminal.
HIPÓTESES DE CABIMENTO	É ação colocada à disposição de titulares de **direito líquido e certo, lesado ou ameaçado de lesão**, por **ato ou omissão de autoridade pública** ou **agente de pessoa jurídica** no exercício de **atribuições do Poder Público**. Deve ser o direito em tela, não amparado por *habeas data*, tampouco, por *habeas corpus*.
PROCEDIMENTO	**Prazo:** 120 dias a contar da data em que o impetrante souber do ato ilegal ou abusivo, ensejador da presente ação, tendo natureza decadencial este prazo. **Competência:** O juízo competente para processar e julgar a ação de Mandado de Segurança se dá em razão da sede da autoridade coatora, a questão da territorialidade, sem exceção da observância da função hierárquica da autoridade a qual foi conferida a praticar a conduta comissiva ou omissiva causadora da presente demanda.

DIREITO PROCESSUAL CIVIL

PROCEDIMENTO	Compete ao STF julgar e processar: (i) Mandado de Segurança, quando se tratar de atos oriundos do Presidente da República, das Mesas da Câmara e do Senado Federal, do Tribunal de Contas da União, do Procurador-Geral da República e do próprio STF; (ii) Mandado de Segurança em sede de Recurso Ordinário e Extraordinário. Com relação ao STJ, tem competência para processar e julgar: (i) Mandado de segurança contra atos do Ministro de Estado, Comandantes da Marinha, do Exército e da Aeronáutica, ou do próprio tribunal, e (ii) Mandados de segurança decididos em única instância pelos Tribunais Regionais Federais ou pelos tribunais dos Estados, do Distrito Federal e Territórios, quando denegatória a decisão;. A Justiça Federal cabe os casos contra atos do próprio tribunal, de juiz federal, de recursos julgados por este. E ao juiz federal competem todos os casos, de autoridade federal, em que não tiverem na competência do seu respectivo tribunal. **Liminar:** é cabível, facultado ao juiz requisitar ao impetrante que preste caução, fiança, ou depósito, em caso de concessão do pleito do pedido de liminar, a fim de se garantir o ressarcimento da pessoa jurídica, se necessário posteriormente. **Observação:** Súmula 267 do STF: Não cabe mandado de segurança contra ato judicial passível de recurso ou correição.

3. Habeas Data:

CONCEITO	*Habeas data* é um **remédio constitucional** que tem por objeto proteger a esfera íntima dos indivíduos contrausos abusivos de registros de dados pessoais coletados por meios fraudulentos, desleais ou ilícitos; contra a introdução nesses registros de dados sensíveis (assim chamados os de origem racial, opinião política, filosófica ou religiosa, filiação partidária e sindical, orientação sexual etc.); contra a conservação de dados falsos ou com fins diversos dos autorizados em lei.
NATUREZA	É ação constitucional, de **natureza civil**, processada sob o rito sumário, que tem por objeto a proteção do direito líquido e certo do impetrante em conhecer todas as **informações e registros relativos à sua pessoa** e constantes de repartições públicas ou particulares acessíveis ao público, para **eventual retificação de seus dados pessoais**.
HIPÓTESES DE CABIMENTO	A CF prevê em seu art. 5º, LXXII, a possibilidade de impetrar *habeas data* para: (i) assegurar o conhecimento de informações relativas à pessoa do impetrante, constantes de registros ou banco de dados de entidades governamentais ou de caráter público; (ii) a retificação de dados, quando não se prefira fazê-lo por processo sigiloso, judicial ou administrativo.
PROCEDIMENTO	**Competência:** As competências para julgamento de habeas data, originariamente ou em grau de recurso, estão disciplinadas detalhadamente nos três incisos do art. 20 da Lei n. 9.507/97. Compete ao STF processar e julgarem recurso ordinário habeas data decidido em única instância pelos Tribunais Superiores, se denegatória a decisão (CF, art. 102, II, *a*). Originariamente, cabe ao STF processar e julgar: (i) o habeas data contra atos do Presidente da República, das Mesas da Câmara dos Deputados e do Senado Federal, do Tribunal de Contas da União, do Procurador-Geral da República e do próprio Supremo Tribunal Federal (CF, art. 102, I, *d*). Compete ao STJ julgar o habeas data contra atos de Ministro de Estado ou do próprio Tribunal (CF, art. 105, I, *b*). Compete aos TRFs processar e julgar originariamente o habeas data contra ato do próprio Tribunal ou de juiz federal (CF, art. 108, I, *c*). Compete aos juízes federais processar e julgar o habeas data contra ato de autoridade federal, excetuados os casos de competência dos Tribunais Federais (CF, art. 109, VIII). Compete ao TSE julgar, em recurso, em recurso ordinário, o habeas data denegado pelos TREs (CF, art. 121, § 4º, V). Quanto à Justiça Estadual, caberá à Constituição do Estado estabelecer a competência de seus tribunais e juízes, complementada pela lei de organização judiciária de cada unidade da Federação (CF, art. 125, § 1º).

4. Ação Popular:

CONCEITO	Ação Popular é **ação constitucional** utilizada para anular ato lesivo ao patrimônio público ou de entidade de que o Estado participe, à moralidade administrativa, ao meio ambiente e ao patrimônio histórico e cultural, ficando o autor, salvo comprovada má-fé, isento de custas judiciais e do ônus da sucumbência.
NATUREZA	A ação popular é uma **ação constitucional e coletiva**, que objetiva tutelar os direitos que não tenham natureza penal, de interesses da coletividade e de status constitucional.
HIPÓTESES DE CABIMENTO	É ação utilizada para a prevenção ou correção de ato lesivo de caráter concreto praticado conta o patrimônio público, quando praticado contra entidade em que o Estado participe ou ainda contra o meio ambiente, ou também ato de caráter abstrato, sendo estes praticados ofendendo a moralidade administrativa e o patrimônio histórico cultural.
PROCEDIMENTO	**Legitimidade:** Qualquer cidadão é parte legítima para propor ação popular que vise a anular ato lesivo ao patrimônio público ou de entidade de que o Estado participe, à moralidade administrativa, ao meio ambiente e ao patrimônio histórico e cultural, ficando o autor, salvo comprovada má-fé, isento de custas judiciais e do ônus da sucumbência. e acordo com o Supremo Tribunal Federal, os partidos políticos, entidades de classe e qualquer outra pessoa jurídica não possuem legitimidade para propor ação popular, tal entendimento está previsto na Súmula 365: *"Pessoa jurídica não tem legitimidade para propor ação popular"*. **Competência:** A ação popular será sempre interposta na justiça comum de primeiro grau no foro do lugar da ocorrência do dano ficando o juízo prevento. É importante analisar quem praticou o ato lesivo, para que assim se possa determinar a competência. O art. 5º da Lei n. 4.717/65 determina que em se tratando de Estado e Município será definida a competência pela organização judiciária do Tribunal Estadual. Se lesar bens de interesse da União a competência será definida de acordo com o art. 109 da Carta Magna. **Observação:** Súmula 365 do STF: Pessoa jurídica não tem legitimidade para propor ação popular.

5. Ação Civil Pública:

CONCEITO	A ação civil pública configura-se como uma das espécies de ações coletivas previstas no ordenamento jurídico brasileiro para a tutela de direitos de interesse da coletividade. Constitui-se como sendo um instrumento processual de índole constitucional, destinado à proteção de direitos difusos, coletivos e individuais homogêneos.
NATUREZA	A natureza jurídica é de **ação pública de caráter civil**, de **conhecimento**, estando sujeita, enquanto tal, às garantias e pressupostos processuais inerentes a toda ação, tanto em nível constitucional (garantia da ampla defesa e do contraditório, duplo grau de jurisdição etc.), é uma ação pública em razão dos interesses metaindividuais que visa proteger.
HIPÓTESES DE CABIMENTO	É ação utilizada para a proteção dos direitos coletivos, difusos e individuais homogêneos. a) interesses ou direitos difusos, assim entendidos, os transindividuais, de natureza indivisível, de que sejam titulares pessoas indeterminadas e ligadas por circunstâncias de fato. b) interesses ou direitos coletivos, assim entendidos, para efeitos deste código, os transindividuais, de natureza indivisível de que seja titular grupo, categoria ou classe de pessoas ligadas entre si ou com a parte contrária por uma relação jurídica base. c) interesses ou direitos individuais homogêneos, assim entendidos os decorrentes de origem comum. Art. 1º da Lei n. 7.347/85. Regem-se pelas disposições desta Lei, sem prejuízo da ação popular, as **ações de responsabilidade por danos morais e patrimoniais causados**: I – ao meio-ambiente; II – ao consumidor; III – a bens e direitos de valor artístico, estético, histórico, turístico e paisagístico; IV – a qualquer outro interesse difuso ou coletivo. V – por infração da ordem econômica; VI – à ordem urbanística. VII – à honra e à dignidade de grupos raciais, étnicos ou religiosos. VIII – ao patrimônio público e social. **Observe, ainda, o art. 3º da LACP**: A ação civil poderá ter por objeto a **condenação em dinheiro** ou o **cumprimento de obrigação de fazer ou não fazer**.
PROCEDIMENTO	As ações civis públicas serão propostas no foro do local onde ocorrer o dano, cujo juízo terá competência funcional para processar e julgar a causa (art. 2º da LACP). Com efeito, a propositura da ação prevenirá a jurisdição do juízo para todas as ações posteriormente intentadas que possuam a mesma causa de pedir ou o mesmo objeto. **Legitimidade**: Têm legitimidade para propor a ação principal e a ação cautelar: I – o Ministério Público; II – a Defensoria Pública; III – a União, os Estados, o Distrito Federal e os Municípios; IV – a autarquia, empresa pública, fundação ou sociedade de economia mista; V – a associação que, concomitantemente: a) esteja constituída há pelo menos 1 (um) ano nos termos da lei civil; b) inclua, entre suas finalidades institucionais, a proteção ao patrimônio público e social, ao meio ambiente, ao consumidor, à ordem econômica, à livre concorrência, aos direitos de grupos raciais, étnicos ou religiosos ou ao patrimônio artístico, estético, histórico, turístico e paisagístico. **Custas**: Nas ações de que trata esta lei, **não haverá adiantamento de custas, emolumentos, honorários periciais e quaisquer outras despesas**, nem condenação da associação autora, salvo comprovada **má-fé, em honorários de advogado, custas e despesas processuais**. **Ministério Público**: O Ministério Público é legitimado para a propositura da ACP, no entanto, **se não intervier no processo como parte**, atuará obrigatoriamente como **fiscal da lei**. **Aplicação subsidiária do Código de Processo Civil**: Nos termos do art. 19 da Lei n. 7.347/85, "aplica-se à ação civil pública, prevista nesta Lei, o Código de Processo Civil, aprovado pela Lei n. 5.869, de 11 de janeiro de 1973, naquilo em que não contrarie suas disposições".

7. COMPETÊNCIA

A competência é a **demarcação dos limites** em que cada juízo poderá atuar, sendo requisito processual de validade. A competência para a causa se estabelece levando em consideração os termos da demanda, isto é, à vista da petição inicial, e não a procedência ou improcedência da pretensão, bem como não a definem a legitimidade ou não das partes (pertinência subjetiva da lide).

A ação proposta perante tribunal estrangeiro **não induz litispendência** e não obsta a que a autoridade judiciária brasileira conheça da mesma causa e das que lhe são conexas, ressalvadas as disposições em contrário de tratados internacionais e acordos bilaterais em vigor no Brasil.

a) Importante recordar que o STJ é competente para a homologação de sentenças estrangeiras e a concessão de *exequatur* às cartas rogatórias. Por isto, para ter valor jurídico, a sentença estrangeira deve passar pelo STJ seguindo a sistemática constitucional.

Desta forma, a ação proposta perante tribunais estrangeiros, envolvendo o domínio de imóvel sediado no Brasil, não impede que a autoridade judiciária brasileira conheça de ação idêntica ou conexa, tampouco configurando litispendência. Recorde-se que há **conflito de competência** quando dois ou mais juízes se consideram competentes (conflito positivo) ou incompetentes (conflito negativo) para instruir e julgar determinada causa, ou, ainda, quando há controvérsia acerca da reunião ou separação de processos, conforme o art. 66 do CPC.

Quando a lei, em abstrato, fixar dois ou mais foros competentes, a competência em concreto será determinada pela **prevenção, que se dará no momento do registro ou a distribuição da petição inicial**. Afora isto, em comarca onde existe vara única, a criação de uma vara de família alteraria a competência da vara cível para conhecer e julgar as demandas de família que já haviam sido nela propostas.

O **princípio da *perpetuatio jurisdictionis***, especificado no art. 43 do CPC refere que a competência é determinada no **momento do registro ou da distribuição** da petição inicial, sendo irrelevantes as modificações do estado de fato ou de direito ocorridas posteriormente, salvo quando suprimirem o órgão judiciário ou alterarem a competência absoluta.

Nos termos do **art. 64 do CPC**, a incompetência será absoluta ou relativa e deverá ser alegada pelas partes como questão preliminar de contestação. Ademais, a **incompetência absoluta** pode ser alegada em qualquer tempo e grau de jurisdição e deve ser declarada de ofício e, após a manifestação da parte contrária, o juiz decidirá imediatamente a alegação de incompetência, sendo os autos remetidos ao juízo competente, caso a alegação de incompetência seja acolhida.

a) A competência determinada em razão da matéria, da pessoa ou da função é inderrogável por convenção das partes (art. 62 do CPC). As partes podem modificar a competência em razão do valor e do território, elegendo foro onde será proposta ação oriunda de direitos e obrigações (art. 63 do CPC).

Analisemos, assim os principais critérios de competência:

CRITÉRIOS	OBJETIVO	FUNCIONAL	TERRITORIAL
FIXAÇÃO	1) Em razão do valor da causa; ou 2) Da natureza da matéria.	1) Em razão do objeto do juízo; ou 2) Da hierarquia (1ª e 2ª instâncias e tribunais superiores); 3) Ou às fases do procedimento.	Em razão da delimitação territorial, observado os limites dos *foros*.
COMPETÊNCIA	1) RELATIVA 2) ABSOLUTA	ABSOLUTA	RELATIVA

Importante inovação do CPC foi aquela prevista pelo § 4º do art. 64 do CPC, determinando o aproveitamento e a conservação dos efeitos das decisões proferidas pelo juízo incompetente até que outra seja proferida, salvo decisão judicial em sentido contrário, se for o caso, pelo juízo competente.

a) Verifique, ainda, que a incompetência relativa será **prorrogada se o réu não alegar a incompetência em preliminar de contestação**.

b) A **incompetência relativa** pode ser alegada, ainda, pelo Ministério Público nas causas em que atuar (art. 65, parágrafo único).

c) Verifique, didaticamente, as diferenças e os principais requisitos das competências absoluta e relativa:

	ABSOLUTA	RELATIVA
CRITÉRIOS	**Funcional**: matéria, hierarquia e pessoa. **Territorial**: ações reais e possessórias e ACP. **Valor da Causa**: Juizados das Fazendas Públicas e Juizados Especiais Federais.	**Territorial**: regra, a competência fixada com base no foro é relativa. **Valor da causa**: Juizados Especiais Cíveis (regra, a competência fixada com base no valor da causa é relativa).
INTERESSE	Interesse público	Interesse privado
ALTERAÇÃO	Não se admite modificação, art. 62 do CPC/2015	Admite modificação, ex: conexão e continência, art. 54 do CPC/2015
INCOMPETÊNCIA	Matéria de ordem pública. Juiz pode conhecer de ofício; Deve ser alegada como questão preliminar de contestação, no entanto não está sujeita à preclusão; Pode ser reconhecido em qualquer fase do processo e grau de jurisdição; Salvo decisão em contrário, conserva-se os efeitos da decisão proferida pelo juiz incompetente, até que outra seja proferida pelo juízo competente.	Matéria de ordem privada. Depende de alegação daparte contrária; Não poderá ser reconhecida de ofício; Não gera a nulidade dos atos processuais decisórios; Deve ser alegada em preliminar, sob pena de preclusão.
ALEGAÇÃO DA INCOMPETÊNCIA	Petição simples. Se alegada pelo réu, deverá ser feita em **preliminar de contestação** (art. 337, II, do CPC/2015).	Apenas em **preliminar de contestação**, sob pena de preclusão (art. 337, III, e art. 65 do CPC/2015).

Feitas essas considerações, relembremos algumas regras sobre a **modificação de competência**, ressaltando que são formas de modificação de competência **relativa** (art. 54 do CPC).

CONEXÃO	CONTINÊNCIA
Ocorre a conexão quando entre duas ou mais ações houver identidade de **causa de pedir ou de pedido** (art. 55 do CPC)	Haverá continência entre duas ou mais ações quando entre elas houver identidade de **partes, causa de pedir, mas o pedido de uma**, por ser mais amplo, **abrange o das demais** (art. 56 do CPC)
Serão **reunidos para julgamento conjunto** os processos que possam gerar risco de prolação de **decisões conflitantes ou contraditórias** caso decididos separadamente, mesmo sem conexão entre eles (art. 55, § 3º, do CPC).	
As ações em conexão ou em continência serão julgadas pelo juízo **prevento** (art. 58 do CPC). Será considerado prevento o juízo onde ocorreu o primeiro **registro ou distribuição** (art. 59 do CPC).	

a) Os processos de **ações conexas** serão reunidos para decisão conjunta, salvo se um deles já houver sido sentenciado (art. 55, § 1º, do CPC).

Não deixem de ler, nesse sentido, o enunciado da **Súmula 235/STJ** – *A conexão não determina a reunião dos processos, se um deles já foi julgado.*

b) Quando houver continência e a ação continente tiver sido proposta anteriormente, no processo relativo à ação contida será proferida sentença sem resolução de mérito, caso contrário, as **ações serão necessariamente reunidas** (art. 57 do CPC).

c) Atente-se que, nos termos do art. 286 do CPC serão **distribuídas por dependência** as causas de qualquer natureza: I – quando se relacionarem, por conexão ou continência, com outra já ajuizada; II – quando, tendo sido extinto o processo sem resolução de mérito, for reiterado o pedido, ainda que em litisconsórcio com outros autores ou que sejam parcialmente alterados os réus da demanda; III – quando houver ajuizamento de ações nos termos do art. 55, § 3º, ao juízo prevento.

Observe as principais **regras de competência previstas no CPC/2015**:

MATÉRIA – REGRAS (Arts. 46 e 47 do CPC/2015)	LOCAL DA COMPETÊNCIA
direito pessoal ou em direito real sobre bens móveis	foro de domicílio do réu
mais de um domicílio	poderá ser demandado no foro de qualquer deles
incerto ou desconhecido o domicílio do réu	poderá ser demandado onde for encontrado ou no foro de domicílio do autor
réu não tiver domicílio ou residência no Brasil	ação será proposta no foro de domicílio do autor
se o autor também residir fora do Brasil	ação será proposta em qualquer foro
2 (dois) ou mais réus com diferentes domicílios	serão demandados no foro de qualquer deles, à escolha do autor
execução fiscal	será proposta no foro de domicílio do réu, no de sua residência ou no do lugar onde for encontrado
ações fundadas em direito real sobre imóveis	competente o foro de situação da coisa
se o litígio não recair sobre direito de propriedade, vizinhança, servidão, divisão e demarcação de terras e de nunciação de obra nova	autor pode optar pelo foro de domicílio do réu ou pelo foro de eleição
ação possessória imobiliária	será proposta no foro de situação da coisa, cujo juízo tem competência absoluta

MATÉRIA – REGRAS (arts. 48, 49 e 50 do CPC/2015)	LOCAL DA COMPETÊNCIA
inventário, a partilha, a arrecadação, o cumprimento de disposições de última vontade, a impugnação ou anulação de partilha extrajudicial e para todas as ações em que o espólio for réu, ainda que o óbito tenha ocorrido no estrangeiro.	foro de domicílio do autor da herança, no Brasil
o autor da herança não possuía domicílio certo	I – o foro de situação dos bens imóveis; II – havendo bens imóveis em foros diferentes, qualquer destes; III – não havendo bens imóveis, o foro do local de qualquer dos bens do espólio.
ação em que o ausente for réu. arrecadação, o inventário, a partilha e o cumprimento de disposições testamentárias	foro de seu último domicílio
ação em que o incapaz for réu	foro de domicílio de seu representante ou assistente

MATÉRIA – REGRAS (art. 53 do CPC/2015)	LOCAL DA COMPETÊNCIA
ação de divórcio, separação, anulação de casamento e reconhecimento ou dissolução de união estável	a) de domicílio do guardião de filho incapaz; b) do último domicílio do casal, caso não haja filho incapaz; c) de domicílio do réu, se nenhuma das partes residir no antigo domicílio do casal.
ação em que se pedem alimentos	domicílio ou residência do alimentando
ação em que for ré pessoa jurídica	foro do local de sua sede
quanto às obrigações que a pessoa jurídica contraiu	foro do local onde se acha agência ou sucursal
ação em que for ré sociedade ou associação sem personalidade jurídica	foro do local onde exerce suas atividades
ação em que se lhe exigir o cumprimento	foro do local onde a obrigação deve ser cumprida
causa que verse sobre direito previsto no respectivo estatuto	foro do local de residência do idoso
ação de reparação de dano por ato praticado em razão do ofício	sede da serventia notarial ou de registro
ação de reparação de dano	foro do local do ato ou fato
ação em que for réu administrador ou gestor de negócios alheios	foro do local do ato ou do fato
ação de reparação de dano sofrido em razão de delito ou acidente de veículos, inclusive aeronaves	foro do domicílio do autor ou do local do fato

COMPETÊNCIA DA JUSTIÇA FEDERAL
Art. 109. Aos juízes federais compete processar e julgar: I – as causas em que a União, entidade autárquica ou empresa pública federal forem interessadas na condição de autoras, rés, assistentes ou oponentes, exceto as de falência, as de acidentes de trabalho e as sujeitas à Justiça Eleitoral e à Justiça do Trabalho; II – as causas entre Estado estrangeiro ou organismo internacional e Município ou pessoa domiciliada ou residente no País; III – as causas fundadas em tratado ou contrato da União com Estado estrangeiro ou organismo internacional; IV – os crimes políticos e as infrações penais praticadas em detrimento de bens, serviços ou interesse da União ou de suas entidades autárquicas ou empresas públicas, excluídas as contravenções e ressalvada a competência da Justiça Militar e da Justiça Eleitoral; V – os crimes previstos em tratado ou convenção internacional, quando, iniciada a execução no País, o resultado tenha ou devesse ter ocorrido no estrangeiro, ou reciprocamente; V-A as causas relativas a direitos humanos a que se refere o § 5º deste artigo; VI – os crimes contra a organização do trabalho e, nos casos determinados por lei, contra o sistema financeiro e a ordem econômico-financeira; VII – os *habeas corpus*, em matéria criminal de sua competência ou quando o constrangimento provier de autoridade cujos atos não estejam diretamente sujeitos a outra jurisdição; VIII – os mandados de segurança e os *habeas data* contra ato de autoridade federal, excetuados os casos de competência dos tribunais federais; IX – os crimes cometidos a bordo de navios ou aeronaves, ressalvada a competência da Justiça Militar; X – os crimes de ingresso ou permanência irregular de estrangeiro, a execução de carta rogatória, após o "exequatur", e de sentença estrangeira, após a homologação, as causas referentes à nacionalidade, inclusive a respectiva opção, e à naturalização; XI – a disputa sobre direitos indígenas.

8. AÇÃO

1. Teorias da ação: Entre as diferentes teorias que tratam da natureza jurídica da ação, importa em destacar aquela adotada pelo nosso CPC/2015. As teorias são essas:

TEORIAS DA AÇÃO	
TEORIA IMANENTISTA OU CIVILISTA	Não distingue o direito de ação com o direito material. Assim, o direito de ação não é autônomo, portanto superada
TEORIA CONCRETA DA AÇÃO	O direito de ação é autônomo, mas não é independente ao direito material e consistiria no direito a um provimento jurisdicional favorável. Também superada.
TEORIA ABSTRATA DA AÇÃO	Além do direito de ação ser autônomo, ele também é independente, por isso "abstrato". Os seguidores defendem também que é incondicionado este direito e, portanto, as condições da ação estariam incluídas na análise do mérito.
TEORIA ECLÉTICA	Representada por Liebman e adotada pelo CPC, o direito de ação é autônomo, independente, mas condicionado ao preenchimento de alguns requisitos, as condições da ação. A análise é preliminar e, portanto, a "carência de ação" (art. 485, VI, do CPC) resulta na extinção do processo sem resolução do mérito.

Elementos da Ação: As ações são identificadas pelos seus elementos. Estes se dividem em subjetivos e objetivos.

Elementos subjetivos são as *partes* (quem participa da relação jurídico-processual fazendo parte do contraditório), diferentemente dos elementos objetivos que são a *causa de pedir* (fatos e fundamentos jurídicos que embasam os pedidos) e os *pedidos* (pretensão material efetivada ao Estado-juiz como decorrência da exposição dos fatos e dos fundamentos jurídicos). Essa é a chamada *"Teoria da Tríplice Identidade"*.

a) Diferente do que ocorre com as condições da ação, os elementos da ação servem para identificá-la sob atenção aos fenômenos da **coisa julgada, litispendência e perempção**, que geram a extinção do processo sem resolução do mérito (art. 485, V, do CPC/2015), vem como para verificar outros fenômenos processuais, como a **conexão e a continência**.

CONEXÃO	CONTINÊNCIA	COISA JULGADA, LITISPENDÊNCIA E PEREMPÇÃO
Possuir 1 elemento igual	Possuir 2 elementos iguais	Possuir 3 elementos iguais
Mesma **causa de pedir** ou mesmo **pedido**.	Mesmas **partes** e mesma **causa de pedir**, mas os **pedidos** são diferentes.	Mesmas **partes**, mesma **causa de pedir** e mesmo **pedido**.

Condições da Ação: As condições da ação são:
a) *interesse de agir:* nada mais é do que haver necessidade ou utilidade da atuação judicial na causa;
b) *legitimidade para a causa:* sujeito deve ser o legítimo a demandar nos termos do art. 18 do CPC/2015.

As condições da ação podem ser parcialmente extraídas dos arts. 17 e 485, VI, do CPC/2015, são requisitos para seu exercício regular e consequente exame de mérito. A falta de uma condição da ação, matéria de ordem pública, pode ser alegada a qualquer tempo ou grau de jurisdição, gerando a extinção do processo sem resolução de mérito, ocorrendo a chamada *carência de ação*.

Ressaltando que pelo CPC/2015, a **possibilidade jurídica do pedido** desapareceu enquanto "condições da ação", no entanto a doutrina veio a concluir que ela não era senão uma hipótese de **improcedência** manifesta (condição de julgamento de mérito), tratando-se, pois, de questão de mérito.

Observe-se o quadro a seguir:

CONDIÇÕES DA AÇÃO	ELEMENTOS DA AÇÃO
1. Interesse de agir	1. Partes
2. Legitimidade *ad causam*	2. Causa de pedir
	3. Pedido
Se faltar qualquer uma delas:	Se duas ações tiverem esses três elementos idênticos:
Extingue-se o processo, sem resolução de mérito.	

9. PROCESSO

O processo é o mecanismo utilizado para o exercício da pretensão processual, sendo o procedimento o rito utilizado para processualmente exercer um direito em face de outrem.

Procedimento (ou rito) é a exteriorização do processo, considerando-se que a noção de processo é voltada para a finalidade de exercício da função jurisdicional no caso concreto, enquanto a noção de procedimento é formal, significando essa sucessão de atos como um objetivo final.

Em outras palavras é por meio do procedimento que o processo se desenvolve. Assim, temos:

PROCESSO DE CONHECIMENTO	
ESPÉCIES DE PROCEDIMENTOS	
PROCEDIMENTOS ESPECIAIS	PROCEDIMENTO COMUM
• Estão dispostos a partir do art. 539 do CPC/2015; • Jurisdição voluntária (arts. 719 e s. do CPC/2015) e contenciosa; • Previstos também em legislação extravagante, p. ex.: os Juizados Especiais;	• Aplica-se a todas as causas o **procedimento comum**, salvo disposição em contrário do Código ou de lei especial (art. 318 do CPC/2015); • O procedimento comum aplica-se subsidiariamente aos demais procedimentos especiais e ao processo de execução (art. 318, parágrafo único, do CPC/2015);

Pressupostos Processuais: Os pressupostos processuais são requisitos necessários para que o processo atinja seu intento, compondo condições imprescindíveis para que o processo exista e desenvolva-se de forma válida e regular. Desta forma, os requisitos de existência, validade e eficácia do processo denominam-se de pressupostos processuais.

Assim, temos:

PRESSUPOSTOS DE EXISTÊNCIA	PRESSUPOSTOS DE VALIDADE (DE DESENVOLVIMENTO)	PRESSUPOSTOS PROCESSUAIS NEGATIVOS
Petição inicial (art. 319); Jurisdição (*investidura*); Capacidade postulatória (do advogado);	Petição inicial *apta*; Órgão jurisdicional competente e imparcial; Citação *válida* (art. 238[1]); Capacidade de *ser parte* (de agir, civil, mais ampla) e de *estar em juízo* (processual, *ad processum*, restrita);	Litispendência (art. 337, § 3º); Coisa julgada (art. 301, § 4º); Perempção (art. 486, § 3ª).

[1] Art. 238 no CPC/2015: Citação é o ato pelo qual são convocados o réu, o executado ou o interessado para integrar a relação processual.

10. SUJEITOS PROCESSUAIS

Inicialmente, a partir das lições de Chiovenda, as partes poderiam ser entendidas como aqueles que pedem algo ou contra quem é possível pedir uma providência judicial. Identifica-se, assim, tradicionalmente como **sujeitos processuais: autor, réu e juiz** (chamada de relação jurídica trilateral).

Todavia, embora seja aceitável a clássica teoria trilateral, percebe-se que os sujeitos dentro da relação jurídica processual podem ser: **autor, réu, juiz, Ministério Público, perito, escrivão e o terceiro.**

1. Partes: A respeito das partes no processo, algumas considerações devem ser colocadas, em especial no tocante à **capacidade processual:**

a) a **capacidade de ser parte** é a capacidade de ter direitos e obrigações passíveis de serem exigidos judicialmente;

a.1) a **capacidade processual** é a de alguém que pode, idoneamente, instaurar um processo, porque maior e capaz, por exemplo, assim como refere o art. 70 do CPC;

a.2) a **representação**, na esfera do processo civil, significa que o incapaz será representado ou assistido por seus pais, tutores ou curadores, na forma da lei civil, seguindo os ditames estipulados no art. 71 do CPC.

b) Veja, ainda, nos termos do art. 72 do CPC, o juiz nomeará curador especial ao:

I – **incapaz**, se não tiver representante legal ou se os interesses deste colidirem com os daquele, enquanto durar a incapacidade;

II – **réu preso revel**, bem como **ao réu revel citado por edital ou com hora certa**, enquanto **não for constituído advogado**.

c) Importante verificar a hipótese de **litisconsórcio** previsto pelo art. 73 do CPC: *"o cônjuge necessitará do consentimento do outro para propor ação que verse sobre direito real imobiliário, salvo quando casados sob o regime de separação absoluta de bens".*

c.1) Esse **litisconsórcio entre os cônjuges** será necessário quando a ação:

I – versar sobre **direito real imobiliário**, salvo quando casados sob o regime de separação absoluta de bens;

II – resultar de **fato** que diga respeito a **ambos os cônjuges** ou de **ato** praticado por eles;

III – for fundada **em dívida contraída** por um dos cônjuges a bem da família;

IV – tenha por objeto o **reconhecimento**, a **constituição** ou a **extinção** de ônus sobre imóvel de um ou de ambos os cônjuges.

d) Lembre-se que nas ações possessórias, a participação do cônjuge do autor ou do réu somente é indispensável nas hipóteses de composse ou de ato por ambos praticado.

2. Responsabilidade das Partes: Nos termos do art. 79 do CPC, responde por perdas e danos aquele que litigar de má-fé como autor, réu ou interveniente.

Desta forma, considera-se **litigante de má-fé** aquele que:

LITIGÂNCIA DE MÁ-FÉ	
INCISO I	Deduzir pretensão ou defesa contra texto expresso de lei ou fato incontroverso;
INCISO II	Alterar a verdade dos fatos;
INCISO III	Usar do processo para conseguir objetivo ilegal;
INCISO IV	Opuser resistência injustificada ao andamento do processo;
INCISO V	Proceder de modo temerário em qualquer incidente ou ato do processo;
INCISO VI	Provocar incidente manifestamente infundado;
INCISO VII	Interpuser recurso com intuito manifestamente protelatório.

a) Assim, **de ofício ou a requerimento**, o juiz condenará o litigante de má-fé a pagar **multa**, que deverá ser **superior a 1% e inferior a 10%** do valor corrigido da causa, a indenizar a parte contrária pelos prejuízos que esta sofreu e a arcar com os honorários advocatícios e com todas as despesas que efetuou.

3. Honorários Advocatícios: Honorários advocatícios representam a **contraprestação devida ao advogado** pelo exercícios e execução de seus serviços profissionais.

Neste sentido, o CPC, ao contrário da redação do revogado CPC/1973, especificou que são devidos honorários advocatícios na **reconvenção**, no **cumprimento de sentença**, provisório ou definitivo, na **execução**, resistida ou não, e nos **recursos** interpostos, ainda que de forma cumulativa.

a) Observem as principais regras a respeito dos **Honorários Advocatícios**:

HONORÁRIOS ADVOCATÍCIOS	
CABIMENTO	Ações do procedimento comum ou especial.
	Reconvenção.
	Cumprimento de sentença, provisório ou definitivo.
	Execução.
	Recursos.

Serão fixados entre o mínimo de **10% e o máximo de 20%** sobre o valor da condenação, do proveito econômico obtido ou, não sendo possível mensurá-lo, sobre o valor atualizado da causa, atendidos:
I – o grau de zelo do profissional;
II – o lugar de prestação do serviço;
III – a natureza e a importância da causa;
IV – o trabalho realizado pelo advogado e o tempo exigido para o seu serviço.

b) Importante tema trazido pelo CPC/2015 foi a instituição dos **honorários recursais**, no qual o tribunal, ao julgar recurso, **majorará** os honorários fixados anteriormente levando em conta o trabalho adicional realizado em grau recursal, observando, conforme o caso, o disposto nos §§ 2º a 6º do art. 85, no cômputo geral da fixação de honorários devidos ao advogado do vencedor, ultrapassar os respectivos limites estabelecidos nos §§ 2º e 3º do art. 85 para a fase de conhecimento (art. 85, § 11). Finalmente, os **honorários recursais são cumuláveis** com multas e outras sanções processuais, inclusive as previstas no art. 77 (art. 85, § 12).

c) Veja que, nos termos do art. 85, § 14, do CPC, os honorários constituem direito do advogado e **têm natureza alimentar**, com os mesmos privilégios dos créditos oriundos da legislação do trabalho, sendo vedada a compensação em caso de sucumbência parcial.

4. Gratuidade da Justiça: Nos termos do art. 98 do CPC: *"A pessoa natural ou jurídica, brasileira ou estrangeira, com insuficiência de recursos para pagar as custas, as despesas processuais e os honorários advocatícios tem direito à gratuidade da justiça, na forma da lei".*

GRATUIDADE DA JUSTIÇA	
BENEFICIÁRIOS	Pessoa natural ou jurídica, brasileira ou estrangeira.
REQUISITOS	Insuficiência de recursos para pagar as custas, despesas processuais e honorários advocatícios.
ESPÉCIES	Total ou parcial. Possibilidade de concessão do benefício com relação a algum ou a todos os atos processuais (art. 98, § 5º).
MOMENTO DE CONCESSÃO	Início ou no curso do processo.
REQUERIMENTO	Pode ser formulado na petição inicial, na contestação, na petição para ingresso de terceiro no processo ou em recurso (art. 99).
IMPUGNAÇÃO	Deferido o pedido, a parte contrária poderá oferecer impugnação na **contestação**, na **réplica**, nas **contrarrazões de recurso** ou, nos casos de pedido superveniente ou formulado por terceiro, por meio de **petição simples**, a ser apresentada no prazo de 15 (quinze) dias, nos autos do próprio processo, sem suspensão de seu curso.
RECURSO	Contra a decisão que indeferir a gratuidade ou a que acolher pedido de sua revogação caberá **agravo de instrumento**, exceto quando a questão for resolvida na sentença, contra a qual caberá **apelação**. Observe que, se a gratuidade for concedida no deferimento da **petição inicial**, o réu deverá impugná-la como preliminar da **contestação** (art. 337, XII, do CPC).

Importante observar o que dispõe o **art. 98, § 3º, do CPC**: *"Vencido o beneficiário, as obrigações decorrentes de sua sucumbência ficarão sob condição suspensiva de exigibilidade e somente poderão ser executadas se, nos 5 (cinco) anos subsequentes ao trânsito em julgado da decisão que as certificou, o credor demonstrar que deixou de existir a situação de insuficiência de recursos que justificou a concessão de gratuidade, extinguindo-se, passado esse prazo, tais obrigações do beneficiário".*

O CPC/2015 trouxe a possibilidade de **parcelamento das despesas processuais**, conforme o caso, por liberalidade do juiz, que o beneficiário tiver de adiantar no curso do procedimento.

Finalmente, sobrevindo o **trânsito em julgado** de decisão que revoga a gratuidade, a parte deverá efetuar o recolhimento de todas as despesas de cujo adiantamento foi dispensada, inclusive as relativas ao recurso interposto, se houver, no prazo fixado pelo juiz, sem prejuízo de aplicação das sanções previstas em lei.

Não efetuado o recolhimento, o processo será **extinto sem resolução de mérito**, tratando-se do autor, e, nos demais casos, **não poderá ser deferida** a realização de nenhum ato ou diligência requerida pela parte enquanto não efetuado o depósito.

11. LITISCONSÓRCIO

O litisconsórcio significa a pluralidade de partes litigantes no processo. É a reunião de vários interessados numa mesma demanda, na qualidade de autor e/ou de réu, para a defesa de interesses comuns.

O litisconsórcio não se confunde, evidentemente, com a cumulação de ações, pois se refere a pessoas que integram uma das partes no pleito.

Haverá litisconsórcio (art. 113 do CPC) quando:

a) entre as partes houver comunhão de direitos ou de obrigações relativamente à lide;

b) entre as causas houver conexão pelo pedido e pela causa de pedir;

c) ocorrer afinidade de questões por um ponto comum de fato ou de direito.

O litisconsórcio pode ser classificado de várias formas:

a) Quanto à posição das partes poderá o litisconsórcio ser: **ativo** (vários autores), **passivo** (vários réus) ou **misto** (vários autores e réus).

b) Em relação ao momento pode ser: **inicial ou originário** (desde o início da demanda) ou **incidental ou ulterior** (também conhecido como ulterior que se dá após o início da demanda e em seu curso).

c) Quanto à obrigatoriedade pode ser: **necessário** (obrigatório) ou **facultativo** (dependendo da vontade das partes).

d) Quanto à uniformidade da decisão: **simples ou comum** (aquele que a decisão pode ser diferente para cada um dos litisconsortes) ou **unitário** (aquele no qual a decisão será necessariamente a mesma para os litisconsortes).

CLASSIFICAÇÃO DO LITISCONSÓRCIO	
POSIÇÃO DAS PARTES: ATIVO OU PASSIVO	**Ativo:** quando a ação possui **dois ou mais autores**.
	Passivo: quando a ação possui **dois ou mais réus**.
QUANTO AO MOMENTO: INICIAL OU INCIDENTAL	**Inicial (ou Originário):** quando a formação ocorre com a **petição inicial**.
	Incidental (ou Ulterior): quando a formação ocorre com a **demanda em curso**.
QUANTO À OBRIGATORIEDADE: FACULTATIVO OU NECESSÁRIO	**Facultativo (art. 113):** Pode ocorrer quando: I- entre as partes houver comunhão de direitos ou de obrigações relativamente à lide; II - entre as causas houver conexão pelo pedido ou pela causa de pedir; III - ocorrer afinidade de questões por ponto comum de fato ou de direito.
	Necessário (art.114): O litisconsórcio será necessário: I- por disposição de lei, ou quando; II- pela natureza da relação jurídica controvertida, a eficácia da sentença; depender da citação de todos que devam ser litisconsortes.
QUANTO À UNIFORMIDADE DA DECISÃO: SIMPLES OU UNITÁRIO	**Simples (comum):** o litisconsórcio será simples quando o resultado puder ser diverso entre os litisconsortes.
	Unitário: o litisconsórcio será unitário quando, pela natureza da relação jurídica, o juiz tiver de decidir o mérito de modo uniforme para todos os litisconsortes.

3. Por fim, não se esqueçam da leitura do art. 118 do CPC: *"Cada litisconsorte tem o direito de promover o andamento do processo, e todos devem ser intimados dos respectivos atos".*

12. INTERVENÇÃO DE TERCEIROS

A intervenção de terceiros se dará quando o **terceiro** (aquele que não é parte de um processo já existente) ingressar no processo para dele participar em posição diferenciada a das partes. A **natureza jurídica** da intervenção de terceiros é de um **incidente processual**.

Será a intervenção **espontânea** quando esta vier do próprio terceiro nos casos da oposição e assistência, por exemplo. Distintamente será **provocada** a intervenção de terceiros quando advinda da provocação da parte originária do processo como nos casos da nomeação à autoria, denunciação da lide e do chamamento ao processo.

Em regra, a intervenção de terceiros é **cabível em qualquer procedimento**. Entretanto, *incabível a intervenção de terceiros* nos seguintes casos:

a) **Juizados Especiais** conforme art. 10 da Lei 9.099/95; e

b) **Ações de controle concentrado de constitucionalidade**, conforme arts. 7º, *caput*, e 18 da Lei 9.868/99.

Importante ressaltar que a oposição, que no CPC/73 era tratada como intervenção de terceiro, passou a ser **modalidade de procedimentos especiais**, previstos pelos arts. 682 a 686 do CPC/2015. Cabível será a oposição quando o terceiro pretender, no todo ou em parte, a coisa ou o direito sobre que controvertem autor e réu, podendo, até ser proferida a sentença, oferecer oposição contra ambos.

Quanto à **assistência**, ocorrerá quando, pendendo causa entre 2 (duas) ou mais pessoas, o terceiro juridicamente interessado em que a sentença seja favorável a uma delas poderá intervir no processo para assisti-la. A assistência será admitida em **qualquer procedimento** e em **todos os graus de jurisdição**, recebendo o assistente o processo no estado em que se encontre (art. 119, parágrafo único, do CPC).

A assistência pode ser **simples** (arts. 121 a 123 do CPC), que atuará como auxiliar da parte principal ou **litisconsorcial** (art. 124 do CPC), sempre que a sentença influir na relação jurídica entre ele e o adversário do assistido.

Observe que, no CPC/2015, se a **parte assistida for revel** ou, de qualquer outro modo, **omisso**, o assistente será considerado seu **substituto processual** (art. 121, parágrafo único, do CPC).

O instituto da **nomeação à autoria** deixou de existir pelo CPC/2015, no entanto suas ideias foram mantidas pelos arts. 338 e 339, como **hipóteses de correção da ilegitimidade passiva**. Na modalidade, alegando o réu, na contestação, ser parte ilegítima ou não ser o responsável pelo prejuízo invocado, o juiz **facultará ao autor**, em 15 (quinze) dias, a alteração da petição inicial para substituição do réu.

O **chamamento ao processo**, requerida pelo réu, objetiva a **inclusão** do devedor principal ou dos coobrigados pela dívida a integrarem o polo passivo já existente, buscando que seja declarado judicialmente a responsabilidade de cada um (art. 130 do CPC).

a) Será cabível nas seguintes hipóteses:

I – do afiançado, na ação em que o fiador for réu;

II – dos demais fiadores, na ação proposta contra um ou alguns deles;

III – dos demais devedores solidários, quando o credor exigir de um ou de alguns o pagamento da dívida comum.

b) Observe que a citação daqueles que devam figurar em litisconsórcio passivo será **requerida pelo réu na contestação** e deve ser promovida no prazo de **30 (trinta) dias**, sob pena de ficar **sem efeito o chamamento**.

A **denunciação da lide**, que visa ao direito de garantia ou regresso, pode ser cabível em relação ao alienante imediato, no processo relativo à coisa cujo domínio foi transferido ao denunciante, a fim de que possa exercer os direitos que da evicção lhe resultam (art. 125, I, do CPC).

Cabível, ainda, a denunciação da lide àquele que estiver obrigado, por lei ou pelo contrato, a indenizar, em ação regressiva, o prejuízo de quem for vencido no processo (art. 125, II, do CPC).

Nova modalidade de intervenção de terceiro prevista pelo CPC é o chamado *amicus curiae*, ou amigo da corte. Caberá quando o juiz ou o relator, considerando a relevância da matéria, a especificidade do tema objeto da demanda ou a repercussão social da controvérsia, por **decisão irrecorrível**, de **ofício** ou a **requerimento** das partes ou de quem pretenda manifestar-se, solicitar ou admitir a participação de pessoa **natural ou jurídica**, órgão ou **entidade especializada**, desde que apresentem **adequada representatividade** para contribuir e trazer elementos informativos para a prolação de uma melhor decisão.

O **incidente de desconsideração da personalidade jurídica** é modalidade prevista pelo CPC/2015 como **procedimento próprio e obrigatório** para a inclusão dos **sócios ou da pessoa jurídica** (no caso da **desconsideração inversa**, previsto expressamente pelo § 2º do art. 133 do CPC) no polo passivo da lide.

O incidente será instaurado pela **parte** ou pelo **Ministério Público**, quando lhe couber intervir no processo, sendo **cabível em todas as fases do processo de conhecimento**, no **cumprimento de sentença** e na **execução de título executivo extrajudicial**. Ressaltando a necessidade de observação dos pressupostos e requisitos previstos pelas regras de direito material, para a desconsideração da personalidade jurídica.

Segue quadro sinótico para o entendimento das modificações das **intervenções de terceiros** no CPC:

CPC/2015
Procedimento especial (arts. 682 a 686)
Correção da ilegitimidade passiva (arts. 338 a 339)
Assistência (simples e litisconsorcial) (arts. 119 a 124)
Denunciação da lide (arts. 125 a 129)
Chamamento ao processo (arts. 130 a 132)
Incidente de desconsideração da personalidade jurídica (arts. 133 a 137)
Amicus Curiae (art. 138)

13. MINISTÉRIO PÚBLICO, JUIZ E AUXILIARES DA JUSTIÇA

1. Do Ministério Público:

O Ministério Público tem **competência para intervir**:

a) nas causas em que há **interesse público ou social**;

b) nas causas em que há **interesse de incapaz**;

c) nas ações que envolvam **litígios coletivos pela posse da terra rural ou urbana** (art. 178, I, II e III, do CPC).

Acerca da intervenção do Ministério Público no processo civil seja na condição de parte, seja na condição de fiscal da lei, sempre goza do benefício do **prazo em dobro** para recorrer assim como informa o art. 180 do CPC.

Observe que é nulo o processo quando o membro do Ministério Público não for intimado a acompanhar o feito em que deva intervir.

Se o processo tiver tramitado sem conhecimento do membro do Ministério Público, o juiz invalidará os atos praticados a partir do momento em que ele deveria ter sido intimado. A nulidade só pode ser decretada após a intimação do Ministério Público, que se manifestará sobre a existência ou a inexistência de prejuízo (art. 279 do CPC).

2. Do Juiz:

PODERES DO JUIZ
Art. 139. O juiz dirigirá o processo conforme as disposições deste Código, incumbindo-lhe:
I – assegurar às partes igualdade de tratamento;
II – velar pela duração razoável do processo;
III – prevenir ou reprimir qualquer ato contrário à dignidade da justiça e indeferir postulações meramente protelatórias;
IV – determinar todas as medidas indutivas, coercitivas, mandamentais ou sub-rogatórias necessárias para assegurar o cumprimento de ordem judicial, inclusive nas ações que tenham por objeto prestação pecuniária;
V – promover, a qualquer tempo, a autocomposição, preferencialmente com auxílio de conciliadores e mediadores judiciais;
VI – dilatar os prazos processuais e alterar a ordem de produção dos meios de prova, adequando-os às necessidades do conflito de modo a conferir maior efetividade à tutela do direito;
VII – exercer o poder de polícia, requisitando, quando necessário, força policial, além da segurança interna dos fóruns e tribunais;
VIII – determinar, a qualquer tempo, o comparecimento pessoal das partes, para inquiri-las sobre os fatos da causa, hipótese em que não incidirá a pena de confesso;
IX – determinar o suprimento de pressupostos processuais e o saneamento de outros vícios processuais;
X – quando se deparar com diversas demandas individuais repetitivas, oficiar o Ministério Público, a Defensoria Pública e, na medida do possível, outros legitimados a que se referem o art. 5º da Lei n. 7.347, de 24 de julho de 1985, e o art. 82 da Lei n. 8.078, de 11 de setembro de 1990, para, se for o caso, promover a propositura da ação coletiva respectiva.

Conforme determina o art. 141 do CPC, o juiz decidirá o mérito **nos limites propostos pelas partes**, sendo-lhe vedado conhecer de questões não suscitadas a cujo respeito a lei exige iniciativa da parte.

Fiquem atentos às hipóteses a respeito do **impedimento e da suspeição do juiz**:

IMPEDIMENTO (ART. 144)	SUSPEIÇÃO (ART. 145)
Critério **objetivo** de parcialidade	Critério **subjetivo** de parcialidade
Há **impedimento do juiz**, sendo-lhe vedado exercer suas funções no processo: I – em que interveio como mandatário da parte, oficiou como perito, funcionou como membro do Ministério Público ou prestou depoimento como testemunha; II – de que conheceu em outro grau de jurisdição, tendo proferido decisão; III – quando nele estiver postulando, como defensor público, advogado ou membro do Ministério Público, seu cônjuge ou companheiro, ou qualquer parente, consanguíneo ou afim, em linha reta ou colateral, até o terceiro grau, inclusive; IV – quando for parte no processo ele próprio, seu cônjuge ou companheiro, ou parente, consanguíneo ou afim, em linha reta ou colateral, até o terceiro grau, inclusive; V – quando for sócio ou membro de direção ou de administração de pessoa jurídica parte no processo; VI – quando for herdeiro presuntivo, donatário ou empregador de qualquer das partes; VII – em que figure como parte instituição de ensino com a qual tenha relação de emprego ou decorrente de contrato de prestação de serviços; VIII – em que figure como parte cliente do escritório de advocacia de seu cônjuge, companheiro ou parente, consanguíneo ou afim, em linha reta ou colateral, até o terceiro grau, inclusive, mesmo que patrocinado por advogado de outro escritório; IX – quando promover ação contra a parte ou seu advogado. Art. 147. Quando 2 (dois) ou mais juízes forem parentes, consanguíneos ou afins, em linha reta ou colateral, até o terceiro grau, inclusive, o primeiro que conhecer do processo impede que o outro nele atue, caso em que o segundo se escusará, remetendo os autos ao seu substituto legal.	Há **suspeição** do juiz: I – amigo íntimo ou inimigo de qualquer das partes ou de seus advogados; II – que receber presentes de pessoas que tiverem interesse na causa antes ou depois de iniciado o processo, que aconselhar alguma das partes acerca do objeto da causa ou que subministrar meios para atender às despesas do litígio; III – quando qualquer das partes for sua credora ou devedora, de seu cônjuge ou companheiro ou de parentes destes, em linha reta até o terceiro grau, inclusive; IV – interessado no julgamento do processo em favor de qualquer das partes.
Vício **não sujeito a preclusão**.	Vício **sujeito a preclusão**, mas o juiz poderá se declarar suspeito por **motivo de foro íntimo**, sem necessidade de declarar suas razões (art. 145, § 1º).

Tanto o impedimento quanto a suspeição serão arguidas pela parte no prazo de **15 (quinze) dias**, a contar do conhecimento do fato, em petição específica dirigida ao juiz do processo, na qual indicará o fundamento da recusa, podendo instruí-la com documentos em que se fundar a alegação e com rol de testemunhas (art. 146).

Importante mencionar que se aplicam os motivos de impedimento e de suspeição:

I – ao membro do Ministério Público;

II – aos auxiliares da justiça;

III – aos demais sujeitos imparciais do processo.

a) A parte interessada deverá arguir o impedimento ou a suspeição, em **petição fundamentada e devidamente instruída**, na primeira oportunidade em que lhe couber falar nos autos.

b) O juiz mandará processar o incidente em separado e sem suspensão do processo, ouvindo o arguido no prazo de **15 (quinze) dias** e facultando a produção de prova, quando necessária.

3. Dos auxiliares da justiça: São auxiliares da Justiça, além de outros cujas atribuições sejam determinadas pelas normas de organização judiciária, o escrivão, o chefe de secretaria, o oficial de justiça, o perito, o depositário, o administrador, o intérprete, o tradutor, o mediador, o conciliador judicial, o partidor, o distribuidor, o contabilista e o regulador de avarias.

Verifiquem os atos do escrivão ou chefe de secretaria e do oficial de justiça:

ESCRIVÃO OU CHEFE DE SECRETARIA	OFICIAL DE JUSTIÇA
I – redigir, na forma legal, os ofícios, os mandados, as cartas precatórias e os demais atos que pertençam ao seu ofício; II – efetivar as ordens judiciais, realizar citações e intimações, bem como praticar todos os demais atos que lhe forem atribuídos pelas normas de organização judiciária; III – comparecer às audiências ou, não podendo fazê-lo, designar servidor para substituí-lo; IV – manter sob sua guarda e responsabilidade os autos, não permitindo que saiam do cartório, exceto: a) quando tenham de seguir à conclusão do juiz; b) com vista a procurador, à Defensoria Pública, ao Ministério Público ou à Fazenda Pública; c) quando devam ser remetidos ao contabilista ou ao partidor; d) quando forem remetidos a outro juízo em razão da modificação da competência; V – fornecer certidão de qualquer ato ou termo do processo, independentemente de despacho, observadas as disposições referentes ao segredo de justiça; VI – praticar, de ofício, os atos meramente ordinatórios.	I – fazer pessoalmente citações, prisões, penhoras, arrestos e demais diligências próprias do seu ofício, sempre que possível na presença de 2 (duas) testemunhas, certificando no mandado o ocorrido, com menção ao lugar, ao dia e à hora; II – executar as ordens do juiz a que estiver subordinado; III – entregar o mandado em cartório após seu cumprimento; IV – auxiliar o juiz na manutenção da ordem; V – efetuar avaliações, quando for o caso; VI – certificar, em mandado, proposta de autocomposição apresentada por qualquer das partes, na ocasião de realização de ato de comunicação que lhe couber.

14. ATOS, PRAZOS E COMUNICAÇÃO DOS ATOS PROCESSUAIS

O **ato processual** é espécie do conhecido ato jurídico, tendo por finalidade instaurar, extinguir, modificar, desenvolver a relação jurídico-processual. Os atos processuais estão divididos, pelo CPC, em:

a) Atos das partes (arts. 200 a 202 do CPC);

b) Atos do Juiz (arts. 203 a 205 do CPC);

c) Atos do escrivão ou do chefe da secretaria (arts. 206 a 211 do CPC).

Relembre-se que os **atos das partes** (que podem ser: autor, réu, terceiros intervenientes ou MP) podem ser **declarações unilaterais ou bilaterais de vontade**, produzem imediatamente a constituição, a modificação ou a extinção de direitos processuais assim como informa o art. 200 do CPC. Os **atos do Juiz** consistirão em **sentenças, decisões interlocutórias e despachos** conforme informa o art. 203 do CPC.

Outrossim, os **atos do escrivão ou do chefe da secretaria** são **atos de documentação, tais como a lavratura de termos e de comunicações (citações e intimações)** necessárias assim como se pode depreender dos arts. 152 e 206 a 211 do CPC.

Em matéria de **atos e termos processuais** é possível afirmar que se reputam **válidos** os que, realizados de outro modo, lhes preencham a finalidade essencial assim como informar o art. 188 do CPC do qual se pode depreender o **princípio da instrumentalidade das formas**.

Os **atos processuais são públicos**, todavia tramitam em **segredo de justiça** os processos:

I – em que o exija o **interesse público ou social**;

II – que versem sobre **casamento, separação de corpos, divórcio, separação, união estável, filiação, alimentos e guarda de crianças e adolescentes**;

III – em que constem **dados protegidos pelo direito constitucional à intimidade**;

IV – que versem sobre **arbitragem**, inclusive sobre **cumprimento de carta arbitral**, desde que a confidencialidade estipulada na arbitragem seja comprovada perante o juízo.

a) O direito de consultar os autos de processo que tramite em segredo de justiça e de pedir certidões de seus atos é restrito às **partes e aos seus procuradores**.

b) O **terceiro** que demonstrar **interesse jurídico** pode requerer ao juiz **certidão do dispositivo da sentença**, bem como de inventário e de partilha resultantes de divórcio ou separação.

Segundo a sistemática do CPC/2015, na contagem de prazos processuais **em dias**, estabelecido por lei ou pelo juiz, computar-se-ão somente os **dias úteis**, conforme determinação do art. 219.

O CPC/2015 também inovou quanto ao disposto no art. 190, que trata dos chamados *"negócios jurídicos processuais"*. Referido dispositivo possibilita às **partes capazes** a convenção de **regras de procedimentos**, referentes ao processo (**antes ou durante o processo**), desde que o litígio verse sobre direitos que admitam **autocomposição**.

O juiz somente **controlará** a validade das convenções.

A convenção poderá fixar ônus, poderes, faculdades e deveres processuais, inclusive estipulando **calendários para a prática de atos processuais** (art. 191 do CPC), cuja **vinculação será obrigatória às partes e ao juiz**, sendo dispensada a intimação das partes, diante da prévia ciência da data de sua realização e possibilitando a sua modificação somente em casos excepcionais e devidamente justificados.

7. Observe que **não será permitida a negociação processual** se houver:

    a) nulidade;

    b) inserção abusiva em contrato de adesão; ou

    c) em que alguma parte se encontre em manifesta situação de vulnerabilidade.

8. Os **pronunciamentos do juiz** consistirão em sentenças, decisões interlocutórias e despachos.

    a) **Sentença:** Ressalvadas as disposições expressas dos procedimentos especiais, sentença é o pronunciamento por meio do qual o juiz, com fundamento nos arts. 485 e 487, põe fim à fase cognitiva do procedimento comum, bem como extingue a execução.

    b) **Decisão interlocutória:** é todo pronunciamento judicial de natureza decisória que não se enquadre no conceito de sentença.

    c) **Despachos:** são todos os demais pronunciamentos do juiz praticados no processo, de ofício ou a requerimento da parte.

    Os **atos meramente ordinatórios**, como a juntada e a vista obrigatória, independem de despacho, devendo ser praticados de ofício pelo servidor e revistos pelo juiz quando necessário.

    d) **Acórdão** é o julgamento colegiado proferido pelos Tribunais.

Ressalvada disposição em contrário, computar-se-ão os prazos, **excluindo o dia do começo e incluindo o do vencimento**. Assim, os prazos somente começam a correr do primeiro dia útil após a intimação. Entretanto, pode ser **prorrogado o prazo** até o primeiro dia útil se o vencimento cair em dia em que o expediente forense for encerrado antes ou iniciado depois da hora normal ou houver indisponibilidade da comunicação eletrônica.

Para relembrar, importante observar que **começa a correr o prazo**:

a) quando a citação ou intimação for pelo correio, **da data de juntada aos autos do aviso de recebimento**;

b) quando a citação ou intimação for por oficial de justiça, **da data de juntada aos autos do mandado cumprido**;

c) quando houver vários réus, **da data de juntada aos autos do último aviso de recebimento ou mandado citatório cumprido**;

d) quando o ato se realizar em cumprimento de carta de ordem, precatória ou rogatória, **da data de sua juntada aos autos devidamente cumprida**;

e) quando a citação for por edital, **finda a dilação assinada pelo juiz** (assim como informa o art. 241 do CPC).

As **cartas** representam a forma de **comunicação entre juízos** e podem ser de quatro tipos, quais sejam:

CARTAS	
PRECATÓRIA (art. 237, I, do CPC)	Expedida para que órgão jurisdicional brasileiro pratique ou determine o cumprimento, na área de sua competência territorial, de ato relativo a pedido de cooperação judiciária formulado por órgão jurisdicional de competência territorial diversa (entre juízos nacionais).
ROGATÓRIA (art. 237, II, do CPC)	Expedida para que órgão jurisdicional estrangeiro pratique ato de **cooperação jurídica internacional**, relativo a processo em curso perante órgão jurisdicional brasileiro (ato de **cooperação internacional**).
DE ORDEM (art. 236, § 2ª, do CPC)	Expedida pelo **tribunal para juízo a ele vinculado**, se o ato houver de se realizar fora dos limites territoriais
ARBITRAL (art. 237, IV, do CPC)	Expedida para que órgão do Poder Judiciário pratique ou determine o cumprimento, na área de sua competência territorial, de ato objeto de pedido de cooperação judiciária formulado por juízo arbitral, inclusive aqueles de **tutela provisória**.

A carta tem **caráter itinerante**, podendo, antes ou depois de lhe ser ordenado o cumprimento, ser encaminhada a juízo diverso do que dela consta, a fim de se praticar o ato. O encaminhamento da carta a outro juízo será imediatamente comunicado ao órgão expedidor, que intimará as partes (art. 262, *caput* e parágrafo único).

A **citação** é o ato pelo qual se **chama a juízo** o réu, o executado ou o interessado a fim de se defender e **integrar a relação jurídica processual** (art. 238 do CPC).

O comparecimento espontâneo do réu ou do executado supre, entretanto, a falta de citação (art. 239, § 1º, do CPC). As intimações poderão ser realizadas pelo escrivão, pelo oficial de justiça, por publicação na imprensa, por edital e com hora certa e por meio eletrônico.

a) A **citação** poderá ser realizada (art. 246 do CPC):

FORMAS DE CITAÇÃO NO CPC (ART. 246)	
PELO CORREIO (art. 246, I, do CPC)	A **citação será feita pelo correio** para qualquer comarca do país, exceto: I – nas **ações de estado**, observado o disposto no art. 695, § 3ª; II – quando o **citando for incapaz**; III – quando o **citando for pessoa de direito público**; IV – quando o **citando residir em local não atendido pela entrega domiciliar de correspondência**; V – quando o **autor, justificadamente, a requerer de outra forma**. **Observação:** Em sendo o citando **pessoa jurídica**, será **válida** a entrega do mandado a pessoa com poderes de gerência geral ou de administração ou, ainda, a funcionário responsável pelo recebimento de correspondências. Aplicação da chamada **teoria da aparência** (art. 248, § 1º, do CPC).
	Segundo o art. 248, § 4º, do CPC, nos **condomínios edilícios** ou nos **loteamentos com controle de acesso**, será **válida** a entrega do mandado a funcionário da portaria responsável pelo recebimento de correspondência, que, entretanto, poderá recusar o recebimento, se declarar, por escrito, sob as penas da lei, que o destinatário da correspondência está ausente.
POR OFICIAL DE JUSTIÇA (art. 246, II, do CPC)	**Citação por hora certa:** Quando, por **2 (duas) vezes**, o oficial de justiça houver procurado o citando em seu domicílio ou residência sem o encontrar, deverá, havendo **suspeita de ocultação**, intimar qualquer pessoa da família ou, em sua falta, qualquer vizinho de que, no dia útil imediato, voltará a fim de efetuar a citação, na hora que designar.
PELO ESCRIVÃO OU CHEFE DE SECRETARIA, SE O CITANDO COMPARECER EM CARTÓRIO (art. 246, III, do CPC)	Forma de **citação pessoal** do réu, do executado ou do interessado quando comparecer espontaneamente no cartório, a ser realizada pelo escrivão ou chefe de secretaria.
POR EDITAL (art. 246, IV, do CPC)	Requisitos da citação por edital: circunstâncias autorizadoras; **publicação do edital na rede mundial de computadores**, no sítio do respectivo tribunal e na **plataforma de editais** do Conselho Nacional de Justiça, que deve ser certificada nos autos; determinação do **prazo pelo juiz** (entre 20 e 60 dias); e nomeação do **curador especial** em caso de revelia (art. 257).
POR MEIO ELETRÔNICO, CONFORME REGULADO EM LEI (art. 246, V, do CPC)	Com exceção das microempresas e das empresas de pequeno porte, as empresas públicas e privadas são obrigadas a manter cadastro nos sistemas de processo em autos eletrônicos, para efeito de recebimento de citações e intimações, as quais serão efetuadas preferencialmente por esse meio. O mesmo se aplica à União, aos Estados, ao Distrito Federal, aos Municípios e às entidades da administração indireta (art. 246, §§ 1ª e 2ª).

b) Efeitos da **citação válida**, ainda quando ordenada por **juízo incompetente** (art. 240 do CPC): induz **litispendência**; torna **litigiosa a coisa** e **constitui em mora o devedor**.

c) Na **citação por hora certa**, no dia e na hora designados, o oficial de justiça, **independentemente de novo despacho**, comparecerá ao domicílio ou à residência do citando a fim de realizar a diligência (art. 253 do CPC). Se o citando não estiver presente, o oficial de justiça procurará informar-se das razões da ausência, dando por feita a citação, ainda que o citando se tenha ocultado em outra comarca, seção ou subseção judiciárias (art. 253, § 1º).

Feita a citação com hora certa, o escrivão ou chefe de secretaria enviará ao réu, executado ou interessado, no **prazo de 10 (dez) dias**, contado da data da juntada do mandado aos autos, carta, telegrama ou correspondência eletrônica, **dando-lhe de tudo ciência** (art. 254).

Intimação é o ato pelo qual se dá **ciência a alguém** dos demais atos e termos praticados no processo (art. 269 do CPC). Verifique que o CPC/2015 possibilita que um **advogado intime o advogado da parte contrária**, nos termos do art. 269, § 1º: *"é facultado aos advogados promover a intimação do advogado da outra parte por meio do correio, juntando aos autos, a seguir, cópia do ofício de intimação e do aviso de recebimento".*

a) Os advogados poderão requerer que, na intimação a eles dirigida, figure apenas o nome da sociedade a que pertençam, desde que devidamente registrada na Ordem dos Advogados do Brasil (art. 272, § 1º, do CPC).

b) Constando dos autos pedido expresso para que as comunicações dos atos processuais sejam feitas em nome dos advogados indicados, o seu desatendimento implicará nulidade (art. 272, § 5º, do CPC).

c) A parte **arguirá a nulidade da intimação** em capítulo preliminar do próprio ato que lhe caiba praticar, o qual será tido por tempestivo se o vício for reconhecido. Não sendo possível a prática imediata do ato diante da necessidade de acesso prévio aos autos, a parte limitar-se-á a arguir a nulidade da intimação, caso em que o prazo será contado da intimação da decisão que a reconheça. (art. 272, §§ 8º e 9º, do CPC).

15. TUTELAS PROVISÓRIAS

O CPC/2015, diferentemente da redação do revogado CPC/73, reservou um Livro específico para a análise das *"Tutelas Provisórias"*, dividindo-os em dois Títulos para tratar das *"Tutelas de Urgência"* e das chamadas *"Tutelas de Evidência"*. Dentro das tutelas de urgência, subdividiu em duas espécies: a tutela de urgência antecipada e a tutela de urgência cautelar: A propósito, segue-se o quadro esquemático:

			ANTECEDENTE
TUTELAS PROVISÓRIAS (ARTS. 294 A 311)	**TUTELAS DE URGÊNCIA** (arts. 300 a 310)	ANTECIPADA	INCIDENTAL
		CAUTELAR	ANTECEDENTE
			INCIDENTAL
	TUTELAS DE EVIDÊNCIA (art. 311)	I – quando ficar caracterizado o abuso do direito de defesa ou o manifesto propósito protelatório da parte;	
		II – quando as alegações de fato puderem ser comprovadas apenas documentalmente e houver tese firmada em julgamento de casos repetitivos ou em súmula vinculante;	
		III – quando se tratar de pedido reipersecutório fundado em prova documental adequada do contrato de depósito, caso em que será decretada a ordem de entrega do objeto custodiado, sob cominação de multa;	
		IV – quando a petição inicial for instruída com prova documental suficiente dos fatos constitutivos do direito do autor, a que o réu não oponha prova capaz de gerar dúvida razoável.	

A antecipação dos efeitos da tutela, modalidade de tutela de urgência, é o **adiantamento** dos efeitos da decisão final a ser proferida, buscando, sempre que possível, evitar o dano que sofreria o direito subjetivo da parte.

Assim, o juiz poderá, a **requerimento da parte**, antecipar, total ou parcialmente, os efeitos da tutela pretendida no pedido inicial, desde que demonstrada a **probabilidade do direito** e o **perigo de dano** ou **risco ao resultado útil do processo**. Por fim, não se concederá a antecipação da tutela quando houver perigo de **irreversibilidade do provimento**.

Importante observar que para a concessão da **tutela de urgência**, o juiz poderá **exigir caução real ou fidejussória idônea** para ressarcir os danos que a outra parte possa vir a sofrer, podendo ser dispensada se a parte economicamente hipossuficiente não puder oferecê-la.

Essa disposição deve ser analisada juntamente com as hipóteses nas quais, sem prejuízo de eventual **indenização por dano processual**, a parte beneficiária da tutela de urgência responderá pelos prejuízos que a efetivação da medida houver causado à outra parte, quais sejam:

a) quando a **sentença lhe for desfavorável**;
b) quando obtida liminarmente a tutela em caráter antecedente, não fornecer os **meios necessários para a citação** do requerido no prazo de 5 (cinco) dias;
c) quando ocorrer a **cessação da eficácia da medida** em qualquer hipótese legal;
d) quando o juiz acolher a alegação de **decadência ou prescrição** da pretensão do autor.

Outra importante inovação do CPC/2015 no tratamento da matéria relativa às tutelas de urgência foi a possibilidade de **estabilização** da tutela antecipada requerida em caráter antecedente, conforme disposição expressa contida no art. 304: *"A tutela antecipada, concedida nos termos do art. 303, torna-se estável se da decisão que a conceder não for interposto o respectivo recurso"*.

Ressalta-se que da decisão que conceder a tutela antecipada em caráter antecedente caberá o recurso de **agravo de instrumento** (art. 1.015, I). No entanto, se não for impugnada, a tutela de urgência antecipada concedida provisoriamente em caráter antecedente se "estabiliza" e o **processo é extinto** (art. 304, §1º).

Quando a **urgência for contemporânea à propositura da ação**, a petição inicial pode limitar-se ao requerimento da tutela antecipada e à indicação do pedido de tutela final, com a exposição da lide, do direito que se busca realizar e do perigo de dano ou do risco ao resultado útil do processo.

Concedida essa tutela antecipada, o autor deverá **aditar** a petição inicial, com a complementação de sua argumentação, a juntada de novos documentos e a confirmação do pedido de tutela final, em 15 (quinze) dias ou em outro prazo maior que o juiz fixar (art. 303, § 1º, I). Não realizado o aditamento, o **processo será extinto sem resolução do mérito**. O aditamento a que se refere o inciso I do § 1º do art. 303 dar-se-á nos mesmos autos, sem incidência de novas custas processuais (art. 303, § 3º).

No procedimento de **tutela cautelar antecedente**, o réu será citado para, no prazo de 5 (cinco) dias, **contestar o pedido** e indicar as provas que pretende produzir (art. 306 do CPC). Não sendo contestado o pedido, os fatos alegados pelo autor presumir-se-ão aceitos pelo réu como ocorridos, caso em que o juiz decidirá dentro de 5 (cinco) dias (art. 307 do CPC).

Cessa a eficácia da tutela concedida em caráter antecedente, se:

I – o autor **não deduzir** o pedido principal no prazo legal;

II – **não for efetivada** dentro de 30 (trinta) dias;

III – o juiz julgar **improcedente** o pedido principal formulado pelo autor ou extinguir o processo sem resolução de mérito.

Se por qualquer motivo **cessar a eficácia da tutela cautelar**, é **vedado à parte** renovar o pedido, salvo sob **novo fundamento** (art. 308, parágrafo único, do CPC).

16. FORMAÇÃO, SUSPENSÃO E EXTINÇÃO DO PROCESSO.

Nos termos do art. 313 do CPC, o **processo será suspenso:**

	SUSPENSÃO DO PROCESSO
INCISO I	Pela morte ou pela perda da capacidade processual de qualquer das partes, de seu representante legal ou de seu procurador;
INCISO II	Pela convenção das partes;
INCISO III	Pela arguição de impedimento ou de suspeição;
INCISO IV	Pela admissão de incidente de resolução de demandas repetitivas;
INCISO V	Quando a sentença de mérito: a) depender do julgamento de outra causa ou da declaração de existência ou de inexistência de relação jurídica que constitua o objeto principal de outro processo pendente; b) tiver de ser proferida somente após a verificação de determinado fato ou a produção de certa prova, requisitada a outro juízo;
INCISO VI	Por motivo de força maior;
INCISO VII	Quando se discutir em juízo questão decorrente de acidentes e fatos da navegação de competência do Tribunal Marítimo;
INCISO VIII	Nos demais casos que este Código regula.
INCISO IX	Pelo parto ou pela concessão de adoção, quando a advogada responsável pelo processo constituir a única patrona da causa;
INCISO X	Quando o advogado responsável pelo processo constituir o único patrono da causa e tornar-se pai.

No caso de **morte do procurador** de qualquer das partes, ainda que iniciada a audiência de instrução e julgamento, o juiz determinará que a parte constitua novo mandatário, no prazo de 15 (quinze) dias, ao final do qual extinguirá o processo sem resolução de mérito, se o autor não nomear novo mandatário, ou ordenará o prosseguimento do processo à revelia do réu, se falecido o procurador deste.

O prazo de suspensão do processo por **convenção das partes** nunca poderá exceder **1 (um) ano** nas hipóteses do inciso V e **6 (seis) meses** naquela prevista no inciso II.

No caso de suspensão **por parto ou pela concessão de adoção**, quando a advogada responsável pelo processo constituir a única patrona da causa, o período de suspensão será de **30 (trinta) dias**, contado a partir da data do parto ou da concessão da adoção, mediante apresentação de certidão de nascimento ou documento similar que comprove a realização do parto, ou de termo judicial que tenha concedido a adoção, desde que haja notificação ao cliente.

No caso de suspensão quando o **advogado responsável pelo processo constituir o único patrono da causa e tornar-se pai**, o período de suspensão será de **8 (oito) dias**, contado a partir da data do parto ou da concessão da adoção, mediante apresentação de certidão de nascimento ou documento similar que comprove a realização do parto, ou de termo judicial que tenha concedido a adoção, desde que haja notificação ao cliente.

Conforme o art. 315 do CPC, se o conhecimento do mérito depender de **verificação da existência de fato delituoso**, o juiz pode determinar a **suspensão do processo** até que se pronuncie a justiça criminal.

PARTE ESPECIAL

17. PROCESSO DE CONHECIMENTO

Petição inicial: é o instrumento da demanda. O processo civil começa por iniciativa das partes (art. 2º do CPC), o que se dará com a propositura da ação através da petição inicial. Portanto, a petição inicial é o ato processual através do qual se exerce o direito de ação, implantando-se a atividade jurisdicional.

Verifique os **requisitos da petição inicial:**

REQUISITOS DA PETIÇÃO INICIAL (ART. 319)		
INCISO I	O juízo a que é dirigida;	Requisito está diretamente relacionado às **regras gerais de competência**.
INCISO II	Os nomes, os prenomes, o estado civil, a existência de união estável, a profissão, o número de inscrição no CPF ou no CNPJ, o endereço eletrônico, o domicílio e a residência do autor e do réu;	Caso não disponha dessas informações, poderá o autor, na petição inicial, **requerer ao juiz diligências necessárias a sua obtenção** (§ 1º). A petição inicial **não será indeferida** se, a despeito da falta dessas informações, for possível a citação do réu ou se a obtenção de tais informações tornar impossível ou excessivamente oneroso o acesso à justiça (§ 2º).
INCISO III	O fato e os fundamentos jurídicos do pedido;	Corresponde à **causa de pedir**.
INCISO IV	O pedido com as suas especificações; Observe que o pedido deve ser **certo** (art. 322) e **determinado** (art. 324)	São **pedidos implícitos**, ou seja, compreendem-se no principal: a) Juros legais (art. 322, § 1º) b) A correção monetária (art. 322, § 1º) c) As verbas de sucumbência, inclusive os honorários advocatícios (art. 322, § 1º) d) Prestações sucessivas (art. 323) Admite-se o **pedido genérico**: a) Nas ações universais, se o autor não puder individuar os bens demandados (art. 324, I) b) Quando não for possível determinar, desde logo, as consequências do ato ou do fato (art. 324, II) c) Quando a determinação do objeto ou do valor da condenação depender de ato que deva ser praticado pelo réu (art. 324, III)

INCISO IV	O pedido com as suas especificações; Observe que o pedido deve ser **certo** (art. 322) e **determinado** (art. 324)	É **lícita a cumulação**, em um único processo, contra o mesmo réu, de **vários pedidos**, ainda que entre eles não haja conexão, quando: a) Os pedidos sejam compatíveis entre si (art. 327, I); b) Seja competente para conhecer deles o mesmo juízo (art. 327, II); c) Seja adequado para todos os pedidos o tipo de procedimento (art. 327, III); Observe que, quando, para cada pedido, corresponder tipo diverso de procedimento, será admitida a cumulação se o autor empregar o procedimento comum, sem prejuízo do emprego das técnicas processuais diferenciadas previstas nos procedimentos especiais a que se sujeitam um ou mais pedidos cumulados, que não forem incompatíveis com as disposições sobre o procedimento comum (art. 327, § 2º).
INCISO V	O valor da causa;	A toda causa será atribuído **valor certo**, ainda que **não tenha conteúdo econômico imediatamente aferível** (art. 291), seguindo as regras estabelecidas no **art. 292**.
INCISO VI	As provas com que o autor pretende demonstrar a verdade dos fatos alegados;	A petição inicial será instruída com os **documentos indispensáveis** à propositura da ação (art. 320). Admite-se também **a juntada posterior de documentos** formados após a petição inicial ou a contestação, bem como dos que se tornaram conhecidos, acessíveis ou disponíveis após esses atos, cabendo à parte que os produzir comprovar o motivo que a impediu de juntá-los anteriormente e incumbindo ao juiz, em qualquer caso, avaliar a conduta da parte de acordo com o art. 5º (art. 435, parágrafo único).
INCISO VII	A opção do autor pela realização ou não de audiência de conciliação ou de mediação.	**Importante:** Não haverá a audiência quando **ambas as partes** manifestarem, expressamente, desinteresse na composição consensual (art. 334, § 4º, I); ou quando o **direito não admitir autocomposição** (art. 334, § 4º, II).

Indefere-se a petição inicial, quando:

I – for **inepta**;

II – a **parte for manifestamente ilegítima**;

III – o **autor carecer de interesse processual**;

IV – **não atendidas as prescrições** dos arts. 106 e 321.

Considera-se **inepta a petição inicial** quando:

I – lhe **faltar pedido ou causa de pedir**;

II – o **pedido for indeterminado**, ressalvadas as hipóteses legais em que se permite o pedido genérico;

III – da **narração dos fatos não decorrer logicamente a conclusão**;

IV – contiver **pedidos incompatíveis** entre si.

Contra a **sentença de indeferimento liminar** cabe **apelação** que possibilita **juízo de retratação em 5 dias** (art. 331 do CPC). Caso não haja retratação, o juiz determinará a **citação do réu para contrarrazoar o recurso** (art. 331, § 1º, do CPC).

Sendo a sentença reformada pelo tribunal, o prazo para a contestação começará a correr da intimação do retorno dos autos, observado o disposto no art. 334. Não interposta a apelação, o **réu será intimado** do trânsito em julgado da sentença.

POSTURAS DO JUIZ DIANTE DA PETIÇÃO INICIAL		
RECEBIMENTO	EMENDA	INDEFERIMENTO DA INICIAL
Se a petição inicial estiver apta, o juiz despachará, ordenando a citação do réu para comparecer à audiência de conciliação, em sendo o caso, ou ainda para resposta	Verificando o juiz que a petição inicial não preenche os requisitos dos arts. 319 e 320 ou que apresenta defeitos e irregularidades capazes de dificultar o julgamento de mérito, determinará que o autor, no prazo de 15 (quinze) dias, a emende ou a complete, indicando com precisão o que deve ser corrigido ou completado.	O art. 330 elenca outras hipóteses em que a petição inicial será indeferida, sendo elas: I – quando for inepta; II – quando a parte for manifestamente ilegítima; III – quando o autor carecer de interesse processual; IV – quando não atendidas as prescrições dos arts. 106 e 321.

Quanto à **improcedência "liminar" do pedido**, verifique:

IMPROCEDÊNCIA LIMINAR DO PEDIDO (ART. 332 DO CPC)	
	Nas causas que dispensem a fase instrutória, o juiz, independentemente da citação do réu, julgará liminarmente improcedente o pedido que contrariar:
INCISO I	Enunciado de súmula do Supremo Tribunal Federal ou do Superior Tribunal de Justiça;
INCISO II	Acórdão proferido pelo Supremo Tribunal Federal ou pelo Superior Tribunal de Justiça em julgamento de recursos repetitivos;
INCISO III	Entendimento firmado em incidente de resolução de demandas repetitivas ou de assunção de competência;
INCISO IV	Enunciado de súmula de tribunal de justiça sobre direito local.

O juiz também poderá julgar liminarmente improcedente o pedido se verificar, desde logo, a ocorrência de **decadência ou de prescrição** (art. 332, § 1º, do CPC). Nessa situação, haverá extinção do processo com resolução de mérito, quando o juiz decidir, de ofício ou a requerimento, sobre a ocorrência de decadência ou prescrição (art. 487, II, do CPC).

Nesses casos, de improcedência liminar, não sendo interposta a apelação, o réu será intimado do trânsito em julgado da sentença, nos termos do art. 241 do CPC. Todavia, interposta a apelação, o juiz poderá **retratar-se em 5 (cinco) dias**. Se houver retratação, o juiz determinará o prosseguimento do processo, com a citação do réu, e, se não houver retratação, determinará a citação do réu para apresentar contrarrazões, no prazo de 15 (quinze) dias (art. 332, § 4º, do CPC).

Caso a petição inicial preencha os requisitos essenciais (arts. 319 e 320) e não for o caso de improcedência liminar do pedido, o **juiz designará** – conforme autoriza o art. 334 do CPC – audiência de conciliação ou de mediação com antecedência mínima de 30 (trinta) dias, devendo ser citado o réu com pelo menos 20 (vinte) dias de antecedência.

Conforme prevê o art. 334, § 4º, do CPC, a **audiência não será realizada**:

DIREITO PROCESSUAL CIVIL

DISPENSA DA AUDIÊNCIA DE CONCILIAÇÃO OU DE MEDIAÇÃO	
	O **autor** deverá demonstrar seu desinteresse na autocomposição na **petição inicial** (arts. 319, VII, e 334, § 5º)
Quando **ambas as partes** manifestarem, expressamente, **desinteresse** na composição consensual (art. 334, § 4º, I)	O **réu** deverá demonstrar seu desinteresse, por **petição**, apresentada com 10 (dez) dias de antecedência, contados da data da audiência (art. 334, § 5º)
	Havendo **litisconsórcio**, o desinteresse na realização da audiência deve ser manifestado **por todos os litisconsortes** (art. 334, § 6º)
Quando o **direito não admitir autocomposição** (art. 334, § 4º, II)	Neste caso, o réu já será citado para contestar a ação (art. 335, III)

O não comparecimento injustificado do autor ou do réu à audiência de conciliação é considerado ato **atentatório à dignidade da justiça** e será sancionado com multa de até **2% por cento** da vantagem econômica pretendida ou do valor da causa. Fique atento que essa multa é revertida em favor da União ou do Estado (art. 334, § 8º, do CPC).

Não esquecer que nesta audiência as partes **devem** estar acompanhadas por seus advogados ou defensores públicos (art. 334, § 9º, do CPC).

Contestação: é a resposta mais utilizada pelo réu, através da qual se alegará toda matéria de defesa (princípio da concentração das defesas), com a exposição das razões de fato e de direito, a impugnação da pretensão do autor e a especificação das provas que pretende produzir (art. 336 do CPC). A não apresentação da contestação acarreta a **revelia** (art. 344 do CPC).

TERMO INICIAL DO PRAZO PARA CONTESTAR (ART. 335)	
INCISO I	**Regra:** realização da **audiência de conciliação ou de mediação**. O termo inicial do prazo para contestar será a data da audiência ou da última sessão de conciliação, quando qualquer parte não comparecer ou, comparecendo, não houver autocomposição.
INCISO II	A audiência pode não ser realizada por **vontade de ambas as partes**. O termo inicial para contestar será a data do protocolo do pedido de cancelamento da audiência de conciliação ou de mediação apresentado pelo réu.
INCISO III	Há casos em que o **direito não admite autocomposição**. Nessas situações o réu já será citado para contestar, sendo o termo inicial do prazo a data prevista no art. 231.

Com base no princípio da eventualidade (concentração) compete ao réu alegar, na contestação, **toda a matéria de defesa**, expondo as razões de fato e de direito, com que impugna o pedido do autor e especificando as provas que pretende produzir.

Preliminares (art. 337 do CPC): Antes de discutir o mérito da causa, compete ao réu alegar:

a) inexistência ou nulidade da citação;
b) incompetência absoluta e relativa;
c) incorreção do valor da causa;
d) inépcia da petição inicial;
e) perempção;
f) litispendência;
g) coisa julgada;
h) conexão;
i) incapacidade da parte, defeito de representação ou falta de autorização;
j) convenção de arbitragem;
k) ausência de legitimidade ou de interesse processual;
l) falta de caução ou de outra prestação, que a lei exige como preliminar;
m) indevida concessão do benefício de gratuidade de justiça.

A respeito da **reconvenção**, algumas regras específicas merecem destaque:

a) será oferecida na **contestação** (art. 343 do CPC), devendo o réu deverá demonstrar que sua pretensão é **conexa com a ação principal** ou com o **fundamento da defesa**.
b) Proposta a reconvenção, o autor será **intimado**, na pessoa de seu advogado, para apresentar resposta no prazo de **15 (quinze) dias** (art. 343, § 1º).
c) Importante observar que, por ser considerada como uma ação incidental, a **reconvenção é independente da ação principal**, cuja desistência da ação ou a ocorrência de causa extintiva que impeça o exame de seu mérito **não obsta** ao prosseguimento do processo quanto à reconvenção (art. 343, § 2º).
d) Observe, ainda, que a reconvenção pode ser proposta **contra o autor e terceiro** (art. 343, § 3º) e pode ser proposta pelo **réu em litisconsórcio com terceiro** (art. 343, § 4º).
e) Se o autor for substituto processual, o reconvinte deverá afirmar ser titular de direito em face do substituído, e a reconvenção deverá ser proposta em face do autor, também na qualidade de substituto processual (art. 343, § 5º).
f) Finalmente não se esqueça que o réu pode propor reconvenção **independentemente** de oferecer contestação (art. 343, § 6º).

Em relação ao procedimento comum, caracteriza-se **revelia** a ausência de contestar do réu em relação à ação intentada pelo autor, reputando-se **verdadeiros os fatos afirmados pelo autor**. Todavia, revelia não significa procedência dos pedidos obrados pelo autor, já que poderá ser simplesmente inviável a demanda.

Por fim, a revelia não induz, contudo, o efeito de veracidade dos fatos arguidos pelo autor se:

(i) **havendo pluralidade de réus, algum deles contestar a ação;**
(ii) **se o litígio versar sobre direitos indisponíveis;**
(iii) **se a petição inicial não estiver acompanhada do instrumento público, que a lei considere indispensável à prova do ato;**
(iv) **ou se as alegações de fato formuladas pelo autor forem inverossímeis ou estiverem em contradição com prova constante dos autos.**

Fase probatória: Importante mencionar que todos os meios legais, bem como os moralmente legítimos, ainda que não especificados no CPC, são hábeis para provar a verdade dos fatos, em que se funda a ação ou a defesa.

Ademais, os meios típicos de provas, fixados pelo CPC, são: o depoimento pessoal (arts. 385 a 388); a confissão (arts. 389 a 395); a exibição de documento (arts. 396 a 404); a prova documental (arts. 405 a 441); a prova testemunhal (arts. 442 a 463); a prova pericial (arts. 464 a 480); a inspeção judicial (arts. 481 a 484).

A carga probatória, no processo civil brasileiro, é dinamizada. Assim, o ônus da prova incumbe ao autor, quanto ao fato constitutivo do seu direito e **ao réu, quanto à existência de fato impeditivo, modificativo ou extintivo do direito do autor**, assim como informa o art. 373 do CPC.

Ainda assim, *não dependem de prova os fatos* **notórios**, **afirmados por uma parte e confessados pela parte contrária**, **admitidos, no processo, como incontroversos** e os em cujo favor **milita presunção legal de existência ou de veracidade**.

Pelas novas regras de **distribuição do ônus da prova** no CPC, poderá o juiz atribuir o ônus da prova de modo diverso, nos casos previstos em **lei** ou **diante de peculiaridades da causa** relacionadas à impossibilidade ou à excessiva dificuldade de cumprir o encargo probatório ou à maior facilidade de obtenção da prova do fato contrário, desde que o faça por **decisão fundamentada**, caso em que deverá dar à parte a oportunidade de se desincumbir do ônus que lhe foi atribuído.

A distribuição diversa do ônus também poderá ocorrer por **convenção das partes**, salvo quando: I – recair sobre direito indisponível da parte; II – tornar excessivamente difícil a uma parte o exercício do direito.

Importante observar que o CPC/2015 prevê a possibilidade de utilização da **prova emprestada**. Desta forma, o juiz poderá admitir a utilização de prova produzida em outro processo, atribuindo-lhe o valor que considerar adequado, observado o contraditório (art. 372 do CPC).

A **produção antecipada de prova** no CPC é tratada no capítulo específico das provas em espécie, sendo admitida em três hipóteses, ou seja, nos casos em que: i) haja fundado receio de que venha a tornar-se impossível ou muito difícil a verificação de certos fatos na pendência da ação; ii) a prova a ser produzida seja suscetível de viabilizar a autocomposição ou outro meio adequado de solução de conflito; e iii) o prévio conhecimento dos fatos possa justificar ou evitar o ajuizamento de ação.

O CPC/2015 inseriu a **ata notarial** como meio de prova, especificando a possibilidade de documentar fatos jurídicos realizados, com a devida fé pública. Assim, a existência e o modo de existir de algum fato podem ser atestados ou documentados, a requerimento do interessado, mediante ata lavrada por tabelião.

A respeito da prova testemunhal, atente-se que, o número de testemunhas arroladas **não pode ser superior a 10 (dez)**, sendo **3 (três), no máximo**, para a prova de cada fato (art. 357, § 1º). Ainda, o juiz poderá limitar o número de testemunhas levando em conta a complexidade da causa e dos fatos individualmente considerados (art. 357, § 7º).

Podem depor como testemunhas **todas as pessoas**, exceto as **incapazes, impedidas ou suspeitas**.

INCAPAZES	IMPEDIDAS	SUSPEITAS
I – o interdito por enfermidade ou deficiência mental; II – o que, acometido por enfermidade ou retardamento mental, ao tempo em que ocorreram os fatos, não podia discerni-los, ou, ao tempo em que deve depor, não está habilitado a transmitir as percepções; III – o que tiver menos de 16 (dezesseis) anos; IV – o cego e o surdo, quando a ciência do fato depender dos sentidos que lhes faltam.	I – o cônjuge, o companheiro, o ascendente e o descendente em qualquer grau e o colateral, até o terceiro grau, de alguma das partes, por consanguinidade ou afinidade, salvo se o exigir o interesse público ou, tratando-se de causa relativa ao estado da pessoa, não se puder obter de outro modo a prova que o juiz repute necessária ao julgamento do mérito; II – o que é parte na causa; III – o que intervém em nome de uma parte, como o tutor, o representante legal da pessoa jurídica, o juiz, o advogado e outros que assistam ou tenham assistido as partes.	I – o inimigo da parte ou o seu amigo íntimo; II – o que tiver interesse no litígio.

Verifique que, antes de depor, a testemunha será qualificada, declarará ou confirmará seus dados e informará se tem relações de parentesco com a parte ou interesse no objeto do processo (art. 457). É lícito à parte **contraditar a testemunha**, arguindo-lhe a incapacidade, o impedimento ou a suspeição, bem como, caso a testemunha negue os fatos que lhe são imputados, provar a contradita com documentos ou com testemunhas, até 3 (três), apresentadas no ato e inquiridas em separado (art. 457, § 1º).

Observe, ainda, que na **audiência de instrução e julgamento**, as perguntas serão formuladas pelas partes diretamente à testemunha, começando pela que a arrolou, não admitindo o juiz aquelas que puderem induzir a resposta, não tiverem relação com as questões de fato objeto da atividade probatória ou importarem repetição de outra já respondida (art. 459 do CPC).

Sentença e a fase decisória: A sentença é o ato do juiz que implica alguma das situações previstas nos arts. 485 e 487 do CPC e que põe fim à fase cognitiva do procedimento comum, bem como extingue a execução, assim como informa o art. 203, § 1º.

Nos casos de resolução do mérito (art. 487 do CPC) tem-se a **sentença definitiva** (aquela que efetivamente houve acertamento do direito material, pois sentença que invadiu o conteúdo material da demanda e decidiu pela **procedência ou improcedência** dos pedidos) e quando apenas por termo à relação processual (art. 485 do CPC) tem-se a **sentença terminativa** (aquela que atinge somente a relação jurídica processual, não abrangendo ou definindo o mérito da demanda).

DIREITO PROCESSUAL CIVIL

REQUISITOS OU ELEMENTOS DA SENTENÇA	
RELATÓRIO	É a síntese de todos os acontecimentos ocorridos no processo. Com exceção das decisões prolatadas no âmbito dos **juizados especiais** (art. 38 da Lei n. 9.099/95), toda sentença tem que ter relatório, **sob pena de nulidade**.
FUNDAMENTAÇÃO	É determinação constitucional o dever de fundamentação das decisões judiciais: **art. 93, IX, da CF**. **Art. 489, § 1º: Não se considera fundamentada** qualquer decisão judicial, seja ela interlocutória, sentença ou acórdão, que: I – se limitar à indicação, à reprodução ou à paráfrase de ato normativo, sem explicar sua relação com a causa ou a questão decidida; II – empregar conceitos jurídicos indeterminados, sem explicar o motivo concreto de sua incidência no caso; III – invocar motivos que se prestariam a justificar qualquer outra decisão; IV – não enfrentar todos os argumentos deduzidos no processo capazes de, em tese, infirmar a conclusão adotada pelo julgador; V – se limitar a invocar precedente ou enunciado de súmula, sem identificar seus fundamentos determinantes nem demonstrar que o caso sob julgamento se ajusta àqueles fundamentos; VI – deixar de seguir enunciado de súmula, jurisprudência ou precedente invocado pela parte, sem demonstrar a existência de distinção no caso em julgamento ou a superação do entendimento.
DISPOSITIVO	É o momento em que o juiz resolverá as questões principais que as partes lhe submeterem. O juiz decidirá a lide nos limites em que foi proposta, sendo-lhe defeso conhecer de questões, não suscitadas, a cujo respeito a lei exige a iniciativa da parte. Assim, observa-se o nascimento de sentenças em desconformidade com os limites da lide. A sentença *citra petita* é aquela que não analisa amplamente o pedido obrado na inicial ou na manifestação defensiva, fazendo com que a sentença seja incompleta em relação aos pedidos. A sentença *ultra petita* é aquela que se caracteriza pelo excesso, no qual o magistrado vai além do que fora pedido pelo autor, dando-lhe mais do que fora pedido. A sentença *extra petita* é aquela que adota providência jurisdicional diversa da postulada pelo autor ou acolhe fundamento defensivo não arguido pelo réu (art. 141 do CPC).

TERMINATIVA	DEFINITIVA
Art. 485, o juiz não resolverá o mérito quando:	**Art. 487**, o juiz resolverá o mérito quando:
I – indeferir a petição inicial; II – o processo ficar parado durante mais de 1 (um) ano por negligência das partes; III – por não promover os atos e as diligências que lhe incumbir, o autor abandonar a causa por mais de 30 (trinta) dias; IV – verificar a ausência de pressupostos de constituição e de desenvolvimento válido e regular do processo; V – reconhecer a existência de peremção, de litispendência ou de coisa julgada; VI – verificar ausência de legitimidade ou de interesse processual; VII – acolher a alegação de existência de convenção de arbitragem ou quando o juízo arbitral reconhecer sua competência; VIII – homologar a desistência da ação; IX – em caso de morte da parte, a ação for considerada intransmissível por disposição legal; X – nos demais casos prescritos no Código.	I – acolher ou rejeitar o pedido formulado na ação ou na reconvenção; II – decidir, de ofício ou a requerimento, sobre a ocorrência de decadência ou prescrição; III – homologar: a) o reconhecimento da procedência do pedido formulado na ação ou na reconvenção; b) a transação; c) a renúncia à pretensão formulada na ação ou na reconvenção.

Coisa julgada: Coisa julgada consiste na qualidade de imutabilidade da sentença, especialmente de seu comando decisório, em razão de não estar mais sujeita a recurso (art. 502 do CPC).

Assim, a coisa julgada pode ser:

COISA JULGADA FORMAL	COISA JULGADA MATERIAL
- Ocorre com o trânsito em julgado da decisão terminativa ou definitiva; - Torna a relação processual imutável e indiscutível; - Não gera qualquer repercussão no direito material, possibilitando-se novamente a discussão temática em outro processo.	- Ocorre com o trânsito em julgado da decisão definitiva; - Compõe o litígio fazendo dar-se uma modificação qualitativa na relação de direito material; - Torna o direito material, acerca da sentença, imutável e indiscutível; - Tem como pressuposto lógico a formação da coisa julgada formal.

Atente-se que o CPC/15 ampliou o alcance da coisa julgada à resolução da **questão prejudicial**, decidida expressa e incidentemente no processo (art. 503, § 1º, do CPC).

No entanto, para que isso ocorra, os seguintes requisitos deverão ser preenchidos:

I – dessa resolução depender o julgamento do mérito;

II – a seu respeito tiver havido contraditório prévio e efetivo, não se aplicando no caso de revelia;

III – o juízo tiver competência em razão da matéria e da pessoa para resolvê-la como questão principal.

Observe que essa extensão **não se aplica** se no processo houver restrições probatórias ou limitações à cognição que impeçam o aprofundamento da análise da questão prejudicial (art. 503, § 2º).

Por fim, verifique o art. 507 do CPC/2015, determinando ser **vedado** à parte **discutir no curso do processo** as questões **já decididas** a cujo respeito se operou a **preclusão**.

18. LIQUIDAÇÃO E CUMPRIMENTO DE SENTENÇA

A sentença poderá não determinar o valor devido, caso no qual se procederá à sua liquidação. Do requerimento de liquidação de sentença será a parte intimada, na pessoa de seu advogado. A liquidação poderá ser requerida na pendência de recurso, processando-se em autos apartados, no juízo de origem, cumprindo ao liquidante instruir o pedido com cópias das peças processuais pertinentes.

Assim como informa o art. 509, I, do CPC, a *liquidação por arbitramento* tem cabimento quando **determinado pela sentença, convencionado pelas partes** ou ainda quando **exigir a natureza do objeto da liquidação**. Diferentemente, assim como alerta o art. 509, II, do CPC, far-se-á a *liquidação pelo procedimento comum*, quando, para determinar o valor da condenação, houver necessidade de alegar e provar **fato novo**.

Lembre-se que é defeso, na liquidação, discutir de novo a lide ou modificar a sentença que a julgou, pois a liquidação tem finalidade específica, qual seja liquidar a prestação a ser cumprida (art. 509, § 4º). Da decisão de liquidação caberá agravo de instrumento, conforme determinação art. 1.015, parágrafo único, do CPC.

É **definitivo** o cumprimento da sentença transitada em julgado e **provisório** quando se tratar de sentença impugnada mediante recurso ao qual não foi atribuído efeito suspensivo.

O cumprimento provisório de sentença depende de **prestação de caução**. Com efeito, o levantamento de depósito em dinheiro e a prática de atos que importem transferência de posse ou alienação de propriedade ou de outro direito real, ou dos quais possa resultar grave dano ao executado, dependem de **caução suficiente e idônea**, arbitrada de plano pelo juiz e prestada nos próprios autos (art. 520, IV, do CPC).

São **títulos executivos judiciais**:

TÍTULOS EXECUTIVOS JUDICIAIS:	
INCISO I	As decisões proferidas no processo civil que reconheçam a exigibilidade de obrigação de pagar quantia, de fazer, de não fazer ou de entregar coisa;
INCISO II	A decisão homologatória de autocomposição judicial;
INCISO III	A decisão homologatória de autocomposição extrajudicial de qualquer natureza;
INCISO IV	O formal e a certidão de partilha, exclusivamente em relação ao inventariante, aos herdeiros e aos sucessores a título singular ou universal;
INCISO V	O crédito de auxiliar da justiça, quando as custas, emolumentos ou honorários tiverem sido aprovados por decisão judicial;
INCISO VI	A sentença penal condenatória transitada em julgado;
INCISO VII	A sentença arbitral;
INCISO VIII	A sentença estrangeira homologada pelo Superior Tribunal de Justiça;
INCISO IX	A decisão interlocutória estrangeira, após a concessão do exequatur à carta rogatória pelo Superior Tribunal de Justiça.

No caso de condenação em quantia certa, ou já fixada em liquidação, e no caso de decisão sobre parcela incontroversa, o cumprimento definitivo da sentença far-se-á a requerimento do exequente, sendo o executado intimado para pagar o débito, no prazo de 15 (quinze) dias, acrescido de custas, se houver.

Não ocorrendo pagamento voluntário no prazo, o débito será acrescido de **multa de dez por cento** e, também, de **honorários de advogado de dez por cento**. Efetuado o pagamento parcial no prazo previsto, a multa e os honorários incidirão somente sobre o restante.

Nos termos do art. 516 do CPC, o **cumprimento da sentença** efetuar-se-á perante:

I – os **tribunais**, nas causas de sua competência originária;

II – o **juízo que decidiu a causa** no primeiro grau de jurisdição;

III – o **juízo cível competente**, quando se tratar de sentença penal condenatória, de sentença arbitral ou de sentença estrangeira.

A **impugnação**, prevista no art. 525 do CPC, consiste na manifestação defensiva do executado na execução de título judicial, somente poderá versar sobre:

a) falta ou nulidade da citação se, na fase de conhecimento, o processo correu à revelia;

b) ilegitimidade de parte;

c) inexequibilidade do título ou inexigibilidade da obrigação;

d) penhora incorreta ou avaliação errônea;

e) excesso de execução ou cumulação indevida de execuções;

f) incompetência absoluta ou relativa do juízo da execução;

g) qualquer causa modificativa ou extintiva da obrigação, como pagamento, novação, compensação, transação ou prescrição, desde que superveniente à sentença.

A **apresentação de impugnação não impede a prática dos atos executivos**, inclusive os de expropriação, podendo o juiz, a requerimento do executado e desde que garantido o juízo com penhora, caução ou depósito suficientes, atribuir-lhe efeito suspensivo, se seus fundamentos forem relevantes e se o prosseguimento da execução for manifestamente suscetível de causar ao executado grave dano de difícil ou incerta reparação.

A decisão que resolver a impugnação é recorrível mediante agravo de instrumento, salvo quando importar extinção da execução, caso em que caberá apelação.

O CPC/2015 inseriu o chamado **protesto da decisão judicial**. Segundo o art. 517 do CPC, a decisão judicial **transitada em julgado** poderá ser levada a protesto, nos termos da lei, depois de transcorrido o prazo para pagamento voluntário previsto no art. 523.

Para efetivar o protesto, incumbe ao exequente apresentar certidão de teor da decisão. A certidão de teor da decisão deverá ser fornecida no prazo de 3 (três) dias e indicará o nome e a qualificação do exequente e do executado, o número do processo, o valor da dívida e a data de decurso do prazo para pagamento voluntário (art. 517, §§ 1º e 2º).

19. EXECUÇÃO DE TÍTULO EXTRAJUDICIAL

De a respeito da **execução, em geral**, observe o art. 784 do CPC, especificando quais são os **títulos executivos extrajudiciais**:

TÍTULOS EXECUTIVOS EXTRAJUDICIAIS	
INCISO I	A letra de câmbio, a nota promissória, a duplicata, a debênture e o cheque;
INCISO II	A escritura pública ou outro documento público assinado pelo devedor;
INCISO III	O documento particular assinado pelo devedor e por 2 (duas) testemunhas;
INCISO IV	O instrumento de transação referendado pelo Ministério Público, pela Defensoria Pública, pela Advocacia Pública, pelos advogados dos transatores ou por conciliador ou mediador credenciado por tribunal;
INCISO V	O contrato garantido por hipoteca, penhor, anticrese ou outro direito real de garantia e aquele garantido por caução;
INCISO VI	O contrato de seguro de vida em caso de morte;
INCISO VII	O crédito decorrente de foro e laudêmio;
INCISO VIII	O crédito, documentalmente comprovado, decorrente de aluguel de imóvel, bem como de encargos acessórios, tais como taxas e despesas de condomínio;
INCISO IX	A certidão de dívida ativa da Fazenda Pública da União, dos Estados, do Distrito Federal e dos Municípios, correspondente aos créditos inscritos na forma da lei;
INCISO X	O crédito referente às contribuições ordinárias ou extraordinárias de condomínio edilício, previstas na respectiva convenção ou aprovadas em assembleia geral, desde que documentalmente comprovadas;
INCISO XI	A certidão expedida por serventia notarial ou de registro relativa a valores de emolumentos e demais despesas devidas pelos atos por ela praticados, fixados nas tabelas estabelecidas em lei;
INCISO XII	Todos os demais títulos aos quais, por disposição expressa, a lei atribuir força executiva.

A respeito da **responsabilidade patrimonial**, dispõe o art. 792 que a **alienação ou a oneração** de bem é considerada **fraude à execução**:

FRAUDE À EXECUÇÃO	
INCISO I	Quando sobre o bem pender ação fundada em direito real ou com pretensão reipersecutória, desde que a pendência do processo tenha sido averbada no respectivo registro público, se houver;
INCISO II	Quando tiver sido averbada, no registro do bem, a pendência do processo de execução, na forma do art. 828;
INCISO III	Quando tiver sido averbado, no registro do bem, hipoteca judiciária ou outro ato de constrição judicial originário do processo onde foi arguida a fraude;
INCISO IV	Quando, ao tempo da alienação ou da oneração, tramitava contra o devedor ação capaz de reduzi-lo à insolvência;
INCISO V	Nos demais casos expressos em lei.

Não se esqueça de que a **alienação** em fraude à execução é **ineficaz** em relação ao exequente. No caso de aquisição de bem não sujeito a registro, o terceiro adquirente tem o ônus de provar que adotou as cautelas necessárias para a aquisição, mediante a exibição das certidões pertinentes, obtidas no domicílio do vendedor e no local onde se encontra o bem (art. 792, §§ 1º e 2º).

Nos casos de desconsideração da personalidade jurídica, a fraude à execução verifica-se a partir da **citação** da parte cuja personalidade se pretende desconsiderar. Antes de declarar a fraude à execução, o juiz deverá **intimar o terceiro adquirente**, que, se quiser, poderá opor embargos de terceiro, no prazo de 15 (quinze) dias (art. 792, §§ 3º e 4º).

Sobre a **execução por quantia certa** fundada em título executivo extrajudicial:

a) O executado será citado para pagar a dívida no prazo de 3 (três) dias, contado da citação (art. 829 do CPC).

b) Perceba que ao despachar a inicial, o juiz fixará, de plano, os honorários advocatícios de 10%, a serem pagos pelo executado (art. 827 do CPC). No caso de integral pagamento no prazo de 3 (três) dias, o valor dos honorários advocatícios **será reduzido pela metade** (art. 827, § 1º). Fique atento ainda que o valor dos honorários poderá ser **elevado até vinte por cento**, quando rejeitados os embargos à execução, podendo a majoração, caso não opostos os embargos, ocorrer ao final do procedimento executivo, levando-se em conta o trabalho realizado pelo advogado do exequente (art. 827, § 2º).

c) Caso o executado não efetue o pagamento no prazo de 3 dias, proceder-se-á a **penhora e avaliação**. A penhora recairá sobre os bens indicados pelo exequente, salvo se outros forem indicados pelo executado e aceitos pelo juiz, mediante demonstração de que a constrição proposta lhe será menos onerosa e não trará prejuízo ao exequente (art. 829, § 2º).

Sobre a penhora, verifique os casos de **impenhorabilidade**, conforme determina o art. 833 do CPC:

IMPENHORABILIDADE	
INCISO I	Os bens inalienáveis e os declarados, por ato voluntário, não sujeitos à execução;
INCISO II	Os móveis, os pertences e as utilidades domésticas que guarnecem a residência do executado, salvo os de elevado valor ou os que ultrapassem as necessidades comuns correspondentes a um médio padrão de vida;
INCISO III	Os vestuários, bem como os pertences de uso pessoal do executado, salvo se de elevado valor;
INCISO IV	Os vencimentos, os subsídios, os soldos, os salários, as remunerações, os proventos de aposentadoria, as pensões, os pecúlios e os montepios, bem como as quantias recebidas por liberalidade de terceiro e destinadas ao sustento do devedor e de sua família, os ganhos de trabalhador autônomo e os honorários de profissional liberal. Essa impenhorabilidade **não se aplica** à hipótese de penhora para pagamento de prestação alimentícia, independentemente de sua origem, bem como às importâncias excedentes a 50 (cinquenta) salários-mínimos mensais, devendo a constrição observar o disposto nos arts. 528, § 8ª, e 529, § 3ª, do CPC;

INCISO V	Os livros, as máquinas, as ferramentas, os utensílios, os instrumentos ou outros bens móveis necessários ou úteis ao exercício da profissão do executado;
INCISO VI	O seguro de vida;
INCISO VII	Os materiais necessários para obras em andamento, salvo se essas forem penhoradas;
INCISO VIII	A pequena propriedade rural, assim definida em lei, desde que trabalhada pela família;
INCISO IX	Os recursos públicos recebidos por instituições privadas para aplicação compulsória em educação, saúde ou assistência social;
INCISO X	A quantia depositada em caderneta de poupança, até o limite de 40 (quarenta) salários-mínimos. Essa impenhorabilidade **não se aplica** à hipótese de penhora para pagamento de prestação alimentícia, independentemente de sua origem, bem como às importâncias excedentes a 50 (cinquenta) salários-mínimos mensais, devendo a constrição observar o disposto nos arts. 528, § 8º, e 529, § 3º, do CPC;
INCISO XI	Os recursos públicos do fundo partidário recebidos por partido político, nos termos da lei;
INCISO XII	Os créditos oriundos de alienação de unidades imobiliárias, sob regime de incorporação imobiliária, vinculados à execução da obra.

Atente-se, ainda, sobre a ordem de preferência da penhora, nos termos do art. 835 do CPC, cuja penhora observará, preferencialmente, a seguinte ordem:

ORDEM DE PREFERÊNCIA DA PENHORA	
INCISO I	Dinheiro, em espécie ou em depósito ou aplicação em instituição financeira;
INCISO II	Títulos da dívida pública da União, dos Estados e do Distrito Federal com cotação em mercado;
INCISO III	Títulos e valores mobiliários com cotação em mercado;
INCISO IV	Veículos de via terrestre;
INCISO V	Bens imóveis;
INCISO VI	Bens móveis em geral;
INCISO VII	Semoventes;
INCISO VIII	Navios e aeronaves;
INCISO IX	Ações e quotas de sociedades simples e empresárias;
INCISO X	Percentual do faturamento de empresa devedora;
INCISO XI	Pedras e metais preciosos;
INCISO XII	Direitos aquisitivos derivados de promessa de compra e venda e de alienação fiduciária em garantia;
INCISO XIII	Outros direitos.

A **penhora on-line**, prevista no art. 854 do CPC, tem a finalidade de possibilitar a penhora de dinheiro em depósito ou aplicação financeira, o juiz, a requerimento do exequente, requisitará à autoridade supervisora do sistema bancário, preferencialmente por meio eletrônico, informações sobre a existência de ativos em nome do executado, podendo no mesmo ato determinar sua indisponibilidade, até o valor indicado na execução.

Importante relembrar que esse procedimento depende de **requerimento expresso do credor**, ou seja, não pode ser realizada de ofício e, caso o juiz aceite esse requerimento do exequente, **sem dar ciência prévia do ato ao executado**, determinará às instituições financeiras que torne indisponíveis ativos financeiros existentes em nome do executado, limitando-se a indisponibilidade ao valor indicado na execução.

No prazo de **24 (vinte e quatro) horas** a contar da resposta, de ofício, o juiz determinará o cancelamento de eventual indisponibilidade excessiva, o que deverá ser cumprido pela instituição financeira em igual prazo (art. 854, § 1º).

Incumbe ao executado, no prazo de 5 (cinco) dias, comprovar que:

I – as quantias tornadas indisponíveis são **impenhoráveis**;

II – ainda remanesce **indisponibilidade** excessiva de ativos financeiros (art. 854, § 3º).

A respeito dos **embargos do devedor**, consigna-se que podem ser opostos, independentemente de penhora, depósito ou caução (art. 914 do CPC). Os embargos à execução serão **distribuídos por dependência, autuados em apartado** e instruídos com **cópias das peças processuais relevantes**, que poderão ser declaradas autênticas pelo próprio advogado, sob sua responsabilidade pessoal.

A **moratória**, prevista no art. 916 do CPC, pode ocorrer no prazo para embargos, reconhecendo o crédito do exequente e comprovando o depósito de 30% (trinta por cento) do valor em execução, inclusive custas e honorários de advogado, poderá o executado requerer seja admitido a pagar o restante em até 6 (seis) parcelas mensais, acrescidas de correção monetária e juros de 1% (um por cento) ao mês.

Os embargos à execução **não terão efeito suspensivo**. No entanto, o juiz poderá, a requerimento do embargante, atribuir o efeito suspensivo aos embargos quando verificados os requisitos para a concessão da tutela provisória e desde que a execução já esteja garantida por penhora, depósito ou caução suficientes.

20. PROCESSOS NOS TRIBUNAIS E OS MEIOS DE IMPUGNAÇÃO DAS DECISÕES JUDICIAIS

O CPC/2015 estabeleceu uma nova sistemática a respeito do **uso dos precedentes pelos tribunais**, estabelecendo, em seu art. 927:

PRECEDENTES JUDICIAIS OBRIGATÓRIOS	
INCISO I	As decisões do STF em controle concentrado de constitucionalidade.
INCISO II	Os enunciados de súmula vinculante.
INCISO III	Os acórdãos em incidente de assunção de competência ou de resolução de demandas repetitivas e em julgamento de recursos extraordinário e especial repetitivos.
INCISO IV	Os enunciados das súmulas do STF em matéria constitucional e do STJ em matéria infraconstitucional.
INCISO V	A orientação do plenário ou do órgão especial aos quais estiverem vinculados.

DIREITO PROCESSUAL CIVIL

Verifique a nova técnica de julgamento estendido previsto no CPC/2015, especificando que, quando o resultado da apelação **for não unânime**, o julgamento terá prosseguimento em sessão a ser designada com a presença de outros julgadores, que serão convocados nos termos previamente definidos no regimento interno, em número suficiente para garantir a possibilidade de inversão do resultado inicial, assegurado às partes e a eventuais terceiros o direito de sustentar oralmente suas razões perante os novos julgadores (art. 942 do CPC).

Importante verificar, nesse momento, os **processos de competência dos Tribunais**:

PROCESSOS DE COMPETÊNCIA DOS TRIBUNAIS			
	REQUISITOS	PROCEDIMENTO	EFEITOS
INCIDENTE DE ASSUNÇÃO DE COMPETÊNCIA	(i) relevante questão de direito; (ii) com grande repercussão social; (iii) sem repetição em múltiplos processos; (iv) reconhecido interesse público.	(i) instaurado de ofício pelo relator ou a pedido das partes, do Ministério Público ou da Defensoria Pública; (ii) julgamento será feito pelo órgão colegiado.	O acórdão proferido vinculará todos os juízes fracionários, demonstrando a fixação dos limites territoriais do incidente aos seus órgãos e julgadores, exceto se houver revisão de tese.
INCIDENTE DE ARGUIÇÃO DE INCONSTITUCIONALIDADE	O controle de constitucionalidade é realizado de modo concentrado (abstrato) ou concreto (difuso), sendo que o primeiro é realizado pelo Supremo Tribunal Federal, enquanto que o segundo pode ser exercido, de modo incidental, por qualquer juiz.	Arguida, em controle difuso, a inconstitucionalidade de lei ou de ato normativo do poder público, o relator, após ouvir o Ministério Público e as partes, fazendo valer o contraditório, submeterá a questão à turma ou à câmara à qual competir o conhecimento do processo.	Rejeitada a arguição, prosseguirá o julgamento do feito pelo tribunal, dando-se continuidade ao processo originário. Acolhida, a questão ventilada no incidente será submetida ao plenário do tribunal ou ao seu órgão especial, onde houver, para que seja apreciada a questão.
CONFLITO DE COMPETÊNCIA	a) quando dois ou mais juízes se declararem competentes para determinada causa (conflito positivo de competência); b) quando dois ou mais juízes reputarem-se incompetentes para certa demanda judicial, atribuindo um ao outro a competência (conflito negativo de competência); e c) quando entre dois ou mais juízes surgir controvérsia acerca da reunião ou da separação de processos.	O conflito de competência poderá ser suscitado por qualquer das partes envolvidas na relação processual, pelo Ministério Público ou pelo juiz. Poderá o relator, de ofício ou a requerimento de qualquer das partes, determinar o sobrestamento do processo e designará um dos juízes para resolver, em caráter provisório, as medidas urgentes, sempre objetivando a efetiva prestação jurisdicional.	Ao decidir o conflito, o tribunal declarará qual o juízo competente, pronunciando-se também sobre a validade dos atos do juízo incompetente, sendo os autos do processo em que se manifestou o conflito, portanto, remetidos ao juiz declarado competente.
HOMOLOGAÇÃO DE DECISÃO ESTRANGEIRA E CONCESSÃO DO *EXEQUATUR* À CARTA ROGATÓRIA	(i) ser proferida por autoridade competente; (ii) ser precedida de citação regular, ainda que verificada a revelia; (iii) ser eficaz no país em que foi proferida; (iv) não ofender a coisa julgada brasileira; (v) estar acompanhada de tradução oficial, salvo disposição que a dispense prevista em tratado; (vi) não conter manifesta ofensa à ordem pública.	O pedido de execução deverá ser instruído com cópia autenticada da decisão homologatória ou do exequatur, conforme o caso, no intuito de municiar a autoridade brasileira com os elementos necessários para cumprir a decisão estrangeira em solo nacional.	A decisão estrangeira somente terá eficácia no Brasil após a homologação de sentença estrangeira ou a concessão do exequatur às cartas rogatórias, salvo disposição em sentido contrário de lei ou tratado.
INCIDENTE DE RESOLUÇÃO DE DEMANDAS REPETITIVAS	(i) a efetiva repetição de processos que contenham controvérsia sobre a mesma questão unicamente de direito; e (ii) risco de ofensa à isonomia e à segurança jurídica.	O pedido de instauração do incidente será dirigido ao presidente de tribunal: (i) pelo juiz ou relator, por ofício; (ii) pelas partes, por petição; ou (iii) pelo Ministério Público ou pela Defensoria Pública, por petição. Não serão exigidas custas processuais para o seu processamento; a competência para o julgamento do incidente de resolução de demandas repetitivas caberá ao órgão indicado pelo regimento interno dentre aqueles responsáveis pela uniformização de jurisprudência do tribunal.	A tese jurídica discutida, sejam favoráveis ou contrários, devendo ser aplicada, obrigatoriamente: I – a todos os processos individuais ou coletivos que versem sobre idêntica questão de direito e que tramitem na área de jurisdição do respectivo tribunal, inclusive àqueles que tramitem nos juizados especiais do respectivo Estado ou região; II – aos casos futuros que versem idêntica questão de direito e que venham a tramitar no território de competência do tribunal, salvo revisão na forma do art. 986 do CPC/2015.
RECLAMAÇÃO	(i) preservar a competência do tribunal; (ii) garantir a autoridade das decisões do tribunal; (iii) garantir a observância de enunciado de súmula vinculante e de decisão do Supremo Tribunal Federal em controle concentrado de constitucionalidade; (iv) garantir a observância de acórdão proferido em julgamento de incidente de resolução de demandas repetitivas ou de incidente de assunção de competência.	(i) possibilidade da propositura em qualquer tribunal, a reclamação deverá ser instruída com prova documental e dirigida ao presidente do tribunal; (ii) tem natureza jurídica de ação, sendo necessária a instrução e comprovação por prova documental, demonstrando a similaridade entre a reclamação e o mandado de segurança.	Quando reconhecida, ordena o que for adequado para a preservação de sua competência ou impõe o cumprimento de seu julgado.

21. AÇÃO RESCISÓRIA

Finalmente, analisemos as principais questões a respeito da **Ação Rescisória**:

- **Cabimento:** Cabe Ação Rescisória em face das **decisões de mérito transitadas em julgado** (art. 966). Observe que será rescindível a **decisão transitada em julgado** que, embora não seja de mérito, impeça:

   I – nova propositura da demanda; ou

   II – admissibilidade do recurso correspondente (art. 966, § 2º).

   a) Quando se verificar que a decisão foi proferida por força de prevaricação, concussão ou corrupção do juiz (art. 966, I).

   b) Quando a decisão for proferida por juiz impedido ou por juízo absolutamente incompetente (art. 966, II).

   c) Quando a decisão resultar de dolo ou coação da parte vencedora em detrimento da parte vencida ou, ainda, de simulação ou colusão entre as partes, a fim de fraudar a lei (art. 966, III).

   d) Quando a decisão ofender a coisa julgada (art. 966, IV).

   e) Quando a decisão violar manifestamente norma jurídica (art. 966, V).

   f) Quando a decisão for fundada em prova cuja falsidade tenha sido apurada em processo criminal ou venha a ser demonstrada na própria ação rescisória (art. 966, VI).

   g) Quando obtiver o autor, posteriormente ao trânsito em julgado, prova nova cuja existência ignorava ou de que não pôde fazer uso, capaz, por si só, de lhe assegurar pronunciamento favorável (art. 966, VII).

   h) Quando a decisão for fundada em erro de fato verificável do exame dos autos. (art. 966, VIII).

- **Peculiaridades:** Há erro de fato quando a decisão rescindenda admitir fato inexistente ou quando considerar inexistente fato efetivamente ocorrido, sendo indispensável, em ambos os casos, que o fato não represente ponto controvertido sobre o qual o juiz deveria ter se pronunciado (art. 966, § 1º).

   a) Nas hipóteses previstas nos incisos do caput, será rescindível a decisão transitada em julgado que, embora não seja de mérito, impeça:

   I – nova propositura da demanda; ou

   II – admissibilidade do recurso correspondente.

   b) A ação rescisória pode ter por objeto apenas 1 (um) capítulo da decisão (art. 966, § 3º).

   c) Os atos de **disposição de direitos**, praticados pelas partes ou por outros participantes do processo e homologados pelo juízo, bem como os atos homologatórios praticados no curso da execução, estão sujeitos à anulação, nos termos da lei (art. 966, § 4º).

   d) Cabe ação rescisória, com fundamento no inciso V do caput deste artigo, contra **decisão baseada em enunciado de súmula ou acórdão proferido em julgamento de casos repetitivos** que não tenha considerado a existência de **distinção entre a questão discutida no processo e o padrão decisório que lhe deu fundamento** (art. 966, § 5º).

   e) Quando a ação rescisória fundar-se na hipótese do § 5º deste artigo, caberá ao autor, **sob pena de inépcia**, demonstrar, fundamentadamente, **tratar-se de situação particularizada por hipótese fática distinta ou de questão jurídica não examinada, a impor outra solução jurídica** (art. 966, § 6º).

- **Legitimados:**

   1) Quem foi parte no processo ou o seu sucessor a título universal ou singular (art. 967, I).

   2) O terceiro juridicamente interessado (art. 967, II).

   3) Ministério Público: Se não foi ouvido no processo em que lhe era obrigatória a intervenção (art. 967, III, *a*). Quando a decisão rescindenda é o efeito de simulação ou de colusão das partes, a fim de fraudar a lei (art. 967, III, *b*). Em outros casos em que se imponha sua atuação (art. 967, III, *c*).

   4) Aquele que não foi ouvido no processo em que lhe era obrigatória a intervenção (art. 967, IV).

- **Petição inicial:**

   a) A petição inicial será elaborada com observância dos requisitos essenciais do art. 319, podendo cumular ao pedido de rescisão, se for o caso, o de novo julgamento do processo (art. 968, I).

   b) O autor deverá depositar a importância de cinco por cento sobre o valor da causa, que se converterá em multa caso a ação seja, por unanimidade de votos, declarada inadmissível ou improcedente. Esse depósito não será exigido à União, aos Estados, ao Distrito Federal, aos Municípios, às suas respectivas autarquias e fundações de direito público, ao Ministério Público, à Defensoria Pública e aos que tenham obtido o benefício de gratuidade da justiça (art. 968, § 1º).

   c) Observe, ainda, que esse depósito não poderá ser superior a 1.000 (mil) salários-mínimos (art. 968, § 2º).

- **Força executiva da decisão rescindenda:** A propositura da ação rescisória não impede o cumprimento da decisão rescindenda, ressalvada a concessão de tutela provisória (art. 969).

- **Procedimento:**

   1) O relator ordenará a citação do réu, designando-lhe prazo nunca inferior a 15 (quinze) dias

nem superior a 30 (trinta) dias para, querendo, apresentar resposta, ao fim do qual, com ou sem contestação, observar-se-á, no que couber, o procedimento comum (art. 970).

2) Na ação rescisória, devolvidos os autos pelo relator, a secretaria do tribunal expedirá cópias do relatório e as distribuirá entre os juízes que compuserem o órgão competente para o julgamento (art. 971).

3) A escolha de relator recairá, sempre que possível, em juiz que não haja participado do julgamento rescindendo (art. 971, parágrafo único).

Se os fatos alegados pelas partes dependerem de prova, o relator poderá delegar a competência ao órgão que proferiu a decisão rescindenda, fixando prazo de 1 (um) a 3 (três) meses para a devolução dos autos (art. 972).

4) Concluída a instrução, será aberta vista ao autor e ao réu para razões finais, sucessivamente, pelo prazo de 10 (dez) dias (art. 973).

5) Em seguida, os autos serão conclusos ao relator, procedendo-se ao julgamento pelo órgão competente (art. 973, parágrafo único).

- **Decisão:** Na ação rescisória, quando o resultado do seu julgamento concluir pela rescisão da sentença e esse entendimento não tiver sido unânime entre os julgadores, deverá ser aplicada a técnica de julgamento prevista no art. 942 (técnica de julgamento estendido). Nesse caso, o prosseguimento do julgamento ocorrerá em órgão de maior composição previsto no regimento interno (art. 942, § 3º).

- **Prazo decadencial:**
  1) O direito à rescisão se extingue em **2 (dois) anos** contados do trânsito em julgado da última decisão proferida no processo (art. 975).
  2) O prazo de dois anos prorroga-se até o primeiro dia útil imediatamente subsequente, quando expirar durante férias forenses, recesso, feriados ou em dia em que não houver expediente forense (art. 975, § 1º).

  Se fundada a ação no inciso VII do art. 966, o termo inicial do prazo será a data de descoberta da prova nova, observado o prazo máximo de **5 (cinco) anos**, contado do trânsito em julgado da última decisão proferida no processo (art. 975, § 2º).

  3) Nas hipóteses de simulação ou de colusão das partes, o prazo começa a contar, para o terceiro prejudicado e para o Ministério Público, que não interveio no processo, a partir do momento em que têm ciência da simulação ou da colusão. (art. 975, § 3º).

22. RECURSOS

Recurso é o instrumento processual adequado ao *reexame de uma decisão judicial*, com a *finalidade* de obter a **reforma**, a **invalidação**, o **esclarecimento** ou a **integração** do julgado. Uma das características dos recursos é a *voluntariedade*, pois se sentido prejudicada a parte poderá, conforme o cabimento legal, recorrer, sendo ônus seu a demonstração do *error in procedendo* ou do *error in judicando*.

22.1 TEORIA GERAL DOS RECURSOS

A respeito do **juízo de admissibilidade** recursal:

JUÍZO DE ADMISSIBILIDADE			
REQUISITOS INTRÍNSECOS		REQUISITOS EXTRÍNSECOS	
CABIMENTO	É a interposição do recurso correto, sendo possível aplicar a fungibilidade.	TEMPESTIVIDADE	É a interposição do recurso no prazo certo.
LEGITIMIDADE	Partes; MP (parte ou custos legis); 3º prejudicado.	DIALETICIDADE	Deve o recorrente expor de forma precisa em que consiste o seu inconformismo com a decisão combatida.
INTERESSE	Utilidade (prejuízo) e necessidade (é o recurso ser o único meio de impugnação).	PREPARO	Pagamento das custas judiciais recursais e a sua devida comprovação no ato de interposição.
INEXISTÊNCIA DE ÓBICE	- Renúncia: antes da interposição. - Desistência: após a interposição. - Aceitação: é da decisão.	REGULARIDADE FORMAL	É o procedimento e a peça correta.

Sobre os **efeitos dos recursos**, importante observar:

EFEITOS DOS RECURSOS	
DEVOLUTIVO (todos os recursos)	Consiste em devolver ao tribunal a matéria que deve ser julgada.
TRANSLATIVO (todos os recursos)	Previsto no art. 1.013, § 1º, do CPC/2015, no qual o tribunal decide além do que lhe foi devolvido, desde que seja matéria de ordem pública, discutidas e suscitadas no processo, devendo ser verificado o art. 938, § 1º, do CPC/2015.
EXPANSIVO SUBJETIVO (todos os recursos)	Quem não recorre sofre os efeitos da decisão.

EXPANSIVO OBJETIVO (todos os recursos)	A matéria não recorrida, bem como determinados atos praticados no processo e, até mesmo, a própria decisão sofrem os efeitos da decisão.
SUSPENSIVO (depende o recurso)	Impede a execução imediata da decisão recorrida.
ATIVO (regra somente no agravo de instrumento)	Em se tratando do recurso de agravo de instrumento, pode ser que o próprio relator, ao receber o recurso, liminarmente, defere a antecipação dos efeitos da tutela recursal para conceder o pedido que, anteriormente, havia sido indeferido pelo juiz.
OBSTATIVO (todos os recursos)	É a qualidade do recurso interposto de obstar a preclusão e a formação da coisa julgada.
SUBSTITUTIVO (todos os recursos)	É a circunstância de a decisão proferida pelo órgão julgador substituir e prevalecer sobre a decisão recorrida.

Observem as **principais regras** dos Recursos previstos no CPC/2015:

TEORIA GERAL DOS RECURSOS	
LEGITIMIDADE	O recurso pode ser interposto pela **parte vencida**, pelo **terceiro prejudicado** e pelo **Ministério Público**, como parte ou como fiscal da ordem jurídica. Cumpre ao terceiro demonstrar a possibilidade da decisão sobre a relação jurídica submetida à apreciação judicial atingir direito de que se afirme titular ou que possa discutir em juízo como substituto processual (art. 996).
RECURSO ADESIVO	Cada parte interporá o recurso independentemente, no prazo e com observância das exigências legais. Sendo vencidos autor e réu, ao recurso interposto por qualquer deles poderá aderir o outro (art. 997). O recurso adesivo fica **subordinado ao recurso independente**, sendo-lhe aplicáveis as mesmas regras deste quanto aos requisitos de admissibilidade e julgamento no tribunal, salvo disposição legal diversa, observado, ainda, o seguinte: I – será dirigido ao órgão perante o qual o recurso independente fora interposto, no prazo de que a parte dispõe para responder; II – será admissível na apelação, no recurso extraordinário e no recurso especial; III – não será conhecido, se houver desistência do recurso principal ou se for ele considerado inadmissível.
DESISTÊNCIA	O recorrente poderá, a qualquer tempo, **sem a anuência do recorrido ou dos litisconsortes, desistir do recurso**. A desistência do recurso não impede a análise de questão cuja repercussão geral já tenha sido reconhecida e daquela objeto de julgamento de recursos extraordinários ou especiais repetitivos.
RENÚNCIA	A **renúncia ao direito** de recorrer **independe da aceitação** da outra parte. A parte que aceitar expressa ou tacitamente a decisão não poderá recorrer. Considera-se aceitação tácita a prática, sem nenhuma reserva, de ato incompatível com a vontade de recorrer.

22.2 APELAÇÃO

Objeto: Caberá apelação contra sentenças (art. 1.009 do CPC). Observe as determinações do art. 203, § 1º, do CPC.

Importa observar que as decisões interlocutórias não agraváveis de instrumento deverão ser alegadas em recurso de apelação (art. 1.009, § 1º, do CPC).

Prazo: 15 dias (art. 1.003, § 5º, do CPC).

Preparo: Possui e deve ser realizado nos moldes do art. 1.007 do CPC.

Efeitos: Devolutivo, como regra (art. 1.013 do CPC) e suspensivo, excepcionalmente, por determinação legal (art. 1.012 do CPC).

Órgão de interposição: Perante o juízo de 1º grau, prolator da sentença.

Juízo de admissibilidade: Realizado diretamente no Tribunal (art. 1.010, § 3º, do CPC).

Peculiaridades: As questões resolvidas na fase de conhecimento, se a decisão a seu respeito não comportar agravo de instrumento, não são cobertas pela preclusão e devem ser suscitadas em preliminar de apelação, eventualmente interposta contra a decisão final, ou nas contrarrazões (art. 1.009, § 1º).

22.3. AGRAVO DE INSTRUMENTO

Objeto: Cabível contra as decisões interlocutórias previstas no art. 1.015 do CPC.

Prazo: 15 dias (art. 1.003, § 5º, do CPC).

Preparo: Possui e deve ser realizado nos moldes do art. 1.007 do CPC.

Efeitos: Devolutivo, como regra, suspensivo a ativo por força de determinação judicial do relator no Tribunal (art. 1.019, I, do CPC).

Órgão de interposição: Diretamente no Tribunal competente (art. 1.016 do CPC).

Juízo de admissibilidade: Pelo relator no Tribunal (arts. 1.019 e 932 do CPC).

Peculiaridades: A petição de agravo de instrumento será instruída: **obrigatoriamente**, com cópias da petição inicial, da contestação, da petição que ensejou a decisão agravada, da própria decisão agravada, da certidão da respectiva intimação ou outro documento oficial que comprove a tempestividade e das procurações outorgadas aos advogados do agravante e do agravado; com declaração de inexistência de qualquer dos documentos referidos no inciso I, feita pelo advogado do agravante, sob pena de sua responsabilidade pessoal; **facultativamente**, com outras peças que o agravante reputar úteis.

22.4 AGRAVO INTERNO

Objeto: Cabível contra as decisões monocráticas proferidas pelo relator (art. 1.021 do CPC) e as contempladas no art. 1.030, § 2º, do CPC.

Prazo: 15 dias (arts. 1.003, § 5º, e 1.070 do CPC).

Preparo: Possui e deve ser realizado nos moldes do art. 1.007 do CPC.

Efeito: Devolutivo, como regra e suspensivo, por determinação judicial (art. 995, parágrafo único).

Órgão de interposição: O agravo será dirigido ao próprio relator (art. 1.021, § 2º, do CPC).

Juízo de admissibilidade: Previsto no regimento interno do tribunal (art. 1.021 do CPC).

Peculiaridade: Quando o agravo interno for declarado manifestamente inadmissível ou improcedente em votação unânime, o órgão colegiado, em decisão fundamentada, condenará o agravante a pagar ao agravado multa fixada entre um e cinco por cento do valor atualizado da causa.

A interposição de qualquer outro recurso está condicionada ao depósito prévio do valor da multa prevista no § 4º, à exceção da Fazenda Pública e do beneficiário de gratuidade da justiça, que farão o pagamento ao final.

22.5 EMBARGOS DE DECLARAÇÃO:

Objeto: Cabível contra qualquer decisão judicial que padeça dos vícios de: a) obscuridade; b) contradição; c) omissão (de ponto ou questão sobre o qual devia se pronunciar o juiz de ofício ou a requerimento); e d) erro material (art. 1.022 do CPC).

Prazo: 5 dias (art. 1.003, § 5º, e 1.023 do CPC).

Preparo: Isento (art. 1.023 do CPC).

Efeitos: Devolutivo, como regra, suspensivo por determinação judicial (art. 1.026, § 1º, do CPC) e interruptivo. Observe que os embargos de declaração interrompem o prazo do recurso (art. 1.026).

Órgão de interposição: Perante o mesmo órgão prolator da decisão embargada (art. 1.023).

Juízo de admissibilidade: Será realizado pelo mesmo órgão prolator da decisão embargada.

Peculiaridades: Quando manifestamente protelatórios os embargos de declaração, o juiz ou o tribunal, em decisão fundamentada, condenará o embargante a pagar ao embargado multa não excedente a dois por cento sobre o valor atualizado da causa (art. 1.026, § 2º).

Na reiteração de embargos de declaração manifestamente protelatórios, a multa será elevada a até dez por cento sobre o valor atualizado da causa, e a interposição de qualquer recurso ficará condicionada ao depósito prévio do valor da multa, à exceção da Fazenda Pública e do beneficiário de gratuidade da justiça, que a recolherão ao final (art. 1.026, § 3º).

22.6 RECURSO ORDINÁRIO

Objeto: No STF – Acórdão que denegar os mandados de segurança, os *habeas data* e os mandados de injunção decididos em ÚNICA instância pelos tribunais superiores (art. 1.027, I, do CPC). No STJ – Acórdão que denegar os mandados de segurança decididos em ÚNICA instância pelos TRF's ou pelos TJ's (art. 1.027, II, *a*, do CPC). Sentenças nos processos em que forem partes, de um lado, Estado estrangeiro ou organismo internacional e, de outro, Município ou pessoa residente ou domiciliada no País (art. 1.027, II, *b*, do CPC).

Prazo: 15 dias (art. 1.003, § 5º, do CPC).

Preparo: Possui (tanto no STF como no STJ) e deve ser realizado nos moldes do art. 1.007 do CPC.

Efeitos: Devolutivo, como regra e suspensivo por determinação judicial (arts. 1.027, § 2º, e 1.029, § 5º, do CPC).

Órgão de interposição: Interposto perante o presidente ou o vice-presidente do tribunal recorrido (art. 1.028, § 2º, do CPC), salvo no caso do art. 1.027, II, *b*, que obedecerá a mesma sistemática da apelação e do RISTJ (art. 1.028).

Juízo de admissibilidade: Diretamente no Tribunal Superior (art. 1.028, § 3º).

22.7 RECURSO ESPECIAL

Objeto: Decisão de única ou última instância, proferida pelos TJ's ou TRF's que: (1) contrariar tratado ou lei federal, ou negar-lhes vigência; (2) julgar válido ato de governo local contestado em face de lei federal; (3) der a lei federal interpretação divergente da que lhe haja atribuído outro tribunal (art. 105, III, da CF).

Prazo: 15 dias (art. 1.003, § 5º, do CPC).

Preparo: Possui e deve ser realizado nos moldes do art. 1.007 do CPC.

Efeitos: Devolutivo, restrito à matéria prequestionada e suspensivo por determinação judicial (art. 1.029, § 5º, do CPC).

Órgão de interposição: Perante o presidente ou o vice-presidente do tribunal recorrido (art. 1.029 do CPC).

Juízo de admissibilidade: Será feito pelo presidente ou o vice-presidente do tribunal recorrido (art. 1.030 do CPC).

Peculiaridades: Fungibilidade recursal – Se o relator, no Superior Tribunal de Justiça, entender que o recurso especial versa sobre questão constitucional, deverá conceder prazo de 15 (quinze) dias para que o recorrente demonstre a existência de repercussão geral e se manifeste sobre a questão constitucional (art. 1.032).

Cumprida a diligência de que trata o caput, o relator remeterá o recurso ao Supremo Tribunal Federal, que, em juízo de admissibilidade, poderá devolvê-lo ao Superior Tribunal de Justiça (art. 1.032, parágrafo único).

Se o Supremo Tribunal Federal considerar como reflexa a ofensa à Constituição afirmada no recurso extraordinário, por pressupor a revisão da interpretação de lei federal ou de tratado, remetê-lo-á ao Superior Tribunal de Justiça para julgamento como recurso especial (art. 1.033).

22.8 RECURSO EXTRAORDINÁRIO

Objeto: Cabível contra decisão de única ou última instância que: (1) contrariar dispositivo da Constituição; (2) declarar a inconstitucionalidade de tratado ou lei federal; (3) julgar válida lei ou ato de governo local contestado em face da Constituição; (4) julgar válida lei local contestada em face de lei federal (art. 102, III, da CF).

Prazo: 15 dias (art. 1.003, § 5º, do CPC).

Preparo: Possui e deve ser realizado nos moldes do art. 1.007 do CPC.

Efeitos: Devolutivo, restrito à matéria prequestionada e suspensivo por determinação judicial (art. 1.029, § 5º, do CPC).

Órgão de interposição: Perante o presidente ou o vice-presidente do tribunal recorrido (art. 1.029 do CPC).

Juízo de admissibilidade: Será feito pelo presidente ou o vice-presidente do tribunal recorrido (art. 1.030 do CPC).

Peculiaridades: O Supremo Tribunal Federal, em decisão irrecorrível, não conhecerá do recurso extraordinário quando a questão constitucional nele versada não tiver repercussão geral, nos termos deste artigo (art. 1.035).

Para efeito de repercussão geral, será considerada a existência ou não de questões relevantes do ponto de vista econômico, político, social ou jurídico que ultrapassem os interesses subjetivos do processo (art. 1.035, § 1º).

O recorrente deverá demonstrar a existência de repercussão geral para apreciação exclusiva pelo Supremo Tribunal Federal (art. 1.035, § 2º).

22.9 AGRAVO EM RECURSO ESPECIAL E EXTRAORDINÁRIO

Objeto: Cabe agravo contra decisão do presidente ou do vice-presidente do tribunal recorrido que inadmitir recurso extraordinário ou recurso especial, salvo quando fundada na aplicação de entendimento firmado em regime de repercussão geral ou em julgamento de recursos repetitivos (arts. 1.030, § 1º, e 1.042 do CPC).

Prazo: 15 dias (art. 1.003, § 5º, do CPC).

Preparo: Isento (art. 1.042, § 2º, do CPC).

Efeito: Devolutivo, como regra e suspensivo por determinação judicial (art. 995, parágrafo único).

Órgão de interposição: A petição de agravo será dirigida ao presidente ou ao vice-presidente do tribunal de origem (art. 1.042, § 2º, do CPC).

Juízo de admissibilidade: Diretamente no Tribunal Superior.

Peculiaridades: Na hipótese de interposição conjunta de recursos extraordinário e especial, o agravante deverá interpor um agravo para cada recurso não admitido. Havendo apenas um agravo, o recurso será remetido ao tribunal competente, e, havendo interposição conjunta, os autos serão remetidos ao Superior Tribunal de Justiça.

Concluído o julgamento do agravo pelo Superior Tribunal de Justiça e, se for o caso, do recurso especial, independentemente de pedido, os autos serão remetidos ao Supremo Tribunal Federal para apreciação do agravo a ele dirigido, salvo se estiver prejudicado.

22.10 EMBARGOS DE DIVERGÊNCIA

Objeto: O acórdão de órgão fracionário que: (1) em recurso extraordinário ou em recurso especial, divergir do julgamento de qualquer outro órgão do mesmo tribunal, sendo os acórdãos, embargado e paradigma, de mérito; (2) em recurso extraordinário ou em recurso especial, divergir do julgamento de qualquer outro órgão do mesmo tribunal, sendo um acórdão de mérito e outro que não tenha conhecido do recurso, embora tenha apreciado a controvérsia (art. 1.043 do CPC).

Prazo: 15 dias (art. 1.003, § 5º, do CPC).

Preparo: Possui (tanto no STF como no STJ) e deve ser realizado nos moldes do art. 1.007 do CPC.

Efeito: Devolutivo como regra e suspensivo por determinação judicial (art. 995, parágrafo único).

Órgão de interposição: Será oposto no próprio Tribunal Superior e seguirá o respectivo regimento interno (art. 1.044 do CPC).

Juízo de admissibilidade: Seguirá respectivamente a regra do regimento interno do STF (se nele oposto) ou do STJ (se nele oposto).

REFERÊNCIAS

ALVIM, Arruda. *Manual de direito processual civil*. 17. ed., rev., atual. e ampl. São Paulo: RT, 2017.

_____. *Novo contencioso cível no CPC/2015*. São Paulo: RT, 2016.

ALVIM, Eduardo Arruda. *Direito processual civil*. 5. ed. rev. atual. e ampl. São Paulo: RT, 2013.

BUENO, Cassio Scarpinella. *Manual de direito processual civil: inteiramente estruturado à luz do novo CPC*. São Paulo: Saraiva, 2015.

CÂMARA, Alexandre Freitas. *Lições de direito processual civil*. v. I. 5. ed. rev. e atual. Rio de Janeiro: Editora Lumen Júris, 2006.

DINAMARCO, Cândido Rangel. *Instituições de direito processual civil*. 3. ed. São Paulo: Malheiros, 2003.

NERY JÚNIOR, Nelson e NERY, Rosa Maria de Andrade. *Código de Processo Civil Comentado e Legislação Extravagante: atualizado até 1º-10-2007*. São Paulo: Editora Revista dos Tribunais, 2007.

RODRIGUES, Marcelo Abelha. *Manual de direito processual civil*. 4. ed. São Paulo: Revista dos Tribunais, 2008.

THAMAY, Rennan Faria Kruger; DA ROCHA, Marcelo Hugo; GARCIA JR., Vanderlei. *Direito Processual Civil*. Coleção Passe em Concurso Público, Coord. Marcelo Hugo da Rocha. 2. ed. rev. ampl. São Paulo: Editora Saraiva, 2017.

THEODORO JUNIOR, Humberto. *Curso de Direito Processual Civil*, v. 2, 50. ed. Editora Forense, 2016.

Acesse o *QR Code* e aproveite os conteúdos elaborados para você!

■ BIZU OAB
■ TOP 10

http://uqr.to/1wcfp

Questões
Direito Processual Civil

Acesse o *QR Code* e consulte as questões comentadas dos exames anteriores.
http://uqr.to/1wcfq

JURISDIÇÃO, AÇÃO, PROCESSO, PARTES E PROCURADORES

1. (41º Exame) Antes de tomar posse como juiz, Bernardo atuou por 2 (dois) anos como membro do Ministério Público. Boa parte de sua atuação como promotor foi focada na Promotoria de Justiça de Tutela Coletiva de Defesa do Meio Ambiente. Um dos seus casos mais relevantes foi a atuação, como representante do Ministério Público, em uma ação coletiva movida contra os proprietários de um *shopping center* que estava sendo construído perto de zona protegida da Mata Atlântica. Mais de 10 anos depois, Bernardo, como juiz de direito, recebeu no seu gabinete a ação coletiva que ele havia proposto contra o *shopping* quando atuava como promotor. Segundo o contexto apresentado, sobre a atuação de Bernardo como juiz do caso, assinale a afirmativa correta.

(A) Bernardo poderá proferir sentença na ação coletiva, pois sua atuação no caso como promotor do Ministério Público nesse mesmo processo ocorreu há mais de dez anos, de modo que não há qualquer impedimento do magistrado.

(B) Bernardo somente poderá proferir decisões interlocutórias na ação coletiva, mas não poderá proferir sentença, pois sua atuação no caso como promotor do Ministério Público nesse mesmo processo ocorreu há mais de dez anos, de modo que não há qualquer impedimento do magistrado para proferir decisões interlocutórias.

(C) Bernardo não poderá proferir sentença na ação coletiva, por se enquadrar em hipótese de impedimento do magistrado. Entretanto, Bernardo poderá proferir decisões interlocutórias, exceto as que versem sobre tutela provisória, porque não decidirá o mérito da ação.

(D) Bernardo não poderá proferir decisões interlocutórias e/ou sentença na ação coletiva, por se enquadrar em hipótese de impedimento do magistrado.

RESPOSTA Conforme o disposto no art. 144, I, do CPC, pois haverá impedimento do juiz, sendo-lhe vedado exercer suas funções no processo em que interveio como mandatário da parte, oficiou como perito, funcionou como membro do Ministério Público ou prestou depoimento como testemunha. *Alternativa D.*

2. (40º Exame) Júlio, advogado ainda inexperiente, preocupado com a possibilidade de perder o prazo para oferecer contestação em favor de Roberta, sua cliente que está viajando, indaga a você se ele deve esperar o retorno de Roberta, que esqueceu de fornecer procuração.

Diante desse cenário, assinale a afirmativa que, corretamente, apresenta sua orientação.

(A) Júlio pode oferecer contestação, independentemente de procuração, desde que junte o instrumento aos autos no prazo de 15 dias, a fim de evitar preclusão.

(B) Júlio pode oferecer contestação, independentemente de instrumento de mandato, apenas se a parte contrária concordar.

(C) Júlio deve aguardar o retorno de Roberta, tendo em vista que o advogado não será admitido a postular em juízo sem procuração.

(D) Júlio, caso os direitos tratados em juízo sejam disponíveis, pode oferecer contestação mesmo que desacompanhada de procuração e, caso os mencionados direitos estejam indisponíveis, ele deve aguardar o retorno de Roberta, tendo em vista que, nesse caso, o advogado não será admitido a postular em juízo sem procuração.

RESPOSTA Como regra, o advogado não poderá realizar postulação em juízo sem a apresentação do instrumento de procuração, pois, nesse caso, a sua capacidade postulatória não estará devidamente comprovada. Todavia, essa regra não é absoluta, tendo em vista que a própria legislação admite que o advogado, mesmo sem o instrumento de procuração, atue em juízo para evitar preclusão, decadência ou prescrição, ou, ainda, para praticar um ato considerado urgente, devendo apresentar a procuração no prazo de 15 dias, o qual ainda poderá ser prorrogado pelo magistrado da causa, conforme art. 104, *caput* e § 1º, do CPC. *Alternativa C.*

DIREITO PROCESSUAL CIVIL

3. **(38º Exame)** Tatiana ingressou com ação de alimentos em face do seu ex-marido José, pleiteando pensão alimentícia no valor mensal de R$ 5.000,00 (cinco mil reais), e gratuidade de justiça que lhe foi concedida. No processo restou comprovado que José estava desempregado e com grave enfermidade, não tendo a possibilidade de prestar alimentos. Dessa forma, o pedido de alimentos foi julgado improcedente, sendo Tatiana condenada em honorários de sucumbência equivalentes a 10% sobre o valor da causa. Contudo, por ser beneficiária da gratuidade de justiça, a exigibilidade dos honorários de sucumbência ficou suspensa. Dois anos após o trânsito em julgado da sentença, Tatiana ganhou sorteio lotérico e recebeu um prêmio milionário. Sabendo da atual situação de Tatiana, o advogado de José a procurou para cobrar os honorários de sucumbência fixados na ação de alimentos. Considerando o caso narrado, assinale a afirmativa correta.

(A) O advogado de José poderá cobrar os honorários de sucumbência se, no prazo de 5 anos após o trânsito em julgado da sentença, demonstrar que deixou de existir a situação de insuficiência de recursos que justificou a concessão de gratuidade de justiça para Tatiana.

(B) Uma vez concedida a gratuidade de justiça, essa não poderá ser revista, razão pela qual o advogado de José não poderá cobrar os honorários de sucumbência.

(C) Após o trânsito em julgado da sentença não é possível cobrar honorários de sucumbência, ficando o advogado de José impedido de cobrar tal verba.

(D) O advogado de José poderá cobrar os honorários de sucumbência se, no prazo de 1 ano após o trânsito em julgado da sentença, demonstrar que deixou de existir a situação de insuficiência de recursos que justificou a concessão de gratuidade de justiça para Tatiana.

RESPOSTA Diz o CPC que a pessoa natural ou jurídica, brasileira ou estrangeira, com insuficiência de recursos para pagar as custas, as despesas processuais e os honorários advocatícios tem direito à gratuidade da justiça, na forma da lei (art. 98). Complementa o § 3º deste artigo que vencido o beneficiário, as obrigações decorrentes de sua sucumbência ficarão sob condição suspensiva de exigibilidade e somente poderão ser executadas se, nos 5 anos subsequentes ao trânsito em julgado da decisão que as certificou, o credor demonstrar que deixou de existir a situação de insuficiência de recursos que justificou a concessão de gratuidade, extinguindo-se, passado esse prazo, tais obrigações do beneficiário. *Alternativa A.*

4. **(37º Exame)** Marco Aurélio atuou como advogado em uma ação indenizatória movida em face de uma operadora de plano de saúde que foi condenada a pagar indenização por danos morais de R$ 100.000,00 (cem mil reais) ao seu cliente. Apesar de o processo ter corrido perante juízo cível, a sentença condenatória deixou de fixar honorários de sucumbência em favor de Marco Aurélio, tendo transitado em julgado sem que ele percebesse a omissão. Considerando o caso narrado, assinale a afirmativa correta.

(A) Após o trânsito em julgado da sentença, Marco Aurélio não poderá pleitear mais a condenação em honorários de sucumbência.

(B) Marco Aurélio poderá ajuizar ação autônoma para definir o valor dos honorários de sucumbência.

(C) Após o trânsito em julgado da sentença, apesar de omissa quanto à condenação em honorários de sucumbência, Marco Aurélio poderá executar somente o valor mínimo de dez por cento sobre o valor da condenação.

(D) Marco Aurélio poderá opor embargos de declaração em face da sentença omissa, pois a matéria de honorários de sucumbência não transita em julgado.

RESPOSTA Diz o CPC que caso a decisão transitada em julgado seja omissa quanto ao direito aos honorários ou ao seu valor, é cabível ação autônoma para sua definição e cobrança (art. 85, § 18). *Alternativa B.*

5. **(36º Exame)** Maria promoveu uma ação de divórcio em face de seu ex-marido João, sendo que o réu foi inicialmente dado como residente na casa de sua ex-mulher, embora ali já não mais residisse. Quando da tentativa de citação, foi lavrada certidão negativa esclarecendo que a autora informou que o réu tinha regressado a Portugal. Diante disso, João veio a ser citado por edital, a requerimento da autora. João, após transitada em julgada a sentença da ação de divórcio, teve conhecimento da ação. Diante do fato de que a autora necessariamente sabia o endereço dos familiares do requerido na cidade onde por último residiu com ele em Portugal e de onde era contactada telefonicamente com frequência por ele, procurou você para esclarecê-lo sobre os aspectos e efeitos da citação no processo brasileiro. Sobre o caso narrado, assinale a afirmativa correta.

(A) Maria não poderá ser apenada por requerer a citação por edital, uma vez que houve a ocorrência de uma das circunstâncias autorizadoras para sua realização.

(B) A citação de João é válida, porque, quando ignorado, incerto ou inacessível o lugar em que se encontrar o citando, é autorizada a citação por edital.

(C) A citação por edital é nula, porque não foram efetuadas as diligências necessárias, tendo em vista a existência de elementos sobre o paradeiro do réu.

(D) Já houve a sanatória do vício na citação de João, porque a sentença da ação de divórcio já transitou em julgado.

RESPOSTA Considere as hipóteses em que a citação se dará por edital no art. 256 do CPC. O réu será considerado em local ignorado ou incerto se infrutíferas as tentativas de sua localização, inclusive mediante requisição pelo juízo de informações sobre seu endereço nos cadastros de órgãos públicos ou de concessionárias de serviços públicos (§ 3ª). Observe que as citações e as intimações serão nulas quando feitas sem observância das prescrições legais (art. 280). *Alternativa C.*

LITISCONSÓRCIO, ASSISTÊNCIA E INTERVENÇÃO DE TERCEIROS

6. **(41º Exame)** João residia em apartamento localizado na cidade do Rio de Janeiro. Ele era locatário do apartamento e Pedro figurava como locador, tendo ambos firmado um contrato de locação para reger essa relação jurídica. Decidindo se mudar para outro bairro, João deixou sua residência e sublocou o apartamento para Luiz por meio de um contrato de sublocação. Diante da ausência de pagamento dos aluguéis pela locação, Pedro ingressou com uma ação de despejo contra João. Depois de

João apresentar sua contestação, Luiz decidiu ingressar no processo por ser sublocatário. Na qualidade de advogado(a) de Luiz, assinale a opção que apresenta a modalidade de intervenção no processo da qual Luiz poderá se valer.

(A) Assistente litisconsorcial, porque a tutela jurisdicional exercida por Luiz será indireta quanto à relação de direito material discutida em juízo entre João e Pedro, sendo que o interesse jurídico de Luiz na lide não equivale às exatas condições da relação do locador com o locatário.

(B) Assistente simples, porque a relação jurídica de direito material de Luiz é a mesma relação jurídica tratada na lide entre João e Pedro.

(C) Assistente litisconsorcial, porque a relação jurídica de direito material de Luiz é a mesma relação jurídica tratada na lide entre João e Pedro.

(D) Assistente simples, porque a tutela jurisdicional pretendida por Luiz será indireta quanto à relação de direito material discutida em juízo entre João e Pedro, sendo que o interesse jurídico de Luiz na lide não equivale às exatas condições da relação do locador com o locatário.

RESPOSTA De acordo com o art. 121, *caput*, do CPC, o assistente simples atuará como auxiliar da parte principal, exercerá os mesmos poderes e sujeitar-se-á aos mesmos ônus processuais que o assistido. No caso narrado, Luiz (assistente) não defende relação jurídica própria na demanda, mas apenas auxilia o assistido (João). Assim, verifica-se que não há relação jurídica do assistente com o adversário do assistido, sendo hipótese de assistência simples. *Alternativa D*.

7. (39º Exame) Em determinada demanda judicial cível é proferida sentença de procedência do pedido autoral, com a condenação da sociedade empresária ré ao pagamento de determinado valor a título de reparação por dano material.

Com o trânsito em julgado, o autor inicia a fase de cumprimento de sentença e, após alguns meses e diversas tentativas, sem sucesso, de penhora de bens do réu, apresenta requerimento de instauração do incidente de desconsideração da personalidade jurídica.

Você, na condição de advogado(a), é procurado(a) pelo réu, buscando saber sobre o incidente em questão.

Assinale a opção que apresenta, corretamente, sua orientação.

(A) O referido incidente não é cabível no procedimento comum, sendo restrito ao âmbito da execução fiscal de débitos tributários.

(B) A instauração do mencionado incidente suspende o processo e sua resolução se dá por decisão interlocutória.

(C) O incidente apontado não é cabível na fase de cumprimento de sentença, por não haver título judicial formado em relação aos sócios cujo patrimônio se busca atingir.

(D) Instaurado o incidente no caso concreto, os sócios da sociedade ré devem ser intimados para exercício de seu direito de defesa.

RESPOSTA A questão tratou do incidente de desconsideração da personalidade jurídica, de acordo com a previsão contida nos arts. 134, § 3º, e 136 do CPC. *Alternativa A*.

8. (35º Exame) Proposta uma demanda judicial com a presença de 150 autores no polo ativo, a parte ré, regularmente citada, peticiona nos autos apenas e exclusivamente no sentido de que seja limitado o número de litigantes, informando, ainda, que sua contestação será apresentada no momento oportuno. A parte autora, então, se antecipando à conclusão dos autos ao magistrado competente, requer que o réu seja considerado revel, por não ter apresentado sua contestação no momento oportuno. Com base no Código de Processo Civil, é correto afirmar que:

(A) o juiz pode limitar o litisconsórcio facultativo quanto ao número de litigantes nas fases de conhecimento ou de liquidação de sentença, sendo vedada tal limitação na execução, por esta pressupor a formação de litisconsórcio necessário.

(B) o requerimento de limitação do litisconsórcio facultativo quanto ao número de litigantes interrompe o prazo para manifestação ou resposta, que recomeçará da intimação da decisão que solucionar a questão.

(C) o fato de o réu não ter apresentado sua contestação no prazo regular tem como consequência a incidência de pleno direito da revelia material, que pode ser revertida caso acolhido o requerimento de limitação do litisconsórcio.

(D) apresentado requerimento de limitação do número de litigantes com base apenas no potencial prejuízo ao direito de defesa do réu, deve o magistrado limitar sua análise a tal argumento, sendo vedado decidir com base em fundamento diverso, ainda que oportunizada a manifestação prévia das partes.

RESPOSTA Quando houver litisconsórcio (*vide* art. 113 do CPC), o requerimento de limitação interrompe o prazo para manifestação ou resposta, que recomeçará da intimação da decisão que o solucionar (§ 2º). *Alternativa B*.

9. (35º Exame) Paolo e Ana Sávia, casados há mais de 10 anos, sob o regime de comunhão parcial de bens, constituíram, ao longo do casamento, um enorme patrimônio que contava com carros de luxo, mansões, fazendas, dentre outros bens. Certo dia, por conta de uma compra e venda realizada 5 anos após o casamento, Paolo é citado em uma ação que versa sobre direito real imobiliário. Ana Sávia, ao saber do fato, vai até seu advogado e questiona se ela deveria ser citada, pois envolve patrimônio familiar. Sobre o assunto, o advogado responde corretamente que, no caso em apreço:

(A) Ana Sávia deve ser citada, pois existe litisconsórcio passivo necessário entre os cônjuges em ação que verse sobre direito real imobiliário, mesmo que casados sob o regime de separação absoluta de bens.

(B) Ana Sávia não deve ser citada, pois existe litisconsórcio passivo facultativo entre os cônjuges em ação que verse sobre direito real imobiliário, salvo quando casados sob o regime de separação absoluta de bens.

(C) Ana Sávia não deve ser citada, pois não existe litisconsórcio passivo necessário entre os cônjuges em ação que verse sobre direito real imobiliário.

(D) Ana Sávia deve ser citada, pois existe litisconsórcio passivo necessário entre os cônjuges em ação que verse sobre direito real imobiliário, salvo quando casados sob o regime de separação absoluta de bens.

DIREITO PROCESSUAL CIVIL

RESPOSTA De acordo com o art. 73 do CPC, o cônjuge necessitará do consentimento do outro para propor ação que verse sobre direito real imobiliário, salvo quando casados sob o regime de separação absoluta de bens. Em razão disso, cria-se o litisconsórcio necessário, *vide* art. 114. Considere ainda o § 1º do art. 73, que diz que ambos os cônjuges serão necessariamente citados para a ação que verse sobre direito real imobiliário, salvo quando casados sob o regime de separação absoluta de bens. *Alternativa D.*

ATOS PROCESSUAIS

10. (36º Exame) Ainda no início da fase de conhecimento de determinado processo, as partes e o magistrado, de comum acordo, resolvem fixar calendário para a prática de atos processuais. Estipulado que a realização da audiência ocorreria em determinada data, a parte ré não comparece e alega que não foi devidamente intimada para o ato, requerendo a designação de nova data. Nesse contexto você, como advogado(a), é procurado(a) pela parte ré, que busca avaliar as consequências de seu não comparecimento. Nesse sentido, é correto afirmar que:

(A) o calendário não vincula o juiz, apenas as partes, as quais só podem requerer a modificação de datas se apresentada justa causa;
(B) o calendário processual pode ser imposto pelo magistrado em casos excepcionais, sem a necessidade de prévio acordo com as partes, com fundamento na importância do objeto dos autos;
(C) com exceção da audiência, dispensa-se a intimação das partes para a prática dos demais atos processuais cujas datas tiverem sido designadas no calendário;
(D) a ré não poderia deixar de comparecer à audiência, pois a modificação do calendário pelo juiz ou pelas partes somente é possível em casos excepcionais, devidamente justificados.

RESPOSTA Diz o art. 191 do CPC, que trata sobre o assunto da questão, que, de comum acordo, o juiz e as partes podem fixar calendário para a prática dos atos processuais, quando for o caso. O calendário vincula as partes e o juiz, e os prazos nele previstos somente serão modificados em casos excepcionais, devidamente justificados (§ 1º). Dispensa-se a intimação das partes para a prática de ato processual ou a realização de audiência cujas datas tiverem sido designadas no calendário (§ 2º). *Alternativa D.*

PETIÇÃO INICIAL E RESPOSTA DO RÉU

11. (38º Exame) Luíza ajuizou ação de cobrança contra Ricardo. Em sua petição inicial, informou que não possui interesse na realização de audiência de conciliação ou mediação. Ricardo, por sua vez, apresentou manifestação informando que possui interesse na realização da audiência de conciliação ou mediação. Diante do interesse formalizado pelo réu, o juiz competente da causa designou data e local para a realização da audiência. Considerando o caso narrado, Luíza

(A) não precisa comparecer à audiência de conciliação ou mediação, tendo em vista que já manifestou desinteresse em sua realização na petição inicial.
(B) não deve comparecer à audiência de conciliação ou mediação, sob pena de o seu comparecimento representar anuência tácita em compor, obrigando-a a firmar acordo com Ricardo.
(C) deve comparecer à audiência de conciliação ou mediação, sob pena de ter seu processo extinto sem resolução do mérito, por falta de interesse processual.
(D) deve comparecer à audiência de conciliação ou mediação, e, caso de forma injustificada não compareça, será sancionada com multa, tendo em vista que sua ausência será considerada ato atentatório à dignidade da justiça.

RESPOSTA Diz o CPC que se a petição inicial preencher os requisitos essenciais e não for o caso de improcedência liminar do pedido, o juiz designará audiência de conciliação ou de mediação com antecedência mínima de 30 dias, devendo ser citado o réu com pelo menos 20 dias de antecedência (art. 334). O não comparecimento injustificado do autor ou do réu à audiência de conciliação é considerado ato atentatório à dignidade da justiça e será sancionado com multa de até dois por cento da vantagem econômica pretendida ou do valor da causa, revertida em favor da União ou do Estado (§ 8º). *Alternativa D.*

12. (37º Exame) Marcela ajuizou ação de cobrança em face de Gabriel, seu vizinho, a fim de obter o pagamento de aluguéis vencidos no período de fevereiro a junho de determinado ano, relativos à locação da sua vaga de garagem. Uma vez citado, Gabriel apresentou contestação tempestivamente, invocando uma questão preliminar de falta de interesse processual. Instada a se manifestar em réplica, Marcela alegou que teria cometido um erro material na digitação da sua petição inicial, uma vez que nela deveria ter constado, como termo final da dívida, o mês de "julho" – e não de "junho". Sem a oitiva de Gabriel, constatando não haver mais provas a serem produzidas, o juiz proferiu sentença, condenando o réu ao pagamento dos aluguéis relativos aos meses de fevereiro a julho. Surpreso com a sentença, Gabriel questionou o seu advogado sobre os termos da condenação. Considerando o caso narrado, assinale a afirmativa correta.

(A) Por não se tratar de modificação, mas de simples retificação de erro material, Marcela poderia ter requerido a alteração do pedido a qualquer tempo, sendo dispensável a manifestação de Gabriel.
(B) Em se tratando de alteração do pedido posterior à citação, Marcela não poderia tê-lo feito sem o consentimento de Gabriel e sem que ele fosse ouvido.
(C) Marcela poderia ter alterado o pedido, independentemente do consentimento de Gabriel, desde que ele fosse ouvido.
(D) Por se tratar de alteração do pedido antes do saneamento do processo, o consentimento de Gabriel era desnecessário.

RESPOSTA Diz o CPC que o autor poderá até a citação, aditar ou alterar o pedido ou a causa de pedir, independentemente de consentimento do réu e até o saneamento do processo, aditar ou alterar o pedido e a causa de pedir, com consentimento do réu, assegurado o contraditório mediante a possibilidade de manifestação deste no prazo mínimo de 15 dias, facultado o requerimento de prova suplementar (art. 329 e incisos I e II). *Alternativa B.*

13. (35º Exame) No âmbito de um contrato de prestação de serviços celebrado entre as sociedades empresárias Infraestrutura S.A. e Campo Lindo S.A., foi prevista cláusula compromissória arbitral, na qual as partes acordaram que qualquer litígio de natureza patrimonial decorrente do contrato seria submetido a um tribunal arbitral. Surgido o conflito, e havendo resistência de Infraestrutura S.A. quanto à instituição da arbitragem, assinale a opção que representa a conduta que pode ser adotada por Campo Lindo S.A.

(A) Campo Lindo S.A. pode adotar medida coercitiva, mediante autorização do tribunal arbitral, para que Infraestrutura S.A. se submeta forçosamente ao procedimento arbitral, em respeito à cláusula compromissória firmada no contrato de prestação de serviço.
(B) Campo Lindo S.A. pode submeter o conflito à jurisdição arbitral, ainda que sem participação de Infraestrutura S.A., o qual será considerado revel e contra si presumir-se-ão verdadeiras todas as alegações de fato formuladas pelo requerente Campo Lindo S.A.
(C) Campo Lindo S.A. pode requerer a citação de Infraestrutura S.A. para comparecer em juízo no intuito de lavrar compromisso arbitral, designando o juiz audiência especial com esse fim.
(D) Campo Lindo S.A. pode ajuizar ação judicial contra Infraestrutura S.A., para que o Poder Judiciário resolva o mérito do conflito decorrente do contrato de prestação de serviço celebrado entre as partes.

RESPOSTA Diz o art. 7º da Lei da Arbitragem (Lei n. 9.307/96) que existindo cláusula compromissória e havendo resistência quanto à instituição da arbitragem, poderá a parte interessada requerer a citação da outra parte para comparecer em juízo a fim de lavrar-se o compromisso, designando o juiz audiência especial para tal fim. *Alternativa C.*

PROVAS E AUDIÊNCIAS

14. (39º Exame) Martina ajuizou ação pelo procedimento comum contra Marcela visando à indenização milionária, oportunidade na qual informou na petição inicial que não tinha interesse na audiência de conciliação. Após analisar a petição inicial, o MM. Juízo da 100ª Vara Cível da Comarca de Florianópolis/SC determinou a citação de Marcela para comparecer em audiência de conciliação, na forma do art. 334 do Código de Processo Civil e, eventualmente, apresentar contestação na forma do art. 35 do mesmo diploma legislativo. Após tomar conhecimento da ação indenizatória de Martina, Marcela apresentou petição concordando com o pedido de cancelamento da audiência de conciliação e se reservando o direito de apresentar contestação no prazo legal. Considerando que foram prestadas todas as informações e apresentados todos os documentos necessários para a elaboração da contestação, a ser apresentada no prazo de 15 dias, assinale a opção que indica o momento em que se inicia a contagem desse prazo.

(A) Da juntada nos autos do aviso de recebimento positivo do seu mandado de citação por correios.
(B) Da publicação da decisão do MM. Juízo da 100ª Vara Cível da Comarca de Florianópolis/SC que cancelar a audiência de conciliação agendada no despacho citatório.
(C) Do ato de protocolar o pedido de cancelamento da audiência de conciliação formulado por Marcela.
(D) Da audiência de conciliação, uma vez que o Código de Processo Civil obriga a realização desse ato processual, o qual não poderá ser cancelado por despacho do MM. Juízo da 100ª Vara Cível da Comarca de Florianópolis/SC.

RESPOSTA A questão tratou da fase inicial do procedimento comum (audiência de mediação e conciliação), de acordo com o art. 334, § 4º, I, c/c art. 335, II, do CPC. *Alternativa C.*

15. (38º Exame) Arthur e Felipe trabalham juntos na Transportadora Esporte S/A, que realiza campeonatos mensais de futebol entre suas diversas equipes. No último torneio, houve um grande desentendimento, durante o qual Felipe dirigiu numerosas ofensas contra Arthur. Indignado, Arthur ajuizou ação indenizatória em face de Felipe, por meio da qual busca a compensação pelos danos morais decorrentes das ofensas proferidas na presença dos demais colegas de trabalho. Para comprovar a sua versão dos fatos, Arthur requereu o depoimento pessoal de Felipe, que foi deferido pelo juízo de primeiro grau, que o intimou pessoalmente, advertindo-o das consequências legais. Comparecendo à audiência de instrução e julgamento, o réu se recusou a depor, embora intimado pessoalmente e advertido das eventuais consequências legais. Nesse contexto, considerando as normas processuais em vigor, o advogado de Arthur deve requerer

(A) a aplicação de multa de até 2% (dois por cento) da vantagem econômica pretendida ou do valor da causa ao réu, uma vez que a recusa caracteriza prática de ato atentatório à dignidade da justiça.
(B) o regular prosseguimento do feito, sem a imposição de penalidade específica ao réu, que só poderia ser penalizado caso não tivesse comparecido à audiência de instrução e julgamento.
(C) a condenação do réu por litigância de má-fé, com o pagamento de multa de até 10% (dez por cento) do valor corrigido da causa.
(D) a aplicação da pena de confesso ao réu, diante de sua recusa a depor.

RESPOSTA Diz o CPC que cabe à parte requerer o depoimento pessoal da outra parte, a fim de que esta seja interrogada na audiência de instrução e julgamento, sem prejuízo do poder do juiz de ordená-lo de ofício (art. 385). Se a parte, pessoalmente intimada para prestar depoimento pessoal e advertida da pena de confesso, não comparecer ou, comparecendo, se recusar a depor, o juiz aplicar-lhe-á a pena (§ 1º). *Alternativa D.*

16. (36º Exame) O Condomínio do Edifício Residências, tendo observado o surgimento de diversos vícios ocultos nas áreas de uso comum do prédio construído pela Mestre de Obras Engenharia S/A, ajuizou ação de produção antecipada de provas, na qual requereu a produção de prova pericial. Para tanto, argumentou que o prévio conhecimento dos fatos, sob o ângulo técnico, poderá evitar ou justificar uma ação futura, a depender do resultado da perícia. Devidamente citada, a Mestre de Obras Engenharia S/A apresentou manifestação, na qual alega que não há qualquer risco de perecimento da prova, pois os vícios eventualmente constatados permaneceriam no local, sendo impertinente, portanto, o ajuizamento da produção antecipada de provas. Considerando o caso narrado, assinale a afirmativa correta.

(A) A pretensão de prévio conhecimento dos fatos para justificar ou evitar o ajuizamento de ação futura em face da Mestre de Obras Engenharia S/A, não é suficiente para a admissibilidade da produção antecipada de provas proposta pelo condomínio do Edifício Residências, faltando interesse de agir.

(B) A produção antecipada de provas proposta pelo Condomínio do Edifício Residências previne a competência para a ação principal, eventualmente proposta em face da Mestre de Obras Engenharia S/A.
(C) Na produção antecipada de provas, o juiz não se pronunciará sobre a ocorrência ou inocorrência dos fatos alegados pelo Condomínio do Edifício Residências, nem sobre suas respectivas consequências jurídicas.
(D) No procedimento de produção antecipada de provas, não se admitirá defesa ou recurso, salvo contra decisão que defira a produção da prova pleiteada pelo Condomínio do Edifício Residências.

RESPOSTA Sobre a produção antecipada de provas, vide arts. 381 a 383 do CPC. Diante da situação, considere que o juiz não se pronunciará sobre a ocorrência ou a inocorrência do fato, nem sobre as respectivas consequências jurídicas (art. 382, § 2º). Alternativa C.

SENTENÇA E COISA JULGADA

17. (36º Exame) Por mais de 10 anos, Leandro foi locatário de uma sala comercial de propriedade de Paula, na qual instalou o seu consultório para atendimentos médicos. Decidido a se aposentar, Leandro notificou Paula, informando a rescisão contratual e colocando-se à disposição para entregar o imóvel. Ultrapassados 4 (quatro) meses sem o retorno da locadora, Leandro ajuizou ação declaratória de rescisão contratual com pedido de consignação das chaves. Diante disso, Paula apresentou contestação e reconvenção, na qual pleiteia a cobrança de danos materiais por diversos problemas encontrados no imóvel. Diante desse imbróglio, e reconsiderando sua aposentadoria, Leandro consulta advogado(a) para avaliar a possibilidade de desistir da ação. Sobre o caso narrado, assinale a afirmativa correta.

(A) Por ter sido apresentada contestação, Leandro poderá desistir da ação até a sentença, o que ficará sujeito à concordância de Paula.
(B) Como foi oferecida a contestação, Leandro não poderá mais desistir da ação.
(C) Caso apresentada desistência da ação por Leandro, sua conduta implicará a desistência implícita da reconvenção.
(D) Caso Leandro desista da ação, isso acarretará a extinção do processo sem resolução de mérito, obstando a propositura de nova ação com o mesmo objeto.

RESPOSTA As situações que o juiz não resolverá o mérito estão elencadas no art. 485 do CPC, dentre elas, quando homologar a desistência da ação (inciso VIII). Veja que, oferecida a contestação, o autor não poderá, sem o consentimento do réu, desistir da ação (§ 4º). A desistência da ação pode ser apresentada até a sentença (§ 5º). Alternativa A.

RECURSOS

18. (41º Exame) Silene ajuizou ação de divórcio, cumulada com pedido de fixação de alimentos, em face de Jonas. O juiz, em sede de decisão de saneamento e organização do processo, entendeu que o pedido de divórcio estava apto para julgamento e, no que se refere à pretensão de alimentos, determinou a produção de prova oral, consistente em depoimento pessoal e prova testemunhal, bem como de prova documental suplementar. Ato contínuo, por meio de decisão interlocutória, o juiz julgou procedente o pedido de divórcio, e determinou o prosseguimento do processo para a fase instrutória em relação ao pedido de fixação de alimentos. Tomando o caso concreto como premissa, assinale a afirmativa correta.

(A) A decisão de julgamento do pedido de divórcio poderá ser impugnada por agravo de instrumento.
(B) O número de testemunhas arroladas não poderá ser superior a cinco, sendo duas, no máximo, para cada fato.
(C) Depois do saneamento, Silene e Jonas podem pedir esclarecimentos ou solicitar ajustes no prazo comum de dez dias, findo o qual a decisão se torna estável.
(D) Em razão da impossibilidade de fracionamento de julgamento do mérito, o juiz não poderia ter julgado, desde logo, o pedido de divórcio, o qual somente poderia ser feito conjuntamente com o pedido de fixação de alimentos.

RESPOSTA Depreende-se do enunciado que, no caso, ocorreu um julgamento antecipado parcial do mérito, nos termos do art. 356 do CPC. Ademais, será cabível o recurso de agravo de instrumento da decisão que julgar antecipadamente parcela do mérito, conforme o disposto nos arts. 356, § 5º, e 1.015, II e XIII, do CPC. Alternativa A.

19. (40º Exame) Leonardo adquiriu uma televisão na Loja Francesa pelo valor de R$ 12.000,00 (doze mil reais), quantia que seria paga por meio de cartão de crédito em 12 (doze) parcelas de R$ 1.000,00. Ocorre que, após o pagamento da 6ª (sexta) parcela, a Loja Francesa passou a cobrar R$ 2.000,00 (dois mil reais) de Leonardo nas 6 (seis) parcelas restantes. Por ter constatado a cobrança indevida somente depois de realizar o pagamento integral, Leonardo ajuizou ação pelo procedimento comum em face da Loja Francesa para ser ressarcido em dobro pelo valor indevidamente cobrado na forma do art. 42, parágrafo único, do Código de Defesa do Consumidor. Depois da contestação e regular instrução, o Juízo da Vara Cível competente proferiu sentença julgando procedente o pedido de Leonardo, com a consequente condenação da Loja Francesa ao pagamento de R$ 12.000,00, acrescido de correção monetária e juros legais. Ato contínuo, a Loja Francesa interpôs recurso de apelação, que foi desprovido pelo Tribunal de Justiça. Em seguida, a Loja Francesa interpôs recurso especial, porém intempestivamente. Como existiam inúmeros recursos sobre a admissibilidade da devolução em dobro em caso de cobrança indevida contra o consumidor, com fundamento no art. 42, parágrafo único, do Código de Defesa do Consumidor, essa controvérsia jurídica foi afetada para o rito do julgamento dos recursos repetitivos e implicou o sobrestamento do recurso especial da Loja Francesa. Ato contínuo, Leonardo requereu que o recurso especial da Loja Francesa não fosse sobrestado, uma vez que era intempestivo. Embora intempestivo o recurso, o referido requerimento foi indeferido. Na condição de advogado(a) de Leonardo, assinale a opção que indica o recurso cabível para alterar essa decisão.

(A) Não será possível interpor qualquer recurso, pois é irrecorrível a decisão que indefere o requerimento de exclusão de sobrestamento do recurso especial impactado pelo procedimento dos recursos especiais repetitivos.

(B) Reclamação, pois é irrecorrível a decisão que indefere o requerimento de exclusão de sobrestamento do recurso especial impactado pelo procedimento dos recursos especiais repetitivos.

(C) Ação rescisória, pois é irrecorrível a decisão que indefere o requerimento de exclusão de sobrestamento do recurso especial impactado pelo procedimento dos recursos especiais repetitivos.

(D) Agravo interno, pois esse é o recurso cabível contra a decisão que indefere o requerimento de exclusão de sobrestamento do recurso especial impactado pelo procedimento dos recursos especiais repetitivos.

RESPOSTA Uma vez tendo sido sobrestado o recurso especial apresentado intempestivamente pela Loja Francesa, o advogado de Leonardo poderá requerer ao presidente ou ao vice-presidente do Tribunal que exclua o recurso em questão da decisão de sobrestamento e o inadmita em razão da sua intempestividade. Caso esse requerimento venha a ser indeferido, será possível a apresentação do agravo interno para o órgão colegiado, que poderá rever a decisão monocrática e, consequentemente, inadmitir o recurso especial apresentado de maneira intempestiva, conforme art. 1.036, §§ 2º e 3º, do CPC. *Alternativa D.*

20. (40º Exame) Felipe propôs ação de reparação de danos contra Gustavo fundada em responsabilidade extracontratual, em razão de Felipe ter sido atacado pelo cachorro de Gustavo, enquanto transitava pela rua perto de sua casa. Em primeira instância, os pedidos formulados por Felipe em sua petição inicial foram julgados totalmente procedentes. Depois da publicação da sentença de procedência, Gustavo interpôs apelação para buscar a reforma integral da sentença. Simultaneamente, Felipe opôs embargos de declaração contra a sentença para obter a majoração dos honorários de sucumbência, considerando que não foi fixado o percentual mínimo previsto no art. 85, § 2º, do Código de Processo Civil. Sobre essa situação hipotética, assinale a afirmativa que apresenta, corretamente, a conduta que você, como advogado(a) do embargado, deverá adotar.

(A) Apresentar nova apelação após o julgamento dos embargos de declaração opostos por Felipe, independentemente do resultado do julgamento dos embargos de declaração.

(B) Complementar ou alterar as razões de apelação, se houver o acolhimento dos embargos de declaração opostos por Felipe.

(C) Ratificar as razões de sua apelação após o julgamento dos embargos opostos por Felipe, sob pena de não conhecimento do recurso de apelação.

(D) Apresentar nova apelação após o julgamento dos embargos de declaração opostos por Felipe se os embargos de declaração forem acolhidos.

RESPOSTA No caso concreto narrado pelo enunciado, percebemos que Felipe interpôs o seu recurso de apelação antes do julgamento dos embargos de declaração apresentados pela parte contrária. Nessa situação, é possível que a decisão recorrida (sentença de primeiro grau) venha a ser alterada pelos embargos de declaração, o que terá o condão de influenciar aquela apelação anteriormente apresentada, conforme §§ 4º e 5º do art. 1.024 do CPC. *Alternativa B.*

21. (40º Exame) Na qualidade de servidor público estadual, Marcos ajuizou ação pelo procedimento comum contra o Estado de Minas Gerais, buscando obter o pagamento de determinada verba remuneratória que lhe teria sido suprimida de forma administrativa, em contrariedade ao que dispõe a lei. Depois da citação do Estado de Minas Gerais e do regular curso do feito, o juiz responsável pela tramitação da ação julgou procedente o pedido formulado por Marcos, condenando o ente estatal ao pagamento da verba remuneratória. Na sequência, o cartório da serventia do juízo procedeu à intimação eletrônica das partes acerca da sentença, visto tratar-se de processo eletrônico. Sobre a situação hipotética descrita, assinale a afirmativa correta.

(A) O prazo de que disporá o Estado de Minas Gerais para a interposição de eventual recurso de apelação será de 15 (quinze) dias úteis, contados do dia útil seguinte à consulta ao teor da intimação ou ao término do prazo para que a consulta se dê, dado que a intimação da sentença ocorreu de forma eletrônica, não devendo o prazo ser contado em dobro.

(B) O Estado de Minas Gerais poderá alegar a nulidade da intimação, visto não ser lícita a utilização de meio eletrônico para a comunicação de atos processuais, sendo imprescindível a intimação pessoal do ente estatal, que somente se pode dar por carga ou remessa dos autos.

(C) Caso o Estado de Minas Gerais tivesse interposto apelação antes de intimado eletronicamente da sentença, o recurso haveria de ser considerado intempestivo, por ter sido apresentado antes do termo inicial do prazo.

(D) Caso vislumbre omissão, contradição, obscuridade ou erro material na sentença, o Estado de Minas Gerais poderá opor embargos de declaração, no prazo de 10 (dez) dias úteis, considerando, como início do prazo, o dia útil seguinte à consulta ao teor da intimação ou ao término do prazo para que a consulta se dê, dado que gozará de prazo em dobro para todas as suas manifestações processuais.

RESPOSTA Considerando que o prazo geral para os embargos de declaração é de 5 dias úteis (art. 1.023 do CPC) e que os entes públicos gozam de prazo em dobro para todas as suas manifestações processuais (art. 183 do CPC), podemos concluir que, de fato, o Estado de Minas Gerais terá o prazo de 10 dias úteis para a apresentação dos seus embargos de declaração, o que, até este ponto, torna a alternativa (D) correta. *Alternativa D.*

22. (38º Exame) Rafael ajuizou ação de despejo em face de Luiz, sob o fundamento de que Luiz não teria pago o aluguel do imóvel de sua propriedade nos últimos meses. Em primeira instância, foi proferida sentença que julgou improcedentes os pedidos formulados na petição inicial. Rafael, então, interpôs apelação, a qual foi desprovida pelo tribunal. Posteriormente, Rafael interpôs recurso extraordinário contra o acórdão, alegando violação a uma série de dispositivos constitucionais. Examinando o recurso extraordinário, a vice-presidência do tribunal negou-lhe seguimento, sob o fundamento de que o Supremo Tribunal Federal já havia reconhecido a inexistência de repercussão geral da questão constitucional discutida no referido recurso. Diante do caso narrado, assinale a opção que indica a medida judicial a ser adotada por Rafael.

(A) interposição de agravo em recurso extraordinário, para que o Supremo Tribunal Federal examine se o recurso extraordinário preenche ou não seus requisitos de admissibilidade.

(B) interposição de recurso extraordinário, para que o Supremo Tribunal Federal reexamine a existência de repercussão geral da questão constitucional discutida no recurso.
(C) interposição de agravo interno, no intuito de demonstrar a distinção entre a questão constitucional discutida no recurso extraordinário e a discutida no recurso no qual o Supremo Tribunal Federal não reconheceu a existência de repercussão geral.
(D) ajuizamento de reclamação constitucional, tendo em vista que apenas a presidência do tribunal de segunda instância tem competência para examinar o preenchimento dos requisitos de admissibilidade do recurso extraordinário.

RESPOSTA Atente-se ao art. 1.030 do CPC e seu inciso I e que da decisão proferida com fundamento nos incisos I e III dele caberá agravo interno, nos termos do art. 1.021. *Alternativa C*.

23. (37º Exame) Devidamente intimado do acórdão proferido pela Câmara Cível do Tribunal de Justiça do Estado de Minas Gerais que desproveu seu recurso de apelação, Diego opõe embargos de declaração alegando que o acórdão teria deixado de se manifestar sobre tese firmada em julgamento em incidente de assunção de competência aplicável ao caso. Nos embargos de declaração, Diego também alegou, para fins de prequestionamento, que o acórdão teria se omitido a respeito de determinado dispositivo de lei federal. Em paralelo, antes do julgamento dos embargos de declaração, José, então apelado, interpõe recurso especial alegando violação ao art. 85, § 11, do CPC, visto que a Câmara Cível do Tribunal de Justiça do Estado de Minas Gerais não fixou honorários de sucumbência recursais no acórdão que julgou a apelação de Diego. Diante da situação hipotética descrita, assinale a afirmativa correta.

(A) Diego não poderia ter fundamentado seus embargos de declaração na ausência de manifestação, pelo acórdão que julgou a apelação, acerca de tese firmada em sede de incidente de assunção de competência aplicável ao caso, pois os embargos de declaração constituem recurso de fundamentação vinculada, cabível apenas nas hipóteses de omissão, contradição, obscuridade ou erro material.
(B) Ainda que os embargos de declaração opostos por Diego venham a ser rejeitados ou não alterem a conclusão do julgamento anterior da Câmara Cível do Tribunal de Justiça do Estado de Minas Gerais, o recurso especial interposto por José somente será processado ser for por ele ratificado após a apreciação dos embargos de declaração.
(C) Os embargos de declaração não possuem efeito suspensivo, mas interrompem o prazo para a interposição de outros recursos, de modo que Diego ainda poderá interpor recurso especial contra o acórdão após o julgamento dos embargos de declaração, se for o caso.
(D) Caso sejam desprovidos os embargos de declaração opostos por Diego, não será considerado como incluído no acórdão o dispositivo legal por ele invocado nos embargos de declaração, para fins de pré-questionamento, ainda que tribunal superior posteriormente considere existente a omissão.

RESPOSTA De acordo com o CPC, os embargos de declaração não possuem efeito suspensivo e interrompem o prazo para a interposição de recurso (art. 1.026). *Alternativa C*.

24. (35º Exame) João ajuizou ação de indenização por danos materiais e morais contra Carla. Ao examinar a petição inicial, o juiz competente entendeu que a causa dispensava fase instrutória e, independentemente da citação de Carla, julgou liminarmente improcedente o pedido de João, visto que contrário a enunciado de súmula do Superior Tribunal de Justiça. Nessa situação hipotética, assinale a opção que indica o recurso que João deverá interpor.

(A) Agravo de instrumento, uma vez que o julgamento de improcedência liminar do pedido ocorre por meio da prolação de decisão interlocutória agravável.
(B) Agravo de instrumento, tendo em vista há urgência decorrente da inutilidade do julgamento da questão em recurso de apelação.
(C) Apelação, sendo facultado ao juiz retratar-se, no prazo de cinco dias, do julgamento liminar de improcedente do pedido.
(D) Apelação, sendo o recurso distribuído diretamente a um relator do tribunal, que será responsável por intimar a parte contrária a apresentar resposta à apelação em quinze dias.

RESPOSTA Prevê o CPC que nas causas que dispensem a fase instrutória, o juiz, independentemente da citação do réu, julgará liminarmente improcedente o pedido que contrariar as hipóteses do art. 332. Tem-se que interposta a apelação, o juiz poderá retratar-se em 5 (cinco) dias (§ 3º). *Alternativa C*.

EXECUÇÃO, LIQUIDAÇÃO DE SENTENÇA E CUMPRIMENTO DE SENTENÇA

25. (40º Exame) O engenheiro civil José Carlos Silva trabalha em Aracaju/SE. Ele realizou a reforma da casa de Luzia, no valor de R$ 15.000,00 (quinze mil reais). O serviço foi devidamente prestado, sem qualquer reclamação por eventuais falhas por parte de Luzia. Contudo, Luzia não efetuou o pagamento no prazo estipulado. José Carlos procurou Luzia para resolver o pagamento da dívida sem buscar o Poder Judiciário e, após diversas tratativas, Luzia assinou um documento particular em que reconhece a dívida de R$ 15.000,00 (quinze mil reais). O referido instrumento também foi assinado por duas testemunhas. Porém, no prazo estipulado para cumprimento da obrigação, Luzia não efetuou o pagamento e José Carlos ajuizou uma execução de título extrajudicial em face de Luzia. Depois da citação e da ausência do pagamento de Luzia, José Carlos pede ao Juiz que Luzia indique bens sujeitos à penhora, sob pena de multa, pois caso não indique, sua conduta poderá ser considerada atentatória à dignidade da justiça. Sobre o requerimento de José Carlos, assinale a afirmativa correta.

(A) José Carlos não poderá efetuar esse requerimento, pois não é possível o arbitramento de multa caso Luzia não indique bens sujeitos à penhora.
(B) José Carlos poderá efetuar esse requerimento, sendo considerada atentatória à dignidade da justiça conduta comissiva ou omissiva da executada que intimada, não indica ao juiz quais são e onde estão os bens sujeitos à penhora e os respectivos valores, nem exibe prova de sua propriedade e, se for o caso, a certidão negativa de ônus.
(C) José Carlos poderá efetuar esse requerimento, sendo possível o arbitramento de multa superior a 30% do valor atualizado da execução, mas não poderá ocorrer nenhuma outra sanção de natureza processual ou material em face da executada.

(D) José Carlos não poderá efetuar esse requerimento, pois é sua obrigação indicar os bens possíveis de penhora de Luzia.

RESPOSTA No curso do processo de execução de título extrajudicial, a parte exequente pode requerer ao juiz que intime o executado para indicar os seus bens eventualmente sujeitos à penhora, bem como os seus respectivos valores. Caso essa obrigação não seja cumprida, o ato do executado será considerado atentatório à dignidade da justiça e, consequentemente, ficará sujeito a uma multa não superior a 20% do valor atualizado do débito em execução, nos termos do art. 774 do CPC. *Alternativa B.*

26. (39º Exame) Stefano Carneiro, após ganhar indenização de R$ 60.000,00 em processo judicial movido em face de Estevão Braga, inicia o cumprimento definitivo de sentença requerendo ao juízo competente que intime o devedor para o pagamento da condenação. No prazo para pagar, Estevão Braga reconhece o débito e solicita ao seu advogado que realize o depósito de trinta por cento do valor da execução, acrescido de custas e de honorários do advogado, e que o restante seja parcelado em seis parcelas mensais, acrescidas de correção monetária e de juros de um por cento ao mês, pois soube que o Código de Processo Civil permite ao devedor o parcelamento nessas condições. Na condição de advogado(a) de Estevão Braga, assinale a afirmativa correta.

(a) O parcelamento pretendido por Estevão é possível, independentemente da aceitação do exequente, pois é um direito do executado.
(b) O parcelamento pretendido por Estevão é possível, pois o reconhecimento do débito ocorreu dentro no prazo para pagar.
(c) O parcelamento pretendido por Estevão só é possível antes do início do cumprimento de sentença.
(d) O parcelamento pretendido por Estevão não se aplica ao cumprimento de sentença.

RESPOSTA A questão tratou sobre o parcelamento do débito na execução previsto no art. 916 do CPC, que, por expressa previsão legal do § 7º, não se aplica ao cumprimento de sentença. *Alternativa D.*

27. (38º Exame) Joaquim celebrou com a concessionária Fast Car Ltda. contrato de compra e venda de veículo, com força de título executivo, em que restou prevista a entrega do automóvel, com indicação de seu valor (R$ 50.000,00), trinta dias após a avença. Não cumprido o contrato, Joaquim ajuizou execução para a entrega de coisa certa em face da referida loja. Citada, a ré não satisfez a obrigação, tendo a ordem de busca e apreensão restado infrutífera, uma vez que o bem não foi encontrado. Na qualidade de advogado(a) de Joaquim indique a providência a ser adotada para que Joaquim seja ressarcido dos danos sofridos.

(A) Propor ação de conhecimento para que a ré seja condenada ao pagamento da indenização pelos danos sofridos, na medida em que a ação proposta foi unicamente de execução para entrega de coisa certa.
(B) Pleitear, no mesmo processo, o recebimento tanto do valor da coisa como de perdas e danos, apurando-se em liquidação os prejuízos.
(C) Pleitear, no mesmo processo, o recebimento apenas do valor da coisa, sujeitando-se ao arbitramento judicial.
(D) Ajuizar outra execução, agora por quantia certa, uma vez que possui título executivo extrajudicial.

RESPOSTA Diz o CPC que o exequente tem direito a receber, além de perdas e danos, o valor da coisa, quando essa se deteriorar, não lhe for entregue, não for encontrada ou não for reclamada do poder de terceiro adquirente (art. 809). Além disso, não constando do título o valor da coisa e sendo impossível sua avaliação, o exequente apresentará estimativa, sujeitando-a ao arbitramento judicial (§ 1º). E serão apurados em liquidação o valor da coisa e os prejuízos (§ 2º). *Alternativa B.*

28. (37º Exame) A sociedade empresária Olímpia Limitada ("Olímpia") fabrica equipamentos de musculação para redes de academias, como a Vida Fitness Limitada ("Vida Fitness"). Em 2021, a Vida Fitness passou por problemas financeiros, motivo pelo qual não realizou o pagamento de R$ 500.000,00 (quinhentos mil reais) por 50 (cinquentas) esteiras adquiridas em 2020. Em virtude desse inadimplemento, a Olímpia ajuizou execução de título extrajudicial perante o MM. Juízo da Vara Cível de São Paulo. No curso dessa demanda, a exequente obteve a penhora online de R$ 500.000,00 existentes nas contas bancárias da Vida Fitness. Assim que tomou conhecimento da penhora, a Vida Fitness procurou você, como advogado(a), para informar que não pretendia questionar a decisão que determinou a penhora online, mas que gostaria de buscar a substituição do bem penhorado, de forma que os R$ 500.000,00 pudessem melhorar a situação do fluxo de caixa da sociedade empresária. Diante dessa situação, assinale a afirmativa que apresenta a orientação correta prestada à Vida Fitness.

(A) Não será possível requerer a substituição da penhora, uma vez que a penhora em dinheiro é prioritária.
(B) Será possível requerer a substituição da penhora por meio de fiança bancária ou seguro garantia judicial, desde que o valor dessas garantias não seja inferior ao valor do débito constante na petição inicial da execução de título extrajudicial movida pela Olímpia.
(C) Será possível requerer a substituição da penhora por meio de fiança bancária ou seguro garantia judicial, desde que o valor dessas garantias não seja inferior ao valor do débito constante na petição inicial da execução de título extrajudicial movida pela Olímpia, acrescido de 30% (trinta por cento).
(D) Será possível requerer a substituição da penhora somente por imóvel de valor superior ao montante exequendo.

RESPOSTA De acordo com o CPC, as partes poderão requerer a substituição da penhora nos casos do art. 848. E a penhora pode ser substituída por fiança bancária ou por seguro garantia judicial, em valor não inferior ao do débito constante da inicial, acrescido de trinta por cento. *Alternativa C.*

29. (36º Exame) A livraria Sabedoria sofreu ação de execução por título extrajudicial movida pelo Banco Carvalho em virtude da inadimplência de contrato de empréstimo. Citada, a executada não realizou o pagamento da dívida, tendo sofrido o bloqueio de dinheiro depositado em instituição financeira. Com o objetivo de liberar o valor bloqueado, ofereceu, em substituição à penhora, fiança bancária ou o percentual de 10% de seu faturamento. Intimada, a exequente não concordou com a substituição, sob o fundamento de que a penhora em dinheiro é preferencial e não pode ser substituída por qualquer outra, fundamento

DIREITO PROCESSUAL CIVIL

que foi acolhido pela juíza da causa. Diante desses fatos, assinale a afirmativa correta.

(A) A decisão judicial está errada, pois a penhora do faturamento é equivalente a dinheiro, sendo cabível a substituição.

(B) A decisão judicial está correta, pois a penhora em dinheiro é prioritária e somente poderia ser substituída com a concordância da exequente.

(C) A decisão judicial está errada, pois a fiança bancária equipara-se a dinheiro, desde que em valor não inferior ao débito constante da inicial, acrescido de trinta por cento.

(D) a decisão judicial está correta, pois dinheiro, fiança bancária e penhora do faturamento são substituíveis entre si para fins de penhora.

RESPOSTA O art. 835 do CPC dispõe sobre a obediência à ordem de penhora de bens. Para fins de substituição da penhora, equiparam-se a dinheiro a fiança bancária e o seguro garantia judicial, desde que em valor não inferior ao do débito constante da inicial, acrescido de trinta por cento (§ 2º). *Alternativa C.*

30. (35º Exame) Pedro, representado por sua genitora, propõe ação de alimentos em face de João, seu genitor, que residia em Recife. Após desconstituir o advogado que atuou na fase de conhecimento, em Belo Horizonte, onde o autor morava quando do início da demanda, a genitora de Pedro procura você, na qualidade de advogado(a), indagando sobre a possibilidade de que o cumprimento de sentença tramite no município de São Paulo, onde, atualmente, ela e o filho residem, ressalvado que o genitor não mudou de endereço. Diante de tal quadro, é correto afirmar que:

(A) o cumprimento de sentença pode ser realizado em São Paulo, embora também pudesse ocorrer em Belo Horizonte, perante o juízo que decidiu a causa no primeiro grau de jurisdição.

(B) o cumprimento não pode ser realizado em São Paulo, tendo em vista que a competência é determinada no momento do registro ou da distribuição da petição inicial, razão pela qual são irrelevantes as modificações do estado de fato ou de direito ocorridas posteriormente.

(C) o cumprimento de sentença somente pode ser realizado São Paulo, uma vez que a mudança de endereço altera critério de natureza absoluta, de forma que não há opção.

(D) o cumprimento de sentença somente pode ocorrer em Recife, onde o genitor reside.

RESPOSTA Conforme previsto no CPC, o exequente poderá optar pelo juízo do atual domicílio do executado, pelo juízo do local onde se encontrem os bens sujeitos à execução ou pelo juízo do local onde deva ser executada a obrigação de fazer ou de não fazer, casos em que a remessa dos autos do processo será solicitada ao juízo de origem (art. 516, p.u.). Além disso, o exequente pode promover o cumprimento da sentença ou decisão que condena ao pagamento de prestação alimentícia no juízo de seu domicílio (art. 528, § 9º). *Alternativa A.*

PROCESSO NOS TRIBUNAIS: UNIFORMIZAÇÃO DA JURISPRUDÊNCIA E AÇÃO RESCISÓRIA

31. (41º Exame) Pedro propôs ação de dissolução parcial da sociedade Papel Cia. Ltda., em função de atos praticados pelo então administrador da sociedade, Paulo. No processo, restou comprovado que Paulo adulterava os balanços patrimoniais da sociedade. Diante desse fato, o juiz proferiu sentença decretando a dissolução parcial da sociedade. Em face da sentença, Paulo interpôs o respectivo recurso de apelação. Depois de proferidos os votos, o resultado do julgamento foi pela reforma da decisão, contudo de forma não unânime. Sobre a hipótese narrada, na qualidade de advogado de Pedro, assinale a afirmativa correta.

(A) São cabíveis embargos infringentes, pois o acórdão não unânime reformou a sentença de mérito proferida em primeiro grau.

(B) O julgamento terá prosseguimento em sessão a ser designada com a presença de outros julgadores, tendo em vista o resultado não unânime do julgamento, que serão convocados nos termos previamente definidos no regimento interno, em número suficiente para garantir a possibilidade de inversão do resultado inicial.

(C) Na hipótese de novo julgamento, é vedado às partes e aos eventuais terceiros o direito de sustentar oralmente suas razões perante os julgadores novamente.

(D) A técnica de julgamento nos casos de resultados não unânimes se aplica, igualmente, à ação rescisória, ao agravo de instrumento, ao incidente de resolução de demandas repetitivas, ao incidente de assunção de competência e à remessa necessária.

RESPOSTA A questão aborda o conhecimento sobre a técnica de ampliação do colegiado, tendo em vista que o resultado do julgamento da apelação foi pela reforma da decisão, contudo, de forma não unânime, ensejando, assim, a aplicação da técnica de ampliação do colegiado, prevista no art. 942 do CPC. *Alternativa B.*

32. (39º Exame) A *General Food* é uma reconhecida sociedade empresária britânica do ramo de alimentos presidida, desde 2018, pelo brasileiro Rodrigo Bottas. Em 2021, o jornal "Folha de Londres" publicou uma série de reportagens apontando irregularidades na gestão de Rodrigo Bottas, que foi imediatamente afastado da sociedade empresária. Ato contínuo, a *General Food* investigou as irregularidades suscitadas pelo jornal e, após confirmá-las, instaurou arbitragem na Inglaterra para obter indenização pelos prejuízos causados por seu antigo executivo. Após regular participação de Rodrigo Bottas no referido procedimento, o Tribunal Arbitral proferiu sentença julgando procedente o pedido indenizatório da *General Food*. Como Rodrigo Bottas não tinha bens na Inglaterra, a *General Food* procurou um(a) advogado(a) para buscar informações sobre a possibilidade de executar a sentença arbitral estrangeira no Brasil. Na qualidade de advogado(a) da *General Food*, assinale a afirmativa correta.

(A) A *General Food* deverá ajuizar ação de execução contra Rodrigo Bottas, uma vez que a sentença arbitral estrangeira é título executivo judicial.

(B) A *General Food* deverá instaurar arbitragem contra Rodrigo Bottas, uma vez que não são admissíveis a homologação e a execução de sentença arbitral estrangeira no Brasil.

(C) A *General Food* deverá ajuizar ação indenizatória contra Rodrigo Bottas, uma vez que não são possíveis a homologação e a execução de sentença arbitral estrangeira no Brasil.

(D) A *General Food* deverá apresentar pedido de homologação da sentença arbitral estrangeira contra Rodrigo Bottas antes de executar a referida decisão no Brasil.

RESPOSTA A questão trata da homologação de decisão estrangeira, de acordo com o art. 960, § 3º, do CPC, que prevê que a decisão arbitral estrangeira se submete ao procedimento de homologação perante o STJ. *Alternativa D.*

CAUTELA E TUTELA PROVISÓRIA

33. (41º Exame) Bruno, após sofrer um grave acidente de carro, foi levado para a urgência do Hospital Bom Sorriso. Ao chegar ao local em uma ambulância, mesmo sendo coberto pelo seu plano de saúde e não havendo nenhuma pendência financeira, a cirurgia de urgência de Bruno foi negada pelo plano. Desesperada, a mãe de Bruno ligou para a central de atendimento do plano e encaminhou por e-mail o laudo médico que mencionava que, se a cirurgia não fosse feita no prazo de 48 horas, Bruno poderia morrer. O plano de saúde, por sua vez, negou novamente a realização da cirurgia, sem qualquer motivação. Com o laudo médico que diz ser fundamental a cirurgia para a sobrevivência de Bruno, a carteira do plano de saúde, um documento que comprova que Bruno não está inadimplente com o plano e um comprovante da negativa do plano de saúde, a mãe de Bruno procura você, como advogado(a), para a defesa do direito e, especialmente, a indicação de pedido de tutela de urgência. Com base nos elementos apresentados e na possibilidade do pedido de tutela de urgência, assinale a afirmativa que apresenta, corretamente, sua orientação.

(A) Para a concessão da tutela de urgência, basta apenas a existência de elementos que evidenciem a probabilidade do direito, sendo dispensável a comprovação do perigo de dano ou o risco ao resultado útil do processo.
(B) Para a concessão da tutela de urgência, deverão existir elementos que evidenciem a probabilidade do direito e o perigo de dano ou o risco ao resultado útil do processo.
(C) Caso a tutela de urgência seja concedida para a realização da cirurgia de Bruno, o juiz não precisará motivar seu convencimento, em razão da urgência.
(D) Caso a tutela de urgência não seja concedida, não é possível a interposição de recurso, pois a demanda se estabilizará.

RESPOSTA A questão aborda o conhecimento sobre a tutela provisória de urgência antecipada requerida em caráter antecedente, exigindo a concessão da tutela de urgência a presença de 2 (dois) requisitos cumulativos: i) existência de elementos que evidenciem a probabilidade do direito; e ii) comprovação do perigo de dano ou o risco ao resultado útil do processo, de acordo com o art. 300, *caput*, do CPC. *Alternativa B.*

34. (40º Exame) Aline recebeu uma proposta de investimento de Gizé Ltda., instituição que atua no mercado financeiro, que lhe garantiria um retorno fixo mensal de 10% ao mês sobre o capital investido. Crendo tratar-se de um ótimo negócio, Aline transferiu R$ 500.000,00 (quinhentos mil reais) para a conta da Gizé Ltda., que passou a lhe apresentar extratos mensais, apontando um suposto crescimento do capital. Entretanto, alguns meses depois, foi divulgado em um importante veículo de comunicação que a Gizé Ltda. estava sendo investigada pela prática de pirâmide financeira. Muito nervosa, Aline tentou contato telefônico com a instituição, sem sucesso. Depois de inúmeros e-mails, Aline decidiu ir ao estabelecimento onde funcionava a Gizé Ltda., mas encontrou o imóvel abandonado. Constatando tratar-se de um golpe, Aline, por meio de advogado(a), decidiu ajuizar pedido de tutela cautelar em caráter antecedente, com o objetivo de efetivar o arresto de R$ 500.000,00 (quinhentos mil reais), antes de formular o pedido principal, de rescisão do contrato, com devolução do valor depositado, cobrança dos rendimentos contratados e indenização pelos danos morais sofridos. Sobre essa modalidade de tutela provisória, assinale a afirmativa correta.

(A) Sendo deferida a tutela cautelar antecedente requerida por Aline, ela deverá ser efetivada no prazo de 60 (sessenta) dias, sob pena de perda da eficácia da tutela cautelar concedida.
(B) Sendo efetivada a tutela cautelar antecedente requerida por Aline, o pedido principal deverá ser formulado no prazo de 15 (quinze) dias, sob pena de perda da eficácia da tutela cautelar concedida.
(C) Se o pedido principal formulado por Aline for julgado improcedente, haverá a perda da eficácia da tutela cautelar concedida.
(D) Se houver a perda da eficácia da tutela cautelar antecedente, tal pedido poderá ser renovado posteriormente, com base nos mesmos fundamentos.

RESPOSTA A tutela cautelar, também denominada "conservativa", tem o intuito específico de garantir o resultado útil do processo. Em razão disso, é natural que a tutela cautelar concedida (nesse caso, o arresto) só perdure enquanto o pedido principal não seja julgado, e, se houver o seu julgamento de improcedência, a referida tutela irá perder a sua eficácia, conforme art. 309, III, do CPC. *Alternativa C.*

35. (39º Exame) Ademir Leone, servidor público aposentado, atualmente obtém sua maior fonte de renda por meio da compra e venda de ações na bolsa de valores brasileira, tendo em vista a perda do poder econômico de sua aposentadoria. Certo dia, ao tentar comprar ações na bolsa de valores, recebe a notificação de que seu nome havia sido inscrito nos órgãos de proteção ao crédito em razão do inadimplemento das parcelas de um empréstimo firmado com o Banco Prata, e por isso a transação não poderia ser completada, bem como soube que suas ações foram bloqueadas. Incrédulo com tal situação, pois nunca contratou com tal banco, além de temer pelo sustento de sua família, Ademir procurou você, como advogado(a), para saber da possibilidade de limpar seu nome o quanto antes, ajuizando ação judicial, mas sem precisar esperar o fim do processo. Assinale a afirmativa que apresenta, corretamente, a orientação que atende à pretensão do seu cliente,

(A) Não existe essa possibilidade no direito brasileiro, o qual pauta-se no contraditório e na ampla defesa, respeitando o devido processo legal, seguindo todas as fases processuais, para que, somente ao final, seja dada uma decisão justa e equânime.
(B) É possível que seja concedida a tutela de urgência, sendo desnecessário a demonstração de elementos que evidenciem a probabilidade do direito e o perigo de dano ou o risco ao resultado útil do processo.

DIREITO PROCESSUAL CIVIL

(C) Existe a possibilidade de que seja concedida a tutela de evidência, desde que demonstrado o perigo de dano ou o risco ao resultado útil do processo.

(D) Há a possibilidade de que seja concedida a tutela de urgência, pois existem elementos que evidenciam a probabilidade do direito e o perigo de dano ou o risco ao resultado útil do processo.

RESPOSTA A questão tratou das tutelas provisórias, pois a situação de fato narrada no enunciado preenche os requisitos do art. 300 do CPC. *Alternativa D.*

36. (37º Exame) A sociedade empresária Vesta Construções e Serviços Ltda. propôs tutela cautelar, requerida em caráter antecedente, contra a sociedade empresária Minerva Incorporações Ltda., fundada em contrato de construção civil e fornecimento de serviços, que contém cláusula arbitral para a resolução de quaisquer controvérsias advindas desse contrato. Vesta Construções e Serviços Ltda. figura como parte contratada e Minerva Incorporações Ltda. como parte contratante. Vesta Construções e Serviços Ltda. alega que, embora tenha executado os serviços previstos no contrato, Minerva Incorporações Ltda. aplicou multas contratuais em razão de atraso no cronograma das obras, as quais alega que não seriam devidas. Por essa razão, Vesta Construções e Serviços Ltda. ingressou com a tutela cautelar em caráter antecedente e requereu que fosse concedida tutela de urgência para impedir que Minerva Incorporações Ltda. realize quaisquer atos de cobrança das multas aplicadas à Vesta Construções e Serviços Ltda. A tutela de urgência foi totalmente deferida pelo magistrado em favor de Vesta Construções e Serviços Ltda. Na qualidade de advogado(a) de Vesta Construções e Serviços Ltda. assinale a opção que apresente a medida processual a ser adotada, em razão do deferimento da tutela cautelar.

(A) Formular o pedido principal nos mesmos autos da tutela cautelar requerida em caráter antecedente, dentro do prazo de 30 (trinta) dias a contar da data da efetivação da tutela cautelar.

(B) Requerer a instauração da arbitragem dentro do prazo de 30 (trinta) dias a contar da data da efetivação da tutela cautelar.

(C) Formular o pedido principal nos mesmos autos da tutela cautelar requerida em caráter antecedente, dentro do prazo de 15 (quinze) dias, ou em outro prazo maior que o juiz fixar, a contar da data da efetivação da tutela cautelar.

(D) Requerer a instauração da arbitragem dentro do prazo de 15 (quinze) dias, ou em outro prazo maior que o juiz fixar, a contar da data da efetivação da tutela cautelar.

RESPOSTA Diz a lei de arbitragem (Lei n. 9.307/96) que antes de instituída a arbitragem, as partes poderão recorrer ao Poder Judiciário para a concessão de medida cautelar ou de urgência (art. 22-A). Observado que cessa a eficácia da medida cautelar ou de urgência se a parte interessada não requerer a instituição da arbitragem no prazo de 30 dias, contado da data de efetivação da respectiva decisão (p.ú.). *Alternativa B.*

37. (35º Exame) Com o objetivo de obter tratamento médico adequado e internação em hospital particular, Pedro propõe uma demanda judicial em face do Plano de Saúde X, com pedido de tutela provisória de urgência incidental. Concedida a tutela provisória, devidamente cumprida pelo réu, é proferida sentença pela improcedência do pedido apresentado por Pedro, a qual transita em julgado diante da ausência de interposição de qualquer recurso. O réu, então, apresenta, em juízo, requerimento para que Pedro repare os prejuízos decorrentes da efetivação da tutela provisória anteriormente deferida, com o pagamento de indenização referente a todo o tratamento médico dispensado. Diante de tal situação, é correto afirmar que, de acordo com o Código de Processo Civil:

(A) o autor responde pelo prejuízo que a efetivação da tutela provisória de urgência causar ao réu, dentre outras hipóteses, se a sentença lhe for desfavorável.

(B) por se contrapor aos princípios do acesso à justiça e da inafastabilidade do controle jurisdicional, não há previsão legal de indenização pelos prejuízos eventualmente causados pelo autor com a efetivação da tutela provisória.

(C) a liquidação e a cobrança da indenização referentes ao prejuízo sofrido pelo réu pela efetivação da tutela de urgência, seguindo a regra geral, devem ser objeto de ação própria, descabendo a apresentação do requerimento nos próprios autos em que a medida foi concedida.

(D) a indenização pretendida pelo réu afasta a possibilidade de reparação por eventual dano processual, sendo inacumuláveis os potenciais prejuízos alegados pelas partes.

RESPOSTA Independentemente da reparação por dano processual, diz o art. 302 do CPC, a parte responde pelo prejuízo que a efetivação da tutela de urgência causar à parte adversa, nas seguintes hipóteses: I – a sentença lhe for desfavorável; II – obtida liminarmente a tutela em caráter antecedente, não fornecer os meios necessários para a citação do requerido no prazo de 5 (cinco) dias; III – ocorrer a cessação da eficácia da medida em qualquer hipótese legal; IV – o juiz acolher a alegação de decadência ou prescrição da pretensão do autor. *Alternativa A.*

38. (35º Exame) Paulo Filho pretende ajuizar uma ação de cobrança em face de Arnaldo José, tendo em vista um contrato de compra e venda firmado entre ambos. As alegações de fato propostas por Paulo podem ser comprovadas apenas documentalmente, e existe uma tese firmada em julgamento de casos repetitivos. Ao questionar seu advogado sobre sua pretensão, Paulo Filho buscou saber se existia a possibilidade de que lhe fosse concedida uma tutela de evidência, com o intuito de sanar o problema da forma mais célere. Como advogado(a) de Paulo, assinale a afirmativa correta.

(A) A tutela da evidência será concedida, caso seja demonstrado o perigo de dano ou o risco ao resultado útil do processo, quando as alegações de fato puderem ser comprovadas apenas documentalmente e houver tese firmada em julgamento de casos repetitivos ou em súmula vinculante.

(B) A tutela da evidência será concedida, independentemente da demonstração de perigo de dano ou de risco ao resultado útil do processo, somente quando ficar caracterizado o abuso do direito de defesa ou o manifesto propósito protelatório da parte.

(C) A tutela da evidência será concedida, independentemente da demonstração de perigo de dano ou de risco ao resultado útil do processo, quando as alegações de fato puderem ser comprovadas apenas documentalmente e houver tese firmada em julgamento de casos repetitivos ou em súmula vinculante.

(D) A tutela da evidência será concedida, independentemente da demonstração de perigo de dano ou de risco ao resultado útil do processo, somente quando a petição inicial for instruída com prova documental suficiente dos fatos constitutivos do direito do autor, a que o réu não oponha prova capaz de gerar dúvida razoável.

RESPOSTA Diz o art. 311 do CPC que a tutela da evidência será concedida, independentemente da demonstração de perigo de dano ou de risco ao resultado útil do processo, quando também as alegações de fato puderem ser comprovadas apenas documentalmente e houver tese firmada em julgamento de casos repetitivos ou em súmula vinculante. *Alternativa C.*

PROCEDIMENTOS ESPECIAIS E JUIZADOS ESPECIAIS

39. (41º Exame) Maria Joana tem contrato de locação firmado com Mariana há muitos anos. A relação contratual entre elas é tranquila, e Maria Joana nunca atrasou o pagamento do aluguel. Além disso, mantém o imóvel de Mariana em perfeito estado de conservação. O contrato estipula os casos de rescisão. Certo dia, ocorreu um desastre natural na localidade em que Mariana morava e a Defesa Civil a orientou a não voltar para casa, pois o local não oferecia mais segurança. Diante dessa situação, Mariana não teve outra saída, senão pedir o imóvel que locou para Maria Joana, para seu uso próprio. Mariana respeitou a legislação e o contrato, mas Maria Joana recusou-se a desocupar e a entregar o imóvel. Mariana, sem ter onde morar, ajuizou ação de despejo em face de Maria Joana no Juizado Especial Cível. A advogada de Maria Joana alegou incompetência do Juizado por considerar a causa complexa. Sobre os Juizados, considerando o exposto acima, assinale a afirmativa correta.

(A) A alegação da advogada de Maria Joana, com relação à competência do Juizado Especial Cível, está correta.
(B) As ações de maior complexidade não são de competência dos Juizados Cíveis, portanto as ações de despejo não podem ser ajuizadas perante tais órgãos jurisdicionais.
(C) O Juizado Especial Cível é competente para conciliar, processar e julgar as causas cíveis de menor complexidade, assim considerada a ação de despejo para uso próprio.
(D) As ações de despejo e as de natureza alimentar, quando não complexas, podem ser propostas nos Juizados Especiais Cíveis.

RESPOSTA Considere a previsão legal expressa no art. 3º, III, da Lei n. 9.099/95, estabelecendo que o Juizado Especial Cível tem competência para conciliação, processo e julgamento das causas cíveis de menor complexidade, assim consideradas a ação de despejo para uso próprio. *Alternativa C.*

40. (39º Exame) Samuel ajuizou ação de exigir contas contra Maria, requerendo sua citação para que as preste ou ofereça contestação, no prazo de 15 (quinze) dias úteis. Em sua petição inicial, Samuel alegou que, por força de contrato de mandato, teria confiado a administração de recursos próprios a Maria, que, no entanto, não prestou regularmente contas de forma extrajudicial, conforme entre si acordado. Em que pese Maria tenha oferecido contestação à ação, o juiz julgou procedente o pedido, condenando Maria a prestar as contas, no prazo de 15 (quinze) dias úteis. Sobre a situação hipotética descrita, assinale a afirmativa correta.

(A) Caso Maria deixe de prestar as contas no prazo assinalado de 15 (quinze) dias úteis, Samuel será intimado a apresentá-las, não podendo o juiz determinar a realização de perícia para a sua certificação.
(B) Ainda que Maria deixe de prestar as contas no prazo assinalado de 15 (quinze) dias úteis, lhe será lícito impugnar as contas que venham a ser apresentadas por Samuel.
(C) Maria poderá interpor recurso de apelação contra a sentença, ao fundamento de que o prazo previsto em lei para a prestação de contas é de 30 (trinta), e não 15 (quinze) dias úteis, como assinalado pelo juiz.
(D) Caso Maria venha a prestar as contas, deverá fazê-lo no prazo de 15 (quinze) dias úteis assinalado pelo juiz e de forma adequada, especificando-se as receitas, a aplicação das despesas e os investimentos, es houver.

RESPOSTA A questão trata da ação de exigir contas, procedimento especial previsto no CPC, de acordo com o art. 551. *Alternativa D.*

41. (38º Exame) Humberto, em conjunto com seus amigos Paulo e Maria, eram os únicos sócios da Sociedade Incorporadora Ltda. Com o falecimento de Humberto e considerando que nenhum de seus sucessores integrava o quadro societário da Sociedade Incorporadora Ltda., seu espólio ajuizou ação de dissolução parcial da referida sociedade, requerendo a citação apenas de Paulo e Maria. Devidamente citados, Paulo e Maria concordaram com o pedido formulado na ação, pelo que o juiz proferiu sentença decretando a dissolução parcial da sociedade em relação ao espólio de Humberto e condenando Paulo e Maria ao pagamento de honorários advocatícios de sucumbência. Na sentença, o juiz relegou a apuração de haveres da sociedade para a fase subsequente e imediata de liquidação. Diante da situação hipotética acima descrita, assinale a afirmativa correta.

(A) A sentença proferida pelo juiz está contaminada por vício de nulidade, tendo em vista que a Sociedade Incorporadora Ltda. não foi citada para integrar a lide, concordando com o pedido ou contestando a ação.
(B) Paulo e Maria poderão interpor recurso de apelação contra a sentença, sob o argumento de que, não tendo eles se oposto ao pedido de dissolução parcial da sociedade, descaberia ao juiz condená-los ao pagamento de honorários advocatícios de sucumbência.
(C) Ainda que não realizada a partilha dos bens de Humberto, seu espólio não possui legitimidade para ajuizar a ação, pois a legitimidade para requerer a dissolução parcial da Sociedade Incorporadora Ltda. é apenas dos sócios remanescentes, Paulo e Maria.
(D) O juiz não poderia ter determinado a apuração de haveres na fase subsequente e imediata de liquidação, visto ser necessário para a referida a apuração o ajuizamento de ação autônoma, distinta da ação de dissolução parcial de sociedade.

RESPOSTA Diz o CPC que havendo manifestação expressa e unânime pela concordância da dissolução, o juiz a decretará, passando-se imediatamente à fase de liquidação. Nesta hipótese, não haverá condenação em honorários advocatícios de nenhuma das partes, e as custas serão rateadas segundo a participação das partes no capital social (art. 603 e § 1º). Havendo contestação, observar-se-á o procedimento comum, mas a liquidação da sentença seguirá o disposto neste Capítulo (§ 2º). *Alternativa B.*

DIREITO PROCESSUAL CIVIL

42. (37º Exame) Vitor, residente em Salvador/BA, precisou se mudar para Fortaleza/CE, por motivos profissionais. Para realizar sua mudança, propôs pagar uma quantia de R$ 10.000,00 (dez mil reais) para Danilo e Juarez, além de arcar com todos os custos da viagem. Por não ter acompanhado o serviço, Vitor não sabe quem efetivamente o fez. Após o término da mudança, Vitor tentou quitar a dívida, mas não sabia a quem pagar, pois ambos afirmaram ser titulares do crédito. Sendo assim, procurou você, como advogado(a), pois queria fazer o pagamento de forma consignada para extinguir a obrigação. Na qualidade de advogado de Vitor, assinale a opção que indica a posição acertada no tocante ao procedimento especial de ação de consignação em pagamento.

(A) Vitor requererá o depósito e a citação de Danilo, e, caso posteriormente se entenda não ser ele o titular, fará a citação de Juarez.
(B) Vitor não deve requerer o depósito, devendo no primeiro momento requerer a citação de todos os possíveis titulares do crédito, para que, após essa decisão, discuta-se o crédito devido.
(C) Vitor requererá o depósito e a citação dos possíveis titulares do crédito para provarem o seu direito.
(D) Vitor requererá o depósito e a citação de Juarez, e, caso posteriormente se entenda não ser ele o titular, fará o chamamento ao processo de Danilo.

RESPOSTA Diz o art. 547 que se ocorrer dúvida sobre quem deva legitimamente receber o pagamento, o autor requererá o depósito e a citação dos possíveis titulares do crédito para provarem o seu direito. *Alternativa C.*

43. (37º Exame) Albieri, com base em prova escrita e sem eficácia de título executivo, afirma ter direito de exigir de Juliana o pagamento de R$ 10.000,00 (dez mil reais). Nesse sentido, Albieri procura você, como advogado(a), para ajuizar Ação Monitória em face de Juliana, exigindo o pagamento de R$ 10.000,00 (dez mil reais). O juiz da causa observou que o direito do autor era evidente e deferiu a expedição de mandado de pagamento, concedendo ao réu prazo de 15 (quinze) dias para o cumprimento. Juliana alega que Albieri pleiteia quantia superior à devida, razão pela qual pretende, por meio de seu advogado, opor embargos à ação monitória. Na qualidade de patrono de Juliana, assinale a opção que apresenta a medida adequada a ser providenciada.

(A) Juliana poderá opor, nos próprios autos, embargos à ação monitória caso garanta o valor em juízo previamente, bem como, quando alegar que Albieri pleiteia quantia superior à devida, deverá declarar de imediato o valor que entende correto, sem necessidade de apresentar o demonstrativo discriminado e atualizado da dívida.
(B) Se Juliana alegar que Albieri pleiteia quantia superior à devida, não precisa indicar o valor correto da dívida. Além disso, independentemente de prévia segurança do juízo, Juliana pode opor embargos à ação monitória.
(C) Juliana poderá opor, nos próprios autos, embargos à ação monitória caso garanta o valor em juízo previamente, bem como, quando alegar que Albieri pleiteia quantia superior à devida, não precisa indicar o valor correto da dívida.
(D) Juliana poderá opor embargos à ação monitória, independentemente de prévia segurança do juízo, bem como, quando alegar que Albieri pleiteia quantia superior à devida, deverá declarar de imediato o valor que entende correto, apresentando demonstrativo discriminado e atualizado da dívida.

RESPOSTA Diz o art. 702 do CPC que independentemente de prévia segurança do juízo, o réu poderá opor, nos próprios autos, no prazo previsto no art. 701, embargos à ação monitória. E quando o réu alegar que o autor pleiteia quantia superior à devida, cumprir-lhe-á declarar de imediato o valor que entende correto, apresentando demonstrativo discriminado e atualizado da dívida (§ 2º). *Alternativa D.*

44. (36º Exame) Valdemar move, em face de Felício, ação de despejo, cujos pedidos são julgados procedentes. Considerando-se que o juiz sentenciante não determinou a expedição de mandado de despejo, seria correto afirmar, na qualidade de advogado(a) do autor, que:

(A) o requerimento de expedição do correspondente mandado de despejo pode ser dirigido ao juízo a quo, pois o recurso cabível contra a sentença tem efeito meramente devolutivo;
(B) a fim de que a sentença seja executada, deve ser requerida a chamada "tutela antecipada recursal", tendo em vista que o recurso cabível tem duplo efeito, devolutivo e suspensivo;
(C) após a prolação da sentença, está exaurida a jurisdição do juízo a quo, razão pela qual apenas o Tribunal pode determinar a expedição do mandado de despejo;
(D) devem ser opostos embargos de declaração contra a sentença, a fim de que o magistrado antecipe os efeitos da tutela e, consequentemente, o despejo possa ser objeto de execução provisória.

RESPOSTA Considerando a Lei de Locações, a Lei n. 8.245/91, os recursos interpostos contra as sentenças terão efeito somente devolutivo nas ações de despejo (art. 58, V). *Alternativa A.*

Direito Processual do Trabalho

Fagner Sandes

Advogado no Brasil e em Portugal. Mestre em Direito (Estado, Constituição e Cidadania) pela Universidade Gama Filho. Pós-graduado em Direito e Processo do Trabalho. Professor Universitário Licenciado da FACHA/RJ. Fundador do programa de pós-graduação em Advocacia Trabalhista na Prática da Escola de Direito Hélio Alonso (FACHA). Foi Professor da Universidade Santa Úrsula/RJ, da Faculdade Lusófona/RJ, da UniverCidade e da Universidade Gama Filho. Professor do Centro de Estudos Jurídicos da Faculdade UnyLeya. Professor de Cursos de Pós-Graduação da Universidade Santa Úrsula, da Universidade Candido Mendes, da Faculdade UnyLeya, da UNIVEM, do Instituto Nêmesis, do Curso Tríade, do CBEPJUR, da FACHA, da PUC/PR, da UniEvangélica e da Faculdade Legale. Professor de cursos livres na Faculdade Vitória em Cristo. Professor da Escola Superior de Advocacia da OAB. Membro da Comissão de Direito Econômico da OAB, Seccional Rio de Janeiro. Ex-Membro do IBDESC e associado à Abrinter. Ex-Presidente da Comissão de Direito do Trabalho Internacional do IBDESC. Membro e Relator do Instituto Brasileiro de Direito e Religião. Professor de Cursos Preparatórios para Concursos e OAB. Autor de livros jurídicos e para concursos. Consultor. Conferencista (Brasil/Portugal). Parecerista. Fundador do Instituto Gênesis. Foi Presidente da Comissão de Direito Constitucional e Estudos Comparados da ABA/RJ. Foi Presidente da Comissão de Direito Constitucional da 1ª Subseção da OAB (Nova Iguaçu/RJ). Foi Vice-Presidente da Comissão de Garantismo Jurídico Processual da OAB/RJ. Foi membro de diversas comissões da OAB. Foi Diretor da Escola Superior de Advocacia da OAB de Duque de Caxias/RJ. Diretor Acadêmico do Instituto Europeu de Pesquisa em Direito – IEPD, com sede em Portugal.

Sumário

1. PRINCÍPIOS: 1.1 Dispositivo e Inquisitivo; 1.2 Subsidiariedade; 1.3 Irrecorribilidade imediata das interlocutórias; 1.4 Conciliação; 1.5 *Jus postulandi*; 1.6 Normatização coletiva – 2. COMPETÊNCIA: 2.1 Conceito e Critérios; 2.2 Hipóteses de Competência da Justiça do Trabalho; 2.3 Relações de trabalho e de emprego; 2.4 Profissionais Liberais e Servidores Públicos; 2.5 Danos Morais e Materiais; 2.6 Entes de Direito Público externo; 2.7 Greve e Ações possessórias; 2.8 Sindicatos; 2.9 Penalidades administrativas; 2.10 Competência para homologação de acordos extrajudiciais; 2.11 Competência em razão do lugar; 2.12. Estabelecimento de Súmulas e Orientações Jurisprudenciais – 3. PARTES E PROCURADORES: 3.1 Partes; 3.2 Procuradores – 4. ATOS, TERMOS, PRAZOS E DESPESAS PROCESSUAIS: 4.1 Atos e Termos; 4.2 Atos do Juiz; 4.3 Prazos – 5. Despesas processuais: custas, honorários de sucumbência e honorários periciais; 5.1 Custas; 5.2 Honorários de Sucumbência; 5.3 Honorários Periciais; 5.4 Gratuidade de Justiça, Assistência Judiciária e Isenções – 6. NULIDADES: 6.1 Conceito e Classificação; 6.2 Princípios das Nulidades – 7. PETIÇÃO INICIAL: 7.1 Requisitos legais; 7.2 Indeferimento; 7.3 Emenda e Aditamento da petição inicial; 7.4 Tutela Provisória de Urgência de Natureza Antecipatória – 8. PROCEDIMENTOS; 8.1 Procedimento Sumário; 8.2 Procedimento Sumaríssimo; 8.3 Procedimento Ordinário; 8.4 Audiência – 9. RESPOSTA DO RÉU: 9.1 Espécies de defesas – 10. PROVAS NO PROCESSO DO TRABALHO: 10.1 Ônus da prova; 10.2 Meios da prova; 10.3 Ordem de produção das provas; 10.4 Prova emprestada. Admissibilidade – 11. SENTENÇA TRABALHISTA – 12. TEORIA GERAL DOS RECURSOS TRABALHISTAS: 12.1 Conceito e Particularidades. Pressupostos de Admissibilidade; 12.2 Efeitos; 12.3 Juízo de admissibilidade e Juízo de mérito – 13. RECURSOS EM ESPÉCIE: 13.1 Recurso ordinário; 13.2 Recurso de Revista; 13.3 Embargos de declaração; 13.4 Agravo de Petição; 13.5 Agravo de instrumento; 13.6 Recurso Adesivo; 13.7 Embargos do TST: infringentes e divergência – 14. LIQUIDAÇÃO DE SENTENÇA: 14.1 Espécies; 14.2 Impossibilidade de alteração da decisão na liquidação de sentença; 14.3 Impugnação à conta de liquidação – 15. EXECUÇÃO TRABALHISTA: 15.1 Legitimidade e Títulos Executivos; 15.2 Desconsideração da personalidade jurídica; 15.3 Competência; 15.4 Execução provisória e definitiva; 15.5 Procedimento e Defesa do executado – 16. TRÂMITES FINAIS DA EXECUÇÃO: 16.1 Execução contra a Fazenda Pública; 16.2 Execução das contribuições previdenciárias; 16.3 Embargos de Terceiro – 17. MANDADO DE SEGURANÇA: 17.1 Cabimento e Previsão; 17.2 Legitimidade ativa e passiva; 17.3 Prazo para impetração; 17.4 Petição inicial e Emenda; 17.5 Particularidades – 18. AÇÃO RESCISÓRIA: 18.1 Cabimento na Justiça do Trabalho; 18.2 Competência; 18.3 Legitimidade; 18.4 Hipóteses de Admissibilidade; 18.5 Suspensão da execução da decisão rescindenda; 18.6 Petição Inicial e Pedidos; 18.7 Revelia na ação rescisória; 18.8 Particularidades – 19. INQUÉRITO PARA APURAÇÃO DE FALTA GRAVE – 20. DISSÍDIO COLETIVO – 21. AÇÃO DE CUMPRIMENTO – 22. DA RESPONSABILIDADE POR DANO PROCESSUAL – REFERÊNCIAS; QUESTÕES.

DIREITO PROCESSUAL DO TRABALHO

1. PRINCÍPIOS

1.1 Dispositivo e Inquisitivo

O art. 2º do Código de Processo Civil (CPC), que é aplicável ao processo do trabalho, estabelece que "o processo começa por iniciativa da parte e se desenvolve por impulso oficial, salvo as exceções previstas em lei", ou seja, é vedado ao juiz prestar a tutela jurisdicional se não for provocado para tanto (inércia). No entanto, como regra geral, uma vez quebrada a inércia do Poder Judiciário por meio da ação, onde a parte apresenta uma demanda, o Estado-Juiz deve, de ofício, determinar o prosseguimento da marcha processual.

Eis a diferença entre dispositivo (demanda provocação da parte para iniciar a atividade de resolução de conflitos) e inquisitivo (após a provocação, o magistrado deve determinar o andamento do processo, de ofício).

A Consolidação das Leis do Trabalho, em seu art. 765, nos apresenta um exemplo do princípio inquisitivo, ao afirmar que "os Juízos e Tribunais do Trabalho terão ampla liberdade na direção do processo e velarão pelo andamento rápido das causas, podendo determinar qualquer diligência necessária ao esclarecimento delas".

Com o advento da Lei n. 13.467/2017 (Reforma Trabalhista) a execução trabalhista não pode mais ser iniciada de ofício pelo juiz, quando a parte estiver assistida por advogado, sendo-lhe permitido, todavia, quando a parte estiver no gozo do *jus postulandi*, nos moldes do art. 878 da CLT, com sua nova redação.

Por fim, uma exceção ao princípio da inércia, segundo parte da doutrina, é a possibilidade de instauração de dissídio coletivo pelo presidente do Tribunal ou pelo MPT, em caso de paralisação de atividades, como se depreende do art. 856 da CLT: "A instância será instaurada mediante representação escrita ao Presidente do Tribunal. Poderá ser também instaurada por iniciativa do presidente, ou, ainda, a requerimento da Procuradoria da Justiça do Trabalho, sempre que ocorrer suspensão do trabalho".

1.2 Subsidiariedade

Trata-se de aplicação do processo comum no direito processual do trabalho, de acordo com o art. 769 CLT: "Nos casos omissos, o direito processual comum será fonte subsidiária do direito processual do trabalho, exceto naquilo que for incompatível com as normas deste Título".

A incidência do processo comum no processo do laboral exige: (1) omissão na CLT; e (2) compatibilidade das normas do processo civil com os princípios que orientam o processo do trabalho.

O art. 15 do CPC dispõe que: "Na ausência de normas que regulem processos eleitorais, trabalhistas ou administrativos, as disposições deste código lhes serão aplicadas supletiva e subsidiariamente", sendo que este dispositivo não revogou o art. 769 da CLT, razão pela qual o processo comum pode ser aplicado ao processo do trabalho subsidiariamente (omissão da CLT e compatibilidade) ou supletivamente (complementação – casos de lacuna ontológica ou axiológica).

No Tribunal Superior do Trabalho há farta jurisprudência, pela aplicação ou não do CPC, como os exemplos a seguir: (1) OJ n. 310 da SDI-I (inaplicável ao processo do trabalho o art. 229 do CPC); (2) Súmula 263 (possibilidade de saneamento de erros à petição inicial); (3) Súmula 394 (aplicável ao processo trabalhista, em qualquer instância, o art. 493 do CPC); (4) Súmula 435 (aplicável ao processo do trabalho o art. 932 do CPC – poderes do relator), além de outras.

O art. 769 da CLT é aplicado na fase de conhecimento, vez que na execução deve ser aplicado o disposto no art. 889 da CLT, de modo que em caso de omissão na CLT, devemos aplicar a Lei de Execuções Fiscais (LEF – Lei n. 6.830/80) e, caso continue a omissão, aplicar-se-á o CPC. Porém, é necessária a compatibilidade com os princípios do processo do trabalho.

1.3 Irrecorribilidade imediata das interlocutórias

Decisão interlocutória, na dicção do art. 203, §§ 1º e 2º, do CPC, é todo pronunciamento judicial de natureza decisória que não seja sentença. Desta feita, *resolve questão incidente*, sendo que no processo trabalhista a base legal deste princípio são os seguintes dispositivos: art. 799, § 2º, § 1º do art. 893 e, por fim, o art. 855-A, § 1º. Todos da CLT.

Em regra, não cabe recurso imediato contra as decisões interlocutórias, exceto nas hipóteses citadas nos incisos II e III do § 1º, art. 855-A da CLT e naquelas elencadas na Súmula 214 do TST.

Para evitar a preclusão (convalidação), quando as decisões interlocutórias são proferidas em audiência de instrução, a parte que teve um requerimento indeferido, via de regra requer seja registrado em ata de audiência o protesto, com fundamento no art. 795 da CLT: "As nulidades não serão declaradas senão mediante provocação das partes, as quais deverão argui-las à primeira vez em que tiverem de falar em audiência ou nos autos".

1.4 Conciliação

A Justiça do Trabalho é, notadamente, conciliadora, conforme art. 764 e parágrafos da CLT, isto tanto nos dissídios individuais como nos coletivos, já que todos estão sempre sujeitos a conciliação, havendo tal inferir do art. 652, *a*, da norma laboral.

Vale destacar que a CLT, ao fazer menção ao juízo arbitral no § 3ª do art. 764, não está se referindo à arbitragem (método alternativo de solução de conflitos), mas sim a juízo de julgamento, vez que se as partes não chegarem a um denominador comum, o julgador deve enfrentar o cerne do litígio e proferir sentença.

No procedimento ordinário, os arts. 846 e 850, ambos da CLT, determinam dois momentos obrigatórios para a conciliação, quais sejam: (1º) quando da abertura da audiência; e (2º) após as razões finais, porém antes da decisão.

Há, segundo forte setor da doutrina e da jurisprudência, nulidade da sentença se o juiz não tentar a última possibilidade de conciliação em audiência (após razões finais). Porém, em havendo esta última, mas não aquela primeira, não há que se falar em nulidade, haja vista que a última tentativa de conciliação supriria a falta da primeira.

No procedimento sumaríssimo, o juiz poderá incitar as partes ao acordo a qualquer momento, consoante art. 852-E da CLT: "Aberta a sessão, o juiz esclarecerá as partes presentes sobre as vantagens da conciliação e usará os meios adequados de persuasão para a solução conciliatória do litígio, em qualquer fase da audiência".

O juiz não é obrigado a homologar acordo entre as partes, de acordo com a Súmula 418 do TST: "a homologação de acordo constitui faculdade do juiz, inexistindo direito líquido e certo tutelável pela via do mandado de segurança". Embora se trata de faculdade, caso decida por não homologar, deve fundamentar sua decisão, sob pena de nulidade.

Quando a decisão for prolatada no procedimento de jurisdição voluntária de homologação de acordo extrajudicial (arts. 855-B e s. da CLT), a natureza jurídica do ato jurisdicional é de sentença, a qual pode ser impugnada por recurso ordinário (art. 895, I, da CLT).

A Justiça do Trabalho estimula o acordo em qualquer fase do processo, ainda que após o trânsito em julgado e já em fase de execução, de modo que é devida a contribuição previdenciária sobre o valor do acordo celebrado e homologado após o trânsito em julgado de decisão judicial, respeitada a proporcionalidade de valores entre as parcelas de natureza salarial e indenizatória deferidas na decisão condenatória e as parcelas objeto do acordo (OJ 376, SDI-1, TST).

O acordo homologado judicialmente tem força de decisão irrecorrível para as partes (parágrafo único do art. 831 da CLT). Logo, a decisão transita em julgado no momento em que homologa o acordo e, caso qualquer uma das partes tenha a pretensão de impugná-lo, apenas por ação rescisória (Súmulas 100, V, e 259 do TST).

Por fim, a OJ 132 da SDI-2 do TST dispõe que o acordo homologado em que o empregado dá plena e ampla quitação, sem que faça constar qualquer ressalva, alcança não só o objeto da lide, mas também todas as demais parcelas do extinto contrato de trabalho, motivo pelo qual o ajuizamento de outra demanda resta por violar a coisa julgada.

1.5 *Jus postulandi*

É possível que empregado e empregador litiguem sem a necessidade de constituírem advogados, conforme art. 791 da CLT: "Os empregados e os empregadores poderão reclamar pessoalmente perante a Justiça do Trabalho e acompanhar as suas reclamações até o final".

A Súmula 425 do TST o restringe às Varas do Trabalho e aos Tribunais Regionais do Trabalho, não podendo ser utilizado, nas ações rescisórias, nos mandados de segurança, nas ações cautelares (tutelas de urgência de natureza cautelar, conforme CPC de 2015) e nos recursos de competência do TST, ou seja, é um princípio limitado.

Exemplificando: se um empregado pretende ajuizar sua reclamação trabalhista em face do seu ex-empregador, não precisa de advogado e, caso a sentença lhe seja desfavorável, poderá interpor recurso ordinário para o TRT sem estar assistido por advogado, o mesmo ocorrendo em caso de oposição dos embargos de declaração até esta instância. Contudo, se tem a pretensão de recorrer do acórdão proferido no recurso ordinário (julgado pelo TRT), para o TST via recurso de revista, deve constituir advogado.

Sem advogado não é possível requerer medidas de natureza cautelar ou impetrar mandado de segurança, ainda que seja na 1ª instância trabalhista, o mesmo ocorrendo quando for o caso de ajuizamento de ação rescisória (no TRT ou no TST).

Destaco que não é cabível o exercício do *jus postulandi* no procedimento de homologação de acordo extrajudicial, haja vista o disposto no art. 855-B, § 1º, da CLT.

Mesmo com o advento da Lei n. 13.467/2017 (Reforma Trabalhista), a qual inseriu os honorários advocatícios de sucumbência no art. 791-A da CLT, não há que se falar em revogação do *jus postulandi*, que permanece em vigor.

1.6 Normatização coletiva

O poder normativo consiste na competência material de solucionar conflitos coletivos, estabelecendo normas e condições gerais e abstratas, o que se dá por meio da denominada sentença normativa, a qual será aplicada no âmbito das categorias envolvidas (profissionais e econômicas).

Tal atribuição (competência) é prevista no § 2º do art. 114 da CF, de sorte que no exercício desta competência, a Justiça do Trabalho cria normas jurídicas.

Não é um princípio absoluto, haja vista que seus limites são postos pela Constituição, leis de ordem pública de proteção ao trabalhador e normas previstas em acordos ou convenções coletivas, que venham a dispor sobre condições mínimas de trabalho para certa categoria profissional.

Não obstante, a Súmula 190 do TST preconiza que ao julgar ou homologar ação coletiva ou acordo nela havido, o Tribunal Superior do Trabalho exerce o poder normativo constitucional, não podendo criar ou homologar condições de trabalho que o Supremo Tribunal Federal julgue iterativamente inconstitucionais.

2. COMPETÊNCIA

2.1 Conceito e Critérios

Competência pode ser entendida como a delimitação da jurisdição, ou seja, é a distribuição da atividade jurisdicional entre os mais variados órgãos jurisdicionais.

Para determinação da competência são utilizados alguns critérios, os quais consideram: (1) a matéria (*ratione materiae*); (2) as pessoas (*ratione personae*); (3) a função ou o território (*ratione loci*).

No que toca especificamente ao processo do trabalho, iremos embasar o fundamento da competência material da Justiça do Trabalho no art. 114 da CF e, no plano infraconstitucional, nos arts. 650 e s. da CLT, de modo que passamos a abordar algumas das competências da Justiça do Trabalho.

2.2 Hipóteses de Competência da Justiça do Trabalho

2.3 Relações de trabalho e de emprego

A Justiça do Trabalho, tendo em vista a parte inicial do inciso I do art. 114 da CF, tem competência para processar e julgar as ações oriundas da relação de trabalho, com algumas ressalvas, como é o caso, por exemplo, dos servidores públicos estatutários.

Tem também competência para os dissídios resultantes de contratos de empreitada em que o empreiteiro seja operário ou artífice e os trabalhadores avulsos, como se extrai do art. 652, *a*, itens III e V, da CLT.

As ações oriundas da relação de emprego são de competência da Justiça do Trabalho, mas também as lides decorrentes da relação de trabalho, ou seja, cabe a esta especializada julgar ações envolvendo o descumprimento de obrigações legais e contratuais inerentes à relação de emprego, bem com ações decorrentes das relações de trabalho (trabalho eventual, trabalho voluntário, estágio etc.), as ações que visam apreciar reclamações de empregado que tenham por objeto direito fundado em quadro de carreira (Súmula 19 do TST), ações ajuizadas por empregados em face de empregadores referentes ao cadastramento no PIS (Súmula 300 do TST), além de outros como veremos abaixo.

Outrossim, no julgamento da ADC 48, o STF decidiu ser constitucional a Lei n. 11.442/2007, que dispõe sobre o transporte rodoviário de cargas por conta de terceiros, de modo que deixou assentado que não cabe à Justiça do Trabalho processar e julgar as demandas envolvendo os contratos regidos pela lei citada (a relação jurídica entre o motorista e seu contratante-empresa de transportes).

2.4 Servidores Públicos e Profissionais Liberais

Se a relação de trabalho é mantida com a Administração Pública e não for regida pela CLT (não empregado), isto é, estatutária ou caráter jurídico-administrativo, a competência será da Justiça Federal ou Estadual. Essa é a posição do STF adotada na ADI 3395, ficando excluída qualquer outra interpretação ao disposto no art. 114, I, da CF, de modo que se definiu que não estão abrangidas pela Justiça do Trabalho as causas instauradas entre o Poder Público e servidor que lhe seja vinculado por relação jurídico-estatutária ou de natureza tipicamente administrativa, o que também se aplica se houver contratação de trabalhador por tempo determinado no âmbito da Administração pública, nos moldes do art. 37, IX, da CF (Informativo 541 do STF).

No entanto, os empregados de sociedades de economia mista (Banco do Brasil, Petrobras etc.) e das empresas públicas (Correios, Caixa Econômica Federal etc.) devem buscar a Justiça do Trabalho, bem como qualquer outro empregado, como é o caso dos empregados de cartórios extrajudiciais (ofício de notas, RGI etc.).

Dispõe a Súmula 363 do STJ: "Compete à Justiça estadual processar e julgar a ação de cobrança ajuizada por profissional liberal contra cliente".

2.5 Danos Morais e Materiais

Conforme art. 114, VI, da CF, compete a Justiça do Trabalho processar e julgar as ações de indenização por dano moral ou patrimonial, decorrentes da relação de trabalho, o que se combina com a Súmula 392 do TST

Súmula 392 do TST: "Nos termos do art. 114, inc. VI, da Constituição da República, a Justiça do Trabalho é competente para processar e julgar ações de indenização por dano moral e material, decorrentes da relação de trabalho, inclusive as oriundas de acidente de trabalho e doenças a ele equiparadas, ainda que propostas pelos dependentes ou sucessores do trabalhador falecido".

2.6 Entes de Direito Público externo

Não há imunidade de jurisdição para os entes de direito público externo, razão pela qual a Justiça do Trabalho tem competência para processar e julgar lides envolvendo esses entes.

Entretanto, o STF assentou entendimento no sentido de que o ente de direito público externo possui imunidade de execução, ou seja, não há competência da Justiça do Trabalho para executar seus julgados, em razão da soberania desses entes, caso em que deve ser usada carta rogatória, como regra geral.

Na verdade, a imunidade é relativa e não absoluta, vez que não se aplica no processo de conhecimento, mas tão somente ao de execução, isso se não houver renúncia expressa.

Com relação aos organismos internacionais, o raciocínio segue a OJ 416 da SDI-1 do TST:

> "As organizações ou organismos internacionais gozam de imunidade absoluta de jurisdição quando amparados por norma internacional incorporada ao ordenamento jurídico brasileiro, não se lhes aplicando a regra do Direito Consuetudinário relativa à natureza dos atos praticados. Excepcionalmente, prevalecerá a jurisdição brasileira na hipótese de renúncia expressa à cláusula de imunidade jurisdicional".

2.7 Greve e Ações possessórias

Estabelece nossa Constituição que compete à Justiça do Trabalho "processar e julgar as ações que envolvam o exercício do direito de greve", consoante art. 114, II, de modo que tanto as ações individuais quanto as coletivas, desde que a matéria greve esteja na causa de pedir, serão julgadas pela Justiça Laboral, podendo tais demandas ser ajuizadas pelos empregados, Ministério Público do Trabalho, sindicatos, empregadores dentre outros.

As ações de reparação de danos ajuizadas pelos empregadores, em decorrência do exercício do direito de greve, serão processadas na Justiça do Trabalho.

Não se incluem nesta competência as ações penais decorrentes do exercício do direito de greve (STF, ADI 3684).

No caso de greve em atividade essencial, que tenha possibilidade de lesão ao interesse público, o Ministério Público do Trabalho pode ajuizar dissídio coletivo para que a Justiça do Trabalho venha a dirimi-lo, nos termos do § 3º do art. 114 da CF, com competência originariamente do TRT ou do TST.

Prevê a Súmula 189 do TST: "A Justiça do Trabalho é competente para declarar a abusividade, ou não, da greve".

Por interpretação da Súmula Vinculante 23 do STF, a Justiça do Trabalho não tem competência para julgar as ações envolvendo o direito de greve dos servidores públicos e, menos ainda, as ações possessórias envolvendo aquela espécie de relação, mas apenas dos empregados regidos pela CLT.

2.8 Sindicatos

O art. 114, III, da CF determina que ações sobre representação sindical, entre sindicatos e trabalhadores, e entre sindicatos e empregadores são de competência da Justiça do Trabalho, o que inclui as federações e confederações, já que também são entidades sindicais.

2.9 Penalidades administrativas

A Justiça do Trabalho tem competência para processar e julgar *as ações relativas às penalidades administrativas impostas aos empregadores pelos órgãos de fiscalização das relações de trabalho*, conforme art. 114, VI, da CF, o que inclui as ações ajuizadas pelos tomadores de serviços em razão das penalidades oriundas dos órgãos de fiscalização do Trabalho.

Não está incluída nesta competência aplicar multas por descumprimento da legislação do trabalho, de modo que, ao notar irregularidades, pode o magistrado expedir ofício à autoridade competente para as providências que entender pertinentes, como seria o caso de descumprimento das normas de saúde e segurança do trabalhador etc.

A competência em estudo é para julgar todas as ações ajuizadas pelos empregadores e tomadores de serviços decorrentes das penalidades impostas, ou seja, tutelas provisórias, mandados de segurança, ações anulatórias, além de outras.

Serão executadas na Justiça do Trabalho as Certidões de Dívida Ativa (CDA) da União decorrentes de penalidades impostas pelos órgãos de fiscalização do trabalho, ou seja, caso a União pretenda executar uma CDA, como seria o caso das multas administrativas impostas aos empregadores e não pagas, a competência é da Justiça Laboral, observando-se o procedimento da Lei de Execuções Fiscais (LEF – Lei n. 6.830/80).

A Justiça do Trabalho não tem competência para julgar ações envolvendo penalidades impostas pelos órgãos de fiscalização de profissões regulamentadas (CRC, CRP, OAB, OMB e outros) aos profissionais vinculados, vez que não se enquadram na definição de empregadores.

2.10 Competência para homologação de acordos extrajudiciais

A Lei n. 13.467/2017, conhecida como Reforma Trabalhista, incluiu no art. 652 da CLT a alínea *f*, prevendo que compete às Varas do Trabalho decidir quanto à homologação de acordo extrajudicial em matéria de competência da Justiça do Trabalho.

De acordo com o art. 855-B e seguintes da CLT, o processo em tela terá início por petição conjunta, sendo obrigatória a representação das partes por advogados diferentes, ou seja, não podem ser representadas por advogado comum. É facultado ao trabalhador ser assistido pelo sindicato de sua categoria profissional.

Distribuída a petição inicial, no prazo de 15 dias, o juiz analisará o acordo, designará audiência se entender necessária e proferirá sentença.

Vale destacar que a petição de homologação de acordo extrajudicial suspende o prazo prescricional da ação quanto aos direitos nela especificados, de modo que, se o juiz proferir sentença indeferindo a homologação, o prazo prescricional voltará a fluir do dia útil subsequente ao trânsito em julgado da decisão.

Por fim, o procedimento de homologação de acordo extrajudicial não prejudica o prazo para pagamento das verbas rescisórias previsto no § 6º do art. 477 e não afasta a aplicação da multa prevista no § 8º do mesmo artigo.

2.11 Competência em razão do lugar

A competência em razão do lugar está embasada no princípio jurisdicional da aderência ao território, isto é, as Varas do Trabalho têm competência para julgar lides oriundas da localidade onde estão estabelecidas.

2.11.1 Hipóteses

A regra geral é que a ação trabalhista deve ser ajuizada no local em que o empregado tenha prestado seus serviços, sendo irrelevante o local da contratação ou do seu domicílio, de acordo com o *caput* do art. 651 da CLT.

Com relação ao agente ou viajante comercial, o § 1º do art. 651 estabelece exceção, como segue: (a) o reclamante deve propor sua reclamação trabalhista no foro em que a empresa tenha agência ou filial, desde que o trabalhador esteja subordinado a ela; ou, (b) em caso de inexistir subordinação à agência ou filial, promoverá sua reclamação onde tenha domicílio ou na localidade mais próxima.

Ademais o § 2º do art. 651 da CLT atribui competência às Varas do Trabalho para processar e julgar lides ocorridas em agência ou filial situada no estrangeiro, desde que o empregado seja brasileiro e não haja convenção internacional em contrário, exigindo-se, em contrapartida, que a empresa tenha sede, filial ou representação no Brasil, pois do contrário, obviamente, haverá total impossibilidade de ajuizamento da ação em solo brasileiro.

Por fim, o § 3º do mesmo artigo determina que, em caso de empresas que promovam atividades fora do lugar da celebração do contrato, o trabalhador poderá ajuizar sua reclamação no local onde o contrato foi celebrado ou onde prestou os serviços. É o caso, por exemplo, de empresas que exercem atividades circenses, dentre outras.

2.12 Estabelecimento de Súmulas e Orientações Jurisprudenciais

O art. 702, I, *f* e os §§ 3º e 4º, inseridos pela Reforma Trabalhista, foram declarados inconstitucionais pelo STF na ADI 6188, por maioria.

3. PARTES E PROCURADORES

3.1 Partes

O art. 791 da CLT menciona que os empregados e os empregadores poderão reclamar pessoalmente perante a Justiça do Trabalho e acompanhar suas reclamações até o final.

As partes no processo de trabalho de conhecimento são denominadas reclamante (autor/demandante) e reclamada (réu/demandada).

É sabido que, embora vigore o *jus postulandi*, poderão reclamante e reclamada atribuir a alguém a capacidade (postulatória) de agir em seu nome, ou seja, tantos nos dissídios individuais e como nos coletivos, podem ser assistidos por advogado, de acordo com os §§ 1º e 2º do art. 791 da CLT.

3.2 Procuradores

A representação da parte por advogado far-se-á mediante a outorga de poderes pelo instrumento de mandato expresso, via procuração, isto é, exige-se o instrumento de mandato (art. 105 do CPC), podendo constar poderes especiais, os quais não se presumem e devem estar expressos.

Todavia, o art. 791, § 3º, possibilita a constituição de advogado em audiência, a requerimento do advogado e com a anuência da parte interessada: "A constituição de procurador com poderes para o foro em geral poderá ser efetivada, mediante simples registro em ata de audiência, a requerimento verbal do advogado interessado, com anuência da parte representada".

Assim, temos o mandato tácito, que é a conferência de poderes para o foro em geral (*ad iudicia*), o que ocorre pelo simples fato da parte estar acompanhada de advogado (constar na ata) no momento da realização da audiência, o que não se confunde, em nosso sentir, com o mandato *apud acta* (também expresso), que é a outorga de poderes conferidos pelo reclamante ou pela reclamada em audiência, registrando, portanto, seus termos na própria ata de audiência, admitindo a concessão de poderes especiais.

A juntada da ata de audiência, em que consignada a presença do advogado, desde que não estivesse atuando com mandato expresso, torna dispensável a procuração deste, porque demonstrada a existência de mandato tácito. Assim, configurada a existência de mandato tácito fica suprida a irregularidade detectada no mandato expresso. No entanto, é *inválido o substabelecimento de advogado investido de mandato tácito*.

A Súmula 395 do TST assevera que válido é o instrumento de mandato com prazo determinado que contém cláusula estabelecendo a prevalência dos poderes para atuar até o final da demanda (§ 4º do art. 105 do CPC de 2015). Outrossim, se há previsão, no instrumento de mandato, de prazo para sua juntada, o mandato só tem validade se anexado ao processo o respectivo instrumento no aludido prazo. São válidos os atos praticados pelo substabelecido, ainda que não haja, no mandato, poderes expressos para substabelecer (art. 667 e parágrafos do CC). Não obstante, configura-se a irregularidade de representação se o substabelecimento é anterior à outorga passada ao substabelecente. Por fim, verificada a irregularidade de representação, nas hipóteses previstas nos itens II e IV da Súmula, deve o juiz suspender o processo e designar prazo razoável para que seja sanado o vício, ainda que em instância recursal (art. 76 do CPC de 2015).

A OJ 319 da SDI-1, do TST, destaca que válidos são os atos praticados por estagiário se, entre o substabelecimento e a interposição do recurso, sobreveio a habilitação do então estagiário para atuar como advogado.

De acordo com a Súmula 456 do TST, é inválido o instrumento de mandato firmado em nome de pessoa jurídica que não contenha, pelo menos, o nome do outorgante e do signatário da procuração, pois estes dados constituem elementos que os individualizam. Se verificada a irregularidade de representação da parte na instância originária, o juiz designará prazo de 5 dias para que seja sanado o vício. Descumprida a determinação, extinguirá o processo, sem resolução de mérito, se a providência couber ao reclamante, ou considerará revel o reclamado, se a providência lhe couber (art. 76, § 1º, do CPC). Caso a irregularidade de representação da parte seja constatada em fase recursal, o relator designará prazo de 5 dias para que seja sanado o vício. Descumprida a determinação, o relator não conhecerá do recurso, se a providência couber ao recorrente, ou determinará o desentranhamento das contrarrazões, se a providência couber ao recorrido (art. 76, § 2º, do CPC).

A OJ 349 da SDI-1 do TST preceitua: "A juntada de nova procuração aos autos, sem ressalva de poderes conferidos ao antigo patrono, implica revogação tácita do mandato anterior".

As pessoas jurídicas de direito público ficam dispensadas de juntar instrumento de mandato, vez que a representação decorre de lei e não de relação contratual, razão pela qual a União, Estados, Municípios e Distrito Federal, suas autarquias e fundações públicas, quando representadas em juízo, ativa e passivamente, por seus procuradores, estão dispensadas da juntada de instrumento de mandato e de comprovação do ato de nomeação, sendo essencial que o signatário ao menos se declare exercente do cargo de procurador, não bastando a indicação do número de inscrição na Ordem dos Advogados do Brasil, na forma da Súmula 436 do TST.

Por fim, estabelece a Súmula 383 do TST que é inadmissível recurso firmado por advogado sem procuração juntada aos autos até o momento da sua interposição, salvo mandato tácito. Em caráter excepcional (art. 104 do CPC), admite-se que o advogado, independentemente de intimação, exiba a procuração no prazo de 5 dias após a interposição do recurso, prorrogável por igual período mediante despacho do juiz. Caso não a exiba, considera-se ineficaz o ato praticado e não se conhece do recurso. Verificada a irregularidade de representação da parte em fase recursal, em procuração ou substabelecimento já constante dos autos, o relator ou o órgão competente para julgamento do recurso designará prazo de 5 dias para que seja sanado o vício. Descumprida a determinação, o relator não conhecerá do recurso, se a providência couber ao recorrente, ou determinará o desentranhamento das contrarrazões, se a providência couber ao recorrido (art. 76, § 2º, do CPC).

4. ATOS, TERMOS, PRAZOS E DESPESAS PROCESSUAIS

4.1 Atos e Termos

Atos jurídicos processuais são acontecimentos voluntários que ocorrem no curso do processo, que dependem de manifestação dos sujeitos/participantes da relação processual, cujo fito é a prolação da decisão final (sentença). Todavia, há fatos processuais (não há contribuição da vontade humana) que influem no tramitar do processo, como é o caso de falecimento de uma das partes, gerando a suspensão do processo, nos termos do art. 313, I, do CPC.

De acordo com o art. 200 do CPC "os atos das partes consistentes em declarações unilaterais ou bilaterais de vontade produzem imediatamente a constituição, modificação ou extinção de direitos processuais". Assim, os atos das partes podem ser unilaterais e bilaterais. Unilaterais, por exemplo, são os postulatórios (pedidos e requerimentos), em que há manifestação de apenas uma das partes, incluindo-se, também, a renúncia a direito. Bilateral é o que depende de ambas as partes, como é o caso da transação.

Os atos processuais são públicos e o horário para sua realização é das 6 às 20 h em dias úteis. A citação e a penhora só podem ser realizadas em domingos ou feriados, ou fora do horário, se expressamente autorizadas pelo juiz (art. 770, parágrafo único, da CLT).

Termo processual é a reprodução por elementos gráficos dos atos processuais (princípio da documentação).

Por fim, considerando do art. 783 ao art. 788, as reclamações serão distribuídas entre as Varas do Trabalho ou entre os Juízes de Direito do Cível (no exercício da "jurisdição" trabalhista), na ordem rigorosa de sua apresentação ao distribuidor, quando na localidade houver mais de uma Vara do Trabalho (art. 713 da CLT). Em caso de inexistir mais de uma Vara do Trabalho, as reclamações serão apresentadas diretamente na Vara do Trabalho existente na localidade. Logo, se na localidade houver mais de uma Vara do Trabalho haverá, obrigatoriamente, um distribuidor, observando-se o art. 714 da CLT.

4.2 Atos do Juiz

A CLT é omissa quando o assunto é "atos do juiz", de modo que, por compatível, aplicamos o art. 203 do CPC, o qual denomina quais são os "Pronunciamentos do Juiz". Vejamos:

Os pronunciamentos do juiz consistirão em sentenças, decisões interlocutórias e despachos.

Sentença é o pronunciamento por meio do qual o juiz, com fundamento nos, arts. 485 e 487 do CPC, põe fim à fase cognitiva do procedimento comum, bem como extingue a execução. Este conceito é ressalvado para as disposições expressas dos procedimentos especiais.

A caracterização de uma decisão interlocutória é enquadrada por exceção, já que é todo pronunciamento decisório que não se enquadre na definição de sentença.

Ainda temos os despachos, que são todos os demais pronunciamentos do juiz praticados no processo, de ofício ou a requerimento da parte.

Vale dizer que os atos meramente ordinatórios, como a juntada e a vista obrigatória, independem de despacho, devendo ser praticados de ofício pelo servidor e revistos pelo juiz quando necessário.

Não podemos esquecer que se dá o nome de acórdão o julgamento colegiado (Turmas dos TRTs e do TST, por exemplo) proferido pelos Tribunais.

4.3 Prazos

Prazo processual é o período de tempo dentro do qual alguém deve praticar algum ato, e sua inércia impõe o reconhecimento da preclusão temporal.

A CLT contém quatro dispositivos importantes quanto aos prazos, sem prejuízo de outros, quais sejam: arts. 774, 775, 775-A e 776.

Assim, salvo disposição em contrário, os prazos contam-se, conforme o caso e em regra, a partir da data em que for feita pessoalmente, ou recebida a notificação, daquela em que for publicado o edital no jornal oficial ou no que publicar o expediente da Justiça do Trabalho, ou, ainda, daquela em que for afixado o edital na sede da Junta, Juízo ou Tribunal. Se for notificação postal, no caso de não ser encontrado o destinatário ou no de recusa de recebimento, o Correio ficará obrigado, sob pena de responsabilidade do servidor, a devolvê-la, no prazo de 48 (quarenta e oito) horas, ao Tribunal de origem. Inclusive, a Súmula 16 do TST averba que se presume recebida a notificação 48 (quarenta e oito) horas depois de sua postagem. O seu não recebimento ou a entrega após o decurso desse prazo constitui ônus de prova do destinatário.

Na contagem dos prazos, conforme o art. 775 da CLT, exclui-se o dia do começo, porém inclui-se o dia do vencimento, sendo que só devem ser considerados para fins de contagem os dias úteis.

O decurso dos prazos deverá ser certificado nos autos pelos escrivães ou chefes de secretaria, nos termos do art. 776 do mesmo diploma legal.

Observe que quando a intimação for realizada na sexta-feira, ou a publicação com efeito de intimação tiver ocorrido neste dia (sexta), o prazo judicial será contado a partir da segunda-feira imediata, exceto se não houver expediente, caso em que começara a fluir no dia útil que se seguir (Súmula 1 do TST).

Se a parte for intimada ou notificada no sábado, o início do prazo se dará no primeiro dia útil imediato e a contagem, no subsequente, conforme previsão da Súmula 262, I, do TST.

O prazo para interpor recurso quando a sentença for prolatada em audiência conta-se findo o prazo de 48 horas (art. 851, § 2º, da CLT) para juntada da ata de audiência de julgamento. No entanto, se o juiz exceder o prazo citado, a parte deverá ser intimada (Súmula 30 do TST).

Se parte foi intimada para comparecer em audiência de publicação da sentença, será contado o início do prazo recursal desde a prática do ato, em razão da Súmula 197 do TST: "O prazo para recurso da parte que, intimada, não comparecer à audiência em prosseguimento para a prolação da sentença conta-se de sua publicação".

Destacamos que o art. 1º do Decreto-lei n. 779/69 (recepcionado pela Constituição como lei ordinária) estabelece que a Fazenda Pública tem prazo em dobro para interpor recursos.

O art. 775-A da CLT dispõe que se suspende o curso do prazo processual nos dias compreendidos entre 20 de dezembro e 20 de janeiro, inclusive, o que não prejudica o exercício das atribuições dos juízes, dos membros do MP, da Defensoria Pública, da Advocacia Pública e dos auxiliares da Justiça, ressalvadas as férias individuais e feriados definidos em lei. Por fim, durante a suspensão do prazo, não se realizarão audiências nem sessões de julgamento.

4.3.1 Suspensão e Interrupção dos Prazos

Na suspensão dos prazos ocorre a paralisação na sua contagem de forma temporária ou a postergação do início da contagem, voltando sua contagem de onde parou ou terá início a contagem, quando encerrada a causa que determinou a suspensão da contagem. É o caso, por exemplo, do recesso forense e as férias coletivas dos Ministros do TST, nos termos da Súmula 262, II, do TST.

A interrupção, por outro lado, impõe o reinício integral na contagem do prazo, ou seja, inicia-se sua contagem novamente do zero. Um bom exemplo é a oposição de embargos de declaração, que como regra geral interrompe o prazo para a interposição de recursos por quaisquer das partes, nos moldes do § 3º do art. 897-A da CLT.

4.3.2 Preclusão

É um fenômeno endoprocessual, sendo definida como a perda da faculdade de praticar um ato processual.

Há preclusão lógica quando a parte pretende praticar um ato incompatível com outro já praticado anteriormente. Assim, conforme art. 1.000 do CPC, a parte que aceitar expressa ou tacitamente a decisão não poderá recorrer.

A preclusão temporal se forma pelo decurso do tempo sem a prática do ato que competia à parte. Logo, se o prazo para interpor o recurso ordinário é de 8 dias, caso o faça no 10º dia, haverá preclusão.

Temos ainda a preclusão consumativa, a qual se origina em razão de já ter sido realizado o ato, de modo que não pode ser novamente praticado. Se o recurso de revista for interposto no 5º dia do prazo recursal, não poderá ser interposto novamente, mesmo restando 3 dias.

Citamos ainda a preclusão *pro judicato*, que é a impossibilidade de o magistrado rever decisões já proferidas, ou ainda, de proferir novas decisões que sejam incompatíveis com as anteriores. Entretanto, o art. 494 do CPC dispõe que uma vez publicada a sentença, o juiz não mais poderá alterá-la, exceto se para corrigir, de ofício ou a requerimento da parte, inexatidões materiais ou erros de cálculo, ou ainda, por meio de embargos de declaração.

PRINCIPAIS PRAZOS NO PROCESSO DO TRABALHO

ATO	PRAZO
Notificação para a audiência inicial	48 horas
Prazo entre notificação inicial e audiência	5 dias
Prazo de recursos (ordinário, revista, agravos de instrumento e petição, embargos no TST)	8 dias, salvo os casos de prazos em dobro.
Prazo para oferecimento de defesa	20 minutos em audiência (oral) ou até a audiência (escrita)
Oferta de exceção de incompetência territorial	5 dias úteis a contar do recebimento da notificação.
Razões Finais	10 minutos para cada parte
Garantia voluntária da execução	48 horas
Embargos à execução	5 dias a contar da garantia ou penhora
Embargos de Declaração	5 dias, salvo quando em dobro.
Para ajuizar a ação trabalhista	2 anos após a extinção do contrato de trabalho
Redução a termo da reclamação verbal	5 dias
Impugnação à liquidação	8 dias
Embargos à execução Fazenda Pública	30 dias
Ação rescisória	2 anos, em regra.
Mandado de Segurança	120 dias
Inquérito para apuração de falta grave	30 dias da suspensão do empregado
Contestação no IDPJ	15 dias.

5 DESPESAS PROCESSUAIS: CUSTAS, HONORÁRIOS DE SUCUMBÊNCIA E HONORÁRIOS PERICIAIS

5.1 Custas

Em regra, são pagas ao final pelo vencido. No entanto, em caso de interposição de recurso, deverá haver o pagamento antecipado (dentro do prazo recursal – § 1º do art. 789 da CLT).

Nos termos do art. 789 da CLT, tanto nos dissídios individuais quanto nos coletivos, as custas no processo de conhecimento incidem à base de 2%, com o mínimo de R$ 10,64, independentemente se o dissídio tramita perante a Justiça do Trabalho ou comum (quando o juiz estadual estiver investido na "jurisdição" trabalhista), e com o máximo de quatro vezes o limite máximo dos benefícios do Regime Geral de Previdência Social, sendo calculadas de acordo com as seguintes regras:

a) Nos dissídios individuais, havendo acordo, salvo o que for convencionado em sentido contrário, as custas serão pagas em partes iguais pelos litigantes, isto é, divididas igualmente, sobre o valor do acordo.

b) Na hipótese de condenação (procedência total ou parcial do pedido), as custas serão pagas pelo vencido, sobre o respectivo valor da condenação.

Quando se tratar de empregado que não tenha obtido o benefício da justiça gratuita, havendo patrocínio jurídico do sindicato, este responderá solidariamente pelo pagamento das custas (§ 1º do art. 789 da CLT).

O § 4º do art. 789 da CLT prevê: "Nos dissídios coletivos, as partes vencidas responderão solidariamente pelo pagamento das custas, calculadas sobre o valor arbitrado na decisão, ou pelo Presidente do Tribunal".

c) sendo o valor indeterminado, as custas serão calculadas sobre o montante que o juiz fixar;

d) sendo ilíquida a condenação, o juiz arbitrar-lhe-á um valor e sobre este incidirá as custas;

e) no caso de não resolução do mérito ou quando for julgado totalmente improcedente o pedido, as custas serão fixadas sobre o valor da causa, sendo seu pagamento de responsabilidade do reclamante, salvo se delas ficar isento;

f) no caso de procedência do pedido formulado em ação declaratória ou constitutiva, as custas serão calculadas sobre o valor da causa.

No processo de execução são devidas custas, sempre de responsabilidade do executado e pagas somente ao final do processo, seguindo-se os valores estabelecidos no art. 789-A da CLT.

Com base na Súmula 25 do TST, afirmamos que a parte vencedora na primeira instância, se vencida na segunda, está obrigada, independentemente de intimação, a pagar as custas fixadas na sentença originária, das quais ficara isenta a parte então vencida. No caso de inversão do ônus da sucumbência em segundo grau, sem acréscimo ou atualização do valor das custas e se estas já foram devidamente recolhidas, descabe um novo pagamento pela parte vencida, ao recorrer. Deverá ao final, se sucumbente, reembolsar a quantia. Não caracteriza deserção a hipótese em que, acrescido o valor da condenação, não houve fixação ou cálculo do valor devido a título de custas e tampouco intimação da parte para o preparo do recurso, devendo ser as custas pagas ao final. O reembolso das custas à parte vencedora faz-se necessário mesmo na hipótese em que a parte vencida for pessoa isenta do seu pagamento, nos termos do art. 790-A, parágrafo único, da CLT.

A Súmula 36 do TST estabelece que, nas ações plúrimas, as custas incidem sobre o respectivo valor global.

O prazo para pagamento das custas, no caso de recurso, é contado da intimação do cálculo (Súmula 53 do TST).

Nos termos da Súmula 86 do TST, não ocorre deserção de recurso da massa falida por falta de pagamento de custas ou de depósito do valor da condenação. Esse privilégio, todavia, não se aplica à empresa em liquidação extrajudicial e, considerando a Súmula 170 do TST, os privilégios e isenções no foro da Justiça do Trabalho não abrangem as sociedades de economia mista.

5.2 Honorários de Sucumbência

Com relação aos honorários advocatícios de sucumbência, o art. 6º da IN n. 41/2018 do TST aduz que se a ação trabalhista foi distribuída antes de a Reforma Trabalhista entrar em vigor (vigência a partir de 11-11-17) e a lide for decorrente da relação de emprego, a condenação em honorários advocatícios, em regra, não decorre da mera sucumbência, sendo estritamente necessário que o reclamante seja beneficiário da gratuidade de justiça e esteja assistido pelo sindicato da categoria, aplicando-se as Súmulas 219 e 329 do TST e o art. 14 da Lei n. 5.584/70.

Contudo, se a ação trabalhista foi ajuizada a partir de 11-11-17, data de entrada em vigor da Lei n. 13.467/2017, aplica-se o art. 791-A da CLT, de modo que ao advogado, ainda que atue em causa própria, serão devidos honorários de sucumbência, fixados entre o mínimo de 5% (cinco por cento) e o máximo de 15% (quinze por cento) sobre o valor que resultar da liquidação da sentença, do proveito econômico obtido ou, não sendo possível mensurá-lo, sobre o valor atualizado da causa, sendo os honorários devidos, também, nas ações contra a Fazenda Pública e nas ações em que a parte estiver assistida ou substituída pelo sindicato de sua categoria. No mesmo sentido, são devidos honorários de sucumbência na reconvenção.

Ao fixar os honorários, o juízo observará: I – o grau de zelo do profissional; II – o lugar de prestação do serviço; III – a natureza e a importância da causa; IV – o trabalho realizado pelo advogado e o tempo exigido para o seu serviço.

Note que na hipótese de procedência parcial, o juízo arbitrará honorários de sucumbência recíproca, vedada a compensação entre os honorários, ou seja, cada uma das partes deverá custear os honorários de sucumbência devido ao advogado da parte contrária, sem que haja uma diminuição para os advogados.

No entanto, de acordo com a CLT, vencido o beneficiário da justiça gratuita, desde que não tenha obtido em juízo, ainda que em outro processo, créditos capazes de suportar a despesa, as obrigações decorrentes de sua sucumbência ficarão sob condição suspensiva de exigibilidade e somente poderão ser executadas se, nos dois anos subsequentes ao trânsito em julgado da decisão que as certificou, o credor demonstrar que deixou de existir a situação de insuficiência de recursos que justificou a concessão de gratuidade, extinguindo-se, passado esse prazo, tais obrigações do beneficiário. Vale observar o julgamento proferido na ADI 5.766 (STF).

5.3 Honorários Periciais

O art. 790-B da CLT determina que o pagamento dos honorários do perito será responsabilidade da parte sucumbente na pretensão objeto da perícia (e não na demanda), ainda que beneficiária da gratuidade de justiça.

Assim, o pagamento é de responsabilidade da parte que sucumbe na pretensão objeto da perícia, de modo que o magistrado trabalhista não está autorizado a determinar o pagamento antecipado quando o autor da ação trabalhista pleitear, por exemplo, adicional de insalubridade ou periculosidade, haja vista que só com o proferir da sentença é que se saberá quem é a parte sucumbe na pretensão.

O § 3º do artigo em comento determina que é vedado ao juiz exigir adiantamento de valores para realização de perícias.

Caso o juiz do trabalho determine o pagamento antecipado, estará proferindo uma decisão interlocutória, impugnável, por ferir direito líquido e certo (produção da prova sem o pagamento antecipado dos honorários periciais), por mandado de segurança, haja vista que **é ilegal a exigência do referido depósito para custeio dos honorários periciais**, dada a incompatibilidade com o processo do trabalho, como se extrai da OJ 98 da SDI-2 do TST.

O § 4º do art. 790-B determina que "somente no caso em que o beneficiário da justiça gratuita não tenha obtido em juízo créditos capazes de suportar a despesa referida no *caput*, ainda que em outro processo, a União responderá pelo encargo", ou seja, a União só pagará em última hipótese. Vale observar o julgamento proferido na ADI 5.766 (STF).

Por fim, a responsabilidade pelo pagamento dos honorários do perito assistente é da parte que o indicou (o que independe da relação posta em juízo), vez que se trata de mera faculdade, ainda que a parte que o indicou seja vencedora, o que se afirma com base na Súmula 341 do TST.

5.4 Gratuidade de Justiça, Assistência Judiciária e Isenções

Nos termos do § 3º do art. 790 da CLT, é facultado aos juízes, órgãos julgadores e presidentes dos tribunais do trabalho de qualquer instância conceder, a requerimento ou de ofício, o benefício da justiça gratuita, inclusive quanto a traslados e instrumentos, àqueles que perceberem salário igual ou inferior a 40% (quarenta por cento) do limite máximo dos benefícios do Regime Geral de Previdência Social.

Não obstante, ainda que não receba o valor citado, o benefício da justiça gratuita será concedido à parte que comprovar insuficiência de recursos para o pagamento das custas do processo.

A Súmula 463 do TST estabelece que a partir de 26-6-2017, para a concessão da assistência judiciária gratuita à pessoa natural, basta a declaração de hipossuficiência econômica firmada pela parte ou por seu advogado, desde que munido de procuração com poderes específicos para esse fim (art. 105 do CPC de 2015). Ademais, no caso de pessoa jurídica, não basta a mera declaração: é necessária a demonstração cabal de impossibilidade de a parte arcar com as despesas do processo.

A gratuidade pode ser requerida em qualquer tempo e grau de jurisdição, desde que, na fase recursal, seja realizado o requerimento no prazo alusivo ao recurso, como autoriza a OJ 269 da SDI-1 do TST.

Não podemos confundir gratuidade de justiça com assistência judiciária, vez que no âmbito da Justiça do Trabalho, a assistência judiciária é prestada pelo sindicato da categoria profissional a que pertencer o trabalhador, sendo devida àquele que receber salário igual ou inferior ao dobro do mínimo legal, bem como aquele que receba além desse limite, mas que comprove que sua situação econômica lhe impede demandar em juízo sem prejuízo próprio ou de sua família, como se extrai do art. 14 da Lei n. 5.584/70.

O art. 790-A da CLT, por outro lado, isenta de custas além dos beneficiários da justiça gratuita, a União, o Distrito Federal, os Estados, os Municípios, as autarquias, as fundações públicas que não explorem atividade econômica e o Ministério Público do Trabalho, o que também se aplica, por exemplo, às empresas públicas que não atuam no regime concorrencial, como já reiteradamente decidiu o Supremo Tribunal Federal, vez que não atuam no seguimento de atividade econômica, pelo contrário, prestam serviços de caráter público para atender a coletividade.

No entanto, esta isenção de custas não alforria as entidades citadas (União, Estados, Distrito Federal, Municípios, autarquias e fundações públicas que não explorem atividade econômica), com exceção do Ministério Público do Trabalho, de reembolsar as despesas judiciais realizadas pela parte vencedora, como se infere do parágrafo único do preceptivo citado e, além disso, não isenta as entidades fiscalizadoras do exercício profissional de pagar as despesas processuais cabíveis, tais como Ordem dos Advogados do Brasil, Conselho Regional de Odontologia, Conselho Regional de Medicina, Conselho Regional de Contabilidade etc.

Vale dizer que o § 2º do art. 844 determina o pagamento de custas em caso de arquivamento da ação por ausência do reclamante, salvo de comprovar em 15 dias o motivo da ausência, ainda que seja beneficiária da gratuidade de justiça. Vale observar o julgamento proferido na ADI 5.766 (STF), que declarou constitucional o dispositivo, julgando improcedente a ADI neste aspecto.

6. NULIDADES

6.1 Conceito e Classificação

No processo do trabalho, temos do art. 794 ao art. 798 da CLT.

A nulidade deve ser compreendida como a possibilidade do ato não produzir efeitos ou ter seus efeitos desconstituídos. Com efeito, trata-se de sanção pela qual a norma jurídica resta por retirar de um ato jurídico processual seus efeitos, particularmente quando sua realização não se dá de acordo com a norma jurídica incidente.

Embora vigore o princípio da instrumentalidade das formas (art. 188, parte final do CPC), a inobservância da forma prevista em lei pode acarretar a invalidade do ato processual, a despeito da violação às regras sobre o modo, tempo e lugar, inerentes a prática dos mesmos.

A doutrina classifica os vícios dos atos processuais em atos inexistentes, invalidades (nulidades absolutas ou relativas) ou atos com meras irregularidades.

a) **Inexistência:** o ato processual contém vício de extrema gravidade que não pode ser considerado, tendo como consequência a impossibilidade de produzir qualquer efeito jurídico. Depende de declaração judicial e não pode ser sanado.

Exemplo: se a parte interpõe recurso sem estar devidamente subscrita na petição de interposição ou de razões, o ato será considerado inexistente, e, portanto, não será admitido o recurso, nos termos da OJ 120 da SDI-1 do TST item I.

b) **Invalidades:** nesse caso os vícios são verificados no plano da validade do ato praticado, impondo o estudo das nulidades relativas e absolutas.

Quando houver violação à forma legal que visa resguardar interesse de ordem pública, estaremos diante de nulidades absolutas. Por outro lado, se a forma busca tão somente preservar os interesses das próprias partes envolvidas no litígio, a sua violação importa nulidade relativa.

As nulidades dos atos processuais podem ser, então, absolutas ou relativas, sendo nulos (nulidade absoluta – insanáveis) os atos que venham a ser praticados com violação as normas de ordem pública, não estando sujeitos a preclusão, e podem ser declaradas de ofício pelo magistrado, inclusive pelos tribunais (exigindo-se, porém, prequestionamento em sede de recursos de natureza extraordinária, como é o caso do Recurso de Revista), a qualquer tempo e grau de jurisdição. As nulidades relativas (anulabilidades – sanáveis) decorrem daqueles atos que, quando praticados, não violam normas de ordem pública e dependem da iniciativa da parte, sendo vedado ao magistrado reconhecer de ofício.

  c) **Irregularidades:** são vícios não tão graves, não gerando anulação, podendo até mesmo sofrer correção de ofício pelo magistrado ou a requerimento da parte ou do Ministério Público. É o caso, por exemplo, de numeração incorreta das folhas dos autos.

6.2 Princípios das Nulidades

a) Instrumentalidade das formas ou finalidade

Com espeque no art. 188 do CPC, pode-se dizer que os atos e termos processuais não dependem de forma determinada (liberdade das formas), exceto quando a lei expressamente a exigir, sendo reputados válidos os que forem realizados de outra forma, desde que alcancem a sua finalidade, ou seja, este princípio significa, em apertada síntese, que se a lei prescrever determinada forma para o ato, sem cominar nulidade, o juiz considerará válido o ato que, mesmo produzido de outra forma, tenha alcançado seu objetivo.

A intenção é conservar os atos processuais praticados de forma diversa da prescrita em lei, desde que sua finalidade se verifique e produzam os efeitos colimados pela norma, privilegiando mais o conteúdo do que a forma propriamente dita.

b) Prejuízo ou transcendência

Não haverá nulidade sem prejuízo às partes interessadas, considerando que o prejuízo seja exclusivamente processual.

O legislador brasileiro foi influenciado pelo sistema francês (*pas de nulité san grief*), como se percebe pelo art. 794 da CLT: "Nos processos sujeitos à apreciação da Justiça do Trabalho só haverá nulidade quando resultar dos atos inquinados manifesto prejuízo às partes litigantes".

Ademais, o art. 282, § 2º, do CPC prevê que, quando for possível decidir o mérito a favor da parte a quem aproveite a decretação da nulidade, o juiz não a pronunciará nem mandará repetir o ato ou suprir-lhe a falta.

Desta forma, se o reclamado interpõe recurso ordinário, visando à modificação da sentença que lhe foi desfavorável e não for concedido prazo para contrarrazões, em total violação ao art. 900 da CLT, caso o recurso seja improvido, não pode o recorrido alegar nulidade em razão de não ter falado sobre o recurso ordinário, já que não houve prejuízo para ele, vez que não houve mudança da sentença.

c) Convalidação ou preclusão

Prevê o art. 795, *caput*, da CLT: "As nulidades não serão declaradas senão mediante provocação das partes, as quais deverão argui-las à primeira vez que tiverem de falar nos autos ou em audiência".

Assim, se houver o indeferimento pelo magistrado de depoimento pessoal do reclamado requerido pelo autor, deve requerer que conste em ata seus protestos pelo indeferimento, mas se não o fez e, ao final, o pedido é julgado improcedente, não poderá em sede de recurso ordinário suscitar preliminar de nulidade por cerceamento do direito de defesa, em razão do indeferimento do depoimento, vez que terá havido a preclusão pela ausência do registro do protesto. Essa a posição majoritária na doutrina e em sede de jurisprudência.

Como a audiência no processo do trabalho é UNA, o entendimento é que a parte poderá arguir as nulidades ocorridas durante o ato até as razões finais.

d) Interesse ou Interesse de Agir

Estabelecido no art. 796, *b*, da CLT, significa que a nulidade não poderá ser conhecida, se arguida pela parte que lhe deu causa. Terá interesse de requerer a declaração da nulidade, portanto, a parte que foi prejudicada e que não tenha dado causa à mesma (ninguém pode se beneficiar da própria torpeza).

Este princípio se aplica em sede de nulidades relativas, pois quando for caso de nulidade absoluta o magistrado deve pronunciá-la de ofício, independentemente de quem lhe deu causa ou quem a alegou.

e) Utilidade ou aproveitamento dos atos processuais praticados

Também denominado causalidade, concatenação ou interdependência dos atos processuais, sustenta que devem ser aproveitados todos os atos posteriores àquele notadamente nulo, desde que não sofram reflexos das nulidades porventura existentes, conforme art. 798 da CLT: "A nulidade do ato não prejudicará senão os posteriores que dele dependam ou sejam consequência".

Desta forma, a pronúncia de uma nulidade não atinge todos os atos posteriores, permanecendo válidos os atos independentes, de modo que o juiz ou tribunal, ao pronunciar a nulidade, irá declarar os atos a que ela se estende, exatamente para que sejam aproveitados os atos independentes.

f) Renovação dos atos processuais viciados ou saneamento das nulidades (economia processual)

Visa ao aproveitamento máximo da relação jurídica processual, possibilitando à renovação dos atos que contém defeitos capazes de gerar nulidade. É o que determina o art. 796, a, da CLT: "A nulidade não será pronunciada: a) quando for possível suprir-se a falta ou repetir-se o ato".

Exemplo: o juiz intima as partes para que compareçam em audiência visando à última tentativa de conciliação, vez que o magistrado, após as razões finas em audiência, não oportunizou às partes essa possibilidade e, ao ler os autos antes de proferir a sentença, constatou a ausência dessa oportunidade nos termos do art. 850 da CLT, parte final.

7. PETIÇÃO INICIAL

A ação é um direito público, subjetivo, autônomo e abstrato, distinto e independente do direito material violado ou invocado, o qual é materializado com a petição inicial (ou, reclamação trabalhista – art. 840 da CLT).

No processo laboral temos as ações individuais (dissídios individuais) que são estabelecidas em decorrência de uma lide entre reclamante e reclamada (pode haver litisconsórcio/ação plúrima – art. 842 da CLT), cujas partes são consideradas individualmente, e os dissídios coletivos, quando envolvem os sindicatos.

7.1 Requisitos legais

Dispõe o art. 840 da CLT que "a reclamação poderá ser escrita ou verbal".

Se a reclamação for verbal, primeiro será distribuída, ou seja, encaminhada à Vara do Trabalho via bilhete de distribuição, devendo o reclamante comparecer em juízo no prazo de 5 dias para reduzi-la a termo, salvo motivo de força maior. O § 2º do art. 840 determina que ela será reduzida a termo, em duas vias datadas e assinadas pelo escrivão ou chefe de secretaria, observando, no que forem cabíveis, os requisitos da reclamação escrita.

No § 1º do artigo retro é previsto que se a reclamação for escrita deverá conter a designação do juízo, a qualificação das partes, a breve exposição dos fatos de que resulte o dissídio, o pedido, que deverá ser certo, determinado e com indicação de seu valor, a data e a assinatura do reclamante ou de seu representante.

Outrossim, sobre os pedidos serem certos e determinados, e, ainda, ter indicação de valor, deve ser observado que se o não cumprimento destes requisitos for no procedimento sumaríssimo, haverá a extinção do processo e condenação do autor no pagamento das custas, estas sobre o valor da causa. No procedimento ordinário, haverá a extinção do pedido, consoante § 3º do art. 840 da CLT.

Ademais, indicação de valor, como quer o § 1º do art. 840 CLT, não é liquidação dos pedidos e apresentação de planilha de cálculo, pois esta interpretação afasta o cidadão do Judiciário, o que vai de encontro com o inciso XXXV do art. 5º da CF.

O que o legislador quer (*mens legis*) é a mera estimativa, algo aproximado, e a jurisprudência começa a tecer comentários, em suas decisões, sobre isso. Claro, sem prejuízo da previsão contida no § 2º do art. 12 da IN n. 41 do TST, a qual determina que o valor da causa será por estimativa. Ora, se o valor da causa deve corresponder ao somatório dos pedidos, então os pedidos são apresentados por estimativa.

7.2 Indeferimento

Caso o vício da petição inicial seja insuperável, insanável, o magistrado deverá indeferir a petição, acarretando o proferir de sentença sem análise do mérito (sentença anômala).

O art. 330 do digesto processual civil dispõe nesse sentido, *in verbis*:

CPC, art. 330. A petição inicial será indeferida quando: I – for inepta; II – a parte for manifestamente ilegítima; III – o autor carecer de interesse processual; IV – não atendidas as prescrições dos arts. 106 e 321. Parágrafo único. Considera-se inepta a petição inicial quando: I – lhe faltar pedido ou causa de pedir; II – o pedido for indeterminado, ressalvadas as hipóteses legais em que se permite o pedido genérico; III – da narração dos fatos não decorrer logicamente a conclusão; IV – contiver pedidos incompatíveis entre si.

Todavia, como o magistrado geralmente só tem contato com a petição inicial na audiência, é de difícil aplicação no processo do trabalho o indeferimento antes da audiência (caso em que a reclamada já fora notificada), sendo certo que, só se pode falar em indeferimento de plano quando o vício for insanável.

Saliente-se que a decisão que indefere a petição inicial trabalhista é uma sentença terminativa que não analisa o mérito (art. 485, I, do CPC), a qual desafia recurso ordinário. Caso haja a interposição do recurso, o juiz poderá reconsiderar sua decisão em 5 dias (§ 7º do art. 485 do CPC), nos moldes do art. 331 do CPC, aplicado subsidiariamente, vez que não há incompatibilidade com o processo do trabalho.

7.3 Emenda e Aditamento da petição inicial

De início cabe dizer que emenda e aditamento são figuras bem distintas. A primeira quer dizer remendar, concertar algo, o que significa dizer que há emenda à petição inicial quando esta contém vício ou defeito processual, enquanto que aditamento é adicionar algo, isto é, haverá alteração do pedido ou da causa de pedir.

O CPC dispõe no art. 329, I, do CPC que o autor poderá até a citação, aditar ou alterar o pedido ou a causa de pedir, independentemente de consentimento do réu, ou seja, não há necessidade de aquiescência do reclamado, vez que a coisa ainda não se tornou litigiosa.

No entanto, uma vez realizada a citação, o CPC veda a alteração do pedido ou da causa de pedir sem o consentimento do réu, o que só será permitido até o saneamento do processo, nos termos do art. 329, II, já que o autor poderá até o saneamento do processo, aditar ou alterar o pedido e a causa de pedir, com consentimento do réu, assegurado o contraditório mediante a possibilidade de manifestação deste no prazo mínimo de 15 dias, facultado o requerimento de prova suplementar.

Nos domínios do processo do trabalho, como o juiz não verifica se a petição preenche ou não os requisitos legais, como regra, antes da audiência, até o momento do protocolo (recebimento) da contestação, é permitida a alteração do pedido ou da causa de pedir, ou de ambos, o que independe da concordância do reclamado (há quem entenda ser preciso a aquiescência da reclamada).

Contudo, uma vez apresentada (recebida pelo juiz) à contestação pelo réu, à alteração do pedido ou da causa de pedir ou a desistência do processo, só será permitida com a concordância do reclamado, tendo em vista a previsão do § 3º do art. 841 da CLT, inserido pela Lei n. 13.467/2017 (Reforma Trabalhista), podendo o juiz de ofício, se for o caso, antes de ofertada a contestação, determinar a emenda da petição inicial.

Em ambos os casos, o juiz deverá designar uma nova data para a audiência, respeitando-se, assim, os princípios constitucionais do contraditório e da ampla defesa.

No que tange ao emendar da petição inicial, o juiz quando verificar que a mesma contém algum vício sanável, suprível, deve intimar o reclamante para que proceda com a emenda a complete a inicial, no prazo de 15 dias antes de ser indeferida a vestibular, nos termos da Súmula 263, TST.

Entrementes, o art. 787 da CLT determina que a petição inicial deve estar acompanhada dos documentos em que se fundar e, no mesmo sentido, é o art. 320 do CPC, que vaticina ser obrigatória a instrução da exordial com os documentos indispensáveis a sua propositura, de sorte que, quando não for a petição inicial instruída com os documentos tidos por indispensáveis, também deve o juiz determinar o saneamento, conforme art. 321 do CPC.

7.4 Tutela Provisória de Urgência de Natureza Antecipatória

A Consolidação das Leis do Trabalho apenas faz menção a liminar no art. 659, IX e X, prevendo que é atribuição do magistrado conceder medida liminar, até decisão final do processo em reclamações trabalhistas que visem a tornar sem efeito a transferência disciplinada pelos parágrafos do art. 469 da norma laboral e, também, conceder liminar, até decisão final do processo, em reclamações trabalhistas que visem a reintegrar no emprego dirigente sindical afastado, suspenso ou dispensado pelo empregador.

Como a CLT nada dispõe acerca da tutela provisória e por ser totalmente compatível com o processo do trabalho, aplicamos o arts. 294 e s. do CPC, de modo que a tutela provisória pode ter como fundamento urgência ou evidência, sendo que a tutela de urgência pode ser de natureza cautelar ou antecipatória.

Vamos focar agora na tutela antecipada, que nada mais é que o deferimento da pretensão do autor (reclamante) antes da formação do título executivo, desde que preenchidos os requisitos legais, de modo que pode ser entendida como a permissão àquele que a requer de obter de imediato um benefício que só seria possível com a prolação da sentença, satisfazendo de forma provisória (pode ser revogada) a pretensão do postulante, tendo natureza satisfativa.

No processo do trabalho é muito comum a concessão de tutela provisória de natureza antecipada, seja inerente às obrigações de fazer, não fazer e entrega de coisa. Assim, se um empregado é demitido sem justa causa, com documento comprobatório do aviso prévio em mãos, sem que lhe sejam entregues os documentos hábeis para levantamento do FGTS e as guias pertinentes para recebimento do seguro-desemprego ou baixa na CTPS ou comunicado aos órgãos competentes, poderá ajuizar ação trabalhista com pedido de tutela provisória antecipada visando à expedição de ofício para o seguro-desemprego (caso preencha os requisitos legais), bem como expedição de alvará para a Caixa Econômica Federal visando à liberação do saldo na conta no FGTS.

8. PROCEDIMENTOS

Inicialmente, é de bom alvitre observar o art. 841 da CLT, o qual versa sobre a notificação citatória, aduzindo que "recebida e protocolada a reclamação, o escrivão ou secretário, dentro de 48 (quarenta e oito) horas, remeterá a segunda via da petição, ou do termo, ao reclamado, notificando-o ao mesmo tempo, para comparecer à audiência do julgamento, que será a primeira desimpedida, depois de 5 (cinco) dias". Há na Súmula 16 previsão sobre a presunção de recebimento.

A notificação será feita em registro postal com franquia. Se o reclamado criar embaraços ao seu recebimento ou não for encontrado, far-se-á a notificação por edital, inserto no jornal oficial ou no que publicar o expediente forense, ou, na falta, afixado na sede da Vara.

Quando a parte no dissídio for a Administração Pública Direta (União, Estados, Distrito Federal ou Municípios), suas entidades autárquicas e fundacionais, o prazo para designação de audiência será de 20 dias, uma vez que o Decreto-lei n. 779/69 estabelece no art. 1º, II, que é uma das prerrogativas daqueles entes "o quádruplo do prazo fixado no art. 841, *in fine*, da Consolidação das Leis do Trabalho".

Cabe ressaltar que a notificação citatória (citação inicial) não precisa ser pessoal, de modo que pode ser entregue ao caseiro, porteiro, administrador dentre outros, não se exigindo, desta forma, poderes para seu recebimento.

Outrossim, a Fazenda Pública não precisa ser citada por mandado, bastando o envio da notificação postal. No entanto, há quem defenda que a citação, neste caso, deva ser por oficial de justiça, aplicando-se o art. 247, III, do CPC.

8.1 Procedimento Sumário

Fora instituído pela Lei n. 5.584/70, também conhecido como "dissídio de alçada" ou "dissídio de alçada exclusivo das Varas", tendo por objetivo empregar mais celeridade as demandas trabalhistas cujo valor seja de até 2 (dois) salários mínimos.

A lei em tela dispõe em seu art. 2º e §§ 3º e 4º:

"**Art. 2º** Nos dissídios individuais, proposta a conciliação, e não havendo acordo, o Presidente da Junta ou juiz, antes de passar à instrução da causa, fixar-lhe-á o valor para determinação da alçada, se este for indeterminado no pedido. (...)

§ 3º. Quando o valor fixado para a causa, na forma deste artigo, não exceder de 2 (duas) vezes o salário mínimo vigente na sede do juízo, será dispensável o resumo dos depoimentos, devendo constar da Ata a conclusão da Junta quanto à matéria de fato.

§ 4º. Salvo se versarem sobre matéria constitucional, nenhum recurso caberá das sentenças proferidas nos dissídios de alçada a que se refere o parágrafo anterior, considerando, para esse fim, o valor do salário mínimo à data do ajuizamento da ação".

Observe que a previsão contida no § 3º da Lei n. 5.584/70 acima transcrito tem preceptivo similar na CLT, conforme se extrai do §1º do art. 851, *in verbis*: "Nos processos de exclusiva alçada das Varas, será dispensável, a juízo do presidente, o resumo dos depoimentos, devendo constar da ata a conclusão do Tribunal quanto à matéria de fato".

Por fim, cabe ressaltar que no procedimento sumário o sistema recursal é restritivo, vez que só caberá recurso se houver violação a matéria constitucional. Defende-se o cabimento dos recursos (não apenas o extraordinário de forma direta para o STF), de forma sucessiva, de modo que caberia Recurso Ordinário, Revista, desde que, em qualquer caso, a matéria seja constitucional, consoante art. 2º, § 4º, da Lei n. 5.584/70.

8.2 Procedimento Sumaríssimo

Previsto na CLT do art. 852-A ao art. 852-I, deve ser observado nos dissídios individuais cujo valor, na data do ajuizamento da ação, não seja superior a 40 (quarenta) salários mínimos.

Estão excluídas desse procedimento a Administração Pública Direta, autárquica e fundacional, ainda que sejam demandadas para responder subsidiariamente.

O pedido deve ser certo ou determinado e indicar o valor correspondente, devendo ainda o reclamante indicar o endereço correto da reclamada, não se admitindo, por sua vez, a citação por edital. O não atendimento desses requisitos importa extinção do feito sem resolução do mérito e a condenação do autor nas custas do processo, que serão calculadas sobre o valor da causa.

A apreciação da reclamação trabalhista deve ocorrer no prazo máximo de 15 dias do ajuizamento e, se necessário, poderá constar de pauta especial de acordo com o movimento judiciário da Vara do Trabalho.

É dever das partes e dos advogados comunicar ao juízo as mudanças de endereço que venham a ocorrer no curso do processo, vez que serão reputadas válidas aquelas que forem enviadas para o local anteriormente indicado, caso não tenha havido a comunicação referida.

O art. 852-C da CLT determina que "as demandas sujeitas a rito sumaríssimo serão instruídas e julgadas em audiência única, sob a direção de juiz presidente ou substituto, que poderá ser convocado para atuar simultaneamente com o titular", exigindo-se, portanto, que as audiências sejam unas, salientando-se que todas as provas serão produzidas em audiência, ainda que não requeridas previamente.

É possível que haja a interrupção da audiência, quando então seu prosseguimento e a solução da causa dar-se-ão no prazo máximo de 30 dias, salvo motivo relevante justificado pelo juiz nos autos, consoante prevê o § 7º do art. 852-H da CLT.

O juiz deverá conduzir o processo com ampla liberdade para determinar as provas a serem produzidas, levando em consideração o ônus da prova para cada litigante, podendo inclusive limitar ou excluir aquelas que entender excessivas, impertinentes ou protelatórias, dando valor especial às regras de experiência comum ou técnica.

Aberta a sessão, o juiz deve esclarecer as partes sobre as vantagens da conciliação e usará os meios adequados visando persuadi-los na solução conciliatória do litígio, independentemente da fase da audiência.

Na ata de audiência devem ser registrados resumidamente os atos essenciais, as afirmações fundamentais das partes e as informações úteis à solução da causa trazidas pela prova testemunhal, devendo ainda o juiz decidir de plano todos os incidentes e exceções que possam interferir no prosseguimento da audiência e do processo, sendo as demais decididas na sentença.

Sobre os documentos apresentados por uma das partes a outra deve manifestar-se imediatamente sem interrupção da audiência, exceto se houver absoluta impossibilidade, o que fica a critério do juiz.

É possível produção de prova pericial, quando a prova do fato o exigir ou for legalmente imposta, como ocorre nos pedidos de insalubridade e periculosidade, caso em que ao juiz incumbe de plano fixar o prazo e o objeto da perícia, nomeando o perito e uma vez apresentado o laudo, as partes terão o prazo comum de 5 dias para manifestações.

As testemunhas, no máximo de 2 para cada parte, irão comparecer independentemente de intimação. Porém, as que não comparecerem e a parte comprovar que procedeu o seu convite, serão intimadas e caso reiteram na ausência, o juiz pode determinar sua condução coercitiva, aplicando-se o art. 730 da CLT em caso de não comparecimento injustificado.

A sentença mencionará os elementos de convicção do juízo, com resumo dos fatos relevantes ocorridos em audiência, dispensado o relatório, ou seja, no procedimento sumaríssimo não há nulidade da sentença por ausência de relatório, mas deve constar a fundamentação e o dispositivo, cabendo ao juiz, em cada caso, adotar aquela que reputar mais justa e equânime, atendendo aos fins sociais da lei e as exigências do bem comum, sendo as partes intimadas da sentença na própria audiência em que prolatada.

8.3 Procedimento Ordinário

É o mais usual no processo do trabalho, sendo aplicado nas causas cujo valor supere a 40 salários mínimos, sendo possível o rito ordinário nas causas de valor superior a dois salários mínimos, porém, inferior a 40 salários, quando for parte no dissídio a Administração Pública direta, autárquica ou fundacional, já que os entes de personalidade jurídica de direito público não podem ser demandados ou demandarem pelo rito sumaríssimo.

Há necessidade de pedido certo, determinado e com indicação do valor. Admite a citação por edital.

A audiência é una, como regra geral, conforme arts. 843 e 849 da CLT (concentração dos atos processuais), devendo ser observado o seguinte procedimento: pregão; primeira proposta conciliatória; leitura da petição inicial (quando não for dispensada pelas partes); oferecimento da defesa (prazo de 20 minutos (atualmente escrita e de forma eletrônica pelo PJe-JT); depoimento pessoal das partes; oitiva das testemunhas; razões finais (10 minutos para cada parte); segunda proposta conciliatória e, em sendo rejeitada pelas partes, prolata-se a sentença.

Mesmo na vigência do PJE a defesa ainda pode ser realizada de forma oral, na audiência, no prazo de 20 minutos. Assim, se a reclamada, por equívoco, juntar apenas os documentos no processo e não inserir a contestação, poderá fazê-lo na hora da audiência. Caso o juiz indefira, deverá constar o protesto em face dessa decisão interlocutória.

Se a audiência for dividida em três partes (conciliação ou inicial; instrução e julgamento), teremos o seguinte procedimento: pregão; primeira proposta conciliatória; leitura da petição inicial (quando não for dispensada); oferecimento da defesa; – *adiamento da audiência* – prova pericial (se houver); – nova audiência (audiência de prosseguimento – Súmula 74, TST) – depoimento das partes; oitiva das testemunhas; oitiva de peritos e técnicos se houver; razões finais (dez minutos para cada parte); segunda proposta conciliatória – *adiamento da audiência* – sentença, denominada de audiência de julgamento (o magistrado designa um dia para leitura e publicação ou deixa *sine die* – sem data certa para prolatar a sentença, quando então as partes serão intimadas da decisão).

É de bom grado salientar que, terminado o interrogatório, qualquer das partes pode se retirar, prosseguindo-se a instrução com o seu representante, nos termos do art. 848, § 1º, da CLT.

Considerando que na audiência de julgamento as partes raramente estão presentes, é exatamente da data da publicação da sentença, ou, conforme o caso, da data da juntada aos autos da ata de audiência contendo a decisão, que terá início o prazo para recurso.

8.4 Audiência

8.4.1 Disposições Gerais

Audiência é um ato processual público (em regra), solene e muito importante do processo, em especial no processo do trabalho, no qual o magistrado tem contato direto com as partes, com as testemunhas e, quando necessário, com os peritos e assistentes técnicos (§ 2º do art. 848 da CLT).

Esse ato é presidido pelo juiz, que instrui, discute e decide a causa, atendendo, desta forma, os princípios da imediatidade, concentração e publicidade.

Por esta razão, as audiências são públicas, salvo na hipótese de segredo de justiça, como se extrai do art. 813 da CLT combinado com o art. 93, IX, da CF, e devem ser realizadas em dias úteis entre as 8 e 18 horas, não devendo ultrapassar de 5 horas seguidas, salvo quando houver matéria urgente, podendo haver, quando necessárias, audiências extraordinárias nos termos do § 2º do art. 813.

Considerando o disposto nos arts. 813 e s., e, nos arts. 843 e s. da CLT, podemos dizer que as audiências são realizadas na sede do juízo. No entanto, em casos especiais, pode ser designado outro lugar para a realização da audiência, mediante edital afixado na sede do Juízo ou Tribunal, com antecedência mínima de 24 (vinte e quatro) horas visando dar ciência aos interessados.

À hora designada para a audiência devem estar presentes, além dos servidores necessários para a realização do ato, o juiz. Contudo, se, até 30 (trinta) minutos após a hora marcada, a audiência, injustificadamente, não houver sido iniciada, as partes e os advogados poderão retirar-se, consignando seus nomes, devendo o ocorrido constar do livro de registro das audiências.

Nessa hipótese, a audiência deverá ser remarcada pelo juiz ou presidente para a data mais próxima possível, vedada a aplicação de qualquer penalidade às partes, conforme §§ 2º e 3º do art. 815 da CLT, com a redação dada pela Lei n. 14.657/2023.

Observe que a tolerância é exclusiva do juiz, não se estendendo as partes ou seus advogados, consoante OJ 245 da SDI-1 do TST, "inexiste previsão legal tolerando atraso no horário de comparecimento da parte na audiência".

Cabe advertir que o juiz tem o denominado poder de polícia em audiência, como se infere do art. 816 da norma laboral e art. 360 do CPC, a ele competindo manter a ordem e o decoro em audiência, ordenando que se retirem da sala de audiência os que se comportem inconvenientemente e requisitar, quando necessária for, a força policial.

De acordo com o art. 367, §§ 5º e 6º, do CPC, a audiência poderá ser integralmente gravada em imagem e em áudio, em meio digital ou analógico, desde que assegure o rápido acesso das partes e dos órgãos julgadores, observada a legislação específica. A gravação também pode ser realizada diretamente por qualquer das partes, independentemente de autorização judicial.

8.4.2 Presença das partes e substituição

Na audiência de conciliação, instrução e julgamento (arts. 843 ao 852 da CLT) há obrigatoriedade legal de comparecimento pessoal das partes, o que independe da presença dos advogados, exceto nos casos de reclamações plúrimas (dissídios individuais plúrimos – litisconsórcio facultativo) ou nas ações de cumprimento, nas quais os empregados poderão se fazer substituir pelo sindicato, de acordo com o previsto no art. 843 da CLT.

O § 1º do art. 843 autoriza ao empregador se fazer substituir pelo gerente, ou qualquer outro preposto que tenha conhecimento do fato, e cujas declarações obrigarão o preponente. O preposto não precisa conhecer o reclamante, e menos ainda ter trabalhado com ele. Precisa conhecer os fatos, quer pelo empregador ou por terceiros, ou seja, a lei não exige que ele, preposto, tenha vivenciado os fatos. Caso o empregador queira se fazer substituir por preposto, este pode ser qualquer pessoa, vez o § 3º no art. 843 da CLT admite que o preposto não precisa ter vínculo de emprego com o reclamado, o que prejudica a previsão da Súmula 377 do TST, que é anterior à reforma trabalhista.

O empregado também pode ser substituído, se por motivo de doença ou qualquer outro motivo poderoso devidamente comprovado não possa comparecer na audiência, por outro empregado da mesma profissão, ou pelo sindicato da categoria, consoante § 2º do art. 843 da CLT. O objetivo é apenas evitar o arquivamento da reclamação, não podendo o substituto desistir, confessar, transigir etc., devendo o magistrado designar uma nova audiência com a notificação do reclamante.

8.4.3 Ausência das Partes e Consequências

Dispõe o art. 844 da CLT que "o não comparecimento do reclamante à audiência importa o arquivamento da reclamação, e o não comparecimento do reclamado importa revelia, além de confissão quanto à matéria de fato", porém, em havendo motivo relevante, poderá o juiz suspender a audiência, redesignando-a.

Assim, a ausência do reclamante na audiência inaugural importa no arquivamento do processo, mas nada impede que o autor ajuíze novamente sua ação. Porém, se ajuizar uma nova ação e der causa ao segundo arquivamento, não poderá demandar com o mesmo objeto em face do mesmo empregador pelo prazo de 6 meses (art. 732 da CLT), o que é denominado de perempção trabalhista, aplicável, se igual sorte, na forma do art. 731 da CLT. Tal penalidade não é aplicada em caso de desistência homologada pelo magistrado ou qualquer outra causa que leve o juiz a não analisar o mérito, como seria o caso do indeferimento da petição inicial por inépcia.

Na hipótese de ausência do reclamante, este será condenado ao pagamento das custas calculadas na forma do art. 789 da CLT, ainda que beneficiário da justiça gratuita, salvo se comprovar, no prazo de 15 dias, que a ausência ocorreu por motivo legalmente justificável e, ademais, o pagamento das custas é condição para a propositura de nova demanda.

Para todos os efeitos, nos termos da Súmula 268 do TST, a reclamação trabalhista, ainda que arquivada, interrompe a prescrição no que toca aos mesmos pedidos, o que só ocorre uma vez, consoante previsão contida no art. 202 do CC. Outrossim, dispõe o § 3º do art. 11 da CLT que a interrupção da prescrição somente ocorrerá pelo ajuizamento de reclamação trabalhista, mesmo que em juízo incompetente, ainda que venha a ser extinta sem resolução do mérito, produzindo efeitos apenas em relação aos pedidos idênticos.

A ausência do reclamado, por outro lado, importa revelia e confissão quanto a matéria de fato.

Com efeito, a revelia é um estado de fato que decorre da ausência da reclamada, e não da ausência de contestação, ou seja, se faltar à audiência, a reclamada será revel. No entanto, o que o legislador reformista trouxe foi a relativização dos efeitos materiais da revelia (presunção da veracidade dos fatos – caput do art. 844 da CLT), seja por admitir a juntada de contestação e documentos pelo advogado do revel, desde que aquele compareça na audiência (§ 5º), ou por qualquer uma das hipóteses do § 4º.

Se o juiz indeferir a juntada da contestação e documentos, mesmo o advogado do réu estando presente, pode gerar cerceamento do direito de defesa (violação ao princípio constitucional da ampla defesa – nexo causal com notório prejuízo), razão pela qual cabe ao advogado requerer que sejam registrados seus protestos pelo indeferimento, na medida em que o ato praticado pelo juiz é nitidamente uma decisão interlocutória e, caso algum prejuízo advenha, poderá em sede de preliminar de recurso ordinário invocar a nulidade.

Se em uma audiência UNA o reclamado não responde ao pregão, mas seu advogado comparece afirmando que já estão protocoladas a contestação e os documentos pertinentes, inclusive procuração e, ao dar a palavra ao advogado do reclamante, este requerer que seja aplicada a revelia em razão da ausência do reclamado e, por conseguinte, o juiz indeferir o recebimento da defesa requerida pelo advogado do réu, caberá a este aduzir que a revelia decorre da ausência da parte, importando confissão quanto à matéria de fato, mas que o magistrado deve receber a defesa e documentos para análise das questões e, caso não o faça, requerer a consignação dos protestos.

No entanto, se a reclamada não comparecer e não mandar advogado, aí o juiz deve aplicar a revelia e, caso exista, determinar a exclusão da contestação e documentos.

Interessante saber que a revelia também se aplica às pessoas jurídicas de direito público, como dispõe a OJ 152 da SDI-1 do TST: "Pessoa jurídica de direito público sujeita-se à revelia prevista no art. 844 da CLT".

Se ambas as partes faltarem, sem motivo justificado, teremos o arquivamento do feito.

8.4.4 Fases e Desenvolvimento

Quando aberta a audiência (presentes as partes), o juiz fará a primeira tentativa de conciliação e, havendo acordo, será lavrado termo assinado pelo juiz e pelas partes, constando o prazo e demais condições para o cumprimento (art. 846 e § 1º da CLT).

Insta averbar que, entre as condições do acordo, poderá ser estabelecida a de ficar a parte que não cumprir o acordo obrigada a satisfazer integralmente o pedido ou pagar uma indenização convencionada, sem prejuízo do cumprimento do acordo (§ 2º, do art. 846 da CLT).

Não havendo acordo, o reclamado terá 20 (vinte) minutos para aduzir defesa após a leitura da inicial, se tal não for dispensada pelas partes, e, finalizada a defesa, seguir-se-á a instrução do processo, podendo o juiz, de ofício, interrogar os litigantes (arts. 847 e 848, *caput*, da CLT).

Percebe-se que o reclamado é notificado (art. 841 da CLT) para comparecer na audiência, onde oferecerá defesa, sendo certo que no PJe-JT a resposta é oferecida por meio eletrônico até a audiência (parágrafo único do art. 847 da CLT) e, se for solicitado segredo no momento do protocolo eletrônico, o juiz promove a liberação do acesso à defesa no dia da audiência para que possa o reclamante se manifestar sobre ela e documentos juntados.

Nos casos de audiências partidas ou quando a defesa é complexa e com muitos documentos, é comum conceder prazo para que o autor se manifeste sobre defesa e documentos, com ressalva sobre provas documentais ou autorização expressa para sua juntada, quando a defesa aduz fatos obstativos etc.

Outrossim, mesmo na vigência do processo eletrônico, é assegurada a reclamada a oferta de defesa oral (20 minutos) na própria audiência.

O reclamante e o reclamado comparecerão à audiência com suas testemunhas independentemente de intimação ou notificação, apresentando na mesma oportunidade as demais provas (art. 845 da CLT).

As testemunhas convidadas que não estiverem presentes serão intimadas de ofício pelo juiz ou a requerimento das partes, ficando sujeitas à condução coercitiva, caso não compareçam sem motivo justificado, sem prejuízo da aplicação de multa, na forma do art. 825 e seu parágrafo único da CLT.

Pode ser, então, que as testemunhas não compareçam, o que irá acarretar o fracionamento da audiência, sem prejuízo de outras hipóteses, como a necessidade de produção de prova pericial etc.

Caso seja adiada a audiência por algum motivo relevante (art. 849 da CLT), será designada audiência de prosseguimento; e caso o reclamante não compareça, não há que se falar em arquivamento, vez que já contestada a ação, tendo sido adiada, como visto, a instrução, nos termos da Súmula 9 do TST: "A ausência do reclamante, quando a adiada a instrução após contestada a ação em audiência, não importa arquivamento do processo", devendo ser aplicada a confissão ficta.

Se a ausência for da reclamada na audiência de prosseguimento, também não se pode aplicar revelia, pois esta só tem cabimento quando da ausência na audiência inaugural.

Nesses casos (ausência do reclamante ou da reclamada, ou de ambos, na audiência de prosseguimento), o que ocorre é a aplicação da Súmula 74 do TST.

Se houver a ausência de ambas as partes na audiência de prosseguimento, o juiz deve aplicar a confissão recíproca, quando cabível, e decidir de acordo com o ônus da prova de cada litigante (art. 818, I e II, da CLT), ou seja, se estivermos diante de fatos constitutivos, o magistrado julgará improcedente o pedido, enquanto, se forem fatos modificativos, extintivos ou impeditivos, julgará procedente o pedido, mas de toda sorte o resultado pode ser diferente, a depender da prova pré-constituída produzida nos autos, como se denota do item II da Súmula 74 do TST, as quais devem ser apreciadas pelo juiz.

Com as partes presentes, proceder-se-á o depoimento das mesmas (em regra, primeiro do autor e depois da reclamada) e, terminado este, poderá qualquer dos litigantes retirar-se, prosseguindo-se com o seu representante. Após, serão ouvidos as testemunhas, os peritos e os técnicos, se houver, na forma do art. 848 da CLT.

Terminada a instrução, as partes poderão aduzir razões finais, no prazo máximo de 10 (dez) minutos para cada uma e após as razões finais, se houver, o juiz renovará a proposta de conciliação.

Havendo acordo, a sentença homologatória de transação valerá como coisa julgada material.

Não havendo a conciliação ou sendo esta impossível, será proferida a decisão.

Dispõe o art. 850 da CLT:

"Terminada a instrução, poderão as partes aduzir razões finais, em prazo não excedente de 10 (dez) minutos para cada uma. Em seguida, o juiz ou presidente renovará a proposta de conciliação, e não se realizando esta, será proferida a decisão".

Os trâmites da instrução serão resumidos em ata, devendo constar na íntegra a decisão, sendo os litigantes notificados pessoalmente da decisão ou por seus representantes na própria audiência, exceto no caso de revelia, quando então a notificação será feita na forma do § 1º do art. 841 da CLT (arts. 851 e 852 da CLT).

9. RESPOSTA DO RÉU

A defesa do réu (reclamado) é apresentada em audiência de forma oral (baseada nos princípios da oralidade, simplicidade e informalidade), o que já foi visto, podendo fazê-lo também de forma escrita (atualmente via PJ-e JT) e, caso haja litisconsórcio passivo, cada um terá 20 minutos para oferecer sua resposta.

No processo do trabalho são admitidas três modalidades básicas de resposta do réu, quais sejam: exceção, contestação e reconvenção.

Porém, com a entrada em vigor da Lei n. 13.467/2017, a exceção de incompetência territorial sofreu significativas alterações, de modo que não será formulada na audiência.

9.1 Espécies de defesas

9.1.1 Exceções rituais

a) Noções iniciais

Previstas no arts. 799 e s. da CLT, as exceções são defesas indiretas do processo, pois são dirigidas ao órgão jurisdicional, acarretando a suspensão do processo até que a questão seja decidida.

Dispõe o art. 799 da CLT:

"Nas causas da jurisdição da Justiça do Trabalho, somente podem ser opostas, com suspensão do feito, as exceções de suspeição ou incompetência.

§ 1º As demais exceções serão alegadas como matéria de defesa.

§ 2º Das decisões sobre exceções de suspeição e incompetência, salvo, quanto a estas, se terminativas do feito, não caberá recurso, podendo, no entanto, as partes alegá-las novamente no recurso que couber da decisão final".

b) Exceção de incompetência relativa

Objetiva o reconhecimento da incompetência do juízo em razão do território/local, ou seja, significa então que no processo do trabalho a exceção de incompetência relativa versará apenas sobre o local, território, utilizada com base no art. 651 da CLT, visando ao deslocamento da competência territorial para que a demanda seja apreciada e julgada por Vara do Trabalho de outra localidade, sendo que sua não arguição gera modificação da competência, isto é, o juiz que inicialmente era incompetente passará a ser competente.

Note que o art. 800 da CLT, com a redação que lhe foi dada pela Lei n. 13.467/2017 (Reforma Trabalhista), estabelece que apresentada exceção de incompetência territorial no prazo de 5 dias a contar da notificação (aquele do art. 841), antes da audiência e em peça que sinalize a existência dessa exceção, seguir-se-á o procedimento nele estabelecido. Protocolada a petição, será suspenso o processo e não se realizará a audiência a que se refere o art. 843 da CLT até que se decida a exceção. Note que os autos serão imediatamente conclusos ao juiz, que intimará o reclamante e, se existentes, os litisconsortes, para manifestação no prazo comum de 5 dias. Se entender necessária a produção de prova oral, o juízo designará audiência, garantindo o direito de o excipiente e de suas testemunhas serem ouvidos, por carta precatória, no juízo que este houver indicado como competente. Decidida a exceção de incompetência territorial, o processo retomará seu curso, com a designação de audiência, a apresentação de defesa e a instrução processual perante o juízo competente.

c) Exceções de suspeição e impedimento

A Consolidação das Leis do Trabalho não faz menção à exceção de impedimento, mas tão somente à de suspeição (ambas, suspeição e impedimento, questionam a imparcialidade do magistrado), como se nota da leitura, obrigatória, do art. 801 da CLT, sendo demasiadamente breve nas hipóteses de suspeição, de modo que aplicamos, subsidiariamente, o art. 144 do CPC que faz menção às hipóteses de impedimento, e o art. 145, que cita as hipóteses de suspeição, além do disposto nos arts. 147 a 148.

Quando apresentada a exceção de suspeição, pela CLT, o juiz ou Tribunal designará audiência dentro de 48 horas, para instrução e julgamento da mesma, e se julgada procedente, tanto nas Varas quanto nos Tribunais, será desde logo convocado para a mesma audiência ou sessão, ou para a seguinte, o substituto legal, o qual continuará a funcionar no processo até decisão final, nos termos do art. 802, § 1º, da CLT, o que também se aplica caso o juiz se declare suspeito.

Entretanto, apesar da redação do preceptivo celetista acima citado, o entendimento majoritário, é que uma vez apresentada a exceção de suspeição ou de impedimento, vez que foram extintas as Juntas de Conciliação e Julgamento pela EC n. 24/99, o julgamento dessas exceções é de competência do Tribunal Regional do Trabalho, e não do próprio magistrado, na medida em que não haveria imparcialidade, hipótese em que será aplicado o art. 146 do CPC.

9.1.2 Contestação

A CLT não fala especificamente da contestação (exceto no § 5º do art. 844 da CLT), mas apenas genericamente, e de forma bastante precária, em defesa (art. 847 da CLT), razão pela qual é aplicável, no que for compatível com o processo do trabalho, o disposto no arts. 336 e s. do CPC.

A contestação é a defesa por excelência do réu, sendo denominada de peça de bloqueio, vez que por meio dela, ele (réu) alegará todas as matérias de fato e de direito com que impugna as pretensões autorais.

a) Ônus da impugnação específica

O ônus da impugnação específica está previsto no art. 341 do CPC.

Este princípio (ônus) impõe ao réu o encargo de impugnar fato por fato aqueles que foram narrados, afirmados pelo reclamante na peça preambular, pois fato não impugnado torna-se incontroverso, decorrendo daí a presunção relativa de veracidade (*juris tantum*) daqueles fatos inimpugnados. Assim, o sistema veda o oferecimento de defesa genérica, por negativa geral.

No entanto, nas hipóteses previstas nos incisos do artigo supracitado, não há que se falar em presunção de veracidade.

Um bom exemplo no direito processual do trabalho sobre a não aplicação da presunção de veracidade seria o caso do reclamante pleitear adicional de insalubridade ou periculosidade e a reclamada não o impugnar, caso em que não poderá ser julgado procedente o pedido sem a realização, a princípio, de prova pericial.

b) Princípio da eventualidade ou concentração das defesas

Consigna o art. 336 do CPC, que "incumbe ao réu alegar, na contestação, toda a matéria de defesa, expondo as razões de fato e de direito com que impugna o pedido do autor e especificando as provas que pretende produzir".

Na contestação, deve o réu oferecer todas as suas alegações, sendo vedado, por assim dizer, apresentar sua tese defensiva de forma particionada, vez que haverá preclusão, haja vista que o momento processual adequado é este.

Ocorre, entretanto, que essa regra comporta exceção, como extraímos do art. 342 do CPC: "Depois da contestação, só é lícito ao réu deduzir novas alegações quando: I – relativas a direito ou a fato superveniente; II – competir ao juiz conhecer delas de ofício; III – por expressa autorização legal, puderem ser formuladas em qualquer tempo e grau de jurisdição".

A parte final do art. 336 do CPC não é aplicável ao processo do trabalho, vez que o réu poderá requerer a produção de provas que entender pertinentes, ainda que não as tenha especificado na defesa, haja vista que no processo do trabalho, como já ressaltamos, as provas podem ser produzidas independentemente de requerimento prévio.

Diante do acima exposto, como o CPC determina que o réu apresente toda sua matéria de defesa, caberá então consignar sua defesa processual e sua defesa de mérito, em respeito ao princípio em tela.

c) Defesa processual

Compete ao réu, antes de adentrar ao mérito, fazer constar a denominada defesa processual (preliminares ou objeções), onde se alega vícios processuais, que significa algo que antecede ao mérito propriamente dito, visando sua extinção (preliminar peremptória) ou o postergar da relação processual (preliminar dilatória).

Consoante o disposto no art. 337 do CPC, as matérias que podem ser arguidas em preliminar de contestação são:

1) inexistência ou nulidade da citação;
2) incompetência absoluta e relativa;
3) incorreção do valor da causa;
4) inépcia da petição inicial;
5) perempção – no processo do trabalho é a perda do direto de reclamar perante a Justiça do Trabalho pelo prazo de seis meses.
6) litispendência – é o ajuizamento de ação idêntica que ainda está em curso. Uma ação é idêntica à outra quando tem as mesmas partes, a mesma causa de pedir e o mesmo pedido;
7) coisa julgada – é a repetição de ação que já foi anteriormente julgada;
8) conexão;
9) incapacidade da parte, defeito de representação ou falta de autorização;
10) convenção de arbitragem;
11) ausência de legitimidade ou interesse processual;
12) falta de caução ou outra prestação que a lei exigir como preliminar;
13) indevida concessão do benefício de gratuidade de justiça.

Com espeque no § 5º do art. 337 do CPC, com exceção da convenção de arbitragem e da incompetência relativa, cabe ao juiz conhecer de todas essas matérias de ofício (objeções processuais), vez que são matérias de ordem pública, podendo inclusive ser alegadas em qualquer tempo e grau de jurisdição, mas nos tribunais superiores só pode haver pronunciamento a respeito se houver prequestionamento.

d) Defesa de mérito

A defesa direta de mérito é aquela em que o reclamado nega os fatos constitutivos afirmados pelo autor, como é o caso da negativa da prestação de serviços na ação em que pretende reconhecimento de vínculo empregatício; negativa de realização de horas extras na ação em que se pretende a condenação da empresa no pagamento das horas; negativa de identidade de funções em ação na qual se pretende diferenças salariais por equiparação salarial etc.

Na defesa indireta do mérito o réu reconhece os fatos constitutivos, mas alega fatos impeditivos, modificativos ou extintivos, como compensação, prescrição, pagamento, decadência etc.

Assim, a título de exemplo, se o reclamante ajuíza uma ação pretendendo condenação da empresa no pagamento de aviso prévio, aduzindo ter sido demitido sem justa causa, e a empresa, na contestação, reconhece que houve a extinção do contrato, mas por justa causa do empregado, estará realizando defesa indireta, vez que alega um fato impeditivo ao pagamento do aviso prévio, no que pese reconhecer que houve a extinção do contrato.

A Súmula 212 do TST é um excelente exemplo:

> "O ônus de provar o término do contrato de trabalho, quando negados a prestação de serviço e o despedimento, é do empregador, pois o princípio da continuidade da relação de emprego constitui presunção favorável ao empregado".

e) Prescrição e decadência

Prescrição e decadência são fatos extintivos e quando acolhidas induzem à resolução do mérito, na forma do art. 487, II, do CPC, não podendo ser arguidas como preliminares.

O Tribunal Superior do Trabalho tem se manifestado no sentido de ser inadmissível o reconhecimento da prescrição de ofício no direito processual do trabalho, com espeque em diversos fundamentos, sendo o mais relevante o princípio da proteção (TST. RR – 597-77.2010.5.11.0004 e demais precedentes).

Prescrição é a perda de exigir uma pretensão por não ter o seu titular exercido o seu direito no prazo previsto em lei, enquanto a decadência é a perda do direito material propriamente dito em razão da inércia do titular, como é o caso do inquérito para apuração de falta grave e da ação rescisória, que se não manejadas no prazo legal, não mais se poderá influir na esfera jurídica do outro polo da relação com estas medidas.

A prescrição, segundo o TST, pode ser arguida até a instância ordinária, de acordo com a Súmula 153: "Não se conhece de prescrição não arguida na instância ordinária".

É imperioso destacar que no processo do trabalho a interrupção da prescrição ocorre pelo simples ajuizamento da ação trabalhista e, ainda que arquivada a reclamação, haverá a interrupção, na forma da Súmula 268 do TST e § 3º do art. 11 da CLT, como segue.

Averba o § 3º do art. 11 que a interrupção da prescrição somente ocorrerá pelo ajuizamento de reclamação trabalhista, mesmo que em juízo incompetente, ainda que venha a ser extinta sem resolução do mérito, produzindo efeitos apenas em relação aos pedidos idênticos.

O prazo para o reclamante ajuizar sua ação trabalhista, após a extinção do contrato de trabalho é de dois anos, salvo quanto às ações meramente declaratórias (exemplo: reconhecimento de vínculo empregatício), podendo exigir crédito retroativos aos últimos cinco anos do ajuizamento da ação, conforme prevê o art. 7º, XXIX, da CF, art. 11 da CLT e Súmula 308, I, do TST.

Acerca do FGTS, a Súmula 362 do TST prevê:

> FGTS. PRESCRIÇÃO (nova redação). I – Para os casos em que a ciência da lesão ocorreu a partir de 13-11-2014, é quinquenal a prescrição do direito de reclamar contra o não-recolhimento de contribuição para o FGTS, observado o prazo de dois anos após o término do contrato; II – Para os casos em que o prazo prescricional já estava em curso em 13-11-2014, aplica-se o prazo prescricional que se consumar primeiro: trinta anos, contados do termo inicial, ou cinco anos, a partir de 13-11-2014 (STF-ARE-709212/DF).

No caso de aviso prévio indenizado, a prescrição começa a fluir no final da data do término do aviso-prévio, na forma da OJ 83 da SDI-1 do TST, *in verbis*: "A prescrição começa a fluir no final da data do término do aviso prévio. Art. 487, § 1º, da CLT".

O art. 11-A da CLT dispõe que ocorre a prescrição intercorrente no processo do trabalho no prazo de dois anos, sendo que a fluência do prazo prescricional intercorrente inicia-se quando o exequente deixa de cumprir determinação judicial no curso da execução e, ademais, a declaração da prescrição intercorrente pode ser requerida ou declarada de ofício em qualquer grau de jurisdição.

Vale ressaltar que o fluxo da prescrição intercorrente conta-se a partir do descumprimento da determinação judicial a que alude o § 1º do art. 11-A da CLT, razão pela qual ela só é aplicável, como estabelece a lei, no processo de execução, sendo impróprio seu uso na fase de conhecimento.

f) Compensação, retenção e dedução

O art. 767 da CLT aduz que "a compensação, ou retenção, só poderá ser arguida como matéria de defesa", o que deve ser analisado em contexto com as Súmulas 18 e 48 do TST, assim dispondo respectivamente: "A compensação, na Justiça do Trabalho, está restrita a dívidas de natureza trabalhista" e "a compensação só poderá ser arguida com a contestação".

Percebe-se que o momento processual adequado para a reclamada arguir a compensação (fato extintivo), sob pena de preclusão, é a contestação, o que significa dizer que não haverá possibilidade de arguição em momento posterior, devendo a compensação ficar adstrita às dívidas de natureza trabalhista, como danos dolosamente causados pelo empregado em equipamentos da empresa; aviso prévio em caso de empregado que tenha pedido demissão sem cumpri-lo; pagamento de valor de curso custeado pelo empregador e, ao seu final, o empregado pede demissão, violando assim o compromisso de ficar na empresa por um determinado período após o fim do curso, além de outras hipóteses.

Na compensação temos duas pessoas que ao mesmo tempo são credor e devedor uma da outra; as obrigações vão se extinguindo até onde possam ser compensadas; necessário que as dívidas sejam líquidas, vencidas e de coisas fungíveis, e não fica vinculada aos pedidos que o reclamante deduz na sua exordial, não podendo ser deferida de ofício pelo juiz.

A dedução é bem distinta da compensação, vez que o juiz pode deferir de ofício, sendo na verdade matéria de ordem pública, que tem por núcleo o princípio da vedação ao enriquecimento sem causa, em que o reclamante pleiteia títulos que já foram pagos pela reclamada devendo haver, portanto, liame entre o pedido e o que será deduzido, ou seja, se o reclamante pede pagamento de 20 horas extras por mês e a reclamada em contestação requer a dedução juntando holerites comprovando o pagamento de pelo menos 10 horas por mês, não há que se falar em compensação, mas sim dedução das horas extras já pagas, assim como vantagem recebida em decorrência de previdência privada conforme Súmula 87 do TST: "Se o empregado, ou seu beneficiário, já recebeu da instituição previdenciária privada, criada pela empresa, vantagem equivalente, é cabível a dedução de seu valor do benefício que fizer jus por norma regulamentar anterior".

Sobre os critérios para dedução das horas extras, o TST fixou o seguinte entendimento na OJ 415 da SDI-1:

> "A dedução das horas extras comprovadamente pagas daquelas reconhecidas em juízo não pode ser limitada ao mês de apuração, devendo ser integral e aferida pelo total das horas extraordinárias quitadas durante o período imprescrito do contrato de trabalho".

Para finalizar, temos ainda a retenção, que também deve ser arguida com a contestação. Trata-se de direito da reclamada de reter algo que pertence ao reclamante até que este venha a adimplir sua obrigação perante aquele. Cite-se, ainda, a retenção do imposto de renda, que deve ser retido e recolhido pela empresa em razão dos rendimentos devidos e pagos ao empregado.

9.1.3 Reconvenção

É um contra-ataque do reclamado (réu-reconvinte) contra o reclamante (autor-reconvindo), ou seja, é a forma pela qual o réu formula demanda contra o autor, na mesma relação processual, sendo admitida sua aplicação no processo do trabalho, estando prevista no art. 343 do CPC, cuja incidência na seara trabalhista dar-se-á de forma subsidiária, em atendimento ao art. 769 da CLT.

Note que a reconvenção deve ter conexão com a ação principal ou com os fundamentos da defesa, devendo ser apresentada na audiência em que a reclamada oferece sua contestação, no bojo desta, sob pena de preclusão.

Em verdade, caso o reclamado queira formular pretensões em face do autor, em vez de ajuizar outra ação, poderá lançar mão da reconvenção, na peça própria peça de bloqueio, como se extrai do *caput* do art. 343: "Na contestação, é lícito ao réu propor reconvenção para manifestar pretensão própria, conexa com a ação principal ou com o fundamento da defesa".

A reconvenção pode ser oferecida de forma escrita ou oral, atendendo, de toda sorte, o disposto nos arts. 840, § 1º, e 787 da CLT e, em qualquer caso, observando-se a competência da Justiça do Trabalho.

De acordo com o § 1º do art. 343 do CPC, proposta a reconvenção, o autor será intimado na pessoa do seu patrono para apresentar resposta no prazo de 15 dias, sendo comum no processo do trabalho o juiz designar outra audiência, observando-se o prazo previsto na parte final do art. 841 da CLT (5 dias) a fim de que possa o reclamante-reconvindo apresentar sua contestação, salvo se abdicar desse prazo, quando então deverá oferecer contestação naquela oportunidade, isto é, na audiência em que foi oferecida a reconvenção.

A desistência da ação principal ou a ocorrência de causa extintiva que impeça o exame de seu mérito não obsta o prosseguimento do processo quanto à reconvenção, pois esta é autônoma em relação à lide principal.

Cabe citar alguns exemplos de cabimento da reconvenção no processo do trabalho: a empresa pretender a devolução do valor de um curso pago em benefício do empregado que se comprometeu a se manter na empresa por um período e não cumpre o avençado; a empresa pretende a devolução de equipamentos ou bens em geral como automóveis, celular etc. que foram concedidos em razão do contrato de trabalho, dentre outras hipóteses.

É muito comum pedir em reconvenção aquilo que, de forma similar, se pediria para compensar, mas o crédito que a reclamada pretende receber é superior ao pretendido pelo reclamante, razão pela qual se lança mão da reconvenção.

Por fim, é lícito ao réu demandar por reconvenção, ainda que não ofereça contestação.

10. PROVAS NO PROCESSO DO TRABALHO

A Consolidação das Leis do Trabalho dispõe de uma Seção, exclusivamente, para tratar das provas no processo do trabalho, regulando o tema de forma genérica do art. 818 ao art. 830.

10.1 Ônus da prova

Em princípio, as partes têm o ônus de provar os fatos que apresentam em juízo, seja na petição inicial, na contestação ou no curso da relação processual.

Assim sendo, quando falamos em ônus da prova, queremos dizer qual é a parte que tem a incumbência de demonstrar a veracidade daquilo que alega.

O art. 818 da CLT impõe ao autor a prova dos fatos constitutivos do seu direito e ao réu a prova de fato impeditivo, modificativo ou extintivo do direito do autor.

Com efeito, o acima afirmado refere-se à teoria estática do ônus da prova, que se opõe à carga dinâmica do ônus probatório (dinamização do ônus probatório), de modo que nos casos previstos em lei ou diante de peculiaridades da causa relacionadas à impossibilidade ou à excessiva dificuldade de cumprir o encargo probatório ou à maior facilidade de obtenção da prova do fato contrário, poderá o juiz atribuir o ônus da prova de modo diverso, desde que o faça por decisão fundamentada, caso em que deverá dar à parte a oportunidade de se desincumbir do ônus que lhe foi atribuído. Essa decisão deverá ser proferida antes da abertura da instrução (é regra de instrução e não de julgamento) e, a requerimento da parte, implicará o adiamento da audiência e possibilitará provar os fatos por qualquer meio em direito admitido. Todavia, a decisão de distribuição do ônus da prova de modo diverso não pode gerar situação em que a desincumbência do encargo pela parte seja impossível ou excessivamente difícil.

Saliente-se que fatos modificativos são os que implicam alteração dos fatos alegados pelo autor. Assim, se o reclamante ingressa com sua reclamação alegando que era empregado, pois preenche todos os requisitos do art. 3º da CLT, e a reclamada, na contestação assume que havia a prestação dos serviços, mas que o reclamante não era empregado, mas sim um trabalhador eventual, estagiário, autônomo etc., atrai para si o ônus da prova, vez que afirmou ter havido a prestação de serviço (fato constitutivo), mas alega um fato modificativo (não trabalhava como empregado, mas sim com outra qualificação jurídica).

Por outro lado, fatos impeditivos são os que provocam a ineficácia dos fatos constitutivos alegados pelo autor. Desta forma, se o empregado ajuíza uma ação pleiteando a equiparação salarial e a reclamada na defesa reconhece que ambos os trabalhadores, paradigma e equiparando, exerciam a mesma função, mas que o paradigma tem mais de 2 anos na função e mais de 4 na empresa, consignada está a existência de um fato impeditivo.

Nos termos da Súmula 6 item VIII do TST, "é do empregador o ônus da prova do fato impeditivo, modificativo ou extintivo da equiparação salarial".

Temos ainda os fatos extintivos, que são os que eliminam a obrigação da reclamada, na medida em que não pode mais ser exigida aquela pretensão. Desta forma, se o trabalhador ingressa com sua reclamação trabalhista pedindo pagamento de saldo de salário não pago na rescisão do contrato, e a reclamada afirma que houve a extinção do contrato na contestação, mas alega que efetuou o pagamento, será suficiente a juntada do comprovante de pagamento.

No processo do trabalho é uniforme na jurisprudência o cabimento da inversão do ônus da prova, como podemos extrair da jurisprudência do TST, notadamente da Súmula 338, a qual preconiza ser inválido como prova o controle de frequência que demonstre horários de entrada e saída uniformes (sem variação), invertendo-se o ônus da prova relativo às horas extras para o empregador, que terá de provar que o reclamante não trabalhava no horário informado na inicial, mas sim naquele constante nos controles, sob pena de prevalecer a jornada da inicial se dele não se desincumbir.

A Súmula 212 do TST impõe ao empregador o ônus de provar a forma de ruptura do contrato de trabalho, quando negada a prestação do serviço ou o despedimento.

Cabe dizer que o art. 493 do CPC, que admite a invocação de fato constitutivo, modificativo ou extintivo do direito do autor, supervenientemente ao ajuizamento da demanda, é aplicável de ofício aos processos em curso em qualquer instância trabalhista, nos moldes da Súmula 394 do TST.

10.2 Meios da prova

O art. 819 da CLT prevê que "o depoimento das partes e testemunhas que não souberem falar a língua nacional será feita por meio de intérprete nomeado pelo juiz ou presidente", haja vista que em todo processo é obrigatório o uso da língua portuguesa, como determina o art. 192 do CPC.

Haverá também a necessidade de intérprete se aquele que for prestar depoimento for surdo-mudo, ou mudo que não saiba escrever, sendo certo que, em qualquer caso, as despesas decorrentes da produção da prova correrão por conta da parte sucumbente, salvo se beneficiária de justiça gratuita.

a) Depoimento pessoal e confissão

Combinando os arts. 820 e 848 da CLT, é certo que após a defesa, ao iniciar a instrução do processo, o juiz pode interrogar as partes, e se o juiz não interrogar as partes, poderá qualquer uma delas requerer, por seu intermédio, o interrogatório recíproco.

O depoimento pessoal tem por objetivo, além de esclarecer fatos relevantes da causa, a confissão da parte, por isso a parte é intimada para depor pessoalmente, com a advertência de que se não comparecer em audiência, ou ainda que esteja presente, se recuse a depor, haverá a confissão.

Sendo assim, não é admitida a aplicação da confissão caso a parte não tenha sido intimada para depor com aquela cominação, ou seja, a confissão não será aplicada em caso de não comparecimento da parte quando não houver aquela advertência, como se extrai da já citada Súmula 74, item I, do TST e do art. 385 do CPC.

É possível o juiz indeferir o depoimento pessoal de uma das partes requerida pela outra, sem que haja efetivamente violação à ampla defesa, desde que fundamente sua decisão e, ainda, que a sentença esteja embasada em outras provas constante dos autos, como seria o caso de matéria que envolve questão de direito ou quando for necessária a prova técnica, ou, ainda, quando inexistir controvérsia sobre a matéria de fato etc.

Interessante advertir que no depoimento pessoal, as partes podem fazer perguntas, como autoriza o art. 820 da CLT.

Nos termos do art. 387 do CPC, "a parte responderá pessoalmente sobre os fatos articulados, não podendo servir-se de escritos anteriormente preparados, permitindo-lhe o juiz, todavia, a consulta a notas breves, desde que objetivem completar esclarecimentos", sendo que a parte não é obrigada a depor sobre fatos criminosos ou torpes que lhe forem imputados; a cujo respeito, por estado ou profissão, deva guardar sigilo; acerca dos quais não possa responder sem desonra própria, de seu cônjuge, de seu companheiro ou de parente em grau sucessível ou que coloquem em perigo a vida do depoente ou das pessoas referidas anteriormente, como se extrai dos incisos do art. 388 do CPC.

No que tange à confissão, o CPC a define, no art. 389, da seguinte forma: "Há confissão, judicial ou extrajudicial, quando a parte admite a verdade de fato contrário ao seu interesse e favorável ao do adversário".

A confissão judicial pode ser espontânea ou provocada, ou seja, ocorre a primeira quando a parte, livremente, admite a veracidade de um fato afirmado pela outra, enquanto a provocada é ocasionada em razão do depoimento pessoal, de modo que da confissão espontânea, tanto que requerida pela parte, se lavrará o respectivo termo nos autos e, no caso de confissão provocada, constará do depoimento pessoal prestado pela parte, como se extrai do art. 390 e parágrafos do CPC.

Há distinção entre a confissão real e a confissão ficta, sendo que na confissão real o que se tem em vista é o reconhecimento da veracidade dos fatos que os demandantes levam a juízo, que será obtida com seu próprio depoimento ou por procurador, desde que este tenha poderes para tanto (§ 1º do art. 390 do CPC) – o que no processo do trabalho tem difícil aplicação, vez que as partes devem estar presentes no ato, sob pena de arcar com o ônus decorrente da ausência, como já vimos acima.

Note-se que a confissão real goza de presunção absoluta (*jure et de jure*) de veracidade, o que em breves linhas se conclui da seguinte forma: a parte beneficiada pela confissão fica livre do ônus probatório acerca do que foi confessado. Assim, se um empregado ajuíza uma ação trabalhista pleiteando diferenças salariais em razão de equiparação salarial e, em seu depoimento, tendo em vista a negativa da reclamada no que tange à identidade de funções, afirma que existiam diferenças substanciais entre a função dele e a do paradigma, haverá confissão real.

No que tange à confissão ficta, esta goza de presunção relativa (*juris tantum*) de veracidade, o que significa dizer que irá prevalecer enquanto não houver outro meio que seja capaz de afastá-la. Com efeito, considerando o já estudado art. 843, § 1º, da CLT, se o empregador ou seu preposto não tiver conhecimento dos fatos, haverá confissão ficta, assim como a empresa revel (presunção de veracidade) ou, ainda que apresenta contestação, desde que não haja impugnação específica. No mesmo sentido é o art. 386 do CPC, vez que "Quando a parte, sem motivo justificado, deixar de responder ao que lhe for perguntado ou empregar evasivas, o juiz, apreciando as demais circunstâncias e os elementos de prova, declarará, na sentença, se houve recusa de depor".

b) Documentos

Documento é o meio idôneo que a parte lança mão como prova material da existência de um fato, abrangendo os escritos, reproduções cinematográficas, gravações, desenhos etc.

O reclamante deve juntar os documentos com a exordial, enquanto a reclamada com a defesa em audiência, ressalvando-se a possibilidade de prova documental superveniente, ou seja, é lícito as partes juntarem novos documentos quando fundados em fatos ocorridos após os inicialmente articulados ou para contrapô-los, como se extrai dos arts. 787 e 845 da CLT e dos arts. 434 e 435 do CPC.

A juntada de documento em grau de recurso só é admitida excepcionalmente nos termos da Súmula 8 do TST.

A CLT trata dos documentos de forma esparsa nos arts. 777, 780, 787 e 830, sendo certo afirmar que este último dispositivo admite que o documento em cópia oferecido como prova pode ser declarado autêntico pelo advogado da parte, sob sua responsabilidade pessoal. Contudo, se for impugnada sua autenticidade, quem produziu o documento será intimado para apresentar cópias autenticadas ou o original, cabendo ao serventuário proceder à conferência, certificando nos autos a conformidade entre os documentos.

Nesse particular, a OJ 36 da SDI-1 do TST dispõe: "O instrumento normativo em cópia não autenticada possui valor probante, desde que não haja impugnação ao seu conteúdo, eis que se trata de documento comum às partes".

Ademais, se não houver impugnação da parte contrária, será válida a autenticação aposta em uma face do documento que contenha verso, vez que se trata de documento único, de acordo com a OJ Temporária 23 da SDI-1 do TST: "Inexistindo impugnação da parte contrária, bem como o disposto no art. 795 da CLT, é válida a autenticação aposta em uma face da folha que contenha documento que continua no verso, por constituir documento único".

Quanto às pessoas jurídicas de direito público, impende averbar que "são válidos os documentos apresentados em fotocópia não autenticada", como estabelece a Orientação Jurisprudencial n. 134 da SDI-1 do TST.

Note que as anotações constantes na CTPS não fazem prova absoluta do que nela consta, vez que o entendimento é no sentido de que as anotações geram presunção relativa de veracidade de acordo com a Súmula 12 do TST, o que significa dizer que admitem prova em sentido contrário, salvo para o empregador, vez que para este a presunção é absoluta, exceto se provar cabalmente que a anotação resultou de erro material.

Em alguns casos a prova documental é indispensável, não podendo ser substituída por outro meio qualquer, como é o caso da prova de pagamento de salários, concessão ou pagamento de férias, salvo se houver confissão da parte; controle de frequência nos termos do art. 74, § 2º, da CLT (obrigatório para empresas com mais de 20 empregados), que deve ser analisado em conjunto com a já citada Súmula 338 do TST.

c) Perícia

Como em algumas hipóteses a demonstração da veracidade dos fatos depende de conhecimento técnico especializado, exsurge nos domínios do processo do trabalho a prova pericial, que é realizada pelo perito, pois é o profissional habilitado para tanto, na medida em que o juiz é desprovido daquele conhecimento técnico que refoge à órbita jurídica.

O perito é um auxiliar da justiça e, em razão da insuficiência da CLT (faz menção ao perito apenas nos arts. 826 e 827) e da Lei n. 5.584/70, aplicamos subsidiariamente os arts. 156 a 158 do CPC.

Outrossim, a sistemática processual vigente não mais exige o compromisso do perito, na medida em que é possível sua substituição nos casos taxativos previstos em lei, podendo até mesmo ser recusado pelas partes em razão de impedimento ou suspeição, como se extrai dos arts. 466 a 468 da norma instrumental civil.

A perícia é necessária quando a prova dos fatos alegados pelas partes depender do conhecimento técnico ou científico, quando então o juiz poderá nomear um perito, devendo o juiz fixar o prazo para a entrega do laudo, podendo cada uma das partes indicar assistente técnico que deverá apresentar o laudo no mesmo prazo fixado para o perito, conforme preconiza o art. 3º da Lei n. 5.584/70.

A prova pericial pode ser classificada em exame (visa analisar pessoa, bem móvel ou semovente), vistoria (analisa bens imóveis ou determinados lugares) e avaliação (estima valor de bens ou obrigações), nos exatos termos do art. 464 do CPC que averba: "A prova pericial consiste em exame, vistoria ou avaliação".

Em relação ao procedimento sumaríssimo, apenas quando a prova do fato o exigir ou for legalmente imposta, como nos casos de pedido de adicional de insalubridade ou periculosidade, é que será deferida a prova técnica, cabendo ao juiz desde logo, fixar o objeto da perícia e nomear ao perito, sendo as partes intimadas para se manifestarem sobre o laudo no prazo comum de 5 dias.

No processo do trabalho a prova pericial pode ser determinada de ofício pelo juiz ou requerida pelas partes, mas em caso de revelia por ausência da reclamada (o que gera confissão quanto à matéria de fato), quando houver pedido de insalubridade e periculosidade, o magistrado deve determinar a produção de prova pericial nos termos do art. 195, § 2º, da CLT, podendo até mesmo o revel indicar assistente técnico, à falta de vedação legal, haja vista que pode produzir prova.

Entretanto, existem 3 hipóteses legais que embasam a decisão do magistrado no que toca ao indeferimento da prova pericial, haja vista o que vaticina o art. 464, § 1º, do CPC, sendo elas: (a) a prova do fato não depender do conhecimento especial de técnico; (b) for desnecessária em vista de outras provas produzidas; e (c) a verificação for impraticável.

Determina a CLT em seu art. 827 que "*o juiz ou presidente poderá arguir os peritos compromissados ou os técnicos, e rubricará, para ser junto ao processo, o laudo que os primeiros tiverem apresentado*".

O juiz, em razão do princípio do livre convencimento motivado, não é obrigado a manter suas razões de decidir com espeque no laudo pericial, pois como salienta o art. 479 do CPC, "o juiz apreciará a prova pericial de acordo com o disposto no art. 371, indicando na sentença os motivos que o levaram a considerar ou a deixar de considerar as conclusões do laudo, levando em conta o método utilizado pelo perito".

Note que a realização de perícia é obrigatória para verificação de insalubridade, nos termos da OJ 278 da SDI-1 do TST, mas quando não for possível sua realização, como em caso de fechamento da empresa, poderá o julgado utilizar-se de outros meios de prova, como seria o caso da prova emprestada.

A perícia sobre insalubridade ou periculosidade pode ser realizada por médico ou engenheiro do trabalho, nos termos da OJ 165 da SDI-1 do TST, vez que o art. 195 da CLT não faz qualquer distinção entre aqueles profissionais para efeito de caracterização e classificação da insalubridade ou periculosidade, sendo necessário, em contrapartida, que o laudo seja elaborado por profissional devidamente qualificado.

A verificação mediante perícia de prestação de serviços em condições insalubres, considerando que o agente insalubre constatado é diverso daquele apontado na causa de pedir, não retira o direito ao recebimento ao adicional, ou seja, não prejudica o pedido, consoante já vimos em razão da redação contida na Súmula 293 do TST.

O art. 472 do CPC autoriza o juiz a dispensar prova pericial quando as partes, na inicial e na contestação, apresentarem sobre as questões de fato pareceres técnicos ou documentos elucidativos que considerar suficientes.

A Súmula 453 do TST versa sobre uma das hipóteses de dispensa da prova pericial, aduzindo que "o pagamento de adicional de periculosidade efetuado por mera liberalidade da empresa, ainda que de forma proporcional ao tempo de exposição ao risco ou em percentual inferior ao máximo legalmente previsto, dispensa a realização da prova técnica exigida pelo art. 195 da CLT, pois torna incontroversa a existência do trabalho em condições perigosas".

Derradeiramente, é imperioso destacar que é possível a realização de nova perícia, quando da primeira não for possível extrair elementos suficientes de convencimento, o que se afirma com fulcro no art. 480 do digesto processual civil.

d) Prova Testemunhal

No processo do trabalho a testemunha é um dos meios de prova mais relevantes, pois não raras vezes é o único meio probante de que as partes dispõem para convencer o magistrado acerca da realidade dos fatos, tendo como substrato o princípio da primazia da realidade (verdade real, no âmbito processual).

Todavia, não será admitida a prova testemunhal quanto a fatos já confessados ou provados por documento (salvo quando impugnados, a depender do documento), ou quando os fatos só podem ser provados com documentos ou por meio de perícia, como acontece com pagamento de salários e insalubridade, respectivamente.

Podemos definir testemunha como a pessoa física que é indene às partes e totalmente desvinculada do processo, mas que é convocada (pelas partes ou pelo juízo) para depor sobre fatos dos quais tenha conhecimento, sendo certo que, em princípio, todas as pessoas podem testemunhar, com exceção daquelas que são incapazes, impedidas ou suspeitas.

As causas de incapacidade e de impedimento são de ordem objetiva, enquanto as de suspeição, de ordem subjetiva.

A CLT no art. 829 prevê que "a testemunha que for parente até o terceiro grau civil, amigo íntimo ou inimigo de qualquer das partes, não prestará compromisso, e seu depoimento valerá como simples informação".

Com efeito, haja vista a insuficiência da CLT, aplicamos o art. 447 do CPC que trata das pessoas incapazes, impedidas e suspeitas para depor.

É imperioso notar que não torna suspeita a testemunha o simples fato de estar litigando ou de ter litigado contra o mesmo empregador, nos termos da Súmula 357 do TST: "Não torna suspeita a testemunha o simples fato de estar litigando ou de ter litigado contra o mesmo empregador".

Com relação ao depoimento do menor de 18 anos, como é penalmente inimputável, não estando sujeito, portanto, a falso testemunho, não pode se comprometer a dizer a verdade, razão pela qual não pode depor, sendo ouvido apenas como informante – no que pese haver entendimento no sentido de que o maior de 16 e menor de 18 poderá prestar o depoimento como testemunha, pois se pode firmar contrato de trabalho pode depor, aplicando-se ainda o art. 447, § 1º, III, em que consta vedação apenas para o menor de 16 anos.

No processo do trabalho as testemunhas devem comparecer à audiência ainda que não sejam intimadas, ou seja, serão convidadas pelas partes, mas em caso de ausência, serão intimadas pelo magistrado de ofício ou mediante requerimento das partes e, caso não compareçam sem motivo justificado, ficarão sujeitas a condução coercitiva além de multa, como aduz o art. 825, *caput* e parágrafo único, da CLT.

No procedimento sumaríssimo, o juiz somente intimará a testemunha, em caso de ausência, se a parte comprovar que a convidou, não bastando a mera alegação, como prevê o § 3º do art. 852-H da CLT.

Antes de prestar seu compromisso legal, nos termos do art. 828 da CLT, a testemunha será qualificada, ficando sujeita às penas previstas na lei penal em caso de falsidade em suas declarações, nos seguintes termos: "Toda testemunha, antes de prestar o compromisso legal, será qualificada, indicando o nome, nacionalidade, profissão, idade, residência, e, quando empregada, o tempo de serviço prestado ao empregador, ficando sujeita, em caso de falsidade, às leis penais".

Façamos alusão, pela importância do tema, ao que é a contradita de testemunha, pois como vimos anteriormente, as testemunhas impedidas, suspeitas ou incapazes não podem depor.

Sendo assim, contradita nada mais é do que a impugnação da testemunha pelo outro polo da relação processual, que irá arguir incapacidade, impedimento ou suspeição daquela pessoa natural, devendo ser arguida após a qualificação da testemunha e antes de prestar o compromisso, vez que não o fazendo haverá preclusão, como podemos extrair dos arts. 457 e 458 do CPC, aplicados de forma subsidiária.

Se a testemunha nega os fatos que lhe são imputados, será possível a produção de provas para comprovar o motivo que gerou a arguição da contradita, seja por meio de documentos ou por testemunhas (o que se denomina instrução da contradita), apresentados no ato e ouvidas em apartado e, se necessário for, o magistrado deverá adiar a audiência.

Caso o juiz venha a deferir ou indeferir a contradita, cabe à parte requerer que sejam registrados em ata os protestos contra aquela decisão, uma vez que estaremos diante de uma decisão interlocutória, irrecorrível de imediato, portanto.

Quanto à inquirição das testemunhas, dispõe o art. 820 da CLT que: "As partes e testemunhas serão inquiridas pelo juiz ou presidente, podendo ser reinquiridas, por seu intermédio, a requerimento dos vogais, das partes, seus representantes ou advogados".

Em regra, primeiro são ouvidas as testemunhas do reclamante e depois as da reclamada na sede do juízo e se a testemunha for funcionário civil ou militar e tiver que depor em hora de serviço, será requisitada ao chefe da repartição para que possa comparecer, nos moldes do art. 823 da CLT: "Se a testemunha for funcionário civil ou militar, e tiver de depor em hora de serviço, será requisitada ao chefe da repartição para comparecer à audiência marcada".

Em qualquer hipótese a testemunha não pode sofrer descontos pelas faltas ao serviço ocasionadas pelo seu comparecimento para depor, quando arroladas ou convidadas (art. 822 da CLT).

Deve o magistrado providenciar meios para que o depoimento de uma testemunha não seja ouvido pela outra que ainda irá depor, sendo os depoimentos resumidos na ata de audiência (art. 824 da CLT).

No que tange à quantidade de testemunhas que cada parte pode arrolar, vale reiterar que, a depender do procedimento, temos:

1) no rito ordinário serão 3 para cada parte (art. 821 da CLT);
2) no rito sumaríssimo, até 2 para cada parte (§ 2º do art. 852-H da CLT);
3) no inquérito judicial para apuração de falta grave, até 6 para cada parte (art. 821 da CLT);
4) no procedimento sumário (Lei n. 5.584/70), aplica-se a regra geral prevista na CLT, que são 3 testemunhas para cada parte, haja vista a omissão da lei citada.

Interessante é a questão envolvendo o número de testemunhas em caso de litisconsórcio, prevalecendo o entendimento que se for litisconsórcio ativo, o polo ativo só poderá indicar até 3 testemunhas (no caso de rito ordinário), enquanto se o litisconsórcio for passivo, cada litisconsorte poderá lançar mão de 3 testemunhas cada, vez que essa condição de integrar o polo passivo não decorre de sua liberalidade, o que difere do polo ativo, quando então, caso os autores optem por ajuizar apenas uma ação, abriram mão de ouvir, cada um, 3 testemunhas.

Ademais, embora como regra geral não haja o arrolar prévio de testemunhas, daí por que a parte pode substituir as testemunhas ao seu alvedrio até o dia da audiência, é aplicável ao processo do trabalho o disposto no art. 451 do CPC, que versa sobre a substituição das testemunhas.

Sobre a acareação das testemunhas, mister se faz analisar o art. 461 do CPC.

Importante destacar que a Lei n. 13.467/2017 inseriu na CLT uma seção para tratar da responsabilidade por dano processual e, no ensejo, estabeleceu que a testemunha que intencionalmente alterar a verdade dos fatos ou omitir fatos essenciais ao julgamento da causa também será punida, conforme art. 790-D da CLT.

10.3 Ordem de produção das provas

Apenas para registrar, neste tópico estamos falando de prova oral, e não documental que, a esta hora, salvo raras exceções, já estará preclusa.

De acordo com o art. 848 da CLT, primeiramente o juiz ouvirá as partes em depoimento, como regra o autor e depois o réu. Após o depoimento, as partes podem sair, e ato seguinte, serão ouvidas as testemunhas em quantidade pertinente ao rito. Primeiro ouve-se as testemunhas do autor e após as do réu.

O juiz também ouvirá, se for o caso, peritos e técnicos, se houver.

No entanto, considerando o § 2º do art. 775 da CLT, pode o juiz inverter a ordem de produção das provas, adequando-os às necessidades do conflito de modo a conferir maior efetividade à tutela do direito, o que não se confunde com inversão do ônus da prova.

10.4 Prova emprestada. Admissibilidade

Há muito já se admitia a utilização de prova emprestada no processo do trabalho, como, por exemplo, nos feitos em que há pedido de insalubridade, mas o local onde deveria ser realizada a prova pericial fora desativada.

Com efeito, são requisitos de admissibilidade da prova emprestada, segundo a doutrina majoritária:

1) ter sido produzida em processo judicial;
2) ter sido produzida em processo entre as partes ou no qual figurou a parte em face de quem se pretende utilizar a prova;
3) estar relacionada às alegações fáticas controvertidas da ação em que será utilizada;
4) ter sido produzida em processo regido pelo princípio da publicidade;

Por fim, vale dizer que a prova emprestada, ainda que admitida, não vincula o juiz e deve ser submetida ao crivo do contraditório.

11. SENTENÇA TRABALHISTA

Determina a CLT, nos arts. 831 e 850, que é necessário, antes de ser proferida a decisão, a conciliação pré-decisória, ensejando a decretação de nulidade sua inobservância, de modo que a segunda tentativa de conciliação é um dos requisitos de eficácia da sentença trabalhista, ainda que as partes não cheguem a um denominador comum.

a) Sentença terminativa e definitiva

Haverá uma sentença terminativa (faz coisa julgada formal) quando o juiz não analisa o mérito, em ocorrendo qualquer uma das hipóteses previstas no rol do art. 485 do CPC. Haverá, portanto, uma "extinção" anômala do processo.

De outra banda, haverá uma sentença definitiva (coisa julgada material) quando o mérito for resolvido, o que ocorrerá nas hipóteses elencadas no art. 487 do CPC. Lembramos que não é possível o reconhecimento, de ofício, da prescrição trabalhista, exceto se for a intercorrente na execução (art. 11-A da CLT).

Como o fito da relação processual é a solução da lide, desde que seja possível, o juiz resolverá o mérito sempre que a decisão for favorável à parte a quem aproveitaria eventual pronunciamento nos termos do acima citado art. 485 do CPC.

Cumpre destacar, por fim, que a desistência da ação (do processo) só produz efeito depois de homologada pelo juiz, na forma do parágrafo único do art. 200 do CPC, de modo que, antes da homologação, é possível a reconsideração e, tendo em vista o advento da Lei n. 13.467/2017 (Reforma Trabalhista), o § 3º do art. 841 da CLT determina que "oferecida a contestação, ainda que eletronicamente, o reclamante não poderá, sem consentimento do reclamado, desistir da ação".

b) Requisitos essenciais e complementares

De acordo com o art. 489 do CPC e o art. 832 da CLT, todas as sentenças devem conter certos elementos, pois a omissão do julgador no que tange a qualquer um dos requisitos gera consequências, ou seja, ou a decisão pode ser nula ou inexistente, conforme o caso.

No procedimento sumaríssimo o relatório é dispensado, nos termos do art. 852-I da CLT, que vaticina: "A sentença mencionará os elementos de convicção do juízo, com resumo dos fatos relevantes ocorridos em audiência, dispensado o relatório".

b.1) Requisitos Essenciais

b.1.1) Relatório

Tem por objetivo registrar o objeto da lide, com o resumo do pedido e da defesa, bem como as principais ocorrências processuais, e sua ausência gera nulidade da decisão, exceto no procedimento sumaríssimo, onde é dispensado.

Há entendimento no sentido de que só haverá nulidade se houver prejuízo, verificado de plano na sentença, o que tem nossa adesão.

b.1.2) Fundamentação

É a parte que revela todo o raciocínio desenvolvido pelo juiz sobre a apreciação das questões processuais, dos fatos alegados, das provas produzidas e demais elementos dos autos, e sua ausência também gera nulidade da decisão, por determinação constitucional do art. 93, IX, da CF.

b.1.3) Conclusão (dispositivo)

É a parte da sentença onde o juiz cumpre a sua função de julgar, acolhendo ou rejeitando o pedido do autor, ou seja, julgando procedente *in totum* ou em parte ou improcedente o pedido do autor, podendo até mesmo não resolver o mérito. Sua ausência gera inexistência da decisão.

b.2) Requisitos complementares

A sentença, no processo do trabalho, também conterá os requisitos complementares, como se denota dos parágrafos do art. 832 da CLT.

Desta forma, quando a decisão concluir pela procedência do pedido, determinará o prazo e as condições para o seu cumprimento, devendo sempre mencionar as custas que devem ser pagas pela parte vencida.

Ademais, as decisões cognitivas ou homologatórias de acordo deverão sempre indicar a natureza jurídica das parcelas constantes da condenação ou do acordo homologado, inclusive o limite de responsabilidade de cada parte pelo recolhimento da contribuição previdenciária, quando houver a incidência.

Com efeito, a discriminação acima versada é essencial em razão de algumas verbas não sofrerem a incidência de contribuição previdenciária, como é o caso dos valores deferidos a título de FGTS e multa fundiária de 40% sobre o saldo daquele para fins rescisórios.

A Lei n. 13.876/2019 inseriu o § 3º-A no art. 832 da CLT, para exigir que salvo na hipótese de o pedido da ação limitar-se expressamente ao reconhecimento de verbas de natureza exclusivamente indenizatória, a parcela referente às verbas de natureza remuneratória não poderá ter como base de cálculo valor inferior: I – ao salário-mínimo, para as competências que integram o vínculo empregatício reconhecido na decisão cognitiva ou homologatória; ou II – à diferença entre a remuneração reconhecida como devida na decisão cognitiva ou homologatória e a efetivamente paga pelo empregador, cujo valor total referente a cada competência não será inferior ao salário-mínimo. Não obstante, também inseriu o §3º-B onde consta que caso haja piso salarial da categoria definido por acordo ou convenção coletiva de trabalho, o seu valor deverá ser utilizado como base de cálculo.

c) Correção de erros materiais

Havendo na decisão evidentes erros ou enganos de escrita, de datilografia ou de cálculo, antes da execução, poderão os mesmos ser corrigidos de ofício pelo juiz, ou ainda, a requerimento dos interessados ou da Procuradoria da Justiça do Trabalho, como vaticina o art. 833 c/c o art. 897-A, § 1º, ambos da CLT.

d) Intimação da decisão

Com relação à ciência da decisão, pode-se dizer que a publicação e sua notificação aos litigantes ou a seus patronos consideram-se realizadas nas próprias audiências em que foram as mesmas proferidas, exceto se houver revelia, caso em que a notificação será realizada na forma do § 1º do art. 841 da CLT, como determina o art. 852 da CLT.

Assim vaticina o art. 834 da CLT: "Salvo nos casos previstos nesta Consolidação, a publicação das decisões e sua notificação aos litigantes, ou seus patronos, consideram-se realizadas nas próprias audiências em que forem as mesmas proferidas".

12. TEORIA GERAL DOS RECURSOS TRABALHISTAS

12.1 Conceito e Particularidades. Pressupostos de Admissibilidade

a) Conceito

Recurso é a retomada do curso, ou seja, a lide continua seguindo seu curso (prolongamento do exercício do direito de ação) vez que houve a provocação do reexame de determinada decisão na mesma relação processual em que fora proferida. Em suma, recurso é o direito de demonstrar o inconformismo com uma decisão no curso do mesmo processo, visando, como regra, sua reforma ou anulação.

Os recursos serão **próprios** quando seu julgamento ocorrer na instância superior (recurso ordinário, recurso de revista etc.) e **impróprios** quando julgados pelo mesmo órgão que proferiu a decisão recorrida (embargos de declaração etc.).

Os recursos são interpostos por simples petição, de acordo com a redação do art. 899, *caput:* "Os recursos serão interpostos por simples petição e terão efeito meramente devolutivo, salvo as exceções previstas neste Título, permitida a execução provisória até a penhora".

No entanto, vige o **princípio da dialeticidade** ou **discursividade**, que é seguido pelo TST na Súmula 422, o qual irá exigir que o recurso esteja devidamente fundamentado, sob pena, em regra, de não conhecimento.

b) Peculiaridades

O recorrente poderá, depois de interposto o recurso e desde que não tenha ocorrido o julgamento, a qualquer tempo, sem a aquiescência do recorrido ou dos litisconsortes, desistir do recurso (art. 998 do CPC) e, no mesmo viés, antes de interpor o recurso, poderá renunciar ao direito de recorrer, o que independe da aceitação da outra parte (art. 999 do CPC).

Ademais, o recurso pode ser total ou parcial, isto é, é possível que o recorrente impugne todas as matérias ou apenas parte delas, como autoriza o art. 1.002 do CPC.

O recurso é interposto de forma voluntária pela parte que tem a pretensão de atacar a decisão. No entanto, há **reexame necessário** que, embora não tenha natureza de recurso, é uma verdadeira condição de eficácia das decisões proferidas contra as pessoas jurídicas de direito público, o que permanece plenamente aplicável mesmo com o advento da CF/88, vez que não viola os princípios da igualdade e do devido processo legal, ou seja, a decisão proferida contra as pessoas jurídicas de direito público não produzirá efeito, senão depois de confirmada pelo tribunal, o que é bem especificado na Súmula 303 do TST.

Ademais, registramos o **princípio da fungibilidade** ou **conversibilidade**, o qual admite que um recurso interposto erroneamente possa ser convertido para o recurso que seria cabível (recurso correto), tendo em vista a natureza instrumental do processo. No entanto, é preciso a presença dos seguintes requisitos: (1º) não haver erro grosseiro ou má-fé – ocorre erro grosseiro quando a norma jurídica vaticina precisamente qual é o recurso cabível e a parte interpõe outro cabalmente desconexo; (2º) dúvida razoável (objetiva) em relação ao recurso cabível – significa que na doutrina e na jurisprudência há controvérsia acerca do recurso que deva ser manejado naquele caso concreto; e, (3º) observância da tempestividade no que tange ao recurso correto – quer dizer que o recurso interposto incorretamente tem que ter sido interposto no prazo do recurso que seria cabível.

Da jurisprudência do TST podemos extrair diversos exemplos, seja pela aplicação ou não do princípio: Súmula 421; OJ 152 da SDI-2; OJ 412 da SDI-1, além de outras.

c) Pressupostos ou Requisitos de Admissibilidade

Também denominados de requisitos de admissibilidade dos recursos, devem ser cumpridos a fim de que seja conhecido e julgado em seu mérito pelo tribunal.

Observe que a decisão de conhecimento do juízo *a quo* não vincula o juízo *ad quem*, haja vista que os pressupostos recursais são entendidos como matérias de ordem pública, ou seja, pode o juiz da Vara do Trabalho, por exemplo, conhecer do recurso ordinário, mas o TRT não.

O não atendimento de qualquer um dos pressupostos abaixo analisados impõe o não conhecimento do recurso interposto.

c.1. Pressupostos intrínsecos ou subjetivos

Estão ligados à decisão que se pretende recorrer e aqueles que podem ou não recorrer da decisão. São eles: a legitimidade, a capacidade e o interesse.

c.1.1. Legitimidade

Extraímos do art. 996 do CPC que o recurso pode ser interposto pela parte vencida, pelo terceiro prejudicado e até mesmo pelo Ministério Público, como parte ou fiscal da ordem jurídica, que na seara trabalhista será o Ministério Público do Trabalho.

A OJ n. 318 da SDI-1 do TST é importante exemplo, ao averbar que os Estados e os Municípios não têm legitimidade para recorrer em nome das autarquias e das fundações públicas. Outrossim, os procuradores estaduais e municipais podem representar as respectivas autarquias e fundações públicas em juízo somente se designados pela lei da respectiva unidade da federação (art. 75, IV, do CPC de 2015) ou se investidos de instrumento de mandato válido.

Cabe registrar também a OJ n. 237 da SDI-1 do TST, que prevê: "I – O Ministério Público do Trabalho não tem legitimidade para recorrer na defesa de interesse patrimonial privado, ainda que de empresas públicas e sociedades de economia mista. II – Há legitimidade do Ministério Público do Trabalho para recorrer de decisão que declara a existência de vínculo empregatício com sociedade de economia mista ou empresa pública, após a Constituição Federal de 1988, sem a prévia aprovação em concurso público, pois é matéria de ordem pública".

c.1.2. Capacidade

Não é suficiente que a parte seja legítima, sendo imprescindível que também seja capaz, isto é, no ato de interpor o recurso, a parte deve ser plenamente capaz de praticar aquele ato processual, pois caso não seja deve ser assistida ou representada.

c.1.3. Interesse

Determina que o recurso deve trazer alguma utilidade para a parte, haja vista que é necessário a demonstração do prejuízo ou perda em decorrência da decisão proferida, ou seja, reflete a necessidade e utilidade do recurso interposto.

É comum em doutrina dizer que tem interesse em recorrer aquele que teve sua pretensão não acolhida, seja totalmente ou parcialmente, isto é, necessário se faz a presença da sucumbência. No entanto, nem sempre só recorre quem é sucumbente (no sentido de apreciação do direito material controvertido), pois não raras vezes a decisão não resolve o mérito e haverá interesse em recorrer quando, por exemplo: a decisão meritória poderia favorecer ao reclamado que alegou prescrição bienal ou até mesmo decadência, na sua contestação, ou até mesmo em caso de mudança dos fundamentos da decisão, haverá interesse, mesmo que a parte tenha sido beneficiada pela decisão.

Assim, esmo que não haja sucumbência, a depender da circunstância processual, é possível recorrer, ainda que seja um terceiro, como dispõe o art. 996 do CPC acima citado.

c.2) Pressupostos extrínsecos ou objetivos

Caracterizam-se por questões estranhas, diversas da decisão que se pretende recorrer, por isso são denominados de extrínsecos. São eles a recorribilidade do ato, a adequação, a tempestividade, a regularidade na representação e o preparo.

c.2.1. Recorribilidade do ato

Significa que a decisão que ser pretende impugnar é passível de contrariedade mediante recurso.

Cabe lembrar que as decisões interlocutórias, no processo do trabalho, são irrecorríveis de imediato, em razão do princípio da oralidade e suas variantes, o que se afirma com espeque no art. 799, § 2º, no art. 893, § 1º, e no art. 855-A, § 1º, todos da CLT, além da Súmula 214 do TST.

c.2.2. Adequação

É preciso que a parte interponha o recurso correto (adequado).

No processo do trabalho admite-se a aplicação do princípio da conversibilidade ou fungibilidade, como já ressaltamos ao norte.

c.2.3. Tempestividade

Esse pressuposto está relacionado ao prazo para a interposição do recurso, que no processo do trabalho, em regra, são 8 dias (a Lei n. 5.584/70, art. 6º. uniformizou o prazo dos recursos previstos no art. 893 da CLT), inclusive o recurso de agravo em caso de decisão denegatória dos embargos de divergência ou recurso de revista (§ 4º do art. 894 e § 12 do art. 896).

Os embargos de declaração são opostos no prazo de 5 dias e o recurso extraordinário em 15 dias.

O recorrido terá igual prazo para resposta ao recurso interposto (art. 900 da CLT).

As pessoas jurídicas de direito público (União, Estados, Distrito Federal, Municípios e suas respectivas autarquias e fundações públicas que não explorem atividade econômica) têm prazo em dobro para interpor qualquer recurso, nos termos do art. 1º, III, do Decreto-lei n. 779/69, o que também é aplicável à ECT (Correios), na forma da OJ 247, II, parte final, da SDI-1 do TST.

No que tange aos embargos de declaração, os entes de direito público também poderão valer-se do prazo em dobro, como se extrai da OJ 192 da SDI-1 do TST.

O MPT também tem a prerrogativa do prazo em dobro para interpor recursos, aplicando-se, no particular, o disposto no art. 180 do CPC.

Note que uma parte da doutrina entende que o pedido de revisão previsto no art. 2º, § 1º, da Lei n. 5.584/70, utilizado quando o juiz mantiver o valor da causa nos dissídios de alçada, tem natureza recursal (recurso de revisão), razão pela qual entendem que o prazo de 48 horas citado também é uma exceção à regra geral de 8 dias.

Se a parte alegar feriado local visando à prorrogação do prazo recursal, a ela cabe o ônus de comprovar sua existência, nos termos da Súmula 385, I do TST. Por outro lado, em havendo feriado forense, incumbe à autoridade que proferir a decisão de admissibilidade do recurso certificar o expediente nos autos, sendo admitida a reconsideração da análise da tempestividade do recurso, via prova documental superveniente em agravo regimental, agravo de instrumento ou até mesmo embargos de declaração (Súmula 385, itens II e III, do TST).

Cabe lembrar que é inaplicável ao processo do trabalho o disposto no art. 229, *caput* e §§ 1º e 2º do CPC, que assegura aos litisconsortes com procuradores diferentes a contagem em dobro para a prática de qualquer ato processual, inclusive recorrer, na forma da OJ 310 da SDI-1 do TST.

c.2.4. Regularidade na representação processual

O recurso deve ser interposto pela própria parte

quando no exercício do *jus postulandi*, exceto recursos de competência do TST (Súmula 425 do TST), quando então deverá ser constituído advogado.

c.2.5. Preparo

No processo do trabalho o preparo é analisado sob dois prismas, quais sejam: custas e depósito recursal.

A falta de preparo gera deserção, mas a insuficiência, em princípio, só se a parte não suprir o pagamento da diferença é que gera deserção e a OJ n. 140 da SDI-1 do TST é clara nesse sentido: "Em caso de recolhimento insuficiente das custas processuais ou do depósito recursal, somente haverá deserção do recurso se, concedido o prazo de 5 (cinco) dias previsto no § 2º do art. 1.007 do CPC de 2015, o recorrente não complementar e comprovar o valor devido".

De outra banda, prevê a OJ 148 da SDI-2 do TST: "é responsabilidade da parte, ao interpor recurso ordinário em mandado de segurança, a comprovação do recolhimento das custas processuais no prazo recursal, sob pena de deserção".

As custas só serão pagas uma vez quando da interposição do recurso, isso quando não for beneficiário da gratuidade de justiça. Assim, se a parte interpôs recurso ordinário deverá pagar, mas se for interpor recurso de revista não paga, salvo se houver majoração do valor da condenação, caso em que a outra parte também recorreu, o que se afirma com base no princípio da vedação da *reformatio in pejus*.

Quanto ao depósito recursal, a CLT faz menção a ele no art. 899 e seus parágrafos, o qual tem natureza de garantia do juízo, da condenação, sendo uma obrigação da reclamada (empregador ou tomador dos serviços), desde que haja condenação em pecúnia, sendo indevido caso não haja condenação pecuniária na forma da Súmula 161 do TST.

De acordo com o art. 7º da Lei n. 5.584/70, "a comprovação do depósito da condenação (CLT, art. 899, §§ 1º a 5º) terá que ser feita dentro do prazo para a interposição do recurso, sob pena de ser este considerado deserto", o que é ratificado pela Súmula 245 do TST, onde se lê que o depósito recursal deve ser feito e comprovado no prazo alusivo ao recurso, e caso haja a interposição antecipada deste não haverá prejuízo para a dilação legal.

Assim, se a parte tem 8 dias para interpor o recurso ordinário e o faz no terceiro dia, poderá juntar a guia comprobatória do depósito recursal até o 8º dia do prazo, não se admitindo, destarte, que seja considerado deserto.

No agravo de instrumento a questão da comprovação do pagamento é diferente, vez que o agravante deve comprovar o pagamento do depósito recursal no ato da interposição do recurso, mesmo que o interponha antecipadamente (§ 7º do art. 899 da CLT).

Nos termos do § 4º do art. 899 da CLT, com a redação dada pela Lei 13.467/2017, o depósito recursal será feito em conta vinculada ao juízo e corrigido com os mesmos índices da poupança, não tendo mais lugar para aplicação da Súmula 426 do TST.

Considerando a Súmula 128 do TST, cabe consignar que é ônus da parte recorrente efetuar o depósito legal, integralmente, em relação a cada novo recurso interposto, sob pena de deserção, mas quando atingido o valor da condenação, nenhum depósito mais é exigido para qualquer recurso.

Com efeito, a parte recorrente deve efetuar o depósito no valor da condenação para que seja conhecido seu recurso, mas se o valor da condenação em pecúnia for superior ao teto recursal de cada recurso interposto, limitar-se-á o depósito ao valor do limite legal.

É imperioso destacar que se o valor constante do primeiro depósito, efetuado no limite legal, é inferior ao da condenação, será devida complementação de depósito em recurso posterior, observado o valor nominal remanescente da condenação e/ou os limites legais para cada novo recurso.

Seguem alguns **exemplos** para entender a sistemática mencionada, com valores hipotéticos[1]:

1º) Condenação acima dos limites – Em uma reclamação trabalhista a reclamada (uma S.A.) foi condenada a pagar a quantia de R$ 35.000,00. Se a empresa pretende interpor recurso ordinário deve pagar 2% de custas sobre o valor da condenação (R$ 600,00), bem como deve efetuar o depósito recursal no valor de R$ 10.000,00. Após acórdão proferido pelo TRT, se a reclamada quiser interpor recurso de revista, deverá depositar R$ 20.000,00 referente ao depósito recursal limite do recurso em apreço. Note que a soma dos depósitos (R$ 30.000,00) não chega ao valor da condenação originária.

2º) Condenação abaixo da soma dos limites – Se a condenação inicial fosse de R$ 20.000,00, a empresa precisaria pagar as custas de R$ 400,00 e depositar o teto do recurso ordinário (R$ 10.000,00), mas quando da interposição do recurso de revista teria que efetuar o depósito recursal de R$ 10.000,00 apenas a título de complementação para chegar no valor da condenação e não o valor do limite previsto para o recurso de revista.

3º) Condenação abaixo do valor do limite do recurso ordinário – Se o valor da condenação fosse de R$ 7.000,00, a reclamada teria que recolher o valor de R$ 140,00 de custas além de efetuar o depósito recursal no valor da condenação para que o recurso ordinário fosse conhecido, ou seja, R$ 7.000,00, pois a condenação em pecúnia foi abaixo do teto do RO e, exigir recolhimento acima do teto é violar o sistema processual e constitucional. Desta forma, se a mesma reclamada pretende interpor recurso de revista em face da decisão

---

[1] Teto para Recurso Ordinário: R$ 10.000,00 e para Recurso de Revista: R$ 20.000,00. Lembro que esses valores são hipotéticos. O TST, anualmente, edita um ato atualizando os valores reais. A FGV não tem questão exigindo conhecimento dos valores, de modo que estamos lançando mão de dados hipotéticos para facilitar sua compreensão.

proferida pelo TRT, nenhum depósito mais será exigido, pois o juízo já estará garantido, o que significa dizer que poderá interpor o recurso sem preparo.

Em havendo condenação solidária, o depósito realizado por uma das recorrentes aproveita às demais, salvo pleito de exclusão da lide, nos termos da acima transcrita Súmula 128, III, do TST.

O valor do depósito recursal será reduzido pela metade para entidades sem fins lucrativos, empregadores domésticos, microempreendedores individuais, microempresas e empresas de pequeno porte.

São isentos do depósito recursal os beneficiários da justiça gratuita, as entidades filantrópicas e as empresas em recuperação judicial, sem prejuízo da massa falida, nos termos da Súmula 86 do TST.

Vale dizer, outrossim, que o depósito recursal poderá ser substituído por fiança bancária ou seguro garantia judicial.

Caso garantido o juízo, na fase executória, a exigência de depósito para recorrer de qualquer decisão viola os princípios da legalidade e do devido processo legal, mas se houver elevação do valor do débito, exige-se, por óbvio, a complementação da garantia do juízo, conforme redação do item II da Súmula 128 do TST.

Vale destacar que não é exigido depósito recursal, em qualquer fase do processo ou grau de jurisdição, dos entes de direito público externo e das pessoas de direito público contempladas no Decreto-Lei n. 779/69, bem assim da massa falida e da herança jacente (Item X da Instrução Normativa n. 3 do TST), o que também se aplica a ECT (Correios) em razão da OJ 247, item II da SDI1 do TST, já que a execução em face da ECT é regida pelo sistema dos precatórios ou RPV.

A propósito, cabe citar a OJ 409 da SDI-1 que preconiza: "O recolhimento do valor da multa imposta como sanção por litigância de má-fé (art. 81 do CPC de 2015 – art. 18 do CPC de 1973) não é pressuposto objetivo para interposição dos recursos de natureza trabalhista".

Outrossim, dispõe a OJ 389 da SDI-1 do TST: "Constitui ônus da parte recorrente, sob pena de deserção, depositar previamente a multa aplicada com fundamento nos §§ 4º e 5º do art. 1.021 do CPC de 2015 (§ 2º do art. 557 do CPC de 1973), à exceção da Fazenda Pública e do beneficiário de justiça gratuita, que farão o pagamento ao final".

Não se pode confundir o depósito recursal, tendo em vista sua natureza peculiar, com o **depósito para apreciação de recurso administrativo** mencionado no art. 636, § 1º, da CLT, que assim dispõe: "Os recursos devem ser interpostos no prazo de 10 (dez) dias, contados do recebimento da notificação, perante a autoridade que houver imposto a multa, a qual, depois de os informar, encaminhá-los-á à autoridade de instância superior. § 1º. O recurso só terá seguimento se o interessado o instruir com a prova do depósito da multa".

Na verdade, embora a previsão legal exija depósito para admissibilidade de recurso administrativo em decorrência de penalidades aplicadas pelos órgãos da fiscalização do trabalho, é certo que o preceptivo em causa foi revogado pela Constituição de 1988, ou não recepcionado como prefere o Tribunal Superior do Trabalho, de modo que não há que se falar no depósito previsto no dispositivo como pressuposto de admissibilidade de recurso administrativo, como vaticina a Súmula 424 do TST.

12.2 Efeitos

a) Efeito Devolutivo

Como se extrai do art. 899, *caput*, da CLT os recursos terão efeito meramente devolutivo, ou seja, transferem do juízo *a quo* (inferior) para o juízo *ad quem* (superior) as matérias impugnadas, buscando-se nova manifestação sobre o que fora decidido.

Esse efeito pode ser analisado sob dois prismas, isto é, quanto à extensão (prisma horizontal) e quanto à profundidade (prisma vertical).

No que tange a **extensão do efeito devolutivo**, temos que o órgão *ad quem* (que irá apreciar o recurso) ficará limitado às questões formuladas pela parte recorrente nas razões do seu recurso, ou seja, haverá adstrição ao que foi objeto de recurso, não podendo enfrentar outras questões.

Assim, se o autor faz pedido de horas extras, insalubridade e adicional noturno e a sentença julga procedente apenas o pedido de horas extras e improcedentes os demais, se a parte recorrer (recurso parcial) pretendendo a reforma no que toca ao adicional de insalubridade, o tribunal não poderá apreciar o adicional noturno, que transitará em julgado.

Por outro lado, o **efeito devolutivo em profundidade**, sinaliza no sentido de que serão objeto de apreciação pelo tribunal todas as questões suscitadas no curso da relação processual, mesmo que a sentença não as tenha apreciado por inteiro, desde que relativas ao capítulo impugnado e, por seu turno, quando o pedido ou a defesa contiverem mais de um fundamento e o magistrado acolher apenas um deles, o recurso também irá devolver as demais, como se extrai do art. 1.013, §§ 1º e 2º, do CPC, que embora verse sobre o recurso de apelação, aplica-se também ao recurso ordinário.

Na verdade, tudo que fora objeto de teses das partes será transferido para o tribunal, isto é, a devolução de todas as teses é automática, desde que relativas ao capítulo da sentença que está sendo impugnado, o que independe de manifestação, uma vez que o recorrente, com o recurso interposto, limita a extensão, mas isso não ocorre quanto à profundidade, ou seja, a transferência dos demais fundamentos é automática.

Desta forma, se a empresa ajuíza inquérito para apuração de falta grave aduzindo que o requerido praticou algumas faltas graves e o juiz julga improcedente o pedido formulado no inquérito afastando apenas uma das causas sem analisar as demais, estas podem ser analisadas pelo tribunal (efeito devolutivo em profundidade), não havendo, portanto, preclusão.

A Súmula 393 do TST dispõe nesse sentido:

> "RECURSO ORDINÁRIO. EFEITO DEVOLUTIVO EM PROFUNDIDADE. Art. 1.013, § 1º, do CPC de 2015. Art. 515, § 1º, do CPC de 1973. (nova redação em decorrência do CPC de 2015). I – O efeito devolutivo em profundidade do recurso ordinário, que se extrai do § 1º do art. 1.013 do CPC de 2015 (art. 515, §1º, do CPC de 1973), transfere ao Tribunal a apreciação dos fundamentos da inicial ou da defesa, não examinados pela sentença, ainda que não renovados em contrarrazões, desde que relativos ao capítulo impugnado. II – Se o processo estiver em condições, o tribunal, ao julgar o recurso ordinário, deverá decidir desde logo o mérito da causa, nos termos do § 3º do art. 1.013 do CPC de 2015, inclusive quando constatar a omissão da sentença no exame de um dos pedidos".

O referido § 3º do art. 1.013 do CPC versa sobre a **Teoria da Causa Madura**, que foi significativamente ampliada pelo CPC de 2015 e determina que "se o processo estiver em condições de imediato julgamento, o tribunal deve decidir desde logo o mérito quando reformar sentença fundada no art. 485; decretar a nulidade da sentença por não ser ela congruente com os limites do pedido ou da causa de pedir; constatar a omissão no exame de um dos pedidos, hipótese em que poderá julgá-lo; decretar a nulidade de sentença por falta de fundamentação".

Exemplifiquemos: o reclamante ajuíza sua ação pretendendo o pagamento do FGTS durante todo o pacto laboral. Na audiência a reclamada resiste à pretensão, invocando prescrição, requerendo que o juiz a pronuncie e resolva o mérito, reconhecendo que a pretensão do reclamante está prescrita. O juiz ao proferir a sentença, não analisa o mérito, consignando que não estão presentes as condições da ação. A reclamada interpõe recurso ordinário para que o Tribunal afaste a carência de ação e, aplicando a teoria em apreço, reconheça a prescrição.

Note, no exemplo acima, que embora a reclamada não seja "vencida", tem interesse em recorrer, pois a sentença que não analisa o mérito faz coisa julgada formal e sua pretensão ao aduzir a prescrição é a coisa julgada material, ou seja, a solução da lide.

Outro exemplo, aplicando literalmente a teoria da causa madura, pode ser extraído da Súmula 100, VII, do TST, onde se lê que "não ofende o princípio do duplo grau de jurisdição a decisão do TST que, após afastar a decadência em sede de recurso ordinário, aprecia desde logo a lide, se a causa versar questão exclusivamente de direito e estiver em condições de imediato julgamento".

Conclui-se então que o efeito devolutivo implica devolução da matéria impugnada pelo recorrente (prisma horizontal), mas o juízo *ad quem* poderá adentrar em todas as teses jurídicas ventiladas no processo (prisma vertical).

b) Efeito Suspensivo

Como sugere o próprio efeito, tem-se que a aplicação do mesmo impede a execução/cumprimento da decisão, haja vista que ficará com sua eficácia suspensa, o que não é a regra no processo do trabalho, pois como já dito acima, a regra é apenas o efeito devolutivo.

No entanto, em algumas situações excepcionais, poderemos ter a aplicação do efeito suspensivo nos recursos trabalhistas.

O TST admite a busca de efeito *suspensivo*, como se depreende do item I, parte final, da Súmula 414 do TST.

Não cabe efeito suspensivo em recurso ordinário interposto de decisão proferida em mandado de segurança, conforme OJ 113 da SBDI-2 do TST: "É incabível medida cautelar para imprimir efeito suspensivo a recurso interposto contra decisão proferida em mandado de segurança, pois ambos visam, em última análise, à sustação do ato atacado. Extingue-se, pois, o processo, sem julgamento do mérito, por ausência de interesse de agir, para evitar que decisões judiciais conflitantes e inconciliáveis passem a reger idêntica situação jurídica".

Por fim, cabe citar o art. 9º da Lei n. 7.701/88 que dispõe: "O efeito suspensivo deferido pelo Presidente do Tribunal Superior do Trabalho terá eficácia pelo prazo improrrogável de 120 (cento e vinte) dias contados da publicação, salvo se o recurso for julgado antes do término do prazo", o que é aplicável quando houver recurso ordinário interposto em face de decisões proferidas em dissídio coletivo, ou seja, contra sentenças normativas, e também o art. 14 da Lei n. 10.192/2001 que vaticina: "O recurso interposto de decisão normativa da Justiça do Trabalho terá efeito suspensivo, na medida e extensão conferidas em despacho do Presidente do TST".

c) Efeito Substitutivo

Previsto no art. 1.008 do CPC, "o julgamento proferido pelo tribunal substituirá a decisão impugnada no que tiver sido objeto de recurso", o que se aplica apenas se o recurso for conhecido, vez que é o julgamento de mérito do recurso que gera o efeito ora analisado, mesmo que o acórdão do juízo *ad quem* apenas confirme a decisão, isto é, negue provimento ao recurso interposto.

d) Efeito Regressivo

É a possibilidade de haver retratação ou reconsideração do órgão que proferiu a decisão que se recorre, o que é uma exceção, aplicável, por exemplo, ao agravo de instrumento e o agravo regimental.

No entanto, caso haja a extinção do processo sem resolução do mérito, o reclamante poderá interpor recurso ordinário, facultando-se ao juiz a retratação no prazo de 5 dias.

12.3 Juízo de admissibilidade e Juízo de mérito

O juízo de admissibilidade é aquele em que são analisados os requisitos de admissibilidade, de modo que o juízo de mérito só ocorrerá quando aqueles estiverem presentes.

Assim, em caso de ausência dos pressupostos de admissibilidade, o recurso não será conhecido, mas se conhecido julgar-se-á o seu mérito, quando então o órgão competente para o julgamento (juízo *ad quem*) dará (acolherá as razões do recorrente) ou negará (não acolherá as razões do recorrente) provimento ao recurso interposto.

No caso de julgamento do mérito dos recursos, haverá a reforma da decisão em caso de *error in judicando* (erro de julgamento) ou anulação, a depender do caso, ou a invalidação propriamente dita (anulação) do *decisum* em caso de *error in procedendo* (erro no procedimento), como seria o caso de notória violação a ampla defesa pelo magistrado na fase instrutória.

13. RECURSOS EM ESPÉCIE

13.1 Recurso ordinário

É o recurso mais utilizado no processo do trabalho, tendo por base legal o art. 895 da CLT c/c os arts. 1.009 a 1.014 do CPC (versam sobre a apelação), no que couber, e deve ser interposto no prazo de 8 dias, cabendo ao recorrido igual prazo para resposta.

Esse recurso, que tem fundamentação livre, é aviado para impugnar qualquer questão, seja de fato, de direito, injustiça da decisão, *error in procedendo*, *error in judicando* etc., devendo haver o preparo, quando necessário.

Cabe das decisões definitivas ou terminativas das Varas do Trabalho ou Juízos, quando então será encaminhado ao TRT, e, das decisões definitivas ou terminativas dos TRTs na sua competência originária, tanto em dissídios individuais quanto nos dissídios coletivos, quando então será encaminhado para julgamento no TST.

Assim, é fácil concluir que pode ser manejado para atacar sentença ou acórdão, conforme o caso, de acordo com os incisos I e II do art. 895 da CLT.

É de bom grado compreender, na forma do inciso I do art. 895, que cabe o recurso ordinário das decisões definitivas (resolvem o mérito) das varas do trabalho ou juízos de direito que julgam procedente, improcedente ou procedente em parte os pedidos do reclamante, bem como contra as decisões terminativas (que não analisam o mérito ou até mesmo aquelas que terminam com o feito na Justiça do Trabalho – determinam a remessa dos autos para outra Justiça), caso da decisão que pronuncia de ofício ou acolhe preliminar de incompetência absoluta, remetendo os autos para a justiça comum, assim como aquelas que acolhem preliminares de litispendência, coisa julgada, perempção, inépcia da petição inicial, dentre outras.

No que tange ao inciso II do art. 895, temos que são decisões proferidas em dissídios individuais ou coletivos julgados originariamente pelos TRTs, como ação rescisória, mandado de segurança, ação anulatória de cláusula prevista em acordo ou convenção coletiva, dissídio coletivo etc.

Com efeito, de acórdão do TRT em ação rescisória é cabível o recurso em estudo para o TST (Súmula 158 do TST), bem como da decisão do Regional em mandado de segurança (Súmula 201 do TST).

No procedimento sumaríssimo o recurso ordinário tem tramitação diferenciada, na forma dos §§ 1º e 2º do art. 895 da CLT, especialmente em razão de ser imediatamente distribuído, devendo o relator liberar os autos no máximo em 10 dias sem revisor, sendo possível parecer oral do MPT se entender necessário e o acórdão consistirá em certidão de julgamento. Nos tribunais divididos em turmas, poderá haver designação de turma especificamente para o julgamento de recursos ordinários interpostos na causa sob esse procedimento.

Deve ser interposto perante a autoridade judicial que proferiu a decisão que ora se impugna e, conhecido o recurso, notificará o recorrido para resposta (contrarrazões) no prazo de 8 dias.

Com ou sem a resposta, o feito será encaminhado ao TRT para analisar, mais uma vez, a presença dos pressupostos de admissibilidade e, se for o caso, adentrar no mérito do recurso.

Destacamos que o relator (Súmula 435 do TST) deve, primeiramente, apreciar se estão presentes os requisitos de admissibilidade e, caso estejam, determinar o processamento na forma do Regimento Interno do tribunal respectivo.

Após sua admissibilidade, segue seu curso natural na instância superior, sendo possível a sustentação oral pelo patrono, após a exposição da causa pelo relator, manifestando-se, primeiramente, o advogado do recorrente, em seguido o do recorrido e, se for o caso, o Ministério Público.

a) Princípio da Primazia do Julgamento do Mérito Recursal

Considerando o disposto no art. 938 do CPC, deve ocorrer o saneamento de eventuais nulidades, de modo que o fito principal é não cultivar a forma em detrimento da essência do ato.

Assim, o Tribunal suspenderá o julgamento do recurso para fins de saneamento de nulidade e, uma vez renovado ou praticado o ato, seguir-se-á o julgamento do recurso.

Sem prejuízo, temos ainda a aplicação da teoria da causa madura, nas hipóteses elencadas no art. 1.013, § 3º, do CPC, além de outros dispositivos do CPC que versam sobre recursos, em especial do recurso de apelação, sempre de forma supletiva ou subsidiária.

b) Da uniformização de jurisprudência no âmbito dos Tribunais do Trabalho (TST e TRTs)

Considerando as previsões do art. 702, I, f, §§ 3º e 4º da CLT, com a redação dada pela Lei n. 13.467/2017, temos que ao Tribunal Pleno do TST compete estabelecer ou alterar súmulas e outros enunciados de jurisprudência uniforme, pelo voto de pelo menos 2/3 de seus membros, caso a mesma matéria já tenha sido decidida de forma idêntica por unanimidade em, no mínimo, 2/3 das turmas em pelo menos dez sessões diferentes em cada uma delas, podendo, ainda, por maioria de 2/3 de seus membros, restringir os efeitos daquela declaração ou decidir que ela só tenha eficácia a partir de sua publicação no Diário Oficial.

As sessões de julgamento sobre estabelecimento ou alteração de súmulas e outros enunciados de jurisprudência deverão ser públicas, divulgadas com, no mínimo, 30 dias de antecedência, e deverão possibilitar a sustentação oral pelo Procurador-Geral do Trabalho, pelo Conselho Federal da Ordem dos Advogados do Brasil, pelo Advogado-Geral da União e por confederações sindicais ou entidades de classe de âmbito nacional.

Ademais, o estabelecimento ou a alteração de súmulas e outros enunciados de jurisprudência pelos Tribunais Regionais do Trabalho deverão observar as mesmas regras acima, sendo que com rol equivalente de legitimados para sustentação oral, observada a abrangência de sua circunscrição judiciária.

13.2 Recurso de Revista

O Recurso de Revista tem como base legal os arts. 896 a 896-C da CLT, com as alterações e inclusões de redação promovidas pela Lei n. 13.015/2014 e Lei n. 13.467/2017.

Trata-se de recurso de natureza extraordinária e fundamentação vinculada, que deve ser interposto no prazo de 8 dias, podendo ter custas (complemento em razão da majoração da condenação pelo TRT) e pode ter depósito recursal, integralmente ou apenas complementação.

É um recurso de cabimento bem restrito, vez que eminentemente técnico, que tem por finalidade uniformizar a jurisprudência ou restabelecer lei federal, norma constitucional, súmula vinculante do STF, Súmula ou OJ do TST que foram violadas, conforme hipóteses de cabimento elencadas no art. 896 da CLT.

Observe que a Lei n. 13.015/2014 estabeleceu, pela redação do § 1º-A do art. 896, que **não será conhecido** o recurso de revista se a parte deixar de indicar o trecho da decisão recorrida que consubstancia o prequestionamento da controvérsia objeto do recurso de revista ou não indicar, de forma explícita e fundamentada, contrariedade a dispositivo de lei, súmula ou orientação jurisprudencial do Tribunal Superior do Trabalho que conflite com a decisão regional ou não expor as razões do pedido de reforma, impugnando todos os fundamentos jurídicos da decisão recorrida, inclusive mediante demonstração analítica de cada dispositivo de lei, da Constituição Federal, de súmula ou orientação jurisprudencial cuja contrariedade aponte.

Não obstante as determinações supra, a Lei n. 13.467/2017 inseriu o inciso IV no § 1º-A do art. 896, para fazer constar que cabe ao recorrente "transcrever na peça recursal, no caso de suscitar preliminar de nulidade de julgado por negativa de prestação jurisdicional, o trecho dos embargos declaratórios em que foi pedido o pronunciamento do tribunal sobre questão veiculada no recurso ordinário e o trecho da decisão regional que rejeitou os embargos quanto ao pedido, para cotejo e verificação, de plano, da ocorrência da omissão".

O recurso de revista é interposto após o julgamento do recurso ordinário por TRT, não podendo ser utilizado para reexame de fatos ou provas, como prevê a Súmula 126 do TST, de modo que o efeito devolutivo se limita às questões jurídicas suscitadas.

Não cabe recurso de revista nos dissídios coletivos (que são julgados, como regra, originariamente pelos TRTs, quando então caberá recurso ordinário). Ademais, o feito deve ter origem na 1ª instância da Justiça do Trabalho, haja vista que o processo deve estar em trâmite no TRT que, in casu, estará no exercício do duplo grau de jurisdição, atuando como órgão revisor da decisão proferida pela Vara do Trabalho, ou seja, não caberá recurso de revista para impugnar de decisão do TRT, quando este estiver na competência originária, pois o recurso a ser manejado, no caso, é o ordinário, com fulcro no art. 895, II, da CLT.

No que tange à divergência jurisprudencial, esta deve ser atual, ou seja, não se considera atual aquela decisão divergente já ultrapassada por súmulas do TST ou do STF, ou quando superadas por iterativa e notória jurisprudência do TST, nos termos do art. 896, § 7º, da CLT e Súmula 333 do TST.

É válida, para conhecimento do recurso de revista, a invocação de orientação jurisprudencial do TST, como vaticina a OJ 219 da SDI-1 do TST: "É válida, para efeito de conhecimento do recurso de revista ou de embargos, a invocação de Orientação Jurisprudencial do Tribunal Superior do Trabalho, desde que, das razões recursais, conste o seu número ou conteúdo".

Ademais, a demonstração da divergência jurisprudencial deve ser específica, cabendo ao requerente sua demonstração na forma do § 8º do art. 896, observando-se, ainda, as Súmulas 296 e 337, ambas do TST.

A Súmula 23 do TST aduz que "não se conhece de recurso de revista ou de embargos, se a decisão recorrida resolver determinado item do pedido por diversos fundamentos e a jurisprudência transcrita não abranger a todos".

Se o fundamento do recurso de revista for violação à lei ou a Constituição Federal, é preciso fazer a indicação do preceito violado, tendo em vista o § 1º-A, II, do art. 896 da CLT e Súmula 221 do TST: "A admissibilidade do recurso de revista por violação tem como pressuposto a indicação expressa do dispositivo de lei ou da Constituição tido como violado".

Nesse sentido dispõe a Súmula 459 do TST: "O conhecimento do recurso de revista, quanto à preliminar de nulidade por negativa de prestação jurisdicional, supõe a indicação de violação do art. 832 da CLT, do art. 489 do CPC de 2015 (art. 458 do CPC de 1973) ou do art. 93, IX, da CF/1988".

Ademais, prevê a OJ n. 257 da SDI-I do TST que "a invocação expressa no recurso de revista dos preceitos legais ou constitucionais tidos como violados não significa exigir da parte a utilização das expressões 'contrariar', 'ferir', 'violar' etc"..

No procedimento sumaríssimo só cabe se houver violação a súmula do TST, súmula vinculante do STF ou ofensa à Constituição Federal, de acordo com o art. 896, § 9º, da CLT, sendo incabível, por falta de previsão legal, se for violação à OJ, lei federal ou divergência jurisprudencial.

É incabível, ainda, por falta de previsão legal, quando interposto de acórdão proferido em agravo de instrumento, conforme Súmula 218 do TST.

No caso de liquidação ou execução, a admissibilidade do recurso de revista pressupõe violação flagrante ao Texto Constitucional, nos termos do § 2º do art. 896 da CLT: "Das decisões proferidas pelos Tribunais Regionais do Trabalho ou por suas turmas, em execução de sentença, inclusive em processo incidente de embargos de terceiro, não caberá Recurso de Revista, salvo na hipótese de ofensa direta e literal de norma da Constituição Federal". Essa previsão é reforçada pela Súmula 266 do TST.

Outrossim, cabe recurso de revista por violação a lei federal, por divergência jurisprudencial e por ofensa à Constituição Federal nas execuções fiscais e nas controvérsias da fase de execução que envolvam a Certidão Negativa de Débito Trabalhista.

Além dos requisitos gerais de admissibilidade recursais já estudados, no recurso de revista deve haver a demonstração da transcendência e o prequestionamento, devendo ainda ser observado o § 1º-A do art. 896 da CLT, já comentado.

a) Transcendência

De acordo com o art. 896-A da CLT, o TST examinará, previamente, se a causa oferece transcendência no que toca aos reflexos gerais de natureza social, política, jurídica e econômica, ou seja, deve o TST, única e exclusivamente, verificar se a questão de fundo é relevante, importante para a sociedade como um todo, e não apenas para aquele que está recorrendo, já que o recurso de revista não pode ser manejado para a defesa de direito subjetivo.

Quem analisa a transcendência é o TST e não o Presidente do TRT em primeiro juízo de admissibilidade do Recurso de Revista.

O § 1º do art. 896-A dispõe são indicadores de transcendência, entre outros: I – econômica, o elevado valor da causa; II – política, o desrespeito da instância recorrida à jurisprudência sumulada do Tribunal Superior do Trabalho ou do Supremo Tribunal Federal; III – social, a postulação, por reclamante-recorrente, de direito social constitucionalmente assegurado; IV – jurídica, a existência de questão nova em torno da interpretação da legislação trabalhista.

Poderá o relator, monocraticamente, denegar seguimento ao recurso de revista que não demonstrar transcendência, cabendo agravo desta decisão para o colegiado.

Em relação ao recurso que o relator considerou não ter transcendência, o recorrente poderá realizar sustentação oral sobre a questão da transcendência, durante cinco minutos em sessão.

Mantido o voto do relator quanto à não transcendência do recurso, será lavrado acórdão com fundamentação sucinta, que constituirá decisão irrecorrível no âmbito do tribunal.

b) Prequestionamento

Trata-se de exigência pela qual deve ter havido análise da matéria ou questão recorrida, para que tenha cabimento o recurso, vez que o recurso de revista tem natureza extraordinária, sendo eminentemente técnico, como se extrai da Súmula 297, I, do TST: "Diz-se prequestionada a matéria ou questão quando na decisão impugnada haja sido adotada, explicitamente, tese a respeito".

Caso não haja manifestação expressa, a parte precisa lançar mão dos embargos de declaração para tanto, mesmo que o órgão não se pronuncie a respeito, de acordo com a mesma súmula retro, itens II e III.

Ademais, o § 1º-A, I, do art. 896 dispõe que é ônus da parte, sob pena de não conhecimento, indicar o trecho da decisão recorrida que consubstancia o prequestionamento da controvérsia objeto do recurso de revista.

Outrossim, existe a possibilidade de haver o prequestionamento tácito (denominado por parte da doutrina como implícito), ou seja, se a parte opõe embargos de declaração para efeitos de prequestionar matéria ou questão e, mesmo assim, o Tribunal não se manifesta explicitamente sobre o tema ventilado e, sem prejuízo, após a Reforma Trabalhista, deve ser observado o disposto no inciso IV do mesmo artigo.

Por outro lado, é inexigível o prequestionamento quando a violação indicada houver nascido na própria decisão recorrida, restando inaplicável, portanto, a Súmula 297, como se depreende da OJ 119 da SDI-1 do TST.

Com efeito, se a violação a questão jurídica ocorrer na própria decisão que se pretende recorrer (acórdão do TRT), não se pode mesmo exigir debate e decisão precedentes.

Ainda sobre o prequestionamento, importa citar, para fins de estudo, parte da jurisprudência do TST: OJs 62, 118, 151 e 256, todas da SDI-I do TST.

c) Recursos de Revista com idêntico fundamento de direito (recursos repetitivos)

Em caso de existência de multiplicidade de recursos de revista fundados em idêntica questão de direito, poderá a questão ser remetida à SDI ou ao Tribunal Pleno, por decisão da maioria simples dos seus membros, mediante requerimento de um dos Ministros que compõem a Seção Especializada, considerando a relevância da matéria ou a existência de entendimentos divergentes entre os Ministros dessa Seção ou das Turmas do TST.

Note-se que o Presidente da Turma ou da SDI, por indicação dos relatores, afetará um ou mais recursos repetitivos da controvérsia para julgamento pela SDI ou pelo Pleno, sob o trâmite de recursos repetitivos.

Nessa situação, caberá ao Presidente da Turma ou da Seção Especializada que afetar o processo para julgamento sob o rito em apreço, expedir comunicação aos demais Presidentes de Turma ou de Seção Especializada, que poderão afetar outros processos sobre a questão para julgamento conjunto, a fim de conferir ao órgão julgador visão global da questão, sendo certo que o Presidente do Tribunal Superior do Trabalho oficiará os Presidentes dos Tribunais Regionais do Trabalho para que suspendam os recursos interpostos em casos idênticos aos afetados como recursos repetitivos, até o pronunciamento definitivo do Tribunal Superior do Trabalho.

Outrossim, caberá ao Presidente do Tribunal de origem admitir um ou mais recursos representativos da controvérsia, os quais serão encaminhados ao Tribunal Superior do Trabalho, ficando sobrestados os demais recursos de revista até o pronunciamento definitivo do Tribunal Superior do Trabalho.

Importa destacar que o recurso repetitivo será distribuído a um dos Ministros membros da Seção Especializada ou do Tribunal Pleno e a um Ministro revisor, podendo o relator solicitar, aos Tribunais Regionais do Trabalho, informações a respeito da controvérsia, a serem prestadas no prazo de 15 dias e, em seguida, terá vista o Ministério Público pelo prazo de 15 dias.

Admite-se, ainda, a figura do *amicus curiae* (amigo da corte), que é uma modalidade de intervenção assistencial, em processos de relevância social, por parte de entidades que tenham representatividade adequada, para se manifestar nos autos sobre questão de direito pertinente à controvérsia debatida nos autos, mas que não são partes dos processos, atuando apenas como interessados na causa, haja vista que o relator poderá admitir manifestação de pessoa, órgão ou entidade com interesse na controvérsia, inclusive como assistente simples.

Transcorrido o prazo para o Ministério Público e remetida cópia do relatório aos demais Ministros, o processo será incluído em pauta na Seção Especializada ou no Tribunal Pleno, devendo ser julgado com preferência sobre os demais feitos.

Após publicado o acórdão do Tribunal Superior do Trabalho, os recursos de revista sobrestados na origem seguirão a seguinte sorte:

1) terão seguimento denegado na hipótese de o acórdão recorrido coincidir com a orientação a respeito da matéria no Tribunal Superior do Trabalho;

2) serão novamente examinados pelo Tribunal de origem na hipótese de o acórdão recorrido divergir da orientação do Tribunal Superior do Trabalho a respeito da matéria.

No caso de reexame pelo Tribunal de origem, consoante a segunda hipótese acima citada, mantida a decisão divergente pelo Tribunal de origem, far-se-á o exame de admissibilidade do recurso de revista.

Não obstante, pode ocorrer que a matéria também verse sobre questão constitucional, caso em que a decisão do Pleno sobre questão afetada e julgada sob o rito dos recursos repetitivos não obstará o conhecimento de eventuais recursos extraordinários sobre a questão constitucional.

Aos recursos extraordinários interpostos perante o Tribunal Superior do Trabalho, caberá ao presidente do Tribunal Superior do Trabalho selecionar um ou mais recursos representativos da controvérsia e encaminhá-los ao Supremo Tribunal Federal, sobrestando os demais até o pronunciamento definitivo da Corte, na forma do § 1º do art. 1.036 do CPC, de modo que o presidente do Tribunal Superior do Trabalho poderá oficiar os Tribunais Regionais do Trabalho e os presidentes das Turmas e da Seção Especializada do Tribunal para que suspendam os processos idênticos aos selecionados como recursos representativos da controvérsia e encaminhados ao Supremo Tribunal Federal, até o seu pronunciamento definitivo.

A decisão firmada em recurso repetitivo não será aplicada aos casos em que se demonstrar que a situação de fato ou de direito é distinta daquelas no processo julgado sob o rito dos recursos repetitivos.

Ressaltamos que caberá revisão da decisão firmada em julgamento de recursos repetitivos quando se alterar a situação econômica, social ou jurídica, caso em que será respeitada a segurança jurídica das relações firmadas sob a égide da decisão anterior, podendo o Tribunal Superior do Trabalho modular os efeitos da decisão que a tenha alterado.

13.3 Embargos de declaração

Trata-se de recurso cabível no prazo de 5 dias, estando previsto no art. 897-A da CLT, sendo admitida a aplicação dos arts. 1.022 e s. do CPC, de forma supletiva ou subsidiária, inclusive no que toca as decisões que podem ser objeto do recurso em estuda, multa por sua utilização protelatória etc.

Nos termos do artigo retrocitado, é certo dizer que o presente recurso cabe contra sentença ou acórdão, devendo seu julgamento ocorrer na primeira audiência ou sessão subsequente a sua apresentação, admitindo-se efeito modificativo (efeitos infringentes) nos casos de omissão, contradição ou manifesto equívoco no exame dos pressupostos extrínsecos do recurso, ou seja, em caso de obscuridade não há que se falar em efeito modificativo.

Aplicando o CPC, podemos afirmar que também cabe, também, contra decisões interlocutórias, como seria o caso de uma decisão dessa natureza que simplesmente indefere uma tutela provisória sem a devida fundamentação, apenas averbando: "indefiro, por ora".

A Súmula 278 do TST vaticina que "a natureza da omissão suprida pelo julgamento dos embargos de declaração pode ocasionar efeito modificativo no julgado".

Saliente-se o que preconiza a Súmula 184 do TST: "Ocorre preclusão se não forem opostos embargos declaratórios para suprir omissão apontada em recurso de revista ou de embargos".

Sua oposição interrompe o prazo para interposição de outros recursos, nos termos do § 3º do art. 897-A da CLT. Porém, o efeito interruptivo não ocorrerá quando for intempestivo, houver irregularidade na representação da parte ou ausente sua assinatura.

Não são procrastinatórios os embargos de declaração opostos para fins de prequestionamento, nos termos da Súmula 297, II e III, do TST.

13.4 Agravo de Petição

Trata-se de recurso previsto no art. 897, *a*, da CLT, que deve ser interposto no prazo de 8 dias.

É o recurso típico das decisões terminativas ou definitivas em sede de execução, não havendo previsão legal de preparo, cabendo pagamentos de custas ao final pelo executado na forma do art. 789-A da CLT.

No entanto, como se extrai da Súmula 128, item II, havendo elevação do valor do débito na execução, exige-se a complementação da garantia do juízo, de modo que é possível haver depósito recursal para efeito de admissibilidade do agravo de petição.

Cabe contra sentenças proferidas em sede de execução, quer nos embargos à execução, embargos de terceiro, embargos à arrematação, inclusive em liquidação de sentença etc., bem como em face das decisões interlocutórias que resolvem o incidente de desconsideração da personalidade jurídica, independentemente da garantia do juízo (art. 855-A, § 1º, II, CLT).

No entanto, seria inadequado entender que todas as decisões proferidas em execução desafiam o presente recurso, haja vista o princípio da irrecorribilidade imediata das decisões interlocutórias, ressalvada a acima citada (que acolher ou rejeitar o incidente de desconsideração da personalidade jurídica – IDPJ).

Note que o agravo de petição não é utilizado apenas para combater decisão proferida em sede de embargos à execução, terceiros etc., uma vez que é possível o executado, independentemente de garantia do juízo, apresentar exceção (objeção) de pré-executividade, arguindo, por exemplo, nulidade de citação, prescrição intercorrente. Se o juiz a acolher e extinguir a execução, cabe o recurso em comento.

A Interposição do agravo de petição não suspende a execução, salvo por requerimento expresso (Súmula 414, I, parte final do TST), sendo necessário que o agravante delimite, demonstrando de forma justificada, as matérias e os valores impugnados, sob pena de não recebimento do agravo de petição, de acordo com o § 1º do art. 897 da CLT, o que é, na verdade, um pressuposto recursal de admissibilidade específico.

Deve o agravo de petição delimitar justificadamente a matéria e os valores objeto de discordância; não fere direito líquido e certo o prosseguimento da execução quanto ao que não for objeto de impugnação, consoante Súmula 416 do TST. A parte não impugnada poderá ser executada de imediato até o final, conforme § 3º do art. 897 da CLT.

O que se percebe pela leitura do §3º acima citado, é que se a execução estiver correndo no TRT, considera-se como juízo *a quo* o próprio TRT e como juízo *ad quem* o mesmo TRT, porém presidido pela autoridade recorrida, ou seja, o julgamento do agravo de petição será realizado pelo TRT observando-se o órgão competente como definido no Regimento Interno do Tribunal.

Considerando, ainda, o § 8º do art. 897 da CLT, é lícito afirmar que quando o agravo de petição versar apenas sobre contribuições sociais, o juiz da execução determinará a extração de cópias das peças necessárias, que serão autuadas em apartado e remetidas à instância superior para apreciação, após resposta do recorrido (contraminuta).

Da decisão proferida em agravo de petição pelo TRT não cabe recurso de revista para o TST, exceto se houver violação à Constituição Federal, como se extrai do § 2º do art. 896 da CLT, o que é reforçado pela Súmula 266 do TST.

Por fim, caso haja homologação de acordo em sede de execução, a União deverá, caso queira recorrer em razão das contribuições que lhe sejam devidas, interpor o recurso em análise, vez que estaremos diante de sentença homologatória de transação em sede de execução.

13.5 Agravo de instrumento

Tem o presente recurso sua base legal disciplinada no art. 897, *b*, e parágrafos da CLT, devendo ser interposto no prazo de 8 dias.

A **finalidade é** combater os "despachos" (verdadeiras decisões interlocutórias) que denegarem a interposição de recursos (no primeiro juízo de admissibilidade do recurso), podendo ser manejado para destrancar recurso ordinário, recurso de revista, recurso adesivo, agravo de petição e, também, que denegam seguimento ao próprio agravo de instrumento, apesar de parte da doutrina entender, com nossa adesão, que cabe mandado de segurança ou correição parcial, caso seja inadmitido o agravo de instrumento, já que a instância recorrida não tem competência funcional para fazer juízo de admissibilidade ao agravo de instrumento.

Observe que não cabe agravo de instrumento das decisões que denegarem seguimento ao recurso de embargos no TST, pois o recurso adequado é o agravo, haja vista que o agravo de instrumento é um recurso próprio, isto é, deve necessariamente ser julgado por órgão *ad quem*, conforme § 4º do art. 894 da CLT.

O agravo de instrumento é interposto perante o órgão judicial prolator da decisão agravada, que poderá reconsiderar (efeito regressivo) ou não sua decisão. Em hipótese alguma, como dito acima (ausência de competência funcional) ele poderá exercer juízo de admissibilidade no Agravo de instrumento, pois tal competência é da instância superior.

Se a decisão agravada for mantida, o agravado será intimado para oferecer resposta ao agravo e ao recurso principal (§ 6º do art. 897 da CLT), que serão julgados pelo órgão competente para conhecer do principal.

Impende transcrever a OJ 282 da SDI-1 do TST: "No julgamento de Agravo de Instrumento, ao afastar o óbice apontado pelo TRT para o processamento do recurso de revista, pode o juízo "ad quem" prosseguir no exame dos demais pressupostos extrínsecos e intrínsecos do recurso de revista, mesmo que não apreciados pelo TRT". Assim, mais uma vez afirmamos que o primeiro juízo de admissibilidade não vincula o segundo.

Deverá o agravante observar a necessária juntada de peças, nos termos dos incisos I e II do § 5º do art. 897 da CLT, sob pena de não conhecimento.

É preciso afirmar que a formação do agravo incumbe às partes, razão pela qual é válido o traslado de peças realizado pelo agravado, como preconiza a OJ 283 da SDI-1 do TST nos seguintes termos: "É válido o traslado de peças essenciais efetuado pelo agravado, pois a regular formação do agravo de instrumento incumbe às partes e não somente ao agravante".

Por seu turno, caso o agravante não tenha procuração nos autos poderá juntar a cópia da ata onde consta sua presença, pois irá demonstrar que está constituído via mandato tácito. No entanto, caso tenha procuração e mera juntada da ata não supre aquela nos moldes da OJ 286 da SDI-1do TST.

No que diz respeito ao preparo, essa modalidade recursal não exige custas na fase de conhecimento, mas tão somente na execução, que será paga ao final pelo executado, como vaticina o art. 789-A, III, da CLT.

No entanto, pela Lei n. 12.275/2010 que incluiu na CLT o § 7º no art. 899, exige-se depósito recursal, ou seja, o agravante deve comprovar o depósito de 50% do valor do depósito recursal do recurso que se pretende destrancar, salvo se o juízo estiver garantido, caso em que nenhum depósito mais será exigido ou, se for o caso, apenas a complementação.

Exemplifiquemos: Suponha que uma empresa S.A. tenha sido condenada a pagar a quantia de R$ 20.000,00 a título de indenização por danos morais. Ao interpor o recurso ordinário a empresa teve que comprovar o pagamento das custas no valor de R$ 400,00 e o depósito recursal no valor de R$ 10.000,00 (teto hipotético). Se o juízo primeiro de admissibilidade (juiz da Vara do Trabalho) não conhecer o recurso ordinário, a empresa poderá interpor o agravo de instrumento, sendo que neste caso deverá comprovar o pagamento da quantia de R$ 5.000,00 (50% do valor do recurso ordinário) a título de depósito recursal.

Outrossim, a comprovação do depósito recursal deve ocorrer no ato da interposição do recurso, como prevê o § 7º do art. 899 da CLT.

No entanto, quando o agravo de instrumento tiver a finalidade de destrancar recurso de revista que se insurge contra decisão que contraria a jurisprudência uniforme do Tribunal Superior do Trabalho, consubstanciada nas suas súmulas ou em orientação jurisprudencial, não haverá obrigatoriedade de se efetuar o depósito, haja vista o que dispõe o § 8º do art. 899.

Caso o agravo seja conhecido e provido, a Turma irá deliberar sobre o julgamento do recurso principal (aquele que fora denegado), devendo ser observado, doravante, o procedimento relativo ao recurso outrora denegado, conforme prevê o art. 897, § 7º, da CLT.

13.6 Recurso Adesivo

Também conhecido como recurso subordinado, não é considerado pela doutrina como um recurso propriamente dito, em razão da sua dependência ao recurso principal, estando previsto no art. 997 do CPC.

É plenamente aceitável no processo do trabalho, nos termos da Súmula 283 do TST. Assim, aplica-se subsidiariamente (art. 796 da CLT), no que couber, o artigo do diploma processual civil acima, devendo seguir os mesmos requisitos de admissibilidade do recurso principal, inclusive quanto ao preparo (custas e depósito recursal), quando necessário.

Deve ser apresentado no prazo de contrarrazões e pode ser manejado no recurso ordinário, nos embargos, no agravo de petição e no recurso de revista.

Vamos entender melhor:

Pedro, que é reclamante em uma demanda trabalhista, teve seus pedidos julgados parcialmente procedentes, de modo que ele poderá interpor recurso ordinário, assim como a reclamada (ambos no prazo de 8 dias), na medida em que houve sucumbência recíproca (ambos ganharam e perderam em parte), tendo o juiz ao proferir sentença condenatória em pecúnia deferido a gratuidade de justiça para o reclamante. Em princípio, a reclamada não recorre, mas tão somente Pedro, sendo que ao ser intimada para responder ao recurso ordinário interposto por Pedro, a reclamada resolve recorrer. Como não pode mais interpor o recurso ordinário, vez que já expirou o prazo de 8 dias (preclusão temporal), pode, no entanto, no prazo de contrarrazões apresentar o recurso adesivo, pleiteando que seja reformada a decisão para que os pedidos que foram julgados procedentes sejam julgados improcedentes, caso em que deverá pagar as custas e efetuar o depósito recursal.

É de bom alvitre perceber que caso o reclamante desista ou se o recurso ordinário por ele interposto não for conhecido, a mesma sorte será dada ao recurso adesivo, pois ele é acessório, ou seja, ocorrerá o mesmo com o recurso adesivo. A independência deles é no mérito.

Será oferecido perante o mesmo órgão jurisdicional que intimou o recorrente para contrarrazões, devendo ser concedido prazo para resposta ao outrora recorrente, agora recorrido, que poderá, inclusive, desistir do recurso, uma vez que não depende esse ato da concordância da parte contrária, caso em que o recurso adesivo também não seguirá, pois como visto, trata-se de um recurso subordinado, que só tem independência no que tange ao julgamento do seu mérito.

13.7 Embargos do TST: infringentes e divergência

A base legal do(s) recurso(s) em testilha é o art. 894 da CLT, que deve (m) ser interposto (s) no prazo de 8 dias, seguindo a uniformização dos prazos no processo do trabalho.

Da decisão que nega seguimento a ambos no âmbito do TST, caberá agravo no prazo de 8 dias. Não é o agravo de instrumento!!!

a) Embargos infringentes

Os dissídios coletivos, em regra, são julgados pelos Tribunais Regionais do Trabalho. No entanto, se o dissídio exceder a jurisdição do TRT, será competente o TST.

É bom observar que se o dissídio coletivo for no Estado de São Paulo como um todo, a competência será do TRT da 2ª Região, haja vista que o Estado de São Paulo tem dois TRTs, o da 2ª Região (Capital) e o da 15ª Região (Campinas), ou seja, se houver conflito coletivo em áreas que abracem o TRT da 2ª Região e o TRT da 15ª Região, a competência para julgar os dissídios coletivos será daquele Regional.

Assim, são cabíveis os embargos infringentes das decisões proferidas em dissídio coletivo originariamente julgados pelo TST, visando modificar a decisão, tendo competência para o julgamento dos embargos a SDC (art. 2º, II, *c*, da Lei n. 7.701/88), quando a decisão não for unânime, como se depreende do art. 894, I, *a*, da CLT, sendo que a falta de unanimidade está relacionada a cada cláusula que fora debatida no recurso.

Não cabem embargos infringentes quando a decisão normativa estiver em consonância com os precedentes ou súmulas do TST.

O recurso em apreço, por ter natureza ordinária, comporta devolutividade ampla, abrangendo matéria fática e jurídica, sendo de fundamentação livre, portanto.

Desta feita, pode-se afirmar tal recurso é cabível tão somente nas hipóteses de julgamento de dissídios coletivos e desde que a decisão não seja unânime.

b) Embargos de divergência

É utilizado para uniformizar entendimento no âmbito do TST, em sede de dissídio individual, impugnando decisões divergentes proferidas pelas Turmas do tribunal, ou seja, decisão de Turma que diverge de outra Turma, bem como decisão de Turma que diverge de decisão da SDI do TST, de Súmula do TST ou Súmula Vinculante do STF, consoante art. 894, II, da CLT.

Deve ser considerada, para todos os efeitos, a divergência atual, razão pela qual não ensejam o presente recurso decisões superadas por iterativa, notória e atual jurisprudência do TST, na forma do § 2º do art. 894 e da já citada Súmula 333 do TST.

Possui **natureza extraordinária**, sendo as razões encaminhadas à SDI (art. 3º, III, *b*, da Lei n. 7.701/88), não admitindo reexame de fatos e provas (Súmula 126 do TST), comportando efeito devolutivo restrito (matérias e questões jurídicas), de modo que sua fundamentação é vinculada.

Perfeitamente cabível o recurso de embargos em fase de execução, sendo necessária a demonstração inequívoca de interpretação divergente de dispositivo da Constituição Federal conforme Súmula 433 do TST.

Mesmo no procedimento sumaríssimo é admito o recurso de embargos, desde que observado o disposto na Súmula 458 do TST.

É preciso destacar que não cabem embargos para a SDI das decisões proferidas pelas turmas em agravo, salvo nas hipóteses veiculadas na Súmula 353 do TST.

O Ministro Relator denegará seguimento aos embargos caso a decisão recorrida esteja de acordo com súmula da jurisprudência do TST ou do STF, ou ainda, com iterativa, notória e atual jurisprudência do TST, quando então deverá o Relator indicá-la, assim como nas hipóteses de intempestividade, deserção, irregularidade de representação ou de ausência de qualquer outro pressuposto extrínseco de admissibilidade.

14. LIQUIDAÇÃO DE SENTENÇA

A liquidação de sentença é estudada dentro do processo de execução, estando prevista no art. 879 e parágrafos da CLT, aplicando-se, no que couberem, as disposições previstas nos arts. 509 e s. do CPC.

A liquidação tem cabimento quando a sentença que condena ao pagamento de determina quantia não é líquida, ou seja, proceder-se-á à sua liquidação em razão de não se encontrarem quantificados os direitos que foram deferidos pela sentença a ponto de permitirem, de imediato, a execução.

Desta feita, como o título executivo necessita de alguns requisitos, quais sejam, certeza, exigibilidade e liquidez, mister se faz sua liquidação para apurar o *quantum debeatur*.

Assim, sentença ilíquida é a que, tendo condenado ao pagamento de algum crédito, não lhe fixou seu valor, e sendo ilíquida a condenação, a parte terá que promover, antes de iniciar a execução, a liquidação do julgado, que constitui, pois, um complemento da sentença condenatória exequenda.

14.1 Espécies

Como prevê o art. 879 da CLT, temos três formas de proceder à liquidação da sentença: cálculos, arbitramento e artigos.

Vale lembrar que "os juros de mora e a correção monetária incluem-se na liquidação, ainda que omisso o pedido inicial ou a condenação", como determina a Súmula 211 do TST.

Por outro lado, "a correção monetária não incide sobre o débito do trabalhador reclamante", consoante Súmula 187 do TST.

Interessante notar que é possível a realização da liquidação de sentença de forma diversa do que fora determinado na sentença, sem que se ofenda a coisa julgada, tendo inclusive o STJ editado a Súmula 344 nos seguintes termos: "A liquidação por forma diversa da estabelecida na sentença não ofende a coisa julgada".

Note-se que a liquidação deve abranger o cálculo das contribuições previdenciárias devidas (apenas quando houver verba de natureza salarial) e as partes serão previamente intimadas para apresentação do cálculo de liquidação, inclusive da contribuição previdenciária incidente, como determinam os §§ 1º-A e 1º-B do art. 879 da CLT.

Outrossim, nos termos da Súmula 401 do TST, os descontos previdenciários e fiscais devem ser efetuados pelo juízo executório, ainda que a sentença exequenda tenha sido omissa sobre a questão, dado o caráter de ordem pública ostentado pela norma que os disciplina. A ofensa à coisa julgada somente poderá ser caracterizada na hipótese de o título exequendo, expressamente, afastar a dedução dos valores a título de imposto de renda e de contribuição previdenciária.

Cumpre informar que quando na sentença houver uma parte líquida e outra ilíquida, ao credor é lícito promover simultaneamente a execução daquela e, em autos apartados, a liquidação desta. Inclusive, a liquidação poderá ser realizada na pendência de recurso, processando-se no juízo de origem à liquidação.

a) Liquidação por Cálculos

É a forma mais utilizada no processo do trabalho, sendo viabilizada quando o valor da condenação depender apenas de cálculo aritmético, haja vista que os elementos necessários para a dedução do valor devido encontram-se nos próprios autos.

Outrossim, prevê o art. 509, § 2º, do CPC que "quando a apuração do valor depender apenas de cálculo aritmético, o credor poderá promover, desde logo, o cumprimento da sentença".

b) Liquidação por Arbitramento

Ocorre quando determinado pela sentença, convencionado pelas partes ou o exigir a natureza da liquidação, sendo mais utilizada quando se torna necessário parecer de profissionais ou técnicos, quando então será necessário lançar mão dessa modalidade de liquidação, conforme art. 509, I, do CPC, como seria a hipótese de apurar o valor do salário *in natura* por ter a sentença determinado a integração da utilidade ao salário, assim como diferenças de complementação de aposentadoria etc.

c) Liquidação por Artigos

Tem cabimento quando houver a necessidade de alegar e provar fato novo, sendo a forma mais complexa de liquidação.

Por fato novo, em nosso pensar, entende-se aquele que fora considerado de forma genérica no contexto da sentença, mas que demanda ser esmiuçado, o que é feito nesta modalidade de liquidação.

Na liquidação por artigos o que se busca é a fixação do valor da dívida, não a existência da dívida, vez que isto já restou assentado na sentença.

Como não há regulação do procedimento desta forma de liquidação na CLT, temos que observar o disposto no CPC, que trata do tema nos arts. 509, II, e 511, sendo certo afirmar que o digesto processual civil faz menção a liquidação pelo procedimento comum.

Assim, far-se-á a liquidação pelo procedimento comum (artigos de acordo com a CLT), quando houver necessidade de alegar e provar fato novo, caso em que o juiz determinará a intimação do requerido, na pessoa de seu advogado ou da sociedade de advogados a que estiver vinculado, para, querendo, apresentar contestação no prazo de 15 dias, observando-se, a seguir, no que couberem, as disposições das regras gerais de procedimento.

14.2 Impossibilidade de alteração da decisão na liquidação de sentença

A CLT determina que na liquidação não se poderá modificar ou inovar a sentença liquidando, e menos ainda discutir matéria pertinente a causa principal. Pensar de forma diversa seria admitir violação à coisa julgada. No mesmo sentido é o § 4º do art. 509 do CPC. A isso dá-se o nome de **princípio da fidelidade ao título**.

Logo, a liquidação da sentença destina-se exclusivamente, como já dito, a apurar o *quantum debeatur* dentro dos estritos termos fixados no comando jurisdicional.

14.3 Impugnação à conta de liquidação

Dispõe o art. 879, § 2º, da CLT, que o juiz deverá abrir prazo comum de 8 dias para as partes, objetivando a impugnação, sob pena de preclusão.

Com efeito, em face do citado § 2º do art. 879, temos que o juiz abrirá vista às partes antes da homologação dos cálculos, para, querendo, ofereça sua impugnação no prazo assinado, sob pena de preclusão. Com ou sem a impugnação, o juiz homologará a liquidação. No entanto, se a parte interessada não impugnou a conta de liquidação, não poderá mais, futuramente, em sede de embargos (devedor) ou impugnação (credor), discutir a sentença liquidanda, nos termos do art. 884, § 3º, da CLT, que assim dispõe: "Somente nos embargos à penhora poderá o executado impugnar a sentença de liquidação, cabendo ao exequente igual direito e no mesmo prazo".

A Súmula 266 do TST prevê a possibilidade de interposição de recurso de revista em sede de decisão sobre liquidação de sentença, nos seguintes termos: "A admissibilidade do recurso de revista interposto de acórdão proferido em agravo de petição, na liquidação de sentença ou em processo incidente na execução, inclusive os embargos de terceiro, depende de demonstração inequívoca de violência direta à Constituição Federal".

Ademais, a jurisprudência do TST caminha no sentido de afirmar que a decisão que resolve a liquidação não é uma mera decisão interlocutória, mas sim uma verdadeira sentença, haja vista que admite o cabimento de ação rescisória, nos termos da Súmula 399, II, que assim dispõe: "A decisão homologatória de cálculos apenas comporta rescisão quando enfrentar as questões envolvidas na elaboração da conta de liquidação, quer solvendo a controvérsia das partes que explicitando, de ofício, os motivos pelos quais acolheu os cálculos oferecidos por uma das partes ou pelo setor de cálculo, e não contestados pela outra".

De outro giro, não seria passível de corte rescisório a decisão (*rectus*: sentença) que apenas afirma estar preclusa a oportunidade de impugnar a sentença de liquidação, nos termos da OJ 134 da SDI-II do TST: "A decisão proferida em embargos à execução ou em agravo de petição que apenas declara preclusa a oportunidade de impugnação da sentença de liquidação não é rescindível, em virtude de produzir tão-somente coisa julgada formal".

15. EXECUÇÃO TRABALHISTA

15.1 Legitimidade e Títulos Executivos

a) Legitimidade

De acordo com o art. 878 da CLT, a execução será promovida pelas partes, permitida a execução de ofício pelo juiz ou pelo presidente do Tribunal apenas nos casos em que as partes não estiverem representadas por advogado, ou seja, o juiz não pode mais iniciar a execução quando a parte estiver assistida por advogado.

O CPC, no art. 778, prevê: Pode promover a execução forçada o credor a quem a lei confere título executivo. § 1º Podem promover a execução forçada ou nela prosseguir, em sucessão ao exequente originário: I – o Ministério Público, nos casos previstos em lei; II – o espólio, os herdeiros ou os sucessores do credor, sempre que, por morte deste, lhes for transmitido o direito resultante do título executivo; III – o cessionário, quando o direito resultante do título executivo lhe for transferido por ato entre vivos; IV – o sub-rogado, nos casos de sub-rogação legal ou convencional. § 2º A sucessão prevista no § 1º independe de consentimento do executado.

O Ministério Público do Trabalho tem legitimidade para requerer o início da execução de título executivo judicial, caso tenha atuado como parte no processo de conhecimento em primeira ou em segunda instância e, em se tratando de título extrajudicial, na hipótese de Termo de Ajustamento de Conduta.

O próprio executado pode dar início à execução e, nos termos do art. 878-A, deve efetuar o pagamento do que entender devido à Previdência, sem prejuízo da cobrança de eventual diferença.

Com relação ao polo passivo da execução, temos o art. 4º da Lei n. 6.830/80 e o art. 779 do CPC.

Em caso de condenação do tomador dos serviços em decorrência de responsabilidade subsidiária (terceirização), é imperioso que tenha participado da relação processual e conste do título executivo, nos moldes do item IV da Súmula 331 do TST.

Em princípio, o responsável solidário, integrante do grupo econômico (art. 2º, § 2º, da CLT) responderá pelos créditos do exequente na fase executiva, mesmo que não tenha participado da relação processual, de modo que a participação de uma das empresas do grupo supre o chamar das demais, sem que haja violação ao contraditório ou a ampla defesa.

A CLT, nos arts. 10, 448 e 448-A, trata da figura da sucessão de empregadores, de modo que é certo dizer que a responsável pelo adimplemento dos créditos devidos ao trabalhador é a empresa, o que ocorre tipicamente no caso de transferência de titularidade da empresa, fusão, cisão, dentre outras hipóteses e, caso haja alguma cláusula de não responsabilização, ela não será óbice para a responsabilidade patrimonial, gerando efeitos apenas entre os empresários, aplicando-se o disposto no art. 9º da CLT.

Em regra, havendo sucessão, quem responde pela dívida é o sucessor, porém, em havendo fraude, a sucedida responderá solidariamente (art. 448-A, parágrafo único, da CLT), sendo certo que uma boa parte da doutrina, à qual nos filiamos, afirma que além da responsabilidade solidária em razão de fraude na sucessão, persistirá a responsabilidade, porquanto subsidiária, quando a sucessora não apresentar patrimônio suficiente para honrar com as obrigações.

O art. 10-A da CLT trata do sócio retirante, afirmando que ele responde subsidiariamente pelas obrigações trabalhistas da sociedade relativas ao período em que figurou como sócio, somente em ações ajuizadas até dois anos depois de averbada a modificação do contrato, observada a seguinte ordem de preferência: I – a empresa devedora; II – os sócios atuais; e III – os sócios retirantes. Porém, o sócio retirante responderá solidariamente com os demais quando ficar comprovada fraude na alteração societária decorrente da modificação do contrato, tudo nos termos do art. 10-A da CLT.

Ademais, nos termos do art. 16 da Lei n. 6.019/74, "no caso de falência da empresa de trabalho temporário, a empresa tomadora ou cliente é solidariamente responsável pelo recolhimento das contribuições previdenciárias, no tocante ao tempo em que o trabalhador esteve sob suas ordens, assim como em referência ao mesmo período, pela remuneração e indenização previstas nesta Lei".

b) Títulos Executivos

Para se promover qualquer execução, é imprescindível um título executivo, pois nula é a execução sem título (*nulla executio sine titulo*). Sendo assim, prevê a CLT no art. 876 que:

> "**Art. 876.** As decisões passadas em julgado ou das quais não tenha havido recurso com efeito suspensivo; os acordos, quando não cumpridos; os termos de ajuste de conduta firmados perante o Ministério Público do Trabalho e os termos de conciliação firmados perante as Comissões de Conciliação Prévia serão executados na forma estabelecida neste Capítulo.
>
> **Parágrafo único.** A Justiça do Trabalho executará, de ofício, as contribuições sociais previstas na alínea a do inciso I e no inciso II do *caput* do art. 195 da Constituição Federal, e seus acréscimos legais, relativas ao objeto da condenação constante das sentenças que proferir e dos acordos que homologar".

Pelo texto legal é que temos títulos executivos judiciais e extrajudiciais, sendo estes estritamente os Termos de Ajustamento de Conduta firmados junto ao MPT (TAC) e os termos de conciliação firmados junto as CCP (art. 625-E, parágrafo único), pois os demais previstos no dispositivo são títulos judiciais.

Tendo em vista a previsão do art. 114, VIII, da CF, a certidão de dívida ativa da União referente às multas decorrentes de penalidades impostas pelos órgãos de fiscalização das relações de trabalho é outro título executivo extrajudicial na seara trabalhista, o que é ratificado pela previsão contida no § 10 do art. 896 da CLT.

O TST por meio da Instrução Normativa n. 39/2016 reconhece que cheques e nota promissória, como se extrai do art. 13: "Por aplicação supletiva do art. 784, I (art. 15 do CPC), o cheque e a nota promissória emitidos em reconhecimento de dívida inequivocamente de natureza trabalhista também são títulos extrajudiciais para efeito de execução perante a Justiça do Trabalho, na forma do arts. 876 e segs. da CLT".

15.2 Desconsideração da personalidade jurídica

É sabido que o patrimônio da empresa não se confunde com o dos seus sócios, de modo que se a execução é promovida em face da empresa (empregadora/tomadora dos serviços), mas se esta não tem bens capazes de saldar a execução, permite-se que o juiz afaste o véu corporativo (teoria da penetração), desconsiderando (não é desconstituir) a personalidade jurídica da empresa (*disregard doctrine*) para alcançar os bens dos sócios.

Ao aplicarmos a relativização da separação patrimonial da pessoa jurídica e de seus sócios, permite-se ao magistrado adentrar o manto da personalidade jurídica (*lifting the corporate veil*), objetivando combater abusos e fraudes.

O art. 790, II, do CPC prevê que os bens do sócio, nos termos da lei, ficam sujeitos à execução, sendo certo que o art. 795 do mesmo diploma citado, firma que os bens particulares dos sócios não respondem pelas dívidas da sociedade, senão nos casos previsto em lei. Por assim dizer, só podemos admitir que se adentre no patrimônio dos sócios nos casos previstos em lei (a desconsideração é uma hipótese).

Note que o regime legal da responsabilidade substitutiva é complementada com veemência pelo art. 4º, § 3º, da Lei n. 6.830/80, que possibilita a desconsideração da personalidade jurídica com a penhora dos bens particulares dos sócios, o que, nos termos do art. 899 da CLT, é plenamente aplicável ao processo do trabalho, sem prejuízo do art. 28 do CDC (teoria menor) e/ou do art. 50 do CC (teoria maior).

A CLT prevê expressamente a necessidade de Incidente de Desconsideração da Personalidade Jurídica (IDPJ) para que os sócios ou ex-sócios possam ser integrados à execução, como prevê o art. 855-A, §§ 1º e 2º, da CLT, sendo certo que a regra procedimental é aquela estabelecida no CPC do art. 133 a 137, exceto no que toca à possibilidade de recurso, pois se a decisão interlocutória que acolher ou rejeitar o incidente for proferida na fase de conhecimento, não cabe recurso de imediato. Caso seja na fase de execução, caberá agravo de petição, independentemente de garantia do juízo. E, ademais, se for instaurado originariamente no Tribunal, da decisão do relator caberá agravo.

Por fim, a instauração do incidente suspenderá o processo, sem prejuízo de concessão da tutela de urgência de natureza cautelar.

15.3 Competência

A fixação da competência para a execução do título executivo depende de sua natureza, ou seja, se é título executivo judicial ou extrajudicial.

O art. 877 da CLT dispõe que a competência é do juiz que tiver conciliado ou julgado originariamente o dissídio, se for título executivo judicial.

Em se tratando de título extrajudicial, será competente o juiz que teria competência para o processo de conhecimento relativo à matéria, como se infere do art. 877-A da CLT.

Desta forma, para promover a execução de título extrajudicial, deve o exequente observar a disciplina contida no art. 651 da CLT, o qual fixa a competência em razão do local.

15.4 Execução provisória e definitiva

A execução de título executivo judicial pode ser provisória ou definitiva.

Assim, definitiva é a execução fundada em sentença transitada em julgada (incluído o acordo homologado judicialmente) ou em título extrajudicial (acordo firmado na CCP), que visa efetivamente à expropriação de bens do executado para satisfação integral do exequente.

Será provisória a execução quando o título judicial exequendo (sentença) estiver sendo objeto de recurso recebido apenas no efeito devolutivo, que é a regra geral no processo do trabalho (art. 899 da CLT), ou seja, cabe execução provisória quando não houver sentença transitada em julgado, que ficará paralisada com a constrição judicial de bens do executado, isto é, a execução provisória tem seu curso até a penhora.

Importa observar que a Súmula 417 do TST admite que, tanto na execução provisória quanto na definitiva, é possível a penhora em dinheiro, sem que se vislumbre violação à direito líquido e certo.

15.5 Procedimento e Defesa do executado
a) Procedimento

Considerando o procedimento executivo estabelecido na CLT, de acordo com o art. 880, não pago o débito voluntariamente nas condições e prazos fixados na sentença ou acordo homologado, o juiz, de ofício ou a requerimento, mandará expedir mandado de citação ao executado, para que pague o débito oriundo da decisão ou acordo, incluídas as contribuições previdenciárias, em 48 horas ou garanta a execução, sob pena de penhora.

Note-se que a expedição de Mandado de Citação Penhora e Avaliação (MCPA) em fase definitiva ou provisória de execução deverá levar em conta a dedução dos valores já depositados nos autos, em especial o depósito recursal (inciso II, g, da Instrução Normativa n. 3 do TST).

O mandado de citação, penhora e avaliação, que será cumprido pelo oficial de justiça, deverá conter a decisão exequenda ou o termo de acordo não cumprido (§§ 1º e 2º do art. 880 da CLT).

Se o executado, depois de procurado por duas vezes não for encontrado, no espaço de 48 horas, far-se-á a citação por edital, independentemente do rito que seguiu a fase de conhecimento, afixando-se o mesmo na sede da Vara, caso não haja jornal oficial, pelo prazo de 5 dias (§ 3º do art. 880 da CLT).

Em caso de pagamento, lavrar-se-á termo de quitação em duas vias assinadas pelo exequente, pelo executado e pelo escrivão ou diretor que lavrar o termo, entregando a segunda via ao executado e juntando a outra no processo.

Se o exequente não estiver presente, a importância será depositada mediante guia em estabelecimento bancário oficial de crédito ou, na falta deste, em estabelecimento bancário idôneo, nos termos do art. 881 e parágrafo único da CLT.

Todavia, caso o executado não pague a quantia, poderá garantir a execução mediante depósito da quantia correspondente, atualizada e acrescida das despesas processuais, apresentação de seguro-garantia judicial ou nomeação de bens à penhora, observada a ordem preferencial estabelecida no art. 835 do CPC.

Pode o executado ser citado e quedar-se inerte, quando então, de acordo com o art. 883 da CLT, seguir-se-á penhora dos bens, tantos quantos bastem ao pagamento da importância da condenação, acrescida de custas e juros de mora, sendo estes devidos a partir da data do ajuizamento da ação. Assim, não sendo pago o valor e nem garantido o juízo, no prazo de 48 horas a contar da citação, seguir-se-á com a penhora dos bens.

Ademais, dispõe o art. 883-A que a decisão judicial transitada em julgado somente poderá ser levada a protesto, gerar inscrição do nome do executado em órgãos de proteção ao crédito ou no Banco Nacional de Devedores Trabalhistas (BNDT), nos termos da lei, depois de transcorrido o prazo de quarenta e cinco dias a contar da citação do executado, se não houver garantia do juízo.

b) Defesa do Executado

De acordo com a redação do art. 884 da CLT, "garantida a execução ou penhorado os bens, terá o executado 5 (cinco) dias para apresentar embargos, cabendo igual prazo ao exequente para impugnação".

Registramos, de plano, que a exigência da garantia ou penhora não se aplica às entidades filantrópicas e/ou àqueles que compõem ou compuseram a diretoria dessas instituições

Desta forma, o que se depreende do texto legal, é que a garantia do juízo, na forma dos arts. 882 e 883 da CLT, é pressuposto indispensável para o oferecimento dos embargos à execução, sob pena de rejeição.

Os embargos do executado são, pois, uma ação em que o executado é autor e o exequente é o réu, mais precisamente, ação incidente do executado no curso da execução, visando anular ou reduzir a execução ou tirar do título sua eficácia/força executória.

O prazo (5 dias) para que sejam oferecidos os embargos à execução começa a fluir, no processo do trabalho, a contar do depósito da importância da condenação ou da assinatura do termo de penhora dos bens oferecidos ao gravame ou da penhora de bens levada a efeito pela iniciativa do oficial de justiça-avaliador ou, se for o caso, da intimação da penhora.

Prevê o Código de Processo Civil no art. 914, § 2º, que:

"Na execução por carta, os embargos serão oferecidos no juízo deprecante ou no juízo deprecado, mas a competência para julgá-los é do juízo deprecante, salvo se versarem unicamente vícios ou defeitos da penhora, avaliação ou alienação dos bens efetuadas no juízo deprecado".

A CLT estabelece de forma bem restrita as matérias que podem ser alegadas em sede de embargos à execução, nos do **art. 884, § 1º**: "A matéria de defesa será restrita às alegações de cumprimento da decisão ou do acordo, quitação ou prescrição da dívida".

Desta feita, como não se pode discutir, no processo de execução, matérias já decididas no processo de conhecimento, as alegações nos embargos só serão válidas se versarem sobre causas supervenientes à sentença, aplicando-se, subsidiariamente, o art. 525, § 1º, do CPC.

Outrossim, a impugnação a que se refere o art. 884, *caput*, da CLT é a que se poderia dar o nome de resposta do embargado (outrora reclamante, ora exequente) à sua defesa aos embargos à execução ofertado.

O prazo para impugnação (resposta) aos embargos é também de 5 dias a contar da intimação, sendo certo que a não impugnação não gera os efeitos da revelia.

No processo do trabalho, como se verifica do **§ 3º do art. 884 da CLT**, o exequente, no mesmo prazo que tem o executado para embargar, poderá impugnar a sentença de liquidação, e caso o exequente apresente essa impugnação, o executado deve ser intimado para apresentar defesa, também considerando o mesmo prazo.

Na verdade, o que se percebe, é que temos duas impugnações!

A impugnação, que se processa depois da decisão homologatória da liquidação não se confunde com aquela que o credor-exequente apresenta a título de contrariedade aos embargos opostos pelo devedor-executado (art. 884, *caput* da CLT), tampouco com a que se refere o **§ 2º do art. 879 da CLT**, que se traduz em fala sobre os cálculos de liquidação, pois como já visto, se o exequente, intimado dos cálculos, antes de decisão homologatória e de qualquer procedimento de constrição sobre os bens do executado, alertado sobre a cominação da preclusão, deixa transcorrer o prazo sem se pronunciar, lhe é defeso proceder à impugnação (essa, ora em estudo) posteriormente, porque terá incorrido na preclusão.

Vale dizer que o juiz, na mesma sentença, julga os embargos do devedor, a impugnação do credor e a impugnação do órgão previdenciário, como de depreendo do § 4º do art. 884 da CLT.

16. TRÂMITES FINAIS DA EXECUÇÃO

Se não tiverem sido arroladas testemunhas na defesa (embargos à execução) o juiz proferirá sua decisão em 5 dias, julgando subsistente ou não a penhora.

Entretanto, se tiverem sido arroladas testemunhas, o escrivão ou chefe de secretaria fará os autos conclusos ao juiz em 48 horas, finda a instrução, quando então aquele proferirá sentença nos termos acima mencionados.

Proferida a decisão, as partes serão notificadas por aviso de recebimento, e julgada subsistente a penhora, o juiz mandará avaliar os bens, a qual será realizada pelo Oficial de Justiça e deve ser concluída em no máximo 10 dias a contar da nomeação.

Insta salientar que da decisão que rejeitar os embargos, sem apreciar seu mérito, cabe agravo de petição para o TRT, no prazo de 8 dias, o mesmo ocorrendo se os embargos à execução forem recebidos e, no mérito, forem julgados procedentes, improcedentes ou procedentes em parte, aplicando-se o mesmo raciocínio quanto ao julgamento das impugnações.

Após a avaliação, o bem será expropriado para, com o produto arrecadado, realizar o pagamento ao credor.

Com efeito, a CLT prevê que o bem penhorado será levado à hasta pública (leilão, se bens móveis, ou praça, se bens imóveis), para satisfazer o crédito do exequente, o que deve ser divulgado com antecedência mínima de 20 dias.

A arrematação far-se-á em dia, hora e lugar anunciados e os bens serão vendidos pelo maior lance, tendo o exequente preferência para adjudicação.

Com relação propriamente à arrematação, o arrematante deverá garantir o lance com o sinal correspondente a 20% o valor dos bens.

É possível que não haja licitante na hasta pública, quando então, desde que o exequente não requeira à adjudicação, poderão os bens penhorados ser vendidos por leiloeiro nomeado pelo juiz.

Por outro lado, em havendo arrematação, se o arrematante ou seu fiador não pagar dentro de 24 horas o preço da arrematação, perderá em benefício da execução o sinal, que é de 20%, votando à hasta pública os bens penhorados.

Alertamos para o fato de que, em havendo parcelamento pela Secretaria da Receita Federal, no que tange às contribuições sociais, o devedor deverá juntar aos autos a comprovação da avença, ficando a execução da obrigação social suspensa até a quitação de todas as parcelas.

Uma vez feito o pagamento ao credor, deve o juiz extinguir a execução, considerando o art. 924 do CPC.

16.1 Execução contra a Fazenda Pública

A execução/cumprimento da sentença que reconheça a exigibilidade de obrigação de pagar quantia certa pela Fazenda Pública (pessoas jurídicas de direito público) segue um regime diferenciado em razão da impenhorabilidade dos bens públicos, estando excluídas as sociedades de economia mista e as empresas públicas, que explorem atividade econômica no regime concorrencial.

A ECT (Correios) poderá se valer da execução em apreço, vez que não explora atividade econômica, pelo contrário, atua no seguimento de prestação de serviço eminentemente público e relevante, como já fora decidido pelo STF e pelo TST, devendo ser aplicado o mesmo raciocínio às demais empresas públicas e também às sociedades de economia mistas que não atuam no mercado concorrencial (STF, ARE 698.357-AgR, voto da min. Cármen Lúcia, julgamento em 18-9-2012, Segunda Turma, *DJE* de 4-10-2012. Ver também RE 599.628, Rel. p/ o ac. Min. Joaquim Barbosa, julgamento em 25-5-2011, Plenário, *DJE* de 17-10-2011, com repercussão geral). No TST, temos a OJ 247 da SDI-1.

Mister observar, entretanto, o disposto na OJ 343 da SDI-1 do TST: "É válida a penhora em bens de pessoa jurídica de direito privado, realizada anteriormente à sucessão pela União ou por Estado-membro, não podendo a execução prosseguir mediante precatório. A decisão que a mantém não viola o art. 100 da CF/1988".

Cumpre dizer que até que seja fixado o valor devido, seguir-se-á o rito estabelecido pela CLT, mas, uma vez tornada líquida a conta, o procedimento a ser observado é aquele previsto no CPC (arts. 534 e s.), com as devidas adaptações para o processo do trabalho, ou seja, a fazenda **não** será citada não para pagar ou garantir a execução sob pena de penhora, vez que será citada para, caso queira, oferecer impugnação (correto é embargos à execução – art. 884 da CLT) no prazo de 30 dias, podendo arguir as matérias especificadas na CLT e no art. 535 do CPC.

Caso o ente público não ofereça embargos ou sejam rejeitados, desta decisão caberá recurso de agravo de petição para o TRT.

Não apresentados os embargos ou resolvidos estes e com o trânsito em julgado, o magistrado deve requisitar o pagamento da quantia devida ao presidente do Tribunal, a fim de que mande expedir precatório ou aquisição de pequeno valor, observando-se, doravante, o previsto no § 3º do art. 535 e o art. 100 da CF.

Cabe registrar que o precatório é o instrumento pelo qual a Fazenda Pública paga os créditos devidos em razão de decisões transitadas em julgado, observando-se, por seu turno, a ordem cronológica de apresentação.

Quando o crédito for considerado de pequeno valor, não se aplica o regime dos precatórios, vez que será necessária apenas à expedição de RPV (requisitório de pequeno valor) observando-se os seguintes limites: 60 salários mínimos se for a União; 40 salários mínimos se forem os Estados ou o Distrito Federal e 30 salários mínimos se forem os Municípios, nos termos do art. 97, § 12, do ADCT.

Temos, outrossim, a previsão da OJ 382 da SDI-I do TST: "A Fazenda Pública, quando condenada subsidiariamente pelas obrigações trabalhistas devidas pela empregadora principal, não se beneficia da limitação dos juros, prevista no art. 1º-F da Lei n. 9.494, de 10-9-1997".

Por fim, se for execução de título extrajudicial, deve ser observado o disposto no art. 910 do CPC.

16.2 Execução das contribuições previdenciárias

A Constituição Federal prevê no art. 114, VIII, que compete à Justiça do Trabalho processar e julgar a execução, de ofício, das contribuições sociais previstas no art.195, I, *a*, e II, e seus acréscimos legais, decorrentes das sentenças que proferir.

Apenas sobre as parcelas de natureza salarial é que recairá a contribuição previdenciária, não incidindo sobre as parcelas de natureza indenizatória, cabendo ao magistrado especificar, seja na sentença ou no acordo, a natureza jurídica das parcelas.

Essa competência executória, também no art. 876, parágrafo único, da CLT, significa que processar-se-á independentemente de requerimento a União, ainda que credora e maior interessada.

Assim, é a Justiça Laboral competente para determinar a execução das contribuições. Porém, a competência da Justiça do Trabalho, quanto à execução das contribuições, *limita-se às sentenças condenatórias em pecúnia que proferir e aos valores, objeto de acordo homologado, que integrem o salário de contribuição*, conforme Súmula 368, I do TST.

Ademais, conforme Súmula 454 do TST, compete à Justiça do Trabalho a execução, de ofício, da contribuição referente ao Seguro de Acidente de Trabalho (SAT), que tem natureza de contribuição para a seguridade social (arts. 114, VIII, e 195, I, *a*, da CF), pois se destina ao financiamento de benefícios relativos à incapacidade do empregado decorrente de infortúnio no trabalho (arts. 11 e 22 da Lei n. 8.212/91).

O Supremo Tribunal Federal publicou a Súmula Vinculante 53, que estabelece: "A competência da Justiça do Trabalho prevista no art. 114, VIII, da CF alcança a execução de ofício das contribuições previdenciárias relativas ao objeto da condenação constante das sentenças que proferir e acordos por ela homologados".

16.3 Embargos de Terceiro

Não raras vezes a penhora resta por incidir sobre bens que não pertencem ao executado, ou seja, sobre bens de terceiros estranhos à relação processual.

Para que o terceiro possa desconstituir esses atos de constrição ou ameaça, a ordem jurídica prevê uma ação autônoma (incidental ao processo de conhecimento ou de execução), que tem por azo tutelar a posse ou a propriedade que estão sendo turbadas ou esbulhadas por inadequação de ato processual, a qual se denomina embargos de terceiro, prevista no CPC, dos arts. 674 ao 681, aplicável ao processo do trabalho por ilação dos arts. 769 e 889 da CLT.

Considerando o disposto no art. 675 do CPC, os embargos podem ser opostos a qualquer tempo no processo de conhecimento enquanto não transitada em julgado a sentença e, no cumprimento de sentença ou no processo de execução, até 5 dias depois da adjudicação, da alienação por iniciativa particular ou da arrematação, mas sempre antes da assinatura da respectiva carta. Caso identifique a existência de terceiro titular de interesse em embargar o ato, o juiz mandará intimá-lo pessoalmente.

Com efeito, admite-se que os embargos podem ser ajuizados a partir da constrição judicial, o que significa dizer depois de lavrado ao auto de penhora, sendo distribuídos por dependência e tramitarão em autos distintos junto à mesma autoridade judicial que determinou a apreensão, consoante art. 676 do CPC.

É de bom alvitre notar que, nos casos de ato de constrição realizado por carta, os embargos serão oferecidos no juízo deprecado, salvo se indicado pelo juízo deprecante o bem constrito ou se já devolvida a carta, o que gerou, inclusive, a alteração da redação da Súmula 419 do TST.

Na petição inicial, o embargante fará a prova sumária de sua posse ou de seu domínio e da qualidade de terceiro, oferecendo documentos e rol de testemunha, sendo facultada a prova da posse em audiência preliminar designada pelo juiz.

O possuidor direto pode alegar, além da sua posse, o domínio alheio.

A citação será pessoal, se o embargado não tiver procurador constituído nos autos da ação principal.

Será legitimado passivo o sujeito a quem o ato de constrição aproveita, assim como o será seu adversário no processo principal quando for sua a indicação do bem para a constrição judicial.

Os embargos poderão ser contestados no prazo de 15 dias, findo o qual se seguirá o procedimento comum.

Da decisão caberá **recurso ordinário**, se na fase de conhecimento, não havendo necessidade de depósito recursal, vez que não haverá condenação em pecúnia, mas será imprescindível pagar custas, ou **agravo de petição**, se ajuizados na fase de execução.

17. MANDADO DE SEGURANÇA

17.1 Cabimento e Previsão

O Mandado de Segurança é atualmente disciplinado, no plano infraconstitucional, pela Lei n. 12.016/2009, tendo seu fundamento constitucional no art. 5º, LXIX e LXX, da CF.

Essa ação é utilizada para afastar o ato coator, ou seja, um ato de uma autoridade pública ou de quem lhe faça às vezes e que esteja violando direito líquido e certo do impetrante.

Por direito líquido (cuja existência é clara e sobre o qual não pende dúvida) e certo (não está condicionado à circunstância alguma), compreende-se aquele que pode ser demonstrado de plano através de documentos, isto é, prova documental pré-constituída, já que o Mandado de Segurança não admite dilação probatória (não permite a produção de provas durante o seu processamento).

17.2 Legitimidade ativa e passiva

Tem legitimidade para pleitear a segurança aquele for lesado, ou estiver na iminência de o ser, em seu direito líquido e certo, desde que não amparado por *habeas corpus* ou *habeas data*. Pode ser impetrado individualmente pelo titular, inclusive em litisconsórcio ativo (dois ou mais lesados).

Não se pode confundir mandado de segurança individual em litisconsórcio ativo com mandado de segurança coletivo, vez que este só pode ser impetrado por: partido político com representação no Congresso Nacional, na defesa de seus interesses legítimos relativos a seus integrantes ou à finalidade partidária, ou por organização sindical, entidade de classe ou associação legalmente constituída e em funcionamento há, pelo menos, 1 ano, em defesa de direitos líquidos e certos da totalidade, ou de parte, dos seus membros ou associados, na forma dos seus estatutos e desde que pertinentes às suas finalidades, dispensada, para tanto, autorização especial.

O art. 3º da Lei do MS prevê que o titular de direito líquido e certo decorrente de direito, em condições idênticas, de terceiro poderá impetrar mandado de segurança a favor do direito originário, se o seu titular não o fizer, no prazo de 30 dias, quando notificado judicialmente.

No polo passivo constará a autoridade, seja de que categoria for e sejam quais forem as funções que exerça, equiparando-se às autoridades os representantes ou órgãos de partidos políticos e os administradores de entidades autárquicas, bem como os dirigentes de pessoas jurídicas ou as pessoas naturais no exercício de atribuições do poder público, somente no que disser respeito a essas atribuições.

17.3 Prazo para impetração

O direito de requerer mandado de segurança extinguir-se-á decorridos 120 dias, contados da ciência, pelo interessado, do ato impugnado, sendo tal prazo decadencial – segundo o STF, não é inconstitucional a fixação de prazo, por lei, para impetração do mandado de segurança.

Porém, o pedido de mandado de segurança poderá ser renovado dentro do prazo decadencial, se a decisão denegatória não lhe houver apreciado o mérito.

No que tange à contagem do prazo decadencial, releva transcrever a OJ 127 da SDI-2 do TST, já que qualquer requerimento de reconsideração não tem o condão de afetar o curso do prazo:

"MANDADO DE SEGURANÇA. DECADÊNCIA. CONTAGEM. EFETIVO ATO COATOR. Na contagem do prazo decadencial para ajuizamento de mandado de segurança, o efetivo ato coator é o primeiro em que se firmou a tese hostilizada e não aquele que a ratificou".

17.4 Petição inicial e Emenda

A petição inicial, que deverá preencher os requisitos estabelecidos pela lei processual, será apresentada em 2 vias, com os documentos que instruírem a primeira reproduzidos na segunda, e indicará, além da autoridade coatora, a pessoa jurídica que esta integra, à qual se acha vinculada ou da qual exerce atribuições.

No caso em que o documento necessário à prova do alegado se ache em repartição ou estabelecimento público ou em poder de autoridade que se recuse a fornecê-lo por certidão ou de terceiro, o juiz ordenará, preliminarmente, por ofício, a exibição desse documento em original ou em cópia autêntica, e marcará, para o cumprimento da ordem, o prazo de 10 dias. O escrivão extrairá cópias do documento para juntá-las à segunda via da petição.

Se a autoridade que tiver procedido dessa maneira for a própria coatora, a ordem far-se-á no próprio instrumento da notificação.

Por fim, como se exige prova documental pré-constituída, sendo inaplicável o art. 321 do CPC, conforme jurisprudência consolidada do TST, abaixo colacionada:

"Súmula n. 415 do TST. MANDADO DE SEGURANÇA. PETIÇÃO INICIAL. Art. 321 do CPC de 2015. Art. 284 DO CPC de 1973. INAPLICABILIDADE. (atualizada em decorrência do CPC de 2015) – Res. 208/2016, DEJT divulgado em 22, 25 e 26-4-2016. Exigindo o mandado de segurança prova documental pré-constituída, inaplicável o art. 321 do CPC de 2015 (art. 284 do CPC de 1973) quando verificada, na petição inicial do "mandamus", a ausência de documento indispensável ou de sua autenticação".

17.5 Particularidades

A Lei n. 12.016/2009 aduz em seu art. 5º, as hipóteses em que não se vislumbram a possibilidade de impetração do Mandado.

Na esteira deste entendimento, estabelece a OJ 92 da SDI-2 do TST:

"Orientação Jurisprudencial n. 92 da SDI-2 do TST. MANDADO DE SEGURANÇA – EXISTÊNCIA DE RECURSO PRÓPRIO. Não cabe mandado se segurança contra decisão judicial passível de reforma mediante recurso próprio, ainda que com efeito diferido".

Ademais, vaticina a OJ 99 da SDI-2 do TST que "esgotadas todas as vias recursais, não cabe mandado de segurança".

O TST tem jurisprudência pacífica sobre o cabimento do mandado de segurança para impugnar decisões interlocutórias que deferem ou não tutela provisória, como se extrai da Súmula 414 do TST.

Considerando que o *writ* é uma ação e a toda ação é possível um provimento acautelatório, em sua peça vestibular o impetrante poderá veicular pedido de liminar no tocante ao mérito que é a segurança. Vejamos o que diz a lei sobre o despacho da inicial:

"Art. 7º Ao despachar a inicial, o juiz ordenará: (...)

III – que se suspenda o ato que deu motivo ao pedido, quando houver fundamento relevante e do ato impugnado puder resultar a ineficácia da medida, caso seja finalmente deferida, sendo facultado exigir do impetrante caução, fiança ou depósito, com o objetivo de assegurar o ressarcimento à pessoa jurídica".

O Tribunal Superior do Trabalho tem jurisprudência pacificada no sentido de que não cabe recurso ordinário de decisão proferida em agravo regimental em face de liminar em mandado de segurança, nos termos da **OJ 100 da SDI-2 do TST.**

Merece destaque, ainda, o art. 15 da Lei n. 12.016/2009, o qual assevera que a execução da liminar poderá ser suspensa por requerimento de pessoa jurídica de direito público ou do Ministério Público, desde que atendido o interesse público, visando a evitar a desordem pública.

Não obstante, o TST firmou entendimento no sentido de não caber mandado de segurança para impugnar despacho que acolheu ou indeferiu liminar em outro mandado de segurança, o que se afirma com arrimo na OJ 140 da SDI-2 daquele Tribunal.

18. AÇÃO RESCISÓRIA

Trata-se de uma de uma ação de conhecimento especial que tem por objetivo a preservação da ordem jurídica positiva e tem natureza constitutivo-negativa (desconstitutiva), desconstituindo, assim, a coisa julga.

18.1 Cabimento na Justiça do Trabalho

Não há dúvidas acerca do cabimento da ação rescisória no processo do trabalho, em razão da previsão contida no art. 836 da CLT. Aplicamos as regras previstas dos arts. 966 e s. do CPC, com as devidas adaptações, além das Súmulas e Orientações Jurisprudenciais do TST, as quais devem ser objeto de leitura obrigatória.

O seu cabimento pressupõe: **(1)** decisão de mérito (coisa julgada material), como regra, e **(2)** trânsito em julgado.

No entanto, dispõe o § 1º do art. 966 do CPC que, nas hipóteses previstas nos incisos do *caput*, será rescindível a decisão transitada em julgado que, embora não seja de mérito, impeça: I – nova propositura da demanda; ou II – admissibilidade do recurso correspondente.

É incabível, como regra, em face de coisa julgada formal (decisão sem análise do mérito), de decisões interlocutórias e despachos, sendo a OJ 150 da SDI-2 do TST um exemplo de não cabimento.

A sentença que declara extinta a obrigação em uma execução, embora não tenha atividade cognitiva, pode ser objeto de corte rescisório, como prevê a OJ 107 da SDI-II do TST.

Uma questão processual ser objeto de ação rescisória, como se extrai da Súmula 412 do TST: "Pode uma questão processual ser objeto de rescisão desde que consista em pressuposto de validade de uma sentença de mérito".

A Súmula 399, item I do TST estabelece que as decisões homologatórias de adjudicação ou arrematação não são sujeitas a ação rescisória, vez que se busca a invalidação do negócio jurídico de transferência, homologado em típica decisão interlocutória (não é sentença).

Não é cabível ação rescisória para desconstituição de sentença não submetida ao reexame necessário, como determina a OJ 21 da SDI-2 do TST, cabendo, por seu turno, ofício ao presidente do Tribunal para que proceda à avocatória dos autos principais, haja vista que o reexame é condição de eficácia da sentença e, sem ele, não há que se falar em trânsito em julgado.

18.2 Competência

A ação rescisória é de competência originária dos tribunais, não tendo as Varas do Trabalho competência funcional para tanto e, como é regra de fixação de competência absoluta, resta por ser inderrogável, portanto.

Sobre o tema o TST é imperioso citar os itens I e II da Súmula 192.

O ajuizamento no Tribunal competente é demasiadamente importante, pois, a sua não observância acarreta a extinção do feito sem análise de mérito, por inépcia da petição inicial, nos termos da OJ 70 da SDI-2 do TST: "O manifesto equívoco da parte em ajuizar ação rescisória no TST para desconstituir julgado proferido pelo TRT, ou vice-versa, implica a extinção do processo sem julgamento do mérito por inépcia da inicial".

18.3 Legitimidade

O art. 967 do CPC estabelece aqueles que têm legitimidade para o ajuizamento da ação rescisória.

Sobre a existência de litisconsórcio necessário e facultativo em sede de ação rescisória, temos a Súmula 406 do TST: I – O litisconsórcio, na ação rescisória, é necessário em relação ao polo passivo da demanda, porque supõe uma comunidade de direitos ou de obrigações que não admite solução díspar para os litisconsortes, em face da indivisibilidade do objeto. Já em relação ao polo ativo, o litisconsórcio é facultativo, uma vez que a aglutinação de autores se faz por conveniência e não pela necessidade decorrente da natureza do litígio, pois não se pode condicionar o exercício do direito individual de um dos litigantes no processo originário à anuência dos demais para retomar a lide. II – O Sindicato, substituto processual e autor da reclamação trabalhista, em cujos autos fora proferida a decisão rescindenda, possui legitimidade para figurar como réu na ação rescisória, sendo descabida a exigência de citação de todos os empregados substituídos, porquanto inexistente litisconsórcio passivo necessário.

Outro ponto de relevo é acerca da atuação do sindicato, como substituto processual e autor da reclamação trabalhista onde fora proferida a decisão que se pretende rescindir, caso em que ele terá legitimidade para figurar no polo passivo da ação rescisória, não havendo necessidade de citar os empregados substituídos, inexistindo, portanto, litisconsórcio passivo necessário, pois foi o próprio sindicato que figurou na demanda originária.

O Ministério Público do Trabalho (MPT) tem legitimidade para ajuizamento de ação rescisória, prevendo inclusive a Súmula 407 do TST que, "A legitimidade *'ad causam'* do Ministério Público para propor ação rescisória, ainda que não tenha sido parte no processo que deu origem à decisão rescindenda, não está limitada às alíneas "a", "b" e "c" do inciso III do art. 967 do CPC de 2015 (art. 487, III, *a* e *b*, do CPC/1973), uma vez que traduzem hipóteses meramente exemplificativas".

Em caso de conluio entre as partes, nos processos em que o MPT não participou, o prazo para ajuizamento da ação rescisória não se conta do trânsito em julgado, mas da data que o MPT teve ciência da fraude (Súmula 100, VI, do TST).

Cabe dizer que não se pode exercer o *jus postulandi* em sede de ação rescisória, como prevê a Súmula 425 do TST.

O advogado precisa ter poderes específicos para o ajuizamento da ação rescisória, não se admitindo regularização da representação processual quando constatado o defeito, exceto em fase recursal, como se infere da OJ 151 da SDI-2 do TST.

18.4 Hipóteses de Admissibilidade

As hipóteses de admissibilidade estão elencadas de forma taxativa no art. 966 do CPC (*numerus clausus*):

I – se verificar que foi proferida por força de prevaricação, concussão ou corrupção do juiz;

São práticas criminosas previstas no Código Penal, que podem ser provadas na ação rescisória.

II – for proferida por juiz impedido ou por juízo absolutamente incompetente;

III – resultar de dolo ou coação da parte vencedora em detrimento da parte vencida ou, ainda, de simulação ou colusão entre as partes, a fim de fraudar a lei;

O TST, na Súmula 403, assevera que não caracteriza dolo processual o simples fato de a parte vencedora haver silenciado a respeito de fatos contrários a ela, porque o procedimento, por si só, não constitui ardil do qual resulte cerceamento de defesa e, em consequência, desvie o juiz de uma sentença não condizente com a verdade. Se a decisão rescindenda é homologatória de acordo, não há parte vencedora ou vencida, razão pela qual não é possível a sua desconstituição calcada nesta hipótese (dolo da parte vencedora em detrimento da vencida), pois constitui fundamento de rescindibilidade que supõe solução jurisdicional para a lide.

A OJ 94 da SDI-II do TST que: "A decisão ou acordo judicial subjacente à reclamação trabalhista, cuja tramitação deixa nítida a simulação do litígio para fraudar a lei e prejudicar terceiros, enseja ação rescisória, com lastro em colusão. No juízo rescisório, o processo simulado deve ser extinto".

A OJ 158 da SDI-2 do TST estabelece que a declaração de nulidade de decisão homologatória de acordo, em razão da colusão entre as partes, é sanção suficiente em relação ao procedimento adotado, não havendo que ser aplicada a multa por litigância de má-fé.

IV – ofender a coisa julgada;

Ocorre quando há novo ajuizamento de ação que já foi anteriormente julgada e, a decisão da nova reclamação, ofende a coisa julgada anterior.

A título de exemplo, a OJ 132 da SDI-II do TST assevera que acordo celebrado e homologado judicialmente, em que o empregado dá plena e ampla quitação, sem qualquer ressalva, alcança não só o objeto da inicial, como também todas as demais parcelas referentes ao extinto contrato de trabalho, violando a coisa julgada, a propositura de nova reclamação trabalhista.

V – violar manifestamente norma jurídica;

A Súmula 83 do TST assenta que não procede pedido formulado na ação rescisória por violação literal de lei se a decisão rescindenda estiver baseada em texto legal infraconstitucional de interpretação controvertida nos Tribunais. Ademais, o marco divisor quanto a ser, ou não, controvertida, nos Tribunais, a interpretação dos dispositivos legais citados na ação rescisória é a data da inclusão, na Orientação Jurisprudencial do TST, da matéria discutida.

Dispõe a Súmula 409 do TST que não procede ação rescisória calcada em violação do art. 7º, XXIX, da CF quando a questão envolve discussão sobre a espécie de prazo prescricional aplicável aos créditos trabalhistas, se total ou parcial, porque a matéria tem índole infraconstitucional, construída, na Justiça do Trabalho, no plano jurisprudencial.

Não cabe ação rescisória por invocação de ofensa aos princípios da legalidade, devido processo legal, contraditório e ampla defesa, se apresentados de forma genérica, pois devem estar fundamentados nos dispositivos legais específicos da matéria debatida, que são passíveis de análise no pleito rescisório, nos termos da OJ 97 da SDI-2 do TST.

A ação rescisória não deve ser utilizada como substitutivo de recurso, ou como medida para reanalisar fatos e provas, como se extrai da Súmula 410 do TST.

A jurisprudência do TST exige, como regra geral, pronunciamento explícito acerca da violação a disposição de lei, mas não necessariamente sobre o dispositivo legal supostamente violado, mas sim que o conteúdo da norma violada haja sido abordado, como se infere da Súmula 298, I e II, do TST.

VI – for fundada em prova cuja falsidade tenha sido apurada em processo criminal ou venha a ser demonstrada na própria ação rescisória;

A prova falsa tem que ser decisiva para o julgamento da lide, e pode ser apurada tanto em processo criminal, quando então se exige o trânsito em julgado, ou até mesmo na própria ação rescisória.

VII – obtiver o autor, posteriormente ao trânsito em julgado, prova nova cuja existência ignorava ou de que não pôde fazer uso capaz, por si só, de lhe assegurar pronunciamento;

A Súmula 402 do TST estabelece que documento novo é o cronologicamente velho, já existente ao tempo da decisão rescindenda, mas ignorado pelo interessado ou de impossível utilização, à época, no processo. Não é documento novo apto a viabilizar a desconstituição de julgado: (a) sentença normativa proferida ou transitada em julgado posteriormente à sentença rescindenda; (b) sentença normativa preexistente à sentença rescindenda, mas não exibida no processo principal, em virtude de negligência da parte, quando podia e deveria louvar-se de documento já existente e não ignorado quando emitida a decisão rescindenda.

VIII – foi fundada em erro de fato verificável do exame dos fatos.

Dispõe o § 1º do art. 966 do CPC, "há erro de fato quando a decisão rescindenda admitir fato inexistente ou quando considerar inexistente fato efetivamente ocorrido, sendo indispensável, em ambos os casos, que o fato não represente ponto controvertido sobre o qual o juiz deveria ter se pronunciado", o que é explicado pela OJ 136 da SDI-2 do TST.

18.5 Suspensão da execução da decisão rescindenda

O ajuizamento da ação rescisória não impede o cumprimento da sentença ou acórdão rescindendo, mas é possível a concessão de tutela provisória (art. 969 do CPC).

Logo, se o autor demonstrar a existência dos requisitos para a concessão da tutela provisória de urgência, poderá requerer a tutela provisória de urgência em caráter incidental ou antecedente (arts. 294 e s. do CPC), visando suspender o cumprimento da sentença ou acórdão rescindendo.

Nesse sentido, o art. 969 do CPC de 2015, é cabível o pedido de tutela provisória formulado na petição inicial de ação rescisória ou na fase recursal, visando a suspender a execução da decisão rescindenda.

Transcrevemos, por oportuno, a OJ 131 da SDI-2 do TST:

"A ação cautelar não perde o objeto enquanto ainda estiver pendente o trânsito em julgado da ação rescisória principal, devendo o pedido cautelar ser julgado procedente, mantendo-se os efeitos da liminar eventualmente deferida, no caso de procedência do pedido rescisório ou, por outro lado, improcedente, se o pedido da ação rescisória principal tiver sido julgado improcedente".

18.6 Petição Inicial e Pedidos

A petição inicial deve ser elaborada com base no art. 319 do CPC, devendo ainda o autor, com base no art. 968 do CPC c/c o art. 836 da CLT:

a) cumular ao pedido de rescisão (juízo rescindendo – *iudicium rescindens*) e, se for o caso, o de novo julgamento da causa (juízo rescisório – *iudicium rescissorium*).

Interessante salientar que é possível cumular, também, em uma única ação rescisória, a rescisão de sentença e de acórdão, nos termos da OJ 78 da SDI-2.

b) realizar o depósito da importância de 20% sobre o valor da causa;

Todavia, aquele que provar miserabilidade jurídica, as pessoas jurídicas de direito público, o Ministério Público do Trabalho e a massa falida ficam dispensados do depósito prévio, conforme determina o art. 6º da Instrução Normativa n. 31 do TST; art. 836, parte final da CLT e § 1º do art. 968 do CPC.

O valor depositado será revertido em favor do réu, a título de multa, caso o pedido deduzido na ação rescisória seja julgado, por unanimidade de votos, improcedente ou inadmissível (art. 974, parágrafo único, do CPC).

Deve ainda indicar no bojo da inicial (causa de pedir): (1) a existência da decisão definitiva (acórdão ou sentença) transitada em julgado e a invocação de alguma das hipóteses do art. 966 do CPC.

Não padece de inépcia a petição inicial de ação rescisória apenas porque omite a subsunção do fundamento de rescindibilidade no art. 966 do CPC de 2015 ou o capitula erroneamente em um de seus incisos. Contanto que não se afaste dos fatos e fundamentos invocados como causa de pedir, ao Tribunal é lícito emprestar-lhes a adequada qualificação jurídica (*iura novit curia*). No entanto, fundando-se a ação rescisória no art. 966, V, do CPC de 2015, é indispensável expressa indicação, na petição inicial da ação rescisória, da norma jurídica manifestamente violada, por se tratar de causa de pedir da rescisória, não se aplicando, no caso, o princípio *iura novit curia*.

Caso o relator verifique que a parte não juntou o documento comprobatório do trânsito em julgado à inicial, concederá prazo de 15 dias para que junte, sob pena de indeferimento.

A OJ 84 da SDI-2 do TST prevê que a decisão rescindenda e/ou a certidão do trânsito em julgado são peças essenciais para o julgamento da ação rescisória, e sua falta gera a extinção do processo sem resolução de mérito, por falta de pressuposto de constituição e desenvolvimento válido do feito.

Eventual trânsito em julgado posterior ao ajuizamento da ação rescisória não reabilita a ação proposta, na medida em que o ordenamento jurídico não contempla a ação rescisória preventiva. Aliás, o pretenso vício de intimação, posterior à decisão que se pretende rescindir, se efetivamente ocorrido, não permite a formação da coisa julgada material. Assim, a ação rescisória deve ser julgada extinta, sem julgamento do mérito, por carência de ação, por inexistir decisão transitada em julgado a ser rescindida, conforme itens III e IV da Súmula 299 do TST.

A petição inicial será indeferida, além dos casos previstos no art. 330 do CPC, quando não efetuado o depósito de 20% (art. 968, II, do CPC c/c o art. 836 da CLT), sendo que o indeferimento será realizado pelo relator, em tais hipóteses e, da decisão que a indeferir, caberá gravo para o órgão colegiado.

18.7 Revelia na ação rescisória

O relator ordenará a citação do réu, designando-lhe prazo nunca inferior a 15 dias nem superior a 30 dias para, querendo, apresentar resposta, ao fim do qual, com ou sem contestação, observar-se-á, no que couber, o procedimento comum (art. 970, CPC).

Para contagem do prazo visando a resposta, aplica-se o disposto no art. 774 da CLT e não o do art. 241 do CPC, ou seja, a partir da data em que foi feita pessoalmente, ou recebida a notificação, e não da data da juntada aos autos do comprovante de citação, com espeque na OJ 146 da SDI-2 do TST. Mas, a contagem é em dias úteis, nos moldes do art. 775 da CLT.

Cabe ressaltar que, se o réu, citado, não contestar, embora revel, não se produzirão os efeitos da confissão ficta previstos no art. 844 da CLT, não havendo presunção de veracidade dos fatos, vez que a coisa julgada envolve questão de ordem pública, como se extrai da Súmula 398 do TST.

Devolvidos os autos pelo relator, a secretaria do tribunal expedirá cópias do relatório e as distribuirá entre os juízes que compuserem o órgão competente para o julgamento. Note que a escolha de relator recairá, sempre que possível, em juiz que não haja participado do julgamento rescindendo (art. 971, parágrafo único, do CPC).

Se os fatos alegados pelas partes dependerem de prova, o relator poderá delegar a competência ao órgão que proferiu a decisão rescindenda, fixando prazo de 1 a 3 meses para devolução dos autos (art. 972 do CPC).

É permitido o julgamento antecipado da lide na hipótese do art. 355, I, do CPC.

Concluída a instrução, será aberta vista ao autor e ao réu para razões finais, sucessivamente, pelo prazo de 10 dias. Em seguida, os autos serão conclusos ao relator, procedendo-se ao julgamento pelo órgão competente (art. 973, parágrafo único, do CPC).

18.8 Particularidades

Primeiramente é de bom alvitre dizer que o prazo para ajuizamento da ação rescisória é de 2 anos e tal prazo é decadencial, passando a fluir do trânsito em julgado da última decisão proferida no processo (art. 975 do CPC), valendo observar que o prazo será de 5 anos se calcada na hipótese do inciso VII do art. 966, prazo este contado do trânsito em julgado da última decisão proferida nos autos.

Com efeito, conta-se o prazo acima citado do dia imediatamente subsequente ao trânsito em julgado da última decisão proferida nos autos, seja ela de mérito ou não (Súmula 100, I, do TST), não estando sujeito à suspensão nem interrupção.

Determina o CPC no § 1º do art. 975, que se prorroga até o primeiro dia útil imediatamente subsequente o prazo a que se refere o *caput*, quando expirar durante férias forenses, recesso, feriados ou em dia em que não houver expediente forense.

Assim, se o prazo para ajuizamento expirar em férias forenses, feriados, finais de semana ou em dia em que não houver expediente forense, prorroga-se até o primeiro dia útil subsequente, aplicando-se o art. 775 da CLT (Súmula 100, IX, do TST). Ademais, salvo se houver dúvida razoável, a interposição de recurso intempestivo ou a interposição de recurso incabível não protrai o termo inicial do prazo decadencial (Súmula 100, III, do TST).

Outrossim, conta-se o prazo decadencial da ação rescisória, após o decurso do prazo legal previsto para a interposição do recurso extraordinário, apenas quando esgotadas todas as vias recursais ordinárias (Súmula 100, X, do TST), ou seja, se a parte interpôs todos os recursos cabíveis, inclusive o de revista, em sendo cabível o recurso extraordinário, só após o escoar do prazo para sua interposição (15 dias) é que se pode falar em trânsito em julgado.

Se fundada a ação no inciso VII do art. 966, o termo inicial do prazo será a data de descoberta da prova nova, observado o prazo máximo de 5 anos, contado do trânsito em julgado da última decisão proferida no processo. Porém, nas hipóteses de simulação ou de colusão das partes, o prazo começa a contar, para o terceiro prejudicado e para o Ministério Público, que não interveio no processo, a partir do momento em que têm ciência da simulação ou da colusão (art. 975, §§ 2º e 3º, do CPC).

Interessante assinalar que o juízo rescindente não estará adstrito à certidão de trânsito em julgado juntada com a ação rescisória, podendo formar sua convicção através de outros elementos dos autos quanto à antecipação ou postergação do *dies a quo* do prazo decadencial (Súmula 100, IV, do TST).

Por oportuno, nos moldes da OJ 80 da SDI-2 do TST, "o não conhecimento do recurso por deserção não antecipa o dies a quo do prazo decadencial para o ajuizamento da ação rescisória, atraindo, na contagem do prazo, a aplicação da Súmula 100 do TST".

Interessante é que pode parte da decisão transitar em julgado e outra parte não, cabendo à rescisória ainda que pendente julgamento de recurso, da parte que não foi objeto de impugnação via recurso (Súmula 100, II, do TST).

Na decisão, após o exame quanto a sua admissibilidade, realiza-se o juízo rescindente (rescindir a sentença ou o acórdão de mérito – *iudicium rescindens*) e, posteriormente, se for o caso, o juízo rescisório (novo julgamento – *iudicium rescissorium*).

É nesse sentido o art. 974 do CPC prevê:

> "**Art. 974.** Julgando procedente o pedido, o tribunal rescindirá a decisão, proferirá, se for o caso, novo julgamento e determinará a restituição do depósito a que se refere o inciso II do art. 968".

Entretanto, nem sempre quando for acolhido o pedido de rescisão da decisão de mérito será cabível o juízo rescisório (novo julgamento), como seria o caso de ação rescisória fundada em ofensa a coisa julgada, casos em que caberia ao tribunal tão somente rescindir a decisão de mérito transitada em julgado.

Por outro lado, se o fundamento da rescisória for ofensa a norma jurídica, caso seja acolhido o pedido de rescisão, o tribunal deve proferir novo julgamento (juízo rescisório).

19. INQUÉRITO PARA APURAÇÃO DE FALTA GRAVE

Previsto no art. 853 da CLT, é uma ação de natureza constitutiva negativa, de rito especial e de jurisdição contenciosa, que tem por objetivo apurar suposta falta grave praticada por empregado estável. É ação de iniciativa do empregador, que visa tornar lícita a rescisão do contrato de trabalho, de modo que, uma vez julgado procedente o pedido, desconstituirá o contrato de trabalho.

Para instauração do inquérito para apuração de falta grave contra empregado garantido com estabilidade, o empregador apresentará **reclamação por escrito** à Vara ou Juízo de Direito, **dentro de 30 dias, contados da data da suspensão do empregado**.

Assim, em razão de certas situações de ordem especial, alguns trabalhadores só podem ser demitidos por ocorrência de falta grave (ou justa causa, pois majoritariamente entende-se que são expressões sinônimas), que exige o inquérito, como é o caso, por exemplo, dos dirigentes sindicais, nos termos do art. 543, § 3º, da CLT e Súmula 379 do TST.

O ajuizamento de inquérito nos casos em que não se exige o mesmo, importa extinção do processo sem análise do mérito, por falta de interesse de agir, de modo que uma das condições processuais da ação estará ausente, sendo o autor/requerente/empregador, carecedor do direito de ação.

Se o empregador não suspender o empregado, ainda assim poderá ajuizar o inquérito, entrementes seja imperioso que o faça o mais breve possível, sob pena de configurar perdão tácito à falta cometida.

Uma vez ajuizado o inquérito, o requerido (empregado) será notificado na forma do art. 841 da CLT para comparecer em audiência, onde poderá apresentar defesa verbal ou escrita, aplicando-se o procedimento referente aos trâmites da audiência em geral, inclusive com as tentativas de conciliação, haja vista o que dispõe o art. 854 da CLT.

No que tange à decisão que julga o inquérito, temos que se o pedido for julgado improcedente, ou seja, não seja reconhecida a falta grave, o empregador deve pagar os salários e outras vantagens desde o afastamento, o que configura, portanto, interrupção do contrato de trabalho, tendo o empregado direito a retornar ao emprego.

Contudo, é possível a conversão da reintegração em indenização, pois o art. 496 da CLT aduz que "quando a reintegração do empregado estável for desaconselhável, dado o grau de incompatibilidade resultante do dissídio, especialmente quando for o empregador pessoa física, o tribunal do trabalho poderá converter aquela obrigação em indenização devida nos termos do artigo seguinte", que deverá corresponder ao dobro do que seria devido ao empregado a título de indenização de antiguidade, consoante art. 497 da CLT, *in verbis*: "Extinguindo-se a empresa, sem a ocorrência de motivo de força maior, ao empregado estável despedido é garantida a indenização por rescisão do contrato por prazo indeterminado, paga em dobro".

A Súmula 28 do TST prevê que no caso de se converter a reintegração em indenização dobrada, o direito aos salários é assegurado até a data da primeira decisão que determinou essa conversão.

Outrossim, caso seja julgado procedente o pedido formulado no inquérito, haverá a extinção do liame empregatício por culpa (falta) do empregado com efeito *ex tunc*, ou seja, a contar da data da sua suspensão. Se não houve a suspensão, a data da rescisão deve ser considerada o dia do proferir da sentença que julgar o inquérito.

Interessante notar que o art. 855 da CLT determina que "se tiver havido prévio reconhecimento da estabilidade do empregado, o julgamento do inquérito pela Junta ou Juízo não prejudicará a execução para pagamento dos salários devidos ao empregado, até a data da instauração do mesmo inquérito", o que leva boa parte da doutrina a afirmar que em caso de reconhecimento da estabilidade e existência de prévia suspensão do empregado, terá o empregador a obrigação de pagar os salários até a data da suspensão, uma vez que se não houve ainda o julgamento do inquérito, o contrato, a toda evidência, estará suspenso. Por seu turno, caso não tenha havido a suspensão, o empregador deverá pagar os salários ao requerido durante todo o tramitar do inquérito, na medida em que o simples ajuizar da ação em tela não suspende o contrato de trabalho, de modo que a obrigação da pagar a contraprestação persistirá.

A Súmula 62 do TST afirma que o prazo de decadência do direito do empregador de ajuizar inquérito em face do empregado que incorre em abandono de emprego é contado a partir do momento em que o empregado pretendeu seu retorno ao serviço.

Por fim, citamos a OJ 137 da SDI-II do TST, da qual se extrai que constitui direito líquido e certo do empregador a suspensão do empregado, ainda que detentor de estabilidade sindical, até a decisão final do inquérito em que se apure a falta grave a ele imputada, na forma do art. 494, *caput* e parágrafo único, da CLT.

20. DISSÍDIO COLETIVO

Dissídio coletivo pode ser conceituado como um processo de índole coletiva, que tem por fim solucionar conflitos coletivos de trabalho através de pronunciamentos normativos (denominados de "sentenças normativas" – Poder Normativo da Justiça do Trabalho) que constituem novas condições de trabalho, sendo seu fundamento nuclear o § 2º do art. 114 da CF.

Nesse sentido, a Súmula 190 do TST, "ao julgar ou homologar ação coletiva ou acordo nela havido, o Tribunal Superior do Trabalho exerce o poder normativo constitucional, não podendo criar ou homologar condições de trabalho que o Supremo Tribunal Federal julgue iterativamente inconstitucionais".

Na Consolidação das Leis do Trabalho os dissídios coletivos estão previstos a partir do art. 856 da CLT.

De acordo com o art. 856 da CLT, sendo oportuno citar que o art. 857 determina que "a representação para instaurar instância em dissídio coletivo constitui prerrogativa das associações sindicais, excluídas as hipóteses aludidas no art. 856, quando ocorrer suspensão do trabalho", sendo essenciais para à instauração do processo de dissídio coletivo o edital de convocação da categoria e a respectiva ata da AGT (Assembleia Geral dos Trabalhadores), nos termos da OJ 29 da SDC do TST.

Vale dizer que a OJ 15 da SDC do TST exige a comprovação da legitimidade nos seguintes termos: "A comprovação da legitimidade ad processum da entidade sindical se faz por seu registro no órgão competente do Ministério do Trabalho, mesmo após a promulgação da Constituição Federal de 1988".

Por outro lado, a OJ 19 da SDC do TST estabelece que "a legitimidade da entidade sindical para a instauração da instância contra determinada empresa está condicionada à prévia autorização dos trabalhadores da suscitada diretamente envolvidos no conflito".

Ademais, a OJ 8 da SDC do TST averba que "a ata de assembleia de trabalhadores que legitima a atuação da entidade sindical em favor de seus interesses deve registrar, obrigatoriamente, a pauta reivindicatória, produto da vontade expressa da categoria", de modo que "nos processos de dissídio coletivo só serão julgadas as cláusulas fundamentadas na representação, em caso de ação originária, ou no recurso", como determina o Precedente Normativo n. 37 do TST.

Observe que a legitimidade *ad causam* do sindicato está vinculada a correspondência entre as atividades exercidas pelos setores profissionais e econômicos envolvidos no conflito coletivo, como prevê a OJ 22 da SDC: "É necessária a correspondência entre as atividades exercidas pelos setores profissional e econômico, a fim de legitimar os envolvidos no conflito a ser solucionado pela via do dissídio coletivo".

Registre-se, ainda, que a representação sindical abrange toda a categoria, não comportando separação fundada na maior ou menor dimensão de cada ramo ou empresa, conforme preceitua a OJ 23 da SDC do TST.

Os conflitos coletivos são classificados como econômico ou de interesse, que são aqueles onde o fim visado é o criar de novos direitos, e, conflito jurídico ou de interpretação, cujo fito é tão somente interpretar disposição legal, convencional ou regulamento aplicável às categorias econômicas e profissionais envolvidas.

Há ainda, em doutrina, a afirmação no sentido de que o dissídio de greve tem natureza híbrida ou mista, vez que além de decidir sobre a abusividade da greve, também irá apreciar as questões de natureza econômica do dissídio, o que se afirma com espeque no art. 8º da Lei n. 7.783/89, que assim vaticina: "A Justiça do Trabalho, por iniciativa de qualquer das partes ou do Ministério Público do Trabalho, decidirá sobre a procedência, total ou parcial, ou improcedência das reivindicações, cumprindo ao Tribunal publicar, de imediato, o competente acórdão".

O **Dissídio Coletivo de Natureza Econômica** é verdadeiramente uma ação constitutiva, que visa à prolação de sentença normativa criando novas normas ou condições de trabalho que irão ser aplicadas nas relações de emprego, admitindo-se subclassificação, qual seja:

1) **Dissídio Originário ou Inaugural:** quando não há negociação coletiva ou sentença normativa precedente, de modo que busca a fixação de normas;

2) **Dissídio Revisional ou de Revisão:** tem por objetivo a revisão de norma coletiva anterior e está baseado na cláusula *rebus sic stantibus*, em que a Justiça do Trabalho, verificando alteração nas condições então vigentes, procede à devida atualização, considerando as reais necessidades do momento (arts. 874 e 875 da CLT) e;

3) **Dissídio de Extensão:** tem por azo estender a toda categoria as normas ou condições que tiveram como destinatários apenas parte dela, em obediência ao princípio da isonomia (arts. 868 e s. da CLT).

Quando houver a homologação de acordo em dissídio coletivo, não se aplica o efeito extensivo, salvo se for observado o procedimento determinado na CLT a partir do art. 868, como se infere da OJ 2 da SDC.

Observe-se, ainda, que o requisito "comum acordo" previsto no dispositivo constitucional é uma condição da ação. Sua ausência implica falta de interesse processual, o que deve acarretar a extinção do processo sem análise do mérito. No entanto, o entendimento predominante sobre o momento de demonstrar o comum acordo não é necessariamente quando do ajuizamento do dissídio, de modo que pode ser demonstrado no curso do dissídio, razão pela qual não há necessidade de tal requisito ser prévio ao ajuizamento, o qual pode até mesmo ser verificado de forma tácita no curso do processo, muito embora o TST venha entendendo que não se trata de condição da ação, mas sim de pressuposto processual (não há Súmula ou Orientação Jurisprudencial sobre).

Sobre a natureza da decisão proferida em sede de dissídio coletivo, vale observar a Súmula 397 do TST, a qual afirma que não procede ação rescisória calcada em ofensa à coisa julgada perpetrada por decisão proferida em ação de cumprimento, em face de a sentença normativa, na qual se louvava, ter sido modificada em grau de recurso, porque em dissídio coletivo somente se consubstancia coisa julgada formal. Assim, os meios processuais aptos a atacarem a execução da cláusula reformada são a exceção de pré-executividade e o mandado de segurança, no caso de descumprimento do art. 514 do CPC de 2015 (art. 572 do CPC/1973).

Muito embora seja um dos temas mais controvertidos no processo do trabalho, essa posição é a que predomina na doutrina, vez que a sentença normativa permite seu cumprimento antes do trânsito em julgado, como prevê a Súmula 246 do TST: "É dispensável o trânsito em julgado da sentença normativa para propositura da ação de cumprimento".

É oportuno averbar que em sede de dissídio coletivo não cabe arresto, apreensão ou depósito, nos moldes da OJ 3 da SDC, que assim vaticina: "São incompatíveis com a natureza e a finalidade do dissídio coletivo as pretensões de provimento judicial de arresto, apreensão ou depósito".

Há ainda o **Dissídio Coletivo de Natureza Jurídica**, que pode ser entendido como uma ação de natureza meramente declaratória, vez que a pretensão nele manejada é apenas a interpretação de normas coletivas preexistentes e em vigor, não servindo, por outro lado, para interpretação de norma genérica, consoante OJ 9 da SDC do TST.

Em sentido semelhante está redigida a OJ 7 da SDC do TST, vez que "não se presta o dissídio coletivo de natureza jurídica à interpretação de normas de caráter genérico, a teor do disposto no art. 313, II, do RITST".

Por fim, temos o **Dissídio Coletivo de Natureza Mista ou Híbrida**, que é o dissídio de natureza jurídica e econômica, tendo carga declaratória e constitutiva. Dá-se quando o tribunal julga dissídio coletivo de greve declarando ou não a abusividade da mesma, ao mesmo tempo em que constitui novas condições de trabalho (art. 8º da Lei n. 7.783/89 e art. 114, § 3º, da CF).

Há na doutrina quem faça menção ao denominado dissídio de greve, pura e simplesmente, que seria instaurado em caso de frustração na negociação coletiva, quando então os trabalhadores, observando os requisitos legais, resolvem deflagrar o movimento paredista.

Sobre a competência, as Varas do Trabalho jamais julgam dissídios coletivos! Se o dissídio coletivo for de competência originária do TRT, da decisão cabe recurso ordinário para o TST (art. 895, II, da CLT), cuja competência para julgamento é da SDC. Se a competência para o julgamento for originária do TST, o recurso cabível contra a sentença normativa é o de embargos infringentes para o próprio TST, quando a decisão não for unânime, mas a competência para o julgamento será da SDC.

21. AÇÃO DE CUMPRIMENTO

A ação em estudo foi assim idealizada pela doutrina e jurisprudência, em razão do contido no art. 872 e parágrafo único da CLT que reza:

"Celebrado o acordo, ou transitada em julgado a decisão, seguir-se-á o seu cumprimento, sob as penas estabelecidas neste Título.

Parágrafo único. Quando os empregadores deixarem de satisfazer o pagamento de salários, na conformidade da decisão proferida, poderão os empregados ou seus sindicatos, independentes de outorga de poderes de seus associados, juntando certidão de tal decisão, apresentar reclamação à Junta ou Juízo competente, observado o processo previsto no Capítulo II deste Título, sendo vedado, porém, questionar sobre a matéria de fato e de direito já apreciada na decisão".

É uma ação de conhecimento que tem por objetivo exigir o cumprimento das cláusulas previstas em instrumentos de negociação coletiva (acordos e convenções coletivas de trabalho), bem como o previsto em sentença normativa, sendo certo que, por esta ação, não se cria direitos, pelo contrário, busca-se a observância de direito preexistente.

Sua natureza é condenatória, devendo ser observado o rito ordinário, sumário ou sumaríssimo, neste último caso se o valor da causa não for superior a 40 salários mínimos na data do ajuizamento da ação.

O que se percebe é que o instrumento acima citado não tem carga condenatória, daí por que não são passíveis de execução, haja vista que não são títulos executivos, judiciais ou extrajudiciais.

Insta salientar que é admitido o ajuizamento da ação de cumprimento antes do trânsito em julgado da sentença normativa, tendo em vista o disposto na Súmula 246 do TST.

Caso haja a alteração do que fora decidido na sentença normativa, incabível o manejo da ação rescisória para desconstituir a decisão proferida na sentença normativa, vez que o TST pacificou entendimento no sentido de que não cabe ação rescisória "calcada em ofensa à coisa julgada perpetrada por decisão judicial proferida em ação de cumprimento, em face de sentença normativa", nos moldes da Súmula 397.

Logo, se houver modificação da sentença normativa que serviu de base para o ajuizamento da ação de cumprimento, esta deverá se adaptar a solução do conflito e, caso o tribunal tenha extinto o feito sem resolução de mérito, a consequência será exatamente a extinção da ação de cumprimento, o que se aduz com fulcro na citada Súmula 397 do TST e na OJ 277 da SDI-1 do TST.

No que tange à legitimidade, é lícito dizer que a ação de cumprimento pode ser ajuizada de forma individual, ou até mesmo em litisconsórcio ativo pelos trabalhadores (ação plúrima), bem como pelo sindicato (como legitimado extraordinário) em verdadeira substituição processual.

Dispõe a Súmula 286 do TST que "a legitimidade do sindicato para propor ação de cumprimento estende-se também à observância de acordo ou convenção coletiva", o que abrange também aqueles não associados, em razão do cancelamento da Súmula 310 do TST.

Ainda no que tange à legitimidade entende-se, hodiernamente, que as federações também têm legitimidade para o ajuizamento da ação de cumprimento.

Na ação de cumprimento não haverá a fase de produção de provas, isto é, não há oitiva de testemunhas, depoimento pessoal das partes, pois sua essência está vinculada umbilicalmente a prova documental pré-constituída, cabendo às partes juntarem os documentos pertinentes, de modo que o autor deverá juntar o instrumento no qual embase seu pedido quando do ajuizamento da ação em apreço.

Cabe averbar que falta interesse processual para ajuizamento de ação individual (reclamação trabalhista), seja singular ou plúrima, na hipótese do direito invocado já ter sido reconhecido mediante sentença normativa, pois trata-se de cabimento de ação de cumprimento, nos termos da já citada OJ 188 da SDI-1 do TST.

Por fim, no que diz respeito à prescrição, a Súmula 350 do TST prevê que o prazo de prescrição para o ajuizamento da ação de cumprimento das decisões normativas começa a fluir apenas do trânsito em julgado, isso porque, como já visto, é dispensado o trânsito em julgado da sentença normativa para ajuizamento da ação de cumprimento.

22. DA RESPONSABILIDADE POR DANO PROCESSUAL

A CLT, do art. 793-A ao art. 793-D, tem uma seção dedicada à responsabilidade daquele que causar dano de natureza processual, afirmando que responde por perdas e danos aquele que litigar de má-fé como reclamante, reclamado ou interveniente.

Será considerado litigante de má-fé aquele que deduzir pretensão ou defesa contra texto expresso de lei ou fato incontroverso; alterar a verdade dos fatos; usar do processo para conseguir objetivo ilegal; opuser resistência injustificada ao andamento do processo; proceder de modo temerário em qualquer incidente ou ato do processo; provocar incidente manifestamente infundado ou, ainda, interpuser recursos com intuito manifestamente protelatório.

De ofício ou a requerimento, o juízo condenará o litigante de má-fé a pagar multa, que deverá ser superior a 1% e inferior a 10% do valor corrigido da causa, a indenizar a parte contrária pelos prejuízos que esta sofreu e a arcar com os honorários advocatícios e com todas as despesas que efetuou.

Porém, quando forem dois ou mais os litigantes de má-fé, o juízo condenará cada um na proporção de seu respectivo interesse na causa ou solidariamente aqueles que se coligarem para lesar a parte contrária.

Quando o valor da causa for irrisório ou inestimável, a multa poderá ser fixada em até duas vezes o limite máximo dos benefícios do Regime Geral de Previdência Social.

O valor da indenização será fixado pelo juízo ou, caso não seja possível mensurá-lo, liquidado por arbitramento ou pelo procedimento comum, nos próprios autos.

Aplica-se a mesma multa acima citada a testemunha que intencionalmente alterar a verdade dos fatos ou omitir fatos essenciais ao julgamento da causa.

REFERÊNCIAS

BERNARDES, Felipe. *Manual de Processo do Trabalho*. 5. ed. Salvador: JusPodivm, 2023.

GIGLIO, Wagner. *Direito Processual do Trabalho*. 16. ed. São Paulo: Saraiva, 2007.

JÚNIOR, José Cairo. *Curso de Direito Processual do Trabalho*. 3. ed. Salvador: JusPodivm, 2010.

LEPORACI, Aline e MEROLA, Bianca. *Manual Prático de Direito do Trabalho*. Rio de Janeiro: Método, 2023.

LEITE, Carlos Henrique Bezerra. *Curso de Direito Processual do Trabalho*. São Paulo: Saraiva, 2022.

MARTINS, Sérgio Pinto. *Direito Processual do Trabalho*. 45. ed. São Paulo: Saraiva, 2023.

MARTINS FILHO, Ives Gandra da Silva. *Manual esquemático de direito e processo do trabalho*. 23. ed. rev. e atual. São Paulo: Saraiva, 2016.

SANDES, Fagner (organizador). *Reflexos do NCPC no Processo do Trabalho*. Rio de Janeiro: Ágora, 2016.

SCHIAVI, Mauro. *Curso de Direito Processual do Trabalho*. 19. ed. Salvador: JusPodivm, 2023.

Questões
Direito Processual do Trabalho

Acesse o *QR Code* e consulte as questões comentadas dos exames anteriores.

http://uqr.to/1wcfn

ATOS, TERMOS, PRAZOS E DESPESAS PROCESSUAIS. GRATUIDADE DE JUSTIÇA

1. **(38º Exame)** Você advoga para um ex-empregado, em sede de reclamação trabalhista em face de uma sociedade empresária, e também em face dos sócios desta. O curso processual vem sendo bastante conturbado. A parte ré deduziu fatos manifesta e notoriamente inverídicos em juízo; ela vem utilizando meios e modos de retardar o desfecho processual, arrolando testemunhas que não são localizadas, requerendo a substituição de testemunhas e provocando adiamentos desnecessários de audiências, no intuito de suscitar eventual futura nulidade. Seu cliente perguntou se as condutas poderiam ensejar o requerimento e consequente condenação em litigância de má-fé, em razão de considerar que tais condutas representam procedimento contrário à boa ordem processual. Nesse sentido, de acordo com o texto da CLT, assinale a afirmativa correta.

(A) Não é vedado a parte promover incidentes processuais sem fundamento, com intuito de retardar o andamento processual, já que o amplo direito de defesa é assegurado constitucionalmente.

(B) Os valores da multa de litigância de má-fé sempre incidem sobre o valor da causa, ainda que irrisório o valor, pois existem as demais reparações previstas na lei.

(C) Não constitui conduta passível de litigância de má-fé a parte formular alegações em sede de contestação contrárias a texto expresso de lei, pois cabe ao juiz rechaçar a alegação.

(D) As condutas ensejam litigância de má-fé e têm previsão legal, sendo passíveis de multa superior a 1% e inferior a 10% sobre o valor corrigido da causa, entre outras penalidades.

RESPOSTA A CLT prevê no art. 793-B que considera-se litigante de má-fé aquele que: I – deduzir pretensão ou defesa contra texto expresso de lei ou fato incontroverso; II – alterar a verdade dos fatos; III – usar do processo para conseguir objetivo ilegal; IV – opuser resistência injustificada ao andamento do processo; V – proceder de modo temerário em qualquer incidente ou ato do processo; VI – provocar incidente manifestamente infundado; VII – interpuser recurso com intuito manifestamente protelatório. Outrossim, o art. 793-C estabelece que de ofício ou a requerimento, o juízo condenará o litigante de má-fé a pagar multa, que deverá ser superior a 1% (um por cento) e inferior a 10% (dez por cento) do valor corrigido da causa, a indenizar a parte contrária pelos prejuízos que esta sofreu e a arcar com os honorários advocatícios e com todas as despesas que efetuou. *Alternativa D.*

PROCEDIMENTOS

2. **(40º Exame)** Jeferson trabalhou em São Paulo de 2018 a 2023, quando foi dispensado sem justa causa e voltou para sua cidade de origem, Fortaleza/CE. Entendendo ter realizado sobrejornada sem receber, Jeferson contratou um advogado na sua cidade que ajuizou reclamação trabalhista distribuída a uma das Varas de Fortaleza/CE requerendo o pagamento de horas extras. A ex-empregadora foi citada para a audiência, que ocorrerá em quatro meses, mas pretende deslocar o feito para São Paulo, pois foi o único local da prestação de serviços e onde o autor foi contratado. Para tanto, a ex-empregadora o(a) contratou como advogado(a). Na qualidade de advogado(a) da sociedade empresária, considerando os fatos e o que dispõe a CLT, assinale a afirmativa correta.

(A) A sociedade empresária poderá apresentar a exceção de incompetência territorial até a audiência.

(B) A sociedade empresária deve apresentar a exceção de incompetência territorial em até dez dias corridos, contados da citação.

(C) A sociedade empresária deverá apresentar a exceção de incompetência territorial em cinco dias úteis, contados da citação.

(D) Não se poderá apresentar exceção de incompetência territorial, porque a ação pode ser ajuizada no domicílio do autor, ainda que não coincida com o local da prestação dos serviços.

RESPOSTA De acordo com o art. 800 da CLT, apresentada exceção de incompetência territorial no prazo de cinco dias a con-

DIREITO PROCESSUAL DO TRABALHO

tar da notificação, antes da audiência e em peça que sinalize a existência desta exceção, seguir-se-á o procedimento ali estabelecido. Quanto ao prazo, considerando o art. 775 da CLT, os prazos processuais são contados em dias úteis. *Alternativa C.*

3. **(40º Exame)** Em sede de reclamação trabalhista na qual você advoga para o empregado, foi celebrado acordo entre as partes ainda na fase de conhecimento, antes da prolação da sentença. Na petição de lavra conjunta entre os advogados das partes nada constou acerca das custas processuais. Seu cliente é beneficiário da gratuidade de justiça, conforme decisão constante do processo desde o início. Sobre as custas processuais, considerando o silêncio das partes e havendo acordo, segundo o texto da CLT, assinale a afirmativa correta.

(A) As custas deverão incidir em 2% sobre o valor do acordo e serão divididas em frações iguais pelas partes, sendo que, no caso de seu cliente, não haverá o pagamento por força da gratuidade de justiça.

(B) As custas deverão incidir em 10% sobre o valor do acordo e serão integralmente recolhidas pela parte ré.

(C) As custas deverão incidir em 2% sobre o valor do acordo e ficarão integralmente sob responsabilidade da parte autora que, na hipótese, está dispensada do recolhimento por força da gratuidade de justiça.

(D) As custas deverão incidir em 5% sobre o valor da causa, já que não houve prolação de sentença, e serão rateadas igualmente pelas partes, dispensado o autor do recolhimento pela gratuidade de justiça

RESPOSTA De acordo com o art. 789 da CLT, as custas relativas ao processo de conhecimento incidirão à base de 2% (dois por cento), observado o mínimo de R$ 10,64 (dez reais e sessenta e quatro centavos) e o máximo de quatro vezes o limite máximo dos benefícios do Regime Geral de Previdência Social, e serão calculadas, dentre outras hipóteses, quando houver acordo ou condenação, sobre o respectivo valor. E, sempre que houver acordo, se de outra forma não for convencionado, o pagamento das custas caberá em partes iguais aos litigantes, conforme § 3º do mesmo artigo. Outrossim, de acordo com o art. 790-A, são isentos do pagamento de custas os beneficiários de justiça gratuita. *Alternativa A.*

4. **(37º Exame)** Pedro, Luzia e Rogério são empregados da sociedade empresária ABC e ajuizaram reclamação trabalhista individual contra ela. Pedro tem 55 anos de idade e postula na sua ação horas extras; Luzia tem 42 anos de idade e em sua ação requer o pagamento de 2 períodos de férias vencidas; Rogério tem 34 anos de idade e, na sua demanda, postula o pagamento dos salários retidos dos últimos 2 meses de trabalho. Em razão do alto salário que os três empregados recebiam, todas as ações tramitam pelo rito ordinário. A respeito dessas reclamações trabalhistas, assinale a opção que indica, de acordo com a CLT, a(as) que terá(ão) preferência na tramitação processual.

(A) A de Rogério.
(B) A de Luzia.
(C) A de Pedro.
(D) A de Luzia e a de Pedro

RESPOSTA O art. 652 da CLT, em seu parágrafo único, dispõe que terão preferência para julgamento os dissídios sobre pagamento de salário e aqueles que derivarem da falência do empregador, podendo o Juiz, a pedido do interessado, constituir processo em separado, sempre que a reclamação também versar sobre outros assuntos. *Alternativa A.*

5. **(37º Exame)** Arthur ajuizou reclamação trabalhista em face de seu ex-empregador – a sociedade empresária Alfa –, e dos 3 sócios dela, valendo-se do incidente de desconsideração da personalidade jurídica (IDPJ) na fase de cognição. Argumentou na petição inicial que assim procedeu para que, em havendo sucesso na pretensão, os sócios já constem do título executivo judicial, o que abreviaria a futura execução. Diante da situação retratada e da previsão contida na CLT, assinale a afirmativa correta.

(A) O incidente de desconsideração da personalidade jurídica (IDPJ), na Justiça do Trabalho, somente pode ser feito na fase de execução.

(B) O incidente de desconsideração da personalidade jurídica (IDPJ), na seara trabalhista, pode ser feito na fase de conhecimento ou de execução.

(C) O incidente de desconsideração da personalidade jurídica (IDPJ) na fase de conhecimento dependerá da concordância dos sócios.

(D) A opção pelo incidente de desconsideração da personalidade jurídica (IDPJ), por exigência expressa da CLT, deve ter, na fase de conhecimento, sua necessidade provada por documentos

RESPOSTA O art. 855-A da CLT determina que seja aplicado, no IDPJ trabalhista, no geral, as regras do CPC. Este diploma, por sua vez, prevê no art. 134 que o incidente de desconsideração é cabível em todas as fases do processo de conhecimento, no cumprimento de sentença e na execução fundada em título executivo extrajudicial. *Alternativa B.*

AUDIÊNCIA

6. **(41ºExame)** Pedro é advogado e sua audiência está marcada para as 17 horas, mas ele está preocupado, porque já são 16h30, sua audiência não foi apregoada e ele viu, pela pauta, que ainda há três processos complexos de instrução para serem apreciados pelo magistrado que são anteriores ao seu, sendo certo que o início da pauta de audiências se deu às 14 horas. Considerando os fatos narrados e o que dispõe a CLT, assinale a afirmativa correta.

(A) A audiência de Pedro ocorrerá independentemente do horário em que as anteriores terminarem.
(B) Cada juiz determina o horário de término de suas audiências.
(C) As audiências devem ocorrer até as 18 horas, salvo situação urgente.
(D) As audiências devem ser paralisadas às 17h30.

RESPOSTA De acordo com o art. 813 da CLT, as audiências dos órgãos da Justiça do Trabalho serão públicas e realizar-se-ão na sede do Juízo ou Tribunal em dias úteis previamente fixados, entre 8 (oito) e 18 (dezoito) horas, não podendo ultrapassar 5 (cinco) horas seguidas, salvo quando houver matéria urgente. *Alternativa C.*

7. **(40º Exame)** Em determinada reclamação trabalhista, com a presença das partes e dos advogados, ocorreu a 1ª audiência apenas para a tentativa de conciliação, que não teve sucesso. Então, o juiz recebeu a defesa e deferiu as provas testemunhais e os depoimentos pessoais recíprocos, sob pena de confissão, designando a data da instrução. Chegado o dia da audiência de instrução, as partes foram apregoadas e nenhuma delas estava presente, não havendo qualquer justificativa para as ausências. Assinale a opção que indica o que deve ocorrer com esse processo.

(A) O juiz deverá designar nova audiência.
(B) O juiz deve aplicar a confissão somente em desfavor do autor.
(C) O magistrado julgará de acordo com a distribuição do ônus da prova.
(D) O processo será arquivado.

RESPOSTA Quando ambas as partes deixam de comparecer à audiência para prestar depoimento pessoal, embora previamente intimadas para tanto, aplica-se o entendimento da Súmula 74, item I, do TST, ou seja, aplica-se a confissão à parte que, expressamente intimada com aquela cominação, não comparecer à audiência em prosseguimento, na qual deveria depor. Como no caso ambas faltaram, o juiz aplicará a confissão recíproca e julgará de acordo com o ônus da prova que incumbe a cada parte. *Alternativa C.*

8. (38º Exame) Pedro Arnaldo ajuizou reclamação trabalhista em face da ex-empregadora. No dia da audiência, rejeitada a possibilidade de acordo, o feito foi contestado. A parte ré, porém, requereu o adiamento em razão da ausência de uma testemunha, que estava intimada regularmente. Na audiência seguinte Pedro Arnaldo, sem qualquer justificativa, não compareceu. Diante disso, nos termos da CLT e do entendimento jurisprudencial consolidado do TST, assinale a afirmativa correta.

(A) A ausência do reclamante, quando adiada a instrução após contestada a ação em audiência, não importa arquivamento do processo.
(B) A ausência do reclamante importará no arquivamento do feito na hipótese.
(C) O feito deverá ser novamente adiado para o comparecimento do reclamante, que não deu causa ao adiamento anterior.
(D) Ausente o interesse de agir, o feito deverá ser extinto sem resolução do mérito.

RESPOSTA Comina a Súmula 9 do TST que a ausência do reclamante, quando adiada a instrução após contestada a ação em audiência, não importa arquivamento do processo. O arquivamento apenas ocorre quando o reclamante não comparece na audiência uma ou inicial (também conhecida como audiência de conciliação). *Alternativa A.*

9. (36º Exame) Amanda ajuizou reclamação trabalhista contra a Sociedade Empresária Brinquedos Infantis Ltda., na qual atuou como caixa durante 7 meses. A reclamada foi citada e apresentou defesa sem sigilo no sistema Pje, com os documentos correspondentes, 2 dias antes da audiência. No dia da audiência, feito o pregão, a juíza tentou a conciliação entre as partes, sem sucesso. Então, recebeu formalmente a defesa e deu vista à advogada da autora. Após analisar a contestação em mesa, a advogada de Amanda pediu a palavra pela ordem e requereu a desistência da reclamação trabalhista, com o que não concordou o advogado da reclamada. Considerando a situação e as normas previstas na CLT, assinale a afirmativa correta.

(A) A desistência pode ser homologada, porque requerida antes do início da instrução.
(B) O requerimento deve ser homologado pelo magistrado, uma vez que a desistência jamais depende da concordância do reclamado.
(C) A desistência não poderá ser homologada, porque tendo a contestação sido oferecida, a desistência depende da concordância do reclamado.
(D) O requerimento não pode ser atendido, porque tanto a desistência quanto a renúncia dependem de aquiescência do reclamado se a defesa tiver sido apresentada sem sigilo

RESPOSTA No processo do trabalho, de acordo com o paráfo único do art. 847, parte poderá apresentar defesa escrita pelo sistema de processo judicial eletrônico até a audiência. Contudo, uma vez oferecida a contestação, a desistência da ação só será admitida se houver concordância expressa do reclamado, conforme o art. 841, § 3º, da CLT, que assim prevê: "Oferecida a contestação, ainda que eletronicamente, o reclamante não poderá, sem o consentimento do reclamado, desistir da ação". *Alternativa C.*

RECURSOS

10. (41º Exame) Em sede de reclamação trabalhista, a decisão deferindo horas extras para o autor transitou em julgado. Após a liquidação de sentença e fixado o débito em R$ 10.000,00, a sociedade empresária que é ré foi intimada a pagar. Ocorre que, você, advogado(a) da sociedade empresária ré, entendeu que os valores estavam incorretos. Seu cliente teve um veículo penhorado para garantir a execução. Você apresentou embargos à execução tempestivamente, contestados pela parte contrária. O juiz julgou improcedente sua alegação e manteve o valor. Seu cliente lhe perguntou se haveria mais alguma medida para discutir o valor. Admitindo que você foi notificado da decisão na data de ontem e que ela não contém nenhum vício processual formal, assinale a opção que indica o recurso cabível.

(A) Agravo de Instrumento.
(B) Agravo de Petição.
(C) Ordinário.
(D) Recurso de Revista.

RESPOSTA O recurso cabível na execução, de acordo com o art. 897, *a*, é o agravo de petição. Vejamos: "Cabe agravo, no prazo de 8 (oito) dias, de petição, das decisões do Juiz ou Presidente, nas execuções". *Alternativa B.*

11. (41º Exame) Pietro está sendo executado na Justiça do Trabalho e, em seu processo, o juiz acionou todas as ferramentas tecnológicas disponíveis para tentar apreender dinheiro ou bens, mas não teve sucesso. Como última e radical tentativa de coerção, o exequente requereu a suspensão do passaporte de Pietro, o que foi deferido pelo magistrado e cumprido. Inconformado, Pietro o contratou como advogado(a) e você impetrou habeas corpus para garantir o direito de locomoção do seu cliente, comprovando que ele adquiriu passagem aérea para uma viagem ao exterior, mas que estava impossibilitado de deixar o território nacional. Em decisão colegiada, o TRT negou, no mérito, o

DIREITO PROCESSUAL DO TRABALHO

salvo conduto a Pietro, e, em razão disso, você pretende recorrer da decisão. Assinale a opção que indica a medida judicial correta que você deverá apresentar e para que órgão.

(A) Recurso Ordinário para o TST.
(B) Agravo de Petição para o STJ.
(C) Recurso de Revista para o TST.
(D) Agravo de Instrumento para o TRT da Região.

RESPOSTA De acordo com o art. 895, II, da CLT, cabe recurso ordinário para a instância superior das decisões definitivas ou terminativas dos Tribunais Regionais, em processos de sua competência originária, no prazo de 8 (oito) dias, quer nos dissídios individuais, quer nos dissídios coletivos. No caso, como o HC foi de competência originária do TRT e a instância superior ao TRT é o TST, a (A) é alternativa correta. *Alternativa A.*

12. (40º Exame) Você é advogado de um trabalhador em sede de reclamação trabalhista. Em que pese o direito de seu cliente ser constitucionalmente assegurado, pois se trata de férias não gozadas um ano após o período aquisitivo, que tampouco foram indenizadas, a sentença de primeiro grau considerou o pedido improcedente. Do mesmo modo o recurso pertinente contra essa decisão também teve o provimento negado. Diante disso, considerando a decisão contrária ao dispositivo constitucional, você interpôs o recurso cabível, que não foi admitido sob a alegação de que não preenchia os pressupostos para tanto. Diante disso, assinale a afirmativa que apresenta, corretamente, a medida a ser adotada no interesse do seu cliente, sendo certo que as decisões não contêm nenhum vício de dúvida, omissão, obscuridade ou contradição.

(A) Recurso de Revista.
(B) Agravo de Instrumento.
(C) Recurso Extraordinário.
(D) Agravo de Petição.

RESPOSTA Da decisão que nega seguimento ao recurso de revista, que foi o recurso interposto (art. 896, c, da CLT), cabe agravo de instrumento na forma do art. 897, b, da CLT. *Alternativa B.*

13. (39º Exame) De uma sentença trabalhista, que julgou o pedido procedente em parte, somente o reclamante recorreu. No prazo de 8 dias da intimação acerca do recurso, a sociedade empresária apresentou contrarrazões ao recurso ordinário e recurso ordinário adesivo. Do recurso adesivo, o juiz concedeu vista ao reclamante, que se manifestou desistindo do recurso principal. Diante do caso retratado e dos termos da legislação em vigor, assinale a afirmativa correta.

(A) Não existe previsão de recurso adesivo na CLT e, por isso, ele não pode ser interposto na Justiça do Trabalho.
(B) O recurso adesivo pode ser manejado na seara trabalhista, e, com a desistência do recurso principal, o adesivo será admitido e apreciado pelo TRT.
(C) O recurso adesivo, com a desistência do recurso principal, não poderá ser conhecido, ocorrendo assim o trânsito em julgado da sentença.
(D) A desistência do recurso principal dependerá de concordância da parte contrária, porque isso pode gerar consequências ao recurso adesivo.

RESPOSTA A CLT não prevê o recurso adesivo, mas a sua utilização é largamente admitida pela jurisprudência, conforme Súmula 283 do TST, que assim prescreve: "O recurso adesivo é compatível com o processo do trabalho e cabe, no prazo de 8 (oito) dias, nas hipóteses de interposição de recurso ordinário, de agravo de petição, de revista e de embargos, sendo desnecessário que a matéria nele veiculada esteja relacionada com a do recurso interposto pela parte contrária". A previsão está no CPC, no art. 997 que, em seu § 2º, III, diz claramente que o recurso adesivo não será conhecido, se houver desistência do recurso principal ou se for ele considerado inadmissível. *Alternativa C.*

14. (38º Exame) Depois de fracassar a tentativa pacífica de negociação para realizar uma convenção coletiva de âmbito municipal, o sindicato dos empregados ajuizou dissídio coletivo que, depois de regularmente processado nos moldes da Lei, recebeu sua sentença normativa. Ocorre que o sindicato dos empregadores não concorda com algumas das cláusulas fixadas, e pretende recorrer da decisão. Diante da situação retratada e dos termos da CLT, assinale a afirmativa correta.

(A) Caberá recurso ordinário para o TST.
(B) Por se tratar de sentença normativa, é irrecorrível.
(C) Caberá recurso de revista para o TST.
(D) Caberá recurso ordinário para o TRT.

RESPOSTA Como regra geral, a competência para apreciar e julgar dissídio coletivo é do TRT e da decisão emanada do TRT, no caso em sua competência originária, caberá recurso ordinário para o TST, na forma do art. 895, II, da CLT. *Alternativa A.*

15. (37º Exame) Natália ajuizou reclamação trabalhista contra o ex-empregador e a ação adotou o rito sumaríssimo. Natália teve procedência parcial do seu pedido, tendo havido recurso do ex-empregador. O TRT local manteve a sentença, mas, na ótica da sociedade empresária, a decisão violou frontalmente uma orientação jurisprudencial (OJ) do TST, daí porque interpôs recurso de revista para tentar revertê-la sob esse fundamento. Diante do fato apresentado e das normas previstas na CLT, assinale a afirmativa correta.

(A) O recurso de revista não será admitido, porque não houve violação de Súmula do TST, de Súmula vinculante do STF e nem violação direta da Constituição Federal.
(B) O recurso em exame será admitido, porque cabe ao TST manter a autoridade da sua jurisprudência contra decisões que a violem.
(C) O recurso de revista não será admitido, porque ele só tem cabimento para as causas que tramitam pelo procedimento ordinário, o que não é a hipótese.
(D) O recurso de revista, no caso apresentado, sempre será admitido se houver alegação de violação às Súmulas e às orientações jurisprudenciais do TST, bem como violação de Lei Federal.

RESPOSTA De acordo com o art. 896, § 9º, da CLT, nas causas sujeitas ao procedimento sumaríssimo, somente será admitido recurso de revista por contrariedade a súmula de jurisprudência uniforme do Tribunal Superior do Trabalho ou a súmula vinculante do Supremo Tribunal Federal e por violação direta da Constituição Federal. *Alternativa A.*

16. **(36º Exame)** Na audiência de uma reclamação trabalhista, estando as partes presentes e assistidas por seus respectivos advogados, foi homologado pelo juiz um acordo no valor de R$ 50.000,00 (cinquenta mil reais), tendo sido atribuído ao valor a natureza indenizatória, com as parcelas devidamente identificadas. O reclamante e o INSS, cinco dias após, interpuseram recurso ordinário contra a decisão de homologação do acordo – o reclamante, dizendo-se arrependido quanto ao valor, afirmando que teria direito a uma quantia muito superior; já o INSS, insurgindo-se contra a indicação de todo o valor acordado como tendo natureza indenizatória, prejudicando a autarquia previdenciária no tocante ao recolhimento da cota previdenciária. Diante do caso apresentado e nos termos da CLT, assinale a afirmativa correta.

(A) Tanto o reclamante quanto o INSS podem recorrer da decisão homologatória, e seus recursos terão o mérito apreciado.
(B) No caso, somente o reclamante poderá recorrer, porque o INSS não tem legitimidade para recorrer de recursos, já que não foi parte.
(C) Somente o INSS pode recorrer, porque, para o reclamante, o acordo valerá como decisão irrecorrível.
(D) Nenhuma das partes nem o INSS podem recorrer contra o acordo, porque a homologação na Justiça do Trabalho é soberana

RESPOSTA A decisão que homologa o acordo entre as partes é uma sentença de mérito (art. 487, III, *b*, do CPC, a qual transita em julgado no momento em que proferida (Súmula 100, V, e Súmula 259, ambas do TST), de modo que não pode o autor recorrer. Contudo, o INSS, como terceiro que não participou do acordo, poderá interpor o recurso, como autorizado pelo parágrafo único do art. 831 da CLT. *Alternativa C.*

17. **(36º Exame)** Após a admissão e o julgamento de um recurso de revista, um motorista por aplicativo, que requereu vínculo empregatício com uma plataforma, teve o seu pedido julgado improcedente por uma das turmas do Tribunal competente. Na mesma semana, outro recurso de revista foi julgado de forma diametralmente oposta por outra turma do mesmo Tribunal, reconhecendo o vínculo de emprego. Diante desta contradição nos julgamentos, assinale a opção que indica o recurso cabível para uniformizar o entendimento desse Tribunal e em que órgão ele será apreciado.

(A) Embargos, para a Seção de Dissídios Individuais do TST.
(B) Recurso Ordinário, a ser julgado pelo órgão Pleno do TRT da Região.
(C) Embargos de Declaração, a ser apreciado pelo STF.
(D) Conflito Negativo de Competência, para o órgão especial do STJ.

RESPOSTA O art. 894, II, da CLT prevê que cabe embargos no TST, no prazo de 8 dias, quando das decisões das Turmas que divergirem entre si ou das decisões proferidas pela Seção de Dissídios Individuais, ou contrárias a Súmula ou Orientação Jurisprudencial do Tribunal Superior do Trabalho ou Súmula Vinculante do Supremo Tribunal Federal. Assim, o recurso cabível é o embargo e a competência é da Seção de Dissídios Individuais do TST, conforme o art. 3º, III, *b*, da Lei n. 7.701/88 e art. 78 do Regimento Interno do TST. *Alternativa A.*

LIQUIDAÇÃO DE SENTENÇA E EXECUÇÃO

18. **(41º Exame)** Tereza ajuizou reclamação trabalhista contra o seu ex-empregador, que foi julgada totalmente procedente, com a concessão de 10% de honorários advocatícios sucumbenciais. Transitado em julgado sem interposição de recurso, o juiz determinou que o calculista da Vara calculasse o valor da dívida. As partes verificaram as contas elaboradas, sem haver discordância. Ocorre que, dez dias depois, sem que o executado ainda tivesse sido citado para pagar a dívida, você, como advogado(a) de Tereza, revisitou os cálculos de liquidação da Contadoria e notou que, por falha involuntária, os honorários advocatícios sucumbenciais não haviam sido incluídos na conta, e que o prazo para impugnação da sentença de liquidação já havia transcorrido. Sobre os honorários advocatícios, considerando os fatos narrados e o que dispõe a CLT, assinale a afirmativa correta.

(A) O advogado de Tereza perdeu o direito aos honorários.
(B) O causídico ainda poderá perseguir os honorários, mas deverá fazê-lo em ação própria.
(C) Os honorários poderão ser incluídos na conta, se houver concordância expressa do executado.
(D) Os honorários, por se tratar de erro material de cálculo, poderão ser incluídos na conta, mesmo após o prazo para impugnação

RESPOSTA O art. 791-A da CLT trata da fixação de honorários da seguinte forma: "Ao advogado, ainda que atue em causa própria, serão devidos honorários de sucumbência, fixados entre o mínimo de 5% (cinco por cento) e o máximo de 15% (quinze por cento) sobre o valor que resultar da liquidação da sentença, do proveito econômico obtido ou, não sendo possível mensurá-lo, sobre o valor atualizado da causa". Com efeito, o que se percebe é apenas um erro material de cálculo, já que a sentença, transitada em julgado, condenou ao pagamento de honorários. Assim, nos termos do § 1º do art. 879 da CLT, "na liquidação, não se poderá modificar, ou inovar, a sentença liquidanda nem discutir matéria pertinente à causa principal", ou seja, deve incluir os honorários. Ademais, o CPC indica no art. 494, I, que, uma vez publicada a sentença, o juiz só poderá alterá-la para corrigir-lhe, de ofício ou a requerimento da parte, inexatidões materiais ou erros de cálculo. *Alternativa D.*

19. **(41º Exame)** Em determinada reclamação trabalhista, o recurso ordinário interposto pela ex-empregadora encontra-se pendente de julgamento e alcança todo o objeto da condenação. Para agilizar o procedimento, o reclamante iniciou a execução provisória do julgado, apresentando os cálculos de liquidação pertinentes, que foram submetidos à análise do adversário, da contadoria do juízo e, depois, homologados por serem reputados corretos. O juiz concedeu 48 horas para que a sociedade empresária depositasse a quantia nos autos, o que foi cumprido. Logo depois o exequente peticionou a liberação do valor homologado a seu favor. Diante desses fatos e do disposto na CLT, assinale a afirmativa correta.

(A) Inviável a pretensão, porque a execução provisória fica limitada ao bloqueio ou à penhora.
(B) É possível a liberação, desde que o trabalhador assine um termo de compromisso garantindo que devolverá a quantia caso a decisão seja revertida pelo Tribunal.

DIREITO PROCESSUAL DO TRABALHO

(C) Tendo o crédito trabalhista natureza alimentar, o juiz poderá liberar o valor sem qualquer condição.

(D) Na Justiça do Trabalho, como regra, os recursos têm efeito suspensivo, de modo que não é possível a execução provisória, havendo evidente falha do juiz.

RESPOSTA Conforme estabeleve o art. 899, *caput*, da CLT: "Os recursos serão interpostos por simples petição e terão efeito meramente devolutivo, salvo as exceções previstas neste Título, permitida a execução provisória até a penhora". *Alternativa A.*

20. (40º Exame) Você advoga para o empregado, credor em uma reclamação trabalhista cuja decisão transitou em julgado. A liquidação de sentença foi promovida e, após manifestações das partes, foi homologado o cálculo da parte ré. Você continua entendendo que há erro nos cálculos homologados e pretende continuar a discutir a matéria. Diante disso, assinale a opção que apresenta a medida a ser adotada no interesse do seu cliente.

(A) Deverá ser apresentado embargos à execução no prazo de cinco dias independentemente da garantia da execução ou da penhora.

(B) Não cabe qualquer medida, uma vez que se operou a preclusão, pois já houve manifestação sobre a conta de liquidação.

(C) Na sua manifestação, a ser feita em dez dias após a garantia do juízo, não há restrição de matéria, podendo ser discutido não só os cálculos, mas também a sentença de conhecimento.

(D) Após a garantia da execução ou penhorados os bens, você poderá apresentar impugnação à sentença de liquidação em cinco dias.

RESPOSTA De acordo com o § 3º do art. 884 da CLT, somente nos embargos à penhora poderá o executado impugnar a sentença de liquidação, cabendo ao exequente igual direito e no mesmo prazo. Mas, para tanto, é necessário que se tenha cumprido o disposto no § 2º do art. 879 da CLT, que assim diz: "Elaborada a conta e tornada líquida, o juízo deverá abrir às partes prazo comum de oito dias para impugnação fundamentada com a indicação dos itens e valores objeto da discordância, sob pena de preclusão". *Alternativa D.*

21. (39º Exame) O Município de Sete Lagoas/MG foi condenado de forma subsidiária numa reclamação trabalhista envolvendo terceirização. Sendo infrutífera a execução contra o prestador dos serviços, a execução foi direcionada em desfavor do Município, que pretende ajuizar embargos à execução questionando os cálculos. Sobre o caso, de acordo com a Lei de Regência, assinale a afirmativa correta.

(A) Será obrigatório garantir o juízo, porque não há privilégios na Justiça do Trabalho.

(B) É desnecessária a garantia do juízo diante da natureza jurídica do executado.

(C) Para serem admitidos os embargos, o Município deverá depositar metade do valor exequendo.

(D) O juízo precisa ser garantido com seguro fiança judicial para não abalar as finanças do ente público.

RESPOSTA Como regra, de acordo com o art. 884 da CLT, o juízo deve ser garantido. Contudo, por determinação constitucional, a execução contra os entes públicos segue o regime dos precatórios, conforme art. 100 da Constituição. Assim, como os bens públicos são impenhoráveis e há regra específica para a execução dos entes públicos, não há necessidade de garantia do juízo, o que é reafirmado pelo CPC (art. 910 c/c art. 535). *Alternativa B.*

22. (38º Exame) Tomás teve o pedido de sua reclamação trabalhista julgado procedente em parte. Com o trânsito em julgado, adveio a fase executória e o juiz lhe conferiu prazo para apresentar os cálculos atualizados, o que foi feito. Desse cálculo, a executada foi intimada a se manifestar, mas quedou-se inerte. Em seguida, após ratificação pelo calculista da Vara, o juiz homologou o cálculo de Tomás e citou o executado para pagamento. O executado apresentou guia de depósito do valor homologado e, 5 dias após, ajuizou embargos à execução, questionando os cálculos homologados, entendendo que estavam majorados. Diante da situação retratada e da previsão da CLT, assinale a afirmativa correta.

(A) Os embargos não serão apreciados porque intempestivos, já que o prazo é de 3 dias úteis.

(B) Cabíveis embargos à execução no prazo de até 5 dias úteis após a garantia do juízo, daí, o mérito dele será apreciado.

(C) Há preclusão porque a empresa silenciou acerca dos cálculos, logo o mérito dos embargos não será apreciado.

(D) Os embargos são tempestivos, não há preclusão mas faltou realizar o preparo com acréscimo de 30%, daí o mérito não será apreciado.

RESPOSTA A CLT estabelece que, uma vez intimadas para falarem sobre os cálculos, as partes terão o prazo comum de 8 dias para impugnação fundamentada com a indicação dos itens e valores objeto da discordância, sob pena de preclusão (art. 879, § 2º), de modo que, se não houve impugnação, não poderá impugnar a sentença de liquidação nos embargos (art. 884, § 3º, da CLT), pois faltará interesse em razão da preclusão. *Alternativa C.*

23. (36º Exame) Numa execução trabalhista, o juiz homologou os cálculos do exequente, declarando devido o valor de R$ 30.000,00. Instado a pagar voluntariamente a dívida, o executado quedou-se inerte e, após requerimento do exequente, o juiz acionou o convênio com o Banco Central para bloqueio do numerário nos ativos financeiros da empresa. A ferramenta de bloqueio conseguiu, após várias tentativas, capturar R$ 20.000,00 das contas do executado. Diante dessa situação e das disposições da CLT, assinale a afirmativa correta.

(A) A empresa poderá, de plano, ajuizar embargos à execução, que serão apreciados, porque não é necessária a garantia do juízo.

(B) O executado ainda não poderá ajuizar embargos à execução e, se o fizer, não serão apreciados, porque o juízo não se encontra integralmente garantido.

(C) Os embargos à execução podem ser ajuizados e apreciados, porque já se conseguiu apreender mais da metade do valor exequendo, que é o requisito previsto na CLT.

(D) A empresa não poderá embargar a execução, porque não existe tal previsão na CLT.

RESPOSTA De acordo com o art. 884 da CLT o pressuposto basilar para admissibilidade dos embargos a execução é a garantia do juízo, nos seguintes termos: "Garantida a execução ou penhorados os bens, terá o executado 5 (cinco) dias para apresentar embargos, cabendo igual prazo ao exeqüente para impugnação". *Alternativa B.*

24. (36º Exame) No bojo de uma execução trabalhista, o juiz, a requerimento da exequente, utilizou todas as ferramentas tecnológicas disponíveis para tentar apreender dinheiro ou bens do executado, não tendo sucesso. O juízo, também a requerimento da exequente, deferiu a instauração do incidente de desconsideração da personalidade jurídica (IDPJ) em face dos sócios, que foram citados e se manifestaram. Diante dos argumentos apresentados, o IDPJ foi julgado improcedente, isentando os sócios de qualquer responsabilidade. Considerando a situação de fato e a previsão legal, assinale a afirmativa correta.

(A) A exequente poderá interpor recurso de agravo de petição.
(B) Não caberá recurso da decisão em referência por ser interlocutória.
(C) Caberá à exequente, se desejar, interpor recurso ordinário.
(D) A exequente poderá interpor agravo de instrumento.

RESPOSTA Nos termos da CLT, art. 855-B, § 1º, II, o recurso cabível contra a decisão que defere ou indefere o IDPJ é o agravo de petição, que independe de depósito recursal. *Alternativa A*.

25. (35º Exame) As entidades, mesmo as filantrópicas, podem ser empregadoras e, portanto, reclamadas na Justiça do Trabalho. A entidade filantrópica Beta foi condenada em uma reclamação trabalhista movida por uma ex-empregada e, após transitado em julgado e apurado o valor em liquidação, que seguiu todos os trâmites de regência, o juiz homologou o crédito da exequente no valor de R$ 25.000,00 (vinte e cinco mil reais). A ex-empregadora entende que o valor está em desacordo com a coisa julgada, pois, nas suas contas, o valor devido é bem menor, algo em torno de 50% do que foi homologado e cobrado. Sobre o caso, diante do que dispõe a CLT, assinale a afirmativa correta.

(A) Para ajuizar embargos à execução, a entidade, por ser filantrópica, não precisará garantir o juízo.
(B) Por ser entidade filantrópica, a Lei expressamente proíbe o ajuizamento de embargos à execução.
(C) É possível o ajuizamento dos embargos, desde que a entidade filantrópica deposite nos autos os R$ 25.000,00 (vinte e cinco mil reais).
(D) Os embargos somente poderão ser apreciados se a entidade depositar o valor que reconhece ser devido.

RESPOSTA A entidade filantrópica e/ou aqueles que compõem ou compuseram a diretoria dessas instituições podem apresentar embargos à execução sem necessidade de garantia do juízo, ou seja, não se aplica a regra de garantia da execução ou penhora dos bens, conforme o § 6º do art. 884 da CLT. *Alternativa A*.

26. (35º Exame) Em determinada reclamação trabalhista, que se encontra na fase de execução, não foram localizados bens da sociedade empresária executada, motivando o credor a instaurar o incidente de desconsideração de personalidade jurídica (IDPJ), para direcionar a execução contra os sócios atuais da empresa. Os sócios foram, então, citados para manifestação. Diante da situação retratada e da previsão da CLT, assinale a afirmativa correta.

(A) É desnecessária a garantia do juízo para que a manifestação do sócio seja apreciada.
(B) A CLT determina que haja a garantia do juízo, mas com fiança bancária ou seguro garantia judicial.
(C) A Lei determina que haja garantia do juízo em 50% para que a manifestação do sócio seja analisada.
(D) Será necessário garantir o juízo com bens ou dinheiro para o sócio ter a sua manifestação apreciada.

RESPOSTA A CLT não exige, para que os sócios possam ter suas manifestações sobre a instauração, em face deles, de um incidente de desconsideração da personalidade jurídica, que haja garantia do juízo, como se extrai do art. 855-A e parágrafos c/c art. 135, vez que instaurado o incidente, o sócio ou a pessoa jurídica será citado para manifestar-se e requerer as provas cabíveis no prazo de 15 (quinze) dias. No caso, inaplicável o art. 882, pois os sócios só poderão ser considerados executados, oficialmente, após o deferimento da integração deles no polo passivo da execução, por esta razão não se exige que apresentem garantia, seja por que meio for. *Alternativa A*.

AÇÕES ESPECIAIS

27. (39º Exame) Determinada sociedade empresária, sua cliente, recebeu a visita de fiscais do trabalho, os quais apontaram haver irregularidades quanto às condições de trabalho de alguns empregados, bem como entenderam irregular, no dia, estarem nas dependências da empresa pessoas prestadoras de serviço por intermédio de MEI – Micro Empreendedor Individual. Diante disso, foram lavrados dois autos de infração aplicando multas severas, sendo concedido prazo de 30 dias para pagamento, sob pena de fechamento do estabelecimento. Não foi facultado à sua cliente nenhum direito à ampla defesa, sendo certo que, de fato, nada foi verificado pelos fiscais. A sociedade empresária tem a documentação de todas as condições de trabalho e alega que os prestadores de serviço são autônomos. Assinale a opção que indica a medida juridicamente cabível que melhor atenda, com urgência, aos interesses da sua cliente de sustar os autos de infração.

(A) Mandado de Segurança na Justiça do Trabalho.
(B) Agravo de Petição na Justiça do Trabalho.
(C) Mandado de Segurança na Justiça Federal.
(D) Agravo de Instrumento na Justiça do Trabalho.

RESPOSTA De acordo com a Constituição, é cabível mandado de segurança na Justiça do Trabalho, conforme art. 114, IV e VII, que assim preceituam: "Compete à Justiça do Trabalho processar e julgar: IV – os mandados de segurança, *habeas corpus* e *habeas data*, quando o ato questionado envolver matéria sujeita à sua jurisdição; VII – as ações relativas às penalidades administrativas impostas aos empregadores pelos órgãos de fiscalização das relações de trabalho". No caso da questão, o mandado de segurança é o instrumento adequado para atender a situação de urgência, vez que tem prioridade sobre todos os atos judiciais, salvo *habeas corpus*, como determina art. 20 da Lei n. 12.016/2009: "Os processos de mandado de segurança e os respectivos recursos terão prioridade sobre todos os atos judiciais, salvo *habeas corpus*". Por fim, o agravo de petição é cabível contra as decisões na execução e o agravo de instrumento contra decisões que negam seguimento a recursos (art. 897, *a* e *b* da CLT). *Alternativa A*.

28. (38º Exame) Leonardo Pereira e Panificação Pão Fresquinho Ltda. decidiram, amigavelmente, encerrar a relação de emprego mantida entre eles. Porém, as verbas rescisórias não eram incontroversas, uma vez que discutiam diferenças de horas extras e reflexos; trabalho em feriados e reflexos; intervalo para alimentação e descanso; além de adicional de insalubridade. Sendo assim, após muito conversarem, chegaram a um bom termo. Contudo, para segurança jurídica de ambos, gostariam que a

DIREITO PROCESSUAL DO TRABALHO

avença fosse chancelada pela Justiça do Trabalho. Para isso, de acordo com o texto da CLT em vigor, as partes deverão

(A) fazer uso do *jus postulandi* e ajuizar uma reclamação trabalhista do empregado em face do empregador com todos os pedidos, e, no dia designado para a audiência, deverão comparecer e celebrar o acordo.
(B) fazer uso do *jus postulandi* e dar entrada no processo de homologação de transação extrajudicial em petição conjunta e aguardar a homologação do juiz.
(C) estar representadas por advogados independentes que darão entrada em petição conjunta do processo de homologação de transação extrajudicial.
(D) estar representadas por advogado, que poderá ser comum a ambas, e darão entrada em petição conjunta do processo de homologação de transação extrajudicial.

RESPOSTA No processo de jurisdição voluntária para homologação de acordo extrajudicial, não há lugar para o *jus postulandi*, de modo que é obrigatório que cada um dos interessados tenha seu respectivo advogado, nos termos do art. 855-B da CLT. *Alternativa C.*

29. (37º Exame) Uma sociedade empresária de grande porte, condenada na Justiça do Trabalho, verificando a nulidade de sua citação em uma reclamação trabalhista que se encontra na fase executória, pretende ajuizar ação rescisória. Seus advogados se dedicaram à peça e agora chegou o momento do ajuizamento da ação. Em relação a custas e depósito prévio, de acordo com a CLT, assinale a afirmativa correta.

(A) Nas ações rescisórias, não há custas no depósito prévio.
(B) A sociedade empresária sujeita-se ao depósito prévio de 20% (vinte por cento) do valor da causa.
(C) Não haverá necessidade de qualquer preparo porque, estando a causa na fase de execução, não cabe ação rescisória.
(D) Devem ser recolhidas custas no importe de 2% sobre o valor da condenação.

RESPOSTA De acordo com o art. 836 da CLT, a ação rescisória está sujeita ao depósito prévio de 20% (vinte por cento) do valor da causa, salvo prova de miserabilidade jurídica do autor. *Alternativa B.*

30. (37º Exame) Foi proferida uma sentença normativa em dissídio coletivo envolvendo os sindicatos de determinada categoria. Na decisão transitada em julgado foi determinada a entrega mensal de ticket refeição e ticket alimentação no valor de R$ 150,00 cada. Ocorre que uma das sociedades empresárias vinculadas ao sindicato da categoria econômica não está cumprindo a sentença normativa, que se encontra em vigor. De acordo com a CLT, para que a cláusula normativa seja observada, o sindicato deve se valer de uma ação

(A) monitória.
(B) de execução de título extrajudicial.
(C) civil coletiva.
(D) de cumprimento.

RESPOSTA A CLT trata de forma específica do meio pelo qual se pode fazer valer o que for decidido em dissídio coletivo no art. 872, que assim dispõe: "Celebrado o acordo, ou transitada em julgado a decisão, seguir-se-á o seu cumprimento, sob as penas estabelecidas neste Título". *Alternativa D.*

31. (35º Exame) Jeane era cuidadora de Dulce, uma senhora de idade que veio a falecer. A família de Dulce providenciou o pagamento das verbas devidas pelo extinção do contrato, mas, logo após, Jeane ajuizou ação contra o espólio, postulando o pagamento, em dobro, de 3 (três) períodos de férias alegadamente não quitadas.

Designada audiência, a inventariante do espólio informou que não tinha qualquer documento de pagamento de Jeane, pois era a falecida quem guardava e organizava toda a documentação. Por não ter provas, a inventariante concordou em realizar um acordo no valor de R$ 6.000,00 (seis mil reais), pagos no ato, por transferência PIX, e homologado de imediato pelo juiz. Passados 7 (sete) dias da audiência, quando fazia a arrumação das coisas deixadas por Dulce para destinar à doação, a inventariante encontrou, no fundo de uma gaveta, os recibos de pagamento das 3 (três) férias que Jeane reclamava, devidamente assinadas pela então empregada. Diante da situação retratada, da previsão na CLT e do entendimento consolidado do TST, assinale a afirmativa correta.

(A) Nada poderá ser feito pela inventariante, porque o acordo homologado faz coisa julgada material.
(B) A parte interessada poderá interpor recurso ordinário contra a decisão homologatória.
(C) A inventariante poderá ajuizar ação rescisória para desconstituir o acordo.
(D) Deverá ser ajuizada ação de cobrança contra Jeane para reaver o valor pago.

RESPOSTA De acordo com o parágrafo único do art. 831 da CLT, o termo que for lavrado valerá como decisão irrecorrível, salvo para a Previdência Social quanto às contribuições que lhe forem devidas, ou seja, para as partes transita em julgado no momento em que há a homologação, o que é ratificado pela Súmula 101, V, do TST. No entanto, a Súmula 259 do TST dispõe que só por ação rescisória é impugnável o termo de conciliação previsto no parágrafo único do art. 831 da CLT. Assim, como a ação rescisória é admitida no processo do trabalho (art. 836 da CLT), é passível de ação rescisória o termo de conciliação, com o objetivo de que haja a desconstituição, um vez que segundo o art. 966 do CPC a decisão de mérito, transitada em julgado, pode ser rescindida quando, dentre outras hipóteses, obtiver o autor, posteriormente ao trânsito em julgado, prova nova cuja existência ignorava ou de que não pôde fazer uso, capaz, por si só, de lhe assegurar pronunciamento favorável. *Alternativa C.*

PRESCRIÇÃO

32. (35º Exame) Rosimeri trabalhou em uma sociedade empresária de produtos químicos de 1990 a 1992. Em 2022, ajuizou reclamação trabalhista contra o ex-empregador, requerendo a entrega do Perfil Profissiográfico Previdenciário (PPP) para que pudesse requerer aposentadoria especial junto ao INSS. Devidamente citada, sociedade empresária suscitou em defesa prescrição total (extintiva). Diante da situação retratada e da previsão da CLT, assinale a afirmativa correta.

(A) Não há prescrição a declarar, porque a ação tem por objeto anotação para fins de prova junto à Previdência Social.
(B) Houve prescrição, porque o pedido foi formulado muito após o prazo de 2 anos contados do término do contrato.

(C) A prescrição para entrega do PPP é trintenária, tal qual a do FGTS, motivo pelo qual não há prescrição na hipótese.
(D) A CLT é omissa acerca da imprescritibilidade de ações, cabendo ao juiz, em cada caso, por equidade, aplicá-la ou não.

RESPOSTA A prescrição é a perda de uma pretensão que deveria ser exigida dentro dos prazos previstos em lei. No caso do direito do trabalho, a Constituição estabelece no art. 7º, XXIX, que o trabalhador tem o direito de ação, quanto aos créditos resultantes das relações de trabalho, com prazo prescricional de cinco anos para os trabalhadores urbanos e rurais, até o limite de dois anos após a extinção do contrato de trabalho, o que também consta no art. 11 da CLT. Porém, quando a ação não visa a condenação do reclamado no pagamento de créditos, não há que se falar em prescrição, conforme prevê o art. 11, § 1º, já que não se aplica a prescrição às ações que tenham por objeto anotações para fins de prova junto à Previdência Social. *Alternativa A.*

PROVAS

33. (39º Exame) John estava empregado em uma sociedade empresária de óleo e gás, mas foi injustamente dispensado por justa causa, com base em uma falsa acusação de consumo de álcool a bordo da plataforma, no dia 20-3-2023. Você, como advogado de John, ajuizou reclamação trabalhista e a única testemunha do seu cliente não fala ou entende português, apenas inglês. Você a arrolou como testemunha, e já requereu e obteve o benefício da gratuidade de justiça. Sobre seu requerimento para a produção da prova, assinale a afirmativa correta.

(A) Você deverá requerer ao juiz um intérprete, que será custeado pela ré, se sucumbente no objeto da prova, ou pela União, se você for a parte sucumbente.
(B) Deverá ser requerido ao juiz um intérprete, que, independentemente da gratuidade de justiça, deverá ser custeado pela parte a quem o depoimento interessar.
(C) Considerando que seu cliente fala inglês, ele poderá servir de intérprete pelo princípio da economia processual.
(D) A gratuidade de justiça não alcança o intérprete, sendo apenas para custas e perícias judiciais, logo a parte autora deverá custear a despesa processual.

RESPOSTA De acordo com o art. 819 CLT, "o depoimento das partes e testemunhas que não souberem falar a língua nacional será feito por meio de intérprete nomeado pelo juiz ou presidente. § 1º Proceder-se-á da forma indicada neste artigo, quando se tratar de surdo-mudo, ou de mudo que não saiba escrever. § 2º As despesas decorrentes do disposto neste artigo correrão por conta da parte sucumbente, salvo se beneficiária de justiça gratuita". *Alternativa A.*

34. (39º Exame) Em uma reclamação trabalhista na qual o reclamante postula apenas o pagamento das verbas devidas pela extinção do contrato, a sociedade empresária alegou em sua defesa que nada seria devido porque o ex-empregado praticou uma falta grave e, por isso, foi dispensado por justa causa. Na audiência de instrução, cada parte conduziu duas testemunhas e, após ouvir os depoimentos pessoais, e considerando a tese da contestação, o juiz decidiu ouvir primeiramente as testemunhas do reclamado e após as do reclamante. Diante dos fatos e da previsão contida na CLT, assinale a afirmativa correta.

(A) Errou o juiz, pois de acordo com a CLT as testemunhas do reclamante devem ser ouvidas antes daquelas conduzidas pelo reclamado, haja vista o direito de defesa.
(B) Uma vez que a CLT não dispõe sobre a ordem de produção das provas, fica a critério do magistrado a definição, inclusive a ordem de produção da prova oral e a quantidade de testemunhas admitidas.
(C) O juiz tem o poder de alterar a ordem de realização das provas, inclusive a oitiva das testemunhas, tendo em vista as alegações das partes e adequando-as às necessidades do conflito.
(D) A forma realizada pelo magistrado nulificou a produção das provas e a sentença, que poderá ser anulada para que a instrução seja refeita com renovação das provas na ordem correta.

RESPOSTA O art. 775, § 2º, da CLT prevê que ao juízo incumbe dilatar os prazos processuais e alterar a ordem de produção dos meios de prova, adequando-os às necessidades do conflito de modo a conferir maior efetividade à tutela do direito. *Alternativa C.*

PRINCÍPIOS E COMPETÊNCIA DO PROCESSO DO TRABALHO

35. (35º Exame) Seu escritório atua exclusivamente na área trabalhista e participará de uma licitação a ser realizada por uma grande empresa pública para escolha de escritórios de advocacia das mais diversas áreas de atuação. Assim sendo, a fim de elaborar a proposta a ser enviada para licitação, você foi incumbido de indicar quais processos seriam da competência da Justiça do Trabalho. Diante disso, considerando o entendimento jurisprudencial consolidado do TST, bem como a Constituição da República Federativa do Brasil, são da competência da Justiça do Trabalho:

(A) as ações relativas às penalidades administrativas impostas aos empregadores pelos órgãos de fiscalização das relações de trabalho.
(B) as causas que envolvam servidores públicos estatutários e os entes de direito público interno.
(C) os conflitos de competência instaurados entre juízes do trabalho e juízes de direito da Justiça Comum estadual.
(D) as ações que visem a determinar o recolhimento de todas as contribuições previdenciárias oriundas da relação de emprego.

RESPOSTA A alternativa A decorre da previsão constitucional contida no art. 114, VII: "as ações relativas às penalidades administrativas impostas aos empregadores pelos órgãos de fiscalização das relações de trabalho". A alternativa B está parcialmente errada, pois o STF na ADI 3.392 afirmou que a competência para processar e julgar causas de servidores públicos estatutários é da Justiça Comum (estadual ou federal, conforme o caso), mas a segunda parte está correta, haja vista o contido no inciso I do art. 114. A alternativa C também está errada, pois a Justiça do Trabalho tem competência para julgar os conflitos de competência entre órgãos com jurisdição trabalhista, ressalvada a competência do STF. A alternativa D também está errada, um vez que a Justiça do Trabalho tem competência para executar, de ofício, as contribuições previdenciárias decorrentes das sentenças condenatórias que proferir e desde que estas sejam em verbas de natureza salarial (art. 114, VIII, da CF c/c a Súmula 368 do TST, c/c a Súmula Vinculante 53, c/c o art. 876, parágrafo único, da CLT). A*lternativa A.*

Direito Processual Penal

Aniello Aufiero

Advogado, graduado pela Universidade Federal do Amazonas – UFAM, em 1985. Professor de Direito Penal e Processo Penal para concursos e OAB 1ª e 2ª fase no Centro Preparatório Aufiero, também lecionando para Pós-Graduação. Autor de diversas obras jurídicas.

Sumário

1. PRINCÍPIOS E APLICAÇÃO DA LEI PROCESSUAL PENAL: 1.1 Lei processual penal no espaço; 1.2 Lei processual penal no tempo; 1.3 Aplicação da lei processual penal; 1.4 Do sistema acusatório e do juiz das garantias – 2. INQUÉRITO POLICIAL: 2.1 Da instauração do IP; 2.2 O indiciado e seus direitos; 2.3 Acareação, reconstituição e identificação criminal; 2.4 Trancamento do IP; 2.5 Do prazo do IP; 2.6 Da requisição do delegado; 2.7 Arquivamento do IP; 2.8 Sigilo do IP; 2.9 Da incomunicabilidade do indiciado; 2.10 Do encerramento do IP na ação penal privada – 3. AÇÃO PENAL: 3.1 Conceito; 3.2 Condições da ação; 3.3 Classificação da ação penal; 3.4 Os princípios da ação penal pública; 3.5 Ação penal pública incondicionada; 3.6 Ação penal pública condicionada; 3.7 Ação penal privada; 3.8 Da ação penal nos crimes contra a honra; 3.9 Da ação penal nos crimes contra a dignidade sexual; 3.10 Da ação penal nos crimes contra o patrimônio; 3.11 Da ação penal nos crimes de lesões corporais; 3.12 Denúncia e da queixa-crime; 3.13 Do acordo de não persecução penal (ANPP) – 4. AÇÃO CIVIL *EX DELICTO:* 4.1 Conceito; 4.2 Sentença absolutória penal que faz coisa julgada no cível; 4.3 Sentença absolutória que não faz coisa julgada no cível; 4.4 Decisão criminal que não faz coisa julgada no cível; 4.5 Absolvição pelo júri e repercussão na esfera cível – 5. JURISDIÇÃO E COMPETÊNCIA: 5.1 Jurisdição; 5.2 Competência; 5.3 Competência na Constituição Federal; 5.4 Determinação da competência; 5.5 Competência pelo lugar da infração; 5.6 Competência em razão do domicílio do réu; 5.7 Competência pela natureza da infração; 5.8 Competência por distribuição; 5.9 Competência por conexão; 5.10 Continência; 5.11 Regras que deverão ser observadas para determinar a competência por conexão ou continência. Foro prevalente; 5.12 Unidade do processo; Exceções; 5.13 *Perpetuatio jurisdictionis* na conexão e continência; 5.14 Avocação de processos; 5.15 Competência pela prevenção; 5.16 Competência por prerrogativa de função – 6. DAS EXCEÇÕES E PROCESSOS INCIDENTES: 6.1 Das exceções (art. 95, CPP); 6.2 Restituição das coisas apreendidas (arts. 118 a 124, CPP); 6.3 Medidas assecuratórias (arts. 125 a 144-A, CPP); 6.4 Incidente de falsidade documental (arts. 145 a 148, CPP); 6.5 Incidente de insanidade mental (arts. 149 a 154, CPP) – 7. DAS PROVAS (ARTS. 155 A 250, CPP): 7.1 Sistema de apreciação da prova pelo juiz; 7.2 Ônus da prova; 7.3 Meios de prova; 7.4 Provas ilícitas; 7.5 Provas em espécie (arts. 158 a 240, CPP); 7.6 Confissão (art. 197, CPP); 7.7 Do ofendido (art. 201, CPP); 7.8 Testemunha (art. 202, CPP); 7.9 Reconhecimento de pessoas e coisas; 7.10 Acareação; 7.11 Prova documental; 7.12 Indícios; 7.13 Busca e apreensão; 7.13.1 Busca e apreensão no escritório de advogado; – 8. SUJEITOS PROCESSUAIS (arts. 251 a 281, CPP) – 9. DA PRISÃO, DAS MEDIDAS CAUTELARES E DA LIBERDADE PROVISÓRIA: 9.1 Prisão; 9.2 Prisão cautelar ou provisória; 9.3 Da prisão em flagrante; 9.4 Prisão preventiva; 9.5 Prisão temporária; 9.6 Prisão domiciliar; 9.7 Medidas cautelares; 9.8 Prisão especial; 9.9 Prisão civil do depositário infiel; 9.10 Liberdade provisória; 9.11 Da liberdade provisória sem fiança – 10. CITAÇÃO, INTIMAÇÃO E NOTIFICAÇÃO: 10.1 Conceito; 10.2 Revelia; 10.3 Diferenciação entre intimação, notificação e citação – 11. PROCEDIMENTO: 11.1 Procedimento e regra; 11.2 Mecânica processual no procedimento comum ordinário; 11.3 Mecânica processual no procedimento comum sumário; 11.4 Mecânica processual no procedimento comum sumaríssimo (Juizados Especiais Criminais); 11.5 Procedimento especial – rito do júri; 11.5.1 Características do Tribunal do Júri; 11.5.2 Primeira fase: *judicium accusationis*; 11.5.2.1 Distinção entre impronúncia e despronúncia 11.6 Segunda fase do júri – *judicium causae* ou juízo da causa (arts. 422 a 497, CPP); 11.7 Do desaforamento; 11.8 Procedimentos da Lei de Drogas (Lei n. 11.343/2006); 11.9 Procedimento nos crimes de violência doméstica e familiar contra a mulher (Lei n. 11.340/2006) – 12. SENTENÇA: 12.1 Classificação; 12.2 Requisitos formais da sentença; 12.3 *Emendatio libelli* (art. 383, CPP); 12.4 Princípio da correlação; 12.5. Princípio do *juria novit curia;* 12.6 *Mutatio libelli* (art. 384, *caput*, CPP); 12.7 Pedido de absolvição pelo MP; 12.8 Sentença absolutória; 12.9 Sentença condenatória; 12.10 Detração; 12.11 Coisa julgada; 12.12 Limitações da coisa julgada – 13. NULIDADES: 13.1 Nulidades absolutas; 13.2 Nulidades relativas; 13.3 Princípios básicos das nulidades; 13.4 Momento oportuno para arguir as nulidades relativas 13.5 Espécies de nulidade – 14. AÇÕES DE IMPUGNAÇÃO: 14.1 Revisão criminal; 14.2 *Habeas corpus* (art. 647, CPP); 14.3 Mandado de segurança (art. 5º, LXIX, CF/88 e Lei n. 12.016/2009) – 15. RECURSOS: 15.1 Conceito; 15.1.1 Princípios gerais dos recursos; 15.1.2 Pressupostos recursais; 15.1.2.1 Pressupostos objetivos; 15.1.2.2 Pressupostos subjetivos; 15.1.3 Juízo de prelibação ou admissibilidade e juízo de mérito; 15.1.4 Efeitos do recurso; 15.1.5 Contagem de prazos; 15.2 Dos recursos – REFERÊNCIAS; QUESTÕES.

1. PRINCÍPIOS E APLICAÇÃO DA LEI PROCESSUAL PENAL

O Processo Penal brasileiro tem como alguns princípios basilares:

a) **contraditório e ampla defesa** (art. 5º, LV, da CF);
b) **identidade física do juiz** (art. 399, § 2º, do CPP);
c) **publicidade** (art. 5º, LX, da CF);
d) **devido processo legal** (art. 5º, LIV, da CF);
e) **juiz natural** (art. 5º, LIII, da CF);
f) **estado de inocência** (art. 5º, LVII, da CF);
g) **verdade real**;
h) *favor rei*: a dúvida sempre beneficia o réu (*in dubio pro reo*);
i) **celeridade processual** (art. 5º, LXXVIII, da CF);
j) **presunção de inocência** (art. 5º, LVII, da CF);
k) **motivação das decisões judiciais** (art. 93, IX, da CF);
l) **duplo grau de jurisdição**: é a possibilidade de revisão, por via de recurso, das causas já julgadas pelo juiz de primeiro grau, exceto as hipóteses de competência originária do STF (art. 102, I, da CF);
m) **paridade de armas**: as partes têm direito a um tratamento igualitário (princípio da isonomia, art. 5º, *caput*, da CF);
n) **da não autoincriminação** (*nemo tenetur se detegere*);
o) **da vedação as provas ilícitas** (art. 5º, LVI, da CF e art. 157, do CPP);
p) **intranscendência/pessoalidade** (art. 5º, XLV, da CF): o processo penal deverá ser instaurado apenas contra quem efetivamente cometeu conduta delituosa, não podendo nenhuma pena passar da pessoa do condenado;
q) **livre convencimento motivado do juiz**: o art. 155, *caput*, do CPP e o art. 93, IX, da CF vedam que o juiz fundamente sua decisão, exclusivamente, nas informações colhidas no inquérito policial, sob pena de ferir os princípios constitucionais do contraditório e da ampla defesa. Não obstante, a decisão carente de fundamentação é causa de nulidade processual (art. 564, V, do CPP);

> **ATENÇÃO!**
> Na decisão referente ao Tribunal do Júri, caso em que o veredicto condenatório ou absolutório é proferido pelos jurados, vigora o sistema da íntima convicção do juiz, conferindo ampla liberdade aos juízes leigos para apreciar as provas, não sendo exigida motivação ou fundamentação das decisões do conselho de sentença.

r) **inércia**: o magistrado não poderá instaurar o processo *ex officio*, devendo ser provocado pelo titular do direito violado, seja o Ministério Público, na ação penal pública incondicionada ou nas ações penais públicas condicionadas à representação, seja o ofendido na ação penal privada, ou decretar a prisão preventiva de ofício na fase do inquérito ou da ação penal. Ademais, o próprio art. 3º-A do CPP assegura que o processo penal terá estrutura acusatória, vedadas a iniciativa do juiz na fase de investigação e a substituição da atuação probatória do órgão de acusação.

1.1 Lei processual penal no espaço

É consagrado no nosso ordenamento jurídico que a norma processual penal aplica-se em todo **território nacional**, estando expresso no art. 1º, *caput*, do CPP o princípio da **territorialidade**.

As **exceções** à lei processual penal brasileira estão dispostas nas hipóteses dos incisos I ao V e parágrafo único do art. 1º do CPP.

"I – os tratados, as convenções e regras de direito internacional;

II – as prerrogativas constitucionais do Presidente da República, dos ministros de Estado, nos crimes conexos com os do Presidente da República, e dos ministros do Supremo Tribunal Federal, nos crimes de responsabilidade;

III – os processos da competência da Justiça Militar;

IV – os processos da competência do tribunal especial;

V – os processos por crimes de imprensa.

Parágrafo único. Aplicar-se-á, entretanto, este Código aos processos referidos nos n. IV e V, quando as leis especiais que os regulam não dispuserem de modo diverso".

> **ATENÇÃO!**
> O STF, na ADP 130-7-DF, julgou procedente a ação para o efeito de declarar como não recepcionado pela CF todo o conjunto de dispositivos da Lei n. 5.250/67 (Lei de Imprensa), aplicando-se as normas da legislação comum, notadamente o CC, o CPC e o CPP às causas decorrentes das relações de imprensa.

> **ATENÇÃO!**
> Gozam de imunidade diplomática os agentes diplomáticos e seus familiares que com eles convivam (art. 31, item I, e art. 37, item I, do Dec. n. 56.435/65 – Convenção de Viena), ou seja, a prerrogativa de serem processados no seu país de origem pelo crime praticado dentro do território brasileiro, não podendo ser presos ou julgados. Portanto, não se aplica a lei processual penal brasileira (art. 1º, I, do CPP).

No entanto, há hipóteses de aplicação da lei brasileira pela prática de crimes cometidos em territórios estrangeiros, a chamada extraterritorialidade da lei brasileira. Em casos como atentado à vida do Presidente da

República e outras hipóteses do art. 7º, I, do CP, o agente, independente do país ou da nacionalidade, será julgado pelas leis brasileiras, ainda que absolvido ou condenado no estrangeiro.

1.2 Lei processual penal no tempo

No sistema jurídico brasileiro, a norma processual penal **aplica-se de imediato**, obedecendo ao princípio do *tempus regit actum* (art. 2º do CPP). Porém, a lei penal não poderá jamais retroagir em prejuízo do acusado, o que violaria o princípio da vedação do *reformatio in pejus*, podendo, se for o caso, retroagir em benefício do réu, como preceitua o art. 5º, XL, da CF (*reformatio in mellius*).

> **ATENÇÃO!**
> Apesar da aplicabilidade imediata da lei processual penal, **conservam-se os atos** já praticados sob o regime de lei anterior.

> **ATENÇÃO!**
> No caso de o **prazo do recurso** já haver se iniciado, quando começou a vigorar novo prazo para o recurso por nova lei, que prevê prazo menor, deverá ser aplicada a lei anterior que prescreve prazo maior, segundo o art. 3º do Decreto-lei n. 3.931/41 (Lei de Introdução do Código de Processo Penal).

1.3 Aplicação da lei processual penal

A aplicação da lei processual penal brasileira se encontra no art. 3º do CPP, no qual consta que a lei processual penal admitirá **interpretação extensiva** (estendendo o alcance do dispositivo) e **aplicação analógica** (o dispositivo é interpretado de acordo com casos semelhantes), bem como o suplemento dos princípios gerais do direito.

1.4 Do sistema acusatório e do juiz das garantias

O CPP **adota o sistema acusatório** de forma expressa, o art. 3º-A do CPP diz: "O processo penal terá estrutura acusatória, vedadas a iniciativa do juiz na fase de investigação e a substituição da atuação probatória do órgão de acusação". No entanto, o Plenário do STF, no dia 24-8-2023 ao julgar as ADIs n. 6.298, 6.299, 6.300 e 6.305/DF, por maioria, atribuiu interpretação conforme ao art. 3º-A do CPP, incluído pela Lei n. 13.964/2019, para assentar que: "o juiz, pontualmente, nos limites legalmente autorizados, pode determinar a **realização de diligências suplementares, para o fim de dirimir dúvida sobre questão relevante para o julgamento do mérito**". Assim, no processo penal, **haverá dois Juízes**, o primeiro para a fase de investigação, denominado Juiz das Garantias, e o segundo para a fase da ação penal (Juiz da Instrução e Julgamento).

O **juiz das garantias**, é responsável pelo **controle da legalidade** da investigação criminal e pela **salvaguarda dos direitos individuais** (art. 3º-B do CPP). No entanto, o Plenário do STF, no dia 24-8-2023 ao julgar as ADIs n. 6.298, 6.299, 6.300 e 6.305/DF, **declarou constitucional** o *caput* do art. 3º-B do CPP, e fixou: "**o prazo de 12 (doze) meses**, a contar da publicação da ata do julgamento, para que sejam adotadas as medidas legislativas e administrativas necessárias à adequação das diferentes leis de organização judiciária, à efetiva implantação e ao efetivo funcionamento do juiz das garantias em todo o país, tudo conforme as diretrizes do Conselho Nacional de Justiça e sob a supervisão dele. Esse prazo **poderá ser prorrogado uma única vez**, por no máximo 12 (doze) meses, devendo a devida justificativa ser apresentada em procedimento realizado junto ao Conselho Nacional de Justiça".

No caso de preso em flagrante ou por força de mandado de prisão provisória, este será encaminhado à presença do juiz de garantias no prazo de 24 horas, momento em que se realizará audiência com a presença do Ministério Público e da Defensoria Pública ou de advogado constituído, **sendo vedado o emprego de videoconferência** (art. 3º-B, § 1º, do CPP). No entanto, o Plenário do **STF**, no dia 24-8-2023 ao julgar as ADIs n. 6.298, 6.299, 6.300 e 6.305/DF, atribuiu interpretação conforme o § 1º do art. 3º-B do CPP, incluído pela Lei n. 13.964/2019, para estabelecer que: "o preso em flagrante ou por força de mandado de prisão provisória será encaminhado à presença do juiz das garantias, no prazo de 24 horas, **salvo impossibilidade fática**, momento em que se realizará a audiência com a presença do ministério público e da defensoria pública ou de advogado constituído, cabendo, **excepcionalmente, o emprego de videoconferência, mediante decisão da autoridade judiciária competente, desde que este meio seja apto à verificação da integridade do preso e à garantia de todos os seus direitos**".

1.4.1. Do Juiz das Garantias e sua Competência

Compete ao juiz das garantias especialmente (art. 3º-B do CPP):

"I – receber a comunicação imediata da prisão, nos termos do inciso LXII do *caput* do art. 5º da CF; II – receber o auto da prisão em flagrante para o controle da legalidade da prisão, observado o disposto no art. 310 deste Código; III – zelar pela observância dos direitos do preso, podendo determinar que este seja conduzido à sua presença, a qualquer tempo; IV – ser informado sobre a instauração de qualquer investigação criminal; V – decidir sobre o requerimento de prisão provisória ou outra medida cautelar, observado o disposto no § 1º deste artigo; VI – prorrogar a prisão provisória ou outra medida cautelar, bem como substituí-las ou revogá-las, assegurado, no primeiro caso, o exercício do contraditório em audiência pública e oral, na forma do disposto neste Código ou em legislação especial pertinente; VII – decidir sobre o requerimento de produção antecipada de provas consideradas urgentes e não repetíveis, assegurados o contraditório e a ampla defesa em audiência pública e oral; VIII – prorrogar o prazo de duração do inquérito, estando o investigado preso, em vista das razões apresentadas pela autoridade policial e observado o disposto no § 2º deste artigo; IX – determinar o trancamento do inquérito policial quando não houver fundamento razoável para sua instauração ou prosseguimento; X – requisitar documentos, laudos e informações ao delegado de polícia sobre o andamento da investigação; XI – decidir sobre os requerimentos de: a) interceptação telefônica, do fluxo de comunicações em sistemas de informática e telemática ou de outras formas de comunicação; b) afastamento dos sigilos fiscal, bancário, de dados e telefônico; c) busca e apreensão domiciliar; d) acesso a informações sigilosas; e) outros meios de obtenção da prova que restrinjam direitos fundamentais do investigado; XII – julgar o *habeas corpus* impetrado antes do oferecimento da denúncia; XIII – determinar a instauração de incidente de insanidade mental; XIV – decidir sobre o recebimento da denúncia ou queixa, nos termos do art. 399 deste Código; XV – assegurar prontamente, quando se fizer necessário, o direito outorgado ao investigado e ao seu defensor de acesso a todos os elementos informativos e provas produzidos no âmbito da investigação criminal, salvo no que concerne, estritamente, às diligências em andamento; XVI – deferir pedido de admissão de assistente técnico para acompanhar a produção da perícia; XVII – decidir sobre a homologação de acordo de não persecução penal ou os de colaboração premiada, quando formalizados durante a investigação; XVIII – outras matérias inerentes às atribuições definidas no *caput* deste artigo".

STF e decisão. Art. 3º-B, incisos IV, VIII e IX do CPP. O Plenário do STF, no dia 24-8-2023 ao julgar as ADIs n. 6.298, 6.299, 6.300 e 6.305/DF, atribuiu interpretação conforme os incisos IV, VIII e IX do art. 3º-B do CPP, incluídos pela Lei n. 13.964/2019, para que: "todos os atos praticados pelo Ministério Público **como condutor de investigação penal se submetam ao controle judicial** (HC 89.837/DF, rel. Min. Celso de Mello) e fixar o **prazo de até 90 (noventa) dias**, contados da publicação da ata do julgamento, para os representantes do Ministério Público encaminharem, sob pena de nulidade, todos os PIC e outros procedimentos de investigação criminal, mesmo que tenham outra denominação, ao respectivo juiz natural, independentemente de o juiz das garantias já ter sido implementado na respectiva jurisdição".

STF e decisão. Art. 3º-B, inciso VI, do CPP. O Plenário do STF, no dia 24-8-2023 ao julgar as ADIs n. 6.298, 6.299, 6.300 e 6.305/DF, atribuiu interpretação conforme o inciso VI do art. 3º-B do CPP, incluídos pela Lei n. 13.964/2019, para prever que: "**o exercício do contraditório será preferencialmente em audiência pública e oral**".

STF e decisão. Art. 3º-B, inciso VII, do CPP. O Plenário do STF, no dia 24-8-2023 ao julgar as ADIs n. 6.298, 6.299, 6.300 e 6.305/DF, atribuiu interpretação conforme o inciso VII do art. 3º-B do CPP, incluídos pela Lei n. 13.964/2019, para estabelecer que: "**o juiz pode deixar de realizar a audiência quando houver risco para o processo, ou diferi-la em caso de necessidade**".

STF e decisão. Art. 3º-B, inciso XIV, do CPP. O Plenário do STF, no dia 24-8-2023 ao julgar as ADIs n. 6.298, 6.299, 6.300 e 6.305/DF, declarando inconstitucional o inciso XIV do art. 3º-B do CPP, incluídos pela Lei n. 13.964/2019, e atribuiu interpretação conforme para assentar que: "**a competência do juiz das garantias cessa com o oferecimento da denúncia**".

STF e decisão. Art. 3º-B, § 2º, do CPP. Estando o investigado preso, o juiz das garantias poderá, mediante representação da autoridade policial e ouvido o Ministério Público, prorrogar, uma única vez, a **duração do inquérito por até 15 (quinze) dias**, após o que, se ainda assim a investigação não for concluída, a prisão será imediatamente relaxada (art 3º-B, § 2º, do CPP). No entanto, **o Plenário do STF**, no dia 24-8-2023 ao julgar as ADIs n. 6.298, 6.299, 6.300 e 6.305/DF, **atribuiu interpretação** conforme o § 2º do art. 3º-B do CPP, incluído pela Lei n. 13.964/2019, para assentar que: "a) o juiz pode **decidir de forma fundamentada**, reconhecendo a necessidade de novas **prorrogações do inquérito**, diante de elementos concretos e da complexidade da investigação; e b) a **inobservância do prazo previsto em lei não implica a revogação automática da prisão preventiva**, devendo o juízo competente ser instado a avaliar os motivos que a ensejaram, nos termos da ADI n. 6.581".

A competência do juiz das garantias abrange todas as infrações penais, exceto as de menor potencial ofensivo (art. 3º-C, *caput*, do CPP).

STF e decisão. Art. 3º-C, *caput*, segunda parte, do CPP. Limite da competência do Juiz das garantias. O Plenário do STF, no dia 24-8-2023 ao julgar as ADIs n. 6.298, 6.299, 6.300 e 6.305/DF, declarou inconstitucional a expressão "recebimento da denúncia ou queixa na forma do art. 399 deste Código" contida na segunda parte do *caput* o art. 3º-C do CPP, incluído pela Lei n. 13.964/2019, e atribuir interpretação conforme para assentar que: "a competência do juiz das garantias **cessa com o oferecimento da denúncia**".

STF e decisão. Art. 3º-C, § 1º, do CPP. Questões pendentes pelo juiz da instrução e julgamento. O Pleno do STF, no dia 24-8-2023 ao julgar as ADIs n. 6.298, 6.299, 6.300 e 6.305/DF, declarou inconstitucional o termo "Recebida" contido no § 1º do art. 3º-C do CPP, incluído pela Lei n. 13.964/2019, e atribuir interpretação conforme ao dispositivo para assentar que: "oferecida a denúncia ou queixa, **as questões pendentes serão decididas pelo juiz da instrução** e julgamento". **Em suma**, a competência do juiz das garantias cessa com o oferecimento da denúncia ou da queixa, ficando as questões pendentes para serem decididas pelo juiz da instrução e julgamento.

STF e decisão. Art. 3º-C, § 2º, do CPP. Reexame das medidas cautelares. Juiz da instrução e julgamento. O plenário do STF, no dia 24-8-2023 ao julgar as ADIs

n. 6.298, 6.299, 6.300 e 6.305/DF, declarou inconstitucional o termo "recebimento" contido no § 2º do art. 3º-C do CPP, incluído pela Lei n. 13.964/2019, e atribuir interpretação conforme ao dispositivo para assentar que: "**após o oferecimento** da denúncia ou queixa, o juiz da instrução e **julgamento deverá reexaminar a necessidade das medidas cautelares em curso**, no prazo máximo de 10 (dez) dias".

STF e decisão. Art. 3º-C, §§ 3º e 4º, do CPP. Remessa dos autos do IP ao juiz da instrução e julgamento. O plenário do STF, no dia 24-8-2023 ao julgar as ADIs n. 6.298, 6.299, 6.300 e 6.305/DF, declarou a inconstitucionalidade, com redução de texto do §§ 3º e 4º do art. 3º-C do CPP, incluídos pela Lei n. 13.964/2019, e atribuir interpretação conforme para entender que: "**os autos que compõem as matérias de competência do juiz das garantias serão remetidos ao juiz da instrução e julgamento**".

O juiz que, na fase de investigação, praticar qualquer ato incluído nas competências do juiz das garantias ficará impedido de funcionar no processo (art. 3º-D, *caput*, do CPP). E nas comarcas em que funcionar apenas um juiz, os tribunais criarão um sistema de rodízio de magistrados, a fim de atender a implementação do juiz das garantias (art. 3º-D, parágrafo único, do CPP). No entanto, o **plenário do STF**, no dia 24-8-2023 ao julgar as ADIs n. 6.298, 6.299, 6.300 e 6.305/DF, **declarou inconstitucional o *caput* e ainda a inconstitucionalidade formal do parágrafo único do art. 3º-D do CPP**, incluído pela Lei n. 13.964/2019.

Proteção a imagem do preso. O juiz das garantias deverá assegurar o cumprimento das regras para o tratamento dos presos, impedindo o acordo ou ajuste de qualquer autoridade com órgãos da imprensa para explorar a imagem da pessoa submetida à prisão, sob pena de responsabilidade civil, administrativa e penal (art. 3º-F, *caput*, do CPP). Ressalte-se que, o **plenário do STF**, no dia 24-8-2023 ao julgar as ADIs n. 6.298, 6.299 e 6.305/DF, declarou a **constitucionalidade** do *caput* do art. 3º-F do CPP, incluído pela Lei n. 13.964/2019. E atribuiu interpretação conforme ao parágrafo único do art. 3º-F do CPP, incluído pela Lei n. 13.964/2019, para assentar que: "a divulgação de informações sobre a realização da prisão e a identidade do preso pelas autoridades policiais, ministério público e magistratura **deve assegurar a efetividade da persecução penal, o direito à informação e a dignidade da pessoa submetida à prisão**".

2. INQUÉRITO POLICIAL

O inquérito policial é um procedimento administrativo, não havendo o contraditório. Poderá ser dispensado, desde que o Ministério Público tenha elementos para oferecer a denúncia (art. 39, § 5º, do CPP).

Quanto ao valor probatório do inquérito, por ter caráter inquisitivo, só possui valor **informativo** para a instauração da ação penal, uma vez que o inquérito policial, por si só, **não tem o condão de condenar o acusado**.

Dessa forma, o juiz formará sua convicção pela livre apreciação da prova, produzida em contraditório judicial, não podendo fundamentar sua decisão, exclusivamente, nos elementos informativos colhidos na investigação, ressalvadas as provas cautelares, não repetíveis e antecipadas (art. 155 do CPP).

O inquérito policial possui as seguintes características:

a) **Forma escrita**, reduzindo a termo todas as peças do inquérito e rubricada pela autoridade policial (art. 9º do CPP).

b) **Oficial**, pois apenas pode ser procedido por órgão oficial do Estado, não se admitindo a produção de autoria e materialidade por particular.

c) **Inquisitivo** ou **Inquisitório**, ou seja, não admite ao suspeito ou indiciado a formulação de provas, mediante a ampla defesa e o contraditório.

d) **Informativo**, uma vez que sua finalidade é colher elementos suficientes para que o titular da ação penal possa intentá-la, seja este o promotor ou o ofendido.

e) **Discricionário**, haja vista conferir à autoridade policial o juízo de optar pela realização de diligências conforme sua convicção (art. 14 do CPP).

f) **Sigiloso**, por se tratar de peça administrativa destinada a apurar autoria e materialidade necessárias à dedução da pretensão punitiva e cuja sigilosidade é consequência lógica, pois, caso contrário, estar-se-ia negando eficácia ao procedimento se ele estivesse sob o crivo da publicidade, com fundamento no art. 20 do CPP.

g) **Indisponível**, haja vista que o delegado não pode mandar arquivar de ofício os autos de inquérito (art. 17 do CPP).

> **ATENÇÃO!**
> Vícios do IP não anulam a ação penal.

2.1 Da instauração do IP

Nos crimes de **ação penal pública incondicionada**, a primeira peça do inquérito é a **portaria** (art. 5º, I, do CPP). Assim, o delegado de polícia, ao tomar conhecimento de um crime, por exemplo, de homicídio (art. 121 do CP), deverá, de ofício, determinar a instauração do inquérito policial. A autoridade policial estará, ainda, obrigada a instaurar inquérito, quando atender **à requisição do juiz** ou do promotor (art. 5º, II, do CPP). O **ofendido** ou seu representante legal também poderá **solicitar** abertura de inquérito policial (art. 5º, II, do CPP). Portanto, a peça processual para a abertura do inquérito policial será um **requerimento**, em que a denominação das partes será "requerente" e "requerido".

Nos delitos de **ação penal pública condicionada**, a autoridade policial não poderá iniciar o inquérito policial sem a **representação do ofendido** ou do seu representante legal (art. 5º, § 4º, do CPP). Diga-se, ainda, que o delegado também não poderá instaurar inquérito sem a **requisição** do Ministro da Justiça, quando a lei assim o exigir.

Na **ação penal privada**, o inquérito policial somente poderá ser instaurado a requerimento do ofendido ou do seu representante legal (art. 5º, § 5º, do CPP). Ressalte-se que a queixa-crime (peça processual) só é oferecida em juízo (art. 30 do CPP). Nessa ação, o prazo decadencial é interrompido no momento do oferecimento da queixa em juízo, independentemente da data do seu recebimento pelo juiz.

No caso de o delegado **indeferir** pedido de abertura de inquérito policial, poderá o ofendido ou seu representante legal **recorrer** do despacho para o secretário de Segurança Pública ou chefe de Polícia (art. 5º, § 2º, do CPP).

> **ATENÇÃO!**
> No caso de **denúncia anônima** (disque-denúncia), a autoridade policial, antes de instaurado o IP, deverá verificar a procedência e a veracidade das informações por ela veiculadas, sendo vedada, a instauração de IP **única e exclusivamente** em denúncia anônima. É nesse sentido o posicionamento do STF, ao julgar o HC n. 84.827/TO, rel. Min. Marco Aurélio, j. 7-8-2007, *DJ* 23-11-2007.

2.1.1 Procedimento no Juizado Especial Criminal

Quando a infração for considerada de menor potencial ofensivo e a ação for pública incondicionada, a autoridade policial, ao tomar conhecimento do fato delituoso, **lavrará o TCO** (Termo Circunstanciado de Ocorrência), encaminhando-o, em seguida, ao Juizado Especial Criminal – Jecrim, não havendo mais inquérito (art. 69, *caput*, da Lei n. 9.099/95). Na ação penal pública condicionada à representação e na ação penal privada, a autoridade para lavrar o TCO dependerá da manifestação do ofendido ou de seu representante legal.

Na hipótese de **prisão em flagrante**, não mais se lavrará o respectivo auto, nem se exigirá fiança desde que o autor do fato assine o termo de compromisso para comparecer ao Juizado (art. 69, parágrafo único, da Lei n. 9.099/95).

> **ATENÇÃO!**
> Como não há atribuição privativa do delegado de polícia ou mesmo da polícia judiciária para lavratura do termo circunstanciado (TCO), o STF fixou entendimento que norma estadual que atribui essa competência à Polícia Militar não viola a divisão constitucional de funções entre os órgãos de segurança pública (ADI 5.637/MG, rel. Min. Edson Fachin, TP, publicação 11-4-2022). Em outras palavras, é constitucional norma estadual que atribui a competência da lavratura de termo circunstanciado (TCO) à Polícia Militar.

2.1.2 Do IP e do foro por prerrogativa de função

O **delegado** de polícia **não pode** instaurar ou presidir o IP quando o crime for praticado por pessoa com foro por prerrogativa de função (juiz, promotor, deputado, senador etc.); nesse caso, deve remeter os autos ao Tribunal ou órgão especial competente para o julgamento, para que dê continuidade à investigação (TJ, TRF, STJ e STF).

2.1.3 Dos inquéritos extrapoliciais

O inquérito policial será atribuição da Polícia Federal quando se tratar de crime de competência da Justiça Federal (art. 109, CF), ou da Polícia Civil quando o delito for de competência da Justiça Estadual (art. 144, §§ 1º e 4º, da CF).

Todavia, há casos em que **não será** presidido por delegado o inquérito se: **a)** as investigações estiverem no curso de **uma Comissão Parlamentar de Inquérito – CPI** (Lei n. 1.579/52); **b)** a infração penal foi cometida por **membro do Ministério Público**, a autoridade remeterá, imediatamente, sob pena de responsabilidade, os autos de investigação ao procurador-geral de justiça, a quem competirá dar prosseguimento à apuração (art. 41, parágrafo único, Lei n. 8.625/93); **c)** houver indício de prática de crime por parte de **magistrado**, a autoridade policial remeterá os respectivos autos ao Tribunal ou órgão especial competente para o julgamento, a fim de que prossiga na investigação (art. 33, parágrafo único, da LC n. 35/79); **d)** for caso de expulsão do estrangeiro (art. 58 da Lei n. 13.445/2017 c/c o art. 192 do Dec. n. 9.199/2017); **e)** versar sobre inquéritos policiais militares (IPM), disciplinados pelo CPPM, que são realizados pelas autoridades militares para apuração de infrações da competência da Justiça Militar.

> **ATENÇÃO!**
> O Supremo Tribunal Federal, ao julgar o RE 593.727/MG, firmou o entendimento de que o Ministério Público dispõe de competência para promover, por autoridade própria e por prazo razoável, investigações de natureza penal, observados os direitos e garantias de indivíduos investigados pelo Estado.

2.1.4 Investigação contra servidores da segurança pública

Nos casos em que servidores vinculados às instituições previstas no art. 144 da CF (polícia federal, polícia rodoviária federal, polícia ferroviária federal, polícias civis, polícias militares e corpos de bombeiros militares e polícias penais federal, estaduais e distrital) **figurarem como investigados** em inquéritos policiais, inquéritos policiais militares e demais procedimentos extrajudiciais, cujo objeto for a investigação de fatos relacionados ao uso da força letal praticados no exercício profissional, de forma consumada ou tentada, incluindo as situações dispostas no art. 23 do Código Penal, o indiciado **poderá** constituir defensor (art. 14-A, *caput*, do CPP).

No entanto, o investigado deverá ser citado da instauração do procedimento investigatório, podendo **constituir defensor** no prazo de até 48 (quarenta e oito) horas a contar do recebimento da citação (art. 14-A, § 1º, do CPP). **Esgotado** este prazo com ausência de nomeação de defensor pelo investigado, a autoridade responsável pela investigação deverá intimar a instituição a que estava vinculado o investigado à época da ocorrência dos fatos, para que essa, no prazo de 48 (quarenta e oito) horas, indique defensor para a representação do investigado (art. 14-A, § 2º, do CPP).

Por fim, aplicam-se também aos servidores militares vinculados às instituições previstas no art. 142 da CF, **desde que** os fatos investigados digam respeito a **missões** para a Garantia da Lei e da Ordem (art. 14-A, § 6º, do CPP).

2.2 O indiciado e seus direitos

O indiciado é a pessoa apontada no inquérito policial como autor do fato delituoso. Assim, o indiciamento é **ato privativo do delegado** e dar-se-á por ato fundamentado, mediante análise técnico-jurídica dos fatos, que deverá indicar autoria, materialidade e suas circunstâncias (art. 2º, § 6º, da Lei n. 12.830/2013).

O art. 7º, XXI, da Lei n. 8.906/94 **assegura o direito de o defensor assistir** a seus clientes investigados durante a apuração de infrações, sob pena de **nulidade absoluta** do respectivo interrogatório ou depoimento e, subsequentemente, de todos os elementos investigatórios e probatórios dele decorrentes ou derivados, direta ou indiretamente, podendo, inclusive, no curso da respectiva apuração.

A não observância dos direitos do preso é caso de relaxamento da prisão (art. 5º, LXV, da CF).

Ademais, a nova Lei de Abuso de Autoridade (Lei n. 13.869/2019), em vigor a partir do dia 3-1-2020, passou a criminalizar a conduta de autoridade (qualquer agente público, servidor ou não) que violar as garantias constitucionais e legais do preso ou do indiciado solto.

Por fim, é direito do advogado do investigado ou indiciado apresentar razões à autoridade policial ou do procedimento investigatório, ou, ainda, quesitos aos peritos, na forma do art. 7º, XXI, *a*, da Lei n. 8.906/94.

2.3 Acareação, reconstituição e identificação criminal

O indiciado não é obrigado a participar das diligências previstas nos arts. 6º, VI, e 7º, ambos do CPP, ou seja, acareação, reprodução simulada dos fatos, e fornecer padrões gráficos do próprio punho, para a realização de exame pericial, sendo cabível apenas a sua intimação para fazê-lo a seu arbítrio. Isso em virtude do princípio *nemo tenetur se detegere* (direito de não produzir prova contra si mesmo), obrigar o acusado a produzir prova capaz de caracterizar sua culpa (Decreto n. 678/92, art. 8, item 2, *g* – Pacto de São José da Costa Rica).

Ainda, a recusa do acusado de não realizar o exame não configura o crime de desobediência.

O art. 6º, VIII, do CPP determina que a autoridade policial proceda à **identificação criminal**, levando em conta dois critérios: **a)** identificação **datiloscópica**, que consiste em colher as impressões digitais do indiciado; e **b)** identificação **fotográfica**, na qual o indiciado será fotografado.

Cumpre salientar que a Constituição Federal de 1988, em seu art. 5º, LVIII, dispõe que "o civilmente identificado não será submetido à identificação criminal, salvo nas hipóteses previstas em lei". Dessa forma, a Súmula 568 do STF, que versa sobre identificação criminal, ficou prejudicada.

Ademais, a Lei n. 12.037/2009, no art. 3º, regula as hipóteses em que o indiciado poderá ser identificado criminalmente, ainda que civilmente.

> **ATENÇÃO!**
> O art. 109 da Lei n. 8.069/90 (ECA) afirma que: "O adolescente civilmente identificado não será submetido à identificação compulsória pelos órgãos policiais, de proteção e judiciais, salvo para efeito de confrontação, havendo dúvida fundada".

> **ATENÇÃO!**
> A autoridade policial deve colher **informações** sobre a existência de filhos, respectivas idades e se possuem alguma deficiência e o nome e o contato de eventual responsável pelos cuidados dos filhos, indicado pela pessoa presa (art. 6º, X, do CPP).

2.4 Trancamento do IP

A jurisprudência admite o trancamento do inquérito policial, utilizando-se a via do *habeas corpus* quando **evidenciada: a)** atipicidade da conduta; **b)** ausência de autoria; e **c)** extinção da punibilidade (art. 107 do CP).

> **ATENÇÃO!**
> O trancamento do IP faz coisa julgada material somente nas hipóteses da atipicidade da conduta e extinção da punibilidade.

Caso o juiz **denegue** a ordem de *habeas corpus* para trancar o inquérito policial, caberá recurso em sentido estrito (art. 581, X, do CPP).

2.5 Do prazo do IP

O art. 10 do CPP diz que o inquérito policial deverá terminar no prazo de **10 (dez) dias** se o indiciado estiver preso em flagrante ou preventivamente, contado o prazo a partir do dia em que se executar a prisão. Quando solto o indiciado, o prazo será de **30 (trinta) dias**, podendo ser **prorrogado**.

> **ATENÇÃO!**
> "Se o investigado estiver preso, o juiz das garantias poderá, mediante representação da autoridade policial e ouvido o Ministério Público, **prorrogar, uma única vez**, a duração do inquérito por até **15 (quinze) dias**, após o que, se ainda assim a investigação não for concluída, a prisão será imediatamente relaxada" (art. 3º-B, § 2º, do CPP). Reiterando que o STF suspendeu liminarmente a implementação do juiz das garantias e seus consectários (arts. 3º-A a 3º-F do CPP) nas ADIs n. 6.298, 6.299, 6.300 e 6.305-DF. A matéria deve ser analisada pelo Pleno do STF, que irá ratificar ou retificar a liminar proferida pelo ministro relator Luiz Fux.

Essa é a regra, embora haja exceções: a) nos crimes de drogas (art. 51, *caput* e parágrafo único, da Lei n. 11.343/2006), quando o indiciado estiver **preso**, o inquérito deverá terminar no prazo de **30 (trinta) dias** e, em **90 (noventa) dias**, quando **solto**. O prazo pode ser **duplicado** pelo juiz; b) nos crimes de competência da Justiça Federal, a Lei n. 5.010/66 determina que, estando o indiciado **preso**, o inquérito deverá terminar no prazo de **15 (quinze) dias**, **prorrogáveis** por igual período pelo juiz e, de **30 (trinta) dias**, quando **solto**; c) nos crimes contra a economia popular, estando o indiciado **preso ou solto**, o inquérito policial deverá ser encerrado no prazo de **10 (dez) dias** (art. 10, § 1º, da Lei n. 1.521/51).

2.6 Da requisição do delegado

O delegado de polícia **poderá requisitar**, de quaisquer órgãos do poder público ou de empresas da iniciativa privada, dados e **informações cadastrais** da vítima ou de suspeitos, nos crimes previstos nos **arts. 148, 149 e 149-A, no § 3º do art. 158 e no art. 159, todos do CP, e no art. 239 da Lei n. 8.069/90 (art. 13-A do CPP)**. A requisição será atendida no prazo de 24 horas.

Com relação aos crimes relacionados ao de tráfico de pessoas, o delegado poderá requisitar, **mediante autorização judicial** às empresas prestadoras de **serviços de telecomunicações e/ou telemática**, que disponibilizem imediatamente os meios técnicos adequados – como sinais, informações e outros – que permitam a localização da vítima ou dos suspeitos do delito em curso (art. 13-B do CPP).

2.7 Arquivamento do IP

De acordo com o art. 17 do CPP, o delegado de polícia não tem atribuições para arquivar autos de inquérito policial, cabendo tal incumbência **ao Ministério Público** (art. 28 do CPP). Em outras palavras, o controle do arquivamento é realizado no âmbito exclusivo do Ministério Público.

Assim, ao receber os autos de inquérito policial, o promotor de justiça poderá oferecer a denúncia (art. 24 do CPP), requerer a devolução do inquérito à autoridade policial para realização de novas diligências imprescindíveis (art. 16 do CPP), solicitar a remessa dos autos ao juízo competente ou ordenar pelo seu arquivamento (art. 28 do CPP).

Caso o Ministério Público **ordene o arquivamento** do inquérito policial ou de quaisquer elementos informativos de qualquer natureza, **comunicará** à vítima, ao investigado e à autoridade policial **e encaminhará** os autos para a **instância de revisão** ministerial para fins de homologação (art. 28, *caput*, do CPP). Se a vítima, ou seu representante legal, **não concordar com o arquivamento** do inquérito policial, poderá, no prazo de 30 (trinta) dias do recebimento da comunicação, submeter a matéria à revisão da instância competente do órgão ministerial (art. 28, § 1º, do CPP). Por fim, nas ações penais relativas a crimes praticados em detrimento da União, Estados e Municípios, a revisão do arquivamento do inquérito policial **poderá ser provocada pela chefia do órgão** a quem couber a sua representação judicial (art. 28, § 2º, do CPP).

Decisão do STF. Nova regra do art. 28 do CPP. O STF suspendeu liminarmente o novo procedimento do arquivamento do inquérito policial nas ADIs n. 6.298, 6.299, 6.300 e 6.305/DF, isto é, arquivamento exclusivamente no âmbito do Ministério Público, prevalecendo a antiga redação do art. 28 do CPP, onde o arquivamento do inquérito policial apenas poderia ser determinado por decisão do magistrado, atendendo ao requerimento fundamentado do Ministério Público, até o julgamento do mérito. **O Plenário do STF**, no dia 24-8-2023, **ao julgar o mérito** das ADIs n. 6.298, 6.299, 6.300 e 6.305/DF, atribuiu interpretação conforme ao *caput* do art. 28 do CPP, alterado pela Lei n. 13.964/2019, para assentar que: "ao se manifestar pelo arquivamento do inquérito policial ou de quaisquer elementos informativos da mesma natureza, o órgão do Ministério Público **submeterá sua manifestação ao juiz competente e comunicará à vítima, ao investigado e à autoridade policial**, podendo encaminhar os autos para o Procurador-Geral ou para a instância de revisão ministerial, quando houver, para fins de homologação, na forma da lei".

Com relação ao **§ 1º do art. 28 do CPP**, incluído pela Lei n. 13.964/2019, **o Plenário do STF**, no mesmo julgamento, assentou que: "além da vítima ou de seu representante legal, a autoridade judicial competente também poderá submeter a matéria à **revisão** da instância competente do órgão ministerial, caso verifique patente ilegalidade ou teratologia no ato do arquivamento".

Em suma, se o MP se manifestar pelo arquivamento do IP ou de qualquer elemento informativo da mesma natureza, submeterá sua **manifestação ao juiz competente para a homologação**, não ficando no âmbito exclusivo do Órgão do Ministério Público. Além de comunicar a vítima, o investigado e a autoridade policial. A autoridade judiciária competente poderá ainda **submeter a matéria à revisão** da instância competente do órgão ministerial, caso verifique patente ilegalidade ou teratologia no ato do arquivamento. Ressalte-se que com o novo entendimento do STF não cabe ao MP ordenar o arquivamento, mas sim se manifestar pelo arquivamento.

Arquivado o inquérito policial, o respectivo **desarquivamento** só tem cabimento na hipótese do surgimento de notícia de **novas provas**, caso em que se aplica o disposto no art. 18 do CPP e na Súmula 524 do STF, pois, neste caso, faz coisa julgada formal.

Por fim, arquivado o inquérito pela atipicidade da conduta ou pela extinção da punibilidade, não será possível o desarquivamento, pois faz coisa julgada material.

2.8 Sigilo do IP

Uma das características do inquérito policial é o sigilo, consoante o art. 20 do CPP. Contudo, no que con-

DIREITO PROCESSUAL PENAL

cerne ao advogado, não se pode negar seu acesso aos autos, pelo que preceitua o art. 7º, XIV, da Lei n. 8.906/94 como sendo direito do causídico.

Caso o advogado seja impedido pela autoridade policial de analisar os autos de inquérito, deverá ser impetrado **mandado de segurança**, nos moldes da Lei n. 12.016/2009, uma vez que fere direito líquido e certo do defensor. Todavia, o STF também admite a possibilidade do remédio constitucional de *habeas corpus*. É cabível ainda reclamação para o STF em caso de contrariedade à Súmula Vinculante, na forma do art. 102, I, *l*, da CF. Nesse viés, dispõe a Súmula Vinculante 14 do STF.

> **ATENÇÃO!**
> Tal prerrogativa do advogado **não se aplica** às diligências em curso, somente às provas documentadas nos autos do IP.

> **ATENÇÃO!**
> **Decretado o sigilo**, o acesso do advogado aos autos dependerá da apresentação de **procuração** (art. 7º, § 10, da Lei n. 8.906/94).

> **ATENÇÃO!**
> Na Lei de **Organização Criminosa**, decretado o sigilo, o advogado só terá acesso aos autos com **procuração e autorização judicial** (art. 23, *caput*, da Lei n. 12.850/2013).

Ressalta-se que o agente público poderá responder por crime de abuso de autoridade se negar ao interessado defensor ou advogado acesso aos autos de investigação preliminar ou qualquer outro procedimento investigatório de infração penal, bem como impedir a obtenção de cópias, exceto as diligências em curso (art. 32 da Lei n. 13.869/2019).

2.9 Da incomunicabilidade do indiciado

No inquérito policial, poderá ser decretada a incomunicabilidade do indiciado (quando o interesse da sociedade ou a conveniência da investigação o exigir), que **não excederá 3 (três) dias**, por despacho **fundamentado do juiz**, a requerimento da autoridade policial ou do Ministério Público, respeitando, em qualquer hipótese, o direito do advogado de se comunicar com seu cliente (art. 21 do CPP).

Para a doutrina dominante, este artigo foi revogado pela nova Constituição Federal, nos termos do art. 136, § 3º, IV, uma vez que o texto constitucional vedou a incomunicabilidade do preso em situações de estado de defesa e estado de sítio.

> **ATENÇÃO!**
> A incomunicabilidade do indiciado **não se estende ao advogado**, por força do art. 7º, III, da Lei n. 8.906/94.

Prevê ainda o art. 7º-B da Lei n. 8.906/1994, em vigor a partir do dia 3-1-2020, que a autoridade responderá por crime ao violar direito ou prerrogativa do advogado.

2.10 Do encerramento do IP na ação penal privada

Em caso de encerramento do IP, os autos serão remetidos ao juízo competente, onde **aguardarão a iniciativa da vítima ou de seu representante legal** para promover a ação penal privada (art. 19 do CPP), ou os autos serão entregues ao requerente, se assim o pedir, por meio de traslado.

> **ATENÇÃO!**
> O ofendido terá 6 (seis) meses para oferecer queixa-crime, sob pena de decadência (art. 38 do CPP).

> **ATENÇÃO!**
> A instauração do IP na ação penal privada não interrompe o prazo decadencial, somente a propositura da queixa-crime em juízo.

3. AÇÃO PENAL

3.1 Conceito

Ação penal é o direito do Estado-acusação ou do ofendido de pleitear (direito subjetivo) a aplicação do Direito Penal objetivo a um caso concreto, requerendo ao juiz que condene o acusado na forma dos pedidos que estão dispostos na peça acusatória, podendo esta ser denúncia (Ministério Público) ou queixa (ofendido).

Assim, **a titularidade da ação penal é, em regra, do próprio Estado** que a exerce por meio do Ministério Público, órgão incumbido constitucionalmente de tal mister (art. 129, I, da CF). Contudo, por questões de política criminal, **há casos em que essa titularidade é transferida ao particular, por meio da ação penal privada** (art. 30 do CPP).

> **ATENÇÃO!**
> No ordenamento jurídico brasileiro, em regra, a ação penal é pública, contudo há casos em que a lei **expressamente** declara privativa do ofendido. Portanto, há duas espécies de ação penal: a pública e a de iniciativa privativa do ofendido.

3.2 Condições da ação

A ação penal não é ilimitada e encontra barreiras para que seja utilizada; por esse motivo existem condições para ela. Ressalta-se que as condições da ação devem ser analisadas pelo magistrado no momento em que ele recebe a peça acusatória (denúncia ou queixa). **Sendo observada a ausência de algumas das condições, esta deverá ser rejeitada** com fundamento no art. 395 do CPP.

As condições para o exercício regular do direito de ação encontram-se divididas em duas, podendo ser genéricas ou específicas.

As **condições genéricas** são as comuns entre as ações penais, tais como:

I – **Possibilidade jurídica do pedido**: em decorrência do princípio da legalidade dos delitos e das penas previsto no art. 5º, XXXIX, da CF, c/c o art. 1º do CP, nenhuma conduta poderá ser considerada criminosa sem que haja previsão legal anterior à conduta que a considere assim.

Esta condição versa sobre a necessidade de existência, em abstrato, de lei penal material que dê amparo legal para a acusação. Por essa razão, se o fato narrado na inicial acusatória não for considerado crime pelo ordenamento jurídico pátrio, é inconcebível postular qualquer condenação, **uma vez que o fato é atípico**.

II – Legitimidade *ad causam:* os legitimados para intentar com a ação são os titulares do direito material em conflito. No **polo ativo**, nas situações em que a ação penal é pública, o Estado exerce, por intermédio do Ministério Público, seu direito de punir, bem como nos casos em que a ação penal é de iniciativa privada a legitimidade passa a ser do ofendido ou de seu representante legal.

Já no **polo passivo** deve figurar como parte o autor da conduta delituosa (acusado ou querelado), devendo este ser maior de 18 anos e pessoa física. Contudo, nosso ordenamento jurídico prevê a responsabilidade penal da pessoa jurídica apenas em decorrência de dano ambiental (art. 3º da Lei n. 9.605/98).

> **ATENÇÃO!**
> A Súmula 714 do STF, expressamente, fala em **legitimidade concorrente** em casos de crimes contra a honra de servidor público, em razão dos exercícios de suas funções, sendo legitimado tanto o Ministério Público quanto o próprio ofendido.

III – Interesse de agir: este ponto divide-se num trinômio: **necessidade, adequação e utilidade.**

A **necessidade** é demonstrada com a exigência da lei em que só se admite a satisfação da pretensão punitiva por meio judicial, sendo vetada a solução extrajudicial de conflitos penais.

Já a **adequação** está relacionada entre a causa de pedir e o pedido, em que o sujeito ativo deve pedir a condenação do acusado pela prática da conduta.

Por fim, há de se falar da **utilidade**, na qual a ação só será útil quando houver possibilidade de punição do agente causador do ilícito, sendo possível a realização do *jus puniendi* estatal.

IV – Justa causa: para que haja o efetivo exercício da ação penal é necessário **ter um mínimo de provas quanto à autoria e à materialidade do fato**, devendo haver provas concretas quanto à materialidade do delito, sendo essencial para justificar a instauração da referida ação penal e consequente movimentação da máquina estatal. Ausentes os requisitos, a peça acusatória deve ser rejeitada com fundamento no art. 395, III, do CPP.

Além das condições genéricas expostas anteriormente, há certas ações penais em que se exigem **condições específicas ou de procedibilidade** para propositura da ação penal. Falamos em condições de **procedibilidade** quando a ação penal está condicionada a determinados requisitos, porém, vale certificar-se de que esta possui caráter essencialmente processual.

Como exemplo pode ser citado o **crime de ameaça** (art. 147, parágrafo único, do CP), no qual a representação da vítima é essencial para o procedimento, pois sem ela é impossível sequer instaurar a ação penal. Nos **crimes contra a honra praticados contra o Presidente da República, ou contra chefe de governo estrangeiro**, é essencial que haja a requisição do Ministro da Justiça (art. 145, parágrafo único, CP).

Por fim, a lei ou a Constituição Federal pode estabelecer outras condições para a propositura da ação penal, seja a autorização da Câmara dos Deputados para instauração de processo **contra Presidente, Vice-Presidente da República, bem como os Ministros de Estado** (art. 51, I, da CF), dentre outras.

3.3 Classificação da ação penal

Neste ponto cumpre salientar que a doutrina majoritária toma por base a **legitimidade ativa** processual, classificando a ação penal com base no **critério subjetivo**. Desse modo, a ação penal será pública quando for intentada pelo órgão do Ministério Público, ou privada, quando o Estado transfere ao particular a titularidade do seu exercício. A ação penal pode ser:

a) **Ação penal pública:** quando é promovida exclusivamente pelo Ministério Público, órgão oficial do Estado, sendo a peça inicial denominada **denúncia**. Dito isso, cabe diferenciar a ação penal pública em:

I – Incondicionada (art. 100, primeira parte, do CP, e art. 24, primeira parte, do CPP): situações em que a lei silencia quanto à forma de ação, dispensando qualquer manifestação do ofendido ou de seu representante legal para instauração de inquérito policial ou oferecimento da denúncia por parte do Ministério Público. Exemplo: homicídio simples (art. 121, *caput*, do CP);

Cabe destacar que qualquer pessoa do povo pode provocar a iniciativa do Ministério Público para propor a ação penal.

II – Condicionada (art. 100, § 1º, do CP, e art. 24, parte final, do CPP): caso em que somente após o preenchimento de condição (autorização do ofendido) é que o Ministério Público estará apto ao oferecimento da denúncia, ou a autoridade policial para instaurar o inquérito policial. Deve haver **representação do ofendido** (ex.: crime de ameaça) ou **requisição do Ministro da Justiça** (ex.: calúnia contra o Presidente da República), sendo necessária para o prosseguimento do feito, esta que é condição específica ou de procedibilidade.

b) **Ação penal privada** (art. 100, § 2º, do CP, e art. 30 do CPP): situação em que a lei diz expressamente que a ação é de iniciativa privada do ofendido ou de seu representante legal, sendo promovida mediante **queixa**. Pode ser subdividida em **ação penal exclusivamente privada, privada subsidiária da pública** ou **privada personalíssima**.

> **ATENÇÃO!**
> A autoridade policial só poderá instaurar o inquérito policial mediante requerimento do ofendido (art. 5º, § 5º, do CPP).

3.4 Os princípios da ação penal pública

a) **Oficialidade:** o Ministério Público possui o caráter oficial de exercer o direito de acusar, sendo o titular da ação penal pública. Mesmo a ação sendo de legitimidade exclusiva do MP, **em caso de inércia** no oferecimento da denúncia, não obsta o ofendido ou seu representante legal de ingressar com a ação penal privada substitutiva da denúncia (art. 5º, LIX, da CF). Portanto, este princípio não é absoluto.

b) **Obrigatoriedade** ou **Legalidade:** o Ministério Público é obrigado a ingressar com a ação penal pública quando concluir que houve um fato típico, ilícito e tiver indícios de sua autoria e materialidade. Salvo se houver alguma causa impeditiva (exemplo: uma das hipóteses do art. 107 do CP).

c) **Indisponibilidade:** depois de proposta a ação, o Ministério Público **não pode desistir** dela (art. 42 do CPP). Interposto recurso, o MP não poderá desistir dele (art. 576 do CPP). Todavia, no curso da ação penal, nada impede que o MP peça a Absolvição do Réu.

> **ATENÇÃO!**
> Nas infrações em que a pena mínima em abstrato for igual ou inferior a 1 (um) ano e o acusado preencher os requisitos do art. 89 da Lei n. 9.099/95, o MP poderá propor a suspensão condicional do processo – sursis processual.

d) **Intranscendência:** a ação penal não pode passar da pessoa do autor e do partícipe. Somente estes podem ser processados (não pode ser contra os pais ou representante legal do autor ou partícipe).

e) **Indivisibilidade:** a jurisprudência dos Tribunais já consagrou entendimento de que **o princípio da indivisibilidade não se aplica à ação penal pública**, sendo próprio da ação penal privada (art. 48 do CPP). Portanto, aplica-se na ação penal pública, segundo entendimento dos Tribunais Superiores, o **princípio da divisibilidade**, pois o MP pode aditar ou promover nova denúncia se deixou de incluir alguns dos autores ou partícipes do crime no polo passivo da demanda.

3.5 Ação penal pública incondicionada

O Ministério Público independe de qualquer condição para agir. Portanto, independe da manifestação do ofendido ou de seu representante legal para que a autoridade policial instaure o inquérito policial e o Ministério Público ofereça a denúncia. Significa que a legitimidade ativa para propor a peça acusatória é do MP (art. 129, I, da CF).

A ação penal neste caso é indisponível, não podendo o promotor desistir da ação (art. 42 do CPP) ou deixar de atuar durante o processo, porém, ele pode pedir a absolvição do acusado, oferecer acordo ou transação penal, caso preencha os requisitos da Lei n. 9.099/95.

3.6 Ação penal pública condicionada

A ação será pública condicionada quando a lei o exigir expressamente, mediante **representação** do ofendido ou **requisição** do Ministro da Justiça, na forma do art. 100, § 1º, do CP.

a) **Da representação:** é uma manifestação de vontade da vítima ou de seu representante legal, autorizando o MP a promover a denúncia ou ao delegado para instaurar o inquérito policial, contra o autor de determinado fato criminoso.

Quando a vítima for menor de 18 anos de idade, mentalmente enfermo ou com retardamento mental, a representação deve ser apresentada pelo representante legal dela. Em caso de morte ou declaração de ausência da vítima, ocorrerá a sucessão processual, tornando legitimado para oferecer a representação ou dar continuidade na mesma já oferecida o cônjuge, ascendente, descendente e o irmão do ofendido, **nesta ordem de preferência** (art. 24, § 1º, do CPP).

> **ATENÇÃO!**
> O art. 34 do CPP ficou prejudicado, tendo em vista que o CC/2002 equiparou a maior idade civil com a maior idade penal, ficando as duas em 18 anos, não havendo mais legitimidade concorrente entre o ofendido e seu representante legal, quando a vítima for maior de 18 e menor de 21 anos. Assim, estando a vítima com 18 anos e capaz mentalmente, só ela poderá promover a representação ou a queixa-crime.

3.6.1 Forma de representação

Não exige formalidades especiais para ser elaborada, podendo ser feita por escrito ou de forma oral (sendo reduzida a termo), devendo ser dirigida à autoridade policial, ao Ministério Público ou ao juiz, podendo ser apresentada pessoalmente ou por procurador com poderes especiais (art. 39 do CPP).

O **prazo** para que a representação seja oferecida é de **6 (seis) meses**, a contar da data do conhecimento da autoria do fato tido como criminoso, sob pena de **decadência** (art. 38 do CPP).

A simples manifestação de vontade da vítima ou de seu representante legal é suficiente para afastar a decadência, esta que pode ser formulada perante autoridade policial, conselho tutelar, Ministério Público e Juiz de Direito.

> **ATENÇÃO!**
> A representação **não tem poder vinculativo** em face do Ministério Público, este que pode não denunciar caso entenda que não há necessidade para tanto ou que não estão presentes as condições da ação.

> **ATENÇÃO!**
> A representação é condição de procedibilidade.

3.6.2 Retratação da representação

É possibilidade da vítima de retirar a representação, impossibilitando o oferecimento da denúncia pelo MP.

A possibilidade de retratação da representação só pode ocorrer **antes do oferecimento da denúncia** pelo *Parquet* (art. 102 do CP, e art. 25 do CPP), não podendo ser aceita a retratação depois do seu oferecimento.

Nos casos de violência doméstica contra a mulher (Lei n. 11.340/2006), só há possibilidade de retratação **antes do recebimento da denúncia**, devendo ocorrer em audiência especialmente designada para este fim perante o juiz e ouvido o Ministério Público (art. 16 da mesma lei). Nas hipóteses de crimes sujeitos a representação da vítima, quais sejam: estelionato (art. 171, § 5º, do CP) e crime de perseguição (art. 147-A, § 3º, do CP).

> **ATENÇÃO!**
> De acordo com a Súmula 542 do STJ, quando o crime for de violência doméstica contra a mulher e causar lesão corporal de natureza leve, a ação passa a ser pública incondicionada, sendo impossível interromper ou obstar o prosseguimento da ação penal por vontade da vítima.

3.6.2.1 Retratação da retratação

Consiste na vontade do ofendido de renovar a representação, da qual se retratou, ou seja, revogando a retratação.

Portanto, **é possível** a retratação da retratação, desde que seja dentro do prazo decadencial de 6 (seis) meses.

b) Requisição do Ministro da Justiça: ocorre quando a lei exige a requisição do Ministro da Justiça como condição de procedibilidade para o início da ação penal.

Temos como principais exemplos os **crimes cometidos contra a honra do Presidente da República ou chefe de governo estrangeiro** (art. 145, parágrafo único, do CP), nos quais se analisa a conveniência e oportunidade da autoridade para a requisição de ação penal, **não sendo vinculativas**, podendo o Ministério Público oferecer denúncia ou não.

Diferentemente da representação, a requisição **não possui prazo decadencial de 6 (seis) meses** para que o Ministro da Justiça requisite a instauração da persecução criminal. Portanto, pode ser oferecida a qualquer tempo, desde que não haja prescrição da pretensão punitiva.

Com relação à **retratação da requisição**, o legislador não previu a possibilidade de retratação. No entanto, **há divergência doutrinária**, pois uns dizem que ela é irretratável, enquanto outros sustentam que é possível a retratação da requisição.

3.7 Ação penal privada

Neste tipo de ação **o Estado transfere a legitimidade ativa** de propor a ação penal ao ofendido ou ao seu representante legal (art. 100, § 2º, do CP, e art. 30 do CPP). A peça acusatória é denominada **queixa-crime**, sendo o sujeito ativo denominado querelante, e o passivo, querelado. É facultado ao ofendido o ingresso ou não com a ação, casos em que a lei declara expressamente o tipo de ação que deve ser proposta.

Em regra, a vítima pessoalmente ou por representante legal, bem como a pessoa jurídica possui legitimidade para intentar com a ação penal privada, conforme arts. 30 e 37 do CPP.

> **ATENÇÃO!**
> Quando o querelante for menor de 18 (dezoito) anos, ou mentalmente enfermo e não possuir representante legal, ou colidirem os interesses deste com os daquele, o direito de queixa poderá ser exercido por curador especial, a requerimento do Ministério Público ou de ofício pelo juiz (art. 33 do CPP).

> **ATENÇÃO!**
> Se comparecer mais de uma pessoa com direito de queixa, terá preferência o cônjuge e, em seguida, o parente mais próximo na ordem de enumeração constante no art. 31 do CPP, ou seja, o ascendente, descendente ou irmão, podendo, entretanto, qualquer delas prosseguir na ação, caso o querelante desista da instância ou a abandone (art. 36 do CPP).

O querelante pode optar por ingressar com a queixa-crime (com procuração com poderes especiais, devendo constar a menção do fato criminoso – art. 44 do CPP) contra o autor da infração no **prazo de 6 (seis) meses**, cujo prazo é decadencial, devendo ser contado do dia em que vier a saber quem é o autor do crime. Caso o prazo seja inobservado, ocorrerá a extinção da punibilidade pela **decadência**, na forma do art. 107, IV, do CP.

É possível a renúncia do direito de queixa por parte do ofendido, este que também resultará na extinção da punibilidade da conduta (arts. 104 e 107, V, ambos do CP).

> **ATENÇÃO!**
> Se o querelante for menor de 18 anos e possuir representante legal, e este tem conhecimento do infrator, e nada faz ou renunciar, o direito de queixa será devolvido ao ofendido, contando o prazo decadencial de 6 meses, a partir da data em que a vítima completar os 18 anos, para promover a propositura da queixa-crime, que deverá ser exercida por procurador com poderes especiais com a menção do fato criminoso.

DIREITO PROCESSUAL PENAL

3.7.1 Princípios específicos da ação penal privada

a) **Princípios da conveniência ou oportunidade:** ao ofendido ou seu representante legal é facultado o direito de propor a ação penal contra o autor do delito. Exercerão o direito se quiserem, conforme a conveniência social ou a oportunidade política da medida.

b) **Princípio da disponibilidade:** mesmo já proposta a queixa-crime, o querelante dispõe do direito de desistir da ação penal privada por meio de perdão concedido ao querelado (art. 51 do CPP), bem como abandonar o processo pela inércia, sendo causa de perempção, nas hipóteses do art. 60 do CPP. E desistir do recurso que tenha interposto.

c) **Princípio da indivisibilidade:** a queixa contra qualquer dos autores do crime obrigará ao processo de todos, e o Ministério Público velará pela sua indivisibilidade, na forma do art. 48 do CPP. Em decorrência deste princípio, caso o crime tenha sido cometido por mais de um agente, o querelante fica obrigado a oferecer a ação acusatória contra todos aqueles que a praticaram, não podendo excluir nenhum dos supostos criminosos, pois, no caso, ocorrerá renúncia tácita contra os demais acusados e configurará, dessa forma, a extinção da punibilidade (art. 107, V, do CP).

3.7.2 Espécie de ação penal privada

I – Ação penal privada exclusiva: esta é a ação penal que pode ser intentada tanto pela vítima quanto por seu representante legal, ou no caso de morte do ofendido ou declaração de ausência, pelo cônjuge, ascendente, descendente ou irmão, respectivamente (art. 31 do CPP).

Nesta hipótese de ação a lei dirá expressamente que o crime só se procede mediante queixa; como exemplo podemos citar o art. 145, primeira parte, e art. 167, ambos do CP.

ATENÇÃO!
Pelo fato de a titularidade da ação pertencer ao particular, é vetado ao Promotor de Justiça apelar em favor de querelante. Contudo, não obsta o MP de recorrer em favor do querelado, desde que ele não tenha interposto recurso de defesa idêntico.

II – Ação penal privada personalíssima: nesta somente poderá intentar a ação penal a própria vítima, não sendo possível o seu oferecimento por qualquer outra pessoa, **sendo intransmissível** a titularidade do direito de queixa.

Neste tipo de ação o legislador deve deixar claro que a titularidade da ação é atribuída apenas ao ofendido; como exemplo podemos citar o art. 236, parágrafo único, do CP.

III – Ação penal privada subsidiária da pública: quando o Ministério Público permanece inerte no prazo do art. 46 do CPP, pode a própria vítima ingressar com a ação penal, conforme o art. 100, § 3º, do CP, e o art. 29 do CPP. Assim, se o MP, ao receber os autos do inquérito no prazo da lei (réu preso, cinco dias; réu solto, 15 dias) e não oferecer a denúncia, não requisitar diligências e nem requerer o arquivamento, o ofendido ou seu representante legal poderá ofertar a queixa-crime substitutiva da denúncia.

O prazo para o seu oferecimento é de **6 (seis) meses, começando a contar do dia em que esgotar o prazo do promotor e não do conhecimento da autoria delituosa**, sendo este fatal e improrrogável, não sendo sujeito à interrupção ou suspensão.

ATENÇÃO!
Na ação penal subsidiária da pública, o Ministério Público passa a ser interveniente obrigatório, tendo que se manifestar em todos os termos do processo, sob pena de causar nulidade no procedimento, tendo suas atribuições elencadas no art. 29 do CPP, ou seja, podendo aditar ou repudiar a queixa, fornecer elementos de prova etc.

ATENÇÃO!
O MP pode retomar a titularidade da ação penal se o querelante for negligente. Assim, a negligência do querelante na ação penal privada subsidiária da pública não causa perempção.

3.7.3 Institutos da ação penal privada

Nos crimes de ação penal privada exclusiva e personalíssima temos quatro institutos, que são:

a) **Renúncia ao direito de ação:** em decorrência do princípio da oportunidade, há possibilidade de o querelante não promover a ação penal. **Ato unilateral** de vontade em não promover a queixa-crime. Pode ser expressa, quando houver declaração assinada pelo ofendido, ou por seu representante legal, bem como o procurador com poderes especiais (art. 50 do CPP) ou tácita, situação em que se verifica a prática de atos incompatíveis com a vontade de iniciar com a ação penal (art. 104, parágrafo único, do CP), **gerando extinção da punibilidade do agente** com base no art. 107, V, primeira parte, do CP, operando-se antes do oferecimento da ação penal;

ATENÇÃO!
Em decorrência do princípio da indivisibilidade, caso o ofendido venha a renunciar ao direito de queixa em relação a um dos autores da infração delituosa, a todos se estenderá (art. 49 do CPP).

ATENÇÃO!
Não implica renúncia tácita ao direito de queixa o fato de o ofendido receber indenização pelo dano causado pelo crime (art. 104, parágrafo único, do CP). Contudo, nas infrações de menor potencial ofensivo, cuja pena máxima não seja superior a 2 anos, a composição em relação aos danos civis, homologa-

da em audiência preliminar pelo magistrado, implica renúncia ao direito de queixa ou de representação (art. 74, parágrafo único, da Lei n. 9.099/95).

b) Perdão do ofendido: ato bilateral de vontades, consiste na desistência do ofendido em prosseguir com a ação penal exclusivamente privada, contudo, esta depende de aceitação do acusado.

O perdão dar-se-á **depois de iniciada a ação penal até o trânsito em julgado da sentença condenatória** (art. 106, § 2º, do CP), exigindo-se a anuência do querelado para que haja extinção da punibilidade (art. 58 do CPP); caso haja a recusa, este não produzirá efeitos e o procedimento continuará seu curso (art. 106, III, do CP).

> **ATENÇÃO!**
> Em decorrência do princípio da indivisibilidade, o perdão concedido a um dos ofensores se estende a todos os outros (art. 106, I, do CP, e art. 51 do CPP).

Perempção: é a perda do direito de prosseguir na ação penal pela inércia do autor da ação, aplicando-se somente nas ações exclusivamente privadas. É inaplicável a perempção na ação penal privada subsidiária da pública.

A perempção constitui causa de extinção da punibilidade (art. 107, IV, terceira parte, do CP) e **só é admitida após o início da ação penal**, considerando-se peremptas todas as possibilidades existentes no rol do art. 60 do CPP, a saber: I) o querelante deixar de promover o andamento do processo durante 30 (trinta) dias seguidos; II) quando, falecendo o querelante, ou sobrevindo sua incapacidade, não comparecer em juízo, para prosseguir no processo, dentro do prazo de 60 (sessenta) dias, qualquer das pessoas a quem couber fazê-lo, ressalvado o disposto no art. 36; III) quando o querelante deixar de comparecer, sem motivo justificado, a qualquer ato do processo a que deva estar presente, ou deixar de formular o pedido de condenação nas alegações finais; IV) quando, sendo o querelante pessoa jurídica, esta se extinguir sem deixar sucessor.

3.7.4 Prazo decadencial e exceções

O prazo decadencial para oferecimento da queixa é de 6 (seis) meses, que passam a ser contados do momento em que a vítima toma conhecimento de quem foi o autor do crime (art. 38, primeira parte, do CPP), contudo há exceções que merecem destaque:

a) No crime disposto no art. 236, parágrafo único, CP, a ação penal só poderá ser proposta seis meses **DEPOIS** do trânsito em julgado da sentença, que por motivo de erro ou impedimento anule o casamento.

b) Nos crimes de ação penal privada, contra a propriedade imaterial que deixar vestígios, é de 30 (trinta) dias contados a partir da intimação da homologação do laudo pericial pelo juiz (art. 529, CPP).

> **ATENÇÃO!**
> Na ação penal privada o prazo decadencial é interrompido **no momento do oferecimento da queixa em juízo**, sendo irrelevante a data de recebimento pelo juiz. O requerimento de instauração de inquérito policial, bem como as férias forenses, não são causas de interrupção do prazo decadencial.

3.8 Da ação penal nos crimes contra a honra

Nos crimes contra a honra (arts. 138 a 140 do CP), a regra geral é ação penal privada, *ex vi* do art. 145, *caput*, 1ª parte, do CP. Se a injúria real prevista no art. 140, § 2º, do CP for praticada com emprego de vias de fato, a ação será de iniciativa privada, uma vez que as vias de fatos são absorvidas pelo crime de injúria. No entanto, se a injúria real for praticada com emprego de violência física, a ação penal será de natureza pública. Se a lesão corporal for de natureza leve ou culposa, a ação penal será pública condicionada à representação, aplicando-se, no caso, o art. 88 da Lei n. 9.099/1995. Se a lesão for grave ou gravíssima, a ação será pública incondicionada.

A ação **será pública condicionada à requisição** do Ministro da Justiça na situação do art. 141, I, do CP (crimes contra a honra que têm o Presidente da República ou chefe de governo estrangeiro como vítima). **Será pública condicionada à representação** caso o crime seja cometido **contra funcionário público** em decorrência de suas funções, conforme inciso II do art. 141 do CP e § 3º do art. 140 do CP.

> **ATENÇÃO!**
> A Súmula 714 do STF permitiu a **legitimidade concorrente** para propor a ação penal, podendo ser proposta mediante **queixa do servidor** ou mediante denúncia do Ministério Público, esta que está condicionada à **representação**.

3.9 Da ação penal nos crimes contra a dignidade sexual

Nos crimes contra a dignidade sexual (arts. 213 a 218-C do CP), com o advento da Lei n. 13.718/2018, que entrou em vigor na data de sua publicação (25-9-2018), **a regra passou a ser ação penal pública incondicionada**, de acordo com a nova redação dada ao art. 225, *caput*, do CP.

Vale ressaltar que antes do advento da Lei n. 13.718/2018 vigorava a Lei n. 12.015, de 7-8-2009, em que, nos crimes contra a liberdade sexual, a ação penal em regra era pública condicionada à representação do ofendido ou de seu representante legal (sendo a vítima maior de idade e capaz ou não houvesse violência física), cabendo ao promotor promover a ação penal, oferecendo a denúncia nos termos do art. 24 do CPP, bem como a autoridade policial só poderia instaurar inquérito policial mediante representação (art. 5º, § 4º, do CPP). Se a vítima fosse menor de 18 anos ou houvesse violência física, a ação era pública incondicionada.

> **ATENÇÃO!**
> De acordo com a Súmula 608 do STF, em casos de estupros praticados mediante violência real, a ação sempre foi **pública incondicionada**.

3.10 Da ação penal nos crimes contra o patrimônio

Nos crimes contra o patrimônio (arts. 155 a 180 do CP), a regra geral é **ação penal pública incondicionada**, isto é, independe da manifestação do ofendido ou de seu representante legal para que se instaure o inquérito policial (portaria) ou se inicie ação penal (denúncia).

No entanto, será **ação penal pública condicionada à representação** do ofendido ou de seu representante legal nas hipóteses do art. 182, I, II, III, do CP se o crime for cometido em prejuízo: **a)** do cônjuge separado judicialmente; **b)** de irmão legítimo ou ilegítimo; **c)** de tio ou sobrinho, com quem o agente coabita.

Nos casos do art. 156 (furto de coisa comum), § 1º, do CP, art. 171 (estelionato), § 5º, e do art. 176 (outras fraudes), parágrafo único, do CP, a ação também será **pública condicionada à representação**. No caso de estelionato praticado contra a Administração Pública (direta ou indireta), criança ou adolescente, pessoa com deficiência mental, maior de 70 anos de idade ou incapaz, a ação será pública incondicionada.

Por outro lado, sempre a **ação será pública incondicionada** quando ocorrerem as situações do art. 183, I, II, III, do CP, ou seja, se o crime for de roubo ou extorsão, ou, em geral, quando houver emprego de grave ameaça ou violência à pessoa; ao estranho que participa do crime; se o crime for praticado contra pessoa de idade igual ou superior a sessenta anos.

Nos crimes contra o patrimônio, a **ação será privada** quando houver infringência ao art. 161 (alteração de limites), § 3º, do CP (se a propriedade é particular e não há emprego de violência), e ao art. 163 (dano), IV, do CP (por motivo egoístico ou com prejuízo considerável para a vítima), dependendo de queixa, nos termos do art. 167 do CP, bem como no crime de fraude à execução, art. 179, parágrafo único, do CP.

3.11 Da ação penal nos crimes de lesões corporais

Nos crimes de lesão corporal, a regra é **ação penal pública incondicionada**, nas hipóteses de lesão corporal de natureza grave (art. 129, § 1º, do CP), lesão corporal de natureza gravíssima (art. 129, § 2º, do CP) e na lesão corporal seguida de morte (art. 129, § 3º, do CP).

Já no caso de lesão corporal leve (art. 129, *caput*, do CP) e lesões culposas (art. 129, § 6º, do CP) **a ação é pública condicionada à representação**, na forma do art. 88 da Lei n. 9.099/95, bem como na hipótese de lesão leve praticada no contexto de violência doméstica e familiar, contra homem ou mulher (art. 129, § 9º, do CP).

Ademais, na **lesão corporal culposa no trânsito** (art. 303 da Lei n. 9.503/97), **a ação também será pública condicionada à representação**, na forma do art. 88 da Lei n. 9.099/95. No entanto, havendo alguma das hipóteses previstas nos incisos I, II e III do § 1º do art. 291 da Lei n. 9.503/97, **a ação penal passará a ser pública incondicionada**.

Cabe trazer à baila que, sendo a vítima mulher e tratando-se de violência doméstica e familiar ou menosprezo ou discriminação à condição de mulher (ou seja, por razões da condição do sexo feminino), prevista no art. 129, § 13, do CP, incluído pela Lei n. 14.188/2021, passou a ter a pena de reclusão de 1 a 4 anos e, por disposição legal, **não se aplica a Lei n. 9.099/95** (art. 41 da Lei n. 11.340/2006). Ressalte-se que nestes casos de **lesão corporal**, o Supremo Tribunal Federal, ao julgar a ADI 4.424, em 17 de fevereiro de 2012, decidiu que, independentemente de serem leves ou gravíssimas praticadas contra a mulher, a **ação penal cabível será pública incondicionada**. No mesmo sentido, a Súmula 542 do STJ.

3.12 Denúncia e da queixa-crime

Nas ações penais públicas, condicionadas ou incondicionadas, estas que são promovidas pelo Ministério Público, a peça acusatória recebe a denominação de denúncia (art. 24 do CPP). Já para a ação penal privada, a peça de acusação do ofendido ou de seu representante legal recebe a denominação de queixa-crime (art. 30 do CPP).

> **ATENÇÃO!**
> O art. 44 do CPP determina que a queixa poderá ser promovida por procurador com poderes especiais, devendo constar de instrumento do mandato o nome do querelado e a menção do fato criminoso. Assim, se a procuração não preencher os requisitos previstos em lei, haverá a inépcia da inicial e sua rejeição.

Desse modo, nas peças acusatórias, tanto na denúncia quanto na queixa-crime deverá conter os requisitos previstos no art. 41 do CPP, conforme:

a) **a exposição dos fatos criminosos que a motivaram:** os fatos narrados na peça de acusação devem conter as informações pertinentes ao caso em questão, de modo que possibilitem a ampla defesa do acusado. Caso contrário, será considerada inepta, uma vez que caracterizará uma acusação genérica, sendo nula, por dificultar ou impossibilitar a defesa;

b) **a narração das circunstâncias e classificação do crime com a indicação das provas que deseja produzir:** neste ponto é importante ressaltar que o acusado irá se defender dos fatos narrados na peça de acusação, que lhe são imputados. Caso haja equívoco quanto à classificação do tipo penal, está não é causa de rejeição da denúncia ou queixa;

> **ATENÇÃO!**
> É possível que haja aditamento da denúncia com intuito de suprir determinada omissão, agregar fato novo ou incluir novo acusado, até o momento da sentença.

c) **qualificação do autor da possível infração;**

d) **rol de testemunhas:** a parte autora poderá arrolar as testemunhas que achar necessárias, porém, o número máximo é variável e deve seguir as exigências contidas em cada rito processual: **a)** procedimento ordinário: 8 (oito) testemunhas (art. 401, *caput*, do CPP); **b)** procedimento sumário: 5 (cinco) testemunhas (art. 532 do CPP); **c)** procedimentos de competência do Tribunal do Júri: 8 (oito) testemunhas na primeira fase (art. 406, § 3º, do CPP); **d)** Plenário do Júri: 5 (cinco) testemunhas (art. 422 do CPP); **e)** rito sumaríssimo (Lei n. 9.099/95): 3 (três) testemunhas; **f)** Lei de Drogas (11.343/2006): 5 (cinco) testemunhas (art. 54, III, da referida Lei).

> **ATENÇÃO!**
> Recebida a denúncia contra parlamentar federal (Senador ou Deputado), por crime ocorrido após a diplomação, o STF dará ciência à casa respectiva que, por iniciativa de partido político nela representado e pelo voto da maioria de seus membros, poderá, até a decisão final, sustar o andamento da ação (art. 53, § 3º, da CF).

3.12.1 Prazo e exceções

O prazo para oferecimento de denúncia levará em conta se o acusado está preso ou em liberdade. Nos casos em que o condenado estiver preso, o prazo para oferecer a denúncia, em regra, será de **5 (cinco) dias**; quando o acusado estiver solto, este prazo se dilata, chegando a **15 (quinze) dias**, conforme o art. 46 do CPP.

Nos casos em que a ação penal tiver que ser precedida de representação do ofendido ou de seu representante legal, o MP só poderá ofertar a denúncia após esta. Depois de oferecida a denúncia, ela torna-se irretratável (art. 25 do CPP).

> **ATENÇÃO!**
> Nos **crimes previstos na Lei de Drogas**, o Promotor tem o prazo de 10 (dez) dias para oferecer a denúncia, estando o acusado preso ou solto (art. 54, *caput*, da Lei n. 11.343/2006).

> **ATENÇÃO!**
> Nos **crimes de economia popular**, o Promotor tem o prazo de 2 (dois) dias para ofertar a denúncia, esteja ou não o réu preso, na forma do art. 10, § 2º, da Lei n. 1.521/51.

No caso de o Ministério Público não apresentar denúncia no prazo de lei (art. 46 do CPP), o ofendido, ou seu representante legal, poderá oferecer queixa-crime substitutiva da denúncia no prazo de 6 (seis) meses contados do último dia do prazo do MP (art. 29, última parte, do CPP).

Entende-se por inércia do promotor quando este: a) não oferecer a denúncia; b) não ordenar o arquivamento; c) não suscitar o declínio de competência; d) não requerer a baixa dos autos para novas diligências, imprescindíveis ao oferecimento da denúncia; e) não suscitar o conflito de competência.

Por fim, no caso de ação penal privada, o ofendido, ou seu representante legal, tem o prazo de 6 (seis) meses para promover a queixa-crime, a partir do dia que vier a saber quem é o autor do crime (art. 38, *caput*, do CPP), sob pena de decadência (art. 107, IV, do CP).

3.12.2 Da rejeição da peça acusatória

A denúncia ou a queixa **será rejeitada** quando ocorrerem algumas das possibilidades do art. 395 do CPP, seja: **I)** manifestamente inepta; **II)** faltar pressuposto processual ou condição para o exercício da ação penal; ou **III)** faltar justa causa para o exercício da ação penal.

Contra a decisão que rejeita a denúncia ou queixa, deve ser interposto **Recurso em Sentido Estrito – RESE** – (art. 581, I, CPP). Caso a ação seja de competência do Juizado Especial Criminal – JECRIM, a peça cabível será **apelação** (art. 82 da Lei n. 9.099/95).

A falta de intimação do denunciado para **oferecer contrarrazões** ao recurso interposto da rejeição da denúncia **constitui nulidade**, não sendo suprida pela nomeação de defensor dativo (Súmula 707 do STF).

> **ATENÇÃO!**
> Não há nenhum recurso previsto na legislação contra as decisões que **recebam** as peças de acusação, porém, dependendo do caso, é possível **impetrar** *habeas corpus*, com fundamento nos arts. 647 e 648 do CPP, com intuito de trancar a ação penal.

3.13 Do acordo de não persecução penal (ANPP)

Não sendo caso de arquivamento e tendo o **investigado confessado** formal e circunstancialmente a prática de infração penal **sem violência ou grave ameaça** e com **pena mínima inferior a 4 (quatro) anos**, o Ministério Público **poderá propor** acordo de não persecução penal, desde que necessário e suficiente para reprovação e prevenção do crime, mediante as seguintes **condições** ajustadas cumulativa e alternativamente: **I – reparar** o dano **ou restituir** a coisa à vítima, exceto na impossibilidade de fazê-lo; **II – renunciar** voluntariamente a bens e direitos indicados pelo Ministério Público como instrumentos, produto ou proveito do crime; **III – prestar serviço** à comunidade ou a entidades públicas por período correspondente à pena mínima cominada ao delito diminuída de um a dois terços, em local a ser indicado pelo juízo da execução, na forma do art. 46 do CP; **IV – pagar** prestação pecuniária, a ser estipulada nos termos do art. 45 do CP, a entidade pública ou de interesse social, a ser indicada pelo juízo da execução, que tenha, preferencialmente, como função proteger bens jurídicos iguais ou semelhantes aos aparentemente lesados pelo delito; ou **V – cumprir**, por prazo determinado, outra condição indicada pelo Ministério Público, desde que proporcional e compatível com a infração penal imputada (art. 28-A e incisos I a V, do CPP).

Ressalte-se que para aferição da pena mínima cominada ao delito inferior a 4 anos, **serão consideradas** as causas de aumento e diminuição aplicáveis ao caso concreto (art. 28-A, § 1º, do CPP).

Não se aplica o acordo de não persecução penal nos seguintes casos: I – se for cabível transação penal de competência dos Juizados Especiais Criminais, nos termos da lei; II – se o investigado for reincidente ou se houver elementos probatórios que indiquem conduta criminal habitual, reiterada ou profissional, exceto se insignificantes as infrações penais pretéritas; III – ter sido o agente beneficiado nos 5 (cinco) anos anteriores ao cometimento da infração, em acordo de não persecução penal, transação penal ou suspensão condicional do processo; e IV – nos crimes praticados no âmbito de violência doméstica ou familiar, ou praticados contra a mulher por razões da condição de sexo feminino, em favor do agressor (art. 28-A, § 2º, incisos I a IV, do CPP).

O referido acordo será formalizado por **escrito** e será **firmado** pelo membro do Ministério Público, pelo investigado e por seu defensor (art. 28-A, § 3º, do CPP).

Para a **homologação** do acordo, será **realizada audiência** na qual o juiz deverá verificar a sua voluntariedade, por meio da oitiva do investigado na presença do seu defensor, e sua legalidade (art. 28-A, § 4º, do CPP). Se o juiz considerar inadequadas, insuficientes ou abusivas as condições dispostas no acordo, **devolverá** os autos ao Ministério Público para que seja **reformulada** a proposta de acordo, com concordância do investigado e seu defensor (art. 28-A, § 5º, do CPP).

Homologado judicialmente o acordo, o juiz devolverá os autos ao Ministério Público para que **inicie sua execução** perante o juízo de execução penal (art. 28-A, § 6º, do CPP).

O juiz **poderá recusar** homologação à proposta que não atender aos requisitos legais ou quando não for realizada a reformulação da proposta de acordo prevista no § 5º do art. 28-A do CPP (art. 28-A, § 7º, do CPP).

Recusada a homologação do acordo de não persecução penal, o juiz devolverá os autos ao Ministério Público para a análise da necessidade de complementação das investigações ou o oferecimento da denúncia (art. 28-A, § 8º, do CPP). Da decisão do Juiz que recusar a homologação à proposta de acordo de não persecução penal, caberá a interposição de **recurso em sentido estrito** (art. 581, XXV, do CPP).

A vítima será **intimada** da homologação do acordo e de seu descumprimento (art. 28-A, § 9º, do CPP).

Descumpridas quaisquer das condições estipuladas no acordo de não persecução penal pelo investigado, o Ministério Público deverá comunicar ao juízo, para fins de sua rescisão e posterior oferecimento de denúncia (art. 28-A, § 10, do CPP). Poderá, o descumprimento do acordo também ser utilizado pelo Ministério Público como justificativa para o eventual não oferecimento de suspensão condicional do processo (art. 28-A, § 11, do CPP).

A celebração e o cumprimento do acordo de não persecução penal **não constarão** de certidão de antecedentes criminais, exceto para os fins previstos no art. 28-A, § 2º, III, do CPP, ou seja, ter sido o agente beneficiado nos 5 (cinco) anos anteriores ao cometimento da infração, em acordo de não persecução penal, transação penal ou suspensão condicional do processo (art. 28-A, § 12, do CPP).

Cumprido integralmente o acordo, o juízo competente decretará a **extinção de punibilidade** (art. 28-A, § 13, do CPP).

No caso de **recusa** por parte do Ministério Público, **em propor** o acordo de não persecução penal, o investigado poderá requerer a remessa dos autos a instância de revisão ministerial (art. 28-A, § 14, do CPP).

> **ATENÇÃO!**
> A prescrição não ocorrerá enquanto não cumprido ou não rescindido o acordo de não persecução penal (art. 116, IV, do CP).

4. AÇÃO CIVIL EX DELICTO

4.1 Conceito

A prática da infração penal acarreta consequências na **esfera penal**, sujeitando o autor do fato à pena correspondente ao cometimento da infração e, **na esfera cível**, consistindo no direito do ofendido ou de seu representante legal ou até mesmo de seus herdeiros à respectiva indenização em caso de existência de dano causado pelo crime. Assim, **um dos efeitos da condenação penal** consiste em tornar certa a obrigação do autor do fato **em indenizar o dano causado** (art. 91, I, do CP).

O Código de Processo Penal prevê, expressamente (art. 63), que, transitada em julgado a sentença condenatória proferida pelo juízo penal, pode a vítima, seu representante legal ou seus herdeiros **promover a execução**, no juízo cível.

Nessa esteira, a sentença condenatória equivale a um **título executivo judicial** (art. 515, IV, do CPC/2015), gerando efeitos nas duas esferas (criminal e cível), bastando executá-la no juízo cível, para apurar o *quantum* devido, mediante liquidação por artigos, não mais se discutindo se esta é devida ou não. Ressalte-se que a execução poderá ser efetuada pelo valor fixado nos termos do inciso IV do art. 387 do CPP, sem prejuízo da liquidação para apuração do dano efetivamente sofrido (art. 63, parágrafo único, do CPP).

No entanto, a vítima pode ingressar com ação de ressarcimento de danos (na área cível) contra o autor do crime ou o responsável civil, antes mesmo que termine a ação penal pelo mesmo crime (art. 64 do CPP), uma vez que o sistema processual brasileiro adotou o **princí-**

pio da separação ou o da independência, havendo plena autonomia das ações penal e cível.

Proposta a ação penal e a cível **concomitantemente**, poderá o juízo cível **suspender** a ação de indenização até o julgamento definitivo do processo penal (art. 64, parágrafo único, do CPP).

Por fim, havendo pedido expresso na inicial acusatória do Ministério Público ou da parte ofendida e oportunizado o contraditório ao réu, sob pena de violação à ampla defesa, o juiz na sentença condenatória deve fixar um valor mínimo para a reparação civil dos danos materiais ou morais causados à vítima, de acordo com o art. 387, IV, do CPP.

4.1.1 Legitimidade para propor

Têm legitimidade para propor ação cível o próprio ofendido, seu representante legal ou seus herdeiros.

Se o **titular do direito à reparação do dano** for pobre, a ação cível ou a execução da sentença condenatória poderá ser promovida, a seu requerimento, pelo Ministério Público (art. 68 do CPP).

A jurisprudência entende que o **Ministério Público** só tem legitimidade para promover ação cível enquanto não for criada e organizada a Defensoria Pública.

4.2 Sentença absolutória penal que faz coisa julgada no cível

Faz coisa julgada no cível a sentença absolutória penal que reconhecer ter sido o ato praticado: em estado de necessidade, em legítima defesa, em estrito cumprimento do dever legal ou no exercício regular do direito (art. 65 do CPP). São as **excludentes de ilicitude** previstas no art. 23 do CP.

No entanto, há duas **exceções** a essa regra:
a) no caso do estado de necessidade, quando o agente atinge bem de terceiro inocente, este último pode acionar o autor do dano civilmente, restando a ele a ação regressiva contra quem provocou a ação de perigo (arts. 929 e 930 do CC); e
b) no caso de legítima defesa, quando o agente causar ofensa a terceiro, por erro na execução, responde pela indenização do dano, cabendo a ele apenas a ação regressiva contra seu agressor (art. 930, parágrafo único, do CC).

Também faz coisa julgada no cível a **sentença penal que absolve o réu** quando reconhecer:
a) estar provada a **inexistência do fato** (art. 386, I, do CPP); ou
b) estar provado que o **réu não concorreu para a infração penal** (art. 386, IV, do CPP). Nessas hipóteses, faz coisa julgada tanto cível quanto administrativamente, ou seja, quando ficar reconhecido taxativamente que o réu não foi o autor do crime ou que o fato não existiu.

> **ATENÇÃO!**
> Em caso de absolvição por **legítima defesa real e repercussão na esfera administrativa**, admite a ação de regresso ao trabalho do funcionário público, conforme entendimento jurisprudencial.

> **ATENÇÃO!**
> Em caso de absolvição por **legítima defesa putativa** e repercussão na esfera cível, diferente do que ocorre na legítima defesa real, a legítima defesa putativa **não faz coisa julgada no cível**, cabendo, portanto, a ação de reparação do dano.

4.3 Sentença absolutória que não faz coisa julgada no cível

Há casos em que a sentença absolutória penal não impedirá a propositura da ação cível, possibilitando ao ofendido promovê-la nas seguintes situações:
a) absolvição por não estar provada a existência do fato (art. 386, II, do CPP);
b) absolvição por não constituir o fato infração penal (art. 386, III, do CPP);
c) absolvição por não existir prova de ter o réu concorrido para a infração penal (art. 386, V, do CPP);
d) absolvição por excludentes de culpabilidade ou quando fundada em dúvida sobre a existência de circunstâncias que excluam o crime ou isentem o réu de pena (art. 386, VI, parte final, do CPP);
e) absolvição por não existir prova suficiente para a condenação (art. 386, VII, do CPP).

Ressalte-se que a absolvição, baseada nessas hipóteses, **não faz coisa julgada na esfera administrativa**.

> **ATENÇÃO!**
> Absolvição criminal por inexigibilidade de outra conduta e repercussão na esfera cível não faz coisa julgada, uma vez que não está incluída nas exceções previstas nos arts. 65 e 66 do CPP.

4.4 Decisão criminal que não faz coisa julgada no cível

O despacho do arquivamento do inquérito policial ou das peças de informação e a decisão que julgar extinta a punibilidade não fazem coisa julgada no cível, podendo o ofendido ou seu representante legal propor ação cível (arts. 67, I e II, do CPP).

> **ATENÇÃO!**
> Nessas hipóteses, a decisão criminal não vincula as esferas administrativa e cível.

4.5 Absolvição pelo júri e repercussão na esfera cível

A doutrina e a jurisprudência entendem que a absolvição no julgamento do júri **não faz coisa julgada na** esfera cível, mesmo que seja o acusado absolvido em razão da resposta negativa aos quesitos da autoria ou materialidade, pois não há como saber se a decisão dos jurados ocorreu por falta de provas ou por negativa categórica, uma vez que essa decisão não é fundamentada. Assim, a absolvição do júri não impede a propositura da ação cível.

5. JURISDIÇÃO E COMPETÊNCIA

5.1 Jurisdição

É a função do Estado, sendo esta exercida por meio do Poder Judiciário de aplicar as normas ao caso concreto, solucionando os conflitos e litígios, *grosso modo* é o poder inerente ao Estado de dizer o direito.

5.1.1 Princípios

a) **Juiz natural**: a Constituição Federal, ao afirmar em seu art. 5º, LIII, que ninguém será processado nem sentenciado senão por autoridade competente, consagra este princípio. Assim, não haverá juízo ou tribunal de exceção (art. 5º, XXXVII, da CF).

b) **Devido processo legal**: significa dizer que para alguém ser privado de sua liberdade ou de seus bens, faz-se necessário que haja um processo (art. 5º, LIV, da CF).

c) **Inércia ou titularidade**: a jurisdição é uma atividade provocada pela parte, o juiz não pode proceder de ofício e dar início à ação.

d) **Indelegabilidade**: a jurisdição não pode ser, em regra, delegada a nenhum outro órgão, porque estaria, indiretamente, atingindo a garantia do juiz natural.

e) **Investidura**: a jurisdição somente pode ser exercida por quem tenha sido regularmente investido no exercício da função jurisdicional, ou seja, o juiz é que pode exercê-la.

f) **Improrrogabilidade**: o juiz não pode invadir a competência alheia, mesmo havendo consentimento das partes. O que pode ocorrer em casos excepcionais é a prorrogação da competência.

g) **Inevitabilidade ou irrecusabilidade**: este princípio se traduz no sentido de não permitir recusa das partes em relação ao juiz, exceto nos casos de suspeição, impedimento ou incompetência.

h) **Indeclinabilidade da prestação jurisdicional**: segundo este princípio, nenhum juiz pode subtrair-se do exercício da função jurisdicional (art. 5º, XXXV, da CF).

i) **Correlação ou da relatividade**: a sentença deve corresponder ao pedido, pois é vedado o julgamento ultra (além), extra (fora), do pedido.

j) **Identidade física do juiz**: segundo este princípio, o Juiz que presidiu a instrução deverá proferir a sentença (art. 399, § 2º, do CPP).

k) **Unidade**: a jurisdição é una, pois pertence unicamente ao Poder Judiciário.

5.2 COMPETÊNCIA

5.2.1 Conceito

Competência é o poder de exercer a jurisdição. É a medida, o limite de jurisdição atribuído a cada órgão jurisdicional, a cada juiz.

5.2.2 Fundamento

A competência encontra seu fundamento em decorrência do devido processo legal, cuja origem se encontra no princípio do juiz natural. Assim, dispõe a CF, no seu art. 5º, LIII, que "ninguém será processado nem sentenciado senão pela autoridade competente", asseverando ainda que "não haverá juízo ou tribunal de exceção" (art. 5º, XXXVII).

5.2.3 Competência absoluta e relativa

a) **Competência absoluta**: haverá competência absoluta quando o interesse for **eminentemente público**. Nos casos de competência *ratione personae, materiae* e competência funcional é o interesse público que determina a distribuição de competência.

b) **Competência relativa**: são as que tratam de matéria de **interesse particular**, ou seja, interesse das partes.

5.2.4 Espécies de competência

I – *ratione materiae* (art. 69, III, do CPP) é a competência estabelecida pela natureza da infração.

II – *ratione personae* (art. 69, VII, do CPP) é a competência que se estabelece em razão da pessoa, ou seja, é fixada pela função exercida pelo autor da infração.

III – *ratione loci* (art. 69, I e II, do CPP) é a estabelecida em razão do lugar da infração, do domicílio ou residência do réu.

5.2.5 Prorrogação de competência

É possível que haja prorrogação da competência, sendo esta a possibilidade da substituição de um juízo por outro, tornando válido o julgamento. Divide-se em **prorrogação necessária e prorrogação voluntária**:

a) prorrogação **necessária** de competência: quando a prorrogação é obrigatória por lei, como nos casos de conexão (art. 76 do CPP) ou continência (art. 77 do CPP);

b) prorrogação **voluntária** de competência: ocorre nos casos de competência em razão do local ou território, quando esta não é alegada no momento processual apropriado (art. 108 do CPP).

5.3 Competência na Constituição Federal

A Constituição Federal cuida da competência em razão de jurisdição (jurisdições especiais e jurisdição comum ou ordinária) e originária dos juízos de segunda instância.

I – **Da jurisdição comum ou ordinária**:
a) Justiça dos Estados (arts. 125 a 126 da CF);
b) Justiça Federal (arts. 106 a 110 da CF);
c) Juizados Especiais (arts. 24, X, e 98, I, da CF).

II – **Das jurisdições especiais**:
a) Justiça do Trabalho (arts. 111 a 116 da CF);
b) Justiça Eleitoral (arts. 118 a 121 da CF);
c) Justiça Militar (arts. 122 a 124 da CF); e
d) a denominada justiça política, para os casos de crimes de responsabilidade praticados por determinadas autoridades (parlamentares) (art. 52, I, da CF).

5.4 Determinação da competência

De acordo com o art. 69 do CPP, a competência jurisdicional será determinada:

I – pelo lugar da infração;
II – pelo domicílio ou residência do réu;
III – pela natureza da infração;
IV – pela distribuição;
V – pela conexão ou continência;
VI – pela prevenção;
VII – pela prerrogativa de função.

5.5 Competência pelo lugar da infração

O CPP adotou a **teoria do resultado**, que estabelece que o local do crime é onde a infração se consumou, desde que ele tenha ocorrido integralmente no território nacional (art. 70, *caput*, do CPP).

No caso de **tentativa**, considera-se consumado o crime no lugar em que foi praticado o último ato de execução (art. 70, *caput*, segunda parte, do CPP).

No entanto, nos **crimes a distância** (ou distância máxima), ou seja, no caso do crime que teve início em território nacional e findou no estrangeiro, ou vice-versa (art. 70, §§ 1º e 2º, do CPP), aplica-se o art. 6º do CP, que adotou a **teoria da ubiquidade** (considera-se praticado o crime no lugar em que ocorreu a ação ou omissão, bem como onde se produziu ou deveria produzir-se o resultado), em razão do princípio da territorialidade da lei penal brasileira.

5.5.1 Crimes plurilocais

Os crimes plurilocais são aqueles em que a conduta (ação ou omissão) ocorre em um determinado lugar e o resultado ocorre em outro, mas dentro do território nacional. Nesse caso, aplica-se a **teoria do resultado**, prevista no art. 70, *caput*, do CPP, ou seja, a competência será firmada pelo foro do local da consumação (resultado). Tal regra somente se aplica aos crimes **materiais**, isto é, àqueles que produzem resultado naturalístico, havendo visível separação entre o momento da ação ou omissão e o resultado. Assim, nos **crimes formais** ou de **mera conduta** em que o crime se consuma no momento da ação ou omissão, a regra não é aplicável.

5.5.2 Crimes plurilocais. Crimes contra a vida e foro competente. Exceção à regra

No caso de crimes contra a vida (doloso ou culposo), quando a morte é produzida em local diverso daquele em que foi realizada a conduta, parte da doutrina e da jurisprudência é no sentido de que o **foro competente é o da ação ou omissão**, e não o do resultado. Esse entendimento tem por fundamento a maior facilidade que as partes têm de produzir provas no local da ação, pois é onde se encontram as melhores provas. Assim, por força do princípio da verdade real, supera-se a regra do art. 70 do CPP (teoria do resultado), e considera-se lugar do crime o local da conduta, onde a prova poderá ser produzida com muito mais facilidade e eficiência.

No caso de **homicídio culposo**, há julgados do STF e do STJ entendendo que o foro competente é sempre o do local do resultado.

5.5.3 Crimes falimentares e foro competente

Compete ao juiz criminal da jurisdição onde foi decretada a falência, concedida a recuperação judicial ou homologado o plano de recuperação judicial (art. 18 da Lei n. 11.101/2005).

5.5.4 Juizado especial criminal e foro competente

Ressalte-se que, nas infrações de menor potencial ofensivo, a competência é determinada pelo lugar em que foi praticada a infração penal, conforme dispõe o art. 63 da Lei n. 9.099/95.

Acerca do foro competente para apurar a infração, **há divergência doutrinária. Parte da doutrina adota a teoria da atividade** (do lugar da conduta, independentemente do local da produção do resultado). Aliamo-nos a essa corrente. Para outra parte, aplica-se a **teoria da ubiquidade** (podendo ser tanto o lugar da ação ou omissão quanto o lugar do resultado).

5.5.5 Cheque sem provisão de fundos (art. 171, § 2º, VI, do CP) e competência

A competência é do local onde se deu a **recusa** do pagamento pelo sacado. Nesse sentido, a **Súmula 521 do STF** e **Súmula 244 do STJ**.

No entanto, com o advento da Lei n. 14.155, em vigor a partir de 28-5-2021, que incluiu o § 4º no art. 70 do CPP, dispondo que nos crimes previstos no art. 171 do CP, quando forem praticados mediante emissão de cheques sem suficiente provisão de fundos em poder do sacado ou com o pagamento frustrado, a competência será definida pelo **local do domicílio da vítima**, e, em caso de **pluralidade de vítimas**, a competência firmar-se-á pela **prevenção**. Assim, as referidas súmulas estão superadas.

Ademais, a mesma regra de competência, qual seja, firmada pelo local do domicílio da vítima, se aplica nas hipóteses de **estelionato praticado mediante depósito ou transferência de valores** (art. 70, § 4º, do CPP).

> **ATENÇÃO!**
> No caso de crime cometido mediante **falsificação de cheque alheio**, o agente responde por estelionato comum, previsto no art. 171, *caput*, do CP, sendo competente para processar e julgar o acusado o juízo do **local da obtenção da vantagem ilícita** (Súmula 48 do STJ), e não da recusa do pagamento.

5.5.6 Crime de falso testemunho praticado por carta precatória e competência

O crime de falso testemunho se consuma no momento da prática do ato processual, ou seja, com o encerramento do depoimento prestado pela testemunha que faltou com a verdade. Assim, se o crime é praticado por meio de carta precatória, a competência é do **juízo deprecado** onde foi prestado o depoimento.

5.5.7 Fraude eletrônica para subtração de valores via internet e competência

A competência será do lugar **onde o dinheiro foi retirado**, pois, segundo a jurisprudência firmada, considera-se consumado o crime de roubo, assim como o de furto, no momento do desapossamento da *res furtiva*.

5.5.8 Uso de documento falso e competência

A **Súmula 546 do STJ** determina que: "A competência para processar e julgar o crime de uso de documento falso é firmada em razão da entidade ou órgão ao qual foi apresentado o documento público, não importando a qualificação do órgão expedidor".

Assim, caso apresentado um documento de identidade falso (expedido por órgão estadual) perante autoridade federal (ex.: um policial rodoviário federal), a competência não será da Justiça Estadual, mas sim da Justiça Federal. No entanto, caso apresentado à autoridade estadual, será competente a Justiça Estadual.

A **Súmula Vinculante 36 do STF** dispõe que: "Compete à Justiça Federal comum processar e julgar civil denunciado pelos crimes de falsificação e de uso de documento falso quando se tratar de falsificação da Caderneta de Inscrição e Registro (CIR) ou de Carteira de Habilitação de Amador (CHA), ainda que expedidas pela Marinha do Brasil".

5.5.9 Incerteza quanto ao lugar da infração

Quando for incerto o limite territorial entre duas ou mais jurisdições, ou quando incerta a jurisdição por ter sido a infração consumada ou tentada nas divisas de duas ou mais jurisdições, a competência firmar-se-á pela **prevenção**, conforme preceitua o § 3º do art. 70 do CPP.

5.5.10 Crime continuado ou permanente e competência

Tratando-se de crime continuado ou permanente, praticado em território de duas ou mais jurisdições, a competência firmar-se-á pela **prevenção** (art. 71 do CPP). Assim, no caso de crime continuado praticado em mais de uma comarca, a competência será firmada pela prevenção. No crime permanente, cujo momento consumativo se protrai no tempo (sequestro e cárcere privado – art. 148 do CP), praticado em mais de uma comarca, a competência também será firmada pela prevenção.

5.6 Competência em razão do domicílio do réu

O CPP, ao fixar a competência, estabelece que, **não sendo conhecido o lugar da infração**, a competência regular-se-á pelo domicílio ou residência do réu (art. 72, *caput*, do CPP).

Se o réu tiver **mais de uma residência**, a competência firmar-se-á pela **prevenção** (art. 83 do CPP). Todavia, se o réu **não tiver residência certa** ou for ignorado o seu paradeiro, será competente o juiz que primeiro tomar conhecimento do fato, nos termos do art. 72, §§ 1º e 2º, do CPP.

5.6.1 Crimes de ação de iniciativa privada e competência

No caso de ação exclusivamente privada, mesmo sendo conhecido o **lugar da infração**, o querelante **pode optar** por ajuizar a ação penal no foro do **domicílio ou residência do querelado** (art. 73 do CPP).

No caso de ação penal privada subsidiária da pública, o querelante não pode ajuizar a ação penal no foro do domicílio ou residência do réu, ou seja, não se aplica a regra do art. 73 do CPP.

5.7 Competência pela natureza da infração

A competência pela natureza da infração será regulada pela organização judiciária, salvo a competência do Tribunal do Júri (art. 74, *caput*, do CPP).

Crimes dolosos contra a vida: são de competência do Tribunal do Júri os crimes previstos nos arts. 121 a 127 do CP, consumados e tentados, na forma do art. 74, § 1º, do CPP, bem como os crimes conexos e por continência, **exceto** os culposos, preterdolosos e o latrocínio. Salienta-se que o crime de participação em automutilação (art. 122 do CP) não é de competência do Tribunal do Júri.

Nos crimes dolosos contra a vida praticados por **militares estaduais contra civil**, a competência será do tribunal do júri, conforme dispõe o art. 125, § 4º, da CF.

A competência do júri **prevalece** sobre o foro por prerrogativa de função estabelecido exclusivamente pela Constituição Estadual, como prevê a **Súmula 721 do STF**.

No caso de agentes com **foro especial** estabelecido na Constituição Federal, como é o caso do Prefeito municipal (art. 29, X, da CF), dos Juízes e membros do MP (art. 93, III, da CF), membros do Congresso Nacional, Ministros de Estado etc. (art. 102, I, *b* e *c*), desembargadores, membros dos Tribunais de Contas dos Estados etc. (art. 105, I, *a*) e Juízes Federais, bem como do Trabalho etc. (art. 108, I, *a*), **serão julgados pelo respectivo tribunal e não pelo Tribunal do Júri**, uma vez que o foro especial por prerrogativa de função prevalece sobre o colegiado popular, por ser de maior graduação (art. 78, III, do CPP). *Vide* ainda comentários aos itens 5.16.2 a 5.16.4.

Desclassificação: se o juiz de vara privativa do júri, na **fase da pronúncia**, convencer-se, em discordância com a acusação, de que não se trata de crime doloso contra a vida, desclassificará a **infração para outra atribuída à competência de juiz singular** (art. 419 do CPP), remetendo os autos ao juiz competente; mas, se a desclassificação ocorrer no **Plenário do Júri**, a seu juiz Presidente caberá **proferir a sentença**, bem como no crime conexo que não seja doloso contra a vida (art. 492, §§ 1º e 2º), é o que estabelece o § 3º do art. 74 do CPP.

Júri Federal: nos casos dos crimes dolosos contra a vida de competência da Justiça Federal (ex.: homicídio cometido a bordo de navios ou aeronaves – art. 109, IX, da CF; homicídio praticado por patrulheiro da Polícia Rodoviária Federal no exercício da função estatal etc.).

5.7.1 Competência da Justiça Militar (art. 124 da CF)

São da competência da Justiça Militar os crimes definidos no Código Penal Militar, sendo ela competente para processar e julgar os integrantes das polícias militares, salvo nos casos do art.125, § 4º, da CF.

Nos casos de crimes dolosos contra a vida cometidos por **militares das Forças Armadas contra civil**, serão da competência da Justiça Militar da União, se praticados no contexto, de acordo com o art. 9º, § 2º, I, II, III, do Código Penal Militar:

"I – do cumprimento de atribuições que lhes forem estabelecidas pelo Presidente da República ou pelo Ministro de Estado da Defesa;

II – de ação que envolva a segurança de instituição militar ou de missão militar, mesmo que não beligerante; ou

III – de atividade de natureza militar, de operação de paz, de garantia da lei e da ordem ou de atribuição subsidiária, realizadas em conformidade com o disposto no art. 142 da Constituição Federal e na forma dos seguintes diplomas legais".

Diz a **Súmula 78 do STJ** que "Compete à Justiça Militar processar e julgar policial de corporação estadual, ainda que o delito tenha sido praticado em outra unidade federativa".

5.7.2 Competência da Justiça Federal

Processar e **julgar** os crimes políticos e as **infrações penais** praticadas contra bens, serviços ou interesse da União, entidade autárquica ou empresa pública federal (art. 109, IV, da CF).

A Justiça Federal **não julga contravenção penal**, ainda que praticada contra bens, serviços ou interesse da União ou de suas entidades, sendo competente a justiça estadual comum, na forma da **Súmula 38 do STJ**.

É de competência da Justiça Federal **julgar** os crimes cometidos **a bordo de navios ou aeronaves**, ressalvada a competência da Justiça Militar (art. 109, IX, da CF).

Compete ainda à Justiça Federal processar e **julgar** os crimes previstos no art. 109, incisos: **V** (crimes previstos em tratado ou em convenção internacional, quando, iniciada a execução no País, o resultado tenha ou devesse ter ocorrido no estrangeiro, ou reciprocamente); **V-A** (as causas relativas a direitos humanos a que se refere o § 5º do art. 109 da CF); **VI** (os crimes contra a organização do trabalho e, no casos determinados por lei, contra o sistema financeiro e a ordem econômico-financeira); e **X** (os crimes de ingresso ou permanência irregular de estrangeiro).

Compete também à **Justiça Federal julgar**: a) crime de falso testemunho cometido no processo trabalhista (Súmula 165 do STJ); b) os crimes praticados contra funcionário público, quando relacionados com o exercício da função (Súmula 147 do STJ); c) tráfico transnacional (art. 70 da Lei n. 11.343/2006); d) homicídio praticado contra indígena em razão de disputa de terras; e) crimes contra Correios e Caixa Econômica Federal; f) tráfico internacional de armas; g) crimes consistentes em disponibilizar ou adquirir material pornográfico envolvendo criança ou adolescente (arts. 241, 241-A e 241-B da Lei n. 8.069/90) quando praticados por meio da rede mundial de computadores.

5.7.3 Competência da Justiça Estadual

Todos os crimes que não forem da alçada da Justiça Federal (art. 109 da CF) nem da competência da Justiça Especial (Militar ou Eleitoral) são da competência da Justiça Estadual. Assim, compete à Justiça Comum Estadual o julgamento dos seguintes crimes, dentre outros:

I – **Contravenção penal:** compete à Justiça Estadual Comum, na vigência da Constituição de 1988, o processo por contravenção penal, ainda que praticada em detrimento de bens, serviços ou interesse da União ou de suas entidades (**Súmula 38 do STJ**).

II – **Causas civis em que é parte sociedade de economia mista e Banco do Brasil:** Compete à Justiça Comum Estadual processar e julgar as causas cíveis em que é parte sociedade de economia mista e os crimes praticados em seu detrimento. Cumpre ressaltar que a **Súmula 42 do STJ** aplica-se também às infrações penais ou contravenções praticadas contra o Banco do Brasil, uma vez que este é sociedade de economia mista, estando os infratores sujeitos ao julgamento pela Justiça Estadual.

III – **Crime de falsa anotação em Carteira de Trabalho e Previdência Social:** compete à Justiça Estadual processar e julgar o crime de falsa anotação na Carteira de Trabalho e Previdência Social, atribuído a empresa privada (**Súmula 62 do STJ**).

IV – **Utilização de papel-moeda grosseiramente falsificado** (em tese, crime de estelionato): a utilização de papel-moeda grosseiramente falsificado configura, em tese, o crime de estelionato, da competência da Justiça Estadual (**Súmula 73 do STJ**).

V – **Crime de estelionato praticado mediante falsificação das guias de recolhimento das contribuições previdenciárias** (Súmula 107 do STJ): compete à Justiça Comum Estadual processar e julgar crime de estelionato praticado mediante falsificação das guias de recolhimento das contribuições previdenciárias, quando não ocorrer lesão à autarquia federal.

VI – **Crime em que o indígena figure como autor ou vítima:** compete à Justiça Comum Estadual processar e julgar crime em que o indígena figure como autor ou vítima (**Súmula 140 do STJ**). O Supremo Tribunal Federal entende que, desde que não haja disputa sobre direitos indígenas, a competência para o processo e julgamento é da Justiça Comum Estadual.

VII – **Crime de concussão consistente na cobrança de honorários médicos ou despesas hospitalares a paciente do SUS:** compete a Justiça Estadual.

VIII – **Crime de falsificação e uso de documento falso relativo a estabelecimento particular de ensino:** compete à Justiça Comum Estadual processar e julgar (**Súmula 104 do STJ**).

IX – **Crimes praticados contra agências franqueadas dos Correios:** compete à Justiça Comum Estadual processar e julgar.

5.8 Competência por distribuição

Quando houver **mais de um juiz competente** na mesma comarca, dá-se a competência pelo critério da distribuição.

A precedência da distribuição fixará a competência quando, na mesma circunscrição judiciária, houver mais de um juiz igualmente competente (art. 75, *caput*, do CPP).

Previne a competência da ação penal. A distribuição realizada para o efeito da concessão de fiança, a distribuição de inquérito policial, a decretação de prisão preventiva ou de qualquer diligência anterior à denúncia ou queixa prevenirá a da ação penal (art. 75, parágrafo único, do CPP).

5.9 Competência por conexão

5.9.1 Conceito

Conexão (art. 76 do CPP) é o liame entre dois ou mais fatos que os tornam vinculados, de tal maneira que se faz necessária a reunião dos processos.

5.9.2 Espécies de conexão

I – **Conexão intersubjetiva** (art. 76, I, do CPP):

a) **Intersubjetiva por simultaneidade/ocasional:** ocorre quando duas ou mais infrações forem praticadas ao mesmo tempo, por várias pessoas reunidas.

b) **Intersubjetiva por concurso:** ocorre quando duas ou mais infrações forem praticadas por duas ou mais pessoas, em concurso de pessoas, ao mesmo tempo e no mesmo lugar, ou em tempos e lugares diversos, com prévio ajuste. O nexo é o ajuste prévio, existe o concurso entre os infratores que praticam mais de um crime.

A diferença entre a conexão por concurso e a continência consiste no fato de que, na primeira, o ajuste entre os agentes se dá para a prática de infrações diferentes (mais de um crime), ao passo que na segunda há concurso para a prática de um único delito (art. 76, I, segunda parte, do CPP).

c) **Intersubjetiva por reciprocidade:** várias pessoas praticam infrações penais entre si, ou seja, uma contra as outras, por exemplo em uma briga de bar.

II – **Conexão objetiva, lógica, material ou teleológica** (art. 76, II, do CPP): quando as infrações são praticadas para facilitar ou ocultar as outras (teleológica) ou para conseguir impunidade ou vantagem em relação a qualquer delas (consequencial).

III – **Conexão instrumental ou probatória** (art. 76, III, do CPP): quando a prova de um crime ou de qualquer de suas circunstâncias elementares influir na prova de outra infração. É o que ocorre nos casos de crime principal e crime acessório. Ex.: roubo e receptação.

5.10 Continência

A continência dá-se quando houver **pluralidade de agentes e unidade de infração**. Dispõe o art. 77 do CPP que a competência por continência será determinada quando:

I – duas ou mais pessoas forem acusadas pela mesma infração;

II – no caso de infração cometida nas condições previstas nos arts. 51, § 1º, 53, segunda parte, e 54, do CP (atualmente se referem aos arts. 70, 73 e 74, do CP).

Assim, a continência do art. 77, I, do CPP ocorre na hipótese da prática do crime no concurso de pessoas (art. 29 do CP); a do art. 77, II, do CPP aplica-se ao concurso formal (art. 70 do CP), erro na execução (art. 73 do CP) e no resultado diverso do pretendido (art. 74 do CP).

Diferentemente da conexão, a continência é caracterizada pela pluralidade de agentes e unidade de condutas (art. 77 do CPP), podendo ser subjetiva ou objetiva.

a) **Continência por cumulação subjetiva** (art. 77, I, do CPP): ocorre quando duas ou mais pessoas forem acusadas pela mesma infração penal.

b) **Continência por cumulação objetiva** (art. 77, II, do CPP): ocorre sempre nas hipóteses de concurso formal (uma ação e dois resultados), bem como de erro na execução (*aberratio ictus*) ou resultado diverso do pretendido (*aberratio criminis*).

5.11 Regras que deverão ser observadas para determinar a competência por conexão ou continência. Foro prevalente

Havendo conexão ou continência, o art. 78 do Código de Processo Penal determina as regras a serem observadas:

"I – no concurso entre a competência do júri e a de outro órgão da jurisdição comum, **prevalecerá a competência do júri**;

II – no concurso de jurisdições da mesma categoria:

a) preponderará a do lugar da infração, à qual for cominada a **pena mais grave**;

b) prevalecerá a do lugar em que houver ocorrido o **maior número de infrações**, se as respectivas penas forem de igual gravidade;

c) firmar-se-á a competência pela prevenção, nos outros casos;

III – no concurso de jurisdições de diversas categorias, predominará a **de maior graduação;**

IV – no concurso entre a jurisdição comum e a **especial, prevalecerá esta".**

> **ATENÇÃO!**
> Quando ocorrer a reunião dos processos pela conexão ou continência, poderá haver prorrogação de competência, prevalecendo a jurisdição especial sobre a comum e a superior sobre a inferior.

No caso de concurso de jurisdição da **mesma categoria**, a competência será determinada pelo lugar onde for cometido o crime cuja pena é a **mais grave**, ou naquele em que houver ocorrido o **maior número de infrações**, se todas as penas forem de igual gravidade.

Na hipótese de conexão entre crimes de competência **federal** e **estadual**, prevalecerá a competência da Justiça Federal, em razão da Súmula 122 do STJ.

Ocorrendo conexão ou continência na hipótese de concurso de jurisdições de diversas categorias, sendo o crime cometido por agente que **goza de foro especial por prerrogativa de função** (um promotor de justiça) em coautoria com outro que não tenha o foro privilegiado (seu motorista), ambos os acusados serão julgados pela jurisdição de maior graduação (o Tribunal de Justiça), **não violando**, assim, **as garantias do juiz natural**. Nesse sentido dispõe a Súmula 704 do STF.

5.12 Unidade do processo. Exceções

A regra da conexão e continência é a unidade do processo e de julgamento. Todavia, há hipóteses em que ocorrerá **separação obrigatória**, nos termos do art. 79 do CPP:

"I – **no concurso entre a jurisdição comum e a militar;**

II – **no concurso entre a jurisdição comum e a do juízo de menores.**

§ 1º Cessará, em qualquer caso, a unidade do processo, se, em relação a algum corréu, sobrevier o caso previsto no art. 152.

§ 2º A unidade do processo não importará a do julgamento, se houver corréu foragido que não possa ser julgado à revelia, ou ocorrer a hipótese do art. 461".

5.12.1 Unidade do processo e separação facultativa

Será facultativa a separação dos processos no caso de infrações praticadas em circunstâncias de tempo ou de lugar diferente, ou em razão do excessivo número de acusados e para não lhes prolongar a prisão provisória, ou por outro motivo relevante, o juiz reputar conveniente a separação, nos termos do art. 80 do CPP.

Convém ressaltar que a separação dos processos dependerá da **avaliação do juiz da causa**.

5.13 *Perpetuatio jurisdictionis* na conexão e continência

Ocorrendo a reunião de processos em razão de conexão e continência, ainda que o juiz ou Tribunal absolva ou desclassifique o crime para outro que não seja de sua competência, continua competente para os demais que foram atraídos; é o princípio do *perpetuatio jurisdictionis*, que se encontra contido no **art. 81 do CPP**. Assim, quando for verificada a reunião dos processos por conexão ou continência, ainda que no processo da sua competência própria venha o juiz ou Tribunal a proferir sentença absolutória ou que desclassifique a infração para outra que não se inclua na sua competência, continuará competente em relação aos demais processos (art. 81, *caput*, do CPP).

5.13.1 Competência do Tribunal do Júri e *perpetuatio jurisdictionis*

Reconhecida inicialmente ao júri a competência por conexão ou continência, o juiz, se vier a desclassificar a infração ou impronunciar ou absolver o acusado, de maneira que exclua a competência do júri, remeterá o processo ao juízo competente (art. 81, parágrafo único, do CPP), não se aplicando a regra da *perpetuatio jurisdictionis*.

5.14 Avocação de processos

Avocação, que significa chamar para si, encontra sua previsão legal no art. 82 do CPP. Se, não obstante a conexão ou continência, forem instaurados **processos diferentes**, a autoridade da jurisdição prevalente deverá avocar os processos que corram perante os outros juízes, salvo se já estiverem com sentença definitiva.

O art. 82 do CPP, ao mencionar a sentença definitiva, não empregou o termo no sentido de sentença transitada em julgado, mas no de sentença de mérito ou recorrível.

Assim, se um dos processos já foi julgado, não poderá haver a unidade dos autos, por força da **Súmula 235 do STJ**. Todavia, a unidade dos processos só se dará, ulteriormente, para o efeito de soma ou de unificação das penas.

5.15 Competência pela prevenção

Verificar-se-á a competência por prevenção quando concorrerem **dois ou mais juízes igualmente competentes ou com jurisdição cumulativa**, um deles tiver antecedido aos outros na prática de algum ato do processo ou de medida a este relativa, mesmo que anterior ao oferecimento da denúncia ou da queixa, conforme determina o art. 83 do CPP.

Atente-se para o fato de que na determinação da competência por conexão ou continência, se houver concurso de jurisdições da mesma categoria e forem idênticas as penas cominadas aos delitos e o número de infrações praticadas, firmar-se-á a competência por prevenção.

A **inobservância** da regra da prevenção é **relativa (Súmula 706 do STF)**.

No crime de contrabando ou descaminho, a competência será determinada pela prevenção, ou seja, do juízo federal do **lugar da apreensão dos bens (Súmula 151 do STJ)**.

São hipóteses que **previnem a competência do juízo** para ação penal: a) a decretação da prisão preventiva; b) a concessão da fiança; c) o pedido de explicações em juízo; d) as interceptações telefônicas autorizadas pelo magistrado; e) o mandado de busca e apreensão etc.

5.16 Competência por prerrogativa de função

É a competência que se dá em relação a **pessoas que ocupam determinados cargos públicos ou exercem mandato político**. Não se trata de um privilégio, mas de uma proteção, uma garantia amparada na Constituição Federal.

Assim, a competência pela prerrogativa de função é do Supremo Tribunal Federal, do Superior Tribunal de Justiça, dos Tribunais Regionais Federais e Tribunais de Justiça dos Estados e do Distrito Federal, relativamente às pessoas que devam responder perante eles por crimes comuns ou de responsabilidade (art. 84, *caput*, do CPP).

Não têm direito a foro por prerrogativa de função: o parlamentar que **perdeu o mandato**, o suplente de parlamentar, ex-Prefeito, ex-Ministros **e os aposentados** (juízes, promotores, desembargadores etc.).

5.16.1 Foro privilegiado e exceção da verdade

O art. 85 do CPP dispõe que "nos processos por crime contra a honra, em que forem querelantes as pessoas que a Constituição sujeita à jurisdição do Supremo Tribunal Federal e dos Tribunais de Apelação, àquele ou a estes caberá o julgamento, quando oposta e admitida a exceção da verdade".

Assim, **nos crimes contra a honra**, quando o querelante gozar de foro privilegiado perante o STF, STJ, TRF e TJ, o foro especial será o competente para julgar a exceção da verdade (*exceptio veritatis*).

Ressalte-se que a exceção da verdade deverá ser **processada perante o juízo de primeiro grau**, cabendo a este a admissibilidade e a instrução da exceção, devendo posteriormente encaminhá-la ao **Tribunal para que seja julgada**.

5.16.2 Competência do STF

A competência do STF está elencada no art. 102, I, *b* e *c*, da CF, sendo esta:

a) Nos crimes comuns: presidente da República e seu respectivo vice, membros do Congresso Nacional, ministros do próprio STF e o Procurador-Geral da República.

b) Nas infrações penais comuns e nos crimes de responsabilidade: ministros de estado, comandantes das forças armadas, membros do TCU, chefe de missões diplomáticas de caráter permanente, membros dos tribunais superiores.

No caso de ação penal originária de competência do STF, **o inquérito policial** será supervisionado pelo Ministro-Relator da Suprema Corte, desde a abertura dos procedimentos investigativos.

A locução constitucional **"crimes comuns"** abrange todas as modalidades de infrações penais, estendendo-se aos crimes eleitorais e às contravenções penais.

> **ATENÇÃO!**
> O STF, ao julgar a AP 937, decidiu que o foro por prerrogativa de função dos parlamentares federais aplica-se apenas aos crimes cometidos durante o exercício do cargo e relacionados às funções desempenhadas (STF. Plenária AP 937 QO/RJ, Rel. Min. Roberto Barroso, julgado em 3-5-2018).

> **ATENÇÃO!**
> O STF fixou ainda o momento da determinação definitiva da competência, qual seja, após o final da instrução processual, com a publicação do despacho de intimação para apresentação de alegações finais, a competência para processar e julgar ações penais não será mais afetada em razão de o agente público vir a ocupar outro cargo ou deixar o cargo que ocupava, qualquer que seja o motivo (STF. Plenário AP 937 QO/RJ, Rel. Min. Roberto Barroso, julgado em 3-5-2018).

5.16.3 Competência do STJ

A competência do STJ está disposta no art. 105, I, *a*, da CF:

a) Nos crimes comuns: governadores dos Estados e do DF.

b) Nos crimes comuns e de responsabilidade: desembargadores dos TJs estaduais e o DF, membros do TCE e do DF, TRFs, TREs, TRTs, membros do conselho ou dos Tribunais de Contas dos Municípios, do Ministério Público da União que oficiem perante os tribunais.

A Corte Especial do STJ ao utilizar o princípio da simetria em relação a interpretação dada pelo STF ao art. 102, I, *b* e *c*, da CF, na AP 937 QO, decidiu por restringir as exceções de foro privilegiado previstas no art. 105, I, *a*, *b* e *c*, da CF. Assim, firmou entendimento de que o crime cometido por **Governador de Estado** só será de sua competência quando for cometido no exercício do cargo e com relação às funções (AgRg na APn 866/DF, rel. Min. Luis Felipe Salomão, CE, *DJe* 3-8-2018). Já o **Conselheiro do Tribunal de Contas estaduais ou distritais** será julgado pelo STJ quando o crime for cometido no exercício do cargo, com ou sem relação as suas funções (AgRg na Rcl n. 42.804/DF, rel. Min. Raul Araújo, CE, *DJe* de 30-8-2023).

> **ATENÇÃO!**
> Corte Especial do Superior Tribunal de Justiça determinou a sua competência para processar e julgar **Desembargadores** acusados da prática de crimes **com ou sem relação ao cargo** (QO na APN 878/DF, Corte Especial, rel. Min. Benedito Gonçalves, *DJe* 19-12-2018).

> **ATENÇÃO!**
> O Superior Tribunal de Justiça entende que os juízes de primeiro grau convocados para exercerem a função de desembargador no Tribunal de Justiça não possuem a prerrogativa de foro assegurada pelo art. 105, I, da CF.

5.16.4 Competência dos Tribunais de Justiça

A competência dos TJ se dá em relação ao local onde a pessoa com foro por prerrogativa de função exerce suas atividades:

a) Juízes Estaduais (art. 96, III, da CF, e art. 33, parágrafo único, da Lei Complementar n. 35/79), ressalvada a competência da Justiça Eleitoral.

b) Promotores de Justiça (art. 96, III, da CF, e art. 40, IV, da Lei n. 8.625/93), ressalvada a competência da Justiça Eleitoral.

c) Prefeitos Municipais (art. 29, X, da CF), salvo crimes contra interesse da União, que nesse caso será do TRF, e em caso de crime eleitoral pelo TRE **(Súmula 702 do STF)**.

d) Deputado estadual, secretário de estado e vereador. Se a Constituição Estadual estabelecer foro privilegiado por prerrogativa de função a essas pessoas, serão julgados pelo Tribunal de Justiça caso pratiquem crime comum, **salvo** nos casos de **crimes dolosos** contra a vida, que serão de competência do Tribunal do Júri, de acordo com a **Súmula 721 do STF**.

> **ATENÇÃO!**
> O Superior Tribunal de Justiça reconhece a competência do Tribunal de Justiça para julgar **Juízes** que se encontrem no exercício do cargo, independentemente de serem acusados de crime **com ou sem relação às suas funções** (QO na APN 878/DF, Corte Especial, rel. Min. Benedito Gonçalves, *DJe* 19-12-2018). Com isso, como o art. 96, III, da CF trata sobre Juízes e membros do Ministério Público a decisão também se estende aos **membros do Ministério Público** (CC 177.100 / CE, rel. Min. Joel Ilan Paciornik, Terceira Seção, *DJe* 10-9-2021).

> **ATENÇÃO!**
> O Prefeito será julgado pelo Tribunal de Justiça quando cometer crime no exercício do mandato e com relação ao exercício das funções. Dessa forma, se o crime cometido não tiver relação com a função será competência do Juiz de primeiro grau (AgRg no HC 677.260/ AC Agravo Regimental no *Habeas Corpus*, rel. Min. Olindo Menezes, Desembargador Convocado do TRF 1ª região, T6, *DJe* 11-3-2022).

5.16.5 Competência dos Tribunais Regionais Federais

Compete ao TRF processar e julgar Juízes Federais, Juízes Militares, Juízes do Trabalho, membros do Ministério Público da União (art. 128 da CF), salvo justiça eleitoral (art. 108, I, *a*, da CF).

Compete ao Tribunal Regional Federal processar e julgar os **membros do Ministério Público do Distrito Federal e territórios**, pois estes são considerados membros do Ministério Público da União (art. 128, I, *d*, da CF).

5.16.6 Crimes cometidos no estrangeiro

No processo por crimes praticados fora do território brasileiro, o juízo competente será o da Capital do Estado **onde houver por último residido o acusado**. Se este **nunca tiver residido** no Brasil, será competente o juízo da Capital da República, nos termos do art. 88 do CPP.

Assim, aos crimes cometidos fora do Brasil aplica-se a lei brasileira em razão do princípio da extraterritorialidade, cujas hipóteses estão previstas no art. 7º do CP.

Não se aplica à lei brasileira a contravenção praticada no estrangeiro. Só se aplica a lei brasileira à contravenção praticada em território nacional (art. 2º do Decreto-lei n. 3.688/41 – Lei das Contravenções Penais).

5.16.7 Crimes em embarcações, aeronaves e lugar incerto

a) **crimes em embarcações:** De acordo com o art. 89 do CPP, os crimes cometidos em qualquer embarcação nas águas territoriais da República, ou nos rios e lagos fronteiriços, bem como a bordo de embarcações nacionais, em alto-mar, serão processados e julgados pela Justiça **do primeiro porto brasileiro em que tocar a embarcação**, após o crime, ou, quando se afastar do país, pela do último em que houver tocado.

Ressalta-se que a competência para os crimes cometidos a bordo de navios, ressalvada a competência da Justiça Militar, é da alçada da Justiça Federal (art. 109, IX, da CF).

A expressão "a bordo de navio" constante no art. 109, IX, da CF significa no interior ou dentro do navio.

Salienta-se que a jurisprudência entende que a competência da Justiça Federal só se aplica às embarcações de grande cabotagem ou grande porte (navios), autorizadas a realizar viagens internacionais, enquanto nas embarcações de pequeno porte (canoas, jangadas, lanchas etc.) a competência é da Justiça Estadual.

b) **crimes praticados em aeronaves:** os crimes praticados a bordo de aeronave nacional, dentro do espaço aéreo correspondente ao território brasileiro, ou ao alto-mar, ou a bordo de aeronave estrangeira, dentro do espaço aéreo correspondente ao território nacional, serão processados e julgados pela Justiça da comarca em cujo território se verificar o **pouso após o crime**, ou pela da comarca de onde **houver partido a aeronave** (art. 90 do CPP).

A competência para os crimes cometidos a bordo de aeronaves, ressalvada a competência da Justiça Militar, são da alçada da Justiça Federal (art. 109, IX, da CF).

A expressão "a bordo de aeronave", constante no art. 109, IX, da CF, significa no interior ou dentro da aeronave.

c) **Lugar incerto:** o art. 91 do Código de Processo Penal dispõe que, quando incerta e não se determinar de acordo com as normas estabelecidas nos arts. 89 e 90 do CPP (crimes cometidos a bordo de embarcações e crimes praticados a bordo de aeronave), a competência se firmará pela prevenção.

Súmulas do STF sobre competência

297: "Oficiais e praças das milícias dos Estados no exercício de função policial civil não são considerados militares para efeitos penais, sendo competente a Justiça Comum para julgar os crimes cometidos por ou contra eles".

396: "Para a ação penal por ofensa à honra, sendo admissível a exceção da verdade quanto ao desempenho de função pública, prevalece a competência especial por prerrogativa de função, ainda que já tenha cessado o exercício funcional do ofendido".

451: "A competência especial por prerrogativa de função não se estende ao crime cometido após a cessação definitiva do exercício funcional".

452: "Oficiais e praças do Corpo de Bombeiros do Estado da Guanabara respondem perante a Justiça Comum por crime anterior à Lei n. 427, de 11-10-1948".

498: "Compete à Justiça dos Estados, em ambas as instâncias, o processo e o julgamento dos crimes contra a economia popular".

521: "O foro competente para o processo e julgamento dos crimes de estelionato, sob a modalidade da emissão dolosa de cheque sem provisão de fundos, é o do local onde se deu a recusa do pagamento pelo sacado".

522: "Salvo ocorrência de tráfico com o exterior, quando, então, a competência será da Justiça Federal, compete à Justiça dos Estados o processo e o julgamento dos crimes relativos a entorpecentes".

526: "Subsiste a competência do Supremo Tribunal Federal, para conhecer e julgar a apelação, nos crimes da Lei de Segurança Nacional, se houve sentença antes da vigência do Ato Institucional n. 02".

603: "A competência para o processo e julgamento de latrocínio é do juiz singular e não do Tribunal do Júri".

611: "Transitada em julgado a sentença condenatória, compete ao juízo das execuções a aplicação de lei mais benigna".

691: "Não compete ao Supremo Tribunal Federal conhecer de *habeas corpus* impetrado contra decisão do Relator que, em *habeas corpus* requerido a tribunal superior, indefere a liminar".

702: "A competência do Tribunal de Justiça para julgar prefeitos restringe-se aos crimes de competência da Justiça Comum Estadual; nos demais casos, a competência originária caberá ao respectivo tribunal de segundo grau".

721: "A competência constitucional do Tribunal do Júri prevalece sobre o foro por prerrogativa de função estabelecido exclusivamente pela Constituição Estadual".

Súmulas do STJ sobre competência

22: "Não há conflito de competência entre o Tribunal de Justiça e Tribunal de alçada do mesmo Estado-membro".

38: "Compete à Justiça Estadual Comum, na vigência da Constituição de 1988, o processo por contravenção penal, ainda que praticada em detrimento de bens, serviços ou interesse da União ou de suas entidades".

42: "Compete à Justiça Comum Estadual processar e julgar as causas cíveis em que é parte sociedade de economia mista e os crimes praticados em seu detrimento".

48: "Compete ao juízo do local da obtenção da vantagem ilícita processar e julgar crime de estelionato cometido mediante falsificação de cheque".

53: "Compete à Justiça Comum Estadual processar e julgar civil acusado de prática de crime contra instituições militares estaduais".

59: "Não há conflito de competência se já existe sentença com trânsito em julgado, proferida por um dos juízos conflitantes".

62: "Compete à Justiça Estadual processar e julgar o crime de falsa anotação na Carteira de Trabalho e Previdência Social, atribuído à empresa privada".

75: "Compete à Justiça Comum Estadual processar e julgar o policial militar por crime de promover ou facilitar a fuga de preso de estabelecimento penal".

90: "Compete à Justiça Estadual Militar processar e julgar o policial militar pela prática do crime militar, e à Comum pela prática do crime comum simultâneo àquele".

104: "Compete à Justiça Estadual o processo e julgamento dos crimes de falsificação e uso de documento falso relativo a estabelecimento particular de ensino".

107: "Compete à Justiça Comum Estadual processar e julgar crime de estelionato praticado mediante falsificação das guias de recolhimento das contribuições previdenciárias quando não ocorrente lesão à autarquia federal".

122: "Compete à Justiça Federal o processo e julgamento unificado dos crimes conexos de competência federal e estadual, não se aplicando a regra do art. 78, II, *a*, do Código de Processo Penal".

126: "É inadmissível recurso especial, quando o acórdão recorrido assenta em fundamentos constitucional e infraconstitucional, qualquer deles suficiente, por si só, para mantê-lo, e a parte vencida não manifesta recurso extraordinário".

140: "Compete à Justiça Comum Estadual processar e julgar crime em que o indígena figure como autor ou vítima".

147: "Compete à Justiça Federal processar e julgar os crimes praticados contra funcionário público federal, quando relacionados com o exercício da função".

151: "A competência para o processo e julgamento por crime de contrabando ou descaminho define-se pela prevenção do Juízo Federal do lugar da apreensão dos bens".

165: "Compete à Justiça Federal processar e julgar crime de falso testemunho cometido no processo trabalhista".

172: "Compete à Justiça Comum processar e julgar militar por crime de abuso de autoridade, ainda que praticado em serviço".

192: "Compete ao Juízo das Execuções Penais do Estado a execução das penas impostas a sentenciados pela Justiça Federal, Militar ou Eleitoral, quando recolhidos a estabelecimentos sujeitos à administração estadual".

200: "O Juízo Federal competente para processar e julgar acusado de crime de uso de passaporte falso é o do lugar onde o delito se consumou".

206: "A existência de vara privativa, instituída por Lei estadual, não altera a competência territorial resultante das leis de processo".

208: "Compete à Justiça Federal processar e julgar prefeito municipal por desvio de verba sujeita a prestação de contas perante órgão federal".

209: "Compete à Justiça Estadual processar e julgar prefeito por desvio de verba transferida e incorporada ao patrimônio municipal".

224: "Excluído do feito o ente federal, cuja presença levara o juiz Estadual a declinar da competência, deve o juiz Federal restituir os autos e não suscitar conflito".

235: "A conexão não determina a reunião dos processos, se um deles já foi julgado".

244: "Compete ao foro do local da recusa processar e julgar o crime de estelionato mediante cheque sem provisão de fundos".

546: "A competência para processar e julgar o crime de uso de documento falso é firmada em razão da entidade ou órgão ao qual foi apresentado o documento público, não importando a qualificação do órgão expedidor".

6. DAS EXCEÇÕES E PROCESSOS INCIDENTES

6.1 Das exceções (art. 95 do CPP)

O Código de Processo Penal, em seu art. 95, enumera as **modalidades** de exceções; vejamos:

"I – suspeição;

II – incompetência de juízo;

III – litispendência;

IV – ilegitimidade de parte; e

V – coisa julgada".

Há ainda a exceção de impedimento (art. 112 do CPP). As exceções processuais são consideradas meios de **defesa indireta**, uma vez que ocorrem de maneira incidental na ação penal e têm como principal consequência o afastamento do juiz ou do juízo ou a extinção do processo.

As exceções podem ser classificadas em **dilatórias** (pretendem o afastamento do juiz ou do juízo – caso das exceções de suspeição ou de impedimento e de incompetência de juízo) ou **peremptórias** (uma vez reconhecida a sua procedência, acarretam a extinção do processo – nos casos de litispendência e de coisa julgada).

As exceções serão processadas em **autos apartados** e, em regra, **não suspenderão** o andamento da ação penal (art. 111 do CPP).

> **ATENÇÃO!**
> A ilegitimidade de parte, dependendo de sua natureza, poderá ser peremptória ou dilatória.

6.1.1 Exceções de suspeição (arts. 96 a 107 do CPP) e de impedimento (art. 112 do CPP)

O juiz pode, **de ofício**, afirmar suspeição, devendo fazê-lo por escrito e declarando o motivo legal. Em caso de omissão do juiz, **qualquer das partes** poderá arguir a **exceção de suspeição**, desde que presente uma das situações previstas no **art. 254 do CPP**, por exemplo, se for amigo íntimo ou inimigo capital de qualquer delas; se ele, seu cônjuge, ascendente ou descendente, estiver respondendo a processo por fato análogo; se for credor ou devedor, tutor ou curador de qualquer das partes etc.

A exceção de suspeição pode ser arguida **contra** o juiz de qualquer instância, contra os membros do Ministério Público (art. 104 do CPP), bem como contra peritos, intérpretes, funcionários de justiça e jurados (arts. 105 e 106 do CPP).

Já os casos de exceção de **impedimento** estão previstos **no art. 252 do CPP**, aplicando-se nos casos em que o juiz, o órgão do Ministério Público, os serventuários ou funcionários de justiça, bem como os peritos ou intérpretes, não se declararem impedidos nos autos, como por exemplo, tiver funcionado seu cônjuge ou parente, consanguíneo ou afim, em linha reta ou colateral até terceiro grau, inclusive, como defensor ou advogado, órgão do Ministério Público, autoridade policial, auxiliar da Justiça ou perito etc.

O **impedimento** poderá ser arguido pelas partes, observando-se o mesmo procedimento estabelecido para a exceção de suspeição.

A exceção de suspeição **não será admitida** em algumas hipóteses, a saber: I – quando a parte injuriar o juiz ou de propósito der motivo para criá-la, na forma do art. 256 do CPP; e II – contra autoridades policiais nos atos do inquérito policial, mas deverão elas declarar-se suspeitas, quando ocorrer motivo legal, na forma do art. 107 do CPP.

6.1.2 Momento e procedimento

A exceção de suspeição deverá ser arguida **pelo acusado** dentro do prazo da resposta à acusação ou escrita. No caso do órgão do **MP** ou do **querelante**, aplica-se na primeira intervenção da parte, ou seja, no momento do oferecimento da denúncia ou da queixa, respectivamente, sob pena de preclusão. Se o motivo for **superveniente**, deverá ser arguida a exceção de imediato.

Se apresentada exceção de suspeição contra o juiz e este **não aceitar** os argumentos arguidos contra si, dará sua justificativa, no prazo de 3 (três) dias, e remeterá o incidente ao tribunal competente, em 24 (vinte e quatro) horas (art. 100 do CPP).

Se reconhecida a exceção de suspeição pelo tribunal, os atos do processo principal ficarão **nulos** (art. 101 do CPP).

A suspeição também poderá ser alegada contra os juízes de instâncias superiores (STF, STJ, TRFs e Tribunais de Justiça), na forma do art. 103 do CPP.

> **ATENÇÃO!**
> A exceção proposta contra jurados deve ser arguida **oralmente ao juiz-presidente** do Tribunal do Júri, que decidirá de plano o incidente (art. 106 do CPP).

> **ATENÇÃO!**
> Se qualquer das partes pretender recusar o juiz, deverá fazer por meio de petição assinada por **ela própria** ou por **procurador com poderes especiais**, aduzindo as suas razões acompanhadas de prova documental ou do rol de testemunhas (art. 98 do CPP).

> **ATENÇÃO!**
> "A participação de membro do MP na fase investigatória criminal não acarreta o seu impedimento ou suspeição para o oferecimento da denúncia" (Súmula 234 do STJ).

> **ATENÇÃO!**
> As prescrições relativas à **suspeição** e aos **impedimentos** dos juízes se estendem **aos órgãos do Ministério Público**, conforme entendimento extraído do art. 258 do CPP.

6.1.3 Exceção de incompetência (arts. 95, II, 108 e 109, do CPP)

Consiste na recusa do juiz, sob a alegação de **faltar-lhe competência** para funcionar no processo, seja no todo ou em parte, em caso de inobservância dos preceitos que determinam a regra de competência, previstos nos arts. 69 a 91 do CPP.

A incompetência poderá ser **absoluta** ou **relativa**. A primeira se dá em razão da matéria ou por prerrogativa de função, enquanto a segunda ocorre quando se tratar de território.

Na incompetência absoluta, a exceção poderá ocorrer **a qualquer momento** e em qualquer grau de jurisdição, inclusive ser reconhecida de ofício pelo próprio juiz. Não há, assim, preclusão nesse caso.

Já no caso de incompetência relativa, a exceção deverá ser oposta **dentro do prazo de defesa**, isto é, na **resposta à acusação ou escrita**.

A exceção de incompetência do juízo é uma **peça exclusiva da defesa**, cabendo somente a ela alegá-la. Assim, não cabe ao autor da ação penal, Ministério Público ou querelante oferecer tal exceção, devendo ajuizar a denúncia ou a queixa no foro competente.

> **ATENÇÃO!**
> Nada obsta o oferecimento da exceção de incompetência pelo Ministério Público, quando este atuar como *custos legis* (na ação penal privada).

Da decisão de ofício do juiz que reconhecer a incompetência do juízo, remetendo os autos ao juízo competente, cabe recurso em sentido estrito (art. 581, II, do CPP). Se o Juiz julgar procedente a exceção de incompetência posta pela parte, cabe recurso em sentido estrito, na forma do art. 581, III, do CPP. Se o juiz **julgar improcedente**, não caberá recurso, sendo cabível a impetração de *habeas corpus* (art. 648, III, do CPP).

6.1.4 Exceção de litispendência (arts. 95, III, e 110, do CPP)

Tem por finalidade impedir o julgamento de mesma causa pendente de julgamento, em outro ou no mesmo juízo, evitando que o acusado seja julgado **duas vezes pelo mesmo fato**, em observância ao princípio do *non bis in idem*. Assim, para que se configure a litispendência, basta o ajuizamento de uma segunda ação penal, independentemente de citação do acusado.

Por se tratar de nulidade absoluta, o juiz poderá **reconhecer de ofício** a ocorrência de litispendência.

A regra é a de que a exceção de litispendência seja **apresentada** pelo acusado dentro do seu prazo de defesa, isto é, na **resposta à acusação ou escrita**.

> **ATENÇÃO!**
> Por se tratar de questão de ordem pública, pode ser arguida a **qualquer tempo**, não ocorrendo preclusão.

As exceções **podem ser opostas** tanto pelo acusado quanto pelo Ministério Público ao juiz do feito, requerendo, ao final, o trancamento da ação penal.

Da **decisão do juiz que julgar procedente** a exceção de litispendência cabe recurso em sentido estrito (art. 581, III, do CPP). Se o juiz **julgar improcedente**, não caberá recurso, sendo cabível a impetração de *habeas corpus* (art. 648, I, do CPP).

> **ATENÇÃO!**
> Se o juiz **reconhece de ofício** a exceção, cabe apelação (art. 593, II, do CPP).

6.1.5 Exceção de ilegitimidade de parte (arts. 95, IV, e 110, do CPP)

Quando se tratar de ilegitimidade *ad causam*, estará diante da modalidade peremptória, acarretando a extinção do feito. Esta poderá ser **ativa ou passiva**.

A título de exemplo, a ilegitimidade *ad causam* **ativa** ocorre quando o MP oferece denúncia em crime de ação penal privada, e a **passiva** está presente quando formulada a denúncia contra menor de 18 anos (inimputável).

Já a ilegitimidade *ad processum* (**capacidade para a prática de atos processuais**) consiste no retardamento do processo criminal. Possui, portanto, natureza dilatória.

Por exemplo, no caso de ação penal privada, a queixa-crime estar assinada por advogado sem procuração específica nos autos, consoante o art. 44 do CPP.

A exceção de ilegitimidade de parte deve ser apresentada pelo acusado, **em regra**, dentro do seu prazo de defesa, isto é, na resposta à acusação ou escrita.

> **ATENÇÃO!**
> O juiz poderá reconhecer de ofício a ilegitimidade de parte, bem como ser arguida a qualquer momento pelas partes, por se tratar de matéria de ordem pública, não ocorrendo preclusão.

Da decisão do juiz que **julgar procedente** a exceção de ilegitimidade da parte cabe recurso em sentido estrito (art. 581, III, do CPP).

Se o juiz **julgar improcedente** a exceção de ilegitimidade da parte, não caberá recurso. É possível a impetração de *habeas corpus* (art. 648, I, do CPP).

6.1.6 Exceção de coisa julgada (arts. 95, V, e 110, do CPP)

A exceção de coisa julgada é cabível quando for proposta nova ação penal contra o acusado, tendo por base idêntica imputação (mesmo fato criminoso) que **já fora decidida por sentença condenatória ou absolutória transitada em julgado**.

A exceção de coisa julgada deve ser apresentada pelo acusado, **em regra**, dentro do seu prazo de defesa, isto é, na resposta à acusação ou escrita. Ocorre que, por se tratar de questão de ordem pública, pode ser arguida **a qualquer tempo**, não ocorrendo preclusão.

A exceção **pode ser oposta** tanto pelo acusado quanto pelo Ministério Público ao juiz do feito, requerendo, ao final, o trancamento da ação penal. O juiz pode reconhecê-la de ofício.

Da decisão do juiz que **julgar procedente** a exceção de coisa julgada cabe recurso em sentido estrito (art. 581, III, do CPP).

Se o juiz **julgar improcedente** a exceção de coisa julgada, não caberá recurso. É possível a impetração de *habeas corpus* (art. 648, I, do CPP). No entanto, se o **juiz** reconhecer **de ofício** a exceção, caberá apelação (art. 593, II, do CPP).

6.1.7 Da distinção entre a litispendência e a coisa julgada

As exceções de litispendência e de coisa julgada se assemelham na identidade de partes e dos fatos criminosos. O **traço distintivo** entre uma e outra é que na **litispendência** (*res in iudicium deducta*) há a presença de duas ações penais com **pendência de julgamento**, isto é, sem nenhuma sentença transitada em julgado. Já na **coisa julgada** (*res judicata est*) também há duas ações penais, porém já **existe sentença transitada em julgado** em uma delas.

6.2 Restituição das coisas apreendidas (arts. 118 a 124-A do CPP)

As coisas apreendidas são aquelas tomadas pela **autoridade policial** durante as investigações policiais; dizem respeito à apreensão de **instrumentos** e de **objetos** quando tiverem **relação** com determinado **fato criminoso** (art. 6º, II, do CPP – *instrumenta sceleris*).

Também é admitida quando interessarem ao esclarecimento de crime e de autoria, devendo ser expedida **pelo juiz** e por **ordem expressa**, via mandado de busca e apreensão (arts. 240 e s. do CPP).

São **legitimados** para formular o pedido o **proprietário do bem**, seja o acusado ou a vítima, ou o **terceiro de boa-fé**.

O pedido poderá ser dirigido à autoridade policial ou ao juiz, desde que **não exista dúvida** quanto ao direito do reclamante (art. 120, *caput*, do CPP).

Entretanto, **se duvidoso esse direito**, o pedido de restituição autuar-se-á **em apartado**, assinalando-se ao requerente o prazo de 5 (cinco) dias para a prova. Em tal caso, só o **juiz criminal** poderá decidir o incidente (art. 120, § 1º, do CPP). Frise-se que o Ministério Público terá de ser ouvido quanto ao pedido.

Antes de transitar em julgado a sentença final, as coisas apreendidas **não poderão** ser restituídas enquanto interessarem ao processo (art. 118 do CPP).

Quanto à possibilidade de a **autoridade policial** restituir a coisa apreendida, a doutrina entende que só poderá ocorrer quando se revelar **estreme de qualquer dúvida** e não houver interesse de terceiro de boa-fé, estranho ao processo criminal, uma vez que nessas hipóteses o delegado deverá abster-se e remeter o caso à apreciação do juiz.

Se a coisa foi apreendida **em poder de terceiro de boa-fé**, o incidente também será autuado em apartado, sendo ele intimado para provar o seu direito em prazo igual e sucessivo ao do reclamante, tendo um e outro 2 (dois) dias para arrazoar. Nessas hipóteses, somente o juiz criminal poderá decidir o incidente. O MP também será ouvido quanto ao pedido de restituição.

Se o juiz tiver dúvida de quem **seja o verdadeiro dono**, remeterá as partes para o **juízo cível**, ordenando o depósito das coisas em mãos do depositário ou do próprio terceiro que as detinha, isso se for pessoa idônea (art. 120, § 4º, do CPP).

Por fim, ressalvado o direito do lesado ou de terceiro de boa-fé, **não se admite** a restituição dos produtos e do instrumento do crime, uma vez que um dos efeitos da sentença penal condenatória é a perda em favor da União (art. 91, II, do CP).

Da decisão do delegado de polícia que indeferir o pedido de restituição de coisa apreendida, sendo líquido e certo o direito de propriedade do reclamante, caberá a impetração de **mandado de segurança**, previsto no art. 5º, LXIX, da CF, e na Lei n. 12.016/2009.

A decisão do juiz que indeferir ou deferir o pedido de restituição poderá ser combatida por meio de **apelação**, nos termos do art. 593, II, do CPP, por se tratar de decisão com força de definitiva.

> **ATENÇÃO!**
> Consoante o art. 122 do CPP, ocorrendo o trânsito em julgado, as coisas apreendidas serão avaliadas e leiloados os bens, cujo perdimento tenha sido decretado.

> **ATENÇÃO!**
> Na hipótese de decretação de perdimento de obras de arte ou de outros bens de relevante valor cultural ou artístico, se o crime não tiver vítima determinada, poderá haver destinação dos bens a museus públicos (art. 124-A do CPP).

6.3 Medidas assecuratórias (arts. 125 a 144-A do CPP)

As medidas assecuratórias, também chamadas de cautelares, consistem em: **a)** sequestro; **b)** arresto; e **c)** especialização da hipoteca legal. Têm como objetivo assegurar os direitos do ofendido ou dos lesados pelo crime, portanto, busca-se prevenir possível dano ou prejuízo que, certamente, poderá ocorrer com a demora da solução definitiva do caso penal.

Há previsão em outras leis especiais, por exemplo: na **Lei de Drogas**, no art. 60, *caput*, da Lei n. 11.343/2006; no crime de **lavagem de dinheiro**, previsto no art. 4º, *caput*, da Lei n. 9.613/98 etc.

> **ATENÇÃO!**
> A Constituição Federal conferiu às Comissões Parlamentares de Inquérito (CPIs) poderes de investigação próprios das autoridades judiciais (art. 58, § 3º), contudo estas não possuem competência para decretar a indisponibilidade de bens.

6.3.1 Sequestro (art. 126 do CPP)

Caberá quando houver **indícios veementes da proveniência ilícita** dos bens. Recai sobre o bem do acusado que foi adquirido com proventos de infração penal, ainda que em posse de um terceiro de boa-fé (art. 125 do CPP).

Saliente-se que há sequestro tanto de **bens imóveis** (art. 125 do CPP) quanto de **bens móveis** (art. 132 do CPP).

Realizado o sequestro de bem imóvel, o juiz determinará sua inscrição no registro de imóveis, consoante o art. 128 do CPP, passando a valer contra terceiros.

> **ATENÇÃO!**
> Para que haja decretação do sequestro, bastará a existência de indícios veementes da ilicitude do bem (art. 126 do CPP).

Segundo o art. 127 do CPP, o sequestro poderá ser requerido pelo Ministério Público, ofendido ou por seu representante legal, bem como pela autoridade policial (mediante representação) e pelo juiz, de ofício. O sequestro pode ser requerido tanto na fase da **ação penal** quanto na do **inquérito policial**.

> **ATENÇÃO!**
> A autoridade policial não possui competência para decretar o sequestro, **somente o juiz**.

O **levantamento** do sequestro poderá ocorrer nas seguintes hipóteses, previstas no art. 131 do CPP: **a)** se a ação penal não for intentada no prazo de **60 (sessenta) dias**, contados da data em que ficar concluída a diligência; **b)** se o terceiro, a quem tiverem sido transferidos os bens, **prestar caução** que assegure a aplicação do disposto no art. 91, II, *b*, do CP; **c)** se for julgada **extinta a punibilidade ou absolvido o réu**, por sentença transitada em julgado.

O sequestro será autuado em apartado, sendo admitida a oposição de **3 (três) tipos de embargos**:

I – **embargos de terceiro estranho** (art. 129 do CPP): o terceiro é dono ou possuidor do bem sequestrado, porém absolutamente estranho ao crime. Neste caso, não há nenhuma vinculação entre o bem sequestrado e a infração, isto é, o terceiro não adquire o bem do acusado;

II – **embargos do acusado** (art. 130, I, do CPP): interposto sob o fundamento de não terem sido os bens adquiridos com os proventos da infração;

III – **embargos pelo terceiro de boa-fé** (art. 130, II, do CPP): interposto sob a alegação de ter adquirido os bens de boa-fé. Nesta hipótese, o terceiro adquire o bem do acusado sem tomar conhecimento de sua ilicitude. Assim, o único fundamento do terceiro será a sua demonstração de boa-fé.

Os embargos previstos nas hipóteses do art. 130, I (embargos do acusado) e II (embargos pelo terceiro de boa-fé), do CPP não podem ser julgados antes do trânsito em julgado da sentença condenatória (art. 130, parágrafo único, do CPP). Já os embargos de terceiro previsto no art. 129 do CPP podem ser julgados antes do trânsito em julgado.

Da decisão do juiz sobre os embargos, por ter força definitiva, cabe apelação, nos termos do art. 593, II, do CPP.

6.3.2 Arresto

O arresto é uma medida cautelar que consiste na apreensão de bens indeterminados do devedor. Caberá arresto quando houver **prova da materialidade do crime e de indícios suficientes de autoria**, com intuito de assegurar o pagamento de indenização à vítima ou custeio das custas processuais. Pode ser tanto de **bem imóvel** (art. 136 do CPP) quanto de **bem móvel** (art. 137 do CPP). Recai sobre o **bem de origem lícita** do acusado.

Tratando-se de **arresto prévio de bem imóvel**, poderá ser decretado de início como medida preparatória da hipoteca legal para garantir futura indenização, revogando-se, porém, se, no prazo de 15 (quinze) dias, não for promovido o pedido de inscrição da hipoteca legal (art. 136 do CPP).

Já o **arresto de bens móveis** ocorrerá quando o acusado não possuir bens imóveis ou os possuir de valor insuficiente, podendo ser arrestados bens móveis suscetíveis de penhora, nos termos do art. 137 do CPP.

Por fim, vale reiterar que o arresto poderá recair sobre móveis de origem lícita do acusado, desde que não sejam impenhoráveis.

> **ATENÇÃO!**
> O arresto só é cabível sobre bens lícitos, diferentemente do sequestro, no qual ele recai sobre produtos adquiridos com proventos de crime.

6.3.3 Hipoteca legal (art. 134 do CPP)

Na hipoteca, a medida recai sobre qualquer **bem imóvel lícito** do indiciado ou do acusado, absolutamente estranho ao crime, com o objetivo de garantir a futura reparação do dano causado à vítima, desde que haja certeza da infração, bem como indícios suficientes de autoria (art. 134 do CPP).

Uma vez **constituído o arresto**, o ofendido ou seu representante legal deverá obrigatoriamente ajuizar hipoteca legal no **prazo de 15 (quinze) dias**, sob pena de revogação (art. 136 do CPP). **Se não houver** o arresto como medida preparatória, a especialização da hipoteca poderá ser proposta a qualquer tempo, sem prazo.

Deverá ser requerida pela parte interessada, **mediante requerimento** de especialização da hipoteca legal ao juiz, evidenciando a responsabilidade civil do acusado e seu respectivo valor, bem como designando o imóvel ou os imóveis que terão de ficar especialmente hipotecados.

A petição deverá provar a propriedade do bem, por meio do registro de imóvel e a ausência de ônus (art. 135, *caput* e § 1º, do CPP).

O arbitramento do valor da responsabilidade do acusado e a avaliação dos bens relacionados serão **realizados** por peritos nomeados pelo juiz, onde não houver avaliador judicial (art. 135, § 2º, do CPP).

Em seguida, **ouvidas as partes**, no prazo de **2 (dois) dias** que correm em cartório, o juiz fixará o valor da hipoteca, podendo corrigir o valor proposto pelo perito, se lhe parecer excessivo ou deficiente. O magistrado autorizará somente a inscrição da hipoteca do imóvel necessária à garantia da responsabilidade civil.

> **ATENÇÃO!**
> Se o réu oferecer **caução suficiente**, em dinheiro ou em títulos de dívida pública, pelo valor de sua cotação em Bolsa, o **juiz poderá deixar de mandar** proceder à inscrição da hipoteca legal (art. 135, § 6º, do CPP).

> **ATENÇÃO!**
> A liquidação só se fará após o trânsito em julgado da sentença condenatória. A execução ocorrerá no juízo cível (art. 143 do CPP).

Ocorrerá **o cancelamento da hipoteca legal** com sentença irrecorrível quando o réu for absolvido ou tiver extinta a sua punibilidade (art. 141 do CPP).

Da decisão do magistrado que defere ou indefere a hipoteca legal cabe apelação, com fundamento no art. 593, II, do CPP.

6.3.4. Utilização e alienação antecipada de bens sequestrados, apreendidos ou sujeitos a qualquer medida assecuratória

Utilização dos bens: constatado o interesse público, o juiz poderá autorizar a utilização de bem sequestrado, apreendido ou sujeito a qualquer medida assecuratória pelos órgãos de segurança pública previstos no art. 144 da CF, bem como do sistema prisional, do sistema socioeducativo, da Força Nacional de Segurança Pública e do Instituto Geral de Perícia, para o desempenho de suas atividades (art. 133-A, *caput*, do CPP).

A prioridade na utilização do bem apreendido será do órgão de segurança pública participante das ações de investigação ou repressão da infração penal que ensejou a apreensão (art. 133-A, § 1º, do CPP). Fora dessas hipóteses, demonstrado o interesse público, o juiz poderá autorizar o uso do bem pelos demais órgãos públicos (art. 133-A, § 2º, do CPP).

Se o bem for veículo, embarcação ou aeronave, o juiz ordenará à autoridade de trânsito ou ao órgão de registro e controle a expedição de certificado provisório de registro e licenciamento em favor do órgão público beneficiário, o qual estará isento do pagamento de multas, encargos e tributos anteriores à disponibilização do bem para a sua utilização, que deverão ser cobrados de seu responsável (art. 133-A, § 3º, do CPP).

Ocorrendo o trânsito em julgado da sentença penal condenatória com a decretação de perdimento dos bens, ressalvado o direito do lesado ou terceiro de boa-fé, o juiz poderá determinar a transferência definitiva da propriedade ao órgão público beneficiário ao qual foi custodiado o bem (art. 133-A, § 4º, do CPP).

Alienação antecipada dos bens: com objetivo de preservar o valor dos bens sempre que estiverem sujeitos a qualquer grau de deterioração ou depreciação, ou quando houver dificuldade para sua manutenção, é possível que o juiz determine a alienação antecipada dos bens apreendidos (art. 144-A, *caput*, do CPP).

Em outras palavras, o art. 144-A do CPP permite ao juiz que mesmo antes do trânsito em julgado da sentença penal condenatória se proceda a alienação antecipada do bem apreendido, para fins de preservar seu valor econômico ou evitar seu perecimento.

A alienação antecipada de bens ocorrerá por leilão público, preferencialmente por meio eletrônico (art. 144-A, § 1º, do CPP).

6.4 Incidente de falsidade documental (arts. 145 a 148 do CPP)

Caberá se, **no curso do processo**, houver a juntada de documento falso.

A **finalidade** do incidente é verificar se o documento é falso ou verdadeiro, ou seja, se ele tem valor probatório ou não.

Possuem **legitimidade** ativa as partes (acusado, MP e querelante), bem como o juiz, sendo este de ofício (art. 147 do CPP). A arguição de falsidade feita por **procurador** exige **poderes especiais** (art. 146 do CPP).

Levantada a **arguição por escrito**, impugnando documento, sob alegação de falso, o juiz **autuará em apartado** o incidente e, em seguida, ouvirá a parte contrária no prazo de 48 horas, para oferecer resposta.

Se **reconhecida** a falsidade por **decisão irrecorrível**, o juiz mandará desentranhar o documento e remeter os autos do processo incidente ao MP.

A decisão do incidente de falsidade, qualquer que seja ela, não faz coisa julgada **em outro processo** cível ou penal (art. 148 do CPP), não impedindo, assim, que em outra ação (civil ou penal) se discuta a existência ou não da falsificação.

Da decisão do juiz caberá recurso em sentido estrito (art. 581, XVIII, do CPP).

6.5 Incidente de insanidade mental (arts. 149 a 154 do CPP)

Caberá incidente de insanidade mental do acusado/indiciado quando houver **dúvida razoável** sobre sua **integridade mental**. Será processado **em auto apartado**, que só depois da apresentação do laudo será apensado ao processo principal (art. 153 do CPP).

Possuem **legitimidade** ativa para arguir o incidente o juiz, de ofício, a requerimento do MP, do defensor, do curador, do ascendente, descendente, irmão, cônjuge ou por representação do delegado (art. 149, *caput* e § 1º, do CPP).

> **ATENÇÃO!**
> O exame pode ser arguido em qualquer fase do processo ou do inquérito policial.

Instaurado o incidente, o juiz nomeará curador ao acusado, ficando **suspenso o processo**, se já iniciada a ação penal, salvo quanto às diligências que possam ser prejudicadas pelo andamento (art. 149, § 2º, do CPP).

O exame não durará **mais de 45 dias,** salvo se os peritos demonstrarem a necessidade de um prazo maior. Se os preitos concluírem que o acusado era, **ao tempo do crime,** inimputável ou semi-imputável, **o processo prosseguirá**, com a presença do curador.

Se ficar constatado que a doença mental sobreveio **após a prática do crime,** o processo **continuará suspenso** até que o acusado se restabeleça (art. 152 do CPP).

7. DAS PROVAS (ARTS. 155 A 250 DO CPP)

Prova, que se **origina** do latim *probatio*, deriva do verbo *probare* e significa exame, verificação, inspeção, ensaio, demonstração, aprovação ou argumentação. Assim, a atividade probatória **tem como finalidade** influenciar a convicção do magistrado de que houve o cometimento de uma infração penal, bem como demonstrar que os autores que constam na denúncia ou queixa são os responsáveis pelo delito.

7.1 Sistema de apreciação da prova pelo juiz

O CPP adotou o **sistema do livre convencimento motivado** do julgador, também denominado sistema de persecução racional (art. 155, *caput*, do CPP).

O art. 155, *caput*, do CPP, e o art. 93, IX, da CF **vedam** que o juiz fundamente sua decisão, **exclusivamente**, nas informações colhidas no inquérito policial, sob pena de ferir os princípios constitucionais do contraditório e da ampla defesa, ressalvadas as provas cautelares, não repetíveis e antecipadas.

> **ATENÇÃO!**
> Na decisão referente ao **Tribunal do Júri**, caso em que o *veredicto* condenatório ou absolutório é proferido pelos jurados, vigora o **sistema da íntima convicção do juiz**, conferindo ampla liberdade aos juízes leigos para apreciar as provas, **não sendo exigida** motivação ou fundamentação das decisões do conselho de sentença.

7.2 Ônus da prova

O **ônus da prova** é da parte que alega, ou seja, **da acusação**, devendo provar a autoria, materialidade, dolo e culpa do acusado (art. 156 do CPP). No processo penal, o acusador tem a obrigação jurídica de provar o alegado, e não o réu demonstrar sua inocência. O acusado **não pode** ser condenado por presunção ou mera suspeita. Em caso de dúvida, permite-se a absolvição do acusado, em decorrência do princípio do *in dubio pro reo*.

> **ATENÇÃO!**
> As excludentes de ilicitude (art. 23 do CP), as excludentes de culpabilidade (arts. 20, § 1º, 21, 22, 26 e 28, § 1º, do CP), bem como o álibi, devem ser provados **pela defesa**.

Nos incisos do art. 156 do CPP **facultou-se** ao juiz, de ofício, mesmo **antes de iniciada** a ação penal, a produção antecipada de provas consideradas urgentes e relevantes, observando a necessidade, adequação e proporcionalidade da medida, e determinando, **no curso da instrução, ou antes de proferir** a sentença, a realização de diligências para dirimir dúvida sobre ponto relevante.

7.3 Meios de prova

O CPP enumera alguns meios de provas, podendo estas serem: a) documental; b) testemunhal; c) pericial; d) reconhecimento; e) acareação etc. Além dos meios de prova previstos nos artigos do CPP, por tratar-se de **rol exemplificativo**, admite-se a produção das chamadas de **provas inominadas**, podendo ser: a) filmagens; b) fotografias etc., contanto que não sejam provas ilícitas (art. 5º, LVI, da CF).

No art. 3º da Lei n. 12.850/2013 (**Lei do Crime Organizado**) há outros **meios de prova** admitidos durante sua investigação, sendo: **a)** colaboração premiada (arts. 3º, I, c/c o 4º); **b)** captação ambiental (art. 3º, II); **c)** ação controlada (arts. 3º, III, c/c o 8º); **d)** acesso a registros de ligações telefônicas e telemáticas, a dados cadastrais de bancos de dados públicos ou privados e a informações eleitorais ou comerciais (arts. 3º, IV, c/c o 15); **e)** interceptação de comunicações telefônicas e telemáticas, nos termos da legislação específica (art. 3º, V); **f)** afastamento dos sigilos financeiro, bancário e fiscal, nos termos da legislação específica (art. 3º, VI); **g)** infiltração de agentes (arts. 3º, VII, c/c o 10 e s.); e **h)** cooperação entre instituições e órgãos federais, distritais, estaduais e municipais na busca de provas e informações de interesse da investigação ou da instrução criminal.

7.4 Provas ilícitas

São consideradas **provas ilícitas** aquelas que violarem as normas de direito material, constitucional ou infraconstitucional (arts. 157, *caput*, do CPP, e 5º, LVI, da CF).

Portanto, reconhecida a ilicitude da prova obtida, ela será **inadmissível**, devendo ser **desentranhada** dos autos por meio de decisão judicial (art. 157, § 3º, do CPP).

> **ATENÇÃO!**
> A prova ilícita poderá ser utilizada **em favor do réu** em decorrência do princípio da proporcionalidade (*favor rei*), com intuito de comprovar sua inocência.

> **ATENÇÃO!**
> É ilícita a devassa de dados de aplicativos de mensagens colhidos de celular apreendido, realizada sem prévia ordem judicial. Nesse sentido, STJ: RHC n. 90.200/RN (rel. Min. Rogerio Schietti Cruz – 6ª T.).

> **ATENÇÃO!**
> É ilegal a decisão judicial que autoriza busca e apreensão coletiva em residências, feita de forma genérica e indiscriminada (STJ – AgRg no HC n. 435.934/RJ – 6ª T.).

> **ATENÇÃO!**
> É ilícita a prova obtida em revista pessoal feita por agentes de segurança particular (STJ – HC n. 470.937/SP – 5ª T.).

> **ATENÇÃO!**
> A **confissão informal** viola o direito do preso ao silêncio e à não autoincriminação decorrente da Constituição (art. 5º, LXIII, da CF), sendo, portanto, prova ilícita, devendo ser desentranhada do processo, conforme art. 157 do CPP.

> **ATENÇÃO!**
> Suspeita de flagrante delito. Ingresso de policiais na casa do suspeito **sem mandado judicial**. Consentimento do morador. Ônus cabe ao Estado de provar a voluntariedade do consentimento do morador por escrito e registro da diligência, por áudio ou vídeo, se não houver tal comprovação por parte do Estado, prova ilícita (STJ, HC n. 598.051/SP, rel. Min. Rogerio Schietti Cruz, 6ª T. e AgRg no AREsp 1.636.226/RJ, 6ª T., rel. Min. Laurita Vaz).

> **ATENÇÃO!**
> **Reconhecimento fotográfico** de pessoa realizado na fase do inquérito policial. Inobservância do art. 226 do CPP. Prova inválida como fundamento para a condenação (HC 630.949/SP – rel. Min. Rogerio Schietti Cruz, 6ª T., *DJe* 29-3-2021 e HC 598.886/SC, rel. Min. Rogerio Schietti Cruz, 6ª T., *DJe* 18-12-2020).

> **ATENÇÃO!**
> Prova testemunhal colhida no inquérito policial. **Não corroborada em juízo**. Base insuficiente para condenação. Violação ao art. 155 do CPP. Absolvição (REsp 1.253.537/SC, rel. Min. Maria Thereza de Assis Moura, 6ª T., *DJe* 19-10-2011).

7.4.1 Provas ilícitas por derivação – teoria dos frutos da árvore envenenada (*fruits of the poisonous tree*)

São aquelas lícitas em si mesmas, mas **produzidas a partir de um fato ilícito**, por exemplo o documento apreendido em domicílio, em diligência de busca e apreensão sem prévia ordem judicial (art. 157, § 1º, primeira parte, do CPP).

> **ATENÇÃO!**
> A prova será admissível desde que **não haja nenhum nexo** entre a prova originária ilícita e a nova prova lícita em si mesmo (art. 157, § 1º, segunda parte, do CPP).

> **ATENÇÃO!**
> O magistrado que conhecer do conteúdo da prova declarada inadmissível não poderá proferir a sentença ou acórdão (art. 157, § 5º, do CPP). No entanto, o plenário do STF ao julgar o mérito das ADIs n. 6.298, 6.299, 6.300 e 6.305/DF, **declarou a inconstitucionalidade** do § 5º do art. 157 do CPP, incluído pela Lei n. 13.964/2019.

7.4.2 Descoberta inevitável

Nessa hipótese, a prova será admitida se comprovada que seria, **inevitavelmente**, descoberta por meios legítimos, isto é, **independentemente** da prova ilícita originária (art. 157, § 2º, do CPP).

7.5 Provas em espécie (arts. 158 a 240 do CPP)

7.5.1 Da cadeia de custódia das provas (arts. 158-A a 158-F do CPP)

Diz o art. 158-A do CPP que: "Considera-se cadeia de custódia o conjunto de todos os procedimentos utilizados para manter e documentar a história cronológica do vestígio coletado em locais ou em vítimas de crimes, para rastrear sua posse e manuseio a partir de seu reconhecimento até o descarte".

Assim, a cadeia de custódia é o processo de documentar a história cronológica dos vestígios, com o objetivo de preservar as provas a serem analisadas pelo juiz, pois, qualquer interferência indevida durante o seu trâmite, pode resultar na sua imprestabilidade.

Ressalte-se que, o **início da cadeia de custódia** dá-se com a preservação do local de crime ou com procedimentos policiais ou periciais nos quais seja detectada a existência de vestígio.

Ademais, o agente público que **reconhecer** um elemento como de potencial interesse para a produção da prova pericial fica responsável por sua preservação.

Não obstante, **vestígio**, segundo o art. 158-A, § 3º, do CPP, é todo objeto ou material bruto, visível ou latente, constatado ou recolhido, que se relaciona à infração penal.

A cadeia de custódia compreende o rastreamento do vestígio nas **seguintes etapas**, de acordo com o art. 158-B do CPP: **I – reconhecimento**: ato de distinguir um elemento como de potencial interesse para a produção da prova pericial; **II – isolamento**: ato de evitar que se altere o estado das coisas, devendo isolar e preservar o ambiente imediato, mediato e relacionado aos vestígios e local de crime; **III – fixação**: descrição detalhada do vestígio conforme se encontra no local de crime ou no corpo de delito, e a sua posição na área de exames, podendo ser ilustrada por fotografias, filmagens ou croqui, sendo indispensável a sua descrição no laudo pericial produzido pelo perito responsável pelo atendimento; **IV – coleta**: ato de recolher o vestígio que será submetido à análise pericial, respeitando suas características e natureza; **V – acondicionamento**: procedimento por meio do qual cada vestígio coletado é embalado de forma individualizada, de acordo com suas características físicas, químicas e biológicas, para posterior análise, com anotação da data, hora e nome de quem realizou a coleta e o acondicionamento; **VI – transporte**: ato de transferir o vestígio de um local para o outro, utilizando as condições adequadas (embalagens, veículos, temperatura, entre outras), de modo a garantir a manutenção de suas características originais, bem como o controle de sua posse; **VII – recebimento**: ato formal de transferência da posse do vestígio, que deve ser documentado com, no mínimo, informações referentes ao número de procedimento e unidade de polícia judiciária relacionada, local de origem, nome de quem transportou o vestígio, código de rastreamento, natureza do exame, tipo do vestígio, protocolo, assinatura e identificação de quem o recebeu; **VIII – processamento**: exame pericial em si, manipulação do vestígio de acordo com a metodologia adequada às suas características biológicas, físicas e químicas, a fim de se obter o resultado desejado, que deverá ser formalizado em laudo produzido por perito; **IX – armazenamento**: procedimento referente à guarda, em condições adequadas, do material a ser processado, guardado para realização de contraperícia, descartado ou transportado, com vinculação ao número do laudo correspondente; **X – descarte**: procedimento referente à liberação do vestígio, respeitando a legislação vigente e, quando pertinente, mediante autorização judicial.'

A coleta dos vestígios deverá ser realizada **preferencialmente** por perito oficial, que dará o encaminhamento necessário para a central de custódia, mesmo quando for necessária a realização de exames complementares (art. 158-C, *caput*, do CPP).

Por fim, todos vestígios coletados no decurso do inquérito ou processo **devem** ser tratados, observando as regras da cadeia de custódia, ficando órgão central de perícia oficial de natureza criminal responsável por detalhar a forma do seu cumprimento (art. 158-C, § 1º, do CPP).

> **ATENÇÃO!**
> É proibida a entrada em locais isolados bem como a remoção de quaisquer vestígios de locais de crime antes da liberação por parte do perito responsável, sendo tipificada como fraude processual a sua realização (art. 158-C, § 2º, do CPP).

7.5.1.1 Perícia

É o exame feito por pessoa técnica habilitada e constitui fator que irá auxiliar o juiz a formar sua convicção, uma vez que versa sobre questões fora de sua área de conhecimento profissional. Contudo, **o magistrado não está vinculado às conclusões da perícia** (laudo pericial), podendo rejeitar no todo ou em parte das conclusões dos peritos, desde que seja de forma **fundamentada** (art. 182 do CPP).

Os exames serão realizados por **perito oficial** (art. 159, *caput*, do CPP) ou, **na sua falta**, por 2 (duas) pessoas idôneas, portadoras de diploma de curso superior preferencialmente na área específica, dentre as que tiverem habilitação técnica relacionada com a natureza do exame (art. 159, § 1º, do CPP).

> **ATENÇÃO!**
> "Serão **facultadas** ao Ministério Público, ao assistente de acusação, ao ofendido, ao querelante e ao acusado a **formulação de quesitos e indicação de assistente técnico**". "O assistente técnico atuará a partir de sua admissão pelo juiz e após a conclusão dos exames e elaboração do laudo pelos peritos oficiais, sendo as partes intimadas desta decisão" (art. 159, §§ 3º e 4º, do CPP).

7.5.2 Exame de corpo de delito

É a perícia realizada por especialista, no corpo da infração, ou seja, nos elementos sensíveis do crime; difere das outras espécies de perícia pela sua finalidade específica, qual seja **provar a materialidade** daquelas infrações penais que deixam vestígio. Pode ser realizado em **qualquer dia**, inclusive domingo ou feriado, e em **qualquer hora** do dia ou da noite (art. 161 do CPP).

O exame de corpo de delito pode ser: **a) direto** – é aquele realizado pelo perito quando o delito deixar traços materiais, ou seja, **sobre o próprio corpo do delito**; **b) indireto** – é aquele que se forma por meio de informações fornecidas ao perito, ou seja, por **outros meios de provas** (documentos, fotografias etc.), quando **inexistentes** os vestígios ou **desaparecidos** por completo.

Nas situações em que **não haja a possibilidade** de realizar o exame pericial, este poderá ser suprido por prova testemunhal (art. 167 do CPP).

> **ATENÇÃO!**
> A ausência de exame de corpo de delito, tanto direto quanto indireto, quando a infração deixar vestígios **não será suprida por confissão do acusado** (art. 158 do CPP).

> **ATENÇÃO!**
> A autópsia será feita pelo menos 6 horas depois do óbito, salvo se os peritos entenderem que, pelas evidências dos sinais de morte, ela deve ser realizada antes daquele período, o que declararão no auto (art. 162 do CPP).

> **ATENÇÃO!**
> Dar-se-á prioridade à realização do exame de corpo de delito quando se tratar de crime, nas seguintes situações: a) violência doméstica e familiar contra mulher; b) violência contra criança, adolescente, idoso ou pessoa com deficiência (art. 158, parágrafo único, I e II, do CPP).

7.5.3 Interrogatório (art. 185 do CPP)

A natureza jurídica do interrogatório é tanto de **meio de prova** quanto de **meio de defesa** do próprio acusado. É realizado no final da instrução criminal. **Tem o direito** de ser acompanhado por advogado e, caso não o tenha, será nomeado defensor dativo (art. 185 do CPP), sob pena de nulidade. Assegura, ainda, o direito de entrevista reservada com seu defensor (art. 185, § 5º, do CPP), assim como o direito ao silêncio quanto aos fatos (*nemo tenetur se detegere*), este que não importará em confissão (art. 186, *caput* e parágrafo único, do CPP).

> **ATENÇÃO!**
> Não cabe direito ao silêncio em relação à **qualificação do acusado**, podendo responder por crime de falsa identidade se apresentar dados falsos (Súmula 522 do STJ).

> **ATENÇÃO!**
> O defensor do corréu **tem direito** de participar dos interrogatórios e de formular perguntas aos outros réus, que, no entanto, não estão obrigados a respondê-las, em razão da prerrogativa da autoincriminação.

Por fim, havendo mais de um acusado, serão interrogados separadamente (art. 191 do CPP).

7.5.3.1 Interrogatório por meio de videoconferência

Em **casos excepcionais** é possível interrogatório por meio de videoconferência, por **decisão fundamentada** do juiz, de ofício ou a requerimento das partes, este que acontecerá nas hipóteses elencadas no § 2º e incisos do art. 185 do CPP.

I – **Prevenir** risco à segurança pública, quando exista fundada suspeita de que o preso integre organização criminosa ou de que, por outra razão, possa fugir durante o deslocamento; II – **viabilizar** a participação do réu no referido ato processual, quando haja relevante dificuldade para seu comparecimento em juízo, por enfermidade ou outra circunstância pessoal; III – **impedir** a influência do réu no ânimo de testemunha ou da vítima, desde que não seja possível colher o depoimento destas por videoconferência, nos termos do art. 217 do CPP; IV – **responder** à gravíssima questão de ordem pública.

Da decisão que determinar a realização de interrogatório por videoconferência, **as partes serão intimadas** com 10 (dez) dias de antecedência (art. 185, § 3º, do CPP).

> **ATENÇÃO!**
> O interrogatório por videoconferência só será admitido nos casos previstos em lei, por tratar-se de rol taxativo. Por isso, é **ilegal** realizar o interrogatório por videoconferência, justificando que a medida é necessária para **reduzir os custos da Administração Pública**.

7.5.3.2 O interrogatório do mudo, do surdo ou do surdo-mudo e do estrangeiro

O interrogatório será feito na forma do art. 192 do CPP: I – **ao surdo** serão apresentadas por escrito as perguntas, que ele responderá oralmente; II – **ao mudo** as perguntas serão feitas oralmente, respondendo-as por escrito; III – **ao surdo-mudo** as perguntas serão formuladas por escrito e do mesmo modo dará as respostas.

> **ATENÇÃO!**
> Caso o interrogando **não saiba ler ou escrever**, intervirá no ato, como intérprete e sob compromisso, pessoa habilitada a entendê-lo (art. 192, parágrafo único, do CPP).

Quando o interrogando não falar a língua nacional, o interrogatório será feito por meio de **intérprete** (art. 193 do CPP).

7.6 Confissão (art. 197 do CPP)

É a aceitação, total ou parcial, feita pelo acusado, reconhecendo a autoria ou coautoria de uma infração penal. Tem **valor relativo**, e, mesmo havendo a confissão por parte do acusado, tal fato não exime o juiz de colher outras provas, uma vez que a condenação não pode ser baseada exclusivamente na confissão do réu. Não se admite, ainda, a confissão **ficta ou presumida**.

São características da confissão a **divisibilidade** e a **retratabilidade** (art. 200 do CPP), bem como é personalíssima.

7.6.1 Da delação ou colaboração premiada

O acusado pode se utilizar do instituto da delação/colaboração premiada, confessando o crime e colaborando **efetiva** e **voluntariamente** com a investigação e com o processo criminal, desde que dessa colaboração **identifique** os demais coautores e partícipes da organização criminosa, **revele** a estrutura e divisão de tarefas da organização criminosa, **recupere** total ou parcialmente o produto do crime ou a **localização** de eventual vítima com a sua integridade física preservada.

Terá como **benefício** a concessão do perdão judicial, a redução da pena em até 2/3 ou a substituição da pena privativa por restritiva de direitos (art. 4º da Lei n. 12.850/2013). Será **homologado** pelo juiz, que não participará das negociações, cujo **acordo será celebrado entre as partes** (delgado de polícia/investigado e defensor, com a manifestação do MP ou entre o MP, o acusado e seu defensor).

> **ATENÇÃO!**
> **Não é possível** a condenação de corréu com fundamento apenas nas declarações de agente colaborador (art. 4º, § 16, Lei n. 12.850/2013), devendo haver outros elementos de prova.

> **ATENÇÃO!**
> Em todas as fases do processo criminal, deve-se garantir ao acusado delatado a oportunidade de manifestar-se após o decurso do prazo concedido ao réu que o delatou (art. 4º, § 10-A, da Lei n. 12.850/2013).

7.7 Do ofendido (art. 201 do CPP)

O ofendido é a vítima do delito, ou seja, o **sujeito passivo** da infração penal.

Não presta compromisso de dizer a verdade, uma vez que não é testemunha. As declarações da vítima serão tomadas por termo. Assim, **não responde** por crime de falso testemunho (art. 342 do CP). No entanto, **poderá** responder por crime de denunciação caluniosa (art. 339 do CP).

A vítima não é computada no número legal do rol de testemunhas.

A doutrina entende que a expressão "**sempre que possível**" tornou obrigatória a oitiva do ofendido, só podendo ser dispensada quando houver absoluta impossibilidade de suas declarações (no caso de falecimento, desaparecimento etc.).

Se o ofendido regularmente intimado deixar de comparecer **sem justo motivo**, poderá ser conduzido coercitivamente à presença da autoridade (art. 201, § 1º, do CPP).

O ofendido será **comunicado** do ingresso e da saída do acusado da prisão, bem como da designação de data para audiência e a sentença e respectivos acórdãos que a mantenham ou a modifiquem (art. 201, § 2º, do CPP). As comunicações deverão ser realizadas no **endereço por ele indicado** (art. 201, § 3º, do CPP).

Antes da audiência ou durante sua realização, será **reservado** espaço separado para o ofendido (art. 201, § 4º, do CPP). Se o magistrado entender necessário, poderá encaminhá-lo para **atendimento multidisciplinar** (art. 201, § 5º, do CPP), bem como tomar as providências necessárias à **preservação** da vítima, quanto à sua imagem, intimidade etc. (art. 201, § 6º, do CPP).

7.8 Testemunha (art. 202 do CPP)

É qualquer pessoa estranha ao processo, capaz de depor sobre aquilo que sabe sobre os fatos narrados na peça acusatória. As testemunhas podem ser classificadas como **diretas** (aquelas que narram o fato que presenciaram) ou **indiretas** (aquelas em que a pessoa depõe sobre os fatos que ouviu dizer).

O CPP afirma de forma expressa que **toda pessoa** poderá ser testemunha e, quando arrolada, não poderá se negar a depor, sendo obrigada (arts. 202 e 206 do CPP).

> **ATENÇÃO!**
> São proibidas de depor as pessoas que, em razão da função, ministério, ofício ou profissão, devam guardar segredo, exceto se as testemunhas estiverem desobrigadas pela parte interessada de depor e quiserem dar o seu depoimento (art. 207 do CPP).

> **ATENÇÃO!**
> Em caso de enfermidade ou velhice, as testemunhas serão inquiridas onde estiverem (art. 220 do CPP).

O **número máximo de testemunhas é**: a) ordinário (art. 401, *caput*, do CPP): 8 (oito); b) sumário (art. 532 do CPP): 5 (cinco); c) Tribunal do Júri primeira fase (art. 406, §§ 2º e 3º, do CPP): 8 (oito); d) Tribunal do Júri segunda fase (art. 422 do CPP): 5 (cinco); e) Lei de Drogas (arts. 54, III, e 55, § 1º, da Lei n. 11.343/2006): 5 (cinco).

> **ATENÇÃO!**
> Caso o juiz entenda que é necessária a oitiva de alguma testemunha que não se encontre arrolada por nenhuma das partes, ele poderá fazê-lo, sendo estas chamadas de testemunhas do juízo – **testemunha referida** –, não sendo computadas no número máximo permitido às partes (arts. 209, § 2º, c/c o 401, § 1º, do CPP).

São **características** da prova testemunhal: a) oralidade (art. 204 do CPP) – salvo os casos de mudo, surdo e do surdo-mudo (art. 192 c/c o art. 223, parágrafo único, do CPP); b) objetividade – não sendo possível que a testemunha se manifeste de forma pessoal, devendo se ater objetivamente aos fatos (art. 213 do CPP); c) retrospectividade – a testemunha deve narrar fatos pretéritos.

São **deveres** das testemunhas: a) **comparecer** em juízo, sob pena de, em caso de ausência injustificada, ser conduzida coercitivamente (art. 218 do CPP), sem prejuízo de eventual crime de desobediência e pagamento de multa (art. 219 do CPP); b) **identificar-se** (art. 203 do CPP); c) **dever de prestar o depoimento**, não podendo eximir-se de tal obrigação (art. 206, primeira parte, do CPP). No entanto, **pode se recusar** a fazê-lo o ascendente, descendente, afim em linha reta, cônjuge, ainda que desquitado, irmão, pai, mãe ou filho adotivo do acusado, salvo quando não for possível por outro modo obter-se ou integrar-se a prova do fato e de suas circunstâncias (art. 206, segunda parte, do CPP); e d) **dizer a verdade** do que souber ou daquilo que lhe for perguntado (art. 203 do CPP).

> **ATENÇÃO!**
> O CPP adotou o sistema da inquirição direta a testemunha – *cross examination* – (art. 212 do CPP), permitindo que as perguntas sejam formuladas pelas partes diretamente às testemunhas. Todavia, o juiz poderá complementar a inquirição sobre pontos não esclarecidos.

O **momento para contraditar** a testemunha deverá ser em audiência e antes de iniciado seu depoimento (art. 214 do CPP).

As testemunhas que estiverem incluídas no **programa de proteção** a vítimas e testemunhas poderão depor de forma antecipada (art. 19-A, parágrafo único, da Lei n. 9.807/98).

> **ATENÇÃO!**
> O art. 222 do CPP determina que a **testemunha que morar fora da jurisdição do juiz** será inquirida pelo juiz do lugar de sua residência, expedindo-se **carta precatória**, com prazo razoável, intimando as partes. No entanto, a **defesa deverá ser intimada** da expedição da carta precatória, sob pena de nulidade. Sendo intimada a defesa é desnecessária intimação da data da audiência no juízo deprecado (Súmula 273 do STJ).

7.9 Reconhecimento de pessoas e coisas

Tem como finalidade provar a identidade de pessoa ou coisa, podendo ser tanto na fase de inquérito quanto na ação penal.

O reconhecimento da pessoa dar-se-á da seguinte forma (art. 226 do CPP): **I** – a pessoa que tiver de fazer o reconhecimento será convidada a descrever a pessoa que deva ser reconhecida; **II** – a pessoa, cujo reconhecimento se pretender, será colocada, se possível, ao lado de outras que com ela tiverem qualquer semelhança, convidando-se quem tiver de fazer o reconhecimento a apontá-la; **III** – se houver razão para recear que a pessoa chamada para o reconhecimento, por efeito de intimidação ou outra influência, não diga a verdade em face da pessoa que deve ser reconhecida, a autoridade providenciará para que esta não veja aquela; **IV** – do ato de reconhecimento lavrar-se-á auto pormenorizado, subscrito pela autoridade, pela pessoa chamada para proceder ao reconhecimento e por duas testemunhas presenciais.

O reconhecimento poderá ser feito **por meio de fotografia**, permitida desde que corroborada em conjunto com os outros elementos idôneos. **Apenas** o reconhecimento fotográfico não poderá ensejar uma sentença condenatória.

O **reconhecimento de objeto** é feito sobre os objetos utilizados pelo agente para a prática do crime, ou seja, em qualquer objeto que tenha relação com a prática do delito (art. 227 do CPP).

7.10 Acareação

Consiste em colocar frente a frente duas ou mais pessoas, cujos depoimentos sejam divergentes, para que expliquem a discordância.

São dois os **pressupostos** para que se proceda à acareação, sendo eles: **a)** que as pessoas já tenham prestado suas declarações em momento anterior; **b)** que nas declarações prestadas a divergência seja referente a ponto relevante.

Caberá acareação entre: **a)** acusados; **b)** acusado e testemunha; **c)** entre testemunhas; **d)** entre acusado ou testemunha e a pessoa ofendida; **e)** entre as pessoas ofendidas (art. 229 do CPP).

> **ATENÇÃO!**
> Cabe acareação por meio de precatória quando as pessoas a serem acareadas encontrarem-se em lugares distintos. Esta só deverá ser realizada quando não importar demora prejudicial ao processo e o magistrado a entender conveniente (art. 230, parte final, do CPP).

7.11 Prova documental

É todo e qualquer documento, que pode ser: **a)** fotografias; **b)** escritos; **c)** vídeos; **d)** desenhos; **e)** pinturas, entre outros.

As partes poderão apresentar documentos em qualquer fase processual, devendo cientificar a parte contrária, sob pena de violar o princípio do contraditório e da ampla defesa (arts. 231 e 400 do CPP).

> **ATENÇÃO!**
> Nos crimes de competência do Tribunal do Júri, os documentos a serem utilizados em plenário deverão ser juntados em até 3 (três) dias úteis antes do julgamento, dando ciência à outra parte (art. 479 do CPP).

Havendo **dúvidas** quanto à autenticidade da letra e firma dos documentos particulares, deve ser ele submetido a exame pericial (art. 235 do CPP). Os documentos em **língua estrangeira**, sem prejuízo de sua juntada imediata, devem ser acompanhados de tradução feita por tradutor público, ou, em sua falta, por pessoa idônea nomeada pela autoridade (art. 236 do CPP).

7.12 Indícios

Toda circunstância conhecida e provada, que, tendo alguma relação com o fato, autorize, por indução, concluir-se a existência de outras circunstâncias (art. 239 do CPP).

7.13 Busca e apreensão

Trata-se de uma medida cautelar, visando impedir o desaparecimento de coisas ou pessoas.

A busca e apreensão poderá ser realizada: **a)** antes ou durante o inquérito policial; **b)** durante o processo; e **c)** durante a execução da pena. Pode ser determinada de ofício ou a requerimento de qualquer das partes (art. 242 do CPP).

Frisa-se que a busca e apreensão obedece a determinadas regras de procedimento, e deve ser realizada **durante o dia e com ordem judicial** (art. 245 do CPP), salvo se o morador consentir que se realize no período da noite, ou seja, a regra é que seja de dia, isto é, período compreendido entre às 6h até as 18h.

A busca poderá ser **domiciliar** ou **pessoal** (arts. 240, §§ 1º e 2º, do CPP). A busca domiciliar depende de mandado, enquanto a pessoal independe de mandado (art. 244 do CPP).

> **ATENÇÃO!**
> O mandado de busca e apreensão **não pode ser genérico ou indeterminado** – deverá ser indicado o mais precisamente possível a casa em que a diligência será realizada e o nome do respectivo proprietário ou morador, bem como o motivo e os fins da diligência (art. 243, I e II, do CPP).

7.13.1 Busca e apreensão no escritório do advogado

O escritório do advogado ou local de seu trabalho, bem como seus instrumentos de trabalho, sua correspondência escrita, eletrônica etc., desde que relativa ao exercício da advocacia, são invioláveis (art. 7º, II, da Lei n. 8.906/94). No entanto, presentes indícios de autoria e materialidade da prática de crime por parte do advogado, a autoridade judiciária competente poderá decretar a quebra da inviolabilidade, em decisão motivada, expedindo mandado de busca e apreensão, específico e pormenorizado, a ser cumprido na presença de representante da OAB, sendo, em qualquer hipótese, vedada a utilização dos documentos, das mídias e objetos pertencentes a clientes do advogado averiguado (art. 7º, § 6º, da Lei n. 8.906/94).

Com o advento da Lei n. 14.365, de 2 de junho de 2022, incluiu-se critérios e limites para a busca e apreensão em escritórios de advocacia para coibir abusos e excessos arbitrários por parte das autoridades.

Assim, com a nova redação no Estatuto da Advocacia, a medida judicial cautelar que importe na violação do escritório ou do local de trabalho do advogado será determinada em **hipótese excepcional**, desde que exista fundamento em indício, pelo órgão acusatório (art. 7º, § 6º-A, da Lei n. 8.906/94). No entanto, é **vedada** a determinação da medida cautelar se fundada **exclusivamente** em elementos produzidos **em declarações do colaborador sem confirmação por outros meios** de prova (art. 7º, § 6º-B, da Lei n. 8.906/94).

Saliente-se que o representante da OAB **tem o direito** de ser respeitado pelos agentes responsáveis pelo cumprimento do mandado de busca e apreensão, sob pena de abuso de autoridade, e o dever de **zelar pelo fiel cumprimento** do objeto da investigação, bem como de **impedir** que documentos, mídias e objetos não relacionados à investigação, especialmente de outros processos do mesmo cliente ou de outros clientes que não sejam pertinentes à persecução penal, sejam analisados, fotografados, filmados, retirados ou apreendidos do escritório de advocacia (art. 7º, § 6º-C, da Lei n. 8.906/94).

No caso de inviabilidade técnica quanto à **segregação da documentação**, da mídia ou dos objetos não relacionados à investigação, em razão da sua natureza ou volume, no momento da execução da decisão judicial de apreensão ou de retirada do material, a **cadeia de custódia** preservará o sigilo do seu conteúdo, **assegurada a presença do representante** da OAB (art. 7º, § 6º-D, da Lei n. 8.906/94). No caso de **inobservância pelo agente público** responsável pelo cumprimento do mandado de busca e apreensão, o representante da OAB fará o relatório do fato ocorrido, com a inclusão dos nomes dos servidores, dará conhecimento à autoridade judiciária e o encaminhará à OAB para a elaboração de **notícia-crime** (art. 7º, § 6º-E, da Lei n. 8.906/94).

Registre-se que é **garantido o direito de acompanhamento** por representante da OAB e pelo profissional investigado durante a análise dos documentos e dos dispositivos de armazenamento de informação pertencentes a advogado, apreendidos ou interceptados, em todos os atos, para assegurar a inviolabilidade de seu escritório ou local de trabalho (art. 7º, § 6º-F, da Lei n. 8.906/94). A autoridade responsável informará, com **antecedência mínima de 24 (vinte e quatro) horas, à seccional da OAB** a data, o horário e o local em que serão analisados os documentos e os equipamentos apreendidos, garantido o direito de acompanhamento, em todos os atos, pelo representante da OAB e pelo profissional investigado para assegurar os direitos previstos no art. 7º, § 6º-C, da Lei n. 8.906/94 (art. 7º, § 6º-G, da Lei n. 8.906/94).

Em **casos de urgência devidamente fundamentada** pelo juiz, a análise dos documentos e dos equipamentos apreendidos poderá acontecer em **prazo inferior a 24 (vinte e quatro) horas, garantido o direito** de acompanhamento, em todos os atos, pelo representante da OAB e pelo profissional investigado para assegurar os direitos previstos no art. 7º, § 6º-C, do Estatuto da Advocacia (art. 7º, § 6º-H, da Lei n. 8.906/94).

É **vedado** ao advogado efetuar **colaboração premiada contra quem seja ou tenha sido seu cliente**, e a inobservância disso importará em processo disciplinar, que poderá culminar com a aplicação do disposto no inciso III do *caput* do art. 35 dessa lei, sem prejuízo das penas previstas no art. 154 do Código Penal (art. 7º, § 6º-I, da Lei n. 8.906/94).

Ressalte-se que não se estende a clientes do advogado averiguado **que** estejam sendo formalmente investigados como seus partícipes ou coautores pela prática do mesmo crime que deu causa à quebra da inviolabilidade (art. 7º, § 7º, da Lei n. 8.906/94).

8. SUJEITOS PROCESSUAIS (ARTS. 251 A 281 DO CPP)

Sujeitos processuais são as pessoas entre as quais se desenvolve a relação processual. São classificados em: **a)** principais ou essenciais (autor, réu e juiz); **b)** sujeitos secundários ou acessórios (assistente de acusação, ofendido, auxiliares da justiça).

I – Juiz: sujeito que deve ser imparcial, sendo o responsável por aplicar o direito ao caso concreto, exercendo-o por meio de sua jurisdição. Assim, cabe ao juiz prover a regularidade do processo e manter a ordem no curso dos respectivos atos, podendo ainda requisitar força pública (art. 251 do CPP).

O juiz poderá ser afastado do processo em 3 (três) situações, quando ocorrer: **a)** os impedimentos (art. 252 do CPP); **b)** as incompatibilidades (art. 253 do CPP); e **c)** as hipóteses de suspeição (art. 254 do CPP).

II – Ministério Público: aquele que detém a titularidade da ação penal de iniciativa pública (art. 129, I, da CF), podendo, também, atuar como *custos legis* (fiscal da lei) nos casos em que a ação for de iniciativa privada, devendo atuar para garantir o devido processo legal.

Os **impedimentos e as suspeições**, previstas nos arts. 252 e 254 do CPP, também se aplicam aos membros do Ministério Público.

III – Acusado ou querelado: sujeito passivo da ação penal. Ainda que ausente ou foragido, **nenhum acusado será processado ou julgado sem defensor público ou dativo**, devendo ser resguardado seu direito a defesa técnica (art. 261, *caput* e parágrafo único, do CPP). Saliente-se que, se o **acusado estiver preso**, o STF entende que ele tem direito de comparecer, assistir e presenciar os atos processuais, sob pena de nulidade.

IV – Defensor: sujeito responsável por elaborar a defesa técnica do acusado, podendo ser particular ou público. A fim de garantir o direito de defesa técnica a todos, a Constituição impõe ao Estado o dever de prestar assistência jurídica gratuita àqueles que necessitem (art. 5º, LXXIV, da CF). O **defensor constituído** é o advogado, regularmente inscrito na OAB, nomeado pelo acusado por meio de procuração ou indicado por ele no interrogatório, independentemente de mandato (art. 266 do CPP).

O **defensor dativo** pode ser um defensor público ou um advogado nomeado pelo juiz em favor do acusado, se este não tiver ou não puder constituir um advogado particular (art. 263 do CPP).

O **defensor *ad hoc*** é aquele nomeado pelo juiz para o ato, em razão da ausência do defensor constituído ou dativo, regularmente intimado e que não compareceu ao ato processual determinado (art. 265, § 2º, do CPP).

> **ATENÇÃO!**
> **O art. 265 do CPP. Infração disciplinar. Apuração no âmbito da OAB.** Com o advento da Lei n. 14.752/2023 que deu nova redação ao artigo em comento, no caso de abandono do defensor, sem justo motivo e sem prévia comunicação ao juiz, ele responderá por infração disciplinar perante o órgão competente da OAB, não cabendo mais ao juiz aplicação de multa como previa a redação anterior.

V – Assistente do Ministério Público ou de acusação (arts. 268 a 273 do CPP): sujeito considerado eventual no processo, uma vez que sua participação não é necessária. Em regra, apenas a vítima pode figurar como assistente de acusação, mas, em caso de impossibilidade, a legitimidade é repassada ao cônjuge, ascendente, descendente ou irmão do ofendido, nesta ordem, e ele deve se habilitar aos autos processuais, na forma dos arts. 268 e 269, ambos do CPP.

O pedido de habilitação do assistente só poderá ocorrer **após o recebimento** da denúncia e **até o trânsito em julgado** da sentença, ou seja, somente na ação penal pública. Assim, **não cabe** a habilitação do assistente na fase do inquérito ou da execução penal.

Para funcionar no plenário do júri, caso a vítima não esteja habilitada, terá o prazo de 5 (cinco) dias antes da sessão para que faça o requerimento de habilitação aos autos (art. 430 do CPP).

O MP será **intimado** para manifestar-se a respeito do pedido de habilitação (art. 272 do CPP). **Habilitado** o assistente no processo e dependendo da fase processual, ele **poderá praticar** as seguintes atividades, na forma do art. 271 do CPP: **a)** promover meios de provas; **b)** requerer perguntas às testemunhas; **c)** participar do debate oral; **d)** arrazoar os recursos interpostos pelo MP; e **e)** indicar assistente técnico (art. 159, § 3º, do CPP).

Na hipótese de **assistente habilitado** nos autos, seu **prazo para recurso** é de **5 (cinco)** dias, a contar da data de intimação da sentença. No entanto, se o assistente for intimado antes ou durante o prazo do MP, seu prazo para recorrer só começa a contar após o encerramento do prazo do *Parquet*.

Caso o ofendido **não esteja habilitado** nos autos como assistente de acusação, poderá interpor recurso na forma do art. 598 do CPP. No entanto, **o prazo** será de **15 (quinze) dias**, contados a partir do dia em que terminar o prazo do MP, conforme art. 598, parágrafo único, do CPP, e, ainda, Súmula 448 do STF.

9. DA PRISÃO, DAS MEDIDAS CAUTELARES E DA LIBERDADE PROVISÓRIA

9.1 Prisão

É o ato pelo qual se priva a pessoa de sua liberdade de locomoção, recolhendo-a ao cárcere. A prisão pode ser definitiva ou provisória. A prisão **definitiva** ocorre depois do trânsito em julgado da sentença, e a **provisória ou cautelar** ocorre antes do trânsito em julgado da sentença.

9.2 Prisão cautelar ou provisória

De acordo com o **art. 283 do CPP**, "ninguém poderá ser preso senão em flagrante delito ou por ordem escrita e fundamentada da autoridade judiciária competente, em decorrência de prisão cautelar ou em virtude de condenação criminal transitada em julgado", bem como o art. 5º, LXI, da CF. Assim, fora dessas hipóteses, a **prisão será considerada ilegal**.

A prisão cautelar ou provisória admitida no ordenamento processual são as seguintes: **prisão em flagrante** (arts. 301 a 310 do CPP); **prisão preventiva** (arts. 311 a 316 do CPP); e **prisão temporária** (Lei n. 7.960/89). Essas modalidades de prisão ocorrem antes do trânsito em julgado da sentença.

Vale ressaltar que a **prisão para averiguação** não é admitida, sendo este tipo de prisão considerada ilegal e inconstitucional.

No caso de **condução coercitiva** do acusado ou testemunha que se recuse, injustificadamente, a comparecer em juízo ou na polícia, trata-se também de modalidade de prisão, devendo ser decretada somente pelo juiz.

> **ATENÇÃO!**
> O STF, em relação às *ADPFS 395 e 444*, julgou inconstitucional a condução coercitiva de investigados ou de réus para interrogatório, entendendo que o art. 260 do CPP, é incompatível com a Constituição Federal, sob pena de responsabilidade disciplinar, civil e penal do agente ou da autoridade e de ilicitude das provas obtidas, sem prejuízo da responsabilidade civil do Estado. Contudo, esta decisão não afeta os interrogatórios realizados até a data do julgamento.

9.3 Da prisão em flagrante

A prisão em flagrante está prevista nos arts. 301 a 310 do CPP.

9.3.1 Sujeitos da prisão

O sujeito **ativo** pode ser qualquer pessoa do povo (faculdade) ou as autoridades policiais e seus agentes (dever), de efetuar a prisão em flagrante, conforme art. 301 do CPP. Na primeira hipótese, ocorre o chamado **flagrante facultativo**; na segunda, o denominado **flagrante compulsório ou obrigatório**. O sujeito **passivo** pode ser qualquer pessoa a partir de 18 anos completos.

9.3.1.1 Quem não pode ser sujeito passivo na prisão em flagrante

a) **menores de 18 anos**, ficando sujeitos às normas do Estatuto da Criança e do Adolescente (ECA – Lei n. 8.069/90), conforme o art. 27 do CP. Contudo, nada impede que o adolescente seja apreendido em flagrante de ato infracional, situação em que será, desde logo, encaminhado à presença da autoridade policial competente (art. 172 do ECA). No caso de flagrante de ato infracional cometido com violência ou grave ameaça à pessoa, será lavrado o auto de apreensão, ouvidas as testemunhas e o adolescente, conforme determina o art. 173 da Lei n. 8.069/90. Nas demais hipóteses de flagrante, isto é, quando não houver violência ou grave ameaça à pessoa, a lavratura do auto poderá ser substituída por boletim de ocorrência circunstanciada, conforme parágrafo único do art. 173 do ECA;

b) **Presidente da República**, enquanto não sobrevier a sentença condenatória, nas infrações comuns (art. 86, § 3º, da CF);

c) **diplomatas estrangeiros**, em decorrência de Tratados e Convenções Internacionais (art. 1º, I, do CPP);

d) **deputados federais e senadores da República** (desde a expedição do diploma), somente nos crimes afiançáveis (art. 53, § 2º, da CF). Aplica-se, também, esta regra aos deputados estaduais (art. 27, § 1º, da CF) e aos deputados distritais (art. 32, § 3º, da CF). No caso de prisão em flagrante delito por crime inafiançável, os autos serão remetidos dentro de 24 horas à casa respectiva, para que, pelo voto da maioria de seus membros, resolva sobre a prisão;

e) **magistrados** (art. 33, II, da LC n. 35/79 – LOMAN) **e os membros do Ministério Público** (art. 40, III, da Lei n. 8.625/93 – LONMP), somente nos crimes afiançáveis, salvo se for por crime inafiançável;

f) **pessoa que socorre vítima de acidente de trânsito** (art. 301 da Lei n. 9.503/97 – Código de Trânsito Brasileiro – CTB);

g) **pessoa que cometer infração de menor potencial ofensivo, desde que assine o Termo Circunstanciado de Comparecimento e assuma o compromisso de comparecer ao Juizado Especial Criminal,** na forma do art. 69, parágrafo único, da Lei n. 9.099/95 (Juizado Especial Criminal);

h) **advogado, por motivo de exercício da profissão, em caso de crime afiançável** (art. 7º, § 3º, da Lei n. 8.906/94). Em caso de crime inafiançável por motivo ligado ao exercício da advocacia, faz-se necessária a presença de representante da OAB, quando preso em flagrante, para a lavratura do auto respectivo, sob pena de nulidade e, nos demais casos, a comunicação de forma expressa à seccional da OAB (art. 7º, IV, da Lei n. 8.906/94);

i) **usuário de drogas** (art. 28 da Lei n. 11.343/2006). Não se imporá prisão em flagrante, devendo o autor do fato ser imediatamente encaminhado ao juizado competente ou assumir o compromisso de a ele comparecer, lavrando-se termo circunstanciado e providenciando-se as requisições de exames e perícias necessárias (art. 48, § 2º, da Lei n. 11.343/2006).

9.3.1.2 Prisão em flagrante. Governador, prefeito e vereador

O Supremo Tribunal Federal já se posicionou no sentido de que tanto o governador e o prefeito como o vereador **não têm imunidade formal/prisão**. Dessa forma, não há nenhum óbice dessas pessoas serem presas em flagrante e terem a prisão preventiva ou a prisão temporária decretadas.

> **ATENÇÃO!**
> A apresentação espontânea do acusado **não autoriza** a prisão em flagrante delito.

9.3.2 Modalidades de prisão em flagrante

O Código de Processo Penal prevê as seguintes modalidades de prisão em flagrante, quais sejam:

a) **Flagrante próprio:** quando o agente está cometendo ou acabou de cometer o crime (art. 302, I e II, do CPP);

b) **Flagrante impróprio ou quase flagrante:** quando o agente é perseguido, logo após, pela autoridade, pelo ofendido ou qualquer pessoa, em situação que faça presumir ser autor da infração (art. 302, III, do CPP). Observa-se que a perseguição há de ser ininterrupta. Caso contrário, não haverá prisão em flagrante;

c) **Flagrante presumido ou ficto:** quando o agente é encontrado, logo depois, com instrumentos, armas, objetos ou papéis que façam presumir ser ele autor da infração (art. 302, IV, do CPP).

Outras modalidades de prisão em flagrante **admitidas** em nosso ordenamento jurídico, a saber:

a) **Flagrante diferido, retardado ou prorrogado:** modalidade prevista na **Lei do Crime Organizado** (art. 8º da Lei n. 12.850/2013), que consiste em retardar a atuação policial, isto é, prorrogar a prisão em flagrante dos integrantes das organizações criminosas, para que se concretize no momento mais eficaz do ponto de vista de provas e fornecimento de informações, **mediante comunicação prévia ao juiz competente**.

Na **Lei de Drogas** (art. 53, II, da Lei n. 11.343/2006), denominada também "entrega vigiada" ou "repasse controlado", tal possibilidade está condicionada à **autorização judicial** e à oitiva do MP, desde que sejam conhecidos o itinerário provável e a identificação dos agentes do delito ou de colaboradores (art. 53, parágrafo único, da Lei n. 11.343/2006).

b) **Flagrante esperado:** quando não há a interferência da autoridade policial ou da vítima, isto é, sem que haja provocação ou induzimento ao agente que está cometendo o crime. Nesta modalidade de flagrante, a atividade policial é apenas de alerta.

9.3.3 Hipóteses em que não se admite a prisão em flagrante

a) **Flagrante preparado:** neste caso, há a interferência da polícia ou da vítima, que provoca ou induz o sujeito à prática delituosa, tornando o crime impossível **(Súmula 145 do STF)**.

b) **Flagrante forjado** (também chamado de fabricado, maquinado ou urdido)**:** neste caso, um agente policial ou particular cria prova de um crime inexistente, portanto o fato é atípico por ausência de conduta humana voluntária.

9.3.4 Flagrante nos crimes permanentes e nos habituais

Os **crimes permanentes** são aqueles cuja consumação ocorre com uma única conduta, mas o resultado se protrai no tempo. Como exemplo, o crime de sequestro e cárcere privado, previsto no art. 148 do CP.

No caso de crimes permanentes, o agente estará em flagrante delito enquanto não cessar a permanência (art. 303 do CPP), podendo ser preso. A jurisprudência entende que nesses casos de crimes, como a quadrilha e o tráfico ilícito de entorpecentes, **não há necessidade da expedição de mandado de busca e apreensão**, podendo a autoridade policial ingressar no interior da casa para fazer cessar a prática criminosa, uma vez que o infrator se encontra em flagrante delito, dispensando-se, assim, o mandado judicial.

Os **crimes habituais** são aqueles cuja consumação ocorre com uma pluralidade de atos, e não apenas como uma única ação. É o exemplo do crime de rufianismo, previsto no art. 230 do CP. Quanto à prisão em flagrante no crime habitual, há **divergência** doutrinária quanto à sua possibilidade ou não.

9.3.5 Auto de prisão em flagrante. Procedimento e formalidades

Em regra, a lavratura do auto de prisão em flagrante caberá à autoridade policial, que deverá observar o procedimento disposto no art. 304 do CPP.

Apresentado o preso à autoridade, **será ouvido o condutor** (policial ou particular). Assim, após a oitiva do condutor, a autoridade colherá, desde logo, sua assinatura, entregando a este cópia do termo e recibo de entrega do preso.

Em seguida, **serão ouvidas as testemunhas presenciais**. Na falta de testemunhas da infração, a lei determina que, no auto de prisão em flagrante, deverão assinar com o condutor pelo menos duas pessoas que hajam testemunhado a apresentação do preso à autoridade, sob pena de nulidade (art. 304, § 2º, do CPP).

Após a oitiva das testemunhas, será **interrogado** o acusado sobre a imputação que lhe é feita. A autoridade deverá informar ao preso seus direitos constitucionais de permanecer calado, da assistência da família e de advogado, conforme preceitua o art. 5º, LXIII, da CF.

Nos casos em que o acusado se **recusar a assinar, não souber ou não puder fazê-lo**, o auto de prisão em flagrante será assinado por duas testemunhas, que tenham ouvido sua leitura na presença deste (art. 304, § 3º, do CPP). Por fim, deverá constar ainda a **informação sobre a existência de filhos**, respectivas idades e se possuem alguma deficiência e o nome do contato de eventual responsável pelos cuidados dos filhos, indicado pela pessoa presa (art. 304, § 4º, do CPP).

Encerrada a lavratura do auto, após a oitiva do condutor, das testemunhas e do acusado, a **prisão será imediatamente comunicada** ao juiz competente, Ministério Público e, caso o preso não informe o nome de seu advogado, encaminhar-se-á também cópia integral para a Defensoria Pública. E, ainda, em até 24 (vinte e quatro) horas, será entregue ao preso a nota de culpa (art. 306, §§ 1º e 2º, do CPP).

> **ATENÇÃO!**
> A autoridade policial deverá comunicar **imediatamente** a prisão de qualquer pessoa, que for presa em flagrante ao juiz competente, Ministério Público e à família do preso ou à pessoa por ele indicada (art. 306, *caput*, do CPP).

A autoridade policial e o juiz poderão lavrar o auto de flagrante caso o crime tenha sido praticado **na sua presença ou contra ele**, no exercício de suas funções (art. 307 do CPP).

> **ATENÇÃO!**
> Não havendo autoridade no local onde foi efetuada a prisão, o preso será logo **apresentado à do lugar mais próximo** (art. 308, do CPP).

9.3.6 Prisão em flagrante e providências do juiz

O juiz deverá promover a audiência de custódia após receber o auto de prisão em flagrante, no prazo máximo de 24 (vinte e quatro) horas, em decisão fundamentada, devendo optar por uma das seguintes medidas previstas no art. 310 do CPP, quais sejam:

"I – relaxar a prisão ilegal;

II – converter a prisão em flagrante em preventiva, quando presentes os requisitos constantes do art. 312 do CPP, e se revelarem inadequadas ou insuficientes as medidas cautelares diversas da prisão; ou

III – conceder liberdade provisória, com ou sem fiança".

9.3.7 Audiência de custódia

Após receber o auto de prisão em flagrante, no prazo máximo de até 24 (vinte e quatro) horas após a realização da prisão, o juiz deverá promover **audiência de custódia** com a presença do acusado, seu advogado constituído ou membro da Defensoria Pública e o membro do Ministério Público (art. 310, *caput*, do CPP). Trata-se da apresentação do autuado preso em flagrante delito perante um juiz, permitindo o contato pessoal, de modo a assegurar o respeito aos direitos fundamentais da pessoa submetida à prisão (art. 7, item 5, do Dec. n. 678/92 – Pacto de São José da Costa Rica e Res. n. 213/2015 do CNJ).

Audiência de custódia. Videoconferência. O plenário do **STF**, no dia 24-8-2023 ao julgar as ADIs n. 6.298, 6.299, 6.300 e 6.305/DF, atribuiu interpretação conforme ao *caput* do art. 310 do CPP, alterado pela Lei n. 13.964/2019, para assentar que: "o juiz, em **caso de urgência e se o meio se revelar idôneo, poderá realizar a audiência de custódia por videoconferência**".

Assim, o juiz, ao receber o preso, analisará o auto de prisão em flagrante e, na audiência de custódia, deverá, fundamentadamente, tomar uma das medidas previstas no art. 310 do CPP, ou seja, **relaxar** a prisão em flagrante, **converter** em preventiva, conceder liberdade provisória com ou sem fiança ou impor medida cautelar diversa da prisão, prevista no art. 319 do CPP.

O juiz, ao analisar o auto de prisão em flagrante, **observará se foram atendidas as formalidades** procedimentais (arts. 304 a 306 do CPP) e as constitucionais (art. 5º, LXI a LXIV, da CF), bem como as hipóteses de flagrante previstas no art. 302 do CPP (flagrante forjado ou se o fato é atípico). Assim, se o juiz verificar que não foram atendidos os requisitos da lei e da Constituição, deve relaxar a prisão em flagrante, por ser ilegal.

Se o auto de prisão em flagrante for **legal**, o juiz pode conceder a liberdade provisória com ou sem fiança, converter a prisão em flagrante em preventiva, quando presentes os requisitos do art. 312 do CPP (em decisão motivada em fatos concretos), por ser medida excepcional (*ultima ratio*), e se revelarem insuficientes ou inadequadas as medidas cautelares diversas da prisão (art. 319 do CPP).

Liberação da prisão se não for realizada audiência no prazo de 24 horas. Impossibilidade. O plenário do STF, no dia 24-8-2023 julgou a matéria, para atribuir interpretação conforme ao § 4º do art. 310 do CPP, incluído pela Lei n. 13.964/2019, para assentar que: "a autoridade judiciária deverá **avaliar se estão presentes os requisitos para a prorrogação excepcional do prazo ou para sua realização por videoconferência**, sem prejuízo da possibilidade de imediata decretação de prisão preventiva".

Se o magistrado verificar, pelo auto de prisão em flagrante, que o agente praticou o fato em qualquer das condições constantes dos incisos I, II ou III do *caput* do **art. 23 do CP** (legítima defesa, estado de necessidade, exercício regular do direito ou estrito cumprimento do dever legal), poderá, fundamentadamente, conceder ao acusado **liberdade provisória sem fiança** mediante termo de comparecimento obrigatório a todos os atos processuais, sob pena de revogação (art. 310, § 1º, do CPP).

No entanto, se o magistrado verificar que o agente é reincidente ou que integra organização criminosa armada ou milícia, ou que porta arma de fogo de uso restrito, deverá denegar a liberdade provisória, com ou sem medidas cautelares (art. 310, § 2º, do CPP).

A autoridade que deu causa, **sem motivação idônea**, à não realização da audiência de custódia no prazo máximo de 24 (vinte e quatro) horas após a realização da prisão responderá administrativa, civil e penalmente pela omissão (art. 310, § 3º, do CPP). Assim, transcorrido este prazo, a não realização de audiência de custódia sem motivação idônea ensejará também a ilegalidade da prisão, a ser relaxada pela autoridade competente, sem prejuízo da possibilidade de imediata decretação de prisão preventiva (art. 310, § 4º, do CPP).

Na audiência de custódia, é **vedada** a presença dos policiais que efetuaram a prisão (art. 4º, parágrafo único, da Res. n. 213/2015 do CNJ).

> **ATENÇÃO!**
> O STF na Rcl 29303/RJ determinou que é imprescindível a realização da audiência de custódia em decorrência de todas as modalidades de prisão. Nesse sentido: Rcl 29303 (rel. Edson Fachin, TP, publicado em 10-5-2023). Assim, a audiência de custódia, refere-se tanto a prisão em flagrante quanto a todas as modalidades de prisão (prisão temporária e preventiva).

9.4 Prisão preventiva

Com o advento da Lei n. 12.403/2011, a prisão preventiva passa a ter caráter excepcional, aplicando-se em *ultima ratio*, ou seja, somente pode ser decretada quando as medidas cautelares diversas da prisão, previstas no art. 319 do CPP, revelarem-se inadequadas ou insuficientes para o caso concreto (art. 282, § 6º, do CPP).

As hipóteses de prisão preventiva são:
a) prisão preventiva **autônoma** prevista no art. 312 do CPP, quando presentes os requisitos legais, de forma fundamentada em fatos concretos e quando as medidas cautelares diversas da prisão se revelarem inadequadas ou insuficientes;
b) prisão preventiva em caso de **descumprimento** de qualquer das obrigações impostas por força de outras medidas cautelares (arts. 312, parágrafo único, e 282, § 4º, do CPP), ou seja, no caso de descumprimento de obrigações impostas o magistrado poderá substituir a medida, impor outra em cumulação ou, em último caso, decretar a prisão preventiva; e
c) prisão preventiva por **conversão** da prisão em flagrante (art. 310, II, do CPP) quando presentes os requisitos constantes do art. 312 do CPP, e se revelarem inadequadas ou insuficientes as medidas cautelares diversas da prisão.

9.4.1 Cabimento e legitimidade

A prisão preventiva tem cabimento em **qualquer fase** da investigação policial ou do processo penal, quando houver prova da existência do crime e de indício suficiente de autoria, para garantir a ordem pública ou econômica, e a aplicação da lei penal ou por conveniência da instrução criminal e de perigo gerado pelo estado de liberdade do imputado (art. 312 do CPP).

A prisão preventiva poderá ser decretada pelo **juiz**, a requerimento do Ministério Público, do querelante ou do assistente, ou por representação da autoridade policial (art. 311 do CPP). Assim, com o advento da Lei n. 13.964/2019, o juiz ficou **impossibilitado** de decretar de ofício a prisão preventiva na fase de **investigação policial e na fase da ação penal**.

O juiz, poderá de ofício ou a pedido das partes **revogar a prisão preventiva se, no correr da investigação ou do processo, verificar a falta de motivo para que ela subsista**, bem como **novamente decretá-la**, se sobrevierem razões que a justifiquem (art. 316 do CPP).

> **ATENÇÃO!**
> O juiz pode revogar a prisão preventiva de ofício, mas não pode decretá-la.

> **ATENÇÃO!**
> Caso seja decretada a prisão preventiva, **deverá** o magistrado da decisão **revisar** a necessidade de sua manutenção a **cada 90 (noventa) dias**, mediante decisão fundamentada, de ofício, sob pena de tornar a prisão ilegal (art. 316, parágrafo único, do CPP), esta passível de relaxamento (art. 5º, LXV, da CF).

A decisão que decretar, substituir ou denegar a prisão preventiva será sempre **motivada e fundamentada** (art. 315, *caput*, do CPP).

O juiz, ao decretar a prisão preventiva, deve observar a existência de dois requisitos genéricos, quais sejam os pressupostos e os fundamentos que ensejam a sua decretação.

9.4.2 Pressupostos e fundamentos

Os pressupostos, que deverão ser aplicados de forma cumulativa, são os **indícios suficientes de autoria** e a **prova da existência do crime**, também conhecidos como autoria e materialidade, respectivamente.

Os fundamentos que se assentam na existência de um dos motivos caracterizadores da custódia são: a garantia da **ordem pública**, a garantia da **ordem econômica**, **conveniência** da instrução criminal e a segurança quanto à **aplicação** da lei penal e de **perigo gerado pelo estado de liberdade do imputado**. Em resumo, a prisão preventiva, como toda medida cautelar, deverá se submeter aos requisitos do *fumus commissi delicti* (materialidade do crime e indícios suficientes de autoria) e do *periculum libertatis*, isto é, o perigo concreto que representa a liberdade do acusado para a instrução processual ou para a futura aplicação da lei penal.

> **ATENÇÃO!**
> A Lei n. 13.964/2019 criou mais um requisito para a decretação da prisão preventiva, assim ela somente será determinada quando não for cabível a sua substituição por outra medida cautelar diversa da prisão prevista no art. 319 do CPP, e o não cabimento da substituição deverá ser justificado de forma fundamentada nos elementos do caso concreto, de forma individualizada (art. 282, § 6º, do CPP).

Portanto, a prisão preventiva deve ser aplicada como medida de exceção e não regra, devendo a **decisão** que a determinar ser **motivada** e fundamentada (art. 315 do CPP), com a demonstração de elementos concretos que justifiquem a necessidade da medida cautelar.

Não obstante, na motivação da decretação da prisão preventiva ou de qualquer outra cautelar, o juiz **deverá indicar concretamente** a existência **de fatos novos ou contemporâneos** que justifiquem a aplicação da medida adotada (art. 315, § 1º, do CPP). Assim, a prisão preventiva baseada em **fatos pretéritos** (antigos), não pode ser decretada, sob pena de ser considerada ilegal.

De acordo com o art. 315, § 2º, do CPP, **não se considera fundamentada** qualquer decisão judicial, seja ela interlocutória, sentença ou acórdão, que: I – limitar-se à indicação, à reprodução ou à paráfrase de ato normativo, sem explicar sua relação com a causa ou a questão decidida; II – empregar conceitos jurídicos indeterminados, sem explicar o motivo concreto de sua incidência no caso; III – invocar motivos que se prestariam a justificar qualquer outra decisão; IV – não enfrentar todos os argumentos deduzidos no processo capazes de, em tese, infirmar a conclusão adotada pelo julgador; V – limitar-se a invocar precedente ou enunciado de súmula, sem identificar seus fundamentos determinantes nem demonstrar que o caso sob julgamento se ajusta àqueles fundamentos; VI – deixar de seguir enunciado de súmula, jurisprudência ou precedente invocado pela parte, sem demonstrar a existência de distinção no caso em julgamento ou a superação do entendimento.

Por fim, é nula a decisão carente de fundamentação (art. 564, V, do CPP).

9.4.3 Cabimento

A prisão preventiva poderá ser decretada de acordo com os casos previstos no art. 313 do CPP, a saber:

"I – nos crimes **dolosos** punidos com pena privativa de liberdade máxima **superior a 4 (quatro) anos**;

II – se tiver sido **condenado por outro crime doloso**, em sentença transitada em julgado, ressalvado o disposto no inciso I do *caput* do art. 64 do CP;

III – se o crime envolver violência doméstica e familiar contra a mulher, criança, adolescente, idoso, enfermo ou pessoa com deficiência, **para garantir a execução das medidas** protetivas de urgência; e

IV – também será admitida a prisão preventiva quando houver **dúvida** sobre a identidade civil da pessoa ou quando esta **não fornecer elementos** suficientes para esclarecê-la, devendo o preso ser colocado imediatamente em liberdade após a identificação, salvo se outra hipótese recomendar a manutenção da medida".

> **ATENÇÃO!**
> Na hipótese de **violência doméstica** ou **familiar** contra mulher, criança, adolescente, idoso, enfermo ou pessoa com deficiência, caso o **agressor descumpra** a medida protetiva de urgência imposta a ele, é possível a decretação de **prisão preventiva** por despacho fundamentado e com a demonstração concreta dos fatos, sendo irrelevantes as condições pessoais favoráveis ao acusado como primariedade, bons antecedentes e residência fixa, ademais, responderá pelo crime do art. 24-A da Lei n. 11.340/2006 (Lei Maria da Penha), que é o descumprimento de medida protetiva de urgência, caso seja este cometido após a vigência da lei incriminadora.

> **ATENÇÃO!**
> Não será admitida a decretação da prisão preventiva com a finalidade de antecipação de cumprimento de pena ou como decorrência imediata de investigação criminal ou da apresentação ou recebimento de denúncia (art. 313, § 2º, do CPP).

9.4.4 Do não cabimento

Segundo o art. 314 do CPP, a prisão preventiva não será decretada quando houver uma das excludentes de ilicitude previstas no art. 23 do CP, a saber:

"I – em estado de necessidade; II – em legítima defesa; III – em estrito cumprimento do dever legal; e IV – no exercício regular do direito."

O Supremo Tribunal Federal entende que **não são motivos para decretação** da prisão preventiva, por si sós, sem a demonstração de fatos concretos que indiquem a necessidade da prisão, as seguintes hipóteses:

I – clamor público; II – gravidade do delito; III – repercussão social; IV – hediondez; V – sensação de destemor à lei e de intranquilidade social; VI – fuga do réu; VII – autoria e materialidade; VIII – credibilidade das instituições; IX – ausência de colaboração do acusado nas investigações; X – mera suposição.

9.4.5 Do prazo e excesso

A prisão preventiva **não possui prazo** para a sua duração, uma vez a Lei n. 12.403, de 2011, continuou silente quanto à fixação de um prazo para a duração da custódia. Para a jurisprudência, o prazo para o encerramento da instrução criminal é de 81 (oitenta e um) dias, cabendo revogação da prisão preventiva por excesso de prazo ao juiz do processo ou a impetração de *habeas corpus* ao tribunal. Para a **configuração do excesso de prazo**, a jurisprudência do STJ admite a medida excepcional, nas hipóteses de dilação ocorrida exclusivamente de diligências suscitadas pela acusação, em caso de inércia do próprio aparato judicial, bem como quando implicar ofensa ao princípio da razoabilidade. Evita-se, assim, que a prisão cautelar se transforme em cumprimento precoce de pena.

Por outro lado, a jurisprudência também tem firmado entendimento de que o excesso de prazo **não resulta de simples operação aritmética**, devendo ser levados em consideração a complexidade da causa, o número de acusados e os atos procrastinatórios da defesa.

> **ATENÇÃO!**
> Decretada a prisão preventiva, deverá o magistrado da decisão revisar a necessidade de sua manutenção a cada 90 (noventa) dias, mediante decisão fundamentada, de ofício, sob pena de tornar a prisão ilegal (art. 316, parágrafo único, do CPP).

9.4.5.1 Prisão preventiva e imunidade dos parlamentares

A Constituição da República estipula que, desde a expedição do diploma, os membros do Congresso Nacional (senador e deputado federal), bem como os deputados estaduais e distritais, não poderão ser presos, salvo nos casos de flagrante delito por crime inafiançável.

Assim, em razão do instituto da **imunidade formal**, tais parlamentares não poderão sofrer prisão preventiva ou temporária (art. 53, § 2º, *ex vi* arts. 27, § 1º, e 32, § 3º, da CF).

O Presidente da República, na vigência de seu mandato, **não está sujeito a tipo algum de prisão provisória**, uma vez que não poderá ser preso nas infrações penais comuns, enquanto não sobrevier sentença condenatória (art. 86, § 3º, da CF).

Governador de estado. O STF já consolidou entendimento no sentido de **não ter direito a imunidade** à prisão em flagrante, à prisão preventiva e à prisão temporária, ou seja, à imunidade formal/prisão.

9.5 Prisão temporária

Regulada pela Lei n. 7.960, de 21 de dezembro de 1989, os seus **requisitos** encontram-se previstos no art. 1º, efetuando-se quando:

"I – **imprescindível** para as investigações do inquérito policial;

II – o indiciado **não tiver residência fixa** ou **não fornecer elementos** necessários ao esclarecimento de sua identidade;

III – houver **fundadas razões** de autoria ou participação do acusado nos crimes de homicídio doloso, sequestro ou cárcere privado, roubo, extorsão simples ou qualificada mediante sequestro, estupro, rapto violento, epidemia com resultado em morte, envenenamento de água ou substância alimentícia ou medicinal, genocídio, tráfico de drogas e contra o sistema financeiro".

Assim, a prisão temporária não se justifica se ausentes os requisitos para a sua decretação.

9.5.1 Momento, legitimidade e procedimento

A prisão temporária poderá ser decretada somente na **fase do inquérito policial**, desde a ocorrência do fato até o oferecimento da denúncia. Logo, uma vez oferecida a denúncia, a prisão temporária não poderá mais subsistir, já que este instituto visa às investigações policiais que antecedem a formulação do oferecimento da denúncia.

A competência para sua decretação **é do juiz**, mediante representação da autoridade policial, ouvido o Ministério Público, ou a requerimento deste. Frise-se que o juiz **não pode decretar de ofício a prisão temporária**.

O despacho que decretar a prisão temporária (prolatado em 24 horas, a contar do recebimento da representação ou do requerimento) deverá ser **devidamente fundamentado**, baseando-se o juiz em fatos concretos e indicando os fundamentos das hipóteses previstas na lei.

Com efeito, decretada a prisão temporária, será expedido **mandado de prisão**, em duas vias, uma das quais será entregue ao indiciado e servirá como nota de culpa (art. 2º, § 4º, da Lei n. 7.960/89). Além disso, o mandado de prisão conterá necessariamente o período de duração da prisão temporária estabelecido (5 ou 30 dias), bem como o dia em que o preso deverá ser libertado (art. 2º, § 4º-A, da Lei n. 7.960/1989). É importante ressaltar que para fins de contagem do tempo, inclui-se o dia do cumprimento do mandado de prisão no cômputo do prazo de prisão temporária (art. 2º, § 8º, da Lei n. 7.960/1989).

A prisão temporária somente poderá ser executada depois da expedição do mandado judicial.

Por fim, vale registrar que os **presos temporários** deverão permanecer, obrigatoriamente, separados dos demais detentos, segundo dispõe o art. 3º da Lei n. 7.960/89.

> **ATENÇÃO!**
> O STF, com relação ao art. 1º da Lei n. 7.960/89, fixou o entendimento de que a decretação de prisão temporária será autorizada quando, **cumulativamente**: 1) for imprescindível para as investigações do inquérito policial (art. 1º, I, da Lei n. 7.960/89) *periculum libertatis*), constatada a partir de elementos concretos, e não meras conjecturas, vedada a sua utilização como prisão para averiguações, em violação ao direito à não autoincriminação, ou quando fundada no mero fato de o representado não possuir residência fixa (inciso II); 2) houver fundadas razões de autoria ou participação do indiciado nos crimes previstos no art. 1º, III, da Lei n. 7.960/89 (*fumus comissi delicti*), vedada a analogia ou a interpretação extensiva do rol previsto no dispositivo; 3) for justificada em fatos novos ou contemporâneos que fundamentem a medida (art. 312, § 2º, do CPP); 4) a medida for adequada à gravidade concreta do crime, às circunstâncias do fato e às condições pessoais do indiciado (art. 282, II, do CPP); 5) não for suficiente a imposição de medidas cautelares diversas, previstas nos arts. 319 e 320 do CPP (art. 282, § 6º, do CPP) (ADIs 3.360 e 4.109 do STF).

9.5.2 Do prazo

A prisão temporária não poderá ultrapassar **5 (cinco) dias**, só sendo admitida a sua prorrogação por igual período em caso de extrema e comprovada necessidade, sob pena de configurar-se constrangimento ilegal.

Tratando-se de crimes **hediondos e assemelhados**, o prazo da prisão temporária se estende para **30 (trinta) dias**, sendo permitida a prorrogação pelo mesmo período em caso de extrema e comprovada necessidade (art. 2º, § 4º, da Lei n. 8.072/90).

No caso de término de prazo da prisão temporária, o preso deve ser posto em liberdade imediatamente, salvo hipótese de ter sido decretada a sua prisão preventiva ou prorrogada a prisão temporária (art. 2º, § 7º, da Lei n. 7.960/89), sob pena de o delegado de polícia responder por crime de abuso de autoridade (art. 12, parágrafo único, IV, da Lei n. 13.869/2019).

9.6 Prisão domiciliar

Com a reforma processual, passou-se a admitir, em casos específicos, duas modalidades de prisão domiciliar, a substitutiva da prisão preventiva e a autônoma.

A **prisão domiciliar substitutiva da preventiva** incide nas hipóteses taxativas do art. 318 do CPP, quando o agente for: a) maior de 80 (oitenta) anos; b) extremamente debilitado por motivo de doença grave; c) imprescindível aos cuidados especiais de pessoa menor de 6 (seis) anos de idade ou com deficiência; d) gestante; e) mulher com filho até 12 (doze) anos de idade incompletos; f) homem, caso seja o único responsável pelos cuidados do filho até 12 (doze) anos de idade incompletos.

A de **natureza autônoma da prisão domiciliar** encontra-se prevista em uma das hipóteses de medidas cautelares (art. 319, V, CPP) quando não cabível a prisão preventiva, a qual consiste no recolhimento domiciliar em período noturno e nos dias de folga quando o investigado ou acusado tenha residência e trabalho fixos.

> **ATENÇÃO!**
> Para a substituição, o juiz exigirá prova idônea dos requisitos acima (art. 318, parágrafo único, do CPP).

> **ATENÇÃO!**
> Com o advento da Lei n. 13.769, de 19-12-2018, a prisão preventiva imposta à mulher gestante ou que for mãe ou responsável por criança ou pessoa com deficiência **será substituída por prisão domiciliar**, desde que (Art. 318-A do CPP): I – não tenha cometido crime com violência ou grave ameaça a pessoa; II – não tenha cometido o crime contra seu filho ou dependente. Ou seja, caso preencha os requisitos impostos na lei, será obrigatoriamente substituída sua prisão preventiva por prisão domiciliar, sendo esta de caráter imperativo, ficando vinculado a este *poder-dever*. Ademais, a substituição de que tratam os arts. 318 e 318-A poderá ser efetuada sem prejuízo da aplicação concomitante das medidas alternativas previstas no art. 319 do CPP (art. 318-B do CPP).

> **ATENÇÃO!**
> É possível a **detração** dos dias em que o preso estava custodiado em **prisão domiciliar**, pois qualquer prisão processual será abatida da pena final imposta, pouco importando o local do cumprimento da pena (AgRg no AgRg nos EDcl no HC n. 442.538/PR, rel. Min. Nefi Cordeiro, 6ª T., *DJe* 9-3-2020).

9.7 Medidas cautelares

As medidas cautelares diversas da prisão e a prisão provisória, para serem aplicadas, deverão observar o binômio **necessidade e adequação**, conforme art. 282 do CPP.

Para aplicar medida cautelar e prisão provisória, o magistrado deverá verificar a **necessidade** para aplicação da lei penal, para a investigação ou a instrução criminal e, nos casos expressamente previstos, para evitar a prática de infrações penais, bem como **adequação** da medida à gravidade do crime, circunstâncias do fato e condições pessoais do indiciado ou acusado.

O magistrado poderá ainda aplicar medidas cautelares de forma **isolada ou cumulativamente** (art. 282, § 1º, do CPP).

As medidas cautelares serão decretadas pelo magistrado, a requerimento das partes, ou quando no curso da investigação criminal, por representação da autoridade policial ou mediante requerimento do Ministério Público (art. 282, § 2º, do CPP). Com efeito, o magistrado não pode decretar as medidas cautelares de ofício.

O magistrado **não poderá** decretar de ofício medidas cautelares no curso da investigação criminal, bem como a prisão preventiva (art. 311 do CPP).

Ressalvados os casos de urgência ou de perigo de ineficácia da medida, ao receber o pedido de medida cautelar, o juiz determinará a **intimação da parte** contrária, para se manifestar no prazo de 05 dias, acompanhada de cópia do requerimento e das peças necessárias, permanecendo os autos em juízo e os casos de urgência ou de perigo deverão ser justificados e fundamentados em decisão que contenha elementos do caso concreto que justifiquem essa medida excepcional (art. 282, § 3º, do CPP).

No caso de **descumprimento** de qualquer das obrigações impostas, o magistrado, mediante requerimento do Ministério Público, de seu assistente ou do querelante, poderá substituir a medida, impor outra em cumulação, ou, em último caso, decretar a prisão preventiva, nos termos do parágrafo único do art. 312 do CPP (art. 282, § 4º, do CPP).

O juiz poderá, de ofício ou a pedido das partes, **revogar** a medida cautelar ou substituí-la quando verificar a falta de motivo para que subsista, bem como voltar a decretá-la, se sobrevierem razões que a justifiquem (art. 282, § 5º, do CPP). Assim, o magistrado poderá revogar de ofício a medida cautelar, mas não decretá-la.

> **ATENÇÃO!**
> A prisão preventiva somente será determinada quando não for cabível a sua substituição por outra medida cautelar, observado o art. 319 do CPP, e o não cabimento da substituição por outra medida cautelar deverá ser justificado de forma fundamentada nos elementos presentes do caso concreto, de forma individualizada (art. 282, § 6º, do CPP). Ou seja, a prisão preventiva é a *ultima ratio*.

No amplo **rol de medidas cautelares diversas da prisão, previstas no art. 319 do CPP,** proporciona-se ao juiz, dentre os critérios de legalidade e proporcionalidade, a escolha da medida mais ajustada ao caso em ordem progressiva de intensidade, quando não for aplicável a prisão preventiva. Desse modo, as medidas são:

I – **comparecimento** periódico em juízo, no prazo e nas condições fixadas pelo Juiz, para informar e justificar atividades; II – **proibição** de acesso ou frequência a determinados lugares quando, por circunstâncias relacionadas ao fato, deva o indiciado ou acusado permanecer distante desses locais para evitar o risco de novas infrações; III – proibição de **manter contato** com pessoa determinada quando, por circunstâncias relacionadas ao fato, deva o indiciado ou acusado dela permanecer distante; IV – proibição de **ausentar-se da comarca** quando a permanência seja conveniente ou necessária para a investigação ou instrução; V – **recolhimento domiciliar** no período noturno e nos dias de folga quando o investigado ou acusado tenha residência e trabalho fixos; VI – **suspensão** do exercício de **função pública** ou de atividade de natureza econômica ou financeira quando houver justo receio de sua utilização para a prática de infrações penais; VII – **internação provisória** do acusado nas hipóteses de crimes praticados com violência ou grave ameaça, quando os peritos concluírem ser inimputável ou semi-imputável (art. 26, CP) e houver risco de reiteração; VIII – **fiança**, nas infrações que a admitem, para assegurar o comparecimento a atos do processo, evitar a obstrução do seu andamento ou em caso de resistência injustificada à ordem judicial; e IX – **monitoração eletrônica**. Por fim, cumpre salientar que a fiança pode ser cumulada com outras medidas cautelares.

> **ATENÇÃO!**
> O STF, por maioria, julgou parcialmente procedente a **ADI 5.526**, assentando que o Poder Judiciário tem competência para impor, por autoridade própria, as **medidas cautelares** a que se refere o art. 319 do CPP, a parlamentares. O Tribunal, também por votação majoritária, deliberou que se **encaminhará à Casa Legislativa a que pertencer o parlamentar**, para os fins a que se refere o art. 53, § 2º, da CF. No caso de imposição de medida cautelar, que dificulte ou impeça, direta ou indiretamente, o **exercício regular de mandato parlamentar**, a decisão judicial deve ser remetida no prazo de 24 horas à respectiva Casa para deliberação.

9.8 Prisão especial

Em virtude do cargo ou da função que exercem, determinadas pessoas gozam da prerrogativa de ter prisão especial: Ministros de Estado, Governadores, Prefeitos etc. (art. 295 do CPP). Esta hipótese consiste no **recolhimento do preso provisório em quartéis ou em cela especial.**

O art. 295, § 1º, do CPP assevera que a prisão especial, prevista no CPP ou em outras leis, consiste exclusivamente no recolhimento em local distinto da prisão comum.

Dessa forma, não havendo estabelecimento específico para o preso especial, este será recolhido em cela distinta do mesmo estabelecimento, e ainda poderá consistir em alojamento coletivo, atendendo aos requisitos de salubridade do ambiente. E, finalmente, não será transportado juntamente com o preso comum (art. 295, §§ 2º, 3º e 4º, do CPP).

> **ATENÇÃO!**
> Os demais direitos e deveres do preso especial serão os mesmos do preso comum (art. 295, § 5º, do CPP).

> **ATENÇÃO!**
> O STF declarou inconstitucional a prisão especial, em relação aos portadores de diploma de nível superior previsto no art. 295, VII, do CPP. Nesse sentido: ADPF 334 (rel. Alexandre de Moraes, TP, public. 26-5-2023).

9.8.1 Cabimento

A prisão especial terá cabimento durante a fase do **inquérito policial ou durante a tramitação do processo**, de forma que, após a condenação transitada em julgado, a pena deverá ser cumprida em estabelecimento comum.

No entanto, se o preso era, ao tempo do fato, funcionário da Administração da Justiça Criminal, este ficará em dependência separada (art. 84, § 2º, da Lei n. 7.210/84).

> **ATENÇÃO!**
> A prisão especial só é garantida até o **trânsito em julgado** da sentença condenatória.

> **ATENÇÃO!**
> O preso terá direito à progressão de regime antes do trânsito em julgado da sentença, mesmo que se encontre em prisão especial, conforme dispõe a **Súmula 717 do STF**.

9.8.2 Prisão de advogado e direito à sala de Estado-Maior

É direito do advogado não ser recolhido preso, antes de sentença transitada em julgado, senão em sala de Estado-Maior, com instalações e comodidades condignas, segundo o art. 7º, V, da Lei n. 8.906/94.

Todavia, o STF entende que, na **ausência** de sala de Estado-Maior, o advogado terá direito à prisão domiciliar, em caráter substitutivo, sob condições a serem fixadas pelo juiz da sentença.

9.9 Prisão civil do depositário infiel

O Supremo Tribunal Federal pacificou entendimento no sentido de que a prisão civil do depositário infiel, independentemente da modalidade de depósito, é **inconstitucional**, não mais subsistindo no sistema normativo brasileiro, podendo a prisão civil por dívida se dar, somente, nos casos de inadimplemento voluntário e inescusável de pensão alimentícia, em razão da incorporação do Pacto de São José de Costa Rica (ratificado pelo Brasil no Decreto n. 678/92) ao ordenamento jurídico pátrio.

O Supremo Tribunal Federal pacificou a questão na **Súmula Vinculante 25**: "É ilícita a prisão civil de depositário infiel, qualquer que seja a modalidade do depósito". E ainda a **Súmula 419 do STJ**.

9.10 Liberdade provisória

9.10.1 Conceito e fundamento

A liberdade provisória é um instituto processual e constitucional que possibilita ao indiciado ou ao acusado **aguardar em liberdade o julgamento do processo**, sob determinadas condições impostas por lei ou não, podendo ser concedida na fase do inquérito policial ou na judicial.

A concessão de liberdade provisória, com ou sem fiança, decorre da própria Constituição Federal, **no art. 5º, LXVI**, *in verbis*: "ninguém será levado à prisão ou nela mantido, quando a lei admitir a liberdade provisória, com ou sem fiança".

Com o advento da Lei n. 12.403/2011, a concessão de fiança passou a ser regra. Assim, a autoridade policial e o magistrado poderão concedê-la, ficando impossibilitada a sua concessão somente por vedação expressa na Constituição e na lei.

Atualmente, a liberdade provisória pode ser: a) liberdade provisória sem medida cautelar diversa da prisão, mas vinculada (art. 310, § 1º, CPP – nas hipóteses das excludentes de ilicitude); b) liberdade provisória sem fiança, mas vinculada e com possibilidade de outra medida cautelar diversa da prisão (art. 350 do CPP – na hipótese de o preso não ter condição econômica de pagar a fiança); e c) liberdade provisória com ou sem medida cautelar diversa da prisão (art. 310, III, c/c o art. 321 do CPP).

9.10.2 Liberdade provisória com fiança

9.10.2.1 Cabimento

Caberá concessão de liberdade provisória com fiança quando o crime **for afiançável,** ou seja:

I – nos crimes em que a pena privativa de liberdade **não seja superior a 4 (quatro) anos**, tanto o **juiz** quanto o **delegado** poderão arbitrá-la, nos termos do art. 322, *caput*, do CPP;

II – nos crimes punidos com pena máxima em abstrato **superior a 4 (quatro) anos**, **somente o juiz** pode concedê-la, na forma do art. 322, parágrafo único, do CPP.

Havendo prisão em flagrante e estando perfeito o auto, **ausentes** os requisitos da prisão preventiva ou das medidas cautelares, poderá ser arbitrada a fiança ao indiciado ou ao acusado enquanto não transitar em julgado a sentença condenatória (arts. 321 e 334 do CPP).

> **ATENÇÃO!**
> Nas hipóteses de infração de menor potencial ofensivo (crimes com pena máxima de até dois anos e nas contravenções penais), **não se lavrará flagrante nem se exigirá fiança**, bastando o indiciado ou o autor do fato assinar o termo de compromisso e comparecimento (art. 69, parágrafo único, da Lei n. 9.099/95).

> **ATENÇÃO!**
> Na hipótese de prisão em flagrante de descumprimento de decisão judicial que defere medidas protetivas de urgência previstas na Lei Maria da Penha, **apenas a autoridade judicial poderá conceder fiança** (art. 24-A, § 2º, da Lei n. 11.340/2006).

9.10.2.2 Não cabimento

Não será concedida a fiança nas hipóteses a seguir, dentre outras:

I – nos crimes de racismo (art. 323, I, do CPP, e art. 5º, XLII, da CF);

II – nos crimes de tortura, tráfico ilícito de entorpecentes e drogas afins, terrorismo e nos definidos como crimes hediondos (art. 323, II, do CPP; art. 5º, XLIII, da CF; art. 44 da Lei n. 11.343/2006; e art. 2º, II, da Lei n. 8.072/90);

III – nos crimes cometidos por grupos armados, civis ou militares, contra a ordem constitucional e o Estado Democrático (art. 323, III, do CPP, e art. 5º, XLIV, da CF);

IV – aos acusados que no mesmo processo tiverem quebrado a fiança antes concedida ou infringido sem justo motivo as obrigações impostas referentes aos arts. 327 e 328 do CPP (art. 324, I, do CPP);

V – em caso de prisão civil ou militar (art. 324, II, do CPP);

VI – quando presentes os motivos que autorizam a decretação da prisão preventiva (art. 324, IV, do CPP).

> **ATENÇÃO!**
> O STF, ao julgar a *ADI 3.112/DF*, publicada em 26-10-2007, **declarou inconstitucionais** os parágrafos únicos dos arts. 14 (porte ilegal de arma de fogo de uso permitido) e 15 (disparo de arma de fogo) do Estatuto do Desarmamento – Lei n. 10.826/2003 – que proibiam a concessão de liberdade mediante o pagamento de fiança.

9.10.2.3 Oitiva do Ministério Público

Na liberdade provisória com arbitramento de fiança, o representante do Ministério Público somente será ouvido **após** a concessão da fiança, nos termos do art. 333 do CPP.

9.10.2.4 Fiança, valor e restituição

A fiança será prestada em dinheiro ou também por pedras, objetos ou metais preciosos, títulos da dívida pública (federal, estadual e municipal) ou imóveis, devendo estes ser inscritos no registro competente (art. 330, *caput*, do CPP).

Quando a fiança consistir em imóvel, pedras ou objetos preciosos, a autoridade nomeará um perito para avaliá-los. E no caso de caução de títulos da dívida pública, o valor será determinado por sua cotação em bolsa.

O valor da fiança será fixado pela autoridade que conceder, levando em consideração a **gravidade da infração penal**, obedecendo aos limites mínimos e máximos determinados pelo art. 325 do CPP e às **condições econômicas do acusado**, bem como a sua vida pregressa, as circunstâncias de sua periculosidade e a importância provável das custas do processo, consoante o art. 326 do CPP.

Os **parâmetros de fixação da fiança** passaram a levar em consideração a condição econômica do acusado e a gravidade do crime cometido, podendo ser dispensada, reduzida ou aumentada. Logo, o art. 325 do CPP dispõe que os limites a serem observados para fixação da fiança são: a) de 1 (um) a 100 (cem) salários mínimos, quando se tratar de infração cuja pena privativa de liberdade, no grau máximo, não for superior a 4 (quatro) anos; e b) de 10 (dez) a 200 (duzentos) salários mínimos, quando o máximo da pena privativa de liberdade cominada for superior a 4 (quatro) anos.

Por fim, a fiança será restituída quando ocorrer a **sentença absolutória com trânsito em julgado** ou declarada **extinta a ação penal**, devolvendo ao acusado, sem nenhum desconto, exceto as custas (art. 337 do CPP).

9.10.2.5 Crime afiançável e situação econômica do preso

Nos crimes em que couber fiança (exceto nas hipóteses em que houver vedação expressa na Constituição e na lei), verificando o magistrado a situação econômica do preso, poderá conceder a liberdade provisória, sujeitando-o às obrigações de comparecer aos atos processuais (art. 327 do CPP), não mudar de residência ou se ausentar por mais de 8 (oito) dias sem prévia comunicação à autoridade judicial (art. 328 do CPP) e a outras medidas cautelares previstas no art. 319 do CPP, se for o caso.

Assim, caso o réu não possa prestar fiança, ainda que fixada em seu limite mínimo, em razão de sua situação econômica, o **juiz poderá dispensá-la**, isto é, o preso será solto, sem nenhum pagamento de valor (art. 325, § 1º, I, do CPP).

9.10.2.6 Quebra e perda da fiança

A quebra ocorre nas hipóteses de o acusado não comparecer perante a autoridade, todas as vezes em que for intimado (art. 327 do CPP), mudar de residência sem prévia permissão da autoridade processante ou ausentar-se por mais de oito dias, sem comunicação (art. 328 do CPP), bem como se, regularmente intimado para ato do processo, deixar de comparecer, sem motivo justo, ou se deliberadamente praticar ato de obstrução ao andamento do processo, ou ainda se descumprir medida cautelar imposta cumulativamente com a fiança, e se resistir injustificadamente à ordem judicial, e finalmente se praticar nova infração penal dolosa (art. 341 do CPP).

Assim, quebrada a fiança, o acusado será recolhido à prisão, como ainda importará a perda de metade do seu valor pago (art. 343 do CPP).

Haverá a **perda total** do valor da fiança quando o acusado for condenado e não se apresentar para o início do cumprimento da pena definitivamente imposta (art. 344 do CPP).

Contudo, se o acusado provar ao juiz que infringiu qualquer uma das condições por motivo devidamente justificado, este poderá deixar de decretar a quebra de fiança.

9.10.2.7 Da decisão do juiz

Se o juiz conceder ou negar, arbitrar, cassar ou julgar inidônea a fiança, caberá **recurso em sentido estrito**, na forma do art. 581, V, do CPP. E da decisão que julgar quebrada a fiança ou perdido seu valor caberá recurso em sentido estrito, conforme o disposto no art. 581, VII, do CPP.

No caso de o juiz negar, cassar ou julgar quebrada a fiança, o acusado pode impetrar *habeas corpus* para o Tribunal, na forma do art. 648, V, do CPP.

9.11 Da liberdade provisória sem fiança

9.11.1 Cabimento e fundamento

Se o juiz verificar no auto de prisão em flagrante que o agente praticou o fato nas hipóteses de **excludentes de ilicitude** previstas no art. 23 do CP (estado de necessidade, legítima defesa, estrito cumprimento do dever legal ou exercício regular do direito), poderá, fundamentadamente, conceder liberdade provisória sem fiança, mediante termo de comparecimento aos atos processuais, sob pena de revogação (art. 310, § 1º, do CPP).

> **ATENÇÃO!**
> Também é cabível a liberdade provisória sem fiança: o juiz, verificando a **situação econômica do preso**, poderá conceder-lhe liberdade provisória, independentemente do pagamento de fiança, sujeitando-o às obrigações previstas nos arts. 327 e 328 do CPP e a outras medidas cautelares, caso julgue necessário (art. 350 do CPP).

9.11.2 Da decisão do juiz e recurso

Da decisão do juiz que **conceder** a liberdade provisória sem fiança caberá recurso em sentido estrito, na forma do art. 581, V, do CPP. Entretanto, nos casos em que o juiz **denegue** a concessão de liberdade provisória sem fiança, caberá *habeas corpus* ao Tribunal, na forma do art. 648, I, do CPP.

Frise-se que a jurisprudência firmou entendimento de que não cabe a impetração de mandado de segurança para emprestar efeito suspensivo a recurso em sentido estrito interposto contra a decisão que concedeu a liberdade provisória.

10. CITAÇÃO, INTIMAÇÃO E NOTIFICAÇÃO

10.1 Conceito

A **citação** é o ato processual pelo qual o acusado ou querelado é chamado a vir a juízo e defender-se dos fatos que lhe são imputados, em homenagem ao princípio da ampla defesa e do contraditório, na forma do art. 5º, LV, da CF. Ressalte-se que a citação é um ato que **poderá ser praticado** em período de férias, em domingos e dias feriados (art. 797 do CPP).

Tal ato processual é de importância extrema, visto que **sua falta é causa de nulidade absoluta** (564, III, *e*, do CPP), uma vez que a ausência de citação se trata de um vício insanável.

No nosso ordenamento jurídico, a regra é que a citação, no processo penal, **seja pessoal**, porém há três espécies de citação, quais sejam

a) **Citação real ou pessoal:** é a regra, pode ser efetuada por **mandado** (quando o réu está na própria comarca), sendo esta feita por oficial de justiça (art. 351 do CPP); **citação por carta precatória** (quando o réu está em uma comarca diferente de onde corre o processo em seu desfavor – art. 353 do CPP); **citação por carta rogatória** (quando o acusado está no estrangeiro em lugar sabido, suspendendo-se o prazo prescricional até seu cumprimento – art. 368 do CPP).

b) **Citação por hora certa:** verificando que o réu **se oculta** para não ser citado, será citado por hora certa (art. 362 do CPP).

c) **Citação ficta ou por edital:** ocorre em duas hipóteses: quando o réu não é encontrado para citação pessoal, mesmo que procurado em todos os possíveis domicílios ou residências, ou seja, **local incerto e não sabido** (art. 363, § 1º, do CPP), ou quando o réu mora em algum lugar que seja **inacessível,** caso o juiz fixe um dos prazos previstos no art. 364 do CPP.

> **ATENÇÃO!**
> Na hipótese de citação por edital, em que o réu não compareça nem nomeie advogado, o **processo e o prazo prescricional** ficarão suspensos, na forma do art. 366 do CPP. Contudo, nada impede que o juiz determine a produção de provas antecipadas consideradas urgentes e, ainda, decrete a prisão preventiva, nos termos do art. 312 do CPP, caso haja os requisitos da medida extrema.

> **ATENÇÃO!**
> Nos crimes de lavagem de capitais, se o acusado for citado por edital, não comparecer nem constituir defensor, o processo prosseguirá até o julgamento, sendo nomeado defensor dativo (art. 2º, § 2º, da Lei n. 9.613/98).

> **ATENÇÃO!**
> No Juizado Especial Criminal (JECRIM), não há citação por edital, por vedação expressa da Lei n. 9.099/95, constante em seu art. 66, parágrafo único.

d) **Citação de réu preso:** deverá ser citado pessoalmente via mandado, no local onde se encontrar preso (art. 360 do CPP).

e) **Citação de militar:** será feita por meio de seu chefe de serviço (art. 358 do CPP).

f) **Citação de funcionário público:** será citado por oficial de justiça através de mandado, notificando ao chefe da repartição onde exerce suas funções acerca da data em que o funcionário haverá de comparecer em juízo (art. 359 do CPP).

10.1.1 Citação e não apresentação da resposta à acusação

Em regra, recebida a denúncia ou a queixa, o acusado é citado para responder à acusação que lhe é imputada, por escrito e no prazo de 10 dias (arts. 396, *caput*, e 406, ambos do CPP).

Caso o réu seja citado e **não apresente** a resposta escrita à acusação no prazo legal e não nomeie defensor para apresentá-la, na forma do art. 396 do CPP, o magistrado **nomeará defensor** para oferecê-la, concedendo vista aos autos por 10 dias, conforme preveem os arts. 396, § 2º, e 408 do CPP, **sob pena de nulidade**, por ser considerada peça obrigatória, visto que sua ausência ofende o princípio do contraditório e da ampla defesa.

10.2 Revelia

Se o acusado, **citado** pessoalmente ou **intimado** para qualquer ato, não atender ao chamado da justiça, sem motivo justificado, ou, no caso de mudança de residência, não comunicar novo endereço ao juízo, será aplicada a pena de revelia, nos termos do art. 367 do CPP. Todavia, nessa hipótese, é possível que o juiz nomeie um defensor para o acusado, dando continuidade ao processo, não sendo intimado para nenhum ato do processo.

10.3 Diferenciação entre intimação, notificação e citação

Intimação é o meio pelo qual se dá conhecimento da parte de um ato processual praticado. Relaciona-se com **ato passado**.

Notificação é o meio pelo qual se dá conhecimento à parte ou a alguém para comparecer a ato processual a realizar-se, ou para fazer ou deixar de fazer alguma coisa. Relaciona-se a **ato futuro**.

Citação é o chamamento a juízo para que o acusado se defenda na ação.

> **ATENÇÃO!**
> A ausência de intimação ou notificação, a depender do caso, irá ocasionar **nulidade absoluta**, por exemplo o cerceamento de defesa.

Súmulas aplicáveis

366 do STF: "Não é nula a citação por edital que indica o dispositivo da lei penal, embora não transcreva a denúncia ou queixa, ou não resuma os fatos em que se baseia".

273 do STJ: "Intimada a defesa da expedição da carta precatória, torna-se desnecessária intimação da data da audiência no juízo deprecado".

330 do STJ: "É desnecessária a resposta preliminar de que trata o art. 514 do CPP, na ação penal instruída por inquérito policial".

415 do STJ: "O período de suspensão do prazo prescricional é regulado pelo máximo da pena cominada".

455 do STJ: "A decisão que determina a produção antecipada de provas com base no art. 366 do CPP deve ser concretamente fundamentada, não a justificando unicamente o mero decurso do tempo".

11. PROCEDIMENTO

Rito ou procedimento é uma sequência de atos judiciais dos processos por meio dos quais a atividade jurisdicional se manifesta e se desenvolve até o momento da prolação da sentença, sendo divididos em comum e especial, encontrando previsão no art. 394 do CPP.

São considerados **procedimentos comuns**:

a) **Ordinário:** aplicável nos crimes cuja pena máxima em abstrato seja **igual ou superior a quatro anos** de pena privativa de liberdade (art. 394, § 1º, I, do CPP);

b) **Sumário:** aplicável a crimes cuja pena máxima em abstrato seja **superior a 2 (dois) anos e inferior a 4 (quatro) anos** de pena privativa de liberdade (art. 394, § 1º, II, do CPP);

c) **Sumaríssimo:** aplicável às infrações de menor potencial ofensivo, cuja **pena máxima em abstrato não seja superior a 2 (dois) anos**, aplicando-se a Lei n. 9.099/95 (art. 394, § 1º, III, do CPP).

Contudo, nosso ordenamento jurídico penal contempla também os denominados **procedimentos especiais**, que são: a) rito do Júri (arts. 406 e 497 do CPP); b) crimes funcionais (arts. 513 e s. do CPP); c) crimes previstos na Lei de Drogas (Lei n. 11.343/2006); d) crimes contra a propriedade imaterial (arts. 524 a 530-I do CPP); e) crimes contra a honra (arts. 519 a 523 do CPP).

11.1 Procedimento e regra

A lei determina que em caso de omissão o modelo padrão de procedimento a ser seguido, em regra, deverá ser o **comum ordinário**. Porém, em casos em que houver previsão legal no Código de Processo Penal, bem como em leis especiais ou extravagantes, deve ser observado o disposto nestas (art. 394, § 2º, do CPP).

Nos processos cuja competência seja do Tribunal do Júri, deverá ser observado o disposto nos arts. 406 a 497 do CPP.

> **ATENÇÃO!**
> Os processos que apurem a prática de crime hediondo ou violência contra a mulher terão prioridade de tramitação em todas as instâncias, na forma do art. 394-A do CPP. Os processos que apurem violência contra a mulher independerão do pagamento de custas, taxas ou despesas processuais, salvo em caso de má-fé, de acordo com o art. 394-A, § 1º, do CPP. As isenções de custas aplicam-se apenas à vítima e, em caso de morte, ao cônjuge, ascendente, descendente ou irmão, quando a estes couber o direito de representação ou de oferecer queixa ou prosseguir com a ação, conforme o art. 394-A, § 2º, do CPP.

11.2 Mecânica processual no procedimento comum ordinário

O procedimento ordinário tem a sequência dos seguintes atos processuais:

a) **Remessa do inquérito policial à justiça** (art. 10 do CPP) – Réu preso: 10 dias contados a partir do flagrante ou da prisão preventiva; réu solto: 30 dias, prorrogáveis por quantas vezes se fizerem necessárias.

> **ATENÇÃO!**
> Não sendo caso de arquivamento e tendo o investigado confessado formal e circunstancialmente a prática de infração penal sem violência ou grave ameaça e com pena mínima inferior a 4 (quatro) anos, o Ministério Público poderá propor acordo de não persecução penal – ANPP, desde que necessário e suficiente para reprovação e prevenção do crime, mediante as condições ajustadas cumulativa e alternativamente, previstas no art. 28-A, I, II, III, IV e V, do CPP.

b) **Oferecimento da denúncia ou queixa** (art. 46 do CPP): o prazo para oferecimento da denúncia, estando o réu preso, será de 5 (cinco) dias, contados da data em que o órgão do Ministério Público receber os autos do inquérito policial, passando a ser de 15 (quinze) dias caso o réu esteja solto ou afiançado.

> **ATENÇÃO!**
> Quando o Ministério Público **não apresentar a denúncia** no prazo de lei, o ofendido ou seu representante legal poderá **oferecer queixa-crime substitutiva da denúncia** no prazo de seis meses contados do último dia do prazo do Ministério Público (art. 29, última parte, do CPP).

No caso da ação penal privada, os autos do inquérito ficarão aguardando a manifestação do ofendido ou seu representante para que haja promoção da referida queixa (art. 30 do CPP), devendo ser promovida até o prazo máximo de 6 (seis) meses após tomar conhecimento de quem foi o autor do crime (art. 38 do CPP), tendo seu prazo decadencial interrompido no momento do oferecimento da queixa-crime, não importando o dia do recebimento pelo magistrado.

c) **Recebimento da denúncia ou queixa:** há possibilidade de rejeição da peça acusatória caso esteja presente uma ou mais causas descritas no art. 395 do CPP, sendo estas: **a)** manifestamente inepta; **b)** falta de pressuposto processual; **c)** falta de justa causa para o exercício da ação penal.

> **ATENÇÃO!**
> Da decisão do juiz que rejeitar a peça acusatória cabe Recurso em Sentido Estrito (RESE – art. 581, I, do CPP). Se o juiz não rejeitar, não cabe recurso; contudo, se contrariar algum dos incisos do art. 395, cabe a impetração de *habeas corpus*, com fulcro nos arts. 647 e 648 do CPP.

d) **Citação do acusado** para apresentar **resposta à acusação**, no prazo de dez dias (art. 396, *caput*, do CPP).

e) **Apresentação da resposta à acusação ou escrita, no prazo de 10 (dez) dias** (art. 396-A do CPP), contados do efetivo cumprimento do mandado de citação e não da juntada aos autos, conforme Súmula 710 do STF. Pode ser arrolado o número máximo de 8 (oito) testemunhas (art. 401 do CPP) e ainda juntar documentos e apresentar as exceções (art. 95 do CPP).

> **ATENÇÃO!**
> Em caso de citação por edital, o prazo de 10 (dez) dias só começará a contar a partir do comparecimento pessoal do acusado ou de seu defensor constituído, caso contrário o processo e o prazo prescricional ficarão suspensos.

> **ATENÇÃO!**
> Caso o acusado seja devidamente citado, mas **não apresente a resposta escrita** no prazo da lei, o **juiz nomeará defensor dativo** para oferecê-la, concedendo vistas dos autos pelo prazo de 10 (dez) dias, sob pena de nulidade absoluta (art. 396-A, § 2º, do CPP).

e.1) **Distinção entre defesa prévia e resposta escrita:** a resposta escrita ocorre após o recebimento da denúncia ou da queixa, devendo ser apresentada no prazo de 10 (dez) dias, requerendo a absolvição sumária do acusado, nos termos do art. 397 do CPP. Contudo, a defesa prévia ocorre antes do recebimento da denúncia ou queixa, devendo ser requerida a rejeição da referida peça acusatória, na forma do art. 395 do CPP.

f) **Da decisão do juiz sobre absolvição sumária** (art. 397 do CPP): o juiz poderá julgar antecipadamente o processo, podendo absolver sumariamente o acusado nas hipóteses previstas no art. 397, I, II, III e IV, do CPP. A absolvição sumária só pode ocorrer se for manifesta, clara, sem dúvida. Nesta fase é observado o princípio do *in dubio pro societate*.

> **ATENÇÃO!**
> Da decisão do juiz que **absolver** cabe apelação (art. 593, I, do CPP). Da decisão do juiz que **não absolver** sumariamente não cabe recurso; todavia, poderá ser impetrado *habeas corpus* no caso de fato atípico ou extinção da punibilidade.

g) **Audiência de instrução e julgamento:** se não for o caso de absolvição sumária, será designada audiência de instrução e julgamento (arts. 400 a 405 do CPP). Na audiência deverão ser respeitados os princípios da: **a)** identidade física do juiz (o juiz que colheu a prova deverá proferir a sentença – art. 399, § 2º, do CPP); **b)** princípio do *cross examination* (inquirição das testemunhas diretamente pelas partes – art. 212 do CPP); **c)** princípios do contraditório e da ampla defesa – art. 5º da CF (primeiro ouvem-se as testemunhas de acusação e depois as de defesa, bem como não pode haver indeferimento das testemunhas arroladas tempestivamente pelas partes). Ademais, com o advento da Lei n. 14.245/2021 (Lei Mariana Ferrer), em vigor a partir do dia 23-11-2021, fora acrescido o art. 400-A do CPP, passando a determinar que, na audiência de instrução e julgamento, e, em especial, nas que apurem crimes contra a dignidade sexual, todas as partes e demais sujeitos processuais presentes no ato **deverão zelar pela integridade física e psicológica da vítima, sob pena de responsabilização civil, penal e administrativa**, cabendo ao juiz garantir o cumprimento do disposto no referido artigo, sendo **vedadas**: I – a manifestação sobre circunstâncias ou elementos alheios aos fatos objeto de apuração nos autos; e, II – a utilização de linguagem, de informações ou de material que ofendam a dignidade da vítima ou de testemunhas.

g.1 – **Audiências de instrução e julgamento, debates e julgamentos:** audiência una – devendo seguir esta sequência: 1 – Tomada das declarações do ofendido (quando necessário); 2 – Oitiva das testemunhas de acusação e depois as de defesa; 3 – Esclarecimentos dos peritos; 4 – Acareações (quando necessário); 5 – Reconhecimento de pessoas e coisas (quando necessário); 6 – Interrogatório do acusado na presença de seu defensor; 7 – Requerimentos de diligências (quando necessário) – art. 403 do CPP; 8 – Alegações finais orais ou memoriais escritos.

h) **Sentença:** na fase da sentença prevalece o princípio do *in dubio pro reo*. Se o acusado for absolvido ou condenado, cabe apelação (art. 593, I, do CPP).

> **ATENÇÃO!**
> Caso o réu esteja preso preventivamente durante o processo, o juiz na sentença condenatória aplicará a detração, ou seja, descontando (computando) o tempo da prisão provisória para determinar o regime inicial de pena privativa de liberdade (art. 387, § 2º, do CPP).

11.3 Mecânica processual no procedimento comum sumário

O rito sumário segue etapas processuais, sendo **quase idêntico** ao rito ordinário. Tem a audiência de instrução e julgamento como principal diferença, pois ela deve acontecer no prazo máximo de 30 (trinta) dias, contados do dia do recebimento da peça acusatória.

> **ATENÇÃO!**
> Importante salientar que o procedimento sumário tem como traço característico a quantidade de 5 (cinco) testemunhas e não 8 (oito), como no rito ordinário. Tem as seguintes etapas processuais:

a) **Remessa do inquérito policial à justiça** (art. 10 do CPP) – réu preso: 10 dias contados a partir do flagrante ou da prisão preventiva; réu solto: 30 dias, prorrogáveis por quantas vezes se fizerem necessárias.

> **ATENÇÃO!**
> Não sendo caso de arquivamento e tendo o investigado confessado formal e circunstancialmente a prática de infração penal sem violência ou grave ameaça e com pena mínima inferior a 4 (quatro) anos, o Ministério Público poderá propor acordo de não persecução penal – ANPP, desde que necessário e suficiente para reprovação e prevenção do crime, mediante as condições ajustadas cumulativa e alternativamente, previstas no art. 28-A, I, II, III, IV e V, do CPP.

b) **Oferecimento da denúncia ou queixa** (art. 394 do CPP): possibilidade de rejeição da peça acusatória se presente uma ou mais causas descritas no art. 395 do CPP.

c) **Recebimento da denúncia ou queixa.**

d) **Citação do acusado.**

e) **Apresentação da resposta a acusação ou escrita** (art. 396 do CPP), rol com **até 5 (cinco)** testemunhas (art. 532 do CPP).

f) **Da decisão do juiz sobre absolvição sumária** (art. 397 do CPP).

g) **Se não for o caso de absolvição sumária, designa-se audiência de instrução e julgamento.**

h) **Audiência de instrução e julgamento, debates e julgamentos:** a audiência seguirá a mesma ordem de oitiva do procedimento ordinário. Após a instrução, haverá alegações finais orais ou apresentação de memoriais escritos (art. 403, § 3º, do CPP).

i) **Sentença:** da sentença condenatória ou absolutória cabe apelação (art. 593, I, do CPP).

11.4 Mecânica processual no procedimento comum sumaríssimo (Juizados Especiais Criminais)

O procedimento sumaríssimo (Juizado Especial Criminal) encontra embasamento na Lei n. 9.099/95, sendo utilizado quando a infração for de menor potencial ofensivo, em crimes cuja pena máxima em abstrato **não seja superior a 2 (dois) anos**, podendo ser cumulada ou não com multa, bem como se enquadra **todas as contravenções penais**.

Subdivide-se em duas etapas: **preliminar** (arts. 69 a 76) e **processual** (arts. 77 a 81). É importante lembrar que a fase preliminar ocorre em dois momentos, iniciando na polícia e, posteriormente, no próprio Juizado Especial Criminal.

11.4.1 Fase preliminar na polícia

O procedimento sumaríssimo tem a sequência dos seguintes atos preliminares na Polícia:

a) **Lavratura do Termo Circunstanciado** (TCO) e remessa imediata ao Juizado Especial (art. 69 da Lei n. 9.099/95).

b) **Sendo o réu preso em flagrante delito**, não lavrará mais o auto de prisão nem se exigirá fiança, desde que o autor do fato assine termo de compromisso para comparecer ao Juizado Especial Criminal (art. 69, parágrafo único, da Lei n. 9.099/95). No caso do **usuário de drogas,** a lei veda a sua prisão, devendo ser lavrado apenas o termo circunstanciado, conforme art. 48, § 2º, da Lei n. 11.343/2006.

> **ATENÇÃO!**
> No Juizado Especial Criminal não há necessidade de inquérito policial (art. 77, § 1º, da Lei n. 9.099/95).

11.4.2 Fase no Juizado Especial Criminal

A fase preliminar no Juizado Especial Criminal é constituída pela audiência preliminar, na qual será levantada a possibilidade da **composição dos danos civis** (art. 72 da Lei n. 9.099/95) e da **transação penal** (art. 76 da Lei n. 9.099/95).

11.4.2.1 Da composição civil

Ocorre entre o autor do fato e a vítima e, se possível, o responsável civil, acompanhados por seus advogados. Ocorrendo a composição (acordo), será **homologado** pelo juiz mediante sentença irrecorrível, terá eficácia de título a ser executado no juízo civil competente (art. 74 da Lei n. 9.099/95). No caso de ação penal de iniciativa privada ou ação penal pública condicionada à representação, o **acordo homologado acarreta a renúncia** ao direito de queixa e representação (art. 74, parágrafo único, da Lei n. 9.099/95), extinguindo-se, portanto, a punibilidade do agente.

> **ATENÇÃO!**
> Em caso negativo de acordo, o ofendido poderá representar ou oferecer queixa-crime no prazo decadencial de 6 (seis) meses (art. 75 da Lei n. 9.099/95).

11.4.2.2 Da transação penal

Na ação penal pública incondicionada ou havendo a representação do ofendido, independentemente da obtenção de acordo, o Ministério Público **irá avaliar a possibilidade de transação penal**. Assim, não sendo caso de arquivamento, o MP poderá propor a **aplicação imediata** de pena restritiva de direitos ou multas, a ser especificada na proposta (art. 76 da Lei n. 9.099/95).

Não cabe a transação penal se ficar comprovado: **a)** ter sido o agente condenado em definitivo pela prática de crime à pena privativa de liberdade, por sentença definitiva, levando-se em conta o prazo da reincidência; **b)** ter sido o agente beneficiado, nos últimos 5 (cinco) anos, de outra transação penal; **c)** não indicarem a personalidade, conduta social, antecedentes, bem como os motivos e as circunstâncias, ser necessária e suficiente a adoção da medida (art. 76, § 2º, I a III, da Lei n. 9.099/95).

Homologada a transação penal, não importará em reincidência, sendo registrada apenas para impedir novamente o mesmo benefício no prazo de 5 (cinco) anos (art. 76, § 4º, da Lei n. 9.099/95), bem como não constará na certidão criminal a imposição da pena restritiva (art. 76, § 6º). Por fim, não terá efeitos civis, cabendo aos interessados propor a ação cabível no juízo cível. Da sentença homologatória de transação penal caberá a **apelação**, na forma do art. 82 da Lei n. 9.099/95 (art. 76, § 5º, da mesma lei).

> **ATENÇÃO!**
> A homologação da transação penal não faz coisa julgada material e, descumpridas suas cláusulas, retoma-se a situação anterior, possibilitando o oferecimento da denúncia pelo MP (Súmula Vinculante 35 do STF).

> **ATENÇÃO!**
> Nos crimes sujeitos ao rito da Lei n. 11.340/2006 (Lei Maria da Penha), não se aplica transação penal (Súmula 536 do STJ).

Com a impossibilidade de transação penal, inicia-se a fase processual, devendo ser observados os seguintes atos:

a) Oferecimento da denúncia ou da queixa-crime: nesta fase poderá ser oferecida a suspensão condicional do processo, nos termos do art. 89 da Lei n. 9.099/95. Caso não haja aceitação do *sursis processual,* o acusado será citado e imediatamente cientificado da AIJ (art. 78).

> **ATENÇÃO!**
> Nos crimes sujeitos ao rito da Lei n. 11.340/2006 (Lei Maria da Penha), não se aplica a suspensão condicional do processo (Súmula 536 do STJ).

> **ATENÇÃO!**
> Antes de receber a queixa-crime, nos crimes contra a honra, o magistrado oferecerá às partes oportunidade para se reconciliarem, ouvindo as partes, separadamente e sem a presença de seus advogados, não sendo lavrado termo, sob pena de nulidade (art. 520 do CPP).

Se o acusado não estiver presente na audiência preliminar, deverá ser citado para que possa comparecer à audiência, que deverá ser realizada pessoalmente, apresentando as testemunhas ou requerimento até 5 (cinco) dias antes da data designada, para a intimação.

> **ATENÇÃO!**
> A impossibilidade de localização do agente fará com que os autos sejam encaminhados ao Juízo Criminal Comum, uma vez que a **citação por edital é incompatível com o JECRIM** (art. 66, parágrafo único, da Lei n. 9.099/95).

b) Audiência de instrução e julgamento: o juiz deverá propor uma nova tentativa de conciliação; não sendo possível, inicia-se a audiência de instrução, oportunizando a palavra ao defensor do acusado, tratando-se de defesa preliminar.

O magistrado poderá receber a denúncia/queixa ou rejeitá-las, em caso de uma das situações previstas no art. 395 do CPP. **Se o juiz rejeitar a peça inicial** (denúncia ou queixa), nos termos do art. 395, I, II e III, do CPP, **cabe apelação**, no prazo de 10 (dez) dias (art. 82 da Lei n. 9.099/95), em caso de uma das situações previstas no art. 395 do CPP. **Se o juiz receber** a denúncia, não caberá recurso; todavia, se contrariar algum dos incisos do art. 395, o acusado poderá impetrar *habeas corpus* para a Turma Recursal.

Quando **recebida** a denúncia ou a queixa, deverão ser observados os seguintes atos na AIJ:

a) oitiva da vítima; **b)** oitiva das testemunhas de acusação e de defesa – quanto ao número de testemunhas, há divergência doutrinária. Parte da doutrina entende ser possível arrolar até 3 (três) testemunhas, ao passo que a outra parte, até 5 (cinco); **c)** interrogatório do acusado; **d)** alegações finais orais ou memoriais escritos. Ademais, com o advento da Lei n. 14.245/2021 (Lei Mariana Ferrer), em vigor a partir do dia 23-11-2021, fora acrescido o § 1º-A ao art. 81 da Lei n. 9.099/95, passando a determinar que, durante a audiência, **todas as partes**

e demais sujeitos processuais presentes no ato deverão respeitar a dignidade da vítima, sob pena de responsabilização civil, penal e administrativa, cabendo ao juiz garantir o cumprimento do disposto no referido artigo, sendo vedadas: I – a manifestação sobre circunstâncias ou elementos alheios aos fatos objeto de apuração nos autos; e, II – a utilização de linguagem, de informações ou de material que ofendam a dignidade da vítima ou de testemunhas.

c) **Sentença.** Da sentença que absolver ou condenar caberá apelação, com fundamento no art. 82 da Lei n. 9.099/95, no prazo de 10 dias.

11.5 Procedimento especial – rito do júri

O Tribunal do Júri, de acordo com a Constituição Federal, em seu arts. 5º, XXXVIII, d, bem como no art. 74, § 1º, do CPP, é o responsável pelo julgamento dos crimes dolosos contra a vida, sejam os tentados, consumados e os conexos aos dolosos (crimes de homicídio doloso, infanticídio, aborto e instigação ao suicídio).

> **ATENÇÃO!**
> O Tribunal do Júri não tem competência para julgar latrocínio, genocídio e tortura, ainda que tenha causado a morte da vítima.

É resguardada constitucionalmente a aplicação de garantias ao Tribunal do Júri:

a) **Plenitude de defesa:** possibilidade de a defesa alegar questões de ordem técnica, moral, religiosa, filosófica, entre outras. Por esse motivo, é considerada uma espécie de *plus* à ampla defesa.

b) **Sigilo na votação:** forma de garantia do júri, pois a votação é realizada de maneira secreta, evitando qualquer contato entre os próprios jurados. A votação é realizada em "sala secreta", devendo responder, de forma objetiva, aos questionamentos do magistrado. Para evitar votação unânime, quando for atingida a maioria dos votos no mesmo sentido, ou seja, 4 (quatro), a votação será interrompida, maneira que se encontra para preservar o sigilo da votação.

c) **Soberania dos *veredictos*:** a decisão dos jurados não pode ser reformada pelo juiz-presidente e/ou instância superior, podendo, apenas, ser anulado o *veredicto*, caso a decisão tenha sido manifestamente contrária à prova dos autos (art. 593, III, d, do CPP). Não há necessidade de justificativa na hora do voto ao julgar o caso.

> **ATENÇÃO!**
> Quando só existir **uma versão** dos fatos e os jurados a contrariarem, de maneira a decidir diversamente daquilo que foi provado, a decisão será considerada **manifestamente contrária à prova dos autos**. No entanto, caso haja duas versões dos fatos, os jurados, pela sua livre convicção, podem optar por uma delas, não caracterizando decisão manifestamente contrária.

11.5.1 Características do Tribunal do Júri

O Tribunal do Júri é composto por um órgão colegiado heterogêneo, sendo presidido por um juiz togado (presidente) e por outros 25 leigos para compor o Conselho de Sentença; destes, serão sorteados 7 (sete), não existindo hierarquia entre o juiz e os jurados. Vale ressaltar que não se exige unanimidade na decisão, sendo esta classificada como subjetiva, pois emana de um órgão colegiado heterogêneo.

O rito é classificado como **escalonado ou bifásico** justamente por conter duas fases distintas, sendo a **primeira** iniciada com o oferecimento da denúncia e terminando com o trânsito em julgado da decisão de pronúncia. A **segunda** fase inicia-se com o recebimento dos autos pelo juiz-presidente do Tribunal do Júri, após o trânsito em julgado da decisão de pronúncia (art. 421 do CPP), e termina com o julgamento pelo pleno do júri.

11.5.2 Primeira fase – *judicium accusationis* (sumário de culpa – arts. 406 a 421 do CPP)

Nessa fase, o procedimento será concluído no prazo máximo de 90 (noventa) dias (art. 412 do CPP). Tem a sequência dos seguintes atos processuais:

1 – Oferecimento da denúncia ou queixa: poderão ser arroladas até o máximo de 8 (oito) testemunhas, sob pena de preclusão (art. 406, § 2º, do CPP).

2 – Rejeição ou recebimento da denúncia ou da queixa: dá-se a rejeição da denúncia nas hipóteses do art. 395 do CPP, seja por: I – ser a peça acusatória manifestamente inepta; II – faltar alguma das condições para o exercício regular da ação ou pressuposto processual; ou III – faltar justa causa para o exercício da ação penal.

3 – Citação do réu: recebida a peça acusatória, o acusado é citado para se defender. No rito do júri há possibilidade de utilizar os mesmos meios de citação do rito ordinário, seja a real ou ficta.

4 – Apresentação da resposta à acusação ou escrita (art. 406, § 3º, do CPP): nesta fase não há julgamento antecipado, ou seja, não há absolvição sumária, nos termos do art. 397 do CPP. É o momento que o acusado tem para apresentar resposta à acusação, no prazo de 10 (dez) dias; poderá apresentar o rol de testemunhas com número máximo de 8 (oito) e arguir preliminares, apresentar as exceções e juntar documentos.

> **ATENÇÃO!**
> A resposta à acusação é peça indispensável; caso o acusado não a apresente no prazo da lei, o juiz deve nomear defensor dativo e conceder-lhe o mesmo prazo do acusado para que ofereça a referida peça, sob pena de nulidade absoluta (art. 408 do CPP).

5 – **Oitiva do Ministério Público sobre preliminares suscitadas e documentos juntados** (art. 409 do CPP): situações em que, caso a parte apresente teses preliminares na resposta à acusação, o MP deve ter oportunidade de se manifestar quanto às alegações, no prazo de 5 (cinco) dias.

6 – **Audiência de instrução, debates e julgamentos** (art. 411 do CPP): após recebimento e análise da resposta à acusação, o juiz deverá designar audiência de instrução e julgamento, que seguirá a seguinte ordem: 6.1 – Declarações do ofendido, se possível; 6.2 – Inquirição das testemunhas de acusação e defesa; 6.3 – Esclarecimentos dos peritos (art. 411, § 1º, do CPP); 6.4 – Acareações (se for o caso); 6.5 – Reconhecimento de pessoas e coisas (se for o caso); 6.6 – Interrogatório do acusado; 6.7 – Encerrada a instrução probatória, ocorrendo o *mutatio libelli*, o juiz aplicará o disposto no art. 384 do CPP; 6.8 – **Alegações finais orais ou memoriais**. Contudo, o juiz poderá converter os debates orais em memoriais escritos.

7 – **Possíveis decisões do Juiz**:

a) **Pronúncia** (art. 413 do CPP): o juiz irá se pronunciar caso haja **indícios suficientes de autoria ou participação e prova da materialidade**, devendo ele declarar o dispositivo legal em que julgar incurso o acusado e especificar as circunstâncias qualificadoras e as causas de aumento de pena (art. 413, § 1º, do CPP), sendo vedado que o magistrado faça referência às causas atenuantes, agravantes e de diminuição de pena.

> **ATENÇÃO!**
> No caso de pronúncia, ocorrendo a **eloquência acusatória** por parte do juiz, ou seja, excedendo-se, fazendo um prévio julgamento, extrapolando a demonstração dos pressupostos legais (indícios suficientes de autoria e prova da materialidade), é **causa de nulidade**.

b) **Impronúncia** (art. 414 do CPP): significa que, não se convencendo da existência de indícios suficientes de autoria, de participação ou materialidade do fato, o juiz deverá impronunciar. Importante salientar que a referida decisão não faz coisa julgada material, sendo possível formular uma nova denúncia caso haja prova nova.

c) **Absolvição sumária** (art. 415 do CPP): deve-se absolver sumariamente quando preencher os requisitos do art. 415 do CPP: I – provada a inexistência do fato; II – provado não ser o acusado o autor do fato; III – o fato não constituir infração penal; IV – demonstrada causa de isenção de pena ou exclusão do crime.

d) **Desclassificação** (art. 419 do CPP): situação em que o magistrado entende que não ocorreu crime doloso contra a vida. Por esse motivo, o Tribunal do Júri torna-se incompetente para julgar o caso, devendo remeter os autos ao juízo competente.

O juiz deverá proferir sua decisão logo após o encerramento dos debates, ou poderá fazê-lo no prazo de 10 (dez) dias (art. 411, § 9º, do CPP).

11.5.2.1 Distinção entre impronúncia e despronúncia

A **impronúncia** é uma decisão judicial motivada, decretada pelo Juiz em juízo de valor que afirma, desde logo, a inexistência do crime ou de indícios suficientes de autoria ou de participação. Já a **despronúncia** exige a existência de uma decisão de pronúncia, a qual será **reconsiderada ou reformulada**, seja por parte do juízo de primeira instância, em sede de retratação, seja por parte do Tribunal que, apreciando recurso do réu, reforma a sentença de pronúncia para impronunciá-lo.

11.5.3 Dos recursos nas decisões de primeira fase

a) da pronúncia, cabe Recurso em Sentido Estrito (RESE – art. 581, IV, do CPP);

b) da impronúncia, cabe apelação (art. 416 do CPP);

c) da absolvição sumária, cabe apelação (art. 416 do CPP);

d) da desclassificação, cabe RESE (art. 581, II, do CPP).

11.6 Segunda fase do júri – *judicium causae* ou juízo da causa (arts. 422 a 497 do CPP)

Após o trânsito em julgado da decisão de pronúncia, os autos serão enviados ao juiz presidente do Tribunal do Júri, que adotará a seguinte sequência dos atos processuais:

I – **Intimação das partes**: as partes devem apresentar o rol de testemunhas que irão depor no plenário, podendo requerer diligências e juntar documentos, no prazo de 5 (cinco) dias (art. 422 do CPP).

II – **Elaboração de relatório sucinto**: o juiz deve decidir sobre os requerimentos de provas formuladas pelas partes, devendo sanar as irregularidades existentes no processo, apresentando aos jurados no dia do julgamento no pleno (art. 423 do CPP).

> **ATENÇÃO!**
> O **sorteio** dos jurados será presidido pelo Juiz, far-se-á a portas abertas, cabendo-lhe retirar as cédulas, com base na lista geral, até completar o número de 25 (vinte e cinco) jurados, para a reunião periódica ou extraordinária (art. 433, *caput*, do CPP). No entanto, o sorteio será realizado entre o **15º (décimo quinto) dia e o 10º (décimo) dia útil** antecedente à instalação da reunião (art. 433, § 1º, do CPP).

III – **Quantidade dos jurados**: de acordo com o art. 462 do CPP, deverá ser verificado se há 25 (vinte e cinco) cédulas com o nome dos candidatos para que seja feito o sorteio dos membros que irão compor o plenário do júri. Contudo, o art. 463 do CPP dispõe que, **comparecendo ao menos 15 (quinze) jurados**, o juiz-presidente **declarará instaurados os trabalhos**.

IV – **Advertências**: o juiz-presidente esclarecerá os jurados sobre os impedimentos, a suspeição e as incompatibilidades (art. 466, CPP).

V – **Dos jurados presentes**: preenchidos os requisitos do art. 463 do CPP, 7 (sete) serão sorteados para compor o conselho de sentença que julgará o acusado. Nesta etapa, tanto a defesa quanto a acusação, respectivamente, poderão **rejeitar até 3 (três)** jurados de **forma imotivada** (recusa peremptória), na forma do art. 468 do CPP. No entanto, as partes poderão recusar **motivadamente** os jurados alegando de impedimento (art. 448 do CPP), ou outras hipóteses previstas no art. 449 do CPP.

VI – **Instrução em plenário**: durante o julgamento **não será permitida** a leitura de documento ou a exibição de objeto que não tiver sido juntado aos autos com a antecedência mínima de 3 (três) dias úteis, dando-se ciência à outra parte, conforme determina o art. 479 do CPP, bem como referência à decisão de pronúncia do juiz, silêncio do acusado etc. (art. 478 do CPP, sob pena de nulidade). **Formado o conselho de sentença**, o juiz fará aos jurados a exortação, o compromisso e a entrega de cópias das peças processuais (art. 472 do CPP), bem como seguirá os seguintes atos:

I – declaração do ofendido (se possível);

II – inquirição das testemunhas de acusação e de defesa (art. 473, *caput*, do CPP);

III – as partes e os jurados poderão requerer acareações, reconhecimento de pessoas e coisas, esclarecimento de perito (se for o caso) e leitura de peças (provas colhidas por precatória e as cautelares, antecipadas ou não repetíveis);

> **ATENÇÃO!**
> Os jurados formularão as perguntas ao ofendido e às testemunhas, por intermédio do juiz-presidente (sistema presidencialista), sendo esta uma exceção ao *cross examination* (arts. 473, § 2º, e 474, § 2º, ambos do CPP). No tocante às partes, estas farão as inquirições diretas às testemunhas e ao acusado (*cross examination*), na forma dos arts. 473, § 1º, e 474, § 1º, ambos do CPP. Ademais, com o advento da Lei n. 14.245/2021 (Lei Mariana Ferrer), em vigor a partir do dia 23-11-2021, foi acrescido o art. 474-A do CPP, passando a determinar que, durante a instrução em plenário, todas as partes e demais sujeitos processuais presentes no ato deverão respeitar a dignidade da vítima, sob pena de responsabilização civil, penal e administrativa, cabendo ao juiz presidente garantir o cumprimento do disposto no referido artigo, sendo vedadas: I – a manifestação sobre circunstâncias ou elementos alheios aos fatos objeto de apuração nos autos; e, II – a utilização de linguagem, de informações ou de material que ofendam a dignidade da vítima ou de testemunhas.

IV – interrogatório do acusado;

V – debates: o tempo destinado à acusação e à defesa será de **uma hora e meia** para cada, e de **uma hora** para a réplica e outro tanto para a tréplica (art. 477, *caput*, do CPP), ressalvando que **o assistente de acusação** falará depois do MP, se houver. No caso de **ação penal privada**, o querelante falará primeiro que o MP;

> **ATENÇÃO!**
> Havendo **mais de um réu**, a acusação e a defesa terão **duas horas e trinta** para os debates. Já na réplica e tréplica o prazo é de **duas horas** para cada.

> **ATENÇÃO!**
> Se a acusação, quando indagada se pretende fazer uso da réplica, acrescenta ou reforça algum argumento, mesmo que com poucas palavras, a defesa poderá ir para a tréplica.

VI – consulta aos jurados;

VII – diligências de plenário (se for o caso);

VIII – dos quesitos e sua votação.

11.6.1 Da sentença

Depois de concluída a audiência no Plenário do Júri, o juiz deverá indagar os jurados sobre a condição deles para julgar o acusado ou se há necessidade de mais esclarecimentos (art. 480, § 1º, do CPP).

Após essa indagação, o magistrado elaborará os quesitos, que, em regra, deverão ser: I – materialidade do fato; II – autoria ou participação; III – se o acusado deve ser absolvido; IV – se existe causa de diminuição de pena alegada pela defesa; V – se existe circunstância qualificadora ou causa de aumento de pena reconhecido na pronúncia ou em decisões posteriores que julgaram admissível a acusação, observando as regras dos arts. 482 e 483 do CPP, sendo votados pelos jurados em uma sala especial, denominada de "sala secreta" (art. 485, *caput*, do CPP).

Da decisão do Tribunal do Júri caberá apelação, com fundamento no art. 593, III, *a* a *d*, do CPP, quando:

a) ocorrer nulidade posterior à pronúncia. O recorrente pedirá anulação do julgamento para que outro seja realizado (art. 593, III, *a*, do CPP).

b) for a sentença do juiz-presidente contrária à lei expressa ou à decisão dos jurados. Se o recurso contra a sentença do juiz-presidente for contrário à lei expressa ou divergir das respostas dos jurados aos quesitos, o Tribunal de Justiça ou Regional Federal fará a devida retificação (art. 593, § 1º, do CPP).

c) houver erro ou injustiça no tocante à aplicação da pena ou da medida de segurança. Se o recurso for contra erro ou injustiça no tocante à aplicação da pena ou da medida de segurança, o tribunal, ao dar provimento à apelação, fará a devida retificação (art. 593, § 2º, do CPP).

d) for a decisão dos jurados manifestamente contrária à prova dos autos. O recorrente pedirá o provimento do recurso para levar o réu a novo julgamento, não se admitindo a segunda apelação pelo mesmo motivo (art. 593, § 3º, do CPP).

> **ATENÇÃO!**
> O Tribunal de Justiça não pode excluir qualificadora reconhecida pelo Tribunal do Júri. No entanto, se a qualificadora for manifestamente contrária à prova dos autos, deverá determinar que o réu seja submetido a novo julgamento, sendo vedada ao tribunal a exclusão da qualificadora ou a modificação da pena.

> **ATENÇÃO!**
> Quando só existir uma versão dos fatos e os jurados a contrariarem, de maneira a decidir diversamente daquilo que foi provado, a decisão será considerada manifestamente contrária à prova dos autos. No entanto, caso haja duas versões dos fatos, os jurados, pela sua livre convicção, podem optar por uma delas, não caracterizando decisão manifestamente contrária.

No plenário do júri, em caso de **desclassificação** pelos jurados, o crime conexo (não doloso contra a vida) será julgado pelo juiz presidente do Tribunal do Júri (art. 492, § 2º, do CPP), bem como o crime desclassificado e a aplicação dos institutos despenalizadores, se for considerado pela Lei como infração de menor potencial ofensivo (art. 492, § 1º, do CPP).

No caso de Sentença proferida pelo juiz presidente do tribunal do júri, este mandará o acusado recolher-se ou recomendá-lo-á à prisão em que se encontra, **se presentes os requisitos da prisão preventiva, ou**, no caso de condenação a uma **pena igual ou superior a 15 (quinze) anos de reclusão**, determinará a execução provisória da pena, com expedição do mandado de prisão, se for o caso, sem prejuízo do conhecimento de recursos que vierem a ser interpostos (art. 492, I, *e*, do CPP). No entanto, o presidente poderá, excepcionalmente, deixar de autorizar a execução provisória da pena, se houver questão substancial cuja resolução pelo tribunal ao qual competir o julgamento possa plausivelmente levar à revisão da condenação (art. 492, § 3º, do CPP).

Ressalte-se que o Supremo Tribunal Federal, por maioria, apreciando o tema 1.068 da repercussão geral, ao julgar o Recurso Extraordinário de n. 1.235.340: **(a)** conheceu do recurso extraordinário e deu-lhe provimento para negar provimento ao recurso ordinário em *habeas corpus* e considerar que, neste caso específico, é possível a prisão imediata do acusado; **(b)** deu interpretação conforme à Constituição, com redução de texto, ao art. 492 do CPP, com a redação da Lei n. 13.964/2019, excluindo do inciso I da alínea *e* do referido artigo o limite mínimo de 15 anos para a execução da condenação imposta pelo corpo de jurados. Por arrastamento, excluiu do § 4º e do § 5º, II, do mesmo art. 492 do CPP, a referência ao limite de 15 anos; e **(c)** fixou a **seguinte tese**: "A soberania dos veredictos do Tribunal do Júri autoriza a imediata execução de condenação imposta pelo corpo de jurados, **independentemente do total da pena aplicada**" (Plenário, 12-9-2024).

Por fim, o pedido de concessão de efeito suspensivo poderá ser feito **incidentemente** na apelação **ou por meio de petição** em separado dirigida diretamente ao relator, instruída com cópias da sentença condenatória, das razões da apelação e de prova da tempestividade, das contrarrazões e das demais peças necessárias à compreensão da controvérsia (art. 492, § 6º, do CPP).

11.7 Do desaforamento

Preceitua o art. 427 do CPP que, se o interesse da ordem pública o reclamar, houver dúvida quanto à imparcialidade do júri, segurança pessoal do acusado, impossibilitando o julgamento no local do crime, **o réu poderá ser julgado em outra comarca da mesma região**.

> **ATENÇÃO!**
> O julgamento do desaforamento será julgado pelo Tribunal de Justiça, e terá preferência na Câmara ou Turma competente (art. 427, § 1º, do CPP).

O desaforamento, conforme art. 427, § 4º, do CPP, **pode ser requerido: a)** após o trânsito em julgado da decisão de pronúncia e antes do julgamento em plenário; **b)** após o julgamento, caso ele seja anulado em decorrência de fato ocorrido durante o julgamento do réu.

Tem legitimidade para requerer o desaforamento: **a)** Ministério Público; **b)** assistente de acusação; **c)** acusado; e **d)** juiz, mediante representação.

No caso de desaforamento, prevê a possibilidade de **suspensão do julgamento** pelo plenário do júri, em razão de **motivos relevantes** alegados pelo requerente, por decisão fundamentada do relator (art. 427, § 2º, do CPP).

> **ATENÇÃO!**
> A mera alegação de parcialidade dos jurados ou meras suspeitas ou suposições, por si sós, desacompanhadas de qualquer comprovação idônea e eficaz, ou sem estar baseadas em fatos concretos, não autorizam o desaforamento.

> **ATENÇÃO!**
> De acordo com a Súmula 712 do STF obrigatoriamente deverá ser ouvida a defesa, só assim poderá ser deferido o pedido de desaforamento.

11.8 Procedimentos da Lei de Drogas (Lei n. 11.343/2006)

O procedimento na Lei de Drogas, em decorrência do **princípio da especialidade**, tem um rito próprio, distinguindo-se do rito comum ordinário previsto no CPP, encontrando previsão na Lei n. 11.343/2006. Deve seguir a sequência dos atos processuais:

I – **Oferecimento da denúncia**: por se tratar de conduta delituosa, cuja ação penal é pública incondicionada, o Ministério Público oferecerá a devida peça acusatória, podendo arrolar até 5 (cinco) testemunhas, conforme preceitua o art. 54, III, da Lei n. 11.343/2006.

II – **Notificação do acusado**: o acusado será notificado para que tenha possibilidade de oferecer defesa prévia, no prazo de 10 dias (art. 55, *caput*, da Lei n. 11.343/2006).

III – **Apresentação da defesa prévia** (art. 55 da Lei n. 11.343/2006): o acusado terá 10 (dez) dias para apresentar, podendo arrolar até 5 (cinco) testemunhas. Nesta fase processual, o acusado irá requerer a rejeição da denúncia, nos termos do art. 395, I, II e III, do CPP, bem como poderá juntar documentos e apresentar as exceções previstas no art. 95 do CPP.

ATENÇÃO!
Na Lei de Drogas não há citação para que o acusado apresente resposta à acusação com pedido de absolvição sumária, mas sim defesa prévia com pedido de rejeição da denúncia.

IV – **Recebimento da denúncia** (art. 55, § 4º, da Lei n. 11.343/2006): se o juiz **rejeitar** a denúncia, caberá RESE (art. 581, I, do CPP). Se o juiz **receber** a denúncia, não caberá recurso, mas, se contrariar algum dos incisos do art. 395 do CPP, o acusado poderá impetrar *habeas corpus* com intuito de trancar a ação penal.

V – **Audiência de instrução e julgamento** (art. 57 da Lei n. 11.343/2006): se o juiz não rejeitar a denúncia, **citará o acusado** pessoalmente para comparecer à audiência de instrução e julgamento, bem como intimando o Ministério Público, as testemunhas e requisitará os laudos periciais (art. 56 do Lei n. 11.343/2006).

Na audiência de instrução e julgamento, debates e julgamentos, a regra é que a audiência seja una, tendo que seguir a seguinte sequência:

a) **interrogatório do acusado na presença de seu defensor**;

ATENÇÃO!
O STF, ao julgar o HC n. 127.900/AM, rel. Min. Dias Toffoli, firmou entendimento de que o interrogatório do **acusado deverá ser realizado ao final da instrução criminal**, conforme art. 400 do CPP, sendo aplicável no âmbito dos procedimentos especiais, preponderando o princípio da ampla defesa sobre o princípio interpretativo da especialidade. No entanto, a fim de evitar possíveis nulidades nos processos em que o interrogatório foi o primeiro ato da AIJ, tal entendimento só passou a ter aplicabilidade a partir da publicação da ata do julgamento (11-3-2016). Contudo, a fim de não comprometer a segurança jurídica dos processos já sentenciados, houve modulação dos efeitos da decisão, aplicando-se essa orientação apenas aos processos cuja instrução ainda não tenha se encerrado.

b) **inquirição de testemunhas de acusação e de defesa**: cada parte pode arrolar até 5 (cinco) testemunhas (arts. 54, III, e 55, § 1º, da Lei n. 11.343/2006), devendo elas serem ouvidas em audiência;

c) **debates orais ou memoriais escritos**: na Lei de Drogas, devem ser aplicadas as mesmas teses de defesa previstas no procedimento comum;

VI – **Sentença**: na fase da sentença, não diferente dos outros procedimentos, deve prevalecer o princípio do *in dubio pro reo* (em favor do acusado).

VII – **Recurso**: da decisão do juízo cabe apelação, devendo seguir as regras do art. 593, I, do CPP.

11.9 Procedimento nos crimes de violência doméstica e familiar contra a mulher (Lei n. 11.340/2006)

11.9.1 Formas de violência doméstica e familiar contra a mulher

A Lei n. 11.340/2006 tornou crime a violência doméstica e familiar contra a mulher, passando a adotar procedimento especial para as condutas que se enquadrarem nas hipóteses do art. 7º da referida lei, agressões que podem ser: **a)** física; **b)** psicológica; **c)** patrimonial; e **d)** moral. Com intuito de aumentar e humanizar o atendimento às mulheres, determinou-se a criação de juizados especiais de violência doméstica e familiar contra a mulher.

O **procedimento** a ser seguido será **ordinário ou sumário**, dependendo da pena, ou do júri, nos casos de crimes dolosos contra a vida. Nos crimes em que a **pena máxima em abstrato for de até 2 (dois) anos**, no caso de infração de menor potencial ofensivo, **aplicar-se-á o rito sumário**, tendo em vista que o art. 41 da Lei n. 11.340/2006 veda a aplicação da Lei n. 9.099/95, ou seja, o procedimento sumaríssimo, bem como a suspensão condicional do processo e a transação penal (Súmula 536 do STJ).

ATENÇÃO!
No caso de **contravenções penais** no âmbito familiar e doméstico contra a mulher, não se aplica o procedimento sumaríssimo, **adotando-se o rito sumário**, aplicando o art. 41 da Lei n. 11.340/2006 indistintamente a crimes e contravenções penais, de acordo com a posição jurisprudencial.

ATENÇÃO!
Súmula 536 do STJ: "a suspensão condicional do processo e a transação penal não se aplicam na hipótese de delitos sujeitos ao rito da Lei Maria da Penha". Súmula 542 do STJ: "a ação penal relativa ao crime de lesão corporal resultante de violên-

cia doméstica contra a mulher é pública incondicionada". **Súmula 588 do STJ**: "A prática de crime ou contravenção penal contra a mulher com violência ou grave ameaça no ambiente doméstico impossibilita a substituição da pena privativa de liberdade por restritiva de direitos". **Súmula 589 do STJ**: "É inaplicável o princípio da insignificância nos crimes ou contravenções penais praticados contra a mulher no âmbito das relações domésticas". **Súmula 600 do STJ**: "Para a configuração da violência doméstica e familiar prevista no art. 5º da Lei n. 11.340/2006 (Lei Maria da Penha) não se exige a coabitação entre autor e vítima".

> **ATENÇÃO!**
> O STJ entende que a violência doméstica aplica-se a **mulher trans**, ou seja, que tem identidade com o gênero feminino e não pela perspectiva meramente biológica (REsp 1.977.124/SP, rel. Min. Rogerio Schietti Cruz, 6ª T., DJe 22-4-2022).

12. SENTENÇA

É a decisão proferida pela autoridade judiciária no processo judicial sob a sua direção, podendo ser **absolutória** ou **condenatória** ou, ainda, **terminativa** quanto a algum incidente.

A decisão proferida pelo **juiz** monocrático é denominada **sentença**.

Vale ressaltar que a proferida pelo **Tribunal**, órgão colegiado, denomina-se **acórdão**.

A decisão dos **jurados** é denominada **veredicto**.

12.1 Classificação

12.1.1 Classificação em sentido amplo

As decisões ou sentenças, em sentido amplo, no processo penal podem ser:

I – **Definitivas**: são as sentenças em sentido próprio, isto é, as que resolvem a lide e põem fim ao processo, condenando (sentenças condenatórias) ou absolvendo o réu (absolutórias).

II – **Interlocutórias simples**: são aquelas que dirimem questões parciais relativas ao andamento do processo, à marcha do processo, sem abordar o mérito da ação e sem encerrar o processo. Exemplo: o recebimento da denúncia ou queixa, a concessão de fiança e outros.

III – **Interlocutórias mistas**: têm ao mesmo tempo caráter interlocutório e força de decisão definitiva (art. 593, II, do CPP). Também não abordam o mérito da ação, mas encerram uma etapa dele. Subdividem-se em:

a) **interlocutórias mistas não terminativas**: põem termo em apenas uma etapa procedimental. Exemplo: decisão de pronúncia nos processos do júri popular;

b) **Interlocutórias mistas terminativas**: são as que encerram o processo sem resolução da lide. Exemplo: decisão pela ilegitimidade de parte etc.

As decisões ou sentenças, em **sentido estrito**, dividem-se em **condenatórias**, **absolutórias** e **terminativas de mérito**.

I – **Sentenças condenatórias** (art. 387 do CPP): são aquelas que julgam procedente a ação penal, ou seja, acolhendo no todo ou em parte a responsabilidade criminal do acusado.

II – **Sentenças absolutórias** (art. 386 do CPP): são aquelas que julgam improcedente a ação penal, ou seja, não acolhem o pedido da acusação por um dos incisos do art. 386 do CPP. Podem ser:

a) **próprias**: quando não acolhem a pretensão punitiva, liberando o acusado de qualquer sanção (art. 386 do CPP);

b) **impróprias**: quando o juiz se convence da prática da infração penal, mas reconhece a inimputabilidade do acusado, aplicando-lhe medida de segurança (art. 386, parágrafo único, III, do CPP).

III – **Terminativas de mérito**: pronunciam um julgamento de mérito, no entanto não condenam nem absolvem o acusado. Exemplo: a sentença de declaração da extinção de punibilidade.

Além das classificações já mencionadas, de acordo com a doutrina, as sentenças também podem ser: subjetivamente simples, plúrimas e complexas; executáveis, não executáveis e condicionais.

12.2 Requisitos formais da sentença

Os requisitos da sentença estão previstos no art. 381 do CPP. A sentença possui requisitos formais intrínsecos e extrínsecos.

Assim, os requisitos **intrínsecos** são:

I – **O relatório** (exposição ou histórico), art. 381, I e II, do CPP. É a exposição sucinta da acusação e da defesa, o nome das partes e um resumo do histórico do processo, inclusive com menção expressa aos incidentes e à solução dada às questões intercorrentes. A falta de relatório é causa de nulidade da sentença, nos termos do art. 564, III, *m*, e IV, do CPP.

> **ATENÇÃO!**
> O art. 81, § 3º, da Lei n. 9.099/95 **dispensa o relatório** nas sentenças proferidas no procedimento sumaríssimo dos Juizados Especiais Criminais.

A jurisprudência entende que a falta ou a deficiência da exposição das teses articuladas pelas partes só causa nulidade da sentença se ficar comprovado concretamente o prejuízo.

II – **A fundamentação (motivação)**, art. 381, III, do CPP. A lei exige a indicação dos motivos de fato e de direito em que se funda a decisão, bem como o art. 93, IX, da Constituição Federal, ou seja, a obrigatoriedade da fundamentação das decisões judiciais. A sentença sem fundamentação é denominada sentença vazia.

III – **O dispositivo (conclusão)**, art. 381, IV e V, do CPP. É o encerramento da tese, é a decisão final, decisão propriamente dita que o juiz dá ao processo. Nesta fase, o juiz aplica o direito ao caso concreto, absolvendo ou condenando o acusado, com a indicação dos artigos de lei que foram aplicados.

Já os requisitos formais **extrínsecos** da sentença são: a **data** e a **assinatura** do juiz (art. 381, VI, do CPP) e as **rubricas** em todas as folhas, quando a sentença for datilografada e contiver mais de uma folha (art. 388 do CPP). As primeiras conferem autenticidade à sentença, podendo acarretar nulidade ou até mesmo a inexistência, no caso da ausência de assinatura, ao passo que a falta das rubricas traduz apenas mera irregularidade na sentença penal.

12.3 *Emendatio libelli* (art. 383 do CPP)

Ocorre quando o juiz, sem alterar o quadro fático narrado na denúncia ou queixa, dá outra tipificação legal ao crime.

Portanto, na *emendatio libelli* há apenas uma correção, tendo o juiz a liberdade de **corrigir a tipificação legal do delito, sem modificar a descrição do fato narrado** na denúncia ou queixa, podendo atribuir-lhe definição jurídica diversa, inclusive aplicar pena mais grave, independentemente de vista à defesa.

Nesta hipótese, **não há cerceamento** de defesa ou surpresa para o acusado, em decorrência do princípio da correlação, no qual o acusado se defende dos fatos narrados na peça acusatória e não de sua classificação legal.

Ressalte-se ainda que, por ocasião do **recebimento da denúncia ou queixa, o juiz não pode** aplicar a *emendatio libelli*, uma vez que ela só pode ocorrer no momento da sentença.

Quanto à aplicação da *emendatio libelli* **em segundo grau**, não há nenhum impedimento. No entanto, em caso de recurso exclusivo da defesa, o Tribunal não poderá agravar a pena, em razão do princípio da vedação da *reformatio in pejus* (art. 617 do CPP).

Caso o magistrado venha a **desclassificar** o tipo penal, ao atribuir uma nova tipificação legal ao fato, tornando-se **incompetente**, ele deverá encaminhar os autos ao juízo competente (art. 383, § 2º, do CPP).

> **ATENÇÃO!**
> Caso, em consequência da nova definição jurídica do fato, e este tiver pena mínima não superior a 1 (um) ano de detenção, o juiz determinará abertura de vista ao Ministério Público, para que possa oferecer o benefício da **suspensão condicional do processo** (art. 89 da Lei n. 9.099/95), se for o caso (art. 383, § 1º, do CPP).

12.4 Princípio da correlação

A sentença a ser proferida pelo juiz deve limitar-se aos fatos imputados na denúncia ou queixa, não podendo julgar *ultra* (além), *extra* (fora) ou *citra* (aquém) *petita* (pedido), sob pena de afronta aos princípios constitucionais do contraditório e da ampla defesa.

Portanto, tanto a *mutatio libelli* quanto a *emendatio libelli* **visam** garantir a exata correlação entre a imputação e a sentença.

12.5 Princípio do *jura novit curia*

No processo penal vigora também o princípio do *jura novit curia*, significando que o juiz conhece o direito, também conhecido como *mihi factum dabo tibi jus* (narra-me o fato e te darei o direito). Isso significa dizer que o réu se defende não da capitulação legal dada ao crime na denúncia, mas, sim, dos fatos narrados na denúncia ou queixa.

12.6 *Mutatio libelli* (art. 384, *caput*, do CPP)

Após o encerramento da instrução criminal, é possível a ocorrência de **nova definição jurídica do fato**, em consequência de prova existente nos autos de elemento ou circunstância da infração penal não contida na acusação.

Diante dessa situação, o **juiz não poderá** proferir sentença sem que haja o **aditamento** da denúncia e a **oportunidade de defesa** ao acusado, sob pena de violar os princípios da ampla defesa e do contraditório.

Assim, caberá ao **Ministério Público** aditar a denúncia ou a queixa, no prazo de **5 (cinco) dias**, se, após a instrução probatória, entender cabível nova definição jurídica do fato, reduzindo-se a termo o aditamento, quando feita oralmente.

> **ATENÇÃO!**
> No caso de ação penal privada subsidiária da pública, o Ministério Público deverá formular o aditamento, em caso de omissão do querelante.

Se o Ministério Público **não aditar** a denúncia e o juiz entender ser cabível a possibilidade de nova definição jurídica do fato, **aplica-se o art. 28 do CPP**, devendo ser enviando ao Procurador-Geral de Justiça para que o faça.

Havendo aditamento pelo Ministério Público, o juiz, antes de admiti-lo ou rejeitá-lo, **notificará** o defensor do acusado para que se manifeste no prazo de **5 (cinco) dias**. Admitido o aditamento, o juiz designará dia e hora para a continuação da audiência, com a inquirição de testemunhas, novo interrogatório do acusado, realização de debates e julgamentos (art. 384, § 2º, do CPP).

Cada parte pode arrolar até **3 (três) testemunhas**, ficando o juiz, na sentença, adstrito aos termos do aditamento (art. 384, § 4º, do CPP). Rejeitado o aditamento, o processo prosseguirá. Dessa decisão cabe recurso em sentido estrito (art. 581, I, do CPP).

> **ATENÇÃO!**
> Ressalte-se que a *mutatio libelli* não se aplica em segunda instância, de acordo com a Súmula 453 do STF.

12.7 Pedido de absolvição pelo MP

Nos crimes da ação penal pública, o pedido de absolvição do Ministério Público não vincula o juiz, podendo este proferir sentença condenatória, bem como reconhecer agravantes, embora nenhuma tenha sido alegada (art. 385 do CPP).

12.8 Sentença absolutória

É aquela em que o juiz julga improcedente a pretensão punitiva da acusação. Assim, o magistrado, ao proferir a sentença absolutória, mencionará a causa na parte dispositiva, desde que reconheça uma das hipóteses previstas no art. 386 do CPP, a saber:

I – **Estar provada a inexistência do fato:** quando ficar provado que o fato atribuído ao acusado não aconteceu, não existiu. Faz coisa julgada no cível e impede a propositura da ação civil.

II – **Não haver prova da existência do fato:** nesta hipótese, há dúvida quanto à existência do fato, não se podendo provar plenamente se este existiu ou não, incidindo aqui o princípio do *in dubio pro reo*. Não faz coisa julgada no cível e não impede a propositura da ação civil.

III – **Não constituir o fato infração penal:** o fato existe, porém, é atípico, isto é, resta provada a existência do fato, no entanto não se enquadra em nenhuma descrição típica prevista no Código Penal. E ainda nas hipóteses de excludentes de tipicidade (erro do tipo – art. 20, *caput, do* CP; crime impossível – art. 17 do CP; e o princípio da insignificância). Assim, nessas hipóteses pode ocorrer o pedido de absolvição do acusado. Não faz coisa julgada no cível e não impede a propositura da ação civil.

IV – **Estar provado que o réu não concorreu para a infração penal:** nesta hipótese, o fato existe, mas está provado, sem dúvida alguma, que o acusado não foi autor ou partícipe do crime. Faz coisa julgada no cível e impede a propositura da ação civil.

V – **Não existir prova de ter o réu concorrido para a infração penal:** quando houver dúvida quanto à autoria e à participação do acusado no crime, incidirá o princípio do *in dubio pro reo*, devendo o acusado ser absolvido. Não faz coisa julgada no cível e não impede a propositura da ação civil.

VI – **Existirem circunstâncias que excluam o crime ou isentem o réu de pena (arts. 20, 21, 22, 23, 26 e § 1º do art. 28, todos do CP), ou mesmo se houver fundada dúvida sobre sua existência:** a absolvição do acusado pelas excludentes de ilicitude (art. 23 do CP) faz coisa julgada no cível e impede a propositura da ação civil, exceto nas hipóteses de estado de necessidade, quando o agente atinge bem de terceiro inocente, e na legítima defesa, quando o agente causar ofensa a terceiro por erro na execução.

No entanto, não faz coisa julgada no cível e não impede a propositura da ação civil a sentença absolutória que reconhecer as excludentes de culpabilidade ou quando fundada em dúvida sobre a existência de circunstâncias que excluam o crime ou isentem o réu de pena.

VII – **Não existir prova suficiente para a condenação:** quando houver dúvida ou insuficiência de prova para sustentar a condenação, o acusado deverá ser absolvido, em respeito ao princípio do *in dubio pro reo*. Para condenar, a prova há de ser plena, cabal, ou seja, exige certeza do julgador. Assim, havendo dúvida no espírito do juiz, o acusado deve ser absolvido. Não faz coisa julgada no cível e não impede a propositura da ação civil.

No que concerne às **consequências da absolvição**, segundo o parágrafo único do mesmo artigo, o juiz mandará, se for o caso, pôr o réu em liberdade; ordenará a cessação das penas acessórias provisoriamente aplicadas; ou aplicará medida de segurança, se cabível.

12.9 Sentença condenatória

O juiz, ao proferir a sentença condenatória, segundo o **art. 387 do CPP**:

I – mencionará as circunstâncias agravantes ou atenuantes definidas no Código Penal, e cuja existência reconhecer;

II – mencionará as outras circunstâncias apuradas e tudo o mais que deva ser levado em conta na aplicação da pena, de acordo com o disposto nos arts. 59 e 60 do CP;

III – aplicará as penas, de acordo com essas conclusões;

IV – fixará valor mínimo para reparação dos danos causados pela infração, considerando os prejuízos sofridos pelo ofendido;

V – atenderá, quanto à aplicação provisória de interdições de direitos e medidas de segurança, ao disposto no Título XI deste Livro;

VI – determinará se a sentença deverá ser publicada na íntegra ou em resumo e designará o jornal em que será feita a publicação.

Ressalte-se que, havendo pedido expresso na inicial acusatória do Ministério Público ou da parte ofendida e oportunizado o contraditório ao réu, sob pena de violação à ampla defesa, o juiz na sentença condenatória deve fixar um valor mínimo para a reparação civil dos danos materiais ou morais causados à vítima, de acordo com o art. 387, IV, do CPP.

Por fim, o juiz decidirá, fundamentadamente, sobre a manutenção ou, se for o caso, imposição de prisão preventiva ou de outra medida cautelar, sem prejuízo do conhecimento da apelação que vier a ser interposta.

Dessa forma, na aplicação da pena, o Código Penal adotou o **sistema trifásico** (art. 68 do CP) no qual o desdobramento da pena se dá em três fases:

a) **1ª fase:** o juiz fixa a pena-base de acordo com as circunstâncias judiciais (art. 59 do CP);

b) **2ª fase:** o juiz leva em consideração as circunstâncias agravantes (arts. 61 e 62 do CP) e atenuantes (arts. 65 e 66 do CP);

c) **3ª fase:** o juiz leva em consideração as causas de aumento ou diminuição de pena (previstas na Parte Geral ou Especial do Código Penal). Assim, se o juiz, ao fixar a pena, não levar em consideração o sistema trifásico, bem como o princípio constitucional da individualização da pena (art. 5º, XLVI, da CF), ensejará a nulidade da sentença condenatória.

E, ainda, o juiz deverá levar em consideração por ocasião da dosimetria da pena as seguintes Súmulas: 231, 241, 440, 442, 443 e 444, todas do STJ.

Registre-se que somente após o **trânsito em julgado** da sentença penal condenatória, que aplicou a pena restritiva de direito, o juiz da execução, de ofício ou a requerimento do Ministério Público, promoverá a **execução**, em consonância com o art. 147 da Lei n. 7.210/84.

A intimação da sentença ocorrerá na forma do art. 392 do CPP, a saber:

I – ao réu, pessoalmente, se estiver preso;

II – ao réu, pessoalmente, ou ao defensor por ele constituído, quando se livrar, solto, ou, sendo afiançável a infração, tiver prestado fiança;

III – ao defensor constituído pelo réu, se este, afiançável, ou não, a infração, expedido o mandado de prisão, não tiver sido encontrado, e assim o certificar o oficial de justiça;

IV – mediante edital, nos casos do n. II, se o réu e o defensor que houver constituído não forem encontrados, e assim o certificar o oficial de justiça;

V – mediante edital, nos casos do n. III, se o defensor que o réu houver constituído também não for encontrado, e assim o certificar o oficial de justiça;

VI – mediante edital, se o réu, não tendo constituído defensor, não for encontrado, e assim o certificar o oficial de justiça.

Ressalte-se que o Ministério Público será o primeiro a ser intimado da sentença, no prazo de 3 (três) dias (art. 390 do CPP), cuja intimação deve ser pessoal. O querelante ou o assistente será intimado da sentença, pessoalmente ou na pessoa de seu advogado. Já o Defensor nomeado e o público deverão, respectivamente, ser intimados pessoalmente (art. 370, § 4º, do CPP) e de acordo com o art. 44, I, da LC n. 80/94.

No entanto, se nenhum deles for encontrado, a intimação será feita mediante edital com o prazo de 10 dias, afixado no prazo de costume (art. 391 do CPP). A intimação pode dar-se pela imprensa oficial na forma do art. 370, § 1º, do CPP.

12.9.1 Intimação da Sentença Condenatória e Absolutória Imprópria (o réu é absolvido e imposta uma medida de segurança)

Se o acusado estiver **preso**, procede-se à intimação pessoal do acusado e de seu **defensor constituído**. Se o réu estiver solto, se assistido por advogado constituído, basta a intimação de seu defensor.

Se estiver sido patrocinado por **defensor público ou dativo**, será preciso a **intimação pessoal** do acusado. Se não for localizado, será citado **por edital** no prazo de 90 dias, caso a condenação imposta for pena privativa de liberdade por tempo igual ou superior a um ano, e de 60 dias, nos outros casos (art. 392, § 1º, do CPP). O prazo para apelação correrá após o término do fixado no edital, salvo se, no curso deste, for feita a intimação por qualquer das outras formas estabelecidas em lei (art. 392, § 2º, do CPP).

12.10 Detração

Com o advento da Lei n. 12.736, de 30 de novembro de 2012, o juiz, por ocasião da sentença condenatória, computará o tempo de prisão provisória, administrativa ou internação, cumprida no Brasil ou no estrangeiro, para fins de determinação de regime inicial de pena privativa de liberdade, na forma do art. 387, § 2º, do Código de Processo Penal.

> **ATENÇÃO!**
> É possível a **detração** dos dias em que o preso estava custodiado em **prisão domiciliar**, pois qualquer prisão processual será abatida da pena final imposta, pouco importando o local do cumprimento da pena (AgRg no AgRg nos EDcl no HC n. 442.538/PR, rel. Min. Nefi Cordeiro, 6ª T., *DJe* 9-3-2020).

12.11 Coisa julgada

O fenômeno da coisa julgada ocorre após decisão judicial que não é mais passível de qualquer discussão, ou seja, não cabe mais nenhum recurso.

> **ATENÇÃO!**
> A imutabilidade das decisões incide apenas sobre as sentenças absolutórias, pois das sentenças condenatórias cabe revisão criminal a qualquer tempo (art. 621 do CPP).

12.12 Limitações da coisa julgada

A coisa julgada encontra limitações, podendo ser objetivas ou subjetivas.

Nas **limitações objetivas (quanto aos fatos)**, o acusado não poderá ser novamente julgado pelos mesmos fatos dos quais já fora absolvido anteriormente.

Nas **limitações subjetivas (quanto ao sujeito passivo)**, em razão da imutabilidade da sentença, o acusado não poderá ser processado duas vezes pelos mesmos fatos, independentemente da natureza da sentença.

13. NULIDADES

A nulidade consiste em uma sanção, sob um aspecto, e, sob outro, em um vício processual que se origina da falta de observância de exigências da lei. Quando não ocorrerem as devidas observações legais, o processo pode ser invalidado no todo ou em parte.

Destaca-se a existência de duas espécies de nulidades: a **absoluta** e a **relativa**.

13.1 Nulidades absolutas

Ocorre nos defeitos **insanáveis** quando há violação de norma de ordem pública, isto é, atinge o interesse público e viola diretamente princípios constitucionais. Caracteriza-se pela falta total do ato, deve ser decretada de ofício (pelo juiz), pode ser alegada pela parte a qualquer tempo (jamais preclui) e o prejuízo é presumido, não necessitando ser demonstrado. No entanto, a jurisprudência firmou entendimento, no sentido de que mesmo no caso de nulidade absoluta, deve ser alegada no **primeiro momento oportuno**, e, ainda, **demonstrar o efetivo prejuízo** à parte. Nesse sentido **STJ**: (AgReg no *HC* n. 831.101/SC, rel. Min. Reynaldo Soares da Fonseca, 5ª T., *DJe* 14-8-2023).

As nulidades absolutas por exclusão são as previstas no art. 564, I, II, III, *a, b, c*, e (1ª parte), *f, i, j, k, l, m, n, o* e *p*.

> **ATENÇÃO!**
> Após o trânsito em julgado da decisão, as nulidades absolutas só poderão ser arguidas em favor da defesa.

> **ATENÇÃO!**
> Se o tribunal constatar a existência de vício ocorrido no processo que favoreça a acusação, não arguido em recurso interposto pelo acusador (MP ou querelante), a nulidade não poderá ser reconhecida de ofício (**Súmula 160 do STF**).

13.2 Nulidades relativas

É aquela que ocorre nos **defeitos sanáveis**, cujo ato existe, porém com um defeito em um ponto importante, atingindo principalmente o interesse das partes. Os dispositivos violados são infraconstitucionais, o **prejuízo deve ser demonstrado** e devem ser suscitados pelas partes no **momento oportuno**, sob pena de preclusão.

Exemplo de nulidade relativa é a falta de intimação de expedição de carta precatória para inquirição de testemunha (**Súmula 155 do STF**).

13.3 Princípios básicos das nulidades

a) **Instrumentalidade das formas ou da economia processual:** não será declarada a nulidade de ato processual que não houver influído na apuração da verdade substancial ou na decisão da causa (art. 566 do CPP).

b) **Princípio do prejuízo:** nenhum ato será declarado nulo se da nulidade não resultar prejuízo para a acusação ou para defesa (art. 563 do CPP). O nosso sistema processual penal adota o princípio do *pas de nullité sans grief*.

c) **Causalidade ou da sequencialidade:** a nulidade de um ato, uma vez declarada, causará a dos demais (art. 573, § 1º, do CPP).

d) **Princípio do interesse:** no processo penal, nenhuma das partes poderá arguir nulidade a que haja dado causa, ou para que tenha concorrido (art. 565 do CPP). Assim, só a parte prejudicada pode alegar nulidade, isto é, que se for beneficiar. A parte contrária não poderá apontar nulidade praticada pelo outro polo da relação.

e) **Princípio da convalidação:** é a possibilidade de se considerarem válidos os atos viciados quando o interessado não alega o vício no momento oportuno (art. 572, I, do CPP).

13.4 Momento oportuno para arguir as nulidades relativas

Essas nulidades são passíveis de preclusão, portanto deverão ser alegadas em momento oportuno, sob pena de serem consideradas sanadas. De acordo com o art. 571 do CPP, as nulidades deverão ser arguidas:

a) as da **instrução criminal** dos processos da competência do **júri** (primeira fase), o momento passou a ser nas **alegações orais** em audiência, na forma do art. 411, § 4º, do CPP ou nos memoriais escritos, após o encerramento da instrução probatória (art. 571, I, do CPP);

b) as da **instrução criminal** dos processos de competência do **juiz singular** e dos **processos especiais**, o momento passou a ser nas alegações orais ou nos memoriais escritos (art. 403, *caput* e § 3º, do CPP), após o encerramento da instrução probatória (art. 571, II, do CPP);

c) as do processo **sumário**, no prazo da resposta à acusação, ou, se verificadas depois desse prazo, logo depois de aberta a audiência de instrução e julgamento (art. 571, III, do CPP);

d) as ocorridas **posteriormente à pronúncia** e antes do júri, logo depois de anunciado o julgamento e apregoadas as partes na forma dos arts. 462 e 463 do CPP (art. 571, V, do CPP);

e) as de **instrução criminal** dos processos de **competência originária** do Supremo Tribunal Federal, Superior Tribunal de Justiça, dos Tribunais de Justiça e dos Tribunais Regionais Federais, no prazo a que se refere o art. 11 da Lei n. 8.038/90 – alegações escritas (art. 571, VI, do CPP);

f) se verificadas **após a decisão da primeira instância**, nas razões de recurso ou logo depois de anunciado o julgamento do recurso e apregoadas as partes (art. 571, VII, do CPP);

g) as do julgamento em plenário, em audiência ou em sessão do tribunal, **logo depois** de ocorrerem (art. 571, VIII, do CPP).

13.5 Espécies de nulidade

O art. 564 do CPP enumera os seguintes casos de nulidades: **I** – por incompetência, suspeição ou suborno do juiz; **II** – por ilegitimidade de parte; **III** – por falta das fórmulas ou termos previstos nas alíneas *a* a *p*; **IV** – por omissão de formalidade que constitui elemento essencial do ato; e **V** – em decorrência de decisão carente de fundamentação.

Súmulas do STF que tratam de nulidades

155: "É relativa a nulidade no processo criminal por falta de intimação da expedição de precatória para inquirição de testemunha".

156: "É absoluta a nulidade do julgamento, pelo júri, por falta de quesito obrigatório".

160: "É nula a decisão do tribunal que acolhe, contra o réu, nulidade não arguida no recurso de acusação, ressalvados os casos de recurso de ofício".

162: "É absoluta a nulidade o julgamento pelo júri quando os quesitos da defesa não precedem as demais circunstâncias agravantes".

206: "É nulo o julgamento ulterior pelo júri com participação de jurado que funcionou em julgamento anterior no mesmo processo".

351: "É nula a citação por edital de réu preso na mesma unidade da federação que o juiz exerce sua jurisdição".

366: "Não é nula a citação por edital que indica o dispositivo da lei penal, embora não transcreva a denúncia ou queixa, ou não resuma os fatos em que se baseia".

431: "É nulo o julgamento de recurso criminal, na segunda instância, sem prévia intimação, ou publicação da pauta, salvo em *habeas corpus*".

523: "No processo penal, a falta de defesa constitui nulidade absoluta, mas sua deficiência só anulará se houver prova de prejuízo para o réu".

564: "A ausência de fundamentação do despacho de recebimento da denúncia por crime falimentar enseja nulidade processual, salvo se já houver sentença condenatória".

706: "É relativa a nulidade decorrente da inobservância da competência penal por prevenção".

707: "Constitui nulidade a falta de intimação do denunciado para oferecer contrarrazões ao recurso interposto da rejeição da denúncia, não suprindo a nomeação de defensor dativo".

708: "É nulo o julgamento da apelação se, após a manifestação nos autos da renúncia do único defensor, o réu não foi previamente intimado para constituir outro".

712: "É nula a decisão que determina desaforamento de processo da competência do júri sem audiência da defesa".

Vinculante 11: "Só é lícito o uso de algemas em casos de resistência e de fundado receio de fuga ou de perigo à integridade física própria ou alheia, por parte do preso ou de terceiros, justificada a excepcionalidade por escrito, sob pena de responsabilidade disciplinar, civil e penal do agente ou da autoridade e de nulidade da prisão ou ato processual a que se refere, sem prejuízo da responsabilidade civil do Estado".

14. AÇÕES DE IMPUGNAÇÃO

14.1 Revisão criminal

É uma ação penal de competência originária dos tribunais, com o objetivo de **desfazer a sentença condenatória transitada em julgado ou acórdão**, a qualquer tempo, para absolver o acusado, anular o processo ou modificar a pena. Revisão criminal **é ação penal** de natureza constitutiva, não sendo considerada recurso.

Não existe a revisão criminal *pro societate*. Assim, o objetivo principal da presente ação é reexaminar a sentença condenatória **em favor do condenado,** *pro reo*.

> **ATENÇÃO!**
> Da sentença **absolutória imprópria**, quando o réu é absolvido e imposta uma medida de segurança, caberá revisão criminal.

14.1.1 Fundamento e cabimento

A ação de revisão criminal está prevista nas hipóteses do art. 621 do CPP, sendo: **I** – quando a sentença condenatória for contrária ao texto expresso da lei penal ou à evidência dos autos; **II** – quando a sentença condenatória se fundar em depoimentos, exames ou documentos comprovadamente falsos; **III** – quando, após a sentença, se descobrirem novas provas de inocência do condenado ou de circunstância que determine ou autorize diminuição especial da pena.

No processo penal, o ônus da prova cabe à acusação. Contudo, **na revisão criminal o *onus probandi* cabe ao autor**, ou seja, ao condenado, podendo ser proposta a qualquer tempo, antes ou após a extinção da pena (art. 622 do CPP).

Importante frisar a posição da doutrina e da jurisprudência quanto **à revisão criminal contra sentença condenatória prolatada pelo Tribunal de Júri**, plenamente possível, uma vez que a garantia constitucional da soberania do júri não pode prevalecer sobre o direito de liberdade e da ampla defesa.

Possui **legitimidade** para pedir a revisão do processo o próprio réu ou seu procurador legal, porém, tratando-se de morte do réu, terá legitimidade o cônjuge, o ascendente, o descendente ou o irmão (art. 623 do CPP), ressaltando que o **Ministério Público não tem legitimidade para tanto**.

> **ATENÇÃO!**
> O Supremo Tribunal Federal firmou entendimento de que o condenado tem capacidade para postular em nome próprio a revisão criminal, sob o argumento de que o art. 632 do CPP foi recepcionado pela Constituição de 1988, bem como não foi derrogado pelo art. 1º, I, da Lei n. 8.906/94.

O **pressuposto** para o ajuizamento da ação de revisão criminal é de que a sentença condenatória tenha transitado em julgado. Ressalte-se que deverá estar anexada à ação revisional a **certidão de trânsito em julgado** da sentença, pois a sua ausência é causa de indeferimento da inicial, com a consequente extinção do feito sem resolução do mérito.

São competentes para o processamento e julgamento da revisão criminal os tribunais (art. 624 do CPP); **não é competente** o juízo de primeira instância.

Assim, a competência poderá ser do: I – Supremo Tribunal Federal – quando a condenação tiver sido por ele proferida ou mantida, na forma do art. 102, I, *j*, da CF; II – Superior Tribunal de Justiça – quando a condenação tiver sido por ele proferida, na forma do art. 105, I, *e*, da CF; III – Tribunal Regional Federal – quando a decisão condenatória tiver sido por ele proferida em única ou última instância, na forma do art. 108, I, *b*, da CF; IV – Tribunal de Justiça – quando a decisão condenatória for proferida de seus julgados ou de juízes estaduais, conforme a Lei da Organização Judiciária. Por fim, será de competência das Turmas Recursais quando a condenação tiver sido proferida pelos Juizados Especiais Criminais (ou da decisão da própria Turma Recursal) para julgar a revisão criminal, e não o Tribunal de Justiça.

Julgada procedente a ação de revisão, o tribunal poderá alterar a classificação da infração, modificar a pena, anular o processo ou absolver o acusado (art. 626 do CPP). De qualquer forma, o tribunal não poderá agravar a pena imposta pela decisão revista.

Ademais, a absolvição **implicará o restabelecimento** de todos os direitos perdidos do réu em razão da condenação. Poderá ainda o Tribunal, em caso de absolvição imprópria, impor medida de segurança (art. 627 do CPP).

Quando **ocorrer empate** no julgamento da revisão, prevalecerá a decisão mais favorável ao réu, aplicando-se, por analogia, o art. 615, § 1º, do CPP.

Havendo **erro judiciário**, o tribunal, a pedido do interessado, poderá reconhecer o direito a uma justa indenização pelos prejuízos sofridos (art. 630 do CPP).

No caso de haver **novas provas ou provas comprovadamente falsas**, novas testemunhas ou retratação delas, o condenado, antes de ajuizar a revisão criminal, terá de promover a **justificação criminal** (arts. 381, § 5º, do CPC) no juízo da condenação, para servir de prova, com o objetivo de instruir o pedido revisional junto ao tribunal, sob pena de não admissibilidade da ação, uma vez que, na instância superior, não se pode inquirir testemunhas ou partes. Ou seja, devem ser produzidas sob o **crivo do contraditório**, com a participação do Ministério Público.

14.1.2 *Abolitio criminis*

Após o trânsito em julgado da sentença condenatória, compete ao Juiz da Vara de Execuções a aplicação da lei posterior que deixar de considerar o fato como crime, conforme dispõe a Súmula 611 do STF. Portanto, não é cabível revisão criminal para **aplicação de lei mais benéfica** ao condenado, mas sim requerimento para aplicação dela, de acordo com o art. 66 da Lei n. 7.210/84.

> **ATENÇÃO!**
> Da sentença absolutória imprópria, o réu é absolvido e imposta uma medida de segurança, caberá revisão criminal.

14.2 *Habeas corpus* (art. 647 do CPP)

É um remédio constitucional previsto no art. 5º, LXVIII, da CF, cujo objetivo é tutelar, de maneira eficiente e imediata, a liberdade de locomoção em função de ilegalidade ou abuso de poder.

> **ATENÇÃO!**
> O *habeas corpus* não é recurso, mas sim uma ação penal popular.

O *habeas corpus* **pode ser classificado** em preventivo e repressivo/liberatório, sendo: **a) preventivo:** quando o indivíduo estiver na iminência de sofrer a coação ilegal, destinando-se a afastar a ameaça à liberdade de locomoção e, sendo assim, o pedido será o **salvo-conduto** (art. 660, § 4º, do CPP); **b) repressivo/liberatório:** quando o agente estiver sofrendo a violência ou a coação ilegal, tendo por objetivo afastar o constrangimento ilegal, uma vez que já ocorreu a violação da liberdade de ir e vir, sendo pedido o **alvará de soltura**.

DIREITO PROCESSUAL PENAL

Qualquer autoridade judiciária (juiz ou tribunal em processo de competência originária ou recursal) poderá conceder *habeas corpus* de ofício individual ou coletivo, quando, no curso de qualquer processo judicial, verificar que, por violação ao ordenamento jurídico, alguém sofre ou se acha ameaçado de sofrer violência ou coação em sua liberdade de locomoção. (art. 647-A e parágrafo único do CPP).

> **ATENÇÃO!**
> Há possibilidade de impetrar *habeas corpus* com intuito de **trancar** o inquérito policial ou a ação penal, casos em que o juiz recebe a denúncia ou queixa contrariando algum dos incisos do art. 395 do CPP, para **substituir** o recurso e para defender direitos do nascituro, quando ocorrerem as hipóteses do art. 648, I a VII, do CPP.

Poderão impetrar *habeas corpus* **qualquer pessoa**, nacional ou estrangeiro, em seu favor ou de outrem, bem como o Ministério Público (art. 654 do CPP) e, principalmente, o advogado, o qual será denominado impetrante, não precisando de procuração para postular em juízo. Saliente-se que o delegado de polícia tem legitimidade para impetrar *habeas corpus* como qualquer cidadão e não no desempenho da função.

> **ATENÇÃO!**
> O **Promotor de Justiça** pode impetrar *habeas corpus* em favor do réu, jamais para atender aos interesses da acusação, ainda que legítimos. O **assistente** de acusação não possui legitimidade para intervir no *habeas corpus* (Súmula 208 do STF).

> **ATENÇÃO!**
> O analfabeto tem legitimidade para impetrar *habeas corpus*, contanto que alguém assine a seu rogo (art. 654, § 1º, c, do CPP). O menor, o doente mental e a pessoa jurídica também possuem legitimidade para impetrá-lo, pois não é exigível a capacidade civil para tanto.

Será cabível *habeas corpus* nas hipóteses do art. 648 do CPP, quando: **a)** não houver justa causa; **b)** alguém estiver preso por mais tempo do que determina a lei; **c)** quem ordenar a coação não tiver competência para fazê-lo; **d)** tiver cessado o motivo que autorizou a coação; **e)** não for alguém admitido a prestar fiança, nos casos em que a lei autoriza; **f)** processo manifestamente nulo; e **g)** extinta a punibilidade.

É possível a impetração de *habeas corpus* para anular a sentença condenatória quando **violar as garantias constitucionais** do devido processo legal.

O *habeas corpus* tem como **partes: a) impetrante:** aquele que roga a ordem; **b) paciente:** pessoa que está na iminência de sofrer coação ilegal ou aquele que já está preso; **c) autoridade coatora:** quem exerce ou ameaça exercer coação ilegal (autoridade ou particular).

Para determinar **a competência** do julgamento do *habeas corpus*, deve ser sabido quem é a autoridade coatora, a fim de impetrar o remédio heroico perante a autoridade superior, aquela de quem parte a coação. Portanto, a competência para o julgamento do *habeas corpus* será fixada da seguinte forma:

I – **Delegado de polícia:** quando a autoridade coatora for delegado estadual, a competência para julgar o *habeas corpus* é do **juiz de Direito**; no caso de delegado federal, a competência será do **Juiz Federal** da Vara da Seção Judiciária do Estado.

II – **Juiz ou Ministério Público:** quando o juiz ou promotor for autoridade coatora, a competência para o julgamento do *habeas corpus* é do **Tribunal de Justiça** Estadual; no caso de juiz federal ou Procurador da República de 1ª Instância, a competência será do **Tribunal Regional Federal** (art. 108, I, *a* e *d*, da CF).

III – **Promotor de Justiça do Distrito Federal:** o Promotor de Justiça do Distrito Federal está vinculado ao Ministério Público da União, nos termos do art. 128, I, *d*, da CF; assim, o **Tribunal Regional Federal da 1ª Região** é competente para julgar o *habeas corpus* quando a autoridade coatora for membro do Ministério Público do Distrito Federal e Territórios.

IV – **Inquérito policial instaurado mediante requisição de promotor:** a autoridade coatora é o promotor de justiça, uma vez que a autoridade policial é obrigada a atender à requisição. Assim, o **Tribunal** é competente para julgar o *habeas corpus*, pois o promotor é o responsável pela coação.

V – **Tribunal:** quando a autoridade coatora for o Tribunal de Justiça Estadual, do Distrito Federal ou Tribunal Regional Federal, a competência para julgar o *habeas corpus* é do **Superior Tribunal de Justiça** (art. 105, I, *c*, da CF).

VI – **Superior Tribunal de Justiça:** quando a autoridade coatora for o Superior Tribunal de Justiça, a competência para julgar o *habeas corpus* será do **Supremo Tribunal Federal** (art. 102, I, *i*, primeira parte, da CF).

VII – **Supremo Tribunal de Federal:** quando o paciente for uma das pessoas que constam no art. 102, I, *d* e *i*, da CF, compete, originariamente, a este Tribunal.

> **ATENÇÃO!**
> Quando a autoridade coatora for a **Turma Recursal** dos Juizados Especiais Criminais, a competência para julgar o *habeas corpus* será do Tribunal de Justiça ou do Tribunal Regional Federal, e não do Supremo Tribunal Federal.

O promotor de justiça **não funciona**, na primeira instância, no pedido de *habeas corpus* (concedido pelo Juiz). No entanto, no *habeas corpus* impetrado perante os Tribunais Estaduais ou Federais, o STJ e o STF, **há intervenção** do representante do Ministério Público.

Hipóteses que **não admitem** *habeas corpus*:
a) durante o estado de sítio (arts. 138, *caput*, e 139, I e II, da CF);
b) em casos de punições disciplinares militares (art. 142, § 2º, da CF);
c) quando o objeto do recurso for sobre o ônus das custas, não estando mais em causa a liberdade de locomoção (Súmula 395 do STF);
d) contra omissão de relator de extradição, se fundado em fato ou direito estrangeiro, cuja prova não constava dos autos, nem foi ele provocado a respeito (Súmula 692 do STF);
e) em decisão condenatória à pena de multa, ou no curso de processo por infração penal em que a pena cominada seja a pena pecuniária (Súmula 693 do STF);
f) quando houver imposição da pena de exclusão de militar ou perda da patente ou função pública (Súmula 694 do STF);
g) quando já extinta a pena privativa de liberdade (Súmula 695 do STF);
h) quando se destina a reexame de fatos ou de provas.

Da decisão **do juiz** que denega ordem de *habeas corpus* cabe Recurso em Sentido Estrito (RESE), no prazo de 5 (cinco) dias, para o Tribunal de Justiça ou Tribunal Regional Federal (art. 581, X, do CPP).

Do acórdão **do Tribunal** de Justiça ou do Tribunal Regional Federal que denega ordem de *habeas corpus* cabe Recurso Ordinário Constitucional (ROC) ao Superior Tribunal de Justiça, no prazo de 5 (cinco) dias (art. 105, II, *a*, da CF).

Da decisão denegatória de *habeas corpus*, proferida **pelo Superior Tribunal de Justiça**, cabe ROC ao Supremo Tribunal Federal (art. 102, II, *a*, da CF).

14.3 Mandado de segurança (art. 5º, LXIX, da CF/88 e Lei n. 12.016/2009)

Poderá impetrar mandado de segurança o titular do direito líquido e certo, seja individual ou coletivo, para o qual pede proteção pelo mandado de segurança, subordinando-se às regras do processo civil. Só poderá ser impetrado por intermédio de profissional habilitado.

O Ministério Público, por força do art. 32, I, da Lei Orgânica Nacional do Ministério Público (Lei n. 8.625/93), também possui legitimidade para a impetração, sendo obrigatória a citação do réu como litisconsorte passivo em caso de impetração contra decisão proferida em processo penal (Súmula 701 do STF).

14.3.1 Cabimento

I – Contra despacho que não admitir o assistente de acusação.

II – Contra apreensão de objetos, barcos, carros ou aeronaves sem nenhuma relação com o crime.

III – Violação ao direito de juntar documentos em qualquer fase do processo penal, de acordo com os arts. 231 e 400 do CPP.

IV – Violação ao direito do terceiro de boa-fé à restituição de coisas apreendidas.

V – Violação ao direito de vista de inquérito policial ao advogado, ainda que sob sigilo (art. 7º, XIV, da Lei n. 8.906/94 e Súmula Vinculante 14 do STF).

VI – Violação ao direito de o advogado entrevistar-se com seu constituinte, ainda que considerado incomunicável (art. 21, parágrafo único, do CPP, e art. 7º, III, da Lei n. 8.906/94).

Todavia, o art. 5º da Lei n. 12.016/2009 prevê as hipóteses em que **não será cabível** a impetração de mandado de segurança, a saber:

I – de ato do qual caiba recurso administrativo com efeito suspensivo, independentemente de caução;

II – de decisão judicial da qual caiba recurso com efeito suspensivo;

III – de decisão judicial transitada em julgado.

> **ATENÇÃO!**
> Na ilegalidade relacionada à liberdade de locomoção não cabe mandado de segurança, mas cabe *habeas corpus*.

14.3.2 Procedimento

Opera-se o mandado de segurança da seguinte forma:

I – **Impetrante:** este possui prazo de 120 (cento e vinte) dias, a partir da ciência oficial do ato a ser impugnado, para impetrar o mandado de segurança.

II – **Magistrado:** ao despachar a petição, ordenará, liminarmente, a suspensão do ato impugnado, caso estejam presentes o *fumus boni iuris* (fumaça de bom direito) e o *periculum in mora* (perigo na demora), determinando, independentemente da concessão ou não da liminar, a notificação da **autoridade coatora** com o objetivo de que esta preste informação no prazo máximo de 10 (dez) dias (art. 7º, I, da Lei n. 12.016/2009).

III – **Ministério Público:** o representante do Ministério Público terá um prazo de 10 (dez) dias para manifestar-se (art. 12 da Lei n. 12.016/2009).

> **ATENÇÃO!**
> Com ou sem o parecer do Ministério Público, os autos serão conclusos ao Juiz, para a decisão, a qual deverá ser necessariamente proferida em 30 (trinta) dias (art. 12, parágrafo único, da Lei n. 12.016/2009).

IV – **Concedido o mandado de segurança:** o magistrado transmitirá em ofício, por intermédio do oficial do juízo, ou pelo correio, mediante correspondência com aviso de recebimento, o inteiro teor da sentença à autoridade coatora e à pessoa jurídica interessada (art. 13 da Lei n. 12.016/2009).

V – **Sentença:** que denegar ou conceder o mandado de segurança, caberá apelação (art. 14 da Lei n. 12.016/2009). Por outro lado, das decisões em mandado de segurança proferido em única instância pelos tribunais caberão recurso especial e extraordinário, nos casos legalmente previstos, e recurso ordinário, quando a ordem for denegada (art. 18 da Lei n. 12.016/2009).

15. RECURSOS

15.1 Conceito

Recurso é a medida processual voluntária pela qual a parte que se sentiu prejudicada em demanda judicial tem a oportunidade, antes de ocorrida a preclusão, de impugnar a sentença que lhe foi desfavorável, buscando reforma, invalidação ou esclarecimento, objetivando o **reexame da decisão** por um órgão superior ou pelo próprio órgão que a prolatou.

15.1.1 Princípios gerais dos recursos

Os princípios informativos no processo penal são caracterizados pelo(a):

I – **Duplo grau de jurisdição:** trata-se de um princípio que possibilita à parte, em razão de sua inconformidade, levar a decisão contrária para **reexame** por uma instância superior.

II – **Taxatividade:** todo recurso precisa estar expressamente previsto em lei, haja vista que o rol de recursos e as hipóteses de seu cabimento são enumerados de forma taxativa.

III – **Unirrecorribilidade:** também conhecido por **unicidade ou singularidade**, versa que para cada decisão há **um único recurso específico** cabível previsto em lei, de forma que uma mesma decisão, via de regra, não pode aceitar dois recursos concomitantes.

No entanto, tal princípio comporta exceções, como no caso da possibilidade de interposição simultânea dos recursos especial e extraordinário.

IV – **Fungibilidade:** segundo tal princípio, o recurso interposto erroneamente pode ser conhecido por outro, salvo na hipótese de má-fé, conforme dispõe o art. 579 do CPP.

V – **Disponibilidade:** pelo princípio da disponibilidade, entende-se que o recorrente pode renunciar ou desistir do seu recurso. Ressalte-se que o Ministério Público não poderá desistir do recurso que tenha interposto, conforme dispõe o art. 576 do CPP. Assim, o Ministério Público não é obrigado a recorrer, mas, uma vez interposto o recurso, dele não poderá desistir.

VI – **Dialeticidade:** o recorrente deverá expor os fundamentos de seu pedido de reexame de decisão, a fim de que a parte contrária possa apresentar as contrarrazões, sob pena de ferir o princípio do contraditório.

VII – **Voluntariedade:** é aquele cuja interposição irá depender da vontade do sucumbente, ou seja, ele provocará o reexame se entender cabível. Assim, o recurso voluntário é uma faculdade das partes.

Há previsão de recurso de ofício nas seguintes hipóteses: na concessão de *habeas corpus* (art. 574, I, do CPP); na absolvição sumária do réu nos crimes de competência do júri (art. 574, II, do CPP); na decisão que conceder a reabilitação ao condenado (art. 746 do CPP); e quando o réu for absolvido em processo por crime contra economia popular ou quando determinarem o arquivamento dos autos do respectivo inquérito policial (art. 7º da Lei n. 1.533/51).

> **ATENÇÃO!**
> A doutrina e a jurisprudência firmaram entendimento que a Lei n. 11.689/2008 revogou tacitamente o art. 574, II, do CPP, referente à hipótese de absolvição sumária (art. 415 do CPP) e à obrigatoriedade do reexame necessário (recurso de ofício). Nesse sentido STJ: (HC n. 278.124/PI), rel. Min. Leopoldo de Arruda Raposo (Des. Conv. do TJPE), rel. p/ acórdão Min. Felix Fischer, 5ª T., DJe 30-11-2015).

VIII – **Princípio da vedação da *reformatio in pejus*:** o Tribunal não poderá agravar a situação do réu quando somente este houver apresentado recurso, possuindo as seguintes modalidades:

a) *Reformatio in pejus* **direta:** é o previsto no art. 617 do CPP, que proíbe o tribunal, em **recurso exclusivo da defesa**, de agravar ou piorar a sua situação, ainda que haja erro na sentença.

> **ATENÇÃO!**
> Em hipótese de recurso exclusivo do acusado, caso este não tenha ventilado matéria de nulidade absoluta, o tribunal não poderá reconhecê-la de ofício em prejuízo da defesa, na forma da **Súmula 160 do STF**.

b) **Reformatio in pejus indireta:** havendo recurso exclusivo do acusado, uma vez anulada a sentença condenatória pelo tribunal, a **nova sentença a ser proferida pelo juiz não pode agravar a anterior**, sob pena de violação ao princípio da *reformatio in pejus* indireta.

c) **Reformatio in pejus indireta e soberania dos veredictos do Tribunal do Júri:** há entendimento doutrinário e jurisprudencial no sentido de que, no caso de anulação do julgamento pelo Tribunal do Júri, em recurso exclusivo da defesa, em razão do princípio constitucional da soberania dos veredictos, o novo plenário, isto é, os outros jurados poderão reconhecer **crime mais grave**, prevalecendo sobre o da *reformatio in pejus* indireta.

d) **Reformatio in pejus e sentença do juiz-presidente do Tribunal do Júri:** no caso de anulação do julgamento pelo Tribunal do Júri, em recurso exclusivo da defesa, o juiz-presidente, quando do segundo julgamento, **não pode aplicar pena mais grave do que a do julgamento anulado**, desde que presentes e reconhecidos pelo novo júri os mesmos fatos e circunstâncias, aplicando-se a ele a vedação legal.

15.1.2 Pressupostos recursais

15.1.2.1 Pressupostos objetivos

Os pressupostos objetivos estão divididos de forma mais completa em seis, quais sejam:

a) **Cabimento ou previsão legal:** para cada recurso, deve haver sua respectiva previsão legal para a decisão recorrida.

b) **Tempestividade:** deve-se observar o prazo disposto na lei, ou seja, só será admitido se interposto no lapso temporal.

c) **Adequação:** para cada tipo de decisão cabe um tipo de recurso, devendo, assim, ser observado o recurso adequado. Ressalte-se que a exigência da adequação pode ser abrandada pelo princípio da fungibilidade (art. 579 do CPP), ou seja, é possível o tribunal reconhecer um recurso por outro, desde que seja dentro do prazo legal e não haja má-fé.

d) **Regularidade formal:** os recursos deverão observar as formas estabelecidas em lei. Por exemplo, em sede de primeiro grau, o recurso é interposto por petição ou por termo perante o escrivão (art. 578 do CPP), sendo posteriormente intimado para apresentar as razões.

e) **Inexistência de fato impeditivo:** tal hipótese pode ser encontrada na **renúncia**. O fato impeditivo acontece **antes da interposição do recurso**, pois a parte pode se manifestar ou abrir mão no sentido de não recorrer.

> **ATENÇÃO!**
> **Súmula 705 do STF:** "A renúncia do réu ao direito de apelação, manifestada sem a assistência do defensor, não impede o conhecimento da apelação por este interposta", e **708 do STF:** "É nulo o julgamento da apelação se, após a manifestação nos autos da renúncia do único defensor, o réu não foi previamente intimado para constituir outro".

f) **Inexistência de fato extintivo:** o fato extintivo está presente nos casos de desistência e de deserção, uma vez que estas extinguem a possibilidade da via recursal.

Desistência: é a manifestação da vontade da parte de não prosseguir com o recurso. Ocorre **depois de interposto o recurso**, extinguindo-o da via recursal. O Ministério Público, quando houver interposto, não poderá desistir do recurso, consoante o art. 576 do CPP.

> **ATENÇÃO!**
> Quanto ao querelante e ao assistente de acusação, desde que os advogados possuam procuração com poderes especiais, nada obsta a desistência dos recursos já interpostos.

Deserção: ocorre quando **há falta de pagamento** do preparo (custas) do recurso do querelante (art. 806, § 2º, do CPP), ou seja, nas ações penais exclusivamente privadas, salvo se este for pobre nas hipóteses do art. 32 do CPP (art. 806, *caput*, do CPP).

> **ATENÇÃO!**
> **Súmula 347 do STJ:** "O conhecimento de recurso de apelação do réu independe de sua prisão".

15.1.2.2 Pressupostos subjetivos

Os pressupostos **subjetivos** se dividem em dois, quais sejam:

a) **Legitimidade:** a interposição do recurso é autorizada ao Ministério Público e ao querelante, em relação à acusação e ao réu, seu procurador ou defensor, em relação à defesa, conforme o art. 577, *caput*, do CPP.

b) **Interesse:** o interesse está disposto no parágrafo único do artigo anterior, visto que não será admitido o recurso da parte que não tenha interesse na reforma ou modificação da decisão. Pressupõe-se, assim, a **sucumbência**.

15.1.3 Juízo de prelibação ou admissibilidade e juízo de mérito

Insta esclarecer que os recursos, em regra, são submetidos a duas verificações quanto à existência dos pressupostos recursais, quais sejam no **juízo *a quo*** e no **juízo *ad quem***, primeira e segunda instâncias, respectivamente. Tais verificações são conhecidas como juízo de admissibilidade, também chamadas de **juízo de prelibação**.

Ressalte-se que, nessa fase, só se **analisa a ausência ou a presença dos pressupostos objetivos e subjetivos do recurso**, tais como tempestividade, cabimento etc. Logo, admitido o recurso, nada impede que o juízo *ad quem* possa reexaminar os seus pressupostos de admissibilidade.

Se o juízo *a quo* **indeferir o seguimento do recurso**, é possível a interposição de outro recurso para o juízo *ad quem* examinar o indeferimento, por exemplo quando o acusado interpõe o recurso de apelação, o juiz indefere o seu seguimento, sendo cabível a interposição de outro recurso, nesse caso o recurso em sentido estrito (art. 581, XV, do CPP). Atendidos os pressupostos do recurso, ele será conhecido.

O juízo de mérito, também chamado de **juízo de delibação**, aplica-se quando, conhecido o recurso, **o juízo *ad quem*** passa a analisar o seu mérito. Se procedente o recurso quanto ao fundamento, o Tribunal dará provimento. Se improcedente, o recurso será julgado improvido.

15.1.4 Efeitos do recurso

I – **Devolutivo:** é o efeito comum a todo recurso, ocorrendo a transferência (devolução) da matéria impugnada para o Tribunal *ad quem*.

II – **Suspensivo:** ocorre quando o recurso suspende os efeitos imediatos da decisão recorrida até o julgamento da matéria impugnada pelo Tribunal *ad quem*. Trata-se de regra geral de todos os recursos. No entanto, recurso contra sentença absolutória não possui efeito suspensivo.

III – **Extensivo:** previsto no art. 580 do Código de Processo Penal, dispõe que a decisão do recurso interposto por um dos réus se estenderá aos outros, desde que todos estejam em situação idêntica.

IV – **Regressivo (iterativo ou diferido):** é o que incide, por exemplo, no recurso em sentido estrito (art. 589 do CPP) e no agravo em execução (art. 197 da Lei n. 7.210/84), já que há a devolução da decisão ao juiz que a proferiu, ou seja, a possibilidade de **retratação**.

15.1.5 Contagem de prazos

No processo penal, na **contagem de prazo**: não se computará no prazo o dia do início, incluindo-se, porém, o do vencimento (art. 798, § 1º, do CPP). Quando o prazo terminar em domingo ou dia feriado considerar-se-á prorrogado até o dia útil imediato (art. 798, § 3º, do CPP).

No entanto, quando a intimação ocorrer na **sexta-feira**, ou a publicação com efeito de intimação for feita nesse dia, o prazo judicial terá início na segunda-feira imediata, salvo se não houver expediente forense, caso em que começará no primeiro dia útil que se seguir (Súmula 310 do STF).

A contagem do **prazo** no processo penal é em dias **corridos** e não úteis.

De acordo com o art. 798-A, do CPP, haverá a **suspensão** do curso do prazo processual nos dias compreendidos entre 20 de dezembro e 20 de janeiro, inclusive, salvo nos seguintes casos: I – que envolvam réus presos, nos processos vinculados a essas prisões; II – nos procedimentos regidos pela (Lei n. 11.340/2006 – Lei Maria da Penha); III – nas medidas consideradas urgentes, mediante despacho fundamentado do juízo competente. Ressalta-se que durante o recesso (20 dezembro a 20 de janeiro) fica **vedada a realização de audiências e de sessões de julgamento**, **salvo** nas hipóteses dos incisos I, II e III do *caput* do art. 798-A do CPP.

15.2 Dos recursos

15.2.1 Recurso em sentido estrito (art. 581 do CPP)

O recurso em sentido estrito, sem efeito suspensivo, também está previsto na **Lei n. 9.503/97 (Código de Trânsito Brasileiro)**, conforme dispõe o art. 294, parágrafo único, da referida lei, ou seja, da decisão do juiz que decretar a suspensão da permissão ou da habilitação para dirigir veículo automotor, ou a proibição de sua obtenção, bem como da medida cautelar, ou da que indeferir o requerimento do Ministério Público.

15.2.1.1 Do cabimento

O recurso em sentido estrito só será cabível da decisão, despacho ou sentença que:

a) **não receber a denúncia ou a queixa** (art. 581, I, do CPP). Contudo, do despacho que recebe a peça acusatória não cabe recurso, mas *habeas corpus*;

> **ATENÇÃO!**
> Nos Juizados Especiais Criminais, do despacho que rejeita a denúncia ou a queixa cabe apelação, no prazo de 10 (dez) dias, conforme o art. 82, § 1º, da Lei n. 9.099/95. E no caso de recebimento da exordial, caberá *habeas corpus* para a Turma Recursal.

b) **concluir pela incompetência do juízo** (art. 581, II, do CPP);

c) **julgar procedentes as exceções, salvo a de suspeição** (art. 581, III, do CPP). E da improcedência, cabe *habeas corpus*;

d) **pronunciar o réu** (art. 581, IV, do CPP). Todavia, da decisão que impronunciar o acusado caberá apelação (art. 416 do CPP). E da desclassificação, recurso em sentido estrito (art. 581, II, do CPP);

e) **conceder, negar, arbitrar, cassar ou julgar inidônea a fiança, indeferir requerimento de prisão preventiva ou revogá-la, conceder liberdade provisória ou relaxar a prisão em flagrante (art. 581, V, do CPP);

f) **julgar quebrada a fiança ou perdido o seu valor** (art. 581, VII, do CPP);

g) **decretar a prescrição ou julgar, por outro modo, extinta a punibilidade** (art. 581, VIII, do CPP);

> **ATENÇÃO!**
> As hipóteses de extinção da punibilidade estão previstas nos arts. 107 a 120 do CP. Se a decisão do juiz que julgar extinta a punibilidade ocorrer antes da sentença, caberá recurso em sentido estrito. Se a decisão do juiz ocorrer na fase da execução da pena, o recurso cabível será o agravo em execução (art. 197 da Lei n. 7.210/84).

h) **indeferir o pedido de reconhecimento da prescrição ou de outra causa extintiva da punibilidade** (art. 581, IX, do CPP);

i) **conceder ou negar a ordem de *habeas corpus*** (art. 581, X, do CPP). Da decisão do juiz que conceder ou negar *habeas corpus* em primeiro grau, caberá recurso em sentido estrito;

> **ATENÇÃO!**
> Da decisão do Tribunal de Justiça ou Tribunal Regional Federal que denegar *habeas corpus* caberá Recurso Ordinário Constitucional (ROC) para o Superior Tribunal de Justiça (art. 105, II, *a*, da CF).

j) **anular o processo da instrução criminal, no todo ou em parte** (art. 581, XIII, do CPP);

k) **incluir jurado na lista geral ou desta o excluir** (art. 581, XIV, do CPP);

l) **denegar a apelação ou a julgar deserta** (art. 581, XV, do CPP);

> **ATENÇÃO!**
> Da decisão que denegar o recurso em sentido estrito ou o agravo em execução ou ainda seu seguimento para o juízo *ad quem* cabe carta testemunhável (art. 639, I e II, do CPP);

m) **ordenar a suspensão do processo, em razão de questão prejudicial** (art. 581, XVI, do CPP);

n) **decidir o incidente de falsidade** (art. 581, XVIII, do CPP).

o) que recusar homologação à proposta de acordo de não persecução penal, previsto no art. 28-A do CPP (art. 581, XXV, do CPP).

> **ATENÇÃO!**
> Cumpre esclarecer que os incisos XI, XII, XVII, XIX, XX, XXI, XXII, XXIII e XXIV, dispostos no art. 581 do CPP, não são mais considerados hipóteses de cabimento do recurso em sentido estrito, uma vez que tratam de matérias atinentes à execução penal, cabendo agravo em execução.

15.2.1.2 Do prazo

O prazo para a interposição do recurso em sentido estrito será de **5 (cinco) dias** a partir da intimação das partes, **exceto** em casos em que incluir jurado na lista geral ou desta o excluir (art. 581, XIV, do CPP), quando o prazo será de **20 (vinte) dias** (art. 586, parágrafo único, do CPP).

O requerimento de **interposição** do recurso em sentido estrito será encaminhado ao juiz competente que proferiu a decisão ou a decisão de pronúncia, com fundamento no art. 581 do CPP e o inciso de acordo com a situação do caso, no prazo de **5 (cinco) dias**.

O prazo para as **razões e contrarrazões** será de **2 (dois) dias** (art. 588 do CPP), devendo ser dirigidas ao Tribunal de Justiça ou Tribunal Regional Federal.

> **ATENÇÃO!**
> Não é possível a apresentação de razões do recurso em sentido estrito em segunda instância.

> **ATENÇÃO!**
> Diz a Súmula 707 do STF: "Constitui nulidade a falta de intimação do denunciado para oferecer contrarrazões ao recurso interposto da rejeição da denúncia, não a suprindo a nomeação de defensor dativo".

15.2.1.3 Do juízo de retratação

Assim, o recurso em sentido estrito possui **efeito regressivo**, podendo o juiz reformar ou sustentar o seu despacho ou a sua decisão, conforme dispõe o art. 589 do CPP.

A ausência do juízo de retratação no recurso em sentido estrito é causa de nulidade.

15.2.1.4 Da decisão do juiz

Da decisão do juiz *a quo* que negar a subida do recurso em sentido estrito ao Tribunal, caberá carta testemunhável, nos termos do art. 639, I, do CPP, no prazo de 48 (quarenta e oito) horas.

15.2.2 Da apelação

15.2.2.1 Das características

A apelação é um recurso interposto de sentença definitiva ou com força de definitiva, para o juiz de segunda instância, com o intuito de reexaminar a matéria impugnada, na forma dos arts. 593 a 603 do CPP.

> **ATENÇÃO!**
> Da decisão do juiz do Juizado Especial Criminal, na forma do art. 82 da Lei n. 9.099/95, caberá apelação.

É um recurso **amplo** (devolve toda a matéria decidida ao Tribunal *ad quem*), **residual** (só será possível sua interposição nos casos em que não houver previsão expressa), podendo ser **plena**, se o pedido de reexame for de toda a decisão, ou **limitada**, se o pedido for delimitado, ou seja, de parte da decisão (art. 599 do CPP).

15.2.2.2 Do prazo e das razões

O recurso de apelação deve ser interposto no prazo de **5 (cinco) dias**, com a apresentação do requerimento ao juiz sentenciante, com fundamento no art. 593 e seus incisos do CPP, enquanto as razões e contrarrazões, no prazo de **8 (oito) dias**, requerendo a apresentação do recurso ao juiz e as razões ao Tribunal (art. 600, *caput*, do CPP).

Se o apelante declarar na petição, ao interpor a apelação, que **deseja arrazoar na Superior Instância**, poderá apresentar as razões diretamente ao Tribunal (art. 600, § 4º, do CPP).

Nos **Juizados Especiais Criminais**, o prazo da apelação é de 10 (dez) dias (art. 82, § 1º, da Lei n. 9.099/95), com a apresentação do requerimento ao juiz e as razões à Turma Recursal.

Em casos de inércia do Ministério Público de não interpor recurso, a vítima ou seu representante legal não habilitada tem prazo de 15 (quinze) dias para interpor **apelação supletiva** (art. 598, parágrafo único, do CPP). Caso a vítima esteja habilitada, o prazo é de 5 (cinco) dias. No entanto, o prazo começa a correr imediatamente após o transcurso do prazo do MP (Súmula 448, STF).

> **ATENÇÃO!**
> De acordo com as **Súmulas 320 e 428, ambas do STF**, a tempestividade é contada da data de interposição, e não da juntada pelo cartório.

15.2.2.3 Do cabimento

A apelação será cabível nas três hipóteses elencadas no art. 593 do CPP, a saber:

I – **das sentenças definitivas de condenação ou absolvição proferidas por juiz singular;**

II – **das decisões definitivas, ou com força de definitivas, proferidas por juiz singular nos casos não previstos por recursos em sentido estrito;**

III – **das decisões do Tribunal do Júri, quando:**

a) **ocorrer nulidade posterior à pronúncia.** O recorrente pedirá anulação do julgamento para que outro seja realizado;

b) **for a sentença do juiz-presidente contrária à lei expressa ou à decisão dos jurados.** Neste caso, o Tribunal de Justiça ou Regional Federal fará a devida retificação (art. 593, § 1º, do CPP);

c) **houver erro ou injustiça no tocante à aplicação da pena ou da medida de segurança.** Neste caso, o tribunal, ao dar provimento à apelação, fará a devida retificação (art. 593, § 2º, do CPP);

d) **for a decisão dos jurados manifestamente contrária à prova dos autos.** O recorrente pedirá o provimento do recurso para levar o réu a novo julgamento, não se admitindo a segunda apelação pelo mesmo motivo (art. 593, § 3º, do CPP).

No caso de Sentença proferida pelo juiz presidente do tribunal do júri, este mandará o acusado recolher-se ou recomendá-lo-á à prisão em que se encontra, **se presentes os requisitos da prisão preventiva**, ou, no caso de condenação a uma **pena igual ou superior a 15 (quinze) anos de reclusão**, determinará a execução provisória da pena, com expedição do mandado de prisão, se for o caso, sem prejuízo do conhecimento de recursos que vierem a ser interpostos (art. 492, I, *e*, do CPP). No entanto, o presidente poderá, excepcionalmente, deixar de autorizar a execução provisória da pena, se houver questão substancial cuja resolução pelo tribunal ao qual competir o julgamento possa plausivelmente levar à revisão da condenação (art. 492, § 3º, do CPP).

Ressalte-se que a apelação interposta contra decisão condenatória do Tribunal do Júri a uma pena igual ou superior a 15 (quinze) anos de reclusão **não terá efeito suspensivo** (art. 492, § 4º, do CPP). **Excepcionalmente**, poderá o tribunal atribuir efeito suspensivo à apelação interposta, quando verificado cumulativamente que o recurso: I – não tem propósito meramente protelatório; e II – levanta questão substancial e que pode resultar em absolvição, anulação da sentença, novo julgamento ou redução da pena para patamar inferior a 15 (quinze) anos de reclusão (art. 492, § 5º, do CPP).

Por fim, o pedido de concessão de efeito suspensivo poderá ser feito **incidentemente** na apelação **ou por meio de petição** em separado dirigida diretamente ao relator, instruída com cópias da sentença condenatória, das razões da apelação e de prova da tempestividade, das contrarrazões e das demais peças necessárias à compreensão da controvérsia (art. 492, § 6º, do CPP).

> **ATENÇÃO!**
> O efeito devolutivo da apelação contra decisões do júri é adstrito aos fundamentos da sua interposição (Súmula 713 do STF).

15.2.3 Dos embargos de declaração

15.2.3.1 Do cabimento e do fundamento

O recurso de embargos de declaração é cabível tanto da **sentença do juiz de primeiro grau** (art. 382 do CPP) quanto do **acórdão do Tribunal de Justiça** (art. 619 do CPP), devendo ser oposto para o próprio juiz ou relator que prolatou a decisão. Cabe, ainda, das decisões do juiz do Juizado Especial Criminal, nos termos do art. 83 da Lei n. 9.099/95.

Assim, admitir-se-á sempre que houver:

I – **obscuridade:** quando não houver clareza na redação do acórdão;

II – **ambiguidade:** quando a decisão permitir interpretação diversa;

III – **contradição:** quando afirmações da decisão se opuserem; ou

IV – **omissão:** quando não for descrito na sentença ou no acórdão tudo quanto era indispensável.

15.2.3.2 Prazo

O prazo para oposição de embargos de declaração, em regra, será de **2 (dois) dias**, contados da intimação da sentença ou da publicação do acórdão ora embargado.

No **Juizado Especial Criminal**, o prazo recursal dos embargos de declaração será de **5 (cinco) dias**, nos termos do art. 83, § 1º, da Lei n. 9.099/95, podendo ser opostos por escrito ou oralmente.

> **ATENÇÃO!**
> A oposição de embargos interrompe o prazo para interposição de outros recursos por qualquer das partes.

15.2.4 Embargos infringentes e de nulidades

Os embargos infringentes versam sobre o mérito da questão a fim de ver **reformada** a decisão proferida para que seja substituída por outra. Já os embargos de nulidade tratam de matéria processual, que busca a **anulação** do acórdão ou do processo.

15.2.4.1 Fundamento e cabimento

Os recursos dos embargos infringentes e de nulidades estão previstos no art. 609, parágrafo único, do CPP.

Assim, os embargos infringentes e de nulidade são oponíveis contra **a decisão não unânime** de segunda instância, desde que **desfavorável ao réu**. Se o desacordo for parcial, os embargos serão restritos à matéria objeto de divergência.

São **cabíveis** das decisões proferidas em recurso de apelação e de recurso em sentido estrito. Do julgamento do recurso de agravo em execução também são cabíveis os embargos de infringentes e de nulidade.

> **ATENÇÃO!**
> Contudo, não se admitem embargos infringentes e de nulidade na revisão criminal e no *habeas corpus*.

> **ATENÇÃO!**
> Só caberão embargos infringentes e de nulidade de decisões decorrentes do Tribunal de Justiça ou Federal, logo não caberão no JECRIM, vez que a análise da apelação compete à Turma Recursal Criminal, que não é considerada Tribunal.

15.2.4.2 Do prazo e da forma

Os embargos infringentes e de nulidade são recursos **privativos da defesa**, ou seja, só podem ser opostos em favor do acusado.

O prazo para sua oposição é de **10 (dez) dias**, a contar da publicação do acórdão.

Ainda, o recurso deverá ser endereçado ao relator com requerimento de oposição, e as razões, ao Tribunal de Justiça ou ao Tribunal Regional Federal.

15.2.5 Carta testemunhável (art. 639, I e II, do CPP)

A carta testemunhável tem a finalidade de **assegurar a análise do recurso** pelo órgão de segundo grau (*ad quem*), visto que o processamento foi obstado pelo órgão de primeira instância (*a quo*). Tem por finalidade propiciar à instância superior a reparação de um gravame provocado pelo juiz *a quo* que **não houver recebido o recurso**, ou, se recebido, **obstado** seu seguimento. Assim, caberá carta testemunhável da denegação do **recurso em sentido estrito e do agravo em execução**.

15.2.5.1 Prazo

O prazo para interposição da carta testemunhável é de **48 (quarenta e oito) horas**, que se seguirem à decisão que denegou o recurso, contando-se a partir da intimação da parte (art. 640 do CPP).

> **ATENÇÃO!**
> Será dirigida ao **escrivão da vara** ou ao **chefe de secretaria**, e ao testemunhante será entregue um recibo.

> **ATENÇÃO!**
> "O tribunal, câmara ou turma a que competir o julgamento da carta, se desta tomar conhecimento, mandará processar o recurso, ou, se estiver suficientemente instruída, decidirá logo, *de meritis*" (art. 644 do CPP).

15.2.6 Agravo em execução

As matérias atinentes à execução penal passaram a ser de competência do juiz da execução criminal e não mais do juiz da condenação (art. 66 da Lei n. 7.210/84). Dessa forma, das **decisões proferidas** pelo juiz da Vara de Execução Criminal o recurso cabível será o de agravo em execução, previsto no art. 197 da aludida lei.

O prazo é de **5 (cinco) dias** (**Súmula 700 do STF**).

O recurso de agravo em execução terá **efeito devolutivo** (a matéria é devolvida para a apreciação do tribunal) e **regressivo** (admite-se a **retratação** do juízo). A LEP, em seu art. 197, dispõe, expressamente, que o presente recurso não possui efeito suspensivo.

Se o juiz da Vara de Execuções **denegar a subida** do agravo de execução, caberá carta testemunhável (art. 639, I, do CPP).

> **ATENÇÃO!**
> "Compete ao Juízo das Execuções Penais do Estado a Execução das penas impostas a sentenciados pela Justiça Federal, Militar ou Eleitoral, quando recolhidos a estabelecimentos sujeitos à Administração Estatal" (**Súmula 192 do STJ**), e "Transitada em julgado a sentença condenatória, compete ao juízo das execuções a aplicação de lei mais benigna" (**Súmula 611 do STF**).

15.2.7 Recurso Ordinário Constitucional (ROC)

15.2.7.1 Do fundamento e cabimento

O ROC poderá ser manejado tanto para **o Supremo Tribunal Federal quanto para o Superior Tribunal de Justiça**.

Perante o **STF**, será admissível nas seguintes hipóteses:

a) da **decisão denegatória** de *habeas corpus*, mandado de segurança, mandado de injunção ou *habeas data*, proferida em única instância pelos Tribunais Superiores (art. 102, II, *a*, da CF);

b) da decisão relativa a **crime político**, previsto na Lei de Segurança Nacional (art. 102, II, *b*, da CF).

Perante o **STJ**, será cabível quando:

a) **da decisão denegatória** de *habeas corpus* (art. 105, II, *a*, da CF), proferida em única ou última instância, pelos tribunais Estaduais, do Distrito Federal e Tribunais Regionais Federais;

b) da **decisão denegatória** de mandado de segurança (art. 105, II, *b*, da CF) decidida em única instância, pelos tribunais Estaduais, do Distrito Federal e Tribunais Regionais Federais.

> **ATENÇÃO!**
> Da decisão denegatória de *habeas corpus* pelo TJ ou TRF, cabe ROC ao STJ. Da decisão denegatória de *habeas corpus* pelo STJ, cabe ROC ao STF. Da decisão do juiz que denegar *habeas corpus*, cabe RESE.

15.2.7.2 Do prazo

O prazo para interposição é de **5 (cinco) dias**, que será interposto perante o presidente do Tribunal recorrido, com as razões do pedido de reforma para instância superior, no caso de decisão denegatória de *habeas corpus* (art. 30 da Lei n. 8.038/90).

No caso de decisão denegatória de **mandado de segurança**, o prazo para interposição será de **15 (quinze) dias**, com as razões do pedido de reforma (art. 33 da Lei n. 8.038/90).

15.2.8 Recurso extraordinário e recurso especial

O recurso extraordinário e o recurso especial serão processados e julgados no Supremo Tribunal Federal e no Superior Tribunal de Justiça na forma estabelecida por leis especiais, pela lei processual civil e pelos respectivos regimentos internos (art. 638 do CPP). Ressalte-se que o recurso será interposto perante o presidente do Tribunal recorrido, com as razões do pedido de reforma para a instância superior (STF ou STJ).

15.2.8.1 Prazo e legitimidade

O prazo será de 15 (quinze) dias, a contar da publicação do acórdão (art. 1.003, § 5º, do CPC), que será interposto perante o presidente do Tribunal recorrido, com as razões do pedido de reforma para instância superior. Note-se que no processo penal o prazo dos Recursos Extraordinário e Especial são em dias **corridos** e não úteis (STF, ARE 1.115.857 AgR/SP, rel. Min. Gilmar Mendes, 2ª T., *DJe* 22-02-2019 e STJ, AgRg no AREsp 2.060.730/SP, rel. Min. Joel Ilan Paciornik, 5ª T., *DJe* 27-6-2022).

Tem legitimidade, ou seja, a parte a quem feriu interesse próprio, seja a defesa, seja o Ministério Público, o querelante ou o réu, ou até mesmo o assistente da acusação, de acordo com a posição do **STF na Súmula 210**, em que o assistente só poderá interpor o recurso em determinadas hipóteses.

> **ATENÇÃO!**
> O assistente da acusação não poderá recorrer extraordinariamente em caso de decisão concessiva de *habeas corpus* (**Súmula 208 do STF**).

15.2.8.2 Do recurso extraordinário

O recurso extraordinário e o recurso especial serão processados e julgados no Supremo Tribunal Federal e no Superior Tribunal de Justiça na forma estabelecida por leis especiais, pela lei processual civil e pelos respectivos regimentos internos (art. 638, CPP). Ressalte-se que, o recurso será interposto perante o presidente do Tribunal recorrido, com as razões do pedido de reforma para a instância superior (STF ou STJ).

15.2.8.2.1 Do cabimento e fundamento

O recurso extraordinário está fundamentado no art. 102, III, *a*, *b*, *c* e *d*, da CF.

Assim, o recurso extraordinário é o recurso cabível da decisão que contiver **ofensa a preceito constitucional**, ou seja, quando houver violação à Constituição Federal, sendo cabível nas seguintes hipóteses: a) **contrariar dispositivo da Constituição Federal**; b) **declarar a inconstitucionalidade de tratado ou lei federal**; c) **julgar válida lei ou ato de governo local contestado em face da Constituição Federal**; d) **julgar válida lei local contestada em face de lei federal**.

Cumpre esclarecer que nesta modalidade recursal o recorrente deverá demonstrar a **repercussão geral** das questões constitucionais discutidas no caso, nos termos da lei, a fim de que o tribunal possa examinar a admissão do recurso, somente podendo recusá-lo pela manifestação de 2/3 (dois terços) de seus membros (art. 102, § 3º, da CF).

15.2.9 Do recurso especial

15.2.9.1 Natureza jurídica

A competência para o julgamento do recurso especial é do Superior Tribunal de Justiça. Trata-se de um meio de **reexame da matéria infraconstitucional**, e não de obter reexame de prova.

15.2.9.2 Do requisito

Com o advento da Emenda Constitucional n. 125/2022, o recorrente deve demonstrar a **relevância** das questões de direito federal infraconstitucional discutidas no caso (art. 105, § 2º, da CF). No entanto, o § 3º, I, do art. 105 da CF, estabelece que haverá a relevância **em ações penais**.

15.2.9.3 Fundamento e cabimento

O recurso especial está previsto no art. 105, III, *a*, *b* e *c*, da CF, aos dispor que caberá nas causas proferidas, em única ou última instância, pelos Tribunais Regionais Federais ou pelos Tribunais dos Estados, do Distrito Federal e Territórios, quando a decisão recorrida: a) **contrariar tratado ou lei federal, ou negar-lhes vigência**; b) **julgar válido ato de governo local contestado em face de lei federal**; c) **der a lei federal interpretação divergente da que lhe haja atribuído outro tribunal**.

> **ATENÇÃO!**
> Da decisão da Turma recursal do JECRIM não cabe REsp (Súmula 203 do STJ), e sim recurso extraordinário (Súmula 640 do STF).

REFERÊNCIAS

AUFIERO, Aniello Miranda. *Direito processual penal e execução penal*. 2. ed. Manaus: Aufiero, 2012.

_____. *Teoria e prática de processo penal*. 3. ed. Manaus: Aufiero, 2015.

AVENA, Norberto. *Processo penal Esquematizado*. Rio de Janeiro: Forense; São Paulo: Método, 2009.

LIMA, Renato Brasileiro de. *Manual de processo penal*: volume único. 5. ed. Salvador: JusPodivm, 2017.

LOPES JUNIOR, Aury. *Direito processual penal e sua conformidade constitucional*. 5. ed. Rio de Janeiro: Lumen Juris, 2011. v. II.

OLIVEIRA, Eugênio Pacelli; FISCHER, Douglas. *Comentários ao Código de Processo Penal e sua jurisprudência*. 4. ed. São Paulo: Atlas, 2012.

REIS, Alexandre Cebrian Araújo; GONÇALVES, Victor Eduardo Rios. Coordenador LENZA, Pedro. *Direito processual penal Esquematizado*. 5. ed. São Paulo: Saraiva, 2016.

TOURINHO FILHO, Fernando da Costa. *Código de Processo Penal comentado*. 12. ed. São Paulo: Saraiva, 2009. v. 1 e 2.

Acesse o *QR Code* e aproveite os conteúdos elaborados para você!
- BIZU OAB
- TOP 10

http://uqr.to/1wcfm

Questões
Direito Processual Penal

Acesse o *QR Code* e consulte as questões comentadas dos exames anteriores.
http://uqr.to/1wcfl

PRINCÍPIOS E APLICAÇÃO DA LEI PROCESSUAL PENAL

1. (41º Exame) República Federativa Alfa reconhece o Poder Judiciário como um dos poderes independentes da República. Em Alfa há um órgão de acusação independente e diferente do Judiciário, responsável por formular acusações criminais, tendo a iniciativa probatória. Em Alfa, um acusado seria um sujeito de direitos no âmbito do processo penal, e os princípios democráticos do processo penal, tais como o princípio do Juiz Natural e da presunção de inocência, são reconhecidos. A partir dos dados fornecidos, o país Alfa adota o sistema processual com traços mais marcantes do sistema

(A) acusatório.
(B) inquisitivo.
(C) misto.
(D) consensual.

RESPOSTA O Código de Processo Penal adotou o sistema acusatório de forma expressa, na forma do art. 3º-A do CPP. *Vide* item 1.4. Princípios e Aplicação da Lei Processual Penal. *Alternativa A.*

2. (39º Exame) Osvaldo foi denunciado pela prática do crime de estelionato em coautoria com Flávio. Durante a instrução processual, o Juízo ouviu três testemunhas da acusação, e, uma delas, Fabiana, apresentou versão conflitante com as apresentadas pelas defesas. Por isso, o Ministério Público requereu a realização de acareação prevista no Art. 229 do CPP, entre Osvaldo, Flávio e Fabiana. A defesa de Osvaldo informou que o acusado não iria participar da acareação, mas o Ministério Público insistiu com o Juízo que determinasse que Osvaldo se submetesse ao ato, sob pena de incidir nas penas do crime de desobediência. Sobre o caso narrado, assinale a afirmativa que indica o princípio que você, como advogado(a) de Osvaldo, deve alegar em defesa do seu cliente.

(A) O da ampla defesa veda a realização de acareação entre testemunhas de defesa e de acusação, pois cada parte tem o ônus de provar os fatos que alega.
(B) O de fundamentação das decisões exige que, ao determinar a realização de uma prova, o Juízo indique concretamente as razões que a justifiquem, sob pena de nulidade.
(C) O de presunção de inocência impede a participação do réu em procedimento de acareação, ainda que a ele se apresente voluntariamente.
(D) O de não autoincriminação ampara a pretensão de Osvaldo de não se submeter à produção de provas que exigem participação ativa do denunciado, tal como a acareação.

RESPOSTA O princípio da não autoincriminação ou *nemo tenetur se detegere*, conforme art. 5º, LXIII, da CF/88, assegura que o acusado não é obrigado a produzir provas contra si mesmo, nos termos do art. 186, parágrafo único, do CPP. *Vide* item 2.3. Inquérito Policial. *Alternativa D.*

INQUÉRITO POLICIAL

3. (38º Exame) Flávia foi acompanhada por você, na qualidade de advogado(a), à presença da Autoridade Policial, para noticiar a prática dos crimes de apropriação indébita e fraude processual supostamente praticados por seu ex-marido, descrevendo a prática do crime, fornecendo os dados qualificativos completos do suposto autor do fato, apresentando rol de testemunhas e anexando documentação pertinente à materialidade delitiva e de indícios de autoria. O Delegado de Polícia Civil, após cinco dias da confecção do registro da ocorrência, sem que tenha sido praticado nenhum ato para a verificação da procedência das informações, despachou nos autos do Inquérito Policial pelo indeferimento da instauração do Inquérito Policial e determinou a suspensão do procedimento. Nesse caso, você deve:

(A) requerer a remessa dos autos ao Ministério Público para que se manifeste, uma vez que o Delegado de Polícia não possui poderes para arquivar o procedimento.
(B) requerer a remessa dos autos ao Juízo para que se manifeste, uma vez que o Delegado de Polícia não possui poderes para arquivar o procedimento.

(C) apresentar recurso para a Chefia de Polícia para que se manifeste sobre o indeferimento da instauração do Inquérito Policial.

(D) apresentar recurso ao Ministério Público para que se manifeste sobre o indeferimento da instauração do Inquérito Policial.

RESPOSTA Da decisão do delegado de policial que indefere a instauração de Inquérito policial, a medida cabível será apresentação de recurso para o Chefe de Polícia (art. 5º, § 2º, do CPP). *Vide* comentários no capitulo de inquérito policial, item 2.1. *Alternativa C.*

AÇÃO PENAL

4. (41º Exame) Francisco e seu filho Alfredo depredaram o carro de Terezinha, o que motivou o ajuizamento de queixa-crime em face de Francisco e Alfredo, dentro do prazo decadencial, pelo crime de dano qualificado por motivo egoístico, disposto no art. 163, inciso IV, do CP. No curso da ação penal, Francisco e Terezinha começaram a ter um relacionamento amoroso. Terezinha perdoou expressamente Francisco nos autos da queixa-crime. Intimado, Francisco aceitou o perdão da ofendida, o Juízo declarou a extinção da punibilidade em face de Francisco, mas, determinou o seguimento da ação penal em relação a Alfredo. Diante do caso narrado, assinale a opção que apresenta, corretamente, os princípios que você, como advogado(a) de Alfredo, deve alegar no interesse de seu cliente.

(A) Da indivisibilidade e da disponibilidade.
(B) Da divisibilidade e da intranscendência das penas.
(C) Da legalidade e da presunção de inocência.
(D) Do *ne bis in idem* e da individualização das penas.

RESPOSTA Por se tratar de ação penal privada, vigora os princípios específicos da disponibilidade e da indivisibilidade. Portanto, o perdão concedido a um dos querelantes deve ser aproveitado a todos, sem que produza, todavia, efeito em relação ao que o recusar (art. 51 do CPP). Ademais, a queixa contra qualquer dos autores do crime obrigará ao processo de todos, cabendo ao MP velar pela sua indivisibilidade (art. 48 do CPP). *Vide* item 3.7.1. *Alternativa A.*

5. (40º Exame) Luís Vicente, secretário de fazenda do Município Alfa, foi ofendido por Iório, secretário de fazenda do Estado Beta, que, durante discurso na tribuna da Câmara dos Vereadores, afirmou que "Luís Vicente comete peculato, desviando recursos do caixa municipal em proveito próprio e de seus familiares!" Luís Vicente procurou você, como advogado(a), para que você o oriente sobre a medida cabível para responsabilizar Iório pela ofensa à sua honra. Nesse contexto, é correto afirmar que Luís Vicente

(A) só pode ajuizar uma queixa-crime em face de Iório, pois o delito contra a honra desafia ação penal privada.
(B) pode oferecer representação contra Iório ao Ministério Público, pois sua qualidade de servidor público impõe a ação penal pública na defesa de sua honra.
(C) pode optar entre ajuizar queixa-crime em face de Iório ou oferecer representação ao Ministério Público.
(D) não pode fazer nada a respeito, diante da imunidade material de Iório, pela sua qualidade de ocupante de cargo político.

RESPOSTA Nos crimes contra a honra, a regra geral é ação penal privada, art. 145, *caput*, do CP. No entanto, se o crime for cometido contra servidor público, a Súmula 714 do STF permitiu a legitimidade concorrente para propor a ação penal, podendo ser proposta mediante queixa do servidor ou mediante denúncia do Ministério Público, esta que está condicionada à representação. *Vide* Capítulo: Ação Penal – item 3.8. *Alternativa C.*

6. (39º Exame) Arthur, Bruno, Fernanda e Camille foram acusados de furto simples praticado em 2020. Arthur foi definitivamente condenado, Bruno foi condenado, porém, recorreu e ainda não houve decisão definitiva. Fernanda aceitou suspensão condicional do processo, já cumprida, e Camille foi absolvida, tendo havido recurso do Ministério Público, ainda não julgado. Em julho de 2023, sobreveio acusação de uso de documento particular falso contra os quatro. Considerando preenchidos os demais requisitos, e considerando apenas os antecedentes criminais mencionados, assinale a opção que indica os que podem celebrar Acordo de Não Persecução Penal.

(A) Arthur e Bruno.
(B) Arthur e Fernanda.
(C) Bruno e Camille.
(D) Fernanda e Camille.

RESPOSTA Bruno e Camille farão jus ao Acordo de Não Persecução Penal, conforme art. 28-A do CPP, uma vez que ambos são réus primários, não tendo condenação transitada em julgado em seus nomes, bem como não foram beneficiados nos últimos cinco anos com nenhum benefício processual (Transação Penal e Sursi Processual), não se enquadrando nos impedimentos previstos no art. 28-A, § 2º, I a IV, do CPP. *Vide* Capítulo: Ação Penal – item 3.13. *Alternativa C.*

7. (37º Exame) Leonardo praticou um crime que, objetivamente, admitia o acordo de não persecução penal (ANPP). Concluída a investigação criminal, e estando presente a justa causa, o Promotor de Justiça se recusou a fazer a proposta de ANPP, por entender que estava demonstrado que a conduta de Leonardo era habitual.

Diante da recusa do Promotor de Justiça em propor o ANPP, o Juiz da Comarca de Cascais, acolhendo o requerimento do advogado de Leonardo, remeteu o investigatório ao Ministério Público para se manifestar sobre o tema.

O MP apresentou ao Juiz da Vara Criminal da Comarca de Cascais uma proposta de ANPP para ser homologada.

O juiz considerou insuficiente a condição de Leonardo pagar como prestação pecuniária a quantia correspondente a 2 (dois) salários mínimos a uma entidade pública, a ser indicada pelo juízo da execução, devolvendo os autos ao MP para reformular a proposta nesta parte.

O MP manteve a proposta nos termos acordados com Leonardo, razão pela qual o Juiz da Vara Criminal de Cascais recusou-se a homologá-la.

Sobre a decisão de não homologação da proposta de ANPP, assinale a opção que indica qual o recurso cabível e quem poderá interpô-lo.

(A) Recurso de agravo previsto na Lei de Execução Penal, haja vista que a prestação pecuniária era destinada a uma entida-

DIREITO PROCESSUAL PENAL

de pública a ser indicada pelo juízo da execução. O legitimado para interpor esse recurso é Leonardo, haja vista que contra o mesmo seria cobrada a prestação pecuniária junto ao juízo da execução.

(B) Recurso em sentido estrito, considerando se tratar de um ato judicial de natureza declaratória. Estavam legitimados a recorrer o Ministério Público e Leonardo, por terem, ambos, interesse recursal.

(C) Recurso de apelação (residual), por se tratar de uma decisão definitiva. Somente estava legitimado a recorrer o Ministério Público, por ser o autor da proposta, ainda que a ela tenha aderido Leonardo.

(D) Recurso de apelação (residual), por se tratar de uma decisão com força de definitiva, e dela poderia recorrer o Promotor de Justiça com atribuição e Leonardo, por terem, ambos, interesse recursal.

RESPOSTA Da decisão do juiz que recusar a homologação à proposta de Acordo de Não Persecução Penal, caberá a interposição de recurso em sentido estrito, na forma do art. 581, XXV, do CPP. *Vide* Capítulo: Ação Penal – item 3.13. *Alternativa B.*

8. (37º Exame) Sérgio propôs uma ação penal privada contra Ana e Letícia por crime de dano (impossibilidade de qualquer medida penal consensual), isto porque as quereladas, dolosamente, quebraram o para-brisa traseiro do seu carro.

Finda a instrução criminal restaram comprovadas autoria e materialidade, até mesmo porque, além da prova testemunhal confirmar a imputação contida na queixa-crime, as acusadas confessaram o delito.

Em alegações finais orais, Dr. Lúcio, advogado constituído por Sérgio, sem se referir à inicial acusatória, finalizou a sua sustentação apenas pedindo que "fosse feita a melhor justiça".

Você, como advogado(a) das quereladas, alegaria como prejudicial de mérito a extinção da punibilidade

(A) pelo perdão de Sérgio, pois não se manifestou em alegações finais juntamente com o seu patrono para pedir a condenação.

(B) pela renúncia do querelante, haja vista que o seu advogado não ratificou em alegações finais os termos da acusação articulada na queixa-crime.

(C) pela peremção, porque o advogado constituído por Sérgio, somente pediu em alegações finais que "fosse feita a melhor justiça", deixando de ratificar a pretensão de que as quereladas fossem condenadas, sequer tendo renovado o pedido de condenação apresentado na queixa-crime.

(D) pela retratação do querelante, pois não se manifestou em alegações finais juntamente com o seu patrono para pedir a condenação das quereladas, ou mesmo ratificar o pedido de condenação apresentado na queixa-crime.

RESPOSTA No caso em questão, o argumento a ser utilizado será da peremção, na forma do art. 60, III, do CPP, uma vez que o advogado constituído pelo querelante **deixou de formular o pedido de condenação** nas Alegações Finais. *Vide* Capítulo: Ação Penal – item 3.7.3. *Alternativa C.*

9. (37º Exame) Antônio Silva foi denunciado pelo Ministério Público do Estado do Rio de Janeiro pelo crime de tráfico de drogas. Essa denúncia foi rejeitada pelo juízo da 50ª Vara Criminal da Comarca do Rio de Janeiro, por falta de prova mínima da autoria e materialidade (justa causa). O órgão ministerial então interpôs recurso em sentido estrito dessa decisão, já arrazoado.

Para evitar a caracterização de uma nulidade processual, é correto afirmar que o juízo deve, em seguida,

Alternativas

(A) nomear defensor público para apresentar contrarrazões recursais em favor de Antônio.

(B) nomear defensor dativo para apresentar contrarrazões recursais em favor de Antônio.

(C) notificar Antônio para apresentar contrarrazões recursais.

(D) remeter os autos ao Tribunal competente.

RESPOSTA No caso em tela, a falta de intimação do denunciado para oferecer contrarrazões ao recurso interposto da rejeição da denúncia constitui nulidade, não sendo suprida pela nomeação de defensor dativo (Súmula 707 do STF). *Vide* Capítulo: Ação Penal – item 3.12.2. *Alternativa C.*

10. (36º Exame) Hamilton, vendedor em uma concessionária de automóveis, mantém Priscila em erro, valendo-se de fraude para obter vantagem econômica ilícita, consistente em valor de comissão maior do que o devido na venda de um veículo automotor. A venda e a obtenção da vantagem ocorrem no dia 20 de novembro de 2019.

O fato chega ao conhecimento da autoridade policial por notícia feita pela concessionária, ainda em novembro de 2019 e, em 2 de março de 2020, o Ministério Público oferece denúncia em face de Hamilton, imputando-lhe a prática do crime de estelionato. Embora tenha sido ouvida em sede policial, Priscila não manifestou sua vontade de ver Hamilton processado pela prática delitiva. A denúncia é recebida e a defesa impetra habeas corpus perante o Tribunal de Justiça.

No caso, assinale a opção que apresenta a melhor tese defensiva a ser sustentada.

(A) A ausência de condição específica de procedibilidade, em razão da exigência de representação da ofendida.

(B) A ausência de condição da ação, pois caberia à vítima o ajuizamento da ação penal privada no caso concreto.

(C) A necessidade de remessa dos autos ao Procurador-geral de Justiça para que haja oferta de acordo de não persecução penal.

(D) A atipicidade da conduta, em razão do consentimento da vítima, consistente na ausência de manifestação de ver o acusado processado.

RESPOSTA No crime de estelionato, a ação penal, em regra, somente se procede mediante representação da vítima, na forma do art. 171, § 5º, do CP, salvo nas exceções elencadas: I – a Administração Pública, direta ou indireta; II – criança ou adolescente; III – pessoa com deficiência mental; ou IV – maior de 70 (setenta) anos de idade ou incapaz. No caso em questão, não estão presentes nenhuma das hipóteses das exceções previstas em lei. Portanto, a ação penal é pública condicionada à representação da vítima. A representação é condição de procedibilidade da ação penal. Ausente a representação, a denúncia deve ser rejeitada, nos termos do art. 395 do CPP. A letra B está incorreta, uma vez que o crime de estelionato é de ação penal pública condicionada à representação e não de ação penal privada. A letra C está incorreta pois, uma vez recebida a denúncia por ausência de representação (que é condição de procedibilidade da ação penal), a medida cabível será a impetração de *habeas corpus* para o Tribunal de Justiça e não a remessa dos autos ao Procurador-geral de Justiça. A letra D está incorreta pois não se trata de atipicidade da conduta e sim de ausência de representação, que é condição de procedibilidade da ação penal pública condicionada. *Vide* Capítulo: Ação Penal – item: 3.6 e 3.10. *Alternativa A*.

11. (35º Exame) Magda é servidora pública federal, trabalhando como professora em instituição de Ensino Superior mantida pela União no Estado do Rio de Janeiro. Magda vem a ser vítima de ofensa à sua honra subjetiva em sala de aula, sendo chamada de "piranha" e "vagabunda" por Márcio, aluno que ficara revoltado com sua reprovação em disciplina ministrada por Magda.

Nessa situação, assinale a afirmativa correta.

(A) Magda só pode ajuizar queixa-crime contra Márcio, imputando-lhe crime de injúria.
(B) Magda só pode oferecer representação contra Márcio, imputando-lhe crime de injúria.
(C) Magda não pode ajuizar queixa-crime nem oferecer representação contra Márcio, imputando-lhe crime de injúria.
(D) Magda pode optar entre ajuizar queixa-crime ou oferecer representação contra Márcio, imputando-lhe crime de injúria.

RESPOSTA Nos crimes contra a honra, a regra geral é ação penal privada, art. 145, *caput*, do CP. No entanto, se o crime for cometido contra servidor público, a Súmula 714 do STF permitiu a legitimidade concorrente para propor a ação penal, podendo ser proposta mediante queixa do servidor ou mediante denúncia do Ministério Público, esta que está condicionada à representação. *Vide* Capítulo: Ação Penal – item 3.8. *Alternativa D*.

COMPETÊNCIA

12. (38º Exame) Arthur e sua esposa Aline, residentes no Distrito Federal, decidem viajar em um cruzeiro, partindo de Fortaleza com destino à cidade do Rio de Janeiro e fazendo uma parada em Recife. Durante passagem pela costa pernambucana, em alto-mar, o casal tem uma discussão e Arthur agride Aline, vindo a ser contido por seguranças do navio e retirado logo na primeira parada. Aline sofreu lesão que a incapacitou para suas atividades habituais por mais de trinta dias, mas que não deixou sequela ou debilidade permanente. Assinale a opção que indica a autoridade judiciária competente para processar Arthur.

(A) O Juizado Especial Federal da cidade do Rio de Janeiro.
(B) O Juizado Especial de Violência Doméstica e Familiar contra a Mulher do Distrito Federal.
(C) O Juízo Federal de Recife.
(D) A Vara Criminal da Comarca de Fortaleza.

RESPOSTA Crimes praticados abordo de navios é de competência da justiça federal (art. 109, IX, da CF), o foro competente para processar e julgar o acusado será o do primeiro porto brasileiro em que tocar a embarcação/navio (art. 89 do CPP). *Vide* comentários ao Capítulo de competência, item 5.16.7. *Alternativa C*.

13. (37º Exame) Gregório é defensor público no Estado do Rio de Janeiro, cuja Constituição lhe assegura foro por prerrogativa de função no Tribunal de Justiça local.

Durante o carnaval, na cidade de Salvador/BA, Gregório por acaso se encontra com seu irmão e inimigo capital Sandro em uma rua erma, durante a dispersão de bloco carnavalesco. Gregório então se aproveita da oportunidade para matar Sandro com golpes de espada. Assinale a opção que indica o foro competente para conhecer e julgar esse crime.

(A) O Tribunal do Júri da Comarca de Salvador/BA.
(B) O Tribunal de Justiça do Estado da Bahia.
(C) O Tribunal do Júri da Comarca do Rio de Janeiro/RJ.
(D) O Tribunal de Justiça do Estado do Rio de Janeiro.

RESPOSTA No caso em questão, a competência do Tribunal do Júri da comarca de Salvador/BA prevalece sobre o foro por prerrogativa de função estabelecido exclusivamente pela Constituição Estadual, conforme prevê a Súmula 721 do STF. *Vide* Capítulo: Competência – item 5.7. *Alternativa A*.

14. (36º Exame) O prefeito do Município de Canto Feliz, juntamente com o juiz estadual e o promotor de justiça, todos da mesma comarca (Art. 77, I, do CPP), cometeu um crime contra a administração pública federal – interesse da União –, delito que não era de menor potencial ofensivo e nem cabia, objetivamente, qualquer medida penal consensual. Todos foram denunciados pelo Ministério Público federal perante a 1ª Vara Criminal da Justiça Federal da correspondente Seção Judiciária.

Recebida a denúncia, a fase probatória da instrução criminal foi encerrada, sendo que o Dr. João dos Anjos, que era advogado em comum aos réus (inexistência de colidência de defesas), faleceu, tendo os acusados constituído um novo advogado para apresentar memoriais (art. 403, § 3º, do CPP) e prosseguir em suas defesas.

Nessa fase de alegações finais, somente há uma matéria de mérito a ser defendida em relação a todos os réus, que é a negativa de autoria. Todavia, antes de adentrar ao mérito, existe uma questão preliminar processual a ser suscitada, relativa à competência, e consequente arguição de nulidade.

Como advogado(a) dos réus, assinale a opção que indica como você fundamentaria a existência dessa nulidade.

(A) O processo é nulo, por ser o juízo relativamente incompetente, aproveitando-se os atos instrutórios. Anulado o processo, este deverá prosseguir para todos a partir da apresentação dos memoriais perante uma das Turmas do Tribunal Regional Federal da respectiva Seção Judiciária, por serem os réus detentores de foro especial por prerrogativa de função junto àquele órgão jurisdicional.
(B) O processo é nulo, por ser o juízo absolutamente incompetente desde o recebimento da denúncia, devendo ser reiniciado para todos a partir deste momento processual perante o Tribunal de Justiça do respectivo Estado da Federação, por serem os réus detentores de foro especial por prerrogativa de função perante aquela Corte estadual de justiça.
(C) O processo é nulo, por ser o juízo relativamente incompetente, aproveitando-se os atos instrutórios. Anulado o processo este deverá prosseguir a partir da apresentação dos memoriais perante o Tribunal de Justiça do respectivo Estado da

DIREITO PROCESSUAL PENAL

Federação, por serem todos os réus detentores de foro especial por prerrogativa de função perante aquela Corte estadual de justiça.

(D) O processo é nulo, por ser o juízo absolutamente incompetente. Em relação ao Prefeito do Município de Canto Feliz, o processo deverá ser remetido a uma das Turmas do Tribunal Regional Federal da respectiva Seção Judiciária, sendo reiniciado a partir do recebimento da denúncia. Em relação ao Juiz estadual e ao Promotor de Justiça, há nulidade por vício de incompetência absoluta, com a necessidade de desmembramento do processo, devendo ser reiniciado para ambos a partir do recebimento da denúncia, sendo de competência do Tribunal de Justiça do respectivo Estado da Federação.

RESPOSTA O processo é nulo, em razão do juiz da Vara Criminal da Justiça Federal ser absolutamente incompetente, na forma do art. 564, I, do CPP. O juiz e o promotor têm foro por prerrogativa de função, devendo ser julgados pelo Tribunal de Justiça de seus estados (art. 96, III, da CF.), mesmo se tratando de crime contra a União. Já o prefeito municipal deverá ser julgado pelo Tribunal de Justiça de seu estado (art. 29, X, da CF). Se o crime praticado pelo prefeito for contra a União, a competência para processar e julgá-lo será do Tribunal Regional Federal da respectiva Seção Judiciária (Súmula 702 do STF). *Vide* Capítulo: Competência: item 5.16.4. *Alternativa D*.

15. (35º Exame) Tendo sido admitido a cursar uma universidade nos Estados Unidos da América (EUA), cuja apresentação deveria ocorrer em 5 (cinco) dias, Lucas verificou que o seu passaporte brasileiro estava vencido e entrou em contato com Bento, na cidade de Algarve, no Estado do Paraná, o qual lhe entregaria um passaporte feito pelo mesmo, idêntico ao expedido pelas autoridades brasileiras.

Lucas fez a transferência da quantia de R$ 5.000,00 (cinco mil reais) para a conta corrente de Bento numa agência bancária situada na cidade de Vigo (PR). Confirmado o depósito, Lucas se encontrou com Bento no interior de um hospital federal, onde o primeiro aguardava uma consulta, na cidade de Antonésia (PR).

Já no aeroporto de São Paulo, Lucas apresentou às autoridades brasileiras o passaporte feito por Bento, oportunidade em que a polícia federal constatou que o mesmo era falso. Lucas foi preso em flagrante delito. O Ministério Público do Estado de São Paulo ofereceu denúncia contra Lucas pelo crime de uso de documento falso, a qual foi recebida pelo juízo da 48ª Vara Criminal da Comarca da Capital (SP), oportunidade em que foi posto em liberdade, sendo-lhe impostas duas medidas cautelares diversas da prisão.

O advogado de Lucas foi intimado para apresentar resposta à acusação, oportunidade em que se insurgiu contra a incompetência absoluta do juízo da 48ª Vara Criminal da Comarca da Capital (SP).

Assinale a opção que indica a peça processual em que o advogado de Lucas deverá arguir a relatada incompetência.

(A) Exceção de incompetência, por entender que o juízo natural seria uma das Varas Criminais de Vigo (PR), onde se consumou o crime imputado, haja vista que a compra do passaporte se aperfeiçoou na cidade em que Bento possuía conta bancária e recebeu a quantia de R$ 5.000,00 (cinco mil reais).

(B) Na própria resposta à acusação, sustentando que o juízo natural seria uma das Varas Criminais da Comarca de Algarve (PR), onde o passaporte falso foi confeccionado.

(C) Na própria resposta à acusação, por entender que o juízo natural seria uma das Varas Criminais Federais da Seção Judiciária do Estado do Paraná, em razão de Bento ter entregue o passaporte falsificado no interior de um hospital federal na cidade de Antonésia (PR), onde Lucas aguardava uma consulta.

(D) Exceção de incompetência, por entender que o juízo natural seria uma das Varas Criminais Federais da Seção Judiciária do Estado de São Paulo, em razão de Lucas ter tentado embarcar para os EUA manuseando o passaporte falso confeccionado por Bento.

RESPOSTA Conforme a Súmula 546 do STJ, a competência para processar e julgar o crime de uso de documento falso será firmada em razão da entidade ou do órgão ao qual foi apresentado o documento público, não importando a qualificação do órgão expedidor. Assim, a Justiça Federal de São Paulo é competente, uma vez que o documento falso foi apresentado à polícia federal, no aeroporto de São Paulo. Logo, a Justiça Estadual é incompetente para processar e julgar o acusado. Pode ser apresentado por meio de exceção de competência, na forma do art. 95, II, do CPP. As letras B e C, estão incorretas. A incompetência pode ser alegada também como matéria de preliminar na Resposta à Acusação. No entanto, as alternativas estão incorretas, pois deverá ser alegado na Resposta à Acusação que o juiz competente seria uma das Varas Criminais Federais da Seção Judiciária do Estado de São Paulo, e não os das cidades mencionadas nas respectivas letras. *Alternativa D*.

DAS EXCEÇÕES E PROCESSOS INCIDENTES

16. (38º Exame) Margot adquiriu de Cesar, de boa-fé e a título oneroso, um imóvel, mas não levou o instrumento ao Registro de Imóveis competente. Por isso, quando Cesar foi acusado de prática de crimes em uma ação penal, vindo a sofrer sequestro de todos os seus bens imóveis, foi incluído na ordem de sequestro o imóvel adquirido por Margot. Nessa situação hipotética, como advogado de Margot, assinale a opção que, de acordo com as disposições do Código de Processo Penal, melhor defenda os interesses da sua assistida.

(A) Por não ser parte no processo penal, Margot não pode opor embargos ao sequestro, devendo efetuar pedido de reconsideração.

(B) Margot pode opor embargos ao sequestro, alegando que a aquisição ocorreu a título oneroso e de boa-fé.

(C) Por não ser parte no processo penal originário, Margot deve impetrar mandado de segurança em face da decisão que determinou o sequestro.

(D) Margot pode opor embargos ao sequestro, alegando que os bens não foram adquiridos com os proventos da infração penal.

RESPOSTA A medida processual cabível é embargos de terceiro de boa-fé (art. 130, II, do CPP), alegando que adquiriu os bens de boa-fé. Nesta hipótese, o terceiro adquire o bem do acusado sem tomar conhecimento de sua ilicitude. Assim, o único fundamento do terceiro será a sua demonstração de boa-fé. *Vide* comentários ao Capítulo de medidas assecuratórias, item 6.3.1. *Alternativa B*.

PROVAS

17. (40º Exame) Depois do recebimento de denúncia anônima, a delegacia iniciou a verificação preliminar de informações e colheu indícios de que Juca desenvolvia atividades ilícitas de telecomunicações (pena: detenção, 2 a 4 anos). A fim de melhor apurar os fatos, foi instaurado inquérito policial e o delegado de polícia representou pela interceptação das comunicações telefônicas de Juca, o que foi deferido pelo Juiz. A fim de anular as provas colhidas a partir da interceptação telefônica, você, na condição de advogado(a) de defesa de Juca, deve alegar que

(A) não é cabível a interceptação quando o ilícito apurado for punível com pena de detenção.
(B) a pena mínima de 2 (dois) anos não autoriza o deferimento de interceptação.
(C) o delegado de polícia não é legitimado a representar pela interceptação telefônica.
(D) a ausência de contraditório, antes do deferimento da interceptação, é causa de nulidade.

RESPOSTA É nula a prova produzida pela interceptação telefônica, uma vez que esta é ilícita, conforme arts. 564, IV, e 157, ambos do CPP c/c art. 5º, LVI, da CF/88. A interceptação telefônica não é cabível quando a infração penal for punível, com pena de detenção, nos termos do art. 2º, III, da Lei n. 9.296/96, devendo esta ser desentranhada em louvor ao princípio da ampla defesa e do contraditório, conforme art. 5º, LV, da CF/88. *Alternativa A.*

18. (38º Exame) A Polícia Civil ingressou na residência de Gustavo com o objetivo de cumprir mandado de prisão em desfavor de seu filho, Mariano, o qual era acusado de tráfico de drogas. A ordem de prisão foi expedida pelo Juiz de Direito da Comarca. Durante o cumprimento do mandado de prisão, a Polícia pegou o telefone celular de Gustavo, desbloqueado, que estava sobre uma mesa da residência e, sem sua autorização, passou a verificar seu conteúdo, constatando material de pornografia infantil, armazenado e compartilhado via aplicativo de troca de mensagens instantâneas, acessível pela internet a partir de qualquer país. Diante disso, a Polícia imediatamente realizou a prisão em flagrante de Gustavo. Sobre o meio de obtenção da prova extraída do celular de Gustavo, assinale a afirmativa correta.

(A) É nula, e a nulidade decorre do fato de ser a pornografia infantil na internet crime de competência federal, de forma que somente a Polícia Federal poderia realizar a prisão em flagrante.
(B) É válida, pois foi um encontro fortuito de provas, uma vez que os policiais tinham autorização legal para ingresso no domicílio de Gustavo e Mariano.
(C) É ilícita, pois o cumprimento de mandado de prisão não compreende a autorização para busca em residência ou para o acesso a dados telemáticos, o que demandaria ordem judicial específica.
(D) É anulável, porque somente com um mandado de busca e apreensão se poderia livremente acessar o conteúdo de comunicações telemáticas, ainda que diversos fossem o objeto ou o destinatário do mandado, podendo a autoridade judiciária, entretanto, ratificar a diligência.

RESPOSTA É ilícita a devassa de dados de aplicativos de mensagens colhidos de celular apreendido, realizada sem prévia ordem judicial. Nesse sentido, STJ: RHC n. 90.200/RN (rel. Min. Rogerio Schietti Cruz – 6T). *Vide* comentários ao Capítulo de provas, item 7.4. *Alternativa C.*

19. (36º Exame) No curso de inquérito que, no início da pandemia de Covid-19, apura a prática do crime contra as relações de consumo descrito no art. 7º, VI, da Lei n. 8.137/90, a autoridade policial representa pela interceptação do ramal telefônico de João, comerciante indiciado, sustentando a imprescindibilidade da medida para a investigação criminal.

O crime em questão consiste na sonegação ou retenção de insumos e bens, para fim de especulação, e é punido com pena de detenção de 2 a 5 anos ou multa. A interceptação é autorizada pelo prazo de quinze dias, em decisão fundamentada, na qual o juízo considera demonstrada sua necessidade, bem como a existência de indícios suficientes de autoria.

No caso narrado, o(a) advogado(a) do comerciante poderia sustentar a ilegalidade da interceptação das comunicações telefônicas, porque

(A) o prazo fixado pelo juiz excede o legalmente permitido.
(B) a interceptação não é admitida quando o fato objeto da investigação constitui infração penal punida, no máximo, com pena de detenção.
(C) a interceptação não é admitida quando o fato objeto da investigação constitui infração penal cuja pena máxima não seja superior a cinco anos.
(D) caberia apenas ao Ministério Público requerê-la.

RESPOSTA O art. 2º, III, da Lei n. 9.296/96 não admite a interceptação telefônica quando o fato investigado constituir infração penal punida, no máximo, com pena de detenção. Ou seja, só cabe nos crimes de reclusão. A letra A está incorreta, uma vez que o juiz não excedeu o prazo legal permitido previsto no art. 5º da Lei n. 9.296/96, qual seja, de 15 dias. A letra C está incorreta, uma vez que, para decretar a interceptação telefônica, além dos requisitos previstos em lei e com pena de reclusão, as infrações penais cujas penas máximas sejam superiores a 4 anos, na forma do art. 8º-A, II, da Lei n. 9.296/96. A letra D está incorreta, pois a autoridade policial também tem legitimidade para requerer a interceptação telefônica, na forma do art. 3º, I, da Lei n. 9.296/96. *Alternativa B.*

PRISÃO

20. (40º Exame) Vanessa, primária e sem antecedentes, grávida de seis meses, foi presa em flagrante no aeroporto no momento em que embarcava com destino à Espanha de posse de 10kg de substância entorpecente (cocaína). Vanessa foi autuada pela prática do crime de tráfico internacional de drogas (Art. 33, *caput*, c/c. Art. 40, inciso I, ambos da Lei n. 11.343/06). Sobre a possibilidade de prisão domiciliar em favor de Vanessa, assinale a afirmativa correta.

(A) A quantidade de drogas apreendida e a transnacionalidade do delito obstam a concessão de prisão domiciliar.
(B) O pedido de prisão domiciliar é injustificável, tendo em vista que Vanessa ainda está no sexto mês de gestação.

(C) A natureza não violenta do delito imputado e a gestação de Vanessa autorizam a concessão de prisão domiciliar.

(D) Apenas se houver comprovação de gravidez de risco haverá previsão legal que justifique a concessão de prisão domiciliar.

RESPOSTA Vanessa, por estar gestante e ter cometido delito de natureza não violenta, faz jus à prisão domiciliar, conforme dispõe o art. 318-A, I, do CPP. *Vide* item 9.6. de Prisão Domiciliar no quadro de atenção. *Alternativa C.*

21. (39º Exame) André, primário, subtraiu o computador de Gustavo, enquanto este estava distraído em via pública, em uma sexta-feira. Na terça-feira da semana seguinte, após consultar as câmeras de vigilância, Gustavo identificou André como o responsável pela subtração, e acionou a Polícia Civil que, com base nas declarações de Gustavo, abordou André em via pública e com ele encontrou o computador subtraído dias antes. André foi, então, preso em flagrante pelo delito de receptação, na modalidade "conduzir" produto de furto. As penas do furto e da receptação são de 1 a 4 anos. Como advogado(a) de André, assinale a afirmativa correta.

(A) Deve ser postulado o relaxamento da prisão em flagrante, porque André praticou apenas o delito de furto, crime de natureza instantânea, inexistindo situação flagrancial.

(B) Deve ser postulada a liberdade provisória, pois, não obstante ter praticado dois delitos em concurso material, ainda assim é cabível a suspensão condicional do processo.

(C) André praticou delito de furto em concurso formal com receptação, o que autoriza a prisão em flagrante pelo delito de natureza permanente, mas é cabível a liberdade provisória, mediante fiança.

(D) André praticou apenas o delito de receptação, cuja pena máxima é igual a quatro anos, por isso, não é cabível a prisão preventiva, devendo ser postulada a liberdade provisória.

RESPOSTA O pedido será o de relaxamento de prisão em flagrante, com fulcro nos arts. 310, I, do CPP c/c art. 5º, LXV, da CF/88, uma vez que André cometeu apenas crime de furto, conforme art. 155 do CP, crime de natureza instantânea, inexistindo situação flagrancial prevista no art. 302 do CPP. *Alternativa A.*

22. (37º Exame) No dia 10 de julho de 2020, Pedro, primário, é preso em flagrante delito comercializando ecstasy em uma rua do bairro onde mora. Com ele, são apreendidos 50 comprimidos e dinheiro em espécie. Assim, é imediatamente conduzido à delegacia, onde, no mesmo dia, é lavrado auto de prisão em flagrante pela prática do crime descrito no art. 33, *caput*, da Lei n. 11.343/2006, punido com pena de reclusão de 5 a 15 anos e multa. O laudo toxicológico provisório atesta que a substância consta da lista de substâncias proscritas. Feitas as comunicações devidas, o auto de prisão é remetido ao juízo competente e, desse modo, no dia 11 de julho, passadas 23 horas da prisão, Pedro é apresentado à autoridade judicial. A audiência é realizada sem a presença de órgão do Ministério Público e após entrevistar o preso e ouvir os requerimentos da defesa técnica, o Magistrado homologa a prisão em flagrante, que é convertida em preventiva, sob o fundamento de que existe risco à ordem pública na liberdade do agente, nos termos do art. 312 do CPP.

Assinale a opção que indica a tese de Direito Processual Penal adequada para se questionar a prisão preventiva de Pedro.

(A) A prisão deve ser relaxada em razão da inobservância do prazo para a realização da audiência de custódia.

(B) A prisão deve ser substituída por medidas cautelares diversas da prisão, já que suficientes para garantia da ordem pública e conveniência da instrução criminal.

(C) A prisão deve ser relaxada, ante a ausência de pedido do Ministério Público, e concedida prisão domiciliar ao acusado para garantia da ordem pública.

(D) A prisão deve ser relaxada, pois o magistrado não poderia, diante da ausência de pedido do Parquet, ter convertido a prisão em flagrante em preventiva de ofício.

RESPOSTA No caso em análise, com o advento da Lei n. 13.964/2019 (Pacote Anticrime), o juiz ficou impossibilitado de decretar de ofício a prisão preventiva na fase de investigação policial, da Ação Penal e de converter a prisão em flagrante em preventiva, sem o requerimento do Ministério Público ou a representação do Delegado de Polícia, nos termos do art. 311 do CPP. *Vide* Capítulo: Prisão – item 9.4.1. *Alternativa D.*

23. (36º Exame) Vitor respondia ação penal pela suposta prática do crime de ameaça (pena: 1 a 6 meses de detenção ou multa) contra sua ex-companheira Luiza, existindo medida protetiva em favor da vítima proibindo o acusado de se aproximar dela, a uma distância inferior a 100m.

Mesmo intimado da medida protetiva de urgência, Vitor se aproximou de Luiza e tentou manter com ela contato, razão pela qual a vítima, temendo por sua integridade física, procurou você, como advogado(a), e narrou o ocorrido. Nessa ocasião, Luiza esclareceu que, após a denúncia do crime de ameaça, Vitor veio a ser condenado, definitivamente, pela prática do delito de uso de documento falso por fatos que teriam ocorrido antes mesmo da infração penal cometida no contexto de violência doméstica e familiar contra a mulher.

Com base nas informações expostas, você, como advogado(a) de Luiza, deverá esclarecer à sua cliente que

(A) não poderá ser decretada a prisão de Vitor, pois não há situação de flagrância.

(B) não poderá ser decretada a prisão preventiva de Vitor, pois o crime de ameaça tem pena inferior a 4 anos e ele é tecnicamente primário.

(C) poderá ser decretada a prisão preventiva de Vitor, pois, apesar de o crime de ameaça ter pena máxima inferior a 4 anos, o autor do fato é reincidente.

(D) poderá ser decretada a prisão preventiva de Vitor, mesmo sendo tecnicamente primário, tendo em vista a existência de medida protetiva de urgência anterior descumprida.

RESPOSTA No caso em questão, poderá ser decretada a prisão preventiva de Vitor, na forma do art. 313, III, do CPP, para garantir a execução das medidas protetivas de urgência violadas. Apesar da pena máxima ser inferior a 4 anos, por se tratar de crime envolvendo violência doméstica e familiar contra a mulher. Vitor era tecnicamente primário, pois cometeu o crime de ameaça antes de ser condenado definitivamente pelo crime de uso de documento falso. Só seria reincidente se cometesse o crime de ameaça após o trânsito em julgado da sentença condenatória pelo crime de uso de documento falso, o que não foi o caso. Portanto, não é reincidente na forma do art. 63 do CP. A letra C está incorreta, pois só será considerado reincidente se o agente cometer um novo crime após o trânsito em julgado da sentença condenatória. *Vide* Capítulo: Prisão – item 9.4.3. *Alternativa D.*

24. (35º Exame) Policiais militares, ao avistarem Jairo roubar um carro no município de Toledo (PB), passaram a persegui-lo logo após a subtração, o que se deu ininterruptamente durante 28 (vinte e oito) horas. Por terem perdido de vista Jairo quando estavam prestes a ingressar no município de Córdoba (PB), os policiais militares se dirigiram à Delegacia de Polícia de Toledo para confecção do Boletim de Ocorrência.

Antes que fosse finalizado o Boletim de Ocorrência, a Delegacia Policial de Toledo recebeu uma ligação telefônica do lesado (Luiz), informando que Jairo, na posse do seu carro (roubado), estava sentado numa mesa de bar naquele município tomando cerveja. Os policiais militares e os policiais da Distrital se deslocaram até o referido bar, encontrando Jairo como descrito no telefonema do lesado, apenas de chinelo e bermuda, portando uma carteira de identidade e a quantia de R$ 50,00 (cinquenta) reais. Nada mais foi encontrado com Jairo, que negou a autoria do crime.

Jairo foi preso em flagrante delito e lavrado o respectivo auto pelo Delegado de Polícia, cujo despacho que determinou o recolhimento à prisão do indiciado teve como fundamento a situação de quase flagrante, já que a diligência não havia sido encerrada e nem encerrado o Boletim de Ocorrência.

Os policiais militares que efetuaram a perseguição reconheceram Jairo como o motorista que dirigia o carro roubado. O lesado (Luiz) também foi ouvido e reconheceu Jairo pessoalmente.

A família de Jairo contratou você, como advogado(a), para participar da audiência de custódia na Comarca de Toledo e requerer a sua liberdade.

Assinale a opção que indica o fundamento da sua manifestação nessa audiência para colocar Jairo em liberdade.

(A) A prisão de Jairo era ilegal, pois a perseguição, ainda que não cessada como constou do despacho da autoridade policial, exigia que o carro fosse apreendido para comprovar a materialidade do crime.

(B) A prisão de Jairo era ilegal, pois, ainda que fosse, inicialmente, uma situação de quase-flagrante (ou flagrante impróprio), a perseguição foi encerrada em Toledo, tanto que os policiais militares se dirigiram à Delegacia de Polícia do município para confecção do Boletim de Ocorrência. Restava cessada a situação a caracterizar um flagrante delito. Posterior prisão cautelar somente caberia por ordem judicial.

(C) A prisão de Jairo era ilegal, pois o Código de Processo Penal somente autoriza a prisão em flagrante delito quando o agente está cometendo o crime, acaba de cometê-lo (flagrante real) ou é encontrado, logo depois, com instrumentos, armas, objetos ou papéis que façam presumir ser ele o autor da infração penal (flagrante presumido).

(D) A prisão de Jairo era ilegal, pois o Código de Processo Penal autoriza a prisão em flagrante delito quando o agente é perseguido, logo após, pela autoridade em situação que faça presumir ser autor da infração (quase-flagrante), não podendo passar a perseguição de 24 (vinte e quatro) horas.

RESPOSTA A prisão é ilegal, uma vez que a perseguição foi cessada em Toledo, inocorrendo assim a hipótese de flagrante impróprio, prevista no art. 302, III, do CPP. Encerrada a perseguição, não há mais flagrante (perseguição há de ser ininterrupta). *Vide* Capítulo: Prisão – item 9.3.2. *Alternativa B.*

25. (35º Exame) Rodrigo responde ação penal pela suposta prática do crime de venda irregular de arma de fogo de uso restrito, na condição de preso. O magistrado veio a tomar conhecimento de que Rodrigo seria pai de uma criança de 11 anos de idade e que seria o único responsável pelo menor, que, inclusive, foi encaminhado ao abrigo por não ter outros familiares ou pessoas amigas capazes de garantir seus cuidados.

Com esse fundamento, substituiu, de ofício, a prisão preventiva por prisão domiciliar. Rodrigo, intimado da decisão, entrou em contato com seu(sua) advogado(a) em busca de esclarecimentos sobre o cabimento da medida e suas consequências.

A defesa técnica de Rodrigo deverá esclarecer que a concessão da prisão domiciliar foi

(A) adequada, e o tempo recolhido em casa justifica o reconhecimento de detração do período de cumprimento, que deverá ser observado na execução da pena, mas não no momento da fixação do regime inicial do cumprimento de pena.

(B) adequada, e o tempo recolhido em casa justifica o reconhecimento de detração do período de cumprimento, que poderá ser observado no momento da fixação do regime inicial de cumprimento de pena.

(C) inadequada, pois somente admitida para as mulheres que sejam mães de crianças menores de 12 anos.

(D) adequada, mas não justifica o reconhecimento de detração.

RESPOSTA É possível a detração dos dias em que o preso estava custodiado em prisão domiciliar, pois qualquer prisão processual será abatida da pena final imposta, pouco importando o local do cumprimento da pena (AgRg no AgRg nos EDcl no HC 442.538/PR, rel. Min. Nefi Cordeiro, 6ª T., *DJe* 9-3-2020). *Vide* ainda art. 318, VI, do CPP. *Vide* Capítulo: Prisão – item 9.6. *Alternativa B.*

CITAÇÃO

26. (38º Exame) Luciane ajuizou na Vara Criminal da Comarca de Romã (ES) uma ação penal privada contra Jorge (guarda municipal daquele município) por crime de injúria (art. 140, caput, do CP). Antes de oferecer a queixa-crime, Luciane propôs uma ação cível de indenização contra Jorge e não conseguiu citá-lo pessoalmente em sua residência, sita no próprio Município de Romã (ES), tendo em vista que o oficial de justiça certificou que esteve em duas oportunidades na casa de Jorge e não o localizou. Luciane foi informada por vizinhos que Jorge estava temporariamente residindo com sua mãe na cidade vizinha de Oeiras (ES), onde ela já havia passado um final de semana. Em se tratando de infração penal de menor potencial ofensivo, você, como advogado(a) da querelante, deverá, na ação penal privada, requerer a citação de Jorge

(A) por intermédio do seu chefe de serviço, em razão de Jorge ser guarda municipal, expedindo-se ofício ao comandante da Guarda Municipal.

(B) por hora certa, haja vista que Jorge estava se ocultando para não ser encontrado.

(C) por carta precatória, visto que Jorge está residindo temporariamente fora da jurisdição do juiz processante, considerando que a querelante tinha conhecimento do endereço da mãe do querelado na Comarca de Oeiras (ES).

(D) por correspondência com aviso de recebimento em mão própria, considerando que a querelante tinha conhecimento do endereço da mãe do querelado na Comarca de Oeiras (ES).

RESPOSTA A citação correta é por meio de carta precatória, na forma do art. 353 do CPP, uma vez que o acusado está em uma comarca diferente de onde corre o processo em seu desfavor. Ressalte-se que no juizado especial criminal não há citação por edital (art. 66, parágrafo único, da Lei n. 9.099/95). Não cabe também citação por hora certa, pois o acusado não estava se ocultando e estava em outra comarca com endereço conhecido. *Vide* comentários no Capítulo de citação, item 10.1. *Alternativa C.*

PROCEDIMENTO

27. (35º Exame) Caio, primário e de bons antecedentes, sem envolvimento pretérito com o aparato policial ou judicial, foi denunciado pela suposta prática do crime de tráfico de drogas.

Em sua entrevista particular com seu advogado, esclareceu que, de fato, estaria com as drogas, mas que as mesmas seriam destinadas ao seu próprio uso. Indagou, então, à sua defesa técnica sobre as consequências que poderiam advir do acolhimento pelo magistrado de sua versão a ser apresentada em interrogatório.

Considerando apenas as informações expostas, o(a) advogado(a) deverá esclarecer ao seu cliente que, caso o magistrado entenda que as drogas seriam destinadas apenas ao uso de Caio, deverá o julgador

(A) condenar o réu, de imediato, pelo crime de porte de drogas para consumo próprio, aplicando o instituto da mutatio libelli.

(B) condenar o réu, de imediato, pelo crime de porte de drogas para consumo próprio, aplicando o instituto da emendatio libelli.

(C) reconhecer que não foi praticado o crime de tráfico de drogas e encaminhar os autos ao Ministério Público para analisar eventual proposta de transação penal.

(D) reconhecer que não foi praticado o crime de tráfico de drogas e encaminhar os autos ao Ministério Público para analisar proposta de suspensão condicional do processo, mas não transação penal, diante do procedimento especial previsto na Lei de Drogas.

RESPOSTA Se as drogas são destinadas ao seu uso próprio, trata-se do art. 28 da Lei n. 11.343/2006, cuja infração penal é de menor potencial ofensivo, na forma do art. 61 da Lei n. 9.099/95, havendo assim a possibilidade de eventual proposta do instituto despenalizador da transação penal (art. 76 da Lei n. 9.099/95). *Alternativa C.*

TRIBUNAL DO JÚRI

28. (36º Exame) Maria foi brutalmente assassinada em sua própria casa por seu vizinho, Antônio, que morava em frente à sua casa.

Em julgamento no Tribunal do Júri, o juiz presidente, ao formar o Conselho de Sentença, iniciou os sorteios de costume. Dentre os voluntários para a formação dos jurados, estavam vários outros vizinhos, inclusive o próprio filho de Maria, todos revoltados clamando por justiça e pela condenação de Antônio.

Assim, segundo o CPP, com relação à composição do Tribunal do Júri, assinale a afirmativa correta.

(A) As hipóteses de impedimento e suspeição não se aplicam aos jurados, de forma que os vizinhos e o filho da vítima podem compor o Conselho de Sentença.

(B) A suspeição dos vizinhos deve ser arguida por petição dirigida ao Tribunal de Justiça, ao passo que o impedimento do filho da vítima deve ser reconhecido de ofício pelo Juiz togado.

(C) A suspeição e o impedimento do filho e dos vizinhos devem ser alegados pela parte que aproveita, sendo incabível ao Juiz dela conhecer de ofício.

(D) A suspeição dos jurados deve ser arguida oralmente ao Juiz-Presidente do Tribunal do Júri.

RESPOSTA A exceção de suspeição dos jurados deve ser arguida oralmente ao juiz presidente do Tribunal do Júri, que decidirá de plano o incidente (art. 106 do CPP). *Vide* Capítulo: DAS EXCEÇÕES – item 6.1.2. *Alternativa D.*

SENTENÇA

29. (40º Exame) Roberto Jorge, após regular pronúncia, foi levado a Júri, ocasião em que foi mantido algemado durante toda a sessão de julgamento, com a justificativa de ser pessoa de índole perigosa, já que responde à acusação por crime doloso contra a vida. A defesa técnica impugnou, sem sucesso, a determinação do Juízo. O Ministério Público, em plenário, postulou a condenação do acusado, asseverando que sua periculosidade fica comprovada pela necessidade do uso de algemas durante o julgamento. Roberto Jorge foi condenado pelo Conselho de Sentença, tendo sido aplicada pena privativa de liberdade de 15 (quinze) anos de reclusão. Você, como advogado(a) de Roberto Jorge, interpôs apelação criminal. Assinale a afirmativa que apresenta, corretamente, o objetivo da sua demanda.

(A) Postular a reforma da sentença, com a absolvição do acusado, pois este foi prejudicado no julgamento em razão do uso arbitrário de algemas.

(B) Arguir a nulidade posterior à pronúncia, em razão da manutenção do réu algemado, sem necessidade concreta, e da referência a este fato pelo órgão do Ministério Público.

(C) Arguir a nulidade da sessão de julgamento, em razão da manutenção do réu algemado; a manifestação do Ministério Público, contudo, não é vedada pela lei processual.

(D) Postular a redução das penas aplicadas pelo Juiz-Presidente, pois o uso de algemas e sua menção como argumento de autoridade não caracterizam nenhuma nulidade.

RESPOSTA No caso houve nulidade processual na forma do art. 564, IV, c/c arts. 474, § 3º, e 478, I, todos do CPP, uma vez que não é permitido, fazer referências ao uso de algema como argumento que prejudique o réu. Ademais, só é lícito o uso de algemas em casos de resistência e de fundado receio de fuga, sendo justificada a excepcionalidade por escrito, conforme Súmula Vinculante 11 do STF. Assim, cabe o recurso de apelação, previsto no art. 593, III, *a*, do CPP, por nulidade posterior à pronúncia, ou seja, na sessão de julgamento. *Alternativa B*.

RECURSO

30. (41º Exame) Marilda, após ter sido regularmente processada, foi condenada, pelo Juízo originariamente competente, pela prática de desacato (pena: de seis meses a dois anos). Marilda procura você, como advogado(a), porque deseja recorrer da condenação. Sobre a hipótese, assinale a opção que apresenta, corretamente, o recurso cabível.

(A) Apelação, juntamente com as razões, no prazo de dez dias.
(B) Apelação, no prazo de cinco dias, e as razões poderão ser juntadas no prazo de oito dias.
(C) Recurso inominado, juntamente com as razões, no prazo de dez dias.
(D) Apelação, no prazo de cinco dias, e as razões poderão ser juntadas no prazo de três dias.

RESPOSTA Da decisão do Juiz do Juizado Especial Criminal que absolve ou condena cabe apelação, previsto no art. 82 da Lei n. 9.009/95, no prazo de 10 dias. *Alternativa A*.

31. (40º Exame) Suelen ajuizou queixa-crime contra Bolívar, pela prática do crime de exercício arbitrário das próprias razões praticado sem violência ou grave ameaça, previsto no art. 345, *caput* e parágrafo único, do CP, cuja pena cominada é de detenção de quinze dias a um mês, ou multa. A queixa-crime foi ajuizada perante o Juízo competente, que, após todo o trâmite preliminar, sendo infrutífero qualquer tipo de solução negociada, já na audiência de instrução e julgamento, rejeitou a queixa. Diante do caso narrado, como advogado(a) de Suelen, assinale a opção que indica o recurso que deve ser interposto.

(A) Recurso em Sentido Estrito, interposto na Vara Criminal. As razões podem ser apresentadas diretamente no Tribunal.
(B) Apelação, a ser interposta no Juizado Especial Criminal, já acompanhada de razões recursais dirigidas à Turma Recursal.
(C) Apelação, a ser interposta na Vara Criminal. As razões podem ser apresentadas diretamente na Turma Recursal.
(D) Recurso em Sentido Estrito, interposto no Juizado Especial Criminal, acompanhado de razões recursais dirigidas à Turma Recursal.

RESPOSTA Da decisão do Juiz do Juizado Especial Criminal que rejeita a queixa-crime cabe apelação, previsto no art. 82 da Lei n. 9.009/95, no prazo de 10 dias. *Alternativa B*.

> **ATENÇÃO!**
> Da decisão do juiz da vara criminal que rejeita a denúncia ou a queixa-crime, cabe RESE (Recurso em Sentido Estrito), na forma do art. 581, I, do CPP, no prazo de 5 dias.

32. (39º Exame) Fabrício foi preso em flagrante pela prática do crime de roubo, tendo havido a regular conversão do flagrante em prisão preventiva. Contudo, passados mais de dois anos, a instrução processual não logrou finalizar a oitiva das testemunhas de acusação, pois o Ministério Público insiste na oitiva de policiais que, constantemente, faltam à audiência por motivos pessoais, alegando férias e licença. Fabrício permanece preso preventivamente, o que ensejou impetração de *habeas corpus* para o Tribunal de Justiça competente. O Tribunal de Justiça, em decisão colegiada, denegou a ordem de *habeas corpus*. Identifique, corretamente, a medida judicial a ser proposta para o caso narrado.

(A) recurso ordinário constitucional, dirigido ao Superior Tribunal de Justiça.
(B) Recurso de apelação, dirigido ao Superior Tribunal de Justiça.
(C) Agravo interno, dirigido para o Tribunal de Justiça.
(D) Recurso extraordinário, dirigido ao Supremo Tribunal Federal.

RESPOSTA Da decisão do Tribunal de Justiça que denega *Habeas Corpus* cabe recurso ordinário constitucional, previsto no art. 30 da Lei n. 8.038/90 c/c art. 105, II, *a*, da CF/88, no prazo de 5 dias. *Alternativa A*.

> **ATENÇÃO!**
> Se o juiz denegar o *habeas corpus*, cabe recurso em sentido estrito (art. 581, X, do CPP).

Direito Tributário

Marcelo Hugo da Rocha

Graduado em Psicologia (Atitus Educação). Graduado em Direito (PUCRS). Especialista em Direito Empresarial (PUCRS). Mestre em Direito (PUCRS). Especialista em Psicologia Positiva e *Coaching* (Faculdade UNYLEYA). Psicólogo. Professor. Advogado. Coordenador, autor e coautor de mais de cem obras. Destaque para as coleções: Completaço® Passe na OAB e Completaço® Passe em Concursos Públicos, ambas publicadas pelo Selo Saraiva Jur. Instagram: @profmarcelohugo; *site*: www.marcelohugo.com.br.

Rafael Novais

Mestre em Direito pela Universidade Católica de Pernambuco – UNICAP. Especialista em Direito Público, Direito Privado e Tributário. Especialista em *Giustizia Constituzionale e Tutela Giurisdizionale dei Diritti* pela Universidade de Pisa/It. Palestrante, consultor e doutrinador. Instrutor e Assessor Jurídico no Tribunal de Justiça do Estado de Pernambuco – TJPE. Instrutor na Escola Fazendária da Secretaria da Fazenda Pública de Pernambuco – ESAFAZ. Professor Ética, Direito e Processo Tributário em diversos cursos preparatórios para concursos públicos e exames da OAB em todo o Brasil. Autor de obras jurídicas.

Sumário

1. TRIBUTO E FINALIDADES TRIBUTÁRIAS: 1.1 Conceito de tributo; 1.2 Finalidades Tributárias – 2. ESPÉCIES TRIBUTÁRIAS: 2.1 Introdução; 2.2 Impostos; 2.3 Taxas; 2.4 Contribuições de Melhoria; 2.5 Empréstimos Compulsórios; 2.6 Contribuições Especiais – 3. IMPOSTOS EM ESPÉCIE: 3.1 Características dos impostos; 3.2 Impostos federais; 3.3 Impostos estaduais; 3.4 Impostos municipais; 3.5 Imposto de Competência Compartilhada – 4. LIMITAÇÕES CONSTITUCIONAIS AO PODER DE TRIBUTAR: 4.1 Introdução; 4.2 Princípios Tributários; 4.3 Imunidades Tributárias – 5. LEGISLAÇÃO TRIBUTÁRIA: 5.1 Noções gerais; 5.2 Vigência, aplicação, interpretação e integração da legislação tributária – 6. FATO GERADOR E OBRIGAÇÃO TRIBUTÁRIA: 6.1 Introdução; 6.2 Fato gerador; 6.3 Obrigação tributária – 7. SUJEIÇÃO PASSIVA: 7.1 Introdução; 7.2 Contribuinte e responsável; 7.3 Convenções particulares; 7.4 Solidariedade; 7.5 Capacidade tributária passiva; 7.6 Domicílio tributário; 7.7 Responsabilidade tributária – 8. LANÇAMENTO E CRÉDITO TRIBUTÁRIO: 8.1 Introdução; 8.2 Lançamento tributário; 8.3 Legislação aplicável ao lançamento tributário; 8.4 Modalidades de lançamento – 9. SUSPENSÃO, EXTINÇÃO E EXCLUSÃO DO CRÉDITO TRIBUTÁRIO: 9.1 Suspensão do crédito tributário; 9.2 Extinção do crédito tributário; 9.3 Exclusão do crédito tributário – 10. GARANTIAS E PRIVILÉGIOS DO CRÉDITO TRIBUTÁRIO – 11. ADMINISTRAÇÃO TRIBUTÁRIA: 11.1 Fiscalização; 11.2 Dívida ativa e Certidões; 11.3 Repartição de Tributárias – 12. PROCESSO TRIBUTÁRIO. 12.1 Aspectos Gerais sobre a Execução Fiscal; 12.2 Defesas Judiciais do Sujeito Passivo – REFERÊNCIAS; QUESTÕES.

1. TRIBUTO E COMPETÊNCIA TRIBUTÁRIA

1.1 Conceito de tributo

O estudo da relação jurídico-tributária inicia-se com a análise do *conceito de tributo* adotado no ordenamento brasileiro.

Com objetivo de padronização em todo o país, o art. 146, III, *a*, da CF determina a necessidade de edição de Lei Complementar (federal e de âmbito nacional) estabelecer normas gerais em matéria tributária, especialmente conceituando aquilo que seria tributo e suas respectivas espécies tributárias.

Nesse sentido, o Código Tributário Nacional (Lei n. 5.172/66) foi recepcionado pela Carta Magna de 1988 exatamente como lei complementar, dispondo sobre diversas matérias inerentes ao específico estudo do direito tributário.

Conceitua-se tributo como *"toda prestação pecuniária compulsória, em moeda ou cujo valor nela se possa exprimir, que não constitua sanção de ato ilícito, instituída em lei e cobrada mediante atividade administrativa plenamente vinculada"* (art. 3º do CTN).

Para melhor compreensão sobre o complexo conceito de tributo, tema corriqueiro em provas da OAB, fique alerta à análise separada de suas características:

a) *Prestação pecuniária*: o tributo deve ser pago por meio de dinheiro (moeda), pois as despesas públicas também serão assim custeadas. A proibição estaria no pagamento de tributo através da prestação de serviços ou entrega de bens. Contudo, fique esperto: o termo "ou cujo valor nela se possa exprimir" autoriza a atualização monetária dos tributos, bem como a dação em pagamento de bens imóveis (art. 156, XI, do CTN).

b) *Compulsória e instituída em lei*: a obrigação quanto ao pagamento dos tributos existe exatamente pelo fato de serem instituídos em lei, aplicando a máxima do princípio da legalidade (art. 5º, II, da CF, e art. 150, I, da CF). A relação não será contratual e sim legal. Atente-se para a espécie legislativa adotada para criação dos tributos, pois a regra geral exigirá apenas a edição de leis ordinárias (maioria simples para aprovação – art. 47, CF). Por outro lado, em sete espécies tributárias existirá exigência de lei complementar (maioria absoluta para aprovação – art. 69 da CF): Empréstimos Compulsórios, Imposto sobre Grandes Fortunas, Impostos Residuais, Contribuições Sociais da Seguridade Social Residuais, Imposto sobre Bens e Serviços, Contribuições sobre Bens e Serviços e Imposto Seletivo. Existindo relevância e urgência, o Presidente da República poderá editar Medidas Provisórias para criação ou aumento dos tributos, exceto para aqueles reservados à Lei Complementar (art. 62, § 1º, III, da CF).

Reforçando sua memorização para o exame, observe o esquema:

c) Não constitui sanção por ato ilícito: a prestação tributária não equivale à punição. Os fatos geradores serão situações eleitas pelo legislador como lícitas (Exemplos: ser proprietário de imóvel ou veículo para fins de IPTU e de IPVA). As multas serão consideradas sanções por ilícitos, os tributos não. Não esqueçam, contudo, que a origem lítica ou ilícita da relação não importa para fins da tributação. O que importa é o fato gerado ser lícito, não aquilo que o desencadeou. Trata-se do princípio do *pecunia non olet* (o dinheiro não cheira), estampado no art. 118 do CTN elevando a importância apenas do fato gerador (ex.: o traficante que aufere renda com sua atividade criminosa sujeita-se ao pagamento do Imposto sobre a Renda, pois o que importa é a licitude do fato gerador "renda" e não da origem dela).

d) *Cobrança vinculada*: a cobrança realizada pela administração fiscal deve ser feita de maneira vinculada. O agente do fisco (auditor) não poderá realizar juízo de conveniência ou oportunidade típicas em atos administrativos discricionários, sob pena de responsabilidade funcional (art. 142, parágrafo único, do CTN).

Sintetizando, as **quatro características do tributo são**:

DIREITO TRIBUTÁRIO

1	Prestação pecuniária
2	Compulsória e instituída em lei
3	Não constitui sanção por ato ilícito
4	Cobrança vinculada

Portanto, toda e qualquer prestação que se enquadrar nas **quatro características** acima descritas receberá os contornos de tributo, de acordo com o sistema jurídico pátrio.

1.2 Finalidades Tributárias

Superada a análise do conceito de tributo e suas características, outro ponto introdutório relevante para o exame seria o estudo das finalidades tributárias. Doutrinariamente, podemos dividi-las em três:

I – *Fiscal*: seria a utilização da tributação como mecanismo de arrecadação de receitas para manutenção da máquina pública. Corresponde à principal finalidade dos tributos, na medida em que colabora para o pagamento das despesas públicas.

A título exemplificativo: IR para União, ICMS para os Estados e Distrito Federal, ISSQN para os Municípios.

II – *Extrafiscal*: a aplicação dos tributos como mecanismo de intervenção dos entes políticos na esfera econômica ou social. Seria a utilização da carga tributária para proteger indiretamente a população.

Como exemplo: O Imposto de Importação sendo utilizado pela União com objetivo de proteger as empresas brasileiras contra o ingresso de produtos estrangeiros em preços menores que o nacional.

III – *Parafiscal*: considerada medida excepcional na esfera tributária, a parafiscalidade se caracteriza quando o ente competente para "criação" do tributo (Competência em Sentido Estrito) repassa os poderes de "fiscalização, execução e arrecadação" a outro ente (Capacidade Tributária Ativa).

Exemplo: A delegação do ITR Federal para Municípios fiscalizarem e cobrarem em suas regiões rurais (art. 153, § 4º, III, da CF).

2. ESPÉCIES TRIBUTÁRIAS

2.1 Introdução

O tributo, conceituado no art. 3º do CTN, enquadra-se como gênero que se divide em espécies tributárias.

O Código Tributário Nacional de 1966 adota a denominada Teoria da Tripartição, dividindo as espécies apenas em: Impostos, Taxas e Contribuições de Melhoria (art. 5º do CTN).

Já a Constituição Federal de 1988 acrescentou outras 2 (duas) espécies tributárias, passando a adotar a Teoria da Pentapartição, dividindo-as em: Impostos, Taxas, Contribuições de Melhoria, Empréstimos Compulsórios e as Contribuições Especiais (arts. 145, 148, 149 e 149-A da CF).

> **DICA**
> Tributo é um **"TIME Especial"**
> T – Representa as "Taxas".
> I – Representa os "Impostos".
> M – Representa as Contribuições de "Melhoria".
> E – Representa os "Empréstimos" Compulsórios.
> Especial – Representa as Contribuições "Especiais".

Passemos agora à análise separada de cada uma dessas espécies tributárias.

2.2 Impostos (Art. 16 do CTN E Art. 145, I, da CF)

Caracterizam-se como espécie tributária contributiva, em que o sujeito passivo irá contribuir para manutenção dos serviços públicos universais (*uti universi*), sem exigir qualquer contraprestação.

Sua incidência, portanto, se dará sobre as manifestações de riqueza e independem de qualquer contrapartida individualizada do poder público ao contribuinte (tributo não vinculado).

Exemplo: o proprietário de veículo automotor pagará IPVA sobre seu bem, mas não poderá exigir que aqueles valores sejam revertidos em benefício dele para conservação das vias em que trafega.

As competências vêm estampadas na Constituição Federal, designando:

Do quadro apresentado, observe que as competências originárias para criação dos impostos encontram-se distribuídas nos arts. 153, 155 e 156 da CF, estudadas em capítulo próprio.

Entretanto, o texto constitucional também concedeu à União o poder de criação de duas novas categorias de impostos:

1. Impostos Residuais (art. 154, I, da CF): denominada de competência residual, a União poderá criar novos impostos além daqueles existentes no ordenamento nacional. Para tanto deverá seguir os seguintes requisitos: criação mediante Lei Complementar (maioria absoluta), Fato Gerador e Base de Cálculo inéditas (não poderá repetir aqueles que já existem na seara federal, estadual ou municipal) e respeitar a sistemática da não cumulatividade (utilizada para tributos plurifásicos ao retirar parcela que já foi paga em momentos anteriores sobre o mesmo bem ou serviço, a exemplo do ICMS).

2. Imposto Extraordinário de Guerra – IEG (art. 154, II, da CF): considerando que a União concentra o dever de segurança nacional, existindo guerra externa ou sua iminência poderá instituir e cobrar imposto de cunho extraordinário. Fique esperto que os requisitos previstos para os impostos residuais não foram repetidos aqui, dando maior liberdade para criação nestes casos. De feição temporária, o prazo máximo para sua retirada será de até 5 (cinco) anos, contados do final da guerra/celebração da paz (art. 76 do CTN).

Outro aspecto importante para fins do exame de ordem consiste na separação das competências dentro do *Distrito Federal e nos Territórios Federais.*

O *Distrito Federal* não poderá ser dividido em Municípios (art. 32 da CF), obtendo a denominada competência cumulativa para, ao mesmo tempo, instituir e cobrar os impostos estaduais e municipais (arts. 147 e 155 da CF).

Já nos *Territórios Federais* encontraremos a administração sendo exercida pela União, existindo autorização constitucional para divisão municipal (art. 33, § 1º, da CF).

Assim, não ocorrendo divisão em Municípios, a União exercerá a cobrança de todos os impostos (federais, estaduais e municipais). Caso exista divisão municipal no território, a União apenas poderá cobrar os impostos federais e estaduais, ao passo que os respectivos municípios exercerão a competência daqueles municipais (art. 147 da CF).

2.3 Taxas (Art. 77 do CTN + Art. 145, II, da CF)

Diversamente dos impostos, as taxas se caracterizam como tributo de feição contraprestacional. Para que União, Estados, Distrito Federal e Municípios possam cobrá-las será necessário que realizem atividade direcionada ao contribuinte (tributo vinculado), dividindo-as em:

1. Taxa de Polícia (art. 78 do CTN): cobrada pelo exercício do poder de polícia administrativa, assim entendido como limitações de liberdades individuais em prol do interesse coletivo.

Em outras palavras, o poder de fiscalização e regulamentação exercido pelo poder público sobre atividades relacionadas à segurança, higiene, ordem, costumes, disciplina da produção e mercado, dentre outras.

Como exemplo, podemos citar a atividade fiscalizatória desenvolvida pela vigilância sanitária sobre particulares que exercem atividades relacionadas a gêneros alimentícios.

Assim, o examinado deve ficar alerta para não confundir o poder de polícia administrativa com a polícia judiciária exercida nos serviços de segurança pública (policiais militares e civis).

O exercício do poder de polícia administrativa deve ser realizado de forma regular, dentro dos limites legais e sem abuso ou desvio de poder (art. 78, parágrafo único, do CTN).

Interessante registrar que posicionamento do STF autoriza a cobrança mediante o exercício presumido do poder de polícia, quando existirem órgãos, agentes e ferramentas capazes de exercer a fiscalização ou regulamentação, mesmo que não ocorra diretamente no estabelecimento do contribuinte (RE 416.601/DF, RE 603.513/MG).

2. Taxa de Serviço Público (art. 79 do CTN): exigidas nos casos de utilização, efetiva ou potencial, de serviço público específico e divisível, prestado ao contribuinte ou posto à sua disposição.

Estudamos que o pagamento dos impostos servirá para manutenção da máquina pública com o custeio dos serviços públicos universais (*uti universi*).

As taxas, por sua vez, destinam-se ao custeio de serviços públicos singulares (*uti singuli*). Considerando que alguns serviços públicos serão prestados à parcela determinada da sociedade, não seria justo que todos tivessem que pagar por eles.

Desse modo, os serviços públicos passíveis da incidência de taxas seriam:

- Específicos (art. 79, II, do CTN): quando possam ser destacados em unidades autônomas de intervenção, de utilidade ou necessidades públicas – Quando se sabe por qual serviço estará pagando;
- Divisíveis (art. 79, III, do CTN): quando suscetíveis de utilização, separadamente, por parte de cada um dos seus usuários – Quando for possível a identificação separada dos seus contribuintes.

Ressalte-se que o pagamento dessa taxa será devido quando ocorrer a efetiva prestação dos serviços públicos ou mesmo quando estiver potencialmente posto à disposição do usuário, tratando-se daqueles de utilização compulsória (art. 79, I, do CTN).

Exemplificando, a taxa pela emissão de passaporte será devida apenas se o sujeito utilizar tal serviço específico e divisível, ao passo que o serviço de coleta domiciliar do lixo a taxa será devida, ainda que não necessite o usuário.

Inclusive, o Supremo Tribunal Federal já pacificou entendimento quanto à constitucionalidade da taxa de coleta domiciliar (Súmula Vinculante 19), acatando a potencialidade do serviço posto à disposição da população.

Por outro lado, considera-se inconstitucional a taxa de iluminação pública – TIP (Súmula Vinculante 41 e Súmula 670 do STF), por não se tratar de serviço público específico e divisível.

Quanto à base de cálculo adotada para as taxas, fique atento.

A Constituição Federal expressamente proíbe a adoção de base de cálculo própria daquelas definidas para os Impostos (art. 145, § 2º, da CF). A intenção é bem simples: as taxas não considerariam as manifestações de riquezas dos contribuintes (a taxa para emissão do passaporte será a mesma para todos os usuários, independentemente de suas condições financeiras).

Entretanto, levemente contrariando o preceito constitucional, o Código Tributário Nacional dispõe apenas sobre a proibição de utilização de idêntica base de cálculo dos Impostos (art. 77, parágrafo único, do CTN). Assim, alguns elementos inerentes aos Impostos (manifestações de riquezas) poderiam ser aplicados no valor da taxa (posição adotada pelo STF através da Súmula Vinculante 29).

2.4 Contribuições de Melhoria (Art. 81 do CTN + Art. 145, III, da CF)

Caracterizado também como tributo contraprestacional, apenas poderá ser instituído e cobrado quando ocorrer Valorização Imobiliária decorrente de Obras Públicas. Em outros termos, União, Estados, Distrito Federal e Municípios precisaram entregar específica atividade aos contribuintes (tributo vinculado).

> **DICA**
> Contribuição de melhoria é um tributo "V I P"
> V I – Representa a "Valorização Imobiliária".
> P – Representa obras "Públicas".

Merece destaque que a cobrança dessa espécie tributária exigirá o respeito a requisitos específicos, quais sejam (art. 82 do CTN): edital prévio contendo memorial do projeto, orçamento da obra, custo a ser financiado pela contribuição, delimitação da zona beneficiada e fator de absorção do benefício para toda zona ou cada área (inciso I); prazo não inferior a 30 (trinta) dias para impugnação administrativa pelos interessados (inciso II) e regulamentação do processo administrativo, sem prejuízo da apreciação judicial (inciso III).

Outro aspecto fundamental para o exame de ordem consiste na identificação dos limites na cobrança da contribuição, dividindo-os em (arts. 81 e 82, § 1º, do CTN):

1. Limite Total: O poder público não poderá arrecadar mais do que aquilo gasto na realização da obra, ou seja, uma espécie de "teto" para cobrança.

2. Limite Individual: Considerando que os imóveis poderão sofrer diferentes valorizações, a cobrança deve ser feita de maneira proporcional ao acréscimo realizado em cada um individualmente.

Imaginemos que algum Município da federação resolva realizar Obra Pública em determinada região, investindo R$ 100 mil reais, ocasionando Valorização Imobiliária em 100 unidades.

No momento da cobrança desta contribuição, terá como limite o valor R$ 100 mil reais, dividido de forma proporcional a valorização individual dos imóveis. Assim, proprietários com imóveis de maior valorização arcarão com parcela mais elevada do tributo.

2.5 Empréstimos Compulsórios

Considerada espécie tributária autônoma a luz da Constituição Federal, contém as seguintes características (art. 15 do CTN + art. 148 da CF):

1. Competência exclusiva federal: Apenas a União poderá instituir essa espécie tributária, sendo proibido aos Estados, Distrito Federal e Municípios sua criação.

2. Reserva de Lei Complementar: A criação dependerá da edição de lei complementar, ou seja, será necessário a aprovação por maioria absoluta no legislativo (art. 69 da CF). Deste modo, mesmo que preenchido os critérios de relevância e urgência, não caberá Medida Provisória (art. 62, § 1º, III, da CF).

3. Situações autorizadoras: Nos moldes constitucionais, a instituição poderá ocorrer nos casos de despesas extraordinárias decorrentes de calamidade pública, guerra externa ou sua iminência, bem como nos casos de investimento público de caráter urgente e relevante interesse nacional.

Fique esperto, pois tratando-se dos casos de calamidade pública, guerra externa ou sua iminência não será necessário respeitar os princípios constitucionais da anterioridade tributária (anual e nonagesimal). Já no investimento público, ainda que urgente e relevante, será necessário o respeito a ambas anterioridades (art. 150, § 1º, da CF).

Ademais, a doutrina aponta pela não recepção do art. 15, III, do CTN que autorizava a utilização dos empréstimos em "conjuntura exija a absorção temporária de poder aquisitivo".

4. Destino da arrecadação: A receita arrecadada com este tributo já se encontra previamente vinculada as despesas que fundamentaram a instituição (art. 148, parágrafo único, da CF).

5. Restituição: A semelhança com qualquer empréstimo tomado junto às instituições financeiras, a União deverá devolver os valores arrecadados aos contribuintes em prazo definido na lei instituidora (art. 15, parágrafo único, do CTN). O detalhe fica por conta da obrigação em devolver através de dinheiro e não de forma diversa (RE 175.385/SC).

2.6 CONTRIBUIÇÕES ESPECIAIS

Tributos criados com o objetivo de arrecadar valores e atuar em áreas específicas (tributo finalístico). Segundo entendimento jurisprudencial, subdividem-se **(arts. 149 e 149-A da CF):**

1. Sociais: Utilizada como forma de atuar no segmento social e garantir a manutenção dos direitos sociais (art. 6º da CF). Em regra, a competência será exercida pela União, destacando-se aquelas vinculadas à Seguridade Social – Previdência, Assistência e Saúde, bem como a Contribuição sobre Bens e Serviços (art. 195 da CF). Entretanto, tratando-se do regime próprio de Previdência do Servidor Público o recolhimento poderá ser feito pelo respectivo Estado, Distrito Federal e Municípios que lhe remunera (art. 149, § 1º, da CF).

2. Contribuição de Intervenção no Domínio Econômico – CIDE: Instituídas pela União como forma de atuar em segmentos financeiros, estimulando ou desestimulando atividades.

3. Corporativas: Também de competência da União, realizando a instituição dessas contribuições para munir os sindicatos e conselhos profissionais de receitas para realização de suas atividades (CRM, CRO, CREA, dentre outros). O destaque fica por conta da anuidade da OAB que, segundo entendimento do STF, não possui natureza jurídica de tributo (ADI 3.026/DF).

4. Contribuição para o custeio do Serviço de Iluminação Pública – COSIP: A competência dessa contribuição será exercida pelos Municípios e Distrito Federal com o objetivo de arrecadar receitas para o custeio, a expansão e a melhoria do serviço de iluminação pública e de sistemas de monitoramento para segurança e preservação de logradouros públicos. Fique esperto que o art. 149-A da CF foi acrescentado para substituir as inconstitucionais Taxas de Iluminação Pública (Súmula 670 do STF e Súmula Vinculante 41).

Com o advento da Reforma Tributária (Emenda Constitucional n. 132/2023), os valores da COSIP podem ter destinação também para o custeio de *sistemas de monitoramento para segurança e preservação de logradouros públicos.*

3. IMPOSTOS EM ESPÉCIE

3.1 Características dos impostos

Como analisado no capítulo anterior, o **imposto** é a espécie tributária cuja obrigação tem por fato gerador uma situação independente de qualquer atividade estatal específica, relativa ao contribuinte (art. 16 do CTN). Além disso, a Carta Magna determina a proibição de prévia destinação – ou de afetação – dos valores arrecadados, isto é, o produto da arrecadação dos impostos não pode estar antecipadamente comprometido com uma despesa (art. 167, IV, da CF).

A Constituição Federal determina a edição de uma **lei complementar** nacional estabelecendo normas federais sobre os impostos, notadamente seus fatos geradores, bases de cálculos e contribuintes (art. 146, III, *a*, da CF). A exigência dessa lei complementar visa a assegurar um caráter nacional aos impostos, de modo que não haja – pelo menos no que diz respeito a esses três elementos da incidência – uma disparidade de acordo com cada ente federado.

Ao longo do estudo dos impostos em espécie que será desenvolvido neste capítulo, verificaremos que, em grande parte das vezes, será o próprio CTN que fará as vezes dessa lei complementar nacional a unificar o arquétipo básico dos impostos previstos na Constituição Federal.

3.2 Impostos federais

Imposto de importação

"Art. 153. Compete à União instituir impostos sobre:

I – importação de produtos estrangeiros".

A Constituição Federal autoriza a União Federal a criar um imposto sobre o ingresso no território nacional de bens produzidos pelo homem ou pela natureza, sejam eles destinados ao comércio ou ao uso e consumo próprio do importador. Inicialmente, torna-se vital entender o significado do termo "importação" para fins jurídico-tributários.

Para facilitar a compreensão cumpre aferir, por exemplo, se um cidadão argentino, ao vir passar as férias no Brasil, é ou não obrigado a fazer o recolhimento do imposto de importação sobre seu veículo. A resposta é negativa, ou seja, não precisará recolher o tributo nessa hipotética situação.

A justificativa acaba por explicitar divergência a respeito do conceito de importação, que é muito mais complexo que o mero ingresso físico de um bem. Em seu sentido jurídico, **importação** é o ingresso físico de um bem com o intuito de incorporação definitiva deste à economia nacional. Sendo assim, como o viajante estrangeiro entra com seu veículo no Brasil, com a intenção, porém, de deixar, posteriormente, o território nacional acompanhado de seu carro, não há de se tratar tal situação como importação de um bem.

Por essa mesma razão é que os bens que chegam ao território brasileiro e estão em trânsito para outro país (como ocorre muitas vezes em portos ou aeroportos) não se submetem ao recolhimento do imposto de importação. Esta deve ser a interpretação a ser dada ao art. 19 do CTN, que fixa o fato gerador do imposto de importação sobre produtos estrangeiros como "a entrada destes no território nacional". No que diz respeito à base de cálculo do tributo, assim determina o CTN:

"Art. 20. A base de cálculo do imposto é:

I – quando a alíquota seja específica, a unidade de medida adotada pela lei tributária;

II – quando a alíquota seja *ad valorem*, o preço normal que o produto, ou seu similar, alcançaria, ao tempo da importação, em uma venda em condições de livre concorrência, para entrega no porto ou lugar de entrada do produto no País;

III – quando se trate de produto apreendido ou abandonado, levado a leilão, o preço da arrematação".

Por fim, cumpre esclarecer que o imposto de importação tem natureza eminentemente **extrafiscal**, isto é, se presta muito mais ao controle e defesa da atividade econômica nacional do que à arrecadação propriamente dita. Sendo assim, a alteração de suas alíquotas exige uma agilidade por parte do Poder Público Federal que não se coaduna integralmente com o princípio da legalidade, ou seja, não haveria como – em algumas situações específicas – aguardar todo o processo legislativo para que houvesse a majoração das suas alíquotas.

Por essa razão, a Constituição Federal, de maneira sábia, *mitiga* o **princípio da legalidade** no que diz respeito a esse imposto (e também, como será analisado posteriormente, quanto ao imposto de exportação, IPI e IOF), autorizando a majoração das alíquotas através de **decreto presidencial**. De acordo com o art. 153, § 1º, da CF, é facultado ao Poder Executivo alterar, dentro dos limites da lei, as alíquotas do imposto de importação. Da mesma forma, e pelas mesmas razões aqui apontadas, a Carta Magna, em seu art. 150, § 1º, *excetua* o imposto de importação do cumprimento dos prazos de **anterioridade**, seja a de **exercício** (art. 150, III, *b*, da CF), seja a **nonagesimal** (art. 150, III, *c*, da CF).

Imposto de exportação

"Art. 153. Compete à União instituir impostos sobre: (...)

II – exportação, para o exterior, de produtos nacionais ou nacionalizados".

O primeiro ponto a chamar a atenção é a expressão, utilizada pelo texto constitucional, "exportação, para o exterior", o que pode parecer, à primeira vista, redundância. Ocorre que, no passado, o Brasil já possuiu imposto a incidir sobre a exportação de produtos de um Estado-Membro para outro, algo que não existe mais. Assim como demonstrado no imposto de importação, cumpre esclarecer que exportação não é mera saída física de um determinado bem. Se alguém vai passar as férias, por exemplo, em Punta Del Este, no Uruguai, não precisa pagar imposto de exportação sobre seu veículo automotor, já que retornará ao território nacional de posse do veículo.

Outro ponto importante de análise é a expressão "produtos nacionalizados", que se refere a bens produzidos em outros países, mas prévia e legalmente importados. Após um regular processo de importação de um bem estrangeiro, este passa a ser tido como nacionalizado e deverá ser objeto do pagamento do imposto ora estudado caso haja uma eventual exportação posterior. Sobre a base de cálculo do imposto de exportação, assim dispõe o CTN:

"Art. 24. A base de cálculo do imposto é:

I – quando a alíquota seja específica, a unidade de medida adotada pela lei tributária;

II – quando a alíquota seja *ad valorem*, o preço normal que o produto, ou seu similar, alcançaria, ao tempo da exportação, em uma venda em condições de livre concorrência.

Parágrafo único. Para os efeitos do inciso II, considera-se a entrega como efetuada no porto ou lugar da saída do produto, deduzidos os tributos diretamente incidentes sobre a operação de exportação e, nas vendas efetuadas a prazo superior aos correntes no mercado internacional o custo do financiamento.

Art. 25. A lei pode adotar como base de cálculo a parcela do valor ou do preço, referidos no artigo anterior, excedente de valor básico, fixado de acordo com os critérios e dentro dos limites por ela estabelecidos".

Atualmente, existe uma tendência de não se tributar as exportações como regra geral. Buscando ampliar as possibilidades e o alcance do comércio exterior de produtos nacionais, opta nosso ordenamento jurídico-tributário por eliminar qualquer incidência fiscal em tais operações.

Porém, novamente de maneira sábia, a CF não elimina a possibilidade de fixação de um imposto sobre exportações, pois, em situações muito especiais, pode o governo federal usar tal tributo de modo a proteger a economia nacional. Imaginemos, apenas a título exemplificativo, que esteja faltando no Brasil um determinado bem, pois nossos produtores estão optando por o exportar diante dos ótimos valores pagos por adquirentes do exterior. Para proteger a economia nacional, poderá, neste caso, a União Federal fixar altas alíquotas para a exportação de tal produto, fazendo, indiretamente, com que ele permaneça no País.

Este simples e hipotético exemplo nos demonstra o **caráter extrafiscal** do imposto de exportação, o que justifica a possibilidade de majoração de sua alíquota por **decreto** (art. 153, § 1º, da CF) e a *não aplicação* a este das duas **anterioridades** (art. 150, § 1º, da CF).

Imposto de Renda – IR

"Art. 153. Compete à União instituir impostos sobre:

III – renda e proventos de qualquer natureza".

O **imposto de renda** incide tanto sobre pessoas físicas como pessoas jurídicas, cada qual com suas regras e leis próprias. Para sua compreensão, inicialmente, é importantíssimo distinguir os conceitos de **renda** e de **proventos**, muitas vezes confundidos pelos alunos em sala de aula. A conceituação e diferenciação das duas hipóteses de incidência do imposto de renda é dada pelo CTN em seu art. 43, que assim dispõe:

"Art. 43. O imposto, de competência da União, sobre a renda e proventos de qualquer natureza tem como fato gerador a aquisição da disponibilidade econômica ou jurídica:

I – de renda, assim entendido o produto do capital, do trabalho ou da combinação de ambos;

II – de proventos de qualquer natureza, assim entendidos os acréscimos patrimoniais não compreendidos no inciso anterior".

Nesse sentido, são consideradas rendas, por exemplo, os aluguéis, os rendimentos financeiros, o salário, os honorários profissionais. Já proventos serão pensões, aposentadorias e até mesmo o acréscimo patrimonial decorrente, *v.g.*, do recebimento de prêmios e loterias. O art. 150, § 1º, da CF determina que o imposto de renda *não se submete* ao princípio constitucional da **anterioridade nonagesimal** (prevista no art. 150, III, *c*, da CF), *devendo respeitar*, entretanto, a regra da **anterioridade de exercício**.

Outra regra constitucional importante a respeito do imposto de renda é trazida pelo art. 153, § 2º, I, da CF, que determina que tal tributo deverá ser informado pelos **critérios da generalidade, da universalidade e da progressividade**.

- De acordo com o critério da **generalidade**, deve-se entender que o IR deve alcançar a todos os contribuintes que tenham acréscimo patrimonial, não se admitindo tributação ou tratamento privilegiado a alguns. Não seria constitucional, por exemplo, a fixação de alíquotas mais baixas para jogadores de futebol, políticos ou professores.

- Já pelo critério da **universalidade**, o IR deve atingir de maneira global todas as rendas e proventos recebidos pelo contribuinte, não se admitindo tributações exclusivas. Assim, se algum trabalhador possui dois empregos e em cada um deles recebe um salário que se enquadraria no limite de isenção, ambos deverão ser somados, no ajuste anual, de modo a se aferir se com o somatório não haverá a incidência do IR.

- Quanto à **progressividade**, há de se entender que, quanto maior a base de cálculo, maior deverá ser a alíquota incidente a título de imposto de renda. Pessoas e empresas com rendas e proventos maiores devem pagar maiores alíquotas. Atualmente, no Brasil, quanto ao IR das pessoas físicas, existem cinco faixas distintas de incidência, com alíquotas que variam de 0% a 27,5%.

Outro dispositivo legal importante de compreensão é aquele inserto pelo § 1º do já transcrito art. 43 do CTN. Segundo tal dispositivo, "a incidência do imposto independe da denominação da receita ou do rendimento, da localização, condição jurídica ou nacionalidade da fonte, da origem e da forma de percepção". De acordo com essa regra, até mesmo os acréscimos patrimoniais decorrentes de atividades ilícitas devem ser levados à tributação, sob pena de sonegação fiscal. Quanto à **base de cálculo** do imposto de renda, determina o art. 44 do CTN que ela "é o montante, real, arbitrado ou presumido, da renda ou dos proventos tributáveis".

Por fim, é importante ressaltar que os Tribunais pátrios afastam a incidência desse imposto sobre indenizações. Considerando que indenizações não seriam acréscimos patrimoniais, mas sim recomposição de perdas, não deve incidir o IR. A exemplo do não cabimento de IR sobre indenizações por danos morais (Súmula 498 do STJ).

Imposto sobre Produtos Industrializados – IPI

"Art. 153. Compete à União instituir impostos sobre: (...)

IV – produtos industrializados".

O primeiro ponto a ser esclarecido, motivo de muitas confusões entre os estudantes, é o fato de este imposto de competência da União Federal NÃO ter por **fato gerador** a mera **comercialização** de produtos industrializados. Quando, por exemplo, um supermercado comercializa uma televisão (claramente um produto industrializado), não deve recolher o IPI. Somente é devido o pagamento desse tributo quando a comercialização do produto é feita por quem o industrializou.

Este imposto tem caráter **extrafiscal**, autorizando a CF à majoração de suas alíquotas por **decreto** do Poder Executivo (art. 153, § 1º). Da mesma forma, de acordo com o art. 150, § 1º, da Carta Magna, o IPI *não se submete* ao **princípio da anterioridade de exercício** (art. 150, III, b), observando apenas a **anterioridade nonagesimal** (art. 150, III, c). A CF, no art. 153, § 3º, I, determina que o IPI seja *seletivo*, em função da **essencialidade do produto**. A *seletividade* em razão da essencialidade do produto determina que, quanto mais essencial este for, menor deverá ser a alíquota cobrada. Por seu turno, quanto mais supérfluo for o produto industrializado, maior deverá ser sua alíquota.

Além disso, o inciso II do mesmo artigo constitucional garante a submissão do IPI ao **princípio da não cumulatividade**, determinando que seja compensado o *que for devido em cada operação com o montante cobrado nas anteriores*. Essa não cumulatividade tem por escopo impedir incidências sucessivas nas diversas operações da cadeia, de modo a não afetar tão fortemente o preço dos produtos importados.

Outra regra importante é a **imunidade** trazida pelo art. 153, § 3º, III, que veda a incidência do IPI no caso das vendas de produtos industrializados destinados ao exterior, o que é feito com vistas a fomentar as exportações nacionais. No mesmo sentido, e pela mesma justificativa, o IPI é devido na importação de produtos estrangeiros, para que não haja um tratamento tributário benéfico aos produtos produzidos fora do Brasil em detrimento dos nacionais.

A fixação dos **fatos geradores** do IPI é estabelecida pelo CTN, em seu art. 46, *verbis*:

"**Art. 46.** O imposto, de competência da União, sobre produtos industrializados tem como fato gerador:

I – o seu desembaraço aduaneiro, quando de procedência estrangeira;

II – a sua saída dos estabelecimentos a que se refere o parágrafo único do art. 51;

III – a sua arrematação, quando apreendido ou abandonado e levado a leilão".

Por fim, cabe lembrar que o parágrafo único do acima transcrito art. 46 do CTN explicita o que seja **industrialização** de um produto, afirmando que é a operação imposta a um produto que tenha lhe modificado a natureza ou a finalidade, ou o aperfeiçoado para o consumo.

Imposto sobre Operações Financeiras – IOF

"**Art. 153.** Compete à União instituir impostos sobre: (...)

V – operações de crédito, câmbio e seguro, ou relativas a títulos ou valores mobiliários".

O imposto de competência da União Federal incidente sobre operações de crédito, câmbio e seguro ou relativas a títulos ou valores mobiliários é comumente denominado (inclusive em muitas provas) como **imposto sobre operações financeiras – IOF**, em que pese essa expressão não ser adotada pela legislação. Tal imposto tem importante caráter **extrafiscal**, motivo pelo qual a CF o *dispensa* do cumprimento de ambos os **prazos de anterioridade,** quais sejam, de exercício e nonagesimal (art. 150, § 1º, da CF), bem como outorga ao Poder Executivo o direito de aumentar suas alíquotas via *decreto*, respeitados os limites previstos em lei (art. 153, § 1º, da CF).

São quatro os diferentes **fatos geradores** deste único imposto, e assim estão previstos pelo art. 63 do CTN:

"**Art. 63.** O imposto, de competência da União, sobre operações de crédito, câmbio e seguro, e sobre operações relativas a títulos e valores mobiliários tem como fato gerador:

I – quanto às operações de crédito, a sua efetivação pela entrega total ou parcial do montante ou do valor que constitua o objeto da obrigação, ou sua colocação à disposição do interessado;

II – quanto às operações de câmbio, a sua efetivação pela entrega de moeda nacional ou estrangeira, ou de documento que a represente, ou sua colocação à disposição do interessado em montante equivalente à moeda estrangeira ou nacional entregue ou posta à disposição por este;

III – quanto às operações de seguro, a sua efetivação pela emissão da apólice ou do documento equivalente, ou recebimento do prêmio, na forma da lei aplicável;

IV – quanto às operações relativas a títulos e valores mobiliários, a emissão, transmissão, pagamento ou resgate destes, na forma da lei aplicável.

Parágrafo único. A incidência definida no inciso I exclui a definida no inciso IV, e reciprocamente, quanto à emissão, ao pagamento ou resgate do título representativo de uma mesma operação de crédito".

Da mesma forma, são quatro diferentes as **bases de cálculo** do IOF, uma para cada um dos diferentes fatos geradores. Todas estão elencadas no art. 64 do CTN, *verbis*:

"**Art. 64.** A base de cálculo do imposto é:

I – quanto às operações de crédito, o montante da obrigação, compreendendo o principal e os juros;

II – quanto às operações de câmbio, o respectivo montante em moeda nacional, recebido, entregue ou posto à disposição;

III – quanto às operações de seguro, o montante do prêmio;

IV – quanto às operações relativas a títulos e valores mobiliários:

a) na emissão, o valor nominal mais o ágio, se houver;

b) na transmissão, o preço ou o valor nominal, ou o valor da cotação em Bolsa, como determinar a lei;

c) no pagamento ou resgate, o preço".

Imposto sobre a Propriedade Territorial Rural – ITR

"**Art. 153.** Compete à União instituir impostos sobre: (...)

VI – propriedade territorial rural".

Como sabido, o proprietário de imóveis localizados na **área urbana** de um município fica sujeito ao pagamento do IPTU, previsto no art. 156, I, da Carta Magna. Já aqueles proprietários de imóveis localizados *fora* do perímetro urbano se submetem ao pagamento do ITR, de competência federal. Buscando estabelecer as condições mínimas para que uma *zona seja tida por urbana*, o CTN, regulando conflito de competência, estabeleceu no art. 32 alguns **requisitos objetivos** para solução da questão.

Tema muito frequente de provas é a questão acerca da incidência do IPTU ou do ITR em imóveis urbanos destinados à produção agropecuária. De acordo com o **Decreto-Lei n. 57/66**, cuja constitucionalidade vem sendo reafirmada pelo STF, **o imóvel usado para produção rural, ainda que localizado em área urbana, fica submetido ao pagamento do ITR**. De acordo, ainda, com o art. 153, § 4º, I, da CF, o ITR "será progressivo e terá suas alíquotas fixadas de forma a desestimular a manutenção de propriedades improdutivas". Tal dispositivo é corolário da regra constitucional que determina o cumprimento da **função social da propriedade**, onerando, neste ponto, os proprietários que não dão a devida e completa utilização a suas terras.

Ademais, a própria Constituição Federal, desta feita através do inciso II do referido art. 153, § 4º, **imuniza**, no que toca ao ITR, as pequenas glebas rurais, definidas em lei, quando estas sejam exploradas pelo proprietário que não possua outro imóvel. O **fato gerador** e a **base de cálculo** do ITR são definidos pelos arts. 29 e 30 do CTN, nos seguintes termos:

"**Art. 29.** O imposto, de competência da União, sobre a propriedade territorial rural tem como fato gerador a propriedade, o domínio útil ou a posse de imóvel por natureza, como definido na lei civil, localização fora da zona urbana do Município.

Art. 30. A base do cálculo do imposto é o valor fundiário".

Atente-se que, buscando ao menos diminuir a falta de receita com o IPTU que os Municípios eminentemente rurais acabam por enfrentar, a CF garante aos entes municipais sempre 50% do valor arrecadado a título de ITR. Afirma, ainda, no art. 153, § 4º, III, que este imposto "será fiscalizado e cobrado pelos Municípios que assim optarem, na forma da lei, desde que não implique redução do imposto ou qualquer outra forma de renúncia fiscal".

Imposto sobre Grandes Fortunas – IGF

"**Art. 153.** Compete à União instituir impostos sobre: (...)

VII – grandes fortunas, nos termos de lei complementar".

O imposto de competência da União Federal a incidir sobre grandes fortunas *ainda não foi instituído em nosso país*. Trata-se de um caso de competência não exercida que, entretanto, como já visto, não caduca. Poderá, assim, ser criado a qualquer momento desde que respeitada a exigência de edição de uma **lei complementar**.

Imposto Seletivo – IS

"**Art. 153.** Compete à União instituir impostos sobre: (...)

VIII – produção, extração, comercialização ou importação de bens e serviços prejudiciais à saúde ou ao meio ambiente, nos termos de lei complementar".

Imposto incluído com o advento da Reforma Tributária (Emenda Constitucional n. 132/2023) e de competência da União Federal, incidirá sobre atividades nocivas à saúde ou ao meio ambiente com verdadeira intenção de substituir, gradativamente, o Imposto sobre Produtos Industrializados.

Merecem destaque previsões constitucionais que devem ser aplicadas para esse imposto, previstas no art. 153, § 6º, da CF.

3.3 Impostos estaduais

Imposto sobre a Transmissão *Causa Mortis* e Doação de Bens ou Direitos – ITCMD

"**Art. 155.** Compete aos Estados e ao Distrito Federal instituir impostos sobre:

I – transmissão causa mortis e doação, de quaisquer bens ou direitos".

O ITCMD tem como *fatos geradores*:

- a **transmissão** *causa mortis*; e
- as **doações de bens, inclusive de bens imóveis**.

Quanto às transmissões *causa mortis*, tem-se por ocorrido o fato gerador, nos termos de pacífica jurisprudência, no momento da abertura da sucessão, sendo esta a data de fixação da alíquota a ser recolhida. O art. 155, § 1º, da CF fixa o **estado competente** para cobrança do ITCMD, atualizado pela Reforma Tributária, dizendo que ele será devido:

I – relativamente a bens imóveis e respectivos direitos, compete ao Estado da situação do bem, ou ao Distrito Federal;

II – relativamente a bens móveis, títulos e créditos, compete ao Estado onde era domiciliado o *de cujus*, ou tiver domicílio o doador, ou ao Distrito Federal;

Determina a Carta Magna, ainda, que o ITCMD terá suas alíquotas máximas fixadas pelo **Senado Federal** (art. 155, § 1º, IV, CF), podendo os Estados adotarem alíquotas progressivas em razão do valor do quinhão, do legado ou da doação (art. 155, § 1º, VI, da CF).

Imposto sobre a Circulação de Mercadorias e Prestação de Serviços – ICMS

"Art. 155. Compete aos Estados e ao Distrito Federal instituir impostos sobre: (...)

II – operações relativas à circulação de mercadorias e sobre prestações de serviços de transporte interestadual e intermunicipal e de comunicação, ainda que as operações e as prestações se iniciem no exterior".

A partir da Constituição Federal de 1988, **o imposto estadual incidente sobre a circulação de mercadorias** passou a ser cobrado também sobre a prestação de serviços de transporte interestadual e intermunicipal e de comunicações. O *transporte intramunicipal*, ou seja, aquele realizado apenas dentro do âmbito territorial de um mesmo município, fica fora da competência estadual, sendo tributado – se for o caso – pelo ISS municipal.

Um grande ponto a ser esclarecido é a respeito do que seja *circulação de mercadorias*, pois tal operação deve envolver, obrigatoriamente, transmissão de propriedade, não se confundindo com mera circulação física de determinado produto. Nesse sentido, o Superior Tribunal de Justiça editou a Súmula 166, cujo teor estabelece que *o simples deslocamento da mercadoria de um estabelecimento para outro, do mesmo contribuinte, sem tipificar ato de mercancia, não legitima a incidência do ICMS*. Esse posicionamento foi corroborado pelo Supremo Tribunal Federal por ocasião do julgamento da ACD 49.

Outro detalhe fundamental é o que guarda relação com o termo "mercadoria", que traduz um produto levado a mercado, ou seja, posto à venda. Por incidir o ICMS sobre mercadorias, não há de se autorizar a cobrança quando há doação de bens, ainda que estas sejam feitas por um habitual contribuinte do imposto. Assim, se, exemplificativamente, um supermercado doa produtos antes que eles atinjam seu prazo de validade, tal operação não estará sujeita ao recolhimento do ICMS.

A CF traz um grande regramento deste imposto através do art. 155, § 2º. De acordo com esse dispositivo, o ICMS "será não-cumulativo, compensando-se o que for devido em cada operação relativa à circulação de mercadorias ou prestação de serviços com o montante cobrado nas anteriores pelo mesmo ou outro Estado ou pelo Distrito Federal". Portanto, assim como ocorre com o IPI, de competência da União Federal, também o ICMS – por determinação constitucional – deve obrigatoriamente se submeter **ao princípio da não cumulatividade**.

Ademais, a Carta Magna diz que o ICMS *poderá* ser **seletivo** em função da *essencialidade* das mercadorias e dos serviços. Entretanto, algumas vezes, produtos essenciais, como energia elétrica e combustíveis, por exemplo, acabam por ter sua negociação onerada com altas alíquotas de ICMS. Ressalte-se que o entendimento jurisprudencial determina que a seletividade do ICMS não é um imperativo como é a do IPI, eis que o texto constitucional, quanto ao tributo estadual, acaba por utilizar a expressão "poderá", e não "será seletivo", esta usada ao regrar o tributo federal.

Da mesma maneira que o IPI, que as contribuições sociais e que as contribuições de intervenção no domínio econômico, também o ICMS não incide nas exportações e incide nas importações, ainda que realizadas por pessoas ou empresas que não sejam, ordinariamente, contribuintes do imposto. Tal dispositivo tem por função, mais uma vez, fomentar as exportações e desestimular, na medida do possível, um grande fluxo de importações.

Atente-se à modificação que a LC n. 194/2022 trouxe em relação ao ICMS sobre os combustíveis, o gás natural, a energia elétrica, as comunicações e o transporte coletivo. Assim, de acordo com o parágrafo único do art. 18-A do CTN:

- é vedada a fixação de alíquotas sobre as operações referidas no *caput* deste artigo em patamar superior ao das operações em geral, considerada a essencialidade dos bens e serviços (inciso I);
- é facultada ao ente federativo competente a aplicação de alíquotas reduzidas em relação aos bens referidos no *caput* deste artigo, como forma de beneficiar os consumidores em geral (inciso II); e
- é vedada a fixação de alíquotas reduzidas de que trata o inciso II deste parágrafo, para os combustíveis, a energia elétrica e o gás natural, em percentual superior ao da alíquota vigente por ocasião da publicação deste artigo (inciso III).

Imposto Sobre a Propriedade de Veículos Automotores – IPVA

"Art. 155. Compete aos Estados e ao Distrito Federal instituir impostos sobre: (...)

III – propriedade de veículos automotores".

O imposto de competência estadual incidente sobre a propriedade de veículos automotores carece de *lei complementar* a fixar seus fatos geradores, bases de cálculo e contribuintes. Entretanto, se entende ser legítima a cobrança por Estados e pelo Distrito Federal até que seja editada a lei nacional.

Com o advento da Reforma Tributária (Emenda Constitucional n. 132/2023), a Constituição Federal passou a possibilitar aos Estados e ao Distrito Federal a instituição desse imposto sobre veículos automotores terrestres, aquáticos e aéreos.

Outro ponto importante é a impossibilidade de fixação de alíquotas do IPVA distintas para veículos nacionais ou importados. Muitos Estados acabavam por impor alíquotas mais elevadas para carros importados, tendo sido esta prática tida por inconstitucional pelo Supremo Tribunal Federal.

A Constituição Federal, no art. 155, traz algumas regras importantes sobre o IPVA, o que faz mediante os seguintes termos:

"**Art. 155.** (...)

§ 6º O imposto previsto no inciso III:

I – terá alíquotas mínimas fixadas pelo Senado Federal;

II – poderá ter alíquotas diferenciadas em função do tipo, do valor, da utilização e do impacto ambiental;

III – incidirá sobre a propriedade de veículos automotores terrestres, aquáticos e aéreos, excetuados:

a) aeronaves agrícolas e de operador certificado para prestar serviços aéreos a terceiros;

b) embarcações de pessoa jurídica que detenha outorga para prestar serviços de transporte aquaviário ou de pessoa física ou jurídica que pratique pesca industrial, artesanal, científica ou de subsistência;

c) plataformas suscetíveis de se locomoverem na água por meios próprios, inclusive aquelas cuja finalidade principal seja a exploração de atividades econômicas em águas territoriais e na zona econômica exclusiva e embarcações que tenham essa mesma finalidade principal;

d) tratores e máquinas agrícolas".

Por fim, há de se lembrar que, nos termos do art. 150, § 1º, da CF, a fixação da base de cálculo do IPVA *não precisa* respeitar a **anterioridade nonagesimal**. Atente-se que a exceção ao princípio se dá somente para a *fixação da base de cálculo*. Alteração na alíquota do IPVA deverá respeitar as duas regras de anterioridade.

3.4 Impostos municipais

Imposto sobre a Propriedade Predial e Territorial Urbana – IPTU

"**Art. 156.** Compete aos Municípios instituir impostos sobre:

I – propriedade predial e territorial urbana".

O imposto de competência municipal incidente sobre a propriedade predial e territorial urbana tem seu fato gerador previsto no art. 32 do CTN, que assim dispõe:

"**Art. 32.** O imposto, de competência dos Municípios, sobre a propriedade predial e territorial urbana tem como fato gerador a propriedade, o domínio útil ou a posse de bem imóvel por natureza ou por acessão física, como definido na lei civil, localizado na zona urbana do Município".

Como já exposto, quando da análise do ITR, o próprio CTN resolve conflito de competência entre a União Federal e os Municípios, explicitando quais os requisitos objetivos para que a lei municipal possa tratar uma determinada área como se urbana fosse. Determina o § 1º, do transcrito art. 32 do CTN:

"**Art. 32.** (...)

§ 1º Para os efeitos deste imposto, entende-se como zona urbana a definida em lei municipal; observado o requisito mínimo da existência de melhoramentos indicados em pelo menos 2 (dois) dos incisos seguintes, construídos ou mantidos pelo Poder Público:

I – meio-fio ou calçamento, com canalização de águas pluviais;

II – abastecimento de água;

III – sistema de esgotos sanitários;

IV – rede de iluminação pública, com ou sem posteamento para distribuição domiciliar;

V – escola primária ou posto de saúde a uma distância máxima de 3 (três) quilômetros do imóvel considerado".

O Código também estabelece a possibilidade de lei municipal considerar urbanas as áreas urbanizáveis, ou de expansão urbana, constantes de loteamentos aprovados pelos órgãos competentes, destinados à habitação, à indústria ou ao comércio, mesmo que localizados fora das zonas anteriormente mencionadas (art. 32, § 2º, do CTN). A possibilidade de incidência do IPTU nesses casos, restou pacificada por meio da Súmula 626 do STJ.

Atente-se para a existência de um critério objetivo para a definição da incidência do ITR federal ou do IPTU municipal, tema de frequentes questões em provas.

A fixação da base de cálculo do IPTU é promovida pelo art. 33 do CTN, *verbis*:

"**Art. 33.** A base do cálculo do imposto é o valor venal do imóvel.

Parágrafo único. Na determinação da base de cálculo, não se considera o valor dos bens móveis mantidos, em caráter permanente ou temporário, no imóvel, para efeito de sua utilização, exploração, aformoseamento ou comodidade".

Outra regra importante é a previsão constitucional de **progressividade no tempo** do IPTU para os **imóveis não edificados, subutilizados ou não utilizados**. De acordo com o art. 182, § 4º, II, da CF, poderá a **lei municipal** estabelecer *alíquotas crescentes*, ano a ano, para tributar severamente imóveis urbanos que não estejam cumprindo sua função social. Tal dispositivo tem por objetivo forçar, de maneira indireta, os proprietários desse tipo de imóveis para que lhes deem um adequado tratamento, sob pena de pagarem valores muito altos, ano a ano, a título de IPTU ao ente municipal.

Além dessa progressividade no tempo, a nossa CF autoriza, no art. 156, § 1º, a fixação de alíquotas progressivas do IPTU de acordo com o valor dos imóveis (quanto maior o valor, maior a alíquota) e ainda o estabelecimento de alíquotas diferentes de acordo com a localização e o uso dos imóveis.

Com o advento da Reforma Tributária (Emenda Constitucional n. 132/2023), a Constituição Federal passou a possibilitar atualização da base de cálculo do IPTU por ato do Poder Executivo, conforme critérios estabelecidos em lei municipal (art. 156, § 1º, III, da CF).

Imposto sobre a transmissão *inter vivos*, a qualquer título, por ato oneroso, de bens imóveis – ITBI

"Art. 156. Compete aos Municípios instituir impostos sobre: (...)

II – transmissão "inter vivos", a qualquer título, por ato oneroso, de bens imóveis, por natureza ou acessão física, e de direitos reais sobre imóveis, exceto os de garantia, bem como cessão de direitos a sua aquisição"

O imposto de competência municipal incidente sobre a transmissão de bens imóveis só tem vez quando esta for **onerosa**. A *doação*, por exemplo, de um apartamento de um avô para um neto ficará submetida ao recolhimento do ITCMD estadual por ser *gratuita*. Por haver a necessidade de transmissão dos bens, o entendimento jurisprudencial é no sentido da inexigibilidade do ITBI no registro de usucapião, modo originário de aquisição de propriedade.

Outro ponto importante é a impossibilidade de cobrança do imposto quando do registro da simples promessa de compra e venda, sendo afastada essa cobrança quando praticada por algum ente municipal. Nos termos do art. 38 do CTN, a **base de cálculo** desse imposto municipal é o valor venal do imóvel, sendo o tributo devido ao município onde o bem se encontra localizado (art. 156, § 2º, II, da CF).

Por fim, cabe lembrar uma importante regra constitucional a **imunizar** a incidência do ITBI. Determina o art. 156, § 2º, I, da CF, que o ITBI "não incide sobre a transmissão de bens ou direitos incorporados ao patrimônio de pessoa jurídica em realização de capital, nem sobre a transmissão de bens ou direitos decorrentes de fusão, incorporação, cisão ou extinção de pessoa jurídica, salvo se, nesses casos, a atividade preponderante do adquirente for a compra e venda desses bens ou direitos, locação de bens imóveis ou arrendamento mercantil".

Nas operações descritas, em que pese eventual caráter oneroso da transmissão dos bens, não incidirá o imposto por expressa previsão constitucional.

Imposto sobre Serviços – ISS

"Art. 156. Compete aos Municípios instituir impostos sobre: (...)

III – serviços de qualquer natureza, não compreendidos no art. 155, II, definidos em lei complementar".

O ISS (ou ISSQN), de competência municipal, não tem o condão de tributar toda e qualquer prestação de serviço, sendo necessário que este tenha as seguintes **características**:

- obrigação de fazer;
- submissão ao regime privado (serviço público remunera-se por taxa);
- conteúdo econômico (por exemplo, uma avó não paga ISS por cuidar dos netos);
- prestação sem relação de emprego.

Além disso, o serviço para dar ensejo à tributação pelo ISS tem que estar elencado na lista anexa à **Lei Complementar n. 116/2003** (atualizada pela LC n. 157/2016), sendo tal rol, no entendimento do STF, taxativo. Observa-se que muitas vezes surge **um conflito** entre Estados e Municípios para tributarem operações nas quais há, conjuntamente, *prestação de serviços* com fornecimento de *mercadorias*. Nessas situações, estaremos diante de três distintas soluções, a seguir explicitadas:

Hipótese 1: se o serviço está previsto na lista anexa da Lei Complementar n. 116/2003 como sendo de competência dos municípios, sem qualquer ressalva quanto à incidência do ICMS sobre as mercadorias fornecidas. Tratamento tributário: cobra-se ISS sobre o valor total (art. 1º, § 2º, da LC n. 116/2003);

Hipótese 2: se o serviço está previsto na lista anexa da LC n. 116/2003 como sendo de competência dos municípios, com ressalva quanto à incidência do ICMS sobre o fornecimento de mercadoria. Tratamento tributário: cobra-se ISS sobre a prestação de serviço e ICMS sobre o fornecimento de mercadorias (art. 1º, § 2º, da LC n. 116/2003);

Hipótese 3: se o serviço não está previsto na lista anexa da LC n. 116/2003. Tratamento tributário: cobra-se ICMS sobre o valor total (art. 155, § 2º, IX, *b*, da CF).

Outro ponto importante é a definição do município competente para cobrança do ISS. Entende-se que o tributo é devido ao município **onde o serviço foi prestado**, não importando onde a empresa prestadora deste tem sua sede.

3.5 Imposto de Competência Compartilhada

"**Art. 156-A.** Lei complementar instituirá imposto sobre bens e serviços de competência compartilhada entre Estados, Distrito Federal e Municípios".

Com o advento da Reforma Tributária (Emenda Constitucional n. 132/2023), a Constituição Federal passou a possibilitar a criação do Imposto sobre Bens e Serviços – IBS, cobrados de forma compartilhada entre Estados, Distrito Federal e Municípios. A intenção reside na junção do ICMS estadual com o ISS municipal, mediante a repartição de alíquotas na atividade de cobranças, com regra de transição até 2033.

Com criação e regulamentação condicionadas à edição de **Lei Complementar Federal**, trata-se de verdadeira inovação no estudo das competências tributárias. Objetivando integrar suas atividades, passa a ser instituído o Comitê Gestor do IBS, mediante a participação de representantes dos Estados e Distrito Federal de um lado, e, de outro, representantes de Municípios. As regras constitucionais estão elencadas nos arts. 156-A e 156-B, ambos da Constituição.

4. DAS LIMITAÇÕES CONSTITUCIONAIS AO PODER DE TRIBUTAR

4.1 Introdução

Utilizando-se dos preceitos protetivos apresentados pela Carta Magna de 1988, também conhecida como Constituição Cidadã, uma série de regras principiológicas e imunizantes ganharam destaque em seção própria denominada Das Limitações ao Poder de Tributar (arts. 150 ao 152 da CF).

Como o próprio título sugere, encontraremos uma série de normatizações que objetivam conceder garantias e proteções aos contribuintes contra atividades tributárias desarrazoadas exercidas pela União, Estados, Distrito Federal e Municípios.

Seguindo a doutrina tradicional, tais limitações, portanto, dividem-se no estudo dos Princípios Tributários e nas Imunidades Tributárias, estudados neste e no próximo capítulo, respectivamente.

Assim, passemos a analisar os princípios constitucionais tributários consagrados na Carta Magna de 1988, sempre exigidos em provas, sem prejuízo da aplicação de normas infraconstitucionais que também disciplinem a matéria.

4.2 Princípios Tributários

Princípio da Legalidade (art. 150, I, da CF)

Conforme observado no início dessa obra, o conceito de tributo exige que sua instituição venha por meio de lei (art. 3º do CTN). Trata-se de verdadeiro respeito ao direito fundamental da legalidade no ordenamento jurídico brasileiro, afinal "ninguém será obrigado a fazer ou deixar de fazer alguma coisa senão em virtude de lei" (art. 5º, II, da CF).

Assim, o sistema constitucional tributário determinou expressa proibição para União, Estados, Distrito Federal e Municípios exigirem ou aumentarem tributo sem lei que o estabeleça (art. 150, I, da CF).

O contribuinte somente se torna obrigado a realizar o pagamento do tributo em decorrência da obrigatoriedade da lei, definindo o campo material de incidência tributária, além das hipóteses de redução, extinção, exclusão, suspensão (art. 97 do CTN).

Atente-se para a espécie legislativa apresentada.

Com efeito, já estudamos que a criação dos tributos, em regra, dependerá da mera edição de lei ordinária (maioria simples – cabível medida provisória), com as seguintes ressalvas de lei complementar (maioria absoluta – incabível medida provisória):

- **Empréstimos Compulsórios (art. 148 da CF);**
- **Imposto sobre Grandes Fortunas – IGF (art. 153, VII, da CF);**
- **Impostos Residuais (art. 154, I, da CF);**
- **Contribuições Sociais da Seguridade Social Residuais (art. 195, § 4º, da CF);**
- **Imposto sobre Bens e Serviços (art. 156-A da CF);**
- **Contribuições sobre Bens e Serviços (art. 195, V, da CF); e**
- **Imposto Seletivo (art. 153, VIII, da CF).**

Por outro lado, ainda merecem destaque as raríssimas exceções ao princípio da legalidade na esfera tributária. Diante de sua relevância em provas, elencamos neste momento:

a) Alíquotas do II, IE, IPI, IOF (art. 153, § 1º, da CF): Classificados como impostos extrafiscais (poder de proteção da economia e aspectos sociais), suas alíquotas podem ser alteradas por ato do poder executivo (ex.: Decreto), nos limites da lei. Quando estudamos o capítulo sobre finalidades tributárias, exemplificamos que o Imposto de Importação objetiva proteger a economia brasileira contra o ingresso desarrazoado de mercadorias estrangeiras. Exatamente por conta da necessidade de celeridade nessas medidas protetivas, será possível que o Presidente da República edite Decreto para modificar suas alíquotas de forma mais rápida que um complexo processo de edição de leis;

b) Alíquotas da CIDE – Combustíveis (art. 177, § 4º, I, *b*, da CF): Ainda no cenário da extrafiscalidade, as alíquotas desta Contribuição de Intervenção no Domínio Econômico sobre combustíveis podem ser reduzidas e reestabelecidas por ato do poder executivo (ex.: Decreto). O objetivo será exatamente o mesmo do exemplo anterior, maior celeridade e proteção;

c) **Alíquotas do ICMS – Combustíveis (art. 155, § 4º, IV, da CF):** A definição destas alíquotas será realizada através de convênio no âmbito do Conselho de Política Fazendária – CONFAZ, composto pelos secretários de fazenda dos Estados e Distrito Federal. A intenção aqui foi deixar margem para que os Estados e o Distrito Federal pudessem dialogar e melhor definir suas alíquotas do ICMS Combustíveis;

d) **Definição da obrigação acessória (arts. 113, § 2º, e 115, do CTN):** Relacionada apenas às formalidades da relação tributária (livros, certidões, cadastros, inscrições etc.), sua definição poderá ocorrer por qualquer mecanismo da legislação tributária, notadamente leis, tratados internacionais, decretos ou normas complementares (art. 96 do CTN), e não apenas por lei em sentido estrito;

e) **A modificação do prazo para pagamento do tributo (art. 160 do CTN):** O código adota prazo regra de 30 (trinta) dias para pagamento dos tributos, mas poderá ser alterado por qualquer integrante da legislação tributária, notadamente leis, tratados internacionais, decretos ou normas complementares (art. 96 do CTN), e não apenas por lei em sentido estrito;

f) **Atualização monetária (art. 97, § 2º, do CTN):** A mera atualização monetária dos tributos não equivale a aumento, mas apenas recomposição do valor da moeda. Assim, bastaria um Decreto para atualizá-lo. Com o advento da Reforma Tributária (Emenda Constitucional n. 132/ 2023), essa mesma determinação foi expressamente apresentada para o IPTU, autorizando a possibilidade de atualização de sua base de cálculo por meio do Poder Executivo, conforme critérios estabelecidos em lei municipal (art. 156, § 1º, III, da CF). Entretanto, fique alerta: se o novo valor ultrapassar o índice oficial de correção do tributo será necessária a criação de nova lei, pois não será apenas atualização e sim aumento. Neste sentido: *Sumula 160, STJ. É defeso, ao Município, atualizar o IPTU, mediante decreto, em percentual superior ao índice oficial de correção monetária.* Como exemplo, imaginemos que determinado Município adote o Índice Nacional de Preços ao Consumidor Amplo – IPCA para atualizar a base de cálculo do seu IPTU. Adotando que o índice anual tenha chegado a casa dos 10,67%, o Prefeito poderia utilizar-se de simples Decreto para atualizar o imposto dentro desse patamar. O que não poderia ser feito por Decreto seria o Prefeito querer arredondar o percentual para cima, colocando-o em 11%. Nesse caso, estaríamos diante de verdadeiro aumento e dependeria da edição de Lei Municipal por parte dos Vereadores do Município.

Para memorizar:

Princípio da Isonomia (art. 150, II, da CF)

Equivalente ao consagrado direito de igualdade (art. 5º, II, da CF), o princípio da isonomia tributária origina-se na proteção dos direitos fundamentais da Constituição Federal.

Deste modo, não será admitida a instituição de tratamento desigual entre contribuintes que se encontrem em situação equivalente.

Imaginemos, por exemplo, duas pessoas proprietárias, cada uma, de veículo automotor de mesmas características, ano e modelo. Não será admitida tributação diferenciada do IPVA em decorrência de aspectos pessoais (religião, família, raça, economias, profissão etc.).

Também será proibida a realização de qualquer distinção em razão de ocupação profissional ou função exercida pelos contribuintes, não importando a denominação jurídica dos rendimentos, títulos ou direitos.

Atente-se que, em casos excepcionais, admite-se a aplicação do Princípio da Capacidade Contributiva para considerar, sempre que possível, aspectos pessoais do contribuinte no momento de incidência dos impostos (art. 145, § 1º, da CF + Súmula 539 do STF).

Aliás, a Corte suprema também aceita a aplicação da capacidade contributiva para outras espécies tributárias além dos impostos, notadamente utilizando-a em julgados que envolveu taxas e contribuições (RE 232.393/SP e RE 573.675/SC).

Princípio da Segurança Jurídica (art. 150, III, da CF)

O princípio da segurança jurídica, para alguns doutrinadores classificado como conjunto de regras, destina-se a evitar surpresas desagradáveis aos contribuintes, afastando repentinas cargas tributárias ou mesmo a cobrança em situações passadas.

Nos moldes constitucionais, dividem-se em:

a) **Irretroatividade:** Consiste na proibição dos entes políticos exigirem tributos em relação a fatos geradores ocorridos anteriormente a vigência da lei que os houver instituído ou aumentado. Em termos mais simples, não poderá realizar cobrança sobre situações passadas.

A título exemplificativo, imaginemos a publicação de lei federal em 17 de março de determinado ano, estabelecendo a criação do Imposto sobre Grandes Fortunas – IGF (art. 153, VII, da CF). A cobrança apenas poderá ser exercida sobre futuros fatos geradores, não podendo existir cobrança sobre casos anteriores aquela data.

Fique esperto, pois a Constituição Federal não trabalha nenhuma exceção a este princípio em relação aos tributos.

Entretanto, no Código Tributário Nacional encontraremos pontuais exceções sobre:

- Legislação tributária (art. 106 do CTN): possibilitando a aplicação retroativa quando se tratar de lei interpretativa e aos casos de diminuição ou desclassificação das multas e punições tributárias; e
- Lançamento Tributário (art. 144, § 1º, do CTN): legislação posterior que tenha instituído novos critérios de apuração/fiscalização, ampliando poderes ou outorgando maiores garantias/privilégios ao crédito tributário (exceto para atribuir responsabilidade para terceiro).

b) **Anterioridade (anual):** Determina a proibição de exigência do tributo no mesmo Exercício Financeiro em que tenha sido publicada a lei que houver instituído ou aumentado. Em outros termos, não poderá ser cobrado o tributo que tenha sido criado ou aumentado no mesmo ano civil, assim compreendido 1º de Janeiro até 31 de Dezembro (conforme art. 34 da Lei n. 4.320/64).

Trata-se de regra que objetiva conceder período para que o contribuinte possa organizar sua "vida financeira" e suportar o pagamento da nova exação.

Aplicando o mesmo exemplo anterior, o Imposto sobre Grandes Fortunas – IGF criado em 17 de março de determinado ano não poderia ser exigido no mesmo exercício financeiro (ano), apenas podendo ser iniciada sua cobrança no próximo (ano seguinte).

Atente-se que, diante de situações excepcionais atreladas aos aspectos de urgência e proteção, algumas exceções existem para autorizar a cobrança ainda no mesmo ano de publicação (arts. 150, § 1º, 155, § 4º, IV, c, 177, § 4º, I, b, e 195, § 6º, da CF). Logo mais estruturaremos tais exceções em quadro esquematizado.

c) **Anterioridade Nonagesimal (noventena):** Por meio deste princípio, os entes políticos tributantes não poderão exigir tributos antes de decorridos 90 (noventa) dias da data em que haja sido publicada a lei que os instituiu ou aumentou. Trata-se de mais uma regra que objetiva conceder prazo para organização da "vida financeira" do contribuinte que, além de esperar próximo ano, deterá de prazo mínimo de noventa dias.

Originou-se da EC n. 42/2003 em função daqueles tributos que geralmente eram instituídos ou aumentados no final do ano, não se mostrando suficiente apenas a regra da anterioridade anual.

Imaginemos que a publicação da lei instituidora do Imposto sobre Grandes Fortunas – IGF ocorresse em 17 de dezembro de determinado ano. Aplicar-lhe apenas a anterioridade anual já poderia ensejar a cobrança em 1º de janeiro do ano seguinte, o que não concedia prazo para organização da "vida financeira" dos contribuintes.

Deste modo, aplicando conjuntamente ambos os princípios da anterioridade (anual e nonagesimal) ao exemplo proposto, supondo que a publicação da lei que criasse o IGF tenha ocorrido em 17 de Dezembro do ano 1, sua cobrança apenas poderia ocorrer a partir de 17 março do ano seguinte (ano 2), isso se considerarmos todos os meses com 30 dias.

A semelhança da anterioridade anual, aqui também existem exceções que autorizam a cobrança sem aguardar o período de 90 (noventa) dias.

Objetivando facilitar seu estudo e considerando a quantidade de questões sobre o tema, observe o quadro esquematizado:

Por fim, sobre o tema das anterioridades ainda merecem destaques os seguintes entendimentos apresentados pelo Supremo Tribunal Federal:

- **Atualização Monetária:** Considerada apenas recomposição das perdas inflacionárias da moeda, a mera atualização realizada dentro dos índices inflacionários não equivale a aumento de tributo e, consequentemente, não se submete aos princípios das anterioridades, podendo ser aplicado imediatamente (RE 200.844/PR, RE 193.057/SP). Repare que já havíamos abordado a exceção da legalidade, designando que essa atualização poderá ser realizada através de ato do Poder Executivo (Decreto);

- **Modificação do Prazo:** Entendida como mera gestão do dinheiro público, a modificação do prazo para recolhimento dos tributos não se sujeita aos princípios da anterioridade (Súmula 669 do STF e Súmula Vinculante 50). Igualmente, também já havíamos abordado não ser necessária lei em sentido estrito para modificação do prazo para pagamento dos tributos;

- **Revogação de benefício tributário:** Em recentes julgados, a Corte suprema modificou entendimento e passou a considerar que a revogação de benefícios tributários como isenções, redução de base de cálculo, créditos presumidos, dentre outros, equivaleriam ao aumento indireto da carga tributária e, portanto, devem respeitar os princípios das anterioridades (RE 564.225/RS). Imaginemos que determinado motorista de táxi tenha sido beneficiado com isenção para não pagar IPVA de seu veículo. Se o Estado resolve revogar este benefício, somente voltaria a lhe cobrar no próximo exercício financeiro e aguardando os noventa dias como forma de garantir a aplicação da segurança jurídica.

Princípio da Vedação ao Confisco (art. 150, IV, da CF)

A utilização deste princípio objetiva proibir a utilização de tributo com efeito confiscatório, ou seja, impedir que União, Estados, Distrito Federal e Municípios exagerem na atividade de cobrança dos tributos.

Considerando a *propriedade como direito fundamental* (art. 5º, caput, da CF), o poder de tributar não pode ser exageradamente elevado a ponto de deixar o contribuinte sem condições de sustentar-se com sua família.

Entretanto, a análise deste princípio também depende da espécie tributária em estudo. Alguns tributos destacam-se pelo elemento extrafiscal, podendo ocasionar percentuais maiores como forma de desestimular o seu consumo.

Como exemplo, podemos citar a seletividade do IPI autorizando a cobrança maior sobre produtos não essenciais ao ser humano (bebidas alcoólicas, cigarros etc.), ao passo em que sua cobrança será menor sobre aqueles de primeira necessidade (macarrão, carne etc.).

Ademais, fique alerta para o alcance deste princípio também às *multas tributárias*.

Isto porque, ainda que as Fazendas Públicas não concordem, reiterados julgados no STF (ADI 551/RJ, ADI 1.075/DF) apontam para a aplicação do princípio do não confisco para todo o crédito tributário.

Considerando que o crédito tributário se forma pela obrigação tributária principal (arts. 113, § 1º, e 139, do CTN), a vedação ao efeito confiscatório será aplicado ao tributo e a penalidade (multa) tributária.

Em outros termos, os tributos e multas não podem ser aplicados em percentuais elevados, sob pena de violação ao Princípio do Não Confisco. Ressalte-se que não importa se a multa tiver caráter punitivo (por não ter cumprido a obrigação) ou moratória (pela demora no seu cumprimento).

A título ilustrativo, o Supremo Tribunal Federal já decidiu nos seguintes casos:

Multas Punitivas superiores a 100% do tributo devido são consideradas confiscatórias:
- RE 833.106/GO
- RE 784.257 – AgR/SE
- RE 657.372 – AgR/RS
- AI 838.302 – AgR/MG

Multas Punitivas superiores a 20% do tributo devido são consideradas confiscatórias:
- RE 727.872 – AgR/RS
- RE 938.538 – AgR/ES

Princípio da Liberdade de Tráfego (art. 150, V, da CF)

Idealizado para garantir aplicação do direito individual do cidadão a liberdade de locomoção constitucional (art. 5º, XV e LXVIII, da CF), o princípio em estudo caracteriza-se pela proibição na utilização de tributos como forma de limitar a locomoção de pessoas e seus bens no território nacional.

Em termos mais simples, não será admitida a utilização de tributos com objetivo de obstar a livre circulação de pessoas no território nacional.

Interessante notar que a redação constitucional do princípio (art. 150, V, da CF) aponta para a existência de específica exceção, notadamente, o pedágio cobrado na utilização de vias conservadas pelo próprio poder público.

Atente-se! Não se trata do comum pedágio regulado pelo direito administrativo, mediante os regimes de concessão ou permissão de serviços público em favor de instituições privadas. Nestes, as empresas exercem a cobrança de tarifas ou preços públicos e não de tributos.

O pedágio em questão seria outro: aquele instituído e cobrado diretamente por União, Estados, Distrito

Federal ou Municípios e, consequentemente, com a feição tributária de taxa de serviços públicos.

Pois bem. A mencionada exceção constitucional não existe mais.

O Supremo Tribunal Federal evoluiu entendimento e passou a afastar a natureza jurídica de tributo ao pedágio, ainda que mantida via alternativa pelo próprio poder público, aplicando-o apenas a ideia de tarifa/preço público (ADI 800/RN).

Espelhando o estudo em provas, atente-se:

a) Se a prova exigir a literalidade da CF: Existe exceção ao princípio pela utilização do pedágio em vias mantidas pelo poder público; ou

b) Se a prova exigir o entendimento jurisprudencial: Não existirá exceções ao princípio, pois não existe pedágio com natureza de tributo.

Princípios oponíveis à União (art. 151 da CF)

Considerando características próprias do poder de tributar concedido para União, a Carta Magna elencou específicos princípios a ele oponíveis. Tais princípios seriam:

a) **Unidade Geográfica (inciso I):** Proíbe que a União institua tributo que não seja uniforme em todo o território federal ou que realize discriminações (distinções ou preferências) entre Estados, Distrito Federal e Municípios. O raciocínio é bem simples, aplicar a tributação federal de forma isonômica em todo o País. Entretanto, existe exceção relacionada a possibilidade quanto a concessão de específicos incentivos fiscais destinados a minorar as desigualdades regionais, sociais e econômicas (arts. 3º, III, 43, § 2º, III, da CF). O raciocínio seria estimular determinadas regiões para que possam melhor se desenvolverem. A título de exemplo, observe os benefícios tributários concedidos para contribuintes residentes na Zona Franca de Manaus (arts. 40, 92 e 92-A do ADCT).

b) **Uniformidade na Tributação da Renda (inciso II):** Considerando que a União detém o poder de tributar a renda, não poderá valer-se disso para realizar discriminações sobre a incidência das dívidas públicas e agentes públicos dos Estados, Distrito Federal e Municípios em seu benefício. Não poderia, por exemplo, a União promover mais cobrança do Imposto sobre a Renda de Servidores Públicos Estaduais, Distritais ou Municipais do que aqueles fixados para seus agentes.

c) **Proibição de Isenções Heterônomas (inciso III):** A União apenas poderá conceder isenções de seus tributos federais, não podendo interferir na autonomia dos Estados, Distrito Federal e Municípios para querer retirar os tributos deles.

Fique esperto quanto a existência de 3 (três) específicas exceções que autorizam a esfera federal intervir concedendo isenções para tributos que não seriam de sua competência:

- ISS – Exportações (art. 156, § 3º, II, da CF): Lei Complementar federal (de aplicação nacional), poderá retirar a incidência do deste imposto municipal sobre serviços prestados no exterior;

- ICMS – Exportações (art. 155, § 2º, XII, da CF): Lei Complementar federal (de aplicação nacional), poderá retirar a incidência do deste imposto estadual sobre mercadorias remetidas ao exterior;

- Tratados e Convenções Internacionais: Nas relações internacionais a representação será desenvolvida pela União, por meio do Presidente da República, atuando como pessoa jurídica de direito público externo (arts. 21, I, e 84, VIII, da CF). Aplicando a ideia de soberania nacional, poderá conceder isenção de quaisquer tributos (federais, estaduais ou municipais). Nesse sentido, aponta a jurisprudência nacional (Súmulas 20 e 71 do STJ + Súmula 575 do STF).

Princípio da Não Discriminação de Procedência ou Destino (art. 152 da CF)

A Constituição expressa proibição oponível agora para Estados, Distrito Federal e Municípios, determinando vedação em realizarem discriminação, tomando como base a procedência ou destino de determinada mercadoria ou bem, ainda que proveniente do exterior.

Os Estados, por exemplo, não poderão realizar discriminação tributária aumentando arbitrariamente os tributos sobre mercadorias que procedam de outras regiões ou mesmo de outros países.

Imaginemos a seguinte situação: determinado consumidor adquiriu veículo importado, pagando os respectivos tributos sobre ele. O simples fato de ter origem no exterior não legitima o Estado em querer exigir maior IPVA do que o veículo nacional. O que será levado em consideração, em verdade, deve ser o valor venal do bem e não sua origem.

Princípios da Simplicidade, da Transparência, da Justiça Tributária, da Cooperação e da Defesa do Meio Ambiente (art. 145, § 3º da CF)

Com o advento da Reforma Tributária (Emenda Constitucional n. 132/2023), a Constituição Federal passou a determinar que o Sistema Tributário Nacional deve observar os princípios da simplicidade, da transparência, da justiça tributária, da cooperação e da defesa do meio ambiente.

A simplicidade objetiva reduzir elementos burocráticos que seguem as relações tributárias, efetivamente simplificando o pagamento dos tributos para facilitar a vida dos contribuintes. Essa essência já é observada na aplicação do "Simples Nacional".

A transparência pretende esclarecer relações tributárias existentes entre contribuintes e fisco, uns com os outros. Esse princípio já encontrava previsão no Sistema Tributário Nacional no que se refere aos esclarecimentos de incidência dos impostos (art. 150, § 5º, da CF) e para concessão de incentivos fiscais (art. 150, § 6º, da CF).

O mais difícil dentre os novos princípios, a justiça tributária muito se assemelha aos princípios da isonomia tributária (art. 150, II, da CF) e da capacidade contributiva (art. 145, § 1º, CF). Pretende colaborar com uma melhor redistribuição de renda e redução de desigualdades.

Pelo princípio da cooperação, as Fazendas Públicas podem ampliar os poderes de fiscalização, mediante a permuta de informações tributárias que podem ajudar na atividade de arrecadação. Os contribuintes também podem atuar nessa atividade de colaboração, na medida em que ajudam o fisco na prestação de informações.

Considerada como preocupação mundial, o meio ambiente também fora incluído como princípio tributário com o objetivo de possibilitar a concessão de incentivos fiscais direcionados com setores que possam reduzir poluições, bem como desestimular atividades não sustentáveis.

TABELA DOS PRINCÍPIOS TRIBUTÁRIOS

PRINCÍPIO	PREVISÃO NA CFRB	PREVISÃO NO CTN
Legalidade	5º, II, e 150, I	3ª, 9ª, I, e 97, I, II
Capacidade Contributiva	145, § 1ª	Sem previsão
Isonomia	5º, *caput*, e 150, II	Sem previsão
Irretroatividade	5º, XXXVI, e 150, III, *a*	9ª, II; 105; 144; 105
Anterioridade anual	150, III, *b*	Sem previsão
Noventena	150, III, *c*, e 195, § 6ª	Sem previsão
Vedação ao efeito confiscatório	150, IV	3ª
Liberdade de tráfego	5º, XV, e 150, V	9ª, III
Transparência	150, § 5º	Sem previsão
Unidade Geográfica	151, I	10
Uniformidade na tributação da renda	151, II	Sem previsão
Proibição de Isenções Heterônomas	151, II	Sem previsão
Não Discriminação na Procedência ou destino	152	Sem previsão
Simplicidade, da transparência, da justiça tributária, da cooperação e da defesa do meio ambiente	145, § 3ª	Sem previsão

4.3 Imunidades Tributárias

Considerado o maior benefício tributário existente no ordenamento, as imunidades ganham destaque, ao lado dos princípios, também como verdadeiras limitações ao poder de tributar, estampados no próprio texto da Constituição Federal de 1988.

Em outros termos, as Imunidades Tributárias caracterizam-se como hipóteses de *não incidência constitucionalmente qualificada*, retirando desde a origem o poder de tributar concedido aos entes políticos para proteção de pessoas e/ou coisas, utilizando preceitos econômicos ou sociais.

Em provas, merece atenção a denominação utilizada por parcela da doutrina, conceituando às imunidades como *regras negativas de competência tributária*. Se de um lado a Constituição concede o poder de tributar (regra positiva), por outro ela mesma vai retirar este mesmo poder (regra negativa).

Por ter previsão na Carta Magna, essa regra não se confunde com outros institutos de desoneração, tais como isenção (estabelecida em lei e que opera retirando a atividade de lançamento tributário), alíquota zero (ato do executivo que reduz o valor do lançamento para zero), redução da base de cálculo e crédito presumido (espécies de descontos concedidos).

Ressalte-se que o benefício da imunidade afastará o dever de cumprir a obrigação tributária principal (não pagará o tributo), permanecendo inalterada manutenção das obrigações acessórias (formalidades como certidões, livros, documentos etc.). Exemplificando, os Partidos Políticos deverão comprovar sua constituição e atividades (obrigações acessórias) para gozar da imunidade tributária dos impostos (art. 150, VI, *c*, da CF) ou mesmo as Igrejas que devem manter seus documentos fiscais, mesmo tendo imunidade religiosa que também afasta o dever de pagar impostos (art. 150, VI, *b*, da CF).

Dentre algumas classificações adotadas sobe o tema, destacam-se:

a) **Quanto ao fim da proteção:** Serão denominadas de subjetiva a imunidade conferida para sujeitos-pessoas (ex.: imunidade religiosa). Já a imunidade objetiva será aquela concedida a objetos-coisas (ex.: imunidade ao livro). Estando ao mesmo tempo incidindo sobre pessoas e coisas, será classificada como mista (ex.: imunidade do ITR sobre as pequenas glebas rurais quando o proprietário não possua outro imóvel – art. 153, § 4º, II, da CF);

b) **Quanto à origem:** A imunidade política será aquela originada de escolhas políticas feitas pelo legislador constituinte (ex.: imunidade de entidades assistenciais sem fins lucrativos). Já a imunidade histórica desencadeia-se de situações essenciais ao ordenamento jurídico (ex.: imunidade recíproca);

c) **Quanto sua força:** Classificam-se como autoaplicáveis aquelas que não necessitam de complementação normativa (ex.: imunidade recíproca), ao passo em que as não autoaplicáveis precisam de regulamentação em lei complementar (ex.: imunidade das entidades educacionais sem fins lucrativos);

d) **Quanto à abrangência:** A imunidade pode ser do tipo genérica, quando retira vários tributos por meio de único dispositivo (ex.: imunidade cultural). Por outro lado, as específicas se conceituam como aquelas que retiram apenas alguns tributos e em pontuais situações (ex.: imunidade da CIDE na importação – art. 149, § 2º, I, da CF).

Ao longo da Constituição Federal podemos encontrar diversas espécies de imunidades espalhadas. Entre elas, merecem destaque as imunidades genéricas dos impostos (art. 150, VI, da CF), sempre exigidas em provas e, portanto, passaremos a melhor detalhá-las.

QUADRO DAS IMUNIDADES GERAIS DOS IMPOSTOS

IMUNIDADE	PREVISÃO NA CFRB	PREVISÃO NO CTN
Recíproca	150, VI, *a*	9ª, IV, *a*
Templos de Qualquer Culto	150, VI, *b*	9ª, IV, *b*
Instituições	150, VI, *c*	9ª, IV, *c*
Cultural	150, VI, *d*	9ª, IV, *d*
Obras Musicais Nacionais	150, VI, *e*	Sem previsão

Atentem-se que essas imunidades genéricas se aplicam aos impostos e não para todos os tributos. Por exemplo, veremos que Igrejas não pagarão IPTU de seu imóvel. Porém, não estão imunes ao pagamento da taxa de coleta domiciliar do lixo.

Imunidade Recíproca (art. 150, VI, *a*, da CF)

Aplicando a máxima da autonomia concedida aos entes federativos (art. 18 da CF), União, Estados, Distrito Federal e Municípios não poderão cobrar impostos uns dos outros. Atente-se que a proibição apenas atrela-se aos impostos, podendo ocorrer incidência natural das demais espécies.

A intenção do constituinte foi evitar que o poder de exigir impostos fosse utilizado por algum ente político para pressionar os demais, a exemplo do IR federal aplicado sobre receitas dos demais entes ocasionando severos prejuízos.

A lógica decorre, portanto, do próprio respeito a forma federativa adotada no Brasil como mecanismo capaz de permitir a autonomia de Municípios perante Estados, ou mesmo dos Estados perante a União. É interessante ressaltar que a forma federativa de estado é consagrada como cláusula pétrea e sequer poderia ser suprimida por meio de emendas constitucionais (art. 60, § 4º, I, da CF).

Ainda nos moldes constitucionais, as Autarquias e as Fundações Públicas também gozam da imunidade recíproca no que se refere ao patrimônio, renda e serviços vinculados a suas finalidades ou delas decorrentes (art. 150, § 2º, da CF).

Desse modo, por expressa previsão constitucional, teríamos como entes imunes ao pagamento dos impostos: União, Estados, Distrito Federal e Municípios, bem como suas Empresas Públicas e Sociedades de Economia Mista.

Contudo, a jurisprudência nacional passou a incluir outros dois entes que compõem a Administração Pública Indireta, notadamente, as Empresas Públicas e Sociedades de Economia Mista.

Inicialmente é preciso compreender que a criação das Empresas Públicas (capital integralmente público) e das Sociedades de Economia Mista (maioria do capital público) tem como objetivo fazer com que o poder público atue na seara privada quando necessário aos imperativos da segurança nacional ou a relevante interesse coletivo (art. 173 da CF).

Não seria justo, assim, que esses entes tivessem direito a imunidade tributária e as demais empresas privadas pagassem normalmente. Em outros termos, como regra Empresas Públicas e Sociedades de Economia Mista não se enquadrariam como beneficiadas pela desoneração aqui estudada.

A Constituição Federal, inclusive, destaca que não podem ser admitidos incentivos fiscais para Empresas Públicas e Sociedades de Economia Mista se não fossem extensíveis às do setor privado (art. 173, § 2º, da CF).

Entretanto, ampliando a previsão constitucional, a jurisprudência do Supremo Tribunal Federal passou a beneficiar também com a imunidades tais pessoas jurídicas.

Essa evolução de posicionamento aconteceu quanto o STF percebeu que algumas dessas Empresas Públicas e Sociedades de Economia Mista estariam, em verdade, prestando serviços públicos e não atuando em atividades econômicas que concorreriam com o setor privado.

Apenas para corroborar o entendimento, tomemos o caso específico apreciado da Empresa Brasileira de Correios e Telégrafos – EBCT. O supremo compreendeu que as atividades por eles desenvolvidas seriam serviços públicos, vez que a Carta Magna assim designou para cumprimento por parte da União (art. 21, X, da CF). A União, para se livrar do dever dessa prestação, criou a Empresa Pública Correios e a ela deu essa obrigação. Trata-se, portanto, de verdadeiro serviço público, alcançado pela Imunidade Recíproca (RE 407.099/RS). Esse posicionamento jurisprudencial, inclusive, influenciou ponto da Reforma Tributária (Emenda Constitucional n. 132/2023, que passou a expressamente colocar no texto constitucional a imunidade para empresa pública prestadora de serviço postal (art. 150, § 2º, da CF).

A Corte suprema já afastou impostos sobre patrimônio, renda e serviços também da Infraero e a Codesp (RE 638.315/BA, AC 1.550-2/RO, RE 253.472/SP).

Por fim, a Constituição Federal ainda estabelece limitação ao campo de aplicação dessa imunidade tributária, afastando-a quando as pessoas jurídicas de direito público realizarem exploração de atividades econômicas regidas pelas normas aplicáveis a empreendimentos privados, ou em que haja contraprestação ou pagamento de preços ou tarifas pelo usuário (art. 150, § 3º, da CF). Devem, portanto, estarem relacionadas com o desenvolvimento de atividades públicas.

DICA

As *Imunidades Tributárias Recíprocas* retiram a incidência de Impostos sobre:

"DEU sem MÁ FÉ"

Onde:
D = Distrito Federal
E = Estados
U = União
SEM = Sociedade de Economia Mista
M = Municípios
A = Autarquias
F = Fundações Públicas
E = Empresa Públicas

Imunidade Religiosa (art. 150, VI, *b*, da CF)

Considerando a importância que as religiões desempenham em uma sociedade, prezando pelos sentimentos de vida coletiva, amor e respeito, a Carta Magna prevê proteção ao local de culto e suas liturgias (art. 5º, VI, da CF), bem como concede imunidade tributária para retirar a incidência dos impostos sobre os templos de qualquer culto.

Inegavelmente que a religião detém importante papel na vida social e coletiva. Pensando nisso, a Constituição Federal previu esse benefício como forma de evitar que o Poder Público dificulte suas atividades mediante a cobrança de Impostos.

Na aplicação deste benefício, a acepção da palavra templo de qualquer culto deve ser entendida como entidade religiosa, alcançando não apenas a estrutura física templo e sim todo seu conjunto – patrimônio, renda e serviços (art. 150, § 4º, da CF). Com o advento da Reforma Tributária (Emenda Constitucional n. 132/2023), a redação do texto constitucional para a imunidade deixou de apenas se referir aos *templos de qualquer culto* e passou a expressamente determinar *entidades religiosas e templos de qualquer culto, inclusive suas organizações assistenciais e beneficentes* (art. 150, VI, *b*, da CF).

Assim, por exemplo, o veículo utilizado pela igreja será agraciado pela imunidade para não pagar IPVA (atente-se que os veículos dos funcionários da igreja não terão direito a imunidade).

Tratando-se de provas, fique esperto para algumas decisões judiciais relevantes:

a) **Tipos de religião:** Ao determinar qualquer culto a Carta Magna não fez diferenciação para concessão da imunidade para entidades religiosas, merecendo proteção todas elas. Em outros termos, não se tratariam apenas de religiões oriundas do Cristianismo e sim todas aquelas comprovadamente com a natureza religiosa. Entretanto, sociedades ou instituições secretas não se caracterizam como religião e não terão direito à imunidade. Nesse sentido, o STF afastou imunidade tributária para maçonaria (RE 562.351/RS);

b) **Extensões de Imóveis:** Não apenas o imóvel em que será celebrado culto terá direito a imunidade, mas também suas extensões. Assim, conventos de freiras, casas paroquiais, salões da igreja, e até cemitérios religiosos gozam da imunidade (RE 325.822/SP, 578.562/BA);

c) **Imóvel alugado e estacionamento:** Imóveis pertencentes a instituições religiosas que forem alugados para terceiros, com ou sem exploração de atividade econômica, permanecem imunes se o valor dos aluguéis for revertido para a instituição (RE 325.822/SP). No mesmo sentido, a exploração de imóvel religioso para fins de estacionamento estará também imune se o valor das receitas for aplicado na sua manutenção (RE 144.900/SP);

d) **Imóvel particular alugado para igreja:** Em recente Emenda Constitucional (EC 116/2022), a Carta Magna passou a afastar a incidência do Imposto sobre a Propriedade Predial e Territorial Urbana – IPTU sobre imóveis particulares alugados para utilização das Igrejas (art. 156, § 1º-A, da CF).

Imunidade de Instituições (art. 150, VI, *c*, da CF)

Objetivando proteger a atuação social, as instituições a seguir gozarão de imunidade tributária para não pagarem impostos:

1. Partido Político e suas Fundações: Baseando-se na ideia do pluripartidarismo (arts. 1º, V, e 17, da CF), essas instituições não pagaram impostos como forma de evitar a interferência dos partidos da situação sobre a oposição. Em outros termos, os líderes do partido político que estivessem no poder poderiam querer eliminar a oposição mediante o pagamento dos impostos. Para evitar essa situação, a Carta Magna preservou tais instituições, afastando o dever de pagar Impostos;

2. Sindicatos dos trabalhadores: Considerando que os trabalhadores correspondem ao elo mais frágil da relação laboral, suas conquistas dependem da organização conjunta. A imunidade objetiva exatamente facilitar essa união não lhes cobrando impostos. Atente-se que os sindicatos patronais (aqueles formados pelos patrões) não gozam desta imunidade;

3. Entidades de Educação e Assistência Social sem fins lucrativos: Aplicando a essência de tais atividades, percebemos que sua prestação deveria ser fornecida pelo próprio Estado. A existência de entidades privadas sem fins lucrativos acarreta o direito a imunidade tributária para não pagamento de impostos. Tomemos como exemplo hospitais filantrópicos que cuidam de pessoas idosas, abandonadas ou com deficiência. Fazer incidir impostos sobre eles, certamente iriam prejudicar suas atuações.

Fique esperto que tais entidades apenas gozarão desta imunidade se preencherem específicos requisitos elencados no art. 14 do CTN (imunidades não autoaplicáveis), como não ter finalidade lucrativa repartindo suas receitas (admite-se o pagamento de salários aos funcionários), aplicarem as receitas em suas atividades no País (não será admitida remessa de valores ao estrangeiro) e manutenção de escriturações das receitas e despesas em livros (continuam com o dever de manter as obrigações tributárias acessórias).

Por fim, dois importantes entendimentos merecem destaque:

a) IPTU em imóveis alugados: Em algumas situações, esses entes acabam necessitando do incremento de receitas para conseguirem se manter em suas atividades assistenciais. Dentre as formas de obtenção de receitas, seria possível a locação de seus imóveis para particulares como forma de alcançar dinheiro. Pois bem, o imóvel de propriedade de qualquer destes entes permanecerá imune ao IPTU quando estiver alugado a terceiros se o valor do aluguel for revertido para suas atividades essenciais (Súmula 724 do STF e Súmula Vinculante 52);

b) Previdência Privada Fechada: As imunidades aqui estudadas se referem ao afastamento de impostos sobre Partidos Políticos e suas Fundações, Sindicato de Trabalhadores, bem como entidades de Educação e Assistência social sem fins lucrativos. É preciso ressaltar que entidades de Assistência social não se confundem com entidades de Previdência Privada Fechada, uma vez que essas últimas exigem valores de seus beneficiários para sua manutenção. Somente seria possível assemelhar essas entidades se não existissem tais contribuições. Portanto, deste modo, entidades de Previdência Privada Fechada não gozam de imunidade tributária dos impostos. Apenas seria possível sustentar o direito à imunidade se não houver contribuição dos beneficiados (Súmula 730 **do** STF).

Imunidade Cultural (art. 150, VI, *d*, da CF)

Objetivando a propagação da cultura, este benefício tributário retira a incidência dos impostos sobre livros, jornais, periódicos e o papel destinado à sua impressão, diminuindo seu preço ao consumidor.

Classificada como espécie objetiva, a imunidade retira a incidência sobre os objetos (coisas) mencionados, não sendo aplicável para as pessoas jurídicas ou físicas que trabalham com os livros (indústrias, livrarias, livreiros, dentre outros). Assim, por exemplo, normalmente a livraria pagará o IPTU de seu imóvel e o IRPJ sobre seus rendimentos.

Aplicando entendimentos mais restritivos quanto aos insumos para confecção desses materiais, o Supremo Tribunal Federal filia-se à corrente restritiva ao aceitar apenas o papel e seus derivados – capa de livros (RE 392.221/SP), fotocomposição (RE 178.863/SP) e aos filmes e papéis fotográficos (Súmula 657 **do** STF).

Dentre diversos julgados, para provas destacamos:

a) **Publicidade e Propaganda:** Tratando-se de publicações exclusivamente sobre propaganda, não haverá imunidade tributária (RE 213.094/ES). Entretanto, existindo conjuntamente informações ou cultura (ainda que minimamente) haverá imunidade tributária sobre toda a publicação (RE 87.049/SP). Por exemplo, revistas que tragam propagandas ao longo de suas páginas permanecem com a imunidade tributária de impostos, uma vez que também apresentam conteúdos ou informações;

b) **Apostila:** Tratando-se de veículo de transmissão de cultura simplificado também gozará de imunidade tributária (RE 183.403/SP);

c) **Álbuns de Figurinha:** Diante da importância pedagógica para o desenvolvimento intelectual das crianças e jovens, haverá imunidade tributária para não incidência dos impostos (RE 221.239/SP, RE 179.893/SP);

d) **Lista Telefônica:** apesar de não conter elemento cultural, o STF compreendeu nas listas telefônicas importante elemento informativo, ainda que contenham também propagandas em seu texto. Ademais, sua aquisição pela população é gratuita. Portanto, merecedoras da imunidade (RE 794.285/RJ, ARE 778.643/ES, RE 134.071/SP);

e) **Livros em formato Digital (e-books):** O Supremo Tribunal Federal evoluiu entendimento e passou a aplicar a regra de imunidade tributária para os livros em formato digital, prestigiando a evolução tecnológica da sociedade. A Corte, inclusive, compreendeu que a imunidade também deve ser aplicada sobre equipamentos para reprodução digital dessas publicações. Nesse sentido, note o teor da Súmula Vinculante 57: A imunidade tributária constante do art. 150, VI, *d*, da CF, aplica-se à importação e comercialização, no mercado interno, do livro eletrônico (e-book) e dos suportes exclusivamente utilizados para fixá-los, como leitores de livros eletrônicos (e-readers), ainda que possuam funcionalidades acessórias.

Imunidade sobre Obras Musicais Nacionais (art. 150, VI, *e*, da CF)

Inovação trazida pela Emenda Constitucional n. 75/2013, teve como plano de fundo o combate à pirataria do setor artístico musical brasileiro. Concedendo imunidade para obras musicais (áudio) e literomusicais (áudio e vídeo), de autores ou intérpretes brasileiros, barateando os originais.

Isto porque, em tese, ao retirar os impostos sobre esses casos, as produtoras musicais também poderiam reduzir os valores dos CD'S, DVD'S e congêneres.

O elemento nacional fica ressaltado pela necessidade de produção no Brasil, além da presença do brasileiro como autor ou intérprete.

Para provas, memorizem:

OBRA/STATUS	Imune	Imune	Imune	Não Imune
AUTOR	Nacional	Nacional	Estrangeiro	Estrangeiro
INTÉRPRETE	Nacional	Estrangeiro	Nacional	Estrangeiro

Além dos arquivos digitais, os suportes materiais (base física) dos CDS, DVDS, Blu-ray, dentre outros, também estarão dentro da proteção da imunidade.

Por fim, atente-se que esta imunidade tributária não será concedida na etapa de replicação industrial (cópias) de mídias óticas de leitura a laser (DVD, CD, Blu-ray etc.). Sendo outras mídias (Vinil, Fita Cassete etc.) haverá imunidade total.

A origem da retirada desse benefício, nessa etapa, teve fundamento político em favor do Estado do Amazonas. É que a maioria das indústrias que realizam esse procedimento de "cópias" (replicação industrial) se instalaram na área correspondente à Zona Franca de Manaus para usufruírem de benefícios fiscais até 2073 (arts. 40, 92 e 92-A do ADCT).

Se a regra imunizante fosse aplicada também na etapa de "cópias", muitas empresas abandonariam a Zona Franca de Manaus, preferindo transferir sua produção para os grandes centros urbanos.

Por esse motivo, o constituinte afastou o benefício nessa etapa de replicação de mídias óticas de leitura a laser. Atente-se que a replicação de outras mídias, diversas dessas, gozará sim da imunidade em qualquer lugar do país. A exemplo da replicação de Fita Cassete (mídia de fita magnética).

Imunidade Espalhadas na Constituição Federal

Além das imunidades previstas genericamente aos impostos, a Constituição Federal também aponta a existência de outras espécies, aqui indicadas de maneira objetiva:

1) Taxas: petição e certidão (art. 5º, XXXIV, da CF), ação popular (art. 5º, LXXIII, da CF), certidão de nascimento e óbito aos reconhecidamente pobres (art. 5º, LXXVI, da CF), *habeas corpus* e *habeas data* (art. 5º, LXXVII, da CF), taxa de matrícula em universidades públicas (art. 206, IV, da CF + Súmula Vinculante 12) e casamento civil (art. 226, § 1º, da CF);

2) CIDE e Contribuições Sociais: receitas decorrentes de exportação (art. 149, § 2º, I, da CF);

3) IPI: produtos industrializados destinados ao exterior (art. 153, § 3º, III, da CF);

4) ITR: pequenas glebas rurais que exploradas pelo proprietário que não possua outro imóvel (art. 153, § 4º, II, da CF);

5) ICMS: mercadorias ou serviços destinados ao exterior (art. 155, § 2º, X, *a*, da CF), operações de destino de petróleo e seus derivados e energia elétrica a outros Estados (art. 155, § 2º, X, *b*, da CF), ouro ativo financeiro (art. 155, § 2º, X, *c*, da CF + art. 153, § 5º, da CF), comunicação de radiodifusão sonora e de sons e imagens de recepção livre e gratuita (art. 155, § 2º, X, *d*, da CF);

6) ITCMD: não incidirá sobre as doações destinadas, no âmbito do Poder Executivo da União, a projetos socioambientais ou destinados a mitigar os efeitos das mudanças climáticas e às instituições federais de ensino (art. 155, § 1º, V, da CF), bem como não incidirá sobre as transmissões e as doações para as instituições sem fins lucrativos com finalidade de relevância pública e social, inclusive as organizações assistenciais e beneficentes de entidades religiosas e institutos científicos e tecnológicos, e por elas realizadas na consecução dos seus objetivos sociais, observadas as condições estabelecidas em lei complementar (art. 155, § 1º, VII, CF);

7) IPVA: não incidirá sobre aeronaves agrícolas e de operador certificado para prestar serviços aéreos a terceiros; embarcações de pessoa jurídica que detenha outorga para prestar serviços de transporte aquaviário ou de pessoa física ou jurídica que pratique pesca industrial, artesanal, científica ou de subsistência; plataformas suscetíveis de se locomoverem na água por meios próprios, inclusive aquelas cuja finalidade principal seja a exploração de atividades econômicas em águas territoriais e na zona econômica exclusiva e embarcações que tenham essa mesma finalidade principal; tratores e máquinas agrícolas (art. 155, § 6º, III, da CF);

8) **IPTU:** sobre os templos de qualquer culto, ainda que as igrejas sejam apenas locatárias do bem imóvel (art. 156, § 1º-A, da CF);

9) **ITBI:** realização de capital, fusão, incorporação, cisão ou extinção de pessoa jurídica com imóveis, salvo se sua atividade for imobiliária (art. 156, § 2º, I, da CF);

10) **Todos os impostos:** operações relativas à energia elétrica, serviços de telecomunicações, derivados de petróleo, combustíveis e minerais do país, exceto II, IE e ICMS (art. 155, § 3º, da CF) e transferência de imóveis desapropriados para reforma agrária (art. 184, § 5º, da CF);

11) **Contribuições Sociais da Seguridade Social:** aposentadoria e pensões do regime geral (art. 195, II, da CF) e das entidades de assistência social sem fins lucrativos (art. 195, § 7º, da CF).

5. LEGISLAÇÃO TRIBUTÁRIA

5.1 Noções gerais

A expressão Legislação Tributária aparece no segundo livro do Código Tributário Nacional como Gênero que se divide nas seguintes espécies: Leis, Tratados e Convenções Internacionais, Decretos e as Normas Complementares (art. 96 do CTN).

Para provas, memorizem:

DICA

Uma boa maneira de memorizar seria adotando a seguinte oração

"Legislação Tributária é LE TRA DE NORMAS"

Com a seguinte representação:
LE = LEIS
TRA = TRATADOS INTERNACIONAIS
DE = DECRETOS
NORMAS = NORMAS COMPLEMENTARES

Analisemos os principais aspectos de cada uma dessas espécies legislativas:

a) **Leis (art. 97 do CTN):** Considerada regra geral no direito tributário, a maioria das matérias estarão reservadas à edição de lei (Princípio da legalidade tributária).

Assim, dependem da edição de lei: instituição, extinção, majoração ou redução de tributos, definição dos fatos geradores das obrigações tributárias principais, fixação de alíquotas e bases de cálculo, a cominação de penalidades em infrações cometidas, as hipóteses de exclusão, suspensão e extinção de créditos tributários, ou de dispensa ou redução de penalidades.

Ressalte-se, ainda, o rol de matérias tributárias que necessitam da edição de Lei Complementar, aprovadas pela maioria absoluta (art. 146 da CF):

1) Dispor sobre conflitos de competência entre os entes políticos (União, Estados, Distrito Federal e Municípios). Por exemplo, podemos mencionar a possibilidade de conflito quanto ao pagamento do Imposto Sobre Serviços de Qualquer Natureza – ISSQN quando a empresa se encontra localizada em um município e presta serviços em outro. A solução desse conflito foi designada na Lei Complementar que estabelece suas normas gerais (art. 3º, LC n. 116/2003);

2) Regulação das limitações constitucionais ao poder de tributar (princípios e imunidades). Por exemplo, a regulamentação da imunidade genérica dos impostos de instituições (art. 150, VI, c, da CF). Essa regulamentação veio por meio da própria norma geral do Código Tributário Nacional (art. 14 do CTN);

3) Normas gerais para definição de tributos e de suas espécies, obrigação, lançamento, crédito, prescrição e decadência tributários, adequado tratamento tributário ao ato cooperativo praticado pelas sociedades cooperativas e definição de tratamento diferenciado e favorecido para as microempresas e para as empresas de pequeno porte. Rememoremos que o Código Tributário Nacional, ainda que editado como lei (Lei n. 5.172/66), exerce grande parte deste papel de padronização nacional, pois recepcionado como lei complementar.

b) **Tratados e Convenções internacionais (art. 98 do CTN):** Utilizada pela União como mecanismo de atuação no cenário internacional, regulamentando e/ou fiscalizando eventuais impactos tributários. Por exemplo, tratados internacionais que evitam a Bitributação em relação a incidência do Imposto sobre a Renda de trabalhadores que prestam atividades no exterior. Os Tratados e Convenções revogam ou modificam a legislação tributária interna, e serão observados pela que lhes sobrevenha. Atente-se que apenas a União, por meio do Presidente da República, poderá editar esses Tratados e Convenções internacionais (arts. 21, I, e 84, VII e VIII, da CF).

c) **Decretos:** Detém como principal missão realizar a aplicabilidade prática das leis, regulamentando alguns importantes pontos (regulamentos estaduais do ICMS em complemento das leis instituidoras, por exemplo). Portanto, o conteúdo e o alcance dos decretos restringem-se aos das leis em função das quais sejam expedidos, determinados com observância das regras de interpretação estabelecidas nesta Lei.

d) **Normas Complementares:** Subdividem-se nos atos normativos (realizados por autoridades administrativas), decisões administrativas (tomadas em processos administrativos quando a lei der eficácia normativa), práticas reiteradas (costumes realizados pela administração tributária) e os convênios (celebrados entre os entes como forma de colaborar com a fiscalização de tributos).

5.2 Vigência, aplicação, interpretação e integração da legislação tributária

Vigência da legislação tributária

As regras a normatizar a vigência da legislação tributária no espaço e no tempo estão postas nos arts. 101 a 104 do CTN. Por vigência **no espaço há de se entender os** *limites territoriais* de aplicação das leis tributárias, sendo a vigência **no tempo** *o período* em que as regras produzirão seus efeitos no mundo real. Como regra geral a normatizar a vigência da legislação tributária no espaço e no tempo, estabelece o art. 101 do CTN:

"Art. 101. A vigência, no espaço e no tempo, da legislação tributária rege-se pelas disposições legais aplicáveis às normas jurídicas em geral, ressalvado o previsto neste Capítulo".

A **ressalva** prevista na parte final do transcrito art. 101 do CTN, no que se refere à vigência territorial das normas tributárias, é trazida pelo art. 102 do mesmo códex, que autoriza uma *vigência extraterritorial* das normas estaduais, distritais ou municipais, sempre que haja previsão expressa nos convênios de que estes participem, ou que exista disposição no próprio CTN ou em outras leis de normas gerais expedidas pela União Federal. Portanto, de acordo com o mencionado dispositivo legal, *são três* as situações em que uma norma tributária de um Estado-Membro, do Distrito Federal ou de um Município **produz efeitos fora do limite territorial** respectivo, quais sejam: (i) previsão em convênios; (ii) previsão no CTN; e (iii) previsão em outras normas gerais expedidas pela União Federal.

O CTN traz **algumas regras** sobre a vigência das leis no tempo, a começar por aquelas insertas no art. 103, que fixam as datas de vigência das normas complementares das leis, dos tratados e das convenções internacionais e dos decretos da seguinte forma:

- **atos normativos expedidos pelas autoridades administrativas** → na data da sua publicação;
- **decisões dos órgãos singulares ou coletivos de jurisdição administrativa** → 30 (trinta) dias após a data da sua publicação; e
- **os convênios que entre si celebrem a União, os Estados, o Distrito Federal e os Municípios** → na data neles prevista.

Por fim, ainda no que versa sobre a vigência das leis no tempo, importante rememorar os dizeres do art. 104 do CTN, frequente tema de provas, que assim dispõe:

"Art. 104. Entram em vigor no primeiro dia do exercício seguinte àquele em que ocorra a sua publicação os dispositivos de lei, referentes a impostos sobre o patrimônio ou a renda:

I – que instituem ou majoram tais impostos;

II – que definem novas hipóteses de incidência;

III – que extinguem ou reduzem isenções, salvo se a lei dispuser de maneira mais favorável ao contribuinte, e observado o disposto no art. 178".

A **regra mais importante** prevista nesse artigo é a que determina a vigência no tempo das leis que acabam por revogar **isenções**. De acordo com o inciso III do transcrito artigo, toda lei que tiver por condão reduzir ou extinguir isenção, no caso dos impostos incidentes sobre o patrimônio ou a renda, somente entrará em vigor no primeiro dia do exercício seguinte àquele em que ocorra a sua publicação.

O grande detalhe a ser cuidado, muitas vezes objeto de erro na hora de responder a alguma questão sobre o tema, é que o referido dispositivo legal apenas determina o ano seguinte como marco inicial da vigência da lei revogadora da isenção nos casos de impostos incidentes sobre o patrimônio (IPTU, por exemplo) ou sobre a renda (imposto de renda). Não se aplica essa regra aos demais impostos ou tributos.

Aplicação da legislação tributária

O CTN reserva dois artigos (arts. 105 e 106) para normatizar a aplicação da legislação tributária. Trata-se de normas a deixarem ainda mais claro o **princípio da irretroatividade** (já analisado), o que é explicitado pelo art. 105 do CTN, que determina que "a legislação tributária aplica-se imediatamente aos fatos geradores futuros e aos pendentes, assim entendidos aqueles cuja ocorrência tenha tido início mas não esteja completa nos termos do artigo 116".

Os *fatos geradores pendentes* a que se refere o mencionado artigo são aqueles cujo início já ocorreu, não tendo havido, entretanto, a sua finalização até o momento da vigência da nova lei. É o caso típico do imposto de renda, cujo fato gerador ocorre ao longo de um ano inteiro. A **principal regra** sobre a aplicação da legislação tributária está posta no art. 106 do CTN, a qual prevê duas hipóteses em que **a lei se aplica a ato ou fato pretérito**, quais sejam:

- *quando for apenas interpretativa;* ou
- *tratando-se de ato não definitivamente julgado:* quando deixe de defini-lo como infração, quando deixe de tratá-lo como contrário a qualquer exigência de ação ou omissão e quando lhe comine penalidade menos severa que a prevista na lei anterior.

Interpretação e integração da legislação tributária

A interpretação e a integração das normas tributárias se dão de acordo com as regras previstas nos arts. 108 a 112 do CTN. O art. 108 estabelece uma espécie de *ordem* a ser seguida pala autoridade competente a aplicar a legislação tributária, diante da inexistência de disposição expressa a regrar uma determinada situação fática ou jurídica. De acordo com esse artigo, deverão ser observados, sucessivamente:

1. a analogia;
2. os princípios gerais de direito tributário;
3. os princípios gerais de direito público; e
4. a equidade.

A **analogia** é a forma de integração da legislação que se dá pela comparação de casos similares. Aplica-se ao caso examinado uma norma utilizada num caso análogo. De acordo com o § 1º do referido artigo, "o emprego da analogia não poderá resultar na exigência de tributo não previsto em lei". Os **princípios gerais de direito tributário** foram analisados em capítulo próprio desta obra (Limitações constitucionais ao poder de tributar). Já os **princípios gerais de direito público** são aqueles atinentes, especialmente, ao direito administrativo, ao direito constitucional e ao direito penal, como, por exemplo, o da ampla defesa, do contraditório, da indisponibilidade do interesse público, entre outros.

Por fim, a **equidade** é a busca da justiça em seu significado mais amplo, buscando o aplicador a igualdade e a justiça diante da inexistência de uma norma tributária específica a regrar determinada questão. Não se esqueça de que, nos termos do § 2º do referido art. 108 do CTN, "o emprego da equidade não poderá resultar na dispensa do pagamento de tributo devido".

Outro ponto muito importante, tema frequente de provas, é a regra insculpida no art. 110 do CTN, *verbis*:

"Art. 110. A lei tributária não pode alterar a definição, o conteúdo e o alcance de institutos, conceitos e formas de direito privado, utilizados, expressa ou implicitamente, pela Constituição Federal, pelas Constituições dos Estados, ou pelas Leis Orgânicas do Distrito Federal ou dos Municípios, para definir ou limitar competências tributárias".

Nesses termos, na lei tributária **não poderá ser modificada** a definição, por exemplo, de institutos de direito privado utilizados pela Constituição Federal para definir ou limitar as competências tributárias. Para ilustrar, esse dispositivo foi utilizado para afastar a cobrança do Imposto sobre Serviços – ISS sobre a locação de bens móveis. Segundo as definições do direito privado, a *locação* pura de bens móveis não se caracteriza como *prestação de serviço*, o que teve por consequência a irregularidade da tributação realizada pelos municípios.

Ainda no que diz respeito à interpretação da legislação tributária, o art. 111 do CTN nos traz as situações em que a lei deve ser interpretada de maneira *literal, restritiva*, ou seja, sem que o intérprete esteja autorizado a ampliar o que está expressamente regrado. As situações que terão **interpretação literal** são:

- **suspensão** ou **exclusão** do crédito tributário;
- **outorga de isenção**; e
- **dispensa** do cumprimento de obrigações tributárias *acessórias*.

Por fim, importante trazer à colação outro tema frequente de questões em provas, que é o conjunto das regras estabelecidas no art. 112 do CTN, que assim dispõe:

"Art. 112. A lei tributária que define infrações, ou lhe comina penalidades, interpreta-se da maneira mais favorável ao acusado, em caso de dúvida quanto:

I – à capitulação legal do fato;

II – à natureza ou às circunstâncias materiais do fato, ou à natureza ou extensão dos seus efeitos;

III – à autoria, imputabilidade, ou punibilidade;

IV – à natureza da penalidade aplicável, ou à sua graduação".

6. FATO GERADOR E OBRIGAÇÃO TRIBUTÁRIA

6.1 Introdução

O Código Tributário Nacional, em nossa concepção, de maneira equivocada optou por tratar primeiro da **obrigação tributária** (art. 113) e depois do **fato gerador** desta (arts. 114 e s.). Essa ordem acaba muitas vezes sendo seguida pela doutrina, o que acaba por dificultar a compreensão de tão fundamental tema do direito tributário. Seguindo a melhor didática, optamos por analisar primeiramente o conceito de fato gerador para, somente após, analisar a obrigação tributária. Dessa forma, acreditamos, ficará mais fácil a compreensão da fenomenologia da incidência tributária (especialmente com o estudo do lançamento e do crédito tributário, a ser realizado no próximo capítulo).

6.2 Fato gerador

Para que surja a chamada **obrigação tributária**, é necessário que ocorra – no mundo real – alguma situação prevista em lei para a incidência do tributo. Para que exista, por exemplo, uma obrigação tributária relativa ao ICMS, deverá alguém efetivamente vender uma determinada mercadoria ou prestar um serviço de comunicação ou de transporte interestadual ou intermunicipal. Essa previsão de uma situação existente nas normas tributárias para que – com a sua ocorrência no mundo real – incida a norma tributária e surja a obrigação correspondente é o chamado **fato gerador**.

O fato gerador é definido pelo CTN nos arts. 114 e 115, que assim dispõem:

"**Art. 114.** Fato gerador da **obrigação principal** é a situação definida em lei como necessária e suficiente à sua ocorrência.

Art. 115. Fato gerador da **obrigação acessória** é qualquer situação que, na forma da legislação aplicável, impõe a prática ou a abstenção de ato que não configure obrigação principal".

A grande dificuldade na compreensão do fato gerador decorre do fato de o CTN utilizar essa mesma expressão tanto para a previsão abstratamente trazida pela lei para incidência do tributo como para as situações fáticas, concretas, que têm por condão fazer surgir a obrigação tributária. Para tornar mais fácil a compreensão, vamos exemplificar o que estamos colocando.

Diz-se, por exemplo, que o "fato gerado" do ISS é a **prestação de serviços**. Nos termos da Lei Complementar n. 116/2003, esse imposto "tem como fato gerador a prestação de serviços constantes da lista anexa, ainda que esses não se constituam como atividade preponderante do prestador". Ao mesmo tempo, quando, por exemplo, um jardineiro presta seu serviço, aparando o gramado de uma residência, é comum afirmar que ocorreu um "fato gerador" do ISS. Nesses termos, visualizamos, assim, tanto a previsão abstrata da LC n. 116/2003 (*prestação de serviços*) como o evento ocorrido do mundo real (*o jardineiro que cortou a grama de uma residência, no exemplo*).

Para evitar a confusão que o legislador fez, muitos doutrinadores eminentes optam por distinguir a previsão abstratamente trazida pela legislação tributária (chamando-a de **hipótese de incidência**) dos eventos ocorridos no mundo real (chamando-os de **fato gerador**). Essa separação é doutrinária, não sendo aquela utilizada pelo CTN, visto que se utiliza da expressão "fato gerador" para as duas situações. Costuma-se dividir o **fato gerador** da obrigação tributária em **três espécies**: *instantâneo, periódico e continuado*.

O **fato gerador instantâneo** ocorre em um momento único, específico, surgindo instantaneamente a obrigação tributária. É o caso, por exemplo, do ISS – prestado um determinado serviço, no mesmo momento nasce a obrigação tributária. Já o **fato gerador periódico** é aquele que se realiza ao longo de um determinado lapso temporal, não sendo considerado apenas um determinado ato, mas sim vários ocorridos ao longo desse tempo. É o que ocorre, *v.g.*, no imposto de renda da pessoa física, em que deverão ser consideradas todas as rendas e os proventos de um determinado período, sendo deduzidas as despesas legalmente autorizadas. Por fim, o **fato gerador continuado** é aquele relativo a situações jurídicas que se prolongam no tempo, voltando a ocorrer após determinado interregno. São casos clássicos o IPTU e o IPVA, que terão uma nova obrigação tributária surgida a cada ano.

No CTN encontramos dois artigos a tratar do **momento** da ocorrência do fato gerador, isto é, a partir de qual momento se pode entender que surgiu a obrigação tributária. De acordo com o art. 166 do códex, reputa-se ocorrido o fato gerador **(i) tratando-se de situação de fato**, desde o momento em que se verifiquem as circunstâncias materiais necessárias a que produza os efeitos que normalmente lhe são próprios e **(ii) tratando-se de situação jurídica**, desde o momento em que esteja definitivamente constituída, nos termos de direito aplicável.

Por fim, quanto ao estudo do fato gerador, mister recordar os dizeres do art. 118 do CTN, *verbis*:

"**Art. 118.** A definição legal do fato gerador é interpretada abstraindo-se:

I – da validade jurídica dos atos efetivamente praticados pelos contribuintes, responsáveis, ou terceiros, bem como da natureza do seu objeto ou dos seus efeitos;

II – dos efeitos dos fatos efetivamente ocorridos".

Veja-se que, de acordo com o inciso I do transcrito artigo, mesmo que os atos praticados pelo sujeito passivo não sejam válidos, juridicamente falando, não estará afastada a ocorrência do fato gerador. Nesse sentido, ainda que um determinado cidadão tenha um acréscimo patrimonial decorrente de atividades ilícitas, como, por exemplo, um furto, deverá se ter por ocorrido o fato gerador da obrigação principal. Da mesma forma, a **interpretação do fato gerador** deve se dar sem que sejam levados em conta "os efeitos dos fatos efetivamente ocorridos" (art. 118, II, CTN). Se uma loja vende uma determinada mercadoria, ainda que essa venda acabe não sendo paga, estará perfectibilizado o fato gerador do ICMS.

6.3 Obrigação tributária

Ocorrido o **fato gerador**, nasce *automática* e infalivelmente a **obrigação tributária**. Esse é o primeiro ponto a ser esclarecido – no nosso Sistema Tributário Nacional, não há a possibilidade de ocorrer um fato gerador sem imediato surgimento de uma correspondente obrigação tributária. Por exemplo, um lojista pode fazer uma venda sem a emissão de nota, receber os valores em dinheiro e não depositar em sua conta corrente, ou seja, praticar o fato gerador do ICMS sem que qualquer autoridade fiscal um dia venha a tomar conhecimento deste. Mesmo nessa situação, há de se ter por praticado o fato gerador do imposto estadual, com surgimento da obrigação tributária.

A obrigação tributária, assim como qualquer outra obrigação, tem um **sujeito ativo**, um **sujeito passivo** e uma **prestação**. O sujeito ativo (no caso o Fisco) é aquele que pode exigir a prestação do sujeito passivo (o contribuinte ou o responsável tributário). Quanto ao conteúdo da prestação, a obrigação tributária acaba, de acordo com o **art. 113 do CTN**, sendo dividida em principal ou acessória.

OBRIGAÇÃO TRIBUTÁRIA	**Principal:** surge com a ocorrência do fato gerador, tem por objeto o pagamento de tributo ou penalidade pecuniária e extingue-se juntamente com o crédito dela decorrente.
	Acessória: decorre da legislação tributária e tem por objeto as prestações, positivas ou negativas, nela previstas no interesse da arrecadação ou da fiscalização dos tributos.

De acordo com o § 1º do referido dispositivo legal, a **obrigação tributária principal** *decorre da lei* e tem por objeto o pagamento de tributo ou penalidade pecuniária. Aqui está a primeira peculiaridade a ser fixada quando do estudo da obrigação tributária principal. Atente-se: *tributo não se confunde com penalidade pecuniária*. Assim, nenhuma multa assume os contornos de tributo, por força do disposto no art. 3º do CTN. Entretanto, o **pagamento da multa** é *obrigação tributária principal*. Para facilitar a compreensão, podemos afirmar que todo e qualquer pagamento – independentemente do que esteja sendo pago (tributo ou multa) – acabará por ser uma obrigação tributária principal.

Já a **obrigação tributária acessória**, nos termos do § 2º do referido art. 113 do CTN, "decorre da legislação tributária e tem por objeto as prestações, positivas ou negativas, nela previstas no interesse da arrecadação ou da fiscalização dos tributos". O primeiro detalhe é o fato de a obrigação assessória decorrer da "legislação tributária" e *não da lei em sentido estrito* (como ocorre com a obrigação principal).

No que diz respeito à compreensão do que sejam as **obrigações acessórias**, são a entrega de declarações ao fisco, a manutenção de escrita contábil, a apresentação de determinadas informações sobre movimentação financeira – todas as obrigações de fazer no interesse da arrecadação ou da fiscalização dos tributos. Veja-se que nenhuma das imposições traz automaticamente a arrecadação aos cofres públicos, elas apenas acabam por facilitar a fiscalização dos contribuintes, auxiliando no conhecimento e na cobrança dos valores devidos.

Muitas vezes, entretanto, a legislação tributária impõe aos contribuintes determinadas obrigações assessórias sem que haja uma correspondente obrigação principal. É o que ocorria, por exemplo, com a declaração de isento do imposto de renda. Ao sujeito passivo é imposto o dever de apresentar uma declaração sem que tenha que pagar um tributo. Por essa razão, isto é, pela possibilidade de existência de obrigações tributárias autônomas, alguns doutrinadores optam por chamar essas obrigações de fazer de "deveres instrumentais". Outros casos de **obrigações acessórias** sem obrigações principais são as declarações de empresas inativas, e a contabilidade que deve ser mantida pelas instituições de educação e de assistência social sem fins lucrativos, nos termos do art. 14, III, do CTN.

Por fim, há de se lembrar que o não atendimento a uma obrigação acessória acabará por causar ao infrator a necessidade de pagamento de uma penalidade pecuniária. Nesse sentido, o desrespeito a uma obrigação acessória fará surgir uma obrigação tributária principal (pagamento de multa). Por essa razão, nos termos do § 3º do art. 113 do CTN, "a obrigação acessória, pelo simples fato da sua inobservância, converte-se em obrigação principal relativamente à penalidade pecuniária".

7. SUJEIÇÃO PASSIVA

7.1 Introdução

A obrigação tributária, tal qual as demais modalidades de obrigação, tem um sujeito ativo, um sujeito passivo e uma prestação (ou objeto). O **sujeito ativo** é aquele com legitimidade de exigir o cumprimento do devedor e será, nos termos já vistos nesta obra, a própria pessoa política competente para criar o tributo ou quem tenha recebido desta a **capacidade tributária ativa** (art. 7º do CTN).

A prestação poderá ser dinheiro (tributo ou multa) no caso das **obrigações tributárias principais** ou um fazer ou não fazer no caso das **obrigações tributárias acessórias**. Resta, portanto, analisar o **sujeito passivo** da obrigação, isto é, a pessoa de quem poderá ser exigida a prestação correspondente à obrigação tributária principal ou acessória.

7.2 Contribuinte e responsável

Algumas vezes, de maneira equivocada, encontramos alunos e até mesmo aplicadores do direito que denominam todo e qualquer *devedor tributário* como "contribuinte". Na realidade, **contribuinte** é apenas uma das duas espécies do gênero *sujeito passivo*, não havendo como admitir a confusão na terminologia. O art. 121 do CTN diz que o **sujeito passivo da obrigação principal é a pessoa obrigada ao pagamento de tributo ou penalidade pecuniária**. Da mesma forma, nos termos do art. 122 do CTN, *sujeito passivo da obrigação acessória é a pessoa obrigada às prestações que constituam o seu objeto*.

Portanto, todo e qualquer obrigado ao pagamento de tributo (ou de multa) ou às prestações que compõem as obrigações acessórias será denominado **sujeito passivo**. E, agora sim, esse sujeito passivo poderá ser chamado *contribuinte* ou *responsável*.

De acordo com a sistemática do CTN:

SUJEITOS PASSIVOS	
CONTRIBUINTE	Quando tenha relação pessoal e direta com a situação que constituir o respectivo fato gerado.
RESPONSÁVEL	Quando, sem revestir a condição de contribuinte, sua obrigação decorra de disposição expressa de lei.

7.3 Convenções particulares

Muitas vezes, quando uma determinada pessoa adquire um imóvel, por exemplo, faz constar no contrato que, se houver alguma dívida tributária referente ao período anterior à data da compra e venda, esse valor ficará a cargo do antigo proprietário e não do adquirente. Da mesma forma, em diversas oportunidades, quando uma empresa troca de donos, os adquirentes desta incluem no acordo uma disposição semelhante, deixando claro que eventuais dívidas fiscais relativas a competências anteriores à negociação serão de responsabilidade exclusiva dos antigos donos.

Essas comuns disposições são aplicáveis à Fazenda Pública? Pode haver, por um contrato, a definição de quem será o sujeito passivo de uma determinada obrigação tributária? **A resposta é negativa**, eis que não pode o Fisco ficar à mercê das definições e acordos de vontades dos particulares. Exatamente nesse sentido é a regra inserta no art. 123 do CTN, *verbis*:

"**Art. 123.** Salvo disposições de lei em contrário, as convenções particulares, relativas à responsabilidade pelo pagamento de tributos, não podem ser opostas à Fazenda Pública, para modificar a definição legal do sujeito passivo das obrigações tributárias correspondentes".

Nesse sentido, cabe questionar o porquê de tantas vezes esse tipo de disposição ser incluído em contratos – como os citados nos exemplos acima colocados. Ocorre que, inobstante não valerem perante a Fazenda Pública, essas disposições têm validade entre os particulares, ou seja, caso um novo adquirente seja obrigado a fazer o recolhimento do IPTU referente ao período anterior à compra, poderá buscar o ressarcimento – na justiça comum – dos valores que deveriam ter sido suportados pelo vendedor.

7.4 Solidariedade

Em determinadas situações, a legislação tributária pode atribuir a mais de uma pessoa, concomitantemente, o dever de fazer o recolhimento de um tributo ou de uma penalidade pecuniária. Nessas situações, essas pessoas são **solidariamente responsáveis** pelo pagamento dos valores tributários, estando o sujeito ativo legitimado a exigir de qualquer uma delas a integralidade dos valores devidos.

As hipóteses de solidariedade de sujeitos passivos estão previstas no art. 124 do CTN, que assim determina:

"**Art. 124.** São solidariamente obrigadas:

I – as pessoas que tenham interesse comum na situação que constitua o fato gerador da obrigação principal;

II – as pessoas expressamente designadas por lei.

Parágrafo único. A solidariedade referida neste artigo não comporta benefício de ordem".

Pessoas que tenham **interesse comum** na situação que constitua o fato gerador da obrigação principal podem ser consideradas, por exemplo, quando dois adquirentes compram conjuntamente um imóvel. Nesse caso, ambos são responsáveis solidariamente pelo pagamento do ITBI, podendo o valor ser exigido integralmente de qualquer um dos dois. O CTN, no inciso II acima transcrito, **autoriza ainda que a lei** estabeleça outros casos de solidariedade, designando pessoas responsáveis conjunta e integralmente pelo pagamento de tributos em algumas situações. Nessas situações, *v.g.*, pode um ente municipal atribuir ao prestador e também ao tomador de um determinado serviço a obrigação de fazer o recolhimento do ISS, impondo uma solidariedade entre estes.

Importante, salientar, por fim, que o parágrafo único do referido art. 124 do CTN determina que a **solidariedade tributária** *não admite benefício de ordem*, ou seja, nenhum dos devedores solidários pode exigir que primeiro sejam executados os bens pertencentes ao outro, respondendo ambos de maneira integral e direta pela obrigação tributária principal. Ainda sobre a solidariedade tributária, o CTN tem o cuidado de estabelecer quais são os efeitos desta, *vide* o art. 125.

7.5 Capacidade tributária passiva

A esse respeito, nosso CTN reserva um dispositivo específico, o art. 126, *verbis*:

"**Art. 126.** A capacidade tributária passiva independe:

I – da capacidade civil das pessoas naturais;

II – de achar-se a pessoa natural sujeita a medidas que importem privação ou limitação do exercício de atividades civis, comerciais ou profissionais, ou da administração direta de seus bens ou negócios;

III – de estar a pessoa jurídica regularmente constituída, bastando que configure uma unidade econômica ou profissional".

Nesse sentido, caso um bebê de seis meses de idade ganhe de seu avô, por exemplo, um apartamento, essa criança deverá ser chamada de sujeito passivo tributário no que se refere à obrigação tributária relativa ao IPTU, eis que a capacidade tributária passiva não se confunde com a capacidade civil das pessoas naturais. Da mesma forma, um criminoso que está preso não deixa de ser sujeito passivo, hipoteticamente, da obrigação tributária de pagar o IPVA, ainda que esteja sujeito a medidas que importem a privação de suas atividades civis.

A mesma regra vale para as empresas, que mesmo não estando regularmente constituídas (com contrato social registrado, inscritas no Cadastro Nacional das Pessoas Jurídicas – CNPJ, inscritas na Secretaria da Fazenda estadual ou municipal etc.), serão tidas como sujeitos passivos das obrigações tributárias relativamente aos fatos geradores por si praticados, bastando que configurem, nos termos do inciso III do art. 126, uma unidade econômica ou profissional.

7.6 Domicílio tributário

Como *regra geral*, o local onde deve ser feito o pagamento do tributo é o **domicílio tributário** do sujeito passivo da obrigação tributária. É o que determina o art. 159 do CTN ao expressar que "quando a legislação tributária não dispuser a respeito, o pagamento é efetuado na repartição competente do domicílio do sujeito passivo".

Normalmente, são os próprios sujeitos passivos (contribuintes ou responsáveis) que elegem seu domicílio tributário. Entretanto, o art. 127 do CTN estabelece algumas regras a serem seguidas na hipótese de isso não ocorrer. De acordo com tal dispositivo, *na falta de eleição*, considera-se como domicílio tributário:

- *quanto às pessoas naturais*, a sua residência habitual, ou, sendo esta incerta ou desconhecida, o centro habitual de sua atividade;
- *quanto às pessoas jurídicas de direito privado ou às firmas individuais*, o lugar da sua sede, ou, em relação aos atos ou fatos que derem origem à obrigação, o de cada estabelecimento; e
- *quanto às pessoas jurídicas de direito público*, qualquer de suas repartições no território da entidade tributante.

Lembre-se, ainda, que não sendo possível o enquadramento dessas regras a alguma situação concreta, ou recusando a autoridade administrativa do domicílio eleito pelo sujeito passivo, por entender que aquele impossibilita ou dificulta a cobrança dos tributos, "considerar-se-á como domicílio tributário do contribuinte ou responsável o lugar da situação dos bens ou da ocorrência dos atos ou fatos que deram origem à obrigação" (§§ 1º e 2º do art. 127 do CTN).

7.7 Responsabilidade tributária

Estudados os sujeitos da relação tributária, identificamos como integrante do polo passivo o contribuinte e responsável tributário (art. 121 do CTN).

As espécies de responsabilidades poderão se enquadrar nas modalidades por substituição (desde o início o responsável atuará em nome do contribuinte) ou por transferência (iniciará com o contribuinte e algum ato ou fato jurídico lhe transfere ao terceiro).

Considerando a essencialidade do estudo, passemos a análise objetiva das modalidades de responsabilidade elencadas no Código Tributário Nacional.

Aquisição de Bens Imóveis (art. 130 do CTN)

Em regra, o adquirente responderá por débitos tributários de impostos, taxas e contribuições de melhoria incidentes sobre bens imóveis adquiridos. Trata-se de verdadeira responsabilidade por sucessão imobiliária, pois o anterior proprietário deixou a dívida (contribuinte), repassada ao adquirente (responsável tributário).

Atente-se que a responsabilidade incidirá sobre os débitos tributários atrelados ao bem imóvel e não pessoais de anterior proprietário.

Visto a regra, duas importantes exceções existem:

1. **Prova da Quitação (art. 130, parte final, do CTN):** Comprovar que no momento da transmissão do bem perante o oficial do Cartório de Registro de Imóveis – CRI (art. 1.245 do CC) houve pagamento de todos os tributos até então existentes. Ocorrendo identificação posterior de débitos ainda passados, o novo adquirente não será responsabilizado. Em outros termos, no momento da transmissão não existiam dívidas. Se aparecerem dívidas passadas, o adquirente não responderá por elas; e

2. **Aquisição em Hasta Pública (art. 130, parágrafo único, do CTN):** Nos casos de aquisição de bens imóveis em hasta pública (leilão judicial) a responsabilidade do adquirente sub-roga-se pelo preço da arrematação, ou seja, só responde até limite do preço ofertado. Por exemplo, o imóvel deve R$ 200.000,00 em tributos e foi arrematado em leilão judicial por R$ 150.000,00. O adquirente responderá apenas pelo montante pago na arrematação, ou seja, os exatos R$ 150.000,00. Nessas situações, o anterior proprietário permanecerá respondendo pelos valores não repassados ao adquirente.

Aquisição e remição de Bens Móveis (art. 131, I, do CTN)

Ao adquirir ou remir bens móveis, o adquirente ou remitente responderá por eventuais tributos sobre eles pendentes. A remição aqui mencionada não se confunde com a remissão do crédito tributário. A primeira é modalidade do Direito Processual Civil (art. 876 do CPC) e a segunda é modalidade de extinção dos créditos tributários (art. 172 do CTN).

Assim, a remição relacionada à responsabilidade consiste na atividade de se oferecer bem móvel para o credor, ascendente, descendente e cônjuge antes de oferecido ao público em hasta. Esses sujeitos ao remir o bem, pagarão os tributos devidos. Seria uma espécie de aquisição também e, consequentemente, responderá pelos tributos deixados.

Sucessão Causa Mortis (art. 131, II e III, do CTN)

Aplicando preceitos próprios do direito civil, no momento da morte surgirá a figura espólio como conjunto de bens e direito do de *cujus* (art. 1.784 do CC). Durante o processo de inventário ou arrolamento de bens, esse espólio será considerado responsável tributário pelos débitos deixados em vida pelo falecido.

Realizada a partilha ou adjudicação dos bens com a identificação dos herdeiros e cônjuge meeiro, a esses caberá a responsabilização pelos débitos deixados até o fim do processo de inventário, limitado ao montante do quinhão hereditário deixado para cada um deles.

Responsabilidade Empresarial (arts. 132 e 133 do CTN)

A responsabilidade empresarial aplica como premissa maior a sucessão empresarial, fazendo com que as novas empresas respondam pelas dívidas deixas pelas anteriores.

Na divisão idealizada pelo Código Tributário Nacional, encontraremos:

a) Casos de fusão, transformação e incorporação de empresas: As novas empresas, resultantes destas operações, respondem pelos tributos devidos até a data do ato pelas pessoas jurídicas de direito privado fusionadas, transformadas ou incorporadas. Aplicando a Lei das S.A., haverá responsabilidade solidária de empresas cindidas nos casos de cisão empresarial (art. 233 da Lei n. 6.404/76).

b) Aquisição de estabelecimento ou fundo de comércio: Nos casos de aquisição, a responsabilidade será do adquirente que permanecer na mesma atividade. Divide-se em duas modalidades: integral (se o alienante/vendedor encerrar a atividade) ou subsidiária (se o alienante/vendedor continuar exercendo atividade econômica ou reiniciar dentro de 6 meses).

Responsabilidade de Terceiros (arts. 134 e 135 do CTN)

O Código Tributário Nacional também estabelecerá a denominada "responsabilidade de terceiros", aplicáveis nos casos de impossibilidade de exigência dos tributos diretamente ao contribuinte. Fique esperto, pois mesmo o CTN tendo mencionado ser solidária, trata-se de verdadeira espécie subsidiária, pois não se mostra possível exigir do devedor original.

Os pais, tutores, curadores, inventariante, síndico e o comissário (administrador judicial), tabelião, escrivães, serventuários e sócios respondem, cada qual dentro de sua respectiva relação com o contribuinte (art. 134 do CTN).

Atuam em nome dos seus representados, passando a responder de forma pessoal se atuarem de forma excessiva com infração a lei, contratos ou estatuto social (art. 135 do CTN).

Sobre o tema, atente-se que o mero inadimplemento da obrigação tributária pela empresa não é capaz de responsabilizar seus administradores, pois será necessário demonstrar atividades abusivas mediante o uso da pessoa jurídica (semelhante ao estudo da desconsideração da personalidade jurídica da lei civilista – art. 50 do CC).

Em outros termos, quando se cria uma pessoa jurídica a intenção é que ocorra a autonomia patrimonial em relação aos seus sócios. Dívidas da pessoa jurídica pertencem a ela e não aos seus criadores. Assim, se a pessoa jurídica deve tributos, isto, por si só, não enseja a cobrança direta dos sócios. Somente será possível exigir deles caso comprovada a má-fé. Sobre o tema:

Súmula 430 do STJ. O inadimplemento da obrigação tributária pela sociedade não gera, por si só, a responsabilidade solidária do sócio-gerente.

Por outro lado, deixando a empresa de funcionar em seu domicílio fiscal sem expressa comunicação ao fisco, presume-se dissolvida irregularmente, legitimando a responsabilidade do sócio-gerente. Sobre o tema:

Súmula 435 do STJ. Presume-se dissolvida irregularmente a empresa que deixar de funcionar no seu domicílio fiscal, sem comunicação aos órgãos competentes, legitimando o redirecionamento da execução fiscal para o sócio-gerente.

Responsabilidade por Infrações (arts. 136 ao 138 do CTN)

A responsabilidade por infrações tributárias adotará, como regra, o critério objetivo, não importando se a ausência de recolhimento do tributo ocorreu por dolo ou mera culpa (art. 136 do CTN).

Desse modo, se o contribuinte simplesmente esquece de efetuar o pagamento do tributo ou mesmo propositadamente escolhe não o pagá-lo, arcará de todo modo com a multa correspondente.

Também as infrações poderão ser aplicáveis de maneira pessoal, se o agente praticar crime ou contravenção ou atuar com dolo específico (art. 137 do CTN).

Por outro lado, importante tema para provas se relaciona ao afastamento da responsabilidade por infrações através do instituto da Denúncia Espontânea (art. 138 do CTN).

Esta denúncia, em verdade, enquadra-se como verdadeira confissão de infrações feita pelo próprio contribuinte infrator, nos casos em que o fisco ainda não tinha conhecimento do fato gerador praticado.

Por exemplo, tomemos o ICMS e o dever do próprio comerciante em declarar e pagar antecipadamente ao respectivo Estado esse imposto. Considerando que determinado comerciante não tenha declarado e pago no momento adequado, estaria praticando também infração tributária.

Antes mesmo do procedimento de fiscalização, poderá retornar para a legalidade, realizando a declaração e pagamento antecipado. Ao confessar o ocorrido, o devedor irá recolher apenas o valor do tributo atualizado e com incidência dos juros, livrando-se do pagamento das penalidades/multas tributárias.

Fique esperto, pois se o fisco já tinha conhecimento dos fatos ocorridos, não haverá direito ao benefício (art. 138, parágrafo único, do CTN). Com efeito, a denúncia tem que ser espontânea de verdade.

No exemplo citado, se o comerciante apenas realizou a declaração e pagamento antecipado após procedimento de fiscalização do Estado, não terá esse direito, devendo pagar o tributo devido, atualizado monetariamente, com acréscimo de juros e multa.

8. LANÇAMENTO E CRÉDITO TRIBUTÁRIO

8.1 Introdução

De acordo com o afirmado antes, ocorrida no mundo real a situação abstratamente prevista em lei (o *fato gerador* ou *hipótese de incidência*), automática e infalivelmente surgirá uma obrigação tributária correspondente. Nesses termos, por exemplo, com a prestação de um serviço, haverá a ocorrência do fato gerador, surgindo a obrigação tributária atinente ao Imposto sobre Serviços – ISS. Ocorre que a **obrigação tributária**, *por si só*, **não é exigível** do sujeito passivo, por lhe faltar a formalização da dívida, a certeza e a liquidez.

Para deixar mais fácil a compreensão, imaginemos, hipoteticamente, o fato gerador do IPTU. De acordo com a legislação vigente, esse tributo incide no 1º dia do ano. Ocorre que, se uma determinada prefeitura não enviar a guia, o carnê do imposto ao contribuinte, não haverá de se mencionar a existência de uma dívida tributária. A dívida do IPTU, nesse caso hipotético, somente vai advir com a *formalização* da cobrança do tributo, ou – para usar a terminologia adequada – com a **constituição do crédito tributário**, a ser feita pelo *lançamento tributário*.

8.2 Lançamento tributário

De acordo com a sistemática de incidência tributária no Brasil, o surgimento da obrigação é **automático**, bastando a simples ocorrência do seu respectivo fato gerador. Nesses termos, não são necessários quaisquer atos, documentos ou formalizações para que, ocorrida a hipótese prevista em lei, nasça uma obrigação tributária.

Se não há necessidade de qualquer procedimento para o nascimento da obrigação tributária, por outro lado, essa obrigação não é exigível do sujeito passivo. Nesse sentido, podemos concluir que, para que um determinado tributo esteja apto a ser cobrado, exigido, há de se ter uma formalização prévia, que transformará aquela simples obrigação tributária em um crédito tributário. Esse **procedimento de formalização**, isto é, de constituição do crédito tributário, é chamado de **lançamento**.

Determina o art. 142 do CTN que "compete privativamente à autoridade administrativa constituir o crédito tributário pelo lançamento, assim entendido o procedimento administrativo tendente a verificar a ocorrência do fato gerador da obrigação correspondente, determinar a matéria tributável, calcular o montante do tributo devido, identificar o sujeito passivo e, sendo caso, propor a aplicação da penalidade cabível".

São requisitos do lançamento, portanto:

- **a determinação da matéria tributável** (a definição dos elementos fáticos sobre os quais está havendo a tributação),
- **o cálculo do montante do tributo** (através da alíquota e da base de cálculo),
- **a identificação do sujeito passivo** (contribuinte ou responsável) e
- **a aplicação da multa**, se for o caso.

Muito se discute sobre a necessidade de o lançamento tributário trazer em seu bojo o **prazo de pagamento** do tributo. Ao contrário do que possa parecer à primeira vista, *não há a necessidade* de o lançamento tributário conter a data de vencimento do tributo constituído. Isso porque, nos termos do art. 160 do CTN, "quando a legislação tributária não fixar o tempo do pagamento, o vencimento do crédito ocorre trinta dias depois da data em que se considera o sujeito passivo notificado do lançamento". Nesse sentido, *se não houver data fixada* no lançamento para pagamento do tributo, este vencerá – como **regra geral** – em **trinta dias** a contar da notificação do sujeito passivo.

Sempre que o lançamento estiver constituindo um crédito tributário relativo a uma operação em moeda estrangeira, a conversão em moeda nacional deverá ser realizada com base no câmbio do dia da ocorrência do fato gerador e não na data de sua lavratura. Essa regra, inserta no art. 143 do CTN, busca atingir a tributação adequada da operação que gerou a obrigação tributária, o que só pode ser feito se for analisado quanto representava, em moeda nacional, o valor tributário na data da ocorrência do fato gerador.

8.3 Legislação aplicável ao lançamento tributário

Vamos imaginar, hipoteticamente, que um contribuinte, no ano de 2017, recebeu determinada quantia por um trabalho realizado e não prestou a correspondente informação em sua declaração do imposto de renda. Imagine-se, ainda, que a alíquota do IR, no exemplo, fosse de 25% para aquele exercício.

Seguindo no exemplo, no ano de 2020, após um procedimento de fiscalização, a Receita Federal do Brasil acaba por lavrar um auto de lançamento daquela quantia, e a alíquota do IR, nesse exercício de imaginação, é de 20%. Qual deverá ser a alíquota aplicada: a de 25%, vigente em 2017 (data do fato gerador) ou a de 20%, vigente em 2020 (data do lançamento tributário)? A resposta ao problema, comumente exigido em provas, nos é dada pelo art. 144 do CTN, que determina que "o lançamento reporta-se à data da ocorrência do fato gerador da obrigação e rege-se pela lei então vigente, ainda que posteriormente modificada ou revogada".

O lançamento tem **caráter declaratório** quanto à ocorrência do fato gerador e ao surgimento da obrigação tributária, e **constitutivo**, quanto ao crédito tributário. Em sendo assim, e considerando os dizeres do transcrito art. 144 do CTN, há de se concluir que a lei aplicável será aquela vigente à data da ocorrência do fato gerador, independentemente de uma posterior alteração.

Utilizando o mesmo exemplo, para facilitar a compreensão do conteúdo, resta questionar qual seria o procedimento de fiscalização adotado pela autoridade tributária no ano de 2010. Poderia essa autoridade fazer valer novos processos de investigação (como, por exemplo, o cruzamento de certas informações do sujeito passivo) ou deveria se limitar àqueles existentes na data do fato gerador (ano de 2017)? A resposta nos é dada pelo § 1º, do já referido art. 144 do CTN, que assim dispõe:

"Art. 144. (...)

§ 1º Aplica-se ao lançamento a legislação que, posteriormente à ocorrência do fato gerador da obrigação, tenha instituído novos critérios de apuração ou processos de fiscalização, ampliado os poderes de investigação das autoridades administrativas, ou outorgado ao crédito maiores garantias ou privilégios, exceto, neste último caso, para o efeito de atribuir responsabilidade tributária a terceiros".

Portanto, como visto anteriormente, a **lei aplicável** no lançamento para definição da exigibilidade e quantificação do tributo devido **será aquela vigente na data da ocorrência do fato gerador**.

Será aplicada a *nova legislação*, entretanto, sempre que esta tenha trazido: (1) *novos critérios de apuração ou processos de fiscalização* (por exemplo, acesso eletrônico a certas movimentações financeiras ou com cartão de crédito), (2) *ampliado os poderes de investigação das autoridades administrativas* (v.g., autorização de cópia dos discos rígidos dos computadores), ou (3) *outorgado ao crédito maiores garantias ou privilégios* (novas regras, por exemplo, de preferência no processo falimentar), desde que tais garantias ou privilégios não se consubstanciem na responsabilização de terceiros.

Sobre a **modificação** do *lançamento tributário* devidamente notificado ao sujeito passivo, determina o art. 145 do CTN que essa **alteração** só terá vez em **três únicas hipóteses**, quais sejam, (i) impugnação acolhida do sujeito passivo, (ii) recurso de ofício da autoridade administrativa e (iii) iniciativa de ofício da autoridade administrativa, nos casos previstos no art. 149. Essas situações previstas no art. 149, dispositivo legal a ser analisado ainda neste capítulo, são, basicamente, os casos de fraude, simulação ou erro de fato, ou seja, identificação equivocada dos elementos fáticos do fato gerador.

Nesse sentido, a existência de um erro de fato autoriza a revisão do lançamento, o que não ocorre, por sua vez, com a verificação de um erro de direito. Nos termos do art. 146 do CTN, "a modificação introduzida, de ofício ou em consequência de decisão administrativa ou judicial, nos critérios jurídicos adotados pela autoridade administrativa no exercício do lançamento somente pode ser efetivada, em relação a um mesmo sujeito passivo, quanto a fato gerador ocorrido posteriormente à sua introdução".

Aqui, nessa previsão do transcrito art. 146 do CTN, não se está a tratar de um mero *erro de fato* (como ocorre no art. 145, III, do CTN), nem de uma alteração legal. Trata-se, na verdade, de uma nova interpretação dada pela autoridade fiscal a alguma norma tributária, até mesmo uma nova orientação jurisprudencial administrativa ou judicial. Imagine-se, por exemplo, que entendia a Secretaria da Fazenda de um determinado estado que a aquisição de alguns insumos utilizados numa indústria teria o condão de lhe gerar créditos de ICMS.

Após algum período de tempo, entretanto, o órgão fazendário passou a entender que, por não serem consumidos diretamente no processo de fabricação, tais produtos não poderiam mais gerar créditos na sua entrada. Tal alteração no critério jurídico adotado pela autoridade administrativa no lançamento tributário somente poderá ser levada a efeito, em relação a um mesmo contribuinte, quanto a fatos geradores futuros.

Por fim, há de se lembrar outra regra importante relativa ao lançamento, prevista pelo art. 148 do CTN. Segundo tal dispositivo legal, "quando o cálculo do tributo tenha por base, ou tome em consideração, o valor ou o preço de bens, direitos, serviços ou atos jurídicos, a autoridade lançadora, mediante processo regular, arbitrará aquele valor ou preço, sempre que sejam omissos ou não mereçam fé as declarações ou os esclarecimentos prestados, ou os documentos expedidos pelo sujeito passivo ou pelo terceiro legalmente obrigado, ressalvada, em caso de contestação, avaliação contraditória, administrativa ou judicial".

8.4 Modalidades de lançamento

Lançamento por declaração

No **lançamento por declaração**, cabe ao sujeito passivo (ou até mesmo a um terceiro) informar à autoridade administrativa a ocorrência de um fato gerador, para que esta efetua a lavratura do lançamento. É o que ocorre, por exemplo, no ITCMD quando, no momento final do inventário, deve o inventariante informar a Secretaria da Fazenda estadual a respeito do fato gerador do tributo, para que esta – após fazer a avaliação dos bens transmitidos *causa mortis* – produza um correspondente lançamento.

Tal espécie de lançamento é também comumente adotada no caso do ITBI, cabendo ao adquirente do imóvel informar para a Secretaria da Fazenda municipal a ocorrência do fato gerador, para que o órgão fazendário constitua o crédito tributário correspondente através do lançamento por declaração. Assim determina o art. 147 do CTN:

"**Art. 147.** O lançamento é efetuado com base na declaração do sujeito passivo ou de terceiro, quando um ou outro, na forma da legislação tributária, presta à autoridade administrativa informações sobre matéria de fato, indispensáveis à sua efetivação.

§ 1º A retificação da declaração por iniciativa do próprio declarante, quando vise a reduzir ou a excluir tributo, só é admissível mediante comprovação do erro em que se funde, e antes de notificado o lançamento.

§ 2º Os erros contidos na declaração e apuráveis pelo seu exame serão retificados de ofício pela autoridade administrativa a que competir a revisão daquela".

Importante lembrar que a obrigação do sujeito passivo, no caso do lançamento por declaração, se restringe a informar a autoridade fiscal a respeito da ocorrência do fato gerador. **Todo o lançamento** (inclusive o cálculo do tributo e eventual penalidade) *ficará a cargo da autoridade tributária*.

Lançamento de ofício (ou direto)

O *lançamento direto*, também conhecido como **lançamento de ofício**, é aquele a que normalmente estão sujeitos, por exemplo, o IPTU e o IPVA. Nesses casos, fácil perceber, todo procedimento tendente à constituição do crédito tributário é realizado pela autoridade pública, **sem que o sujeito passivo tenha que tomar qualquer atitude**. Nenhum contribuinte precisa, a cada início de ano, se dirigir à Secretaria da Fazenda estadual para requerer a lavratura do lançamento relativo ao IPVA de seu veículo, sendo tal emissão automática por parte dos órgãos competentes – daí o nome de lançamento direto.

O art. 149 do CTN prevê as **nove diferentes situações** nas quais será levado a efeito o lançamento de ofício pela autoridade fiscal. Assim dispõe o referido artigo:

"**Art. 149.** O lançamento é efetuado e revisto de ofício pela autoridade administrativa nos seguintes casos:

I – quando a lei assim o determine;

II – quando a declaração não seja prestada, por quem de direito, no prazo e na forma da legislação tributária;

III – quando a pessoa legalmente obrigada, embora tenha prestado declaração nos termos do inciso anterior, deixe de atender, no prazo e na forma da legislação tributária, a pedido de esclarecimento formulado pela autoridade administrativa, recuse-se a prestá-lo ou não o preste satisfatoriamente, a juízo daquela autoridade;

IV – quando se comprove falsidade, erro ou omissão quanto a qualquer elemento definido na legislação tributária como sendo de declaração obrigatória;

V – quando se comprove omissão ou inexatidão, por parte da pessoa legalmente obrigada, no exercício da atividade a que se refere o artigo seguinte;

VI – quando se comprove ação ou omissão do sujeito passivo, ou de terceiro legalmente obrigado, que dê lugar à aplicação de penalidade pecuniária;

VII – quando se comprove que o sujeito passivo, ou terceiro em benefício daquele, agiu com dolo, fraude ou simulação;

VIII – quando deva ser apreciado fato não conhecido ou não provado por ocasião do lançamento anterior;

IX – quando se comprove que, no lançamento anterior, ocorreu fraude ou falta funcional da autoridade que o efetuou, ou omissão, pela mesma autoridade, de ato ou formalidade especial.

Parágrafo único. A revisão do lançamento só pode ser iniciada enquanto não extinto o direito da Fazenda Pública".

Veja-se que o transcrito inciso I prevê as situações em que os tributos estão, por disposição legal, submetidos ao lançamento direto. São os casos, entre outros tributos, do IPTU, do IPVA, da taxa de recolhimento de lixo e das contribuições profissionais. Já os incisos II e V estabelecem norma muito importante – seguidamente exigida em provas. Sempre que um tributo estiver submetido ao *lançamento por declaração*, e o sujeito passivo não informar à autoridade administrativa a ocorrência do fato gerador, deverá ser lavrado por esta um *lançamento direto*.

Da mesma forma, nos tributos submetidos ao *lançamento por homologação* (analisado no próximo item do capítulo), caso um sujeito passivo não faça o lançamento que a lei lhe impõe, também deverá a autoridade fiscal, diante da omissão daquele, lavrar um *lançamento direto*, inclusive com aplicação da penalidade prevista. Nessas duas situações, costuma-se denominar esse lançamento direto substitutivo da declaração do contribuinte ou do lançamento por homologação de auto de infração, eis que acompanhado de multa. Portanto, os autos de infração, as notificações fiscais de lançamento de débito etc., são modalidades do lançamento direto ou de ofício.

Por essa razão, podemos afirmar, por exemplo, que o ICMS é tributo normalmente submetido ao lançamento por homologação, porém, caso haja a sonegação por parte do contribuinte, será lavrado auto de infração para constituir o crédito tributário – agora um lançamento direto.

Lançamento por homologação

Com o passar dos anos e o grande aumento do número de contribuintes e de diferentes exações fiscais, tornou-se impossível que a autoridade administrativa ficasse responsável por fazer um lançamento para cada sujeito passivo, a cada fato gerador ocorrido (ou a cada período de apuração). A saída adotada foi a transferência, ao próprio contribuinte, do dever de fazer os lançamentos tributários, apurando os valores efetivamente devidos a cada mês, a cada trimestre, e assim por diante.

Essa modalidade de lançamento, em que incumbe ao próprio sujeito passivo a quantificação dos valores devidos e a formalização dos créditos tributários, é chamada de **lançamento por homologação**. Ela está prevista no art. 150 do CTN, que assim dispõe:

> "Art. 150. O lançamento por homologação, que ocorre quanto aos tributos cuja legislação atribua ao sujeito passivo o dever de antecipar o pagamento sem prévio exame da autoridade administrativa, opera-se pelo ato em que a referida autoridade, tomando conhecimento da atividade assim exercida pelo obrigado, expressamente a homologa.
>
> § 1º O pagamento antecipado pelo obrigado nos termos deste artigo extingue o crédito, sob condição resolutória da ulterior homologação ao lançamento.
>
> § 2º Não influem sobre a obrigação tributária quaisquer atos anteriores à homologação, praticados pelo sujeito passivo ou por terceiro, visando à extinção total ou parcial do crédito.
>
> § 3º Os atos a que se refere o parágrafo anterior serão, porém, considerados na apuração do saldo porventura devido e, sendo o caso, na imposição de penalidade, ou sua graduação.
>
> § 4º Se a lei não fixar prazo a homologação, será ele de cinco anos, a contar da ocorrência do fato gerador; expirado esse prazo sem que a Fazenda Pública se tenha pronunciado, considera-se homologado o lançamento e definitivamente extinto o crédito, salvo se comprovada a ocorrência de dolo, fraude ou simulação".

Hoje em dia, está submetida ao lançamento por homologação *grande parte dos principais tributos vigentes no País*, v.g., ICMS, IPI, ISS, PIS, COFINS, IRPF, IRPJ, CSLL e Contribuição Previdenciária. Nesses casos, cabe ao contribuinte calcular o tributo devido, prestar as devidas informações e declarações à autoridade pública e – principalmente – pagar antecipadamente o tributo, antes mesmo de qualquer manifestação do Fisco.

De acordo com as regras do CTN, a homologação do lançamento, isto é, a concordância da autoridade fazendária quanto à correção dos valores pagos, poderá se dar de duas diferentes formas, quais sejam:

HOMOLOGAÇÃO EXPRESSA	A autoridade administrativa, de maneira formal e escrita, informa ao contribuinte que o pagamento se deu da maneira correta.
HOMOLOGAÇÃO TÁCITA	Prevista pelo § 4º do referido art. 150 do CTN, passados **cinco anos** do fato gerador sem que tenha havido qualquer insurgência da Fazenda Pública, poderá ser considerado quitado o tributo – salvo a ocorrência de dolo, fraude ou simulação. É a famosa regra popular do "quem cala consente", ou seja, ao não se levantar em cinco anos contra os valores pagos, está, indiretamente, a autoridade pública concordando com as quantias declaradas e pagas.

Por fim, importante lembrar que o sujeito passivo pode optar por fazer o **lançamento por homologação** sem o pagamento, até mesmo para ser tido por mero inadimplente e não sonegador. Nesses casos, todas as informações e declarações são prestadas à autoridade fiscal, apontando o valor exato do tributo a ser recolhido, sem que esse pagamento seja feito no momento oportuno. Nessas situações, em que os tributos são declarados e não pagos, entende a jurisprudência pátria a desnecessidade de lançamento de ofício por parte da autoridade fazendária. Está a Fazenda Pública autorizada a, imediatamente, inscrever em dívida ativa os valores objetos das declarações, em virtude da confissão do débito promovida pelo contribuinte.

9. SUSPENSÃO, EXTINÇÃO E EXCLUSÃO DO CRÉDITO TRIBUTÁRIO

9.1 Hipóteses de Suspensão

O Código Tributário Nacional apresenta rol de situações em que a exigibilidade do crédito ficará suspensa. De início, o candidato deve atentar que não se trata de inexistência ou extinção de crédito, mas apenas a ausência de força executória da dívida fiscal. Em outros termos, a dívida existe. Porém, não poderá ser exigida. Medida de cunho temporário, sobrestando a cobrança do crédito (tributo e/ou multa).

Dividida em 6 (seis) hipóteses, passemos à abordagem objetiva delas (art. 151 do CTN):

I. Moratória: Caracteriza-se quando a respectiva Fazenda Pública concede dilação de prazo para recolhimento do tributo, sem a incidência de penalidades ou juros, por situações de proteção econômica ou social. Poderá ser concedida em caráter geral ou individual, desde que respeitando requisitos específicos. Será revogada de ofício, quando verificado que contribuinte não cumpria ou deixou de cumprir os requisitos necessários, agora acrescentada dos juros e incidido multa se agir com dolo (arts. 152 ao 155 do CTN);

II. Depósito do montante integral: Utilizado na seara administrativa ou judicial, opera-se quando o sujeito passivo deposita os valores exigíveis como forma de obter a suspensão da exigibilidade do crédito. Geralmente, utilizado quando o contribuinte pretende a discussão dos valores. Para obter a correta suspensão, o depósito deverá ser integral e em dinheiro (art. 155, II, do CTN + Súmula 112 do STJ). Se os valores já foram depositados, não faz sentido o Fisco ingressar com execução de valores;

III. Reclamações e Recursos no PAT: A apresentação de impugnação (reclamações) e recursos no Processo Administrativo Tributário (PAT) também suspende a exigibilidade do crédito tributário até efetiva resposta da própria administração pública julgadora (art. 151, III, do CTN). Não faria sentido a fazenda pública receber a impugnação e continuar a exigência sem antes responder o pleito do contribuinte. Ressalte-se que não existe obrigação de depositar valores para poder impugnar. Nesse sentido, determina a Súmula Vinculante 21: É inconstitucional a exigência de depósito ou arrolamento prévios de dinheiro ou bens para admissibilidade de recurso administrativo;

IV. Liminar em Mandado de Segurança: A impetração do Mandado de Segurança (MS) poderá ser acompanhada de pedido liminar para suspensão da exigibilidade do crédito tributário (expedição de certidão ou liberação de mercadorias indevidamente apreendidas pelo fisco). Para utilização da liminar, o impetrante deverá demostrar os requisitos do fumus boni juris – fumaça do bom direito – *& periculum in mora* – perigo da demora (art. 7º, III, da Lei n. 12.016/2009);

V. Liminar ou Tutela Antecipada em outras ações: Utilizados nas demais espécies de processos judiciais tributários, também objetiva a suspensão da exigibilidade do crédito tributário. Atualizando os ditames processuais, o contribuinte deverá demonstrar a existência dos requisitos das tutelas provisórias, dividindo-as em urgência e evidência (arts. 294 e s. do CPC);

VI. Parcelamento: Conceitua-se como a dilação de prazo condicionada ao pagamento parcial da exação. Entre as diferenças para moratória encontramos os motivos para concessão (aqui não pelo viés econômico ou social e sim para facilitar o adimplemento da carga tributária), bem como a incidência de penalidades e juros (em regra não haverá na moratória). Aplica-se subsidiariamente as normas relacionadas com a moratória (art. 155-A do CTN).

Fique atento, em provas mostra-se comum trocar as modalidades de suspensão com as de extinção ou exclusão. Assim, para ajudar na memorização, utilize:

DICA
Suspensão do Crédito Tributário é
"REDE e COCO PARa Mô"
Em que:
RE – Representa as "REclamações e Recursos Administrativos"
DE – Representa o "DEpósito Integral"
CO – Representa a "COncessão de Medida Liminar no MS"
CO – Representa a "COncessão de Tutela Antecipada/Provisória"
PARa – Representa o "PARcelamento"
Mô – Representa a "Moratória"

Ressalte-se que, a concessão da suspensão do crédito tributário (obrigação principal), não desonera o sujeito passivo quanto ao cumprimento das formais obrigações acessórias (art. 151, parágrafo único, do CTN).

Como já estudado anteriormente, o fato de existir um benefício fiscal não retira o dever de manter obrigações acessórias como certidões, cadastros, livros etc.

9.2 Hipóteses de Extinção

O Código Tributário Nacional expressamente apresenta as modalidades de extinção do crédito tributário, designando a responsabilidade funcional pela inobservância de sua disciplina (art. 141 do CTN).

Entretanto, doutrina e jurisprudência caminham no sentido da aceitação quanto à edição de leis prevendo outras modalidades de extinção dos créditos tributários (confusão ou dação em pagamento de bens móveis, como exemplos). Portanto, o rol previsto no código não deve ser encarado como taxativo.

Extinguem o crédito tributário (art. 156 do CTN):

I. Pagamento: Modalidade usual de extinção do crédito tributário, o pagamento consiste na entrega pelo sujeito passivo de numerário correspondente ao montante da exação ao sujeito ativo, extinguindo a obrigação entre eles estabelecida.

O CTN disciplina uma série de regramentos para essa modalidade, uma vez que diversas implicações podem ocorrer na atividade de pagamento, quais sejam:

- Cumulatividade da penalidade e ausência de presunções (arts. 157 e 158 do CTN): O fato de efetuar o pagamento da multa não exime o devedor de efetuar o pagamento do respectivo tributo. Do mesmo modo, o fato de efetuar o pagamento de alguma parcela ou de algum outro tributo não retira o dever de pagar os demais;

- Definição do local e prazo para pagamento (arts. 159 e 160 do CTN): Em regra, o pagamento do tributo deve ser realizado na repartição competente do devedor e seu prazo será de 30 dias contados da notificação;
- Encargos (art. 161 do CTN): O pagamento do tributo fora do prazo acarretará incidência de juros e possibilidade de multas;
- Meios para pagamento (art. 162 do CTN): Os tributos poderão ser pagos por meio de moeda corrente, cheque, vale postal, bem como nos casos previstos em lei com estampilha, papel selado ou processo mecânico;
- Imputação (art. 163 do CTN): Realizado o pagamento parcial e sem identificação do respectivo tributo, caberá a Autoridade Administrativa Fiscal o dever de imputar (apontar) qual tributo estaria sendo pago, mediante a utilização dos critérios definidos no artigo;
- Consignação em pagamento (art. 164 do CTN): Ação judicial que objetiva garantir o direito de pagamento quando realizada a recusa ou subordinações indevidas, bem como nos casos de dúvidas sobre quem seria o credor; e
- Repetição do indébito (arts. 165 ao 169 do CTN): Ação judicial que objetiva a devolução de quantias tributarias pagas indevidamente, uma vez que o poder público não pode enriquecer ilicitamente.

II. **Compensação:** Conceituada como o encontro de contas, caracteriza-se pela quitação de tributos mediante a compensação de créditos que o devedor tributário detém com a mesma Fazenda Pública tributante, respaldada em lei (art. 170 do CTN). Eu devo ao Fisco e o Fisco me deve. Atente-se que créditos ainda discutidos judicialmente não podem ser utilizados na atividade de compensação. Ou seja, antes do trânsito em julgado da respectiva decisão não será admitida a compensação com tais valores (art. 170-A do CTN + Súmula 212 do STJ).

III.**Transação:** A lei poderá determinar como modalidade de extinção dos créditos tributários a transação, assim compreendida como a celebração de acordo entre os sujeitos ativo e passivo, mediante concessões mútuas, objetivando a terminação do litígio (art. 171 do CTN).

IV.**Remissão:** Conceituado como o perdão, total ou parcial, do crédito tributário respaldado em lei do respectivo ente tributante, valendo-se de critérios sociais ou econômicos (art. 172 do CTN).

V. **Decadência e Prescrição:** A decadência se caracteriza como o período que a Fazenda Púbica detém para constituição de seu direito ao crédito tributário. Em outros termos, o prazo para que o fisco realize o lançamento tributário quando o contribuinte realize o fato gerador da tributação. Aplicando previsão geral, o prazo decadencial será de 5 (cinco) anos (art. 173 do CTN), iniciando contagem especial para os casos de lançamento por homologação (art. 150, § 4º, do CTN). A prescrição, por sua vez, corresponde ao período em que as Fazendas Públicas poderão efetuar a exigência judicial de seu direito. Seria o prazo de também 5 (cinco) anos para que o fisco ingresse com a ação judicial de execução fiscal (art. 174 do CTN). Atente-se que esse prazo poderá ser interrompido, reiniciando a contagem, no despacho inicial da execução fiscal, pelo protesto ou ato judicial que constitua o devedor em mora, bem como qualquer outro ato inequívoco que importe em reconhecimento do débito, ainda que extrajudicial (art. 174, parágrafo único, do CTN).

VI.**Conversão de depósito em renda:** O anterior depósito utilizado para suspender a exigibilidade do credito tributário (art. 151, II, do CTN), será utilizado agora para extingui-lo quando convertido em renda a favor da respectiva Fazenda Pública. Ocorrerá quando o sujeito passivo não lograr êxito em demandas judiciais que pretendia discutir o crédito tributário. O depósito feito como espécie de garantia, agora vai ser sacado pelo respectivo Fisco como uma espécie de pagamento.

VII. **Pagamento antecipado no lançamento por homologação:** Nos casos de lançamento por homologação, o próprio sujeito passivo realizará a maior parte do procedimento administrativo ao verificar a ocorrência do fato gerador, declarar e calcular o tributo devido, bem como proceder ao pagamento antecipado da exação. O crédito tributário apenas será considerado extinto com a posterior homologação, expressa ou tácita, do pagamento (art. 150, §§ 1º e 4º, do CTN).

VIII. **Consignação em pagamento:** A consignação em pagamento objetiva expressar o direito do devedor tributário em realizar o pagamento daquilo que entende devido e de forma correta, para não incidir em indevidas cobranças acrescidas de encargos moratórios. Apenas extinguirá o crédito tributário quando julgada procedente (art. 164 do CTN).

IX. **Decisão administrativa:** Considerado direito fundamental, a todos será garantido o contraditório e ampla defesa na esfera judicial e administrativa (art. 5º, LV, da CF). Assim, o sujeito passivo que apresentar uma reclamação ou recurso administrativo e sagrar-se vencedor terá extinto o crédito tributário.

X. **Decisão judicial:** Nos mesmos fundamentos apresentados na esfera administrativa, por meio de demandas judiciais o sujeito passivo também poderá obter decisão favorável que extinga o crédito tributário.

XI. Dação de bens imóveis: Acrescentado por meio da LC n. 104/2001, a entrega de bem imóvel também passou a ser utilizado expressamente pelo CTN como modalidade de extinção do crédito tributário. Atente-se que o respectivo ente não estaria obrigado a sua aceitação, estabelecendo na lei essa possibilidade.

9.3 Hipóteses de Exclusão

Exclusão do crédito tributário caracteriza-se como medida adotada para obstar/evitar sua própria constituição por meio do lançamento tributário (art. 175 do CTN).

Operam-se, basicamente, por questões econômicas ou sociais e têm previsão legal, mesmo que previstas em contrato, dividindo-se em isenção e anistia.

A isenção obstará a constituição do crédito tributário em relação ao tributo, trazendo a lei concessiva os requisitos e condições para alcance do benefício, o prazo de sua duração e, sendo o caso, o território de sua aplicação (art. 176 do CTN). Como regra, a isenção não alcançaria taxas, contribuições de melhorias e espécies ainda não instituídas (art. 177 do CTN).

Uma vez concedido o benefício, o ente político poderá revogá-lo a qualquer tempo, pois não gera direito adquirido. Entretanto, tratando-se de isenções onerosas, concedidas por prazo certo e sob preenchimento de condições, enquanto o sujeito passivo permanecer cumprindo os requisitos exigíveis, não poderá o poder público retirar o benefício antes de findo o prazo de concessão (art. 178 do CTN).

Ex.: Estado concede isenção do IPVA aos taxistas que estimulem o turismo em determinada região pelo período de 2 (dois) anos. Enquanto estiverem cumprindo os requisitos exigidos na lei concessiva, terão direito adquirido a isenção pelos 2 (dois) anos de concessão.

Ressalte-se que a concessão de isenção é ato discricionário do respectivo ente competente para criação e cobrança dos tributos. Por exemplo, o poder de conceder isenção de IPTU será do Município, mediante edição de lei municipal na Câmara dos Vereadores, se assim pretenderem.

A anistia, por sua vez, impedirá a constituição do crédito tributário em relação à infração tributária, não se aplicando aos casos de crime, contravenções, dolo, fraude, simulação e conluio (art. 180 do CTN).

Sanando a confusão existente com as modalidades de suspensão e extinção, utilize:

> **DICA**
> Exclusão do Crédito Tributário é "AI"
> Em que:
> A – Representa a "Anistia"
> I – Representa a "Isenção"

A isenção e anistia podem ser instituídas de forma geral ou individual (limitadamente). No caráter geral, todos que abstratamente se enquadrem na previsão legal gozam da benesse. No caráter individual, será necessário o preenchimento de requisitos e avaliação pela autoridade administrativa responsável (arts. 179 e 182 do CTN). O despacho de concessão de ambas poderá ser revogado, aplicando-se a mesma previsão de revogação da moratória (art. 155 do CTN).

Ressalte-se, ainda, que a concessão desses benefícios da isenção e anistia não desobrigam o contribuinte de permanecer cumprindo as formalidades inerentes as obrigações tributárias acessórias (art. 175, parágrafo único, do CTN).

Desse modo, utilizando o exemplo acima citado, caso determinado taxista detenha isenção para não efetuar o pagamento de IPVA sobre seu veículo táxi, isso não lhe desobrigará de manter os documentos regulares do bem e portar CNH para sua condução.

10. GARANTIAS E PRIVILÉGIOS DO CRÉDITO TRIBUTÁRIO

Em capítulo próprio, o Código Tributário Nacional estabelece as garantias e privilégios do crédito tributário, criando normatizações que objetivam facilitar a atividade de cobrança e pagamento por parte do Poder Público. O estabelecimento desses regramentos não será rol taxativo, pois outras legislações podem elencar específicas garantias e privilégios aplicáveis segundo a natureza dos tributos, sem alterar a natureza jurídica da obrigação em si (art. 183 do CTN).

De início, a totalidade do conjunto patrimonial do devedor (bens e rendas) responderão pelo pagamento do tributo, inclusive aqueles garantidos por ônus real ou cláusula de inalienabilidade ou impenhorabilidade. Apenas estariam ressalvados bens e rendas que a lei declare absolutamente impenhoráveis (art. 184 do CTN). Conclui-se, portanto, que a responsabilidade patrimonial será de natureza pessoal.

Desse modo, ainda que contratos privados criem ônus reais (por exemplo, hipoteca) ou estabeleçam cláusulas de inalienabilidade ou impenhorabilidade (por exemplo, usufruto), não haverá desvinculação patrimonial aos seus tributos, podendo, inclusive, o próprio bem responder pelo pagamento deles. A mencionada exceção fica por conta daqueles bens e rendas declarados absolutamente impenhoráveis a exemplo de salários, utilidades domésticas, vestuários e pertences pessoais, dentre outros, conforme estabelece a legislação processual civil (art. 833 do CPC).

Quando o crédito tributário for inscrito em dívida ativa, o devedor não poderá alienar seus bens ou rendas, sob pena de presunção de fraude à Fazenda Credora (art. 185 do CTN).

A intenção é evitar que pessoas queiram se desfazer de seus bens, colocando-os em nome de terceiros, para se tornarem insolventes. Em outros termos, esvaziar seus patrimônios para que o Fisco não consiga obter os valores tributários devidos.

Por outro lado, se o sujeito passivo reservar bens e rendas suficientes para quitação das exações, poderá alienar parcela patrimonial (art. 185, parágrafo único, do CTN). Por exemplo, devedor que detenha patrimônio de R$ 1 Milhão de Reais e dívida de apenas R$ 10 mil. Poderá alienar seus bens até o valor do débito tributário existente.

Com o advento da LC n. 118/2005 houve o acréscimo do art. 185-A no CTN estabelecendo a possibilidade de o Magistrado determinar a indisponibilidade de bens e direitos do devedor tributário por meio de sistemas eletrônicos (usualmente conhecida como penhora on-line, BacenJud, SisbaJud, Renajud etc.).

Com a comunicação dos órgãos competentes, eventual excesso deverá prontamente ser liberado (art. 185-A do CTN). Assim, se o débito apontado for de R$ 10 mil reais, essas indisponibilidades não poderão exceder esse montante. Caso ultrapassem, devem ser imediatamente liberados.

Ainda como garantias, encontraremos: Exigência de quitação de todos os tributos devidos pelo falido (art. 191 do CTN); Comprovação de quitação (ou suspensão) dos tributos para concessão de recuperação judicial (art. 191-A do CTN); Quitação de todos os tributos como exigência da sentença de partilha ou adjudicação na sucessão causa mortis (art. 192 do CTN) e quitação dos tributos para participação de licitação pública (art. 193 do CTN).

Essas garantias pretendem, exatamente, consagrar o direito de as Fazendas Públicas receberem aquilo que lhes seriam cabíveis. Basta rememorar que nas linhas iniciais dessa obra, abordamos que o Crédito Tributário corresponde a principal fonte de Receita de Direito Público capaz de custear as despesas públicas.

O CTN adota a supremacia do interesse público para determinar que o crédito tributário terá preferência sobre quaisquer outros, exceto aqueles relacionados à legislação/acidente do trabalho (art. 186 do CTN).

Contudo, se o devedor tributário estiver em falência a ordem de preferência será diferenciada, perdendo o crédito tributário importantes posições, a saber (art. 186, parágrafo único, do CTN):

1. Créditos Extraconcursais (art. 188 do CTN);
2. Importâncias Restituíveis;
3. Legislação do Trabalho até 150 salários mínimos e Acidente do Trabalho;
4. Créditos com garantia real até o limite do valor do bem;
5. Crédito Tributário, exceção multas.

Créditos tributários também serão pagos preferencialmente se surgirem durante o processo de inventário ou arrolamento (art. 189 do CTN), bem como no curso de liquidação, judicial ou voluntária, de pessoas jurídicas de direito privado (art. 190 do CTN).

Ocorrendo concorrência entre as Fazendas Públicas (tributos devidos para mais de um fisco) a ordem de pagamento será estabelecida na seguinte forma (art. 187, parágrafo único, do CTN): I – União; II – Estados, Distrito Federal e Territórios, conjuntamente e pró rata; III – Municípios, conjuntamente e pró rata.

Em outros termos, se devedores tributários estivessem devendo para todas essas fazendas públicas, primeiramente quem receberia seria a União, após Estados, Distrito Federal e Territórios, e apenas por fim os Municípios.

Entretanto, em recente julgamento da ADPF 357 o Supremo Tribunal Federal declarou a inconstitucionalidade dessa concorrência entre as Fazendas Públicas. O raciocínio da Corte foi no sentido de que privilegiar alguns entes para receber na frente de outros estaria afrontando a própria noção de pacto e autonomia federativa, prevista no art. 18 da CF.

Desse modo, coexistindo dívidas, todos terão direito ao recebimento no mesmo momento e não mais um primeiro que outro.

Por fim, como verdadeiro privilégio concedido às Fazendas Públicas, a exigência judicial dos créditos tributários não se sujeita aos juízos universais de falência, recuperação judicial (concordata), inventário ou arrolamento (art. 187 do CTN). Em outros termos, o fisco poderá optar por apresentar ação autônoma de execução fiscal, e não apenas habilitando seus créditos nas ações coletivas citadas.

Evidentemente que, uma vez alcançado valores com a constrição de bens nos autos da execução fiscal, deverá ser informado o juízo universal da falência para respeito a ordem de pagamento já estudada (art. 186, parágrafo único, do CTN).

11. ADMINISTRAÇÃO TRIBUTÁRIA E REPARTIÇÃO DE RECEITAS TRIBUTÁRIAS

11.1 Fiscalização

A administração tributária corresponde ao gênero composto por um conjunto de dispositivos, objetivando regulamentar o poder de fiscalização (arts. 194 ao 200 do CTN), inscrição em dívida ativa (arts. 201 ao 204 do CTN) e emissão de certidões (arts. 205 ao 208 do CTN).

Na fiscalização, encontraremos a legislação tributária de cada ente estabelecendo, com respeito ao CTN, as competências e os poderes das autoridades administrativa, em caráter geral ou especificadamente para apenas algumas espécies tributárias (art. 194 do CTN).

Todos os sujeitos estarão submetidos ao dever de fiscalização, inclusive aqueles agraciados pelos benefícios da imunidade ou isenção (art. 194, parágrafo único, do CTN). Conforme já estudado, o fato de determinado contribuinte gozar de algum benefício tributário não lhe retira o dever de permanecer cumprindo aquelas obrigações tributárias acessórias (arts. 113, § 2º, e 115 do CTN).

Todos documentos, livros, arquivos, papéis e mercadorias estarão sujeitos ao dever de exibição (art. 195 do CTN) e, para tanto, o sujeito passivo deverá conservar essas documentações (fiscais e comerciais) até que ocorra o prazo prescricional de cinco anos (arts. 174 e 195, parágrafo único, do CTN).

Quando a autoridade administrativa competente para proceder ou presidir a atividade de fiscalização iniciar seus trabalhos, lavrará o TIF – Termo Inicial de Fiscalização – com objetivo de condicionar os procedimentos necessários e o prazo de duração. Esse termo será lavrado em livros fiscais do sujeito passivo ou de forma avulsa com documentação devidamente autenticada (art. 196 do CTN).

Uma vez lavrado o TIF, dois importantes efeitos dele desencadeiam:

a) Finalização da denúncia espontânea (art. 138, parágrafo único, do CTN): se já iniciado o procedimento de fiscalização, o devedor não mais poderá se beneficiar com a espontaneidade para se livrar do pagamento das multas.

b) Antecipação do prazo decadencial (art. 173, parágrafo único, do CTN): o início da fiscalização reduz também o termo inicial de contagem do prazo decadencial da Fazenda Pública em constituir o crédito tributário, pois contará dessa fiscalização e não mais do primeiro dia do exercício financeiro subsequente.

Alguns sujeitos obtêm importantes informações em razão do seu ofício e, como consequência, estariam obrigadas a colaborar com a atividade da administração pública fiscal, fornecendo dados sobre bens e negócios de terceiros. Entre eles, destacam-se: tabeliães, escrivães, bancos, inventariantes, corretores, leiloeiros, dentre outros que a lei designar (art. 197 do CTN).

Por outro lado, esses sujeitos não estariam obrigados a prestarem informações sigilosas, quando seu cargo, ofício, função, ministério, atividade ou profissão exigirem segredo (art. 197, parágrafo único, do CTN).

Como regra, os servidores da Fazenda Pública não poderão realizar divulgação de informações sobre a situação econômica ou financeira do sujeito passivo ou terceiro, bem como o estado de seus negócios ou atividade (art. 198 do CTN).

Entretanto, algumas exceções serão aplicáveis, a saber: requisição de autoridade judiciária, solicitações de autoridade administrativa no interesse da Administração Pública, representações fiscais para fins penais, inscrições em dívida ativa da fazenda pública, parcelamento ou moratória e incentivo, renúncia, benefício ou imunidade de natureza tributária cujo beneficiário seja pessoa jurídica. Os intercâmbios dessas informações permanecerão sigilosas (art. 198, §§ 1º, 2º e 3º, do CTN).

As leis ou convênios poderão autorizar a prestação mútua de assistência na atividade de fiscalização pela União, Estados, Distrito Federal e Municípios, mediante a permuta de informações (art. 199 do CTN). Ocorrendo necessidade de permutar informações com Estados estrangeiros, a União representará o Estado Nacional e efetuará tratados, acordos ou convênios para esse fim (art. 21, I, da CF, e art. 199, parágrafo único, do CTN).

No múnus público de atividade de fiscalização, as autoridades públicas (federais, estaduais, distritais ou municipais) poderão requisitar auxílio da força pública de quaisquer das esferas (art. 200 do CTN). Caso determinado fiscal encontre embaraço em sua atividade de fiscalização, poderia requisitar reforço policial.

11.2 Dívida Ativa e Certidões

A Dívida Ativa se constitui com o procedimento de inscrição regularmente realizado na repartição administrativa competente, depois de esgotado o prazo fixado para pagamento, pela lei ou por decisão final proferida em processo regular (art. 201 do CTN).

Uma vez superado o prazo para pagamento (vencimento do tributo ou finalização do prazo estabelecido em processo administrativo) sem efetivo recolhimento, a repartição pública (geralmente as Procuradorias) efetuarão a inscrição no livro da dívida ativa, lavrando-se a CDA – Certidão de Dívida Ativa.

Essa CDA será considerada título executivo extrajudicial (art. 784, IX, do CPC) hábil a legitimar o ingresso da Execução fiscal, comportando presunção de certeza, liquidez e exigibilidade (art. 204 do CTN). Em outros termos, não será necessário que as Fazendas Públicas antes ingressem com ações de cobranças regidas pelo rito de conhecimento, bastando ingressar diretamente na fase de execução.

A presunção da Certidão de Dívida Ativa será do tipo relativa, podendo ser afastada por prova inequívoca, a cargo do sujeito passivo ou do terceiro a que aproveite (art. 204, parágrafo único, do CTN).

A mera fluência dos juros de mora não retira a liquidez da CDA (art. 201, parágrafo único, do CTN) que deverá conter, dentro outros, os seguintes elementos (art. 202 do CTN):

- Nome do devedor ou dos corresponsáveis;
- Quantia devida e a maneira de calcular os juros de mora acrescidos;
- Origem e natureza do crédito, mencionada especificamente a disposição da lei em que seja fundado;
- Data em que foi inscrita;
- Número do processo administrativo de que se originar o crédito e a indicação do livro e da folha da inscrição.

Ocorrendo omissão ou erro em qualquer desses requisitos haverá nulidade da inscrição e do correspondente processo de cobrança, ressalvada a possibilidade de, até decisão de primeira instância judicial, serem sanados tais vícios (art. 203 do CTN).

Para fins de emissão de certidões, encontraremos três diferentes espécies:

1. Positiva: Usualmente denominada de Certidão de Dívida Ativa – CDA, nela encontraremos o apontamento quanto a existência de débitos tributários vencidos e não quitados pelo sujeito passivo (arts. 201 a 204 do CTN);
2. Negativa: Emitida quando constatado que o sujeito passivo se encontra adimplente com suas obrigações tributárias. Será expedida no prazo de 10 (dez) dias, constados da entrada do requerimento na repartição (art. 205 do CTN);
3. Positiva com efeitos de Negativa: Expedida nas situações em que as existências dos débitos tributários ainda não venceram (vincendos), casos de penhora em sede de execução fiscal, bem como nas demais modalidade de suspensão da exigibilidade do crédito – REDE e COCO PARa Mô – art. 151 do CTN (art. 206 do CTN).

Nas situações emergenciais para evitar caducidade de direito, poderá ser dispensada prova de quitação dos tributos, respondendo todos os interessados por eventuais tributos inadimplidos (art. 207 do CTN).

Ademais, a emissão de certidão negativa com dolo ou fraude do servidor, acarretará sua responsabilização pessoal/solidária pelo crédito tributário e seus acréscimos, sem prejuízo das sanções penais e funcionais (art. 208 do CTN).

11.3 Repartição de Receitas Tributárias

No que concerne as Repartições de Receitas Tributárias na Constituição, precisamos compreender que a Carta Magna designou o dever de entes com maior competência tributária e incidência territorial repassassem parcela de suas arrecadações aos menores.

Nesse contexto, a doutrina separa as repartições em duas modalidades:

1. Diretas: quando repassadas diretamente de um ente político para outro. Seriam os casos:
   a) IOF – Ouro (art. 153, § 5º, da CF);
   b) União aos Estados e Distrito Federal (art. 157, I e II, da CF);
   c) União aos Municípios (art. 158, I e II, da CF);
   d) Estados aos Municípios (art. 158, III e IV, da CF);

e) CIDE – Combustíveis (art. 159, III, § 4º, da CF).

2. **Indiretas:** Repasses realizados para específicos fundos criados para proteção e fomento de atividades sociais e econômicas. Divide-se em:
   a) Fundos de participação dos Estados, Distrito Federal, Municípios e o setor produtivo das Regiões Norte, Nordeste e Centro-Oeste (art. 159, I, da CF);
   b) Fundo de compensação das exportações (art. 159, II, da CF);
   c) Fundo Nacional de Desenvolvimento Regional (art. 159-A da CF).

12. PROCESSO TRIBUTÁRIO

12.1 Aspectos Gerais sobre a Execução Fiscal

Em linhas anteriores verificamos que a constituição do crédito tributário será realizada internamente pelas Fazendas Públicas, por meio do procedimento/processo administrativo de lançamento tributário (art. 142 do CTN).

Esse procedimento substituiria a conhecida fase de conhecimento do processo judicial ordinário, concedendo ao fisco o poder de declarar e constituir o crédito tributário unilateralmente.

Criada a relação tributária, o sujeito passivo (contribuinte ou responsável) será chamado para realização do pagamento do tributo que, via de regra, deve ser realizado no prazo de 30 (trinta) dias, salvo se específica legislação tributária dispor de forma diversa (art. 160 do CTN).

Durante esse período, o devedor tributário poderá efetuar o pagamento do montante exigido, extinguindo-se o crédito tributário (art. 156, I, do CTN), ou mesmo apresentar Impugnação Administrativa, nos moldes estabelecidos nas legislações específicas. Consagra-se o direito constitucional do contraditório e ampla defesa (art. 5º, LV, da CF).

Aliás, o Supremo Tribunal Federal já pacificou entendimento quanto a desnecessidade de ter que ser realizado depósito prévio de valores para obter o direito a impugnar administrativamente.

Nesse sentido, aduz a Súmula Vinculante 21 que é inconstitucional a exigência de depósito ou arrolamento prévios de dinheiro ou bens para admissibilidade de recurso administrativo.

Entretanto, vencido o prazo sem o pagamento do tributo ou após encerrada discussão administrativa, o fisco finalizará o ato constitutivo do crédito com a inscrição em dívida ativa (art. 201 do CTN). A partir de agora as novas medidas requererão apreciação judicial.

Ainda que inexistente fase de conhecimento, para que o fisco realize o pagamento forçado do tributo será necessário o ingresso da Ação de Execução Fiscal, regido pela específica Lei de Execuções Fiscais – LEF (Lei n. 6.830/80).

A intenção, sem sombra de dúvidas, seria a de prestigiar o princípio constitucional do *due processo of law*, designando que a privação de liberdade ou bens somente será admitida com o devido processo legal (art. 5º, LIV, da CF).

Em outros termos, por mais que as Fazendas Públicas gozem de presunções de legalidade e legitimidade, para retirada forçada de bens do particular, será necessária a apreciação perante o Poder Judiciário.

Deste modo, tendo em mãos a Certidão de Dívida Ativa (CDA), deverá o respectivo fisco ingressar com a correta Ação de Execução Fiscal no prazo prescricional de 5 (cinco) anos, contados da constituição definitiva do crédito (art. 174 do CTN).

Intentada a ação, o Magistrado determinará a citação do executado para, no prazo de 5 (cinco) dias, pagar a dívida ou proceder com a garantia do juízo, depositando valores ou entregando bens nos valores exigidos como forma de legitimar a discussão (arts. 7º, 8º e 9º da LEF). Ultrapassado o prazo sem manifestação do executado, será realizada a penhora de bens (arts. 10 e 11 da LEF).

Não apresentada a defesa pertinente (Embargo à Execução Fiscal, por exemplo), os valores serão levantados pelo fisco ou os bens serão adjudicados ou levados à hasta pública (leilão judicial) para quitação.

Fique atento, pois não localizado o devedor ou seus bens, a Execução Fiscal se sujeitará ao procedimento de decretação da Prescrição Intercorrente (art. 40 da LEF), com a suspensão do feito por 1 (um) ano e posterior arquivamento "provisório". Se transcorrido o prazo de 5 (cinco) anos no arquivo sem interesse do fisco, será decretada a Prescrição Intercorrente.

12.2 Defesas Judiciais do Sujeito Passivo

Superado os aspectos gerais do processo judicial de Execução Judicial em favor das Fazendas Públicas, passemos agora à análise das defesas judiciais do sujeito passivo (contribuinte ou responsável tributário).

Além da defesa administrativa de impugnação, também serão ofertadas ao devedor específicas ações apresentadas perante o Poder Judiciário, apenas dependendo do momento ou situação jurídica da relação.

Aplicadas na linha do tempo para a cobrança dos tributos, encontraremos:

DIREITO TRIBUTÁRIO

Enfrentando objetivamente o tema, vamos à análise dessas medidas judiciais:

1. **Ação Declaratória de Inexistência de Relação Jurídico-Tributária (art. 19, I, do CPC):** Típica ação tributária utilizada quando ainda não existe atividade concreta de lançamento tributário realizada pelo fisco. Inexistindo crédito tributário formalizado, a ação limitar-se-á a prévia declaração de inexistência de relação tributária. Deve ser adotada, portanto, antes do lançamento tributário. Ressalte-se que a propositura desta ação não impedirá o fisco de efetuar, durante seu trâmite, o respectivo lançamento. Aconselha-se o requerimento de tutelas provisórias de urgência ou evidência para suspensão da exigibilidade do crédito tributário (art. 294 do CPC).

2. **Ação Anulatória de Débito Fiscal (art. 38 da LEF):** Peça processual utilizada com objetivo de anular lançamento tributário já realizado pelo fisco. Trata-se, portanto, de ação desconstitutiva e não meramente declaratória. Deve ser adotada, portanto, depois do lançamento tributário. A suspensão da exigibilidade do crédito tributário poderá ser alcançada por meio das tutelas provisórias de urgência ou evidência (art. 294, CPC), bem como pelo depósito do montante integral da dívida (art. 151, II, do CTN + Súmula 112 do STJ). Por outro lado, a necessidade de depósito apresentada na lei de execução fiscal (art. 38 da Lei n. 6.830/1980) foi afastada pelos tribunais superiores, diante da concepção de amplo acesso ao judiciário. Com efeito, exigir a realização de depósito como forma de admissibilidade para questionamentos administrativos ou judiciais poderia retirar o direito de contraditório e ampla defesa. Nesse sentido, aduz a Súmula Vinculante 28 cujo teor determina: É inconstitucional a exigência de depósito prévio como requisito de admissibilidade de ação judicial na qual se pretenda discutir a exigibilidade de crédito tributário.

3. **Mandado de Segurança (arts. 1º e s. da Lei n. 12.016/2009):** Aplicáveis quando existir ilegalidade ou abuso praticado, ou em via de ser, pelas autoridades administrativas do fisco. Cabíveis nos mesmos casos das ações declaratória e anulatória, com a ressalva de que o direito deve ser líquido e certo (não comporta produção de provas), não cabe condenação em honorários advocatícios e seu prazo será decadência de 120 dias (Súmula 632 do STF). Deve ser adotada, portanto, quando identificado abuso de autoridade. A suspensão da exigibilidade poderá ser requerida mediante liminar, quando preenchido os elementos do *fumus boni iuris* e *periculum in mora* (art. 151, IV, do CTN). Alguns exemplos em que se adota esse remédio constitucional: *Súmula 70 do STF. É inadmissível a interdição de estabelecimento como meio coercitivo para cobrança de tributo. Súmula 323 do STF. É inadmissível a apreensão de mercadorias como meio coercitivo para pagamento de tributos.*

4. **Embargos à Execução Fiscal (art. 16 da LEF):** A principal espécie de defesa processual quando já existente ação de execução fiscal apresentada no judiciário. Sua utilidade decorre da ampla dilação probatória (diversas espécies de provas podem ser requeridas). Deverá ser oposta no prazo de 30 dias, contados da garantia do juízo (depósito, fiança bancária, seguro garantia ou penhora de bens). Deve ser adotada, portanto, quando já existe execução fiscal proposta. A suspensão da exigibilidade na execução dependerá do preenchimento dos requisitos da tutela provisória, além da garantia já informada (art. 919, § 1º, do CPC).

5. **Exceção de Pré-Executividade (Súmula 393 do STJ):** Não se trata de ação específica, mas sim de incidente processual criado pela doutrina e abraçado pela jurisprudência nacional. Sua utilização será subsidiária aos embargos à execução, quando impossível a garantia do juízo, intempestividade e tratar-se de matéria de ordem pública (não exige dilação probatória/nulidades absolutas).

6. **Ação de Repetição do Indébito Tributário (arts. 165 e s. do CTN):** Utilizada para reaver valores indevidamente pagos ao fisco. O prazo desta ação será de 5 anos (art. 168 do CTN), devendo o valor devolvido ser atualizado monetariamente desde o pagamento indevido (Súmula 162 do STJ) e com incidência de juros a partir da sentença (Súmula 188 do STJ). Deve ser adotada, portanto, para requerer a devolução dos valores pagos indevidamente.

7. **Ação de Consignação em Pagamento (art. 164 do CTN):** Ação manejada para exercer o Direito de Pagamento das obrigações tributárias quando o fisco realizar algum empecilho ou mesmo existir dúvidas sobre o real credor (caos de bitributação). Deve ser adotada, portanto, quando o contribuinte pretende efetuar o pagamento dos tributos. A título exemplificativo, imaginemos dois municípios exigindo IPTU sobre um único imóvel situado em região limítrofe. Nesse caso, o contribuinte deve utilizar essa ação no judiciário para garantir que o pagamento será realizado para o município correto.

8. **Recursos (CF e CPC):** Espalhadas na Constituição Federal e no Código de Processo Civil, também serão utilizadas na advocacia tributária como mecanismo de recorrer em decisões tomadas nos processos desta natureza. Entre elas, podemos destacar o Agravo sobre decisões interlocutórias nas tutelas provisórias ou liminares (art. 1.015, I, do CPC), Apelação contra sentenças (art. 1.009 do CPC) e o Recurso Extraordinário quando julgados afrontarem a Carta Magna (art. 102, III, da CF).

REFERÊNCIAS

ALEXANDRE, Ricardo. *Direito tributário esquematizado*. 2. ed. São Paulo: Método, 2008.

AMARO, Luciano. *Direito tributário brasileiro*. 13. ed. São Paulo: Saraiva, 2007.

CARVALHO, Paulo de Barros. *Curso de direito tributário*. 19. ed. São Paulo: Saraiva, 2009.

NOVAIS, Rafael. *Direito tributário facilitado*. 3 ed. São Paulo: Método, 2018.

ROCHA, Marcelo Hugo da; KNIJNIK, Eduardo. *Direito tributário*. Rio de Janeiro: Impetus, 2012.

SABBAG, Eduardo. *Manual de direito tributário*. 3. ed. São Paulo: Saraiva, 2011.

Acesse o *QR Code* e aproveite os conteúdos elaborados para você!
- BIZU OAB
- TOP 10

http://uqr.to/1wcfk

Questões
Direito Tributário

Acesse o QR Code e consulte as questões comentadas dos exames anteriores.
http://uqr.to/1wcfj

TRIBUTO E COMPETÊNCIA TRIBUTÁRIA. ESPÉCIES TRIBUTÁRIAS. IMPOSTOS EM ESPÉCIES

1. (41º Exame) Foi criado o Território Federal Alfa no Brasil, com a determinação de que, por sua extensão, deveria ser dividido em municípios. À luz do texto da Constituição Federal de 1988, sobre a cobrança de impostos nesse novo Território Federal, assinale a afirmativa correta.

(A) Os impostos federais e municipais devem ser cobrados, mas os estaduais não, porque o Território não é Estado-membro.
(B) Os impostos federais e estaduais cobrados pertencerão à União, enquanto os impostos municipais pertencerão a cada um dos Municípios em que está dividido o Território.
(C) Os impostos federais cobrados pertencerão à União, mas os impostos estaduais e municipais pertencerão a cada um dos Municípios em que está dividido o Território.
(D) Os impostos cobrados, seja os federais, seja os estaduais, seja os municipais, pertencerão à União.

RESPOSTA Em Territórios Federais, os impostos federais e estaduais pertencem à União. Caso o Território Federal seja dividido em Municípios, os impostos municipais pertencem aos respectivos Municípios (art. 147 da CF). *Alternativa B.*

2. (41º Exame) Lei Ordinária do Município Alfa, publicada no Diário Oficial Municipal em 30/09/2020, instituiu uma Taxa de Fiscalização de Estabelecimentos Comerciais – TFEC, incidente sobre o setor de materiais de construção. Sua produção de efeitos se deu a partir de 01/01/2021, com a finalidade de aferir o cumprimento das normas de segurança e urbanização local e a taxa passou a ser cobrada por meio de alíquotas específicas, fixadas no valor de R$ 150,00 para empresas com capital social de até R$ 100.000,00, de R$ 300,00 para empresas com capital social de até R$ 500.000,00 e de R$ 1.500,00 para empresas com capital social superior a R$ 500.000,00. A associação dos empresários daquele setor empresarial pretende questionar essa cobrança. Diante desse cenário, a cobrança da referida taxa

(A) é legal e constitucional, por estar dentro da competência tributária do respectivo município, fundada no seu regular poder de polícia.
(B) não respeita o princípio da anterioridade, sendo inconstitucional nesse aspecto.
(C) é devida por atender aos princípios da progressividade e da capacidade contributiva, ao cobrar maior valor sobre a empresa com maior capital social e cobrar menor valor sobre a empresa com menor capital social.
(D) é ilegal por ser calculada com base no capital social das empresas.

RESPOSTA A taxa não pode ser calculada em função do capital das empresas (art. 77, parágrafo único, do CTN). *Alternativa D.*

3. (40º Exame) O Município Alfa pretende firmar convênio com a União para fiscalizar e arrecadar diretamente o Imposto sobre a Propriedade Territorial Rural (ITR) dos imóveis rurais situados em seu território. Acerca dessa pretensão municipal, assinale a afirmativa correta.

(A) Tal convênio, caso firmado, configura um exemplo de transferência de competência tributária plena da União para o Município.
(B) Caso firme tal convênio, o Município Alfa terá direito a ficar com 100% do ITR arrecadado referente aos imóveis rurais situados em seu território.
(C) Tal convênio é legalmente vedado por configurar delegação de capacidade tributária ativa.
(D) O Município Alfa pode receber delegação para arrecadar o tributo, mas sua fiscalização é privativa de agentes da Administração Tributária Federal.

RESPOSTA A competência tributária para criação do ITR pertence à União (art. 153, VI, da CF). Contudo, os Municípios poderão exercer a capacidade tributária ativa para fiscalizar, executar e arrecadar esse imposto (art. 153, § 4º, III, da CF). Nessa hipótese, ficará com 100% do produto arrecadado (art. 158, II, da CF). *Alternativa B.*

4. (40º Exame) Determinado país declarou guerra ao Brasil. Para fazer frente aos gastos com o esforço de guerra, a União resolveu criar, por lei federal ordinária, um imposto extraordinário de guerra, com a mesma hipótese de incidência do Imposto sobre a Transmissão *Causa Mortis* e Doações. A alíquota fixada pela lei federal era de 1% sobre o valor da doação ou do montante transmitido *causa mortis*. Sobre esse imposto extraordinário, assinale a afirmativa correta.

(A) Não pode ser criado, pois viola a competência tributária dos Estados e do Distrito Federal.
(B) Como apresenta hipótese de incidência idêntica à do imposto estadual, somente poderia ser criado por lei complementar.
(C) Configura hipótese de bitributação ilegal, razão pela qual não poderia ser admitido.
(D) É válido, mas deve ser suprimido, gradativamente, cessadas as causas de sua criação.

RESPOSTA Na iminência ou no caso de guerra externa, a União poderá instituir impostos extraordinários, compreendidos ou não em sua competência tributária, os quais serão suprimidos, gradativamente, cessadas as causas de sua criação (art. 154, II, da CF). *Alternativa D.*

5. (39º Exame) Diante da calamidade pública decretada pela União, por força da pandemia da "Gripe-22XY", foi editada a Lei Ordinária Federal n. XX/2022, de 01/05/2022, estabelecendo sua vigência e eficácia imediata, instituindo empréstimo compulsório para atender a despesas extraordinárias na área sanitária para enfrentamento da pandemia. Diante desse cenário, a instituição e a cobrança do empréstimo compulsório

(A) podem ser feitas, por cumprir o requisito constitucional de ser voltada a "atender a despesas extraordinárias, decorrentes de calamidade pública".
(B) são válidas, por atenderem ao princípio da legalidade tributária.
(C) desrespeitam o princípio da anterioridade tributária nonagesimal.
(D) violou a exigência de ser veiculada mediante Lei Complementar.

RESPOSTA Empréstimo Compulsório da União é competência exclusiva e outro não pode criar. A forma de devolução é em dinheiro, matéria de LC (lei complementar) que não cabe MP (medida provisória). Guerra e calamidade como exceção das anterioridades, conforme art. 148 da CF. *Alternativa D.*

6. (39º Exame) No ano de 2022, os sindicatos de enfermeiros e de médicos do Estado Alfa firmaram convenção coletiva de trabalho (CCT) com os hospitais daquele estado para que a remuneração paga pelo trabalho realizado nos plantões em final de semana passasse a ter a nomenclatura de "indenização de plantões". Assim, não seria mais necessária a retenção na fonte do respectivo Imposto sobre a Renda de Pessoa Física (IRPF) quanto a esta parcela, aumentando, como consequência, o valor líquido de salário que os médicos e enfermeiros receberiam mensalmente. O médico João, que sempre cumpriu corretamente suas obrigações tributárias, preocupado com o decidido naquela CCT, procura o seu advogado para emitir um parecer sobre aquela situação. Diante desse cenário, à luz do Código Tributário Nacional, assinale a afirmativa correta.

(A) Em razão da natureza indenizatória que esta verba passou a ter, o IRPF não incide sobre tal parcela.
(B) Embora não tenha caráter indenizatório, sobre tal parcela não haverá incidência de IRPF por se tratar de uma decisão tomada em convenção coletiva de trabalho (CCT).
(C) Uma vez que se trata de classificação de verbas estabelecida por convenção coletiva de trabalho (CCT), que tem força de lei, haverá hipótese de isenção tributária de IRPF, a qual não se confunde com a não incidência.
(D) Deverá ser retido na fonte o IRPF sobre as verbas com a nova denominação "indenização de plantões", pois a incidência do imposto sobre a renda independe da denominação do rendimento.

RESPOSTA A incidência do imposto de renda independe da denominação da receita ou do rendimento, da localização, da condição jurídica ou da nacionalidade da fonte, da origem e da forma de percepção (art. 43, § 1º, do CTN). *Alternativa D.*

7. (38º Exame) O Estado Alfa alterou, por meio de lei, a Contribuição Social para custeio do regime próprio de previdência social, cobrada dos seus servidores ativos, dos aposentados e dos pensionistas. José e Márcio são servidores públicos do mesmo órgão estadual, ganhando cada um, respectivamente, a remuneração mensal de 15 mil reais e 10 mil reais. José, ao notar que a alíquota incidente sobre sua remuneração era de 16,5%, ao passo que para Márcio a alíquota era de 14,5%, ficou indignado e, em relação a essa situação diferenciada, resolve contratar você, como advogado(a), para um eventual questionamento judicial. A respeito da posição de José, assinale a afirmativa correta.

(A) Nenhum tributo incidente sobre a renda ou proventos poderá ter alíquotas progressivas, sob pena de violar a capacidade contributiva.
(B) É vedada a adoção de alíquotas progressivas para esta espécie de contribuição social, em respeito ao princípio da capacidade contributiva.
(C) A progressividade tributária deve ser obrigatoriamente adotada para todos os tributos estaduais, nos termos da CRFB/88, garantindo-se efetividade ao princípio da capacidade contributiva.
(D) Esta espécie de contribuição social poderá ter alíquotas progressivas de acordo com o valor da base de contribuição.

RESPOSTA A Constituição Federal possibilita a adoção de alíquotas progressivas para contribuições sociais (art. 149, § 1º, da CF). *Alternativa D.*

8. (38º Exame) O governador do Estado Alfa, diante da grande quantidade de bicicletas elétricas circulando em seu território, e visando aumentar a arrecadação, oficiou à sua secretaria da fazenda para adotar alguma forma de cobrança quanto a tais veículos. Esta, por sua vez, orientou seus fiscais a cobrar o imposto sobre propriedade de veículos automotores (IPVA), aplicando a incidência deste imposto, por analogia, às bicicletas elétricas, ainda que não classificadas como veículos automotores propriamente ditos pela legislação de trânsito pertinente. O sindicato dos lojistas do setor o(a) consulta, como advogado(a), a respeito desta incidência. Diante desse cenário, assinale a afirmativa correta.

DIREITO TRIBUTÁRIO

(A) É válida a exigência deste imposto, uma vez que as bicicletas elétricas se enquadram no conceito de veículo automotor por analogia.
(B) Está dentro da competência estadual a tributação sobre a propriedade de bicicletas elétricas.
(C) Tal tributação por analogia envolvendo bicicletas elétricas é vedada no ordenamento jurídico nacional.
(D) A exigência deste imposto sobre bicicletas elétricas dependeria da edição de um decreto, cuja competência é privativa do governador.

RESPOSTA O IPVA somente incidirá sobre a propriedade de veículos automotores terrestres (art. 155, III, da CF). *Alternativa C.*

9. (37º Exame) João e José constituíram uma sociedade empresária por quotas de responsabilidade limitada com capital social de R$ 50.000,00, sem optarem pelo regime tributário do simples nacional, para formalmente exercerem a atividade de comércio varejista de fogos de artifício (considerada atividade de alto risco e periculosidade), sendo ambos residentes e domiciliados no Distrito Federal, mesmo local onde será instalado seu estabelecimento. Surpreendidos com a exigência do pagamento de uma taxa de licenciamento e alvará calculada em função do capital social da sociedade empresária, indagam a você, como advogado(a), se a referida taxa é realmente devida. Diante deste cenário, a referida taxa, tal como prevista,

(A) Não é devida, pois o distrito federal não possui competência tributária para a sua cobrança.
(B) Não é devida, pois não poderia ser calculada em função do capital social da empresa.
(C) É devida, por ter como fato gerador o exercício regular do poder de polícia distrital sobre atividades econômicas exercidas em seu território, especialmente as de alto risco e periculosidade.
(D) É devida, por ter como fato gerador a utilização efetiva de serviço público, específico e divisível, prestado ao contribuinte

RESPOSTA Taxas não podem ser calculadas em função do capital de empresas (art. 77, parágrafo único, do CTN). *Alternativa B.*

10. (36º Exame) O Município Beta, após realizar uma grande obra pública de recuperação, ampliação e melhoramentos da praça central do bairro gama, custeada com recursos próprios, no valor de quinhentos mil reais, e que promoveu uma valorização dos imóveis apenas nesse bairro, decidiu cobrar uma contribuição de melhoria. O referido tributo, instituído mediante lei ordinária específica, foi cobrado de todos os 5 mil proprietários de imóveis privados daquela cidade, em um valor fixo de 200 reais para cada um. José, advogado e morador do bairro delta, bastante distante do bairro gama, se insurge contra a referida contribuição de melhoria. Diante desse cenário, a referida contribuição de melhoria

(A) Foi corretamente instituída, pois decorre de previsão legal específica, tendo como fato gerador a obra pública realizada.
(B) Foi corretamente instituída, pois respeitou o princípio da Igualdade tributária ao adotar o mesmo valor para todos os contribuintes da cidade.
(C) Foi incorretamente instituída, por ter atingido imóveis que não se valorizaram por decorrência da obra pública e por ter cobrado valor cujo somatório é superior ao custeio da obra.
(D) Foi incorretamente instituída, pois só pode ser cobrada nos casos em que a obra pública seja exclusivamente para abertura, alargamento, pavimentação ou iluminação de vias públicas.

RESPOSTA A contribuição de melhoria somente poderá ser cobrado daqueles que tiveram imóveis valorizados em decorrência da obra pública (art. 81 do CTN). *Alternativa D.*

11. (35º Exame) A sociedade empresária ABC Ltda. Foi criada em janeiro de 2020 e estabelecida no município Alfa. É especializada em recauchutagem de pneus, atividade na qual o cliente entrega os pneus do seu automóvel ao estabelecimento para que esses passem por um complexo processo de recuperação da borracha e de sua forma (raspagem, colagem, vulcanização etc.), transformando o pneu velho e desgastado em um pneu novo para uso do respectivo cliente em seu automóvel. Antes de iniciar suas atividades, ainda na fase de regularização fiscal, você é chamado(a) para emitir parecer sobre qual imposto incidirá naquela operação. Diante desse cenário, incidirá:

(A) o Imposto sobre Serviços (ISS), uma vez que a atividade da sociedade empresária é realizada por encomenda do proprietário do automóvel, dono dos pneus.
(B) o Imposto sobre Circulação de Mercadorias e Serviços (ICMS), uma vez que, na operação descrita, os pneus são considerados mercadorias.
(C) o Imposto sobre Produtos Industrializados (IPI), uma vez que, na operação descrita, há um processo de industrialização na recauchutagem dos pneus, na espécie transformação.
(D) o Imposto sobre Circulação de Mercadorias e Serviços (ICMS), uma vez que, nessa operação, os pneus são considerados mercadorias, acrescido do Imposto sobre Produtos Industrializados (IPI), uma vez que há um processo de industrialização na operação.

RESPOSTA O Imposto Sobre Serviços de Qualquer Natureza, de competência dos Municípios e do Distrito Federal, tem como fato gerador a prestação de serviços constantes da lista anexa, ainda que esses não se constituam como atividade preponderante do prestador (art. 1º da LC n. 116/2003). Na lista anexa está "14.04 – Recauchutagem ou regeneração de pneus". Porém, não é necessário decorar a lista para responder a questão, no momento que há uma explicação do que trata a recauchutagem como um serviço prestado. *Alternativa A.*

LIMITAÇÕES CONSTITUCIONAIS AO PODER DE TRIBUTAR

12. (40º Exame) João e José decidem constituir uma sociedade empresária, denominada Informática ABC Ltda., especializada na prestação de serviços na área de informática. João integralizou 50% do capital social da sociedade com dinheiro, e José integralizou os seus 50% com um imóvel de sua propriedade localizado no Município Alfa, a ser utilizado como sede da empresa. Dois anos depois do início das atividades da sociedade empresária, José recebe uma notificação da Secretaria de Fazenda do Município Alfa, por falta de pagamento do Imposto sobre a Transmissão de Bens Imóveis (ITBI), devido no ato da integralização do capital social da empresa, por ser ele, segundo a legislação local, o contribuinte deste imposto. Diante desse cenário, assinale a afirmativa correta.

(A) José é responsável solidário pelo recolhimento do ITBI incidente sobre essa transmissão.
(B) As empresas do setor de informática, por expressa disposição de lei complementar nacional, estão isentas do pagamento de ITBI.
(C) É devida a cobrança do ITBI, uma vez que houve a transmissão da propriedade do imóvel de José para a empresa Informática ABC Ltda. no ato da integralização do capital social.
(D) O ITBI não incide sobre a transmissão de bens incorporados ao patrimônio de Informática ABC Ltda., em realização de capital.

RESPOSTA O ITBI possui específica imunidade tributária para não incidência na transmissão em integralização de capital para criação de empresas, salvo se atuasse na atividade imobiliária (art. 156, § 2º, I, da CF). *Alternativa D.*

13. (40º Exame) A sociedade empresária Books & Books Ltda., verificando a queda na receita de venda de livros impressos e o fechamento de inúmeras outras livrarias locais, decide alterar seu negócio para importação e comercialização no mercado interno de livros eletrônicos acompanhados dos respectivos aparelhos exclusivamente leitores. Diante desse cenário, assinale a afirmativa correta.

(A) A importação de tais livros eletrônicos e seus respectivos aparelhos leitores por Books & Books Ltda. fica imune da incidência do Imposto de Importação.
(B) A comercialização no mercado interno de tais livros eletrônicos por Books & Books Ltda. é imune da incidência de Imposto sobre Circulação de Mercadorias, mas não é imune da incidência deste tributo estadual na comercialização de seus respectivos aparelhos leitores.
(C) Embora tais livros eletrônicos e seus respectivos aparelhos leitores importados e comercializados no mercado interno por Books & Books Ltda. sejam equiparados a livros, o Imposto de Importação e o Imposto sobre Circulação de Mercadorias, por serem tributos indiretos, não podem ser alcançados por essa imunidade.
(D) Os livros eletrônicos e seus respectivos aparelhos leitores importados e comercializados por Books & Books Ltda. não podem ser equiparados a livros, razão pela qual não incide qualquer imunidade sobre a importação ou a comercialização deles no mercado interno.

RESPOSTA A imunidade cultural também se aplica para os livros eletrônicos e seus leitores, conforme art. 150, VI, *d*, da CF e Súmula Vinculante 57. *Alternativa A.*

14. (39º Exame) Um grupo de empresários da área têxtil decidiu criar um sindicato dos empregadores daquele setor, para fins de representação e defesa dos interesses da categoria econômica. Na assembleia geral ordinária constitutiva da instituição e para elaboração do estatuto social, surgiu a dúvida a respeito da possibilidade de obtenção da imunidade tributária sobre o patrimônio, renda ou serviços das entidades sindicais. Presente uma equipe de advogados, estes são incitados a se manifestarem a respeito. Diante desse cenário, assinale a afirmativa correta.

(A) Não há previsão constitucional para imunidade tributária de impostos de sindicato de empregadores.
(B) O setor têxtil se trata de categoria econômica que não permite o enquadramento na imunidade tributária de impostos dos sindicatos.
(C) Tal sindicato faz jus à imunidade tributária de impostos, desde que exerça suas atividades sem finalidade lucrativa e atenda ao requisito de não distribuição de qualquer parcela do seu patrimônio ou renda.
(D) Desde que os recursos provenientes das contribuições associativas sejam aplicados exclusivamente na sua área de atuação e vinculados a suas finalidades essenciais, tal sindicato poderá gozar da imunidade tributária de impostos.

RESPOSTA A imunidade sindical prevista na Carta Magna apenas afasta o dever de pagar impostos por parte do Sindicato dos Trabalhadores e não o patronal, conforme art. 150, VI, c, da CF. *Alternativa A.*

15. (38º Exame) A Sociedade Empresária ABC Ltda. Adquiriu no exterior um lote de dez mil unidades de um determinado perfume francês. Antes da chegada das mercadorias ao porto, foi publicado no diário oficial da união, em 20-4-2023, um decreto editado pelo poder executivo federal majorando imediatamente a alíquota do imposto sobre a importação de perfumes de 20% para 30%, prevendo expressamente sua vigência e produção de efeitos a partir da data de sua publicação. Em 30-4-2023, as mercadorias finalmente chegam ao porto no brasil, devendo agora a empresa realizar o desembaraço aduaneiro. Preocupada com possível prejuízo decorrente do aumento inesperado do custo da mercadoria devido à elevação do imposto de importação, a sociedade empresária procura você, como advogado(a), indagando sobre a validade daquele decreto. Diante deste cenário, assinale a afirmativa correta.

(A) A elevação desta alíquota por decreto violou o princípio da legalidade tributária.
(B) O prazo previsto para produção de efeitos da elevação de alíquota violou o princípio da anterioridade tributária nonagesimal.
(C) Embora tal imposto seja classificado como extrafiscal, deve obediência ao princípio da anterioridade tributária anual.
(D) A majoração dessa alíquota e a sua produção de efeitos imediata são válidas.

RESPOSTA O imposto de importação é tributo de natureza extrafisca (protetiva) e, portanto, é considerado exceção dos princípios da legalidade e anterioridades, podendo ter suas alíquotas modificadas por decreto e não precisam esperar proximo ano ou noventa dias (art. 150, § 1º, da CF + art. 153, § 1º, da CF). *Alternativa D.*

16. (38º Exame) Em dezembro de 2022, um decreto do prefeito do município Alfa atualizou o valor do imposto predial e territorial urbano (IPTU), a contar de 1º de janeiro de 2023, atendo-se à aplicação de índice oficial de atualização monetária. Além disso, neste mesmo decreto, acompanhado da estimativa de impacto orçamentário e financeiro, estabeleceu-se, também a contar de 1º de janeiro de 2023, a isenção do iptu para os imóveis localizados no centro da cidade que fossem destinados exclusivamente para moradia, visando a diversificar a ocupação

DIREITO TRIBUTÁRIO

naquele local e dar efetividade ao princípio da função social da propriedade. Diante deste cenário, assinale a afirmativa correta.

(A) Tal decreto poderia ser usado apenas para atualizar o valor do IPTU.
(B) A concessão de tal isenção, por ter base na função social da propriedade, poderia ser feita por meio de decreto.
(C) Embora possa ser usado tanto para a atualização deste valor do iptu como para a concessão deste tipo de isenção, tal decreto violou o princípio da anterioridade tributária nonagesimal.
(D) Este decreto não é instrumento normativo hábil seja para a atualização deste valor do iptu, seja para a concessão deste tipo de isenção.

RESPOSTA A atualização de tributos não equivale ao seu aumento e, portanto, poderá ser realizada por simples decreto (art. 97, § 2º, do CTN). Contudo, isenções devem ser estabelecidas por meio de lei (art. 176 do CTN). *Alternativa A.*

17. (36º Exame) A Secretaria da Receita Federal do Brasil lavrou, em 2022, auto de infração de um milhão de reais em face da sociedade empresária Maçã Ltda. Por não ter recolhido o imposto de importação (II) e a contribuição social sobre lucro líquido (CSLL) referentes ao ano de 2021, incidentes sobre a comercialização de livros eletrônicos (ebooks) por ela importados e comercializados no país. O departamento jurídico da sociedade autuada contrata você, como advogado(a), para emitir parecer para fundamentar sua defesa. Diante desse cenário, assinale a afirmativa correta.

(A) O II e a CSLL são indevidos, pois os livros eletrônicos (e-books) se enquadram na imunidade tributária dos livros.
(B) Apenas o II é indevido, pois os livros eletrônicos (e-books) se enquadram na imunidade tributária dos livros.
(C) Apenas a CSLL é indevida, pois os livros eletrônicos (e-books) se enquadram na imunidade tributária dos livros.
(D) O II e a CSLL são devidos, pois os livros eletrônicos (e-books) não se enquadram na imunidade tributária dos livros.

RESPOSTA A Carta Magna estabelece imunidade tributária para afastar apenas impostos sobre livros, ainda que eletrônicos – ebbok (art. 150, VI, *d*, da CF). *Alternativa B.*

18. (36º Exame) A Assembleia Legislativa do Estado Beta irá votar, em 2022, um projeto de lei ordinária para a criação de sua própria contribuição social previdenciária, para custeio do regime próprio de Previdência Social Estadual, a ser cobrada dos seus servidores ativos, dos aposentados e dos pensionistas. Antes, porém, submete o referido projeto de lei ordinária para análise da comissão de constituição e justiça daquela casa legislativa, para emissão de parecer sobre a constitucionalidade daquele tributo. Diante desse cenário, a referida contribuição social previdenciária

(A) Poderia ser criada por lei ordinária e ser cobrada de servidores ativos, dos aposentados e dos pensionistas.
(B) Poderia ser criada por lei ordinária, mas só poderia ser cobrada de servidores ativos.
(C) Não poderia ser criada por lei ordinária, mas poderia ser cobrada de servidores ativos, dos aposentados e dos pensionistas.
(D) Não poderia ser criada por lei ordinária e só poderia ser cobrada de servidores ativos.

RESPOSTA Poderá ser criada por lei ordinária e ser exigida de servidores ativos, aposentados e pensionistas (art. 149, § 1º, da CF). *Alternativa A.*

LEGISLAÇÃO TRIBUTÁRIA

19. (35º Exame) O Estado Alfa concedeu por lei ordinária, observadas as regras orçamentárias, isenção de IPVA para automóveis exclusivamente elétricos, fundamentando que a tributação possui uma importante função extrafiscal e objetivos ecológicos. José é proprietário de um automóvel registrado perante o DETRAN do Estado Alfa, movido a biogás, combustível considerado inovador e não poluente, produzido a partir de resíduos orgânicos como lixo, cana, biomassa etc. E refinado em biometano para abastecer carros. Desejando José obter para si o mesmo benefício fiscal dos carros elétricos, ele contrata você, como advogado(a), para fins de requerimento administrativo da isenção. Diante desse cenário, assinale a afirmativa correta.

(A) É possível a concessão do benefício fiscal por analogia e interpretação extensiva aos automóveis movidos a combustível de biogás.
(B) É possível a concessão do benefício fiscal, tendo em vista a função extrafiscal e o objetivo ecológico do combustível de biogás.
(C) Não é possível a concessão do benefício fiscal aos automóveis movidos a biogás, pois deve ser interpretada literalmente a legislação que dispõe sobre a outorga de isenção.
(D) Não é possível a concessão do benefício fiscal aos automóveis movidos a biogás, tendo em vista ser necessário comprovar os benefícios ecológicos por meio de perícia técnica, procedimento vedado na esfera administrativa.

RESPOSTA De acordo com o art. 111 do CTN, interpreta-se literalmente a legislação tributária que disponha sobre (I) suspensão ou exclusão do crédito tributário; (II) outorga de isenção; (III) dispensa do cumprimento de obrigações tributárias acessórias. Assim, diante da situação hipotética, correta a *Alternativa C*.

FATO GERADOR E OBRIGAÇÃO TRIBUTÁRIA

20. (35º Exame) A empresa pública estadual XYZ S.A., com imunidade tributária que a desonera do pagamento de Imposto sobre a Renda de Pessoa Jurídica (IRPJ) reconhecida desde o ano de 2020 por decisão do Supremo Tribunal Federal transitada em julgado, deixou de cumprir diversas obrigações acessórias relativas ao IRPJ referente ao ano-base de 2021. Em decorrência disso, foi autuada e recebeu multa pelo descumprimento de obrigações tributárias acessórias. A empresa procura você, como advogado(a), indagando sobre a validade da exigência desta penalidade pecuniária, uma vez que sua imunidade já foi reconhecida. Diante desse cenário, sobre a autuação fiscal e a respectiva cobrança de multa, assinale a afirmativa correta.

(A) São inválidas e ilegais, por inexistir a obrigação tributária principal, e aplica-se a regra de que a obrigação acessória segue a obrigação principal.
(B) São válidas e legais, porque o descumprimento da obrigação acessória, mesmo por empresa imune, converte-se em obrigação principal relativamente à penalidade pecuniária.

(C) Só poderiam ser exigidas caso a imunidade tributária daquela empresa não fosse reconhecida ou revogada.

(D) São inválidas e ilegais, porque a imunidade tributária veda, também, a exigência de cumprimento de obrigações acessórias.

RESPOSTA Observar-se-á o § 3º do art. 113 do CTN, visto que a obrigação acessória, pelo simples fato da sua inobservância, converte-se em obrigação principal relativamente à penalidade pecuniária. *Alternativa B.*

SUJEIÇÃO PASSIVA

21. (39º Exame) João e José receberam um imóvel residencial situado no Município Alfa por herança de seus pais. Em janeiro de 2017, com autorização de José (menor de idade), seu irmão e tutor João (maior de idade), assina como único locador um contrato de aluguel do referido imóvel com Joaquim, com prazo determinado de 3 (três) anos, constando cláusula expressa de que o locatário será o único responsável pelo pagamento de todos os impostos e taxas do imóvel locado, exonerando o locador de tal obrigação. Em dezembro de 2021, João e José são surpreendidos com uma ação de execução fiscal movida em face de ambos pelo Município Alfa para cobrança do IPTU do imóvel locado referente a todo o exercício fiscal de 2018. Diante desse cenário e à luz do Código Tributário Nacional, a ação de execução fiscal

(A) somente poderia ter sido ajuizada em face de Joaquim, único devedor do IPTU, conforme cláusula expressa contratual.

(B) somente poderia ter sido ajuizada em face de João, único que figurou no contrato como locador e dotado de capacidade tributária e processual.

(C) foi corretamente ajuizada, uma vez que João e José respondem pelo tributo devido, ainda que este último seja menor de idade.

(D) não podia ter sido ajuizada por já estar o crédito tributário prescrito.

RESPOSTA Em regra, contratos particulares não podem ser opostos para modificar o devedor de tributo (art. 123 do CTN). Igualmente, ambos não considerados devedores solidários (art. 124, I, do CTN), ainda que um deles não possua capacidade civil plena (art. 126, I, do CTN). *Alternativa C.*

22. (37º Exame) Lucas, menor de oito anos de idade, é proprietário de um imóvel (recebido por herança de seu avô), o qual foi alugado por seus pais, João e Maria, representando-o. Contudo, o imposto sobre a propriedade territorial urbana (IPTU) referente a este imóvel não está sendo pago pelo locatário, conforme havia sido pactuado no contrato de locação. Em razão do inadimplemento, foi enviada notificação de lançamento do crédito tributário em nome de Lucas como devedor do tributo, para seu domicílio tributário, a fim de que pagasse o débito. A notificação foi recebida via correios por seus pais, que residem junto com seu filho. Os pais, por entenderem que esta obrigação era do locatário, recusam-se a pagar. O fisco municipal está agora a cobrar judicialmente o valor da dívida de IPTU. Diante desse cenário e à luz do código tributário nacional, assinale a afirmativa correta.

(A) Lucas, embora absolutamente incapaz, pode figurar como contribuinte devedor do IPTU, inclusive podendo constar seu nome na notificação de lançamento do crédito tributário.

(B) Em razão da menoridade de Lucas, apenas seus pais serão considerados contribuintes deste IPTU.

(C) Lucas e seus pais são contribuintes do IPTU, mas os bens dos pais devem ser executados antes dos bens de Lucas.

(D) Lucas é o contribuinte do IPTU, sendo o locatário o responsável tributário pelo pagamento do mesmo.

RESPOSTA A capacidade tributária passiva não depende da capacidade civil e, portanto, Lucas será considerado contribuinte e não seus pais ou o inquilino (art. 123 do CTN e art. 126, I, do CTN). *Alternativa A.*

23. (36º Exame) Em 10 de maio de 2020, a Sociedade Empresária ABC LTDA. Sofre fiscalização federal e, ao final, é autuada em r$ 100.000,00, além de multa e respectivos encargos, a título de imposto sobre produtos industrializados (IPI) devido referente ao exercício de 2019, por omissão do envio mensal das informações fiscais em DCTF – declaração de débitos e créditos tributários federais –, bem como por falta de pagamento daquele imposto. Em 20 de junho de 2020, a empresa recebe notificação de pagamento no prazo de 30 dias. Você, como advogado(a) da sociedade empresária, é chamado(a) para defender os interesses da empresa nesse processo no mesmo dia da notificação, pretendendo adotar providências logo no dia seguinte e refletindo sobre a possibilidade de adotar o mecanismo da denúncia espontânea prevista no código tributário nacional (CTN). Diante desse cenário, assinale a afirmativa correta.

(A) Poderá ser adotado o mecanismo de denúncia espontânea, já que ainda não foi ajuizada a ação de execução fiscal.

(B) Poderá ser adotado o mecanismo de denúncia espontânea, já que ainda se está dentro do prazo de pagamento.

(C) Não poderá mais ser adotado o mecanismo de denúncia espontânea após o início de qualquer procedimento administrativo ou medida de fiscalização relacionados com a infração.

(D) Não poderá mais ser adotado o mecanismo de denúncia espontânea, pois o limite legal para adoção deste benefício é de 40 salários mínimos.

RESPOSTA A denúncia espontânea somente poderá ser utilizada antes do início de qualquer procedimento de fiscalização (art. 138 do CTN). *Alternativa C.*

LANÇAMENTO E CRÉDITO TRIBUTÁRIO

24. (41º Exame) O Estado Alfa acabou de implantar um novo sistema *on-line* para o lançamento do Imposto sobre a Transmissão *Causa Mortis* e Doação – ITCMD, veiculando também em lei estadual o modo como o preenchimento da declaração deve ser feito e entregue pelo sujeito passivo tributário por meio da Internet. Segundo essa lei, caberia ao sujeito passivo preencher a declaração, indicando os fatos geradores, as bases de cálculo e as alíquotas aplicáveis, resultando, ao final, no valor a ser pago, devendo também o sujeito passivo gerar a guia de pagamento pela internet e pagá-la. O Fisco estadual teria prazo decadencial para analisar a declaração entregue e o respectivo pagamento por parte do sujeito passivo. Assinale a opção que

DIREITO TRIBUTÁRIO

indica, corretamente, a modalidade de lançamento do ITCMD nesse Estado.

(A) Lançamento por declaração.
(B) Lançamento por arbitramento.
(C) Lançamento por homologação.
(D) Lançamento de ofício.

RESPOSTA Considerando que houve a declaração e pagamento antecipado, restando ao fisco apenas analisar e eventualmente homologar a quitação, trata-se de lançamento por homologação (art. 150 do CTN). *Alternativa C.*

25. (41º Exame) Um deputado estadual desejava conceder benefício fiscal na modalidade de crédito presumido de ICMS em favor de bares e restaurantes situados no Estado Alfa, de modo a fomentar esse setor comercial. Por isso, propôs projeto de lei com esse fim, o qual foi aprovado por maioria simples na Assembleia Legislativa e sancionado pelo governador. Acerca desse cenário, assinale a afirmativa correta.

(A) Tal projeto de lei deveria ter sido aprovado por maioria absoluta, e não por maioria simples, na Assembleia Legislativa.
(B) A iniciativa desse projeto de lei era privativa do governador.
(C) A concessão de tal benefício fiscal na modalidade de crédito presumido dependeria de prévia autorização, por meio de convênio celebrado no âmbito do Conselho Nacional de Política Fazendária.
(D) O governador poderia ter concedido tal benefício fiscal na modalidade de crédito presumido por decreto, não sendo necessária a aprovação de lei estadual nesse sentido

RESPOSTA A concessão de benefício fiscal do ICMS precisa de prévia deliberação dos Estados e Distrito Federal por meio do conselho nacional de política fazendária – confaz (art. 155, § 2º, XII, *g*, da CF). *Alternativa C.*

26. (40º Exame) Para conter a escalada de preços dos combustíveis que vem afetando a economia nacional, a equipe econômica do governo federal estuda a possibilidade de conceder, mediante lei complementar editada exclusivamente para tal fim, uma isenção temporária de um ano sobre todos os tributos federais e estaduais incidentes sobre os combustíveis (petróleo e derivados), atendendo aos requisitos das leis orçamentárias. Diante desse cenário, assinale a afirmativa correta.

(A) A concessão de tal isenção, mediante lei complementar, de caráter nacional, exclusivamente para este fim é admitida pela Constituição Federal.
(B) Sendo tal benefício fiscal apenas temporário, pode ser excepcionalmente admitido por ter, como causa, uma situação extraordinária de interesse nacional.
(C) Tal lei afronta a Constituição Federal ao atingir tributos de competência estadual.
(D) A competência tributária é privativa da Agência Nacional de Petróleo (ANP) quanto à tributação de combustíveis, e tal lei acaba por violá-la.

RESPOSTA A União não pode conceder isenção de tributo de competência Estadual (art. 151, III, da CF). *Alternativa C.*

27. (39º Exame) O Estado Alfa notificou João em 05/05/2022 para, no prazo legal de 30 dias, pagar ou impugnar sua dívida de IPVA referente aos anos de 2020 e 2021. Este, por sua vez, quedou-se inerte e deixou transcorrer o referido prazo sem nada fazer. Logo em seguida, em 15/06/2022, a Secretaria de Fazenda do Estado Alfa, nos termos da legislação, encaminhou a Certidão de Dívida Ativa (CDA) devidamente inscrita em seus registros para o Cartório de Protesto de Títulos local, que expediu intimação ao devedor para pagamento da obrigação tributária, com os acréscimos legais e emolumentos cartorários. João, preocupado com as repercussões decorrentes do protesto extrajudicial da CDA em seu nome, sobretudo em relação aos órgãos de proteção ao crédito, como o Serasa e o Serviço de Proteção ao Crédito – SPC, consulta você, como advogado(a). Diante desse cenário, assinale a afirmativa correta.

(A) Tal protesto viola o sigilo fiscal do contribuinte e cria um dano ao seu nome, honra e imagem.
(B) Por não se tratar de um ato de natureza tributária, tal protesto será admissível apenas para a cobrança da dívida não tributária.
(C) Ao possuir previsão legal expressa, não se consubstanciando em uma sanção ilegítima, o ato de protesto é válido.
(D) Embora se admita tal protesto, não se autoriza a inserção do nome de João nos cadastros de órgãos de proteção ao crédito.

RESPOSTA Não é vedada a divulgação de informações relativas a inscrições na Dívida Ativa da Fazenda Pública (art. 198, § 3º, II, do CTN). *Alternativa C.*

28. (38º Exame) A Sociedade Empresária Aguardente 100% LTDA., fabricante de bebidas destiladas, por meio de sua advogada Sophia, protocolou perante a secretaria especial da Receita Federal do Brasil, ainda dentro do prazo legal para pagamento, consulta referente à necessidade de recolhimento de imposto sobre produtos industrializados (IPI) acerca de operação específica por ela desempenhada. Escoado o prazo original para pagamento e ainda não decidida a consulta, à luz do Código Tributário Nacional (CTN) assinale a afirmativa correta.

(A) Aguardente 100% Ltda. Poderá ter cobrados contra si juros de mora que correm mesmo na pendência da consulta tributária.
(B) Por ocasião da decisão final da consulta, o fisco federal poderá impor multa tributária caso a solução de consulta seja contrária aos interesses de Aguardente 100% Ltda.
(C) A obrigação tributária a ser cumprida por Aguardente 100% Ltda., por ter sido objeto de consulta, não poderá ser acrescida de juros de mora e nem poderá ser imposta multa tributária à empresa.
(D) Podem ser aplicadas contra Aguardente 100% Ltda. Medidas de garantia previstas no CTN ou em lei tributária na pendência da consulta tributária.

RESPOSTA De acordo com art. 161, § 2º, do CTN, na pendência de consulta fiscal não poderá incidir os encargos de juros ou multa tributária. *Alternativa C.*

29. (37º Exame) A Sociedade Empresária ABCJ Ltda., surpreendida com a notificação de um auto de infração da Secretaria da Fazenda do Município Alfa cobrando o imposto sobre serviços (ISS) dos anos de 2020 a 2022, e diante da urgência em obter certidões para participar de uma concorrência para a contratação de serviços de limpeza no hospital municipal, ajuizou uma ação anulatória e requereu uma tutela antecipada para suspender a exigibilidade do crédito tributário, que foi deferida pelo juiz. Como não possuia qualquer outro débito perante a fazenda municipal, requereu àquela repartição administrativa uma certidão fiscal. Diante desse cenário, assinale a afirmativa correta.

(A) A obtenção da decisão judicial suspendendo a exigibilidade do crédito tributário em cobrança não tem efeito na esfera administrativa tributária e por isso a sociedade empresária não terá direito à certidão pretendida.

(B) Com a decisão que suspendeu a exigibilidade do crédito tributário, a sociedade empresária terá direito a obter uma certidão negativa (CN).

(C) Não possuindo qualquer outro débito perante a fazenda municipal e graças à decisão que suspendeu a exigibilidade do crédito tributário, a sociedade empresária terá direito a uma certidão positiva com efeitos de negativa (CEPEN).

(D) Para obter a certidão fiscal pretendida, a sociedade empresária terá que depositar judicialmente o montante em cobrança, independentemente da referida decisão obtida.

RESPOSTA A concessão de tutela provisória/antecipada é modalidade de suspensão da exiginilidade do crédito tributário, autorizando a emissão de certidão positiva com efeito de negativa (art. 151, V, do CTN + art. 206 do CTN). *Alternativa C.*

30. (35º Exame) A sociedade empresária Comércio de Roupas ABC Ltda. Deixou passar o prazo para a interposição dos embargos à execução em ação de execução fiscal ajuizada em agosto de 2021, relativa à cobrança de PIS e COFINS do período de janeiro a março do ano de 2010 não declarados nem pagos, objetos de lançamentos de ofício ocorridos em dezembro de 2014 e não impugnados. Sabendo que a sociedade pretende apresentar uma Exceção de Pré-Executividade visando a afastar a exigibilidade e extinguir a ação de cobrança, seu advogado, como argumento cabível para esta defesa, poderá requerer:

(A) o arrolamento de testemunhas (ex-funcionários) para comprovar que não teria havido vendas no período alegado como fato gerador.

(B) a realização de perícia contábil dos seus livros fiscais para comprovar que não teria havido faturamento no período alegado como fato gerador.

(C) o reconhecimento da prescrição do crédito tributário apenas pela análise dos prazos de lançamento e cobrança judicial.

(D) a juntada da declaração de imposto sobre a renda da pessoa jurídica e a escrituração contábil do exercício fiscal do período alegado como fato gerador para comprovar que a sociedade empresarial teria tido prejuízo e, por isso, não teria ocorrido o fato gerador das contribuições sociais objeto da cobrança.

RESPOSTA Estabelece o CTN que a ação para a cobrança do crédito tributário prescreve em cinco anos, contados da data da sua constituição definitiva. É o argumento que deve ser solicitado na referida ação. *Alternativa C.*

PROCESSO TRIBUTÁRIO

31. (41º Exame) Em 2022, a Organização Religiosa ABC recebeu em doação lojas que pretende alugar para destinar a renda obtida com os aluguéis ao pagamento de auxílio ministerial para a subsistência de seus ministros religiosos e suas famílias. Temendo que o Fisco municipal, já em janeiro de 2023, venha a fazer o lançamento dos IPTUs referentes a tais lojas, a Organização Religiosa ABC procurou você, como advogado(a), nesse mesmo mês de janeiro de 2023, para que seja promovida medida judicial a fim de que o Fisco se abstenha de fazer tal lançamento, sabendo que terá de ser produzida prova nos autos – por perito contábil indicado pelo Juízo – acerca da destinação que se pretende dar a esses aluguéis. Diante desse cenário, assinale a opção que indica a ação a ser proposta.

(A) Mandado de Segurança Preventivo.
(B) Medida Cautelar Fiscal.
(C) Ação Anulatória.
(D) Ação Declaratória.

RESPOSTA Considerando que ainda não houve efetivo lançamento tributário, a medida correta seria a Ação Declaratória (art. 19, I, do CPC). Não seria cabível o Mandado de Segurança preventivo em razão da informação quanto a necessidade de produção probatória. *Alternativa D.*

32. (37º Exame) A Instituição Assistencial sem fins lucrativos quero-te-bem, apesar de atender há muitos anos a todos os requisitos legais e constitucionais para ter direito ao seu enquadramento como detentora da imunidade tributária de impostos das entidades beneficentes de assistência social (art. 150, VI, c, da CF), foi surpreendida, em dezembro de 2022, com uma notificação de lançamento tributário referente ao imposto sobre a renda de pessoa jurídica (IRPJ) dos anos de 2018 a 2021. Ao consultar seu advogado, este solicita todos os livros contábeis, documentos societários e demais certidões, todos desde a sua constituição, a fim de desconstituir judicialmente a cobrança, com o auxílio de parecer de empresa de auditoria e de perito judicial a serem indicados e produzidos como meios de provas no processo. Diante desse cenário, assinale a opção que indica a medida judicial cabível.

(A) Mandado de segurança repressivo.
(B) Ação anulatória de débito fiscal.
(C) Ação declaratória de inexistência de relação jurídico-tributária.
(D) Medida cautelar fiscal.

RESPOSTA Considerando que já existe lançamento tributário sem cobrança por meio de execução, aliada a necessidade de produção de provas, a medida judicial correta será a ação anulatória (art. 38 da LEF). *Alternativa B.*

33. (37º Exame) Depois de citado em ação de execução fiscal movida pelo Estado Alfa, João não pagou o crédito tributário constante da certidão de dívida ativa no valor de R$ 100.000,00 e nem ofereceu voluntariamente qualquer bem para garantir a execução. Em seguida, foi decretada e cumprida a penhora on line em dinheiro do valor total cobrado, que foi encontrado em uma de suas contas bancárias, constrição realizada através do Sisbajud. João, por seu advogado(a), pretende oferecer em sua defesa os embargos do devedor, dentro do prazo legal. Para tal, ele terá 30 (trinta) dias para oferecer os embargos do devedor, contados

(A) da sua citação para oferecer os embargos do devedor.
(B) do despacho do juiz que deferiu a inicial da ação de execução fiscal.

DIREITO TRIBUTÁRIO

(C) da efetiva intimação da penhora.
(D) da juntada aos autos do mandado de intimação da penhora devidamente cumprido.

RESPOSTA O prazo para manejo dos embargos à execução será de 30 dias. Tratando-se de penhora de valores, o prazo será iniciado da intimação da penhora (art. 16, III). *Alternativa C.*

34. (36º Exame) Uma ação de execução fiscal foi movida pela união em face de João para cobrança de crédito tributário referente ao imposto sobre a renda de pessoa física (IRPF) dos exercícios de 2019 e 2020, conforme certidão de dívida ativa (CDA) regularmente juntada. Na mesma data em que recebeu a citação enviada pelo correio com aviso de recepção, o executado entrou em contato com seu advogado, constituindo-o para defender os seus interesses. Diante desse cenário, assinale a afirmativa correta.

(A) A citação é inválida, pois deveria ter sido realizada exclusivamente por oficial de justiça ou por edital.
(B) Ao ser citado, João terá 5 dias para apresentar a sua contestação.
(C) Citado, João poderá, dentro do prazo legal, pagar a dívida com os acréscimos devidos ou garantir a execução.
(D) No prazo de 30 dias contados da citação, João poderá oferecer embargos à execução.

RESPOSTA A citação pelos correios é válida e o executado terá 5 dias para efetuar o pagamento ou garantir a execução (art. 8º, I, LEF). *Alternativa C.*

35. (35º Exame) Marcelo, servidor do Estado X, verificando sua conta bancária, percebeu que houve a retenção a maior do imposto sobre a renda (IRRF) incidente sobre sua remuneração. Objetivando receber a quantia recolhida a maior de volta, Marcelo ajuizou ação de repetição de indébito, incluindo, no polo passivo, o Estado X. Sobre a hipótese descrita, assinale a afirmativa correta.

(A) O imposto sobre a renda é um tributo de competência exclusiva da União, e, portanto, o polo passivo deve ser integrado pela União.
(B) Marcelo não possui legitimidade ativa para propor a ação de repetição de indébito, visto que não suportou o ônus tributário.
(C) Somente o Estado X tem legitimidade para figurar no polo passivo da ação de restituição de indébito do imposto sobre a renda retido na fonte proposta por seus servidores.
(D) Tanto o Estado X quanto a União deveriam figurar solidariamente no polo passivo da ação de repetição de indébito.

RESPOSTA O produto da arrecadação do imposto da União sobre renda e proventos de qualquer natureza, incidente na fonte, sobre rendimentos pagos, a qualquer título, por eles, suas autarquias e pelas fundações que instituírem e mantiverem pertencem aos Estados e ao Distrito Federal. É o que está estabelecido no inciso I do art. 157 da CF. Diz a Súmula 447 do STJ que os Estados e o Distrito Federal são partes legítimas na ação de restituição de imposto de renda retido na fonte proposta por seus servidores. *Alternativa C.*

Direitos Humanos

Frederico Afonso

Escritor jurídico. Advogado (membro permanente da Comissão de Direitos Humanos da OAB/SP). Mestrando em Ciências em Estudos Jurídicos, Ênfase em Direito Internacional pela MUST University (Flórida/EUA). Mestre em Ciências Policiais de Segurança e Ordem Pública pelo Centro de Altos Estudos de Segurança da Polícia Militar do Estado de São Paulo. Mestre em Direitos Difusos pela Universidade Metropolitana de Santos. Pós-Graduado em Direito Constitucional pela Faculdade Legale. Pós-Graduado em Direito Constitucional com ênfase em Direitos Fundamentais pela Faculdade CERS. Pós-Graduado em Direitos Humanos pela Faculdade CERS. Pós-Graduado em Direitos Humanos pela Escola Superior da Procuradoria-Geral do Estado de São Paulo. Pós-Graduado em Gestão de Políticas Preventivas da Violência, Direitos Humanos e Segurança Pública pela Fundação Escola de Sociologia e Política de São Paulo. Bacharel em Ciências Policiais de Segurança e Ordem Pública pela Academia de Polícia Militar do Barro Branco. Bacharel em Direito pela Universidade São Francisco. Coordenador de pós-graduação e professor da Faculdade Legale. Professor de Direitos Humanos na pós-graduação da Escola Paulista de Direito. Professor de Direitos Fundamentais do Centro de Altos Estudos de Segurança da Polícia Militar do Estado de São Paulo. Professor de Direitos Humanos na Academia de Polícia Militar do Barro Branco. Professor de Direitos Humanos da Diretoria de Polícia Comunitária e Direitos Humanos da Polícia Militar do Estado de São Paulo. Professor de Direitos Humanos da pós-graduação do Damásio Educacional. Professor de Direitos Humanos do curso CERS. Foi professor da Escola Mineira de Direito, do Curso FMB, do Federal Concursos, da Central de Concursos, do Instituto IOB, do Portal Jurisprudência & Concursos, da Faculdade Zumbi dos Palmares (graduação e pós-graduação), da Anhanguera Educacional (graduação e pós-graduação), da Universidade São Francisco (graduação), da Universidade Municipal de São Caetano do Sul (pós-graduação). No âmbito da Polícia Militar do Estado de São Paulo, foi professor da Escola Superior de Soldados e da Escola Superior de Sargentos. Foi também chefe do Departamento de Direitos Humanos da Polícia Militar do Estado de São Paulo. Foi articulista da Carta Forense.

Sumário

1. CONVENÇÃO AMERICANA SOBRE DIREITOS HUMANOS (PACTO DE SÃO JOSÉ DA COSTA RICA): 1.1 Controle de convencionalidade das leis – 2. VULNERÁVEIS/MINORIAS: 2.1 Indígenas; 2.2 População preta; 2.3 Pessoas idosas; 2.4 Pessoas com deficiência; 2.5 Mulheres; 2.6 Crianças; 2.7 Política migratória; 2.8 LGBTQIAPN+ – 3. TEORIA GERAL DOS DIREITOS HUMANOS: 3.1. Evolução histórica – 3.2. Características - 3.3. Incidente de deslocamento de competência ("federalização") – 3.4 Incorporação dos Tratados Internacionais sobre Direitos Humanos – 3.5. Sistemas de Direitos Humanos – 4. PACTO INTERNACIONAL DOS DIREITOS CIVIS E POLÍTICOS E PACTO INTERNACIONAL DOS DIREITOS ECONÔMICOS, SOCIAIS E CULTURAIS – 5. CONVENÇÕES CONTRA A TORTURA E OUTROS TRATAMENTOS OU PENAS CRUÉIS – 6. CONSELHO NACIONAL DE DIREITOS HUMANOS – 7. CONVENÇÃO (INTERNACIONAL E INTERAMERICANA) PARA A PROTEÇÃO DE TODAS AS PESSOAS CONTRA O DESAPARECIMENTO FORÇADO – 8. CONDIÇÕES ANÁLOGAS À DE ESCRAVOS – 9. CONVENÇÃO PARA A PREVENÇÃO E REPRESSÃO DO CRIME DE GENOCÍDIO – 10. TRIBUNAL PENAL INTERNACIONAL – REFERÊNCIAS; QUESTÕES.

DIREITOS HUMANOS

A disciplina "Direitos Humanos" não pode mais ser considerada uma "novata" em nosso Exame. Ainda assim é uma desconhecida de um modo em geral. Fruto do Provimento n. 136/2009 do Conselho Federal da OAB, portanto, chegamos a 15 anos de presença em nossas provas (as primeiras questões vieram apenas em 2010).

Infelizmente sua importância não vem sendo respeitada na graduação, pois na maioria das faculdades não há a disciplina como "cadeira autônoma", em algumas universidades (ou centros universitários) possuem o chamado "ambiente comum", ou seja, direitos humanos de uma forma genérica, ampla, para todos os cursos (jurídicos e não jurídicos), sendo portanto, abordada (a disciplina) de forma não jurídica, o que não nos interessa para o Exame de Ordem, cuja abordagem, por óbvio, é jurídica, ensejando assim uma maior atenção de todos. Se já não fosse o suficiente, os cursinhos preparatórios, de modo geral, dedicam as menores cargas horárias às matérias que possuem menos questões no Exame (por favor, não acredite nessa "lógica"), caso desta disciplina, ao lado de Direito Internacional, ECA, Ambiental, Empresarial etc.

Lembre-se: uma questão de Direitos Humanos tem o mesmo valor que uma questão de Direito Civil!

A junção destas "matérias menores" acaba resultando numa quantidade decisória para ser ou não aprovado na 1ª fase!

Analisando todas as provas sob a administração da Fundação Getulio Vargas (FGV), ou seja, do longínquo Exame II (2010) até o mais recente (Exame 41º – 2024), lembrando que em Salvador (BA) tivemos uma reaplicação da prova referente ao Exame XX (abaixo identificado por Exame XX BA, com o acréscimo de mais três questões portanto), e destacando que no Exame XXIII muitos apontaram duas questões de Direitos Humanos, outros, três questões, em virtude da transversalidade dos temas (no 40º Exame caiu uma questão de Direito Humanitário), de toda forma, já temos dezenas de questões e a construção de um "padrão", até então inexistente, o que facilita muito o chamado "estudo direcionado" em um campo tão vasto e ainda tão inexplorado.

Nesta edição teremos no livro físico apenas as questões do 35º ao 41º Exame. As demais questões estarão no formato digital. Por toda essa singularidade que envolve a disciplina, foi mantido o quadro abaixo com todos os exames.

A divisão capitular pode variar na doutrina (um autor classificar o assunto de modo diverso). De modo geral, tivemos as seguintes questões:

Convenção Americana sobre Direitos Humanos (Pacto de São José da Costa Rica): 29 questões – (2 no Exame 38ª), (Exame 37ª – 2023), (Exame 36ª – 2022), (Exame 35ª – 2022), (Exame XXXIV – 2022), (Exame XXXIII – 2021), (Exame XXXII – 2021), (Exame XXXI – 2021), (Exame XXIX – 2019), (Exame XXV – 2018), (Exame XXIV – 2017), (2 no Exame XX – 2017), (Exame XXI, 2016), (2 no Exame XX BA, 2016), (Exame XX, 2016), (2 no Exame XVIII – 2015), (Exame XVII – 2015), (Exame XII – 2013), (2 no Exame XI – 2013), (Exame X – 2013), (Exame IX – 2013), (2 no Exame VII – 2012) e (Exame VI – 2012).

Vulneráveis/Minorias (crianças, pessoas idosas, mulheres, população preta, indígenas, imigrantes, pessoas com deficiência e LGBTQIAPN+): 28 questões – (2 no Exame 41ª – 2024), (39ª Exame – 2023*), (39ª Exame – 2023), (Exame 37ª – 2023), (Exame 36ª – 2022), (Exame XXXIV – 2022), (Exame XXXII – 2021), (Exame XXVIII – 2019), (2 no Exame XXVII – 2018), (Exame XXVI – 2018), (Exame XXIV – 2017), (Exame XXIII – 2017**), (Exame XXXIII – 2017), (2 no Exame XXI – 2016), (2 no Exame XX – 2016), (Exame XIX – 2016), (2 no Exame XIX – 2016), (Exame XVII – 2015), (Exame XIV – 2014), (2 no Exame VIII – 2012), (Exame VII – 2012), (Exame VI – 2012) e (Exame III – 2010).

*A questão sobre refugiados foi anulada. **Transversalidade.

Evolução Histórica: 5 questões – (Exame XII – 2013), (Exame XI – 2013), (2 no Exame X – 2013) e (Exame V – 2011).

Incidente de deslocamento de competência ("federalização" dos atos graves violadores de direitos humanos): 5 questões – (40ª Exame – 2024), (Exame XXVI – 2018), (Exame XIV – 2014), (Exame XII – 2013) e (Exame V – 2011).

Convenções contra a tortura e outros tratamentos ou penas cruéis: 3 questões – (Exame XXIII – 2017), (Exame XV – 2014) e (Exame IX – 2013).

Pacto Internacional dos Direitos Civis e Políticos e Pacto Internacional dos Direitos Econômicos, Sociais e Culturais: 5 questões – (Exame XXXI – 2021), (Exame XXVIII – 2019), (Exame XX BA – 2016), (Exame XV – 2014) e (Exame VI – 2012).

Conselho Nacional dos Direitos Humanos: 02 questões – (Exame 35ª – 2022 e Exame XVII – 2015).

Condições análogas aos escravos: 2 questões – (Exame XIX – 2016) e (Exame XIII – 2014).

Incorporação dos Tratados Internacionais sobre Direitos Humanos: 2 questões – (Exame XIII – 2014) e (Exame IV – 2011).

Desaparecimento forçado de pessoas – Convenções Internacional e Interamericana sobre o tema: 2 questões – (Exame XXI – 2017) e (Exame XV – 2014).

Convenção sobre Eliminação de Todas as Formas de Discriminação contra a Mulher*: 2 questões – (Exame XIX – 2016) e (Exame VI – 2012). *Já computado nos grupos vulneráveis acima.

Convenções de Genebra: 1 questão – (40ª Exame – 2024)

Tratado de Marraqueche*: 1 questão – (Exame XXXIV – 2022). *Já computado nos grupos vulneráveis acima.

Declaração e Programa de Ação de Viena: 1 questão – (Exame XXXIII – 2021).

Sistemas de Direitos Humanos: 1 questão – (Exame XXIX – 2019).

Comissão da Verdade: 1 questão – (Exame XIV – 2014).

Tribunal Penal Internacional: 1 questão – (Exame XIII – 2014).

Características: 1 questão – (Exame XI – 2013).

Convenção para a Prevenção e Repressão do Crime de Genocídio: 1 questão – (Exame IX – 2013).

Convenção sobre os Direitos da Criança: 1 questão – (Exame VIII – 2012).

Internacionalização dos Direitos Humanos: 1 questão – (Exame V – 2011).

Diante do exposto, temos "um padrão" construído, facilitando assim o seu estudo e a sua aprovação.

O tema mais importante em todos os sentidos é a Convenção Americana sobre Direitos Humanos, conhecida entre nós como Pacto de São José da Costa Rica (é raríssima a ausência do tema no ano, ou seja, em pelo menos um dos três exames, acaba por aparecer). E, dentro deste tema, os órgãos de proteção e monitoramento do Sistema Interamericano de Direitos Humanos se destacam: Comissão e Corte Interamericana de Direitos Humanos. Vejamos a partir dela:

1. CONVENÇÃO AMERICANA SOBRE DIREITOS HUMANOS (PACTO DE SÃO JOSÉ DA COSTA RICA)

Abordando os principais temas oriundos das provas, iniciamos com o "Pacto de São José da Costa Rica".

Desde 2010, caíram 29 questões, sendo, portanto, o tema com maior incidência! Na edição passada coloquei as questões dos Exames 36º, 37º e 38º (neste as duas questões abordaram o tema, sendo uma delas abordando Opinião Consultiva, o que não é usual). Não caíram questões nos últimos exames (39º, 40º e 41º)!

O Sistema Regional Interamericano de Direitos Humanos é considerado (pela Organização dos Estados Americanos – OEA) o mais antigo de todos (há também o europeu e o africano). Tem como base a Carta da Organização dos Estados Americanos, a Declaração Americana dos Direitos e Deveres do Homem (ambas de 1948) e por fim, o objeto de nosso estudo atual, a Convenção Americana sobre Direitos Humanos, mais conhecida como Pacto de São José da Costa Rica (PSJCR).

A Convenção Americana sobre Direitos Humanos foi celebrada em São José da Costa Rica, em 22 de novembro de 1969.

O Governo brasileiro depositou a carta de adesão a esta convenção em 25 de setembro de 1992. Ela entrou em vigor internacional em 18 de julho de 1978, e para o Brasil, em 25 de setembro de 1992. O Decreto n. 678, de 6 de novembro de 1992, a promulgou.

Ao depositar a carta de adesão a este ato internacional em 25 de setembro de 1992, o Governo brasileiro fez a seguinte declaração interpretativa: "O Governo do Brasil entende que os arts. 43 e 48, alínea *d*, não incluem o direito automático de visitas e inspeções *in loco* da Comissão Interamericana de Direitos Humanos, as quais dependerão da anuência expressa do Estado", ou seja, o Estado brasileiro permitirá as visitas, desde que agendadas previamente. É uma observação importante quando do estudo da Comissão Interamericana de Direitos Humanos (CIDH).

O capítulo II do PSJCR elenca uma série de direitos civis e políticos (no Exame 38º pediram nas duas questões conhecimento sobre esse rol). Vejamos o rol desses direitos: direito ao reconhecimento da personalidade jurídica; direito à vida; direito à integridade pessoal; proibição da escravidão e da servidão; direito à liberdade pessoal; garantias judiciais; princípio da legalidade e da retroatividade; direito à indenização; proteção da honra e da dignidade; liberdade de consciência e de religião; liberdade de pensamento e de expressão; direito de retificação ou resposta; direito de reunião; liberdade de associação; proteção da família; direito ao nome; direitos da criança; direito à nacionalidade; direito à propriedade privada; direito de circulação e de residência; direitos políticos; igualdade perante a lei e a proteção judicial.

Com relação aos direitos acima elencados, destaco:

Direito à indenização: Art. 10. Toda pessoa tem direito de ser indenizada conforme a lei, no caso de haver sido condenada em sentença passada em julgado, por erro judiciário.

Tema que merece atenção especial é o constante no art. 13 – "Liberdade de pensamento e de expressão", pois tem relação direta com os primeiros julgamentos envolvendo o controle jurisdicional de convencionalidade das leis (*vide* item 1.1). Vejamos o art. 13:

"**Art. 13.** Liberdade de pensamento e de expressão

1. Toda pessoa tem direito à liberdade de pensamento e de expressão. Esse direito compreende a liberdade de buscar, receber e difundir informações e ideias de toda natureza, sem consideração de fronteiras, verbalmente ou por escrito, ou em forma impressa ou artística, ou por qualquer outro processo de sua escolha.

2. O exercício do direito previsto no inciso precedente não pode estar sujeito a censura prévia, mas a responsabilidades ulteriores, que devem ser expressamente fixadas pela lei e ser necessárias para assegurar:

a) o respeito aos direitos ou à reputação das demais pessoas; ou

b) a proteção da segurança nacional, da ordem pública, ou da saúde ou da moral públicas.

3. Não se pode restringir o direito de expressão por vias ou meios indiretos, tais como o abuso de controles oficiais ou particulares de papel de imprensa, de frequências radioelétricas ou de equipamentos e aparelhos usados na difusão de informação, nem por quaisquer outros meios destinados a obstar a comunicação e a circulação de ideias e opiniões.

4. A lei pode submeter os espetáculos públicos a censura prévia, com o objetivo exclusivo de regular o acesso a eles, para proteção moral da infância e da adolescência, sem prejuízo do disposto no inciso 2.

5. A lei deve proibir toda propaganda a favor da guerra, bem como toda apologia ao ódio nacional, racial ou religioso que constitua incitação à discriminação, à hostilidade, ao crime ou à violência".

Cabe lembrar que no ano de 2000 a CIDH publicou a **Declaração de Princípios sobre a Liberdade de Expressão**, promulgada pela Relatoria para a Liberdade de Expressão (constitui uma interpretação definitiva do art. 13 descrito acima), cujo destaque está no Princípio 11, que se refere às leis sobre desacato: "Os funcionários públicos estão sujeitos a maior escrutínio da sociedade. As leis que punem a expressão ofensiva contra funcionários públicos, **geralmente conhecidas como "leis de desacato", atentam contra a liberdade de expressão e o direito à informação**". (grifo nosso)

Após "idas e vindas" no Superior Tribunal de Justiça (STJ), prevaleceu a criminalização do desacato em nosso país, contrário, portanto, às normas interamericanas de direitos humanos ratificadas livre e espontaneamente pela República Federativa do Brasil.

Merece destaque também o chamado direito de retificação ou resposta, tendo em vista a especificidade da resposta pelo mesmo órgão de difusão originário. Vejamos:

DIREITOS HUMANOS

"**Art. 14.** Direito de Retificação ou Resposta

1. Toda pessoa atingida por informações inexatas ou ofensivas emitidas em seu prejuízo por meios de difusão legalmente regulamentados e que se dirijam ao público em geral, tem direito a fazer, pelo mesmo órgão de difusão, sua retificação ou resposta, nas condições que estabeleça a lei.

2. Em nenhum caso a retificação ou a resposta eximirão das outras responsabilidades legais em que se houver incorrido.

3. Para a efetiva proteção da honra e da reputação, toda publicação ou empresa jornalística, cinematográfica, de rádio ou televisão, deve ter uma pessoa responsável que não seja protegida por imunidades nem goze de foro especial".

Há algumas edições, apontávamos como assunto "ainda não surgido" o "Núcleo duro dos Direitos Humanos" ou "Núcleo inderrogável", eis que no Exame XXXI e no 38º o tema foi pedido, o primeiro no âmbito onusiano (também chamado de universal ou global), ou seja, tendo como base norma oriunda das Nações Unidas, no caso, o Pacto Internacional dos Direitos Civis e Políticos (PIDCP), e o segundo tendo como base PSJCR. Até a edição passada eu fazia o destaque abaixo, pois "a qualquer momento poderá ser pedido o mesmo assunto sob o viés do Sistema Interamericano de Direitos Humanos" e foi justamente o que ocorreu no Exame 38º com destaque às Opiniões Consultivas OC-08/87 e OC-09/87 da Corte IDH sobre a possibilidade ou não de suspensão do *habeas corpus* e de outras garantias judiciais em estados de emergência. Vejamos:

"**Art. 27.** Suspensão de garantias

1. Em caso de guerra, de perigo público, ou de outra emergência que ameace a independência ou segurança do Estado Parte, este poderá adotar disposições que, na medida e pelo tempo estritamente limitados às exigências da situação, suspendam as obrigações contraídas em virtude desta Convenção, desde que tais disposições não sejam incompatíveis com as demais obrigações que lhe impõe o Direito Internacional e não encerrem discriminação alguma fundada em motivos de raça, cor, sexo, idioma, religião ou origem social.

2. A disposição precedente não autoriza a suspensão dos direitos determinados nos seguintes artigos: 3º (Direito ao reconhecimento da personalidade jurídica), 4º (Direito à vida), 5º (Direito à integridade pessoal), 6º (Proibição da escravidão e servidão), 9º (Princípio da legalidade e da retroatividade), 12º (Liberdade de consciência e de religião), 17º (Proteção da família), 18º (Direito ao nome), 19º (Direitos da criança), 20º (Direito à nacionalidade), e 23º (Direitos políticos), nem das garantias indispensáveis para a proteção de tais direitos.

3. Todo Estado Parte que fizer uso do direito de suspensão deverá informar imediatamente os outros Estados Partes na presente Convenção, por intermédio do Secretário-Geral da Organização dos Estados Americanos, das disposições cuja aplicação haja suspendido, dos motivos determinantes da suspensão e da data em que haja dado por terminada tal suspensão."

Opinião Consultiva OC-08/87 da Corte IDH (solicitada pela CIDH):

"O recurso de *habeas corpus*, cujo fundamento jurídico se encontra nos arts. 7.6 e 25.1 da Convenção Americana sobre Direitos Humanos, é uma das garantias judiciais que, de acordo com a parte final do parágrafo 2º do art. 27 da Convenção, não pode ser suspenso por um Estado Parte da citada Convenção Americana".

Após os "considerandos" da Comissão Interamericana (CIDH), a Corte IDH concordou, manifestando-se nos seguintes termos:

"A suspensão de garantias constitui também uma situação excepcional, segundo a qual resulta lícito para o governo aplicar determinadas medidas restritivas aos direitos e liberdades que, em condições normais, estão proibidas ou submetidas a requisitos mais rigorosos. Isso não significa, porém, que a suspensão de garantias comporte a suspensão temporal do Estado de Direito ou que autorize aos governantes a afastar sua conduta da legalidade a que todo momento deve observar. (...) O *habeas corpus*, para cumprir com seu objetivo de verificação judicial da legalidade da privação de liberdade, exige a apresentação pessoal do detido ante o juiz ou tribunal competente (...). Neste sentido, é essencial a função que cumpre o *habeas corpus* como meio para controlar o respeito à vida e à integridade da pessoa, para impedir seu desaparecimento ou a indeterminação do seu lugar de detenção, assim como para protegê-la contra a tortura ou outros tratamentos ou penas cruéis, desumanos ou degradantes. Esta conclusão se fundamenta na experiência sofrida por várias populações do nosso hemisfério em décadas recentes, particularmente por desaparecimentos, torturas e assassinatos cometidos ou tolerados por alguns governos. Esta realidade tem demonstrado que o direito à vida e à integridade pessoal são ameaçados quando o habeas corpus é parcial ou totalmente suspenso" (§ 24 e seguintes).

Opinião Consultiva OC-09/87 da Corte IDH (solicitada pelo Uruguai):

Em resumo, o Governo do Uruguai solicitou à Corte IDH acerca do alcance das suspensões previstas no 27.2 da CADH. Vejamos a resposta:

"Que devem ser consideradas como garantias judiciais indispensáveis não suscetíveis de suspensão, segundo o estabelecido no art. 27.2 da Convenção, o *habeas corpus* (art. 7.6), o amparo ou qualquer outro recurso efetivo ante os juízes ou tribunais competentes (art. 25.1) destinado a assegurar o respeito aos direitos e às liberdades cuja suspensão não está autorizada pela Convenção. Também devem ser considerados como garantias judiciais indispensáveis que não podem ser suspensas aqueles procedimentos judiciais, inerentes à forma democrática representativa de governo (art. 29.c), previstos no direito interno dos Estados Partes como idôneos para assegurar a plenitude do exercício dos direitos a que se refere o art. 27.2 da Convenção e cuja supressão ou limitação comporte o desamparo de tais direito".

Quanto aos direitos econômicos, culturais e sociais, já não era de esperar muito, tendo em vista que o Pacto Internacional dos Direitos Civis e Políticos (1966) foi a máxima influência na construção do PSJCR (1969). Assim, o capítulo III (art. 26) apenas elenca um "desenvolvimento progressivo" em relação aos direitos econômicos, sociais e culturais.

O cenário atual do Estado brasileiro na questão dos refugiados, com decisões antagônicas sobre "fechar ou não fechar" a fronteira de Roraima com a Venezuela, chama a atenção com relação ao tema, não apenas em nossa disciplina, como em Direito Internacional. Com tal preocupação, destacando sempre que a FGV tem demonstrado cobrança de "atualidades jurídicas", destaco a questão do direito de circulação e de residência dentre os direitos elencados. Vejamos:

"**Art. 22.** Direito de circulação e de residência

1. Toda pessoa que se ache legalmente no território de um Estado tem direito de circular nele e de nele residir em conformidade com as disposições legais.

2. Toda pessoa tem o direito de sair livremente de qualquer país, inclusive do próprio.

3. O exercício dos direitos acima mencionados não pode ser restringido senão em virtude de lei, na medida indispensável, numa sociedade democrática, para prevenir infrações penais ou para proteger a segurança nacional, a segurança ou a ordem pública, a moral ou a saúde públicas, ou os direitos e liberdades das demais pessoas.

4. O exercício dos direitos reconhecidos no inciso 1 pode **também ser restringido pela lei**, em zonas determinadas, por motivo de interesse público. (grifo nosso)

5. Ninguém pode ser expulso do território do Estado do qual for nacional, nem ser privado do direito de nele entrar.

6. O estrangeiro que se ache legalmente no território de um Estado Parte nesta Convenção só poderá dele ser expulso em cumprimento de decisão adotada de acordo com a lei.

7. Toda pessoa tem o direito de buscar e receber asilo em território estrangeiro, em caso de perseguição por delitos políticos ou comuns conexos com delitos políticos e de acordo com a legislação de cada Estado e com os convênios internacionais.

8. Em nenhum caso o estrangeiro pode ser expulso ou entregue a outro país, seja ou não de origem, onde seu direito à vida ou à liberdade pessoal esteja em risco de violação por causa da sua raça, nacionalidade, religião, condição social ou de suas opiniões políticas.

9. É proibida a expulsão coletiva de estrangeiros".

Para preservar os direitos acima elencados, temos os órgãos de proteção e monitoramento do Sistema Interamericano de Direitos Humanos (SIDH), não por acaso, portanto, os assuntos mais pedidos em nossas provas da OAB são: Comissão Interamericana de Direitos Humanos (CIDH) e a Corte Interamericana de Direitos Humanos (Corte IDH).

A Comissão é um órgão extrajudicial do Sistema Interamericano de Direitos Humanos.

Sediada em Washington, D.C., a CIDH é uma entidade autônoma *e o principal órgão de proteção aos direitos humanos da Organização dos Estados Americanos* (OEA). Criada em 1959, reuniu-se pela primeira vez em 1960, **com a finalidade básica de promover a observância e a defesa dos direitos humanos e servir como órgão consultivo da OEA nesta matéria**.

Desde 1960 a CIDH foi autorizada expressamente a receber e processar denúncias ou petições sobre casos individuais, nos quais se alegavam violações aos direitos humanos. Já em 1961 começou a realizar visitas *in loco* para observar a situação geral dos direitos humanos em um país ou para investigar uma situação particular.

Criada, portanto, antes mesmo do principal instrumento de direitos humanos do Sistema Regional Interamericano de Direitos Humanos (o PSJCR, este de 1969), foi classificada como um dos meios de proteção dos direitos elencados no Pacto de São José (além da Comissão há a Corte Interamericana de Direitos Humanos), com a diferença (e vantagem) que o Estatuto da CIDH amplia a proteção aos direitos humanos elencados na Carta da OEA, na Declaração Americana de Direitos e Deveres do Homem e no PSJCR, mas nem por isso a atuação da CIDH fica restrita às violações destes três documentos, ou seja, ela poderá verificar, ainda, outras violações de outros tratados internacionais, desde que o país reconheça expressamente a própria competência da CIDH e que seja signatário daquele tratado internacional, ora alegado como desrespeitado, independentemente do país ser ou não signatário do PSJCR, mas desde que pertença à OEA.

Por tratar-se de um órgão da OEA (órgão internacional, portanto) recebedor de denúncias acerca das violações de direitos humanos, **sua atuação, em regra, deve ser subsidiária em relação aos mecanismos internos de apuração de cada país**, que, aliás, deve prevalecer, ou seja, a ida à CIDH é um caminho alternativo, onde, em regra, deverá ser demonstrado o esgotamento dos recursos internos em relação àquela demanda (**há três exceções** que permitem o acionamento diretamente, as quais serão vistas *a posteriori*).

A acessibilidade à CIDH é outro fator determinante para o seu destaque, pois qualquer pessoa, qualquer organização não governamental legalizada no país e qualquer país (neste caso, o país deve reconhecer expressamente a competência da CIDH) podem acessá-la.

Se porventura um Estado for sancionado pela CIDH, esta sanção tem apenas um cunho moral na prática, pois o Estado será submetido a um constrangimento internacional quando da difusão do Relatório Anual divulgado na Assembleia Geral da OEA. Na prática, a CIDH já influenciou a modificação de leis, fixou indenizações, determinou a liberação de pessoas presas arbitrariamente etc.

Para termos uma ideia básica dos números de ações em 2023 na CIDH, esta recebeu 2.692 petições. Deste total, apenas 34 foram enviados à Corte IDH. Sobre as cautelares, foram recebidas 1.133 petições, sendo apenas 52 concedidas/prorrogadas.

A CIDH, ao receber uma petição apontando uma violação de direitos humanos, deverá tentar uma solução amistosa com o Estado, conforme art. 48, § 1º, alínea "f", do PSJCR. Vejamos:

"**Art. 48.** (...)

1. A Comissão, ao receber uma petição ou comunicação na qual se alegue violação de qualquer dos direitos consagrados nesta Convenção, procederá da seguinte maneira:

f) pôr-se-á à disposição das partes interessadas, **a fim de chegar a uma solução amistosa do assunto**, fundada no respeito aos direitos humanos reconhecidos nesta Convenção". (grifo nosso)

Sobre a Comissão, em regra (art. 46 do PSJCR), só receberá a denúncia se ficar comprovado prévio esgotamento dos recursos internos, porém, o n. 2 do art. 46 traz **três exceções**. Vejamos:

"**Art. 46.** (...)

1. Para que uma petição ou comunicação apresentada de acordo com os arts. 44 ou 45 seja admitida pela Comissão, será necessário:

a) que hajam sido interpostos e esgotados os recursos da jurisdição interna, de acordo com os princípios de direito internacional geralmente reconhecidos;

b) **que seja apresentada dentro do prazo de seis meses**, *a partir da data em que o presumido prejudicado em* seus direitos tenha sido notificado da decisão definitiva; (grifo nosso)

c) que a matéria da petição ou comunicação não esteja pendente de outro processo de solução internacional; e

d) que, no caso do art. 44, a petição contenha o nome, a nacionalidade, a profissão, o domicílio e a assinatura da pessoa ou pessoas ou do representante legal da entidade que submeter a petição".

E as **exceções** previstas no n. 2:

"2. As disposições das alíneas *a* e *b* do inciso 1 deste artigo não se aplicarão quando:

a) não existir, na legislação interna do Estado de que se tratar, o devido processo legal para a proteção do direito ou direitos que se alegue tenham sido violados;

b) não se houver permitido ao presumido prejudicado em seus direitos o acesso aos recursos da jurisdição interna, ou houver sido ele impedido de esgotá-los; e,

c) houver demora injustificada na decisão sobre os mencionados recursos".

A Comissão é competente para receber as denúncias, não apenas por meio de petições individualizadas, a fim de proferir decisões mediante o devido processo legal. O art. 44 do PSJCR permite que um "grupo de pessoas" peticione. Vejamos:

"**Art. 44.** Qualquer pessoa ou **grupo de pessoas**, ou entidade não governamental legalmente reconhecida em um ou mais Estados membros da Organização, pode apresentar à Comissão petições que contenham denúncias ou queixas de violação desta Convenção por um Estado Parte". (grifo nosso)

Nos casos mais graves e urgentes, a Comissão poderá receber a denúncia e expedir medida cautelar para solicitar ao Estado para fazer cessar a violação nos termos do art. 48, com destaque ao n. 2 do PSJCR c/c art. 25 do Regulamento da Comissão Interamericana de Direitos Humanos. Vejamos:

"**Art. 48.** (...)

1. A Comissão, ao receber uma petição ou comunicação na qual se alegue violação de qualquer dos direitos consagrados nesta Convenção, procederá da seguinte maneira:

a) se reconhecer a admissibilidade da petição ou comunicação, solicitará informações ao Governo do Estado ao qual pertença a autoridade apontada como responsável pela violação alegada e transcreverá as partes pertinentes da petição ou comunicação. As referidas informações devem ser enviadas dentro de um prazo razoável, fixado pela Comissão ao considerar as circunstâncias de cada caso;

b) recebidas as informações, ou transcorrido o prazo fixado sem que sejam elas recebidas, verificará se existem ou subsistem os motivos da petição ou comunicação. No caso de não existirem ou não subsistirem, mandará arquivar o expediente;

c) poderá também declarar a inadmissibilidade ou a improcedência da petição ou comunicação, com base na informação ou prova supervenientes;

d) **se o expediente não houver sido arquivado**, e com o fim de comprovar os fatos, a Comissão procederá, com conhecimento das partes, a um exame do assunto exposto na petição ou comunicação. Se for necessário e conveniente, a Comissão procederá a uma investigação para cuja eficaz realização solicitará, e os Estados interessados lhe proporcionarão, todas as facilidades necessárias; (grifo nosso)

e) poderá pedir aos Estados interessados qualquer informação pertinente e receberá, se isso lhe for solicitado, as exposições verbais ou escritas que apresentarem os interessados; e

f) pôr-se-á à disposição das partes interessadas, a fim de chegar a uma solução amistosa do assunto, fundada no respeito aos direitos humanos reconhecidos nesta Convenção.

2. Entretanto, em casos graves e urgentes, pode ser realizada uma investigação, **mediante prévio consentimento do Estado** em cujo território se alegue houver sido cometida a violação, tão somente com a apresentação de uma petição ou comunicação que reúna todos os requisitos formais de admissibilidade. (grifo nosso)

Art. 25. Medidas cautelares

1. **Em situações de gravidade e urgência a Comissão poderá**, por iniciativa própria ou a pedido da parte, solicitar que um Estado adote medidas cautelares para prevenir danos irreparáveis às pessoas ou ao objeto do processo relativo a uma petição ou caso pendente. (grifo nosso)

2. **Em situações de gravidade e urgência a Comissão poderá**, por iniciativa própria ou a pedido da parte, solicitar que um Estado adote medidas cautelares para prevenir danos irreparáveis a pessoas que se encontrem sob sua jurisdição, independentemente de qualquer petição ou caso pendente. (grifo nosso)

3. As medidas às quais se referem os incisos 1 e 2 anteriores poderão ser de natureza coletiva a fim de prevenir um dano irreparável às pessoas em virtude do seu vínculo com uma organização, grupo ou comunidade de pessoas determinadas ou determináveis.

4. A Comissão considerará a gravidade e urgência da situação, seu contexto, e a iminência do dano em questão ao decidir sobre se corresponde solicitar a um Estado a adoção de medidas cautelares. A Comissão também levará em conta:

a. se a situação de risco foi denunciada perante as autoridades competentes ou os motivos pelos quais isto não pode ser feito;

b. a identificação individual dos potenciais beneficiários das medidas cautelares ou a determinação do grupo ao qual pertencem; e

c. a explícita concordância dos potenciais beneficiários quando o pedido for apresentado à Comissão por terceiros, exceto em situações nas quais a ausência do consentimento esteja justificada.

5. Antes de solicitar medidas cautelares, a Comissão pedirá ao respectivo Estado informações relevantes, a menos que a urgência da situação justifique o outorgamento imediato das medidas".

A Comissão, como órgão fiscalizador, pode recomendar a introdução de mudanças no ordenamento jurídico de determinado Estado, para que o mesmo se "encaixe" no ordenamento internacional. Aliás, nos termos do art. 2º c/c art. 33, ambos do PSJCR, é dever dos Estados fazerem isso. Vejamos:

"**Art. 2º** Dever de adotar disposições de direito interno.

Se o exercício dos direitos e liberdades mencionados no art. 1º ainda não estiver garantido por disposições legislativas ou de outra natureza, **os Estados Partes comprometem-se a adotar**, de acordo com as suas normas constitucionais e com as disposições desta Convenção, **as medidas legislativas ou de outra natureza que forem necessárias para tornar efetivos tais direitos e liberdades**". (grifo nosso)

"Art. 33. São competentes para conhecer dos assuntos relacionados com o cumprimento dos compromissos assumidos pelos Estados Partes nesta Convenção:

a) a Comissão Interamericana de Direitos Humanos, doravante denominada a Comissão; e

b) a Corte Interamericana de Direitos Humanos, doravante denominada a Corte".

Sobre as denúncias e o sistema de responsabilização por violação de Direitos Humanos, perante a Comissão, **esta não possui competência para atribuir responsabilidades individuais, podendo apenas determinar a responsabilidade internacional de um Estado membro da OEA, pois a competência é apenas com relação aos Estados**, e ainda, que sejam signatários da Convenção Americana sobre Direitos Humanos e que reconheçam formalmente a competência da CIDH, conforme art. 48 do PSJCR. Não resolvida a demanda pela Comissão, só restará à Corte tal solução. Todas as demandas enviadas à Corte, obrigatoriamente, já tramitaram pela Comissão.

Por fim, cabe destacar que será possível o peticionamento individual à CIDH, quando houver violação aos direitos sindicais e aos direitos sociais, nos termos do art. 19, n. 6, do Protocolo Adicional à Convenção Americana sobre Direitos Humanos em matéria de Direitos Econômicos, Sociais e Culturais (Protocolo de San Salvador). Vejamos:

"**Art. 19. Meios de proteção.**

6. Caso os direitos estabelecidos na alínea *a* do artigo 8, e no artigo 13, forem violados por ação imputável diretamente a um Estado Parte deste Protocolo, essa situação poderia dar lugar, mediante participação da Comissão Interamericana de Direitos Humanos e, quando cabível, da Corte Interamericana de Direitos Humanos, à aplicação do sistema de petições individuais regulado pelos artigos 44 a 51 e 61 a 69 da Convenção Americana sobre Direitos Humanos".

As decisões da Corte (conhecida como Corte IDH) serão materializadas por meio de uma sentença definitiva e inapelável, nos termos do art. 67 do PJSCR. O mesmo artigo disciplina uma espécie de "embargos de declaração" (em caso de divergência sobre o sentido ou alcance da sentença). Vejamos:

"**Art. 67. A sentença da Corte será definitiva e inapelável.** Em caso de divergência sobre o sentido ou alcance da sentença, a Corte interpretá-la-á, a pedido de qualquer das partes, **desde que o pedido seja apresentado dentro de noventa dias** a partir da data da notificação da sentença". (grifo nosso)

A Corte pode determinar a suspensão imediata dos atos que causam violação de direitos humanos, conforme n. 2 do art. 63 do PSJCR:

"**Art. 63. (...)**

2. **Em casos de extrema gravidade e urgência, e quando se fizer necessário evitar danos irreparáveis às pessoas,** a Corte, nos assuntos de que estiver conhecendo, poderá tomar as medidas provisórias que considerar pertinentes. Se se tratar de assuntos que ainda não estiverem submetidos ao seu conhecimento, poderá atuar a pedido da Comissão. (grifo nosso)

O pagamento de indenização é determinado pela Corte conforme art. 63:

"**Art. 63. (...)**

1. Quando decidir que houve violação de um direito ou liberdade protegidos nesta Convenção, a Corte determinará que se assegure ao prejudicado o gozo do seu direito ou liberdade violados. Determinará também, se isso for procedente, que sejam reparadas as consequências da medida ou situação que haja configurado a violação desses direitos, bem como o pagamento de indenização justa à parte lesada".

Sobre a acessibilidade à Corte, o art. 61 do PSJCR assim disciplina:

"**Art. 61. (...)**

1. Somente os Estados Partes e a Comissão têm direito de submeter caso à decisão da Corte.

2. Para que a Corte possa conhecer de qualquer caso, é necessário que sejam esgotados os processos previstos nos arts. 48 a 50".

O PSJCR prevê que os Estados signatários devem cumprir com as decisões emanadas pela Corte Interamericana de Direitos Humanos. Uma das hipóteses de condenação consiste no pagamento, pelo Estado, de indenização compensatória à vítima da violação de direitos humanos.

Caso o Estado brasileiro não cumpra espontaneamente a sentença internacional que o obriga a pagar a indenização, a vítima das violações apontadas terá em suas mãos um título executivo judicial, e, dessa forma, poderá propor a execução contra a União, portanto, na 1ª instância da justiça federal local, além disso, a Corte submeterá à Assembleia Geral da Organização dos Estados Americanos (OEA) os casos em que um Estado não tenha dado cumprimento às suas sentenças nos termos do art. 65 do PSJCR. Vejamos:

"**Art. 65.** A Corte submeterá à consideração da Assembleia Geral da Organização, em cada período ordinário de sessões, um relatório sobre suas atividades no ano anterior. De maneira especial, e com as recomendações pertinentes, indicará os casos em que um Estado não tenha dado cumprimento as suas sentenças".

O PSJCR dispõe que toda pessoa tem direito à vida, que deve ser protegida por lei, e que ninguém dela poderá ser privado arbitrariamente. A respeito da pena de morte, ela não pode ser imposta àquele que, no momento da perpetração do delito era menor de 18 anos, nem aplicada à mulher em estado gestacional, tampouco aos maiores de 70 anos, conforme art. 4º (destaque ao n. 5) do PSJCR. Vejamos:

"**Art. 4º** Direito à vida.

1. Toda pessoa tem direito de que se respeite sua vida. Esse direito deve ser protegido pela lei e, em geral, desde o momento da concepção. **Ninguém pode ser privado da vida arbitrariamente**. (grifo nosso)

2. Nos países que não houverem abolido a pena de morte, esta só poderá ser imposta pelos delitos mais graves, em cumprimento de sentença final de tribunal competente e em conformidade com lei que estabeleça tal pena, promulgada antes de haver o delito sido cometido. Tampouco se estenderá sua aplicação a delitos aos quais não se aplique atualmente.

3. Não se pode restabelecer a pena de morte nos Estados que a hajam abolido.

4. Em nenhum caso pode a pena de morte ser aplicada por delitos políticos nem por delitos comuns conexos com delitos políticos.

5. Não se deve impor a pena de morte a pessoa que, no momento da perpetração do delito, for menor de dezoito anos, **ou maior de setenta**, nem aplicá-la à **mulher em estado de gravidez**". (grifo nosso)

Ainda sobre o tema da pena de morte, merece destaque o Protocolo Adicional à Convenção Americana sobre Direitos Humanos Referente à Abolição da Pena de Morte, adotado em Assunção, em 8 de junho de 1990, ratificado pelo Brasil em 7 de junho de 1994, aprovado pelo Congresso Nacional por meio do Decreto Legislativo n. 56, de 19 de abril de 1995 e finalmente, por meio do Decreto n. 2.754, de 27 de agosto de 1998, este foi promulgado. O Protocolo em tela entrou em vigor internacional em 28 de agosto de 1991, considerando que o Governo brasileiro depositou o Instrumento de Ratificação do referido Protocolo, em 13 de agosto de 1996, com a aposição de reserva, nos termos do Artigo 2º, **no qual é assegurado aos Estados-Partes o direito de aplicar a pena de morte em tempo de guerra**, de acordo com o Direito Internacional, por delitos sumamente graves de caráter militar, passando ele a vigorar, para o Brasil, em 13 de agosto de 1996. É um dos raros exemplos de tratado internacional (em sentido *lato*) em que não cabe reserva.

O PSJCR possui também um Protocolo Adicional em matéria de Direitos Econômicos, Sociais e Culturais, conhecido como Protocolo de San Salvador, adotado em São Salvador (El Salvador), em 17 de novembro de 1988, aprovado pelo Congresso Nacional por meio do Decreto Legislativo n. 56, de 19 de abril de 1995, e ratificado pelo Brasil em 21 de agosto de 1996. Finalmente, por meio do Decreto n. 3.321, de 30 de dezembro de 1999, este foi promulgado. Entrou em vigor internacional em 16 de novembro de 1999, considerando que o Governo brasileiro depositou o Instrumento de Adesão do referido ato em 21 de agosto de 1996, passando a vigorar, para o Brasil, em 16 de novembro de 1999.

O referido protocolo destaca os seguintes direitos: direito ao trabalho; condições justas, equitativas e satisfatórias de trabalho; direitos sindicais; direito à previdência social; direito à saúde; direito ao meio ambiente sadio; direito à alimentação; direito à educação; direito aos benefícios da cultura; direito à constituição e prote-ção da família; direito da criança; proteção de pessoas idosas e proteção de deficientes.

Para a defesa desses direitos, há os seguintes meios de proteção previstos no art. 19. Vejamos:

"**Art. 19.** Meios de Proteção

1. Os Estados-Partes neste Protocolo comprometem-se a apresentar, de acordo com o disposto neste artigo e nas normas pertinentes que deverão ser elaboradas sobre o assunto pela Assembleia Geral da Organização dos Estados Americanos, relatórios periódicos a respeito das medidas progressivas que tiverem adotado para assegurar o devido respeito aos direitos consagrados no Protocolo.

2. **Todos os relatórios serão apresentados ao Secretário-Geral da Organização dos Estados Americanos**, que os transmitirá ao Conselho Interamericano Econômico e Social e ao Conselho Interamericano de Educação, Ciência e Cultura, a fim de que os examinem de acordo com o disposto neste artigo. O Secretário-Geral enviará cópia desses relatórios à Comissão Interamericana de Direitos Humanos. (grifo nosso)

3. O Secretário-Geral da Organização dos Estados Americanos transmitirá também aos organismos especializados do Sistema Interamericano, dos quais sejam membros os Estados-Partes neste Protocolo, cópias dos relatórios enviados ou das partes pertinentes desses relatórios, na medida em que tenham relação com matérias que sejam da competência dos referidos organismos, de acordo com seus instrumentos constitutivos.

4. Os organismos especializados do Sistema Interamericano poderão apresentar ao Conselho Interamericano Econômico e Social e ao Conselho Interamericano de Educação, Ciência e Cultura relatórios sobre o cumprimento das disposições deste Protocolo, no que se refere ao campo de suas atividades.

5. Os relatórios anuais que o Conselho Interamericano Econômico e Social e o Conselho Interamericano da Educação, Ciência e Cultura apresentarem à Assembleia Geral deverão conter um resumo de informação recebida dos Estados-Partes neste Protocolo e dos organismos especializados, sobre as medidas progressivas adotadas, a fim de assegurar o respeito dos direitos reconhecidos no Protocolo e das recomendações de caráter geral que a respeito considerarem pertinentes.

6. Caso os direitos estabelecidos na alínea "a" do art. 8º, e no art. 13, forem violados por ação que pode ser atribuída diretamente a um Estado-Parte neste Protocolo, essa situação poderia dar origem, mediante a participação da Comissão Interamericana de Direitos Humanos e, quando for cabível, da Corte Interamericana de Direitos Humanos, à apli-

cação do sistema de petições individuais regulado pelos arts. 44 a 51 e 61 a 69 da Convenção Americana sobre Direitos Humanos.

7. Sem prejuízo do disposto no parágrafo anterior, a Comissão Interamericana de Direitos Humanos poderá formular as observações e recomendações que considerar pertinentes sobre a situação dos direitos econômicos, sociais e culturais estabelecidos neste Protocolo, em todos ou em alguns dos Estados-Partes, as quais poderá incluir no relatório anual a Assembleia-Geral ou num relatório especial, conforme considerar mais apropriado.

8. No exercício das funções que lhes confere este Artigo, os Conselhos e a Comissão Interamericana de Direitos Humanos deverão levar em conta a natureza progressiva da vigência dos direitos objeto da proteção deste Protocolo".

1.1 Controle de convencionalidade das leis

Desde 2006, a Corte Interamericana de Direitos Humanos (Corte IDH) **adotou e impôs aos países da OEA** que reconhecem a competência da Corte (caso do Brasil, desde 1998), o chamado controle j**urisdicional** de convencionalidade das leis.

Tal controle nada mais é do que um "controle de constitucionalidade" tendo como paradigma os tratados internacionais sobre direitos humanos incorporados ao ordenamento jurídico brasileiro. No controle de constitucionalidade temos uma verificação de compatibilidade material com a Constituição Federal, ou, utilizando o termo do Prof. José Afonso da Silva, verifica-se a "relação de compatibilidade vertical" entre a norma infraconstitucional e a Constituição Federal. Já no controle de convencionalidade, utilizam-se todos os requisitos do controle de constitucionalidade, porém, com o paradigma dos tratados internacionais sobre direitos humanos incorporados.

Vale ressaltar que no âmbito do controle de constitucionalidade, temos, quanto ao momento do controle, o chamado controle prévio ou preventivo, que pode ser realizado também pelo Poder Legislativo, por meio das comissões de constituição e justiça, motivo este de não ter chamado o subitem de "controle jurisdicional de convencionalidade das leis", mas apenas "controle de convencionalidade das leis". Verifica-se, no controle de constitucionalidade, se há algum conflito entre o projeto de lei e a Constituição, por sua vez, no controle de convencionalidade, verifica-se (ou deveria ser verificado) se há algum conflito entre o projeto de lei e os tratados internacionais sobre direitos humanos incorporados em nosso ordenamento jurídico.

No âmbito do STF, em fevereiro de 2015 foi assinada uma **Carta de Intenções** entre o STF e a CIDH (sim, com a Comissão e não com a Corte, o que seria, s.m.j., o mais correto) **para que o Brasil começasse a aplicar o chamado controle jurisdicional de convencionalidade das leis.**

Cabe lembrar que no mesmo ano de 2015 o Conselho Nacional de Justiça (CNJ) por meio da **Diretriz Estratégica para 2016** (aprovada no 9º Encontro Nacional do Poder Judiciário com os presidentes/representantes dos tribunais do país, reunidos em Brasília/DF nos dias 24 e 25 de novembro), aprovou a seguinte conduta: "É diretriz estratégica do Poder Judiciário, e compromisso de todos os tribunais brasileiros, **dar concretude aos direitos previstos em tratados, convenções e demais instrumentos internacionais sobre a proteção dos direitos humanos**". (grifo nosso)

Em 2022, por meio da Recomendação n. 123, de 7 de janeiro, o Conselho Nacional de Justiça (CNJ), recomendou aos órgãos do Poder Judiciário brasileiro **a observância dos tratados e convenções internacionais de direitos humanos** e **o uso da jurisprudência da Corte Interamericana de Direitos Humanos**, ou seja, novamente "mais do mesmo". (grifo nosso)

Questão prática sobre o tema ocorreu quanto à inconvencionalidade ou não do crime de desacato (art. 331 do CP). Para um melhor entendimento, lembrando que o controle jurisdicional de convencionalidade é oriundo do Sistema Regional Interamericano de Direitos Humanos e tem como base normativa a Convenção Americana sobre Direitos Humanos (CADH ou Pacto de São José da Costa Rica – PSJCR), temos a seguinte "cronologia sobre os documentos":

- 1969: PSJCR é publicado no âmbito da Organização dos Estados Americanos (OEA);
- 1992: o Brasil promulga o PSJCR (Decreto n. 678/92);
- 1998: o Brasil promulga a Declaração de Reconhecimento da Competência Obrigatória da Corte Interamericana de Direitos Humanos (Decreto n. 4.463/2002), ou seja, **fica reconhecida como obrigatória, de pleno direito e por prazo indeterminado**, a competência da Corte IDH em todos os casos relativos à interpretação ou aplicação do PSJCR;
- 2000: a CIDH publica a Declaração de Princípios sobre a Liberdade de Expressão, promulgada pela Relatoria para a Liberdade de Expressão. **A Declaração constitui uma interpretação definitiva do art. 13 do PSJCR**, com destaque ao Princípio 11 que se refere às leis sobre desacato: "Os funcionários públicos estão sujeitos a maior escrutínio da sociedade. **As leis que punem a expressão ofensiva contra funcionários públicos, geralmente conhecidas como 'leis de desacato', atentam contra a liberdade de expressão** e o direito à informação"; (grifo nosso)
- 2004: a Emenda Constitucional n. 45/2004 trouxe uma nova regra de incorporação aos tratados internacionais sobre direitos humanos, dando-lhes a possibilidade de serem equivalentes às emendas constitucionais;

- 2006: a Corte IDH impõe ao Judiciário nacional a compatibilização das normas internas com os tratados internacionais sobre direitos humanos ratificados no País, com destaque ao PSJCR;
- 2008: o STF, em razão do julgamento do RE 466.343-1/SP, reconhece que os tratados internacionais sobre direitos humanos que foram incorporados antes da EC n. 45/2004 (caso do PSJCR), **possuem status de norma supralegal;**
- 2015: em fevereiro é assinada uma Carta de Intenções entre o STF e a CIDH para que o Brasil comece a aplicar o chamado controle jurisdicional de convencionalidade das leis;
- 2015: em março, o juiz Alexandre Morais da Rosa, no julgamento dos autos n. 0067370-64.2012.8.24.0023 (Florianópolis/SC), efetuando controle de convencionalidade, reconheceu a inexistência do crime de desacato, tendo como base a Declaração de Princípios sobre a Liberdade de Expressão, afastando a incidência do art. 331 do CP. **Outros julgados ocorreram no mesmo sentido naquele ano;**
- 2015: em novembro é aprovada a Diretriz Estratégica do Conselho Nacional de Justiça para o exercício do Poder Judiciário para o ano de 2016 (aprovada no 9º Encontro Nacional do Poder Judiciário) para que o Poder Judiciário dê concretude aos direitos previstos em tratados, convenções e demais instrumentos internacionais sobre a proteção dos direitos humanos;
- 2016: em dezembro, a 5ª Turma do STJ (REsp n. 1.640.084/SP – **decisão unânime**), descriminalizou o crime de desacato por incompatibilidade entre o Código Penal (art. 331) e o PSJCR (art. 13). O ministro relator do recurso no STJ, Ribeiro Dantas, ratificou os argumentos apresentados pelo Ministério Público Federal (MPF) de que os funcionários públicos estão mais sujeitos ao escrutínio da sociedade, e que as "leis de desacato" existentes em países como o Brasil atentam contra a liberdade de expressão e o direito à informação. A 5ª Turma ressaltou que o STF já firmou entendimento de que os tratados internacionais de direitos humanos ratificados pelo Brasil têm natureza supralegal. Para a turma, a condenação por desacato, baseada em lei federal, é incompatível com o tratado do qual o Brasil é signatário;
- 2017: em maio a 3ª Seção do STJ uniformizou o entendimento do tribunal sobre a criminalização do desacato. O Min. Antonio Saldanha Palheiro (autor do voto vencedor no julgamento do HC 379.269/MS) afirmou que a tipificação do desacato como crime é uma proteção adicional ao agente público contra possíveis "ofensas sem limites", e ainda, que a figura penal do desacato, não prejudica a liberdade de expressão, pois não impede o cidadão de se manifestar, "desde que o faça com civilidade e educação".
- 2023: em setembro a 4ª Turma do TRT-9 (PR), ao analisar recurso ordinário em ação movida por um trabalhador em face de sua ex-empregadora, decidiu aplicar o controle de convencionalidade e declarou que a aplicação do § 3º do art. 8º e do § 2º do art. 611-A da CLT afrontavam o art. 26 da Convenção Americana sobre Direitos Humanos.

2. VULNERÁVEIS/MINORIAS: INDÍGENAS, POPULAÇÃO PRETA, PESSOAS IDOSAS, PESSOAS COM DEFICIÊNCIA, MULHERES, CRIANÇAS, POLÍTICA MIGRATÓRIA E LGBTQIAPN+

Os "vulneráveis/minorias" alcançam outros subtemas aqui elencados, mas não se esgotam em si.

Desde 2010, caíram 28 questões sobre o tema, sendo, portanto, o segundo com maior incidência até o momento (é verdade que são vários assuntos aglomerados).

2.1 Indígenas

De início quero destacar a mudança na nomenclatura em relação às outras edições. Seguindo uma linha mais contemporânea, transcrevo o pensamento do escritor indígena Carlos Daniel Munduruku (doutor em educação pela Universidade de São Paulo e pós-doutor em Linguística pela Universidade Federal de São Carlos) em entrevista à BBC News Brasil: "A palavra 'indígena' diz muito mais a nosso respeito do que a palavra 'índio'. Indígena quer dizer originário, aquele que está ali antes dos outros". Desta forma, a palavra "índio" ficará restrita às normas publicadas desta maneira.

No âmbito constitucional, destacamos, que são bens da União as terras tradicionalmente ocupadas pelos índios (art. 20, XI). Compete também à União demarcá-las, protegê-las e fazer respeitar todos os bens indígenas, incluindo sua organização social, costumes, línguas, crenças e tradições (art. 231). Ademais, são terras tradicionalmente ocupadas pelos índios as por eles habitadas em caráter permanente, as utilizadas para suas atividades produtivas, as imprescindíveis à preservação dos recursos ambientais necessários a seu bem-estar e as necessárias a sua reprodução física e cultural, segundo seus usos, costumes e tradições.

Estas terras são inalienáveis e indisponíveis, e os direitos sobre elas, imprescritíveis. A posse, por sua vez, será permanente, cabendo-lhes o usufruto exclusivo das riquezas do solo, dos rios e dos lagos que nelas estiverem. Para uma eventual remoção, só será possível **por meio de *ad referendum* do Congresso Nacional**, para os casos de catástrofe ou epidemia que ponha em risco sua população, ou no interesse da soberania do País, também com a

DIREITOS HUMANOS

deliberação do Congresso Nacional, garantido, em qualquer hipótese, o retorno imediato logo que cesse o risco.

Questão relevante também no âmbito constitucional (já questionada no Exame) refere-se à possibilidade, no ensino fundamental, da utilização da língua materna, além da língua portuguesa (art. 210, § 2º):

> "§ 2º O ensino fundamental regular será ministrado em língua portuguesa, assegurada às comunidades indígenas também a utilização de suas línguas maternas e processos próprios de aprendizagem".

Destaca-se também que o aproveitamento dos recursos hídricos, incluídos os potenciais energéticos, a pesquisa e a lavra das riquezas minerais em terras indígenas só podem ser efetivadas com **autorização do Congresso Nacional**, ouvidas as comunidades afetadas, ficando-lhes assegurada participação nos resultados da lavra, na forma da lei. A Lei Maior também afirma no art. 231, § 6º, que:

> "§ 6º São nulos e extintos, não produzindo efeitos jurídicos, os atos que tenham por objeto a ocupação, o domínio e a posse das terras a que se refere este artigo, ou a exploração das riquezas naturais do solo, dos rios e dos lagos nelas existentes, ressalvado relevante interesse público da União, segundo o que dispuser lei complementar, não gerando a nulidade e a extinção direito a indenização ou a ações contra a União, salvo, na forma da lei, quanto às benfeitorias derivadas da ocupação de boa-fé."

Importa destacar ainda que os índios, suas comunidades e organizações são partes legítimas para ingressar em juízo em defesa de seus direitos e interesses, intervindo o Ministério Público em todos os atos do processo (art. 232 da CF).

No âmbito internacional merece destaque a Convenção n. 169 da Organização Internacional do Trabalho (OIT) sobre Povos Indígenas e Tribais, adotada em Genebra, em 27 de junho de 1989, aprovada pelo Congresso Nacional por meio do Decreto Legislativo n. 143, de 20 de junho de 2002, e promulgada por meio do Decreto n. 5.051, de 19 de abril de 2004.

A Convenção entrou em vigor internacional, em 5 de setembro de 1991, e, para o Brasil, em 25 de julho de 2003.

O assunto mais presente nas provas sobre a questão indígena diz respeito às terras em que vivem (e ocupam, conforme termo utilizado pela própria Convenção). Neste tema, a Convenção assim deliberou:

> "**Art. 13.** (...)
>
> 1. Ao aplicarem as disposições desta parte da Convenção, **os governos deverão respeitar a importância especial que para as culturas e valores espirituais dos povos interessados possui a sua relação com as terras ou territórios**, ou com ambos, segundo os casos, que eles ocupam ou utilizam de alguma maneira e, particularmente, os aspectos coletivos dessa relação. (grifo nosso)
>
> 2. A utilização do termo "terras" nos arts. 15 e 16 deverá incluir o conceito de territórios, o que abrange a totalidade do habitat das regiões que os povos interessados ocupam ou utilizam de alguma outra forma.
>
> **Art. 14.** (...)
>
> 1. **Dever-se-á reconhecer aos povos interessados os direitos de propriedade e de posse sobre as terras que tradicionalmente ocupam**. Além disso, nos casos apropriados, deverão ser adotadas medidas para salvaguardar o direito dos povos interessados de utilizar terras que não estejam exclusivamente ocupadas por eles, mas às quais, tradicionalmente, tenham tido acesso para suas atividades tradicionais e de subsistência. Nesse particular, deverá ser dada especial atenção à situação dos povos nômades e dos agricultores itinerantes. (grifo nosso)
>
> 2. Os governos deverão adotar as medidas que sejam necessárias para determinar as terras que os povos interessados ocupam tradicionalmente e **garantir a proteção efetiva dos seus direitos de propriedade e posse**. (grifo nosso)
>
> 3. Deverão ser instituídos procedimentos adequados no âmbito do sistema jurídico nacional para solucionar as reivindicações de terras formuladas pelos povos interessados.
>
> **Art. 15.** (...)
>
> 1. **Os direitos dos povos interessados aos recursos naturais existentes nas suas terras deverão ser especialmente protegidos. Esses direitos abrangem o direito desses povos a participarem da utilização, administração e conservação dos recursos mencionados**. (grifo nosso)
>
> 2. Em caso de pertencer ao Estado a propriedade dos minérios ou dos recursos do subsolo, ou de ter direitos sobre outros recursos, existentes nas terras, **os governos deverão estabelecer ou manter procedimentos com vistas a consultar os povos interessados, a fim de se determinar se os interesses desses povos seriam prejudicados, e em que medida, antes de se empreender ou autorizar qualquer programa de prospecção ou exploração dos recursos existentes nas suas terras**. Os povos interessados deverão participar sempre que for possível dos benefícios que essas atividades produzam, e receber indenização equitativa por qualquer dano que possam sofrer como resultado dessas atividades". (grifo nosso)

No âmbito infraconstitucional, a Lei n. 6.001/73 dispõe sobre o **Estatuto do Índio**, cujos destaques seguem abaixo:

- **Índio ou silvícola**: é todo indivíduo de origem e ascendência pré-colombiana que se identifica e é identificado como pertencente a um grupo étnico cujas características culturais o distinguem da sociedade nacional;
- **Comunidade indígena ou grupo tribal**: é um conjunto de famílias ou comunidades índias, quer vivendo em estado de completo isolamento em relação aos outros setores da comunhão nacional, quer em contatos intermitentes ou permanentes, sem, contudo, estarem neles integrados;
- **Índios considerados "isolados"**: quando vivem em grupos desconhecidos ou de que se possuem poucos e vagos informes através de contatos eventuais com elementos da comunhão nacional;
- **Índios em vias de integração**: quando, em contato intermitente ou permanente com grupos estranhos, conservam menor ou maior parte das condições de sua vida nativa, mas aceitam algumas práticas e modos de existência comuns aos demais setores da comunhão nacional, da qual vão necessitando cada vez mais para o próprio sustento;
- **Integrados**: quando incorporados à comunhão nacional e reconhecidos no pleno exercício dos direitos civis, ainda que conservem usos, costumes e tradições característicos da sua cultura;
- **Reserva indígena**: área destinada a servir de *habitat* a grupo indígena, com os meios suficientes à sua subsistência;
- **Parque indígena**: área contida em terra na posse de índios, cujo grau de integração permita assistência econômica, educacional e sanitária dos órgãos da União, em que se preservem as reservas de flora e fauna e as belezas naturais da região;
- **Colônia agrícola indígena**: área destinada à exploração agropecuária, administrada pelo órgão de assistência ao índio, onde convivam tribos aculturadas e membros da comunidade nacional;
- **Território federal indígena**: unidade administrativa subordinada à União, instituída em região na qual pelo menos um terço da população seja formado por índios.

Quanto ao **regime tutelar** a qual os índios e as comunidades indígenas ainda não integrados à comunhão nacional ficam sujeitos, destacam-se:

- aplicam-se, no que couber, os princípios e normas da tutela de direito comum, independendo, todavia, o exercício da tutela da especialização de bens imóveis em hipoteca legal, bem como da prestação de caução real ou fidejussória;
- incumbe a tutela à União, que a exercerá através do competente órgão federal de assistência aos silvícolas;
- são nulos os atos praticados entre o índio não integrado e qualquer pessoa estranha à comunidade indígena quando não tenha havido assistência do órgão tutelar competente, exceto se o índio revele consciência e conhecimento do ato praticado, desde que não lhe seja prejudicial, e da extensão dos seus efeitos;
- qualquer índio poderá requerer ao juiz competente a sua liberação do regime tutelar previsto no Estatuto, investindo-se na plenitude da capacidade civil, desde que preencha os requisitos seguintes: idade mínima de 21 anos, conhecimento da língua portuguesa e habilitação para o exercício de atividade útil, na comunhão nacional;
- mediante decreto do presidente da República, poderá ser declarada a emancipação da comunidade indígena e de seus membros, quanto ao regime tutelar estabelecido em lei, desde que requerida pela maioria dos membros do grupo e comprovada, em inquérito realizado pelo órgão federal competente, a sua plena integração na comunhão nacional.

2.2 População preta

Nas edições anteriores utilizei a expressão "negros". Há algumas edições, após revisão, não abordando a etimologia da palavra, diga-se de passagem, mas sim os costumes em nosso país, adotamos a partir de então o termo "afrodescendente", pois "negro" é atribuído a coisas ruins: listra negra, magia negra, buraco negro, ovelha negra, fome negra, humor negro, passado negro, futuro negro, mercado negro etc., enquanto "preto" é atribuído a coisas boas: feijão preto, carro preto, nota preta, café preto. O próprio Estatuto da Igualdade Racial afirma sobre a "população preta" e adotei a expressão nas últimas edições. Se branco não é negativo, preto também não o é.

Nossa Lei Maior, a legislação infraconstitucional e os tratados internacionais possuem as mais diversas proteções e estímulos para a busca da igualdade entre os seres humanos.

No âmbito constitucional, temos no art. 5º, XLII, o enfrentamento ao racismo. Tal tema foi perguntado à luz das normas constitucionais e dos direitos humanos, quando na verdade a resposta era toda na forma de nossa Lei Maior. **O crime de racismo não está sujeito a prazo extintivo de prescrição e é inafiançável.**

Na esfera infraconstitucional, a Lei n. 7.716/89 definiu os crimes resultantes de preconceito de raça ou de cor. Em 2010, por meio da Lei n. 12.288, foi instituído o **Estatuto da Igualdade Racial** (com alterações em 2023 por meio da Lei n. 14.553).

Do **Estatuto da Igualdade Racial**, merece o devido destaque:

- **discriminação racial ou étnico-racial:** toda distinção, exclusão, restrição ou preferência baseada em raça, cor, descendência ou origem nacional ou étnica que tenha por objeto anular ou restringir o reconhecimento, gozo ou exercício, em igualdade de condições, de direitos humanos e liberdades fundamentais nos campos político, econômico, social, cultural ou em qualquer outro campo da vida pública ou privada;
- **desigualdade racial:** toda situação injustificada de diferenciação de acesso e fruição de bens, serviços e oportunidades, nas esferas pública e privada, em virtude de raça, cor, descendência ou origem nacional ou étnica;
- **desigualdade de gênero e raça:** assimetria existente no âmbito da sociedade que acentua a distância social entre mulheres negras e os demais segmentos sociais;
- **população preta:** o conjunto de pessoas que se autodeclaram pretas e pardas, conforme o quesito cor ou raça usado pela Fundação Instituto Brasileiro de Geografia e Estatística (IBGE), ou que adotam autodefinição análoga;
- **políticas públicas:** as ações, iniciativas e programas adotados pelo Estado no cumprimento de suas atribuições institucionais;
- **ações afirmativas (expressão de origem americana) ou discriminação positiva (expressão de origem europeia):** os programas e medidas especiais adotados pelo Estado e pela iniciativa privada para a correção das desigualdades raciais e para a promoção da igualdade de oportunidades.

Merece destaque a questão das comunidades quilombolas.

Numa das provas de 2014 surgiu **questão sobre as comunidades quilombolas.** A resposta teve como base o Direito Constitucional e não o Direito Internacional dos Direitos Humanos, mas, "atendendo" à interdisciplinaridade, foi computada como questão de Direitos Humanos. As comunidades quilombolas são grupos étnico-raciais, segundo critérios de autoatribuição, com trajetória histórica própria, dotados de relações territoriais específicas e com ancestralidade negra relacionada com a resistência à opressão histórica sofrida. O constituinte brasileiro reconheceu a identidade dos quilombolas e, especificamente, seu direito fundamental à prática religiosa e litúrgica conforme suas tradições.

Tema sempre presente é a questão da educação, sua acessibilidade e suas características. O Estatuto da Igualdade Racial assim lidou com parte do tema:

"**Art. 11.** Nos estabelecimentos de ensino fundamental e de ensino médio, públicos e privados, é obrigatório o estudo da história geral da África e da história da população negra no Brasil, observado o disposto na Lei n. 9.394, de 20 de dezembro de 1996.

§ 1º Os conteúdos referentes à história da população negra no Brasil serão ministrados no âmbito de todo o currículo escolar, resgatando sua contribuição decisiva para o desenvolvimento social, econômico, político e cultural do País.

§ 2º O órgão competente do Poder Executivo fomentará a formação inicial e continuada de professores e a elaboração de material didático específico para o cumprimento do disposto no caput deste artigo.

§ 3º Nas datas comemorativas de caráter cívico, os órgãos responsáveis pela educação incentivarão a participação de intelectuais e representantes do movimento negro para debater com os estudantes suas vivências relativas ao tema em comemoração".

O art. 68/ADCT afirma que "Aos remanescentes das comunidades dos quilombos que estejam ocupando suas terras é reconhecida a propriedade definitiva, devendo o Estado emitir-lhes os títulos respectivos".

Por sua vez, o Decreto n. 4.887/2003, regulamentou o procedimento para identificação, reconhecimento, delimitação, demarcação e titulação das terras ocupadas por remanescentes das comunidades dos quilombos, definiu:

"Art. 2º **Consideram-se remanescentes das comunidades dos quilombos**, para os fins deste Decreto, os grupos étnico-raciais, segundo critérios de autoatribuição, com trajetória histórica própria, dotados de relações territoriais específicas, com presunção de ancestralidade negra relacionada com a resistência à opressão histórica sofrida. (grifo nosso)

§ 1º Para os fins deste Decreto, a caracterização dos remanescentes das comunidades dos quilombos será atestada mediante autodefinição da própria comunidade.

§ 2º **São terras ocupadas por remanescentes das comunidades dos quilombos as utilizadas para a garantia de sua reprodução física, social, econômica e cultural.** (grifo nosso)

§ 3º Para a medição e demarcação das terras, serão levados em consideração critérios de territorialidade indicados pelos remanescentes das comunidades dos quilombos, sendo facultado à comunidade interessada apresentar as peças técnicas para a instrução procedimental".

"**Art. 6º** Fica assegurada aos remanescentes das comunidades dos quilombos a participação em todas as fases do procedimento administrativo, diretamente ou por meio de representantes por eles indicados."

De inovação legislativa, cabe destacar que em 2022, finalmente, houve a promulgação da **Convenção Interamericana contra o Racismo, a Discriminação Racial e Formas Correlatas de Intolerância**, a qual foi firmada pela República Federativa do Brasil, na Guatemala, em 5 de junho de 2013, ou seja, quase 10 anos para que fosse incorporada ao nosso ordenamento jurídico pátrio e assim ocorreu por força do Decreto n. 10.932, de 10 de janeiro de 2022, com equivalência às emendas constitucionais, ou seja, no rito do § 3º do art. 5º da Constituição. Nosso Congresso Nacional aprovou a Convenção, por meio do Decreto Legislativo n. 1, de 18 de fevereiro de 2021. Cabe lembrar também que o Governo brasileiro depositou, junto à Secretária-geral da Organização dos Estados Americanos, em 28 de maio de 2021, o instrumento de ratificação à Convenção e que esta entrou em vigor para a República Federativa do Brasil, no plano jurídico externo, em 27 de junho de 2021.

O art. 1º da "nova" Convenção, elenca diversos conceitos, sempre pedidos em provas. Vejamos:

"Artigo 1. Para os efeitos desta Convenção:
1. Discriminação racial é qualquer distinção, exclusão, restrição ou preferência, em qualquer área da vida pública ou privada, cujo propósito ou efeito seja anular ou restringir o reconhecimento, gozo ou exercício, em condições de igualdade, de um ou mais direitos humanos e liberdades fundamentais consagrados nos instrumentos internacionais aplicáveis aos Estados Partes. A discriminação racial pode basear-se em raça, cor, ascendência ou origem nacional ou étnica.
2. Discriminação racial indireta é aquela que ocorre, em qualquer esfera da vida pública ou privada, quando um dispositivo, prática ou critério aparentemente neutro tem a capacidade de acarretar uma desvantagem particular para pessoas pertencentes a um grupo específico, com base nas razões estabelecidas no Artigo 1.1, ou as coloca em desvantagem, a menos que esse dispositivo, prática ou critério tenha um objetivo ou justificativa razoável e legítima à luz do Direito Internacional dos Direitos Humanos.
3. Discriminação múltipla ou agravada é qualquer preferência, distinção, exclusão ou restrição baseada, de modo concomitante, em dois ou mais critérios dispostos no Artigo 1.1, ou outros reconhecidos em instrumentos internacionais, cujo objetivo ou resultado seja anular ou restringir o reconhecimento, gozo ou exercício, em condições de igualdade, de um ou mais direitos humanos e liberdades fundamentais consagrados nos instrumentos internacionais aplicáveis aos Estados Partes, em qualquer área da vida pública ou privada.
4. Racismo consiste em qualquer teoria, doutrina, ideologia ou conjunto de ideias que enunciam um vínculo causal entre as características fenotípicas ou genotípicas de indivíduos ou grupos e seus traços intelectuais, culturais e de personalidade, inclusive o falso conceito de superioridade racial. O racismo ocasiona desigualdades raciais e a noção de que as relações discriminatórias entre grupos são moral e cientificamente justificadas. Toda teoria, doutrina, ideologia e conjunto de ideias racistas descritas neste Artigo são cientificamente falsas, moralmente censuráveis, socialmente injustas e contrárias aos princípios fundamentais do Direito Internacional e, portanto, perturbam gravemente a paz e a segurança internacional, sendo, dessa maneira, condenadas pelos Estados Partes.
5. As medidas especiais ou de ação afirmativa adotadas com a finalidade de assegurar o gozo ou exercício, em condições de igualdade, de um ou mais direitos humanos e liberdades fundamentais de grupos que requeiram essa proteção não constituirão discriminação racial, desde que essas medidas não levem à manutenção de direitos separados para grupos diferentes e não se perpetuem uma vez alcançados seus objetivos.
6. Intolerância é um ato ou conjunto de atos ou manifestações que denotam desrespeito, rejeição ou desprezo à dignidade, características, convicções ou opiniões de pessoas por serem diferentes ou contrárias. Pode manifestar-se como a marginalização e a exclusão de grupos em condições de vulnerabilidade da participação em qualquer esfera da vida pública ou privada ou como violência contra esses grupos".

Mencionada a Convenção Interamericana sobre o tema, destaco por fim, a **Convenção Internacional sobre a Eliminação de todas as Formas de Discriminação Racial** de 1966 e adotada no Brasil em 1969 por força do Decreto n. 65.810, de 8 de dezembro de 1969. Nosso Congresso Nacional a aprovou por meio do Decreto Legislativo n. 23, de 21 de junho de 1967, portanto ainda no "rito antigo", tendo assim status de norma supralegal. Do seu texto, destaco o art. 1º:

"Artigo I
1. Nesta Convenção, **a expressão "discriminação racial" significará** qualquer distinção, exclusão, restrição ou preferência baseadas em raça, cor, descendência ou origem nacional ou étnica que tem por objetivo ou efeito anular ou restringir o reconhecimento, gozo ou exercício num mesmo plano, (em igualdade de condição), de direitos humanos e liberdades fundamentais no domínio político econômico, social, cultural ou em qualquer outro domínio de vida pública. (grifo nosso)

2. Esta Convenção não se aplicará às distinções, exclusões, restrições e preferências feitas por um Estado Parte nesta Convenção entre cidadãos e não cidadãos.

3. Nada nesta Convenção poderá ser interpretado como afetando as disposições legais dos Estados Partes, relativas a nacionalidade, cidadania e naturalização, desde que tais disposições não discriminem contra qualquer nacionalidade particular.

4. **Não serão consideradas discriminação racial** as medidas especiais tomadas com o único objetivo de assegurar progresso adequado de certos grupos raciais ou étnicos ou de indivíduos que necessitem da proteção que possa ser necessária para proporcionar a tais grupos ou indivíduos igual gozo ou exercício de direitos humanos e liberdades fundamentais, contanto que, tais medidas não conduzam, em consequência, à manutenção de direitos separados para diferentes grupos raciais e não prossigam após terem sidos alcançados os seus objetivos". (grifo nosso)

2.3 Pessoas idosas

Nossa Constituição ampara a pessoa idosa com diversas garantias, a saber:

- a assistência social tem por objetivo a **garantia de um salário mínimo de benefício mensal** à pessoa portadora de deficiência e ao **idoso** que comprovem não possuir meios de prover à própria manutenção ou de tê-la provida por sua família, conforme dispuser a lei;
- **a família, a sociedade e o Estado têm o dever de amparar as pessoas idosas**, assegurando sua participação na comunidade, defendendo sua dignidade e bem-estar e garantindo-lhes o direito à vida;
- **os programas de amparo aos idosos serão executados preferencialmente em seus lares**;
- aos **maiores de sessenta e cinco anos** é garantida a **gratuidade dos transportes coletivos urbanos**.

No âmbito infraconstitucional, a Lei n. 8.842/94 dispõe sobre a Política Nacional do Idoso. Destacamos os princípios e as diretrizes. Vejamos os **seguintes princípios** (art. 3º) e logo após as diretrizes (art. 4º):

- a família, a sociedade e o estado têm o dever de assegurar ao idoso todos os direitos da cidadania, garantindo sua participação na comunidade, defendendo sua dignidade, bem-estar e o direito à vida;
- o processo de envelhecimento diz respeito à sociedade em geral, devendo ser objeto de conhecimento e informação para todos;
- o idoso não deve sofrer discriminação de qualquer natureza;
- o idoso deve ser o principal agente e o destinatário das transformações a serem efetivadas através desta política;
- as diferenças econômicas, sociais, regionais e, particularmente, as contradições entre o meio rural e o urbano do Brasil deverão ser observadas pelos poderes públicos e pela sociedade em geral, na aplicação desta lei.

São **diretrizes da Política Nacional do Idoso** (art. 4º):

"Art. 4º (...)

I – viabilização de formas alternativas de participação, ocupação e convívio do idoso, que proporcionem sua integração às demais gerações;

II – participação do idoso, através de suas organizações representativas, na formulação, implementação e avaliação das políticas, planos, programas e projetos a serem desenvolvidos;

III – **priorização do atendimento ao idoso através de suas próprias famílias, em detrimento do atendimento asilar, à exceção dos idosos que não possuam condições que garantam sua própria sobrevivência (observado que é vedada a permanência de portadores de doenças que necessitem de assistência médica ou de enfermagem permanente em instituições asilares de caráter social);** (grifo nosso)

IV – descentralização político-administrativa;

V – capacitação e reciclagem dos recursos humanos nas áreas de geriatria e gerontologia e na prestação de serviços;

VI – implementação de sistema de informações que permita a divulgação da política, dos serviços oferecidos, dos planos, programas e projetos em cada nível de governo;

VII – estabelecimento de mecanismos que favoreçam a divulgação de informações de caráter educativo sobre os aspectos biopsicossociais do envelhecimento;

VIII – priorização do atendimento ao idoso em órgãos públicos e privados prestadores de serviços, quando desabrigados e sem família;

IX – apoio a estudos e pesquisas sobre as questões relativas ao envelhecimento".

No âmbito do direito interno, temos o **Estatuto da Pessoa Idosa** (Lei n. 10.741/2003), amplamente alterado pelas Leis n. 13.423 e 14.423, ambas de 2022. Vejamos os destaques:

- o art. 1º manteve a idade superior a 60 anos para regular os direitos assegurados às pessoas idosas;
- é obrigação da família, da comunidade, da sociedade e do Poder Público assegurar à pessoa idosa, com absoluta prioridade, a efetivação do direito à vida, à saúde, à alimentação, à educa-

ção, à cultura, ao esporte, ao lazer, ao trabalho, à cidadania, à liberdade, à dignidade, ao respeito e à convivência familiar e comunitária (art. 3º).

A garantia de prioridade compreende:

- atendimento preferencial imediato e individualizado junto aos órgãos públicos e privados prestadores de serviços à população;
- preferência na formulação e na execução de políticas sociais públicas específicas;
- destinação privilegiada de recursos públicos nas áreas relacionadas com a proteção à pessoa idosa;
- viabilização de formas alternativas de participação, ocupação e convívio da pessoa idosa com as demais gerações;
- **priorização do atendimento da pessoa idosa por sua própria família, em detrimento do atendimento asilar, exceto dos que não a possuam ou careçam de condições de manutenção da própria sobrevivência;**
- capacitação e reciclagem dos recursos humanos nas áreas de geriatria e gerontologia e na prestação de serviços às pessoas idosas;
- estabelecimento de mecanismos que favoreçam a divulgação de informações de caráter educativo sobre os aspectos biopsicossociais de envelhecimento;
- garantia de acesso à rede de serviços de saúde e de assistência social locais;
- **prioridade no recebimento da restituição do Imposto de Renda.**

O Estatuto disciplina nos direitos fundamentais: o direito à vida; o direito à liberdade, ao respeito e à dignidade; o direito aos alimentos; o direito à saúde; o direito à educação, cultura, esporte e lazer; o direito à profissionalização e do trabalho; a cobertura da previdência social, da assistência social; o direito à habitação e ao transporte.

Em 2017 o Estatuto sofreu algumas alterações, destacando:

"**Art. 3º** (...)

§ 2º Entre as pessoas idosas, é assegurada prioridade especial aos maiores de 80 (oitenta) anos, atendendo-se suas necessidades sempre preferencialmente em relação às demais pessoas idosas".

"**Art. 15.** (...)

§ 7º Em todo atendimento de saúde, os maiores de 80 (oitenta) anos terão preferência especial sobre as demais pessoas idosas, exceto em caso de emergência".

"**Art. 71.** (...)

§ 5º Dentre os processos de pessoas idosas, dar-se-á prioridade especial aos das maiores de 80 (oitenta) anos".

Os idosos estão no grupo dos vulneráveis/minorias, portanto, necessitam de proteção integral, a qual é também representada por meio das chamadas "Medidas Específicas de Proteção" previstas nos arts. 44 e 45, em consequência do elencado no art. 43. Vejamos:

"**Art. 43. As medidas de proteção** à pessoa idosa são aplicáveis sempre que os direitos reconhecidos nesta Lei forem ameaçados ou violados: (grifo nosso)

I – por ação ou omissão da sociedade ou do Estado;

II – por falta, omissão ou abuso da família, curador ou entidade de atendimento;

III – em razão de sua condição pessoal.

Art. 44. As medidas de proteção à pessoa idosa previstas nesta Lei **poderão ser aplicadas, isolada ou cumulativamente,** e levarão em conta os fins sociais a que se destinam e o fortalecimento dos vínculos familiares e comunitários. (grifo nosso)

Art. 45. Verificada qualquer das hipóteses previstas no art. 43, **o Ministério Público ou o Poder Judiciário, a requerimento daquele,** poderá determinar, dentre outras, as seguintes medidas: (grifo nosso)

I – encaminhamento à família ou curador, mediante termo de responsabilidade;

II – orientação, apoio e acompanhamento temporários;

III – **requisição para tratamento de sua saúde, em regime ambulatorial, hospitalar ou domiciliar;** (grifo nosso)

IV – inclusão em programa oficial ou comunitário de auxílio, orientação e tratamento a usuários dependentes de drogas lícitas ou ilícitas, à própria pessoa idosa ou à pessoa de sua convivência que lhe cause perturbação;

V – abrigo em entidade;

VI – abrigo temporário."

2.4 Pessoas com deficiência

Nossa Constituição ampara as pessoas com deficiência em diversos dispositivos, a destacar os seguintes:

- proibição de qualquer discriminação no tocante a salário e critérios de admissão do trabalhador portador de deficiência (art. 7º, XXXI);
- é competência comum da União, dos Estados, do Distrito Federal e dos Municípios cuidar da saúde e assistência pública, da proteção e garantia das pessoas portadoras de deficiência (art. 23, II);
- compete à União, aos Estados e ao Distrito Federal legislar concorrentemente sobre proteção

e integração social das pessoas portadoras de deficiência (art. 24, XIV);

- a lei reservará percentual dos cargos e empregos públicos para as pessoas portadoras de deficiência e definirá os critérios de sua admissão (art. 37, VIII);
- é vedada a adoção de requisitos e critérios diferenciados para a concessão de aposentadoria aos abrangidos pelo regime de que trata o art. 40, ressalvados, nos termos definidos em leis complementares, os casos de servidores portadores de deficiência (art. 40, § 4º, I, *vide*, ainda, art. 201, § 1º);
- a assistência social será prestada a quem dela necessitar, independentemente de contribuição à seguridade social, e tem por objetivos, entre outros, a habilitação e reabilitação das pessoas portadoras de deficiência e a promoção de sua integração à vida comunitária e a garantia de um salário mínimo de benefício mensal à pessoa portadora de deficiência e ao idoso que comprovem não possuir meios de prover à própria manutenção ou de tê-la provida por sua família, conforme dispuser a lei (art. 203, IV e V).

No âmbito infraconstitucional, a Lei n. 8.899/94 **concede passe livre às pessoas com deficiência no sistema de transporte coletivo interestadual.**

A Lei n. 10.098/2000 por sua vez estabelece normas gerais e critérios básicos para a promoção da acessibilidade das pessoas com deficiência ou com mobilidade reduzida. Sobre os mecanismos para a promoção de acessibilidade (criados pela lei) às pessoas portadoras de deficiência ou com mobilidade reduzida, temos o **Programa Nacional de Acessibilidade**, o qual dispõe de dotação orçamentária específica a fim de tratar de medidas de acessibilidade das pessoas portadoras de deficiência ou com mobilidade reduzida, nos termos do art. 22.

Dentre esses mecanismos de acessibilidade, os edifícios de uso público, em que seja obrigatória a instalação de elevadores, devem atender ao requisito de percurso acessível que una a edificação à via pública, exigindo-se o mesmo de edifícios de uso privado. Neste viés, o art. 13, II, da Lei n. 10.098/2000 disciplina a questão no âmbito dos edifícios privados, enquanto os arts. 3º e 4º, da mesma lei, disciplinam genericamente (alcançando os edifícios de uso público) o tema. Cabe lembrar também que a Lei n. 10.098/2000 foi alterada pela Lei n. 11.982/2009, determinando que **os parques de diversões, públicos e privados, devem adaptar, no mínimo, 5% (cinco por cento) de cada brinquedo e equipamento e identificá-lo para possibilitar sua utilização por pessoas com deficiência ou com mobilidade reduzida, tanto quanto tecnicamente possível**. Em nova alteração, agora em 2019, por meio da Lei n. 13.825, tivemos a inclusão de dois parágrafos no art. 6º. Vejamos:

"**Art. 6º** Os banheiros de uso público existentes ou a construir em parques, praças, jardins e espaços livres públicos deverão ser acessíveis e dispor, pelo menos, de um sanitário e um lavatório que atendam às especificações das normas técnicas da ABNT.

§ 1º Os eventos organizados em espaços públicos e privados em que haja instalação de banheiros químicos deverão contar com unidades acessíveis a pessoas com deficiência ou com mobilidade reduzida.

§ 2º O número mínimo de banheiros químicos acessíveis corresponderá a 10% (dez por cento) do total, garantindo-se pelo menos 1 (uma) unidade acessível caso a aplicação do percentual resulte em fração inferior a 1 (um)."

Sobre as chamadas "Disposições sobre ajudas técnicas", a citada lei de 2019 trouxe um novo artigo:

"**Art. 21-A**. Às **pessoas com deficiência visual** será garantido, sem custo adicional, quando por elas solicitado, um kit que conterá, no mínimo: (grifo nossso)

I – etiqueta em braile: filme transparente fixo ao cartão com informações em braile, com a identificação do tipo do cartão e os 6 (seis) dígitos finais do número do cartão;

II – identificação do tipo de cartão em braile: primeiro dígito, da esquerda para a direita, identificador do tipo de cartão;

III – fita adesiva: fita para fixar a etiqueta em braile de dados no cartão;

IV – porta-cartão: objeto para armazenar o cartão e possibilitar ao portador acesso às informações necessárias ao pleno uso do cartão, com identificação, em braile, do número completo do cartão, do tipo de cartão, da bandeira, do nome do emissor, da data de validade, do código de segurança e do nome do portador do cartão.

Parágrafo único. O porta-cartão de que trata o inciso IV do *caput* deste artigo deverá possuir tamanho suficiente para que constem todas as informações descritas no referido inciso e deverá ser conveniente ao transporte pela pessoa com deficiência visual."

No âmbito da Administração Pública, o **Estatuto dos Servidores Públicos Civis da União** (Lei n. 8.112/90) disciplina que às pessoas com deficiência é assegurado o direito de se inscrever em concurso público para provimento de cargo cujas atribuições sejam compatíveis com a deficiência de que são portadoras; **para tais pessoas serão reservadas até 20% (vinte por cento) das vagas oferecidas no concurso** (art. 5º, § 2º).

No âmbito internacional, a **Convenção Internacional sobre os Direitos das Pessoas com Deficiência** e seu Protocolo Facultativo foram assinados em Nova York, em 30 de março de 2007.

O Congresso Nacional a aprovou, por meio do Decreto Legislativo n. 186, de 9 de julho de 2008. O Governo brasileiro depositou o instrumento de ratificação dos referidos atos junto ao Secretário-Geral das Nações Unidas em 1º de agosto de 2008. Os atos internacionais em apreço entraram em vigor para o Brasil, no plano jurídico externo, em 31 de agosto de 2008. Por fim, o Decreto n. 6.949, de 25 de agosto de 2009, promulgou-a no âmbito interno.

Esta Convenção foi incorporada nos moldes da regra nova prevista no § 3º do art. 5º/CF, portanto, com equivalência de emenda constitucional, sendo o primeiro tratado internacional com tal *status*.

Ao falarmos sobre as pessoas com deficiência, o tema central é evitar qualquer tipo de discriminação, buscando justamente uma inclusão do deficiente. Nesse sentido, a Convenção destaca logo em seu Preâmbulo:

"Os Estados Partes da presente Convenção,
(...)
c) Reafirmando a universalidade, a indivisibilidade, a interdependência e a inter-relação de todos os direitos humanos e liberdades fundamentais, bem como a necessidade de garantir que todas as pessoas com deficiência os exerçam plenamente, **sem discriminação**, (grifo nosso)
(...)
h) Reconhecendo também que a **discriminação** contra qualquer pessoa, por motivo de deficiência, configura violação da dignidade e do valor inerentes ao ser humano, (grifo nosso)
(...)
p) Preocupados com as difíceis situações enfrentadas por pessoas com deficiência que estão sujeitas a formas múltiplas ou agravadas de **discriminação** por causa de raça, cor, sexo, idioma, religião, opiniões políticas ou de outra natureza, origem nacional, étnica, nativa ou social, propriedade, nascimento, idade ou outra condição, (grifo nosso)
(...)"

A inclusão vem presente também dentre os **propósitos e princípios da Convenção** descritos nos arts. 2º e 3º:

"Art. 2º Para os propósitos da presente Convenção:
'**Comunicação**' abrange as línguas, a visualização de textos, o braile, a comunicação tátil, os caracteres ampliados, os dispositivos de multimídia acessível, assim como a linguagem simples, escrita e oral, os sistemas auditivos e os meios de voz digitalizada e os modos, meios e formatos aumentativos e alternativos de comunicação, inclusive a tecnologia da informação e comunicação acessíveis;
'**Língua**' abrange as línguas faladas e de sinais e outras formas de comunicação não falada;
'**Discriminação por motivo de deficiência**' significa qualquer diferenciação, exclusão ou restrição baseada em deficiência, com o propósito ou efeito de impedir ou impossibilitar o reconhecimento, o desfrute ou o exercício, em igualdade de oportunidades com as demais pessoas, de todos os direitos humanos e liberdades fundamentais nos âmbitos político, econômico, social, cultural, civil ou qualquer outro. Abrange todas as formas de discriminação, inclusive a recusa de adaptação razoável;
'**Adaptação razoável**' significa as modificações e os ajustes necessários e adequados que não acarretem ônus desproporcional ou indevido, quando requeridos em cada caso, a fim de assegurar que as pessoas com deficiência possam gozar ou exercer, em igualdade de oportunidades com as demais pessoas, todos os direitos humanos e liberdades fundamentais;
'**Desenho universal**' significa a concepção de produtos, ambientes, programas e serviços a serem usados, na maior medida possível, por todas as pessoas, sem necessidade de adaptação ou projeto específico. O "desenho universal" não excluirá as ajudas técnicas para grupos específicos de pessoas com deficiência, quando necessárias. (grifo nosso)

Art. 3º **Os princípios da presente Convenção** são: (grifo nosso)
a) O respeito pela dignidade inerente, a autonomia individual, inclusive a liberdade de fazer as próprias escolhas, e a independência das pessoas;
b) A **não discriminação**; (grifo nosso)
c) A plena e efetiva participação e inclusão na sociedade;
d) O respeito pela diferença e pela aceitação das pessoas com deficiência como parte da diversidade humana e da humanidade;
e) A igualdade de oportunidades;
f) A acessibilidade;
g) A igualdade entre o homem e a mulher;
h) O respeito pelo desenvolvimento das capacidades das crianças com deficiência e pelo direito das crianças com deficiência de preservar sua identidade".

Em 2015, por meio da Lei n. 13.146, foi instituída a "Lei Brasileira de Inclusão da Pessoa com Deficiência **(Estatuto da Pessoa com Deficiência)**", destinada a assegurar e a promover, em condições de igualdade, o exercício dos direitos e das liberdades fundamentais por pessoa com deficiência, visando à sua inclusão social e cidadania. Esta lei teve como base a Convenção sobre os Direitos das Pessoas com Deficiência e seu Protocolo Facultativo, já abordados acima.

Dessa nova lei, que possui reflexos também no Direito Civil por ter modificado os critérios de capacidade civil (art. 6º) e do instituto da curatela, destacamos o **conceito legal de pessoa com deficiência** previsto no art. 2º:

"**Art. 2º** Considera-se pessoa com deficiência aquela que tem impedimento de longo prazo de natureza física, mental, intelectual ou sensorial, o qual, em interação com uma ou mais barreiras, pode obstruir sua participação plena e efetiva na sociedade em igualdade de condições com as demais pessoas."

O § 1º disciplina a avaliação da deficiência, com referência ao Decreto n. 11.063, de maio de 2022, portanto, recente. Vejamos:

"§ 1º A avaliação da deficiência, quando necessária, será biopsicossocial, realizada por equipe multiprofissional e interdisciplinar e considerará:

I – os impedimentos nas funções e nas estruturas do corpo;

II – os fatores socioambientais, psicológicos e pessoais;

III – a limitação no desempenho de atividades; e

IV – a restrição de participação."

Com relação ao decreto citado, este estabelece os critérios e os requisitos para a avaliação de pessoas com deficiência ou pessoas com transtorno do espectro autista para fins de concessão de isenção do Imposto sobre Produtos Industrializados – IPI na aquisição de automóveis. Talvez o tema seja mais pertinente ao Direito Tributário, mas pela transversalidade dos assuntos, melhor precaver-se. Por tratar-se de norma recentíssima, mesmo que de forma "provisória" nos termos do parágrafo único do art. 1º do próprio decreto que afirma "aplica-se o disposto neste Decreto até que se proceda à regulamentação e à implementação da avaliação biopsicossocial de que trata o § 1º do art. 2º da Lei n. 13.146, de 6 de julho de 2015 – Estatuto da Pessoa com Deficiência", destaco:

"Art. 2º Para fins do disposto neste Decreto, considera-se pessoa com deficiência a que se enquadrar em, no mínimo, uma das seguintes categorias:

I – deficiência física – alteração completa ou parcial de um ou mais segmentos do corpo humano, que acarrete o comprometimento da função física, sob a forma de:

a) paraplegia;
b) paraparesia;
c) monoplegia;
d) monoparesia;
e) tetraplegia;
f) tetraparesia;
g) triplegia;
h) triparesia;
i) hemiplegia;
j) hemiparesia;
k) ostomia;
l) amputação ou ausência de membro;
m) paralisia cerebral;
n) nanismo; ou
o) membros com deformidade congênita ou adquirida;

II – deficiência auditiva – perda bilateral, parcial ou total, de 41 dB (quarenta e um decibéis) ou mais, aferida por audiograma nas frequências de 500 Hz (quinhentos hertz), 1.000 Hz (mil hertz), 2.000 Hz (dois mil hertz) e 3.000 Hz (três mil hertz);

III – deficiência visual:

a) cegueira, na qual a acuidade visual seja igual ou menor que cinco centésimos no melhor olho, com a melhor correção óptica;

b) baixa visão, na qual a acuidade visual esteja entre três décimos e cinco centésimos no melhor olho, com a melhor correção óptica;

c) casos em que a somatória da medida do campo visual em ambos os olhos seja igual ou menor que sessenta graus; ou

d) ocorrência simultânea de quaisquer das condições previstas nas alíneas "a", "b" e "c"; e

IV – deficiência mental – funcionamento intelectual significativamente inferior à média, com manifestação antes dos dezoito anos e limitações associadas a duas ou mais áreas de habilidades adaptativas, tais como:

a) comunicação;
b) cuidado pessoal;
c) habilidades sociais;
d) utilização dos recursos da comunidade;
e) saúde e segurança;
f) habilidades acadêmicas;
g) lazer; e
h) trabalho.

Parágrafo único. Para fins do disposto neste Decreto, não se incluem no rol das deficiências físicas as deformidades estéticas e as que não produzam dificuldades para o desempenho das funções locomotoras da pessoa."

O Exame de Ordem costuma pedir questões contemporâneas, e o autismo é um tema com muita expressão atualmente, portanto, destaco abaixo:

"Art. 3º Até a implementação e a estruturação das perícias médicas de que trata o art. 21 da Lei n. 13.846, de 18 de junho de 2019, a comprovação da deficiência e da **condição de pessoa com transtorno do espectro autista**, para fins de concessão da isenção de que trata o art. 1º, será realizada por meio de laudo de avaliação emitido: (grifo nosso)

I – por prestador de serviço público de saúde;

II – por serviço privado de saúde, contratado ou conveniado, que integre o Sistema Único de Saúde – SUS;

III – pelo Departamento de Trânsito – Detran ou por suas clínicas credenciadas; ou

IV – por intermédio de serviço social autônomo, sem fins lucrativos, criado por lei, na hipótese de não emissão de laudo de avaliação eletrônico."

Com relação à capacidade civil prevista no Código Civil, uma abordagem mais aprofundada deve ser verificada naquela disciplina. De toda forma, merece o destaque:

"**Art. 6º** A deficiência não afeta a plena capacidade civil da pessoa, inclusive para:

I – casar-se e constituir união estável;

II – exercer direitos sexuais e reprodutivos;

III – exercer o direito de decidir sobre o número de filhos e de ter acesso a informações adequadas sobre reprodução e planejamento familiar;

IV – conservar sua fertilidade, sendo vedada a esterilização compulsória;

V – exercer o direito à família e à convivência familiar e comunitária; e

VI – exercer o direito à guarda, à tutela, à curatela e à adoção, como adotante ou adotando, em igualdade de oportunidades com as demais pessoas."

No 39º Exame, caíram conceitos sobre barreiras, previstos no art. 3º. Vejamos:

"**Art. 3º** Para fins de aplicação desta Lei, consideram-se:

(...)

IV – barreiras: qualquer entrave, obstáculo, atitude ou comportamento que limite ou impeça a participação social da pessoa, bem como o gozo, a fruição e o exercício de seus direitos à acessibilidade, à liberdade de movimento e de expressão, à comunicação, ao acesso à informação, à compreensão, à circulação com segurança, entre outros, classificadas em:

a) barreiras urbanísticas: as existentes nas vias e nos espaços públicos e privados abertos ao público ou de uso coletivo;

b) barreiras arquitetônicas: as existentes nos edifícios públicos e privados;

c) barreiras nos transportes: as existentes nos sistemas e meios de transportes;

d) barreiras nas comunicações e na informação: qualquer entrave, obstáculo, atitude ou comportamento que dificulte ou impossibilite a expressão ou o recebimento de mensagens e de informações por intermédio de sistemas de comunicação e de tecnologia da informação;

e) barreiras atitudinais: atitudes ou comportamentos que impeçam ou prejudiquem a participação social da pessoa com deficiência em igualdade de condições e oportunidades com as demais pessoas;

f) barreiras tecnológicas: as que dificultam ou impedem o acesso da pessoa com deficiência às tecnologias".

A inclusão não está apenas como "nome da nova lei", mas é seu objetivo central, portanto, por meio do legislador, buscou-se toda forma de evitar qualquer discriminação. Neste viés, temos:

"**Art. 4º** Toda pessoa com deficiência tem direito à igualdade de oportunidades com as demais pessoas e não sofrerá nenhuma espécie de discriminação.

§ 1º Considera-se **discriminação em razão da deficiência** toda forma de distinção, restrição ou exclusão, por ação ou omissão, que tenha o propósito ou o efeito de prejudicar, impedir ou anular o reconhecimento ou o exercício dos direitos e das liberdades fundamentais de pessoa com deficiência, incluindo a recusa de adaptações razoáveis e de fornecimento de tecnologias assistivas. (grifo nosso)

§ 2º A pessoa com deficiência não está obrigada à fruição de benefícios decorrentes de ação afirmativa.

Art. 5º A pessoa com deficiência será protegida de toda forma de negligência, **discriminação**, exploração, violência, tortura, crueldade, opressão e tratamento desumano ou degradante. (grifo nosso)

(...)

Art. 23. São vedadas todas as formas de discriminação contra a pessoa com deficiência, inclusive por meio de cobrança de valores diferenciados por planos e seguros privados de saúde, em razão de sua condição. (grifo nosso)

(...)

Art. 27. (...)

Parágrafo único. É dever do Estado, da família, da comunidade escolar e da sociedade assegurar educação de qualidade à pessoa com deficiência, colocando-a a **salvo de toda forma de violência, negligência e discriminação**. (grifo nosso)

Art. 28. Incumbe ao poder público assegurar, criar, desenvolver, implementar, incentivar, acompanhar e avaliar: (grifo nosso)

I – sistema educacional inclusivo em todos os níveis e modalidades, bem como o aprendizado ao longo de toda a vida;

II – aprimoramento dos sistemas educacionais, visando a garantir condições de acesso, permanência, participação e aprendizagem, por meio da oferta de serviços e de recursos de acessibilidade que eliminem as barreiras e promovam a inclusão plena;

III – projeto pedagógico que institucionalize o atendimento educacional especializado, assim como os demais serviços e adaptações razoáveis, para atender às características dos estudantes com deficiência e garantir o seu pleno acesso ao currículo em condições de igualdade, promovendo a conquista e o exercício de sua autonomia;

IV – oferta de educação bilíngue, em Libras como primeira língua e na modalidade escrita da língua portuguesa como segunda língua, em escolas e classes bilíngues e em escolas inclusivas;

V – adoção de medidas individualizadas e coletivas em ambientes que maximizem o desenvolvimento acadêmico e social dos estudantes com deficiência, favorecendo o acesso, a permanência, a participação e a aprendizagem em instituições de ensino;

VI – pesquisas voltadas para o desenvolvimento de novos métodos e técnicas pedagógicas, de materiais didáticos, de equipamentos e de recursos de tecnologia assistiva;

VII – planejamento de estudo de caso, de elaboração de plano de atendimento educacional especializado, de organização de recursos e serviços de acessibilidade e de disponibilização e usabilidade pedagógica de recursos de tecnologia assistiva;

VIII – participação dos estudantes com deficiência e de suas famílias nas diversas instâncias de atuação da comunidade escolar;

IX – adoção de medidas de apoio que favoreçam o desenvolvimento dos aspectos linguísticos, culturais, vocacionais e profissionais, levando-se em conta o talento, a criatividade, as habilidades e os interesses do estudante com deficiência;

X – adoção de práticas pedagógicas inclusivas pelos programas de formação inicial e continuada de professores e oferta de formação continuada para o atendimento educacional especializado;

XI – formação e disponibilização de professores para o atendimento educacional especializado, de tradutores e intérpretes da Libras, de guias intérpretes e de profissionais de apoio;

XII – oferta de ensino da Libras, do Sistema Braille e de uso de recursos de tecnologia assistiva, de forma a ampliar habilidades funcionais dos estudantes, promovendo sua autonomia e participação;

XIII – acesso à educação superior e à educação profissional e tecnológica em igualdade de oportunidades e condições com as demais pessoas;

XIV – inclusão em conteúdos curriculares, em cursos de nível superior e de educação profissional técnica e tecnológica, de temas relacionados à pessoa com deficiência nos respectivos campos de conhecimento;

XV – acesso da pessoa com deficiência, em igualdade de condições, a jogos e a atividades recreativas, esportivas e de lazer, no sistema escolar;

XVI – acessibilidade para todos os estudantes, trabalhadores da educação e demais integrantes da comunidade escolar às edificações, aos ambientes e às atividades concernentes a todas as modalidades, etapas e níveis de ensino;

XVII – oferta de profissionais de apoio escolar;

XVIII – articulação intersetorial na implementação de políticas públicas.

(...)

Art. 34. (...)

§ 3º É vedada restrição ao trabalho da pessoa com deficiência e **qualquer discriminação em razão de sua condição**, inclusive nas etapas de recrutamento, seleção, contratação, admissão, exames admissional e periódico, permanência no emprego, ascensão profissional e reabilitação profissional, bem como exigência de aptidão plena."
(grifo nosso)

A nova lei trouxe um Título sobre crimes e infrações administrativas, cujo destaque é justamente o **crime de discriminação** previsto no art. 88. Vejamos:

"**Art. 88.** Praticar, induzir ou incitar **discriminação de pessoa em razão de sua deficiência:** (grifo nosso)

Pena – reclusão, de 1 (um) a 3 (três) anos, e multa.

§ 1º Aumenta-se a pena em 1/3 (um terço) se a vítima encontrar-se sob cuidado e responsabilidade do agente.

§ 2º Se qualquer dos crimes previstos no caput deste artigo é cometido por intermédio de meios de comunicação social ou de publicação de qualquer natureza:

Pena – reclusão, de 2 (dois) a 5 (cinco) anos, e multa.

§ 3º Na hipótese do § 2º deste artigo, o juiz poderá determinar, ouvido o Ministério Público ou a pedido deste, ainda antes do inquérito policial, sob pena de desobediência:

I – recolhimento ou busca e apreensão dos exemplares do material discriminatório;

II – interdição das respectivas mensagens ou páginas de informação na internet.

§ 4º Na hipótese do § 2º deste artigo, constitui efeito da condenação, após o trânsito em julgado da decisão, a destruição do material apreendido."

Por meio do Decreto Legislativo n. 261, de 25 de novembro de 2015, foi aprovado o texto do **Tratado de Marraqueche**, para facilitar o acesso a obras publicadas às pessoas cegas, com deficiência visual ou com outras dificuldades para ter acesso ao texto impresso.

O tratado foi concluído no âmbito da Organização Mundial da Propriedade Intelectual (OMPI), celebrado em Marraqueche em 28 de junho de 2013.

Ressalta-se que **o referido tratado foi aprovado com equivalência às emendas constitucionais**, ou seja, aprovado na forma do § 3º do art. 5º, da CF.

O objetivo do tratado é combater a escassez de obras publicadas em formatos adequados ao uso de pessoas com deficiência visual, promovendo, assim, igualdade de oportunidades. De acordo com dados da União Mundial de Cegos, menos de 10% das obras intelectuais estão disponíveis em formatos acessíveis, conforme dados da página oficial do governo brasileiro (Portal Brasil, com informações do MinC).

Merecem destaque os **conceitos legais** descritos no art. 2º. Vejamos:

"**Art. 2º** Definições

Para os fins do presente Tratado:

(a) Por "**obras**" deve ser entendido as obras literárias e artísticas na acessão constante no Artigo 2(1) da Convenção de Berna para a Proteção de Obras Literárias e Artísticas, em forma de texto, notação e/ou ilustrações conexas independentemente de terem sido publicadas ou colocadas à disposição do público por qualquer meio; (grifo nosso)

(b) Por "**cópia em formato acessível**" entende-se a reprodução de uma obra, de uma maneira ou forma alternativa que dê aos beneficiários acesso à mesma, sendo esse acesso tão viável e cómodo quanto o proporcionado às pessoas sem incapacidade visual ou sem outras dificuldades para aceder ao texto impresso. A cópia em formato acessível será utilizada exclusivamente pelos beneficiários e tem de respeitar a integridade da obra original, tomando em devida consideração as alterações necessárias para que a obra fique acessível em formato alternativo e responda às necessidades de acessibilidade dos beneficiários; (grifo nosso)

(c) Por "**entidade autorizada**" entende-se toda a entidade autorizada ou reconhecida pelo governo para proporcionar aos beneficiários, sem fins lucrativos, educação, formação pedagógica, leitura adaptada ou acesso à informação. Estão também incluídas todas as instituições governamentais ou organizações sem fins lucrativos que proporcionem os mesmos serviços aos beneficiários, como uma das suas atividades principais ou obrigações institucionais". (grifo nosso).

Cabe destacar que em 2021, por meio da Lei n. 14.126, de 22 de março, classificou-se a visão monocular como deficiência sensorial, do tipo visual para todos os efeitos legais.

2.5 Mulheres

Tema de relevância indiscutível, as discriminações e crimes sexistas continuam estampando nossas matérias policiais, mas, em termos de Exame de Ordem, sua incidência ainda está baixa.

Nossa Constituição protege as mulheres para garantir igualdade de direitos e condições com homens (art. 5º, I), proteção do mercado de trabalho da mulher, mediante incentivos específicos, nos termos da lei (art. 7º, XX), referente à aposentadoria (arts. 40, III, 201, § 7º) etc.

No âmbito internacional (Sistema Universal), temos a **Convenção sobre a Eliminação de todas as Formas de Discriminação contra a Mulher**, a qual foi aprovada pelo Congresso Nacional por meio do Decreto Legislativo n. 93, de 14 de novembro de 1983. A República Federativa do Brasil a assinou em Nova York, no dia 31 de março de 1981, com reservas, as quais foram retiradas em 20 de dezembro de 1994. A Convenção entrou em vigor para o Brasil em 2 de março de 1984. O Decreto n. 4.377, de 13 de setembro de 2002 a promulgou. Da referida norma internacional, destaco:

"**Art. 1º** Para os fins da presente Convenção, a expressão "discriminação contra a mulher" significará toda a distinção, exclusão ou restrição baseada no sexo e que tenha por objeto ou resultado prejudicar ou anular o reconhecimento, gozo ou exercício pela mulher, independentemente de seu estado civil, com base na igualdade do homem e da mulher, dos direitos humanos e liberdades fundamentais nos campos político, econômico, social, cultural e civil ou em qualquer outro campo".

Em 6 de outubro de 1999, por meio da Resolução n. A/54/4, foi publicado o **Protocolo Facultativo à Convenção sobre a Eliminação de Todas as Formas de Discriminação contra a Mulher**.

O Congresso Nacional aprovou o texto por meio do Decreto Legislativo n. 107, de 6 de junho de 2002. O Protocolo entrou em vigor, para o Brasil, em 28 de setembro de 2002. Por fim, por meio do Decreto n. 4.316, de 30 de julho de 2002, foi promulgado. Sobre a competência do referido Protocolo, temos:

"**Art. 1º** Cada Estado Parte do presente Protocolo (doravante denominado "Estado Parte") reconhece a competência do Comitê sobre a Eliminação da Discriminação contra a Mulher (doravante denominado "o Comitê") para receber e considerar comunicações apresentadas de acordo com o art. 2º deste Protocolo.

Art. 2º As comunicações podem ser apresentadas por indivíduos ou grupos de indivíduos, que se encontrem sob a jurisdição do Estado Parte e aleguem ser vítimas de violação de quaisquer dos direitos estabelecidos na **Convenção** por aquele Estado Parte, ou em nome desses indivíduos ou grupos de indivíduos. Sempre que for apresentada em nome de indivíduos ou grupos de indivíduos, a comunicação deverá contar com seu consentimento, a menos que o autor possa justificar estar agindo em nome deles sem o seu consentimento. (grifo nosso)

Art. 3º As comunicações deverão ser feitas por escrito e não poderão ser anônimas. Nenhuma comunicação relacionada a um Estado Parte da Convenção que não seja parte do presente Protocolo será recebida pelo Comitê".

Ainda no âmbito internacional, porém agora no Sistema Interamericano de Direitos Humanos, temos a **Convenção Interamericana para Prevenir, Punir e Erradicar a Violência contra a Mulher** (Convenção de Belém do Pará), adotada pela OEA em 9 de junho de 1994. Ela foi aprovada pelo Congresso Nacional por meio do Decreto Legislativo n. 107, de 31 de agosto de 1995. Entrou em vigor internacional em 3 de março de 1995. O Governo brasileiro depositou a Carta de Ratificação em 27 de novembro de 1995, passando a vigorar, para o Brasil, em 27 de dezembro de 1995. Por fim, o Decreto n. 1.973, de 1º de agosto de 1996 a promulgou. Da referida norma destaco:

"**Art. 1º** Para os efeitos desta Convenção, **entender-se-á por violência contra a mulher** qualquer ato ou conduta baseada no gênero, que cause morte, dano ou sofrimento físico, sexual ou psicológico à mulher, tanto na esfera pública como na esfera privada. (grifo nosso)

Art. 2º Entende-se que a violência contra a mulher abrange a violência física, sexual e psicológica: a) ocorrida no âmbito da família ou unidade doméstica ou em qualquer relação interpessoal, quer o agressor compartilhe, tenha compartilhado ou não a sua residência, incluindo-se, entre outras turmas, o estupro, maus-tratos e abuso sexual; b) ocorrida na comunidade e comedida por qualquer pessoa, incluindo, entre outras formas, o estupro, abuso sexual, tortura, tráfico de mulheres, prostituição forçada, sequestro e assédio sexual no local de trabalho, bem como em instituições educacionais, serviços de saúde ou qualquer outro local; e c) perpetrada ou tolerada pelo Estado ou seus agentes, onde quer que ocorra. (grifo nosso)

Outra questão relevante, que agora poderá ser abordada na disciplina "Direito Eleitoral" (cabe lembrar que o Conselho Pleno da OAB aprovou três novas disciplinas para a 1ª fase: direito previdenciário, eleitoral e financeiro), é a porcentagem mínima e máxima exigida para os partidos políticos no tocante às mulheres.

A Lei n. 9.504/97 com alteração recente por meio da Lei n. 14.211/2021, estabelece normas para as eleições. Destaca-se o art. 10:

"**Art. 10.** Cada partido poderá registrar candidatos para a Câmara dos Deputados, a Câmara Legislativa, as Assembleias Legislativas e as Câmaras Municipais no total de até 100% (cem por cento) do número de lugares a preencher mais 1 (um).

[...]

§ 3º Do número de vagas resultantes das regras previstas neste artigo, cada partido ou coligação preencherá o mínimo de 30% (trinta por cento) e o máximo de 70% (setenta por cento) para candidaturas de cada sexo.

§ 4º Em todos os cálculos, será sempre desprezada a fração, se inferior a meio, e igualada a um, se igual ou superior.

§ 5º No caso de as convenções para a escolha de candidatos não indicarem o número máximo de candidatos previsto no *caput*, os órgãos de direção dos partidos respectivos poderão preencher as vagas remanescentes até trinta dias antes do pleito."

Outra vertente a ser abordada, em que pese ser matéria afeta ao direito penal, mas pela transversalidade do assunto a mantenho, é a questão da violência doméstica que infelizmente ocupa nossos noticiários diariamente.

Assim, cabe ressaltar que desde 2015, por meio da Lei n. 13.104, foi prevista a figura penal do feminicídio como circunstância qualificadora do crime de homicídio, e o art. 1º da Lei n. 8.072/90, para incluir o feminicídio no rol dos crimes hediondos.

Por sua vez a Lei n. 11.340/2006 (com várias alterações em 2017, 2018, 2019, 2020, 2023 e 2024) criou mecanismos para coibir a violência doméstica e familiar contra a mulher, nos termos do § 8º do art. 226 da Constituição Federal, da Convenção sobre a Eliminação de Todas as Formas de Discriminação contra as Mulheres e da **Convenção Interamericana para Prevenir, Punir e Erradicar a Violência contra a Mulher**. Em 2018, por meio da Lei n. 13.772, foram inclusas como formas de violência doméstica e familiar contra a mulher, entre outras, a **violência psicológica**, entendida como qualquer conduta que lhe cause dano emocional e diminuição da autoestima ou que lhe prejudique e perturbe o pleno desenvolvimento ou que vise a degradar ou controlar suas ações, comportamentos, crenças e decisões, mediante ameaça, constrangimento, humilhação, manipulação, isolamento, vigilância constante, perseguição contumaz, insulto, chantagem, violação de sua intimidade, ridicularização, exploração e limitação do direito de ir e vir ou qualquer outro meio que lhe cause prejuízo à saúde psicológica e à autodeterminação. Por sua vez, em 2019, por meio da Lei n. 13.894, no caso de mulher em situação de violência doméstica e familiar, para preservar sua integridade física e psicológica, o juiz assegurará à mulher, dentre outros casos, o encaminhamento à assistência judiciária, quando for o caso, inclusive para eventual ajuizamento da ação de separação judicial, de divórcio, de anulação de casamento ou de dissolução de união estável perante o juízo competente. Da mesma inovação legislativa de 2019, no caso de atendimento à mulher em situação de violência doméstica e familiar, a autoridade policial deverá, entre outras providências, informar à ofendida os direitos a ela conferidos nesta lei e os serviços disponíveis, inclusive os de assistência judiciária para o eventual ajuizamento perante o juízo competente da ação de separação judicial, de divórcio, de anulação de casamento ou de dissolução de união estável. Ainda em 2019, agora por meio da Lei n. 13.880, em todos os casos de violência doméstica e familiar contra a mulher, feito o registro da ocorrência, deverá a autoridade policial adotar, de imediato, com destaque, os seguintes procedimentos, sem prejuízo daqueles previstos no Código de Processo Penal: verificar se o agressor possui registro de porte ou posse de arma de fogo e, na hipótese de existência, juntar aos autos essa informação, bem como notificar a ocorrência à instituição responsável pela concessão do registro ou da emissão do porte, nos termos da Lei n. 10.826, de 22 de dezembro de 2003 (Estatuto do Desarmamento). Em 2023 no tocante às medidas protetivas de urgência, surgiram as seguintes possibilidades: "As medidas protetivas de urgência serão concedidas em juízo de cognição sumária a partir do depoimento da ofendida perante a autoridade policial ou da apresentação de suas alegações escritas e poderão ser indeferidas no caso de avaliação pela autoridade de inexistência de risco à integridade física, psicológica, sexual, patrimonial ou moral da ofendida ou de seus dependentes".; "As medidas protetivas de urgência serão concedidas independentemente da tipificação penal da violência, do ajuizamento de ação penal ou cível, da existência de inquérito policial ou do registro de boletim de ocorrência." e "As medidas protetivas de urgência vigorarão enquanto persistir risco à integridade física, psicológica, sexual, patrimonial ou moral da ofendida ou de seus dependentes". Por fim, na mesma alteração legislativa de 2023 temos: "Art. 40-A. Esta Lei será aplicada a todas as situações previstas no seu art. 5º, independentemente da causa ou da motivação dos atos de violência e da condição do ofensor ou da ofendida" e, como há a referência ao art. 5º, o transcrevo:

"**Art. 5º** Para os efeitos desta Lei, configura violência doméstica e familiar contra a mulher qualquer ação ou omissão baseada no gênero que lhe cause morte, lesão, sofrimento físico, sexual ou psicológico e dano moral ou patrimonial:

I – no âmbito da unidade doméstica, compreendida como o espaço de convívio permanente de pessoas, com ou sem vínculo familiar, inclusive as esporadicamente agregadas;

II – no âmbito da família, compreendida como a comunidade formada por indivíduos que são ou se consideram aparentados, unidos por laços naturais, por afinidade ou por vontade expressa;

III – em qualquer relação íntima de afeto, na qual o agressor conviva ou tenha convivido com a ofendida, independentemente de coabitação.

Parágrafo único. As relações pessoais enunciadas neste artigo independem de orientação sexual".

Encerrando o tópico, chamo a atenção à Lei n. 14.994, de 9 de outubro de 2024, que alterou o Código Penal, a Lei das Contravenções Penais, a Lei de Execução Penal, a Lei dos Crimes Hediondos, a Lei Maria da Penha e o Código de Processo Penal, para tornar o feminicídio crime autônomo, agravar a sua pena e a de outros crimes praticados contra a mulher por razões da condição do sexo feminino, bem como para estabelecer outras medidas destinadas a prevenir e coibir a violência praticada contra a mulher.

2.6 Crianças

O tema é mais afeto à disciplina "Estatuto da Criança e do Adolescente", e por isso mesmo, apenas uma questão no "meio de Direitos Humanos". Novamente pela transversalidade do assunto, mantenho o texto abaixo.

A **Convenção sobre os Direitos da Criança**, adotada pela Assembleia Geral nas Nações Unidas em 20 de novembro de 1989, foi aprovada pelo Congresso Nacional por meio do Decreto Legislativo n. 28, de 14 de setembro de 1990.

Este tratado internacional entrou em vigor internacional em 2 de setembro de 1990. O Governo brasileiro ratificou a referida Convenção em 24 de setembro de 1990, tendo a mesmo entrado em vigor para o Brasil em 23 de outubro de 1990. Por fim, o Decreto n. 99.710, de 21 de novembro de 1990, o promulgou. Do texto, destaco:

"**Art. 1º** Para efeitos da presente Convenção considera-se como criança **todo ser humano com menos de dezoito anos de idade**, a não ser que, em conformidade com a lei aplicável à criança, a maioridade seja alcançada antes. (grifo nosso)

Art. 2º 1. Os Estados Partes respeitarão os direitos enunciados na presente Convenção e assegurarão sua aplicação a cada criança sujeita à sua jurisdição, sem distinção alguma, independentemente de raça, cor, sexo, idioma, crença, opinião política ou de outra índole, origem nacional, étnica ou social, posição econômica, deficiências físicas, nascimento ou qualquer outra condição da criança, de seus pais ou de seus representantes legais. 2. Os Estados Partes tomarão todas as medidas apropriadas para assegurar a proteção da criança contra toda forma de discriminação ou castigo por causa da condição, das atividades, **das opiniões manifestadas ou das crenças de seus pais**, representantes legais ou familiares. (grifo nosso)

Art. 3º 1. Todas as ações relativas às crianças, levadas a efeito por instituições públicas ou privadas de bem estar social, tribunais, autoridades administrativas ou órgãos legislativos, **devem considerar, primordialmente, o interesse maior da criança**.

(...)

Art. 6º 1. Os Estados Partes reconhecem que toda criança tem o direito inerente à vida. 2. Os Estados Partes **assegurarão ao máximo a sobrevivência e o desenvolvimento da criança**. (grifo nosso)

Art. 7º 1. **A criança será registrada imediatamente após seu nascimento e terá direito**, desde o momento em que nasce, a um nome, a uma nacionalidade e, na medida do possível, a conhecer seus pais e a ser cuidada por eles. 2. Os Estados Partes zelarão pela aplicação desses direitos de acordo com sua legislação nacional e com as obrigações que tenham assumido em virtude dos instrumentos internacionais pertinentes, sobretudo se, de outro modo, **a criança se tornaria apátrida**."

Merece destaque também o art. 17 da referida Convenção, pois os meios de comunicação atualmente conseguem "amoldar" as crianças, que estão em constante formação. Vejamos:

"**Art. 17.** Os Estados Partes reconhecem a função importante desempenhada pelos **meios de comunicação e zelarão para que a criança tenha acesso a informações e materiais procedentes de diversas fontes nacionais e internacionais**, especialmente informações e materiais que visem a promover seu bem-estar social, espiritual e moral e sua saúde física e mental. Para tanto, os Estados Partes:

a) incentivarão os meios de comunicação a difundir informações e materiais de interesse social e cultural para a criança, de acordo com o espírito do art. 29;

b) promoverão a cooperação internacional na produção, no intercâmbio e na divulgação dessas informações e desses materiais procedentes de diversas fontes culturais, nacionais e internacionais;

c) incentivarão a produção e difusão de livros para crianças;

d) incentivarão os meios de comunicação no sentido de, particularmente, considerar as necessidades linguísticas da criança que pertença a um grupo minoritário ou que seja indígena;

e) **promoverão a elaboração de diretrizes apropriadas a fim de proteger a criança** contra toda informação e material prejudiciais ao seu bem-estar, tendo em conta as disposições dos arts. 13 e 18". (grifo nosso)

O Estatuto da Criança e do Adolescente (Lei n. 8.069/90 – ECA) sofreu diversas alterações ao longo do tempo. Recentemente destaco 2020, 2021, 2022 e 2023 (não abordarei as anteriores a 2020 aqui em Direitos Humanos).

As alterações de 2020 (Lei n. 14.154), aperfeiçoaram o Programa Nacional de Triagem Neonatal (PNTN), por meio do estabelecimento de rol mínimo de doenças a serem rastreadas pelo teste do pezinho, e pela sua especificidade ao tema de saúde, optei por não mencionar.

As alterações de 2021 (Lei n. 14.154) abordaram os testes para o rastreamento de doenças no recém-nascido, afirmando que os mesmos serão disponibilizados pelo Sistema Único de Saúde, no âmbito do Programa Nacional de Triagem Neonatal (PNTN).

As alterações de 2022 (Lei n. 14.344) incluíram diversas ações nas quais a União, os Estados, o Distrito Federal e os Municípios deverão atuar de forma articulada na elaboração de políticas públicas e na execução de ações destinadas a coibir o uso de castigo físico ou de tratamento cruel ou degradante e difundir formas não violentas de educação de crianças e de adolescentes.

Por fim, em 2023 (Lei n. 14.548) ocorreram duas alterações pontuais: a primeira incluiu um parágrafo único ao art. 87 – "A linha de ação da política de atendimento a que se refere o inciso IV do *caput* deste artigo será executada em cooperação com o Cadastro Nacional de Pessoas Desaparecidas, criado pela Lei n. 13.812, de 16 de março de 2019, com o Cadastro Nacional de Crianças e Adolescentes Desaparecidos, criado pela Lei n. 12.127, de 17 de dezembro de 2009, e com os demais cadastros, sejam eles nacionais, estaduais ou municipais".. A segunda, criou o § 3º ao art. 208: "A notificação a que se refere o § 2º deste artigo será imediatamente comunicada ao Cadastro Nacional de Pessoas Desaparecidas e ao Cadastro Nacional de Crianças e Adolescentes Desaparecidos, que deverão ser prontamente atualizados a cada nova informação".

2.7 Política migratória

É um tema contemporâneo; temos a guerra na Ucrânia, a guerra na faixa de Gaza e a questão da instabilidade eterna na Venezuela, portanto, um assunto mundial.

No âmbito internacional, temos a Convenção Relativa ao Estatuto dos Refugiados, de 28 de julho de 1951, a qual entrou em vigor em 22 de abril de 1954.

Posteriormente, foi editado o Protocolo relativo ao Estatuto dos Refugiados, o qual entrou em vigor em 4 de outubro de 1967.

Segundo o Estatuto, caberá ao Alto Comissariado das Nações Unidas para Refugiados (ACNUR) promover instrumentos internacionais para a proteção dos refugiados e supervisionar sua aplicação.

Em síntese, a Convenção de 1951 e o Protocolo de 1967 são os principais instrumentos para assegurar que qualquer pessoa, em caso de necessidade, possa exercer o direito de procurar e de gozar de refúgio em outro país.

No âmbito interno, há a Lei n. 9.474/97, a qual definiu os mecanismos para a eficácia da Convenção de 1951.

Segundo a referida lei, nos termos do art. 1º, há a conceituação de refugiado. Vejamos:

"Art. 1º Será reconhecido como refugiado todo indivíduo que:

I – devido a fundados temores de perseguição por motivos de raça, religião, nacionalidade, grupo social ou opiniões políticas encontre-se fora de seu país de nacionalidade e não possa ou não queira acolher-se à proteção de tal país;

II – não tendo nacionalidade e estando fora do país onde antes teve sua residência habitual, não possa ou não queira regressar a ele, em função das circunstâncias descritas no inciso anterior;

III – devido a grave e generalizada violação de direitos humanos, é obrigado a deixar seu país de nacionalidade para buscar refúgio em outro país".

Importante destacar que, além do reconhecido como refugiado descrito pela lei no art. 1º, há a possibilidade da extensão do alcance da condição, nos termos do art. 2º:

"Art. 2º Os efeitos da condição dos refugiados serão extensivos ao cônjuge, aos ascendentes e descendentes, assim como aos demais membros do grupo familiar que do refugiado dependerem economicamente, desde que se encontrem em território nacional".

Sobre a condição jurídica de refugiado, os arts. 4º a 6º da lei disciplinam a questão:

"Art. 4º O reconhecimento da condição de refugiado, nos termos das definições anteriores, sujeitará seu beneficiário ao preceituado nesta Lei, sem prejuízo do disposto em instrumentos internacionais de que o Governo brasileiro seja parte, ratifique ou venha a aderir.

Art. 5º O refugiado gozará de direitos e estará sujeito aos deveres dos estrangeiros no Brasil, ao disposto nesta Lei, na Convenção sobre o Estatuto dos Refugiados de 1951 e no Protocolo sobre o Estatuto dos Refugiados de 1967, cabendo-lhe a obrigação de acatar as leis, regulamentos e providências destinados à manutenção da ordem pública.

Art. 6º O refugiado terá direito, nos termos da Convenção sobre o Estatuto dos Refugiados de 1951, a cédula de identidade comprobatória de sua condição jurídica, carteira de trabalho e documento de viagem".

O art. 11 da lei criou o CONARE, no âmbito do Ministério da Justiça.

O CONARE é o **Comitê Nacional para os Refugiados**, um órgão colegiado que reúne segmentos representativos da área governamental, da Sociedade Civil e das Nações Unidas.

As finalidades do Conare, segundo sua página oficial, são:

a) analisar o pedido sobre o reconhecimento da condição de refugiado;

b) deliberar quanto à cessação *ex officio* ou mediante requerimento das autoridades competentes, da condição de refugiado;

c) declarar a perda da condição de refugiado;

d) orientar e coordenar as ações necessárias à eficácia da proteção, assistência, integração local e apoio jurídico aos refugiados, com a participação dos Ministérios e instituições que compõem o CONARE; e

e) aprovar instruções normativas que possibilitem a execução da Lei n. 9.474/97.

O Comitê é composto por representantes dos seguintes órgãos:

a) Ministério da Justiça, que o preside;

b) Ministério das Relações Exteriores, que exerce a Vice-Presidência;

c) Ministério do Trabalho e do Emprego;

d) Ministério da Saúde;

e) Ministério da Educação;

f) Departamento da Polícia Federal;

g) Organização não governamental, que se dedica a atividade de assistência e de proteção aos refugiados no País – Cáritas Arquidiocesana de São Paulo e Rio de Janeiro; e

h) Alto Comissariado das Nações Unidas para Refugiados (ACNUR), com direito a voz, sem voto.

Dados do "Refúgio em números de 2023" apontam que "no ano de 2022, o Brasil recebeu 50.3558 solicitações de reconhecimento da condição de refugiado que, somadas àquelas registradas a partir do ano de 2011 (297.712), totalizaram 348.067 solicitações protocoladas desde o início da última década. Importa sublinhar que, no ano de 2022, verificou-se um acréscimo de 21.248 solicitações se comparado ao ano de 2021, quando o país recebeu 29.107 solicitações de reconhecimento da condição de refugiado (SILVA, G. J.; CAVALCANTI, L.; OLIVEIRA, T.; SILVA, B. G., 2022). [...] O ano de 2022 registrou, portanto, uma variação positiva de cerca de 73% em relação ao ano anterior. A maior parte das pessoas que solicitou reconhecimento da condição de refugiado no Brasil, em 2022, possuía a nacionalidade venezuelana, ou tinham na Venezuela o seu país de residência habitual. Foram 33.753 solicitações de reconhecimento da condição de refugiado, que corresponderam a 67,0% dos pedidos recebidos pelo Brasil naquele ano. Logo em seguida, destaca-se também o número significativo de pessoas de nacionalidade cubana, ou que tinham em

Cuba o seu país de residência habitual: 5.484 solicitantes de reconhecimento da condição de refugiado, que representaram 10,9% do total de solicitações, em 2022".

Voltando à Lei n. 9.474/97, merecem destaques, também, as possibilidades de extradições e expulsões. A lei disciplina da seguinte forma (extradição):

"**Art. 33.** O reconhecimento da condição de refugiado obstará o seguimento de qualquer pedido de extradição baseado nos fatos que fundamentaram a concessão de refúgio.

Art. 34. A solicitação de refúgio suspenderá, até decisão definitiva, qualquer processo de extradição pendente, em fase administrativa ou judicial, baseado nos fatos que fundamentaram a concessão de refúgio.

Art. 35. Para efeito do cumprimento do disposto nos arts. 33 e 34 desta Lei, a solicitação de reconhecimento como refugiado será comunicada ao órgão onde tramitar o processo de extradição".

E sobre a expulsão:

"**Art. 36.** Não será expulso do território nacional o refugiado que esteja regularmente registrado, salvo por motivos de segurança nacional ou de ordem pública.

Art. 37. A expulsão de refugiado do território nacional não resultará em sua retirada para país onde sua vida, liberdade ou integridade física possam estar em risco, e apenas será efetivada quando da certeza de sua admissão em país onde não haja riscos de perseguição".

Por fim, as possibilidades de cessação e perda da condição de refugiado. Vejamos as prescrições legais:

"**Art. 38.** Cessará a condição de refugiado nas hipóteses em que o estrangeiro:

I – voltar a valer-se da proteção do país de que é nacional;

II – recuperar voluntariamente a nacionalidade outrora perdida;

III – adquirir nova nacionalidade e gozar da proteção do país cuja nacionalidade adquiriu;

IV – estabelecer-se novamente, de maneira voluntária, no país que abandonou ou fora do qual permaneceu por medo de ser perseguido;

V – não puder mais continuar a recusar a proteção do país de que é nacional por terem deixado de existir as circunstâncias em consequência das quais foi reconhecido como refugiado;

VI – sendo apátrida, estiver em condições de voltar ao país no qual tinha sua residência habitual, uma vez que tenham deixado de existir as circunstâncias em consequência das quais foi reconhecido como refugiado.

Art. 39. Implicará perda da condição de refugiado:

I – a renúncia;

II – a prova da falsidade dos fundamentos invocados para o reconhecimento da condição de refugiado ou a existência de fatos que, se fossem conhecidos quando do reconhecimento, teriam ensejado uma decisão negativa;

III – o exercício de atividades contrárias à segurança nacional ou à ordem pública;

IV – a saída do território nacional sem prévia autorização do Governo brasileiro.

Parágrafo único. Os refugiados que perderem essa condição com fundamento nos incisos I e IV deste artigo serão enquadrados no regime geral de permanência de estrangeiros no território nacional, e os que a perderem com fundamento nos incisos II e III estarão sujeitos às medidas compulsórias previstas na Lei n. 6.815, de 19 de agosto de 1980".

A política migratória no País ganhou novo patamar legislativo em 2017: em 24 de maio de 2017, instituiu-se a "Lei de Migração", Lei n. 13.445.

Com a chegada da nova lei, houve a revogação total da Lei n. 6.815/80, a qual definia a situação jurídica do estrangeiro no Brasil, criando também o Conselho Nacional de Imigração. Era conhecida como "Estatuto do Estrangeiro".

Destacamos, na "Lei de Migração", conceitos básicos:

a) imigrante: pessoa nacional de outro país ou apátrida que trabalha ou reside e se estabelece temporária ou definitivamente no Brasil;

b) emigrante: brasileiro que se estabelece temporária ou definitivamente no exterior;

c) residente fronteiriço: pessoa nacional de país limítrofe ou apátrida que conserva a sua residência habitual em município fronteiriço de país vizinho;

d) visitante: pessoa nacional de outro país ou apátrida que vem ao Brasil para estadas de curta duração, sem pretensão de se estabelecer temporária ou definitivamente no território nacional;

e) apátrida: pessoa que não seja considerada como nacional por nenhum Estado, segundo a sua legislação, nos termos da Convenção sobre o Estatuto dos Apátridas, de 1954, promulgada pelo Decreto n. 4.246, de 22 de maio de 2002, ou assim reconhecida pelo Estado brasileiro.

Sobre os princípios e diretrizes, destacam-se:

"I – universalidade, indivisibilidade e interdependência dos direitos humanos;

II – repúdio e prevenção à xenofobia, ao racismo e a quaisquer formas de discriminação;

III – não criminalização da migração;

IV – não discriminação em razão dos critérios ou dos procedimentos pelos quais a pessoa foi admitida em território nacional;

V – promoção de entrada regular e de regularização documental;

VI – acolhida humanitária;

VII – desenvolvimento econômico, turístico, social, cultural, esportivo, científico e tecnológico do Brasil;

VIII – garantia do direito à reunião familiar;

IX – igualdade de tratamento e de oportunidade ao migrante e a seus familiares;

X – inclusão social, laboral e produtiva do migrante por meio de políticas públicas;

XI – acesso igualitário e livre do migrante a serviços, programas e benefícios sociais, bens públicos, educação, assistência jurídica integral pública, trabalho, moradia, serviço bancário e seguridade social;

XII – promoção e difusão de direitos, liberdades, garantias e obrigações do migrante;

XIII – diálogo social na formulação, na execução e na avaliação de políticas migratórias e promoção da participação cidadã do migrante;

XIV – fortalecimento da integração econômica, política, social e cultural dos povos da América Latina, mediante constituição de espaços de cidadania e de livre circulação de pessoas;

XV – **cooperação** internacional com Estados de origem, de trânsito e de destino de movimentos migratórios, a fim de garantir efetiva proteção aos direitos humanos do migrante;

XVI – integração e desenvolvimento das regiões de fronteira e articulação de políticas públicas regionais capazes de garantir efetividade aos direitos do residente fronteiriço;

XVII – proteção integral e atenção ao superior interesse da criança e do adolescente migrante;

XVIII – observância ao disposto em tratado;

XIX – proteção ao brasileiro no exterior;

XX – **migração** e desenvolvimento humano no local de origem, como direitos inalienáveis de todas as pessoas;

XXI – promoção do reconhecimento acadêmico e do exercício profissional no Brasil, nos termos da lei; e

XXII – repúdio a práticas de expulsão ou de deportação coletivas".

2.8 LGBTQIAPN+

A abreviatura "originária" "GLS" (gays, lésbicas e simpatizantes) de 1990 foi ampliada ao longo do tempo.

Na edição retrasada mantive a sigla LGBTTTI para lésbicas, gays, bissexuais, transexuais, transgêneros, travestis e intersexuais. Por sua vez, na edição passada usei LGTQIA+. Enfim, trago na nova edição LGBTQIAPN+.

Na edição passada ainda, trouxe o texto abaixo, o qual mantenho tendo em vista os significados (é ainda a abreviatura mais utilizada – LGBTQIA+), que significa lésbicas, gays, bissexuais, transgêneros, o Q de *Queer* pode significar muitas coisas. Não é sobre uma orientação sexual específica ou identidade de gênero, é sobre se identificar como algumas das letras da sigla, mas também fazer parte de todas elas. *Queer* engloba todas as orientações e identidades, sem se especificar em apenas uma delas. O "I" de Intersexo – "A pessoa intersexo está entre o feminino e o masculino. As suas combinações biológicas e desenvolvimento corporal – cromossomos, genitais, hormônios etc. – não se enquadram na norma binária (masculino ou feminino)", enquanto o "A" de Assexual – "Assexuais não sentem atração sexual por outras pessoas, independente do gênero. Existem diferentes níveis de assexualidade e é comum que estas pessoas não vejam as relações sexuais humanas como prioridade". Maiores informações em: www.educamaisbrasil.com.br/educacao/dicas/qual-o-significado-da-sigla-lgbtqia.

Segundo o COPRED (Conselho para Prevenir e Eliminar a Discriminação na Cidade do México), criado em 25 de novembro de 2011 (http://data.copred.cdmx.gob.mx), temos:

- **Lésbica**: mulher atraída de forma erótica e/ou emocional pelas mulheres.
- **Gay**: homem atraído de forma erótica e/ou emocional por homens.
- **Bissexual**: pessoa que se sente erótica e/ou afetiva para homens e mulheres.
- **Transexual**: pessoa cuja biologia não corresponde à sua identidade de gênero e busca uma mudança para adaptá-la.
- **Transgênero**: pessoa cuja biologia não corresponde à sua identidade de gênero, mas não procura fazer modificações para adaptá-la.
- **Travesti**: pessoa que usa uma performance de gênero considerada diferente da sua, sem implicar orientação/preferência homossexual.
- **Intersexualidade**: todas as situações em que o corpo sexuado de um indivíduo varia de acordo com o padrão corporal feminino ou masculino culturalmente válido.

Acresço, tendo em vista a nova sigla:

- **Pansexuais e Polissexuais**: indivíduos que sentem atração sexual e/ou afetiva por outras pessoas, independentemente do gênero ou identidade de gênero;

DIREITOS HUMANOS

- **Não binários:** pessoas que não se identificam com nenhum gênero, ou que se identificam com vários gêneros;
- **O "+":** representa outras identidades e orientações sexuais não mencionadas na sigla e gêneros fluidos, reconhecendo a vasta diversidade que existe.

Para a nova sigla, deixo o *site* https://orientando.org para maiores detalhes.

Em que pese um assunto tão atual e também tão discutido em todos os campos possíveis, em termos de Exame da OAB, **tivemos uma única questão**.

Observação: Há muitas fontes "não técnicas" afirmando a existência também do chamado "**cisgênero**". Em resumo o cisgênero é o oposto do transgênero, ou seja, ao contrário do transgênero, o cisgênero se identifica com o gênero que lhe foi atribuído no nascimento ("gênero de nascença"). É um termo que vem aparecendo em muitos questionários para candidaturas de empregos e pode aparecer em nossa prova a qualquer momento.

Em 1991, **a Anistia Internacional passou a considerar a discriminação contra homossexuais uma violação aos direitos humanos.**

No dia 17 junho de 2011, em Genebra (Suíça), a ONU aprovou na 17ª Sessão do Conselho de Direitos Humanos, pela primeira vez, uma **Resolução sobre Homossexuais – "Direitos Humanos, Orientação Sexual e Identidade de Gênero"**.

A resolução não possui caráter vinculante (norma *soft law*), ou seja, não impõe nenhum comportamento, mas, ao pedir os direitos iguais para as pessoas, independentemente da orientação sexual, expõe preocupação e apoio da comunidade internacional contra a violência, ainda existente em muitas regiões.

A resolução afirma que "todos os seres humanos nascem livres e iguais no que diz respeito a sua dignidade e seus direitos e que cada um pode se beneficiar do conjunto de direitos e liberdades (...) sem nenhuma distinção". O documento expressa também preocupação com os atos de violência e discriminação em razão da orientação sexual ou identidade de gênero.

O Conselho de Direitos Humanos concordou com a solicitação do Alto Comissariado de Direitos Humanos da ONU para que realize um estudo mundial sobre a legislação e as práticas homofóbicas, além de identificar de que forma a legislação internacional pode atuar no combate a esse problema.

Em 2009, foi lançado o **Plano Nacional de Promoção da Cidadania e Direitos Humanos de LGBT**.

Da literalidade do documento, temos que "O Plano Nacional de Promoção da Cidadania e Direitos Humanos de Lésbicas, Gays, Bissexuais, Travestis e Transexuais, elaborado por Comissão Técnica Interministerial, reflete o esforço do Governo e da Sociedade Civil na busca de políticas públicas que consigam responder às necessidades, potencialidades e direitos da população envolvida, a partir de sua implementação, bem como do fortalecimento do Programa Brasil sem Homofobia, implantado desde 2004".

Nos objetivos fundamentais da Constituição (art. 3º, IV), temos a vedação de qualquer tratamento preconceituoso:

> "**Art. 3º** Constituem objetivos fundamentais da República Federativa do Brasil: (...) IV – promover o bem de todos, sem preconceitos de origem, raça, sexo, cor, idade e **quaisquer outras formas de discriminação**". (grifo nosso)

O STF já se manifestou a respeito ao julgar a Ação Direta de Inconstitucionalidade (ADI) 4277 e a Arguição de Descumprimento de Preceito Fundamental (ADPF) 132, **reconhecendo a união estável para casais do mesmo sexo.**

O relator das ações, ministro Ayres Britto, votou no sentido de dar **interpretação conforme a Constituição Federal** para excluir qualquer significado do art. 1.723 do Código Civil que impeça o reconhecimento da união entre pessoas do mesmo sexo como entidade familiar. O ministro argumentou que o art. 3º, IV, da CF veda qualquer discriminação em virtude de sexo, raça, cor e que, nesse sentido, ninguém pode ser diminuído ou discriminado em função de sua preferência sexual. "O sexo das pessoas, salvo disposição contrária, não se presta para desigualação jurídica", observou, para concluir que qualquer depreciação da união estável homoafetiva colide, portanto, com o inciso IV do art. 3º da CF.

Os ministros Luiz Fux, Ricardo Lewandowski, Joaquim Barbosa, Gilmar Mendes, Marco Aurélio, Celso de Mello e Cezar Peluso, bem como as ministras Cármen Lúcia Antunes Rocha e Ellen Gracie, acompanharam o entendimento do ministro Ayres Britto, pela procedência das ações e com efeito vinculante, no sentido de dar interpretação conforme a Constituição Federal para excluir qualquer significado do art. 1.723 do CC que impeça o reconhecimento da união entre pessoas do mesmo sexo como entidade familiar.

O Conselho Nacional de Justiça (CNJ), criado pela EC n. 45/2004, figurando a partir do art. 103-B (já alterado pela EC n. 61/2009), editou a Resolução n. 175, de 14 de maio de 2013, que dispõe sobre a habilitação, celebração de casamento civil, ou de conversão de união estável em casamento, entre pessoas de mesmo sexo. A resolução, no seu art. 1º, disciplina:

> "**É vedada às autoridades competentes** a recusa de habilitação, celebração de casamento civil ou de conversão de união estável em casamento entre pessoas de mesmo sexo". (grifo nosso)

Em junho de 2019 o STF enquadrou em sua jurisprudência a homofobia e a transfobia como crimes de racismo ao reconhecer omissão legislativa.

O Plenário concluiu o julgamento das ações que tratam da matéria e decidiu que, até que o Congresso Nacional edite lei específica, **as condutas homofóbicas e transfóbicas se enquadram na tipificação da Lei do Racismo.**

O Plenário do Supremo Tribunal Federal (STF) entendeu que houve omissão inconstitucional do Congresso Nacional por não editar lei que criminalize atos de homofobia e de transfobia, no julgamento da Ação Direta de Inconstitucionalidade por Omissão (ADO) 26, de relatoria do ministro Celso de Mello, e do Mandado de Injunção (MI) 4733, relatado pelo ministro Edson Fachin, conforme "Notícias do STF" (https://portal.stf.jus.br/noticias/verNoticiaDetalhe.asp?idConteudo=414010).

Por maioria, a Corte reconheceu a mora do Congresso Nacional para incriminar atos atentatórios a direitos fundamentais dos integrantes da comunidade LGBT (termo utilizado pelo STF). Os ministros Celso de Mello, Edson Fachin, Alexandre de Moraes, Luís Roberto Barroso, Rosa Weber, Luiz Fux, Cármen Lúcia e Gilmar Mendes votaram pelo enquadramento da homofobia e da transfobia como tipo penal definido na Lei do Racismo (Lei n. 7.716/89) até que o Congresso Nacional edite lei sobre a matéria. Neste ponto, ficaram vencidos os ministros Ricardo Lewandowski e Dias Toffoli, por entenderem que a conduta só pode ser punida mediante lei aprovada pelo Legislativo. O então ministro Marco Aurélio não reconhecia a mora.

3. TEORIA GERAL DOS DIREITOS HUMANOS

Aqui cada autor pode "enxergar" o que considera como "teoria geral".

Nós partimos da base conceitual, alcançado a cidadania e a dignidade da pessoa humana, características, evolução história, sistemas, dimensões, federalização e a incorporação dos tratados internacionais sobre direitos humanos.

Um dos temas (ou subtemas) são as características, das quais destacamos: inerência, universalidade, transnacionalidade, indivisibilidade, historicidade, irretroatividade, indivisibilidade, imprescritibilidade, irrenunciabilidade e inalienabilidade (alguns autores apontam outras, sem esgotar o tema).

A indivisibilidade é a que mais tem caído, ou seja, não há hierarquia entre os direitos civis, políticos, econômicos, sociais ou culturais.

O processo histórico de afirmação dos direitos humanos foi inscrito em importantes documentos, tais como a Declaração Universal dos Direitos do Homem e do Cidadão de 1789, a Constituição Mexicana de 1917 ou até mesmo a Constituição Alemã (Weimar), de 1919.

Desse processo é possível inferir que os Direitos Humanos são constituídos por, ao menos, duas dimensões interdependentes e indivisíveis, que são os direitos civis e políticos e os direitos econômicos e sociais.

Aliás, com relação aos chamados "direitos econômicos, sociais e culturais", é bom lembrar que formam, juntamente com os "direitos civis e políticos", um conjunto indivisível de direitos fundamentais, **entre os quais não há qualquer relação hierárquica**. O que ocorreu entre eles (existência de dois documentos na mesma data) foi uma "separação artificial" dos dois pactos internacionais que abordam o tema, por "mero ajuste diplomático pós 2ª Guerra", entre o bloco americano e o então bloco soviético. Tanto o **Pacto Internacional dos Direitos Civis e Políticos**, como o **Pacto Internacional dos Direitos Econômicos, Sociais e Culturais**, foram publicados pela mesma Resolução 2.200-A, portanto, mesma data (16-12-1966). A doutrina os considera como a (no singular mesmo) **carta mais abrangente e vinculante de direitos humanos até o momento**; com a Declaração Universal dos Direitos Humanos (1948) formam a **Carta Internacional dos Direitos Humanos**.

Outra característica presente em nossas provas é a universalidade. Há um "polêmico" debate acerca da universalidade ou da relatividade cultural dos direitos humanos. Deve-se sempre levar em conta que a característica "universalidade" não permite que o ser humano suporte qualquer qualificativo discriminatório, por motivos de cor, raça (o termo correto é etnia desde 2000, entretanto, as normas que abordam o tema foram produzidas antes de tal data), sexo, origem, língua, religião, condição social, opinião política, opinião filosófica, sexualidade etc. Para o chamado "relativismo cultural", tem que ser levada em conta a autodeterminação dos povos, e o grande dilema ocorrerá quando a cultura local aviltar direitos humanos clássicos. Até que ponto a soberania deve ser preservada? A cultura local? Não discutimos os direitos humanos sob o prisma oriental. Por exemplo, atualmente o "Estado Islâmico" vem afrontando todas as normas internacionais sobre o uso de crianças em combates bélicos.

Tema igualmente interessante é a internacionalização dos direitos humanos, a qual impõe que o Estado, e não o indivíduo, seja sujeito de direitos internacionais. É sempre bom lembrar que o estudo do Direito Internacional dos Direitos Humanos basicamente é a colocação de um país, que voluntariamente (por causa da soberania) aceite regras internacionais, no cenário globalizado de um determinado sistema, como por exemplos as Nações Unidas (ONU) e a Organização dos Estados Americanos (OEA).

3.1 Evolução Histórica

Desde 2010, caíram 05 questões (Exame XII, 2013; Exame XI, 2013; 2 no Exame X, 2013 e Exame V, 2011), ou

DIREITOS HUMANOS

seja, na prática estamos há quase 10 anos sem a abordagem do tema. Cabe lembrar que foi um tema presente em nossas provas e os assuntos são cíclicos, ou seja, "desaparecem e reaparecem".

Um grande marco na evolução histórica é a Magna Carta de 1215. Uma das passagens em seu texto afirma que "Ninguém poderá ser detido, preso ou despojado dos seus bens, costumes e liberdades, senão em virtude de julgamento de seus pares, segundo as leis do país".

A doutrina aponta que na modernidade ficou conhecido como devido processo legal.

Um outro marco foi o fim da 1ª Guerra (1914-18), pois, em 1919, surgiram órgãos balizadores dos Direitos Humanos até nossa atualidade.

O Direito Humanitário, a Organização Internacional do Trabalho (OIT) e a Liga das Nações (ou Sociedade das Nações) são considerados os principais precedentes do processo de internacionalização dos direitos humanos, uma vez que rompem com o conceito de soberania, já que admitem intervenções nos países em prol da proteção dos direitos humanos.

O início da "relativização" da soberania ocorreu após o término da 1ª Guerra. A OIT e a Liga das Nações, ambas de 1919, vieram como precursoras nesse sentido.

Abaixo, um quadro sinóptico com datas e **alguns** documentos expressivos antes e depois da criação da ONU, bem como documentos oriundos da OEA:

```
1215: Carta Magna do Rei João Sem Terra;
1648: Tratado de Westfalia;
1679: Habeas Corpus Act;
1689: Bill of Rights;
1776: Declaração de Virgínia;
1789: A Declaração dos Direitos do Homem e do Cidadão (Revolução Francesa);
1914-18: 1ª Guerra Mundial;
1919: Tratado de Versalhes;
1920: Sociedade das Nações;
1939-45: 2ª Guerra Mundial;
1945: criação da ONU;
1948: criação da OEA;
1948: Declaração Americana dos Direitos e Deveres do Homem;
1948: Convenção para a Prevenção e Repressão do Crime de Genocídio;
1948: Declaração Universal dos Direitos Humanos;
1951: Convenção relativa ao Estatuto dos Refugiados;
1961: Convenção sobre a Eliminação da Exigência de Legalização de Documentos Públicos Estrangeiros;
1965: Convenção sobre a Eliminação de Todas as Formas de Discriminação Racial;
1966: Pactos Internacionais de Direitos Civis e Políticos e Direitos Econômicos, Sociais e Culturais;
1966: Protocolo Facultativo referente ao Pacto Internacional sobre os Direitos Civis e Políticos;
1966: Protocolo sobre o Estatuto dos Refugiados;
1969: Convenção Americana sobre os Direitos Humanos;
1979: Convenção sobre a Eliminação de Todas as Formas de Discriminação contra a Mulher;
1984: Convenção contra a Tortura e outros Tratamentos ou Penas Cruéis, Desumanos ou Degradantes;
1985: Convenção Interamericana para Prevenir e Punir a Tortura;
1988: Protocolo Adicional à Convenção Americana sobre Direitos Humanos em Matéria de Direitos Econômicos, Sociais e Culturais (Protocolo de San Salvador);
```

```
1989: Convenção sobre os Direitos da Criança;
1990: Segundo Protocolo Adicional ao Pacto Internacional sobre os Direitos Civis e Políticos com vista à Abolição da Pena de Morte;
1990: Convenção Internacional sobre a Proteção dos Direitos de Todos os Trabalhadores Migrantes e seus Familiares;
1993: Declaração e Programa de Ação de Viena;
1994: Convenção Interamericana para Prevenir, Punir e Erradicar a Violência contra a Mulher (Convenção de Belém do Pará);
1994: Convenção Interamericana sobre o Desaparecimento Forçado de Pessoas;
1998: Estatuto de Roma sobre o Tribunal Penal Internacional;
1999: Convenção Interamericana para a Eliminação de Todas as Formas de Discriminação contra as Pessoas Portadoras de Deficiência;
1999: Protocolo Facultativo à Convenção sobre a Eliminação de Todas as Formas de Discriminação contra a Mulher;
2000: Protocolo Facultativo para a Convenção sobre os Direitos da Criança sobre o Envolvimento de Crianças em Conflitos Armados;
2000: Protocolo Facultativo para a Convenção sobre os Direitos da Criança relativo à Venda de Crianças, Prostituição e Pornografia Infantis;
2002: Protocolo Facultativo à Convenção contra a Tortura e outros Tratamentos ou Penas Cruéis, Desumanos ou Degradantes;
2007: Convenção Internacional sobre os Direitos das Pessoas com Deficiência;
2007: Protocolo Facultativo à Convenção Internacional sobre os Direitos das Pessoas com Deficiência;
2008: Protocolo Facultativo ao Pacto Internacional de Direitos Econômicos, Sociais e Culturais;
2013: Tratado de Marraqueche;
2013: Convenção Interamericana contra o Racismo, a Discriminação Racial e Formas Correlatas de Intolerância.
```

3.2 Características

A última questão sobre o tema surgiu no Exame XXXIII (2021), no qual foi pedida uma questão referenciando o "Declaração e Programa de Ação de Viena" de 1993, cujo mérito foi a abordagem "pura" das chamadas características dos direitos humanos. Vejamos as principais:

a) **Inerência**: os direitos humanos são inerentes ao ser humano, ou seja, pertencer à família humana (conforme expressão prevista na Declaração Universal dos Direitos Humanos) é suficiente para tornar o indivíduo protegido pelos direitos humanos;

b) **Universalidade**: não importa a raça, a cor, o sexo, a origem, a condição social, a condição política, a língua, a religião ou sexualidade: o ser humano será destinatário da proteção dos direitos humanos;

c) **Transnacionalidade**: não importa o local em que esteja o ser humano, deverá sempre ser alcançado pelos direitos humanos;

d) **Historicidade**: os direitos humanos são formados ao longo dos tempos, conforme já mencionado, "não nascem todos de uma vez", é uma lenta e longa formação;

e) **Indivisibilidade**: um direito humano não se divide, não se reparte, não há "meio direito humano". A questão aqui se torna interessante também sob o aspecto hierárquico, ou seja, não há divisão hierárquica entre os direitos civis e políticos e os direitos econômicos, sociais e culturais em virtude da separação artificial ocorrida em 1966 com o Pacto Internacional dos Direitos Civis e Políticos e o Pacto Internacional dos Direitos Econômicos, Sociais e Culturais (serão estudados mais adiante). Lembrando também que tivemos uma questão neste sentido no Exame da OAB;

f) **Interdependência:** muitas vezes, para o exercício de determinado direito, passa-se anteriormente pelo exercício de outro direito, com a ideia de dependência. Por exemplo: para o exercício de determinado direito político, anteriormente exerceu-se um direito civil;

g) **Indisponibilidade:** o ser humano não pode dispor de um direito humano, até porque é inerente a ele;

h) **Inalienabilidade:** o ser humano não pode vender um direito humano;

i) **Imprescritibilidade:** o ser humano não perde um direito humano por decurso de tempo;

j) **Irretroatividade:** conforme mencionado no conceito, um direito humano alcançado, teoricamente, não pode retroagir;

k) **Irrenunciabilidade:** o ser humano não pode renunciar àquilo que lhe é inerente;

l) **Impenhorabilidade:** o direito humano não pode ser penhorado.

3.3 Incidente de deslocamento de competência ("federalização")

O tema voltou no 40º Exame (2024), o qual está fazendo "20 anos de existência". É um tema sempre polêmico (afinal retira-se a competência originária das autoridades), atual e com poucos casos deferidos (a maioria foi sempre negada). Assim, por **iniciativa exclusiva do Procurador-Geral da República (ação personalíssima)**, o deslocamento de competência para a Justiça Federal poderá (critério discricionário do PGR) ser **suscitado ao Superior Tribunal de Justiça (STJ)**, nas hipóteses de **grave violação de direitos humanos** (se é grave, não será qualquer violação), com a finalidade de assegurar o cumprimento de obrigações decorrentes de tratados internacionais de direitos humanos dos quais o Brasil seja parte. Tal deslocamento poderá ocorrer em qualquer fase do inquérito ou processo, nos termos do art. 109, V-A, c/c o § 5º, tudo da CF.

Merece destaque a posição do STJ (IDC 5/PE – 2014/0101401-7), que, **além dos requisitos constitucionais acima elencados**, trouxe mais um da sua jurisprudência, o qual afirma sobre a incapacidade dos órgãos locais de lidar com o caso de forma imparcial. Vejamos:

"(...) A Terceira Seção deste Superior Tribunal explicitou que os requisitos do incidente de deslocamento de competência são três: a) grave violação de direitos humanos; b) necessidade de assegurar o cumprimento, pelo Brasil, de obrigações decorrentes de tratados internacionais; c) **incapacidade – oriunda de inércia, omissão, ineficácia, negligência, falta de vontade política, de condições pessoais e/ou materiais etc. – de o Estado-membro, por suas instituições e autoridades, levar a cabo, em toda a sua extensão, a persecução penal**. (...) A confiabilidade das instituições públicas envolvidas na persecução penal – Polícia, Ministério Público, Poder Judiciário –, constitucional e legalmente investidas de competência originária para atuar em casos como o presente, deve, como regra, prevalecer, ser apoiada e prestigiada. (...) O incidente de deslocamento de competência não pode ter o caráter de *prima ratio*, de primeira providência a ser tomada em relação a um fato (por mais grave que seja). Deve ser utilizado em situações excepcionalíssimas, em que efetivamente demonstrada a sua necessidade e a sua imprescindibilidade, ante provas que revelem descaso, desinteresse, ausência de vontade política, falta de condições pessoais e/ou materiais das instituições – ou de uma ou outra delas – responsáveis por investigar, processar e punir os responsáveis pela grave violação a direito humano, em levar a cabo a responsabilização dos envolvidos na conduta criminosa, até para não se esvaziar a competência da Justiça Estadual e inviabilizar o funcionamento da Justiça Federal. (...)". (grifo nosso)

3.4 Incorporação dos Tratados Internacionais sobre Direitos Humanos

Desde 2010, caíram duas questões, na prática há muitos anos que não aparece o tema. Cabe lembrar que tivemos a recente publicação da **Convenção Interamericana contra o Racismo, a Discriminação Racial e Formas Correlatas de Intolerância** de 2013, mas apenas agora promulgada e publicada por meio do Decreto n. 10.932, de 10 de janeiro de 2022, com equivalência constitucional, portanto, tema que se torna recente.

Desde a chegada da EC n. 45/2004, temos uma nova possibilidade de incorporação dos Tratados Internacionais sobre Direitos Humanos.

Assim, segundo o § 3º do art. 5º da CF, os tratados e convenções internacionais sobre direitos humanos que forem aprovados, em cada Casa do Congresso Nacional, em dois turnos, por três quintos dos votos dos respectivos membros, serão equivalentes às emendas constitucionais. Temos na prática quatro documentos formais incorporados sob a nova regra, com a ressalva de termos apenas três decretos, pois um "falou por dois". Vejamos em ordem crescente: o Decreto n. 6.949/2009 promulgou a **Convenção Internacional sobre os Direitos das Pessoas com Deficiência** e seu **Protocolo Facultativo**; o Decreto n. 9.522/2018 promulgou o **Tratado de Marraqueche para Facilitar o Acesso a Obras Publicadas às Pessoas Cegas, com Deficiência Visual ou com Outras**

DIREITOS HUMANOS

Dificuldades para Ter Acesso ao Texto Impresso; e o Decreto n. 10.932/2022 promulgou a **Convenção Interamericana contra o Racismo, a Discriminação Racial e Formas Correlatas de Intolerância.**

O § 3º dá a possibilidade de um tratado internacional, apenas sobre direitos humanos, ter equivalência às emendas constitucionais. Os demais tratados internacionais que foram (e forem) aprovados ainda na sistemática antiga, ou seja, no rito similar de aprovação de uma lei ordinária, terão *status* de normas supralegais. Merece destaque a citação da Súmula Vinculante 25 do STF:

> É ilícita a prisão civil de depositário infiel, qualquer que seja a modalidade do depósito.

Os debates no STF que levaram à alteração de sua própria jurisprudência e à adoção da Súmula acima consagraram a prevalência do Pacto de São José da Costa Rica e de sua proibição de prisão civil (art. 7º, item 7, do Pacto). Temos assim a natureza supralegal das Convenções de Direitos Humanos que faz com que elas sejam hierarquicamente superiores ao Código Civil e ao de Processo Civil, impedimento na prática a eficácia do art. 5º, LVII, da Constituição que, diga-se de passagem, continua existindo, porém sem a eficácia. Vejamos:

> "**Art. 5º** Todos são iguais perante a lei, sem distinção de qualquer natureza, garantindo-se aos brasileiros e aos estrangeiros residentes no País a inviolabilidade do direito à vida, à liberdade, à igualdade, à segurança e à propriedade, nos termos seguintes: (...) LXVII – **não haverá prisão civil por dívida, salvo a do responsável pelo inadimplemento voluntário e inescusável de obrigação alimentícia e a do depositário infiel**"; (grifo nosso)

3.5 Sistemas de Direitos Humanos

Desde 2010, caiu apenas uma questão (Exame XXIX, 2019), ou seja, demoraram nove anos para que fosse pedido, o que vem a corroborar a "ciranda das questões", conforme escrevi nos itens anteriores.

No item 3.1 podemos observar no quadro sinótico que tínhamos dois documentos de destaque até 1948 (partindo da criação da ONU): a Carta das Nações Unidas e a Declaração Universal dos Direitos Humanos, não se falando até então em sistemas. Digo de destaque, pois há a Convenção para a Prevenção e Repressão do Crime de Genocídio (de 9 de dezembro de 1948).

Em janeiro de 1950, com o surgimento da Convenção Europeia de Direitos Humanos, documento de cunho regional, criou-se assim uma distinção global e regional. Desta forma, temos agora um sistema universal (ou global ou ONU ou onusiano) e um sistema regional, no caso, o sistema regional europeu de direitos humanos.

Em novembro de 1969, surge a Convenção Americana sobre Direitos Humanos ("Pacto de São José da Costa Rica") e, com isso, um sistema regional interamericano de direitos humanos "estruturado". Digo estruturado, pois, ao consultar a página oficial da Organização dos Estados Americanos (OEA), encontraremos as seguintes informações: é o mais antigo organismo regional do mundo; a sua origem remonta à Primeira Conferência Internacional Americana, realizada em Washington, D.C., de outubro de 1889 a abril de 1890. Essa reunião resultou na criação da União Internacional das Repúblicas Americanas, e começou a se tecer uma rede de disposições e instituições, dando início ao que ficará conhecido como "Sistema Interamericano", o mais antigo sistema institucional internacional (http://www.oas.org/pt/sobre/quem_somos.asp). Entretanto, ao falarmos de um sistema, este deve conter os chamados instrumentos de proteção e de mecanismos de monitoramento, algo que não havia em 1889/90, nem tampouco quando da criação propriamente dita da OEA (1948). Apenas em 1959 surgiu a Comissão Interamericana de Direitos Humanos e em 1969, com a edição da Convenção Americana sobre Direitos Humanos (1969), tivemos a criação da Corte Interamericana sobre Direitos Humanos.

Faltava criar um sistema regional de direitos humanos na parte mais pobre e desigual do planeta – África – o que vem a ocorrer em junho de 1981, com a Carta Africana dos Direitos Humanos e dos Direitos dos Povos (Carta de Banjul).

Basicamente, o sistema regional vem complementar o sistema universal, com as características típicas daquela região que representa.

Não se fala em uma hierarquia ou um sistema hierárquico, mas é certo que o sistema regional não pode limitar garantia disciplinada pelo sistema universal, cuja base é a Carta da ONU + a Declaração Universal + Pactos Internacionais de 1966. Assim, o sistema regional pode ampliar as garantias já existentes, mas jamais limitá-las! Neste sentido, temos, por exemplo, o núcleo inderrogável ("núcleo duro") dos direitos humanos no sistema universal, no tocante ao direito à vida e questões acerca da pena de morte, cujo sistema proíbe a execução aos menores de 18 anos que tenham praticado algum crime punível com tal pena, e também às gestantes, enquanto no sistema regional interamericano houve uma ampliação da garantia ao direito à vida, sendo proibida a execução da pena de morte, além do disposto acima, também aos maiores de 70 anos.

4. PACTO INTERNACIONAL DOS DIREITOS CIVIS E POLÍTICOS E PACTO INTERNACIONAL DOS DIREITOS ECONÔMICOS, SOCIAIS E CULTURAIS

Desde 2010, caíram cinco questões, sendo mais recente apenas em 2021 (Exame XXXI).

Os Pactos Internacionais que versam sobre os direitos civis, políticos, econômicos, sociais e culturais foram publicados em 16 de dezembro de 1966, por meio da mesma Resolução n. 2.200-A, fruto da XXI Sessão da Assembleia Geral da ONU. Formalmente são dois documentos, mas na prática consideramos apenas um, pela indivisibilidade que há no sistema humanista. Aliás, a doutrina afirma que juntos formam a carta mais abrangente e vinculante sobre Direitos Humanos até o momento.

Sobre o Pacto Internacional dos Direitos Civis e Políticos, temos: o Congresso Nacional aprovou o texto do referido diploma internacional por meio do Decreto Legislativo n. 226, de 12 de dezembro de 1991. O Decreto n. 592, de 6 de julho de 1992, promulgou-o. A Carta de Adesão ao Pacto Internacional sobre Direitos Civis e Políticos foi depositada somente em 24 de janeiro de 1992. Para o Estado Brasileiro o Pacto entrou em vigor em 24 de abril de 1992. Finalmente por meio do Decreto n. 592, de 6 de julho de 1992, houve a promulgação no âmbito interno.

Assim como mencionado quando do estudo da Convenção Americana sobre Direitos Humanos (Pacto de São José da Costa Rica), o chamado "Núcleo duro" ou "Núcleo inderrogável" dos Direitos Humanos é tema importantíssimo e caiu recentemente (Exame 38º) em uma questão que julgo das mais difíceis, pois foi além da literalidade do texto, exigindo do candidato o conhecimento de Opiniões Consultivas (no caso a 08 e 09/87) – já comentei no tema da Convenção Americana sobre Direitos Humanos. Até o momento não havia sido questionado, aliás, não o foi com essa técnica e tão somente, como de costume, com a memorização de determinado artigo, no caso, do art. 4º, n. 01 do Pacto Internacional dos Direitos Civis e Políticos (PIDCP). O n. 01 trata da *cláusula de derrogabilidade*, enquanto o n. 02 trata da *cláusula de inderrogabilidade (núcleo duro)*. Oriento a saber do que se trata este rol do n. 02 (transcrevo abaixo, após o art. 4º). Vejamos:

"Art. 4º (...)

1. Quando situações excepcionais ameacem a existência da nação e sejam proclamadas oficialmente, os Estados Partes do presente Pacto podem adotar, na estrita medida exigida pela situação, medidas que suspendam as obrigações decorrentes do presente Pacto, desde que tais medidas não sejam incompatíveis com as demais obrigações que lhes sejam impostas pelo Direito Internacional e não acarretem discriminação alguma apenas por motivo de raça, cor, sexo, língua, religião ou origem social.

2. **A disposição precedente não autoriza qualquer suspensão dos artigos 6, 7, 8** (parágrafos 1 e 2), 11, 15, 16 e 18. (grifo nosso)

3. Os Estados Partes do presente Pacto que fizerem uso do direito de suspensão devem comunicar imediatamente aos outros Estados Partes do presente Pacto, por intermédio do Secretário-Geral da Organização das Nações Unidas, as disposições que tenham suspendido, bem como os motivos de tal suspensão. Os Estados partes deverão fazer uma nova comunicação, igualmente por intermédio do Secretário-Geral da Organização das Nações Unidas, na data em que terminar tal suspensão". (...)

Segue o rol dos artigos inderrogáveis:

"Art. 6º (...)

1. O direito à vida é inerente à pessoa humana. Este direito deverá ser protegido pela lei. Ninguém poderá ser arbitrariamente privado de sua vida.

2. Nos países em que a pena de morte não tenha sido abolida, esta poderá ser imposta apenas nos casos de crimes mais graves, em conformidade com legislação vigente na época em que o crime foi cometido e que não esteja em conflito com as disposições do presente Pacto, nem com a Convenção sobre a Prevenção e a Punição do Crime de Genocídio. Poder-se-á aplicar essa pena apenas em decorrência de uma sentença transitada em julgado e proferida por tribunal competente.

3. Quando a privação da vida constituir crime de genocídio, entende-se que nenhuma disposição do presente artigo autorizará qualquer Estado Parte do presente Pacto a eximir-se, de modo algum, do cumprimento de qualquer das obrigações que tenham assumido em virtude das disposições da Convenção sobre a Prevenção e a Punição do Crime de Genocídio.

4. Qualquer condenado à morte terá o direito de pedir indulto ou comutação da pena. A anistia, o indulto ou a comutação da pena poderão ser concedidos em todos os casos.

5. A pena de morte não deverá ser imposta em casos de crimes cometidos por pessoas menores de 18 anos, nem aplicada a mulheres em estado de gravidez.

6. Não se poderá invocar disposição alguma do presente artigo para retardar ou impedir a abolição da pena de morte por um Estado Parte do presente Pacto.

Art. 7º Ninguém poderá ser submetido à tortura, nem a penas ou tratamento cruéis, desumanos ou degradantes. Será proibido, sobretudo, submeter uma pessoa, sem seu livre consentimento, a experiências médicas ou científicas.

Art. 8º (...)

1. Ninguém poderá ser submetido à escravidão; a escravidão e o tráfico de escravos, em todos as suas formas, ficam proibidos.

2. Ninguém poderá ser submetido à servidão".

"**Art. 11.** Ninguém poderá ser preso apenas por não poder cumprir com uma obrigação contratual".

"Art. 15. (...)

1. Ninguém poderá ser condenado por atos ou omissões que não constituam delito de acordo com o direito nacional ou internacional, no momento em que foram cometidos. Tampouco poder-se-á impor pena mais grave do que a aplicável no momento da ocorrência do delito. Se, depois de perpetrado o delito, a lei estipular a imposição de pena mais leve, o delinquente deverá dela beneficiar-se.

2. Nenhuma disposição do presente Pacto impedirá o julgamento ou a condenação de qualquer indivíduo por atos ou omissões que, no momento em que foram cometidos, eram considerados delituosos de acordo com os princípios gerais de direito reconhecidos pela comunidade das nações".

"Art. 16. Toda pessoa terá direito, em qualquer lugar, ao reconhecimento de sua personalidade jurídica".

"Art. 18. (...)

1. Toda pessoa terá direito à liberdade de pensamento, de consciência e de religião. Esse direito implicará a liberdade de ter ou adotar uma religião ou uma crença de sua escolha e a liberdade de professar sua religião ou crença, individual ou coletivamente, tanto pública como privadamente, por meio do culto, da celebração de ritos, de práticas e do ensino.

2. Ninguém poderá ser submetido a medidas coercitivas que possam restringir sua liberdade de ter ou de adotar uma religião ou crença de sua escolha.

3. A liberdade de manifestar a própria religião ou crença estará sujeita apenas à limitações previstas em lei e que se façam necessárias para proteger a segurança, a ordem, a saúde ou a moral públicas ou os direitos e as liberdades das demais pessoas.

4. Os Estados Partes do presente Pacto comprometem-se a respeitar a liberdade dos pais – e, quando for o caso, dos tutores legais – de assegurar a educação religiosa e moral dos filhos que esteja de acordo com suas próprias convicções".

O Pacto Internacional dos Direitos Econômicos, Sociais e Culturais (PIDESC) e o Pacto Internacional dos Direitos Civis e Políticos (PIDCP) preveem em seu texto mecanismos de proteção, efetivação e monitoramento dos Direitos Humanos consagrados em seus respectivos textos. Em ambos os pactos, encontram-se os mecanismos de envio de relatórios sobre medidas adotadas e progressos alcançados, pois tanto o art. 16 PIDESC quanto o art. 40 do PIDCP, determinam a elaboração e envio dos relatórios. Vejamos:

"Art. 16. (...)

1. Os Estados Partes do presente Pacto comprometem-se a apresentar, de acordo com as disposições da presente parte do Pacto, relatórios sobre as medidas que tenham adotado e sobre o progresso realizado com o objetivo de assegurar a observância dos direitos reconhecidos no Pacto.

2. a) **Todos os relatórios deverão ser encaminhados ao Secretário-Geral da Organização das Nações Unidas**, o qual enviará cópias dos mesmos ao Conselho Econômico e Social, para exame, de acordo com as disposições do presente Pacto. (grifo nosso)

b) O Secretário-Geral da Organização das Nações Unidas encaminhará também às agências especializadas cópias dos relatórios – ou de todas as partes pertinentes dos mesmos enviados pelos Estados Partes do presente Pacto que sejam igualmente membros das referidas agências especializadas, na medida em que os relatórios, ou partes deles, guardem relação com questão que sejam da competência de tais agências, nos termos de seus respectivos instrumentos constitutivos.

"Art. 40. (...)

1. Os Estados partes do presente Pacto **comprometem-se a submeter relatórios sobre as medidas por eles adotadas para tornar efeitos os direitos reconhecidos no presente Pacto e sobre o processo alcançado no gozo desses direitos:** (grifo nosso)

a) Dentro do prazo de um ano, a contar do início da vigência do presente pacto nos Estados Partes interessados;

b) A partir de então, sempre que o Comitê vier a solicitar.

2. Todos os relatórios serão submetidos ao Secretário-Geral da Organização das Nações Unidas, que os encaminhará, para exame, ao Comitê. Os relatórios deverão sublinhar, caso existam, os fatores e as dificuldades que prejudiquem a implementação do presente Pacto.

3. O Secretário-Geral da Organização das Nações Unidas poderá, após consulta ao Comitê, encaminhar às agências especializadas interessadas cópias das partes dos relatórios que digam respeito a sua esfera de competência.

4. O Comitê estudará os relatórios apresentados pelos Estados Partes do presente Pacto e transmitirá aos Estados Partes seu próprio relatório, bem como os comentários gerais que julgar oportunos. O Comitê poderá igualmente transmitir ao Conselho Econômico e Social os referidos comentários, bem como cópias dos relatórios que houver recebido dos Estados Partes do presente Pacto.

5. Os Estados Partes no presente Pacto poderão submeter ao Comitê as observações que desejarem formular relativamente aos comentários feitos nos termos do parágrafo 4 do presente artigo".

O **Pacto Internacional sobre os Direitos Civis e Políticos** possui dois Protocolos Facultativos.

O **Primeiro Protocolo Facultativo**, referente ao Pacto Internacional sobre os Direitos Civis e Políticos, **habilitou um Comitê para receber e examinar as comunicações** provenientes de particulares que se considerem vítimas de uma violação dos direitos enunciados no Pacto.

O **Segundo Protocolo Facultativo refere-se ao Pacto Internacional sobre os Direitos Civis e Políticos com vistas à Abolição da Pena de Morte**, adotado e proclamado pela Resolução n. 44/128, de 15 de dezembro de 1989.

O Decreto Legislativo n. 311, de 2009, aprovou os dois protocolos facultativos, com a reserva possível, nos termos do art. 2º do Segundo Protocolo Facultativo. Vejamos:

"**Art. 2º** (...)

1. Não é admitida qualquer reserva ao presente Protocolo, **exceto a reserva formulada no momento da ratificação ou adesão que preveja a aplicação da pena de morte em tempo de guerra** em virtude de condenação por infração penal de natureza militar de gravidade extrema cometida em tempo de guerra. (grifo nosso)

2. O Estado que formular tal reserva transmitirá ao Secretário-Geral das Nações Unidas, no momento da ratificação ou adesão, as disposições pertinentes da respectiva legislação nacional aplicável em tempo de guerra.

3. O Estado Parte que haja formulado tal reserva notificará o Secretário-Geral das Nações Unidas de declaração e do fim do estado de guerra no seu território".

O Pacto Internacional sobre Direitos Econômicos, Sociais e Culturais foi aprovado pelo Congresso Nacional por meio do Decreto Legislativo n. 226, de 12 de dezembro de 1991.

A adesão ao **Pacto Internacional sobre Direitos Econômicos, Sociais e Culturais** foi depositada em 24 de janeiro de 1992. Este Pacto entrou em vigor, para o Brasil, em 24 de abril de 1992. O Decreto n. 591, de 6 de julho de 1992, o promulgou.

Este Pacto possui um **Protocolo Facultativo ao Pacto Internacional de Direitos Econômicos, Sociais e Culturais**, o qual criou um comitê para fiscalizar os direitos elencados no pacto principal. Foi aprovado por unanimidade pela Assembleia Geral da Organização das Nações Unidas no dia 10 de dezembro de 2008 e entrou em vigor internacional no dia 5 de maio de 2013. Entretanto, até o momento o Estado brasileiro não o havia ratificado, portanto, está ainda sem aplicabilidade em nosso País nos termos do art. 1º, n. 2.

"**Art. 1º Competência do Comitê** para receber e considerar comunicações. (grifo nosso)

1. Um Estado Parte da Convenção que se torne Parte do presente Protocolo reconhece a competência do Comitê para receber e considerar comunicações apresentadas de acordo com as disposições do presente Protocolo.

2. Nenhuma comunicação será recebida pelo Comitê se for concernente a um Estado Parte do Pacto que não seja parte do presente Protocolo".

Sobre as comunicações:

"**Art. 2º** Comunicações.

1. Comunicações podem ser submetidas por ou no interesse de indivíduos ou grupos de indivíduos, sob a jurisdição de um Estado Parte, reivindicando serem vítimas de uma violação por aquele Estado Parte de qualquer um dos direitos econômicos, sociais e culturais arrolados no Pacto. Quando a comunicação é submetida no interesse de indivíduos ou grupos de indivíduos, isso deve ser feito com o consentimento deles, a não ser que o autor possa justificar agir no interesse deles sem tal consentimento".

Sobre a admissibilidade das comunicações, temos:

"**Art. 3º** Admissibilidade.

1. O Comitê não deve considerar uma comunicação a não ser que ele tenha se certificado que todos os recursos internos disponíveis tenham sido esgotados. Essa não será a regra quando a aplicação de tais recursos seja injustificadamente prolongada.

2. O Comitê deve declarar uma comunicação inadmissível quando:

a) Ela não for submetida dentro de um ano após exauridos os recursos internos, exceto em casos em que o autor possa demonstrar que não havia possibilidade de submeter a comunicação dentro da data limite;

b) Os fatos que são o objeto da comunicação ocorreram anteriormente à entrada em vigor do presente Protocolo para o Estado Parte interessado, a não ser que tais fatos tenham continuado a ocorrer após tal data;

c) A mesma matéria já tenha sido examinada pelo Comitê, ou tenha sido ou está sendo examinada por outro procedimento de investigação ou acordo internacional;

d) Ela é incompatível com as disposições do Pacto;

e) Ela é manifestamente mal fundamentada, não suficientemente comprovada ou exclusivamente baseada em relatos disseminados pela mídia;

f) Ela é um abuso do direito de submeter uma comunicação; ou

g) É anônima ou não é apresentada por escrito".

5. CONVENÇÕES CONTRA A TORTURA E OUTROS TRATAMENTOS OU PENAS CRUÉIS

Desde 2010, caíram três questões. Infelizmente trata-se de tema presente nos meios policiais (na vida real e nos concursos públicos) do Brasil e do mundo. Segundo a Constituição Federal, previsto no Capítulo "Dos Direitos e Garantias Fundamentais", ninguém será submetido a tortura nem a tratamento desumano ou degradante (art. 5º, III) e a lei considerará crimes inafiançáveis e insuscetíveis de graça ou anistia a prática da tortura, o tráfico ilícito de entorpecentes e drogas afins, o terrorismo e os definidos como crimes hediondos, por eles respondendo os mandantes, os executores e os que, podendo evitá-los, se omitirem (art. 5º, XLIII).

Na esfera infraconstitucional, temos a Lei n. 9.455/97 (define o crime de tortura). Assim, constitui crime de tortura:

- constranger alguém com emprego de violência ou grave ameaça, causando-lhe sofrimento físico ou mental: com o fim de obter informação, declaração ou confissão da vítima ou de terceira pessoa; para provocar ação ou omissão de natureza criminosa; em razão de discriminação racial ou religiosa; submeter alguém, sob sua guarda, poder ou autoridade, com emprego de violência ou grave ameaça, a intenso sofrimento físico ou mental, como forma de aplicar castigo pessoal ou medida de caráter preventivo".

No âmbito internacional (Sistema ONU), temos a Convenção Internacional contra a Tortura e Outras Penas ou Tratamentos Cruéis, Desumanos ou Degradantes.

Ela foi adotada pela Resolução n. 39/46 da XL Sessão da Assembleia Geral da ONU ocorrida em 10 de dezembro de 1984. Entrou em vigor na ordem internacional no dia 26 de junho de 1987. O Congresso Nacional aprovou a referida Convenção por meio do Decreto Legislativo n. 4, de 23 de maio de 1989. A Carta de Ratificação da Convenção foi depositada em 28 de setembro de 1989.

No âmbito interno, o Decreto n. 40, de 15 de fevereiro de 1991, a promulgou. O conceito de tortura, para esta Convenção, veio esculpido no art. 1º. Vejamos:

"**Art. 1º** (...)

1. Para os fins da presente Convenção, o termo "tortura" designa qualquer ato pelo qual dores ou sofrimentos agudos, físicos ou mentais, são infligidos intencionalmente a uma pessoa a fim de obter, dela ou de uma terceira pessoa, informações ou confissões; de castigá-la por ato que ela ou uma terceira pessoa tenha cometido ou seja suspeita de ter cometido; de intimidar ou coagir esta pessoa ou outras pessoas; ou por qualquer motivo baseado em discriminação de qualquer natureza; quando tais dores ou sofrimentos são infligidos por um funcionário público ou outra pessoa no exercício de funções públicas, ou por sua instigação, ou com o seu consentimento ou aquiescência. Não se considerará como tortura as dores ou sofrimentos que sejam consequência unicamente de sanções legítimas, ou que sejam inerentes a tais sanções ou delas decorram.

2. O presente artigo não será interpretado de maneira a restringir qualquer instrumento internacional ou legislação nacional que contenha ou possa conter dispositivos de alcance mais amplo".

Quase 20 anos depois, foi publicado o **Protocolo Facultativo à Convenção contra a Tortura e Outros Tratamentos ou Penas Cruéis, Desumanos ou Degradantes**, adotado em Nova York em 18 de dezembro de 2002.

O Congresso Nacional o aprovou por meio do Decreto Legislativo n. 483, de 20 de dezembro de 2006. O Governo brasileiro depositou o instrumento de ratificação do Protocolo junto ao Secretário-Geral da Organização das Nações Unidas em 11 de janeiro de 2007. O Protocolo entrou em vigor internacional em 22 de junho de 2006, e entrou em vigor para o Brasil em 11 de fevereiro de 2007.

Finalmente, por meio do Decreto n. 6.085, de 19 de abril de 2007, foi promulgado no âmbito interno.

"**Art. 2º O objetivo do presente Protocolo** é estabelecer um sistema de visitas regulares efetuadas por órgãos nacionais e internacionais independentes a lugares onde pessoas são privadas de sua liberdade, com a intenção de prevenir a tortura e outros tratamentos ou penas cruéis, desumanos ou degradantes. (grifo nosso)

Art. 2º (...)

1. Um **Subcomitê de Prevenção da Tortura e outros Tratamentos ou Penas Cruéis, Desumanos ou Degradantes do Comitê contra a Tortura** (doravante denominado Subcomitê de Prevenção) deverá ser estabelecido e desempenhar as funções definidas no presente Protocolo. (grifo nosso)

2. O Subcomitê de Prevenção deve desempenhar suas funções no marco da Carta das Nações Unidas e deve ser guiado por seus princípios e propósitos, bem como pelas normas das Nações Unidas relativas ao tratamento das pessoas privadas de sua liberdade.

3. Igualmente, o Subcomitê de Prevenção deve ser guiado pelos princípios da confidencialidade, imparcialidade, não seletividade, universalidade e objetividade.

4. O Subcomitê de Prevenção e os Estados-Partes devem cooperar na implementação do presente Protocolo.

Art. 3º Cada Estado-Parte deverá designar ou manter em nível doméstico um ou mais órgãos de visita encarregados da prevenção da tortura e outros tratamentos ou penas cruéis, desumanos ou degradantes (doravante denominados **mecanismos preventivos nacionais**). (grifo nosso)

Art. 4º (...)

1. Cada Estado-Parte deverá **permitir visitas**, de acordo com o presente Protocolo, dos mecanismos referidos nos arts. 2º e 3º a qualquer lugar sob sua jurisdição e controle onde pessoas são ou podem ser privadas de sua liberdade, quer por força de ordem dada por autoridade pública quer sob seu incitamento ou com sua permissão ou concordância (doravante denominados centros de detenção). Essas visitas devem ser empreendidas com vistas ao fortalecimento, se necessário, da proteção dessas pessoas contra a tortura e outros tratamentos ou penas cruéis, desumanos ou degradantes. (grifo nosso)

2. Para os fins do presente Protocolo, privação da liberdade significa qualquer forma de detenção ou aprisionamento ou colocação de uma pessoa em estabelecimento público ou privado de vigilância, de onde, por força de ordem judicial, administrativa ou de outra autoridade, ela não tem permissão para ausentar-se por sua própria vontade".

Visando ao atendimento do Protocolo Facultativo, o Brasil criou o **Mecanismo Nacional de Prevenção e Combate à Tortura** (MNPCT) por meio da Lei n. 12.847/2013, como órgão integrante da estrutura da Secretaria de Direitos Humanos da Presidência da República (hoje Ministério da Mulher, da Família e dos Direitos Humanos), responsável pela prevenção e combate à tortura e a outros tratamentos ou penas cruéis, desumanos ou degradantes, referenciando o art. 3º do Protocolo Facultativo.

Essa lei também institui o **Sistema Nacional de Prevenção e Combate à Tortura** (SNPCT), com **o objetivo** de fortalecer a prevenção e o combate à tortura, mediante a integração de órgãos e entidades públicas e privadas, por meio do monitoramento, da supervisão e do controle de estabelecimentos e unidades onde se encontram pessoas privadas da liberdade.

O SNPCT tem como **princípios** a proteção da dignidade da pessoa humana, universalidade, objetividade, igualdade, imparcialidade, não seletividade e não discriminação.

Ainda sobre o MNPCT, não nos esqueçamos da recente publicação do seu Regimento Interno, aprovado por meio da Portaria n. 20/2016, no qual destaco seus princípios, competências, prerrogativas dos seus membros, e o objetivo das visitas. Vejamos:

"**São princípios do MNPCT:**
I – proteção da dignidade da pessoa humana;
II – universalidade;
III – igualdade;
IV – não discriminação;
V – transparência;
VI – legalidade;
VII – imparcialidade;
VIII – objetividade; e
IX – confidencialidade.

Compete ao MNPCT:
I – planejar, realizar e monitorar visitas periódicas e regulares a pessoas privadas de liberdade em todas as unidades da Federação, para verificar as condições de fato e de direito a que se encontram submetidas;

II – articular-se com o Subcomitê de Prevenção da Organização das Nações Unidas – ONU, previsto no art. 2º do Protocolo Facultativo à Convenção das Nações Unidas contra a Tortura e Outros Tratamentos ou Penas Cruéis, Desumanos ou Degradantes, promulgado pelo Decreto n. 6.085, de 19 de abril de 2007, de forma a dar apoio a suas missões no território nacional, com o objetivo de unificar as estratégias e políticas de prevenção da tortura e de outros tratamentos e práticas cruéis, desumanos ou degradantes;

III – requerer à autoridade competente que instaure procedimento criminal e administrativo mediante a constatação de indícios da prática de tortura e de outros tratamentos e práticas cruéis, desumanos ou degradantes;

IV – elaborar relatório circunstanciado de cada visita realizada nos termos do inciso I deste artigo e, no prazo máximo de 30 (trinta) dias, apresentá-lo ao CNPCT, à Procuradoria-Geral da República – PGR e às autoridades responsáveis pela detenção e outras autoridades competentes;

V – elaborar anualmente relatório circunstanciado e sistematizado sobre o conjunto de visitas realizadas e recomendações formuladas, comunicando ao dirigente imediato do estabelecimento ou da unidade visitada, bem como ao dirigente máximo do órgão ou da instituição a que esteja vinculado o estabelecimento ou unidade visitada de qualquer dos entes federativos, ou ao particular responsável, do inteiro teor do relatório produzido, a fim de que sejam solucionados os problemas identificados e o sistema aprimorado;

VI – fazer recomendações e observações às autoridades públicas ou privadas, responsáveis pelas pessoas em locais de privação de liberdade, com vistas a garantir a observância dos direitos dessas pessoas;

VII – publicar os relatórios de visitas periódicas e regulares realizadas e o relatório anual e promover a difusão deles;

VIII – sugerir propostas e observações a respeito da legislação existente; e

IX – elaborar e aprovar o seu Regimento Interno.

São assegurados ao MNPCT e aos seus membros:

I – a autonomia das posições e opiniões adotadas no exercício de suas funções;

II – o acesso independentemente de autorização a todas as informações e registros relativos ao número, à identidade, às condições de detenção e ao tratamento conferido às pessoas privadas de liberdade;

III – o acesso ao número de unidades de detenção ou execução de pena privativa de liberdade e a respectiva lotação e localização de cada uma;

IV – o acesso aos locais arrolados no inciso II do art. 3º da Lei n. 12.847, de 2003, públicos e privados, de privação de liberdade e a todas as instalações e equipamentos do local;

V – a possibilidade de entrevistar pessoas privadas de liberdade ou qualquer outra pessoa que possa fornecer informações relevantes, reservadamente e sem testemunhas, em local que garanta a segurança e o sigilo necessários;

VI – a escolha dos locais a visitar e das pessoas a serem entrevistadas, com a possibilidade, inclusive, de fazer registros por meio da utilização de recursos audiovisuais, respeitada a intimidade das pessoas envolvidas; e

VII – a possibilidade de solicitar a realização de perícias oficiais, em consonância com as normas e diretrizes internacionais e com o art. 159 do Decreto-Lei n. 3.689, de 3 de outubro de 1941 – Código de Processo Penal".

As **visitas periódicas e regulares** a pessoas privadas de liberdade realizadas pelo MNPCT **têm como objetivo** prevenir e combater a tortura e outros tratamentos ou penas cruéis, desumanos ou degradantes em todos os estabelecimentos de privação de liberdade em âmbito nacional.

No âmbito do Sistema Regional Interamericano, no XV Período Ordinário de Sessões da Assembleia Geral da Organização dos Estados Americanos, em Cartagena das Índias (Colômbia), em 9 de dezembro de 1985, foi adotada a **Convenção Interamericana para Prevenir e Punir a Tortura**. O Brasil a ratificou em 20 de julho de 1989 por meio do Decreto n. 98.386, tendo o Decreto Legislativo n. 05, de 31 de maio de 1989 aprovado o ato. Seu art. 2º assim conceitua tortura:

> "Art. 2º Para os efeitos desta Convenção, **entender-se-á por tortura** todo ato pelo qual são infligidos intencionalmente a uma pessoa penas ou sofrimentos físicos ou mentais, com fins de investigação criminal, como meio de intimidação, como castigo pessoal, como medida preventiva, como pena ou qualquer outro fim. Entender-se-á também como tortura a aplicação, sobre uma pessoa, de métodos tendentes a anular a personalidade da vítima, ou a diminuir sua capacidade física ou mental, embora não causem dor física ou angústia psíquica". (grifo nosso)

Não estarão compreendidas no conceito de tortura as penas ou sofrimentos físicos ou mentais que sejam unicamente consequência de medidas legais ou inerentes a elas, contanto que não incluam a realização dos atos ou a aplicação dos métodos a que se refere este artigo.

Outro destaque ao tema são as provas obtidas por meio de tortura, que não podem ser admitidas como prova em processo, salvo em processo instaurado contra a pessoa acusada de havê-las obtido mediante atos de tortura e unicamente como prova de que, por esse meio, o acusado obteve tal declaração. Nesse sentido, o art. 10 nos ensina:

> "Art. 10. Nenhuma declaração que se comprove haver sido obtida mediante tortura poderá ser admitida como prova num processo, salvo em processo instaurado contra a pessoa ou pessoas acusadas de havê-la obtido mediante atos de tortura e unicamente como prova de que, por esse meio, o acusado obteve tal declaração".

6. CONSELHO NACIONAL DE DIREITOS HUMANOS

Desde 2010, caíram apenas 03 questões (Exame 35º, 2022 e Exame XVII, 2015). Esta última, no Exame 35º, houve transversalidade de assunto ao Pacto Internacional dos Direitos Econômicos, Sociais e Culturais. Havia 7 anos, portanto, que não tínhamos uma questão sobre o tema! É ela, a "ciranda das questões"...

Em 1964, por meio da Lei n. 4.319, foi criado o Conselho de Defesa dos Direitos da Pessoa Humana (CDDPH).

Por meio da Lei n. 12.986/2014, este Conselho (CDDPH) foi transformado no Conselho Nacional dos Direitos Humanos (CNDH), tendo ainda revogado a Lei n. 4.319/64 e também a Lei n. 5.763/71 (alterou a Lei n. 4.319/64).

O CNDH, segundo o art. 2º da nova lei, tem por finalidade a promoção e a defesa dos direitos humanos, mediante ações preventivas, protetivas, reparadoras e sancionadoras das condutas e das situações de ameaça ou violação desses direitos.

O art. 4º da lei em vigor traça a **competência do CNDH**. Vejamos:

> "Art. 4º O CNDH é o órgão incumbido de velar pelo efetivo respeito aos direitos humanos por parte dos poderes públicos, dos serviços de relevância pública e dos particulares, competindo-lhe:
>
> I – promover medidas necessárias à prevenção, repressão, sanção e reparação de condutas e situações contrárias aos direitos humanos, inclusive os previstos em tratados e atos internacionais

ratificados no País, e apurar as respectivas responsabilidades;

II – fiscalizar a política nacional de direitos humanos, podendo sugerir e recomendar diretrizes para a sua efetivação;

III – receber representações ou denúncias de condutas ou situações contrárias aos direitos humanos e apurar as respectivas responsabilidades;

IV – expedir recomendações a entidades públicas e privadas envolvidas com a proteção dos direitos humanos, fixando prazo razoável para o seu atendimento ou para justificar a impossibilidade de fazê-lo;

V – (Vetado);

VI – articular-se com órgãos federais, estaduais, do Distrito Federal e municipais encarregados da proteção e defesa dos direitos humanos;

VII – manter intercâmbio e cooperação com entidades públicas ou privadas, nacionais ou internacionais, com o objetivo de dar proteção aos direitos humanos e demais finalidades previstas neste artigo;

VIII – acompanhar o desempenho das obrigações relativas à defesa dos direitos humanos resultantes de acordos internacionais, produzindo relatórios e prestando a colaboração que for necessária ao Ministério das Relações Exteriores;

IX – opinar sobre atos normativos, administrativos e legislativos de interesse da política nacional de direitos humanos e elaborar propostas legislativas e atos normativos relacionados com matéria de sua competência;

X – realizar estudos e pesquisas sobre direitos humanos e promover ações visando à divulgação da importância do respeito a esses direitos;

XI – recomendar a inclusão de matéria específica de direitos humanos nos currículos escolares, especialmente nos cursos de formação das polícias e dos órgãos de defesa do Estado e das instituições democráticas;

XII – dar especial atenção às áreas de maior ocorrência de violações de direitos humanos, podendo nelas promover a instalação de representações do CNDH pelo tempo que for necessário;

XIII – (Vetado);

XIV – representar:

a) à autoridade competente para a instauração de inquérito policial ou procedimento administrativo, visando à apuração da responsabilidade por violações aos direitos humanos ou por descumprimento de sua promoção, inclusive o estabelecido no inciso XI, e aplicação das respectivas penalidades;

b) ao Ministério Público para, no exercício de suas atribuições, promover medidas relacionadas com a defesa de direitos humanos ameaçados ou violados;

c) ao Procurador-Geral da República para fins de intervenção federal, na situação prevista na alínea *b* do inciso VII do art. 34 da Constituição Federal;

d) ao Congresso Nacional, visando a tornar efetivo o exercício das competências de suas Casas e Comissões sobre matéria relativa a direitos humanos;

XV – realizar procedimentos apuratórios de condutas e situações contrárias aos direitos humanos e aplicar sanções de sua competência;

XVI – pronunciar-se, por deliberação expressa da maioria absoluta de seus conselheiros, sobre crimes que devam ser considerados, por suas características e repercussão, como violações a direitos humanos de excepcional gravidade, para fins de acompanhamento das providências necessárias a sua apuração, processo e julgamento".

Por sua vez o art. 6º trata de sanções e recomendações que possam ser aplicadas pelo CNDH. Vejamos:

"**Art. 6º** Constituem sanções a serem aplicadas pelo CNDH:

I – advertência;

II – censura pública;

III – recomendação de afastamento de cargo, função ou emprego na administração pública direta, indireta ou fundacional da União, Estados, Distrito Federal, Territórios e Municípios do responsável por conduta ou situações contrárias aos direitos humanos;

IV – recomendação de que não sejam concedidos verbas, auxílios ou subvenções a entidades comprovadamente responsáveis por condutas ou situações contrárias aos direitos humanos.

§ 1º As sanções previstas neste artigo serão aplicadas isolada ou cumulativamente, sendo correspondentes e proporcionais às ações ou omissões ofensivas à atuação do CNDH ou às lesões de direitos humanos, consumadas ou tentadas, imputáveis a pessoas físicas ou jurídicas e a entes públicos ou privados.

§ 2º As sanções de competência do CNDH têm caráter autônomo, devendo ser aplicadas independentemente de outras sanções de natureza penal, financeira, política, administrativa ou civil previstas em lei".

7. CONVENÇÃO INTERNACIONAL E INTERAMERICANA PARA A PROTEÇÃO DE TODAS AS PESSOAS CONTRA O DESAPARECIMENTO FORÇADO

Desde 2010, caíram apenas duas questões. Tema que já foi tratado como "isolado" e após sete exames reapareceu da mesma forma que muitos assuntos, novamente na "ciranda das questões".

A Convenção Internacional para a Proteção de Todas as Pessoas Contra o Desaparecimento Forçado foi assinada em Paris, em 6 de fevereiro de 2007. O Estado Brasileiro aprovou o seu texto por meio do Decreto Legislativo n. 661, de 2010.

Antes desta Convenção, havia a Resolução n. 47/133, de 1992 ("Declaração sobre a Proteção de Todas as Pessoas contra os Desaparecimentos Forçados"), com natureza jurídica de mera recomendação.

No Sistema Regional Interamericano, temos também a **Convenção Interamericana sobre o Desaparecimento Forçado de Pessoas**, a qual foi aprovada pela Assembleia Geral da Organização dos Estados Americanos (OEA) em seu XXIV Período Ordinário de Sessões, realizado em Belém do Pará, em 9 de junho de 1994.

Nos termos do art. 2º desta Convenção Interamericana, temos o conceito do tema:

"**Art. 2º** Para os efeitos desta Convenção, entende-se por desaparecimento forçado a privação de liberdade de uma pessoa ou mais pessoas, seja de que forma for, praticada por agentes do Estado ou por pessoas ou grupos de pessoas que atuem com autorização, apoio ou consentimento do Estado, seguida de falta de informação ou da recusa a reconhecer a privação de liberdade ou a informar sobre o paradeiro da pessoa, impedindo assim o exercício dos recursos legais e das garantias processuais pertinentes".

Por sua vez, também no art. 2º, agora da Convenção Internacional, temos o conceito do tema:

"**Art. 2º** Para os efeitos desta Convenção, entende-se por "desaparecimento forçado" a prisão, a detenção, o sequestro ou qualquer outra forma de privação de liberdade que seja perpetrada por agentes do Estado ou por pessoas ou grupos de pessoas agindo com a autorização, apoio ou aquiescência do Estado, e a subsequente recusa em admitir a privação de liberdade ou a ocultação do destino ou do paradeiro da pessoa desaparecida, privando-a assim da proteção da lei".

Merece destaque também a **conceituação da vítima e os seus direitos na Convenção Internacional**:

"Art. 24. (...)

1. Para os fins da presente Convenção, o termo "vítima" se refere à pessoa desaparecida e a todo indivíduo que tiver sofrido dano como resultado direto de um desaparecimento forçado.

2. A vítima tem o direito de saber a verdade sobre as circunstâncias do desaparecimento forçado, o andamento e os resultados da investigação e o destino da pessoa desaparecida. O Estado Parte tomará medidas apropriadas a esse respeito.

3. Cada Estado Parte tomará todas as medidas cabíveis para procurar, localizar e libertar pessoas desaparecidas e, no caso de morte, localizar, respeitar e devolver seus restos mortais.

4. Cada Estado Parte assegurará que sua legislação garanta às vítimas de desaparecimento forçado o direito de obter reparação e indenização rápida, justa e adequada.

5. O direito a obter reparação, a que se refere o parágrafo 4º deste artigo, abrange danos materiais e morais e, se couber, outras formas de reparação, tais como:

a) Restituição;

b) Reabilitação;

c) Satisfação, inclusive o restabelecimento da dignidade e da reputação; e

d) Garantias de não repetição.

6. Sem prejuízo da obrigação de prosseguir a investigação até que o destino da pessoa desaparecida seja estabelecido, cada Estado Parte adotará as providências cabíveis em relação à situação jurídica das pessoas desaparecidas cujo destino não tiver sido esclarecido, bem como à situação de seus familiares, no que respeita à proteção social, a questões financeiras, ao direito de família e aos direitos de propriedade.

7. Cada Estado Parte garantirá o direito de fundar e participar livremente de organizações e associações que tenham por objeto estabelecer as circunstâncias de desaparecimentos forçados e o destino das pessoas desaparecidas, bem como assistir as vítimas de desaparecimentos forçados".

8. CONDIÇÕES ANÁLOGAS À DE ESCRAVOS

Desde 2010, caíram 02 questões (Exame XIX, 2016 e Exame XIII, 2014), portanto há muitos anos.

Em 2017 o Ministério do Trabalho e Emprego (MTE) editou duas portarias acerca do assunto, causando bastante discussão sobre o tema: publicada em 29 de dezembro, a Portaria n. 1.293/2017 substituiu a polêmica Portaria n. 1.129/2017, que dificultava a libertação de trabalhadores nessa situação, "esquentando o tema" novamente.

Cabe lembrar que a Portaria n. 1.153, de 13 de outubro de 2003, estabeleceu os procedimentos a serem cumpridos pelos Auditores-Fiscais do Trabalho nas ações fiscais para identificação e **libertação de trabalhadores submetidos a regime de trabalho forçado e condição análoga à de escravo** visando à concessão do benefício do seguro-desemprego.

Assim, é um tema ainda "em aberto", em que pese a ideia de escravatura por questão de cor de pele ser a primeira referência que se tem, a ideia aqui passa por uma mutação, por isso mesmo fala-se condição "análoga a de escravo".

Da mais recente Portaria, destaca-se:

"**Art. 1º** Para fins de concessão de benefício de seguro-desemprego ao trabalhador que for encontrado em condição análoga à de escravo no curso de fiscalização do Ministério do Trabalho, nos termos da Portaria MTE n. 1.153, de 13 de outubro de 2003, bem como para inclusão de administrados no Cadastro de Empregadores que tenham submetido trabalhadores à condição análoga à de escravo, estabelecido pela Portaria Interministerial MTPS/MMIRDH n. 4, de 11 de maio de 2016, **considera-se em condição análoga à de escravo o trabalhador submetido, de forma isolada ou conjuntamente**, a: (grifo nosso)

I – Trabalho forçado;

II – Jornada exaustiva;

III – Condição degradante de trabalho;

IV – Restrição, por qualquer meio, de locomoção em razão de dívida contraída com empregador ou preposto, no momento da contratação ou no curso do contrato de trabalho;

V – Retenção no local de trabalho em razão de:

a) Cerceamento do uso de qualquer meio de transporte;

b) Manutenção de vigilância ostensiva;

c) Apoderamento de documentos ou objetos pessoais".

A própria Portaria assim define os termos acima:

"**Art. 2º** Para os fins previstos na presente Portaria: (grifo nosso)

I – **Trabalho forçado** é aquele exigido sob ameaça de sanção física ou psicológica e para o qual o trabalhador não tenha se oferecido ou no qual não deseje permanecer espontaneamente.

II – **Jornada exaustiva** é toda forma de trabalho, de natureza física ou mental, que, por sua extensão ou por sua intensidade, acarrete violação de direito fundamental do trabalhador, notadamente os relacionados à segurança, saúde, descanso e convívio familiar e social.

III – **Condição degradante de trabalho** é qualquer forma de negação da dignidade humana pela violação de direito fundamental do trabalhador, notadamente os dispostos nas normas de proteção do trabalho e de segurança, higiene e saúde no trabalho.

IV – **Restrição, por qualquer meio, da locomoção do trabalhador em razão de dívida** é a limitação ao direito fundamental de ir e vir ou de encerrar a prestação do trabalho, em razão de débito imputado pelo empregador ou preposto ou da indução ao endividamento com terceiros.

V – **Cerceamento do uso de qualquer meio de transporte** é toda forma de limitação ao uso de meio de transporte existente, particular ou público, possível de ser utilizado pelo trabalhador para deixar local de trabalho ou de alojamento.

VI – **Vigilância ostensiva no local de trabalho** é qualquer forma de controle ou fiscalização, direta ou indireta, por parte do empregador ou preposto, sobre a pessoa do trabalhador que o impeça de deixar local de trabalho ou alojamento.

VII – **Apoderamento de documentos ou objetos pessoais** é qualquer forma de posse ilícita do empregador ou preposto sobre documentos ou objetos pessoais do trabalhador".

Sempre lembro das operações da Polícia Federal na "área têxtil" da capital paulista (Brás e Bom Retiro), com a localização de uma série de imigrantes ilegais nessas condições.

A submissão de trabalhadores a condições análogas às de escravos comprova, na prática, violação de um princípio crucial acerca dos Direitos Humanos.

No âmbito do Direito Internacional dos Direitos Humanos, constitucional e infraconstitucional, temos a vedação a qualquer forma de escravidão, servidão, tráfico das pessoas nessas condições, bem como dos trabalhos forçados. A CF prevê que não haverá penas de trabalhos forçados (art. 5º, XLVII, *c*).

No âmbito do **Código Penal**, temos a tipificação à *redução à condição análoga a de escravo* prevista no art. 149, que nas palavras da lei pode ser tanto submetendo alguém a trabalhos forçados ou a jornada exaustiva, quer sujeitando a condições degradantes de trabalho, quer restringindo, por qualquer meio, sua locomoção em razão de dívida contraída com o empregador ou preposto.

Também responde pelo mesmo crime quem cerceia o uso de qualquer meio de transporte por parte do trabalhador, com o fim de retê-lo no local de trabalho ou mantém vigilância ostensiva no local de trabalho ou se apodera de documentos ou objetos pessoais do trabalhador, com o fim de retê-lo no local de trabalho. Ainda, a pena será aumentada se o crime for cometido contra criança ou adolescente ou por motivo de preconceito de raça, cor, etnia, religião ou origem.

No âmbito internacional, temos a **Convenção Suplementar sobre Abolição da Escravatura, do Tráfico de Escravos e das Instituições e Práticas Análogas à Escravatura** (1956), aprovada pelo Decreto Legislativo n. 66, de 1965. Depósito do instrumento brasileiro de adesão junto à Organização das Nações Unidas e entrada em vigor, para o Brasil, a 6 de janeiro de 1966. Promulgadas pelo Decreto n. 58.563, de 1º de junho de 1966. Dessa

Convenção merecem destaque os conceitos normativos previstos no art. 7º. Vejamos:

"**Art. 7º** Para os fins da presente Convenção:

1. "Escravidão", tal como foi definida na Convenção sobre a Escravidão de 1926, é o estado ou a condição de um indivíduo sobre o qual se exercem todos ou parte dos poderes atribuídos ao direito de propriedade, e "escravo" é o indivíduo em tal estado ou condição.

2. "Pessoa de condição servil" é a que se encontra no estado ou condição que resulta de alguma das instituições ou práticas mencionadas no artigo primeiro da presente Convenção.

3. "Tráfico de escravos" significa e compreende todo ato de captura, aquisição ou cessão de uma pessoa com a intenção de escravizá-la; todo ato de aquisição de um escravo para vendê-lo ou trocá-lo; todo ato de cessão, por venda ou troca, de uma pessoa adquirida para ser vendida ou trocada, assim como, em geral, todo ato de comércio ou transporte de escravos, seja qual for o meio de transporte empregado".

No âmbito do **Pacto Internacional dos Direitos Civis e Políticos**, temos o art. 8º, que faz parte do chamado núcleo duro ou inderrogável dos direitos humanos, ou seja, em hipótese alguma pode ser revogado (trata-se de um direito absoluto). Vejamos:

"**Art. 8º** (...)

1. Ninguém poderá ser submetido à escravidão; a escravidão e o tráfico de escravos, em todas as suas formas, ficam proibidos.

2. Ninguém poderá ser submetido à servidão.

3. a) Ninguém poderá ser obrigado a executar trabalhos forçados ou obrigatórios;

b) A alínea "a" do presente parágrafo não poderá ser interpretada no sentido de proibir, nos países em que certos crimes sejam punidos com prisão e trabalhos forçados, o cumprimento de uma pena de trabalhos forçados, imposta por um tribunal competente;

c) Para os efeitos do presente parágrafo, não serão considerados "trabalhos forçados ou obrigatórios":

i) qualquer trabalho ou serviço, não previsto na alínea "b", normalmente exigido de um indivíduo que tenha sido encerrado em cumprimento de decisão judicial ou que, tendo sido objeto de tal decisão, ache-se em liberdade condicional;

ii) qualquer serviço de caráter militar e, nos países em que se admite a isenção por motivo de consciência, qualquer serviço nacional que a lei venha a exigir daqueles que se oponha ao serviço militar por motivo de consciência;

iii) qualquer serviço exigido em casos de emergência ou de calamidade que ameacem o bem-estar da comunidade;

iv) qualquer trabalho ou serviço que faça parte das obrigações cívicas normais".

No âmbito da **Convenção Americana sobre Direitos Humanos (PSJCR)**, da mesma forma como explanado, trata-se de núcleo inderrogável dos direitos humanos, agora no Sistema Interamericano de Direitos Humanos. Vejamos:

"**Art. 6º** Proibição da escravidão e da servidão

§ 1º Ninguém poderá ser submetido a escravidão ou servidão e tanto estas como o tráfico de escravos e o tráfico de mulheres são proibidos em todas as suas formas.

§ 2º Ninguém deve ser constrangido a executar trabalho forçado ou obrigatório. Nos países em que se prescreve, para certos delitos, pena privativa de liberdade acompanhada de trabalhos forçados, esta disposição não pode ser interpretada no sentido de proibir o cumprimento da dita pena, imposta por um juiz ou tribunal competente. O trabalho forçado não deve afetar a dignidade, nem a capacidade física e intelectual do recluso.

§ 3º Não constituem trabalhos forçados ou obrigatórios para os efeitos deste artigo.

§ 4º Os trabalhos ou serviços normalmente exigidos de pessoa reclusa em cumprimento de sentença ou resolução formal expedida pela autoridade judiciária competente. Tais trabalhos ou serviços devem ser executados sob a vigilância e controle das autoridades públicas, e os indivíduos que os executarem não devem ser postos à disposição de particulares, companhias ou pessoas jurídicas de caráter privado;

§ 5º Serviço militar e, nos países em que se admite a isenção por motivo de consciência, qualquer serviço nacional que a lei estabelecer em lugar daqueles;

§ 6º O serviço em casos de perigo ou de calamidade que ameacem a existência ou o bem-estar da comunidade;

§ 7º O trabalho ou serviço que faça parte das obrigações cívicas normais".

Cabe lembrar das características dos Direitos Humanos, com destaque à indivisibilidade, pois o trabalho na condição análoga à de escravo viola a um só tempo os direitos civis e políticos e os direitos econômicos e sociais.

Sem a pretensão de querer esgotar o assunto com tema transversal (o tema pode ser pedido em Direitos Humanos, em Direito do Trabalho, em Direito Penal), cabe a lembrança de que o tema passa pelo art. 149 do Código Penal. Vejamos:

"**Art. 149.** Reduzir alguém a condição análoga à de escravo, quer submetendo-o a trabalhos forçados ou a jornada exaustiva, quer sujeitando-o a condições degradantes de trabalho, quer restringindo, por qualquer meio, sua locomoção em razão de dívida contraída com o empregador ou preposto:

Pena – reclusão, de dois a oito anos, e multa, além da pena correspondente à violência.

§ 1º Nas mesmas penas incorre quem:

I – cerceia o uso de qualquer meio de transporte por parte do trabalhador, com o fim de retê-lo no local de trabalho;

II – mantém vigilância ostensiva no local de trabalho ou se apodera de documentos ou objetos pessoais do trabalhador, com o fim de retê-lo no local de trabalho.

§ 2º A pena é aumentada de metade, se o crime é cometido:

I – contra criança ou adolescente;

II – por motivo de preconceito de raça, cor, etnia, religião ou origem".

9. CONVENÇÃO PARA A PREVENÇÃO E REPRESSÃO DO CRIME DE GENOCÍDIO

Desde 2010, caiu apenas 01 questão (Exame IX, 2013), portanto há muitos anos que não temos abordagem da questão. Talvez com a guerra da Ucrânia, faixa de Gaza, assim como mencionei quando da abordagem ao Tribunal Penal Interacional, possa aparecer na "ciranda das questões".

A Convenção para a Prevenção e Repressão do Crime de Genocídio foi concluída em Paris em 11 de dezembro de 1948 (um dia após a Declaração Universal dos Direitos Humanos), na III Sessão da Assembleia Geral das Nações Unidas.

O Congresso Nacional a aprovou por meio do Decreto Legislativo n. 2, de 11 de abril de 1951.

O Estado Brasileiro depositou à Secretaria Geral da ONU em Nova York, em 15 de abril de 1952, o instrumento de ratificação.

Por fim, por meio do Decreto n. 30.822 de 6 de maio de 1952, houve a promulgação da Convenção no âmbito interno.

O tema já havia sido disciplinado, de forma resumida, por meio da Resolução 96 (I), de 11 de dezembro de 1945, da Assembleia Geral da ONU, a qual declarou que o genocídio é um crime contra o Direito Internacional.

Sobre a Convenção em si, merece destaque:

"**Art. 1º** As Partes Contratantes confirmam que o **genocídio** quer cometido em tempo de paz ou em tempo de guerra, **é um crime contra o Direito Internacional**, que elas se comprometem a prevenir e a punir. (grifo nosso)

Art. 2º Na presente Convenção entende-se por genocídio qualquer dos seguintes atos, cometidos com a intenção de destruir no todo ou em parte, um grupo nacional, étnico, racial ou religioso, como tal:

a) matar membros do grupo;

b) causar lesão grave à integridade física ou mental de membros do grupo;

c) submeter intencionalmente o grupo a condição de existência capazes de ocasionar-lhe a destruição física total ou parcial;

d) adotar medidas destinadas a impedir os nascimentos no seio de grupo;

e) efetuar a transferência forçada de crianças do grupo para outro grupo.

Art. 3º Serão punidos os seguintes atos:

a) o genocídio;

b) a associação de pessoas para cometer o genocídio;

c) a incitação direta e pública a cometer o genocídio;

d) a tentativa de genocídio;

e) a coautoria no genocídio.

Art. 4º As pessoas que tiverem cometido o genocídio ou qualquer dos outros atos enumerados no art. 3º **serão punidas, sejam governistas, funcionários ou particulares**". (grifo nosso)

Cabe lembrar também, conforme já abordado no capítulo do Tribunal Penal Internacional, sobre a competência subsidiária deste na apuração do crime de genocídio.

10. TRIBUNAL PENAL INTERNACIONAL

Desde 2010, caiu apenas 01 questão (Exame XIII, 2014), portanto, há muitos anos que o tema não aparece no Exame de Ordem, mas pela "ciranda das questões", pode reaparecer a qualquer momento, tendo em vista a guerra na Ucrânia, na faixa de Gaza e a instabilidade na Venezuela (no momento dessa escrita o secretário geral da OEA havia sinalizado pelo pedido de prisão no TPI de Nicolás Maduro).

O Tribunal Penal Internacional (TPI) realmente não vive um "bom momento" mundial, com uma série de críticas na relação custo x resultados práticos. O TPI fez 20 anos de existência (1º de julho de 2022). Com a guerra da Ucrânia, voltou a ter protagonismo, ao emitir mandados de prisão contra o presidente da Rússia, Vladimir Putin, e contra a Comissária para os Direitos da Criança da Rússia, Alekseyevna Lvova-Belova (segundo consta, Lvova-Belova é a autoridade russa no centro do suposto esquema para deportar à força milhares de crianças ucranianas para a Rússia). Cabe lembrar que em 20 anos o TPI conseguiu apenas três condenações (de quase 30 julgamentos): **Thomas Lu-**

banga – ex-líder rebelde que atuou na região de Ituri, na República Democrática do Congo. Ele foi acusado de crimes de guerra por recrutar crianças para lutar em sua milícia, chamada União dos Congoleses Patrióticos. Meninos menores de 15 anos eram drogados e adestrados para se tornar soldados, e as meninas tornavam-se escravas sexuais. Foi condenado a 14 anos de prisão e está preso desde 2012; **Germain Katanga** – ex-militar que atuou na República Democrática do Congo e foi acusado de crimes de guerra e crimes contra a humanidade. Os crimes de Katanga foram cometidos em 2003 quando ele liderou um ataque a um povoado, levando 200 pessoas à morte. Ele foi condenado a 12 anos de prisão; e **Bosco Ntaganda** – ex-general do exército da República Democrática do Congo que foi acusado de crimes de guerra e crimes contra a humanidade, também cometidos entre 2002 e 2003. Ao todo, ele foi acusado de 18 crimes e foi condenado ao total de 30 anos de prisão.

No âmbito constitucional, o Estado brasileiro, por meio do § 4º do art. 5º, disciplinou que o Brasil se submete à jurisdição de Tribunal Penal Internacional a cuja criação tenha manifestado adesão.

Em 16 de julho de 1998 foi aprovado o Estatuto de Roma do Tribunal Penal Internacional. Nosso Congresso Nacional aprovou o texto do Estatuto por meio do Decreto Legislativo n. 112, de 6 de junho de 2002. Este tratado entrou em vigor internacional em 1º de julho de 2002, e passou a vigorar, para o Brasil, em 1º de setembro de 2002. E finalmente, por meio do Decreto n. 4.388, de 25 de setembro de 2002, ele foi promulgado. Em seu texto, destaca-se sua competência:

"**Art. 5º** Crimes da Competência do Tribunal.

1. A competência do Tribunal restringir-se-á aos crimes mais graves, que afetam a comunidade internacional no seu conjunto. Nos termos do presente Estatuto, o Tribunal terá competência para julgar os seguintes crimes:

 a) O crime de genocídio;

 b) Crimes contra a humanidade;

 c) Crimes de guerra;

 d) O crime de agressão".

A definição de cada tipo penal conforme a previsão textual:

ART. 6º CRIME DE GENOCÍDIO

Entende-se por "genocídio", qualquer um dos atos que a seguir se enumeram, praticado com intenção de destruir, no todo ou em parte, um grupo nacional, étnico, racial ou religioso, enquanto tal:
a) Homicídio de membros do grupo;
b) Ofensas graves à integridade física ou mental de membros do grupo;
c) Sujeição intencional do grupo a condições de vida com vista a provocar a sua destruição física, total ou parcial;
d) Imposição de medidas destinadas a impedir nascimentos no seio do grupo;
e) Transferência, à força, de crianças do grupo para outro grupo.

ART. 7º CRIMES CONTRA A HUMANIDADE

Entende-se por "crime contra a humanidade", qualquer um dos atos seguintes, quando cometido no quadro de um ataque, generalizado ou sistemático, contra qualquer população civil, havendo conhecimento desse ataque:
a) Homicídio;
b) Extermínio;
c) Escravidão;
d) Deportação ou transferência forçada de uma população;
e) Prisão ou outra forma de privação da liberdade física grave, em violação das normas fundamentais de direito internacional;
f) Tortura;
g) Agressão sexual, escravatura sexual, prostituição forçada, gravidez forçada, esterilização forçada ou qualquer outra forma de violência no campo sexual de gravidade comparável;
h) Perseguição de um grupo ou coletividade que possa ser identificado, por motivos políticos, raciais, nacionais, étnicos, culturais, religiosos ou de gênero, tal como definido no parágrafo 3º, ou em função de outros critérios universalmente reconhecidos como inaceitáveis no direito internacional, relacionados com qualquer ato referido neste parágrafo ou com qualquer crime da competência do Tribunal;
i) Desaparecimento forçado de pessoas;
j) Crime de *apartheid*;
k) Outros atos desumanos de caráter semelhante, que causem intencionalmente grande sofrimento, ou afetem gravemente a integridade física ou a saúde física ou mental.

Importante destacar alguns conceitos que o próprio texto apresenta:

- Por "ataque contra uma população civil" entende-se qualquer conduta que envolva a prática múltipla de atos referidos no parágrafo 1º contra uma população civil, de acordo com a política de um Estado ou de uma organização de praticar esses atos ou tendo em vista a prossecução dessa política;

- O "extermínio" compreende a sujeição intencional a condições de vida, tais como a privação do acesso a alimentos ou medicamentos, com vista a causar a destruição de uma parte da população;

- Por "escravidão" entende-se o exercício, relativamente a uma pessoa, de um poder ou de um conjunto de poderes que traduzam um direito de propriedade sobre uma pessoa, incluindo o exercício desse poder no âmbito do tráfico de pessoas, em particular mulheres e crianças;

- Por "deportação ou transferência à força de uma população" entende-se o deslocamento forçado de pessoas, através da expulsão ou outro ato coercivo, da zona em que se encontram legalmente, sem qualquer motivo reconhecido no direito internacional;

- Por "tortura" entende-se o ato por meio do qual uma dor ou sofrimentos agudos, físicos ou mentais, são intencionalmente causados a uma pessoa que esteja sob a custódia ou o controle do acusado; este termo não compreende a dor ou os sofrimentos resultantes unicamente de sanções legais, inerentes a essas sanções ou por elas ocasionadas;

- Por "gravidez à força" entende-se a privação ilegal de liberdade de uma mulher que foi engravidada à força, com o propósito de alterar a composição étnica de uma população ou de cometer outras violações graves do direito internacional. Esta definição não pode, de modo algum, ser interpretada como afetando as disposições de direito interno relativas à gravidez;

- Por "perseguição" entende-se a privação intencional e grave de direitos fundamentais em violação do direito internacional, por motivos relacionados com a identidade do grupo ou da coletividade em causa;
- Por "crime de *apartheid*" entende-se qualquer ato desumano análogo aos referidos no parágrafo 1º, praticado no contexto de um regime institucionalizado de opressão e domínio sistemático de um grupo racial sobre um ou outros grupos nacionais e com a intenção de manter esse regime;
- Por "desaparecimento forçado de pessoas" entende-se a detenção, a prisão ou o sequestro de pessoas por um Estado ou uma organização política ou com a autorização, o apoio ou a concordância destes, seguidos de recusa a reconhecer tal estado de privação de liberdade ou a prestar qualquer informação sobre a situação ou localização dessas pessoas, com o propósito de lhes negar a proteção da lei por um prolongado período de tempo.

ART. 8ª CRIMES DE GUERRA
O Tribunal terá competência para julgar os crimes de guerra, em particular quando cometidos como parte integrante de um plano ou de uma política ou como parte de uma prática em larga escala desse tipo de crimes. Entende-se por "crimes de guerra":
(sugere-se a leitura do extenso rol das alíneas *a, b, c, d, e, f*).

Finalmente em junho de 2010, o TPI definiu o crime de agressão, com a seguinte condição: poderá exercer a jurisdição sobre os crimes cometidos apenas um ano após trinta Estados terem ratificado a alteração.

A alteração do Estatuto introduziu a definição do crime de agressão, nos seguintes termos: "Planejamento, preparação, iniciação ou execução, por uma pessoa numa posição de exercício de controle ou direção da ação política ou militar de um Estado, de um ato de agressão que pelo seu caráter, gravidade ou escala constitui uma manifesta violação da Carta das Nações Unidas".

Sobre as penas aplicáveis:

"Art. 77. Penas Aplicáveis.

1. Sem prejuízo do disposto no art. 110, o Tribunal pode impor à pessoa condenada por um dos crimes previstos no art. 5º do presente Estatuto uma das seguintes penas:

a) Pena de prisão por um número determinado de anos, até ao limite máximo de 30 anos; ou

b) Pena de prisão perpétua, se o elevado grau de ilicitude do fato e as condições pessoais do condenado o justificarem,

2. Além da pena de prisão, o Tribunal poderá aplicar:

a) Uma multa, de acordo com os critérios previstos no Regulamento Processual;

b) A perda de produtos, bens e haveres provenientes, direta ou indiretamente, do crime, sem prejuízo dos direitos de terceiros que tenham agido de boa-fé".

Diante do exposto, temos no Sistema Global de Direitos Humanos um órgão de caráter permanente e independente voltado especificamente para o julgamento e a punição de indivíduos agressores e não diretamente para a proteção das vítimas.

O art. 1º deixa claro sobre o TPI ser um "órgão permanente" e "para o julgamento de pessoas". Vejamos:

"**Art. 1º** O Tribunal. É criado, pelo presente instrumento, um Tribunal Penal Internacional ("o Tribunal"). **O Tribunal será uma instituição permanente, com jurisdição sobre as pessoas responsáveis pelos crimes de maior gravidade com alcance internacional**, de acordo com o presente Estatuto, **e será complementar às jurisdições penais nacionais**. A competência e o funcionamento do Tribunal reger-se-ão pelo presente Estatuto". (grifo nosso)

REFERÊNCIAS

COMPARATO, Fábio Konder. *A afirmação histórica dos direitos humanos*. 11. ed. São Paulo: Saraiva, 2017.

IZIDORO, Frederico Afonso. *Direitos Humanos e Direitos Humanos Fundamentais*. 4. ed. São Paulo: Método, 2015.

JUNGER DA SILVA, Gustavo; CAVALCANTI, Leonardo; LEMOS SILVA, Sarah; TONHATI, Tania; LIMA COSTA, Luiz Fernando. *Refúgio em números 2023*. Observatório das Migrações Internacionais; Ministério da Justiça e Segurança Pública/Departamento das Migrações. Brasília, DF: OBMigra, 2023.

MAZZUOLI, Valerio de Oliveira. *Controle jurisdicional da convencionalidade das leis*. 5. ed. rev. atual. e ampl. Rio de Janeiro: Forense, 2018.

_____. *Curso de direitos humanos*. 10. ed. rev. atual. e ampl. São Paulo: Método, 2024.

_____. *Direitos humanos na jurisprudência internacional: sentenças, opiniões consultivas, decisões e relatórios internacionais*. São Paulo: Método, 2019.

PAIVA, Caio; HEEMANN, Thimotie Aragon. *Jurisprudência internacional de direitos humanos*. 3. ed. Belo Horizonte: CEI, 2020.

PIOVESAN, Flávia. *Direitos humanos e o direito constitucional internacional*. 21. ed. rev. e atual. São Paulo: SaraivaJur, 2023.

PIOVESAN, Flávia (Coord.). *Código de direito internacional dos direitos humanos anotado*. São Paulo: DPJ, 2008.

_____; FACHIN, Melina Girardi; MAZZUOLI, Valerio de Oliveira. *Comentários à Convenção Americana sobre Direitos Humanos*. Rio de Janeiro: Forense, 2019.

DIREITOS HUMANOS

RAMOS, André de Carvalho. *Curso de direitos humanos*. 11. ed. São Paulo : SaraivaJur, 2024.

_____. *Processo internacional de direitos humanos*. 7. ed. São Paulo: SaraivaJur, 2022.

_____. *Teoria geral dos direitos humanos na ordem internacional*. 7. ed. São Paulo: SaraivaJur, 2019.

Acesse o *QR Code* e aproveite os conteúdos elaborados para você!
- BIZU OAB
- TOP 10

http://uqr.to/1wcfi

Questões
Direitos Humanos

Acesse o *QR Code* e consulte as questões comentadas dos exames anteriores.
http://uqr.to/1wcfh

CONVENÇÃO AMERICANA SOBRE DIREITOS HUMANOS

1. (38º Exame) Considere a hipótese de ter sido decretado Estado de Emergência no país, implicando a suspensão de garantias judiciais, como o *habeas corpus*. Argumentando a favor desse Decreto, o Governo alega que a própria Convenção Americana de Direitos Humanos prevê, em seu art. 27, a suspensão de garantias. Como advogada(o) que atua na defesa dos Direitos Humanos, de acordo com as importantes Opiniões Consultivas OC-08/87 e OC-09/87 da Corte Interamericana de Direitos Humanos, você deve esclarecer que

(A) uma vez que tais garantias judiciais não estejam previstas entre os direitos ressalvados expressamente no art. 27.2 da Convenção, elas podem ser suspensas.

(B) pode haver a suspensão de tais garantias, inclusive do *habeas corpus* em situações de estado de emergência, como o Estado de Defesa, desde que isso seja decidido pelo Poder Executivo e confirmado pelo Poder Judiciário.

(C) as garantias judiciais, como o *habeas corpus*, não podem ser canceladas ou descontinuadas, pois visam à proteção dos direitos essenciais que, segundo o art. 27.2 da Convenção, não podem ser suspensos.

(D) em situações de emergência, como o Estado de Defesa, tendo em vista a proteção da soberania nacional, pode haver a suspensão de alguns direitos e garantias, dentre eles o direito ao *habeas corpus*.

RESPOSTA A alternativa "A" está errada, entretanto, se o candidato apenas fizer uma interpretação literal (algo nunca recomendado em "texto codificado"), pode ensejar ao erro. As opiniões consultivas mencionadas deixam claro que o instituto do HC não pode ser suspenso, nem no caso de guerra, de perigo público, ou de outra emergência que ameace a independência ou segurança do Estado-Parte. A alternativa "B", também errada, pelos mesmos dizeres. A alternativa "C", correta pelos fundamentos já descritos. Por fim, a alternativa "D", errada, também pelos mesmos fundamentos. *Alternativa C.*

2. (38º Exame) Numa acirrada disputa eleitoral pelo governo municipal de sua cidade, o prefeito atual e candidato à reeleição, divulgou, por meio do site da Prefeitura, informações inexatas e ofensivas contra o candidato da oposição.

Esse candidato o(a) procurou, por saber de sua atuação como advogado(a) em defesa dos Direitos Humanos, e disse que, amparado na Convenção Americana sobre Direitos Humanos, queria o direito de resposta na rádio local.

Sobre a hipótese narrada, cabe a você esclarecer que a Convenção assegura

(A) plenamente o direito à resposta, que deve ocorrer no órgão de difusão da escolha do ofendido.

(B) o direito de resposta e determina que ele aconteça no órgão de difusão que tenha a capacidade de alcançar o maior número de pessoas.

(C) o direito à resposta e determina que ela deve ser feita no mesmo órgão de difusão em que ocorreu a divulgação das informações inexatas e ofensivas.

(D) o direito de resposta, mas estabelece como condição a apreciação judicial e o encerramento da lide em última instância.

RESPOSTA A alternativa "A" está errada pois o art. 14 da Convenção Americana sobre Direitos Humanos (CADH) determina que o direito de retificação ou resposta ocorra "pelo mesmo órgão de difusão". A alternativa "B" errada nos mesmos termos. A alternativa "C", correta, pela mesma fundamentação. Por fim, a alternativa "D", errada, pois inexiste tal "apreciação judicial" na norma (CADH). *Alternativa C.*

3. (37º Exame) Você está diante de um caso de extrema gravidade de violação de direitos previstos na Convenção Americana sobre Direitos Humanos, quando é urgente a adoção de medidas para evitar prejuízos irreparáveis às vítimas. Trata-se de um caso com demora injustificada na decisão sobre os recursos da jurisdição interna. Como advogada ou advogado que conhece o Sistema Interamericano de Proteção dos Direitos Humanos você sabe que a Corte Interamericana de Direitos Humanos

DIREITOS HUMANOS

pode adotar medidas provisórias que considerar cabíveis. Considerando as normas pertinentes do Sistema Interamericano, assinale a afirmativa correta.

(A) Deve-se peticionar diretamente à Corte Interamericana de Direitos Humanos, ainda que o caso não esteja sob o conhecimento da Corte, para que ela adote as medidas provisórias cabíveis.
(B) O caso deve ser encaminhado à Comissão Jurídica Interamericana para que, nos termos do art. 99 da Carta da OEA, ela tome as medidas provisórias adequadas.
(C) É preciso aguardar a decisão de um Tribunal Superior sobre o caso para que, após, se recorra ao Sistema Interamericano, segundo o princípio do duplo grau de jurisdição.
(D) Pode-se submeter o caso à Comissão Interamericana de Direitos Humanos para que ela avalie e decida se irá solicitar medidas provisórias à Corte.

RESPOSTA A alternativa "A" está errada, pois o acesso à Corte IDH é restrito aos Estados que reconheçam expressamente a sua competência, bem como, e à Comissão Interamericana de Direitos Humanos (CIDH). A alternativa "B", também errada, pois o art. 99 da Carta da OEA tem por finalidade servir de corpo consultivo da Organização em assuntos jurídicos; promover o desenvolvimento progressivo e a codificação do direito internacional; e estudar os problemas jurídicos referentes à integração dos países em desenvolvimento do Continente, bem como a possibilidade de uniformizar suas legislações no que parecer conveniente, portanto, sem relação com a ementa apontada na questão. A alternativa "C" também errada, pois para acesso ao Sistema Interamericano de Direitos Humanos, não há a necessidade de aguardar a decisão de um Tribunal Superior, é fato que a regra impõe o exaurimento dos recursos internos, mas isso pode ocorrer já em primeira instância, portanto, "sem um Tribunal Superior", lembrando também que há três exceções a essa regra (a) não existir, na legislação interna do Estado de que se tratar, o devido processo legal para a proteção do direito ou direitos que se alegue tenham sido violados; b) não se houver permitido ao presumido prejudicado em seus direitos o acesso aos recursos da jurisdição interna, ou houver sido ele impedido de esgotá-los; e c) houver demora injustificada na decisão sobre os mencionados recursos.). Por fim, a letra "D", correta, na forma do n. 2 do art. 63 da CADH, ou seja, em casos de extrema gravidade e urgência, e quando se fizer necessário evitar danos irreparáveis às pessoas, a Corte, nos assuntos de que estiver conhecendo, poderá tomar as medidas provisórias que considerar pertinentes. Se se tratar de assuntos que ainda não estiverem submetidos ao seu conhecimento, poderá atuar a pedido da Comissão. *Alternativa D.*

4. (36º Exame) Você, como advogado(a), foi contratado(a) para esclarecer algumas alternativas na defesa e proteção do direito de circulação e de residência de um determinado grupo de pessoas, que vem sendo violado, em razão de preconceito. Nessa reunião, as vítimas disseram que já tentaram todas as medidas administrativas junto aos órgãos governamentais competentes e nada foi resolvido. Uma das vítimas propôs que fosse encaminhada petição para a Corte Interamericana de Direitos Humanos, a fim de instaurar um processo para a decisão daquela Corte que pudesse resultar em condenação do Estado brasileiro, indenização das vítimas e garantia dos direitos violados. Assim, com base no que dispõe a Convenção Americana sobre Direitos Humanos, cabe a você esclarecer que as vítimas:

(A) não têm o direito de submeter diretamente um caso à decisão da Corte Interamericana de Direitos Humanos;
(B) devem comprovar o esgotamento de todos os recursos da jurisdição interna para encaminhar a petição para a Corte;
(C) podem submeter o caso à decisão da Corte, mas devem requerer que sejam tomadas medidas provisórias em caráter de urgência, dada a gravidade da situação;
(D) não podem enviar a petição, uma vez que o Brasil não reconhece a competência da Corte em casos relativos à aplicação da Convenção Americana de Direitos Humanos.

RESPOSTA A alternativa A está correta nos termos do art. 61, n. 1, da Convenção Americana sobre Direitos Humanos, pois somente os Estados-Partes e a Comissão Interamericana de Direitos Humanos têm direito de submeter caso à decisão da Corte. A alternativa B está errada, pois não se permite o acesso direto à Corte como pretendido. A alternativa C está errada, pois não é possível submeter o caso à decisão da Corte. Por fim, a alternativa D também está errada, pois o Brasil reconhece a competência da Corte. *Alternativa A.*

5. (35º Exame) De acordo com a Recomendação n. 123, de 7 de janeiro de 2022, do Conselho Nacional de Justiça, os órgãos do Poder Judiciário brasileiro estão recomendados à "observância dos tratados e convenções internacionais de direitos humanos em vigor no Brasil e à utilização da jurisprudência da Corte Interamericana de Direitos Humanos (Corte IDH), bem como à necessidade de controle de convencionalidade das leis internas". Nesse sentido, controle de convencionalidade deve ser corretamente entendido como

(A) o controle de compatibilidade material e formal entre a legislação brasileira e o que está disposto, em geral, na Constituição Federal.
(B) a verificação da compatibilidade entre as leis de um Estado (legislação doméstica) e as normas dos tratados internacionais de Direitos Humanos firmados e incorporados à legislação do país.
(C) a análise hermenêutica que propõe uma interpretação das normas de Direitos Humanos, de maneira a adequá-las àquilo que estabelece a legislação interna do país.
(D) a busca da conformidade da Constituição e da legislação doméstica àquilo que está convencionado nas normas do Direito Natural, pois essas são logicamente anteriores e moralmente superiores.

RESPOSTA Conforme explicado no início da obra, o controle de convencionalidade é "um controle de constitucionalidade" tendo como paradigma de relação de compatibilidade vertical os tratados internacionais sobre direitos humanos incorporados ao ordenamento jurídico brasileiro. Desta forma a assertiva "A" está errada, pois coloca a Constituição federal como paradigma. A assertiva "B" está correta. A assertiva "C" está errada pois coloca como paradigma a legislação interna do país. Por fim, a assertiva "D", igualmente errada, pois coloca como paradigma o Direito Natural. *Alternativa B.*

GRUPOS VULNERÁVEIS (CRIANÇAS, PESSOAS IDOSAS, MULHERES, POPULAÇÃO PRETA, INDÍGENAS, PESSOAS COM DEFICIÊNCIA, POLÍTICA MIGRATÓRIA E LGBTQIAPN+)

6. (41º Exame) Em razão da alta concentração de indígenas no Município X e com vistas à melhor promoção dos seus direitos e garantias, as autoridades locais adotaram uma série de medidas administrativas com impacto direto sobre as referidas comunidades. Não lhes foi franqueada, contudo, qualquer mecanismo de participação nos ciclos de elaboração e implementação dessas medidas. Nesse contexto, você foi procurado(a), como advogado(a), para representar uma das comunidades. À luz da Convenção 169 da Organização Internacional do Trabalho sobre Povos Indígenas e Tribais, assinale a opção que apresenta, corretamente, sua orientação.

(A) É assegurado às comunidades indígenas e às populações tradicionais o direito à consulta, mediante procedimentos apropriados e, particularmente, por meio de suas instituições representativas, cada vez que sejam previstas medidas legislativas ou administrativas suscetíveis de afetá-las diretamente.

(B) No caso específico, a Convenção em questão excetua o dever de assegurar a participação das comunidades indígenas diretamente atingidas, já que se trata de medidas tomadas com o intuito de promover a máxima eficácia dos direitos e das garantias dessas populações tradicionais.

(C) Apesar de as disposições da Convenção em questão estabelecerem a necessidade de efetiva participação das comunidades indígenas cada vez que forem previstas medidas legislativas ou administrativas suscetíveis de afetá-las diretamente, a não observância desse dever estatal somente acarreta vício capaz de anular os atos praticados se restar demonstrado, no caso concreto, a existência de prejuízo.

(D) É assegurado às comunidades indígenas e populações tradicionais o direito à consulta, mediante procedimentos apropriados, cada vez que sejam previstas medidas legislativas ou administrativas suscetíveis de afetá-las diretamente. No âmbito nacional, confiou-se à Fundação Nacional do Índio (FUNAI) a atribuição para representar diretamente as referidas comunidades, por serem desprovidas de personalidade jurídica própria.

RESPOSTA A alternativa "A" está correta nos termos do art. 6º, n. 1, da Convenção 169/OIT, ao afirmar que "Ao aplicar as disposições da presente Convenção, os governos deverão: a) consultar os povos interessados, mediante procedimentos apropriados e, particularmente, através de suas instituições representativas, cada vez que sejam previstas medidas legislativas ou administrativas suscetíveis de afetá-los diretamente". A alternativa "B" está errada, pois não excetua a participação das comunidades indígenas. A alternativa "C" também está errada, pois a não observância desse ato normativo (não é discricionário, a norma fala em "os governos deverão") gerará prejuízo automático às comunidades indígenas. A alternativa "D", por fim, está igualmente errada, pois obviamente a norma da OIT não menciona nenhum órgão (FUNAI no caso), órgão este que se trata de uma fundação governamental, a qual possui sim personalidade jurídica própria. *Alternativa A.*

7. (41º Exame) Na qualidade de advogado, você foi consultado por um grupo de imigrantes que, uma vez residindo no território nacional, mesmo que em situação irregular, passou a trabalhar em condições indignas, tendo vários dos direitos trabalhistas, expressamente reconhecidos aos trabalhadores em geral, desrespeitados. Sobre esse caso, assinale a afirmativa que apresenta a orientação correta que você prestou.

(A) Em razão de o Estado brasileiro ainda não ter ratificado a Convenção Internacional sobre a Proteção dos Direitos de Todos os Trabalhadores Migrantes e dos Membros de suas Famílias, a situação não poderá ser submetida à apreciação dos órgãos integrantes do sistema regional americano de proteção dos direitos humanos.

(B) Na condição de Estado-membro da Organização dos Estados Americanos, o Brasil tem o dever de respeitar e garantir os direitos dos trabalhadores migrantes indocumentados, independentemente de sua nacionalidade, em nome do direito à igualdade e não discriminação em relação aos trabalhadores nacionais.

(C) Os trabalhadores em referência poderão levar o caso ao conhecimento da Comissão Interamericana de Direitos Humanos, muito embora não tenham assegurada a possibilidade de acesso ao Poder Judiciário nacional, diante do status irregular do seu ingresso e permanência no território brasileiro.

(D) Os trabalhadores em questão têm assegurado o acesso tanto ao Poder Judiciário local, quanto aos órgãos integrantes do sistema regional americano de proteção dos direitos humanos, inclusive de forma simultânea, diante da inexistência de litispendência entre as instâncias nacional e internacional.

RESPOSTA A alternativa "A" está "meio certa", portanto, por óbvio, errada, pois o Estado brasileiro realmente ainda não ratificou a citada convenção, mas isso não é impedimento da apreciação dos órgãos integrantes do sistema regional americano de proteção dos direitos humanos, sistema este que possui normas genéricas que possuem proteções básicas necessárias. A alternativa "B" está correta, pois o Brasil é um dos 34 países (Venezuela fora) da Organização dos Estados Americanos (OEA), e é aderente de uma série de tratados internacionais, tendo como base a Convenção Americana sobre Direitos Humanos (Pacto de São José da Costa Rica), mas a nossa própria Lei Maior já assegura tal proteção. A alternativa "C" está errada, pois qualquer pessoa, conforme determinação da Constituição Federal, terá acesso ao Poder Judiciário nacional, pouco importando o "*status* irregular do seu ingresso e permanência no território brasileiro". Por fim, a alternativa "D" está errada, pois a regra é o exaurimento dos recursos internos e essa "forma simultânea" acarretaria sim a litispendência. *Alternativa B.*

8. (39º Exame) Você, como advogado(a), recebeu uma família cujo filho mais velho é pessoa com deficiência. Na conversa inicial, os pais relataram algumas situações em que certas barreiras eram verdadeiros obstáculos para que seu filho pudesse exercer seus direitos. Com base no Estatuto da Pessoa com Deficiência, cabe a você, como advogado(a), esclarecer que uma das barreiras mais significativas é a atitudinal. Assinale a afirmativa que a caracteriza.

DIREITOS HUMANOS

(A) Os obstáculos existentes nas vias e nos espaços públicos e privados abertos ao público ou de uso coletivo.
(B) Os comportamentos que impedem a participação social da pessoa com deficiência em igualdade de condições e oportunidades com as demais pessoas.
(C) As barreiras que ocorrem nos edifícios públicos e privados, bem como nos sistemas e meios de transportes de uso coletivo.
(D) Os meios que dificultam a expressão ou o recebimento de mensagens e de informações por intermédio de sistemas de comunicação e de tecnologia da informação.

RESPOSTA A alternativa "A" está errada, pois tais obstáculos são definidos na lei como "barreiras urbanísticas". A alternativa "B" está correta nos termos do art. 3º da Lei n. 13.146/2015 (Lei Brasileira de Inclusão da Pessoa com Deficiência – Estatuto da Pessoa com Deficiência), o qual define "barreiras atitudinais" como as atitudes ou comportamentos que impeçam ou prejudiquem a participação social da pessoa com deficiência em igualdade de condições e oportunidades com as demais pessoas. A alternativa "C" está errada, pois tais barreiras são definidas pela lei como "barreiras arquitetônicas". A alternativa "D" igualmente errada, pois se refere às barreiras na comunicação e na informação. *Alternativa B.*

9. (37º Exame) Você, como advogado(a), foi procurada(o) por uma família indígena que relatou ter interesse em manter sua cultura e suas tradições. Contudo, na escola pública mais próxima da comunidade indígena, escola em que estudam algumas crianças dessa comunidade, o ensino ocorre apenas em Língua Portuguesa. Em relação a isso, você deve esclarecer para a família que

(A) o paradigma adotado pelo ordenamento jurídico brasileiro é o da integração, por isso o ensino feito exclusivamente em Língua Portuguesa é, na verdade, uma forma de assegurar o direito dos índios de se integrarem à cultura mais abrangente.
(B) no ensino regular fundamental cabe apenas a Língua Portuguesa. Para que seja assegurada às comunidades indígenas a utilização da sua língua materna isso deve acontecer fora do ensino regular fundamental, em escolas mantidas pelas próprias comunidades indígenas.
(C) no ensino fundamental de competência dos municípios, cada municipalidade, de acordo com sua legislação local, é que vai decidir sobre a utilização ou não de línguas maternas indígenas no sistema oficial de ensino.
(D) não obstante o ensino fundamental regular ser ministrado em Língua Portuguesa, deve ser assegurada às comunidades indígenas também a utilização de suas línguas maternas e processos próprios de aprendizagem.

RESPOSTA A alternativa "A" está errada, pois o § 2º do art. 210 da Constituição Federal assegura às comunidades indígenas também a utilização de suas línguas maternas e processos próprios de aprendizagem no ensino fundamental regular. A alternativa "B" igualmente errada, nos mesmos termos. A alternativa "C" também errada, pois o inciso VI do art. 30 da Constituição Federal (CF) afirma que os municípios devem manter, com a cooperação técnica e financeira da União e do Estado, programas de educação infantil e de ensino fundamental e a mesma CF destaca a possibilidade do uso das línguas maternas conforme já descrito.

Por fim, a alternativa "D", correta, nos mesmos preceitos constitucionais. *Alternativa D.*

10. (36º Exame) O prefeito de Caápuera determinou que a escola municipal que atende as crianças das comunidades indígenas da região realize o processo educacional exclusivamente em Língua Portuguesa. Uma organização não governamental contrata você, como advogado(a), para atuar na proteção dos direitos dos povos indígenas. Assim, com base no que dispõe a CRFB/88, cabe a você esclarecer que:

(A) a Constituição Federal de 88 determina que o ensino fundamental regular seja ministrado apenas em Língua Portuguesa, mesmo para as tribos ou comunidades indígenas;
(B) apenas por determinação da Fundação Nacional do Índio, órgão do governo federal, a escola que presta ensino fundamental regular às comunidades indígenas será obrigada a utilizar suas línguas maternas;
(C) o Estado tem o dever de ministrar o ensino fundamental regular em Língua Portuguesa, mas nada impede que uma organização não governamental ofereça reforço escolar na língua materna dos índios;
(D) o ensino fundamental regular deve ser ministrado em Língua Portuguesa, mas é assegurado às comunidades indígenas também a utilização de suas línguas maternas e de seus processos próprios de aprendizagem.

RESPOSTA A alternativa A está errada, pois o § 2º do art. 210 da CRFB estabelece que o ensino fundamental regular será ministrado em língua portuguesa, assegurada às comunidades indígenas também a utilização de suas línguas maternas e processos próprios de aprendizagem. A alternativa B está errada pelos mesmos fundamentos. A alternativa C também está errada pelos mesmos fundamentos. A alternativa D está correta, sendo a literalidade do § 2º do art. 210 da CRFB. *Alternativa D.*

CONSELHO NACIONAL DOS DIREITOS HUMANOS/CONSELHO DE DEFESA DOS DIREITOS DA PESSOA HUMANA

11. (35º Exame) O Conselho Nacional dos Direitos Humanos (CNDH), assim denominado pela Lei n. 12.986/14 e vinculado à administração pública federal, é um importante órgão de proteção dos direitos no Brasil. Você, que atua na defesa dos Direitos Humanos, tomou conhecimento de uma violação de um direito social previsto no Pacto Internacional dos Direitos Econômicos e Sociais. Assim, você avalia a possibilidade de levar tal situação ao conhecimento do Conselho Nacional dos Direitos Humanos (CNDH). Diante disso, assinale a opção que corresponde às corretas incumbência e atribuição desse Conselho.

(A) Assessorar o Congresso Nacional em matéria relativa aos Direitos Humanos e avaliar eventuais projetos de leis que envolvam os Direitos Humanos que tenham sido propostos por deputados federais e senadores da República.
(B) Representar o Brasil perante a Comissão Interamericana de Direitos Humanos quando da apuração, por esta Comissão, de denúncia de violação de Direitos Humanos resultante da ação ou omissão do Estado brasileiro.

(C) Receber representações ou denúncias de condutas ou situações contrárias aos Direitos Humanos e apurar as respectivas responsabilidades, aplicando sanções de advertência, censura pública ou recomendação para afastamento de cargo.

(D) Representar, em juízo, as vítimas de violações de Direitos Humanos, naquelas ações judiciais reparadoras de direitos que forem impetradas pelo próprio CNDH no âmbito de jurisdição especial do Superior Tribunal de Justiça.

RESPOSTA A assertiva A está errada, viola a separação dos Poderes prevista no art. 2º da Constituição Federal e não existe tal previsão no art. 4º da Lei n. 12.986/2014. A assertiva B também está errada, pois inexiste tal previsão de representação do país perante a CIDH. A assertiva C está correta nos termos do art. 4º, inciso III, c/c art. 6º, incisos I, II e III, ambos da citada lei. Por fim, a assertiva D também está errada pela inexistência de tal previsão na norma. *Alternativa C.*

TEORIA GERAL DOS DIREITOS HUMANOS

12. (40º Exame) STJ transfere à Justiça Federal apuração da morte de líderes de trabalhadores rurais em Rondônia

A pedido da Procuradoria-Geral da República (PGR), a Terceira Seção do Superior Tribunal de Justiça (STJ) determinou a transferência, para a Justiça Federal, de seis inquéritos relativos a crimes de homicídio praticados contra líderes de trabalhadores rurais e outras pessoas que denunciaram grilagem de terras e exploração ilegal de madeira em Rondônia.

Notícias do STJ – 25/08/2023.

A notícia acima, informada no site do STJ, diz respeito a um instituto exclusivo para a proteção dos Direitos Humanos previsto na Constituição Federal/88.

Assinale a opção que o indica.

(A) Arguição de Descumprimento de Preceito Fundamental.
(B) Incidente de Deslocamento de Competência.
(C) Tese com Repercussão Geral.
(D) Ação Popular.

RESPOSTA A alternativa "A" está errada, pois a conhecida ADPF é uma das ações de controle de constitucionalidade, da competência do STF e não do STJ. A alternativa "B" está correta nos termos do art. 109, § 5º, da Constituição Federal – "Nas hipóteses de grave violação de direitos humanos, o Procurador-Geral da República, com a finalidade de assegurar o cumprimento de obrigações decorrentes de tratados internacionais de direitos humanos dos quais o Brasil seja parte, poderá suscitar, perante o Superior Tribunal de Justiça, em qualquer fase do inquérito ou processo, incidente de deslocamento de competência para a Justiça Federal". A alternativa "C" está errada pois a "tese com repercussão geral" é um dos requisitos a serem apresentados no recurso extraordinário. A alternativa "D" também está errada, pois a ação popular "visa a anular ato lesivo ao patrimônio público ou de entidade de que o Estado participe, à moralidade administrativa, ao meio ambiente e ao patrimônio histórico e cultural". *Alternativa B.*

DIREITO HUMANITÁRIO

13. (40º Exame) Os conflitos armados, infelizmente, são uma realidade que afeta diferentes países. As quatro Convenções de Genebra de 1949 conformam a base do Direito Internacional Humanitário. Em comum às quatro Convenções está o Art. 3º que, entre outros dispositivos, determina o tratamento humano para todos os indivíduos em poder do inimigo, sem nenhuma distinção adversa. Proíbe, especialmente, os assassinatos, as mutilações, as torturas e os tratamentos cruéis, humilhantes e degradantes, a tomada de reféns e os julgamentos parciais. Sobre esse artigo, assinale a afirmativa correta.

(A) Abrange também as situações de conflito armado sem caráter internacional e que surjam no território de um Estado-parte da Convenção.
(B) Determina a obrigatoriedade de cessar-fogo, no caso de início de uma rodada de negociações para a busca de solução não armada do conflito.
(C) Atribui ao Conselho de Segurança da ONU a competência para julgar a legitimidade da guerra e as eventuais sanções a serem impostas às partes do conflito.
(D) Prevê a instituição de um tribunal específico para o julgamento de acusados de terem cometido crimes de guerra pela Assembleia-Geral das Nações Unidas.

RESPOSTA A alternativa "A" está correta nos termos justamente do art. 3º mencionado na ementa, ou seja, obrigações impostas aos países: "No caso de conflito armado sem caráter internacional e que surja no território de uma das Altas Partes Contratantes, cada uma das Partes em luta será obrigada a aplicar pelo menos, as seguintes disposições". A alternativa "B" está errada, pois não há tal obrigatoriedade nas Convenções. A alternativa "C" está errada, pois não há menção alguma ao Conselho de Segurança, e sim ao chamado Conselho Federal Suíço (a Suíça é a depositária oficial das Convenções de Genebra e seus Protocolos Adicionais. Isso significa que o governo suíço, através do Conselho Federal, é responsável pela custódia dos textos originais dos tratados e por gerenciar a adesão de novos Estados às convenções). A alternativa "D" está errada, pois, inexiste a instituição de um tribunal específico, aliás, quando o menciona fala em "tribunal regularmente constituído". *Alternativa A.*

Estatuto da Criança e do Adolescente

Marcelo Hugo da Rocha

Graduado em Psicologia (Atitus Educação). Graduado em Direito (PUCRS). Especialista em Direito Empresarial (PUCRS). Mestre em Direito (PUCRS). Especialista em Psicologia Positiva e *Coaching* (Faculdade UNYLEYA). Psicólogo. Professor. Advogado. Coordenador, autor e coautor de mais de cem obras. Destaque para as coleções: Completaço® Passe na OAB e Completaço® Passe em Concursos Públicos, ambas publicadas pelo Selo Saraiva Jur. Instagram: @profmarcelohugo; *site*: www.marcelohugo.com.br.

Sumário

PARTE GERAL: 1. INTRODUÇÃO – 2. DIREITOS FUNDAMENTAIS: 2.1 Proteção à vida e à saúde; 2.2 Direito à liberdade, respeito e dignidade; 2.3 Poder familiar; 2.4 Direito à educação, cultura, esporte e ao lazer; 2.5 Direito à profissionalização e à proteção no trabalho – 3. Prevenção – Parte Especial: 1. Política de Atendimento – 2. Medidas de Proteção – 3. ATOS INFRACIONAIS – 4. MEDIDAS AOS PAIS E RESPONSÁVEIS – 5. CONSELHO TUTELAR – 6. ACESSO À JUSTIÇA – 7. CRIMES E INFRAÇÕES ADMINISTRATIVAS – REFERÊNCIAS; QUESTÕES.

PARTE GERAL

1. INTRODUÇÃO

A **Lei n. 8.069/90** dispõe sobre o **Estatuto da Criança e do Adolescente – ECA** e está dividida em duas grandes partes: "parte geral", entre os arts. 1º e 85; e "parte especial", entre os arts. 86 e 267. Porém, não só o ECA trata da disciplina, como também a Constituição Federal, o Código Civil e as Resoluções do Conselho Nacional dos Direitos da Criança e do Adolescente – CONANDA.

A prova da OAB, sobre a disciplina, cobra duas questões do total de oitenta, mas, mesmo assim, ao contrário do que muitos pensariam diante de outras matérias que têm maior incidência, sua preparação é essencial para quem almeja a aprovação, visto que é perfeitamente possível gabaritá-la. E tenha certeza de que a grande maioria não é aprovada por uma ou duas questões e que poderiam ter sido garantidas, justamente, em ECA.

A preparação parte do Estatuto, basicamente, do conhecimento do seu texto legal, que apesar de ser extenso, há uma preferência dos examinadores a determinados temas como se verá na resolução das questões. Portanto, não fugiremos das palavras da lei sem deixar de lado a pesquisa que elaboramos a partir da incidência em provas e da didática na exposição dos assuntos (por meio de quadros, esquemas e comparativos), caso contrário, bastaria ler o Estatuto.

Inicialmente, destaca-se que o ECA se afastou da doutrina de situação irregular que caracterizou o antigo Código de Menores (Lei n. 6.697/79), haja vista este ser voltado apenas aos menores em situação irregular, isto é, àqueles que se encontram em conflito com a lei ou que se encontram privados de assistência, por qualquer motivo. O atual Estatuto, ao contrário, **segue a doutrina da proteção integral**, que se baseia no *princípio do melhor interesse da criança*. De acordo com este princípio, deve-se assegurar à criança e ao adolescente condição de se desenvolverem com dignidade, garantindo-se a concretização dos seus direitos fundamentais.

A **Lei n. 12.852/2013** trata do **Estatuto da Juventude – EJUVE**, a qual já era esperada desde a EC n. 65/2010, que incluiu os *jovens* entre os titulares de direitos especiais previstos no art. 227 da CF. É importante destacar que aos adolescentes com idade entre 15 e 18 anos aplica-se o ECA, e, excepcionalmente, o EJUVE, quando não conflitar com as normas de proteção integral do adolescente (art. 1º, § 2º).

Considera-se para os efeitos do ECA e do EJUVE:

- CRIANÇA, a pessoa **até doze anos de idade incompletos** (até 11 anos);
- ADOLESCENTE, aquela **entre doze e dezoito anos de idade incompletos** (entre 12 e 17 anos);
- JOVENS, aqueles **entre quinze e vinte e nove anos de idade**.

Destaca-se a aparente sobreposição das categorias adolescentes e jovens entre as idades de 15 a 17 anos, o que poderíamos denominar de "adolescente-jovem". Porém, não haverá problema algum, visto que se aplicará o ECA em primeiro lugar e, excepcionalmente, o EJUVE nessa faixa de idade. Ademais, o EJUVE não restringe os direitos previstos no ECA e praticamente não arrola deveres aos jovens.

Deve-se observar que há casos expressos em lei, que se aplica excepcionalmente o ECA às **pessoas entre dezoito anos completos e vinte e um anos de idade**. Por exemplo, em caso de internação, como medida socioeducativa, poderá ultrapassar os 18 anos e, portanto, o ECA continuará sendo aplicado, visto que a liberação será compulsória apenas aos 21 anos de idade.

O **princípio da proteção integral**, previsto no art. 1º do ECA, é o "princípio dos princípios" em se tratando dos direitos da criança e do adolescente, incluindo assistência moral, material e jurídica. A criança e o adolescente gozam de todos os direitos fundamentais inerentes à pessoa humana, **sem prejuízo da proteção integral** de que trata o ECA, assegurando-se-lhes, por lei ou por outros meios, todas as oportunidades e facilidades, a fim de lhes facultar o desenvolvimento físico, mental, moral, espiritual e social, em condições de liberdade e de dignidade.

Para sanar qualquer dúvida, o legislador incluiu o parágrafo único ao art. 3º do ECA, no qual deixa claro que os direitos enunciados no estatuto aplicam-se a todas as crianças e adolescentes, sem discriminação de nascimento, situação familiar, idade, sexo, raça, etnia ou cor, religião ou crença, deficiência, condição pessoal de desenvolvimento e aprendizagem, condição econômica, ambiente social, região e local de moradia ou outra condição que diferencie as pessoas, as famílias ou a comunidade em que vivem.

Importante **princípio** também é o da **absoluta prioridade** (art. 4º), pois é dever da família, da comunidade, da sociedade em geral e do poder público assegurar, com absoluta prioridade, a efetivação dos direitos referentes à vida, à saúde, à alimentação, à educação, ao esporte, ao lazer, à profissionalização, à cultura, à dignidade, ao respeito, à liberdade e à convivência familiar e comunitária.

A **garantia de prioridade** compreende:

- primazia de receber proteção e socorro em quaisquer circunstâncias;
- precedência de atendimento nos serviços públicos ou de relevância pública;
- preferência na formulação e na execução das políticas sociais públicas;
- destinação privilegiada de recursos públicos nas áreas relacionadas com a proteção à infância e à juventude.

ESTATUTO DA CRIANÇA
E DO ADOLESCENTE

Devem ser levados em conta, na **interpretação do ECA**, os fins sociais a que ele se dirige, as exigências do bem comum, os direitos e deveres individuais e coletivos, e a condição peculiar da criança e do adolescente como pessoas em desenvolvimento (art. 6º do ECA).

2. DIREITOS FUNDAMENTAIS

Sob esse título, o legislador tratou de diversos assuntos, entre eles, a colocação da criança e adolescente em **família substituta** mediante guarda, tutela ou adoção (arts. 28 a 52-D do ECA), previsão encontrada dentro do "Direito à Convivência Familiar e Comunitária".

A topografia legislativa do ECA quanto ao título é a seguinte:

Capítulo I – Do Direito à Vida e à Saúde (arts. 7ª a 14)
Capítulo II – Do Direito à Liberdade, ao Respeito e à Dignidade (arts. 15 a 18)
Capítulo III – Do Direito à Convivência Familiar e Comunitária (arts. 19 a 52)
Capítulo IV – Do Direito à Educação, à Cultura, ao Esporte e ao Lazer (arts. 53 a 59)
Capítulo V – Do Direito à Profissionalização e à Proteção no Trabalho (arts. 60 a 69)

2.1 Proteção à vida e à saúde

A criança e o adolescente têm direito a **proteção à vida e à saúde**, mediante a efetivação de políticas sociais públicas que permitam o nascimento e o desenvolvimento sadio e harmonioso, em condições dignas de existência, é o que diz o art. 7º do ECA. Decorrente disso, inclusive a fase uterina tem a proteção do Estatuto, visto que é assegurado à gestante, através do Sistema Único de Saúde – SUS, o **atendimento pré-natal, perinatal e pós-natal integral**.

É assegurado também **acesso integral** às linhas de cuidado voltadas à saúde da criança e do adolescente, por intermédio do **Sistema Único de Saúde**, observado o **princípio da equidade** no acesso a ações e serviços para promoção, proteção e recuperação da saúde (art. 11 do ECA).

Os casos de suspeita ou confirmação de castigo físico, de tratamento cruel ou degradante e **maus-tratos** contra criança ou adolescente serão obrigatoriamente comunicados ao **Conselho Tutelar** da respectiva localidade, sem prejuízo de outras providências legais (art. 13 do ECA), e as gestantes ou mães que manifestem **interesse em entregar seus filhos para adoção** serão obrigatoriamente encaminhadas, sem constrangimento, à **Justiça da Infância e da Juventude**.

2.2 Direito à liberdade, respeito e dignidade

A criança e o adolescente têm **direito à liberdade, ao respeito e à dignidade** como pessoas humanas em processo de desenvolvimento e como sujeitos de direitos civis, humanos e sociais garantidos na Constituição e nas leis (art. 15 do ECA), sendo **dever de todos** velar pela dignidade da criança e do adolescente, pondo-os a salvo de qualquer tratamento desumano, violento, aterrorizante, vexatório ou constrangedor (art. 18 do ECA).

O direito ao respeito consiste na **inviolabilidade** da integridade física, psíquica e moral da criança e do adolescente, **abrangendo a preservação** da imagem, da identidade, da autonomia, dos valores, ideias e crenças, dos espaços e objetos pessoais (art. 17 do ECA). Sendo assim, é vedada, por exemplo, a divulgação de atos judiciais, policiais e administrativos que digam respeito a crianças e adolescentes a que se atribua autoria de ato infracional (art. 143), inclusive as **iniciais do nome e sobrenome**, nem **apelido**.

Importante acréscimo pela Lei n. 13.010/2014, o art. 18-A do ECA afirma que a criança e o adolescente têm o direito de ser educados e cuidados **sem o uso de castigo físico ou de tratamento cruel ou degradante**, como formas de correção, disciplina, educação ou qualquer outro pretexto, pelos pais, pelos integrantes da família ampliada, pelos responsáveis, pelos agentes públicos executores de medidas socioeducativas ou por qualquer pessoa encarregada de cuidar deles, tratá-los, educá-los ou protegê-los, considerando assim:

CASTIGO FÍSICO	Ação de natureza disciplinar ou punitiva aplicada com o uso da força física sobre a criança ou o adolescente que resulte em: • sofrimento físico; ou • lesão.
TRATAMENTO CRUEL OU DEGRADANTE	Conduta ou forma cruel de tratamento em relação à criança ou ao adolescente que: • humilhe; ou • ameace gravemente; ou • ridicularize.

Caso utilizem castigo físico ou tratamento cruel ou degradante como formas de correção, disciplina, educação ou qualquer outro pretexto estarão sujeitos, sem prejuízo de outras sanções cabíveis, às seguintes medidas, que **serão aplicadas de acordo com a gravidade do caso**:

I – encaminhamento a programa oficial ou comunitário de proteção à família;

II – encaminhamento a tratamento psicológico ou psiquiátrico;

III – encaminhamento a cursos ou programas de orientação;

IV – obrigação de encaminhar a criança a tratamento especializado;

V – advertência;

VI – garantia de tratamento de saúde especializado à vítima.

2.3 Poder familiar

Como regra básica do **direito à convivência familiar e comunitária**, toda criança ou adolescente tem direito a ser criado e educado no seio da sua família e, **excepcionalmente**, em "família substituta".

Entende-se por:

FAMÍLIA NATURAL	FAMÍLIA EXTENSA (OU AMPLIADA)	FAMÍLIA SUBSTITUTA
a comunidade formada pelos pais ou qualquer deles e seus descendentes	aquela que se estende para além da unidade pais e filhos ou da unidade do casal, formada por parentes próximos com os quais a criança ou adolescente convive e mantém vínculos de afinidade e afetividade	a comunidade que não seja qualquer uma das anteriores, cuja relação se dará através da guarda, tutela ou adoção

Deve-se prestar atenção que os filhos, **havidos ou não** da relação do casamento, ou por adoção, **terão os mesmos direitos e qualificações**, proibidas quaisquer designações discriminatórias relativas à filiação (art. 20 do ECA).

Destaca-se que o **acolhimento institucional** (antigo *abrigo*) e o **acolhimento familiar** (em outra família e que terá preferência quanto ao primeiro) são medidas *provisórias* e *excepcionais*, utilizáveis como *forma de transição* para **reintegração familiar** ou, não sendo esta possível, para colocação em **família substituta**, não implicando privação de liberdade, observado que:

- Toda criança ou adolescente que estiver inserido em um desses programas terá sua situação reavaliada, no máximo, a cada **6 meses**; e
- A permanência da criança e do adolescente em programa de **acolhimento institucional não se prolongará por mais de 2 anos**, salvo comprovada necessidade que atenda ao seu superior interesse, devidamente fundamentada pela autoridade judiciária.

Há um instituto interessante, incluído em 2017 no ECA, que é o **apadrinhamento**. Segundo o § 1º do art. 19-B, o apadrinhamento consiste em estabelecer e proporcionar à criança e ao adolescente vínculos externos à instituição para fins de convivência familiar e comunitária e colaboração com o seu desenvolvimento nos aspectos social, moral, físico, cognitivo, educacional e financeiro. A criança e o adolescente em programa de acolhimento institucional ou familiar poderão participar de programa de apadrinhamento.

Podem ser **padrinhos** ou **madrinhas** pessoas maiores de 18 anos não inscritas nos cadastros de adoção, desde que cumpram os requisitos exigidos pelo programa de apadrinhamento de que fazem parte. Inclusive **pessoas jurídicas** podem apadrinhar criança ou adolescente a fim de colaborar para o seu desenvolvimento.

Quanto ao PODER FAMILIAR (não esqueça que não há mais a expressão "pátrio poder"), ele será exercido, em igualdade de condições, **pelo pai e pela mãe**, na forma do que dispuser a legislação civil, assegurado a qualquer deles o direito de, em caso de discordância, recorrer à autoridade judiciária competente para a solução da divergência. Segundo o Código Civil, durante o casamento e a união estável, compete o poder familiar aos pais; na falta ou impedimento de um deles, o outro o exercerá com exclusividade. E se o filho, não reconhecido pelo pai, fica sob poder familiar exclusivo da mãe.

Aos pais incumbe o **dever de sustento, guarda e educação** dos filhos menores, cabendo-lhes ainda, no interesse destes, a obrigação de cumprir e fazer cumprir as determinações judiciais. **A falta ou a carência de recursos materiais não constitui** motivo suficiente para a *perda* ou a *suspensão* do poder familiar (arts. 22 e 23 do ECA). A mãe e o pai, ou os responsáveis, têm direitos iguais e deveres e responsabilidades compartilhados no cuidado e na educação da criança, devendo ser resguardado o direito de transmissão familiar de suas crenças e culturas, assegurados os direitos da criança garantidos pelo ECA.

> A condenação criminal do pai ou da mãe não implicará a destituição do poder familiar, exceto na hipótese de condenação por crime doloso sujeito à pena de reclusão contra outrem igualmente titular do mesmo poder familiar ou contra filho, filha ou outro descendente.

Não existindo outro motivo que por si só autorize a decretação da medida, a criança ou o adolescente será mantido em sua família de origem, a qual deverá obrigatoriamente ser incluída em serviços e programas oficiais de proteção, apoio e promoção. Os pais ou responsável **têm a obrigação de matricular** seus filhos ou pupilos na rede regular de ensino. É **dever do Estado**, dentre outros previstos no art. 54 do ECA, assegurar à criança e ao adolescente **ensino fundamental, obrigatório e gratuito**, inclusive para os que a ele não tiveram acesso na idade própria e "progressiva extensão" da obrigatoriedade e gratuidade ao **ensino médio**. O não oferecimento do **ensino obrigatório** pelo poder público ou sua oferta irregular importa *responsabilidade* da autoridade competente.

A *perda* ou a *suspensão* do poder familiar são **medidas restritas e excepcionais**. Não existindo outro motivo que por si só autorize a decretação de alguma delas, a criança ou o adolescente será mantido em sua família de origem, a qual deverá obrigatoriamente ser incluída em programas oficiais de auxílio. **A perda e a suspensão** do poder familiar **serão decretadas judicialmente**, em *procedimento contraditório*, nos casos previstos na legislação civil, bem como na hipótese de descumprimento injustificado dos deveres e obrigações ao **dever de sustento, guarda e educação** (art. 24 do ECA).

Os filhos havidos fora do casamento poderão ser reconhecidos pelos pais, *conjunta* ou *separadamente*, no próprio termo de nascimento, por testamento, mediante escritura ou outro documento público, qualquer que seja a origem da filiação (art. 26 do ECA). O reconhecimento pode preceder o nascimento do filho ou suceder-lhe ao falecimento, se deixar descendentes.

> **ATENÇÃO!**
> O reconhecimento do estado de filiação é direito personalíssimo, indisponível e imprescritível, podendo ser exercitado contra os pais ou seus herdeiros, sem qualquer restrição, observado o segredo de Justiça.

A colocação da criança ou adolescente em **família substituta** será precedida de sua preparação gradativa e acompanhamento posterior, realizados pela equipe interprofissional a serviço da Justiça da Infância e da Juventude, preferencialmente com o apoio dos técnicos responsáveis pela execução da política municipal de garantia do direito à convivência familiar. Ressalta-se que a colocação em lar substituto tem a **natureza jurídica de medida de proteção** a qual possui *três modalidades*: guarda, tutela e adoção.

Assim, a colocação em **família substituta** far-se-á mediante guarda, tutela ou adoção, **independentemente da situação jurídica** da criança ou adolescente, a qual se destacam algumas regras gerais:

- **Sempre que possível**, a criança ou o adolescente **será previamente ouvido** por equipe interprofissional, respeitado seu estágio de desenvolvimento e grau de compreensão sobre as implicações da medida, e terá sua **opinião devidamente considerada**;
- Tratando-se de **maior de 12 (doze) anos de idade**, será *necessário seu consentimento*, colhido em audiência;
- Na apreciação do pedido levar-se-á em conta o **grau de parentesco e a relação de afinidade ou de afetividade**, a fim de evitar ou minorar as consequências decorrentes da medida;
- Os **grupos de irmãos** serão colocados sob adoção, tutela ou guarda da **mesma família substituta**, ressalvada a comprovada existência de risco de abuso ou outra situação que justifique plenamente a excepcionalidade de solução diversa, procurando-se, em qualquer caso, evitar o rompimento definitivo dos vínculos fraternais.

A colocação em *família substituta* **não admitirá transferência** da criança ou adolescente **a terceiros ou a entidades governamentais ou não governamentais**, *sem autorização judicial* (art. 30 do ECA).

A colocação em **família substituta estrangeira** constitui *medida excepcional*, somente admissível na modalidade de **adoção** (art. 31 do ECA). Considera-se **adoção internacional** aquela na qual a pessoa ou casal postulante é residente ou domiciliado fora do Brasil (art. 51 do ECA), observado que os **brasileiros residentes no exterior** terão *preferência* aos estrangeiros.

São **modalidades de delegação do poder familiar**:
- Guarda;
- Tutela;
- Adoção.

Referente à GUARDA, primeira **modalidade de delegação do poder familiar** prevista no ECA (art. 33), destina-se a **regularizar a posse de fato**, podendo ser deferida, liminar ou incidentalmente, **nos procedimentos de tutela e adoção**, *exceto* no de adoção por estrangeiros. *Excepcionalmente*, deferir-se-á a guarda, **fora dos casos de tutela e adoção**, para atender a situações peculiares ou suprir a falta eventual dos pais ou responsável, podendo ser deferido o direito de representação para a prática de atos determinados.

A GUARDA obriga a prestação de assistência material, moral e educacional à criança ou adolescente, **conferindo a seu detentor o direito de opor-se a terceiros, inclusive aos pais**. E a guarda confere à criança ou adolescente a **condição de dependente**, para todos os fins e efeitos de direito, *inclusive previdenciários*. Atente-se que a guarda **poderá ser revogada a qualquer tempo**, mediante ato judicial fundamentado, *ouvido o Ministério Público*.

Interessante inclusão pela Lei n. 13.257/2016 foi que a União apoiará a implementação de serviços de acolhimento em **família acolhedora** como política pública, os quais deverão dispor de equipe que organize o acolhimento temporário de crianças e de adolescentes em residências de famílias selecionadas, capacitadas e acompanhadas que não estejam no cadastro de adoção. Além disso, poderão ser utilizados recursos federais, estaduais, distritais e municipais para a manutenção dos serviços de acolhimento em família acolhedora, facultando-se o repasse de recursos para a própria família acolhedora (art. 34, §§ 3º e 4º, do ECA).

A doutrina considera um outro tipo de guarda a qual denomina como **guarda estatutária**, sendo medida protetiva na hipótese do art. 98 do ECA na ameaça ou violação dos direitos reconhecidos por falta, omissão ou abuso dos pais ou responsáveis.

A segunda modalidade, a TUTELA (art. 36 do ECA), para ser deferida **pressupõe a prévia decretação da perda ou suspensão do poder familiar** e *implica necessariamente o dever de guarda*. A tutela será deferida, nos termos da lei civil, a pessoa **de até 18 anos incompletos**. Ressalta-se que as questões pertinentes à tutela se encontram no Código Civil entre os arts. 1.728 e 1.766.

Acerca da colocação da criança ou adolescente em família substituta por meio da guarda e da tutela, é correto afirmar que o **tutor assume o poder familiar** em relação ao menor e, sendo assim, a destituição da tutela observa os mesmos requisitos da destituição do poder familiar. O tutor pode ser nomeado **por testamento ou qualquer documento autêntico** (*vide* o art. 37 do ECA).

Por fim, a terceira modalidade, a ADOÇÃO (art. 39 do ECA), é a mais completa, visto que a guarda e a tutela se limitam a conceder alguns dos tributos do poder familiar ao responsável. De fato e de direito, cria-se um vínculo jurídico de filiação.

É **medida excepcional e irrevogável**, à qual se deve recorrer apenas quando esgotados os recursos de manutenção da criança ou adolescente na *família natural* ou *extensa*. Observa-se que é vedada a adoção por procuração.

> **ATENÇÃO!**
> O **adotando** (quem será adotado) deve contar **com, no máximo, dezoito anos** à data do pedido, SALVO se já estiver sob a guarda ou tutela dos adotantes.

A **adoção** atribui a **condição de filho** ao adotado, com os mesmos direitos e deveres, inclusive sucessórios, *desligando-o de qualquer vínculo com pais e parentes*, salvo os impedimentos matrimoniais. É recíproco o direito sucessório entre o adotado, seus descendentes, o adotante, seus ascendentes, descendentes e colaterais até o 4º grau, observada a ordem de vocação hereditária.

Também são condições (positivas e negativas) para ADOÇÃO:

- podem adotar os maiores de 18 anos, *independentemente* do estado civil;
- não podem adotar os ascendentes e os irmãos do adotando;
- **para adoção conjunta**, é indispensável que os adotantes sejam *casados civilmente* ou *mantenham união estável*, comprovada a estabilidade da família;
- o adotante há de ser, pelo menos, **dezesseis anos mais velho** do que o adotando;
- a adoção será deferida quando apresentar reais vantagens para o adotando e fundar-se em motivos legítimos.

No caso dos **divorciados**, os **judicialmente separados** e os **ex-companheiros** *podem adotar* conjuntamente, contanto que acordem sobre a guarda e o regime de visitas e desde que o estágio de convivência tenha sido iniciado na constância do período de convivência e que seja comprovada a existência de vínculos de afinidade e afetividade com aquele não detentor da guarda, que justifiquem a excepcionalidade da concessão. Demonstrado efetivo benefício ao adotando, será assegurada a *guarda compartilhada*.

A **adoção** *poderá ser deferida* ao **adotante** que, após inequívoca manifestação de vontade, **vier a falecer** no curso do procedimento, antes de prolatada a sentença.

A adoção **depende do consentimento dos pais ou do representante legal** do adotando, **mas que será dispensado** em relação à criança ou adolescente cujos pais sejam desconhecidos ou tenham sido destituídos do poder familiar.

> **ATENÇÃO!**
> Em se tratando de **adotando maior de doze anos de idade**, *será também necessário* o seu consentimento.

A adoção será precedida de estágio de convivência com a criança ou adolescente, pelo prazo máximo de 90 (noventa) dias, observadas a idade da criança ou adolescente e as peculiaridades do caso [Lei n. 13.509/2017]. Este prazo pode ser prorrogado por até igual período, mediante decisão fundamentada da autoridade judiciária. O estágio de convivência **poderá ser dispensado** se o adotando já estiver **sob a tutela ou guarda legal** do adotante durante tempo suficiente para que seja possível avaliar a conveniência da constituição do vínculo. OBS.: a **simples guarda** de fato *não autoriza*, por si só, a dispensa da realização do estágio de convivência.

A Lei n. 12.955/2014 incluiu o § 9º no art. 47 do ECA ao prever que terão **prioridade de tramitação os processos de adoção** em que o adotando for criança ou adolescente com deficiência ou com doença crônica.

É importante destacar, segundo o art. 48, que o adotado tem direito de conhecer sua **origem biológica**, bem como de obter acesso irrestrito ao processo no qual a medida foi aplicada e seus eventuais incidentes, **após completar 18 anos**. Além disso, o acesso ao processo de adoção poderá ser também deferido ao adotado **menor de 18 anos**, a seu pedido, asseguradas orientação e assistência jurídica e psicológica.

Quanto à ADOÇÃO INTERNACIONAL, em caso de adoção por pessoa ou casal **residente ou domiciliado fora do País**, o **estágio de convivência**, *cumprido no território nacional*, será de, **no mínimo, 30 (trinta) dias**. E somente terá lugar quando restar comprovado:

I – que a colocação em família adotiva é a solução adequada ao caso concreto;

II – que foram esgotadas todas as possibilidades de colocação da criança ou adolescente em família adotiva brasileira, com a comprovação, certificada nos autos, da inexistência de adotantes habilitados residentes no Brasil com perfil compatível com a criança ou adolescente, após consulta aos cadastros mencionados nesta Lei;

III – que, em se tratando de adoção de adolescente, este foi consultado, por meios adequados ao seu estágio de desenvolvimento, e que se encontra preparado para a medida, mediante parecer elaborado por equipe interprofissional.

O **vínculo da adoção** constitui-se por **sentença judicial**, que será inscrita no registro civil mediante mandado do qual *não se fornecerá* certidão. O **mandado judicial**, que será arquivado, **cancelará** o registro original do adotado. A sentença conferirá ao adotado o nome do adotante e, a pedido de qualquer deles, poderá determinar a *modificação do prenome*. A morte dos *adotantes* **não restabelece o poder familiar dos pais naturais.**

O prazo máximo para conclusão da ação de adoção será de 120 (cento e vinte) dias, prorrogável uma única vez por igual período, mediante decisão fundamentada da autoridade judiciária [Lei n. 13.509/2017].

Passa-se a falar dos direitos em si.

2.4 Direito à educação, cultura, esporte e ao lazer

A criança e o adolescente têm **direito à educação**, visando ao pleno desenvolvimento de sua pessoa, preparo para o exercício da cidadania e qualificação para o trabalho, assegurando-se-lhes, de acordo com o art. 53 do ECA:

I – igualdade de condições para o acesso e permanência na escola;

II – direito de ser respeitado por seus educadores;

III – direito de contestar critérios avaliativos, podendo recorrer às instâncias escolares superiores;

IV – direito de organização e participação em entidades estudantis;

V – acesso à escola pública e gratuita, próxima de sua residência, garantindo-se vagas no mesmo estabelecimento a irmãos que frequentem a mesma etapa ou ciclo de ensino da educação básica.

Por outro lado, é **dever do Estado** assegurar à criança e ao adolescente:

- **Ensino fundamental**, obrigatório e gratuito, inclusive para os que a ele não tiveram acesso na idade própria, observado que o acesso ao ensino obrigatório e gratuito é **direito público subjetivo** e o não oferecimento ou sua oferta irregular importa responsabilidade da autoridade competente.
- Progressiva extensão da obrigatoriedade e gratuidade ao **ensino médio**.
- Atendimento educacional especializado aos portadores de deficiência, *preferencialmente* na rede regular de ensino.
- Atendimento em **creche e pré-escola** às crianças de **zero a cinco anos de idade**.
- Acesso aos **níveis mais elevados** do ensino, da pesquisa e da criação artística, segundo a capacidade de cada um.
- Oferta de **ensino noturno regular**, adequado às condições do adolescente trabalhador.
- Atendimento no **ensino fundamental**, através de **programas suplementares** de material didático-escolar, transporte, alimentação e assistência à saúde.

A Lei n. 13.840, de 2019, incluiu o dever de instituições de ensino, clubes e agremiações recreativas e de estabelecimentos congêneres assegurarem medidas de conscientização, prevenção e enfrentamento ao uso ou dependência de drogas ilícitas (art. 53-A).

Importa destacar a diferenciação dos termos educacionais adotados em nosso país, a saber:

- Educação básica:
  - Educação infantil: 0 a 5 anos
    - Creche: 0 a 3 anos
    - Pré-escola: 4 a 5 anos
  - Ensino fundamental: 6 a 14 anos
  - Ensino médio: 15 a 17 anos
- Educação superior

Importa destacar que, a partir de 2024, "os estabelecimentos educacionais e similares, públicos ou privados, que desenvolvem atividades com crianças e adolescentes, independentemente de recebimento de recursos públicos, deverão manter fichas cadastrais e certidões de antecedentes criminais atualizadas de todos os seus colaboradores" (parágrafo único do art. 59-A do ECA).

2.5 Direito à profissionalização e à proteção no trabalho

Quanto ao **direito à profissionalização e à proteção no trabalho**, é PROIBIDO qualquer trabalho *a menores de 14 anos* de idade, SALVO na condição de **aprendiz**. Ao maior de 14 anos, são assegurados os direitos trabalhistas e previdenciários.

Considera-se **aprendizagem** a formação técnico-profissional ministrada segundo as diretrizes e bases da legislação de educação em vigor. Ao adolescente **até 14 anos** de idade é assegurada **bolsa de aprendizagem** (arts. 62 e 64 do ECA).

De acordo com a CLT, **contrato de aprendizagem** é o contrato de trabalho especial, ajustado por escrito e por prazo determinado, em que o empregador se compromete a assegurar ao maior de 14 (quatorze) e menor de 24 (vinte e quatro) anos inscrito em programa de aprendizagem formação técnico-profissional metódica, compatível com o seu desenvolvimento físico, moral e psicológico, e o aprendiz, a executar com zelo e diligência as tarefas necessárias a essa formação (art. 428).

3. PREVENÇÃO

O ECA trata da **prevenção** onde é dever de TODOS **prevenir** a ocorrência de ameaça ou violação dos direitos da criança e do adolescente (art. 70). Por exemplo, toda criança ou adolescente terá acesso às diversões e espetáculos públicos classificados como adequados à sua faixa etária, mas as **crianças menores de dez anos** somente poderão ingressar e permanecer nos locais de apresentação ou exibição *quando acompanhadas* dos pais ou responsável.

Incluído pela Lei n. 13.010/2014, o art. 70-A prevê que a União, os Estados, o Distrito Federal e os Municípios deverão atuar de forma articulada na elaboração de políticas públicas e na execução de **ações destinadas a coibir o uso de castigo físico ou de tratamento cruel ou degradante e difundir formas não violentas de educação de crianças e de adolescentes**, observado que as famílias com crianças e adolescentes com *deficiência* **terão prioridade** de atendimento nas ações e políticas públicas de prevenção e proteção.

Toda criança ou adolescente terá acesso às diversões e espetáculos públicos classificados como adequados à sua faixa etária, observado que as **crianças menores de dez anos** somente poderão ingressar e permanecer nos locais de apresentação ou exibição quando acompanhadas dos pais ou responsável.

É **proibida a venda** à criança ou ao adolescente de:

- armas, munições e explosivos;
- bebidas alcoólicas;
- produtos cujos componentes possam causar dependência física ou psíquica ainda que por utilização indevida;
- fogos de estampido e de artifício, exceto aqueles que pelo seu reduzido potencial sejam incapazes de provocar qualquer dano físico em caso de utilização indevida;
- revistas e publicações contendo material impróprio ou inadequado;

- bilhetes lotéricos e equivalentes.

Nenhuma criança ou adolescente **menor de 16 (dezesseis) anos** poderá viajar para fora da comarca onde reside desacompanhado dos pais ou dos responsáveis sem expressa autorização judicial. A autoridade judiciária poderá, a pedido dos pais ou responsável, **conceder autorização válida por dois anos**. Ela NÃO SERÁ exigida quando: a) tratar-se de comarca contígua à da residência da criança ou do adolescente menor de 16 (dezesseis) anos, se na mesma unidade da Federação, ou incluída na mesma região metropolitana; b) a criança ou o adolescente menor de 16 (dezesseis) anos estiver acompanhado: 1) de ascendente ou colateral maior, até o terceiro grau, comprovado documentalmente o parentesco; 2) de pessoa maior, expressamente autorizada pelo pai, mãe ou responsável.

É PROIBIDA a **hospedagem** de criança ou adolescente em hotel, motel, pensão ou estabelecimento congênere, salvo se autorizado ou acompanhado pelos pais ou responsável (art. 82 do ECA).

PARTE ESPECIAL

1. POLÍTICA DE ATENDIMENTO
A saber:

LINHAS DE AÇÃO DA POLÍTICA DE ATENDIMENTO (ART. 87 DO ECA)	DIRETRIZES DA POLÍTICA DE ATENDIMENTO (ART. 88 DO ECA)
I – políticas sociais básicas; II – serviços, programas, projetos e benefícios de assistência social de garantia de proteção social e de prevenção e redução de violações de direitos, seus agravamentos ou reincidências; III – serviços especiais de prevenção e atendimento médico e psicossocial às vítimas de negligência, maus-tratos, exploração, abuso, crueldade e opressão; IV – serviço de identificação e localização de pais, responsável, crianças e adolescentes desaparecidos; V – proteção jurídico-social por entidades de defesa dos direitos da criança e do adolescente; VI – políticas e programas destinados a prevenir ou abreviar o período de afastamento do convívio familiar e a garantir o efetivo exercício do direito à convivência familiar de crianças e adolescentes; VII – campanhas de estímulo ao acolhimento sob forma de guarda de crianças e adolescentes afastados do convívio familiar e à adoção, especificamente inter-racial, de crianças maiores ou de adolescentes, com necessidades específicas de saúde ou com deficiências e de grupos de irmãos. **Parágrafo único.** A linha de ação da política de atendimento a que se refere o inciso IV do *caput* deste artigo será executada em cooperação com o Cadastro Nacional de Pessoas Desaparecidas, criado pela Lei n. 13.812, de 16 de março de 2019, com o Cadastro Nacional de Crianças e Adolescentes Desaparecidos, criado pela Lei n. 12.127, de 17 de dezembro de 2009, e com os demais cadastros, nacionais, estaduais ou municipais.	I – municipalização do atendimento; II – criação de conselhos municipais, estaduais e nacional dos direitos da criança e do adolescente, órgãos deliberativos e controladores das ações em todos os níveis, assegurada a participação popular paritária por meio de organizações representativas, segundo leis federal, estaduais e municipais; III – criação e manutenção de programas específicos, observada a descentralização político-administrativa; IV – manutenção de fundos nacional, estaduais e municipais vinculados aos respectivos conselhos dos direitos da criança e do adolescente; V – integração operacional de órgãos do Judiciário, Ministério Público, Defensoria, Segurança Pública e Assistência Social, preferencialmente em um mesmo local, para efeito de agilização do atendimento inicial a adolescente a quem se atribua autoria de ato infracional; VI – integração operacional de órgãos do Judiciário, Ministério Público, Defensoria, Conselho Tutelar e encarregados da execução das políticas sociais básicas e de assistência social, para efeito de agilização do atendimento de crianças e de adolescentes inseridos em programas de acolhimento familiar ou institucional, com vista na sua rápida reintegração à família de origem ou, se tal solução se mostrar comprovadamente inviável, sua colocação em família substituta, em quaisquer das modalidades guarda, tutela e adoção; VII – mobilização da opinião pública para a indispensável participação dos diversos segmentos da sociedade; VIII – especialização e formação continuada dos profissionais que trabalham nas diferentes áreas da atenção à primeira infância, incluindo os conhecimentos sobre direitos da criança e sobre desenvolvimento infantil; IX – formação profissional com abrangência dos diversos direitos da criança e do adolescente que favoreça a intersetorialidade no atendimento da criança e do adolescente e seu desenvolvimento integral; X – realização e divulgação de pesquisas sobre desenvolvimento infantil e sobre prevenção da violência.

Segundo o art. 90 do ECA (bastante modificado pela Lei n. 12.594/2012), as **entidades de atendimento** são responsáveis pela manutenção das próprias unidades, assim como pelo planejamento e execução de programas de proteção e socioeducativos destinados a crianças e adolescentes, em **regime de**:

I – orientação e apoio sociofamiliar;

II – apoio socioeducativo em meio aberto;

III – colocação familiar;

IV – acolhimento institucional;

V – prestação de serviços à comunidade;

VI – liberdade assistida;

VII – semiliberdade; e

VIII – internação.

As **entidades de atendimento** – governamentais ou não governamentais – podem ser fiscalizadas pelo Poder Judiciário, pelo Ministério Público e pelos conselhos tutelares.

As entidades que desenvolvam programas de *acolhimento familiar* ou *institucional* deverão adotar os seguintes **princípios**:

- preservação dos vínculos familiares e promoção da reintegração familiar;

- integração em família substituta, quando esgotados os recursos de manutenção na família natural ou extensa;
- atendimento personalizado e em pequenos grupos;
- desenvolvimento de atividades em regime de coeducação;
- não desmembramento de grupos de irmãos;
- evitar, sempre que possível, a transferência para outras entidades de crianças e adolescentes abrigados;
- participação na vida da comunidade local;
- preparação gradativa para o desligamento;
- participação de pessoas da comunidade no processo educativo.

Importa destacar que quando se tratar de criança de 0 (zero) a 3 (três) anos em acolhimento institucional, dar-se-á especial atenção à atuação de educadores de referência estáveis e qualitativamente significativos, às rotinas específicas e ao atendimento das necessidades básicas, incluindo as de afeto como prioritárias (art. 92, § 7º, do ECA).

São **medidas aplicáveis** às **entidades de atendimento** que descumprirem obrigação constante do rol do art. 97 do ECA, sem prejuízo da responsabilidade civil e criminal de seus dirigentes ou prepostos:

ÀS ENTIDADES GOVERNAMENTAIS:	ÀS ENTIDADES NÃO GOVERNAMENTAIS:
a) advertência; b) afastamento provisório de seus dirigentes; c) afastamento definitivo de seus dirigentes; d) fechamento de unidade ou interdição de programa.	a) advertência; b) suspensão total ou parcial do repasse de verbas públicas; c) interdição de unidades ou suspensão de programa; d) cassação do registro.

Acrescentado pela Lei n. 13.046/2014, o art. 94-A prevê que as entidades, públicas ou privadas, que abriguem ou recepcionem crianças e adolescentes, ainda que em caráter temporário, **devem ter, em seus quadros, profissionais capacitados** a reconhecer e reportar ao Conselho Tutelar **suspeitas ou ocorrências de maus-tratos**.

2. MEDIDAS DE PROTEÇÃO

As **medidas de proteção à criança e ao adolescente** são aplicáveis sempre que os direitos reconhecidos nesta Lei forem ameaçados ou violados (art. 98 do ECA):

1) por ação ou omissão da sociedade ou do Estado;
2) por falta, omissão ou abuso dos pais ou responsável;
3) em razão de sua conduta.

Na aplicação das medidas levar-se-ão em conta as necessidades pedagógicas, preferindo-se aquelas que visem ao fortalecimento dos vínculos familiares e comunitários. São **princípios** estabelecidos no parágrafo único do art. 100 do ECA e que regem a aplicação das medidas de proteção:

CONDIÇÃO DA CRIANÇA E DO ADOLESCENTE COMO SUJEITOS DE DIREITOS	crianças e adolescentes são os titulares dos direitos previstos nesta e em outras Leis, bem como na Constituição Federal;
PROTEÇÃO INTEGRAL E PRIORITÁRIA	a interpretação e aplicação de toda e qualquer norma contida nesta Lei deve ser voltada à proteção integral e prioritária dos direitos de que crianças e adolescentes são titulares;
RESPONSABILIDADE PRIMÁRIA E SOLIDÁRIA DO PODER PÚBLICO	a plena efetivação dos direitos assegurados a crianças e a adolescentes por esta Lei e pela Constituição Federal, salvo nos casos por esta expressamente ressalvados, é de responsabilidade primária e solidária das 3 (três) esferas de governo, sem prejuízo da municipalização do atendimento e da possibilidade da execução de programas por entidades não governamentais;
INTERESSE SUPERIOR DA CRIANÇA E DO ADOLESCENTE	a intervenção deve atender prioritariamente aos interesses e direitos da criança e do adolescente, sem prejuízo da consideração que for devida a outros interesses legítimos no âmbito da pluralidade dos interesses presentes no caso concreto;
PRIVACIDADE	a promoção dos direitos e proteção da criança e do adolescente deve ser efetuada no respeito pela intimidade, direito à imagem e reserva da sua vida privada;
INTERVENÇÃO PRECOCE	a intervenção das autoridades competentes deve ser efetuada logo que a situação de perigo seja conhecida;
INTERVENÇÃO MÍNIMA	a intervenção deve ser exercida exclusivamente pelas autoridades e instituições cuja ação seja indispensável à efetiva promoção dos direitos e à proteção da criança e do adolescente;
PROPORCIONALIDADE E ATUALIDADE	a intervenção deve ser a necessária e adequada à situação de perigo em que a criança ou o adolescente se encontram no momento em que a decisão é tomada;
RESPONSABILIDADE PARENTAL	a intervenção deve ser efetuada de modo que os pais assumam os seus deveres para com a criança e o adolescente;
PREVALÊNCIA DA FAMÍLIA	na promoção de direitos e na proteção da criança e do adolescente deve ser dada prevalência às medidas que os mantenham ou reintegrem na sua família natural ou extensa ou, se isto não for possível, que promovam a sua integração em família substituta;
OBRIGATORIEDADE DA INFORMAÇÃO	a criança e o adolescente, respeitado seu estágio de desenvolvimento e capacidade de compreensão, seus pais ou responsável devem ser informados dos seus direitos, dos motivos que determinaram a intervenção e da forma como esta se processa;
OITIVA OBRIGATÓRIA E PARTICIPAÇÃO	a criança e o adolescente, em separado ou na companhia dos pais, de responsável ou de pessoa por si indicada, bem como os seus pais ou responsável, têm direito a ser ouvidos e a participar nos atos e na definição da medida de promoção dos direitos e de proteção, sendo sua opinião devidamente considerada pela autoridade judiciária competente, observado o disposto nos §§ 1ª e 2ª do art. 28 do ECA.

As medidas de proteção poderão ser aplicadas **isolada ou cumulativamente**, bem como substituídas a qualquer tempo, sendo que serão acompanhadas da regularização do registro civil.

Ao ato infracional praticado **por criança** (menores de 12 anos) corresponderão as **medidas previstas no art. 101**, quais sejam:

- encaminhamento aos pais ou responsável, mediante termo de responsabilidade;
- orientação, apoio e acompanhamento temporários;
- matrícula e frequência obrigatórias em estabelecimento oficial de ensino fundamental;
- inclusão em programa comunitário ou oficial de auxílio à família, à criança e ao adolescente;
- requisição de tratamento médico, psicológico ou psiquiátrico, em regime hospitalar ou ambulatorial;
- inclusão em programa oficial ou comunitário de auxílio, orientação e tratamento a alcoólatras e toxicômanos;
- acolhimento institucional;
- inclusão em programa de acolhimento familiar;
- colocação em família substituta.

Atente-se que o **acolhimento institucional** e o **acolhimento familiar** são **medidas provisórias e excepcionais**, utilizáveis como forma de transição para reintegração familiar ou, não sendo esta possível, para colocação em família substituta, não implicando privação de liberdade.

Lembrando que o **afastamento da criança ou adolescente** do convívio familiar é de **competência exclusiva da autoridade judiciária** e importará na deflagração, a pedido do Ministério Público ou de quem tenha legítimo interesse, de procedimento judicial contencioso, no qual se garanta aos pais ou ao responsável legal o exercício do contraditório e da ampla defesa.

Crianças e adolescentes somente poderão ser encaminhados às instituições que executam programas de acolhimento institucional, **governamentais ou não**. Imediatamente após o acolhimento da criança ou do adolescente, a entidade responsável pelo programa de **acolhimento institucional ou familiar** elaborará um **plano individual de atendimento**, visando à reintegração familiar, ressalvada a existência de ordem escrita e fundamentada em contrário de autoridade judiciária competente, caso em que também deverá contemplar sua colocação em família substituta.

Esse **plano individual** será elaborado sob a responsabilidade da equipe técnica do respectivo programa de atendimento e levará em consideração a opinião da criança ou do adolescente e a oitiva dos pais ou do responsável e que, dentre outros, constarão os resultados da avaliação interdisciplinar e os compromissos assumidos pelos pais ou responsável.

O **acolhimento familiar ou institucional** ocorrerá no **local mais próximo à residência dos pais ou do responsável** e, como parte do processo de reintegração familiar, sempre que identificada a necessidade, a família de origem será incluída em programas oficiais de orientação, de apoio e de promoção social, sendo facilitado e estimulado o contato com a criança ou com o adolescente acolhido.

Em caso de impossibilidade de reintegração da criança ou do adolescente à família de origem, após seu encaminhamento a programas oficiais ou comunitários de orientação, apoio e promoção social, será enviado relatório fundamentado ao Ministério Público, no qual conste a descrição pormenorizada das providências tomadas e a expressa recomendação, subscrita pelos técnicos da entidade ou responsáveis pela execução da política municipal de garantia do direito à convivência familiar, **para a destituição do poder familiar, ou destituição de tutela ou guarda**. Recebido o relatório, o **Ministério Público** terá o prazo de 30 (trinta) dias para o ingresso com a **ação de destituição do poder familiar**, salvo se entender necessária a realização de estudos complementares ou outras providências que entender indispensáveis ao ajuizamento da demanda.

3. ATOS INFRACIONAIS

É importante destacar que são **penalmente inimputáveis** os MENORES de dezoito anos e, portanto, a eles, cometido ato infracional (considera-se aquela conduta descrita como crime ou contravenção penal), responderão por "medidas" [o ECA jamais utiliza a expressão "penas"]; aos **adolescentes**, por "medidas socioeducativas". Deve ser considerada a idade do adolescente à data do fato.

De acordo com o art. 103 do ECA, considera-se **ato infracional** a conduta descrita como **crime** ou **contravenção penal**.

Nenhum adolescente será privado de sua liberdade senão em **flagrante** de ato infracional ou **por ordem escrita e fundamentada da autoridade judiciária** competente. A apreensão de qualquer adolescente e o local onde se encontra recolhido serão *incontinenti* comunicados à autoridade judiciária competente e à família do apreendido ou à pessoa por ele indicada. Examinar-se-á, desde logo e sob pena de responsabilidade, a possibilidade de liberação imediata.

> **ATENÇÃO!**
> A internação, **antes da sentença**, pode ser determinada pelo prazo máximo de quarenta e cinco dias.

A respeito das **garantias processuais**, nenhum ADOLESCENTE será privado de sua liberdade sem o devido processo legal. São asseguradas ao adolescente, *entre outras*, as seguintes garantias:

I – pleno e formal conhecimento da atribuição de ato infracional, mediante citação ou meio equivalente;

II – igualdade na relação processual, podendo confrontar-se com vítimas e testemunhas e produzir todas as provas necessárias à sua defesa;

III – defesa técnica por advogado;

IV – assistência judiciária gratuita e integral aos necessitados, na forma da lei;

V – direito de ser ouvido pessoalmente pela autoridade competente;

VI – direito de solicitar a presença de seus pais ou responsável em qualquer fase do procedimento.

Verificada a prática de ato infracional, a autoridade competente poderá aplicar ao ADOLESCENTE as seguintes **MEDIDAS SOCIOEDUCATIVAS** [artigos do ECA]:

1	Advertência;	Art. 115
2	Obrigação de reparar o dano;	Art. 116
3	Prestação de serviços à comunidade;	Art. 117
4	Liberdade assistida;	Art. 118 e art. 119
5	Inserção em regime de semiliberdade;	Art. 120
6	Internação em estabelecimento educacional;	Art. 121 a art. 125
7	Qualquer uma das previstas para CRIANÇAS, exceto, o acolhimento institucional, a inclusão em programa de acolhimento familiar e colocação em família substituta.	Art. 101, I a VI.

A **Lei n. 12.594/2012** instituiu o **Sistema Nacional de Atendimento Socioeducativo – SINASE** e que regulamenta a execução das medidas destinadas a adolescente que pratique ato infracional. Entende-se por SINASE, diz a lei, o conjunto ordenado de princípios, regras e critérios que envolvem a **execução de medidas socioeducativas**, incluindo-se nele, por adesão, os sistemas estaduais, distrital e municipais, bem como todos os planos, políticas e programas específicos de atendimento a adolescente em conflito com a lei.

Segundo essa mesma lei, as **medidas socioeducativas têm por objetivos**: [1] – a responsabilização do adolescente quanto às consequências lesivas do ato infracional, sempre que possível incentivando a sua reparação; [2] – a integração social do adolescente e a garantia de seus direitos individuais e sociais, por meio do cumprimento de seu plano individual de atendimento; e [3] – a desaprovação da conduta infracional, efetivando as disposições da sentença como parâmetro máximo de privação de liberdade ou restrição de direitos, observados os limites previstos em lei.

A **advertência** consistirá em admoestação verbal, que será reduzida a termo e assinada e poderá **ser aplicada sempre** que houver prova da materialidade *e indícios suficientes da autoria*.

Quanto à **obrigação de reparar o dano**, em se tratando de ato infracional com reflexos patrimoniais, a autoridade poderá determinar, se for o caso, que o adolescente *restitua a coisa, promova o ressarcimento do dano, ou, por outra forma, compense o prejuízo da vítima*. Havendo manifesta impossibilidade, a medida poderá ser substituída por outra adequada.

A **prestação de serviços comunitários** consiste na realização de **tarefas gratuitas** de interesse geral, **por período NÃO EXCEDENTE a 6 meses**, junto a entidades assistenciais, hospitais, escolas e outros estabelecimentos congêneres, bem como em programas comunitários ou governamentais. As tarefas serão atribuídas conforme as **aptidões do adolescente**, devendo ser cumpridas durante **jornada máxima de oito horas semanais, aos sábados, domingos e feriados ou em dias úteis**, de modo a não prejudicar a frequência à escola ou à jornada normal de trabalho.

A **liberdade assistida** será adotada sempre que se afigurar a medida mais adequada para o fim de *acompanhar, auxiliar* e *orientar* o adolescente. Ela será fixada pelo **prazo MÍNIMO de 6 meses**, podendo a qualquer tempo ser prorrogada, revogada ou substituída por outra medida, ouvido o orientador, o Ministério Público e o defensor. A autoridade designará pessoa capacitada para acompanhar o caso, a qual poderá ser recomendada por entidade ou programa de atendimento.

O **regime de semiliberdade** pode ser determinado desde o início, ou como forma de transição para o meio aberto, possibilitada a realização de atividades externas, *independentemente* de autorização judicial. São obrigatórias a escolarização e a profissionalização, devendo, sempre que possível, ser utilizados os recursos existentes na comunidade. OBS.: a medida **não comporta prazo determinado** aplicando-se, no que couber, as disposições relativas à *internação*.

A **internação** constitui **medida privativa da liberdade**, sujeita aos [1] **princípios de brevidade**, [2] **excepcionalidade** e [3] **respeito à condição peculiar de pessoa em desenvolvimento**.

A medida de INTERNAÇÃO **não comporta prazo determinado**, devendo sua manutenção ser **reavaliada**, mediante decisão fundamentada, **no máximo a cada 6 meses**. EM NENHUMA HIPÓTESE o período máximo de internação **excederá a três anos**. Atingido o limite estabelecido, o adolescente deverá ser liberado, colocado em regime de *semiliberdade* ou de *liberdade assistida*. E a liberação **será compulsória aos 21 anos de idade**.

Será permitida a **realização de atividades externas**, a critério da equipe técnica da entidade, SALVO expressa *determinação judicial* em contrário, mas que poderá ser revista a qualquer tempo. Em qualquer hipótese a **desinternação** será precedida de autorização judicial, **ouvido o Ministério Público**.

Em nenhuma hipótese será aplicada a internação, havendo outra medida adequada. Assim, a **medida de internação** SÓ PODERÁ SER APLICADA quando:

- Tratar-se de ato infracional cometido mediante grave ameaça ou violência a pessoa;
- Por reiteração no cometimento de outras infrações graves;
- Por descumprimento reiterado e injustificável da medida anteriormente imposta.

> **ATENÇÃO!**
> O **prazo de internação** *por descumprimento reiterado e injustificável da medida anteriormente imposta* **não poderá ser superior a 3 meses**, devendo ser decretada judicialmente após o devido processo legal.

A internação deverá ser cumprida em **entidade exclusiva para adolescentes**, em *local distinto* daquele destinado ao **abrigo**, obedecida rigorosa separação por critérios de idade, compleição física e gravidade da infração.

Os **direitos do adolescente privado de liberdade**, entre outros, estão elencados no art. 124 do ECA. Em NENHUM CASO haverá incomunicabilidade. E a autoridade judiciária **poderá suspender temporariamente** a VISITA, inclusive de pais ou responsável, se existirem motivos sérios e fundados de sua prejudicialidade aos interesses do adolescente.

A Lei n. 12.594/2012 trouxe a exigência para o cumprimento das medidas socioeducativas, em *regime de prestação de serviços à comunidade, liberdade assistida, semiliberdade* ou *internação*, do **Plano Individual de Atendimento (PIA)**, instrumento de previsão, registro e gestão das atividades a serem desenvolvidas com o adolescente e que deverá contemplar a participação dos pais ou responsáveis.

Em caso de flagrante de **ato infracional cometido mediante violência ou grave ameaça a pessoa**, a autoridade policial deverá lavrar auto de apreensão, ouvidos as testemunhas e o adolescente, apreender o produto e os instrumentos da infração e requisitar os exames ou perícias necessários à comprovação da materialidade e autoria da infração. OBS.: **Nas demais hipóteses de flagrante**, a lavratura do auto poderá ser substituída por **boletim de ocorrência** circunstanciada.

4. MEDIDAS AOS PAIS E RESPONSÁVEIS

De acordo com o art. 129 do ECA, são **medidas aplicáveis aos pais ou responsável**, da mais leve à mais grave:

I – encaminhamento a serviços e programas oficiais ou comunitários de proteção, apoio e promoção da família;

II – inclusão em programa oficial ou comunitário de auxílio, orientação e tratamento a alcoólatras e toxicômanos;

III – encaminhamento a tratamento psicológico ou psiquiátrico;

IV – encaminhamento a cursos ou programas de orientação;

V – obrigação de matricular o filho ou pupilo e acompanhar sua frequência e aproveitamento escolar;

VI – obrigação de encaminhar a criança ou adolescente a tratamento especializado;

VII – advertência;

VIII – perda da guarda;

IX – destituição da tutela;

X – suspensão ou destituição do poder familiar.

Verificada a hipótese de **maus-tratos, opressão ou abuso sexual** impostos pelos pais ou responsável, de acordo com o art. 130 do ECA, a autoridade judiciária poderá determinar, como medida cautelar, o afastamento do agressor da moradia comum. Da medida cautelar constará, ainda, a fixação provisória dos alimentos de que necessitem a criança ou o adolescente dependentes do agressor.

5. CONSELHO TUTELAR

Sobre o **Conselho Tutelar**, trata-se de órgão permanente e autônomo, **não jurisdicional**, encarregado pela sociedade de zelar pelo cumprimento dos direitos da criança e do adolescente, definidos no ECA. Em cada Município e em cada Região Administrativa do Distrito Federal haverá, no mínimo, 1 Conselho Tutelar como órgão integrante da administração pública local, composto de 5 membros, escolhidos pela população local para mandato de **quatro anos**, permitida recondução por novos processos de escolha.

E para a candidatura a membro do Conselho Tutelar, cujo exercício efetivo da função de conselheiro constituirá **serviço público relevante** e estabelecerá **presunção de idoneidade moral**, serão exigidos os seguintes requisitos:

- reconhecida idoneidade moral;
- **idade superior a 21 anos**;
- residir no município.

De acordo com o art. 136 do ECA, são atribuições do Conselho Tutelar:

- atender as crianças e adolescentes nas hipóteses previstas nos arts. 98 e 105, aplicando as medidas previstas no art. 101, I a VII;
- atender e aconselhar os pais ou responsável, aplicando as medidas previstas no art. 129, I a VII;
- promover a execução de suas decisões, podendo para tanto:
  a) requisitar serviços públicos nas áreas de saúde, educação, serviço social, previdência, trabalho e segurança;
  b) representar junto à autoridade judiciária nos casos de descumprimento injustificado de suas deliberações.
- encaminhar ao Ministério Público notícia de fato que constitua infração administrativa ou penal contra os direitos da criança ou adolescente;
- encaminhar à autoridade judiciária os casos de sua competência;

- providenciar a medida estabelecida pela autoridade judiciária, dentre as previstas no art. 101, de I a VI, para o adolescente autor de ato infracional;
- expedir notificações;
- requisitar certidões de nascimento e de óbito de criança ou adolescente quando necessário;
- assessorar o Poder Executivo local na elaboração da proposta orçamentária para planos e programas de atendimento dos direitos da criança e do adolescente;
- representar, em nome da pessoa e da família, contra a violação dos direitos previstos no art. 220, § 3º, inciso II, da CF;
- representar ao Ministério Público para efeito das ações de perda ou suspensão do poder familiar, após esgotadas as possibilidades de manutenção da criança ou do adolescente junto à família natural;
- promover e incentivar, na comunidade e nos grupos profissionais, ações de divulgação e treinamento para o reconhecimento de sintomas de maus-tratos em crianças e adolescentes.
- adotar, na esfera de sua competência, ações articuladas e efetivas direcionadas à identificação da agressão, à agilidade no atendimento da criança e do adolescente vítima de violência doméstica e familiar e à responsabilização do agressor;
- atender à criança e ao adolescente vítima ou testemunha de violência doméstica e familiar, ou submetido a tratamento cruel ou degradante ou a formas violentas de educação, correção ou disciplina, a seus familiares e a testemunhas, de forma a prover orientação e aconselhamento acerca de seus direitos e dos encaminhamentos necessários;
- representar à autoridade judicial ou policial para requerer o afastamento do agressor do lar, do domicílio ou do local de convivência com a vítima nos casos de violência doméstica e familiar contra a criança e o adolescente;
- representar à autoridade judicial para requerer a concessão de medida protetiva de urgência à criança ou ao adolescente vítima ou testemunha de violência doméstica e familiar, bem como a revisão daquelas já concedidas;
- representar ao Ministério Público para requerer a propositura de ação cautelar de antecipação de produção de prova nas causas que envolvam violência contra a criança e o adolescente;
- tomar as providências cabíveis, na esfera de sua competência, ao receber comunicação da ocorrência de ação ou omissão, praticada em local público ou privado, que constitua violência doméstica e familiar contra a criança e o adolescente;
- receber e encaminhar, quando for o caso, as informações reveladas por noticiantes ou denunciantes relativas à prática de violência, ao uso de tratamento cruel ou degradante ou de formas violentas de educação, correção ou disciplina contra a criança e o adolescente;
- representar à autoridade judicial ou ao Ministério Público para requerer a concessão de medidas cautelares direta ou indiretamente relacionada à eficácia da proteção de noticiante ou denunciante de informações de crimes que envolvam violência doméstica e familiar contra a criança e o adolescente.

É importante destacar que as **decisões do Conselho Tutelar** somente poderão ser **revistas pela autoridade judiciária** a pedido de quem tenha legítimo interesse.

6. ACESSO À JUSTIÇA

É garantido o acesso de toda criança ou adolescente à **Defensoria Pública**, ao **Ministério Público** e ao **Poder Judiciário**, por qualquer de seus órgãos, no qual a *assistência judiciária gratuita* será prestada aos que dela necessitarem, por meio de **defensor público** ou **advogado nomeado**. As ações judiciais da competência da **Justiça da Infância e da Juventude** são **isentas de custas e emolumentos**, *ressalvada* a hipótese de litigância de má-fé [art. 141 do ECA].

Os **menores de dezesseis anos** serão *representados* e os **maiores de dezesseis e menores de vinte e um anos** *assistidos* por seus pais, tutores ou curadores, na forma da legislação civil ou processual. A autoridade judiciária dará **curador especial** à criança ou adolescente, sempre que os interesses destes colidirem com os de seus pais ou responsável, ou quando carecer de representação ou assistência legal ainda que eventual.

A autoridade a que se refere o ECA é o **Juiz da Infância e da Juventude**, ou o juiz que exerce essa função, na forma da lei de organização judiciária local e a competência será determinada:
- pelo domicílio dos pais ou responsável;
- pelo lugar onde se encontre a criança ou adolescente, à falta dos pais ou responsável.

Já nos **casos de ato infracional**, será competente a autoridade do lugar da ação ou omissão, observadas as regras de conexão, continência e prevenção.

De acordo com o art. 148 do ECA, a **Justiça da Infância e da Juventude** é competente para:
- conhecer de representações promovidas pelo Ministério Público, para apuração de ato infracional atribuído a adolescente, aplicando as medidas cabíveis;

- conceder a remissão, como forma de suspensão ou extinção do processo;
- conhecer de pedidos de adoção e seus incidentes;
- conhecer de ações civis fundadas em interesses individuais, difusos ou coletivos afetos à criança e ao adolescente, observado o disposto no art. 209 do ECA;
- conhecer de ações decorrentes de irregularidades em entidades de atendimento, aplicando as medidas cabíveis;
- aplicar penalidades administrativas nos casos de infrações contra norma de proteção à criança ou adolescente;
- conhecer de casos encaminhados pelo Conselho Tutelar, aplicando as medidas cabíveis.

> **ATENÇÃO!**
> De acordo com a **Súmula 383 do STJ**, a competência para processar e julgar as ações conexas de interesse de menor é, em princípio, do foro do domicílio do detentor de sua guarda.

O procedimento para a **perda ou a suspensão do poder familiar** terá início por provocação do Ministério Público ou de quem tenha legítimo interesse, mas havendo motivo grave, poderá a **autoridade judiciária,** ouvido o Ministério Público, decretar a suspensão do poder familiar, **liminar ou incidentalmente,** até o julgamento definitivo da causa, ficando a criança ou adolescente confiado a pessoa idônea, mediante termo de responsabilidade.

O requerido será citado para, no **prazo de dez dias**, oferecer **resposta** escrita, indicando as provas a serem produzidas e oferecendo desde logo o rol de testemunhas e documentos. Esta **citação será pessoal**, salvo se esgotados todos os meios para sua realização.

Apresentada a resposta, será designado, desde logo, **audiência de instrução e julgamento**. A **decisão** será proferida na audiência, podendo a autoridade judiciária, excepcionalmente, designar data para sua leitura no prazo máximo de cinco dias. O **prazo máximo** para conclusão do procedimento será de **120 (cento e vinte) dias**. A sentença que decretar a perda ou a suspensão do poder familiar **será averbada à margem do registro de nascimento** da criança ou do adolescente.

Nas hipóteses em que a **destituição da tutela, a perda ou a suspensão do poder familiar** constituir pressuposto lógico da medida principal de colocação em **família substituta**, será observado esse mesmo procedimento contraditório.

Referente à apuração de **ato infracional** atribuído a adolescente, segue que ele será encaminhado à **autoridade judiciária** se for apreendido por força de ordem judicial, mas será encaminhado à **autoridade policial** se apreendido em flagrante.

Comparecendo qualquer dos pais ou responsável junto à autoridade policial, o adolescente será **prontamente liberado**, sob termo de compromisso e responsabilidade de sua **apresentação ao representante do Ministério Público**, no mesmo dia ou, sendo impossível, no primeiro dia útil imediato, EXCETO quando, pela **gravidade do ato infracional e sua repercussão social**, deva o adolescente **permanecer sob internação** para garantia de sua segurança pessoal ou manutenção da ordem pública.

Em **caso de não liberação**, a autoridade policial encaminhará, desde logo, o adolescente ao representante do Ministério Público, juntamente com cópia do auto de apreensão ou boletim de ocorrência.

Apresentado o adolescente, o representante do Ministério Público, no mesmo dia e à vista do auto de apreensão, boletim de ocorrência ou relatório policial, devidamente autuados pelo cartório judicial e com informação sobre os antecedentes do adolescente, **procederá imediata e informalmente à sua oitiva** e, em sendo possível, de seus pais ou responsável, vítima e testemunhas.

Se for o caso de o representante do Ministério Público oferecer **representação à autoridade judiciária**, propondo a instauração de procedimento para aplicação da medida socioeducativa que se afigurar a mais adequada, será através de petição, que conterá o breve resumo dos fatos e a classificação do ato infracional e, quando necessário, o rol de testemunhas, podendo ser deduzida oralmente, em sessão diária instalada pela autoridade judiciária. A representação independe de prova pré-constituída da autoria e materialidade.

> **ATENÇÃO!**
> O **prazo máximo e improrrogável** para a conclusão do procedimento, estando o **adolescente internado provisoriamente**, será de **quarenta e cinco dias**.

Oferecida a representação, a autoridade judiciária designará **audiência de apresentação do adolescente**, decidindo, desde logo, sobre a decretação ou manutenção da internação. A internação, decretada ou mantida pela autoridade judiciária, **não poderá ser cumprida** em estabelecimento prisional.

Nos procedimentos afetos à **Justiça da Infância e da Juventude**, inclusive os relativos à execução das medidas socioeducativas, **adotar-se-á o sistema recursal do CPC com as seguintes adaptações:** [1] os recursos serão interpostos independentemente de preparo; [2] em todos os recursos, salvo nos embargos de declaração, o prazo para o Ministério Público e para a defesa será sempre de 10 dias; [3] os recursos terão preferência de julgamento e dispensarão revisor; [4] antes de determinar a remessa dos autos à superior instância, no caso de apelação, ou do instrumento, no caso de agravo, a autoridade judiciária proferirá despacho fundamentado, mantendo ou reformando a decisão, no prazo de cinco dias; [5] mantida a decisão apelada ou agravada, o escrivão remeterá os autos ou o instrumento à superior instância dentro de vinte e quatro horas, independentemente de novo pedido do recorrente; se a reformar, a remessa dos autos dependerá de pedido expresso da parte interessada ou do Ministério Público, no prazo de cinco dias, contados da intimação.

Quanto ao procedimento para imposição de **penalidade administrativa** por infração às normas de proteção à criança e ao adolescente, terá início por representação do **Ministério Público**, ou do **Conselho Tutelar**, ou auto de infração elaborado por **servidor efetivo ou voluntário credenciado**, e *assinado por duas testemunhas, se possível*.

O requerido terá **prazo de dez dias para apresentação de defesa**, contado da data da intimação. Apresentada a defesa, a autoridade judiciária dará vista dos autos do Ministério Público, ou, sendo necessário, designará **audiência de instrução e julgamento**. Colhida a **prova oral**, manifestar-se-ão sucessivamente o Ministério Público e o procurador do requerido, pelo tempo de vinte minutos para cada um, prorrogável por mais dez, a critério da autoridade judiciária, que em seguida proferirá **sentença**.

> **ATENÇÃO!**
> A Lei n. 13.441/2017 incluiu a seção "Da Infiltração de Agentes de Polícia para a Investigação de Crimes contra a Dignidade Sexual de Criança e de Adolescente", a partir do art. 190-A até o art. 190-E. Não deixe de ler!

Em relação à **habilitação de pretendentes à adoção**, os postulantes, domiciliados no Brasil, apresentarão petição inicial na qual constem os itens do art. 197-A do ECA. A autoridade judiciária, no prazo de 48 horas, dará vista dos autos ao **Ministério Público**, que no prazo de 5 dias poderá apresentar quesitos a serem respondidos pela equipe interprofissional encarregada de elaborar o estudo técnico, requerer a designação de audiência para oitiva dos postulantes em juízo e testemunhas e requerer a juntada de documentos complementares e a realização de outras diligências que entender necessárias.

Destaca-se que intervirá no feito, **obrigatoriamente**, *equipe interprofissional* a serviço da Justiça da Infância e da Juventude, que deverá elaborar estudo psicossocial, que conterá subsídios que permitam aferir a capacidade e o preparo dos postulantes.

Também é **obrigatória** a participação dos postulantes em **programa oferecido pela Justiça da Infância e da Juventude** preferencialmente com apoio dos técnicos responsáveis pela execução da política municipal de garantia do direito à convivência familiar, que inclua preparação psicológica, orientação e estímulo à adoção inter-racial, de crianças maiores ou de adolescentes, com necessidades específicas de saúde ou com deficiências e de grupos de irmãos.

Certificada nos autos a conclusão da participação no programa referido acima, a **autoridade judiciária**, no prazo de 48 horas, decidirá acerca das diligências requeridas pelo Ministério Público e determinará a juntada do **estudo psicossocial**, designando, conforme o caso, **audiência de instrução e julgamento**. Caso não sejam requeridas diligências, ou sendo essas indeferidas, a autoridade judiciária determinará a juntada do estudo psicossocial, abrindo a seguir vista dos autos ao Ministério Público, por 5 dias, decidindo em igual prazo.

Deferida a habilitação, o postulante será inscrito em cadastros (de registro de crianças e adolescentes em condições de serem adotados e outro de pessoas interessadas na adoção), sendo a sua convocação para a adoção feita de acordo com **ordem cronológica de habilitação** e conforme a **disponibilidade de crianças ou adolescentes adotáveis**.

A **sentença que deferir a adoção** produz efeito desde logo, embora sujeita a apelação, que será recebida *exclusivamente* no **efeito devolutivo**, SALVO se se tratar de adoção internacional ou se houver perigo de dano irreparável ou de difícil reparação ao adotando. A **sentença que destituir ambos ou qualquer dos genitores do poder familiar** fica sujeita a apelação, que deverá ser recebida apenas no efeito devolutivo.

A competência do Ministério Público está prevista nos mais diversos incisos **do art. 201 do ECA** e de leitura obrigatória, cujas atribuições constantes deste artigo não excluem outras, desde que compatíveis com a finalidade do MP. É importante observar que a legitimação do Ministério Público para as **ações cíveis** previstas neste artigo **não impede** a de terceiros, nas mesmas hipóteses, segundo dispuserem a Constituição e o ECA.

Nos processos e procedimentos **em que não for parte**, atuará *obrigatoriamente* o Ministério Público na defesa dos direitos e interesses de que cuida o ECA, hipótese em que terá vista dos autos depois das partes, podendo juntar documentos e requerer diligências, usando os recursos cabíveis. A **falta de intervenção** do Ministério Público **acarreta a nulidade do feito**, que será declarada de ofício pelo juiz ou a requerimento de qualquer interessado.

7. CRIMES E INFRAÇÕES ADMINISTRATIVAS

Sobre **crimes praticados contra a criança e o adolescente**, por ação ou omissão, previstos no ECA, sem prejuízo do disposto na legislação penal, aplicam-se as normas da **Parte Geral do Código Penal** e, quanto ao processo, as pertinentes ao **Código de Processo Penal**.

Portanto, aplicam-se as agravantes e atenuantes genéricas previstas no CP, p.ex., e apuram-se os crimes de acordo com os ritos previstos no CPP e, se for o caso, a Lei n. 9.099/95 (Juizado Especial Criminal) para as infrações de menor potencial ofensivo.

Observe que havendo aparente conflito entre o tipo penal do Estatuto e outra do CP, a norma estatutária prevaleceria, em regra, de acordo com o princípio da especialidade.

> **ATENÇÃO!**
> Os crimes definidos no ECA são de ação pública incondicionada.

Ocorre que os crimes previstos no ECA estão dispostos a partir do art. 228 e a partir do art. 245 estão as **infrações administrativas**, cuja pena é a estipulação de **multa** (aplicando-se o dobro em caso de reincidência). Portanto, tornaram-se amplas as possibilidades de cobrança sobre a tipificação de crimes e infrações a partir do Estatuto.

Então, dentro do espírito da obra, sugerimos uma leitura nos tipos penais e nas infrações para não repeti-los de forma desnecessária. Destaca-se, ainda, que a parte do ECA mais alterada é a que trata dos crimes em espécie e é possível que a banca se atente a isso e queira cobrar uma mudança legislativa.

É importante, no entanto, destacar algumas noções distintivas, como aponta Roberto João Elias, que "são punidos não somente aqueles que praticam atos atentatórios aos direitos da criança e do adolescente, como também aqueles que são omissos quanto a esses direitos" (*Comentários...*, p. 305).

Recorde ainda que crianças e adolescentes são **inimputáveis**, portanto, não respondem pelos crimes dispostos neste capítulo nem pelas infrações administrativas caso pratiquem o ato tipificado. Caso seja praticado por criança, serão aplicadas as medidas específicas do art. 101; no caso do adolescente, aplicar-se-ão as medidas socioeducativas do art. 112.

> **ATENÇÃO!**
> De acordo com a Súmula 338 do STJ, a **prescrição penal** é aplicável nas medidas socioeducativas.

Outras súmulas importantes, a saber:

- **Súmula 500 do STJ**: a configuração do crime do art. 244-B do ECA [corromper ou facilitar a corrupção de menor de 18 (dezoito) anos, com ele praticando infração penal ou induzindo-o a praticá-la] independe da prova da efetiva corrupção do menor, por se tratar de delito formal.
- **Súmula 492 do STJ**: o ato infracional análogo ao tráfico de drogas, por si só, **não conduz obrigatoriamente** à imposição de medida socioeducativa de internação do adolescente.
- **Súmula 342 do STJ**: no procedimento para aplicação de medida socioeducativa, é nula a desistência de outras provas em face da confissão do adolescente.

REFERÊNCIAS

ELIAS, Roberto João. *Comentários ao Estatuto da Criança e do Adolescente*. 4. ed. São Paulo: Saraiva, 2010.

LÉPORE, Paulo Eduardo. *Estatuto da Juventude Comentado*. São Paulo: Saraiva, 2013.

MACIEL, Kátia Regina Ferreira Lobo Andrade. *Curso de Direito da Criança e do Adolescente*. 6. ed. São Paulo: Saraiva, 2013.

NOGUEIRA, Paulo Lúcio. *Estatuto da Criança e do Adolescente Comentado*. 3. ed. São Paulo: Saraiva, 1996.

Acesse o *QR Code* e aproveite os conteúdos elaborados para você!
- BIZU OAB
- TOP 10

http://uqr.to/1wcfg

Questões
Estatuto da Criança e do Adolescente

Acesse o *QR Code* e consulte as questões comentadas dos exames anteriores.
http://uqr.to/1wcff

PARTE GERAL
DIREITOS FUNDAMENTAIS

1. (41º Exame) Pedro, com 12 anos, foi vítima de *bullying* na escola em que estuda. Durante o recreio, um grupo de colegas da mesma idade o jogou, à força, dentro da lixeira. Um dos adolescentes filmou o ato e o divulgou em redes sociais, em tom de escárnio. Um jornal com veiculação *on-line*, em tom de reprovação da conduta e para combater a prática de *bullying*, reprisou as imagens que circularam pelas redes sociais. O pai de Pedro, enfurecido, procura você, como advogado(a), para colher a orientação jurídica sobre as providências cíveis cabíveis, especialmente indenizatórias. Assinale a opção que apresenta, corretamente, a orientação recebida.

(A) O jornal que reprisou as imagens, mesmo não sendo autor da filmagem, poderá ser demandado na esfera cível para fins de compensação pelo dano moral que a divulgação do ato representou.

(B) O adolescente que realizou a filmagem deve ser o único demandado em caso de judicialização da questão, porque foi o autor da violação à imagem.

(C) Os adolescentes que efetuaram o ato de atirar Pedro na lixeira deverão ser demandados em eventual judicialização, pois foram os autores da única verdadeira infração existente no caso.

(D) Não há que se falar em responsabilização de qualquer sorte, pois sobre o ato em si, os praticantes e quem filmou são infensos à persecução cível e, o jornal, apenas cumpriu o papel relevante de divulgar e combater o *bullying*.

RESPOSTA Considere que o direito ao respeito consiste na inviolabilidade da integridade física, psíquica e moral da criança e do adolescente, abrangendo a preservação de imagem, identidade, autonomia, valores, ideias e crenças, espaços e objetos pessoais (art. 17 do ECA). Disso, há o direito à indenização, conforme está estabelecido pela jurisprudência do STJ (*vide* REsp 1.783.269/MG). Alternativa A.

2. (40º Exame) Rafael e Marta se casaram. Rafael tem dois filhos do relacionamento anterior, ambas crianças com idade inferior a 5 anos. A genitora das crianças teve decretada a perda do poder familiar em processo regular, com trânsito em julgado. Marta, então, em processo igualmente regular, adota os filhos de Rafael, passando em julgado também a decisão que lhe conferiu a maternidade. Marta e Rafael não conseguem manter um relacionamento saudável em razão do comportamento agressivo de Rafael, e, por isso, depois de alguns anos, eles se divorciam. No curso do processo, Marta demonstrou a impossibilidade da guarda compartilhada e obteve, judicialmente, a fixação da guarda unilateral das crianças, com direito a convívio semanal deferido a Rafael. Indignado, Rafael procura sua orientação como advogado(a), sob o argumento de que a adoção deve ser desfeita ou, ao menos, considerada sua paternidade biológica para fins de guarda. Sobre o caso, assinale a afirmativa que apresenta, corretamente, sua orientação.

(A) A guarda unilateral do adotante é inadmitida em casos de adoção, devendo ser pretendida a revisão da decisão para fixação da guarda compartilhada.

(B) A adoção deve ser anulada judicialmente em caso de divórcio, pois este significa a quebra do vínculo que deu origem à filiação por adoção retornando a guarda, bem como todo o poder familiar, ao genitor biológico.

(C) Ainda que a adoção seja indissolúvel, o vínculo biológico deve, de fato, ter precedência sobre a filiação originada pela adoção para fins de definição da guarda.

(D) A adoção atribui a condição plena de filho ao adotado e de mãe à adotante, sendo completamente irrelevante essa origem da filiação como elemento influenciador do modelo de guarda.

RESPOSTA Considere o texto do *caput* do art. 41 do ECA: "A adoção atribui a condição de filho ao adotado, com os mesmos direitos e deveres, inclusive sucessórios, desligando-o de qualquer vínculo com pais e parentes, salvo os impedimentos matrimoniais". Alternativa D.

3. **(39º Exame)** Eduardo adotou Bernardo, criança de dois anos, regularmente e de forma unilateral, tornando-se seu pai. Quando Bernardo completou três anos, Eduardo, infelizmente, faleceu vítima de um infarto. Eduardo não deixou parentes conhecidos. Maria, a mãe biológica de Bernardo, sempre se arrependeu de tê-lo enviado à adoção. Sabendo do ocorrido e ciente de que não há o restabelecimento do vínculo de poder familiar, pelo fato de ter ocorrido a morte do adotante, Maria o procura, como advogado(a), para buscar uma solução que permita que Bernardo volte a ser seu filho. Assinale a opção que apresenta a solução proposta.

(A) A mãe biológica, infelizmente, não tem ao seu alcance qualquer medida para restabelecer o vínculo de parentalidade com Bernardo.
(B) A mãe biológica deverá se candidatar à adoção de Bernardo, da mesma forma e pelos mesmos procedimentos que qualquer outro candidato.
(C) A mãe biológica não poderá se candidatar à readoção de seu filho biológico, pois a dissolução do vínculo familiar é perene.
(D) A inexistência de parentes do adotante falecido causa a excepcional restauração do vínculo familiar com a mãe biológica, fugindo à regra geral.

RESPOSTA De acordo com o art. 49 do ECA, a morte dos adotantes não restabelece o poder familiar dos pais naturais. *Alternativa B.*

4. **(38º Exame)** A mãe de Joaquim, criança com necessidades especiais, requereu acompanhamento por professor especializado em atendimento de pessoas com deficiência à escola-creche pública municipal em que o filho estuda. A escola-creche, no entanto, alegou carência de tais profissionais, porque o custo muito alto impedia que a municipalidade os contratasse. Ao consultar você, como advogado(a), a genitora recebeu a seguinte orientação.

(A) A criança tem direito à educação, não se inserindo nesse plexo, porém, o direito individual e específico de acompanhamento especializado.
(B) Joaquim deve ter acesso à educação com metodologia especial, não significando, porém, que seja mandatória a presença de profissional especial.
(C) A atenção especial por profissional especializado é devida a Joaquim, não sendo oponível a dificuldade orçamentária declarada pela municipalidade.
(D) O ensino especializado é devido nas condições em que a entidade for capaz, não sendo obrigatória a presença de profissional especificamente capacitado, em razão da aplicabilidade da reserva do possível.

RESPOSTA Dentre os deveres do Estado para assegurar à criança e ao adolescente, segundo o art. 54 do ECA, está no atendimento educacional especializado aos portadores de deficiência, preferencialmente na rede regular de ensino (inciso III). Correta, portanto, a *alternativa C*.

5. **(36º Exame)** Luiza, hoje com cinco anos, foi adotada regularmente por Maria e Paulo quando tinha três anos. Ocorre que ambos os adotantes vieram a falecer em um terrível acidente automobilístico. Ciente disso, a mãe biológica de Luiza, que sempre se arrependera da perda da sua filha, manifestou-se em ter sua maternidade biológica restaurada. Com base nos fatos acima, assinale a afirmativa correta.

(A) O falecimento dos pais adotivos conduz à imediata e automática restauração do poder familiar da ascendente biológica.
(B) O falecimento dos pais adotivos não restabelece o poder familiar dos pais naturais.
(C) O falecimento dos pais adotivos não transfere o poder familiar sobre o adotado supérstite ao parente mais próximo dos obituados, devendo ser reaberto processo de adoção.
(D) Falecendo ambos os pais e inexistindo parentes destes aptos à tutela, somente então se restaura o poder familiar dos pais naturais.

RESPOSTA É clara a regra do art. 49 do ECA, que diz que "a morte dos adotantes não restabelece o poder familiar dos pais naturais". *Alternativa B.*

6. **(35º Exame)** Eduardo foi adotado quando criança, vivendo em excelentes condições afetiva, material e social junto a seus pais adotivos. Mesmo assim, Eduardo demonstrou ser um adolescente rebelde, insurgente, de difícil trato e convívio – o que em nada abalou o amor e os cuidados de seus pais adotivos em nenhum momento. Hoje, com 19 anos completos, Eduardo manifesta interesse em conhecer seus pais biológicos, com o claro intuito de rebelar-se – repita-se, injustificadamente – contra seus adotantes. Sobre o caso acima, assinale a afirmativa correta.

(A) Eduardo tem direito de conhecer sua origem biológica, seja qual for o motivo íntimo que o leve a tanto.
(B) A motivação para a busca do conhecimento da origem biológica é inválida, pelo que não deve ser facultado o direito ao acesso a tal informação a Eduardo.
(C) A informação da origem biológica somente pode ser revelada em caso imperativo de saúde, para a pesquisa do histórico genético.
(D) O conhecimento da origem biológica somente se revela necessário caso o processo de adoção tenha alguma causa de nulidade.

RESPOSTA Segundo o ECA, o adotado tem direito de conhecer sua origem biológica, bem como de obter acesso irrestrito ao processo no qual a medida foi aplicada e seus eventuais incidentes, após completar 18 (dezoito) anos, *vide* o art. 48. *Alternativa A.*

PREVENÇÃO
A questão referente a este tema está disponível no conteúdo digital.

PARTE ESPECIAL
III. POLÍTICA DE ATENDIMENTO

7. **(37º Exame)** A entidade governamental Casa dos Anjos, destinada a programa de internação de adolescentes em conflito com a lei, recebeu inspeção de fiscalização por parte do Ministério Público. Nesta visita, restou constatado que a instituição não dispunha de diversos elementos essenciais para a manutenção condigna dos adolescentes sujeitos à medida socioeducativa, inexistindo, por exemplo, cuidados médicos, psicológicos, odontológicos e farmacêuticos adequados. Com base nos fatos acima, assinale a afirmativa correta.

ESTATUTO DA CRIANÇA E DO ADOLESCENTE

(A) Poderá ser interrompido o repasse de verbas públicas para a entidade, enquanto ela não sanar as irregularidades.
(B) Poderá ser determinado o afastamento temporário dos dirigentes da Casa dos Anjos.
(C) Poderá haver a cassação do registro da instituição em questão.
(D) Tratando-se de entidade governamental, não há medidas sancionatórias específicas cabíveis.

RESPOSTA De acordo com o art. 95 do ECA, as entidades governamentais e não-governamentais referidas no art. 90 serão fiscalizadas pelo Judiciário, pelo Ministério Público e pelos Conselhos Tutelares. E dentre as medidas aplicáveis às entidades de atendimento que descumprirem obrigação constante do art. 94, sem prejuízo da responsabilidade civil e criminal de seus dirigentes ou prepostos, está o afastamento provisório de seus dirigentes (art.97, I, *b*). *Alternativa B.*

ATOS INFRACIONAIS

8. (37º Exame) Wilson, 13 anos, foi apreendido por Manoel quando estava em fuga, após praticar ato de subtração de uma caixa de mil unidades de doces em sua vendinha. No curso da perseguição, os doces se perderam porque Wilson os jogou em um bueiro para, desembaraçado, correr melhor. Esgotados todos os procedimentos legais para apuração do ato infracional e constatada sua prática, a autoridade competente fixou, além das medidas socioeducativas pertinentes a Wilson, a obrigatoriedade de reparar o dano, ou seja, restituir o valor correspondente aos doces perdidos por Manoel. Acerca dos fatos acima, assinale a opção que apresenta a medida compensatória adequada para o caso concreto.

(A) A compensação do dano não poderá ser exigida dos pais de Wilson.
(B) Wilson deverá prestar duas horas diárias de serviços de empacotamento de compras na vendinha, até que se compense o dano, caso ele ou seus pais não possam custear financeiramente o valor.
(C) Havendo manifesta impossibilidade de Wilson ou seus pais custearem a perda patrimonial de Manoel, não há como substituir a compensação por outra medida adequada.
(D) A autoridade poderá determinar que Wilson compense o prejuízo de Manoel, desde que não configure trabalho forçado.

RESPOSTA As medidas socioeducativas estão previstas no art. 112 e dentre elas está em reparar o dano, porém, em hipótese alguma e sob pretexto algum, será admitida a prestação de trabalho forçado (§ 2º). *Alternativa D.*

MEDIDAS AOS PAIS E RESPONSÁVEIS

A questão referente a este tema está disponível no conteúdo digital.

CONSELHO TUTELAR

A questão referente a este tema está disponível no conteúdo digital.

ACESSO À JUSTIÇA

9. (39º Exame) Carlos e Joana, pais da criança Paula, estão dissolvendo sua união estável, ainda sem judicialização, detendo Joana a guarda de fato de Paula enquanto não regularizados os regimes de visitação ou compartilhamento da guarda. Por razões profissionais, Carlos mudou-se para o município contíguo ao da residência de Joana e Paula. Ocorre que Carlos, estando insatisfeito com algumas decisões de Joana sobre a vida da criança, e não mais conseguindo ajustar amistosamente tais questões, precipitou o ajuizamento de processo para regulamentação da guarda e pensionamento, no Juízo da comarca em que está residindo. Joana procura você, como advogado(a), para representá-la, reclamando de ter que se defender em outra cidade. Com base no enunciado acima, sobre a questão da competência, assinale a orientação que você, corretamente, daria à Joana.

(A) O juízo da residência de Carlos é tão competente quanto o da residência de Joana, eis que apenas quando da definição da guarda – que é o que se está pretendendo – a competência passa a ser do foro do guardião judicialmente definido.
(B) A competência para este processo de regulamentação de guarda e pensão incumbe ao Juízo da comarca de residência de Paula, e não de Carlos, pois a guarda de fato já basta para tal fixação.
(C) A competência será sempre definida em razão daquele que primeiro postular judicialmente a regulamentação da guarda.
(D) A guarda é irrelevante para fins de determinação da competência, devendo ser processado o feito em razão do melhor interesse da criança, seja qual for o foro inicialmente escolhido.

RESPOSTA De acordo com o art. 147 do ECA, a competência será determinada **pelo lugar onde se encontre a criança ou o adolescente**, à falta dos pais ou responsável (inciso II). *Alternativa B.*

10. (38º Exame) Pedro, adolescente de quinze anos, foi apreendido pela prática de ato infracional análogo ao crime de roubo. Realizados todos os procedimentos legais cabíveis, o juízo determinou cautelarmente que fosse recolhido à internação em instituição dedicada ao cumprimento de medida socioeducativa dessa natureza. Ocorre que não havia vaga na entidade de internação da comarca, pelo que Pedro foi recolhido a uma repartição policial, em seção isolada dos adultos e com instalações apropriadas, lá restando internado cautelarmente há vinte dias, aguardando o surgimento de vaga no estabelecimento dedicado. Com base nos fatos acima, assinale a afirmativa correta.

(A) A internação jamais poderá ser realizada em repartição policial, nem mesmo cautelarmente, mesmo que seja impossível a transferência imediata.
(B) É admissível a intenação cautelar em estabelecimento policial ou prisional quando da situação exposta no enunciado, por prazo indeterminado, até que seja encontrada vaga em entidade apropriada.
(C) A manutenção de Pedro na repartição policial, por mais de cinco dias, é ilegal, comportando habeas corpus para fazer cessar tal estado de ilicitude.
(D) A internação em estabelecimento prisional é admissível quando neste local puderem ser desenvolvidas as atividades pedagógicas próprias dessa medida socioeducativa.

RESPOSTA De acordo com o art. 185 do ECA, a internação, decretada ou mantida pela autoridade judiciária, não poderá ser cumprida em estabelecimento prisional, observado que é impossível a pronta transferência, o adolescente aguardará sua remoção em repartição policial, desde que em seção isolada dos adultos e com instalações apropriadas, não podendo ultrapassar o prazo máximo de cinco dias, sob pena de responsabilidade (§ 2º). *Alternativa C.*

CRIMES E INFRAÇÕES ADMINISTRATIVAS

11. (36º Exame) Maria deu à luz um bebê cujo nome ainda não havia escolhido. No momento do parto, o médico optou por escrever apenas "José" na pulseira de identificação do bebê. Ocorre que, por obra do destino, naquele mesmo dia, nasceram mais três bebês, dois dos quais foram nomeados pelos pais de José, e o médico acabou por confundir os bebês ao entregá-los às mães. Temeroso de que tal situação viesse a lhe criar problema, o médico escondeu de todos a confusão e entregou um dos bebês, ao acaso, para Maria amamentar, ficando a cargo do destino ser ele o correto ou não. A situação descrita revela, especificamente:

(A) o cometimento de infração administrativa, consubstanciada em negligência profissional, passível de investigação ética, somente;
(B) a prática de crime específico previsto no ECA, consubstanciado na conduta de deixar o médico de identificar corretamente o neonato e a parturiente;
(C) a prática de crime do Código Penal, consubstanciado na conduta de falsidade ideológica ao obliterar as informações de identificação do neonato;
(D) a prática de crime do Código Penal, consubstanciado na conduta de falsidade documental pela certificação inverídica da identificação do neonato.

RESPOSTA É tipificado como crime no ECA deixar o médico, enfermeiro ou dirigente de estabelecimento de atenção à saúde de gestante de identificar corretamente o neonato e a parturiente, por ocasião do parto, bem como deixar de proceder aos exames referidos no art. 10 dessa lei. Tem pena de detenção de seis meses a dois anos. E se for culposo, tem pena de detenção de dois a seis meses, ou multa (art. 229 do ECA). *Alternativa B.*

Ética

Priscila Ferreira

Advogada Trabalhista e Consultora Jurídica Trabalhista na Advocacia Ubirajara Silveira. Professora, Autora e Palestrante. Mestranda em Direito do Trabalho pela Pontifícia Universidade Católica de São Paulo (PUC-SP). Especialista em Direito Processual Civil pela Pontifícia Universidade Católica de São Paulo (PUC-SP) e Direito e Processo do Trabalho pela Faculdade INESP. Sua experiência profissional inclui a Docência em graduação, pós-graduação, cursos preparatórios para concursos públicos e exames de ordem. Professora de Pós-Graduação, bem como em cursos preparatórios em Direito e Processo do Trabalho.

Sumário

1. PRINCÍPIOS GERAIS – ÉTICA PROFISSIONAL: 1.1 Confiabilidade; 1.2 Sigilo profissional; 1.3 Não mercantilização; 1.4 Exclusividade; 1.5 Publicidade profissional; 1.6 Provimento n. 205/2021 – 2. DEVERES DO ADVOGADO – 3. DAS ATIVIDADES PRIVATIVAS DE ADVOCACIA – 4. ATO NULO – ATO PRIVATIVO (ADVOGADO) – 5. EFETIVO EXERCÍCIO DA ADVOCACIA – 6. INSCRIÇÃO NA OAB – ADVOGADO – 7. TIPOS DE INSCRIÇÃO: PRINCIPAL E SUPLEMENTAR – 8. INSCRIÇÃO NA OAB PARA ESTRANGEIROS OU BRASILEIROS GRADUADOS NO EXTERIOR – 9. ADVOGADO ESTRANGEIRO – ATUAÇÃO NO BRASIL (SEM INSCRIÇÃO) – 10. ADVOGADO ESTRANGEIRO – NACIONALIDADE PORTUGUESA – 11. ESTAGIÁRIO – CARACTERÍSTICAS E INSCRIÇÃO (OAB) – 12. CANCELAMENTO E LICENCIAMENTO DA INSCRIÇÃO – 13. INCOMPATIBILIDADE E IMPEDIMENTO: 13.1 Incompatibilidade (art. 28 do EAOAB); 13.2. Impedimento (art. 30 do EAOAB) – 14. DIREITOS E PRERROGATIVAS PROFISSIONAIS – 15. SOCIEDADE DE ADVOGADOS – 16. ADVOCACIA *PRO BONO* – 17. ADVOGADO EMPREGADO – 18. MANDATO JUDICIAL – 19. HONORÁRIOS ADVOCATÍCIOS – 20. INFRAÇÕES E SANÇÕES DISCIPLINARES: 20.1 Censura; 20.2 Suspensão; 20.3 Exclusão; 20.4 Multa – 21. PROCESSO DISCIPLINAR – 22. RECURSOS – COMPETÊNCIA E LEGITIMIDADE – 23. DA ORDEM DOS ADVOGADOS DO BRASIL: 23.1 Conselho Federal; 23.2 Conselho Seccional; 23.3 Subseções; 23.4 Caixa de Assistência dos Advogados – 24. DAS ELEIÇÕES E DOS MANDATOS – REFERÊNCIAS; QUESTÕES.

"O advogado é indispensável à administração da justiça".

(Art. 2º, EAOAB)

1. PRINCÍPIOS GERAIS – ÉTICA PROFISSIONAL

O exercício da advocacia, centrada na figura do advogado, bem como a relação formada entre cliente e advogado são permeados por alguns princípios, de forma a se fazer cumprir todos os preceitos contidos no Estatuto da OAB, Regulamento e Código de Ética, instrumentos básicos e garantidores da ética, moral e justiça.

Assim, vamos ao estudo dos principais princípios da Ética Profissional.

1.1 Confiabilidade

As relações entre advogado e cliente baseiam-se na confiança recíproca e, por tal razão, se o advogado sentir que essa confiança lhe falta, deverá promover o substabelecimento do mandato ou a ele renunciar. Nesta hipótese, a renúncia ao patrocínio deve ser feita sem menção do motivo que a determinou, fazendo cessar a responsabilidade profissional pelo acompanhamento da causa, quando decorrido o prazo de 10 dias, a contar da notificação da renúncia.

Veja que o advogado não precisará aguardar tal prazo, caso tenha sido substituído antes do seu término.

Em resumo, observa-se:

*A renúncia ao patrocínio deve ser feita sem menção ao motivo que a determinou.

Tome nota de algumas peculiaridades do tema (Confiabilidade):

- O **advogado deve informar o cliente**, de modo claro e inequívoco, quanto a **eventuais riscos da sua pretensão**, e das consequências que poderão advir da demanda;
- O **advogado deve denunciar**, desde logo, a quem lhe solicite parecer ou patrocínio, **qualquer circunstância que possa influir na resolução de submeter-lhe a consulta ou confiar-lhe a causa;**
- O **advogado, no exercício do mandato,** atua como patrono da parte, cumprindo-lhe, por isso, imprimir à causa orientação que lhe pareça mais adequada, **sem se subordinar a intenções contrárias do cliente;**
- A **conclusão ou desistência da causa**, tenha havido, ou não, extinção do mandato, **obriga o advogado a devolver ao cliente bens, valores e documentos que lhe hajam sido confiados e ainda estejam em seu poder**, bem como a **prestar-lhe contas**, pormenorizadamente, **sem prejuízo de esclarecimentos complementares que se mostrem pertinentes e necessários**. Neste ponto, atente-se que **a parcela dos honorários paga pelos serviços até então prestados não se inclui entre os valores a ser devolvidos;**
- O **advogado não deve aceitar procuração de quem já tenha patrono constituído**, sem prévio conhecimento deste, **salvo por motivo plenamente justificável ou para adoção de medidas judiciais urgentes e inadiáveis;**
- O advogado não deve deixar ao abandono ou ao desamparo **as causas sob seu patrocínio**, sendo recomendável que, em face **de dificuldades insuperáveis ou inércia do cliente** quanto a providências que lhe tenham sido solicitadas, **renuncie ao mandato;**
- A **renúncia ao mandato não exclui responsabilidade** por **danos eventualmente causados** ao cliente ou a terceiros;
- O **advogado não será responsabilizado por omissão do cliente** quanto a **documento ou informação que lhe devesse fornecer** para a prática oportuna de ato processual do seu interesse;
- A **revogação do mandato judicial por vontade do cliente não o desobriga do pagamento das verbas honorárias contratadas**, assim como não retira o direito do advogado de receber o quanto lhe seja devido em eventual verba honorária de sucumbência, calculada proporcionalmente em face do serviço efetivamente prestado.

1.2 Sigilo profissional

ÉTICA

A ideia central acerca do sigilo profissional é de que o advogado tem o dever de guardar sigilo dos fatos de que tome conhecimento no exercício da profissão, assim como dos fatos de que tenha tido conhecimento pelas suas funções desempenhadas na Ordem dos Advogados do Brasil.

Ainda sobre o tema, observe:

- O sigilo profissional é de **ordem pública, independendo de solicitação de reserva** que lhe seja feita pelo cliente;
- Trata-se de um direito e dever do advogado;
- Presumem-se **confidenciais as comunicações** de qualquer natureza entre **advogado e cliente**;
- O advogado, quando no exercício das funções de **mediador, conciliador e árbitro**, se submete às regras de sigilo profissional;
- O **sigilo profissional cederá** em face de **circunstâncias excepcionais** que configurem **justa causa**, como nos casos de **grave ameaça ao direito à vida** e à honra ou que envolvam defesa própria.

> **ATENÇÃO!**
> Exceção ao sigilo profissional:
> - Justa Causa
> - Grave Ameaça ao direito à vida e à honra
> - Defesa própria

- O **advogado não é obrigado a depor**, em processo ou procedimento judicial, administrativo ou arbitral, **sobre fatos a cujo respeito deva guardar sigilo profissional**.

> **ATENÇÃO!**
> O EAOAB garante ao advogado, como um direito, a possibilidade de recusar-se a depor como testemunha em processo no qual funcionou ou deva funcionar, ou sobre fato relacionado com pessoa de quem seja ou foi advogado, mesmo quando autorizado ou solicitado pelo constituinte, bem como sobre fato que constitua sigilo profissional.

1.3 Não mercantilização

Exercício da Advocacia → Incompatível → Procedimento de mercantilização

- A publicidade profissional do advogado tem caráter meramente informativo e deve primar pela discrição e sobriedade, não podendo configurar captação de clientela ou mercantilização da profissão.

1.4 Exclusividade

Divulgação de serviços Advocatícios → Com outras atividades → VEDADA

- Nos termos do art. 1º, § 3º, do EAOAB, é vedada a divulgação de advocacia em conjunto com outra atividade.

1.5 Publicidade profissional

PUBLICIDADE → FINALIDADE → MERAMENTE INFORMATIVA

- A **publicidade profissional do advogado tem caráter meramente informativo e deve primar pela discrição e sobriedade**, não podendo configurar captação de clientela ou mercantilização da profissão.
- Para fins de **publicidade profissional**, a ser realizada por advogado, **são vedados**:
- a veiculação da publicidade por meio de rádio, cinema e televisão;
- o uso de *outdoors*, painéis luminosos ou formas assemelhadas de publicidade;
- as inscrições em muros, paredes, veículos, elevadores ou em qualquer espaço público;
- a divulgação de serviços de advocacia juntamente com a de outras atividades ou a indicação de vínculos entre uns e outras;
- o fornecimento de dados de contato, como endereço e telefone, em colunas ou artigos literários, culturais, acadêmicos ou jurídicos, publicados na imprensa, bem assim quando de eventual participação em programas de rádio ou televisão, ou em veiculação de matérias pela internet, sendo permitida a referência a e-mail;
- a utilização de mala direta, a distribuição de panfletos ou formas assemelhadas de publicidade, com o intuito de captação de clientela.
- No mais, ainda, revela-se **vedado ao advogado**:
- responder com habitualidade a consulta sobre matéria jurídica, nos meios de comunicação social;
- debater, em qualquer meio de comunicação, causa sob o patrocínio de outro advogado;
- abordar tema de modo a comprometer a dignidade da profissão e da instituição que o congrega;
- divulgar ou deixar que sejam divulgadas listas de clientes e demandas;
- insinuar-se para reportagens e declarações públicas.

- Exclusivamente para fins de **identificação dos escritórios de advocacia**, é permitida a utilização de placas, painéis luminosos e inscrições em suas fachadas, desde que primem pela discrição e sobriedade.
- As colunas que o advogado mantiver nos meios de comunicação social ou os textos que por meio deles divulgar não deverão induzir o leitor a litigar nem promover, dessa forma, captação de clientela.
- O **advogado** que eventualmente **participar de programa de televisão ou de rádio, de entrevista na imprensa, de reportagem televisionada ou veiculada por qualquer outro meio, para manifestação profissional**, deve visar a **objetivos exclusivamente ilustrativos, educacionais e instrutivos, sem propósito de promoção pessoal ou profissional, vedados pronunciamentos sobre métodos de trabalho usados por seus colegas de profissão**.
- Quando **convidado para manifestação pública**, por qualquer modo e forma, visando ao esclarecimento de tema jurídico de interesse geral, **deve o advogado evitar insinuações com o sentido de promoção pessoal ou profissional, bem como o debate de caráter sensacionalista**.
- Na publicidade profissional que promover ou nos **cartões e material de escritório** de que se utilizar, o advogado **fará constar seu nome ou o da sociedade de advogados, o número ou os números de inscrição na OAB**.
- São **admissíveis como formas de publicidade** o **patrocínio de eventos ou publicações de caráter científico ou cultural**, assim como a **divulgação de boletins**, por meio físico ou eletrônico, sobre matéria cultural de interesse dos advogados, **desde que sua circulação fique adstrita a clientes e a interessados do meio jurídico**.
- A **telefonia e a internet** podem ser utilizadas como **veículo de publicidade**, inclusive para o envio de mensagens a destinatários certos, desde que estas **não impliquem o oferecimento de serviços ou representem forma de captação de clientela**.

ATENÇÃO!
Publicidade profissional/Cartões/Materiais do escritório
Autoriza-se a fazer menção a títulos acadêmicos; instituições jurídicas que o advogado integre; especialidade; endereço; e-mail; *site*/página eletrônica; logotipo; fotografia do escritório; horário de atendimento; idiomas em que o cliente pode ser atendido.
São vedadas a inclusão de fotografias pessoais ou de terceiros nos cartões de visitas do advogado, bem como a menção a qualquer emprego, cargo ou função ocupado, atual ou pretérito, em qualquer órgão ou instituição, salvo o de professor universitário.

1.6 Provimento n. 205/2021

As normas sobre publicidade profissional poderão ser **complementadas por outras** que o Conselho Federal aprovar, observadas as diretrizes do CED.

Assim, o Conselho Federal da Ordem dos Advogados do Brasil publicou o Provimento n. 205/2021, o qual dispõe sobre algumas peculiaridades da publicidade.

O principal objetivo deste novo provimento foi **atualizar a forma como a publicidade deve ser feita**, considerando-se os formatos on-line e as ferramentas de marketing digital que existem na atualidade.

O provimento aponta e conceitua o que é o **marketing jurídico**, bem como autoriza a sua utilização, apesar das **limitações também impostas e da responsabilização por eventuais excessos**.

Conceitos importantes quanto à publicidade e o marketing na esfera jurídica:

- marketing jurídico: especialização do marketing destinada aos profissionais da área jurídica, consistente na utilização de estratégias planejadas para alcançar objetivos do exercício da advocacia;
- marketing de conteúdos jurídicos: estratégia de marketing que se utiliza da criação e da divulgação de conteúdos jurídicos, disponibilizados por meio de ferramentas de comunicação, voltada para informar o público e para a consolidação profissional do(a) advogado(a) ou escritório de advocacia;
- publicidade: meio pelo qual se tornam públicas as informações a respeito de pessoas, ideias, serviços ou produtos, utilizando os meios de comunicação disponíveis, desde que não vedados pelo Código de Ética e Disciplina da Advocacia;
- publicidade profissional: meio utilizado para tornar públicas as informações atinentes ao exercício profissional, bem como os dados do perfil da pessoa física ou jurídica inscrita na Ordem dos Advogados do Brasil, utilizando os meios de comunicação disponíveis, desde que não vedados pelo Código de Ética e Disciplina da Advocacia;
- publicidade de conteúdos jurídicos: divulgação destinada a levar ao conhecimento do público conteúdos jurídicos;
- publicidade ativa: divulgação capaz de atingir número indeterminado de pessoas, mesmo que elas não tenham buscado informações acerca do anunciante ou dos temas anunciados;
- publicidade passiva: divulgação capaz de atingir somente público certo que tenha buscado infor-

mações acerca do anunciante ou dos temas anunciados, bem como por aqueles que concordem previamente com o recebimento do anúncio;

- captação de clientela: para fins deste provimento, é a utilização de mecanismos de marketing que, de forma ativa, independentemente do resultado obtido, se destinam a angariar clientes pela indução à contratação dos serviços ou estímulo do litígio, sem prejuízo do estabelecido no Código de Ética e Disciplina e regramentos próprios.

Ressalta-se que na **divulgação de imagem, vídeo ou áudio contendo atuação profissional**, inclusive em audiências e sustentações orais, em processos judiciais ou administrativos, não alcançados por segredo de justiça, deverão ser respeitados o sigilo e a dignidade profissional e vedada a referência ou menção a decisões judiciais e resultados de qualquer natureza obtidos em procedimentos que patrocina ou em que participa de alguma forma, ressalvada a hipótese de manifestação espontânea em caso coberto pela mídia.

Em sede de publicidade profissional, autoriza-se a **utilização de anúncios, pagos ou não**, nos meios de comunicação não vedados pelo art. 40 do Código de Ética e Disciplina. No entanto, veda-se o pagamento, patrocínio ou efetivação de qualquer outra despesa para viabilizar aparição em rankings, prêmios ou qualquer tipo de recebimento de honrarias em eventos ou publicações, em qualquer mídia, que vise a destacar ou eleger profissionais como detentores de destaque.

Além disso, é permitida a utilização de **logomarca e imagens**, inclusive fotos dos(as) advogados(as) e do escritório, assim como a identidade visual nos meios de comunicação profissional. No entanto, é vedada a utilização de logomarca e símbolos oficiais da Ordem dos Advogados do Brasil.

Segundo o § 3º do art. 5º do Provimento, torna-se permitida a participação do advogado(a) em vídeos ao vivo ou gravados, na internet ou nas redes sociais, assim como em debates e palestras virtuais, desde que observadas as regras dos arts. 42 e 43 do CED, sendo vedada a utilização de casos concretos ou apresentação de resultados. No mais, o provimento estabelece que as normas também se aplicam à divulgação de conteúdos que, apesar de não se relacionarem com o exercício da advocacia, possam atingir a reputação da classe à qual o profissional pertence.

O art. 8º do Provimento, estabelece que não é permitido vincular os serviços advocatícios com outras atividades ou divulgação conjunta de tais atividades, salvo a de magistério. E, neste exato ponto, deve-se atentar que **o provimento permite o exercício da advocacia em locais compartilhados (*coworking*), sendo vedada a divulgação da atividade de advocacia** em conjunto com qualquer outra atividade ou empresa que compartilhe o mesmo espaço, ressalvada a possibilidade de afixação de placa indicativa no espaço físico em que se desenvolve a advocacia e a veiculação da informação de que a atividade profissional é desenvolvida em local de *coworking*.

O provimento trouxe a criação do **Comitê Regulador do Marketing Jurídico**, de caráter consultivo, vinculado à Diretoria do Conselho Federal, que nomeará seus membros, com mandato concomitante ao da gestão. E, neste ponto, as Seccionais poderão conceder poderes coercitivos à respectiva Comissão de Fiscalização, permitindo a expedição de notificações com a finalidade de dar efetividade às disposições deste provimento.

2. DEVERES DO ADVOGADO

Nos termos do Código de Ética da OAB, são **deveres dos advogados**:

- preservar, em sua conduta, a honra, a nobreza e a dignidade da profissão, zelando pelo caráter de essencialidade e indispensabilidade da advocacia;
- atuar com destemor, independência, honestidade, decoro, veracidade, lealdade, dignidade e boa-fé;
- velar por sua reputação pessoal e profissional;
- empenhar-se, permanentemente, no aperfeiçoamento pessoal e profissional;
- contribuir para o aprimoramento das instituições, do Direito e das leis;
- estimular, a qualquer tempo, a conciliação e a mediação entre os litigantes, prevenindo, sempre que possível, a instauração de litígios;
- desaconselhar lides temerárias, a partir de um juízo preliminar de viabilidade jurídica;
- abster-se de:
  a) utilizar de influência indevida, em seu benefício ou do cliente;
  b) vincular seu nome a empreendimentos sabidamente escusos;
  c) emprestar concurso aos que atentem contra a ética, a moral, a honestidade e a dignidade da pessoa humana;
  d) entender-se diretamente com a parte adversa que tenha patrono constituído, sem o assentimento deste;
  e) ingressar ou atuar em pleitos administrativos ou judiciais perante autoridades com as quais tenha vínculos negociais ou familiares.
- contratar honorários advocatícios em valores aviltantes;
- pugnar pela solução dos problemas da cidadania e pela efetivação dos direitos individuais, coletivos e difusos;

- adotar conduta consentânea com o papel de elemento indispensável à administração da Justiça;
- cumprir os encargos assumidos no âmbito da Ordem dos Advogados do Brasil ou na representação da classe;
- zelar pelos valores institucionais da OAB e da advocacia;
- ater-se, quando no exercício da função de defensor público, à defesa dos necessitados.

3. DAS ATIVIDADES PRIVATIVAS DE ADVOCACIA

- Arts. 1º-5º do EAOAB;
- Arts. 1º-8º do RGEAOAB.

O Estatuto da OAB traz a regulamentação de diversos temas, todos envoltos pela advocacia e a figura do advogado, iniciando o capítulo, do diploma em questão, pelas atividades privativas da advocacia. E acerca deste ponto específico, neste momento, teceremos algumas considerações.

A atividade jurídica, por vezes, pode ser exercida por aquele que não é tido, bem como reconhecido legalmente, como advogado. Como sabemos, o **advogado é o bacharel em direito com a correspondente inscrição na Ordem dos Advogados (OAB) – art. 3º do EAOAB**.

No entanto, **algumas atividades são privativas da advocacia**, logo, **não praticáveis por quem não é advogado**, como se observa nas hipóteses elencadas no **art. 1º do EAOAB**:

- I – a postulação a **qualquer** órgão do Poder Judiciário e aos juizados especiais;

> É privativa do advogado a postulação a órgão do Poder Judiciário e aos juizados especiais, mas não a qualquer órgão, conforme ADIN 1.127-8, já que há hipóteses de postulação frente ao Judiciário sem a necessidade de ser tido/ reconhecido como advogado, como se observa nas seguintes hipóteses:
>
> *__Habeas Corpus__ (art. 1º, § 1º, da Lei n. 8.906/94);
>
> *__Juizado Especial Cível__ – Até 20 salários mínimos (art. 9º da Lei n. 9.099/95);
>
> *__Juizado Especial Federal Cível__ – Até 60 salários mínimos (art. 10, *caput*, da Lei n. 10.259/2001);
>
> *__Ação de Alimentos__ (art. 2º da Lei n. 5.478/68);
>
> *__Defesa em sede de Processo Administrativo Disciplinar__ (Súmula Vinculante 5 do STF); e
>
> *__Jus Postulandi__ na seara trabalhista (art. 791 da CLT e Súmula 425 do TST) – Na seara trabalhista a parte interessada pode ter acesso à Justiça do Trabalho sem a necessidade de advogado, com exceção dos recursos de competência do TRT, ação rescisória, ação cautelar e mandado de segurança.

> **DICA**
> Trata-se de medida judicial privativa de advogado: *Habeas Data*, Mandado de Segurança, Revisão Criminal e Ação Popular.

- II – as atividades de consultoria, assessoria e direção jurídicas – (Atos Privativos Extrajudiciais);

> A atividade de consultoria, assessoria e direção jurídica são privativas do advogado, logo, aquele que trabalha em determinado departamento jurídico de uma empresa privada/ pública, ou ainda, aquele que preste consultoria ou assessoria jurídica em determinado escritório, por exemplo, obrigatoriamente deve ser advogado, na acepção do termo.

Com base no EAOAB, as atividades de consultoria e assessoria jurídicas podem ser exercidas de modo verbal ou por escrito, a critério do advogado e do cliente, e independem de outorga de mandato ou de formalização por contrato de honorários.

- **Gerência Jurídica**: segundo o art. 7º do Regulamento Geral da OAB, a função de diretoria e gerência jurídicas em qualquer empresa pública, privada ou paraestatal, inclusive em instituições financeiras, também é privativa de advogado, não podendo ser exercida por quem não se encontre inscrito regularmente na OAB.
- Visar atos e contratos constitutivos de pessoa jurídica: o ato de visar atos/contratos constitutivos de pessoa jurídica para fins de registro nos órgãos competentes é privativo de Advogado.
- Quando se tratar de **microempresas e empresas de pequeno porte**, se dispensa que o ato/ contrato seja visado por advogado – art. 9º, § 2º, da Lei Complementar n. 123/2006.

> Acerca do tema, tome nota do preceito trazido pelo autor Marco Antônio Araújo Junior:
> *"Estão impedidos de visar atos e contratos constitutivos de pessoas jurídicas os advogados que prestem serviços a órgãos ou entidades da Administração Pública direta ou indireta, da unidade federativa a que se vincule a Junta Comercial, ou a quaisquer repartições administrativas competentes para o mencionado registro".*

Em resumo, tome nota:

ÉTICA

- O estagiário de advocacia, regularmente inscrito, pode praticar os atos previstos no art. 1º do EAOAB, em conjunto com advogado e sob responsabilidade deste.

4. ATO NULO – ATO PRIVATIVO (ADVOGADO)

Quando o ato privativo de advogado for praticado por pessoa que não se encaixe em tal condição legal, o ato será considerado nulo, e implicará responsabilização na esfera civil, penal e administrativa.

Neste sentido, o ato será nulo, quando praticado por:
- pessoa não inscrita na OAB (advogado);
- advogado impedido, licenciado e suspenso; e
- advogado que estiver exercendo atividade incompatível com a advocacia.

5. EFETIVO EXERCÍCIO DA ADVOCACIA

Exercem atividade de advocacia, sujeitando-se ao Estatuto da OAB, além do regime próprio a que se subordinem, os **integrantes da Advocacia-Geral da União, da Procuradoria da Fazenda Nacional, da Defensoria Pública e das Procuradorias e Consultorias Jurídicas** dos Estados, do Distrito Federal, dos Municípios e das respectivas entidades de administração indireta e fundacional.

Em resumo, subordinam-se aos diplomas da OAB, os integrantes dos seguintes órgãos da Administração Pública Direta e Indireta:
- Advocacia-Geral da União;
- Procuradoria da Fazenda Nacional;
- Defensoria Pública; e
- Procuradorias e Consultorias Jurídicas.

No entanto, destaco o entendimento da Quinta Turma do Superior Tribunal de Justiça, no RHC 61.848/PA acerca dos defensores públicos:

> "Os defensores não são advogados públicos, possuem regime disciplinar próprio e têm sua capacidade postulatória decorrente diretamente da Constituição Federal".

> "Em conclusão, o art. 3º, § 1º, da Lei 8.906/1994 merece interpretação conforme à Constituição para obstar a necessidade de inscrição na OAB dos membros das carreiras da Defensoria Pública, não obstante se exija a inscrição do candidato em concurso público. Ademais, a inscrição obrigatória não pode ter fundamento nesse comando em razão do posterior e específico dispositivo presente no art. 4º, § 6º, da Lei Complementar 80/1994".

Neste ponto, é importante destacar também o entendimento do STF, no julgamento da ADI 4.636, em junho de 2020, em que se estipulou que a capacidade postulatória dos defensores públicos independe de inscrição na OAB, sendo suficiente a nomeação e posse no cargo de defensor.

Assim, quanto ao efetivo exercício da advocacia, para fins de comprovação, é verificado pela participação anual do advogado em pelo menos cinco atos privativos, dentre os previstos no art. 1º do EOAB. Perceba que, nesta hipótese, não me referi quanto à atuação em ações judiciais, mas tão somente em atos privativos, judiciais ou extrajudiciais, como consultoria.

6. INSCRIÇÃO NA OAB – ADVOGADO

- Arts. 8º-14 do EAOAB;
- Arts. 20-26 e 32-36 do RGEAOAB.

De pronto questiona-se:

Quais são os requisitos para se inscrever como advogado na OAB?

Assim, observe algumas peculiaridades ligadas aos requisitos da inscrição na OAB, como advogado:

- **Capacidade civil.**

A capacidade plena, nos termos do Código Civil, é adquirida aos 18 anos completos.

- **Diploma ou certidão de graduação em direito, obtido em instituição de ensino oficialmente autorizada e credenciada.**

Na ausência de diploma, o requerente deverá apresentar certidão de graduação em direito, em conjunto, com cópia autenticada do histórico escolar.

- **Título de eleitor e quitação do serviço militar, se brasileiro.**

Para fins de inscrição, o requerente deverá apresentar o título de eleitor, bem com provar a quitação do serviço militar, quando brasileiro.

- **Aprovação em Exame de Ordem.**

O bacharel em direito que pretenda a inscrição na OAB deverá obter aprovação no exame de ordem, nos termos do Provimento n. 144/2011.

- **Não exercer atividade incompatível com a advocacia.**

O **art. 28 do EAOAB** elenca as atividades incompatíveis com a advocacia, como se observa:

I – chefe do Poder Executivo e membros da Mesa do Poder Legislativo e seus substitutos legais;

II – membros de órgãos do Poder Judiciário, do Ministério Público, dos tribunais e conselhos de contas, dos juizados especiais, da justiça de paz, juízes classistas, bem como de todos os que exerçam função de julgamento em órgãos de deliberação coletiva da administração pública direta e indireta;

III – ocupantes de cargos ou funções de direção em Órgãos da Administração Pública direta ou indireta, em suas fundações e em suas empresas controladas ou concessionárias de serviço público;

IV – ocupantes de cargos ou funções vinculados direta ou indiretamente a qualquer órgão do Poder Judiciário e os que exercem serviços notariais e de registro;

V – ocupantes de cargos ou funções vinculados direta ou indiretamente a atividade policial de qualquer natureza;

VI – militares de qualquer natureza, na ativa;

VII – ocupantes de cargos ou funções que tenham competência de lançamento, arrecadação ou fiscalização de tributos e contribuições parafiscais;

VIII – ocupantes de funções de direção e gerência em instituições financeiras, inclusive privadas.

No entanto, segundo o § 3º do art. 28 do EAOAB, as causas de incompatibilidade previstas nas hipóteses dos incisos V e VI do *caput* desse artigo não se aplicam ao exercício da advocacia em causa própria, estritamente para fins de defesa e tutela de direitos pessoais, desde que mediante inscrição especial na OAB, vedada a participação em sociedade de advogados.

No entanto, os ministros do **STF formaram maioria para declarar inconstitucionais as alterações no Estatuto da Advocacia** (Lei n. 8.906/94) que autorizaram o exercício da advocacia em causa própria por policiais e militares na ativa. De acordo com o Supremo, a advocacia simultânea, mesmo em causa própria, exercida por policiais e militares põe em risco a boa administração da Justiça, privilegiando estes servidores relativamente aos demais advogados (ADI 7.227).

> **Atividades privadas**
>
> As atividades incompatíveis com a advocacia implicam a proibição total para advogar, em caráter temporário ou definitivo.
> Assim, tome nota:
> A incompatibilidade poderá gerar o cancelamento da inscrição, quando a incompatibilidade for total; como também poderá gerar uma licença, quando a incompatibilidade for temporária com a advocacia.

- **Idoneidade moral.**

O bacharel em direito para obter a inscrição na OAB deve **demonstrar a sua idoneidade moral**, ou seja, a sua **condição de honesto e probo**.

A **inidoneidade moral** pode ser **suscitada por qualquer pessoa**, e deve ser **declarada mediante decisão que obtenha no mínimo 2/3 dos votos de todos os membros do conselho** competente, em procedimento que observe os termos do processo disciplinar. Nesta situação, **aquele que já tiver inscrição na OAB** sofrerá a **penalidade de exclusão**, e só conseguirá retornar aos quadros da OAB um ano após o cumprimento da penalidade, quando poderá requerer a reabilitação, em face de provas efetivas de bom comportamento.

- Há uma **presunção relativa de idoneidade moral** de todos aqueles que requeiram a sua inscrição perante os quadros da OAB.
- **Prestar compromisso perante o conselho.**

O bacharel em direito deverá prestar compromisso perante o Conselho da OAB em ato solene e personalíssimo na ocasião em que for receber a carteira de advogado. Trata-se de ato indelegável, até mesmo mediante procuração.

O compromisso será realizado, nos seguintes termos:

"Prometo exercer a advocacia com dignidade e independência, observar a ética, os deveres e prerrogativas profissionais e defender a Constituição, a ordem jurídica do Estado Democrático, os direitos humanos, a justiça social, a boa aplicação das leis, a rápida administração da justiça e o aperfeiçoamento da cultura e das instituições jurídicas".

7. TIPOS DE INSCRIÇÃO: PRINCIPAL E SUPLEMENTAR

- Art. 10 do EAOAB.

O advogado, para assim ser reconhecido, na acepção do termo, deverá realizar a sua inscrição perante a OAB. E, neste ponto, questiona-se:

Em que o local o advogado deve requerer a sua inscrição principal na OAB?

A **inscrição principal do advogado** deve ser feita no Conselho Seccional em cujo território pretende estabelecer o seu **domicílio profissional**.

> Considera-se domicílio profissional **a sede principal da atividade de advocacia, prevalecendo, na dúvida, o domicílio da pessoa física do advogado.**

No caso de **mudança efetiva de domicílio profissional** para outra unidade federativa, deve o **advogado requerer a transferência de sua inscrição para o Conselho Seccional correspondente**.

Além da principal, o advogado deve promover a **inscrição suplementar** nos **Conselhos Seccionais** em cujos territórios passar a exercer habitualmente a profissão, hipótese em que a intervenção judicial, naquela localidade, **exceder de cinco causas por ano.**

Exemplo: *Caso o advogado "X" tenha inscrição principal em São Paulo, mas passe a atuar de forma habitual no Rio de Janeiro (mais de cinco causas por ano), o advogado deverá requerer a sua inscrição suplementar.*

Assim, em resumo, tome nota:
- Inscrição Principal: no território em que o advogado pretende estabelecer o seu domicílio profissional.

Quando se tratar de estagiário, a inscrição principal deve ser realizada no Conselho Seccional em cujo território se localize seu curso jurídico.

- Inscrição Suplementar: quando o advogado exceder a cinco causas por ano em localidade diversa de sua inscrição principal.
- Transferência da Inscrição: no caso de mudança efetiva de domicílio profissional para outra unidade federativa.
- Inscrição Especial: as causas de incompatibilidade previstas nos incisos V e VI do art. 28 do EAOAB (ocupantes de cargos ou funções vinculados direta ou indiretamente a atividade policial de qualquer natureza (V); e militares de qualquer natureza, na ativa (VI)), não se aplicam ao exercício da advocacia em causa própria, estritamente para fins de defesa e tutela de direitos pessoais, desde que mediante inscrição especial na OAB, sendo vedada a participação em sociedade de advogados. Vale destacar que os ministros do STF formaram maioria para declarar inconstitucionais as alterações no Estatuto da Advocacia (Lei n. 8.906/94) que autorizaram o exercício da advocacia em causa própria por policiais e militares na ativa (ADI 7.227).

Quanto à **Identidade Profissional** dos advogados e estagiários inscritos na OAB, observa-se que a carteira e o cartão emitidos pela OAB, de uso obrigatório pelos advogados e estagiários inscritos, para o exercício de suas atividades, os quais podem ser emitidos de forma digital. O uso do cartão dispensa o da carteira.

A carteira de identidade do advogado conterá os seus dados de identificação, na seguinte ordem: número da inscrição, nome, nome social, filiação, naturalidade, data do nascimento, nacionalidade, data da colação de grau, data do compromisso e data da expedição, e a assinatura do Presidente do Conselho Seccional.

Em se tratando de travesti ou transexual, o nome social é a designação pela qual a pessoa se identifica e é socialmente reconhecida, e será inserido na identificação do advogado mediante requerimento.

No que tange ao cartão de identidade do estagiário, tem o mesmo modelo e conteúdo do cartão de identidade do advogado, com a indicação de "Identidade de Estagiário", em destaque, e do prazo de validade, que não pode ultrapassar três anos, nem ser prorrogado.

8. INSCRIÇÃO NA OAB PARA ESTRANGEIROS OU BRASILEIROS GRADUADOS NO EXTERIOR

- Art. 8º, § 2º, do EAOAB.

Inicialmente, destaca-se que o estrangeiro ou brasileiro, quando não graduado em direito no Brasil, deverá fazer prova do título de graduação, obtido em instituição estrangeira, devidamente revalidado no Brasil.

Assim, além da revalidação do diploma para fins de obter a inscrição nos quadros da OAB, o bacharel em direito deverá demonstrar o preenchimento dos requisitos do art. 8º do EAOAB, quais sejam:

a) capacidade civil;
b) diploma ou certidão de graduação em direito, obtido em instituição de ensino oficialmente autorizada e credenciada;
c) **título de eleitor e quitação do serviço militar, se brasileiro*;**
   * O estrangeiro fica dispensado deste quesito.
d) aprovação em Exame de Ordem;
e) não exercer atividade incompatível com a advocacia;
f) idoneidade moral; e
g) prestar compromisso perante o conselho.

9. ADVOGADO ESTRANGEIRO – ATUAÇÃO NO BRASIL (SEM INSCRIÇÃO)

- Provimento n. 91/2000 do Conselho Federal da OAB.

O advogado estrangeiro (sem inscrição) que pretenda atuar profissionalmente no Brasil poderá ter **autorização da Ordem dos Advogados do Brasil**, hipótese em que poderá realizar **consultoria no direito** estrangeiro, correspondente ao país ou Estado de origem do profissional.

Assim, tome nota de algumas peculiaridades:

- O **advogado estrangeiro** possui **vedação** quanto ao **exercício do procuratório judicial e a consultoria ou assessoria em direito brasileiro**, ainda que esteja em parceria com advogado/sociedade de advogados nacionais;
- O **exercício de atividade de consultoria**, quando autorizado, poderá perdurar por até três anos, sendo renovável a cada novo interregno de três anos.

10. ADVOGADO ESTRANGEIRO – NACIONALIDADE PORTUGUESA

- Provimento n. 129/2008 do Conselho Federal da OAB.

Quando se tratar de advogado estrangeiro, português, que queira atuar no Brasil, a regulamentação é um pouco diferente, como se observa no disposto no Provimento n. 129/2008:

> Art. 1º O advogado de nacionalidade portuguesa, em situação regular na Ordem dos Advogados Portugueses, pode inscrever-se no quadro da Ordem dos Advogados do Brasil, observados os requisitos do art. 8º da Lei n. 8.906, de 1994, com a dispensa das exigências previstas no inciso IV e no § 2º, e do art. 20 do Regulamento Geral do Estatuto da Advocacia e da OAB.
>
> Art. 2º O disposto no o art. 1º não exclui a possibilidade do exercício da atividade do advogado português na qualidade de consultor em direito estrangeiro no Brasil, cumpridas as exigências do Provimento n. 91/2000-CFOAB.

Em resumo, quando se tratar de pessoa (advogado) com nacionalidade portuguesa, não haverá necessidade de prestar o exame da OAB.

Antes que se questione, informo:

- Todos os demais requisitos do art. 8º do EAOAB deverão estar presentes com exceção da necessidade de aprovação no Exame de Ordem, bem como de revalidação do diploma.

Vale ressaltar que em 2023 Portugal rompeu acordo de reciprocidade com advogados brasileiros. O acordo permitia a inscrição de advogados brasileiros para atuar em Portugal, novos exames eram dispensados. O mesmo acontecia com os portugueses que desejavam atuar no Brasil.

11. ESTAGIÁRIO – CARACTERÍSTICAS E INSCRIÇÃO (OAB)

- Art. 9º do EAOAB;
- Arts. 27-31 do RGEAOAB.

De pronto questiona-se:

Quais são os requisitos para se inscrever como estagiário na OAB?

REQUISITOS:
- Capacidade civil
- Título de eleitor e quitação do serviço militar, se brasileiro
- Não exercer atividade incompatível com a advocacia
- Idoneidade moral
- Prestar compromisso perante o conselho

Algumas características acerca do estagiário e de sua inscrição perante aos quadros da OAB, nesta condição, devem ser estudadas. Assim, tome nota:

- A inscrição do estagiário é feita no **Conselho Seccional** em cujo **território** se **localize seu curso jurídico**

> Logo, a inscrição NÃO é realizada no domicílio (residencial) do estagiário, e tampouco no domicílio profissional.

- O aluno de curso jurídico que exerça **atividade incompatível com a advocacia** pode frequentar o estágio ministrado pela respectiva instituição de ensino superior, para fins de aprendizagem, vedada a inscrição na OAB;
- O **estágio profissional de advocacia**, com **duração de dois anos**, realizado nos últimos anos do curso jurídico, pode ser mantido pelas respectivas instituições de ensino superior pelos Conselhos da OAB, ou por setores, órgãos jurídicos e escritórios de advocacia credenciados pela OAB, sendo obrigatório o estudo deste Estatuto e do Código de Ética e Disciplina;
- O estagiário de advocacia, regularmente inscrito, pode praticar os atos previstos no **art. 1º do EAOAB**, na forma do regimento geral, em conjunto com advogado e sob responsabilidade deste.

> I – a postulação a órgão do Poder Judiciário e aos juizados especiais; II – as atividades de consultoria, assessoria e direção jurídicas.

O **estagiário inscrito na OAB** pode praticar isoladamente os seguintes atos, sob a responsabilidade do advogado:

I – retirar e devolver autos em cartório, assinando a respectiva carga;

II – obter junto aos escrivães e chefes de secretarias certidões de peças ou autos de processos em curso ou findos;

III – assinar petições de juntada de documentos a processos judiciais ou administrativos.

- Quando do exercício de atos extrajudiciais, o estagiário pode comparecer isoladamente, quando receber autorização ou substabelecimento do advogado;
- Segundo o **art. 28 do RGEAOAB**, o **estágio realizado na Defensoria Pública da União**, do Distrito Federal ou dos Estados, na forma do art. 145 da Lei Complementar n. 80, de 12 de janeiro de 1994, é considerado válido para fins de **inscrição no quadro de estagiários da OAB**.

- **Carga horária:** o **estágio profissional de advocacia** pode ser oferecido pela instituição de ensino superior autorizada e credenciada, em convênio com a OAB, complementando-se a carga horária do estágio curricular supervisionado com atividades práticas típicas de advogado e de estudo do Estatuto e do Código de Ética e Disciplina, observado o tempo conjunto mínimo de **300 horas, distribuído em dois ou mais anos.**
- **Identidade profissional:** são documentos de identidade profissional a carteira e o cartão emitidos pela OAB, de uso obrigatório pelos advogados e estagiários inscritos, para o exercício de suas atividades (art. 32 do RGEAOAB).
- **Infração disciplinar (censura):** nos termos do art. 34, XXIX, do EAOAB, o estagiário que praticar ato excedente de sua habilitação será apenado em censura. Além desta tipificação específica ao estagiário, vale lembrar que este se subordina a todos os regramentos contidos no Código de Ética, Regulamento Geral e Estatuto da OAB, de forma que o desrespeito implicará em sanções disciplinares.
- Além disso, **o estagiário não poderá se candidatar para cargos (eletivos) na OAB**, assim, como não votará nas eleições que ocorrerem nesse órgão, já que tais atos são privativos de advogados inscritos na OAB.

Importante destacar também que o estágio profissional poderá ser realizado no regime de teletrabalho ou de trabalho a distância em sistema remoto ou não, por qualquer meio telemático, nos seguintes termos:

- em caso de pandemia ou em outras situações excepcionais que impossibilitem as atividades presenciais, declaradas pelo Poder Público;
- não configura vínculo de emprego a adoção de qualquer uma dessas modalidades; e
- se houver concessão, pela parte contratante ou conveniada, de equipamentos, sistemas e materiais ou reembolso de despesas de infraestrutura ou instalação, todos destinados a viabilizar a realização da atividade de estágio, essa informação deverá constar, expressamente, do convênio de estágio e do termo de estágio.

12. CANCELAMENTO E LICENCIAMENTO DA INSCRIÇÃO

CANCELA-SE A INSCRIÇÃO DO PROFISSIONAL QUE (ART. 11 DO EAOAB):	LICENCIA-SE O PROFISSIONAL QUE (ART. 12 DO EAOAB):
I – assim o requerer;	I – assim o requerer, por motivo justificado;
II – sofrer penalidade de exclusão; Nesta hipótese específica, o **novo pedido de inscrição** deverá ser acompanhado de prova de reabilitação.	II – passar a exercer, em caráter temporário, atividade incompatível com o exercício da advocacia; O **art. 28 do EAOAB** elenca as **atividades incompatíveis com a advocacia**, ocupantes de cargos ou funções vinculados direta ou indiretamente a qualquer órgão do Poder Judiciário e os que exercem serviços notariais e de registro.

III – falecer;	III – sofrer doença mental considerada curável. Se o advogado for acometido por uma **doença mental incurável** deverá se operar o **cancelamento de sua inscrição**.
IV – passar a exercer, em caráter definitivo, atividade incompatível com a advocacia;	–
V – perder qualquer um dos requisitos necessários para inscrição.	–
Na hipótese de novo pedido de inscrição – que não restaura o número de inscrição anterior – deve o interessado fazer prova dos seguintes requisitos: – capacidade civil; – não exercer atividade incompatível com a advocacia; – idoneidade moral; e – prestar compromisso perante o conselho.	Durante o afastamento temporário, o advogado ficará isento do pagamento da anuidade.

13. INCOMPATIBILIDADE E IMPEDIMENTO

- Arts. 27-30 do EAOAB.

A incompatibilidade e o impedimento são hipóteses legais em que a advocacia se torna incompatível, em sentido lato, com o exercício de outra função/ cargo.

13.1 Incompatibilidade (art. 28 do EAOAB)

- PROIBIÇÃO TOTAL DE ADVOGAR.

I – **chefe** do Poder Executivo e membros da Mesa do Poder Legislativo e seus substitutos legais;

II – **membros*** de órgãos do Poder Judiciário, do Ministério Público, dos tribunais e conselhos de contas, dos juizados especiais, da justiça de paz, juízes classistas, bem como de todos os que exerçam função de julgamento em órgãos de deliberação coletiva da administração pública direta e indireta;

*****Membros são diferentes de servidores!**

Exemplo de membros: juízes, desembargadores, procuradores etc.

III – ocupantes de cargos ou funções de direção em Órgãos da Administração Pública direta ou indireta, em suas fundações e em suas empresas controladas ou concessionárias de serviço público;

Obs.: Não se incluem nesta hipótese os que não detenham poder de decisão relevante sobre interesses de terceiro, a juízo do conselho competente da OAB, bem como a administração acadêmica diretamente relacionada ao magistério jurídico.

IV – ocupantes de cargos ou funções vinculados direta ou indiretamente a qualquer órgão do Poder Judiciário e os que exercem serviços notariais e de registro;

Exemplo: tabeliães, notários, escreventes de cartórios extrajudiciais etc.

V – ocupantes de cargos ou funções vinculados direta ou indiretamente a atividade policial de qualquer natureza;

VI – militares de qualquer natureza, **na ativa**;

Após uma atualização, o EAOAB passou a prever que as causas de incompatibilidade previstas nas hipóteses dos incisos V e VI do art. 28 do EAOAB não se aplicam ao exercício da advocacia em causa própria, estritamente para fins de defesa e tutela de direitos pessoais, desde que mediante inscrição especial na OAB, vedada a participação em sociedade de advogados.

No entanto, os ministros do STF formaram maioria para **declarar inconstitucionais** as alterações no Estatuto da Advocacia (Lei n. 8.906/94) que autorizaram o exercício da advocacia **em causa própria por policiais e militares na ativa**.

De acordo com o Supremo, a advocacia simultânea, mesmo em causa própria, exercida por policiais e militares põe em risco a boa administração da Justiça, privilegiando estes servidores relativamente aos demais advogados (ADI 7.227).

VII – ocupantes de cargos ou funções que tenham competência de lançamento, arrecadação ou fiscalização de tributos e contribuições parafiscais;

VIII – ocupantes de funções de direção e gerência em instituições financeiras, inclusive privadas.

Assim, acerca do tema, tome nota:

- A **incompatibilidade** poderá ser em caráter definitivo ou temporário, o que poderá implicar, respectivamente, o cancelamento da inscrição, ou ainda, um requerimento de licença, como se observa:

A incompatibilidade permanece mesmo que o ocupante do cargo ou função deixe de exercê-lo temporariamente.

Os Procuradores-Gerais, Advogados-Gerais, Defensores-Gerais e dirigentes de órgãos jurídicos da Administração Pública direta, indireta e fundacional são exclusivamente legitimados para o exercício da advocacia vinculada à função que exerçam, durante o período da investidura.

13.2. Impedimento (art. 30 do EAOAB)

- PROIBIÇÃO PARCIAL DE ADVOGAR.

I – os **servidores*** da Administração direta, indireta e fundacional, **contra** a Fazenda Pública que os remunere ou à qual seja vinculada a entidade empregadora;

Obs.: Não se incluem, nesta hipótese, os docentes dos cursos jurídicos.

II – os **membros do Poder Legislativo***, em seus diferentes níveis, **contra ou a favor** das pessoas jurídicas de direito público, empresas públicas, sociedades de economia mista, fundações públicas, entidades paraestatais ou empresas concessionárias ou permissionárias de serviço público.

ATENÇÃO!
Quando o advogado se tornar impedido, a sua inscrição na OAB em nada será afetada, havendo apenas uma anotação em sua carteira profissional quanto à restrição no exercício da advocacia.

14. DIREITOS E PRERROGATIVAS PROFISSIONAIS

Os direitos do advogado estão concentrados no art. 7º do EAOAB, o qual disciplina como direito:

- **exercer, com liberdade, a profissão em todo o território nacional;**

Atenção aos atos Privativos do Advogado, quais sejam: I – a postulação a órgão do Poder Judiciário e aos juizados especiais; II – as atividades de consultoria, assessoria e direção jurídicas.

Obs.: neste ponto, ainda, ressaltamos que o advogado poderá exercer a sua capacidade postulatória em todo território nacional, mas necessária se fará a inscrição suplementar, quando exceder de cinco causas por ano na localidade diversa de sua inscrição principal.

- **a inviolabilidade de seu escritório ou local de trabalho, bem como de seus instrumentos de trabalho, de sua correspondência escrita, eletrônica, telefônica e telemática, desde que relativas ao exercício da advocacia;**

Obs.: quando **presentes indícios de autoria e materialidade da prática de crime** por parte de **advogado**, a autoridade judiciária competente poderá **decretar a quebra da inviolabilidade** em **decisão motivada**, expedindo **mandado de busca e apreensão, específico e pormenorizado**, a ser cumprido **na presença de representante da OAB.**

Obs.: os documentos, mídias e objetos pertencentes a clientes do advogado averiguado não poderão ser utilizadas contra o cliente, salvo o caso de coautoria e participação, entre advogado e cliente, pela prática do mesmo crime que deu causa à quebra da inviolabilidade.

De acordo com os §§ 6º-A e 6º-B, incluídos pela Lei n. 14.365/2022, a medida judicial cautelar que importe na violação do escritório ou do local de trabalho do advogado será determinada em hipótese excepcional, desde que exista fundamento em indício, pelo órgão acusatório.

Além disso, é vedada a determinação da medida cautelar se fundada exclusivamente em elementos produzidos em declarações do colaborador sem confirmação por outros meios de prova.

De acordo com o § 6º-C do EAOAB, o representante da OAB estará amparado nos seguintes termos:

   i. direito a ser respeitado pelos agentes responsáveis pelo cumprimento do mandado de busca e apreensão, sob pena de abuso de autoridade;
   ii. dever de zelar pelo fiel cumprimento do objeto da investigação;
   iii. dever de impedir que documentos, mídias e objetos não relacionados à investigação, especialmente de outros processos do mesmo cliente ou de outros clientes que não sejam pertinentes à persecução penal, sejam analisados, fotografados, filmados, retirados ou apreendidos do escritório de advocacia.

Se for tecnicamente impossível separar a documentação, a mídia ou os objetos não relacionados à investigação, em razão da sua natureza ou volume, no momento da execução da decisão judicial de apreensão ou de retirada do material, a cadeia de custódia preservará o sigilo do seu conteúdo, assegurada a presença do representante da OAB.

Na hipótese de não preservação do sigilo do conteúdo pelo agente público responsável pelo cumprimento do mandado de busca e apreensão, o representante da OAB fará o relatório do fato ocorrido, com a inclusão dos nomes dos servidores, dará conhecimento à autoridade judiciária e o encaminhará à OAB para a elaboração de notícia-crime.

No mais, é garantido o direito de acompanhamento por representante da OAB e pelo profissional investigado durante a análise dos documentos e dos dispositivos de armazenamento de informação pertencentes a advogado, apreendidos ou interceptados, em todos os atos, para assegurar a proteção ao escritório e local de trabalho.

Para que o acompanhamento seja realizado, a autoridade responsável informará, com antecedência mínima de 24 (vinte e quatro) horas, à seccional da OAB a data, o horário e o local em que serão analisados os documentos e os equipamentos apreendidos, garantido o direito de acompanhamento, em todos os atos, pelo representante da OAB e pelo profissional investigado.

Em casos de urgência devidamente fundamentada pelo juiz, a análise dos documentos e dos equipamentos apreendidos poderá acontecer em prazo inferior a 24 (vinte e quatro) horas, garantido o direito de acompanhamento, em todos os atos, pelo representante da OAB e pelo profissional investigado.

Vale ressaltar que de acordo com o § 6º- I do art. 7º do EAOAB, é vedado ao advogado efetuar colaboração premiada contra quem seja ou tenha sido seu cliente, e a inobservância disso importará em processo disciplinar, que poderá culminar na aplicação da pena de exclusão (art. 35, III, do EAOAB), sem prejuízo das penas previstas no art. 154 do Decreto-lei n. 2.848, de 7 de dezembro de 1940 (Código Penal).

- **comunicar-se com seus clientes, pessoal e reservadamente, mesmo sem procuração,** quando estes se acharem presos, detidos ou recolhidos em estabelecimentos civis ou militares, **ainda que considerados incomunicáveis;**
- **ter a presença de representante da OAB, quando preso em flagrante, por motivo ligado ao exercício da advocacia, para lavratura do auto respectivo, sob pena de nulidade e, nos demais casos, a comunicação expressa à seccional da OAB.**

Obs.: Veja que o advogado somente poderá ser preso em flagrante, por motivo de exercício da profissão, em caso de crime inafiançável. O STF entende que, se a OAB **não remeter** um representante em **tempo hábil**, não haverá que se falar em invalidade da prisão em flagrante.

- **não ser recolhido preso, antes de sentença transitada em julgado, senão em sala de Estado Maior, com instalações e comodidades condignas,** e, na sua falta, em prisão domiciliar;

ÉTICA

> **ATENÇÃO!**
> O recolhimento do advogado em sala de Estado Maior não tem por requisito o reconhecimento pela OAB, quanto às instalações e comodidades condignas.

- **ingressar livremente**:
  a) nas salas de sessões dos tribunais, mesmo além dos cancelos que separam a parte reservada aos magistrados;
  b) nas salas e dependências de audiências, secretarias, cartórios, ofícios de justiça, serviços notariais e de registro, e, no caso de delegacias e prisões, mesmo fora da hora de expediente e independentemente da presença de seus titulares;
  c) em qualquer edifício ou recinto em que funcione repartição judicial ou outro serviço público onde o advogado deva praticar ato ou colher prova ou informação útil ao exercício da atividade profissional, dentro do expediente ou fora dele, e ser atendido, desde que se ache presente qualquer servidor ou empregado;
  d) em qualquer assembleia ou reunião de que participe ou possa participar o seu cliente, ou perante a qual este deva comparecer, desde que munido de poderes especiais;
- **permanecer sentado ou em pé e retirar-se de quaisquer locais indicados no inciso anterior, independentemente de licença;**
- **dirigir-se diretamente aos magistrados nas salas e gabinetes de trabalho, independentemente de horário previamente marcado ou outra condição, observando-se a ordem de chegada;**
- **usar da palavra, pela ordem, em qualquer tribunal judicial ou administrativo, órgão de deliberação coletiva da administração pública ou comissão parlamentar de inquérito, mediante intervenção** pontual e sumária, para esclarecer equívoco ou dúvida surgida em relação a fatos, a documentos ou a afirmações que influam na decisão;
- reclamar, verbalmente ou por escrito, perante qualquer juízo, tribunal ou autoridade, contra a inobservância de preceito de lei, regulamento ou regimento;
- falar, sentado ou em pé, em juízo, tribunal ou órgão de deliberação coletiva da Administração Pública ou do Poder Legislativo;
- examinar, em qualquer órgão dos Poderes Judiciário e Legislativo, ou da Administração Pública em geral, autos de processos findos ou em andamento, mesmo sem procuração, quando não estiverem sujeitos a sigilo ou segredo de justiça, assegurada a obtenção de cópias, com possibilidade de tomar apontamentos;

Obs.: tal direito aplica-se integralmente a processos e a procedimentos eletrônicos.

- examinar, em qualquer instituição responsável por conduzir investigação, mesmo sem procuração, autos de flagrante e de investigações de qualquer natureza, findos ou em andamento, ainda que conclusos à autoridade, podendo copiar peças e tomar apontamentos, em meio físico ou digital;

Obs.: tal direito aplica-se integralmente a processos e a procedimentos eletrônicos.

Nos autos sujeitos a sigilo, deve o advogado apresentar procuração para o exercício de tal direito. **Nesta hipótese, ainda, a autoridade competente poderá delimitar o acesso do advogado aos elementos de prova relacionados a diligências em andamento e ainda não documentados nos autos, quando houver risco de comprometimento da eficiência, da eficácia ou da finalidade das diligências.**

Obs.: **a inobservância de tal direito**, o fornecimento incompleto de autos **ou** o fornecimento de autos em que houve a retirada de peças já incluídas no caderno investigativo, **implicará responsabilização criminal e funcional** por abuso de autoridade do responsável que impedir o acesso do advogado com o intuito de prejudicar o exercício da defesa, sem prejuízo do direito subjetivo do advogado de requerer acesso aos autos ao juiz competente.

- **ter vista dos processos judiciais ou administrativos de qualquer natureza, em cartório ou na repartição competente, ou retirá-los pelos prazos legais;**
- **retirar autos de processos findos, mesmo sem procuração, pelo prazo de 10 dias;**
- **ser publicamente desagravado, quando ofendido no exercício da profissão ou em razão dela;**

Obs.: no caso de ofensa a inscrito na OAB, no exercício da profissão ou de cargo ou função de órgão da OAB, o conselho competente deve promover o desagravo público do ofendido, sem prejuízo da responsabilidade criminal em que incorrer o infrator.

Do desagravo público → Legitimidade:
- De ofício pelo conselho competente
- A pedido do conselho competente
- A pedido do ofendido
- A pedido de qualquer pessoa

Julgamento do desagravo público → O relator poderá → Propor o arquivamento em caso de:
- Ofensa pessoal
- Ofensa sem nenhuma relação com o exercício profissional
- Críticas de caráter doutrinário, político ou religioso

Deve ser decidido em até 60 dias → Acolhido o parecer, a sessão deve ocorrer em até 30 dias

Julgamento do desagravo público:
- Local da sessão → Local da ofensa ou local onde se encontre o ofensor
- Independe de concordância do ofendido
- Competência:
  - Conselho seccional → Regra geral
  - Conselho federal → Quando o ofendido for:
    - Conselheiro federal, ofendido no exercício das atribuições de seu cargo
    - Presidente do conselho seccional, ofendido no exercício das atribuições de seu cargo
    - Advogado, diante a ofensa relevante com grave violação às prerrogativas e repercussão nacional

- usar os símbolos privativos da profissão de advogado;
- recusar-se a depor como testemunha em processo no qual funcionou ou deva funcionar, ou sobre fato relacionado com pessoa de quem seja ou foi advogado, mesmo quando autorizado ou solicitado pelo constituinte, bem como sobre fato que constitua sigilo profissional;
- retirar-se do recinto onde se encontre aguardando pregão para ato judicial, após 30 minutos do horário designado e ao qual ainda não tenha comparecido a autoridade que deva presidir a ele, mediante comunicação protocolizada em juízo;
- assistir a seus clientes investigados durante a apuração de infrações, sob pena de nulidade absoluta do respectivo interrogatório ou depoimento e, subsequentemente, de todos os elementos investigatórios e probatórios dele decorrentes ou derivados, direta ou indiretamente, podendo, inclusive, no curso da respectiva apuração: apresentar razões e quesitos.

ÉTICA

Por fim, a título de complementação, o Poder Judiciário e Executivo devem instalar, em todos os juizados, fóruns, tribunais, delegacias de polícia e presídios, salas especiais permanentes para os advogados, com uso assegurado à OAB – Não há controle realizado pela OAB sobre tais salas.

*Trata-se de um Direito do advogado.
Ainda, nos termos do art. 7º-B do EAOAB, constitui crime, apenado com detenção, de , de 2 (dois) a 4 (quatro) anos, e multa, violar os seguintes direitos do advogado:
- a inviolabilidade de seu escritório ou local de trabalho, bem como de seus instrumentos de trabalho, de sua correspondência escrita, eletrônica, telefônica e telemática, desde que relativas ao exercício da advocacia;

– comunicar-se com seus clientes, pessoal e reservadamente, mesmo sem procuração, quando estes se acharem presos, detidos ou recolhidos em estabelecimentos civis ou militares, ainda que considerados incomunicáveis;
– ter a presença de representante da OAB, quando preso em flagrante, por motivo ligado ao exercício da advocacia, para lavratura do auto respectivo, sob pena de nulidade e, nos demais casos, a comunicação expressa à seccional da OAB; e
– não ser recolhido preso, antes de sentença transitada em julgado, senão em sala de Estado Maior, com instalações e comodidades condignas, e, na sua falta, em prisão domiciliar.

Para fins de esquematização, segundo o autor Marco Antonio Araujo Junior, quanto à retirada de autos, art. 7º, XIII e XIV, do EAOAB, tome nota:

Os direitos da advogada estão concentrados no art. 7º-A do EAOAB, o qual disciplina como direito da:

- **gestante:** a) entrada em tribunais sem ser submetida a detectores de metais e aparelhos de raios X; b) reserva de vaga em garagens dos fóruns dos tribunais;
- **lactante, adotante ou que der à luz:** acesso a creche, onde houver, ou a local adequado ao atendimento das necessidades do bebê. A advogada adotante ou a que der à luz terá o direito concedido pelo prazo previsto no art. 392 do Decreto-lei n. 5.452/43 (Consolidação das Leis do Trabalho).
- **gestante, lactante, adotante ou que der à luz:** preferência na ordem das sustentações orais e das audiências a serem realizadas a cada dia, mediante comprovação de sua condição. A advogada adotante ou a que der à luz terá o direito concedido pelo prazo previsto no art. 392 do Decreto-lei n. 5.452/43 (Consolidação das Leis do Trabalho).
- **adotante ou que der à luz:** suspensão de prazos processuais quando for a única patrona da cau-

sa, desde que haja notificação por escrito ao cliente. A advogada adotante ou a que der à luz terá o direito concedido pelo prazo previsto no § 6º do art. 313 da Lei n. 13.105/2015 (Código de Processo Civil).

Os direitos previstos à advogada gestante ou lactante aplicam-se enquanto perdurar, respectivamente, o estado gravídico ou o período de amamentação.

15. SOCIEDADE DE ADVOGADOS

- Arts. 15-17 do EAOAB;
- Arts. 37-43 do RGEAOAB.

A sociedade de advogados possui natureza jurídica de sociedade simples, podendo ser classificada de duas formas, como se observa:

- **Finalidade da Sociedade:** prestação de serviço;
- **Personalidade Jurídica:** a sociedade de advogados adquire personalidade jurídica com o registro aprovado dos seus atos constitutivos no Conselho Seccional da OAB em cuja base territorial tiver sede.

> **ATENÇÃO!**
> - É proibido o registro, nos cartórios de registro civil de pessoas jurídicas e nas juntas comerciais, de sociedade que inclua, entre outras finalidades, a atividade de advocacia; e
> - Não são admitidas a registro nem podem funcionar todas as espécies de sociedades de advogados que apresentem forma ou características de sociedade empresária, que adotem denominação de fantasia, que realizem atividades estranhas à advocacia, que incluam como sócio ou titular de sociedade unipessoal de advocacia pessoa não inscrita como advogado ou totalmente proibida de advogar;
> - **Abertura de Filial:** o ato de constituição de filial deve ser averbado no registro da sociedade e arquivado no Conselho Seccional onde se instalar, ficando os sócios, inclusive o titular da sociedade unipessoal de advocacia, obrigados à inscrição suplementar;
> - **Razão Social:** a razão social deve ter, obrigatoriamente, o nome de, pelo menos, um advogado responsável pela sociedade, podendo permanecer o de sócio falecido, desde que prevista tal possibilidade no ato constitutivo;

Acerca da denominação da sociedade, tome nota:

> - **Sociedade pluripessoal:** Nome de um Sócio (um ou mais) + Sociedade de Advogados;
> - **Sociedade unipessoal:** Nome do sócio + Sociedade Individual de Advocacia.

Obs.: a denominação da sociedade unipessoal de advocacia deve ser obrigatoriamente formada pelo nome do seu titular, completo ou parcial, com a expressão "Sociedade Individual de Advocacia".

- **Atividade Incompatível (Sócio):** o impedimento ou a incompatibilidade em caráter temporário do -advogado não o exclui da sociedade de advogados à qual pertença e deve ser averbado no registro da sociedade, observado o disposto nos arts. 27 a 30 do EAOAB e proibida, em qualquer hipótese, a exploração de seu nome e de sua imagem em favor da sociedade.

16. ADVOCACIA *PRO BONO*

- Art. 30 do CED.

Advocacia *pro bono*: É a prestação gratuita, eventual e voluntária de serviços jurídicos em favor de instituições sociais sem fins econômicos e aos seus assistidos, sempre que os beneficiários não dispuserem de recursos para a contratação de profissional.

Neste sentido, a advocacia *pro bono* pode ser exercida em favor de pessoas naturais que, igualmente, não dispuserem de recursos para, sem prejuízo do próprio sustento, contratar advogado.

> Mas a advocacia *pro bono* não pode ser utilizada para fins político-partidários ou eleitorais, nem beneficiar instituições que visem a tais objetivos, ou como instrumento de publicidade para captação de clientela.

Por fim, no **exercício da advocacia *pro bono*,** e ao atuar como defensor nomeado, conveniado ou dativo, **o advogado empregará o zelo e a dedicação habituais**, de forma que a parte por ele assistida se sinta amparada e confie no seu patrocínio.

17. ADVOGADO EMPREGADO

- Arts. 18-21 do EAOAB;
- Arts. 11-14 do RGEAOAB.

O advogado pode ser tido como autônomo, parceiro e até mesmo empregado de um escritório de advocacia.

Neste momento, interessa-nos o estudo da figura do empregado, ou seja, quando estiverem presentes os requisitos da relação de emprego (subordinação, habitualidade, onerosidade, pessoalidade e pessoa física) entre o advogado e o escritório de advocacia.

Acerca das características desta relação, tome nota:

- A relação de emprego, na qualidade de advogado, **não retira a isenção técnica nem reduz a independência profissional** inerente à advocacia;
- O **advogado empregado não está obrigado** à **prestação de serviços profissionais de interesse pessoal dos empregadores**, fora da relação de emprego;

- O **salário mínimo profissional** do advogado será fixado em sentença normativa, salvo se ajustado em acordo ou convenção coletiva de trabalho;
- A **jornada de trabalho** do advogado empregado, quando prestar serviço para empresas, **não poderá exceder a duração diária de 8 (oito) horas contínuas e a de 40 (quarenta) horas semanais**. Assim, considera-se período de trabalho o tempo em que o advogado estiver à disposição do empregador, aguardando ou executando ordens, no seu escritório ou em atividades externas, sendo-lhe reembolsadas as despesas feitas com transporte, hospedagem e alimentação;
- As **horas trabalhadas que excederem a jornada normal** são **remuneradas** por um **adicional não inferior a 100% sobre o valor da hora normal**, mesmo havendo contrato escrito;
- As horas trabalhadas no período das **20 horas de um dia até as 5 horas do dia seguinte** são **remuneradas como noturnas**, acrescidas do adicional de 25%;
- Nas **causas em que for parte o empregador, ou pessoa por este representada**, os **honorários de sucumbência são devidos aos advogados empregados**;
- Os **honorários de sucumbência, percebidos por advogado empregado** de sociedade de advogados **são partilhados entre ele e a empregadora**, na forma estabelecida em acordo.

18. MANDATO JUDICIAL

- Art. 5º do EAOAB;
- Arts. 9º-26 do CED;
- Arts. 103-107 do CPC.

Mandato: o advogado postula, em juízo ou fora dele, fazendo prova do mandato.

Assim, o advogado, **afirmando urgência, pode atuar sem procuração, obrigando-se a apresentá-la no prazo de 15 dias**, prorrogável por igual período.

A **procuração para o foro em geral** habilita o advogado a **praticar todos os atos judiciais**, em qualquer juízo ou instância, salvo os que exijam poderes especiais, como renúncia, transação etc.

Neste ponto, torna-se importante abordarmos os aspectos peculiares do Mandato Judicial e conexos a formação da relação advogado – cliente. **Veja:**

- O advogado deve informar o cliente, de modo claro e inequívoco, quanto a eventuais riscos da sua pretensão, e das consequências que poderão advir da demanda;
- As relações entre advogado e cliente baseiam-se na confiança recíproca. Caso, o advogado sinta que essa confiança lhe falta, é recomendável que externe ao cliente sua impressão e, não se dissipando as dúvidas existentes, promova, em seguida, o substabelecimento do mandato ou a ele renuncie;
- O advogado, no exercício do mandato, atua como patrono da parte, cumprindo-lhe, por isso, imprimir à causa orientação que lhe pareça mais adequada, sem se subordinar a intenções contrárias do cliente, mas, antes, procurando esclarecê-lo quanto à estratégia traçada;
- A conclusão ou desistência da causa, tenha havido, ou não, extinção do mandato, obriga o advogado a devolver ao cliente bens, valores e documentos que lhe hajam sido confiados e ainda estejam em seu poder, bem como a prestar-lhe contas, pormenorizadamente, sem prejuízo de esclarecimentos complementares que se mostrem pertinentes e necessários. Neste ponto, ressalta-se que a parcela dos honorários paga pelos serviços até então prestados não se inclui entre os valores a ser devolvidos;
- Concluída a causa ou arquivado o processo, presume-se cumprido e extinto o mandato;
- O advogado não deve aceitar procuração de quem já tenha patrono constituído, sem prévio conhecimento deste, salvo por motivo plenamente justificável ou para adoção de medidas judiciais urgentes e inadiáveis;
- O advogado não deve deixar ao abandono ou ao desamparo as causas sob seu patrocínio, sendo recomendável que, em face de dificuldades insuperáveis ou inércia do cliente quanto a providências que lhe tenham sido solicitadas, renuncie ao mandato;
- A renúncia ao patrocínio deve ser feita sem menção do motivo que a determinou, fazendo cessar a responsabilidade profissional pelo acompanhamento da causa, uma vez decorrido o prazo de 10 dias, a contar da notificação de renúncia, salvo se for substituído antes do término desse prazo;
- A renúncia ao mandato não exclui responsabilidade por danos eventualmente causados ao cliente ou a terceiros;
- O advogado não será responsabilizado por omissão do cliente quanto a documento ou informação que lhe devesse fornecer para a prática oportuna de ato processual do seu interesse;
- A revogação do mandato judicial por vontade do cliente não o desobriga do pagamento das verbas honorárias contratadas, assim como não retira o direito do advogado de receber o quanto lhe seja devido em eventual verba honorária de sucumbência, calculada proporcionalmente em face do serviço efetivamente prestado;
- O mandato judicial ou extrajudicial não se extingue pelo decurso de tempo, salvo se o contrário for consignado no respectivo instrumento;
- Os advogados integrantes da mesma sociedade profissional, ou reunidos em caráter permanente para cooperação recíproca, não podem representar, em juízo ou fora dele, clientes com interesses opostos;
- Sobrevindo conflito de interesses entre seus constituintes e não conseguindo o advogado harmonizá-los, caber-lhe-á optar, com prudência e discrição, por um dos mandatos, renunciando aos demais, resguardado sempre o sigilo profissional;
- O advogado, ao postular em nome de terceiros, contra ex-cliente ou ex-empregador, judicial e extrajudicialmente, deve resguardar o sigilo profissional;
- Ao advogado cumpre abster-se de patrocinar causa contrária à validade ou legitimidade de ato jurídico em cuja formação haja colaborado ou intervindo de qualquer maneira; da mesma forma, deve declinar seu impedimento ou o da sociedade que integre quando houver conflito de interesses motivado por intervenção anterior no trato de assunto que se prenda ao patrocínio solicitado;
- É direito e dever do advogado assumir a defesa criminal, sem considerar sua própria opinião sobre a culpa do acusado. Neste ponto, ressalta-se que não há causa criminal indigna de defesa, cumprindo ao advogado agir, como defensor, no sentido de que a todos seja concedido tratamento condizente com a dignidade da pessoa humana, sob a égide das garantias constitucionais;
- O advogado não se sujeita à imposição do cliente que pretenda ver com ele atuando outros advogados, nem fica na contingência de aceitar a indicação de outro profissional para com ele trabalhar no processo;
- É defeso (proibido) ao advogado funcionar no mesmo processo, simultaneamente, como patrono e preposto do empregador ou cliente;
- O substabelecimento do mandato, com reserva de poderes, é ato pessoal do advogado da causa. Neste sentido, o substabelecimento do mandato sem reserva de poderes exige o prévio e inequívoco conhecimento do cliente;
- No que tange ao substabelecido com reserva de poderes deve ajustar antecipadamente seus honorários com o substabelecente.

Para finalizar, trago alguns questionamentos realizados pela banca de forma recorrente, e que valem a nossa explicação reiterada sobre o tema:

- **Há validade do mandato judicial?**

Não! O **mandato judicial ou extrajudicial** não se extingue pelo decurso de tempo, salvo se o contrário for consignado no respectivo instrumento.

- **Em caso de renúncia ao mandato, o advogado deve continuar atuando no processo por quanto tempo?**

O advogado que renunciar ao mandato continuará, durante os 10 dias seguintes à notificação da renúncia, a representar o mandante, salvo se for substituído antes do término desse prazo.

- **O advogado pode atuar como patrono e preposto no mesmo processo?**

Não. É defeso (proibido) ao advogado funcionar no mesmo processo, simultaneamente, como patrono e preposto do empregador ou cliente.

- **O advogado pode justificar o motivo de sua renúncia?**

Não. A renúncia ao patrocínio deve ser feita sem menção do motivo que a determinou.

- **O advogado pode aceitar procuração de quem já tenha patrono constituído?**

Não. O advogado não deve aceitar procuração de quem já tenha patrono constituído, sem prévio conhecimento deste, salvo por motivo plenamente justificável ou para adoção de medidas judiciais urgentes e inadiáveis.

- **Os advogados integrantes de uma mesma sociedade podem representar em juízo clientes com interesses opostos?**

Não. Os advogados integrantes da mesma sociedade profissional, ou reunidos em caráter permanente para cooperação recíproca, não podem representar, em juízo ou fora dele, clientes com interesses opostos.

- **A revogação do mandato judicial desobriga o cliente de pagar os honorários advocatícios sucumbenciais?**

Não. A revogação do mandato judicial por vontade do cliente não o desobriga do pagamento das verbas honorárias contratadas, assim como não retira o direito do advogado de receber o quanto lhe seja devido em eventual verba honorária de sucumbência, calculada proporcionalmente em face do serviço efetivamente prestado.

- **Quais são as hipóteses de extinção do mandato judicial?**

Acerca do tema, tome nota:

19. HONORÁRIOS ADVOCATÍCIOS

- Arts. 22-26 do EAOAB;
- Arts. 48-54 do CED;
- Art. 14 do RGEAOAB.

De forma objetiva, podemos conceituar os honorários como sendo a remuneração do profissional pela prestação de serviços advocatícios ao cliente.

Quanto à natureza jurídica, é pacífico no **STF** e **STJ** que os honorários advocatícios têm natureza jurídica alimentar.

Espécies de Honorários:

- **Honorários pactuados ou convencionados:** são os honorários preestabelecidos entre o advogado e o cliente, através de um contrato **escrito** ou **verbal**;
- **Honorários arbitrados judicialmente:** são os honorários fixados por sentença judicial (em ação própria), por conta de não ter havido convenção entre as partes, ou, ainda, de ter havido convenção verbal e essa ter restado controversa;
- **Honorários de sucumbência:** são os honorários fixados na sentença pelo juiz e devidos pela parte vencida ao advogado vencedor da demanda.

Ainda que atue em causa própria, o advogado deverá fazer jus aos honorários de sucumbência estabelecidos em sentença e, caso seja omissa, poderá intentar ação autônoma para recebê-los.

Os honorários advocatícios possuem algumas peculiaridades que merecem a sua atenção para fins de prova. Veja:

- **A prestação de serviços profissionais por advogado**, individualmente ou integrado em sociedades, **será contratada, preferencialmente, por escrito**;
- O **contrato de prestação de serviços** de advocacia **não exige forma especial**;
- **A compensação de créditos**, pelo advogado, de importâncias devidas ao cliente, **somente será admissível quando o contrato de prestação de serviços a autorizar ou quando houver autorização especial do cliente para esse fim, por este firmada**;
- É vedada, em qualquer hipótese, **a diminuição dos honorários contratados em decorrência da solução do litígio por qualquer mecanismo adequado de solução extrajudicial**;
- Deverá o advogado observar o valor mínimo da Tabela de Honorários instituída pelo respectivo Conselho Seccional onde for realizado o serviço, **inclusive aquele referente às diligências**, sob pena de caracterizar-se aviltamento de honorários;
- Os **honorários profissionais devem ser fixados com moderação**, atendidos os elementos seguintes:

I – a relevância, o vulto, a complexidade e a dificuldade das questões versadas;

II – o trabalho e o tempo a ser empregados;

III – a possibilidade de ficar o advogado impedido de intervir em outros casos, ou de se desavir com outros clientes ou terceiros;

IV – o valor da causa, a condição econômica do cliente e o proveito para este resultante do serviço profissional;

V – o caráter da intervenção, conforme se trate de serviço a cliente eventual, frequente ou constante;

VI – o lugar da prestação dos serviços, conforme se trate do domicílio do advogado ou de outro;

VII – a competência do profissional;

VIII – a praxe do foro sobre trabalhos análogos.

- No caso de **substabelecimento, a verba correspondente aos honorários da sucumbência será repartida entre o substabelecente e o substabelecido**, proporcionalmente à atuação de cada um no processo ou conforme haja sido entre eles ajustado.
- O **advogado**, quando indicado para **patrocinar causa de juridicamente necessitado**, no caso de impossibilidade da Defensoria Pública no local da prestação de serviço, **tem direito aos honorários fixados pelo juiz**, segundo tabela organizada pelo Conselho Seccional da OAB, e pagos pelo Estado;
- Na falta de **estipulação ou de acordo**, os honorários são **fixados por arbitramento judicial**, em remuneração compatível com o trabalho e o valor econômico da questão, observado obrigatoriamente o disposto nos §§ 2º, 3º, 4º, 5º, 6º, 6º-A, 8º, 8º-A, 9º e 10 do art. 85 da Lei n. 13.105, de 16 de março de 2015 (Código de Processo Civil).
- Salvo estipulação em contrário, **um terço dos honorários é devido no início do serviço, outro terço até a decisão de primeira instância e o restante no final**;
- Se o **advogado fizer juntar aos autos o seu contrato de honorários antes de expedir-se o mandado de levantamento ou precatório, o juiz deve determinar que lhe sejam pagos diretamente**, por dedução da quantia a ser recebida pelo constituinte, salvo se este provar que já os pagou;
- Os **honorários convencionados** com entidades de classe para atuação em substituição processual **poderão prever a faculdade de indicar os beneficiários** que, ao optarem por adquirir os direitos, assumirão as obrigações decorrentes do contrato originário a partir do momento em que este foi celebrado, sem a necessidade de mais formalidades;
- Os **honorários incluídos na condenação**, por arbitramento ou sucumbência, pertencem ao advogado, tendo este direito autônomo para executar a sentença nesta parte, podendo requerer que o precatório, quando necessário, seja expedido em seu favor;
- A **decisão judicial que fixar ou arbitrar honorários e o contrato escrito que os estipular são títulos executivos e constituem crédito privilegiado na falência, concordata, concurso de credores, insolvência civil e liquidação extrajudicial**;
- A **execução dos honorários** pode ser **promovida nos mesmos autos da ação** em que tenha atuado o advogado, se assim lhe convier;
- Na hipótese de **falecimento ou incapacidade civil do advogado, os honorários de sucumbência**, proporcionais ao trabalho realizado, **são recebidos por seus sucessores ou representantes legais**;
- O **acordo feito pelo cliente do advogado e a parte contrária**, salvo aquiescência do profissional, **não lhe prejudica os honorários, quer os convencionados, quer os concedidos por sentença**;
- O **crédito por honorários advocatícios**, seja do advogado autônomo, seja de sociedade de advogados, **não autoriza o saque de duplicatas ou qualquer outro título de crédito de natureza mercantil**, podendo, apenas, ser emitida fatura, quando o cliente assim pretender, com fundamento no contrato de prestação de serviços, a qual, porém, não poderá ser levada a protesto. Pode, todavia, ser levado a protesto o cheque ou a nota promissória emitido pelo cliente em favor do advogado, depois de frustrada a tentativa de recebimento amigável;
- É lícito ao advogado ou à sociedade de advogados empregar, para o recebimento de honorários, sistema de cartão de crédito, mediante credenciamento junto a empresa operadora do ramo. Neste sentido, eventuais ajustes com a empresa operadora que impliquem pagamento antecipado não afetarão a responsabilidade do advogado perante o cliente, em caso de rescisão do contrato de prestação de serviços, devendo ser observadas as disposições deste quanto à hipótese;
- Havendo **necessidade de promover arbitramento ou cobrança judicial de honorários**, deve **o advogado renunciar previamente ao mandato que recebera do cliente em débito**;
- **Prescreve em 5 anos a ação de cobrança de honorários de advogado**, contado o prazo:

I – do vencimento do contrato, se houver;

ÉTICA

II – do trânsito em julgado da decisão que os fixar;
III – da ultimação do serviço extrajudicial;
IV – da desistência ou transação;
V – da renúncia ou revogação do mandato.
• **Prescreve em 5 anos a ação de prestação de contas** pelas quantias recebidas pelo advogado de seu cliente, ou de terceiros por conta dele (art. 34, XXI);
• O **advogado substabelecido**, com reserva de poderes, **não pode cobrar honorários sem a intervenção daquele que lhe conferiu o substabelecimento**.

CLÁUSULA *QUOTA LITIS*
Consiste em um **contrato de risco** em o advogado admite receber os **honorários** caso obtenha êxito na demanda que patrocina. Nesta hipótese, os **honorários devem ser necessariamente representados por pecúnia** e, quando acrescidos dos honorários da sucumbência, não podem ser superiores às vantagens advindas a favor do cliente. O CED dispõe que **a participação do advogado em bens particulares do cliente só é admitida em caráter excepcional**, quando esse, comprovadamente, não tiver condições pecuniárias de satisfazer o débito de honorários e ajustar com o seu patrono, em instrumento contratual, tal forma de pagamento.

ADVOCACIA *PRO BONO*
Considera-se **advocacia pro bono a prestação gratuita, eventual e voluntária** de serviços jurídicos **em favor de instituições sociais sem fins econômicos e aos seus assistidos**, sempre que os beneficiários não disputerem de recursos para a contratação de profissional. Neste sentido, a advocacia *pro bono* pode ser exercida também **em favor de pessoas naturais** que, igualmente, não dispuserem de recursos para, sem prejuízo do próprio sustento, contratar advogado. Contudo, **não pode ser utilizada para fins político-partidários ou eleitorais, nem beneficiar instituições que visem a tais objetivos**, ou como instrumento de publicidade para captação de clientela. Assim, destaca-se que apesar de atuar como defensor nomeado, conveniado ou dativo, o advogado **empregará o zelo e a dedicação habituais**, de forma que a parte por ele assistida se sinta amparada e confie no seu patrocínio.

20. INFRAÇÕES E SANÇÕES DISCIPLINARES
• Arts. 55-69 do CED;
• Arts. 34-43 e 68-77 do EAOAB.

As infrações éticas e suas respectivas sanções disciplinares deverão ser aplicadas aos advogados que não atuam de forma desejada, ou seja, que lesarem clientes e comprometerem toda a advocacia.

O advogado também tem responsabilidade pela *omissão* de atos que deveriam ser praticados. No entanto, não haverá responsabilização do advogado caso a omissão ocorra por parte do cliente, ou seja, este não disponibilize a informação ou o documento necessário para a prática oportuna de ato processual do seu interesse (art. 16, § 2º, do CED).

Desta forma, ao advogado que praticar infração disciplinar pode ser apenado com:

Assim, tome nota:

20.1 Censura

A pena de censura é uma das mais brandas e, como tal, representará um registro no prontuário do advogado, quando o ato praticado não for tipificado com penalidade de exclusão ou suspensão, como se observa nas seguintes hipóteses: violação de sigilo profissional, abandono de causa, agenciamento de causa, sociedade irregular etc.

Tal penalidade será aplicada nas seguintes hipóteses:

- Violações ao Código de Ética e Disciplina (CED);
- Violação ao EAOAB, quando para a infração não se tenha estabelecido sanção mais grave;
- Infrações previstas nos incisos I a XVI e XXIX do art. 34 do EOAB.

I – exercer a profissão, quando impedido de fazê-lo, ou facilitar, por qualquer meio, o seu exercício aos não inscritos, proibidos ou impedidos;
II – manter sociedade profissional fora das normas e preceitos estabelecidos nesta lei;
III – valer-se de agenciador de causas, mediante participação nos honorários a receber;
IV – angariar ou captar causas, com ou sem a intervenção de terceiros;
V – assinar qualquer escrito destinado a processo judicial ou para fim extrajudicial que não tenha feito, ou em que não tenha colaborado;
VI – advogar contra literal disposição de lei, presumindo-se a boa-fé quando fundamentado na inconstitucionalidade, na injustiça da lei ou em pronunciamento judicial anterior;
VII – violar, sem justa causa, sigilo profissional;
VIII – estabelecer entendimento com a parte adversa sem autorização do cliente ou ciência do advogado contrário;
IX – prejudicar, por culpa grave, interesse confiado ao seu patrocínio;
X – acarretar, conscientemente, por ato próprio, a anulação ou a nulidade do processo em que funcione;

XI – abandonar a causa sem justo motivo ou antes de decorridos dez dias da comunicação da renúncia;
XII – recusar-se a prestar, sem justo motivo, assistência jurídica, quando nomeado em virtude de impossibilidade da Defensoria Pública;
XIII – fazer publicar na imprensa, desnecessária e habitualmente, alegações forenses ou relativas a causas pendentes;
XIV – deturpar o teor de dispositivo de lei, de citação doutrinária ou de julgado, bem como de depoimentos, documentos e alegações da parte contrária, para confundir o adversário ou iludir o juiz da causa;
XV – fazer, em nome do constituinte, sem autorização escrita deste, imputação a terceiro de fato definido como crime;
XVI – deixar de cumprir, no prazo estabelecido, determinação emanada do órgão ou de autoridade da Ordem, em matéria da competência desta, depois de regularmente notificado;
XXIX – praticar, o estagiário, ato excedente de sua habilitação

---

Quando aplicada a penalidade, o advogado deixa de ser primário e, em eventual hipótese de ser novamente apenado, já será tido como reincidente, o que implicará sanção mais grave.

Nos termos do art. 36 do EAOAB, a **censura pode ser convertida em advertência**, em ofício reservado, sem registro nos assentamentos do inscrito, quando presente **circunstância atenuante (art. 40 do EAOAB)**.

I – falta cometida na defesa de prerrogativa profissional;
II – ausência de punição disciplinar anterior;
III – exercício assíduo e proficiente de mandato ou cargo em qualquer órgão da OAB;
IV – prestação de relevantes serviços à advocacia ou à causa pública.

Neste ponto, vale mencionar que a advertência não apaga a primariedade do advogado, sendo realizada em ofício reservado, o que faz alguns autores concluírem que nem como penalidade poderá ser reconhecida.

- Para fins de fixação do conteúdo, tome nota:

20.2 Suspensão

Acerca do tema, tome nota do dispositivo constante no EAOAB:

"Art. 37. A suspensão é aplicável nos casos de:

I – infrações definidas nos incisos XVII a XXV e XXX do *caput* do art. 34 desta Lei;

II – reincidência em infração disciplinar.

§ 1º A suspensão acarreta ao infrator a interdição do exercício profissional, em todo o território nacional, pelo prazo de trinta dias a doze meses, de acordo com os critérios de individualização previstos neste capítulo.

§ 2º Nas hipóteses dos incisos XXI e XXIII do art. 34, a suspensão perdura até que satisfaça integralmente a dívida, inclusive com correção monetária.

§ 3º Na hipótese do inciso XXIV do art. 34, a suspensão perdura até que preste novas provas de habilitação.

Art. 42. Fica impedido de exercer o mandato o profissional a quem forem aplicadas as sanções disciplinares de suspensão ou exclusão".

Iniciamos este ponto trazendo que a pena de suspensão, caracterizada como mais gravosa que a censura, é a hipótese de proibição temporária do exercício profissional, e pelo período de 30 dias a 12 meses. Caso o advogado exerça a advocacia nesse período responderá:

i. penalmente por exercício irregular da profissão (art. 47 da LCP);

ii. civilmente, e todos os atos praticados serão tido como nulos;

iii. disciplinarmente, incidindo em nova infração disciplinar.

E quais são as hipóteses que ensejam suspensão disciplinar?

- Reincidência em infração disciplinar; e
- Prática de atos previstos no art. 34, incisos XVII a XXV e XXX do EAOAB.

Segundo o art. 34, XXX, do EAOAB, constitui infração disciplinar praticar assédio moral, assédio sexual ou discriminação.

Ainda, conforme o EAOAB, considera-se:

- **Assédio moral:** a conduta praticada no exercício profissional ou em razão dele, por meio da repetição deliberada de gestos, palavras faladas ou escritas ou comportamentos que exponham o estagiário, o advogado ou qualquer outro profissional que esteja prestando seus serviços a situações humilhantes e constrangedoras, capazes de lhes causar ofensa à personalidade, à dignidade e à integridade psíquica ou física, com o objetivo de excluí-los das suas funções ou de desestabilizá-los emocionalmente, deteriorando o ambiente profissional.

- **Assédio sexual:** a conduta de conotação sexual praticada no exercício profissional ou em razão dele, manifestada fisicamente ou por palavras, gestos ou outros meios, proposta ou imposta à pessoa contra sua vontade, causando-lhe constrangimento e violando a sua liberdade sexual.

- **Discriminação:** a conduta comissiva ou omissiva que dispense tratamento constrangedor ou humilhante a pessoa ou grupo de pessoas, em razão de sua deficiência, pertença a determinada raça, cor ou sexo, procedência nacional ou regional, origem étnica, condição de gestante, lactante ou nutriz, faixa etária, religião ou outro fator.

ATENÇÃO!
Ainda que suspenso, o advogado continua com o dever de pagar anuidade!

A suspensão pode ser aplicada sob as seguintes perspectivas:
- **Preventivamente**: o Tribunal de Ética e Disciplina do Conselho onde o acusado tenha inscrição principal pode suspendê-lo preventivamente, em caso de repercussão prejudicial à dignidade da advocacia, depois de ouvi-lo em sessão especial para a qual deve ser notificado a comparecer, salvo se não atender à notificação. Neste caso, o processo disciplinar deve ser concluído no prazo máximo de 90 dias;
- **Por período determinado**: quando a suspensão será de 30 dias a 12 meses, conforme hipóteses legais; e
- **Por período indeterminado**: nesta hipótese a suspensão perdurará de forma indeterminada, conforme as peculiaridades legais. Veja:
  – Recusar-se, injustificadamente, a prestar contas ao cliente de quantias recebidas dele ou de terceiros por conta dele;

> A suspensão perdura até a efetiva prestação de contas.

- Deixar de pagar as contribuições, multas e preços de serviços devidos à OAB, depois de regularmente notificado a fazê-lo;

Obs.: atente-se ao fato de que o STF julgou o Recurso de Repercussão Geral n. 647.885 declarando a inconstitucionalidade da SUSPENSÃO do advogado inadimplente para o exercício da advocacia.

> A suspensão perdura até que satisfaça integralmente a dívida, inclusive com correção monetária.

- Incidir em erros reiterados que evidenciem inépcia profissional;

> A suspensão perdura até a aprovação em novas provas de habilitação.

Acerca do tema, tome nota:

SUSPENSÃO

- **CABIMENTO**
  - Art. 34, XVII a XXV, do EAOAB
  - Reincidência em infração disciplinar

- **MNEMÔNICA**
  - Dinheiro: Incisos XVII, XIX, XX, XXI e XXIII do art. 34 do EAOAB
  - RECIF:
    - Retenção abusiva
    - Conduta incompatível
    - Inépcia
    - Fraude

- **PRAZO DE DURAÇÃO**
  - Regra: 30 dias a 12 meses
  - Exceção:
    - Dívida com a OAB/ cliente → Até o pagamento da dívida
    - Inépcia profissional → Até que preste novas provas de habilitação

- **CRITÉRIOS PARA FIXAÇÃO DE COMPETÊNCIA**
  - Antecedentes profissionais do inscrito
  - Atenuantes
  - Grau de culpa por ele revelada
  - Circunstâncias e as consequências da infração

- **CONSEQUÊNCIAS**
  - Impossibilidade de o advogado atuar em TODO o território nacional
  - Não cessa o dever de pagamento da anuidade
  - Prática de atos privativos de advocacia durante a suspensão: nulidade

20.3 Exclusão

"Art. 38. A exclusão é aplicável nos casos de:
I – aplicação, por três vezes, de suspensão;
II – infrações definidas nos incisos XXVI a XXVIII do art. 34.

Parágrafo único. Para a aplicação da sanção disciplinar de exclusão, é necessária a manifestação favorável de dois terços dos membros do Conselho Seccional competente".

Trata-se da sanção mais grave aplicada ao advogado, uma vez que implica o cancelamento da inscrição – art. 11, II, EAOAB. Nesta hipótese, o advogado não poderá exercer o ofício até que ocorra a sua reabilitação.

É necessária para aplicação da pena de exclusão a manifestação de 2/3 de todos os membros do Conselho Seccional competente.

E quais são as hipóteses que ensejam exclusão?

- Advogado apenado por três vezes com suspensão, independentemente do tipo de ato praticado;
- Nas hipóteses legais do art. 34, XXVI a XXVIII, do EAOAB, quais sejam:

> XXVI – fazer falsa prova de qualquer dos requisitos para inscrição na OAB;
> XXVII – tornar-se moralmente inidôneo para o exercício da advocacia;
> XXVIII – praticar crime infamante.

Veja que é permitido o retorno do excluído aos quadros da OAB, desde que o novo pedido de inscrição, seja acompanhado de provas de reabilitação (art. 11, § 3º, do EOAB).

Para fins de fixação do conteúdo, veja:

20.4 Multa

"Art. 39. A multa, variável entre o mínimo correspondente ao valor de uma anuidade e o máximo de seu décuplo, é aplicável cumulativamente com a censura ou suspensão, em havendo circunstâncias agravantes".

A multa configura *pena acessória*, a qual só poderá ser aplicada cumulativamente com a censura ou suspensão, diante de circunstâncias agravantes.

A pena de multa, quanto a sua valoração, varia de uma a dez anuidades.

- REABILITAÇÃO

Após *um ano* do efetivo *cumprimento* da sanção imposta, pode o advogado requerer ao TED a reabilitação disciplinar. Trata-se de um pedido personalíssimo e que depende do bom comportamento do advogado.

Se a infração for resultante de infração penal, torna-se indispensável que o pedido seja acompanhado da reabilitação criminal decretada por sentença judicial (art. 41, parágrafo único, do EOAB e art. 94 do CP).

Observe que o advogado excluído não precisa prestar nova prova de Exame de Ordem, bastando que faça novo pedido de inscrição acompanhado da reabilitação.

Em resumo,

- Atenuantes

Na aplicação das sanções disciplinares, são consideradas, para fins de atenuação, as seguintes circunstâncias, entre outras:

I – falta cometida na defesa de prerrogativa profissional;

II – ausência de punição disciplinar anterior;

III – exercício assíduo e proficiente de mandato ou cargo em qualquer órgão da OAB;

IV – prestação de relevantes serviços à advocacia ou à causa pública.

Os antecedentes profissionais do inscrito, as atenuantes, o grau de culpa por ele revelada, as circunstâncias e as consequências da infração são considerados para o fim de decidir:

a) sobre a conveniência da aplicação cumulativa da multa e de outra sanção disciplinar;

b) sobre o tempo de suspensão e o valor da multa aplicáveis.

- Prescrição

A **pretensão à punibilidade das infrações disciplinares prescreve em 5 anos**, contados da data da constatação oficial do fato.

Neste sentido, **aplica-se a prescrição a todo processo disciplinar paralisado por mais de 3 anos**, pendente de despacho ou julgamento, devendo ser arquivado de ofício, ou a requerimento da parte interessada, sem prejuízo de serem apuradas as responsabilidades pela paralisação.

A prescrição será interrompida nas seguintes hipóteses:

I – pela instauração de processo disciplinar ou pela notificação válida feita diretamente ao representado; e

II – pela decisão condenatória recorrível de qualquer órgão julgador da OAB.

Em resumo,

21. PROCESSO DISCIPLINAR

- Arts. 55-69 do CED;
- Arts. 68-77 do EAOAB.

O processo disciplinar é utilizado com o condão de investigar/ apurar o ato cometido pelo advogado e, em sendo o caso, aplicar a penalidade correspondente, sempre com a observância do contraditório e ampla defesa.

Assim, acerca do tema, observe as seguintes peculiaridades:

- O poder de **punir disciplinarmente os inscritos na OAB compete exclusivamente ao Conselho Seccional** em cuja **base territorial tenha ocorrido à infração**, salvo se a falta for cometida perante o Conselho Federal. Neste sentido, cabe ao Tribunal de Ética e Disciplina, do Conselho Seccional competente, julgar os processos disciplinares, instruídos pelas Subseções ou por relatores do próprio conselho;

- A decisão condenatória irrecorrível deve ser imediatamente comunicada ao Conselho Seccional onde o representado tenha inscrição principal, para constar dos respectivos assentamentos;

- O **Tribunal de Ética e Disciplina do Conselho** onde o acusado tenha inscrição principal **pode suspendê-lo preventivamente**, em caso de **repercussão prejudicial à dignidade da advocacia**, depois de ouvi-lo em sessão especial para a qual deve ser notificado a comparecer, salvo se não atender à notificação. Neste caso, **o processo disciplinar deve ser concluído no prazo máximo de 90 dias**;

- A **jurisdição disciplinar não exclui a comum** e, quando o fato constituir crime ou contravenção, deve ser comunicado às autoridades competentes;
- O **processo disciplinar instaura-se de ofício ou mediante representação de qualquer autoridade ou pessoa interessada**;

> A instauração, de ofício, do processo disciplinar dar-se-á em função do conhecimento do fato, quando obtido por meio de fonte idônea ou em virtude de comunicação da autoridade competente. Observe que não se considera fonte idônea a que consistir em denúncia anônima.

- O **processo disciplinar tramita em sigilo**, até o seu término, só tendo acesso às suas informações as partes, seus defensores e a autoridade judiciária competente;
- **Recebida a representação**, o **Presidente deve designar relator**, a quem compete a instrução do processo e o oferecimento de parecer preliminar a ser submetido ao Tribunal de Ética e Disciplina;
- **Ao representado deve ser assegurado amplo direito de defesa**, podendo acompanhar o processo em todos os termos, pessoalmente ou por intermédio de procurador, oferecendo defesa prévia após ser notificado, razões finais após a instrução e defesa oral perante o Tribunal de Ética e Disciplina, por ocasião do julgamento;
- Se, **após a defesa prévia, o relator se manifestar pelo indeferimento liminar da representação**, este deve ser **decidido pelo Presidente do Conselho Seccional**, para determinar seu arquivamento. Veja que o **prazo para defesa prévia pode ser prorrogado por motivo relevante**, a juízo do relator;
- Se o **representado não for encontrado, ou for revel, o Presidente do Conselho ou da Subseção deve designar-lhe defensor dativo**;
- Autoriza-se a **revisão do processo disciplinar**, por **erro de julgamento ou por condenação baseada em falsa prova**;
- O **Conselho Seccional** pode **adotar as medidas administrativas e judiciais pertinentes**, objetivando a que o profissional suspenso ou excluído devolva os documentos de identificação.

O processo disciplinar possui algumas fases, como se observa:

ÉTICA

Quanto aos prazos e características, tome nota:

PROCESSO DISCIPLINAR

- **Normas aplicáveis subsidiariamente**
  - Ao processo disciplinar → Regras da legislação processual penal comum
  - Aos demais processos → Regras gerais do procedimento administrativo comum e processual civil

- **Prazo**
  - Manifestação de advogados, estagiários e terceiro → 15 dias
  - Contagem
    - Inicia-se
      - Se a comunicação do ato se der por ofício reservado ou notificação pessoal → Dia útil imediato à comunicação
      - Se a comunicação do ato se der por publicação na imprensa oficial → Primeiro dia útil seguinte à publicação
    - Será contado em dias úteis

- **Sigilo**
  - Durante o trâmite do processo → Somente terão acesso ao processo as partes, seus defensores e autoridade judiciária competente
  - Após o trânsito em julgado
    - Censura → Permanece em sigilo
    - Suspensão e execução → Publicidade

No que tange à competência para julgamento do processo disciplinar, devemos observar o seguinte regramento:

22. RECURSOS – COMPETÊNCIA E LEGITIMIDADE

23. DA ORDEM DOS ADVOGADOS DO BRASIL

- Arts. 44-67 do EAOAB;
- Arts. 44-137-C do RGEAOAB.

Inicialmente, destacam-se algumas características e peculiaridades envoltas à OAB e órgãos:

- A OAB é dotada de personalidade jurídica, forma federativa e goza de imunidade tributária total em relação aos seus bens, rendas e serviços;
- A OAB presta um serviço público, como órgão de classe, e o pagamento da anuidade isenta o advogado de pagar a contribuição sindical – este aspecto foi impactado pela reforma trabalhista, mas considere o texto de lei para fins de prova;
- Não mantém qualquer vínculo funcional ou hierárquico com órgãos da Administração Pública;
- A OAB é considerada entidade *sui generis*, ou inominada (ADI 3.026/2006);
- São órgãos da OAB:

I – Conselho Federal;

> O Conselho Federal, dotado de personalidade jurídica própria, com sede na capital da República, é o órgão supremo da OAB.

II – Conselhos Seccionais;

> Os Conselhos Seccionais, dotados de personalidade jurídica própria, têm jurisdição sobre os respectivos territórios dos Estados-membros, do Distrito Federal e dos Territórios.

III – Subseções;

> As Subseções são partes autônomas do Conselho Seccional, na forma desta lei e de seu ato constitutivo.

IV – Caixas de Assistência dos Advogados.

> As Caixas de Assistência dos Advogados, dotadas de personalidade jurídica própria, são criadas pelos Conselhos Seccionais, quando estes contarem com mais de mil e quinhentos inscritos.

- A OAB, por constituir serviço público, goza de imunidade tributária total em relação a seus bens, rendas e serviços;
- Os atos, as notificações e as decisões dos órgãos da OAB, salvo quando reservados ou de administração interna, serão publicados no *Diário Eletrônico da Ordem dos Advogados do Brasil*, a ser disponibilizado na internet, podendo ser afixados no fórum local, na íntegra ou em resumo;
- Compete à OAB fixar e cobrar, de seus inscritos, contribuições, preços de serviços e multas;
- O pagamento da contribuição anual à OAB isenta os inscritos nos seus quadros do pagamento obrigatório da contribuição sindical;

- O cargo de conselheiro ou de membro de diretoria de órgão da OAB é de exercício gratuito e obrigatório, considerado serviço público relevante, inclusive para fins de disponibilidade e aposentadoria;

- Os Presidentes dos Conselhos e das Subseções da OAB têm legitimidade para agir, judicial e extrajudicialmente, contra qualquer pessoa que infringir as disposições ou os fins do EAOAB.

23.1 Conselho Federal

23.1.1 Estrutura

No que se refere às características e peculiaridades deste órgão, observe:

- Cada delegação é formada por três conselheiros federais, sendo que nas *deliberações do Conselho Federal*, o **voto é tomado por delegação**, e não pode ser exercido nas matérias de interesse da unidade que represente;

- **Os presidentes dos Conselhos Seccionais, nas sessões do Conselho Federal, têm lugar reservado junto à delegação respectiva e direito somente a voz;**

- O **Presidente**, nas **deliberações do Conselho**, tem apenas o **voto de qualidade**;

- Os **ex-presidentes têm direito a voz nas sessões do Conselho**, sendo assegurado o direito de voto aos que exerceram mandato antes de 5 de julho de 1994 ou em seu exercício se encontravam naquela data;
- O **Presidente**, nas suas relações externas, apresenta-se como Presidente Nacional da OAB;
- O **Presidente do Conselho Seccional** tem lugar reservado junto à delegação respectiva e **direito a voz em todas as sessões do Conselho e de suas Câmaras**;
- O Instituto dos Advogados Brasileiros e a Federação Nacional dos Institutos dos Advogados do Brasil são membros honorários, somente com direito a voz nas sessões do Conselho Federal.
- Na **eleição para a escolha da Diretoria do Conselho Federal**, cada membro da delegação terá direito a 1 voto, vedado aos membros honorários vitalícios;
- Em resumo:

> **ATENÇÃO!**
> Nos termos do art. 50 do Regulamento Geral, ocorrendo vaga de cargo de diretoria do Conselho Federal ou do Conselho Seccional, inclusive do Presidente, em virtude de perda do mandato (art. 66 do Estatuto), morte ou renúncia, o substituto deverá ser eleito pelo Conselho a que se vincule, dentre os seus membros.

23.2 Conselho Seccional

- O Conselho Seccional compõe-se de conselheiros em número proporcional ao de seus inscritos. Veja:

  I – abaixo de 3.000 advogados inscritos no Conselho Seccional se terá até 40 membros (conselheiros);

  II – a partir de 3.000 advogados inscritos, mais um membro por grupo completo de 3.000 inscritos, até o total de 90 membros (conselheiros).

- São membros honorários vitalícios os seus ex-presidentes, somente com direito a voz em suas sessões;
- O Presidente do Instituto dos Advogados local é membro honorário, somente com direito a voz nas sessões do Conselho;
- Quando presentes às sessões do Conselho Seccional, o Presidente do Conselho Federal, os Conselheiros Federais integrantes da respectiva delegação, o Presidente da Caixa de Assistência dos Advogados e os Presidentes das Subseções, têm direito a voz;

Em resumo, acerca da competência e estrutura do Conselho Seccional:

23.3 Subseções

- A organização da Subseção pode ser observada da seguinte forma:

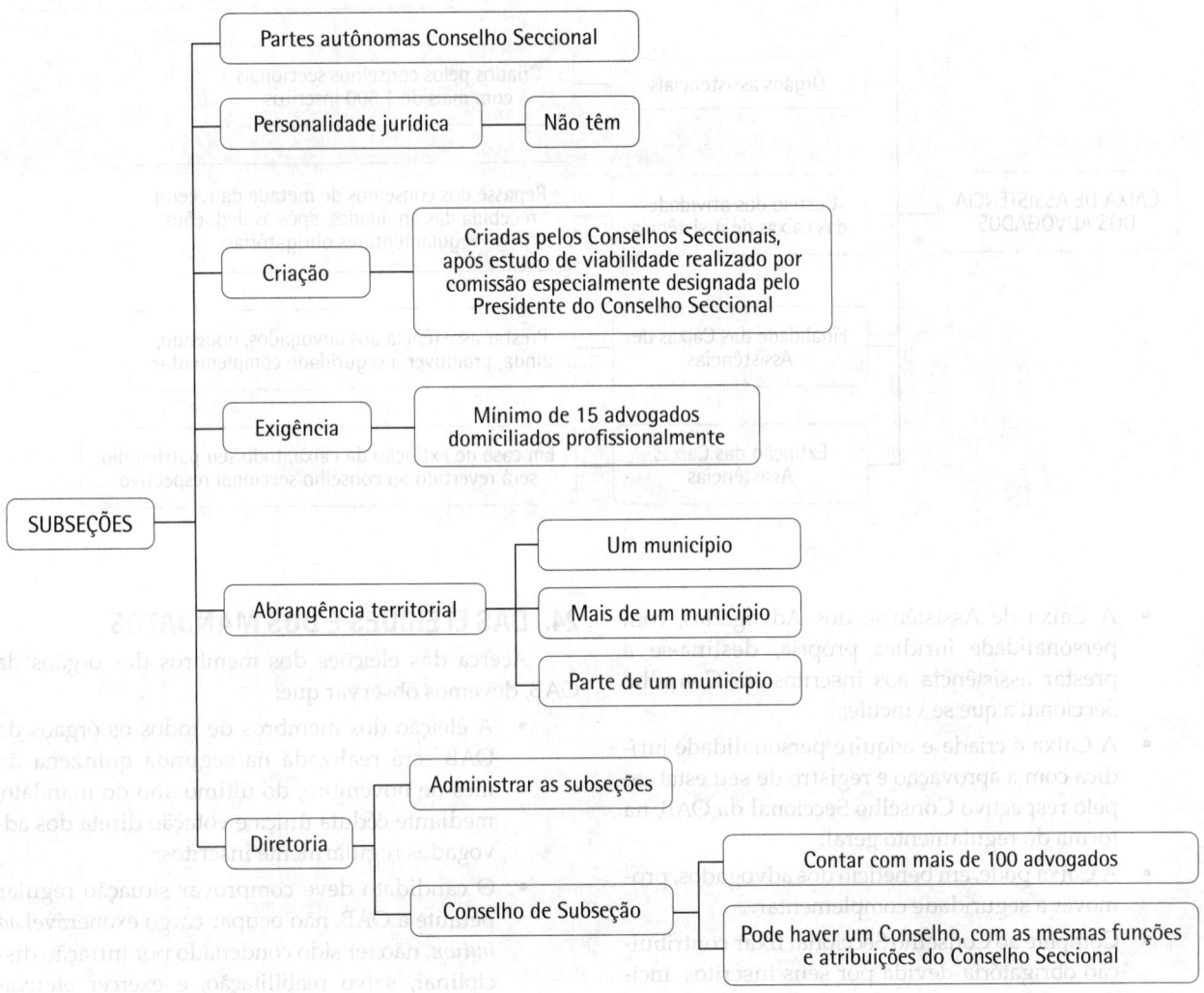

- A Subseção pode ser criada pelo Conselho Seccional, que fixa sua área territorial e seus limites de competência e autonomia;
- A área territorial da Subseção pode abranger um ou mais municípios, ou parte de município, inclusive da capital do Estado, contando com um mínimo de 15 advogados, nela profissionalmente domiciliados;
- A Subseção é administrada por uma diretoria, com atribuições e composição equivalentes às da diretoria do Conselho Seccional;
- Havendo mais de 100 advogados, a Subseção pode ser integrada, também, por um conselho em número de membros fixado pelo Conselho Seccional;
- Cabe ao Conselho Seccional fixar, em seu orçamento, dotações específicas destinadas à manutenção das Subseções;
- O Conselho Seccional, mediante o voto de 2/3 de seus membros, pode intervir nas Subseções, onde constatar grave violação desta lei ou do regimento interno daquele;
- Os **conflitos de competência entre subseções** e entre **estas e o Conselho Seccional** são por **este decidido**, com recurso voluntário ao Conselho Federal. **Veja**:

CONFLITO	DECISÃO
Subseção X Subseção	Conselho Seccional
Subseção X Conselho Seccional	Conselho Seccional

23.4 Caixa de Assistência dos Advogados

- A Caixa de Assistência dos Advogados organiza-se da seguinte forma:

- A Caixa de Assistência dos Advogados, com personalidade jurídica própria, destina-se a prestar assistência aos inscritos no Conselho Seccional a que se vincule;
- A Caixa é criada e adquire personalidade jurídica com a aprovação e registro de seu estatuto pelo respectivo Conselho Seccional da OAB, na forma do regulamento geral;
- A Caixa pode, em benefício dos advogados, promover a seguridade complementar;
- Compete ao Conselho Seccional fixar contribuição obrigatória devida por seus inscritos, incidente sobre atos decorrentes do efetivo exercício da advocacia;
- A diretoria da Caixa é composta de 5 membros;
- Cabe à Caixa a metade da receita das anuidades recebidas pelo Conselho Seccional, considerado o valor resultante após as deduções regulamentares obrigatórias;
- Em caso de extinção ou desativação da Caixa, seu patrimônio se incorpora ao do Conselho Seccional respectivo;
- O Conselho Seccional, mediante voto de 2/3 de seus membros, pode intervir na Caixa de Assistência dos Advogados, no caso de descumprimento de suas finalidades, designando diretoria provisória, enquanto durar a intervenção;
- Em havendo conflito de competência, deve-se observar:

CONFLITO	DECISÃO
Caixa x Conselho Seccional	Conselho Federal

24. DAS ELEIÇÕES E DOS MANDATOS

Acerca das eleições dos membros dos órgãos da OAB, devemos observar que:

- A eleição dos membros de todos os órgãos da OAB será realizada na segunda quinzena do mês de novembro, do último ano do mandato, mediante cédula única e votação direta dos advogados regularmente inscritos;
- O candidato deve comprovar situação regular perante a OAB, não ocupar cargo exonerável *ad nutum*, não ter sido condenado por infração disciplinar, salvo reabilitação, e exercer efetivamente a profissão há mais de 3 (três) anos, nas eleições para os cargos de Conselheiro Seccional e das Subseções, quando houver, e há mais de 5 (cinco) anos, nas eleições para os demais cargos;
- Consideram-se eleitos os candidatos integrantes da chapa que obtiver a maioria dos votos válidos;
- A chapa para o Conselho Seccional deve ser composta dos candidatos ao conselho e à sua diretoria e, ainda, à delegação ao Conselho Federal e à Diretoria da Caixa de Assistência dos Advogados para eleição conjunta;
- A chapa para a Subseção deve ser composta com os candidatos à diretoria, e de seu conselho quando houver;
- São admitidas a registro apenas chapas completas, que deverão atender ao percentual de 50% para candidaturas de cada gênero e, ao mínimo, de 30% (trinta por cento) de advogados negros e de advogadas negras, assim considerados os(as)

inscritos(as) na Ordem dos Advogados do Brasil que se classificam (autodeclaração) como negros(as), ou seja, pretos(as) ou pardos(as), ou definição análoga (critérios subsidiários de heteroidentificação). Ainda, o percentual relacionado à candidaturas de cada gênero aplicar-se-á quanto às Diretorias do Conselho Federal, dos Conselhos Seccionais, das Subseções e das Caixas de Assistência e deverá incidir sobre os cargos de titulares e suplentes, se houver, salvo se o número for ímpar, quando se aplicará o percentual mais próximo a 50% na composição de cada gênero;

- São condições de elegibilidade: ser o candidato advogado inscrito na Seccional, com inscrição principal ou suplementar, em efetivo exercício há mais de 3 anos, nas eleições para os cargos de Conselheiro Seccional e das Subseções, quando houver, e há mais de 5 anos, nas eleições para os demais cargos, e estar em dia com as anuidades na data de protocolo do pedido de registro de candidatura, considerando-se regulares aqueles que parcelaram seus débitos e estão adimplentes com a quitação das parcelas;

- O candidato deverá comprovar sua adimplência junto à OAB por meio da apresentação de certidão da Seccional onde é candidato;

- O mandato em qualquer órgão da OAB é de três anos, iniciando-se em primeiro de janeiro do ano seguinte ao da eleição, salvo o Conselho Federal. Neste ponto, atente-se que ao aspecto de que o mandato extingue-se automaticamente, antes do seu término, quando: I – ocorrer qualquer hipótese de cancelamento de inscrição ou de licenciamento do profissional; II – o titular sofrer condenação disciplinar; e III – o titular faltar, sem motivo justificado, a três reuniões ordinárias consecutivas de cada órgão deliberativo do conselho ou da diretoria da Subseção ou da Caixa de Assistência dos Advogados, não podendo ser reconduzido no mesmo período de mandato;

- Os conselheiros federais eleitos iniciam seus mandatos em primeiro de fevereiro do ano seguinte ao da eleição;

- A eleição da Diretoria do Conselho Federal, que tomará posse no dia 1º de fevereiro, obedecerá às seguintes regras:

  I – será admitido registro, junto ao Conselho Federal, de candidatura à presidência, desde seis meses até um mês antes da eleição;

  II – o requerimento de registro deverá vir acompanhado do apoiamento de, no mínimo, seis Conselhos Seccionais;

  III – até um mês antes das eleições, deverá ser requerido o registro da chapa completa, sob pena de cancelamento da candidatura respectiva;

  IV – no dia 31 de janeiro do ano seguinte ao da eleição, o Conselho Federal elegerá, em reunião presidida pelo conselheiro mais antigo, por voto secreto e para mandato de 3 anos, sua diretoria, que tomará posse no dia seguinte;

  V – será considerada eleita a chapa que obtiver maioria simples dos votos dos Conselheiros Federais, presente a metade mais 1 de seus membros.

- Com exceção do candidato a Presidente, os demais integrantes da chapa deverão ser conselheiros federais eleitos.

REFERÊNCIAS

GONZAGA, Alvaro de Azevedo; NEVES, Karina Penna Beijato; JUNIOR, Roberto Beijato. *Estatuto da Advocacia e Novo Código de Ética e Disciplina da OAB – Comentados*. 5. ed. São Paulo: Método, 2018.

JUNIOR, Marco Antônio Araujo. *Gabaritando Ética*. 3. ed. São Paulo: Saraiva, 2020.

MACHADO, Paulo. *10 em ética*. 6. ed. São Paulo: Juspodivm, 2019.

RACHID, Alysson. *Dominando Ética*. São Paulo: Saraiva, 2019.

Questões

Ética

Acesse o *QR Code* e consulte as questões comentadas dos exames anteriores.
http://uqr.to/1wcfd

ORDEM DOS ADVOGADOS DO BRASIL. NATUREZA JURÍDICA. FORMA E FINALIDADE. ESTRUTURA – ÓRGÃOS

1. **(37º Exame)** A advogada Maria integra a Comissão de Defesa do Consumidor de certa Seccional da OAB, promovendo debates e a qualificação profissional de colegas sobre temas específicos de Direito do Consumidor. Sobre a atuação de Maria, enquanto integrar a comissão, assinale a afirmativa correta.

(A) Maria poderá firmar contrato gratuito de prestação de serviços com entidades da OAB.
(B) Maria é impedida de adquirir bens móveis fungíveis de entidades da OAB.
(C) Maria poderá alienar bens móveis infungíveis para entidades da OAB.
(D) Maria poderá adquirir bens imóveis de entidades da OAB.

RESPOSTA Segundo o art. 32 do CED, não poderá o advogado, enquanto exercer cargos ou funções em órgãos da OAB ou representar a classe junto a quaisquer instituições, órgãos ou comissões, públicos ou privados, firmar contrato oneroso de prestação de serviços ou fornecimento de produtos com tais entidades nem adquirir bens imóveis ou móveis infungíveis de quaisquer órgãos da OAB, ou a estes aliená-los.

Maria poderá firmar contrato gratuito de prestação de serviços com entidades da OAB, ou seja, em sendo oneroso que tornará vedado. *Alternativa A*.

2. **(36º Exame)** O Conselho Seccional X da OAB encontra-se em dificuldades financeiras. Assim, o Conselho Seccional Y pretende socorrê-lo, a fim de preservar a atuação daquele nas defesas dos direitos e prerrogativas dos advogados, por meio da transferência de certos valores em dinheiro e bens móveis, como computadores e impressoras.

Diante do caso hipotético narrado, assinale a afirmativa correta.

(A) É vedada a transferência dos bens móveis e dos recursos em dinheiro do Conselho Seccional Y para o Conselho Seccional X.
(B) A transferência dos bens móveis e dos recursos em dinheiro é permitida mediante autorização do Conselho Federal da OAB.
(C) A transferência dos bens móveis e dos recursos em dinheiro é permitida mediante aprovação por ambos os Conselhos Seccionais.
(D) A transferência dos bens móveis é permitida mediante autorização do Conselho Federal da OAB, e a dos recursos em dinheiro, vedada.

RESPOSTA Nos termos do art. 56, § 5º, do RGEAOAB, qualquer transferência de bens ou recursos de um Conselho Seccional a outro depende de autorização do Conselho Federal. Ademais, registre-se que não há especificação das espécies de bens que poderão ser transferidas de um Conselho Seccional para outro. *Alternativa B*.

3. **(36º Exame)** A diretoria de certa subseção da OAB emitiu decisão no âmbito de suas atribuições. Irresignados, os interessados desejavam manejar recurso em face de tal decisão.

Sobre a hipótese, assinale a afirmativa correta.

(A) A competência privativa para julgar, em grau de recurso, questão decidida pela diretoria da subseção é do Conselho Federal da OAB.
(B) A competência privativa para julgar, em grau de recurso, questão decidida pela diretoria da subseção é do Presidente do Conselho Seccional respectivo da OAB.
(C) A competência privativa para julgar, em grau de recurso, questão decidida pela diretoria da subseção é do Conselho Seccional respectivo da OAB.
(D) A decisão proferida pela diretoria da subseção é irrecorrível.

RESPOSTA Conforme o art. 76 do EAOAB, cabe recurso ao Conselho Seccional de todas as decisões proferidas por seu Presidente, pelo Tribunal de Ética e Disciplina, ou pela diretoria da Subseção ou da Caixa de Assistência dos Advogados. *Alternativa C*.

4. **(35º Exame)** O advogado Cauã Silva foi presidente de certo Conselho Seccional da OAB, tendo seu mandato se encer-

ÉTICA

rado há mais de uma década. Desde então, embora tenha permanecido como aguerrido defensor das prerrogativas e dos direitos dos advogados, Cauã não mais concorreu a nenhum cargo na OAB. Considerando a situação hipotética narrada, assinale a afirmativa correta.

(A) Cauã, quando cessado seu mandato, deixou de integrar o Conselho Seccional da OAB.
(B) Cauã permanece como membro honorário do Conselho Seccional da OAB, mas não tem direito de voto ou de voz nas sessões.
(C) Cauã é ainda membro honorário do Conselho Seccional da OAB e o será de forma vitalícia, tendo, contudo, apenas direito de voz nas sessões.
(D) Cauã permanece como membro honorário do Conselho Seccional da OAB, a quem são conferidos os direitos a voz e voto nas sessões do Conselho.

RESPOSTA De acordo com o art. 56 do EAOAB: "O Conselho Seccional compõe-se de conselheiros em número proporcional ao de seus inscritos, segundo critérios estabelecidos no regulamento geral. § 1º São membros honorários vitalícios os seus ex-presidentes, somente com direito a voz em suas sessões". *Alternativa C.*

5. (35º Exame) Vitor deseja se candidatar ao Cargo de Conselheiro Seccional da OAB. Ao estudar a legislação aplicável, Vitor concluiu que poderia concorrer ao cargo em questão, ainda que

(A) estivesse em atraso com o pagamento da anuidade.
(B) exercesse efetivamente a profissão há menos de 3 (três) anos.
(C) ocupasse cargo de provimento efetivo em órgão da Administração Pública indireta.
(D) tivesse sido condenado por infração disciplinar resultante da prática de crime há mais de um ano, mesmo sem ter obtido a reabilitação criminal.

RESPOSTA De acordo com o art. 63 do EAOAB: A eleição dos membros de todos os órgãos da OAB será realizada na segunda quinzena do mês de novembro, do último ano do mandato, mediante cédula única e votação direta dos advogados regularmente inscritos. (...) § 2º O candidato deve comprovar situação regular perante a OAB, não ocupar cargo exonerável ad nutum, não ter sido condenado por infração disciplinar, salvo reabilitação, e exercer efetivamente a profissão há mais de 3 (três) anos, nas eleições para os cargos de Conselheiro Seccional e das Subseções, quando houver, e há mais de 5 (cinco) anos, nas eleições para os demais cargos. *Alternativa C.*

ATIVIDADES PRIVATIVAS DE ADVOGADO

6. (41º Exame) A advogada Marina prestou consultoria na área de Direito Tributário para uma sociedade empresária, analisando um tema importante para as funções da referida pessoa jurídica.

Sobre a atividade da advogada, de acordo com o Estatuto da Advocacia e da OAB, assinale a afirmativa correta.

(A) A mencionada consultoria deve ser prestada exclusivamente de modo escrito e pressupõe formalização de contrato de honorários.
(B) Se a pessoa jurídica e a advogada assim acordarem, independentemente de mandato ou mesmo da formalização do contrato de honorários, é possível a prestação da consultoria por escrito ou verbalmente.
(C) Caso a consultoria seja prestada verbalmente, a concordância com essa forma deve ser expressa por ambas as partes em contrato escrito de prestação de serviços advocatícios.
(D) A consultoria prestada por Marina pode ser realizada de modo escrito ou verbalmente e, assim, o contrato de prestação de serviços advocatícios pode ser verbal ou escrito, mas é necessária a outorga de mandato.

RESPOSTA Nos termos do art. 5º, § 4º, do EAOAB, as atividades de consultoria e assessoria jurídicas podem ser exercidas de modo verbal ou por escrito, a critério do advogado e do cliente, e independem de outorga de mandato ou de formalização por contrato de honorários. *Alternativa B.*

INSCRIÇÃO NA OAB

7. (41º Exame) Pedro Estrela, brasileiro, natural de Recife/PE, foi preso em flagrante por participar de esquema criminoso envolvendo pirâmides financeiras e por se apresentar como advogado, mesmo sem qualquer formação jurídica. Tendo obtido liberdade provisória, fugiu para o Equador, onde obteve graduação no curso de Direito, em faculdade local.

Muitos anos depois, após ter extinta a punibilidade pelas infrações penais praticadas, decide voltar ao Brasil com a pretensão de exercer a advocacia. Quando da mudança para o Brasil, trouxe sua esposa equatoriana, Soraya, que já exercia a profissão de advogada no Equador.

Considerando o enunciado acima, e a respeito da inscrição na Ordem dos Advogados do Brasil, assinale a afirmativa correta.

(A) Pedro Estrela, desde que atendidos os demais requisitos para a inscrição como advogado, poderá exercer a advocacia no Brasil, independentemente de revalidação do seu diploma, diante do fato de ser brasileiro nato.
(B) Soraya não poderá exercer a profissão de advogada no Brasil, ainda que cumpra os demais requisitos para inscrição na Ordem, porque títulos de graduação obtidos em instituições estrangeiras não são aceitos para comprovação da aptidão por estrangeiros.
(C) O título de graduação obtido por Pedro em instituição estrangeira poderá ser aceito no Brasil, desde que devidamente revalidado, o que não lhe garantirá a inscrição na OAB, diante da necessidade de aprovação no Exame de Ordem, além do preenchimento dos demais requisitos legais, em especial a comprovação de idoneidade moral para a função.
(D) Pedro e Soraya poderão exercer livremente a função de advogado no Brasil, desde que sejam aprovados no Exame de Ordem, porque a aprovação nesse certame convalida os diplomas obtidos no exterior.

RESPOSTA Nos termos do art. 8º, § 2º, do EAOAB, o estrangeiro ou brasileiro, quando não graduado em direito no Brasil, deve fazer prova do título de graduação, obtido em instituição estrangeira, devidamente revalidado, além de atender aos demais requisitos previstos neste artigo. Assim, o título de graduação obtido por Pedro em instituição estrangeira poderá ser aceito no

Brasil, desde que devidamente revalidado, o que não lhe garantirá a inscrição na OAB, diante da necessidade de aprovação no Exame de Ordem, além do preenchimento dos demais requisitos legais, em especial a comprovação de idoneidade moral para a função. *Alternativa C*.

8. (39º Exame) Pedro, cidadão brasileiro, graduou-se em Direito em renomada instituição norte-americana. Caso deseje exercer no Brasil a profissão de advogado, Pedro deverá solicitar inscrição na Ordem dos Advogados do Brasil. Sobre a hipótese, assinale a opção que indica o requisito que, em tal ocasião, Pedro estará dispensado de apresentar.

(A) Revalidação do título de graduação em Direito.
(B) Aprovação em Exame de Ordem.
(C) Ter sido admitido em estágio profissional de advocacia.
(C) Prestação de compromisso perante o conselho.

RESPOSTA No caso em tela, Pedro estará dispensado de apresentar a comprovação de ter sido admitido em estágio profissional de advocacia. *Alternativa C*.

9. (38º Exame) Lucas, estagiário de Direito, descobre que Patrícia, advogada que o supervisiona, teve sua inscrição na OAB cancelada. Na intenção de auxiliar Patrícia a restabelecer o exercício da advocacia, Lucas passa a estudar a legislação que disciplina o tema.

Sobre o cancelamento da inscrição, Lucas concluiu, corretamente, que

(A) deve ter motivo justificado, caso seja solicitada pelo profissional.
(B) a aplicação de penalidade de exclusão impossibilita um novo pedido de inscrição.
(C) deve ser promovido, de ofício, pelo conselho competente, caso decorra do exercício de atividade incompatível com a advocacia.
(D) será restaurado o número cancelado, caso seja feito um novo pedido de inscrição.

RESPOSTA De acordo com o art. 11 do EAOAB, cancela-se a inscrição do profissional que: I - assim o requerer; II - sofrer penalidade de exclusão; III - falecer; IV - passar a exercer, em caráter definitivo, atividade incompatível com a advocacia; V - perder qualquer um dos requisitos necessários para inscrição.

Com base no § 1º do referido dispositivo, ocorrendo uma das hipóteses dos incisos II, III e IV, o cancelamento deve ser promovido, de ofício, pelo conselho competente ou em virtude de comunicação por qualquer pessoa. *Alternativa C*.

10. (38º Exame) O advogado Alex encontra-se licenciado junto à OAB. Assinale a opção que, corretamente, apresenta uma causa para o licenciamento de Alex.

(A) O requerimento de licenciamento, independentemente de motivação, formulado por Alex.
(B) O fato de Alex passar a sofrer de doença física incurável.
(C) O exercício por Alex, de forma definitiva, de atividade incompatível com a advocacia.
(D) O fato de Alex passar a sofrer de doença mental curável.

RESPOSTA Nos termos do art. 12 do EAOAB, licencia-se o profissional que:

I - assim o requerer, por motivo justificado;
II - passar a exercer, em caráter temporário, atividade incompatível com o exercício da advocacia;
III - sofrer doença mental considerada curável. *Alternativa D*.

11. (35º Exame) Antônio, brasileiro, formou-se em Direito em uma renomada Universidade de certo país da América do Sul. Lá, conheceu e casou-se com uma nacional daquele país, Ana, que também se formou em Direito na mencionada universidade. Já graduados, Ana e Antônio decidiram mudar-se para o Brasil, e exercer a advocacia em Minas Gerais, uma vez que se especializaram em determinado ramo do Direito em que há bastante similitude com o Direito do país de origem de Ana. Considerando o caso narrado, assinale a afirmativa correta.

(A) É vedado a Ana o exercício da advocacia no Brasil, salvo, a título precatório, como consultora em Direito Internacional, se não cursar novamente a graduação no nosso país. Antônio, em via diversa, poderá inscrever-se como advogado desde que prove seu título de graduação, obtido na universidade estrangeira, que este seja revalidado e que seja aprovado no Exame de Ordem, cumpridos os demais requisitos legais.
(B) Tanto Ana quanto Antônio poderão inscrever-se como advogados, desde que provem seus títulos de graduação, obtidos na universidade estrangeira, que estes sejam revalidados e que eles sejam aprovados no Exame de Ordem, cumpridos os demais requisitos legais.
(C) É vedado a Ana o exercício da advocacia no Brasil, salvo, a título precatório, como consultora em Direito Internacional, se não cursar novamente a graduação no nosso país. Antônio poderá inscrever-se como advogado desde que prove seu título de graduação, obtido na universidade estrangeira, independentemente de revalidação, e que seja aprovado no Exame de Ordem, cumpridos os demais requisitos legais.
(D) É vedado a Ana e a Antônio o exercício da advocacia no Brasil, salvo, a título precatório, como consultores no Direito estrangeiro, se não cursarem novamente a graduação no nosso país.

RESPOSTA De acordo com o art. 8º, § 2º, do EAOAB, "o estrangeiro ou brasileiro, quando não graduado em Direito no Brasil, deve fazer prova do título de graduação, obtido em instituição estrangeira, devidamente revalidado, além de atender aos demais requisitos previstos neste artigo". *Alternativa B*.

MANDATO JUDICIAL

12. (40º Exame) Sebastião, advogado, celebrou contrato de mandato com o cliente Amir, para representá-lo extrajudicialmente, tendo realizado diligências em prol da resolução do imbróglio. Desde a celebração do mandato, passaram-se mais de 20 (vinte) anos, mas as atividades para as quais Amir contratou Sebastião, por sua própria natureza, se protraíram no tempo, sendo ainda necessárias a Amir. Sobre a hipótese apresentada, assinale a afirmativa correta.

(A) O mandato extinguiu-se pelo decurso do tempo, salvo se previsto prazo diverso no respectivo instrumento.
(B) O mandato extinguiu-se pelo decurso do tempo, sendo vedada a previsão de prazo diverso no respectivo instrumento.

ÉTICA

(C) O mandato não se extinguiu pelo decurso do tempo, salvo se foi consignado prazo no respectivo instrumento.

(D) O mandato não se extinguiu pelo decurso do tempo, sendo vedada a estipulação de prazo no respectivo instrumento.

RESPOSTA O art. 18 do Código de Ética e Disciplina determina que um mandato judicial ou extrajudicial, uma vez concedido, não se extingue automaticamente apenas pelo passar do tempo. Sendo assim, um mandato (ou procuração) permanece válido independentemente do tempo transcorrido desde sua concessão, a menos que o próprio documento da procuração indique uma data específica de validade ou uma condição temporal para sua eficácia. *Alternativa C.*

13. (39º Exame) Luana, advogada especialista em Direito Civil, é procurada por Carla, que busca ajuizar demanda para obtenção de indenização por danos morais e materiais em face de seu vizinho. Ao tomar conhecimento dos fatos, Luana percebe que era o último dia possível para o ajuizamento da ação, visto que a prescrição da pretensão de sua cliente se consumaria no dia seguinte. Luana, então, peticionou, perante o juízo competente, sem, contudo, ter tido tempo hábil para anexar aos autos a procuração de sua cliente, em razão da urgência decorrente da iminente prescrição. Nesse contexto, considerando as disposições do Estatuto da Ordem dos Advogados do Brasil, assinale a afirmativa correta.

(A) A advogada Luana não pode postular em juízo ou fora dele sem procuração, ainda que em situação de alegada urgência.

(B) A urgência, por si só, não é suficiente para justificar a não apresentação da procuração, devendo ser conjugada com iminente risco à integridade física ou à vida do cliente.

(C) Luana não está obrigada a apresentar procuração, visto que o mandato conferido por seus clientes é presumido pelos fatos narrados na inicial e pela documentação que a instrui.

(D) No contexto da iminente prescrição da pretensão de sua cliente, Luana, afirmando urgência, pode atuar sem procuração, obrigando-se a apresentá-la no prazo de quinze dias, prorrogável por igual período.

RESPOSTA O advogado, afirmando urgência, pode atuar sem procuração, obrigando-se a apresentá-la no prazo de quinze dias, prorrogável por igual período, conforme art. 5º, § 1º, do EAOB. *Alternativa D.*

14. (37º Exame) Teresa, advogada contratada por Carina para representar seus interesses em ação judicial, decide renunciar ao mandato. Em 16-2-2023, Teresa redige notificação de renúncia e a envia por meio de correspondência com aviso de recebimento a Carina, que a recebe em 28-2-2023. No dia seguinte, Carina ajusta com a advogada Fernanda que ela passará a representar seus interesses na ação judicial a partir de então, mas ainda não assina nova procuração. Considerando esse cenário, sobre o cumprimento de prazo processual com vencimento no dia 2-3-2023, assinale a afirmativa correta.

(A) Teresa deve cumprir o prazo porque continuará obrigada, durante os dez dias seguintes à notificação de renúncia, a representar Carina, mesmo que tenha sido substituída antes do término desse prazo.

(B) Teresa estará desobrigada do cumprimento do prazo, porque Carina foi notificada da renúncia ao mandato em data anterior ao seu vencimento.

(C) Fernanda não poderá cumprir o prazo, já que somente poderá postular em juízo fazendo prova do mandato.

(D) Fernanda poderá cumprir o prazo, já que, afirmando urgência, poderá atuar sem procuração, obrigando-se a apresentá-la no prazo de quinze dias, prorrogável por igual período.

RESPOSTA Nos termos do art. 5º, §§ 1º e 3º, do EAOAB, Fernanda poderá cumprir o prazo, já que, afirmando urgência, poderá atuar sem procuração, obrigando-se a apresentá-la no prazo de quinze dias, prorrogável por igual período. *Alternativa D.*

15. (35º Exame) Maria, advogada, sente falta de confiança na relação profissional que mantém com Pedro, cliente que representa em ação judicial. Maria externa essa impressão a Pedro, mas as dúvidas existentes não são dissipadas. Maria decide, então, renunciar ao mandato. Considerando essa situação hipotética, é correto afirmar que o ato de renúncia ao patrocínio

(A) excluirá a responsabilidade de Maria por danos eventualmente causados a Pedro após dez dias da notificação, salvo se for substituída antes do término desse prazo.

(B) obrigará Maria a depositar em juízo bens, valores e documentos que lhe hajam sido confiados e ainda estejam em seu poder.

(C) fará cessar de imediato a responsabilidade profissional de Maria pelo acompanhamento da causa.

(D) deverá ser feita sem menção do motivo que a determinou.

RESPOSTA De acordo com o art. 16 do CED, a renúncia ao patrocínio deve ser feita sem menção ao motivo que a determinou, fazendo cessar a responsabilidade profissional pelo acompanhamento da causa, uma vez decorrido o prazo previsto em lei (EAOAB, art. 5º, § 3º). *Alternativa D.*

DEVERES DOS ADVOGADOS

16. (41º Exame) Ana Júlia, recentemente aprovada no Exame da Ordem dos Advogados do Brasil, aspira exercer sua nova atividade profissional de maneira comprometida com os deveres éticos e valores inerentes à elevada função pública da profissão.

Nesse sentido, assinale a afirmativa que corretamente descreve a hipótese de cumprimento de dever ético por Ana Júlia.

(A) Ana Júlia deverá, sempre que possível, estimular a conciliação e a mediação entre os litigantes, entendendo-se diretamente com a parte adversa, cujo eventual patrono constituído, na hipótese de haver a solução do conflito, deverá ser ulteriormente comunicado.

(B) Nos pleitos administrativos ou judiciais em que ingressar, Ana Júlia deverá atuar com destemor e independência, especialmente perante aquelas autoridades com as quais tenha vínculos negociais ou familiares.

(C) Ana Júlia deverá pugnar pela solução dos problemas da cidadania e pela efetivação dos direitos individuais, coletivos e difusos, dever que pode ser cumprido, por exemplo, com a adoção de política permanente de contratação de honorários advocatícios em valores abaixo da tabela da OAB.

(D) No exercício do seu mandato, Ana Júlia deverá atuar como patrona da parte e, portanto, imprimir à causa orientação que lhe pareça mais adequada, procurando esclarecer a estratégia traçada ao cliente, mas sem se subordinar às suas intenções contrárias.

RESPOSTA Nos termos do art. 11, do CED, o advogado, no exercício do mandato, atua como patrono da parte, cumprindo-lhe, por isso, imprimir à causa orientação que lhe pareça mais adequada, sem se subordinar a intenções contrárias do cliente, mas, antes, procurando esclarecê-lo quanto à estratégia traçada. *Alternativa D.*

17. (41º Exame) O empresário João Pedro, movido pelo sentimento de vingança, contrata o advogado Beraldo para propor ação de cobrança contra seu ex-sócio Marcos, apresentando frágeis documentos que comprovariam uma suposta dívida.

A ação foi proposta e, concedida medida cautelar pelo juiz da causa, gerou diversos danos a Marcos, a partir da indisponibilidade de seus bens e do bloqueio de todos os seus ativos bancários *initio litis*. Ao final, porém, o pedido foi julgado totalmente improcedente, sendo expressamente reconhecida a lide temerária.

Acerca da responsabilidade do advogado nessa hipotética situação, assinale a afirmativa correta.

(A) Beraldo poderá ser responsabilizado subsidiariamente pelos prejuízos causados, caso demonstrada culpa ou dolo no exercício da profissão, o que deverá ser apurado nos próprios autos.

(B) Beraldo e João Pedro poderão ser responsabilizados solidariamente pelos prejuízos causados, desde que demonstrada a coligação entre ambos para lesar Marcos, o que deverá ser apurado em ação própria.

(C) Beraldo não poderá ser responsabilizado pelos prejuízos causados, pois o Estatuto da Advocacia e da OAB não prevê consequência jurídica para a hipótese de lide temerária.

(D) Beraldo poderá ser responsabilizado solidariamente pelos prejuízos causados, desde que seja demonstrada a coligação com João Pedro para lesar Marcos, o que deverá ser apurado nos próprios autos.

RESPOSTA Conforme art. 32, parágrafo único, do EAOAB, em caso de lide temerária, o advogado será solidariamente responsável com seu cliente, desde que coligado com este para lesar a parte contrária, o que será apurado em ação própria. Dessa forma, Beraldo e João Pedro poderão ser responsabilizados solidariamente pelos prejuízos causados, desde que demonstrada a coligação entre ambos para lesar Marcos, o que deverá ser apurado em ação própria. *Alternativa B.*

HONORÁRIOS ADVOCATÍCIOS

18. (41º Exame) Gilson, advogado recém inscrito nos quadros da Ordem dos Advogados do Brasil, estava em dúvida entre constituir sociedade unipessoal de advocacia, o que, em seu entender, lhe traria maior autonomia e liberdade, ou aceitar a proposta recebida da sociedade empresária XYZ, para atuar como advogado empregado em regime de dedicação exclusiva.

Após estudar a legislação correlata, Gilson aceitou a proposta de emprego da sociedade empresária XYZ. Acerca desse vínculo contratual, de acordo com o texto legal do Estatuto da Advocacia, assinale a afirmativa correta.

(A) Nas causas em que Gilson atuar como advogado empregado da empresa XYZ, ou de pessoa por esta representada, os honorários de sucumbência lhe pertencerão.

(B) Gilson estará eticamente obrigado a prestar serviços profissionais de interesse pessoal dos diretores da sociedade empresária XYZ.

(C) A jornada de trabalho de Gilson não poderá exceder a duração diária de 4 (quatro) horas contínuas e a de 20 (vinte) horas semanais.

(D) Em virtude da dedicação exclusiva, Gilson não poderá ser remunerado pelas horas trabalhadas excedentes à jornada normal prevista na legislação.

RESPOSTA De acordo com o art. 21 do Estatuto da Advocacia, os honorários de sucumbência pertencem ao advogado empregado, mesmo que ele atue em nome da empresa ou de pessoa por esta representada. Desta forma, nas causas em que Gilson atuar como advogado empregado da empresa XYZ, ou de pessoa por esta representada, os honorários de sucumbência lhe pertencerão. *Alternativa A.*

19. (39º Exame) O advogado Edson foi contratado para prestar a um cliente assessoria jurídica quanto a uma questão imobiliária. Considerando o caso hipotético, assinale a afirmativa correta.

(A) Edson pode prestar a assessoria de modo verbal. Também não é necessária a outorga de mandato ou formalização por contrato de honorários.

(B) Edson deve prestar a assessoria de modo escrito. Faz-se necessária a outorga de mandato, mesmo que não haja formalização por contrato de honorários.

(C) Edson pode prestar assessoria de modo verbal. É necessária a outorga de mandato, mesmo que não haja formalização por contrato de honorários.

(D) Edson deve prestar a assessoria de modo escrito, mas não é necessária a outorga de mandato ou formalização por contrato de honorários.

RESPOSTA Conforme previsto no art. 5º, § 4º, do Estatuto da OAB, as atividades de consultoria e assessoria jurídicas podem ser exercidas de modo verbal ou por escrito, a critério do advogado e do cliente, e independem de outorga de mandato ou de formalização por contrato de honorários. *Alternativa A.*

20. (38º Exame) Teresa Silva, advogada atuante na área criminal, tem como clientes Luiz, acusado de tráfico ilícito de drogas, e Roberto, acusado de crimes contra o sistema financeiro nacional.

Após serem proferidas decisões judiciais que determinam o bloqueio universal dos patrimônios de Luiz e Roberto, Teresa se indaga a respeito dos meios disponíveis para obter os valores necessários ao reembolso de gastos com a defesa e ao recebimento de honorários desses clientes.

Sobre esse assunto, é correto concluir que

(A) garantir-se-á a Teresa a liberação de 20% (vinte por cento) dos bens bloqueados de Luiz para o fim de reembolso de gastos com a defesa, vedado o recebimento de honorários.

ÉTICA

(B) garantir-se-á a Teresa a liberação de 20% (vinte por cento) dos bens bloqueados de Roberto para o fim de reembolso de gastos com a defesa e o recebimento de honorários.
(C) Teresa poderá optar pela venda de bens de Luiz em hasta pública para o reembolso de gastos com a defesa.
(D) Teresa não poderá realizar a adjudicação de bens de Roberto para a satisfação dos honorários devidos.

RESPOSTA Com base no art. 24-A do EAOAB, no caso de bloqueio universal do patrimônio do cliente por decisão judicial, garantir-se-á ao advogado a liberação de até 20% (vinte por cento) dos bens bloqueados para fins de recebimento de honorários e reembolso de gastos com a defesa, ressalvadas as causas relacionadas aos crimes previstos na Lei n. 11.343, de 23 de agosto de 2006 (Lei de Drogas), e observado o disposto no parágrafo único do art. 243 da CF. *Alternativa B.*

21. (37º Exame) A advogada Celina celebrou com a cliente Camila um contrato de prestação de serviços advocatícios. Na cláusula X, foi disposto que a extensão do patrocínio é limitada ao primeiro grau de jurisdição. Na cláusula W, foi disposto valor diverso de honorários contratuais para a hipótese de a causa encerrar-se por acordo. Considerando o informado sobre o contrato realizado, de acordo com o Código de Ética e Disciplina da OAB, assinale a afirmativa correta.

(A) A cláusula X é vedada, pois não se admite tal limitação de atuação em grau de jurisdição. A cláusula W também é vedada, pois não se admite a previsão de valores diversos de honorários em caso de acordo.
(B) O conteúdo da cláusula W, com disposição de valor diverso de honorários contratuais para a hipótese de a causa encerrar-se por acordo pode ser incluído no contrato sem que isso implique ilegalidade. A limitação de atuação em grau de jurisdição prevista na mencionada cláusula X encontra vedação legal.
(C) A cláusula X é permitida. Por sua vez, a cláusula W é vedada, pois não se admite a previsão de valores diversos de honorários em caso de acordo.
(D) As duas cláusulas narradas não violam a disciplina do citado Código de Ética e Disciplina da OAB.

RESPOSTA Nos termos do art. 48, *caput* e § 1º, do CED, a disposição em cláusula acerca da extensão do patrocínio, sendo esta limitada ao primeiro grau de jurisdição, assim como a cláusula dispondo sobre valor diverso de honorários contratuais para a hipótese de a causa encerrar-se por acordo, não violam a disciplina do citado Código de Ética e Disciplina da OAB. *Alternativa D.*

22. (36º Exame) Celso, advogado, foi contratado por Maria, servidora pública, para ajuizar ação com pedido de pagamento de determinada gratificação. O contrato celebrado entre eles prevê que Celso somente receberá honorários caso a demanda seja exitosa, em percentual do proveito econômico obtido por Maria.
Em tal caso, é correto afirmar que

(A) os honorários contratuais não poderão incidir sobre o valor das parcelas vincendas da gratificação.
(B) os honorários foram pactuados de forma correta, já que, nessa hipótese, deveriam ser necessariamente representados por pecúnia.
(C) os honorários não podem ser superiores às vantagens advindas a favor de Maria, exceto se acrescidos aos honorários de sucumbência.
(D) os honorários contratuais não poderão incidir sobre o valor das parcelas vencidas da gratificação.

RESPOSTA Conforme o art. 50 do CED, na hipótese da adoção de cláusula *quota litis*, os honorários devem ser necessariamente representados por pecúnia e, quando acrescidos dos honorários da sucumbência, não podem ser superiores às vantagens advindas a favor do cliente. *Alternativa B.*

23. (36º Exame) Hildegardo dos Santos, advogado, é contratado em regime de dedicação exclusiva como empregado da sociedade XPTO Advogados Associados. Em tal condição, Hildegardo atuou no patrocínio dos interesses de cliente da sociedade de advogados que se sagrou vencedor em demanda judicial.
Hildegardo, diante dessa situação, tem dúvidas a respeito do destino dos honorários de sucumbência que perceberá, a serem pagos pela parte vencida na demanda judicial.
Ao consultar a legislação aplicável, ele ficou sabendo que os honorários

(A) serão devidos à sociedade empregadora.
(B) constituem direito pessoal do advogado empregado.
(C) serão devidos à sociedade empregadora, podendo ser partilhados com o advogado empregado, caso estabelecido em acordo coletivo ou convenção coletiva.
(D) serão partilhados entre o advogado empregado e a sociedade empregadora, na forma estabelecida em acordo.

RESPOSTA Nos termos do art. 21, parágrafo único, do EAOAB, os honorários de sucumbência, percebidos por advogado empregado de sociedade de advogados são partilhados entre ele e a empregadora, na forma estabelecida em acordo. *Alternativa D.*

24. (35º Exame) Em certa comarca, em razão da insuficiência do número de defensores públicos em atuação, o Juiz Caio nomeou o advogado Pedro para defender um réu juridicamente necessitado. Quanto aos honorários a serem recebidos por Pedro, assinale a afirmativa correta.

(A) Pedro apenas terá direito ao recebimento de honorários na hipótese de a parte contrária ser sucumbente, a serem pagos pelo autor.
(B) Pedro tem direito a honorários fixados pelo juiz, independentemente de sucumbência, a serem pagos pelo Estado, segundo a tabela organizada pelo Conselho Seccional da OAB.
(C) Pedro tem direito a honorários fixados pelo juiz, independentemente de sucumbência, a serem pagos pela Defensoria Pública, segundo a tabela organizada pelo Defensor Público Geral do Estado.
(D) Pedro apenas terá direito ao recebimento de honorários na hipótese de a parte contrária ser sucumbente, a serem pagos pela Defensoria Pública.

RESPOSTA De acordo com o art. 22 do EAOAB, "a prestação de serviço profissional assegura aos inscritos na OAB o direito aos honorários convencionados, aos fixados por arbitramento judicial e aos de sucumbência. § 1º O advogado, quando indicado para patrocinar causa de juridicamente necessitado, no caso de impossibilidade da Defensoria Pública no local da prestação de serviço, tem direito aos honorários fixados pelo juiz, segundo tabela organizada pelo Conselho Seccional da OAB, e pagos pelo Estado". *Alternativa B.*

PRINCÍPIOS GERAIS – ÉTICA

25. (41º Exame) Atena, médica oftalmologista, e Dionísio, advogado atuante em Direito de Família, são casados há 5 anos e residem em casa alugada na cidade de Uberaba/MG.

Sendo ambos iniciantes em suas respectivas profissões e visando evitar gastos, decidem instalar seus escritórios profissionais na própria casa em que residem. Assim, montaram um consultório médico e um escritório de advocacia na parte frontal da residência e anunciaram conjuntamente, em outdoor próximo, os serviços médicos e advocatícios, em publicidade que ressaltou o fato de serem casados.

Acerca dos limites das atividades de advocacia e da publicidade do advogado, conforme o Código de Ética e Disciplina e o Estatuto da Ordem dos Advogados do Brasil, assinale a afirmativa correta.

(A) Atena e Dionísio poderão constituir seus escritórios profissionais no mesmo imóvel, bem como divulgar seus respectivos trabalhos conjuntamente, desde que o outdoor em que incluírem a publicidade seja de pequeno porte.

(B) A divulgação dos serviços de advocacia em conjunto com serviços médicos não é vedada, desde que tenha caráter meramente informativo e zele pela discrição e sobriedade.

(C) Dionísio não poderá anunciar seus serviços advocatícios em conjunto com outras atividades, ainda que com sua esposa que exerce a medicina, pois o Estatuto da Ordem e o Código de Ética e Disciplina proíbem tal conduta de forma peremptória.

(D) A divulgação conjunta dos serviços médicos e advocatícios será permitida, excepcionalmente, neste caso, porque Atena e Dionísio são casados e moram na mesma residência, de modo que não lhes seria possível exigir conduta diversa.

RESPOSTA Nos termos do art. 40, IV, do CED, e do art. 1º, § 3º, do EAOAB, Dionísio não pode anunciar seus serviços advocatícios em conjunto com outras atividades, mesmo que seja com sua esposa que exerce a medicina, pois o Estatuto da OAB e o Código de Ética e Disciplina vedam a divulgação de serviços de advocacia juntamente com a de outras atividades ou a indicação de vínculos entre uns e outras. *Alternativa C.*

26. (40º Exame) Pedro, contador com vasta experiência e sólida carreira, decide fazer uma segunda graduação, tornando-se bacharel em Direito. Depois da aprovação no Exame de Ordem Unificado e da inscrição nos quadros da Ordem dos Advogados do Brasil, Pedro pretende continuar prestando serviços contábeis, sem prejuízo do exercício concomitante da nova atividade. Acerca da intenção de Pedro, bem como dos limites ético-normativos para a publicidade profissional da sua nova atividade, assinale a afirmativa correta.

(A) Pedro não poderá exercer de modo concomitante as atividades de contador e advogado, pois, de acordo com o Estatuto da Advocacia e da OAB, a prestação de serviços contábeis é incompatível com o exercício simultâneo da advocacia.

(B) Não há óbice ético para o duplo exercício das atividades de contador e advogado, podendo Pedro se valer da divulgação conjunta dos serviços oferecidos, desde que não seja por meio de inscrições em muros, paredes, veículos, elevadores ou em qualquer espaço público.

(C) Embora não haja incompatibilidade para o exercício concomitante das duas atividades, não será permitido a Pedro divulgar sua nova profissão de modo conjunto com a de contador.

(D) Pedro poderá fazer uso de mala direta, distribuição de panfletos ou formas assemelhadas de publicidade, visando a captação de clientela para a sua nova atividade, mas não poderá mencionar, nessa publicidade, os serviços de contabilidade.

RESPOSTA De acordo com o art. 28 do Estatuto da Advocacia e da OAB (Lei n. 8.906/94), não existe incompatibilidade para que Pedro exerça simultaneamente as profissões de contador e advogado. No entanto, as normas éticas e o Código de Ética e Disciplina da OAB determinam que a publicidade profissional do advogado deve ser moderada e discreta, proibindo a divulgação conjunta de serviços de advocacia com qualquer outra atividade, nos termos do art. 40, IV, do CED. Portanto, Pedro não poderá anunciar sua nova profissão de advogado ao mesmo tempo que exerce a de contador. *Alternativa C.*

27. (39º Exame) O advogado Pedro, regularmente inscrito na OAB, deseja ser sócio de determinada sociedade de advogados. É seu intuito, ainda, ser escolhido sócio administrador da mencionada sociedade de advogados. Não obstante, Pedro atua, e continuará atuando, como servidor da administração pública indireta. À luz do Estatuto da Advocacia e da OAB, assinale a afirmativa correta.

(A) Pedro poderá ser sócio da sociedade de advogados e ocupar a posição de sócio administrador, exceto se for sujeito a regime de dedicação exclusiva.

(B) Há vedação legal a que Pedro seja sócio da sociedade de advogados.

(C) Pedro poderá ser sócio da sociedade de advogados. Todavia, não é autorizado que ocupe a posição de sócio administrador, independentemente do regime a que sujeito.

(D) Pedro poderá ser sócio da sociedade de advogados. De igual maneira, mesmo que o regime a que submetido seja de dedicação exclusiva, Pedro poderá ser sócio administrador da sociedade de advogados.

RESPOSTA Nas sociedades de advogados, a escolha do sócio-administrador poderá recair sobre advogado que atue como servidor da administração direta, indireta e fundacional, desde que não esteja sujeito ao regime de dedicação exclusiva, conforme art. 18, § 8º, do EAOAB. *Alternativa A.*

28. (38º Exame) Uma sociedade de advogados decidiu patrocinar a realização de um evento, sob o formato de um congresso, em certo hotel de lazer do tipo "resort", que conta com área de conferências, com o explícito fim de publicidade de suas atividades profissionais.

Considerando a forma de publicidade escolhida, assinale a afirmativa correta.

(A) Não é autorizada, independentemente de quem seja o público convidado para o evento, tendo em vista o local escolhido.

ÉTICA

Todavia, se o congresso fosse realizado em local diverso do hotel selecionado, seria admitido o seu patrocínio como meio de publicidade.
(B) É admitida, desde que os participantes sejam apenas integrantes da sociedade de advogados, funcionários ou clientes.
(C) É autorizada, sendo admitida a participação de clientes da sociedade de advogados e de interessados do meio jurídico.
(D) não é autorizada, independentemente de quem seja o público convidado para o evento, ou do local onde realizado.

RESPOSTA Segundo o art. 45 do CED, são admissíveis como formas de publicidade o patrocínio de eventos ou publicações de caráter científico ou cultural, assim como a divulgação de boletins, por meio físico ou eletrônico, sobre matéria cultural de interesse dos advogados, desde que sua circulação fique adstrita a clientes e a interessados do meio jurídico. Além disso, conforme o § 4º do art. 4º do Provimento 205/2021 do mesmo dispositivo, quando se tratar de venda de bens e eventos (livros, cursos, seminários ou congressos), cujo público-alvo sejam advogados(as), estagiários(as) ou estudantes de direito, poderá ser utilizada a publicidade ativa, observadas as limitações do *caput* deste artigo. *Alternativa C.*

29. (36º Exame) A advogada Carolina e a estagiária de Direito Beatriz, que com ela atua, com o intuito de promover sua atuação profissional, valeram-se, ambas, de meios de publicidade vedados no Código de Ética e Disciplina da OAB.
Após a verificação da irregularidade, indagaram sobre a possibilidade de celebração de termo de ajustamento de conduta tendo, como objeto, a adequação da publicidade.
Considerando o caso narrado, assinale a afirmativa correta.
(A) É admitida a celebração do termo de ajustamento de conduta apenas no âmbito do Conselho Federal da OAB, para fazer cessar a publicidade praticada pela advogada Carolina e pela estagiária Beatriz.
(B) É admitida a celebração do termo de ajustamento de conduta, no âmbito do Conselho Federal da OAB ou dos Conselhos Seccionais, para fazer cessar a publicidade praticada pela advogada Carolina, mas é vedado que o termo de ajustamento de conduta abranja a estagiária Beatriz.
(C) É vedada pelo Código de Ética e Disciplina da OAB a possibilidade de celebração de termo de ajustamento de conduta no caso narrado, uma vez que se trata de infração ética.
(D) É admitida a celebração do termo de ajustamento de conduta no âmbito do Conselho Federal da OAB ou dos Conselhos Seccionais, para fazer cessar a publicidade praticada pela advogada Carolina e também pela estagiária Beatriz.

RESPOSTA Será admitida a celebração de termo de ajustamento de conduta no âmbito dos Conselhos Seccionais e do Conselho Federal para fazer cessar a publicidade irregular praticada por advogados e estagiários, nos termos do art. 47-A do CED. *Alternativa D.*

ESTAGIÁRIO

30. (35º Exame) O estagiário de Direito Jefferson Santos, com o objetivo de divulgar a qualidade de seus serviços, realizou publicidade considerada irregular por meio da Internet, por resultar em captação de clientela, nos termos do Código de Ética e Disciplina da OAB. Quanto aos instrumentos admitidos no caso em análise, assinale a afirmativa correta.
(A) É admitida a celebração de termo de ajustamento de conduta, tanto no âmbito dos Conselhos Seccionais quanto do Conselho Federal, para fazer cessar a publicidade irregular praticada.
(B) Não é permitida a celebração de termo de ajustamento de conduta, tendo em vista tratar-se de estagiário.
(C) É admitida a celebração de termo de ajustamento de conduta para fazer cessar a publicidade irregular praticada, que deverá seguir regulamentação constante em provimentos de cada Conselho Seccional, quanto aos seus requisitos e condições.
(D) Não é permitida a celebração de termo de ajustamento de conduta, tendo em vista a natureza da infração resultante da publicidade irregular narrada.

RESPOSTA "Art. 47-A. Será admitida a celebração de termo de ajustamento de conduta no âmbito dos Conselhos Seccionais e do Conselho Federal para fazer cessar a publicidade irregular praticada por advogados e estagiários. Parágrafo único. O termo previsto neste artigo será regulamentado mediante edição de provimento do Conselho Federal, que estabelecerá seus requisitos e condições". *Alternativa A.*

31. (35º Exame) João é estagiário de Direito. É vedado a João praticar isoladamente – isto é, sem atuar em conjunto com o advogado ou o defensor público que o supervisiona – o seguinte ato:
(A) assinar petições de juntada de documentos a processos judiciais.
(B) obter junto aos escrivães e chefes de secretarias certidões de peças de processos em curso.
(C) comparecer à prática de atos extrajudiciais, sem autorização ou substabelecimento do advogado.
(D) retirar e devolver autos em cartório, assinando a respectiva carga.

RESPOSTA Segundo o art. 29 do Regulamento Geral do Estatuto da OAB: "Os atos de advocacia, previstos no Art. 1º do Estatuto, podem ser subscritos por estagiário inscrito na OAB, em conjunto com o advogado ou o defensor público. § 1º O estagiário inscrito na OAB pode praticar isoladamente os seguintes atos, sob a responsabilidade do advogado:
I – retirar e devolver autos em cartório, assinando a respectiva carga;
II – obter junto aos escrivães e chefes de secretarias certidões de peças ou autos de processos em curso ou findos;
III – assinar petições de juntada de documentos a processos judiciais ou administrativos.
§ 2º Para o exercício de atos extrajudiciais, o estagiário pode comparecer isoladamente, quando receber autorização ou substabelecimento do advogado". *Alternativa C.*

DIREITO DOS ADVOGADOS

32. (41º Exame) O juízo criminal da Comarca de ABC expediu mandado de prisão preventiva em desfavor de Saulo, o qual, no momento do cumprimento da medida, telefonou para sua amiga, a advogada criminalista Janete, rogando-lhe verbalmente que verificasse as razões daquela prisão, bem como levantasse outras informações sobre a investigação contra si instaurada.

Ao se dirigir à autoridade policial responsável, Janete foi informada de que não poderia ter acesso aos autos do flagrante e nem aos do respectivo caderno apuratório, uma vez que não apresentou prova do mandato e os autos estão integralmente submetidos a sigilo.

Com base nessas informações, e considerados os direitos da advocacia, assinale a afirmativa correta.

(A) A negativa de acesso aos autos, na hipótese, possui respaldo legal, uma vez que, estando os autos submetidos a sigilo, o acesso de Janete dependeria da apresentação de procuração.
(B) O Estatuto da Advocacia e da OAB assegura o direito de Janete de examinar os autos do flagrante e do respectivo caderno apuratório, mesmo sem procuração, ainda que submetidos a sigilo.
(C) Na hipótese de haver diligências em andamento, a negativa de acesso aos autos da investigação possui suporte legal, extensiva aos elementos de prova já documentados, oriundos de diligências finalizadas.
(D) É vedado o fornecimento incompleto de autos ou o fornecimento de autos em que houve a retirada de peças relacionadas a diligências sigilosas em andamento, sob pena de responsabilização criminal e funcional.

RESPOSTA Nos termos do art. 7º, XIV, do EAOAB, são direitos dos advogados examinar, em qualquer instituição responsável por conduzir investigação, mesmo sem procuração, autos de flagrante e de investigações de qualquer natureza, findos ou em andamento, ainda que conclusos à autoridade, podendo copiar peças e tomar apontamentos, em meio físico ou digital. No entanto, o § 10 do supracitado artigo diz que, nos autos sujeitos a sigilo, deve o advogado apresentar procuração para o exercício dos direitos de que trata o inciso XIV. *Alternativa A.*

33. (40º Exame) Monique, advogada regularmente inscrita nos quadros da OAB, é investigada em inquérito policial por supostos crimes praticados por motivo ligado ao exercício da advocacia, tendo sido presa em flagrante, por crime da mesma espécie, em seu escritório, enquanto atendia a uma de suas clientes. Considerando as disposições do Estatuto da Advocacia, é correto afirmar que

(A) Monique tem direito à presença de representante da OAB para lavratura do auto de prisão em flagrante, visto que se trata de suposto crime por motivo ligado ao exercício da advocacia, sob pena de nulidade.
(B) não há qualquer direito ou prerrogativa conferida pela legislação no caso em tela, devendo Monique receber tratamento idêntico ao dado a outros indivíduos não advogados, em razão do princípio da igualdade.
(C) a presença de representante da OAB no momento da lavratura do auto de prisão em flagrante será devida ainda que não se trate de motivo ligado ao exercício da advocacia, visto que se cuida de direito conferido ao advogado em todo e qualquer crime por ele cometido.
(D) o representante da OAB para acompanhar a lavratura do auto de prisão em flagrante, pode ser substituído por representante da Defensoria Pública, visto que ambos podem figurar como defensores.

GABARITO É obrigatório que um representante da OAB esteja presente durante a prisão em flagrante de um advogado, conforme estabelece o art. 7º, IV, da Lei n. 8.906/94 (Estatuto da Advocacia). Dessa forma, Monique tem direito à presença de representante da OAB para lavratura do auto de prisão em flagrante, visto que se trata de suposto crime por motivo ligado ao exercício da advocacia, sob pena de nulidade. *Alternativa A.*

34. (40º Exame) Mariângela, advogada trabalhista, foi intimada pelo juízo da Vara do Trabalho de sua cidade para comparecer à audiência una, designada para 16h15 de determinado dia. Por estar amamentando sua filha Manuela, recém-nascida, Mariângela protocolou petição nos autos do respectivo processo, requerendo preferência na ordem das audiências, mediante comprovação da sua condição. O juiz, contudo, indeferiu o pedido, com o argumento de que a causa é copatrocinada por uma segunda advogada, conforme procuração constante dos autos, a qual poderia participar do ato. A respeito da hipótese narrada, assinale a afirmativa correta.

(A) Diante da constatação de que há duas advogadas constituídas pela parte, e à míngua de previsão legal, a condição de lactante de Mariângela não é suficiente para o deferimento do pedido de preferência.
(B) Conquanto inexista previsão legal para o pedido formulado por Mariângela, o juiz deveria ter deferido o pleito com base na práxis judiciária e no princípio da razoabilidade.
(C) Apenas se Mariângela comprovasse ser a única patrona da causa, haveria previsão legal para que o pedido de preferência fosse atendido.
(D) Mariângela tem o direito de preferência assegurado em lei, independentemente de haver outra advogada constituída nos autos.

RESPOSTA Conforme o art. 7º-A, III e § 1º, do Estatuto da Advocacia e da OAB (Lei n. 8.906/94), as advogadas que estão amamentando têm direito a um atendimento prioritário nas audiências. Essa prerrogativa é garantida pela legislação, independentemente da presença de outro advogado já constituído nos processos. Dessa forma, o *status* de lactante proporciona à advogada prioridade, com o intuito de proteger a saúde tanto da mãe quanto do bebê. *Alternativa D.*

35. (39º Exame) Durante audiência de instrução e julgamento da qual participou na qualidade de advogado, Robson foi comprovadamente ofendido por palavras desferidas pelo juiz que presidia o ato. Abalado em razão desse fato, Robson decide buscar as informações necessárias para obter desagravo público perante o Conselho Seccional competente da OAB. A esse respeito, assinale a afirmativa correta.

(A) O relator deverá solicitar informações da autoridade ofensora, como condição para a concessão do desagravo.
(B) Não há previsão legal ou regulamentar de prazo máximo para concessão do desagravo, em caso de acolhimento do parecer do relator, aplicando-se o princípio da Duração Razoável do Processo.

ÉTICA

(C) O desagravo será concedido em sessão realizada para essa finalidade, amplamente divulgada, sendo vedada, em qualquer caso, a concessão imediata.
(D) A sessão de desagravo deverá ser realizada, preferencialmente, no local onde a ofensa foi sofrida ou onde se encontre a autoridade ofensora.

RESPOSTA Em caso de acolhimento do parecer, é designada a sessão de desagravo, amplamente divulgada, devendo ocorrer, no prazo máximo de 30 (trinta) dias, preferencialmente, no local onde a ofensa foi sofrida ou onde se encontre a autoridade ofensora, conforme art. 18, § 6º, do Regulamento Geral. *Alternativa D.*

36. (38º Exame) A medida cautelar de busca e apreensão a ser cumprida no escritório do advogado José foi regularmente deferida, por Juízo competente. Considerou o magistrado que havia nos autos indícios de autoria e materialidade da prática de crime por José, juntamente com um cliente seu, de nome Oswaldo.

Quanto à situação hipotética narrada, assinale a afirmativa correta.

(A) É dever do representante da OAB presente ao ato, durante o cumprimento do mandado de busca e apreensão, impedir que documentos referentes a outros processos em face de Oswaldo, não relacionados ao objeto da investigação que ensejou a cautelar, sejam retirados do escritório, exceto se o volume ou natureza dos objetos impedirem o resguardo do sigilo através da cadeia de custódia.
(B) A análise dos documentos apreendidos deve ser feita mediante comunicação prévia ao Conselho Federal da OAB, com antecedência mínima e impreterível de 48 horas.
(C) Caso seja essencial à sua defesa no processo criminal, é admitido que José efetue colaboração premiada em face de Oswaldo, desde que haja confirmação das imputações por outros meios de prova.
(D) É direito de José estar presente na ocasião designada para análise do conteúdo dos documentos apreendidos, quando do cumprimento do mandado de busca e apreensão.

RESPOSTA Com base no art. 7º, § 6º-C, do EAOAB, o representante da OAB referido no § 6º deste artigo tem o direito a ser respeitado pelos agentes responsáveis pelo cumprimento do mandado de busca e apreensão, sob pena de abuso de autoridade, e o dever de zelar pelo fiel cumprimento do objeto da investigação, bem como de impedir que documentos, mídias e objetos não relacionados à investigação, especialmente de outros processos do mesmo cliente ou de outros clientes que não sejam pertinentes à persecução penal, sejam analisados, fotografados, filmados, retirados ou apreendidos do escritório de advocacia.

No mais, o art. 7º, § 6º-D, do EAOAB, dispõe que no caso de inviabilidade técnica quanto à segregação da documentação, da mídia ou dos objetos não relacionados à investigação, em razão da sua natureza ou volume, no momento da execução da decisão judicial de apreensão ou de retirada do material, a cadeia de custódia preservará o sigilo do seu conteúdo, assegurada a presença do representante da OAB, nos termos dos §§ 6º-F e 6º-G deste artigo.

Por fim, o § 6º-F informa que é garantido o direito de acompanhamento por representante da OAB e pelo profissional investigado durante a análise dos documentos e dos dispositivos de armazenamento de informação pertencentes a advogado, apreendidos ou interceptados, em todos os atos, para assegurar o cumprimento do disposto no inciso II do *caput* deste artigo. *Alternativa D.*

37. (38º Exame) Maria, advogada regularmente inscrita na OAB, encontra-se gestante. Em razão de sua condição, Maria tem direitos específicos previstos no Estatuto da Advocacia e da OAB.

Assinale a opção que apresenta, corretamente um desses direitos.

(A) Durante a gravidez, ela terá direito a uma vaga garantida nas garagens dos fóruns de todos os tribunais.
(B) Durante a gravidez ela terá preferência na realização das audiências a serem realizadas no dia, independentemente de comprovação de sua condição.
(C) Após dar à luz, ela terá direito à suspensão dos prazos processuais por 60 (sessenta) dias, contados a partir da data do parto, se for a única patrona da causa.
(D) Após dar à luz, ela terá preferência na ordem das sustentações orais, mediante comprovação de sua condição, pelo período de 90 (noventa) dias, contados a partir da data do parto.

RESPOSTA São direitos da advogada, com base no art. 7º-A do EAOAB, I – gestante: a) entrada em tribunais sem ser submetida a detectores de metais e aparelhos de raios X; b) reserva de vaga em garagens dos fóruns dos tribunais. *Alternativa A.*

SOCIEDADE DE ADVOGADOS

38. (40º Exame) Determinada sociedade de advogados deseja se associar a advogados que não a integram para prestação de serviços e participação nos resultados. Segundo a legislação aplicável à formalização desse vínculo jurídico, assinale a opção que indica, corretamente, a conclusão dos administradores da sociedade de advogados.

(A) O contrato de associação não pode ser pactuado em caráter geral, devendo restringir-se a causas ou trabalhos específicos, sob pena de se configurarem os requisitos legais de vínculo empregatício.
(B) O contrato de associação deverá ser registrado no Conselho Seccional da OAB em cuja base territorial tiver sede a sociedade de advogados.
(C) O contrato de associação poderá atribuir a totalidade dos riscos à sociedade de advogados, mas não exclusivamente a um advogado sócio ou associado.
(D) O advogado não pode, simultaneamente, celebrar contrato de associação com mais de uma sociedade de advogados com sede ou filial na mesma área territorial do respectivo Conselho Seccional.

RESPOSTA De acordo com a legislação vigente, mais precisamente nos termos do art. 17-B do EAOAB (Lei n. 8.906-1994), é imprescindível que o contrato de associação entre advogados e sociedades de advogados seja registrado no Conselho Seccional da OAB correspondente à localização da sede da sociedade. A finalidade desse procedimento é garantir que as associações de advogados operem de acordo com os princípios éticos e legais que regem a profissão, promovendo a transparência e a responsabilidade nas relações profissionais. Além disso, o registro serve como um mecanismo de controle, permitindo à OAB supervisionar as atividades das sociedades de advogados e assegurar que estejam atuando dentro das diretrizes da legislação pertinente. *Alternativa B.*

39. (39º Exame) Mariana deseja ingressar no quadro da Sociedade de Advogados XYZ, na qualidade de associada, sem vínculo de emprego. Ao pesquisar a legislação que rege a parceria em questão, Mariana descobriu que constitui cláusula essencial do contrato de associação.

(A) a qualificação das partes, com referência expressa à inscrição no Conselho Seccional da OAB competente.
(B) a identificação da parte que terá a responsabilidade exclusiva pelos riscos e pelas receitas decorrentes da prestação do serviço.
(C) a forma de repartição da responsabilidade pelo fornecimento de condições materiais necessárias à execução dos serviços entre as partes, vedada a atribuição da totalidade das despesas exclusivamente a uma delas.
(D) a estabilidade da parceria, materializada na ausência de prazo determinado para a duração do contrato.

RESPOSTA Conforme art. 17-B do EAOAB, no contrato de associação, o advogado sócio ou associado e a sociedade pactuarão as condições para o desempenho da atividade advocatícia e estipularão livremente os critérios para a partilha dos resultados dela decorrentes, devendo o contrato conter, no mínimo: I – qualificação das partes, com referência expressa à inscrição no Conselho Seccional da OAB competente; II – especificação e delimitação do serviço a ser prestado; III – forma de repartição dos riscos e das receitas entre as partes, vedada a atribuição da totalidade dos riscos ou das receitas exclusivamente a uma delas; IV – responsabilidade pelo fornecimento de condições materiais e pelo custeio das despesas necessárias à execução dos serviços; V – prazo de duração do contrato. *Alternativa A.*

40. (37º Exame) O advogado Jefferson pretende associar-se a uma sociedade de advogados, para a prestação de serviços advocatícios e participação nos resultados. Sobre tal possibilidade, assinale a afirmativa correta.

(A) É admitido que Jefferson se associe, em tais moldes, a apenas uma sociedade de advogados.
(B) A associação de Jefferson a uma sociedade unipessoal de advocacia, com participação nos resultados, não é permitida, pois configuraria a presença de requisitos legais de vínculos empregatícios.
(C) É admitido que Jefferson se associe, simultaneamente, a uma sociedade de advogados e a uma sociedade unipessoal de advocacia.
(D) A associação de Jefferson a uma sociedade de advogados deve ser em caráter geral, não sendo admitida a restrição à determinada causa.

RESPOSTA Nos termos do art. 17-A do EAOAB, o advogado poderá associar-se a uma ou mais sociedades de advogados ou sociedades unipessoais de advocacia, sem que estejam presentes os requisitos legais de vínculo empregatício, para prestação de serviços e participação nos resultados, na forma do Regulamento Geral e de Provimentos do Conselho Federal da OAB. *Alternativa C.*

41. (37º Exame) Lucas e Leandro são os únicos sócios da sociedade de advogados Lucas & Leandro Advogados. Ocorre que Leandro, que já exerce mandato de vereador, passará a integrar a mesa diretora da Câmara Municipal no próximo biênio. Durante tal período, a sociedade de advogados

(A) deverá transformar-se em sociedade unipessoal de advocacia, com a concentração em Lucas das cotas que pertencem a Leandro.
(B) deverá averbar, no registro da sociedade, o licenciamento de Leandro para exercer atividade incompatível com a advocacia em caráter temporário, não alterando sua constituição.
(C) não poderá funcionar, porque Leandro, um de seus integrantes, estará totalmente proibido de advogar.
(D) não poderá ter sede ou filial na mesma área territorial do Conselho Seccional em que Leandro exerce o mandato na mesa diretora da Câmara Municipal.

RESPOSTA Nos termos do art. 16, § 2º, do EAOAB, e do art. 28, I, do EAOAB, a atividade de vereador é incompatível com a advocacia. E, nesta situação, se deverá averbar, no registro da sociedade, o licenciamento de Leandro, não alterando sua constituição. *Alternativa B.*

42. (36º Exame) Recém formadas e inscritas na OAB, as amigas Fernanda e Júlia desejam ingressar no mercado de trabalho. Para tanto, avaliam se devem constituir sociedade unipessoal de advocacia ou atuar em sociedade simples de prestação de serviços de advocacia.

Constituída a sociedade, Fernanda e Júlia deverão observar que

(A) a sociedade unipessoal de advocacia adquire personalidade jurídica com o registro aprovado dos seus atos constitutivos no cartório de registro civil de pessoas jurídicas, sujeito a homologação da OAB.
(B) as procurações devem ser outorgadas à sociedade de advocacia e indicar individualmente os advogados que dela façam parte.
(C) poderão integrar simultaneamente uma sociedade de advogados e uma sociedade unipessoal de advocacia com sede na mesma área territorial do respectivo Conselho Seccional.
(D) os advogados integrantes da sociedade não poderão representar em juízo clientes de interesses opostos.

RESPOSTA Segundo o art. 15, § 6º, do EAOAB, os advogados sócios de uma mesma sociedade profissional não podem representar em juízo clientes de interesses opostos. *Alternativa D.*

43. (35º Exame) Antônio, economista sem formação jurídica, e Pedro, advogado, ambos estudiosos da Análise Econômica do Direito, desejam constituir sociedade de advogados que também fornecerá aos seus clientes serviços de consultoria na área econômica. Ao analisar a possibilidade de registro desse empreendimento, que consideram inovador, Antônio e Pedro concluíram, corretamente, que:

(A) poderá ser efetivado, já que é permitido o registro, nos cartórios de registro civil de pessoas jurídicas e nas juntas comerciais, de sociedade que inclua, entre outras finalidades, a atividade de advocacia.
(B) não poderá ser efetivado, já que somente são admitidas a registro as sociedades de advogados que explorem ciências sociais complementares à advocacia.

(C) poderá ser efetivado, desde que a razão social tenha o nome de, pelo menos, um advogado responsável pela sociedade.

(D) não poderá ser efetivado, já que não são admitidas a registro as sociedades de advogados que incluam como sócio pessoa não inscrita como advogado ou totalmente proibida de advogar.

RESPOSTA De acordo com o art. 16 do EAOAB, "não são admitidas a registro nem podem funcionar todas as espécies de sociedades de advogados que apresentem forma ou características de sociedade empresária, que adotem denominação de fantasia, que realizem atividades estranhas à advocacia, que incluam como sócio ou titular de sociedade unipessoal de advocacia pessoa não inscrita como advogado ou totalmente proibida de advogar". Alternativa D.

INFRAÇÕES, SANÇÕES DISCIPLINARES E PROCESSO DISCIPLINAR

44. (41º Exame) O Conselho Seccional da OAB do Estado Alfa, por meio do seu Tribunal de Ética e Disciplina, instaurou processo disciplinar, ao fim do qual foi aplicada a pena de suspensão do advogado Daniel pelo prazo de seis meses pela conduta prevista no art. 34, inciso XXX, do Estatuto da Advocacia ("praticar assédio moral, sexual ou discriminação"). Os mesmos fatos ensejaram a propositura de ação penal por parte do Ministério Público, sobrevindo, na instância criminal, a condenação de Daniel à pena de um ano de detenção, em regime aberto, substituída por uma pena restritiva de direitos.

A decisão proferida na instância disciplinar transitou em julgado e já foi cumprida por Daniel há mais de um ano, ao passo que, na instância criminal, a execução da pena restritiva de direito encontra-se em curso.

Com base nessa situação hipotética, considerando o instituto da reabilitação disciplinar, assinale a afirmativa correta.

(A) Daniel pode requerer a reabilitação perante o órgão competente da OAB, porque decorrido mais de um ano do cumprimento da sanção disciplinar, a qual será irrecusável por se tratar de direito subjetivo do advogado.

(B) Embora decorrido mais de um ano do cumprimento da sanção disciplinar, Daniel ainda não faz jus à reabilitação disciplinar, mesmo que haja provas efetivas de bom comportamento, visto que o pedido de reabilitação depende também da correspondente reabilitação criminal.

(C) Havendo provas efetivas de bom comportamento, Daniel fará jus à reabilitação da sanção disciplinar que lhe foi imposta, porquanto decorrido mais de um ano do seu cumprimento, independentemente da reabilitação criminal, visto que há independência entre as instâncias.

(D) Caso decida requerer a reabilitação, Daniel deverá protocolar seu pedido diretamente no Conselho Federal da OAB, instância competente para revisar as decisões do Conselho Seccional e apreciar pedidos de reabilitação disciplinar.

RESPOSTA Nos termos do art. 41, parágrafo único, do EAOAB, quando a sanção disciplinar resultar da prática de crime, o pedido de reabilitação depende também da correspondente reabilitação criminal. Desta forma, embora decorrido mais de um ano do cumprimento da sanção disciplinar, Daniel ainda não faz jus à reabilitação disciplinar, mesmo que haja provas efetivas de bom comportamento, visto que o pedido de reabilitação depende também da correspondente reabilitação criminal. Alternativa B.

45. (40º Exame) Antônio Oliveira, advogado, cometeu infração disciplinar no exercício de suas funções, submetendo-se a processo disciplinar perante o Tribunal de Ética e Disciplina do Conselho Seccional competente. Antônio contratou o advogado Pedro para defendê-lo no âmbito do processo disciplinar. No que diz respeito à instauração, instrução e tramitação do processo disciplinar instaurado em face de Antônio, assinale a afirmativa correta que deverá ser observada por Pedro, no exercício da defesa técnica.

(A) O processo disciplinar poderá ser instruído por subseção ou por relatores do próprio Conselho Seccional.

(B) Antônio não poderá ser suspenso preventivamente sem oitiva prévia, mesmo que não atenda às notificações de comparecimento.

(C) O processo disciplinar não poderá ser instaurado de ofício, sob pena de violação do princípio acusatório.

(D) Oferecida a defesa prévia, o relator do processo disciplinar poderá decidir pelo arquivamento liminar da representação.

RESPOSTA Conforme o art. 72 do Estatuto da Advocacia e da Ordem dos Advogados do Brasil (OAB), juntamente com os arts. 55 e 56 do Código de Ética e Disciplina (CED), o processo disciplinar contra um advogado por infrações ético-disciplinares pode ser iniciado e conduzido tanto pelas subseções da OAB quanto pelos relatores designados pelo Conselho Seccional competente. Essa estrutura proporciona maior flexibilidade e proximidade na gestão dos processos disciplinares, assegurando que sejam tratados de maneira adequada e eficiente, em conformidade com os princípios do contraditório e da ampla defesa. Alternativa A.

46. (39º Exame) Alice Santos, advogada, está sendo investigada criminalmente por ter, supostamente, cometido fraude contra o sistema previdenciário, em conjunto com Robson Lima, seu cliente, e Leonardo Melo, seu ex-cliente. O órgão competente do Ministério Público consulta a Dra. Alice Santos sobre seu interesse em efetuar colaboração premiada. Com base na legislação aplicável, assinale a afirmativa que apresenta, corretamente, o que ela concluiu.

(A) Poderá efetuar colaboração premiada contra Leonardo Melo, já que ele não ostenta mais a condição de seu cliente.

(B) Poderá efetuar colaboração premiada contra Robson Lima, por se tratar de cliente que está sendo formalmente investigado como coautor pela prática do mesmo crime.

(C) Caso efetue colaboração premiada contra Robson Lima, estará sujeita a processo disciplinar, que poderá culminar na aplicação da pena de suspensão.

(D) Caso efetue colaboração premiada contra Leonardo Melo, estará sujeita às penas do crime de violação do segredo profissional.

RESPOSTA Torna-se vedado ao advogado efetuar colaboração premiada contra quem seja ou tenha sido seu cliente, e a inobservância disso importará em processo disciplinar, conforme art. 7º, § 6º-I, do EAOAB. Alternativa D.

47. (39º Exame) Bruno, advogado, compareceu à audiência de conciliação acompanhado de seu cliente Carlos, tendo-lhe sido conferidos poderes para transacionar em juízo ou fora dele. Na audiência, foi oferecida proposta de acordo pela parte adversa, que não foi aceita por Bruno, visto que conflitava flagrantemente com os interesses de seu cliente. Contrariado, o magistrado cassou a palavra de Bruno, determinando que não se manifestasse mais durante a audiência, visto que a opção de aceitar ou não o acordo seria de decisão única de Carlos, sem possibilidade de influência de seu patrono. Nesse contexto, de acordo com o Estatuto da Advocacia e Ordem dos Advogados do Brasil (OAB), assinale a afirmativa correta.

(A) O magistrado agiu corretamente, considerando que tem o dever de manter a ordem dos trabalhos e, em sua atuação, deve fomentar a solução pacífica dos conflitos, que estava sendo inviabilizada pela resistência de Bruno ao acordo.

(B) A palavra de Bruno não poderia ter sido cassada sob o fundamento de que aceitar ou não o acordo é de decisão única de Carlos sem possibilidade de influência de seu patrono, vez que o advogado é indispensável à administração da justiça e deve orientar seu cliente.

(C) Em insistindo em falar com seu cliente sobre a aceitação ou não do acordo, a conduta de Bruno acarretará responsabilidade perante a OAB, em razão da violação da ordem hierárquica do magistrado.

(D) Em caso de manutenção da insubordinação de Bruno, o juiz poderá determinar que a seccional competente da Ordem dos Advogados do Brasil aplique a pena de suspensão das atividades de advocacia por ele desempenhadas, por prazo não inferior a dois anos.

RESPOSTA A palavra do advogado não pode ser cassada por ele estar pleiteando do seu cliente. O advogado é indispensável à administração da Justiça, conforme art. 133 da Constituição Federal. Ainda, *a contrario sensu*, ao falar das infrações disciplinares, se o advogado atua de qualquer forma em benefício da parte contrária, em prejuízo do seu cliente, ele estará cometo uma infração disciplinar. Ele não poderia firmar acordo com a parte contrária em detrimento de seu próprio cliente. Caso o fizesse, incorreria em infração, conforme art. 34, VIII, do EOAB. *Alternativa B.*

48. (38º Exame) Marcelo, advogado, é acusado de usar atestado médico falso para libertar seu cliente da prisão. O fato alcança grande repercussão, a ponto de um jornal local publicar matéria em que afirma que Marcelo deve ser suspenso preventivamente pela OAB, até que se conclua a apuração disciplinar da conduta.
Sobre esse tema, assinale a afirmativa correta.

(A) Cabe ao Tribunal de Ética e Disciplina do Conselho Seccional perante o qual a infração tenha ocorrido, suspendê-lo preventivamente.

(B) A suspensão preventiva pressupõe a demonstração de que o fato tenha gerado repercussão prejudicial à dignidade da advocacia.

(C) Antes de aplicada a suspensão preventiva, o acusado deve ser ouvido em sessão especial, salvo se não for possível notificá-lo para comparecer.

(D) Caso aplicada a suspensão preventiva, o processo disciplinar deve ser concluído no prazo máximo de sessenta dias.

RESPOSTA Segundo o art. 70, § 3º, do EAOAB, o Tribunal de Ética e Disciplina do Conselho onde o acusado tenha inscrição principal pode suspendê-lo preventivamente, em caso de repercussão prejudicial à dignidade da advocacia, depois de ouvi-lo em sessão especial para a qual deve ser notificado a comparecer, salvo se não atender à notificação. Neste caso, o processo disciplinar deve ser concluído no prazo máximo de noventa dias. *Alternativa B.*

49. (37º Exame) Laura, advogada inscrita na OAB, atua na defesa de Amanda em processo criminal. Pessoalmente convicta da inocência de Amanda, Laura elaborou recurso em que transcreveu seletivamente partes de julgados de tribunais superiores, deturpando o seu teor com o objetivo de iludir o juiz da causa. Verificada tal infração disciplinar, instaura-se o processo administrativo para apurá-la. Laura não é reincidente nem recebeu punição disciplinar anterior. Também não está presente qualquer circunstância agravante. Dadas essas circunstâncias, Laura estará sujeita

(A) à interdição do exercício profissional, em todo o território nacional, pelo prazo de trinta dias a doze meses.

(B) à censura, que poderá ser convertida em advertência, em ofício reservado, sem registro em seus assentamentos.

(C) à multa, variável entre o mínimo correspondente ao valor de uma anuidade e o máximo de seu sêxtuplo.

(D) ao impedimento de exercer o mandato profissional.

RESPOSTA Nos termos dos arts. 34, XIV, e 36, I, e parágrafo único do EAOAB, Laura estará sujeita a penalidade de censura, a qual poderá ser convertida em advertência, em ofício reservado, sem registro em seus assentamentos. *Alternativa B.*

50. (37º Exame) Foi instaurado processo disciplinar em face do advogado Nino, tendo em vista possível prática de infração disciplinar. No que se refere às notificações de Nino no mencionado feito, assinale a afirmativa correta.

(A) A notificação inicial de Nino para apresentação de defesa prévia deverá ser feita pessoalmente, de forma preferencial, admitindo-se a notificação por correspondência com aviso de recebimento apenas em hipóteses excepcionais, previstas no Regulamento Geral do Estatuto da Advocacia e da OAB.

(B) Na hipótese de a notificação inicial para apresentação de defesa prévia ser realizada por edital, deve constar do edital apenas o nome completo de Nino, o seu número de inscrição e a menção de que a notificação destina-se à apresentação da defesa prévia no feito disciplinar no prazo legal.

(C) As notificações realizadas no referido processo disciplinar que forem feitas através de edital, com exceção da notificação inicial, deverão indicar o nome completo de Nino e o do advogado constituído para sua defesa, salvo na hipótese de atuação em causa própria.

(D) Há presunção de recebimento das notificações enviadas por correspondência com aviso de recebimento ao endereço residencial ou ao endereço profissional.

RESPOSTA Nos termos do art. 137-D do Regulamento Geral da OAB, de fato, há presunção de recebimento das notificações enviadas por correspondência com aviso de recebimento ao endereço residencial ou ao endereço profissional.

ÉTICA

Conforme o dispositivo, a notificação inicial para a apresentação de defesa prévia ou manifestação em processo administrativo perante a OAB deverá ser feita através de correspondência, com aviso de recebimento, enviada para o endereço profissional ou residencial constante do cadastro do Conselho Seccional.
Alternativa D.

ADVOCACIA *PRO BONO*

51. (40º Exame) Valmir, bacharel em Direito, aprovado no Exame da Ordem dos Advogados do Brasil, ocupa o cargo público de agente de Polícia Civil do Estado Alfa. Movido por sentimento altruísta, Valmir requer sua inscrição na OAB, pois pretende, nos momentos de folga da atividade policial, exercer a advocacia de forma gratuita, eventual e voluntária, em favor de instituições sociais sem fins econômicos que não disponham de recursos para a contratação de profissional. À luz dessas informações, e considerada a legislação vigente, assinale a afirmativa correta.

(A) Valmir poderá exercer regularmente a advocacia, inclusive *pro bono*.

(B) Valmir não poderá exercer a advocacia remunerada, pois ocupa cargo incompatível, mas poderá exercer a advocacia *pro bono*.

(C) Valmir não poderá exercer a advocacia, mesmo *pro bono*, uma vez que o cargo público que ocupa atrai o regime da incompatibilidade.

(D) A condição de servidor público atrai o regime do impedimento, razão pela qual Valmir não poderá exercer a advocacia contra a Fazenda Pública que o remunera. Observado esse impedimento, não haverá óbice para o exercício da advocacia *pro bono*.

RESPOSTA Conforme o Estatuto da Advocacia e da OAB (Lei n. 8.906/94), o exercício da advocacia é incompatível com determinadas funções públicas, incluindo a *pro bono*. Os agentes da Polícia Civil estão entre os servidores públicos cuja função é considerada incompatível com a advocacia, de acordo com o art. 28, V, do Estatuto da OAB. Essa incompatibilidade é absoluta, o que significa que Valmir não poderá exercer a advocacia em nenhuma circunstância enquanto ocupar o cargo de agente da Polícia Civil. *Alternativa C.*

Filosofia do Direito

André Gualtieri de Oliveira
Doutor em Filosofia do Direito pela PUC-SP. Mestre em Filosofia do Direito pela USP. Leciona na Technoethics – Escola de Ética da Tecnologia, da qual é fundador, e em cursos de pós-graduação.

Sumário

1. INTRODUÇÃO: 1.1 A influência da filosofia sobre as correntes do pensamento jurídico; 1.2 A função avaliativa e crítica da filosofia do direito em relação ao direito positivo – 2. JUSTIÇA: 2.1 Surgimento do conceito; 2.2 Platão; 2.3 Aristóteles; 2.4 A ideia de justiça em Tomás de Aquino; 2.5 A justiça na Modernidade – 3. CORRENTES DE PENSAMENTO JURÍDICO: 3.1 A teoria jurídica clássica do direito natural; 3.2 O jusnaturalismo ou escola do direito natural moderno; 3.3 Escola histórica do direito; 3.4 O antiformalismo de Ihering; 3.5 O positivismo jurídico; 3.6 A teoria tridimensional do direito; 3.7 Pós-positivismo – 4. DIREITO E MORAL: 4.1 A moral como origem do direito; 4.2 A concepção kantiana – 5. A INTERPRETAÇÃO DO DIREITO: 5.1 Conceitos básicos; 5.2 A hermenêutica; 5.3 A interpretação do direito na atualidade e a teoria da argumentação – REFERÊNCIAS; QUESTÕES.

FILOSOFIA DO DIREITO

1. INTRODUÇÃO

A filosofia é uma criação cultural que se propõe a descobrir a natureza das coisas, seu sentido verdadeiro. Immanuel Kant dizia que as principais perguntas que a filosofia procurava responder eram as seguintes:

Todo conhecimento filosófico, portanto, é marcado pela preocupação com aquilo que é essencial, fundamental. Assim, se a filosofia se debruça sobre a moral, ou sobre a política ou sobre a religião, ela procurará alcançar o que há de essencial a respeito dessas esferas da existência, o que faz delas aquilo que elas são.

Quando a filosofia se volta para o direito, a mesma coisa acontece. O filósofo do direito tentará responder perguntas como o que é o direito, o que confere a uma ordem um caráter jurídico, o que é a justiça.

Há uma variedade enorme de respostas para as questões que a filosofia do direito coloca. Essa diversidade tem como causa a própria diversidade de concepções filosóficas, uma vez que a filosofia jurídica não é senão filosofia aplicada à experiência do direito.

As respostas filosóficas variam à medida que os séculos se sucedem: surgem em determinada época, desaparecem ou são deixadas em segundo plano, mas depois reaparecem com nova força. A filosofia e o direito, portanto, são resultado de um longo caminhar histórico feito de progressos e retrocessos, descobertas e esquecimentos.

1.1 A influência da filosofia sobre as correntes do pensamento jurídico

O pensamento jurídico sempre recebeu influências das teorias filosóficas vigentes em determinado momento. Os juristas, como homens práticos, não dispõem nem de tempo nem do instrumental necessário para desenvolver um sistema filosófico.

O pensamento jurídico se nutre daquilo que é produzido pelos filósofos, desenvolvendo doutrinas jurídicas que se filiam a uma ou a outra corrente filosófica.

Exemplificando, mostramos a seguir algumas relações entre doutrinas filosóficas e doutrinas jurídicas:

1.2 A função avaliativa e crítica da filosofia do direito em relação ao direito positivo

Como a filosofia do direito não é uma disciplina dogmática tal qual o direito civil ou o direito penal, ela se permite indagar a respeito da legislação vigente, dos fundamentos a partir dos quais o ordenamento jurídico está construído.

A ideia de um direito natural sempre serviu a essa finalidade. O que podemos ver em obras como a *Antígona* de Sófocles ou nos livros de autores contratualistas como Locke e Rousseau.

Com efeito, ideias que eram defendidas apenas nos livros dos filósofos contratualistas tornaram-se, algum tempo depois, direito positivo. Isso levou ao surgimento das declarações de direitos e das constituições escritas, que substituíram o antigo direito em vigor nos regimes absolutistas por um direito baseado nos princípios, que até hoje utilizamos, a fim de proteger o indivíduo do abuso de poder pelo Estado e de garantir à pessoa humana um mínimo vital para que ela possa viver de maneira digna.

2. JUSTIÇA

2.1 Surgimento do conceito

O conceito de justiça nasce na Grécia antiga, por volta do século VI a.C., como resultado da especulação filosófica de um grupo que ficou conhecido como os sofistas. Antes deles, os filósofos se preocupavam com o conhecimento dos fenômenos naturais e da natureza em si. Os sofistas abandonam esse modo de pensar e se voltam não mais para o conhecimento das estrelas e dos planetas, mas sim para o estudo das coisas humanas.

Esse deslocamento no objeto de estudo da filosofia fez com que o pensamento se direcionasse, então, para a sociedade, para a política, para tudo que fosse decorrência da atividade humana, atingindo, assim, também o direito.

O problema da justiça surge como consequência da descoberta filosófica de que há, de um lado, um direito que é estabelecido pela natureza (direito natural); e, de outro lado, um direito que é fruto das convenções humanas (direito positivo). O tema da justiça envolve discussão sobre o significado do direito, o que pressupõe a possibilidade de questionar a ordem jurídica vigente.

O pensamento sofístico resultou numa oposição radical entre *o que era fruto das convenções humanas* e *o que era fruto da natureza*. A lei convencional parecia-lhes constituir o contrário da ordem natural. Assim, passaram a adotar uma posição de desprezo às leis, pois elas não possuíam nenhuma qualidade que nos obrigasse à obediência. Assim, os sofistas criticavam as leis, por considerar que elas **restringiam indevidamente a *natureza***.

2.2 Platão

Para Platão a cidade é o espelho do homem, pois o que vemos nela não é senão uma reprodução aumentada da alma humana. Por isso, numa cidade ideal e num homem bom encontraremos a virtude da justiça, que é exatamente o que falta na cidade imperfeita ou no homem mau.

É, portanto, no exame do que seria a cidade ideal que surge o conceito platônico de justiça. Ele se expressa pela fórmula "**fazer cada um o seu**", que é a interpretação platônica da tradicional definição do justo como "dar a cada um aquilo que é seu". Com isso, Platão quer dizer que a justiça se realiza na medida em que cada indivíduo desempenha uma atividade e ocupa uma posição na sociedade de acordo com a sua natureza preponderante.

Assim, ao saber o que é a justiça na cidade, podemos também identificar o homem justo:

> Logo, segundo julgo, ó Gláucon, diremos que o homem justo o é da mesma maneira que a cidade é justa. (...) Mas decerto não esqueceremos que a cidade era justa pelo fato de cada um executar nela a sua tarefa específica(...) (PLATÃO, 1980, 441d).

A cidade platônica se baseia no princípio de que cada homem deve executar um ofício específico conforme a aptidão manifestada por sua alma, pois "cada um de nós não nasceu igual a outro, mas com naturezas diferentes" (PLATÃO, 1980, 370b). Assim, por exemplo, enquanto os soldados, por possuírem a virtude da coragem, são os artífices da liberdade do Estado, os filósofos, por possuírem a sabedoria, são os artífices das virtudes da comunidade.

A teoria platônica da justiça possui grande **importância na história do direito**, na medida em que é a ancestral de muitas doutrinas revolucionárias, utópicas e de todas as doutrinas caracterizadas por fortes exigências ideais (cf. VILLEY, 2009, p. 37). Concepções como a da Utopia de Thomas Morus ou do Socialismo de Fourier derivam do idealismo platônico.

2.3 Aristóteles

Aristóteles realiza uma exposição sobre a justiça que se tornou clássica, tendo sido a palavra definitiva a respeito do assunto durante muitos séculos. Atualmente, apesar de ter encontrado concepções rivais, as ideias de Aristóteles ainda são adotadas por muitos autores.

Aristóteles divide a justiça em duas classes: a universal, ou em sentido lato, e a particular, ou em sentido estrito. A explicação de cada um desses tipos se inicia pela explicação do tipo de injustiça que cada uma produz. De um lado, temos uma injustiça ligada à deficiência moral, que se manifesta por um desrespeito à virtude. É o caso do "homem que em combate se desvencilha de seu escudo por covardia, (...) ou que deixa de ajudar financeiramente um amigo por avareza" (ARISTÓTELES, 1999, 1130a). Já a segunda espécie de injustiça encontra-se nas ações daquelas pessoas que buscam receber mais vantagens do que os outros. Ora, se a injustiça se divide em universal e particular, a justiça também será classificada dessa forma.

FILOSOFIA DO DIREITO

Justiça Universal (ou em sentido lato)

Justiça Particular (ou em sentido estrito)

O primeiro tipo de justiça, portanto, é a que Aristóteles chama de **universal**. O justo, nesse sentido, corresponde ao que **está de acordo com a lei**, enquanto o injusto é o contrário à lei.

Para Aristóteles, **as leis determinam certos comportamentos virtuosos**, como coragem, moderação e amabilidade, **assegurando, assim, o bem comum da cidade**. A justiça, nesse sentido mais geral, "é o que produz e o que conserva a felicidade para a comunidade política e, por isso, é virtualmente idêntica ao respeito à lei" (LORD, 1996, p. 131).

A lei de que fala Aristóteles é tomada num sentido mais amplo como **regra de conduta necessariamente dotada de moralidade, entendida tanto como costume quanto como norma estatal**. O termo lei, entre os gregos, não tinha o mesmo sentido que lhe atribuímos na modernidade.

Vejamos agora a **justiça particular**. Este segundo sentido de justiça é o que lida com o problema da **divisão dos bens e dos encargos que são decorrência da vida em sociedade**. Com efeito, esta espécie de justiça é a que **se relaciona mais diretamente com o direito**, porque sua aplicação é tarefa jurídica, sendo, em última análise, competência dos juízes.

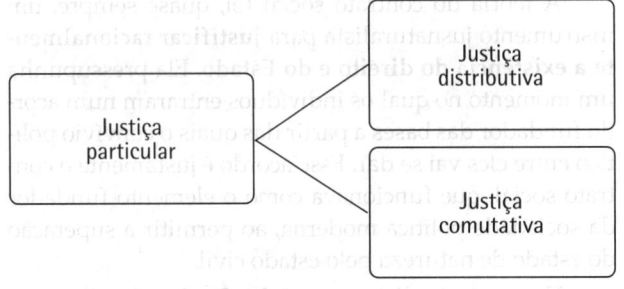

Aristóteles divide a justiça particular em duas subespécies: **a distributiva e a comutativa ou corretiva. A primeira** manifesta-se, por exemplo, na distribuição de cargos públicos e de dinheiro. Esse sentido de justiça diz respeito a todas as coisas que devem ser divididas entre os cidadãos que compartilham dos benefícios da vida em comunidade.

A justiça distributiva se baseia numa igualdade de proporções entre pessoas e bens, de modo que a distribuição justa consiste na **atribuição de partes iguais a pessoas iguais e de partes desiguais a pessoas desiguais**.

O que deve ser recebido por uma pessoa qualquer deve ficar entre uma parte muito grande e uma muito pequena. Chega-se a parte justa que cada um deve receber a partir da noção de mérito, pois o que é justo em termos de distribuição deve ser analisado de acordo com o mérito de cada um.

Essa distribuição pelo mérito, ou seja, a igualdade, aqui, é questão política, pois cada regime político tem sua noção de mérito, o que faz com que, para os democratas, a distribuição seja de acordo com a condição de homem livre; para os adeptos da oligarquia, de acordo com a riqueza; para os adeptos da aristocracia, com a virtude, e assim por diante.

A segunda espécie de justiça particular é a comutativa ou corretiva. Aristóteles a designa como a **justiça das relações privadas**, a qual adota, ao invés da igualdade proporcional, a aritmética, que é aplicada, então, tanto nas relações voluntárias como nos contratos quanto nas relações involuntárias ou nas delituosas como o roubo ou o assassinato. Para essa justiça, **é irrelevante o mérito** daquele que, por exemplo, ocasiona uma lesão a alguém, pois, como as pessoas são tratadas como iguais, pergunta-se somente se uma das partes cometeu e a outra sofreu a injustiça e se uma infligiu e a outra sofreu um dano.

Assim, se uma pessoa é ferida e a outra fere, temos nessa lesão uma desigualdade. O que o juiz faz é tentar igualar a relação por meio da aplicação da penalidade, subtraindo do ofensor o excesso de ganho, ou seja, não ter recebido nenhum mal, e restituindo à vítima, com uma indenização, uma condição de equilíbrio, uma vez que ela só havia recebido mal. **O igual aqui é o meio-termo entre o ganho e a perda, de modo que a justiça corretiva será o meio-termo entre esses dois elementos**.

A teoria da justiça aristotélica **está fundada sobre o princípio da igualdade**. Na justiça particular, a igualdade proporcional é o traço distintivo da justiça distributiva, enquanto a igualdade aritmética caracteriza a justiça comutativa.

Não obstante a igualdade **não é capaz de levar a teoria aristotélica a um acabamento**, pois ela permanece no plano da abstração. Isso nos leva à **equidade**: a última peça necessária para se completar a teoria aristotélica da justiça. A equidade não é o justo segundo a lei, mas sim **o justo na concretude**.

Para Aristóteles, a justiça não é apenas o acordo com as regras de conduta determinadas pela lei e pelo costume, mas sim uma atividade que leva, de fato, a uma situação justa. Nessa atividade, o juiz não é o que tem a posse da justiça, mas sim aquele que a faz atuar, ligando-a a uma pessoa. A justiça é, portanto, além de um hábito, também um ato, que na teoria aristotélica está necessariamente ligado ao conceito de equidade. Assim, a equidade é a forma atualizadora da justiça, pois, ao completá-la, possibilita-nos chegar ao que é justo no caso concreto.

2.4 A ideia de justiça em Tomás de Aquino

O grande continuador da tradição aristotélica na Idade Média foi Tomás de Aquino. Em sua obra encontramos a diferenciação aristotélica entre justiça universal, **a qual denomina legal**, e justiça particular. A primeira visa conduzir ao bem comum. É legal pois a orientação ao bem comum pertence à lei. A segunda, por sua vez, regula as relações com a pessoa singular, quer se trate de **relações entre a comunidade e o indivíduo** (justiça distributiva), quer se trate de **relações entre pessoas singulares** (justiça comutativa).

A definição tomista de justiça é a seguinte:

> A justiça é o hábito pelo qual, com vontade constante e perpétua, se dá a cada um o seu direito (AQUINO, 2005, II-II, q.58, a.1, p. 56).

Nessa definição, a justiça é considerada em função do direito. É a **virtude de cumprir e realizar o direito**, com o que se percebe a primazia do direito, que aparece como o objeto da justiça, como aquilo para cuja satisfação se orienta a ação justa (cf. HERVADA, 1996, p. 77).

Nessa concepção, **o direito é medida da divisão dos bens e seu papel é atribuir a cada um o que é seu**. As relações sociais fazem com que a justiça seja necessária.

Toda sociedade é um ambiente de escassez, pois os recursos com os quais ela lida são limitados: há uma quantidade limitada de riquezas, de cargos públicos, de terras, de vagas em universidades públicas, de alimentos, de postos de trabalho. Isso significa que, para viver em sociedade, é necessário que haja distribuição desses recursos. Isso é um problema de justiça. Realizar tal distribuição é função do direito e daquele que o aplica.

2.5 A justiça na Modernidade

2.5.1 O jusnaturalismo ou escola do direito natural moderno

Para esta escola, **o direito é sinônimo de justiça, entendida como a conformidade com a natureza**. Com efeito, os direitos naturais são aquilo que está de acordo com a natureza humana. Desse modo, o direito positivo somente será válido se respeitar esses direitos naturais inatos dos homens. O direito natural, por seu turno, é imutável, sempre justo e universalmente válido.

O conceito de natureza humana tem aqui importância central. Para os jusnaturalistas, seu conteúdo é **puramente racional**, ou seja, é o resultado de uma dedução realizada a partir de uma verdade da razão, não tendo vínculos nem com a ordem natural que podemos observar nem com uma ordem fruto da vontade divina. O direito natural, portanto, passa a depender unicamente da razão do homem.

Assim, os jusnaturalistas consideravam que a partir de princípios como "deve fazer-se o justo e abster-se do injusto", "evita o mal e pratica o bem" ou "não faças aos outros aquilo que não queres que te façam a ti" seria possível deduzir o que era o direito natural. Dessas prescrições morais tidas como válidas universalmente, deduziam-se regras como "os pactos devem ser observados" (*pacta sunt servanda*), "o dano deve ser indenizado" e "a propriedade deve ser respeitada".

Autores jusnaturalistas como Pufendorf, Thomasius e Wolff acreditavam poder chegar a princípios superiores apriorísticos, isto é, princípios que não dependiam da realidade empírica, das circunstâncias espaciais e temporais. Os jusnaturalistas estavam convencidos da possibilidade de, a partir desses princípios, extrair, por meio da pura dedução, todas as restantes regras de direito. Como explica Kaufmann (2002, p. 92), só assim se acreditava poder-se assegurar ao direito natural a validade universal, para todos os tempos e para todos os homens.

O jusnaturalismo **foi criticado** porque sua concepção de ciência do direito encontrava-se afastada da realidade e da experiência jurídica. Grócio dizia que o problema do direito está ligado ao da matemática. Para Leibniz, a ciência do direito não depende de fatos, mas de demonstrações rigorosamente lógicas.

Na realidade, explica Kaufmann (2002, p. 93), os jusnaturalistas não deixavam de proceder empiricamente, quando se valiam de institutos tirados do direito romano, cuja racionalidade se enaltecia. Isso levou ao período das codificações, cujo exemplo mais conhecido é o Código Napoleônico. O advento dos códigos no início do século XIX representou, ao mesmo tempo, o ápice e o começo da decadência da escola do direito natural.

2.5.1.1 O contratualismo

A teoria do contrato social foi, quase sempre, um instrumento jusnaturalista para **justificar racionalmente a existência do direito e do Estado**. Ela pressupunha um momento no qual os indivíduos entraram num acordo fundador das bases a partir das quais o convívio político entre eles vai se dar. Esse acordo é justamente o contrato social, que funcionava como o elemento fundador da sociedade política moderna, ao permitir a superação do estado de natureza pelo estado civil.

Um contratualista como **John Locke** afirmava que a liberdade e a propriedade eram elementos essenciais da natureza humana e que, como tais, deveriam necessariamente constar no contrato social. Assim, só se podia considerar justo um direito e um Estado que respeitassem esses elementos essenciais. Havia, portanto, um direito natural à liberdade e à propriedade deduzido da própria natureza do homem.

Hobbes é um caso à parte dentro do contratualismo, pois é apontado por muitos autores como um precursor do positivismo jurídico (ver item 3.6). Na teoria contratualista hobbesiana, a justificativa teórica da sociedade política e, portanto, do Estado Moderno, dotado de soberania, é o contrato social, que cumpre a função de realizar a passagem de um estado de natureza para um estado civil (sociedade política).

Como argumenta Hobbes, no estado de natureza, por todos terem liberdade absoluta, a vida era dura, breve e cruel: o homem é o lobo do homem. Trata-se, portanto, de uma situação na qual imperava a violência, a insegurança e a incerteza. Buscando uma situação na qual seja possível uma vida mais segura, de relativa paz, os indivíduos celebram entre si um contrato – o contrato social – cujo objetivo é justamente criar um ente mais poderoso do que qualquer um deles e ao qual todos os indivíduos ficarão submetidos. Tal ente é o Estado soberano, o responsável por manter a ordem. Ao sair do estado de natureza para o estado civil, as pessoas concordam em abrir mão da liberdade absoluta que possuíam em troca da segurança que o Estado Soberano irá garantir. Tal é o resultado do chamado contrato social, que só é possível se pressupormos uma lei da natureza segundo a qual os pactos devem ser cumpridos (*pacta sunt servanda*). Essa lei natural é condição de existência de todo e qualquer contrato, uma vez que se isso não fosse respeitado a própria ideia de um contrato ficaria impossibilitada.

Outro autor fundamental do contratualismo é **Jean Jacques Rousseau**. Para ele, a liberdade é o que define a natureza humana, ou seja, o homem é essencialmente um ser livre. Se despirmos os seres humanos de toda a "casca", o que sobra é a sua essência como um ser livre.

Ora, o fato de o homem ser livre permite-nos, então, compreender por que Rousseau afirma que a liberdade é inalienável. O homem não pode abrir mão dela porque, fazendo isso, estaria abrindo mão de sua própria condição humana. A partir desse pressuposto, Rousseau afirma que uma lei só será justa se for resultado da vontade geral.

A vontade geral é a vontade moral que tem origem no exercício da autonomia pelos cidadãos de determinada comunidade. Trata-se aqui do exercício da liberdade entendida como dar a si mesmo sua própria lei, ou seja, liberdade como autonomia. A lei será justa, então, na medida em que for o resultado da vontade ética do povo, e não da vontade de um monarca absoluto.

Rousseau também é conhecido pelo estudo que realizou a respeito da origem da desigualdade entre os homens. Nele, encontramos o famoso trecho:

> "O primeiro homem que cercou um pedaço de terra, que veio com a ideia de dizer 'isto é meu' e encontrou gente simples o bastante para acreditar nele, foi o verdadeiro fundador da Sociedade Civil. Quantos crimes, guerras e assassinatos derivam desse ato! De quanta miséria e horror a raça humana poderia ter sido poupada se alguém simplesmente tivesse arrancado as estacas, enchido os buracos e gritado para seus companheiros: 'não deem ouvidos a este impostor. Estarão perdidos se esquecerem que os frutos da terra pertencem a todos, e que a terra, ela mesma, não pertence a ninguém!'" (2011, p. 80)

Rousseau afirmava que havia uma desigualdade natural entre os homens, mas o que de fato tornou a vida humana miserável foi a instituição da sociedade. Era necessário, portanto, mudar a ordem social, pois dela derivavam desigualdades morais ou políticas que deveriam ser superadas por meio de um novo contrato social (que introduziria uma nova sociabilidade), pelo qual o indivíduo conquistaria uma verdadeira liberdade. (cf. QUINTANA, 2009, p. 745)

Estado de Natureza → Contrato Social → Estado Civil

2.5.2 O utilitarismo

O utilitarismo é uma corrente da filosofia moral e política cuja categoria fundamental é o chamado **princípio da utilidade**, ou princípio da maior felicidade. Tal princípio foi desenvolvido pelo filósofo britânico Jeremy Bentham para servir de **critério** a partir do qual nós poderíamos julgar se uma ação humana é justa ou injusta.

Bentham parte da ideia de que, se o homem busca sempre o prazer e evita sempre a dor, **o motivo de nossas ações é sempre a busca pelo bem-estar**. Para encontrarmos a justiça, portanto, devemos necessariamente levar em consideração esse traço fundamental do comportamento humano.

Assim, chega-se ao princípio da utilidade, que aprovará ou desaprovará uma ação conforme ela aumente ou diminua a felicidade da pessoa cujo interesse está em jogo. **Uma ação está em conformidade com a utilidade quando a tendência que ela tem a aumentar a felicidade for maior do que qualquer tendência que tenha a diminuí-la.**

Segundo Bentham, esta regra vale tanto para qualquer ação de um indivíduo particular quanto para qualquer ato ou medida comunitária. O interesse da comunidade, portanto, só pode ser a soma dos interesses dos diversos membros que a integram.

Com base nesse pensamento, os utilitaristas chegam à conclusão de que **a lei justa será aquela que promover o bem-estar ou a felicidade do maior número de pessoas**. A justiça seria, então, a busca pela sociedade construída de modo a proporcionar ao maior número possível de pessoas a maior satisfação possível. Assim, diz Henry Sidgwick:

> (...) a sociedade está ordenada de forma correta e, portanto, justa, quando suas instituições mais importantes estão pla-

nejadas de modo a conseguir o maior saldo líquido de satisfação obtido a partir da soma das participações individuais de todos os seus membros (apud RAWLS, 1997, p. 25).

Com Bentham o principal nome do utilitarismo é o de John Stuart Mill, britânico como o primeiro. Este aceita em termos gerais o mesmo princípio da utilidade proposto pelo primeiro.

Do ponto de vista do desenvolvimento e da defesa da liberdade individual, Mill deu uma importante contribuição com seu ensaio *Sobre a liberdade*, em que defende o direito do indivíduo de viver como quiser, desde que não viole a liberdade do outro. O argumento de Mill é a base para a tendência das democracias liberais modernas de descriminalizar a homossexualidade (passível de sanção penal na Inglaterra até meados do século XX) e, mais recentemente, o uso de drogas como a maconha. As preferências, os gostos, as práticas de um indivíduo não podem sofrer restrição se seus efeitos se limitarem à própria esfera individual.

A proteção do indivíduo deve se dar não só em relação ao Estado, mas também em relação à opinião da maioria da sociedade:

"(...) a tirania do maior número se inclui, hoje, geralmente, entre os males contra os quais a sociedade se deve resguardar. Como outras tiranias, a tirania do maior número foi, a princípio, e ainda é vulgarmente, encarada com terror, principalmente quando opera por intermédio dos atos das autoridades públicas. Mas pessoas refletidas perceberam que, no caso de ser a própria sociedade o tirano – a sociedade coletivamente ante os indivíduos separados que a compõem –, seus processos de tirania não se restringem aos atos praticáveis pelas mãos de seus funcionários políticos. A sociedade pode executar e executa os próprios mandatos; e, se ela expede mandatos errôneos ao invés de certos, ou mandatos relativos a coisas nas quais não deve intrometer-se, pratica uma tirania social mais terrível que muitas formas de opressão política, desde que, embora não apoiada ordinariamente nas mesmas penalidades extremas que estas últimas, deixa, entretanto, menos meios de fuga que elas, penetrando muito mais profundamente nas particularidades da vida, e escravizando a própria alma" (MILL, 1991, p. 26).

O **utilitarismo é criticado** pelos resultados que seu entendimento de justiça pode gerar. Isso porque, para os críticos, o utilitarismo não veria problemas no sacrifício imposto sobre alguns a fim de proporcionar vantagens à maioria, caso isso fosse necessário para atingir o máximo de satisfação possível.

Para John Rawls, um dos maiores críticos do utilitarismo, essa doutrina é falha justamente por não respeitar a inviolabilidade do indivíduo em relação ao bem-estar social. Segundo Rawls, a perda da liberdade de alguns **não pode ser justificada por um bem maior partilhado por outros**.

2.5.3 A análise kelseniana da justiça

O surgimento do positivismo jurídico, a partir do século XIX, representou um poderoso desafio para a ideia de justiça. O êxito alcançado pelas doutrinas positivistas no meio acadêmico foi tanto que levou, em alguns momentos, a uma postura de extrema descrença com relação à justiça.

Um dos juristas mais influentes do século XX, Hans Kelsen **rejeita qualquer teoria do direito guiada pela noção de justiça**. Isso porque, para o jurista austríaco, que buscava fazer do direito realmente uma ciência, **a justiça era um valor não científico**, porquanto essencialmente relativo, o que torna impossível atingir uma certeza a seu respeito.

Justiça = valor relativo → valor não científico → não pode ser objeto da ciência do direito

Em seu livro *O que é justiça*, Kelsen diz que os valores são enunciados não científicos, pois são **determinados simplesmente por fatores emocionais**, possuindo, portanto, um caráter subjetivo.

Ao conflito de hierarquia entre valores como vida e liberdade só seria possível: "uma resposta subjetiva, válida apenas para o sujeito que julga, e não uma constatação válida para todos, como por exemplo a de que metais se expandem com o calor" (KELSEN, 1998, p. 5).

Segundo Kelsen, a famosa definição clássica da justiça como dar a cada um o que é seu **revela-se uma forma totalmente vazia:**

por meio da qual toda e qualquer ordem social pode ser legitimada, pois a questão decisiva – o que é realmente que cada um pode considerar como seu – permanece sem resposta (KELSEN, 1998, p. 14).

O mesmo acontece com o princípio da igualdade, que parte da premissa de que os homens são iguais por natureza e por isso exige que todos sejam tratados igualmente. Essa premissa, diz Kelsen, é errônea, porque, na realidade, os homens são bem diferentes, não existindo nem sequer duas pessoas realmente iguais, razão pela qual o único sentido possível da exigência de tratamento igual é: "O ordenamento social não deve levar em consideração determinadas diferenças na concessão de direitos e na imposição de deveres" (KELSEN, 1998, p. 15). Para essa questão, o princípio da igualdade não oferece resposta; esta é dada por cada uma das ordens jurídicas positivas de maneira diferente.

Assim, para Kelsen, foi em vão todo o esforço feito ao longo dos séculos para se obter de modo racional uma norma absolutamente válida de comportamento justo. Para ele, a **justiça absoluta é, portanto, impossível**. À razão humana só é dado compreender valores relativos. Isso significa que, ao declarar algo justo, não há como se excluir a possibilidade de um juízo de valor contrário.

Em virtude disso, o problema da justiça só pode ser tratado nos seguintes termos:

> Do ponto de vista do conhecimento racional existem somente interesses humanos e, portanto, conflitos de interesses. Para solucioná-los, existem apenas dois caminhos: ou satisfazer um dos interesses à custa do outro, ou promover um compromisso entre ambos. Não é possível comprovar que somente uma, e não outra solução, seja justa. Se se pressupõe a paz social como valor maior, a solução de compromisso pode ser vista como justa. Mas também a justiça da paz é uma justiça relativa, não absoluta (KELSEN, 1998, p. 23).

2.5.4 A teoria de Rawls

Dentre as mudanças trazidas pela modernidade, uma teve peso especial: **o advento da democracia moderna**. A partir disso, as sociedades políticas, pelo menos as ocidentais, passaram a se assentar sobre **três ideais fundamentais** expressos no lema da Revolução Francesa: liberdade, igualdade e fraternidade.

No entanto, se é certo dizer que, a partir desse momento, tais valores foram consagrados como os mais importantes para as sociedades democráticas modernas, é verdade também que todo o desenvolvimento histórico subsequente se caracterizou por uma **falta de concordância entre liberdade e igualdade, além de uma escassa efetividade do princípio da fraternidade**.

Os dois princípios de justiça que Rawls propõe são, em sua opinião, a melhor forma de conciliar liberdade com igualdade num contexto democrático.

O meio utilizado para chegar a tais princípios é a chamada **posição original**, que é "uma variante elevada a uma ordem mais alta de abstração da teoria do contrato social de Locke, Rousseau e Kant" (RAWLS, 1997, p. XXII). Ela é uma situação imaginada, uma experiência de pensamento que todas as pessoas racionais e razoáveis podem fazer. A ideia da posição original é a de um mecanismo expositivo, que resume o significado das condições para a cooperação social que, após as devidas reflexões, concluímos estar dispostos a aceitar como razoáveis.

A posição original é **regulada pela ideia do "véu de ignorância"**, cuja função é conferir um caráter equitativo ao processo de escolha dos princípios de justiça, de forma que estes sejam igualitários e imparciais. A ideia do véu é a de que as partes que participam da escolha dos princípios de justiça não conhecem determinados fatos particulares. Assim, ninguém sabe, por exemplo, qual é seu lugar na sociedade, sua classe ou seu *status* social, sua sorte na distribuição de dotes naturais e habilidades, sua inteligência, sua força, sua concepção do bem, as particularidades de seu plano de vida, os traços característicos de sua psicologia e a geração à qual pertence.

Por meio desse artifício da razão, pessoas de diferentes classes sociais, crenças religiosas, morais e filosóficas podem obter um consenso em torno dos princípios de justiça. Nessa situação hipotética, em que ninguém é capaz de propor princípios que resultem numa situação melhor para si em relação aos outros, **chegar-se-ia a um acordo com relação aos seguintes princípios de justiça:**

1º PRINCÍPIO
• Cada pessoa tem o mesmo direito inalienável a um sistema
2º PRINCÍPIO
• As desigualdades sociais e econômicas devem satisfazer duas condições: primeira, elas devem estar vinculadas a cargos funções abertos a todos em condições de igualdade equitativa de oportunidades; e segundo elas devem redundar no maior benefício possível para os membros menos privilegiados da sociedade (princípio da diferença) (RAWLS, 2003, p. 42-43).

O **primeiro princípio** enuncia que todos são igualmente livres, ideia que corresponde às liberdades civis, como o direito de votar e de ocupar um cargo público, a liberdade de expressão e de reunião, a liberdade de consciência e de pensamento, o direito à propriedade privada e a proteção contra a prisão e a detenção arbitrárias, que devem ser assegurados a todos os cidadãos, como consagram as constituições democráticas modernas.

O **segundo princípio** vincula-se ao problema da justiça distributiva – cuja função é corrigir as desigualdades que naturalmente surgem da convivência humana. Por isso, somente são aceitáveis aquelas condições desiguais que proporcionem cargos abertos a todos em condições de igualdade de oportunidades e o maior benefício possível aos cidadãos mais pobres.

3. CORRENTES DE PENSAMENTO JURÍDICO

3.1 A teoria jurídica clássica do direito natural

Seus principais defensores foram Aristóteles, os jurisconsultos romanos e Tomás de Aquino. Nesta concepção, o direito é entendido como **aquilo que é devido a alguém, ou seja, o justo**. Direito é aquela coisa que, estando atribuída a um sujeito, que é seu titular, é devida a ele. O objetivo ao se agir de acordo com a justiça era chegar a uma divisão adequada do que seria a parte de cada um. Essa divisão adequada constituía o direito.

Como diz Tomás de Aquino, o justo caracteriza a retidão que convém à justiça. O nome de justo dá-se àquilo que a ação da justiça realiza. O objeto da justiça é chamado justo. Tal é precisamente o direito.

Em virtude da sociabilidade do homem, o direito natural clássico possui um caráter essencialmente político. Isso porque só é possível responder de modo satisfatório o que é por natureza correto, ou o que é a justiça, respondendo à pergunta sobre qual é o melhor regime político (STRAUSS, 2001, p. 144).

3.2 O jusnaturalismo ou escola do direito natural moderno

Para esta escola, **o direito é sinônimo de justiça, entendida como a conformidade com a natureza**. Com efeito, os direitos naturais são aquilo que está de acordo com a natureza humana. Desse modo, o direito positivo somente será válido se respeitar esses direitos naturais inatos dos homens. O direito natural, por seu turno, é imutável, sempre justo e universalmente válido.

Os jusnaturalistas consideravam que a partir de princípios como "deve fazer-se o justo e abster-se do injusto", "evita o mal e pratica o bem" ou "não faças aos outros aquilo que não queres que te façam a ti" seria possível deduzir o que era o direito natural. Dessas prescrições morais tidas como válidas universalmente, deduziam-se regras como "os pactos devem ser observados" (*pacta sunt servanda*), "o dano deve ser indenizado" e "a propriedade deve ser respeitada".

A **teoria do contrato social** foi um instrumento jusnaturalista para justificar racionalmente a existência do direito e do Estado. Tal teoria consiste na ideia de que, por meio de um contrato social, a humanidade deixou um Estado de Natureza para atingir um Estado Civil, que é político.

estado de natureza
- todos tem liberdade absoluta. A vida é dura, cruel, breve e insegura.

estado civil (sociedade política)
- por meio de um contrato social se cria um poder soberano ao qual os indivíduos se sujeitam. A vida se torna mais segura com o Estado que resolve os conflitos e monopoliza as sanções.

John Locke, por exemplo, afirmava que a liberdade e a propriedade eram partes essenciais da natureza humana. Assim, só se podia considerar justo um direito e um Estado que respeitassem tal natureza. Havia, portanto, um direito natural à liberdade e à propriedade deduzido da própria natureza do homem.

Os jusnaturalistas acreditavam poder chegar a princípios superiores apriorísticos, isto é, princípios que não dependiam da realidade empírica, das circunstâncias espaciais e temporais. Eles estavam convencidos da possibilidade de, a partir desses princípios, extrair, através da pura dedução, todas as restantes regras de direito, assegurando ao direito natural a validade universal, para todos os tempos e para todos os homens.

3.3 Escola histórica do direito

Esta concepção floresceu no século XIX como uma forma de **reação ao jusnaturalismo** do século anterior. O maior expoente da escola histórica do direito foi **Savigny**, que defendeu uma visão historicista da evolução do direito em oposição ao jusnaturalismo racionalista. Para ele, o **"espírito do povo" (*volksgeist*) é a fonte originária do direito**. O direito é o resultado de uma construção histórica de determinado povo; é o resultado da tradição dos costumes construídos ao longo de séculos de existência.

Por isso, o consenso obtido pelo equilíbrio das fontes sociais, e não uma vontade racional a-histórica como encontrada no jusnaturalismo, produziria leis adequadas aos diferentes povos. Essas leis, portanto, só poderiam ser mesmo diferentes entre si, já que são o resultado de histórias culturais diversas.

A escola histórica do direito teve o mérito de reconhecer o problema da **condicionalidade histórica do direito**. Em alguma medida o direito é determinado pela história, é fruto da tradição e dos costumes.

3.4 O antiformalismo de Ihering

Ihering defende que o direito deve ser pensado como um fato social, decorrente de relações reais entre indivíduos. Assim, ele imprime uma orientação antiformalista ao direito, segundo a qual era preciso "abandonar a crença de que com os conceitos jurídicos básicos se descobriram os últimos alicerces (os elementos químicos) do Direito, a partir dos quais, através de combinação, podem deduzir-se todas as proposições jurídicas" (LARENZ, 1997, p. 58).

O conceito de direito deveria ser compreendido, portanto, à luz do fato social e não como um conceito meramente racional, como queriam os jusnaturalistas. Daí por que Ihering afirmava que o direito é uma força viva, ou seja, o direito nasce das ações de pessoas reais com necessidades e problemas reais, em vez de representar apenas uma ideia.

Nasce daí um direito menos centrado na lógica e mais comprometido com as relações sociais. Contra o culto da lógica, que pensa em fazer da ciência jurídica uma matemática do direito, Ihering afirmava que, na verdade, são os conceitos que existem por causa da vida: "Não é o que a lógica postula que tem que acontecer; o que a vida, o comércio, o sentimento jurídico postulam é que tem de acontecer, seja isso logicamente necessário ou logicamente impossível" (LARENZ, 1997, p. 58).

Assim, Ihering passou a defender a ideia de que o fim é o criador de todo o Direito, ou seja, de que **não existe nenhuma proposição jurídica que não deva a sua origem a um fim (a um motivo prático)**. Característica fundamental de uma norma jurídica é o fato de que ela possui uma relação de conteúdo com um fim social, ao qual ela serve.

Em seu livro *A luta pelo direito*, Ihering afirma que a paz é o fim que o Direito tem em vista, a luta é o meio de que se serve para atingir tal fim. A luta e a paz são, portanto, inseparáveis. Daí por que o direito não é puramente teórico, mas uma força viva. Todos os direitos da humanidade foram conseguidos na luta, de modo que o direito pressupõe um trabalho incessante, não somente dos poderes públicos, mas da nação inteira.

> o direito é um labor contínuo, não apenas dos governantes, mas de todo o povo. [...] Cada um que se encontra na situação de precisar defender seu direito participa desse trabalho nacional, levando sua contribuição para a concretização da ideia de direito sobre a terra. (IHERING, 2010, p. 27)

Segundo Larenz (1997, p. 62), a importância da contribuição de Ihering para o desenvolvimento da ciência do direito reside no reconhecimento de que **toda proposição jurídica tem necessariamente de ser vista também na sua função social**. Na medida em que visa ser adequada à existência social, a norma está ordenada, pelo seu próprio sentido a um fim social.

Consequência importantíssima do pensamento de Ihering para a interpretação do direito foi o desenvolvimento do conceito de **interpretação teleológica**, que, aliás, encontra-se prevista no art. 5º da Lei de Interpretação das Normas do Direito Brasileiro. A metodologia teleológica é ainda hoje um importante instrumento de interpretação do direito. Sua metodologia, afirma Eros Grau (2009, p. XIX), "repousa em terreno firme".

O impulso dado por Ihering em direção a uma concepção mais pragmática levou a teorias extremadas como a **jurisprudência dos interesses e a escola do direito livre**, que repudiavam completamente a lógica dentro do direito.

Para a primeira, o direito não seria um sistema lógico, mas sim o resultado da disputa entre interesses materiais, nacionais, éticos e religiosos existentes em cada comunidade jurídica (cf. LARENZ, 1997, p. 65).

A segunda teoria propugnava que as sentenças não eram resultado de uma operação lógica, mas sim do instinto, da intuição e das emoções dos juízes, bem como da pressão que eles sofrem do ambiente de que fazem parte. A mesma tese pode ser encontrada nas escolas americana e escandinava do realismo jurídico. O juiz e teórico americano Oliver Wendell Holmes, partidário dessa corrente, afirmava que o direito era aquilo que a Suprema Corte dizia que ele era.

3.5 O positivismo jurídico

Para esta escola, **o direito é entendido como sinônimo de norma jurídica**. Apenas a lei positiva, isto é, a legislação editada pelo Estado, é que pode ser chamada de direito. O direito, então, não é o justo, não é a natureza e não é o espírito do povo, mas sim o resultado do poder estatal.

O positivismo enxerga o direito como desconectado da moral. Nessa perspectiva, não se pode dizer, portanto, que uma norma jurídica seja resultado de determinados valores como o da justiça, mas sim que uma norma é o resultado de uma fonte de poder que a cria.

Se há uma **separação entre direito e moral**, a validade de uma norma jurídica positiva não depende de sua conformidade com valores morais, com o direito natural ou com a opinião pública. Uma norma jurídica é válida tão somente porque foi produzida de acordo com uma norma hierarquicamente superior a ela.

Para Bobbio, o positivismo se apresenta como teoria (busca descrever uma coisa como ela é) e como ideologia (busca descrever uma coisa como se deseja que ela fosse). Como teoria, o positivismo afirma que **a norma jurídica é uma proposição de dever-ser que retira sua validade da norma hierarquicamente superior**. Como ideologia, no entanto, o positivismo expressa um valor, pois ele significa o **dever absoluto ou incondicional de obedecer à lei enquanto tal**. Essa ideologia é chamada pelo autor italiano de positivismo ético.

Para muitos autores, na frase de Hobbes, segundo a qual "é a autoridade, e não a verdade, que faz as leis", encontramos o início do positivismo jurídico. Tal afirmação é tomada como uma crítica em relação ao jusnaturalismo, que considerava a conformidade com as verdades da razão o critério para se dizer o que era ou não o direito.

Para os positivistas não é a justiça, não é a conformidade com determinada ideia que faz uma prescrição ser direito, mas sim o fato de tal prescrição ser emanada por uma fonte de autoridade, ou seja, uma fonte de poder legítimo. Tal fonte só pode ser o Estado. É ele a única fonte do direito.

Podemos dizer ainda que o modelo que o positivismo jurídico busca instituir é o de uma **teoria formal do direito**. Isso significa que o positivismo é uma teoria que estuda o direito em sua estrutura normativa, independentemente dos valores a que serve essa estrutura e do conteúdo que ela encerra.

Segundo Dworkin (2002, p. 27-28), podemos resumir a concepção positivista nos preceitos expostos a seguir:

3.5.1 A teoria de Hart

Segundo Hart, o núcleo daquilo que se entende por sistema legal moderno está na união entre **regras primárias e regras secundárias**.

As regras primárias impõem alguma forma de restrição ao livre uso da violência, ao roubo e a fraudes em geral. Por constituírem uma das bases que torna possível a existência social, as regras primárias são encontradas em todas as sociedades primitivas (HART, 1992, p. 89).

As regras secundárias são regras que tratam das regras primárias. Elas se ocupam do modo como estas regras podem ser consideradas válidas, com o modo como estas regras podem ser criadas, revogadas, mudadas etc.

Hart classifica as regras secundárias em **três tipos**:

A **primeira** estabelece a característica ou as características que fazem uma regra ser considerada válida e, portanto, parte do sistema legal. Dizer que determinada norma é válida é reconhecer que ela passou por todos os testes estabelecidos pela regra de reconhecimento.

As **regras de alteração** determinam quem possui o poder de introduzir novas regras primárias, eliminando as antigas. Hoje em dia, encontramos essas regras na Constituição, que determina quem possui competência para legislar.

As **regras de adjudicação** conferem jurisdição a um indivíduo ou a um grupo de indivíduos para poder decidir definitivamente se uma regra primária foi ou não violada. Isso supõe, então, a figura do Estado-juiz.

A regra de reconhecimento cumpre, na teoria hartiana, o mesmo papel que a norma fundamental cumpre na teoria de Kelsen: dizer o que, em última análise, torna válida determinada norma jurídica.

Diferente da norma fundamental de Kelsen, que é um puro dever-ser, uma condição lógica do sistema, que não tem um conteúdo específico, Hart pensa a sua regra de reconhecimento como **algo que existe no plano dos fatos**.

Outra contribuição importante da doutrina hartiana é a defesa de um **conteúdo mínimo de direito natural**. Ao dizer que, para existir o direito, é necessário um mínimo de direito natural, Hart rejeita a conclusão kelseniana de que qualquer conteúdo pode ser direito.

Em *O Conceito de Direito*, uma das obras mais influentes da filosofia do direito contemporânea, Hart critica as teorias que defendem que o direito é derivado de uma ordem natural ou divina, e que há uma conexão necessária entre o direito e a moral. Para ele, o direito é um fenômeno social e histórico, que pode variar de acordo com as circunstâncias e as convenções humanas.

No entanto, Hart reconhece que o direito não é totalmente independente da moralidade, e que há formas de influência da moral sobre o direito, tanto na sua criação quanto na sua aplicação. Essa influência pode se dar por meio da legislação ou por intermédio do processo judicial. Pode ocorrer que, em alguns sistemas, os critérios últimos de validade incorporem explicitamente princípios de justiça ou valores morais substantivos.

3.5.2 A teoria geral do direito de Norberto Bobbio

O pensamento jurídico de Bobbio tem como intenção elaborar uma Teoria Geral do Direito nos moldes positivistas, como encontrados em sua forma consagrada, isto é, a exposição realizada por Kelsen em sua Teoria Pura do Direito. Seguindo a distinção kelseniana entre estática jurídica (estudo da norma) e dinâmica jurídica (estudo do ordenamento), Bobbio desenvolveu duas obras: *Teoria da norma jurídica* e *Teoria do ordenamento jurídico*. A primeira trata de assuntos como a justiça, a validade e a eficácia, mostrando os diferentes ângulos pelos quais podemos analisar as normas jurídicas. A segunda busca construir uma ciência do direito sistemática, enfrentando os problemas da unidade e da coerência dos ordenamentos jurídicos.

Na Teoria da Norma Jurídica, Bobbio propõe três critérios de valoração da norma jurídica: **justiça, validade e eficácia**. Cada um desses critérios corresponde a um problema diferente:

(i) o problema da justiça é o problema da correspondência ou não da norma aos valores últimos que inspiram um determinado ordenamento jurídico;

(ii) o problema da validade é o problema da existência da regra enquanto tal e se resolve com um juízo de fato, isto é, trata-se de constatar se uma regra assim determinada pertence ou não a um ordenamento jurídico;

(iii) o problema da eficácia é o problema de uma norma ser ou não seguida pelas pessoas a quem é dirigida e, no caso de violação, ser imposta por via coercitiva pela autoridade que a evocou.

Na Teoria do Ordenamento Jurídico, são estudados **a norma fundamental, as antinomias e as lacunas existentes nos ordenamentos e de que forma podemos resolvê-las**. A norma fundamental serve para dar unidade ao sistema normativo, na medida em que, para pertencer ao sistema toda e qualquer norma precisa ser compatível com ela. Daí podemos extrair o conceito de validade, pois uma norma será em última análise válida (isto é, pertencerá ao ordenamento), caso esteja em conformidade com a norma fundamental.

Um ordenamento jurídico moderno apresenta normas destinadas a regular a conduta das pessoas – as normas de conduta – e normas de estrutura –, que regulam a produção de outras normas. Bobbio dá uma nomenclatura diferente da de Hart, mas o fenômeno que ambos analisam é o mesmo.

Com relação às antinomias, isto é, a incompatibilidade entre normas jurídicas, Bobbio aponta a existência de antinomias aparentes e antinomias reais. As primeiras podem ser resolvidas por critérios já preestabelecidos, já nas segundas, o intérprete fica "abandonado a si mesmo" (BOBBIO, 2010, p. 250), uma vez que os critérios que resolvem as antinomias aparentes não se aplicam às reais.

As lacunas, segundo Bobbio, podem ser reais ou próprias, em que há simplesmente a falta de uma norma jurídica, e ideológicas ou impróprias, que existem em razão da falta de uma norma jurídica satisfatória ou justa. As lacunas ideológicas, portanto, estão ligadas à discussão sobre a justiça do ordenamento jurídico. Surgem na medida em que o jurista compara o ordenamento desejável, ideal com o ordenamento jurídico positivado. Assim, qualquer ordenamento jurídico positivo apresenta lacunas ideológicas. Apenas um suposto direito natural delas estaria isento (cf. BOBBIO, 2010, p. 293-294).

As lacunas também podem ser classificadas em subjetivas e objetivas: "Subjetivas são aquelas que dependem de algum motivo imputável ao legislador; objetivas são aquelas que dependem do desenvolvimento das relações sociais, das novas invenções" (BOBBIO, 2010, p. 297), ou seja, de tudo aquilo que faz com que uma legislação existente se torne incompatível com uma nova realidade que surge.

As lacunas subjetivas, por sua vez, podem ser divididas em involuntárias e voluntárias. As involuntárias são resultado de alguma distração do legislador, que faz com que ele imagine que regulou um caso, mas, na verdade, não o fez; ou faz com que determinada situação improvável de acontecer seja negligenciada ao se redigir a lei. Já as voluntárias "são aquelas que o próprio legislador deixa de propósito, porque a matéria é bastante complexa e não pode ser regulada com regras muito minuciosas, e é melhor confiá-la à interpretação, caso a caso, do juiz" (BOBBIO, 2010, p. 297).

Finalmente, temos a distinção entre lacunas *praeter legem* e *intra legem*. "As primeiras ocorrem quando as regras expressas, por ser demasiado específicas, não compreendem todos os casos possíveis" (BOBBIO, 2010, p. 298); as segundas ocorrem quando tivermos uma norma muito genérica, revelando, em seu interior "vazios ou buracos que caberá ao intérprete preencher" (idem).

Ligado ao tema das lacunas está o problema da integração do direito, ou seja, as maneiras pelas quais podemos preencher as lacunas existentes no ordenamento. Segundo Bobbio, no Direito ocorre uma autointegração, pois ele próprio é capaz de estabelecer maneiras pelas quais as lacunas podem ser resolvidas, sem apelar para instâncias fora do Direito. É justamente o que ocorre quando nos utilizamos da analogia, isto é, "o procedimento pelo qual se atribui a um caso não regulamentado a mesma disciplina que a um caso regulamentado semelhante" (BOBBIO, 1995, p. 151).

3.6 A teoria tridimensional do direito

Para Miguel Reale, a palavra direito pode ser utilizada referindo-se a diferentes sentidos que correspondem a **3 aspectos básicos do fenômeno jurídico**:

O direito é fato (fato econômico, geográfico, demográfico etc.) que se soma a um valor, o qual confere significação a esse fato, inclinando a ação dos homens no sentido de atingir ou preservar certa finalidade ou objetivo por meio de uma norma jurídica.

Cada valor propõe uma determinada maneira de lidar com os fatos existentes, de modo que os problemas que a dimensão fática nos apresenta serão resolvidos de formas diferentes de acordo com o valor adotado.

Da interação entre fatos e os diferentes valores existentes surgem também diversas propostas de solução dos problemas ou, como Reale diz, diversas proposições normativas. Isso faz com que seja **necessário decidir por um caminho entre vários possíveis.**

É nesse momento que se faz necessária a intervenção do poder, a fim de estabelecer a norma jurídica. No contexto brasileiro, isso ocorre, por exemplo, no instante em que o Congresso vota e o governo sanciona um projeto de lei. Nesse momento, uma das proposições normativas se converte em norma legal. Nessa escolha que cria um direito novo, revela-se o **papel determinante do poder para a formação do direito.**

Reale utiliza o desenho abaixo (no qual **v1, v2** etc. são os valores, **F** os fatos, **p1, p2** etc. as proposições normativas, **P** o poder e **N** a norma) para representar o processo da nomogênese jurídica:

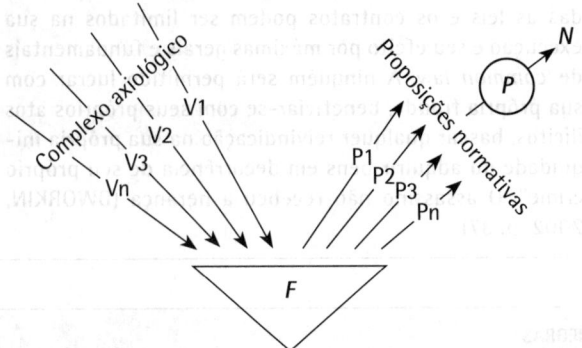

É importante frisar que **a capacidade decisória do poder não é ilimitada** (absoluta). Ela é condicionada por um conjunto de possibilidades normativas, derivado da interação entre fato e valor. Nesse sentido, o ato decisório do poder é parte integrante desse processo fático, axiológico e normativo.

Isso significa dizer que o poder, cuja interferência é fundamental para a criação do direito, deve ser um **poder legítimo**. Sua legitimidade deriva justamente da adequação da escolha de uma entre várias proposições normativas com os fatos e os valores existentes no momento.

3.7 Pós-positivismo

O pós-positivismo é um "novo paradigma concebido, no âmbito da teoria jurídica, de contestação às insuficiências, aporias e limitações do juspositivismo formalista tradicional, que reflete em larga medida uma ideologia jurídica herdada do Estado de Direito do século XIX" (DINIZ e MAIA, 2009, p. 650).

Trata-se, portanto, de um **rompimento** com a conclusão positivista de que **qualquer conteúdo pode ser direito**. Ao reduzir o direito à lei, o positivismo era a expressão jurídica do Estado de Direito Liberal, fundado nos dogmas da segurança jurídica e da separação dos poderes. Nesse contexto, a lei era fruto unicamente do Estado, mais especificamente do poder legislativo, enquanto o juiz nunca criava direito, apenas aplicava a legislação.

O termo pós-positivismo parece ser utilizado indistintamente para se referir a uma série de teorias que têm em comum a rejeição, cada uma a seu modo, de pressupostos do juspositivismo. Assim, encontram-se nesse grupo autores como Gustav Radbruch, John Rawls, Otfried Höffe, Jürgen Habermas, Chaïm Perelman, Carlos Santiago Nino, Neil MacCormick, Ronald Dworkin e Robert Alexy.

O pós-positivismo tem algumas **características básicas** que resumiremos abaixo:

a) Ele discorda do positivismo jurídico quanto à exclusividade das fontes sociais no direito. As noções morais e as ideias de justiça são também admitidas como fontes do direito.

b) Por conseguinte, o pós-positivismo discorda do positivismo jurídico quanto à separação entre direito, moral e política. Com efeito, **o que existe é articulação entre estes campos do conhecimento.**

c) Assim, a teoria do direito de feição pós-positivista encontra-se conectada com as filosofias política e moral. Isso porque "os problemas de teoria do direito são, no fundo, problemas relativos a princípios morais e não a estratégias e fatos jurídicos" (DWORKIN, 2002, p. 12).

d) Com relação à finalidade do direito, entende-se que a mola mestra da atividade jurídica deve ser uma aspiração moral, uma pretensão de justiça, ao invés de estar totalmente orientada para a obtenção de êxito ou vantagem.

Gustav Radbruch aponta uma suposta tensão entre justiça e segurança jurídica como uma das possíveis antinomias fundamentais da ideia de direito. No entanto, a segurança jurídica também pode ser vista como uma parte do conceito de justiça num sentido mais amplo, tendo em vista que a segurança é condição de uma sociedade corretamente ordenada. Assim, na verdade, não se trata de uma antinomia real, pois é impossível estabelecer uma verdadeira oposição entre justiça e segurança jurídica: ambas são necessárias para que se atinja o bem comum.

Para Radbruch, a aproximação entre segurança jurídica e justiça deve se produzir a partir de uma concreção de ambos os valores. O primeiro valor deixa de identificar-se com a mera noção de legalidade estrita para conectar-se imediatamente com os bens jurídicos básicos cuja garantia se estima social e politicamente necessária. A justiça perde sua dimensão ideal e abstrata para incorporar as exigências igualitárias e democratizadoras que informam seu conteúdo no Estado democrático de direito.

Assim, pode-se dizer que, na concepção de Radbruch, a desordem é pior do que a injustiça. Nesse sentido, em regra, as leis devem ser respeitadas porque são a garantia da ordem social. Mas há, no entanto, um limite para esse respeito: leis que violam bens jurídicos básicos como o direito à vida, à liberdade não podem ser observadas.

e) O pós-positivismo dá relevância aos "casos difíceis" (*hard cases*), isto é, casos nos quais os juristas divergirão acerca de direitos e nos quais nenhum deles disporá de qualquer argumento que deva necessariamente convencer o outro. Tais situações implicam um **conflito entre valores** como segurança jurídica e justiça. Em virtude disso, a **doutrina ganha em importância**, pois ela não se presta apenas a descrever o direito em vigor, mas também é uma ferramenta essencial para as decisões judiciais, sobretudo nos casos difíceis.

f) O pós-positivismo realiza uma reabilitação dos princípios. Os princípios são fundamentais na interpretação e na aplicação do direito. Segundo Humberto Ávila (2001, p. 6), tanto a doutrina quanto a jurisprudência atuais são unanimes em afirmar que as normas jurídicas mais importantes de um ordenamento jurídico são os princípios. Defende-se, assim, a **eficácia normativa dos princípios**.

g) A importância adquirida pelos princípios determina o desenvolvimento de novas teorias sobre a decisão judicial, que dão relevância à ponderação de princípios. É isso que determina a relevância dada atualmente à razoabilidade e à proporcionalidade.

h) Com base nessas novas teorias, ressalta-se a importância dos processos de aplicação do direito, particularmente da decisão judicial. Se os juízes detêm capacidade para decidir o que determina a constituição, eles têm um papel decisivo no estabelecimento do direito.

i) Finalmente, o pós-positivismo busca um lugar teórico para além do jusnaturalismo e do positivismo jurídico. Dworkin e Alexy, por exemplo, defendem que suas teorias são uma **terceira via superadora dos paradigmas anteriores**. Não são nem jusnaturalistas, pois preocupam-se com a realidade jurídica, nem positivistas, porque preocupam-se com a justiça.

PÓS-POSITIVISMO	
Difere do jusnaturalismo	Difere do positivismo
não concebe os princípios como teoremas racionais abstratos, metafísicos e desprovidos de eficácia.	discorda do entendimento de que os princípios possuem caráter meramente subsidiário e supletivo – de baixa ou nenhuma subjetividade, como se vê no art. 4º da LINDB.

3.7.1 Dworkin

A filosofia do direito de Dworkin preocupa-se especialmente com **a igualdade**, afirmando que é nesse princípio que se encontra o limite a ser imposto à liberdade constitutiva da sociedade. Além disso, como todas as pessoas são iguais, todas devem ser tratadas por parte do Estado com igual respeito e consideração.

No plano da teoria da norma jurídica, Dworkin elabora uma distinção entre regras e princípios, chamando a atenção para a importância real que estes desempenham nas decisões judiciais, sobretudo nos casos difíceis. Como exemplo, Dworkin narra o caso abaixo:

> Em 1889, no famoso caso Riggs contra Palmer, um tribunal de Nova Iorque teve que decidir se um herdeiro nomeado no testamento de seu avô poderia herdar (...), muito embora ele tivesse assassinado seu avô com esse objetivo. (...) o tribunal prosseguiu, observando que "todas as leis e os contratos podem ser limitados na sua execução e seu efeito por máximas gerais e fundamentais de *common law*. A ninguém será permitido lucrar com sua própria fraude, beneficiar-se com seus próprios atos ilícitos, basear qualquer reivindicação na sua própria iniquidade ou adquirir bens em decorrência de seu próprio crime". O assassino não recebeu a herança (DWORKIN, 2002, p. 37).

REGRAS
- funcionam a partir da "lógica do tudo ou nada" (ou é válida ou não é válida).

PRINCÍPIOS
- baseiam-se na "lógica do mais ou menos" (diferentemente das regras, comportam certa dose de flexibilização, de ponderação).

O positivismo jurídico apresenta um grave defeito por ser um modelo que pensa apenas em regras. Ele nos leva a ignorar os papéis importantes desempenhados no direito pelos princípios – normas diferentes das regras.

A partir da distinção entre **políticas** (*policies*) e **princípios**, Dworkin constrói sua teoria normativa da decisão judicial, chamada por ele de "a tese dos direitos".

POLÍTICAS	PRINCÍPIOS
são normas que estabelecem objetivos a serem alcançados (melhorias econômicas, políticas e sociais).	são as normas cuja observância corresponde a uma exigência de justiça, de equidade ou de outra dimensão da moral. Exemplo: ninguém pode se beneficiar de sua própria torpeza.

Decisões judiciais suportadas por um argumento de princípio, sobretudo pela igualdade, são normativamente melhores. Isso porque os princípios são mais difíceis de ser refutados, por estarem apoiados em fundamentos mais firmes, como valores morais e de justiça.

Daí se percebe que Dworkin vê os princípios como a **fonte da justificação moral e política do direito vigente em uma determinada comunidade**. Essa fonte varia de sociedade para sociedade, pois cada comunidade possui suas particularidades.

Os casos difíceis são a chave para entender a rejeição do positivismo jurídico de Dworkin. Ele entende que nesses casos os juízes não podem se limitar a aplicar as normas jurídicas existentes, mas devem recorrer aos princípios morais que estão implícitos na Constituição e na comunidade jurídica. Esses princípios morais são os fundamentos da validade e da justiça das normas jurídicas, e devem ser interpretados de forma coerente e consistente com o sistema jurídico como um todo.

Por isso, o Direito é entendido como uma forma de interpretação da moral política, e não algo separado dela. A teoria jurídica, por consequência, é uma parte especial da moral política, que se ocupa dos problemas específicos da organização social e da distribuição de direitos e deveres entre os cidadãos. Dessa forma, o Direito não é apenas um conjunto de normas postas, mas também um conjunto de princípios morais incorporados. O Direito é uma questão de integridade, e os juízes devem buscar a coerência entre as normas jurídicas e os valores morais que elas expressam.

4. DIREITO E MORAL

4.1 A moral como origem do direito

O direito positiva, torna jurídicos, ideias e concepções que vêm da moral. Encontramos exemplos disso na Constituição Federal de 1988:

> Art. 229. Os pais têm o dever de assistir, criar e educar os filhos menores, e os filhos maiores têm o dever de ajudar e amparar os pais na velhice, carência ou enfermidade.

> Art. 37. A administração pública direta e indireta de qualquer dos Poderes da União, dos Estados, do Distrito Federal e dos Municípios obedecerá aos princípios de legalidade, impessoalidade, moralidade, publicidade e eficiência (...)

Por isso, podemos distinguir direito de moral, mas sem separá-los. Como dizia Miguel Reale, há uma unidade fundamental da vida ética.

4.2 A concepção kantiana

Kant ensina que a moral é dotada de autonomia, ao passo que o direito é dotado de heteronomia. A **regra moral é aquela que é posta pelo próprio indivíduo e, portanto, autônoma** (auto = próprio + nomos = lei. Autonomia é literalmente dar a si mesmo a sua própria lei).

Para o pensador alemão, uma ação somente poderia ser considerada moral se sua causa fosse o respeito pela lei moral, e não apenas a conformidade com ela. Assim, não basta, para que uma ação seja moral, que um indivíduo tenha agido como a lei prescreve, por exemplo, porque temia as consequências de seu descumprimento, mas sim que esse indivíduo tivesse agido movido pela intenção de cumprir o que é devido.

Entre a lei moral e a vontade deve se estabelecer uma determinada relação para que a vontade possa se constituir como vontade moral ou capaz de agir por dever, em respeito a essa lei. É nesse momento que se faz necessário o **imperativo categórico**.

O imperativo categórico é o elemento que torna possível a relação entre vontade e lei moral, na medida em que funciona como um mediador que guia a primeira em direção à segunda.

vontade → imperativo categórico → lei moral

Kant formula o imperativo categórico da seguinte maneira:

> age apenas segundo uma máxima tal que possas ao mesmo tempo querer que ela se torne lei universal (KANT, 1995, p. 59).

O próprio filósofo explica o imperativo com o caso de uma pessoa que se encontra numa situação em que tem a necessidade de contrair um empréstimo, não tem a intenção de pagá-lo, mas se não prometer pagar sabe que não emprestarão o dinheiro.

Esta ação, embora possa estar de acordo com o próprio bem-estar dessa pessoa, não estará de acordo com a moral. Isso porque ao se perguntar o que aconteceria se sua máxima se transformasse em lei universal, essa pessoa veria que ela nunca poderia valer universalmente, uma vez que, se aplicada por todos, ela se contradiria:

> tornaria impossível a própria promessa e a finalidade que com ela se pudesse ter em vista; ninguém acreditaria em qualquer coisa que lhe prometessem e rir-se-ia apenas de tais declarações como de vãos enganos (KANT, 1995, p. 61).

Para Kant, no campo da ética, agir *a posteriori*, ou seja, com base na experiência ou na sensibilidade, é fonte de erro, pois tal ação invariavelmente cai em contradição quando se tenta universalizá-la. Por conseguinte, é somente com base em princípios *a priori* que é possível se proceder moralmente. Portanto, somente agindo-se como prescreve o princípio prático supremo da razão, que é o imperativo categórico, pode ser obtida uma ética universal. Tal princípio só é possível na medida em que há um **valor absoluto** que lhe serve de fundamento.

O fundamento desse princípio é o de que os seres racionais existem como um fim em si mesmos, uma vez que:

> o homem, e, duma maneira geral, todo ser racional, existe como fim em si mesmo, não só como meio para o uso arbitrário desta ou daquela vontade (KANT, 1995, p. 69).

Como toda vontade dirige-se a um fim, o homem, por ser um ente dotado de razão e liberdade, o que o diferencia dos demais seres vivos, é o único ser no mundo que tem em si mesmo seu próprio fim. Todos os outros seres podem ser utilizados como meio para a consecução das finalidades de outrem. Pelo contrário, um ser racional e livre nunca deve ser tratado como meio para a obtenção de algo, mas sempre como um fim em si mesmo.

Por esta via, Kant chega a um **segundo modo de se formular o imperativo categórico:**

> Age de maneira que uses a humanidade, tanto na tua pessoa como na pessoa de qualquer outro, sempre e simultaneamente como fim e nunca simplesmente como meio (KANT, 1995, p. 69).

O direito difere da moral porque é dotado de **heteronomia** (*hetero* = outro + *nomos* = lei), isto é, as normas jurídicas não estão submetidas à vontade do indivíduo, encontram-se objetivamente diante dele. As normas jurídicas às quais obedecemos não são postas por nós mesmos, mas pela sociedade como um todo. Somos obrigados a obedecer a regras que expressam a vontade coletiva, uma vontade que não se confunde com a nossa. Além disso, é da essência do direito ser um **instrumento para a obtenção de determinados fins** (segurança, ordem, liberdade), e não um fim em si mesmo como o é a ação moral na concepção kantiana. Por isso, o direito se contenta com a conformidade exterior à regra.

Nesse sentido, o direito, para Kant, está no campo dos **Imperativos Hipotéticos**, pois estes prescrevem uma ação boa para atingir um fim, e não uma ação boa em sentido absoluto. Este tipo de imperativo prevê uma ação que é cumprida condicionalmente para a obtenção de determinado fim, como na seguinte frase: "se você quiser sarar do resfriado deve tomar Aspirina".

Outro elemento fundamental para se diferenciar direito de moral, segundo Kant, é a coação. Trata-se, na terminologia de Miguel Reale, da Teoria da Coercitividade, segundo a qual **não existe direito sem coação**.

Nas palavras de Kant:

> (...) o direito estrito se apoia no princípio de lhe ser possível usar constrangimento externo capaz de coexistir com a liberdade de todos de acordo com leis universais. Assim, quando se diz que um credor dispõe de um direito de exigir de seu devedor que pague sua dívida, isto não significa que ele pode lembrar o devedor que sua razão ela mesma o coloca na obrigação de fazer isso; significa, ao contrário, que a coerção que constrange a todos a pagar suas dívidas pode coexistir com a liberdade de todos, inclusive a dos devedores, de acordo com uma lei externa universal. Direito e competência de empregar coerção, portanto, significam uma e única coisa (KANT, 2003, p. 78).

Para a teoria da coercitividade, o que diferencia o direito da moral é o fato de que se uma norma jurídica for violada, haverá uma coação como consequência. Já o descumprimento de uma prescrição moral não resultará numa coação. Quem, por exemplo, não é caridoso com um amigo que, em virtude de uma crise econômica, encontra-se na pobreza, não está sujeito a uma ação estatal que o obrigue pela força a ajudar esse amigo.

5. A INTERPRETAÇÃO DO DIREITO

5.1 Conceitos básicos

A concepção formalista de interpretação foi desenvolvida a partir das ideias do jurista alemão Friedrich Carl Von Savigny, o que levou à chamada **jurisprudência dos conceitos**, desenvolvida sobretudo pela obra de Puchta. Para essa doutrina, a ciência do direito deveria se constituir como um sistema lógico.

A interpretação jurídica para o formalismo baseava-se na utilização conjunta dos instrumentos interpretativos gramatical, lógico, histórico e sistemático, resultando em quatro tipos de interpretação:

1º – interpretação gramatical: é o início de toda a interpretação, pois, para realizar a transição do pensamento do legislador para o nosso pensamento, precisamos conhecer e utilizar as regras gramaticais de morfologia e sintaxe.

2º – interpretação lógica: é a aplicação da lógica ao ato de interpretar. Lida com a estrutura do pensamento, na medida em que busca estabelecer uma relação lógica entre as partes e os elementos de um discurso. Para ser inteligível, um pensamento precisa seguir certas regras básicas que a lógica nos fornece.

3º – interpretação histórica: é a busca pelo conjunto de circunstâncias que marcaram a gênese de uma norma jurídica, ou seja, aquilo que a doutrina chama de *occasio legis*. Busca-se o acontecimento, o problema, a conjuntura histórica que existia à época da edição de determinada norma jurídica e que serviu de motivo para que tal norma fosse pensada. A fim de chegar a essas causas, este tipo de interpretação recorre, por exemplo, a trabalhos preparatórios e exposições de motivos.

4º – interpretação sistemática: é a interpretação que leva em conta a unidade das regras jurídicas num sistema, que é o ordenamento jurídico, organizado de modo hierárquico sob a forma de uma pirâmide escalonada de normas. Se o ordenamento é um sistema, isso significa que suas normas interagem entre si de um modo organizado. Isso faz com que o fundamento de validade de determinada norma dependa de uma outra. Não há como interpretar, por exemplo, uma norma do Código Civil sem saber que tipo de relação há entre esta norma e a Constituição.

Com a utilização desses quatro instrumentos, a concepção formalista esperava atingir a vontade do legislador histórico, que era considerada a meta de toda interpretação jurídica. A isto se dá o nome de **interpretação subjetiva, ou doutrina subjetivista** de interpretação. Para essa doutrina, toda interpretação é basicamente uma **compreensão do pensamento do legislador** (cf. FERRAZ JR., 2006, p. 70).

Exemplo dessa concepção é encontrado na chamada **Escola da Exegese**, que teve seu apogeu após o advento do Código Napoleônico de 1804. O celebrado Código Civil francês tornou-se um marco que impulsionou essa escola de pensamento jurídico a defender que o Direito é apenas o direito posto, isto é, a legislação produzida pelo Estado.

O início do ciclo das chamadas grandes codificações fez com que a escola da exegese surgisse com a crença de que a interpretação do direito resumia-se à análise dos textos legislativos. Para interpretar o direito, então, o intérprete deveria se limitar ao texto da lei para descobrir a vontade do legislador.

> Como todo o direito transformara-se no corpo escrito legislado, era ali mesmo que se buscariam as regras de interpretação capazes de solucionar os problemas que surgissem (NUNES, 2009, p. 56).

A orientação **antiformalista** em matéria de interpretação inicia-se com Jhering, que, em sua obra *Espírito do Direito Romano*, criticava a metodologia utilizada pela chamada jurisprudência dos conceitos.

Contra o culto da lógica, que pensa em fazer da ciência jurídica uma matemática do direito, Jhering afirmava que, na verdade, são os conceitos que existem por causa da vida. Assim, Jhering passou a defender a ideia de que **o fim é o criador de todo o Direito**, ou seja, de que não existe nenhuma proposição jurídica que não deva a sua origem a um fim (a um motivo prático). Característica fundamental de uma norma jurídica é o fato de que ela possui uma relação de conteúdo com um **fim social**, ao qual ela serve.

Segundo Larenz (1997, p. 62) a importância da contribuição de Jhering para o desenvolvimento da ciência do direito reside no reconhecimento de que toda proposição jurídica tem necessariamente de ser vista também na sua **função social**. Na medida em que visa ser adequada à existência social, a norma está ordenada, pelo seu próprio sentido a um fim social.

Assim, passou-se a defender a importância da **interpretação teleológica**, que, aliás, encontra-se prevista no art. 5º da Lei de Introdução às Normas do Direito Brasileiro. A metodologia teleológica é ainda hoje um importante instrumento de interpretação do direito. Sua metodologia, afirma Eros Grau (2009, p. XIX), "repousa em terreno firme".

O impulso dado por Jhering em direção a uma concepção mais pragmática levou a teorias extremadas como a **jurisprudência dos interesses** e a **escola do direito livre**, que repudiavam um direito identificado com a lógica.

Para a primeira, o direito não seria um sistema lógico, mas sim o resultado da disputa entre interesses materiais, nacionais, éticos e religiosos existentes em cada comunidade jurídica (cf. LARENZ, 1997, p. 65).

A segunda teoria propugnava que as sentenças não eram resultado de uma operação lógica, mas sim do instinto, da intuição e das emoções dos juízes, bem como da pressão que eles sofrem do ambiente de que fazem parte.

5.2 A hermenêutica

As contribuições teóricas vindas da hermenêutica filosófica vêm sendo utilizadas pela mais recente filosofia do direito.

A hermenêutica evidenciou a insuficiência das regras interpretativas tradicionais, ao mostrar que a **compreensão** é algo existencial, identificando-se com a própria experiência do intérprete. Por isso, o objeto que se compreende na interpretação do direito não pode ser conhecido independentemente do sujeito que o interpreta (cf. GRAU, 2009, p. 41).

Ademais, conforme o momento histórico vivido e a cultura da qual se faz parte, os horizontes são diferentes, os problemas são outros. O Velho Testamento para o cristão é diferente do que é para o judeu. Cada época terá sua leitura particular da *Ilíada*, da *Odisseia*, dos diálogos de Platão, das peças de Shakespeare.

Ao atingir o mundo do direito, a hermenêutica levou à **desvalorização** da tese de que precisamos nos ater às intenções pessoais do legislador. Com efeito, a função do intérprete na concepção hermenêutica implica deixar o texto viver sua própria vida.

Segundo Eros Grau (2009, p. 41-42), a evolução da reflexão hermenêutica permitiu a superação da concepção da interpretação como técnica de subsunção do fato à lei e instalou a verificação de que ela se desenvolve a partir de pressuposições.

A interpretação reflete uma experiência conflituosa vivida pelo intérprete. A decisão judicial é o resultado desse conflito.

decisão judicial

O juiz decide sempre dentro de uma situação histórica determinada, participando da consciência social de seu tempo. Por isso, "o direito é contemporâneo à realidade" (GRAU, 2009, p. 42). Nesse sentido, a hermenêutica contribuiu para uma **revalorização da interpretação objetiva**.

Para a doutrina objetivista de interpretação, **a lei tem um sentido próprio, que é independente de seu autor**.

> (...) as opiniões e intenções subjetivas do legislador, dos redatores da lei ou das pessoas singulares que interviram na legislação não têm relevo: a lei é mais racional do que o seu autor e, uma vez vigente vale por si só (LARENZ, 1997, p. 41).

A **interpretação objetiva**, diferentemente do subjetivismo, consiste em buscar o **fim atual da lei**, ou seja, é preciso compreender que a lei deve ser interpretada tendo em vista o momento atual que ela visa regular. Essa interpretação está mais ligada ao reconhecimento da mutabilidade social e ao valor da justiça.

5.3 A interpretação do direito na atualidade e a teoria da argumentação

Segundo Michel Villey (2008, p. 256), a doutrina atual procura evitar posições extremadas. Assim, considera tanto o racionalismo da época das luzes como seu oposto, o irracionalismo, como concepções inadequadas.

Autores como Viehweg, Engisch e Perelman evitam o irracionalismo mas também rejeitam o pensamento racionalista do direito como um sistema fechado que se forja exclusivamente de forma lógica. Ao pensamento sistemático opõem-se o **pensamento por problemas, a "tópica"**.

Viehweg buscou uma **revalorização da retórica**, da qual a tópica é uma parte, em contraposição ao racionalismo matemático-cartesiano (ATIENZA, 2006, p. 48). Os antigos gregos e romanos chamavam de **tópicos** certos pontos de vista geralmente aceitos devido à influência de uma autoridade tradicionalmente reconhecida. A função dos tópicos consistia em servir para a consideração dos problemas; para contemplar todas as suas vertentes, para ponderar o alcance e o valor de cada uma das diversas soluções possíveis (cf. SICHES, 1973, p. 160).

Os argumentos da tópica, então, diferenciam-se de uma postura racionalista porque partem do simplesmente provável ou verossímil, e não de proposições dogmáticas ou verdadeiras. A tópica tem por objetivo **apresentar razões que sirvam como convencimento a respeito de algo que é duvidoso**. Ela seria, portanto, a arte de exibir os melhores argumentos.

Para a teoria de **Perelman**, demonstrações em torno de conceitos aparecem, na prática, como uma disputa de opiniões. Nessas explanações entra em jogo a **arte da argumentação**. A vitória caberá ao antagonista que tiver sabido invocar em apoio de sua tese os lugares-comuns mais enraizados, que tiver argumentado de modo mais convincente, que tiver se mostrado persuasivo, conquistando, assim, a adesão do auditório.

O termo auditório utilizado por Perelman pode ser definido como "o conjunto daqueles sobre os quais o orador quer influir por meio de sua argumentação" (REALE e ANTISERI, 2007, vol. 3, p. 916).

As premissas da argumentação jurídica não estão previamente estabelecidas. Elas são escolhidas com o fim de se obter um convencimento que leve o interlocutor a aderir à tese defendida. Assim, o interlocutor (o advogado, o promotor, o juiz) escolhe teses mais adequadas a obter a adesão do juiz, do tribunal, do júri, da opinião pública) (SOARES, 2010, p. 80).

Segundo Perelman:

> É preciso, de fato, não esquecer que as decisões de justiça devem satisfazer três auditórios diferentes, de um lado as partes em litígio, a seguir os profissionais do direito e, por fim, a opinião pública, que se manifestará pela imprensa e pelas reações legislativas às decisões dos tribunais (PERELMAN, 2000, p. 238).

No direito, é preciso escolher entre a pluralidade de fórmulas possíveis pronunciadas pelas diferentes partes do discurso em suas explanações, nas quais nem só as leis são invocadas, mas também princípios gerais do direito, precedentes jurisprudenciais, equidade e as circunstâncias do momento.

A teoria da argumentação jurídica de Neil MacCormick é uma das mais influentes e sofisticadas do século XX. Ela dialoga com o pensamento de Dworkin, buscando explicar como os juristas podem justificar racionalmente as suas decisões, especialmente nos casos difíceis, em que há mais de uma solução possível ou plausível. Para isso, MacCormick propõe uma combinação de diferentes tipos de argumentos, que vão desde os lógicos e dedutivos até os retóricos e persuasivos.

Um dos tipos de argumentos que MacCormick considera importante é o consequencialista, que consiste em avaliar as consequências prováveis ou possíveis de uma decisão jurídica, tanto para os envolvidos no caso quanto para a sociedade em geral, e escolher a decisão que produza os melhores resultados ou evite os piores. Esse tipo de argumento é especialmente relevante quando estamos diante de casos difíceis.

No entanto, MacCormick reconhece as dificuldades da postura consequencialista, pois nem sempre é fácil ou possível prever todas as consequências de uma decisão, nem há um critério único ou objetivo para medir o valor ou o peso dessas consequências. Assim, o juízo consequencialista deve ser visto como um dos elementos que compõem a argumentação jurídica, e que deve ser ponderado por meio do debate jurídico e da crítica da sociedade em geral.

REFERÊNCIAS

ARENDT, Hannah. *As origens do totalitarismo*. 6.ed. Portugal: Publicações Dom Quixote, 2016.

AGOSTINHO. *A cidade de deus*. Trad. J. Dias Pereira. 2. ed. Lisboa: Fundação Calouste Gulbenkian, 1996.

AQUINO, Tomás de. *Suma Teológica*. São Paulo: Edições Loyola, 2005.

ARISTÓTELES. *Ética a Nicômaco*. Trad. Mário da Gama Kury. 3. ed. Brasília: Editora Universidade de Brasília, 1999.

ATIENZA, Manuel. *As razões do direito*: teorias da argumentação jurídica. Trad. Maria Cristina Cupertino. São Paulo: Landy Editora, 2006.

ÁVILA, Humberto. A distinção entre princípios e regras e a redefinição do dever de proporcionalidade. *Revista Diálogo Jurídico*, Salvador, CAJ - Centro de Atualização Jurídica, v. I, n. 4, julho, 2001. Disponível em: <http://www.direitopublico.com.br>. Acesso em: 13 de novembro de 2011.

BOBBIO, Norberto. *Teoria do ordenamento jurídico*. Brasília: Editora Universidade de Brasília, 1995.

DINIZ, Antonio Carlos e MAIA, Antônio Cavalcanti. Pós-Positivismo. In: BARRETTO, Vicente de Paulo (coord.). *Dicionário de Filosofia do Direito*. São Leopoldo: Editora Unisinos, 2009.

DWORKIN, Ronald. *Levando os direitos a sério*. Trad. Nelson Boeira. São Paulo: Martins Fontes, 2002.

_____. *A virtude soberana*: a teoria e a prática da igualdade. Trad. Jussara Simões. São Paulo: Martins Fontes, 2005.

FERRAZ JÚNIOR, Tércio Sampaio. *A ciência do direito*. 2. ed. São Paulo: Atlas, 2006.

GRAU, Eros. *Ensaio e discurso sobre a interpretação/aplicação do direito*. 5. ed. São Paulo: Malheiros, 2009.

HART, Herbert. *The concept of law*. Oxford: Oxford University Press, 1992.

HERVADA, Javier. *Historia de la ciencia del derecho natural*. Pamplona: Ediciones Universidad de Navarra, 1996.

HOBBES, Thomas. *Leviatã*: ou matéria, forma e poder de um Estado eclesiástico e civil. São Paulo: Edipro, 2015.

IHERING, Rudolf Von. *A luta pelo direito*. Trad. J. Cretella Jr. E Agnes Cretella. 6. ed. rev. São Paulo: Revista dos Tribunais, 2010 (RT - Textos Fundamentais).

KANT, Immanuel. *Fundamentação da metafísica dos costumes*. Trad. Paulo Quintela. Lisboa: Edições 70, 1995.

_____. *A metafísica dos costumes*. Trad. Edson Bini. Bauru: Edipro, 2003.

KAUFMANN, Arthur. A problemática da filosofia do direito ao longo da história. In: KAUFMANN, A.; HASSEMER, W. (org.). *Introdução à filosofia do direito e à teoria do direito contemporâneas*. Lisboa: Fundação Calouste Gulbenkian, 2002.

KELSEN, Hans. *O que é justiça?*: a justiça, o direito e a política no espelho da ciência. Trad. Luís Carlos Borges. 2. ed. São Paulo: Martins Fontes, 1998.

_____. *Teoria pura do direito*. São Paulo: Martins Fontes, 2006.

LARENZ, Karl. *Metodologia da ciência do direito*. 3. ed. Trad. José Lamego. Lisboa: Fundação Calouste Gulbenkian, 1997.

LOCKE, John. *Segundo Tratado sobre o governo civil*. São Paulo: Editora Abril Cultural, 1983.

LORD, Carnes. Aristóteles. STRAUSS, Leo; CROPSEY, Joseph (comp.) In: *Historia de la filosofía política*. Trad. Leticia García et al. 1. ed. México, D.F.: Fondo de Cultura Económica, 1996.

MICHELON JR., Claudio. MacCormick, Neil. In: *Dicionário de Filosofia do Direito*. Vicente de Paulo Barreto (coord.). São Leopoldo: Unisinos, 2009.

MILL, John Stuart. *Sobre a liberdade*. Petrópolis: Vozes, 1991.

MONTESQUIEU. *O Espírito das leis*. São Paulo: Martins Fontes, 2000.

NUNES, Rizzatto. *Manual de introdução ao estudo do direito*. 9. ed. São Paulo: Saraiva, 2009.

PERELMAN, Chaim. *Lógica jurídica*: nova retórica. São Paulo: Martins Fontes, 2000.

PLATÃO. *A República*. Trad. Maria Helena da Rocha Pereira. 3. ed. Lisboa: Fundação Calouste Gulbenkian, 1980.

QUINTANA, Fernando. Rousseau. In: BARRETTO, Vicente de Paulo (coord.). *Dicionário de Filosofia do Direito*. São Leopoldo: Editora Unisinos, 2009.

RAWLS, John. *Uma teoria da justiça*. Trad. Almiro Pisetta e Lenita M.R. Esteves. São Paulo: Martins Fontes, 1997.

_____. *Justice as fairness*: a restatement. Edited by Erin Kelly. Cambridge: Harvard University Press, 2003.

REALE, Giovanni e ANTISERI, Dario. *História da filosofia*: do romantismo até nossos dias. São Paulo: Paulus, 2007.

REALE, Miguel. *Teoria tridimensional do direito*. 5. ed. São Paulo: Saraiva, 1994.

_____. *Variações sobre a dialética*. 2003. Disponível em: <http://www.miguelreale.com.br/artigos/vdialetica.htm>. Acesso em: 31-7-2015.

ROSS, Alf. *Direito e justiça*. Trad. Edson Bini. Bauru, SP: Edipro, 2003.

ROUSSEAU, Jean Jacques. *Discurso sobre a economia política e do contrato social*. Trad. Maria Constança Pissarra. Petrópolis: Vozes, 1995.

_____. *Discurso sobre a origem e os fundamentos da desigualdade entre os homens*. Porto Alegre: L&PM, 2011.

SICHES, Luis Recaséns. *Nueva filosofía de la interpretación del derecho*. 2. ed. México, D.F.: Editorial Porrúa, 1973.

SOARES, Ricardo Maurício. *Hermenêutica e interpretação jurídica*. São Paulo: Saraiva, 2010.

STRAUSS, Leo. Platón. In: _____; CROPSEY, Joseph (comp.). *Historia de la filosofía política*. Trad. Letícia García Urriza et al. 1. ed. México, D. F.: Fondo de Cultura Económica, 1996.

_____. *Natural right and history.* Chicago: The University of Chicago Press, 2001.

VILLEY, Michel. *Filosofia do direito*: definições e fins do direito; os meios do direito. Trad. Márcia Valéria de Aguiar. 2. ed. São Paulo: Martins Fontes, 2008.

_____. *A formação do pensamento jurídico moderno.* Trad. Claudia Berliner. São Paulo: WMF Martins Fontes, 2009.

XENOFONTE. *Ditos e feitos memoráveis de Sócrates.* 4. ed. São Paulo: Nova Cultural, 1987 (Coleção Os pensadores).

Acesse o *QR Code* e aproveite os conteúdos elaborados para você!
■ BIZU OAB
■ TOP 10
http://uqr.to/1wcfc

Questões

Filosofia do Direito

Acesse o *QR Code* e consulte as questões comentadas dos exames anteriores.
http://uqr.to/1wcfb

TEORIAS SOBRE A JUSTIÇA

1. **(41º Exame)** A regra da igualdade não consiste senão em quinhoar desigualmente aos desiguais, na medida em que se desigualam. [...] Tratar com desigualdade a iguais, ou a desiguais com igualdade, seria desigualdade flagrante, e não igualdade real.

Rui Barbosa. *Oração aos moços.*

É comum encontrar frases de Rui Barbosa reproduzidas em sentenças, petições, sustentações orais ou mesmo estampadas em escritórios de advocacia ou gabinetes de juízes. O trecho acima é uma das frases mais conhecidas de Rui Barbosa. A ideia central contida no trecho citado tem clara inspiração em

(A) *A República*, de Platão.
(B) *Ética a Nicômaco*, de Aristóteles.
(C) *Crítica da Razão Prática*, de Kant.
(D) *Teoria Pura do Direito*, de Kelsen.

RESPOSTA (A) Platão, em *A República*, fala da justiça como a harmonia das partes da alma e da cidade, mas não aborda a igualdade nos termos específicos de tratar os desiguais de forma desigual. (B) Esta é a alternativa correta. Aristóteles, em sua obra *Ética a Nicômaco*, desenvolve a ideia de justiça distributiva, que consiste em dar a cada um o que lhe é devido de acordo com seus méritos e circunstâncias. Para Aristóteles, a justiça envolve tratar os iguais de maneira igual e os desiguais de maneira desigual, na medida de suas diferenças. Essa visão é claramente refletida na citação de Rui Barbosa. (C) Kant, em sua *Crítica da Razão Prática*, explora o conceito de moralidade universal e a ideia de que as ações devem ser guiadas por máximas que possam ser universalizadas. No entanto, Kant não aborda a igualdade nos mesmos termos pragmáticos e distributivos como faz Aristóteles. (D) Hans Kelsen, em sua *Teoria Pura do Direito*, foca na estrutura normativa e na validade das normas jurídicas, sem abordar diretamente o conceito de justiça distributiva ou a aplicação da igualdade com base em desigualdades. **Alternativa B.**

2. **(38º Exame)** "Mas a disciplina traz consigo uma maneira específica de punir, e que é apenas um modelo reduzido do tribunal. O que pertence à penalidade disciplinar é a inobservância, tudo o que está inadequado à regra, tudo que se afasta dela, os desvios".

Michael Foucault

Foucault, em seu livro Vigiar e Punir, fala do poder disciplinar que recai sobre os corpos dos indivíduos e, também, dos castigos disciplinares que resultam de uma lei, um programa ou um regulamento.

Assinale a opção que, segundo o autor da obra de referência, apresenta a função do castigo disciplinar.

(A) Reduzir os desvios, funcionando, portanto, como algo essencialmente corretivo.
(B) Coibir a ocorrência de crime, de modo a evitar a ocorrência de atos ilícitos.
(C) Expiar a culpa de ter se afastado da norma, de forma a produzir arrependimento.
(D) Indenizar a vítima da conduta indisciplinada, como forma de reparação de um dano.

RESPOSTA No livro Vigiar e Punir, Foucault afirma que o castigo disciplinar tem a função de reduzir os desvios, funcionando, portanto, como algo essencialmente corretivo, cujo objetivo é normalizar o comportamento dos indivíduos, fazendo-os se conformar à regra, à norma, ao padrão estabelecido pela sociedade. O castigo disciplinar não tem como objetivo coibir o crime, expiar a culpa ou indenizar a vítima, mas sim produzir indivíduos conformes ao sistema. Assim, a opção que apresenta a função do castigo disciplinar segundo Foucault é a letra (A). **Alternativa A.**

AS CORRENTES DE PENSAMENTO JURÍDICO

3. **(41º Exame)** A obra de Hans Kelsen é de fundamental importância para o Direito e segue estudada e discutida até os dias atuais.

Acerca de sua *Teoria Pura do Direito*, assinale a afirmativa correta.

(A) O autor nega a influência e a conexão entre Sociologia, Ética e Política com o Direito, de modo que apenas ignorando essas disciplinas seria possível construir uma teoria verdadeiramente pura.

(B) A pureza a que o autor alude possui sentido metodológico, diferenciando Direito da Ciência do Direito, a fim de excluir de sua análise tudo aquilo que não pertença ao seu objeto de estudo.

(C) Em sua obra *Teoria Pura do Direito*, Kelsen trata de ciência jurídica e não política do Direito, motivo pelo qual busca responder como deve ser o Direito e como ele deve ser feito.

(D) A conexão entre o Direito e os elementos essenciais à sua compreensão, como a Teoria Política, motivou Kelsen a incorporar esses elementos na elaboração da *Teoria Pura do Direito*, pois indissociáveis.

RESPOSTA (A) Kelsen realmente busca separar o estudo do Direito das influências da Sociologia, Ética e Política, mas não ignora essas disciplinas. Ele reconhece que essas disciplinas têm seus próprios objetos de estudo, que são válidos e importantes, apenas não fazem parte do campo específico da Ciência do Direito. (B) Esta é a alternativa correta. Kelsen utiliza o termo "pureza" em um sentido metodológico, com o objetivo de delimitar o campo de estudo da Ciência do Direito, diferenciando-o de outras ciências sociais. A ideia central é que o Direito deve ser analisado como um sistema normativo autônomo, separado das influências de outras disciplinas, como a Sociologia, a Ética e a Política. Dessa forma, a *Teoria Pura do Direito* busca uma análise científica do Direito, entendida como o estudo da norma jurídica. (C) A *Teoria Pura do Direito* não se propõe a responder como o Direito deve ser ou como ele deve ser feito, o que seria uma questão de política do Direito. Pelo contrário, Kelsen busca fornecer uma análise do Direito tal como ele é. (D) Kelsen propõe a separação do Direito de outras disciplinas, incluindo a Teoria Política, para manter a pureza metodológica da análise jurídica. *Alternativa B.*

4. (40º Exame) Uma norma jurídica não vale porque tem um determinado conteúdo... (Hans Kelsen)

O que faz uma norma jurídica ser válida é tema central para a teoria e a Filosofia do Direito. Segundo o Normativismo Jurídico de Hans Kelsen, conforme apresentado em seu livro Teoria Pura do Direito, a validade da norma jurídica recai logicamente sobre uma categoria que é o ponto de partida do processo de criação do direito positivo. Assinale a opção que apresenta essa categoria.

(A) O legislador democrático.
(B) A soberania popular.
(C) A norma fundamental pressuposta.
(D) O direito das gentes.

RESPOSTA (A) O normativismo de Kelsen entende que a validade das normas independe do seu conteúdo específico ou da autoridade que as promulga. (B) A soberania popular, enquanto conceito central em muitas teorias políticas e jurídicas, especialmente em sistemas democráticos, não é a categoria fundamental na teoria de Kelsen. A validade das normas, segundo Kelsen, deriva de um pressuposto lógico. (C) Esta é a alternativa correta. Na *Teoria Pura do Direito*, Hans Kelsen introduz o conceito de norma fundamental, que é uma norma hipotética e pressuposta que serve de fundamento para a validade de todas as outras normas dentro de um sistema jurídico. A norma fundamental é o ponto de partida lógico do ordenamento jurídico, e a validade de todas as normas subsequentes deriva da aceitação dessa norma fundamental, que, por sua vez, não depende de uma autoridade superior, mas é aceita como um dado do sistema jurídico. (D) O direito das gentes, ou *jus gentium*, refere-se tradicionalmente ao conjunto de normas que regulam as relações entre Estados e povos, mas não é o fundamento da validade das normas jurídicas na teoria de Kelsen. *Alternativa C.*

5. (39º exame) "E tiveste a audácia de desobedecer a essa determinação? Sim porque não foi Zeus que a promulgou; e a Justiça, a deusa que habita com as divindades subterrâneas jamais estabeleceu tal decreto entre os humanos; nem eu creio que teu édito tenha força bastante para conferir a um mortal o poder de infringir as leis divinas, que nunca foram escritas, mas são irrevogáveis; não existem a partir de ontem ou de hoje; são eternas sim e ninguém sabe desde quando vigoram".

Sófocles.

O excerto acima é parte da peça Antígona, uma das mais importantes tragédias gregas, que foi escrita por Sófocles. De acordo com Aristóteles, em seu livro Retórica, essa peça de Sófocles pode ser usada para se entender o que seria uma lei natural. Assinale a opção que apresenta, segundo Aristóteles, o conceito de lei natural.

(A) Aquela que emana do diálogo comum entre diferentes comunidades políticas e resulta em um acordo que está acima de leis e tratados impostos pelo Estado.
(B) Uma expressão da natureza divina, que se encarna na figura do rei ou do soberano e é a base da legitimidade da monarquia como forma de governo.
(C) As tradições de uma comunidade política, que são repassadas de geração em geração sob a presunção de realizarem os anseios de justiça de um determinado povo.
(D) A justiça da qual todos têm, de alguma maneira, uma intuição e que é comum a todos, independentemente de todo Estado e de toda convenção recíproca.

RESPOSTA A alternativa (A) apresenta uma visão contratualista, em que a lei é resultado de um consenso entre comunidades políticas distintas. (B) Aristóteles não defende que a lei natural se manifeste através da figura do soberano. Ela não depende da vontade ou da autoridade de um monarca. (C) A lei natural, se refere a algo que é universal e comum a todos os seres humanos, independentemente de tradições culturais ou costumes específicos. Portanto, a lei natural não se limita a uma comunidade particular e suas tradições. A alternativa (D) é a correta. Aristóteles define a lei natural como aquela que é universal e conhecida intuitivamente por todos os seres humanos, independentemente de sua origem ou das leis estabelecidas pelos Estados. Essa concepção de lei natural é coerente com a ideia apresentada na peça *Antígona*, em que as leis não escritas e eternas se sobrepõem aos decretos humanos. *Alternativa D.*

6. (39º Exame) O Código Civil de Napoleão, de 1804, representou um momento de grande expectativa e confiança nos poderes da lei escrita. Nesse contexto, surge um importante movimento no Direito, chamado "Escola da Exegese".

Assinale a opção que, segundo Miguel Reale em seu livro Lições Preliminares do Direito, define este movimento.

FILOSOFIA DO DIREITO

(A) A afirmação de que a lei é uma realidade histórica, que se situa na progressão do tempo e, por isso, deve ser interpretada segundo as tradições e o próprio espírito do povo.
(B) A crença de que a lei é importante, mas se não corresponder mais aos fatos supervenientes, deve-se procurar a solução em outras fontes, como o costume, por exemplo.
(C) A concepção segundo a qual cabe ao juiz julgar segundo os ditames da ciência e de sua consciência, de forma a prevalecer um direito justo, seja na falta da lei, seja contra aquilo que dispõe a lei.
(D) A sustentação de que na lei positiva, e de maneira especial no Código Civil, já se encontra a possibilidade de uma solução para todos os eventuais casos ou ocorrências da vida social.

RESPOSTA A alternativa (A) apresenta uma visão historicista da interpretação da lei, em que se reconhece a necessidade de interpretar o direito em consonância com as tradições e o espírito de um povo. Esta é a concepção da Escola Histórica do Direito. (B) Essa flexibilidade na aplicação da lei, que pode ser complementada por outras fontes como o costume, não é está de acordo com a proposta da Escola da Exegese. Para esta, não cabe ao juiz buscar soluções fora do que está expressamente codificado. (C) Se, pela Escola da Exegese, o juiz se limita à aplicação estrita da lei, a definição apresentada está em desacordo com os princípios defendidos por esta Escola. (D) Afirmativa correta. A Escola da Exegese sustenta que o Código Civil de Napoleão, e por extensão a lei positiva, contém dentro de si todas as respostas necessárias para resolver as disputas jurídicas. Para os exegetas, a função do intérprete (em especial do juiz) é apenas revelar o que já está prefigurado no texto legal, sem a necessidade de recorrer a outras fontes de direito ou a considerações subjetivas. Essa visão, embora limitada e criticada por correntes posteriores, representa a confiança absoluta na completude e na capacidade da lei escrita de regular todos os aspectos da vida social. *Alternativa D.*

7. (38º Exame) Há muitos tipos diferentes de relação entre o direito e a moral e a relação entre eles não pode ser isolada com proveito para efeitos de estudo. Em vez disso, é importante distinguir algumas das muitas coisas diferentes que podem querer dizer-se através da afirmação ou negação de que o direito e a moral estão relacionados.

Herbert Hart

Herbert Hart, em seu livro O Conceito de Direito, comenta sobre a influência da moral sobre o Direito, afirmando que nenhum positivista poderá negar que a estabilidade dos sistemas jurídicos depende, em parte, da correspondência com a moral. Assinale a opção que, segundo o autor no livro em referência, mostra como essa influência da moral sobre o direito pode ocorrer.

(A) Pode se dar por meio da legislação ou por intermédio do processo judicial. Pode ocorrer que, em alguns sistemas, os critérios últimos de validade incorporem explicitamente princípios de justiça ou valores morais substantivos.
(B) Por intermédio da religião, sobretudo naqueles estados que, mesmo tendo a forma laica, admitem a influência das autoridades religiosas sobre o funcionamento das instituições.
(C) Ocorre por meio do pensamento científico. O desenvolvimento da ciência aponta possibilidades que exigem uma base moral que normatize os padrões de conduta em relação ao que seria aceitável ou não naquela sociedade.
(D) A influência da moral sobre o direito acontece por força da própria natureza das coisas. São padrões de certo e errado que surgem naturalmente e em um determinado momento histórico são incorporados ao direito positivo de forma espontânea e automática.

RESPOSTA As alternativas (B), (C) e (D) trazem ideias que não são defendidas por Hart em seu livro O Conceito do Direito, no qual ele reconhece que o direito não é totalmente independente da moralidade, e que há formas de influência da moral sobre o direito, tanto na sua criação quanto na sua aplicação. Trata-se do chamado "mínimo de direito natural" presente no direito positivo. Assim, a influência da moral sobre o direito pode se dar por meio da legislação ou por intermédio do processo judicial. Pode ocorrer que, em alguns sistemas, os critérios últimos de validade incorporem explicitamente princípios de justiça ou valores morais substantivos. Ao afirmar isso, o autor defende que o direito positivo pode incorporar elementos da moralidade em sua estrutura, seja por meio de normas jurídicas que reflitam valores morais, seja por meio de mecanismos que permitam a aplicação do direito de acordo com a moralidade. Por isso a alternativa correta é a letra (A). *Alternativa A.*

8. (36º Exame) "O problema da eficácia nos leva ao terreno da aplicação das normas jurídicas, que é o terreno dos comportamentos efetivos dos homens que vivem em sociedade".

Norberto Bobbio

Norberto Bobbio, em seu livro Teoria da Norma Jurídica, ao tratar dos critérios de valoração da norma jurídica, fala de três critérios possíveis: justiça, validade e eficácia.
Com relação ao critério da eficácia na obra em referência, assinale a afirmativa correta.

(A) Relaciona-se ao problema da interdependência necessária entre os critérios, isto é, para que uma regra seja eficaz, ela deve também ser válida e ser justa.
(B) Diz respeito ao problema de uma norma ser ou não seguida pelas pessoas a quem é dirigida e, no caso de violação, ser imposta por via coercitiva pela autoridade que a evocou.
(C) Trata-se do problema da correspondência ou não da norma aos valores últimos ou finais que inspiram um determinado ordenamento jurídico, expressos pelo legislador de maneira mais ou menos explícita.
(D) Refere-se ao problema da existência da regra enquanto tal e se resolve com um juízo de fato, isto é, trata-se de constatar se uma regra assim determinada pertence ou não a um ordenamento jurídico.

RESPOSTA (A) Essa alternativa é falsa, pois Bobbio defende que os critérios são independentes entre si, ou seja, uma norma pode ser válida sem ser justa, justa sem ser válida ou eficaz sem ser válida ou justa. (C) Essa alternativa é falsa, pois corresponde à definição do critério da justiça e não da eficácia. (D) Essa alternativa é falsa, pois corresponde à definição do critério da validade e não da eficácia. (B) Alternativa verdadeira, pois corresponde à definição do critério da eficácia dada por Bobbio. Segundo ele, uma norma é eficaz quando é obedecida pela maioria das pessoas e quando há mecanismos de sanção para garantir o seu cumprimento. *Alternativa B.*

9. (35º Exame) A calamidade dos que não têm direitos não decorre do fato de terem sido privados da vida, da liberdade ou da procura da felicidade... Sua situação angustiante não resulta do fato de não serem iguais perante a lei, mas sim de não existirem mais leis para eles...

Hannah Arendt

A filósofa Hannah Arendt, em seu livro *As Origens do Totalitarismo*, aborda a trágica realidade daqueles que, com os eventos da II Guerra Mundial, perderam não apenas seu lar, mas a proteção do governo. Com isso, ficaram destituídos de seus direitos e, também, sem a quem pudessem recorrer.

Diante disso, Hannah Arendt afirma que, antes de todos os direitos fundamentais, há um primeiro direito a ser garantido pela própria humanidade.

Assinale a opção que o apresenta.

(A) O direito à liberdade de consciência e credo.
(B) O direito a ter direitos, isto é, de pertencer à humanidade.
(C) O direito de resistência contra governos tiranos.
(D) O direito à igualdade e de não ser oprimido.

RESPOSTA Hannah Arendt se refere à condição dos apátridas, isto é, aqueles que como não têm nenhuma nacionalidade não desfrutam da proteção jurídica de qualquer Estado Nacional. Os eventos da II Guerra Mundial produziram milhões de casos assim, de pessoas sem qualquer direito, que, em sua maioria perderam a vida em campos de concentração. A própria Arendt sofreu na pele a condição de apátrida, pois sendo judia de origem alemã, perdeu sua nacionalidade, fugiu para a França, onde ficou em um campo de concentração mantido pelo governo colaboracionista francês após o armistício com a Alemanha em 1940. No entanto, ela conseguiu fugir desse campo para os Estados Unidos, onde refez a vida e a carreira. Essa experiência pessoal fez com que Arendt ficasse muito sensível à importância de garantir a todo e qualquer ser humano, independentemente de qualquer condição os direitos decorrentes de sua própria humanidade. Como diz a autora, só conseguimos perceber a existência de um direito de ter direitos e de um direito de pertencer a algum tipo de comunidade organizada, quando surgiram milhões de pessoas que haviam perdido esses direitos e não podiam recuperá-los devido à nova situação política global. Daí a necessidade de antes mesmo de garantir os direitos fundamentais garantir o direito a ter direitos. Como afirma Hannah Arendt, o direito a ter direitos e a dignidade humana que ele outorga devem permanecer válidos e reais mesmo que somente existisse um único ser humano na face da Terra; eles não dependem da pluralidade humana e devem permanecer válidos mesmo que um ser humano seja expulso da comunidade humana. (ARENDT, 2016) *Alternativa B.*

10. (35º Exame) É possível que, diante de um caso concreto, seja aceitável a aplicação tanto de uma lei geral quanto de uma lei especial. Isso, segundo Norberto Bobbio, em seu livro *Teoria do Ordenamento Jurídico*, caracteriza uma situação de antinomia.

Assinale a opção que, segundo o autor na obra em referência, apresenta a solução que deve ser adotada.

(A) Deve ser feita uma ponderação de princípios entre a lei geral e a lei especial, de forma que a lei que se revelar menos razoável seja revogada.
(B) Deve prevalecer a lei especial sobre a lei geral, de forma que a lei geral seja derrogada, isto é, caia parcialmente.
(C) Deve ser verificada a data de edição de ambas as leis, pois, nesse tipo de conflito entre lei geral e lei especial, deve prevalecer aquela que for posterior.
(D) Deve prevalecer a lei geral sobre a lei especial, pois essa prevalência da lei geral é um momento ineliminável de desenvolvimento de um ordenamento jurídico.

RESPOSTA Bobbio afirma que os critérios para a solução de antinomias são o cronológico, o hierárquico e o da especialidade. Este último é utilizado justamente na situação em que existem duas normas, uma geral e uma especial. Nesse caso, prevalece a norma especial, pois esta derroga parcialmente a geral. A derrogação é parcial porque, no caso do critério da especialidade, a eliminação é apenas daquela parte da lei geral que é incompatível com a lei especial. Já nos critérios cronológico e hierárquico, tem-se geralmente a eliminação total de uma das duas normas. A justificativa do critério da especialidade, explica Bobbio, reside numa questão de justiça que exige o tratamento diferente de pessoas que se encontram em situações diversas (Bobbio, 1995). *Alternativa B.*

DIREITO E MORAL

11. (40º Exame) "Portanto, a moralidade, e a humanidade enquanto capaz de moralidade, são as únicas coisas que têm dignidade".

Immanuel Kant

O artigo primeiro da Constituição Federal de 1988 determina que a dignidade da pessoa humana é fundamento da República. Filósofos e juristas há muito debatem o tema da dignidade. Sobre o tema, assinale a opção que apresenta a posição de Immanuel Kant, em seu livro Fundamentação da Metafísica dos Costumes.

(A) Aquele que pode participar dos destinos políticos da cidade é quem possui e exerce sua dignidade.
(B) Quando algo está acima de todo preço e, portanto, não permite equivalente, então ele tem dignidade.
(C) O amor à lei e à pátria conformam as bases da dignidade na vida social e política.
(D) A dignidade ocorre quando alguém possui elevada estima por si mesmo, mantendo seu amor próprio.

RESPOSTA (A) Essa alternativa afirma que a dignidade se baseia na capacidade de participação política, algo que não coaduna com a concepção kantiana. (B) Esta é a alternativa correta. Para Kant, a dignidade é uma qualidade inerente a todo ser humano enquanto ser racional e moral. Ela se manifesta na capacidade de agir de acordo com a lei moral, que é universal e incondicional. Algo que possui dignidade, segundo Kant, é insubstituível e não pode ser trocado ou avaliado por um preço, pois transcende qualquer valor material. Esta concepção reflete a ideia de que a dignidade humana é única e inalienável. (C) Esta alternativa sugere que a dignidade está fundamentada no amor à lei e à pátria, o que se aproxima de uma visão patriótica e normativa, mas não é a posição defendida por Kant. Para Kant, a dignidade é intrínseca ao ser humano e deriva de sua capacidade de seguir a moral universal, e não de um amor específico à lei positiva ou ao

FILOSOFIA DO DIREITO

Estado. (D) Esta alternativa confunde a dignidade com o conceito de autoestima ou amor próprio. A dignidade, na filosofia kantiana, é uma questão de respeito à própria humanidade e à lei moral, não sendo dependente de sentimentos pessoais ou da própria estima. *Alternativa B.*

12. (37º Exame) "...a justiça tem um papel a desempenhar na determinação do que é o direito".

Ronald Dworkin

Um dos mais importantes debates no âmbito da Filosofia do Direito é a relação entre direito e moral. Esse tema costuma dividir o posicionamento de positivistas e não positivistas. Ronald Dworkin, um dos mais influentes filósofos do direito contemporâneo, em seu livro A Justiça de Toga, se posiciona expressamente sobre essa questão.

Assinale a opção que expressa o posicionamento desse autor no livro em referência.

(A) A moral é parte do Direito porque, ao tomar decisões no âmbito de um processo judicial, um juiz ou uma juíza devem julgar de acordo com a sua consciência, seguindo aquilo que acham correto.
(B) O Direito não se confunde com a moral, pois são formas distintas de conhecimento. Além disso, a norma jurídica e a norma moral possuem formas diferentes, sendo a primeira subjetiva e a segunda objetiva.
(C) A moral e o Direito devem ser tratados como áreas específicas e distintas de conhecimento, a menos que o legislador inclua critérios morais no direito positivo, caso em que eles seriam complementares, embora independentes.
(D) O Direito deveria ser tratado como um segmento da moral, não como algo separado dela. Dessa forma, a teoria jurídica deveria ser considerada uma parte especial da moral política.

RESPOSTA (A) Incorreta. Dworkin não defende que os juízes devem julgar de acordo com a sua consciência individual, mas sim de acordo com os princípios morais que são compartilhados pela comunidade jurídica e que estão incorporados na Constituição. Além disso, Dworkin não considera que a moral seja parte do Direito, mas sim que o Direito seja parte da moral. (B) Incorreta. Para Dworkin as normas jurídicas são objetivas, mas também subjetivas, pois elas têm um significado que pode ser descoberto pela interpretação. Da mesma forma, as normas morais não são apenas objetivas, mas também subjetivas, pois elas dependem da adesão dos agentes morais. (C) Incorreta. Para Dworkin, os critérios morais já fazem parte do direito positivo, pois eles são os fundamentos da validade e da justiça das normas jurídicas. (D) Dworkin defende que o Direito é uma forma de interpretação da moral política, e que os juízes devem decidir os casos difíceis com base nos princípios morais que estão implícitos na Constituição e na comunidade jurídica. Para ele, o Direito é uma questão de integridade, e os juízes devem buscar a coerência entre as normas jurídicas e os valores morais que elas expressam, uma vez que a teoria jurídica é uma parte especial da moral política. *Alternativa D.*

13. (37º Exame) Operadores do Direito, com relativa frequência, precisam enfrentar situações dramáticas que envolvem a vida humana ou o corpo humano. Em casos como esses, nem sempre a lei oferece uma determinação clara e unívoca. Certas vezes a filosofia oferece uma base mais consistente de reflexão e argumentação.

Assinale a opção que apresenta o conhecido imperativo categórico de Kant, muitas vezes citado nos debates relativos a essas situações dramáticas.

(A) O homem é um animal político e como tal possui o sentimento do bem e do mal, do justo e do injusto, sobre os quais pode se manifestar graças ao dom da fala e de sua capacidade de comunicação.
(B) A normatização que regula a relação entre o todo e as partes deve ser considerada justa, de forma a realizar a distribuição proporcional dos bens comuns.
(C) Age de tal maneira que uses a humanidade, tanto na tua pessoa como na pessoa de qualquer outro, sempre e simultaneamente como um fim e nunca como um meio.
(D) O mundo ético vivo é o espírito em sua verdade; assim que o espírito chega ao saber abstrato de sua essência, a eticidade decai na universalidade formal do Direito.

RESPOSTA A questão pede simplesmente o conhecimento da ética de Kant e do seu conceito de imperativo categórico. Dentre as alternativas, a única que traz a formulação de tal conceito é a alternativa (C): "Age de tal maneira que uses a humanidade, tanto na tua pessoa como na pessoa de qualquer outro, sempre e simultaneamente como um fim e nunca como um meio". *Alternativa C.*

A INTERPRETAÇÃO DO DIREITO

14. (36º Exame) Juízes e juristas, ademais, são muito mal aparelhados para fazer esse tipo de avaliação [consequencialista], em comparação com o braço executivo do governo, ou mesmo do legislador.

Neil MacCormick

Neil MacCormick, em seu livro Retórica e o Estado de Direito, afirma que um certo tipo de raciocínio consequencialista tem importância decisiva na justificação das decisões jurídicas. Contudo, ele reconhece que há dificuldades para se adotar essa postura consequencialista. Assinale a opção que, segundo o autor, na obra citada, expressa tal dificuldade.

(A) A dificuldade está na extensão das consequências que os juízes devem considerar e nas bases sobre as quais eles devem avaliá-las.
(B) É difícil fazer uma análise isenta, pois as convições religiosas de um juiz o fazem projetar as consequências de suas decisões nos termos de sua cosmovisão.
(C) É preciso decidir com base nos textos legais e é impossível fazer juízos consequencialistas a partir daquilo que dizem as normas jurídicas.
(D) O juízo consequencialista se adequa ao sistema de direito romano-germânico, mas não ao sistema de direito consuetudinário, portanto, é muito difícil torná-lo um padrão universal.

RESPOSTA Segundo o livro Retórica e o Estado de Direito: uma teoria da argumentação jurídica de Neil MacCormick, o raciocínio consequencialista consiste em avaliar as consequências prováveis ou possíveis de uma decisão jurídica, tanto para os envolvidos no caso quanto para a sociedade em geral, e escolher a decisão que produza os melhores resultados ou evite os piores. No entanto, MacCormick reconhece que há dificuldades para se adotar essa postura consequencialista, pois nem sempre é fácil ou possível prever todas as consequências de uma decisão, nem há um critério único ou objetivo para medir o valor ou o peso dessas consequências. (B) Essa questão é errada porque MacCormick não menciona as convicções religiosas de um juiz como um fator que dificulta a análise consequencialista. (C) A questão está errada porque MacCormick não nega a importância dos textos legais para a decisão jurídica, mas sim reconhece que eles podem ser insuficientes ou ambíguos em alguns casos, e que nesses casos é necessário recorrer a outros argumentos, como os consequencialistas. (D) MacCormick não afirma que o juízo consequencialista seja incompatível com o direito consuetudinário. (A) Essa é questão correta porque MacCormick aponta essa dificuldade como um dos principais problemas do raciocínio consequencialista. Ele questiona até onde os juízes devem levar em conta as consequências de longo prazo ou indiretas de suas decisões, e quais são os critérios ou valores que devem orientar a avaliação dessas consequências. Ele reconhece que não há uma resposta definitiva ou objetiva para essas questões, mas sim que elas dependem do contexto e do debate público. *Alternativa A.*

Direito Eleitoral

Bruno Oliveira

Graduado em Letras e Direito. Pós-Graduado em Direito Eleitoral e Direito Civil com ênfase em Processo Civil. Mestre em Direito na Universidade de Brasília (UNB). Professor de Direito Eleitoral e Legislação Específica para concursos públicos. Servidor do TJGO. Pesquisador de Direito Eleitoral. Escritor de Livros Jurídicos.

Sumário

APRESENTAÇÃO – 1. CONCEITOS INICIAIS DE DIREITO ELEITORAL: 1.1 Conceito de Direito Eleitoral; 1.2 Fontes de Direito Eleitoral; 1.3 Funções do Direito Eleitoral; 1.4 Princípios do Direito Eleitoral – 2. DIREITO ELEITORAL CONSTITUCIONAL – 3. ORGANIZAÇÃO DA JUSTIÇA ELEITORAL – 4. PROCESSO ELEITORAL – 5. PROPAGANDA ELEITORAL E DIREITO DE RESPOSTA – 6. PARTIDOS POLÍTICOS – 7. CRIMES ELEITORAIS – 8. RECURSOS ELEITORAIS – 9. AÇÕES ELEITORAIS – QUESTÕES.

APRESENTAÇÃO

O 41º Exame trouxe **2 (duas) questões de Direito Eleitoral** com temas que foram tratados no nosso conteúdo e estou extremamente feliz, pois tenho certeza que você acertou as duas questões, estou certo disso?

Com o objetivo de facilitar os estudos, mais uma vez, você terá acesso a um compilado de Direito Eleitoral elaborado com a finalidade de que consiga compreender os principais assuntos possíveis para a prova. Apesar de não termos um histórico de questões do Exame da OAB em Direito Eleitoral, a Banca FGV possui uma gama de questões dessa disciplina.

Veja, a seguir, um gráfico com a principal incidência do conteúdo cobrado em Direito Eleitoral. De um total de **98 questões analisadas**, quase 60% trataram sobre os seguintes temas: Elegibilidade e Inelegibilidade; Ações Eleitorais; Propaganda Política e Espécies; Partidos Políticos e Crimes Eleitorais.

TEMA	N. DE QUESTÕES	% DE INCIDÊNCIA
Elegibilidade e Inelegibilidade	14	14%
Ações Eleitorais	13	13%
Propaganda Política e Espécies	13	13%
Partidos Políticos	10	10%
Crimes Eleitorais	8	8%
Registro de Candidatura	7	7%
Votação, Apuração e Diplomação	5	5%
Sistemas Eleitorais	4	4%
Cadastro Eleitoral	4	4%
Direitos Políticos (Teoria)	4	4%
Organização e Composição da Justiça Eleitoral	4	4%
Ministério Público Eleitoral	3	3%
Arrecadação, Gastos Eleitorais e Prestação de Contas	3	3%
Condutas Vedadas	3	3%
Recursos Eleitorais	2	2%
Princípios do Direito Eleitoral	1	1%

Bons estudos e qualquer dúvida, estou disponível no Instagram @professorbrunoeleitoral.

1. CONCEITOS INICIAIS DE DIREITO ELEITORAL

Neste tópico, o estudo focará nos aspectos que justificam o Direito Eleitoral como ramo autônomo de direito público, as fontes utilizadas para consecução dos objetivos primordiais, os princípios balizadores e as funções da Justiça Eleitoral.

1.1 Conceito de Direito Eleitoral

CONCEITO DE DIREITO ELEITORAL	Ramo **autônomo do direito público**, responsável por regular os direitos políticos e o processo eleitoral. Abrange todas as etapas do processo eleitoral, desde o alistamento, procedimentos para a convenção partidária, registro de candidatura, propaganda política, votação, apuração e, ainda, a diplomação dos eleitos. Responsável pela **instrumentalização da participação política** é a consagração do exercício do poder de sufrágio popular.

1.2 Fontes de Direito Eleitoral

O Direito Eleitoral, buscando garantir a normalidade e legitimidade do poder de sufrágio popular, se vale de algumas fontes. As fontes formais estatais classificam-se em fontes **diretas ou indiretas**, chamadas também de **primárias ou subsidiárias**.

Fontes Diretas
- Constituição Federal de 1988
- Código Eleitoral (Lei n. 4.737/65)
- Lei das Eleições (Lei n. 9.504/97)
- Lei dos Partidos Políticos (Lei n. 9.096/95)
- Lei das Inelegibilidadess (LC n. 64/90)
- Resoluções Eleitorais*
- Consultas (TSE e TREs)

Fontes Indiretas
- Código Civil
- Código de Processo Civil
- Código Penal
- Código de Processo Penal

*Atenção: as Resoluções Eleitorais referem-se ao **poder regulamentar** do Tribunal Superior Eleitoral. Segundo o art. 105 da Lei das Eleições, **até o dia 5 de março do ano da eleição**, o Tribunal Superior Eleitoral, atendendo ao caráter regulamentar e sem restringir direitos ou estabelecer sanções distintas das previstas nessa lei, poderá expedir todas as instruções necessárias para sua fiel execução, ouvidos, previamente, em audiência pública, os delegados ou representantes dos partidos políticos. Deste modo, o poder regulamentar do TSE é limitado, não podendo estabelecer restrições a direitos sem que haja embasamento legal.

As **principais características** das Resoluções Eleitorais são: **a)** caráter regulamentar; **b)** vedação a restrição de direitos; **c)** vedação ao estabelecimento de sanções diversas da constante da Lei das Eleições; **d)** necessidade de ouvir, previamente, em audiência pública, os delegados ou representantes dos partidos políticos; **e)** anterioridade eleitoral.

1.3 Funções do Direito Eleitoral

A Justiça Eleitoral exerce inúmeras funções. As principais são: **1)** administrativa; **2)** jurisdicional; **3)** normativa e **4)** consultiva.

FUNÇÃO ADMINISTRATIVA	A Justiça Eleitoral desempenha seu papel fundamental, prepara, organiza e administra todo o processo eleitoral.
FUNÇÃO JURISDICIONAL	Caracteriza-se pela solução imperativa, em caráter definitivo, dos conflitos submetidos ao Estado, afirmando-se a vontade estatal.
FUNÇÃO NORMATIVA	Responsabilidade do Tribunal Superior Eleitoral em expedir instruções (resoluções) para dar fiel execução às leis eleitorais (sem inová-las).
FUNÇÃO CONSULTIVA*	Competência do TSE e Tribunais Regionais Eleitorais em responder consultas formuladas por determinados legitimados sobre matéria eleitoral.

*Atenção: para a realização de consultas eleitorais, alguns **parâmetros** deverão ser obedecidos: **i)** formulação por legitimados específicos (autoridade com jurisdição federal ou órgão nacional de partido político *ao TSE* e autoridade pública ou partido político registrado, este por seu diretório nacional ou delegado credenciado junto ao *Tribunal Regional Eleitoral*); **ii)** consulta que verse exclusivamente sobre matéria eleitoral; **iii)** tratar de um assunto em tese, ou seja, não pode abordar um caso concreto, mas sim uma situação hipotética; **iv)** não deve identificar nomes, locais, pessoas ou situações específicas. Ademais, as consultas eleitorais possuem **caráter vinculante**[1], desde as alterações promovidas pela Lei n. 13.655/2018.

---

[1] TSE, Consulta n. 0600234949.

1.4 Princípios do Direito Eleitoral

Apesar da extensa lista de princípios que norteiam o Direito Eleitoral, alguns se destacam, principalmente devido à incidência nas provas. Dentre eles estão: **princípio da anualidade eleitoral, princípio da celeridade, princípio da periodicidade no exercício das funções eleitorais, princípio da lisura e princípio da responsabilidade solidária entre candidatos e partidos políticos.**

PRINCÍPIO	RESPALDO LEGAL	CONCEITO
PRINCÍPIO DA ANUALIDADE ELEITORAL	Art. 16 da CF	A lei que alterar o processo eleitoral entrará em vigor na data de sua publicação (inocorre *vacatio legis*), não se aplicando à eleição que ocorra até um ano da data de sua vigência. *Princípio inaplicável às resoluções do Tribunal Superior Eleitoral. *Ac.-TSE, de 16-9-2014, no RO n. 56635: está **implicitamente** previsto neste artigo o **princípio da segurança jurídica**, que impede alterações nas consequências jurídicas de um processo eleitoral findo.
PRINCÍPIO DA CELERIDADE	Art. 5º, LXXVIII, da CF / Art. 258 do Código Eleitoral / Art. 58 da Lei das Eleições / Art. 97-A da Lei das Eleições	Nos feitos eleitorais, devido ao tempo ínfimo dos mandatos (em regra 4 anos), o Poder Judiciário precisa manter prioridade na apreciação das decisões que envolvem Direito Eleitoral. ***Atenção:** "Nos termos do inciso LXXVIII do art. 5º da Constituição Federal, considera-se duração razoável do processo que possa resultar em perda de mandato eletivo o **período máximo de 1 (um) ano**, contado da sua apresentação à Justiça Eleitoral".
PRINCÍPIO DA PERIODICIDADE NO EXERCÍCIO DAS FUNÇÕES ELEITORAIS	Art. 121, § 2º, da CF	Os que integram os órgãos da Justiça Eleitoral exercem as funções por um tempo determinado, **não sendo em caráter vitalício**. Segundo o texto constitucional, os juízes dos tribunais eleitorais, salvo motivo justificado, **servirão por dois anos, no mínimo, e nunca por mais de dois biênios consecutivos**, sendo os substitutos escolhidos na mesma ocasião e pelo mesmo processo, em número igual para cada categoria.
PRINCÍPIO DA LISURA	Art. 14, § 9º, da CF	Busca constante pela primazia da igualdade de oportunidades entre os candidatos, tentando colocá-los em um mesmo nível na disputa eleitoral. O princípio da lisura está alicerçado na ideia de cidadania e no combate à influência do poder econômico ou político nas eleições.
PRINCÍPIO DA RESPONSABILIDADE SOLIDÁRIA ENTRE CANDIDATOS E PARTIDOS POLÍTICOS	Art. 6º, § 5º, da Lei das Eleições / Art. 15-A da Lei dos Partidos Políticos	A **responsabilidade** pelo pagamento de **multas** decorrentes de **propaganda** eleitoral é **solidária** entre os candidatos e os respectivos partidos, **não alcançando outros partidos mesmo quando integrantes de uma mesma coligação**. Ainda sobre o tema, a **responsabilidade**, inclusive **civil e trabalhista, cabe exclusivamente ao órgão partidário municipal, estadual ou nacional que tiver dado causa ao não cumprimento da obrigação**, à violação de direito, a dano a outrem ou a qualquer ato ilícito, excluída a solidariedade de outros órgãos de direção partidária.

2. DIREITO ELEITORAL CONSTITUCIONAL

A Constituição Federal de 1988 é fonte direta de Direito Eleitoral, mas antes disso também é classificada como fonte suprema, pois dela se originam os diversos temas relacionados à matéria eleitoral: **sufrágio, alistamento eleitoral, elegibilidade, inelegibilidade, partidos políticos e impugnação de mandatos**. Para sistematizar esses temas, recorreremos às fichas de revisão. Veja:

O que é sufrágio universal?	A CF, no *caput* do art. 14, determina que a soberania popular será exercida pelo **sufrágio universal** e pelo voto direto e secreto, com valor igual para todos. Sufrágio, de acordo com José Afonso da Silva[2], é um "direito que decorre diretamente do princípio de que todo poder emana do povo, constituindo instituição fundamental da democracia representativa". No Brasil, o sufrágio é caracterizado por ser universal, ou seja, **não fica restrita a condições econômicas, acadêmicas, profissionais ou étnicas**.
Como é classificada a democracia no Brasil?	Classifica-se como **semidireta**, mesclando institutos de **democracia direta** (plebiscito, referendo e iniciativa popular) e **indireta** (o povo elege os representantes que serão responsáveis por representá-los perante os diversos postos disponíveis, seja no Executivo ou Legislativo).
O alistamento eleitoral e o voto são obrigatórios?	Sim. No Brasil, a regra é o alistamento eleitoral e o voto obrigatórios. Segundo o art. 14, § 1º, da CF, o alistamento eleitoral e o voto são: **obrigatórios para os maiores de 18 anos; facultativos para: a)** os analfabetos; **b)** os maiores de 70 anos; **c)** os maiores de 16 e menores de 18 anos.
Todos podem se alistar eleitoralmente?	Não. Não podem alistar-se como eleitores os **estrangeiros** e, durante o período do serviço militar obrigatório, os **conscritos**[3-4].
Qual a diferença entre capacidade eleitoral ativa e passiva?	**Capacidade eleitoral ativa** é o direito de votar, sendo obrigatório para os maiores de 18 anos e facultativo para os maiores de 16 e menores de 18, analfabetos e maiores de 70 anos. **Capacidade eleitoral passiva** é o direito de ser votado, desde que preenchidos os requisitos de elegibilidade.
O que é elegibilidade?	**Elegibilidade** é a possibilidade conferida ao cidadão de pleitear um cargo eletivo. Deste modo, uma vez que o cidadão está qualificado, a partir dos **requisitos de elegibilidade**, previstos no art. 14, § 3º, da CF, não incidência de hipóteses de inelegibilidade, incompatibilidade e vida pregressa, poderá disputar os diversos cargos eletivos existentes.

[2] SILVA, José Afonso da. *Curso de direito constitucional positivo.* 33. ed. São Paulo: Malheiros Editores, 2010.

[3] O eleitor inscrito, ao ser incorporado para prestação do serviço militar obrigatório, deverá ter sua inscrição mantida, ficando impedido de votar, nos termos do art. 6º, II, *c*, do Código Eleitoral (Res. n. 15.072 na Cta n. 9.881, de 28-2-1989, rel. Min. Sydney Sanches; no mesmo sentido a Res. n. 15.099 na Cta n. 9.923, de 9-3-1989, Vilas Boas).

[4] Impossibilidade de ser efetuado por aqueles que prestam o serviço militar obrigatório (Res. n. 20.165 no PA n. 16.337, de 7-4-1998, rel. Min. Nilson Naves).

Quais são os requisitos de elegibilidade?	A Constituição Federal de 1988 prevê **condições explícitas** para o exercício da capacidade eleitoral passiva (direito de ser votado). O art. 14, § 3º, enumera as seguintes condições de elegibilidade: **I** – a nacionalidade brasileira; **II** – o pleno exercício dos direitos políticos; **III** – o alistamento eleitoral; **IV** – o domicílio eleitoral na circunscrição *(mínimo 6 meses antes da eleição)*; **V** – a filiação partidária[5] *(mínimo 6 meses antes da eleição)*; **VI** – a idade mínima de: **a)** trinta e cinco anos para Presidente e Vice-Presidente da República e Senador; **b)** trinta anos para Governador e Vice-Governador de Estado e do Distrito Federal; **c)** vinte e um anos para Deputado Federal, Deputado Estadual ou Distrital, Prefeito, Vice-Prefeito e juiz de paz; **d)** dezoito anos para Vereador.
O que é inelegibilidade?	Trata-se de impedimentos que **obstam o exercício da capacidade eleitoral passiva**. Doutrinariamente, classificam-se em **absolutos** ou **relativos**. As inelegibilidades absolutas atingem qualquer cargo (analfabetos, conscritos e estrangeiros). Já as relativas referem-se a determinados cargos, por motivos funcionais ou decorrente de parentesco com o chefe do Poder Executivo da circunscrição analisada.
Inelegibilidade reflexa por parentesco	São inelegíveis, no território de jurisdição do titular, o cônjuge e os parentes consanguíneos ou afins, até o segundo grau[6] ou por adoção, do Presidente da República, de Governador de Estado ou Território, do Distrito Federal, de Prefeito ou de quem os haja substituído dentro dos seis meses anteriores ao pleito, **salvo se já titular de mandato eletivo e candidato à reeleição**.
Instituto da reeleição	No Brasil, admite-se aos chefes do Poder Executivo (Presidente da República, Governadores de Estado e do Distrito Federal e Prefeitos) **apenas uma única reeleição consecutiva**. Quanto aos membros do Poder Legislativo (deputados e vereadores) a regra é a reeleição ilimitada.
Qual a regra para os chefes do Poder Executivo concorrerem a outros cargos?	De acordo com a Constituição Federal de 1988, para concorrerem a outros cargos, o Presidente da República, os Governadores de Estado e do Distrito Federal e os Prefeitos devem renunciar aos respectivos mandatos **até seis meses antes do pleito**.
Militar pode se candidatar a cargo eletivo?	O militar alistável é elegível, desde que preencha condições específicas. Se ele contar **menos de 10 anos de serviço**, deverá afastar-se da atividade. Caso conte **mais de 10 anos de serviço**, será agregado pela autoridade superior e, se eleito, passará automaticamente, no ato da diplomação, para a inatividade.
No Brasil, admite-se a cassação de direitos políticos?	Não. É vedada a cassação de direitos políticos, cuja **perda ou suspensão** só se dará nos casos de: **I** – cancelamento da naturalização por sentença transitada em julgado (perda); **II** – incapacidade civil absoluta (suspensão); **III** – condenação criminal transitada em julgado, enquanto durarem seus efeitos (suspensão); **IV** – recusa de cumprir obrigação a todos imposta ou prestação alternativa (suspensão) e **V** – improbidade administrativa, nos termos do art. 37, § 4ª (suspensão). *Ac.-TSE, de 10-11-2022, no AgR-REspE n. 060043273: a suspensão de direitos políticos abrange a capacidade eleitoral ativa e passiva do condenado, impedindo-o de votar, filiar-se a partido político e candidatar-se a cargo eletivo. *Ac.-TSE, de 15-10-2009, no REspe n. 35803 e Res.-TSE n. 23241/2010: a suspensão dos direitos políticos pre-vista neste dispositivo constitucional é efeito automático da condenação criminal transitada em julgado, inde-pendentemente de declaração ex-pressa ou de qualquer outro procedimento.

***Atenção:** em 2021, em virtude da Emenda Constitucional n. 111, a Constituição Federal determinou que serão realizadas concomitantemente às eleições municipais as **consultas populares** sobre *questões locais* aprovadas pelas Câmaras Municipais e encaminhadas à Justiça Eleitoral **até 90 (noventa) dias antes da data das eleições**, observados os limites operacionais relativos ao número de quesitos. As manifestações favoráveis e contrárias às questões submetidas às consultas populares ocorrerão durante as campanhas eleitorais, *sem a utilização de propaganda gratuita no rádio e na televisão*.

3. ORGANIZAÇÃO DA JUSTIÇA ELEITORAL

A Justiça Eleitoral surgiu a partir de 1930 com a revolução que deu origem ao Código Eleitoral de 1932, inspirada pelo ideal de moralização do sistema eleitoral. Não possui nenhuma submissão aos demais Poderes, mas sim **autonomia no exercício de suas competências**. Ela é uma **ramificação especializada do Poder Judiciário** e pode ser compreendida como um instrumento garantidor da lisura em todo processo eleitoral, preservando direitos subjetivos como o sufrágio, garantindo a ordem e o melhor transcorrer de todos os atos, principalmente em razão de seus atributos de Poder Normativo e Poder de Polícia". A principal função da Justiça Eleitoral é o respeito às decisões do povo (soberania popular) e à cidadania, por isso é tão relevante seu papel para o país.

De acordo com a Constituição Federal de 1988, a Justiça Eleitoral é composta pelos órgãos: **I)** Tribunal Superior Eleitoral; **II)** Tribunais Regionais Eleitorais; **III)** Juízes Eleitorais; e **IV)** Juntas Eleitorais.

Segue um resumo espetacular sobre a composição de cada um dos órgãos da Justiça Eleitoral. Leiam com muita atenção, pois *despenca* em provas:

ÓRGÃO	CARACTERÍSTICAS	COMPOSIÇÃO
TRIBUNAL SUPERIOR ELEITORAL	1. Órgão de cúpula da Justiça Eleitoral; 2. Composição híbrida; 3. Órgão colegiado e permanente; 4. Sede em Brasília e jurisdição em todo o país; 5. Não podem fazer parte do Tribunal Superior Eleitoral cidadãos que tenham entre si parentesco, ainda que por afinidade, **até o quarto grau**.	**Por eleição e voto secreto:** • 3 (três) juízes dentre os Ministros do Supremo Tribunal Federal; • 2 (dois) dois juízes dentre os Ministros do Superior Tribunal de Justiça; **Por nomeação do Presidente da República:** • 2 (dois) dois juízes dentre seis advogados de notável saber jurídico e idoneidade moral, **indicados pelo Supremo Tribunal Federal**.

---

[5] "É facultado ao partido político estabelecer, em seu estatuto, prazos de filiação partidária superiores aos previstos nesta Lei, com vistas a candidatura a cargos eletivos" (art. 20 da Lei n. 9.096/95).

[6] Em **segundo grau**, são considerados parentes diretos avôs, avós, netos e irmãos. Os parentes em segundo grau por afinidade são: avôs e avós do cônjuge e cunhados.

DIREITO ELEITORAL

TRIBUNAIS REGIONAIS ELEITORAIS	1. Órgãos intermediários da Justiça Eleitoral; 2. Composição **híbrida**; 3. Órgão **colegiado** e **permanente**; 4. Sede na Capital de cada Estado e no Distrito Federal.	**Por eleição e voto secreto:** • 2 (dois) juízes dentre os desembargadores do Tribunal de Justiça • 2 (dois) juízes, dentre juízes de direito, escolhidos pelo Tribunal de Justiça; • 1 (um) juiz do Tribunal Regional Federal com sede na Capital do Estado ou no Distrito Federal, ou, não havendo, de juiz federal, escolhido, em qualquer caso, pelo Tribunal Regional Federal respectivo; **Por nomeação do Presidente da República:** • 2 (dois) juízes dentre seis advogados de notável saber jurídico e idoneidade moral, indicados pelo Tribunal de Justiça.
JUNTAS ELEITORAIS	1. Órgãos **temporários** e **colegiados**; 2. Composição **dúplice**.	• 1 (um) juiz de Direito (presidente da Junta Eleitoral); • 2 (dois) ou 4 (quatro) cidadãos de notória idoneidade
JUÍZES ELEITORAIS	1. Órgãos **monocráticos**; 2. **Atenção**: possibilidade de juiz de direito substituto exercer as funções de juiz eleitoral, mesmo antes de adquirir a vitaliciedade.	• Cabe a jurisdição de cada uma das zonas eleitorais **a um juiz de direito em efetivo exercício**.

O **Tribunal Superior Eleitoral** e os **Tribunais Regionais Eleitorais**, por serem órgãos colegiados, possuem funções de direção. O **Tribunal Superior Eleitoral** elegerá seu **Presidente** e o **Vice-Presidente** dentre os **Ministros do Supremo Tribunal Federal**, e o **Corregedor Eleitoral**, dentre os **Ministros do Superior Tribunal de Justiça**. Já os **Tribunais Regionais Eleitorais** elegerão seu **Presidente** e o **Vice-Presidente** dentre os **desembargadores**.

Importante ressaltar que cada um dos órgãos da Justiça Eleitoral possui competências determinadas pelo Código Eleitoral. Das competências mais exigidas, destacam-se as seguintes:

COMPETÊNCIAS DO TRIBUNAL SUPERIOR ELEITORAL
• Processar e julgar originariamente o **registro e a cassação de registro** de partidos políticos, dos seus **diretórios nacionais** e de **candidatos à Presidência e Vice-Presidência** da República.
• Processar e julgar originariamente **os conflitos de jurisdição entre tribunais regionais e juízes eleitorais de Estados diferentes**.
• **Processar e julgar** originariamente a **ação rescisória**, nos casos de inelegibilidade, desde que intentada dentro do prazo de **120 dias de decisão irrecorrível**, possibilitando-se o exercício do mandato eletivo até o seu trânsito em julgado.
• Aprovar a **divisão** dos Estados em **zonas eleitorais** ou a **criação** de novas zonas.
• **Responder**, sobre matéria eleitoral, **às consultas** que lhe forem feitas em tese por autoridade com jurisdição federal ou órgão nacional de partido político.

COMPETÊNCIAS DOS TRIBUNAIS REGIONAIS ELEITORAIS
• Processar e julgar originariamente o **registro e o cancelamento do registro** dos **diretórios estaduais e municipais** de partidos políticos, bem como de candidatos a **governador, vice-governadores**, e **membros do Congresso Nacional** e das **Assembleias Legislativas**.
• Processar e julgar originariamente **os conflitos de jurisdição entre juízes eleitorais do respectivo Estado**.
• Processar e julgar originariamente os **crimes eleitorais cometidos pelos juízes eleitorais**.
• **Constituir** as **juntas eleitorais** e **designar** a respectiva **sede e jurisdição**.
• **Responder**, sobre matéria eleitoral, às **consultas** que lhe forem feitas, em tese, por autoridade pública ou partido político.
• **Dividir** a respectiva **circunscrição** em **zonas eleitorais**, submetendo esta divisão, assim como a **criação de novas zonas**, à aprovação do Tribunal Superior.

COMPETÊNCIAS DOS JUÍZES ELEITORAIS
• Dirigir os processos eleitorais e **determinar** a **inscrição** e a **exclusão** de eleitores.
• **Expedir títulos eleitorais** e **conceder transferência** de eleitor.
• **Dividir** a **zona** em **seções** eleitorais.
• **Designar**, até 60 (sessenta) dias antes das eleições, os **locais** das **seções**.
• **Instruir** os **membros** das **mesas** receptoras sobre as suas funções.

COMPETÊNCIAS DAS JUNTAS ELEITORAIS
• **Apurar, no prazo de 10 (dez) dias**, as **eleições** realizadas nas zonas eleitorais sob a sua jurisdição.
• **Resolver** as **impugnações** e demais incidentes verificados durante os trabalhos da contagem e da apuração.
• **Expedir** os **boletins** de **apuração**.
• **Expedir diploma** aos **eleitos** para **cargos municipais**.

ATENÇÃO!
Em regra, o Tribunal Superior delibera por maioria de votos, em sessão pública, com a presença da maioria de seus membros. No entanto, as decisões do Tribunal Superior, tanto na interpretação do Código Eleitoral em face da Constituição e cassação de registro de partidos políticos quanto sobre quaisquer recursos que importem anulação geral de eleições ou perda de diplomas, só poderão ser tomadas com a **presença de todos os seus membros**.

4. PROCESSO ELEITORAL

As **eleições no Brasil** foram divididas em **dois períodos**. Simultaneamente ocorrerão as eleições para Presidente e Vice-Presidente, Governador e Vice-Governador, Senador, Deputado Federal, Deputado Estadual e Deputado Distrital. Em outro momento ocorrerão as eleições para Prefeito, Vice-Prefeito e Vereador. Estas chamadas de eleições municipais. Aquelas, de eleições gerais. As eleições poderão ser divididas em dois turnos, sendo que geralmente, o primeiro turno das eleições ocorre no **primeiro domingo** de **outubro** do ano eleitoral e o segundo turno (se houver) no **último domingo** de **outubro**.

O **segundo turno** poderá ocorrer apenas nas eleições para **presidente e vice-presidente da República**, **governadores e vice-governadores** dos Estados e do Distrito Federal e para **prefeitos e vice-prefeitos de Municípios com mais de 200 mil eleitores**.

A partir de agora, com o objetivo de revisar etapas relevantes do processo eleitoral brasileiro e as que eventualmente serão as mais cobradas, vamos esquematizar:

O que são as coligações partidárias?	A união **temporária** e **facultativa** entre partidos políticos dentro de uma mesma circunscrição com o objetivo de celebrar coligações para eleição majoritária[7]. Uma vez coligado, o partido somente possui **legitimidade para atuar de forma isolada** no processo eleitoral quando **questionar a validade da própria coligação**, durante o período compreendido entre a **data da convenção e o termo final do prazo para a impugnação do registro de candidatos**. Este assunto foi objeto de questão do **39ª Exame**. A questão trouxe o seguinte comando: "Os partidos políticos Alfa, Beta e Gama decidiram celebrar uma coligação para a eleição municipal majoritária que se avizinhava. Apesar do apoio recebido da maior parte dos correligionários dessas agremiações, alguns tinham dúvidas em relação aos efeitos dessa iniciativa quanto à autonomia de cada partido político durante o processo eleitoral, mais especificamente, se poderiam atuar isoladamente ou se apenas a coligação poderia fazê-lo". A alternativa correta era a que dizia o seguinte: "Alfa, Beta e Gama somente podem atuar isoladamente no processo eleitoral para questionar a validade da própria coligação, isto no período delimitado em lei" (Lei das Eleições, art. 6º, § 4º).
Quais as diferenças entre federações partidárias e coligações proporcionais?	As coligações proporcionais são a união de dois ou mais partidos políticos com o objetivo estritamente eleitoral. Tinha início antes das eleições e extinguia o vínculo logo após. As **federações partidárias** são a junção de dois ou mais partidos políticos pelo período mínimo de 4 (quatro) anos. O descumprimento desse tempo mínimo acarretará ao partido vedação de ingressar em federação, d e celebrar coligação nas 2 (duas) eleições seguintes e, até completar o prazo mínimo remanescente, de utilizar o fundo partidário. **Atenção:** este assunto foi objeto de questão no 38º Exame. A Banca FGV exigiu do candidato a compreensão de que inexiste, atualmente, as coligações proporcionais, e a existência das federações partidárias.
O que são as convenções partidárias?	Deliberação dos partidos políticos no período de **20 de julho a 05 de agosto** do ano em que se realizarem as eleições com o objetivo de escolha dos candidatos pelos partidos e a deliberação sobre coligações majoritárias. Para a realização das convenções de escolha de candidatos, os partidos políticos poderão **usar gratuitamente prédios públicos**, responsabilizando-se por danos causados com a realização do evento.
Quantos candidatos cada partido político poderá registrar?	Cada partido poderá registrar candidatos para a Câmara dos Deputados, a Câmara Legislativa, as Assembleias Legislativas e as Câmaras Municipais no total de **até 100% (cem por cento) do número de lugares a preencher mais 1 (um)**. Exemplo: Se em um Município tiver 11 cadeiras a preencher para Vereador, o partido político poderá registrar até 12 candidatos (11 + 1). **Atenção:** cada partido ou coligação preencherá o **mínimo de 30% (trinta por cento) e o máximo de 70% (setenta por cento) para candidaturas de cada sexo**. **Súmula 73 do TSE:** a fraude à cota de gênero, consistente no desrespeito ao percentual mínimo de 30% (trinta por cento) de candidaturas femininas, nos termos do art. 10, § 3º, da Lei n. 9.504/97, configura-se com a presença de um ou alguns dos seguintes elementos, quando os fatos e as circunstâncias do caso concreto assim permitirem concluir: (1) votação zerada ou inexpressiva; (2) prestação de contas zerada, padronizada ou ausência de movimentação financeira relevante; e (3) ausência de atos efetivos de campanhas, divulgação ou promoção da candidatura de terceiros. O reconhecimento do ilícito acarretará: (a) a cassação do Demonstrativo de Regularidade de Atos Partidários (Drap) da legenda e dos diplomas dos candidatos a ele vinculados, independentemente de prova de participação, ciência ou anuência deles; (b) a inelegibilidade daqueles que praticaram ou anuíram com a conduta, nas hipóteses de Ação de Investigação Judicial Eleitoral (AIJE); (c) a nulidade dos votos obtidos pelo partido, com a recontagem dos quocientes eleitoral e partidário (art. 222 do Código Eleitoral), inclusive para fins de aplicação do art. 224 do Código Eleitoral.
Qual o prazo máximo para registro de candidatura?	Os partidos e coligações solicitarão à Justiça Eleitoral o registro de seus candidatos **até as 19 horas do dia 15 de agosto** do ano em que se realizarem as eleições.
O partido político poderá substituir o candidato registrado?	**Sim.** É facultado ao partido ou coligação substituir candidato que for considerado **inelegível, renunciar ou falecer** após o termo final do prazo do registro ou, ainda, tiver seu registro indeferido ou cancelado. Tanto nas eleições **majoritárias** como nas **proporcionais**, a substituição só se efetivará se o novo pedido for apresentado **até 20 (vinte) dias antes do pleito**, exceto em caso de falecimento de candidato, quando a substituição poderá ser efetivada após esse prazo.
Qual o prazo máximo para julgamento dos registros de candidatos?	**Até 20 (vinte dias)** antes da data das eleições, todos os pedidos de registro de candidatos, inclusive os impugnados e os respectivos recursos, devem estar julgados pelas instâncias ordinárias e publicadas as decisões a eles relativas.
O que é candidatura *sub judice*?	É o registro de candidatura **pendente de julgamento**. O candidato cujo registro esteja *sub judice* poderá efetuar todos os atos relativos à campanha eleitoral, inclusive utilizar o horário eleitoral gratuito no rádio e na televisão e ter seu nome mantido na urna eletrônica enquanto estiver sob essa condição, ficando a validade dos votos a ele atribuídos condicionada ao deferimento de seu registro por instância superior.
O fundo especial de financiamento de campanha eleitoral é passível de renúncia?	Sim. Os partidos **podem** comunicar ao Tribunal Superior Eleitoral **até o 1ª (primeiro) dia útil do mês de junho** a renúncia ao FEFC, vedada a redistribuição desses recursos aos demais partidos.
Como o candidato tem acesso aos recursos do FEFC?	Para que o candidato tenha acesso aos recursos do FEFC, deverá fazer **requerimento por escrito** ao órgão partidário respectivo. Este assunto foi objeto de questão do **41ª Exame**.
Quem define os limites de gastos de campanha?	Os limites de gastos de campanha serão definidos em **lei** e divulgados pelo **Tribunal Superior Eleitoral**.
Todos os gastos de campanha estão sujeitos a limites?	**Não.** Os **gastos advocatícios** e de **contabilidade** referentes a consultoria, assessoria e honorários relacionados à prestação de serviços em campanhas eleitorais e em favor destas, bem como em processo judicial decorrente de defesa de interesses de candidato ou partido político, **não estão sujeitos a limites de gastos ou a limites** que possam impor dificuldade ao exercício da ampla defesa. **Atenção:** Este assunto foi objeto de questão no 38ª Exame. As despesas com pagamento de honorários em razão de prestação de serviços advocatícios são despesas eleitorais, mas não se sujeitam ao limite de gastos de campanha.

---

[7] Não é possível a formação de coligações proporcionais, em virtude da EC n. 97, de 2017, e da Lei n. 14.211, de 2021.

Qual a sanção por descumprimento de limites de gastos?	Acarretará o pagamento de multa em **valor equivalente a 100% (cem por cento) da quantia que ultrapassar o limite** estabelecido, sem prejuízo da apuração da ocorrência de abuso do poder econômico.
A abertura de conta bancária de campanha é facultativa ou obrigatória?	**Obrigatória**. Ainda, os bancos são obrigados a acatar, **em até três dias**, o pedido de abertura de conta de qualquer candidato escolhido em convenção, sendo-lhes vedado condicioná-la a depósito mínimo e à cobrança de taxas ou de outras despesas de manutenção
O pré-candidato pode arrecadar recursos de campanha eleitoral?	Sim. Desde o dia **15 de maio do ano eleitoral**, é facultada aos **pré-candidatos a arrecadação prévia de recursos** na modalidade de financiamento coletivo, mas a liberação de recursos por parte das entidades arrecadadoras **fica condicionada ao registro da candidatura**, e a realização de despesas de campanha deverá observar o calendário eleitoral.
As doações eleitorais podem ser feitas por pessoas jurídicas?	**Não**. A partir do julgamento da ADI 4.650/DF[8], o STF entendeu que os dispositivos legais que autorizam as contribuições de pessoas jurídicas para campanhas eleitorais e partidos políticos são inconstitucionais.

ORIGENS VEDADAS DE RECEBIMENTO DE RECURSOS

- Entidade ou governo estrangeiro.
- Órgão da administração pública direta e indireta ou fundação mantida com recursos provenientes do Poder Público.
- Concessionário ou permissionário de serviço público.
- Entidade de direito privado que receba, na condição de beneficiária, contribuição compulsória em virtude de disposição legal.
- Entidade de utilidade pública.
- Entidade de classe ou sindical.
- Pessoa jurídica sem fins lucrativos que receba recursos do exterior.
- Entidades beneficentes e religiosas.
- Entidades esportivas.
- Organizações não governamentais que recebam recursos públicos.
- Organizações da sociedade civil de interesse público.

Existem limites especiais de gastos de campanha?	Sim. **10% (dez por cento)** para alimentação do pessoal que presta serviços às candidaturas ou aos comitês eleitorais e **20% (vinte por cento)** para aluguel de veículos automotores.
As despesas de natureza pessoal do candidato são consideradas gastos eleitorais?	Somente as seguintes despesas **não são consideradas gastos eleitorais: a)** combustível e manutenção de veículo automotor usado pelo candidato na campanha; **b)** remuneração, alimentação e hospedagem do condutor do veículo a que se refere a alínea anterior; **c)** alimentação e hospedagem própria; **d)** uso de linhas telefônicas registradas em seu nome como pessoa física, até o limite de três linhas.
Quais despesas são dispensadas de comprovação na prestação de contas?	A cessão de bens móveis, **limitada ao valor de R$ 4.000,00** (quatro mil reais) por pessoa cedente; as doações estimáveis em dinheiro entre candidatos ou partidos, decorrentes do uso comum tanto de sedes quanto de materiais de propaganda eleitoral, cujo gasto deverá ser registrado na prestação de contas do responsável pelo pagamento da despesa e a cessão de automóvel de propriedade do candidato, do cônjuge e de seus parentes até o terceiro grau para seu uso pessoal durante a campanha.
Em quais situações é possível a adoção do sistema simplificado de prestação de contas?	A Justiça Eleitoral adotará sistema simplificado de prestação de contas para candidatos que apresentarem **movimentação financeira** correspondente a, no máximo, **R$ 20.000,00 (vinte mil reais)**. Além disso, nas eleições para **Prefeito e Vereador de Municípios com menos de 50 mil eleitores**, a prestação de contas será feita sempre pelo sistema simplificado.
Ao apreciar as contas de campanha, quais decisões poderão ser tomadas pela Justiça Eleitoral?	Ao apreciar as contas, a Justiça Eleitoral poderá decidir pela **aprovação**, quando estiverem regulares; pela **aprovação com ressalvas**, quando verificadas falhas que não lhes comprometam a regularidade; pela **desaprovação**, quando verificadas falhas que lhes comprometam a regularidade e pela **não prestação**, quando não apresentadas as contas após a notificação emitida pela Justiça Eleitoral, na qual constará a obrigação expressa de prestar as suas contas, no prazo de setenta e duas horas. Importante ressaltar que a **inobservância** do prazo para encaminhamento das prestações de contas impede a diplomação dos eleitos, enquanto perdurar. Este assunto foi questão do **40º Exame**.

ATENÇÃO!

No que tange à desaprovação de contas e à aplicação dos princípios da proporcionalidade e razoabilidade, assim decidiu o TSE: "A aplicação dos princípios da proporcionalidade e da razoabilidade pressupõe que **(a)** os valores considerados irregulares não ultrapassem o valor nominal de 1.000 Ufirs (R$ 1.064,00); **(b)** as irregularidades, percentualmente, não podem superar 10% do total; e **(c)** as irregularidades não podem ter natureza grave" (REspEl 0601306-61, rel. Min. Mauro Campbell Marques, *DJe* 23-11-2020).

Qual a diferença entre pesquisas eleitorais e enquetes eleitorais?	As pesquisas eleitorais, em virtude do caráter científico que possuem, são permitidas, desde que registradas junto à Justiça Eleitoral, até cinco dias antes da divulgação. Já as enquetes eleitorais, devido à inexistência do cumprimento das formalidades exigidas pela Lei das Eleições, são vedadas durante a campanha eleitoral.

5. PROPAGANDA ELEITORAL E DIREITO DE RESPOSTA

A propaganda política é gênero, enquanto a propaganda eleitoral é uma das espécies, existindo ainda a propaganda partidária, institucional e intrapartidária. O foco será na propaganda eleitoral e nas subespécies devido a maior incidência de cobrança nas provas. Acredita-se que este tema poderá ser exigido nas provas de Direito Eleitoral para a OAB. A Lei das Eleições (Lei n. 9.504/97) contempla as principais permissões e vedações quanto a este tema. Por isso, o dividiremos em dois quadros: **propaganda eleitoral permitida** e **propaganda eleitoral vedada**.

No Brasil, a propaganda eleitoral é autorizada **a partir do dia 16 de agosto**. Deste modo, o que acontecer antes pode ser configurado como propaganda eleitoral antecipada ou também chamada de extemporânea. Nos termos da jurisprudência do TSE[9], consideram-se ilícitas as manifes-

---

[8] STF, Plenário, ADI 4.650/DF, rel. Min. Luiz Fux, julgado em 16 e 17-9-2015

[9] REspEl n. 0600489-73.2018, rel. Min. Luís Roberto Barroso, *DJe* 6-3-2020.

tações ocorridas no denominado período de pré-campanha quando houver: **a)** a presença de pedido explícito de voto; **b)** a utilização de formas proscritas durante o período oficial de propaganda; ou **c)** a violação ao princípio de igualdade de oportunidades entre os candidatos.

O art. 36-A da Lei das Eleições enumera condutas que **não são consideradas propaganda eleitoral antecipada**. São elas: **(i)** a participação de filiados a partidos políticos ou de pré-candidatos em entrevistas, programas, encontros ou debates no rádio, na televisão e na internet, inclusive com a exposição de plataformas e projetos políticos, observado pelas emissoras de rádio e de televisão o dever de conferir tratamento isonômico; **(ii)** a realização de encontros, seminários ou congressos, em ambiente fechado e a expensas dos partidos políticos, para tratar da organização dos processos eleitorais, discussão de políticas públicas, planos de governo ou alianças partidárias visando às eleições, podendo tais atividades ser divulgadas pelos instrumentos de comunicação intrapartidária; **(iii)** a realização de prévias partidárias e a respectiva distribuição de material informativo; **(iv)** a divulgação dos nomes dos filiados que participarão da disputa e a realização de debates entre os pré-candidatos; **(v)** a divulgação de atos de parlamentares e debates legislativos, desde que não se faça pedido de votos; **(vi)** a divulgação de posicionamento pessoal sobre questões políticas, inclusive nas redes sociais; **(vii)** a realização, a expensas de partido político, de reuniões de iniciativa da sociedade civil, de veículo ou meio de comunicação ou do próprio partido, em qualquer localidade, para divulgar ideias, objetivos e propostas partidárias e **(viii)** a campanha de arrecadação prévia de recursos na modalidade de financiamento coletivo. Quanto às prévias partidárias, o § 1º do art. 36 da Lei das Eleições veda a transmissão ao vivo por emissoras de rádio e de televisão das prévias partidárias, sem prejuízo da cobertura dos meios de comunicação social. Inclusive, este assunto foi cobrado no **40º Exame**. A questão era a seguinte: "Entre os correligionários do partido político Alfa estavam dois dos pré-candidatos considerados favoritos na eleição para governador do Estado Beta. Como somente um deles poderia ser escolhido por Alfa para concorrer ao referido cargo eletivo, houve grande interesse dos meios de comunicação social na cobertura das prévias partidárias". A alternativa correta foi: "As transmissões por emissoras de rádio e televisão das prévias partidárias, ao vivo, são vedadas".

Passaremos agora às condutas permitidas e vedadas durante a campanha eleitoral:

PROPAGANDA ELEITORAL PERMITIDA
• **Bandeiras** ao longo de vias públicas, desde que móveis e não dificultem o bom andamento do trânsito de pessoas e veículos.
• **Adesivo** plástico em **automóveis, caminhões, bicicletas, motocicletas** e **janelas residenciais**, desde que **não exceda a 0,5 m² (meio metro quadrado)**.
• Nas **dependências do Poder Legislativo**, a veiculação de propaganda eleitoral fica a critério da Mesa Diretora.
• Folhetos, adesivos, volantes e outros impressos.
• Ato de propaganda partidária ou eleitoral, em **recinto aberto ou fechado**, não depende de licença da polícia.
• Em **veículos**, exceto **adesivos microperfurados até a extensão total do para-brisa traseiro** e, em outras posições, adesivos até a dimensão máxima de $0,5m^{2}$[10].
• **Comícios** e a utilização de aparelhagens de sonorização fixas são permitidas no horário compreendido entre as 8 (oito) e as 24 (vinte e quatro) horas, com exceção do comício de encerramento da campanha, que poderá ser prorrogado por mais 2 (duas) horas.
• Circulação de **carros de som e minitrios** como meio de propaganda eleitoral apenas em carreatas, caminhadas e passeatas ou durante reuniões e comícios.
• Até a **antevéspera das eleições**, a divulgação paga, na **imprensa escrita**, e a reprodução na internet do jornal impresso, de até 10 (dez) anúncios de propaganda eleitoral, por veículo, em datas diversas, para cada candidato, no espaço máximo, por edição, de 1/8 (um oitavo) de página de jornal padrão e de 1/4 (um quarto) de página de revista ou tabloide.
• As emissoras de rádio e de televisão e os canais de televisão por assinatura reservarão, nos **35 dias anteriores à antevéspera das eleições**, horário destinado à divulgação, em rede, da propaganda eleitoral gratuita.
• Propaganda eleitoral na **Internet** nas seguintes formas: site de candidato, site de partido político, coligação ou federação; por meio de mensagem eletrônica para endereços cadastrados gratuitamente pelo candidato, partido ou coligação; por meio de blogs, redes sociais, sítios de mensagens instantâneas e aplicações de internet assemelhadas cujo conteúdo seja gerado ou editado por candidatos, partidos ou coligações; ou qualquer pessoa natural, desde que não contrate impulsionamento de conteúdos.
• **Manifestação individual e silenciosa da preferência do eleitor** por partido político, coligação ou candidato, revelada exclusivamente pelo uso de bandeiras, broches, dísticos e adesivos.

PROPAGANDA ELEITORAL PROIBIDA
• Propaganda política **paga** no rádio e na televisão.
• Bens cujo uso dependa de **cessão ou permissão do poder público**, ou que a ele pertençam, e **bens de uso comum**, inclusive postes de iluminação pública, sinalização de tráfego, viadutos, passarelas, pontes, paradas de ônibus e outros equipamentos urbanos, é vedada a veiculação de propaganda de qualquer natureza, inclusive pichação, inscrição a tinta e exposição de placas, estandartes, faixas, cavaletes, bonecos e assemelhados.
• **Árvores** e **jardins** localizados em áreas públicas, bem como muros, cercas e tapumes divisórios.
• **Crimes no dia da eleição:** uso de alto-falantes e amplificadores de som ou a promoção de comício ou carreata; arregimentação de eleitor ou a propaganda de boca de urna; divulgação de qualquer espécie de propaganda de partidos políticos ou de seus candidatos e publicação de novos conteúdos ou o impulsionamento de conteúdos nas aplicações de internet, podendo ser mantidos em funcionamento as aplicações e os conteúdos publicados anteriormente.
• Confecção, utilização, distribuição por comitê, candidato, ou com a sua autorização, de **camisetas, chaveiros, bonés, canetas, brindes, cestas básicas ou quaisquer outros bens** ou materiais que possam **proporcionar vantagem ao eleitor**.
• Proibida a **realização de showmício**[11] e de evento assemelhado para promoção de candidatos, bem como a apresentação, remunerada ou não, de artistas com a finalidade de animar comício e reunião eleitoral.

---

[10] Resolução n. 23.610, de 2019, do TSE, art. 20, II.
[11] A proibição não se estende I – às candidatas e aos candidatos que sejam profissionais da classe artística, cantoras, cantores, atrizes, atores, apresentadoras e apresentadores, que poderão exercer as atividades normais de sua profissão durante o período eleitoral, exceto em programas de rádio e de televisão, na animação de comício ou para divulgação, ainda que de forma

- Propaganda eleitoral mediante *outdoors*, inclusive eletrônicos.
- Utilização de **trios elétricos** em campanhas eleitorais, *exceto para a sonorização de comícios*.
- Vedada, no dia do pleito, até o término do horário de votação, a **aglomeração de pessoas** portando vestuário padronizado, bem como os instrumentos de propaganda referidos no *caput*, de modo a caracterizar manifestação coletiva, com ou sem utilização de veículos.

A partir da escolha de candidatos em convenção, é assegurado o **direito de resposta** a candidato, partido ou coligação atingidos, ainda que de forma indireta, por conceito, imagem ou afirmação caluniosa, difamatória, injuriosa ou sabidamente inverídica, difundidos por qualquer veículo de comunicação social. O ofendido, ou seu representante legal, poderá pedir o exercício do direito de resposta à Justiça Eleitoral nos seguintes prazos, contados a partir da veiculação da ofensa: **I – vinte e quatro horas**, quando se tratar do horário eleitoral gratuito; **II – quarenta e oito horas**, quando se tratar da programação normal das emissoras de rádio e televisão; **III – setenta e duas horas**, quando se tratar de órgão da imprensa escrita e **IV – a qualquer tempo**, quando se tratar de conteúdo que esteja sendo divulgado na internet, ou em **72 (setenta e duas) horas**, após a sua retirada.

6. PARTIDOS POLÍTICOS

O art. 17 da Constituição Federal de 1988 é responsável por trazer regramentos gerais sobre os partidos políticos no Brasil. Segundo o dispositivo constitucional, os partidos políticos devem ter **caráter nacional**, não poderão receber recursos financeiros de entidade ou governo estrangeiros ou de subordinação a estes, deverão prestar contas à Justiça Eleitoral e o funcionamento parlamentar será de acordo com a lei.

Em conjunto com a Constituição Federal, a Lei dos Partidos Políticos (Lei n. 9.096/95) dispõe regramentos específicos sobre os partidos políticos, tratando sobre a criação, extinção, funcionamento dos partidos, fusão e incorporação, fundo partidário e propaganda partidária. Para facilitar os estudos, seguem algumas fichas com os assuntos mais recorrentes em prova:

O que determina o princípio da autonomia e liberdade partidárias?	O princípio da **liberdade partidária** determina que é livre a criação, fusão, incorporação e extinção de partidos políticos, enquanto o princípio da **autonomia partidária** assegura aos partidos políticos autonomia para definir sua estrutura interna e estabelecer regras sobre escolha, formação e duração de seus órgãos permanentes e provisórios e sobre sua organização e funcionamento e para adotar os critérios de escolha e o regime de suas coligações nas eleições majoritárias, *vedada a sua celebração nas eleições proporcionais, sem obrigatoriedade de vinculação entre as candidaturas em âmbito nacional*, estadual, distrital ou municipal, devendo seus estatutos estabelecer normas de disciplina e fidelidade partidária. O princípio da autonomia partidária foi objeto de questão do 39º Exame. O comando foi o seguinte: "Joana, deputada estadual no Estado Alfa, vinha recebendo inúmeras críticas de alguns correligionários do seu partido político. Apesar do amplo apoio popular que recebia, para sua surpresa, não foi escolhida, na convenção partidária, para concorrer à reeleição ao cargo de deputada estadual". O examinador considerou como correta a alternativa que garante a autonomia dos partidos políticos: "Os partidos políticos têm autonomia para a escolha dos seus candidatos, observados os balizamentos legais".
Quais as etapas para criação de partidos políticos?	**1ª: fundação**: requerimento do registro de partido político, dirigido ao cartório competente do Registro Civil das Pessoas Jurídicas do **local de sua sede**, devendo ser subscrito pelos seus fundadores, em número nunca inferior a 101 (cento e um), com domicílio eleitoral em, no mínimo, 1/3 (um terço) dos Estados. **2ª: aquisição da personalidade jurídica**: personalidade jurídica de direito privado. **3ª: apoiamento mínimo de eleitores**: comprovar, no *período de dois anos*, o apoiamento de eleitores não filiados a partido político, correspondente a, pelo menos, 0,5% (cinco décimos por cento) dos votos dados na última eleição geral para a Câmara dos Deputados, não computados os votos em branco e os nulos, distribuídos por um terço, ou mais, dos Estados, com um mínimo de 0,1% (um décimo por cento) do eleitorado que haja votado em cada um deles. **4ª: registro do Estatuto no TSE**: decidirá pelo deferimento ou indeferimento no prazo de até 30 (trinta) dias.
Todos os partidos políticos terão acesso ao fundo partidário e acesso gratuito ao rádio e TV?	**Não.** Somente terão direito a recursos do fundo partidário e acesso gratuito ao rádio e à televisão, os partidos que obtiverem, nas eleições para a Câmara dos Deputados, **no mínimo, 3% (três por cento) dos votos válidos**, distribuídos em pelo menos um terço das Unidades da Federação, com um mínimo de **2% (dois por cento)** dos votos válidos em cada uma delas; ou tiverem **elegido pelo menos 15 Deputados Federais** distribuídos em pelo menos um terço das Unidades da Federação.
O que é uma federação partidária?	É a união entre **dois ou mais partidos políticos**, sendo que algumas regras deverão ser obedecidas: (i) somente poderá ser integrada por partidos com registro definitivo no Tribunal Superior Eleitoral; (ii) os partidos reunidos em federação deverão permanecer a ela filiados por, no **mínimo, 4 (quatro) anos**[12]; (iii) a federação poderá ser constituída até a data final do período de realização das convenções partidárias; (iv) e a federação terá abrangência nacional e seu registro será encaminhado ao Tribunal Superior Eleitoral.

---

dissimulada de sua candidatura ou de campanha eleitoral; e II – às apresentações artísticas ou shows musicais em eventos de arrecadação de recursos para campanhas eleitorais previstos no art. 23, § 4º, V, da Lei n. 9.504/97 (STF, ADI n. 5.970/DF, j. 7-10-2021 – incluído pela Resolução n. 23.671/2021).

[12] O descumprimento acarretará ao partido vedação de ingressar em federação, de celebrar coligação nas 2 (duas) eleições seguintes e, até completar o prazo mínimo remanescente, de utilizar o fundo partidário.

O detentor de cargo eletivo que se desfilia de partido político pelo qual foi eleito perde o mandato?	**Depende**. A regra é que perderá o mandato o detentor de cargo eletivo que se desfiliar, **sem justa causa**, do partido pelo qual foi eleito. São consideradas justa causa para a desfiliação partidária e o detentor de mandato não perderá o mandato nas seguintes hipóteses: **(i)** mudança substancial ou desvio reiterado do programa partidário; **(ii)** grave discriminação política pessoal; **(iii)** mudança de partido efetuada durante o período de 30 dias que antecede o prazo de filiação exigido em lei para concorrer à eleição, majoritária ou proporcional, ao término do mandato vigente e **(iv)** anuência do partido[13].
Todos os partidos políticos poderão fundir-se ou incorporar-se?	**Não**. Somente será admitida a fusão ou incorporação de partidos políticos que hajam obtido o registro definitivo do Tribunal Superior Eleitoral **há, pelo menos, 5 (cinco) anos**.
Qual o prazo para os partidos políticos enviarem o balanço contábil à Justiça Eleitoral?	O partido está obrigado a enviar, **anualmente**, à Justiça Eleitoral, o balanço contábil do exercício findo, **até o dia 30 de junho do ano seguinte**.
Qual a sanção por desaprovação de contas do partido político?	A desaprovação das contas do partido implicará **exclusivamente** a sanção de devolução da importância apontada como irregular, acrescida de **multa de até 20%** (vinte por cento).
Como é constituído o fundo partidário?	O Fundo Especial de Assistência Financeira aos Partidos Políticos (Fundo Partidário) é constituído por **I** – multas e penalidades pecuniárias aplicadas nos termos do Código Eleitoral e leis conexas; **II** – recursos financeiros que lhe forem destinados por lei, em caráter permanente ou eventual; **III** – doações de pessoa física ou jurídica, efetuadas por intermédio de depósitos bancários diretamente na conta do Fundo Partidário; **IV** – dotações orçamentárias da União em valor nunca inferior, cada ano, ao número de eleitores inscritos em 31 de dezembro do ano anterior ao da proposta orçamentária, multiplicados por trinta e cinco centavos de real, em valores de agosto de 1995.
Qual o objetivo da propaganda partidária?	A **propaganda partidária** foi incluída pela **Lei n. 14.291/2022** e tem por objetivos **I** – difundir os programas partidários; **II** – transmitir mensagens aos filiados sobre a execução do programa partidário, os eventos com este relacionados e as atividades congressuais do partido; **III** – divulgar a posição do partido em relação a temas políticos e ações da sociedade civil; **IV** – incentivar a filiação partidária e esclarecer o papel dos partidos na democracia brasileira; **V** – promover e difundir a participação política das mulheres, dos jovens e dos negros.

7. CRIMES ELEITORAIS

Os crimes eleitorais estão espalhados pela legislação eleitoral: Código Eleitoral, Lei das Eleições e Lei das Inelegibilidades. Para otimizar seu estudo, segue um rol dos crimes mais exigidos em provas:

TIPIFICAÇÃO	SANÇÃO
Impedir ou embaraçar o exercício do sufrágio	Detenção até seis meses e pagamento de 60 a 100 dias-multa
Dar, oferecer, prometer, solicitar ou receber, para si ou para outrem, dinheiro, dádiva, ou qualquer outra vantagem, para obter ou dar voto e para conseguir ou prometer abstenção, ainda que a oferta não seja aceita **(Corrupção Eleitoral)**	Reclusão até quatro anos e pagamento de cinco a quinze dias-multa.
Violar ou tentar violar o *sigilo do voto*	Detenção até dois anos
Violar ou tentar violar o *sigilo da urna* ou dos invólucros	Reclusão de três a cinco anos
Divulgar, na propaganda eleitoral ou durante período de campanha eleitoral, fatos que sabe inverídicos em relação a partidos ou a candidatos e capazes de exercer influência perante o eleitorado **Atenção:** a pena será aumentada de 1/3 até a metade se o crime envolver *menosprezo ou discriminação à condição de mulher ou à sua cor, raça ou etnia*.	Detenção de dois meses a um ano, ou pagamento de 120 a 150 dias-multa
Dar causa à *instauração* de investigação policial, de processo judicial, de investigação administrativa, de inquérito civil ou ação de improbidade administrativa, atribuindo a alguém a prática de crime ou ato infracional de que o sabe inocente, com finalidade eleitoral **Atenção:** A pena é *aumentada* de sexta parte, se o agente se serve do anonimato ou de nome suposto e *diminuída* de metade, se a imputação é de prática de contravenção.	Reclusão, de 2 (dois) a 8 (oito) anos, e multa.

Importante: em 2021, por meio da Lei n. 14.192, surge a tipificação do **crime de violência política contra a mulher**. A novel lei estabelece normas para prevenir, reprimir e combater a violência política contra a mulher, nos espaços e atividades relacionados ao exercício de seus direitos políticos e de suas funções públicas, e para assegurar a participação de mulheres em debates eleitorais e dispõe sobre os crimes de divulgação de fato ou vídeo com conteúdo inverídico no período de campanha eleitoral.

Considera-se **violência política contra a mulher** toda *ação*, *conduta* ou *omissão* com a finalidade de impedir, obstaculizar ou restringir os direitos políticos da mulher. Assim, aquele que assediar, constranger, humilhar, perseguir ou ameaçar, por qualquer meio, candidata a cargo eletivo ou detentora de mandato eletivo, utilizando-se de menosprezo ou discriminação à condição de mulher ou à sua cor, raça ou etnia, com a finalidade de impedir ou de dificultar a sua campanha eleitoral ou o desempenho de seu mandato eletivo estará sujeito à pena de **reclusão**, de 1 (um) a 4 (quatro) anos, e multa. Estará sujeito ao aumento de pena em 1/3 (um terço) se o crime for cometido contra mulher *gestante, maior de 60 anos* e *com deficiência*.

---

[13] Emenda Constitucional n. 111, de 2021.

DIREITO ELEITORAL

8. RECURSOS ELEITORAIS

Os recursos se destinam a promover o **reexame** de uma decisão judicial por órgão jurisdicional de superior instância ou pelo mesmo órgão que a prolatou com o intuito de reformá-la, invalidá-la, esclarecê-la ou integrá-la. Na seara eleitoral, os recursos poderão atacar decisões dos juízes eleitorais, dos Tribunais Regionais Eleitorais e do Tribunal Superior Eleitoral.

A tabela a seguir resume, didaticamente, os principais recursos adotados na seara eleitoral:

Recursos das decisões dos juízes eleitorais	Recurso eleitoral (CE, art. 265)	Art. 265. Dos atos, resoluções ou despachos dos juízes ou juntas eleitorais caberá recurso para o Tribunal Regional.
	Embargos de declaração (CE, art. 275)	Art. 275. (...) § 1º Os embargos de declaração serão opostos no prazo de 3 (três) dias, contado da data de publicação da decisão embargada, em petição dirigida ao juiz ou relator, com a indicação do ponto que lhes deu causa.
	Agravo de instrumento (CPC, art. 1015)	Art. 1.015. Cabe agravo de instrumento contra as decisões interlocutórias que versarem sobre: (...)
Recursos das decisões dos Tribunais Regionais Eleitorais	Recurso ordinário (CF, art. 121, § 4º, III a V; CE, art. 276, II)	CF/88 – Art. 121. (...) § 4º Das decisões dos Tribunais Regionais Eleitorais somente caberá recurso (ordinário) quando: (...) III – versarem sobre inelegibilidade ou expedição de diplomas nas eleições federais ou estaduais; IV – anularem diplomas ou decretarem a perda de mandatos eletivos federais ou estaduais; V – denegarem habeas corpus, mandado de segurança, habeas data ou mandado de injunção.
	Recurso especial (CF, art. 121, § 4º, I e II; CE, art. 276, I)	CF/88 – Art. 121. (...) § 4º Das decisões dos Tribunais Regionais Eleitorais somente caberá recurso (especial) quando: I – forem proferidas contra disposição expressa desta Constituição ou de lei; II – ocorrer divergência na interpretação de lei entre dois ou mais tribunais eleitorais;
Recursos das decisões do Tribunal Superior Eleitoral	Recurso ordinário constitucional (art. 121, § 3º, parte final, c.c art. 102, II, A)	CF/88 – Art. 121. (...) § 3º São irrecorríveis as decisões do Tribunal Superior Eleitoral, salvo as que contrariarem esta Constituição e as denegatórias de habeas corpus ou mandado de segurança.
	Recurso extraordinário (art. 121, § 3º, primeira parte, c.c art. 102, III)	CF/88 – Art. 121. (...) § 3º São irrecorríveis as decisões do Tribunal Superior Eleitoral, salvo as que contrariarem esta Constituição e as denegatórias de habeas corpus ou mandado de segurança.

9. AÇÕES ELEITORAIS

O estudo das ações eleitorais tem uma relevância altíssima para o estudo do Direito Eleitoral. Dentre todas as ações constitucionais e infraconstitucionais, destacam-se a AIRC (Ação de Impugnação ao Registro de Candidatura), AIJE (Ação de Investigação Judicial Eleitoral) e a AIME (Ação de Impugnação ao Mandato Eletivo). Com o objetivo de tornar o estudo mais dinâmico, preparamos três tabelas que vão sintetizar os principais pontos de cada uma destas ações.

AIME (AÇÃO DE IMPUGNAÇÃO AO MANDATO ELETIVO)	
Objetivo	Ação constitucional que visa a declarar a perda de mandato eletivo auferido com vício insanável quanto ao abuso do poder econômico, corrupção e fraude.
Previsão legal	CF, art. 14, §§ 10 e 11.
Bem tutelado	Normalidade e legitimidade das eleições.
Legitimidade ativa	Partidos políticos, candidatos eleitos ou não, Ministério Público Eleitoral, coligações e, atualmente, as federações.
Legitimidade passiva	Candidato eleito.
Prazo	Prazo decadencial, sendo de 15 dias, contados da diplomação.
Competência	TSE: candidato a presidente ou vice-presidente da República, através do Corregedor-Geral Eleitoral. TRE: candidato a senador, governador ou vice e deputados, através do Corregedor-Regional Eleitoral. Juiz Eleitoral: candidato a prefeito, vice ou vereador.
Efeitos procedentes	Principal: perda do mandato eletivo Secundário: inelegibilidade por 8 anos
Efeitos improcedentes	Se proposta a ação de forma temerária ou de manifesta má-fé, será condenado em perdas e danos.

AIRC (Ação de Impugnação ao Registro de Candidatura)	
Objetivo	Desconstituir o registro de candidatura de candidatos e candidatas em virtude de ausência de uma ou mais causas de elegibilidade; presença de uma ou mais causas de inelegibilidade ou ausência de uma condição de procedibilidade do registro.
Previsão legal	Art. 3º da LC n. 64/90.
Bem tutelado	Legitimidade das eleições.
Legitimidade ativa	Qualquer candidato, partido político, coligação, federação partidária e Ministério Público.
Legitimidade passiva	Pré-candidatos.
Prazo	Cinco dias, contados da publicação do pedido de registro. O prazo é decadencial.
Competência	TSE: candidato a presidente ou vice-presidente da República. TRE: candidato a senador, governador ou vice e deputados. Juiz Eleitoral: candidato a prefeito, vice ou vereador.
Efeitos procedentes	Indeferimento da candidatura
Efeitos improcedentes	Manutenção da candidatura

AIJE (AÇÃO DE INVESTIGAÇÃO JUDICIAL ELEITORAL)	
Objetivo	Apurar: i) uso indevido, desvio ou abuso do poder econômico, em benefício de candidato ou de partido político; ii) desvio ou abuso do poder de autoridade, em benefício de candidato ou de partido político; iii) abuso do poder midiático; e iv) abuso do poder religioso.
Previsão legal	Art. 22 da LC n. 64/90.
Bem tutelado	Tutela da legitimidade e normalidade do pleito eleitoral, paridade entre os candidatos e liberdade do voto.
Legitimidade ativa	Qualquer candidato, pré-candidato, partido político (não coligado, em regra), coligação, federação partidária e Ministério Público.
Legitimidade passiva	Partido e candidato ou pré-candidato que usou indevidamente, desviou ou abusou do poder econômico ou do poder de autoridade, ou utilizou de forma indevida veículos ou meios de comunicação social, em benefício próprio, de outro candidato ou de partido político.

Prazo	Termo inicial[14]: registro da candidatura. Termo final: até a data da diplomação.
Competência	TSE: candidato a presidente ou vice-presidente da República, através do Corregedor-Geral Eleitoral. TRE: candidato a senador, governador ou vice e deputados, através do Corregedor-Regional Eleitoral. Juiz Eleitoral: candidato a prefeito, vice ou vereador.
Efeitos procedentes	Decretação da inelegibilidade; cassação do diploma do candidato e remessa ao MPE para instauração de processo disciplinar e, se for o caso, ação penal.

RCED (RECURSO CONTRA A EXPEDIÇÃO DO DIPLOMA)	
Objetivo	O recurso contra expedição de diploma caberá somente nos casos de inelegibilidade superveniente ou de natureza constitucional e de falta de condição de elegibilidade.
Previsão legal	Art. 262 do Código Eleitoral.
Prazo	3 (três) dias após o último dia limite fixado para a diplomação e será suspenso no período compreendido entre os dias 20 de dezembro e 20 de janeiro, a partir do qual retomará seu cômputo. Este assunto foi objeto de questão do 41º Exame.

Acesse o *QR Code* e aproveite os conteúdos elaborados para você!
■ BIZU OAB
http://uqr.to/1wcfa

---

[14] TSE, Recurso ordinário n. 102.65.2014.6.13.0000.

Questões
Direito Eleitoral

Acesse o QR Code e consulte as questões comentadas dos exames anteriores.
http://uqr.to/1wcf9

1. (41º Exame) Depois de ser convidado para concorrer a um cargo eletivo pelo partido político Alfa, Antônio expressou sua preocupação com os custos de uma campanha eleitoral. Afinal, embora popular, era pessoa humilde e não poderia arcar com esses custos. Para tranquilizá-lo, Maria, presidente de Alfa, informou que seriam utilizados recursos do Fundo Especial de Financiamento de Campanha (FEFC). A respeito do destinatário dos recursos a serem entregues pelo Tribunal Superior Eleitoral, assinale a afirmativa correta.

(A) Os partidos políticos devem receber os recursos e os distribuir, de forma isonômica, entre os seus candidatos.
(B) Os recursos devem ser encaminhados diretamente aos candidatos, o que deve ser feito de maneira isonômica.
(C) Os partidos políticos devem receber os recursos e os distribuir entre os candidatos que os requereram, conforme critérios definidos previamente pelo órgão competente do partido.
(D) Os candidatos devem receber os recursos e priorizar aqueles que concorreram em eleição anterior.

RESPOSTA O Fundo Especial de Financiamento de Campanha Eleitoral (FEFC) é um fundo público distribuído aos partidos em ano eleitoral para subsidiar as campanhas eleitorais. Os recursos ficarão à disposição do partido político somente após a definição de critérios para a sua distribuição, os quais, aprovados pela maioria absoluta dos membros do órgão de direção executiva nacional do partido, serão divulgados publicamente. Para que o candidato tenha acesso aos recursos do Fundo, deverá fazer requerimento por escrito ao órgão partidário respectivo. *Alternativa C.*

2. (41º Exame) Joana requereu o registro de sua candidatura para concorrer ao cargo eletivo de prefeita do Município Alfa, situado no Estado Beta. O registro não sofreu qualquer impugnação e foi deferido pela Justiça Eleitoral. Duas semanas após a proclamação do resultado da eleição, tendo sido Joana eleita prefeita municipal, Maria, que concorrera para o mesmo cargo e fora derrotada, descobriu que Joana era irmã da governadora do Estado Beta. Maria procurou você, como advogado(a), questionando se era possível discutir a inelegibilidade de Joana, mesmo após a proclamação do resultado. Sobre a hipótese apresentada, assinale a opção que indica, corretamente, sua resposta.

(A) O processo eleitoral não pode retroagir em suas fases, logo, ocorreu a preclusão.
(B) Pode ser interposto recurso contra a expedição de diploma.
(C) É possível ajuizar a ação de impugnação de mandato eletivo.
(D) A decisão de proclamação dos eleitos pode ser impugnada mediante recurso inominado.

RESPOSTA Importante firmar que estamos diante de uma hipótese de inelegibilidade reflexa (art. 14, § 7º, da CF), tendo em vista que Joana era irmã da governadora do Estado Beta. Assim, uma vez que se observa uma inelegibilidade constitucional, é cabível o recurso contra a expedição de diploma (RCED). Tem nome de recurso, mas é uma ação. Conforme o art. 262 do Código Eleitoral, o recurso contra expedição de diploma caberá somente nos casos de inelegibilidade superveniente ou de natureza constitucional e de falta de condição de elegibilidade. Além disso, o RCED deverá ser interposto no prazo de 3 (três) dias após o último dia limite fixado para a diplomação e será suspenso no período compreendido entre os dias 20 de dezembro e 20 de janeiro, a partir do qual retomará seu cômputo. *Alternativa B.*

3. (40º Exame) Entre os correligionários do partido político Alfa estavam dois dos pré-candidatos considerados favoritos na eleição para governador do Estado Beta. Como somente um deles poderia ser escolhido por Alfa para concorrer ao referido cargo eletivo, houve grande interesse dos meios de comunicação social na cobertura das prévias partidárias. Em relação às emissoras de rádio e televisão, à luz dos balizamentos legais existentes, assinale a afirmativa correta.

(A) A lei obsta a cobertura das prévias partidárias.
(B) Elas podem realizar, ao vivo ou não, a plena cobertura das prévias partidárias, não sendo permitida qualquer censura.
(C) Somente é permitida a transmissão de imagens ao vivo, de modo a evitar o risco de trucagem.
(D) As transmissões por emissoras de rádio e televisão das prévias partidárias, ao vivo, são vedadas.

RESPOSTA Determina o art. 36-A, § 1º, da Lei n. 9.504/97 que é vedada a transmissão ao vivo por emissoras de rádio e de televisão das prévias partidárias, sem prejuízo da cobertura dos meios de comunicação social. *Alternativa D.*

4. (40º Exame) João, candidato ao cargo eletivo de prefeito municipal, logrou ser eleito. No entanto, por ser muito desorganizado, não conseguiu localizar os documentos necessários para a prestação de contas à Justiça Eleitoral, o que resultou na não apresentação dessas contas. Sobre as consequências da omissão de João, assinale a afirmativa correta.

(A) A impossibilidade de ser diplomado.
(B) A sua diplomação com reservas.
(C) O pagamento de multa, não havendo óbice à diplomação, ato independente.
(D) A necessidade de firmar compromisso, previamente à diplomação, comprometendo-se a apresentar as contas.

RESPOSTA Segundo o art. 29, § 2º, da Lei n. 9.504/97, a não apresentação das contas de campanha dentro do prazo estabelecido impede a diplomação dos eleitos. *Alternativa A.*

5. (39º Exame) Os partidos políticos Alfa, Beta e Gama decidiram celebrar uma coligação para a eleição municipal majoritária que se avizinhava. Apesar do apoio recebido da maior parte dos correligionários dessas agremiações, alguns tinham dúvidas em relação aos efeitos dessa iniciativa quanto à autonomia de cada partido político durante o processo eleitoral, mais especificamente, se poderiam atuar isoladamente ou se apenas a coligação poderia fazê-lo. De acordo com a narrativa e a sistemática estabelecida na Lei n. 9.504/97, assinale a afirmativa correta.

(A) Alfa, Beta e Gama somente podem atuar isoladamente no processo eleitoral para questionar a validade da própria coligação, isto no período delimitado em lei.
(B) Em qualquer fase do processo eleitoral, somente a coligação pode atuar, mas isto não afeta a autonomia de Alfa, Beta e Gama, que devem referendar cada ato praticado.
(C) Alfa, Beta e Gama podem atuar isoladamente em todas as fases do processo eleitoral, sempre que os seus interesses colidirem com os da coligação.
(D) As prerrogativas e obrigações da coligação são distintas daquelas afetas a Alfa, Beta e Gama, de modo que cada qual atua em sua própria esfera de atribuições.

RESPOSTA Segundo o art. 6º, § 4º, da Lei das Eleições, o partido político coligado somente possui legitimidade para atuar de forma isolada no processo eleitoral quando questionar a validade da própria coligação, durante o período compreendido entre a data da convenção e o termo final do prazo para a impugnação do registro de candidato. *Alternativa A.*

6. (39º Exame) Joana, deputada estadual no Estado Alfa, vinha recebendo inúmeras críticas de alguns correligionários do seu partido político. Apesar do amplo apoio popular que recebia, para sua surpresa, não foi escolhida, na convenção partidária, para concorrer à reeleição ao cargo de deputada estadual. A esse respeito, assinale a afirmativa correta.

(A) Como Joana busca a reeleição, deve ser considerada candidata nata.
(B) A deliberação adotada na convenção partidária é lícita, caso tenha sido adotada por maioria absoluta.
(C) Os partidos políticos têm autonomia para a escolha dos seus candidatos, observados os balizamentos legais.
(D) Joana pode requerer pessoalmente o registro de sua candidatura, ainda que não tenha sido aprovada na convenção partidária.

RESPOSTA A questão aborda o princípio da autonomia partidária. Segundo o texto constitucional, é assegurada aos partidos políticos autonomia para definir sua estrutura interna e estabelecer regras sobre escolha, formação e duração de seus órgãos permanentes e provisórios e sobre sua organização e funcionamento e para adotar os critérios de escolha e o regime de suas coligações nas eleições majoritárias, vedada a sua celebração nas eleições proporcionais, sem obrigatoriedade de vinculação entre as candidaturas em âmbito nacional, estadual, distrital ou municipal, devendo seus estatutos estabelecer normas de disciplina e fidelidade partidária. *Alternativa C.*

7. (38º Exame) Helena, filiada ao partido político Beta e candidata ao cargo de governadora do Estado Alfa, consultou seu advogado a respeito da composição dos gastos de campanha, mais especificamente se o pagamento de honorários em razão da prestação de serviços advocatícios, no curso e em razão da campanha eleitoral, teria essa natureza jurídica.

A assessoria respondeu, corretamente, que os referidos honorários:

(A) estão incluídos no limite de gastos de campanha, sendo tidos como despesas eleitorais.
(B) são considerados gastos eleitorais e não estão incluídos no limite de gastos de campanha.
(C) pela sua essência alimentar, não têm correlação com os gastos eleitorais, o que afasta a possibilidade de serem enquadrados em qualquer limitador de despesas.
(D) podem ser considerados gastos eleitorais, caso o candidato assim os declare, e estão incluídos no limite de gastos de campanha.

RESPOSTA Segundo o art. 18-A da Lei das Eleições, serão contabilizadas nos limites de gastos de cada campanha as despesas efetuadas pelos candidatos e as efetuadas pelos partidos que puderem ser individualizadas. Contudo, para fins do disposto no *caput* deste artigo, os gastos advocatícios e de contabilidade referentes a consultoria, assessoria e honorários, relacionados à prestação de serviços em campanhas eleitorais e em favor destas, bem como em processo judicial decorrente de defesa de interesses de candidato ou partido político, não estão sujeitos a limites de gastos ou a limites que possam impor dificuldade ao exercício da ampla defesa. *Alternativa B.*

8. (38º Exame) No ano anterior à realização de eleições para cargos eletivos federais e estaduais, os dirigentes dos partidos políticos Alfa e Gama iniciaram tratativas para se aliançarem, tanto nas eleições majoritárias como nas proporcionais, mas havia dúvida em relação ao modelo a ser utilizado. Após consultarem a legislação de regência, concluíram corretamente que deveriam formar:

(A) coligação, que se extinguirá ao fim do prazo para o ajuizamento da ação de impugnação de mandato eletivo.

DIREITO ELEITORAL

(B) gestão colegiada, somente utilizada nas eleições proporcionais, que deve perdurar até o fim do prazo do mandato eletivo obtido.

(C) ajuntamento partidário, que se extinguirá após a diplomação dos eleitos.

(D) federação, sendo que os partidos devem permanecer filiados por no mínimo quatro anos, contados da data do respectivo ingresso.

RESPOSTA Desde a EC n. 97/2017, inexiste no Brasil as coligações proporcionais. De acordo com o art. 6º da Lei das Eleições, é facultado aos partidos políticos, dentro da mesma circunscrição, celebrar coligações para eleição majoritária dos partidos políticos. Os partidos Alfa e Gama desejam terem uma relação para as duas modalidades de eleições (majoritárias e proporcionais), sendo assim a alternativa cabível é a formação das federações partidárias, pois elas podem contemplar tanto as eleições majoritárias quanto as proporcionais. De acordo com o art. 11-A da Lei dos Partidos Políticos, dois ou mais partidos políticos poderão reunir-se em federação, a qual, após sua constituição e respectivo registro perante o Tribunal Superior Eleitoral, atuará como se fosse uma única agremiação partidária. Um dos requisitos para as federações é que os partidos reunidos em federação deverão permanecer a ela filiados por, no mínimo, 4 (quatro) anos. *Alternativa D*.

Direito
Financeiro

Gabriel Quintanilha

Advogado no Rio de Janeiro, São Paulo e Rio Grande do Sul. Sócio do Escritório Gabriel Quintanilha Advogados. Pós-Doutorando em Direito pela UERJ, Doutor em Direito pela Universidade Veiga de Almeida. Mestre em Economia e Gestão Empresarial pela Universidade Candido Mendes – UCAM. Pós-Graduado em Direito Público e Tributário, extensão em Tributação Internacional pela *Universiteit Leiden* (Holanda). Exerceu os cargos de Subsecretário de Fazenda do Município de São João de Meriti e de Assessor Especial da Secretaria de Administração do Município do Rio de Janeiro. Membro da *International Fiscal Association* – IFA, da Associação Brasileira de Direito Financeiro – ABDF e do Instituto Brasileiro de Direito Tributário – IBDT. Sócio-Fundador da Sociedade Brasileira de Direito Tributário – SBDT. Professor de Direito Tributário da Fundação Getulio Vargas – FGV, Professor de Planejamento e Gestão Tributária dos Cursos de MBA do IBMEC, Professor da Pós-Graduação em Direito Tributário da Universidade Federal Fluminense/UFF, Professor de Direito Tributário da Pós-Graduação em Direito Tributário da UCAM, Professor da Escola de Magistratura do Estado de Alagoas – ESMAL, Professor de Direito Tributário da Universidade do Grande Rio – Unigranrio, da Escola Superior de Advocacia da OAB/RJ, da Fundação Escola Superior do Ministério Público do Rio de Janeiro – FEMPERJ e de Cursos Preparatórios para concurso. Autor do EAD do IBMEC e da FGV. Autor do livro *Mandado de Segurança no Direito Tributário*, pelo selo Saraiva Jur, e de outras obras jurídicas.

Sumário

1. CONCEITO – 2. ORÇAMENTO: 2.1 Natureza Jurídica; 2.2 Princípios relativos ao orçamento; 2.3 Leis Orçamentárias – 3. RECEITA PÚBLICA: 3.1 Classificação; 3.2 Repartição de receitas: transferências da União; 3.3 Repartição de Receitas: Transferências dos Estados e Municípios – 4. DESPESA PÚBLICA: 4.1 Classificação; 4.2 Fases de execução da despesa pública; 4.3 Caminho da Execução Orçamentária; 4.4 Classificação legal das receitas e despesas – 5. CRÉDITO PÚBLICO: 5.1 Créditos Adicionais; 5.2 Classificação – 6. RESPONSABILIDADE FISCAL E CONTROLE DOS GASTOS PÚBLICOS – QUESTÕES.

DIREITO FINANCEIRO

1. CONCEITO

Direito Financeiro é o ramo do Direito Público que regula a atividade financeira do Estado na obtenção de receitas e realização de despesas. As principais normas desse ramo do direito no ordenamento jurídico pátrio são a **Constituição Financeira**, que engloba diversos dispositivos constitucionais que contém princípios e diretrizes.

A Constituição ainda define as mais importantes normas de direito financeiro, e estabelece quais as competências legislativas e administrativas, dos arts. 163 a 169.

Em nível infraconstitucional, a **Lei n. 4.320/64**, que foi recepcionada com força de lei complementar e contém normas gerais de Direito Financeiro de observância obrigatória pela União e pelos entes federados e a **LC n. 101/2000** (Lei de Responsabilidade Fiscal), que "estabelece normas de finanças públicas voltadas para a responsabilidade na gestão fiscal", ou lei de responsabilidade fiscal.

Para sabermos do que se trata o direito financeiro, deve estar claro o conceito de atividade financeira, que consiste na obtenção da Receita Pública e na realização da Despesa Pública, por meio da elaboração do Orçamento e a gestão do Crédito Público. Em outras palavras, o objetivo é obter Receita para efetivar despesas para o atingimento dos fins do Estado, na forma do art. 3º da CF.

O Direito Financeiro não se confunde com o Direito Tributário pois ele consiste na regulamentação da atividade financeira do Estado ao obter receitas e realizar despesas, enquanto o direito tributário abrange as relações entre o contribuinte e o Fisco na obtenção de uma espécie de receita pública, qual seja, o tributo.

Para Luiz Emygdio, a "atividade financeira do Estado visa a satisfazer as necessidades públicas e tem por objetivo estudar as formas pelas quais o Estado obtém suas receitas e efetiva concretamente as suas despesas"[1].

2. ORÇAMENTO

É um documento que contém a discriminação da Receita Pública e da Despesa Pública para um determinado período e tem como seu veículo formal, a lei ordinária, que estabelece as obrigações do Estado em relação às receitas e despesas públicas.

Portanto, o orçamento conforme aprovado pelo Legislativo vincula o administrador público e a iniciativa do projeto de lei cabe ao chefe do Poder Executivo.

Para Aliomar Baleeiro, "é o ato pelo qual o Poder Legislativo prevê e autoriza, ao Poder Executivo, por certo período e em pormenor, as despesas destinadas ao funcionamento dos serviços públicos e outros fins adotados pela política econômica ou geral do país, assim como a arrecadação das receitas já criadas em lei"[2].

2.1 Natureza Jurídica

A natureza jurídica do instituto é a essência do instituto no mundo do direito. Quanto ao orçamento, trata-se de lei em sentido formal, de iniciativa do chefe do poder executivo.

Nas palavras de Ricardo Lobo Torres, "a teoria de que o orçamento é lei formal, que apenas prevê as receitas públicas e autoriza os gastos, sem criar direitos subjetivos e sem modificar as leis tributárias e financeiras, é, a nosso ver, a que melhor se adapta ao direito constitucional brasileiro"[3].

2.2 Princípios relativos ao orçamento

O orçamento submete-se a alguns princípios norteadores, sendo que os principais são os seguintes:

a) Princípio da Unidade Orçamentária:

Previsto no art. 2º da lei n. 4.320/64, é o princípio pelo qual a lei que prevê o orçamento deve conter todas as despesas e receitas, além do orçamento fiscal, seguridade social e investimentos, integrando o orçamento dos diversos poderes. O objetivo é que a lei orçamentária evidencie a política econômica do governo e seu programa de trabalho.

b) Princípio da Universalidade

Previsto no art. 165, § 5º, da CF, determina que devem constar no orçamento todas as despesas e receitas, sem cálculos de compensações ou deduções, sendo esta a principal diferenciação entre este e o princípio da Unidade. Em outras palavras, o orçamento deve compreender todas as receitas e despesas orçamentárias de todos os Poderes, órgãos, entidades, fundos e fundações instituídas e mantidas pelo Poder Público.

c) Princípio da não afetação de receitas

Com fundamento no inciso IV do art. 167 da CF, é vedada a destinação de receitas de impostos para determinado fim. O imposto é uma espécie tributária não vinculada, na forma do art. 16 do CTN, de modo que seu fato gerador é uma atividade do contribuinte e não uma atividade estatal. Assim, ao pagar o imposto, o contribuinte não tem direito à uma contribuição específica proveniente do Estado. Vejamos a redação do dispositivo:

---

[1] In Rosa Júnior, Luiz Emygdio F. da. Manual de Direito Financeiro e Tributário – Rio de Janeiro: Renovar, 2003 – p. 10

[2] Baleeiro, Aliomar. Uma introdução à ciência das finanças. 14. ed. Rio de Janeiro: Forense – p. 387.

[3] TORRES, Ricardo Lobo. Curso de direito financeiro e tributário. 10. ed. atual. Rio de Janeiro: Renovar, 2003 – p. 152.

Art. 167. São vedados:

(...)

IV – a vinculação de receita de impostos a órgão, fundo ou despesa, ressalvadas a repartição do produto da arrecadação dos impostos a que se referem os arts. 158 e 159, a destinação de recursos para as ações e serviços públicos de saúde, para manutenção e desenvolvimento do ensino e para realização de atividades da administração tributária, como determinado, respectivamente, pelos arts. 198, § 2º, 212 e 37, XXII, e a prestação de garantias às operações de crédito por antecipação de receita, previstas no art. 165, § 8º, bem como o disposto no § 4º deste artigo; (Redação dada pela EC n. 42, de 19-12-2003)

Como se pode ver, a vedação é expressa, sendo permitida a destinação somente para as hipóteses previstas no texto constitucional. Isso porque tal vedação garante a separação de poderes e a capacidade de gestão do poder executivo.

"O artigo 167, IV, da Constituição Federal veda o estabelecimento de vinculação de receitas proveniente de impostos, quando não previstas ou autorizadas na Constituição Federal, porquanto cerceia o poder de gestão financeira do chefe do Poder Executivo e obsta o custeio das despesas urgentes, imprevistas ou extraordinárias, que se façam necessárias ao longo do exercício financeiro, tanto mais que deve dar-se aplicação aos recursos de receita pública consoante critérios de responsabilidade fiscal consentâneos com os anseios democráticos. (...) A vedação à vinculação da receita é norma que preserva a separação dos poderes, o princípio democrático e a responsabilidade fiscal, de modo que o artigo 167, IV, da Constituição faz jus à sua simétrica aplicação por todos os entes da Federação. A destinação de recursos para as ações e serviços públicos de saúde figura dentre as exceções à regra constitucional de vedação à vinculação de receitas, máxime por estar expressamente estabelecida no texto constitucional. [ADI 5.897, rel. Min. Luiz Fux, j. 24-4-2019, P, *DJE* de 2-8-2019.]"

Em razão do exposto, não há dúvidas que a não vinculação da receita de impostos é uma garantia constitucional do equilíbrio entre os poderes.

d) Princípio da Exclusividade da Matéria Orçamentária

Esse princípio, previsto no § 8º do art. 165 da CF, determina que não podem ser inseridos na lei orçamentária, matérias que tratem de assuntos diversos. Isso vedou as chamadas "caudas orçamentárias", previstas na Constituição anterior que consistiam em dispositivos legais estranhos à matéria orçamentária, inseridos geralmente no final das leis orçamentárias anuais.

ADIn: Lei estadual (RR) 503/2005, art. 55: alegação de contrariedade ao art. 165, § 8º, da CF: improcedência. O dispositivo impugnado, que permite a contratação de operação de crédito por antecipação da receita, é compatível com a ressalva do § 8º, do art. 165 da Constituição.
[ADI 3.652, rel. Min. Sepúlveda Pertence, j. 19-12-2006, P, *DJ* de 16-3-2007.]

e) Princípio da anualidade

O orçamento deve ser elaborado e autorizado para um determinado período temporal, que consiste no exercício financeiro. No Brasil, o exercício financeiro coincide com o ano civil. A exceção se dá nos créditos especiais e extraordinário, autorizados nos últimos quatro meses do exercício, que podem ser reabertos nos limites de seus saldos, no ano seguinte, incorporando-se ao orçamento do exercício subsequente.

2.3 Leis Orçamentárias

Além da lei orçamentária anual que discrimina a receita e a despesa para determinado exercício financeiro, existem outras leis que tratam do assunto. São três as principais leis orçamentárias existentes no Brasil, quais sejam: o **plano plurianual**, a **lei de diretrizes orçamentárias** e a **lei orçamentária anual**.

A política orçamentária tem como objetivo corrigir as falhas de mercado e as distorções, visando manter a estabilidade, melhorar a distribuição de renda, e alocar os recursos com mais eficiência. O Orçamento tem a função de também regular o mercado e coibir abusos, reduzindo as externalidades negativas (fatores adversos causados pela produção, como poluição, problemas urbanos etc.).

Assim, o orçamento tem função alocativa, que consiste em promover ajustamentos na alocação de recursos, construir escolas, postos de saúde, por exemplo. Possui também função distributiva, que consiste na distribuição de renda, por meio da tributação que incide de acordo com a capacidade contributiva do indivíduo. Por fim, o orçamento também possui função estabilizadora, com o objetivo de evitar as flutuações de mercado, estabilizando a economia. Frise-se que na forma do art. 165 da CRFB as leis orçamentárias são leis de iniciativa do Poder Executivo e os projetos de lei relativos ao plano plurianual, às diretrizes orçamentárias, ao orçamento anual e aos créditos adicionais serão apreciados pelas duas Casas do Congresso Nacional.

Passemos à análise das leis orçamentárias.

2.3.1 Plano Plurianual

O plano plurianual – PPA, conforme determina o § 1º do art. 165 da CF, "estabelecerá, de forma regionalizada, as diretrizes, objetivos e metas da administração pública federal para as despesas de capital e outras delas decorrentes e para as relativas aos programas de duração continuada".

O PPA reflete o programa de governo e consiste no orçamento-programa, estabelecendo as grandes metas e prioridades da administração pública pelo prazo de 4 anos.

Além disso, contém a previsão de despesas de capital e das despesas de duração continuada.

2.3.2 Lei de Diretrizes Orçamentárias

A lei de diretrizes orçamentárias – LDO, prevista no § 2º do art. 165 da CF, "compreenderá as metas e prioridades da administração pública federal, incluindo as despesas de capital para o exercício financeiro subsequente, orientará a elaboração da lei orçamentária anual, disporá sobre as alterações na legislação tributária e estabelecerá a política de aplicação das agências financeiras oficiais de fomento".

Tal lei representa a concretização do PPA, estabelecendo as metas e prioridades da administração pública pelo período de 1 ano. Nela, estão contidas as diretrizes para elaboração da lei orçamentária anual – LOA.

A LDO estabelece políticas de aplicação das agências financeiras oficiais de fomento, como é o caso das linhas de crédito do BNDES e da CEF, por exemplo. Nela, devem constar as eventuais alterações na legislação tributária, devendo ser resguardado o equilíbrio entre receitas e despesas.

Importante frisar que a LDO trará previsões de alinhamento entre o PPA e a LOA, funcionando como um elo de ligação entre as duas leis, prevendo o equilíbrio de receitas e despesas atrelando o planejamento de longo prazo e o exercício anual.

Entretanto, qualquer benefício fiscal ou criação de tributos não poderá estar previsto na LDO, que não serve para tal finalidade. Vejamos:

> Ação direta de inconstitucionalidade. Lei n. 553/2000, do Estado do Amapá. Desconto no pagamento antecipado do IPVA e parcelamento do valor devido. Benefícios tributários. Lei de iniciativa parlamentar. (...) A reserva de iniciativa prevista no art. 165, II, da Carta Magna, por referir-se a normas concernentes às diretrizes orçamentárias, não se aplica a normas que tratam de direito tributário, como são aquelas que concedem benefícios fiscais.
> [ADI 2.464, rel. min. Ellen Gracie, j. 11-4-2007, P, *DJ* de 25-5-2007.] = RE 601.348 ED, rel. Min. Ricardo Lewandowski, j. 22-11-2011, 2ª T, *DJE* de 7-12-2011

Como de pode ver, a LDO não cria ou extingue tributos mas prevê o equilíbrio entre receitas e despesas para a efetivação do programa de governo.

2.3.3 Lei Orçamentária Anual

É importante frisar que essas leis são periódicas e são aplicadas a determinado exercício financeiro. Na forma do art. 34 da Lei n. 4.320/64, o exercício financeiro coincide com o ano civil; assim, tem início em 1º de janeiro e término em 31 de dezembro, período o qual estará submetido à lei orçamentária do respectivo ano.

Em outras palavras, tal conceito é de extrema importância ao se tratar de direito financeiro, pois tem reflexos na própria dotação orçamentária. Essa tem vigência coincidente com a da lei orçamentária, em que estão previstas tais dotações. Assim, como o **princípio da anualidade do orçamento** (art. 2º da Lei n. 4.320/64) reza que o orçamento é anual, as dotações vigerão durante o exercício financeiro a que se referir o orçamento (ex.: se prevista no orçamento relativo ao exercício de 2005, a dotação terá vigência de 1 de janeiro até 31 de dezembro de 2005).

A LOA será composta por:

a) Orçamento fiscal: receitas e despesas da União.

b) Orçamento de investimento: receitas e despesas das empresas em que a União tem maioria do capital com direito a voto.

c) Orçamento da seguridade social: receitas e despesas da seguridade social, dos órgãos vinculados ao INSS.

Como já dito, a lei orçamentária anual é de iniciativo do executivo, não podendo ter iniciativa parlamentar, pois representa a execução dos projetos governamentais para o exercício financeiro respectivo. Vejamos:

> Orçamento anual. Competência privativa. Por força de vinculação administrativo-constitucional, a competência para propor orçamento anual é privativa do Chefe do Poder Executivo.
> [ADI 882, rel. Min. Maurício Corrêa, j. 19-2-2004, P, *DJ* de 23-4-2004.]
> = ADI 2.447, rel. Min. Joaquim Barbosa, j. 4-3-2009, P, *DJE* de 4-12-2009

Como se pode ver, a LOA é deveras importante para o funcionamento da administração pública.

Quadro resumo:

PLANO PLURIANUAL	LEI DE DIRETRIZES ORÇAMENTÁRIAS	LEI ORÇAMENTÁRIA ANUAL
• Planejamento macro: objetivos e metas da administração por 4 anos. • É o "orçamento-programa". • Só prevê despesas de capital (vinculadas a investimentos) e despesas de duração continuada (mais de 2 exercícios).	• Metas e prioridades da administração por 1 ano. • É a concretização do PPA. • Diretrizes para elaboração da LOA. • Anexos: 1. Previsão de arrecadação 2. Previsão de gastos 3. Previsão do patrimônio do ente público ↳ Programação do orçamento	• Estabelece receitas e despesas da administração por 1 ano: 1. Orçamento fiscal 2. Orçamento de investimento 3. Orçamento da seguridade social ↳ Deve ser compatível com a LDO.

Com o objetivo de manter o orçamento equilibrado, com receitas e despesas em mesmos patamares, a Constituição define diversas vedações que devem ser respeitadas pelo gestor público. Vejamos:

VEDAÇÕES:
I – o início de programas ou projetos não incluídos na lei orçamentária anual;
II – a realização de despesas ou a assunção de obrigações diretas que excedam os créditos orçamentários ou adicionais;
III – a realização de operações de créditos que excedam o montante das despesas de capital, ressalvadas as autorizadas mediante créditos suplementares ou especiais com finalidade precisa, aprovados pelo Poder Legislativo por maioria absoluta; (Vide Emenda constitucional n. 106, de 2020)
IV – a vinculação de receita de impostos a órgão, fundo ou despesa, ressalvadas a repartição do produto da arrecadação dos impostos a que se referem os arts. 158 e 159, a destinação de recursos para as ações e serviços públicos de saúde, para manutenção e desenvolvimento do ensino e para realização de atividades da administração tributária, como determinado, respectivamente, pelos arts. 198, § 2º, 212 e 37, XXII, e a prestação de garantias às operações de crédito por antecipação de receita, previstas no art. 165, § 8º, bem como o disposto no § 4º deste artigo; (Redação dada pela Emenda Constitucional n. 42, de 19-12-2003)
V – a abertura de crédito suplementar ou especial sem prévia autorização legislativa e sem indicação dos recursos correspondentes;
VI – a transposição, o remanejamento ou a transferência de recursos de uma categoria de programação para outra ou de um órgão para outro, sem prévia autorização legislativa;
VII – a concessão ou utilização de créditos ilimitados;
VIII – a utilização, sem autorização legislativa específica, de recursos dos orçamentos fiscal e da seguridade social para suprir necessidade ou cobrir déficit de empresas, fundações e fundos, inclusive dos mencionados no art. 165, § 5º;
IX – a instituição de fundos de qualquer natureza, sem prévia autorização legislativa.
X – a transferência voluntária de recursos e a concessão de empréstimos, inclusive por antecipação de receita, pelos Governos Federal e Estaduais e suas instituições financeiras, para pagamento de despesas com pessoal ativo, inativo e pensionista, dos Estados, do Distrito Federal e dos Municípios. (Incluído pela Emenda Constitucional n. 19, de 1998)
XI – a utilização dos recursos provenientes das contribuições sociais de que trata o art. 195, I, a, e II, para a realização de despesas distintas do pagamento de benefícios do regime geral de previdência social de que trata o art. 201. (Incluído pela Emenda Constitucional n. 20, de 1998)
XII – na forma estabelecida na lei complementar de que trata o § 22 do art. 40, a utilização de recursos de regime próprio de previdência social, incluídos os valores integrantes dos fundos previstos no art. 249, para a realização de despesas distintas do pagamento dos benefícios previdenciários do respectivo fundo vinculado àquele regime e das despesas necessárias à sua organização e ao seu funcionamento; (Incluído pela Emenda Constitucional n. 103, de 2019)
XIII – a transferência voluntária de recursos, a concessão de avais, as garantias e as subvenções pela União e a concessão de empréstimos e de financiamentos por instituições financeiras federais aos Estados, ao Distrito Federal e aos Municípios na hipótese de descumprimento das regras gerais de organização e de funcionamento de regime próprio de previdência social. (Incluído pela Emenda Constitucional n. 103, de 2019)
XIV – a criação de fundo público, quando seus objetivos puderem ser alcançados mediante a vinculação de receitas orçamentárias específicas ou mediante a execução direta por programação orçamentária e financeira de órgão ou entidade da administração pública. (Incluído pela Emenda Constitucional n. 109, de 2021)

3. RECEITA PÚBLICA

São os ingressos definitivos no patrimônio do Estado. Convém notar que a legislação brasileira tende a dar sentido mais amplo à expressão Receita Pública, de modo a abranger todos os ingressos, inclusive aqueles não definitivos, como ocorre com os empréstimos.

A Receita Pública divide-se em originária e derivada. Esta decorre da soberania estatal, motivo pelo qual é compulsória (ex.: tributos). Aquela tem origem na exploração, pelo Estado, do seu patrimônio (sentido amplo) (ex.: preço público pago pela utilização de um determinado serviço, contraprestação paga pelo usuário de um bem público).

Com isso, decorrem de regulamentação de direito privado, produzidas pelos bens e empresas de propriedade pública. Tem origem no próprio patrimônio do Estado como produtor de bens e serviços e dividem-se em patrimoniais (provêm da alienação de bens de domínio público) e empresariais (Realizada pelas Empresas Privadas, decorre da atividade propriamente econômica do Estado, relacionadas com a produção de bens e serviços. São receitas de empreendimentos industriais, comerciais, agrícolas, transporte e comunicação).

Já as receitas derivadas são embasadas na atividade coercitiva do Estado (comando unilateral), decorrem de regulamentação de direito público, cobradas por força de lei, obtida dos particulares, envolvendo o patrimônio alheio ao do Estado, como é o caso dos tributos e penalidades pecuniárias.

3.1 Classificação

A principal classificação legal está no art. 11 da Lei n. 4.320/64: "são **Receitas Correntes** as receitas tributária, de contribuições, patrimonial, agropecuária, industrial, de serviços e outras e, ainda as provenientes de recursos financeiros recebidos de outras pessoas de direito público ou privado, quando destinadas a atender despesas classificáveis em Despesas Correntes"; e "são **Receitas de Capital** as provenientes da realização de recursos financeiros oriundos de constituição de dívidas; da conversão, em espécie, de bens e direitos; os recursos recebidos de outras pessoas de direito público ou privado, destinados a atender despesas classificáveis em Despesas de Capital e, ainda, o superávit do Orçamento Corrente".

A Lei n. 4.320/64 faz a divisão tendo em vista a **categoria econômica** das receitas:

a) **Receitas Correntes** – fonte permanente (art. 11, § 1º):
- decorrentes do poder impositivo do Estado (tributos);
- da exploração de seu patrimônio;
- exploração de atividades econômicas (comércio, indústria, agropecuária e serviços);
- outras recebidas por pessoas de direito público ou privado para fazer face a despesas classificáveis como correntes (transferências correntes/subvenções).

b) **Receitas de Capital** – fonte temporária (art. 11, § 2º):
- recursos oriundos de constituição de dívidas;
- conversão em espécie de bens e direitos;
- recursos recebidos de outras pessoas de direito público ou privado destinados a atender a despesas de capital;
- superávit do orçamento corrente.

3.2 Repartição de receitas: transferências da União

IMPOSTO	PARA
IRPF (157, I, e 158, I)	Estados, DF e Municípios, sobre rendimentos poe eles pagos a qualquer título, inclusive pelas autoarquias e fundações
20% impostos residuais (157, III)	Estados e DF
50% ITR (158, II)	Municípios onde se situam os imóveis objeto do imposto. 100% se o município fiscalizar e cobrar (EC 42/03)
50% IPI (159, I) 50% IR (excetuados arts. 157, I e 158, I)	21,5% ao fundo de participação dos estados e DF
	22,5% ao fundo de participação dos municípios + 1% + 1% + 1%
	3% ao setor produtivo da rregiões N, NE e CO
10% IOF sobre ouro	30% aos estados e origem e DF
	70% ao município de origem
Cide sobre impostos e comércio de petróleo e derivados	29% aos estados e DF

3.3 Repartição de Receitas: Transferências dos Estados e Municípios

IMPOSTO	PARA
50% do IPVA (158, III)	Municípios
25% ICMS (158, IV)	Municípios
25% dos 10% do IPI recebido da União (159, § 3ª)	Municípios
20% dos 29% da Cide recebida da União (159, § 4ª)	Municípios

4. DESPESA PÚBLICA

A despesa corresponde a um dispêndio relacionado com o atendimento do Estado das necessidades públicas e não pode ser realizada sem prévia autorização legislativa. A despesa pública é uma decisão política.

Dessa forma, a natureza econômica da despesa é o gasto; a natureza jurídica é uma autorização legal do poder concedente para que tais gastos sejam realizados pois a despesa somente pode ser realizada mediante prévia autorização legal; por fim, a natureza política é a satisfação das necessidades públicas.

4.1 Classificação

De acordo com a Lei n. 4.320/64, art. 12, as despesas podem ser **Correntes** ou **de Capital**, subdividindo-se as **Correntes** em **despesas de Custeio** ("dotações para manutenção de serviços anteriormente criados, inclusive destinadas a atender obras de conservação e adaptação de bens imóveis") e **Transferências Correntes** ("dotações para despesas às quais não corresponda contraprestação direta em bens ou serviços, inclusive para contribuições e subvenções destinadas a atender à manifestação de outras entidades de direito público ou privado"), e as **de Capital** em **Investimentos** ("as dotações para o planejamento e a execução de obras, inclusive as destinadas à aquisição de imóveis considerados necessários à realização destas últimas, bem como para os programas especiais de trabalho, aquisição de instalações, equipamentos e material permanente e constituição ou aumento do capital de empresas que não sejam de caráter comercial ou financeiro"), **Inversões Financeiras** ("as dotações destinadas a: I – aquisição de imóveis, ou de bens de capital já em utilização; II – aquisição de títulos representativos do capital de empresas ou entidades de qualquer espécie, já constituídas, quando a operação não importe aumento de capital; e III – constituição ou aumento do capital de entidades ou empresas que visem a objetivos comerciais ou financeiros, inclusive operações bancárias ou de seguros") e **Transferências de Capital** ("as dotações para investimentos ou inversões financeiras que outras pessoas de direito público ou privado devam realizar, independentemente de contraprestação direta em bens ou serviços, constituindo essas transferências auxílios ou contribuições, segundo derivem diretamente da Lei de Orçamento ou de lei especialmente anterior, bem como as dotações para amortização da dívida pública").

Nas **despesas de custeio** estão englobadas as despesas com:
- *Pessoal Civil*: vencimentos, salário de pessoal (CLT), adicionais, auxílios, gratificações, indenizações, diárias, ajuda de custo, horas extras etc., de despesas com pessoal em serviço na entidade.
- *Pessoal Militar*: soldos, indenizações, gratificações, ajudas para fardamento, diárias, etc. com pessoal militar.
- *Material de Consumo*: lubrificantes, combustível, animais destinados a estudo, artigos de higiene e conservação, munições, acessórios para instalação elétrica, material para fotografia, filmagem, produtos químicos etc. (não duradouros).
- *Serviços de Terceiros*: remuneração de serviços pessoais – serviços de natureza eventual sem vínculo empregatício de pessoas físicas (estagiário, monitores).
- *Outros Serviços e Encargos*: assinatura de jornais, energia elétrica, gás, fretes, locação de imóveis, transporte de pessoas, pedágios, seguros, telefone, impressão, simpósios, diplomas, medalhas, indenizações e restituições.

- *Encargos Diversos*: sentenças judiciais (art. 100 da CF).
- *Despesas de Exercícios Anteriores*: (art. 37 da Lei n. 4.320/64).

Já nas transferências correntes estão englobadas as:
- *Subvenções Sociais*: se destinam às instituições públicas ou privadas de caráter assistencial ou cultural, sem finalidade lucrativa (inciso I do § 3º da Lei n. 4.320/64).
- *Subvenções Econômicas*: se destinam às empresas públicas ou privadas de caráter industrial, comercial, agrícola ou pastoril (inciso II do § 3º da Lei n. 4.320/64).
- Inativos
- Pensionistas
- Salário Família e Abono Familiar
- Juros da Dívida Pública
- Contribuições de Previdência Social
- Diversas Transferências Correntes

As **despesas de capital**, por sua vez, são divididas em Investimentos, Inversões Financeiras e Transferências de Capital.

As despesas com investimentos são dotações para planejamento e a execução de obras, as destinadas à aquisição de imóveis considerados necessários à realização das obras, programas especiais de trabalho, aquisição de instalações, equipamentos e material permanente e constituição ou aumento do capital de empresas que não sejam de caráter comercial ou financeiro, na forma do art. 12, § 4º, da Lei n. 4.320/64.

Já as **inversões financeiras** são dotações destinadas à aquisição de imóveis, ou bens de capital já em utilização, por exemplo. Ocorre quanto o dinheiro é transformado em bem.

Por último, mas não menos importante, temos as **transferências de capital** que consistem em investimentos ou inversões financeiras que outras pessoas de direito público ou privado devam realizar, independentemente de contraprestação direta em bens ou serviços, constituindo essas transferências auxílios ou contribuições, segundo derivem diretamente da Lei de Orçamento ou de lei especialmente anterior. Estão englobadas aqui as transferências intragovernamentais.

4.2 Fases de execução da despesa pública

Na execução da despesa pública, há fases inafastáveis que devem ser seguidas na forma da legislação aplicável.

A primeira fase é o empenho, que consiste no momento que se reserva do total da dotação orçamentária, a quantia necessária ao pagamento, conforme o art. 58 da Lei n. 4.320/64.

"Art. 58. O empenho de despesa é o ato emanado de autoridade competente que cria para o Estado obrigação de pagamento pendente ou não de implemento de condição.

(...)

Art. 60. É vedada a realização de despesa sem prévio empenho."

O empenho pode ser ordinário, que ocorre quando o pagamento deve ser efetuado em única parcela e o valor é conhecido, como ocorre na aquisição de computadores, por exemplo; pode ser *estimativo*, que consiste na hipótese em que o valor não é conhecido. Nesse caso, são pagos em várias parcelas na medida em que se vai tomando conhecimento dos valores devidos, como acontece com a energia elétrica. Por fim, ainda existe o empenho global que ocorre quando a despesa é parcelada, e as parcelas são conhecidas anteriormente. Tal situação se dá nos contratos de locação com parcelas fixas.

Importante frisar que para cada empenho será emitida uma nota de empenho.

A segunda fase de execução da despesa pública é a liquidação, momento em que o administrador público verifica o direito adquirido pelo credor, ou seja, momento da apuração do valor a ser pago.

A terceira e derradeira fase é o pagamento, que consiste no desfecho das fases anteriores.

Ademais, importante frisar que as decisões judiciais são pagas por meio de precatórios ou requisitórios de valor, conforme art. 100 da CRFB e art. 87 do ADCT. Vejamos:

Art. 100. Os pagamentos devidos pelas Fazendas Públicas Federal, Estaduais, Distrital e Municipais, em virtude de sentença judiciária, far-se-ão exclusivamente na ordem cronológica de apresentação dos precatórios e à conta dos créditos respectivos, proibida a designação de casos ou de pessoas nas dotações orçamentárias e nos créditos adicionais abertos para este fim.

(...)

Art. 87. Para efeito do que dispõem o § 3º do art. 100 da Constituição Federal e o art. 78 deste Ato das Disposições Constitucionais Transitórias serão considerados de pequeno valor, até que se dê a publicação oficial das respectivas leis definidoras pelos entes da Federação, observado o disposto no § 4º do art. 100 da Constituição Federal, os débitos ou obrigações consignados em precatório judiciário, que tenham valor igual ou inferior a: (Incluído pela Emenda Constitucional n. 37, de 2002)

I – quarenta salários-mínimos, perante a Fazenda dos Estados e do Distrito Federal; (Incluído pela Emenda Constitucional n. 37, de 2002)

II – trinta salários-mínimos, perante a Fazenda dos Municípios. (Incluído pela Emenda Constitucional n. 37, de 2002)

Parágrafo único. Se o valor da execução ultrapassar o estabelecido neste artigo, o pagamento far-se-á, sempre, por meio de precatório, sendo facultada à parte exequente a renúncia ao crédito do valor excedente, para que possa optar pelo pagamento do saldo sem o precatório, da forma prevista no § 3º do art. 100.

Como se pode ver, ao ser bem-sucedido em uma demanda judicial, o cidadão somente receberá a condenação por meio de precatórios ou requisitórios de pequeno valor.

4.3 Caminho da Execução Orçamentária

4.4 Classificação legal das receitas e despesas

	RECEITAS	DESPESAS
CORRENTES	• Patrimoniais • Tributárias • Agropecuárias • Transferidas • Industriais • Serviços • Contribuições	• Custeio da atividade estatal – De custeio – Resultantes de transferências correntes
DE CAPITAL	• Assunção de dívidas • Alienação de bens • Operações de crédito • Amortização de empréstimos	• Decorrentes de investimentos – De investimentos – De transferência de capital

5. CRÉDITO PÚBLICO

O Crédito Público compreende empréstimos tomados pelo Estado para realizar suas despesas. Para isso, o Estado se vale não só dos ingressos definitivos.

Segundo Luiz Emygdio, crédito público é a "faculdade que tem o Estado de, com base na confiança que inspira e nas vantagens que oferece, obter, mediante empréstimo, recursos de quem deles dispõe, assumindo, em contrapartida, a obrigação de restituí-los nos prazos e condições fixados"[4].

A Constituição determina a competência concorrente entre União, Estado, Distrito Federal e Municípios para legislar sobre direito financeiro, na forma do art. 24, I e II. Frise-se que os Estados possuem competência plena e os municípios complementam a legislação federal e estadual no que couber.

5.1 Créditos Adicionais

Segundo o art. 40 da Lei n. 4.320/64, são créditos adicionais as autorizações de despesas não computadas ou insuficientemente dotadas na lei orçamentária.

Em outras palavras, são novas despesas que não estavam previstas em lei, ou foram previstas como de valor inferior. As principais fontes de recursos que poderão ser anulados para a abertura de créditos adicionais são o excesso de arrecadação, o superávit do exercício anterior, anulação de dotações orçamentárias e operações de crédito.

5.2 Classificação

Eles serão **suplementares** se destinados a **reforço** de dotação orçamentária; **especiais** se destinados a despesas para as quais **não haja** dotação orçamentária específica; e **extraordinários** de destinados a despesas **urgentes ou imprevistas**, em caso de guerra, comoção intestina ou calamidade pública (art. 41 da Lei n. 4.320/64).

Os créditos adicionais são veiculados de forma distinta, de acordo com a classificação supra.

Os créditos suplementares e especiais dependem de lei ordinária (art. 42 da Lei n. 4.320/64); já os extraordinários vêm a lume através de medidas provisórias, pois o § 3º do art. 167 da CF prevê expressamente a utilização daquele instrumento, ao referir na sua parte final o art. 62 da CF.

6. RESPONSABILIDADE FISCAL E CONTROLE DOS GASTOS PÚBLICOS

Uma das mais importantes inovações relacionadas ao direito financeiro é a Lei de Responsabilidade Fiscal, Lei Complementar n. 101/2000, que trouxe a moralidade na gestão da coisa pública no Brasil.

De acordo com a lei, somente caberá renúncia de receita se houver previsão de compensação da perda de arrecadação. Vejamos:

> **ADIN 2238/DF** – Item XIII: *"Art. 17 e §§ 1º a 7º: que o aumento de despesa de caráter continuado esteja condi-*

---

[4] Op. cit. p. 122.

cionado à redução de despesa ou aumento de receita, também em caráter continuado, é proposição que, por achar-se em sintonia com a lógica, não pode ser obviamente considerada responsável pelo engessamento de qualquer dos Poderes de Estado ou órgãos da Administração e, portanto, ofensiva ao princípio da separação dos Poderes.

Pela mesma razão, não se pode ver como atentatória ao princípio da autonomia dos entes federados. O incremento da arrecadação pelas formas indicadas no § 3º do art. 17 da LRF se reveste de previsibilidade e se presta, por isso, para um cálculo de compensação, que há de ser, tanto quanto possível, exato".

Assim, para realização de despesas, os requisitos são a previsão de ESTIMATIVA do impacto orçamentário-financeiro do exercício presente e nos dois subsequentes (1+2), bem como a adequação das despesas com a LOA (despesa x receita).

Como se não bastasse, despesas com pessoal também tem limites relevantes que devem ser respeitados para que os gastos sejam equacionados. Vejamos os limites globais da despesa com pessoal:

ÓRGÃO	FEDERAL Até 50% da receita corrente líquida	ESTADUAL Até 60% da receita corrente líquida	MUNICIPAL Até 60% da receita corrente líquida
Executivo	40,9%	49%	54%
Legislativo	2,5%	3%	6%
Judiciário	6%	6%	-
Ministério Público	0,6% (MPU)	2%	-

Atualmente, o controle dos gastos públicos pode ocorrer de 3 formas:

a) *Interno*: dentro do próprio órgão
b) *Externo*: Tribunal de Contas (órgão técnico)
c) *Privado*: Cidadãos (ação popular)
   Partidos políticos
   Sindicatos
   Ministério Público (Ação Civil Pública)

Destaca-se que todos aqueles que recebem verbas públicas devem prestar contas ao respectivo Tribunal de Contas, ainda que seja entidade privada, pois é o Tribunal que exerce o controle dos gastos públicos.

Questões
Direito Financeiro

Acesse o QR Code e consulte as questões comentadas dos exames anteriores.
http://uqr.to/1wcf7

1. (41º Exame) O prefeito do Município Alfa, em determinado exercício financeiro, na primeira semana do seu mandato, convocou todos os seus secretários, assessores e consultores para definir a política financeira da sua gestão. Na reunião, ele questionou alguns aspectos do orçamento público municipal. Diante desse cenário, considerando que a Lei Orgânica Municipal reproduz as mesmas normas do Direito Financeiro da Constituição Federal de 1988, inclusive quanto aos prazos, assinale a opção que indica a informação que você, na qualidade de consultor(a) jurídico(o), corretamente prestou.

(A) Ele deverá usar, no primeiro ano do mandato, a Lei Orçamentária Anual (LOA), cuja proposta foi elaborada pelo prefeito antecessor e por este encaminhada à Câmara de Vereadores que a aprovou.
(B) Ele deverá editar, antes do fim do primeiro biênio de seu mandato, um decreto contendo o Plano Plurianual (PPA), que vigerá ao longo dos quatro anos subsequentes, cujo conteúdo orienta e vincula a elaboração da Lei Orçamentária Anual (LOA) e da Lei de Diretrizes Orçamentárias (LDO).
(C) Ele terá que encaminhar para a Câmara de Vereadores, até 31 de outubro do mesmo ano, o projeto da Lei Orçamentária Anual (LOA) para o exercício financeiro seguinte.
(D) Ele deverá adotar a Lei de Diretrizes Orçamentárias (LDO), que vigerá por quatro anos, a fim de acompanhar a vigência do Plano Plurianual (PPA).

RESPOSTA A lei orçamentária anual é aprovada para vigência no ano seguinte ao da sua aprovação. *Alternativa A.*

2. (41º Exame) O Presidente da República deve enviar, todo ano, o Projeto da Lei de Diretrizes Orçamentárias (PLDO) da União ao Congresso Nacional para ser apreciado e votado. Como projeto de lei orçamentária que é, possui especificidades em seu regime de tramitação. A CRFB/88 estabelece que o PLDO, ao chegar ao Poder Legislativo, deve ser encaminhado ao(à)

(A) Plenário do Congresso Nacional, para apreciação e votação única do PLDO em sessão conjunta de ambas as casas.
(B) Plenário da Câmara dos Deputados, para apreciação e votação em turno único, e posterior remessa ao Plenário do Senado Federal para votação do PLDO.
(C) Comissão Mista de Planos, Orçamentos Públicos e Fiscalização – CMO, para examinar e emitir parecer sobre o PLDO.
(D) Comissão de Constituição e Justiça e de Cidadania – CCJ, para examinar e emitir parecer sobre o PLDO.

RESPOSTA Na forma do art. 166, § 1º, da CRFB, caberá à comissão mista deliberar e emitir parecer sobre o PLDO. *Alternativa C.*

3. (40º Exame) O Presidente da República se quedou inerte quanto à elaboração e ao envio do projeto de Lei Orçamentária Anual (LOA) da União para aprovação do Congresso Nacional no prazo estabelecido pela CRFB/88. O Presidente do Congresso Nacional, então, assumiu a responsabilidade de elaboração de um novo projeto de LOA e de envio para tramitação e aprovação de ambas as Casas do Congresso Nacional. Nesse caso, é correto afirmar que:

(A) Caso aprovada, a referida LOA será inconstitucional por vício de iniciativa, já que é de competência privativa do Presidente da República sua elaboração e seu envio ao Congresso Nacional, não podendo o Presidente do Congresso Nacional realizar tal elaboração nem mesmo em caráter excepcional.
(B) Comprovada a inércia do Presidente da República, admite-se, de forma subsidiária, que a iniciativa do referido projeto de LOA seja exercida por pessoa diversa, a exemplo do Presidente do Congresso Nacional.
(C) Quando o Presidente da República deixa de apresentar o projeto de LOA da União no prazo legal, a CRFB/88 prevê a possibilidade de o Poder Judiciário, o Ministério Público, a Defensoria Pública e o Poder Legislativo apresentarem, autonomamente, seus respectivos projetos de orçamentos para tramitação no Congresso Nacional.
(D) A referida LOA somente não será inconstitucional, por vício de iniciativa, caso sua aprovação se dê pelo processo legislativo de aprovação de lei complementar, uma vez que, por se tratar de hipótese excepcional, a Constituição Federal de 1988 prevê um maior rigor para sua aprovação.

RESPOSTA Na forma do art. 165 da Constituição, a Lei Orçamentária é de iniciativa do Poder Executivo. *Alternativa A*.

4. (40º Exame) A Escolinha do Gol, entidade privada sem fins lucrativos, que realiza sua função social de fomento ao esporte no Município Alfa, Estado Beta, entre os anos de 2020 a 2022, recebeu diretamente da União a quantia de R$ 100.000,00 (cem mil reais) para financiar seu programa beneficente de ensino e treinamento de futebol para crianças carentes da localidade. Pedro, administrador da instituição e técnico de futebol da escolinha, recebeu, em janeiro de 2023, uma notificação do Tribunal de Contas da União (TCU) intimando a instituição a prestar contas dos recursos recebidos no prazo de 30 (trinta) dias, sob pena da imediata devolução, acrescida de juros, correção monetária e multa. Tendo Pedro aplicado 100% dos recursos recebidos nas atividades da escolinha, contrata você, como advogado, para orientá-lo sobre a notificação. Diante desse cenário, assinale a opção que apresenta sua orientação.

(A) Por não se tratar de uma entidade pública, e sim de uma instituição privada, não se submete à fiscalização e ao controle de qualquer Tribunal de Contas.

(B) Não pode o TCU fiscalizar e controlar tais repasses, cabendo apenas ao Tribunal de Contas do Estado Beta, por ser o Município Alfa destinatário e efetivo usuário de tais recursos repassados.

(C) É devida a prestação de contas de qualquer pessoa física ou jurídica, pública ou privada que receba e utilize dinheiro público.

(D) Apenas deverão prestar contas dos recursos públicos recebidos aqueles que os aplicarem em atividade diversa da originalmente estabelecida ou que não os tenham aplicado integralmente.

RESPOSTA Como houve a transferência de verba pública federal, é cabível o controle por meio do Tribunal de Contas da União. *Alternativa C*.

5. (39º Exame) O deputado federal José, por meio das emendas individuais impositivas constitucionalmente previstas que a ele competem, deseja destinar recursos para o Município Alfa. Contudo, deseja fazê-lo por meio de repasses diretos ao referido Município, independentemente de celebração de convênio ou de instrumento congênere. Assinale a opção que indica o instrumento constitucional que ele deve adotar.

(A) Transferência especial.
(B) Transferência com finalidade definida.
(C) Transferência individual.
(D) Transferência extraordinária.

RESPOSTA De acordo com o art. 166-A, § 2º, I, da CF, correta a *alternativa A*.

6. (39º Exame) Em um determinado ano, diante de grave impasse entre o Poder Executivo federal e o Congresso Nacional, o que vem dificultando a aprovação das leis orçamentárias, e em face da relevância e urgência em autorizar a realização de uma série de despesas públicas, o chefe do Poder Executivo avalia a hipótese de adotar Medidas Provisórias para legislar sobre o tema, especialmente sobre o plano plurianual, diretrizes orçamentárias, orçamento anual, abertura de créditos suplementares, especiais e extraordinários. Diante desse cenário, à luz da CRFB/88, assinale a afirmativa correta.

(A) A Medida Provisória pode ser usada apenas para abrir crédito suplementar ou especial voltado a atender a despesas de saúde e educação.

(B) A instituição da lei de diretrizes orçamentárias e da lei do orçamento anual, em caso de urgência e relevância, pode ser feita por Medida Provisória, mas não a instituição do Plurianual.

(C) A abertura de crédito extraordinário por meio de Medida Provisória somente será admitida para atender a despesas imprevisíveis e urgentes, como as decorrentes de guerra, comoção interna ou calamidade pública.

(D) A Medida Provisória para dispor sobre qualquer matéria orçamentária, pode ser editada, desde que haja relevância e urgência, e que seja aprovada pelo Congresso Nacional no prazo de 60 (sessenta) dias.

RESPOSTA De acordo com o art. 167, § 3º, da CF, "a abertura de crédito extraordinário somente será admitida para atender a despesas imprevisíveis e urgentes, como as decorrentes de guerra, comoção interna ou calamidade pública, observado o disposto no art. 62". *Alternativa C*.

7. (38º Exame) Presidente da República está elaborando projeto de lei que estabelece, de forma regionalizada, as diretrizes, objetivos e metas da Administração Pública federal para as despesas de capital e outras delas decorrentes e para as relativas aos programas de duração continuada. Diante desse cenário, assinale a afirmativa correta.

(A) A matéria tratada em tal projeto de lei objetiva instituir a Lei de Diretrizes Orçamentárias, a qual deve ser aprovada por quórum de maioria simples no Congresso Nacional.

(B) Tal projeto versa sobre a Lei de Diretrizes Orçamentárias e se submete à reserva de lei complementar.

(C) Embora institua o Plano Plurianual, tal projeto de lei necessita ser aprovado por quórum de maioria absoluta no Congresso Nacional.

(D) Trata-se de projeto de lei que institui o Plano Plurianual, a ser veiculado por meio de lei ordinária.

RESPOSTA A alternativa correta se refere ao Plano Plurianual (PPA), na forma do § 1º do art. 165 da CF/88. *Alternativa D*.

8. (38º Exame) João ganhou uma ação movida em face do Estado *Gama*, na qual este foi condenado a pagar o equivalente a 30 salários mínimos a título de danos morais pelo uso indevido de sua imagem em uma publicidade institucional do governo estadual. A ação transitou em julgado em 15 de julho de 2022. Seu advogado verifica que não há legislação específica estadual acerca de prazos e limites de valores sobre pagamentos pela Fazenda Pública em caso de condenação judicial. Diante desse cenário, e à luz da Constituição Federal de 1988, João receberá o valor a que tem direito

(A) por meio de precatório alimentar, que tem prioridade em relação aos demais, dentro do próprio ano do trânsito em julgado.

(B) por meio de Requisição de Pequeno Valor (RPV).

(C) por meio de precatório comum, a ser pago no ano seguinte ao do trânsito em julgado da condenação judicial.

(D) em dinheiro, no prazo máximo de 15 (quinze) dias contados da intimação da Fazenda Pública do trânsito em julgado da ação, através de transferência bancária entre a instituição financeira que administra o tesouro estadual e o banco em que João tem sua conta.

RESPOSTA O caso apresentado ao dispor sobre condenação no valor de 30 salários-mínimos configura hipótese de pagamento por meio de Requisição de Pequeno Valor (RPV). O fundamento está previsto no § 3º e § 4º do art. 100 da CRFB c/c o inciso I do art. 87 do ADCT. *Alternativa B.*

Direito Previdenciário

Kisley Domingos
Advogado. Especialista em Direito Previdenciário pela Escola Paulista de Direito (EPD/SP). Professor em cursos de Pós-graduação e Extensão em Direito Previdenciário. Vice-Presidente da Comissão de Direito Previdenciário RGPS OAB/SC. Conselheiro Fiscal OABPrev Previdência Complementar dos Advogados e Familiares da OAB/SC. Assessor Jurídico da Confederação Nacional dos Aposentados e Pensionistas (COBAP). Autor do Livro Direito Previdenciário Simplificado.

Sumário

1. A SEGURIDADE SOCIAL NA CONSTITUIÇÃO FEDERAL DE 1988 – 2. PREVIDÊNCIA SOCIAL – 3. SAÚDE E ASSISTÊNCIA SOCIAL – 4. REGIMES PREVIDENCIÁRIOS: 4.1 Regime Geral de Previdência Social (RGPS); 4.2 Regime Próprio de Previdência Social dos Servidores Públicos (RPPS); 4.3 Regime complementar de previdência – 5. TEORIA GERAL DOS BENEFÍCIOS PREVIDENCIÁRIOS: 5.1 Beneficiários da Previdência Social; 5.2 Segurados; 5.3 Segurados facultativos – 6. DEPENDENTES – 7. FILIAÇÃO E INSCRIÇÃO: 7.1 Filiação; 7.2 Inscrição – 8. QUALIDADE DE SEGURADO E PERÍODO DE GRAÇA: 8.1 Qualidade de segurado; 8.2 Período de graça – 9. CARÊNCIA – 10. SALÁRIO DE CONTRIBUIÇÃO E SALÁRIO DE BENEFÍCIO: 10.1 Salário de contribuição; 10.2 Salário de benefício – 11. BENEFÍCIOS PREVIDENCIÁRIOS EM ESPÉCIE: 11.1 Auxílio por incapacidade temporária; 11.2 Aposentadoria por incapacidade permanente: 11.3 Grande incapacidade; 11.4 Auxílio-acidente; 11.5 Pensão por morte; 11.6 Auxílio-reclusão; 11.7 Salário-maternidade; 11.8 Salário-família; 11.9 Aposentadoria por idade mínima – 12. APOSENTADORIA POR IDADE RURAL: 12.1 Valor do benefício; 12.1 Aposentadoria por idade mista ou híbrida; 12.2 Aposentadoria por idade da pessoa com deficiência; 12.3 Aposentadoria por tempo de contribuição; 12.4 Aposentadoria por tempo de contribuição proporcional; 12.5 Aposentadoria por tempo de contribuição do professor; 12.6 Aposentadoria por tempo de contribuição especial; 12.7 Aposentadoria por tempo de contribuição 86/96; 12.8 Aposentadoria por tempo de contribuição da pessoa com deficiência – 13. REGIME PRÓPRIO DE PREVIDÊNCIA SOCIAL (RPPS): 13.1 Benefícios previdenciários do Regime Próprio de Previdência Social (RPPS) – 14. REGIME COMPLEMENTAR DE PREVIDÊNCIA – PREVIDÊNCIA PRIVADA: 14.1 Autonomia e facultatividade; 14.2 Espécies de previdência privada; 14.3 Transparência e boa-fé; 14.4 Autonomia com o contrato de trabalho; 14.5 Sujeitos da relação na Previdência Privada; 14.6 Previdência Privada fechada; 14.7 Previdência Privada aberta – QUESTÕES.

DIREITO PREVIDENCIÁRIO

1. A SEGURIDADE SOCIAL NA CONSTITUIÇÃO FEDERAL DE 1988

A Seguridade Social nada mais é do que um sistema de proteção social que compreende a Saúde, a Previdência e a Assistência Social como subsistemas.

"Art. 194. A Seguridade Social compreende um conjunto integrado de ações de iniciativa dos Poderes Públicos e da sociedade, destinadas a assegurar os direitos relativos à Saúde, à Previdência e à Assistência Social".

Importante: desses três subsistemas, apenas um deles é contributivo, que é a Previdência Social.

Saúde	Não contributivo
Previdência Social	Contributivo
Assistência Social	Não contributivo

Vamos verificar a seguir as diferenças e as peculiaridades de cada subsistema da Seguridade Social.

2. PREVIDÊNCIA SOCIAL

A Previdência Social tem caráter contributivo, ou seja, terá direito aos benefícios e aos serviços quem é segurado ou seu dependente.

3. SAÚDE E ASSISTÊNCIA SOCIAL

Diferente da Previdência Social é a Saúde e a Assistência Social, subsistemas não contributivos, vale dizer, poderemos ter acesso a esses subsistemas independentemente de contribuição.

Logo, para que uma pessoa seja atendida em um hospital público ou para que seja concedido algum benefício assistencial, não se exige nenhuma contribuição.

4. REGIMES PREVIDENCIÁRIOS

Não temos um único regime previdenciário no Brasil, pelo contrário, vários são os regimes previdenciários existentes, cada qual com suas peculiaridades.

O regime previdenciário é entendido como um conjunto de normas que disciplinam uma relação jurídica previdenciária, da qual teremos direitos e deveres impostos aos participantes dessa relação (autarquia e segurados).

Logo, temos então os seguintes regimes previdenciários: Regime Geral de Previdência Social (RGPS), Regime Próprio de Previdência Social dos Servidores Públicos (RPPS) e Regime Complementar de Previdência.

4.1 Regime Geral de Previdência Social (RGPS)

O Regime Geral de Previdência Social, conhecido como o principal regime de previdência no Brasil, chamado popularmente de regime comum, é organizado pelo Instituto Nacional do Seguro Social (INSS) e contempla todos os trabalhadores da iniciativa privada, aproximadamente 86% da população.

O RGPS é regido pelas Leis n. 8.212 (plano de custeio) e n. 8.213 (plano de benefícios), ambas de 1991, sendo sua filiação compulsória e automática para os chamados segurados obrigatórios, aqueles que exercem atividade remunerada, e facultativos, aqueles que não estão vinculados a regime próprio dos servidores e não se enquadram como segurados obrigatórios.

Participam do Regime Geral de Previdência Social todos os empregados regidos pela Consolidação das Leis do Trabalho (CLT), aprendizes, temporários, domésticos, trabalhadores autônomos, eventuais, empresários, titulares de firmas individuais, sócios gestores, produtores rurais, pescadores artesanais, entre outros.

4.2 Regime Próprio de Previdência Social dos Servidores Públicos (RPPS)

O Regime Próprio de Previdência Social é um sistema de previdência encontrado no âmbito de cada ente federado, destinado aos seus servidores e assegurado pelo art. 40 da CF/88:

"Art. 40. Aos servidores titulares de cargos efetivos da União, dos Estados, do Distrito Federal e dos Municípios, incluídas suas autarquias e fundações, é assegurado regime de previdência de caráter contributivo e solidário, mediante contribuição do respectivo ente público, dos servidores ativos e inativos e dos pensionistas, observados critérios que preservem o equilíbrio financeiro e atuarial e o disposto neste artigo".

É também da CF/88, art. 24, XII, que retiramos a competência dos entes federados para concorrentemente legislar sobre Previdência Social.

São chamados de regimes próprios porque cada ente público da Federação, seja União, Estados, Distrito Federal ou Municípios, pode ter o seu próprio regime de previdência, cuja finalidade é organizar a previdência de seus servidores públicos titulares de cargo efetivo em atividade, bem como daqueles que já são inativos, aposentados ou pensionistas.

Importante: os Municípios têm a faculdade de criar um sistema de previdência para seus servidores, justamente porque, dependendo do seu tamanho, muitas vezes é insustentável manter um Regime Próprio de Previdência, bem como uma autarquia responsável por sua administração; se esse for o caso, seus servidores estarão vinculados ao INSS.

4.3 Regime complementar de previdência

Os regimes complementares de previdência, chamados também de Previdência Privada, são aqueles planos de previdência que são oferecidos pelas seguradoras e bancos privados ou públicos, entidades abertas e fechadas.

É entidade de previdência aberta aquela disponível à população em geral, aberta a adesão de qualquer cidadão que com ela queira contratar. Por outro lado, a entidade de previdência fechada é aquela que apresenta um plano de previdência a determinada classe, no caso, somente podendo participar quem está dentro dessa classe, a exemplo da OAB-PREV, previdência complementar disponível exclusivamente aos advogados.

O regime complementar de previdência é encontrado no art. 202 da CF/88, que assim dispõe:

"Art. 202. O regime de Previdência Privada, de caráter complementar e organizado de forma autônoma em relação ao Regime Geral de Previdência Social, será facultativo, baseado na constituição de reservas que garantam o benefício contratado, e regulado por lei complementar".

Esse tipo de previdência tem caráter complementar justamente porque visa complementar o que o segurado vir a receber do RGPS ou do Regime Próprio que tem teto máximo de pagamento.

Importante: ao contrário do RGPS e do RPPS que são de filiação obrigatória, o regime complementar de previdência (Previdência Privada) é facultativo, ficando a cargo do interessado optar ou não por sua adesão ao plano oferecido.

5. TEORIA GERAL DOS BENEFÍCIOS PREVIDENCIÁRIOS

5.1 Beneficiários da Previdência Social

Beneficiários são todas as pessoas que poderão em algum momento usufruir de benefícios ou serviços da autarquia previdenciária, como aposentadorias, pensões, auxílios etc.

Importante: beneficiários não podem ser confundidos com os segurados, estes são apenas uma espécie de beneficiários.

Vale dizer, o rol de beneficiários da Previdência Social contempla tanto aqueles que de fato fazem ou fizeram sua contribuição previdenciária como aqueles que poderão receber o benefício na ausência do segurado, que é o caso dos dependentes, como ocorre nos benefícios de pensão por morte e auxílio-reclusão.

5.2 Segurados

Segurados são os contribuintes propriamente ditos, ou seja, aqueles que fazem o pagamento de sua contribuição previdenciária, de maneira voluntária ou em face do exercício de sua atividade remunerada, na condição de empregado, de empresário ou de autônomo.

Vamos ter no RGPS basicamente duas modalidades: segurados obrigatórios, do qual se subdividem em cinco espécies, e a uma segunda, os chamados segurados facultativos.

5.2.1 Segurados obrigatórios

Quem exerce atividade remunerada tem a obrigação/dever de contribuir para o sistema previdenciário, logo, como a própria denominação, os segurados obrigatórios são as pessoas filiadas ao RGPS de forma compulsória, obrigadas a contribuir para a Previdência Social.

Os segurados obrigatórios se subdividem-se em cinco modalidades: empregado, empregado doméstico, trabalhador avulso, individual e especial.

5.2.2 Empregados

Aqueles que exercem sua atividade remunerada e com registro em CTPS, podendo ser urbanos ou rurais. Sua contribuição previdenciária é descontada diretamente de sua remuneração e repassada à Previdência Social por meio do seu empregador.

5.2.3 Empregados domésticos

Aqueles que trabalham em casa de família ou de pessoa que o empregador não obtenha vantagem econômica sob sua atividade. É exemplo a empregada doméstica, a governanta ou o jardineiro.

5.2.4 Trabalhador avulso

Aqueles que exercem atividade remunerada eventualmente para empresas sem vínculo de emprego, ou seja, o trabalhador avulso presta serviço para várias empresas, sendo sua subordinação ligada diretamente ao sindicato ou órgão gestor de mão de obra. É exemplo de trabalhador avulso o trabalhador portuário.

5.2.5 Contribuinte individual

Aquele que exerce atividade remunerada, porém, não possui empregador e presta serviço sem vínculo com sindicato ou órgão gestor de mão de obra, ou seja, são os trabalhadores que laboram por conta própria, como os empresários e autônomos.

5.2.6 Segurados especiais

Aquele trabalhador que exerce sua atividade em regime de economia familiar em região rural ou urbana (desde que próximo a rural), sendo que o imóvel, próprio ou arrendado, não ultrapasse a extensão de quatro módulos fiscais.

Importante: a atividade em regime de economia familiar é aquela exercida por grupo familiar ou por apenas uma pessoa, no intuito de garantir a própria subsistência.

5.3 Segurados facultativos

Aqueles que possuem a faculdade de contribuir para o Regime Geral de Previdência Social, ou seja, são aquelas pessoas que, diferente dos segurados obrigatórios, decidem se irão contribuir ou não, bem como com o valor com o qual querem pagar.

> **ATENÇÃO!**
> Segurado facultativo não exerce atividade remunerada, por isso tem a opção de contribuir ou não com o sistema previdenciário. São exemplos, a dona de casa, o estudante, o bolsista.

6. DEPENDENTES

Aquelas pessoas que vinculadas aos segurados irão gozar dos benefícios em seu lugar. É o caso do segurado que vem a óbito e deixa a pensão para sua esposa ou filho, o segurado que ao ser preso em regime fechado deixa a seu dependente o auxílio-reclusão.

7. FILIAÇÃO E INSCRIÇÃO

7.1 Filiação

Entende-se por filiação o vínculo jurídico estabelecido entre as pessoas que contribuem para a Previdência Social e ela própria, emanando, dessa relação, direitos e obrigações, como estabelece o art. 20 do Decreto n. 3.048/99:

> "Art. 20. Filiação é o vínculo que se estabelece entre pessoas que contribuem para a Previdência Social e esta, do qual decorrem direitos e obrigações;
>
> § 1º A filiação à Previdência Social decorre automaticamente do exercício de atividade remunerada para os segurados obrigatórios, observado o disposto no § 2º, e da inscrição formalizada com o pagamento da primeira contribuição para o segurado facultativo;
>
> § 2º A filiação do trabalhador rural contratado por produtor rural pessoa física por prazo de até dois meses dentro do período de um ano, para o exercício de atividades de natureza temporária, decorre automaticamente de sua inclusão na GFIP, mediante identificação específica".

Nessa relação o segurado tem o dever de contribuir para a Previdência Social e, ao mesmo tempo, a Previdência Social tem o dever de garantir a cobertura previdenciária para os segurados que necessitarem e tiverem direito.

7.2 Inscrição

A inscrição é considerada o ato meramente formal pelo qual o segurado e o dependente se cadastram no Regime Geral de Previdência Social, mediante a comprovação de dados pessoais e outros elementos necessários à sua caracterização, conforme o art. 18 do Decreto n. 3.048/99.

8. QUALIDADE DE SEGURADO E PERÍODO DE GRAÇA

8.1 Qualidade de segurado

A qualidade de segurado é atribuída a pessoa que se mantém dentro do vínculo jurídico com a Previdência Social. É o chamado segurado da Previdência Social e que, como tal, mantém a qualidade.

Importante: mantendo-se em contribuição com o sistema, estará coberto por todo e qualquer infortúnio que lhe atingir, desde que respeitada a carência quando for o caso e comprovado seu direito ao benefício ou serviço.

8.2 Período de graça

A Previdência Social tem como um dos principais princípios o da solidariedade, no qual o segurado que, por motivos alheios a sua vontade, não conseguir mais contribuir por algum período, na maioria das vezes por fatos involuntários, como dificuldades financeiras, desemprego, custos extraordinários, mesmo assim estará protegido, mantendo-se a sua qualidade de segurado.

Esse período em que o segurado, mesmo não contribuindo com a Previdência Social, mantém a qualidade de segurado chama-se de período de graça, e, portanto, qualquer infortúnio social que possa lhe acometer estará, em regra, protegido.

Segundo o art. 15 da Lei n. 8.213/91, mantém a qualidade de segurado, independentemente de contribuições:

> "I – sem limite de prazo, quem está em gozo de benefício, exceto auxílio-acidente;
>
> II – até 12 meses após a cessação das contribuições, o segurado que deixar de exercer atividade remunerada abrangida pela Previdência Social ou estiver suspenso ou licenciado sem remuneração;
>
> III – até 12 meses após cessar a segregação, o segurado acometido de doença de segregação compulsória;
>
> IV – até 12 meses após o livramento, o segurado retido ou recluso;
>
> V – até 3 meses após o licenciamento, o segurado incorporado às Forças Armadas para prestar serviço militar;
>
> VI – até 6 meses após a cessação das contribuições, o segurado facultativo".

Importante: o segurado facultativo, caso encerre as contribuições, não terá direito aos 12 meses de período de graça como prevê a regra geral, mas apenas 6 meses.

Além dos períodos analisados, podemos, ainda, ter a prorrogação do período de graça, ou seja, além dos 12 meses estabelecidos como regra geral, ainda é possível estender esse prazo, podendo chegar inclusive a 36 meses, como estipulam as seguintes hipóteses:

"I – ter o segurado vertido mais de 120 contribuições para a Previdência Social sem interrupção que acarrete a perda da qualidade de segurado";

Caso o segurado tenha feito ao longo de sua vida contributiva 120 contribuições, ou seja, 10 anos sem que tenha havido a perda da qualidade de segurado nesse período, o segurado poderá ser beneficiado com mais 12 meses de período de graça, podendo chegar a 24 meses.

"II – comprovar o segurado situação de desemprego pelo registro junto ao órgão próprio do Ministério do Trabalho e Emprego".

A última possibilidade para que o segurado ganhe mais 12 meses de período de graça é comprovar que durante o respectivo período (12 meses) esteve desempregado, assim, poderá estender seu período de graça para 24 ou até 36 meses, caso tenha preenchido também os requisitos da primeira hipótese.

9. CARÊNCIA

Carência é o número mínimo de contribuições mensais que são indispensáveis para que o beneficiário faça jus a determinados benefícios da Previdência Social, ou seja, a carência é o número mínimo de contribuições mensais para a concessão de um benefício.

Importante: não há uma carência geral, cada benefício possui uma carência específica para sua concessão. Em alguns, por exemplo, no auxílio por incapacidade temporária acidentário, não há carência a ser cumprida, basta ter a qualidade de segurado.

10. SALÁRIO DE CONTRIBUIÇÃO E SALÁRIO DE BENEFÍCIO

O salário de contribuição e o salário de benefício são as bases de cálculos dos benefícios previdenciários e das contribuições para a Previdência Social, respectivamente.

10.1 Salário de contribuição

Salário de contribuição é o valor que o segurado contribui para o sistema previdenciário, impactando diretamente no valor que virá a receber em um benefício.

Como ilustra a tabela abaixo (2024), os segurados empregados, empregado doméstico e trabalhador avulso contribuem da seguinte maneira:

Salário de contribuição	Alíquota
até 1 (um) salário mínimo	7,5%
acima de 1 (um) salário mínimo até R$ 2.666,68	9%
de R$ 2.666,69 até R$ 4.000,03	12%
de R$ 4.000,04 até R$ 7.786,02	14%

Nota-se que o empregado, o empregado doméstico e o trabalhador avulso possuem uma contribuição variável, que se altera conforme o valor da remuneração do segurado.

Já o contribuinte individual e o segurado facultativo possuem um sistema de contribuição diferente do empregado, empregado doméstico e trabalhador avulso, mas que também varia conforme a sua remuneração, como ilustra a tabela (2024) a seguir:

Contribuinte Individual e Segurado Facultativo		
Salário de contribuição (R$)	Alíquota	Valor
R$ 1.412,00	5%	R$ 70,60
R$ 1.412,00	11%	R$ 155,32
R$ 1.412,00 até R$ 7.786,02	20%	Entre R$ 282,40 e R$ 1.557,20

Importante: o segurado facultativo de baixa renda, devidamente cadastrado no Centro de Referência da Assistência Social (CRAS), consegue contribuir sob 5% do salário mínimo, porém, esta modalidade de contribuição não dá direito a aposentadoria por tempo de contribuição, bem como não será relacionada em uma eventual Certidão de Tempo de Contribuição (CTC).

A possibilidade de contribuição sob 5% também é aproveitada aos Microempreendedores Individuais (MEI) que, devidamente registrados, poderão contribuir sob a alíquota reduzida, mas também não terão direito a aposentadoria por tempo de contribuição, bem como a eventual emissão de CTC do período assim contribuído.

Já a opção de pagar 11% sob o salário mínimo faz parte do Plano Simplificado da Previdência Social, destinado ao contribuinte individual que trabalha por conta própria e não preste serviço à empresa ou equiparada e ao segurado facultativo que não se enquadra como de baixa renda.

Agora, para o contribuinte individual e o segurado facultativo que possuem condições de pagar a Previdência Social pelo plano normal de contribuição, a alíquota será de 20% sob a remuneração que deseja contribuir.

10.2 Salário de benefício

O salário de benefício é a média aritmética utilizada para o cálculo do valor do benefício previdenciário a ser concedido ao segurado.

Importante: em virtude da criação do Plano Real, as contribuições previdenciárias são computadas, pecuniariamente falando, a partir de julho de 1994, isso quer dizer que o tempo contribuído é considerado, só que os

DIREITO PREVIDENCIÁRIO

valores pagos ao sistema previdenciário antes desta data não são contabilizados.

11. BENEFÍCIOS PREVIDENCIÁRIOS EM ESPÉCIE

Até o advento da EC n. 103/2019, que tratou da reforma da previdência, os benefícios previdenciários eram divididos da seguinte forma:

- 3 modalidades de aposentadorias: aposentadoria por idade, aposentadoria por tempo de contribuição e aposentadoria por invalidez;
- 3 modalidades de auxílios: auxílio-doença, auxílio-acidente e auxílio-reclusão;
- 2 espécies de salários: salário-maternidade e salário-família;
- 1 pensão: pensão por morte.

Com a promulgação da reforma da previdência, o rol de benefícios ficou da seguinte maneira:

- 2 modalidades de aposentadorias: aposentadoria por idade mínima e aposentadoria por incapacidade permanente;
- 3 modalidades de auxílios: auxílio por incapacidade temporária, auxílio-acidente e auxílio-reclusão;
- 2 espécies de salários: salário-maternidade e salário-família;
- 1 pensão: pensão por morte.

Importante: algumas modalidades de aposentadorias por tempo de contribuição ainda permanecem dentro das regras de transição.

> **ATENÇÃO!**
> Além dos benefícios fornecidos, a Previdência Social também oferece um rol de serviços, como serviço social, habilitação e reabilitação profissional, atualização de Cadastro Nacional das Informações Sociais (CNIS), expedição de CTC, perícias médicas, entre outros.

11.1 Auxílio por incapacidade temporária

O benefício de auxílio por incapacidade temporária está disciplinado no art. 59 da Lei n. 8.213/91, sendo devido nos casos em que o segurado, após cumprida, quando for o caso, a carência exigida, ficar incapacitado para o seu trabalho ou para a sua atividade habitual por mais de 15 dias consecutivos.

Vale dizer, é um benefício devido ao segurado que está sem condições laborativas por mais de 15 dias, face a uma incapacidade temporária, originária de alguma doença ou acidente, comum ou do trabalho.

O benefício tem natureza temporária, ou seja, não há prazo máximo estabelecido para sua duração, isso porque sua finalidade é dar amparo ao segurado com uma remuneração mensal enquanto a incapacidade persistir.

Considerado como benefício não programado porque diferente das aposentadorias que são planejadas, aqui, não se planeja adoecer, sofrer uma lesão ou se incapacitar para o trabalho, é algo inesperado.

Para o segurado ter direito ao benefício de auxílio por incapacidade temporária, alguns requisitos devem ser cumpridos: deve-se ter a qualidade de segurado, a carência, quando for o caso, e a ocorrência do fato gerador, ou seja, a incapacidade para o trabalho ou atividade habitual por mais de 15 dias consecutivos.

11.1.1 Qualidade de segurado

O benefício é devido a todos os segurados do RGPS, ou seja, segurados obrigatórios e segurados facultativos.

Para que o segurado tenha direito a essa proteção previdenciária quando houver a ocorrência do fato gerador, geralmente, tem que ter a qualidade de segurado, ou seja, tem que estar filiado à Previdência Social e em contribuição, salvo alguma exceção, como o período de graça e, por vezes, sua extensão como já estudado.

Importante: Súmula 26 da Advocacia Geral da União (AGU):

> "Para a concessão de benefício por incapacidade, não será considerada a perda da qualidade de segurado quando a perda é decorrente da própria moléstia incapacitante".

Note que a súmula da AGU se aplica aos casos em que o segurado é acometido de doença que o incapacita para o trabalho ou atividade habitual. Em virtude disso, cessam as contribuições previdenciárias por conta da própria incapacidade do segurado, que, por desconhecimento, não requer a tempo o benefício. Se caracterizada essa situação e havendo, posteriormente, o pedido do benefício, ele deve ser concedido.

11.1.2 Período de carência

Para concessão do auxílio por incapacidade temporária, é necessária a carência de 12 contribuições mensais.

Importante: temos duas exceções em que a carência não é exigida: casos de acidentes de qualquer natureza ou causa, acidente extralaboral, acidente do trabalho ou equiparações, e quando o segurado, após se filiar à Previdência Social, for acometido de alguma das doenças constantes na Portaria Interministerial n. 2.998/2001, por exemplo, neoplasia maligna, cegueira, cardiopatia grave, tuberculose ativa, entre outras listadas.

> **ATENÇÃO!**
> Caso o segurado, após cumprida a carência primária de 12 contribuições, depois de algum tempo vir a perdê-la, para voltar a ter novamente carência para concessão de benefícios, basta contar com mais 6 contribuições mensais. É a chamada

carência de reingresso (art. 27-A da Lei 8.213/91, incluído pela Lei n. 13.846/2019).

11.1.3 Fato gerador

O fato gerador do auxílio por incapacidade temporária é a incapacidade para o trabalho ou para atividade habitual por mais de 15 dias consecutivos. É a redação do art. 59 da Lei n. 8.213/91.

11.1.4 Espécies de auxílio por incapacidade temporária

Duas são as modalidades de auxílio por incapacidade temporária: o auxílio por incapacidade temporária previdenciário e o auxílio por incapacidade temporária acidentário.

O auxílio por incapacidade temporária previdenciário, espécie 31, é o benefício destinado aos segurados que ficarem incapacitados para seu trabalho ou atividade habitual devido a doenças comuns adquiridas ou acidentes não decorrentes do trabalho.

A competência judicial para discussão sobre a concessão desses benefícios é da Justiça Federal, com o apoio dos Juízes de Direito em Comarcas onde não há instalações da Justiça Federal, de acordo com o art. 109, § 3º, da CF/88.

O auxílio por incapacidade temporária acidentário, espécie 91, por sua vez, é o benefício destinado aos segurados que ficarem incapacitados para o seu trabalho ou atividade habitual devido aos acidentes do trabalho, doença profissional e doença do trabalho.

A competência judicial para discussão sobre a concessão desses benefícios é da Justiça Estadual, por força do art. 109, I, da CF/88.

11.1.5 Valor do benefício

A renda mensal inicial do auxílio por incapacidade temporária, ou como é conhecida, a RMI, é de 91% do salário de benefício.

11.2 Aposentadoria por incapacidade permanente

O benefício de aposentadoria por incapacidade permanente está disciplinado no art. 42 da Lei n. 8.213/91, estipulando que, uma vez cumprida, quando for o caso, a carência exigida, será devida ao segurado que, estando ou não em gozo de auxílio por incapacidade temporária, for considerado incapaz e insusceptível de reabilitação para o exercício de atividade que lhe garanta a subsistência, e será paga enquanto permanecer nesta condição.

Importante: a aposentadoria por incapacidade permanente apresenta os mesmos requisitos do benefício de auxílio por incapacidade temporária em matéria de qualidade de segurado e carência, porém, temos que ter cuidado quanto a incapacidade, visto que a aposentadoria por incapacidade permanente requer uma incapacidade total e permanente para qualquer atividade e, ainda, que seja insuscetível de reabilitação profissional.

> **ATENÇÃO!**
> Não há como o segurado requerer diretamente a aposentadoria por incapacidade permanente, tanto é que não existem mecanismos de agendamento deste benefício via central telefônica (135) ou internet (inss.gov.br ou meu.inss.gov.br), sendo necessário que o segurado faça o requerimento de fato do benefício de auxílio por incapacidade temporária, para que tenha acesso a perícia médica e nela, sendo constatada que a lesão é totalmente incapacitante e permanente, o benefício será convertido em aposentadoria por incapacidade permanente.

11.2.1 Análise social na concessão da aposentadoria por incapacidade permanente

A possibilidade da análise social na concessão da aposentadoria por incapacidade permanente ocorre nos processos judiciais. O julgador nesse caso pode se utilizar da análise social e do contexto em que vive o segurado, vale dizer, detectada a incapacidade, ainda que parcial, o julgador poderá analisar no caso concreto questões como idade, forma de trabalho, escolaridade, entre vários outros fatores que possam pesar para a decisão final.

Importante: Súmula 47 da Turma Nacional de Uniformização (TNU):

> "Uma vez reconhecida a incapacidade parcial para o trabalho, o juiz deve analisar as condições pessoais e sociais do segurado para a concessão de aposentadoria por invalidez".

Logo, devemos ter atenção não apenas a questões físicas dos segurados, mas também analisarmos o entorno social em que este está inserido.

11.2.2 Valor do benefício

A RMI do benefício de aposentadoria por incapacidade permanente antes da reforma era de 100% do salário de benefício, passando agora a ter o valor proporcional ao seu tempo de contribuição, sendo de 60% do valor apurado pela média de 100% das contribuições, mais 2% por ano que exceder 15 anos de contribuição no caso das mulheres e 20 anos de contribuição para os homens.

> **ATENÇÃO!**
> Existe uma exceção: a aposentadoria por incapacidade permanente se decorrente de acidente do trabalho, doença profissional ou doença do trabalho, terá a RMI correspondente a 100% da média contributiva.

11.3 Grande incapacidade

A grande incapacidade, como resolvemos nominar a antiga grande invalidez, como costumava ser chamada, é o complemento de 25% no valor do benefício mensal do segurado.

> **ATENÇÃO!**
> Inicialmente, era concedido apenas para as antigas aposentadorias por invalidez. Na via judicial, esse direto foi estendido às demais aposentadorias e hoje volta a ser concedido apenas para as aposentadorias por incapacidade permanente. É concedido ao segurado que, após se aposentar, comprove a necessidade permanente de auxílio de terceiros para suas atividades diárias, devendo tal necessidade ser comprovada por meio de documentação médica específica.

Importante: de acordo com o Anexo I do Decreto n. 3.048/99, os casos em que os aposentados têm direito a majoração de 25% entre outros são: cegueira total, perda de nove dedos ou mais da mão, paralisia dos dois membros, inferiores ou superiores, perda de membros superiores ou inferiores, alteração das faculdades mentais com grave perturbação da vida orgânica e social etc.

O acréscimo de 25% tem dois pontos específicos que devem ser lembrados:

- o acréscimo pode incidir mesmo nos casos em que a aposentadoria do segurado seja no limite do teto da Previdência Social, ou seja, a majoração dos 25% no valor da aposentadoria pode ultrapassar o teto máximo previdenciário sem problema algum.
- o direito ao acréscimo de 25% é um direito personalíssimo, vale dizer, é um direito apenas do segurado, portanto, o acréscimo cessa com a morte, não se incorporando assim a futura pensão por morte.

11.4 Auxílio-acidente

O benefício de auxílio-acidente previsto no art. 86 da Lei n. 8.213/91, diferente do auxílio por incapacidade temporária e da aposentadoria por incapacidade permanente, que tem caráter substitutivo do salário do segurado e concedido apenas enquanto durar a incapacidade, é um benefício previdenciário de caráter indenizatório.

A sua natureza indenizatória tem por função suprir a perda da capacidade de trabalho do segurado que, após acidente de qualquer natureza, tiver a consolidação das lesões que resultem em sequelas e, por conta disso, impliquem a redução de sua capacidade de trabalho. O benefício de auxílio-acidente será recebido cumulativamente com o salário mensal do segurado.

11.4.1 Requisitos para concessão do auxílio-acidente

São basicamente quatro requisitos para que seja concedido o benefício de auxílio-acidente:

- qualidade de segurado;
- ocorrência de acidente de qualquer natureza;
- redução parcial e definitiva da capacidade para o trabalho ou atividade habitual;
- nexo causal entre o acidente e a redução da capacidade de trabalho ou atividade habitual.

Restando preenchido os quatro requisitos, deve ser concedido o benefício de auxílio-acidente ao segurado, que o receberá cumulativamente com seu salário até se aposentar ou vir a óbito.

11.4.2 Segurados que têm direito ao auxílio-acidente

Os segurados que têm direito ao benefício de auxílio-acidente são:

- segurado empregado;
- segurado empregado doméstico (LC n. 150/2015);
- segurado trabalhador avulso;
- segurado especial.

Por força do art. 18, § 1º, da Lei n. 8.213/91, o segurado contribuinte individual e o segurado facultativo estão fora do rol dos segurados amparados pelo auxílio-acidente.

> **ATENÇÃO!**
> A Constituição Federal de 1988 não estabelece distinção entre os segurados, devendo ocorrer um tratamento isonômico entre eles, logo, esse tema pode ser alvo de discussão judicial.

11.4.3 Período de carência

O benefício de auxílio-acidente não necessita de carência, ou seja, independe do número de contribuições, porém, há necessidade de se ter a qualidade de segurado.

11.4.4 Valor do benefício

O benefício de auxílio-acidente hoje possui remuneração mensal de 50% do salário de benefício, isso a partir da edição da Lei n. 9.032/95, sendo devido até a concessão de qualquer aposentadoria ou até a data do óbito do segurado, desde que tenha mantido a qualidade de segurado.

11.5 Pensão por morte

O benefício de pensão por morte é um benefício previdenciário destinado aos dependentes do segurado que vier a falecer ou tiver sua morte presumida declarada, esteja ele em atividade ou já aposentado.

Com previsão na CF/88, no art. 201, V, e com regras gerais na Lei n. 8.213/91, nos arts. 74 a 79, a pensão por morte é um benefício previdenciário de prestação continuada e que visa substituir a remuneração do segurado falecido ou com sua morte presumida decretada.

11.5.1 Classe de dependentes

De acordo com o art. 16 da Lei n. 8.213/91, os dependentes do segurado são divididos em classes, ou seja, é um escalonamento preferencial. Temos os dependentes de classe I, dependentes de classe II e dependentes de classe III.

Na classe I temos o cônjuge, a companheira, o companheiro e o filho não emancipado, de qualquer condição, menor de 21 anos ou inválido ou que tenha deficiência intelectual ou mental ou deficiência grave.

Na classe II temos os pais.

Na classe III temos os irmãos não emancipados, de qualquer condição, menores de 21 anos ou inválidos ou que tenham deficiência intelectual ou mental ou deficiência grave.

Importante: como as classes estão escalonadas por uma ordem de preferência, logo, a existência de dependentes de qualquer uma das classes exclui do direito às prestações os das classes seguintes, ou seja, se tivermos os dependentes de classe I, por exemplo, o cônjuge, exclui-se o direito dos dependentes de classe II, no caso, os pais.

> **ATENÇÃO!**
> A dependência econômica dos dependentes de classe I é presumida, inclusive do cônjuge divorciado ou separado judicialmente ou de fato que recebia pensão alimentícia, enquanto a dependência econômica dos demais dependentes de classes II e III deve ser comprovada.

11.5.2 Limitação à concessão do benefício

A Lei n. 8.213/91 jamais limitou de maneira temporal o prazo para a concessão do benefício previdenciário de pensão por morte ao dependente.

Em 2015, as normas existentes foram alteradas e a pensão por morte, que até então era vitalícia, passou a ter um limitador. A Lei n. 13.135/2015, oriunda da MP n. 664/2014, cria a seguinte regra: o cônjuge, companheiro ou companheira terá que comprovar que, até a data do óbito, o segurado falecido tenha vertido no mínimo 18 contribuições mensais e o casamento ou união estável tenha iniciado há, no mínimo, dois anos. Lembrando que essa regra passou a valer para os óbitos ocorridos a partir de 15 de janeiro de 2015.

Importante: a Portaria do Ministério da Economia n. 424/2020 renovou as idades para o período de recebimento do benefício de pensão por morte. Dessa maneira, para os óbitos ocorridos a partir de 1º de janeiro de 2021, temos a seguinte situação:

Idade do cônjuge ou companheiro(a) na data do óbito	Duração máxima da pensão por morte
menos de 22 anos	3 anos
entre 22 e 27 anos	6 anos
entre 28 e 30 anos	10 anos
entre 31 e 41 anos	15 anos
entre 42 e 44 anos	20 anos
a partir de 45 anos	vitalícia

11.5.3 Período de carência

A Lei n. 8.213/91 prevê tacitamente um número mínimo de contribuições para que seja concedida a pensão por morte apenas para cônjuges e companheiros. Para os demais dependentes não há carência, basta que seja comprovada a qualidade de segurado do falecido, ou seja, que o segurado era ao tempo do óbito filiado, inscrito ou em gozo de período de graça.

11.5.4 Valor do benefício

O valor mensal do benefício de pensão por morte destinado aos dependentes era de 100% do valor da aposentadoria que o segurado recebia ou daquela a que teria direito se estivesse aposentado por invalidez na data de seu falecimento, não podendo o valor ser inferior ao do salário mínimo e nem superior ao limite máximo do salário de contribuição.

> **ATENÇÃO!**
> Com a reforma da previdência (EC n. 103/2019), a pensão por morte passou a ter o valor mensal de 50% mais 10% por dependente até o limite de 100%.

11.6 Auxílio-reclusão

Benefício previsto no art. 80 da Lei n. 8.213/91. Será devido nas mesmas condições do benefício de pensão por morte, ou seja, é um benefício destinado aos dependentes do segurado de baixa renda recolhido à prisão em regime fechado.

Importante: para o recebimento do benefício, o segurado não poderá estar recebendo remuneração da empresa nem estar em gozo de benefício de auxílio por incapacidade temporária, de pensão por morte, de salário-maternidade, de aposentadoria ou de abono de permanência em serviço.

11.6.1 Requisitos para concessão do auxílio-reclusão

O benefício de auxílio-reclusão também encontra fundamento na CF/88 em seu art. 201, IV, com nova redação dada pela EC n. 20/98, em que há limitação de concessão do benefício apenas para os dependentes do segurado de baixa renda, ou seja, o segurado deve receber até R$ 1.826,60.

DIREITO PREVIDENCIÁRIO

> **ATENÇÃO!**
> O requerimento do auxílio-reclusão deverá ser instruído com a certidão do efetivo recolhimento à prisão do segurado, bem como seu regime de prisão, e sempre ainda obrigatória, para a manutenção do benefício, a apresentação de declaração de permanência na condição de recluso.

11.6.2 Período de carência

A Lei n. 13.846/2019 modificou a Lei n. 8.213/91 e passou a prever, para a concessão do benefício de auxílio-reclusão, uma carência de 24 contribuições mensais, além de modificar o regime de prisão, que deixa de conceder o benefício para os segurados reclusos em regime semiaberto, para conceder somente aos que estão em regime fechado.

11.6.3 Valor do benefício

O valor mensal do benefício de auxílio-reclusão é calculado nos mesmos moldes que a pensão por morte, porém, o art. 27, § 1º, da EC n. 103/2019 trouxe uma limitação em sua concessão, vejamos:

> "§ 1º Até que lei discipline o valor do auxílio-reclusão, de que trata o inciso IV do art. 201 da Constituição Federal, seu cálculo será realizado na forma daquele aplicável à pensão por morte, não podendo exceder o valor de 1 (um) salário-mínimo".

Fica evidente a confusão aplicada pelo constituinte ao estabelecer o valor máximo de um salário mínimo para a concessão do auxílio-reclusão, pois, como bem dispõe o art. 201, § 2º, da CF/88, nenhum benefício poderá ter valor inferior a um salário mínimo. Assim, resta a conclusão de que o valor do auxílio-reclusão será sempre de um salário mínimo.

11.7 Salário-maternidade

O salário-maternidade, previsto no art. 71 da Lei n. 8.213/91, é devido aos segurados da Previdência Social, em caso de parto ou aborto não criminoso, tendo, em regra, duração de 120 dias, podendo ser requerido 28 dias antes do parto, observadas todas as situações e condições previstas na legislação referente à proteção à maternidade.

> **ATENÇÃO!**
> Esse benefício também passou a ser destinado aos homens, seja em caso de falecimento da segurada, seja em adoções por casais homoafetivos.

11.7.1 Qualidade de segurado

Há pouco tempo o salário-maternidade era um direito apenas das seguradas da Previdência Social. Mesmo se houvesse a adoção, o segurado do sexo masculino não tinha direito ao benefício.

Importante: em 2013, com a edição da Lei n. 12.873, que altera o art. 71-A da Lei n. 8.213/91, passa-se a prever a possibilidade de concessão do benefício de salário-maternidade também para os segurados do sexo masculino.

11.7.2 Período de carência

O período de carência para acesso a esse benefício teve recente alteração: a concessão do benefício de salário-maternidade para segurada empregada, trabalhadora avulsa e empregada doméstica independe do número de contribuições pagas, ou seja, basta apenas ter a qualidade de segurada.

Importante: para as seguradas que eram contribuintes individuais, segurada especial enquanto contribuinte individual, MEI e segurada facultativa, o prazo de carência era de 10 contribuições mensais.

> **ATENÇÃO!**
> Hoje essa carência não existe mais, agora para todo e qualquer segurado ter acesso ao salário-maternidade basta apenas comprovar a qualidade de segurado.

11.7.3 Valor do benefício

O valor do salário-maternidade da segurada empregada e da segurada trabalhadora avulsa, que será pago diretamente pela empresa, conforme art. 72, § 1º, da Lei n. 8.213/91, consistirá numa renda mensal igual a sua remuneração integral.

Para as demais seguradas, o salário-maternidade consistirá:

- em valor correspondente ao seu último salário de contribuição, para a segurada empregada doméstica;
- em um salário mínimo, para a segurada especial;
- em um doze avos da soma dos doze últimos salários de contribuição, apurados em período não superior a quinze meses, para as seguradas enquadradas nas categorias de contribuinte individual, facultativa e para as que mantenham a qualidade de segurada durante o período de graça.

11.8 Salário-família

O benefício previdenciário de salário-família, disposto nos arts. 65 e s. da Lei n. 8.213/91, com redação dada pela LC n. 150/2015, é destinado ao segurado empregado, empregado doméstico, trabalhador avulso, alguns aposentados e, ainda, ao beneficiário de auxílio por incapacidade temporária, desde que sejam de baixa renda.

> **ATENÇÃO!**
> A ideia do legislador foi de amparar, com um auxílio financeiro, os trabalhadores de baixa renda na criação e no desenvolvimento de seus filhos menores de até 14 anos ou incapazes.

11.8.1 Período de carência

O benefício de salário-família independe de carência, isso porque tem caráter nitidamente alimentar, não sendo justo se exigir um período de carência para a sua concessão.

11.8.2 Valor do benefício

O valor do benefício de salário-família é concedido conforme a renda mensal do segurado, tendo caráter complementar.

Para o ano de 2024, o segurado que receber até R$ 1.819,26 terá direito ao salário-família de R$ 62,04 por dependente menor de 14 anos ou incapaz.

11.9 Aposentadoria por idade mínima

A aposentadoria por idade mínima ou aposentadoria por idade urbana, após a EC n. 103/2019, será devida em regra ao segurado que, cumprida a carência exigida, completar 65 anos de idade se homem, e 62 anos de idade se mulher, com atenção à regra de transição trazida pela mesma EC.

11.9.1 Requisitos para concessão

Devem ser preenchidos basicamente dois requisitos: o primeiro é o fato gerador que, nesse caso, é a idade mínima; e o segundo é a carência, 15 anos de contribuição se mulher e 20 anos de contribuição se homem.

11.9.2 Valor do benefício

Com a reforma, a RMI também passa por alteração e, agora, uma vez calculada a média contributiva do segurado (100% de todas as contribuições), o valor da aposentadoria será de 60% sobre a média, podendo aumentar 2% por ano que exceda o tempo mínimo de contribuição (15 anos para as mulheres e 20 anos para os homens).

12. APOSENTADORIA POR IDADE RURAL

A aposentadoria por idade rural é destinada aos trabalhadores campesinos, ou seja, que exerceram sua atividade remunerada em zona rural, estipulada no § 1º do art. 48 da Lei n. 8.213/91.

Reconhecendo o desgastante labor campesino, o constituinte acabou aplicando uma redução no quesito etário aos trabalhadores rurais, como prevê o art. 201, § 7º, II, da CF/88, sendo de 5 anos para homens e mulheres, e a carência de 15 anos para ambos:

- **homens:** 60 anos de idade;
- 180 contribuições mensais (15 anos);
- **mulheres:** 55 anos de idade.

> **ATENÇÃO!**
> Trabalhadores rurais conseguem se aposentar um pouco mais cedo se comparados aos urbanos, até mesmo porque é impossível equiparar o desgaste físico de uma pessoa laborando no campo, exposta a intempéries do tempo e exercendo desgastantes e pesados serviços braçais, com uma pessoa que labora dentro de uma sala com ar-condicionado.

Importante: o segurado especial não necessariamente precisa contribuir para o INSS, pois como exerce sua atividade em prol da própria subsistência, o legislador interpreta que impossível ou muito oneroso seria exigir uma contribuição pecuniária deste segurado e portanto, para que possa se aposentar, além do quesito etário, basta comprovar que durante 15 anos exerceu a atividade rural em regime de economia familiar.

> **ATENÇÃO!**
> A comprovação destes mínimos 15 anos de atividade rural deve ser relacionada ao período imediatamente anterior ao cumprimento da idade mínima, ou seja, o segurado deve estar exercendo a atividade rural quando cumprir 60 anos de idade se homem ou 55 se mulher.

12.1 Valor do benefício

Para o segurado especial, a renda mensal inicial será de apenas um salário mínimo.

12.1 Aposentadoria por idade mista ou híbrida

Modalidade de aposentadoria concedida aos segurados que exerceram sua atividade remunerada, tanto no meio urbano como no meio rural, e não conseguiram preencher a carência exclusivamente em uma delas.

É a modalidade que permite ao segurado misturar, mesclar, somar o tempo de contribuição rural com o urbano.

> **ATENÇÃO!**
> Esse modelo de aposentadoria permite então que o segurado some o tempo rural com o urbano, sendo exigido que ao final possua apenas 15 anos de contribuição, não tendo regra para um mínimo de tempo rural ou urbano, basta apenas que, somando os dois, o segurado cumpra a carência.

Importante: além da carência, a aposentadoria por idade mista também exige idade mínima que, nesta modalidade, se equipara à urbana, lembrando sempre da distinção etária entre homens e mulheres:

- **homens:** 65 anos de idade;
- 180 contribuições mensais (15 anos);
- **mulheres:** 60 anos de idade.

12.1.1 Valor do benefício

O cálculo do valor da aposentadoria por idade mista, caso o segurado tenha preenchido os requisitos até a promulgação da reforma, em 12 de novembro de 2019, será igual ao da aposentadoria por idade urbana (80% da média aritmética, aplica-se 70% + 1% por ano contribuído).

> **ATENÇÃO!**
> Caso venha a preencher os requisitos após a reforma da previdência, ou seja, depois de 12 de novembro de 2019, irá se aposentar com as mesmas regras de cálculo da aposentadoria por idade mínima (100% da média aritmética, aplica-se 60% + 2% por ano contribuído que exceda a carência).

Importante: o tempo em que comprovar a atividade como segurado especial, sua contribuição será computada como sendo de 1 (um) salário mínimo.

12.2 Aposentadoria por idade da pessoa com deficiência

Regulamentada pela LC n. 142/2013, quebra-se o tabu de que todas as pessoas com deficiência não possuem condições laborativas, bem como que sempre irão depender de terceiros, sendo que, na verdade, ainda que alguém possua uma limitação física, psíquica ou sensorial de longo prazo, ou seja, uma deficiência, poderá exercer uma atividade remunerada e ter ao menos uma vida financeira independente.

Assim, caso um segurado possua então uma limitação física, psíquica ou sensorial de longo prazo, poderá ser considerado uma pessoa com deficiência e requerer sua aposentadoria por idade que, no tocante ao quesito etário, possui uma vantagem:

- **homens:** 60 anos de idade;
- 180 contribuições mensais (15 anos);
- **mulheres:** 55 anos de idade.

> **ATENÇÃO**
> Para que um segurado possa se aposentar nesta modalidade, além do quesito etário, ainda se faz necessário cumprir a carência de 180 contribuições mensais exclusivas na condição de pessoa com deficiência.

> **ATENÇÃO!**
> O art. 93 da Lei n. 8.213/91 estipula a contratação mínima de empregados com limitação física, psíquica ou sensorial de longo prazo por empresas que possuem quadro de funcionários a partir de 100 empregados.

> "**Art. 93.** A empresa com 100 (cem) ou mais empregados está obrigada a preencher de 2% (dois por cento) a 5% (cinco por cento) dos seus cargos com beneficiários reabilitados ou pessoas portadoras de deficiência, habilitadas, na seguinte proporção:
>
> I – até 200 empregados......2%;
> II – de 201 a 500.................3%;
> III – de 501 a 1.000.............4%;
> IV – de 1.001 em diante.. 5%".

Além desse modelo de aposentadoria por idade, pessoas com deficiência também possuem uma modalidade de aposentadoria por tempo de contribuição.

12.2.1 Valor do benefício

O cálculo do valor da aposentadoria por idade da pessoa com deficiência, como bem estabelece o art. 22 da EC n. 103/2019, será de 70% mais 1% do salário de benefício por grupo de 12 contribuições mensais até o máximo de 30%, ou seja, a própria reforma da previdência manteve essa modalidade de aposentadoria nos antigos moldes de cálculo para concessão desse benefício.

12.3 Aposentadoria por tempo de contribuição

Modalidade que, em regra geral, não tinha o requisito da idade mínima e, uma vez preenchido basicamente o tempo contribuído, possível era a concessão do benefício.

> **ATENÇÃO!**
> Após a reforma da previdência (EC n. 103/2019), ainda tem direito a essa modalidade os segurados que conseguem se encaixar em alguma das regras de transição trazidas pela reforma. Indico que você faça uma rápida leitura.

12.3.1 Aposentadoria por tempo de contribuição integral

Criada pela EC n. 20/98, na qual se extinguiu a aposentadoria por tempo de serviço, a aposentadoria por tempo de contribuição integral era a mais comum dentre essas modalidades de aposentadorias, que exigem do segurado apenas o tempo de contribuição, ou seja, não há idade mínima.

Na aposentadoria por tempo de contribuição integral, a distinção entre os homens e as mulheres ocorre apenas em sua única exigência, o tempo mínimo de contribuição. Vejamos:

- **mulheres:** 30 anos de contribuição;
- **homens:** 35 anos de contribuição.

Preenchido o tempo mínimo de contribuição, ou seja, 30 anos de contribuição para mulher e 35 anos de contribuição para o homem, ambos estarão aptos a requerer o benefício e, por se tratar de uma aposentadoria voluntária, ainda poderão continuar exercendo outra atividade remunerada.

Importante: esta modalidade ainda poderá ser concedida, desde que, o segurado tenha preenchido os requisitos até 12-11-2019.

12.3.2 Valor do benefício

A aposentadoria por tempo de contribuição integral concede ao segurado 100% do salário benefício, ou seja, extraída a média dos 80% maiores salários de contribuição a partir de julho de 1994, o beneficiário poderá receber o valor integral dessa média.

> **ATENÇÃO!**
> A aposentadoria por tempo de contribuição integral possui um detalhe, para que o segurado receba 100% de sua média, o cálculo passa pelo fator previdenciário, fazendo com que, na maioria dos casos, o valor do benefício seja reduzido. Logo, podemos dizer que a denominação "integral" é um pouco ilusória, pois apenas ilustra a possibilidade de o segurado vir a receber o benefício em sua integralidade.

12.4 Aposentadoria por tempo de contribuição proporcional

Criada também pela EC n. 20/98, a aposentadoria por tempo de contribuição proporcional é, na verdade, a antiga aposentadoria por tempo de serviço, tendo como objetivo, ser uma espécie de transição para os segurados que possuíam contribuições até 16-12-1998.

Importante: a proporcional é a única modalidade de aposentadoria por tempo de contribuição que exige, além do tempo mínimo de contribuição, uma idade mínima.

Na verdade, esta modalidade exige basicamente quatro requisitos:

I – Ter ao menos uma contribuição até 16-12-1998: como a ideia da aposentadoria por tempo de contribuição proporcional é ser uma regra de transição, essa modalidade é destinada somente aos segurados que possuem contribuições até 16-12-1998, ou seja, quem começou a contribuir em 17-12-1998 não poderá se aposentar nessa modalidade.

II – Idade mínima de 48 anos para mulheres e 53 anos para os homens: apesar de ser a única modalidade de aposentadoria por tempo de contribuição que exige uma idade mínima, na proporcional essa idade é relativamente baixa, oportunizando aos segurados se aposentarem cedo, podendo as mulheres se aposentarem aos 48 anos de idade e os homens aos 53 anos.

III – Tempo de contribuição de 25 para as mulheres e 30 para os homens: além da idade mínima, por se tratar de uma modalidade de aposentadoria por tempo de contribuição, natural que também seja exigido dos segurados um tempo mínimo de contribuição, sendo de 25 anos para as mulheres e 30 anos para os homens.

IV – Acréscimo de 40% sob o tempo em que faltava para o segurado preencher o tempo mínimo de contribuição em 16-12-1998: além da idade mínima e do tempo de contribuição, ainda é exigido dos segurados um acréscimo de 40%, que deve ser incidido sobre o tempo que, em 16-12-1998, faltava para o segurado completar 25 anos de contribuição, se mulher, e 30 anos, se homem.

Assim, para descobrir qual o valor do acréscimo de 40% para o segurado se aposentar por tempo de contribuição proporcional, se faz necessário voltar no tempo, ou seja, em 16-12-1998.

Exemplo 1: o segurado possui atualmente 34 anos de contribuição, porém, até 16-12-1998, possuía apenas 20 anos de contribuição. Assim, em 16-12-1998, precisava de mais 10 anos para alcançar os 30 anos de contribuição exigidos na aposentadoria por tempo de contribuição proporcional. Logo, para aposentar-se pela proporcional hoje, deverá comprovar 34 anos de contribuição, ou seja, 30 anos (mínimo) + 40% de 10 anos = 34 anos.

Exemplo 2: o segurado possui atualmente 31 anos de contribuição, porém, até 16-12-1998, possuía apenas 10 anos de contribuição. Assim, em 16-12-1998, precisava de mais 20 anos para alcançar os 30 anos de contribuição exigidos na aposentadoria por tempo de contribuição proporcional. Logo, para aposentar-se pela proporcional hoje, deverá comprovar 38 anos de contribuição, ou seja, 30 anos (mínimo) + 40% de 20 anos = 38 anos.

> **ATENÇÃO!**
> Esta modalidade ainda poderá ser concedida se o segurado preencher os requisitos até 12-11-2019.

12.4.1 Valor do benefício

Quanto ao valor de benefício, é importante adiantar que a aposentadoria por tempo de contribuição proporcional é muito prejudicial ao segurado, pois o valor de sua renda mensal inicial sofre uma grande redução, sendo mais indicada apenas nos casos em que a média contributiva do segurado é de apenas um salário mínimo.

Logo, como as demais modalidades de aposentadorias voluntárias, é feita a média contributiva do segurado, baseado em 80% dos maiores salários de contribuição, a partir de julho de 1994.

Encontrada a média contributiva do segurado, a aposentadoria por tempo de contribuição proporcional paga 70% da média, acrescido de 5% por ano de contribuição que supere a soma do tempo mínimo, até o limite de 100%, além da incidência do fator previdenciário, ou seja, comum reduzir o valor do benefício pela metade ou até mais.

12.5 Aposentadoria por tempo de contribuição do professor

A aposentadoria por tempo de contribuição do professor é mais uma espécie de aposentadoria por tempo de contribuição, só que dessa vez destinada exclusivamente ao profissional do magistério. Assim, muito cuidado, pois não é somente o professor que pode se aposentar nesta modalidade, como prevê a Lei n. 11.301/2006:

> "São consideradas funções de magistério as exercidas por professores e especialistas em educação no desempenho de atividades educativas, quando exercidas em estabelecimento de educação básica em seus diversos níveis e modalidades, incluídas, além do exercício da docência, as de direção de unidade escolar e as de coordenação e assessoramento pedagógico".

ATENÇÃO!
Além dos professores, também podem se aposentar nesta modalidade diretores, coordenadores e assessores pedagógicos, desde que suas atividades sejam exercidas dentro do estabelecimento de ensino. Portanto, sua terminologia ideal deveria ser "aposentadoria por tempo de contribuição do profissional do magistério".

Nessa modalidade, era exigido apenas o tempo contribuído, ou seja, seguindo o padrão das aposentadorias por tempo de contribuição, não tinha idade mínima.

Importante: até 12-11-2019, os profissionais do magistério conseguem se aposentar levando em conta somente o tempo de contribuição, vejamos:

- **mulheres:** 25 anos de contribuição;
- **homens:** 30 anos de contribuição.

ATENÇÃO!
Seguindo o conceito de idade mínima estipulado na reforma da previdência, com a aposentadoria do professor não foi diferente, os profissionais de educação que comprovassem o exercício exclusivo na função de magistério se aposentavam somente com o tempo contribuído. Com a nova lei, além de estipular uma idade mínima, também foi alterado o tempo de contribuição.

- **60 anos de idade e 25 anos de contribuição para os homens;**
- **57 anos de idade e 25 anos de contribuição para as mulheres.**

Os homens tiveram a inclusão da idade mínima de 60 anos e a redução no tempo de contribuição de 30 para 25 anos; já para as mulheres a única alteração foi quanto ao quesito etário que antes não era exigido, sendo agora de 57 anos, permanecendo o mesmo tempo de contribuição de 25 anos, que já era estipulado antes da reforma.

ATENÇÃO!
O tempo mínimo de contribuição deve ser exclusivo em atividade de magistério, ou seja, para fins de contagem de tempo de contribuição nessa modalidade, não serão computados vínculos que não se enquadrem com o previsto na Lei n. 11.301/2006.

Importante: caso o segurado queira se aposentar computando períodos laborados em outras atividades, deverá então procurar uma modalidade de aposentadoria diferente, pois na do professor somente será contado o período como profissional de magistério.

12.5.1 Valor do benefício

O valor da aposentadoria por tempo de contribuição do professor que preencheu os requisitos até 12-11-2019 segue as mesmas regras da integral, ou seja, extraída a média dos 80% maiores salários de contribuição a partir de julho de 1994, o segurado irá receber a integralidade desse valor, isto é, 100% de sua média, além da incidência do fator previdenciário, que, como falamos, na maioria dos casos diminui o valor do benefício.

ATENÇÃO!
Já houve uma discussão sobre a incidência ou não do fator previdenciário no cálculo da aposentadoria do professor, tema este que restou pacificado pela Turma Nacional de Uniformização (TNU), que acabou estabelecendo a obrigatoriedade do fator previdenciário nesta modalidade de aposentadoria, merecendo atenção ao relator do processo, Desembargador Federal Élio Siqueira:

"'Se a aposentadoria de professor não é aposentadoria especial, mas sim aposentadoria por tempo de contribuição, é forçoso concluir, em atenção aos ditames da Lei 8.213/91 (Dispõe sobre os Planos de Benefícios da Previdência Social), que sobre a jubilação de professor deve incidir o fator previdenciário', afirmou o relator do IRDR, Desembargador Federal Élio Siqueira".

ATENÇÃO!
Os professores universitários não fazem jus à aposentadoria por tempo de contribuição do professor, pois foram retirados desta modalidade na EC n. 20/98.

Importante: para os profissionais do magistério que não preencheram os requisitos até 12-11-2019, o valor da aposentadoria será igual ao da aposentadoria por idade mínima (100% da média aritmética, aplica-se 60% + 2% por ano contribuído que exceda o tempo mínimo de contribuição).

12.6 Aposentadoria por tempo de contribuição especial

A aposentadoria especial é uma exceção à regra constante do art. 201, § 1º, II, da CF/88, que impede que haja diferenciação entre os segurados do RGPS para concessão de aposentadorias. A ressalva que justifica essa exceção à regra é justamente porque tais atividades são exercidas sob condições especiais que prejudicam a saúde ou a integridade física do segurado.

Importante: essa diferenciação também pode ocorrer com os segurados com deficiência, nos termos definidos por Lei Complementar.

> **ATENÇÃO!**
> Os requisitos legais para a concessão da aposentadoria especial se encontram no art. 57 da Lei n. 8.213/91, sendo ela devida quando o segurado tenha cumprido a carência exigida na lei e tenha trabalhado sujeito a condições especiais que prejudiquem a saúde ou a integridade física, durante 15, 20 ou 25 anos.

> **CUIDADO!**
> A idade é requisito para a concessão da aposentadoria especial? Até 12-11-2019, não, a idade não era um requisito para a concessão da aposentadoria especial, mas, com o advento da reforma da previdência, foi imputada uma idade mínima a estes segurados.

Assim, o tempo de contribuição não sofreu alteração com a reforma da previdência, apenas foram incluídas idades mínimas em cada grau de exposição, vejamos:

- **55 anos de idade e 15 anos de contribuição, para exposição grave;**
- **58 anos de idade e 20 anos de contribuição, para exposição média;**
- **60 anos de idade e 25 anos de contribuição, para exposição leve.**

12.6.1 Valor do benefício

O valor do benefício de aposentadoria especial até 12-11-2019 consistia numa renda mensal de 100% do salário de benefício, sem a incidência do fator previdenciário, ou seja, o segurado se aposentava com proventos integrais.

> **ATENÇÃO!**
> Com a promulgação da reforma da previdência, a aposentadoria por tempo de contribuição especial passou o conceder o benefício sob as novas regras de cálculo da aposentadoria por idade mínima, sendo que à média aritmética de todas as contribuições (100%) aplica-se 60% + 2% por ano contribuído que exceda 20 anos de contribuição para os homens e 15 anos de contribuição para as mulheres.

Importante: nos casos de concessão de aposentadoria por tempo de contribuição especial sob exposição grave, ou seja, 15 anos, a RMI será sob a média de todas as contribuições (100%), aplicando-se 60% + 2% por ano que exceda 15 anos de contribuição, independentemente do sexo.

12.7 Aposentadoria por tempo de contribuição 86/96

Modalidade criada pela Medida Provisória n. 676/2015 e convertida na Lei n. 13.183/2015, a aposentadoria 86/96 era mais uma modalidade de aposentadoria por tempo de contribuição, sendo a mais sonhada pelos brasileiros, pois permitia aos segurados se aposentarem sem incidência do fator previdenciário, ou seja, recebendo 100% da média aritmética.

> **ATENÇÃO!**
> A modalidade também não possuía idade mínima, mas exigia, basicamente, dois requisitos dos segurados, tempo mínimo de contribuição e o resultado da soma entre o tempo de contribuição + idade.

O tempo mínimo de contribuição era igual ao da aposentadoria por tempo de contribuição integral, em que os homens deveriam ter no mínimo 35 anos de contribuição e as mulheres 30 anos.

Importante: além desse tempo mínimo de contribuição, ainda era necessário somar o tempo com a idade do segurado, e se o resultado dessa soma fosse 86 para as mulheres ou 96 para os homens, a aposentadoria por tempo de contribuição 86/96 seria concedida.

Os requisitos para sua concessão então eram:

- homens: **35 anos de contribuição** + idade = **96**;
- mulheres: **30 anos de contribuição** + idade = **86**.

Exemplo 1: uma segurada possui 30 anos de contribuição e 56 anos de idade, se somarmos seu tempo de contribuição com sua idade (30 + 56), o resultado dessa soma será 86, situação em que a segurada poderá se aposentar na modalidade 86/96.

Exemplo 2: uma segurada que possui 29 anos de contribuição e 57 anos de idade, se somarmos seu tempo de contribuição com sua idade (29 + 57), o resultado dessa soma será 86, porém, não terá direito ao benefício, pois não cumpriu o tempo mínimo de contribuição de 30 anos.

Exemplo 3: uma segurada que possui 31 anos de contribuição e 54 anos de idade, se somarmos o tempo de contribuição com sua idade (31 + 54), o resultado dessa soma será 85 e, portanto, não terá direito ao benefício, pois não alcançou os 86 pontos exigidos.

> **ATENÇÃO!**
> Essa pontuação mínima que era exigida, a qual deu o nome à modalidade de aposentadoria (86/96), subia 1 ponto para as mulheres e para os homens a cada 2 dois.

A modalidade de aposentadoria por tempo de contribuição surgiu em 2015 e chamava-se 85/95, porém, a pontuação subiu pela primeira vez em 31-12-2018, se tornando 86/96, ficando essa pontuação congelada face a sua extinção na reforma da previdência.

A título de curiosidade, se a modalidade fosse permanecer, sua pontuação continuaria subindo até 31-12-2026, momento ao qual a modalidade seria encerrada em 90/100, como dispõe o art. 29-C da Lei n. 8.213/91:

I – 31 de dezembro de 2018 (86/96);
II – 31 de dezembro de 2020 **(87/97)**;
III – 31 de dezembro de 2022 **(88/98)**;
IV – 31 de dezembro de 2024 **(89/99)**; e
V – 31 de dezembro de 2026 **(90/100)**.

Importante: os segurados que conseguiram preencher os requisitos (86/96) até 12-11-2019 poderão requerer este benefício mesmo após a promulgação da reforma, visto o instituto do direito adquirido.

> ATENÇÃO!
> A aposentadoria por tempo de contribuição 86/96, ainda que extinta pela reforma da previdência, permanecerá, mas como uma modalidade de transição.

12.7.1 Valor do benefício

A aposentadoria 86/96 era a modalidade de aposentadoria por tempo de contribuição mais vantajosa ao segurado e não é à toa que era a mais sonhada dentre os trabalhadores brasileiros.

Nessa modalidade não havia a incidência do fator previdenciário, vale dizer, uma vez calculada a média aritmética dos maiores salários de contribuição, era o valor que seria pago ao segurado.

Portanto, a modalidade fornecia ao segurado uma aposentadoria com o valor fiel ao seu tempo contribuído, pois receberia 100% de sua média.

12.8 Aposentadoria por tempo de contribuição da pessoa com deficiência

Criada pela Lei Complementar n. 142/2013, a modalidade de aposentadoria por tempo de contribuição surge com o intuito de quebrar o tabu de que as pessoas com deficiência estavam fadadas a viver sob as custas do Estado ou de terceiros.

Importante: pelo princípio da inclusão social, é possível distinguir de uma vez por todas que a pessoa com deficiência não é uma pessoa incapaz.

Uma pessoa com deficiência pode ou não estar incapaz para o meio laborativo, dependendo do grau de limitação dessa deficiência.

> ATENÇÃO!
> A definição de pessoa com deficiência está contida no art. 1º da Convenção sobre os Direitos das Pessoas com deficiência da ONU, acolhida pelo Estado Brasileiro, *ipsis litteris*:

> "O propósito da presente Convenção é o de promover, proteger e assegurar o desfrute pleno e equitativo de todos os direitos humanos e liberdades fundamentais por parte de todas as pessoas com deficiência e promover o respeito pela sua inerente dignidade.
> Pessoas com deficiência são aquelas que têm impedimentos de natureza física, intelectual ou sensorial, os quais, em interação com diversas barreiras, podem obstruir sua participação plena e efetiva na sociedade com as demais pessoas".

É importante termos em mente que a pessoa com deficiência é aquela que possui uma limitação física, psíquica ou sensorial de longo prazo, e quem foi que disse que alguém nessa condição não pode exercer uma atividade remunerada?

A aposentadoria por tempo de contribuição acaba por extinguir o questionamento, pois ainda que uma pessoa possua alguma limitação física, psíquica ou sensorial de longo prazo, ela ainda pode exercer uma atividade remunerada, justamente pelo fato de que não está totalmente incapaz.

Importante: por possuírem uma limitação laborativa e não uma incapacidade, o Governo Federal tem trabalhado em políticas de inclusão social, criando inclusive incentivos fiscais para empresas/empregadores que empregam trabalhadores com deficiência, colaborando para a inserção no mercado de trabalho de pessoas que possuem limitação física, psíquica ou sensorial de longo prazo, pois vale esclarecer, mais uma vez, não estão incapacitadas.

Partindo então da questão da limitação, não é justo compará-los com colegas 100% aptos ao meio laborativo e, dessa maneira, merecem aposentar-se um pouco mais cedo, nascendo a aposentadoria por tempo de contribuição da pessoa com deficiência.

Como na maioria das modalidades de aposentadorias por tempo de contribuição, a pessoa com deficiência não possui idade mínima e pode ser concedida de três maneiras para homens e para as mulheres, dividindo basicamente os requisitos quanto ao grau da deficiência do segurado, vejamos:

- **homens:** 25 (grave), 29 (moderada) ou 33 (leve) anos de contribuição.
- **mulheres:** 20 (grave), 24 (moderada) ou 28 (leve) anos de contribuição.

> ATENÇÃO!
> Quanto maior a gravidade da deficiência, menor é o tempo de contribuição, assim, caso um segurado (homem) possua uma deficiência considerada grave, basta contribuir por 25 anos para se aposentar nessa modalidade.

Importante: a definição do que seja deficiência grave, moderada ou leve é feita pelo Decreto n. 8.145/2013, no qual afirma que a avaliação da deficiência será médica e funcional, levando em conta o grau da deficiência que, por sua vez, será aferido por meio de perícia.

12.8.1 Valor do benefício

O valor da aposentadoria por tempo de contribuição da pessoa com deficiência, como bem estabeleceu o art. 22 da EC n. 103/2019, o cálculo será de 100% do salário benefício, sem a incidência do fator previdenciário, ou seja, essa modalidade permite ao segurado se aposentar com o valor integral de sua média contributiva, sendo que a própria da previdência manteve esta modalidade de aposentadoria nos antigos moldes de cálculo para concessão do benefício.

13. REGIME PRÓPRIO DE PREVIDÊNCIA SOCIAL (RPPS)

Como já estudamos, no Brasil, temos vários regimes de previdência, dividindo-se basicamente entre os regimes básicos de filiação obrigatória e os regimes complementares.

Vimos que os regimes básicos de filiação obrigatória se dividem em dois grupos: o Regime Geral de Previdência Social (RGPS), que abarca a maioria da população brasileira, vale dizer, os trabalhadores da iniciativa privada; e o Regime Próprio de Previdência Social (RPPS), no qual incluímos servidores públicos efetivos e militares.

Importante: o RPPS, previsto no art. 40 da CF/88, é destinado aos servidores públicos efetivos, sendo os servidores públicos estaduais vinculados ao RPPS de seus Estados, facultando aos Municípios a instituição de um regime de previdência para seus servidores e, caso optem pela não formulação, seus servidores estarão vinculados ao RGPS.

13.1 Benefícios previdenciários do Regime Próprio de Previdência Social (RPPS)

13.1.1 Auxílio por incapacidade temporária

Seguindo a ideologia da reforma da previdência, ao qual evoluiu para a equiparação do RGPS com o RPPS, o benefício de auxílio por incapacidade temporária segue os mesmos moldes das regras estipuladas para os trabalhadores da iniciativa privada.

> **ATENÇÃO!**
> Tudo o que estudamos sobre o benefício de auxílio por incapacidade temporária para o RGPS será aplicado igualitariamente para os servidores públicos da União.

> **ATENÇÃO!**
> Em regra, os regimes próprios estaduais e municipais também devem seguir esses parâmetros, porém, importante observar antes de analisar o caso concreto a legislação previdenciária do ente em questão.

13.1.2 Aposentadoria por incapacidade permanente

A aposentadoria por incapacidade permanente terá proventos proporcionais ao tempo de contribuição, exceto aquela que é decorrente de acidente em serviço, moléstia profissional ou doença grave, contagiosa ou incurável, na forma estipulada por lei.

> **ATENÇÃO!**
> Vamos entender por proventos proporcionais aquele em que o servidor público trabalhou, por exemplo, por 31 anos e ficou inválido por algum motivo não elencado acima. Nesse caso, vamos calcular usando a fração proporcional de 31 anos dividindo por 35 anos, que nos daria o tempo proporcional.

No mesmo exemplo usado antes, caso o servidor tivesse sido acometido de alguma incapacidade permanente decorrente de acidente em serviço, moléstia profissional ou doença grave, contagiosa ou incurável, teria ele direito aos proventos integrais.

No caso dos servidores públicos federais, a forma estabelecida está na Lei n. 8.112/90, que traz um rol taxativo de doenças. Veja Recurso Extraordinário RE n. 656.860, julgado em 21-8-2014:

> "[...] pertence, portanto, ao domínio normativo ordinário a definição das doenças e moléstias que ensejam aposentadoria por invalidez com proventos integrais, cujo rol, segundo a jurisprudência assentada pelo STF, tem natureza taxativa".

Importante: a aposentadoria por incapacidade permanente dos servidores públicos segue os mesmos regramentos estipulados para a iniciativa privada, ou seja, no RGPS.

13.1.3 Aposentadorias voluntárias

Com o advento da recente reforma da previdência, EC n. 103/2019, o rol de aposentadorias voluntárias divide-se basicamente em pré-reforma e pós-reforma, bem como as regras de transição.

Assim, até 12-11-2019, os requisitos para os servidores públicos efetivos se aposentarem por idade eram da seguinte forma:

- **homens:** 65 anos de idade;
- 15 anos de contribuição;
- **mulheres:** 60 anos de idade.

> **ATENÇÃO!**
> O tempo de contribuição mínimo de 15 anos deveria ser cumprido com dez anos de efetivo exercício no serviço público e cinco anos no cargo efetivo em que se daria a aposentadoria.

Além da opção para aposentar-se por idade, o servidor público tinha, também, a possibilidade de se aposentar por tempo de contribuição, regra que permaneceu vigente até a promulgação EC n. 103/2019 e que ainda poderá ser requerida, caso o servidor tenha preenchido, até 12-11-2019, os seguintes requisitos:

- **homens:** 60 anos de idade e 35 anos de contribuição;
- **mulheres:** 55 anos de idade e 30 anos de contribuição.

Importante: nessa modalidade, aplica-se a mesma regra prevista para a aposentadoria por idade, devendo o tempo mínimo de contribuição, no caso 35 anos para os homens e 30 anos para as mulheres, ser preenchido com ao menos dez anos de efetivo exercício no serviço público e cinco anos no cargo efetivo em que se daria a aposentadoria.

Com a EC n. 103/2019, os servidores públicos efetivos passaram a ter, basicamente, uma única aposentadoria voluntária, observando cumulativamente os seguintes requisitos:

- **homens** 65 anos de idade;
- 25 anos de contribuição;
- **mulheres** 62 anos de idade.

O tempo mínimo de contribuição, que passa a ser de 25 anos para homens e mulheres, também deverá ser cumprido com ao menos dez anos de efetivo exercício no serviço público e cinco anos no cargo efetivo em que se dará a aposentadoria.

13.1.4 Aposentadoria do professor

Seguindo ainda os parâmetros estabelecidos no RGPS, no RPPS os servidores públicos efetivos que exercem função de magistério também conseguem se aposentar um pouco mais cedo e, antes da promulgação da EC n. 103/2019, necessitavam preencher os seguintes requisitos:

- **homens:** 55 anos de idade e 30 anos de contribuição;
- **mulheres:** 50 anos de idade e 25 anos de contribuição.

Importante: o tempo mínimo de contribuição deveria ser preenchido, exclusivamente, em função de magistério, como nos mesmos moldes da aposentadoria do professor que estudamos dentro do RGPS.

Com a promulgação da reforma da previdência, os funcionários públicos efetivos que exercem função de magistério ainda continuarão com uma redução nos requisitos para concessão de aposentadoria voluntária, porém, agora com as seguintes condições:

- **homens:** 60 anos de idade;
- 25 anos de contribuição;
- **mulheres:** 57 anos de idade.

> **ATENÇÃO!**
> A idade mínima aumentou para ambos os sexos, porém, o tempo de contribuição permaneceu o mesmo para as mulheres e diminuiu para os homens, lembrando que os 25 anos deverão ser cumpridos exclusivamente na função de magistério, além de, ao menos, dez anos de efetivo exercício no serviço público e cinco anos no cargo efetivo em que se dará a aposentadoria.

13.1.5 Aposentadoria dos policiais

Incluída durante a tramitação da Proposta de Emenda à Constituição n. 6/2019, a qual gerou um descontentamento da classe, fora estipulado uma modalidade de aposentadoria específica para a Polícia Civil, Penal, Militar e o Corpo de Bombeiros Militar do Distrito Federal, bem como a da Câmara dos Deputados, do Senado Federal, a Polícia Federal, Polícia Rodoviária Federal, Polícia Ferroviária Federal e, por último, o Agente Federal Penitenciário ou Socioeducativo, que deverão preencher os seguintes requisitos cumulativos para ambos os sexos:

- 55 anos de idade e 30 anos de contribuição.

> **ATENÇÃO!**
> Os 30 anos mínimos de contribuição deverão ser preenchidos com, ao menos, 25 anos de efetivo exercício em cargo dessas carreiras policiais ou militares.

13.1.6 Aposentadoria especial

A aposentadoria especial, destinada aos servidores efetivos que trabalham expostos a agentes noviços, não era expressamente citada na CF/88, sendo originalmente destinada aos segurados do RGPS e posteriormente aproveitada por analogia no RPPS.

Assim, podemos destacar que a EC n. 103/2019 trouxe uma grande novidade ao destinar exclusivamente aos servidores públicos efetivos que trabalham expostos a agentes nocivos algumas vantagens para se aposentar.

> **ATENÇÃO!**
> Os servidores públicos efetivos que exercem suas funções expostos a agentes químicos, físicos ou biológicos prejudiciais à saúde poderão se aposentar, independentemente do sexo, observados os seguintes requisitos cumulativos: 60 anos de idade e 25 anos de efetiva exposição e contribuição, sendo ao menos dez anos de efetivo exercício no serviço público e cinco anos no cargo efetivo em que se dará a aposentadoria.

Ainda que a atividade especial dos servidores públicos efetivos tenha sido finalmente reconhecida pelo constituinte, ainda observamos uma discrepância se compararmos ao RGPS, no qual as atividades expostas a agentes nocivos dividem-se em três: leve, moderada e grave, influenciando diretamente no tempo de contribuição do segurado, que poderá se aposentar com 25, 20 ou 15 anos de efetiva exposição e contribuição.

13.1.7 Aposentadoria compulsória

Como sua própria denominação ilustra, a aposentadoria compulsória é uma modalidade ao qual o servidor é obrigado a se aposentar, ou seja, fica impedido de continuar exercendo o serviço público, partindo para o quadro de aposentados ainda que involuntariamente.

A aposentadoria compulsória com proventos proporcionais ao tempo de contribuição tem hoje, como requisito, os 75 anos de idade. Antigamente ela se dava aos 70 anos, na forma da Lei Complementar n. 152/2015.

Importante: na aposentadoria por idade compulsória, por ser uma obrigação do órgão público transferir o funcionário para a inatividade quando completada a idade, não importa se possui tempo mínimo de contribuição no serviço público, devendo ser aposentado com proventos proporcionais ao seu tempo de contribuição.

13.1.8 Pensão por morte

A pensão morte, benefício concedido aos dependentes do servidor público, deverá cumprir os mesmos requisitos, bem como obedecer às regras da pensão por morte do RGPS.

14. REGIME COMPLEMENTAR DE PREVIDÊNCIA – PREVIDÊNCIA PRIVADA

O regime de previdência complementar ou comumente chamada previdência privada, diferente dos demais que já estudamos, é opcional, vale dizer, é facultativo, não é obrigatório.

Estabelecido no art. 202 da CF/88 que assim dispõe:

> "**Art. 202.** O regime de Previdência Privada, de caráter complementar e organizado de forma autônoma em relação ao Regime Geral de Previdência Social, será facultativo, baseado na constituição de reservas que garantam o benefício contratado, e regulado por lei complementar".

Importante: a Previdência Privada tem caráter complementar, ou seja, ela vai acrescentar o que o segurado aposentado recebe do regime previdenciário a que estava vinculado obrigatoriamente.

Um exemplo vai ajudar a entendermos melhor como funciona a previdência complementar: imaginemos um segurado que é vinculado ao RGPS e que possua uma remuneração mensal de R$ 25.000,00 (vinte e cinco mil reais); a sua contribuição não será sob esse valor, mas, sim, até o limite do teto do RGPS, em 2024, de R$ 7.786,02. Assim, quando se aposentar vai receber o valor do teto.

Podemos concluir que o RGPS não visa manter o padrão de vida desse segurado em atividade, ele vai manter até determinado patamar. Se o segurado quiser uma proteção para além do valor, que nesse caso é o nosso teto previdenciário, terá que buscar pela Previdência Privada.

14.1 Autonomia e facultatividade

O sistema de previdência complementar é organizado de forma autônoma, ou seja, o segurado contribui para o RGPS, pois exerce atividade remunerada, mas necessariamente precisa aderir à Previdência Privada? A resposta é negativa, ele irá aderir à Previdência Privada se tiver interesse, não há aqui uma obrigatoriedade, note que são dois regimes distintos.

Diferentemente do RGPS, em que havendo exercício de atividade remunerada há obrigatoriedade de contribuição para o sistema previdenciário, com a Previdência Privada o que temos é uma facultatividade, e a facultatividade por si só é autoexplicativa, ou você adere ou você não adere.

Podemos afirmar com clareza que a facultatividade que permeia a Previdência Privada é contratual, e no sentido de adesão, pois o segurado, que aqui será chamado de participante, terá opções contratuais para aderir a que melhor lhe aprouver.

Importante: se a relação entre segurado participante e Previdência Privada é contratual, será que esse contrato de adesão é protegido pelo Código de Defesa do Consumidor (CDC)? A resposta é afirmativa, o CDC é aplicado à relação contratual entre segurado participante e Previdência Privada. Veja a redação da Súmula 563 do STJ:

> "Súmula 563, STJ: O Código de Defesa do Consumidor é aplicável às entidades abertas de previdência complementar, não incidindo nos contratos previdenciários celebrados com entidades fechadas".

14.2 Espécies de previdência privada

Existem duas espécies de Previdência Privada:

- Previdência Privada aberta: acessível a qualquer pessoa. Ex.: é oferecida pelos bancos, basta qualquer segurado ir até o banco de seu interesse e optar por algum dos planos oferecidos.
- Previdência Privada fechada: restrita a determinados grupos. Ex.: é restrita a um grupo específico, por exemplo, a previdência complementar dos advogados OAB/PREV, a previdência complementar dos funcionários da Petrobras/PETROS.

Importante: O CDC somente se aplica à Previdência Privada aberta, ou seja, são as pessoas jurídicas (bancos) que têm fins lucrativos, diferentemente da Previdência Privada fechada, que somente administra plano dos associados, isto é, dos grupos restritos como vimos acima, OAB/PREV, Petrobras/PETROS etc.

> **ATENÇÃO!**
> Diferentemente do RGPS, no qual temos um sistema de repartição simples, em que os ativos contribuem para manutenção dos benefícios a serem pagos aos inativos, na Previdência Privada temos o sistema de capitalização, em que o segurado participante verte contribuições que serão administradas por uma entidade de Previdência Privada, e essa mesma entidade, futuramente, irá devolver esse dinheiro que foi aplicado pelo segurado participante. Observe que aqui estamos falando da mesma pessoa que primeiro paga e depois recebe.

Importante: a Previdência Privada é o único sistema que é regulado por Lei Complementar (LC n. 108 e LC n. 109, ambas de 2001), diferentemente da Previdência Social, que é regulada por Lei Ordinária.

14.3 Transparência e boa-fé

A transparência e a boa-fé estão asseguradas no art. 202, § 1º, da CF/88, que assim estabelece:

> "Art. 202 [...] § 1º. A lei complementar de que trata este artigo assegurará ao participante de planos de benefícios de entidades de previdência privada o pleno acesso às informações relativas à gestão de seus respectivos planos".

São princípios que decorrem do sistema de capitalização, vale dizer, estou aplicando o meu dinheiro em uma entidade, logo, tenho que ter ciência de tudo que acontece, é a transparência que permeia a capitalização.

14.4 Autonomia com o contrato de trabalho

O art. 202, § 2º, da CF/88 traz a autonomia com o contrato de trabalho o participante, vejamos:

> "As contribuições do empregador, os benefícios e as condições contratuais previstas nos estatutos, regulamentos e planos de benefícios das entidades de previdência privada não integram o contrato de trabalho dos participantes, assim como, à exceção dos benefícios concedidos, não integram a remuneração dos participantes, nos termos da lei".

Vamos entender melhor com um exemplo: imaginemos uma entidade de Previdência Privada fechada, em que o possível segurado participante exerce atividade para a Petrobras, com vínculo celetista, tendo então a faculdade de aderir aos planos de previdência oferecidos pela PETROS. Caso esse funcionário queira aderir a alguns de seus planos de previdência, o contrato de adesão à Previdência Privada fechada da PETROS é diferente do contrato de trabalho, pois o empregado vai contribuir em conjunto com a empresa, que participará na condição de patrocinadora.

Importante: essa contribuição que a empresa faz a título de patrocinadora não integra a remuneração do empregado.

14.5 Sujeitos da relação na Previdência Privada

Os sujeitos da relação na Previdência Privada vão variar de acordo com seu tipo, se é aberta ou fechada.

14.6 Previdência Privada fechada

Na Previdência Privada fechada temos o participante, o assistido, a entidade de Previdência Privada fechada, o patrocinador ou instituidor e o Estado:

- **participante** é a pessoa física que adere ao plano de benefícios;
- **assistido** é a pessoa física que está em gozo do benefício;
- **entidade de Previdência Privada fechada** é quem vai administrar os valores;
- **patrocinador ou instituidor** é quem ajuda nas contribuições;
- **Estado** faz a regulação e a fiscalização das entidades.

A LC n. 109/2001, em seu art. 31, § 1º, determina que as entidades fechadas organizar-se-ão sob a forma de fundação ou sociedade civil, sem fins lucrativos.

Por fim, o Estado vai atuar por meio de seus órgãos, quais sejam:

- Conselho Nacional de Previdência Complementar (CNPC), órgão regulador;
- Câmara de Recursos de Previdência Complementar, órgão recursal;
- Superintendência Nacional de Previdência Complementar (PREVIC), órgão fiscalizador.

14.7 Previdência Privada aberta

Na Previdência Privada aberta temos o participante, o assistido, a entidade de Previdência Privada aberta e o Estado:

- **participante** é a pessoa física que adere ao plano de benefícios;
- **assistido** é a pessoa física que está em gozo do benefício;
- **entidade de Previdência Privada aberta** é quem vai administrar os valores;
- **Estado** faz a regulação e a fiscalização das entidades.

Importante destacar que, aqui, não temos a figura do instituidor e do patrocinador.

De acordo com o art. 36 da LC n. 109/2001, as entidades abertas são constituídas unicamente sob a forma de sociedades anônimas e têm por objetivo instituir e operar planos de benefícios de caráter previdenciário concedidos em forma de renda continuada ou pagamento único, acessíveis a quaisquer pessoas físicas.

Por fim, o Estado vai atuar por meio de seus órgãos, quais sejam:

- Conselho Nacional de Seguros Privados (CNSP), órgão regulador;
- Superintendência de Seguros Privados (SUSEP), órgão fiscalizador.

Acesse o *QR Code* e aproveite os conteúdos elaborados para você!

■ BIZU OAB

http://uqr.to/1wcf6

Questões
Direito Previdenciário

BENEFICIÁRIOS DO REGIME GERAL DE PREVIDÊNCIA SOCIAL – RGPS. SEGURADOS OBRIGATÓRIOS – EMPREGADO DOMÉSTICO. BENEFÍCIOS EM ESPÉCIE

1. (38º Exame) Maria, empregada doméstica, deu à luz um menino. No mês em que seu filho nasceu, foram contabilizadas sete contribuições mensais feitas por ela para o Regime Geral de Previdência Social. Em relação ao salário-maternidade solicitado por Maria, assinale a afirmativa correta.

(A) Ela tem direito, pois a concessão desse benefício para as empregadas domésticas independe de carência.
(B) Ela terá direito, desde que contribua por mais três meses para o Regime Geral de Previdência Social.
(C) Ela não tem direito, já que não cumpriu o período de carência para a concessão do benefício.
(D) Ela não tem direito, pois as empregadas domésticas não podem gozar desse benefício.

RESPOSTA Ela tem direito, pois a concessão desse benefício para as empregadas domésticas independe de carência, conforme art. 30, II, do Decreto n. 3.048/99. Mas, atenção, quem paga a contribuição do empregado doméstico é o empregador e não a própria empregada doméstica. *Alternativa A.*

BENEFICIÁRIOS DO REGIME GERAL DE PREVIDÊNCIA SOCIAL (RGPS). SEGURADOS OBRIGATÓRIOS – CONTRIBUINTE INDIVIDUAL

2. (38º Exame) Manoel, empresário do segmento de alimentação, desempenha suas atividades como sócio administrador de sua sociedade empresária, a qual desenvolve suas atividades em mais de uma cidade, recebendo seu *pro-labore* regularmente. Além da condição de empresário, Manoel também é engajado em diversas ações voluntárias em prol de pessoas carentes.

Diante dessa realidade, sobre os direitos previdenciários de Manoel assinale a afirmativa correta.

(A) Devido à atividade beneficente de Manoel, ele poderá verter contribuições ao Regime Geral de Previdência Social na condição de facultativo, além de seus aportes como empresário.
(B) Na condição de empresário administrador de sua sociedade empresária, Manoel é segurado obrigatório do Regime Geral de Previdência Social, como contribuinte individual.
(C) Manoel, na condição de administrador de sua sociedade, não poderá aposentar-se por invalidez, tendo em vista a prestação ser restrita a segurados empregados, somente.
(D) Manoel, caso encerre suas atividades profissionais, não poderá manter recolhimentos ao Regime Geral de Previdência Social, haja vista a perda da qualidade de segurado.

RESPOSTA Na condição de empresário administrador de sua sociedade empresária, Manoel é segurado obrigatório do Regime Geral de Previdência Social, como contribuinte individual, conforme art. 9º, V, e, item 4, do Decreto n. 3.048/99. *Alternativa B.*

BENEFÍCIOS EM ESPÉCIE. SALÁRIO-FAMÍLIA

3. (39º Exame) Marina, empregada doméstica, é casada com Pedro, trabalhador avulso. Ambos são pessoas de baixa renda. O casal possui 2 (dois) filhos, um com 7 (sete) anos e outro com 15 (quinze) anos, sendo este inválido. Marina contribui para a Previdência Social há 2 (dois) anos e Pedro iniciou a contribuição há 4 (quatro) meses.

Diante do caso narrado, assinale a afirmativa correta.

(A) Pedro não possui a carência mínima para receber o benefício do salário-família.
(B) Marina e Pedro não fazem jus ao salário-família por possuírem um filho maior de 14 (quatorze) anos.
(C) Marina e Pedro têm direito ao benefício do salário-família, na proporção do respectivo número de filhos.
(D) Pedro, na qualidade de trabalhador avulso, não possui direito ao benefício do salário-família.

RESPOSTA A alternativa C está correta, pois terão direito às duas cotas do salário-família por serem de baixa renda, pagas na proporção do respectivo número de filhos e com filho menor de 14 anos e filho maior de 14 anos inválido. É a redação dos arts. 65 e 66 da Lei n. 8.213/91. *Alternativa C.*

BENEFÍCIOS EM ESPÉCIE. PENSÃO POR MORTE

4. (39º Exame) Henrique e Amanda foram casados por 30 anos. Em 02-03-2022, Amanda, que era segurada obrigatória do Regime Geral de Previdência Social, veio a óbito. Henrique fez o requerimento de pensão por morte ao INSS no dia 02-05-2022.

Segundo a Lei n. 8213/91, assinale a afirmativa que indica a data a partir da qual Henrique terá direito ao benefício.

(A) Do requerimento, já que foi requerido 60 dias após o óbito.
(B) Do óbito, já que foi requerido em até 90 dias após o óbito.
(C) Da decisão judicial, já que Henrique perdeu o prazo para requerer o benefício administrativamente.
(D) Do óbito, independentemente da data em que foi feito o requerimento.

RESPOSTA Henrique requereu o benefício de pensão por morte dentro do prazo de 90 dias, do qual lhe assegura o pagamento do benefício desde a data do óbito e não da data do requerimento. *Alternativa B.*

BENEFÍCIOS EM ESPÉCIE. APOSENTADORIA POR INCAPACIDADE PERMANENTE: APOSENTADORIA POR INVALIDEZ

5. (40º Exame) José, mecânico, contando com 12 (doze) meses de contribuição para a Previdência Social, sofreu acidente de trabalho, tornando se tetraplégico. Em razão do acidente, ficou completamente incapacitado para o trabalho.

Diante dessas condições, assinale a afirmativa correta.

(A) José não terá direito à aposentadoria por incapacidade permanente, uma vez que não cumpriu a carência mínima de 24 (vinte e quatro) meses de contribuição.
(B) José, necessitando da assistência permanente de outra pessoa, terá acrescido o valor da sua aposentadoria por incapacidade permanente em até 50% (cinquenta por cento).
(C) José, caso se recupere e volte a trabalhar voluntariamente, terá sua aposentadoria cancelada automaticamente, a partir da data do retorno.
(D) José, sendo portador de doença ou lesão ao filiar-se ao Regime Geral de Previdência Social, não terá direito à aposentadoria por incapacidade permanente, ainda que a incapacidade sobrevenha, após a filiação, por motivo de progressão ou agravamento dessa doença ou lesão.

RESPOSTA O aposentado por incapacidade permanente que retornar voluntariamente à atividade terá sua aposentadoria automaticamente cessada a partir da data do seu retorno. É a redação do art. 48 do Decreto n. 3.048/99, com observância do art. 179 do mesmo Decreto. *Alternativa C.*

BENEFÍCIOS EM ESPÉCIE. AUXÍLIO-RECLUSÃO

6. (40º Exame) Manoel é segurado de baixa renda, tendo sido recolhido à prisão, em regime fechado, no dia 01/01/2022. Antes da prisão, ele recolheu 12 contribuições mensais à Previdência Social e tem, como único dependente, o filho Maurício, de 19 anos.

Diante destas considerações, sobre o auxílio-reclusão assinale a afirmativa correta.

(A) Maurício não faz jus ao benefício do auxílio-reclusão, uma vez que seu pai, Manoel, não cumpriu a carência de 24 (vinte e quatro) meses.
(B) Maurício, apesar de Manoel cumprir a carência exigida, não faz jus ao benefício do auxílio-reclusão por possuir mais de 18 (dezoito) anos.
(C) Caso Manoel venha a exercer atividade, ainda que em regime fechado, haverá a perda do direito ao recebimento do auxílio reclusão para seu dependente.
(D) O requerimento de Manoel solicitando o auxílio-reclusão deve ser instruído com a certidão de nascimento do dependente, sem a necessidade de certidão sobre o seu recolhimento à prisão.

RESPOSTA A MP n. 871/2019, que deu origem à Lei n. 13.846/2019, passou a exigir uma carência para o auxílio-reclusão de 24 meses. *Alternativa A.*

BENEFÍCIOS EM ESPÉCIE. AUXÍLIO-ACIDENTE

7. (41º Exame) Em 2018, Antônio, segurado, empregado vinculado ao Regime Geral de Previdência Social, sofreu um acidente de trânsito quando voltava para sua residência. Depois de dois anos de afastamento, recebeu alta previdenciária e retornou ao trabalho. No entanto, Antônio apresenta sequelas do acidente que reduzem sua capacidade laborativa. Assinale a opção que indica o benefício previdenciário que ele poderá receber após a alta.

(A) Auxílio-acidente.
(B) Benefício por incapacidade temporária.
(C) Pecúlio previdenciário.
(D) Abono de permanência em serviço.

RESPOSTA Antônio sofreu um acidente de trânsito que lhe resultou sequelas definitivas. Mesmo recebendo alta previdenciária, porém, em virtude das sequelas, Antônio terá direito à percepção do benefício do auxílio-acidente, conforme art. 86 da Lei n. 8.213/91: "O auxílio-acidente será concedido, como indenização, ao segurado quando, após consolidação das lesões decorrentes de acidente de qualquer natureza, resultarem sequelas que impliquem redução da capacidade para o trabalho que habitualmente exercia". *Alternativa A.*

REGIMES PREVIDENCIÁRIOS. FILIAÇÃO A REGIME PREVIDENCIÁRIO

8. (41º Exame) Humberto Alves, que sempre atuou como advogado autônomo, logrou aprovação em concurso público para a Advocacia Geral da União, sendo regularmente nomeado em cargo público de provimento efetivo e iniciando suas ativida-

DIREITO PREVIDENCIÁRIO

des na função pública em janeiro de 2023. Diante da situação hipotética narrada, assinale a afirmativa correta.

(A) Humberto permanece vinculado ao Regime Geral de Previdência Social na condição de segurado empregado, salvo se optar pelo ingresso em regime diverso.

(B) Caso Humberto já ingresse no cargo público com tempo de contribuição e idade suficientes para a aposentadoria, poderá requerer a prestação imediatamente no regime previdenciário a que estiver vinculado.

(C) Humberto, na hipótese de mudança de regime previdenciário, não poderá computar os recolhimentos previdenciários pretéritos na condição de contribuinte individual.

(D) Humberto, já na condição de servidor público federal, é automaticamente filiado ao regime próprio de previdência dos servidores federais.

RESPOSTA O art. 40 da CF/88 diz que: "O regime próprio de previdência social dos servidores titulares de cargos efetivos terá caráter contributivo e solidário, mediante contribuição do respectivo ente federativo, de servidores ativos, de aposentados e de pensionistas, observados critérios que preservem o equilíbrio financeiro e atuarial". Na questão em voga, o advogado entrou para carreira pertencente a Regime Próprio de Previdência Social, estando, assim, automaticamente filiado a esta com o início do exercício de seu cargo. *Alternativa D.*

